Australien

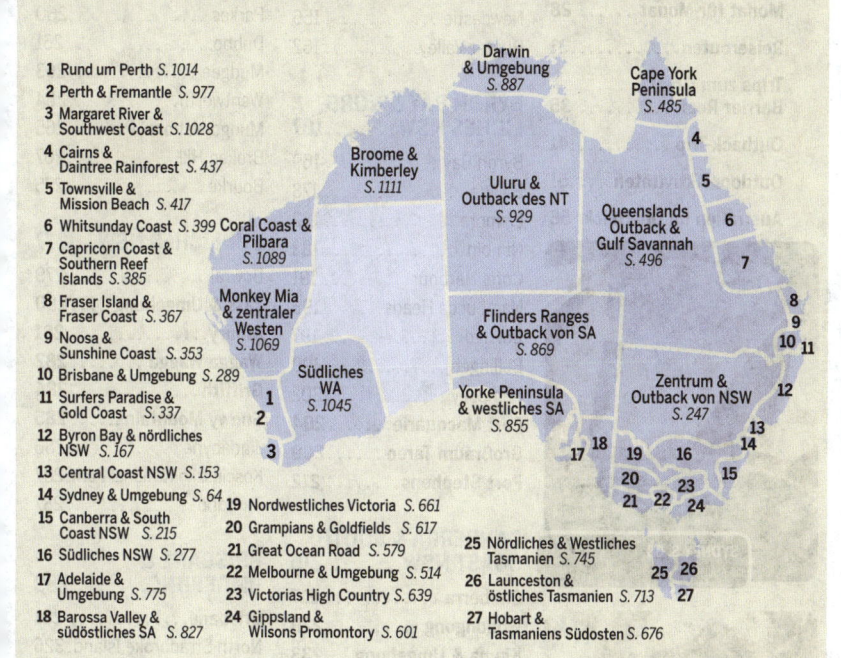

1. Rund um Perth S. 1014
2. Perth & Fremantle S. 977
3. Margaret River & Southwest Coast S. 1028
4. Cairns & Daintree Rainforest S. 437
5. Townsville & Mission Beach S. 417
6. Whitsunday Coast S. 399
7. Capricorn Coast & Southern Reef Islands S. 385
8. Fraser Island & Fraser Coast S. 367
9. Noosa & Sunshine Coast S. 353
10. Brisbane & Umgebung S. 289
11. Surfers Paradise & Gold Coast S. 337
12. Byron Bay & nördliches NSW S. 167
13. Central Coast NSW S. 153
14. Sydney & Umgebung S. 64
15. Canberra & South Coast NSW S. 215
16. Südliches NSW S. 277
17. Adelaide & Umgebung S. 775
18. Barossa Valley & südöstliches SA S. 827
19. Nordwestliches Victoria S. 661
20. Grampians & Goldfields S. 617
21. Great Ocean Road S. 579
22. Melbourne & Umgebung S. 514
23. Victorias High Country S. 639
24. Gippsland & Wilsons Promontory S. 601
25. Nördliches & Westliches Tasmanien S. 745
26. Launceston & östliches Tasmanien S. 713
27. Hobart & Tasmaniens Südosten S. 676

Coral Coast & Pilbara S. 1089
Monkey Mia & zentraler Westen S. 1069
Südliches WA S. 1045
Broome & Kimberley S. 1111
Darwin & Umgebung S. 887
Uluru & Outback des NT S. 929
Flinders Ranges & Outback von SA S. 869
Yorke Peninsula & westliches SA S. 855
Cape York Peninsula S. 485
Queenslands Outback & Gulf Savannah S. 496
Zentrum & Outback von NSW S. 247

Charles Rawlings-Way, Meg Worby
Kate Armstrong, Brett Atkinson, Carolyn Bain, Celeste Brash,
Peter Dragicevich, Anthony Ham, Paul Harding, Alan Murphy,
Miriam Raphael, Benedict Walker, Steve Waters

REISEPLANUNG

Willkommen in Australien. .6
Karte 8
Australiens Top 25......10
Gut zu wissen 22
Was gibt's Neues? 24
Wie wär's mit….......... 25
Monat für Monat 28
Reiserouten............31
Trips zum Great
Barrier Reef...........35
Outback-Trip 41
Outdoor-Aktivitäten.....51
Australien im Überblick 56

SYDNEY S. 68

WILDLIFE S. 1161

REISEZIELE IN AUSTRALIEN

SYDNEY & UMGEBUNG........ 64
Sydney 68
Hawkesbury River..... 144
Blue Mountains....... 145

CENTRAL COAST NSW 153
Newcastle 156
Hunter Valley...........162

BYRON BAY & NÖRDLICHES NSW.......167
Byron Bay 169
Ballina 178
Lismore 182
Nimbin 183
Coffs Harbour......... 191
Nambucca Heads.......196
Dorrigo 197
Bellingen 199
Kempsey 202
Port Macquarie......**204**
Großraum Taree **209**
Port Stephens........ **212**

CANBERRA & SOUTH COAST NSW 215
Canberra 217
Wollongong 229
Kiama & Umgebung ... 233
Berry..................234
Nowra.................234
Jervis Bay 236
Ulladulla...............237
Batemans Bay 239
Narooma 240
Sapphire Coast.......**242**
Bermagui...............242
Merimbula.............243
Eden 245

ZENTRUM & OUTBACK VON NSW......... 247
Tamworth.............250
Armidale 251
Tenterfield & Umgebung. 253
Bathurst..............256
Orange 257
Cowra.................259
Parkes 260
Dubbo................. 261
Mudgee 263
Wentworth............264
Mungo National Park....265
Broken Hill............267
Bourke 275

SÜDLICHES NSW .. 277
Bowral 279
Yass & Umgebung **280**
Albury............... **281**
Wagga Wagga **282**
Griffith **284**
Snowy Mountains.....**285**
Jindabyne 286
Kosciuszko National Park. 287
Thredbo 287

BRISBANE & UMGEBUNG........ 289
Brisbane............. **291**
North Stradbroke Island.326
Moreton Island 329
Granite Belt........... 331
Toowoomba............334

SURFERS PARADISE & GOLD COAST...... 337
Surfers Paradise & Broadbeach............339
Burleigh Heads & Currumbin..............346
Coolangatta............348

Inhalt

NOOSA & SUNSHINE COAST 353
Noosa 355
Glass House Mountains 360
Caloundra 361
Mooloolaba & Maroochydore 362
Cooloola Coast 365

FRASER ISLAND & FRASER COAST ... 367

CAPRICORN COAST & SOUTHERN REEF ISLANDS 385
Agnes Water & Town of 1770 387
Rockhampton 390
Yeppoon 393
Great Keppel Island 394

WHITSUNDAY COAST 399
Mackay 401
Airlie Beach 405
Die Whitsundays 410
Bowen 415

TOWNSVILLE & MISSION BEACH ... 417
Townsville 419
Magnetic Island 426
Ingham & Umgebung ... 429
Cardwell & Umgebung .. 430
Mission Beach 431
Innisfail & Umgebung ... 436

CAIRNS & DAINTREE RAINFOREST 437
Cairns **440**
Kuranda 463
Atherton 465
Yungaburra 465
Port Douglas **468**
Der Daintree **475**
Cape Tribulation 477
Cooktown **482**

CAPE YORK PENINSULA 485
Lakeland 490
Laura 490
Weipa 491
Horn Island, Thursday Island & Torres Strait Islands .. 494

QUEENSLANDS OUTBACK & GULF SAVANNAH 496
Mt. Isa **499**
Winton 501
Longreach 503
Barcaldine 504
Charleville **505**
Boulia 506
Bedourie 507
Birdsville 507
Der Savannah Way ... **508**
Undara Volcanic National Park 508
Croydon 510
Normanton 510
Karumba 510

MELBOURNE & UMGEBUNG 514
Melbourne **516**
Daylesford & Hepburn Springs 567
Dandenongs 570
Yarra Valley 571
Mornington Peninsula .. 573
Phillip Island 575

GREAT OCEAN ROAD 579
Geelong 582
Great Ocean Road **586**
Torquay 586
Anglesea 588
Lorne 590
Apollo Bay 592
Cape Otway 593
Port Campbell 595
Warrnambool 596
Port Fairy 597
Portland 599

GIPPSLAND & WILSONS PROMONTORY 601
Walhalla 604
Wilsons Promontory National Park **606**
Sale 610
Lakes Entrance 612
Mallacoota 614

GRAMPIANS & GOLDFIELDS 617
Ballarat **620**
Bendigo **624**
Kyneton 629
Castlemaine 630
Grampians (Gariwerd) . **632**
Halls Gap 634
Mt. Arapiles State Park .. 638

VICTORIAS HIGH COUNTRY 639
Lake Eildon 642
Mansfield 643
Mt. Buller 644
King Valley 646
Milawa Gourmet Region . 646
Beechworth 647

REISEZIELE IN AUSTRALIEN

Rutherglen............649
Mt. Buffalo National Park..........652
Bright................653
Mt. Beauty & Kiewa Valley...............656
Falls Creek............657
Mt. Hotham & Dinner Plain...........658

NORDWESTLICHES VICTORIA......... 661
Mildura...............664
Swan Hill.............668
Echuca...............670

HOBART & TASMANIENS SÜDOSTEN... 676
Hobart 677
Richmond 698
Mt. Field National Park..700
Bruny Island 701
Huonville & Umgebung..704
Geeveston & Umgebung.705
Dover & Umgebung.....706
Tasman Peninsula 708
Port Arthur 711

LAUNCESTON & ÖSTLICHES TASMANIEN..713
Oatlands 716
Ross 716
Campbell Town......... 717
Maria Island National Park 718
Swansea.............. 721
Coles Bay & Freycinet National Park 723
Bicheno 725
St. Helens 727
Bay of Fires 729
Launceston 730
Tamar Valley 738

Longford & Umgebung .. 741
Evandale 742

NÖRDLICHES & WESTLICHES TASMANIEN 745
Devonport 748
Penguin 750
Walls of Jerusalem National Park 751
King Island............ 753
Burnie................755
Stanley...............758
Marrawah.............760
Queenstown 761
Strahan 764
Cradle Mountain-Lake St. Clair National Park...766
Southwest National Park. 771

ADELAIDE & UMGEBUNG....... 775
Adelaide............. 778
Adelaide Hills 804
Hahndorf..............804
McLaren Vale 808
Willunga............... 810
Victor Harbor 812
Port Elliot.............. 813
Goolwa................ 815
Kangaroo Island 816

BAROSSA VALLEY & SÜDÖSTLICHES SA 827
Barossa Valley........830
Clare Valley 836
Murray Bridge..........840
Barmera & Umgebung ..842
Loxton 843
Berri..................844
Coorong National Park..846
Robe..................848

Mount Gambier 850
Penola & Weinregion Coonawarra 852

YORKE PENINSULA & WESTLICHES SA .. 855
Yorke Peninsula 857
Port Augusta........... 861
Port Lincoln............862
Streaky Bay............866
Ceduna...............867

FLINDERS RANGES & OUTBACK VON SA. 869
Flinders Ranges 872
Quorn................. 874
Hawker................ 875
Flinders Ranges National Park 876
Coober Pedy 880
Oodnadatta Track.......884
Birdsville Track 885
Strzelecki Track 885

DARWIN & UMGEBUNG........ 887
Darwin 892
Mandorah 910
Tiwi Islands............ 910
Mary-River-Region...... 913
Litchfield National Park . 916
Kakadu National Park ... 918
Arnhem Land 926

ULURU & OUTBACK DES NT............ 929
Katherine............ 932
Nitmiluk (Katherine Gorge) National Park....935
Mataranka & Elsey National Park 939
Tennant Creek........ 942

Inhalt

AUSTRALIEN VERSTEHEN

Alice Springs		944
MacDonnell Ranges		955
Red Centre Way		963
Kings Canyon & Watarrka National Park		964
Uluru-Kata Tjuta National Park		**967**
Uluru (Ayers Rock)		971
Kata Tjuta (Olgas)		973

PERTH & FREMANTLE ... 977
Perth **983**
Fremantle **1005**

RUND UM PERTH 1014
Rottnest Island **1016**
York 1020
Toodyay 1020
Rockingham 1021
Mandurah 1022
Dwellingup 1022
Cervantes & Pinnacles Desert 1025
New Norcia **1027**

MARGARET RIVER & SOUTHWEST COAST 1028
Bunbury 1030
Busselton 1031
Dunsborough 1032
Margaret River Wine Region **1034**
Yallingup & Umgebung . 1034
Margaret River 1037
Augusta & Umgebung .. 1041
Pemberton 1043

SÜDLICHES WA .. 1045
Walpole & Nornalup ... 1047
Denmark 1048
Albany 1050
Porongurup National Park 1056
Stirling Range National Park 1057
Esperance 1059
Eyre Highway (die Nullarbor Plain) ... 1063
Coolgardie 1064
Kalgoorlie-Boulder 1064

MONKEY MIA & ZENTRALER WESTEN . 1069
Dongara-Port Denison .. 1071
Geraldton 1072
Kalbarri 1077
Shark Bay **1081**
Denham 1082
Monkey Mia 1084
Carnarvon 1085

CORAL COAST & PILBARA 1089
Coral Bay 1092
Exmouth 1094
Ningaloo Marine Park .. 1100
Cape Range National Park 1102
Pilbara **1103**
Karijini National Park .. 1106
Port Hedland 1109

BROOME & KIMBERLEY 1111
Kimberley **1114**
Derby 1114
Gibb River Road 1116
Wyndham 1122
Kununurra 1123
Purnululu National Park & Bungle Bungle Range .. 1126
Broome **1128**
Dampier Peninsula 1136

Australien aktuell	1140
Geschichte	1142
Das Australien der Aborigines	1153
Natur & Umwelt	1160
Essen & Trinken	1168
Sport	1173

PRAKTISCHE INFORMATIONEN

Tödlich & Gefährlich	1178
Allgemeine Informationen	1181
Verkehrsmittel & -wege	1196
Sprache	1208
Register	1219
Kartenlegende	1232

SONDERSEITEN

Sydney Harbour in 3D **84**

Sydneys Strände **104**

Tore zum Great Barrier Reef **446**

Ultimatives Outback .. **956**

Indigene Kunst & Kultur **958**

Willkommen in Australien

Ist das Gras auf der anderen Seite des Zaunes – also 100 km weiter – wirklich grüner? Einfach nachschauen! Dieses riesige Land ist vielfältig, multikulturell und atemberaubend schön.

Hippe Städte

Die meisten Australier leben an der Küste (89 %, um genau zu sein), und die Mehrzahl davon in den großen Städten des Landes. Klar, dass die Städte hier viel zu bieten haben! In Sydney sorgen Strände, Boutiquen und Bars für Glamour. Melbourne steht für Kunst, hübsche Gassen und Australian Rules Football. Das subtropische Brisbane ist im Aufschwung, Adelaide zeigt Anmut und lässige Selbstsicherheit. Das boomende Perth atmet Westküsten-Optimismus, und Canberra ist viel mehr als Politik. Das tropische Darwin im Norden und das relaxte Hobart im Süden könnten verschiedener nicht sein.

Unendliche Weiten

Der große, braune Kontinent ist mit viel Asphalt überzogen. Ob von Margaret River nach Cooktown oder von Jabiru nach Dover: Der beste Weg, Australien zu würdigen, führt über die Straße. Mietwagen sind recht erschwinglich, der Zustand der Straßen meist gut, und außerhalb der Großstädte gibt's nicht viel Verkehr. Wer mit dem Wohnmobil unterwegs ist, findet gut ausgeschilderte Campingplätze in vielen größeren Städten. Und Abenteuerlustige fahren mit dem Geländewagen querfeldein: Australiens Nationalparks sind geradezu geschaffen für Campingtouren.

Essen & Trinken

Australiens Restaurants servieren eine Multikultiküche (bekannt als Mod Oz – modern-australisch), die mittels europäischer Techniken und frischer Zutaten aus der Pacific-Rim-Region zubereitet wurde. Meeresfrüchte spielen eine der Hauptrollen. Von den saftigen Bärenkrebsen der Moreton Bay bis zum köstlichen King George Whiting (eine Barschart) hat das Meer allerlei im Angebot. Natürlich gibt's beim Aussie-Barbecue zum leckeren Bier auch Rind, Lamm und Geflügel. Lieber kein Bier? Australische Weine haben Weltformat: Da wären z. B. Shiraz aus dem Barossa Valley, Semillon aus dem Hunter Valley und Sauvignon aus dem kühlen Tasmanien. Und für Koffeinjunkies gibt's nahezu überall Kaffee.

Kunst & Kultur

In welche Stadt man auch kommt, nirgendwo sucht man vergebens nach Theater, Livebands, Vernissagen, Filmpremieren oder Musikfestivals. Australien war einst ein Land mit kulturellem Minderwertigkeitskomplex. Man glaubte, man könne nichts von Weltrang schaffen. Heute ist das überwunden. Doch die Kunst der Aborigines – besonders Malerei und Tanz – bleibt von all dem unbeeindruckt und ist so hinreißend wie eh und je.

Warum wir Australien lieben

Von Charles Rawlings-Way & Meg Worby, Autoren

Wir beide leben seit mehr als 30 Jahren in diesem großartigen Land auf der Südhalbkugel und haben es trotzdem noch immer nicht gänzlich erkundet. Das liegt aber nicht etwa daran, dass wir nur zu Hause sitzen, Popcorn essen und David Attenborough schauen würden – immerhin sind wir Reiseführerautoren! Australien ist einfach verdammt riesig. Und selbst wenn wir eine 30-jährige Rundreise durch Australien machen würden, wären da immer noch Überraschungen zu entdecken. Und das ist für rastlose Reisesüchtige wie uns eine sehr beruhigende Tatsache!

Mehr über unsere Autoren gibt's auf S. 1233.

Twelve Apostles (S. 594)

Australien

INDONESIEN · SAWU-SEE · **OST-TIMOR**

TIMOR-SEE

Melville Island · Cobourg Peninsula · Bathurst Island · **Darwin** · Jabiru · Kakadu National Park

Kakadu National Park
Tropische Wildnis (S. 918)

INDISCHER OZEAN

Cape Londonderry · Joseph Bonaparte Gulf · Katherine · Mataranka

Wyndham · Kununurra · Daly Waters

Cape Leveque · Kimberley

Derby · Fitzroy Crossing · Fitzroy River

Broome · Halls Creek

Broome
Wundervolle Farbenpracht von Wüste und Meer (S. 1128)

Tennant Creek

Port Hedland · Dampier · Karratha · The Pilbara

NORTHERN TERRITORY

Uluru-Kata Tjuta NP
Echt große rote Felsen (S. 967)

North West Cape · Exmouth

Newman · Gibson Desert · MacDonnell Range · Alice Spring

Little Sandy Desert · **WESTERN AUSTRALIA** · Yulara

Carnarvon · Shark Bay

Uluru-Kata Tjuta National Park

Great Victoria Desert · Marla

Weinregionen South Australias
Top-Tropfen des Südens (S. 830)

SOUTH AUSTRALIA

Mt. Magnet · Coober Pedy

Geraldton · Nullarbor Plain

Kalgoorlie-Boulder · Eucla · Ceduna

NDISCHER OZEAN

Perth · Fremantle · Norseman

Große Australische Bucht

Bunbury · Wagin · Esperance

Busselton · Margaret River · Cape Leeuwin · Albany

Melbourne
Hipster, Sport und perfekter Kaffee (S. 514)

Great Ocean Road
Wahnsinns-Roadtrip und tolle Surfoptionen (S. 579)

HÖHENSTUFEN
- 2000 m
- 1500 m
- 1000 m
- 750 m
- 500 m
- 250 m
- 0

Fremantle
Australiens coolste kleine Stadt (S. 1005)

SÜDPOLARMEER

Cradle Mountain
Tolle Ausblicke von Tasmaniens berühmtem Berg (S. 766)

MONA
Coole, kontroverse, unbedingt sehenswerte Kunst (S. 683)

Daintree Rainforest
Schmetterlinge, Strände und tropischer Urwald (S. 475)

Great Barrier Reef
Schnorchelrevier mit vielen bunten Korallen (S. 446)

Canberras Museen & Galerien
Die Bildungshochburg des Landes (S. 217)

Byron Bay
Hippies, Surf-Spots und Musikfestivals (S. 169)

Bondi Beach
Der australische Strand schlechthin (S. 97)

Sydney Opera House
Architektur und Oper in der Hafenstadt (S. 78)

0 — 500 km

Orte und geografische Bezeichnungen:

ARAFURA-SEE, Nhulunbuy, Arnhem Land, Groote Eylandt, Torres Strait, Thursday Island, Cape York, Port Moresby, PAPUA-NEUGUINEA, SALOMONEN, Weipa, Cape York Peninsula, Cape Melville, Golf von Carpentaria, KORALLENMEER, Cooktown, Port Douglas, Cairns, Innisfail, Normanton, Ingham, Great Barrier Reef, Charters Towers, Townsville, Mt. Isa, Cloncurry, Flinders River, Bowen, Airlie Beach, Whitsunday Islands, Mackay, Winton, Longreach, Barcaldine, Great Dividing Range, Rockhampton, Gladstone, Great Barrier Reef Marine Park, Südlicher Wendekreis, Simpson Desert, Birdsville, QUEENSLAND, Charleville, Bundaberg, Hervey Bay, Fraser Island, Lake Eyre North, Noosa, Maroochydore, Brisbane, Surfers Paradise, Coolangatta, Byron Bay, SÜDPAZIFIK, Lake Eyre South, St. George, Toowoomba, Tweed Heads, Barwon River, Bourke, Armidale, Grafton, Coffs Harbour, Port Augusta, Flinders Ranges, Broken Hill, Darling River, NEW SOUTH WALES, Nyngan, Tamworth, Port Macquarie, Whyalla, Eyre Peninsula, Port Lincoln, Murray Bridge, Adelaide, Mildura, Hay, Griffith, Swan Hill, Wagga Wagga, Dubbo, Bathurst, Cowra, Goulburn, Katoomba, Newcastle, Sydney, Wollongong, Lord Howe Island (NSW), Kangaroo Island, VICTORIA, Horsham, Shepparton, Murray River, Albury, Wodonga, CANBERRA, Batemans Bay, Mt. Gambier, Ballarat, Melbourne, Warrnambool, Geelong, Cape Otway, Wilsons Promontory, King Island, Bass Strait, Flinders Island, TASMAN-SEE, Devonport, Launceston, Queenstown, TASMANIEN, Hobart

Australiens
Top 25

1

Heimische Tiere

1 In Australien gibt's bei Tierbeobachtungen (S. 1166) Pelziges, Knuddeliges, Wildes und vieles mehr zu sehen: Wale beobachtet man in der Hervey Bay, an den Stränden von Queensland trifft man Meeresschildkröten (und ihren frisch geschlüpften Nachwuchs); auf Victorias Phillip Island gibt's supersüße kleine Pinguine und Pelzrobben, in Western Australia und im Northern Territory urzeitliche Krokodile. Auf dem gesamten Kontinent erwartet einen eine großartige Vogelwelt – das „Gelächter" des Jägerliests (Kookaburra) ist unvergesslich. Außerdem gibt's Arten zu entdecken, die nur hier heimisch sind, z. B. Koalas, Kängurus, Wombats und Schnabeltiere.

Unten: Jägerliest, Queensland

Great Barrier Reef

2 Es zählt zum Welterbe der UNESCO, und sogar Oprah Winfrey ist bezaubert – das Great Barrier Reef (S. 446) ist, so fragil es auch sein mag, wunderschön. Es erstreckt sich über mehr als 2000 km an der Küste vor Queensland und ist ein komplexes Ökosystem mit wundervollen Korallen, trägen Meeresschildkröten, dahinschwebenden Rochen, scheuen Riffhaien und bunten Tropenfischen aller Art und Größe. Ob man sich fürs Tauchen, Schnorcheln, einen Rundflug oder einen Trip mit Glasbodenboot entscheidet – das Unterwasserreich und die korallengesäumten Inseln sind unvergesslich.

Uluru-Kata Tjuta National Park

3 Egal, wie oft man ihn schon auf Postkarten gesehen hat: Nichts kann einen auf den Anblick des Uluru (aka Ayers Rock) am Horizont des Outbacks vorbereiten. Die Wüstenlage, seine kulturelle Bedeutung und die spektakuläre Natur – die sehr lange Anreise über viele Hundert Kilometer lohnt sich! Doch der Uluru-Kata Tjuta National Park (S. 967) bietet noch mehr Beeindruckendes: Kata Tjuta (Olgas), mystische Wanderrouten, Sonnenuntergänge und Zeugnisse alter Wüstenkulturen.

Sydney Opera House

4 Das grandiose Opernhaus (S. 78) am Sydney Harbour ist eine Attraktion für sich: Wie ein architektonisches Gedicht sticht Jørn Utzons Bau am Bennelong Point aus dem herrlichen Hafenensemble mit der viel bewunderten Brücke, dem blau schimmernden Wasser und den fröhlich grünen Fähren heraus. Und das Beste daran: Den Zauber hier kann jeder genießen – in einer Bar mit herrlicher Lage am Wasser, einem tollen französischen Restaurant, bei einer Führung durch das Opernhaus oder bei einer der glanzvollen Vorstellungen.

Daintree Rainforest

5 Fächerpalmen, prähistorisch anmutende Farne und Mangroven prägen den üppig-grünen, uralten, zum Weltnaturerbe zählenden Daintree Rainforest (S. 475) vor weißem Strand. Umgeben von Vogelgezwitscher, Froschquaken und Insektengeschwirr erkundet man ihn bei nächtlichen Tierbeobachtungstouren, Wanderungen, auf Hochwegen, bei Jeep-Trips, Ausritten, Kajak- und Krokodilstouren oder einer Führung durch Tropenfruchtplantagen. Wer Glück hat, sichtet einen der superscheuen Kasuare!
Oben: Hichsteg, Daintree Discovery Centre (S. 476)

Fremantle

6 Fremantle – Western Australias größter Hafen, 22 km südlich von Perth – ist eine unkonventionelle, kunstaffine Hafen- und Studentenstadt. Das Stadtbild ist geprägt von gut erhaltener viktorianischer Architektur. Fremantle ist ein Ort für sich – Singapur näher als Sydney – und, wie in jeder Hafenstadt, sind die Einheimischen auf der Höhe der Zeit. In Funky Fremantle (S. 1005) scheint die salzige Luft zu knistern. Es erwarten einen Kneipen mit leckerem Bier, Clubs und Gassen mit Musik, Buden mit Frischem aus dem Ozean, Strände, Märkte ... und Studenten auf der Flucht vor ihren Büchern.

Bondi Beach

7 Bondi Beach (S. 97) ist einer der tollsten Strände der Welt, typisch Sydney und absolut superhip. Surfer, Models und Backpacker ziehen durch die Bars und Restaurants an der Campbell Pde – und der Strand ist die zeitlose Konstante. Er liegt näher an der Stadt als jeder andere. Es gibt hier immer gute Wellen (und viele Surfer), und man kann auch prima baden. Nicht versäumen sollte man auch den Clifftop Walk von Bondi nach Coogee, der am Südende des Strandes beginnt.

Essen & Wein vom Feinsten

8 Köstliches für jeden Geldbeutel – Australien ist der Gourmethimmel schlechthin: Es gibt Austern und Meeresfrüchte in Sydney (S. 87), Wein, Whisky und Käse in Tasmanien, Kaffee und griechische sowie italienische Spezialitäten in Melbourne, kräftige Rotweine und Riesling in South Australia, Krebse in Western Australia und Busch-Food im Northern Territory. Die Weinregionen des Landes pflegen eine feine Restaurantkultur mit regionalen Zutaten – wer durch die Weinkeller tourt, findet in der Nähe immer auch ein Mittagessen.

Die Whitsundays

9 Man kann sein Leben lang tropische Inseln erkunden und findet doch nirgendwo eine so reine Schönheit wie die auf den Whitsundays (S. 410). Gut betuchte Traveller legen mit ihren Jachten im Party-Ort Airlie Beach ab und schippern langsam zwischen den üppig grünen Inselchen umher, um ihr eigenes Paradies zu finden (und das ist sicher an mehr als nur einer Stelle). Der Whitehaven Beach ist ein Muss – der Strand zählt zu den schönsten Australiens. Na, schon verzaubert?

Oben rechts: Airlie Beach (S. 405)

Hobart & MONA

10 Einen Fährtrip von Hobarts Hafen entfernt steht das innovative Museum of Old & New Art (MONA; S. 683) am Flussufer. Es gehört dem einheimischen Philanthropen David Walsh, der das Museum von Weltrang als „subversives Disneyland für Erwachsene" bezeichnete. Die unterirdischen Galerien zeigen auf drei Ebenen über 400 Kunstwerke – viele kontrovers und nicht jedermanns Sache. Wer hier einmal Kunst genossen hat, wird aber garantiert intensive Diskussionen und Gespräche führen.

MONA

Byron Bay

11 Mit all den Kängurus und den typisch australischen Akubra-Hüten ist das freundliche Byron Bay (S. 169) (auch nur Byron genannt) eines der beständigsten Symbole der australischen Kultur. Die Bucht lockt mit fabelhaften Restaurants, entspanntem Flair, endlosen Stränden und unzähligen Aktivitätsangeboten urlaubende Familien, Surfer und Sonnenanbeter aus der ganzen Welt an, die sich bei Sonnenuntergang an der Küste versammeln. Kurz: Dies ist einfach einer der schönsten Küstenabschnitte des ganzen Landes.

Melbourne

12 Warum diese Schlange? Ach, weil alle das neueste Restaurant (S. 514) ausprobieren wollen, für das man nicht reservieren kann! Die besten Lokale/Köche/Cafés/Baristas/Imbissbuden sind Stadtgespräch – aber es gibt Dinge, die den Melbournern noch wichtiger sind: die Parks und Gärten der Innenstadt, die Straßenbahnen, die die Leute nach St. Kilda ans Meer bringen, und ihre für sportverrückte Städte typische Fantreue. Die berühmte Straßenkunstszene spiegelt Ängste, Frust und Freuden der Melbourner wider. Unten: Centre Place (S. 521), Melbourne

Broome & nordwestliches Western Australia

13 Schroff, abgelegen, atemberaubend – Australiens äußerste Grenze wartet mit drei Welterbestätten auf: Shark Bay, Ningaloo und Purnululu. Die Entfernungen hier sind groß und Siedlungen rar. Dann ist da noch Broome (S. 1128), wo sich Traveller treffen, und wo abends die tiefrote Sonne im Türkisblau des Ozeans versinkt. Allein die Dampier Peninsula lohnt sich – wegen der schönen Anfahrt, der indigenen Kultur, den Klippen, roten Böden, dem Seafood und den Luxus-Campingplätzen.
Oben: Dampier Peninsula (S. 1136)

Great Ocean Road

14 Die Twelve Apostles – Felsformationen im rauen Ozean – zählen zu Victorias Highlights. Eine möglichst geruhsame Anfahrt macht das Erlebnis noch toller: Die Route führt an den Superstränden der Bass Strait vorbei und durchquert landeinwärts Regenwälder mit vielen kleinen Orten. Später warten entlang der Great Ocean Road (S. 580) noch mehr Geheimnisse, z. B. das maritime Juwel Port Fairy oder das versteckte Cape Bridgewater. Entspannt geht es dann auf dem Great Ocean Walk von der Apollo Bay zu den Apostles. Unten: Die Twelve Apostles (S. 594)

Canberras Museen & Galerien

15 Canberra ist zwar erst 100 Jahre alt, aber die eigens erbaute Hauptstadt Australiens steckt voller Geschichte. Ihr größter Reiz sind die Museen und Galerien, in denen sich das Selbstverständnis des Landes spiegelt. Institutionen wie die National Gallery of Australia (S. 218), das National Museum of Australia, die National Portrait Gallery und das Australian War Memorial geben Einblicke in Geschichte sowie in vergangene und neuzeitliche Kultur.
Oben: National Museum of Australia (S. 219), Canberra

Margaret River Region – Südwestküste Western Australias

16 Tolle Touren über die Weingüter auf von Eukalyptusbäumen gesäumten Landstraßen sind nur einige Wonnen im Südwesten Western Australias: Man kann auch Höhlen und historische Städte erkunden, Wildblumen bewundern oder die Weltklasse-Wellen rund um Margaret River (S. 1037) reiten. Und manch weißer Strand ist menschenleer! Wer am Ende des Winters aufs Meer blickt, sieht vielleicht Wale, die dem „Humpback Highway" folgen.

Cradle Mountain

17 Ein schroffer Felskamm, in Jahrtausenden von Eis und Wind geformt: Der halbmondförmige Cradle Mountain (S. 766) ist Tasmaniens markantester Berg. Die ganztägige Rundwanderung bzw. Klettertour zum Gipfel wird mit einem grandiosen Blick auf Tasmaniens Herz belohnt. Alternativ lässt sich der Cradle Mountain von unten bestaunen und quer über den Dove Lake hinüber fotografieren. Ist der Gipfel in Nebel oder Wolken gehüllt? Dann am Kamin einer Lodge aufwärmen und am nächsten Tag wiederkommen!

Outback & Broken Hill

18 Ob auf dem Oodnadatta Track (S. 884) in South Australia oder auf dem Birdsville Track im Südwesten von Queensland – das Outback besucht man nicht, man wird ein Teil von ihm. Hier ist der Himmel blauer und der Staub roter als anderswo. Die Tage teilt man in Einheiten von Hunderten Kilometern, Spinifex-Gräsern und Reifenpannen ein. Nachts träumt man unter Sternen. Ist man zeitlich eingeschränkt, wird man's von der Küste aus kaum tiefer ins Outback schaffen als bis in die Bergarbeiterstadt Broken Hill.

REISEPLANUNG AUSTRALIENS TOP 25

Darwin & Kakadu National Park

19 Darwin (S. 892) wurde im Zweiten Weltkrieg und dann durch den Wirbelsturm Tracy zerstört – die Grenzstadt versteht also etwas davon, sich neu zu erfinden. Sie hat sich aus dem Tropendunst erhoben, um multikultureller Hedonistentreff und Tor zu einem der tollsten Wildnisgebiete zu werden: Zwei Stunden Fahrt gen Südosten führen zum Kakadu National Park mit indigener Felskunst und idyllischen Naturpools am Fuß hoher Wasserfälle. Die lärmende Vogelwelt und die Salzwasserkrokodile sind echte Highlights.

Oben: Maguk (Barramundi Gorge; S. 926)

Fraser Island

20 Fraser Island (S. 378) ist die größte Sandinsel der Welt. Hier findet man Dingos, Wracks und alle möglichen Vögel. Geländewagen (normale Autos sind verboten) tuckern um die idyllischen Campingorte herum und an langen weißen Stränden entlang. An der wilden Küste kann man zwischen Bächen und Süßwasserseen umherstreifen. Das Zelten am Strand unter den Sternen bringt einen zurück zur Natur. Nur eine kurze Fährfahrt entfernt liegt Hervey Bay, wo sich im Winter und Frühjahr vor der Küste Buckelwale zeigen.

Oben rechts: Maheno Schiffswrack (S. 379)

Südaustralische Weinregionen

21 Adelaide feiert seine drei weltberühmten Weinbauregionen, die alle nur eine Zwei-Stunden-Fahrt entfernt liegen: Das Barossa Valley (S. 830) im Norden bietet vollmundige Rote, alte Reben und deutsches Knowhow. Meer, Reben und Syrah geben dem McLaren Vale im Süden sein mediterranes Gesicht. Das Clare Valley steht für Riesling und holprige Fahrradtouren (in dieser Reihenfolge). Geheimtipps sind die Tropfen der kühlen Adelaide Hills und der Country Cabernet Sauvignon aus Coonawarra. Unten rechts: Weingut, Barossa Valley

Ningaloo Marine Park

22 Der Park liegt vor dem North West Cape an Western Australias Coral Coast. Hier kann man neben Walhaien, den sanften Giganten, schwimmen, entlang von Korallen schnorcheln, abseits einsamer Riffe surfen und tauchen – schließlich gehört der Park zum Weltnaturerbe und ist ebenso schön wie das Great Barrier Reef. Ningaloo (S. 1100) bietet viele Wunder, z. B. Lagunen, wo man schnorcheln kann. Die touristisch kaum erschlossene Gegend erkundet man beim Camping oder bei Ausflügen ab Exmouth oder Coral Bay.
Oben: Walhai

Indigene Kunst

23 Die indigene Kunst ist von der Traumzeit geprägt, einem Urahnenmythos. Sie verbindet Vergangenheit und Gegenwart, Übernatürliches und Irdisches, Menschen und Land. Schön sind die Punktmalereien in Central Australia (S. 1154), die Schnitzereien und Stoffe der Tiwi-Insulaner, die Rindenwerke aus Arnhem Land und die Drucke, Web- und Schnitzkunst der Torres-Strait-Insulaner sowie Arbeiten von Kunstkooperativen. Erstehen kann man die Werke in Galerien– oder direkt bei Aborigines.
Oben rechts: Injalak-Arts-Führer Garry Djorlom, Injalak Hill (S. 927)

Gold Coast

24 Frech, kitschig, hedonistisch und bejubelt – das ist Queenslands Gold Coast (S. 337). Wer Partys liebt, ist hier richtig! Und dann gibt es noch den Strand – eine unglaublich prächtige Küste mit sauberem Sand, warmem Wasser und Surf-Breaks. Die braungebrannten Götter der Brandung, die Rettungsschwimmer Australiens, halten am Strand Wache und treten bei Events u. a. im Meerschwimmen, Strandsprint und Rettungsbootrennen gegeneinander an. Hier liegen auch Australiens größte Themenparks – ein Paradies für Achterbahn-Fans!

Sport, Sport, Sport

25 Es lebe der Sport – Australien ist sportbessen, besonders vom Australian Rules Football. Höhepunkt bei der Australian Football League (AFL) ist der Grand Final Day (S. 539) in Melbourne. Dort finden auch die Australian Open, die Formel 1, das Pferderennen um den Melbourne Cup sowie das Test-Cricket-Spiel am 26. Dezember statt. In Queensland und New South Wales werden im Winter die Spiele der National Rugby League (NRL) ausgetragen. Unbedingt in einem Pub anschauen und mitjubeln!

Rechts: Melbourne Cricket Ground (S. 561)

Gut zu wissen

Weitere Infos gibt's im Abschnitt „Praktische Informationen" (S. 1177)

Währung
Australischer Dollar (AU$)

Sprache
Englisch

Visa
Alle Besucher brauchen ein Visum. Die elektronische Einreiseerlaubnis bzw. das eVisitor-Visum für je drei Monate kann man online beantragen: www.immi.gov.au.

Geld
Geldautomaten gibt's überall. Kreditkarten werden in Hotels, Restaurants, Verkehrsmitteln und bei Buchungen weithin akzeptiert.

Handys
Europäische Handys sind mit dem hiesigen Netz kompatibel. Optionen sind Roaming oder eine lokale SIM-Karte und ein Prepaid-Account.

Zeit
Drei Hauptzeitzonen: Australian Eastern, Central und Western Standard Time. In Sydney lebt man nach AEST, also nach MEZ + 9 Std..

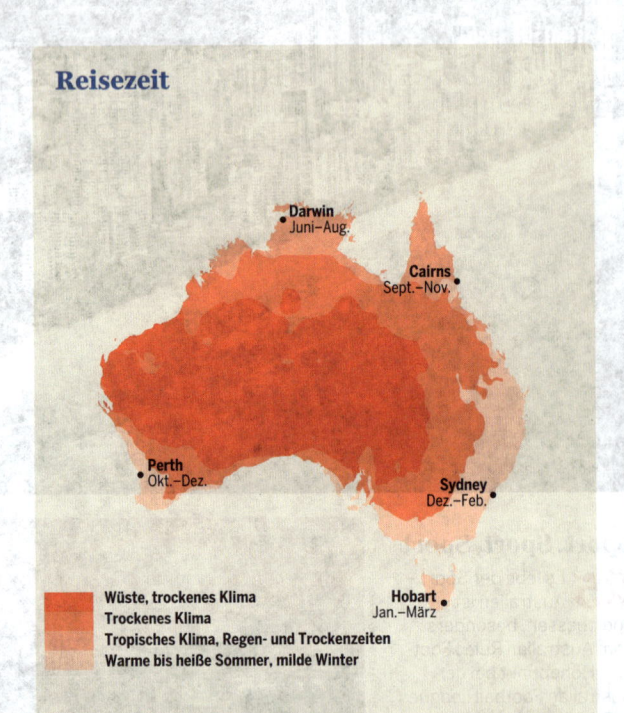

Reisezeit

- Darwin – Juni–Aug.
- Cairns – Sept.–Nov.
- Perth – Okt.–Dez.
- Sydney – Dez.–Feb.
- Hobart – Jan.–März

- Wüste, trockenes Klima
- Trockenes Klima
- Tropisches Klima, Regen- und Trockenzeiten
- Warme bis heiße Sommer, milde Winter

Hauptsaison (Dez.–Feb.)
➡ Sommer: Ferien, volle Strände und Kricket.

➡ In großen Städten steigen die Übernachtungspreise um 25 %.

➡ Überall gibt's Open-Air-Rockkonzerte, Filmvorführungen und Gastrofestivals.

Zwischensaison (März–Mai & Sept.–Nov.)
➡ Warm und sonnig, klar, kürzere Warteschlangen.

➡ An Ostern (Ende März oder Anfang April) sind viele australische Familien unterwegs.

➡ In Victoria, auf Tasmanien und in South Australia färben sich die Blätter.

Nebensaison (Juni–Aug.)
➡ Kühl und regnerisch im Süden; mild und sonnig im Norden.

➡ Wenige Touristen; Sehenswürdigkeiten haben etwas kürzer geöffnet.

➡ Super, wenn man die Wüste oder den tropischen Norden besuchen bzw. Schnee sehen will.

Infos im Internet

Lonely Planet (www.lonelyplanet.de/reiseziele/australien/) Reiseinfos, Fotos und mehr.

Tourism Australia (www.australia.com) Staatliche Tourismuswebsite mit Besucherinfos.

Bureau of Meteorology (www.bom.gov.au) Wettervorhersagen für ganz Australien.

The Australian (www.theaustralian.com.au) Onlinezeitung.

Parks Australia (www.environment.gov.au/parks) Infos zu Nationalparks und Naturschutzgebieten.

Coastalwatch (www.coastalwatch.com) Für Surfer; mit Webcams.

Wichtige Telefonnummern

Australische Telefonnummern beginnen mit einer zweistelligen Vorwahl, gefolgt von einer achtstelligen Nummer. Wer aus dem Ausland anruft, lässt die erste Null einfach weg.

Landesvorwahl	61
Vorwahl für internationale Gespräche	0011
Notfall (Krankenwagen, Feuerwehr, Polizei)	000

Wechselkurse

Eurozone	1 €	1,50 AU$
	1 AU$	0,67 €
Schweiz	1 SFr	1,39 AU$
	1 AU$	0,72 SFr

Aktuelle Wechselkurse sind unter www.xe.com abrufbar.

Tagesbudget

Günstig – weniger als 100 AU$

➡ B im Hostel: 25–35 AU$/Nacht

➡ DZ im Hostel: ab 80 AU$

➡ Einfache Mahlzeit aus Pizza oder Pasta: 10–15 AU$

➡ Kurze Bus- oder straßenbahnfahrt: 4 AU$

Mittelteuer – 100–280 AU$

➡ DZ im Motel, B & B oder Hotel: 100–200 AU$

➡ Frühstück oder Mittagessen in einem Café: 20–40 AU$

➡ Kurze Taxifahrt: 25 AU$

➡ Mietwagen: ab 35 AU$/Tag

Teuer – mehr als 280 AU$

➡ DZ im Spitzenklassehotel: ab 200 AU$

➡ 3-Gänge-Menü im Gourmetrestaurant: 80 AU$

➡ Nachtclub-Grundpreis: 10–20 AU$

➡ Inlandsflug von Sydney nach Melbourne: ab 100 AU$

Öffnungszeiten

Die Öffnungszeiten variieren von Bundesstaat zu Bundesstaat; hier allgemeine Richtlinien:

Banken Mo–Do 9.30–16, Fr bis 17 Uhr

Bars 16 Uhr–open end

Cafés 7–17 Uhr

Geschäfte Mo–Fr 9–17, Sa bis 12 od. 17 Uhr

Kneipen 11–24 Uhr

Restaurants 12–14.30 Uhr & 18–21 Uhr

Supermärkte 7–20 Uhr; manche 24 Std.

Ankunft am ...

Sydney Airport (S. 1197) AirportLink-Züge fahren zwischen ca. 5 und 1 Uhr alle zehn Minuten (20 Min.). Vorbuchbare Shuttle-Busse fahren zu den Stadthotels. Eine Taxifahrt ins Zentrum kostet 40 bis 50 AU$ (30 Min.).

Melbourne Airport (S. 1197) SkyBus (24 Std.) bedient das Stadtzentrum (20 Min.) und fährt alle zehn bis 30 Minuten. Ein Taxi in die Stadt kostet rund 40 AU$ (25 Min.).

Brisbane Airport (S. 1197) Airtrain-Züge fahren zwischen 5 (Sa & So 6) und 22 Uhr alle 15 bis 30 Minuten ins Zentrum (20 Min.). Vorbuchbare Shuttle-Busse steuern die Stadthotels an. Ein Taxi in die Stadt kostet 35 bis 45 AU$ (25 Min.).

Unterwegs vor Ort

Australien ist das sechstgrößte Land der Welt – klar, dass es da nicht so einfach ist, von A nach B zu kommen.

Auto Man kann sein Reisetempo selbst bestimmen, abgelegene Gebiete erkunden und Regionen ohne Nahverkehr besuchen. Mietwagen gibt's in größeren Städten; es wird links gefahren.

Flugzeug Reisewege lassen sich durch die günstigen, regelmäßigen und schnellen Flüge zwischen großen Zentren abkürzen. Fürs grüne Gewissen zahlt man Klimakompensation.

Bus Verlässliche, regelmäßige Langstreckenverbindungen; nicht immer billiger als Fliegen.

Zug Langsam, teuer und unregelmäßig – aber die Landschaft ist toll! Schlafwagen sind bequemer als Overnighter Seats.

Mehr zu **Verkehrsmitteln & -wegen** gibt's auf S. 1196.

REISEPLANUNG GUT ZU WISSEN

Was gibt's Neues?

Darling Harbour & Barangaroo, Sydney
Darling Harbour erfindet sich neu: Weg mit den 1980er-Jahre-Bauten, her mit einem riesigen Kongresszentrum, mit dem Barangaroo-Bürokomplex, Parks und Ausgeh- und Entertainment-Angeboten!

Australian Age of Dinosaurs Museum, Winton
Das neue Museum mit Forschungseinrichtung hat einen tollen Empfangsbereich und plant eine Abteilung für Naturgeschichte. Das gemeinnützige Forschungszentrum organisiert im Mai und Juni Ausgrabungen von Dino-Überresten. (S. 502)

Spirit of Queensland, Queensland
Der neue Hochgeschwindigkeitszug fährt die 1681 km zwischen Brisbane und Cairns in etwas unter 25 Stunden. Es gibt Liegesitze wie in der Business Class in Flugzeugen sowie persönliche Entertainment-Sets.

Mawson's Huts Replica Museum, Hobart
Was ist das denn für eine Holzbude an Hobarts Ufer? Ein originalgetreuer Nachbau der Antarktis-Station des Sir Douglas Mawson von 1911. Erklärt wird einem alles von kompetentem Personal. (S. 681)

Adelaide Oval, Adelaide
Die 610 Mio. AUS$ teure Renovierung hat sich gelohnt: Die Anlage sieht gut aus. Der Hügel, die Feigenbäume und die Anzeigetafel sind geblieben – dies ist eines der schönsten Kricketfelder der Welt. (S. 782)

Trevillian Quay, Canberra
Das Kanalufer Trevillian Quay in Kingston an der Südseite des Lake Burley Griffin wartet mit neuen Cafés, Restaurants und Bars auf. (S. 226)

MANY6160, Fremantle
Mix aus lokalen Künstlerateliers, Pop-up-Galerien und -Geschäften im Erdgeschoss des ehemaligen Kaufhauses Myer. (S. 1013)

Godinymayin Yijard Rivers Arts & Culture Centre, Katherine
Dieses tolle neue Kunstzentrum ist Katherines neuer sozialer und kultureller Mittelpunkt. Das flotte Gebäude hat sich schnell zum architektonischen Wahrzeichen der Stadt entwickelt. (S. 932)

Kajakfahren im Ningaloo Marine Park, WA
Am Ningaloo Reef gibt's eine neue Kajakroute mit Liegeplätzen an diversen Schnorchel-Spots. Eine Übernacht-Route mit Camping an einsamen Stränden, die über GPS angesteuert werden, ist in Arbeit.

Broken Hill, NSW
2015 kam Broken Hill als erste ganz australische Gemeinde auf die National Heritage Liste der 102 „besonderen" Orte, die zur nationalen Identität beitragen. (S. 267)

Ausgehen in Double Bay, Sydney
Sydneys neue (sehr strenge) Ausschankverordnungen haben die Freunde des gepflegten Konsums von Alkohol zu später Stunde aus Kings Cross ins ehemals seriöse Double Bay vertrieben. Neue Bars und Restaurants mischen die Szene auf.

> Weitere Empfehlungen und Kritiken gibt's unter lonelyplanet.com/australia (englisch).

Wie wär's mit...

Strände

Bondi Beach Ein unverzichtbares Sydney-Erlebnis: in der Brandung planschen oder am Strand umherschlendern und Leute beobachten! (S. 97)

Wineglass Bay Es lohnt sich, hier bergauf zu klettern und in den prächtigen Kessel voller tasmanischem Sand hinunterzusteigen. (S. 723)

Whitehaven Beach Die Perle unter den Whitsunday Islands Queenslands lockt mit weißem Sand und klarem Wasser. (S. 415)

Bells Beach Der bekannteste Surfstrand liegt in der Nähe Torquays an der Great Ocean Rd in Victoria. (S. 588)

Hellfire Bay Die Bucht mit pudrigem Sand liegt in der Mitte des Cape Le Grand National Park in Western Australia, also mitten im Nichts. (S. 1061)

Carrickalinga Beach An dem kaum besuchten Strand südöstlich von Adelaide, in der Nähe des Weinbaugebiets McLaren Vale, kann man angeln und im seichten Wasser baden. (S. 812)

Avalon Dies ist der malerischste der prächtigen Northern Beaches in Sydney. (S. 106)

Crowdy Head In New South Wales finden sich goldene Strände vor einer Kulisse schroffer Felsformationen. (S. 209)

Inseln

Kangaroo Island Toll, um Wildtiere zu beobachten und frische Meeresfrüchte zu genießen. (South Australia; S. 816)

Bruny Island Das windige, dünn besiedelte Refugium südlich von Hobart hat eine bezaubernde Küstenlandschaft. (S. 701)

Fraser Island Die größte Sandinsel der Welt besitzt gewaltige Dünen, Süßwasserseen und eine reiche Fauna. (S. 378)

Whitsundays Man mietet sich in einem Resort ein oder segelt rund um den unberührten Archipel. (Queensland; S. 410)

North Stradbroke Island Brisbanes Spielwiese: Surfstrände und Walbeobachtung. (S. 326)

Rottnest Island Eine Fährfahrt von Fremantle (Western Australia) entfernt liegt dieses geschichtsträchtige Atoll. (S. 1016)

Lizard Island Refugium im Norden Queenslands. Man wohnt in einem Resort oder zeltet einfach. (S. 481)

Lady Elliot Island Auf der vom Great Barrier Reef umgebenen Insel kann man prima Robinson spielen. (Queensland; S. 389)

Wildnis

Blue Mountains National Park Das Sydney am nächsten gelegene Stück unberührter Natur lockt mit spektakulären Canyons, Klippen und dichten Eukalyptuswäldern. (S. 145)

Flinders Ranges National Park Die alten, schroff-schönen Felsen am Ikara (Wilpena Pound) in South Australia sind toll. (S. 876)

Nitmiluk (Katherine Gorge) National Park Der fünftägige Jatbula Trail in der Wildnis des Northern Territory führt an vielen Badestellen vorbei. (S. 935)

Cradle Mountain-Lake St. Clair National Park Hier taucht man in die teilweise unwirtliche, aber malerische Landschaft Tasmaniens ein. (S. 766)

Kimberley In Kimberley (nördl. Western Australia) wollen tosende Wasserfälle, spektakuläre Schluchten, schroffe Gipfel und eine einsame Küste besucht werden. (S. 1114)

Daintree Rainforest Der Regenwald im Norden Queenslands hält für die wenigen Traveller viele Aktivitäten bereit. (S. 475)

Sturt National Park Der Park im äußersten Nordwesten von New South Wales hat eine vielfältige Fauna und ist ein gut zugängliches Stück Outback. (S. 274)

Weinregionen

Barossa Valley In dem Gebiet mit mehr als 80 Weingütern

REISEPLANUNG WIE WÄR'S MIT ...

rund um einst deutsche Dörfer reifen Top-Rotweine. (South Australia; S. 830)

McLaren Vale Das mediterran anmutende Gebiet eine Stunde südlich von Adelaide ist ein Shiraz-Paradies. (S. 808)

Tamar Valley Das Tal gehört zu den wichtigsten kühlen Weinbaugebieten Tasmaniens und ist nur ein kurzes Stück von Launceston entfernt. (S. 738)

Clare Valley Aus dem Clare Valley in South Australia kommt toller Riesling. (S. 836)

Yarra Valley Das Yarra Valley eine Stunde außerhalb Melbournes ist *die* Adresse für süße Weiße und Cabernets. (S. 571)

Hunter Valley In der ältesten hiesigen Weinregion wird schon seit den 1820ern Wein angebaut – der Sémillon ist top! (S. 162)

Granite Belt Dieses hoch gelegene Weinbaugebiet in Queensland bringt einige überraschend gute Weine hervor. (S. 331)

Pubs & Livemusik

Northcote Social Club Der Club ist einer der besten Livemusiktreffs in Melbourne. Vorn gibt's eine wuselige Bar, hinten eine große Terrasse. (S. 560)

Newtown Social Club Das alte Sandringham Hotel in Sydney bietet gute Livemusik von lokalen Bands und Indie-Stars. (S. 136)

Governor Hindmarsh Hotel Der alte Rock-Schuppen in Adelaide hat ordentliches Kneipenessen und Livemusik. (S. 799)

Knopwood's Retreat An einem kalten Abend in Hobart kommt der Kamin des „Knoppie's" gerade recht. (S. 694)

Sail & Anchor Die Kneipe in Fremantle bekennt sich zu dem Motto: „In der Gärung liegt die Wahrheit". (S. 1011)

Oben: Blick auf die Three Sisters (S. 147) von Echo Point, Blue Mountains National Park

Unten: National Gallery of Australia (S. 218) – vorn George Baldessins *Pear – Version 2* (1973), hinten Thanakupis *Eran* (2010).

Bills On The Ningaloo Reef
Dieses neue Kneipenrestaurant in Coral Bay (Western Australia) hat den kulinarischen Pokereinsatz sofort erhöht. (S. 1094)

Corner Hotel Ein legendärer Rocktreff im Melbourner Stadtteil Richmond. (S. 560)

Breakfast Creek Hotel Die Location in Brisbane ist so populär, dass es schon an Kitsch grenzt. (S. 316)

Palace Hotel Die extravagante Kneipe in Broken Hill erlebt ein Revival. (S. 272)

Kunstgalerien

National Gallery of Australia Das Museum in Canberra besitzt mehr als 7500 Werke von Aborigines oder Torres-Strait-Insulanern. (S. 218)

MONA Australiens thematisch avantgardistischstes Kunstmuseum ist in Hobart Stadtgespräch. (S. 683)

National Gallery of Victoria Internationale Sonderausstellungen von Weltrang (Monet, Dalí, Caravaggio) machen hier Station – wer sie sehen will, muss sich in die Schlange der Melbourner einreihen. (S. 526)

Art Gallery of New South Wales Mit wechselnden Ausstellungen bleibt die altgediente Institution am Ball. Für Spannung und Kontroversen sorgt die Verleihung des Archibald Prize für Porträtmalerei. (S. 79)

Art Gallery of South Australia An der North Tce in Adelaide setzt diese Kunstgalerie progressive Akzente. (S. 779)

Art Gallery of Ballarat Australiens älteste und größte regionale Kunstgalerie zeigt viele Werke bekannter australischer Künstler. (S. 620)

Museum & Art Gallery of the Northern Territory Darwins Galerie zeigt erstrangige Werke indigener Künstler. (S. 898)

Pro Hart Gallery In Broken Hill, New South Wales, werden hier Werke des Bergarbeiters gezeigt, der zu einem weltberühmten Künstler wurde. (S. 269)

Indigene Kultur

Kakadu National Park Überhänge mit ungewöhnlicher Felskunst finden sich in den Klippen von Nourlangie und Ubirr im Northern Territory. (S. 918)

Koorie Heritage Trust In Melbourne gibt diese Institution mit Führungen und Ausstellungen zeitgenössischer und traditioneller Kunst gute Einblicke in die Kultur der südöstlichen Aborigines. (S. 524)

Kuku-Yalanji-Traumwanderungen Von indigenen Führern geleitete Wanderungen durch die Mossman Gorge in Queensland. (S. 474)

Uluru-Kata Tjuta Cultural Centre Zu Füßen des Uluru informiert das Zentrum über Gesetze, Bräuche und Religion der örtlichen Aborigines. (S. 967)

Bookabee Tours Touren mit indigenen Führern durch Adelaide und die Flinders Ranges in South Australia. (S. 787)

Godinymayin Yijard Rivers Arts & Culture Centre Die neue soziale und architektonische Hochwassermarke in Katherine (Northern Territory). (S. 932)

Ngurrangga Tours Kulturexkursionen von Karratha (Western Australia) zu nahe gelegenen Felszeichnungen und Wasserlöchern. (S. 1103)

Carnarvon Gorge In den verwinkelten Schluchten in Queensland kann man Felskunst bestaunen. (S. 397)

Dampier Peninsula Auf der Halbinsel in Western Australia kommt man mit indigenen Gemeinden in Kontakt, kann mit dem Speer fischen und Krabben fangen. (S. 1136)

Outback-Abenteuer

Mit dem Geländewagen nach Cape York Ein großes Abenteuer ist die Tour abseits der Straßen zur Nordspitze Australiens. Man schließt sich einer Tour an oder wagt sich allein los. (S. 485)

Red Centre Bei einer Tour ab Alice Springs erkundet man die Wüste im Herzen Australiens mit den Gipfeln des Uluru und der Kata Tjuta. (S. 967)

Karijini National Park Bei der abenteuerlichen Tour in diesem abgelegenen Park klettert, hangelt, schlittert und taucht man durch Schluchten. (Western Australia; S. 1106)

Oodnadatta Track Die Tour, auf der man neben ruhelosen Emus und Eidechsen auch den Kati Thanda (Lake Eyre) und einsame Pubs sieht, folgt einer historischen Bahnstrecke durch South Australia. (S. 884)

Nullarbor Plain Die ultimative Outback-Tour: 2700 km geht's von Adelaide nach Perth durch die Nullarbor Plain. (S. 1063)

Mungo National Park Das wunderbare Ziel im Outback von New South Wales lockt mit erstaunlichen Landformationen, Tieren und Touren zur Kultur der Aborigines. (S. 265)

Arnhem Land Von Jabiru im Kakadu National Park im Northern Territory kann man eine Tagestour ins abgelegene Arnhem Land unternehmen. (S. 926)

Purnululu National Park Der Nationalpark in Western Australia bezaubert mit uralten erodierten Felskuppeln, die an Bienenkörbe erinnern. (S. 1126)

Monat für Monat

> **TOP-EVENTS**
>
> **Adelaide Fringe**, Februar
>
> **Sydney Gay & Lesbian Mardi Gras**, März
>
> **Byron Bay Bluesfest**, April
>
> **AFL Grand Final**, September
>
> **Tropfest**, Dezember

Januar

Der Januar kommt in Fahrt, Australien erholt sich vom Weihnachtstrubel, und alle merken: „Es ist Sommer!" Die Festival-Saison beginnt mit Musik-Events im Freien; Melbourne richtet die Australian Open aus.

Sydney Festival

„It's big" sagt die Werbung. Tatsächlich sind die drei tollen Sommerwochen mit Musik, Tanz, Diskussionsrunden, Theater und bildender Kunst (alles meist gratis und familienfreundlich) ein echtes Kunst-Event (www.sydneyfestival.org.au).

MONA FOMA

(www.mofo.net.au) Brian Ritchie (Bassist der Violent Femmes) fungiert als Kurator, wenn im MONA in Hobart das Festival of Music & Art zelebriert wird. Es ist so aufregend, fortschrittlich und überraschend wie das Museum selbst.

Australia Day

Australiens „Geburtstag" wird am 26. Januar (www.australia-day.com), dem Tag, an dem die First Fleet 1788 anlegte, mit Barbecues, Feuerwerk, Fahnen, Alkohol und Imponiergehabe gefeiert. Wenig Partystimmung herrscht bei den indigenen Australiern, die den Tag als Invasion Day oder Survival Day bezeichnen.

Tamworth Country Music Festival

Bei dem Schwof (www.tamworthcountrymusicfestival.com.au) im nördlichen NSW dreht sich Ende Januar alles um große Hüte, goldene Gitarren und eines der besten Country-Musik-Programme jenseits von Nashville (Tennessee). Auf der Bühne stehen zumeist Australier, aber auch ein paar internationale Stars.

Februar

Der Februar ist der heißeste Monat. Im Norden sorgt die Regenzeit für Hitze. In Tasmanien und Victoria herrscht tolles Wetter. Für die Einheimischen geht's zurück zur Arbeit, zum Strand oder zum Kricket.

Adelaide Fringe

Das einmonatige Fringe (www.adelaidefringe.com.au) rangiert direkt hinter dem in Edinburgh. Hierher kommen jene Künstler, die es nicht auf das hochintellektuelle Adelaide Festival schaffen (oder das nicht wollen). Zentrum des bunten Gemischs aus Comedy, Musik und Artistik ist der Garden of Unearthly Delights auf dem Parkgelände.

März

Im März findet in Australien die Weinlese statt, wobei es in diesem Herbstmonat in den letzten Jahren fast so heiß war wie im Januar und Februar. Auf Melbournes Straßen hält der Formel-1-Zirkus Einzug.

Sydney Gay & Lesbian Mardi Gras

Das einmonatige Fest (www.mardigras.org.au) endet am ersten Samstag im März mit einem Umzug auf der Oxford Street in Sydney, den 300 000 Leute verfolgen. Fitnessstudios leeren sich, Solarien und Enthaarungsstudios haben Hochkonjunktur. Tickets für Aftershow-Partys sind begehrt.

🎉 WOMADelaide

Das jährlich stattfindende Festival (www.womadelaide.com.au) bietet an vier Tagen Weltmusik, Kunst, Essen und Tanz in Adelaides Botanic Park und lockt Menschen aus ganz Australien an. Auf acht Bühnen spielen Hunderte Künstler. Kaltes Bier kriegt man hier auch.

April

Melbourne und die Adelaide Hills schmücken Laubwälder, die sich golden verfärben. Im Norden lässt der Regen nach, und in der Wüste werden die Temperaturen erträglich. An Ostern steigen überall die Preise für Unterkünfte.

☆ Byron Bay Bluesfest

(www.bluesfest.com.au). Jedes Ostern füllt sich Byron Bay an der Nordküste von NSW bis zum Bersten mit Rock-, Folk- und Blues-Fans, die sich hier zu einem musikalischen Fünf-Tages-Spektakel (www.bluesfest.com.au) einfinden. Die Tickets sind zwar teuer, aber das Programm ist immer fantastisch (Lenny Kravitz, Ben Harper, Bonnie Raitt, Buddy Guy, Paul Kelly…).

Mai

Die Trockenzeit beendet im Northern Territory, im nördlichen Western Australia (WA) und in Far North Queensland den Regen. Eine tolle Zeit, um den Uluru (Ayers Rock) zu besichtigen!

🐋 Walbeobachtung

Südkaper und Buckelwale kommen an Australiens Südostküste (Mai–Okt.), um zu fressen und sich fortzupflanzen. Zu sehen sind sie vor Hervey Bay (NSW), Warrnambool (Victoria), Victor Harbor (SA), Albany (WA) und North Stradbroke Island (Queensland).

Juni

Winter: In den Skiorten der Southern Alps gibt's Schnee, und mit Beginn der Football-Saison füllen sich die Stadien. Im Norden ist Hauptsaison: Wasserfälle und Outback-Routen sind zugänglich, die Preise hoch.

🎉 Laura Aboriginal Dance Festival

Im verschlafenen Laura, 330 km nördlich von Cairns auf der Cape York Peninsula in Far North Queensland, findet Australiens größte Zusammenkunft von Aborigines statt (www.lauradancefestival.com). Gemeinschaften aus der Region versammeln sich zu Gesang, Tanz und Zeremonien. Am folgenden Wochenende werden die Laura Races and Rodeo ausgerichtet.

🎿 Skisaison

Mit dem Wintereinbruch heißt es für alle Schneehasen Skier und Snowboards schnappen und auf in die Berge (www.ski.com.au)! In Victoria und NSW gibt's die bedeutendsten Skiorte, in Tasmanien einige kleinere.

Juli

Kneipen mit Kaminen und gemütliche Cafés haben im Süden Hochkonjunktur; die Strände sind leer. Im Norden herrscht viel Andrang auf Märkte, Touren und Unterkünfte. Südlich von Alice Springs gehört warme Kleidung ins Gepäck, das MIFF ist Pflicht.

☆ Melbourne International Film Festival

Zahllose Kurz-, Spiel- und Dokumentarfilme flimmern von Ende Juli bis Anfang August über Leinwände in der ganzen Stadt: Das MIFF (www.miff.com.au) muss sich vor Toronto und Cannes nicht verstecken. Seit 1952 wird es ausgerichtet und erfreut sich großer Beliebtheit – die Tickets im Zentrum sind schnell vergriffen.

🍺 Beer Can Regatta

(www.beercanregatta.org.au) Der Festivalkalender des NT strotzt vor schrägen Events. Bei diesem liefern sich Hunderte „Boote" aus leeren Bierdosen ein Rennen auf dem Flachwasser am Mindil Beach (Darwin). Bechern und Lachen sind dabei weitaus wichtiger als nicht unterzugehen.

August

Im August fliehen die Bewohner Südaustraliens vor der winterlichen Tristesse ins sonnigere Queensland. Die letzte Chance für Touren ins tropische Top End und ins Outback, bevor's dort heiß und feucht wird.

🎉 Cairns Festival

Von Ende August bis Anfang September wird bei dem dreiwöchigen Kunst- und Kulturfestival (www.cairns.qld.gov.au/festival) ein Top-Programm mit Musik, Theater, Tanz, Comedy, Filmen, Aborigine-Kunst und Ausstellungen gezeigt. Bei Freiluftveranstaltungen auf Plätzen, in Parks und in Gärten kommt Cairns tropische Kulisse zur Geltung.

September

Der Frühling überzieht das Outback in WA und South Australia (SA) mit Wildblumen, Orte wie Canberra und Toowoomba richten Blumenfeste aus. Die Football-Saison endet, der Pferderennzirkus beginnt.

Brisbane Festival

Das Kunstfestival gehört zu den größten und vielfältigsten Australiens. An 22 Tagen im September wird in der Stadt ein tolles Programm mit Konzerten, Theaterstücken, Tanz und Randveranstaltungen geboten (www.brisbanefestival.com.au). Beendet wird das Ganze mit dem „Riverfire", einem eindrucksvollen Feuerwerk über dem Fluss.

Australian Rules Grand Final

Höhepunkt der Australian Football League (AFL; www.afl.com.au) ist jedes Jahr dieses Großspektakel, das Millionen begeisterter Aussies (im Fernsehen) verfolgen. Tickets für das Spiel in Melbourne sind sehr schwer zu kriegen. Viele Fans treffen sich aber zum Grillen nebst Halbzeit-Amateurkick im örtlichen Park.

Oktober

Das rundum gemäßigte Klima ist prima zum Campen oder Abhängen auf regionalen Weingütern. Nach dem Football und vor dem Kricket haben Sportfans jetzt erstmal Leerlauf.

Jazz in the Vines

In Australiens Weinbauregionen (Barossa, McLaren Vale, Yarra Valley) finden Wein- und Gourmetfeste statt. Die Nähe des Hunter Valley zu Sydneys Jazzszene garantiert gute Musik im Tyrrell's Vineyard (www.jazzinthevines.com.au).

November

Einige Strände des nördlichen Queensland, NT und WA sind z. T. wegen der Würfelquallen im Flachwasser gesperrt. Outdoor-Events haben Hochkonjunktur: An allen Küsten lassen Rettungsschwimmer die Muskeln spielen.

Melbourne Cup

Am ersten Novemberdienstag wird beim landesweit (wenn nicht gar weltweit) wichtigsten Pferderennen in Melbourne der Rasen aufgerissen (www.melbourne-cup.com). Provinzstädte richten ihre eigenen Derbys nach diesem Tag aus, der von ganz Australien verfolgt wird und so die Nation praktisch lahmlegt.

Margaret River Gourmet Escape

Ein eindrucksvolles Aufgebot von Starköchen prägt WAs Beitrag zum nationalen Gourmet- und Weinfestkalender (www.gourmetescape.com.au): Dutzende Gastro-Größen servieren absolute Spitzenküche. Die wahren Highlights sind aber die Lesen aus der Region Margaret River.

Sculpture by the Sea

Mitte November verwandeln australische wie internationale Künstler den Klippenpfad zwischen Bondi Beach und Tamarama (Sydney) in einen tollen Skulpturengarten (www.sculpturebythesea.com). Die kreativsten Werke erhalten hohe Preisgelder. Dasselbe passiert im März am Cottesloe Beach (Perth).

Dezember

Hurra, die Schule ist aus! Zwei Wochen vor Weihnachten beginnen die Schulferien, in den Städten ist Power-Shopping angesagt, und das Klima ist warm. Im Norden kündigt sich bereits die Monsunsaison an: Nachmittägliche Stürme bringen Regenfälle mit sich.

Tropfest

(www.tropfest.com.au) Das weltgrößte Kurzfilm-Festival findet an einem Sonntag Anfang Dezember in Sydneys Centennial Park statt. Um Betrug zu vermeiden und die Kreativität zu fördern, müssen alle Beiträge ein bestimmtes Element enthalten (z. B. einen Kuss, ein Niesen, einen Ballon). Freier Eintritt!

Sydney to Hobart Yacht Race

(www.rolexsydneyhobart.com) Am Boxing Day (2. Weihnachtsfeiertag; 26. Dez.) startet in Sydneys Hafen die anspruchsvollste Jacht-Regatta auf offenem Meer weltweit (628 Seemeilen!). Die Gewinner erreichen Hobart um den 29. Dezember herum.

Reiserouten

4 WOCHEN — Von Sydney nach Cairns

Die 2864 km lange Route an der Ostküste zwischen Sydney und Cairns ist die beliebteste. In zwei Wochen ist sie zu schaffen; wer sich vier Wochen Zeit lässt, kann gut entspannen.

Die ersten Tage lässt man sich von den Lichtern des glitzernden **Sydney** verzaubern, bevor die Reise nach Norden über den Pacific Highway durchs zentrale und nördliche New South Wales (NSW) geht. Im **Hunter Valley** lässt man es bei gutem Wein langsamer angehen, und auch baden muss drin sein – und zwar im familienfreundlichen **Port Stephens** und in **Coffs Harbour**, wo die „Big Banana" steht. Danach geht's nach **Byron Bay**, wo man sich vom New Age erwecken lässt und die tollen Strände genießt. Die Fahrt führt weiter nach Queensland an die party- und surfverrückte **Gold Coast**. Nach einer Pause im hippen **Brisbane** macht man sich durch die **Glasshouse Mountains** und die Hippie-Stadt **Eumundi** auf den Weg zum reichen **Noosa** an der Sunshine Coast.

Der Bruce Highway windet sich an der bezaubernden Küste entlang in den äußersten Norden von Queensland. Vor der Küste von **Hervey Bay** kann man vorüberziehende Wale sichten, dann dringt man weiter nach Norden vor zum himmlischen **Whitsundays Archipel**, den Korallen des **Great Barrier Reef** und dem Mekka der Sporttaucher, **Cairns**.

Durch ganz Australien: die große Runde

4 WOCHEN

Nach einem zärtlichen *goodbye* an die Lichter, Bars und Boutiquen **Sydneys** fliegt man nach **Alice Springs** im heißen Central Australia. Hier besucht man den Alice Springs Desert Park und nimmt an einer Tour zum **Uluru-Kata Tjuta National Park** weiter südlich teil. Der Uluru kassiert die Lorbeeren, aber die Kata-Tjuta-Felsen sind höher.

Zurück in Alice geht's mit einem Leihwagen gen Norden auf dem Stuart Highway ins aufstrebende, raue **Darwin**. Unterwegs kann man im **Nitmiluk (Katherine Gorge) National Park** ein bisschen Kanu fahren oder eine Rundfahrt machen sowie im **Kakadu National Park** Krokodile beobachten und Felskunst der Aborigines bewundern.

Ab Darwin fliegt man nach **Perth**, das seine ganz eigene Lebenseinstellung vertritt. Nicht weit entfernt liegt die hübsche Hafenstadt **Fremantle**. Weiter südwärts kann man am **Margaret River** bei einem Wein Kräfte sammeln, bevor man die Weiten der **Nullarbor Plain** in Angriff nimmt. Wer keine Lust auf die lange Autofahrt zum feierfreudigen **Adelaide** hat, kann den *Indian Pacific* nehmen – die Bahnfahrt ist unvergesslich.

Rund um Adelaide locken erstklassige Weinbaugebiete (das **Barossa Valley** und das **McLaren Vale** sind beide nur eine Stunde entfernt). Die malerische **Great Ocean Road** führt ins sportbesessene **Melbourne**, wo man sich ein Australian-Rules-Football- oder ein Kricketspiel im Hexenkessel des Melbourne Cricket Ground anschauen sollte.

Wer noch ein paar Tage übrig hat, nimmt die Autofähre nach **Tasmanien**. Der wunderbare Inselstaat beherbergt ein paar der ältesten Wälder des Landes und Gebirgsketten, die zum Weltnaturerbe gehören, wie den leicht zugänglichen, traumhaften **Cradle Mountain-Lake St. Clair National Park**.

Von Melbourne geht's weiter die Küste Victorias entlang zu den Pinguinen und Koalas auf **Phillip Island** und dem weißen Sand des abgeschiedenen **Wilsons Promontory National Park**. Nach einigen Tagen am **Ninety Mile Beach** kurvt man die südliche NSW-Küste hinauf zur idyllischen **Jervis Bay** (schon Wale gesichtet?). Zurück in **Sydney** findet man an einem der vielen Strände sicher ein ruhiges Plätzchen für sich.

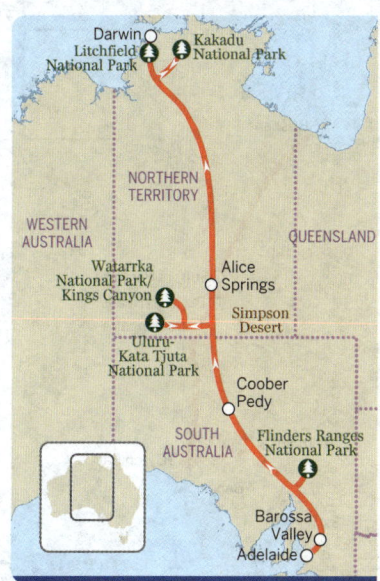

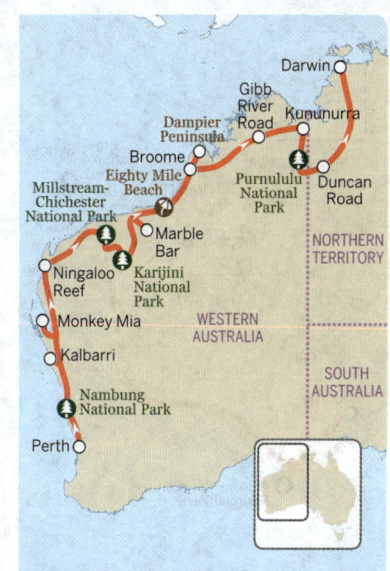

Von Adelaide nach Darwin

2 WOCHEN

Die 3000 km lange Route auf dem Stuart Hwy führt ins Herz der Wüste.

Von **Adelaides** Restaurants und alten Pubs geht's nordwärts zum **Barossa Valley** mit seinen tollen Rotweinen. Nächster Halt ist der rostfarbene **Flinders Ranges National Park**, wo sich der Ikara (Wilpena Pound) aus der Halbwüste erhebt.

Abseits des Stuart Hwy liegen die Wohnhöhlen von **Coober Pedy**. Es geht weiter nach Norden. Der Lasseter Highway führt zum legendären **Uluru-Kata Tjuta National Park**. Die Wüstenschlucht des **Watarrka (Kings Canyon) National Park** liegt 300 km nördlich.

Nach der Übernachtung in der Wüstenoase **Alice Springs** geht's nach Norden zu den Sümpfen und Felsen des **Kakadu National Park**, der zum Weltnaturerbe gehört, und zu den grandiosen Wasserfällen und Becken des **Litchfield National Park**.

Darwin ist längst mehr als nur eine raue Grenzstadt. Heute ist die Stadt so multikulturell wie ihr Mindil Beach Sunset Market. Das Deckchair Cinema und das Museum & Art Gallery of the Northern Territory nicht versäumen!

Perth, Pilbara & Kimberley

3½ WOCHEN

Lust auf Abenteuer? Von **Perth** aus geht's im Geländewagen bis nach… Darwin!

Erster Halt ist im schönen **Nambung National Park**. Weiter geht's zum **Kalbarri National Park** mit seinen tollen Schluchten und Klippen. Auf Delfine trifft man am Strand von **Monkey Mia**, danach kann man am **Ningaloo Reef** schnorcheln.

Im Landesinneren liegt Pilbara. Abkühlen kann man sich im **Millstream-Chichester National Park**, dann geht's in den **Karijini National Park**. Ein Bier in Marble Bar, Australiens heißester Stadt, ist der Hit. Schließlich besucht man am **Eighty Mile Beach** noch die Schildkröten.

Nördlich von **Broome** kommt das Nichts. Bei Sonnenuntergang blickt man den Kamelen am Cable Beach nach. Die **Dampier Peninsula** lockt mit Traumstränden und Camping. Ostwärts geht's auf der **Gibb River Road** ins Herz Kimberleys.

In **Kununurra** werden die Vorräte aufgestockt, dann geht's ab zum **Purnululu National Park** mit den Sandstein-Highlights. Auf der **Duncan Rd** fährt man ins Northern Territory – sobald man Asphalt unter sich hat, ist **Darwin** nicht mehr weit.

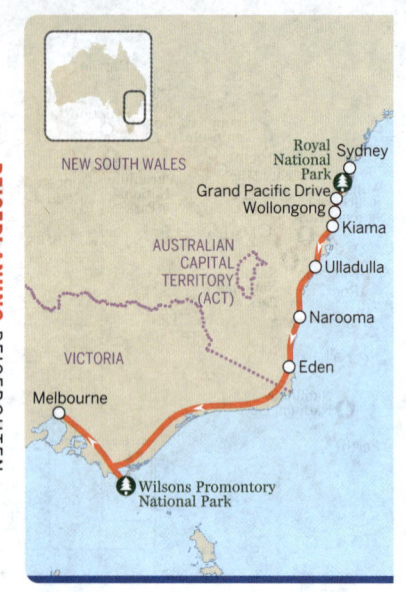

1 WOCHE — Von Sydney nach Melbourne

Die meisten Traveller fliegen nach Sydney, das die größte Stadt Australiens ist. Doch auch Melbourne, nur knapp 1000 km südlich, sollte man sich nicht entgehen lassen.

Am Hafen zeigt sich **Sydney** von seiner schönsten Seite: Das Sydney Opera House und die Sydney Harbour Bridge sind nicht zu übersehen. Letztere kann man sogar erklettern. Der Bondi Beach ist ein Muss!

Gen Süden geht's durch den **Royal National Park** zum **Grand Pacific Drive** und weiter nach **Wollongong** zur bezaubernden Küstenstadt **Kiama**. In der Nähe führt der Illawarra Fly Tree Top Walk durch die Baumkronen des Regenwalds.

Weiter geht es nach Süden durch **Ulladulla**, **Narooma** und das treffend benannte **Eden** an der Grenze zu Victoria. Die Straße von hier nach Melbourne ist wenig interessant. Für Abwechslung sorgen Buschwanderungen im **Wilsons Promontory National Park**.

Die Küstenstadt **Melbourne** ist bekannt für Kunst, den Australian Rules Football und Kaffee. Am besten schlendert man durch die Gassen und Galerien, gönnt sich ein Kneipenessen und lauscht Livemusik.

1 WOCHE — Von Brisbane nach Byron Bay

Hier heißt es das Surfbrett auf den Dachträger schnallen und in den *Endless Summer* fahren, denn dieser Küstenabschnitt ist berühmt für seine Surfwellen.

Das einst verschlafene **Brisbane** boomt, und man verliert leicht den Überblick. Urbane Reize (tolle Restaurants, Kunst, Kultur, Kaffee und Bars) gehen hier quasi fließend in die Natur (Uferklippen, Parks und den geschlängelten Brisbane River) über.

Gen Süden Richtung Gold Coast taucht die Skyline von **Surfers Paradise** auf, einem Ort voller Wohntürme und künstlich gebräunter Menschen. Ein Stopp lohnt sich, wenn man Kasinos, Themenparks und besoffene Backpacker mag. Entspannter sind der Surferort **Burleigh Heads** und das Rettungssurfer-Mekka **Coolangatta**.

Trotz Menschenmassen im Sommer (und zu Ostern) und zunehmender Bebauung bleibt **Byron Bay** im nördlichen NSW eine Hippie-Stadt mit tollen Pubs, Restaurants, Stränden und den berühmten Surfwellen bei Pass Point. Nicht auslassen darf man Ausflüge ins Landesinnere – ins hübsche **Bangalow** und nach **Nimbin**, Australiens Oase des alternativen Lebensstils.

Reiseplanung
Trips zum Great Barrier Reef

Das als Weltkulturerbe gelistete größte Riffsystem der Erde erstreckt sich über 2000 km und besteht aus lebenden Organismen: Das Great Barrier Reef beginnt am südlichen Wendekreis nahe Gladstone in Queensland und endet südlich von Papua-Neuguinea.

Reisezeit

Die Hauptsaison geht von Juni bis Dezember. Zwischen August und Januar ist die Unterwassersicht am besten.

➡ **Nord-Queensland** (nördl. von Townsville) erlebt von Dezember bis März eine Regenperiode mit drückender Hitze und viel Regen. Trockener und kühler wird's von Juli bis September.

➡ Die **Whitsundays** sind ganzjährig ein prima Ziel. Im Winter (Juni–Aug.) kann es angenehm warm sein, gelegentlich braucht man trotzdem einen Pullover. Im restlichen Queensland sind die Sommer (Dez.–März) heiß und feucht.

➡ Der Winter im **südlichen** und **zentralen Queensland** ist mild genug fürs Tauchen oder Schnorcheln mit Neoprenanzug.

Reiseziele

Das Great Barrier Reef ist riesig! Es gibt daher unzählige beliebte Ausgangspunkte, von denen aus man zum Riff gelangt. Achtung: Das Wetter, Gezeitenänderungen oder neue Schäden am Riff durch Wirbelstürme können zu veränderten Bedingungen an einzelnen Orten führen!

Zugang vom Festland

Die Zugänge zum Great Barrier Reef vom Festland aus ermöglichen jeweils leicht un-

Riff-Highlights
Tiere beobachten
Auf Lady Elliot oder Heron Island kann man Schildkröten beim Schlüpfen beobachten, beim Kajakfahren vor Green Island nach Riffhaien, Schildkröten und Rochen ausschauen, auf Magnetic Island Koalas und auf Fraser Island Dingos sichten.

Schnorchelspots
Mit Maske, Flossen und Schnorchel geht's zum Knuckle Reef, Hardy Reef und Fitzroy Reef, nach Magnetic Island oder zu den Whitsunday Islands.

Aussicht von oben
Fliegen kann man ab Cairns, Hamilton und den Whitsunday Islands. Wer mag, kann mit dem Fallschirm über Airlie Beach abspringen.

Segeln
Von Airlie Beach geht's zu den Whitsundays oder von Port Douglas aus zum Agincourt Reef.

Infos im Internet
Dive Queensland (www.dive-queensland.com.au)

Great Barrier Reef Marine Park Authority (www.gbrmpa.gov.au)

Queensland Department of National Parks, Sport & Racing (www.nprsr.qld.gov.au)

Riff-Highlights

REISEPLANUNG TRIPS ZUM GREAT BARRIER REEF

PORT DOUGLAS
Hier kann man exklusive Tagesausflüge mit dem Katamaran zum Agincourt Reef buchen. (S. 468)

CAIRNS
Von Cairns aus kann man Green Island mit seinen Urwäldern und dem Riff besichtigen. Wer wenig Geld hat, macht einen Tagestrip nach Fitzroy und/oder Green Island. (S. 440)

MISSION BEACH
Am Mission Beach lässt es sich gut entspannen, z.B. bei einer Tour durch den Regenwald. Übernachten kann man auf Dunk Island, wo man baden, paddeln und wandern kann. (S. 431)

TOWNSVILLE
In Townsville sollte man das Reef HQ besuchen, wenn man das Riff trockenen Fußes erkunden möchte. Erfahrene Taucher können eine Bootstour zum Wrack der *SS Yongala* buchen. Und nicht die Koalas auf Magnetic Island verpassen! (S. 419)

WHITSUNDAYS
Von Airlie Beach aus lassen sich die Strände der Whitsundays und die Korallenriffe im Rahmen einer Tour oder eines Törns besuchen. (S. 410)

TOWN OF 1770
Von Town of 1770 kann man einen Tagestrip nach Lady Musgrave Island machen und die Korallen vom Halbtauchboot betrachten. Geschnorchelt und getaucht wird in einer Lagune. (S. 387)

terschiedliche Erlebnisse und Aktivitäten. Hier eine Übersicht in Süd-Nord-Richtung.

Agnes Water & Town of 1770 Die beiden kleinen Orte sind eine gute Wahl für alle, die den Menschenmassen entfliehen wollen. Es führen Touren zur Fitzroy Reef Lagoon, die dank bislang beschränkter Besucherzahl zu den am wenigsten beeinflussten Bereichen des Riffs zählt. Die ruhige Lagune eignet sich perfekt zum Schnorcheln und ist auch vom Boot aus ein imposanter Anblick.

Gladstone Etwas größer, aber immer noch recht klein. Es ist der nächste Zugang zu den südlichen Riffinseln und zahllosen Atollen, darunter Lady Elliot Island – ideal für Taucher und Schnorchler.

Airlie Beach Eine Kleinstadt mit großer Partyszene und vielen Segelausrüstern. Hauptattraktion sind mehrtägige Bootstrips zu einigen der Korallen-Saumriffe der Whitsunday Islands. Egal ob die Finanzen null oder fünf Sterne zulassen, in Airlie gibt's für jeden Geldbeutel die passende Tour.

Townsville Ein toller Ausgangspunkt für Tauchtrips. Im Angebot sind Abstecher zu den vielen Inseln und Winkeln des Riffs mit vier oder fünf Übernachtungen an Bord. Das Kelso Reef und das Wrack der *Yongala* sind besonders artenreich. Alternativ finden diverse Tagesausflüge mit Glasbodenbooten statt. Hier ist auch das Reef HQ, eine Aquariumsversion des Great Barrier Reef.

Mission Beach Näher am Riff als alle anderen Zugangspunkte. Von dieser ruhigen Kleinstadt führen einige Boots- und Tauchausflüge zu Abschnitten des Außenriffs. Das Angebot ist so überschaubar wie die Besucherzahl.

Cairns Der Hauptausgangspunkt für Touren zum Great Barrier Reef mit einer verwirrenden Zahl von Anbietern. Hier bekommt man alles von günstigen Tagesausflügen auf großen Booten bis hin zu luxuriösen fünftägigen Charterfahrten in lauschiger Atmosphäre. Das Spektrum deckt einen großen Teil des Riffs ab. Manche Veranstalter schippern nordwärts bis nach Lizard Island. Günstige Trips gehen eher zu Innenriffen, die oft stärker beschädigt sind. In Cairns starten auch Panoramaflüge.

Port Douglas Ein schicker Ferienort und Zugangspunkt zu den Low Isles und zum Agincourt Reef, einem äußeren Barriereriff mit kristallklarem Wasser und noch sehr bunten Korallen. Tauch-, Schnorchel- oder Bootstrips sind vornehmer, teurer und weniger Massenabfertigung als in Cairns. Vor Ort beginnen auch Panoramaflüge.

Cooktown In der Nähe von Lizard Island, aber während der Regenperiode zwischen November und Mai machen Tourveranstalter (und der größte Teil der Stadt) den Laden dicht.

Inseln

Über das ganze Riff verteilt liegen zahlreiche Inseln und Atolle, die sofortigen Zugang zu den Wundern unter Wasser bieten. Die Übersicht nennt die besten Eilande von Süden nach Norden.

Lady Elliot Island Ein Korallenatoll, das mit ca. 57 Vogelarten ein Paradies für Fans der Piepmätze ist. Auch Meeresschildkröten legen hier ihre Eier ab, und Lady Elliot ist wohl obendrein der beste Ort des Riffs, um Mantarochen zu beobachten. Die Insel ist zudem ein berühmtes Tauchrevier. Es gibt ein Resort hier, man kann aber auch einen Tagesausflug von Bundaberg aus hierher unternehmen.

Heron Island Ein winziges Korallenatoll inmitten eines riesigen Riffbereichs. Dieses Tauchermekka ermöglicht auch Riffwanderungen und Schnorcheln. Heron ist Nistplatz von Grünen Meeresschildkröten und Unechten Karettschildkröten und außerdem Heimat von etwa 30 Vogelarten. Die Insel hat nur ein Resort mit entsprechenden Preisen.

Hamilton Island Der „Vater der Whitsundays" hat ein weitläufiges, familienfreundliches Resort mit guter Infrastruktur. Die Atmosphäre ist nicht gerade lauschig, aber hier beginnen viele Touren zu Abschnitten des äußeren Riffs, die vom Festland aus nicht zugänglich sind.

Hook Island Eine der äußeren Whitsundays und von Riffen umgeben. Die Bade- und Schnorchelmöglichkeiten sind super, und die Größe der Insel ermöglicht auch schöne Buschwanderungen. Unterkünfte und Campingplätze sind bezahlbar, und Hook ist von Airlie Beach aus leicht erreichbar – die Insel ist ein Topziel für Budgetreisende.

Orpheus Island Der Nationalpark ist einer der exklusivsten und romantischsten Rückzugsorte des Riffs. Man kann hier toll schnorcheln: Direkt vom Strand aus geht's hinein in die farbenfrohe Unterwasserwelt. Gruppen von Saumriffen sorgen zudem für viele Tauchmöglichkeiten.

Green Island Ein weiteres echtes Korallenatoll des Great Barrier Reef. Seine umliegenden Saumriffe zählen zu den schönsten der Welt: Die Tauch- und Schnorchelspots sind spektakulär. Das ganze Eiland ist Nationalparkgebiet mit einer üppigen Vogelwelt und von dichtem Regenwald bedeckt.

Lizard Island Einsam, schroff und der ideale Rückzugsort vor der Zivilisation. Hier gibt's weiße Strände aus feinstem Sand, unglaublich blaues Meer und sehr wenige Touristen. Der bekannteste Tauchspot des Riffs ist Cod Hole, wo man mit friedlichen, bis zu 60 kg schweren Gefleckten Riesenzackenbarschen schwimmen kann. Auch

Pixie Bommie ist eine sehr geschätzte Tauchstelle auf der Insel.

Tauchen & Schnorcheln

Getaucht und geschnorchelt wird hier oft vom Boot aus. Von manchen Inseln kann man aber auch direkt vom Strand aus in die grandiose Korallenwelt eintauchen. Alle Bootsausflüge beinhalten normalerweise den kostenlosen Verleih von Schnorchelausrüstung. Meistens wird insgesamt drei Stunden lang der Meeresboden erkundet. Bei Ausflügen mit Übernachtung an Bord lassen sich die Riffe natürlich noch wesentlich intensiver und flächendeckender erkunden.

Wer keinen Tauchschein hat, kann oft an geführten Einführungstauchgängen teilnehmen. Diese Unterwassertouren werden von erfahrenen Tauchern geleitet. Vorab gibt's eine Belehrung in Sachen Sicherheit und Ablauf. Ein Fünftageskurs der PADI (Professional Association of Diving Instructors) oder ein „Buddy" sind nicht vonnöten.

> **TOP-SCHNORCHELSPOTS**
>
> Nichttaucher könnten sich fragen, ob es sich lohnt, das Great Barrier Reef „nur zum Schnorcheln" zu besuchen. Die Antwort ist ein deutliches Ja! Viele der üppigen bunten Korallen sind leicht zugänglich – sie wachsen recht dicht unter der Wasseroberfläche, da sie zum Gedeihen das helle Sonnenlicht brauchen. Die besten Schnorchelspots auf einen Blick gibt's im Folgenden:
> ➜ Fitzroy Reef Lagoon (Town of 1770)
> ➜ Heron Island, Great Keppel Island, Lady Elliot Island, Lady Musgrave Island (Capricorn Coast)
> ➜ Hook Island, Hayman Island, Border Island, Hardy Reef, Knuckle Reef (Whitsundays)
> ➜ Lizard Island, Michaelmas Reef, Hastings Reef, Norman Reef, Saxon Reef, Green Island (Cairns)
> ➜ Opal Reef, Agincourt Reef, Mackay Reef (Port Douglas)

Praktisch & Konkret

Um das Risiko zu minimieren, durch Reststickstoff im Blut Dekompressionserscheinungen zu entwickeln, sollte der letzte Tauchgang spätestens 24 Stunden vor Flügen beendet sein – auch vor solchen per Ballon oder zu Fallschirmsprüngen. Ein Tauchgang gleich nach der Ankunft per Flieger ist dagegen kein Problem.

Man sollte ermitteln ob die eigene Versicherungspolice Tauchen als gefährliche Sportart einstuft und nicht abdeckt. Gegen einen Jahresbeitrag bietet das **Divers Alert Network** (DAN; www.diversalertnetwork.org. Notfallhotline: 919-684-9111) eine Versicherung an, die Evakuierungs- und Behandlungskosten nach Tauchunfällen trägt.

Die Sicht unter Wasser reicht in Küstengewässern 1 bis 3 m, mehrere Kilometer vor der Küste bis zu 15 m. Am Außenrand des Great Barrier Reef beträgt sie 20 bis 35 m und im Korallenmeer 50 m und mehr.

Im nördlichen Queensland liegt die Wassertemperatur ganzjährig bei 24 bis 30 °C. Gen Süden fällt sie allmählich ab und sinkt im Winter auf 20 °C.

Top-Tauchspots am Riff

Das Great Barrier Reef bietet einige der besten Rifftauchstellen des Planeten. Hier sind ein paar Top-Spots für den Anfang:

SS Yongala Ein versunkenes Schiffswrack, das seit mehr als 90 Jahren eine lebendige Gemeinschaft von Meeresbewohnern beheimatet.

Cod Hole Mit Gefleckten Riesenzackenbarschen.

Heron Island Farbenfrohe Fischschwärme direkt vor dem Strand.

Lady Elliot Island Hat 19 berühmte Tauchspots.

Pixie Bommie Nachttauchgänge offenbaren die „dunkle Seite des Riffs".

Bootsausflüge

Wer nicht auf einer Insel mitten im Great Barrier Reef urlaubt, muss dessen Schönheit im Rahmen eines Bootsausflugs kennenlernen. Tagestrips starten in vielen Orten an der Küste und an Inselresorts. Sie beinhalten meist das Benutzen von Schnorchelausrüstung, Snacks, ein Mittagsbüfett und Tauchen als Extra. Manchmal halten auch Meeresforscher an Bord einen Vortrag zur Riffökologie.

Bootsausflüge unterscheiden sich sehr in puncto Passagierzahl, Schiffstyp und

NACHHALTIGER TOURISMUS AM RIFF

Vor Ausflügen zum extrem sensiblen Great Barrier Reef ist es unverzichtbar, sich gezielt über verantwortungsbewusstes Verhalten am Riff zu informieren, um die Folgen seines Besuchs zu minimieren.

➡ Das Beschädigen oder Entfernen von Korallen im Schutzgebiet ist eine Straftat.

➡ Korallen nie berühren: Jeder Kontakt beschädigt sie (und außerdem kann man sich verletzen).

➡ Meereslebewesen nicht berühren oder bedrängen und nie in der Nähe einer Seekuh (Dugong) ins Wasser gehen!

➡ Beim Betrieb eigener Boote unbedingt die Ankervorschriften bzw. -verbote *(no anchoring areas)* im Riffbereich beachten, um Korallenschäden zu vermeiden!

➡ Beim Tauchen (vor allem als Anfänger) sicherstellen, dass die Gewichte korrekt bemessen sind und die Tarierweste das Riff nicht berührt; außerdem darauf achten, dass Ausrüstungsteile wie Sekundärregler oder Druckmesser nicht über die Korallen schleifen!

➡ Beim Schnorcheln sollte man vor allem als Anfänger zunächst so lange abseits der Korallen üben, bis die Bewegung im Wasser sicher kontrolliert werden kann.

➡ Neoprenanzug oder einen „Rashie" leihen, statt Sonnencreme aufzutragen – diese beschädigt das Riff.

➡ Mit den Flossen keine Sedimente aufwirbeln oder Korallen zerstören!

➡ Beim Muschelsammeln die Mengen- und Artenschutzbeschränkungen beachten.

➡ Allen Müll (auch biologisch Abbaubares wie Apfelgehäuse) mitnehmen und korrekt an Land entsorgen!

Qualität, was sich im Preis niederschlägt. Vor der Entscheidung sollte man also möglichst alle Details ermitteln. Auswahlkriterien wären z. B. Bootstyp (Motorkatamaran oder Segelboot), Passagierzahl (6–400) und eventuelle Extras (Essen, Vorträge, Hoteltransfers etc). Auch das Ziel ist wichtig: Die Außenriffe sind in der Regel weniger berührt, Innenriffe oft durch Menschenhand, Korallenbleiche oder korallenfressende Dornenkronenseesterne beschädigt. Einige Veranstalter organisieren Fahrten mit Glasboden- oder Halbtauchbooten.

Viele Bootsmannschaften verleihen Unterwasserkameras, die jedoch an Land eigentlich günstiger auszuleihen sind. Natürlich kann man auch seine eigene Unterwasserkamera bzw. ein wasserdichtes Gehäuse benutzen. Teilweise sind auch Profifotografen mit an Bord, die Taucher begleiten und sie mit hoher Qualität ablichten.

Übernachten an Bord

Wer viel tauchen will, sollte *live-aboards* wählen. Man kann drei Tauchgänge bei Tageslicht machen und bei Gelegenheit nachts tauchen. Solche Exkursionen führen oft zu entlegenen Bereichen des Riffs und beinhalten ein bis sechs Übernachtungen. Zu den am häufigsten angebotenen Touren gehören Dreitagestrips mit drei Übernachtungen und bis zu elf Tauchgängen (neun tagsüber und zwei nachts).

Ein genauer Check der Optionen lohnt sich: Einige Boote stimmen ihre Fahrten auf bestimmte Meereslebewesen (z. B. die Walwanderung) oder die Korallenblüte ab. Andere besuchen entlegenere Reviere wie die Riffe im äußersten Norden, den Pompey Complex oder das Korallenmeer und die Swain Reefs.

Die Anbieter sollten zu Dive Queensland gehören, was einen Mindeststandard garantiert; auf www.dive-queensland.com.au gibt es eine Liste. Am besten können sie auch ein Zertifikat von **Ecotourism Australia** (www.ecotourism.org.au) vorweisen.

Beliebte Startpunkte von Übernachttrips inklusive Zielen, die besucht werden:

Bundaberg Zugang zur Bunker Island Group mit den Inseln Lady Musgrave und Lady Elliot. Manche Trips führen auch zum Fitzroy Reef, Llewellyn Reef und zum kaum besuchten Boult Reef oder zur Hoskyn und zur Fairfax Island.

Town of 1770 Bunker Island Group.

Gladstone Swain Reefs und Bunker Island Group.

Mackay Lihou Reef und Korallenmeer.

Airlie Beach Whitsundays, Knuckle und Hardy Reef.

Townsville Wrack der *Yongala* plus Canyons von Wheeler und Keeper Reef.

Cairns Cod Hole, Ribbon Reefs, Korallenmeer und die Riffe im äußersten Norden.

Port Douglas Osprey Reef, Cod Hole, Ribbon Reefs, Korallenmeer und die Riffe im äußersten Norden.

Tauchkurse

In Queensland kann man vielerorts tauchen lernen, Auffrischungskurse belegen oder seine unterseeischen Fähigkeiten ausbauen. Örtliche Tauchkurse haben hohe Standards. Alle Schulen vergeben Zertifikate der PADI (Professional Association of Diving Instructors) oder der SSI (Scuba Schools International). Wesentlich wichtiger als die Wahl des jeweiligen Zertifikats ist jedoch ein guter Tauchlehrer. Somit heißt's vor der Entscheidung für einen bestimmten Kurs unbedingt örtliche Empfehlungen einholen und den Tauchlehrer kennenlernen.

Cairns zählt zu den beliebtesten Orten für Tauchkurse. Dort gibt's z. B. günstige Varianten (4 Tage ab 500 AU$), die Pooltraining und Rifftauchen kombinieren. Am anderen Ende der Skala stehen intensivere Optionen mit Rifftauchen und Übernachtung (5 Kurstage inkl. 3 Tagen/2 Nächten an Bord kosten ab 750 AU$).

Auch hier geht's nach dem Tauchunterricht hinaus zum Great Barrier Reef: nach Airlie Beach, Bundaberg, Hamilton Island, Magnetic Island, Mission Beach, Port Douglas und Townsville.

Camping am Riff

Ein Zelt auf einer tropischen Insel aufzuschlagen, ist eine einzigartige und günstige Methode, das Great Barrier Reef kennenzulernen. Man erlebt so Tropenidylle zum Bruchteil des Preises eines Fünf-Sterne-Inselresorts, das eventuell direkt neben dem Campingplatz liegt. Dessen Ausstattung kann von praktisch nicht vorhanden (ein sandiger Fleck im Schatten) bis zu Duschen, WCs, Infotafeln und Picknicktischen reichen.

Die Abgeschiedenheit der meisten Inseln macht eine gute Vorbereitung auf allgemeine und medizinische Notfälle unerlässlich. Unabhängig vom Ziel muss man eigene Nahrungsmittel und Wasser mitbringen (5 l/Tag & Pers.). Da sich Abholtermine oft wetterbedingt verschieben, sind Zusatzvorräte für vier Tage empfehlenswert. Man darf nur an ausgewiesenen Stellen campen, nur markierte Wege benutzen und muss alles Mitgebrachte wieder mitnehmen. Wegen des Feuerverbots ist ein Gas- oder ein anderer Campingkocher nötig.

Campinggenehmigungen für Nationalparks muss man im Voraus buchen, online oder telefonisch beim **Queensland Department of National Parks, Sport & Racing** (☏ 13 74 68; www.nprsr.qld.gov.au).

Unsere Favoriten:

Whitsunday Islands Über Hook, Whitsunday und Henning Island verteilen sich fast ein Dutzend herrlich gelegener Campingplätze.

Capricornia Cays Stellplätze auf den Atollen Masthead Island, North West Island und der fantastischen, unbewohnten Lady Musgrave Island für maximal 40 Camper. Vor Town of 1770.

Dunk Island Halb Resort, halb Nationalpark mit prima Bade-, Kajak- und Wandermöglichkeiten. Vor Mission Beach.

Fitzroy Island Resort plus Nationalpark mit kurzen Buschwanderpfaden und Korallen vorm Strand. Vor Cairns.

Frankland Islands Inselgruppe vor Cairns mit Korallen-Saumriffen und weißen Sandstränden.

Lizard Island Strände zum Staunen, wundervolle Korallen und riesige Tierwelt. Die meisten Besucher kommen mit dem Flieger von Cairns.

Orpheus Island Abgeschiedene Insel (mit dem Flieger aus Townsville oder Cairns erreichbar) mit üppigem Tropenwald und herrlichem Saumriff.

Reiseplanung
Outback-Trip

Australiens Outback beginnt irgendwo im Nirgendwo – wo genau, ist geografisch kaum festzumachen. Man erkennt es aber, wenn man angekommen ist: Der Himmel scheint weiter zu werden, der Horizont ist erschreckend leer, und die wenigen Einheimischen, denen man begegnet, sind unvergleichlich robust und sehr australisch. Abenteuerlustige von heute treffen hier auf zeitlos wirkende indigene Kultur, einmalige Natur und hinreißende Landschaften.

Über das Outback

Das weite, nicht eindeutig begrenzte Outback erstreckt sich über die Mitte des Kontinents. Auch wenn die meisten Australier an der Küste leben – dieser schmale grüne Ring ist eher untypisch in Bezug auf die enorme Landmasse des Kontinents. Australien hat, so könnte man sagen, ein Wüstenherz.

Die Wetterlage variiert von Region zu Region – es gibt sandige, trockene Wüste, halbtrockenen Busch und tropische Savanne –, aber meist sind die Tage heiß und sonnig und die Nächte klar. Der Horizont erstreckt sich meilenweit.

Reisezeit

Beste Reisezeit

Winter Von Juni bis Ende August schnieft sich der Südosten Australiens (wo der Großteil der Bevölkerung lebt) durch regnerische Wintertage, aber das Outback ist voll in Form. Regen ist hier zwar nicht unbekannt – in den letzten Jahren gab es ziemlich viel –, doch meist darf man mit wolkenlosem Himmel, moderaten Tagestemperaturen, kalten Nächten und guten Straßenverhältnissen rechnen. Der Winter ist auch die beste Zeit, um das tropische Top End zu besuchen: Die Luftfeuchtigkeit ist gering, die Tage sind trocken und die Temperaturen mild.

Beste(r) ...

Gepäckstücke
Sonnenmilch, Sonnenbrille, Hut, Insektenschutzmittel, viel Trinkwasser und gute Musik für die Autofahrt.

Outback-Route
Der Oodnadatta Track bedeutet 620 km roten Staubs, Emus, Eidechsen, Salzseen und Relikte historischer Bahnstrecken.

Indigene Kultur
Der Kakadu National Park in der tropischen Wildnis des Top End lockt mit uralter Felskunst und Kulturtouren mit indigenen Führern.

Nationalpark
Im Uluru-Kata Tjuta National Park muss man den weltberühmten Uluru einfach gesehen haben – aber die nahe gelegenen, weniger bekannten Kata Tjuta sind genauso eindrucksvoll.

Outback-Highway
Auf dem Stuart Highway von Adelaide nach Darwin durchquert man das Herz des Outback.

Outback-Trip: Abseits der üblichen Pfade

TIWI ISLANDS
Ohne Auto geht's übers Wasser nach Bathurst Island, wo man die Tiwi-Island-Kultur mit ihrer faszinierenden Geschichte und einzigartigen Kunst erleben kann. (S. 910)

KAKADU & ARNHEM LAND
Man braucht einen Jeep, um all die schönen Ecken des Nationalparks zu erreichen; einige werden von Jeeptour-veranstaltern angesteuert, die auch Zugang zum Arnhem Land ermöglichen. (S. 918)

GOLFKÜSTE & LIMMEN NATIONAL PARK
Der kaum bekannte Limmen National Park, erreichbar über Roper Bar oder Borroloola, ist ein gutes Ziel. Er punktet mit Möglichkeiten zum Angeln, Landschaft und rustikalen Campingplätzen. (S. 940)

KEEP RIVER NATIONAL PARK
Ein wenig bekannter, aber lohnender Abstecher auf dem Weg ins nördliche WA: Im Keep River National Park gibt's Aborigine-Kunst, Tiere, Pflanzen, kurze Wege und tolle Sandsteininformationen (S. 939)

REGION VICTORIA RIVER
Der Victoria Hwy führt durch einstiges Weideland, von dem große Teile der Natur in Form von Nationalparks zurückgegeben wurden. Abstecher auf Schotterpisten ermöglichen Zeltnächte unter Sternen. (S. 938)

REISEPLANUNG OUTBACK-TRIP

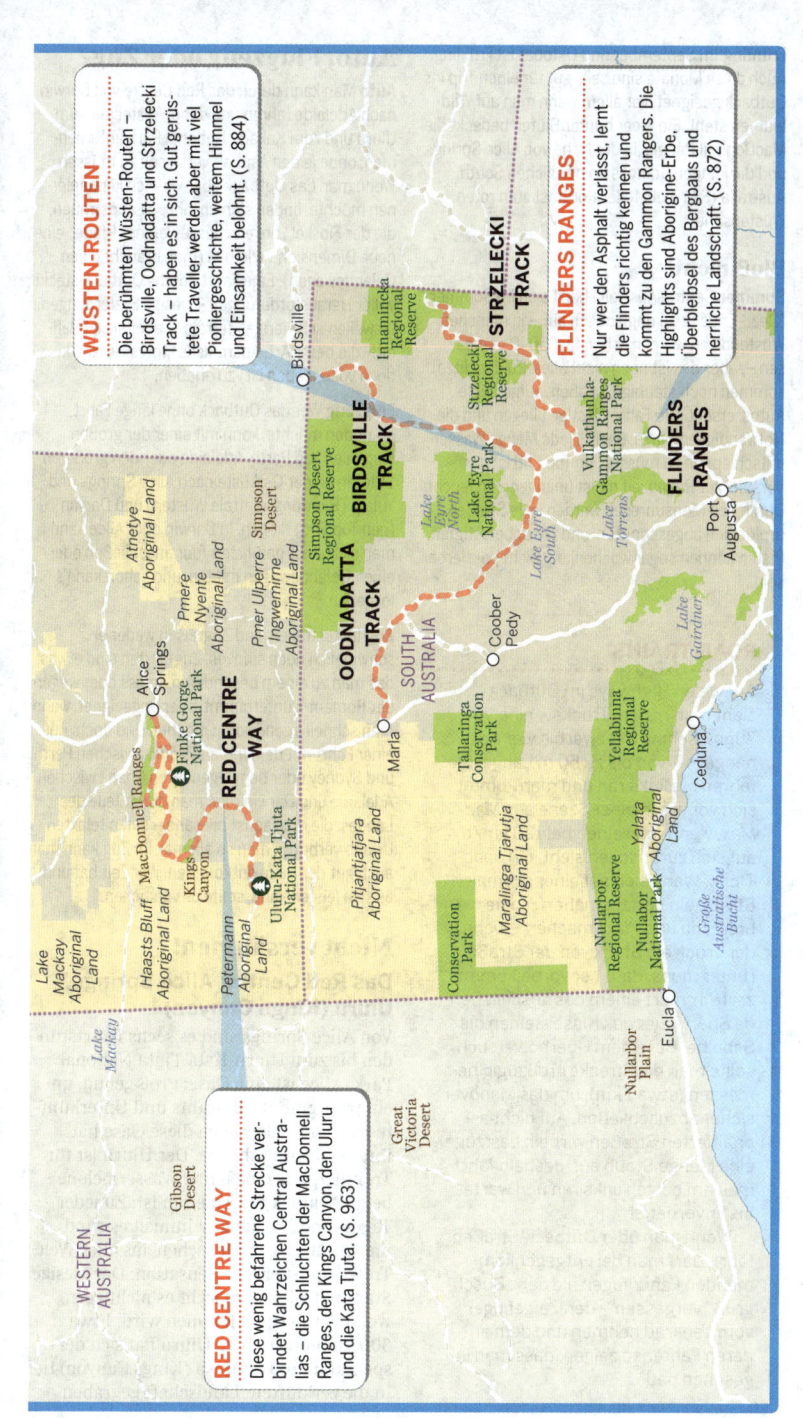

WÜSTEN-ROUTEN

Die berühmten Wüsten-Routen – Birdsville, Oodnadatta und Strzelecki Track – haben es in sich. Gut gerüstete Traveller werden aber mit viel Pioniergeschichte, weitem Himmel und Einsamkeit belohnt. (S. 884)

FLINDERS RANGES

Nur wer den Asphalt verlässt, lernt die Flinders richtig kennen und kommt zu den Gammon Rangers. Die Highlights sind Aborigine-Erbe, Überbleibsel des Bergbaus und herrliche Landschaft. (S. 872)

RED CENTRE WAY

Diese wenig befahrene Strecke verbindet Wahrzeichen Central Australias – die Schluchten der MacDonnell Ranges, den Kings Canyon, den Uluru und die Kata Tjuta. (S. 963)

Frühling Im September und Oktober ist Frühling. Auch diese Monate sind sehr gut für einen Trip ins Outback geeignet, vor allem wenn man auf Wildblumen steht. Ein Meer bunter Blüten bedeckt die MacDonnell Ranges in der Nähe von Alice Springs und die Flinders Ranges im nördlichen South Australia (SA) – ein toller Kontrast zum roten Wüstensand!

Bloß nicht!

Sommer Central Australia heizt sich im Sommer (Dez.–Ende Feb.) unglaublich auf – in manchen Wüstenorten wurden schon fast 50 °C gemessen –, aber das ist noch nicht alles: Zu der Hitze kommen noch staubige Straßen, aufgeheizte Autos, erschöpfte Fahrer, lästige Fliegen und die Notwendigkeit hinzu, überall jede Menge Wasser mitschleppen zu müssen. Im Top End ist das Vorspiel zur Regenzeit meist unangenehm feucht. Durch den Monsunregen werden viele Straßen urplötzlich abgeschnitten, und die unbefestigten Pisten können sogar wochenlang nicht passierbar sein.

> **ROAD TRAINS**
>
> Auf vielen Highways im Outback sieht man riesige Trucks – eine Zugmaschine mit zwei bis vier Anhängern – von bis zu 50 m Länge. Sie fahren nie links ran und man kommt sich vor wie in einer Szene aus *Mad Max*, wenn man einen bei 120 km/h auf sich zurauschen sieht. Ein paar Tipps: Wenn sich auf einer schmalen Straße ein Lastzug nähert, sollte man bremsen und Platz machen – wenn der Truck ein Stück von der Straße runter muss, damit er vorbeikommt, zertrümmert einem das anschließende Sperrfeuer aus Kieselsteinen die Scheibe. Bei einem Überholversuch sollte man die Strecke großzügig bemessen (etwa 1 km), um das Manöver sicher abzuschließen. Auf nicht asphaltierten Straßen wirbeln Lastzüge eine Menge Staub auf, deshalb fährt man am besten links ran und wartet, bis er vorbei ist.
>
> Wenn man über Outback-Straßen fährt, darf man bei entgegenkommenden Fahrzeugen nie den „Buschgruß" vergessen – den Zeigefinger vom Lenkrad nehmen und dem anderen Fahrer so zeigen, dass man ihn gesehen hat!

Auto, Flugzeug oder Zug?

Auto Man kann durch das Red Centre von Darwin nach Adelaide fahren und dabei Abstecher zum Uluru und zum Kakadu National Park unternehmen, ohne je den Asphalt verlassen zu müssen. Wenn man das Outback aber wirklich kennenlernen möchte, finden sich unzählige Landstraßen, die der Floskel „abseits ausgetretener Pfade" eine neue Dimension verleihen (man braucht einen Geländewagen). Eine Fahrt durchs Outback steckt voller Herausforderungen – riesige Entfernungen, bisweilen schwieriges Terrain –, aber sie ist definitiv die beste Art, Australiens „totes Herz" (das doch voller Leben ist) zu erleben.

Flugzeug Wer das Outback ohne lange Fahrt erkunden möchte, kann mit einer der großen Fluglinien von Perth, Adelaide oder den größeren Städten an der Ostküste nach Alice Springs und Yulara (Richtung zentrale Wüsten) und Darwin (gen Top End) fliegen. In Darwin oder Alice kann man sich einer geführten Tour anschließen oder einen Geländewagen mieten, und schon kann's losgehen.

Zug In Australien sind Zugreisen weder erschwinglich noch sinnvoll. Zugfahrten sind etwas, das man zu einem besonderen Anlass oder wegen der Romantik unternimmt, aber ungeeignet, wenn man schnell irgendwohin möchte. Und doch: Auf einer Fahrt mit dem *Indian Pacific* zwischen Perth und Sydney oder dem legendären *Ghan* zwischen Adelaide und Darwin reist man durch Teile des Landes, die man sonst nie sähe – einen relaxten Urlaub verbringt man so allemal. Im Zug kann man auch gut der Hitze entkommen. Wer Zeit hat und es sich leisten kann, sollte es versuchen.

Nicht versäumen!

Das Red Centre: Alice Springs, Uluru (Kings Canyon)

Von Alice Springs sind es sechs Fahrtstunden bis zum Uluru-Kata Tjuta National Park. Alice ist eine Oase: groß genug, um ein paar gute Restaurants und Unterkünfte zu haben. Aber auch diese Oase hat ihre sozialen Probleme. Der Uluru ist für Traveller, was eine halbe Wassermelone beim Picknick für Ameisen ist: Zu jeder Tages- und Nachtzeit wimmelt es rund um den Berg von Menschen aus aller Welt. Trotzdem ist er eine Sensation. Der hiesige Stamm der Anangu sieht es nicht gern, wenn der Berg erklommen wird. Etwa 300 km nördlich des Uluru hat sich der spektakuläre Watarrka (Kings Canyon) tief in die zerklüftete Landschaft gegraben.

> **RADFAHREN IM OUTBACK**
>
> Eine Radtour durch das Outback ist bestimmt kein Vorhaben, das man auf die leichte Schulter nehmen sollte – und ganz sicher sollte man es nicht im Sommer angehen. Trotzdem sieht man hin und wieder einsame, drahtige, sonnengebräunte Menschen, die sich auf dem Stuart Hwy zwischen Adelaide und Darwin mit vollen Satteltaschen abmühen. Es kann ein Problem sein, an Trinkwasser zu kommen: Einzelne Wasserquellen (Bohrlöcher, Becken, Bäche usw.), die auf Karten verzeichnet sind, können ausgetrocknet oder das Wasser ungenießbar sein. Man sollte auf jeden Fall die notwendigen Ersatzteile dabeihaben und wissen, wie man einen Reifen repariert. Wer sich in abgelegene Gegenden aufmacht, sollte sich vorab bei den Einheimischen informieren und immer jemandem sagen, wohin die Reise geht. Wer die Tour gemeistert hat, kann versuchen, seine Geschichte zu verkaufen – das ist der Stoff, aus dem Abenteuerbücher sind.

Der Stuart Highway: von Adelaide nach Darwin

Ob von Norden oder Süden – der Stuart Highway ist einer der tollsten Roadtrips: 3020 km rote Wüste, Busch und Emus am Straßenrand… Auf dem Weg nach Norden unbedingt einen Stopp im pockennarbigen Coober Pedy einplanen, der Opalhauptstadt der Welt, und auf dem Weg nach Alice einen Abstecher zum Uluru machen! Der Nitmiluk (Katherine Gorge) National Park liegt ebenfalls auf dem Weg: Hier gibt's fotogene karge Klippen und Wasserlöcher. Etwas weiter kommt dann der Kakadu National Park, dessen Feuchtgebiete zum Welterbe gehören. In Darwin kann man sich dann mit einem Bier belohnen und ins turbulente Nachtleben der Mitchell St stürzen.

Die Tropen: Darwin, Kakadu & Katherine

Das Outback im tropischen Top End verspricht ganz andere Erfahrungen als die Wüsten weiter südlich. Hier bestimmen die Regen- bzw. Trockenzeit, wie leicht es ist, von A nach B zu kommen. Während der Regenzeit werden die Straßen mitunter unpassierbar, und Krokodile bewegen sich frei durch die Feuchtgebiete. Nicht aufgeben: Dies ist auch eine Phase des Überflusses und der grandiosen Natur in den Parks – und die Kakadu-Resorts kosten fast nur noch die Hälfte! Darwin ist genau genommen gar keine richtige Outback-Stadt mehr, aber es fühlt sich noch immer nach einer Siedlerstadt an, vor allem wenn Backpacker aus aller Welt während der Trockenzeit die Bars und den Mindil Beach füllen. Katherine, drei Stunden weiter südlich, ist viel „ländlicher" und das Tor zum unglaublichen Nitmiluk (Katherine Gorge) National Park.

Der Victoria Highway: Von Katherine nach Kimberley

Der Victoria Highway ist ein wichtiges Teilstück des langen, von Cairns nach Broome führenden Savannah Way, der klassischen Route quer durch den australischen Norden. Hinter Katherine windet sich die Straße durch typisches Weideland – hier sind manche Farmen so groß wie kleinere europäische Länder. Man kann Geländewagen- und Wandertouren unternehmen, Campingplätze im Outback nutzen, Felskunst bewundern und Nationalparks, rote Schluchten und Krokodile sehen. In der Region liegen auch einige der besten Stellen zum Barramundi-Fischen im Top End. Den riesigen Gregory National Park, eine ehemalige Rinderfarm, erkundet man am besten im Geländewagen. In der Trockenzeit kommt man auch mit einem normalen Auto zu den meisten historischen Stätten, zu den Campingplätzen und in den Keep River National Park in der Nähe der Grenze zu Western Australia.

Cape York

Ein weiterer abgelegener Teil des australischen Outbacks, den nur wenige Menschen besuchen, ist Cape York in Queensland – nördlicher wird's für die meisten Traveller eigentlich nicht mehr, es sei denn, sie wollen zu den Torres Strait Islands (einer Inselgruppe zwischen Australien und Papua-Neuguinea). Nördlich von Cairns ändert sich die Landschaft hin zu tropischer Savanne, wird zu weiten Graslandschaften,

CHECKLISTE: FAHREN & SICHERHEIT IM OUTBACK

Wer durchs Outback reist, muss wegen des Wassermangels, der Entfernungen zwischen den Tankstellen und der Einsamkeit besonders gut organisiert und wachsam sein, vor allem auf abgelegenen Sandstrecken. Hier ein paar praktische Tipps:

Kommunikation
➡ Die Route und den Zeitplan der Polizei, einem Freund oder Verwandten mitteilen.
➡ Handys sind abseits des Highways nutzlos. Man kann sich ein Satellitentelefon, ein Hochfrequenzfunkgerät, das auch das Signal der Stützpunkte des Royal Flying Doctor Service einfängt, oder eine Notrufbake (EPIRB) ausleihen.
➡ In einem Notfall sollte man beim Fahrzeug bleiben; es ist leichter zu erkennen als eine einzelne Person, und niemand kann literweise Wasser meilenweit schleppen.
➡ Wer liegen bleibt, sollte einen Ersatzreifen in Brand stecken (vorher die Luft rauslassen!) – die Rauchwolken sind kilometerweit zu sehen.

Fahrzeug
➡ Das Fahrzeug vor der Abfahrt gründlich durchchecken lassen.
➡ Gleichmäßig beladen: schwere Sachen ins Wageninnere, leichtere aufs Dach.
➡ Wenn möglich zusätzlichen Treibstoff in einem Benzinkanister mitnehmen.
➡ Wichtige Werkzeuge und Ersatzteile einpacken: einen Ersatzreifen (besser zwei), Keilriemen, Kühlerschlauch, Luftdruckmesser und Luftpumpe sowie eine Schaufel.
➡ Ein Offroad-Wagenheber kann nützlich sein, ebenso ein Berggurt oder Abschleppseil – falls man stecken bleibt (ein zweites Auto muss einen herausziehen).

Vorräte & Ausrüstung
➡ Ausreichend Wasser dabeihaben: bei warmem Wetter 5 l pro Person und Tag sowie eine Extraration für den Kühler; das Wasser auf mehrere Behälter verteilen!
➡ Für den Fall, dass man liegen bleibt, sollte man genug Verpflegung einpacken.
➡ Erste-Hilfe-Kasten, Karten, Taschenlampe, Batterien, Kompass, GPS-Gerät.
➡ In Sachen Straßenverhältnisse s. S. 1199 unter „Infos im Internet".

Wetter- & Straßenverhältnisse
➡ Vor der Abreise über die Straßenbedingungen informieren: Routen, die trocken (Mai–Okt.) passierbar sind, können in der Regenzeit unter Wasser stehen.
➡ Überflutete Brücken oder Kreuzungen nicht überqueren, wenn nicht klar ist, wie tief das Wasser ist und ob darunter irgendwelche Straßenschäden versteckt sind.

Fahren auf unbefestigten Straßen
➡ Den Reifendruck dem Terrain anpassen. Für die Wüste die Luft bis auf 1,3 bis 1,7 bar ablassen, um nicht stecken zu bleiben. Nicht vergessen, die Reifen wieder aufzupumpen, sobald man wieder auf festem Untergrund ist!
➡ Auf unbefestigten Straßen langsamer fahren, weil der Bremsweg länger ist.
➡ Unbefestigte Straßen sind oft uneben; in gleichmäßigem Tempo fahren.
➡ Sand behindert die Sicht. Anhalten und warten, bis sich der Staub gelegt hat.
➡ Bergauf einen niedrigen Gang nehmen und bergab im niedrigsten Gang fahren. Die Bremsen wenig einsetzen. Auf einem Hügel nicht seitwärts ausscheren.

Verkehrsrisiken
➡ Alle paar Stunden ist eine Pause angesagt: Ermüdung ist ein Sicherheitsrisiko.
➡ Tiere sind im Outback ein Risiko für Autofahrer. Nicht nachts fahren, da viele Tiere dann aktiv sind! Viele Mietwagenfirmen verbieten Fahrten bei Dunkelheit.
➡ Road Trains sollte man Platz machen – sie sind einfach viel größer und stärker!

durch die sich Flusssysteme winden, bevor sie in den Golf von Carpentaria fließen. Wie im Top End haben auch hier Regen- und Trockenzeiten großen Einfluss auf das Bild, das sich bietet. Die meisten Traveller bahnen sich ihren Weg nur bis ins südlich gelegene Cairns und bis Port Douglas, aber es lohnt sich, entlang des Mulligan Hwy weiter Richtung Norden zu fahren, wo abgelegene Nationalparks, indigene Gemeinschaften und Bergbaustädte einen Besuch wert sind.

Service-Einrichtungen

Outback-Raststätten tauchen überraschend regelmäßig aus dem Dunst der Wüstenhitze auf. Es ist nie verkehrt, die Entfernung bis zur nächsten Tankstelle genau zu berechnen, doch selbst auf dem abgelegenen Oodnadatta Track bekommt man alle paar Hundert Kilometer Benzin und ein Bier. Die meisten Rasthöfe (viele rund um die Uhr geöffnet) verkaufen Benzin und haben ein Restaurant, in dem man ein ordentliches Steak oder ein Pfannengericht bekommt, auch wenn man hier keine *haute cuisine* erwarten darf. Für müde Fahrer gibt's hinten oft auch Unterkunft in Form von Stellplätzen, klimatisierten Motelzimmern und/oder einfachen Hütten.

Infos im Internet

Australian Bureau of Meteorology (www.bom.gov.au) Wetterinformationen.

Department of Environment, Water & Natural Resources (www.environment.sa.gov.au) Tipps, Landkarten und Campinggenehmigungen für die Nationalparks in SA.

Department of Planning, Transport & Infrastructure (1300 361 033; www.transport.sa.gov.au) Straßenverhältnisse in SA.

Department of the Environment (www.environment.gov.au/parks) Umfangreiche Informationen über die bundesstaatlich verwalteten Nationalparks Kakadu und Uluru-Kata Tjuta.

Live Traffic NSW (1300 131 122; www.livetraffic.com) Straßenverhältnisse in NSW.

Main Roads Western Australia (13 81 38; www.mainroads.wa.gov.au) Straßenverhältnisse in WA.

Road Report (1800 246 199; www.roadreport.nt.gov.au) Straßenverhältnisse in NT.

Tourism NT (www.travelnt.com) Jede Menge Infos zum Outback im Northern Territory. Die Organisation gibt auch das praktische Büchlein *The Essential NT Drive Guide* heraus, das Entfernungsangaben, Infos zum Outback und den Nationalparks sowie Tipps für Auto- und Geländewagentouren enthält.

Tourism Western Australia (www.westernaustralia.com) Vielfältige Informationen über den Bundesstaat.

Traffic & Travel Information (13 19 40; http://highload.131940.qld.gov.au) Zu den Straßenverhältnissen in Queensland.

Parks & Wildlife Commission NT (www.parksandwildlife.nt.gov.au) Allgemeine Tipps zu den Parks im NT: Anfahrt, Wanderwege, Campingplätze etc.

South Australian Tourism Commission (www.southaustralia.com) Das Wichtigste zum Outback in South Australia von den Flinders Ranges bis nach Coober Pedy.

Organisierte Touren

Wer keine Lust auf die ganze Planung und Fahrerei hat, kann sich einer geführten Tour anschließen und so das australische Outback erkunden. Es gibt bierselige und feuchtfröhliche Backpacker-Trips, die von einer Kneipe zur nächsten führen, aber auch kulturlastige Aborigine-Touren. Sogar mehrtägige Buschwanderungen sind im Programm.

GENEHMIGUNGEN FÜR ABORIGINE-LAND

➜ Wer im Outback über Weideland und durch das Gebiet der Aborigines fahren will, muss sich in den meisten Fällen eine Genehmigung besorgen. Dieses Vorgehen dient der eigenen Sicherheit: Viele haben sich schon allein an dieser rauen Landschaft versucht und konnten nur knapp gerettet werden, nachdem sie sich verfahren hatten oder ihr Wagen liegen geblieben war.

➜ Genehmigungen werden von den Behörden ausgegeben, die für die Verwaltung des Aboriginal Land zuständig sind; weitere Infos stehen in den Kapiteln zu den einzelnen Regionen. Die Bearbeitung des Antrags kann von ein paar Minuten bis zu mehreren Tagen dauern.

> **KURZINFOS: ULURU & KATA TJUTA**
>
> ➡ Der Uluru besteht aus Arkose, einem dem Sandstein ähnlichen, jedoch größer gekörntem Sedimentgestein mit hohem Feldspat-Anteil.
>
> ➡ Die Kata Tjuta bestehen aus einem Konglomerat: aus gerundetem Kies, Schotter und Felsgestein, die in Sand und Schlamm eingebunden sind.
>
> ➡ Der Uluru ist 3,6 km lang, 348 m hoch, 1,9 km breit und hat an der Basis einen Umfang von 9,4 km. Mit 546 m sind die Kata Tjuta höher als der Uluru.

Outback-Tracks

Das australische Outback wird zwar kreuz und quer von asphaltierten Highways durchzogen, aber interessanter fährt es sich von A nach B, wenn man Abstecher über historische Strecken macht, auf denen einst Vieh getrieben wurde, oder entlang alter Bahnstrecken fährt. Für manche dieser Straßen braucht man zwar nicht unbedingt einen Geländewagen, doch ist man in so einem robusten Gefährt allemal viel bequemer unterwegs. In jedem Fall muss man gut auf die lange Einsamkeit und die fehlenden Service-Einrichtungen vorbereitet sein.

Während der heißen Jahreszeit (Dez.–Ende Feb.) sollte man die raueren Routen meiden – neben einem Hitzschlag können hier auch einfache Pannen tödlich enden. Kurz nach sintflutartigen Regenfällen auf unbefestigten Straßen ins Outback aufzubrechen, ist mit Sicherheit eine sehr schlechte Idee.

Birdsville Track

Die Route erstreckt sich über 517 km von Marree in South Australia bis nach Birdsville gleich hinter der Grenze von Queensland. Dieser alte Viehtreiber-Track ist eine der bekanntesten Routen durch das australische Outback – allerdings ist die Landschaft nicht besonders spektakulär oder abwechslungsreich. In einem gut vorbereiteten normalen Auto kann man die Route fahren, doch ist ein Geländewagen zu empfehlen. Unterwegs ein Bier im Birdsville Hotel trinken!

Canning Stock Route

Diese alte Viehtrieb-Route verläuft 2006 km gen Südwesten von Halls Creek durch die Great Sandy Desert und die Gibson Desert bis nach Wiluna in WA. Da die Strecke nicht nur nicht befestigt ist, sondern auch nicht gewartet wird, ist diese Reise ein Unterfangen, dem man sich nur nach sorgfältiger Überlegung stellen sollte! Der Geländewagen muss in perfektem Zustand sein. Man sollte ausschließlich und mit nicht weniger als drei Fahrzeugen im Konvoi fahren. Und es ist unbedingt ratsam, entweder ein Kurzwellenradio (engl. *high frequency radio*; HF) oder eine Notfunkbake (*Emergency Position-Indicating Radio Beacon*; EPIRB) dabei haben. Niemand wagt diese Tour während des Sommers!

Der alte Gunbarrel Highway führt von Wiluna nach Warakurna nahe der Grenze zum NT (wo er in den Outback Way übergeht). Wie die Canning Stock Route sollte auch diese Strecke aus Sicherheitsgründen im Konvoi mit anderen Geländewagen befahren werden. Zudem gehören sämtliche Vorräte ins Gepäck, darunter Benzin und Wasser für die gesamte Zeit.

Finke & Old Andado Track

Der Finke Track (dessen erster Abschnitt die Old South Rd ist) folgt der Route der (längst abgebauten) alten *Ghan*-Eisenbahn, die einst Alice Springs mit der Aborigine-Siedlung Finke (Aputula) verband. Unterwegs kann man im Chambers Pillar Historical Reserve den farbenprächtigen Sandsteinturm bestaunen. Von Finke wendet sich die Straße nach Osten und folgt dem Verlauf des Goyder Creek, eines Nebenflusses des Finke River, bevor sie nach Norden zur Andado Station und dem 18 km weiter gelegenen Gehöft abbiegt. Ab Old Andado führt die Route geradewegs nach Norden zum 321 km entfernten Alice Springs. Der Old Andado Track bahnt sich den Weg durch die Simpson Desert und verbindet das Old Andado Homestead mit Alice Springs. Unterwegs passiert man das Mac Clark Conservation Reserve, das einen Hain einer seltenen Akazienart *(acacia Peuce)* schützt. Für die Fahrt braucht man auf jeden Fall einen Geländewagen mit jeder Menge Bodenfreiheit. Außerdem ist es unbedingt ratsam, ein Kurzwellen-Funkgerät oder eine Notfunkbake (EPIRB) dabei zu haben.

Gibb River Road

Diese Abkürzung (etwa 660 km statt der rund 920 km über Hwy 1) zwischen Derby und Kununurra verläuft durch das Herz des spektakulären Kimberley im Norden von Western Australia. Man kommt zwar nicht ganz so schnell voran, dafür ist die Umgebung aber so herrlich, dass sich der eine oder andere entscheiden könnte, hier ein bisschen zu verweilen. Obwohl die Straßenverhältnisse eher rustikal sind, braucht man während der Trockenzeit (Mai–Okt.) in der Regel keinen Geländewagen, mit einem normalen Auto dürfte man klarkommen. Während der Regenzeit ist die Straße unpassierbar.

Nathan River Road

Die Straße, die teilweise eher an einen Feldweg erinnert, ist ein malerischer Abschnitt des Savannah Way, jener zusammengeflickten Route, die sich von Cairns bis nach Broome erstreckt. Dieser bestimmte Abschnitt führt durch abgelegene Gebiete am Westrand des Golfs von Carpentaria zwischen Roper Bar und Borroloola, von denen viele zum Limmen National Park gehören. Nur Geländewagen mit großer Bodenfreiheit können diese Route befahren. Wegen der vielen scharfkantigen Felsbrocken empfiehlt es sich, zwei Ersatzreifen mitzunehmen. Hauptattraktion sind die ausgezeichneten Campingmöglichkeiten neben Wasserläufen und Wasserlöchern, in denen sich Barramundis und Krokodile tummeln.

Oodnadatta Track

Der Großteil verläuft parallel zur alten *Ghan*-Bahnlinie durch das Outback von South Australia – die legendäre Strecke schließt an den westlich davon verlaufenden asphaltieren Stuart Hwy an. Auf dem Track sind es 429 km von Marree nach Oodnadatta, dann weitere 216 km bis zum Stuart Hwy in Marla. Solange es nicht regnet und der fahrbare Untersatz gut in Schuss ist, sollte man diese faszinierende Route mit jedem normalen Fahrzeug meistern können – mit einem Geländewagen fährt man aber definitiv um einiges komfortabler.

Outback Way

Diese Route verläuft westlich von Uluru nach Laverton in Western Australia. Von hier kann man runter nach Kalgoorlie und weiter bis nach Perth fahren. Die Straße liegt zwar ziemlich abgelegen, ist aber in gutem Zustand, und in der Regel ist ein konventionelles Fahrzeug ausreichend. Die Route führt durch Stammesgebiete der Aborigines. Traveller benötigen deswegen eine Genehmigung, die im Voraus beantragt werden muss; Details gibt's beim Department of WA Aboriginal Affairs (www.daa.wa.gov.au). Von Yulara (der dem Uluru nächstgelegene Stadt) bis nach Kalgoorlie sind es fast 1500 km. Etwa 300 km davon fällt diese Straße mit dem Gunbarrel Hwy zusammen (etwa ab Höhe Giles Meteorological Station). Nimmt man den alten Gunbarrel (nördlich von Warburton) bis nach Wiluna in WA, sollte man sich auf eine wesentlich rauere Tour einstellen – die ohne Geländewagen nicht zu meistern sein dürfte.

Plenty & Sandover Highways

Diese abgelegenen Routen zweigen nördlich von Alice Springs vom Stuart Hwy in östlicher Richtung nach Boulia oder Mt. Isa in Queensland ab. Der Plenty Highway verläuft am nördlichen Rand der Simpson Desert und bietet die Gelegenheit, in der Harts Range nach Edelsteinen zu suchen. Der Sandover Hwy verspricht eine denkwürdige, wenn auch eintönige Fahrt durch die Einöde – einem anderen Fahrzeug zu begegnen, ist hier fast schon eine Sensation. Beide Straßen sind nicht ganz ohne: Sie sind oft sehr holperig, man kommt kaum an Wasser, und viele Abschnitte sind sehr einsam. Siedlungen sind rar, und entsprechend groß sind die Abstände zwischen den Service-Einrichtungen.

Red Centre Way & Mereenie Loop Road

Die vielbefahrene Route beginnt in Alice Springs und ist eine gute Alternative, um zu den großen Attraktionen im Red Centre zu gelangen. Die Route folgt anfangs dem Larapinta und dem Namatjira Dr (beide asphaltiert) vorbei an den prächtigen MacDonnell Ranges bis zur Glen Helen Gorge. Dahinter trifft sie auf die Mereenie Loop Rd, wo die Fahrt dann spannend wird. Für die Mereenie Loop Rd braucht man eine Genehmigung (5 AU$). Die Straße ist meistens so uneben, dass sie ein normales Auto durchrüttelt, bis dessen Schwachpunkt gefunden ist. Sie ist eine raue Abkürzung zum Watarrka (Kings Canyon) National Park. Vom Watarrka hat man über die asphaltierte Luritja Rd Anschluss zum Lasseter Hwy und zum Uluru-Kata Tjuta National Park.

Simpson Desert

Die Route, die von Mt. Dare in der Nähe von Finke durch die Simpson Desert nach Birdsville führt, ist eine echte Herausforderung für Fahrer und Fahrzeug. Für die Fahrt über die nicht instand gesetzte Piste braucht man unbedingt einen Geländewagen. Man sollte in einer Gruppe mit mindestens zwei weiteren Fahrzeugen unterwegs sein und auf jeden Fall auch mit einem Satellitentelefon, einem Kurzwellen-Funkgerät und/oder einer Notfunkbake (EPIRB) ausgerüstet sein.

Strzelecki Track

Dieser Track führt größtenteils durch dasselbe Gebiet in South Australia wie der Birdsville Track. Er beginnt südlich von Marree in Lyndhurst und erreicht nach 460 km Innamincka im Nordosten, nahe der Grenze zu Queensland. Innamincka ist auch der Ort, an dem die unglücklichen Entdecker Burke und Willis starben. Mit einem Geländewagen reist man am sichersten, aber dank der Arbeiten auf den Gasfeldern in Moomba hat sich der Zustand der Straße inzwischen verbessert.

Tanami Track

Diese 1000 km lange Route zweigt gleich nördlich von Alice Springs vom Stuart Hwy ab und führt Richtung Nordwesten durch die Tanami Desert nach Halls Creek in Western Australia. Dank Straßensanierungsarbeiten kommt man hier auch mit einem normalen Fahrzeug in der Regel gut zurecht, auf dem Abschnitt in WA gibt's jedoch ein paar sandige Streckenabschnitte, die ziemlich holprig sein können, wenn die Straße länger nicht eingeebnet wurde. In Alice Springs kann man sich über den aktuellen Streckenzustand informieren.

Reiseplanung
Outdoor-Aktivitäten

In Australien hat man zwar viele Ausreden, um sich einfach nur zurückzulehnen und den Blick über die grandiose Landschaft schweifen zu lassen, aber eben diese Landschaft bietet sich auch für endlos viele Outdooraktivitäten an – ganz egal, ob man die Wanderwege und Berge oder die Wellen und Riffe anpeilt.

Zu Lande

Bushwalking ist in allen Bundesstaaten und Territorien Australiens ein Evergreen der Freizeitbeschäftigung. Auch mit dem Rad kann man prima die Gegend erkunden – trotz der gigantischen Entfernungen. Außerdem kann man in den Bergen Ski fahren und fast überall Tiere beobachten.

Bushwalking

Bushwalking ist in Australien äußerst beliebt – weite Gebiete mit unberührtem Buschland und Wald geben reichlich Gelegenheit dazu. Die Wanderungen variieren von 20-minütigen Abstechern an der Straße entlang bis hin zu wochenlangen Märschen durch die Wildnis. Die beste Zeit für eine Buschwanderung hängt vom jeweiligen Bundesstaat ab. Generell gilt aber: Je weiter nach Norden man geht, desto tropischer und feuchter wird das Klima. Juni bis August sind die besten Wandermonate im Norden; unten im Süden eignen sich der Sommer und der Frühherbst (Dez.–März) besser.

Lohnende Wanderwege sind u.a. der Overland Track, der South Coast Track in Tasmanien sowie der Australian Alps Walking Track, der Great Ocean Walk und der Great South West Walk in Victoria. Der Bibbulmun Track in Western Australia

Reisezeit

September–Oktober
Im Frühling neigt sich die Footballsaison ihrem Finale zu. Das heißt, dass es auf den Stadionrängen ordentlich laut wird. Aktive freuen sich über wärmere, sonnigere Tage – perfekt zum Buschwandern, Klettern oder um Tiere zu beobachten.

Dezember–Februar
Im Sommer strömen die Australier an den Strand. Jetzt wird gesurft, gesegelt, geschwommen, geangelt, geschnorchelt, Fallschirm gesprungen, Gleitschirm geflogen ...

März–Mai
Der Herbst ist in Australien eine nostalgische Zeit mit kühlen Nächten und Kaminfeuern. Das perfekte Wetter für einen Bushwalk oder eine Radtour – es ist nicht zu heiß und nicht zu kalt.

Juni–August
Wenn der Winter hereinbricht, heißt's schnurstracks auf ins Outback, das tropische Top End oder in den Schnee. Man schnappt sich ein Allradfahrzeug oder startet zu einer Wanderung bzw. einem Rundflug in der Wüste. Oder man packt sein Snowboard und genießt in den Bergen ein bisschen pulvrigen Spaß.

> **BESTE BUSHWALKS**
>
> → Thorsborne Trail, Queensland
> → Great South West Walk, Victoria
> → Overland Track, Tasmanien
> → Heysen Trail, Deep Creek Conservation Park, South Australia
> → Larapinta Trail, Northern Territory

(WA) und der Thorsborne Trail quer über die Hinchinbrook-Inseln sind ebenfalls großartig, genau wie der Gold Coast Hinterland Great Walk in Queensland.

In New South Wales (NSW) kann man zwischen Sydney und Newcastle auf dem Great North Walk wandern oder den Coast Track im Royal National Park, den Six Foot Track in den Blue Mountains oder den höchsten Berg Australiens, den Mt. Kosciuszko, in Angriff nehmen. In South Australia (SA) kann man sich an ein Stück des 1200 km langen Heysen Trail wagen, während im Northern Territory (NT) der majestätische, 233,5 km lange Larapinta Trail und abgeschiedene Wege im Nitmiluk (Katherine Gorge) National Park warten.

Bushwalking: Sicherheitstipps

Bevor man die Wanderschuhe schnürt, sollte man sich vergewissern, dass die Region und die Wanderwege auch den eigenen Fähigkeiten entsprechen und dass man einer längeren Wanderung gesundheitlich und von der Kondition her gewachsen ist. Vor dem Aufbruch immer bei den Behörden vor Ort Infos zu Wetterlage und Zustand der Wege einholen. Achtung: Wetter und Gelände können von Region zu Region stark variieren, und jahreszeitlich bedingte Einflüsse können jeden Track sehr stark verändern.

Bushwalking im Einklang mit der Natur

Damit Natur und Schönheit Australiens erhalten bleiben, sollte man folgende Tipps bei Buschwanderungen beherzigen:

→ Abfälle, einschließlich Damenbinden, Tampons, Kondome oder Toilettenpapier, nimmt man (entsprechend verpackt) zur Entsorgung mit zurück in die Zivilisation. Niemals Müll vergraben. Boden und Grasnarbe könnten sonst zerstört und Erosion begünstigt werden. Zudem würde vergrabener Müll mit ziemlicher Sicherheit Tiere anlocken, die das Zeug wieder ausgraben und sich daran verletzen oder gar vergiften könnten.

→ Wo es eine Toilette gibt, benutzt man sie auch! Wo es keine gibt, hebt man für entsprechende Erledigungen ein kleines Loch aus (etwa 15 cm tief und mindestens 100 m von jedem Wasserlauf entfernt). Anschließend werden die Angelegenheiten mit Erde und einem größeren Stein bedeckt. Im Schnee: bis zum Boden durchgraben.

→ Körperhygiene erledigt man mit Wasser aus einem Kanister, mindestens 50 m vom nächsten Wasserlauf entfernt, und am besten mit biologisch abbaubarer Seife. Abwasser großflächig verteilen, damit der Boden es auch vollständig filtern kann.

→ Kochutensilien 50 m von Wasserläufen entfernt mit Topfreiniger, Sand oder Schnee anstatt mit Waschmitteln reinigen.

→ Sich an vorhandene Wege halten und Abkürzungen durchs Gelände vermeiden. Um ein Schlammloch herumzulaufen, vergrößert es nur – also nicht zieren! Einfach mitten hindurch maschieren.

→ Beim Kochen nicht auf offenes Feuer setzen, stattdessen mit Kerosin, Alkohol oder Shellite (Campingbenzin) kochen – und auf jeden Fall auf Einweggasflaschen verzichten.

→ Vorhandene Feuerstellen nutzen, keine neuen anlegen. Lagerfeuer nicht mit Steinen umgeben. Nur totes, umherliegendes Holz verwenden. In Hütten lässt man für die Nächsten Holz zurück.

→ Keine Wildtiere füttern. Die Tiere könnten sich an Menschen gewöhnen und von ihnen abhängig werden, Populationen könnten sich unnatürlich vergrößern und die Tiere krank werden.

→ Bei Umweltorganisationen wie der **Wilderness Society** (www.wilderness.org.au), der **Australian Conservation Foundation** (www.acfonline.org.au) und **Planet Ark** (www.planetark.org) kann man sich beraten lassen.

Radfahren

Für Radfahrer gibt's in Australien jede Menge Wege, auf denen sie einige Tage, über ein Wochenende oder sogar mehrere Wochen lang kreuz und quer durchs ganze Land fahren können. Man kann sich aber auch nur für ein paar Stunden ein Fahrrad für eine Stadtrundfahrt leihen.

Zu den schönsten längeren Touren zählen der Murray to the Mountains Rail Trail und der East Gippsland Rail Trail in Victoria. In WA hat der Munda Biddi Trail

900 km für Mountainbiker bereit. Der Mawson Trail in SA ist ungefähr genauso lang. Der 480 km lange Tasmania Trail ist eine nord-südliche Mountainbike-Rout,e die sich über die gesamte Länge des Inselstaates erstreckt.

Bei den meisten Verleihern von Fahrrädern oder Mountainbikes zahlt man ab 20/40 AU$ pro Stunde/Tag (plus 50–200 AU$ Kaution, je nach Ausleihdauer). In den meisten Bundesstaaten gibt's Fahrradclubs, die Karten und Tipps auf Lager haben.

Tiere beobachten

Die Natur ist einer der größten Touristenmagneten Australiens – und das zu Recht. Am besten kann man die Tiere in den Nationalparks beobachten. Viele sind nachtaktiv, deshalb sollte man mit Taschenlampen umgehen können, um sie zu sehen.

Australien ist ein Paradies für Vogelfreunde: Das Land bietet eine große Vielfalt an Lebensräumen und **Vogelarten**, besonders an Wasservögeln. Canberra verfügt über die artenreichste Vogelwelt aller australischen Hauptstädte. Auch im tropischen Norden dreht sich alles um Vögel. Besonders der Kakadu National Park in NT beheimatet eine erstaunliche Vogelwelt (ganz zu schweigen von **Krokodilen**).

Im New England National Park in NSW gibt es **Schnabeltiere** und **Gleithörnchen** und im Dorrigo National Park 120 Vogelarten. Im Border Ranges National Park leben ein Viertel aller australischen Vogelarten. Der zum Weltnaturerbe zählende Willandra National Park umfasst dichte, gemäßigte Feuchtgebiete und eine reiche Tier- und Pflanzenwelt. Rund um Port Macquarie haben viele **Koalas** ihre Heimat. Auch in WA findet man viele gute Stellen, um Vögel zu beobachten.

In Victoria wimmelt es im Wilsons Promontory nur so von Tieren – es scheint hier mehr **Wombats** zu geben als Menschen.

In SA fährt man am besten schnurstracks zum Flinders Chase National Park auf Kangaroo Island (KI), um **Koalas**, **Kängurus** und Schnabeltiere zu beobachten. Nördlich davon gibt's im Flinders National Park viele **Emus**. In Queensland locken Malanda mit einer reichen Vogelwelt, **Schildkröten** und **Filandern** sowie Cape Tribulation mit einer noch größeren Vogelvielfalt, Magnetic Island mit Koalas, Fraser Island mit **Dingos** und der Daintree Rainforest mit **Kasuaren**. In Tasmanien bildet Maria Island ein weiteres Paradies für Vogelbeobachter. Und im Mt. William National Park und im Mt. Field National Park kann man prima die heimische Fauna (u. a. den **Beutelteufel**, aber wohl kaum dem Beutelwolf) bewundern.

Ski & Snowboard fahren

In Australien gibt's eine kleine, aber enthusiastische Skiszene, und die Skigebiete erstrecken sich entlang der Grenze zwischen NSW und Victoria. Die Saison ist relativ kurz: Sie dauert ungefähr von Mitte Juni bis Anfang September, und die Schneeverhältnisse sind ziemlich unvorhersehbar. In NSW liegen die besten Skiorte im Kosciuszko National Park in den Snowy Mountains, in Victoria am Mt. Buller, in Falls Creek und am Mt. Hotham in High Country. Auch in Tasmanien gibt's einige kleinere Skigebiete.

Zu Wasser

Wie Australiens Nationalhymne verkündet, ist das Land „von Meer umgeben". So sind Surfen, Angeln, Segeln, Tauchen und Schnorcheln hier Nationalsportarten. In den letzten Jahren erfreut sich auch das Beobachten von Meeressäugern wachsender Beliebtheit. Im Landesinneren bieten riesige Seen und lange Flüsse viele Gelegenheiten zum Rafting, Kanu- oder Kajakfahren sowie gute Angelmöglichkeiten.

Surfen

Bells Beach, Cactus, Margaret River, Superbank – nennt man einer dieser Namen in der richtigen Gesellschaft, hört man endlose Geschichten über diverse Surflegenden. Die Superbank ist alljährlich Austragungsort des ersten Events der Association of Surfing Professionals (ASP) World Tour, der Bells Beach der des zweiten (dienstälteste ASP-Location). Cactus umgibt die Verlockung geheimnisvoller Abgeschiedenheit, während Margaret River vor allem Surfer anspricht, die größeren Wellen nachjagen.

Auch wenn all diese Orte wahre Schmuckstücke sind, so sind sie doch nur winzige Sterne in Australiens Meeresuniversum. Kein Wunder – die endlose

Küstenlinie grenzt an den Indischen, den Südlichen und den Südpazifischen Ozean. Bei so viel Brandungspotenzial und den richtigen Bedingungen bekommt man hier das volle Programm geboten: Von harmlosen Wogen bis hin zu rauen Riffen ist hier alles zu haben, und das alles in unmittelbarer Nähe zu sechs australischen Landeshauptstädten.

New South Wales

➡ Manly bis Avalon, auch bekannt als Sydneys Nordstrände

➡ Byron Bay, Lennox Head und Angourie Point, ganz oben an der Nordküste

➡ Nambucca Heads und Crescent Head in der Mitte der Nordküste

➡ Die Gegend rund um Jervis Bay und Ulladulla an der Südküste

Queensland

➡ Die Superbank (eine 2 km lange Sandbank, die sich von Snapper Rocks bis Kirra Point erstreckt)

➡ Burleigh Heads bis Surfers Paradise an der Gold Coast

➡ North Stradbroke Island in der Moreton Bay

➡ Caloundra, Alexandra Heads in der Nähe von Maroochydore und Noosa an der Sunshine Coast

Victoria

➡ Bells Beach – die spirituelle Heimat des australischen Surfens; wenn die Wellen stimmen, steht der Ort bei allen ganz oben auf der Liste, aber die Brandung ist leider notorisch unbeständig

➡ Smiths Beach auf Phillip Island

➡ Point Leo, Flinders, Gunnamatta, Rye und Portsea auf der Mornington-Halbinsel

➡ An der Südwestküste Barwon Heads, Point Lonsdale und Torquay sowie unzählige Spots entlang der Great Ocean Road

Tasmanien

➡ Marrawah an der ungeschützten Nordwestküste – hier gibt's oft riesige Wellen

➡ St. Helens und Bicheno an der Ostküste

➡ Eaglehawk Neck auf der Tasman-Halbinsel. Das legendäre Shipstern Bluff ist gar nicht weit von hier entfernt – Australiens härteste Brandung.

➡ In der Gegend von Hobart, Cremorne Point und Clifton Beach

South Australia

➡ Cactus Beach, westlich von Ceduna am abgelegenen Point Sinclair – international für zuverlässig gute Wellen bekannt

➡ Greenly Beach auf der Westseite der Halbinsel Eyre

➡ Pennington Bay – die beständigste Brandung auf Kangaroo Island

➡ Pondalowie Bay und Stenhouse Bay auf der Yorke-Halbinsel im Innes National Park

➡ Victor Harbor, Port Elliot und Middleton Beach südlich von Adelaide

Western Australia

➡ Margaret River, Gracetown und Yallingup im Südwesten

➡ Trigg Point und Scarborough Beach, gleich nördlich von Perth

➡ Weiter nördlich in Geraldton und Kalbarri

➡ Im Süden in Denmark am Südlichen Ozean

Tauchen & Schnorcheln

Am Great Barrier Reef gibt's so viele atemberaubende Tauch- und Schnorchelspots, dass einem schwindlig werden könnte.

Das Ningaloo Reef in WA ist mindestens so interessant wie die Riffe an der Ostküste, aber hier gibt's viel weniger Touristen. Durch die gesunkenen Schiffe in Albany und Dunsborough sind außerdem spektakuläre künstliche Riffe entstanden.

Der Anleger an der Rapid Bay vor der Gulf-St.-Vincent-Küste in SA ist für seine Vielfalt an Meereslebewesen bekannt, und auch die Bay of Fires und Eaglehawk Neck in Tasmanien sind beliebte Ziele. In NSW empfehlen sich die Jervis Bay und die Fish Rock Cave vor South West Rocks.

Angeln

Im gesamten Top End ist Barramundi-Angeln äußerst beliebt, besonders rund um Borroloola im NT sowie in Karumba und auf dem Lake Tinaroo in Queensland.

Fischen im Meer kann man an der gesamten Küste, sei es direkt an den Piern oder Stränden oder im Rahmen einer organisierten Hochseeangeltour. In Tasmanien kann man zudem Forellen in wunderschönen Gletscherseen und kristallklaren Hochlandflüssen angeln.

Bevor man seine Angel auswirft, sollte man wissen, dass in Australien strenge Grenzen bezüglich des Fangs und dessen

> **TOP 5: WILDTIERE BEOBACHTEN**
>
> → Wale: Hervey Bay (Queensland)
> → Graue Riesenkängurus: Namadgi National Park (Australian Capital Territory)
> → Pinguine: Phillip Island (Victoria)
> → Tasmanische Teufel: Tasmanien
> → Delfine, Monkey Mia (WA)

Größe gelten; viele Fischarten sind bedroht und daher geschützt. In Anglerläden oder bei den Fischereibehörden der einzelnen Bundesstaaten kann man sich über die örtlichen Richtlinien informieren.

Wale, Delfine & andere Meerestiere beobachten

Südkaper und **Buckelwale** ziehen auf ihrer Wanderroute zwischen den antarktischen und wärmeren Gewässern ganz nah an Australiens Küste vorbei. Die besten Orte für Walbeobachtungstouren sind Hervey Bay in Queensland, Eden im südlichen NSW, die mittlere Nordküste von NSW, Warrnambool in Victoria, Albany am Südwestkap von WA und zahlreiche Ecken in SA. Die Walbeobachtungssaison dauert etwa von Mai bis Oktober. **Walhaie** und **Mantarochen** kann man am besten im Ningaloo Marine Park in WA beobachten.

Delfine sieht man das ganze Jahr über an der Ostküste in Jervis Bay, Port Stephens und Byron Bay in NSW, vor der Küste von WA in Bunbury und Rockingham, vor North Stradbroke Island in Queensland und vor der Küste von Sorrento in Victoria, wo man sogar mit ihnen schwimmen kann. **Zwergpinguine** findet man auf Phillip Island in Victoria. In WA sichtet man auf Rottnest Island, in Esperance, Rockingham und Green Head hin und wieder **Pelzrobben** und **Seelöwen**, und in Monkey Mia leben alle möglichen wunderbaren Meerestiere (hier gibt's auch **Seekühe**!). Seelöwen besuchen gern die passend benannte (obwohl das eigentlich nicht ganz korrekt ist...) Seal Bay auf Kangaroo Island in South Australia.

Infos im Internet

Bicycles Network Australia (www.bicycles.net.au) Infos, News und Links.

Bushwalking Australia (www.bushwalking australia.org) Website fürs ganze Land mit Links zu verschiedenen bundesstaatlichen und territorialen Bushwalkingclubs und -organisationen.

Coastalwatch (www.coastalwatch.com) Surfcams, Berichte und Wetterkarten für die besten Surfwellen.

Dive-Oz (www.diveoz.com.au) Infos für Sporttaucher.

Fishnet (www.fishnet.com.au) Alles Wichtige rund ums Angeln in Australien.

Ski Online (www.ski.com.au) Kommerzielle Website mit Ferien-Sonderangeboten und Schneecams, Wettervorhersagen und Berichten.

Australien im Überblick

Australien lässt sich hübsch ordentlich in sechs Bundesstaaten und zwei Territorien aufteilen. Aber wenn man in einem solch riesigen Land unterwegs ist, verlieren politische Grenzen mitunter an Bedeutung. Regenwälder und Wüsten halten sich natürlich nicht an von Menschen gezogene Grenzlinien – und liegen vielerorts in ein und demselben Bundesstaat dicht nebeneinander! Wir haben also ein bisschen tiefer gegraben und konnten innerhalb der Bundesstaaten und Territorien 38 verschiedene Regionen ausmachen, die mindestens ebenso stark von Klimaverhältnissen, Landschaft und Kultur geprägt sind wie von der behördlichen Zuständigkeit.

Sydney & Umgebung

Strände
Essen & Trinken
Nachtleben

Sydney ist das Finanzzentrum Australiens, aber die Traveller kommen wegen der Strände, der Multikulti-Restaurants, der Bars und des Nachtlebens hierher. Sydneys Credo: „Iss, trink und mach Party – schlafen kannst du am Strand."

S. 64

Central Coast NSW

Surfstrände
Seen
Weingüter

Wer Sydney gen Norden verlässt, stößt bald auf die Central Coast, eine Landschaft voller toller Strände, riesiger Seen und lässiger Orte zum Surfen. Im Landesinneren liegt das Hunter Valley, Australiens älteste Weinregion.

S. 153

Byron Bay & nördliches NSW

Surfstrände
Festivals
Städte im Hinterland

Byron Bay: „Be in it, be around it … or just be!" – die Hippie-Mantras der 1970er klingen noch nach, aber heute geht's hier eher um Festivals und Surfen. (Um dem Kiffer-Vibe nachzuspüren, fährt man besser ins Hinterland.)

S. 167

Canberra & South Coast NSW

Geschichte & Kultur
Politik
Küstenstädte

Die Stadt wurde lange als langweilig verspottet, aber das neue Canberra quillt über vor Energie, die Museen und Galerien sind hervorragend, und das Geschehen im Parlament ist unterhaltsam. Weiter südlich warten coole Strandorte.

S. 215

Zentrum & Outback von NSW

Essen & Trinken
Geschichte
Outback

Die landwirtschaftlich geprägten Städte und die weiten Landschaften des Outback verkörpern Australien in Reinkultur. In Orange und Mudgee kann man gut essen und trinken, und das Bergbau-Erbe lockt nach Broken Hill.

S. 247

Südliches NSW

Kleine Städte
Flüsse
Berge

Sydney zu verlassen, kann ernüchtern – aber nicht, wenn man sich nach Süden wendet! Die historischen Städtchen des Hochlands verzaubern ebenso wie die Landschaft um die Flüsse Murray und Murrumbidgee oder der Mt. Kosciuszko.

S. 277

REISEPLANUNG AUSTRALIEN IM ÜBERBLICK

Brisbane & Umgebung

Urbane Kultur
Kunst
Inseln

Sydney und Melbourne, aufgepasst – Brisbane ist jetzt in! Schicke Bars und Restaurants, Kunst und Kaffee: Brisbane ist ehrgeizig, trendy und modern. Jenseits der Stadt gibt es ruhige Inselzufluchten und eine schöne Weingegend.

S. 289

Surfers Paradise & Gold Coast

Surfstrände
Nachtleben
Themenparks

Queenslands sensationelle Gold Coast ist der Ort schlechthin, um Surfen zu lernen oder die Nacht durchzufeiern (oder auch viele Nächte). Die riesigen Themenparks der Gold Coast sind ein echter Hit für Familien.

S. 337

Noosa & Sunshine Coast

Strände
Nationalparks
Surfen

„Sunshine Coast" klingt nach Kitsch, aber wer hier ist, hat den klischeehaften Namen bald vergessen. Die Strände vor Ort sind großartig – und die besten sind die einsamen Sandbuchten innerhalb des Noosa National Park.

S. 353

Fraser Island & Fraser Coast

Wildnis
Wilde Tiere
Geländewagen-Touren

Fraser Island ist die weltgrößte Sandinsel – ein außerirdisch anmutendes Atoll, gesprenkelt mit Dünen, Regenwäldern und Seen. Hier kann man gut Dingos und Wale beobachten sowie angeln, schwimmen und Boot fahren.

S. 367

Capricorn Coast & Southern Reef Islands

Strände
Inseln
Indigene Kultur

Hier ist weniger los als anderswo in Queensland – mehr Platz an Stränden, auf Inseln, in Höhlen und zum Schnorcheln! Highlights: das Steak Dinner in Rockhampton und die Felskunst der Aborigines (Carnarvon).

S. 385

Whitsunday Coast

Inseln
Strände
Segeln

Die Whitsunday Islands vor Queensland werden viel fotografiert und angepriesen – jetzt wird es Zeit für einen Besuch! Geboten sind exklusive Resorts, leuchtend weiße Sandstrände, Insel-Hopping mit Segeltrips und erinnerungswürdige Nächte in Airlie Beach.

S. 399

Townsville & Mission Beach

Strände
Inseln
Wilde Tiere

Für eine Kleinstadt hat Townsville erstaunlich viel urbanen Charme, aber die meisten kommen wegen der Strände und nahen Inseln. Mission Beach sollte man nicht verpassen; in diesem coolen Strandort gibt es viele Kasuare im Unterholz.

S. 417

Cairns & Daintree Rainforest

Tropische Riffs
Regenwald
Aktivitäten

Cairns und Port Douglas sind die ersten Anlaufstellen für Schnorcheltrips im Great Barrier Reef. Cairns ist das Zentrum der Aktivitäten: Ballonfahren, Angeln, Rafting, Bungeejumping… Das Ökosystem des Daintree ist artenreich.

S. 437

Cape York Peninsula

Tropische Wildnis
Geländewagen-Touren
Indigene Kultur

Die Nordspitze von Queensland ist fernab von allem, besonders zur Zeit der Regenfälle im Sommer. Am besten kommt man in einem Geländewagen durch die tropische Wildnis. Auch die Aborigine-Kultur bereichert den Aufenthalt.

S. 485

REISEPLANUNG AUSTRALIEN IM ÜBERBLICK

Queenslands Outback & Gulf Savannah

Country-Kultur
Outback
Angeln

Abseits der Touristenströme warten im Herzen des Outback Rodeos, Country-Musik, Pubs, Dinosaurierknochen und der endlose Himmel. Im Golf von Savannah wird's tropisch – etwa beim Barramundi-Angeln.

S. 496

Melbourne & Umgebung

Kunst
Sportereignisse
Essen & Trinken

Melbourne ist kunstbesessen – hier gibt's mehr Galerien, Studios, Buchläden und Theater als ein Urlaub Stunden hat. Keinesfalls versäumen darf man ein Kricket- oder Footballspiel im MCG, die Bars und Restaurants sowie den Kaffee.

S. 514

Great Ocean Road

Küstenlandschaft
Surfen
Kleinstädte

Wow, was für Aussichten! Die Great Ocean Road ist einer der tollsten Roadtrips der Welt. Mit Surfboard, Kamera und Appetit auf Fish & Chips im Gepäck bewegt man sich gemächlich von einer verschlafenen Küstenstadt zur nächsten.

S. 579

Gippsland & Wilsons Promontory National Park

Küstenlandschaften
Buschwandern
Wilde Tiere

Nichts an Gippslands unberührter Küstenlinie lässt vermuten, dass am Ende des Highways eine Großstadt mit 4,4 Mio. Einwohnern liegt. Die Highlights im Wilsons Promontory: wandern und Tierbeobachtung.

S. 601

Grampians & Goldfields

Geschichte
Kleinstädte
Wildnis

In den 1850er-Jahren waren die Goldfields der „Place to be". Der Goldrausch prägte die Städtchen im zentralen Westen des Bundesstaats, während man im majestätischen Grampians National Park Wildnis und das Erbe der Aborigines vorfindet.

S. 617

Victorias High Country

Berge
Wintersport
Essen & Wein

Eine Dosis Wintermagie erwartet Skifahrer am Mt. Buller oder in Falls Creek. Auch im Frühling und Sommer sind die Victorian Alps göttlich. Historische Städtchen, Weingüter und Gourmet-Angebote pflastern die Täler.

S. 639

Nordwestliches Victoria

Flüsse
Kleinstädte
Geschichte

Der Murray schlängelt sich gen Süden und prägt diese Gegend. Bewässerung sorgt für die Begrünung des Mallee – mit Obstplantagen und Weinbergen. Städte am Fluss wie Echuca und Swan Hill haben eine lange Raddampfer-Tradition.

S. 661

Hobart & Tasmaniens Südosten

Urbane Kultur
Geschichte
Gourmetküche

Getränkt von Kolonialgeschichte und mit natürlicher Schönheit gesegnet, ist Hobart die perfekte Kleinstadt. Der Abstecher ist schon wegen der köstlichen Kulinarik, der Festivals und des MONA (Museum of Old and New Art) ein Muss.

S. 676

Launceston & östliches Tasmanien

Urbane Kultur
Strände
Weinregionen

Launceston hat lange nur die zweite Geige gespielt, aber auch „Lonnies" Gastronomie ist hip. Die Ostküste ist der Strandhimmel auf Erden (Wineglass Bay!). Das Tamar Valley zeigt Wege ins Nirwana.

S. 713

Nördliches & westliches Tasmanien

Wildnis
Buschwandern
Wilde Tiere

Die zum Weltnaturerbe zählende Wildnis ist von unglaublicher Schönheit. Auf dem abenteuerlichen Overland Track wandert man hindurch, und vom Cradle Mountain aus hat man tolle Aussichten. Es wimmelt von Beuteltieren und Reptilien.

S. 745

Adelaide & Umgebung

Festivals
Weingebiete
Wilde Tiere

In Adelaide finden tolle Festivals statt, z. B. das Higharts Festival und sein Ableger, das Fringe Festival. Aus der Region McLaren Vale kommt köstlicher Shiraz, und Kangaroo Island lockt mit Stränden und Wildtieren.

S. 775

Barossa Valley & südöstliches SA

Weingebiete
Flüsse
Höhlen

Das Barossa ist das Herzstück der australischen Weinindustrie – hier entstehen große Rotweine. Das Clare Valley ist berühmt für seinen Riesling. Weiter draußen windet sich der Murray zur Kalksteinküste mit erstaunlichen Höhlen.

S. 827

Yorke Peninsula & westliches SA

**Küstenlandschaften
Nationalparks
Fisch & Meeresfrüchte**

Man sollte einige Tage einplanen, um die Halbinsel zu erforschen, wo sich Felder bis zu leeren Stränden erstrecken. Westlich liegen der Lincoln und der Coffin Bay National Park. Auf der Eyre-Halbinsel sind Meeresfrüchte eine stete Versuchung.

S. 855

Flinders Ranges & Outback von SA

**Berge
Buschwandern
Geländewagen-Touren**

Die fotogenen Flinders Ranges erheben sich als gezackte Bergrücken. Hier kann man wunderbar buschwandern und campen. Weiter nördlich führen legendäre Geländewagen-Routen durch die Wüste zu skurrilen Städtchen im Outback.

S. 869

Darwin & Umgebung

**Nachtleben
Nationalparks
Indigene Kultur**

Darwin bei Nacht ist der Wahnsinn, wenn die Backpacker die Bars der Mitchell St bevölkern. Ein Stück weiter findet man drei der Top-Nationalparks Australiens – Kakadu, Litchfield und Nitmiluk – mit Aborigine-Kultur und Wildtieren.

S. 887

Uluru & Outback des NT

**Wüstenlandschaft
Indigene Kultur
Wilde Tiere**

Uluru und Kata Tjuta sind gigantische rote Felsen. Watarrka ist das Gegenteil: ein tiefer Wüstencanyon. Spannend ist eine Tour zur Kultur der Aborigines, und den Tieren des Outback begegnet man im Alice Springs Desert Park.

S. 929

Perth & Fremantle

**Trinken
Essen
Museen**

Perth und das unkonventionelle „Freo" braten in der Sonne. Beim Abkühlen hilft das Bier der Kleinbrauereien in hippen Bars und Pubs bei Sonnenuntergang. Auch die Foodie-Szene boomt hier – aber es stehen auch ein paar Stunden in den besten Museen Westaustraliens auf dem Programm.

S. 977

Rund um Perth

**Nationalparks
Wassersport
Geschichte**

Ein Tagesausflug ab Perth führt zu den wunderbaren Pinnacles im Nambung National Park oder zu einigen geschichtsträchtigen Städten. Im und am Meer kann man angeln, surfen, schnorcheln, windsurfen, sandboarden, tauchen und mit den Delfinen schwimmen.

S. 1014

Margaret River & Southwest Coast

Weingüter
Surfen
Wildnis

WA ist heiß und trocken, aber es fällt genug Regen, um die Weingüter und die Wälder der Karri-Baumriesen zu versorgen. Das schicke Margaret River ist der Knotenpunkt der Region mit sehenswerten Höhlen und Top-Surfspots nebenan.

S. 1028

Südliches WA

Küstenlandschaften
Wildnis
Kleinstädte

Anders als die Südwestecke WAs ist die Südküste für Tagesausflügler zu weit von Perth weg. Man sollte eine gute Woche einplanen, um die Wälder, leeren Strände, Klippen, Weingüter und liebenswerten Kleinstädte dieser Region zu erkunden.

S. 1045

Monkey Mia & zentraler Westen

Meereslebewesen
Wildnis
Wildblumen

Monkey Mia an der Shark Bay ist berühmt für Delfine, aber hier tummeln sich auch Dugongs, Meeresschildkröten, Wale, Stachelrochen und (der Name verrät es) Haie. An Land warten tiefe Schluchten und im Frühling Wildblumen.

S. 1069

Coral Coast & Pilbara

Meereslebewesen
Nationalparks
Fisch & Meeresfrüchte

Die ertragreichen Gewässer des Weltnaturerbes Ningaloo Marine Park darf man nicht verpassen – einen der wenigen Orte, wo man mit Walhaien schwimmen kann. Die Meeresfrüchte und die Nationalparks sind weitere Verlockungen Pilbaras.

S. 1089

Broome & Kimberley

Wildnis
Indigene Kultur
Luxusunterkünfte

Kimberley ist Australiens wilde Westgrenze – eine gigantische Wildnis mit Schluchten, Spinifexgräsern, Sand und Wasserfällen. Vor allem aber findet man hier die Kultur der Aborigines mit vielen indigenen Kunstwerken.

S. 1111

Reiseziele in Australien

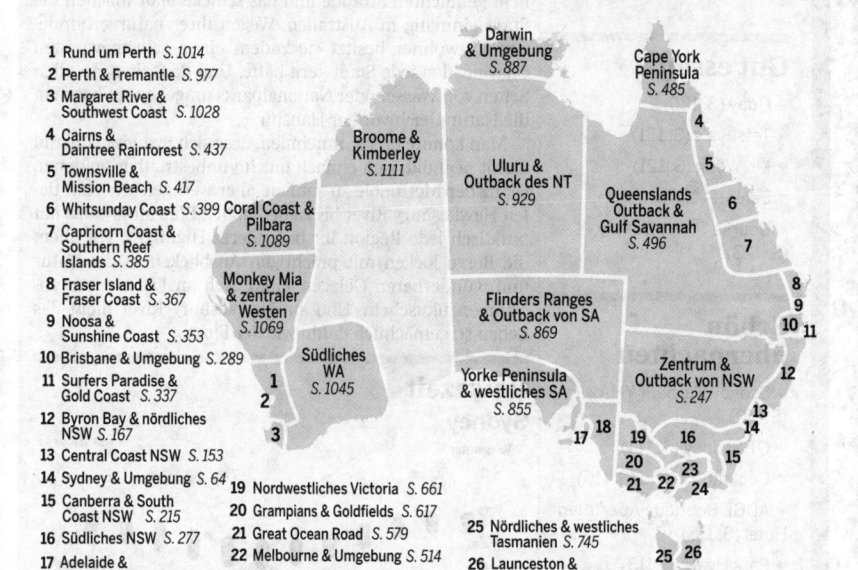

1 Rund um Perth S. 1014
2 Perth & Fremantle S. 977
3 Margaret River & Southwest Coast S. 1028
4 Cairns & Daintree Rainforest S. 437
5 Townsville & Mission Beach S. 417
6 Whitsunday Coast S. 399
7 Capricorn Coast & Southern Reef Islands S. 385
8 Fraser Island & Fraser Coast S. 367
9 Noosa & Sunshine Coast S. 353
10 Brisbane & Umgebung S. 289
11 Surfers Paradise & Gold Coast S. 337
12 Byron Bay & nördliches NSW S. 167
13 Central Coast NSW S. 153
14 Sydney & Umgebung S. 64
15 Canberra & South Coast NSW S. 215
16 Südliches NSW S. 277
17 Adelaide & Umgebung S. 775
18 Barossa Valley & südöstliches SA S. 827
19 Nordwestliches Victoria S. 661
20 Grampians & Goldfields S. 617
21 Great Ocean Road S. 579
22 Melbourne & Umgebung S. 514
23 Victorias High Country S. 639
24 Gippsland & Wilsons Promontory S. 601
25 Nördliches & westliches Tasmanien S. 745
26 Launceston & östliches Tasmanien S. 713
27 Hobart & Tasmaniens Südosten S. 676

Darwin & Umgebung S. 887
Cape York Peninsula S. 485
Broome & Kimberley S. 1111
Uluru & Outback des NT S. 929
Queenslands Outback & Gulf Savannah S. 496
Coral Coast & Pilbara S. 1089
Monkey Mia & zentraler Westen S. 1069
Flinders Ranges & Outback von SA S. 869
Südliches WA S. 1045
Yorke Peninsula & westliches SA S. 855
Zentrum & Outback von NSW S. 247

Sydney & Umgebung

Inhalt ➡
Sydney 68
Hawkesbury River 144
Blue Mountains 145

Gut essen
- Quay (S. 120)
- Tetsuya's (S. 121)
- Mr. Wong (S. 121)
- Ester (S. 123)
- Bourke Street Bakery (S. 123)

Schön übernachten
- Sydney Harbour YHA (S. 112)
- QT Sydney (S. 114)
- Cockatoo Island (S. 116)
- ADGE Boutique Apartment Hotel (S. 116)
- Park Hyatt (S. 113)

Auf nach Sydney!

Viele Australien-Traveller landen zuerst in Sydney, und ein besserer Vorgeschmack auf den Inselkontinent ist auch gar nicht denkbar. Die spektakuläre Hafenlage, die in Sonnenlicht getauchten Strände und das schicke Flair machen die Stadt einmalig in Australien. Wegen ihrer naturverbundenen Einwohner besitzt sie zudem einen selbstbewussten Charme, den jede Stadt gern hätte. Und da Sydney an allen Seiten von Wasser oder Nationalparks umgeben ist, hat man die Natur gleich vor der Haustür.

Man könnte daher annehmen, dass sich Sydneys Umland damit begnügt, sich einfach nur im unbestreitbar goldenen Glanz der Metropole zu sonnen, aber weit gefehlt: Vom tiefen Hawkesbury River bis zu den hohen Blue Mountains hat praktisch jede Region ihr besonderes Highlight. Vor allem die Berge locken mit prächtigen Ausblicken in die Natur und wunderbaren Gelegenheiten, sich an Lagerfeuern zusammenzukuscheln. Und am Hawkesbury River fließt das Leben so gemächlich dahin wie der Fluss.

Reisezeit
Sydney

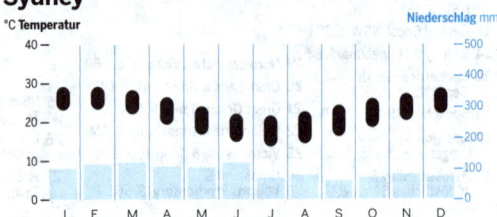

Jan. Das Jahr wird mit einem spektakulären Feuerwerk über dem Sydney Harbour eingeläutet.

März Sydneys Partysaison erreicht ihren Höhepunkt mit dem Gay & Lesbian Mardi Gras.

Juli In den Blue Mountains stehen Kaminfeuer, Wein und Wintermenüs auf dem Programm.

Highlights

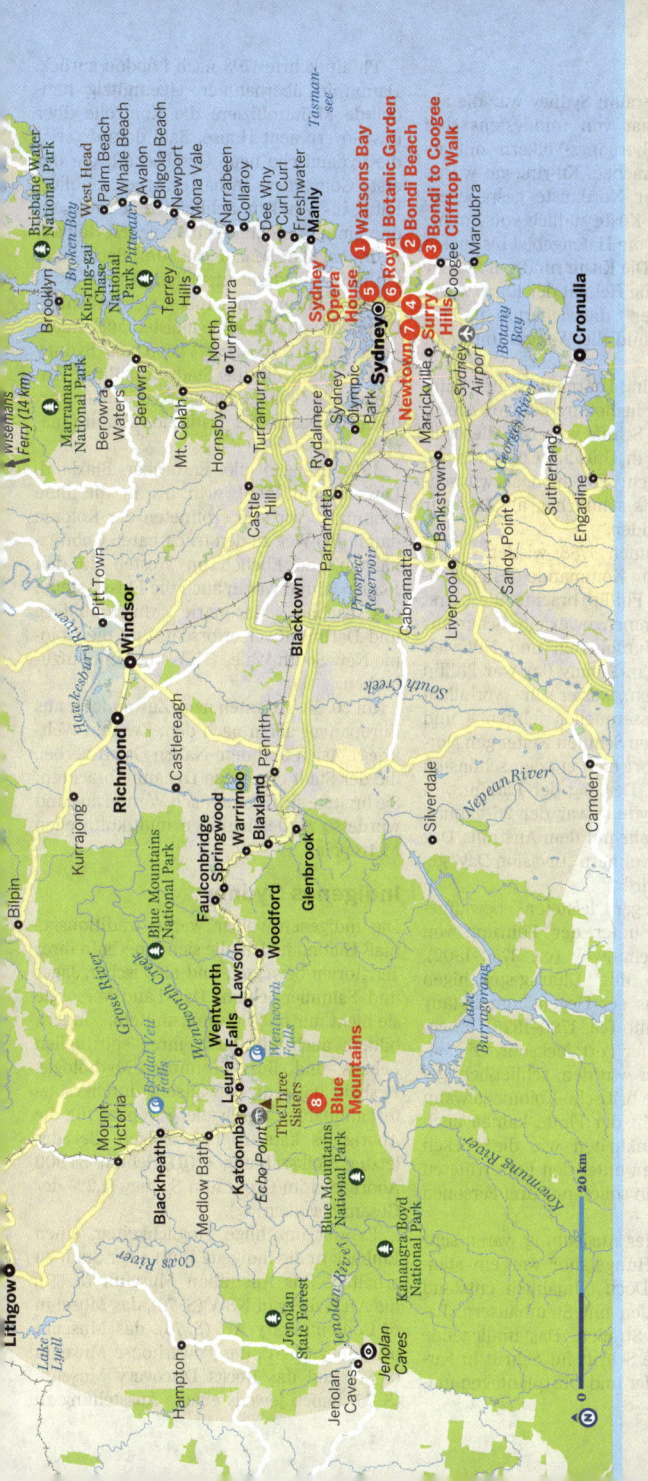

❶ Mit einer von Sydneys Hafenfähren nach **Watsons Bay** (S. 97) fahren

❷ Im goldenen Sand von **Bondi Beach** (S. 97) liegend den Tag verstreichen lassen

❸ Auf dem **Bondi to Coogee Clifftop Walk** (S. 100) die Küstenlandschaft genießen

❹ Sich essend und trinkend seinen Weg durchs hippe **Surry Hills** (S. 89) bahnen

❺ Eine Aufführung im **Sydney Opera House** (S. 136) erleben

❻ Oberhalb des funkelnden Sydney Harbour durch den üppig-grünen **Royal Botanic Garden** (S. 79) schlendern

❼ Die Secondhand-Läden und bunt gemischten Boutiquen des künstlerisch-alternativen **Newtown** (S. 140) durchstöbern

❽ In den **Blue Mountains** (S. 148) unter dem dichten Blätterdach des Urwalds den Buschpfaden folgen

Geschichte

Der heutige Großraum Sydney war die angestammte Heimat von mindestens drei verschiedenen Aborigines-Völkern mit jeweils eigenen Sprachen. Ku-ring-gai wurde vor allem an der Nordküste gesprochen, Dharawal an der Küste südlich von Botany Bay und Dharug vom Hafengebiet bis zu den Blue Mountains. Die Küste rund um Sydney ist seit Urzeiten die Heimat der Eora (wörtl. „der Leute von hier"), die wiederum in Clans wie die Gadigal und die Wangal unterteilt waren.

Im Jahr 1770 ging Leutnant (später Kapitän) James Cook in Botany Bay vor Anker. Die Ankunft des Schiffs versetzte die örtliche Bevölkerung in Unruhe; Cook notierte in seinem Tagebuch: „Es schien, als wünschten sie sich nichts sehnlicher, als dass wir wieder verschwänden."

Die Briten kamen 1788 wieder – und blieben. Unter dem Kommando des Flottenkapitäns Arthur Phillip brachte die „First Fleet" eine zusammengewürfelte Schar aus Sträflingen, Marinesoldaten und Nutzvieh mit. Bei Ankunft in Botany Bay war Phillip enttäuscht von dem, was er sah – vor allem weil hier Süßwasserquellen fehlten – und ordnete an, mit den Schiffen weiter gen Norden zu segeln. Dort fand er „den schönsten Hafen der Welt". Der Tag der Landung in der Bucht von Sydney war der 26. Januar, der heute jedes Jahr mit dem Australia Day (bei vielen Ureinwohnern „Invasion Day" genannt) gefeiert wird.

Indigene Krieger leisteten bewaffneten Widerstand unter der Führung von Männern wie Pemulwuy (ca. 1750–1802), einem Mitglied des Dharug-sprachigen Bidjigal-Clans aus der Gegend um Botany Bay, oder Musquito (ca. 1780–1825), einem Eora vom Nordufer Port Jacksons. Die Widerstandskämpfer wurden schließlich geschlagen, und die britische Kolonie gewann die Oberhand. Mit der Flotte kamen auch europäische Krankheiten wie die Pocken ins Land, die dann unter den Eora wüteten (vom Gadigal-Clan sollen nur drei Personen überlebt haben).

Die Anfänge der Ansiedlung waren sehr schwierig, und Hungersnot war ein ständiger Begleiter. Doch allmählich entstand ein lebhafter Hafen mit Steinhäusern, Lagerhäusern und Straßen. Das umliegende Buschland wurde Schritt für Schritt in Farmen, Gemüsefelder und Obstplantagen umgewandelt.

Phillip kehrte 1793 nach London zurück. Daraufhin übernahmen eigennützig handelnde Militäroffiziere die Kontrolle über das Government House. Bald darauf geriet die dynamische neue Gesellschaft, die der erste Gouverneur in harter Arbeit etabliert hatte, ins Wanken. Schließlich schritt London ein und ernannte einen neuen Gouverneur, Lachlan Macquarie, um Recht und Ordnung wiederherzustellen. Unter Macquaries Führung entstanden viele prächtige Gebäude (von denen die meisten auch heute noch stehen), die eine Vision von Sydney verkündeten, die die Stadt von ihren Anfängen als Gefangenenlager zu einem würdigen Vorposten des britischen Empire machen sollte.

1813 drangen die Entdecker Blaxland, Lawson und Wentworth bis in die Blue Mountains vor und eröffneten der Kolonie damit den Weg zu den fruchtbaren Gebirgshängen und Ebenen im Westen. In den 1830er-Jahren waren auch die Flusssysteme des Lachlan, Macquarie, Murrumbidgee und Darling River erforscht, und die Kolonie New South Wales (NSW) begann aufzublühen.

Im 20. Jh. strömten neue Zuwanderer aus Europa (vor allem nach dem Zweiten Weltkrieg), Asien und dem Nahen Osten herbei, die der Stadt eine neue Dynamik brachten: Sie breitete sich weiter nach Westen aus und wurde so zu der heutigen multikulturellen Metropole.

Indigenes Sydney

Die indigenen Völker waren traditionsgemäß Halbnomaden, die sich innerhalb ihrer Territorien bewegten und als Fischer, Jäger und Sammler lebten. Das Land versorgte sie nicht nur mit Nahrungsmitteln, sondern bildete auch die Basis ihres spirituellen Lebens und ihrer Traumzeit-Mythologie. Deshalb hatte die gewaltsam durchgesetzte Landnahme durch die Europäer für die Aborigines katastrophale Folgen. Bei der letzten Volkszählung (2011) lebten 54 800 Aborigines im Großraum Sydney (1,2 % der Gesamtbevölkerung).

Es gibt unzählige Möglichkeiten, einen Einblick in die indigene Kultur der Stadt zu erhalten. Das Australian Museum (S. 89), die Art Gallery of NSW (S. 79), das Museum of Contemporary Art (S. 76), das Museum of Sydney (S. 81), das Powerhouse Museum (S. 87) und das Rocks Discovery Museum (S. 76) haben jeweils eigene Ausstellung zu

Leben und Kultur der Aborigines. Präkoloniale Felsritzzeichnungen bekommt man am Manly Scenic Walkway (S. 103) und im Ku-ring-gai Chase National Park (S. 107) aus der Nähe zu Gesicht. Der Royal Botanic Garden (S. 79) und der Taronga Zoo (S. 101) bieten Führungen mit dem Schwerpunkt Aborigines an. Weitere kulturbezogene Führungen mit indigenen Führern gibt's u. a. bei Blue Mountains Walkabout (S. 149) und EcoTreasures (S. 111). Im Waradah Aboriginal Centre (S. 148) in Katoomba finden tagsüber kurze Kulturvorführungen statt.

Weitere Infos gibt's unter www.visitnsw.com und www.tourism.australia.com//aboriginal.aspx.

Nationalparks

Sydney ist umringt von Nationalparks: Im Norden liegen der Ku-ring-gai Chase (S. 107) und der Marramarra National Park, im Westen der Wollemi und der Blue Mountains National Park (S. 145), im Süden der Royal National Park und im Osten der Sydney Harbour National Park (S. 69) am Rand des Hafenbeckens. Weitere Parks sind von der Stadt umschlossen; am zugänglichsten ist der Lane Cove National Park (S. 101).

Auf der Website von **NSW National Parks & Wildlife Service** (NPWS; www.nationalparks.nsw.gov.au) findet man detaillierte Infos zu Besucherzentren, Wanderwegen und Campingmöglichkeiten. Manche Parks erheben tageweise Eintrittsgebühren – im Allgemeinen sind das 7 AU$ pro Fahrzeug. Wer mehrere Parks besuchen möchte, sollte eine Jahreskarte (65 AU$) kaufen, die uneingeschränkten Zugang zu allen State Parks und Naturschutzgebieten mit Ausnahme des Kosciuszko National Park gewährt.

In vielen Parks gibt es Campingplätze mit unterschiedlichem Standard; manche sind kostenlos, bei anderen kostet die Übernachtung 5 bis 10 AU$ pro Nase. Beliebte Campingplätze sind während der Ferien oft ausgebucht. In einigen Parks ist auch das Wildcampen erlaubt.

Aktivitäten

Sydney und umliegenden Nationalparks bieten eine große Bandbreite von Aktivitäten aller Schwierigkeitsgrade und Fitnessstufen.

Bushwalking

So ziemlich jeder Nationalpark hat markierte und auch nicht markierte Wanderwege. Teils handelt es sich um kurze, leichte Spaziergänge, teils um längere, anspruchsvollere Treks.

In der Nähe von Sydney bietet der unberührte Royal National Park Gelegenheit zu spektakulären Klippenwanderungen, z. B. auf einem 28 km langen Weg entlang der Küste. Kürzere Buschwanderwege gibt es rund um die Meeresarme von Broken Bay im Ku-ring-gai Chase National Park. Westlich von Sydney kann man in den Blue Mountains mit ihren Sandsteinfelsen, Eukalyptuswäldern und Wildblumen atemberaubende Wanderungen unternehmen. Eifrige Wanderer sollten den 45 km langen Six Foot Track von Katoomba zu den Jenolan Caves angehen.

Die **Website des NPWS** (www.nationalparks.nsw.gov.au) enthält viele Informationen über Wanderungen in den zugehörigen Parks und Reservaten. Die **National Parks Association von NSW** (www.npansw.org.au) veröffentlicht die empfehlenswerten Bände *Bushwalks in the Sydney Region Volumes 1 & 2* von S. Lord und G. Daniel. Lohnend sind außerdem *Sydney's Best Bush, Park & City Walks* mit 50 Wanderungen und Wissenswertem zum Großteil der wichtigsten Nationalparks sowie *Blue Mountains: Best Bushwalks* (beide von Veechi Stuart). Eine weitere gute Informationsquelle zu Buschwanderungen und Camping ist der Online-Guide **Wildwalks** (www.wildwalks.com) mit kostenlosen Karten und Routeninfos zu über 900 Wegen.

Radfahren

Sydneys ständig wachsendes Radwegnetz ist ein zentraler Bestandteil der lobenswerten Initiative für Nachhaltigkeit „Sydney 2030" der Stadtverwaltung. Details gibt's unter www.sydneycycleways.net. Beliebte Ziele für Radler sind u. a. die Blue Mountains und die Great North Rd am Hawkesbury River.

Die **Website von Bicycle NSW** (www.bicyclensw.org.au; auf „Resources" klicken) liefert Links zu Karten und Führern für Radtouren, einem Fahrradladen-Finder und Sicherheitstipps. Eine nützliche Infoquelle ist auch Lonely Planets *Cycling Australia*.

Scenic Drives

Es gibt eine Reihe von spektakulären Panoramastraßen in New South Wales: den Greater Blue Mountains Drive und die Bells Line of Road zwischen Richmond und Lithgow.

Surfen

In Bondi, Manly und an einem Dutzend anderer Strände Sydneys kann man an seiner

Surftechnik feilen (oder sich eine aneignen). Die aktuelle Wellenlage und weitere Infos findet man unter www.coastalwatch.com.

Wale & Delfine beobachten
Jedes Jahr von Ende Mai bis Ende November ziehen Südkaper und Buckelwale an der Küste entlang. Bei einer Walbeobachtungstour kommt man den Tieren ganz nah. Alternativ stellt man sich auf eine der Küstenklippen und hält nach ihnen Ausschau.

Delfine zeigen sich hin und wieder vor den Eastern Beaches von Sydney.

ⓘ Anreise & Unterwegs vor Ort

→ Die meisten Australienbesucher landen am Sydney Airport, der zugleich der wichtigste Inlandsflughafen des Landes ist.

→ Sydney ist das größte Drehkreuz für Busfahrten innerhalb von NSW. Von hier gibt's Busverbindungen bis nach Brisbane im Norden, Melbourne im Süden und Adelaide im Westen.

→ Auch Züge fahren nach Brisbane, Melbourne und Adelaide, der luxuriöse Indian Pacific tuckert weiter bis nach Perth.

→ Mit dem Auto oder Motorrad erreicht man Sydney aus dem Süden kommend vermutlich über den Hume Hwy (Rte 31) oder aus dem Norden kommend über den Pacific Hwy (Rte 1). Der Princes Hwy führt von Sydney an der Südküste von NSW entlang nach Süden.

→ Weitere Infos zur An- & Abreise nach bzw. ab Sydney gibt's auf S. 141.

SYDNEY

4,4 MIO. EW.

Das sonnige, schicke, selbstbewusste Sydney ist das Paradepferd aller australischen Städte. Die Stadt wurde rund um einen der schönsten Häfen der Welt erbaut. Zu ihren Attraktionen gehören auch drei der für Australien typischsten Sehenswürdigkeiten: die Sydney Harbour Bridge, das Sydney Opera House und Bondi Beach. Sydney ist die älteste, größte und vielfältigste Stadt des Landes und geprägt von prächtigen Galerien, noch prächtigeren Stränden und einem trendigen Multikulturalismus, der für viel Farbe und Lebendigkeit in den innerstädtischen Vierteln und Vororten am Stadtrand sorgt.

◉ Sehenswertes

◉ Sydney Harbour

Sydneys herrlicher Naturhafen ist das schillernde Herz und die Seele der Stadt. Er erstreckt sich vom Ozean 20 km landeinwärts bis zur Mündung des Parramatta River. Der Hafen bildet die ruhige Postkartenkulisse für das schnelllebige Sydney. Die Strände, Buchten, Inseln und die kleinen Nationalparks mit hübscher Flora und Fauna bergen zahllose Möglichkeiten zur Erholung. Das große, wundervolle Gebiet mit der Fähre zu erkunden, gehört sicher zu den schönsten Urlaubserlebnissen.

Der North Head und der South Head bilden das Tor zwischen Ozean und Hafen. Neben dem Hafen, auf der Seite des South Head, liegt das frühere Fischerdorf Watsons Bay. Manly, das beliebteste Tagesausflugsziel der Einwohner Sydneys, befindet sich auf einer Landzunge zwischen dem Hafen und dem Ozean in der Nähe vom North Head.

Blickfang des inneren Hafens und wichtigster Verkehrsknoten für die Fähren der Stadt ist der Circular Quay. Von hier aus starten die Fähren zu Zielen an beiden Ufern des Hafens sowie flussaufwärts und zu ein paar der Hafeninseln.

★ Sydney Harbour Bridge BRÜCKE
(Karte S. 74; ® Circular Quay) Die Einwohner Sydneys lieben ihren „Kleiderbügel". Die 1932 eröffnete majestätische Brücke überspannt den Hafen an einer seiner schmalsten Stellen. Am besten überquert man die Brücke zu Fuß, denn fährt man mit dem Zug oder Auto, sieht man nicht viel. An beiden Enden führen Treppen hoch zu dem Fußgängerweg, der der Länge nach an der Ostseite der Brücke verläuft. Man kann am südöstlichen Brückenpfeiler zum Pylon Lookout hinaufsteigen oder mit dem extrem beliebten BridgeClimb (S. 111) auf den riesigen Bogen klettern.

Die Hafenbrücke ist verdammt groß: Wenn man in der Stadt unterwegs ist, taucht sie immer wieder im Hintergrund auf – manchmal an überraschenden Orten. Mit einer Höhe von 134 m, einer Länge von 1149 m, einer Breite von 49 m und einem Gewicht von 52 800 t ist sie die größte und schwerste (aber nicht die längste) Stahlbogenbrücke der Welt.

Die zwei Hälften des gewaltigen Bogens von Chefingenieur J.J.C. Bradfield wurden im Freivorbau vom jeweiligen Ufer aus errichtet. Als sich die zwei Bogen 1930, nach neunjährigen unerbittlichen Mühen von 1400 Arbeitern, nur Zentimeter voneinander entfernt gegenüberstanden, brachte sie der Wind mit 100 km/h ins Schwingen. Der Kleiderbügel hielt aber stand, und die zwei

Enden wurden schließlich miteinander verbunden.

Um die passenden Worte von dem aus Sydney stammenden Dichter Kenneth Slessor zu zitieren: „Tag und Nacht zitterte und hallte die Brücke wie ein lebendiges Wesen."

Sydney Harbour National Park NATIONALPARK
(www.nationalparks.nsw.gov.au) Der Sydney Harbour National Park schützt große Buschlandgebiete rund um den Hafen sowie mehrere **Hafeninseln** und wartet mit Wanderwegen, malerischen Aussichtspunkten, Felszeichnungen der Aborigines, Stränden und einer Handvoll historischer Stätten auf. Der Park umfasst den **South Head** (Karte S. 70; www.nationalparks.nsw.gov.au; Cliff St; 5–22 Uhr; Watsons Bay) und den Nielsen Park (S. 95) auf der Südseite des Hafens, der Großteil des Parks liegt jedoch an der North Shore mit **Bradleys Head**, **Middle Head**, **Dobroyd Head** und North Head (S. 103).

Pylon Lookout AUSSICHTSPUNKT
(Karte S. 74; 02-9240 1100; www.pylonlookout.com.au; Erw./Kind 13/6,50 AU$; 10–17 Uhr; Circular Quay) Der Blick vom Südostbrückenpfeiler der Harbour Bridge ist einfach atemberaubend, und das hiesige Museum erläutert die Entstehungsgeschichte der Brücke. Es scheint zwar, als würden die Brückenpfeiler die ganze Last der Brücke tragen, doch sie haben eine überwiegend dekorative Funktion – bis hin zu ihrer Granitverkleidung. Hierher gelangt man über die Brückentreppe von der Cumberland St.

Cockatoo Island INSEL
(Karte S. 70; 02-8969 2100; www.cockatooisland.gov.au; Cockatoo Island) Die mit fotogenen industriellen Überbleibseln, Straflagerbauten und Kunstinstallationen bestückte Cockatoo Island (Wareamah) ist seit 2007 für die Öffentlichkeit zugänglich und hat inzwischen auch regelmäßigen Fährverkehr. Darüber hinaus gibt es hier einen Campingplatz, Unterkünfte, ein Café und eine Bar. Infotafeln und Audioguides (5 AU$) erläutern die Geschichte der Insel als Straflager, Schiffswerft und Marinestützpunkt.

Ein gespenstischer Tunnel führt direkt durch die Mitte der Insel. Man kann auch die Gefängnisüberreste erkunden. Während des Zweiten Weltkriegs wurden bei den meisten Sandsteingebäuden die Dächer entfernt, um sie in Schützengräben umzufunktionieren. Vor Kurzem wurden auch ein paar Einzelhaftzellen freigelegt, die in den 1890er-Jahren zugeschüttet und danach vergessen worden waren.

SYDNEY IN...

...zwei Tagen

Der erste Tag beginnt mit einem Bummel durch **The Rocks**. Man besucht das **Museum of Contemporary Art** (S. 76) und läuft dann am Hafen entlang, vorbei am **Opera House** (S. 78) zum **Royal Botanic Garden** (S. 79) und zur **Art Gallery of NSW** (S. 79). Am Abend steht eine Vorstellung im **Opera House** (S. 136) an, oder man stürzt sich ins Getümmel in **Kings Cross** oder **Darlinghurst**.

Am zweiten Tag genießt man die Sonne und die Szene in **Bondi**. Dabei unbedingt auch den **Clifftop Walk** nach Coogee entlangspazieren! Wieder zurück in Bondi gibt's bei Sonnenuntergang ein Dinner im **Icebergs Dining Room** (S. 127).

...vier Tagen

An Tag drei geht's mit der Fähre über den Hafen nach **Manly**, wo man am Strand prima baden oder einen Spaziergang auf dem **Manly Scenic Walkway** (S. 103) unternehmen kann. Am Abend geht's zum Essen und Ausgehen nach **Surry Hills**.

Am vierten Tag widmet man sich im **Hyde Park Barracks Museum** (S. 80) Sydneys Vergangenheit als Sträflingskolonie und verbringt dann den Nachmittag beim Shoppen in **Paddington** oder **Newtown**.

...einer Woche

Hat man eine Woche Zeit, kann man ein paar Tage für den Besuch der majestätischen **Blue Mountains** erübrigen und einen ganzen Tag lang im Busch wandern, bevor man sich abends mit einem Gourmet-Dinner belohnt. Wieder zurück in Sydney, erkundet man **Watsons Bay**, **Darling Harbour** und den **Taronga Zoo**.

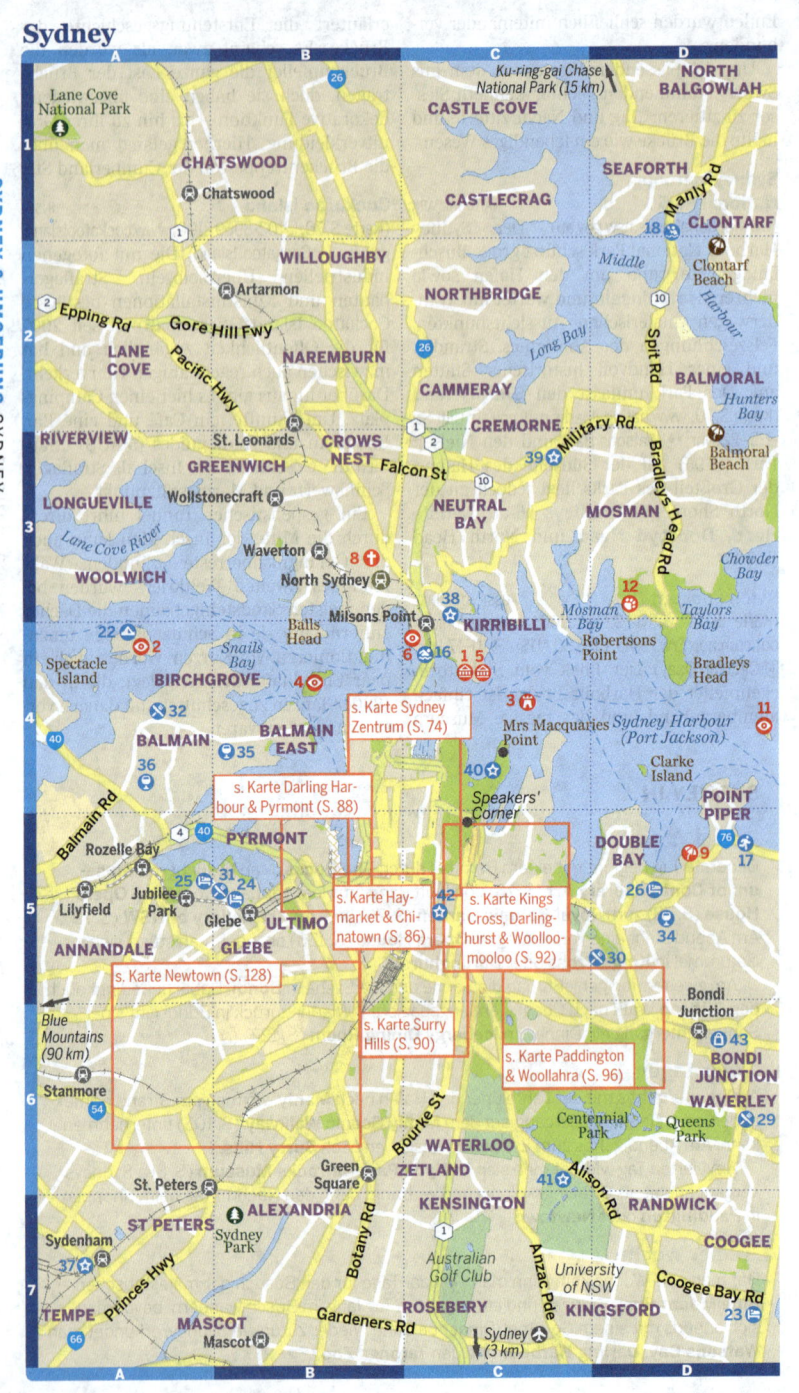

Sydney

Sydney

◎ Sehenswertes
 1 Admiralty House C4
 2 Cockatoo Island A4
 3 Fort Denison C4
 4 Goat Island B4
 5 Kirribilli House C4
 6 Luna Park C4
 7 Manly Scenic Walkway E1
 8 Mary MacKillop Place B3
 9 Murray Rose Pool D5
10 Quarantine Station F2
11 Shark Island D4
12 Taronga Zoo D3
13 Vaucluse House E4

⊕ Aktivitäten, Kurse & Touren
14 Gordons Bay Underwater
    Nature Trail E7
15 Manly Surf School F1
16 North Sydney Olympic Pool C4
17 Sydney by Seaplane D5
18 Sydney Harbour Kayaks D1
19 Sydney Seaplanes E5
20 Wylie's Baths E7

🛏 Schlafen
21 Cecil Street B&B E1
22 Cockatoo Island A4
23 Dive Hotel D7
24 Forsyth Bed & Breakfast B5
25 Glebe Point YHA A5
26 InterContinental Sydney
    Double Bay D5
27 Manly Bunkhouse E1
28 Novotel Sydney Manly Pacific F1

🍽 Essen
29 Bronte Road Bistro D6
30 Four in Hand D5
31 Glebe Point Diner B5
32 Riverview Hotel & Dining A4
33 Three Blue Ducks E6

🍸 Ausgehen & Nachtleben
34 Golden Sheaf Hotel D5
35 London Hotel B4
36 Welcome Hotel A4

🎭 Unterhaltung
37 Camelot Lounge A7
38 Ensemble Theatre C3
39 Hayden Orpheum Picture
    Palace C3
40 OpenAir Cinema C4
41 Royal Randwick Racecourse C6
42 Slide C5

🛍 Shoppen
43 Westfield Bondi Junction D6

Goat Island INSEL
(Karte S. 70; 02-9253 0888; www.nationalparks.nsw.gov.au; Tour Erw./Kind 38/29 AU$) Das westlich der Harbour Bridge gelegene Goat Island war früher eine Schiffswerft, eine Quarantänestation und ein Schießpulverlager. Für Gruppen ab 20 Teilnehmern werden Führungen angeboten (Infos dazu gibt's auf der Website der Nationalparks).

Fort Denison FESTUNG
(Karte S. 70; www.fortdenison.com.au; Führung 16/14 AU$; Tour 11, 12.15, 13.45 & 14.45 Uhr) Die von den Gadigal „Mat-te-wan-ye" (Felseninsel) genannte Insel war zu Kolonialzeiten eine kleine befestigte Insel vor Mrs. Macquaries Point und ein Ort des Leidens, denn hier wurden widerspenstige Sträflinge isoliert. Wegen den jämmerlich kleinen Rationen, die die Gefangenen hier erhielten, wurde die Insel auch „Pinchgut" (Magenklemme) genannt. Die Befestigungswälle entstanden Mitte des 19. Jhs. aus Angst vor einer russischen Invasion während des Krimkriegs. Die NPWS bietet Führungen im Martello Tower an (billiger, wenn man die Führung beim Kauf des Fährtickets gleich mitbucht); die meisten Leute gehen aber gleich rüber zum Café.

Captain Cook Cruises (S. 109) und Manly Fast Ferry (S. 143) betreiben mehrere Fähren am Tag von Darling Harbour und Circular Quay zur Insel.

Shark Island INSEL
(Karte S. 70; www.nationalparks.nsw.gov.au; Fähre Erw./Kind 20/17 AU$) Die kleine Shark Island vor Rose Bay ist ein perfekter Ort für ein friedliches Picknick. Hier gibt's nicht viel außer Toiletten und Trinkwasser. Bei einer Größe von nur 250 x 100 m ist die gesamte Insel auch schnell erkundet. Captain Cook Cruises (S. 109) betreibt vier Fähren pro Tag ab Circular Quay (Pier 6) und Darling Harbour (Pier 26).

The Rocks & Circular Quay

Sydney Cove besitzt die meisten Wahrzeichen Sydneys; die Harbour Bridge und das Opernhaus markieren die beiden Enden des Hufeisens. Die Stätte der ersten europäischen Ansiedlung in Australien hat nichts mehr mit dem einstigen verrufenen Ort gemein, wo Ex-Sträflinge, Seeleute und Walfänger in den zahllosen Hafenkneipen und fast genauso vielen Bordellen und Opiumhöhlen ihr Unwesen trieben. Die offenen Abwassergräben und schmutzigen Gassen von **The Rocks** sind zu einer nostalgischen Touristenfalle geworden, und an der Circular-Quay-Promenade tummeln sich Straßenkünstler und Einheimische, die von den Hafenfähren ausgespuckt werden.

The Rocks waren ein Zentrum von Handel und Seefahrt, bis die Frachtdienste Ende der 1880er-Jahre den Circular Quay verließen. Eine Pestepidemie im Jahr 1900 beschleunigte den Niedergang. In den 1920ern brachte die Errichtung der Harbour Bridge weitere Zerstörungen: Ganze Straßenzüge mussten der südlichen Brückenzufahrt weichen. Erst in den 1970er-Jahren wurde man sich des kulturellen und architektonischen Erbes von The Rocks bewusst. Die folgende vom Tourismus beflügelte Sanierung hat viele alte Gebäude vom Untergang bewahrt.

Der **Argyle Cut** (Karte S. 74; Argyle St; Circular Quay) ist ein eindrucksvoller Tunnel, der einst von Sträflingen gegraben wurde. Dahinter liegt **Millers Point**, ein charmanter Bezirk mit Wohnhäusern aus der frühen Kolonialzeit.

ⓘ ERMÄSSIGUNGEN

Der **Sydney Museums Pass** (www.sydneylivingmuseums.com.au/sydney-museums-pass; Erw./Kind 18/9 AU$) erlaubt den einmaligen Eintritt in vier kleine Museen: ins Museum of Sydney, in die Hyde Park Barracks, das Justice & Police Museum und das Susannah Place. Er gilt drei Monate und ist in jedem der teilnehmenden Museen erhältlich.

Der **Ultimate Sydney Pass** (Erw./Kind 99/70 AU$) gewährt Zugang zu den prominenten, kostspieligen Attraktionen des britischen Freizeitparkbetreibers Merlin Entertainments. Dazu gehören der Sydney Tower Eye (inkl. Skywalk), das Sydney Sea Life Aquarium, der Wild Life Sydney Zoo, das Madame Tussauds und das Manly Sea Life Sanctuary. Der Pass ist erhältlich bei all diesen Attraktionen, aber oft ist der Kauf online erheblich günstiger (einfach auf der Website der jeweiligen Sehenswürdigkeit nachschauen!). Wer nur ein paar dieser Attraktionen besuchen will, kann einen ermäßigten **Sydney Attractions Pass** kaufen, den es in jeder gewünschten Kombination gibt.

ABSTECHER

PARRAMATTA RIVER

Der Sydney Harbour bekommt all die Aufmerksamkeit, aber die Fahrt ein kleines Stück flussaufwärts zum geografischen Zentrum der Metropole ist mindestens genauso interessant. Man kommt vorbei an alten Industrieanlagen und erhascht einen Blick in die Hinterhöfe der Millionäre. Auf diese Weise eröffnet sich einem ein Fenster in eine Wasserwelt im Herzen von Sydney, in der Schulrudermannschaften ihre Bahnen ziehen, Gruppen von Freunden auf ihren Jachten vorbeisegeln, Kajakfahrer sich verausgaben und Männer abends an den Kais angeln.

In geologischer Hinsicht ist der Hafen eigentlich ein überflutetes Flusstal. So ist es schwer zu bestimmen, was Hafen und was Fluss ist. Doch während man an Cockatoo Island vorbeigleitet, wo der Parramatta River und der Lane Cove River aufeinandertreffen, kann man sich sicher sein, dass dies ein Fluss ist.

Die Fähre vom Circular Quay nach Parramatta braucht etwa eineinviertel Stunden (Erw./Kind 7,60/3,80 AU$). Bei Ebbe hält sie jedoch manchmal schon eine Station früher, nämlich in Rydalmere, von wo aus ein Bus die Fahrgäste weiterbringt. Wer einen Tagesausflug aus der Sache machen will, findet im Sydney Olympic Park und in Parramatta jede Menge interessanter Sehenswürdigkeiten. Und wer schnell wieder zurückfahren will, kann von beiden Orten den Zug nehmen.

In Parramatta sollte man sich zuerst im **Parramatta Heritage & Visitor Information Centre** (☎ 1300 889 714; www.discoverparramatta.com; 346a Church St; ⊙ 9–17 Uhr; 🚉 Parramatta) eine Karte mit den wichtigsten Sehenswürdigkeiten holen. Das Zentrum ist schon für sich ein Museum mit Wechselausstellungen lokaler Künstler und einer Dauerausstellung zur Geschichte und Kultur von Parramatta.

Als zweite europäische Siedlung in Australien wurde Parramatta von Sträflingen der First Fleet gegründet, als sich herausstellte, dass die Sydney Cove für den Gemüseanbau nicht eignete. Zwar verliert sich Sydneys Glamourfaktor, je weiter nach Westen man sich von der Stadt entfernt, dennoch gibt es hier einige interessante historische Sehenswürdigkeiten:

Old Government House (☎ 02-9635 8149; www.nationaltrust.org.au; Parramatta Park; Erw./Kind 10/8 AU$; ⊙ Di–So 10–16 Uhr; 🚉 Parramatta) Das elegante georgianisch-palladianische Gebäude war der Landsitz der ersten Gouverneure. Heute ist hier ein sorgsam unterhaltenes Museum mit den Originalmöbeln aus der Kolonialzeit untergebracht. Das Haus stammt von 1799 und ist somit das älteste noch erhaltene öffentliche Gebäude in Australien. Infos zum monatlich stattfindenden Geisterabend erhält man telefonisch.

Elizabeth Farm (☎ 02-9635 9488; www.sydneylivingmuseums.com.au; 70 Alice St; Erw./Kind 8/4 AU$; ⊙ Sa & So 10.30–15.30 Uhr; 🚉 Rosehill) Auf der Elizabeth Farm befinden sich Teile des ältesten noch erhaltenen europäischen Hauses Australiens, das 1793 von dem aufsässigen Schafzüchter und Rumhändler John Macarthur erbaut wurde. Macarthur, der als Begründer der Wollindustrie Australiens gilt, war ein rücksichtsloser Kapitalist, dessen politische Manöver ihn immens reich und zu einem Stachel im Fleisch einer Reihe aufeinanderfolgender Gouverneure machten. Das hübsche Gehöft ist heute ein interaktives Museum, in dem man sich auf den Reproduktionen der Originalmöbel ausstrecken und einen neugierigen Blick in Elizabeth Macarthurs Briefe werfen darf.

SH Ervin Gallery GALERIE
(Karte S. 74; ☎ 02-9258 0173; www.shervingallery.com.au; Watson Rd; Erw./erm./Kind bis 12 Jahre 7/5 AU$/frei; ⊙ Di–So 11–17 Uhr; 🚉 Wynyard) Die Kunstgalerie hoch oben auf dem Hügel im alten Gebäude der Fort St School (1856) zeigt mal weniger, mal mehr lohnende Werke historischer und zeitgenössischer australischer Künstler. Zu den jährlichen Highlights zählen der Salon des Refusés (alternative Ausstellung von Werken für den Archibald Prize) und der Portia Geach Memorial Award. Es gibt hier auch ein Café.

Sydney Observatory OBSERVATORIUM
(Karte S. 74; ☎ 02-9921 3485; www.sydneyobservatory.com.au; 1003 Upper Fort St; ⊙ 10–17 Uhr; 🚉 Circular Quay) GRATIS Das in den 1850er-Jahren im italienischen Stil erbaute Observatorium Sydneys wird von einer Kuppel aus Kupfer gekrönt und thront auf dem

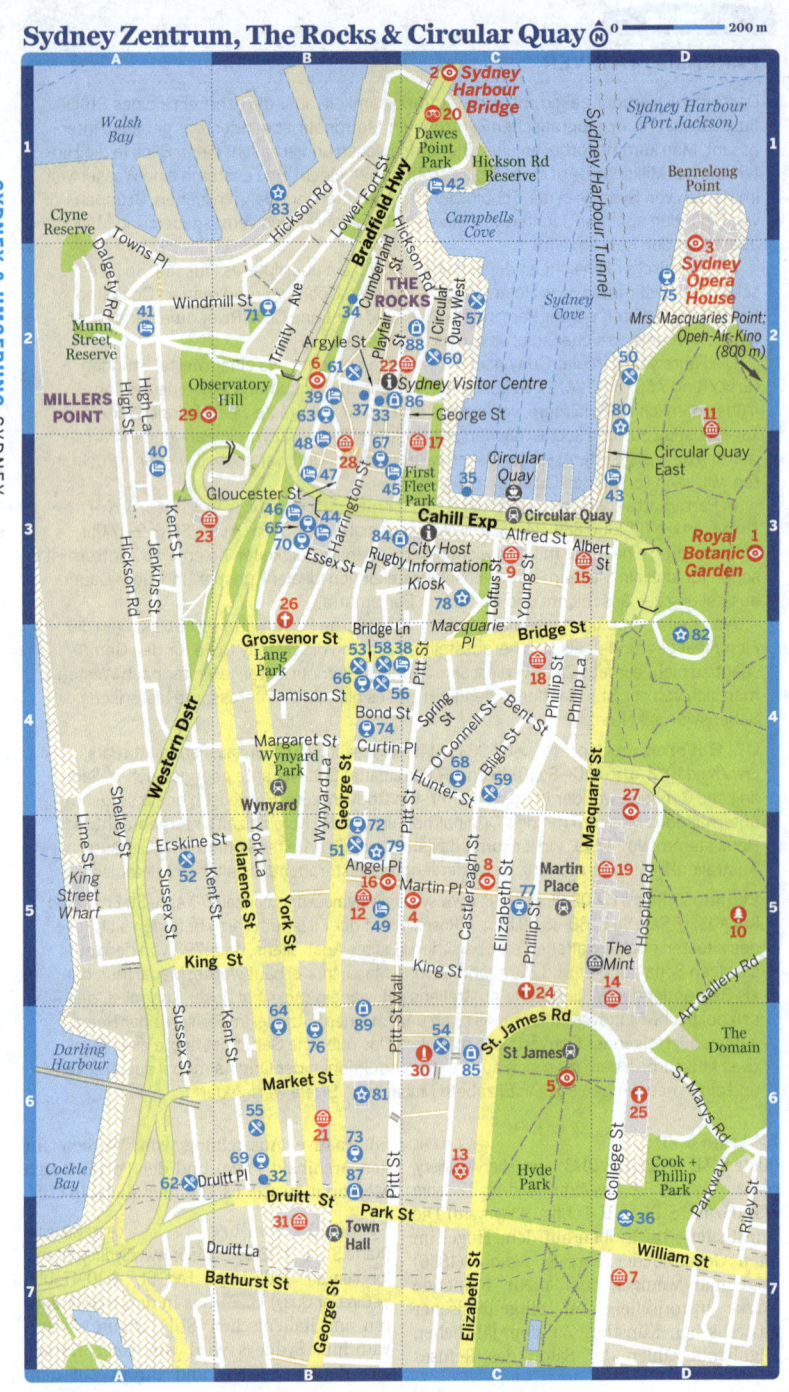

Sydney Zentrum, The Rocks & Circular Quay

Sydney Zentrum, The Rocks & Circular Quay

⊙ Highlights
1 Royal Botanic Garden D3
2 Sydney Harbour Bridge C1
3 Sydney Opera House D2

⊙ Sehenswertes
4 5 Martin Place C5
5 Archibald Memorial Fountain C6
6 Argyle Cut B2
7 Australian Museum D7
8 Commonwealth-Bank-Filiale................ C5
9 Customs House C3
   Customs House Library .... (siehe 9)
10 Domain D5
11 Government House D2
12 GPO Sydney B5
13 Great Synagogue.................................. C6
14 Hyde Park Barracks Museum D5
15 Justice & Police Museum...................... C3
16 Martin Place B5
17 Museum of Contemporary Art C3
18 Museum of Sydney................................ C4
19 Parliament House.................................. D5
20 Pylon Lookout....................................... C1
21 Queen Victoria Building B6
22 Rocks Discovery Museum C2
23 SH Ervin Gallery A3
24 St. James' Church.................................. C5
25 St. Mary's Cathedral.............................. D6
26 St. Patrick's Church............................... B3
27 State Library of NSW D4
28 Susannah Place Museum B3
29 Sydney Observatory A2
30 Sydney Tower Eye C6
31 Sydney Town Hall B7

⊙ Aktivitäten, Kurse & Touren
32 BlueBananas.. B6
33 Bonza Bike Tours B2
34 BridgeClimb B2
35 Captain Cook Cruises............................ C3
36 Cook & Phillip Park D7
37 The Rocks Walking Tours B2

⊙ Schlafen
38 Establishment Hotel............................. C4
39 Harbour Rocks B2
40 Langham A3
41 Lord Nelson Brewery Hotel A2
42 Park Hyatt C1
43 Pullman Quay Grand Sydney Harbour D3
   QT Sydney................................... (siehe 81)
44 Quay West Suites B3
45 Russell B3
46 Shangri-La... B3
47 Sydney Harbour Bed & Breakfast B3
48 Sydney Harbour YHA B3
49 Westin Sydney....................................... B5

⊙ Essen
50 Aria... D2
51 Ash St Cellar.. B5
   Cafe Sydney .... (siehe 9)
52 Central Baking Depot............................ A5
53 Est... B4
54 Ippudo Sydney C6
55 Le Grand Café B6
56 Mr. Wong.. B4
57 Quay... C2
58 Rockpool B4
59 Rockpool Bar & Grill C4
60 Sailors Thai Canteen............................. C2
61 Saké B2
62 Sepia A6
   Spice Temple............................. (siehe 59)

⊙ Ausgehen & Nachtleben
63 Australian Hotel.................................... B2
64 Baxter Inn B6
65 Blu Bar on 36... B3
66 Establishment B4
67 Fortune of War B3
68 Frankie's Pizza....................................... C4
69 Grandma's B6
70 Harts Pub... B3
71 Hero of Waterloo B2
72 Ivy B5
   Lord Nelson Brewery Hotel ....(siehe 41)
73 Marble Bar... B6
74 O Bar B4
75 Opera Bar.. D2
76 Rook... B6
77 Spice Cellar... C5

⊙ Unterhaltung
   Bangarra Dance Theatre .... (siehe 83)
78 Basement... C3
79 City Recital Hall B5
80 Dendy Opera Quays.............................. D2
81 State Theatre... B5
82 Sydney Conservatorium of Music D4
   Sydney Dance Company .... (siehe 83)
   Sydney Opera House .... (siehe 3)
83 Sydney Theatre Company..................... B1

⊙ Shoppen
84 Australian Wine Centre......................... B3
85 David Jones C6
86 Gannon House...................................... B2
87 Kinokuniya B6
88 Opal Minded C2
   Queen Victoria Building .... (siehe 21)
89 Strand Arcade B6
   Westfield Sydney .... (siehe 30)

hübschen **Observatory Hill** mit Blick auf den Hafen. Es beherbergt eine Sammlung alter Apparaturen, zu der auch Australiens ältestes funktionsfähiges Teleskop (1874) zählt. Zusätzlich gibt's audiovisuelle Vorführungen, z. B. zu den Himmelsgeschichten der Aborigines, sowie ein **3D-Kino** (www.sydneyobservatory.com.au; Erw./Kind 10/8 AU$; tgl. 14.30 & 15.30, Sa & So auch 11 & 12 Uhr; Circular Quay). Wer nachts die Sterne beobachten will, muss vorab buchen (Erw./Kind 18/12 AU$).

Der Observatory Hill bietet sich nicht nur für den Blick in die Sterne an, sondern ist auch ein toller Ort für ein Picknick. Der mit riesigen Moreton-Bay-Feigenbäumen übersäte, grasbewachsene Hügel ist auch ein beliebtes Ziel von schwitzenden Joggern, von Büroangestellten, die ihre Mittagspause nicht im Geschäftsviertel verbringen wollen, und von Travellern, die sich die Zeit nehmen, von hier oben einen Blick auf The Rocks zu werfen. Auf dem Hügel stand einst die erste Windmühle (1796) der Kolonie, die Weizen mahlte, bis jemand die Segeltücher stahl und das Gebäude schließlich einstürzte.

Susannah Place Museum — MUSEUM
(Karte S. 74; 02-9241 1893; www.sydneylivingmuseums.com.au; 58–64 Gloucester St; Erw./Kind 8/4 AU$; Touren 14, 15 & 16 Uhr; Circular Quay) Der kleine Komplex von 1844 besteht aus vier Reihenhäusern und einem Laden, der historische Artefakte verkauft, und gibt faszinierende Einblicke in das Leben in The Rocks seit Kolonialzeiten. Zunächst wird den Besuchern ein kurzer Film über die einstigen Bewohner gezeigt, dann gibt es eine Führung durch die beengten Reihenhäuser, deren Einrichtungen verschiedene historische Epochen widerspiegeln.

Rocks Discovery Museum — MUSEUM
(Karte S. 74; 02-9240 8680; www.rocksdiscoverymuseum.com; Kendall Lane; 10–17 Uhr; Circular Quay) GRATIS Das exzellente Museum taucht mithilfe zahlloser Artefakte tief in die Geschichte des Viertels ein. Die Ausstellung ist chronologisch in vier Epochen untergliedert: Warrane (vor 1788), Kolonialzeit (1788–1820), Hafenstadt (1820–1900) und Umwandlung (1900–heute). Auch die Gadigal, die Ureinwohner der Gegend, werden einfühlsam berücksichtigt.

Museum of Contemporary Art — GALERIE
(Karte S. 74; 02-9245 2400; www.mca.com.au; 140 George St; Fr–Mi 10–17, Do bis 21 Uhr; Circular Quay) GRATIS Das MCA ist eine der besten

Stadtspaziergang
The Rocks

START THE ROCKS DISCOVERY MUSEUM
ZIEL CADMAN'S COTTAGE
LÄNGE 880 M
DAUER 1 STD.

In diesem Gebiet gingen am 26. Januar 1788 die ersten Sträflinge an Land. Bis heute ist es für viele Sydney-Besucher die erste Anlaufstelle. Der Rundgang beginnt am ❶ **Rocks Discovery Museum** (S. 76), das mit seinen Ausstellungen einen guten Überblick über die turbulente, oft anrüchige Vergangenheit der Gegend gibt. Vom Museum geht's nordwärts die Kendall Lane hinauf bis zur Kreuzung mit der ❷ **Mill Lane**, die nach der dampfbetriebenen Mühle benannt ist, die einst hier stand. Die Mühle wurde um 1920 abgerissen – viele der Gebäude aus dem 18. und 19. Jh. in The Rocks teilten im 20. Jh. ihr Schicksal.

Man biegt links (gen Westen) in die Mill Lane ein und läuft bis zum ❸ **The Rocks Square** an der Ecke Playfair St, wo 1973 Anwohner, Umweltschützer und Gewerkschaftsmitglieder mit der Polizei aneinandergerieten und sich den Bulldozern in den Weg stellten, die die Gebäude abreißen sollten. Die Demonstranten kämpften um den Erhalt der Straßen und Häuser, die den Familien seit Generationen Heimat waren. Landesweit wurde über den „Battle for the Rocks" berichtet. Die Regierung von New South Wales, anfangs aufseiten der Investoren, beugte sich 1975 und erklärte, dass alle restlichen historischen Gebäude nördlich des Cahill Expressway restauriert würden.

Weiter geht's links (gen Süden) in die Playfair St und vorbei an der ❹ **Argyle Terrace** (1877) und den ❺ **Argyle Stores** (1828–1913) rechts. Dann biegt man rechts ab und läuft gen Westen die Argyle St rauf zum ❻ **Argyle Cut** (S. 72). Die in den Sandstein gefräste Straße zwischen Circular Quay und dem Hafen bei Millers Point wurde von Sträflingen und Steinmetzen gebaut (1830er–1860er).

Es geht links in die Cumberland St und dann geradeaus, bis man das ❼ **Australian Hotel** an der Ecke zur Gloucester St sieht. Das ❽ **King George V. Recreation Centre** gegenüber wurde von Lippmann Associates entworfen und 1998 eröffnet.

Eingekeilt zwischen der historischen Straße und der Grenzmauer zur höher gelegenen Autobahn bildet das moderne Bauwerk architektonische Abwechslung in diesem historischen Viertel.

Man folgt der Cumberland St geradeaus. Links sieht man das ❾ **Sydney Harbour YHA** (S. 112), ein ungewöhnliches Gebäude über einer archäologischen Grabungsstätte. 1994 wurden hier neben mehr als 750 000 Artefakten die Reste von über 30 Häusern, zwei Straßen, Läden und Pubs freigelegt.

Nun biegt man links in die schmale Longs Lane ein, die einen bis zur Gloucester St führt. An der Nordwestecke der Straße liegt die hübsche, zwischen 1855 und 1857 erbaute ❿ **Jobbins Terrace**. Ein Stück weiter auf der Gloucester St bildet das bescheidene Reihenhaus von 1844, in dem sich heute das ⓫ **Susannah Place Museum** (S. 76) befindet, einen interessanten Gegensatz.

Vom Museumsshop, der skurrile Souvenirs verkauft, läuft man am Cumberland Pl die Stufen zur Harrington St hinab, biegt links ein und geht nordwärts zum ⓬ **Suez Canal**, einer schmalen Straße auf der rechten Seite. Im 19. Jh. war dies eine der anrüchigsten Gegenden mit Prostituierten und Rowdys der Rocks-Push-Gang, die von den 1870ern bis Ende der 1890er das Gebiet unsicher machte. Die Bandenmitglieder waren bekannt dafür, Polizisten und Fußgänger zu überfallen. Oft lockten weibliche Gangmitglieder Betrunkene und Seeleute in dunkle Ecken, wo diese dann ausgeraubt wurden.

Geht man im Suez Canal nach links, kommt man in den Well Courtyard. Hier wurden früher Hunde- und Hahnenkämpfe veranstaltet. Dann läuft man die Stufen runter zur Greenway Lane, die nach dem berühmten Architekten und Sträfling Francis Greenway benannt ist, der in der Nähe an der Ecke Argyle und George St wohnte.

Den Ausgang zur Argyle St nehmen, wo mit der Nr. 45–47 das ⓭ **Gannon House** steht. Es wurde 1839 als Wohnhaus und Schreinerwerkstatt des ehemaligen Sträflings Michael Gannon erbaut, der für seine hochwertigen Särge bekannt war.

Weiter geht es rechts gen Hafen und runter zur George St. Im Park gegenüber steht das winzige ⓮ **Cadman's Cottage**, das 1815/16 für John Cadman, den staatlichen Hafenmeister, gebaut wurde. Es ist das einzige noch erhaltene Gebäude des alten Werftviertels und das älteste Haus in Sydney.

> ### AUSTRALIAN CONVICT SITES
>
> Seit 2010 gehören elf historische Stätten, die sich von Fremantle in Westaustralien bis zur abgelegenen Norfolk Island im Osten über ganz Australien verteilen, zum Weltkulturerbe der UNESCO. Vier dieser australischen Sträflingsstätten liegen in und um Sydney: **Cockatoo Island** (S. 69), die **Hyde Park Barracks** (S. 80), das **Old Government House und die Domain** (S. 73) sowie die **Great North Road** (S. 144), die man auf dem Weg ins Hunter Valley besichtigen kann.
>
> Weitere interessante Informationen dazu findet man unter: www.environment.gov.au/heritage/places/world/convict-sites.

und anspruchsvollsten Kunstgalerien des Landes und widmet sich der zeitgenössischen Kunst aus dem In- und Ausland. Besonders vertreten ist die Kunst der Aborigines. Das schöne Art-déco-Gebäude im Gotham-City-Stil trägt die Wunden eines Umbaus, bei dem zwecks Schaffung von zusätzlichen Galerieflächen und einer Dachterrasse mit Café und Skulpturengarten die Fassade an der George St verschandelt wurde.

Führungen unter der Leitung von freiwilligen Helfern gibt's täglich um 11 und 13 Uhr, donnerstags um 19 Uhr und an den Wochenenden um 15 Uhr.

St. Patrick's Church KIRCHE
(Karte S. 74; 02-9254 9855; www.stpatschurchhill.org; 20 Grosvenor St; 9–16.30 Uhr; Wynyard) Das Land, auf dem die hübsche Sandsteinkirche (1844) steht, wurde von dem Iren William Davis gestiftet, der wegen seiner Rolle bei den Aufständen von 1798 nach Australien deportiert wurde. Die unglaubliche Stille in der Kirche betont nur noch mehr den Messingaltar, die Buntglasfenster und die bunten Statuen des heiligen Patrick, der Johanna von Orleans und des Erzengels Michael (samt Drachen). Die lohnenden Führungen finden nur unregelmäßig statt (Infos auf der Website).

Davis' Wohnhaus (auf dem Areal der in ein Café umgewandelten Kapelle) war das wohl erste katholische Gotteshaus in Australien. Es wurde für geheime Andachten genutzt; hier wurde auch eine geweihte Hostie versteckt, nachdem der einzige katholische Priester der Kolonie 1818 deportiert worden war.

Customs House HISTORISCHES GEBÄUDE
(Karte S. 74; 02-9242 8555; www.sydneycustomshouse.com.au; 31 Alfred St; Mo–Fr 10–19, Sa & So 11–16 Uhr; Circular Quay) GRATIS Das elegante Gebäude (1885) am Hafen beherbergt im obersten Stock eine Bar, das **Cafe Sydney** (Karte S. 74; 02-9251 8683; www.cafesydney.com; L5, Customs House, 31 Alfred St; Hauptgerichte 38–39 AU$; Mo–Fr 12–23, Sa 17–23, So 12–15.30 Uhr; Circular Quay) und die dreistöckige **Customs House Library** (Karte S. 74; 02-9242 8555; 31 Alfred St; Mo–Fr 10–19, Sa & So 11–16 Uhr; Circular Quay) mit einer großartigen Sammlung internationaler Zeitungen und Zeitschriften, Internetzugang und interessanten Wechselausstellungen. Im Foyer kann man sich die Hakenkreuzmuster in den Fliesen (mit der zugehörigen Tafel, die deren Bedeutung erläutert) und das faszinierende Modell der Innenstadt im Maßstab 1:500 unter dem Glasboden anschauen.

Justice & Police Museum MUSEUM
(Karte S. 74; 02-9252 1144; www.sydneylivingmuseums.com.au; Ecke Albert & Phillip St; Erw./Kind 10/5 AU$; Sa & So 10–17 Uhr; Circular Quay) Das in der alten Wasserschutzpolizeiwache (1858) untergebrachte Museum dokumentiert auf leicht beunruhigende Art mit alten Polizeifotos und oft makabren Ausstellungen die dunkle, anrüchige Vergangenheit der Stadt.

★ Sydney Opera House GEBÄUDE
(Karte S. 74; 02-9250 7250; www.sydneyoperahouse.com; Bennelong Point; Führung Erw./Kind 37/20 AU$; Führungen 9–17 Uhr; Circular Quay) Das vom dänischen Architekten Jørn Utzon entworfene Opernhaus gehört zum Weltkulturerbe und ist Australiens berühmtestes Wahrzeichen. Die Oper ist optisch eine Anspielung auf die geblähten, weißen Segel einer in See stechenden Jacht (auch wenn einige einheimische Spaßvögel sich bei diesem Anblick eher an kopulierende Schildkröten erinnert fühlen) und dominiert das Bild des Circular Quay. Der Komplex umfasst fünf Säle für Ballett, Oper, Theater und Konzerte.

Um das Opernhaus in seiner vollen Pracht zu erleben, schaut man sich am besten eine Vorführung an. Man kann auch an einer der in verschiedenen Sprachen angebotenen einstündigen Führungen teilnehmen. Bei der zweistündigen Backstage-Führung (165 AU$) um 7 Uhr erhalten Teilnehmer Einblicke hinter die Kulissen und ein Frühstück im Green Room.

◉ Royal Botanic Garden & The Domain

★ Royal Botanic Garden GARTEN
(Karte S. 74; ☎02-9231 8111; www.rbgsyd.nsw.
gov.au; Mrs. Macquaries Rd; ⊙Okt.–Feb. 7–20
Uhr, März–Sept. bis 17.30 Uhr; ☐Circular Quay)
🅿GRATIS Der östlich vom Opernhaus an die
Farm Cove angrenzende weitläufige Garten
ist ein beliebtes Ziel für Picknicker, Jogger
und Verliebte. Er wurde 1816 gegründet
und zeigt Pflanzen aus Australien und aller
Welt. In dem Bereich liegt auch die Stätte
des ersten kümmerlichen Gemüsebeets, das
in der Kolonie angelegt wurde, aber seine
Geschichte reicht noch viel weiter zurück:
Lange vor der Ankunft der ersten Sträflinge befand sich hier ein Versammlungsplatz
der Gadigal, auf dem Initiationszeremonien
durchgeführt wurden.

Täglich um 10.30 Uhr beginnen kostenlose eineinhalbstündige Führungen durch
den Botanischen Garten. Von November bis
März wird werktags zusätzlich noch eine
einstündige Führung um 13 Uhr angeboten.
Vorab gebucht werden muss die **Aboriginal
Heritage Tour** (☎02-9231 8134; Erw./Kind
37/17 AU$; ⊙Fr 10 Uhr) mit Infos zur Lokal-
geschichte und zur Nutzung traditioneller
Heilpflanzen sowie Bush-Food-Proben.

Government House HISTORISCHES GEBÄUDE
(Karte S. 74; ☎02-9931 5222; www.sydneyliving
museums.com.au; Macquarie St; ⊙Gelände 10–16
Uhr, Führungen Fr–So 10.30–15 Uhr; ☐Circular
Quay) GRATIS Die gotische Sandsteinvilla (erbaut 1837–1843) inmitten eines englischen
Gartens auf dem Gelände des Royal Botanic
Garden ist die offizielle Residenz des Gou-
verneurs von NSW. Sie wird auch für den
Empfang von Staatsoberhäuptern und bei
königlichem Besuch genutzt. Die Innenräume kann man nur im Rahmen der kostenlosen Führung besichtigen; Eintrittskarten
sind am Pförtnerhaus erhältlich.

Mrs. Macquaries Point PARK
(Karte S. 70; Mrs. Macquaries Rd; ☐Circular Quay)
Der Park schließt direkt an die Royal Botanic Gardens an, gehört jedoch offiziell zur
Domain und nimmt die nordöstliche Spitze
von Farm Cove ein. Von dem Gelände aus
hat man eine wunderbare Sicht über die
Bucht auf das Opernhaus und die Skyline
der Stadt. Benannt wurde das Gelände nach
Elizabeth, der Frau von Gouverneur Macquarie, die 1810 einen Sitzplatz in den Felsen meißeln ließ, von dem aus sie den Blick
auf den Hafen genießen konnte. Bis heute
ist **Mrs. Macquaries Chair** noch erhalten.

Domain PARK
(Karte S. 74; www.rbgsyd.nsw.gov.au; Art Gallery Rd;
☐St James) Die Domain unter der Verwaltung des Royal Botanic Garden ist eine große, grasbewachsene Trasse östlich der Macquarie St, die Gouverneur Phillip 1788 als
öffentliches Erholungsgebiet anlegen ließ.
Phillips Absicht erwies sich als gut, denn
heute nutzen Angestellte das Gelände, um
in der Mittagspause etwas Sport zu treiben
oder etwas zu essen. Auch öffentliche Großveranstaltungen finden hier statt.

Skulpturen schmücken den Park, darunter eine liegende Figur von Henry Moore
und Brett Whiteleys *Almost Once* (1991),
zwei gigantische Streichhölzer, von denen
eines abgebrannt ist, die sich in der Nähe
der Art Gallery of NSW erheben.

Auf dem Rasen vor der Kunstgalerie kann
man religiösen Eiferern, Irren, politischen
Extremisten, Homophoben, Hippies und
Akademikern lauschen, die mal unterhaltsam, mal zornig ihre Meinung an der **Spe-
akers' Corner** (Karte S. 70; www.speakerscorner.
org.au; Art Gallery Rd; ⊙So 14–17 Uhr; ☐St.
James) zum Besten geben. Manche haben
interessante Dinge zu sagen, andere sind
einfach nur durchgeknallt. So oder so kann
man hier aber einen interessanten Nachmittag verbringen.

★ Art Gallery of NSW GALERIE
(Karte S. 92; ☎1800 679 278; www.artgallery.nsw.
gov.au; Art Gallery Rd; ⊙Do–Di 10–17, Mi bis 22 Uhr;
☐St. James) GRATIS Mit ihrer klassisch-griechi-
schen Fassade und der modernen Rückseite
spielt diese sehr beliebte Institution eine
wichtige Rolle in der hiesigen Gesellschaft.
Große internationale Wanderausstellungen
machen hier regelmäßig Station. Darüber
hinaus zeigt das Haus eine bedeutende Dauerausstellung australischer Kunst mit einer
großen indigenen Abteilung. Ein buntes
Programm von Vorträgen, Konzerten, Filmvorführungen, Gesprächen mit Berühmthei-
ten und Aktivitäten für Kinder rundet das
Angebot ab. Auskünfte zu den kostenlosen
Führungen zu verschiedenen Themen und
in verschiedenen Sprachen gibt's am Kar-
tenschalter und auf der Website.

◉ Macquarie St

Prächtige Sandsteingebäude aus der Kolonialzeit prägen diese historische Straße am

östlichen Rand der Innenstadt. Viele von ihnen entstanden unter Lachlan Macquarie, dem ersten Gouverneur von NSW, der Sydney von seinen Straflagerwurzeln befreien wollte. Er verpflichtete den strafgefangenen Architekten Francis Greenway, ihm bei der Umsetzung seiner Pläne zu helfen. Gemeinsam setzten sie sehr hohe Maßstäbe für die Stadtplanung und architektonische Ausführung, denen die Stadt allerdings nicht mehr gerecht werden konnte.

State Library of NSW BIBLIOTHEK
(Karte S. 74; 02-9273 1414; www.sl.nsw.gov.au; Macquarie St; Mo-Do 9-20, Fr-So 10-17 Uhr; Martin Pl) GRATIS Unter den mehr als 5 Mio. Bänden in der State Library befinden sich auch die Tagebücher von James Cook und Joseph Banks sowie William Blighs Logbuch von der HMAV *Bounty* mit der Meuterei. Darüber hinaus lohnt sich ein Blick auf die Wechselausstellungen in den Galerien, die kunstvollen Bronzetüren und das prächtige Atrium des neoklassizistischen Mitchell Wing (1910). Sehenswert ist auch die Karte von Abel Tasmans Reisen im Mosaikboden. Der Hauptlesesaal ist ein eleganter, mit milchig weißem Marmor verkleideter Tempel des Wissens.

Vor dem Gebäude steht an der Macquarie St eine Skulptur des Forschungsreisenden Matthew Flinders mitsamt seiner abenteuerlustigen Katze Trim auf dem Fensterbrett dahinter.

Parliament House HISTORISCHES GEBÄUDE
(Karte S. 74; 02-9230 2111; www.parliament.nsw.gov.au; 6 Macquarie St; Mo-Fr 9-17 Uhr; Martin Pl) GRATIS Das altehrwürdige Parliament House (1816), ein Zwilling der nahe gelegenen Münze, fungiert seit 1829 als Parlament von New South Wales, was es zum ältesten ununterbrochen genutzten Parlamentsgebäude der Welt macht. Wie bei der Münze gehörte der vordere Teil (der heute in einen modernen Anbau an der Ostseite übergeht) zum Rum Hospital (das im Austausch für das Monopol auf den Rumhandel erbaut wurde).

Beim Betreten des Gebäudes passiert man einen Metalldetektor. Drinnen kann man sich die Kunstausstellung im Foyer und die historische Ausstellung im holzverkleideten Jubilee Room anschauen. An sitzungsfreien Tagen kann man auch die Säle beider Kammern des Parlaments besichtigen, an Sitzungstagen muss man sich mit der Zuschauertribüne begnügen.

Hyde Park Barracks Museum MUSEUM
(Karte S. 74; 02-8239 2311; www.sydneylivingmuseums.com.au; Queens Sq, Macquarie St; Erw./Kind 10/5 AU$; 10-17 Uhr; St. James) Der Architekt und Sträfling Francis Greenway entwarf dieses fast quadratische Gebäude (1819) im georgianischen Stil als Unterkunft für Strafgefangene. Zwischen 1819 und 1848 saßen hier 50 000 Männer und Jungen ihre Strafen ab, die überwiegend aufgrund von Eigentumsdelikten von britischen Gerichten zur Deportation nach Australien verurteilt worden waren. Später fungierte das Gebäude als Einwandererlager, als Asyl für Frauen und als Gericht. Heute ist es ein faszinierendes, nachdenklich stimmendes Museum, das die Geschichte der Baracken und die archäologischen Anstrengungen zu seiner Erhaltung beleuchtet.

SYDNEY MIT KINDERN

In den Schulferien (Dez./Jan., April, Juli & Sept.) gibt es jede Menge organisierte Aktivitäten für Kinder; einfach einen Blick auf die Websites www.sydneyforkids.com.au, www.au.timeout.com/sydney/kids oder www.childmags.com.au werfen!

In Darling Harbour befinden sich das **Sea Life** (S. 83), das **Wild Life** (S. 83), das **Maritime Museum** (S. 87), die auf Kinder zugeschnittene **Monkey Baa Theatre Company** (S. 137) und ein toller Spielplatz im **Tumbalong Park** (S. 87). Das interaktive **Powerhouse Museum** (S. 87) im benachbarten Ultimo lohnt ebenfalls einen Besuch, genauso wie die Kinderveranstaltungen in der **Art Gallery of NSW** (S. 79). Kinder begeistern sich auch zugleich für den **Taronga Zoo** (S. 101) und den **Luna Park** (S. 101).

Ansonsten kann man bei gutem Wetter auch an den Strand gehen. An den Hafenstränden hält sich der Wellengang in Grenzen, aber auch an den meisten Surfstränden gibt es abgeschlossene Meerwasserbecken, die sich sogar für Kleinkinder und Babys eignen. Tolle Optionen sind **Nielsen Park** (S. 95), **Balmoral Beach** (S. 102) und **Clovelly Beach** (S. 99). Bei **Let's Go Surfing** (S. 108) in North Bondi können tollkühne Siebenjährige Surfen lernen.

St. James' Church KIRCHE
(Karte S. 74; 02-8227 1300; www.sjks.org.au; 173 King St; Mo–Fr 10–16, Sa 9–13, So 7–16 Uhr; St. James) Sydneys älteste Kirche (1819) wurde aus von Sträflingen gebrannten Ziegeln errichtet und gilt weithin als Francis Greenways Meisterwerk. Ursprünglich sollte ein Gerichtsgebäude entstehen, doch dann änderte sich die Bauaufgabe, und aus den geplanten Zellen wurde die Krypta. Sehenswert sind die aus dunklem Holz gezimmerte Chorempore, die glänzende Innenkuppel aus Kupfer, die Krypta und das in den 1950er-Jahren entstandene Buntglasfenster „Die Schöpfung".

Hyde Park

★**Hyde Park** PARK
(Karte S. 86; Elizabeth St; St. James & Museum) Der formal angelegte, gepflegte Hyde Park wird von den Einheimischen geliebt. Eine Baumallee zieht sich durch ihn, die bei Nacht, wenn sie von Lichterketten erhellt wird, besonders schön wirkt. Das Nordende des Parks markiert die symbolträchtige **Archibald Memorial Fountain** (Karte S. 74; St. James) im Art-déco-Stil mit Figuren aus der griechischen Mythologie. Am anderen Parkende steht das Anzac Memorial (S. 81).

St. Mary's Cathedral KIRCHE
(Karte S. 74; 02-9220 0400; www.stmaryscathedral.org.au; St. Marys Rd; Krypta 5 AU$; 6.30–18.30 Uhr; St. James) Es war ein langwieriges Projekt: Der Bau der 106 m langen Kathedrale im neugotischen Stil wurde 1868 begonnen, 1905 wurde die Kathedrale geweiht und 1928 im Großen und Ganzen fertiggestellt; die massiven, 75 m hohen Kirchturmspitzen kamen aber erst im Jahr 2000 hinzu. Der eindrucksvolle Terrazzo-Mosaikboden in der Krypta bildet die Schöpfungsgeschichte ab und bezieht seine Inspiration von den keltischen Illuminationen im berühmten *Book of Kells*.

Anzac Memorial DENKMAL
(Karte S. 86; www.anzacmemorial.nsw.gov.au; Hyde Park; 9–17 Uhr; Museum) GRATIS Das würdevolle Art-déco-Denkmal (1934) mit dem Pool of Remembrance davor gedenkt der Soldaten des Australia and New Zealand Army Corps (Anzacs) aus dem Ersten Weltkrieg. Die Kuppel ist innen mit 120 000 Sternen bedeckt, die für die Männer und Frauen aus New South Wales stehen, die gedient haben. Sie funkeln über der rührenden Skulptur *Sacrifice* von Rayner Hoff, die einen nackten Soldaten zeigt, der auf einem Schild und einem Schwert liegt. Unten gibt es auch ein kleines Museum, in dem alle 30 Minuten ein 13-minütiger Film gezeigt wird.

Zentrum

Museum of Sydney MUSEUM
(MoS; Karte S. 74; 02-9251 5988; www.sydneylivingmuseums.com.au; Ecke Phillip & Bridge St; Erw./Kind 10/5 AU$; 9.30–17 Uhr; Circular Quay) Das MoS wurde am Standort von Sydneys erstem (und für seinen strengen Geruch bekannten) Government House erbaut und ist ein in Abschnitte unterteiltes Museum, das mit topmodernen Installationen die Geschichte der Menschen, Orte, Kulturen und Entwicklungen erläutert. Besonders die Geschichte der indigenen Eora wird beleuchtet, die schon seit Jahrtausenden ununterbrochen hier leben. Auf jeden Fall sollte man auch ein paar der vielen Schubladen aus Edelstahl und Glas öffnen (sie schließen sich später von selbst wieder).

Martin Place PLATZ
(Karte S. 74; Martin Place) Der von imposanten Gebäuden gesäumte, lange, schmale Martin Place wurde 1971 für den Autoverkehr gesperrt und ist seither eine terrassierte Fußgängerzone mit Springbrunnen und öffentlichen Bereichen. Er kommt in Sydney einem Hauptplatz am nächsten. Das Café Lindt am 53 Martin Place war 2014 Schauplatz einer 16-stündigen Geiselnahme, die mit dem Tod von zwei Geiseln und dem Schützen endete. Zur Zeit unserer Recherchen war geplant, ein dauerhaftes Denkmal für die Opfer zu errichten.

Das 1874 erbaute **GPO Sydney** (Karte S. 74; www.gposydney.com; 1 Martin Pl; Martin Place) ist ein wunderschöner, mit Kolonnaden bestückter viktorianischer Palazzo und diente einst als Hauptpost Sydneys. Es war seinerzeit ein genauso bedeutendes Wahrzeichen wie die Oper. Später wurde das Gebäude entkernt, mit Büros vollgestopft und in ein Westin Sydney Hotel mit noblen Geschäften, Restaurants und Bars umgewandelt. Der Architekt James Barnet ließ sich von italienischen Renaissance-Palästen inspirieren und sorgte für einen kleinen Skandal, weil er für die Büsten an der Sandsteinfassade auf die Porträts örtlicher Persönlichkeiten zurückgriff. In der Mitte der Statuengruppe aus weißem Marmor erkennt man Königin Victoria inmitten al legorischer Figuren. Unter einer Treppe im Untergeschoss gibt es eine kleine historische Ausstellung und ein Kanalstück, durch das die Reste des Tank Stream (einst die Wasserversorgung) tröpfeln.

Das 1916 erbaute zwölfstöckige **5 Martin Place** (Karte S. 74; www.5martinplace.com.au; 5 Martin Pl; R Martin Place) war Australiens erster „Wolkenkratzer" mit Stahlrahmen. Während unserer Recherchen vor Ort fanden gerade umfassende Umbauarbeiten statt, weil er als Krone noch einen Glasturm erhalten soll.

Eine Filiale der **Commonwealth Bank** (Karte S. 74; 48 Martin Pl; R Martin Place) befindet sich heute im Gebäude der alten State Savings Bank, einem schönen Beispiel der zwischenkriegszeitlichen Beaux-Arts-Architektur mit ionischen Säulen aus grünem Marmor und einem abgeschlossenen Kassiererbereich aus Messing und Marmor.

Nahe dem George-St-Ende des Martin Place steht der **Kenotaph** zur Erinnerung an die australischen Kriegsopfer. An der an den Martin Place angrenzenden George St befindet sich die ehemalige **Commercial Banking Corporation of Sydney**, ein eindrucksvolles Marmorgebäude, das einen Blick im Vorbeigehen lohnt.

Sydney Tower Eye   TURM
(Karte S. 74; 1800 258 693; www.sydneytowereye.com.au; 100 Market St; Erw./Kind 27/16 AU$, Skywalk Erw./Kind 70/49 AU$; 9–21.30 Uhr; R St. James) Der 309 m hohe Sydney Tower (erbaut 1970–1981) bietet von seiner Aussichtsplattform in 250 m Höhe einen unschlagbaren Rundumblick. Noch schöner ist der Blick, den Wagemutige vom Skywalk auf dem Dach haben. Der Besuch beginnt mit der 4D Experience, einem ziemlich coolen, kurzen 3D-Film, der die Stadt, den Hafen und die Unterwasserwelt aus der Vogelperspektive (um genau zu sein, aus der Sicht eines Sittichs) zeigt – Sprühnebel und Blubberblasen inklusive.

Great Synagogue   SYNAGOGE
(Karte S. 74; 02-9267 2477; www.greatsynagogue.org.au; 187a Elizabeth St; Führung Erw./Kind 10/5 AU$; Führungen Do & 1. & 3. Di 12 Uhr; R St. James) Die denkmalgeschützte Große Synagoge (1878) ist die spirituelle Heimat der ältesten jüdischen Gemeinde Sydneys, die 1831 ins Leben gerufen wurde. Sie gilt als die Mutter aller Synagogen in Australien und ist architektonisch die bedeutendste in der südlichen Hemisphäre, weil sie romanische, gotische, maurische und byzantinische Elemente miteinander verbindet. Bei der Führung sieht man Artefakte des AM Rosenblum Museum und ein Video zu Glauben, Traditionen und Geschichte der Juden in Australien.

Queen Victoria Building   HISTORISCHES GEBÄUDE
(QVB; Karte S. 74; 02-9264 9209; www.qvb.com.au; 455 George St; Führung 15 AU$; So 11–17, Mo–Mi, Fr & Sa 9–18, Do 9–21 Uhr; R Town Hall) Unglaublich, aber das hochviktorianische Meisterwerk (1898) sollte mehrfach abgerissen werden, bevor es Mitte der 1980er-Jahre schließlich doch restauriert wurde. Das QVB nimmt einen ganzen Straßenblock an der Stelle der ersten Märkte der Stadt ein und ist ein venezianisch-romanischer Einkaufstempel.

Sicher, die 200 Fachgeschäfte sind schon toll, aber wirkliche Highlights sind die schmiedeeisernen Balkone, die byzantinischen Kupferkuppeln, die mit Buntglas verzierten Ladenfronten, die Mosaikböden, die nachgemachten Kronjuwelen, der Ballsaal, der klimpernde Stutzflügel und die total kitschige Spieluhr Royal Clock (die die Schlacht von Hastings und zu jeder vollen Stunde die Enthauptung von Karl I. zeigt). Die informativen 45-minütigen Führungen (Di, Do & Sa 11.30 Uhr) durch das Queen Victoria Building beginnen im Erdgeschoss am Portierschalter.

Vor dem Gebäude steht eine imposante Statue von Königin Victoria. In der Nähe findet man einen Wunschbrunnen mit einer Bronzereplik ihres geliebten Hündchens Islay, der irritierenderweise mit der Baritonstimme des früheren Radiomoderators John Laws spricht.

Sydney Town Hall   HISTORISCHES GEBÄUDE
(Karte S. 74; www.sydneytownhall.com.au; 483 George St; Mo–Fr 8–18 Uhr; R Town Hall) Hübsche Mansardendächer, Sandsteintürmchen, schmiedeeiserne Verzierungen und aufwendig gestaltete Balustraden prägen die verschnörkelte Fassade des im französischen Second-Empire-Stil gestalteten Rathauses (erbaut 1868–1889). Falls nicht irgendeine Veranstaltung ist, kann man die vom Haupteingang ausgehenden Säle erkunden. Im holzgetäfelten Konzertsaal prunkt eine gigantische Orgel mit fast 9000 Pfeifen, die einst die größte der Welt war. Hier finden regelmäßig teilweise kostenlose Konzerte statt.

👁 Haymarket

Chinatown
AREAL

(Karte S. 86; www.sydney-chinatown.info; ⓡ Town Hall) Die Dixon St mit ihrer dissonanten Geräuschkulisse aus plärrendem Canto-Pop ist das Herz und die Seele von Chinatown, eine schmale, schattige Fußgängermeile mit einer Reihe von Restaurants und ihren aufdringlichen Marktschreiern. Die verzierten Drachentore *(paifang)* zu beiden Enden der Straße sind von Dächern mit falschen Bambusziegeln, goldenen chinesischen Kaligrafien (mit englischer Übersetzung), dekorativen Löwen, die die bösen Geister draußen halten sollen, und jeder Menge Taubenmist geprägt.

Eigentlich ist dies schon das dritte Chinatown in Sydney: Das erste befand sich Ende des 19. Jhs. in The Rocks und wurde dann an das Darling-Harbour-Ende der Market St verlegt. Das Chinatown an der Dixon St stammt aus den 1920er-Jahren. Sehenswert sind die von Drachen, Hunden und Löwen bewachten Markisen aus falschem Bambus und die verrückten Leuchten aus umgedrehten Woks.

An der Hay St befindet sich die surreale Skulptur **Golden Water Mouth** (Karte S. 86; Hay St; ⓡ Town Hall) mit ihren goldenen Wassertropfen. Sie besteht aus dem Stamm eines Eukalyptusbaums, der aus Condobolin stammt, wohin es viele Chinesen während der Goldrauschzeit zog. Das Feng Shui der Skulptur soll positive Energie und Glück einladen. Ein kleines Stück weiter unten auf der Hay St nehmen die **Paddy's Markets** (Karte S. 86; www.paddysmarkets.com.au; 9–13 Hay St; ⊙ Mi–So 10–18 Uhr; ⓡ Central) das Untergeschoss eines mächtigen Ziegelgebäudes ein. Das Markttreiben begann in der Mitte des 19. Jhs. mit überwiegend europäischen Händlern, heute erinnern die vollgepackten Marktstände jedoch eher an einen Markt in Vietnam.

👁 Darling Harbour & Pyrmont

Verstreut zwischen den Überführungen und Brunnen des gezielt geplanten Touristenzentrums Sydneys (das 1988 zur 200-Jahr-Feier eröffnet wurde) befinden sich ein paar der bekanntesten eintrittspflichtigen Attraktionen der Stadt. Ansonsten ist jeder Zentimeter des ehemaligen Dockgeländes mit Touristenvergnügungsstätten, Bars und Restaurants zugepflastert.

Darling Harbour wird derzeit grundlegend umgebaut, was auch den Abriss vieler der Gebäude aus den 1980er-Jahren und den Bau eines riesigen Kongresszentrums beinhaltet. Gleichzeitig breitet sich das Viertel mit dem rasch voranschreitenden Bau des Barangaroo-Komplexes mit Bürotürmen, am Wasser gelegenen Parks und Unterhaltungsstätten am Ostufer weiter nach Norden aus. Nach seiner Fertigstellung wird das zweite Mega-Casino Sydneys grell über das Wasser leuchten – direkt seinem Konkurrenten, dem Star, das am anderen Ufer erst kürzlich renoviert wurde, gegenüber.

In der Zwischenzeit ändert sich für alle anderen Unternehmen nichts weiter. Wer auf der Suche nach einem Stück echtem Sydney ist, wird hier wohl kaum fündig. Trotzdem lohnt es sich, ein Stündchen für einen Bummel hier zu erübrigen.

Sydney Sea Life Aquarium
AQUARIUM

(Karte S. 88; ☎ 02-8251 7800; www.sydneyaquarium.com.au; Aquarium Pier; Erw./Kind 40/28 AU$; ⊙ 9.30–20 Uhr; ⓡ Town Hall) 🖉 Neben den üblichen an die Wand montierten Becken und den Aquarien auf Bodenhöhe hat dieser eindrucksvolle Komplex zwei große Wasserbecken mit hindurchführenden begehbaren Tunneln aus sicherem Plexiglas, in denen man den Haien und Rochen gruselig nahe kommt. Weitere Highlights sind die Clownfische, Schnabeltiere, Ohrenquallen (in einer Röhre mit Diskobeleuchtung), Fetzenfische und schließlich das mit 2 Mio. l Wasser gefüllte Great-Barrier-Reef-Becken.

Die zwei Dugongs wurden gerettet, als sie in Queensland ans Land gespült wurden. Versuche, sie wieder auszuwildern, schlugen fehl. Deshalb hat man für sie das Gehege Dugong Island gebaut. So traurig es ist, große Meeressäugetiere in Gefangenschaft zu sehen, bietet sich so doch die seltene Gelegenheit, diese faszinierenden Tiere mal aus der Nähe zu erleben.

Unnötig zu erwähnen, dass Kinder das Aquarium lieben. Um den Menschenmassen zu entgehen, kommt man am besten so früh wie möglich her. Bei Onlinebuchung ist der Eintritt günstiger.

Wild Life Sydney Zoo
ZOO

(Karte S. 88; ☎ 02-9333 9245; www.wildlifesydney.com.au; Aquarium Pier; Erw./Kind 40/28 AU$; ⊙ 9.30–19 Uhr; ⓡ Town Hall) Der Zoo komplettiert seinen Nachbarn, das Sea Life. Der große Komplex beherbergt eine beeindruckende Menge in Australien heimischer

Sydney Harbour

← NORDEN

Taronga Zoo
Auch wer ein Auto gemietet hat, erreicht den tollen Zoo am besten mit der Fähre. Hinauf geht's mit der Seilbahn, wieder hinunter zum Anleger über gewundene Pfade.

Manly

North Head

South Head

Balmoral Beach

Hunters Bay

Middle Head

Georges Head

Camp Cove

Chowder Head

Manly
Nach der Fährpassage heißt's den äußeren Hafen erkunden, zum Strand spazieren und einen Drink am Anleger nehmen. Bei der Rückfahrt so an Deck hinstellen, dass verpasste Fotos nachgeholt werden können!

Taronga Zoo

Little Sirius Cove

Mosman Bay

Kirribilli
Sofern einen der Premierminister und der Generalgouverneur nicht zum Tee zu sich nach Hause einladen, hat man vom Wasser aus den besten Blick auf das Kirribilli und Admiralty House. Augen offen halten!

Cremorne Point

Neutral Bay

Kirribilli House

Kirribilli

Admiralty House

Sydney Harbour Bridge

North Sydney Olympic Pool

Luna Park

Sydney Harbour Bridge
Im Vorbeifahren lassen sich ganz oben Wagemutige beim Brückenklettern erspähen. Die auf- oder untergehende Sonne sorgt hier für einen herrlichen Hafenblick.

TOP-TIPP
Nicht vergessen: Westlich der Brücke setzt sich der Hafen fort! Nach Manly nimmt man am besten eine Flussfähre.

Watsons Bay
Beim Anlegen am geschützten Kai stelle man sich Watsons Bay als das einsame Fischerdorf von einst vor. Beim Schlendern über den South Head fällt der Blick auf den Hafen und meerumtoste Klippen.

Fort Denison
Die befestigte Insel (alias Pinchgut) war früher ein Ort grausiger Strafen. Zur Abschreckung wurden hier hingerichtete Häftlinge öffentlich hängen gelassen. Die örtlichen Aborigines waren entsetzt.

FÄHREN
Der Circular Quay ist die Drehscheibe der staatlichen Sydney-Fähren: Ab hier führen neun separate Routen zu insgesamt 38 Anlegern.

- Watsons Bay
- Macquarie Lighthouse
- Vaucluse Bay
- Shark Bay
- Bradleys Head
- Shark Island
- Rose Bay
- Point Piper
- Double Bay
- Darling Point
- Clark Island
- Fort Denison
- Garden Island
- Marinebasis
- Elizabeth Bay
- Mrs Macquaries Point
- Potts Point
- Woolloomooloo Finger Wharf
- Sydney Opera House
- Government House
- Farm Cove
- Royal Botanic Garden
- Circular Quay
- The Rocks

Sydney Opera House
Man kann es überall erklimmen und es komplett umrunden. Nichts schlägt jedoch den Anblick, wenn man mit der Fähre an den atemberaubenden Segeln vorbeigleitet – Kamera bereithalten!

Circular Quay
Seit die First Fleet hier ankerte (1788), steht der Circular Quay im Mittelpunkt des lokalen Lebens. Fahrticket buchen, den richtigen Pier mithilfe der Anzeigetafel ermitteln und an Bord gehen!

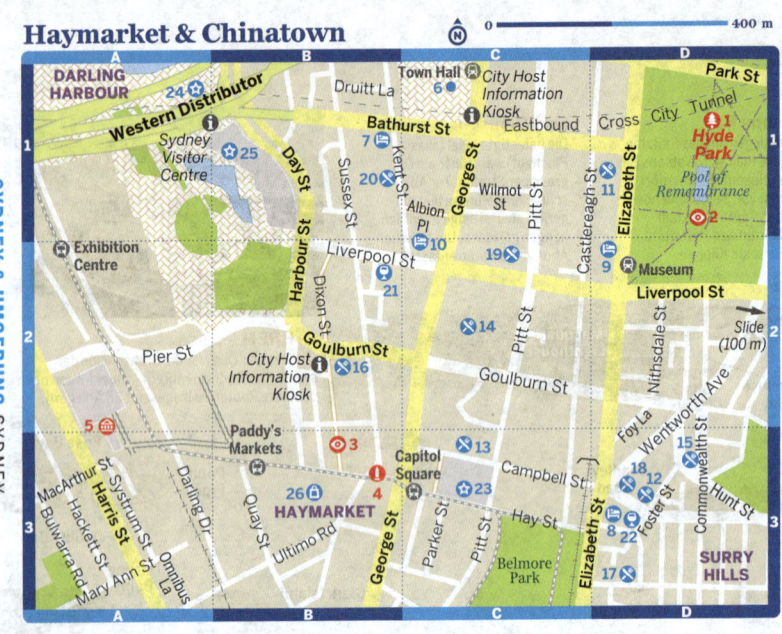

Haymarket & Chinatown

◎ Highlights
- 1 Hyde Park..D1

◎ Sehenswertes
- 2 Anzac Memorial.......................................D1
- 3 Chinatown..B3
- 4 Golden Water Mouth................................B3
- 5 Powerhouse Museum.............................A2

◎ Aktivitäten, Kurse & Touren
- 6 I'm Free...C1

◎ Schlafen
- 7 Adina Apartment Hotel Sydney............B1
- 8 Big Hostel...D3
- 9 Hyde Park Inn...D2
- 10 Meriton Serviced Apartments Kent Street..C2

◎ Essen
- 11 Alpha..D1
- 12 Bar H...D3
- 13 Chat Thai..C3
- 14 Din Tai Fung..C2
- 15 Longrain...D3
- 16 Mamak...B2
- 17 Single Origin Roasters............................D3
- 18 Spice I Am..D3
- 19 Sydney Madang..C2
- 20 Tetsuya's..B1

◎ Ausgehen & Nachtleben
- 21 Good God Small Club..............................B2
- 22 Wild Rover..D3

◎ Unterhaltung
- 23 Capitol Theatre...C3
- 24 IMAX...A1
- 25 Monkey Baa Theatre Company............B1

◎ Shoppen
- 26 Paddy's Markets......................................B3

Reptilien, Schmetterlinge, Spinnen, Schlangen und Säugetiere (darunter auch Kängurus und Koalas). Besonders gut ist der Abschnitt mit nachtaktiven Tieren wie Beutelmardern, Kaninchenkängurus, Ameisenigeln und Possums. So interessant das Wild Life auch ist, es ist nicht zu vergleichen mit dem Taronga Zoo. Trotzdem lohnt sich ein Besuch, vor allem in Kombination mit dem Sea Life oder wenn man nur wenig Zeit hat. Online sind die Eintrittskarten billiger.

Madame Tussauds
MUSEUM

(Karte S. 88; www.madametussauds.com/sydney; Aquarium Pier; Erw./Kind 40/28 AU$; ◎ 9.30–20 Uhr; ☐ Town Hall) Kein Wunder, dass in diesem promiversessenen Zeitalter die total realistisch wirkenden Wachsfiguren von Madame Tussauds genauso beliebt sind wie 1803, als besagte Madame ihre makabre Fracht aus Totenmasken der Französischen Revolution in London zur Schau stellte. Wo sonst können Normalsterbliche Hugh Jackman oder Kylie so nahe kommen?

Cockle Bay Wharf GEBÄUDE
(Karte S. 88; www.cocklebaywharf.com; Town Hall) Das erste relativ geschmackvolle Bauprojekt in Darling Harbour ist die Cockle Bay Wharf, die sich von der Stadtseite des Hafens bis zur Pyrmont Bridge erstreckt. Die kantigen, modernen Ecken wurden mit Holz und witzigen Skulpturen (wir mochten vor allem die lustigen tanzenden Störche) ein bisschen netter gemacht.

Tumbalong Park PARK
(Karte S. 88; Town Hall) Der grasbewachsene runde Park am Südende von Darling Harbour neben dem neu gebauten Darling Walk sorgt für viel Familienspaß. Auf dem Rasen tummeln sich Sonnenanbeter und Frisbeewerfer, Touristen halten an heißen Sommernachmittagen ihre Füße in die Springbrunnen, und es gibt einen hervorragenden Kinderspielplatz mit einer 21 m langen Seilrutsche.

★**Chinese Garden of Friendship** GARTEN
(Karte S. 88; 02-9240 8888; www.chinesegarden.com.au; Harbour St; Erw./Kind 6/3 AU$; 9.30–17 Uhr; Town Hall) Der nach taoistischen Prinzipien erbaute Chinesische Garten der Freundschaft ist normalerweise eine Oase der Ruhe – derzeit weht aber von Zeit zu Zeit der Baulärm vom Darling Harbour herüber. Der von Architekten aus Guangzhou (Sydneys Partnerstadt) anlässlich der 200-Jahr-Feier Australiens im Jahr 1988 entworfene Garten ist bestückt mit Pavillons, Wasserfällen, Teichen, Wegen und üppiger Bepflanzung.

Australian National Maritime Museum MUSEUM
(Karte S. 88; 02-9298 3777; www.anmm.gov.au; 2 Murray St; Erw./Kind 7/3,50 AU$; 9.30–17 Uhr; Pyrmont Bay) Unter dem an Utzons Opernhaus erinnernden Dach steht Australiens unauslöschliche Verbindung zur Schifffahrt in diesem thematisch geordneten Museum im Zentrum. Die Exponate reichen von Aborigines-Kanus über die Surfkultur bis hin zur Kriegsmarine. Im Eintritt inbegriffen ist eine kostenlose Führung. Sonntags werden auch Aktivitäten für Kinder geboten. Mit dem „großen Ticket" (Erw./Kind 27/16 AU$) kann man auch an Bord der Schiffe gehen, die draußen vor Anker liegen. Zu diesen gehören das U-Boot HMAS *Onslow*, der Zerstörer HMAS *Vampire*, ein Rahsegler von 1874 und die hin und wieder Segelfahrten anbietende *James Craig* (S. 107). Normalerweise liegt auch eine Replik von Cooks *Endeavour* hier vor Anker.

Sydney Fish Market MARKT
(Karte S. 88; 02-9004 1108; www.sydneyfishmarket.com.au; Bank St; 7–16 Uhr; Fish Market) Auf Sydneys Fischmarkt an der Blackwattle Bay werden jährlich über 15 Mio. t Meeresfrüchte umgeschlagen. Hier gibt's Einzelhandelsgeschäfte, Restaurants, eine Sushibar, eine Austernbar und eine renommierte Kochschule. Bei den Fischauktion werktags kämpfen ab 5.30 Uhr Köche, Einheimische und überfütterte Möwen um Schlammkrabben, Bärenkrebse, Hummer und Lachs. Einen guten Überblick über das Treiben bekommt man im Rahmen einer Führung hinter die Kulissen (Erw./Kind 30/10 AU$).

◉ Ultimo, Glebe & Chippendale

Die am südlichen Stadtrand angeklebten und von staubigen Hauptverkehrsstraßen durchzogenen Viertel Ultimo und Chippendale waren noch nie die schönsten Teile des zentralen Sydney. Allerdings haben hier in den letzten Jahren weltberühmte Architekten mit großen Bauprojekten zu beiden Seiten des Broadway, der Hauptstraße zwischen den beiden Vierteln, Wunder vollbracht. Vor allem in Chippendale sprießen mittlerweile hippe Restaurants, Bars und Galerien wie Pilze aus dem Boden und verwandeln die Gegend von einem aufsteigenden in ein echt angesagtes Viertel.

Westlich von Ultimo liegt das grünere und wohnlichere Glebe mit viktorianischen Reihenhäusern, in denen Arbeiterfamilien, Studenten, urbane Hippies, Schwule und Lesben und eine der größten Aborigines-Gemeinden der Innenstadt zu finden sind.

Powerhouse Museum MUSEUM
(Karte S. 86; 02-9217 0111; www.powerhousemuseum.com; 500 Harris St; Erw./Kind 15/8 AU$; 9.30–17 Uhr; Paddy's Markets) Einen kurzen Fußmarsch von Darling Harbour entfernt steht das Museum für Wissenschaft und Design, untergebracht im ehemaligen Um-

Darling Harbour & Pyrmont

spannwerk von Sydneys eingestelltem Straßenbahnnetz. Die spannenden interaktiven Exponate erläutern Schülern auf einfache Weise, wie Blitze entstehen, Magnete funktionieren und Maschinen heulen. Das Museum begeistert Groß und Klein und spricht auch Themen wie Mode und Möbeldesign an.

Central Park AREA
(Karte S. 128; www.centralparksydney.com; Broadway; Central Station) An der Stelle einer alten Brauerei entsteht gerade ein neuer Wohn- und Einkaufskomplex mit 6500 m², der schon jetzt frischen Wind in das am Rand des Zentrums gelegene Viertel Chip-

Darling Harbour & Pyrmont

⦿ Highlights
1 Chinese Garden of Friendship D6

⦿ Sehenswertes
2 Australian National Maritime Museum C3
3 Cockle Bay Wharf D4
4 Madame Tussauds D4
5 Sydney Fish Market A5
6 Sydney Sea Life Aquarium D4
7 Tumbalong Park D6
8 Wild Life Sydney Zoo D3

⦿ Aktivitäten, Kurse & Touren
9 Harbour Jet D3
10 James Craig C2
 Sailing Sydney .... (siehe 9)

11 Sydney Showboats D3

⦿ Schlafen
12 1888 Hotel A3
13 The Darling B3

⦿ Essen
14 Adriano Zumbo B3
15 Café Court B3
16 Flying Fish B1
17 Sokyo B3

⦿ Ausgehen & Nachtleben
18 Slip Inn & Chinese Laundry D3

⦿ Unterhaltung
19 Sydney Lyric B3

---

pendale bringt. Am eindrucksvollsten ist Jean Nouvels preisgekrönter, mit einer begrünten Fassade versehener Turm **One Central Park** (2013; 117 m). Das Kragdach ist so gestaltet, dass das Sonnenlicht auf die Bepflanzung darunter reflektiert wird. Auf der anderen Seite des Broadway wird auf dem Campus der University of Technology ein umwerfendes neues Frank-Gehry-Gebäude erbaut.

White Rabbit GALERIE
(Karte S.128; www.whiterabbitcollection.org; 30 Balfour St; Mi–So 10–17 Uhr, Feb. & Aug. geschl.; Redfern) GRATIS Wer ein Kunstfreund oder so ein bisschen ein verrückter Hutmacher ist, wird angesichts dieses besonderen Kaninchenbaus grinsen wie die Grinsekatze. Diese Privatsammlung umfasst so viele avantgardistische zeitgenössische Kunstwerke aus China, dass immer nur ein Bruchteil ausgestellt werden kann. Wer hätte gedacht, dass ausgerechnet aus der VR China so wagemutige, lustige, spannende und eigenwillige Kunst kommt?

⦿ Surry Hills

Sydneys angesagtestes Viertel ähnelt wirklich in keiner Hinsicht den schönen Hügeln der englischen Grafschaft Surrey, nach denen es benannt ist. Und heute hat das Viertel auch kaum noch Ähnlichkeit mit der engen Arbeitergemeinde, die Ruth Park in ihren klassischen Romanen aus der Zeit der Weltwirtschaftskrise so eindrucksvoll beschrieben hat.

Die viktorianischen Reihenhäuser sind geblieben, aber sie sind heute von einer bunten Mischung aus urbanen Hipsters, Gourmets und Schwulen bevölkert, die die vielen exzellenten Restaurants und Bars in dem Viertel am Laufen halten.

Brett Whiteley Studio GALERIE
(Karte S. 90; 1800 679 278; www.brettwhiteley.org; 2 Raper St; Fr–So 10–16 Uhr; Central) GRATIS Der gefeierte Künstler Brett Whiteley (1939–1992) lebte kurz und ohne Kompromisse. Sein schwer zu findendes Atelier (ausgeschildert an der Devonshire St) wurde als eine Galerie für ein paar seiner besten Werke erhalten. An der Tür steht eine Miniaturausführung seiner berühmten Skulptur *Almost Once*, die man in all ihrer Pracht in der Domain bewundern kann.

⦿ Darlinghurst

Darlinghurst unmittelbar östlich der Stadt ist ein Synonym für die muntere und auffällige Schwulengemeinde Sydneys. Das schäbige untere Ende der Oxford St ist seit je Sydneys Paillettenmeile. Es hat zwar schon bessere Tage gesehen, ist aber noch immer Sitz der meisten Schwulentreffs der Stadt und Schauplatz des Mardi-Gras-Umzugs.

Australian Museum MUSEUM
(Karte S.74; 02-9320 6000; www.australianmuseum.net.au; 6 College St; Erw./Kind 15/8 AU$; 9.30–17 Uhr; Museum) Das Naturkundemuseum wurde bereits 40 Jahre nach der Ankunft der First Fleet gegründet. Es bemüht sich, seinen Ruf als selbst schon museumswürdiges Museum abzuschütteln, indem es seine Ausstellung etwas aufgepeppt hat: Neben den staubigen ausgestopften Tieren finden sich nun Videoprojektionen

Surry Hills

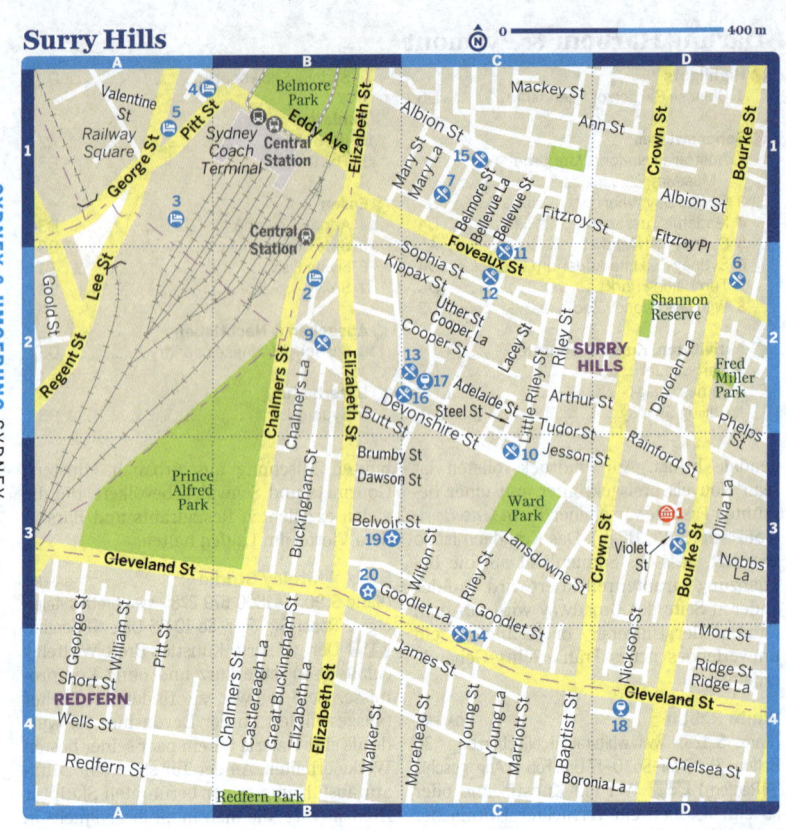

und ein Terrarium mit lebenden Schlangen, und die Dinosaurierskelette wurden durch lebensgroße plastische Nachbildungen ergänzt. Doch vielleicht sind gerade die altmodischen Abteilungen – die große Sammlung von Knochen, Kristallen und Edelsteinen und der Saal mit den Skeletten – der interessanteste Teil des Museums.

Sydney Jewish Museum MUSEUM
(Karte S. 92; ☎ 02-9360 7999; www.sydneyjewish museum.com.au; 148 Darlinghurst Rd; Erw./Kind 10/7 AU$; ⏰ So–Do 10–16, Fr bis 14 Uhr; ᩱKings Cross) Das vorwiegend als Holocaust-Mahnmal gedachte Museum widmet sich der Geschichte, den Traditionen und der Kultur der Juden Australiens von der Zeit der First Fleet (zu der mindestens 16 Juden gehörten) über die Jahre unmittelbar nach dem Zweiten Weltkrieg (als Australien nach Israel pro Kopf die größte Zahl von Holocaust-Überlebenden aufnahm) bis zum heutigen Tag. Man sollte sich, um alles zu sehen, mindestens zwei Stunden Zeit nehmen. Kostenlose, 45-minütige Führungen werden montags, mittwochs, freitags und sonntags um 12 Uhr veranstaltet.

Woolloomooloo

Das Viertel Woolloomooloo (das wohl einzige Wort der Welt mit acht „o"), von Kings Cross die **McElhone Stairs** (Karte S. 92; Victoria St; ᩱKings Cross) hinunter, war einst ein Slum voller Betrunkener und Seeleute (und natürlich auch betrunkener Seeleute). Heute geht's hier gesitteter zu: Die Kneipen sind entspannt, und an der Woolloomooloo Wharf gibt's ein Boutiquehotel und ein paar schicke Restaurants. Vor dem Kai befindet sich das berühmte Harry's Cafe de Wheels (S. 126), wo sich schon Generationen von Stadtbewohnern nach einer durchzechten Nacht auf dem Weg von The Cross nach Hause einen „Tiger" gönnten und noch immer gönnen (eine Rindfleischpastete

Surry Hills

Sehenswertes
1 Brett Whiteley Studio D3

Schlafen
2 Bounce B2
3 Railway Square YHA A1
4 Sydney Central YHA A1
5 Wake Up! A1

Essen
6 4Fourteen D2
7 Bodega C1
8 Bourke Street Bakery D3
9 Devon B2
10 Devonshire C3
11 El Loco C2
12 Le Monde C2
13 MoVida C2
14 Porteño C4
15 Reuben Hills C1
16 Sample Coffee C2

Ausgehen & Nachtleben
17 121BC C2
18 Vasco D4

Unterhaltung
19 Belvoir B3
20 Venue 505 .... B3

---

mit Erbsenpüree, Kartoffelbrei und Bratensauce).

Woolloomooloo Finger Wharf HISTORISCHES GEBÄUDE
(Karte S. 92; Cowper Wharf Rdwy; Kings Cross) Die schöne edwardianische Kaianlage, einst ein Verladeplatz für Wolle und andere Schiffsfracht, schlummerte Jahrzehnte vor sich hin, bevor ein zweieinhalbjähriger von den Abbrucharbeitern getragener Streik Ende der 1980er-Jahre ihre Beseitigung verhinderte. In den späten 1990ern wurde sie herausgeputzt und ist heute eine der exklusivsten Adressen für Restaurants, Bars, Hotels und Jachtliegeplätze in Sydney.

Kings Cross & Potts Point

Unter einem riesigen beleuchteten Coca-Cola-Schriftzug – Sydneys Äquivalent zum Hollywood-Schriftzug von Los Angeles – erstreckt sich „The Cross", das traditionell als Sydneys Viertel des Lasters gilt. Im 19. und frühen 20. Jh. gab es hier prächtige Anwesen und schicke Apartments, bis der Bezirk in den 1930er-Jahren einen radikalen Wandel erlebte und weinselige Intellektuelle, Künstler, Musiker, Lebemänner und Tagediebe die Straßenzüge eroberten. Besiegelt wurde der Ruf des Viertels während des Zweiten Weltkriegs und während des Vietnamkriegs, als amerikanische Seeleute, die auf dem nahe gelegenen Marinestützpunkt auf Garden Island stationiert waren, Cross während ihres Landgangs als Vergnügungsviertel nutzten.

Die Straßen versprühen noch immer ein gewisses hedonistisches Flair, allerdings erlebte das Viertel mittlerweile eine Art kultureller Renaissance. Diese Mischung aus Anrüchigkeit und Kultiviertheit ist in jedem Fall einen Abstecher wert!

Die prächtigen, von Bäumen gesäumten benachbarten Enklaven **Potts Point** und **Elizabeth Bay** sind beliebte Wohngegenden, seit hier Alexander Macleay, der Colonial Secretary von New South Wales, den Architekten John Verge in den 1830er-Jahren damit beauftragte, eine Villa mit Blick auf das Wasser zu bauen.

Die hübsche **Rushcutters Bay** liegt fünf Gehminuten östlich von Kings Cross. Hier gibt es einen schönen Park am Hafen – ideal zum Bummeln oder Joggen.

Elizabeth Bay House HISTORISCHES GEBÄUDE
(Karte S. 92; 02-9356 3022; www.sydneyliving museums.com.au; 7 Onslow Ave; Erw./Kind 8/4 AU$; Fr–So 11–16 Uhr; Kings Cross) Die elegante neoklassizistische Villa von Kolonialminister Alexander Macleay liegt heute im Schatten von Apartmenthäusern aus dem 20. Jh., war aber bei ihrer Fertigstellung 1839 eines der schönsten Häuser der Kolonie. Das architektonische Highlight der Villa ist der prächtige Eingangssalon mit seiner geschwungenen Freitreppe.

Paddington & Woollahra

Paddington ist ein elegantes Viertel mit schön restaurierten Reihenhäusern und steilen, begrünten Straßen, in denen modebewusste Menschen zwischen Designerläden, Restaurants, Kunstgalerien und Buchläden pendeln. Die Lebensader ist die aus dem Nachbarviertel Darlinghurst hierher führende Oxford St. Am besten kommt man samstags, wenn Märkte ihre Stände aufschlagen. Das benachbarte Woollahra ist ein gehobenes Viertel vom Feinsten mit grü-

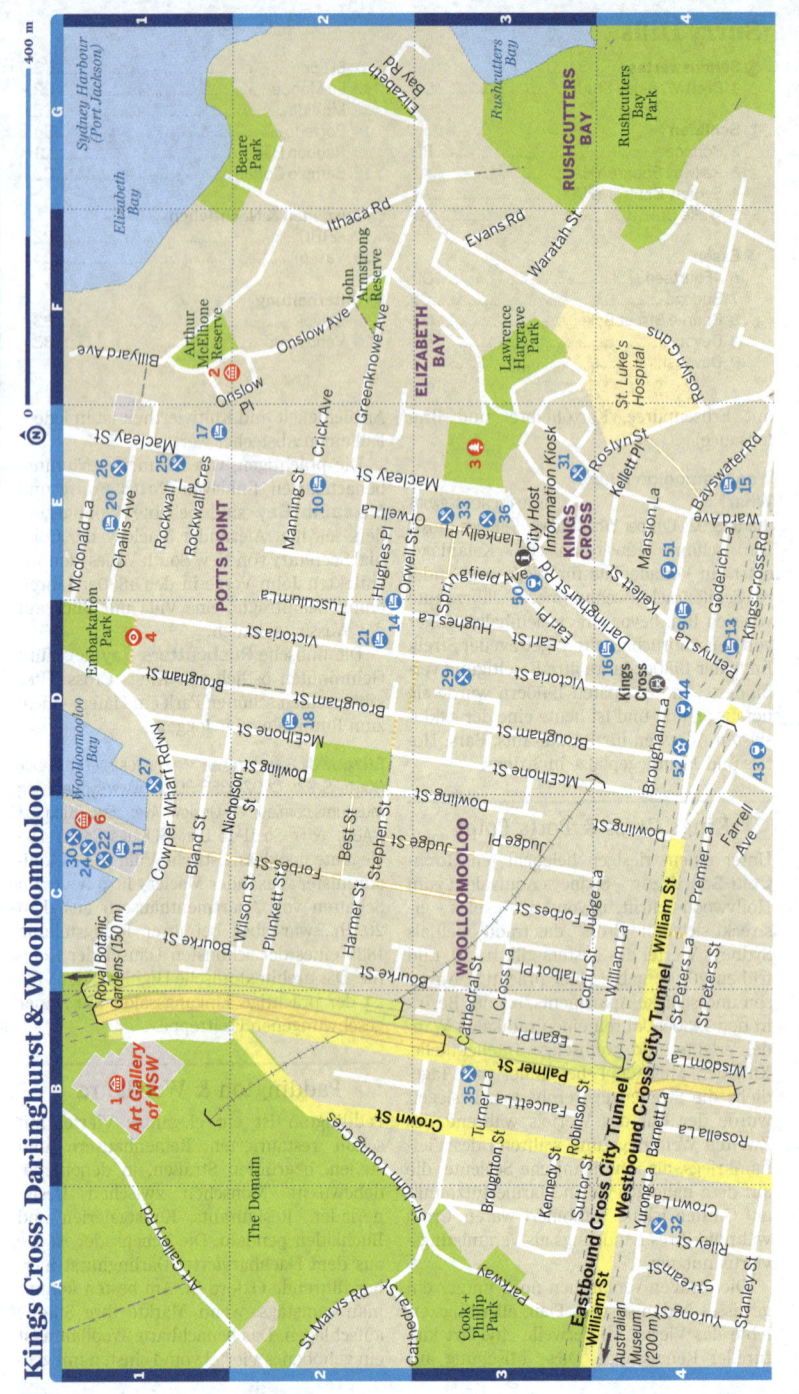

Kings Cross, Darlinghurst & Woolloomooloo

SYDNEY & UMGEBUNG SEHENSWERTES

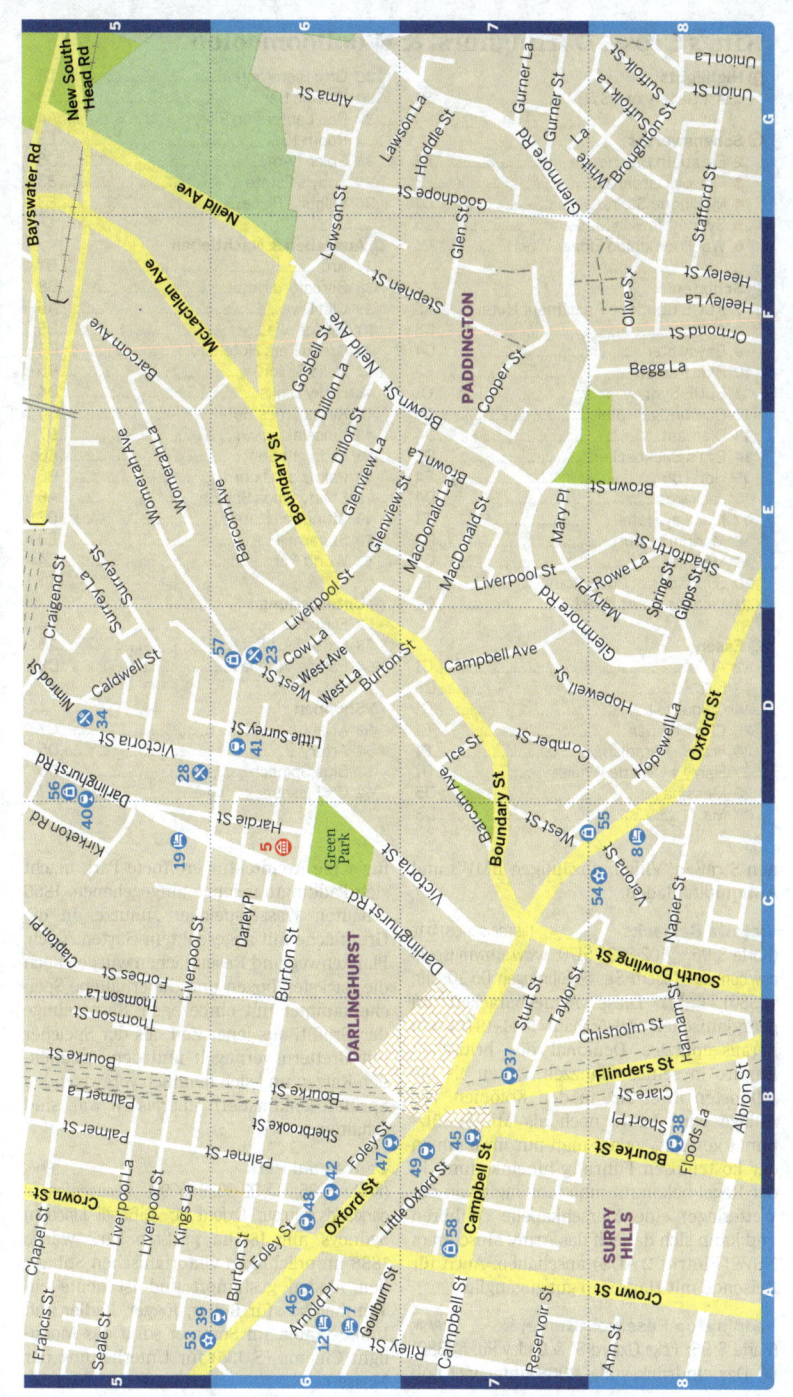

Kings Cross, Darlinghurst & Woolloomooloo

◎ Highlights
1	Art Gallery of NSW	B1

◎ Sehenswertes
2	Elizabeth Bay House	F2
3	Fitzroy Gardens	E3
4	McElhone Stairs	D1
5	Sydney Jewish Museum	C6
6	Woolloomooloo Finger Wharf	C1

🛏 Schlafen
7	ADGE Boutique Apartment Hotel	A6
8	Arts	C8
9	Bayswater	D4
10	Blue Parrot	E2
11	BLUE Sydney	C1
12	Cambridge Hotel	A6
13	Diamant	D4
14	Eva's Backpackers	D2
15	Hotel 59	E4
16	Jackaroo	D4
17	Macleay Hotel	E1
18	Mariners Court	D2
19	Medusa	C5
20	Simpsons of Potts Point	E1
21	Victoria Court Hotel	D2

✴ Essen
22	Aki's	C1
23	bills	D6
24	China Doll	C1
25	Cho Cho San	E1
26	Fratelli Paradiso	E1
27	Harry's Cafe de Wheels	D1
28	Messina	D5
29	Ms. G's	D3
30	Otto Ristorante	C1
31	Piccolo Bar	E3
32	Red Lantern on Riley	A4
33	Room 10	E3
34	Spice I Am	D5
35	Toby's Estate	B3
36	Wilbur's Place	E3

◎ Ausgehen & Nachtleben
37	Arq	B7
38	Beresford Hotel	B8
39	Cliff Dive	A6
40	Eau-de-Vie	D5
41	Green Park Hotel	D6
42	Hello Sailor	B6
43	Hinky Dinks	D4
44	Kings Cross Hotel	D4
45	Kinselas	B7
46	Midnight Shift	A6
47	Palms on Oxford	B6
48	Shady Pines Saloon	A6
49	Stonewall Hotel	B7
50	Sugarmill	E3
51	World Bar	E4

◎ Unterhaltung
52	El Rocco	D4
53	Oxford Art Factory	A5
54	Palace Verona	C8

◎ Shoppen
55	Ariel	C7
56	Artery	D5
57	Blue Spinach	D6
58	C's Flashback	A7

nen Straßen, Villen, unzähligen BMWs und Antiquitätenläden.

Victoria Barracks   HISTORISCHE STÄTTE
(Karte S. 96; ☏ 02-8335 5170; www.armymuseum nsw.com.au; Oxford St; ⏱ Führungen Do 10 Uhr; 🚌 380) GRATIS Diese Armeebaracken im georgianischen Stil (erbaut 1841–1848), ein herausgeputztes Denkmal des britischen Empire in seiner Glanzzeit, gelten als die schönsten ihrer Art in den Kolonien. Die Anlage wird heute noch als Militärstützpunkt genutzt, sodass man nur im Rahmen der kostenlosen Führung hineinkommt. In der Regel bekommt man (abhängig von der Wetterlage) eine Marschkapelle zu hören und kann sich danach das Army Museum of NSW (Eintritt 2 AU$) anschauen. Auch für Reisende mit Handicap gut zugänglich.

Paddington Reservoir Gardens   PARK
(Karte S. 96; Ecke Oxford St & Oatley Rd; 🚌 380) 🌿 Der eindrucksvolle, 2008 unter viel Lob für seine Architektur eröffnete Park macht sich Paddingtons lange aufgegebenen, 1866 erbauten Wasserspeicher zunutze. In die Grünfläche mit abgesenktem Garten, Teich, Plankenweg und Rasenflächen wurden auch die Backsteinbogen und die erhaltene Speicherkammer mit einbezogen. Sogar einige der Graffiti aus jener Zeit, als der Speicher mit Brettern vernagelt und den streunenden Katzen und sich heimlich verewigenden Sprühdosenkünstlern überlassen war, sind erhalten.

Centennial Park   PARK
(Karte S. 96; ☏ 02-9339 6699; www.centennial parklands.com.au; Oxford St; 🚌 Bondi Junction) Sydneys mit 189 ha größter Park wurde 1888 im prächtigen viktorianischen Stil aus dem Boden gestampft und ist heute ein Tummelplatz für Reiter, Jogger, Radler und Inline-Skater. Im Sommer sorgt das Moonlight Cinema (S. 135) für Unterhaltung der Massen.

Double Bay

Double Bay war einst die Hochburg älterer Damen, dann passierte aber etwas Merkwürdiges. Mit der Einführung der Sperrstunde in der Innenstadt im Jahr 2014 suchten sich einige Partygänger aus Kings Cross in dem am nächsten gelegenen und nicht betroffenen Stadtteil eine Ausweichmöglichkeit – und das war eben Double Bay.

So ist das Viertel im Wandel. Die Wiedereröffnung des Hotels InterContinental (in dem Michael Hutchence seinen frühzeitigen Tod fand) sorgte für einigen Trubel, neue Restaurants mischen die einst träge Gastronomie auf, und viele neue Bars und Clubs ziehen junge, begeisterte Leute an.

Murray Rose Pool STRAND
(Redleaf Pool; Karte S. 70; 536 New South Head Rd; Double Bay) GRATIS Der familienfreundliche Murray Rose (benannt nach dem Olympiasieger im Schwimmen) ist nicht wirklich ein Pool, sondern der der Stadt am nächsten gelegene Badestrand. Er erfreut daher vor allem die Einheimischen aus den Vierteln der östlichen Innenstadt. Ein Plankenweg läuft um die Oberkante des Haischutznetzes herum, und es gibt zwei sehr beliebte schwimmende Pontons.

Vaucluse

Das hübsche Vaucluse gehört zu den richtig wohlhabenden Vierteln am Südufer des Hafenbeckens. Sie bilden gemeinsam ein konservatives Konglomerat aus privaten Eliteschulen, europäischen Limousinen, überteuerten Boutiquen und mit Hypotheken belasteten Villen am Wasser.

Nielsen Park PARK, STRAND
(Shark Beach; Karte S. 70; Vaucluse Rd; 325) Der prachtvolle Park am Hafen mit einem

---

KINGS CROSS IM WANDEL

In den frühen Jahren der Kolonie lebten in Kings Cross die wohlhabenden Bürger der Stadt, die den Hafenblick und die angenehme Distanz zu den Gerüchen und dem Lärm der Innenstadt zu schätzen wussten. Die prächtigen Villen, Farmanwesen und das vornehme Flair waren Welten von dem hektischen Trubel rund um den Circular Quay und in The Rocks entfernt.

Das ländliche Idyll hielt bis Anfang des 20. Jhs. an, dann wurden die Grundstücke aufgeteilt und die meisten Villen abgerissen (Ausnahmen waren das Tusculum an der Manning St und das Elizabeth Bay House an der Onslow Ave). Sie wurden durch Wohnhäuser ersetzt, und bald lockten die günstigen Mieten und die progressive Atmosphäre die Boheme-Szene der Stadt an. Dieser folgte bald Sydneys kriminelle Unterschicht, die hier unversteuerten Alkohol verkaufte sowie illegale Wettläden und Bordelle betrieb. Die Straßen gehörten nun Schriftstellern, Schauspielern, Dichtern, Journalisten, Künstlern, Kleinkriminellen und berüchtigten Bordellbesitzern wie Tilly Devine und Kate Leigh. In dem Viertel konnte sich der anrüchige Charme der einstigen Strafkolonie voll entfalten, wobei Kreativität und Kriminalität Hand in Hand gingen.

Während des Vietnamkriegs veränderte sich das Viertel. Heroin wurde aus Südostasien importiert, und Drogenbosse übernahmen das Ruder. Mit ihnen hielten der Drogenhandel, Prostitution und zwielichtige Nachtclubs Einzug, in denen Stripperinnen und Dealer ihre Dienste anboten. Die Boheme-Szene zog weiter und wurde von Drogenabhängigen, Straßenprostituierten, Kleinkriminellen und Gesetzeshütern abgelöst. Freitag- und samstagabends lockte das Nachtleben außerdem vergnügungssüchtige Stadtbewohner an.

Aber die Zeiten ändern sich. In den letzten Jahren kehrte die Künstlerszene zurück, und mit ihr kam die aufstrebende junge Mittelschicht, die sich in den hippen Cafés, Bars, Lokalen und Livemusikclubs trifft, die in den Straßen und Gassen bei der Darlinghurst Rd aus dem Boden sprießen. Einen guten Eindruck von dieser Renaissance erhält man am Llankelly Pl – die Gasse war einst ein Sammelplatz für Dealer und wird heute von Künstlercafés wie dem Room 10 (S. 126) dominiert –, in den Restaurants an der Macleay St, an der frisch sanierten und sehr beliebten El Alamein Fountain (Karte S. 88; Macleay St, Fitzroy Gardens; Kings Cross) in Form einer Pusteblume, in den Fitzroy Gardens (Karte S. 92; Ecke Macleay St & Darlinghurst Rd; Kings Cross) oder bei einer Partynacht im Kings Cross Hotel (S. 134).

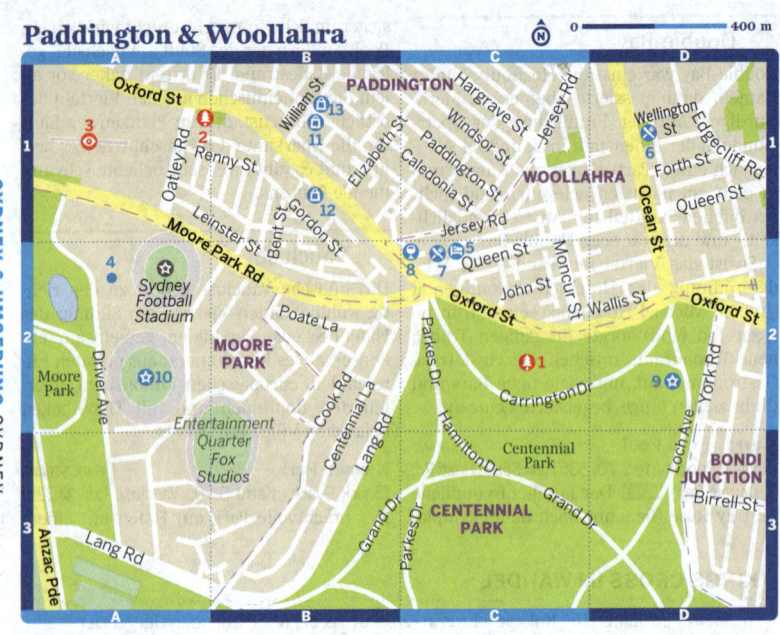

Paddington & Woollahra

Paddington & Woollahra

⊙ Sehenswertes
1 Centennial Park C2
2 Paddington Reservoir Gardens A1
3 Victoria Barracks A1

⊕ Aktivitäten, Kurse & Touren
4 SCG Tour Experience A2

⊜ Schlafen
5 Kathryn's on Queen C2

⊗ Essen
6 Chiswick Restaurant D1
7 Vincent C2

⊙ Ausgehen & Nachtleben
8 Wine Library C2

⊕ Unterhaltung
9 Moonlight Cinema D2
10 Sydney Cricket Ground A2

⊙ Shoppen
11 Corner Shop B1
12 Paddington Markets B1
13 Poepke B1

Sandstrand ist ein verstecktes Juwel und gehörte früher zu dem damals 206 ha großen Vaucluse-House-Anwesen. Unter den Bäumen verborgen liegt das Greycliffe House, ein schmucker gotischer Sandsteinbau von 1851 (für Besucher nicht zugänglich), in dem heute die Verwaltung des Sydney Harbour National Park residiert.

Vaucluse House HISTORISCHES GEBÄUDE
(Karte S. 70; ☎ 02-9388 7922; www.sydneyliving museums.com.au; Wentworth Rd; Erw./Kind 8/4 AU$; ⊙ Fr–So 11–16 Uhr; ☐ 325) Der Bau des imposanten, mit Türmchen bewehrten Beispiels australischer Neugotik inmitten eines 10 ha großen grünen Parks begann schon 1805, zog sich aber bis in die 1860er-Jahre hin. Das mit schönen Gegenständen aus der europäischen Epoche – wie Böhmisches Kristall, schwere Eichenmöbel im Neorenaissancestil und Meißner Porzellan – bestückte Haus bietet Besuchern einen Einblick in das Leben privilegierter früher Kolonisten.

Milk Beach STRAND
(Karte S. 70; 52 Vaucluse Rd; ☐ 325) Die einzigen Dinge, die einen am himmlischen Milk Beach ablenken könnten, sind Wasserflugzeuge und die schillernde Skyline

von Sydney. Der abgelegene Sandstrand am Anfang der Hermit Bay mit atemberaubendem Blick auf den Hafen und schwierigem Zugang einen steilen Pfad zwischen den Gebüschen hinunter ist noch immer eines der am besten gehüteten Geheimnisse der Stadt. Mit dem denkmalgeschützten Strickland House im Rücken und dem klaren, warmen Wasser davor ist dies ein kleines Stück vom Paradies.

Watsons Bay

Die schmale, in South Head endende Halbinsel ist einer der schönsten Orte in Sydney und zudem noch leicht mit der Fähre vom Circular Quay aus zu erreichen. Watsons Bay war früher ein kleines Fischerdorf, wovon die winzigen, alten Hütten, die die schmalen Straßen dieser Vorstadt säumen (und heute ein Vermögen kosten), zeugen. Auf der Meeresseite liegt The Gap, eine dramatische Klippe mit Aussichtspunkt und Blick auf die tosende Brandung.

Am Nordende des Camp Cove Beach beginnt der South Head Heritage Trail, der in einen Abschnitt des Sydney Harbour National Park führt. Der Weg führt an alten Schlachtfeldern und dem Pfad hinunter zur (bei FKK-Anhängern und Schwulen beliebten) Lady Bay vorbei zum bunt gestreiften Hornby Lighthouse und zu den 1858 aus Sandstein erbauten Lightkeepers' Cottages in South Head.

Ehe man mit der Fähre zurückfährt, gebietet es die Tradition, im Biergarten des Watsons Bay Hotel zuzuschauen, wie die Sonne hinter der wie körperlos wirkenden Harbour Bridge, die über Bradleys Head emporragt, im Meer versinkt.

Camp Cove STRAND
(Karte S. 70; Cliff St; Watsons Bay) Der kleine Badestrand gleich nördlich von Watsons Bay ist bei Familien und bei Sonnenanbetern, die sich oben ohne bräunen möchten, sehr beliebt. Als Gouverneur Phillip feststellte, dass Botany Bay sich nicht für eine Sträflingskolonie eignete, segelte er weiter nach Norden nach Sydney Harbour, ging dort vor Anker und betrat am 21. Januar 1788 den herrlich golden schimmernden Sandstrand von Camp Cove.

Eastern Beaches

Die Eastern Beaches mit ihren von zerklüfteten Klippen eingefassten, unglaublich schönen halbmondförmigen Sandstränden sind ein unverzichtbarer Bestandteil des Sydney-Erlebnisses. Am berühmtesten ist der breite Bondi Beach, wo die abwechslungsreiche Landschaft und der ununterbrochene Aufmarsch schöner Körper ständig für Ablenkung sorgen.

★**Bondi Beach** STRAND
(Karte S. 98; Campbell Pde; 380) Bondi ist ein gutes Stück Sydney und definitiv einer der großartigsten Strände der Welt: Das Meer stößt auf das Land, der Pazifik wogt in gewaltigen, schaumigen Wellen heran, und der Sand macht alle Menschen gleich. Bondi ist 8 km vom Stadtzentrum entfernt und damit der nächstgelegene Meeresstrand. Er bietet durchgängig gute (allerdings von vielen Menschen genutzte) Wellen und eignet sich prima für eine athletische Schwimmpartie (die durchschnittliche Wassertemperatur liegt bei gemäßigten 21 °C). Bei stürmischer See kann man auf die kinderfreundlichen Meerwasserbecken zu beiden Enden des Strandes ausweichen.

Zwei Surfclubs – Bondi und North Bondi – überwachen den Strand zwischen den zur Kennzeichnung von gefährlichen Rippströmungen und Löchern im Meeresboden mit rot-gelben Flaggen abgesperrten Abschnitten. Jedes Jahr müssen Tausende von der Brandung mitgerissene Menschen von den Rettungsschwimmern aus dem Wasser geholt werden (man könnte glatt eine Fernsehsendung damit machen) – daher sollte man sich beim Schwimmen unbedingt nur in dem Bereich zwischen den Flaggen aufhalten!

An beiden Enden des Strandes reiten Surfer auf den Sandbar Breaks – sie eignen sich auch gut für Anfänger. Wer lieber Räder statt Flossen unter seinen Füßen hat, findet am Südende des Strandes eine Skaterrampe (Karte S. 98; Queen Elizabeth Dr; 380). Und wer glaubt, an seiner Figur arbeiten zu müssen, kann dies in dem Freiluft-Trainingsbereich (Karte S. 98; Queen Elizabeth Dr; 380) nahe dem North Bondi Surf Club tun. Zufälligerweise (oder vielleicht auch nicht) ist dies gerade der Strandabschnitt, an dem die Schwulen rumhängen.

Im Bondi Pavilion gibt es Umkleideräume, Schließfächer, Cafés und eine Eisdiele. Im Sommer sind Eisverkäufer auch auf dem Strand unterwegs. Am nördlichen Ende des Strandes gibt's eine Grasfläche mit münzbetriebenen Grillstellen. Alkohol ist am Strand verboten!

Bondi

Bondi

◎ Highlights
1 Bondi Beach C2

◎ Sehenswertes
2 Tamarama Beach B3

◎ Aktivitäten, Kurse & Touren
3 Bondi Icebergs Swimming Club C2
4 Dive Centre Bondi A2
5 Let's Go Surfing D2
6 Skate Ramp C2
7 Workout Area C1

◎ Schlafen
8 Adina Apartments Bondi Beach B1
9 Bondi Beach House B2
10 Bondi Beachouse YHA B3

◎ Essen
11 A Tavola B1
12 Bondi Trattoria B2
  Icebergs Dining Room .... (siehe 3)
13 Lox, Stock & Barrel B1

◎ Ausgehen & Nachtleben
14 Anchor B2
15 Neighbourhood B1

◎ Unterhaltung
16 Bondi Openair Cinema C2

◎ Shoppen
17 Bondi Markets C1

Tamarama Beach   STRAND
(Karte S. 98; Pacific Ave; 🚍 361) Der von hohen Klippen umgebene Tamarama Beach bildet eine lange Sandzunge bei einer nur 80 m langen Küstenlinie. So klein der Strand ist, so ist er doch wegen der ständigen Rippströmung der gefährlichste überwachte Strand in ganz New South Wales und sehr häufig für Schwimmer gesperrt. Es ist schwer vorstellbar, aber von 1887 bis 1911 drehte eine Achterbahn eines Vergnügungsparks direkt über dem Wasser ihre Runden.

Bronte Beach   STRAND
(Bronte Rd; 🚍 378) Der einnehmende, für Familien geeignete Strand ist eingerahmt von Sandsteinklippen und einem grasbewachsenen Park. Er rühmt sich, den ältesten Rettungssurferclub der Welt (1903) zu besitzen. Anders als viele meinen, ist der Strand keineswegs nach den berühmten Schriftsteller-Schwestern benannt, sondern nach Lord Nelson, der den König von Neapel mit dem Herzogtum Bronte (auf Sizilien) belehnt hatte. Es gibt hier auch einen Kiosk und eine

Umkleidekabine – angeschlossen an den Surfclub – sowie überdachte Picknicktische mit Grillplätzen im Hintergrund.

Clovelly Beach — STRAND
(Karte S. 70; Clovelly Rd; 339) Es mag seltsam klingen, aber der von Beton eingefasste Kanal ist tatsächlich ein toller Ort zum Schwimmen, Sonnenbaden und Schnorcheln. Er ist auch für Kinder sicher, und trotz der in den Meeresarm eindringenden Dünung ist die Sicht unter Wasser prima. Lange Jahre lebte hier ein beliebter, freundlich gesinnter Zackenbarsch, bis er von einem Touristen aufgespießt wurde. Taucherbrille ruhig mitbringen, aber bitte nichts mehr umbringen!

Auf der anderen Seite des Parkplatzes liegt der Eingang zum Gordons Bay Underwater Nature Trail, einer 500 m langen Unterwasserstrecke vorbei an Riffen, Sandebenen und Kelpwäldern.

Coogee Beach — STRAND
(Arden St; 372-373) Bondi ohne Flitter und Poser: Coogee (ausgesprochen mit kurzem „u") bietet einen weiten Sandstrand, historische Meerbäder und viel Grünfläche, auf der man grillen oder Frisbee spielen kann. In der Zwischenkriegszeit gab es in Coogee einen englischen Pier mit einem Theater mit 1400 Sitzplätzen und einem Ballsaal mit 600 Sitzplätzen – inzwischen hat jedoch das Meer den Pier verschlungen.

◉ Newtown & Umgebung

Der Westen der Innenstadt ist ein Schmelztiegel voller Studenten, Goths, Stadthippies, Künstlern, Einwanderern aus dem Mittelmeerraum und sexuellen Subkulturen. In ihrem Herzen thront die Sydney University als dominierende Bastion altehrwürdiger Architektur über den umliegenden Vorstädten. Südwestlich der Universität liegt Newtown an der kurvenreichen King St, die von interessanten Boutiquen, Läden mit Secondhand-Kleidung, Buchläden, Yoga-Studios, Kneipen, Cafés und Thai-Restaurants geprägt ist. Das Viertel strebt gesellschaftlich aufwärts, ist aber immer noch eigenwillig und aufgeschlossen.

University of Sydney — UNIVERSITÄT
(Karte S.128; 02-9351 2222; www.sydney.edu.au; Parramatta Rd; 422-440) Australiens älteste Universität (1850) hat mehr als 49 000 Studenten und sogar seine eigene Postleitzahl. Man braucht zum Glück keinen Doktortitel, um einen der kostenlosen Campuspläne zu bekommen und sich hier umzuschauen. Flankiert von zwei großen Sälen, die in Harry Potters Hogwarts nicht fehl am Platz wären, erweist das **Quadrangle** (der Hauptcampus) mit seinem neugotischen Stil den hochherrschaftlichen Colleges von Oxford seine Reverenz. Es lohnt sich, einen Blick in die herrlichen Kunstsammlungen des Nicholson Museum, der **University Art Gallery** (Karte S.128; www.sydney.edu.au/museums; Science Rd; Mo-Fr 10–16.30, 1. Sa im Monat 12–16 Uhr; 422-440) GRATIS und des Macleay Museum zu werfen.

Nicholson Museum — MUSEUM
(Karte S.128; www.sydney.edu.au/museums; University Pl; Mo-Fr 10–16.30, 1. Sa im Monat 12–16 Uhr; 422-440) GRATIS Das Museum im Hauptcampus der University of Sydney ist ein Highlight für Fans antiker Geschichte. Es zeigt eine umwerfende Zusammenstellung von griechischen, römischen, zyprischen, ägyptischen und nahöstlichen Antiquitäten, darunter die Mumie von Padiashaikhet. Das Museum wurde 1860 von Sir Charles Nicholson gegründet, einem Mann mit einer unglaublichen Aufstiegsgeschichte, der auch eine maßgebliche Rolle beim Aufbau der Universität und des Australian Museum (S. 89) spielte.

Macleay Museum — MUSEUM
(Karte S.128; www.sydney.edu.au/museums; Science Rd; Mo-Fr 10–16.30, 1. Sa im Monat 12–16 Uhr; 422-440) GRATIS Das Naturkundemuseum der University of Sydney ist das älteste seiner Art in Australien. Seine Wurzeln liegen in der Familiensammlung der Macleays (berühmt für das Elizabeth Bay House; S. 91). Es gibt hier auch eine Sammlung historischer Fotografien und eine frühe Sammlung von Kulturgütern der Aborigines, der Torres-Strait-Insulaner und aus dem Pazifikraum.

Carriageworks — KUNSTZENTRUM
(Karte S.128; www.carriageworks.com.au; 245 Wilson St; 10–18 Uhr; Redfern) GRATIS Die zwischen 1880 und 1889 erbauten faszinierenden, großen Ateliers aus der viktorianischen Zeit gehörten einst zu den Eveleigh Railyards. Die Bahnarbeiter verließen das Gelände 1988, und 2007 fielen die Künstler hier ein. Mittlerweile finden sich hier die unterschiedlichsten avantgardistischen Kunst- und Performance-Projekte, und es gibt eigentlich immer irgendetwas Interessantes zu sehen.

Stadtspaziergang
Von Bondi nach Coogee

START BONDI BEACH
ZIEL COOGEE BEACH
LÄNGE 6 KM
DAUER 2–3 STD.

Dieser Küstenweg ist der berühmteste, beliebteste und beste Wanderweg in Sydney. Auf keinen Fall entgehen lassen! Beide Enden haben eine gute Anbindung ans Busnetz, und auch entlang der Strecke halten Busse, falls man keine Lust mehr hat oder die Hitze nicht mehr erträgt. Dagegen kann aber genauso gut auch ein Bad an einem der Strände, die man passiert, helfen. Auf der Strecke gibt es kaum Schatten, also gründlich eincremen!

Los geht's am ❶ **Bondi Beach** (S. 97). Am Südende nimmt man die Treppe zur Notts Ave und marschiert am ❷ **Icebergs Swimming Pool** (S. 108) vorbei. Der Weg beginnt am Ende der Notts Ave. Beim Wandern gen Süden erwarten einen gischtumtoste Klippen, an denen der Pazifik nagt (nach Delfinen, Walen und Surfern Ausschau halten!). Der kleine, aber perfekt geformte ❸ **Tamarama** (S. 98) ist ein tief ins Land reichender Sandstrand.

Von den Klippen geht es nun runter zum ❹ **Bronte Beach** (S. 98). Hier springt man ins Wasser, picknickt unter Norfolk-Tannen oder rastet in einem Café. Danach macht man sich an der Südseite des Strandes wieder auf den Weg.

Einige berühmte Australier liegen auf dem ❺ **Waverley Cemetery** oben am Rand einer Klippe begraben. An klaren Tagen kann man von hier wunderbar Wale beobachten.

Der Weg führt vorbei am Clovelly Bowling Club, wo die Einheimischen Bier trinken oder ein paar Kugeln schieben. An den Kakadus und den turtelnden Liebespaaren im ❻ **Burrows Park** geht es vorbei zum geschützten ❼ **Clovelly Beach** (S. 99). Der Fußweg führt über den Parkplatz entlang der Cliffbrook Pde und über eine Treppe zu den umgedrehten Jollen an der ❽ **Gordons Bay**, einer Top-Stelle zum Küstentauchen.

Der Weg setzt sich über den ❾ **Dolphin Point** hinaus fort und bringt einen schlussendlich zum tollen ❿ **Coogee Beach** (S. 99). Zum Schluss belohnt man sich im Coogee Bay Hotel mit einem eisgekühlten Drink – oder auch zweien.

Sydney Park PARK

(Karte S. 70; Sydney Park Rd; St Peters) Der 40 ha große Sydney Park ist immer voller Hundeausführer, Drachenflieger und Übriggebliebener von der letzten Partynacht und ein toller Ort zum Entspannen. Von dem kahlen Hügel aus erkennt man, wie sich die Stadt wie eine Vulkaninsel aus einem Meer der Vorstädte erhebt, während im Süden der Blick über den Flughafen bis nach Botany Bay reicht. Auf einem großen Teil des Geländes befanden sich früher Sümpfe, Tongruben und Ziegelbrennereien.

⊙ Balmain

Der hübsche Vorort Balmain ragt in den Hafen hinein. Das einst berüchtigte raue Hafenarbeiterviertel ist heute eine Art Künstlerenklave mit wunderschön restaurierten viktorianischen Häusern, einladenden Kneipen, Cafés und hippen Läden. Mit der Fähre ist es leicht zu erreichen.

⊙ Lower North Shore

Am nördlichen Ende der Harbour Bridge liegen direkt am Meer die überraschend ruhigen Viertel **Milsons Point** und **McMahons Point**. Beide bieten wunderbare Blicke über die Stadt.

Unmittelbar östlich der Brücke erstreckt sich der würdevolle Vorort **Kirribilli**, wo das **Admiralty House** (Karte S. 70) und das **Kirribilli House** (Karte S. 70) stehen, die Residenzen des Generalgouverneurs bzw. des Ministerpräsidenten.

Östlich von hier befinden sich die noblen Vorstädte **Neutral Bay**, **Cremorne** und **Mosman**, die für schöne Buchten, Parks am Hafen und gut betuchte, mittags auswärts essende Damen bekannt sind. Ein toller Küstenweg führt von Cremorne Point vorbei an der Mosman Bay bis in den Abschnitt des Sydney Harbour National Park, der **Bradleys Head** umfasst. Eine weniger ausgebaute Alternative ist der Weg entlang des **Middle-Head**-Abschnitts des Nationalparks von **Chowder Bay** nach **Balmoral**.

Luna Park VERGNÜGUNGSPARK

(Karte S. 70; 02-9922 6644; www.lunaparksydney.com; 1 Olympic Dr; Fr & Sa 11–22, So 14–18, Mo 11–16 Uhr; Milsons Point) GRATIS Ein verschlagen blickendes Clownsgesicht mit Splitterzähnen bildet den Eingang zu diesem altmodischen Vergnügungspark mit Blick auf den Sydney Harbour. Das ist eine von mehreren Vergnügungsstätten aus den 1930er-Jahren, zu denen auch das Coney Island Funhouse, ein hübsches Karussell und ein seekrank machender Rotor gehören. Man kann einen Zwei-Fahrten-Pass (16 AU$) oder gleich einen nach Körpergröße gestaffelten Pass für unbegrenzt viele Fahrten (ab 30 AU$, online billiger) kaufen. An Feiertagen und während der Schulferien ist länger geöffnet.

Mary MacKillop Place KIRCHE, MUSEUM

(Karte S. 70; 02-8912 4878; www.marymackillopplace.org.au; 7 Mount St; Erw./Kind 9/6 AU$; 10–16 Uhr; North Sydney) Das Museum erzählt die Geschichte der hl. Mary of the Cross (alias Mary MacKillop), der einzigen bislang von der Katholischen Kirche heiliggesprochenen Australierin. Die 1842 in Melbourne geborene engagierte und wortgewaltige Lehrerin setzte sich gegen konservative hierarchische Traditionen durch, auch wenn sie einmal für sechs Monate exkommuniziert wurde. Das Grab der Heiligen befindet sich in der Kapelle.

Taronga Zoo ZOO

(Karte S. 70; 02-9969 2777; www.taronga.org.au; Bradleys Head Rd; Erw./Kind 46/23 AU$; 9.30–17 Uhr; Taronga Zoo) Eine zwölfminütige Fährfahrt vom Circular Quay entfernt bietet der Taronga Zoo auf einem 75 ha großen, hügeligen Gelände am Hafen viel Platz für Kängurus, Koalas und weitere

---

ABSTECHER

IN DEN VORSTÄDTEN IN DIE NATUR EINTAUCHEN

Der 601 ha große **Lane Cove National Park** (www.nationalparks.nsw.gov.au; Lady Game Dr; 7 AU$/Auto; 9–18 Uhr; North Ryde) inmitten der Vorstädte an der North Shore ist ideal, um sich bei einer mittellangen Buschwanderung die Beine zu vertreten. Hier leben Dutzende Tiere, darunter auch ein paar gefährdete Eulen- und Krötenarten. Wer im Frühjahr herkommt, erlebt die Australischen Wasseragamen in ihrer Paarungszeit, während die heimischen Orchideen und Lilien in voller Blüte stehen.

Am Lane Cove River gibt's eine Bootshütte, die Ruderboote und Kajaks verleiht. Im Fluss zu baden, ist allerdings keine gute Idee! Man kann hier auch Rad fahren und campen. Einige Abschnitte sind sogar rollstuhlgerecht ausgebaut.

bepelzte Tiere aus Australien und aller Welt. Von dem unbezahlbaren Ausblick auf den Hafen scheinen die 4000 Zootiere allerdings keine Notiz zu nehmen.

Besondere Höhepunkte sind das Nachtgehege der Schnabeltiere, der Abschnitt zu den großen Südmeeren und die asiatischen Elefanten. Den ganzen Tag hindurch gibt es Fütterungen und Begegnungen mit Tieren. Dämmerungskonzerte sorgen im Sommer für zusätzliche Stimmung.

Zu den angebotenen Führungen zählt **Nura Diya** (Führung 90 Min. Erw./Kind 99/69 AU$; Mo, Mi & Fr 9.45 Uhr), bei der indigene Guides die heimischen Tiere vorstellen, Legenden aus der Traumzeit über sie erzählen und somit einen Einblick in das traditionelle Leben der Ureinwohner gewähren (Vorabbuchung erforderlich). **Roar & Snore** (02-9978 4791; Erw./Kind 320/205 AU$) bietet Familien die Möglichkeit, auf dem Gelände zu übernachten – inklusive Abendsafari, Abendbüfett, Frühstück und Übernachtung im Zelt unter den Sternen.

Die Fahrt mit der Fähre gehört zum Spaß mit dazu; entsprechend teuer ist das Parken hier (17 AU$/Tag). Von der Anlegestelle bringen die Seilbahn Sky Safari oder Busse die Besucher hinauf zum Haupteingang. Von dort aus kann man durch den Zoo bergab wieder zurück zur Fähre schlendern. Der Zoo Pass (Erw./Kind/Fam. 53/27/148 AU$) vom Circular Quay beinhaltet die Hin- und Rückfahrt mit der Fähre, die Fahrt mit Bus oder Seilbahn zur Spitze hinauf und den Eintritt in den Zoo. Die Anlage ist gut behindertengerecht ausgebaut, selbst wenn man mit der Fähre ankommt.

Balmoral Beach STRAND
(Karte S. 70; The Esplanade; 245) Die Strandenklave Balmoral liegt direkt gegenüber von Manly am Middle Harbour und besitzt ein paar gute Restaurants und einen schönen Badestrand. Ein unglaublich malerischer Felsvorsprung teilt den Strand in zwei Hälften. Familien, die am Nordufer wohnen, machen hier gern ein Picknick. Badelustige strömen zum Südende, wo ein Hainetz Schutz bietet.

Manly

Das entspannte Manly liegt auf einer schmalen Landenge neben dem North Head, dem nördlichsten Vorposten des Sydney Harbour. Der seltsame Name stammt aus Gouverneur Phillips Beschreibung des Erscheinungsbilds der Eingeborenen, die er hier vorfand – ein frühes Beispiel für die in Sydney typische Gewohnheit, Leute gemäß ihrer körperlichen Erscheinung einzuschätzen.

Der Corso verbindet Manlys Ozean- und Hafenstrand; hier gibt es jede Menge Surfläden, Burger-Restaurants, Saftbars und Kneipen. Bessere Pubs und Restaurants finden sich an der aufgemöbelten Manly Wharf und ein paar gute Cafés verstreut in den Nebenstraßen.

Im Sommer sollte man hier ruhig einen Tag lang wandern und baden. Im Winter kann man kurz vorbeischauen, schon allein wegen der Anreise mit der Fähre, die Sydneys schönste Fährfahrt ist. Nach Einbruch der Dunkelheit macht man sich besser davon – anderswo gibt's viel bessere Lokale und Bars.

Manly Sea Life Sanctuary AQUARIUM
(Karte S. 103; 1800 199 742; www.manlysealifesanctuary.com.au; West Esplanade; Erw./Kind 25/15 AU$; 9.30–17 Uhr; Manly) Nicht gerade der richtige Ort, um sich für einen Surfausflug am Manly Beach vorzubereiten: Durch die Glastunnel unter Wasser kommt man hier 3 m langen Sandtigerhaien beunruhigend nahe. Ob sie wohl gerade Hunger haben? Mit **Shark Dive Xtreme** (Einführung/zertifizierter Tauchgang 280/205 AU$) kann man sogar in ihre Welt eintauchen.

Oben haben die Bewohner der Pinguinanlage viel Spaß. In Manly gibt es eine der letzten Zwergpinguinkolonien auf dem australischen Festland. Diese Anlage will die Besucher mit dem Leben der putzigen, kleinen Kerlchen vertraut machen (keine Sorge, keines der Tiere stammt ursprünglich aus der Wildnis).

Manly Art Gallery & Museum MUSEUM
(Karte S. 103; www.manly.nsw.gov.au; West Esplanade; Di-So 10–17 Uhr; Manly) GRATIS
Einen kurzen Fußmarsch von der Manly Wharf entfernt zeigt diese leidenschaftlich geführte und regional orientierte Gemeindegalerie eine Ausstellung mit Surferkunst, Camping-Badesachen, Strandutensilien und dergleichen. Es gibt hier auch eine Keramikgalerie und viele alte Fotos aus Manly.

★**Manly Beach** STRAND
(Karte S. 103; Manly) Sydneys zweitberühmtester Strand erstreckt sich mit goldenem Sand über fast 2 km und ist gesäumt von Norfolk-Tannen und lückenhafter, mittelho-

Manly

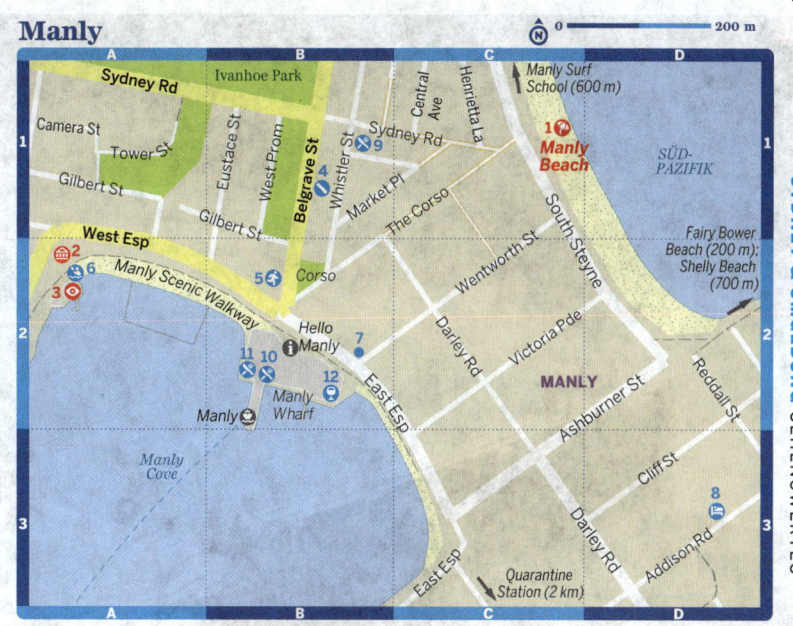

her Wohnbebauung. Das südliche Ende des Strandes, das dem Corso am nächsten liegt, wird South Steyne genannt, der mittlere Abschnitt North Steyne und das nördliche Ende Queenscliff. Jeder Abschnitt hat seinen eigenen Rettungsschwimmerclub.

Shelly Beach — STRAND
(Karte S. 70; Manly) Die geschützte Meeresbucht im Norden ist zu Fuß gerade mal 1 km vom quirligen Manly Beach entfernt. Das ruhige Wasser bietet Meeresbewohnern ein geschütztes Refugium, sodass man hier prima schnorcheln kann.

North Head — NATIONALPARK
(Karte S. 70; North Head Scenic Dr; 135) Etwa 3 km südlich von Manly ist das spektakuläre North Head von dramatischen Klippen, Aussichtspunkten und tollem Blick auf den Ozean, den Hafen und die Stadt geprägt. Am besten leiht man sich ein Fahrrad und erkundet die Gegend.

North Head soll einst eine zeremoniell genutzt Stätte der einheimischen Camaraigal gewesen sein. Heute gehört das Gebiet größtenteils zum Sydney Harbour National Park.

Der 9 km lange Manly Scenic Walkway (4 Std.) macht eine Runde durch den Park. Eine Broschüre erhält man im Visitor Centre. Hier befindet sich auch die historische Quarantine Station.

Manly

◉ Highlights
1 Manly Beach C1

◉ Sehenswertes
2 Manly Art Gallery & Museum A2
3 Manly Sea Life Sanctuary A2

◆ Aktivitäten, Kurse & Touren
4 Dive Centre Manly B1
5 Manly Bike Tours B2
6 Manly Kayak Centre A2
7 Manly Ocean Adventures B2

◉ Schlafen
8 101 Addison Road D3

◉ Essen
9 Barefoot Coffee Traders B1
10 Chat Thai B2
11 Hugos Manly B2

◉ Ausgehen & Nachtleben
12 Manly Wharf Hotel B2

Manly Scenic Walkway — OUTDOOR-AKTIVITÄTEN
(Karte S. 70; www.manly.nsw.gov.au; Manly) Dieser lange Wanderweg besteht aus zwei Hauptkomponenten: dem 10 km langen westlichen Abschnitt von Manly zur Spit Bridge und dem 9,5 km langen östlichen Rundweg um North Head. Eine Wander-

Sydneys Strände

In Sydney geht nichts über einen Tag am Strand. Mindestens sechs Monate lang stehen hier Sonne, Sand und Surfen auf dem Programm. Es gibt hier keine Privatstrände – man breitet einfach sein Handtuch aus und schafft sich damit sein eigenes Paradies, solange man will.

Strände am Meer

Sydneys schöne Strände erstrecken sich vom Royal National Park im Süden bis zum Palm Beach im Norden. Sie locken Surfer, Schwimmer, Sonnenanbeter und Szenegänger mit goldenem Sand und den kräftigen Wellen der Tasmansee. Für ambitionierte Surfer eignen sich Cronulla im Süden, Maroubra, Bronte, Tamarama und Bondi im Osten sowie Curl Curl, Narrabeen, Queenscliff, Freshwater und Manly im Norden. Bronte und Manly bieten sich außerdem zum Baden an und finden sich regelmäßig neben Coogee, Clovelly, Bondi, Bilgola, Whale und Palm Beach auf der Liste der besten Strände wieder. Jeder dieser Strände hat eine treue Stammklientel – Familien steuern Clovelly, Bronte und Whale Beach an, braungebrannte selbstverliebte Singles Bondi, Coogee und Palm Beach.

An Sydneys bekanntesten Stränden – Bondi und Manly – trifft sich eine Mischung aus blassen Ausländern, wettergegerbten Surfgurus oder Newbies und betagten Einheimischen, die schon seit Jahrzehnten an ihrer Surftechnik arbeiten. Beide Strände sind stets gut besucht, und ein Besuch lohnt sich, da sich die Stadt hier von ihrer schönsten und facettenreichsten Seite zeigt.

1. Bondi Icebergs Swimming Club (S. 108) **2.** Surfer am Bondi Beach (S. 97)

Pools am Meer

Wer der tosenden Brandung nichts abgewinnen kann oder nur mit ein paar Schwimmzügen den Jetlag loswerden will, kann sich an die berühmten Meerespools begeben. Entlang der Küste findet man 40 Meerwasserpools, und die Nutzung der meisten ist auch noch gratis. Zu den bekanntesten gehören Wylie's Baths, Giles Baths und der Ross Jones Memorial Pool in Coogee, der Bondi Icebergs Swimming Club und der Pool am Fairy Bower Beach in Manly. Unser Favorit ist der felsige, kleine Mahon Pool nahe Maroubra.

Strände & Pools im Harbour

Zu den schönsten Stränden im Sydney Harbour zählen Camp Cove und Lady Bay (größtenteils ein FKK-Strand für Schwule) nahe South Head, Shark Beach am Nielsen Park in Vaucluse und der Balmoral Beach am Nordufer. Beliebt sind auch die mit Netzen geschützten Strände von Cremorne Point an der North Shore und der Murray Rose Pool nahe Double Bay. Verstreut gibt es noch viele kleine Sandstrände, die selbst Einheimische nur schwer finden – dazu gehören Parsley Bay und der Milk Beach mitten im Wohnviertel Vaucluse.

SYDNEYS STRÄNDE

Sydney Harbour Versteckte Buchten; die besten liegen draußen nahe den Heads.

Bondi–Coogee Hohe Klippen umschließen Surfstrände, die nie weit von einem Kaffee oder Bier entfernt liegen.

Strände im Norden Spektakuläre Surfstrände erstrecken sich über 30 km von Manly bis Palm Beach im Norden.

karte kann man sich online herunterladen oder vom Infozentrum nahe dem Kai mitnehmen.

Der westliche Abschnitt folgt zunächst der Küste vorbei an Anwesen mit unbezahlbarer Aussicht auf den Hafen und führt dann durch einen rauen, 2,5 km langen Teil des Sydney Harbour National Park, in dem sich seit Ankunft der First Fleet kaum etwas geändert hat. Nachdem man die Spit Bridge überquert hat, kann man mit dem Bus entweder zurück nach Manly (Bus 140, 143 od. 144) oder weiter in die Stadt (Busse 176–180) fahren.

Der lange Rundweg im Osten ist auch bekannt als North Head Circuit Track. Man benötigt für ihn drei bis vier Stunden. Vom Anleger folgt er der Eastern Esplanade und der Stuart St bis Spring Cove, führt dann zum North Head im Sydney Harbour National Park und durch Buschland zum spektakulären Fairfax Lookout auf North Head (für diesen Teil muss man mit etwa 45 Minuten rechnen). Vom Aussichtspunkt aus geht's entlang des Fairfax Loop (1 km, 30 Min.) zurück über den Cabbage Tree Bay Walk, der entlang der mit Gischt besprühten Küste über den winzigen Fairy Bower Beach und den malerischen Shelly Beach zurück nach Manly Beach führt.

Quarantine Station HISTORISCHES GEBÄUDE
(Karte S. 70; 02-9466 1551; www.quarantine station.com.au; 1 North Head Scenic Dr; Museum So–Do 10–16, Fr & Sa bis 20 Uhr; 135) GRATIS Von 1835 bis 1983 wurde dieser gespenstische, aber doch elegante Komplex als Quarantänelager für Neuankömmlinge genutzt, die unter dem Verdacht standen, an ansteckenden Krankheiten zu leiden. So wollte man die Verbreitung von Cholera, Pocken und Beulenpest verhindern. Heute ist die sogenannte „Q Station" ein touristisches Ziel komplett mit Museum, Unterkünften, Restaurants und jeder Menge geführter Touren.

Strände im Norden

Der 20 km lange Küstenstreifen zwischen Manly und dem Palm Beach gilt als bester innerstädtischer Surfspot der Welt. Alle bronzebraunen Einheimischen, die an den Stränden von Freshwater, Curl Curl, Dee Why, Collaroy, Narrabeen, Mona Vale, Newport, Bilgola, Avalon, Whale und Palm Beach schwimmen und wellenreiten, stimmen dem stolz zu. Jeder dieser Strände hat ein eigenes Flair, das ihn von den anderen unterscheidet.

Mit dem Auto lässt sich die Gegend am besten erkunden. Wenn das nicht möglich ist, man aber trotzdem dem Schauplatz der Seifenoper *Home & Away* einen Besuch abstatten will, bleibt der Bus L90, der einen in weniger als zwei Stunden vom Railway Sq zum Palm Beach bringt.

Dee Why STRAND
(The Strand; 176) Ein schlichter Familienstrand mit klotzigen Apartmenthäusern im Rücken, ein paar guten Cafés und allgegenwärtigen Surfshops. Die jungen Wassersportler stürzen sich in die Wellen und die Mamis in das Felsenbecken.

Narrabeen STRAND
(Ocean St; L88, L90) Mit ihrem Album *Surfin' USA* haben die Beach Boys Narrabeen unsterblich gemacht. Hier ist Hardcore-Surfen angesagt – man sollte schon einige Erfahrung haben, um sich hier in die Wellen zu stürzen. Baden lässt es sich hier zwar weniger gut, aber es gibt einen Pool und eine Lagune.

Bilgola STRAND
(Bilgola Ave; L88, L90) Mit seinem Meerwasserpool wirkt Bilgola wie ein verstecktes Juwel. Hier kann man prima baden.

Avalon STRAND
(Barrenjoey Rd; L88, L90) Das an die 1970er-Jahre erinnernde Avalon ist genau der mythische australische Strand, von dem man schon immer geträumt hat. Er hat herausfordernde Wellen und orangefarbenen Sand.

Whale Beach STRAND
(Whale Beach Rd; L90) Der paradiesische, verschlafene Whale Beach, 3 km südlich von Palm Beach, lohnt mit seinem weiten, von steilen Klippen eingefassten orangefarbenen Sandstrand für Surfer und Familien einen Besuch.

Palm Beach STRAND
(Ocean Rd; L90) Der lange, hübsche Palm Beach ist die reine Wonne und berühmt als Schauplatz der australischen Seifenoper *Home & Away*. In einem Anhängsel des Ku-ring-gai Chase National Park, auf der Nordspitze der Landzunge, steht das 1881 errichtete **Barrenjoey Lighthouse** (L90). Für die steile, 20-minütige Wanderung zum Leuchtturm (keine Toiletten!) braucht man ordentliche Schuhe, aber der Ausblick über

das Pittwater lohnt die Mühe. Sonntags werden zwischen 11 und 15 Uhr alle halbe Stunde kurze Führungen angeboten (Vorabbuchung nicht erforderlich).

Ku-ring-gai Chase National Park PARK
(02-9472 8949; www.nationalparks.nsw.gov.au; Bobbin Head Rd, Mount Colah; Auto 11 AU$/Tag, bei Zugang per Boot Erw./Kind 3/2 AU$) Der spektakuläre, 14 928 ha große Park liegt nur 24 km vom Stadtzentrum entfernt und bildet die nördliche Stadtgrenze Sydneys. Er bietet einen klassischen Mix aus Sandsteinfelsen, Buschland und Aussichtspunkten aufs Wasser und umfasst mehr als 100 km Küste am südlichen Rand der Broken Bay, wo sie in den Hawkesbury River übergeht.

Der Name Ku-ring-gai stammt von den hiesigen Ureinwohnern, den Guringai, die nach der gewaltsamen Kolonisierung und durch Übergriffe britischer Siedler und durch eingeschleppte Krankheiten nahezu ausgelöscht wurden. In diesem Zusammenhang lohnt sich die Lektüre des für den Booker-Preis nominierten Romans *Der verborgene Fluss*, in dem Kate Grenville diese erschütternde Geschichte fesselnd veranschaulicht.

Überbleibsel der Aborigine-Kultur sind allerdings heute noch erkennbar – erhalten sind mehr als 800 Stätten, darunter Felsmalereien, Muschelhaufen und Höhlenmalereien. Wer mehr darüber erfahren will, sollte den Parkeingang am Mt. Colah benutzen und das **Kalkari Discovery Centre** (02-9472 9300; Ku-ring-gai Chase Rd; 9–17 Uhr) GRATIS besuchen, in dem Exponate und Videos zur australischen Fauna und zur Kultur der Aborigines zu sehen sind. Es gibt einen Wanderweg, wo man Sumpfwallabys, Buschhühner, heimische Enten und Warane sehen kann.

Vom Picknickbereich „Resolute" am West Head schlendert man 100 m bis zur Red Hands Cave, wo schwach noch ein paar ockerfarbene Handabdrücke zu sehen sind. Ungefähr 500 m weiter entlang des Resolute Track findet man nach einem kurzen, steilen Abschnitt eine Aborigine-Stätte mit Felsritzzeichnungen. Von dort aus kann man umkehren oder die 3,5 km lange Schleife anfügen, die zum Resolute Beach führt, wo es noch eine weitere Aborigine-Stätte gibt. Der Blick von West Head Lookout ist wahrlich spektakulär – man sollte sich ihn keinesfalls entgehen lassen.

Weniger als 3 km westlich des Picknickbereichs an der West Head Rd liegt der leicht zu bewältigende Basin Track, der zu einigen gut erhaltenen Felsritzungen führt. Ungefähr 2,5 km weiter liegt das Basin, ein flacher, runder Meeresarm mit Campingplatz, Grillstellen, Duschen und Toiletten. Dorthin gelangt man über den Basin Track oder mit der Fähre bzw. dem Wassertaxi ab Palm Beach. Infos über den Park erhält man im **Bobbin Head Information Centre** (02-9472 8949; Bobbin Head; 10–16 Uhr), das vom NSW National Parks & Wildlife Service betrieben wird. Hier gibt es auch einen Jachthafen, Picknickbereiche, ein Café und einen Plankenweg durch die Mangroven.

Zu dem Park gelangt man mit dem Auto oder mit der von Fantasea betriebenen Palm Beach Ferry, die stündlich von Palm Beach über das Basin zum Mackerel Beach fährt. Um vom CBD nach Palm Beach zu kommen, nimmt man vom Railway Sq den Bus L90 oder von der Manly Wharf den Bus 156 oder 169.

Wer mit dem Auto kommt, fährt über die Ku-ring-gai Chase Rd abseits des Pacific Hwy in Mt. Colah, über die Bobbin Head Rd in North Turramurra oder die McCarrs Creek Rd in Terrey Hills.

🚶 Aktivitäten

Kajakfahren

Sydney Harbour Kayaks KAJAKFAHREN
(Karte S. 70; 02-9960 4389; www.sydneyharbourkayaks.com.au; Smiths Boat Shed, 81 Parriwi Rd, Mosman; Mo–Fr 9–17, Sa & So 7.30–17 Uhr; 173-180) Vermietet Kajaks (ab 20 AU$/Std.) und Stehpaddelbretter (ab 25 AU$) und veranstaltet vierstündige Ökotouren (99 AU$) mit Start nahe der Spit Bridge.

Manly Kayak Centre KAJAKFAHREN
(Karte S. 103; 1300 529 257; www.manlykayakcentre.com.au; West Esplanade; 1/2/8 Std. ab 25/40/70 AU$; 9–17 Uhr; Manly) An diesem Stand nahe dem Manly Sea Life Sanctuary kann man sich ein Kajak oder ein Paddelbrett ausleihen und sich so richtig austoben. Weitere Stände gibt's nahe dem **Manly Wharf Hotel** (Karte S. 103; www.manlywharfhotel.com.au; Manly Wharf; 11.30–24 Uhr; Manly) und der Quarantine Station (S. 106). Man bekommt eine Schwimmweste, Paddelanleitungen und Tipps, wo man einsame Strände findet. Eine dreistündige Kajaktour kostet 89 AU$.

Segeln

James Craig SEGELN
(Karte S. 88; 02-9298 3888; www.shf.org.au; Wharf 7, Pyrmont; Erw./Kind 150/50 AU$; Pyr-

ABSTECHER

SURFEN IM SÜDEN

Cronulla (🚉 Cronulla) ist eine Strandvorstadt südlich von Botany Bay, deren langer Surfstrand jenseits der Dünen bis zu den Raffinerien von Botany Bay reicht. Hier kann es rau zugehen (wie in dem Kultroman *Puberty Blues* aus den 1970er-Jahren brillant beschrieben): Es gibt schmuddelige Fish-&-Chips-Läden, überdrehte Jugendliche und eine teils bedrohlich aufgeladene Stimmung, die sich 2005 in ethnischen Krawallen entlud. Trotzdem: Der Strand ist wunderschön, hat eine hübsche Promenade und ist mit dem Zug ab Bondi Junction leicht zu erreichen.

---

mont Bay) Die *James Craig* ist ein schwerer, eiserner Dreimaster, der 1874 in England gebaut wurde und normalerweise am Maritime Museum vor Anker liegt. Rund zweimal im Monat tritt das Schiff eine Fahrt über die Landspitzen hinaus an (Reservierung erforderlich). Bei den Segeltouren gibt's Vormittagstee, Mittagessen, Nachmittagstee und ein paar Seemannslieder.

Champagne Sailing SEGELN
(☎ 02-9948 1578; www.champagnesailing.com.au; 4 Std. 1200 AU$) Wer Lust auf Champagner hat oder schon immer mal das Video *Rio* von Duran Duran nachdrehen wollte, kann einen 10 m langen Katamaran chartern und seine 20 besten Freunde einladen, um sich die Rechnung mit ihnen zu teilen.

Sailing Sydney SEGELN
(Karte S. 88; ☎ 1300 670 008; www.sailingsydney.net; King St Wharf 9; Erw./Kind 129/99 AU$; 🚢 Darling Harbour) Bei der zweieinhalbstündigen Fahrt auf einer Jacht, die um den America's Cup mitgesegelt ist, kann man seine Segelkünste verfeinern.

Surfen

An der South Shore bieten die Strände Bondi, Tamarama, Coogee, Maroubra und Cronulla tolle Bedingungen. An der North Shore gibt es ein Dutzend Surfstrände zwischen Manly und Palm Beach, darunter Curl Curl, Dee Why, Narrabeen, Mona Vale und Newport.

Let's Go Surfing SURFEN
(Karte S. 98; ☎ 02-9365 1800; www.letsgosurfing.com.au; 128 Ramsgate Ave; Surfbrett & Neoprenanzug 1 Std./2 Std./1 Tag/1 Woche 25/30/50/150 AU$; 9–17 Uhr) North Bondi eignet sich hervorragend, um das Surfen zu lernen. Diese gut etablierte Surfschule bietet Kurse für praktisch jeden an: Es gibt Kurse für Jugendliche von sieben bis 16 Jahren (1½ Std., 49 AU$) und für Erwachsene (2 Std., 99 AU$; auch Kurse nur für Frauen) und darüber hinaus auch Privatunterricht (1½ Std., 175 AU$). Einen zweiten Laden findet man im Bondi Pavilion.

Manly Surf School SURFEN
(Karte S. 70; ☎ 02-9932 7000; www.manlysurfschool.com; North Steyne Surf Club; 🚢 Manly) Bietet ganzjährig zweistündige Kurse (Erw./Kind 70/55 AU$) sowie Privatunterricht an. Außerdem sind Surfsafaris zu den Stränden im Norden inklusive zwei Unterrichtseinheiten, Mittagessen, Ausrüstung und Abholservice (99 AU$) im Programm.

Schwimmen

Sydney verfügt über mehr als 100 öffentliche Schwimmbäder sowie viele Strände mit geschützten Felsbecken. Die sicheren Hafenstrände sind durch Netze vor Haien geschützt. Aber die Wellen des Pazifiks toppen natürlich alles. Nur in den von Rettungsschwimmern überwachten und mit Flaggen markierten Bereichen baden und niemals die Strömung unterschätzen!

Cook & Phillip Park SCHWIMMEN
(Karte S. 74; www.cookandphillip.org.au; 4 College St; Erw./Kind 7/5,20 AU$; Mo–Fr 6–22, Sa & So 7–20 Uhr; 🚉 St. James) Das Hallenbad mit olympischen Maßen hat einen Hydrotherapiebereich und einen Fitnessraum (20 AU$ inkl. Schwimmbadnutzung) und bietet darüber hinaus Yoga, Pilates, einen Basketballplatz, Schwimmkurse und ein Wellenbad zur Abkühlung für die Kinder.

Bondi Icebergs Swimming Club SCHWIMMEN
(Karte S. 98; ☎ 02-9130 4804; www.icebergs.com.au; 1 Notts Ave; Erw./Kind 6/4 AU$; Fr–Mi 6.30–18.30 Uhr) Das bekannteste Schwimmbad von ganz Sydney bietet die beste Aussicht in Bondi und hat ein charmantes kleines Café.

Wylie's Baths SCHWIMMEN
(Karte S. 70; ☎ 02-9665 2838; www.wylies.com.au; 4B Neptune St; Erw./Kind 4,80/1 AU$; Okt.–März 7–19 Uhr, April–Sept. bis 17 Uhr; 🚌 372-374) Der ausgezeichnete Meerwasserpool (von 1907) an der Felsküste südlich von Coogee

Beach ist mehr auf Schwimmer denn auf Planscher ausgerichtet. Nach der Schwimmrunde stehen ein Yoga-Kurs (18 AU$), eine Massage oder ein Kaffee am Kiosk mit prächtigem Blick aufs Meer zur Auswahl.

Mahon Pool SCHWIMMEN
(Marine Pde; 376-377) GRATIS Versteckt in den Klippen liegt 500 m nördlich vom Maroubra Beach dieses idyllische Felsenbecken, in dem bei Flut die Brandung über die Ränder kracht. Dies ist wohl Sydneys schönste Badestelle im Meer.

North Sydney Olympic Pool SCHWIMMEN
(Karte S. 70; 02-9955 2309; www.northsydney.nsw.gov.au; 4 Alfred St South; Erw./Kind 7,10/3,50 AU$; Mo-Fr 5.30-21, Sa & So 7-19 Uhr; Milsons Point/Luna Park) Neben dem Luna Park bietet diese Art-déco-Anlage mit unglaublichem Blick auf den Hafen ein Freibad mit olympischen Maßen, ein 25 m langes Hallenbad, Kinderplanschbecken, einen Fitnessraum (18,50 AU$ inkl. Beckennutzung), eine Kinderkrippe und ein Café.

Aquatic Centre SCHWIMMEN
(02-9752 3666; www.aquaticcentre.com.au; Olympic Blvd; Erw./Kind 7/6 AU$; Mo-Fr 5-21, Sa & So 6-19 Uhr; Olympic Park) In dem wirklich bahnbrechenden Schwimmbad, das im Jahr 2000 für die Olympischen Sommerspiele genutzt wurde, kann man sich fühlen wie Ian Thorpe oder Misty Hyman. Es gibt hier auch ein Entspannungsbecken mit Whirlpool in einer Ecke, einen topaktuellen Fitnessraum, ein Café und einen Schwimmshop. Rollstuhlgerecht.

Tauchen
Sydneys beste Tauchspots an der Küste findet man in der Gordons Bay nördlich von Coogee, am Shark Point in Clovelly und am Ship Rock in Cronulla. Außerdem beliebt sind North Bondi, Camp Cove und Bare Island. Als Ziele für Tauchgänge vom Boot aus eignen sich die Ammenhaikolonien am Magic Point vor Maroubra, Wedding Cake Island vor Coogee, Sydney Heads und der Royal National Park besonders gut.

Dive Centre Bondi TAUCHEN
(Karte S. 98; 02-9369 3855; www.divebondi.com.au; 198 Bondi Rd; Mo-Fr 9-18, Sa & So 7.30-18 Uhr; 380) Das Professional Association of Diving Instructors (PADI) Centre bietet Anfängertauchkurse (3 Tage 395 AU$) sowie diverse Tauchgänge mit Boot oder am Strand rund um Sydney.

Dive Centre Manly TAUCHEN
(Karte S. 103; 02-9977 4355; www.divesydney.com.au; 10 Belgrave St; 8.30-18 Uhr; Manly) Bietet Schnorchelsafaris (50 AU$), zweitägige PADI-Anfängerkurse (ab 445 AU$), geführte Tauchgänge am Strand (1/2 Tauchgänge 95/125 AU$) und Tauchgänge vom Boot (2 Tauchgänge 175 AU$) an.

Geführte Touren
Bootstouren
Manly Ocean Adventures BOOTSTOUR
(Karte S. 103; 1300 062 659; www.manlyoceanadventures.com.au; 1/40 East Esplanade; ab 85 AU$; Manly) In einem Schnellboot geht's aufs Meer hinaus und dann an der Küste entlang von Manly bis nach Bondi. Von Mai bis Dezember werden auch Walbeobachtungstouren angeboten.

Harbour Jet BOOTSTOUR
(Karte S. 88; 1300 887 373; www.harbourjet.com; King St Wharf 9; Erw./Kind ab 85/50 AU$; Darling Harbour) Einer von mehreren Jetbootbetreibern (Sydney Jet, Oz Jet Boating, Thunder Jet sind die anderen). Die Jungs veranstalten eine 35-minütige aufregende Fahrt mit 270-Grad-Drehungen, Schlangenlinien und plötzlichen Stopps bei einer Geschwindigkeit von 75 km/Std., bei der einem leicht das Frühstück wieder hochkommt.

Whale Watching Sydney RUNDFAHRT
(02-9583 1199; www.whalewatchingsydney.net) Buckelwale und Südkaper ziehen regelmäßig an Sydneys Küste vorbei und wagen sich manchmal auch in den Hafen. Von Mitte Mai bis Dezember veranstaltet WWS dreistündige Touren (Erw./Kind 94/59 AU$) über den Rand des Hafenbeckens hinaus. Schneller und aufregender ist die zweistündige Fahrt in einem Jetboot (60/40 AU$). Abfahrt ist vom Jetty 6 am Circular Quay oder von der Cockle Bay Wharf in Darling Harbour.

Captain Cook Cruises RUNDFAHRT
(Karte S. 74; 02-9206 1111; www.captaincook.com.au; Wharf 6, Circular Quay; Circular Quay) Neben den formaleren Rundfahrten mit Mittag- oder Abendessen veranstaltet die Crew auch eine Rundfahrt, bei der man beliebig oft zu- und wieder aussteigen kann, mit Zwischenstopps in Watsons Bay, Taronga Zoo, Garden Island, Circular Quay, Luna Park und Darling Harbour.

Sydney Showboats RUNDFAHRT
(Karte S. 88; 02-8296 7388; www.sydneyshowboats.com.au; King St Wharf 5; ab 125 AU$; Dar-

ling Harbour) Auf diesem Schaufelraddampfer kann man eine dreistündige Rundfahrt mit einem Drei-Gänge-Abendessen samt Kabarettsänger, Höschen zeigenden Showgirls und persönlichem Zauberer machen, der zu einem an den Tisch kommt. Alles ist sehr abgeschmackt.

Individuelle Touren

Bailey's Sydney TOUR
(0409 008 767; www.baileys-sydney.com; ganzer Tag ab 395 AU$) Wer sich keiner Gruppe anschließen möchte, kann hier auf seine persönlichen Wünsche zugeschnittene Touren in Sydney buchen.

Real Sydney Tours BUSRUNDFAHRT
(0402 049 426; www.realsydneytours.com.au; 1–3 Pers. ab 465 AU$, zusätzl. Pers. ab 135 AU$) Mit privaten Kleinbussen tourt man durch Sydney oder zu entfernteren Zielen wie den Blue Mountains oder dem Hunter Valley.

Panoramaflüge

Blue Sky Helicopters PANORAMAFLÜGE
(02-9700 7888; www.blueskyhelicopters.com) Die erfahrene Crew veranstaltet diverse Panoramaflüge ab dem Flughafen, vom 15-minütigen Rundflug Bridge & Back (330 AU$) bis zur fünfstündigen Blue Mountains Helitour (ab 2500 AU$).

Sydney by Seaplane PANORAMAFLÜGE
(Karte S. 70; 1300 720 995; www.sydneybyseaplane.com; Rose Bay Marina, 594 New South Head Rd, Rose Bay; 15/30/45 Min./1 Std. 190/260/445/525 AU$ pro Pers.; Rose Bay) Unternimmt Panoramaflüge über Sydney Harbour und über die Northern Beaches. Im Angebot sind außerdem Kombis mit Flug und Essen für ein Picknick an abgelegenen Orten. Start ist in Rose Bay oder am Palm Beach.

Sydney Seaplanes PANORAMAFLÜGE
(Karte S. 70; 1300 732 752; www.seaplanes.com.au; Seaplane Base, Lyne Park, Rose Bay; 15/30 Min. 200/265 AU$ pro Pers.; Rose Bay) Hier gibt's zum Flug noch ein kulinarisches Erlebnis, denn es geht mit dem Wasserflugzeug von Rose Bay zum abgelegenen Berowra Waters Inn (S. 145) am Hawkesbury River (585 AU$/Pers.) oder zum **Jonah's** (02-9974 5599; www.jonahs.com.au; 69 Bynya Rd, Whale Beach; Frühstück 50 AU$, Hauptgerichte 49 AU$; 7.30–9, 12–14.30 & 18.30–23 Uhr; L90) am Whale Beach (535 AU$). Sydney Seaplanes bietet auch Panoramaflüge rund um Sydney Harbour.

Radtouren

BlueBananas RADFAHREN
(Karte S. 74; 02-9114 8488; www.bluebananas.com.au; 281 Clarence St; Town Hall) Wer an einer geführten Radtour auf einem E-Bike teilnimmt, kann sich ein bisschen Anstrengung ersparen. Angeboten werden die eineinhalbstündige Bike the Bridge Tour (59 AU$) und die zweieinhalbstündige Sydney City Tour (99 AU$).

Bike Buffs RADFAHREN
(0414 960 332; www.bikebuffs.com.au; Erw./Kind 95/70 AU$; Circular Quay) Veranstaltet täglich vierstündige Radtouren zu den Sehenswürdigkeiten am Hafen (inkl. Fahrt über die Harbour Bridge) mit Start am Argyle Place und verleiht Fahrräder (halber/ganzer Tag/1 Woche 35/60/295 AU$).

Bonza Bike Tours RADFAHREN
(Karte S. 74; 02-9247 8800; www.bonzabiketours.com; 30 Harrington St; Erw./Kind 119/99 AU$; Circular Quay) Hier gibt's eine zweieinhalbstündige Tour zu Sydneys Attraktionen (Erw./Kind 66/79 AU$) sowie die vierstündige Sydney-Classic-Tour (119/99 AU$). Andere Ausflüge führen zur Harbour Bridge und nach Manly. Man kann hier auch Fahrräder mieten (1 Std./halber/ganzer Tag 15/35/50).

Manly Bike Tours RADFAHREN
(Karte S. 103; 02-8005 7368; www.manlybiketours.com.au; 54 West Promenade; Fahrradverleih ab 15/31 AU$ pro Std./Tag; 9–18 Uhr; Manly) Verleiht Fahrräder und veranstaltet täglich zweistündige Radtouren rund um Manly (10.30 Uhr, 89 AU$, Vorabbuchung erforderlich).

Stadtspaziergänge

I'm Free STADTSPAZIERGANG
(Karte S. 86; 0405 515 654; www.imfree.com.au; 483 George St; 10.30, 14.30 & 18 Uhr; Town Hall) GRATIS Die dreimal täglich durchgeführten, sehr geschätzten dreistündigen Führungen vom Platz an der George St zwischen Town Hall und St. Andrew's Cathedral (keine Reservierung erforderlich, einfach aufkreuzen!) sind eigentlich kostenlos, werden aber von begeisterten jungen Guides geleitet, die ein Trinkgeld erwarten. Zum Ziel hat der Rundgang The Rocks, Circular Quay, Martin Place, Pitt St und Hyde Park.

Peek Tours STADTSPAZIERGANG
(0420 244 756; www.peektours.com.au; Circular Quay) Wer meint, dass die Lokalschichte mit einem kühlen Bier besser zu

verdauen ist, kann sich diesem Team anschließen, das einen zu einer zweistündigen Tour durch The Rocks mitnimmt und unterwegs in historischen Pubs einkehrt (60 AU$ inkl. 1 Getränk in jedem Pub). Im Angebot sind auch ein 90-minütiger Spaziergang durch Bondi Beach (40 AU$) und auf Anfrage andere geführte Touren.

Sydney Architecture Walks STADTSPAZIERGANG
(0403 888 390; www.sydneyarchitecture.org; Erw./Student Spaziergang 49/35 AU$, Radtour inkl. Fahrrad 120/110 AU$) Die klugen, jungen Architekturfans bieten zwei dreieinhalbstündige Radtouren und fünf themenbezogene zweistündige Stadtspaziergänge an (die City; Utzon und das Sydney Opera House; Hafengebiet; Kunst, Ort & Landschaft; Modernes Sydney).

The Rocks Walking Tours STADTSPAZIERGANG
(Karte S. 74; 02-9247 6678; www.rockswalkingtours.com.au; Ecke Argyle & Harrington St; Erw./Kind/Fam. 25/12/62 AU$; 10.30 & 13.30 Uhr; Circular Quay) Die regelmäßig stattfindenden 90-minütigen Touren führen durch das historische Rocks. Zu hören gibt es viele Alltagsgeschichten und interessante Einzelheiten.

Noch mehr Touren

BridgeClimb STADTSPAZIERGANG
(Karte S. 74; 02-8274 7777; www.bridgeclimb.com; 3 Cumberland St; Erw. 218–348 AU$, Kind 148–228 AU$; Circular Quay) Mit Kopfschutz, Sicherheitsgurt und einem grauen Overall macht man sich an den aufregenden Aufstieg zum oberen Bogen von Sydneys berühmter Harbour Bridge. Am teuersten ist die Kletterpartie zu Sonnenauf- und -untergang. Wer mag, kann auch erst mal 90 Minuten „schnupperklettern" (nur bis zur halben Höhe) – das ist billiger.

EcoTreasures KULTURTOUR
(0415 121 648; www.ecotreasures.com.au) Hier gibt's Kleingruppentouren wie den Manly Snorkel Walk & Talk (90 Min., Erw./Kind 65/40 AU$) sowie längere Ausflüge zu den Northern Beaches und zum Ku-ring-gai Chase National Park, darunter die von indigenen Guides geführten Aboriginal Heritage Tours.

SCG Tour Experience TOUR
(Karte S. 96; 1300 724 737; www.sydneycricketground.com.au; Venue Services Office, Allianz Stadium, Driver Ave; Erw./Kind/Fam. 30/20/78 AU$; Mo–Fr 11 & 14, Sa 11 Uhr; 373-377) Bei dieser Führung hinter die Kulissen des Sydney Cricket Ground kann man sich vorstellen, ein Spieler zu sein und von den Umkleiden zum Spielfeld zu rennen.

Feste & Events

Field Day MUSIK
(www.fielddaynyd.com.au) In der Domain können Traveller das Neujahr mit Konzerten bekannter Künstler aus dem In- und Ausland einläuten (die Top-Acts zum Jahreswechsel 2014/15 waren SBTRKT, Alt-J, Danny Brown, Jamie XX, Salt-n-Pepa).

Sydney Festival KULTUR
(www.sydneyfestival.org.au) Sydneys wichtigstes Kunst- und Kulturfestival bringt jeden Januar drei Wochen lang Musik, Theater und bildende Kunst in die Stadt.

Flickerfest FILM
(02-9365 6888; www.flickerfest.com.au; Bondi Pavilion, Queen Elizabeth Dr; 380) Bei Bondis internationalem Kurzfilmfestival Mitte Januar gibt's zehn Tage lang Kurzfilme, Dokus, Animationsfilme und Workshops.

Australia Day NATIONALFEIERTAG
(www.australiaday.gov.au) Den 26. Januar begehen die Einwohner Sydneys mit Picknicks, Grillfesten, Feuerwerk, Fährenrennen und zunehmend auch mit viel Fahnenschwenken und Trinkgelagen.

Chinesisches Neujahr KULTUR
(www.sydneychinesenewyear.com) Das 17-tägige Fest wird in Chinatown mit Essen, Feuerwerk, Drachentänzern und Drachenbootrennen gefeiert. Der genaue Termin (im Jan. od. Feb.) richtet sich nach dem Mondkalender.

St. Jerome's Laneway Festival MUSIK
(www.lanewayfestival.com.au) Dieses eintägige Musikfestival findet Anfang Februar am Sydney College of the Arts, Rozelle, statt und bringt zuverlässig immer die aktuellsten und neuesten Indie-Acts auf die Bühne (Top-Acts in der Vergangenheit waren beispielsweise Florence + The Machine, Lorde und St. Vincent).

Sydney Gay & Lesbian Mardi Gras SCHWULE & LESBEN
(www.mardigras.org.au) Zum Höhepunkt des zweiwöchigen Festes gibt's am ersten Samstag im März den weltberühmten großen Umzug und eine Party.

Sydney Royal Easter Show JAHRMARKT
(www.eastershow.com.au) Eine wundervolle Tradition in Sydney: Die angebliche Landwirtschaftsausstellung ist eigentlich ein zweiwöchiges Fest mit vielen Fahrgeschäften, Showeinlagen für Kinder, Unmengen Süßkram und vielen Besuchern.

Biennale of Sydney KULTUR
(www.biennaleofsydney.com.au) Das hochkarätige Festival der Künste und Ideen findet in Jahren mit gerader Jahreszahl zwischen März und Juni statt.

Fashion Week MODE
(www.mbffsydney.com.au) Jeden April zeigen regionale Designer ihre Kreationen auf dem Catwalk in Carriageworks. Zu rechnen hat man da mit viel Haut, jeder Menge Klatsch und natürlich ein paar schönen Kleidungsstücken.

Vivid Sydney KULTUR
(www.vividsydney.com) Das 18-tägige Fest mit vielen Lichtinstallationen und Projektionen in der Stadt, Auftritten von Musikern aus dem In- und Ausland und öffentlichen Gesprächen und Diskussionen mit führenden kreativen Köpfen der Welt findet Ende Mai statt.

State of Origin Series SPORT
(www.nrl.com) Begeisterte Anhänger des Rugby League betrachten die drei Spiele zwischen Queensland und New South Wales (Mai, Juni & Juli) als absoluten Höhepunkt der Saison.

City2Surf SPORT
(www.city2surf.com.au) Am zweiten Sonntag im August laufen über 80 000 Menschen die 14 km lange Strecke zwischen dem Hyde Park und Bondi Beach.

Festival of the Winds STRANDFEST
(www.waverley.nsw.gov.au) Bei dem Fest am zweiten Sonntag im September am Bondi Beach kann man spektakuläre Drachen in Form von Tieren und Aliens bestaunen. Die Kinder lieben es, und da der Wind die ganze Arbeit übernimmt, ist das Ganze auch noch sehr umweltfreundlich.

National Rugby League Grand Final SPORT
(www.nrl.com.au) Die beiden Finalisten der National Rugby League (NRL) tragen jährlich am Sonntag des langen Oktoberwochenendes im Sydney Olympic Park ihr Endspiel aus.

Sculpture by the Sea KUNST
(www.sculpturebythesea.com) Ende Oktober verwandelt sich der Clifftop Trail von Bondi Beach bis Tamarama für 17 Tage in einen Skulpturengarten. Die Künstler aus dem In- und Ausland erwartet ein großes Preisgeld für die kreativste, seltsamste oder witzigste Skulptur.

Tropfest FILM
(www.tropfest.com) Das eintägige größte Kurzfilmfestival der Welt genießt man Anfang Dezember bei einem Picknick im Centennial Park.

Sydney-Hobart-Regatta SPORT
(www.rolexsydneyhobart.com) Am 26. Dezember verabschieden Hunderte Bootsleute im Sydney Harbour die Jachten, die an dem mörderischen Rennen teilnehmen.

Silvester FEUERWERK
(www.sydneynewyearseve.com) Mit einem prächtigen Feuerwerk am Hafen wird die größte Party des Jahres gefeiert.

Schlafen

Sydney hat eine große Auswahl unterschiedlicher Unterkünfte mit soliden Optionen in allen Preisklassen. Aber unter der Sommersonne schmelzen die freien Zimmer dahin, vor allem an den Wochenenden und während Großveranstaltungen. Fast alle Hotels, bis auf die kleinsten, passen ihre Preise täglich an die Belegung an. Freitags und samstags sind Übernachtungen in der Regel am teuersten und sonntags am billigsten. In der geschäftigen Zeit zwischen Weihnachten und Neujahr explodieren die Preise.

The Rocks & Circular Quay

★ Sydney Harbour YHA HOSTEL $
(Karte S. 74; 02-8272 0900; www.yha.com.au; 110 Cumberland St; B/Zi. ab 52/192 AU$; Circular Quay) Alle Bedenken wegen der überdurchschnittlich hohen Preise verschwinden, wenn man von der Dachterrasse der weitläufigen, modernen Jugendherberge auf den Circular Quay herunterblickt. Die geräumigen Zimmer, auch die Schlafsäle, verfügen über eigene Bäder. Darüber hinaus wird hier besonderer Wert auf Nachhaltigkeit gelegt.

Lord Nelson Brewery Hotel PUB $$
(Karte S. 74; 02-9251 4044; www.lordnelsonbrewery.com; 19 Kent St; Zi. ab 180 AU$; Circular Quay) Das 1836 aus Sandstein er-

baute stimmungsvolle Gasthaus bietet oben neun Zimmer mit freiliegenden Steinwänden, Mansardenfenstern und Blick auf den Hafen. Die meisten, mit viel Sonnenlicht erfüllten Zimmer haben angeschlossene Bäder, es gibt aber auch billigere mit Gemeinschaftsbädern. Die Kleinbrauerei unten ist ideal für ein Bier zwischendurch. Im Preis inbegriffen ist das Frühstück.

Sydney Harbour Bed & Breakfast   B&B $$
(Karte S. 74; 02-9247 1130; www.bbsydney harbour.com.au; 142 Cumberland St; Zi. mit/ohne Bad 240/165 AU$; ; Circular Quay) Die idyllische, 100 Jahre alte Pension hat hübsche Zimmer mit australischem Dekor, ohne kitschig zu sein. Die Zimmer unterscheiden sich stark nach Größe und Ausstattung, haben aber handgefertigte Möbel und polierte Böden, und man kann sich Tee und Kaffee machen. Im Preis inbegriffen ist ein warmes Frühstück.

Russell   HOTEL $$
(Karte S. 74; 02-9241 3543; www.therussell.com. au; 143A George St; EZ ohne Bad 159 AU$, DZ ohne Bad 169–209 AU$, DZ 259–299 AU$; ; Circular Quay) In dem alteingesessenen beliebten Hotel trifft der Charme der alten Welt auf einen dezenten zeitgenössischen Stil. Der Dachgarten, die Weinbar unten und die Lage am Circular Quay sind die größten Trümpfe des Hauses. Direkt daneben liegt der historische Pub Fortune of War; insofern kann es in den vorderen Zimmern am Wochenende ziemlich laut sein.

★ Park Hyatt   HOTEL $$$
(Karte S. 74; 02-9256 1234; www.sydney.park. hyatt.com; 7 Hickson Rd; Zi. ab 860 AU$; ; Circular Quay) In Sydneys teuerstem Hotel trifft makelloser Service auf luxuriöse Einrichtungen. Es blickt direkt über den Circular Quay, sodass man vom Bett, Balkon oder Bad das Geschehen darunter beobachten kann. Am Pool auf der Dachterrasse hat man den Eindruck, man könnte fast die Harbour Bridge berühren. Und da alle Gäste rund um die Uhr von einem persönlichen Butler bedient werden, will man gar nicht woanders sein.

Pullman Quay Grand Sydney Harbour   APARTMENTS $$$
(Karte S. 74; 02-9256 4000; www.pullmanho tels.com; 61 Macquarie St; Apt. ab 472 AU$; ; Circular Quay) Mit dem Opernhaus als Nachbarn hat das Gebäude, das abschätzig als „der Toaster" bezeichnet wird, eine echt heiße Lage. Die gut gestalteten, modernen Apartments liegen mitten im glitzernden Herzen Sydneys, umgeben von erstklassigen Restaurants, Cocktailbars und dem alle Blicke einfangenden Hafen.

Langham   HOTEL $$$
(Karte S. 74; 02-8248 5200; www.sydney.lang hamhotels.com; 89–113 Kent St; Zi. ab 635 AU$; ; Wynyard) Das nach einer 30 Mio. AU$ teuren Renovierung kürzlich wiedereröffnete opulente Hotel gibt elegantem antikem Flair den Vorzug gegenüber exzessivem Glamour. Hier hat man einen echten Fünf-Sterne-Aufenthalt mit nachmittäglichem Zimmerservice, hauseigener Kuchenbäckerei, seitenlanger Kissenauswahl sowie einem extravaganten Pool mit Day-Spa, wo man unter einer schimmernden Sternendecke baden kann.

Shangri-La   HOTEL $$$
(Karte S. 74; 02-9250 6000; www.shangri-la. com; 176 Cumberland St; Zi. ab 350 AU$; ; Circular Quay) Die aus Hong Kong stammende Hotelkette betreibt in Sydney einen angemessen schicken Turm mit fürstlichen Zimmern und echt spektakulärem Ausblick. Wie zu erwarten, ist der Service bei jeder Bitte effizient und diskret. Das sehr geschätzte Altitude Restaurant im 36. Stock hat eine ausgewählte Karte mit Fokus auf saisonalen Produkten.

Quay West Suites   APARTMENTS $$$
(Karte S. 74; 02-9240 6000; www.quaywestsuites sydney.com.au; 98 Gloucester St; Apt. ab 387 AU$; ; Circular Quay) Das Quay West ist eines der älteren Hochhaushotels, und seine Einrichtung aus den frühen 1990er-Jahren könnte fast als retro durchgehen. Die geräumigen Apartments mit voll ausgestatteter Küche, Wohnzimmer und Waschküche wirken wie ein zweites Zuhause. Außerdem bietet das Hotel einen herrlichen Ausblick und hat im 24. Stock einen kitschigen Pool im „römischen Stil", der für viel Spaß sorgt.

Harbour Rocks   BOUTIQUEHOTEL $$$
(Karte S. 74; 02-8220 9999; www.harbourrocks. com.au; 34 Harrington St; Zi. ab 350 AU$; ; Circular Quay) Das luxuriöse Boutiquehotel an der Stelle von Sydneys erstem Krankenhaus hat eine schicke, mit viel Fingerspitzengefühl durchgeführte Wandlung von einem kolonialen Lagerhaus zu einem Komplex mit schicken Zimmern im New Yorker Loft-Stil mit hohen Decken, dunkel-

grauen Ziegelwänden und eleganter Möblierung durchgemacht.

Zentrum

Meriton Serviced Apartments Kent Street APARTMENTS $$
(Karte S. 86; 02-8263 5500; www.staymsa.com/kent; 528 Kent St; Apt. ab 195 AU$; ; Town Hall) Es gibt viel zu sagen über diese Apartmentanlage mit Servicedienstleistungen, nicht zuletzt, dass man seine Klamotten waschen kann, wann immer nötig. Jedes der Apartments mit einem bis drei Schlafzimmern in diesem modernen Turm hat eine Waschküche und eine voll ausgestattete Küche mit Spülmaschine. Mit Chinatown vor der Tür braucht man hier aber nicht selbst zu kochen.

Adina Apartment Hotel Sydney APARTMENTS $$
(Karte S. 86; 02-9274 0000; www.adinahotels.com.au; 511 Kent St; Studio ab 180 AU$, Apt. mit 1/2 B ab 240/280 AU$; ; Town Hall) In der Nähe von Chinatown und Darling Harbour stehen Gästen im Adina geräumige, voll ausgestattete Apartments und kleinere Studios mit Küchenzeile zur Verfügung. Für eine ruhige Nacht sorgen zum Glück doppelt verglaste Fenster. Das beste Preis-Leistungs-Verhältnis weisen die größeren Apartments auf.

Hyde Park Inn HOTEL $$
(Karte S. 86; 02-9264 6001; www.hydeparkinn.com.au; 271 Elizabeth St; EZ/DZ ab 165/176 AU$; ; Museum) Direkt am Park bietet dieses entspannte Hotel Ein-Zimmer-Apartments mit Kochnische, Deluxe-Zimmer mit Balkon und voll ausgestatteter Küche sowie ein paar Drei-Zimmer-Apartments. Alle verfügen über Flachbildfernseher mit Kabelanschluss. Frühstück und Parkgebühr sind im Preis inbegriffen.

★ QT Sydney BOUTIQUEHOTEL $$$
(Karte S. 74; 02-8262 0000; www.qtsydney.com.au; 49 Market St; Zi. ab 380 AU$; ; St. James) Das ultra-theatralische Hotel im historischen State Theatre ist witzig, sexy und total überkandidelt. Die exzentrische Art-déco-Aufmachung wird vervollständigt durch Retro-Spiele und Martinimixer in allen Zimmern, die in zwölf verschiedenen verrückten Formen daherkommen. Es gibt auch ein Spa mit Hammam und einem Barbier alter Schule sowie eine Bar mit einem Grill, der von einem der angesagtesten Gastronomen der Stadt beliefert wird.

Westin Sydney HOTEL $$$
(Karte S. 74; 02-8223 1111; www.westinsydney.com; 1 Martin Pl; Zi. ab 310 AU$; ; Martin Place) Das Luxushotel ist bei Geschäftsleuten beliebt. Zur Auswahl stehen elegante „Heritage"-Zimmer im prachtvollen General Post Office Building und Zimmer im modernen Hochhaus. Beeindruckend sind die durchdachten Extras wie der Verleih von Fitnessausrüstung (darunter auch Laufschuhe) an die Gäste.

Establishment Hotel BOUTIQUEHOTEL $$$
(Karte S. 74; 02-9240 3100; www.merivale.com.au; 5 Bridge Lane; Zi. ab 350 AU$; ; Wynyard) Ein Zimmer in diesem absolut hippen Hotel ist eine Garantie für einen dekadenten Abend. Was dem Establishment an Einrichtungen fehlt, macht es durch den Designer-Chic seiner Zimmer wieder wett. Diese haben große Bäder mit Bulgari-Toilettenartikeln und präsentieren sich teils japanisch, teils als ruhige Refugien in gedämpften Tönen. Hinzu kommen fabelhafte Bars und Restaurants.

Haymarket

Railway Square YHA HOSTEL $
(Karte S. 90; 02-9281 9666; www.yha.com.au; 8–10 Lee St; B ab 39 AU$, DZ mit/ohne Bad ab 130/116 AU$; ; Central) Das Hostel liegt nicht nur einfach zentral, es befindet sich vielmehr direkt in der Central Station. Mit der Renovierung im neoindustriellen Stil hat man den ehemaligen Paketschuppen (komplett mit Rampe) in ein hippes Hostel verwandelt. Sogar umgebaute Zugabteile dienen als Schlafsäle. Kinder lieben das Hostel auf jeden Fall (Ohrenstöpsel nicht vergessen!). Es gibt auch Privatzimmer mit eigenem Bad.

Wake Up! HOSTEL $
(Karte S. 90; 02-9288 7888; www.wakeup.com.au; 509 Pitt St; B 38–44 AU$, EZ 98 AU$, DZ mit/ohne Bad 148/118 AU$; ; Central) Flashpacker schnarchen über Sydneys verkehrsreichster Kreuzung in diesem umgebauten Warenhaus aus dem Jahr 1900. Das gesellige, farbenfrohe und professionell geführte 520-Betten-Hostel bietet viele Aktivitäten, einen Schalter für Touren, Check-in rund um die Uhr, ein sonniges Café, eine Bar und jede Menge Party.

Sydney Central YHA HOSTEL $
(Karte S. 90; 02-9218 9000; www.yha.com.au; 11 Rawson Pl; B ab 39 AU$, DZ mit/ohne Bad ab 125/115 AU$; P✱@☎☒; ®Central) Der denkmalgeschützte Monolith von 1913 nahe der Central Station ist die Mutter aller YHA-Anlagen in Sydney. Das renovierte Hostel hat alles vom Reisebüro bis zum hauseigenem Kino. Die Zimmer sind bunt gestrichen und die Küchen prima. Das eigentliche Highlight aber ist, dass man sich in der Sauna richtig ausschwitzen und dann zur Abkühlung in den Pool auf dem Dach steigen kann.

Darling Harbour & Pyrmont

1888 Hotel BOUTIQUEHOTEL $$
(Karte S. 90; 02-8586 1888; www.1888hotel.com.au; 139 Murray St; DZ ab 169 AU$, Suite ab 249 AU$; ✱@☎; ®Town Hall) Das schicke Hotel in einem denkmalgeschützten Wolllager kombiniert schlichten industriellen Minimalismus mit der behaglichen Ausstrahlung von Eukalyptusholzbalken und luxuriöser Ausstattung. Die Zimmer reichen von winzigen Zimmern (passend „Shoebox" genannt) bis hin zu luftigen Lofts und Dachsuiten mit Hafenblick. Die Angestellten sind lässig-cool, und es gibt die Extras, die ein hippes Hotel haben muss: einen hübschen Lobbybereich für Instagram-Selfies, einen Fahrradverleih und ein iPad in jedem Zimmer.

The Darling CASINO-HOTEL $$$
(Karte S. 88; 02-9777 9000; www.thedarling.com.au; 80 Pyrmont St, Pyrmont ; Zi. ab 430 AU$; P✱@☎☒; ⛴Pyrmont Bay) Hinter dem protzigen Star City Casino liegt das luxuriöse Darling. Man sinkt in die Betten mit Laken aus ägyptischer 400-Faden-Baumwolle und wählt aus einem Angebot von zwölf Kissen das passende aus. Und wer das Bett am liebsten gar nicht mehr verlassen will, kann sich einfach mit der Fernbedienung Beleuchtung, Lufttemperatur und Uhrzeit für die Öffnung der Jalousien einstellen. Die mit Süßkram und Alkohol gut bestückte Minibar hat alles Nötige für einen Mitternachtsschmaus.

Ultimo, Glebe & Chippendale

Glebe Point YHA HOSTEL $
(Karte S. 70; 02-9692 8418; www.yha.com.au; 262–264 Glebe Point Rd, Glebe; B 28–45 AU$, EZ ohne Bad 70 AU$, DZ ohne Bad 84–105 AU$; @☎; 431) Dieses entspannte Hostel ist eine tolle Option für Traveller, die Freiwilligenarbeit leisten. Es bietet ordentliche Service-Einrichtungen, jede Menge organisierte Aktivitäten und schlichte Zimmer mit Waschbecken. In der Herberge geht's nicht so verkrampft zu wie in anderen YHA-Häusern: Es herrscht eine gesellige Stimmung, vor allem auf der Dachterrasse, auf der gern mal Grillabende veranstaltet werden. Ein echtes Plus sind auch die vielen Cafés in der Gegend und die leicht erreichbaren öffentlichen Verkehrsmittel für die Fahrt in die Stadt.

Forsyth Bed & Breakfast B&B $$
(Karte S. 70; 02-9552 2110; www.forsythbnb.com; 3 Forsyth St, Glebe; DZ 195–225 AU$; ✱☎; 431) Wer eines der beiden Gästezimmer in diesem schmucken Refugium in einer grünen Seitenstraße von Glebe ergattert, kann sich glücklich schätzen. Das B&B hat helle, mit Kunst bestückte Zimmer, eines mit Balkon und Blick auf die Stadt. Die Besitzer beschreiben eingehend die Anfahrt, sorgen für den Transfer vom Flughafen und helfen mit Tipps zu den öffentlichen Verkehrsmitteln weiter. Das Frühstück wird im japanisch angelegten Garten serviert. Mindestaufenthalt drei Nächte.

Surry Hills

Bounce HOSTEL $
(Karte S. 90; 02-9281 2222; www.bouncehotel.com.au; 28 Chalmers St, Surry Hills; B/Zi. ab 40/149 AU$; ✱@☎; ®Central) Das beliebte Hostel hat für seine Kombination aus „Boutique und Budget" schon eine ganze Reihe von Preisen eingeheimst. Neben den üblichen Schlafsälen gibt's hier auch Doppelzimmer mit schickem Bad, Betten wie in einem Luxushotel und Fernseher. Von der Dachterrasse genießt man den Blick auf die Skyline. Für Gäste stehen extragroße Schließfächer mit Steckdosen zur sicheren Aufladung elektronischer Geräte zur Verfügung.

Big Hostel HOSTEL $
(Karte S. 86; 02-9281 6030; www.bighostel.com; 212 Elizabeth St, Surry Hills; B 32–36 AU$, EZ/DZ 89/110 AU$; ✱@☎; ®Central) Ein tolles Hostel ganz ohne Schnickschnack mit cooler Dachterrasse und echt schnuckeligem Gemeinschaftsbereich. Das Frühstück und das WLAN im Erdgeschoss sind kostenlos – das ist super!

CITY CAMPING

Cockatoo Island (Karte S. 70; 02-8898 9774; www.cockatooisland.gov.au; Stellplatz ab 45 AU$, Zelt f. 2 Pers. ab 150 AU$, Apt. ab 225 AU$, Haus ab 595 AU$; Cockatoo Island) Auf einer Insel mitten im Hafen von Sydney aufzuwachen, ist ein wirklich einmaliges Erlebnis! Entweder bringt man selbst ein Zelt mit oder macht Glamour-Camping in einem der direkt am Wasser aufgestellten Zwei-Personen-Zelte mit Doppelbett. Für Nichtcamper stehen elegante Garten-Apartments zur Verfügung. Selbstversorger können in der gut ausgestatteten Campingküche ihre Mahlzeiten zubereiten, und für alle anderen gibt's drei Cafés und Bars.

Lane Cove River Tourist Park (02-9888 9133; www.lcrtp.com.au; Plassey Rd, Macquarie Park; Stellplatz f. 2 Pers. ohne/mit Strom 37/39 AU$, Hütte ab 135 AU$, Luxuszelt 200 AU$; North Ryde) Mitten im vorstädtischen Sydney zurück zur Natur – dazu bietet sich dieser Nationalparkcampingplatz 14 km nordwestlich vom CBD an. Hier gibt es Stellplätze für Zelte und Wohnmobile, Hütten und einen Pool, in dem man sich abkühlen kann, wenn die Stadt unter der Hitze stöhnt. Wer ein romantisches Refugium im Busch sucht, findet bei Tandara lohnende Glamour-Camping-Optionen der Luxusklasse. Der Parkeintritt ist im Preis enthalten.

Darlinghurst

Cambridge Hotel HOTEL $$
(Karte S. 92; 02-9212 1111; www.cambridgehotel.com.au; 212 Riley St, Surry Hills; Zi. ab 170 AU$; 380) Ein besser gelegenes Hotel als dieses urbane Haus ist kaum zu finden. Die meisten der geräumigen, modern eingerichteten Zimmer haben einen eigenen Balkon mit Blick auf die Skyline der Stadt. Die geschäftige Baccomatto Osteria unten serviert hervorragendes italienisches Essen und das Hotelfrühstück.

★ ADGE Boutique Apartment Hotel APARTMENTS $$$
(Karte S. 92; 02-8093 9888; www.adgehotel.au; 222 Riley St, Surry Hills; Apt. ab 374 AU$; 380) Schon beim Blick auf die bunten Wandgemälde erkennt man, dass sich das ADGE durch clevere Akzente von den typischen Apartmenthotels unterscheidet. Die zwölf eigenwilligen, aber sehr komfortablen Apartments mit zwei Schlafzimmern sind mit knallbunt gestreiften Teppichen, schicken Fernsehern und Kühlschränken in farbenfrohem Retro-Design ausgestattet. Das kostenlose WLAN, der Willkommens-Drink und der abendliche Zimmerservice machen das Hotel zu einer der besten Boutiqueunterkünfte Sydneys.

Medusa BOUTIQUEHOTEL $$$
(Karte S. 92; 02-9331 1000; www.medusa.com.au; 267 Darlinghurst Rd, Darlinghurst; Zi. ab 310 AU$; Kings Cross) Die grellrosa Fassade des Medusa und das witzig-üppige Dekor waren einst der Gipfel hipper Hotelgestaltung. Heute wirken die kleinen, bunten Suiten (die besten gewähren Ausblick auf den Hof) mit großen Betten und fürstlicher Einrichtung weniger dekadent. Zum Glück ist das Personal so engagiert wie eh und je, und die kleinen Extras wie Toilettenartikel von Aesop können sich sehen lassen. Das gilt auch die tolle Lage.

Woolloomooloo

Mariners Court HOTEL $$
(Karte S. 92; 02-9320 3888; www.marinerscourt.com.au; 44–50 McElhone St, Woolloomooloo; Zi. 110–160 AU$; Kings Cross) Dies ist vielleicht nicht die schickste Unterkunft in Sydney (das Ambiente wirkt wie von 1994), bietet aber die seltene Kombination aus guter Lage, gutem Preis und etwas Ellenbogenfreiheit, ganz zu schweigen von dem kostenlosen warmen Frühstücksbüfett. Alle Zimmer haben einen Hof oder Balkon, einige blicken auch ins Grüne. Guter rollstuhlgerechter Zugang.

BLUE Sydney HOTEL $$$
(Karte S. 92; 02-9331 9000; www.bluehotel.com.au; 6 Cowper Wharf Rdwy, Woolloomooloo; Zi. ab 250 AU$; 311) Auf dem Hotelgelände der historischen Woolloomooloo Finger Wharf, wo es heute ein paar Top-Restaurants gibt, blieb ein großer Teil der Industriemaschinen erhalten, die man bei einem Cocktail in der Water Bar bestaunen kann. Die meisten Zimmer erstrecken sich über zwei Ebenen; unten liegt der Wohnbereich, oben der Schlafbereich mit

riesigen Betten. Durch das Oberlicht in den Standardzimmern hat man den Eindruck, in einem Luxusliner zu sein.

Kings Cross & Potts Point

Blue Parrot HOSTEL $
(Karte S. 92; 02-9356 4888; www.blueparrot. com.au; 87 Macleay St, Potts Point; B 35–42 AU$; @🛜≋; Kings Cross) Wer ein hervorragendes Hostel sucht, ist in diesem gut geführten und sicheren kleinen Haus der Geschwister Effie und Sasha besser aufgehoben als in einem Backpackerhostel. Hier fühlt man sich wie zu Hause. Im Hof sind ein paar Hängematten aufgespannt. Es gibt hier keine Einzelzimmer, nur Schlafsäle, und wie eine echte Jugendherberge nimmt das Blue Parrot nur Gäste zwischen 18 und 35 Jahren auf.

Eva's Backpackers HOSTEL $
(Karte S. 92; 02-9358 2185; www.evasbackpackers.com.au; 6–8 Orwell St, Kings Cross; B ab 34–36 AU$, Zi. ab 89 AU$; ❋@🛜; Kings Cross) Das vom hitzigen Kings Cross weit genug entfernte Eva's ist ein alteingesessenes, beliebtes Hostel mit kostenlosem Frühstück und WLAN, einem tollen Grill auf der Dachterrasse und einer geselligen Wohnküche. Sauber und sicher.

Jackaroo HOSTEL $
(Karte S. 92; 02-9332 2244; www.jackaroohostel.com; 107–109 Darlinghurst Rd, Kings Cross; B 34–36 AU$, Zi. mit/ohne Bad 90/80 AU$; @🛜; Kings Cross) Keine andere Unterkunft liegt dichter am Zentrum des Geschehens als dieses Hostel direkt über der Kings Cross Station. Normalerweise verheißt das nichts Gutes, aber das Jackaroo wird den Anforderungen gerecht. Die Gemeinschaftsbereiche sind zwar recht glanzlos und die Zimmer klein, aber alles ist sehr sauber. Am besten lässt man sich eines der Zimmer nach hinten hinaus geben, steckt aber sicherheitshalber noch Ohrstöpsel ein. Hier herrscht eine gesellige und (extrem) jugendliche Stimmung. Ein schlichtes Frühstück ist im Preis inbegriffen.

Hotel 59 B&B $$
(Karte S. 92; 02-9360 5900; www.hotel59.com.au; 59 Bayswater Rd, Rushcutters Bay; EZ 99 AU$, DZ 130–140 AU$; ❋🛜; Kings Cross) Im Stil einer schlichten europäischen Pension bietet das Hotel 59 in einer ruhigen Ecke der Bayswater Rd nahe dem Rushcutters Bay Park gute Leistung fürs Geld. Im Café unten gibt's tolles warmes Frühstück (im Preis inbegriffen) gegen den mächtigen Kater, den man sich am Abend zuvor in Kings Cross vielleicht zugezogen hat. Mindestaufenthalt zwei Nächte.

Diamant HOTEL $$
(Karte S. 92; 02-9295 8888; www.diamant.com.au; 14 Kings Cross Rd, Kings Cross; Zi. 159–375 AU$, Suite 315–425 AU$, Apt. 500–3200 AU$; P❋@🛜≋; Kings Cross) Das noble Hochhaus residiert über der William St an der Grenze zwischen Kings Cross und Darlinghurst. Die spacigen Flure führen zu geräumigen, schick schwarz-weiß gestalteten Zimmern mit riesigen Betten, hochwertiger Bettwäsche, großen Plasmafernsehern und iPads. Die Hofsuiten verfügen über große Balkone mit stilvollen Gartenmöbeln. Gäste können rund um die Uhr den großen öffentlichen Fitnessbereich im Gebäude nutzen.

Victoria Court Hotel B&B $$
(Karte S. 92; 02-9357 3200; www.victoriacourt.com.au; 122 Victoria St; Zi. ab 169 AU$; P❋🛜; Kings Cross) Kitschiger Charme regiert in diesem etwas in die Jahre gekommenen, aber gut geführten B&B mit 25 Zimmern in zwei dreistöckigen Reihenhäusern von 1881. Die teureren Zimmer sind größer und haben einen Balkon. Das kontinentale Frühstück wird im Hof serviert.

Macleay Hotel HOTEL $$
(Karte S. 92; 02-9357 7755; www.themacleay.com; 28 Macleay St, Elizabeth Bay; Zi. ab 165 AU$; ❋@🛜≋; Kings Cross) Das von fabelhaften Restaurants umgebene unaufdringliche Hotel befindet sich am noblen Ende von Potts Point. Die Einzimmerapartments sind zwar ein bisschen verwohnt, haben aber kleine Kochnischen. Außerdem steht in jedem Stockwerk eine Waschküche zur Verfügung. Zusätzlich gibt es einen Pool und einen Fitnessbereich auf dem Dach. Am besten fragt man nach einem Zimmer mit Blick auf die Stadt und den Hafen in den oberen Stockwerken.

Bayswater BOUTIQUEHOTEL $$
(Karte S. 92; 02-8070 0100; www.sydneylodges.com; 17 Bayswater Rd, Kings Cross; Zi. ab 120 AU$; ❋@🛜; Kings Cross) Das smarte Hotel versucht, dem Label „Boutique" gerecht zu werden, verfehlt seinen Anspruch aber leider in einigen Details. Was es zu bieten hat, sind attraktive und erschwingliche Unterkünfte und eine gute Adresse. Die billigeren Zimmer sind recht kompakt, wer also mehr Platz und größere Fenster haben

will, bucht besser ein King-Deluxe-Zimmer. Aufgrund der Lage kann es am Wochenende abends recht laut werden.

Simpsons of Potts Point BOUTIQUEHOTEL $$$
(Karte S. 92; 02-9356 2199; www.simpsonshotel. com; 8 Challis Ave; Zi. ab 255 AU$; P@; Kings Cross) Am ruhigen Ende eines geschäftigen Abschnitts voller Cafés befindet sich diese liebevoll nostalgisch-dekorativ restaurierte Villa von 1892. Das allzeit beliebte Simpsons ist für seinen charmanten Service und den gemütlichen Luxus in seinen zwölf Gästezimmern weithin geschätzt. Die Lounge unten ist perfekt für eine Schachpartie – und beliebt wegen des kostenlosen Sherrys.

Paddington & Woollahra

Kathryn's on Queen B&B $$
(Karte S. 96; 02-9327 4535; www.kathryns. com.au; 20 Queen St, Woollahra; Zi. 180–260 AU$; 380) Das grandiose viktorianische Reihenhaus von 1888 gegenüber dem Centennial Park wird geschickt von der immer lächelnden Kathryn betrieben und hat zwei geschmackvoll mit Antiquitäten dekorierte Zimmer. Zur Auswahl stehen als Mansardenzimmer mit angeschlossenem Bad und das Zimmer mit Balkon im 1. Stock. Perfekte Lage, um schick shoppen oder essen zu gehen!

Arts HOTEL $$
(Karte S. 92; 02-9361 0211; www.artshotel. com.au; 21 Oxford St, Paddington; Zi. ab 174 AU$; P@; 380) Ein gut geführtes Hotel mit 64 schlichten, aber komfortablen Zimmern in praktischer Lage an der Grenze von Paddington und Darlinghurst. Die Seite zur Oxford St ist mit schallisolierten, dreifach verglasten Fenstern versehen, die hinteren Zimmer liegen an einer ruhigen Gasse. Im Innenhof gibt's sogar einen kleinen, solarbeheizten Pool. Für Gäste stehen außerdem kostenlose Leihfahrräder zur Verfügung.

Double Bay

**InterContinental Sydney
Double Bay** HOTEL $$$
(Karte S. 70; 02-8388 8388; www.ihg.com; 30 Cross St, Double Bay; DZ ab 570 AU$, Suite ab 850 AU$; P@; Double Bay) Nach der aufwendigen Renovierung erstrahlt dieses Resort wieder im vollen Glanz wie zu seinen besten Zeiten als Promi-Magnet. Das mit italienischem Marmor und funkelnden Kronleuchtern bestückte Hotel ist von der Gin-Bar Swathed Stillery bis hin zum Pool auf der schicken Dachterrasse mit Blick auf die Bucht erste Sahne. Viele der hellen und luftigen Gästezimmer haben einen tollen Blick auf den Hafen.

Eastern Beaches

Bondi Beachouse YHA HOSTEL $
(Karte S. 98; 02-9365 2088; www.yha.com.au; 63 Fletcher St, Bondi; B 26–37 AU$, 2BZ & DZ ohne Bad 65–90 AU$, 2BZ & DZ mit Bad 90–110 AU$, FZ mit Bad 162–180 AU$; ; 361 ab Bondi Junction) Das mit 95 Betten bestückte Art-déco-Hostel an einem Hang zwischen Bondi Beach und Tamarama Beach ist das beste in Bondi. Es gibt Schlafsäle für vier bis acht Personen und einige private Zimmer mit Meerblick – alle sind sauber und gepflegt. Zu den Einrichtungen zählen ein Kinosaal, ein Spielezimmer, ein Hofgrill, kostenlose Bodyboards und Schnorchel und eine herrliche Dachterrasse.

**Adina Apartments
Bondi Beach** APARTMENTS $$
(Karte S. 98; 02-9300 4800; adinahotels.com. au; 69–73 Hall St; ; 389) Bondis neuestes Hotel ist super modern, flott eingerichtet und nur einen Steinwurf vom Wasser entfernt. Die Apartments haben einen Balkon, und vor der Tür liegt gleich ein hervorragendes Einkaufs- und Restaurantviertel. Das Hotel bietet ein paar kleine Annehmlichkeiten, z.B. Lebensmittellieferservice in die Zimmer, ein Langbahnschwimmbecken, einen Fitnessraum und Filmabende, ist insofern also auch für längere Aufenthalte ideal.

Bondi Beach House PENSION $$
(Karte S. 98; 0417 336 444; www.bondibeach house.com.au; 28 Sir Thomas Mitchell Rd, Bondi; EZ 100–125 AU$, DZ 135–230 AU$, Suite 270–300 AU$; ; 380) Versteckt in einer ruhigen Ecke hinter der Campbell Pde bietet diese charmante Unterkunft eine heimelige Atmosphäre mit rustikal-schicker Möblierung und gut ausgestatteter Gemeinschaftsküche. Die Pension ist zwar nur zwei Gehminuten vom Strand entfernt, aber man ist versucht, den ganzen Tag hier zu bleiben, denn in dem Hof und auf der Terrasse kann man prima relaxen, und die Zimmer laden zum langen Ausschlafen ein.

Dive Hotel BOUTIQUEHOTEL $$
(Karte S. 70; 02-9665 5538; www.divehotel.com.au; 234 Arden St, Coogee; Zi. ab 190 AU$; P ✱ ☎; 🚌 372-374) Viele Hotels machen ihrem Namen als Grand- oder Palasthotel keine Ehre; hier liegt der Fall umgekehrt, denn das Dive (das Wort bedeutet eigentlich so viel wie „Spelunke") ist keineswegs eine schäbige Absteige. Direkt gegenüber dem Strand hat das relaxte, familienbetriebene Hotel an der Straße 17 moderne, gut eingerichtete Zimmer mit Kochnischen und kleinen, aber stilvoll mit Mosaikfliesen und Edelstahlwaschbecken bestückten Bädern zu bieten. Das Frühstück ist im Preis inbegriffen.

Newtown & Umgebung

Tara Guest House B&B $$
(Karte S. 128; 02-9519 4809; www.taraguesthouse.com.au; 13 Edgeware Rd, Enmore; DZ mit/ohne Bad 215/185 AU$; ☎; 🚆 Newtown) In dieser von Designern mit einem Faible fürs Kochen und Gärtnern betriebenen Pension kann man sich sicher sein, eine gute Zeit zu verleben. Brom und Julian haben ein friedliches Refugium mit vier eleganten Bereichen mit hohen Decken und Fenstertüren, die zu einer großen Veranda hinausführen, geschaffen. Das gemeinsame Frühstück ist ein Highlight. Im Preis inbegriffen ist der Transfer vom/zum Flughafen.

Urban Hotel BOUTIQUEHOTEL $$
(Karte S. 128; 02-8960 7800; www.theurbanhotel.com.au; 52–60 Enmore Rd, Newtown; Zi. ab 148 AU$; ✱ @ ☎; 🚆 Newtown) Nur eine Minute braucht man zu Fuß von hier bis zur Newtown Station oder zu den tollen Bars und Restaurants in der Gegend. Das brandneue Hotel in einem ehemaligen Erholungsheim für Armeeangehörige bietet schicke Ein-Zimmer-Apartments im industriellen Look. Das Urban übertrumpft die Konkurrenz mit seinen vielen Extras wie dem kostenlosen WLAN, kostenlosen Inlandstelefonaten und entspannten Ein- und Auscheckmöglichkeiten. Die Minibar in der Küche ist mit örtlichen Kleinbrauereibieren bestückt.

Manly

Manly Bunkhouse HOSTEL $
(Karte S. 70; 02-9976 0472; www.bunkhouse.com.au; 35 Pine St; B 38 AU$, 2BZ & DZ 90 AU$; @ ☎; 🚢 Manly) In dem entspannten, nur wenige Minuten vom Manly Beach entfernten Hostel kommen Backpacker (hauptsächlich Holländer) mit internationalen Studenten und Ferienjobbern zusammen. Die hellen und sauberen Schlafsäle für vier Personen sind prima, während die übertaeuerten privaten Zimmer eine Auffrischung nötig hätten.

Cecil Street B&B B&B $$
(Karte S. 70; 02-9977 8036; www.cecilstreetbb.com.au; 18 Cecil St, Manly; EZ/DZ 110/130 AU$; P ☎; 🚢 Manly) Das entspannte B&B in einem hübschen Haus im Federation-Stil liegt auf einem Hügel oberhalb von Manly. Die zwei einfachen, aber geschmackvoll dekorierten Zimmer machen das Beste aus den hohen Decken, Bleiglasfenstern und lackierten Holzböden. Der einzige Nachteil ist der steile Aufstieg vom Strand zurück.

101 Addison Road B&B $$
(Karte S. 103; 02-9977 6216; www.bb-manly.com; 101 Addison Rd; EZ/DZ 165/185 AU$; P ☎; 🚢 Manly) Das üppig dekorierte Cottage aus den 1880er-Jahren liegt in einer ruhigen Straße nahe dem Strand und dem Fähranleger. Zur Vermietung stehen zwei Zimmer, die der freundliche Gastgeber aber nur zusammen vermietet (1–4 Pers.), sodass man die mit Antiquitäten ausstaffierte Unterkunft, zu der auch ein Wohnzimmer mit Klavier und offenem Kamin gehört, ganz für sich allein hat.

Novotel Sydney Manly Pacific HOTEL $$$
(Karte S. 70; 02-9977 7666; www.novotelmanlypacific.com.au; 55 North Steyne; Zi. ab 279 AU$; P @ ☎ ✱; 🚢 Manly) Das mittelhohe Hotel direkt am Strand von Manly wirkt abgewohnt und langweilig, ist aber meilenweit vom Geschäftstrubel der Stadt entfernt. Vom Balkon der Zimmer zum Meer hin kann man die Wellen abchecken. Wer keinen Sand in seinem Laptop haben will, nutzt den Pool auf der Dachterrasse.

Essen

Sydneys Küche entspricht der Lage am Rand des Pazifiks: Hier finden superfrische Zutaten aus der Region und die Aromen Asiens, Nord- und Südamerikas sowie natürlich die der kolonialen Vergangenheit zusammen. Die Spitzenrestaurants sind entsprechend teuer, aber auswärts zu essen, muss hier nicht unbedingt ein Vermögen verschlingen. Es gibt viele hervorragende Cafés und ethnische Lokale mit vernünftigen Preisen, in de-

DER KULT UM DIE STARKÖCHE

Bei der Restaurantauswahl richten sich viele Bewohner Sydneys nach prominenten Namen. In der Stadt steht eine beträchtliche Anzahl Köche hinterm Herd, die durch Kochsendungen oder -bücher lokal oder sogar international zu Ruhm gekommen sind. Dazu gehören:

Colin Fassnidge (Four In Hand, S. 126; 4Fourteen, S. 125) Der irische Koch ist berühmt dafür, die Tiere, von denen das Fleisch stammt, vom Kopf bis zum Schwanz zu verwerten – und für seine vernichtenden Kritiken an den Kandidaten in der Kochsendung *My Kitchen Rules*.

Bill Granger (bills, S. 125) Lifestyle-Koch und Autor von zehn Kochbüchern. Nach Meinung vieler repräsentieren seine Kreationen und sein Stil Sydney schlechthin.

Luke Nguyen (Red Lantern on Riley, S. 125) Hat eigene Fernsehsendungen (*Luke Nguyen's Vietnam, The Songs of Sapa, Luke Nguyen's Greater Mekong*) und ist Autor mehrerer Kochbücher.

Matt Moran (Aria, Karte S. 74; 02-9240 2255; www.ariarestaurant.com; 1 Macquarie St; Hauptgerichte mittags & vor Theatervorstellungen 46 AU$, 2-/3-/4-Gänge-Abendessen 105/130/155 AU$; Mo-Fr 12-14.30 Uhr, tgl. 17.30-23 Uhr; Circular Quay; Chiswick Restaurant, S. 127; Opera Bar, S. 130) Ein Porträt von Matt Moran hängt in der National Portrait Gallery in Canberra. Durch seine regelmäßigen Fernsehauftritte ist er Millionen Australiern bekannt.

Neil Perry (Rockpool, S. 122; Rockpool Bar & Grill, S. 122; Spice Temple) Der Rockstar unter den Starköchen der Stadt (mit standesgemäßem Pferdeschwanz). Die Liste seiner Kochbücher und Fernsehauftritte bei Kochsendungen ist lang.

---

nen man sich eine billige, leckere Pizza oder eine Schale Nudeln gönnen kann.

The Rocks & Circular Quay

Sailors Thai Canteen THAI $$
(Karte S. 74; 02-9251 2466; www.sailorsthai.com.au; 106 George St; Hauptgerichte 24–29 AU$; Mo-Fr 12-15 & tgl. 17-22 Uhr; Circular Quay) Man quetscht sich an die lange Gemeinschaftstafel zwischen Kunstbeflissene, Politiker und Medienleute und wählt aus dem leckeren Angebot thailändischer Imbissklassiker aus. Die Tische auf dem Balkon sind schnell besetzt, aber vielleicht hat man ja Glück. Unten ist die Atmosphäre gediegener, und die Preise sind höher.

★ Quay MODERN-AUSTRALISCH $$$
(Karte S. 74; 02-9251 5600; www.quay.com.au; L3, Overseas Passenger Terminal; 3/4 Gänge 130/150 AU$; Di-Fr 12-14.30, tgl. 18-22 Uhr; Circular Quay) Das Quay schert sich nicht um die Regel, dass guter Ausblick normalerweise mit schlechtem Essen Hand in Hand geht. Chefkoch Peter Gilmore ruht sich nicht auf seinen Lorbeeren aus, sondern liefert ständig meisterhaft zubereitete, kreative Gerichte, mit denen das Quay auf die prestigeträchtige Liste der weltbesten Restaurants kam. Und die Aussicht? Die ist wirklich so, als würde man inmitten einer Ansichtskarte dinieren.

Saké JAPANISCH $$$
(Karte S. 74; 02-9259 5656; www.sakerestaurant.com.au; 12 Argyle St; Hauptgerichte 25–45 AU$; 12-15 & 17.30-22.30 Uhr; Circular Quay) Bunte Sake-Fässer und jede Menge dunkles Holz verleihen diesem großen, geschäftigen Restaurant einen dekadenten orientalischen Glamour. Alleinreisende können sich rund um die offene Küche postieren und leckere Wagyū-Fleischbällchen und Maki-Röllchen verdrücken, während Pärchen das mehrgängige Menü zeitgenössischer japanischer Küche (ab 88 AU$) durchprobieren können.

Zentrum

Central Baking Depot BÄCKEREI $
(Karte S. 74; www.centralbakingdepot.com.au; 37-39 Erskine St; Stück 5-13 AU$; Mo-Sa 7-16 Uhr; Wynyard) Mitten im Herzen des CBD (Central Business District) macht das CBD hervorragende Backwaren. Es gibt herzhafte Snacks (Pies, Hotdogs, Croissants, Pizza-Stücke und Sandwiches) sowie süßes Gebäck und natürlich Kaffee. Der Sitzbereich be-

schränkt sich auf ein paar schlichte Tische und eine Fensterbank.

Sydney Madang KOREANISCH $
(Karte S. 86; 371a Pitt St; Hauptgerichte 13–20 AU$; ⏰11.30–24 Uhr; 🚇Museum) Das wunderbar authentische Grilllokal versteckt sich an einer recht düsteren Seitenstraße in Little Korea. Die Inneneinrichtung überzeugt weniger, dafür stimmen Qualität und Quantität der Speisen. Es geht laut, beengt und chaotisch zu, doch dafür entschädigt die Chili-Meeresfrüchte-Suppe.

Le Grand Café FRANZÖSISCH, CAFÉ $
(Karte S. 74; www.afsydney.com.au/about/le-grand-cafe; 257 Clarence St; Hauptgerichte 10–15 AU$; ⏰Mo–Do 8–18.15, Fr bis 16.30, Sa bis 14 Uhr; 🚇Town Hall) Oh lá lá – mehr muss man zu dem Café im Foyer des von Harry Seidler entworfenen Alliance-Française-Gebäudes nicht sagen. Die klassischen französischen Snacks (z. B. Gebäck, Baguettes und Croque Monsieur) sind lecker, und das Ambiente ist sehr schick.

★ Mr. Wong CHINESISCH $$
(Karte S. 74; ☏02-9240 3000; www.merivale.com.au/mrwong; 3 Bridge Lane; Hauptgerichte 25–38 AU$; ⏰12–15 & 17.30–23 Uhr; 🚇Wynyard) Wer süchtig nach chinesischen Klößen ist, wagt sich die schmutzige Gasse hinunter und hinein in ein altes Lagerhaus, wo einen die köstlichen, verführerischen kantonesischen Gerichte von Mr. Wong erwarten. Der höhlenartige Speisesaal im Untergeschoss strahlt düsteren Glamour aus und bietet Platz für 240 Gäste – trotzdem reicht die Schlange oft bis vor die Tür.

Spice Temple CHINESISCH $$
(Karte S. 74; ☏02-8078 1888; www.rockpool.com; 10 Bligh St; Gerichte 14–45 AU$; ⏰Mo–Fr 12–15, Mo–Sa 18–22.30 Uhr; 🍴; 🚇Martin Place) Versteckt im Keller seiner Rockpool Bar & Grill liegt Neil Perrys dunkler, stimmungsvoller Tempel, der der Küche der westlichen Provinzen Chinas, insbesondere Sichuan, Yunnan, Hunan, Jiangxi, Guangxi und Xingjiang, geweiht ist. Man darf sich mit scharfer Würze und spannenden Köstlichkeiten rechnen.

Ippudo Sydney JAPANISCH $$
(Karte S. 74; ☏02-8078 7020; www.ippudo.com.au; L5 Westfield Sydney, 188 Pitt St; Hauptgerichte 15–25 AU$; ⏰11–22 Uhr; 🚇St. James) Überschwängliches gemeinsames Willkommensgeschrei begrüßt die Gäste in diesem wundervollen Ramen-Nudelhaus nahe dem Westfield Food-Court. Das 1985 in Fukuoka gegründete Unternehmen gibt es jetzt schon in elf Ländern – die Filiale in Sydney serviert all die üblichen beliebten Nudelsuppen.

Alpha GRIECHISCH $$
(Karte S. 86; ☏02-9098 1111; www.alpharestaurant.com.au; 238 Castlereagh St; Hauptgerichte 19–35 AU$; ⏰12–15 & 18–22 Uhr; 🚇Museum) Direkt gegenüber dem griechischen Konsulat befindet sich dieses wundervolle Restaurant in dem prachtvollen Speisesaal des Hellenic Club, das die mediterrane Küche ins Herz der Stadt bringt. Beim Menü von Chefkoch Peter Conistis erhalten griechische Klassiker einen ganz eigenen Dreh.

Din Tai Fung CHINESISCH $$
(Karte S. 86; www.dintaifung.com.au; L1, World Sq, 644 George St; Gerichte 11–19 AU$; ⏰11.30–14.30 & 17.30–21 Uhr; 🚇Museum) Die taiwanesische Kette macht auch Nudeln und Brötchen, berühmt ist sie aber für ihre Klöße mit sagenhaft delikater Brühe, die man Löffel für Löffel genießt. Man sollte frühzeitig und hungrig kommen und darauf gefasst sein, sich den Tisch mit anderen zu teilen. Der Laden betreibt auch Stände in den Food-Courts des Star (S. 122 und des Westfield Sydney (S. 138).

Ash St Cellar MODERN-AUSTRALISCH $$
(Karte S. 74; ☏02-9240 3000; www.merivale.com.au/ashstcellar; 1 Ash St; großer Teller 18–26 AU$; ⏰Mo–Fr 8.30–23 Uhr; 🚇Wynyard) Das Ash St Cellar in dem derzeit angesagten Ivy-Komplex ist eine urbane Weinbar in einer Seitengasse mit exzellenten Käse-, Wurst- und gemischten Platten. Wenn es nicht zu windig ist, sitzt man draußen und hat die Qual der Wahl mit der mehr als 200 Weine umfassenden Karte. Trotz der vielen Anzugträger herrscht hier eine entspannte, geruhsame Atmosphäre.

★ Tetsuya's FRANZÖSISCH, JAPANISCH $$$
(Karte S. 86; ☏02-9267 2900; www.tetsuyas.com; 529 Kent St; Verkostungsmenü 220 AU$; ⏰Sa 12–15, Di–Sa 18–22 Uhr; 🚇Town Hall) Versteckt in einer Feuerwehrzufahrt setzt dieses außergewöhnliche Restaurant auf Gäste, die sich nicht einfach den Bauch vollschlagen, sondern eine kulinarische Reise unternehmen wollen. Man lässt sich zu den mehr als zehn Gängen mit französischem und japanischem Einschlag nieder, die der Kreativität des aus Japan stammenden Tetsuya

Wakuda zu verdanken sind. Weit im Voraus reservieren!

Rockpool
MODERN-AUSTRALISCH $$$

(Karte S. 74; ☎ 02-9252 1888; www.rockpool.com; 11 Bridge St; Hauptgerichte mittags 35–55 AU$, abends 9/10 Gänge 145/165 AU$; ⊙ Mo–Fr 12–15, Mo–Sa 18–23 Uhr; ®Circular Quay) Das Neil-Perry-Imperium erstreckt sich inzwischen auf acht gefeierte Restaurants in drei Städten, und dieses prächtige Exemplar ist das Mutterschiff. Auch noch nach 25 Jahren schaffen es die Kreationen von Rockpool noch immer, die Gäste zu beeindrucken. Wer hier einkehrt, darf mit cleverer, modernerer Küche mit asiatischen Einflüssen, einem makellosen Service und einer verführerischen Weinkarte rechnen.

Est.
MODERN-AUSTRALISCH $$$

(Karte S. 74; ☎ 02-9240 3000; www.merivale.com.au/est; L1, 252 George St; 4 Gänge mittags/abends 118/155 AU$, Verkostungsmenü 180 AU$; ⊙ Fr 12–14.30, Mo–Sa 18–22 Uhr; ®Wynyard) Mit Zinndecken, gewaltigen Säulen, übergroßen Fenstern und modernen Möbeln ist die Innengestaltung dieses Restaurants fast so interessant wie das Essen. Hier ist elegantes Speisen vom Feinsten angesagt, da sind dicke Brieftasche und feiner Zwirn ein Muss. Meeresfrüchte machen ungefähr die Hälfte der Gerichte auf der Speisekarte aus.

Sepia
JAPANISCH, FUSION $$$

(Karte S. 74; ☎ 02-9283 1990; www.sepiarestaurant.com.au; 201 Sussex St; 4 Gänge/Verkostungsmenü 160/190 AU$; ⊙ Fr & Sa 12–15, Di–Sa 18–22 Uhr; ®Town Hall) Das Essen im Sepia ist nun wahrlich nicht braunstichig oder ausgebleicht. Martin Benns Bilderbuchkreationen prunken in prächtigen Farben und schmecken besser, als tausend Worte es beschreiben könnten. Die Karte ist japanisch geprägt, sprengt aber alle Grenzen, was das Sepia zu einem der besten Restaurants der Stadt macht.

Rockpool Bar & Grill
STEAKHAUS $$$

(Karte S. 74; ☎ 02-8078 1900; www.rockpool.com; 66 Hunter St; Hauptgerichte 26–115 AU$; ⊙ Mo–Fr 12–15, Mo–Sa 18–23 Uhr; ®Martin Place) In dem schicken Restaurant im vom Art déco geprägten City Mutual Building fühlt man sich wie ein Manhattaner Börsenmakler in den 1930er-Jahren. Die Bar ist für ihre Burger mit abgehangenem Fleisch von reinrassigen Wagyū-Rindern berühmt (man sollte unbedingt als Beilage die von Hand geschnittenen, fettigen Pommes bestellen), aber es gibt auch saftige Steaks, Schmor- und Fischgerichte.

Haymarket

Mamak
MALAYSISCH $

(Karte S. 86; www.mamak.com.au; 15 Goulburn St; Hauptgerichte 6–17 AU$; ⊙ Mo–Do 11.30–14.30 & 17.30–22, Fr & Sa bis 2 Uhr; ®Town Hall) Wer einen Tisch haben will, ohne sich in eine Schlange zu stellen, muss frühzeitig (ab 17.30 Uhr) herkommen, denn dieses malaysische Schnelllokal ist eine der beliebtesten Adressen für günstiges Essen. Die Satay-Spieße werden über Holzkohlenfeuer gegart und sind besonders köstlich mit einem knusprig-goldenen Roti.

Chat Thai
THAI $$

(Karte S. 86; ☎ 02-9211 1808; www.chatthai.com.au; 20 Campbell St; Hauptgerichte 10–20 AU$; ⊙ 10–2 Uhr; ®Central) Viel cooler als das durchschnittliche Thai-Lokal ist dieses Herzstück von Thaitown. Es ist so beliebt, dass draußen eine Liste hängt, auf der man sich eintragen muss, wenn man auf einen Tisch warten will. Vor allem in Sydney lebende Thais strömen hierher, weil sie hier Gerichte bekommen, die es in den normalen thailändischen Restaurants nicht gibt – das gilt vor allem für die ungewöhnlichen Süßspeisen.

Darling Harbour & Pyrmont

Café Court
FOOD-COURT $

(Karte S. 88; www.star.com.au; EG, The Star; Hauptgerichte 10–18 AU$; ⊙ So & Mo 11–21, Di–Sa bis 23 Uhr; ®The Star) Das Star hat gut daran getan, in seinem Food-Court im Erdgeschoss einige der besten Spezialisten anzusiedeln: das Din Tai Fung für Klöße, das Messina (S. 125) für Eis und das Adriano Zumbo für Süßspeisen.

Adriano Zumbo
BÄCKEREI $

(Karte S. 88; www.adrianozumbo.com; Café Court, The Star, 80 Pyrmont St; Süßwaren 2,50–10 AU$; ⊙ So 11–21, Mo–Sa bis 23 Uhr; ®The Star) Der Mann, der die Macarons nach Sydney brachte, hat in diesem aufgestylten Laden, in dem die gebackenen Leckereien in grellem Neonlicht kunstvoll zur Schau gestellt sind, seine Willy-Wonka-Fantasien ausgelebt. Die Macarons (oder Zumbarons, wie sie hier vor Ort heißen), Tartes, Backwaren und Kuchen schmecken genauso spektakulär, wie sie aussehen.

Sokyo
JAPANISCH $$$

(Karte S. 88; ☎ 02-9657 9161; www.star.com.au/sokyo; The Star, 80 Pyrmont St; Frühstück 23–38 AU$, Mittagsmenü 45 AU$, Hauptgerichte 30–58 AU$; ⊙ tgl. 7–10.30 & 17.30–23, Do-Sa 12–15 Uhr; ▣ The Star) Das Sokyo bringt einen Hauch von Tokio-Glamour an den Rand des Kasinokomplexes. Das Personal serviert gutes Sushi und Sashimi, delikate Tempura, leckere Robatayaki-Grillgerichte und raffinierte Hauptgerichte. Außerdem tischt es das beste japanische Frühstück in ganz Sydney auf. Wer allein kommt, schnappt sich einen Stuhl an der Theke neben der Sushi-Küche und kann das ganze Getümmel beobachten.

Flying Fish
SEAFOOD $$$

(Karte S. 88; ☎ 02-9518 6677; www.flyingfish.com.au; Jones Bay Wharf; Hauptgerichte 47–49 AU$; ⊙ tgl. 12–14.30, Mo-Sa 18–22.30 Uhr; ▣ The Star) Hinter den Architekturbüros und Investment Groups an der Jones Bay Wharf liegt dieses romantische Meeresfrüchterestaurant. Die Lichter der Stadt entfalten hier ihren Zauber; hinzu kommen das exzellente Essen und eine umfangreiche Cocktailkarte. Neben all der Romantik gibt's hier noch die coolsten Toiletten der Stadt: Die durchsichtige Glasscheibe verwandelt sich in Milchglas, sobald man die Tür schließt.

✖ Ultimo, Glebe & Chippendale

★ Ester
MODERN-AUSTRALISCH $$

(Karte S. 128; ☎ 02-8068 8279; www.ester-restaurant.com.au; 46 Meagher St; Hauptgerichte 26–36 AU$; ⊙ So 12–17, Fr 12–15, Di-Sa 18 Uhr-open end; ▣ Redfern) Das Ester bricht mit dem Trend, dass neue, hippe Restaurants keine Reservierungen annehmen. Es ist beispielhaft für die moderne Restaurantszene Sydneys: lässig, aber nicht nachlässig, innovativ, aber nicht sehr effekthascherisch, hip, aber nicht zu bemüht. Die Küche ist von Einflüssen aus aller Welt geprägt, und die Portionen sind so groß, dass man sie sich teilen kann. Wenn überhaupt möglich, Platz fürs Dessert lassen!

Glebe Point Diner
MODERN-AUSTRALISCH $$$

(Karte S. 70; ☎ 02-9660 2646; www.glebepointdiner.com.au; 407 Glebe Point Rd; Hauptgerichte 29–39 AU$; ⊙ Do-So 12–15, Mo-Sa 18–23 Uhr; ▣ Jubilee Park) Ein sensationeller Nachbarschafts-Diner, in dem nur die besten Produkte aus regionalem Anbau verwendet werden und alles, vom Brot bis zur Butter und dem Nougat zum Schluss, selbst gemacht wird. Das Essen ist einfallsreich und zugleich schlicht – und das ist eine seltene Kombination.

✖ Surry Hills

★ Bourke Street Bakery
BÄCKEREI $

(Karte S. 90; www.bourkestreetbakery.com.au; 633 Bourke St; Stück 5–14 AU$; ⊙ 8–17 Uhr; ▣ Central) Die Schlange vor der winzigen Bäckerei ist typisch für Surry Hills. Der Laden verkauft eine verführerische Auswahl von Gebäck, Kuchen, Brot und Sandwiches sowie Hotdogs, die nahezu legendär in dieser Gegend sind. Drinnen stehen ein paar Tische herum, aber an schönen Tagen ist man besser draußen.

Reuben Hills
CAFÉ $

(Karte S. 90; www.reubenhills.com.au; 61 Albion St; Hauptgerichte 12–18 AU$; ⊙ 7–16 Uhr; ☎; ▣ Central) Im hippen Reuben Hills erwarten den Gast Industriedekor und lateinamerikanische Küche. Neben sortenreinem Kaffee und Brathähnchen gibt's auch leckere Eier, Tacos und *baleadas* (Honduranische Tortillas).

Sample Coffee
CAFÉ $

(Karte S. 90; www.samplecoffee.com.au; 118 Devonshire St; Stück 3–5 AU$; ⊙ Mo-Fr 6.30–16 Uhr; ▣ Central) Wen angesichts der Alpenlandschaft an der Wand plötzlich die Lust zum Jodeln überkommt, der schiebt sich besser schnell einen der köstlichen, saftigen Muffins in den Mund. Das Angebot ist auf ein paar schöne, süße Dinge begrenzt, die zum Kaffee passen, der aber ohnehin das Highlight hier ist. Der Eingang liegt an der Holt St.

Le Monde
CAFÉ $

(Karte S. 90; www.lemondecafe.com.au; 83 Foveaux St; Hauptgerichte 9–18 AU$; ⊙ Mo-Fr 6.30–16, Sa 7.30–14 Uhr; ▣ Central) Mit das beste Frühstück in Sydney bekommt man in diesem kleinen Straßencafé mit nüchtern-dunklen Holzwänden. Bei erstklassigem Kaffee oder einer tollen Auswahl von Tees fühlt man sich der Welt gleich wieder gewachsen.

Spice I Am
THAI $

(Karte S. 86; www.spiceiam.com; 90 Wentworth Ave; Hauptgerichte 12–19 AU$; ⊙ Di-So 11.30–15.30 & 17.45–22 Uhr; ☎; ▣ Central) Einst war der kleine Laden der Sammelplatz für Auslands-Thais, aber mittlerweile reicht die

Schlange bis vor die Tür. Kein Wunder, alles was wir von den mehr als 70 zur Auswahl stehenden Gerichten auf der Karte probiert haben, ist superlecker und superscharf. Der Laden ist so erfolgreich, dass die Betreiber eine gehobenere Filiale in **Darlinghurst** (Karte S. 92; 02-9332 2445; 296–300 Victoria St; Hauptgerichte 18–30 AU$; Do–So 11.30–15.30, tgl. 17.45–22.30 Uhr; ; Kings Cross) eröffnet haben.

Devon CAFÉ $$
(Karte S. 90; www.devoncafe.com.au; 76 Devonshire St; Hauptgerichte 14–21 AU$; tgl. 7–16.30, Do–Sa 18–22 Uhr) Wer Appetit auf den guten, alten Schinken mit Ei hat, ist hier an der richtigen Adresse. Das Devon bedient sich aus den verschiedenen Küchen des multikulturellen Australiens und hält somit eine extrem einfallsreiche Karte mit vielen Abwandlungen althergebrachter Spezialitäten bereit. Es gibt sogar ein „Ogre's Happy Meal" (offenbar Ochsenzunge – aber uns war nicht danach).

Porteño ARGENTINISCH $$
(Karte S. 90; 02-8399 1440; www.porteno.com.au; 358 Cleveland St; Teller zum Teilen 15–48 AU$; Di–Sa 18–24 Uhr; Central) Lämmer und Spanferkel werden acht Stunden lang am Spieß gebraten, ehe das gerühmte und sehr angesagte Restaurant, das sich der robusten Fleischgerichte der argentinischen Küche widmet, seine Türen öffnet. Man muss frühzeitig kommen, um nicht lange anstehen zu müssen; andererseits kann man sich die Zeit, bis ein Tisch frei wird, oben in der absolut coolen Gardel's Bar vertreiben.

Longrain THAI $$
(Karte S. 86; 02-9280 2888; www.longrain.com; 85 Commonwealth St; Hauptgerichte 18–38 AU$; Fr 12–14.30, tgl. 18–23 Uhr; Central) Stammgäste strömen in das 100 Jahre alte, keilförmige Druckereigebäude, um sich an den aromatischen, modern-thailändischen Gerichten zu laben und dazu köstlich aromatisierte und ebenso leckere Cocktails zu schlürfen. Man sitzt an Gemeinschaftstischen oder an der Bar.

Bodega TAPAS $$
(Karte S. 90; 02-9212 7766; www.bodegatapas.com; 216 Commonwealth St; Tapas 12–28 AU$; Fr 12–14, Di–Sa 18–22 Uhr; Central) Die Bodega ist das coolste Produkt der Tapas-Restaurant-Explosion in Sydney. Es hat eine zwanglose Atmosphäre, gut aussehendes Personal und ein abgefahrenes Stierkampfgemälde an der Wand. Die Gerichte unterscheiden sich sehr nach Größe und Preis. Dazu gibt's spanische und lateinamerikanische Weine, Sherry, Portwein oder Bier und viel lateinamerikanisches Temperament.

Bar H ASIATISCH $$
(Karte S. 86; 02-9280 1980; www.barhsurryhills.com; 80 Campbell St; Gerichte 10–34 AU$; So 10–15, Mo–Sa 18–22.30 Uhr; Museum) Das verführerische, schicke Ecklokal mit schwarzen Wänden vereint chinesische und japanische Gerichte mit australientypischen Busch-Zutaten, was es völlig einzigartig und extrem eindrucksvoll macht. Die Gerichte unterscheiden sich sehr in ihrer Größe und sind so konzipiert, dass man sie sich teilen kann – einfach den Kellner fragen, wie groß die Portionen ausfallen!

MoVida SPANISCH $$
(Karte S. 90; 02-8964 7642; www.movida.com.au; 50 Holt St; Tapas 5–13 AU$, Raciones 17–26 AU$, Hauptgerichte 29 AU$; Mo–Sa 12 Uhr-open end; Central) Der Sydney-Ableger einer Melbourner Legende: Das MoVida serviert ausgezeichnete Tapas und *raciones* (größere Teller, die man sich teilt) und dazu eine tolle Auswahl spanischer Weine. Für einen Tisch muss man weit im Voraus reservieren; ansonsten heißt es früh kommen, um einen Platz an der Bar zu ergattern.

Single Origin Roasters CAFÉ $$
(Karte S. 86; 02-9211 0665; www.singleorigin.com.au; 60–64 Reservoir St; Hauptgerichte 13–17 AU$; Mo–Fr 6.30–16 Uhr; Central) Mitten im tiefsten Backsteindickicht von Surry Hills drehen sich draußen an den Tischen unrasierte Grafiker ihre Zigaretten, während drinnen energiegeladene Koffeinsüchtige ihr Lieblingsgebräu mixen. Dazu gibt's eine Auswahl leckerer Café-Gerichte.

El Loco MEXIKANISCH $$
(Karte S. 90; www.merivale.com.au/elloco; 64 Foveaux St; Hauptgerichte 10–18 AU$; Mo–Do 12–24, Fr & Sa bis 3, So bis 22 Uhr; Central) Auch wenn wir bedauern, dass es keinen Live-Rock im Excelsior Hotel mehr gibt, müssen wir doch zugeben, dass die hippe mexikanische Cantina, die den Saal übernommen hat, echt cool ist. Das Essen ist lecker, einfallsreich und – bei Tacos zu 5 AU$ – absolut preiswert.

Devonshire MODERN-EUROPÄISCH $$$
(Karte S. 90; 02-9698 9427; www.thedevonshire.com.au; 204 Devonshire St; Hauptgerichte 37 AU$;

Fr 12–14.30, Di-Sa 18–22 Uhr; ⓡ Central) Es ist ein langer Weg von einem mit zwei Michelin-Sternen ausgezeichneten Restaurant in Mayfair bis zur schmuddeligen, alten Devonshire St, doch in kulinarischer Hinsicht ist das für Chefkoch Jeremy Bentley nur ein Katzensprung, denn sein Essen ist einfach überragend: raffiniert, präzise angerichtet und voller Geschmack. Und auch wenn die Tische mit weißen Tischdecken bedeckt sind, ist die Atmosphäre kein bisschen steif.

4Fourteen MODERN-AUSTRALISCH $$$
(Karte S. 90; 02-9331 5399; www.4fourteen.com.au; 414 Bourke St; Hauptgerichte 30–42 AU$; Di-So 12–15, Di-Sa 18–23 Uhr; ⓡ Central) Wenn er nicht gerade damit beschäftigt ist, die Kandidaten in seinen Fernsehkochshows zu terrorisieren, findet man den irischen Chefkoch Colin Fassnidge in einem seiner Restaurants in Sydney, wo er herzhafte Fleischgerichte kreiert. Seine neueste Errungenschaft ist dieses große, lustig-lebhafte Restaurant. Wer allein kommt, kann sich einen Platz nahe der Küche schnappen und bekommt so ein Abendessen mit Showeinlage.

🍴 Darlinghurst

Messina EISDIELE $
(Karte S. 92; www.gelatomessina.com; 241 Victoria St; 2 Kugeln 6 AU$; 12–23 Uhr; ⓡ Kings Cross) Am Schalter von Sydneys außerordentlichster Eisdiele drängen sich die Leute, als hätten sie noch nie Eis gegessen. Selbst die Schönen und Reichen können den schrillen Geschmacksrichtungen wie Feige in Marsala und Salzkaramell nicht widerstehen. Die angeschlossene Dessert-Bar serviert Eisbecher.

bills CAFÉ $$
(Karte S. 92; www.bills.com.au; 433 Liverpool St; Hauptgerichte 14–25 AU$; 7.30–14.30 Uhr; ⓡ Kings Cross) Bill Granger hat fast ganz allein die Mode des stilvollen Brunchens in Sydney eingeführt. Das sonnige Eckcafé mit dem Gemeinschaftstisch voller Zeitungen ist das Original, doch inzwischen gibt es weitere Filialen in Surry Hills und Bondi Beach.

Red Lantern on Riley VIETNAMESISCH $$$
(Karte S. 92; 02-9698 4355; www.redlantern.com.au; 60 Riley St; Hauptgerichte 36–39 AU$; Do & Fr 12–15, tgl. 18–22 Uhr; ⓡ Museum) Das stimmungsvolle Restaurant wird von den Fernsehmoderatoren Luke Nguyen (*Luke Nguyen's Vietnam*), Mark Jensen (*Ready Steady Cook*) und Pauline Nguyen (Autor des hervorragenden autobiografisch angereicherten Kochbuchs *Secrets of the Red Lantern*) betrieben und serviert moderne Abwandlungen vietnamesischer Klassiker.

🍴 Woolloomooloo

Toby's Estate CAFÉ $
(Karte S. 92; 02-9358 1196; www.tobysestate.com.au; 129 Cathedral St; Gerichte 10–15 AU$; 7–16 Uhr; ; ⓡ St. James) Kaffee ist zweifellos der Star der coolen, kleinen dunkelgrauen Kaffeerösterei – und der ist schön stark, perfekt aufgegossen und kommt in der Regel aus fairem Handel. Aber man kann hier auch prima schnell ein Sandwich, einen vegetarischen Wrap oder einen fetten Muffin verdrücken.

Aki's INDISCH $$
(Karte S. 92; 02-9332 4600; www.akisindian.com.au; 1/6 Cowper Wharf Rdwy; Hauptgerichte 22–36 AU$; So-Fr 12–22, Sa 18–22.30 Uhr; ; ⓡ Kings Cross) Das erste Lokal, dem man am Kai von Woolloomooloo begegnet, ist das Aki's. Und weiter braucht man auch gar nicht gehen, denn das Restaurant bietet hübsch angerichtete, intuitiv zusammengestellte indische Gerichte und dazu eine sechsseitige Weinkarte mit australischen und ausländischen Tropfen.

Otto Ristorante ITALIENISCH $$$
(Karte S. 92; 02-9368 7488; www.ottoristorante.com.au; 8/6 Cowper Wharf Rdwy; Hauptgerichte 41–59 AU$; 12–15 & 18–23 Uhr; ⓡ Kings Cross) Mal abgesehen von der herrlichen Lage am Wasser und der erlesenen Kundschaft – das Otto ist schon deshalb einmalig, weil es mit Gerichten wie *strozzapreti con gamberi* (Pasta mit frischen Yamba-Garnelen, Tomaten, Chili und schwarzen Oliven) praktisch ganz allein die italienische Küche Sydneys ins neue Jahrhundert geführt hat. Reservierung unerlässlich!

China Doll ASIATISCH $$$
(Karte S. 92; 02-9380 6744; www.chinadoll.com.au; 4/6 Cowper Wharf Rdwy; Hauptgerichte 34–46 AU$; 12–14.30 & 19 Uhr–open end; ⓡ Kings Cross) Mit Blick auf die Woolloomooloo-Marina und die Skyline der Stadt genießt man hier die köstlichen, einfallsreichen Gerichte mit Einflüssen aus ganz Asien. Die Portionen sind groß gehalten, damit man sich einen Teller teilen kann. Wer allein hier

Kings Cross & Potts Point

Room 10 CAFÉ $
(Karte S. 92; 10 Llankelly Pl; Hauptgerichte 9-14 AU$; ⊙7-16 Uhr; ⓡKings Cross) Wer Baskenmütze und einen Bart trägt und süchtig nach Kaffee ist, wird in dem winzigen Raum gleich seine geistige Heimat in Kings Cross erkennen. Das Essen beschränkt sich auf Sandwiches, Salate und dergleichen – lecker und unkompliziert.

Harry's Cafe de Wheels FASTFOOD $
(Karte S. 92; www.harryscafedewheels.com.au; Cowper Wharf Rdwy; Stück 5-7 AU$; ⊙So 9-1, Mo-Sa 8.30-3 Uhr; ⓡKings Cross) Das Harry's gibt's schon seit 1938 (mit Ausnahme der paar Jahre, in denen der Begründer Harry „der Tiger" Edwards bei der Armee war). Hier haben sich schon Stars wie Pamela Anderson, Frank Sinatra und Colonel Sanders mit Fleischpasteten versorgt. Man darf keinesfalls gehen, ohne einen „Tiger" probiert zu haben – eine heiße Fleischpastete mit labbrigen Erbsen, Kartoffelbrei, Braten- und Tomatensauce.

Piccolo Bar CAFÉ $
(Karte S. 92; www.piccolobar.com.au; 6 Roslyn St; Hauptgerichte 6-16 AU$; ⊙8-16 Uhr; ☎; ⓡKings Cross) Das winzige Café ist ein Überbleibsel des alten künstlerisch-alternativen Cross und hat sich in den mehr als 60 Jahren kaum verändert. Die Wände sind mit Fotos von Filmstars bedeckt, und Vittorio Bianchi versorgt seine Gäste wie seit 40 Jahren schon mit starkem Kaffee, Omeletts und jeder Menge rauem Charme.

Ms. G's ASIATISCH $$
(Karte S. 92; ☎02-9240 3000; www.merivale.com/msgs; 155 Victoria St; Hauptgerichte 25-38 AU$; ⊙So 13-21, Fr 12-15, Mo-Sa 18-23 Uhr; ⓡKings Cross) Mit seinem ironisch-respektlosen Zugriff auf die asiatische Küche ist das Ms. G's auf jeden Fall ein Erlebnis. Es kann hier laut, hektisch und furchtbar hip zugehen, aber die abenteuerlichen Kombinationen panasiatischer und europäischer Geschmacksrichtungen sorgen in Sydney für jede Menge Gesprächsstoff.

Cho Cho San JAPANISCH $$
(Karte S. 92; ☎02-9331 6601; www.chochosan.com.au; 73 Macleay St; Hauptgerichte 14-36 AU$; ⊙Fr-So 12-15, tgl. 18-23 Uhr; ⓡKings Cross) Man betritt das schicke japanische Restaurant durch die glänzende Schiebetür aus Messing und nimmt an dem Gemeinschaftstisch aus poliertem Beton Platz, der sich der Länge nach durch den Raum zieht. Das Essen ist so kunstvoll wie das Ambiente: Es gibt köstliche *izakaya*-Häppchen von der Rohkostbar und vom *hibachi*-Grill.

Fratelli Paradiso ITALIENISCH $$
(Karte S. 92; www.fratelliparadiso.com; 12-16 Challis Ave; Frühstück 12-14 AU$, Hauptgerichte 22-31 AU$; ⊙7-23 Uhr; ⓡKings Cross) In der schummerigen Trattoria drängt sich die Warteschlange an der Tür (vor allem an Wochenenden). In dem traulichen Speisesaal gibt es saisonale italienische Gerichte, die mit mediterranem Pfiff zubereitet und serviert werden. Man sieht viele geschäftige, schwarz gekleidete Kellner und jede Menge übergroße Sonnenbrillen und hört viel italienisches Geplauder. Keine Reservierung möglich.

Wilbur's Place CAFÉ, BISTRO $$
(Karte S. 92; www.wilbursplace.com; 36 Llankelly Pl; Brunch 9-19 AU$, Abendessen 28 AU$; ⊙Sa 8-15, Di-Sa 17-21.30 Uhr; ⓡKings Cross) Mit wenigen Sitzbänken drinnen und ein paar Tischen draußen auf der Gasse ist das winzige Wilbur's ein zwangloser Ort für einen schnellen Happen auf der angesagtesten Café-Meile im Cross. Hier gibt's kundig zusammengestellte schlichte Speisen ohne Schnickschnack.

Paddington & Woollahra

Vincent FRANZÖSISCH $$
(Karte S. 96; ☎02-8039 1500; www.vincentfrench.com.au; 14 Queen St; Hauptgerichte 26-36 AU$; ⊙Fr-So 12-15, Di-So 18-23 Uhr; ⓡ380) Die verglaste Terrasse des Hughenden Hotel bildet das charmante, zwanglose Ambiente für dieses flotte Bistro. Auf der exzellenten Speisekarte finden sich Klassiker wie Käse-Soufflé, reichhaltige Terrinen, gebratene Steaks mit Butter und das alles übertreffende, langsam gegarte Lammkarree.

Four in Hand MODERN-AUSTRALISCH $$$
(Karte S. 70; ☎02-9362 1999; www.fourinhand.com.au; 105 Sutherland St; Hauptgerichte 34-42 AU$; ⊙Di-So 12-14.30 & 18 Uhr-open end; ⓡEdgecliff) In Paddington stolpert man überall über schöne, alte Pubs mit tollem Essen. Dieser hier ist der beste unter ihnen und berühmt für seine langsam gegarten Fleischgerichte, bei denen alles von den Tieren, von

Kopf bis Schwanz, verarbeitet wird. Es gibt aber auch superfrische Meeresfrüchtegerichte und eine Auswahl leckerer Desserts. Das Speiseangebot an der Bar (Hauptgerichte 19–29 AU$) ist erschwinglicher.

Chiswick Restaurant MODERN-AUSTRALISCH $$$
(Karte S. 96; 02-8388 8633; www.chiswickrestaurant.com.au; 65 Ocean St; Hauptgerichte 31–38 AU$; 12–14.30 & 18–22 Uhr; 389) Eine Berühmtheit mag im Mittelpunkt stehen (der TV-Promi Matt Moran), aber der eigentliche Star der Show ist der hübsche Küchengarten, der sich um das Restaurant zieht und bestimmt, was auf die Speisekarte kommt. Auch Fleisch von der Familienfarm der Morans und Meeresfrüchte aus der Region sind prominent vertreten.

Eastern Beaches

Three Blue Ducks CAFÉ $$
(Karte S. 70; 02-9389 0010; www.threeblueducks.com; 141–143 Macpherson St, Bronte; Frühstück 16–25 AU$, Mittagessen 24–31 AU$, Abendessen 28–32 AU$; So–Di 7–14.30, Mi–Sa 7–14.30 & 18–23 Uhr; 378) Die drei Enten müssten ein ganzes Stück zum Wasser watscheln, aber das verhindert nicht, dass sich zum Wochenend-Brunch lange Schlangen vor den mit Graffiti übersäten Mauern bilden. Die wagemutigen Betreiber setzen, wo es möglich ist, auf örtliche Bioprodukte und Zutaten aus fairem Handel.

A Tavola ITALIENISCH $$
(Karte S. 98; 02-9130 1246; www.atavola.com.au; 75 Hall St, Bondi; Hauptgerichte 22–38 AU$; Mi–So 12–15, tgl. 17.30–23 Uhr) Das A Tavola in Bondi führt die Tradition seines Vetters in Darlinghurst weiter und nutzt vor Öffnung des Lokals den langen Gemeinschaftstisch aus Marmor als Knetbank für die Nudeln. Hier erwarten einen kräftige Aromen, sexy Kellner und leckere hausgemachte Pasta.

Lox, Stock & Barrel DINER, DELI $$
(Karte S. 98; 02-9300 0368; www.loxstockandbarrel.com.au; 140 Glenayr Ave, Bondi; Frühstück & Mittagessen 11–18 AU$, Abendessen 29 AU$; tgl. 7–15.30, Mi–So 18 Uhr–open end) Man starrt auf die Kiste mit dampfend heißen Bagels hinunter und fragt sich: Reuben-Sandwich mit Wagyū-Cornedbeef oder doch lieber hausgemachte Pastrami mit russischem Krautsalat? Abends stehen Steak, Lammkarree und langsam gegrillte Auberginen auf der Karte.

Bondi Trattoria ITALIENISCH $$
(Karte S. 98; 02-9365 4303; www.bonditrattoria.com.au; 34 Campbell Pde, Bondi; Frühstück 9–19 AU$, Mittagessen 17–29 AU$, Abendessen 19–36 AU$; 8 Uhr–open end; 380) Wer in Bondi brunchen will, kommt an der verlässlichen „Trat" nicht vorbei. Draußen stehen Tische auf der Campbell Pde für alle, die beim Essen auf den Strand blicken wollen. Das Ambiente drinnen entspricht dem einer traditionellen Trattoria: Holztische, die obligatorische Wandmalerei aus der Toskana und Schwarzweißfotos. Später am Tag bestimmen Pizza, Pasta und Risotto die Speisekarte.

Icebergs Dining Room ITALIENISCH $$$
(Karte S. 98; 02-9365 9000; www.idrb.com; 1 Notts Ave; Hauptgerichte 40–48 AU$; Di–So 12–15 & 18.30–23 Uhr; 380) Über dem berühmten Icebergs Swimming Pool thront das Icebergs mit tollem Blick auf den halbmondförmigen Bondi Beach und das Meer. Drinnen servieren Kellner mit Fliege frische Meeresfrüchte aus nachhaltiger Produktion und schwungvoll zubereitete Steaks. Um den Geldbeutel nicht zu sehr zu belasten, kommt man besser mittags auf ein Pastagericht mit Salat.

Bronte Road Bistro FRANZÖSISCH $$$
(Karte S. 70; 02-9389 3028; www.bronteroadbistro.com; 282 Bronte Rd, Waverley; Hauptgerichte 34 AU$; Sa & So 12–14.30, Di–Sa 17.30–21.30 Uhr; 314-317) Das freundliche Nachbarschaftsbistro bietet eine allseits beliebte Auswahl französischer Gerichte.

Newtown & Umgebung

Mary's BURGER $
(Karte S.128; 6 Mary St; Hauptgerichte 14 AU$; Mo–Sa 16–24, So 12–22 Uhr; Newtown) Wer sich von dem schmuddeligen Anblick, dem ohrenbetäubenden Heavy Metal und der Tatsache, dass in dem Gebäude vorher eine Klinik für Sexualkrankheiten und eine Freimaurerloge untergebracht waren, nicht abschrecken lässt, der findet im Zwischengeschoss der schummrig beleuchteten Hipster-Bar einige der besten Burger und Brathähnchen der Stadt.

Black Star Pastry BÄCKEREI $
(Karte S.128; www.blackstarpastry.com.au; 277 Australia St; 7–17 Uhr; Newtown) Wer klug ist, folgt dem schwarzen Stern, denn dort gibt's exzellenten Kaffee, eine große Auswahl süßer Sachen und

Newtown

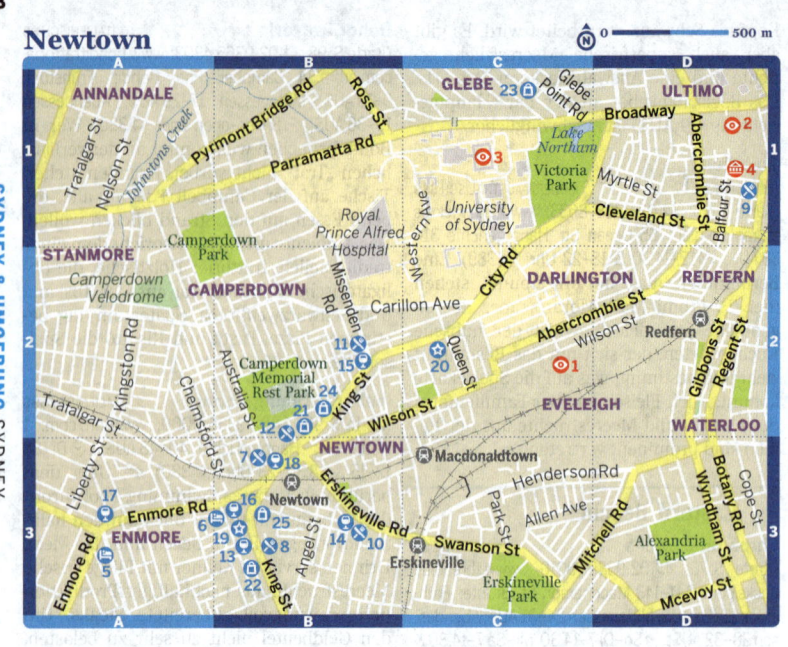

Newtown

◉ Sehenswertes
1. Carriageworks C2
2. Central Park D1
   Macleay Museum .... (siehe 3)
   Nicholson Museum .... (siehe 3)
   University Art Gallery .... (siehe 3)
3. University of Sydney C1
4. White Rabbit D1

⊜ Schlafen
5. Tara Guest House A3
6. Urban Hotel B3

⊗ Essen
7. Black Star Pastry B3
8. Bloodwood B3
9. Ester D1
   Eveleigh Farmers' Market .... (siehe 1)
10. Fleetwood Macchiato B3
11. Luxe B2
12. Mary's B2

⊙ Ausgehen & Nachtleben
13. Earl's Juke Joint B3
14. Imperial Hotel B3
15. Marlborough Hotel B2
16. Midnight Special B3
17. Sly Fox A3
18. Zanzibar B3

⊙ Unterhaltung
19. Newtown Social Club B3
20. Vanguard C2

⊙ Shoppen
21. Better Read Than Dead B2
22. Faster Pussycat B3
23. Glebe Markets C1
24. Quick Brown Fox B2
25. Reclaim B3

ein paar sehr gute herzhafte Speisen (Gourmet-Pies etc.). Es gibt nur ein paar Tische; man holt sich hier eher einen Snack zum Mitnehmen oder für ein Picknick im Park.

Fleetwood Macchiato CAFÉ $
(Karte S.128; 43 Erskineville Rd; Hauptgerichte 9–18 AU$; ⊙7–15 Uhr; ⊘; ⊠Erskineville) Dies ist wohl der beste Name schlechthin für ein Café. Hier gibt's hervorragenden Kaffee, köstliches warmes Frühstück, leckere Sandwiches sowie Kuchen, Konserven, sauer eingelegtes Gemüse, Joghurt und Mayonnaise aus Eigenherstellung.

Luxe CAFÉ $$
(Karte S.128; www.luxesydney.com.au; 191 Missenden Rd; Frühstück 8–20 AU$, Mittagessen

11–22 AU$; 8–16 Uhr; Macdonaldtown) Das Campos nebenan ist vielleicht der Gipfel der Sydneyer Kaffeekultur, aber wer sich hinsetzen, in Ruhe Zeitung lesen und etwas Substanzielleres essen will, ist im Luxe besser aufgehoben. Auf der Karte stehen warmes Frühstück, Pasta und Burger, und an der Theke des industriell-schicken Bäckerei-Cafés stapeln sich die dicken Sandwiches, saftigen Kuchen und delikaten Tartes.

Bloodwood MODERN-AUSTRALISCH $$
(Karte S. 128; 02-9557 7699; www.bloodwood newtown.com; 416 King St; Gerichte 9–30 AU$; Mo–Fr 17–23, Sa & So 12–23 Uhr; Newtown) An der Bar vorn entspannt man sich bei ein paar Drinks und den schön aufgebauten kleinen Tellern (besonders lecker sind die Polenta-Chips!), oder man geht gleich nach hinten und erfreut sich an den gut durchdachten und fachmännisch zubereiteten Gerichten aus aller Welt. Das Ambiente ist im industriell-schicken Stil gehalten, und die Atmosphäre alternativ – typisch für Newtown.

Balmain

Riverview Hotel & Dining MODERN-BRITISCH $$
(Karte S. 70; 02-9810 1151; www.theriverview hotel.com.au; 29 Birchgrove Rd, Balmain; Pizza 20–22 AU$, Hauptgerichte 28–33 AU$; 12–23 Uhr; Balmain) Der Chefkoch des Riv, Brad Sloane, hat in London unter dem legendären Marco Pierre White gearbeitet. Auslands-Briten strömen hierher, um in dem eleganten Speiseraum im Obergeschoss seine Gerichte, bei denen alles Fleisch von Kopf bis Schwanz verarbeitet wird, zu probieren, während sich unten in der Bar die Einheimischen bei Pizza vergnügen.

Manly

Barefoot Coffee Traders CAFÉ $
(Karte S. 103; 18 Whistler St; Stück 3–6 AU$; 6.30–17.30 Uhr; Manly) Das Barefoot steht für eine neue Welle der Manly-Coolness. Der von Surfern betriebene Laden gerade mal von der Größe eines Badezimmers serviert Bio-Kaffee aus fairem Handel. Das Essen beschränkt sich auf belgische Schokowaffeln, die hervorragend zu einem Macchiato passen.

Chat Thai THAILÄNDISCH $
(Karte S. 103; 02-9976 2939; www.chatthai. com.au; Manly Wharf; Hauptgerichte 10–18 AU$; 11–21.30 Uhr; Manly) Direkt in der Manly Wharf befindet sich diese Filiale des beliebten Thaitown-Lokals (S. 122), das zwar keinen Blick auf den Hafen, aber viel Geschmackvolles bietet.

Hugos Manly ITALIENISCH $$
(Karte S. 103; 02-8116 8555; www.hugos.com. au; Manly Wharf; Pizza 20–28 AU$, Hauptgerichte 32–38 AU$; 12–24 Uhr; Manly) Alles in allem hat das Hugos Manly eine noch schönere Lage als sein Original in Kings Cross, serviert aber die gleichen beliebten Pizzas. Dazu gibt's einen tollen Blick auf den Hafen und ein umfangreicheres Angebot italienischer Speisen. Die engagierten Angestellten mixen auch Cocktails, oder man schaut einfach auf ein kaltes Bier rein.

Northern Beach

Boathouse CAFÉ $$
(www.theboathousepb.com.au; Governor Phillip Park, Palm Beach; Hauptgerichte 25 AU$; 7.30–16 Uhr; L90, 190) Im beliebtesten Café von Palm Beach haben Gäste die Wahl zwischen einem Platz auf der großen Holzterrasse mit Blick auf Pittwater oder einem Tisch auf dem Rasen davor. Das Essen (unbedingt das sagenhafte Fish & Chips oder die tollen Salate probieren!) ist fast so eindrucksvoll wie die Aussicht – und das will etwas heißen!

Pilu at Freshwater ITALIENISCH $$$
(02-9938 3331; www.piluatfreshwater.com. au; Moore Rd, Freshwater; Hauptgerichte 45 AU$; Di–So 12–14.30, Di–Sa 18–23 Uhr; 139) Das mehrfach preisgekrönte sardische Restaurant in einem denkmalgeschützten Strandhaus mit Blick auf den Ozean serviert Spezialitäten wie im Ofen gegartes Spanferkel und traditionelles Fladenbrot. Am besten bestellt man sich das üppige Verkostungsmenü (ab 105 AU$), sodass man auch keine neidischen Blicke auf das Essen der anderen Leute werfen muss.

Ausgehen & Nachtleben

Kneipen sind ein wesentlicher Bestandteil von Sydneys gesellschaftlichem Leben. Wer Lust auf einen *schooner* (in New South Wales: ein großes Glas) Bier hat, kann zwischen prächtigen Gebäuden aus dem 19. Jh., höhlenartigen Art-dèco-Kneipen, kleinen, modernen und minimalistischen Läden und allen möglichen Mischformen wählen. Bars sind in der Regel stylisher und urbaner und

> **ⓘ SPERRSTUNDE & LETZTE RUNDE**
>
> Um alkoholbedingte Gewalttaten einzudämmen, wurden in einem großen Gebiet der zentralen Innenstadt inklusive The Rocks, Circular Quay, Woolloomooloo, Kings Cross, Darlinghurst, Haymarket und der Ostseite von Darling Harbour die Gesetze zum Alkoholausschank verschärft.
>
> Innerhalb dieser Zone dürfen Lokale mit Alkoholausschank nach 1.30 Uhr keine neuen Gäste mehr einlassen. Wer schon vorher da ist, kann noch bis 3 Uhr mit alkoholischen Getränken bedient werden.
>
> Diese Regelung hatte große Auswirkungen auf Kings Cross, das bis dahin eine der größten Partymeilen der Stadt war. Es gibt zwar noch immer ein paar Clubs, die durchhalten und nach 3 Uhr eben nur noch nicht-alkoholische Getränke servieren, aber der Großteil der nächtlichen Aktivität hat sich in die umliegenden Viertel wie Newtown und Double Bay verlagert.

haben manchmal eine bestimmte Kleiderordnung.

Es gibt eine lebendige Livemusikszene, gute Tanzclubs sind jedoch seltsamerweise Mangelware.

🍸 The Rocks & Circular Quay

Lord Nelson Brewery Hotel PUB, BRAUEREI
(Karte S. 74; ☏ 02-9251 4044; 19 Kent St; ⊙11–23 Uhr; ⓡCircular Quay) Das 1836 erbaute stimmungsvolle Sandsteinhaus wurde 1841 in einen Pub umgebaut. Dies hier ist einer von drei Pubs, die von sich behaupten, der älteste in Sydney zu sein (und alle gehen sie von verschiedenen Kriterien aus). Die Kleinbrauerei vor Ort braut ihre eigenen Ales aus natürlichen Zutaten (das Old Admiral probieren!).

Hero of Waterloo PUB
(Karte S. 74; www.heroofwaterloo.com.au; 81 Lower Fort St; ⊙10–23 Uhr; ⓡCircular Quay) In dem 1843 aus Feldsteinen erbauten Pub kann man Einheimische treffen, mit dem irischen Barpersonal plaudern und ein wenig Swing, Folk oder keltische Musik hören (Fr-So). In den Kerker unten wurden früher die Betrunkenen verfrachtet, bevor man sie durch einen direkt zum Hafen führenden Tunnel auf die Schiffe schanghaite.

Fortune of War PUB
(Karte S. 74; www.fortuneofwar.com.au; 137 George St; ⊙So–Do 9–24, Fr & Sa bis 3 Uhr; ⓡCircular Quay) Der Pub von 1828 hat sich viel von seinem ursprünglichen Charme bewahrt, und manche Gäste sehen auch so aus, als seien sie noch von damals übrig geblieben. Donnerstags, freitags und samstags gibt's abends Livemusik und an den Wochenenden nachmittags.

Harts Pub KNEIPE
(Karte S. 74; www.hartspub.com; Ecke Essex St & Gloucester St; ⊙12–24 Uhr; ⓡCircular Quay) Die Auswahl von gebrauten Biersorten, der Rugby-Tipp-Wettbewerb und die supergute Kneipenkost erfreuen sich bei Einheimischen großer Beliebtheit.

Opera Bar BAR, LIVEMUSIK
(Karte S. 74; www.operabar.com.au; unteres Foyer, Sydney Opera House; ⊙Mo–Fr 11.30–24, Sa & So 9–24 Uhr; ⓡCircular Quay) Direkt am Hafen mit dem Opernhaus zur einen und der Harbour Bridge zur anderen Seite hat diese Terrasse die ideale Lage für ihre sydneytypische Mischung aus entspannt und raffiniert. Dank der erst kürzlich erfolgten Übernahme durch Starkoch Matt Moran ist auch das Essen hier inzwischen erstklassig. An den meisten Abenden gibt's Livemusik, oder es legen DJs auf.

Blu Bar on 36 COCKTAILBAR
(Karte S. 74; www.shangri-la.com; Level 36, 176 Cumberland St; ⊙17–24 Uhr; ⓡCircular Quay) Die Drinks sind zwar ein bisschen teurer als anderswo, aber der Blick vom Dach des Shangri-La Hotel, der bis nach Neuseeland zu reichen scheint, macht dies wieder wett. Der offizielle Dresscode ist schick-leger – wer jedoch zu leger kommt, wird eventuell abgewiesen.

🍸 Zentrum

Baxter Inn BAR
(Karte S. 74; www.thebaxterinn.com; 152–156 Clarence St; ⊙Mo–Sa 16–1 Uhr; ⓡTown Hall) Wer der dunklen Gasse folgt und die unbeschilderte Tür durchschreitet, findet sich in dieser selbst ernannten, jedoch höchst hippen „Spelunke" wieder, in der vor allem Whisky serviert wird und das freundliche Personal an der Bar seinen Job wirklich hervorragend versteht.

Frankie's Pizza BAR
(Karte S. 74; www.frankiespizzabytheslice.com; 50 Hunter St; So–Do 16–3, Fr & Sa 12–3 Uhr; Martin Place) Steigt man die Treppen hinunter, glaubt man in einer Pizzeria der 1970er-Jahre mit Plastik-Weinreben, Schnappschüssen an den Wänden und leckeren Pizzastücken für 6 AU$ angekommen zu sein. Aber öffnet man die unscheinbare Tür an der Ecke, offenbart sich ein Indie-Wunderland. Hier spielen an mindestens vier Abenden in der Woche Bands (dienstags kann man sie beim Karaoke live begleiten), und eine weitere Bar versteckt sich darunter.

Establishment BAR
(Karte S. 74; www.merivale.com/establishmentbar; 252 George St; Mo–Sa 11 Uhr–open end, So 12–22 Uhr; Wynyard) Die Ansammlung gut betuchter Besucher beweist, dass die Kunst des Cocktailschlürfens nach einem anstrengenden Tag in der City nicht untergegangen ist. Man sitzt entweder an der majestätischen Marmortheke der Bar, in dem schicken Hof oder macht es sich auf einem Ledersofa gemütlich, während die Börsenmakler für ihre Neueroberungen ihre Telefonnummern auf die Rückseite von Glasuntersetzern kritzeln.

Marble Bar BAR
(Karte S. 74; www.marblebarsydney.com.au; UG, 488 George St; So–Do 16–24, Fr & Sa bis 2 Uhr; Town Hall) Diese schmucke Kellerbar, die 1893 für unglaubliche 32 000 £ als Teil des Adams Hotel an der Pitt St erbaut wurde, ist einer der besten Orte, um sich einmal so richtig in Schale zu werfen. Von Mittwoch bis Samstag spielen Musiker alles von Jazz bis Funk.

Als das Adams 1968 abgerissen wurde, wurden alle Marmorblöcke, Holzverzierungen und Bronze-Kapitele sorgsam demontiert, restauriert und dann hier wieder zusammengesetzt.

Grandma's COCKTAILBAR
(Karte S. 74; www.grandmasbarsydney.com.au; UG, 275 Clarence St; Mo–Fr 15–24, Sa 17–1 Uhr; Town Hall) Die Bar preist sich selbst als „retrosexuellen Hafen kosmopolitischen Kitschs und verblichenen Oma-Glamours" an und trifft damit voll ins Schwarze. Ein Hirschgeweih empfängt einen an der Treppe und geleitet einen in diese winzige unterirdische Welt mit Papageientapete und Schirmchencocktails. Da muss die überraschend coole Oma von jemandem richtig stolz sein!

O Bar COCKTAILBAR
(Karte S. 74; www.obardining.com.au; Level 47, Australia Sq, 264 George St; 17 Uhr–open end; Wynyard) Mit rund 20 AU$ für einen Cocktail sind die Drinks in dieser sich drehenden Bar im 47. Stock nicht gerade billig, aber immer noch billiger als der Eintritt in den Sydney Tower – und dazu noch viel glamouröser. Die Aussicht ist wirklich wundervoll.

Rook COCKTAILBAR
(Karte S. 74; www.therook.com.au; L7, 56-58 York St; Mo–Fr 12–24, Sa 16–24 Uhr; St. James) Die überdachte Bar auf der Dachterrasse scheint mit ihrem gewollt zerrauften Look für zu Börsenmaklern gewandelte Hippies eingerichtet worden zu sein. Sie serviert ordentliche Cocktails, ist aber nicht gerade billig. Irgendwie scheint es irrwitzig, sich für 50 AU$ einen Hummer Thermidor zu leisten und anschließend einen frittierten Mars-Riegel hinterherzuschieben.

Good God Small Club BAR, CLUB
(Karte S. 86; www.goodgodgoodgod.com; 55 Liverpool St; Frontbar Eintritt frei, Club Eintrittspreis variiert; Mi 17–23, Do bis 1, Fr & Sa bis 3 Uhr; Town Hall) Hinten im Good God, das in einer ehemaligen unterirdischen Taverne nahe Chinatown untergebracht ist, spielen Livebands im Club verschiedene Musikrichtungen, von Indie und jamaikanischem Reggae über Soul der 1950er und Rockabilly bis hin zu tropischem House. Punktet vor allem mit toller Musik, nicht mit glamourösem Ambiente!

Slip Inn & Chinese Laundry PUB, CLUB
(Karte S. 88; www.merivale.com.au/chineselaundry; 111 Sussex St; Club 20–30 AU$; Mo–Fr 11 Uhr–open end, Sa 16 Uhr–open end; Wynyard) In dem Labyrinth aus stimmungsvollen Räumen am Rand von Darling Harbour vergnügt sich eine junge Klientel. Es gibt Bars, Billardtische, einen Biergarten und mexikanisches Essen von El Loco. Freitag- und samstagabends durchdringen Bassklänge den angrenzenden Nachtclub Chinese Laundry.

Spice Cellar BAR, CLUB
(Karte S. 74; www.thespicecellar.com.au; 58 Elizabeth St; Bar Mi–Fr 16 Uhr–open end & Sa 19 Uhr–open end, Club Do–So 21 Uhr–open end; Martin Place) Es geht nach unten in den schicken Kellerbunker, wo man in der Lounge-Bar Cocktails schlürft. Der angeschlossene Club hat einen der heißesten Dance Floors Syd-

SCHWULEN- & LESBENSZENE IN SYDNEY

Schwule und Lesben aus ganz Australien, Neuseeland und aus aller Welt zieht es in die verlockende Stadt; sie bereichern die sichtbare, lautstarke Gemeinde, die aus dem sozialen Gefüge der Stadt nicht wegzudenken ist. Die Einheimischen beklagen zwar, dass es nicht mehr so bunt zugehe wie einst, aber Sydney ist dennoch zweifellos immer noch eine der großen schwul-lesbischen Städte der Welt.

Darlinghurst und Newtown sind traditionell die Hochburgen der Szene, aber in allen innerstädtischen Vierteln gibt es einen überdurchschnittlichen Anteil schwuler und lesbischer Einwohner. Die meisten Schwulentreffs liegen im zu Darlinghurst gehörenden Abschnitt der Oxford St. Trotzdem finden einige der besten Events in gemischten Pubs statt; dazu zählen der Lesbenabend mittwochs im Zanzibar (Karte S. 128; 02-9519 1511; www.zanzibarnewtown.com.au; 323 King St; Mo–Sa 10–4, So 11–24 Uhr; Newtown) und im Sly Fox (Karte S. 128; www.theslyfoxhotel.com; 199 Enmore Rd; Mo–Do 10–3, Fr & Sa bis 18 Uhr; Newtown) sowie die legendäre Matinee sonntags im Beresford (Karte S. 92; www.merivale.com.au/theberesfordhotel; 354 Bourke St; 12–24 Uhr; Central).

Das größte Event im Veranstaltungskalender ist der berühmte Mardi Gras (S. 111). Dazu gehören ein zweiwöchiges Festival, ein Umzug, der bis zu einer halben Million Zuschauer anlockt, und eine riesige Tanzparty.

Zur kostenlosen Schwulenpresse zählen LOTL (www.lotl.com), der Star Observer (www.starobserver.com.au) und SX (www.gaynewsnetwork.com.au).

Zu den Veranstaltungsstätten gehören:

Imperial Hotel (Karte S. 128; www.theimperialhotel.com.au; 35 Erskineville Rd; Eintritt frei–15 AU$; So–Do 15–24, Fr & Sa bis 5 Uhr; Erskineville) Das im Art-déco-Stil erbaute Imperial ist berühmt als Kulisse von *Priscilla, Königin der Wüste*. Die Bar vorn ist ein munterer Ort, um Billard zu spielen oder Bekanntschaften zu schließen. Samstags verlagert sich die Action in den Kellerclub. Und in der Kabarett-Bar lebt die Legende von Priscilla weiter.

Arq (Karte S. 92; www.arqsydney.com.au; 16 Flinders St; Do & So 21–5, Fr & Sa 21–12 Uhr; Museum) Wenn Noah seine Arche mit schwulen Clubgängern hätte füllen sollen, wäre er hier mit großem Fischernetz und ein paar Tranquilizern angerückt. In dem schicken Megaclub gibt's eine Cocktailbar, einen Erholungsraum und zwei Tanzflächen mit elektrisierendem House, Dragshows und einer hyperaktiven Nebelmaschine.

Midnight Shift (Karte S. 92; 02-9358 3848; www.themidnightshift.com.au; 85 Oxford St; Eintritt 0–10 AU$; Do–So 16 Uhr–open end; Museum) Die Grande Dame der Schwulenszene in der Oxford St ist bekannt für ihre üppigen Drag-Produktionen. Bei unserem letzten Besuch wurde der Club gerade renoviert, aber wenn sich der Staub wieder gelegt hat, wird die Bar im Untergeschoss viel besser sein und den richtigen Club im Obergeschoss ergänzen.

Palms on Oxford (Karte S. 92; 02-9357 4166; 124 Oxford St; Do & So 20–1, Fr & Sa bis 3 Uhr; Museum) Niemand gibt zu, hierher zu kommen, aber die langen Schlangen am Eingang belegen genau das Gegenteil. In dieser Keller-Tanzbar ist die Glanzzeit von Stock Aitken Waterman nie zu Ende gegangen. Das mag uncool sein, aber alle kreischen, wenn ein Schlager von Kylie aufgelegt wird.

Stonewall Hotel (Karte S. 92; 02-9360 1963; www.stonewallhotel.com; 175 Oxford St; 12–3 Uhr; Museum) Der Club – von denen, die das Stonewall archaisch finden, auch spöttisch „Stonehenge" genannt – bietet drei Etagen mit Bars und Tanzflächen und lockt vor allem ein jüngeres Publikum an. Cabaret, Karaoke und Quizabende sorgen für Abwechslung; das Malebox am Mittwoch ist eine clevere Art, sich einen Kerl zu angeln.

neys, wo trotz der kleinen Größe hin und wieder DJ-Legenden auflegen.

Ivy BAR, CLUB
(Karte S. 72; 02-9254 8100; www.merivale.com/ivy; L1, 330 George St; Mo–Fr 12 Uhr–open end, Sa 18.30 Uhr–open end; Wynyard) Versteckt in einer Gasse abseits der George St. Das Ivy ist ein einschüchternd modischer Komplex mit Bars, Restaurants, traulichen Lounges und sogar einem Swimmingpool. Es ist auch der Treff, in dem in Sydney am

meisten Wirbel gemacht wird: Man sieht lange Schlangen von Vorstadt-Mädels auf unglaublich hohen Absätzen, die eifrig darauf warten, samstags bis zu 40 AU$ für den Eintritt zu Sydneys heißester Clubnacht auszugeben.

Surry Hills

Wild Rover BAR
(Karte S. 86; www.thewildrover.com.au; 75 Campbell St; ⊙ Mo-Sa 16-24, So bis 22 Uhr; ⊞ Central) Nach dem alten Schild am Fenster mit der Aufschrift „Gestetner's Surry Hills Shirt Warehouse" Ausschau halten! Die supercoole Flüsterkneipe mit freigelegten Ziegelwänden serviert eine Reihe von Kleinbrauereibieren in Chromkrügen. Oben spielen ein paar Abende in der Woche Livebands.

121BC WEINBAR
(Karte S. 90; www.121bc.com.au; 4/50 Holt St; ⊙ Di-Sa 17-24 Uhr; ⊞ Central) Die erste Herausforderung ist es, die Bar zu finden (der Eingang ist an der Gladstone St), und die zweite, einen Tisch zu ergattern. Danach ist alles einfach: Man quetscht sich an die Gemeinschaftstische unter dem Lichtspiel und lässt sich vom Kellner wunderbare Tropfen und Snacks empfehlen. Hier ist alles gut, sodass man bei der Bestellung nichts falsch machen kann.

Vasco COCKTAILBAR
(Karte S. 90; www.vascobar.com; 421 Cleveland St; ⊙ Di-Sa 17-24 Uhr; ⊞ 372) Das Vasco wirkt wie ein viel hipperer und besser aussehender italienischer Cousin eines Hard Rock Cafes und serviert Bier, Wein und nach Rocksongs benannte Cocktails in einem mit Bandfotos und Gitarren verzierten Raum. Zu seinem „Monkey Gone to Heaven" bestellt man sich vielleicht noch einen Teller *salumi* oder Pasta, während Jagger auf dem Bildschirm grinst.

Darlinghurst

Green Park Hotel PUB
(Karte S. 92; www.greenparkhotel.com.au; 360 Victoria St; ⊙ So-Mi 11-24, Do-Sa bis 2 Uhr; ⊞ Kings Cross) Das immer rockende Green Park hat Billardtische, Ledersofas mit Armrollen, einen Biergarten mit witziger Dr.-Seuss-mäßiger Beleuchtung und eine große gefliese Theke in der Mitte, an der Traveller, schwule Jungs und gepiercte Einheimische rumhängen.

Hinky Dinks COCKTAILBAR
(Karte S. 92; www.hinkydinks.com.au; 185 Darlinghurst Rd; ⊙ So 13-22, Mo-Sa 16-24 Uhr; ⊞ Kings Cross) Alles ist bestens in dieser kleinen, wie eine Milchbar aus den 1950er-Jahren aufgemachten Cocktailbar. Probieren sollte man den Hinky Fizz, ein alkoholgesättigtes Erdbeersorbet in einer Eistüte aus Wachspapier.

Eau-de-Vie COCKTAILBAR
(Karte S. 92; www.eaudevie.com.au; 229 Darlinghurst Rd; ⊙ 18-1 Uhr; ⊞ Kings Cross) Durch die Tür mit der Aufschrift „Restrooms" hinten an der Hauptbar des Kirketon Hotel gelangt man in die elegante, mit schwarzen Wänden versehene Flüsterbar, wo kundige Mixer in Hemd und Fliege hingebungsvoll preisverdächtige Cocktails zubereiten.

Cliff Dive COCKTAILBAR
(Karte S. 92; www.thecliffdive.com.au; UG, 16 Oxford Sq; ⊙ Do-Sa 18-3 Uhr; ⊞ Museum) Man steigt die Stufen hinunter und findet sich in einer Welt aus grob gehauenen Steinwänden, leuchtenden tropischen Fischlaternen und polynesischem Krimskrams wieder, in der in Tiki-Gläsern bunte Cocktails serviert werden. Nachdem man sich auf der tropisch-schwülen Tanzfläche abgearbeitet hat, gibt's viele Ecken, in die man sich verziehen kann.

Hello Sailor COCKTAILBAR
(Karte S. 92; www.hellosailor.com.au; 96 Oxford St; ⊙ Di-So 17-3 Uhr; ☎; ⊞ Museum) Die „Meeresfrüchtebude und Cocktailbar" mit Eingang an der kleinen Foley St ist am Wochenende voll bis unter die Decke. Ein gemischtes, hippes Publikum macht hier unter den Schiffsflaggen, Seekarten und Sepia-Fotos von großen Schiffen bis zum Morgengrauen Party.

Shady Pines Saloon BAR
(Karte S. 92; www.shadypinessaloon.com; Shop 4, 256 Crown St; ⊙ 16-24 Uhr; ⊞ Museum) Der Eingang dieser Kellerbar ohne Schild oder Straßennamen, die bei der örtlichen Boheme-Szene beliebt ist, befindet sich in einer dunklen Nebenstraße – einfach nach einer weißen Tür vor dem Bikram Yoga in der Foley St Ausschau halten! Hier kann man inmitten von Wild-West-Memorabilia und ausgestopften Tieren mit Hipstern an Whisky nippen.

Kinselas BAR
(Karte S. 92; ☎ 02-9331 3100; www.kinselas.com.au; 383 Bourke St; ⊙ 10-4 Uhr; ⊞ Museum) Eine

Institution am Taylor Sq: Die umgebaute Leichenhalle ist schon so oft von den Toten wieder auferstanden, dass man gar nicht mehr mitzählen kann. Unten ist alles im Art-déco-Stil gestaltet (bemerkenswert ist die Kapelle), während sich oben die schicke Cocktailbar Lo-Fi mit ihrem wunderbaren Balkon zum Posieren und Leutegucken eignet. Danach geht's weiter zum The Standard Bowl, wo man Bands lauschen, trinken und bowlen kann.

Kings Cross & Potts Point

World Bar BAR, CLUB
(Karte S. 92; 02-9357 7700; www.theworldbar.com; 24 Bayswater Rd; 15–3 Uhr; Kings Cross) Die World Bar (ein umgebautes Bordell) ist ein bescheidener, schmuddeliger Club mit drei Etagen, die Backpacker mit billigen Drinks lockt. Jeden Abend legen DJs Indie, Hip-Hop, Power Pop und House auf. Livebands spielen freitags, aber die großen Abende sind am Mittwoch (The Wall) und Samstag (Cakes).

Kings Cross Hotel PUB, CLUB
(Karte S. 92; www.kingscrosshotel.com.au; 244-248 William St; So–Do 12-1, Fr & Sa bis 3 Uhr; Kings Cross) Mit fünf Etagen oben und einer im Keller ist dieser prächtige alte Pub ein Bienenstock der alkoholgeschwängerten Unterhaltung, der vor allem am Wochenende mächtig schwirrt. Von der Dachbar aus hat man einen herrlichen Blick auf die Stadt. Im Band Room im 2. Stock wird Livemusik gespielt.

Sugarmill BAR
(Karte S. 92; www.sugarmill.com.au; 33 Darlinghurst Rd; 10-5 Uhr; Kings Cross) Für eine blasierte Bar in Kings Cross ist das Sugarmill ziemlich cool. Säulen und hohe Decken mit Zinnverzierung zeugen von der Vergangenheit des Gebäudes als Bank, aber die überall hängenden Band-Plakate sorgen dafür, dass die kapitalistischen Geister vertrieben werden. Speisen für 10 AU$ und von Drag Queens geleitete Bingo-Abende locken die Einheimischen an. Ein Barbecue mit Aussicht gibt's im Sweethearts (www.sweetheartsbbq.com.au) auf der Dachterrasse.

Paddington & Woollahra

Wine Library WEINBAR
(Karte S. 96; www.wine-library.com.au; 18 Oxford St; Mo-Sa 12-23.30, So bis 22 Uhr; 380) Eine eindrucksvolle Auswahl von offenen Weinen, das smart-zwanglose Ambiente und die mediterran angehauchte Speisekarte machen den Laden zur beliebtesten „Bibliothek" der Stadt.

Double Bay

Golden Sheaf Hotel PUB
(Karte S. 70; 02-9327 5877; www.goldensheaf.com.au; 429 New South Head Rd, Double Bay; 10–1 Uhr; Double Bay) Der noble, weitläufige alte Ziegelschuppen hat einen schattigen Biergarten, eine Sportbar mit Billardtischen, ein Bistro, eine Cocktailbar, eine Dachterrasse und eine Tanzfläche. Es gibt jede Menge Livemusik und DJs. An der beeindruckenden Erinnerungswand hängen mit Autogrammen versehene Fotos und Alben von den Beatles bis Bowie.

Eastern Beaches

Anchor BAR
(Karte S. 98; www.anchorbarbondi.com; 8 Campbell Pde; Di–Fr 16.30-24, Sa & So 12.30-24 Uhr; 380-382) Surfer, Backpacker und Einheimische schlürfen in dieser geschäftigen Bar am Südende des Abschnitts eisige Margaritas. Der „Anker" ist auch ideal für einen späten Snack.

Neighbourhood BAR
(Karte S. 98; www.neighbourhoodbondi.com.au; 143 Curlewis St; Mo–Do 17.30-23, Fr 12-23, Sa & So 9-23 Uhr; 380-382) Der natürliche Lebensraum für die merkwürdige Spezies namens Bondi Hipster ist diese smarte Bar mit Essen und Wein. Der Innenraum mit freiliegenden Ziegelwänden führt auf einen Hof mit Holzverschalung. Der Sender Bondi Radio sendet live von einer Kabine in der Nähe der Küche.

Newtown & Umgebung

Earl's Juke Joint BAR
(Karte S. 128; 407 King St; Mo–Sa 16-24, So bis 22 Uhr; Newtown) Die derzeit angesagteste Bar ist das swingende Earl's, das dem hippen Newtown-Publikum Kleinbrauereibiere und hammermäßige Cocktails serviert.

Midnight Special BAR
(Karte S. 128; www.themidnightspecial.com.au; 44 Enmore Rd; Di–Sa 17-24, So bis 22 Uhr; Newtown) Band-Plakate und Papierlaternen zieren die schwarzen Wände dieser groovigen

kleinen Bar. Ein paar Abende in der Woche stehen Musiker auf der winzigen Bühne.

Marlborough Hotel — PUB, CLUB
(Karte S. 128; ☎ 02-9519 1222; www.marlborough hotel.com.au; 145 King St; ⓗ Mo–Sa 10–4, So 12–24 Uhr; ⓡ Macdonaldtown) Das Marly ist einer von vielen großartigen alten Art-déco-Pubs in Newtown. Es hat vorn eine Sportbar, in der am Wochenende Livebands spielen, und einen schattigen Biergarten. Oben im Miss Peaches gibt's Soulfood und Rockabilly-Bands, unten im Nachtclubs Tokyo Sing Song alle möglichen verrückten Veranstaltungen.

🍺 Balmain

Welcome Hotel — PUB
(Karte S. 70; ☎ 02-9810 1323; www.thewelcome hotel.com.au; 91 Evans St, Rozelle; ⓗ Mo–Sa 11.30–23.30, So 12–22 Uhr; ⓡ 441-445) Wer durch die Nebenstraßen von Rozelle irrt, findet sich vielleicht im Welcome Hotel wieder, wo er sich in dem angesehenen italienischen Restaurant den Bauch vollschlagen oder im Hof unter Palmen die Kleinbrauereibiere durchprobieren kann. So mancher freundet sich auch mit Winston an, dem hiesigen Foxhound-Geist.

London Hotel — PUB
(Karte S. 70; ☎ 02-9555 1377; www.londonhotel. com.au; 234 Darling St, Balmain; ⓗ Mo–Sa 11–24, So 12–22 Uhr; ⓡ Balmain) Der Blick von dem langen Balkon des London auf die Harbour Bridge ist typisch Sydney und hat nichts mit London zu tun. Es gibt eine große Auswahl australischer Biere vom Fass sowie ein paar gute Importbiere.

⭐ Unterhaltung

Sydney hat eine bunte, innovative Kunst-, Unterhaltungs- und Musikszene. Umfassende Veranstaltungsverzeichnisse enthält die Freitagsbeilage „Shortlist" des *Sydney Morning Herald*. Karten für die meisten Shows bekommt man direkt an den Veranstaltungsorten oder bei den Vorverkaufsstellen **Moshtix** (www.moshtix.com.au), **Ticketmaster** (www.ticketmaster.com.au) und **Ticketek** (www.ticketek.com.au).

Kinos
In der Stadt gibt es jede Menge Kinos. Die meisten haben dienstags ihren Kinotag, an dem die Karten günstiger sind. Im Sommer lohnt sich ein Besuch eines der tollen Freilufttheater.

Dendy Opera Quays — KINO
(Karte S. 74; ☎ 02-9247 3800; www.dendy.com. au; 2 Circular Quay East; Erw./Kind 20/14 AU$; ⓗ Vorstellungen 9.30–21.30 Uhr; ⓡ Circular Quay) Wem all der Glanz und die schreienden Möwen am Hafen zu viel werden, der folgt dem Geruch von Popcorn in die dunklen Reihen dieses vornehmen Kinos. Es zeigt Filmpremieren und internationale Independent-Produktionen. Freundliches Personal und eine Café-Bar sorgen dafür, dass man sich wohl fühlt.

OpenAir Cinema — KINO
(Karte S. 70; www.stgeorgeopenair.com.au; Mrs. Macquaries Rd; Tickets 37 AU$; ⓗ Jan. & Feb.; ⓡ Circular Quay) Das dreistöckige Open-Air-Kino direkt am Hafen wirft Folgendes in die Waagschale: Surround-Sound, Sonnenuntergänge, den Blick auf die Skyline und ausgewählte Speisen samt Wein. Die meisten Karten werden im Vorverkauf angeboten, aber eine begrenzte Anzahl wird auch jeden Abend ab 18.30 Uhr am Kartenschalter verkauft. Infos gibt's auf der Website.

IMAX — KINO
(Karte S. 86; ☎ 02-9281 3300; www.imax.com. au; 31 Wheat Rd; Erw./Kind Kurzfilm 23/17 AU$, Spielfilm 34/24 AU$; ⓗ Vorstellungen 10–22 Uhr; ⓡ Town Hall) Ja, man zahlt viel Geld für einen 45-minütigen Film, aber ein IMAX ist nun einmal eine große Sache, und dieses IMAX ist das größte weltweit. Auf der acht Stockwerke hohen Leinwand laufen kinderfreundliche Dokus (über Haie, den Weltraum usw.) und Blockbuster-Spielfilme, vielfach in 3D.

Palace Verona — KINO
(Karte S. 92; ☎ 02-9360 6099; www.palacecine mas.com.au; 17 Oxford St; Erw./Kind 19/14 AU$; ⓗ Vorstellungen 10–21 Uhr; ☎; ⓡ 380) Das städtische Kino mit vier Vorführsälen besitzt auch eine coole Café-Bar, was ganz nützlich sein kann, wenn man nach dem künstlerisch anspruchsvollen Film noch über die eigenen Erlebnisse reden will.

Moonlight Cinema — KINO
(Karte S. 96; www.moonlight.com.au; Belvedere Amphitheatre, Ecke Loch & Broome Aves; Erw./ Kind 19/15 AU$; ⓗ Dez.–März Sonnenuntergang; ⓡ Bondi Junction) Mit einem Picknickkorb im Gepäck kann man sich unter den Sternen im großartigen Centennial Park neue Blockbuster, Art-House-Filme oder Klassiker ansehen. Der Eingang befindet sich am Woollahra Gate in der Oxford St.

Bondi Openair Cinema KINO
(Karte S. 98; www.openaircinemas.com.au; Dolphin Lawn, neben dem Bondi Pavilion; Ticket 15–45 AU$; ⊙ Jan. & Feb.) Open-Air-Kino am Meer. Vor dem Film sorgen Livebands für Unterhaltung. Online-Buchung empfohlen.

Hayden Orpheum Picture Palace KINO
(Karte S. 70; ☏ 02-9908 4344; www.orpheum.com.au; 380 Military Rd, Cremorne; Erw./Kind 20/15 AU$; ⊙ Vorstellungen 10.30–20.50 Uhr; ◻244) In dem fabelhaften Art-déco-Kino von 1935 kehrt man in die goldenen Jahre des Filmzeitalters zurück. Hier steht noch immer die alte Wurlitzer-Orgel, die zu besonderen Anlässen sogar zum Einsatz kommt.

Klassische Musik

★ Sydney Opera House DARSTELLENDE KUNST
(Karte S. 74; ☏ 02-9250 7777; www.sydneyoperahouse.com; Bennelong Point; ◻Circular Quay) Das glänzende Juwel im Zentrum der australischen darstellenden Kunst ist das berühmte Opernhaus von Sydney mit fünf Hauptbühnen. Die Oper mag das Highlight hier sein, aber es werden auch Theater, Comedy, Musik und Tanz gezeigt.

City Recital Hall KLASSISCHE MUSIK
(Karte S. 74; ☏ 02-8256 2222; www.cityrecitalhall.com; 2 Angel Pl; ⊙ Ticketschalter Mo–Fr 9–17 Uhr; ◻Martin Place) Der nach dem Vorbild einer klassischen europäischen Konzerthalle des 19. Jhs. gestaltete Bau bietet Platz für 1200 Personen und eine fast perfekte Akustik. Auf dem Programm stehen erstklassige Ensembles wie Musica Viva, das Australian Brandenburg Orchestra und das Australian Chamber Orchestra.

Sydney Conservatorium of Music KLASSISCHE MUSIK
(Karte S. 74; ☏ 02-9351 1222; www.music.usyd.edu.au; Conservatorium Rd; ◻Circular Quay) In dem historischen Konzertsaal kann man die Talente der Studierenden und ihrer Lehrer kennenlernen. Chor-, Jazz-, Opern- und Kammerkonzerte gibt's von März bis November, mittwochs um 13.10 Uhr außerdem Mittagskonzerte mit freiem Eintritt.

Livemusik, Cabaret & Comedy

Oxford Art Factory LIVEMUSIK
(Karte S. 92; www.oxfordartfactory.com; 38–46 Oxford St; ◻Museum) Indie-Kids machen Party vor der künstlerischen Kulisse des zwei Räume umfassenden Mehrzwecktreffs nach dem Vorbild von Andy Warhols kreativem Standquartier in New York City. Es gibt hier eine Galerie, eine Bar und eine Bühne, auf der oft internationale Bands und DJs auftreten. Aktuelle Infos findet man auf der Website.

Newtown Social Club LIVEMUSIK
(Karte S. 128; ☏ 1300 724 867; www.newtownsocialclub.com; 387 King St; ⊙ Di–Do 19–24, Fr & Sa 12–2, So 12–22 Uhr; ☎; ◻Newtown) Das legendäre Sandringham Hotel (auch „Sando" genannt, wo Gott, wenn man der örtlichen Band The Whitlams glauben will, gern einen hob), hat seinen Namen geändert, ist aber vielleicht noch stärker denn je auf Livemusik eingestellt. Hier treten aufstrebende örtliche Bands genauso auf wie Indie-Größen wie Gruff Rhys oder Stephen Malkmus.

Vanguard LIVEMUSIK
(Karte S. 128; ☏ 02-9557 7992; www.thevanguard.com.au; 42 King St; ◻Macdonaldtown) In dem gemütlichen, wie in den 1920er-Jahren gestalteten Vanguard gibt's an den meisten Abenden Livemusik (manchmal auch bekannter Größen) sowie Burlesken, Comedy und Filmklassiker. Die meisten Plätze sind Leuten vorbehalten, die hier auch zu Abend essen.

Basement LIVEMUSIK
(Karte S. 74; ☏ 02-9251 2797; www.thebasement.com.au; 7 Macquarie Pl; Eintritt 8–60 AU$; ◻Circular Quay) Das Basement war einst ein reiner Jazzclub, mittlerweile treten hier jedoch internationale und lokale Musiker verschiedener Genres auf. Inhaber eines Dinner-&-Show-Tickets sitzen direkt vor der Bühne; die Sicht von den Stehplätzen im Barbereich ist um einiges schlechter.

El Rocco JAZZ, COMEDY
(Karte S. 92; www.elrocco.com.au; 154 Brougham St; ⊙ Mo–Sa 17–24, So 17–22 Uhr; ◻Kings Cross) Von 1955 bis 1969 war das El Rocco mit Auftritten von Frank Sinatra und Sarah Vaughan für fingerschnippende Baskenmützen-Künstlertypen die beste Kellerbar der Stadt. Das liegt zwar schon lange zurück, aber Jazz ist hier und samstags im Happy Endings Comedy Club (www.happyendingscomedyclub.com.au) wieder in.

Camelot Lounge LIVEMUSIK
(Karte S. 70; www.camelotlounge.wordpress.com; 19 Marrickville Rd; ◻Sydenham) Die vielseitige kleine Lounge im immer hipper werdenden Marrickville bietet Größen aus der Welt des

Jazz, der Weltmusik, des Blues, Folk, der Comedy, des Kabaretts und dergleichen eine Bühne.

Slide CABARET
(Karte S. 70; 02-8915 1899; www.slide.com.au; 41 Oxford St; Mi-Sa 19 Uhr–open end; Museum) Das Slide in einem prächtigen alten Bankgebäude bietet Abendessen und eine sexy Show mit Kabarett, Zirkus, Burleske und mehr.

Tanz

Sydney Dance Company TANZ
(SDC; Karte S. 74; 02-9221 4811; www.sydneydancecompany.com; Pier 4/5, 15 Hickson Rd; Wynyard) Australiens Nummer eins in Sachen zeitgenössisches Tanztheater zeigt seit fast 40 Jahren hochmoderne, sinnliche und manchmal schockierende Produktionen. Die Aufführungen finden normalerweise gegenüber im Roslyn Packer Theatre oder im Carriageworks statt.

Bangarra Dance Theatre TANZ
(Karte S. 74; 02-9251 5333; www.bangarra.com.au; Pier 4/5, 15 Hickson Rd; Ticket 30–93 AU$; Wynyard) Das Bangarra gilt als Australiens bestes Aborigines-Tanzensemble. Der Intendant Stephen Page sorgt für ein Programm mit zeitgenössischen Themen, indigenen Traditionen und westlichen Techniken. Wenn die Truppe nicht gerade auf Tournee im Ausland ist, tritt sie im Opernhaus oder auf ihrer eigenen kleinen Bühne in Walsh Bay auf.

Theater

Sydney Theatre Company THEATER
(STC; Karte S. 74; 02-9250 1777; www.sydneytheatre.com.au; Pier 4/5, 15 Hickson Rd; Kasse Mo–Fr 9–20.30, Sa 11–20.30 Uhr, So 2 Std. vor Beginn; Wynyard) Das 1978 gegründete STC ist in Sachen Theater Sydneys Zugpferd und spielte eine wesentliche Rolle in so manchen Karrieren australischer Schauspieler (vor allem bei Cate Blanchett, die von 2008 bis 2013 hier stellvertretende Intendantin war). Führungen durch die ensembleeigenen Spielstätten Wharf Theatre und Roslyn Packer Theatre gibt's jeden Dienstag um 10.30 Uhr (10 AU$). Vorstellungen gibt's auch im Opernhaus.

Belvoir THEATER
(Karte S. 90; 02-9699 3444; www.belvoir.com.au; 25 Belvoir St; Central) Diese trauliche Spielstätte in einer ruhigen Ecke von Surry Hills ist die Heimat eines oft experimentellen, aber immer ausgezeichneten Theaterensembles. Manchmal treten auch große Stars auf.

State Theatre THEATER
(Karte S. 74; 02-9373 6655; www.statetheatre.com.au; 49 Market St; St. James) Das wunderschöne State Theatre mit 2000 Sitzplätzen ist ein opulenter, üppig vergoldeter Palast mit klirrenden Kronleuchtern. Hier finden das Sydney Film Festival, Konzerte, Comedy, Opern, Musicals und hin und wieder Promikochshows statt.

Capitol Theatre THEATER
(Karte S. 86; 1300 558 878; www.capitoltheatre.com.au; 13 Campbell St; Central) Das aufwendig restaurierte große Stadttheater ist die Bühne für lange laufende Musicals (*Wicked, Les Miserables, Matilda*) und ein paar Ballettaufführungen oder Konzerte großer Stars.

Sydney Lyric THEATER
(Karte S. 88; 02-9509 3600; www.sydneylyric.com.au; The Star, Pirrama Rd; The Star) Das mit 2000 Sitzplätzen bestückte Theater im Kasino bringt bekannte Musicals sowie hin und wieder ein paar Konzerte.

Ensemble Theatre THEATER
(Karte S. 70; 02-9929 0644; www.ensemble.com.au; 78 McDougall St, Kirribilli; North Sydney) Das schon lange bestehende Ensemble präsentiert bekannte Werke ausländischer und australischer Dramatiker (wie David Williamson oder David Hare), häufig mit berühmten australischen Schauspielern.

Monkey Baa Theatre Company THEATER
(Karte S. 86; 02-8624 9340; www.monkeybaa.com.au; 1 Harbour St; Ticket 25 AU$; Town Hall) Wer seine Kinder vom Spielplatz loseisen kann, sollte sie in dieses Theater locken, in dem australische Kinderbücher zum Leben erwachen. Das engagierte Ensemble produziert und zeigt eigene Adaptionen.

Zuschauersport

An jedem beliebigen Wochenende werden in Sydney Bälle geschleudert, gekickt und mit dem Schläger traktiert. Die Einwohner Sydneys sind leidenschaftliche Anhänger ihrer **National Rugby League** (www.nrl.com). Die Saison beginnt im März und endet Anfang Oktober mit dem großen Finale.

Im selben Zeitraum spielen die Heimmannschaften Sydney Swans und Greater Western Sydney Giants in der **Australian Football League** (www.afl.com.au).

Sydney Cricket Ground ZUSCHAUERSPORT
(SCG; Karte S. 96; 02-9360 6601; www.sydney cricketground.com.au; Driver Ave; 373-377) Während der Kricketsaison (Okt.–März) finden im stattlichen SCG die spärlich besuchten Spiele (mit den NSW Blues) zwischen den australischen Bundesstaaten und die ausverkauften fünftägigen internationalen Testmatches, die One-Day-Matches und die Twenty20-Matches statt. Nach dem Ende der Kricketsaison beginnt die Saison des Australian Rules Football (AFL), und das Stadion füllt sich mit rot-weiß gekleideten Fans der Sydney Swans (www.sydneyswans.com.au).

Sydney Football Stadium ZUSCHAUERSPORT
(Allianz Stadium; Karte S. 96; www.allianzstadium.com.au; Moore Park Rd; 373-377) Die Arena trägt jetzt offiziell den Namen eines Versicherungsunternehmens, aber die Namensrechte werden periodisch neu vergeben, und deshalb halten wir uns bei diesem eleganten Stadion mit Platz für 45500 Zuschauer an den sponsorfreien Namen. Hier sind die Helden des Rugby-League-Teams Sydney Roosters (www.roosters.com.au), des Rugby-Union-Teams NSW Waratahs (www.waratahs.com.au) und des Fußball-A-Ligisten Sydney FC (www.sydneyfc.com) zu Hause.

All diese Mannschaften haben leidenschaftliche Fans (am lautesten sind wohl die verrückten Fans im „Roosters' Chook Pen"), sodass ein Heimspiel viel Spaß verspricht. Tickets bucht man über **Ticketek** (132 849; www.ticketek.com.au).

Royal Randwick Racecourse PFERDERENNEN
(Karte S. 70; www.australianturfclub.com.au; Alison Rd; 339) Auf Sydneys berühmtester Pferderennbahn herrscht bei dem mit 4 Mio. AU$ dotierten Queen Elizabeth Stakes im April besonders viel Trubel. Im Online-Veranstaltungskalender stehen die genauen Termine der Rennen.

Shoppen

Die Einwohner Sydneys strömen in die City – vor allem zur Pitt St Mall –, wenn sie etwas Besonderes kaufen oder richtig shoppen wollen. Paddington ist traditionell Sydneys wichtigstes Modeviertel, hat aber nun ernsthafte Konkurrenz von den riesigen Westfield-Malls auf der Pitt St und an der Bondi Junction bekommen. Die King St in Newtown gilt als eine der interessantesten Adressen wegen ihrer Secondhand-Boutiquen und Buchläden.

Wer ausgiebig shoppen will, sollte sich den Viertel für Viertel behandelnden Shopping-Guide von **Urban Walkabout** (www.urbanwalkabout.com/sydney) herunterladen. Kostenlose Druckversionen der Pläne gibt's auch in den Touristeninformationen überall in der Stadt.

The Rocks & Circular Quay

Australian Wine Centre WEIN
(Karte S. 74; www.australianwinecentre.com; Goldfields House, 1 Alfred St; Mo–Sa 10–20, So bis 18.30 Uhr; Circular Quay) Der Kellerladen mit mehrsprachigen Angestellten ist vollgestopft mit guten australischen Weinen, Bieren und anderen Spirituosen. Es gibt eine riesige Auswahl prestigeträchtiger Penfolds-Grange-Weine, aber auch Erzeugnisse kleinerer Hersteller sind gut vertreten. Auf Wunsch wird der Versand ins Ausland arrangiert.

Opal Minded SCHMUCK
(Karte S. 74; www.opalminded.com; 55 George St; 9–18.30 Uhr; Circular Quay) Ein guter Ort, um sich mit typisch australischem Schmuck einzudecken.

Gannon House KUNST
(Karte S. 74; 02-9251 4474; www.gannonhousegallery.com; 45 Argyle St; Circular Quay) Das auf zeitgenössische australische und Aborigines-Kunst spezialisierte Gannon House kauft die Werke direkt von den Künstlern und den Aborigines-Gemeinden. Hier findet man Arbeiten prominenter Künstler wie Gloria Petyarre, aber auch weniger bekannte Namen.

Zentrum

Westfield Sydney MALL
(Karte S. 74; www.westfield.com.au/sydney; 188 Pitt St Mall; Fr–Mi 9.30–18.30, Do bis 21 Uhr; St. James) Die glamouröseste Shopping-Mall der Stadt ist ein verwirrend großer Komplex, der den Sydney Tower und ein gutes Stück der Pitt St Mall vereinnahmt. Der Food-Court im 5. Stock ist wirklich ausgezeichnet.

David Jones WARENHAUS
(Karte S. 74; www.davidjones.com.au; 86–108 Castlereagh St; Sa–Mi 9.30–19, Do & Fr bis 21 Uhr; St. James) In zwei riesigen Gebäuden in der City residiert Sydneys wichtigstes Warenhaus. Im Haus an der Castlereagh St gibt

SYDNEYS WOCHENENDMÄRKTE

Genauso sehr wie ihren Strand lieben die Sydneysider ihre lokalen Märkte – und das will etwas heißen. In vielen Stadtvierteln finden am Wochenende auf dem Gelände von Schulen und Kirchen Märkte statt, auf denen alles Mögliche von Bio-Produkten bis zu Original-Designerklamotten angeboten wird. Zwangsläufig sind da auch allerlei Hippie-Krimskrams, haarsträubende Kunstwerke und überteuerter Touristenramsch dabei, dazwischen verstecken sich aber einige wirklich spannende Stücke.

Glebe Markets (Karte S. 128; www.glebemarkets.com.au; Glebe Public School, Ecke Glebe Point Rd & Derby Pl; ⊙ Sa 10–16 Uhr; ☒ Glebe) Der beste Markt im Westen Sydneys, frequentiert von hippiemäßiger Kundschaft (beispielsweise barfüßige Typen mit Rastas) aus der Innenstadt.

Paddington Markets (Karte S. 96; www.paddingtonmarkets.com.au; 395 Oxford St; ⊙ Sa 10–16 Uhr; ☒ 380) Der Markt entstand in den 1970er-Jahren und war damals in den Duft von Patschuli-Öl getaucht. Heutzutage ist er eindeutig mehr Mainstream, lohnt aber immer noch einen Besuch, wenn man nach neuer und gebrauchter Kleidung, Kunsthandwerk und Schmuck sucht. Mit Gedränge ist zu rechnen.

Bondi Markets (Karte S. 98; www.bondimarkets.com.au; Bondi Beach Public School, Campbell Pde; ⊙ Sa 9–13, So 10–16 Uhr; ☒ 380-382) Sonntags, wenn die Kids am Strand sind, füllt sich die Schule mit Typen aus Bondi, die hier nach Secondhand-Batikklamotten, Modemarken, Büchern, Ketten, Ohrringen, Duftölen, Kerzen, alten Schallplatten und dergleichen stöbern. Samstags findet auf dem Schulgelände ein Bauernmarkt statt.

Eveleigh Farmers' Market (Karte S. 128; www.eveleighmarket.com.au; Carriageworks, 245 Wilson St; ⊙ Sa 8–13 Uhr; ☒ Redfern) Mehr als 70 feste Standinhaber verkaufen auf Sydneys bestem Bauernmarkt in einer denkmalgeschützten Bahnwerkstatt ihre eigenen Produkte. Auch die Imbiss- und Kaffeestände kommen auf ihre Kosten. Oft sieht man unter den Marktbesuchern auch die Starköchin Kylie Kwong.

es Frauen- und Kinderbekleidung, im Haus an der Market St Männerbekleidung, Elektroartikel und einen eleganten Food-Court. Das DJs nimmt auch einen beträchtlichen Teil der **Westfield Bondi Junction** (Karte S. 70; ☏ 02-9947 8000; www.westfield.com.au; 500 Oxford St; ⊙ Fr–Mi 9.30–18, Do bis 21 Uhr; ☒ Bondi Junction) ein.

Strand Arcade EINKAUFSZENTRUM
(Karte S. 74; www.strandarcade.com.au; 412 George St; ⊙ Mo–Mi & Fr 9–17.30, Do bis 20, Sa 9–16, So 11–16 Uhr; ☒ St. James) Das 1891 erbaute Strand wetteifert mit dem QVB um den Titel des schönsten Einkaufszentrums der Stadt. Die drei Etagen mit Designermode, australientypischen Artikeln und altmodischen Kaffeeläden machen aus einem kurzen Bummel einen längeren Aufenthalt.

Queen Victoria Building EINKAUFSZENTRUM
(QVB; Karte S. 74; www.qvb.com.au; 455 George St; ⊙ So 11–17, Mo–Mi, Fr & Sa 9–18, Do 9–21 Uhr; ☒ Town Hall) Das großartige fünfstöckige QVB nimmt einen ganzen Block ein und beherbergt fast 200 Geschäfte. Es ist ein viktorianisches Meisterwerk und zweifellos das schönste Einkaufszentrum Sydneys.

Kinokuniya BÜCHER
(Karte S. 74; ☏ 02-9262 7996; www.kinokuniya.com; L2, The Galeries, 500 George St; ⊙ Fr–Mi 10–19, Do 10–21 Uhr; ☒ Town Hall) Der Vorposten der japanischen Kette ist der größte Buchladen in Sydney und beherbergt mehr als 300 000 Titel. Die Comic-Abteilung ist ein Magnet für alberne Teenager, die Abteilung für importierte chinesische, japanische und europäische Zeitschriften dagegen nicht. Kunden steht hier auch ein cooles kleines Café zur Verfügung.

Darlinghurst

Artery KUNST
(Karte S. 92; ☏ 02-9380 8234; www.artery.com.au; 221 Darlinghurst Rd; ⊙ Mo–Fr 10–18, Sa & So bis 16 Uhr; ☒ Kings Cross) In dieser kleinen, der Aborigines-Kunst gewidmeten Galerie taucht man in eine Welt der Punkte und Wirbel ein. Das Motto lautet: „ethisch, zeitgenössisch, erschwinglich", und während große Bilder etablierter Künstler mit Rahmen Tausende Dollar kosten, bekommt man kleine, nicht eingerahmte Bilder schon ab 35 AU$.

Blue Spinach MODE
(Karte S. 92; ☎ 02-9331 3904; www.bluespinach.com.au; 348 Liverpool St; ⓡ Kings Cross) Hier bekommen markenfixierte, knausrige Jungs und Mädels Kommissionswaren der Spitzenklasse. Wer sich von der schockierend blauen Fassade (der Ausdruck „schockierend" wird den Tatsachen gar nicht ganz gerecht) nicht abschrecken lässt, findet hier Paul-Smith- und Gucci-Klamotten zu (relativ) günstigen Preisen.

C's Flashback SECONDHAND
(Karte S. 92; ☎ 02-9331 7833; www.csflashback.com.au; 316 Crown St; ⓒ Fr-Mi 10–18, Do bis 20 Uhr; ⓡ Museum) Wer auf der Suche nach Secondhand-Hawaiihemden, ausgeleierten Cowboystiefeln oder einem kleinen paillettenbesetzten Hut aus den 1940er-Jahren ist, den die Queen tragen würde, kann im C fündig werden. Keine Ahnung, wer C ist, aber die Klamotten für Damen und Herren sind ganz nett.

🔒 Paddington & Woollahra

Poepke MODE
(Karte S. 96; www.poepke.com; 47 William St; ⓒ Mo-Sa 10–18, So 12–17 Uhr; 🚌 380) Eine der interessanteren Boutiquen für Damenmode in Paddington mit einer Reihe australischer und internationaler Designerklamotten.

Corner Shop MODE
(Karte S. 96; ☎ 02-9380 9828; www.thecornershop.com.au; 43 William St; ⓒ Mo-Sa 10–18, So 12–17 Uhr; 🚌 380) Die Boutique ist eine Fundgrube mit einer guten Mischung aus zwangloser und festlicher Damenbekleidung von Modeschöpfern aus dem In- und Ausland. Den passenden Schmuck gibt's auch dazu.

Ariel BÜCHER
(Karte S. 92; ☎ 02-9332 4581; www.arielbooks.com.au; 42 Oxford St; ⓒ 9–22.30 Uhr; 🚌 380) Im Verborgenen arbeitende Künstler, Architekten und Studenten verweilen bis spät in die Nacht in den Gängen des Ariel. „Underculture" ist hier der Tenor, worunter Hochglanzbücher zu Kunst, Film, Mode und Design zu verstehen sind. Daneben gibt es auch Kinderbücher, Reiseführer und Belletristik.

🔒 Newtown & Umgebung

Quick Brown Fox BEKLEIDUNG, ACCESSOIRES
(Karte S. 128; ☎ 02-9519 6622; www.quickbrownfox.com.au; 231 King St; ⓒ 10.30–18.30 Uhr; ⓡ Newtown) Hier laufen keine abgeranzten Gestalten rum, sondern nur selbstbewusste, gebräunte Frauen, die schrille Vintage-Klamotten zwischen auffällig und absolut schräg mit schnellem Blick prüfen. Auffällige Muster und Stoffe, schicke Stiefel und Taschen.

Better Read Than Dead BÜCHER
(Karte S. 128; ☎ 02-9557 8700; www.betterread.com.au; 265 King St; ⓒ 9.30–21 Uhr; ⓡ Newtown) Dies ist unser Lieblingsbuchladen in Sydney, und das nicht nur wegen des prägnanten Namens und der großen Auswahl von Lonely Planet Titeln. Niemanden scheint es zu stören, wenn man in den Gängen stundenlang in den schön präsentierten Büchern aller Art stöbert.

Reclaim HAUSHALTSWAREN, SOUVENIRS
(Karte S. 128; www.reclaim.net.au; 356 King St; ⓒ 10–18 Uhr; ⓡ Newtown) Die richtige Adresse für Iggy-Pop-Dekokissen, alte Teeservice, witzige Haushaltswaren und lustige Mitbringsel. Betreiberin des Ladens ist die Sängerin Monica Trapaga (von Monica and the Moochers).

Faster Pussycat BEKLEIDUNG, ACCESSOIRES
(Karte S. 128; ☎ 02-9519 1744; www.fasterpussycatonline.com; 431a King St; ⓒ 11–18 Uhr; ⓡ Newtown) Inspiriert von „Trash-Popkultur, aufgemotzten Schlitten und Rock'n'Roll", finden sich in diesem coolen Laden Klamotten und Accessoires für jedes Alter und Geschlecht (bis hin zu Punkwear für Babys).

ℹ️ Praktische Informationen

GELD
Geldautomaten gibt es in der ganzen Stadt. Wechselstuben finden sich in Kings Cross und rund um Chinatown, den Circular Quay und die Central Station.

INTERNETZUGANG
Der Großteil der Hotels und Hostels bieten ihren Gästen Internetzugang; in vielen Hostels und Spitzenklassehotels muss man dafür aber etwas bezahlen. Kostenloses WLAN und reservierbare Computer findet man in den Bibliotheken.

MEDIZINISCHE VERSORGUNG
Kings Cross Clinic (☎ 02-9358 3066; www.kingscrossclinic.com.au; 13 Springfield Ave; ⓒ Mo–Fr 9–18, Sa 10–13 Uhr; ⓡ Kings Cross) Allgemein- und Reisemedizin.

Royal Prince Alfred Hospital (RPA; ☎ 02-9515 6111; www.sswahs.nsw.gov.au/rpa; Missenden Rd, Camperdown; ⓡ Macdonaldtown)

St. Vincent's Hospital (02-8382 1111; www.stvincents.com.au; 390 Victoria St; ®Kings Cross)

Sydney Hospital (02-9382 7111; www.seslhd.health.nsw.gov.au/SHSEH; 8 Macquarie St; ®Martin Place)

NOTFALL

In Notfällen erreicht man unter der Telefonnummer 000 die Polizei, die Ambulanz und die Feuerwehr. Eine Liste aller Polizeidienststellen in New South Wales findet sich unter www.police.nsw.gov.au; einfach auf *your police* klicken!

Lifeline (13 11 14; www.lifelinesydney.org; ⊙24 Std.) Rund um die Uhr erreichbarer telefonischer Beratungsdienst, auch zur Suizidprävention.

NSW Rape Crisis (1800 424 017; www.nswrapecrisis.com.au; ⊙24 Std.) Rund um die Uhr erreichbarer telefonischer Beratungsdienst für Opfer sexueller Übergriffe.

TOURISTENINFORMATION

City Host Information Kiosk (www.cityofsydney.nsw.gov.au) Filialen gibt's in Circular Quay (Karte S. 74; Ecke Pitt & Alfred St; ⊙9–17 Uhr; ®Circular Quay), Haymarket (Karte S. 86; Dixon St; ⊙11–19 Uhr; ®Town Hall), Kings Cross (Karte S. 92; Ecke Darlinghurst Rd & Springfield Ave; ⊙9–17 Uhr; ®Kings Cross) und Town Hall (Karte S. 86; George St; ⊙9–17 Uhr; ®Town Hall).

Hello Manly (Karte S. 103; 02-9976 1430; www.hellomanly.com.au; Manly Wharf; ⊙9–17 Uhr; ≋Manly) Das recht nützliche Besucherzentrum gleich vor der Fähranlegestelle und neben dem Umsteigebusbahnhof hat kostenlose Faltblätter zum Manly Scenic Walkway (S. 103) und zu anderen Sehenswürdigkeiten in Manly sowie jede Menge Informationen zu den Ortsbussen.

Sydney Visitor Centres (www.bestof.com.au) Bietet eine große Auswahl von Broschüren. Das Personal nimmt auch Reservierungen für Unterkünfte, Touren und Sehenswürdigkeiten vor. Filialen gibt's in The Rocks (Karte S. 74; 02-8273 0000; Ecke Argyle & Playfair St; ®Circular Quay) und Darling Harbour (Karte S. 86; 02-8273 0000; Palm Grove, hinter dem IMAX; ⊙9.30–17.30 Uhr; ®Town Hall).

❶ An- & Weiterreise

BUS

Fernbusse kommen am **Sydney Coach Terminal** (Karte S. 90; 02-9281 9366; www.sydneycoachterminal.com.au; Eddy Ave; ⊙6–18 Uhr; ®Central) unterhalb der Central Station an. Die größten Busunternehmen sind:

Australia Wide (02-9516 1300; www.austwidecoaches.com.au) Fährt nach Orange und Bathurst.

Firefly (1300 730 740; www.fireflyexpress.com.au) Betreibt Busse von Adelaide über Melbourne und Canberra nach Sydney.

Greyhound (1300 473 946; www.greyhound.com.au) Betreibt das größte Busnetz landesweit.

Murrays (13 22 51; www.murrays.com.au) Fährt von Canberra und der South Coast nach Sydney.

Port Stephens Coaches (02-4982 2940; www.pscoaches.com.au) Hat Busse nach Newcastle und Nelson Bay.

Premier Motor Service (133 410; www.premierms.com.au) Fährt von Cairns über Brisbane, Gold Coast und Sydney nach Melbourne.

FLUGZEUG

Der auch Kingsford Smith Airport genannte Sydney Airport (S. 1197) besteht aus separaten Terminals für internationale (T1) und Inlandsflüge (T2 und T3), die 4 km voneinander entfernt an beiden Seiten des Rollfelds liegen. In beiden Bereichen gibt es Gepäckaufbewahrungen, Geldautomaten, Wechselstuben und Autovermietungsschalter.

Im Folgenden einige Fluglinien, die zu Zielen in Australien fliegen:

Jetstar (www.jetstar.com.au) Startet in Richtung Ballina Byron Bay, Gold Coast, Brisbane, Sunshine Coast, Hamilton Island, Townsville, Cairns, Melbourne, Hobart, Launceston, Adelaide, Uluru, Darwin und Perth.

Qantas (www.qantas.com.au) Fliegt nach Canberra, Wagga Wagga, Albury, Dubbo, Tamworth, Moree, Port Macquarie, Armidale, Coffs Harbour, Lord Howe Island, Gold Coast, Brisbane, Toowoomba, Fraser Coast, Hamilton Island, Cairns, Darwin, Alice Springs, Broome, Karratha, Perth, Adelaide, Melbourne und Hobart.

Regional Express (www.rex.com.au) Fliegt nach Newcastle, Taree, Ballina Byron Bay, Grafton, Lismore, Armidale, Dubbo, Parkes, Orange, Bathurst, Griffith, Wagga Wagga, Albury, Merimbula, Broken Hill und Mildura.

Tigerair (www.tigerair.com/au/en) Fliegt nach Coffs Harbour, Gold Coast, Brisbane, Mackay, Whitsunday Coast, Cairns, Perth, Adelaide und Melbourne.

Virgin Australia (www.virginaustralia.com) Fliegt nach Canberra, Albury, Port Macquarie, Coffs Harbour, Ballina Byron Bay, Gold Coast, Brisbane, Sunshine Coast, Hervey Bay, Mackay, Hamilton Island, Townsville, Cairns, Darwin, Uluru, Perth, Adelaide, Melbourne, Launceston und Hobart.

ZUG

NSW TrainLink (13 22 32; www.nswtrainlink.info) verbindet Sydneys Central Station u. a. mit Melbourne (ab 70 AU$, 11 Std.), Broken Hill (ab 70 AU$, 13½ Std.), Canberra (ab 40 AU$, 4¼ Std.), Coffs Harbour (ab 67 AU$, 9 Std.) und Brisbane (ab 70 AU$, 14¼ Std.).

Sydneys Regionalbahnnetz wird von **Sydney Trains** (☎ 13 15 00; www.sydneytrains.info) betrieben. Züge fahren regelmäßig zu Zielen in NSW, darunter Kiama (2¼ Std.), Wollongong (1½ Std.), Katoomba (2 Std.), Gosford (1½ Std.) und zur Hamilton Station in Newcastle (1½ Std.). Der Fahrpreis beträgt in der Hauptsaison/Nebensaison jeweils 8,30/5,81 AU$.

Der berühmte **Indian Pacific** (☎ 1800 703 357; www.greatsouthernrail.com.au) fährt von Sydney quer über den Kontinent nach Perth.

ⓘ Unterwegs vor Ort

AUTO & MOTORRAD

» Wer kann, sollte im Zentrum von Sydney das Autofahren vermeiden: Hier existiert ein verwirrendes Einbahnstraßensystem, Parkplätze sind selten und teuer (sogar bei Hotels), und es gibt jede Menge Parkscheinkontrolleure, Mautstraßen und Abschleppzonen. Andererseits ist ein Auto praktisch, um Sydneys Außenbezirke (insbesondere die Strände) zu erreichen und Tagesausflüge zu unternehmen.

» Alle großen internationalen Autovermieter haben Büros am Sydney Airport und an weiteren Standorten. Das städtische Zentrum für Mietautos ist die William St in Darlinghurst. Verlässliche örtliche Anbieter sind u. a. **Bayswater Car Rental** (☎ 02-9360 3622; www.bayswatercarrental.com.au), der Billiganbieter **Ace Rentals** (☎ 02-8338 1055; www.acerentalcars.com.au) und für Wohnmobile **Jucy Rentals** (☎ 1800 150 850; www.jucy.com.au).

» Für die meisten Autobahnen und wichtigen Verbindungsstrecken (darunter die Harbour Bridge, der Harbour Tunnel, der Cross City Tunnel und der Eastern Distributor) werden gepfefferte **Mautgebühren** erhoben, die elektronisch eingezogen werden. Traveller müssen sich dafür eine elektronische Marke (eTag) oder einen Besucherpass über eine der folgenden Websites besorgen: www.roam.com.au, www.roamexpress.com.au oder www.myetoll.com.au. Einige Autovermietungen stellen inzwischen auch eTags bereit.

» Der Sydney Travellers Car Market (S. 1200) befindet sich im Kings Cross Car Park abseits der Ward Ave. Auf dem Automarkt bekommt man nützliche Infos, welche Unterlagen man benötigt, um ein Auto zu kaufen, zu verkaufen oder anzumelden. Verkäufer können ihr Fahrzeug für eine Woche kostenlos (danach kostet es 60 AU$/Woche) auf dem Markt abstellen. Nur in den Nächten von Montag bis Donnerstag kann man sein Auto kostenlos hier abstellen; von Freitag bis Sonntag wird die übliche Parkgebühr fällig. Achtung: Auf dem Parkplatz ist das Übernachten im Wagen verboten. Außerdem ist es nicht gestattet, im Zentrum von Sydney irgendwo am Straßenrand einen Autoverkauf abzuwickeln.

VOM/ZUM FLUGHAFEN

Bus Vom Flughafen fahren nicht viele Busse, aber es gibt etwa alle 20 Minuten einen Direktbus zur Bondi Junction (Linie 400 und 410, 4,50 AU$, 1¼ Std.).

Shuttle Flughafen-Shuttles fahren zu den Hotels und Hostels im Stadtzentrum, manche auch zu umliegenden Vor- und Strandorten. Zu den Anbietern zählen **Sydney Airporter** (☎ 02-9666 9988; www.kst.com.au), **Super Shuttle** (☎ 1300 018 460; www.signaturelimousinessydney.com.au), **Airport Shuttle North** (☎ 1300 505 100; www.airportshuttlenorth.com) und **Manly Express** (☎ 02-8068 8473; www.manlyexpress.com.au).

ⓘ VERKEHRSVERBUNDKARTEN

Für die meisten öffentlichen Verkehrsmittel kann man zwar noch immer Einzelfahrscheine kaufen, inzwischen gilt aber auch das Smart-Card-System **Opal** (www.opal.com.au).

Man erhält die Karte kostenlos und lädt sie mit Geld auf – das ist in vielen Zeitungs- und Gemischtwarenläden überall in Sydney möglich. Zu Beginn einer Fahrt hält man die Karte an eines der elektronischen Lesegeräte, die an den Bahnhofseingängen, in der Nähe der Türen von Bussen und Light-Rail-Waggons und an den Fähranlegestellen angebracht sind. Beim Aussteigen muss man die Karte wieder an das Lesegerät halten, damit das System den korrekten Fahrpreis abzieht. Mit der Karte sind Einzelfahrten billiger, und die Kosten sind pro Tag bei 15 AU$ (So 2,50 AU$) gedeckelt. Darüber hinaus kann man pro Woche achtmal gratis fahren (die Karte stellt sich immer montags um). Man kann die Opal Card auch an den Bahnhöfen am Flughafen benutzen; allerdings gelten dort keine der oben genannten Extras.

Auf Papier gedruckte **MyMulti Passes** bekommt man an den Fahrkartenschaltern an Fähranlegestellen und Bahnhöfen sowie in vielen Zeitungs- und Gemischtwarenläden. Allerdings fährt man mit einer Opal Card oft günstiger. So kostet der MyMulti Day Pass 24 AU$, mit der Opal Card zahlt man aber maximal nur 15 AU$ am Tag.

Taxi Eine Fahrt vom Flughafen zum Stadtzentrum kostet etwa 45 AU\$ bis 55 AU\$, nach North Sydney 55 bis 65 AU\$ und nach Manly 90 bis 100 AU\$.

Zug Airport Link (www.airportlink.com.au; Erw./Kind 18/14 AU\$; 4.30–0.30 Uhr) Betreibt von den Terminals für Auslands- und Inlandsflüge Züge mit Anschluss an das Hauptzugnetz. Die Züge fahren häufig (alle 10 Min.), sind schnell (13 Min. bis zur Central Station) und sind leicht zu benutzen, aber die Flughafentickets sind ziemlich überteuert. Wer zu mehreren unterwegs ist, fährt mit einem Taxi billiger. Eine Alternative ist es auch, den Bus zur Rockdale Station (Linie 400 & 410, 3,50 AU\$, 12 Min.) zu nehmen und dort in den regulären Zug zur Central Station (3 AU\$, 15 Min.) umzusteigen.

ÖFFENTLICHE VERKEHRSMITTEL

Transport NSW (13 15 00; www.transportnsw.info) ist für die Koordination aller bundesstaatlich betriebenen Busse, Fähren, Züge und Stadtbahnen (Light Rail) verantwortlich. Auf der Website gibt's einen nützlichen Fahrtenplaner.

Die Einwohner Sydneys beklagen sich häufig über ihr öffentliches Verkehrswesen, doch als Besucher stellt man fest, dass man eigentlich leicht damit zurechtkommt. Rückgrat des öffentlichen Nahverkehrs ist das Bahnnetz, dessen Schienen von der Central Station aus strahlenförmig abgehen. Fähren fahren überall am Hafen und den Fluss hinauf bis Parramatta; die Light Rail ist nützlich für Pyrmont und Glebe, und die Busse bieten sich vor allem für Fahrten zu den Stränden an.

Bus

Sydney Buses (13 15 00; www.sydneybuses.info) betreibt das umfangreiche örtliche Busnetz. Die Linienbusse verkehren zwischen 5 und 24 Uhr, anschließend fahren weniger häufig die NightRide-Busse. Buslinien mit einem X vor der Nummer sind Expressbusse, die nur an ausgewählten Haltestellen halten, Busse mit einem L normale Busse, für die dasselbe gilt.

Bei den meisten Bussen bekommt man Fahrscheine beim Fahrer (je nach Fahrtlänge 2,40–4,70 AU\$). Man braucht aber für Busse, in denen man an Bord nicht bezahlen kann, eine Opal Card oder kauft sich vorher einen Papier-Fahrschein (erhältlich bei Zeitungsverkäufern, in Gemischtwarenläden und Supermärkten). Der Fahrpreis hängt von der Zahl der „Sektoren" ab, die man durchquert und die jeweils etwa 1,6 km lang sind. Vorab gekaufte Fahrscheine stempelt man an den grünen Automaten nach dem Einsteigen im Bus ab. Wenn man viel mit dem Bus (aber nicht mit Zügen oder Fähren) fährt, lohnt sich der Kauf einer Zehn-Fahrten-Karte (TravelTen Ticket; 1–2/3–5/mehr als 6 Sektoren 20/31/38 AU\$).

Die Linie 555 ist kostenlos; die Busse pendeln auf der George St zwischen Circular Quay und Central Station.

Fähre

→ Die meisten Fähren von **Sydney Ferries** (13 15 00; www.transportnsw.info) verkehren zwischen 6 und 24 Uhr. Die normale Einzelfahrt zu den meisten Zielen am Hafen kostet 6,20 AU\$; Fahrten nach Manly, zum Sydney Olympic Park und nach Parramatta kosten 7,60 AU\$. Wer mit der Fähre zum Taronga Zoo will, sollte sich einen ZooPass (Erw./Kind 53/27 AU\$) kaufen, der die Fahrt mit der Fähre und den Zooeintritt beinhaltet.

→ Die privaten Fährunternehmen **Manly Fast Ferry** (02-9583 1199; www.manlyfastferry.com.au; Erw./Kind 9/6 AU\$) und **Sydney Fast Ferries** (02-9818 6000; www.sydneyfastferries.com.au; Erw./Kind 9,75/7,50 AU\$;) haben Schnellfähren, die vom Circular Quay in 18 Minuten nach Manly brausen.

Light Rail

→ Die Stadtbahn fährt zwischen Central Station und Dulwich Hill mit Halt in Chinatown, Darling Harbour, The Star Casino, Sydney Fish Market und Glebe.

→ Eine Kurzstrecke kostet 3,80 AU\$, eine längere Fahrt 4,80 AU\$; Fahrkarten erhält man beim Schaffner.

Zug

→ **Sydney Trains** (13 15 00; www.sydneytrains.info) betreibt ein großes Netz von recht häufig fahrenden Vorortzügen, allerdings nicht zu den Stränden im Norden und Osten.

→ Die Züge verkehren etwa zwischen 5 und 1 Uhr – man sollte sich den Fahrplan der Linie anschauen, die man braucht.

→ Eine kurze innerstädtische Fahrt kostet 4 AU\$ (einfache Strecke).

→ Wer keine Opal Card hat, muss sich vorab am Automaten oder Schalter in einem der größeren Bahnhöfe eine Fahrkarte kaufen.

TAXI

→ Taxis mit Taxameter kann man in der City und in den inneren Vorstädten problemlos heranwinken, außer in der Zeit des Fahrerwechsels (15 & 3 Uhr).

→ Die Fahrpreise sind festgelegt und bei allen Taxiunternehmen gleich. Der Grundpreis beträgt 3,50 AU\$; freitags und samstags von 22 bis 6 Uhr gilt ein Nachtzuschlag von 2,50 AU\$ auf den Grundpreis. Pro Kilometer werden 2,14 AU\$ fällig; nachts zwischen 22 und 6 Uhr gilt ein Aufschlag von 20 %. Bei Reservierung gilt ebenfalls ein Aufschlag von 2,40 AU\$.

→ Der Fahrdienst **UberX** bietet seine Dienste auch in Sydney an, aber die Regierung des Bundesstaats betrachtet dies als illegal – Passagiere haben keinen Versicherungsschutz.

Zu den großen Taxiunternehmen gehören:
Legion Cabs (📞13 14 51; www.legioncabs.com.au)
Premier Cabs (📞13 10 17; www.premiercabs.com.au)
RSL Cabs (📞02-9581 1111; www.rslcabs.com.au)
Taxis Combined (📞13 33 00; www.taxiscombined.com.au)

WASSERTAXI

Wassertaxis bringen einen schnell im Hafen herum (vom Circular Quay nach Watsons Bay in nur 15 Min.). Die Unternehmen laufen jeden beliebigen Punkt am Hafen und am Fluss an, auch private Anlegestellen, Inseln und andere Schiffe.

Aussie Water Taxis (Karte S. 88; 📞02-9211 7730; www.aussiewatertaxis.com; Cockle Bay Wharf) Das kleinste Boot hat 16 Plätze. Die Boote können stundenweise oder für Zielfahrten gemietet werden.

H2O Maxi Taxis (📞1300 420 829; www.h2owatertaxis.com.au) Das kleinste Boot kann 21 Passagiere aufnehmen. Harbour-Islands-Fahrten sind eine Spezialität: Die Fahrt Fort Denison/Cockatoo Island/Shark Island kostet 110/125/150 AU$ für bis zu zehn Personen ab Circular Quay. Auf der Website gibt's einen praktischen Fahrpreisrechner.

Water Taxis Combined (📞02-9555 8888; www.watertaxis.com.au) Die Fahrpreise gelten für bis zu vier Passagiere: Circular Quay nach Watsons Bay 110 AU$, nach Rose Bay 110 AU$, nach Woolloomooloo 70 AU$. Es gibt auch Hafenrundfahrtsangebote.

Yellow Water Taxis (📞02-9299 0199; www.yellowwatertaxis.com.au) Der Preis gilt für bis zu zwei Personen, jede weitere Person zahlt 10 AU$. Ausgewählte Preise von der King St Wharf: Circular Quay und Fort Denison 83 AU$, Taronga Zoo 95 AU$, Cockatoo Island und Shark Island 121 AU$, Watsons Bay 127 AU$.

HAWKESBURY RIVER

Der ruhige Hawkesbury River ist nicht mal eine Stunde von Sydney entfernt. Er fließt gemächlich an honigfarbenen Klippen, historischen Ortschaften und Dörfern vorbei und formt auf dem Weg kleinere und größere Buchten. Dazwischen liegen mehrere Nationalparks, darunter der Ku-ring-gai Chase (S. 107) und der **Brisbane Water**.

Weiter oben zweigt ein schmaler, von Wald eingerahmter Flusslauf vom Hawkesbury ab und plätschert in das entspannte Städtchen **Berowra Waters**. Hier gibt es ein paar Geschäfte, Bootsschuppen und Wohnhäuser rund um die Anlegestelle der kostenlos rund um die Uhr verkehrenden Fähre über den Berowra Creek.

Der Flussweiler **Wisemans Ferry** liegt an der Stelle des Hawkesbury River, wo dieser nach Osten Richtung Brooklyn abbiegt. In der umliegenden Gegend finden sich Überbleibsel der von Sträflingen gebauten **Great North Road**, die einst Sydney mit dem Hunter Valley verbinden sollte und mittlerweile zur UNESCO-Welterbestätte Australian Convict Sites gehört. Eine Broschüre für eine Tour in Eigenregie kann man unter www.rms.nsw.gov.au herunterladen; dazu einfach *convict trail* ins Suchfeld eingeben!

🏃 Aktivitäten

Riverboat Postman RUNDFAHRT
(📞0400 600 111; www.riverboatpostman.com.au; Brooklyn Public Wharf, Dangar Rd; Erw./Kind/Senior 50/15/44 AU$; ⊙Mo-Fr 10 Uhr; 🚆Hawkesbury River) Das in Brooklyn startende Riverboat Postman ist das letzte Postboot, das in Australien noch im Einsatz ist. Dies ist eine entschieden altmodische Art, ein Gefühl für den Fluss zu bekommen. Es schippert von Brooklyn 40 km den Hawkesbury hinauf bis nach Marlow und kehrt um 13.15 Uhr nach Brooklyn zurück. Im Preis inbegriffen sind der Morgentee und ein Ploughman's Lunch (Käseteller mit Brot, Chutney und eingemachten Zwiebeln).

🛏 Schlafen

Am besten lernt man den Hawkesbury River auf einem voll ausgestatteten Hausboot kennen. Im Sommer und während der Schulferien schnellen die Preise gewaltig in die Höhe, aber bei den meisten Anbietern gibt's in der Nebensaison, werktags oder bei längerer Mietdauer durchaus günstige Sonderangebote. Zwischen September und Anfang Dezember muss man für drei Übernachtungen auf einem Boot mit zwei/sechs Kojen mit etwa 950/1050 AU$ aufwärts rechnen; wer zwischen Weihnachten und Neujahr sowie das ganze Jahr über an Wochenenden und Feiertagen unterwegs sein will, muss allerdings den doppelten Preis einplanen. Solche Unterkünfte sind beispielsweise **Hawkesbury Afloat** (📞02-9985 7722; www.hawkesburyafloat.com.au; 45 Brooklyn Rd, Brooklyn), **Holidays Afloat** (📞02-9985 5555; www.holidaysafloat.com.au; 87 Brooklyn Rd, Brooklyn) und **Ripples on the Hawkesbury** (📞02-9985 5555; www.ripples.com.au; 87 Brooklyn Rd, Brooklyn).

✕ Essen

Berowra Waters Inn MODERN-AUSTRALISCH $$$
(☎ 02-94561027; www.berowrawatersinn.com; Ostod. Westkai; 175 AU$/Pers.; ⏰ Fr–So 12–14, Fr & Sa 18–22 Uhr) Wow! Stromaufwärts von der Ortschaft Berowra Waters liegt am Flussufer dieses nur per Boot oder Wasserflugzeug erreichbare, von Glenn Murcutt gestaltete, wirklich eindrucksvolle Restaurant. Es punktet mit einem sensationellen modern-australischen Verkostungsmenü und einem tollen Blick auf den Fluss – das Richtige für einen besonderen Anlass (z. B. den Urlaub). Vorab telefonisch reservieren und die Abholung mit der Fähre vereinbaren!

ℹ An- & Weiterreise

Züge fahren von Sydneys Central Station nach Berowra und weiter zum Bahnhof Hawkesbury River in Brooklyn (7/3,50 AU$, 1 Std., etwa stündl.). Achtung: Der Bahnhof Berowra liegt einen gut 6 km langen Marsch von Berowra Waters entfernt.

Wisemans Ferry ist am leichtesten auf dem Flussweg zu erreichen, aber auch über eine hübsche Straße, die sich am Nordufer des Flusses entlang von der Central Coast über den Dharug National Park bis zum Ort erstreckt. Größtenteils unbefestigte, aber malerische Straßen führen von Wisemans Ferry nordwärts ins winzige St. Albans.

BLUE MOUNTAINS

78 500 EW.

Als Region von großer natürlicher Schönheit waren die Blue Mountains ein naheliegende Wahl als UNESCO-Welterbestätte. Der schieferblaue Dunst, dem die Berge ihren Namen verdanken, stammt von dem feinen Ölnebel, den die riesigen Eukalyptusbäume ausscheiden. Diese bilden ein dichtes Blätterdach über einer Landschaft aus tiefen, oft unzugänglichen Tälern und klar umrissenen Sandsteinfelsen.

Die Ausläufer der Berge beginnen 65 km landeinwärts von Sydney und steigen dann zu einem 1100 m hohen Sandsteinplateau an, das von Tälern durchzogen ist, die durch jahrhundertelange Erosion entstanden sind. In der Region gibt es dutzende zusammenhängende Schutzgebiete, darunter den **Blue Mountains National Park** (www.nationalparks.nsw.gov.au/Blue-Mountains-National-Park) mit fantastischen Landschaften, ausgezeichneten Wandermöglichkeiten, Felsritzungen der Aborigines und Schluchten und Klippen in Hülle und Fülle. Nördlich der Bells Line of Road erstreckt sich der **Wollemi National Park** (www.nationalparks.nsw.gov.au/Wollemi-National-Park), das größte bewaldete Naturgebiet in NSW, bis zum Hunter Valley.

Man kann die Blue Mountains zwar auch im Rahmen eines Tagesausflugs ab Sydney besuchen, doch empfiehlt es sich, hier mindestens eine Übernachtung einzulegen, um auch einige der Ortschaften zu erkunden, mindestens eine Wanderung zu unternehmen und das eine oder andere der exzellenten Restaurants kennenzulernen. In den Bergen kann es das ganze Jahr überraschend kühl sein; daher unbedingt warme Kleidung mitbringen!

◉ Sehenswertes

◉ Glenbrook

Aus Sydney kommend, erreicht man als erste Ortschaft in den Blue Mountains das bescheidene Glenbrook. Von hier aus gelangt man mit dem Auto oder zu Fuß in die tiefer liegenden Bereiche des Nationalparks – den einzigen Teil des Parks, für den eine Einfahrtsgebühr für Autos erhoben wird (7 AU$). Nach 6 km hinter dem Parkeingang kommt man zum Mt. Portal Lookout mit herrlichem Panoramablick in die Glenbrook Gorge, über den Nepean River und zurück nach Sydney.

Red Hands Cave ARCHÄOLOGISCHE STÄTTE
Diese Aborigines-Stätte ist eher eine Nische als eine Höhle, in der die Ureinwohner Schutz suchten. Die Wände sind mit Handabdrücken verziert, die 500 bis 1600 Jahre alt sind. Vom Glenbrook Visitor Centre (S. 152) führt ein leichter Wanderweg (hin & zurück 7 km) Richtung Südwesten zur Stätte.

◉ Wentworth Falls

In der Ortschaft Wentworth Falls erlebt man einen ersten wirklichen Vorgeschmack auf die Landschaft der Blue Mountains: Gen Süden eröffnet sich Ausblick über das majestätische Jamison Valley.

Wentworth Falls Reserve WASSERFALL, PARK
(Falls Rd; 🚉Wentworth Falls) Der Wasserfall, dem der Ort seinen Namen verdankt, stürzt in Schwaden schimmernder Tropfen 300 m in die Tiefe. Hier beginnt ein Netz von Wanderwegen, die in das herrliche Valley of the

Blue Mountains

Waters mit seinen Wasserfällen, Schluchten, Baumsavannen und Regenwäldern führen. Unbedingt auch einen Abstecher zum Princes Rock (hin & zurück 1 km) machen, wo man den herrlichen Blick auf die Wentworth Falls und das Jamison Valley genießen kann!

⊙ Leura

Leura ist die hübscheste Ortschaft in den Blue Mountains. Die gewundenen Straßen sind gesäumt von gepflegten Gärten und Häusern mit weit ausladenden viktorianischen Veranden. An der Leura Mall, der von Bäumen gesäumten Hauptstraße, gibt es reihenweise Läden mit ländlichem Kunsthandwerk und Cafés für die täglich hierher strömenden Touristen.

Sublime Point AUSSICHTSPUNKT
(Sublime Point Rd, Leura; P) Südlich von Leura verengt sich ein scharf abfallender, dreieckiger Felsvorsprung bis zu diesem dramatischen Aussichtspunkt mit nackten Felsklippen zu beiden Seiten. Unserer Meinung nach ist diese Stelle schöner als der berühmtere Echo Point in Katoomba, vor allem, weil es hier viel, viel ruhiger ist. An sonnigen Tagen tanzen die Wolkenschatten über dem unten liegende weite blaue Tal.

Blue Mountains

◎ Sehenswertes
- **1** Anvil Rock B2
- **2** Blue Mountains Botanic Garden Mount Tomah B1
- **3** Blue Mountains Cultural Centre B4
- Echo Point ....(siehe 15)
- **4** Evans Lookout B2
- **5** Everglades Historic House & Gardens B5
- **6** Govetts Leap Lookout A2
- **7** Hargraves Lookout A2
- **8** Leuralla NSW Toy & Railway Museum B5
- **9** Paragon B4
- **10** Perrys Lookdown B2
- **11** Pulpit Rock B2
- **12** Red Hands Cave D4
- **13** Scenic World A5
- **14** Sublime Point C5
- **15** Three Sisters B5
- **16** Waradah Aboriginal Centre B5
- **17** Wentworth Falls Reserve D5

✪ Aktivitäten, Kurse & Touren
- Australian School of Mountaineering ....(siehe 9)
- **18** Blue Mountains Adventure Company B4
- **19** Golden Stairs Walk A5
- High 'n' Wild Australian Adventures .... (siehe 20)

⌂ Schlafen
- **20** Blue Mountains YHA B5

- **21** Broomelea B5
- **22** Flying Fox B4
- Greens of Leura .... (siehe 29)
- **23** Jemby-Rinjah Eco Lodge A2
- **24** Lilianfels B5
- **25** No 14 .... B4
- **26** Shelton-Lea B5

⊗ Essen
- **27** Ashcrofts A2
- Bistro Niagara .... (siehe 18)
- **28** Cafe Madeleine B4
- **29** Leura Garage B4
- Leura Gourmet Cafe & Deli .... (siehe 28)
- **30** Nineteen23 .... C4
- Sanwiye Korean Cafe .... (siehe 9)
- Silk's Brasserie ....(siehe 18)
- True to the Bean .... (siehe 9)
- Vesta .... (siehe 27)

⊙ Ausgehen & Nachtleben
- **31** Alexandra Hotel B4

ⓘ Praktisches
- **32** Blue Mountains Heritage Centre A2
- Echo Point Visitors Centre .... (siehe 15)
- **33** Glenbrook Information Centre D4

ⓘ Transport
- Blue Mountains Explorer Bus .... (siehe 18)
- Trolley Tours .... (siehe 9)

Everglades Historic House & Gardens GARTEN
(☎ 02-4784 1938; www.everglades.org.au; 37 Everglades Ave, Leura; Erw./Kind 10/4 AU$; ⊙ 10–17 Uhr) Das vom National Trust verwaltete Everglades-Haus wurde in den 1930er-Jahren erbaut. Das Haus ist zwar nicht uninteressant, aber das eigentliche Highlight ist der prächtige, 5 ha große Garten, der von dem dänischen Landschaftsarchitekten Paul Sorenson angelegt wurde.

Leuralla NSW Toy & Railway Museum MUSEUM, GARTEN
(☎ 02-4784 1169; www.toyandrailwaymuseum.com.au; 36 Olympian Pde; Erw./Kind 14/6 AU$, nur Garten 10/5 AU$; ⊙ 10–17 Uhr) Die Art-déco-Villa war einst der Wohnsitz von Herbert Vere „Doc" Evatt, dem ersten Präsidenten der UN-Generalversammlung. Das Haus ist vollgestopft mit einer unglaublichen Menge Sammlerstücke – von muffigen edwardianischen Babypuppen und *Dr. Who*-Figuren bis hin zu einem Satz seltenen Nazi-Propaganda-Spielzeugs. Im hübschen Garten steht verstreut Eisenbahnkrimskrams.

◉ Katoomba

Wirbelnder, geheimnisvoller Nebel, steile Straßen mit Art-déco-Gebäuden, atemberaubende Ausblicke ins Tal und eine sonderbare Mischung aus Restaurants, Straßenmusikanten, Künstlern, Obdachlosen, derben Kneipen und erstklassigen Hotels prägen Katoomba, den größten Ort der Blue Mountains, und machen ihn zugleich bürgerlich und unkonventionell, einladend und bedrohlich.

Echo Point AUSSICHTSPUNKT
(Three Sisters; Echo Point Rd, Katoomba) Die Aussichtsplattform auf der Felsspitze des Echo Point ist der meistbesuchte Ort in den Blue Mountains, weil man von dort aus einen Ausblick auf die größte Sehenswürdigkeit der Region hat: das Felstrio der **Three Sisters** (Echo Point, Echo Point Rd, Katoomba). Nach

einer Legende wurden die Schwestern von einem Zauberer zu Stein verwandelt, der sie damit vor den unerwünschten Zudringlichkeiten dreier junger Männer schützen wollte. Der Zauberer sei dann aber gestorben, ehe er die Schwestern wieder in Menschen zurückverwandeln konnte.

Warnung: Der Echo Point lockt große Touristenmassen an, die alle Beschaulichkeit zerstören und deren Busse mit ihren Abgasen die Gebirgsluft verpesten – um ihnen zu entgehen, sollte man früh am Morgen oder eher spät herkommen. Die umliegenden Parkplätze sind teuer (4,40 AU$/Std.), sodass man besser ein paar Straßen weiter parkt und den Rest zu Fuß geht.

Waradah Aboriginal Centre KULTURZENTRUM
(www.waradahaboriginalcentre.com.au; 33–37 Echo Point Rd; Vorstellung Erw./Kind 12/7 AU$; ⊙9–17 Uhr) Die in der World Heritage Plaza gelegene Galerie mit Laden zeigt neben Touristenkram wie angemalten Bumerangs und Didgeridoos auch einige außergewöhnliche Beispiele von Aborigines-Kunst. Die Hauptattraktion sind jedoch die ganztägig gezeigten 15-minütigen Vorstellungen, die eine interessante, humorvolle Einführung in die indigene Kultur vermitteln.

Scenic World SEILBAHN
(☎02-4780 0200; www.scenicworld.com.au; Ecke Violet St & Cliff Dr, Katoomba; Erw./Kind 35/18 AU$; ⊙9–17 Uhr) Die mit einem Glasboden versehene Skyway-Gondel bringt einen über die Schlucht und fährt dann als sogenannte „steilste Eisenbahn der Welt" im 52-Grad-Winkel hinunter auf den Boden des Jamison Valley. Hier kann man auf einem 2,5 km langen Plankenweg durch den Wald laufen oder zur Felsformation Ruined Castle (hin & zurück 12 km, 6 Std.) wandern, ehe es mit der Seilbahn wieder hinauf auf den Hang geht.

Blue Mountains Cultural Centre GALERIE
(www.bluemountainsculturalcentre.com.au; 30 Parke St; Erw./Kind 5 AU$/frei; ⊙10–17 Uhr) Der Rundgang durch die Welterbe-Ausstellung ist ein fesselndes Erlebnis: Unter den Füßen hat man ein Satellitenbild der Blue Mountains, an die Wände und an die Decke sind Bilder der Gebirgslandschaft projiziert, und rund um einen herum hört man die Geräusche des Busches. In der benachbarten Galerie werden interessante Ausstellungen gezeigt, und von der Dachterrasse hat man einen tollen Blick. In der Bibliothek gibt's kostenlosen Internetzugang.

Paragon GEBÄUDE
(www.facebook.com/TheParagonCafe; 65 Katoomba St; ⊙So–Fr 10–16, Sa bis 22.30 Uhr) Das denkmalgeschützte Café von 1916 gehört nicht zu den besseren Restaurants in Katoomba, lohnt aber einen Blick wegen des sagenhaften Dekors aus der Entstehungszeit. Auch die hausgemachten Pralinen sind ziemlich gut. Unbedingt sehenswert ist die verspiegelte Cocktailbar hinten, die gut und gerne ein Schauplatz aus dem *Großen Gatsby* sein könnte.

Blackheath

Die Massen und der Kommerz nehmen 10 km nördlich von Katoomba im gepflegten, kleinen Blackheath deutlich ab. Der Ort hat aber landschaftlich viel zu bieten und ist ein ausgezeichneter Ausgangspunkt für Vorstöße in das Grose und das Megalong Valley. Östlich vom Ort befinden sich der **Evans Lookout** (Evans Lookout Rd) und der **Govetts Leap Lookout** (Govetts Leap Rd) mit wunderbarem Blick auf die höchsten Wasserfälle in den Blue Mountains. Im Nordosten, zu erreichen über die Hat Hill Rd, liegen der **Pulpit Rock**, der **Perrys Lookdown** und der **Anvil Rock**, im Westen und Südwesten das Kanimbla und das Megalong Valley mit spektakulärem Ausblick vom **Hargraves Lookout** (Shipley Rd).

Aktivitäten
Buschwandern
Tipps zu Wanderstrecken, die dem eigenen Erfahrungs- und Fitness-Niveau entsprechen, erhält man im Blue Mountains Heritage Centre des Nationalparks in Blackheath sowie bei den Information Centres in Glenbrook und Katoomba. Alle drei Stellen verkaufen diverse Wanderkarten, Broschüren und Bücher.

Achtung: Der Busch ist hier dicht, und man kann sich leicht verlaufen – manch einer ist deswegen schon zu Tode gekommen. Man sollte stets seinen Namen mit Angabe der geplanten Wanderstrecke bei der Polizei in Katoomba oder im Nationalparkzentrum hinterlassen. Bei der Polizei, dem Nationalparkzentrum und den Infozentren erhält man kostenlos persönliche Ortungsgeräte. Man sollte diese auch unbedingt immer dabeihaben – vor allem bei längeren Wanderungen. Unverzichtbar sind außerdem ein Vorrat an sauberem Trinkwasser und reichlich Verpflegung.

ABSTECHER

BELLS LINE OF ROAD

Der Straßenabschnitt zwischen North Richmond und Lithgow ist die malerischste Strecke durch die Blue Mountains und sehr zu empfehlen, wenn man mit eigenem Fahrzeug unterwegs ist. Auf der Straße geht es weit ruhiger zu als auf dem Highway, und man hat eine wunderbare Aussicht.

Bilpin am Fuß der Berge ist für seine Apfelplantagen bekannt. In der Bezirkshalle findet jeden Samstag von 10 bis 12 Uhr der Bilpin-Markt statt.

Auf halber Strecke zwischen Bilpin und Bell liegt der **Blue Mountains Botanic Garden Mount Tomah** (02-4567 3000; www.rbgsyd.nsw.gov.au; 9.30–17.30 Uhr) GRATIS, eine Filiale des Royal Botanic Garden in Sydney für Pflanzen aus kühl-gemäßigtem Klima. Hier drängen sich einheimische und exotische Arten, darunter prachtvolle Rhododendren.

Aus dem Stadtzentrum von Sydney erreicht man die Bells Line über die Harbour Bridge und dann über die M2 und die M7 (beide mautpflichtig). Man nimmt die Ausfahrt zur Richmond Rd, die dann zur Blacktown Rd, zur Lennox Rd, nach einer kurzen, eng zulaufenden Kurve zur Kurrajong Rd und schließlich zur Bells Line of Road wird.

Die beiden beliebtesten Gebiete für Wanderungen im Busch sind das Jamison Valley südlich von Katoomba und das Grose Valley nordöstlich von Katoomba und östlich von Blackheath. Der **Golden Stairs Walk** (Glenraphael Dr, Katoomba) ist ein weniger frequentierter Weg zum Ruined Castle als der von Scenic World (S. 148) ausgehende Weg. Um dorthin zu gelangen, fährt man von Scenic World den Cliff Dr weiter und biegt nach 1 km links in den Glenraphael Dr ein, der nach kurzer Zeit zu einer holprigen, unbefestigten Straße wird. Nach ein paar Kilometern sieht man links die Ausschilderung zum Golden Stairs Walk, einem steilen, aufregenden Weg hinunter ins Tal (hin & zurück ca. 8 km, 5 Std.).

Eine der lohnendsten Fernwanderungen ist der 45 km lange, drei Tage dauernde **Six Foot Track** von Katoomba durch das Megalong Valley zum Cox's River und weiter zu den Jenolan Caves. An der Strecke gibt es Campingplätze.

Radfahren

Die Berge sind auch ein beliebtes Ausflugsziel für Radler. Viele fahren mitsamt ihren Rädern per Zug bis Woodford und radeln von dort bergab nach Glenbrook (2–3 Std.). Radkarten erhält man bei den Visitor Centres.

Abenteuersport & Geführte Touren

Blue Mountains Adventure Company   ABENTEUERSPORT
(02-4782 1271; www.bmac.com.au; 84a Bathurst Rd, Katoomba; 8–19 Uhr) Abseilen kann man sich ab 150 AU$, die Kombi aus Abseilen und Canyoning gibt's ab 195 AU$, Canyoning ab 150 AU$, Buschwandern ab 30 AU$ und Felsklettern ab 195 AU$.

High 'n' Wild Australian Adventures   ABENTEUERSPORT
(02-4782 6224; www.highandwild.com.au; Blue Mountains YHA, 207 Katoomba St, Katoomba) Geführtes Abseilen /Klettern/Canyoning ab 135/169/190 AU$.

Australian School of Mountaineering   ABENTEUERSPORT
(02-4782 2014; www.asmguides.com; 166 Katoomba St, Katoomba) Abseilen/Canyoning/Überlebenstraining/Klettern ab 165/180/195/195 AU$.

River Deep Mountain High   ABENTEUERTOUR
(02-4782 6109; www.rdmh.com.au) Zum Angebot gehören Abseiltouren (ab 150 AU$), Canyoning-Ausflüge (ab 150 AU$), Pauschalangebote für Canyoning und Abseilen (195 AU$) sowie verschiedene Wander- und Mountainbiketouren.

Tread Lightly Eco Tours   ÖKOTOUR
(0414 976 752; www.treadlightly.com.au) Veranstaltet eine Menge Wandertouren bei Tag und Nacht (65–135 AU$) sowie Jeeptouren; der Schwerpunkt liegt auf dem Ökosystem der Region.

Aboriginal Blue Mountains Walkabout   KULTURTOUR
(0408 443 822; www.bluemountainswalkabout.com; Tour 95 AU$) Das indigen geführte Unternehmen bietet ganztägig geführte Abenteuerwanderungen zu einem spirituellen Thema an. Start ist am Bahnhof Faulconbridge, das Ziel am Bahnhof Springwood.

✵ Feste & Events

Yulefest `FESTIVAL`
(www.yulefest.com) Aus der Zeit gefallene Weihnachtsfeierlichkeiten zwischen Juni und August.

Winter Magic Festival `FESTIVAL`
(www.wintermagic.com.au) Im Rahmen des eintägigen Fests anlässlich der Wintersonnenwende im Juni sammeln sich auf Katoombas Hauptstraße Marktstände und kostümierte Einheimische; Vorführungen gibt's auch.

Leura Gardens Festival `GARTEN`
(www.leuragardensfestival.com; alle Gärten 20 AU$, 1 Garten 5 AU$) In Sachen Flora interessierte Traveller strömen im Oktober nach Leura, wenn dort zehn private Gärten ihre Tore für die Öffentlichkeit öffnen.

🛏 Schlafen

Es gibt eine gute Auswahl von Unterkünften in den Blue Mountains, aber für Freitag- und Samstagabend (die Sydneysider kommen gern auf ein romantisches Wochenende her) und im Winter muss man vorab reservieren. Wer Romantik sucht, ist im grünen Leura am besten aufgehoben, Blackheath hingegen ist eine gute Basis für Wanderungen. Beide Orte sind eine bessere Option als das ausgebaute Katoomba, wo es allerdings exzellente Hostels gibt.

🛏 Leura

★ Broomelea `B&B $$`
(02-4784 2940; www.broomelea.com.au; 273 Leura Mall; Zi. 180–200 AU$; @ 🕿) Als perfekt-romantisches B&B in den Blue Mountains bietet das schöne edwardianische Haus Himmelbetten, einen gepflegten Garten, eine Veranda mit Korbmöbeln, offenes Kaminfeuer und eine behagliche Lounge. Es gibt auch ein in sich abgeschlossenes Cottage für Familien.

Greens of Leura `B&B $$`
(02-4784 3241; www.thegreensleura.com.au; 24–26 Grose St; Zi. 175–220 AU$; @ 🕿) Das hübsche Holzhaus an einer ruhigen Straße, die parallel zur Mall verläuft, steht in einem charmanten Garten und verfügt über fünf nach englischen Schriftstellern (Browning, Austen etc.) benannte Zimmer. Sie sind jeweils individuell gestaltet und teilweise sogar mit Himmelbetten und einem Whirlpool ausgestattet.

🛏 Katoomba

★ Blue Mountains YHA `HOSTEL $`
(02-4782 1416; www.yha.com.au; 207 Katoomba St; B 30 AU$, DZ mit/ohne Bad 112/99 AU$; @ 🕿) Hinter der nüchternen Backsteinfassade des beliebten 200-Betten-Hostels verbergen sich komfortable, helle und blitzblanke Schlafsäle und Familienzimmer. Darüber hinaus gibt es eine Lounge (mit offenem Kaminfeuer), einen Billardtisch, eine hervorragende Gemeinschaftsküche und draußen eine Freifläche mit Grillstellen.

No 14 `HOSTEL $`
(02-4782 7104; www.no14.com.au; 14 Lovel St; B AU$28, Zi. mit/ohne Bad 89/79 AU$; @ 🕿) Das an eine heitere Wohngemeinschaft erinnernde kleine Hostel hat eine freundlich-fröhliche Atmosphäre und hilfsbereite Betreiber. Es gibt keine Fernseher, also unterhalten sich die Gäste hier mitunter auch mal miteinander. Im Preis inbegriffen sind ein einfaches Frühstück und der Internetzugang.

Flying Fox `HOSTEL $`
(02-4782 4226; www.theflyingfox.com.au; 190 Bathurst Rd; Stellplatz 20 AU$/Pers., B 28–30 AU$, Zi. 80–85 AU$; 🕿) Die Betreiber sind begeisterte Traveller und haben sich bemüht, ihrem bescheidenen Hostel eine heimelige Atmosphäre zu geben. Hier gibt's keine Partyszene, sondern nur Glühwein und Tim Tams (Schokokekse) in der Lounge, kostenloses Frühstück und einen Pasta-Abend in der Woche.

Shelton-Lea `B&B $$`
(02-4782 9883; www.sheltonlea.com; 159 Lurline St; Zi. 130–210 AU$; 🕿) Die anheimelnde Berghütte wurde umgebaut und verfügt jetzt über vier Suiten jeweils mit eigenem Sitzbereich und Kochnische. Das Dekor weist einen Hauch von Art déco auf, die Möbel wirken eher verspielt.

Lilianfels `HOTEL $$$`
(02-4780 1200; www.lilianfels.com.au; 5–19 Lilianfels Ave; Zi. ab 229 AU$; ❄@🕿≋) Das Luxusresort direkt neben dem Echo Point gewährt einen spektakulären Blick und hat 85 Gästezimmer, das beste Restaurant in der Region (das Darley's; 3-Gänge-Menü 125 AU$) und eine beeindruckende Reihe von Luxus-Einrichtungen wie Spa, beheizte Innen- und Außenpools, Tennisplatz, Billard-/Spielezimmer, Bibliothek und Fitnessraum.

🛏️ Blackheath

Jemby-Rinjah Eco Lodge   HÜTTEN $$$
(📞 02-4787 7622; www.jemby.com.au; 336 Evans Lookout Rd; ab 215 AU$) 🌿 Diese Ökohütten stehen so tief im Zylinderputzer-Busch, dass man förmlich erst mal über sie stolpern muss, um sie zu finden. All diese holzverkleideten Hütten haben ein bis zwei Schlafzimmer und sind in sich abgeschlossen; das Deluxe-Modell hat sogar eine Badewanne im japanischen Stil.

🍴 Essen & Ausgehen

🍴 Wentworth Falls

Nineteen23   MODERN-AUSTRALISCH $$$
(📞 0488 361 923; www.nineteen23.com.au; 1 Lake St; 2/3 Gänge 60/75 AU$; ⏰ Sa & So 12–15, Do–So 18–22 Uhr) Der elegante Speisesaal im Stil der 1920er-Jahre ist besonders bei Paaren beliebt, die sich während des Genusses der langen Verkostungsmenüs verliebt in die Augen sehen. Das Essen ist nicht besonders experimentell, aber perfekt zubereitet, gut angerichtet und sehr schmackhaft.

🍴 Leura

Leura Gourmet Cafe & Deli   DELI $
(📞 02-4784 1438; 159 Leura Mall; ⏰ Mo–Fr 8–17 Uhr; 🚉 Leura) Hier gibt's Feinkostsalate, Pies und Quiches zum Mitnehmen – perfekt für ein Picknick. Einheimische Feinschmecker decken sich hier mit Schinken aus der Region, Olivenöl und Essig ein. Die hervorragende Eisauswahl ist eine prima Gelegenheit, Kinder zum Wandern zu überreden. Vom angeschlossenen Café aus bietet sich ein eindrucksvoller Ausblick.

Leura Garage   MEDITERRAN $$
(📞 02-4784 3391; www.leuragarage.com.au; 84 Railway Pde; Mittagessen 17–28 AU$, Gerichte zum Teilen 13–33 AU$; ⏰ Do–Mo 12 Uhr–open end) Dass die hippe Café-Bar einst eine Autowerkstatt war, daran lassen die aufgehängten Schalldämpfer und die Stapel alter Autoreifen keinen Zweifel. Für Abends stehen rustikale Gerichte zum Teilen auf der Speisekarte, die auf Holzbrettern serviert werden, z. B. Pizza mit leckerem Belag.

Cafe Madeleine   CAFÉ $$
(www.josophans.com.au; 187a Leura Mall; Hauptgerichte 12–18 AU$; ⏰ 9–17 Uhr) Das zu einem Schokoladengeschäft gehörende Café zeichnet sich durch süße Leckereien wie in Schokolade getränkte Waffeln, Kuchen und heißer Schokolade aus. Aber auch das Eierfrühstück und die französisch inspirierten herzhaften Gerichte sind wirklich ganz ausgezeichnet.

Silk's Brasserie   MODERN-AUSTRALISCH $$$
(📞 02-4784 2534; www.silksleura.com; 128 Leura Mall; Hauptgerichte mittags 24–39 AU$, abends 35–39 AU$; ⏰ 12–15 & 18–22 Uhr) Ein freundliches Willkommen erwartet einen in Leuras alteingesessenem feinem Diner. Trotz des modernen Anstrichs ist der Laden im Kern eine Brasserie, d.h. die Portionen sind groß und gut gewürzt. Platz lassen für die dekadenten Desserts!

Alexandra Hotel   PUB
(www.alexandrahotel.com.au; 62 Great Western Hwy) Das Alex ist ein echtes Schmuckstück von einem alten Pub. Man kann mit den Einheimischen Billard spielen und am Wochenende den Platten der DJs und den live spielenden Bands lauschen.

🍴 Katoomba

Sanwiye Korean Cafe   KOREANISCH $
(📞 0405 402 130; www.facebook.com/sanwiyekoreancafe; 177 Katoomba St; Hauptgerichte 10–16 AU$; ⏰ Di–So 11–21.30 Uhr) Aus dem Meer überteuerter Mittelmäßigkeit, die die Restaurants von Katoomba prägt, sticht dieses winzige Lokal durch frisches, schmackhaftes Essen heraus, das die koreanischen Betreiber mit viel Liebe zubereiten.

True to the Bean   CAFÉ $
(www.facebook.com/truetothebean; 123 Katoomba St; Waffeln 3–6 AU$; ⏰ Mo–Sa 7–17, So 8–14 Uhr; 📶) Die sydneytypische Leidenschaft für sortenreinen Kaffee ist mit dieser winzigen Espressobar an der Hauptstraße bis nach Katoomba gelangt. Das Essen beschränkt sich auf Müsli, Waffeln und dergleichen.

Bistro Niagara   BISTRO $$
(📞 02-4782 9530; www.facebook.com/BistroNiagara; 92 Bathurst Rd; Hauptgerichte 26 AU$; ⏰ Mi–So 17.30–21.30, Sa & So 11–22.30 Uhr; 🚉 Katoomba) Das gemütliche Bergbistro serviert Klassiker wie blubbernd heißes, doppelt gebackenes Käsesoufflé und Banoffe Pie (Banane-Sahne-Toffee-Kuchen) und ist sowohl bei Einheimischen als auch Travellern sehr beliebt. Alle Gäste werden von den Angestellten herzlich empfangen. In der Mitte des Restaurants steht der Holzofen, der an

manchen Abenden für die Zubereitung von Spanferkel oder klebrig-süßer Tarte Tatin mit Äpfeln und Birnen zum Einsatz kommt. Am Wochenende wird den ganzen Nachmittag ein zwangloses Mittagsmenü gereicht – perfekt für hungrige Buschwanderer.

Blackheath

Vesta BISTRO $$
(www.vestablackheath.com.au; 33 Govetts Leap Rd, Blackheath; Hauptgerichte 30 AU$; Mi & Do 16–22, Fr–So 12–22 Uhr) Wer die Kälte der Blue Mountains zu spüren bekommen hat, kann sich im Vesta, wo der 100 Jahre alte, mit Holz befeuerte Backofen im Hintergrund knistert, wieder aufwärmen. Das bei den Einheimischen beliebte Lokal serviert Platten mit herzhaften Braten (von Tieren aus der Region, die frei laufen Gras fressen durften) und australische Weine in Flaschen.

Ashcrofts EUROPÄISCH $$$
(02-4787 8297; www.ashcrofts.com; 18 Govetts Leap Rd, Blackheath; Hauptgerichte 40 AU$; Do–Sa 18–22, So 12–15 & 18–22 Uhr) Das gefeierte Restaurant hat zwar neue Besitzer, hält aber seinen ausgezeichneten Ruf als altbewährtes Berglokal aufrecht. Im gemütlichen Speisesaal lässt es sich charmant speisen. Auf der kurzen, aber ausgesucht guten saisonalen Karte finden sich kreative Zusammenstellungen wie Wild mit Roter Bete, Pastinaken und Bitterschokolade.

Praktische Informationen

Blue Mountains Heritage Centre (02-4787 8877; www.nationalparks.nsw.gov.au/Blue-Mountains-National-Park; Ende der Govetts Leap Rd, Blackheath; 9–16.30 Uhr) Außerordentlich hilfreiches NPWS Visitor Centre.

Echo Point Visitors Centre (1300 653 408; www.bluemountainscitytourism.com.au; Echo Point, Katoomba; 9–17 Uhr) Ein recht großes Zentrum mit engagiertem Personal.

Glenbrook Information Centre (1300 653 408; www.bluemountainscitytourism.com.au; Great Western Hwy; 8.30–16 Uhr;)

Anreise & Unterwegs vor Ort

Auf der Straße geht's von Sydney aus über die Parramatta Rd in die Blue Mountains. In Strathfield wechselt man auf die mautfreie M4. Westlich von Penrith wird diese zum Great Western Hwy, der in alle Orte der Blue-Mountains-Region führt. Die Fahrt aus dem Zentrum von Sydney nach Katoomba dauert etwa eineinhalb Stunden. Schöne Alternative: die Bells Line of Road (S. 149).

Blue Mountains Bus (02-4751 1077; www.bmbc.com.au; Preis 2,40–4,70 AU$) Verbindet alle größeren Ortschaften.

Blue Mountains Explorer Bus (1300 300 915; www.explorerbus.com.au; 283 Bathurst Rd, Katoomba; Erw./Kind 40/20 AU$; 9.45–17 Uhr) Der Bus pendelt alle 30 bis 60 Minuten zwischen Katoomba (Abfahrt ist am Bahnhof) und Leura. Fahrgäste können unterwegs beliebig oft aus- und zusteigen.

Sydney Trains (13 15 00; www.sydneytrains.info) Die Züge der Blue Mountains Line fahren etwa stündlich von Sydneys Central Station nach Glenbrook, Springwood, Faulconbridge, Wentworth Falls, Leura, Katoomba und Blackheath; die Fahrt nach Katoomba (Erw./Kind 8,80/4,40 AU$) dauert etwa zwei Stunden.

Trolley Tours (1800 801 577; www.trolleytours.com.au; 76 Bathurst St, Katoomba; Erw./Kind 25/15 AU$; 9.45–16.45 Uhr) Recht lieblos als Straßenbahn aufgemachter „Hop-on, Hop-off"-Bus; bedient 29 Haltestellen in Katoomba und Leura.

Central Coast NSW

Inhalt ➡
Central Coast 155
Newcastle 156
Hunter Valley. 162

Gut essen
- Pearls on the Beach (S. 155)
- Edwards (S. 160)
- Subo (S. 160)
- Muse Kitchen (S. 165)

Schön übernachten
- Longhouse (S. 165)
- Thistle Hill (S. 164)
- Junction Hotel (S. 159)

Auf zur Central Coast von New South Wales!

Hat man sich erst einmal durch den Verkehr in den nördlichen Vororten von Sydney gequält, ist es nur zu verlockend, auf der Schnellstraße so schnell wie möglich das Weite zu suchen. Und eigentlich ist die dicht besiedelte Central Coast von NSW (New South Wales) auch nur ein weiterer familienfreundlicher Vorort am Meer. Doch wer ein paar Tage Zeit hat, findet jede Menge lohnende Abstecher an diesem 100 km langen Küstenstreifen. Es gibt golden schimmernde Surfstrände, versteckte Dörfer und ruhige Binnenseen, von denen der größte, Lake Macquarie, viermal so groß ist wie der Sydney Harbour. Und was der Küste an kulturellen und kulinarischen Genüssen fehlt, gibt's umso mehr im lebhaften Newcastle und im erstklassigen Weinanbaugebiet des Hunter Valley.

Reisezeit
Newcastle

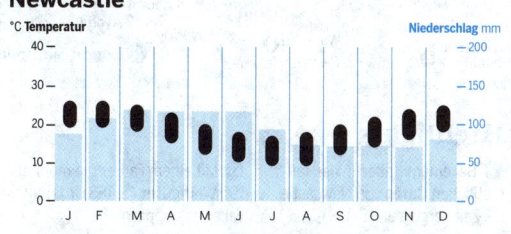

Jan.–März In Newcastle dreht sich alles um Surfen und Bier, im Hunter Valley um Musik.

Mai–Juli Die Wale wandern, und im Hunter Valley feiert man einen Monat lang Wein und Essen.

Okt.–Dez. Wein, Jazz, tolle Weihnachtsbeleuchtung und eines der größten Feste für Emerging Arts.

Highlights

1. Bei einem Kaffee in den fantastischen **Cafés** von Newcastle die Zeit vergessen (S. 159)

2. Alte Rocker treffen und alten Wein sowie alten (Stinker-)Käse bei einem der großen Feste im **Hunter Valley** (S. 164) genießen

3. Mit einem Fahrer die mehr als 150 **Weingüter** (S. 163) im Hunter Valley abklappern

4. Im eiskalten Wasser des Art-déco-Bades **Newcastle Ocean Baths** (S. 157) herumplanschen

5. Beim Zelten im **Bouddi Nationalpark** (S. 155) wandernde Wale beobachten

6. Mit dem Kanu, Fahrrad oder Segway das Feuchtgebiet des **Hunter Wetlands Centre** (S. 157) erkunden

CENTRAL COAST

Auf dem Weg nach Norden kann man entweder auf dem Pacific Motorway M1 direkt nach Newcastle fahren (und vielleicht die eine oder andere Ausfahrt zur Central Coast nehmen) oder aber die gewundene Küstenstraße entlangkurven. Die größte Stadt in der Gegend ist das Verkehrs- und Dienstleistungszentrum Gosford. Das entspannte Avoca hat einen hübschen Strand und ein schönes, altes Kino, während Terrigal mit einem herrlichen, halbmondförmigen Surfstrand, einem geschäftigen Stadtzentrum sowie erstklassigen Restaurants und Einkaufsmöglichkeiten aufwartet. Gleich mehrere Salzwasserseen erstrecken sich im Nordabschnitt der Küste zwischen Bateau Bay und Newcastle, darunter der tiefe, stille Lake Macquarie.

Sehenswertes

Australian Reptile Park ZOO
(02-4340 1022; www.reptilepark.com.au; Pacific Hwy, Somersby; Erw./Kind 33/17 AU$; 9–17 Uhr) Hier kommen die Besucher den Koalas und Pythons ganz nahe und können zusehen, wie Trichternetzspinnen (zur Gewinnung von Gegengift) gemolken und eine Galapagosschildkröte gefüttert wird. Für Kinder gibt es besondere Führungen.

Brisbane Water National Park NATIONALPARK
(02-4320 4200; www.nationalparks.nsw.gov.au/brisbane-water-national-park; Woy Woy Rd, Kariong; Eintritt mit Fahrzeug über die Picknickplätze Girrakool & Somersby Falls 7 AU$) Der Nationalpark am Hawkesbury River südwestlich von Gosford ist für seine Wildblumenblüte im Frühjahr und das weitläufige Netz aus Rad- und Wanderwegen bekannt. Die Bulgandry Aboriginal Engraving Site liegt 3 km südlich des Central Coast Hwy an der Woy Woy Rd. Ein beliebter Rückzugsort von Sydneys Einwohnern ist das hübsche Dorf Pearl Beach am südöstlichen Rand des Parks.

Bouddi National Park NATIONALPARK
(02-4320 4200; www.nationalparks.nsw.gov.au/bouddi-national-park; Fahrzeug 7 AU$) Kurze Wanderwege führen zu den einsamen Stränden und atemberaubenden Aussichtspunkten dieses spektakulären Nationalparks. Von Juni bis November kann man hier die Wale auf ihrer jährlichen Wanderung beobachten. Die Campingplätze (2 Pers. 20–28 AU$) am Little Beach, Putty Beach und Tallow Beach müssen im Voraus gebucht werden. Nur der Platz am Putty Beach hat Trinkwasser und Toiletten mit Spülung.

TreeTop Adventure Park VERGNÜGUNGSPARK
(02-4025 1008; www.treetopadventurepark.com.au; 1 Red Hill Rd, Wyong Creek; Erw./Kind ab 45/35 AU$; Sept.–April Mo–Fr 9–18, Sa & So 9–16.30 Uhr, Okt.–März 9–18 Uhr) Der Abenteuerpark im Ourimbah State Forest verfügt über mehr als 100 äußerst anspruchsvolle Seilrutschen durch die Baumwipfel, u. a. die längste Achterbahn-Zipline der Welt.

Schlafen & Essen

Tiarri MOTEL $$
(02-4384 1423; www.tiarriterrigal.com.au; 16 Tiarri Cres, Terrigal; Zi./Suite 145/190 AU$;) Das Boutiquemotel an einer ruhigen Straße an den Hängen oberhalb von Terrigal hat saubere, gemütliche, moderne Zimmer. Die Räume oben gehen auf eine kleine, schattige Terrasse raus. Kinder sind nicht erlaubt.

Crowne Plaza Terrigal HOTEL $$
(02-4384 9111, 1800 007 697; www.crowneplaza.com.au; Pine Tree Lane; DZ ab 180 AU$) Der steinerne Dreh- und Angelpunkt des Tourismus in Terrigal hat luxuriöse Zimmer, einige mit tollem Blick auf den Strand. Es gibt mehrere Restaurants, Fitnessraum, Wellnessbereich und Sauna. Je nach Saison und Auslastung schwanken die Preise erheblich.

Woy Woy Fishermen's Wharf SEAFOOD $$
(02-4341 1171; www.woywoyfishermenswharf.com.au; The Boulevarde, Woy Woy; Hauptgerichte 27 AU$; Straßenverkauf So–Mi 11–16, Do–Sa 11–19 Uhr, Restaurant So–Mi 12–15, Do–Sa 12 Uhr–open end) Seit 1974 verwöhnt Familie Cregan ihre Gäste mit tollem Fish & Chips. Gegessen wird im Park (zwischen Pelikanen, die jeden Tag um 15 Uhr gefüttert werden) oder im hübschen Restaurant, das weit aufs Wasser hinausragt.

Pearls on the Beach MODERN-AUSTRALISCH $$$
(02-4342 4400; www.pearlsonthebeach.com.au; 1 Tourmaline Ave, Pearl Beach; Hauptgerichte 39 AU$; Do–So 12–14.30 & 18–22 Uhr) Das hoch geschätzte Restaurant in einem gemütlichen, weißen Holzhäuschen direkt am Strand ist sehr romantisch. Nach den einfachen, aber leckeren Hauptgerichten hat man die Wahl zwischen vielen verführerischen Desserts.

Praktische Informationen

Central Coast Visitor Centre (02-4343 4444; www.visitcentralcoast.com.au; 52 The Avenue, Kariong; Mo–Fr 9–17, Sa & So 9.30–15.30 Uhr)

Gosford Visitor Centre (02-4343 4444; 200 Mann St; Mo–Fr 9.30–16, Sa 9.30–13.30 Uhr)
Lake Macquarie Visitor Centre (02-4921 0740; www.visitlakemac.com.au; 228 Pacific Hwy, Swansea; Mo–Fr 9–17, Sa & So 9–16 Uhr)
The Entrance Visitor Centre (02-4333 1966; Marine Pde; 9–17 Uhr)

❶ Anreise & Unterwegs vor Ort

» Am Bahnhof von Gosford halten häufig zwischen Sydney und Newcastle verkehrende Züge (Erw./Kind 8,10/4,05 AU$, je 1½ Std.). Auf Anfrage stoppen sie in Wondabyne im Brisbane Water National Park (ins letzte Abteil einsteigen!).

» Die Nahverkehrsbusse von **Busways** (02-4368 2277; www.busways.com.au) und **Redbus** (02-4332 8655; www.redbus.com.au) verbinden die verschiedenen Orte und Strände.

Newcastle

546 788 EW.

Jahrelang stand die Hafenstadt im Schatten der Glitzermetropole Sydney. Kohle, Stahl und Holz waren ihr Lebenselixier. Doch heute gibt es auch hier eine lebhafte Kultur- und Gastronomieszene sowie jede Menge kreativer Unternehmen. Newcastles Schattendasein ist endlich vorbei.

Sydney ist zehnmal so groß, doch als zweitälteste Stadt Australiens hat Newcastle einiges zu bieten. Tolle Surfstrände, historische Architektur und viel Sonne zum einen, feine Restaurants, schicke Bars, originelle Boutiquen und eine vielfältige Kunstszene zum anderen. Nicht zu vergessen: das lässig-entspannte Flair! Es lohnt sich, einen oder mehrere Tage in Newcastle zu verbringen!

◉ Sehenswertes

◉ Stadtzentrum

Christ Church Cathedral KIRCHE
(02-4929 2052; www.newcastlecathedral.org.au; 52 Church St; 7–18 Uhr) Hoch über die Stadt ragt die anglikanische Kathedrale (1892) auf. Das Innere birgt Schätze wie einen Kelch aus Gold und ein edelsteinbesetztes Gedenkbuch. Die Juwelen wurden von Einheimischen gestiftet, die Angehörige im Ersten Weltkrieg verloren hatten. Dank der Broschüre entdeckt man bei einem Rundgang Highlights wie die von Edward Burne-Jones und William Morris gestalteten Buntglasfenster.

Lock Up KUNSTZENTRUM
(02-4925 2265; www.thelockup.org.au; 90 Hunter St; Mi–Sa 10–16, So 11–15 Uhr) GRATIS In der ehemaligen Polizeiwache von 1861 sind heute keine Sträflinge, sondern Künstler „eingesperrt". Neben abwechslungsreichen Ausstellungen zeitgenössischer Kunst und den Ateliers der Künstler sind auch noch Relikte aus der gruseligen Vergangenheit zu sehen, z. B. eine gut erhaltene Gummizelle, deren Lederwände mit Rosshaar gepolstert sind.

Newcastle Art Gallery GALERIE
(02-4974 5100; www.nag.org.au; 1 Laman St; Di–So 10–17 Uhr) GRATIS Hinter der rohen Fassade verbirgt sich eine bemerkenswerte Galerie mit mehr als 5000 wunderbaren Arbeiten von Künstlern aus der Region. Zu den Glanzstücken zählen die Werke von William Dobell und John Olsen, die in Newcastle geboren wurden, sowie von Brett Whiteley und der Modernistin Grace Cossington Smith.

◉ Newcastle East

★ Fort Scratchley HISTORISCHE STÄTTE
(02-4974 5033; www.fortscratchley.com.au; Nobbys Rd; Führung Erw./Kind 15/7,50 AU$; Mo 10–16 Uhr, letzte Führung 14.30 Uhr) GRATIS Die faszinierende Festung hoch über dem Hafen von Newcastle wurde im Krimkrieg errichtet, um die Stadt vor einem russischen Überfall zu schützen. Im Zweiten Weltkrieg fielen von hier die einzigen australischen Schüsse, als plötzlich ein japanisches U-Boot vor der Küste auftauchte. Bei der Führung durchs Fort und das Tunnelsystem erfahren die Besucher auch alles über diesen Vorfall.

Nobby's Head UFERPROMENADE
Mithilfe eines steinernen Wellenbrechers am Hafeneingang, den Sträflinge unter zahlreichen Opfern von 1818 bis 1848 errichten mussten, wurde die einstige Insel mit dem Festland verbunden. Beim „spritzigen" Spaziergang zum Leuchtturm und zur Wetterstation auf der Landspitze kann man die widrigen Umstände der Errichtung gut nachvollziehen.

Bathers Way UFERPROMENADE
(www.visitnewcastle.com.au/pages/bathers-way) Der schöne Küstenpfad von Nobby's Beach zum Glenrock Reserve führt an kleinen Stränden und schönen, alten Gebäuden wie Fort Scratchley und dem Convict Lumber Yard vorbei. Entlang des 5 km langen Weges wird auf Informationstafeln die Geschichte

ABSTECHER

NEWCASTLES NATURSCHUTZGEBIETE

Hunter Wetlands Centre (02-4951 6466; www.wetlands.org.au; 412 Sandgate Rd, Shortland; Erw./Kind 5/2 AU$; 9–16 Uhr) Eine Mülldeponie und ehemaliges Sportgelände wurden in dieses tolle Naturschutzgebiet verwandelt. Heute leben in dem Feuchtgebiet über 200 Vogelarten wie Spaltfußgänse, Affenenten und Silberreiher sowie unzählige andere Tiere. Um hierher zu kommen, fährt man auf dem Pacific Hwy gen Maitland und biegt beim Friedhof links ab. Oder man fährt mit dem Zug bis nach Sandgate und geht dann noch zehn Minuten zu Fuß.

Ein ausgedehntes Netz von Rad- und Wanderwegen durchzieht das Gebiet. Man kann auch mit dem Leihkanu (2 Std. 10 AU$) auf dem malerischen Ironbank Creek paddeln. Die witzigen Segway-Touren sind sehr beliebt; man kann die Tiere in Ruhe beobachten.

Blackbutt Reserve (02-4904 3344; www.newcastle.nsw.gov.au/recreation/blackbutt_reserve; Carnley Ave, Kotara; Park 7–19 Uhr, Tiergehege 10–17 Uhr) Das von der Stadt verwaltete Naturschutzgebiet umfasst einen Streifen Buschland mit vielen Wanderwegen und Picknickplätzen. Hier leben u. a. Koalas, Wallabys, Wombats und unzählige lärmende Vögel. Vom Bahnhof Kotara ist es nur ein kurz Fußweg.

---

der Ureinwohner, Sträflinge, Landschaft und Natur erläutert. Besondere Beachtung verdient auch das **Merewether „Aquarium"**, eine Fußgängerunterführung, die der einheimische Pop-Art-Künstler Trevor Dixon in eine bunte Unterwasserwelt verwandelt hat.

⊙ Honeysuckle Precinct

Newcastle Museum   MUSEUM
(02-4974 1400; www.newcastlemuseum.com.au; 6 Workshop Way; Di–So 10–17 Uhr) GRATIS Das hübsche Museum, das sich in der restaurierten Werkshalle der Honeysuckle-Eisenbahn befindet, erzählt die Sozialgeschichte der Stadt von der ersten Besiedlung durch die Awabakal-Ureinwohner bis zur rauen Neuzeit, die von Sträflingen, Kohlekumpeln und Stahlarbeitern geprägt ist. Die interaktive Ausstellung ist sehr berührend. Für Kinder besonders interessant ist die ebenfalls interaktive Wissenschaftsabteilung Supernova.

Maritime Centre   MUSEUM
(02-4929 2588; www.maritimecentrenewcastle.org.au; Lee Wharf, 3 Honeysuckle Dr; Erw./Kind 10/5 AU$; Di–So 10–16 Uhr) Das Museum im Visitor Centre widmet sich der Schifffahrtsvergangenheit der Hafenstadt.

🏃 Aktivitäten

Schwimmen & Surfen

Der **Newcastle Beach** am östlichen Stadtrand ist ein Paradies für Schwimmer und Surfer. Wer sich vor Haien fürchtet, ist in den **Ocean Baths** (Shortland Esplanade; Sommer 6–21 Uhr, Winter 6–16.30 Uhr) GRATIS besser aufgehoben. Das riesige Meeresschwimmbad ist mit dicken Mauern vom offenen Wasser abgetrennt und mit Einrichtungen im bunten Art-déco-Stil versehen. Vor der Kulisse aus mächtigen Ozeanriesen und trägen Frachtschiffen können hier selbst Babys gefahrlos planschen. Das Reich der Surfer befindet sich nördlich des Schwimmbads am **Nobby's Beach**. An dessen Nordende läuft die Wedge auf, ein schneller Left Hand Break.

Südlich des Newcastle Beach befindet sich unterhalb des King Edward Park das älteste Meeresschwimmbad Australiens, das von Sträflingen in den Felsen gemeißelte **Bogey Hole**. Das stimmungsvolle Bad ist so naturbelassen, dass die Wellen immer wieder über den Rand krachen. Die beliebtesten Surfstrände sind der **Bar Beach** und der **Merewether Beach** weiter südlich.

An Letzterem findet jedes Jahr im Februar Newcastles berühmtes **Surfest** (www.surfest.com; Merewether Beach) statt.

Wandern & Radfahren

Im Visitor Centre sind Broschüren erhältlich, mit denen man die Stadt auf Rundgängen zu verschiedenen Themen erkunden kann. So führen der *Bather's Way* und der *Newcastle East Heritage Walk* zu den schönsten Gebäuden der Kolonialzeit im Zentrum. Die Broschüre *Newcastle by Design* beschreibt einen Spaziergang durch die Hunter St und ihre Umgebung, bei dem man die Architektur der Innenstadt kennenlernt.

🎉 Feste & Events

Craft Beer Week   ESSEN
(www.newcastlecraftbeerweek.com; März) Newcastles Brauereiszene ist sehr aktiv und fei-

Newcastle

CENTRAL COAST NSW CENTRAL COAST

158

Newcastle

◎ Highlights
1 Fort Scratchley G1

◎ Sehenswertes
2 Bathers Way G1
3 Christ Church Cathedral D2
4 Lock Up E2
5 Maritime Centre B1
6 Newcastle Art Gallery........................B2
7 Newcastle Museum...........................B1

◎ Aktivitäten, Kurse & Touren
8 Bogey Hole D4
9 Newcastle Beach F2
10 Newcastle Ocean Baths G2
11 Nobby's Beach.................................G1

◎ Schlafen
12 Crown on Darby B3

13 Newcastle Beach YHA E2
14 Novotel Newcastle Beach E2

◎ Essen
15 Napoli Centrale Pizza Bar....................C2
16 One Penny Black Espresso D1
17 Restaurant Mason..............................E2
18 Scottie's Fish Cafe F2

◎ Ausgehen & Nachtleben
19 Coal & Cedar....................................B2
20 Grain Store F2
21 Reserve Wine Bar..............................E2

◎ Shoppen
22 Emporium..D2
23 Olive Tree Markets............................B2

ert sich einmal im Jahr kräftig selbst. Dann gibt es zahlreiche Veranstaltungen rund ums Bier in ganz Newcastle und Umgebung sowie in Maitland und am Lake Macquarie.

This is Not Art Festival   KUNST
(TiNA; ☏ 02-4927 0675; octapod.org/tina; ☺ Anfang Okt.) Bei dem Festival für Independent Art und Neue Medien präsentieren sich Anfang Oktober junge und altbekannte Schriftsteller, Künstler und Musiker.

🛏 Schlafen

Newcastle Beach YHA   HOSTEL $
(☏ 02-4925 3544; www.yha.com.au; 30 Pacific St; B/EZ/DZ 33/55/80 AU$; ☻@☏) Von außen sieht sie wie ein englisches Herrenhaus aus, doch in der denkmalgeschützten Jugendherberge herrscht die völlig entspannte Atmosphäre einer Bungalowanlage am Strand. Das Haus ist nur eine Handtuchbreite vom Strand entfernt und stellt den Gästen kostenlos Bodyboards zur Verfügung. Außerdem gibt's einen Surfbrettverleih und mehrmals in der Woche ein einfaches Gratisessen.

Stockton Beach Holiday Park   CAMPING $
(☏ 02-4928 1393; www.stocktonbeach.com; 3 Pitt St; Stellplatz/Hütte ab 55/174 AU$; ☻❋@☏☺) ⚑ In diesem Ferienpark hinter den Dünen von Stockton liegt der Strand direkt vor der Tür (oder besser: dem Zelteingang). Zu erreichen ist er mit der Fähre von Newcastle aus. Die großen Stellplätze sind mit Gras bewachsen und haben Anschlüsse fürs Wohnmobil, die hübschen, nagelneuen Bungalows verfügen über zwei oder drei Schlafzimmer. Hier kann man es gut einige Tage aushalten!

Junction Hotel   BOUTIQUEHOTEL $$
(☏ 02-4962 8888; www.junctionhotel.com.au; 204 Corlette St; Zi. ab 129 AU$; ☻❋☏) Die neun Zimmer über dem Pub in einem Vorort sind recht extravagant mit afrikanischen Tiermotiven und gewagten Farben gestaltet. Sie verfügen über sehr große Betten und schicke Badezimmer mit Diskolicht und wenig Privatsphäre. Das Hotel liegt inmitten der Geschäfte und Cafés von Junction, zum Strand sind es nur zehn Minuten zu Fuß.

Crown on Darby   APARTMENTS $$
(☏ 02-4941 6777; www.crownondarby.com.au; 101 Darby St; Apt. ab 140 AU$; P☻❋☏) Wer riesige TVs, gemütliche Betten und guten Kaffee in nächster Nähe schätzt, ist in diesem modernen Gebäude mit 38 Apartments in Newcastles hippster Straße richtig. Die Apartments sind größer als durchschnittliche Hotelzimmer und haben eine kleine Küche. Die Wohnungen mit einem bis vier Schlafzimmern haben eine voll ausgestattete Küche und ein riesiges Wohnzimmer.

Novotel Newcastle Beach   HOTEL $$$
(☏ 02-4032 3700; novotelnewcastlebeach.com.au; 5 King St; Zi. ab 287 AU$; P☻❋@☏) Was den Studios der Hotelkette an Größe fehlt, machen sie durch Stil wett. Es gibt einen kleinen Fitnessraum, aber keinen Swimmingpool, doch der Strand ist genau gegenüber. Kinder unter 16 Jahren wohnen und frühstücken kostenlos.

🍴 Essen

Die Darby St und Beaumont St sind die „Fressmeilen" der Stadt, doch auch an der

Promenade gibt es jede Menge Restaurants. Zweimal wöchentlich findet der **Newcastle City Farmers Market** statt (www.newcastleci tyfarmersmarket.com.au; Newcastle Showground, Griffiths Rd; ⏱ So 8-13, Mi 14.30-21 Uhr).

One Penny Black Espresso　　　CAFÉ $
(☎ 02-4929 3169; www.onepennyblack.com.au; 196 Hunter St; Hauptgerichte 12 AU$; ⏱ 7-16.30 Uhr) In dem zu Recht beliebten Dauerbrenner steht man schon mal länger an, bis man endlich den ausgezeichneten Espresso oder echten Filterkaffee genießen kann. Dazu serviert das kompetente Personal traumhafte *toasties* und fantastisches Frühstück.

Napoli Centrale Pizza Bar　　　PIZZA $$
(☎ 02-4023 2339; www.napolicentrale.com.au; 173 King St; Hauptgerichte 20 AU$; ⏱ Di-Sa 11-22 Uhr) Die unscheinbare Pizzeria hat sich zum Lieblingsitaliener der Einheimischen entwickelt, die die Holzofenpizza preisen. Die dünn belegten Pizzas mit knusprigem Boden werden tatsächlich mit Mehl aus Neapel und echten italienischen Tomaten zubereitet. Reservieren! Oder man nimmt eine Pizza aus der Verkaufstheke mit zum Strand.

Scottie's Fish Cafe　　　SEAFOOD $$
(☎ 02-4926 3780; www.scottiescafe.com.au; 36 Scott St; Hauptgerichte 28 AU$; ⏱ Mo-Fr 11-21, Sa & So 8-21 Uhr) In dem recht noblen Fischlokal sitzt man unter Palmen, die mit Lichterketten geschmückt sind.

Merewether Surfhouse　　　CAFÉ, RESTAURANT $$
(☎ 02-4918 0000; www.surfhouse.com.au; Henderson Pde; Hauptgerichte Café 15-20 AU$, Bar 19 AU$, Restaurant 35 AU$; ⏱ Café & Pizzaverkauf 7 Uhr-open end, Restaurant Mi-Sa 11.30 Uhr-open end, So 11.30-16 Uhr) Der architektonisch bemerkenswerte Gebäudekomplex ist in mehrere Bereiche unterteilt, von denen man bestens das Treiben am Merewether Beach beobachten kann. Im schicken Café an der Strandpromenade kann man Kaffee trinken und frühstücken. Mittags gibt's Pizza für 10 AU$ und ein Eis. Wer es feiner mag, geht ins Restaurant im obersten Stock und genießt nicht nur das exquisite Essen, sondern auch den Blick durch die Panoramafenster.

★ **Edwards**　　　MODERN-AUSTRALISCH $$$
(☎ 02-4965 3845; www.theedwards.com.au; 148 Parry St; Hauptgerichte 35 AU$; ⏱ Di-Sa 10-24, So 10-22 Uhr) Das Herz des neuen Newcastle schlägt wohl am ehesten in diesem trendigen Diner mit Bar und Café. Hier kann man den ganzen Tag verbringen: Nach einem köstlichen Frühstück mit Ei teilt man sich später mit Freunden eines der Gerichte aus dem Holzofen, bevor es spätabends Zeit für einen kleinen Imbiss in der Bar wird.

Die fantastische Kneipe im Industriedesign, deren Mitinhaber der Silverchair-Bassist Chris Joannou ist, war früher mal eine Drive-in-Reinigung. Davon zeugt der kleine Waschsalon, der immer noch in Betrieb ist.

★ **Subo**　　　MODERN-AUSTRALISCH $$$
(☎ 02-4023 4048; www.subo.com.au; 551d Hunter St; 5-Gänge-Menü 85 AU$; ⏱ Mi-So 18-22 Uhr) Das gerühmte, innovative Restaurant serviert moderne, sehr feine und leichte Küche mit französischem Einfluss. Es gibt immer nur ein saisonales Fünf-Gänge-Menü. Unbedingt reservieren, es gibt nur wenige Tische!

Restaurant Mason　　　FRANZÖSISCH $$$
(☎ 02-4926 1014; www.restaurantmason.com; 3/35 Hunter St; Hauptgerichte Frühstück 18-21 AU$, Mittagessen 20-36 AU$, Abendessen 35-42 AU$; ⏱ Di-Fr 12-15.30 & 18 Uhr-open end, Sa 8-15 & 18 Uhr-open end; 🅿) Das moderne französische Nobelrestaurant hat Tische unter den Platanen und einen schönen Speiseraum mit Blick aufs Wasser. Für die leckeren Gerichte werden nur beste regionale Zutaten verwendet.

🍷 Ausgehen & Unterhaltung

★ **Coal & Cedar**　　　BAR
(coalandcedar.com; 380-382 Hunter St; ⏱ Di-So 16 Uhr-open end) Die Kneipe mit der langen Holztheke ganz im Stil der Prohibition war früher einmal so geheim, dass die Adresse nirgends auftauchte. Nun, da das Geheimnis gelüftet ist, trifft man sich hier, um Whisky zu trinken und Blues-Scheiben zu hören.

Reserve Wine Bar　　　WEINBAR
(☎ 02-4929 3393; reservewinebar.com.au; 102 Hunter St; ⏱ Di 12-20, Mi-Fr 12 Uhr-open end, Sa 15 Uhr-open end) Die Bar in einer ehemaligen Bank, die sich selbst als „Wein-Emporium" bezeichnet, hat mehr als 350 verschiedene Weine auf Lager, darunter viele aus dem benachbarten Hunter Valley. Auf der Speisekarte stehen herrlich dekadente Kleinigkeiten.

Grain Store　　　BRAUEREI
(☎ 02-4023 2707; www.grainstorenewcastle.com. au; 64 Scott St; ⏱ Di-Sa 11.30-23, So 11.30-21 Uhr) Das ehemalige Korn- und Fasslager der alten Tooheys-Brauerei ist heute eine rustikale Bierkneipe mit viel Atmosphäre, die stets eines der 21 australischen Kleinbiere vom Fass ausschenkt.

Cambridge Hotel
LIVEMUSIK
(www.yourcambridge.com; 789 Hunter St) In dieser Lieblingskneipe der Backpacker begann einst die Karriere von Silverchair, der berühmten Band aus Newcastle. Hier treten Bands auf Tournee und aus der Gegend auf.

🛍 Shoppen

Die kulturelle Renaissance der Stadt geht größtenteils auf die Initiative **Renew Newcastle** zurück, die Gewerbeflächen an Künstler vermietete. In der **Hunter Street Mall** befinden sich viele dieser Boutiquen und Ateliers, die für neuen Schwung sorgen.

Emporium
KUNST & MODE
(renewnewcastle.org/projects/project/the-emporium/; 185 Hunter St Mall; ⊙ Mi & Sa 10–16, Do & Fr 10–17 Uhr) Im Erdgeschoss des ehemaligen David-Jones-Kaufhauses befinden sich nun Geschäfte und Galerien voller Kunst, Mode, Möbel und Designobjekte aus der Region.

Olive Tree Markets
MARKT
(www.theolivetreemarket.com.au; Civic Park; ⊙ 1. Sa des Monats 9–15 Uhr) GRATIS An mehr als 120 Marktständen verkaufen heimische Künstler und Designer eine bunte Mischung aus modernen, handgearbeiteten Produkten.

ℹ Praktische Informationen

Kostenloses WLAN gibt's in allen öffentlichen Bibliotheken sowie in der Hunter Street Mall, dem Honeysuckle Precinct, dem Hamilton in der Beaumont St und am Flughafen von Newcastle.

John Hunter Hospital (☏ 02-4921 3000; www.health.nsw.gov.au; Lookout Rd, New Lambton Heights) 24 Stunden besetzte Notaufnahme.

Visitor Information Centre (☏ 02-4929 2588; www.visitnewcastle.com.au; Lee Wharf, 3 Honeysuckle Dr; ⊙ Di–So 10–16 Uhr)

ℹ An- & Weiterreise

BUS
Fast alle Überlandbusse halten hinter dem Bahnhof von Newcastle.

Busways (☏ 02-4983 1560; www.busways.com.au) fährt mindestens zweimal täglich nach Tea Gardens (20,10 AU$, 1½ Std.), Hawks Nest (20,50 AU$, 1¾ Std.), Bluey's Beach (28 AU$, 2 Std.), Forster (32 AU$, 3¼ Std.) und Taree (35 AU$, 4 Std.).

Greyhound (☏ 1300 473 946; www.greyhound.com.au) verkehrt zweimal täglich zwischen Newcastle und Sydney (31 AU$, 2¾ Std.), Port Macquarie (56 AU$, 4¾ Std.), Coffs Harbour (78 AU$, 7 Std.), Byron Bay (127 AU$, 11½ Std.) und Brisbane (157 AU$, 14½ Std.).

Port Stephens Coaches (☏ 02-4982 2940; www.pscoaches.com.au; Erw./Kind 4,60/2,30 AU$) Die Busse fahren regelmäßig nach Anna Bay (1¼ Std.), Nelson Bay (1½ Std.), Shoal Bay (1½ Std.) und Fingal Bay (2 Std.).

Premier Motor Service (☏ 13 34 10; www.premierms.com.au) bietet tägliche Busverbindungen nach Sydney (34 AU$, 3 Std.), Port Macquarie (47 AU$, 3¾ Std.), Coffs Harbour (58 AU$, 6 Std.), Byron Bay (71 AU$, 11 Std.) und Brisbane (76 AU$, 14½ Std.).

Rover Coaches (☏ 02-4990 1699; www.rovercoaches.com.au) An Wochentagen vier, samstags und sonntags zwei Busverbindungen nach Cessnock (4,70 AU$, 1¼ Std.).

FLUGZEUG
Der **Newcastle Airport** (☏ 02-4928 9800; www.newcastleairport.com.au) ist in Williamtown, 23 km nördlich der Stadt.

Jetstar (☏ 13 15 38; www.jetstar.com.au) Ziele sind Melbourne, die Gold Coast und Brisbane.

QantasLink (☏ 13 13 13; www.qantas.com.au) fliegt von und nach Brisbane.

Regional Express (Rex; ☏ 13 17 13; www.rex.com.au) Von und nach Sydney sowie Ballina.

Virgin (☏ 13 67 89; www.virginaustralia.com) Fliegt von und nach Brisbane und Melbourne.

ZUG
Sydney Trains (☏ 13 15 00; www.sydneytrains.info) Die Züge verkehren regelmäßig nach Gosford (8,10 AU$, 1½ Std.) und Sydney (8,10 AU$, 3 Std.). Es verkehren auch Züge ins Hunter Valley. Dabei ist Branxton (6,30 AU$, 50 Min.) der nächstgelegene Bahnhof im Weinanbaugebiet.

ℹ Unterwegs vor Ort

BUS
Newcastle hat ein ausgedehntes Netz von **Stadtbuslinien** (☏ 13 15 00; www.newcastlebuses.info). Zwischen 7.30 und 18 Uhr ist die Fahrt innerhalb einer Zone der Innenstadt kostenlos. Ansonsten kauft man einen Fahrschein für eine Stunde (3,70 AU$) beim Fahrer. Das Hauptdepot ist in der Nähe des Bahnhofs von Newcastle.

FÄHRE
Stockton Ferry (Erw./Kind 2,60/1,30 AU$) Zwischen 5.15 und etwa 23 Uhr legt die Fähre alle 30 Minuten am Queens Wharf ab.

VOM/ZUM FLUGHAFEN
➜ Die regelmäßig verkehrenden Busse von Port Stephens Coaches halten auf der Fahrt von Newcastle (4,60 AU$, 40 Min.) nach Nelson Bay (4,60 $, 1 Std.) auch am Flughafen.

➜ Eine Taxifahrt vom Flughafen ins Stadtzentrum von Newcastle kostet etwa 60 AU$.

Hunter Valley Day Tours (☏ 02-4951 4574; www.huntervalleydaytours.com.au) bietet einen Shuttle-Service nach Newcastle (1/2 Pers. 35/45 AU$), ins Hunter Valley (1–2 Pers. 125 AU$), an den Lake Macquarie und nach Port Stephens.

ZUG

Alle Züge aus Newcastle halten in Hamilton, Wickham und Civic, bevor die einen nach Sydney und die anderen ins Hunter Valley fahren. Bis zu diesen Bahnhöfen blecht man jeweils 3,30 AU$.

Hunter Valley

Ein Netz schmaler Straßen zieht sich durch das üppig grüne Tal. Doch wegen der Fahrt durch die schöne Landschaft kommt kaum jemand her. Nein, es ist die Lust am Genuss, die Besucher ins Tal lockt. Das Hunter Valley ist ein kulinarischer Traum: Top-Weine, besondere Biere, Schokolade, Käse, Oliven und vieles mehr. Bacchus wäre begeistert!

Hier befinden sich einige der ältesten Weingüter Australiens, die teilweise schon seit den 1860er-Jahren einige der besten australischen Tropfen produzieren. So ist das Hunter Valley vor allem für Semillon, Shiraz und zunehmend auch Chardonnay weithin bekannt. Auch wenn es nicht mehr unbedingt das Kronjuwel des australischen Weinanbaus ist, so werden hier noch immer hervorragende Jahrgänge produziert.

Zudem übt eine neue Generation von Winzern einen immer größeren Einfluss auf die regionale Erzeugung aus und trägt viel zur Wiederbelebung des Weinanbaus bei. Ihre Weingüter sind erfreulicherweise frei von aller Überheblichkeit und freuen sich auch über Interessierte ohne jede Weinkenntnis. Die Mitarbeiter strafen ihre Kunden nicht mit bösen Blicken, wenn diese das Probierglas einmal zu oft schwenken oder das Bouquet nicht angemessen goutieren.

Viele Winzer bezeichnen das Hunter Valley abschätzig als „Disneyland des Weines", denn die Region bietet weitere Aktivitäten wie Ballonfahrten, Reiten und

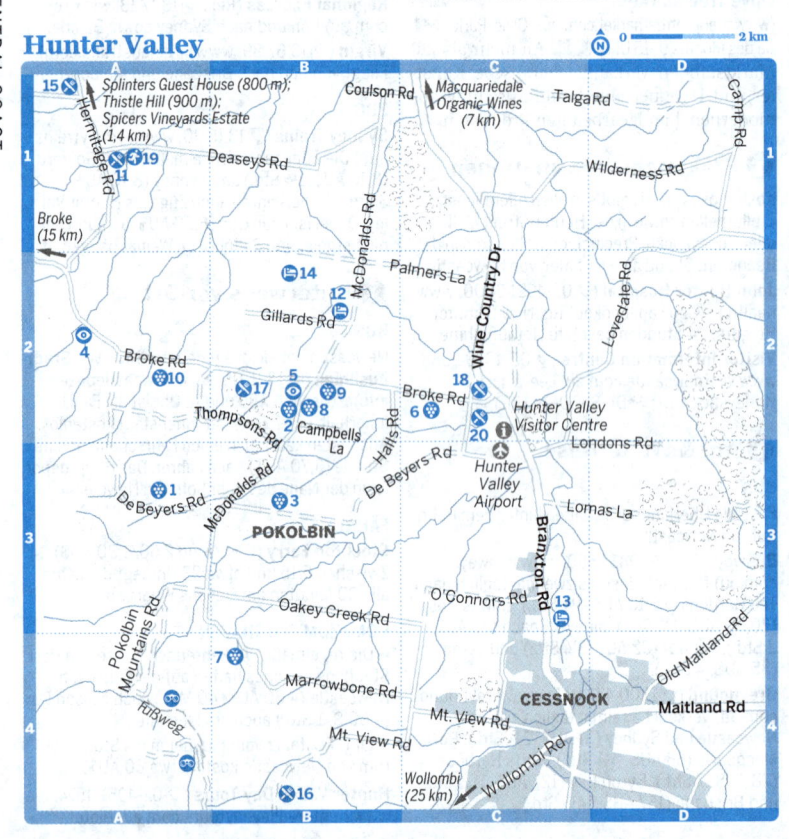

Hunter Valley

Open-Air-Konzerte. Sie ist auch ein äußerst beliebtes Wochenendziel für Paare aus Sydney, Hochzeitsgesellschaften und Kumpels, die einen drauf machen wollen und sich von Weingut zu Weingut kutschieren lassen. Jeden Freitag fallen sie in das Tal ein. Entsprechend schnellen die Preise in die Höhe.

Da es im Sommer hier extrem heiß ist, lässt sich das Hunter Valley – genau wie sein Shiraz – am besten bei kühleren Temperaturen genießen.

Sehenswertes & Aktivitäten

Die meisten Attraktionen des Hunter Valleys liegen in einem Gebiet, das im Norden vom New England Hwy und im Süden von der Wollombi/Maitland Rd begrenzt wird. Die meisten Weingüter und Lokale liegen im kleinen Pokolbin (694 Ew.). Tolle Ausblicke und mehr Ruhe bieten die Weingüter im Nordwesten, rund um Broke und Singleton.

Im Tal gibt es über 150 Weingüter, von kleinen Familienbetrieben bis hin zu Großunternehmen. Die meisten bieten Gratisverkostungen an, einige gegen eine kleine Gebühr.

Nachdem man sich eine Ausgabe des kostenlosen *Hunter Valley Official Guide* im Visitor Centre in Pokolbin besorgt hat, legt man sich mithilfe der praktischen Karte eine Route zurecht. Alternativ folgt man einfach seiner Nase, um versteckte, kleine Produzenten aufzuspüren.

Tyrrell's Wines WEINGUT
(02-4993 7000; www.tyrrells.com.au; 1838 Broke Rd, Pokolbin; Führung 5 AU$; Mo-Sa 9-17, So 10-16 Uhr, Führung 10.30 Uhr) Das Angebot liest sich wie das *Who's who* der australischen Weine. Das leidenschaftlich unabhängige Weingut der alten Schule besteht seit 1858 und produzierte den ersten Chardonnay im Tal. Die Führungen sind sehr zu empfehlen.

James Estate WEINGUT
(02-6547 5168; www.jamesestatewines.com.au; 951 Bylong Valley Way, Baerami; 10-16.30 Uhr) Das Weingut grenzt an den Wollemi National Park und bietet einen weiten Blick auf den Goulburn River. Vor der Weinprobe kann man eine Wanderung auf dem 4 km langen Höhenweg machen oder die Mountainbike-Strecke abfahren. Es liegt auf dem höchsten Punkt des Hunter Valley, eine Autostunde nordwestlich von Pokolbin.

Audrey Wilkinson Vineyard WEINGUT
(02-4998 7411; www.audreywilkinson.com.au; 750 DeBeyers Rd, Pokolbin; 10-17 Uhr) Die tolle Aussicht von diesem Weingut auf dem Hügel genießt man am besten bei einem Picknick. Nicht nur die Lage des Weinguts ist erstklassig. Es gehört auch zu den ältesten im Tal – die ersten Reben wurden hier 1866 gepflanzt – und zeigt seine Geschichte in einer interessanten Ausstellung.

Brokenwood WEINGUT
(02-4998 7559; www.brokenwood.com.au; 401-427 McDonalds Rd, Pokolbin; Führung 30 AU$; Mo-Sa 9.30-17, So 10-17 Uhr) Das hoch gelobte Weingut ist vor allem für seinen Semillon und Shiraz bekannt, die alle aus Einzellagen stammen. Bei der faszinierenden Führung können die Besucher den Wein in den verschiedenen Stadien der Produktion probieren.

Hunter Valley

Sehenswertes
1 Audrey Wilkinson Vineyard.................. A3
2 Brokenwood... B2
3 Cockfighter's Ghost............................... B3
4 Hunter Distillery A2
5 Hunter Valley Gardens B2
6 Lake's Folly.. C2
7 Mount Pleasant...................................... B4
8 Small Winemakers Centre B2
9 Tempus Two B2
10 Tyrrell's Wines A2

Aktivitäten, Kurse & Touren
11 Keith Tulloch Winery A1

Schlafen
12 Hermitage Lodge................................. B2
13 Hunter Valley YHA C3
14 Longhouse B2

Essen
15 Binnorie Dairy A1
16 Bistro Molines...................................... B4
17 Enzo... B2
   Hunter Valley Cheese
      Company.................................. (siehe 5)
18 Hunter Valley Chocolate
      Company..C2
   Hunter Valley Smelly
      Cheese Shop........................... (siehe 9)
19 Muse Kitchen....................................... A1
20 Muse Restaurant..................................C2

Ausgehen & Nachtleben
   Goldfish Bar & Kitchen .... (siehe 9)

Macquariedale Organic Wines   WEINGUT
(02-6574 7012; www.macquariedale.com.au; 170 Sweetwater Rd, Belford; 10–17 Uhr) Kleiner Produzent für erlesene, zertifizierte Bioweine. Mit Knoblauch- und Olivenanbau.

Mount Pleasant   WEINGUT
(02-4998 7505; www.mountpleasantwines.com.au; 401 Marrowbone Rd, Pokolbin; 10–17 Uhr, Führung 11 Uhr) Auf einem der besten und ältesten Weingüter des Tals gibt es viel zu verkosten. Kaufwillige freuen sich über günstige Einführungsangebote der örtlichen Weine.

Lake's Folly   WEINGUT
(02-4998 7507; www.lakesfolly.com.au; 2416 Broke Rd, Pokolbin; 10–16 Uhr) Hier muss man unbedingt den berühmten *Cabernet blend* und Chardonnay probieren. Alle Weine werden in kleinen Mengen produziert und sind oft ausverkauft. Das Gut ist jedes Jahr für etwa vier Monate geschlossen. Vorher anrufen!

Cockfighter's Ghost   WEINGUT
(02-4993 3688; www.cockfightersghost.com.au; DeBeyers Rd, Pokolbin; 10–17 Uhr) Die Weine des Großunternehmens sind mittelteuer. Das komplette Sortiment kann im modernen Verkaufsraum verkostet werden.

Small Winemakers Centre   WEINGUT
(02-4998 7668; www.smallwinemakerscentre.com.au; 426 McDonalds Rd, Pokolbin; 10–17 Uhr) Über 30 Weine von kleinen Weingütern, die keinen eigenen Verkaufsraum haben.

Tempus Two   WEINGUT
(02-4993 3999; www.tempustwo.com.au; 2144 Broke Rd, Pokolbin; 10–17 Uhr) Das große Gut mit Verkaufsraum, japanischem Restaurant und Käseladen (S. 166) ist beliebt bei Bustouristen. Auch Meerea Park Wines hat hier einen tollen Verkaufsraum.

Hunter Distillery   BRENNEREI
(02-4998 6737; www.hunterdistillery.com.au; 1686 Broke Rd, Polkolbin; Verkostung 5 AU$; 10–17 Uhr) Hier kann man Wodka in verschiedenen Geschmacksrichtungen probieren.

Hunter Valley Gardens   PARK
(www.hvg.com.au; Broke Rd, Pokolbin; Erw./Kind 2/15 AU$; 9–17 Uhr) Der Park ist voller märchenhafter Labyrinthe und Blumen. Zu den beliebtesten Events gehören *Snow Time* im Juli und das *Christmas Lights Spectacular*.

Balloon Aloft   BALLONFAHREN
(02-4991 1955; www.balloonaloft.com; 279 AU$) Im Heißluftballon schwebt man bei Sonnenaufgang über die Weinberge. Danach lädt Peterson House Winery zum Sektfrühstück.

Geführte Touren

Wenn sich kein Fahrer für die Tour zu den Weingütern findet, bucht man eine der vielen Winery Tours. Viele Veranstalter holen ihre Gäste in Sydney oder Newcastle ab.

Hunter Valley Boutique Wine Tours   WEINTOUR
(0419 419 931; www.huntervalleytours.com.au) Touren in Kleingruppen. Für einen halben Tag werden 65 AU$ fällig (2 Güter), für den ganzen Tag mit Essen zahlt man ab 99 AU$.

Aussie Wine Tours   WEINTOUR
(0402 909 090; www.aussiewinetours.com.au) Bei diesen individuellen Touren mit Chauffeur bestimmen die Kunden, wohin es geht.

Kangarrific Tours   WEINTOUR
(0431 894 471; www.kangarrifictours.com; 115 AU$) Die Touren in kleinen Gruppen starten in Sydney und haben das vielseitigste Programm im Hunter Valley. Vom Wein bis zum Eis wird alles Mögliche verkostet und sogar mit Kängurus gefrühstückt.

Feste & Events

Bei Konzerten am Wochenende lassen sich regelmäßig Stars auf den großen Weingütern blicken. Steht was Besonderes an, sind die Unterkünfte schnell im Voraus ausgebucht. Welche Events kommen, erfährt man unter www.winecountry.com.au.

A Day on the Green   MUSIK
(www.adayonthegreen.com.au) Eine Konzertreihe, die im Sommer auf dem Gelände des Bimbadgen Estate stattfindet.

Lovedale Long Lunch   ESSEN
(www.lovedalelonglunch.com.au) Sieben Weingüter und Köche tun sich am dritten Wochen-

---

ⓘ GEMÄSSIGT TRINKEN

Um die Grenze von 0,05 ‰ im Atem nicht zu überschreiten, empfiehlt *Drink-Wise Australia* Männern, maximal zwei Standardgetränke in der ersten Stunde und danach maximal ein Standardgetränk pro Stunde zu trinken. Frauen sollten nur ein Standardgetränk in der ersten Stunde trinken. Die Probiergläser der Weingüter enthalten 20 ml Wein (5 Gläser = 1 Standardgetränk).

ende im Mai zusammen, um zu Musik und Kunst üppige Mittagessen zu servieren.

Hunter Valley Wine & Food Month WEIN & ESSEN
(www.winecountry.com.au) Im Juni.

Jazz in the Vines MUSIK
(www.jazzinthevines.com.au) Findet jährlich im Oktober auf einer Koppel von Tyrrell's statt.

Schlafen

Am Freitag- und Samstagabend explodieren die Preise geradezu; vielerorts gilt ein Mindestaufenthalt von zwei Nächten. Viele Unterkünfte nehmen keine Kinder auf.

Hunter Valley YHA HOSTEL $
(02-4991 3278; www.yha.com.au; 100 Wine Country Dr, Nulkaba; B 32 AU$, Zi. mit/ohne Bad 88/77 AU$; @🛜♨) Nach einem langen Tag mit Weinproben und Traubenlesen (viele Erntehelfer wohnen hier) kann man sich beim Barbecue und im Pool entspannen. Leider sind die Zimmer des Hostels oft heiß. Es werden Fahrräder verliehen; die nächste Brauereikneipe ist gut zu Fuß zu erreichen.

Thistle Hill B&B $$
(02-6574 7217; www.thill.com.au; 591 Hermitage Rd, Pokolbin; Zi./Cottage ab 200/350 AU$; ♨🛜♨) Auf dem idyllischen, 10 ha großen Anwesen finden sich Rosengärten, ein Zitronenhain und ein Weinberg. Das voll ausgestattete Cottage ist für bis zu fünf Gäste geeignet, im luxuriösen Gästehaus gibt's sechs Doppelzimmer. Zimmer und Gemeinschaftsbereiche sind im französischen Landhausstil eingerichtet.

Hermitage Lodge HÜTTEN $$
(02-4998 7639; www.hermitagelodge.com.au; 609 McDonalds Rd, Pokolbin; Zi. ab 160 AU$; P🅿♨🛜♨) Von den großen, freundlichen Studios und Suiten kommt man zu Fuß zu mehreren Weingütern. Auch von den Sonnenterrassen der Zimmer blickt man auf Shiraz-Reben. Das Restaurant vor Ort serviert norditalienische Küche. Die günstigsten Zimmer sind nur wenig besser als Motelzimmer, bieten aber ein gutes Preis-Leistungs-Verhältnis.

Splinters Guest House B&B $$
(02-6574 7118; www.splinters.com.au; 617 Hermitage Rd, Pokolbin; Zi./Cottage ab 200/240 AU$; ♨🛜♨) Inhaber Bobby Jory ist kontaktfreudig und führt die ruhige Pension mit Elan. Gäste verwöhnt er mit Feinschmeckerfrühstück, Portwein und Schoki zur Begrüßung, Wein und Käse auf der Terrasse. Es gibt drei schicke Doppelzimmer mit bequemen Betten und zwei Cottages für Selbstversorger.

★**Longhouse** APARTMENTS $$$
(0402 101 551; www.thelonghouse.net.au; 385 Palmers Lane, Pokolbin; Apt. ab 299 AU$; ♨♨🛜) Mehr als 50 Architekturstudenten entwarfen die stylishe Bude auf der Basis eines traditionellen Schuppens der australischen Schafscherer. Das Gebäude aus Beton, Wellblech und Altholz wurde in drei Apartments mit je zwei Schlafzimmern und Zugang zur sagenhaften, 48 m langen Terrasse unterteilt. Auch sozial Engagierte können den Luxus genießen, denn der Gewinn geht zu 100 % an gemeinnützige Architekturprojekte.

Spicers Vineyards Estate RESORT $$$
(02-6574 7229; www.spicersgroup.com.au; 555 Hermitage Rd, Pokolbin; Suite 395–495 AU$; P♨♨🛜♨) 🖋 Die zwölf luxuriösen Suiten mit Wellnessbad im Busch haben große Doppelbetten und einen netten Wohnbereich mit Kamin. Perfekt, um im Winter einen Shiraz oder etwas Kostenloses aus der Minibar zu genießen! Man lässt sich im Wellnessbereich des Hotels verwöhnen oder planscht im Pool, bevor es zum Essen ins **Restaurant Botanica** (02-6574 7229; spicersretreats.com; 555 Hermitage Rd, Polkolbin; 2-Gänge-Menü 65 AU$, 3-Gänge-Menü 79 AU$; ⏰tgl. 18–22, Sa & So 11–15 Uhr) geht.

Essen

Da die Lokale werktags meist nicht offen haben, sollte man am Wochenende kommen. Dann ist überall Reservierung erforderlich. Viele Weingüter haben ein Restaurant.

★**Muse Kitchen** EUROPÄISCH $$
(02-4998 7899; www.musedining.com.au; Keith Tulloch Winery, Ecke Hermitage Rd & Deasys Rd, Pokolbin; Hauptgerichte 30–36 AU$; ⏰Mi–So 12–15, Sa 18–21 Uhr) Die lässige Variante des Nobelrestaurants Muse serviert tolles Mittagessen. Europäische Bistrokost wird mit Gemüse, Obst und Kräutern aus der unmittelbaren Umgebung zubereitet und im Freien serviert. Unbedingt Platz lassen für eines der tollen Desserts und die Weinprobe im Verkaufsraum von **Keith Tulloch** (02-4998 7500; keithtullochwine.com.au; Ecke Hermitage Rd & Deasys Rd, Pokolbin; Weinprobe 5 AU$; ⏰10–17 Uhr)!

Enzo CAFÉ $$
(www.enzohuntervalley.com.au; Ecke Broke Rd & Ekerts Rd, Pokolbin; Hauptgerichte Frühstück 15–29 AU$, Mittagessen 22–30 AU$; ⏰9–16 Uhr) Im Winter sitzt man vor dem Kamin, im Sommer im Garten und genießt die boden-

ständigen Gerichte des italienischen Cafés. Nebenan gibt's die Weine von David Hook.

Muse Restaurant MODERN-AUSTRALISCH $$$
(02-4998 6777; www.musedining.com.au; 1 Broke Rd, Pokolbin; 2-/3-Gänge-Menü 75/95 AU$; Mi–Fr 18.30–22, Sa 12–15 & 18.30–22, So 12–15 Uhr) Das Lokal des Weinguts Hungerford Hill ist das nobelste hier. Die moderne Küche und der Service sind sensationell. Auch für Vegetarier gibt's ein Menü (2/3 Gänge 60/80 AU$).

Bistro Molines FRANZÖSISCH $$$
(02-4990 9553; www.bistromolines.com.au; 749 Mt. View Rd, Mt. View; Hauptgerichte 38–42 AU$; Do–Mo 12–15, Fr & Sa 19–21 Uhr) Das französische Lokal des Tallavera Grove hat eine tolle saisonale Speiseauswahl, die fast so eindrucksvoll ist wie der Blick in die Weinberge.

Margan MODERN-AUSTRALISCH $$$
(02-6579 1102; www.margan.com.au; 1238 Milbrodale Rd, Broke; Hauptgerichte Frühstück 18 AU$, Mittagessen 38 AU$, Verkostungsmenü mit 3/4/5 Gängen 65/80/100 AU$; Fr & Sa 12–15 & 18–21.30, So 9–10.30 & 12–15 Uhr) Das bodenständige Restaurant hat leckere Gerichte. Die Zutaten stammen aus dem Garten oder von Erzeugern in der Region. Beim Essen kann man die Weinberge der Brokenback Range sehen.

Lebensmittel

Binnorie Dairy KÄSE $
(02-4998 6660; www.binnorie.com.au; 1 Mistletoe Lane, Pokolbin; Di–Sa 10–17, So 10–16 Uhr) Die handgemachten Weichkäse werden in stilvollem Ambiente präsentiert: Ziegenkäserolle, Labneh-Frischkäse, eingelegter Schafskäse...

Hunter Valley Smelly Cheese Shop FEINKOST $
(www.smellycheese.net.au; Tempus Two Winery, 2144 Broke Rd, Pokolbin; Hauptgerichte 9–16 AU$; 10–17 Uhr) Neben herrlich stinkendem Käse gibt's hier Feinkostplatten, Pizza, Burger und belegte Baguettes sowie leckeres Eis. Es gibt auch eine Filiale im Ort.

Hunter Valley Cheese Company KÄSE $
(www.huntervalleycheese.com.au; McGuigans Winery, 447 McDonalds Rd, Pokolbin; 9–17.30 Uhr) Das engagierte Personal plaudert gern über Käsespezialitäten, besonders während des täglichen „Cheese Talk" um 11 und 15 Uhr. Das Käsesortiment ist bemerkenswert.

Hunter Valley Chocolate Company SCHOKOLADE $
(www.hvchocolate.com.au; Peterson House, Broke Rd, Pokolbin; 9–17 Uhr) Bei hausgemachter Schokolade, Trüffel, Karamellbonbons etc. läuft einem das Wasser im Mund zusammen. Gleich nebenan ist Peterson House, der einzige Sektproduzent im Hunter Valley.

Ausgehen & Nachtleben

Goldfish Bar & Kitchen BAR
(www.thegoldfish.com.au; Tempus Two Winery, Ecke Broke Rd & McDonalds Rd, Pokolbin; 12 Uhr–open end) Genug vom Wein? Dann ist ein klassischer Cocktail auf dem Balkon oder in der Lounge dieser beliebten Bar genau das Richtige! Samstagabends bringt ein kostenloser Shuttle-Bus die Gäste nach Hause.

Wollombi Tavern PUB
(www.wollombitavern.com.au; Great North Rd, Wollombi; 10 Uhr–open end) Hier gibt's Dr. Jurd's Jungle Juice, ein gefährliches Gebräu aus Portwein, Brandy und Wein. Am Wochenende machen hier Biker Rast (aber zum Glück nicht die von der bedrohlichen Sorte).

Praktische Informationen

Hunter Valley Visitor Centre (02-4993 6700; www.huntervalleyvisitorcentre.com.au; 455 Wine Country Dr, Polkolbin; Mo–Sa 9–17, So bis 16 Uhr) Broschüren, Infos zu Unterkünften, Attraktionen und Restaurants.

An- & Weiterreise

BUS
Rover Coaches (02-4990 1699; www.rovercoaches.com.au) Werktags gibt's vier, samstags zwei Busverbindungen von Newcastle nach Cessnock (4,70 AU$, 1¼ Std.). Sonntags fährt kein Bus. Von den Bahnhöfen in Morisset (4,70 AU$, 1 Std., 2-mal tgl.) und Maitland (4,70 AU$, 50 Min., regelm.) fahren ebenfalls Busse.

ZUG
Die Züge von Sydney Trains fahren von Newcastle durchs Hunter Valley (6,30 AU$, 50 Min.). Der nächste Bahnhof ist Branxton, allerdings fahren nur von Maitland aus Busse nach Cessnock.

Unterwegs vor Ort

Ohne Fahrzeug ist es mühsam. Das Hunter Valley Hostel (S. 165), **Grapemobile** (02-4998 7660; www.grapemobile.com.au; 307 Palmers Lane, Pokolbin; 8 Std. 35 AU$; 10–18 Uhr) und **Hunter Valley Cycling** (0418 281 480; www.huntervalleycycling.com.au; 266 DeBeyers Rd, Pokolbin; 1/2 Tage 35/45 AU$) verleihen Räder.

Vineyard Shuttle (02-4991 3655; www.vineyardshuttle.com.au; 15 AU$/Pers.; Di–Sa 18–24 Uhr) Die Busse fahren direkt zu den Unterkünften und Restaurants in Pokolbin.

Byron Bay & nördliches NSW

Inhalt ➡

Byron Bay	169
Lennox Head	177
Ballina	178
Lismore	182
Nimbin	183
Murwillumbah	185
Grafton	186
Coffs Harbour	191
Dorrigo	197
Kempsey	202
Port Macquarie	204
Port Stephens	212

Gut essen

➡ Town Restaurant & Cafe (S. 181)
➡ Beachwood Cafe (S. 190)
➡ Stunned Mullet (S. 208)
➡ The Roadhouse (S. 174)
➡ Hearthfire Bakery (S. 200)

Schön übernachten

➡ Byron Bay Cottages (S. 174)
➡ Atlantic (S. 174)
➡ Sugarloaf Point Lighthouse (S. 211)
➡ Lily Pily (S. 200)
➡ Nimbin Rox YHA (S. 184)

Auf nach Byron Bay & ins nördliche New South Wales!

Strandorte und Nationalparks gibt es an diesem herrlichen Küstenabschnitt zuhauf, und im Hinterland reihen sich Gebiete mit üppigem Farmland an Abschnitte zum Welterbe zählender uralter Regenwälder.

An der North Coast, einer Art Pufferzone zwischen den großen Städten von New South Wales im Süden und Queenslands ausgebauter Gold Coast im Norden, herrscht eine deutlich ruhigere und schlichtere Lebensweise vor. In den niedlichen, kleinen Städtchen überall in der Region leben waschechte Landeier Seite an Seite mit Großstadtflüchtlingen und Leuten mit alternativem Lebensstil: Wen es nach frischem, regionalem Obst und Gemüse bzw. einem erstklassigen Essen gelüstet, oder wer sich die Zukunft voraussagen lassen möchte, wird hier nicht enttäuscht werden – und wer gute Surfwellen sucht, findet sie immer gleich um die Ecke.

Reisezeit
Byron Bay

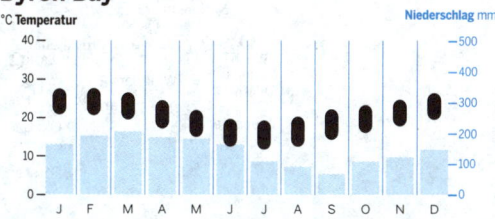

Juni & Juli Im Winter locken Wale, Laternen in Lismore und Schaukelstühle in Byron Bay.

Sept.–Nov. Die Wale kehren zurück, die Jacarandas blühen, in Byron Bay steigt das Surf Fest.

Dez.–April Das Leben ist ein Strand: In Lismore gibt's „Tropical Fruits" und Byron hat den Blues.

Highlights

① Sein eigenes Stück leeren Strandes in rauen Küstengebieten wie dem **Myall Lakes National Park** (S. 211) beanspruchen

② In den uralten, zum Gondwana-Welterbe zählenden Regenwald des **Dorrigo National Park** (S. 198) eintauchen

③ Bei einer Bootsfahrt ab **Port Stephens** (S. 212) Freundschaft mit Walen und Delfinen schließen

④ Charmante, hübsche Dörfer wie **Bellingen** (S. 199) im Hinterland entdecken

⑤ In **Byron Bay** (S. 169) zwischen blasenden Walen surfen lernen

⑥ Im **Kempsey Shire** (S. 201) auf idyllischen Nebenstraßen am Macleay River cruisen

⑦ Auf örtlichen Märkten wie dem in **Bangalow** (S. 180) die seltsame Mischung aus Bauern, Hippies und Gourmets kennenlernen

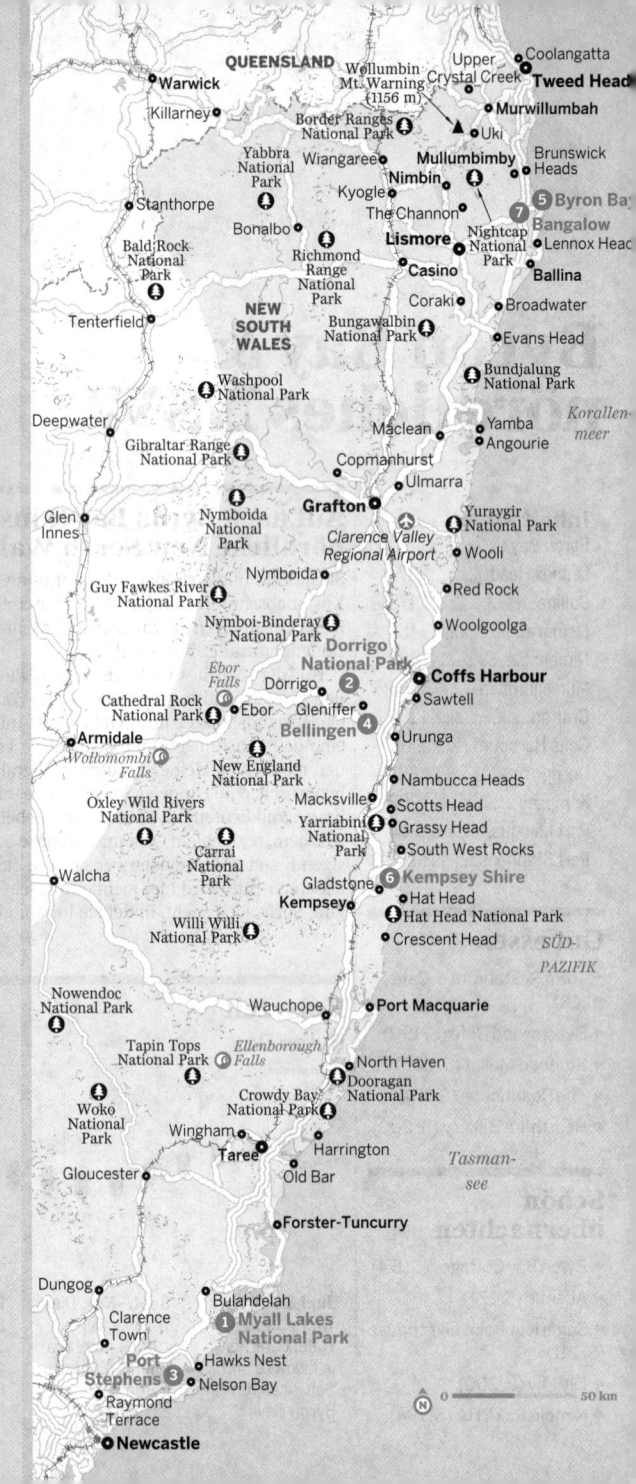

ℹ️ Anreise & Unterwegs vor Ort

BUS
Greyhound (www.greyhound.com.au) und **Premier** (www.premierms.com.au) betreiben Buslinien, die Sydney über den Pacific Hwy mit Brisbane verbinden. Andere Unternehmen decken kleinere Abschnitte an der Strecke ab.

FLUGZEUG
Inlandsflughäfen finden sich in Taree, Port Macquarie, Coffs Harbour (prima, um nach Bellingen zu kommen), Grafton, Ballina (Byron Bay) und Lismore. Der Newcastle Airport ist praktisch zur Reise nach Port Stephens, und der Gold Coast Airport ist nur 4 km von Tweed Heads entfernt.

TRAIN
NSW TrainLink (www.nswtrainlink.info) Die Züge von Sydney nach Brisbane halten in Wingham, Taree, Nambucca Heads, Coffs Harbour und Grafton.

BALLINA & BYRON SHIRES

Dieser Küstenstreifen, wo Naturverbundenheit auf Strandhedonismus trifft, bietet einen Mix aus familienfreundlichen und partylastigen Zielen. Die Strandorte Ballina und Lennox Heads sind ruhiger als das touristische Babylon Byron Bay weiter im Norden.

Byron Bay
4960 EW.

Der Ruf dieses berühmten Strandorts wirft seinen Schatten so weit voraus, dass man sich beim ersten Herkommen vielleicht wundert, warum um ihn so viel Wirbel gemacht wird. Die Strände sind toll, aber spektakuläre Strände gibt's überall an dieser Küste. Was Byron so besonders macht, ist die einmalige Stimmung im Ort. Hier vermischt sich die Surferkultur der Küste mit der Hippie-Strömung aus dem Hinterland, und das erzeugt einen tollen, barfüßig-alternativen Lebensstil.

Das Stadtzentrum ist niedrig bebaut und relaxt, und die Einheimischen sind darauf bedacht, dass der Ort sein Kleinstadtflair bewahrt. Natürlich ist Byron oft überlaufen, und auch hier gibt es Teenies in Partylaune. Aber die einmalige Atmosphäre läutert selbst zynische Gesellen: durch lange, laue Tage, endlose Strände, verlässliche Surfwellen, gutes Essen, ein turbulentes Nachtleben und entspanntes Umherschlendern.

James Cook benannte Cape Byron, den östlichsten Punkt des australischen Festlands, nach dem berühmten Seefahrer John Byron, dem Großvater des Dichters Lord Byron. Die späteren Stadtplaner wussten das offenbar nicht, denn sie benannten die Straßen nach anderen Dichtern wie Jonson, Burns und Shelley.

⊙ Sehenswertes

★ Cape Byron State Conservation Park   STATE PARK
(www.nationalparks.nsw.gov.au/cape-byron-state-conservation-area) Der Ausblick vom Gipfel ist spektakulär und belohnt alle, die vom **Captain Cook Lookout** (Lighthouse Rd; 🚗) auf dem **Cape Byron Walking Track** hinaufgeklettert sind. Der Track rund um die Landspitze senkt und hebt sich (überwiegend Letzteres) auf der Strecke bis zum **Leuchtturm** (Lighthouse Rd; ⊙10–16 Uhr) `GRATIS`. Unterwegs kann man Delfine (ganzjährig) und Wale bei ihrer Wanderung nach Norden (Juni–Juli) und Süden (Sept.–Nov.) beobachten. Höchstwahrscheinlich wird man auch auf Buschhühner und Wallabys treffen. Für die gesamte 3,7 km lange Schleife sollte man zwei Stunden einplanen.

In dem 1901 erbauten Leuchtturm finden sich Ausstellungen zum Meer und zur Natur. Wer nach ganz oben will, muss sich einer der von Freiwilligen veranstalteten Führungen anschließen (ca. 10–15 Uhr, gegen Spende). Es gibt hier auch ein Café und Unterkünfte in den Hütten der Leuchtturmwärter.

Man kann direkt bis zum Leuchtturm hinauffahren. Dort zahlt man 7 AU$ für einen Parkplatz – oder nichts, wenn man zufällig einen freien Platz auf dem kleinen Parkplatz entdeckt, der sich 300 m unterhalb befindet.

Strände
Westlich vom Stadtzentrum entgeht man am wilden **Belongil Beach** mit seinen hohen Dünen dem schlimmsten Massenandrang; in manchen Bereichen ist hier FKK gestattet. Am östlichen Ende dieses Strandes findet sich der **Wreck**, eine mächtiger Right Hand Break.

Unmittelbar vor der Stadt sind an dem von Rettungsschwimmern überwachten **Main Beach** von Sonnenaufgang bis Sonnenuntergang Yogakurse, Musikanten und Feuertänzer am Werk. Nach Osten geht der Hauptstrand in den **Clarkes Beach** über. Die beliebteste Surfwelle hier läuft am **Pass** nahe der östlichen Landzunge.

Um die Felsen herum liegt der prächtige **Watego's Beach**, ein weiter, halbmondförmiger weißer Sandstrand vor einer Kulisse aus Regenwald. Ein Fußmarsch von 400 m bringt einen zum abgelegenen (nicht per Auto erreichbaren) **Little Watego's Beach**, einem weiteren hübschen Sandstrand direkt unter dem felsigen Cape Byron. Wenn die Sonne sinkt, lässt sich hier ein prächtiger Mondaufgang beobachten. Versteckt unter der Südseite des Cape (Zufahrt über die Tallow Beach Rd) liegt **Cosy Corner** mit ordentlichen Wellen und einem Strand, der geschützt ist, wenn anderswo Nordwinde blasen.

Der **Tallow Beach** ist ein einsamer Sandstrand, der sich von Cape Byron 7 km nach Süden erstreckt. Hier kann man wunderbar den Massen entfliehen. Hinter einem großen Teil dieses Landes liegt der **Arakwal National Park**, nur nahe dem südlichen Ende reicht der Vorort **Suffolk Park** direkt bis zum Strand. Ein beliebter Schwulenstrand ist der **Kings Beach** gleich abseits der Seven Mile Beach Rd hinter dem Broken Head Holiday Park.

🏃 Aktivitäten

In Byron Bay gibt's jede Menge Optionen, Abenteuersportart zu betreiben. Die meisten Anbieter holen Teilnehmer kostenlos an den Unterkünften ab. Vor allem Surfen und Tauchen sind hier Trumpf.

Surfen

Die meisten Hostels bieten ihren Gästen kostenlose Surfbretter an, oder man kann sich eine Ausrüstung leihen.

Black Dog Surfing SURFEN
(02-6680 9828; www.blackdogsurfing.com; 11 Byron St; 3½-stündiger Surfkurs 60 AU$) Persönlicher, als sehr gut bewerteter Gruppenunterricht, auch für Frauen und Kinder.

Surfing Byron Bay SURFEN
(02-6685 7099; www.gosurfingbyronbay.com; 84 Jonson St; 2½-stündiger Surfkurs 60 AU$) Surfunterricht für Erwachsene und Kinder sowie „Surfyoga".

Byron Bay Surf School SURFEN
(1800 707 274; www.byronbaysurfschool.com; 29 Shirley St; 3½-stündiger Surfkurs 65 AU$) Surfunterricht und Surfcamps.

Mojosurf SURFEN
(1800 113 044; www.mojosurf.com; 9 Marvell St; 1/2 Surfkurs(e) 69/119 AU$) Surfunterricht und lange Surfsafaris.

Soul Surf School SURFEN
(1800 089 699; www.soulsurfschool.com.au; 4-stündiger Surfkurs 59 AU$) Halb- bis fünftägige Kurse für Anfänger.

Tauchen

Rund 3 km vor der Küste ist das **Julian Rocks Marine Reserve** ein Treffpunkt kalter südlicher und warmer nördlicher Meeresströmungen, der viel Unterwasserfauna anzieht, darunter drei Schildkrötenarten. Im Sommer kann man hier Zebrahaie und Mantarochen erblicken, im Winter Sandtigerhaie.

Sundive TAUCHEN & SCHNORCHELN
(02-6685 7755; www.sundive.com.au; 8/9-11 Byron St; Tauchgänge ab 95 AU$, Schnorcheltouren 65 AU$) Veranstaltet täglich zwei bis drei Expeditionen zu den Julian Rocks, außerdem diverse Kurse.

Dive Byron Bay TAUCHEN
(02-6685 8333; www.byronbaydivecentre.com.au; 9 Marvell St; Tauchgang ab 99 AU$, Schnorcheltour 65 AU$; ⊙ 9–17 Uhr) Kurse im Freitauchen (495 AU$) und Professional-Association-of-Diving-Instructors-(PADI-)Kurse (ab 325 AU$).

Fliegen & andere Aktivitäten im Luftraum

Byron Bay Ballooning BALLONFAHREN
(1300 889 660; www.byronbayballooning.com.au; Tyagarah Airfield; Erw./Kind 325/175 AU$) Fahrten in den Sonnenaufgang mit Champagnerfrühstück.

Skydive Byron Bay FALLSCHIRMSPRINGEN
(02-6684 1323; www.skydivebyronbay.com; Tyagarah Airfield; Tandemflüge ab 334 AU$) Aus 4267 m Höhe geht's hinunter zur Erde.

Byron Airwaves GLEITSCHIRMFLIEGEN
(02-6629 0354; www.byronair.com) Tandemflüge (145 AU$) und Kurse (1500 AU$).

Byron Bay Microlights ULTRALEICHTFLUGZEUG
(0407 281 687; www.byronbaymicrolights.com.au; Tyagarah Airfield; 15-/30-/45-minütiger Flug 100/180/245 AU$) Whalewatching (180 AU$) und Panoramaflüge (100 AU$).

Byron Gliding SEGELFLIEGEN
(02-6684 7627; www.byrongliding.com; Tyagarah Airfield; Flug ab 120 AU$) Panoramaflüge über die Küste und das Hinterland.

Alternative Heilverfahren

Byron ist ein Mekka für alternative Heilverfahren. Es werden diverse Behandlungen angeboten, von denen behauptet wird, dass sie Körper und Seele heilen.

Byron at Byron Spa SPA
(02-6639 2110; www.thebyronatbyron.com.au/spa; 77-97 Broken Head Rd; 1-stündige Massage ab 145 AU$) Sechs ultraluxuriöse Behandlungsräume verstecken sich im Regenwald. Inbegriffen ist die Nutzung des Swimmingpools des Resorts.

Be Salon & Spa SPA
(0413 432 584; www.besalonspa.com.au; 14 Middleton St; 30-minütige Massage 60 AU$) Maniküren, Pediküren, kosmetische Gesichtsbehandlungen und Haarentfernung mit Wachs werden hier neben „psychischen Verfahren", Massagen, „ReBalancing" und Naturheilverfahren angeboten.

Relax Haven MASSAGE
(02-6685 8304; www.relaxhaven.com.au; 107 Jonson St; 10-18.30 Uhr) Floating (79 AU$/1 Std.), Massagen (89 AU$/1 Std.), Angewandte Kinesiologie, Quantum-Hypnotherapie und „Theta Energy Healing".

Noch mehr Aktivitäten

Go Sea Kayaks KAJAKFAHREN
(0416 222 344; www.goseakayakbyronbay.com.au; Erw./Kind 69/59 AU$) Wenn man Pech hat und weder Wale noch Delfine noch Schildkröten sieht, kann man die Tour kostenlos noch einmal mitmachen.

Surf & Bike Hire FAHRRADVERLEIH
(02-6680 7066; www.byronbaysurfandbikehire.com.au; 31 Lawson St; 9-17 Uhr) Verleiht Fahrräder und Surfbretter (ab 10 AU$/Tag) plus Ausrüstung für andere Aktivitäten.

Geführte Touren

Mountain Bike Tours MOUNTAINBIKETOUR
(0429 122 504; www.mountainbiketours.au; halber/ganzer Tag 59/99 AU$) Umweltbewusste Radtouren in den Regenwald und entlang der Küste.

Vision Walks NATURTOUR
(02-6685 0059; www.visionwalks.com; Nachttouren Erw./Kind 99/75 AU$, andere Touren ab 45/28 AU$) Bei diesen Touren kann man alle möglichen Kreaturen in ihrem natürlichen Lebensraum beobachten, z. B. nachtaktive Tiere (beim Night Vision Walk) und Hippies (bei der Hippie Trail Hinterland Tour).

Byron Bay Adventure Tours WANDERN
(1300 120 028; www.byronbayadventuretours.com.au; Tagestouren 119 AU$) Tagestouren und Touren mit Übernachtung zum Mt. Warning und in das Hinterland.

Feste & Events

Byron Bay Bluesfest MUSIK
(www.bluesfest.com.au; Tyagarah Tea Tree Farm;) Bei diesem Musikfest treten über Ostern prominente internationale Künstler und Größen aus der Region auf die Bühne.

Splendour in the Grass MUSIK
(www.splendourinthegrass.com; North Byron Parklands) Bei dem dreitägigen Festival Ende Juli spielen Indie-Musiker mit großen Namen.

Byron Bay Writers Festival LITERATUR
(www.byronbaywritersfestival.com.au) Anfang August kommen hier australische Top-Autoren und deren Fans zusammen.

Byron Bay Surf Festival SURFEN
(www.byronbaysurffestival.com) Drei Tage lang wird hier Ende Oktober zu Ehren der Surfkultur gefeiert.

Schlafen

Im Januar und während der jährlichen Festivals sollte man Unterkünfte weit im Voraus buchen. Wer nicht gerade 17 ist, meidet man die Schoolies Week – die tatsächlich ab Mitte November rund einen Monat läuft – am besten. Zu all diesen Zeiten findet man kaum Unterkünfte, die Buchungen für nur eine Übernachtung annehmen.

Zu den Buchungsagenturen vor Ort zählt **Byron Bay Accom** (02-6680 8666; www.byronbayaccom.net; 6/73-75 Jonson St; Mo-Fr 9-17, Sa & So 10-17 Uhr).

Byron Beach Resort HOSTEL $
(02-6685 7868; byronbeachresort.com.au; 25 Childe St; B 18-30 AU$, DZ ab 90 AU$, 2-Bett-Apt. ab 150 AU$) Das sagenhafte, gut geführte Resort gegenüber dem Belongil Beach ist eine tolle, günstige Alternative zu einer Unterkunft im Zentrum von Byron. Hübsche Schlafsäle, Cottages und separate Apartments verteilen sich über ein Gartengrundstück voller Hängematten. Hier gibt's täglich Yoga, kostenlos zu nutzende Fahrräder und gleich nebenan das lustigen Pub Treehouse (S. 176). Vom Resort sind es 15 Gehminuten den Belongil Beach hinunter (oder eine kostenlose Shuttle-Fahrt) bis in die Stadt.

Cape Byron YHA HOSTEL $
(02-6685 8788; www.yha.com.au; Ecke Middleton & Byron St; B 38-40 AU$, DZ mit/ohne Bad 140/100 AU$;) Der moderne, or-

Byron Bay

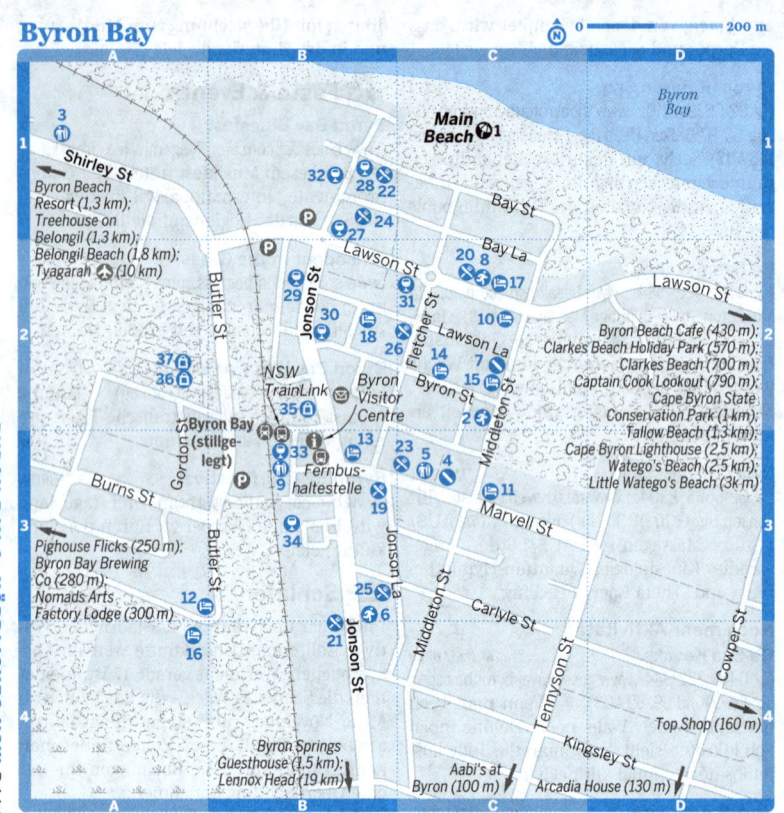

dentliche Komplex rund um einen attraktiven, palmengesäumten beheizten Pool liegt im Stadtzentrum und ist nur einen kurzen Fußmarsch vom Strand entfernt. Das freundliche, professionelle Personal veranstaltet kostenlose Wanderungen und andere Aktivitäten. In der Nebensaison gibt's Rabatt.

Nomads Arts Factory Lodge HOSTEL $
(02-66857709; www.nomadsworld.com/arts-factory; Skinners Shoot Rd; Stellplatz/B/DZ ab 17/34/90 AU$; ✳@☎☏) Ein archetypisches Byron-Erlebnis verspricht dieses marode Hostel an einem malerischen Sumpf, 15 Gehminuten außerhalb der Stadt. Zur Wahl stehen farbenfrohe Schlafsäle für sechs bis zehn Personen, ein Frauen vorbehaltenes Cottage am See sowie Tipis. Pärchen können sich für die passend benannten „Cube"-Zimmer, die Zelthütten im Inselstil oder die teurere „Love Shack" mit Bad entscheiden. Es gibt Yoga, Didgeridoo-Unterricht und regelmäßig „Bush-Tucker Walks".

Aquarius HOSTEL $
(02-6685 7663; www.aquarius-backpackers.com.au; 16 Lawson St; B/Motelzi. ab 35/120 AU$; ✳@☎☏) Das motelartige Hostel auf der anderen Seite der Strandstraße hat Zimmer mit Balkonen und viele Gemeinschaftsflächen, u. a. eine Bar mit Billard- und Tischtennistisch. Die Motelzimmer haben Kochnischen und manche einen Whirlpool. Die Schlafsäle sind Ausländern vorbehalten.

Nomads HOSTEL $
(02-6680 7966; www.nomadsworld.com; 1 Lawson Lane; B 48–52 AU$, DZ 150–190 AU$; ✳@☎) Byrons größtes (und teuerstes) Hostel mit seinem Designer-Schick hat's in sich. Die Schlafsäle sind komfortabel, aber nicht halb so gut wie die fast herrschaftlichen Doppelzimmer mit Bad, Kühlschrank und Plasma-TV.

Clarkes Beach Holiday Park CAMPING $
(02-6685 6496; www.northcoastparks.com.au/clarkes; abseits der Lighthouse Rd; Stellplatz/

Byron Bay

◎ Highlights
1 Main Beach C1

⊙ Aktivitäten, Kurse & Touren
2 Be Salon & Spa C2
  Black Dog Surfing .... (siehe 15)
3 Byron Bay Surf School A1
4 Dive Byron Bay C3
5 Mojosurf C3
6 Relax Haven B3
7 Sundive C2
8 Surf & Bike Hire C2
9 Surfing Byron Bay B3

⊙ Schlafen
10 Aquarius C2
11 Atlantic C3
12 Bamboo Cottage A3
13 Byron Bay Accom B3
14 Byron Central Apartments C2
15 Cape Byron YHA C2
16 Glen-Villa Resort A4
17 Hibiscus Motel C3
18 Nomads B2

⊙ Essen
19 Bay Leaf Café B3
20 Blue Olive C2
21 Cicchetti Byron Bay B4
22 Italian at the Pacific B1
23 Naked Treaties C3
24 Orgasmic Food B1
25 Petit Snail B3
26 St. Elmo C2

⊙ Ausgehen & Nachtleben
27 Balcony Bar B1
28 Beach Hotel B1
29 Cocomangas B2
30 Great Northern B2
31 LaLaLand C2
32 Miss Margarita B1
33 Railway Friendly Bar B3
34 Woody's Surf Shack B3

⊙ Shoppen
35 Byron Bay Artisan Market B2
36 Byron Community Market A2
37 Byron Farmers' Market A2

Hütte ab 46/175 AU$; ❄☎) Die eng gestellten Hütten und schattigen Stellplätze in diesem Ferienpark haben eine attraktive Lage im Busch nahe dem Strand und dem Leuchtturm.

Arcadia House B&B $$
(☎02-6680 8699; www.arcadiahousebyron.com.au; 48 Cowper St; Zi. ab 155 AU$; ❄☎) Das hübsche alte Queenslander-Gebäude mit luftigen Veranden und sechs eleganten Zimmern mit Himmelbetten steht in einem großen Garten an einer ruhigen Straße. Bis zum Strand sind es rund zehn Gehminuten, man kann aber auch eines der kostenlosen Leihfahrräder nehmen.

Aabi's at Byron PENSION $$
(☎02-6680 9519; www.guesthousesbyronbay.com.au; 17 Ruskin St; Zi. ab 180 AU$; ❄☎≋) ⬥ Statuen von Hindu-Gottheiten wachen über den Pool dieses tollen, topmodernen Komplexes. Die Zimmer sind luxuriös, dazu gibt's eine Gemeinschaftsküche, eine Lounge, einen Grillplatz, einen großen Pool und einen Whirlpool.

Bamboo Cottage PENSION $$
(☎0414 187 088; www.byron-bay.com/bamboocottage; 76 Butler St; EZ/DZ ohne Bad 129/149 AU$, DZ mit Bad 169 AU$, Apt. 240 AU$; ☎≋) Mit Charme und Tropenambiente: Das Bamboo Cottage bietet seinen Gästen asiatisch und pazifisch angehauchte Zimmer in anheimelnder Atmosphäre. Es liegt auf der ruhigen Seite der Tracks.

Byron Springs Guesthouse PENSION $$
(☎0457 808 101; www.byronsprings.com.au; 2 Oodgeroo Garden; EZ/DZ ohne Bad ab 75/110 AU$, DZ mit Bad 150 AU$; ℗☎) Polierte Holzdielen, weiße Bettwäsche und eine Lage im Grünen machen diese Unterkunft ein paar Kilometer südlich der Stadt zu einer guten Alternative, wenn man außerhalb des Getümmels wohnen will. Das kontinentale Frühstück ist im Preis inbegriffen, Fahrräder können kostenlos ausgeliehen werden.

Byron Central Apartments APARTMENTS $$
(☎02-6685 8800; www.byroncentral.com; 5-7 Byron St; Apt. 136–210 AU$; ❄☎≋) Versteckt in einem Gewerbebau im Zentrum ein paar Blocks abseits des Strandes bietet dieser Komplex nette Apartments rund um einen Swimmingpool. Die Deluxe-Wohneinheiten haben Schlafzimmer im Dachgeschoss, neue Möbel und voll ausgestattete Küchen.

Glen-Villa Resort RESORT $$
(☎02-6685 7382; www.glenvillaresort.com.au; 80-86 Butler St; Hütten ab 110 AU$; ❄@☎≋) Die ganz auf Pärchen – es werden nur Buchungen von zwei Personen angenommen, Gruppen und Familien sollten sich anderswo umschauen – ausgerichtete Anlage ist sauber, komfortabel und sicher. Sie versteckt sich in einer Nebenstraße und ist angenehm ruhig.

Hibiscus Motel MOTEL $$
(☏02-6685 6195; www.hibiscusmotel.com.au; 33 Lawson St; DZ ab 155 AU$; ❄🛜) Hinter der hässlichen Fassade eines Autobahnmotels verbergen sich geräumige, blitzsaubere Zimmer; das Personal ist freundlich. Zum Strand braucht man weniger als eine Minute.

★ Atlantic HOTEL $$$
(☏02-6685 5118; www.atlanticbyronbay.com.au; 13 Marvell St; Zi. ab 180 AU$; ❄🛜) In dieser schicken Enklave im Stadtzentrum gibt's drei fabelhafte dekorierte Cottages im karibischen Stil. Alle haben eigene Terrassen, die sich zu tropischen Gartenanlagen öffnen. Wer es noch cooler mag, übernachtet im Airstream-Wohnmobil aus poliertem Aluminium, das hinten auf dem Rasen abgestellt ist.

★ Byron Bay Cottages COTTAGES $$$
(☏02-6620 9300; www.byronbaylighthouse.com; Cottage ab 350 AU$) Für Byrons bestgehütetes Geheimnis muss man weit im Voraus reservieren. Die Übernachtung in einem der vier restaurierten Cottages (4–7 Pers.) aus den 1920er-Jahren, die nur Meter vom Sand des Clarkes Beach entfernt sind, ist ebenso toll wie die in den denkmalgeschützten Cottages der Leuchtturmwärterassistenten.

Byron at Byron RESORT $$$
(☏02-6639 2000; www.thebyronatbyron.com.au; 77-97 Broken Head Rd; Suite ab 390 AU$; ❄🛜🏊) 🌿 Rund 4 km südlich der Stadt verteilen sich Villen mit einem Schlafzimmer über das dschungelartige Grün dieses Resorts. Wenn man nicht gerade einen Cocktail am Infinity-Pool schlürft, an den kostenlosen Yogakursen teilnimmt oder sich im Spa (S. 171) verwöhnen lässt, kann man auf den Plankenwegen runter zum Tallow Beach gehen.

✕ Essen

★ The Roadhouse CAFÉ $
(☏0403 355 498; byronbaycafebar.com.au; 6/142 Bangalow Rd; Hauptgerichte 14 AU$; ⏱Mo 6–15, Di–So bis 22 Uhr) Ein kurzes Stück außerhalb der Stadt liegt Byrons stimmungsvollstes Nachtlokal. Tagsüber gibt's in dem unglaublich beliebten Laden regionale Vollwertkost und Gesundheitstränke, aber nachts verwandelt sich das Roadhouse in eine schummrige Bluesbar mit mehr als 500 Whiskys auf der Karte. Vorab reservieren!

Top Shop CAFÉ $
(65 Carlyle St; Hauptgerichte 10–14 AU$; ⏱6.30–17 Uhr) Das Top Shop auf dem Hügel östlich der Stadt ist seit Langem bei örtlichen Surfern beliebt. Heute ist es die gehobene Version eines Imbisses alter Schule mit Frühstücks-Burgern, Hotdogs und Quinoa-Krautsalat. Man verdrückt das Essen auf dem Rasen und trinkt dazu hausgemachten Eiskaffee.

Three Blue Ducks at the Farm FARMRESTAURANT
(☏02-6684 7888; http://thefarmbyronbay.com.au; 11 Ewingsdale Rd, Ewingsdale) Nach dem Erfolg seines ersten Cafés in Sydney entschloss sich das Team von Three Blue Ducks, seine Aktivitäten in den Norden zu verlagern, und präsentiert seine kulinarische Philosophie (von der Farm frisch auf den Teller) nun auf dem Gelände dieser hübschen Rinder- und Hühnerfarm gleich außerhalb von Byron.

Naked Treaties CAFÉ $
(www.nakedtreaties.com.au; 2/3 Marvell S; 8–15 AU$/Stück; ⏱8–16 Uhr; 🌿) In der Rohkostbar sind vegane, Biogerichte, gluten- und zuckerfreie Speisen Trumpf. Es gibt jede Menge Superfood-Smoothies sowie ein wechselndes Angebot herzhafter Gerichte wie rohes Pad Thai. Der kalt gepresste Biokaffee wird mit frischer Mandelmilch zubereitet und mit Kokosnektar gesüßt.

Bay Leaf Café CAFÉ $
(www.facebook.com/bayleafcoffee; 2 Marvell St; Hauptgerichte 9–17 AU$; ⏱6.30–17 Uhr) Aojiru schlürfende Gäste verteilen sich bis nach draußen auf die Stufen vor diesem hippen, keilförmigen Café, wo das Frühstück im Mittelpunkt steht. Die ausgezeichneten Gerichte werden in einer geschäftigen, offenen Küche zubereitet. Es gibt z. B. Wildreis-Risotto mit Vanille oder Teekuchen mit Bananen und Rumtrauben.

Blue Olive DELI $
(27 Lawson St; Hauptgerichte 10–13 AU$; ⏱Di–Sa 10–17.30, So bis 16 Uhr) Hier bekommt man feinen Käse, Delikatessen und kleine Gerichte. Das gut zubereitete Essen verzehrt man an schattigen Tischen auf dem Bürgersteig oder unten am Strand.

Italian at the Pacific ITALIENISCH $$
(☏02-6680 7055; www.italianatthepacific.com.au; 2 Bay St; Hauptgerichte 28–36 AU$; ⏱18–22 Uhr) Neben dem Beach Hotel bietet dieses muntere italienische Restaurant nur eine kleine Auswahl von Pasta- und größeren Gerichten, die aber immer gut sind. Zu empfehlen ist beispielsweise die köstliche Lasagne mit langsam gegarter Lammkeule.

Byron Beach Cafe
CAFÉ $$
(📞 02-6685 8400; www.byronbeachcafe.com.au; Lawson St; Hauptgerichte morgens 15–22 AU$, mittags & abends 25–33 AU$; ⏰ So–Mi 7.30–17, Do–Sa bis 21 Uhr) Aus den Wellen geht's direkt in dieses kultige Café am Clarkes Beach, das der ideale Ort für einen ausgedehnten Brunch ist. Es gibt eine Menge interessanter Frühstücksgerichte. Je später es wird, desto mehr gleicht das Angebot dem eines Restaurants.

St. Elmo
SPANISCH $$
(📞 02-6680 7426; www.stelmodining.com; Ecke Fletcher St & Lawson Lane; Gerichte 14–26 AU$; ⏰ Mo–Sa 16–23, So bis 22 Uhr) In diesem betriebsamen Tapas-Restaurant sitzt man auf Designer-Hockern, während die gut aussehenden Angestellten fast schon magische Cocktails zaubern. Auf der durchdachten, iberisch inspirierten Karte stehen tolle Meeresfrüchtegerichte und auf der Weinkarte mehr als 100 verschiedene Tröpfchen.

Orgasmic Food
NAHÖSTLICH $$
(📞 02-6680 7778; 11 Bay Lane; Hauptgerichte 15–25 AU$; ⏰ 10–22 Uhr; 🌱) Dieses Lokal in einer Gasse steht eine riesige Stufe über einer Falafel-Bude. Die herzhaften Meze-Teller sind ideal für ein Picknick.

Cicchetti Byron Bay
ITALIENISCH $$
(📞 02-6685 6677; www.cicchetti.com.au; 108 Jonson St; Teller zum Teilen 16–22 AU$, Hauptgerichte 38 AU$, 5-Gänge-Verkostungsmenü 75 AU$; ⏰ Mo–Do 17.30–23, Fr–So 12–23 Uhr) Dieses glamouröse Restaurant mit seinem ausschließlich italienischen Personal ist extrem beliebt. Die Massen lieben das trendige Sortiment venezianischer Antipasti und die großzügigen Hauptgerichte (für min. 2 Pers.). Wer allein speist, setzt sich mit einem Cocktail und seinem gut gefüllten Teller an die Bar.

Byron at Byron Restaurant
MODERN-AUSTRALISCH $$$
(📞 02-6639 2111; www.thebyronatbyron.com.au; 77-97 Broken Head Rd; Hauptgerichte 37–40 AU$; ⏰ 8–21 Uhr) Vor Regenwald-Kulisse serviert dieses trauliche Resort-Restaurant in flackerndem Kerzenschein leichte mediterrane Gerichte aus besten Northern-Rivers-Produkten, z. B. süßes Bangalow-Schwein oder Yamba-Garnelen. Donnerstagabends gibt's ein Zwei-Gänge-Bauernmarkt-Dinner (49 AU$) mit gutem Preis-Leistungs-Verhältnis.

Petit Snail
FRANZÖSISCH $$$
(📞 02-6685 8526; www.thepetitsnail.com.au; 5 Carlyle St; Hauptgerichte 31–45 AU$; ⏰ Mi–Sa 18.30–21.30 Uhr; 🌱) Hier steht traditionelle gallische Kost wie Steak Tartare, Enten-Confit und jede Menge *fromage* auf der Karte. Man kann draußen auf der Veranda sitzen. Es gibt eine eigene Karte für Vegetarier (Hauptgerichte 21–25 AU$).

🍸 Ausgehen & Nachtleben
Einen Kalender mit den anstehenden Livemusik-Gigs findet man donnerstags bei *Byron Shire News* (www.byronnews.com.au); Veranstaltungsinfos gibt's auch unter Bay 99.9 FM.

Byron Bay Brewing Co
BRAUEREI
(www.byronbaybrewery.com.au; 1 Skinners Shoot Rd; ⏰ Mo–Sa 12 Uhr–open end, So bis 22 Uhr) In dieser in eine Kneipe verwandelten alten Schweinefarm trinkt man eiskaltes Pale Lager des Hauses zwischen den Braukesseln oder sitzt draußen in dem tropischen Hof im Schatten einer riesigen Feige. Es gibt Livemusik, DJs und Quiz-Abende. Führungen durch die Brauerei finden um 16 Uhr statt.

Balcony Bar
BAR
(📞 02-6680 9666; www.balcony.com.au; Level 1, 3 Lawson St; ⏰ 8–23 Uhr) 🌱 Mit ihrer zwischen Palmen hervorlugenden Veranda über dem Stadtzentrum ist diese Tapas- und Cocktailbar prima zum Relaxen, vor allem während der Happy Hour bei Sonnenuntergang.

Miss Margarita
BAR
(📞 02-6685 6828; missmargarita.com.au; 2 Jonson St; ⏰ Mo–Fr 12–15 & 17–1, Sa & So 11.30–1 Uhr) Die Strand-Cantina bietet sieben Versionen klassischer Margaritas und eine Reihe farbenfroher, fruchtiger Cocktails. Für die Tequilas kann man mit Enchiladas, Salsa und cremiger Guacamole eine Grundlage schaffen.

Railway Friendly Bar
KNEIPE
(The Rails; 📞 02-6685 7662; www.therailsbyronbay.com; 86 Jonson St; ⏰ 11 Uhr–open end) Diese Kneipe mit Plätzen drinnen und draußen lockt von krebsroten britischen Touristen bis hin zu lebenslustigen Vollweibern alle möglichen Leute an. Im Biergarten davor, der zu einer nachmittäglichen Sause einlädt, gibt's Livemusik und hervorragendes Essen.

Woody's Surf Shack
BAR
(www.woodysbyronbay.com; The Plaza, 90-96 Jonson St; ⏰ Mo–Sa 20–3 Uhr) Diese clubartige Bar, traditionell die letzte Station einer Ausgehnacht, hat jetzt eine Schließzeit – wer noch bis 3 Uhr Billard spielen will, muss vor 1.30 Uhr drinnen sein.

Great Northern
PUB

(02-6685 6454; www.thenorthern.com.au; 35-43 Jonson St; 12 Uhr–open end) Der altbewährte, schmuddelige, laute und aufdringliche Livemusikschuppen bietet allen von Billy Bragg bis Dizzee Rascal eine Bühne.

Beach Hotel
PUB

(www.beachhotel.com.au; Ecke Jonson & Bay St; 11 Uhr–open end) In dem kultigen Biergarten am Strand genießt man Flair und Ausblick. Hinten werden Surfer-Filme gezeigt, der Hut aus *Crocodile Dundee* schmückt die Bar.

Treehouse on Belongil
PUB

(02-6680 9452; www.treehouseonbelongil.com; 25 Childe St; 7.30–23 Uhr) Zu der schlichten Strandbar gehören Holzterrassen unter Bäumen. Das ganze Wochenende lang wird originale Livemusik gespielt. Die meisten Speisen kommen aus dem Holzofen, und eiskalte Biere stehen auf der Getränkekarte.

Cocomangas
CLUB

(www.cocomangas.com.au; 32 Jonson St; Mi–Sa 21 Uhr–open end) Byrons am längsten bestehender Nachtclub hat regelmäßig Backpacker-Nächte. Kein Einlass nach 1.30 Uhr.

LaLaLand
CLUB

(02-6680 7070; www.lalalandbyronbay.com.au; 6 Lawson St; 17–3 Uhr) Der stilvoll renovierte Club zählt zu den besseren in Byron.

☆ Unterhaltung

Pighouse Flicks
KINO

(02-6685 5828; www.pighouseflicks.com.au; 1 Skinners Shoot Rd; Tickets 10–14 AU$) Das Lounge-Kino gehört zur Byron Bay Brewing Co. und zeigt Klassiker und Filmkunst.

🛍 Shoppen

Byron hat überraschend gute Shoppingoptionen, von schicken Boutiquen bis hin zu mit Traumfängern dekorierten Hippie-Läden.

Zu den Märkten zählen ein wöchentlicher **Farmers's Market** (www.byronfarmersmarket.com.au; Butler Street Reserve; Do 8–11 Uhr), ein **Artisan Market** (www.byronmarkets.com.au; Railway Park, Jonson St; Nov.–März Sa 16–21 Uhr) und der **Byron Community Market** (www.byronmarkets.com.au; Butler Street Reserve; 1. So im Monat 6–14 Uhr).

ℹ Praktische Informationen

Bay Centre Medical (02-6685 6206; www.byronmed.com.au; 6 Lawson St; Mo–Fr 8–17, Sa bis 12 Uhr)

Byron District Hospital (02-6685 6200; www.ncahs.nsw.gov.au; Ecke Wordsworth & Shirley St; 24 Std.)

Byron Visitor Centre (02-6680 8558; www.visitbyronbay.com; Stationmaster's Cottage, 80 Jonson St; Eintritt gegen Spende; 9–17 Uhr) Die einschlägige Stelle für touristische Infos und Last-Minute-Buchungen von Unterkünften und Bussen.

ℹ An- & Weiterreise

AUTO

Earth Car Rentals (02-6685 7472; www.earthcar.com.au; 1 Byron St)

Hertz (02-6680 7925; www.hertz.com.au; 5 Marvell St)

BUS

Die Busse halten in der Jonson St nahe der Touristeninformation.

Blanch's (02-6686 2144; www.blanchs.com.au) Regelmäßige Busverbindungen von/zum Ballina Byron Gateway Airport (9,60 AU$, 1 Std.) sowie von/nach Ballina (9,60 AU$, 55 Min.), Lennox Head (7,60 AU$, 35 Min.), Bangalow (6,40 AU$, 20 Min.) und Mullumbimby (6,40 AU$, 25 Min.).

Brisbane Byron Express (1800 626 222; www.brisbane2byron.com) Betreibt täglich zwei Busse von/nach Brisbane (38 AU$, 2 Std.) und zum Brisbane Airport (54 AU$, 3 Std.); sonntags fährt nur einer.

Byron Bay Express (www.byronbayexpress.com.au) Hat täglich fünf Busse vom/zum Gold Coast Airport (1¾ Std.) und nach Surfers Paradise (2¼ Std.; einfache Strecke/hin & zurück 30/55 AU$).

Byron Easy Bus (02-6685 7447; www.byronbayshuttle.com.au) Minibus-Service zum Ballina Byron Gateway Airport (20 AU$, 40 Min.), zum Gold Coast Airport (39 AU$, 2 Std.), nach Brisbane (40 AU$, 3½ Std.) und zum Brisbane Airport (54 AU$, 4 Std.).

Greyhound (1300 473 946; www.greyhound.com.au) Busse fahren von/nach Sydney (ab 95 AU$, 12–14 Std., tgl. 3-mal), Port Macquarie (75 AU$, 6 Std., tgl. 2-mal), Nambucca Heads (59 AU$, 4½ Std., tgl. 2-mal), Coffs Harbour (46 AU$, 3½ Std., tgl. 4-mal) und Brisbane (38 AU$, 4 Std., tgl. 5-mal).

Northern Rivers Buslines (02-6626 1499; www.nrbuslines.com.au) Hat werktags Busse von/nach Lismore (1½ Std.), Bangalow (30 Min.) und Mullumbimby (20 Min.); der Fahrpreis beträgt einheitlich 9,70 AU$.

NSW TrainLink (13 22 32; www.nswtrainlink.info; Jonson St) TrainLink-Busse können im alten Bahnhof gebucht werden. Verbindungen gibt's u. a. nach Grafton (25 AU$, 3¾ Std.), Yamba (13,70 AU$, 3 Std.), Ballina (7 AU$,

41 Min.), Lismore (9,22 AU$, 1 Std.) und Murwillumbah (9,22 AU$, 1 Std.).
Premier (📞 13 34 10; www.premierms.com.au) Tägliche Busse von/nach Sydney (92 AU$, 14 Std.), Port Macquarie (66 AU$, 7½ Std.), Nambucca Heads (58 AU$, 5¾ Std.), Coffs Harbour (50 AU$, 5 Std.) und Brisbane (30 AU$, 3½ Std.).

❶ Unterwegs vor Ort

Byron Bay Taxis (📞 02-6685 5008; www.byronbaytaxis.com.au; ⏱ 24 Std.)

Lennox Head

7000 EW.

Die malerische Küste von Lennox Head ist ein geschütztes National Surfing Reserve und bekommt einige der besten Wellen an der Küste, u. a. einen Point Break von Weltklasse. Mit seiner Dorfatmosphäre ist der Ort eine entspannte Alternative zum ausgelassen-touristischen Byron 17 km nördlich.

❂ Sehenswertes

Seven Mile Beach STRAND
Der lange hübsche Seven Mile Beach erstreckt sich vom Ort aus nach Norden. Er ist mit Jeeps erreichbar, dafür braucht man aber eine Genehmigung, die man an der Caltex-Tankstelle erhält. Die beste Badestelle findet sich nahe dem Surfclub am nördlichen Ortsende.

Lake Ainsworth SEE
Der Süßwassersee gleich hinter dem Strand wird vom Tannin der Teebäume an seinen Ufern braun gefärbt. Keine Angst: Das soll gut für die Haut sein! Der **Lennox Head Community Market** (Lennox Head Community Centre; ⏱ 2. & 5. So im Monat 8–14 Uhr) findet auf dem Ufergelände statt.

🏃 Aktivitäten

Wind & Water WINDSURFEN, SURFEN
(📞 0419 686 188; www.windnwater.net; 1-std. Kurs ab 80 AU$) Unterricht im Windsurfen, Kitesurfen und Surfen am Lake Ainsworth und dem Seven Mile Beach.

Seabreeze Hang Gliding ABENTEUERSPORT
(📞 0428 560 248; www.seabreezehanggliding.com; ab 145 AU$) Tandemflüge von Lennox Head oder Cape Byron; Unterricht im Einzelflug.

🛏 Schlafen & Essen

Die Immobilienagentur **Professionals** (📞 02-6687 7579; www.lennoxheadaccom.net.au; 72 Ballina St) vermietet mehrere Ferienwohnungen.

Lennox Head Beach House YHA HOSTEL $
(📞 02-6687 7636; www.yha.com.au; 3 Ross St; B/EZ/DZ 34/55/82 AU$; @) Nur 100 m vom Strand bietet dieses Hostel makellose Zimmer und eine tolle Atmosphäre. Surfbretter, Windsurfbretter und Fahrräder werden verliehen (je 5 AU$).

Lake Ainsworth Holiday Park CAMPING $
(📞 02-6687 7249; www.northcoastholidayparks.com.au; Pacific Pde; Stellplatz/Hütte ab 33/95 AU$; 🛜) In der familienfreundlichen Ferienanlage am See und nahe dem Strand steht Gästen eine große Auswahl von Wohneinheiten zur Verfügung, von rustikalen Hütten ohne Bad bis zu einer Deluxe-Villa für sechs Personen. Für Camper gibt's neue Einrichtungen und eine Küche.

Lennox Point Holiday Apartments APARTMENTS $$
(📞 02-6687 5900; www.lennoxholidayapartments.com; 20-21 Pacific Pde; Apt. ab 180 AU$; ❄🛜♨) Von den modernen Apartments blickt man auf die Wellen oder leiht sich ein Brett an der Rezeption und stürzt sich in sie hinein. Die Apartments mit einem Schlafzimmer sind genauso groß wie die mit zweien, Erstere wirken also geräumiger.

Cafe Marius LATEINAMERIKANISCH $$
(📞 02-6687 5897; www.cafemarius.com.au; 90-92 Ballina St; Hauptgerichte 15–22 U$; ⏱ Mo–Do 7–15.30, Fr & Sa bis 21, So 8–15.30 Uhr) In diesem coolen, kleinen Café mit Schanklizenz servieren hippe Typen von früh bis spät köstliche südamerikanische und spanische Speisen.

Foam MODERN-AUSTRALISCH $$
(📞 02-6687 7757; www.foamlennox.com; 41 Pacific Pde; Hauptgerichte morgens 10–17 AU$, mittags 26–36 AU$) Mit der Atmosphäre eines Luxus-Strandhauses ist die Terrasse des Foam der ultimative Platz für einen kalten Weißwein und ein langes Mittagessen mit Blick auf den schönen Seven Mile Beach.

❶ An- & Weiterreise

Blanch's (📞 02-6686 2144; www.blanchs.com.au) Regelmäßig fahren Busse vom/zum Ballina Byron Gateway Airport (6,40 AU$, 30 Min.) sowie von/nach Ballina (6,40 AU$, 15 Min.), Byron Bay (7,60 AU$, 35 Min.) und Mullumbimby (10 AU$, 1 Std.).

Northern Rivers Buslines (📞 02-6626 1499; www.nrbuslines.com.au) Lässt werktags einen oder zwei Busse von/nach Lismore (9,70 AU$, 1 Std.) fahren.

Ballina
19 000 EW.

Ballina an der Mündung des Richmond River bietet weißen Sand und klares Wasser. Im späten 19. Jh. blühte der Ort dank der Holzindustrie auf; einige schöne historische Gebäude finden sich noch in den Nebenstraßen. Heute ist Ballina ein Ferienziel für Familien und Rentner und regionaler Flughafen.

Sehenswertes

Jenseits der Brücke am Ostende der Hauptstraße liegt die ruhige **Shaws Bay Lagoon**, ein bei Familien beliebter Badestrand. In der Nähe ist der **Shelly Beach** ein von Rettungsschwimmern überwachter weißer Sandstrand. Ein nettes Ausflugsziel ist der **South Ballina Beach**, den man mit der Autofähre von der Burns Point Ferry Rd erreicht.

Ballina Naval & Maritime Museum MUSEUM
(02-6681 1002; www.ballinamaritimemuseum.org.au; 8 Regatta Ave; Erw./Kind 5/2 AU$; 9–16 Uhr) Im 19. Jh. war Ballina der drittgrößte Hafen in New South Wales, und nach dem Zweiten Weltkrieg arbeiteten viele Ex-Marineangehörige hier auf den Werften. Das interessanteste Exponat ist das Balsa-Floß, das im Rahmen der Las-Balsas-Expedition von Ecuador zur Fahrt über den Pazifik startete und 1973 in Ballina andockte.

Big Prawn WAHRZEICHEN
(Ballina Bunnings, 507 River St) Ballinas Riesengarnele wäre 2009 fast auf dem Grill gelandet, aber keiner traute sich, sie wirklich zu beseitigen. Nachdem 5000 Unterschriften für ihre Erhaltung gesammelt und 2013 dann 400 000 AU$ in ihre Restaurierung gesteckt wurden, sieht das 9 m lange, 35 t schwere und 14 Jahre alte Plastik-Krustentier heute so schmackhaft aus wie eh und je.

Aktivitäten

Ballina Boat Hire BOOTSFAHRT
(0402 028 767; www.ballinaboathire.com.au; hintere 268 River St; 90 AU$/halber Tag) Angelkähne, Barbecue-Boote und Katamarane.

Summerland Surf School SURFEN
(0428 824 393; www.summerlandsurfschool.com.au; 2-stündiger Kurs 69 AU$) Hat ihren Sitz südlich von Ballina in Evans Head.

Kool Katz SURFEN
(02-6685 5169; www.koolkatzsurf.com; 4-stündiger Kurs 49 AU$) Surfunterricht in der Shaws Bay, am Shelly Beach oder am Lennox Head.

Geführte Touren

Kayak Ballina KAJAKFAHREN
(02-6681 4000; kayakballina.com; 85 AU$) Bei den dreistündigen geführten Fahrten über schöne Wasserstraßen voller Delfine bekommt man neben den Meeressäugern auch Zugvögel zu Gesicht.

Richmond River Cruises BOOTSFAHRT
(02-6687 5688; www.rrcruises.com.au; Regatta Ave; Erw./Kind 30/15 AU$) Die zweistündigen morgendlichen Kreuzfahrten sowie nachmittäglichen Tee-Fahrten auf dem Richmond River finden an den meisten Sonntagen und mittwochs statt.

Aboriginal Cultural Concepts KULTURTOUR
(0405 654 280; www.aboriginalculturalconcepts.com; Tour halber/ganzer Tag pro Pers. 100/180 AU$; Mi–Sa) Bei den Touren zu mythischen Stätten an der Bundjalung-Küste lernt man die Gegend aus der Sicht der indigenen Bevölkerung kennen.

Schlafen

Shaws Bay Holiday Park WOHNMOBILPARK $
(02-6686 2326; www.northcoastholidayparks.com.au; 1 Brighton St; Stellplatz/Hütte ab 38/134 AU$; @) Der gepflegte Platz hat eine schöne Lage an der Lagune und ist vom Ortszentrum leicht zu Fuß zu erreichen. Neben Stellplätzen für Zelte und Wohnmobile gibt's auch eine Reihe separater Hütten, darunter drei schicke Villen.

Ballina Palms Motor Inn MOTEL $$
(02-6686 4477; www.ballinapalms.com; Ecke Bentinck & Owen St; EZ/DZ 115/125 AU$;) Mit seinem üppigen Gartenambiente und ordentlichen Zimmern ist diese gepflegte Anlage unserer besonderer Tipp. Die Zimmer sind nicht besonders groß, verfügen aber alle über Kochnischen und schicke Möblierung.

Ballina Manor HOTEL $$$
(02-6681 5888; www.ballinamanor.com.au; 25 Norton St; Zi. 165–290 AU$;) Die ehemalige Schule wurde zu einem luxuriösen Gästehaus umgebaut, das mit restaurierten Möbeln aus den 1920er-Jahren ausgestattet ist. Alle Zimmer sind sehr komfortabel, das größte hat ein Himmelbett und einen Whirlpool.

Essen

Beanz FASTFOOD $
(222 River St; Hauptgerichte 8–11 AU$; ⏰ 11–16 Uhr; 🌱) Gesundes Fast Food bietet diese Salatbar an der Hauptstraße. Zu dem hauptsächlich vegetarischen Angebot zählen Falafel-Wraps, Burger und Salate.

Ballina Gallery Cafe CAFÉ $$
(📞 02-6681 3888; www.ballinagallerycafe.com.au; 46 Cherry St; Hauptgerichte morgens 12–18 AU$, mittags 14–26 AU$; ⏰ Mi–So 7.30–15 Uhr) In Ballinas aus den 1920ern stammendem ehemaligem Gemeindesaal findet sich heute das beste Café. Zu Gerichten wie gebratenen Eiern mit Saganaki oder Gemüseplätzchen gibt's drinnen zeitgenössische Kunst. Man kann auch draußen auf der Veranda essen.

Lighthouse Beach Cafe CAFÉ $$
(📞 02-6686 4380; lighthousebeachcafe.com.au; 65 Lighthouse Pde; Hauptgerichte morgens 13–20 AU$, mittags 18 AU$, abends 18–27 AU$; ⏰ Mo–Mi 7–15, Do–Sa bis 21, So bis 18 Uhr) Das familienfreundliche Café mit einem herrlichen Blick auf den Lighthouse Beach von East Ballina befindet sich im Surfclub und serviert herzhaftes Frühstück und leckere Nudeln und Meeresfrüchte.

Shoppen

In den Monaten mit Sommerzeit gibt es wöchentlich den **Twilight Market** (Fawcett Park; ⏰ Okt.–März Do 16–20 Uhr); der **Ballina Missingham Farmers' Market** (Kingsford Smith Dr; ⏰ So 6–12 Uhr) findet ganzjährig statt. Das größte Event sind die **Ballina Markets** (Canal Rd; ⏰ 3. So im Monat 7–13 Uhr) am Fluss.

ℹ️ Praktische Informationen

Ballina Airport Services Desk (Ballina Airport; ⏰ Di, Do & Sa 10.15–12 & 15.15–17, Mo, Mi, Fr & So 15.15–17 Uhr) Filiale der Touristeninformation; Öffnungszeiten abgestimmt auf die Flüge.
Ballina Visitor Information Centre (📞 02-6686 3484; www.discoverballina.com; 6 River St; ⏰ 9–17 Uhr)

ℹ️ An- & Weiterreise

AUTO & MOTORRAD
Am Flughafen gibt es Schalter vieler Autovermieter. Wer nach Byron Bay will, sollte die schönere Küstenstraße über Lennox Head nehmen.

BUS
Blanch's (📞 02-6686 2144; www.blanchs.com.au) Regionalbusse, u. a. nach Lennox Head (6,40 AU$, 15 Min.), Bangalow (7,60 AU$, 30 Min.), Byron Bay (9,60 AU$, 55 Min.) und Mullumbimby (10 AU$, 1½ Std.).
Greyhound (📞 1300 473 946; www.greyhound.com.au) Hat täglich mindestens zwei Busse von/nach Sydney (147 AU$, 12½ Std.), Nambucca Heads (52 AU$, 4 Std.), Coffs Harbour (38 AU$, 3 Std.), Byron Bay (6 AU$, 45 Min.) und Brisbane (40 AU$, 4½ Std.).
Northern Rivers Buslines (📞 02-6626 1499; www.nrbuslines.com.au) Hat werktags acht und am Wochenende drei Busse nach Lismore (20 AU$, 1¼ Std.).
NSW TrainLink (📞 13 22 32; www.nswtrainlink.info) Täglich fahren Busse von/nach Grafton (21 AU$, 3 Std.), Yamba (17 AU$, 2¼ Std.), Lismore (7 AU$, 45 Min.), Murwillumbah (15 AU$, 1½ Std.) und Tweed Heads (20 AU$, 2 Std.).
Premier (📞 13 34 10; www.premierms.com.au) Täglich fahren Busse von/nach Sydney (92 AU$, 13¼ Std.), Port Macquarie (66 AU$, 7 Std.), Nambucca Heads (52 AU$, 5¼ Std.), Coffs Harbour (47 AU$, 4½ Std.) und Brisbane (36 AU$, 4½ Std.).

FLUGHAFENSHUTTLES
Byron Easy Bus (📞 02-6685 7447; www.byronbayshuttle.com.au) Bietet einen fahrplanmäßigen Tür-zur-Tür-Service vom Flughafen nach Lennox Head (15 AU$, 15 Min.), Byron Bay (20 AU$, 40 Min.) und Bangalow (25 AU$, 50 Min.). Shuttles fahren vom Ort auch zum Gold Coast Airport (39 AU$, 1¾ Std.) und Brisbane Airport (54 AU$, 4 Std.).

FLUGZEUG
Ballina Byron Gateway Airport (BNK; 📞 02-6681 1858; www.ballinabyronairport.com.au; Southern Cross Dr) Der Ballina Airport liegt 5 km nördlich vom Ortszentrum. Ein Taxi ins Zentrum von Ballina sollte zwischen 12 und 15 AU$ kosten; außerdem gibt's Regionalbusverbindungen mit Blanch's und Shuttle-Dienste.
Jetstar (📞 13 15 38; www.jetstar.com.au) Fliegt von/nach Sydney und Melbourne.
Regional Express (Rex; 📞 13 17 13; www.regionalexpress.com.au) Fliegt von/nach Sydney.
Virgin (📞 13 67 89; www.virginaustralia.com) Fliegt von/nach Sydney.

Mullumbimby & Brunswick Heads

3173 & 1636 EW.

Diese beiden faszinierenden Ortschaften liegen am Pacific Hwy 18 km nördlich von Byron Bay.

Ein pyramidenförmiger Berg bildet die Kulisse für das im Binnenland gelegene Mullumbimby (alias Mullum), ein attraktives Landstädtchen mit sich träge wiegenden

Palmen, tropischer Architektur und kosmopolitischen Cafés, Boutiquen und Pubs. Das viertägige **Mullum Music Festival** (www.mullummusicfestival.com) Ende November ist die beste Zeit für einen Besuch. Es gibt auch einen wöchentlichen **Farmers' Market** (www.mullumfarmersmarket.org.au; Mullumbimby Showground, 51 Main Arm Rd; Fr 7–11 Uhr) und Gemeindemärkte am dritten Samstag des Monats.

Jenseits des Highways werden im hübschen Brunswick Heads (alias Bruns) an den Zuflüssen und Stränden des friedlichen Brunswick River jede Menge frischer Austern und Krabben geerntet.

Sehenswertes

Crystal Castle & Shambhala Gardens GARTEN
(02-6684 3111; www.crystalcastle.com.au; 81 Monet Dr, Mullumbimby; Erw./Kind 22/18 AU$) Dieser magischen Garten ist mit Kristallmonolithen, einem riesigen goldenen Buddha und mystischen Statuen geschmückt. Man kann über die Rasenterrassen und durch den Bambuswald schlendern oder an einer Führung teilnehmen (Mo 13.30 Uhr). Außerdem gibt's hier ein Freiluftcafé, wo man einen Happen essen kann, Wahrsager mit Tarotkarten und Aura-Fotografien.

Schlafen

Hotel Brunswick HOTEL $
(02-6685 1236; www.hotelbrunswick.com.au; 4 Mullumbimbi St, Brunswick Heads; EZ/DZ ohne Bad 55/85 AU$) Das Hotel Brunswick aus den 1940er-Jahren ist ein prächtiger Anblick. Es hat ordentliche Pub-Zimmer, und das **Restaurant** (Hauptgerichte 20 AU$; 10–21 Uhr) serviert tolles Essen. Von Donnerstag bis Sonntag gibt's Livemusik.

Brunswick River Inn MOTEL $$
(02-6685 1010; www.brunswickriverinn.com.au; 2 The Terrace, Brunswick Heads; Zi. ab 159 AU$; P✱☎) Das kürzlich renovierte Motel hat helle, geräumige Zimmer, von deren Balkonen aus man auf den Brunswick River blickt. Bis zum Surfstrand muss man nur ein kurzes Stück laufen.

Essen

★ Milk & Honey PIZZA $$
(02-6684 1422; milkandhoneymullumbimby.com.au; 59a Station St, Mullumbimby; Hauptgerichte 24 AU$; Di–Sa 17–21 Uhr) Die besten Pizzas in der Region kommen aus dem hiesigen Holzofen. Die köstlichen Kombinationen mit Pancetta, Ananas und eingelegtem Chili oder Wiesenpilzen oder aber Parmesan und Petersilie werden mit frischen Marktprodukten aus Byron zubereitet. Man sollte vorab reservieren, wenn man sein Essen nicht einfach mitnehmen will.

Rock & Roll Coffee Company THAI $$
(02-6684 4224; rockandrollcoffee.com.au; 3/55 Burringbar St, Mullumbimby; Hauptgerichte 15–20 AU$; Mo–Fr 7.30–15, Sa bis 14, Mi–Fr 17–21 Uhr) Herausragende thailändische-vietnamesische Straßensnacks sind die Spezialität dieses Diners an einer Gasse. Man kann sich hier auch mit einem wunderbaren Kaffee oder einem Löwenzahn-Tee entspannen.

❶ An- & Weiterreise

Blanch's (02-6686 2144; www.blanchs.com.au) Busse fahren regelmäßig nach Myron Bay (6,40 AU$, 25 Min.), Lennox Head (10 AU$, 1 Std.) und Ballina (10 AU$, 1½ Std.).

Northern Rivers Buselines (02-6626 1499; www.nrbuslines.com.au) Hat werktags Busse von/nach Byron Bay (9,70 AU$, 20 Min.) und Bangalow (9,70 AU$, 40 Min.).

NSW TrainLink (13 22 32; www.nswtrainlink.info) Fährt nach Lismore (8 AU$, 1 Std.).

LISMORE & TWEED RIVER REGION

Üppige Landschaft, Biomärkte und ein alternativer Lebensstil machen diese Region abseits der Küste zu einer für Besucher und Einheimische gleichermaßen anziehenden Gegend. Der ländliche Spätihippie-Lebensstil ist hier so sehr zum Mainstream geworden, dass sein Epizentrum Nimbin inzwischen fast ein Themenpark ist.

Vor 23 Mio. Jahren brach hier ein riesiger Schildvulkan aus und gab der Landschaft ihre mysteriösen Konturen. Die Erosion forderte ihren Preis: Geblieben sind der Lavaschlot (der merkwürdig geformte Wollumbin oder Mt. Warning) und der Ring zerklüfteter Kämme am Rand der Caldera.

Bangalow

1520 EW.

Umgeben von subtropischem Wald und sanft gewelltem grünem Farmland ist das elegante Bangalow Heimat einer kleinen, kreativen Gemeinde, einer dynamischen, auf Nachhaltigkeit Wert legenden Gastronomie und einer Reihe urbaner Boutiquen. Besonders munter geht's während des monatlichen Bangalow Market (www.bangalowmarket.com.au; Bangalow Showgrounds; 4. So im Monat 9-15 Uhr) zu, aber der 14 km lange Abstecher aus Byron lohnt sich immer.

Schlafen

Bungalow 3 PENSION $$
(0401 441 582; messengerproperty.com.au/bungalow3; 3 Campbell St; Wohnstudio ab 130 AU$, Haus ab 230 AU$;) Das hübsche Schindel-Cottage im Zentrum von Bangalow hat zwei schlicht dekorierte, in Weiß gehaltene Zimmer und Flügeltüren zur Terrasse und zum Nutzgarten. Es gibt auch ein Apartment mit einem Schlafzimmer. Größere Gruppen können die gesamte Anlage mieten.

Possum Creek Eco Lodge BUNGALOWS $$$
(02-6687 1188; www.possumcreeklodge.com.au; Cedarvale Rd; Bungalow 198-235 AU$;) Dieser Komplex inmitten graswachsenen Hügel rund 4 km nördlich von Bangalow umfasst drei separate Häuser mit großzügig bemessenem Abstand und Ausblick über die üppigen Täler. Das „Öko" im Namen verweist auf Anlagen zur Wasseraufbereitung und den Einsatz von Solarstrom.

Summer Hills Retreat HÜTTEN $$$
(02-6687 2288; www.summerhills.com; 100 Binna Burra Rd; Hütte ab 349 AU$;) Auf hügeligem Farmland stehen diese vier luxuriösen Hütten mit gut ausgestatteten Küchen und Whirlpools (bei der Cabana-Suite vor dem Haus). Von der herrlich abgeschiedenen Unterkunft hat man Zugang zu Naturpfaden, außerdem gibt es einen Yoga-Raum und einen schönen Meerwasserpool.

Essen & Ausgehen

Sparrow Coffee CAFÉ $
(02-6687 2726; 8/36 Bangalow Rd; Hauptgerichte 12 AU$; Mo-Sa 6-15 Uhr) Die Leute aus dem berühmten Bäckerei-Restaurant Harvest im total winzigen Newrybar haben dieses winzige Lokal eröffnet, das tollen Allpress-Kaffee, üppige Süßspeisen und Lunch-Pakete hat.

Utopia CAFÉ $$
(02-6687 2088; www.utopiacafe.com.au; 13 Byron St; Hauptgerichte 14-26 AU$; 8.30-16 Uhr;) Das lange Café ist offen, luftig und mit interessanten Kunstwerken geschmückt. Es liegen viele Zeitschriften aus, sodass man sich die Zeit vertreiben kann, bis der Morgenkaffee und das warme Frühstück serviert werden. Die Süßspeisen sind himmlisch.

Italian Diner ITALIENISCH $$
(www.theitaliandiner.com.au; 37-39 Byron St; Hauptgerichte 30 AU$; Mo-Fr 7.30-14.30 & 17.30-21, Sa & So 8-15 & 17.30-21 Uhr) Wenn man mit einem Campari und einer Schüssel *spaghetti ai gamberi*, zubereitet mit vor Ort gefangenen Garnelen, auf der Veranda dieses munteren Bistros sitzt, kann man sich vorstellen, man wäre in Italien. Es gibt auch fabelhafte Holzofenpizza und üppige Desserts.

Town Restaurant & Cafe MODERN-AUSTRALISCH $$$
(02-6687 2555; townbangalow.com.au; 33 Byron St; Café Hauptgerichte 15-22 AU$, Restaurant Verkostungsmenü 85 AU$; Downtown Mo-Sa 8-15, So 9-15 Uhr, Uptown Do-Sa 19-21.30 Uhr) Oben (Uptown, wenn man will) befindet sich eines der besten Restaurants im nördlichen New South Wales, das ein aus saisonalen und regionalen Produkten kunstvoll zusammengestelltes Sechs-Gänge-Menü serviert. Downtown gibt's das perfekte Frühstück, kleine Mittagsgerichte und eine Theke voller Süßspeisen.

Bangalow Hotel PUB
(www.bangalowhotel.com.au; 1 Byron St; Mo-Sa 10-24, So 12-22 Uhr) Auf der Terrasse des beliebten Pubs hört man Livemusik und bestellt Burger. Man kann auch einen Tisch in dem hochklassigen, aber coolen **Bangalow Dining Rooms** (02-6687 1144; www.bangalowdining.com; The Bangalow Hotel, 1 Byron St; Hauptgerichte 32 AU$; 12-15 & 17.30-21 Uhr) reservieren.

An- & Weiterreise

Byron Easy Bus (S. 179) betreibt Shuttles vom/zum Ballina Byron Gateway Airport.

Blanch's (02-6686 2144; www.blanchs.com.au) Hat werktags Busse von/nach Ballina (7,60 AU$, 30 Min.) und Byron Bay (6,40 AU$, 20 Min.).

Northern Rivers Buslines (02-6626 1499; www.nrbuslines.com.au;) Werktags fahren Busse von/nach Lismore (1¼ Std.), Byron Bay (30 Min.), Brunswick Heads (30 Min.) und Mullumbimby (40 Min.); der Preis beträgt immer 9,70 AU$.

NSW TrainLink (13 22 32; www.nswtrainlink.info) Täglich fahren Busse von/nach Murwillumbah (9,70 AU$, 1¼ Std.), Tweed Heads (11,30 AU$, 2 Std.), Burleigh Heads (13,70 AU$, 1½ Std.) und Surfers Paradise (15,30 AU$, 2 Std.).

Lismore

27 500 EW.

Mit seinen historischen Gebäuden und dem gemächlichen Landstädtchen-Tempo ist Lismore das unprätentiöse Wirtschaftszentrum der Region Northern Rivers. Eine muntere Gemeinde kreativer Leute, die vielen Studenten der Southern Cross University und ein überdurchschnittlicher Anteil von Schwulen und Lesben tragen zum bunten Mix im Ort bei. Ein Besuch in der Stadt ist also interessant, auch wenn die meisten Traveller entweder an der Küste bleiben oder sich gleich weiter ins Hinterland bewegen.

Sehenswertes & Aktivitäten

Lismore Regional Gallery GALERIE
(www.lismoregallery.org; 131 Molesworth St; Di, Mi & Fr 10–16, Do bis 18, Sa & So bis 14 Uhr) GRATIS Lismores kleine Galerie bietet gerade einmal Platz für zwei Wechselausstellungen; die sind aber in der Regel exzellent.

Koala Care Centre WILDRESERVAT
(www.friendsofthekoala.org; Rifle Range Rd; Erw./Fam. 5/10 AU$; Führungen Mo–Fr 10 & 14, Sa 10 Uhr) Das Zentrum kümmert sich um kranke, verletzte oder verwaiste Koalas; ein Besuch ist nur im Rahmen der Führungen zu den angegebenen Zeiten möglich. Wer Koalas in freier Wildbahn sehen will, begibt sich zum **Robinson's Lookout** (Robinson Ave, Girard's Hill) unmittelbar südlich vom Stadtzentrum.

Wilson River Experience Walk WANDERN
Der Weg beginnt im Stadtzentrum und folgt 3 km weit dem Fluss. Unterwegs kommt man an einem „Bush-Tucker"-Garten voller nahrhafter Pflanzen vorbei, die einst die tägliche Nahrung des örtlichen Widjabal-Clans bildeten.

Birdwing Butterfly Walk WANDERN
In der Vorstadt Goonellabah, 6 km östlich vom Zentrum, wurde der Birdwing Butterfly Walk mit Weinreben bepflanzt, um die seltenen Ritterfalter anzulocken. Im Tucki Tucki Creek kann man, besonders in der Morgen- und Abenddämmerung, auch Schnabeltiere sehen. Man fährt auf dem Bruxner Hwy und biegt rechts in die Kadina St ab.

Feste & Events

Lismore Lantern Parade UMZUG
(www.lanternparade.com) Mehr als 30 000 Menschen säumen die Straßen, wenn an dem Samstag, der der Wintersonnenwende am nächsten liegt, riesige illuminierte Figuren vorbeischweben (Juni).

Tropical Fruits SCHWULE & LESBEN
(www.tropicalfruits.org.au) Die legendäre Neujahrsparty ist das größte Schwulen- und Lesben-Event im ländlichen New South Wales. Partys gibt's auch zu Ostern und am Geburtstag der Queen (Juni).

Schlafen

Melville House B&B $$
(02-6621 5778; www.melvillehouselismore.com; 267 Ballina St; EZ/DZ ohne Bad 60/80 AU$, EZ mit Bad 90–110 AU$, DZ mit Bad 120–140 AU$;) Das große Familienhaus wurde 1942 vom Großvater des Besitzers errichtet und besitzt den größten privaten Swimmingpool in der Gegend. Die sechs Zimmer haben ein prima Preis-Leistungs-Verhältnis und sind mit örtlicher Kunst, Kristallgläsern und Antiquitäten geschmückt.

Elindale House B&B $$
(02-6622 2533; www.elindale.com.au; 34 Second Ave; EZ/DZ 135/150 AU$;) Das exzellente B&B in einem charaktervollen Holzhaus gleicht allen Plüsch mit moderner Kunst aus. Die vier Zimmer haben eigene Bäder und einige auch klobige Himmelbetten.

Essen

Goanna Bakery & Cafe BÄCKEREI, CAFÉ $
(www.goannabakery.com.au; 171 Keen St; Hauptgerichte 11–17 AU$; Mo–Fr 8–17.30, Sa & So bis 15 Uhr;) Neben Biosauerteigbrot und einer guten Auswahl süßer Teilchen bietet das große Bäckereicafé auch viele vegetarische und vegane Gerichte.

Lismore Pie Cart FAST FOOD $
(Ecke Magellan & Molesworth St; Pies 4,80 AU$; Mo–Fr 6–17, Sa bis 14 Uhr) Diese örtliche Institution serviert hausgemachte Fleisch-Pies, Kartoffelbrei, Erbspüree und Bratensauce.

Palate at the Gallery MODERN-AUSTRALISCH $$
(02-6622 8830; www.palateatthegallery.com; 133 Molesworth St; Hauptgerichte morgens 17–20 AU$, mittags 16–29 AU$, abends 26–32 AU$; Di & Mi 10–14.30, Do & Fr 10–14.30 & 18–21, Sa 8–14 & 18–21, So 8–14 Uhr;) Der schicke Pavillon besitzt Fenstertüren, die sich zu einer sonnigen, mit Sträuchern bepflanzten Terrasse öffnen. Tagsüber ein schickes Café, wird das Lokal abends zu Lismores Spitzenrestaurant, in dem durchweg köstliche Gerichte auf die Tische kommen.

🛍 Shoppen

Lismore hat mehr Märkte als jeder andere Ort in der Region. Es gibt einen wöchentlichen **Biomarkt** (www.tropo.org.au; Lismore Showground; ⊙ Di 7.30–11 Uhr), einen **Obst- & Gemüsemarkt** (www.farmersmarkets.org.au; Magellan St; ⊙ Do 15.30–18.30 Uhr) und einen **Farmers's Market** (⊙ Sa 8–11 Uhr) sowie einen **Flohmarkt** (Lismore Shopping Sq, Uralba St; ⊙ So 8–14 Uhr) jeweils am ersten und dritten Sonntag.

ℹ Praktische Informationen

Lismore Visitor Information Centre (✆ 02-6626 0100; www.visitlismore.com.au; Ecke Molesworth & Ballina St; ⊙ 9.30–16 Uhr)

ℹ An- & Weiterreise

BUS

Die Busse halten am **Lismore City Transit Centre** (Ecke Molesworth & Magellan St).
Northern Rivers Buslines (✆ 02-6622 1499; www.nrbuslines.com.au) Ortsbusse sowie Verbindungen von/nach Grafton (3 Std.), Ballina (1¼ Std.), Lennox Head (1 Std.), Bangalow (1¼ Std.) und Byron Bay (1½ Std.); jeweils 9,70 AU$.
NSW TrainLink (✆ 13 22 32; www.nswtrainlink.info) Betreibt Busse von/nach Byron Bay (6,45 AU$, 1 Std.), Ballina (7 AU$, 45 Min.), Mullumbimby (8 AU$, 1 Std.), Brunswick Heads (9,60 AU$, 1½ Std.) und Brisbane (28,25 AU$, 3 Std.).
Waller's (✆ 02-6622 6266; www.wallersbus.com) Hat werktags mindestens drei Busse von/nach Nimbin (9 AU$, 30 Min.).

FLUGZEUG

Lismore Regional Airport (LSY; ✆ 02-6622 8296; www.lismore.nsw.gov.au; Bruxner Hwy) Der Flughafen liegt 3 km südlich der Stadt.
Regional Express (Rex; ✆ 13 17 13; www.regionalexpress.com.au) Fliegt von/nach Sydney.

Nimbin

1668 EW.

Willkommen in Australiens Hauptstadt des alternativen Lebensstils, einer faszinierenden Kleinstadt, die mit der Last ihrer Klischees zu kämpfen hat. Nimbin war einst ein nicht weiter bemerkenswertes Milchbauerndorf in der Northern-Rivers-Region, aber das sollte sich im Mai 1973 auf immer ändern. Tausende Studenten, Hippies und Anhänger der Zurück-zur-Natur-Bewegung fielen zum Aquarius Festival in den Ort ein; viele blieben und gründeten in den schönen Tälern neue Gemeinschaften mit dem Ziel, die Ideale auszuleben, die bei dem zehntägigen Festival angesprochen worden waren.

Ein weiterer Wendepunkt in Nimbins Geschichte war der „Terania Creek Battle" von 1979, der erste größere Sieg der Umweltschutzbewegung in Australien, von dem viele meinen, dass auf ihn die Erhaltung großer Regenwaldgebiete in New South Wales zurückzuführen ist. Die **Protestor Falls** im heutigen Nightcap National Park erhielten ihren Namen zu Ehren der Umweltschützer.

Heute sind die alten psychedelischen Wandmalereien an Nimbins Hauptstraße, die die Traumzeit-Regenbogenschlange oder die Freuden des Marijuana-Genusses zeigen, verblasst, und die rastalockigen, Perlen tragenden Einheimischen sind alt geworden. Zwar sind echte Reste der Generation des Friedens und der Liebe geblieben, aber seit den 1980er-Jahren hat sich viel verändert. Die dreisten Hasch-Dealer, die vom Geld der Teilnehmer der Bustouren leben, die aus Byron herangekarrt werden, verticken auch harte Drogen, und alkoholbedingte Gewalttaten verzeichnen eine Zunahme.

Leider wurde das **Rainbow Cafe**, das die Hippies bei ihrer Ankunft kauften und das dann 40 Jahre lang das Wohnzimmer (und die Haupttouristenattraktion) der Stadt war, 2014 durch Brandstiftung zerstört; auch das Nimbin Museum wurde durch das Feuer vernichtet.

⊙ Sehenswertes

Hemp Embassy   KULTURZENTRUM
(✆ 02-6689 1842; www.hempembassy.net; 51 Cullen St; ⊙ 9–17 Uhr) Teils Laden, teils Hochburg einer kleineren politischen Gruppierung, der Hemp Party, setzt sich dieses Zentrum für die Legalisierung von Marihuana ein und bietet all die Gerätschaften und Modeaccessoires, die man braucht, um das Interesse der Polizei zu erregen. Der Laden organisiert immer im Mai das **MardiGrass Festival** (www.nimbinmardigrass.com).

Djanbung Gardens   GARTEN
(✆ 02-6689 1755; www.permaculture.com.au; 74 Cecil St; Führungen 5 AU$; ⊙ Mi–Sa 10.30–15, Führungen Sa 11 Uhr) GRATIS Nimbin gehörte zur Avantgarde des Biolandbaus, und dieses weltbekannte Permakultur-Informationszentrum, das aus einer vernachlässigten Rinderweide entstand, umfasst nun Nahrung spendende Wälder, Gemüsegärten und ein vor Dürre schützendes System von Dämmen und Teichen. Auf dem Hof gibt es auch

Farmtiere. Eine Reihe kurzer Kurse wird auch angeboten.

Nightcap National Park NATIONALPARK
(www.nationalparks.nsw.gov.au/nightcap-national-park) Die spektakulären Wasserfälle, nackten Klippen aus erstarrter Lava und dichten Regenwälder im 80 km² großen Nightcap National Park sind in der Gegend mit den stärksten jährlichen Regenfällen in New South Wales vielleicht nicht gerade überraschend. Der Park ist Teil der Gondwana Rainforests World Heritage Area und Heimat vieler endemischer Vögel und geschützter Tiere. Von Nimbin führt eine 10 km lange Fahrt über die Tuntable Falls Rd und den Newton Dr an den Rand des Parks und weiter zum Mt. Nardi (800 m).

Der **Historic Nightcap Track** (16 km, 1½ Tage), der von Postangestellten im späten 19. Jh. benutzt wurde, führt vom Mt. Nardi zum **Rummery Park**, einem Picknickgelände und Campingplatz. Vom **Peate's Mountain Lookout** gleich hinter dem Rummery Park hat man einen Panoramablick bis nach Byron. Der **Minyon Loop** (7,5 km, 4 Std.) ist eine herrliche halbtägige Wanderung rund um die spektakulären Minyon Falls, die eine Erfrischung versprechen. Eine zu großen Teilen nicht asphaltierte, aber malerische Straße führt vom Channon zur Terania Creek Picnic Area, von wo ein leichter Weg zu den **Protestor Falls** (hin & zurück 1,4 km) lockt.

Schlafen

Es gibt Dutzende Farmen in der Gegend, die freiwillige Helfer aufnehmen; weitere Infos gibt's bei **Willing Workers on Organic Farms** (www.wwoof.com.au).

★ Nimbin Rox YHA HOSTEL $
(02-6689 0022; www.nimbinrox.com; 74 Thornburn St; Stellplatz/Tipi/B/DZ ab 14/28/38/72 AU$; @ 🛜 ☒) In diesem Hostel mit Campingplatz auf einem Hügel am Stadtrand kann man den Massen an der Küste entkommen. Es gibt viele Stellen, wo man sich in Hängematten zwischen den Bäumen entspannen kann, dazu einen hübschen beheizten Pool und in der Nähe einen Bach, in dem man baden kann. Die netten Betreiber mühen sich sehr, Gäste mit einem kostenlosen Pfannkuchenfrühstück und einem regelmäßigen Shuttle in die Stadt zufrieden zu stellen.

Grey Gum Lodge PENSION $
(02-6689 1713; www.greygumlodge.com; 2 High St; Zi. 75–120 AU$; @ 🛜) Der Blick ins Tal von der Vorderveranda dieses inmitten von Palmen stehenden Holzhauses im Queenslander-Stil ist einfach prachtvoll. Alle Zimmer sind komfortabel, geschmackvoll möbliert und haben ein eigenes Bad.

Rainbow Retreat Backpackers HOSTEL $
(02-6689 1262; www.rainbowretreatnimbin.com; 75 Thorburn St; Stellplatz /B/EZ/DZ 15/25/40/60 AU$, Hütte ab 120 AU$) Dieses sehr schlichte, aber ganz dem Geist des Zeitalters des Wassermanns verpflichtete Busch-Refugium bietet eine Reihe farbenfroher Hütten, ein kleines, von Bananenpalmen umgebenes Gästehaus und schattige Stellplätze.

🍴 Essen

Nimbin Pizza & Trattoria ITALIENISCH $
(02-6689 1427; 70 Cullen St; Hauptgerichte 12–15 AU$; 17.30–21 Uhr) Schmackhafte Pizza und Pasta. An den meisten Donnerstagen gibt's Livemusik.

Nimbin Hotel KNEIPENKOST $
(02-6689 1246; www.nimbinhotel.com.au; Cullen St; Hauptgerichte 11–18 AU$; 11–22 Uhr) Diese klassische Kneipe hat hinten eine große Veranda mit Ausblick in ein grünes Tal. Das überraschend gute Hummingbird Bistro serviert alles von einem „Baumumarmer-Salat" bis hin zu Currys mit Grill-Barramundi. An den meisten Wochenenden gibt's Livemusik und im Obergeschoss Backpackerzimmer.

🛍 Shoppen

Nimbin Markets MARKT
(www.facebook.com/NimbinMarkets; Nimbin Community Centre) Nimbins Regenbogen-Völkchen kommt besonders an Markttagen zum Vorschein (4. & 5. So im Monat 8–15 Uhr).

Blue Knob Farmers' Market MARKT
(719 Blue Knob Rd, Lillian Rock; Sa 9–13 Uhr) Ein echter Bauernmarkt im Garten der Blue Knob Hall Gallery.

Nimbin Candle Factory KUNSTHANDWERK
(02-6689 1010; www.nimbincandles.com.au; Mo–Fr 9–17 Uhr) Verkauft handgezogene Paraffin-Kerzen in der Form von Marihuanablättern, Pyramiden, Zauberern und Einhörnern in der Old Butter Factory an der Brücke auf der Murwillumbah zugewandten Seite der Stadt.

Nimbin Artists Gallery KUNST, KUNSTHANDWERK
(www.nimbinartistsgallery.org; 49 Cullen St; 10–17 Uhr) Örtliche Künstler und Kunst-

ABSEITS DER ÜBLICHEN PFADE

BORDER RANGES NATIONAL PARK

Border Ranges National Park (www.nationalparks.nsw.gov.au/border-ranges-national-park; Eintritt 7 AU$/Fahrzeug) Der große Border Ranges National Park umfasst 317 km² auf der zu New South Wales gehörenden Seite der McPherson Range, die die Grenze zu Queensland bildet. Der Park gehört zur Gondwana Rainforests World Heritage Area. Man vermutet, dass Vertreter eines Viertels aller in Australien lebender Vogelarten hier anzutreffen sind.

Den östlichen Parkabschnitt kann man auf dem 44 km langen Tweed Range Scenic Drive (nur bei Trockenheit befahrbare Schotterpiste) kennenlernen, der vom Lillian Rock (auf halber Strecke zwischen Uki und Kyogle) durch den Park eine Schleife nach Wiangaree (nördl. von Kyogle am Summerland Way) zieht. Die Beschilderung an den Straßen ist nicht gut (im Zweifel die Straßen zum Nationalpark nehmen!), aber die Mühe lohnt sich.

Die Straße führt durch Bergregenwald mit steilen Hügeln und Aussichtspunkten, von denen man über das Tweed Valley bis zum Wollumbin-Mt. Warning und zur Küste blickt. Der kurze Wanderweg zum Pinnacle Lookout ist ein Highlight und einer der besten Orte, um die Silhouette des Wollumbin vor der Kulisse der aufgehenden Sonne zu bewundern. Bei Antarctic Beech gibt es einen Wald mit 2000 Jahre alten Scheinbuchen. Von dort führt ein Wanderweg (ca. 5 km) hinunter in den üppigen Regenwald, zu Badelöchern und einem Picknickbereich am Brindle Creek.

handwerker zeigen und verkaufen hier ihre Waren.

❶ Praktische Informationen

Nimbin Visitor Information Centre (☎ 02-6689 1388; www.visitnimbin.com.au; 46 Cullen St; ⊗ 10–16 Uhr)

❶ An- & Weiterreise

BUS

Gosel's (☎ 02-6677 9394) Zwei Busse fahren werktags nach Uki (12,70 AU$, 40 Min.) und Murwillumbah (14,70 AU$, 1 Std.).

Waller's (☎ 02-6622 6266; www.wallersbus.com) Mindestens drei Busse fahren werktags von/nach Lismore (9 AU$, 30 Min.).

SHUTTLES & TOURS

Diverse Veranstalter bieten Tagestouren und Shuttles von Byron Bay nach Nimbin, teils mit Halt bei Highlights an der Strecke. Die meisten fahren um 10 Uhr ab und sind ca. 18 Uhr zurück.

Grasshoppers (☎ 0438 269 076; www.grasshoppers.com.au; hin & zurück inkl. Mittagessen vom Grill 49 AU$)

Happy Coach (☎ 02-6685 3996; hin & zurück 25 AU$)

Jim's Alternative Tours (☎ 0401 592 247; www.jimsalternativetours.com; Führungen 40 AU$)

Murwillumbah

8530 EW.

Das hübsch an den Ufern des breiten Tweed River gelegene altmodische Landstädtchen ist von einem üppig grünen Vorhang aus Zuckerrohr und Bananenpalmen umgeben; in der Ferne wirft die uralte Vulkan-Caldera des Wollumbin-Mt. Warning ihren Schatten.

◉ Sehenswertes

Tweed Regional Gallery & Margaret Olley Art Centre GALERIE (artgallery.tweed.nsw.gov.au; 2 Mistral Rd; ⊗ Mi–So 10–17 Uhr) GRATIS Diese außergewöhnliche Galerie am Fluss ist ein architektonisches Schmuckstück und beherbergt einige der besten Werke Australiens. Die neue Erweiterung ist der berühmten aus Lismore gebürtigen Malerin Margaret Olley (1923–2011) gewidmet und enthält einen Nachbau ihres berühmten Wohnateliers.

Tropical Fruit World GARTEN (☎ 02-6677 7222; www.tropicalfruitworld.com.au; Duranbah Rd; Erw./Kind 45/25 AU$; ⊗ 10–16 Uhr) Der nördlich der Stadt unter der „Big Avocado" gelegene fruchtige Plantagen-Themenpark behauptet, die weltweit größte Sammlung seltener und tropischer Früchte – insgesamt 500 Arten – zu besitzen. Es gibt geführte Traktortouren, Kostproben, Bootsfahrten, einheimische Tiere, einen Streichelzoo und eine Miniaturbahn.

🛏 Schlafen

Mount Warning-Murwillumbah YHA HOSTEL $ (☎ 02-6672 3763; www.yha.com.au; 1 Tumbulgum Rd; B/DZ ab 33/72 AU$) Das am Ufer stehende frühere Wohnhaus eines Flusskapi-

> **ABSTECHER**
>
> ## UKI & WOLLUMBIN NATIONAL PARK
>
> Uki (ausgesprochen „ju-kai", 250 Ew.) ist ein verschlafenes Dorf am wogenden Tweed River unter dem geheimnisvollen Gipfel des Wollumbin-Mt. Warning. Obwohl nicht so selbstsicher-hippiemäßig wirkt wie das nahe gelegene Nimbin, hat auch Uki einen große Menge Bioläden und holistischer Naturheiler. Den alternativen Lebensstil kann man sich beim wöchentlichen **Farmers' Market** (Uki Hall; Sa 8–12.30 Uhr) und beim **Uki Buttery Bazaar** (Uki Village Buttery; 3.So im Monat 8–14 Uhr) anschauen.
>
> Nordwestlich von Uki umgibt der 41 km² große **Wollumbin National Park** (www.nationalparks.nsw.gov.au/wollumbin-national-park) den Wollumbin-Mt. Warning (1156 m), der über dem Tal aufragt und den spektakulärsten Landschaftszug im Hinterland darstellt. Der Gipfel erblickt täglich als erster Teil des australischen Festlands die Sonne, was natürlich für viele ein Grund ist, auf die Spitze des Berges zu pilgern. Man muss aber wissen, dass nach dem Gesetz der örtlichen Bundjalung nur Initiierte den heiligen Berg betreten dürfen. Sie fordern Außenstehende auf, aus Respekt ebenfalls auf die Besteigung zu verzichten. Ersatzweise kann man im Murwillumbah Visitor Information Centre eine künstlerische Wiedergabe des Eindrucks in Form eines 360-Grad-Panorama-Wandbilds bestaunen.
>
> Eine wundervolle Rast verspricht **Mavis's Kitchen and Cabins** (02-6679 5664; www.maviseskitchen.com.au; 64 Mt. Warning Rd; Hauptgerichte 24–28 AU$; Mi, Do & So 11–15, Fr & Sa 11–15 & 17.30–21 Uhr) , ein feines Beispiel für North-Coast-Lebensstil mit einem prächtigen Garten und ländlichen Speisen aus schonend gegarten Bioprodukten.

täns wurde in ein farbenfrohes Hostel mit Acht-Bett-Schlafsälen umgewandelt. Abends gibt's kostenlos Eis. Es können Kanus und Fahrräder ausgeliehen werden.

🍴 Essen

Sugar Beat CAFÉ $
(02-6672 2330; www.sugarbeatcafe.com.au; 6-8 Commercial Rd; Hauptgerichte 7–17 AU$; Mo-Fr 7.30–17, Sa bis 14 Uhr;) Man setzt sich ans Fenster in die Sonne oder blickt von einem der Tische auf dem Bürgersteig auf das Geschehen. Zu essen gibt's u. a. schmackhafte Fusion-Gerichte nach Café-Art und Backwaren, die in der Stadt berühmt sind.

Modern Grocer CAFÉ, DELI $
(02-6672 5007; www.themoderngrocer.com; 3 Wollumbin St; Hauptgerichte 8–11 AU$; Mo-Fr 8.30–17, Sa bis 14 Uhr) An der Deli-Theke gibt's das Richtige, um ein Picknick in ein echtes Mahl zu verwandeln. Man setzt sich an den Gemeinschaftstisch und stürzt sich auf das warme Frühstück, Sandwiches oder Wraps.

🛍 Shoppen

Auf dem wöchentlichen **Caldera Farmers' Market** (www.murwillumbahfarmersmarket.com.au; Murwillumbah Showground, 37 Queensland Rd; Mi 7–11 Uhr) gibt's Obst und Gemüse, Imbisse und Livemusik. Der **Cottage Market** (Knox Park) findet am ersten und dritten Samstag im Monat (8–13 Uhr), der **Showground Market** (www.murwillumbahshowground.com; Murwillumbah Showground) am vierten Sonntag (8–13 Uhr) statt.

❶ Praktische Informationen

Murwillumbah Visitor Information Centre (02-6672 1340; www.tweedtourism.com.au; Ecke Alma St & Tweed Valley Way; 9–16.30 Uhr) Lohnt einen Zwischenstopp: Man kriegt Infos und Eintrittspässe für Nationalparks, außerdem kann man sich die wirklich tolle Regenwald-Ausstellung anschauen.

❶ An- & Weiterreise

Gosel's (02-6677 9394) Werktags zwei Busse über Uki nach Nimbin (14,70 AU$, 1 Std.).
NSW TrainLink (13 22 32; www.nswtrainlink.info) Busse von/nach Lismore (12,90 AU$, 2 Std.), Ballina (10,40 AU$, 1½ Std.), Bangalow (9,70 AU$, 1¼ Std.), Byron Bay (6,45 AU$, 1 Std.) und Brisbane (15,30 AU$, 1½ Std.).
Premier (13 34 10; www.premierms.com.au) Tägliche Busse von/nach Sydney (92 AU$, 14¾ Std.), Port Macquarie (66 AU$, 7½ Std.), Coffs Harbour (52 AU$, 6¼ Std.), Byron Bay (12 AU$, 1 Std.) und Brisbane (25 AU$, 1¾ Std.).

CLARENCE COAST

Grafton

19 000 EW.

Man sollte sich nicht von den Kneipen am Highway verführen lassen: In Graftons anmutigen Straßen finden sich tolle Pubs und ein paar schöne alte Häuser. Ende Oktober ertrinkt die Stadt geradezu im Helllila der Jacaranda-Blüten. Das in der Flussmitte gelegene Susan Island ist Heimat einer großen Flughundkolonie; ihr abendlicher Abflug ist ein eindrucksvoller Anblick.

Sehenswertes

Victoria Street VIERTEL
Die Victoria St ist das wichtigste historische Viertel der Stadt mit einigen wunderschönen Beispielen für die Architektur des 19. Jhs., u. a. dem **Gerichtsgebäude** (1862; Nr. 47), der **Anglikanischen Kathedrale** (Baubeginn 1884) an der Kreuzung mit der Duke St und dem **Roches Family Hotel** (1871; Nr. 85).

Grafton Regional Gallery GALERIE
(02-6642 3177; www.graftongallery.nsw.gov.au; 158 Fitzroy St; Eintritt gegen Spende; Di-So 10-16 Uhr) Die kleine Galerie in einem eindrucksvollen Gebäude von 1880 besitzt eine interessante Sammlung von Landschaftsmalereien aus New South Wales und zeigt regelmäßig Sonderausstellungen.

Clarence River Historical Society MUSEUM
(www.clarencehistory.org.au; 190 Fitzroy St; Erw./Kind 3/1 AU$; Di-Do & So 13-16 Uhr) Das kleine Museum im hübschen Schaeffer House (1903) zeigt Schätze, die man auf Dachböden überall in der Stadt gesammelt hat.

Feste & Events

July Racing Carnival SPORT
(www.crjc.com.au) Die Rennwoche gipfelt im Grafton Cup, dem bestdotierten Pferderennen im ländlichen Australien.

Jacaranda Festival KULTUR
(www.jacarandafestival.org.au) Ab Ende Oktober lässt ganz Australiens am längsten existierendes Blumenfest die Stadt zwei Wochen lang lila leuchten.

Schlafen

Gateway Village CAMPING $
(02-6642 4225; www.thegatewayvillage.com.au; 598 Summerland Way; Stellplatz/Hütte ab 22/120 AU$;) Dieser attraktive Ferienpark ist mit seinen gepflegten Gartenanlagen und seinem Zierteich mit Seerosen tatsächlich ein Park.

Annies B&B B&B $$
(0421 914 295; www.anniesbnbgrafton.com; 13 Mary St; EZ/DZ 145/160 AU$;) In dem schönen viktorianischen Haus an einer grünen Ecke gibt's Privatzimmer mit altmodischem Flair, die von den Räumen der Familie abgetrennt sind. Ein kontinentales Frühstück wird gestellt.

ABORIGINES AN DER MID & NORTH COAST VON NSW

Das Gebiet von der Tomaree Peninsula bis nach Forster und westlich bis nach Gloucester ist das angestammte Land der **Worimi**. Sehr wenig davon befindet sich heute in deren Besitz, doch 2001 wurden ihnen die Sanddünen von Stockton Bight zurückgegeben, die heutigen Worimi Conservation Lands (S. 213). Der Dark Point Aboriginal Place im Myall Lakes National Park (S. 211) ist für die Worimi seit rund 4000 Jahren von Bedeutung. Nach örtlichen Überlieferungen war die Stätte im späten 19. Jh. Schauplatz eines von vielen Massakern, als weiße Siedler eine Gemeinde auf den Felsen zusammentrieben und in die Tiefe stießen.

Nördlich des Gebiets der Worimi betritt man das Land der **Birpai**, zu dem Taree und Port Macquarie gehören. Im Sea Acres Rainforest Centre (S. 205) ist eine Abteilung den örtlichen Indigenen gewidmet, und Birpai-Führer veranstalten von hier aus Bush-Tucker-Touren.

Nachdem man das Land der **Dainggatti** (was in etwa dem Kempsey Shire entspricht) durchquert hat, gelangt man in das Gebiet der **Gumbainggir**, das sich bis zum Clarence River erstreckt. In Orten wie Nambucca Heads gibt es noch recht große Aborigines-Gemeinden. Das nahe Red Rock ist Schauplatz eines weiteren Massakers im 19. Jh.

Der nördliche Teil der Küste von New South Wales und ein großer Teil der Gold Coast sind das Gebiet der **Bundjalung**, zu dem auch ihr heiliger Berg, der Wollumbin-Mt. Warning (S. 186) gehört. Die Touren von Aboriginal Cultural Concepts (S. 178) geben einen Einblick in das Leben der Bundjalung. Auch das **Minjungbal Aboriginal Cultural Centre** (07-5524 2109; www.facebook.com/MinjungbalMuseum; Kirkwood Rd, South Tweed Heads ; Erw./Kind 15/7,50 AU$; Mo-Fr 10-16 Uhr) in Tweed Heads lohnt einen Besuch.

✗ Essen

Heart & Soul Wholefood Cafe CAFÉ $
(✆ 02-6642 2166; cafeheartandsoul.com.au; 124a Prince St; 8–15 AU$; ⊙ Mo–Fr 7.30–15, Sa bis 14, So 8–12 Uhr; ⏎) Das schöne, stilvolle Café ist das Werk zweier Paare, die vegetarische Gerichte lieben. Hier bekommt man Keramikschalen mit wärmenden asiatischen Tees und bunte Salate. Auch die Süßspeisen wie der „Cheese-Fake" mit Schoko- und Minzgeschmack lohnen sich.

Vines at 139 CAFÉ $$
(✆ 02-6642 5500; 139 Fitzroy St; Hauptgerichte 18–25 AU$; ⊙ 7.30–22 Uhr) Das Café befindet sich in einem hübschen alten Haus voller Blumendrucke und Marmeladengläser. Es ist wegen seiner Karte beliebt, die Gerichte aus aller Welt, von thailändischen Currys bis zu mediterranen Salaten, enthält.

❶ Praktische Informationen

Clarence River Visitor Information Centre (✆ 02-6642 4677; www.clarencetourism.com; Ecke Spring St & Pacific Hwy; ⊙ 9–17 Uhr; ⏎) Südlich des Flusses.

National Parks and Wildlife Service (NPWS; ✆ 02-6641 1500; 4. Stock, 49 Victoria St; ⊙ Mo–Fr 8.30–16.30 Uhr)

❶ An- & Weiterreise

FLUGZEUG

Clarence Valley Regional Airport (GFN; ✆ 02-6643 0200; www.clarence.nsw.gov.au) 12 km südöstlich der Stadt.

Regional Express (Rex; ✆ 13 17 13; www.rex.com.au) Fliegt von/nach Sydney und Taree.

ZUG & BUS

Busways (✆ 02-6642 2954; www.busways.com.au) Betreibt den Regionalverkehr. Es gibt u. a. täglich vier bis acht Busse nach Maclean (1 Std.), Yamba (1¼ Std.) und Angourie (1½ Std.); einheitlicher Fahrpreis 12 AU$.

Greyhound (✆ 1300 473 946; www.greyhound.com.au) Busse fahren von/nach Sydney (132 AU$, 10½ Std., tgl. 3-mal), Nambucca Heads (31 AU$, 2½ Std., tgl. 2-mal), Coffs Harbour (17 AU$, 1 Std., tgl. 3-mal), Byron Bay (28 AU$, 3 Std., tgl. 3-mal) und Brisbane (61 AU$, 6½ Std., tgl. 3-mal).

Northern Rivers Buslines (✆ 02-6626 1499; www.nrbuslines.com.au) Hat werktags einen Bus nach Maclean (9,70 AU$, 43 Min.) und Lismore (9,70 AU$, 3 Std.).

NSW TrainLink (✆ 13 22 32; www.nswtrainlink.info) Drei Züge fahren täglich von/nach Sydney (71 AU$, 10 Std.), Kempsey (25 AU$, 3 Std.), Nambucca Heads (19 AU$, 2 Std.) und Coffs Harbour (12 AU$, 1¼ Std.), einer fährt weiter nach Brisbane (47 AU$, 4¼ Std.). Täglich gibt's außerdem einen Bus nach Maclean (6,50 AU$, 35 Min.), Yamba (9,60 AU$, 1¼ Std.), Ballina (21 AU$, 3 Std.), Lennox Head (23,40 AU$, 3½ Std.) und Byron Bay (25 AU$, 3½ Std.).

Premier (✆ 13 34 10; www.premierms.com.au) Täglich fährt ein Bus von/nach Sydney (67 AU$, 9½ Std.), Nambucca Heads (34 AU$, 1¾ Std.), Coffs Harbour (34 AU$, 1 Std.), Byron Bay (47 AU$, 4¼ Std.) und Brisbane (52 AU$, 7½ Std.).

Ryans Bus Service (✆ 02-6652 3201; www.ryansbusservice.com.au) Hat werktags Busse von/nach Woolgoolga (21 AU$, 1½ Std.), Red Rock (20 AU$, 50 Min.) und Coffs Harbour (21,80 AU$, 2 Std.).

Yuraygir National Park

Der 535 km² große **Yuraygir National Park** (Eintritt 7 AU$/Fahrzeug) umfasst einen 60 km langen Küstenabschnitt nördlich von Red Rock und ist ein wichtiges Habitat des gefährdeten Küsten-Emus. Die abgelegenen Strände entdeckt man am besten auf dem **Yuraygir Coastal Walk**, einer 65 km langen, markierten Strecke von Angourie nach Red Rock über diverse Wege, Strände und Felsplattformen sowie durch die Dörfer Brooms Head, Minnie Water und Wooli. Man marschiert am besten von Norden nach Süden mit der Sonne im Rücken. Wanderer können auf schlichten **Campingplätzen** (www.nationalparks.nsw.gov.au/Yuraygir-National-Park; Erw./Kind 10/5 AU$) auf der Strecke im Busch lagern; nur auf einigen dieser Plätze gibt es Trinkwasser. Die Visitor Centres haben Falt-Wanderkarten (2 AU$).

Wooli (493 Ew.) liegt auf einem langen Isthmus in der südlichen Hälfte des Parks zwischen einem Fluss-Ästuar auf der einen und dem Ozean auf der anderen Seite – eine isolierte Lage, die den Charme des Ortes noch verstärkt. Anfang Oktober finden hier die **Australian National Goanna Pulling Championships** (www.goannapulling.com.au) statt, bei denen sich die Teilnehmer Ledergeschirre anziehen und sich auf allen Vieren ein Tauziehen der besonderen Art liefern.

Wer hier ein paar Tage angeln, Kajak fahren oder am Strand faulenzen will, findet im **Solitary Islands Marine Park Resort** (✆ 02-6649 7519; www.solitaryislandsresort.com.au; 383 North St; Stellplatz/Hütte ab 31/140 AU$; ❄⏎) 🅿 von Sträuchern umgebene Hütten am Fluss.

Von Grafton nach Yamba

Das Delta zwischen Grafton und der Küste ist ein Flickenteppich aus Farmland, in dem der hier breite und kurvenreiche Clarence River mehr als 100 zum Teil sehr große Inseln bildet. Hier findet man die südlichsten Zuckerrohrplantagen und Gebäude im Queenslander-Stil: Dabei handelt es sich um Holzkonstruktionen auf Stelzen mit hohen Giebeldächern, die in den heißen Sommern für eine gute Luftzirkulation sorgen. Wegen des Abbrennens der Zuckerrohrfelder (Mai–Dez.) hängt ein rauchiger Geruch in der Luft.

Ein lohnender kurzer Abstecher führt vom Pacific Hwy nach **Ulmarra** (435 Ew.), einem denkmalgeschützten Ort mit einem Flusshafen. Das **Ulmarra Hotel** (www.ulmarrahotel.com.au; 2 Coldstream St, Ulmarra) ist eine idyllische, alte Eckkneipe mit einer schmiedeeisernen Veranda und einem üppig grünen Biergarten, der sich bis zum Fluss hinunter erstreckt.

Maclean (2600 Ew.) ist ein malerisches kleines Städtchen am Fluss mit immerhin drei Pubs, das sein schottisches Erbe so ernst nimmt, dass hier selbst die Laternenpfähle im Karomuster daherkommen. Man kann am Ufer umherschlendern, sich die Läden anschauen und im erstaunlich schicken **On the Bite** (215 River St, Maclean; Hauptgerichte 12–18 AU$; Mo–Sa 7–16.30 Uhr) etwas essen.

Yamba & Angourie

6040 & 184 EW.

Die Fischerstadt Yamba an der Mündung des Clarence River wächst schnell dank ihres unkonventionellen Lebensstils, erstklassiger Strände und ausgezeichneter Restaurants. Die oft gehörte Aussage, dass es hier so wäre wie „in Byron Bay vor 20 Jahren" ist nicht unbegründet. Das 5 km weiter südlich gelegene winzige Angourie ist ein entspannter Ort, der seit langer Zeit erfahrene Surfer anlockt, die begeistert waren, als hier eines der ersten Surf-Reservate Australiens eingerichtet wurde.

Sehenswertes & Aktivitäten

Das Surfen am **Angourie Point** ist nur etwas für erfahrene Surfer, aber Yambas Strände haben für alle etwas zu bieten. Der **Main Beach** ist der meistbesuchte; hier gibt's einen Ozeanpool, Bananenpalmen und einen graswachsenen Hang für alle, die nicht sandig werden wollen. Der **Convent Beach** ist ein Paradies zum Sonnenbaden und der von der Mole geschützte **Turner's Beach** ideal für Surfunterricht. Am langen **Pippi Beach** lassen sich manchmal Delfine blicken.

Ein Wander- und Radweg erstreckt sich an der Küste von Yamba. Der schönste Abschnitt ist der vom Pippi Beach rund um den Lovers Point zum Convent Beach. Der Yuraygir Coastal Walk beginnt in Angourie.

Angourie Blue Pools QUELLEN
(The Crescent) Diese von Süßwasserquellen gespeisten Wasserlöcher sind die Überreste des Steinbruchs, der zur Errichtung der Mole benutzt wurde. Die Tollkühnen klettern auf die Klippen und stürzen sich von dort in die Tiefe, die Vernünftigen gleiten von den grünen, nur wenige Meter vom Surfstrand entfernten Ufern geräuschlos ins Wasser.

Bundjalung National Park NATIONALPARK
(www.nationalparks.nsw.gov.au/bundjalung-nationalpark; Eintritt 7 AU$/Fahrzeug) Der weitgehend unberührte Nationalpark erstreckt nördlich des Clarence River 25 km die Küste hinauf bis nach South Evans Head. Die größten Teile des Parks erkundet man am besten mit einem Geländewagen. Die südlichen Bereiche sind aber leicht von Yamba aus mit der Fußgängern vorbehaltenen Clarence-River-Fähre nach Iluka (tgl. min. 4-mal) zu erreichen. Zu diesem Abschnitt des Parks gehört das Iluka Nature Reserve, ein zur Gondwana Rainforests World Heritage Area gehörendes Stück Regenwald vor dem Iluka Beach. Jenseits des Iluka Bluff beginnt der Ten Mile Beach, der so lang ist, wie der Name sagt.

Yamba Kayak KAJAKFAHREN
(02-6646 0065; www.yambakayak.com; 3/5 Std. 70/90 AU$) Die halb- und ganztägigen Kajakausflüge umfassen auch Vorstöße in nahe gelegene Wildnisgebiete.

Yamba-Angourie Surf School SURFEN
(02-6646 1496; www.yambaangouriesurfschool.com.au; 2-stündiger/3-tägiger Kurs 50/120 AU$) Surfunterricht bei dem ehemaligen australischen Champion Jeremy Walters.

Clarence River Ferries BOOTSFAHRT
(0408 664 556; www.clarenceriverferries.com; 11–15 Uhr) Neben den regelmäßig verkehrenden Fähren nach Iluka (Erw. 7,20 AU$, Kind 3,60 AU$) gibt es sonntags eine Fahrt mit Livemusik (Erw./Kind 30/15 AU$) sowie

AUSTRALIENS GONDWANA RAINFORESTS

Dieses auf der Liste der UNESCO-Welterbestätten stehende Gebiet verteilt sich auf 41 verschiedene Areale (darunter 16 Nationalparks) im Norden von New South Wales und in den südlichsten Teilen Queenslands. Es handelt sich dabei um das weltweit größte Gebiet mit subtropischem Regenwald. Erdgeschichtlich ist das eine Zeitkapsel, denn die Wälder repräsentieren Ökosysteme, die schon vor dem Auseinanderbrechen Gondwanas existierten, des alten Superkontinents, der einst Australien, Neuseeland, Antarktika, Südamerika, Afrika und Indien umfasste. Man glaubt, dass das Auseinanderbrechen Gondwanas vor rund 80 Mio. Jahren begann und dass sich Australien vor rund 45 Mio. Jahren von Antarktika trennte.

Wer die Reise in ein vergangenes Erdzeitalter antreten will, sollte sich das Iluka Nature Reserve (S. 189), den Dorrigo National Park (S. 198), den New England National Park (S. 201), den Nightcap National Park (S. 184), den Wollumbin National Park (S. 186) oder den Border Ranges National Park (S. 185) anschauen.

zweimal die Woche eine Fahrt nach Harwood Island (Erw./Kind 20/10 AU$).

Schlafen

Yamba YHA
HOSTEL $

(02-6646 3997; www.yha.com.au; 26 Coldstream St, Yamba; B 30–34 AU$, Zi. 80 AU$; @ 🛜 ≋) Das einladende, von einer Familie geführte Hostel hat unten ein beliebtes Bar-Restaurant und auf der Dachterrasse einen Grillbereich mit einem winzigen Pool.

Blue Dolphin Holiday Resort
CAMPING $

(02-6646 2194; www.bluedolphin.com.au; Yamba Rd, Yamba; Stellplatz/Hütte ab 37/105 AU$; ✳ @ 🛜 ≋) Direkt am Fluss bietet dieser große Ferienpark Unterkünfte von schlichten Hütten bis zu luxuriösen Häusern. Zwei Poolanlagen und ein Spielplatz halten Kids bei Laune.

Yamba Beach Motel
MOTEL $$

(02-6646 9411; www.yambabeachmotel.com.au; 30 Clarence St, Yamba; Zi. 139–199 AU$; ✳ @ 🛜 ≋) Dieses Boutiquemotel hat Zimmer mit großen Flachbildfernsehern, sehr komfortablen Betten und hochwertigen Toilettenartikeln. Das ausgezeichnete Café liefert Mahlzeiten aufs Zimmer, und gleich den Hügel hinunter liegt ein Strand.

Clubyamba
APARTMENTS $$

(0427 461 981; www.clubyamba.com.au; 14 Henson Lane, Yamba; Apt. ab 145 AU$; 🛜) Auf der Spitze des Hügels finden sich vier farbenfrohe, topmoderne Apartments und zwei Suiten mit Meerblick. Nahe dem Fluss steht ein architektonisch hübsch gestaltetes Townhouse mit einem Schlafzimmer. Alle Unterkünfte sind luxuriös.

Surf Motel
MOTEL $$

(02-6646 2200; www.yambasurfmotel.com.au; 2 Queen St, Yamba; Zi. 120–180 AU$; ✳ 🛜) Auf einer Klippe über Yambas Main Beach bietet diese moderne Anlage acht geräumige Wohnstudios mit Einbauküchen. Einige verfügen auch über einen Balkon. Abgesehen von den donnernden Wellen ist es hier herrlich ruhig.

Essen & Ausgehen

★ Beachwood Cafe
TÜRKISCH $$

(02-6646 9781; www.beachwoodcafe.com.au; 22 High St, Yamba; Hauptgerichte morgens 13–16 AU$, mittags 18–22 AU$; ⊙ Di–So 7–14 Uhr) Kochbuchautorin Sevtap Yüce *(Turkish Flavours)* bringt ihre aromatischen Gerichte in diesem wundervollen kleinen Café auf den Teller. Die meisten Tische stehen draußen, wo das Gras einem Küchengarten weichen musste.

Leche Cafe
CAFÉ $$

(0401 471 202; www.facebook.com/LecheCafe; 27 Coldstream St, Yamba; 14–25 AU$; ⊙ 6–14 Uhr) Nach etwas Yoga im Hinterhof des Leche Cafe dürfte man Appetit auf ein Kokos-Brot und einen Marvell-Kaffee aus Byron Bay haben. Die Mittagskarte bietet mit Rote-Beete-Burgern, Blumenkohl-Currys und Fisch-Tacos ebenfalls gesunde Speisen.

Irons & Craig
CAFÉ $$

(02-6646 1258; ironsandcraig.com; 29 Coldstream St, Yamba; 12–16 AU$; ⊙ Do–Di 7–15, Mi bis 11 Uhr) In diesem Strandhaus aus den 1930ern gibt es tollen Kaffee; Kinder lieben die Milchshakes (mit hausgemachtem Eis) im Becher. Mindestens einmal im Monats gibt's ein Fünf-Gänge-Verkostungsmenü.

Pacific Hotel
PUB

(02-6646 2466; www.pacifichotelyamba.com.au; 18 Pilot St, Yamba) Auf den Klippen über dem

Strand von Yamba hat dieser Pub eine wunderbare Aussicht zu bieten. Abends gibt's regelmäßig Livemusik und DJs, und auch das Essen ist gut.

❶ An- & Weiterreise

Busways (☎02-6645 8941; www.busways.com.au) Täglich fahren vier bis acht Busse von Yamba nach Angourie (3,30 AU$, 9 Min.), Maclean (8,90 AU$, 19 Min.) und Grafton (12 AU$, 1¼ Std.).

Greyhound (☎1300 473 946; www.greyhound.com.au) Täglich gibt's einen Bus von/nach Sydney (139 AU$, 11½ Std.), Coffs Harbour (28 AU$, 2 Std.), Byron Bay (15 AU$, 2¼ Std.), Surfers Paradise (41 AU$, 5 Std.) und Brisbane (46 AU$, 6¼ Std.).

NSW TrainLink (☎13 22 32; www.nswtrainlink.info) Hat täglich einen Bus nach Maclean (7 AU$, 30 Min.), Grafton (9,60 AU$, 1¼ Std.), Lennox Head (19 AU$, 2½ Std.), Ballina (17 AU$, 2¼ Std.) und Byron Bay (13,70 AU$, 3 Std.).

COFFS-HARBOUR-REGION

Coffs Harbour

71798 EW.

Das Zentrum von Coffs Harbour liegt im Binnenland, trotzdem hat die Stadt eine Kette fabelhafter Strände zu bieten. Der bei Familien und Backpackern gleichermaßen beliebte Ort lockt mit vielen Aktivitäten auf dem Wasser, mit actionlastigem Sport, Begegnungen mit Wildtieren und der Big Banana als Leuchtfeuer der Kultur.

Der ursprünglich Korff's Harbour genannte Ort wurden in den 1860er-Jahren von Europäern besiedelt. Die Anlegestelle wurde 1892 zur Verladung von Zedern- und anderem Bauholz gebaut. Bananen wurden in der Region ab den 1880er-Jahren angebaut – dieser Wirtschaftszweig erreichte in den 1960ern seine volle Blüte. Heute ist hingegen der Tourismus die Hauptstütze der örtlichen Wirtschaft.

Die Stadt unterteilt sich in drei Bereiche: den Hafenbereich, das Geschäftsviertel und die Strände.

❺ Sehenswertes

Der **Park Beach** ist ein langer, hübscher Sandstrand vor einer Kulisse aus dichtem Gestrüpp und Sanddünen, die die dahinterliegenden Gebäude verbergen. Der **Jetty Beach** ist etwas geschützter. Der **Diggers Beach**, den man erreicht, wenn man nahe der Big Banana vom Highway abfährt, ist bei Surfern beliebt; die Wellen erreichen hier durchschnittlich 1 bis 1,5 m Höhe. FKK-Fans hängen am **Little Diggers Beach** gleich hinter dem Beginn der nördlichen Landzunge ab.

★**Muttonbird Island** INSEL
(www.nationalparks.nsw.gov.au/Muttonbird-Island-Nature-Reserve) Die Gumbainggir kannten diese Insel als Giidany Miirlarl, den „Ort des Mondes". Sie wurde 1935 durch den nördlichen Hafendamm mit Coffs Harbour verbunden. Von der Spitze der Insel – das letzte Stück des Weges ist ziemlich steil – hat man einen weiten Ausblick. Von Ende August bis Anfang April wird die Insel von rund 12000 Brutpaaren des Keilschwanz-Sturmtauchers bevölkert, deren niedliche Küken man im Dezember und Januar beobachten kann.

North Coast Regional Botanic Garden GARTEN
(www.ncrbg.com.au; Hardacre St; Eintritt gegen Spende; ⊙9–17 Uhr) In diesem botanischen Garten kann man in die subtropische Welt der Gewächshäuser, Sinnesgärten und des üppigen Regenwalds eintauchen. Der 8 km lange **Coffs Creek Walk** führt an ihm vorbei; er beginnt an dem Teich an der Coff St und endet nahe dem Ozean.

Bunker Cartoon Gallery GALERIE
(www.coffsharbour.nsw.gov.au; John Champion Way; Erw./Kind 2/1 AU$; ⊙Mo–Sa 10–16 Uhr) Zeigt in einem Bunker aus dem Zweiten Weltkrieg eine wechselnde Auswahl aus dem Bestand von über 18000 Karikaturen.

Coffs Harbour Regional Gallery GALERIE
(www.coffsharbour.nsw.gov.au; Rigby House, Ecke Coff & Duke St; ⊙Di–Sa 10–16 Uhr) GRATIS Die Galerie zeigt regionale Kunst und Wanderausstellungen.

Big Banana VERGNÜGUNGSPARK
(www.bigbanana.com; 351 Pacific Hwy; Kombi-Karte Erw./Kind 57/49 AU$; ⊙9–17 Uhr) GRATIS Mit der 1964 aufgestellten Big Banana begann der Hype um die „Big Things" in Australien. Der Eintritt ist frei, Eintritt kosten aber die zugehörigen Attraktionen wie die Eisbahn, die Schlittenfahrten, die Minigolfanlage, der Wasserpark, die Plantagen-Führungen und die unwiderstehliche „World of Bananas Experience".

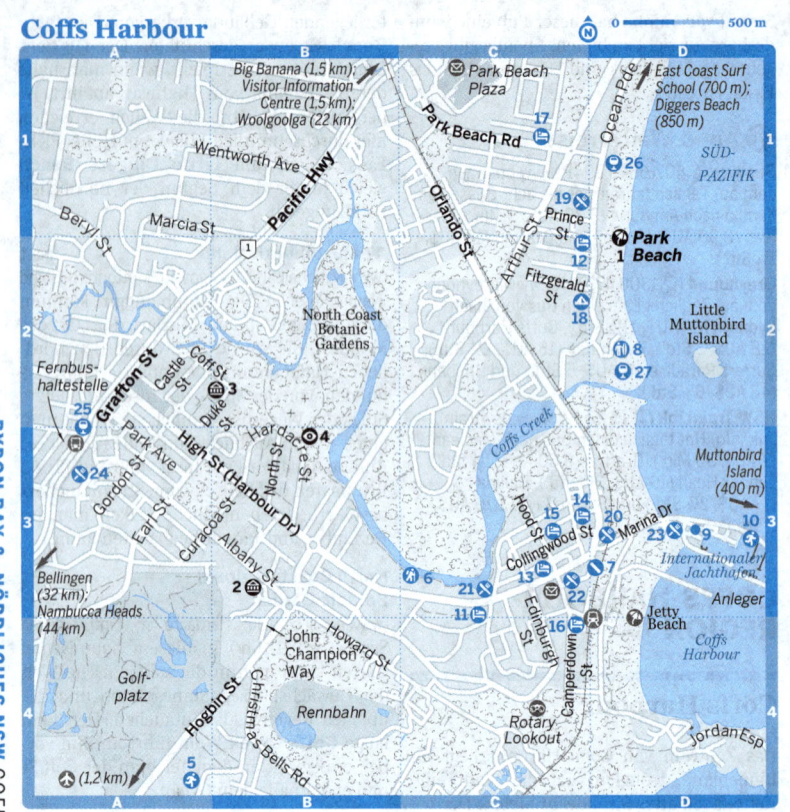

Coffs Harbour

⊙ Highlights
1 Park Beach D2

⊙ Sehenswertes
2 Bunker Cartoon Gallery B3
3 Coffs Harbour Regional Gallery B2
4 North Coast Regional Botanic Garden B3

⊙ Aktivitäten, Kurse & Touren
5 Coffs City Skydivers A4
6 Coffs Creek Walk & Cycleway C3
7 Jetty Dive D3
8 Lee Winkler's Surf School D2
9 Liquid Assets D3
10 Spirit of Coffs Harbour D3

⊙ Schlafen
11 Aussitel Backpackers C3
12 Bosuns Inn Motel C2
13 Caribbean Motel C3
14 Coffs Harbour YHA C3
15 Coffs Jetty BnB C3
16 Observatory Apartments C4
17 Pacific Property Management C1
18 Park Beach Holiday Park C2

⊙ Essen
19 Cafe Aqua C1
20 Fiasco D3
21 Mangrove Jack's C3
22 Old John's C3
23 Yknot Bistro D3
24 Zulus A3

⊙ Ausgehen & Nachtleben
25 Coast Hotel A2
26 Hoey Moey D1
27 Surf Club Park Beach D2

Solitary Islands Aquarium AQUARIUM
(www.solitaryislandsaquarium.com; Bay Dr, Charlesworth Bay; Erw./Kind 10/6 AU$; Sa & So 10–16 Uhr, während der Schulferien tgl.) An den Wochenenden ist das kleine Aquarium des Marine Science Center der Southern Cross University für das Publikum geöffnet. Streichelbecken und engagierte Führer garantieren eine nahe Begegnung mit den Fischen, Korallen und einem Kraken (möglichst während der Fütterung anschauen!) in den Gewässern des Solitary Islands Marine Park.

Aktivitäten

Kanus, Kajaks und Stehpaddel-Bretter kann man im Café Mangrove Jack's (S. 194) ausleihen. Eifrige Wanderer sollten sich die Broschüre *Solitary Islands Coastal Walk* im Besucherzentrum holen (2 AU$).

Jetty Dive TAUCHEN
(02-6651 1611; www.jettydive.com.au; 398 Harbour Dr) Im Solitary Islands Marine Park treffen tropische Gewässer auf südliche Strömungen und schaffen ideale Bedingungen für Korallen, Rifffische und Seetang. Dieser Tauchveranstalter bietet spektakuläre Tauch- und Schnorcheltouren (2 Tauchgänge vom Boot 170 AU$), PADI-Zertifikats-Kurse (495 AU$) sowie Walbeobachtungstouren (Erw./Kind 59/49 AU$; Juni–Okt.).

Spirit of Coffs Harbour WALBEOBACHTUNG
(02-6650 0155; www.gowhalewatching.com.au; Coffs Harbour Marina; 45 AU$/Pers.; Mai–Nov. 9.30 Uhr) Walbeobachtungen von Bord eines 18,3 m langen Katamarans.

Coffs City Skydivers FALLSCHIRMSPRINGEN
(02-6651 1167; www.coffsskydivers.com.au; Coffs Harbour Airport; Tandemsprung 229–399 AU$) Bei den höchsten Sprüngen an einem australischen Strand stürzt man aus 4572 m hinab.

East Coast Surf School SURFEN
(02-6651 5515; www.eastcoastsurfschool.com.au; Diggers Beach; Kurs ab 55 AU$) Besonders auf Frauen eingestellt; wird von der früheren Profi-Surferin Helene Enevoldson geführt.

Lee Winkler's Surf School SURFEN
(02-6650 0050; www.leewinklerssurfschool.com.au; Park Beach; ab 55 AU$) Eine der ältesten Surfschulen in Coffs.

Geführte Touren

Liquid Assets ABENTEUERTOUR
(02-6658 0850; www.surfrafting.com; 38 Marina Dr; ½-tägige Tour ab 50 AU$) Bietet eine Reihe von Touren und Aktivitäten auf dem Wasser, u. a. Kajakfahrten, Wildwasser-Rafting, Surfen und Schnabeltierbeobachtung.

Feste & Events

Pittwater-Coffs Harbour-Regatta SPORT
(www.pittwatertocoffs.com.au) Ein Mini-Version der Sydney-Hobart-Regatta. Sie beginnt in Sydney am 2. Januar und endet hier.

Coffs Harbour International Buskers & Comedy Festival MUSIK
(www.coffsharbourbuskers.com) Wird Ende September abgehalten.

Schlafen

Eine von vielen Agenturen, die Ferienwohnungen vermieten, ist **Pacific Property Management** (02-6652 1466; www.coffsaccommodation.com.au; 101 Park Beach Rd).

Coffs Harbour YHA HOSTEL $
(02-6652 6462; www.yha.com.au; 51 Collingwood St; B 27–33 AU$, Zi. 70–140 AU$) Bei Hostels mit solchen Annehmlichkeiten und Dienstleistungen kann man sich nur wundern, dass Hotels noch im Geschäft sind: Die Schlafsäle sind geräumig, die Privatzimmer haben eigene Bäder, und das Fernsehzimmer und die Küche sind makellos. Man kann Surfbretter und Fahrräder ausleihen.

Aussitel Backpackers HOSTEL $
(02-6651 1871; www.aussitel.com; 312 Harbour Dr; B/DZ ab 27/65 AU$;) Von der Fassade in leuchtendem Orange sollte man sich nicht abschrecken lassen. In dem großen Backsteinhaus gibt es gemütliche Schlafsäle und einen schattigen Hof. Surf- und Stehpaddelbretter, Kajaks, Kanus und Schnorchelausrüstung werden kostenlos verliehen, und auch Autos kann man hier billig mieten.

Park Beach Holiday Park CAMPING $
(02-6648 4888; www.coffsholidays.com.au; Ocean Pde; Stellplatz/Hütte ab 35/87 AU$) Die große Anlage hat eine ideale Lage am Strand. Mit einem Trampolin und einem coolen Pool mit Rutschen und Springbrunnen ist auch für Kinder bestens gesorgt.

Bosuns Inn Motel MOTEL $
(02-6651 2251; www.motelcoffsharbour.com; 37 Ocean Pde; Zi. 95 AU$;) Die freundlichen Inhaber halten alles in diesem preisgünstigen, nautisch aufgemachten Motel an der Straße gegenüber dem Park Beach tipptopp

in Schuss. Hinten befindet sich auch ein hübscher Pool.

Coffs Jetty BnB
B&B $$

(02-6651 4587; www.coffsjetty.com.au; 41a Collingwood St; DZ ab 125 AU$;) Das Vorstadthaus ist besser als ein durchschnittliches B&B. Es hat geschmackvoll eingerichtete Zimmer mit tollen Bädern. Bis zum Strand und den Restaurants muss man ein kurzes Stück laufen.

Caribbean Motel
MOTEL $$

(02-6652 1500; www.caribbeanmotel.com.au; 353 Harbour Dr; Zi./Apt. ab 132/165 AU$;) Das geschmackvoll renovierte Motel nahe der Anlegestelle hat 24 Zimmer und Apartments. Die besten Zimmer besitzen einen Balkon mit Ausblick und Whirlpools. Die Suiten mit Kochnische und einem Schlafzimmer weisen ein tolles Preis-Leistungs-Verhältnis auf.

Observatory Apartments
APARTMENTS $$

(02-6650 0462; www.theobservatory.com.au; 30-36 Camperdown St; Apt. ab 170 AU$;) Die Apartments mit ein, zwei oder drei Schlafzimmern in diesem hübschen, modernen Komplex sind hell und luftig und verfügen über Küchen, in denen man richtige Gerichte zubereiten kann. Alle Apartments haben Balkone mit Meerblick, einige auch einen Whirlpool.

✖ Essen

Old John's
CAFÉ $

(www.facebook.com/oldjohns; 358 Harbour Dr; Hauptgerichte 10–17 AU$; So–Di 7–16, Mi–Sa bis 23 Uhr) Das witzige Personal zapft erstklassiges Bier und serviert ausgezeichnetes Essen in diesem hippen Café mit bunt zusammengewürfelten Möbeln und toller Kunst. Abends gibt es Livemusik, Cocktails und Pasta-und-Wein-Sonderangebote für 15 AU$.

Cafe Aqua
CAFÉ $

(02-6652 5566; www.cafeaqua.com.au; 57 Ocean Pde; Hauptgerichte 10–19 AU$; 7–15 Uhr) Das ausgezeichnete Café nahe dem Park Beach serviert reichhaltige warme Frühstücksgerichte und mittags eine eindrucksvolle Auswahl von Bagels und Burgern. Auch der Kaffee ist gut.

Yknot Bistro
KNEIPENKOST $$

(02-6651 1741; www.yknotbistro.com.au; Coffs Harbour Yacht Club, 30 Marina Dr; Hauptgerichte morgens 13–18 AU$, mittags 17–30 AU$, abends 21–33 AU$; 7–14.30 & 18–20.30 Uhr) Das geschäftige Lokal serviert Meeresfrüchte, Steaks und Pasta in Kneipenmanier. Das Beste: Man hat einen Blick aufs Meer (was in Coffs selten ist), und es gibt viele Tische im Freien.

Mangrove Jack's
CAFÉ $$

(02-6652 5517; www.mangrovejackscafe.com.au; Promenade Centre, Harbour Dr; Hauptgerichte morgens 9–16 AU$, mittags 17–25 AU$, abends 24–30 AU$; So–Do 7.30–15, Fr & Sa 7.30–15 & 17–21 Uhr;) Die Hauptattraktion ist die wundervolle Lage an einer ruhigen Biegung des Coffs Creek. Man genießt ein kaltes Bier oder einen Kaffee auf dem Balkon und kann dank kostenlosem WLAN seine E-Mails checken.

★ Fiasco
ITALIENISCH $$$

(02-6651 2006; www.fiascorestaurant.com.au; 22 Orlando St; Hauptgerichte 38 AU$; Di–Sa 17–21 Uhr) Die klassischen italienischen Gerichte werden in einer offenen Küche aus Produkten der besten örtlichen Lieferanten und Kräutern aus dem eigenen Garten zubereitet. Es gibt bodenständige Kost wie Bohnensuppe, Holzofenpizza und hausgemachte Pasta. Wenn man nicht sehr hungrig ist, kann man sich mit ein paar Antipasti an der Bar begnügen.

Zulus
ÄTHIOPISCH $$$

(02-6652 1588; www.zuluscoffs.com; Best Western Zebra Motel, 27 Grafton St; Hauptgerichte 35 AU$; Di–Sa 18–20.30 Uhr) Dieses afrikanische Restaurant mit Dschungeltapete überrascht mit seiner Speisekarte. Die Gerichte sind vielleicht nicht ganz authentisch, aber allemal sehr lecker und aromatisch.

🍷 Ausgehen & Nachtleben

Einen Veranstaltungskalender findet man in der Donnerstagsausgabe des *Coffs Harbour Advocate* (www.coffscoastadvocate.com.au).

Surf Club Park Beach
PUB

(02-6652 9870; www.surfclubparkbeach.com; 23 Surf Club Rd, Park Beach; 7–23 Uhr) Am Sonntagnachmittag auf der Strandterrasse den örtlichen Musikern zu lauschen, gehört zu den schönsten Erlebnissen in Coffs. Von den Drinks kann man leicht zu einem Abendessen mit Meeresfrüchten oder Tapas übergehen.

Hoey Moey
PUB

(www.hoeymoey.com.au; 84 Ocean Pde; 10 Uhr–open end;) Der riesige Biergarten verrät, was hier im Sommer los ist. Pool-Wettbewerbe, Livemusik, Quizabende und Krabbenrennen füllen die Woche aus.

Coast Hotel   PUB
(www.coasthotel.com.au; 2 Moonee St; ⏰11 Uhr–open end) Freunde eines entspannten Nachmittags im Biergarten werden die landschaftlich schön gestaltete Terrasse ebenso mögen wie die traulichen Ecken mit Sofas.

❶ Praktische Informationen

Visitor Information Centre (☎02-6648 4990; www.coffscoast.com.au; Big Banana, 351 Pacific Hwy; ⏰9–17 Uhr)

❶ An- & Weiterreise

BUS
Die Fern- und Regionalbusse starten an einem Unterstand neben dem Besucherzentrum.

Busways (☎02-6652 2744; www.busways.com.au) Betreibt werktags mindestens fünf Busse von/nach Nambucca Heads und Bellingen (jeweils 11,90 AU$, 1¼ Std.), samstags einen.

Greyhound (☎1300 473 946; www.greyhound.com.au) Busse fahren von/nach Sydney (66 AU$, 8½ Std., tgl.), Port Macquarie (37 U$, 2½ Std., tgl. 2-mal), Nambucca Heads (13 AU$, 45 Min., tgl. 2-mal), Byron Bay (45 AU$, 3½ Std., tgl. 4-mal) und Brisbane (81 AU$, 7 Std., tgl. 3-mal).

New England Coaches (☎02-6732 1051; www.newenglandcoaches.com.au) Pro Woche mindestens zwei Busse von/nach Dorrigo (45 AU$, 1½ Std.) und Bellingen (35 AU$, 50 Min.).

Premier (☎13 34 10; www.premierms.com.au) Täglich gibt's Busse nach Sydney (66 AU$, 8½ Std.), Port Macquarie (47 AU$, 2¼ Std.), Nambucca Heads (34 AU$, 40 Min.), Byron Bay (50 AU$, 5 Std.) und Brisbane (59 AU$, 8½ Std.).

Ryans Bus Service (☎02-6652 3201; www.ryansbusservice.com.au) Hat Busse von/nach Woolgoolga (13 AU$, 1 Std., werktags 6-mal, Sa 2-mal) und Grafton (21,80 AU$, 2 Std., werktags 2-mal).

FLUGZEUG

Coffs Harbour Airport (CFS; ☎02-6648 4767; www.coffscoast.com.au/airport; Airport Dr) 3 km südwestlich der Stadt.

QantasLink (☎13 13 13; www.qantas.com.au) Fliegt von/nach Sydney.

Tigerair (☎02-8073 3421; www.tigerair.com.au) Fliegt von/nach Sydney.

Virgin (☎13 67 89; www.virginaustralia.com) Fliegt von/nach Sydney und Melbourne.

ZUG

NSW TrainLink (☎13 22 32; www.nswtrainlink.info) Drei Züge fahren täglich von/nach Sydney (67 AU$, 9 Std.), Kempsey (13 AU$, 1¾ Std.), Nambucca Heads (5 AU$, 40 Min.) und Grafton (11,30 AU$, 1¼ Std.), einer fährt weiter nach Brisbane (59 AU$, 5½ Std.).

❶ Unterwegs vor Ort

Busways, Ryans und **Sawtell** (☎02-6653 3344; www.sawtellcoaches.com.au) bieten Nahverkehrsbusse; Sawtell hat regelmäßige Verbindungen zum Flughafen.

Coffs District Taxis (☎13 10 08; www.coffstaxis.com.au) Taxiservice rund um die Uhr.

Woolgoolga

4720 EW.

Zwei herrliche Strände liegen rund 20 km nördlich von Coffs. Zunächst kommt der Surf-Hotspot **Emerald Beach** mit seinem tollen Left Hand Reef Break und der passend benannten Landzunge Look at Me Now. Rund 12 km weiter nördlich folgt Woolgoolga (vor Ort „Woopi" genannt), das berühmt ist für seine Wellen und seine Sikh-Gemeinde. Wer auf dem Highway vorbeifährt, kann den eindrucksvollen Guru-Nanak-Tempel, einen Sikh-*gurdwara* gar nicht übersehen. Zweimal im Monat gibt's hier samstags einen **Bollywood Bazaar**. Im September feiert der Ort alljährlich das **Curryfest** (www.facebook.com/WoolgoolgaCurryfest).

🛏 Schlafen

Woolgoolga Beach Caravan Park   CAMPING $
(☎02-6648 4711; www.coffscoastholidayparks.com.au; 55 Beach St; Stellplatz/Hütte ab 36/78 AU$; 🐾) Der Platz liegt direkt am Strand und ist nachts erstaunlich ruhig.

Solitary Islands Lodge   B&B $$
(☎02-6654 1335; www.solitaryislandslodge.com.au; 3 Arthur St; Zi. 160 AU$; 🐾) Von den drei makellosen Gästezimmern in diesem modernen Haus auf einem Hügel hat man einen tollen Blick aufs Meer. Die charmanten Gastgeber bestücken die Zimmer mit den Zutaten für ein kontinentales Frühstück.

Waterside Cabins   HÜTTEN $$
(☎02-6654 1644; www.watersidecabins.com.au; Hearnes Lake Rd; Hütte ab 113 AU$; ❄🐾) Diese stilvollen Wohneinheiten mit zwei und drei Schlafzimmern gehören zu einem großen Komplex von hüttenartigen Ferienhäusern. Die vier Hütten, die vermietet werden, stehen auf einem grünem Gelände nahe dem See; ein Fußweg führt hinunter zum Strand.

✕ Essen

White Salt FISH & CHIPS $
(02-6654 8832; 70 Beach St; 10–18 AU$; ⊙ tgl. 11.30–14 & Mi–Mo 17–20 Uhr) Der Laden arbeitet mit frischem Fisch und frischen Zutaten. Zu empfehlen sind die Salate mit rohem Fisch aus Tahiti, man kann sich aber auch nach alter Schule seine eigene Box mit paniertem Weißfisch und Pommes zusammenstellen.

Bluebottles Brasserie CAFÉ $$
(02-6654 1962; www.bluebottlesbrasserie.com.au; 53 Beach St; Hauptgerichte morgens 12–17 AU$, mittags 14–23 AU$, abends 24–30 AU$; ⊙ Mo–Do 6.15–16, Fr & Sa bis 21, So 7–15 Uhr) Vor dem Surfen gibt's morgens starken Kaffee und Maispfannkuchen, dann folgen die ganztägig angebotenen Frühstücksgerichte, großzügigen Salate und der Kuchen am Nachmittag.

❶ An- & Weiterreise

Ryans betreibt unregelmäßig Busse von/nach Coffs Harbour (13 AU$, 1 Std.), Red Rock (11 AU$, 15 Min.) und Grafton (21 AU$, 1½ Std.). Auch die Busse, die auf dem Pacific Hwy vorbeifahren, halten hier.

Sawtell

3451 EW.

Die Strandgemeinde Sawtell ist geistig eher dem glamourösen Noosa als Coffs Harbour, seinem nur zehn Minuten entfernten Nachbarn im Binnenland, verbunden. Unter Denkmalschutz stehende Feigenbäume beschatten die Hauptstraße und eine Reihe gehobener Cafés und Boutiquen. Im Ort findet das **Sawtell Chilli Festival** (www.sawtellchillifestival.com.au; ⊙ Juli) statt.

🛏 Schlafen

Sawtell Motor Inn MOTEL $$
(02-6658 9872; www.sawtellmotorinn.com.au; 57 Boronia St; Zi. ab 150 AU$; P ❄ 🛜 🏊) Gleich abseits der Hauptstraße und fünf Gehminuten vom Strand bietet das ruhige und saubere Motel helle, geräumige Wohneinheiten, die mit Rohrmöbeln ausgestattet sind. Einige verfügen über Einbauküchen und Whirlpools.

✕ Essen

Sea Salt FISH & CHIPS $
(02-6658 9199; www.seasaltsawtell.com.au; 29 First Ave; 8–12 AU$; ⊙ 11–19.30 Uhr) Gourmetburgr mit Schnapper, Fisch-Tacos und Garnelenbrötchen sowie fabelhaftes Eis.

Split Espresso CAFÉ $$
(02-6658 3026; www.splitcafe.com.au; 3-4 First Ave; Hauptgerichte morgens 13–17 AU$, mittags 16 AU$; ⊙ 7–17 Uhr) Das Café, das zugleich der Verkaufsraum eines Fahrradladens ist, serviert großartigen Kaffee und tolle Frühstücksgerichte wie warme Kuchen mit Ahornsirup. Das Personal gibt gern Tipps zu Radtouren in der Gegend.

Hello Sawtell MODERN-AUSTRALISCH $$
(0417 933 107; www.facebook.com/hellosawtell; 20 First Ave; Gerichte zum Teilen 16 AU$, Hauptgerichte 26 AU$; ⊙ Di–So 18–22 Uhr) In dem stilvollen Restaurant, wo es coole, köstliche Gerichte gibt, die man teilen kann, sitzen die Gäste bis hinaus auf die Gasse. Vorab reservieren!

❶ An- & Weiterreise

Sawtell Coaches (www.sawtellcoaches.com.au) verbindet Coffs Harbour mit Sawtell.

Nambucca Heads

19 530 EW.

Nambucca Heads verteilt sich über ein spektakulär unregelmäßiges, vom Ästuar des prächtigen Nambucca River durchzogenes Vorland. Die Stadt ist ein relativ ruhiges und unverschandeltes Fleckchen, das an Sommerferien in den 1970er- und 1980er-Jahren erinnert, als man nicht mehr brauchte als Sonnencreme und eine Angelrute.

Nambucca (die Betonung liegt auf der zweiten Silbe) bedeutet „viele Windungen"; das Tal wurde von den Gumbainggir beherrscht, ehe in den 1840er-Jahren die europäischen Holzfäller kamen. Heute gibt es immer noch große Aborigines-Gemeinden in Nambucca Heads und das Tal hinauf in Bowraville.

⊙ Sehenswertes

Von den zahlreichen Aussichtspunkten ist der **Captain Cook Lookout** auf einer hohen Klippe besonders geeignet für einen Blick auf die anbrandenden Wellen. Eine Straße führt von hier hinunter zu den Gezeitenbecken des **Shelly Beach**. Nach Norden geht der Shelly Beach in den **Beilbys Beach** und dann den **Main Beach** über, der als einziger von Rettungsschwimmern überwacht wird.

★ V-Wall HAFENDAMM
Seit Jahrzehnten hinterlassen Einwohner und Urlauber farbenfrohe Malereien, Mitteilungen an geliebte Menschen, Familien und

neue Freunde an den Felsen von Nambuccas Hafendamm. Besucher sind eingeladen, ihre eigenen Malereien und Botschaften zu hinterlassen, wenn sie denn eine freie Stelle auf den Felsen finden.

Schlafen

White Albatross Holiday Park CAMPING $
(02-6568 6468; www.whitealbatross.com.au; 52 Wellington Dr; Stellplatz ab 41 AU$, Hütte 87–180 AU$; ❋❀❂❁) Der große Ferienpark nahe der Flussmündung liegt rund um eine abgeschirmte Lagune. Die Hütten werden sorgfältig sauber gehalten und haben voll ausgestattete Küchen. Vor Ort gibt's eine nette Schenke mit einer tollen Terrasse.

Marcel Towers APARTMENTS $$
(02-6568 7041; www.marceltowers.com.au; 12-14 Wellington Dr; DZ ab 130 AU$; ❋@❀❂) Alle Wohneinheiten in diesem ordentlichen, aber betagten Block mit Ferienwohnungen haben gewähren Blick auf das Ästuar. Wen dabei die Lust überkommt, aufs Wasser hinauszufahren, der kann in dem Komplex auch Ruderboote und Kajaks ausleihen.

Riverview Boutique Hotel PENSION $$
(02-6568 6386; www.riverviewlodgenambucca.com.au; 4 Wellington Dr; EZ/DZ ab 139/179 AU$; P❂❋❀) Der 1887 erbaute ehemalige Pub ist ein zweistöckiges, hübsches Holzgebäude, in dem heute acht stilvolle Zimmer vermietet werden, von denen einige einen schönen Ausblick bieten.

Essen

Bookshop Café CAFÉ $
(02-6568 5855; Ecke Ridge & Bowra St; Gerichte 9–14 AU$; ⏱8–17 Uhr; ❀) Die Tische auf der Veranda sind der angesagte Platz zum Frühstücken. Im weiteren Verlauf des Tages gibt's Kuchen, Schnitten, Sandwiches und Salate.

Lom Talay THAI $$
(02-6568 8877; 58 Ridge St; Hauptgerichte 15 AU$; ⏱Di-Sa 17.30–21 Uhr) Das schlichte thailändische Restaurant hat ein tolles Ambiente. Einheimische und Touristen stürzen sich auf die mit Zitrone abgeschmeckten Currys mit frischem Gemüse und auf herzhafte typische Gerichte wie Pad Thai. An Sommerabenden herrscht viel Betrieb, daher vorab reservieren und Alkohol selbst mitbringen!

Nambucca Boatshed & Cafe CAFÉ $$
(02-6568 6511; nambuccaboatshed.com.au; Riverside Dr; Hauptgerichte 12–18 AU$; ⏱Mo–Sa 7.30–16, So 8–15 Uhr) Das Highlight dieses entspannten Veranda-Cafés direkt am Fluss ist der Ausblick. Ein ausgiebiges Burger-Frühstück kann mit einer Fahrt in einem Kajak, einem Tretboot oder einem Kahn aus dem **Tackle Shop** (02-6568 6432; www.nambuccacbd.com.au/beachcomber.html; Riverside Dr; ⏱7–17 Uhr) gleich nebenan wieder abgearbeitet werden.

ℹ Praktische Informationen

Nambucca Heads Visitor Information
(02-6568 6954; www.nambuccatourism.com.au; Ecke Riverside Dr & Pacific Hwy; ⏱9–17 Uhr)

ℹ An- & Weiterreise

BUS
Die Fernbusse haben ihre Haltestelle am Visitor Centre.

Busways (02-6568 3012; www.busways.com.au) Werktags fahren sechs Busse von/nach Bellingen (9,70 AU$, 1¼ Std.) und Coffs Harbour (11,90 AU$, 1¼ Std.), samstags ein oder zwei.

Greyhound (1300 473 946; www.greyhound.com.au) Täglich gibt's zwei Busse von/nach Sydney (100 AU$, 8 Std.), Port Macquarie (22 AU$, 1¾ Std.), Coffs Harbour (13 AU$, 45 Min.), Byron Bay (60 U$, 4½ Std.) und Brisbane (106 AU$, 8¼ Std.).

Premier (13 34 10; www.premierms.com.au) Jeden Tag fahren Busse von bzw. nach Sydney (63 AU$, 8 Std.), Port Macquarie (38 AU$, 1¾ Std.), Coffs Harbour (34 AU$, 40 Min.), Byron Bay (58 AU$, 5¾ Std.) und auch von und nach Brisbane (63 AU$, 9¼ Std.).

ZUG
NSW TrainLink (13 22 32; www.nswtrainlink.info) Drei Züge verkehren täglich von/nach Sydney (66 AU$, 8 Std.), Wingham (25 AU$, 3 Std.), Kempsey (8 AU$, 1 Std.) und Coffs Harbour (5 AU$, 40 Min.). Außerdem werden zwei Züge nach Brisbane (62 AU$, 6¼ Std.) geschickt.

Dorrigo

1080 EW

Dorrigo ist ein hübscher kleiner Ort rund um die T-Kreuzung zweier mächtig breiter Straßen.

Die Hauptattraktion des Ortes sind die 1,2 km nördlich gelegenen **Dangar Falls**, die in Kaskaden über mehrere Stufen und schließlich in ein Wasserbecken stürzen. Man kann hier baden, wenn es einen nach eisiger Abkühlung gelüstet.

ABSTECHER

RED ROCK

Das Dorf Red Rock (310 Ew.) liegt zwischen einem wunderschönen Strand und einem herrlichen Flussarm voller Fische. Es verdankt seinem Namen dem rötlichen hohen Felsen auf der Landzunge. Die örtlichen Gumbainggir-Aborigines kennen ihn unter einem viel düsteren Namen: Blood Rock. In den 1880er-Jahren schlachtete eine Einheit der bewaffneten Polizei die Einwohner eines Aborigines-Camps ab, jagte die Überlebenden auf die Landspitze und trieb sie über die Felsen. Eine schlichte Plakette erinnert an die Blood-Rock-Massaker, und das Gebiet gilt als heilig.

Das **Yarrawarra Aboriginal Cultural Centre** (02-6640 7100; www.yarrawarra.org; 170 Red Rock Rd, Corindi Beach; Mi–So 9–16 Uhr) hat eine interessante Kunstgalerie und ein Bush-Tucker-Café, wo man Känguru und Buschbrot aus Zitronen-Myrte probieren kann. Es gibt auch diverse Buschmedizin-Touren und Kunstkurse; Interessenten sollten vorab anrufen.

Unterkunft (darunter ein paar schicke Dauerzelte) stehen Travellern im **Red Rock Caravan Park** (02-6649 2730; www.redrock.org.au; 1 Lawson St; Stellplatz/Hütte ab 23/105 AU$;) zur Verfügung.

Werktags betreibt Ryans gelegentlich Busse von/nach Woolgoolga (11 AU$, 15 Min.) und Grafton (20 AU$, 50 Min.).

🛏 Schlafen

Heritage Hotel Motel Dorrigo HOTEL $$
(02-6657 2016; www.hotelmoteldorrigo.com.au; Ecke Cudgery & Hickory St; Zi. ab 105 AU$;) Vom Charme der Fassade dieses Pubs ist in der Bar und im Speisesaal nichts zu spüren. Die renovierten Zimmer im Obergeschoss sind aber für diesen Preis durchaus angemessen. Die Motelzimmer hinten bieten Ausblick auf den Parkplatz.

Mossgrove B&B $$
(02-6657 5388; www.mossgrove.com.au; 589 Old Coast Rd; Zi. 195 AU$) In dem hübschen Wohnhaus im Federation-Stil, das 8 km von Dorrigo entfernt auf einem 2,5 ha großen Gelände steht, gibt es zwei gehobene Zimmer, eine Gäste-Lounge und ein Bad, die alle geschmackvoll im Stil der Zeit renoviert sind. Das kontinentale Frühstück ist im Preis inbegriffen.

🍴 Essen & Ausgehen

Dorrigo Wholefoods CAFÉ $
(02-6657 1002; www.dorrigowholefoods.com.au; 28 Hickory St; Hauptgerichte 12 AU$; Mo–Fr 7.30–15, Sa 8–14 Uhr) Hinter dem Stapel von Hülsenfrüchten kann man sich aus der Vitrine einen Teller mit Salaten, Kuchen und herzhaften Sachen wie Lobster-Potpie oder gebratenem Ricotta zusammenstellen. Die Angestellten mixen tolle Säfte.

Thirty Three on Hickory EUROPÄISCH $$
(02-6657 1882; www.thirtythreeonhickory.com.au; 33 Hickory St; Hauptgerichte 17–23 AU$; Mi–So 17–21 Uhr) Die Spezialität in diesem Schindel-Cottage aus den 1920er-Jahren mit Buntglasfenstern und einem blühenden Garten ist Sauerteigpizza. Daneben gibt es herzhafte Bistrogerichte an weiß eingedeckten Tischen mit Tafelsilber und einen gemütlichen Kamin.

Red Dirt Distillery DESTILLERIE
(02-6657 1373; www.reddirtdistillery.com.au; 51-53 Hickory St; Mo–Fr 10–16, Sa & So bis 14 Uhr) Hier kann man die kreativen Liköre und Wodkas probieren, die aus regionalem Obst und Dorrigo-Kartoffeln gebrannt werden.

ℹ Praktische Informationen

Dorrigo Information Centre (02-6657 2486; www.dorrigo.com; 36 Hickory St; 10–15 Uhr)

ℹ An- & Weiterreise

Pro Woche fährt New England Coaches (S. 201) dreimal nach Coffs Harbour (45 AU$, 1½ Std.)

Dorrigo National Park

Von Bellingen klettert der Waterfall Way den Steilhang hinauf nach Dorrigo. Die Strecke führt an mehreren reißenden Gebirgsbächen vorbei und gewährt einen Vorgeschmack auf die üppige Landschaft im Dorrigo National Park.

Der 119 km² große Park ist Teil der Gondwana Rainforests World Heritage Area. Es gibt hier eine reiche Pflanzenwelt und mehr als 120 Vogelarten. Im **Rainforest Cen-**

tre (📞02-9513 6617; www.nationalparks.nsw.gov.
au/Dorrigo-National-Park; Dome Rd; Erw./Kind
2/1 AU$; ⊙9–16.30 Uhr; 📶) am Parkeingang
gibt's Ausstellungen und einen Film über die
Ökosysteme im Park, außerdem erhält man
Ratschläge, welche Wege besonders lohnend
sind. Es gibt sogar kostenloses WLAN und
eine Ladestation für Handys und Fotoappa-
rate. Hier befinden sich auch das exzellente
Canopy Cafe (www.canopycafedorrigo.com;
Hauptgerichte 14–19 AU$; ⊙9–16.30 Uhr) und
der **Skywalk**, eine über den Regenwald aus-
kragende Aussichtsplattform mit Ausblick
in die tiefer liegenden Täler.

Vom Rainforest Centre führt der geteerte
Wonga Walk (hin & zurück 6,6 km; 2 Std.)
tief durch den Regenwald. Unterwegs passiert man einige wunderschöne Wasserfälle;
bei einem kommt man auch hinter die Was-
serwand.

Bellingen
12 854 EW.

Das an einem Hang mitten im Grünen über
dem Bellinger River gelegene Städtchen
tanzt nach dem Rhythmus seiner eigenen
Bongo-Trommel. Das reich mit Bio- und
Gourmet-Restaurants sowie Unterkünften
gesegnete „Bello" wirkt hippiemäßig, aber
nicht überdreht. Mitten zwischen dem spektakulären Regenwald des Dorrigo National
Park und Stränden, unter denen die Wahl
schwerfällt, ist der Ort zweifellos ein Juwel
an der Ostküste.

Das breite Flusstal gehörte zu dem ausgedehnten Territorium der Gumbainggir, bis
in den 1840er-Jahren die Holzfäller anrück-
ten. Bis in die 1940er konnten Schiffe den
Fluss befahren, dann wurde das Ausbaggern
eingestellt. 1988 erlangte der Ort neuen
Ruhm als Schauplatz von Peter Careys mit
dem Booker Prize ausgezeichneten Roman
Oscar und Lucinda.

⊙ Sehenswertes

Bellingen Island WILDRESERVAT
(www.bellingen.com/flyingfoxes) Die kleine, nur
dann vollständig vom Festland abgeschnit-
tene Insel im Bellinger River, wenn der Fluss
viel Wasser führt, ist Heimat einer riesigen
Kolonie von Graukopf-Flughunden. In der
Abenddämmerung fliegen sie zu Tausenden
auf Nahrungssuche – ein eindrucksvoller
Anblick, den man am besten von der Brücke im Zentrum aus beobachtet. Um sich die
Tiere näher anzuschauen, nimmt man von
der Red Ledge Lane am nördlichen Flussufer den steilen Pfad, der auf die Insel führt.

Am besten kommt man zwischen Oktober und Januar, wenn die Jungen geboren
und gesäugt werden.

🏃 Aktivitäten

Bellingen Canoe Adventures KANUFAHREN
(📞02-6655 9955; www.canoeadventures.com.
au; 4 Tyson St, Fernmount; Verleih pro Std./Tag
15/55 AU$) Geführte Tagestouren auf dem
Bellinger River (Erw./Kind 90/60 AU$) und
Vollmondtouren (Erw./Kind 25/20 AU$).

Valery Trails REITEN
(📞02-6653 4301; www.valerytrails.com.au; 758
Valery Rd, Valery; 2-stündiger Ausritt Erw./Kind
65/55 AU$) Der Stall mit mehr als 75 Pferden
und einem riesigen Gelände zum Ausreiten
liegt 15 km nordöstlich der Stadt.

🎉 Feste & Events

Camp Creative KUNST
(www.campcreative.com.au) Fünf Tage mit
Kunst-Workshops für Erwachsene und Kinder; Mitte Januar.

**Bellingen Readers &
Writers Festival** LITERATUR
(bellingenwritersfestival.com.au) Am langen Wochenende um den Geburtstag der Queen im

---

ABSTECHER

SCOTTS HEAD

Ein malerischer, 17 km langer Abstecher
führt vom Pacific Hwy nordwärts Richtung Nambucca Heads. Man nimmt den
Tourist Drive 14 Richtung Stuarts Point
und fährt durch den Eukalyptuswald
nach **Grassy Head**. Von dort setzt sich
die Straße durch den **Yarriabini National Park** (www.nationalparks.nsw.gov.
au/yarriabini-national-park) nach **Scotts
Head** (820 Ew.) fort, einer kleinen, beliebten Siedlung am Strand. Wenn man
hier ist, lohnt sich ein Halt an der **Taverna Six** (📞02-6569 7191; www.tavernasix.
com; 6 Short St; Hauptgerichte morgens
13–16 AU$, abends 26–28 AU$; ⊙tgl.
8.30–13, Mi–Sa 18.30–21 Uhr), einem
gemütlichen griechischen Lokal mit
wundervollem Essen. Von hier aus folgt
die Straße einem von hohen Bäumen
gesäumten Bach und trifft schließlich
wieder auf den Highway.

Juni treten etablierte und aufstrebende Autoren bei Gesprächen, Foren, Lesungen und Workshops an die Öffentlichkeit.

Bellingen Jazz Festival JAZZ
(www.bellingenjazzfestival.com.au) An einem langen Wochenende Mitte August kann man vielen Jazzgrößen zuhören.

Schlafen

Bellingen YHA HOSTEL $
(02-6655 1116; www.yha.com.au; 2 Short St; B 33 AU$, Zi. ohne/mit Bad 80/105 AU$; @) Eine ruhige, einladende Atmosphäre herrscht in diesem renovierten Schindelhaus, von dessen breiter Veranda man einen eindrucksvollen Ausblick hat. Wenn man vorher anruft, holt einen das Personal von der Bushaltestelle oder dem Bahnhof in Urunga ab.

Federal Hotel HOTEL $
(02-6655 1003; www.federalhotel.com.au; 77 Hyde St; EZ/DZ mit Gemeinschaftsbad 80/100 AU$;) Der renovierte alte Pub hat schindelverkleidete Zimmer, von denen sich einige zu einem Balkon über der Hauptstraße öffnen. Im Erdgeschoss herrscht munteres Pub-Treiben mit Essen und Livemusik.

Bellingen Riverside Cottages HÜTTEN $$
(02-6655 9866; www.bellingenriversidecottages.com.au; 224 North Bank Rd; Cottage ab 150 AU$;) Die sehr gepflegten Berghütten sind gemütlich mit ländlichen Möbeln und großen Fenstern ausgestattet, durch die die Sonne hineinfällt. Von den Holzbalkonen blickt man auf den Fluss, auf dem man mit dem kostenlos ausleihbaren Kajak fahren kann. Zur ersten Übernachtung gibt's einen großen Frühstückskorb.

Bellingen River Family Cabins HÜTTEN $$
(02-6655 0499; www.bellingencabins.com.au; 850 Waterfall Way; Hütte 150 AU$;) Die zwei großen Hütten auf einer Familienfarm 4 km östlich von Bellingen bieten Blick auf ein breites Flusstal. Die Wohneinheiten sind gut ausgestattet und haben Platz für bis zu sechs Personen; zu den Gratis-Extras zählen ein Kajakverleih und Frühstückszutaten. Eine Hütte ist auch für Rollstuhlfahrer geeignet.

★**Lily Pily** B&B $$$
(02-6655 0522; www.lilypily.com.au; 54 Sunny Corner Rd; Zi. ab 260 AU$;) Der schöne, von einem Architekten entworfene Komplex auf einer Anhöhe hat drei Zimmer mit Blick auf den Fluss. Die Anlage 3 km südlich vom Zentrum ist ganz auf Verwöhnen eingestellt:
Champagner bei der Ankunft, üppiges Frühstück bis 12 Uhr, luxuriöses Mobiliar und vieles mehr warten auf die Gäste.

Essen & Ausgehen

★**Hearthfire Bakery** BÄCKEREI $
(02-6655 0767; www.hearthfire.com.au; 73 Hyde St; 9–14 AU$/Stück; Mo–Fr 7–17, Sa 7.30–14, So 9–14 Uhr) Zu dieser hervorragenden Landbäckerei mit Café folgt man einfach dem Duft des frisch im Holzofen gebackenen Biosauerteigbrots. Man probiert das berühmte Macadamia-Früchtebrot oder genehmigt sich einen Kaffee und einen unglaublich milden Pie. Es gibt eine eigene Frühstückskarte.

Bellingen Green Grocers GESUND $
(02-6655 0846; 58-60 Hyde St; Mo–Fr 7.30–18, Sa bis 17, So bis 16 Uhr) Alles hier stammt von Produzenten aus einem Umkreis von 150 km um den Ort. Das leckere Obst und Gemüse ist ideal für ein Picknick am Fluss. Im angeschlossenen **Café** (Mo–Sa 11–14.30 Uhr) gibt's Wraps, Salate und Smoothies.

Hyde CAFÉ $
(62 Hyde St; Snacks 6 AU$; Mo–Fr 7.30–16.30, Sa 9–13.30 Uhr;) In diesem Antiquitätengeschäft bekommt man ausgezeichneten Kaffee, und auch die Muffins und Kuchen stammen nicht aus dem Nachlass.

Bellingen Gelato Bar EISCREME $
(www.bellingengelato.com.au; 101 Hyde St; Mi–So 10–18 Uhr) Ein Café im US-amerikanischen Stil der 1950er-Jahre mit sensationellem hausgemachtem Eis.

Purple Carrot CAFÉ $$
(02-6655 1847; 105 Hyde St; Hauptgerichte 13–16 AU$; 8–15 Uhr) Auf der Karte stehen Frühstücksgerichte, u. a. viele Eierspeisen, aber auch Arme Ritter mit Brioche, Räucherforelle auf Kartoffel-Rösti und Pesto mit Pilzen. Zum Sonntagsbrunch früh kommen!

Oak Street Food & Wine MODERN-AUSTRALISCH $$$
(02-6655 9000; www.oakstreetfoodandwine.com.au; 2 Oak St; Hauptgerichte mittags 12–18 AU$, abends 34 AU$; Mi–Sa 12–21.30, So 10–15 Uhr) Das beliebte Restaurant bietet immer noch raffinierte, eingängige Gerichte, die aus den Produkten des Bellinger Valley das Beste herausholen. Der Sonntagsbrunch ist toll.

★**No 5 Church St** BAR
(www.5churchstreet.com; 5 Church St; Hauptgerichte 16 AU$; Mi–Fr 11–22, Sa 8–22, So 8–16 Uhr;

DER WATERFALL WAY

Nachdem man die 40 km vom Pacific Hwy über Bellingen nach Dorrigo bewältigt hat, folgen weitere 125 km des Waterfall Way, bevor man Armidale erreicht. Wer weiterfährt, trifft auf eine Reihe von Highlights.

➜ 50 km hinter Dorrigo (2 km westl. von Ebor) führt eine rechte Abzweigung zu den Ebor Falls im **Guy Fawkes River National Park** (www.nationalparks.nsw.gov.au/guy-fawkes-river-national-park).

➜ Der Waterfall Way verläuft dann am Rand des **Cathedral Rock National Park** (www.nationalparks.nsw.gov.au/cathedral-rock-national-park). Auf der linken Seite folgt nach 8 km die Point Lookout Rd zum **New England National Park** (www.nationalparks.nsw.gov.au/new-england-national-park), einem weiteren Abschnitt der Gondwana Rainforests World Heritage Area.

➜ Nach weiteren 28 km bringt einen eine linke Abzweigung zu den 260 m hohen Wollomombi Falls, einem Highlight im **Oxley Wild Rivers National Park** (www.nationalparks.nsw.gov.au/oxley-wild-rivers-national-park).

) Bellingens coolster Treff, der sich mühelos von einem Café in eine Bar verwandelt, bietet eine bunte Mischung aus Livemusik, Filmabenden und Gemeinde-Events. Auf der Speisekarte stehen gleich die Adressen der örtlichen Produzenten, von denen die Zutaten für die leckeren Gerichte stammen.

🛍 Shoppen

Der **Community Market** (www.bellingenmarkets.com.au; Bellingen Park, Church St; 3. Sa im Monat 9–15 Uhr) mit mehr als 250 Ständen ist ein regionales Großereignis. Es gibt auch noch einen **Growers' Market** (www.bellingengrowersmarket.com; Bellingen Showgrounds, Ecke Hammond & Black St; 2. & 4. Sa im Monat 8–13 Uhr).

Old Butter Factory KUNST, KUNSTHANDWERK
(www.theoldbutterfactory.com.au; 1 Doepel St; 9–17 Uhr) In der Anlage befinden sich Kunsthandwerks-, Geschenke- und Haushaltswarenläden, eine Galerie, Schmuckhändler und ein Café.

Emporium Bellingen KLEIDUNG
(02-6655 2204; www.emporiumbellingen.com.au; 73-75 Hyde St; Mo–Sa 9–17, So 10–17 Uhr) Die schön aufgemachte Boutique im historischen Hammond and Wheatley Building (1909) hält eine gute Auswahl von Haushaltswaren und Kleidung bereit. Im Obergeschoss gibt's farbenfrohe Importwaren.

Heartland Didgeridoos MUSIK, KLEIDUNG
(02-6655 9881; www.heartlanddidgeridoos.com.au; 2/25 Hyde St; Mo–Sa 10–16.30 Uhr) Hat eine erstklassige Reputation als Hersteller hochwertiger Musikinstrumente.

Bellingen Book Nook BÜCHER
(02-6655 9372; 25 Hyde St; Di–Sa 10–16 Uhr) In der winzigen Bücherhöhle stapeln sich die gebrauchten Bücher bis zur Decke.

ℹ Praktische Informationen

Waterfall Way Information Centre (02-6655 1522; www.coffscoast.com.au; 29-31 Hyde St; 9–17 Uhr) Hat Broschüren zu Panoramafahrten, Wanderungen und einem Arts-Trail.

ℹ An- & Weiterreise

Von Bellingen führt spektakuläre Waterfall Way steil hinauf ins 29 km entfernte Dorrigo.
Busways (02-6655 7410; www.busways.com.au) Werktags fahren fünf oder sechs und samstags zwei Busse von/nach Nambucca Heads und Coffs Harbour (je 11,90 AU$, 1¼ Std.).

New England Coaches (02-6732 1051; www.newenglandcoaches.com.au) Wöchentlich gibt's drei Busse nach Urunga (40 AU$) und Coffs Harbour (35 AU$).

KEMPSEY SHIRE

Zum Kempsey Shire gehören die große, landwirtschaftlich geprägte Stadt Kempsey, die Farmen des Macleay Valley und eine Reihe prächtiger Surfstrände.

Wer Zeit für einen malerischen Abstecher hat, verlässt den Highway bei Kempsey und nimmt die Crescent Head Rd zur Küste. Von dort führt die Straße nach Gladstone am grünen Hat Head National Park entlang und folgt dann dem Belmore River bis zu seinem Zusammenfluss mit dem Macleay River. Die

Straße nach South West Rocks folgt dem Macleay, dessen Ufer von dichtem Schilf, alten Bauernhäusern und auf Stelzen stehenden alten Schuppen gesäumt sind.

Kempsey

29 361 EW.

Zwei Ikonen der australischen Kultur kommen aus Kempsey: der Akubra-Hut und die verstorbene Countrymusik-Legende Slim Dusty. Man kann der Stadt aber wahrlich nicht vorwerfen, aus dieser Tatsache Kapital zu schlagen. Die Akubra-Fabrik ist für die Öffentlichkeit nicht zugänglich, und das schicke **Slim Dusty Centre** (02-6562 6533; www.slimdustycentre.com.au; 490 Pacific Hwy , South Kempsey) bleibt leer, bis noch einmal ein paar Millionen Dollar aufgetrieben sind, um eine Dauerausstellung zu seinem Leben zu installieren und eine Straße zu dem Zentrum zu bauen. Einstweilen ist das **Kempsey Museum** (www.kempseymuseum.org; 62 Lachlan St; Erw./Kind 4/2 AU$; 10–16 Uhr) die einzige einigermaßen interessante Attraktion.

An- & Weiterreise

Regionalbusse betreibt Busways (S. 209). Die Busse fahren bis Port Macquarie, Crescent Head und South West Rocks.

NSW Trainlink (S. 210), Greyhound (S. 209) und Premier (S. 209) sind mit Bussen auf dem Pacific Hwy unterwegs, die alle in Kempsey halten.

South West Rocks

4820 EW.

South West Rocks ist einer von vielen hübschen Küstenorten an diesem Küstenabschnitt und hat spektakuläre Strände und genügend interessante Ablenkungen für ein, zwei Übernachtungen.

Die hübsche Kurve der **Trial Bay**, die sich östlich des Ortes erstreckt, verdankt ihren Namen der *Trial*, einem Schiff, das hier 1816 während eines Sturmes sank, nachdem es Sträflinge, die aus Sydney geflohen waren, in ihre Gewalt gebracht hatten. Die östliche Hälfte der Bucht ist heute ein Schutzgebiet, das zum **Arakoon National Park** gehört, dessen Herz eine Landzunge voller Kängurus, Jägerlieste und Camper bildet. Der Weiler **Arakoon** bietet ein paar hübsche Campingmöglichkeiten sowie eine Reihe Ferienhäuser am Strand. An der östlichen Flanke liegt der kleine **Little Bay Beach**, ein Sandstreifen, der durch eine Felsbarriere von den Wellen abgeschirmt ist. Der Strand ist prima zum Baden und Ausgangspunkt einiger guter Wanderwege.

Sehenswertes & Aktivitäten

Das Gebiet vor South West Rocks ist prima für Taucher, das gilt insbesondere für die Fish Rock Cave südlich vom Smoky Cape. Die Tauchveranstalter **South West Rocks** (02-6566 6474; www.southwestrocksdive.com.au; 5/98 Gregory St) und **Fish Rock** (02-6566 6614; www.fishrock.com.au; 134 Gregory St) bieten Tauchgänge (Tauchgänge mit zwei Booten 1/2 Tage 130/250 AU$) und Unterkunft.

Trial Bay Gaol MUSEUM
(02-6566 6168; www.nationalparks.nsw.gov.au/arakoon-national-park/; Cardwell St; Erw./Kind 10/7 AU$; 9–16.30 Uhr) Das imposante Gebäude auf dem östlichen Vorland der Trial Bay wurde zwischen 1877 und 1886 errichtet, um Sträflinge aufzunehmen, die hier einen Hafendamm errichten sollten. Die Natur spielte nicht mit, und der Hafendamm wurde weggespült. Das Gefängnis blieb danach ungenutzt, abgesehen von einem kurzen Intermezzo während des Zweiten Weltkriegs, als hier Australier deutscher oder österreichischer Abkunft interniert waren. Heute erinnert ein interessantes Museum an seine abwechslungsreiche Geschichte.

Ein netter, 4 km langer Strandspaziergang führt aus South West Rocks hierher.

Schlafen

Horseshoe Bay Holiday Park CAMPING $
(02-6566 6370; www.mvcholidayparks.com.au; 1 Livingstone St; Stellplatz/Hütte ab 49/99 AU$) Dieser Wohnmobilpark ist nur einen Katzensprung von der Hauptstraße und vom Strand entfernt und während der Sommerferien stark ausgelastet.

Trial Bay Gaol Campground CAMPING $
(02-6566 6168; www.nationalparks.nsw.gov.au/arakoon-national-park/; Cardwell St; Stellplatz ab 28 AU$) Der herrliche NPWS-Campingplatz liegt hinter dem Gefängnis. Von den meisten Stellplätzen hat man eine gute Sicht auf dem Strand, und auf dem Platz treiben sich immer Kängurus herum. Es gibt Trinkwasser, Spültoiletten, Münzduschen mit Warmwasser und gasbetriebene Grills.

Smoky Cape Retreat B&B $$
(02-6566 7740; smokycaperetreat.com.au; 1 Cockatoo Pl, Arakoon; Zi. 160 AU$;) Das

gemütliche Refugium nahe Arakoon umfasst drei private Suiten mit Whirlpools und große Gartenanlagen mit einem Meerwasserpool und einem Tennisplatz. Die Inhaber betreiben ein charmantes Café auf der Terrasse, wo Gäste kostenlos ein warmes Frühstück erhalten.

Heritage Guesthouse B&B $$
(02-6566 6625; www.heritageguesthouse.com.au; 21-23 Livingstone St; DZ 120–175 AU$; ❄🛜) Das renovierte Haus aus den 1880er-Jahren hat hübsche, altmodische Zimmer, von denen einige mit Whirlpools ausgestattet sind. Man hat die Wahl zwischen schlichteren Zimmern im Erdgeschoss und luxuriöseren mit Meerblick oben. Im Preis inbegriffen ist ein kontinentales Frühstück.

Rockpool Motor Inn MOTEL $$
(02-6566 7755; www.rockpoolmotorinn.com.au; 45 McIntyre St; Zi. ab 140 AU$; ❄🏊) Dieser moderne Block nur ein paar Straßen vom Strand entfernt hat schick möblierte Zimmer und sehr hilfsbereites Personal. Das Restaurant vor Ort ist auch nicht schlecht.

🍴 Essen

Chillati Gelati GELATERIA $
(31 Livingstone St; ⊙ So–Do 10–17, Fr & Sa bis 20.30 Uhr) Jeder Strandort braucht eine gute Eisdiele, und South West Rocks kann sich in dieser Hinsicht nicht beklagen. Die bunte Auswahl aus 30 Sorten wird vor Ort aus Milch aus der Region hergestellt. Man bekommt hier auch guten Kaffee.

Malt & Honey CAFÉ $
(02-6566 5200; 5-7 Livingstone St; Hauptgerichte 10–16 AU$; ⊙ Di–So 7.30–16 Uhr) Das Café gegenüber dem Strand setzt auf kreative Gerichte als seine Nachbarn und serviert z. B. herzhafte Salate und saftige, hausgemachte Kuchen.

Trial Bay Kiosk CAFÉ $$
(02-6566 7100; www.trialbaykiosk.com.au; Cardwell St; Hauptgerichte morgens 10–16 AU$, mittags & abends 18–28 AU$; ⊙ Fr & Sa 8–14 & 17.30–21.30 Uhr) Auf der Terrasse dieses Cafés in der Nähe des Gefängnisses genießt man Ausblick. Mittags geht das Angebot zu Bistrogerichten wie Steaks mit Stampfkartoffeln, Risotto und Fish & Chips über.

ℹ️ Praktische Informationen

Visitor Information Centre (02-6566 7099; www.macleayvalleycoast.com.au; 1 Ocean Ave; ⊙ 9–16 Uhr)

ℹ️ An- & Weiterreise

Busways (02-6562 4724; www.busways.com.au) Busse fahren von/nach Kempsey (13,60 AU$, 46 Min., Mo–Sa tgl. 2- bis 3-mal).

Hat Head National Park

Der 74 km² große **Nationalpark** (Eintritt 7 AU$/Fahrzeug), der fast die gesamte Küste zwischen Crescent Head und South West Rocks umfasst, schützt Buschland, Sümpfe und einige herrliche Strände, hinter denen sich eines der größten Dünensysteme in New South Wales auftürmt.

Das isolierte Stranddorf **Hat Head** (326 Ew.) befindet sich in der Mitte. Am anderen Ende des Ortes, hinter dem Ferienpark, führt eine malerische Fußgängerbrücke aus Holz über das Ästuar des Korogoro Creek. Das Wasser ist so klar, dass man darin die Fische herumschwimmen sehen kann.

Den besten Ausblick hat man vom **Smoky Cape Lighthouse** am nördlichen Ende des Parks. Während der jährlichen Walwanderung kann man hier prima nach den Meeressäugern Ausschau halten.

🛏️ Schlafen

Hat Head Holiday Park CAMPING $
(02-6567 7501; www.mvcholidayparks.com.au; Straight St; Stellplatz/Hütte ab 35/121 AU$) Der altmodische, auf Familien ausgerichtete Ferienpark befindet sich nahe dem Strand und der Fußgängerbrücke.

NPWS Camp Sites CAMPING $
(www.nationalparks.nsw.gov.au/hat-head-national-park; Stellplatz pro Erw./Kind 5/3 AU$) Campen kann man bei Hungry Gate, 5 km südlich von Hat Head, oder am abgeschiedenen

---

ABSTECHER

GLADSTONE

Das am Flussufer gelegene Gladstone (387 Ew.) lohnt einen Halt, um sich in der **Macleay Valley Community Art Gallery** (www.kempsey.nsw.gov.au/gallery/; 5 Kinchela St; Do–So 10.30–16 Uhr) GRATIS umzuschauen und sich anschließend einen Drink im **Heritage Hotel** (www.heritagehotel.net.au; 21 Kinchela St; Hauptgerichte ab 16 AU$; ⊙ Mo–Sa 10–24, So bis 21 Uhr) zu genehmigen, einem ausgezeichneten alten Pub mit einem oasenartigen Biergarten.

Smoky Cape gleich unter dem Smoky Cape Lighthouse. Bei beiden Anlagen gilt: Wer zuerst kommt, mahlt zuerst; eine Reservierung gibt es nicht. Gästen stehen Plumpsklos und ein Grillbereich zur Verfügung, Trinkwasser muss mitgebracht werden.

Smoky Cape Lighthouse B&B, COTTAGES $$$
(02-6566 6301; www.smokycapelighthouse.com; Lighthouse Rd; EZ/DZ ab 150/220 AU$, Cottage pro 2 Nächte ab 500 AU$) An romantischen Abenden kann man aufs Meer hinausblicken und hören, wie der Wind rund um die historische Leuchtturmwärterwohnung hoch oben auf der Landzunge heult.

Crescent Head
979 EW.

Dieses Strandrefugium hat einen der besten Right Hand Breaks im Land. Heute kommen viele nur, um zuzuschauen, wie sich die Longboard-Fahrer den mächtigen Wellen an der **Little Nobby's Junction** stellen. Ein guter Spot für Shortboard-Surfer liegt abseits der Plomer Rd. Der unberührte **Killick Beach** erstreckt sich 14 km nach Norden.

Schlafen & Essen

Die örtliche Agentur **Point Break Realty** (02-6566 0306; www.crescentheadholidayaccommodation.com.au; 4 Rankine St) vermietet Ferienwohnungen.

Surfari HOSTEL, MOTEL $
(02-6566 0009; www.surfaris.com; 353 Loftus Rd; B/Zi. ab 40/150 AU$; @⛵🏊) Die Typen, die mit den Surftouren von Sydney nach Byron begannen, sitzen heute in Crescent Head, weil hier „die Wellen täglich garantiert sind". Die Zimmer sind sauber und komfortabel; Unterkunft-Surf-Pauschalen sind die Spezialität. Das Hostel liegt 3,5 km vom Ort entfernt an der Straße nach Gladstone.

Sun Worship Eco Apartments APARTMENTS $$$
(1300 664 757; www.sunworship.com.au; 9 Belmore St; Apt. ab 220 AU$; 🅿) Hier wohnt man luxuriös, aber umweltbewusst in einer von fünf geräumigen Villen aus gestampfter Erde, die sich durch nachhaltiges Design (natürliche Belüftung, Ausrichtung zur Sonne und solar beheiztes Warmwasser) auszeichnen.

Crescent Head Tavern KNEIPENKOST $$
(www.crescentheadtavern.com; 2 Main St; Hauptgerichte 15–30 AU$; ⏱12–14 & 17.30–19.30 Uhr) Der örtliche Pub hat kaltes Bier, eine sonnige Terrasse und eine lange Karte mit Burgern, Meeresfrüchten, Pizzas und Salaten.

ℹ An- & Weiterreise

Busways (02-6562 4724; www.busways.com.au) Busse von Busways verkehren zwei- bis dreimal täglich (außer So) zwischen Crescent Head und Kempsey (10,10 AU$, 25 Min.).

PORT MACQUARIE
76 500 EW.

„Port", wie die Stadt gemeinhin nur genannt wird, macht das meiste aus seiner Lage am Zugang zur subtropischen Küste. Mit seiner Kette wunderschöner Strände ist es ganz auf Badeurlauber ausgerichtet.

⊙ Sehenswertes

Ports wunderbare Strände sind alle nur eine kurze Fahrt vom Stadtzentrum entfernt. Die meisten eignen sich prima zum Schwimmen und Surfen, und sie sind selten überfüllt. Besonders gute Surfbedingungen herrschen am **Town Beach**, **Flynn's Beach** und **Lighthouse Beach**, die alle im Sommer von Rettungsschwimmern überwacht werden. Am **Shelly Beach** und **Miners Beach** reicht der Regenwald bis direkt hinunter zum Sand; Letzterer ist der inoffizielle FKK-Strand.

Walsaison ist von Mai bis November; neben Beobachtungspunkten überall rund um die Stadt gibt es auch zahlreiche Walbeobachtungstouren, bei denen man einen näheren Blick auf die Tiere werfen kann.

Es ist möglich, die gesamte Strecke vom **Town Wharf** bis zum Lighthouse Beach zu Fuß zurückzulegen. Unterwegs trifft man auf den **Hafendamm**, der zu einem Werk kommunaler Guerilla-Kunst gemacht wurde. Die Felsbrocken sind aufwendig bemalt. Neben schönen Malereien von Erinnerungswert finden sich auch Albernheiten des Partyvölkchens.

Koala Hospital WILDSCHUTZGEBIET
(www.koalahospital.org.au; Lord St; Eintritt gegen Spende; ⏱8–16.30 Uhr) Chlamydien, Verkehrsunfälle und Angriffe durch Hunde stellen die größten Krankheits- und Verletzungsgefahren für Koalas dar, die in der Nähe von Städten leben; rund 250 Tiere landen jedes Jahr in diesem Hospital. Man kann jederzeit um die Freiluftgehege herumlaufen, erfährt aber mehr bei einer Führung (15 Uhr). Zu einigen der Langzeitpatienten gibt es Schil-

der, auf denen ihre Geschichte nachzulesen ist. Infos zu Freiwilligenjobs stehen auf der Website.

Roto House HISTORISCHES GEBÄUDE
(www.nationalparks.nsw.gov.au/macquarie-nature-reserve; Lord St; Eintritt gegen Spende; ◉10–16.30 Uhr) Das schön erhaltene spätviktorianische Schindelgebäude wurde 1891 von dem Landvermesser John Flynn erbaut und bis 1979 von seinen Nachkommen bewohnt. Die engagierten Freiwilligen, die sich heute um das Anwesen kümmern, geben Besuchern gern eine Führung.

Sea Acres National Park NATIONALPARK
(www.nationalparks.nsw.gov.au/sea-acres-national-park; Pacific Dr; Erw./Kind 8/4 AU$; ◉9–16.30 Uhr) Der 72 ha große Nationalpark schützt den größten und vielfältigsten Abschnitt von Küstenregenwald. Man findet hier jede Menge Vögel, Warane, Buschhühner und Rautenpythons.

Im Rainforest Centre gibt's ein ausgezeichnetes Café (S. 208) und audiovisuelle Ausstellungen über die örtlichen Birpai-Aborigines. Das Highlight ist der 1,3 km lange, rollstuhlfahrertaugliche Plankenweg durch den Wald. Kundige Freiwillige veranstalten in der Hauptsaison faszinierende einstündige Führungen.

Kooloonbung Creek Nature Park PARK
(Gordon St) GRATIS Der 50 ha Buschland und Feuchtgebiete umfassende Park ist die Heimat vieler Vogelarten. Eine Reihe von Wanderwegen und rollstuhlfahrertauglichen Plankenstegen führt durch die Mangroven und den Kasuarinenwald.

Billabong Koala & Wildlife Park ZOO
(☏02-6585 1060; www.billabongkoala.com.au; 61 Billabong Dr; Erw./Kind 24,50/14 AU$; ◉9–17 Uhr) Am besten plant man seinen Besuch nach den „Koala-Streichelstunden" (10.30, 13.30 & 15.30 Uhr) im Koala-Aufzuchtzentrum dieses Parks. Es gibt auch noch viele andere australische Tiere zu sehen, außerdem Affen, Meerkatzen und Schneeleoparden, die zu den gefährdeten Arten zählen.

Port Macquarie Historical Museum MUSEUM
(www.port-macquarie-historical-museum.org.au; 22 Clarence St; Erw./Kind 5/2 AU$; ◉Mo–Sa 9.30–16.30 Uhr) Ein 1836 errichtetes Haus wurde zu diesem überraschend interessanten kleinen Museum umgestaltet. Die Geschichte der Aborigines und der Sträflinge findet gebührende Beachtung, ehe bunt Vermischtes die Oberhand gewinnt, darunter eine „Ladenstraße" und eine Ausstellung schöner alter Kleidung (u. a. ein ganzer Abschnitt zu Unterwäsche).

Glasshouse KUNSTZENTRUM
(☏02-6581 8888; www.glasshouse.org.au; Ecke Clarence & Hay St) Dieses städtische und architektonische Vorzeigestück wurde auf dem Gelände der Cottages der Gefangenenwärter errichtet; im Foyer und im Untergeschoss sind archäologische Artefakte ausgestellt. Außerdem befinden sich hier die **regionale Kunstgalerie** (◉Di–So 10–16 Uhr) GRATIS, ein Theater mit 600 Plätzen und die Touristeninformation.

Maritime Museum MUSEUM
(www.maritimemuseumcottages.org.au; 6 William St; Erw./Kind 5/2 AU$; ◉10–16 Uhr) Die alte Lotsenstation (1882) über dem Town Beach wurde zu einem kleinen Meeresmuseum umgewandelt. Eine noch kleinere Filiale dieses Museums befindet sich im **Pilot's Boatshed** (www.maritimemuseumboatshed.org.au; Eintritt gegen Spende; ◉10–14 Uhr) aus den 1890er-Jahren am Town Wharf.

Observatory OBSERVATORIUM
(www.pmobs.org.au; William St; Erw./Kind 8/5 AU$; ◉Mi & So 19.30 Uhr, Okt.–April 20.15 Uhr) Bei den öffentlichen Vorführungen und Veranstaltungen dieses Observatoriums kann man einen Blick durchs Teleskop werfen.

Aktivitäten

Port Macquarie Coastal Walk WANDERN
GRATIS Dieser wunderbare Küstenweg beginnt im Vorland des Town Green und windet sich rund 9 km an der Küste entlang bis zum **Tracking Point Lighthouse** (Lighthouse Rd) im Sea Acres National Park (s. linke Spalte). Dabei kommt man an vielen Optionen zum Baden (acht Stränden) vorbei und hat zwischen Mai und November gute Chancen, wandernde Wale vorbeiziehen zu sehen. Die Wanderung lässt sich auch in kürzere, 2 km lange Etappen unterteilen.

Port Macquarie Surf School SURFEN
(☏02-6584 7733; www.portmacquariesurfschool.com.au; 46 Pacific Dr; Kurs ab 40 AU$) Bietet Surfunterricht für Erfahrene und Neulinge.

Soul Surfing SURFEN
(☏02-6582 0114; www.soulsurfing.com.au; Kurse ab 50 AU$) Bietet besonders guten Anfängerunterricht an.

Port Macquarie

Port Macquarie

⊙ Highlights
1 Flynn's Beach F4

⊙ Sehenswertes
2 Glasshouse C1
  Glasshouse Regional Gallery .... (siehe 2)
3 Koala Hospital E4
4 Kooloonbung Creek Nature Park C3
5 Maritime Museum E2
6 Observatory E2
7 Pilot's Boatshed B1
8 Port Macquarie Historical Museum C1
9 Roto House E4

⊙ Aktivitäten, Kurse & Touren
10 Port Macquarie Cruise Adventures B1
11 Port Macquarie Surf School F4
12 Port Venture Cruises B1

⊙ Schlafen
13 Eastport Motor Inn E3
14 Flynns on Surf F4
15 Mantra Quayside B2
16 Observatory E2
17 Ozzie Pozzie YHA A2
18 Port Macquarie Backpackers A2

⊙ Essen
19 Corner Restaurant C1
20 Fusion 7 .... C2
21 LV's on Clarence B1
   Milkbar Town Beach .... (siehe 16)
22 Social Grounds A2
23 Stunned Mullet E2

⊙ Ausgehen & Nachtleben
24 Beach House C1
25 Grape & Petal B1
26 Zebu Bar & Grill C1

zend gibt's eine 90-minütige Friedhofstour (19 AU$, Mi–Sa 14 Uhr).

🛏 Schlafen

Ozzie Pozzie YHA HOSTEL $
(☎ 02-6583 8133; www.ozziepozzie.com; 36 Waugh St; B/EZ/DZ ab 31/66/88 AU$; @ 🛜 🏊) Das Hostel in einer ungewöhnlichen, aus drei umgebauten Vorstadthäusern bestehenden Anlage hat saubere Zimmer und eine relaxte Atmosphäre. Diverse Aktivitäten werden angeboten, es gibt Billard- und Tischtennistische und einen Verleih von Bodyboards (gratis) und Fahrrädern (5 AU$/Tag).

Port Macquarie Backpackers HOSTEL $
(☎ 02-6583 1791; www.portmacquariebackpackers.com.au; 2 Hastings River Dr; B/EZ/DZ ab 31/65/80 AU$; @ 🛜 🏊) Das denkmalgeschützte Haus hat Wände mit Metallverzierungen, bunte Wandmalereien und einen grünen Hinterhof mit kleinem Pool. Der Verkehrslärm aber kann stören, wofür die kostenlosen Extras (u. a. WLAN, Leihräder, Strand-Shuttles und Bodyboards) entschädigen.

Observatory HOTEL $$
(☎ 02-6586 8000; www.observatory.net.au; 40 William St; Zi./Apt. ab 165/179 AU$; P ❄ 🛜 🏊) 🍴 Die Zimmer und Apartments in diesem gehobenen Hotel gegenüber dem Town Beach sind attraktiv und gut ausgestattet; viele haben einen Balkon mit Ausblick aufs Wasser. Im Erdgeschoss findet sich das zwanglos-schicke Café **Milkbar** (Hauptgerichte 9–16 AU$; ⊙ Mo–Fr 7.30–15, Sa & So bis 12 Uhr).

Beachport B&B $$
(☎ 0423 072 669; www.beachportbnb.com.au; 155 Pacific Dr; Zi. 80–200 U$; ❄ 🛜) Die zwei Zimmer im Erdgeschoss dieses tollen B&Bs öffnen sich zu privaten Terrassen, die Wohneinheit im Obergeschoss ist geräumiger. Zutaten für ein einfaches Frühstück zum Selbermachen werden gestellt; das Rainforest Cafe liegt gleich auf der anderen Straßenseite.

Eastport Motor Inn MOTEL $$
(☎ 02-6583 5850; www.eastportmotorinn.com.au; Ecke Lord & Burrawan St; Zi. ab 129 AU$; ⊖ ❄ 🛜) Das dreistöckige Motel wurde kürzlich renoviert und bietet recht kleine Zimmer mit gutem Preis-Leistungs-Verhältnis, komfortablen Betten und gestärkter Bettwäsche.

Mantra Quayside APARTMENTS $$
(☎ 02-6588 4000; www.mantraquayside.com.au; Ecke William & Short St; Apt. ab 180 AU$; ❄ 🛜 🏊)

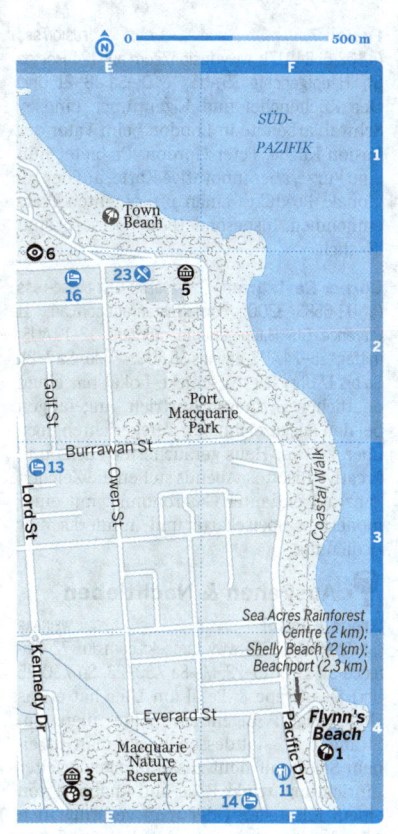

🧭 Geführte Touren

Port Venture Cruises BOOTSFAHRT
(☎ 1300 795 577; www.portventure.com.au; Town Wharf; Erw./Kind ab 17/10 AU$) Veranstaltet Dämmerungs-, Mittags- und Öko-Bootstouren, zu denen jeweils Delfinbeobachtung gehört. Walbeobachtungstouren gibt's von Mitte Mai bis Mitte November (50 AU$).

Port Macquarie Cruise Adventures BOOTSFAHRT
(☎ 0414 897 444; www.cruiseadventures.com.au; Town Wharf; Bootstour ab 15 AU$) Bootstouren zur Delfin- und Walbeobachtung, Touren mit Mittagessen, Fahrten in den Sonnenuntergang und in die Mangroven.

Port Macquarie Hastings Heritage STADTSPAZIERGANG
(☎ 0447429016; www.pmheritage.com.au; 29 AU$/Pers.; ⊙ Mi–Sa 9.30 Uhr) Die zweieinhalbstündigen Spaziergänge durch Port Macquaries Geschichte beginnen am Glasshouse. Ergän-

Auf dem Dach dieses zentral gelegenen, mittelhohen Kastens kann man grillen, in den beheizten Pool springen oder einfach die Aussicht genießen. Die Ein-Zimmer-Apartments haben Kochnischen und Zugang zu einer Gemeinschaftswaschküche, die Apartments mit ein oder zwei Schlafzimmern sind vollständig ausgestattet.

Flynns on Surf VILLA $$

(02-6584 2244; www.flynns.com.au; 25 Surf St; ab 180 AU$; P❂❀❅❆) Die schicken Villen mit ein, zwei oder drei Betten stehen jeweils auf einem eigenen Privatgelände. Man hat einen prächtigen Ausblick in den Busch. Zu der vollen Ausstattung kommen Extras wie Nespresso-Maschinen und iPod-Stationen. Die Wellen sind 200 m und die Stadt drei Gehminuten entfernt.

✗ Essen

Social Grounds CAFÉ $

(151 Gordon St; Hauptgerichte 7-14 AU$; ⊕Mo-Sa 6-15 Uhr) Einfach einen Stuhl an die Gemeinschaftstische auf der Terrasse dieses angesagten Treffs ziehen! Auf der Karte stehen Eier, Bagels, hoch aufgetürmte Reuben-Sandwiches und mächtige Salate. Der Kaffee ist verlässlich gut.

Rainforest Cafe CAFÉ $

(02-6582 4444; www.rainforestcafe.com.au; Sea Acres Rainfmorest Centre, Pacific Dr; Hauptgerichte morgens 10-15 AU$, mittags 12-22 AU$; ⊕9-16 Uhr; ✍) ✍ Man mag hier zwar im Busch sitzen, aber Bush-Tucker gibt's trotzdem nicht, denn der talentierte Koch ist ein echter Franzose. Der Schwerpunkt liegt auf gesunden Sandwiches und Salaten sowie leckerem Gebäck und Kuchen.

LV's on Clarence CAFÉ $$

(02-6583 9210; 74 Clarence St; Hauptgerichte 14-23 AU$; ⊕Mo-Sa 7-15, So bis 11.30 Uhr) Ob man auf einen Mittagssnack vorbeischaut oder bei Kaffee und hausgemachten Süßspeisen verweilt – dieses bodenständige Café ist zu jeder Tageszeit eine prima Alternative.

★ Stunned Mullet MODERN-AUSTRALISCH $$$

(02-6584 7757; www.thestunnedmullet.com.au; 24 William St; Hauptgerichte 36-39 AU$; ⊕12-14.30 & 18-22 Uhr) Das nette Lokal am Meer ist etwas für Gourmets. Auf der kreativen, modernen Karte stehen klassische Gerichte wie Schweinebauch mit scharf gebratenen Muscheln neben Exotischem wie Schwarzem Seehecht. Die lange internationale Weinkarte passt zu Ports bestem Restaurant.

Fusion 7 FUSION $$$

(02-6584 1171; www.fusion7.com.au; 124 Horton St; Hauptgerichte 35 AU$; ⊕Di-Sa 18-21 Uhr) Der Küchenchef und Eigentümer Lindsey Schwab arbeitete in London beim Vater der Fusion-Küche, Peter Gordon. Er bietet nun eine kurze, aber innovative Karte, auf der regionale Produkte einen prominenten Platz einnehmen. Insbesondere die Desserts sind köstlich.

Corner Restaurant MODERN-AUSTRALISCH $$$

(02-6583 3300; cornerrestaurant.com.au; 11 Clarence St; Hauptgerichte morgens 12-19 AU$, mittags 15-24 AU$, abends 36 AU$; ⊕Mo-Sa 7-21, So bis 17 Uhr) Dieses schicke Lokal hat einen deutlichen Sydneyer Anstrich, angefangen bei den ausgezeichneten Cafégerichten tagsüber, z. B. im Haus geräucherter Lachs und kreative Risottos. Abends stehen die Zeichen ganz auf eleganter Gastronomie: mit einer modernen Speisekarte und aufmerksamer Bedienung.

🍸 Ausgehen & Nachtleben

Grape & Petal WEINBAR

(02-6584 6880; www.tameeka.com.au; 72 Clarence St; ⊕Di 15-22, Mi-Sa 7.30-22, So 7.30-15 Uhr) Das Grape & Petal am Ufer hat etwas Ungehöriges: Eigentlich sollte man am Strand sein, stattdessen hockt man in einem Salon mit bunt zusammengewürfelter Einrichtung, trinkt Rosé und knabbert von einem Käseteller. Oder man verbringt den Abend mit einigen Tapas und einem guten Tropfen von der langen Weinkarte.

Zebu Bar & Grill COCKTAILBAR

(02-6589 2888; www.zebu.com.au; 1 Hay St; ⊕12-24 Uhr) Gerührt, geschüttelt und eingegossen wird jede Menge in dieser beliebten Cocktail-Lounge im Rydges Hotel. Livemusik, Pizzas und der schöne Blick auf den Fluss sorgen zusätzlich für Genuss.

Beach House BAR

(www.thebeachhouse.net.au; 1 Horton St; ⊕So 7.30-22, Mo-Do bis 24 Uhr, Fr & Sa open end) Die beneidenswerte Lage am grasbewachsenen Uferrand macht entspannten Bar zum idealen Ort für einen entspannten Drink am Nachmittag. Am Wochenende gibt's DJs und Livebands.

ℹ️ Praktische Informationen

Port Macquarie Base Hospital (02-5524 2000; www.mnclhd.health.nsw.gov.au; Wrights Rd)

Visitor Information Centre (02-6581 8000; www.portmacquarieinfo.com.au; Glasshouse, Ecke Hay & Clarence St; Mo–Fr 9–17.30, Sa & So bis 16 Uhr)

❶ An- & Weiterreise

BUS
Port Macquarie Coach Terminal (Gordon St) Die Regionalbusse fahren vom Port Macquarie Coach Terminal.

Busways (02-6583 2499; www.busways.com.au) Betreibt Nahverkehrsbusse bis North Haven (13,30 AU$, 1 Std.), zum Port Macquarie Airport (5 AU$, 28 Min.) und nach Kempsey (16,50 AU$, 1 Std.).

Greyhound (1300 473 946; www.greyhound.com.au) Zwei Busse fahren täglich von/nach Sydney (74 AU$, 6½ Std.), Newcastle (56 AU$, 4 Std.), Coffs Harbour (37 AU$, 2½ Std.), Byron Bay (76 AU$, 6 Std.) und Brisbane (119 AU$, 10 Std.).

Premier (13 34 10; www.premierms.au) Hat täglich einen Bus von/nach Sydney (60 AU$, 6½ Std.), Newcastle (47 AU$, 3¾ Std.), Coffs Harbour (47 AU$, 2¼ Std.), Byron Bay (66 AU$, 7½ Std.) und Brisbane (67 AU$, 11 Std.).

FLUGZEUG
Port Macquarie Airport (PQQ; 02-6581 8111; www.portmacquarieairport.com.au; Oliver Dr) Der Flughafen liegt 5 km vom Stadtzentrum entfernt; eine Taxifahrt kostet 20 AU$, es gibt aber auch regelmäßig verkehrende Nahverkehrsbusse.

QantasLink (13 13 13; www.qantas.com.au) Fliegt von/nach Sydney.

Virgin (13 67 89; www.virginaustralia.com) Fliegt von/nach Sydney und Brisbane.

GROSSRAUM TAREE

Taree (17 800 Ew.) ist eine größere Stadt in praktischer Lage am Pacific Hwy und das Servicezentrum für das fruchtbare Manning Valley. Weiter das Tal hinauf verbindet die nahe Ortschaft **Wingham** (4520 Ew.) englisches Landstadt-Flair mit einer rauen Holzfällergeschichte.

In der anderen Richtung liegt an der Mündung des Manning River der ausgedehnte, von einem spektakulären felsigen Hafendamm geschützte und von Pelikanen bewachte Strandort **Harrington** (2260 Ew.), der bei Urlaubern und Rentnern – 48% der hiesigen Einwohner sind über 60 Jahre alt – beliebt ist.

Crowdy Head (221 Ew.) ist ein kleines Fischerdorf 6 km nordöstlich von Harrington am Rand des Crowdy Bay National Park. Die Gegend erhielt ihren Namen, weil Kapitän Cook auf der hiesigen Landzunge 1770 ein Treffen von Aborigines beobachtete. Der Ausblick auf die Wildnis und die einsamen Strände von dem 1878 errichteten **Leuchtturm** ist herrlich. Auch wenn man nicht durch den Nationalpark fährt, lohnt es sich, bei Kew den Pacific Hwy zu verlassen und die Küstenroute über den Ocean Dr nach Port Macquarie einzuschlagen. Nach einem Halt am Aussichtspunkt North Brother kommt man durch **Laurieton** (1930 Ew.). Hier biegt man links ab und überquert die Brücke nach **North Haven** (1600 Ew.) mit seinem absolut hinreißenden Surfstrand. Weiter Richtung Norden führt die Straße am Lake Cathie (ausgesprochen „kätt-ai") vorbei, einem flachen Gewässer, in dem Kinder gefahrlos planschen können.

◉ Sehenswertes

Wingham Brush Nature Reserve WALD
(Isabella St, Wingham) Ein Plankenweg führt durch diesen idyllischen Regenwald mit gigantischen Großblättrigen Feigen und Schwärmen von Flughunden. Man erblickt vielleicht sogar einen Fischadler oder eine Rautenpython.

Crowdy Bay National Park NATIONALPARK
(www.nationalparks.nsw.gov.au/crowdy-bay-national-park; Eintritt 7 AU$/Fahrzeug) Der für seine Felsformationen und zerklüfteten Klippen bekannte Park liegt hinter einem langen, schönen Strand. Ein 4,8 km langer Rundweg (2 Std.) führt unter die Landzunge namens Diamond. Die Straßen durch den Park sind nicht asphaltiert und voller Schlaglöcher, aber das Spiel des Lichts, das durch die Blätter der Gummibäume fällt, macht die Strecke malerisch.

Dooragan National Park NATIONALPARK
(www.nationalparks.nsw.gov.au/dooragan-national-park) Der kleine Park liegt unmittelbar nördlich des Crowdy Bay National Park an den Ufern des Watson Taylor Lake und wird vom North Brother Mountain überragt. Eine asphaltierte Straße führt zu dem Aussichtspunkt auf der Spitze, von dem man einen unglaublichen Blick auf die Küste hat.

🛏 Schlafen

NPWS Campgrounds CAMPING $
(02-6588 5555; Stellplatz pro Erw./Kind 10/5 AU$) Von den Campingplätzen im Crowdy Bay National Park ist **Diamond Head** der

beliebteste und am besten ausgestattete (mit Spültoiletten und Grillstellen) und **Kylie's Hut** der primitivste. Billiger ist der am Strand gelegene Platz **Crowdy Gap** (Erw./Kind 5/3 AU$) im südlichen Teil des Parks. Bei allen Plätzen muss man sein Trinkwasser selbst mitbringen.

Bank Guest House B&B $$
(02-6553 5068; www.thebankandtellers.com.au; 48 Bent St, Wingham; EZ/DZ ab 165/175 AU$; ✳ 🛜 🐾) In der freundlichen Unterkunft stehen Gästen stilvoll dekorierte Zimmer in einem aus den 1920er-Jahren stammenden Wohnhaus eines Bank-Filialleiters zur Verfügung. Wenn man das Zimmer im Garten hinten mietet, ist sogar das Mitbringen von Haustieren erlaubt.

✕ Essen

Bent on Food CAFÉ $$
(02-6557 0727; www.bentonfood.com.au; 95 Isabella St, Wingham; Hauptgerichte 10–25 AU$; ⊙Mo–Fr 8–17, Sa & So bis 15 Uhr) Das exzellente Café serviert einfallsreiche warme Gerichte und Backwaren. Die angeschlossene Kochschule bietet Kurse von der Käseherstellung bis zur Zubereitung von Wild an.

Harrington Hotel KNEIPENESSEN $$
(02-6556 1205; www.harringtonhotel.com.au; 30 Beach St, Harrington; Hauptgerichte 15–26 AU$) Die Einheimischen hängen gern in diesem geräumigen Pub ab und schlürfen ihr Bier auf der großen Terrasse am Ufer. Das weitläufige Bistro bietet eine tolle Aussicht und ausgezeichnetes Essen.

ℹ Praktische Informationen

Manning Valley Visitor Information Centre (02-6592 5444; www.manningvalley.info; 21 Manning River Dr, Taree; ⊙9–16.30 Uhr)

ℹ An- & Weiterreise

Taree Airport (TRO; 02-6553 9863; 1 Lansdowne Rd, Cundletown) Der Flughafen liegt 5 km nordöstlich des Zentrums von Taree.
Regional Express (Rex; 13 17 13; www.regionalexpress.com.au) Hat Flüge von/nach Sydney und Grafton.
NSW TrainLink (13 22 32; www.nswtrainlink.info) Die Züge halten in Wingham und Taree auf ihrem Weg von/nach Sydney (57 AU$, 5½ Std., tgl. 4-mal), Nambucca Heads (23,40 AU$, 3 Std., tgl. 3-mal), Coffs Harbour (28,25 AU$, 3½ Std., tgl. 3-mal), Grafton (39,60 AU$, 5 Std., tgl. 3-mal) und Brisbane (72 AU$, 9 Std., tgl. 2-mal).

GREAT-LAKES-REGION

Trotz des pompösen Namens ist dieses kleine Gebiet relativ unspektakulär und besteht aus einer Kette von Seen, die sich von Port Stephens die Küste hinauf bis zum regionalen Zentrum Forster-Tuncurry erstrecken. Hier sollte man den Highway verlassen und auf den grünen Straßen durch die Nationalparks fahren.

Booti Booti National Park

Der 15,67 km² große Nationalpark erstreckt sich auf einer schmalen Halbinsel mit dem **Seven Mile Beach** an ihrer Ost- und dem **Wallis Lake** an ihrer Westseite. Die Parkeintrittsgebühr (7 AU$/Fahrzeug) wird für den Lakes Way, der mitten durch den Park führt, nicht fällig. Der nördliche Abschnitt des Parks ist von dichtem Küstenregenwald bedeckt und wird vom 224 m hohen **Cape Hawke** überragt. Auf der Landzunge des Cape Hawke befindet sich eine **Aussichtsplattform**, die den schweißtreibenden Aufstieg über die rund 420 Stufen wirklich lohnt. Die (1940 geweihte) **Green Cathedral** mit ihren hölzernen Kirchenstühlen unter Palmen mit Ausblick auf den See ist ein interessantes Plätzchen.

Es gibt einen Campingplatz mit Selbstregistrierung an den **Ruinen** (Stellplatz pro Erw./Kind 14/7 AU$) am südlichen Ende des Seven Mile Beach.

ℹ Praktische Informationen

NPWS-Büro (02-6591 0300; www.nationalparks.nsw.gov.au/booti-booti-national-park; The Ruins; ⊙Mo–Fr 8.30–16.30 Uhr)

Pacific Palms

664 EW.

Versteckt zwischen dem Myall Lakes und dem Booti Booti National Park ist Pacific Palms einer jener Orte, an die gut betuchte Großstädter an den Wochenenden fliehen. Man findet hier deshalb eine Reihe ausgezeichneter Cafés, in denen man seiner Espresso-Sucht frönen kann.

Die meisten der hiesigen Häuser schmiegen sich an den **Blueys Beach** oder den **Boomerang Beach**, die beide bei Surfern sehr beliebte, lange goldene Sandstrände sind. Der populärste Badestrand ist der von Rettungsschwimmern überwachte **Elizabeth Beach**.

🛏️ Schlafen & Essen

Mobys Beachside Retreat RESORT $$
(☎ 02-6591 0000; www.mobysretreat.com.au; 4 Red Gum Rd, Boomerang Beach; Apt. ab 180 AU$; ❈ ☎ 🏊) Direkt gegenüber dem Boomerang Beach bringt diese Anlage 75 einzelne Ferienwohnungen mit schickem Dekor und exzellenten Einrichtungen auf einem relativ kleinen Gelände unter. Es gibt einen Tennisplatz und einen Kinderspielplatz sowie ein beliebtes Restaurant.

Twenty by Twelve CAFÉ $
(☎ 02-6554 0452; 207 Boomerang Dr; Hauptgerichte 7–17 AU$; ⊙ 7.30–15 Uhr; ☎) Kleine Gerichte, örtliche Bioprodukte und köstliche Delikatessen.

ℹ️ Praktische Informationen

Pacific Palms Visitor Centre (☎ 02-6554 0123; www.greatlakes.org.au; Boomerang Dr; ⊙ 10–16 Uhr; ☎)

ℹ️ An- & Weiterreise

Busways (☎ 02-4997 4788; www.busways.com.au) Mindestens zwei Busways-Busse halten täglich am Blueys Beach auf dem Weg nach Newcastle (28 AU$, 2 Std.) und Taree (17 AU$, 1 Std.).

Myall Lakes National Park

An einem ungewöhnlich schönen Abschnitt der Küste umfasst dieser große **Nationalpark** (www.nationalparks.nsw.gov.au/myall-lakes-national-park; Eintritt 7 AU$/Fahrzeug) einen Flickenteppich aus Seen, Inseln, dichtem Uferregenwald und Stränden. Die Seen sind Lebensraum einer unglaublichen Menge und Vielfalt von Vögeln, darunter Laubenvögel, Weißbauchseeadler und Eulenschwalme. Bei **Mungo Brush** im Süden führen Wege durch den Küstenregenwald und vorbei an Stranddünen, von denen aus man wunderbar nach Wildblumen und Dingos Ausschau halten kann.

Die besten Strände und Wellen finden sich im Norden um **Seal Rocks**, einen Weiler, der sich an die Sugarloaf Bay schmiegt. Am Strand gibt es smaragdgrüne Felsteiche und goldenen Sand. Ein kurzer Weg führt zum **Sugarloaf Point Lighthouse**, von dem man einen herrlichen Blick auf den Ozean genießt. Ein Abstecher bringt einen zum einsamen **Lighthouse Beach**, einem beliebten Surfspot. Am Leuchtturm befindet sich ein Aussichtspunkt auf die Seal-Rocks-Inselchen, auf denen sich manchmal Südafrikanische Seebären blicken lassen. **Buckelwale** schwimmen bei ihrer jährlichen Wanderung hier vorbei.

Vor der Küste ist **Broughton Island** unbewohnt, wenn man von den Sturmvögeln, Zwergpinguinen und der unglaublichen Artenvielfalt der Fische im Meer absieht. Die Strände sind sehr einsam und die Tauchgelegenheiten erstklassig. **Moonshadow** (☎ 02-4984 9388; www.moonshadow.com.au; 35 Stockton St, Nelson Bay) 🚤 veranstaltet von Nelson Bay aus ganztägige Ausflüge zur Insel einschließlich Schnorcheln und Sperrnetzfahrten (Okt.–Ostern So, häufiger während der Sommerferien; Erw./Kind $85/45).

🛏️ Schlafen

Seal Rocks Holiday Park CAMPING $
(☎ 02-4997 6164; www.sealrocksholidaypark.com.au; Kinka Rd, Seal Rocks; Stellplatz/Hütte ab 33/89 AU$; ☎) Bietet eine Reihe von Budgetunterkünften an, darunter grasbewachsene Zelt- und Wohnmobilstellplätze direkt am Wasser.

NPWS Campgrounds CAMPING $
(☎ 1300 072 757; www.nationalparks.nsw.gov.au/Myall-Lakes-National-Park; Broughton Island 30 AU$/2 Pers., weiterer Erw./weiteres Kind 10/5 AU$) Über den Park verteilen sich 19 einfache Campingplätze, von denen nur einige über Trinkwasser und Spültoiletten verfügen. Zum Zeitpunkt unserer Recherche war der einzige Platz, für den man vorab reservieren musste, der auf Broughton Island. Es gibt aber Änderungspläne, weshalb man die Website checken sollte.

★ **Sugarloaf Point Lighthouse** COTTAGE $$$
(☎ 02-4997 6590; www.sealrockslighthouseaccommodation.com.au; Cottages ab 340 AU$; ☎) Von den drei vollständig renovierten, denkmalgeschützten Leuchtturmwärterhütten kann man die donnernden Wogen und die Wildtiere beobachten. Alle Hütten stehen separat und verfügen über zwei oder drei Schlafzimmer und einen Grill.

Bombah Point Eco Cottages COTTAGE $$$
(☎ 02-4997 4401; www.bombah.com.au; 969 Bombah Point Rd; DZ 220–275 AU$; 🏊) 🌿 Im Herzen des Nationalparks bieten diese von Architekten gestalteten Cottages mit Glasfront Platz für bis zu sechs Personen. Das „Öko" im Namen ist wohlverdient: Das Abwasser wird aufbereitet, der Strom stammt von

Solarpaneelen, und das Wasser kommt aus Regenwassertanks mit Filter.

❶ An- & Weiterreise

Von Hawks Nest führt die malerische Mungo Brush Rd durch den Park nach Bombah Broadwater, wo die **Bombah Point Ferry** (6 AU$/ Auto) zwischen 8 und 18 Uhr alle halbe Stunde übersetzt (5 Min.). Weiter Richtung Norden ist ein 10 km langer Abschnitt der Bombah Point Rd, die bei Bulahdelah auf den Pacific Hwy stößt, unbefestigt.

Der Lakes Way verlässt den Pacific Hwy 5 km nördlich von Bulahdelah und führt an den Nordufern des Myall Lake und des Smiths Lake entlang, bevor er sich nach Pacific Palms und Forster-Tuncurry fortsetzt. Die Seal Rocks Rd zweigt bei Bungwahl vom Lakes Way ab.

Tea Gardens & Hawks Nest

2430 & 1120 EW.

Die beiden ruhigen Orte liegen an beiden Ufern der Mündung des Myall River und sind durch die anmutige Singing Bridge verbunden. Tea Gardens' Charme ist vom Fluss geprägt, der Ort ist älter und vornehmer. In Hawks Nest dreht sich hingegen alles um die Strände. Am **Jimmy's Beach** gegenüber der Nelson Bay ist das Wasser klar wie Glas, während der **Bennett's Beach** Blick auf den Ozean und Broughton Island gewährt.

Der Myall River und die umliegenden Gewässer lassen sich wunderbar per Kajak oder Hausboot erkunden. **Lazy Paddles** (☎ 0412 832 220; www.lazypaddles.com.au; Touren Erw./Kind 50/35 AU$, Kajakverleih 2/4/10 Std. 40/55/65 AU$) veranstaltet zweistündige Touren mit Schwerpunkt Geschichte und Natur und verleiht außerdem Kajaks.

🍽 Schlafen & Essen

Hawks Nest Motel   MOTEL $$
(☎ 02-4997 1166; www.hawksnestmotel.com.au; 5 Yamba St, Hawks Nest; Zi. ab 140 AU$; ❄🛜🏊) Das mit neuen Teppichen, neuen Möbeln und bunten Fototapeten aufgehübschte zweistöckige Backsteinmotel älteren Stils ist eine ansprechende Option.

Boatshed   CAFÉ, RESTAURANT $$
(☎ 02-4997 0307; www.teagardensboatshed.com.au; 110 Marine Dr, Tea Gardens; Hauptgerichte morgens 17 AU$, mittags 18–30 AU$, abends 34–40 AU$; ⏱ tgl. 8.30–14.30, Mi–Sa 18–21 Uhr) Guter Kaffee, leckeres Essen und eine hübsche Terrasse, auf der man sich bei Sonnenuntergang einen Drink genehmigen kann.

Benchmark on Booner   INTERNATIONAL $$
(☎ 02-4997 2980; www.benchmarkrestaurant.com.au; 100 Booner St, Hawks Nest; Hauptgerichte 16–32 AU$; ⏱ Mo–Sa 12–15 & 17.30–21 Uhr) Das Lokal ist wagemutiger, als man es von einem an ein Kleinstadtmotel angeschlossenen Restaurant erwartet. Abends hat man die Wahl zwischen einer zwanglosen Holzofenpizza oder einem gehobenem Mahl im Speisesaal.

❶ Praktische Informationen

Tea Gardens Visitor Centre (☎ 02-4997 0111; www.teagardens.nsw.au; 245 Myall St, Tea Gardens; ⏱ 10–16 Uhr)

❶ An- & Weiterreise

Der Ort ist zwar auf dem Wasserweg nur 5 km von Nelson Bay entfernt, aber für die Anfahrt muss man über Medowie zurück bis zum Pacific Hwy und dann wieder zurückfahren – eine Entfernung von 81 km. Eine Alternative für Fußgänger und Radfahrer sind die Fähren (S. 214) ab Nelson Bay.

Busways (☎ 02-4983 1560; www.busways.com.au) Hat täglich mindestens zwei Busse von/nach Newcastle (21 AU$, 90 Min.).

PORT STEPHENS

68 935 EW.

Eine Fahrtstunde nördlich von Newcastle ist der geschützte Hafen von Port Stephens mit fast einsamen Stränden, Nationalparks und einem außergewöhnlichen System von Sanddünen gesegnet. Der Hauptort, **Nelson Bay**, ist Sitz einer Fischereiflotte und eines Geschwaders von Touristenbooten, die sich den Status der Stadt als „Australiens Delfinhauptstadt" zunutze machen.

Gleich östlich von Nelson Bay liegt das etwas kleinere **Shoal Bay** mit einem langen Badestrand, der vormittags am schönsten ist, weil nachmittags Wind aufkommt. Die Straße endet ein Stück weiter südlich bei **Fingal Bay**, wo es einen weiteren hübschen Strand am Rand des Tomaree National Park gibt. Der Park erstreckt sich westwärts rund um den **Samurai Beach**, eine beliebte Surfstelle, wo Nacktbaden erlaubt ist, und den **One Mile Beach**, einen prächtigen Halbrund mit ganz weichem Sand und klarem blauem Wasser, das von denen bevorzugt wird, die sich auskennen: Surfern, Strandgutsammlern und müßigen Romantikern.

Der Park endet am Stranddorf **Anna Bay** vor der Kulisse der unglaublichen Worimi

Conservation Lands. Die Gan Gan Rd verbindet Anna Bay, den One Mile Beach und den Samurai Beach mit der Nelson Bay Rd.

◎ Sehenswertes

Worimi Conservation Lands SCHUTZGEBIET
(www.worimiconservationlands.com; Eintritt 10 AU$/ 3 Tage) Die wandernden Sanddünen bei Stockton Bight sind mit mehr als 35 km die längsten der südlichen Hemisphäre. Dank der Großzügigkeit der Worimi darf man hier herumlaufen (solange man die Aborigines-Stätten respektiert) und am Strand fahren (Geländewagen & Genehmigung erforderlich). Die Genehmigung erhält man im Besucherzentrum oder dem NPWS-Büro in Nelson Bay, an der BP- und der IGA-Tankstelle in Anna Bay oder an der rund um die Uhr geöffneten Metro-Tankstelle nahe dem Eingang an der Lavis Lane.

Hier kann man sich so im schimmernden Sand verlieren, dass man weder den Ozean noch irgendein Zeichen von Leben erblickt. Am äußersten westlichen Ende des Strandes liegt das Wrack der *Sygna* im Wasser.

Tomaree National Park NATIONALPARK
(www.nationalparks.nsw.gov.au/tomaree-national-park) In den wunderbar wilden Weiten dieses Parks leben mehrere gefährdete Arten, darunter der Riesenbeutelmarder und der Riesenkauz.

Am östlichen Ende von Shoal Bay führt ein kurzer Weg zu den Wellen des nicht von Rettungsschwimmern überwachten **Zenith Beach**. Der **Tomaree Head Summit Walk** (hin & zurück 1 Std., 1 km) belohnt einen mit einem herrlichen Blick auf den Ozean. Picknicken und schnorcheln kann man an der **Fishermans Bay** mit ihren Felsbecken. Nach längeren Wanderstrecken kann man sich im NPWS-Büro erkundigen, z. B. nach der Küstenwanderung von Tomaree Head nach Big Rocky.

Nelson Head Lighthouse Cottage HISTORISCHES GEBÄUDE
(www.innerlighttearooms.com; Lighthouse Rd, Nelson Bay; ⊙10–16 Uhr) GRATIS Das 1875 errichtete, restaurierte Gebäude hat eine Teestube mit herrlichem Ausblick und ein kleines Museum mit Exponaten zur Geschichte der Gegend.

Murray's Craft Brewing Co. BRAUEREI
(☏02-4982 6411; www.murraysbrewingco.com.au; Bob's Farm, 3443 Nelson Bay Rd; ⊙Führungen 14.15 Uhr) Das Personal dieser Brauerei ist Schöpfer kultiger Sorten wie des preisgekrönten Murray's Grand Cru, einer Kreuzung aus belgischem Tripel und Golden Strong Ale. Vor Ort befindet sich auch die Port Stephens Winery mit einem großen Kellerverkauf.

✈ Aktivitäten

Port Stephens Surf School SURFEN
(☏0411 419 576; www.portstephenssurfschool.com.au; 2-stündiger/2-/3-tägiger Kurs 60/110/165 AU$) Surfunterricht sowie Stehpaddel- und Surfbrettverleih (1/2 Std. 17/28 AU$).

Oakfield Ranch KAMELREITEN
(☏0429 664 172; www.oakfieldranch.com.au; Parkplatz Birubi Pt, James Patterson St, Anna Bay) An Wochenenden und Feiertagen werden 25-minütige Kamelritte am Strand angeboten.

☞ Geführte Touren

Imagine Cruises BOOTSFAHRTEN
(☏02-4984 9000; www.imaginecruises.com.au; Dock C, d'Albora Marinas, Nelson Bay) Zu den angebotenen Touren zählen dreieinhalbstündige Segel-, Schwimm-, Schnorchel- und Delfinbeobachtungstouren (Erw./Kind 63/30 AU$, Dez.–März), 90-minütige Delfinbeobachtungstouren (28/15 AU$, Nov.–Mai), dreistündige Walbeobachtungstouren (63/30 AU$, Mai–Mitte Nov.) und zweistündige Kreuzfahrten mit Meeresfrüchte-Dinner (45/25 AU$, Dez.–April).

Dolphin Swim Australia SCHWIMMEN MIT DELFINEN
(☏1300 721 358; www.dolphinswimaustralia.com.au; 5-stündige Tour 289 AU$; ⊙Sept.–Mai Sa & So) Hier wird man von einem Katamaran, an dem ein Seil befestigt ist, durch eine Schule von Delfinen gezogen.

Port Stephens Paddlesports KAJAKFAHREN
(☏0405 033 518; www.portstephensecosports.com.au; Kajak-/Stehpaddelbrettverleih pro Std. 25/30 AU$; ⊙Sept.–Mai) Bietet eine Reihe von Kajak- und Stehpaddelausflügen, darunter eineinhalbstündige Fahrten in den Sonnenuntergang (35/25 AU$) und zweieinhalbstündige Entdeckungstouren (40/30 AU$).

Port Stephens 4WD Tours AUTOTOUR
(☏02-4984 4760; www.portstephens4wd.com.au; James Paterson St, Anna Bay) Veranstaltet eine eineinhalbstündige Strand- und Dünentour (Erw./Kind 52/31 AU$), eine dreistündige Tour zum Wrack der Sygna (Erw./Kind 90/50 AU$) und eine Sandboarding-Tour (28/20 AU$).

🛌 Schlafen

Samurai Port Stephens YHA   HOSTEL $
(☎ 02-4982 1921; www.samuraiportstephens.com; Frost Rd, Anna Bay; B 35 AU$, DZ 91–123 AU$; ❷❄) Diese attraktiv möblierten Bungalows mit Holzböden verteilen sich rund um einen Swimmingpool auf einem von Koalas bevölkerten und mit asiatischen Skulpturen ausstaffierten Buschgelände. Es gibt eine Buschküche mit Grills und einen klapprigen Spiele-Schuppen mit einem Billardtisch.

Melaleuca Surfside Backpackers   HOSTEL $
(☎ 02-4981 9422; www.melaleucabackpackers.com.au; 2 Koala Pl, One Mile Beach; Stellplatz/B/DZ ab 20/32/100 AU$; @❄) Die von Architekten entworfenen Hütten dieser freundlichen, gut geführten Anlage liegen auf einem friedlichen, mit Sträuchern bewachsenen Gelände voller Koalas und Jägerlieste. Es gibt einen einladenden Lounge-Bereich und eine Küche, und die Eigentümer veranstalten Sandboarding und Ausflüge.

Marty's at Little Beach   HOTEL $$
(☎ 02-4984 9100; http://martys.net.au; Ecke Gowrie Ave & Intrepid Close, Nelson Bay; Zi. ab 130 AU$, Apt. ab 240 AU$; ❂❋❄❃) Dieses entspannte Motel in kurzer Gehentfernung zu Little Beach und Shoal Bay hat schlichte Zimmer im Strandhausstil und moderne, in sich abgeschlossene Apartments.

Beaches Serviced Apartments   APARTMENTS $$
(☎ 02-4984 3255; www.beachesportstephens.com.au; 12 Gowrie Ave, Nelson Bay; Apt. ab 190 AU$; ❂❋❄❃) In diesen schön gepflegten Apartments – von Wohnstudios bis zu Wohnungen mit drei Schlafzimmern – findet man allen häuslichen Komfort. Es gibt einen hübschen, von Palmen gesäumten Pool und ein Golfgelände.

🍴 Essen

Nice at Nelson Bay   CAFÉ $$
(☎ 02-4981 3001; www.niceatnelsonbay.com.au; Nelson Towers Arcade, 71a Victoria Pde; Hauptgerichte 18 AU$; ⊙ 8–14 Uhr) Das beste Frühstückscafé der Stadt versteckt sich in einer Arkade nahe dem Ufer. Hier gibt es nicht weniger als sechs Variationen Eggs Benedict und kunstvoll aufgetürmte Pfannkuchen.

Little Beach Boathouse   SEAFOOD $$
(☎ 02-4984 9420; littlebeachboathouse.com.au; Little Beach Marina, 4 Victoria Pde; Hauptgerichte mittags 20 AU$, abends 32 AU$; ⊙ Di–Sa 12–15 & 17.30–21 Uhr) In einem gemütlichen Speisesaal direkt am Wasser gibt's fabelhafte frische Salate und örtliche Meeresfrüchte als Gericht zum Teilen. Es fällt schwer, sich auf das Essen zu konzentrieren, weil man tauchende Delfine und landende majestätische Pelikane im Blick hat.

Sandpipers   MODERN-AUSTRALISCH $$
(☎ 02-4984 9990; www.sandpipersrestaurant.com.au; 81 Magnus St, Nelson Bay; Hauptgerichte 30 AU$; ⊙ Mo–Sa 17.30–22 Uhr) Das gehobene, aber zwanglose Restaurant auf der Einkaufsmeile von Nelson Bay bietet werktags Tagesgerichte mit tollem Preis-Leistungs-Verhältnis, z. B. langsam gegarten Schweinebauch oder frisch gefangenen Fisch. Die Port-Stephens-Austern sind ein Muss!

ℹ Praktische Informationen

NPWS-Büro (☎ 02-4984 8200; www.nationalparks.nsw.gov.au; 12b Terambly Rd, Nelson Bay; ⊙ Mo–Fr 8.30–16.30 Uhr)

Visitor Information Centre (☎ 02-4980 6900; www.portstephens.org.au; 60 Victoria Pde, Nelson Bay; ⊙ 9–17 Uhr) Hat interessante Ausstellungen über den Meerespark.

ℹ An- & Weiterreise

Port Stephens Coaches (☎ 02-4982 2940; www.pscoaches.com.au) verbindet die Ortschaften der Port-Stephens-Region und fährt nach Newcastle und zum Newcastle Airport (4,60 AU$, 1½ Std.). Es gibt auch einen Bus täglich von/nach Sydney (39 AU$, 4 Std.) mit Halt in Anna Bay, Nelson Bay und Shoal Bay.

Port Stephens Ferry Service (☎ 0412 682 117; www.portstephensferryservice.com.au) und die **MV Wallamba** (☎ 0408 494 262) tuckern zwei- bis dreimal täglich von Nelson Bay nach Tea Gardens (mit Halt in Hawks Nest) und zurück (hin & zurück Erw./Kind/Fahrrad 20/10/2 AU$).

Canberra & South Coast NSW

Inhalt ➡
Canberra	217
Tidbinbilla & Namadgi	228
Wollongong	229
Kiama & Umgebung	233
Berry	234
Nowra	234
Jervis Bay	236
Ulladulla	237
Batemans Bay	239
Narooma	240
Bermagui	242
Merimbula	243
Eden	245

Gut essen
- Temporada (S. 225)
- Močan & Green Grout (S. 225)
- Tallwood (S. 237)
- Hungry Duck (S. 234)
- Gunyah Restaurant (S. 237)

Schön übernachten
- Hotel Hotel (S. 223)
- East Hotel (S. 224)
- Paperbark Camp (S. 236)
- Kiama Harbour Cabins (S. 233)

Auf nach Canberra & an die South Coast von New South Wales!

Die Reise von Sydney nach Süden durch die raue Schönheit des imposanten Royal National Park führt ins entspannte Wollongong, eine freundliche Stadt, die von hübschen Stränden umrahmt ist und mit guten Restaurants und einem unprätentiösen, aber energiegeladenen Nachtleben aufwartet.

Weiter südlich folgen relaxte Küstenstädte mit tollen Aktivitäten. Rund um Huskisson und die Jervis Bay fährt man Kajak, bei Narooma beobachtet man Robben und Pinguine und in Batemans Bay lernt man Surfen. Highlight der Stadt Eden an der Grenze von New South Wales (NSW) und Victoria sind die Wale. Die kulinarische Hochburg Berry und das schläfrige Central Tilda feiern das koloniale Erbe von NSW.

Landeinwärts erzählen im modernen Canberra Museen, Galerien und Gebäude schonungslos und leidenschaftlich Australiens Geschichte. Neue Viertel wie New Acton, Braddon oder Kingston Foreshore sorgen in der australischen Hauptstadt mit Cafés, Bars und Restaurants für eine hippe Note.

Reisezeit
Canberra

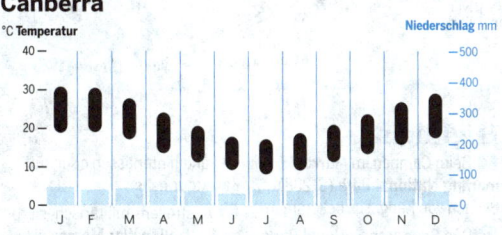

Feb.–Mai (außer Ostern) Die Sonne scheint noch immer und die Kinder sind wieder in der Schule.

Mai–Nov. Jetzt kann man an der Küste Wale beobachten.

Dez. Australische Weihnachten an der Küste – mit Meeresfrüchten und Kricket am Strand.

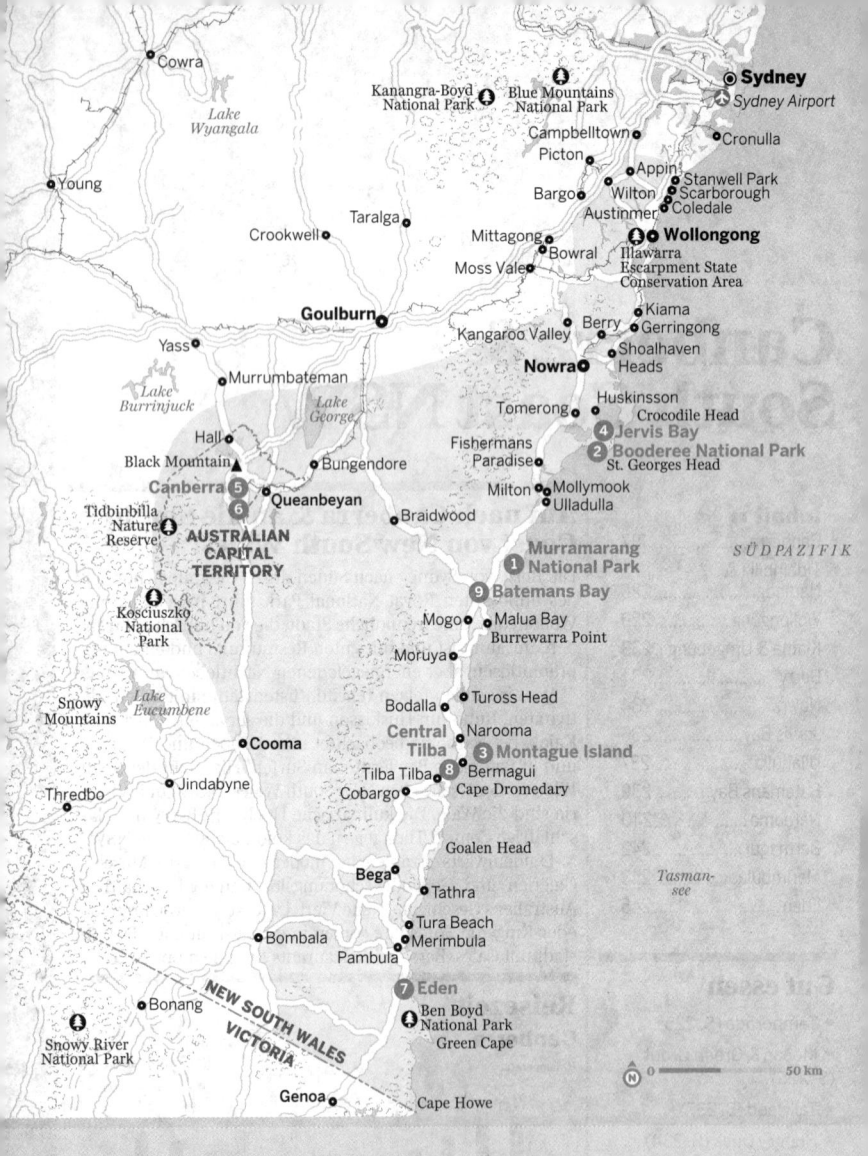

Highlights

① Beim Campen im **Murramarang National Park** (S. 238) Besuch von Kängurus bekommen

② Den **Booderee National Park** (S. 238) erkunden

③ Auf **Montague Island** (S. 240) mit Robben und Pinguinen abhängen

④ An den Stränden rund um **Jervis Bay** (S. 236) Fußspuren im Sand hinterlassen oder auf Kajaktour gehen

⑤ Australiens militärisches Erbe im **Australian War Memorial** (S. 217) in Canberra verstehen lernen

⑥ In **Braddon**, **New Acton** und an der **Kingston Foreshore** (S. 225) in die urbane Szene Canberras eintauchen

⑦ An der malerischen Küste rund um das hübsche **Eden** (S. 245) die vorbeiziehenden Wale beobachten

⑧ In **Central Tilba** (S. 242) der charmanten, holzgetäfelten Vergangenheit einen Besuch abstatten

⑨ In **Batemans Bay** (S. 239) lernen, wie ein Aussie zu surfen

❶ Anreise & Unterwegs vor Ort

AUTO & MOTORRAD
Die schnellste Verbindung zwischen Canberra und der Küste ist der Kings Hwy. Der Princes Hwy von Wollongong nach Eden im Süden ist die Hauptroute, um die Küste zu entdecken.

BUS
Busse verkehren zwischen Canberra und den Hauptstädten und von dort die Küste entlang.

FLUGZEUG
Der größte Flughafen der Region befindet sich in Canberra, kleinere gibt es in Moruya und Merimbula.

ZUG
Züge verbinden Canberra und Sydney. Zwischen Canberra und Melbourne fahren keine Direktzüge.

CANBERRA

381 488 EW.

Canberra, das von dem visionären US-amerikanischen Architekten Walter Burley Griffin und seiner Frau Marion Mahony Griffin geplant wurde, prägen weite offene Flächen, die vom Art and Crafts Movement des 19. Jhs. beeinflusst sind, und eine nahtlose Verbindung von Architektur und Natur. Leider ist die Stadt total auf Autofahrer ausgerichtet – sie mit öffentlichen Verkehrsmitteln zu erkunden ist schwierig und zu Fuß ist es fast unmöglich. Man benötigt definitiv (zwei oder vier) Räder, um ihr gerecht zu werden, und die reizvolle Umgebung der Stadt lädt ebenfalls zu Entdeckungstouren ein.

Canberra ist ganz offenbar zwar sehr gut in architektonischer Symbolik und nicht so gut in Spontanität, doch die Kultureinrichtungen der Stadt haben tolle Besucherangebote und soziale Programme, und in Braddon, New Acton und der Kingston Foreshore entwickelt sich eine coole urbane Energie.

Während der Wochen, in denen Parlamentssitzungen stattfinden, bringt die Politik Leben in die Stadt, doch während der Semesterferien, besonders um Weihnachten und Neujahr herum, wirkt sie recht schläfrig.

Geschichte

Die Ngunnawal nannten den Ort Kanberra, was in ihrer Sprache „Versammlungsstätte" bedeutet haben soll. Der Name ging wahrscheinlich auf die großen, stammesübergreifenden Treffen zurück, die hier alljährlich stattfanden, wenn es in der Stadt nur so von zahlreichen Bogong-Faltern wimmelte.

Die traditionelle Lebensweise der Ngunnawal wurde im Verlauf der europäischen Besiedlung ab 1820 gewaltsam verändert, aber die Nachkommen des Volkes leben noch heute. Das Volk ist wieder gewachsen und konnte sich stärker profilieren.

1901 schlossen sich die separaten Kolonien im Australischen Bund zusammen und wurden zu Bundesstaaten. Die Rivalität zwischen Sydney und Melbourne hatte zur Folge, dass keine von ihnen Hauptstadt des neuen Staates werden konnte. Deswegen wurde zwischen den beiden Städten in den Limestone Plains ein Territorium aus NSW herausgenommen, um dort eine Hauptstadt zu bauen. 1913 erhielt sie den offiziellen Namen Canberra und ersetzte ab 1927 Melbourne als Hauptstadt.

⊙ Sehenwertes

Die meisten Sehenswürdigkeiten liegen rund um den Lake Burley Griffin.

★ Australian War Memorial   MUSEUM
(Karte S. 222; ☎ 02-6243 4211; www.awm.gov.au; Treloar Cres, Campbell; ⊙ 10–17 Uhr) GRATIS
In Canberras denkwürdigstem Museum gibt es Säle, die dem Ersten Weltkrieg, dem Zweiten Weltkrieg und den Konflikten von 1945 bis zur Gegenwart gewidmet sind. Eine spektakuläre Flugzeughalle geht über in die riesige Anzac Hall, in der Sound & Light Shows stattfinden. Am beeindruckendsten sind die Shows „Striking by Night", die einen nächtlichen Fliegerangriff auf Berlin nachstellt (immer zur vollen Stunde), und „Over the Front: the Great War in the Air" (immer um 15 nach).

Der Weg ins Museum führt über den Gedenkhof mit einer Ehrentafel für die Kriegstoten des Landes. Familienangehörige bringen unter den Namen ihrer gefallenen Verwandten leuchtend rote Mohnblumen an. Diese Mohnblumen sollen an den Mohn erinnern, der im Frühling 1915 auf den Schlachtfeldern Belgiens, Frankreichs und Gallipolis blühten

Hinter dem Hof liegt die mit Mosaiken geschmückte Halle der Erinnerung. Hier befindet sich das Grab des Unbekannten Soldaten, das symbolisch aller Australier, die ihr Leben im Krieg ließen, gedenkt.

Kostenlose Führungen beginnen regelmäßig in der Orientation Gallery am Haupteingang. Alternativ kauft man die Broschüre Self-Guided Tour mit Karte (5 AU$).

Canberra

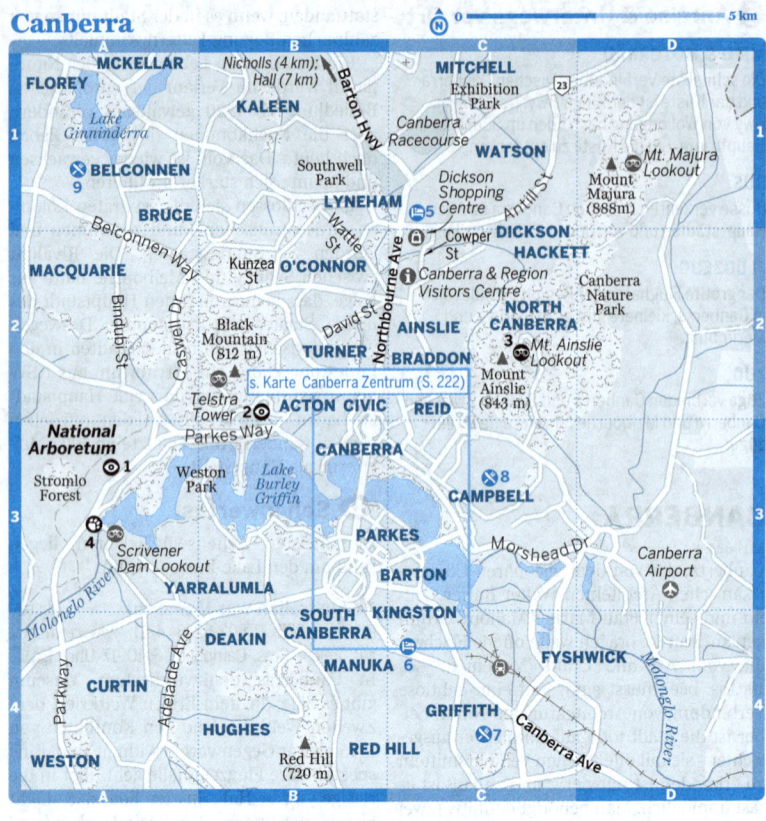

★ National Gallery of Australia
KUNSTMUSEUM

(Karte S. 222; ☎ 02-6240 6502; www.nga.gov.au; Parkes Pl, Parkes; Eintritt bei Sonderausstellungen; ⏱ 10–17 Uhr) GRATIS Hier steht das außergewöhnliche Aboriginal Memorial aus dem zentralen Arnhem Land, das 1988 für die 200-Jahr-Feier Australiens geschaffen wurde und das Werk von 43 Künstlern ist. Dieser „Wald der Seelen" besteht aus 200 hohlen Baumsärgen (einen für jedes Jahr der europäischen Besiedlung) und ist Teil einer hervorragenden Sammlung von Kunst der Aborigines und der Torres-Strait-Inseln. Außerdem zeigt das Museum australische Kunst von der Kolonialzeit bis zur Gegenwart und die beste Sammlung asiatischer Kunst Australiens. Die eindrucksvolle Sammlung vervollständigen wichtige Kunstwerke aus dem pazifischen Raum und herausragende europäische und amerikanische Werke. Infos zu den kostenlosen Führungen stehen auf der Website.

★ Parliament House
BEMERKENSWERTES GEBÄUDES

(Karte S. 222; ☎ 02-6277 5399; www.aph.gov.au; ⏱ Sitzungstage Mo & Di ab 9, Mi & Do ab 8.30 Uhr, sonst 9–17 Uhr) GRATIS Das 1988 eröffnete australische Landesparlament ist in den Capital Hill hineingegraben und hat ein grasbewachsenes Dach, auf dem ein 81 m hoher Fahnenmast in die Höhe ragt. Von der gärtnerisch gestalteten, 23 ha großen Rasenfläche auf dem Dach bietet sich ein großartiger Panoramablick. Darunter liegen 17 Höfe, das Eingangsfoyer, die Große Halle, das Repräsentantenhaus, der Senat und scheinbar endlose Gänge. Der Besuch ist im Rahmen einer kostenlosen Führung möglich (an Sitzungstagen 30 Min., an den anderen Tagen 45 Min.). Die Führungen beginnen um 9.30, 11, 13, 14 und 15.30 Uhr.

Besucher können auch die öffentlichen Galerien aufsuchen und von dort aus den Debatten lauschen. Die Eintrittskarten für die Fragestunde (an Sitzungstagen 14 Uhr)

Canberra

⊙ Highlights
1 National Arboretum..............................A3

⊙ Sehenswertes
2 Australian National Botanic
 Gardens......................................B2
3 Mt. Ainslie.....................................C2
4 National Zoo & Aquarium A3

⊙ Schlafen
5 Blue & White Lodge C1
6 East Hotel..C4

⊙ Essen
7 Aubergine C4
8 Lanterne Rooms C3
9 Malaysian Chapter A1

im Repräsentantenhaus sind kostenlos, müssen aber beim Sergeant at Arms gebucht werden; für die Sitzungen des Senats braucht man keine Eintrittskarte. Die Sitzungstage der beiden Kammern des Parlaments sind auf der Website angebeben.

★ National Portrait Gallery   KUNSTMUSEUM
(Karte S. 222; 02-6102 7000; www.portrait.gov.au; King Edward Tce, Parkes; 10–17 Uhr) GRATIS Dieses Museum erzählt die Geschichte Australiens anhand von Porträts – angefangen mit den Wachs-Reliefs der Aborigine-Stämme bis hin zu den Porträts der Gründungsfamilien des Landes aus der Kolonialzeit und zeitgenössischen Werken wie Howard Arkleys Neon-Porträt des Musikers Nick Cave. In dem schönen Café kann man seine Eindrücke hinterher bei einem Kaffee reflektieren.

★ National Arboretum   GARTEN, AUSSICHTSPUNKT
(Karte S. 218; www.nationalarboretum.act.gov.au; Forest Dr, abseits des Tuggeranong Parkway; 6–20.30 Uhr) GRATIS Canberras National Arboretum befindet sich auf einem Stück Land, das in der Vergangenheit von Buschfeuern heimgesucht wurde und ist eine sich stetig entwickelnde Ausstellung von Bäumen aus aller Welt. Viele der Pflanzen sind noch jung, dennoch lohnt es sich, das spektakuläre Besucherzentrum anzuschauen und den tollen Blick auf die Stadt zu genießen. Die regelmäßigen Führungen sind sehr informativ, außerdem gibt's einen großartigen Abenteuerspielplatz für Kinder.

Vom Busknotenpunkt in Civic fährt Bus 81 an Werktagen und Bus 981 am Wochenende hierher.

Museum of Australian Democracy   MUSEUM
(Karte S. 222; 02-6270 8222; www.moadoph.gov.au; Old Parliament House, 18 King George Tce, Parkes; Erw./erm./Familie 2/1/5 AU$; 9–17 Uhr) In diesem Gebäude, das von 1927 bis 1988 Regierungssitz war, können Besucher einen Hauch der Atmosphäre der früheren parlamentarischen Arbeit erleben. Am interessantesten ist es für diejenigen, die australische Geschichte studiert haben oder das politische Geschehen in Canberra aufmerksam verfolgen, doch auch für alle anderen lohnt sich der Besuch. Die Ausstellung befasst sich mit den australischen Premierministern, den Wurzeln der weltweiten und nationalen Demokratie und der Geschichte australischer Protestbewegungen. Außerdem kann man die alten Sitzungssäle des Senats und Repräsentantenhauses, die parlamentarische Bibliothek und das Büro des Premierministers besichtigen.

Aboriginal Tent Embassy   HISTORISCHE STÄTTE
(Karte S. 222) Auf dem Rasen vor dem Old Parliament House steht die Aboriginal Tent Embassy – der Zeltbau ist eine wichtige Stätte im Kampf der indigenen Australier um Gleichheit und politische Mitwirkung.

Lake Burley Griffin   AREAL
(Karte S. 222) Entlang des 35 km langen Ufers dieses Sees befinden sich die meisten Kultureinrichtungen der Stadt. Er wurde 1963 geschaffen, als der Molonglo River durch den 33 m hohen Scrivener Dam gestaut wurde. Benannt wurde der See nach dem US-amerikanischen Architekten Burley Griffin, der mit seiner Frau, ebenfalls Architektin, 1911 einen internationalen Wettbewerb für die Gestaltung der neuen australischen Hauptstadt gewonnen hatte. Zu den Highlights gehören das **National Carillon** (Karte S. 222; 02-6257 1068) und die Fontäne **Captain Cook Memorial Water Jet** (Karte S. 222; 10a–12 & 14–16 Uhr, Sommerzeit zusätzlich 19–21 Uhr).

Reconciliation Place   PARK
(Karte S. 222) Der künstlerisch gestaltete Reconciliation Place (Versöhnungsplatz) am Ufer des Lake Burley Griffin repräsentiert die Verpflichtung des Landes, sich um die Versöhnung zwischen den Aborigines und den nicht-indigen Australiern zu bemühen.

National Museum of Australia   MUSEUM
(Karte S. 222; 02-6208 5000; www.nma.gov.au; Lawson Cres, Acton Peninsula; ständige Ausstellung Eintritt frei, Führungen Erw./Kind /Familie

10/5/25 AU$; ⊙9–17 Uhr) GRATIS Einige Besucher finden dieses Museum, dessen Ausstellung chronologisch angelegt ist, spannend, andere ärgerlich. Thematische Schwerpunkte sind z. B. die Umweltveränderung, die indigene Kultur und australische Ikonen. Den Einführungsfilm, der im kleinen, rotierenden **Circa Theatre** gezeigt wird, sollte man sich nicht entgehen lassen. Von Civic fährt an Wochentagen Bus 7, am Wochenende Bus 934 hierher; das Museum liegt auch auf der Route des Canberra City Explorer (S. 221).

National Film & Sound Archive   MUSEUM
(Karte S. 222; ☏ 02-6248 2000; www.nfsa.gov.au; McCoy Circuit, Acton; ⊙Mo–Fr 9–17 Uhr) GRATIS Dieses Archiv, das sich in einem wunderbaren Art-déco-Gebäude befindet, bewahrt australische Film- und Tonaufnahmen auf. Außerdem zeigt es Wechselausstellungen und veranstaltet Vorträge und Filmvorführungen im **Arc Cinema** (Karte S. 222; Erw./erm. 10/8 AU$).

Australian National Botanic Gardens   GARTEN
(Karte S. 218; ☏ 02-6250 9540; www.anbg.gov.au; Clunies Ross St, Acton; ⊙Feb.–Dez. 8.30–17 Uhr, Jan. Mo–Fr 8.30–17 Uhr, Sa & So bis 20 Uhr, Besucherzentrum 9.30–16.30 Uhr) GRATIS Der 90 ha große botanische Garten auf den unteren Hängen des Black Mountain präsentiert die Vielfalt der australischen Pflanzenwelt. Zu den Lehrpfaden, die man auf eigene Faust erkundet, gehört der Joseph Banks Walk; außerdem führt ein Weg, der in der Nähe des Eukalyptushains beginnt, in die höheren Lagen des Gartens hinauf und von dort weiter in den Black Mountain Nature Park und auf den Gipfel (Gehzeit 90 Min.).

Am Besucherzentrum starten um 11 und um 14 Uhr die **kostenlosen Führungen**. Am Wochenende findet die **Flora Explorer Tour** (Erw./Kind 6/3 AU$; ⊙Sa & So 10.30 & 13.30 Uhr) im Elektrobus statt.

Telstra Tower   AUSSICHTSPUNKT
(Karte S. 218; ☏ 02-6219 6111; www.telstratower.com.au; Black Mountain Dr; Erw./Kind & erm. 7,50/3 AU$; ⊙9–22 Uhr) Den Black Mountain (812 m) im Nordwesten der Stadt krönt der 195 m hohe Telstra Tower, von dessen Aussichtsgalerie auf 66 m Höhe sich ein toller Blick eröffnet.

National Library of Australia   BIBLIOTHEK
(Karte S. 222; ☏ 02-6262 1111; www.nla.gov.au; Parkes Pl, Parkes; ⊙Treasures Gallery 10–17 Uhr, Lesesaal Mo–Do 10–20, Fr 10–17, So 13.30–17 Uhr) GRATIS Seit ihrer Gründung im Jahr 1901 hat die Bibliothek schon über 6 Mio. Bücher und Medien gesammelt, von denen die meisten in den Lesesälen eingesehen werden können. Unbedingt anschauen sollte man sich die **Treasures Gallery**, in der Kostbarkeiten wie Captain Cooks Tagebuch von der *Endeavour* oder Captain Blighs Meutererliste in einer immer wieder wechselnden Ausstellung gezeigt werden – kostenlose 40-minütige Führungen gibt es täglich um 10.30 Uhr sowie zusätzlich montags, mittwochs und freitags um 11.30 Uhr.

National Capital Exhibition   MUSEUM
(Karte S. 222; ☏ 02-6272 2902; www.nationalcapital.gov.au; Barrine Dr, Commonwealth Park; ⊙Mo–Fr 9–17, Sa & So 10–16 Uhr) GRATIS In diesem bescheidenen Museum nahe dem Regatta Point kann man etwas über die indigene Bevölkerung der Region erfahren und Kopien der fein ausgeführten Planzeichnungen des Stadterbauers Burley-Griffin bestaunen.

Questacon   MUSEUM
(Karte S. 222; ☏ 02-6270 2800; www.questacon.edu.au; King Edward Tce, Parkes; Erw./Kind 20,50/15 AU$; ⊙9–17 Uhr) Dieses kinderfreundliche Wissenschaftszentrum zeigt lehrreiche und lustige interaktive Ausstellungen. Hier kann man die physikalischen Grundlagen von Sport, Leichtathletik und Vergnügungsparks erkunden, Tsunamis auslösen und sich vor Zyklonen und Erdbeben in Sicherheit bringen. Spannende Wissenschaftsshows, Präsentationen und Vorführungen im Puppentheater sind im Eintrittspreis enthalten.

National Zoo & Aquarium   ZOO, AQUARIUM
(Karte S. 218; ☏ 02-6287 8400; www.nationalzoo.com.au; 999 Lady Denman Dr, Yarralumla; Erw./Kind /Familie 38/21,50/105 AU$; ⊙10–17 Uhr) Wer im Voraus bucht, kann einen Geparden knuddeln (175 AU$), einem Kleinen Panda, einem weißen Löwen oder einer Giraffe ganz nahe kommen (ab 50 AU$) oder eine Tour hinter die Kulissen erleben und Löwen, Tiger und Bären füttern (ab 120 AU$). Bus 81 ab dem Knotenpunkt Civic hält nur am Wochenende ganz in der Nähe.

Mt. Ainslie   AUSSICHTSPUNKT
(Karte S. 218) Im Nordosten der Stadt bietet der 843 m hohe Mt. Ainslie bei Tag und Nacht eine schöne Aussicht. Wanderwege beginnen hinter dem War Memorial, führen den Mt. Ainslie hinauf und enden am **Mt. Majura** (888 m).

🏃 Aktivitäten

Canberras Seen und Berge bieten Gelegenheit zum Bushwalking, Schwimmen, Radfahren und zu anderen Freizeitaktivitäten.

Lake Burley Griffin Boat Hire BOOTSFAHRTEN
(Karte S. 222; ☎ 02-6249 6861; www.actboathire.com; Acton Jetty, Civic; ⊙ Mo-Fr 9-17, Sa & So 8.30-18 Uhr) Verleih von Kanus, Kajaks und Tretbooten (15-30 AU$/Std.).

Bushwalking

Im Tidbinbilla Nature Reserve (S. 228) südwestlich der Stadt gibt es Wander- und Radwege, einen Eukalyptuswald und ein Schnabeltierhabitat. Auch gut für Buschwanderungen eignet sich der Namadgi National Park (S. 228) 30 Minuten südlich von Canberra.

Radfahren

In Canberra gibt es ein großes Fahrradwegenetz. Im Canberra & Region Visitors Centre bekommt man die Broschüre *Lake Burley Griffin Cycle Routes* und die Karte *Walking & Cycling*, die vom **Pedal Power ACT** (http://pedalpower.org.au) herausgegeben wird.

Mr. Spokes Bike Hire FAHRRADVERLEIH
(Karte S. 222; ☎ 02-6257 1188; www.mrspokes.com.au; Barrine Dr, Acton; pro Std./halber/ganzer Tag 20/30/40 AU$; ⊙ Mi-So 9-17, in den Schulferien tgl.) In der Nähe des Fähranlegers im Acton Park.

Real Fun FAHRRADVERLEIH
(☎ 0410 547 838; www.realfun.com.au) Toller Service: Die Räder werden einem bis vor die Haustür gebracht (Tag/Woche 45/95 AU$).

👉 Geführte Touren

Balloon Aloft BALLONFAHRTEN
(☎ 02-6249 8660; www.canberraballoons.com.au; Kallaroo Rd, Pialligo; Fahrten Erw./Kind ab 290/210 AU$) Canberra aus der Luft – die ideale Weise, die einzigartige Anlage der Stadt zu überblicken.

Canberra City Explorer STADTRUNDFAHRT
(Karte S. 222; ☎ 02-9567 8400; www.canberracityexplorer.com.au; Abfahrt Melbourne Bldg, Northbourne Ave; 24 Std. Erw./Kind 35/20 AU$, 48 Std. 60/30 AU$; ⊙ 9-18 Uhr) Praktische Hop-on-Hop-off-Tour mit 13 Haltestellen.

Southern Cross Yacht Club BOOTSFAHRT
(Karte S. 222; ☎ 02-6273 1784; www.cscc.com.au; 1 Mariner Pl, Yarralumla; ab 15 AU$) Bootsfahrten auf dem See (mit Mittag- und Abendessen).

Lake Burley Griffin Cruises BOOTSFAHRT
(Karte S. 222; ☎ 0419 418 846; www.lakecruises.com.au; Erw./Kind 18/9 AU$; ⊙ Mitte Okt.-Mitte Mai) Organisiert informative Bootsfahrten auf dem See.

🎉 Feste & Events

Siehe www.events.act.gov.au.

National Multicultural Festival KULTUR
(www.multiculturalfestival.com.au) Drei Tage im Februar mit Kunst, Kultur und Essen.

Royal Canberra Show LANDWIRTSCHAFTSSCHAU
(www.canberrashow.org.au) Immer Ende Februar kommt das Land in die Stadt.

Enlighten KULTUR
(www.enlightencanberra.com.au) Events, die Canberra in einem „ganz neuen Licht" präsentieren. Findet Anfang März statt.

Canberra Festival KUNST, KULTUR
(www.events.act.gov.au) Canberras jährliche Geburtstagsparty im März.

Canberra Balloon Spectacular HEISSLUFTBALLONS
(www.balloonspectacular.com.au) Im März füllen Heißluftballons die Rasenflächen vor dem Old Parliament House.

National Folk Festival KUNST, KULTUR
(www.folkfestival.asn.au) An Ostern findet eines der größten Folkfestivals ganz Australiens statt.

Canberra District Wine Harvest Festival WEIN
(www.canberrawines.com.au) Wein, Essen und Musik; im April.

Canberra International Music Festival MUSIK
(www.cimf.org.au) Im Mai erklingt in berühmten Orten und Gebäuden der Stadt klassische Musik.

Floriade GARTENSCHAU
(www.floriadeaustralia.com) Findet von September bis Oktober statt und widmet sich der Frühlingsblütenpracht der Stadt.

🛏 Schlafen

Canberras Unterkünfte sind während der Sitzungstage des Parlaments am vollsten. Die Hotels kosten werktags am meisten, während die Preise an den Wochenenden fallen. Spitzenpreise werden auch während der Gartenschau Floriade gefordert.

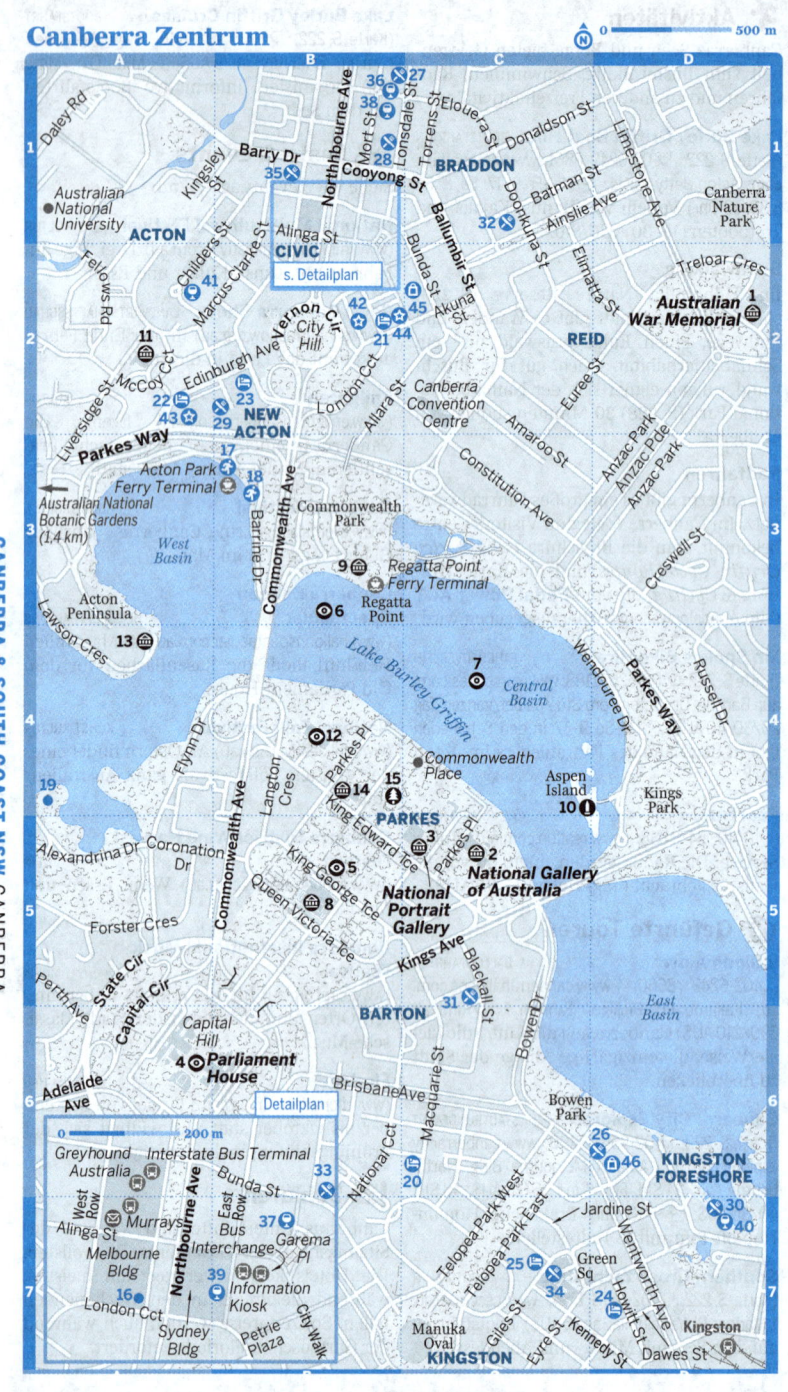

Canberra Zentrum

Canberra Zentrum

◉ Highlights
1. Australian War Memorial D2
2. National Gallery of Australia C5
3. National Portrait Gallery C5
4. Parliament House A6

◉ Sehenswertes
5. Aboriginal Tent Embassy....................... B5
6. Captain Cook Memorial Water Jet B3
7. Lake Burley Griffin C4
8. Museum of Australian Democracy....... B5
9. National Capital Exhibition B3
10. National Carillon C4
11. National Film & Sound Archive A2
12. National Library of Australia B4
13. National Museum of Australia A4
14. Questacon B4
15. Reconciliation Place B4

◉ Aktivitäten, Kurse & Touren
16. Canberra City Explorer A7
17. Lake Burley Griffin B3
    Lake Burley Griffin Cruises........(siehe 17)
18. Mr. Spokes Bike Hire............................... B3
19. Southern Cross Yacht Club A4

◉ Schlafen
20. Burbury Hotel C6
21. Canberra City YHA B2
22. Hotel Hotel A2
23. QT Canberra B2
24. Victor Lodge D7
25. York Canberra C7

◉ Essen
26. Brodburger...D6
    Elk & Pea.......................................(siehe 27)
27. Lonsdale Street Eatery B1
28. Lonsdale Street Roasters B1
    Malamay.......................................(siehe 20)
29. Močan & Green Grout............................ B2
    Monster Kitchen & Bar ....(siehe 22)
30. Morks D7
31. Ottoman C5
32. Sage Dining Room.................................. C1
33. Sammy's Kitchen B6
34. Silo Bakery C7
35. Temporada B1

◉ Ausgehen & Nachtleben
36. BentSpoke Brewing Co B1
37. Honky Tonks B7
38. Knightsbridge Penthouse B1
39. Phoenix B7
40. Rum Bar D7
41. Wig & Pen A2

◉ Unterhaltung
    Arc Cinema .... (siehe 11)
42. Canberra Theatre Centre B2
43. Palace Electric Cinema......................... A2
44. Ticketek B2

◉ Shoppen
45. Canberra Centre......................................C2
    Craft ACT......................................(siehe 42)
    National Library Bookshop ....(siehe 12)
46. Old Bus Depot Markets D6

Nördlich vom Lake Burley Griffin

Canberra City YHA
HOSTEL $

(Karte S. 222; ☎ 02-6248 9155; www.yha.com.au; 7 Akuna St, Civic; B 36–45 AU$, DZ & 2BZ 118 AU$, FZ 144–200 AU$; ❄@☎☒) In diesem Hostel übernachten oft Schulklassen. Die meisten Zimmer und Schlafsäle teilen sich Gemeinschaftsbäder, die Familienzimmer haben aber eigene Bäder. Zu den Annehmlichkeiten gehören Leihfahrräder (25 AU$/Tag), ein kleiner Innenpool, eine Sauna, eine Küche, eine Terrasse und ein Café.

QT Canberra
BOUTIQUEHOTEL $$

(Karte S. 222; ☎ 02-6247 6244; www.qtcanberra.com.au; 1 London Circuit, New Acton; DZ 155–255 AU$) Die spektakuläre Lobby ist von einer verspielten Respektlosigkeit gegenüber der Politik geprägt, und die sehr komfortablen Zimmer sind mit coolen Designakzenten wie Retro-Postkarten früherer australischer Premierminister geschmückt. Unten im Capitol Bar & Grill geben die politischen Macher des Landes ihre beste Vorstellung à la *House of Cards*.

★ Hotel Hotel
BOUTIQUEHOTEL $$$

(Karte S. 222; ☎ 02-6287 6287; www.hotel-hotel.com.au; 25 Edinburgh Ave, New Acton; Zi. 228–340 AU$) Dem spektakulären Äußeren des Hotel Hotel steht sein Inneres nicht nach. Die Zimmer sind skurril gestaltet, und das (sehr) dezente Licht mag nicht jedermanns Geschmack sein, doch wir sind große Fans des frechen und dramatischen Ambientes dieses Hotels. An der Rezeption gibt's viele Nischen, Winkel und Minibibliotheken, und die Monster Kitchen & Bar (S. 225) des Hotels ist ebenso interessant.

Südlich vom Lake Burley Griffin

Victor Lodge
PENSION $

(Karte S. 222; ☎ 02-6295 7777; www.victorlodge.com.au; 29 Dawes St, Kingston; mit Gemeinschafts-

WEINGÜTER IM AUSTRALIAN CAPITAL TERRITORY

Canberras Weinregion produziert Weine, die im kühlen Hochlandklima gedeihen. Ihre Highlights sind verschiedene Riesling- und Shiraz-(Syrah-)Sorten.

Genauere Infos findet man unter www.canberrawines.com.au oder auf der Karte *Canberra District Wineries Guide*.

Brindabella Hills Winery (02-6230 2583; www.brindabellahills.com.au; 156 Woodgrove Close, via Wallaroo Rd, Hall; Sa & So 10–17 Uhr) Das große Weingut, das in der Nähe von Hall auf einem schönen Kamm liegt, baut seit über 20 Jahren Wein an. Sein Shiraz, Cabernet Sauvignon und Riesling haben schon Preise gewonnen. Exzellente Tapas-Teller gibt es ebenfalls.

Clonakilla Wines (02-6277 5877; www.clonakilla.com.au; 3 Crisps Lane, Murrumbateman; Weinkeller 10–17 Uhr) Das Boutique-Weingut produziert eine Handvoll sehr begehrter Sorten, darunter ein preisgekrönter Shiraz Viognier.

Eden Road Wines (02-6226 8800; www.edenroadwines.com.au; 3182 Barton Hwy, Murrumbateman; Weinkeller Mi–So 11–16 Uhr) Das neue Weingut produziert einen fantastischen Shiraz.

Helm Wines (02-6227 5953; www.helmwines.com.au; 19 Butts Rd, Murrumbateman; Do–Mo 10–17 Uhr) Im schönen Verkostungsraum in einer ehemaligen, 1888 erbauten Schule kann man die besten Riesling-Weine der Region probieren.

Lark Hill (02-6238 1393; www.larkhillwinery.com.au; 521 Bungendore Rd, Bungendore; Mi–Mo 11–16 Uhr) Das hoch oben in den Hügeln auf dem Lake George Escarpment gelegene Weingut mit Blick auf das Dorf Bungendore verkauft biodynamisch angebaute Weine und betreibt ein Restaurant auf dem Weingut, in dem man am Wochenende mittags essen kann.

Wily Trout Vineyard (02-6230 2487; www.wilytrout.com.au; 431 Nanima Rd, Hall; 10–17 Uhr) Hier findet sich das beliebte **Poachers Pantry** (S. 228) mit dem Smokehouse Café

---

bad EZ ab 89 AU$, DZ & 2BZ 116 AU$;) Die Victor Lodge liegt in Kingston in der Nähe guter Cafés und Restaurants und hat kompakte, einfach eingerichtete Zimmer. Außerdem gibt's eine Küche, einen Grillbereich, kontinentales Frühstück und Leihfahrräder.

Blue & White Lodge B&B $$
(Karte S.218; 02-6248 0498; www.blueandwhitelodge.com.au; 524 Northbourne Ave, Downer; EZ/DZ ab 90/100 AU$;) Dieses B&B im mediterranen Stil hat makellose, komfortable Zimmer, teils mit Gemeinschaftsbad. Das warme Frühstück kostet nur 10 AU$. Die Besitzer managen auch die benachbarte Canberran Lodge. Busse in die Stadt starten in der Nähe.

★East Hotel HOTEL $$$
(Karte S. 218; 02-6295 6925, 1800 816 469; www.easthotel.com.au; 69 Canberra Ave, Kingston; Studio Zi. 265-320 AU$, Apt. 315–270 AU$;) Das East Hotel bildet die Brücke zwischen Boutique- und Businesshotel und bietet stilvoll gestaltete Räumlichkeiten. Die Zimmer sind mit Schreibtisch, iPod-Anschluss, Espresso-Maschine und vollständig ausgestatteter Küche eingerichtet, die Familienzimmer sogar mit Xbox und Sitzsäcken. Nebenan befinden sich das schicke Restaurant Ox und eine Bar.

Burbury Hotel HOTEL $$$
(Karte S.222; 02-6173 2700; www.burburyhotel.com.au; 1 Burbury Close, Barton; Zi. 200–285 AU$, Apt. 300–380 AU$;) In diesem Businesshotel gibt's Suiten mit ein oder zwei Schlafzimmern. Die Gestaltung ist angenehm neutral und entspannt und die Zimmer sind erfreulich hell. Die angrenzenden, vor Kurzem fertiggestellten Apartments eignen sich hervorragend für Familien. Zum Komplex gehören auch zwei beeindruckende asiatische Restaurants.

York Canberra APARTMENT $$$
(Karte S.222; 02-6295 2333; www.yorkcanberra.com.au; 31 Giles St, Kingston; Zi. 250 AU$, Apt. 1/2 Schlafzi. 275 AU$/350 AU$;) Das in der Nähe von Kingstons Cafés und Restaurants gelegene York ist eine tolle Wahl für Familien. Es bietet große Suiten und Apartments, einige mit kompletter Küche, Waschmaschine und Trockner, die übrigen mit Kochnischen.

Essen

Etablierte Zentren der Restaurantszene sind u. a. Civic, Kingston, Manuka und Griffith, und gute asiatische Lokale findet man in Dickson. New Acton, das neue Stadtviertel Kingston Foreshore südlich vom See und die Lonsdale St in Braddon sind aufstrebende Gegenden. Achtung: Sonntags und montags sind viele Restaurants geschlossen.

Nördlich vom Lake Burley Griffin

Lonsdale Street Roasters CAFÉ $
(Karte S. 222; http://lonsdalestreetroasters.com; Shop 3, 7 Lonsdale St, Braddon; Mo-Fr 6.30-16, Sa 6.30-15, So 8-14 Uhr) Das schäbig-schicke Café im hippen Braddon serviert verdammt guten Kaffee. Die Straße hinauf gibt es noch eine größere **Filiale** (Karte S. 222; 23 Lonsdale St; Hauptgerichte 9-22 AU$; Mo-Mi 6-16, Do-Sa 6-21.30, So 9-19 Uhr) mit großer Terrasse und vielen beliebten Cafégerichten.

Elk & Pea MEXIKANISCH $
(Karte S. 222; www.elkandpea.com.au; 21 Lonsdale St, Braddon; Tacos 7,50 AU$, Gemeinschaftsteller 15-20 AU$; Di-So 8-22, Mo bis 15 Uhr) Mit *hola* begrüßt man sich in diesem neuen Lokal in der sich ständig entwickelnden Lonsdale St. Zu den mexikanischen Gerichten zählen scharfe Huevos Rancheros zum Frühstück, Burritos zum Mittagessen und die besten Tacos der Stadt zum Abendessen. Morgens kommt man mit einem Breakfast Martini oder einer Bloody Mary mit Gazpacho in die Gänge. Samstags erklingt ab 15 Uhr Livemusik.

★ Temporada SPANISCH $$
(Karte S. 222; www.temporada.com.au; 15 Moore St, Civic; kleine Teller 8-15 AU$, große Teller 20-36 AU$; Mo-Sa 12 Uhr-open end) In jenem neuen Restaurant, das uns von allen Neuzugängen der Stadt am besten gefiel, dominiert die spanische Küche, und die Köche demonstrieren enthusiastisch ihr Talent für Gerichte aus dem Holzofen. Die Austern sind köstlich rauchig, das marinierte Lamm wird mit gegrillter Wurst und Fladenbrot serviert und der gegrillte Tintenfisch ist subtil mit Wassermelone aufgefrischt. Die ausgezeichneten Cocktails, Weine und australischen Biere machen das Ganze perfekt.

★ Močan & Green Grout CAFÉ $$
(Karte S. 222; www.mocanandgreengrout.com; 1/19 Marcus Clarke St, New Acton; Frühstück & Mittagessen Hauptgerichte 9-16 AU$, Abendessen Gemeinschaftsteller 16-25 AU$; Mo 7-18, Di 7-21, Do-Sa 8-16 Uhr;) Dieses Café mit offener Küche in New Acton, das gern in der Morgensonne badet, ist einer der besten Orte Canberras zum Frühstücken. Auf der kurzen Karte stehen saisonale Gerichte mit Produkten von Tieren aus Freilandhaltung, und ein Espresso und die gebackenen Eier á la Tripolis (auch als Shashuka bekannt) sorgen für einen super Start in den Tag. Abendessen wird von dienstags bis samstags serviert; eines der Highlights der kleinen Teller sind die japanisch angehauchten Butterkrebse.

Monster Kitchen & Bar MODERN-AUSTRALISCH, CAFÉ $$
(Karte S. 222; www.hotelhotel.com.au; Hotel Hotel, 25 Edinburgh Ave, New Acton; Frühstück 11-24, Barsnacks & Gemeinschaftsteller 10-33 AU$; 6.30-1 Uhr) Im coolen Hotel Hotel versteckt sich eine der vielseitigsten Restaurationen Canberras. Morgens checken Schickimickis aus New Acton und Politiker beim Frühstück ihre Twitter-Feeds, mittags und abends sind die Gäste gesprächig und essen Barsnacks und Platten für mehrere Personen mit subtilem nahöstlichem Einfluss. Abends verwandelt es sich in eine Bar, in der man politischen Klatsch aufschnappen kann.

Lanterne Rooms MALAYSISCH $$
(Karte S. 218; 02-6249 6889; www.lanternerooms.chairmangroup.com.au; Shop 3, Blamey Pl, Campbell; Bankett mittags 33,50 AU$, Abendessen 30-35 AU$; Di-Fr 12-14 & 18-22.30, Sa 18-22.30 Uhr) Das niveauvolle, freundliche Lanterne Room, das farbenfroh und mit Anklängen an ein Bauernhaus aus der Kolonialzeit in Penang eingerichtet ist, serviert hervorragend zubereitete Nyonya-Gerichte.

Sammy's Kitchen MALAYSISCH $$
(Karte S. 222; 02-6247 1464; www.sammyskitchen.com.au; 9 Bunda St, Civic; Hauptgerichte 10-25 AU$; 11.30-22 Uhr) Dieses Lokal ist bei den Einwohnern des Viertels schon lange sehr beliebt, nicht zuletzt wegen seiner billigen und in reichlichen Portionen servierten chinesischen und malaysischen Gerichte. Hier geht's fröhlich zu - auch wenn auf Ambiente und Schnickschnack verzichtet wurde.

Malaysian Chapter MALAYSISCH $$
(Karte S. 218; 02-6251 5670; www.malaysianchapter.com.au; 6 Weedon Close, Bencoolen; Hauptgerichte 15-20 AU$, Menü 26 AU$; Di-Sa 12-14 & 17.30-21., Mo 17.30-21 Uhr) Fans traditioneller malaysischer Küche sollten die Fahrt (ca.

10 km nordwestlich von Civic) zu diesem unscheinbaren familiengeführten Lokal in der Bencoolen Mall unbedingt auf sich nehmen. Zu den Highlights gehören köstlicher Fisch auf Tamarinde und ausgezeichnetes Satay, das Erinnerungen an relaxte Nächte in den Straßen Penangs wachruft. Man sollte Platz fürs Dessert lassen, z. B. erfrischenden Sago mit Pandan, Kokosnuss und Palmzucker.

Sage Dining Room FRANZÖSISCH $$$
(Karte S. 222; 02-6249 6050; www.sagerestaurant.net.au; Batman St, Braddon; 3-/5-Gänge-Menü 75/95 AU$; Di-Sa 12-14 & 17.30-22 Uhr) In der Küche des Sage im Gorman House Arts Centre ist der französische Koch Clement Chauvin zu Hause, der einst im Londoner Claridge's und im Maison Pic kochte. Das subtile französische Spiel mit lokalen Zutaten sorgt für exquisiten Geschmack.

Südlich vom Lake Burley Griffin

Brodburger BURGER $
(Karte S. 222; 02-6162 0793; www.brodburger.com.au; Glassworks Bldg, 11 Wentworth Ave, Kingston; Burger 13-20 AU$; Di-Sa 11.30-15 Uhr & 17.30 Uhr-open end, So 12-16 Uhr) Brodburger startete als klassischer Wohnwagen-Imbiss am Seeufer. Heute hat es einen dauerhaften Standort, doch die auf offener Flamme gegrillten Burger sind so gut wie eh und je. Alle Lachs-, Hähnchen- und Lamm-Burger schmecken zum australischen Bier und Wein, doch am allumfassendsten, köstlichen Brodeluxe kommt man irgendwie nicht vorbei.

Silo Bakery BÄCKREI, CAFÉ $$
(Karte S. 222; 02-6260 6060; http://silobakery.com.au; 36 Giles St, Kingston; Frühstück 9-22 AU$, Mittagessen 20-22 AU$; Di-Sa 7-16 Uhr) Das Sauerteigbrot, die Backwaren und Torten sind zum Frühstück wunderbar verlockend, und die gefüllten Baguettes, rustikalen Hauptgerichte und Käseplatten sorgen mittags für glückliche Gäste. Guter Kaffee und offene Weine vervollständigen das Erlebnis. Mittags sollte man reservieren.

Morks THAI $$
(Karte S. 222; 02-6295 0112; www.morks.com.au; Trevillian Quay, Kingston Foreshore; Hauptgerichte 24-28 AU$; Di-Sa 12-14 & 18-22, So 12-14 Uhr) Unser Lieblingsrestaurant am neu entstandenen Trevillian Quay an der Kingston Foreshore, das Morks, offeriert Thai-Küche mit einer modernen Note. Am besten fragt man nach einem Tisch draußen, wo man die Leute auf dem Weg zu den benachbarten Bio-Cafés, Spezialkaffeeröstereien und belebten Bars beobachten kann, während man sich die authentischen Thai-Gerichte wie Rotes Entencurry oder knuspriges Schweinefleisch mit Chilimarmelade schmecken lässt.

Ottoman TÜRKISCH $$$
(Karte S. 222; 02-6273 6111; www.ottomancuisine.com.au; Ecke Broughton & Blackall St, Barton; Hauptgerichte 29-33 AU$, 7-Gänge-Degustationsmenü 75 AU$; Di-Fr 12-14.30 & 18-22, Sa 18-22 Uhr) Ein beliebter Treffpunkt der Strippenzieher Canberras ist dieses prächtige Restaurant in einer großen Villa. Die traditionellen Gerichte (Mezze, Dolma, Kebabs) haben eine überraschende modern-australische Note. Der Service ist herausragend und die Weinkarte lang.

Aubergine MODERN-AUSTRALISCH $$$
(Karte S. 218; 02-6260 8666; www.aubergine.com.au; 18 Barker St, Griffith; 4-Gänge-Menü 90 AU$; Mo-Sa 18-22 Uhr) Das preisgekrönte Menü des Aubergine ist spannend und perfekt ausgewogen, und der Service und die Präsentation des Essens sind tadellos. Im geräumigen und dramatischen Speisesaal werden innovative und saisonale Gerichte wie Entenbraten mit Eigelb-Confit serviert.

Malamay CHINESISCH $$$
(Karte S. 222; 02-6162 1220; http://malamay.chairmangroup.com.au; Burbury Hotel, 1 Burbury Close, Barton; Hauptgerichte 33-38 AU$, Bankett mittags 42 AU$, abends 65,50 AU$; Di-Fr 12-14.30 & 18-22.30, Sa 18-22.30 Uhr) Die würzigen Aromen der Sichuan-Küche locken in dieses Restaurant. Die glamouröse Inneneinrichtung erinnert an das Shanghai der 1930er-Jahre und schafft das passende Ambiente für geruhsame Banketts oder die pikanten Hauptgerichte wie Lamm mit Kreuzkümmel und Chilisalz.

Ausgehen & Nachtleben

Kneipen und Bars konzentrieren sich besonders in Civic und unweit davon um die Lonsdale St und die Mort St in Braddon. Auch an der neuen Kingston Foreshore südlich vom See tut sich etwas.

★ BentSpoke Brewing Co CRAFT-BIER
(Karte S. 222; www.bentspokebrewing.com.au; 38 Mort St, Braddon; 11-24 Uhr) BentSpoke hat 18 hervorragende Biere und Cider vom Fass und ist eine der besten Brauereien von Craft-Bieren Australiens. Man kann an der

mit Biker-Motiven gestalteten Bar sitzen oder draußen relaxen. Am besten startet man mit einem Probierset mit vier Bieren (16 AU$) in den Abend. Unser Lieblingsbier ist das Barley Griffin Ale mit einer zarten Note würziger belgischer Hefe. Gutes Kneipenessen gibt's ebenfalls.

Rum Bar BAR
(Karte S. 222; www.facebook.com/therumbarcanberra; Trevillian Quay, Kingston Foreshore; ⊙ Di 17–22, Mi-Fr ab 15, Sa & So ab 12 Uhr) Die größte Rum-Auswahl der Stadt, kombiniert mit einem kosmopolitischen Standort direkt am Kanal mit Trevillian Quay in der Kingston Foreshore. Cocktails, Tapas und Craft-Biere sind ein zusätzlicher Magnet, und angesichts der anderen Bars und Kneipen in der Nähe lohnt sich ein Besuch dieser Gegend besonders abends oder an einem entspannten Nachmittag.

Honky Tonks BAR
(Karte S. 222; www.drinkhonkytonks.com.au; 17 Garema Pl, Civic; ⊙ Mo-Do 16 Uhr–open end, Fr-So 14 Uhr–open end) Canberras Szene trifft sich hier, um Tacos zu essen, Margaritas zu trinken und dem Musikmix zu lauschen, den der DJ auflegt. Man kann hier viel Spaß haben.

Knightsbridge Penthouse COCKTAILBAR
(Karte S. 222; ☎ 02-6262 6221; www.knightsbridgepenthouse.com.au; 34 Mort St, Braddon; ⊙ Di & Mi 17–24 Uhr, Do-Fr 17 Uhr–open end) Kunstsinnig und schwulenfreundlich; gute DJs, tolle Cocktails und lockere Atmosphäre.

Wig & Pen CRAFT-BIER
(Karte S. 222; www.facebook.com/wigandpen.canberra; 100 Childers St, Llewellyn Hall; ⊙ Mo–Fr 11.30–24, Sa 14–24, So 14–20 Uhr) Alteingesessene Brauereikneipe aus Canberra, die nun auf den Campus der School of Music der ANU umgezogen ist. Was haben die Studenten nur für ein Glück!

Phoenix KNEIPE
(Karte S. 222; ☎ 02-6247 1606; www.lovethephoenix.com; 23 East Row, Civic; ⊙ Mo-Mi 12–1, Do-Sa bis 3 Uhr) Das Phoenix unterstützt loyal die lokale Musikszene, die Atmosphäre ist entspannt und hip.

☆ Unterhaltung

Veranstaltungen stehen in der Donnerstagsausgabe der *Canberra Times* und auf der Website des BMA (www.bmamag.com). **Ticketek** (Karte S. 222; ☎ 02-6219 6666; www.ticketek.com.au; Akuna St, Civic) verkauft Karten.

Palace Electric Cinema KINO
(Karte S. 222; ☎ 02-6222 4900; www.palacecinemas.com.au/cinemas/electric/; 2 Phillip Law St, NewActon Nishi) Anspruchsvolle und Independent-Filme; montags sind die Karten billiger.

Canberra Theatre Centre THEATER
(Karte S. 222; ☎ box office 02-6275 2700; www.canberratheatre.org.au; London Circuit, Civic Sq, Civic; ⊙ Kasse Mo-Fr 9–17, Sa 10–14 Uhr) Der Mittelpunkt der Theaterszene Canberras.

🛍 Shoppen

Canberra Centre EINKAUFSZENTRUM
(Karte S. 222; ☎ 02-6247 5611; www.canberracentre.com.au; Bunda St, Civic; ⊙ Mo-Do 9–17.30, Fr 9–21, Sa 9–17, So 10–16 Uhr) Canberras größtes Einkaufszentrum. Hier befindet sich auch ein Kino mit mehreren Sälen.

Craft ACT HAUSHALTSWAREN, SCHMUCK
(Karte S. 222; ☎ 02-6262 9993; www.craftact.org.au; 1. OG, North Bldg, 180 London Circuit, Civic; ⊙ Di-Fr 10–17, Sa 12–16 Uhr) Produkte mit modernem Design und Ausstellungen,

Old Bus Depot Markets MARKT
(Karte S. 222; ☎ 02-6292 8391; www.obdm.com.au; 21 Wentworth Ave, Kingston; ⊙ So 10–16 Uhr) Kunst, Kunsthandwerk, regionale Spezialitäten und regionale Weine.

National Library Bookshop BÜCHER
(Karte S. 222; ☎ 02-6262 1424; http://bookshop.nla.gov.au; Parkes Pl, Parkes; ⊙ 9–17 Uhr) Ausschließlich australische Bücher.

❶ Praktische Informationen

Canberra & Region Visitors Centre (Karte S. 218; ☎ 1300 554 114, 02-6205 0044; www.visitcanberra.com.au; 330 Northbourne Ave, Dickson; ⊙ 9–16 Uhr) 3 km nördlich von Civic.

❶ An- & Weiterreise

AUTO & MOTORRAD
Der Hume Hwy, der Sydney und Melbourne verbindet, führt 50 km nördlich an Canberra vorbei. Der Federal Hwy geht nach Norden und hat in der Nähe von Goulburn Anschluss an den Hume Hwy, der Barton Hwy (Rte 25) kreuzt Letzteren in der Nähe von Yass. Richtung Süden verbindet der Monaro Hwy Canberra mit Cooma.

BUS
Das Interstate Bus Terminal befindet sich im Jolimont Centre.

Greyhound Australia (Karte S. 222; ☎ 1300 4739 46863, 1300 GREYHOUND; www.grey

hound.com.au; Filiale im Jolimont Centre 6–21.30 Uhr) Regelmäßige Verbindungen nach Sydney (42 AU$, 3½ Std.) und Melbourne (91 AU$, 9 Std.).

Murrays (Karte S. 222; 13 22 51; www.murrays.com.au; Filiale im Jolimont Centre 7–19 Uhr) Täglich Expressbusse nach Sydney (42 AU$, 3½ Std.), Batemans Bay (30 AU$, 2½ Std.), Narooma (37 AU$, 4½ Std.) und Wollongong (47 AU$, 3½ Std.) sowie zu den Skigebieten.

FLUGZEUG

Qantas (13 13 13, TTY 1800 652 660; www.qantas.com.au; Jolimont Centre, Northbourne Ave, Civic) und **Virgin Australia** (www.virginaustralia.com.au) verbinden den **Canberra Airport** (Karte S. 218; 02-6275 2226; www.canberraairport.com.au) mit allen Hauptstädten der australischen Bundesstaaten.

ZUG

Der **Bahnhof Kingston** (Wentworth Ave) ist der Endbahnhof der Stadt. Fahrkarten für die Züge und Anschlussbusse kauft man im Bahnhof.

Züge von NSWTrainLink (S. 285) fahren von/nach Sydney (40 AU$, 4½ Std., 2- bis 3-mal tgl.). Wer nach Melbourne reist, kann mit einem Bus von NSWTrainLink nach Cootamundra (14 AU$, 2½ Std.) fahren, der Anschluss an die Züge zwischen Sydney und Melbourne hat (75 AU$, 6 Std.). Canberra Link, eine tägliche Verbindung von **V/Line** (13 61 96; www.vline.com.au), ist eine Kombination aus der Zugfahrt von Melbourne nach Albury Wodonga und der Busfahrt nach Canberra (55 AU$, 8½ Std.).

ⓘ Unterwegs vor Ort

VOM/ZUM FLUGHAFEN

Der Canberra Airport liegt ungefähr 8 km südöstlich der Stadt. Ein Taxi ins Stadtzentrum kostet etwa 50 bis 55 AU$. Der **Airport Express** (1300 368 897; www.royalecoach.com.au; einfach/hin & zurück 12/20 AU$) verkehrt zwischen dem Flughafen und dem Stadtzentrum.

ÖFFENTLICHE VERKEHRSMITTEL

Canberras öffentliches Nahverkehrsunternehmen ist das **ACT Internal Omnibus Network** (Action; 13 17 10; www.action.act.gov.au; Einzelfahrschein Erw./erm. 4,60/2,30 AU$, Tageskarte 8,80/4,40 AU$). Die größten Bushaltestellen mit Umsteigemöglichkeiten befinden sich in der Alinga St, der East Row und der Mort St. Am **Informationskiosk** (Karte S. 222; East Row, Civic; Mo–Fr 7.30–17.30 Uhr) gibt's Streckennetzpläne und Fahrpläne.

Tickets bekommt man bei den diversen Action-Agenturen (dazu gehören auch die Besucherzentren und Zeitungsläden) oder im Bus beim Fahrer.

TAXI

Canberra Elite Taxis (13 22 27; www.canberracabs.com.au) Taxiservice in Canberra.
Cabxpress (02-6260 6011; www.cabxpress.com.au) Taxiservice in Canberra.

RUND UM CANBERRA

Karten und Informationen erhält man im Canberra & Region Visitors Centre.

Tidbinbilla & Namadgi

Tidbinbilla Nature Reserve NATURSCHUTZGEBIET
(02-6205 1233; www.tidbinbilla.act.gov.au; 11 AU$/Fahrzeug; Besucherzentrum 9–17 Uhr) Dieses Naturschutzgebiet liegt 45 km südwestlich von Canberra. Hier kann man Buschwanderungen unternehmen und Kängurus, Emus sowie (in der Dämmerung) Schnabeltiere und Leierschwänze sehen. Informationen zu von Rangern geleiteten Aktivitäten stehen auf der Website.

Namadgi National Park NATIONALPARK
(www.tams.act.gov.au) Namadgi ist die Bezeichnung der Aborigines für die Berge südwestlich von Canberra. In diesem Park erheben sich acht Gipfel, die höher als 1700 m sind. Der Park eignet sich gut für Bushwalking, Mountainbiken, Angeln, Reiten und zur Erkundung von Felskunst der Aborigines. Reservierungen zum Campen macht man online oder im **Namadgi Visitor Centre** (02-6207 2900; Naas Rd, Tharwa; Mo–Fr 9–16, Sa & So bis 16.30 Uhr), 2 km südlich der Ortschaft Tharwa.

Umgebung

Mehrere Städte liegen jenseits Canberras in NSW. In etwa 15 Fahrminuten gelangt man von Canberra über den Barton Hwy nach **Hall**. Dort befindet sich die Räucherei **Poachers Pantry** (02-6230 2487; www.poacherspantry.com.au; Nanima Rd, Hall; Laden/Räucherkammer tgl. 10–17 Uhr, Smokehouse Café Fr 12–3, Sa & So 10–23.30 Uhr), die für ihre Räucherwaren und das Smokehouse Café bekannt ist.

Ausgezeichnete Weingüter gibt es in **Murrumbateman** (30 Fahrminuten von Canberra). In den Galerien und Antiquitätengeschäften von **Bungendore**, 35 km östlich von Canberra, tummeln sich an den Wochenenden zahlreiche Besucher.

Die **Bungendore Wood Works Gallery** (02-6238 1682; http://bungendorewoodworks.com.au; Ecke Malbon & Ellendon St, Bungendore; 9–17 Uhr) zeigt australische Kunst und Kunsthandwerk aus Holz und hat ein schönes Café. Eine gute Unterkunft ist das **Old Stone House** (02-6238 1888; www.theoldstonehouse.com.au; 41 Molonglo St, Bungendore; Zi. 220 AU$).

WOLLONGONG

292190 EW.

„The Gong", das 80 km südlich von Syne liegt, wird von vielen Städten beneidet. Restaurants, Bars, Kunst, Kultur und Unterhaltung sind hier durchweg von der relaxten Strandatmosphäre geprägt, und Sydneys Großstadtleben erreicht man problemlos mit dem Nahverkehrszug.

Es gibt 17 bewachte Strände und eine spektakuläre Sandstein-Hügelkette, die sich vom Royal National Park Richtung Süden bis hinter Wollongong und Port Kembla zieht.

Entlang des Grand Pacific Dr locken tolle Surfgebiete, sichere Strände, Buschwanderungen und Abenteuer hoch in den Lüften.

Sehenswertes

Belmore Basin HAFEN
Wollongongs Fischereiflotte liegt am südlichen Ende des Hafens. Das Hafenbecken wurde 1868 aus solidem Fels gehauen. Dort ist auch eine Fischereigenossenschaft. Auf der Landzunge steht ein **alter Leuchtturm** (erbaut 1872). Das neue **Breakwater Lighthouse** steht in der Nähe auf dem Festland.

Science Centre & Planetarium MUSEUM
(02-4283 6665; http://sciencecentre.uow.edu.au; Squires Way, Fairy Meadow; Erw./Kind 13/9 AU$; 10a–16 Uhr) Neugierige Kids aller Altersgruppen können hier mit allen Sinnen die Welt entdecken. Das Museum der Universität von Wollongong umfasst ein breites Spektrum von Dinosauriern bis hin zu Elektronik. Im Planetarium finden den ganzen Tag über Vorführungen statt.

Wollongong Botanic Gardens GARTEN
(61 Northfields Ave, Keiraville) GRATIS Hier gibt's tropische Pflanzen, Pflanzen der gemäßigten Klimazone und Wald. Ein toller Ort zum Picknicken.

Wollongong City Gallery KUNSTMUSEUM
(www.wollongongcitygallery.com; Ecke Kembla & Burelli St; Di–Fr 10–17, Sa & So 12–16 Uhr) GRATIS Moderne australische, indigene und asiatische Kunst sowie verschiedene Wechselausstellungen.

Strände

Am **North Beach** sind die Surfbedingungen in der Regel besser als am **Wollongong City Beach**. Die Strände am Hafen sind für Kinder sicherer. Im Norden liegen die bei Surfern beliebten Strände von **Bulli**, **Sandon Point**, **Thirroul** (wo D.H. Lawrence während seines Aufenthalts in Australien wohnte) und der schöne **Austinmer**.

Aktivitäten

Pines Surfing Academy SURFEN
(0410 645 981; www.pinessurfingacademy.com.au; North Beach; 3-tägige Kurse 120 AU$, Surfbrettverleih 1/3 Std. 20/30 AU$; Mitte Dez.–Ende Jan.) Surfunterricht und Stehpaddeln; nur im Sommer.

Sydney Hang Gliding Centre ABENTEUERSPORT
(0400 258 258; www.hanggliding.com.au; Tandemflüge ab 245 AU$; 7–19 Uhr) Tandemflüge vom atemberaubendem Bald Hill in Stanwell Park aus über die spektakuläre Küste.

Cockatoo Run PANORAMABAHNFAHRT
(1300 653 801; www.3801limited.com.au; Erw./Kind/Familie 60/50/175 AU$; Termine für So, Mi & Do 10.50 Uhr) Historische Touristenbahn, die Berge und Regenwald bei der Fahrt durch die Southern Highlands nach Moss Vale passiert.

Schlafen

Coledale Beach Camping Reserve CAMPING $
(02-4267 4302; www.coledalebeach.com.au; Beach Rd; Stellplatz mit/ohne Strom 25/30 AU$) Etwa 20 Minuten nördlich von Wollongong erwacht man morgens durch das Rauschen der tollen Brandung. Manchmal tummeln sich hier sogar Delfine und Wale.

Keiraleagh HOSTEL $
(02-4228 6765; www.backpack.net.au; 60 Kembla St; B/EZ/DZ ab 24/55/75 AU$; @) In diesem einladenden, großen historischen Haus gibt's einfache Schlafsäle, eine große Terrasse und einen Grillplatz.

Beach Park Motor Inn MOTEL $$
(02-4226 1577; www.beachparkmotorinn.com.au; 16 Pleasant Ave; Zi. 88–185 AU$) Die freundlichen Besitzer dieses weißen Ziegelgebäudes halten die etwas kleinen Zimmer

Wollongong

◎ Sehenswertes
1 Belmore Basin D3
2 Breakwater Lighthouse D3
3 North Beach C1
4 Old Lighthouse D3
5 Wollongong City Beach C4
6 Wollongong City Gallery B4

⊕ Aktivitäten, Kurse & Touren
7 Pines Surfing Academy C1

⊜ Schlafen
8 Beach Park Motor Inn B1
9 Keiraleagh B3

⊗ Essen
10 Balinese Spice Magic A3
11 Caveau A3
12 Diggies C1
13 Lee & Me B4

⊖ Ausgehen & Nachtleben
14 His Boy Elroy A4
15 Howlin' Wolf B4
16 Illawarra Brewery C4

---

tadellos in Ordnung. Es liegt einen kurzen Spaziergang vom Strand entfernt.

Chifley HOTEL $$
(☏ 02-4201 2111; www.silverneedlehotels.com; 60-62 Harbour St; Zi. ab 152 AU$) Das neueste Hotel der Stadt bietet Aussicht aufs Meer und einen Golfplatz sowie geschmackvolle Zimmer und öffentliche Bereiche. Gute Strände, Kneipen und Restaurants erreicht man zu Fuß.

✕ Essen

Die Keira St, nördlich der Crown Street Mall, ist das Zentrum der Restaurantszene

Wollongongs. Auch rund um das Einkaufszentrum Wollongong Central an der Ecke Crown St/Keira St haben neue Cafés und Restaurants eröffnet.

Balinese Spice Magic INDONESISCH $
(www.balinesespicemagic.com.au; 130 Keira St; Mittagessen 10–13 AU$, Abendessen 16–20 AU$; ⊙ Mi–Fr 11.30–14.30, Di–Sa 17.30–22 Uhr) In diesem familiengeführten Restaurant servieren die freundlichen Besitzer ausgezeichnete indonesische Küche. In der Keira St gibt's auch Thai- und vietnamesische Restaurants, doch der Geschmack des Essens weckt hier am stärksten die Erinnerung an lange, ziellose Reisen durch Südostasien.

Lee & Me CAFÉ $
(www.leeandme.com.au; 87 Crown St; Frühstück o. Mittagessen 11–16 AU$; ⊙ Mo–Fr 7–16, Sa & So 8–16 Uhr) Ein Café mit Kunst- und Modegeschäft in einem zweistöckigen historischen Haus aus dem späten 19. Jh. Besonders empfehlenswert sind z. B. die Buttermilch-Malz-Pfannkuchen und die klassischen Rindfleisch-Burger.

Diggies CAFÉ $$
(02-4226 2688; www.diggies.com.au; 1 Cliff Rd; Mittagessen 16–26 AU$, Abendessen 21–32 AU$; ⊙ So–Do 6.30–16, Fr & Sa bis 22 Uhr) Mit dem Blick auf die Wellen ist das Diggies zu jeder Tageszeit der perfekte Ort, um zu schlemmen. Im Sommer gibt's sonntags ab 16 Uhr Cocktails und Musik auf der Terrasse.

Caveau MODERN-AUSTRALISCH $$$
(02-4226 4855; www.caveau.com.au; 122-124 Keira St; 7-Gänge-Degustationsmenü 99 AU$, inkl. Wein 145 AU$; ⊙ Di–Sa 18–23 Uhr) Dieses hoch gelobte Restaurant serviert Gourmetköstlichkeiten wie Königsmakrelen-Tatar und pochierte Scampi. Auf der Karte stehen saisonale Gerichte; dienstags bis donnerstags gibt's ein 3-Gänge-Menü (79 AU$).

🍷 Ausgehen & Unterhaltung

His Boy Elroy BAR
(www.hisboyelroy.com.au; Globe Lane; Frühstück 11–16 AU$, Snacks & Burger 6–19 AU$; ⊙ So, Mi & Do 9–22, Fr & Sa 8–24 Uhr) His Boy Elroy kombiniert asiatisches und südamerikanisches Straßenessen wie Burger, Tacos und vietnamesisches *banh mi* mit australischen Craft-Bieren, bewährten Cocktails und guten Weinen. Auch das Frühstück ist sehr lecker. In der Straße gibt's mehrere neue Bars und Cafés, man sollte sich also ruhig mal umschauen.

Illawarra Brewery BAR
(www.thebrewery.net.au; Ecke Crown & Harbour St; ⊙ 11 Uhr–open end) In dieser eleganten Bar mit Meerblick gibt sechs Craft-Biere vom Fass sowie gelegentlich saisonale Biere im Angebot. Biere aus ganz Australien runden das Bild ab, und gutes Essen gibt's ebenfalls.

Howlin' Wolf BAR
(3/53-61 Crown St; ⊙ So–Mi 17–22, Do–Sa bis 24 Uhr) Livemusik, Whisky und Cider, Tapas und rockige Atmosphäre. Was will man mehr?

ℹ️ Praktische Informationen
Visitor Centre (1800 240 737; www.visitwollongong.com.au; 93 Crown St; ⊙ Mo–Sa 9–17, So 10–16 Uhr) Buchungen und Informationen.

ℹ️ An- & Weiterreise
Alle Fernbusse starten an der Ostseite des Bahnhofs. **Züge** (13 15 00; www.sydneytrains.info) der South Coast Line fahren zur Central Station in Sydney (8,10 AU$, 90 Min.).

Murrays (13 22 51; www.murrays.com.au) Busse nach Canberra (47,40 AU$, 3½ Std.).

Premier (13 34 10; www.premierms.com.au) Busse nach Sydney (18 AU$, 2 Std.) und Eden (69 AU$ 8 Std.).

ℹ️ Unterwegs vor Ort
Es ist toll, Stadt und Umgebung mit dem Fahrrad zu erkunden, das man von Sydney im Zug mitnehmen kann. Ein Fahrradweg führt gen Norden nach Bulli und gen Süden nach Port Kembla.

Taxis bestellt man unter 02-4229 9311.

RUND UM WOLLONGONG

Südlich der Stadt

Der Lake Illawarra südlich von Wollongong ist bei Wassersportlern, z. B. Windsurfern, beliebt. Gute Strände gibt es auf der Windang Peninsula östlich vom See. Weiter südlich liegt der Ferienort Shellharbour, eine der ältesten Küstenstädte. Der Name kommt von den von Aborigines angelegten Muschelhaufen, die die Kolonialisten hier fanden.

Illawarra Escarpment State Conservation Area

Die stetig erodierenden Sandsteinfelsen der Bergkette Illawarra Escarpment, deren

> **NICHT VERSÄUMEN**
>
> **TRAUMHAFTE AUSSICHT**
>
> Das 1886 erbaute, unter Denkmalschutz stehende **Scarborough Hotel** (02-4267 5444; www.scarboroughhotel.com.au; 383 Lawrence Hargrave Dr, Scarborough; Hauptgerichte 25–30 AU$; Mo–Fr 9–16, Sa & So bis 17 Uhr) hat einen der schönsten Biergärten Australiens. Der Blick aufs Meer ist einfach spektakulär und den Weg wirklich wert. Wer sich die gewaltige Seafood-Platte (98 AU$) mit einem Freund teilt, wird garantiert nicht enttäuscht sein. Unten befindet sich die **Matthew Gillett Gallery** (www.matthewgillettgallery.com; 9–16 Uhr), die interessante Ausstellungen zeitgenössischer australischer Künstler zeigt.

höchster Punkt mit 534 m der **Mt. Kembla** ist, sind von Regenwald umgeben. Eine wunderbare Aussicht auf die Küste bietet sich vom **Mt. Keira Lookout** (464 m); man fährt auf dem Freeway nach Norden und folgt den Schildern.

Nördlich der Stadt

An der Straße Richtung Norden und zum Royal National Park liegt beim Bald Hill oberhalb von Stanwell Park der **Lawrence Hargrave Lookout**, ein Aussichtspunkt auf einer Felsklippe. Hargrave, ein Pionier der Luftfahrt, machte seine ersten Flugversuche im frühen 20. Jh. Heute lebt seine Leidenschaft in den Hängegleitern weiter. **HangglideOz** (0417 939 200; www.hangglideoz.com.au; ab 245 AU$) und das Sydney Hang Gliding Centre (S. 229) bieten Tandemflüge an.

In den **Symbio Wildlife Gardens** (02-4294 1244; www.symbiozoo.com.au; 7-11 Lawrence Hargrave Dr, Stanwell Tops; Erw./Kind 27/15 AU$; 9.30–17 Uhr) leben über 1000 niedliche pelzige Kleintiere, darunter indigene australische und exotische ausländische Arten.

Royal National Park

Der 15 091 ha große **Royal National Park** (02-9542 0648; www.environment.nsw.gov.au; Autos 11 AU$, Fußgänger & Fahrradfahrer frei; Parktore schließen um 20.30 Uhr) wurde 1879 gegründet und ist damit nach dem Yellowstone-Nationalpark in den USA der zweitälteste Nationalpark der Welt. Der Park erstreckt sich von der herrlichen Küste 32 km landeinwärts und umfasst kleine Regenwaldgebiete, windzerzaustes Buschwerk an der Küste, mit Eukalyptusbäumen bewachsene Sandsteinschluchten, Süß- und Salzwasser-Feuchtgebiete, abgeschiedene Strände und dramatische Klippen. In der traditionellen Heimat der Tharawal befinden sich auch zahlreiche **Aborigine-Stätten** und Artefakte.

Es gibt mehrere Wanderwege, z. B. den spektakulären **Coast Track**, der 26 km lang ist (zwei Tage). Die meisten Strände sind unbewacht und können wegen möglicher Brandungsrückströme gefährlich sein. **Garie**, **Era**, **South Era** und **Burning Palms** sind beliebte Surfstrände, am **Werrong Beach** ist Nacktbaden erlaubt.

Bundeena an der Südküste von Port Hacking ist vom Park umgeben. Ein 30-minütiger Spaziergang führt zum Jibbon Head mit einem guten Strand und interessanten Felszeichnungen der Aborigines. Bundeena ist auch der Ausgangspunkt des Küstenwanderwegs.

🛏 Schlafen

In einigen Gebieten ist es erlaubt, im Busch zu campen, man muss sich aber im Besucherzentrum eine Genehmigung (Erw./Kind 5/3 AU$) besorgen.

Bonnie Vale Campground — CAMPING $
(http://www.nationalparks.nsw.gov.au/Royal-National-Park/bonnie-vale/camping; Sea Breeze Lane; Erw./Kind 14/7 AU$) Gut ausgestatteter Campingplatz in der Nähe von Bundeena mit 74 Stellplätzen sowie Toiletten, warmen Duschen und Picknicktischen.

Beachhaven B&B — B&B $$$
(02-9544 1333; www.beachhavenbnb.com.au; Hordens Beach, Bundeena; Zi. ab 300 AU$; ❄ 🐾) Dieses B&B im Schatten von Palmen und mit direktem Zugang zum herrlichen Hordens Beach hat zwei schicke Zimmer und Annehmlichkeiten wie ein Spa mit Blick auf den Strand.

ℹ Praktische Informationen

Visitor Centre (02-9542 0648; www.environment.nsw.gov.au/nationalparks; Farnell Ave; 8.30–16.30 Uhr) Hier gibt's Eintrittskarten für den Nationalpark, Camping-Genehmigungen, Karten und Infos zu Buschwanderungen. Das Besucherzentrum befindet sich in Audley, 2 km vom nordöstlichen Parkeingang nahe des Princes Hwy im Inneren des Parks.

ℹ An- & Weiterreise

Cronulla National Park Ferries (02-9523 2990; www.cronullaferries.com.au; Erw./Kind 6,40/3,20 AU$; 5.30–18.30 Uhr stündl.) Fähren von Cronulla, das man von Sydney aus gut mit der Bahn erreicht, nach Bundeena.

KIAMA & UMGEBUNG

12 817 EW.

Kiama ist eine große Stadt mit schönen alten Gebäuden, herrlichen hohen Bäumen und zahlreichen Stränden und skurrilen Gesteinsformationen. Das wahre Highlight ist aber das Blowhole.

⊙ Sehenswertes & Aktivitäten

In der Stadt gibt es einen kleinen Surfstrand, und am **Bombo Beach** 3 km nördlich der Stadt ist eine Haltestelle der CityRail.

Blowhole Point   AREAL
Am dramatischsten ist dieses Spritzloch bei starker Brandung – dann schießt oben auf dem Kap das Wasser aus Spalten in die Höhe. Nachts wird es mit Flutlicht angestrahlt.

Little Blowhole   AREAL
(abseits der Tingira Cres, Marsden Head) Nur einen halben Meter breit, aber eine ernstzunehmende Konkurrenz für den großen Bruder.

Saddleback Mountain   NATURSCHUTZGEBIET
Toller Blick auf das Illawarra Escarpment. Von der Manning St biegt man rechts in die Saddleback Mountain Rd ab.

Illawarra Fly   NATURSCHUTZGEBIET
(1300 362 881; www.illawarrafly.com.au; 182 Knights Hill Rd, Knights Hill; Erw./Kind/Familie 25/10/64 AU$; 9–17 Uhr, letzter Einlass 16.15 Uhr) Dieser 500 m hoch gelegene Aussichtsturm auf dem Escarpment wartet mit spektakulärem Blick und einem „Treetop Walk" in den Baumkronen des Regenwaldes auf. Neu ist eine aufregende Zipline (Erw./Kind 75/45 AU$); im Preis sind der Besuch des Aussichtsturmes und der „Treetop Walk" enthalten. Insgesamt sollte man etwa 2½ Stunden einplanen. Achtung: Die Zipline muss man vorher online buchen.

Minnamurra Rainforest Centre   NATURSCHUTZGEBIET
(02-4236 0469; www.environment.nsw.gov.au/contact/MinnamurraRainforest.htm; 11 AU$/Auto; 9–17 Uhr, letzter Einlass 16 Uhr) Am östlichen Rand des **Budderoo National Park**, etwa 14 km landeinwärts von Kiama. Ein 1,6 km langer Rundweg führt an einem sprudelnden Bach entlang durch den Regenwald. Hier kann man Wasseragamen und Leierschwänze sehen. Der zweite, 2,6 km lange, recht steile Wanderweg führt zu den **Minnamurra Falls**.

Coastal Walk   WANDERN
Dieser schöne, 6 km lange Weg führt von der Love's Bay in Kiama Heights zum Nordende des Werri Beach.

🛏 Schlafen & Essen

★ **Kiama Harbour Cabins**   HÜTTEN $$$
(02-4232 2707; www.kiamacoast.com.au; Blowhole Point; Hütten ab 220 AU$;) Diese gut ausgestatteten Hütten in bester Lage sind tadellos gepflegt und haben Veranden mit Grill und Blick auf Strand und Meerwasserpool.

Chachi's   ITALIENISCH $$
(02-4233 1144; www.chachisrestaurant.com.au; 32 Collins St; Hauptgerichte 22–35 AU$; Di–Fr 11.30–14.30, Di–Sa 17.30–21.30 Uhr) Bei Einheimischen ist das Chachi's, das in einer historischen Reihenhaussiedlung liegt, beliebt, weil man hier ganz leger im Freien essen kann.

ℹ Praktische Informationen

Visitor Centre (1300 654 262, 02-4232 3322; www.kiama.com.au; Blowhole Point Rd; 9–17 Uhr) Am Blowhole Point.

ℹ Anreise & Unterwegs vor Ort

Busse von **Premier** (13 34 10; www.premierms.com.au) fahren zweimal täglich nach Berry (18 AU$, 30 Min.), Eden (69 AU$, 7½ Std.) und Sydney (25 AU$, 2½ Std.). **Kiama Coaches** (02-4232 3466; www.kiamacoaches.com.au) steuert Gerroa, Gerringong und Minnamurra (via Jamberoo) an.

Sydney Trains (13 15 00; www.sydneytrains.info) fährt häufig nach Wollongong, Sydney und Nowra (Bomaderry).

Wer selbst fährt, sollte einen Abstecher an die Küste über Gerringong und Gerroa machen und bei Berry oder direkt nördlich von Nowra wieder auf den Highway zurückkehren.

SHOALHAVEN COAST

An der schönen Küste dieser Region befinden sich tolle Strände, State Forests und Nationalparks, darunter der riesige – nämlich 190 751 ha große – Morton National Park. Die Unterkunftspreise steigen an den Wochenenden und während der Schulferien.

Berry

1690 EW.

Berry ist ein beliebter Zwischenstopp im Landesinneren auf dem Weg an die South Coast. Hier gibt's einige Antiquitäten- und Designläden und eine im Aufwind begriffene Restaurantszene mit guten Cafés und Restaurants. Das malerische **Kangaroo Valley** liegt nur eine kurze Fahrt entfernt.

Sehenswertes & Aktivitäten

In der kleinen Hauptstraße stehen beim National Trust gelistete Gebäude und in den Hügeln rund um Berry liegen tolle Weingüter.

Berry Museum MUSEUM

(135 Queen St; ⊙ Sa 11–14, So bis 15 Uhr) GRATIS In einem interessanten, 1884 erbauten Bankhaus.

Jasper Valley Wines WEINGUT

(www.jaspervalleywines.com; 152 Croziers Rd; ⊙ Fr-So 10–17 Uhr) 5 km südlich von Berry, offeriert Weinproben und Mittagessen.

Silos Estate WEINGUT

(☎ 02-4448 6082; www.thesilos.com; B640 Princes Hwy, Jaspers Brush; Hauptgerichte 34 AU$; ⊙ Mittag- & Abendessen Do–So) Weinproben, ein renommiertes Restaurant und Boutique-Unterkünfte (175–245 AU$).

Feste & Events

Berry Country Fair MARKT

Markt mit Kunst, Kunsthandwerk und Regionalem. Jeden ersten Sonntag im Monat.

Berry Celtic Festival KULTUR

(www.berryrotary.com.au; Berry Showgrounds; Erw./Kind 10/5 AU$) Baumstammwerfen, Haggiswerfen (Haggis ist eine schottische Spezialität aus Innereien) und Dudelsackspieler. Findet am letzten Samstag im Mai statt.

Schlafen

Village Boutique MOTEL $$

(☎ 02-4464 3570; www.berrymotel.com.au; 72 Queen St; Zi. 165–240 AU$ ✱ 🕸 ☒) Das gehobene Motel am Rand der Hauptstraße hat große, komfortable Zimmer.

Bellawongarah at Berry B&B $$$

(☎ 02-4464 1999; www.accommodation-berry.com.au; 869 Kangaroo Valley Rd, Bellawongarah; Zi. ab 250 AU$; ✱) Mitten im Regenwald, 8 km südlich von Berry an der Bergstraße nach Kangaroo Valley, liegt diese wundervolle Unterkunft. Das Haupthaus ist mit asiatischer Kunst gestaltet, eine wesleyanische Kirche von 1868 mit dem Flair des ländlichen Frankreichs wird als Ferienhaus vermietet.

Essen

Berry Woodfired Sourdough BÄCKEREI $$

(www.berrysourdoughcafe.com.au; Prince Alfred St; Hauptgerichte 10–26 AU$; ⊙ Mi–So 8–15 Uhr) In dieser bei Feinschmeckern beliebten Bäckerei kauft man Brot oder isst etwas. Der Besitzer führt auch die **Milkwood Bakery** (109 Queen St; ⊙ 7–18 Uhr) in der Hauptstraße. Die köstlichen Gourmet-Torten probieren!

★ **Hungry Duck** ASIATISCH $$

(☎ 02-4464 2323; www.hungryduck.com.au; 85 Queen St; Hauptgerichte 17–34 AU$, 5-/9-Gänge-Bankett 50/80 AU$; ⊙ Mi–Mo 18–21.30 Uhr) Die moderne asiatische Küche wird im Tapas-Stil serviert, aber es gibt auch größere Gerichte. Hinter dem Haus sind ein Hof und ein Küchengarten, aus dem die frisch gepflückten Kräuter stammen. Fisch, Fleisch und Eier kommen aus der Region.

An- & Weiterreise

Regelmäßig fahren Züge nach Wollongong (6,30 AU$, 75 Min.), wo man Anschluss nach Sydney und in andere Städte an der South Coast hat.

Busse von **Premier** (☎ 13 34 10; www.premierms.com.au) fahren nach Kiama (18 AU$, 30 Min.), Nowra (18 AU$, 20 Min.) und Sydney (25 AU$, 3 Std., 2-mal tgl.).

ABSTECHER

KANGAROO VALLEY

Sowohl von Nowra als auch von Berry aus führen kurvenreiche, schattige Waldstraßen zum malerischen Kangaroo Valley. Die hübsche historische Ortschaft liegt inmitten von Bergen und hat eine schläfrige Hauptstraße, die von Cafés, Kunsthandwerksläden und einer tollen Kneipe gesäumt ist. In der Umgebung kann man Rad fahren, wandern, Kanu fahren und zelten. Anbieter von geführten Touren und Übernachtungsoptionen in B & Bs stehen auf der Seite www.kangaroovalleytourist.asn.au.

Nowra

9257 EW.

Nowra, etwa 17 km landeinwärts von der Küste gelegen, ist die größte Stadt in der Region Shoalhaven. An der Küste gibt es zwar schönere Orte, doch die Stadt kann eine gute Basis sein, um das 17 km nordöstlich gelegene Berry oder die Strände von Jervis Bay, 25 km südöstlich, zu besuchen.

◉ Sehenswertes & Aktivitäten

Das Besucherzentrum hat Tipps für Wanderungen in der Umgebung. Der **Ben's Walk** beginnt an der Brücke in der Nähe des Scenic Dr und folgt dem Südufer des Shoalhaven River. Nördlich vom Fluss führt der 5,5 km lange Rundweg **Bomaderry Creek Walking Track** durch fantastische Sandsteinschluchten.

Shoalhaven Zoo   TIERRESERVAT
(02-4421 3949; http://shoalhavenzoo.com.au; Rock Hill Rd, North Nowra; Erw./Kind/Familie 22/12/58 AU$; 9–17 Uhr) In diesem 6,5 ha großen Park am Nordufer des Shoalhaven River leben heimische Tiere. Einen Zeltplatz gibt es ebenfalls (Erw./Kind ab 10/6 AU$).

Shoalhaven River Cruises   BOOTSFAHRT
(0429 981 007; www.shoalhavenrivercruise.com; 2-/3-stündige Bootsfahrt 29/49 AU$) Die interessanten Bootsfahrten starten am Kai gleich östlich der Brücke.

🛏 Schlafen & Essen

Whitehouse   PENSION $$
(02-4421 2084; www.whitehouseguesthouse.com; 30 Junction St; Zi. 104–168 AU$; 🛜) Eine freundliche Familie führt diese wunderbar restaurierte Pension mit einer Veranda und komfortablen Zimmern mit eigenem Bad.

George Bass Motor Inn   MOTEL $$
(02-4421 6388; www.georgebass.com.au; 65 Bridge Rd; Zi. ab 124 AU$; ❄🛜) Ein unauffälliges, aber gut ausgestattetes einstöckiges Motel mit sauberen, sonnigen Zimmern.

Deli on Kinghorne   CAFÉ $
(www.thedeli.net.au; 84 Kinghorne St; Mahlzeiten 5–15 AU$; Mo–Fr 6.30–17, Sa & So bis 15 Uhr) Der beste Kaffee der Stadt, herzhaftes Frühstück und Mittagessen und viele sonnenbeschienene Tische im Freien.

Wharf Rd   MODERN-AUSTRALISCH $$
(02-4422 6651; www.wharfrd.com.au; 10 Wharf Rd; kleine/große Teller 16/32 AU$; Di–Sa 12 Uhr–open end, So 11.30–15 Uhr) Das Wharf Rd liegt direkt am Fluss und ist das kosmopolitischste Restaurant in Nowra. Als Teller zum Teilen gibt es z. B. Alpaka-Filet, Antarktischen Schwarzfisch mit Chili oder Avocado- und Tintenfisch-Tacos. An Wochenenden sind mittags Tagesgerichte im Angebot, die auf der Website stehen.

ABSTECHER

TAGESAUSFLÜGE AB NOWRA

Östlich von Nowra schlängelt sich der Shoalhaven River durch Mündungsgebiete und Feuchtgebiete bis zum **Crookhaven Heads**, auch „Crooky", genannt, wo man gut surfen kann. Die Spezialität von **Greenwell Point**, etwa 15 km östlich von Nowra, sind Austern.

Auf der Nordseite des Mündungsgebiets liegen **Shoalhaven Heads** und der **Seven Mile Beach National Park**, der sich bis Gerroa zieht.

Coolangatta, direkt vor Shoalhaven Heads, ist die Stätte der ältesten europäischen Siedlung an der Südküste von NSW. Der **Coolangatta Estate** (02-4448 7131; www.coolangattaestate.com.au; Zi. ab 140 AU$; Weingut 10–17 Uhr) offeriert einen Golfplatz, ein Weingut mit Restaurant und Unterkünfte in einst von Strafgefangenen errichteten Gebäuden.

🍺 Ausgehen

Hop Dog Beerworks   CRAFT-BIER
(www.hopdog.com.au; Unit 2, 175 Princes Hwy; Verkostung & Verkauf Mi & Do 10–16, Fr bis 17, Sa bis 15 Uhr) In einem Industriegebiet südlich der Stadt braut das Hop Dog u. a. ein belgisches IPA (India Pale Ale) und ein India Black Ale. Man kann das Bier auch in Flaschen und Krügen zum Mitnehmen kaufen.

ℹ Praktische Informationen

NPWS-Büro (02-4423 2170; www.nationalparks.nsw.gov.au; 55 Graham St) Nationalparkinformation.

Visitor Centre (02-4421 0778; www.shoalhaven.nsw.gov.au; Ecke Princes Hwy & Pleasant Way) Nördlich der Stadt auf der anderen Seite der Brücke.

ℹ An- & Weiterreise

Busse von **Premier** (13 34 10; www.premierms.com.au) fahren über Berry (18 AU$, 20 Min.) nach Sydney (25 AU$, 3 Std.) sowie über Ulladulla (19 AU$, 1 Std.) nach Eden (57 AU$, 5 Std.).

Züge von **CityRail** (13 15 00; www.sydneytrains.info) fahren zur Central Station in Sydney und zum Bahnhof Bondi Junction in Kiama, wo man auch Anschluss nach Nowra (Bomaderry) hat.

Jervis Bay

Diese große geschützte Bucht lockt mit schneeweißem Sand, kristallklarem Wasser, Nationalparks und munteren Delfinen. Je nach Saison füllt sich die Bucht mit Urlaubern aus Sydney (im Sommer und an den meisten Wochenenden) oder Walen auf Wanderschaft (Mai bis November).

1995 errang die Aborigine-Gemeinschaft vor Gericht einen Anspruch auf dieses Land, nun verwaltet sie gemeinschaftlich den Booderee National Park am südlichen Ende der Bucht. Wie der Zufall es will, gehört gerade dieses Gebiet nicht zu NSW, sondern zum Territorium der australischen Hauptstadt.

Am erschlossensten ist die Bucht rund um Huskisson und Vincentia, an der Nordküste gibt es kaum touristische Infrastruktur. Die nordöstliche Seite der Jervis Bay bildet die Beecroft Peninsula, deren Rand die dramatischen steilen Klippen des Point Perpendicular darstellen. Der größte Teil der Halbinsel gehört der Marine, ist aber öffentlich zugänglich.

Sehenswertes & Aktivitäten

Das Zentrum der meisten Aktivitäten ist Huskisson. Der Sand am **Hyams Beach**, südlich von Huskisson, soll der weißeste der Welt sein.

Jervis Bay National Park NATIONALPARK
(www.nationalparks.nsw.gov.au) An der Callala Bay beginnt der Jervis Bay National Park mit 4854 ha niedrigen Buschlandes und Waldes. Die Bucht ist ein Meerespark.

Lady Denman Heritage Complex MUSEUM
(02-4441 5675; www.ladydenman.asn.au; Dent St; Erw./Kind 10/5 AU$; 10–16 Uhr) Zeigt eine historische Sammlung und die 1912 gebaute Fähre *Lady Denman*. Außerdem beherbergt der Komplex die Galerie **Timbery's Aboriginal Arts & Crafts** mit Geschäft sowie ein Besucherzentrum. Jeden ersten Samstag im Monat findet hier ein Bauernmarkt statt.

Dive Jervis Bay TAUCHEN, SCHNORCHELN
(02-4441 5255; www.divejervisbay.com; 64 Owen St) Der Meerespark ist bei Tauchern und Schnorchlern beliebt, die in der Nähe eine Robbenkolonie besuchen können (Mai bis Oktober).

Jervis Bay Kayaks KAJAKFAHREN
(02-4441 7157; www.jervisbaykayaks.com; 13 Hawke St; Kajakverleih 3 Std./Tag 49/69 AU$, geführte Touren 55–165 AU$) Verleih, geführte Seekajaktouren und individuelle Camping- und Kajaktouren ohne Führer.

Huskisson Sea Pool SCHWIMMEN
(Nov.–April Fr–Mi 6–20 Uhr) GRATIS Salzwasserpool mit fast olympischen Ausmaßen.

Hire Au Go-Go RADFAHREN
(02-4441 5241; http://hireaugogo.com; 1 Tomerong St; 1 Std./Tag 19/60 AU$) Mit den Elektrofahrrädern kann man die Küste erkunden.

Dolphin Watch Cruises BOOTSTOUR
(02-4441 6311; www.dolphinwatch.com.au; 50 Owen St; Delfin-/Wal-/Robben-Beobachtungstour 35/65/80 AU$) Delfin-, Wal- und Robben-Beobachtungstouren.

Schlafen

An den Wochenenden steigen die Preise. Hyams Beach bietet private Unterkünfte auf dem **Hyams Beach Real Estate** (02-4443 0242; www.hyamsbeachre.com.au; 76 Cyrus St).

Huskisson Beach Tourist Resort CAMPING $
(02-4441 5142; www.holidayhaven.com.au; Beach St; Stellplatz für 2 Pers. 40–85 AU$, Hütten 105–205 AU$) Noble Hütten am Strand.

Jervis Bay Motel MOTEL $$
(02-4441 5781; www.jervisbaymotel.com.au; 41 Owen St; Zi. 119–189 AU$) Nett eingerichtet und schöne Aussicht von den (allerdings teureren) Zimmern im Obergeschoss.

Huskisson B&B B&B $$$
(02-4441 7551; www.huskissonbnb.com.au; 12 Tomerong St; Zi. 225 AU$) Helle, luftige und farbenfrohe Zimmer mit komfortablen Betten und weichen Handtüchern.

★ Paperbark Camp CAMPING $$$
(1300 668 167; www.paperbarkcamp.com.au; 571 Woollamia Rd; DZ ab 395 AU$; Sept.–Juni) Hier campt man umweltfreundlich in zwölf luxuriösen Safarizelten mit eigenem Bad und umlaufender Terrasse, die mit Solarenergie versorgt werden. Es liegt 3,5 km von Huskisson in dichtem Busch; man kann Kajaks leihen und den Bach entlang bis zur Bucht paddeln.

Essen

Supply CAFÉ $
(02-4441 5815; www.supplyjervisbay.com.au; Shop 1, 54 Owen St; Hauptgerichte 12–18 AU$; Mo–Sa 7.30–17, So bis 15 Uhr) In diesem Café und Feinkostladen gibt's den besten Kaffee Huskissons sowie gutes Frühstück.

Wild Ginger
ASIATISCH $$

(☏ 02-4441 5577; www.wild-ginger.com.au; 42 Owen St; Hauptgerichte 31,50 AU$; ⊙ Di–So 16.30 Uhr–open end) Ein entspanntes Restaurant, das die Küche Südostasiens und Japans präsentiert. Die regionalen Fisch- und Meeresfrüchtegerichte sind besonders köstlich.

Gunyah Restaurant
MODERN-AUSTRALISCH $$$

(☏ 02-4441 7299; 3-Gänge-Menüs 70 AU$; ⊙ Juni–Sept. 18.30–21 Uhr) In diesem renommierten Restaurant im Paperback Camp sitzt man unter einem Schutzdach auf einem grünen Balkon. Den Schwerpunkt bilden regionale Zutaten. Gäste, die nicht auf dem Zeltplatz übernachten, sollten unbedingt reservieren.

🍷 Ausgehen & Unterhaltung

Huskisson
KNEIPE

(☏ 02-4441 5001; www.thehuskisson.com.au; Owen St) Der fabelhafte Blick auf die Bucht und das ausgezeichnete Essen sind der Grund dafür, dass die Terrasse im Sommer immer rappelvoll ist. An den meisten Wochenenden spielen Livemusiker. Die vor Kurzem renovierten stilvollen Zimmer (ab 150 AU$) sind recht günstig.

ℹ️ Anreise & Unterwegs vor Ort

Busse von **Jervis Bay Territory** (☏ 02-4423 5244) fahren von Huskisson nach Nowra.

Busse von **Nowra Coaches** (☏ 02-4423 5244; www.nowracoaches.com.au) fahren die Jervis Bay entlang und weiter nach Nowra.

Ulladulla

12 137 EW.

Diese Stadt, in der die Fischerei im Mittelpunkt steht, feiert Ostern mit der Zeremonie *Blessing of the Fleet*. In der Umgebung befinden sich schöne Strände.

⊙ Sehenswertes & Aktivitäten

Nördlich vom Zentrum erstreckt sich der wunderschöne, über 2 km lange **Mollymook Beach**. Am Ende des angrenzenden **Narrawallee Beach** mündet ein Fluss ins Meer – dort kann man gut Kajak fahren. An beiden Stränden gibt es Beach Breaks; erfahrene Surfer machen sich zum **Collers Beach** auf.

Coomee Nulunga Cultural Trail
WANDERN

Der 700 m lange Wanderweg beginnt beim Lighthouse Oval (die Deering St östlich vom Highway nehmen) und folgt einem Pfad vom Kap durch Buschland bis zum Strand.

🛏 Schlafen

Ulladulla Headland Tourist Park
CAMPING $

(☏ 02-4455 2457; www.holidayhaven.com.au; South St; Stellplatz 26–45 AU$, Hütte 95–210 AU$; 🛜🏊) Der Campingplatz liegt im Grünen auf dem Kap und wartet mit Meerblick auf. Die Einrichtungen sind sehr gepflegt.

Ulladulla Lodge
HOSTEL $

(☏ 02-4454 0500; www.ulladullalodge.com.au; 63 Pacific Hwy; B/DZ ab 35/80 AU$) Diese Unterkunft im Stil einer Pension ist sauber und komfortabel. Gäste können Fahrräder, Surfbretter und Bodyboards nutzen.

Bannisters
HOTEL $$$

(☏ 02-4455 3044; www.bannisters.com.au; 191 Mitchell Pde, Mollymook; Zi. 295–400 AU$, Suite 470–1475 AU$; ❄@🛜🏊) Auf den Grundmauern eines Betonblocks aus den 1970er-Jahren entstand dieses unaufdringlich luxuriöse Hotel. Der Blick auf die Küste ist großartig – ob vom Infinitypool oder vom Balkon aus.

🍴 Essen

Hayden's Pies
BÄCKEREI $

(☏ 03-4455 7798; 166 Princes Hwy; Torte 4–7 AU$; ⊙ 7–17 Uhr) In dieser kleinen Bäckerei, die traditionelle und Gourmet-Torten verkauft, duftet es einfach köstlich.

★ Tallwood
MODERN-AUSTRALISCH, CAFÉ $$

(☏ 02-4455 5192; www.tallwoodeat.com.au; 2/85 Tallwood Ave, Mollymook; Frühstück 9–24 AU$, Abendessen 20–36 AU$; ⊙ Mi–So 7.30 Uhr–open end; 🌱) Im Tallwood beginnt der Tag mit ausgezeichnetem Kaffee und leckerem Frühstück, z. B. Ricotta-Pfannkuchen. Mittags und abends geht es mit kreativen Gerichten weiter. Einige der Highlights, die in dem farbenfrohen modernen Café serviert werden, sind portugiesische Fischkuchen mit Safran-Mayonnaise, Ente im balinesischen Stil oder mit *dukkah* (afrikanisch-orientalische Gewürzmischung) aufgepeppte Aubergine. Auch gute vegetarische Gerichte sind im Angebot, und die australischen Craft-Biere und Weine werden stolz präsentiert.

Ulladulla Oyster Bar
SEAFOOD $$

(www.ulladullaoysterbar.com.au; Shop 5, The Plaza, 107 Princes Hwy; Austern & Tapas 10–20 AU$; ⊙ Di & Mi 10–20, Do–Sa bis 22 Uhr) Sydney-Felsenaustern werden roh – besonders empfehlenswert sind sie mit Limette und Wasabi – oder gegrillt mit Ingwer, Soja und Mirin serviert. Dazu schmecken ein Hop-Dog-Craft-Bier aus Nowra oder ein regionaler Wein.

> **NICHT VERSÄUMEN**
>
> **BOODEREE NATIONAL PARK**
>
> Booderee National Park (02-4443 097702-4443 0977; www.booderee.gov.au; 2-Tages-Pass Auto od. Motorrad 11 AU$) In diesem großartigem Nationalpark, der die Südostspitze von Hervis Bay einnimmt, laden die Stränden zum Schwimmen, Surfen und Tauchen ein. Ein großer Teil des Parks besteht aus Heideland, es gibt aber auch etwas Wald, darunter kleine Regenwaldgebiete.
>
> Gute Bedingungen zum Surfen herrschen am Caves Beach und am Pipeline. Wanderkarten und Campinginformationen bekommt man im Visitor Centre (02-4443 0977; www.booderee.gov.au; 9–16 Uhr). Beim Wandern sollte man nach den 260 Vogel-, 27 Landsäugetier- und 23 Reptilienarten des Parks Ausschau halten.
>
> In den Booderee Botanic Gardens (8.30–16 Uhr) im Nationalpark wachsen riesige Rhododendren sowie Küstenpflanzen, die indigene Gruppen früher als Nahrungsmittel und Medizin nutzten.
>
> Camping (Stellplatz 12–22 AU$) ist am Green Patch und am Bristol Point sowie am abgeschiedenen Caves Beach möglich. Zur Saison online über das Visitor Centre buchen!

Cupitt's Winery & Restaurant MODERN-AUSTRALISCH $$$

(02-4455 7888; www.cupitt.com.au; 60 Washburton Rd; Hauptgerichte 32–37 AU$; Mi–So 12–14.30, Fr & Sa 18–20.30 Uhr) In einer restaurierten Molkerei von 1851 kann man das hoch gelobte Essen genießen und Weine verkosten. Es gibt auch Boutique-Unterkünfte im Weingut (eine/zwei Nächte 330/550 AU$) und Pläne für eine neue Craft-Bier-Brauerei.

Bannisters Restaurant SEAFOOD $$$

(02-4455 3044; www.bannisters.com.au; 191 Mitchell Pde, Mollymook; Frühstück 15 AU$, Abendessen Hauptgerichte 30–50 AU$; 8–11 Uhr & 18 Uhr–open end) Herrliche Lage am Bannister's Point, 1 km nördlich der Stadt. Die Seafood-Gerichte des berühmten britischen Küchenchefs Rick Stein stehen der tollen Aussicht in nichts nach.

ⓘ Praktische Informationen

Visitor Centre (02-4444 8819; www.shoalhavenholidays.com.au; Princes Hwy; 9–17 Uhr) Buchungen und Informationen.

ⓘ An- & Weiterreise

Busse von **Premier** (13 34 10; www.premierms.com.au) zwischen Sydney (35 AU$, 5 Std.) und Eden (50 AU$, 4 Std.) fahren über Batemans Bay (16 AU$, 45 Min.) und Nowra (19 AU$, 1 Std.).

Murramarang National Park

Murramarang National Park NATIONALPARK

(www.nationalparks.nsw.gov.au; Auto 7 AU$/Tag) In diesem schönen, 12 386 ha großen Küstenpark leben wilde Kängurus und viele Vögel. Hier befindet sich auch die geschützte **Murramarang Aboriginal Area** mit alten *middens* (Muschelhaufen) und indigenen Kulturschätzen.

Die Strände **Wasp Head**, **Depot**, **Pebbly** und **Merry** sind bei Surfern beliebt. Dort beginnen verschiedene Wanderwege, z..B. die steile, aber schöne Wanderung zum **Durras Mountain** (283 m).

🛏 Schlafen

Der NPWS hat **Stellplätze** (www.environment.nsw.gov.au/NationalParks/; Stellplatz ohne/mit Strom 20/28 AU$) am **Depot Beach** (02-4478 6582), am **Pebbly Beach** (02-4478 6023) und am **Pretty Beach** (02-4457 2019). Während der Schulferien sollte man besser im Voraus buchen. Am Depot Beach und am Pretty Beach gibt es außerdem **Hütten** (Wald/Strand ab 115/140 AU$) für Selbstversorger.

Durras Lake North Holiday Park CAMPING $

(02-4478 6072; www.durrasnorthpark.com.au; 57 Durras Rd, Durras North; Stellplatz für 2 Pers. 35–85 AU$, Hütten 90-120 AU$) Schattige Stellplätze, niedliche Hütten und sehr beliebt bei Kängurus.

EcoPoint Murramarang Resort CAMPING $$

(02-4478 6355; www.murramarangresort.com.au; Mill Beach, Banyandah St, South Durras; Stellplatz für 2 Pers. 30–51 AU$, Villa 149–253 AU$; ❄) Der große, moderne Campingplatz ist ein beliebter Treffpunkt von Beuteltieren und ist durch eine Reihe Norfolk-Tannen vom Strand abgetrennt. Zu den schicken Extras zählen Stellplätze mit eigenem Bad und Hütten mit Wellnessbadewannen.

❶ An- & Weiterreise

Der Princes Hwy bildet die westliche Parkgrenze, ist aber 10 km von den Stränden entfernt. Viele der Straßen sind in sehr schlechtem Zustand, doch die nach Durras, zum Durras Lake, zum Depot Beach und nach Durras North sind alle asphaltiert, ebenso die Mt Agony Rd zum Pebbly Beach (aber nicht die Pebbly Beach Rd).

EUROBODALLA COAST

Mit einem Fest der Blautöne wartet diese Küste auf, deren Name „Land der vielen Gewässer" bedeutet. Mit Grün ist der weitläufige Eurobodalla National Park gespickt.

Die Ortschaften, Seen und Buchten sind von Spotted-Gum-Wäldern mit einer reichen Flora und Fauna umringt. Die Gegend gehört zum traditionellen Gebiet der Yuin, und hier steht auch ihr heiliger Berg Gulaga.

Batemans Bay

11 334 EW.

Mit den schönen Stränden und dem funkelnden Mündungsgebiet ist dieser Fischereihafen eins der Urlaubszentren der South Coast.

◉ Sehenswertes

Strände

Der **Corrigans Beach** liegt der Stadt am nächsten. Nördlich der Brücke führen längere Strände in den Murramarang National Park. Scharen von Surfern tummeln sich an den Stränden **Pink Rocks**, **Surf Beach**, **Malua Bay**, **McKenzies Beach** und **Bengello Beach**. Der **Broulee** ist ein breiter Sandstrand, allerdings gibt's am Nordende einen starken Brandungsrückstrom.

✶ Aktivitäten

Merinda Cruises   BOOTSFAHRT
(☏ 02-4472 4052; Boatshed, Clyde St; 3-stündige Bootsfahrt Erw./Kind 30/15 AU$; ⊕ 11.30 Uhr) Bootsfahrt vom Fähranleger östlich der Brücke in das Mündungsgebiet des Clyde River.

Region X   KAJAKFAHREN
(☏ 0400 184 034; http://regionx.com.au; Kajakverleih 1 St. 30 AU$, geführte Touren 50–90 AU$) Die nahen Gewässer kann man mit einem Kajak erkunden oder man nimmt an einer Paddelboottour teil.

Bay & Beyond   KAJAKFAHREN
(☏ 02-4478 7777; www.bayandbeyond.com.au; Kajaktouren 60–120 AU$/Pers.) Geführte Kajaktouren entlang der Küste und ins nahe Mündungsgebiet.

Broulee Surf School   SURFEN
(☏ 02-4471 7370; www.brouleesurfschool.com.au; Erw./Kind ab 45/40 AU$) Surfunterricht in der Nähe vom Broulee.

Soulrider Surf School   SURFEN
(☏ 02-4478 6297; www.soulrider.com.au; 1 Std. Erw./Kind 45/40 AU$) Verschiedene Standorte entlang der Küste.

Surf the Bay Surf School   SURFEN
(☏ 0432 144 220; www.surfthebay.com.au; Gruppen-/Privatunterricht 40/90 AU$) Surf- und Stehpaddelschule.

Total Eco Adventures   WASSESPORT
(☏ 02-4471 6969; www.totaleocadventures.com.au; 7/77 Coronation Dr, Broulee) Kajakfahren, Schnorcheln, Stehpaddeln und Surfen.

🛌 Schlafen

Im Sommer steigen die Preise. **Bay River Houseboats** (☏ 02-4472 5649; www.bayriverhouseboats.com.au; Wray St; 4 Nächte ab 840 AU$) und **Clyde River Houseboats** (☏ 02-4472 6369; www.clyderiverhouseboats.com.au; 3 Nächte 700–1350 AU$) vermieten Boote mit 6/10 Kojen.

Shady Willow Holiday Park   HOSTEL, CAMPING $
(☏ 02-4472 6111; www.shadywillows.com.au; Ecke South St & Old Princes Hwy; Stellplatz mit Strom 26 AU$, B/DZ 28/58 AU$, Hütten ab 71 AU$; ❄ 🛜 ≋) In dem YHA-Hostel, das zwischen Palmen in der Nähe der Stadt liegt, herrscht eine recht unkonventionelle Atmosphäre. Die Doppelzimmer sind Wohnwagen, außerdem gibt's Hütten für vier Personen.

Clyde River Motor Inn   MOTEL $$
(☏ 02-4472 6444; www.clydemotel.com.au; 3 Clyde St; Zi./Apt. ab 110/145 AU$, Stadthaus ab 179 AU$; ❄ 🛜 ≋) Das zentrale, sehr komfortable Motel bietet Zimmer im Haus sowie an einem anderen Standort geräumige Stadthäuser und Apartments mit drei Schlafzimmern an.

Lincoln Downs   HOTEL $$
(☏ 1800 789 250; www.lincolndowns.com.au; Princes Hwy; Zi. ab 149 AU$; ❄ 🛜 ≋) Sehr gute Zimmer im Motel-Stil, viele mit Blick auf einen Privatsee. Auch ein Pfau ist hier zu Hause.

🍴 Essen

Innes Boatshed   FISH & CHIPS $
(1 Clyde St; Fish & Chips 14 AU$, 6 Austern 9 AU$; ⊕ So–Do 9–14.30, Fr & Sa bis 20 Uhr) Seit den

1950er-Jahren ist dies eines der beliebtesten Lokale für Fish & Chips und Austern an der South Coast. Draußen ist eine große Terrasse, man sollte aber vor den Pelikanen auf der Hut sein. Nur Barzahlung.

Little Restaurant & Bar BISTRO $$
(1 Orient St; Hauptgerichte 27 AU$; Di–Sa 17–22 Uhr) Die Kombination aus Bar und Restaurant, die immer gut besucht ist, erkennt man an der leuchtend orangefarbenen Fassade. Die Highlights sind das Seafood und die Steaks. Tipp: die zart gegarten Jakobsmuscheln. Die Preise sind auch gut – hier stimmt das Preis-Leistungs-Verhältnis.

On the Pier SEAFOOD $$$
(02-4472 6405; www.onthepier.com.au; 2 Old Punt Rd; Hauptgerichte 30–34 AU$; So 9–11, 12–14 & 18–22, Mo & Do 18–22, Fr & Sa 12–14 & 18–22 Uhr) Im berühmtesten Restaurant von Batemans Bay gibt's Gerichte wie knusprigen Schweinebauch und gegrillte Jakobsmuscheln. Der Seafood-Teller (69 AU$ pro Person) ist hervorragend.

Ausgehen & Unterhaltung

Bayview Hotel KNEIPE
(02-4472 4522; www.bayviewhotel.com.au; 20 Orient St; 10–24 Uhr) Kaltes Bier, Livebands, DJs und Quizabende.

Praktische Informationen

Visitor Centre (1800 802 528; www.eurobodalla.com.au; Princes Hwy; 9–17 Uhr) Infos zur Stadt und zur Region Eurobodalla.

An- & Weiterreise

Der malerische Kings Hwy führt direkt nördlich von Batemans Bay hinauf auf das Escarpment und nach Canberra.
Murrays (13 22 51; www.murrays.com.au) Busse nach Canberra (36,60 AU$, 2½ Std.), Moruya (13,30 AU$, 1 Std.) und Narooma (20,50 AU$, 2 Std.).
Premier (13 34 10; www.premierms.com.au) Busse nach Sydney (45 AU$, 6 Std.) und Eden (46 AU$, 3 Std.) via Ulladulla (16 AU$, 45 Min.) und Moruya (11 AU$, 30 Min.).

Mogo
263 EW.

Mogo ist eine historische Meile aus Holzhäusern mit Cafés und Souvenirgeschäften.

In der nahe gelegenen **Gold Rush Colony** (02-4474 2123; www.goldrushcolony.com.au; 26 James St; Erw./Kind 20/12 AU$; 10–17 Uhr) wurde ein weitläufiges Pionierdorf nachgebaut – kostenloses Goldwaschen und Übernachtungsmöglichkeiten in den **Miners' Cabins** (www.goldrushcolony.com.au; B/DZ 26/130 AU$;) gehören auch dazu.

Im kleinen, aber interessanten **Mogo Zoo** (02-4474 4855; www.mogozoo.com.au; 222 Tomakin Rd; Erw./Kind 29,50/16 AU$; 9–17 Uhr), 2 km weiter östlich abseits des Highways, leben seltene weiße Löwen und ein munterer Trupp Gorillas.

Moruya
2531 EW.

In Moruya (Schwarzer Schwan) stehen viktorianische Häuser an einem breiten Fluss. Samstags findet ein beliebter **Markt** (www.moruyacountrymarkets.com.au; 7.30–12.30 Uhr) statt. Die beste Unterkunft ist das **Post & Telegraph B&B** (02-4474 5745; www.southcoast.com.au/postandtel; Ecke Page & Campbell St; EZ/DZ 125/150 AU$).

Das **River** (02-4474 5505; www.therivermoruya.com.au; 16b Church St; Hauptgerichte 30–36 AU$; Mi–So 12–14.30 Uhr, Mi–So 18–21.30 Uhr;) kombiniert regionale und saisonale Zutaten mit internationaler Küche. Man sollte reservieren.

Der **Moruya Airport** (02-4474 2095; George Bass Dr) liegt 7 km außerhalb der Stadt in der Nähe von North Head. **Rex** (13 17 13; www.rex.com.au) fliegt nach Merimbula und Sydney. Busse von **Murrays** (13 22 51; www.murrays.com.au) fahren nach Canberra (40 AU$, 3½ Std.) und Sydney (34,70 AU$, 9 Std.).

Narooma
2409 EW.

Narooma, eine hübsche Stadt am Meer, liegt an der Mündung eines Meeresarms und wird von Surfstränden flankiert. Sie ist auch der Ausgangspunkt für die lohnende Fahrt zur Montague Island.

Sehenswertes

**★ Montague Island
(Baranguba)** NATURSCHUTZGEBIET
9 km vor der Küste von Narooma liegt diese kleine, unverfälschte Insel, auf der Meeresvögel und Seebären leben. Auch Zwergpinguine nisten hier, besonders von September bis Februar.

Je nach Nachfrage und Wetter leiten NPSW-Ranger dreistündige **geführte Tou-**

ren (📞 1800 240 003; www.montagueisland.com.au; 120–155 AU$/Pers.), am besten bucht man im Voraus im Visitor Centre. Nachmittags sind die Chancen größer, Pinguine zu sehen.

In den renovierten Lighthouse Keepers' Cottages (www.conservationvolunteers.com.au/project/info?projectId=52086; 2 Nächte EZ/DZ pro Pers. ab 595/720) kann man kostenlos übernachten, wenn man sich für freiwillige Arbeit im Umweltschutz anmeldet. Die Mahlzeiten sind im Preis enthalten, es wird aber erwartet, dass sich die Gäste an der Vorbereitung beteiligen. Außerhalb der Walsaison ist es ein wenig günstiger. Rechtzeitig buchen!

Bar Rock Lookout   AUSSICHTSPUNKT
Vom Riverside Dr aus läuft man an der Bucht entlang zum Meer. Direkt unterhalb des Aussichtspunktes befindet sich der **Australia Rock**, ein Felsen, dessen Form vage einem gewissen Land gleicht.

Strände
Am besten schwimmen kann man am Südenende des Bar Beach oberhalb der Brücke im mit Netzen abgeteilten **Badebereich**. Am **Narooma Beach** gibt es einen Surfclub, die besten Surfbedingungen herrschen bei Südostwind aber am **Bar Beach**.

🏃 Aktivitäten

Island Charters Narooma   TAUCHEN, SCHNORCHELN
(📞 02-4476 1047; www.islandchartersnarooma.com; Bluewater Dr; Tauchen ab 95 AU$, Schnorcheln ab 75 AU$) Offeriert Tauchen, Schnorcheln und Walbeobachtung. Zu den örtlichen Attraktionen gehören Ammenhaie, Seebären sowie das Wrack der SS *Lady Darling*. Am günstigsten wird es, wenn man im Visitor Centre bucht.

Wagonga Princess   BOOTSFAHRT
(📞 02-4476 2665; www.wagongainletcruises.com; Erw./Kind 35/25 AU$; ⊙ Feb.–Dez. So, Mi & Fr 13 Uhr, Jan. tgl. 13 Uhr) Dreistündige Bootsfahrt auf einer historischen Fähre den Wagonga-Meeresarm hinauf.

🎉 Feste & Events

Oyster Festival   ESSEN
Bei diesem Festival im Mai dreht sich alles um Austern.

Great Southern Blues Festival   MUSIK
(www.bluesfestival.tv) Lokale und internationale Künstler treffen sich im Oktober in Narooma.

🛏 Schlafen

Narooma YHA   HOSTEL $
(📞 02-4476 3287; www.yha.com.au; 243 Princes Hwy; B/DZ ab 26/70 AU$; @) In diesem freundlichen Hostel gibt's kleine Doppelzimmer und saubere Mehrbettzimmer, die alle ein eigenes Bad haben. Weitere Pluspunkte sind die entspannten Gartenbereiche und die kostenlosen Fahrräder und Bodyboards.

Easts Narooma Shores Holiday Park   CAMPING $
(📞 02-4476 2046; www.eastsnarooma.com.au; Princes Hwy; Stellplatz 44 AU$, Hütten 95–185 AU$; ❄@🛜🏊) Gepflegter, freundlicher Campingplatz am Meeresarm mit einem großen Pool und Palmen.

Whale Motor Inn   MOTEL $$
(📞 02-4476 2411; www.whalemotorinn.com; 104 Wagonga St; DZ 168–210 AU$; ❄🛜🏊) In diesem Motel mit toller Aussicht und schön renovierten Zimmern kann man vom Zimmerbalkon aus Wale beobachten (Ferngläser sind vorhanden).

Horizon Holiday Apartments   APARTMENT $$
(📞 02-4476 5200; www.horizonapartmentsnarooma.com.au; 147 Princes Hwy; Apt. ab 129 AU$) Moderne Apartments, teils mit Meerblick, zu günstigen Preisen.

🍴 Essen

Quarterdeck Marina   SEAFOOD $$
(13 Riverside Dr; Hauptgerichte 13–28 AU$; ⊙ Mo–Do 8–16 Uhr) In dem mit Dutzenden *tiki*-Figuren und signierten Fotos von Fernsehstars der 1950er-Jahre dekorierten Restaurant kann man sich ausgezeichnetes Frühstück und Seafood-Mittagsgerichte schmecken lassen. Toller Blick auf die Bucht und manchmal Livemusik. Zum Brunch sollte man die leckeren mexikanischen Maiskuchen probieren.

Inlet   FISH & CHIPS $$
(www.facebook.com/theinletnarooma; Riverside Dr; Hauptgerichte 18–26 AU$; ⊙ Di–So 11.30–14.30, Di–Sa 17–22 Uhr) Das frühere Taylor's Seafood hat sich ordentlich aufgebrezelt und ist nun das Inlet. Keine Sorge: Die frischen Meeresfrüchte, die Fish & Chips und der herrliche Blick auf den Meeresarm sind so gut wie eh und je.

Whale Restaurant   MODERN-AUSTRALISCH $$$
(📞 02-4476 2411; www.whalemotorinn.com; 104 Wagonga St; Hauptgerichte 29–36 AU$; ⊙ Di–Sa 18–21 Uhr) Beim Blick auf die Küste kann

man hier Fisch, Rinderfilet oder Lammkotelett genießen.

❶ Praktische Informationen

NPWS-Büro (📞 02-4476 0800; www.nationalparks.nsw.gov.au; Ecke Graham & Burrawang St) Informationen zu den Nationalparks Deua, Gulaga und Wadbilliga.

Visitor Centre (📞 1800 240 003, 02-4476 2881; www.eurobodalla.com.au; Princes Hwy; ⊙ 9–17 Uhr) Mit einem kleinen Museum.

❶ An- & Weiterreise

Murrays (📞 13 22 51; www.murrays.com.au) Busse nach Moruya (14,50 AU$, 1 Std.), Batemans Bay (20,50 AU$, 2 Std.) und Canberra (47,40 AU$, 4½ Std.).

Premier (📞 13 34 10; www.premierms.com.au) Busse nach Eden (41 AU$, 2½ Std.) und Sydney (58 AU$, 7 Std.) via Wollongong (56 AU$, 5 Std.).

Tilba Tilba & Central Tilba

391 EW.

Die von Bermagui kommende Küstenstraße trifft kurz vor der Ringstraße zu den National-Trust-Dörfern im Schatten des Gulaga auf den Princes Hwy.

Tilba Tilba ist halb so groß wie der 2 km entfernte Nachbarort mit dem ebenso merkwürdigen Namen Central Tilba.

Central Tilba hat sich seit seiner Blütezeit als Goldgräberstadt im 19. Jh. praktisch nicht verändert. Die historischen Gebäude an der Bate St beherbergen Cafés und Kunsthandwerksgeschäfte. Hinter der Kneipe kann man hinauf zum Wasserturm laufen, wo sich ein herrlicher Blick auf den Gulaga bietet. Infos und Karten erhält man im **Bates Emporium** (Bate St; ⊙ 8–17 Uhr; 📶).

◉ Sehenswertes & Aktivitäten

Tilba Valley Wines   WEINGUT
(📞 02-4473 7308; www.tilbavalleywines.com; 947 Old Hwy; ⊙ Okt.–April 10–17 Uhr, Mai–Juli & Sept. Mi–So 11–16 Uhr) Am Ufer des Corunna Lake.

ABC Cheese Factory   MOLKEREI
(www.southcoastcheese.com.au; ⊙ 9–17 Uhr) Ausgezeichneter Käse und ein gutes Café.

🎉 Feste & Events

Cobargo Folk Festival   MUSIK
(www.cobargofolkfestival.com) Findet Ende Februar in der historischen Stadt Cobargo, 20 km weiter südlich (Richtung Bega), statt.

Tilba Easter Festival   KUNST
(http://www.tilba.com.au/tilbafestival.html) Musik und Unterhaltung zu Ostern.

🛏 Schlafen

Siehe www.tilba.com.au.

Green Gables   B&B $$
(📞 02-4473 7435; www.greengables.com.au; 269 Corkhill Dr; Zi. ab 170 AU$) In diesem 1879 erbauten Cottage befinden sich drei schöne Gästezimmer mit Blick auf die malerische Landschaft.

Bryn at Tilba   B&B $$
(www.thebrynattilba.com.au; 91 Punkalla-Tilba Rd; Zi. 180–220 AU$) Schöne Zimmer mit dunklem Holz und weißer Bettwäsche.

❶ An- & Weiterreise

Premier (📞 13 34 10; www.premierms.com.au) Busse nach Sydney (59 AU$, 8 Std.) via Narooma (8 AU$, 25 Min.) sowie nach Eden (36 AU$, 2 Std.) via Merimbula (28 AU$, 90 Min.).

SAPPHIRE COAST

Der südlichste Teil von NSW lässt sich von Queenslands Gold Coast nicht ausstechen und ist zu Recht stolz auf seine Schönheit. Vom Princes Hwy kann man praktisch jede Straße Richtung Osten nehmen, um an die unverbaute Küste zu kommen, die in einer spektakulären Landschaft liegt.

Bermagui

1473 EW.

Südlich vom Wallaga Lake mit seiner reichen Vogelwelt liegt Bermagui (Bermie), ein entspannter Fischereihafen, in dem sich Fischer, Surfer, Menschen, die einen alternativen Lebensstil pflegen, und indigene Australier tummeln.

Der schicke Komplex **Fishermen's Wharf** (Lamont St) wurde vom bekannten Architekten und Einwohner der Stadt Philip Cox entworfen.

◉ Sehenswertes & Aktivitäten

In der Gegend gibt's mehrere Wanderwege, darunter einen 6 km langen Küstenweg Richtung Norden zum **Camel Rock** und noch 2 km weiter zum **Wallaga Lake**. Der Pfad folgt dem **Haywards Beach**, an dem man gut surfen kann.

Gute Surfbedingungen herrschen auch am Camel Rock und am Cuttagee Beach. Am Shelly Beach können Kinder sicher baden. Wenn man etwa 1 km um die Landspitze herumläuft, kommt man zum Blue Pool, einem Meerwasserpool in den Felsen

🛏 Schlafen

Ferienunterkünfte vermietet **Julie Rutherford Real Estate** (02-6493 3444; www.julierutherford.com.au).

Zane Grey Park CAMPING $
(Bermagui Tourist Park; 02-6493 4382; www.zanegreytouristpark.com.au; Lamont St; Stellplatz ohne/mit Strom 28/39 AU$, Hütten 100–286 AU$) Toll gelegener Campingplatz am Dickson's Point, nur einen Frisbeewurf von der Horseshoe Bay entfernt.

Bermagui Beach Hotel HOTEL $$
(02-6493 4206; www.bermaguibeachhotel.com.au; 10 Lamont St; B ab 35 AU$, DZ/Suite ab 100/120 AU$; ❄) Das wunderbare Gasthaus aus dem Jahr 1895 hat neun Suiten, vier davon mit Balkon zum Strand und auf den Gulaga hinaus. Die billigeren Motelzimmer und die Mehrbettzimmer sind sehr günstig.

Bermagui Motor Inn MOTEL $$
(02-6493 4311; www.bermaguimotorinn.com.au; 38 Lamont St; EZ/DZ 110/125 AU$; ❄) Dieses zentrale Motel ist elegant eingerichtet und hat komfortable Betten und freundliche Besitzer.

🍴 Essen & Ausgehen

Bluewave Seafoods FISH & CHIPS $
(www.bluewaveseafoods.com.au; Fishermen's Wharf; Fish & Chips 15; 10–20 Uhr) Der schicke Takeaway mit Blick auf die Marina ist die Reinkarnation der ursprünglichen Fischereikooperative. Man sollte sich vor den nervigen Möwen hüten!

Bermagui Oyster Room SEAFOOD $$
(1/14 Lamont St; Austern 4/8/12 ab 8/14/20 AU$, Tapas 6–12 AU$; Mi–Do 10–18, Fr bis 21, Sa & So bis 16 Uhr) 🌿 In diesem stilvollen, luftigen Lokal in der Hauptstraße Bermaguis gibt's superfrische Bioaustern aus der Wapengo Bay sowie leckere Tapas.

Il Passaggio ITALIENISCH $$
(02-6493 5753; www.ilpassaggio.com.au; Fishermen's Wharf; Pizzas 20 AU$, Hauptgerichte 27–35 AU$; Fr–So 12–14 Uhr, Do–So 18 Uhr–open end) Auf der authentischen italienischen Karte stehen Pizza, Antipasti und Linguini mit Garnelen und Chili.

Mimosa Dry Stone MODERN-AUSTRALISCH $$$
(02-6494 0164; www.mimosawines.com.au; 2845 Bermagui-Tathra Rd; Hauptgerichte 30–36 AU$, Pizza 20–28 AU$; Do–So 12–15 Uhr) Dieses Weingut auf halbem Weg zwischen Bermagui und Tathra hat ein renommiertes Restaurant. Es wird oft für Hochzeiten gebucht, darum sollte man vorher anrufen.

Horse & Camel Wine Bar WEINBAR
(www.horseandcamel.com.au; Fishermen's Wharf; Mi–So 15–22 Uhr) Bei einem Glas Wein oder Craft-Bier kann man den Blick auf den Fischerhafen besonders gut genießen.

Mister Jones CAFÉ
(www.misterjones.com.au; 1/4 Bunga St; Mo–Sa 7–12 Uhr) Dieses bescheidene Atelier-Café würde kaum auffallen, würden nicht die loyalen Kaffeeliebhaber draußen sitzen.

ℹ An- & Weiterreise

Premier (13 34 10; www.premierms.com.au) Täglich verkehren Busse zwischen Sydney (60 AU$, 10 Std.) und Eden (31 AU$, 1¾ Std.).

Von Bermagui nach Merimbula

Der 5802 ha große **Mimosa Rocks National Park** (www.nationalparks.nsw.gov.au) GRATIS ist ein wunderbarer Küstenpark mit dichtem Busch, Meereshöhlen, Lagunen und Campingplätzen am Strand.

Das 1862 erbaute **Tathra Wharf** (Erw./Kind 2 AU$/frei; 10–17 Uhr) ist der letzte erhaltene Dampfschiffkai an der Küste von NSW. Im Inneren befinden sich ein interessantes Regionalmuseum und ein Café mit Blick auf die anmutig geschwungene Bucht von Tathra.

Im 2654 ha großen **Bournda National Park** (www.nationalparks.nsw.gov.au; 7 AU$/Auto) gibt es einsame Surfstrände, zerklüftete Kaps und Waldwanderwege. Am **Hobart Beach** (02-6495 5000; Stellplatz 20 AU$) befinden sich 63 Campingstellplätze im Busch.

Merimbula

6873 EW.

An einem langen, goldenen Sandstrand und einem schönen Meeresarm liegt Merimbula, das sowohl Urlauber als auch Pensionäre anzieht. Im Sommer ist dies einer der wenigen Orte am südlichen Ende der South Coast, die wirklich überfüllt sind.

TIERBEOBACHTUNG RUND UM MERIMBULA

Von September bis November sind in der Nähe von Merimbula vor der Küste Wale zu sehen, doch man kann auch Tiere an Land beobachten.

Kängurus und Wallabies Pambula-Merimbula Golf Course und Pambula Beach. Die beste Zeit ist während der Abenddämmerung (ab 16.30 Uhr).

Im **Potoroo Palace** (02-6494 9225; www.potoroopalace.com; 2372 Princes Hwy; Erw./Kind 20/12 AU$; 10–16 Uhr) leben Ameisenigel, Kängurus, Dingos, Koalas, Kaninchenkängurus (auf Englisch „potoroo") und Vögel. Er liegt 9 km nördlich von Merimbula an der Straße nach Bega.

Im Schutzgebiet **Panboola** (www.panboola.com; Pambula) gibt es Wanderwege durch die Feuchtgebiete von Pambula, auf denen man hervorragend Wasservögel beobachten kann.

Sehenswertes

Natursteg — NATURSCHUTZGEBIET
Der Steg beginnt südwestlich vom Damm und führt über 1,75 km am Meeresarm entlang durch Mangroven, Austernfarmen und Myrtenheiden. Unterwegs kann man Vögel, Säugetiere und Krustentiere sehen.

Merimbula Aquarium — AQUARIUM
(Lake St; Erw./Kind 15/10 AU$; 10–17 Uhr) 27 Becken und ein Ozeanarium für Haie und andere große Raubfische.

Aktivitäten

Merimbula Marina — BOOTSFAHRT
(02-6495 1686; www.merimbulamarina.com; Merimbula Jetty; Bootsfahrt 40–69 AU$) Walbeobachtungstouren von Mitte August bis November; ganzjährig landschaftlich reizvolle Touren sowie Delfinbeobachtungstrips. Verleiht auch Boote.

Coastlife Adventures — SURFEN, KAJAKFAHREN
(02-6494 1122; www.coastlife.com.au; Surfunterricht Gruppe/privat 65/120 AU$; Kajaktouren ab 65 AU$) Surf- und Stehpaddelunterricht, Seekajaktouren und Kajakverleih.

Cycle n' Surf — RADFAHREN, SURFEN
(02-6495 2171; www.cyclensurf.com.au; 1b Marine Pde; Fahrradverleih halber/ganzer Tag 30/45 AU$) Verleiht Fahrräder, Bodyboards und Surfbretter.

Merimbula Divers Lodge — TAUCHEN
(02-6495 3611; www.merimbuladiverslodge.com.au; 15 Park St; 1/2 Tauchgänge an der Küste 69/120 AU$, Ausrüstung 55/99 AU$) Grundlegende Instruktionen und Schnorcheltrips – gut für Anfänger. Unter den Wracks in der Umgebung ist auch die *Empire Gladstone*, die 1950 versank.

Schlafen

Apartments für Selbstversorger werden wochenweise vermietet. Genaueres siehe **Getaway Merimbula & Eden** (02-6495 2000; www.getawaymerimbula.com.au; Promenade, Market St).

Wandarrah YHA Lodge — HOSTEL $
(02-6495 3503; www.yha.com.au; 8 Marine Pde; B/EZ/DZ/FZ ab 28/55/69/135 AU$; @) Dieses saubere Hostel mit freundlichen Besitzern, einer guten Küche und geräumigen Gemeinschaftsbereichen liegt in der Nähe des Surfstrandes und der Bushaltestelle. Nach vorheriger Absprache werden Gäste abgeholt. Wer spät kommt, sollte die Mitarbeiter informieren.

Merimbula Beach Holiday Park — CAMPING $
(02-6495 3381; www.merimbulabeachholidaypark.com.au; 2 Short Point Rd; Stellplatz 32–54 AU$, Hütten & Villas 110–280 AU$) Ein Stück vom Zentrum weg, aber in der Nähe der Surfgebiete und mit Blick auf den Short Point Beach gelegen.

Merimbula Lakeview Hotel — MOTEL $$
(02-6495 1202; www.merimbulalakeview.com.au; Market St; Zi. ab 99 AU$) Das Motel liegt direkt am Ufer und hat recht stilvolle Zimmer. Sie befinden sich in der Nähe des Biergartens des Hotels, was im Sommer sowohl ein Vorteil als auch ein Nachteil sein kann.

Essen & Ausgehen

Wheelers Oyster Farm — SEAFOOD $$
(www.wheelersoysters.com.au; 162 Arthur Kaine Dr, Pambula; Hauptgerichte 22–36 AU$; Geschäft tgl. 10–17 Uhr, Restaurant tgl. 12–14.30 Uhr, Mo–Sa 18 Uhr–open end) Köstliche frische Austern – entweder zum Mitnehmen aus dem Geschäft oder aber im spektakulären Restaurant des Wheelers zu genießen. Führungen, die ausführlich über die Lieblingsmuschel so vieler Menschen informieren, beginnen täglich um 11 Uhr.

Waterfront Cafe CAFÉ, SEAFOOD $$
(☎ 02-6495 7684; www.thewaterfrontcafe.net.au; Shop 1, Promenade; Hauptgerichte 19-30 AU$; ⊙ 8-22 Uhr) Tolle Lage am See und gute Cafégerichte; den Schwerpunkt bilden ausgezeichnete Meeresfrüchte.

Ritzy TAPAS $$
(☎ 02-6495 1085; 56 Market St; Tapas 10-24 AU$; ⊙ Mo-Sa 16-24 Uhr) Das stimmungsvolle kleine Lokal im Stadtzentrum serviert Tapas als Gemeinschaftsteller und hat eine gute Auswahl an Wein und Bier.

Zanzibar MODERN-AUSTRALISCH $$$
(☎ 02-6495 3636; http://zanzibarmerimbula.com.au/; Ecke Main & Market St; 2/3/5 Gänge 65/75/85 AU$; ⊙ Do & Fr 13-14 Uhr, Di-Sa 18 Uhr-open end) Diese kulinarische Perle ist besonders auf ihre regionalen Meeresfrüchte und die Zutaten von der South Coast stolz. Auf der Karte stehen verführerische Gerichte wie marinierter Gelbflossen-Thunfisch oder Rote Bete und Crème fraîche. Das fünfgängige Menü „Locavore" für 85 AU$ ist jeden Cent wert.

❶ Praktische Informationen

NPWS-Büro (☎ 02-6495 5000; www.environment.nsw.gov.au; Ecke Merimbula & Sapphire Coast Drs; ⊙ Mo-Fr 9-16 Uhr) Informationen zu Buschwanderungen.

Visitor Centre (☎ 02-6495 1129; www.sapphirecoast.com.au; Ecke Market & Beach St; ⊙ 9-17 Uhr) Buchungen und Unterkünfte.

❶ Anreise & Unterwegs vor Ort

BUS

Täglich fahren zwei Busse von **Premier** (☎ 13 34 10; www.premierms.com.au) nach Sydney (69 AU$, 8½ Std.). Ein Bus von **NSW TrainLink** (☎ 13 22 32; www.nswtrainlink.info) fährt täglich nach Canberra (33 AU$, vier Std.).

FLUGZEUG

Der **Merimbula Airport** (MIM; ☎ 02-6495 4211; www.merimbulaairport.com.au; Arthur Kaine Dr) liegt 1 km außerhalb der Stadt an der Straße nach Pambula. **Rex** (☎ 13 17 13; www.rex.com.au) fliegt täglich nach Melbourne (ab 165 AU$, 90 Min.), Sydney (ab 165 AU$, 1¼ Std.) und Moruya (ab 74 AU$, 30 Min.).

Eden

3043 EW.

Eden ist ein ziemlich verschlafener Ort - nur unten am Kai wird es geschäftig, wenn die Fischerboote zurückkommen. In der Umgebung gibt's tolle Strände, Nationalparks und Wildnisgebiete.

Buckelwale auf Wanderschaft und Südliche Glattwale schwimmen so dicht an der Küste vorbei, dass dies unter Experten als einer der besten Orte für die Beobachtung von Walen gilt. Während ihrer Wanderung nach Süden zurück in die Antarktis kann man die Wale im Oktober und November oft in der Twofold Bay beim Fressen oder Rasten beobachten.

◉ Sehenswertes & Aktivitäten

Killer Whale Museum MUSEUM
(www.killerwhalemuseum.com.au; 94 Imlay St; Erw./Kind 9/2,50 AU$; ⊙ Mo-Sa 9.15-15.45, So 11.15-15.45 Uhr) Die Hauptaufgabe des 1931 gegründeten Museums ist die Konservierung des Skeletts von Old Tom, eines Killerwals, der in der Region legendär ist.

Walbeoabachtungspunkt AUSSICHTSPUNKT
Ein guter Aussichtspunkt, um nach Walen Ausschau zu halten, befindet sich am unteren Ende der Bass St. Wenn Wale gesichtet werden, ertönt im Killer Whale Museum eine Sirene.

Sapphire Coast Marine Discovery Centre AQUARIUM
(☎ 02-6496 1699; www.sapphirecoastdiscovery.com.au; Main Wharf; Erw./Kind 10/5 AU$; ⊙ Di-Fr 11-14 Uhr) Im felsigen Riffaquarium erfährt man Interessantes über das Meer und kann sogar eine Schnorcheltour (25 AU$/Pers.; mindestens vier Personen) unternehmen.

Cat Balou Cruises BOOTSFAHRT
(☎ 0427 962 027; www.catbalou.com.au; Main Wharf; Erw./Kind 75/60) Im Oktober und November finden 3½-stündige Walbeobachtungstouren statt. In den anderen Monaten sieht man auf der zweistündigen Bootsfahrt durch die Bucht (Erw./Kind 35/20 AU$) in der Regel Delfine und Robben.

Ocean Wilderness KAJAKFAHREN
(☎ 0405 529 214; www.oceanwilderness.com.au; 4-/6-stündige Touren ab 85/130 AU$) Seekajaktouren durch die Twofold Bay und zum Ben Boyd National Park sowie eine Ganztagsexkursion zur Davidson Whaling Station.

✤ Feste & Events

Whale Festival WALE
(www.edenwhalefestival.com.au) Karneval, Straßenparade und Marktstände rund um die Wale. Das Whale Festival findet jedes Jahr im November statt.

ABSTECHER

BEN BOYD NATIONAL PARK

Die Wildnis macht nur eine ganze kurze Pause zum Atemholen, dann ist sie wieder da – nämlich im 10 485 ha großen Ben Boyd National Park. Boyd war ein Unternehmer, der 1850 mit seinen Bemühungen, ein Imperium rund um Eden zu errichten, spektakulär scheiterte. Der Park schützt einige seiner Verrücktheiten sowie eine dramatische Küste, die mit abgeschiedenen Stränden gespickt ist.

Zum südlichen Teil führt eine großteils geschotterte Straße (7 AU$/Fahrzeug), die von der asphaltierten Edrom Rd abgeht. Diese zweigt 19 km südlich von Eden vom Princes Hwy ab. An der Südspitze steht die elegante, 1883 erbaute **Green Cape Lightstation** (02-6495 5555; www.nationalparks.nsw.gov.au; Green Cape Rd; Cottage wochentags/Wochenende ab 200/280 AU$), von der sich eine überwältigende Aussicht bietet. Hier finden **Führungen** (Erw./Kind 7/5 AU$; Do–Mo 15 Uhr) statt. Übernachten kann man im wunderbar restaurierten Keepers' Cottage (für 6 Personen).

Nach 11 km auf der Edrom Rd führt ein Abzweig zur historischen **Davidson Whaling Station** an der Twofold Bay, wo man im rustikalen Garten des **Loch Gaira Cottage** (1896) picknicken kann.

Weiter hinten auf der Straße kommt der Abzweig zum **Boyd's Tower**, der in den späten 1840er-Jahren mit Sandstein aus Sydney erbaut wurde. Eigentlich sollte er als Leuchtturm dienen, doch die Regierung gab Boyd keine Betriebserlaubnis.

Der 31 km lange **Light to Light Walk** führt von Boyds Möchtegern-Leuchtturm bis zum echten Leuchtturm am Green Cape. **Campingplätze** (02-6495 5000; Stellplatz 20 AU$) befinden sich unterwegs am **Saltwater Creek** und an der **Bittangabee Bay**.

Den nördlichen Teil des Parks erreicht man vom Princes Hwy nördlich von Eden aus.

🛏 Schlafen

Eden Tourist Park
CAMPING $

(02-6496 1139; www.edentouristpark.com.au; Aslings Beach Rd; Stellplatz ohne/mit Strom 28/34 AU$, Hütten und Zimmer 85–130 AU$) In diesem Park an der Landspitze, die den Aslings Beach vom Lake Curalo trennt, zwitschern Scharen von Vögeln in den schützenden Bäumen.

Twofold Bay Motor Inn
MOTEL $$

(02-6496 3111; www.twofoldbaymotorinn.com.au; 164-166 Imlay St; Zi. 130–175 AU$; ❄🛜🏊) In diesem Motel gibt's große Zimmer, teilweise mit Blick aufs Wasser, und einen winzigen Innenpool.

Seahorse Inn
BOUTIQUEHOTEL $$

(02-6496 1361; www.seahorseinnhotel.com.au; Boydtown; DZ 175–349 AU$; ❄🛜) In Boydtown, 6 km südlich von Eden, liegt das Seahorse Inn mit Blick auf die Twofold Bay. Es ist ein nobles Boutiquehotel mit allem Drum und Dran und mit einem guten Restaurant sowie einer Gartenbar, in der auch Gäste, die nicht im Hotel übernachten, willkommen sind.

🍴 Essen

Sprout
CAFÉ $

(www.sprouteden.com.au; 134 Imlay St; Hauptgerichte 10–18 AU$; Mo–Fr 7.3–16.30, Sa & So 8–15 Uhr; 🛜) 🌱 Jede Menge Bio- und nachhaltig erzeugte Produkte, erstklassige Burger und obendrauf auch noch der beste Kaffee der Stadt.

Wharfside Café
CAFÉ $$

(Main Wharf; Hauptgerichte 15–28 AU$; tgl. 8–15, Fr & Sa 18–22 Uhr) Das ordentliche Frühstück, der starke Kaffee und der Hafenblick sorgen für einen guten Start in den Tag. Zum Mittagessen ist der asiatische Garnelensalat mit einem Glas Wein empfehlenswert, oder man erkundigt sich, ob es gerade regionale Austern und Muscheln gibt. Von der Stadt aus geht es immer bergab zum Hauptkai (Main Wharf).

ℹ Praktische Informationen

Visitor Centre (02-6496 1953; www.visiteden.com.au; Mitchell St; Mo–Sa 9–17, So 10–16 Uhr) Buchungen und Informationen.

ℹ An- & Weiterreise

Busse von **Premier** (13 34 10; www.premierms.com.au) fahren Richtung Norden nach Wollongong (69 AU$, 8 Std.) und Sydney (71 AU$, 9 Std.). **NSW TrainLink** (13 22 32; www.nswtrainlink.info) hat täglich eine Busverbindung nach Canberra (35 AU$, 4½ Std.). V/Line bietet eine Bus-Zug-Kombination nach Melbourne (46 AU$, 9 Std.) via Bairnsdale.

Zentrum & Outback von NSW

Inhalt ➡

New England 250
Armidale 251
Bathurst 256
Orange 257
Parkes 260
Dubbo 261
Mudgee 263
Wentworth 264
Mungo National Park 265
Broken Hill 267
Bourke 275

Gut essen

- ➡ Palace Hotel (S. 269)
- ➡ Agrestic Grocer (S. 258)
- ➡ Lowe Wines (S. 263)
- ➡ Poetry on a Plate (S. 276)
- ➡ Goldfish Bowl (S. 252)

Schön übernachten

- ➡ Perry Street Hotel (S. 263)
- ➡ De Russie Suites (S. 258)
- ➡ Opal Caravan Park (S. 254)
- ➡ Warrawong on the Darling (S. 275)
- ➡ Red Earth Motel (S. 271)
- ➡ Commercial Boutique Hotel (S. 253)

Auf ins Zentrum & ins Outback von New South Wales!

Kaum zu glauben: NSW hat außer Sydney und der Küste noch viel mehr zu bieten! Lukullische Rückzugsorte wie Mudgee und Orange wirken auf müde Städter wie ein Magnet, das Erbe der Bergarbeiterstadt Broken Hill hat den Lauf der Geschichte beeinflusst und in den Nationalparks warten Dünen, uralte Felskunst, von wilden Tieren bevölkerte Wälder und traumhafte Wanderwege darauf, erkundet zu werden.

Von den sanften Hügeln New Englands bis zum roten Sand des Outbacks wartet die Gegend mit wundervollen, echt australischen Erfahrungen auf: unter dem klaren Nachthimmel die Sterne beobachten, in den Bergarbeiterstädten den Geschichten exzentrischer Zeitgenossen lauschen, Kunst an den unglaublichsten Orten (an Pubwänden, in Opalminen, auf Pferdekoppeln) bestaunen. Der Festivalkalender der Region ist voll – von schrulligen (Elvis, Countrymusik) und maskulinen (Motorsport) bis hin zu jahreszeitlichen Festen (Ernte, Herbstlaub, Kirschblüte). Wer will da noch an den Strand?

Reisezeit
Tamworth

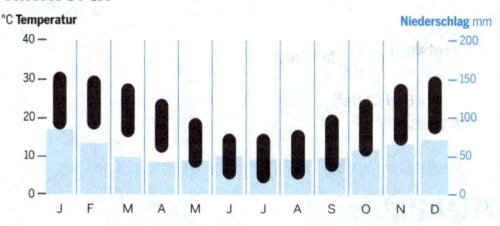

Jan. In den Ferien stürmen Einheimische die Nationalparks. Musikfestivals in Parkes und Tamworth.

Ostern–Okt. Hauptsaison im Outback mit niedrigeren Temperaturen (und kalten Nächten).

Sept.–Okt. Feste in Mudgee und Orange rund um Essen und Wein; Cowra feiert Cherry Blossom.

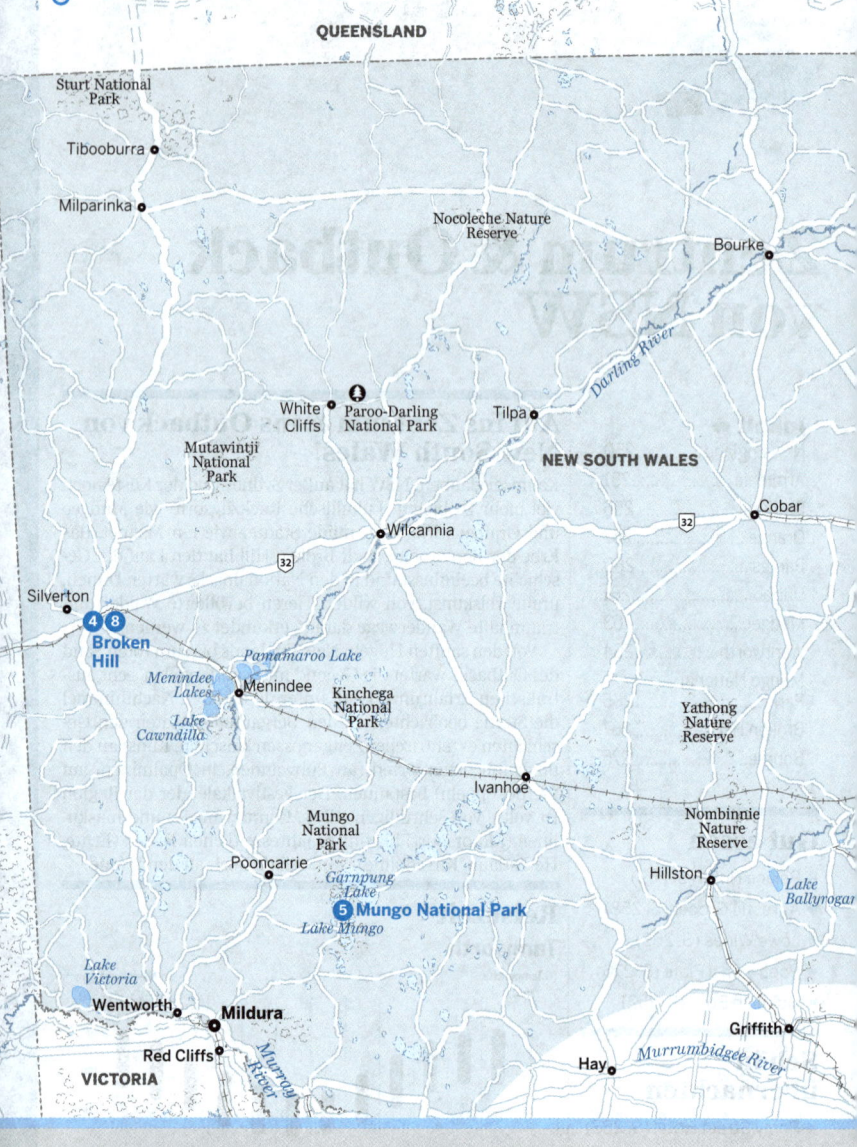

Highlights

① Nach der Erkundung der unterirdischen Opalminen noch ein heißes Bad in **Lightning Ridge** (S. 254) nehmen

② Das außerordentlich hochwertige Gourmet- und Weinangebot in **Mudgee** (S. 263) und **Orange** (S. 257) voll auskosten

③ Im **Western Plains Zoo** (S. 262) in Dubbo vom Nashorngehege zu den Erdmännchen radeln

④ Überraschende Kunst an überraschenden Orten in und rund um **Broken Hill** (S. 267) entdecken

⑤ Sich bei Sonnenuntergang einer Tour zu den Walls of China

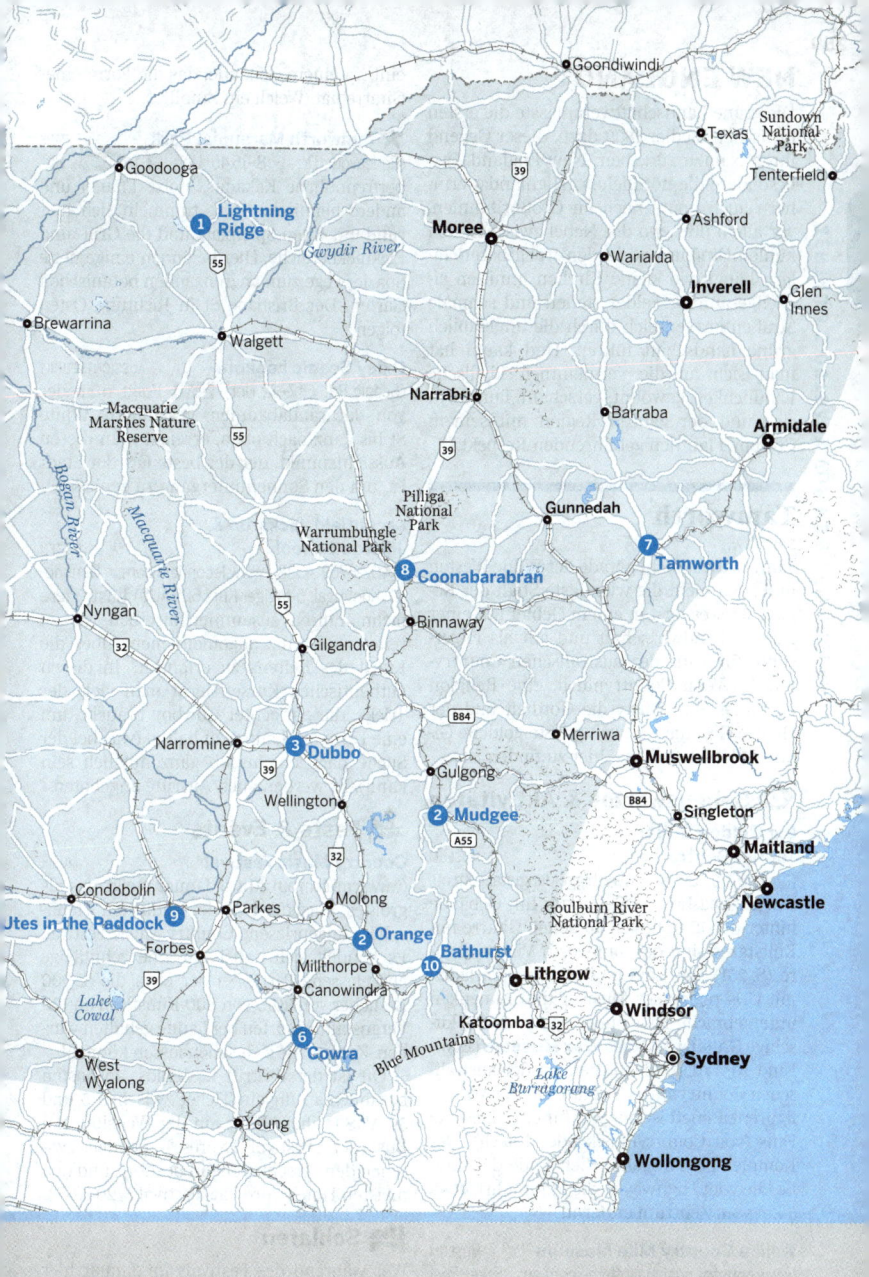

im **Mungo National Park** (S. 265) anschließen

6 In Cowras **Japanese Garden** (S. 259) Frieden finden

7 In **Tamworth** (S. 250) Livemusik hören und den Erzählungen über die Legenden der Country-Musik lauschen

8 Bei sternenklarer Nacht in **Coonabarabran** (S. 255) oder **Broken Hill** (S. 267) gebannt in den Himmel blicken

9 Sich von der eigenwilligen Komik der **Utes in the Paddock** (S. 261) mitreißen lassen

10 Im erstklassigen **Fossil & Mineral Museum** (S. 256) in Bathurst ins Staunen geraten

NEW ENGLAND

Die grüne Landschaft veranlasste die ersten britischen Siedler 1839 dazu, dieser Gegend ihren Namen zu geben: New England. Insbesondere die nördlichen „Highlands" erinnern auch heute noch an Großbritannien, vor allem dort, wo der Nebel zwischen den kühlen Gipfeln und in den fruchtbaren Tälern hängt, wo kleine Kirchen inmitten eichengesäumter Felder stehen und schmale Straßen kurvenreich durch die unglaublich grüne Landschaft führen. Und kaum hat man sich an die vermeintlich idyllische Ländlichkeit gewöhnt, verschafft Tamworth sich und der ganzen Region mit seinem Cowboy-Flair den gebührenden Respekt.

Tamworth

36130 EW.

Tamworth ist nicht gerade der Wilde Westen und auch nicht die wichtigste Stadt der Region, aber es liegt in einem Gebiet mit einer starken Landwirtschaft und gilt als Pilgerstätte für Fans der australischen Countrymusik. Wenn Countrymusik eine Religion ist, so ist Slim Dusty die Gottheit und der Heilige Gral die weltweit größte goldene Gitarre, die – natürlich – hier zu finden ist.

◉ Sehenswertes & Aktivitäten

Big Golden Guitar
Tourist Centre MUSEUM
(☏ 02-6765 2688; www.biggoldenguitar.com.au; New England Hwy; ◷ 9–17 Uhr) Im Gebäude hinter der 12 m hohen goldenen Gitarre mit Kultstatus sind das Tamworth Visitor Centre (S. 251), ein Café und ein Souvenirladen mit CDs regionaler Musiker und Andenken untergebracht. Hier findet sich auch das kitschige **Gallery of Stars Wax Museum** (Erw./Kind 10/5 AU$), das Legenden der australischen Countrymusik Tribut zollt. Das Wachsfigurenkabinett ist nur was für eingefleischte Fans (von Countrymusik oder Kitsch). Der Komplex liegt am südlichen Ende der Straße, die vom Highway in die Stadt führt, etwa 5 km vom Zentrum entfernt.

Walk a Country Mile Museum MUSEUM
(www.countrymusichalloffame.com.au; Ecke Peel St & Murray St) Hier gibt's zwei Ausstellungen, die das musikalische Erbe der Stadt beleuchten: die Ausstellung Walk a Country Mile mit allerhand Schnickschnack und die **Country Music Hall of Fame**. Beide Ausstellungen sind nun unter einem Dach ver-eint (in einem Gebäude, das die Form einer Gitarre hat. Welch ein Zufall…).

★ **Tamworth Marsupial Park** PARK
(Endeavour Dr; ◷ 8–16.45 Uhr; 👶) GRATIS Superfreundliche Kakadus, stolze Pfauen und andere heimische Tiere tummeln sich hier rund um einen Spielplatz und die Grill- und Picknickbereiche. Hier beginnen einige nette Spazierwege zum angrenzenden botanischen Garten. Der Brisbane St in Richtung Osten folgen.

Oxley Scenic Lookout AUSSICHTSPUNKT
(Scenic Rd; ◷ 7–22 Uhr) GRATIS Folgt man der von Jacarandabäumen gesäumten White St bis ganz nach oben, erreicht man diesen Aussichtspunkt, der der beste Ort der Stadt ist, um den Sonnenuntergang zu genießen.

Leconfield Jackaroo &
Jillaroo School REITEN
(☏ 02-6769 4328; www.leconfield.com; „Bimboola", Kootingal; 5-tägiger Kurs 625 AU$) Lust, Tiere fachmännisch zusammenzutreiben, sie zu reiten und ganz allgemein mehr über die Kunst des Reitens zu erfahren? In diesen authentischen Kursen lernt man viele der Tricks, die ein echter Cowboy braucht, um eine Farm am Laufen zu halten (was bei der Suche nach einem Job ganz nützlich sein kann). Es werden auch Ausritte angeboten.

🎉 Feste & Events

Country Music Festival MUSIK
(www.tcmf.com.au) Mitte Januar steigt das als größtes Musikfestival der südlichen Hemisphäre angepriesene Country Music Festival. Es handelt sich dabei um eine zehntägige ausgelassene Party, bei der etwa die 55 000 Besucher von 2015 von 800 Künstlern an 120 Veranstaltungsorten bei Laune gehalten wurden. Zahlen, die sich sehen lassen können!

Oft ist der Eintritt kostenlos, ansonsten bezahlt man für ein Ticket zwischen 5 und 50 AU$ (nähere Infos auf der Website). Ein Bus (der „Festival Express") pendelt zwischen den verschiedenen Locations und den meisten Hotels (pro Tag/Festival 5/20 AU$).

🛌 Schlafen

Wer während des Festivals im Januar hier übernachten möchte, sollte weit im Voraus reservieren. Zu dieser Zeit werden auch Privatunterkünfte angeboten (Infos auf der Website). Die Stadt gibt zudem große Flächen am Fluss zum Zelten frei – eine rustikale, aber lustige Erfahrung.

Tamworth YHA
HOSTEL $
(02-6761 2600; www.yha.com.au; 169 Marius St; B/DZ ab 27/61 AU$; ❉@⚡) Zentral gelegen, klein und altmodisch (mit Schlafsälen mit 6/8 Betten), aber picobello sauber.

Sundance Park
MOTEL $$
(02-6765 7922; www.sundancepark.com.au; New England Hwy; Zi. ab 99 AU$; ❉⚡≋) An den Hauptstraßen der Stadt drängen sich zahllose für Australien typische Motels. Mit seinem coolen Swimmingpool (in der Form einer Gitarre und in den Farben der australischen Flagge gefliest) ist das Sundance Park am südlichen Stadtrand die beste Option. Die Zimmer bieten ein ganz gutes Preis-Leistungs-Verhältnis.

Quality Hotel Powerhouse
HOTEL $$
(02-6766 7000; www.powerhousetamworth.com.au; New England Hwy; Zi./Apt. ab 185/205 AU$; ❉⚡≋) Hier gibt's Hotelzimmer, Suiten und Apartments (mit Zimmerservice), die alle stilvoll eingerichtet und gut ausgestattet sind. Zudem ist der Komplex mit vielen Annehmlichkeiten ausgestattet. Er liegt am Highway Richtung Armidale.

Retreat at Frog-Moore Park
B&B $$$
(02-6766 3353; www.froogmoorepark.com.au; 78 Bligh St; Zi. inkl. Frühstück ab 225 AU$; ⚡) Dieses Avantgarde-B&B hat fünf individuell gestaltete Zimmer mit Namen wie „Marokkanische Fantasie" oder „Der Kerker" und gehört zu den schrulligeren und luxuriöseren Übernachtungsoptionen der Stadt. Die Zimmer sind groß und der Garten ist ein Traum – und das Frühstücksangebot vielleicht das beste in ganz Tamworth.

✖ Essen & Ausgehen

Das Visitor Centre veröffentlich einen Flyer mit den Livemusik-Optionen der Woche. Dieser liegt in einigen Pubs und Clubs aus. Freitags und samstags ist am meisten geboten.

Addimi
CAFÉ, BISTRO $$
(02-6766 7802; www.addimi.com.au; 306 Peel St; Hauptgerichte abends 21–38 AU$; ⊙ Mo & Di 7–16, Mi–Sa bis 22, So 7.30–15 Uhr) Das Addimi ist stilvoll, zentral gelegen und den ganzen Tag geöffnet. Angeboten wird so ziemlich alles, vom beliebten Frühstück bis hin zu Tapas und Cocktails. Abends gibt's Mod-Oz-Gerichte, was bei den Gästen besonders gut ankommt.

★ Le Pruneau
FRANZÖSISCH $$
(02-6765 3666; www.lepruneau.com.au; 67 Denison St; Hauptgerichte mittags 10–22 AU$, Hauptgerichte abends 32–36 AU$; ⊙ Di–Sa 7.30–22, So bis 15 Uhr) Ohne Stadtplan ist dieses französische Café mit Restaurant im Landhausstil in West Tamworth kaum zu finden, die Mühe lohnt aber schon wegen der kreativen und köstlichen Küche. Hinter dem Gebäude findet samstagmorgens ein Biomarkt mit lokalen Produkten statt. Abends ist eine Reservierung empfehlenswert.

Longyard
PUB $$
(www.thelongyard.com.au; The Ringers Rd; Gerichte 16–33 AU$; ⊙ 10 Uhr–open end) Das Longyard liegt unmittelbar hinter dem Visitor Centre und ist ein großer, lärmender und beliebter Pub mit guter, typischer Kneipenkost (Burger, Steaks etc. in üppigen Portionen). Am Wochenende wird Livemusik gespielt.

ⓘ Praktische Informationen

Visitor Centre (02-6767 5300; www.destinationtamworth.com.au; New England Hwy; ⊙ 9–17 Uhr) Südlich vom Zentrum an der Big Golden Guitar.

ⓘ An- & Weiterreise

Fernbusse starten am Bahnhof in der Marius St.

Greyhound (1300 473 946; www.greyhound.com.au) Hat jeden Abend Busse, die auf dem New England Hwy zwischen Sydney und Brisbane verkehren. Diese Busse halten unterwegs in Tamworth, Armidale, Tenterfield und Toowoomba. Die Fahrt von Tamworth nach Brisbane dauert 9½ Std. (125 AU$), nach Sydney 6½ Std. (75 AU$).

New England Coaches (02-6732 1051; www.newenglandcoaches.com.au) Bietet eine Reihe praktischer Verbindungen: Tamworth nach Coffs Harbour (90 AU$) sowie Tamworth nach Brisbane (115 AU$). Die genannten Strecken werden dreimal pro Woche bedient.

NSW TrainLink (13 22 32; www.nswtrainlink.info) Betreibt täglich Züge nach Armidale (20 AU$, 2 Std.) und Sydney (59 AU$, 6¼ Std.).

Armidale

25 400 EW.

Die historischen Gebäude, Gärten und moosbedeckten Kirchen von Armidale wären die ideale Kulisse für ein Drama aus längst vergangener Zeit. Wenn sich dann im Herbst (März–Mai) auch noch die Blätter bunt färben, strömen die Besucher in Scharen hierher. Das auf einer Höhe von 980 m gelegene Armidale ist eine der wichtigsten Städte in der Region und von einigen der fruchtbarsten Weiden Australiens umgeben.

Mit seinen milden Sommern, kalten Wintern und angesehenen Bildungseinrichtungen hat es eine treue Fangemeinde.

Sehenswertes

Im Visitor Centre erhält man eine Zusammenstellung der zahllosen Optionen für Jung und Alt. Es gibt hilfreiche Infos über das geschichtliche Erbe der Stadt sowie eine Broschüre mit einer Beschreibung der Naturattraktionen der Region sowie des Waterfall Way (S. 201), der spektakulären Route hinunter zur Küste bei Coffs Harbour.

New England Regional Art Museum · MUSEUM
(NERAM; www.neram.com.au; 106-114 Kentucky St; Di-So 10-16 Uhr) GRATIS Das „Neram" liegt am südlichen Stadtrand und beherbergt eine Sammlung von ansehnlicher Größe sowie gute Ausstellungen zeitgenössischer Kunst. Das *Yellow Room Triptych* von Margaret Olley ist ein Highlight des Museums.

Aboriginal Cultural Centre & Keeping Place · GALERIE
(www.acckp.com.au; 128 Kentucky St; Mo-Fr 9-16, Sa 10-14 Uhr) GRATIS In derselben Straße wie das Regional Art Museum liegt dieses Kulturzentrum, das einen tiefen Einblick in die Kunst der Aborigines bietet. In einem süßen kleinen Café werden kreative Variationen typischer Busch-Gerichte aufgetischt.

Geführte Touren

Heritage Bus Tours · BUSTOUR
(02-6770 3888; 10 Uhr) GRATIS Eine großzügige Geste der Gemeinde: Die kostenlosen (und sehr detailreichen) Stadtrundfahrten von zweieinhalb Stunden Dauer starten jeden Tag um 10 Uhr am Visitor Centre. Reservierung erforderlich.

Schlafen & Essen

Armidale Tourist Park · CAMPING, HOSTEL $
(02-6772 6470; www.armidaletouristpark.com.au; 39 Waterfall Way; Stellplatz 22-46 AU$, B 38 AU$, Hütte 82-160 AU$; @🛜♨) Freundliches Personal, viel Natur und günstige Betten in einer Art Schlafbaracke und in einer Reihe von Hütten.

Armidale Pines Motel · MOTEL $$
(02-6772 0625; www.armidalepinesmotel.com; 141 Marsh St; Zi. ab 135 AU$; ❄♨) Ein blitzblank sauberes Motel im Herzen der Stadt mit großzügigen Zimmern und frischer Einrichtung.

★ Petersons Guesthouse · PENSION $$$
(02-6772 0422; www.petersonsguesthouse.com.au; Dangarsleigh Rd; Zi. ab 200 AU$; ❄🛜) Nach seiner Renovierung erstrahlt das Anwesen von 1911 wieder im alten Glanz. Es hat sieben große, charaktervolle Suiten und traumhafte Außenanlagen (beliebt bei Hochzeitsgesellschaften). Auf Wunsch wird ein Abendessen zubereitet und es gibt Verkostungen von Cool-Climate-Weinen sowie Picknickpakete für Sonntagsausflüge (vorab anrufen, da das Anwesen bei geschlossenen Veranstaltungen keine Gäste empfängt).

Goldfish Bowl · BÄCKEREI, CAFÉ $
(160 Rusden St; Mittagessen 8-19 AU$; Mo-Fr 7-16, Sa bis 13 Uhr) Erstklassiger Kaffee und köstliche Backwaren aus dem Holzofen machen das Goldfish Bowl zu einem tollen Boxenstopp. Gebäck, Sauerteigbrot und Gourmetpizza katapultieren die Gäste in einen Himmel voller Kohlenhydrate.

Bistro on Cinders · BISTRO $$
(www.bistrooncinders.com; 14 Cinders Lane; Hauptgerichte 12-25 AU$; Mo-Sa 8.30-15 Uhr) Hinter dem Postamt liegt dieses coole, moderne Lokal in einem kleinen Hof, in dem man sich morgens seine Koffeinration holt, in seiner Pause ein Rührei mit Lachs bestellt oder sich zum Mittagessen hausgemachte Ricotta-Gnocchi gönnt und dabei entspannt.

🛈 Praktische Informationen

Visitor Centre (02-6770 3888; www.armidaletourism.com.au; 82 Marsh St; 9-17 Uhr)

🛈 Anreise & Unterwegs vor Ort

Fernbusse fahren am Visitor Centre los.

Greyhound (1300 473 946; www.greyhound.com.au) Unterhält allabendlich verkehrende Busse, die auf dem New England Hwy zwischen Sydney und Brisbane unterwegs sind. Diese Busse halten auf der Strecke in Tamworth, Armidale, Tenterfield und Toowoomba. Die Fahrt von Armidale nach Sydney dauert 8 Std. (113 AU$).

New England Coaches (02-6732 1051; www.newenglandcoaches.com.au) Bietet eine Reihe praktischer Verbindungen: Armidale nach Coffs Harbour (70 AU$) sowie Armidale nach Brisbane (105 AU$). Beide Strecken werden dreimal pro Woche bedient.

NSW TrainLink (13 22 32; www.nswtrainlink.info) Betreibt täglich Zugverbindungen nach Tamworth (20 AU$, 2 Std.) sowie nach Sydney (66 AU$, 8 Std.). Hat außerdem auch Busverbindungen nach Tenterfield (25 AU$, 2½ Std.) im Angebot.

Tenterfield & Umgebung

2997 EW.

Tenterfield ist der Knotenpunkt einer Region, in der eine Vielzahl kleiner Dörfer und zehn Nationalparks liegen. Im Ort kann man Dutzende anmutiger, historischer Bauten besichtigen, darunter der Bahnhof von 1886, der zwar nicht mehr in Betrieb ist, heute aber ein Museum beherbergt. Tenterfield ist der Geburtsort des Entertainers Peter Allen („The Boy from Oz").

◉ Sehenswertes

Tenterfield Saddler WAHRZEICHEN
(www.tenterfieldsaddler.com; 123 High St; ⊙ Do–So 10–15 Uhr) Das aus Blaustein erbaute Gebäude öffnete 1870 als Sattlerei seine Pforten und wird von Peter Allen in einem bekannten Lied besungen, das er für seinen Großvater komponierte, der hier 50 Jahre lang arbeitete. Der Betrieb läuft noch immer.

Bald Rock National Park NATIONALPARK
(www.nationalparks.nsw.gov.au; Fahrzeug 7 AU$/Tag) Etwa 35 km nordöstlich von Tenterfield (der als „Woodenbong" ausgeschilderten Naas Rd folgen) kann man den größten Granitmonolithen Australiens erklimmen (er wirkt wie ein gestreifter Mini-Uluru). Hier gibt es nette Wege (z. B. zwei Routen auf den Felsen mit Ausblick), Picknickstellen und einen Zeltplatz (Erw./Kind 10/5 AU$). Kängurus und Vögel sorgen für eine schöne Kulisse.

Sir Henry Parkes Memorial School of Arts HISTORISCHES GEBÄUDE
(www.henryparkestenterfield.com; Rouse St; ⊙ Museum 10–16 Uhr) Wer sich für australische Geschichte interessiert, wird dieses Museum (Erw./Kind 5/2 AU$) in einem wunderschön restaurierten Herrenhaus mögen. Es ist ein denkwürdiger Ort, denn hier hielt Sir Henry Parkes, der „Vater der Föderation", 1889 die Tenterfield Oration, eine Rede, in der er vorschlug, dass sich die sechs britischen Kolonien Australiens zusammenschließen sollten. Wen das nicht vom Hocker haut, geht in die Bücherei, das Kino oder das Café im Hof.

🍴 Schlafen & Essen

Entlang der Hauptstraße gibt es viele Lokale, darunter auch einige ganz gute Pubs.

★ Commercial Boutique Hotel BOUTIQUEHOTEL $$
(02-6736 4870; www.thecommercialboutiquehotel.com; 288 Rouse St; Zi. 160–260 AU$) Ein herrlicher Art-déco-Pub aus den 1940er-Jahren wurde in Schuss gebracht und als glamouröses Boutiquehotel (mit acht monochromen Zimmern) wiedereröffnet. Auch der Speisebereich wurde neu gestaltet und ist nun eine attraktive Bar, in der es lokale Weine und traditionell gebraute Biere gibt. Unter der Woche ist das Restaurant ab 10 Uhr geöffnet, am Wochenende gibt's ab 9 Uhr Brunch. Am Montag- und Dienstagabend wird kein Abendessen serviert, es ist aber möglich, sich selbst etwas zu essen mitzubringen und sich einen Drink dazu zu bestellen.

Peter Allen Motor Inn MOTEL $$
(02-6736 2499; www.peterallenmotorinn.com.au; 177 Rouse St; Zi. ab 105 AU$; ❄🐾) Wer kann bei diesem Namen schon nein sagen!? Zwar ist das Motel alles andere als extravagant und liegt neben vielen anderen an der Hauptstraße, es hat aber freundliche neue Besitzer, die alles etwas aufgepeppt haben. Die Ausstattung ist gut – und der Preis auch.

❶ Praktische Informationen

Visitor Centre (02-6736 1082; www.tenterfieldtourism.com.au; 157 Rouse St; ⊙ Mo–Sa 9.30–17, So bis 16 Uhr)

❶ An- & Weiterreise

Greyhound (1300 473 946; www.greyhound.com.au) Hat jeden Abend Busse, die auf dem New England Hwy zwischen Sydney und Brisbane verkehren. Diese Busse halten unterwegs in Tamworth, Armidale, Tenterfield und Toowoomba. Die Fahrt von Tenterfield nach Brisbane dauert 5½ Std. (96 AU$).

New England Coaches (02-6372 1051; www.newenglandcoaches.com.au) Bietet dreimal pro Woche eine praktische Verbindung zwischen Armidale, Tamworth und Brisbane mit Halt in Tenterfield.

Northern Rivers Buslines (02-6626 1499; www.nrbuslines.com.au) Hat pro Woche drei Busse nach/von Lismore (6 AU$, 2 Std.) mit Anschluss nach Byron Bay.

NSW TrainLink (13 22 32; www.nswtrainlink.info) Betreibt täglich Busse nach Armidale (25 AU$, 2½ Std.), wo man in den Zug nach Sydney umsteigen kann.

DER NORDWESTEN

Viele Leute rasen durch diese typisch australische Flachlandschaft geradezu hindurch – und träumen bereits von Queenslands Stränden. Und wenn Queensland nicht auf dem Programm steht, dann vielleicht Light-

Castlereagh Highway

In Gilgandra zweigt der Castlereagh Hwy (Route 55, Teil des „Great Inland Way", der Sydney und Cairns verbindet) vom Oxley Hwy ab und führt dann durch Coonamble, Walgett und die raue „Opalregion" von Lightning Ridge nach Queensland.

Lightning Ridge
2600 EW.

Das erstaunlich erfinderische Bergarbeiterdorf im Outback (einer der wenigen Orte weltweit, wo der wertvolle schwarze Opal zu finden ist) versprüht noch echten Pioniergeist. Hier leben exzentrische Künstler und echte Buschbewohner. Die Gemeinde ist recht unkonventionell und somit ein interessanter Ort für ein paar entspannte Tage.

Sehenswertes & Aktivitäten

Verschiedene Opalminen und Ausstellungsräume sind öffentlich zugänglich.

★ Chambers of the Black Hand GALERIE, MINE
(02-6829 0221; www.chambersoftheblackhand.com.au; 3 Mile Rd (Yellow Car Door 5); Erw./Kind 35/10 AU$; Führungen April-Okt. 9.30 & 15 Uhr, Nov.-März 10.30 Uhr) Ein bemerkenswerter Ort und Symbol für die Verrücktheit und Kreativität der Menschen hier. Der Künstler und Kumpel Ron Canlin hat eine 12 m tiefe Grube in eine Höhlengalerie mit Schnitzereien und Gemälden verwandelt, auf denen von Superhelden über Stars, Pharaonen und Buddhas bis hin zu Tieren alles zu sehen ist, was die Vorstellungskraft hergibt. Vorab telefonisch klären, ob die Zeiten der Führung stimmen. Bei Bedarf holt ein kostenloser Shuttlebus Besucher an der Unterkunft ab.

Walk-In Mine MINE
(02-6829 0473; www.walkinmine.com.au; Bald Hill; Erw./Kind 15/6 AU$; April-Okt. 9-17 Uhr, Nov.-März 8.30-12.30 Uhr) In dieser Mine kann man sich ein Bild vom Arbeitsumfeld eines Opalschürfers machen und bekommt noch Einblick in den Alltag von Ridge.

★ Hot Artesian Bore Baths BADEN
(Pandora St; 24 Std.) GRATIS Während eines Bads in diesen einzigartigen Quellen kann man entspannt den Panoramablick genießen. Das heiße Wasser (41,5°C) ist reich an Mineralien und kommt direkt aus 1200 m Tiefe. Besonders bei Sonnenaufgang und Sonnenuntergang ist es hier wunderschön, und ab und zu kann man sogar noch ein Schwätzchen mit den Einheimischen halten. Zu beachten: Die Quellen sind täglich zwischen 10 und 12 Uhr für Reinigungsarbeiten geschlossen und die hohen Temperaturen sind nichts für Kleinkinder.

Sport & Aquatic Complex BADEN
(Gem St; Pool/Wasserpark 4/7 AU$; Okt.-April 11-18 Uhr) Wenn die Sonne so richtig vom Himmel brennt, können die genannten Quellen nicht gerade für Abkühlung sorgen. Dann empfiehlt sich ein Besuch im 50 m langen Schwimmbecken, das mit Gemeindegeldern finanziert wurde. Für Kinder gibt's einen kleinen, aber vergnüglichen Wasserpark.

Tours

Car Door Tours AUTO-TOUR
Mit den vier Auto-Tour-Routen, bei denen man Wegweisern in Form von verschiedenfarbigen Autotüren (grün, blau, gelb, rot) folgt, beweist die Gemeinde ihren Sinn fürs Außergewöhnliche. Auf den Touren erforscht man verschiedene Gebiete der Stadt. Vorher unbedingt das hervorragende Infoblatt (1 AU$) im Visitor Centre holen.

Black Opal Tours FÜHRUNG
(02-6829 0368; www.blackopaltours.com.au; Erw./Kind 35/15 AU$; Führungen April-Okt. 8.30 & 12.30 Uhr, Nov.-März 8.15 Uhr) Bei den täglich angebotenen dreistündigen Führungen kann man die Gegend erkunden und sich nebenbei noch etwas auf Schatzsuche begeben. Die Tour führt an einigen schrulligen Sehenswürdigkeiten vorbei, zu denen es Erklärungen gibt. Die 4½-stündige Tour schließt auch die Chambers of the Black Hand (S. 254; 70/15 AU$) ein.

Schlafen & Essen

★ Opal Caravan Park CAMPING, HÜTTEN $
(02-6829 1446; www.opalcaravanpark.com.au; 142 Morilla St; Stellplatz 27-45 AU$, Hütte ab 110 AU$;) Dieser neue, gut geplante Patz mitten im Busch, gleich gegenüber den Artesian Bore Baths, bietet hervorragende neue Einrichtungen: freistehende Hütten, einen Swimmingpool, WLAN, Stellplätze mit eigenem Bad und eine Campingküche mit Pizzaofen. Auf einem kleinen Areal kann man sogar nach Opalen suchen.

Bruno's
ITALIENISCH $$

(☏ 02-6829 4157; www.brunosrestaurant.com. au; 38b Morilla St; Mittagessen 12,50–14,50 AU$, Hauptgerichte abends 15–21 AU$; ⊗ Di–So 7.30–22 Uhr) Der authentische italienische Koch, ein Holzofen und die unfassbar leckeren Desserts (Panna cotta, Tiramisu) sorgen für eine echte Überraschung. Auf den Tisch kommen gute Pasta, Pizza und Fleischgerichte (z. B. Kalbsschnitzel, Steaks).

❶ Praktische Informationen

Visitor Centre (☏ 02-6829 1670; www.light ningridgeinfo.com.au; Morilla St; ⊗ 9–17 Uhr)

❶ An- & Weiterreise

NSW TrainLink (☏ 13 22 32; www.nswtrainlink. info) Betreibt Busse, die täglich zwischen Ridge und Dubbo (67 AU$, 4½ Std.) verkehren.

Newell Highway

Der Newell Hwy (Rte 39) ist die Hauptroute, die Victoria mit NSW verbindet. Er führt durch das bei Sterneguckern beliebte Coonabarabran und durch Moree, wachsendes Zentrum indigener Kunst, bevor er bei Goondiwindi auf die Grenze des Bundesstaats stößt.

Coonabarabran

3200 EW.

Coonabarabran (oder „Coona", wie es von den Einheimischen genannt wird) gilt dank seiner reinen Luft, der Höhe, auf der es liegt (505 m), und der geringen Luftfeuchtigkeit als perfekter Ort zum Sternegucken. Im südlich des Glockenturms gelegenen **Visitor Centre** (☏ 1800 242 881; www.warrumbungle region.com.au; Newell Hwy; ⊗ 9–17 Uhr) kann man sich eine Ausstellung zur tollen Fauna ansehen; die Motels der Stadt säumen den Highway und es fahren Busse nach Lithgow (über Mudgee).

⊙ Sehenswertes & Aktivitäten

In Coona gibt's einige private Sternwarten, die abends erschwingliche, familienfreundliche Vorführungen anbieten. Allerdings muss man vorab anrufen, da die Wetterbedingungen stimmen müssen und der Beginn je nach Sonnenuntergang variiert.

Siding Spring Observatory STERNWARTE
(rsaa.anu.edu.au/observatories/siding-spring -observatory; Erw./Kind 5,50/3,50 AU$; ⊗ Mo–Fr 9.30–16, Sa & So 10–16 Uhr) Der Himmel über Coonabarabran ist so klar, dass die Australian National University etwa 27 km westlich der Stadt, am Rande des Warrumbungle National Park, sogar eine Forschungsanlage eingerichtet hat. Hier stehen mehrere Teleskope, die verschiedenen nationalen und internationalen Institutionen gehören, darunter das 3,9 m große Anglo-Australian Telescope, das größte optische (auf sichtbarem Licht basierende) Teleskop Australiens.

Hier gibt's zwar keine offiziellen Einrichtungen zur Sternbeobachtung, im **Visitor Centre** wird man aber mit Zahlen und Fakten zum Sonnensystem förmlich überhäuft.

Milroy Observatory STERNWARTE
(☏ 0448 129 119; www.milroyobservatory.com.au; Erw./Kind 30/15 AU$) Im Milroy Observatory steht das größte öffentlich zugängliche Teleskop in der südlichen Hemisphäre (die 1 m große Vorrichtung ist auf einem Hügel etwa 10 km außerhalb Coonas installiert). Der leitende Astronom Cam Wylie begleitet regelmäßig 90-minütige Sternbeobachtungen.

Warrumbungle Observatory STERNWARTE
(☏ 0488 425 112; www.tenbyobservatory.com; Erw./ Kind 20/10 AU$) Diese private Sternwarte bietet 90-minütige Beobachtungen des Nachthimmels an, die von einem Astronomen mit dem herrlichen Namen Peter Starr geleitet werden. Die Anlage liegt 9 km außerhalb der Stadt an der Straße nach Siding Spring.

Warrumbungle National Park NATIONALPARK
(☏ 02-6825 4364; www.nationalparks.nsw.gov.au; Fahrzeug 7 AU$/Tag) Etwa 35 km westlich von Coonabarabran liegt dieser 232 km² große Park mit seinen spektakulären Granitkuppen, einem weiten Netz aus Buschwanderwegen, vielen wilden Tieren und einer Masse an Wildblumen, die im Frühling in den schönsten Farben leuchten. Dies alles macht Warrumbungle zu einem der schönsten Parks in New South Wales. Leider fegte 2013 ein großer Buschbrand über Teile des Parks hinweg und es wird Jahre dauern, bis sich die Vegetation erholt hat.

Die Parkgebühren müssen beim NPWS Visitor Centre entrichtet werden. Tolle Zeltplätze gibt's im nahen Camp Blackman (Erw./Kind ab 5/3 AU$). Unter den Wanderwegen ist auch der einzigartige, 12,5 km lange Breadknife and Grand High Tops Walk.

Pilliga National Park NATIONALPARK
(☏ 02-6843 4011; www.nationalparks.nsw.gov.au) Zwischen Coonabarabran und Narrabri erstreckt sich zu beiden Seiten des Highways

der Pilliga Forest. Wer mehr über diese halbtrockene Landschaft erfahren möchte, wendet sich an das Discovery Centre in Baradine (46 km nördlich von Coona). Hier gibt's Karten und eine Wegbeschreibung zu den **Sandstone Caves** mit Felskunst der Aborigines oder zum beeindruckenden neuen Highlight mitten im Wald, den **Sculptures in the Scrub** (Skulpturen im Unterholz).

Moree

9350 EW.

Motels finden sich sowohl zu beiden Seiten der Highways als auch entlang der Warialda St (nahe dem Wassersportzentrum).

⊙ Sehenswertes & Aktivitäten

★Yaama Ganu Centre GALERIE
(www.yaamaganu.com.au; 211 Balo St; ⊙ Mo–Fr 9–16, Sa bis 13, So bis 12 Uhr) GRATIS Dieses wunderbare Kunstzentrum vermittelt einen lebhaften Einblick in die lokale Kunstszene. Neben einer Galerie mit indigener Kunst gibt es hier auch ein helles, freundliches Café.

Moree Plains Gallery GALERIE
(www.moreeplainsgallery.org.au; Ecke Frome St & Heber St; ⊙ Mo–Fr 10–17, Sa bis 13 Uhr) GRATIS In einem der historischen Gebäude der Stadt stellt diese Galerie eine inspirierende Sammlung zeitgenössischer Aborigine-Kunst aus.

Moree Artesian Aquatic Centre BADEN
(www.maacltd.com; 20 Anne St; Erw./Kind 8/6 AU$; ⊙ Mo–Fr 6–20, Sa & So 7–19 Uhr) Die Einheimischen tummeln sich gerne in diesem eleganten Komplex mit mehreren Schwimmbecken und einigen Pools mit Quellwasser (etwa 40°C). Auch einige Hotels im Ort bieten für ihre Gäste solche Pools.

❶ Praktische Informationen

Visitor Centre (☏ 02-6757 3350; www.moreetourism.com.au; Ecke Gwydir Hwy & Newell Hwy; ⊙ Mo–Fr 9–17, Sa & So bis 13 Uhr)

ZENTRALER WESTEN

Die Nähe des zentralen Westens zu Sydney mit seinen eifrigen Bewohnern, die gern dem Stadtleben entfliehen und Wochenendurlauber und Ferienhausbesitzer spielen, haben den landwirtschaftlich geprägten Städten jenseits der Blue Mountains den Aufschwung beschert. Fährt man noch weiter gen Westen, beginnt die rote Outback-Landschaft.

Bathurst

31 294 EW.

Bathurst ist die älteste australische Siedlung im Binnenland. Sie wartet mit einem kühlen Klima und einem wunderschön gepflegten zentralen Platz auf. Dieser wird von prächtigen viktorianischen Bauten flankiert, die den Betrachter in längst vergangene Zeiten zurückversetzen. Bathurst kann aber auch anders: Es ist die Hochburg des australischen Motorsports.

⊙ Sehenswertes

Im Visitor Centre bekommt man Infos über Weingüter, Wanderwege und Panoramastraßen in der Region.

★Australian Fossil & Mineral Museum MUSEUM
(www.somervillecollection.com.au; 224 Howick St; Erw./Kind 12/6 AU$; ⊙ Mo–Sa 10–16, So bis 14 Uhr) Man sollte sich nicht vom langweiligen Namen abschrecken lassen. Dieses Museum ist wie ein Schatzkästchen voller kleiner Wunder. Hier gibt's die international renommierte Somerville Collection zu sehen, eine Sammlung seltener Fossilien, Edelsteine und Mineralien in sämtlichen Farben und Formen (Amethysten, Diamanten, Rubine, urzeitliche, in Bernstein eingeschlossene Insekten). Außerdem ist Australiens einziges vollständiges Skelett eines Tyrannosaurus Rex ausgestellt.

Courthouse HISTORISCHES GEBÄUDE, MUSEUM
(www.bathursthistory.org.au; Russell St; Museum Erw./Kind 4/2,50 AU$; ⊙ Museum Di–Sa 10–16, So 11–14 Uhr) Unter Bathursts historischen Gebäuden ist dieses hier am beeindruckendsten. Im Ostflügel des von 1880 stammenden Baus ist auch das kleine **Historical Museum** untergebracht.

Mt. Panorama WAHRZEICHEN
(www.mount-panorama.com.au) GRATIS Der 6,2 km lange **Mt. Panorama Motor Racing Circuit** wird das Herz jedes Autofans höher schlagen lassen. Hier findet jedes Jahr im Oktober das berühmte Bathurst 1000 mit bis zu 200 000 Zuschauern statt. Die Rennstrecke ist eine öffentliche Straße, man kann hier also auch selbst seine Runden drehen - wenn auch nur mit einer wenig prickelnden Maximalgeschwindigkeit von 60 km/h. Auf dem Hügel gibt's einen Aussichtspunkt und einen Spielplatz im Zeichen des Rennsports.

Alle Straßen führen hierher, darunter auch die William St in Richtung Südwesten.

National Motor Racing Museum MUSEUM
(www.nmrm.com.au; Murrays Corner, Mt. Panorama; Erw./Kind 12,50/5,50 AU$; ⊙ 9–16.30 Uhr) Liegt am Fuße des Mt. Panorama und würdigt alles, was in irgendeiner Weise mit dem Motorsport zu tun hat.

Feste & Events

Bathurst 1000 AUTORENNEN
(www.v8supercars.com.au; ⊙ Okt.) Zu diesem Tourenwagenrennen über 1000 km strömen die Autoliebhaber in Scharen nach Bathurst. Das Event gilt als Highlight der australischen Motorsportveranstaltungen. Dabei werden 161 Runden am Mt. Panorama gedreht.

Schlafen

Jack Duggans Irish Pub PUB $
(⏵ 02-6331 2712; www.jackduggans.com.au; 135 George St; B/EZ/DZ mit Gemeinschaftsbad 30/50/65 AU$) Dieses lebhafte Lokal im Ortszentrum hat unten ein gutes Restaurant mit Bar (von einem echten Iren betrieben) und am Wochenende gibt's Livemusik und allerhand Späße. Über dem Pub werden kleine, aber hochwertige Budgetzimmer vermietet.

Accommodation Warehouse APARTMENTS $$
(⏵ 02-6332 2801; www.accomwarehouse.com.au; 121a Keppel St; EZ/DZ 100/130 AU$; ❊ ❋) Die einstige dreistöckige Wollspinnerei aus den 1870er-Jahren wurde auf clevere Weise in fünf in sich abgeschlossene Apartments verwandelt. Sie sind nicht elegant, dafür süß und gemütlich und versprühen mehr Charakter als jedes moderne Motelzimmer. Zu finden in einer Seitenstraße der Keppel St.

Rydges Mount Panorama HOTEL $$
(⏵ 02-6338 1888; www.rydges.com/bathurst; 1 Conrod Straight; Zi. ab 150 AU$; ❋ ❊) Groß (129 Wohnstudios und Apartments) und elegant eingerichtet mit allerhand Annehmlichkeiten. Alle Zimmer bieten einen Blick auf die Rennstrecke, wer jedoch zur Bathurst 1000 hier übernachten möchte, muss weit im Voraus reservieren.

Essen & Ausgehen

Church Bar PIZZA $$
(1 Ribbon Gang Lane; Pizza 17–25 AU$; ⊙ 12–24 Uhr) In dieser restaurierten Kirche aus den 1850er-Jahren findet heutzutage eine ganz andere Art der Verehrung statt: Die Besucher der Church Bar lieben die leckere Holzofenpizza. Mit der hohen Decke und dem begrünten Hof in einer Seitenstraße der William St ist die Church Bar nicht nur eines der besten Restaurants der Stadt, sondern auch ein hervorragender Ort, um mit neuen Leuten ins Gespräch zu kommen.

Hub CAFÉ $$
(52 Keppel St; Hauptgerichte 13–25 AU$; ⊙ Mo–Sa 7–17, So bis 15 Uhr) An einer Straße mit einer Handvoll cooler Cafés ist das beliebte Hub mit seinem begrünten Hof mit den roten Sonnenschirmen der perfekte Ort für ein Essen im Freien.

Webb & Co BAR
(www.webbandco.com.au; an der George St; ⊙ Mo–Sa 15 Uhr–open end, So 12–22 Uhr) In einer Passage im Zentrum (neben der Kaffeebar Crema) versteckt sich dieses stilvolle „Beverage Emporium" mit tollem, traditionell gebrautem Bier, Cocktails und Weinen aus der Region. Auf den Tisch kommen außerdem exzellente gemischte Platten für mehrere Personen und verschiedene Hauptgerichte (26 AU$). Auch festliche Menüs können arrangiert werden.

ⓘ Praktische Informationen

Visitor Centre (⏵ 02-6332 1444; www.visitbathurst.com.au; Kendall Ave; ⊙ 9–17 Uhr)

ⓘ An- & Weiterreise

Australia Wide Coaches (⏵ 02-6362 7963; www.austwidecoaches.com.au) Täglich verkehrt ein Bus zwischen Sydney und Orange, der auch in Katoomba und Bathurst hält (Sydney–Bathurst 40 AU$, 3½ Std.).

NSW TrainLink (⏵ 13 22 32; www.nswtrainlink.info) Häufige Zugverbindungen nach Sydney (9 AU$, 4¼ Std.) und Orange (12 AU$, 1 Std.).

Orange

38 000 EW.

In den Obstplantagen rund um die Stadt gibt's zwar Birnen, Äpfel und Steinfrüchte in Hülle und Fülle, seinen Namen verdankt der Ort aber Prinz Wilhelm von Oranien (engl. Orange). Er hat sich zu einem gastfreundlichen, schnell wachsenden regionalen Zentrum mit blühender Gourmetszene entwickelt.

Sehenswertes

★ Mt. Canobolas NATURSCHUTZGEBIET
In diesem Naturschutzgebiet südwestlich von Orange finden sich Wasserfälle, schöne Aussichtspunkte, Fahrrad- und Wanderwege. Der **Lake Canobolas** eignet sich bestens

ESSEN & WEIN IN ORANGE

Orange ist ein vorzügliches Ziel für Weinliebhaber und Gourmets. Die Region ist für ihre außergewöhnlichen Cool-Climate-Weine bekannt (s. www.winesoforange.com.au). Hier werden aber auch Obst, Beeren und Nüsse angebaut und Lämmer und Rinder gezüchtet.

Dutzende **Weingüter und Bauernhöfe mit Direktverkauf** warten nur darauf, ihre hochwertigen Erzeugnisse an den Mann zu bringen. Als erste Anlaufstelle bietet sich das Visitor Centre an, das die Broschüre *Orange & District Wine & Food Guide* mit einer Karte und sechs eingezeichneten Routen in und um die Stadt bereithält. Darin sind auch Weingüter und Bauernhöfe (Beeren und Obst) mit Direktverkauf, Anbieter lokaler Erzeugnisse (Kleinbrauereien) sowie Picknickstellen verzeichnet.

Am besten erkundet man alles im eigenen Fahrzeug, es gibt aber auch Veranstalter, die Touren anbieten. **Orange Wine Tours** (02-5310 6818; www.orangewinetours.com.au) hat Touren ab einer Dauer von drei Stunden (75 AU$).

zum Baden und ist ein guter Ausgangspunkt für Erkundungstouren. Zudem wartet er mit vielen Picknicktischen sowie einem Kinderspielplatz direkt am See auf. Die Straße zum See zweigt 8 km westlich der Stadt von einer Verlängerung der Coronation Rd ab.

Orange Regional Gallery GALERIE
(www.org.nsw.gov.au; Ecke Byng & Peisley St; 9–17 Uhr) GRATIS Die Galerie neben dem Visitor Centre veranstaltet ehrgeizige, abwechslungsreiche Ausstellungen und zeigt auch Werke bekannter australischer Künstler.

Feste & Events

In Orange gibt's vier Feste, eines pro Jahreszeit, bei denen die regionalen Erzeuger im Rampenlicht stehen.

Slow Summer ESSEN
Findet Anfang Februar gleichzeitig mit dem Banjo Paterson Poetry Festival statt.

F.O.O.D Week ESSEN & WEIN
(Food of Orange District; www.orangefoodweek.com.au) Mitte April.

Orange Apple Festival ESSEN
Am Höhepunkt der Ernte im Mai.

Orange Wine Festival WEIN
Im Oktober.

Schlafen

Orange ist bei Wochenendausflüglern sehr beliebt und man kann aus zahlreichen Hütten und B&Bs auswählen. Auf der Website www.orangeaccommodationgroup.com.au sind die meisten Optionen in und um die Stadt aufgelistet.

★ **De Russie Suites** BOUTIQUEHOTEL $$
(02-6360 0973; www.derussiehotels.com.au; 72 Hill St; DZ 155–260 AU$; ❄@🛜🏊) Dieses kleine Stück vom Paradies erfüllt sämtliche Voraussetzungen für die Bezeichnung „Boutique" und könnte genauso gut irgendwo in Sydney stehen. Es bietet allen zu erwartenden luxuriösen Komfort, darunter Küchennischen in allen Wohnstudios. Im Preis ist ein Frühstückskorb enthalten.

Templers Mill Motel MOTEL $$
(02-6362 5611; www.oesc.com.au; 94 Byng St; Zi. ab 130 AU$; ❄@🛜🏊) Dieses große, gut geführte Motel ist Teil des riesigen Ex-Services Club und hat neben nagelneuen Zimmern auch noch einige renovierte, ältere Optionen. Es liegt nur einen kurzen Fußweg von den Restaurants und der Hauptstraße entfernt. Die Nutzung der Einrichtungen des Clubs (Pool, Fitnessraum etc.) ist für Gäste kostenlos.

Essen & Ausgehen

Byng Street Local Store CAFÉ $
(www.byngstreet.com.au; 47 Byng St; Hauptgerichte 7–15 AU$; Mo–Fr 7–18, Sa & So bis 15 Uhr) Das süße Eckcafé ist bei Einheimischen enorm beliebt. Brot, Muffins und Backwaren kommen frisch aus dem hauseigenen Ofen, der Kaffee ist hervorragend und gegen den Hunger helfen die verdammt leckeren frischen Salate und Sandwichs.

★ **Agrestic Grocer** CAFÉ $$
(426 Molong Rd; Mittagessen 16–28 AU$; Mo–Fr 8.30–17.30, Sa & So bis 16 Uhr) „Das kommt dabei raus, wenn sich Bauern und Ladenbesitzer zusammentun", ist auf dem Flyer zu lesen. Und das Ergebnis ist wirklich wundervoll. Das rustikale Café mit Lebensmittelgeschäft liegt ein paar Kilometer nördlich der Stadt (am Mitchell Hwy) und hält viel auf lokale Produkte. Zum Frühstück gibt's hausgemachten Teekuchen, zum Mittagessen italienischen Panzanella-Salat oder koreanische Barbecue-Burger. Alles ist köstlich.

Lolli Redini
MODERN-AUSTRALISCH $$$
(☏ 02-6361 7748; www.lolliredini.com.au; 48 Sale St; 2/3 Gänge 68/85 AU$; ⊙ Di-Sa 18-21 & Sa 12-14 Uhr) In diesem vielgepriesenen Restaurant (Reservierung erforderlich) kommen die feinsten Zutaten Oranges in all ihrer Herrlichkeit auf den Tisch. Zum Essen werden sorgfältig passende Weine ausgewählt, das Ambiente und der Service sind vorbildlich und die kulinarischen Kreationen (viele davon vegetarisch) sind unglaublich köstlich.

★ Ferment
WEINBAR
(www.orangewinecentre.com.au; 87 Hill St; ⊙ 11-20 Uhr) In einem traumhaften alten Gebäude widmet sich das Ferment lokalem Wein. Es ist ein Direktverkauf für kleine lokale Erzeuger. Hier kann man sich auf Expertengespräche einlassen, sich an Häppchen laben oder die Einrichtung bestaunen. Und wie wär's mit dieser cleveren Idee? Fahrradverleih mit Picknick für zwei (55 AU$/halber Tag).

Union Bank
WEINBAR
(☏ 02-6361 4441; www.unionbank.com.au; Ecke Sale St & Byng St; Hauptgerichte 16-32 AU$; ⊙ Mo-Sa 12 Uhr-open end, So bis 21 Uhr) Diese herausgeputzte Weinbar hat für jeden das Passende, ob man nur eine Kleinigkeit genießen, mit anderen teilen oder eine riesige Portion gegen den Hunger verdrücken möchte. Und zu allem gibt's edle Tropfen aus der Region (insgesamt 20 offene Weine). Der Hof ist die perfekte Location für einen Samstagnachmittag mit Livemusik.

❶ Praktische Informationen
Orange Visitor Centre (☏ 02-6393 8000; www.visitorange.com.au; Ecke Byng St & Peisley St; ⊙ 9-17 Uhr)
Verto (☏ 1300 483 786; www.verto.org.au) Kann bei der Suche nach Arbeit als Erntehelfer rund um Orange und Young behilflich sein.

❶ An- & Weiterreise
Australia Wide Coaches (☏ 02-6362 7963; www.austwidecoaches.com.au) Täglich verkehrt ein Bus zwischen Sydney und Orange (40 AU$, 4 Std.), der in Bathurst hält.
NSW TrainLink (☏ 13 22 32; www.nswtrainlink.info) Häufige Zugverbindungen nach Sydney (27 AU$, 5 Std.) und Dubbo (19 AU$, 2 Std.).

Cowra
10 000 EW.

Cowra ist eine faszinierende Stadt mit einer einzigartigen Vergangenheit. Im August 1944 brachen hier über 1000 Japaner aus einem Kriegsgefangenenlager aus. Bei der Flucht kamen 231 Gefangene und vier Australier ums Leben. Seither hat Cowra ein besonderes Verhältnis zu Japan und setzt sich für die Versöhnung und den Weltfrieden ein.

Man sollte seine Entdeckungsreise am Visitor Centre beginnen, hier wird ein hervorragender neunminütiger Holografiefilm über den Ausbruch gezeigt (kein Geringerer als Bill Bryson ist darüber voll des Lobes).

⊙ Sehenswertes

★ Japanese Garden
GARTEN
(www.cowragarden.com.au; Binni Creek Rd; Erw./Kind 15/8 AU$; ⊙ 8.30-17 Uhr) Der wunderschön gepflegte Japanische Garten erinnert an Cowras besondere Beziehung zu Kriegsgefangenen aus Japan, wobei weder der Krieg noch der Ausbruch irgendwo offen erwähnt werden. An das friedvolle, 5 ha große Gelände grenzt ein hervorragendes und sehenswertes Kulturzentrum (das jedoch stolze Eintrittspreise verlangt). Die Audioguides (2 AU$) informieren über Pflanzen, Geschichte und Gestaltung des Gartens.

Im angegliederten Café kann man Futter für die Koi-Karpfen kaufen oder sich selbst etwas genehmigen. Auf der Speisekarte stehen vorwiegend australische Gerichte mit leicht japanischem Touch.

Friedhof von Cowra & Japanischer Kriegsfriedhof
FRIEDHOF
(Doncaster Rd) Diese bewegenden, gepflegten Friedhöfe liegen ab der Straße nach Canowindra gut ausgeschildert und liegen etwa 5 km nördlich der Stadt.

Kriegsgefangenenlager & Wachturm
GEDENKSTÄTTE
(Evans St) Der Weg von den Friedhöfen im Norden der Stadt hierher ist sehr gut ausgeschildert. Ein Denkmal kennzeichnet jene Stelle, an der der Ausbruch der japanischen Gefangenen stattfand. Vom Wachturm erklingt eine Stimme aus dem Off, die die Geschichte des Ausbruchs erzählt. Das Fundament des Gefangenenlagers ist noch zu sehen und Infotafeln erläutern die Bedeutung der Militär- und Einwandererlager in Cowra zu Zeiten des Krieges.

World Peace Bell
DENKMAL
(Ecke Darling St & Kendal St) Lautsprecheransagen erläutern den Hintergrund und die Bedeutung der im Freien stehenden Millenniumsglocke (World Peace Bell). Sie ist eine

Nachbildung jener Glocke, die vor dem Sitz der Vereinten Nationen steht und die einzige ihrer Art in Australien.

Feste & Events

Cherry Blossom Festival KULTUR
Ende September wird eine ganze Woche lang das tolle *sakura matsuri* (Kirschblütenfest) gefeiert, bei dem die Küche und Kultur Japans im Mittelpunkt stehen.

Schlafen

Entlang der Hauptstraße (Kendal St) finden sich ganz gute Cafés.

Vineyard Motel MOTEL $$
(02-6342 3641; www.vineyardmotel.com.au; 42 Chardonnay Rd; EZ/DZ ab 120/140 AU$; ✱ ❄ ☼) Die Aussicht von der Veranda dieses ruhigen, altmodischen Motels, 4 km außerhalb der Stadt, ist bezaubernd und der Empfang herzlich. Es gibt gerade einmal sechs Zimmer und das Winzer-Restaurant Quarry befindet sich in fußläufiger Entfernung.

Breakout Motor Inn MOTEL $$
(02-6342 6111; www.breakoutmotel.com.au; 181 Kendal St; Zi. ab 130 AU$; ✱ ❄) Das Motel hebt sich durch seine Modernität von den Optionen am östlichen Ende der Hauptstraße ab.

Essen & Ausgehen

Quarry MODERN-AUSTRALISCH $$
(02-6342 3650; www.thequarryrestaurant.com.au; 7191 Boorowa Rd; Hauptgerichte mittags 20–30 AU$, Hauptgerichte abends 33 AU$; ⊙ Do–So 12–14.30, Fr & Sa 18.30–22 Uhr) Das Restaurant Quarry liegt 4 km vom Zentrum entfernt inmitten von Weinbergen und seine Küche bekommt regelmäßig gute Kritiken (besonders die Nachspeisen!). Auch die Weinkarte ist lang, da das Quarry für eine Reihe örtlicher Weingüter den Direktverkauf übernimmt.

Oxley Wine Bar WEINBAR
(9-11 Kendal St; ⊙ Mi–Do 12–21, Fr & Sa 8–24, So 8–15 Uhr) Eine tolle neue Location an der Hauptstraße mit Livemusik, DJs an Samstagen und Retro-Einrichtung. Auf den Tisch kommen traditionell gebrautes Bier, lokale Weine und Pizza.

❶ Praktische Informationen

Visitor Centre (02-6342 4333; www.cowratourism.com.au; Olympic Park, Mid Western Hwy)

❶ An- & Weiterreise

NSW TrainLink (13 22 32; www.nswtrainlink.info) Hat Busse nach Lithgow (über Bathurst), wo man in den Zug nach Sydney (42 AU$, 6 Std.) umsteigt. Es gibt auch eine Busverbindung nach Orange (19 AU$, 1½ Std.).

Parkes

10 000 EW.

Parkes ist aus zwei komplett gegensätzlichen Gründen berühmt. Zum einen steht hier ein riesiges Radioteleskop. Zum anderen kom-

---

DÖRFLICHER CHARME

Die stattlichen Gebäude, breiten Straßen, Parks und gut gepflegten Gärten mit englischem Rasen in den größeren Städten des zentralen Westens mit seiner langen Tradition der Goldgräber und Buschranger versprühen natürlich ein gewisses Flair. Der Geschichte kann man jedoch meist besser in den kleinen Dörfern auf den Grund gehen, wo es neben einer malerischen Hauptstraße mit ausladenden Verandas und alten Pubs auch viele urbane Einrichtungen gibt, die sich an Wochenendbesucher richten: Cafés und Restaurants, Weingüter und Galerien, B & Bs und Hütten zum Mieten.

Im Folgenden sind einige der malerischsten kleinen Orte beschrieben:

Gulgong In diesem kleinen Dörfchen (www.gulgong.net), 29 km nördlich von Mudgee, scheint die Zeit stillzustehen. Früher war es neben dem Schriftsteller Henry Lawson auf dem 10 AU$-Schein abgedruckt. Das exzentrische Pioniermuseum ist der Hammer.

Millthorpe Nur 22 km südöstlich von Orange befindet sich dieses Pionier-Dorf (www.millthorpevillage.com.au), ein hübsches Überbleibsel aus der Mitte des 19. Jhs. Es gibt mehrere Anbieter von Weinproben und renommierte Restaurants wie etwa das Gerry's @ The Commercial für Kneipenkost und das Tonic für ein schniekes Abendessen.

Canowindra Das Dörfchen Canowindra (sprich kä-naun-dra; www.canowindra.org.au) liegt 32 km nördlich von Cowra und bietet neben Fahrten im Heißluftballon auch Direktverkäufe und ein Museum, das sich einem faszinierenden lokalen Fossilienfund widmet.

> **ABSTECHER**
>
> ### UTES IN THE PADDOCK
>
> Etwa 70 km von Parkes entfernt liegt gut ausgeschildert an der Straße nach Condobolin das **Utes in the Paddock** (www.utesinthepaddock.com.au), eine einzigartige Kunstinstallation und eine schrullige und komische Hommage an das Leben im Outback. Hier wurde 20 kultigen Rostlauben (nur Fahrzeuge der Automarke Holden) ein kreativer Neuanstrich verpasst. Das Ergebnis sind unter andrem Utezilla, die Emute, das TribUte und die Dame Edna auf dem Klo.

men im Januar Hunderte von Elvis-Imitatoren her, und die Einwohnerzahl steigt auf das Doppelte an. Ansonsten ist Parkes ein verschlafenes Dorf im Hinterland.

◎ Sehenswertes

Henry Parkes Centre MUSEUM
(☏ 1800 623 465; www.henryparkescentre.com.au; Newell Hwy; Erw./Kind 12/6 AU$; ◐ Mo–Fr 9–17, Sa & So 10–16 Uhr) Dieser Komplex, etwas nördlich von Parkes, beherbergt das städtische **Visitor Centre** (www.visitparkes.com.au) sowie eine Handvoll Ausstellungen. King's Castle ist eine unterhaltsame Sammlung von Elvis-Memorabilien, von denen viele dem King selbst gehörten (darunter sein kultiger Pfauengürtel). Weitere beeindruckende Kollektionen widmen sich alten Autos, antiken Maschinen und der Lokalgeschichte.

Radioteleskop Parkes TELESKOP
(☏ 02-6861 1777; www.csiro.au/parkes; Newell Hwy; ◐ Visitor Centre 8.30–16.15 Uhr) Das Teleskop wurde 1961 von der Commonwealth Scientific & Industrial Research Organisation (CSIRO) aufgestellt. Es steht 6 km östlich des Newell Hwy und 19 km nördlich von Parkes. Es erlangte durch den Film *The Dish – Verloren im Weltall* (2000) Berühmtheit, in dem (auf etwas fiktionalisierte Weise) erzählt wird, welche Rolle dem Teleskop 1969 bei der Übertragung der Apollo-11-Mondlandung zukam. Hier gibt's auch ein Visitor Centre samt Ausstellung zum Weltall, ein 3D-Kino und Infos zur Radioastronomie (Lehre der von Himmelskörpern ausgesandten Radiowellen).

✦ Feste & Events

Elvis Festival MUSIK
(www.parkeselvisfestival.com.au) In der zweiten Januarwoche verdoppelt sich die Einwohnerzahl von Parkes schlagartig. Dann wird fünf Tag lang mit Elvis-Imitatoren, Konzerten, Straßenmusik-Wettbewerben, einem Straßenumzug (mit Elvis-Umzugswagen, alten Autos und vielem mehr), Karaoke und Open-Air-Kino ausgelassen der Geburtstag des King gefeiert.

⛌ Schlafen & Essen

Hotel Gracelands HOTEL $$
(☏ 02-6862 3459; www.gracelandsparkes.com.au; 7-9 Bushman St; EZ/DZ ab 89/119 AU$; ✱ 🕾) Die meisten Motels der Stadt finden sich am Highway, dieses hier versteckt sich jedoch in einer Seitenstraße. Es ist frisch renoviert und beherbergt kleine, aber makellose Zimmer. Das direkt angeschlossene Restaurant Ikon ist sehr gut.

Old Parkes Convent B&B $$
(☏ 02-6862 5385; www.parkesconvent.com.au; 33 Currajong St; EZ/DZ 150/190 AU$; ✱) Ein bezauberndes altes Gebäude mit zwei tadellos gepflegten Apartments voller Antiquitäten.

Bellas ITALIENISCH $$
(☏ 02-6862 4212; ww.bellascafe.com.au; 245 Clarinda St; Hauptgerichte abends 18–33 AU$; ◐ Mo–Sa 8–22, So bis 14 Uhr) Das Frühstück in diesem ganztägig geöffneten, ausgezeichneten Restaurant birgt keinerlei böse Überraschungen (es gibt ein paar süße Versuchungen, etwa die sizilianischen Donuts). Zur Mittagszeit kommen vor allem italienische, bei den Gästen sehr beliebte Klassiker auf den Tisch: Panini, Pizza, Pasta, Risotto.

Dish Cafe CAFÉ $$
(Radioteleskop Parkes; Mittagessen 9–20 AU$; ◐ 8.30–15.30 Uhr) Im Schatten des Teleskops liegt dieses Café mit verschiedenen Frühstücks- und Mittagsoptionen (volle Punktzahl für die „Eggs Benedish").

❶ An- & Weiterreise

NSW TrainLink (☏ 13 22 32; www.nswtrainlink.info) Bietet täglich bis zu drei Verbindungen nach Sydney an (ab 56 AU$, 7–10 Std.). Dabei fährt man mit dem Zug oder Bus bis nach Orange oder Lithgow und steigt dort in einen Anschlusszug um.

Dubbo

32 300 EW.

Dubbo ist ein bedeutendes ländliches Zentrum und liegt an einer der wichtigsten Nord-Süd-Verbindungsstraßen im Hinterland von NSW. Gleichzeitig ist es eine Art Tor zum Outback.

◉ Sehenswertes

★ Taronga Western Plains Zoo ZOO
(☏ 02-6881 1400; www.taronga.org.au; Obley Rd; 2-Tages-Pass Erw./Kind 47/24 AU$; ⊙ 9–16 Uhr) Dies ist einer der besten Zoos im ländlichen Australien und die Hauptattraktion der Stadt. Es gibt einen 6 km langen Weg, den man zu Fuß, mit dem Leihfahrrad (15 AU$) oder auch mit dem Auto erkunden und sich unterwegs unterschiedliche Gehege ansehen kann. Geführte Spaziergänge (Erw./Kind 15/7,50 AU$) werden am Wochenende (in den Schulferien an weiteren Tagen) um 18.45 Uhr angeboten. Im Zoo gibt's kostenlose Grills, Picknickplätze sowie Cafés und Kioske.

Spezialführungen, bei denen man mit den Tieren auf Tuchfühlung gehen kann, sollten vorab reserviert werden, ebenso die tollen Übernachtungs-Pakete, bei denen man die Nacht über im Busch in Familienhütten oder in Safari-Lodges mit Blick auf die Savanne verbringt.

Western Plains Cultural Centre MUSEUM
(☏ 02-6801 4444; www.wpccdubbo.org.au; 76 Wingewarra St; ⊙ Mi–So 10–16 Uhr) GRATIS Das Kulturzentrum ist einschließlich dem lokalen **Museum** und der **Galerie** mit Café in einem eleganten Komplex untergebracht, der auf clevere Weise in die Haupthalle von Dubbos früherer High School integriert wurde. Auf diese Weise entsteht der passende Rahmen für die hier gezeigten modernen und historischen Ausstellungen.

Old Dubbo Gaol MUSEUM
(www.olddubbogaol.com.au; 90 Macquarie St; Erw./Kind 15/5 AU$; ⊙ 9–16 Uhr) In diesem Museum erzählen animierte Figuren ihre Geschichten. Am Wochenende treten Darsteller in Kostümen auf und gibt Führungen (in den Ferien täglich). Auch Nachtführungen sind im Programm. Gruselig, aber authentisch.

🛏 Schlafen

Entlang der Cobra St finden sich jede Menge Hotels sowie zwei große familienfreundliche Campingplätze mit Hütten. Die Übernachtungs-Pakete des Taronga Western Plains Zoo sind zwar nicht gerade günstig, dafür aber eine unvergessliche Erfahrung.

Ibis Budget Dubbo HOTEL $
(☏ 02-6882 9211; www.ibisbudget.com; Ecke Mitchell Hwy & Newell Hwy; 2BZ/DZ/FZ 59/69/89 AU$; ❄@🛜🏊) Wer vor allem aufs Preis-Leistungs-Verhältnis achtet, ist hier an der richtigen Adresse. Die Zimmer sind schlicht und kompakt, haben aber TV, Klimaanlage und ein eigenes Bad. Zudem gibt's ein günstiges Frühstück (7 AU$).

No 95 Dubbo MOTEL $$
(☏ 02-6882 7888; www.no95.com.au; 95 Cobra St; Zi. 135 AU$; ❄🛜🏊) Hinter einer unspektakulären Fassade verstecken sich erstklassige Zimmer mit hochwertigen Möbeln, Qualitäts-Bettwäsche und diversen Extras. Die Einrichtungen sind exzellent

Westbury Guesthouse PENSION $$
(☏ 02-6881 6105; www.westburydubbo.com.au; Ecke Brisbane St & Wingewarra St; EZ/DZ 125/150 AU$; ❄🛜) Hübsches historisches Wohnhaus um 1915 mit sechs geräumigen, eleganten Zimmern und einem tollen angeschlossenen Thai-Restaurant.

🍴 Essen

Village Bakery Cafe CAFÉ $
(www.villagebakerycafe.com.au; 113a Darling St; ⊙ 6–17.30 Uhr; 🛜👶) Preisgekrönte Fleischpasteten, Sandwichs und ein Kinderspielplatz machen das Café zu einer vorzüglichen Option. Dazu tragen auch die Vitrinen voller traditioneller Kuchen und Desserts bei.

Two Doors Tapas & Wine Bar TAPAS $$
(☏ 02-6885 2333; www.twodoors.com.au; 215 Macquarie St; Gerichte 7–20 AU$; ⊙ Di–Fr 16 Uhr–open end, Sa ab 10 Uhr) Hier kann man im begrünten Hof etwas unterhalb des Straßenniveaus mit einem Teller voller leckerer Halloumi-Spieße, Krabben oder schonend gegartem Schweinebauch relaxen.

ℹ Praktische Informationen

Visitor Centre (☏ 02-6801 4450; www.dubbo.com.au; Ecke Macquarie St & Newell Hwy; ⊙ 9–17 Uhr) Am nördlichen Stadtrand. Hält gute Infos und Leihfahrräder bereit.

ℹ Anreise & Unterwegs vor Ort

Rex (www.rex.com.au) und **Qantas** (www.qantas.com.au) bieten Flüge nach Sydney an. Rex hat auch Flüge nach Broken Hill.

Dubbo ist ein regionaler Verkehrsknotenpunkt. Hier treffen sich die wichtigsten Highways:
- A32 Mitchell Hwy von Sydney nach Adelaide
- A39 Newell Hwy von Melbourne nach Brisbane
- B84 Golden Hwy von Newcastle

NSW TrainLink (☏ 13 22 32; www.nswtrainlink.info) Hat häufige Zugverbindungen nach/ab

Sydney (ab 55 AU$, 6½ Std.) sowie Busse in die meisten Städte der Region und die wichtigsten Outback-Ortschaften in NSW, darunter Lightning Ridge, Bourke und Broken Hill.

Mudgee

9830 EW.

Mudgee ist das Aborigine-Wort für „Nest in den Hügeln" – und der Name passt wirklich gut! Die hübsche Stadt ist ringsum von Weinbergen und sanft geschwungenen Hügeln umgeben. Und auch hier bewahrheitet sich die Regel, dass dort, wo es Weingüter gibt, auch hervorragendes Essen vorzufinden ist. Kein Wunder, dass Mudgee ein erstklassiges Wochenendausflugsziel ist.

Sehenswertes

Mudgees 35 Weingüter mit Direktverkauf (alles Unternehmen in Familienbesitz) liegen fast alle nordöstlich der Stadt. Nähere Infos gibt's im Visitor Centre: Einige Güter haben hervorragende Restaurants, andere bieten Unterkünfte an, wieder andere haben nur am Wochenende geöffnet.

★ Lowe Wines   WEINGUT
(03-6372 0800; www.lowewine.com.au; Tinja Lane; 10–17 Uhr) Ein Spazier-/Radweg führt, vorbei an Eseln und Hühnern, durch die Weinberge und Obstplantagen dieses idyllischen Bio-Bauernhofs hin zu einem Picknickplatz. Im Verkaufsraum kann man auch Weine kosten und es gibt eine tolle gemischte Platte (30 AU$) mit Produkten aus der Region. Das Zin House (S. 263) befindet sich auch auf dem Gelände. Auf der Website erhält man Infos zu Veranstaltungen.

Logan Wines   WEINGUT
(www.loganwines.com.au; 33 Castlereagh Hwy; 10–17 Uhr) Ein beeindruckendes und modernes Weingut mit Direktverkauf, 15 km östlich von Mudgee.

Pieter van Gent Winery & Vineyard   WEINGUT
(www.pvgwinery.com.au; 141 Black Springs Rd; Mo–Sa 9–17, So 10.30–16 Uhr) Himmlische weiße Portweine, Muskatweine und Weinproben in einem fotogenen Raum mit Eichenfässern.

Robert Stein Winery & Vineyard   WEINGUT
(www.robertstein.com.au; Pipeclay Lane; 10–16.30 Uhr) Ein kleines, rustikales Weingut mit Direktverkauf und einem Museum mit alten Motorrädern (kostenlos). Im hervorragenden Restaurant Pipeclay Pumphouse kommen alle Zutaten direkt vom Erzeuger.

di Lusso Estate   WEINGUT
(www.dilusso.com.au; 162 Eurunderee Lane; Mo–Sa 10–17, So bis 16 Uhr) Hier kann man Boccia spielen, Oliven und Feigen aus eigenem Anbau kosten und verschiedene italienische Weinsorten probieren (Nebbiolo, Sangiovese etc.). Ein süßes kleines Stück Italien.

Schlafen

Mudgee Riverside Tourist Park   CAMPING, HÜTTEN $
(02-6372 2531; www.mudgeeriverside.com.au; 22 Short St; Stellplatz 24–31 AU$, Hütte ab 90 AU$; ❄) Superzentral mit vielen Bäumen und gutem Management.

★ Perry Street Hotel   BOUTIQUEHOTEL $$
(02-6372 7650; www.perrystreethotel.com.au; Ecke Perry St & Gladstone St; Suite ab 165 AU$; ❄🛜) Atemberaubende Apartment-Suiten machen dieses Hotel zur exklusivsten Option der Stadt. Hier ist an jeder Ecke die Liebe zum Detail zu erkennen, etwa bei den Kimono-Bademänteln, der Nespresso-Maschine und den kostenlosen Gourmet-Snacks.

Cobb & Co Boutique Hotel   BOUTIQUEHOTEL $$
(02-6372 7245; www.cobbandcocourt.com.au; 97 Market St; Zi. ab 160 AU$; ❄🛜) Im Stadtzentrum liegt das Cobb & Co, dessen moderner Komfort und altmodischer Stil auf elegante Weise aufeinander abgestimmt sind. Am Wochenende gilt ein Mindestaufenthalt von zwei Nächten.

MUDGEES WEINE IM ÜBERBLICK

➡ Beste Informationsquellen: Das **Visitor Centre** (S. 264; die Broschüre *Mudgee Region* hat eine tolle Karte); die Webseite www.mudgeewine.com.au

➡ Netteste Weintouren: **Mudgee Wine & Country Tours** (02-6372 2367; www.mudgeewinetours.com.au; Weintour halber/ganzer Tag 50/80 AU$) und **Mudgee Tourist Bus** (02-6372 4475; www.mudgeetouristbus.com.au; Weintour halber/ganzer Tag 45/70 AU$)

➡ Schönste Weinbar: **Roth's** (S. 264)

➡ Beste Reisezeit: September während des Mudgee Wine & Food Festival

✕ Essen & Ausgehen

Alby & Esthers CAFÉ $$
(www.albyandesthers.com.au; 61 Market St; Hauptgerichte 10–18 AU$; ⊗ Mo–Do 8–17 Uhr, Fr & Sa bis open end) Dieses wunderbare Café versteckt sich in einer kleinen Gasse in einem Hof, wo feine lokale Produkte und guter Kaffee serviert werden. Freitags und samstags verwandelt es sich abends in eine Weinbar.

★ Zin House MODERN-AUSTRALISCH $$$
(☏ 02-6372 1660; www.zinhouse.com.au; 329 Tinja Lane; Mittagessen 75 AU$; ⊗ Fr ab 17.30, Sa & So ab 12 Uhr) Auf dem Gelände des herrlichen Weinguts Lowe (S. 263) befindet sich dieses nur am Wochenende geöffnete, exzellente Restaurant. Das 6-Gänge-Mittagsmenü wird ganz schlicht aus Zutaten von der eigenen Farm und von anderer tadelloser Herkunft zubereitet. Abends sitzt man an Bauerntischen in wunderschöner Atmosphäre. Freitags werden abends auch Tapas serviert (45 AU$). Am besten organisiert man noch ein paar Freunde und reserviert im Voraus.

★ Roth's WEINBAR
(www.rothswinebar.com.au; 30 Market St; ⊗ Mi–Sa 17–24 Uhr) Die älteste Weinbar in NSW (seit 1923) versteckt sich hinter der historischen Fassade eines kleinen Gebäudes. Hier kommen tolle hiesige Weine (ab 6 AU$/Glas) sowie leckere, einfache Gerichte auf den Tisch. Auch die Livemusik ist hervorragend. Einfach spitze!

ⓘ Praktische Informationen

Visitor Centre (☏ 02-6372 1020; www.visitmudgeeregion.com.au; 84 Market St; ⊗ 9–17 Uhr)

ⓘ Anreise & Unterwegs vor Ort

Countryfit (☏ 02-6372 3955; 6-42 Short St) verleiht Fahrräder.

NSW Train Link (☏ 13 22 32; www.nswtrainlink.info) Busse nach Lithgow, die in Mudgee den Anschluss an die Züge nach Sydney (37 AU$, 5 Std.) herstellen.

OUTBACK

Das Outback im äußersten Westen von New South Wales wird oft kaum beachtet – und zwar zu Unrecht! Zwischen den grauen Australischen Sandbüschen und dem rotem Sand fühlt man sich schnell wie ein Teil des weltweit größten Aborigine-Gemäldes, dessen Leinwand bis zum Horizont reicht.

Wentworth

1248 EW.

Der kolonialzeitliche Binnenhafen Wentworth liegt am Zusammenfluss des Murray und des Darling River und ist das kleinere, ruhigere Gegenstück zum 30 km entfernten Regionalzentrum Mildura in Victoria. Es ist ein süßer, unaufdringlicher Ort mit einem malerischen Flussufer und einer Handvoll historischer Gebäude.

Wentworth gilt als das Tor zum Outback von NSW und ist einer der Ausgangspunkte für Ausflüge in den Mungo National Park.

⊙ Sehenswertes

Zusammenfluss Murray–Darling FLUSS
Vom südwestlichen Ende des Ortes aus ist jene Stelle sichtbar, an der der Darling River in den Murray River fließt. Der Park direkt am Fluss ist über die Cadell St erreichbar. Hier stehen riesige, Schatten spendende Rote Eukalyptusbäume, und es gibt auf einer Erhöhung einen Aussichtspunkt, von dem aus man die unterschiedlichen Farben der beiden Flüsse hervorragend sehen kann.

Perry Sand Hills OUTDOOR
Etwa 6 km nördlich (ab der Broken Hill Rd und dann der Renmark Rd ausgeschildert) liegen die zwei niedrigen, orangefarbenen Sanddünen, die über 40 000 Jahre alt sind. Ihr Anblick (und das Foto) ist am schönsten bei Sonnenauf- oder -untergang.

Historische Gebäude

Direkt am Ufer des Darling River steht der bescheidene Nachbau der **Werft** aus der Kolonialzeit. Entlang der Darling St stehen das **Old Post Office** (Altes Postamt; 1899), das **Wentworth Court House** (Gerichtsgebäude; 1880) und die **St. John the Evangelist Anglican Church** (1871), die alle hübsch sind. Im Nordwesten des Ortes befindet sich der faszinierende **Old Wentworth Gaol** (Kerker; ☏ 03-5027 3337; Beverley St; Erw./Kind 8/6 AU$; ⊗ 10–17 Uhr), der Besucher in die Vergangenheit entführt. Nicht weit entfernt steht das **Wentworth Pioneer Museum** (☏ 03-5027 3160; 117 Beverley St; Erw./Kind 5/2 AU$; ⊗ 10–16 Uhr) mit einer vielschichtigen Sammlung: Fotos von Flussschiffen, Darstellungen der Fauna und vieles mehr.

↪ Geführte Touren

Manche Tourveranstalter aus Mildura (S. 665) bieten auch einen Abholservice für Wentworth an.

Wentworth River Cruises BOOTSFAHRT

(0408 647 097; www.wentworthcruises.com.au; Erw./Kind ab 25/15 AU$) Jede Woche werden drei unterschiedliche Touren auf dem Fluss angeboten: die Rundfahrt am Mittwoch (14 Uhr) beinhaltet einen Nachmittagstee, die Dämmerungs-Tour (Sept.–März Mi 18.30 Uhr) beinhaltet Fish & Chips und Livemusik und bei der Bootsfahrt am Sonntag (12.30 Uhr) gibt's an Bord ein Grillbüffet.

Schlafen & Essen

Hausboote sind eine Übernachtungsoption der anderen Art und es gibt in der Region rund um Mildura und Wentworth zahlreiche Anbieter. **Murray Darling Houseboats** (www.murraydarlinghouseboats.com.au) hält zahllose Infos bereit und hat Listen mit Anbietern und deren Hausbooten.

Wentworth Grande Resort HOTEL $$
(03-5027 2225; www.wentworthgranderesort.com.au; 61-79 Darling St; DZ/FZ ab 99/160 AU$; ※ ☎ ≋) Die wohl beste Option im Ortszentrum ist dieses große Hotel am Darling River mit einer Reihe ganz ordentlicher und gut in Schuss gehaltener Zimmer.

★ Avoca-On-Darling PENSION $$$
(03-5027 3020; sites.google.com/site/avocaondarling/; Übernachtung auf dem Gehöft inkl. Verpflegung 160 AU$/Pers.) Das historische Anwesen aus den 1870er-Jahren am von Eukalyptusbäumen gesäumten Flussufer in Avoca, 26 km von Wentworth entfernt, wird von Ian und Barb im Sinne einer echten Familienunterkunft geführt. Bei den Zimmern mit Gemeinschaftsbädern ist die Verpflegung inklusive, es gibt aber auch eine voll ausgestattete Hütte (160 AU$), die ehemals die Bleibe des Kochs war, Jackaroo-Unterkünfte (25 AU$/Pers.) sowie einfache Stellplätze.

Um den Bauernhof zu erreichen, fährt man auf der Straße nach Broken Hill 6 km nach Norden und biegt dann auf die Lower Darling Rd ab. Nach weiteren 18,5 km kommt ein Schild in Sicht. Dort abbiegen.

Wer nicht hier übernachtet, kann vorab telefonisch eine Führung über das Anwesen mit Devonshire Tea (Tee mit Gebäck; 15 AU$) buchen.

★ Artback Gallery & Cafe CAFÉ $
(03-5027 2298; www.artbackaustralia.com.au; Ecke Darling St & Adelaide St; Gerichte 8–20 AU$; Do–Sa 10–16, So 8.30–16 Uhr; ☎) An der Hauptstraße gibt es viele Lokale, die Kneipenessen und Gerichte zum Mitnehmen anbieten. Diese werden aber allesamt von diesem kreativen, zweistöckigen Eckcafé in den Schatten gestellt, das in einem Gebäude aus Blaustein von 1882 untergebracht ist und stilvoll renoviert wurde.

❶ Praktische Informationen

Visitor Centre (03-5027 5080; www.visitwentworth.com.au; 66 Darling St; Mo–Fr 9–17, Sa & So bis 13 Uhr)

❶ An- & Weiterreise

Es gibt keine Busse, die von hier nach Norden fahren. **Sunraysia Bus Lines** (03-5023 0274; www.sunbus.net.au) verkehrt zwischen Mildura und Wentworth (nur Mo–Sa, 35 Min.).

Mungo National Park

Dieser abgelegene, wunderschöne und wichtige Nationalpark umfasst ein 27 850 ha großes Areal der UNESCO-Welterbestätte Willandra Lakes und ist eines der schönsten und am unkompliziertesten zugänglichen Outback-Gebiete in ganz Australien.

Aus dem ausgetrockneten Lake Mungo stammen die ältesten archäologischen Funde Australiens. Außerdem ist die Geschichte der Aborigines nirgendwo so lange kontinuierlich dokumentiert wie hier (hier fand man die weltweit ältesten Hinweise auf eine Feuerbestattung).

◉ Sehenswertes & Aktivitäten

Visitor Centre MUSEUM
(www.visitmungo.com.au) Das Visitor Centre hat eine Ausstellung zur Kultur- und Naturgeschichte des Parks. Hier bekommt man auch Karten, kann den Parkeintritt und die Campinggebühren entrichten und sich nach geführten Touren erkundigen. Nebenan befinden sich die Unterkunft Shearers' Quarters (Schafscherer-Quartiere) sowie der **Historic Woolshed** (Wollschuppen) von 1869, der einen kurzen Besuch wert ist.

Hinter dem Visitor Centre finden sich Nachbildungen der 20 000 Jahre alten Fußabdrücke, die 2003 im Park entdeckt wurden. Sie führen zum **Versammlungsort**, der für die Aborigine-Gruppen der Region von großer Bedeutung ist.

★ Walls of China OUTDOOR
Die stetigen Westwinde haben einen 33 km großen Halbkreis (Lünette) aus hohen Sanddünen aufgeworfen: die großartigen Walls of China. Vom Visitor Centre führt eine Stra-

ße quer durch den ausgetrockneten Grund des einstigen Sees zu einem Parkplatz. Von dort ist es nur ein kurzer Fußweg zur **Aussichtsplattform**. Wer die Formationen aus nächster Nähe betrachten möchte, muss sich einer geführten Tour anschließen.

★ Mungo Track   PANORAMASTRASSE

Der Mungo Track ist ein 70 km langer, ausgeschilderter Rundweg, der durch das Herz des Mungo National Park führt und die wichtigsten Attraktionen des Parks miteinander verbindet. Die Straße führt vorbei an unterschiedlichen Landschaftsformen, Aussichtspunkten, Spazierwegen und zahllosen Emus und Kängurus.

Obwohl es sich beim Mungo Track um eine unbefestigte Straße handelt, ist sie bei trockener Witterung für gewöhnlich auch ohne geländegängiges Fahrzeug zu bewältigen. Bei gutem Wetter (sprich: nicht zu großer Hitze) macht sich sogar der eine oder andere Mountainbiker auf den Weg.

Hinter dem Parkplatz der Walls of China führt die Straße weiter zum hübschen **Red Top Lookout**, von dem aus man eine tolle Aussicht über die erodierten Schluchten und die halbmondförmigen Sanddünen hat. Ab hier wird der Mungo Track zur Einbahnstraße, die in einem Bogen wieder zurück zum Visitor Centre führt.

Bevor man startet, sollte man sich am Visitor Centre eine Karte holen. Zudem gehören genug Sprit, ein Ersatzrad und viel Trinkwasser zur Ausrüstung. Wer möchte, kann unterwegs im Belah Camp übernachten.

Wanderwege

Am Main Camp (Campingplatz) starten mehrere kurze Wanderwege, etwa der Grasslands Nature Stroll sowie ein Pfad zum Mungo-Aussichtspunkt.

Der 2,5 km lange **Foreshore Walk** beginnt am Visitor Centre und verläuft am einstigen Ufers des Lake Mungo entlang. Der 10 km lange **Pastoral Heritage Trail** ist sowohl für Wanderer als auch für Radfahrer geeignet und verbindet den alten Mungo Woolshed mit den Überresten des zum Zanci Homestead gehörenden Anwesens aus den 1920er-Jahren.

☞ Geführte Touren

In den Städten, die als wichtige Zugangstore zum Nationalpark fungieren – Mildura, Wentworth und Balranald sowie Broken Hill – werden Tagestouren angeboten. Sie alle beinhalten Verpflegung und eine Wanderung zu den Walls of China (was nur in Begleitung eines Guides erlaubt ist).

Die Veranstalter aus Wentworth bieten einen Abholservice in Mildura an und umgekehrt. Auf Wunsch kann man sich der Tour aber oft auch erst in Mungo anschließen.

Aboriginal Discovery Tours   KULTUREXKURSION
(☎ 03-5021 8900; www.visitmungo.com.au/discovery-tours; Erw./Kind 35/20 AU$) Wer den Park auf eigene Faust besucht, kann sich einer vom NPWS organisierten Tour mit indigenen Rangern als Guides ab dem Visitor Centre anschließen. Am beliebtesten ist die Wanderung zu den Walls of China. Nähere Infos gibt's online. Die Touren werden in den Schulferien meist täglich, während des restlichen Jahres am Wochenende angeboten. Ihr Beginn richtet sich nach Wettervorhersagen, Sonnenuntergang etc.

Harry Nanya Tours   KULTUREXKURSION
(☎ 03-5027 2076; www.harrynanyatours.com.au; Erw./Kind 180/110 AU$) Ein in Wentworth ansässiger Veranstalter in der Hand von Aborigines. Er hat sich auf Touren durch den Nationalpark spezialisiert, die bei den Teilnehmern sehr gut ankommen. Sie finden entweder tagsüber (April–Okt.) oder bei Sonnenuntergang (Nov.–März) statt. Teilnehmer werden in Mildura oder Wentworth abgeholt (Erw./Kind 180/110 AU$, Dauer 8 Std.). Alternativ kann man sich der Gruppe auch erst in Mungo anschließen (90/45 AU$, 5 Std.). Übernachtung möglich.

Outback Geo Adventures   GEFÜHRTE TOUR
(☎ 0407 267 087; www.outbackgeoadventures.com.au; 150 AU$/Pers.) Veranstalter mit Sitz in Balranald. Die achtstündige Tour nach

---

ℹ MUNGO NATIONAL PARK IM ÜBERBLICK

Reisezeit Ganzjährig, vor allem aber April bis Oktober (im Sommer sind die Temperaturen schier unerträglich)

Zugänge Mildura, Wentworth, Balranald, Broken Hill

Hauptattraktionen Die Landschaftsformation der Walls of China, die Einsamkeit des Outbacks, Wildtiere, Stätten der Aborigines

Straßen Die unbefestigten Zugangsstraßen in den Park sind, außer nach Niederschlägen, auch ohne Allradantrieb befahrbar

Mungo beinhaltet alle Highlights des Parks. Mindestteilnehmerzahl: zwei Personen.

MurrayTrek Tours GEFÜHRTE TOUR
(1800 797 530; www.murraytrek.com.au; 145–175 AU$/Pers.) Sonnenuntergangs- und Tagestouren ab Mildura.

Discover Mildura GEFÜHRTE TOUR
(03-5024 7448; www.discovermildura.com; 165 AU$/Pers.) Tagesausflüge ab Mildura.

Schlafen & Essen

Die Nationalparkgebühren sind in den angegebenen Preisen für Camping und sonstige Übernachtungsoptionen nicht enthalten.

Am Visitor Centre findet man Grillstellen und Picknicktische im Schatten. Wer nicht alle Mahlzeiten in der Mungo Lodge zu sich nehmen möchte, muss sich selbst versorgen und alle Vorräte schon vor dem Aufbruch in den Park kaufen.

Main Camp CAMPING $
(Erw./Kind 5/3 AU$) Liegt 2 km vom Visitor Centre entfernt (wo man sich anmelden und bezahlen muss). Es gibt kostenlose Gasgrills und Plumpsklos. Toiletten mit Wasserspülung und Duschen findet man im Visitor Centre. Trinkwasser muss selbst mitgebracht werden.

Belah Camp CAMPING $
(Erw./Kind 5/3 AU$) Abgeschiedener Campingplatz östlich der Dünen. Holzfeuer sind verboten. Kochutensilien müssen selbst mitgebracht werden.

Shearers' Quarters HOSTEL $
(1300 072 757; www.visitmungo.com.au/accommodation; Erw./Kind 30/10 AU$;) Ein ehemaliges Schafscherer-Quartier mit fünf sauberen, preiswerten Zimmern (mit bis zu sechs Betten; Bettwäsche muss selbst mitgebracht werden). Es gibt eine Gemeinschaftsküche, ein Gemeinschaftsbad sowie einen Grillbereich.

Mungo Lodge LODGE $$$
(1300 663 748; www.mungolodge.com.au; Suite 199–269 AU$;) Die eleganteste Übernachtungsoption in Mungo ist die hübsche (und teure) Luxushütte der Mungo Lodge an der Straße nach Mildura, etwa 4 km vom Visitor Centre des Parks entfernt. Zudem werden günstigere Budget-Hütten mit Selbstversorgung angeboten, die zwar etwas vergammelt sind, aber bald saniert werden sollen, sowie eine Handvoll nicht beworbener Betten (20 AU$) in einfachen Quartieren.

Die Lodge hat eine sehr einladende Bar, einen Loungebereich und ein Restaurant, das morgens, mittags und abends geöffnet hat (Hauptgerichte 22–32 AU$). Wer zum Essen kommt, sollte reservieren.

Praktische Informationen

Der Parkeintritt beträgt 7 AU$ pro Fahrzeug und Tag. Er muss am Visitor Centre entrichtet werden.

Zu beachten: In der Gegend gibt es keinen Handyempfang.

NPWS-Büro (03-5021 8900; Mo–Fr 8.30–16.30 Uhr) An der Kreuzung des Sturt Hwy in Buronga, nahe Mildura.

Visitor Centre (03-5021 8900; www.visitmungo.com.au; ca. 8–16 Uhr)

An- & Weiterreise

Mungo liegt 110 km von Mildura und 150 km von Balranald entfernt. Die unbefestigten Straßen sind sehr gut und können auch mit Zweiradantrieb bewältigt werden, bei Regen werden sie jedoch sofort unpassierbar. Von Wentworth aus sind es etwa 150 km, von denen 100 km befestigt sind.

Die nächsten Tankstellen finden sich in Balranald, Mildura, Wentworth, Pooncarie und Menindee.

In den Visitor Centres der Zugangsorte sollte man sich erkundigen, ob die Straßen nach Mungo geöffnet und mit Zweiradantrieb passierbar sind. Man kann auch anrufen (132 701 oder 03-5027 5090) oder online nachsehen (www.visitwentworth.com.au/Mungo-Road.aspx).

Broken Hill

18 500 EW.

Die riesige Schutthalde (Überreste aus dem Bergwerk), die den Kulisse für das Zentrum von Broken Hill bildet, unterstreicht den einzigartigen Charakter dieser Grenzstadt in der Wüste. Trotz ihrer Abgeschiedenheit wartet sie mit guten Einrichtungen und interessanten Attraktionen auf und erscheint fast wie eine kleine Oase am Ende der Welt. Ganz in der Nähe liegen einige der besten Nationalparks von NSW sowie eine faszinierende Geisterstadt – und überall ist das beeindruckende Flair von Kreativität und Gemeinschaft zu spüren.

Broken Hills einzigartigem historischem Wert wurde 2015 Rechnung getragen, als es als erste Stadt Australiens in die National Heritage List aufgenommen wurde. Damit reiht es sich in eine Liste mit 102 weiteren außergewöhnlichen Orten ein (darunter das

Broken Hill

Opernhaus in Sydney und das Great Barrier Reef), die einen Beitrag zur nationalen Identität leisten.

Geschichte

Der ursprünglich aus Stuttgart stammende Pionier Charles Rasp schuf in Broken Hill die Voraussetzungen dafür, dass sich Australien von einem Agrar- zu einem Industrieland entwickeln konnte. 1883 entdeckte er eine Silberader und gründete die Broken Hill Proprietary Company (heute BHP Billiton), die zu Australiens größtem Unternehmen und einem internationalen Konzern wurde.

Zu Anfang herrschten in der Mine schreckliche Bedingungen. Hunderte Bergleute starben, und noch viel mehr bekamen Bleivergiftungen und Staublungen. Das gab den Gewerkschaften als zweiter wichtiger Kraft in Broken Hill Auftrieb. Viele Arbeiter waren Einwanderer, aber sie alle einte der Kampf um bessere Arbeitsbedingungen. Mit einem großen Streik (1919/20), der 18 Monate lang dauerte, setzten die Arbeiter schließlich die 35-Stunden-Woche und das Ende des Trockenbohrens durch.

Heute werden hier immer noch die weltweit reichsten Vorkommen von Silber, Blei und Zink abgebaut. Allerdings ebbt der Bergbaubetrieb langsam ab, was zu einer sinkenden Einwohnerzahl führt

◉ Sehenswertes & Aktivitäten

★ Line of Lode
Miners Memorial DENKMAL, AUSSICHTSPUNKT
(Federation Way; ⊙6–21 Uhr) GRATIS Oben auf der Schutthalde steht dieses bewegende Denkmal mit toller Aussicht. Die beeindruckende Konstruktion aus nacktem Cortenstahl erinnert an die 900 Grubenarbeiter, die in den Minen von Broken Hill ihr Leben verloren haben – eine schreckliche Liste grausamer Tode! Der Iodide St nach Süden folgen und die Bahnschienen überqueren. Ab dort ist das Denkmal ausgeschildert.

Broken Hill

◎ Highlights
1. Broken Hill Regional Art Gallery D2
2. Line of Lode Miners Memorial C4
3. Palace Hotel C3

◎ Sehenswertes
4. Albert Kersten Mining & Minerals Museum C3
5. Silver City Mint & Art Centre C2

◎ Aktivitäten, Kurse & Touren
6. Silver City Tours D2
7. Tri State Safaris C1

◎ Schlafen
8. Caledonian B&B C2
9. Imperial C2
   Palace Hotel .... (siehe 3)
10. Red Earth Motel D2
11. Royal Exchange Hotel C3

◎ Essen
12. Café Alfresco D2
13. Silly Goat D2
14. Thom, Dick & Harry's D3

◎ Ausgehen & Nachtleben
Palace Hotel .... (siehe 3)

Zum Zeitpunkt der Recherche war das Restaurant geschlossen, wahrscheinlich wird es aber bald unter einem anderen Management wiedereröffnet.

★ Broken Hill Regional Art Gallery
GALERIE

(www.bhartgallery.com.au; 404-408 Argent St; Eintritt gegen Goldmünzenspende; ⊙ Mo-Fr 10–17, Sa & So bis 16 Uhr) Die sehenswerte Galerie ist im wunderbar restaurierten Sully's Emporium von 1885 untergebracht. Es ist die älteste Regionalgalerie in NSW und beherbergt eine ständige Sammlung mit 1800 Werken. Unter den Künstlern sind auch australische Meister wie John Olsen, Sidney Nolan und Arthur Streeton. Auch Aborigine-Künstler sind stark vertreten.

★ Royal Flying Doctor Service
MUSEUM

(☏ 08-8080 3714; www.flyingdoctor.org.au/Broken-Hill-Base.html; Airport Rd; Erw./Kind 8,50/4 AU$; ⊙ Mo–Fr 9–17, Sa & So 10–15 Uhr) Diese australische Institution mit Kultstatus betreibt ein Visitor Centre am Flughafen. Dort findet sich eine Ausstellung mit mitreißenden Exponaten und Geschichten zur Entwicklung des Gesundheitsdienstes und den Heldentaten für diejenigen, die an abgelegenen Orten leben und arbeiten. (Anmerkung: Die Basis ist für ein Gebiet von unglaublichen 640 000 km² zuständig). Sie öffnet jedem Besucher die Augen und das Video lässt mit Sicherheit keinen unberührt.

★ Palace Hotel
HISTORISCHES GEBÄUDE

(☏ 08-8088 1699; thepalacehotelbrokenhill.com.au; Ecke Argent St & Sulphide St) Dieser beeindruckende dreistöckige Pub von 1889 ist einer der Schauplätze im australischen Blockbuster *Priscilla – Königin der Wüste*. Schön sind auch die aufwendig gefertigte gusseiserne Veranda sowie die zahllosen wunderbar kitschigen Wandmalereien von Landschaften, die nahezu alle Wände der öffentlichen Bereiche bedecken. Sie wurden in den 1970er-Jahren vom Aborigine-Künstler Gordon Waye angefertigt und als „Italienische Renaissance meets Outback" deklariert. Es gibt hier auch ein sehr gutes Restaurant, einige Zimmer und das Outback-Grundnahrungsmittel Nummer 1: kaltes Bier.

★ Pro Hart Gallery
GALERIE

(www.prohart.com.au; 108 Wyman St; Erw./Kind 5/3 AU$; ⊙ März–Nov. 10–17 Uhr, Dez.–Feb. bis 16 Uhr) Der ehemalige Minenarbeiter Kevin „Pro" Hart (1928–2006) gilt als einer der besten Maler aus dem australischen Outback. Seine Arbeiten und die nachgebaute Werkstatt sind hier auf drei Stockwerken zu sehen. Zudem wird eine beeindruckende Videopräsentation über sein Leben und seine Arbeit gezeigt. Ebenfalls beeindruckend: seine Rolls-Royce-Sammlung.

Albert Kersten Mining & Minerals Museum
MUSEUM

(Geomuseum; Ecke Bromide St & Crystal St; Erw./Kind 7/5 AU$; ⊙ Mo–Fr 10–16.45, Sa & So 13–16.45 Uhr) Anhand faszinierender Exponate (und eines irren Videos) wird erklärt, wie sich hier über Millionen von Jahren die ergiebigste Silber-, Blei- und Zinkader der Welt gebildet hat. Zu sehen sind auch seltene Mineralien und Kristalle sowie ein 42 kg schwerer Silberklumpen und der berühmte Silver Tree, ein Tafelaufsatz, der 1879 aus 8 kg reinem Silber angefertigt wurde.

Jack Absalom's Gallery
GALERIE

(www.jackabsalom.com.au; 638 Chapple St; ⊙ März–Dez. 10–17 Uhr) GRATIS Der über 80-jährige Jack Absalom gehörte zu den berühmten „Brushmen of the Bush", einer Gruppe aus fünf Künstlern aus Broken Hill (Pro

Hart war auch Mitglied). Absaloms Ölgemälde (und seine Opal-Sammlung) werden hier in dieser eigens dafür errichteten, an sein Haus angrenzenden Galerie ausgestellt. Seinen Werken gelingt es auf wunderbare Weise, das Licht und die Farben des Outbacks einzufangen.

Day Dream Mine MINE
(08-8088 5682; www.daydreammine.com.au; Führung unter & über Tage Erw./Kind 30/10 AU$; Führungen 10 & 11.30 Uhr) Die ersten Minen waren der Horror – man spazierte mit seinem Werkzeug einfach hinein und begann zu graben. Im Rahmen einer sehr aufschlussreichen Führung durch diese historische Mine aus den 1880er-Jahren zwängt man sich im flackernden Lichtschein seiner Helmlampe durch enge Gänge. Festes Schuhwerk ist ein Muss. Von der Straße nach Silverton geht's 13 km über eine unbefestigte Straße mit schönem Ausblick (insgesamt 33 km von Broken Hill entfernt).

In den Schulferien werden mehr Führungen angeboten und für alle, die unter Platzangst leiden, gibt es eine Tour über Tage für nur 8 AU$. Nur Bargeldzahlung.

Silver City Mint & Art Centre GALERIE
(www.silvercitymint.com.au; 66 Chloride St; Erw./Kind 7,50/3 AU$; 10–16 Uhr) Hier ist das Big Picture untergebracht. Das erstaunliche 100 x 12 m große Diorama zeigt das Outback rund um Broken Hill und wurde von nur einem Künstler über einen Zeitraum von zwei Jahren angefertigt. Es ist definitiv beeindruckend, aber auch recht teuer – und die 2,50 AU$ Eintritt für die Galerie (die eigentlich ein sorgfältig durchdachter Souvenirladen ist), sind eigentlich ganz schön frech.

★ Outback Astronomy ASTRONOMIE
(0427 055 225; www.outbackastronomy.com.au; Racecourse Rd) Broken Hill ist von Wüste umgeben und somit der perfekte Ort, um den dunklen Nachthimmel in seiner ganzen Herrlichkeit zu genießen. Dieser neue Veranstalter bietet einstündige geführte Beobachtungen des Nachthimmels an. Der Guide zeigt den Teilnehmern Sternbilder und andere Besonderheiten, die mit dem bloßen Auge oder durch gute Ferngläser (werden bereitgestellt) zu erkennen sind.

Die Beobachtungen in bequemen Sesseln finden im Freien (entsprechend warm anziehen, vor allem im Winter) auf der Pferderennbahn an der nordöstlichen Ecke der Stadt statt.

Auf der Website gibt's einen Kalender, in dem bevorstehende Vorführungen eingetragen sind.

School of the Air SCHULUNTERRICHT
(www.schoolair-p.schools.nsw.edu.au; 586 Lane St; Eintritt 4,40 AU$; an Schultagen 8.15 Uhr) Hier kann man wieder die Schulbank drücken und bei einer Unterrichtsstunde anwesend sein, die für die Kinder auf den abgeschiedenen Farmen gesendet wird. Besucher müssen sich mindestens einen Tag im Voraus beim Visitor Centre anmelden. Logischerweise ist hier während der Schulferien nichts los.

👉 Geführte Touren

Broken Hill City
Sights Tours GEFÜHRTE TOUR
(08-8087 2484; www.bhoutbacktours.com.au; Führung halber/ganzer Tag ab 60/125 AU$) Angeboten werden Halbtages- und Tagestouren rund um Broken Hill, Silverton, die Menindee Lakes und White Cliffs. Auch der Transport zur Day Dream Mine kann arrangiert werden. Mindestteilnehmerzahl: zwei Personen.

TELEFON, UHRZEIT & FOOTBALL

Die Regierung von NSW weigerte sich, verschiedene Service-Optionen in Broken Hill einzurichten, und begründete diesen Entschluss damit, dass die Stadt nicht mehr als ein bisschen Fliegendreck auf der Karte sei. Daraufhin drehte der Council den Spieß um und erklärte, dasselbe gelte für Sydney, und Broken Hill gehöre von nun an zu South Australia (SA). Da Broken Hill eine der wichtigsten Säulen der Wirtschaft von New South Wales war, wurde der Stadt offiziell mitgeteilt, dass sie gefälligst auch weiterhin Teil von NSW zu sein hätte. Doch die Einwohner stellten ihre Uhren auf Central Standard Time (CST) um, übernahmen die Telefonvorwahl von SA und spielten von da an Australian Rules Football.

Für Traveller bedeutet diese Tatsache: Die Uhren gehen in Broken Hill gegenüber den umliegenden Orten mit Eastern Standard Time (EST) 30 Minuten nach, die Vorwahl ist die 08 und im Pub sollte man besser nicht über Rugby sprechen.

Silver City Tours GEFÜHRTE TOUR
(☏ 08-8087 6956; www.silvercitytours.com.au; 380 Argent St) Halbtages- und Tagestouren, bei denen man auch die Attraktionen von Broken Hill, die Menindee Lakes, den Kinchega National Park, White Cliffs und Silverton zu sehen bekommt. Auch mehrtägige Touren sind verfügbar.

Tri State Safaris JEEPTOUR
(☏ 08-8088 2389; www.tristate.com.au; Tagestour 220 AU$) Der Veranstalter aus Broken Hill hat einen guten Ruf und bietet ein- bis 15-tägige Touren zu abgelegenen Orten im Outback, etwa zu den Nationalparks Mutawintji, Kinchega oder Mungo, ins Corner Country, nach Birdsville und ins Simpson Desert an. Traveller können sich diesen Touren auch im eigenen geländegängigen Fahrzeug anschließen.

Feste & Events

St. Pat's Day Races SPORT
(www.stpatricks.org.au) Diese Pferderennen im März geben Anlass zu Broken Hills größter Party des Jahres.

Schlafen

★ Caledonian B&B B&B $
(☏ 08-8087 1945; www.caledonianbnb.com.au; 140 Chloride St; EZ/DZ mit Gemeinschaftsbad inkl. Frühstück 79/89 AU$, Hütte ab 130 AU$; ❋ ⛭) Das hübsche B&B ist in einem umgebauten Pub von 1898 untergebracht, das „The Cally" genannt wird. Im Angebot sind auch drei in sich abgeschlossene Hütten für bis zu sechs Personen. Die Besitzer Hugh und Barb sind extrem gastfreundlich und die Zimmer liebevoll hergerichtet. Spätestens wenn man beim Aufwachen den Duft von Hughs Espresso in der Nase hat, wird man dem Cally verfallen sein.

Palace Hotel HISTORISCHES HOTEL $
(☏ 08-8088 1699; www.thepalacehotelbrokenhill.com.au; 227 Argent St; B/EZ/DZ mit Gemeinschaftsbad ab 30/45/65 AU$, DZ 115–135 AU$; ❋) Das riesige Palace Hotel ist eine alternde Institution des Ortes und vielleicht nicht nach jedermanns Geschmack, es verspricht aber eine einzigartige Hotelerfahrung im Outback. Die meisten Zimmer sind mit Absicht im Retro-Stil gehalten, es gibt mittlerweile aber auch ein paar neuere Zimmer mit Balkonzugang. Die Wandgemälde in den Gemeinschaftsbereichen sind auch alles andere als gewöhnlich. Wer sich das volle Programm geben will, sollte sich in der Priscilla Suite einmieten (135 AU$).

★ Red Earth Motel MOTEL $$
(☏ 08-8088 5694; www.redearthmotel.com.au; 469 Argent St; Studio-Apt. 160 AU$, Apt. mit 2/3 Schlafzi. 220/260 AU$; ❋ ⛭ ≋) Die ausgezeichnete familiengeführte Unterkunft gehört zu den besten Motels im ländlichen New South Wales und bietet geräumige, stilvolle Zimmer, von denen jedes über einen abgetrennten Sitzbereich und eine Küchennische verfügt. Dadurch sind sie perfekt für einen längeren Aufenthalt geeignet. Es gibt eine Waschküche für Gäste sowie einen Pool und einen Grillbereich.

Imperial PENSION $$
(☏ 08-8087 7444; www.imperialfineaccommodation.com; 88 Oxide St; Zi./Apt. inkl. Frühstück ab 170/270 AU$; ❋ ⛭ ≋) Dieser umgebaute historische Pub mit einer genialen schmiedeeisernen Veranda ist eine der besten Pensionen in Broken Hill. Er wurde umfassend renoviert, wobei nicht mit komfortablen Einrichtungen geizt wurde.

Royal Exchange Hotel HOTEL $$
(☏ 08-8087 2308; www.royalexchangehotel.com; 320 Argent St; Zi. 135–180 AU$; ❋ ⛭) In einem wunderschön restaurierten Gebäude aus den 1930er-Jahren ist dieses Hotel untergebracht, das ein gewisses Art-déco-Flair versprüht. Eine echte Oase mitten im Zentrum der Stadt.

Essen & Ausgehen

★ Silly Goat CAFÉ $
(360 Argent St; Gerichte 8–16 AU$; ⊙ Di–Fr 7.30–17, Sa 8–14, So 8–13 Uhr) Filter- und Single-Origin-Kaffee mitten im Outback? Hierfür gebührt Silly Goat ein großes Kompliment! Die Karte hier könnte genauso gut in den Cafés der Großstädte ausliegen und die verlockende Auswahl an Kuchen, der großartige Kaffee und die geschäftige und freundliche Atmosphäre runden das Bild ab.

Bells Milk Bar MILCHBAR $
(www.bellsmilkbar.com.au; 160 Patton St; Snacks 4–7 AU$; ⊙ 10–17.30 Uhr; ⛭) Diese herrliche alte Milchbar in South Broken Hill (auf der Crystal St vom Bahnhof aus nach Westen gehen) ist eine nostalgische Reminiszenz an die 1950er-Jahre. An den Kunststofftischen werden bei einem Glas des typischen „Soda Spider" (Speiseeis in Sirup) oder einem Milchshake Erinnerungen an alte Zeiten wach.

Thom, Dick & Harry's CAFÉ $
(thomdickharrys.com.au; 354 Argent St; Baguette 8,50 AU$; ⊙ Mo–Do 8–17.30, Fr bis 18, Sa 9–14

OUTBACK-SONNENUNTERGANG IM LIVING DESERT

Living Desert Reserve (Erw./Kind 5/2 AU$) Eine der unvergesslichen Erfahrungen in Broken Hill ist es, den Sonnenuntergang vom **Sculpture Symposium** aus zu erleben. Es liegt auf dem höchsten Hügel in der Umgebung, 12 km von der Stadt entfernt. Die Skulpturen wurden von zwölf internationalen Künstlern geschaffen, die die riesigen Sandsteinblöcke vor Ort bearbeiteten.

Die spektakuläre Freiluft-Galerie ist Teil des 24 km² großen Living-Desert-Areals, zu dem auch ein **Flora- und Fauna-Schutzgebiet** mit einem 2,2 km langen Kulturlehrpfad und einem 1 km langen Flora-Pfad gehört.

Man kann bis hinauf zum höchsten Punkt fahren oder vom Schutzgebiet aus zu Fuß gehen (rund 20 Min.). Der untere Parkplatz ist nicht weit von einem netten Grill- und Picknickplatz entfernt.

Die Tore des Schutzgebiets schließen etwa 30 Minuten nach Sonnenuntergang. Die Spazierwege sind von März bis November zwischen 9 und 17 Uhr und von Dezember bis Februar zwischen 6 und 14 Uhr zugänglich. Sonnenuntergangszeiten und Öffnungszeiten hängen am Visitor Centre aus.

Uhr) Ein schmaler Laden voller trendiger Küchenutensilien und Feinschmeckerlebensmittel. Den guten Kaffee und die leckeren Baguettes kann man entweder mitten im Laden oder an den Tischen draußen an der Straße genießen.

Silvers Restaurant INTERNATIONAL $$
(08-8088 4380; Ecke Argent St & Silver St; Hauptgerichte 25–37 AU$; Mo–Saab 18 Uhr) Günstig ist das Silvers nicht gerade, aber das bescheidene Restaurant im Junction Hotel hält eine Überraschung bereit: Neben den üblichen Klassikern finden sich auch einige leckere Curry-Gerichte (vegetarisch, mit Ziege oder Lamm sowie Hühnchen nach Sri-Lanka-Art). Der Service ist gut und der Dessertwagen ein nettes Retro-Detail.

Café Alfresco MODERN-AUSTRALISCH $$
(397 Argent St; Hauptgerichte abends 15–29 AU$; 7 Uhr–open end) Der Service ist auf ein gemütliches Outback-Tempo heruntergedrosselt, was die entspannten Einheimischen aber nicht zu stören scheint, die in Scharen hierher strömen, um sich mit riesigen Portionen der Fleischgerichte (Klassiker wie Steaks und Chicken Parmigiana) und den beliebten Pizzen und Pastagerichten versorgen zu lassen.

★ **Palace Hotel** PUB
(08-8088 1699; thepalacehotelbrokenhill.com.au; 227 Argent St; Mo–Mi ab 15, Do–Sa ab 12 Uhr) In einem Ort mit Dutzenden von Pubs kommt man dennoch nur schwer am sagenumwobenen Palace vorbei, das authentische Outback-Unterhaltung garantiert. Im **Sidebar Restaurant** (Hauptgerichte 17–36 AU$) gibt's gutes Essen, auf dem Balkon im oberen Stock werden Drinks und Snacks serviert. Ab und zu gibt's Livemusik und freitags darf hier ab 21 Uhr Two-up gespielt werden, ein Glücksspiel, bei dem zwei Münzen geworfen werden.

🛈 Praktische Informationen

NPWS Büro (08-8080 3200; 183 Argent St; Mo–Fr 8.30–16.30 Uhr) Hat Informationen über die Nationalparks, zu Straßensperrungen und zur Buchung von Unterkünften im Park.

Visitor Centre (08-8088 3560; www.visitbrokenhill.com.au; Ecke Blende St & Bromide St; März–Nov. 8.30–17 Uhr, Dez.–Feb. bis 15 Uhr)

🛈 An- & Weiterreise

Buses R Us (08-8285 6900; www.busesrus.com.au) Schickt wöchentlich zwei bis drei Busse nach Adelaide (120 AU$, 7 Std.). Ankunft und Abfahrt ist am Visitor Centre.

Indian Pacific (1800 703 357; www.greatsouthernrail.com.au) Ein- bis zweimal pro Woche verkehrt der Indian Pacific zwischen Sydney, Adelaide und Perth und verspricht eine Wahnsinns-Überlandreise mit dem Zug (4352 km innerhalb von 4 Tagen). Die Züge halten für etwa zwei Stunden in Broken Hill – genügend Zeit für eine kleine Erkundungstour.

NSW TrainLink (13 22 32; www.nswtrainlink.info) Der wöchentlich verkehrende Zug Outback Explorer fährt nach Sydney (138 AU$, 13¼ Std.). Angeboten werden auch tägliche Busse nach Dubbo, die den Zug zwischen Dubbo und Sydney (138 AU$, Gesamtreisezeit 16½ Std.) erreichen.

Rex (13 17 13; www.rex.com.au) Fliegt täglich nach Adelaide sowie nach Sydney. Fünfmal pro Woche gibt's außerdem Flüge nach Mildura mit diversen Anschlussmöglichkeiten nach Melbourne.

Rund um Broken Hill

Silverton

UNGEFÄHR 60 EW. & 4 ESEL

Silverton, ein ziemlich eigentümlicher ehemaliger Bergarbeiterort mit einer Silbermine, könnte einem Gemälde von Drysdale entsprungen sein und ist heute nahezu eine Geisterstadt.

Silverton erreichte seine Blütezeit um 1885, als die Bevölkerung auf 3000 Menschen angewachsen war. Die Mine wurde 1889 jedoch geschlossen und die Bewohner zogen (teilweise mitsamt ihren Häusern) nach Broken Hill um.

Sehenswertes & Aktivitäten

Silverton diente als Kulisse für Filme wie Mad Max II und Marsch durch die Hölle. Das Herzstück des Ortes ist das **Silverton Hotel**, in dem Erinnerungsstücke an die Dreharbeiten zu sehen sind und dessen Wände mit allerlei sonderbaren Dingen zugepflastert sind, die typisch für den etwas raueren australischen Humor sind.

Im **Silverton Gaol** (Gefängnis; Erw./Kind 4/1 AU$; 9.30–16 Uhr) von 1889 gab es einst 14 Zellen. Heute dient das Gebäude als Museum mit zahllosen kleinen Schätzen: Alle Räume sind vollgestopft mit Erinnerungsstücken an das Leben im Ort (Hochzeitskleider, Schreibmaschinen, Bergwerksausrüstung, Fotos). Noch mehr Geschichtsunterricht gibt's im **School Museum** (Erw./Kind 2,50/1 AU$; Mo, Mi & Fr–So 9.30–15.30 Uhr), das sich der Geschichte der Dorfschule seit ihren Anfängen in einem Zelt im Jahr 1884 widmet.

Ein Museum der ausgefalleneren Art ist das **Mad Max 2 Museum** (Stirling St; Erw./Kind 7,50/5 AU$; 10–16 Uhr). Es ist der Höhepunkt der lebenslangen Mad-Max-Obsession des Engländers Adrian Bennett und mit Sicherheit das Letzte, was man hier mitten im Outback erwarten würde.

Im Ort verstreut liegen auch einige hervorragende **Kunstgalerien**. Wer hätte gedacht, dass solch eine trockene Landschaft so viel beeindruckende Kreativität hervorbringen würde?

Hinter Silverton ist die Straße verlassen und der Blick reicht bis zum Horizont, die Fahrt bis zum 5 km entfernten **Mundi Mundi Lookout** lohnt aber allemal. Der Blick über die Ebene reicht so weit, dass man sogar die Krümmung der Erdoberfläche erkennen kann.

Schlafen & Essen

★**Silverton Hotel** PUB $$

(08-8088 5313; silvertonhotel@bigpond.com; Layard St; DZ 120 AU$, zusätzl. Pers. 25 AU$) Hinter dem Biergarten des Pubs finden sich sieben überraschend moderne und komfortable Motelzimmer, in denen jeweils bis zu fünf Personen Platz finden. Der Pub selbst ist wie ein ungeschliffener Diamant: voller Charakter (und Charaktere). Auf den Tisch kommen einfache, günstige Gerichte (Hot Dogs, Burger, Fish & Chips).

Silverton Tea Rooms CAFÉ $

(Stirling St; Hauptgerichte 7–20 AU$; 8–17.30 Uhr) Auf der Speisekarte der Silverton Tea Rooms, auf deren Wellblechdach in großen Lettern „Café" zu lesen ist, stehen Bushman's Burger, Damper (im Lagerfeuer gebackenes Brot) und Pasteten sowie Eiscreme mit Quandong (einer heimischen Frucht).

An- & Weiterreise

Von Broken Hill führt eine 25 km lange, asphaltierte Straße weiter ins westlich gelegene Silverton.

Mutawintji National Park

Dieser außergewöhnliche, 690 km^2 große Park liegt in der Byngnano Range, bei der es sich um erodierte, spektakulär geformte Reste eines 400 Mio. Jahre alten Meeresgrunds handelt. In den Schluchten und Felsbecken leben zahllose Tiere und die Mulga-(Akazien-)Ebenen dehnen sich aus, so weit das Auge reicht.

Die Malyangapa und Bandjigali bewohnen diese Gegend schon seit Tausenden von Jahren und es gibt bedeutende Felsritzungen, Schablonenkunst, Malereien und weitere Spuren ihres alltäglichen Lebens zu erkunden. Die meisten dieser Stätten sind Teil der geschützten **Mutawintji Historic Site** und nur im Rahmen einer geführten Tour zugänglich. Ein guter Veranstalter ist Tri State Safaris (S. 271), der ab Broken Hill eine beliebte Tagestour (220 AU$) im Angebot hat. Wer möchte, kann sich der Tour ab Broken Hill (110 AU$) oder ab dem Park (40 AU$) im eigenen geländegängigen Fahrzeug anschließen.

In der Parkbroschüre, die im NPWS-Büro (S. 272) in Broken Hill erhältlich ist, finden sich auch eine Karte und acht Wanderungen bzw. Auto-Touren durch den Park. Campingmöglichkeiten gibt's am Homestead Creek (Erw./Kind 5/3 AU$); die gesamte Verpflegung muss selbst mitgebracht werden.

Der Park liegt 130 km nordöstlich von Broken Hill. Solange es nicht regnet, ist er auch mit Fahrzeugen mit Zweiradantrieb zugänglich, man sollte aber immer gut vorbereitet sein und jemanden über die geplante Route informieren. Außerdem sollte man sich telefonisch nach Straßensperrungen erkundigen (08-8082 6660 oder 08-8091 5155).

Corner Country

Die Welt hier draußen ist anders. Sie ist sowohl harsch als auch friedlich und erstreckt sich in ihrer endlosen Weite bis zum Horizont. Der äußerste Westen von New South Wales ist von einer Halbwüste mit roten Ebenen geprägt, voller Hitze, Staub und Fliegen – der perfekte Ort, um für eine gewisse Zeit von der Bildfläche zu verschwinden.

Tibooburra

Das winzige Tibooburra ist die heißeste Stadt im Bundesstaat und ein typischer Grenzort mitten im Outback. Es gibt zwei rustikale Pubs aus Sandstein und im Umkreis riesige, rote Felsformationen, die als *gibbers* bekannt sind. Der Ort dient als Tor zum Sturt National Park; bevor man sich auf den Weg macht, sollte man aber unbedingt im **NPWS-Büro** (08-8091 3308; www.nationalparks.nsw.gov.au; Briscoe St; Mo-Fr 8.30-16.30 Uhr) und im Visitor Centre des Parks in Tibooburra verbeischauen.

Die zwei Pubs sind etwas schrullig, bieten aber Zimmer und Essen. Ein Besuch im **Tibooburra Hotel** (08-8091 3310; www.tibooburrahotel.com.au; Briscoe St), das als „The Two-Storey" bekannt ist, lohnt für einen Blick auf die mit Hüten übersäte Wand. Im **Toole's Family Hotel** (08-8091 3314; www.tibooburra.com.au; Briscoe St), das „The Family" genannt wird, gibt's eine nette Bar mit Malereien des einst hier lebenden Künstlers Clifton Pugh.

Das **Tibooburra Beds Motel** (08-8091 3333; www.tibooburrabeds.com.au; Ecke Briscoe St & Brown St; DZ 130 AU$) ist eine neuere Option und seine drei modernen Wohneinheiten im Motelstil bieten eine recht unverhoffte Prise Luxus.

ℹ An- & Weiterreise

Der Silver City Hwy verbindet Tibooburra mit Broken Hill (332 km) via Milparinka. Die Straße ist eine Mischung aus Asphalt und Schotter. Nach (hier allerdings selten vorkommenden) Regenfällen kann sie einige Risiken bergen und ist manchmal sogar ganz gesperrt. Im Visitor Centre in Broken Hill, in den NPWS-Büros in Broken Hill und Tibooburra oder unter der Telefonnummer 08-8082 6660 erhält man Infos zum Straßenzustand.

Sturt National Park

Im Norden und Nordwesten von Tibooburra erstreckt sich der riesige Sturt National Park, der eine 3400 km² große Fläche typischen Outbacks umfasst. An vier Stellen im Park gibt es Campingmöglichkeiten und Picknickbereiche. Zu beachten: Im Park findet man nur unbehandeltes Wasser. Deshalb sollte man sich gut vorbereiten und genügend Benzin, Essen und Trinkwasser dabei haben, um in dieser heißen, abgelegenen Gegend wohlbehalten ans Ziel zu kommen.

Etwa 27 km von Tibooburra entfernt liegt der **Mt. Wood Historic Homestead** (08-8091 3308; Tibooburra; DZ ab 100 AU$, Stockbett im Schafscherer-Quartier 15 AU$), der eine gute Einstimmung auf die echte Outback-Erfahrung ist. Die Unterkunft wird vom NPWS betrieben und hat neben komfortablen Gehöft-Zimmern (mit Gemeinschaftsküche und Gemeinschaftsbad) auch günstige Betten in Schafscherer-Quartieren im Angebot.

Die meisten Straßen im Park können, außer nach Regenfällen, mit normalen Autos befahren werden. Die einzige Ausnahme bildet die Middle Rd, die nur für geländegängige Fahrzeuge geeignet ist.

Der Park erstreckt sich weiter nach Nordosten bis zum 140 km entfernten **Cameron Corner**, das von Tibooburra aus über eine gut ausgeschilderte, unbefestigte Straße zu erreichen ist. Ein kleiner Außenposten markiert jene Stelle, an der Queensland, South Australia und New South Wales aufeinandertreffen. In der zu Queensland gehörenden Ecke steht der mit Weinreben überwucherte **Cameron Corner Store** (08-8091 3872; Cameron Corner). Hier bekommt man Benzin, Essen, eine einfache Unterkunft, Stellplätze sowie Infos zu den Straßenbedingungen.

An der Grenze läuft der 5600 km lange **Dingo Fence** entlang, der in den 1880er-Jahren errichtet wurde, um Dingos aus dem relativ fruchtbaren Südosten des Kontinents fernzuhalten.

Wilcannia

In der Vergangenheit war Wilcannia bei Travellern nicht gerade beliebt, durch eine Reihe von Neueröffnungen hat sich das jedoch geändert.

Im Ort lebt eine große Aborigine-Gemeinde und entlang der Straßen stehen einige hübsche alte Sandsteingebäude aus der Blütezeit als reicher Binnenhafen am Darling River in den 1880er-Jahren.

Schlafen & Essen

★Warrawong on the Darling   CAMPING, MOTEL $$
(1300 688 225; www.warrawongonthedarling.com.au; Barrier Hwy; Stellplatz 20-35 AU$, DZ 120-140 AU$) Unmittelbar östlich der Stadt bietet dieses neu eröffnete Anwesen am Flussufer von üppigem Grün umgebene Stellplätze an einem Wasserloch sowie die Möglichkeit zum Zelten im Busch. Die in sich abgeschlossenen Moteleinheiten mit Küchennische und eigenem Grill bieten ein exzellentes Preis-Leistungs-Verhältnis. Die Einrichtungen sind groß und makellos sauber. Das fröhliche Management trägt seinen Teil zum tollen Ambiente bei – und es gibt auch einen freundlichen Emu mit dem Namen Rissole. Für die Zukunft sind noch ein Restaurant mit Bar und Hütten am Flussufer geplant.

Courthouse Cafe & Gallery   CAFÉ $
(08-8091 5910; www.courthouse.net.au; Ecke Reid St & Cleaton St; Hauptgerichte mittags 6-13 AU$; Mi-Mo 10-16 Uhr) An einer von historischen Gebäuden gesäumten Straße liegt dieses süße Café, das einen kurzen Zwischenstopp durchaus lohnt. Es gibt guten Kaffee und leckeres Essen (darunter die hervorragende Vesperplatte „Ploughman's Lunch"), hausgemachte Kuchen und eine kleine Kunstausstellung.

❶ An- & Weiterreise

Wilcannia liegt etwa auf halber Strecke zwischen Broken Hill und Cobar am Barrier Hwy. Die befestigte Straße nach White Cliffs ist gleich westlich vom Ort ausgeschildert.

White Cliffs

Es gibt nur wenige Orte in Australien, die ähnlich schräg sind wie die winzige Opalstadt White Cliffs, die ca. 93 km nordwestlich von Wilcannia liegt und von dort über eine asphaltierte Straße erreichbar ist. Ringsumher erstreckt sich eine extrem unwirtliche Outback-Szenerie, und viele Bewohner sind in unterirdische Behausungen umgezogen, um den mörderischen Temperaturen von weit über 40 °C zu entfliehen.

Wer mag, kann in den **Opal-Showrroms** vorbeischauen, wo Schürfer ihre Funde zum Kauf anbieten, oder sich an den alten, ausgeschilderten Schürfstellen selbst auf Schatzsuche begeben. Aufpassen, wo man hintritt!

Eine Übernachtungsoption ist das unterirdische **White Cliffs Underground Motel** (08-8091 6677; www.undergroundmotel.com.au; mit Gemeinschaftsbad inkl. Frühstück 115/145 AU$; ☒), das mit Hilfe einer Tunnelbaumaschine in den Boden gefräst wurde. Es gibt einen Pool, einen lebhaften Speisesaal und einfache, kühle und ruhige Zimmer. Vor Ort befindet sich auch das sehr gute, moteleigene **Museum** über das Leben im Ort. Gäste bezahlen keinen Eintritt, Nicht-Gäste müssen jedoch ganz schön tief in die Tasche greifen (10 AU$).

Bourke

2047 EW.

Der australische Dichter Henry Lawson sagte einmal: „Wer Bourke kennt, der kennt Australien". Auch der Ausdruck „back of Bourke" ist im australischen Sprachgebrauch fest verankert. Es bedeutet so viel wie „mitten im Nirgendwo". Der Ort liegt am Darling River und damit an der äußersten Grenze des Outbacks, meilenweit vom nächsten Ort entfernt.

◉ Sehenswertes & Aktivitäten

Back O' Bourke Exhibition Centre   MUSEUM
(02-6872 1321; www.visitbourke.com.au; Kidman Way; Erw./Kind 22/10 AU$; April-Okt. 9-17 Uhr, Nov.-März Mo-Fr bis 16 Uhr) In diesem äußerst lohnenden Museum wird den Legenden des Backcountry – sowohl denen der indigenen Bevölkerung als auch denen der Siedler – mithilfe interaktiver Installationen auf den Grund gegangen. Hier ist auch das **Bourke Visitor Centre** untergebracht, das Paketangebote verkauft, in denen eine oder auch alle der wichtigsten Attraktionen des Ortes beinhaltet sind, etwa eine Bootsfahrt mit der *Jandra,* eine unterhaltsame Outback-Show (11 Uhr) oder eine Bustour durch die Stadt und die Umgebung (zu beachten:

Die Bootsfahrt und die Show werden nur zwischen April und Oktober angeboten).

Wer den Ort auf eigene Faust erkunden möchte, holt sich das Faltblatt *Back O' Bourke Mud Map Tours*, in dem Wanderungen, Auto-Touren, Attraktionen und Unterkünfte in der Umgebung (inkl. Aufenthalte auf Stations) ausführlich beschrieben sind.

Bourke's Historic Cemetery FRIEDHOF
(Kidman Way) Auf dem beeindruckenden Friedhof von Bourke finden sich Grabinschriften wie „umgekommen im Busch". Hier liegt auch der renommierte Augenarzt Prof. Fred Hollows begraben.

PV Jandra BOOTFAHREN
(02-6872 1321; Abfahrt am Kidman's Camp; Erw./Kind 16/10 AU$; Mo–Sa 9 & 15 Uhr, April–Okt. So 14.30 Uhr) Der Handel auf dem Fluss war einst die Lebensader von Bourke. Der Landeplatz mit drei Stegen am nördlichen Ende der Sturt St ist ein Nachbau des ursprünglichen Landeplatzes, der 1897 hier errichte wurde. Die *PV Jandra* wiederum ist ein Nachbau eines Raddampfers aus dem Jahr 1895. Während der einstündigen Bootsfahrten erfährt man Näheres zur lokalen Geschichte und kann die Vögel am Flussufer beobachten.

Schlafen & Essen

Kidman's Camp CAMPING, HÜTTEN $$
(02-6872 1612; www.kidmanscamp.com.au/bourke/; Cunnamulla Rd, North Bourke; Stellplatz 30–34 AU$, Hütte 99–139 AU$;) Eine tolle Übernachtungsoption direkt am Fluss, etwa 8 km außerhalb von Bourke. Die *Jandra*-Bootstour legt hier ab und das „Poetry on a Plate" findet auch auf dem Gelände statt. Zudem gibt's einen hübschen Garten, Swimmingpools und verschiedene Hütten – entweder groß genug für Familien und mit Gemeinschaftsbad oder komfortablere Blockhütten mit Bad, Küchennische und Veranda.

Bourke Riverside Motel MOTEL $$
(02-6872 2539; www.bourkeriversidemotel.com.au; 3-13 Mitchell St; EZ/DZ ab 110/125 AU$;) Das weitläufige Motel hat einen Garten direkt am Fluss und eine Reihe gut ausgestatteter Zimmer und Suiten, die teilweise fast schon boutiquemäßig sind. Einige haben eine Küche und/oder sind groß genug für Familien. Eine sehr gute Wahl.

★ **Poetry on a Plate** AUSTRALISCH $$
(www.poetryonaplate.com.au; Kidman's Camp; Erw./Kind 25/10 AU$; April–Okt. Di, Do & So 18.30 Uhr) Ein herzerfrischend einzigartiges Angebot: Zu einem absolut angemessenen Preis gibt's hier einen ganzen Abend voller Busch-Balladen und -Geschichten. Dabei sitzt man unterm Sternenhimmel um ein Lagerfeuer herum und bekommt dazu noch ein einfaches, schonend zubereitetes Abendessen mit Dessert. Unbedingt warm anziehen und alles außer Essen – Getränke, Campingstuhl und Geschirr (Teller, Besteck und Tasse) – selbst mitbringen. Alternativ kann man Letzteres für 5 AU$ ausleihen.

An- & Weiterreise

NSW TrainLink (13 22 32; www.nswtrainlink.info) Täglich verkehren Busse nach/ab Dubbo (67 AU$, 4½ Std.), wo man in den Anschlusszug nach Sydney steigen kann.

Südliches NSW

Inhalt ➡

Bowral 279
Berrima & Bundanoon 279
Yass & Umgebung 280
Albury 281
Wagga Wagga 282
Griffith 284
Snowy Mountains 285
Jindabyne 286
Kosciuszko National Park 287
Thredbo 287

Gut essen

➡ Biota Dining (S. 279)
➡ Raw & Wild (S. 279)
➡ Eschalot (S. 280)
➡ Wild Brumby Mountain Schnapps (S. 287)
➡ Café Darya (S. 287)

Schön übernachten

➡ Links Manor (S. 279)
➡ Bundanoon YHA (S. 280)
➡ Globe Inn (S. 281)
➡ Briardale B&B (S. 282)
➡ Lake Crackenback Resort (S. 288)

Auf ins südliche New South Wales!

Entlang des Hume Hwy von Sydney nach Albury liegen malerische alte Städte, die alle für etwas berühmt sind, seien es schießwütige Banditen, Weideland oder alter Geldadel.

Zu den Perlen gehören Bowral in den Southern Highlands und die Kolonialstädtchen Yass und Gundagai. In Albury an der Grenze zu Victoria gibt es eine aufstrebende Kunstszene mit einem tollen Museum zwischen Cafés und Bars. Weiter nördlich liegt Wagga Wagga direkt am Murrumbidgee River. Es ist die größte Stadt im Inneren von New South Wales.

Nordwestlich des Highways wird die Landschaft flacher, roter und trockener. Der Murray und Murrumbidgee River bewässern die Felder Riverinas. Rund um Griffith steht der Tourismus ganz im Zeichen kulinarischer Genüsse.

Die Snowy Mountains zwischen Albury und der Küste von New South Wales werden vom Mount Kosciuszko dominiert, dem höchsten Gipfel Australiens. Im Winter kann man hier Ski fahren und anderen Wintersport betreiben, im Sommer sind Mountainbiken, Wandern und Angeln angesagt.

Reisezeit
Bowral

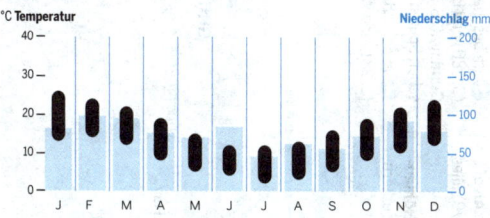

Ostern In Deniliquin am Edwards River findet das große Big Sky Blues & Roots Festival statt.

Juni–Aug. Die Snowy Mountains bieten Australiens beste Bedingungen zum Skifahren und Snowboarden.

Okt. Kulinarische Highlights kann man beim großen Taste Festival in der Region Riverina genießen.

Highlights

❶ Im **Bradman Museum of Cricket** in Bowral (S. 279) alles über den „Don" erfahren

❷ Das unterirdische **Höhlensystem** (S. 280) der Southern Highlands erkunden

❸ Im beschaulichen **Yass** (S. 280) und im wunderlichen **Gundagai** (S. 281) auf historischen Spuren wandeln

❹ In den Ortschaften **Albury** (S. 281) und **Wagga Wagga** (S. 281) Kunst zusammen mit regionaler Küche, Wein und Bier genießen

❺ In den **italienischen Restaurants** in Griffith (S. 285) essen wie bei Mama

❻ Mit dem Mountainbike die Hügel rund um **Jindabyne** (S. 286) hinuntersausen

❼ Im tief verschneiten **Thredbo** (S. 287) Ski und Snowboard fahren

SOUTHERN HIGHLANDS

Bowral
12 154 EW.

Das etwas abseits des Hume Hwy liegende Bowral ist eine der bedeutendsten Städte in den Southern Highlands, einer wirklich schönen Gegend, die immer noch „very British" ist. Einen Besuch lohnt auch das Städtchen Moss Vale.

⊙ Sehenswertes

★ International Cricket Hall of Fame MUSEUM
(☎ 02-4862 1247; www.internationalcrickethall.com.au; St Jude St, Bowral; Erw./Kind 20/11 AU$; ⊙ 10–17 Uhr) In Bowral dreht sich alles um eine der größten Sportlegenden Australiens. Der inzwischen verstorbene Kricket-Superstar Sir Donald Bradman hat hier seine Kindheit verbracht. In der „Ruhmeshalle" befindet sich ein hübsches Kricketspielfeld, und im **Bradman Museum of Cricket** (www.bradman.com.au) können die Fans Unmengen von Erinnerungsstücken an ihr Idol bewundern, darunter auch die Urne mit „Dons" Asche. Die ständig erweiterte Sammlung ist ein Muss für alle Sportbegeisterten, die hier auch alles Wissenswerte über Kricket erfahren.

🎉 Feste & Events

Bowral Tulip Time Festival KULTUR
(www.tuliptime.net.au) Ein Festival der Frühlingsblumen, das im September gefeiert wird.

🛏 Schlafen & Essen

Die Gegend ist sehr beliebt bei Tagesausflüglern und Übernachtungsgästen aus Sydney. Daher findet man hier viele gute Restaurants und B&Bs. Zu den besten gehören die **Centennial Vineyards** (☎ 02-4861 8700; www.centennialrestaurant.com.au; Centennial Rd; Hauptgerichte 28–39 AU$; ⊙ Mi–Mo 12–15 Uhr), **Southern Highland Wines** (☎ 02-4686 2300; www.shw.com.au; Oldbury Rd; Hauptgerichte 27–34 AU$; ⊙ Do–Mo 12–15 Uhr) und **Mc-Vitty Grove Estate** (☎ 02-4878 5044; www.feastatmcvitty.com.au; Wombeyan Caves Rd; Tapas 18–20 AU$, Hauptgerichte 28–34 AU$; ⊙ Do–So 10–16 Uhr).

★ Links Manor PENSION $$$
(☎ 02-4861 1977; www.linkshouse.com.au; 17 Links Rd; Zi. 190–340 AU$; ❋ 🛜) Diese Boutiquepension hat einen Salon und einen Hof mit Garten, die direkt aus dem Film *Was vom Tage übrig blieb* entsprungen zu sein scheinen. Die Übernachtungspreise sind freitags und samstags am höchsten.

★ Raw & Wild CAFÉ $$
(250 Bong Bong St; Hauptgerichte 14–24 AU$; ⊙ So–Do 8–17.30, Fr & Sa 8–21 Uhr; 🍴) 🌿 Durch einen Laden mit gesunden Lebensmitteln gelangt man in das beste Café der Stadt. Hier ist alles biologisch, regional, natürlich und nachhaltig. Und dabei superlecker! *Etwas* vom gesunden Weg abkommen darf man mit den guten Bieren und Weinen. Die Tapas an den Wochenendabenden sind legendär.

★ Biota Dining MODERN-AUSTRALISCH $$$
(☎ 02-48622005; http://biotadining.com; 18 Kangaloon Rd, Bowral; Hauptgerichte beim Brunch 19 AU$, Verkostungsmenü 105–165 AU$; ⊙ Sa & So 9–11, Fr–Mo 12–14.30, tgl. 18–21.30 Uhr) Auf der kreativen, saisonalen Speisekarte stehen so interessante Gerichte wie Salzgurken mit Austern und Strandgras. Die Weinkarte ist ebenso hervorragend wie der Brunch am Wochenende. Sehr empfehlenswert sind auch die mit Krabben und Eierpüree belegten Brötchen. Dazu passt eine scharfe Bloody Mary mit Tasmanischem Pfeffer.

ℹ Praktische Informationen

Southern Highlands Visitors Centre (☎ 02-4871 2888; www.southern-highlands.com.au; 62-70 Main St, Mittagong; ⊙ Mo–Fr 9–17, Sa & So 9–16 Uhr) Die Touristeninformation ist in Mittagong, in der Nähe von Bowral.

Berrima & Bundanoon
BERRIMA 246 EW., BUNDANOON 2419 EW.

Das zum nationalen Kulturerbe gehörende Berrima wurde 1829 gegründet. Das winzige Städtchen hat einige Galerien, Antiquitä-

---

> ### ℹ DER MÄCHTIGE HUME
> Entlang des vierspurigen Hume Hwy, der über 900 km von Sydney nach Melbourne führt, bieten sich viele Abstecher auf Panoramastraßen und in alte Städte aus der Kolonialzeit an. Die Einhaltung der zulässigen Höchstgeschwindigkeit von 110 km/h wird rigoros überwacht, jede Übertretung mit saftigen Geldstrafen geahndet.

> ### DIE HÖHLEN DER SOUTHERN HIGHLANDS
>
> Die spektakulären Kalksteinhöhlen **Wombeyan Caves** (02-4843 5976; www.national parks.nsw.gov.au; Wombeyan Caves Rd; Figtree Cave Erw./Kind 18/12 AU$, Discovery Pass f. 2 Höhlen & Führung 30/23 AU$; 9–16 Uhr) liegen am Ende einer unbefestigten Bergstraße 65 km nordwestlich von Mittagong. Ganz in der Nähe gibt es einige Wanderwege und einen Campingplatz mit Hütten und einem Cottage.
>
> Die **Abercrombie Caves** (02-6368 8603; http://abercrombiecaves.com; Besichtigung auf eigene Faust/Führung 18/30 AU$; Do-Mo 9–16 Uhr) sind über eine Abzweigung vom Highway 72 km südlich von Bathurst zu erreichen. In dem weitläufigen Höhlensystem befindet sich mit dem Grand Arch auch der größte natürliche Tunnel der Welt.
>
> In Wee Jasper, 57 km südöstlich von Yass, liegt **Careys Cave** (02-6227 9622; www.weejaspercaves.com; Erw./Kind 15,40/9,90 AU$; Führungen Sa & So 12, 13.30 & 15, Fr & Mo 12 & 13.30 Uhr). Der Weg zur Kalksteinhöhle führt teilweise über holprige Schotterpisten. Führungen müssen vorher telefonisch gebucht werden.
>
> Auch die **Jenolan Caves** (1300 763 311; www.jenolancaves.org.au; Jenolan Caves Rd; Erw./Kind ab 32/22 AU$; Führungen 9–17 Uhr) befinden sich in dieser Gegend.

tenläden, gute Restaurants und Weinbars. Weiter südlich am Hume Hwy liegt das verschlafene Bundanoon, eines der Tore zum Morton National Park.

Sehenswertes

Morton National Park NATIONALPARK
(www.nationalparks.nsw.gov.au; 3 AU$/Fahrzeug) Der Morton National Park umfasst die tiefen Schluchten und hohen Sandsteinplateaus der Budawang Range sowie die 81 m hohen Fitzroy Falls. Das **NPWS Visitor Centre** (02-4887 7270; www.nationalparks.nsw.gov.au; Nowra Rd, Fitzroy Falls) informiert über Wander- und Spazierwege.

Schlafen & Essen

★ **Bundanoon YHA** HOSTEL $
(02-4883 6010; www.yha.com.au; 115 Railway Ave; B/DZ/3BZ 34/78/102 AU$) Rund um das wunderschön restaurierte Gästehaus aus der Zeit Edwards VII. verläuft eine schattige Veranda.

Bendooley Bar & Grill BISTRO $$
(02-4877 2235; www.bendooleyestate.com.au; Pizza 22–25 AU$, Hauptgerichte 27–34 AU$; 10–15 Uhr) Die Bendooley Bar & Grill ist der perfekte Ort für ein gemütliches Mittagessen, das aus regionalen Produkten der Saison zubereitet wird. Zur Pizza mit Garnelen und Chili passt ein typisch australisches Bier. Das Bistro gehört zu Berkelouw's Book Barn & Café.

Josh's Café CAFÉ $$
(02-4877 2200; 9 Old Hume Hwy, Berrima; Hauptgerichte 25–32 AU$; Mi–Sa 12–15, Do-Sa 18–21, So 9–15 Uhr) Auf der kunterbunten Speisekarte des netten Cafés finden sich viele türkische Gerichte.

★ **Eschalot** MODERN-AUSTRALISCH $$$
(02-4877 1977; www.eschalot.com.au; 24 Old Hume Hwy, Berrima; Hauptgerichte 36–40 AU$, Verkostungsmenü mit 7 Gängen 110 AU$; Do-So 12–14.30, Mi–Sa 18–21 Uhr) In einem denkmalgeschützten Sandsteinhäuschen wird moderne australische Küche vom Feinsten serviert. Eine der Spezialitäten ist *tataki* (gebratenes und in hauchdünne Scheiben geschnittenes Fleisch) vom Alpaka mit Sesamkruste und Wassermelone, Kefirmilch und wildem Reis. Die Desserts sind ebenfalls göttlich!

Shoppen

Berkelouw's Book Barn & Café BÜCHER
(02-4877 1370; www.berkelouw.com.au; Old Hume Hwy, Bendooley; 9–17 Uhr) Der Buchladen mit Café, 3 km nördlich von Berrima, hat eine große Auswahl von gebrauchten Büchern und ein modernes Antiquariat.

An- & Weiterreise

NSW TrainLink (13 22 32; www.nswtrainlink.info) Züge fahren von Bundanoon nach Wollongong (8,60 AU$, 2 Std.) und zum Sydney Central (21 AU$, 2 Std.).

YASS & UMGEBUNG

5591 EW.

Das beschauliche Städtchen ist voller schöner, alter Gebäude und verschlafener Eckkneipen. Überhaupt ist Yass sehr ruhig, denn der Highway ist eine Umgehungsstraße.

Das **Yass Valley Visitor Centre** (☏ 1300 886 014; www.yassvalley.com.au; 259 Comur St; ⊙ Mo–Fr 9.30–16.30, Sa & So 10–16 Uhr) befindet sich in Coronation Park. Direkt daneben ist das **Yass & District Museum** (☏ 02-6226 2577; www.yasshistory.org.au; Erw./Kind 5 AU$/frei; ⊙ Sa & So 10–16 Uhr), in dem ein Modell der Stadt aus der Zeit um 1890 zu sehen ist. Das **Cooma Cottage** (☏ 02-6226 1470; www.natio naltrust.org.au/nsw/CoomaCottage; Erw./Kind 5/ 3 AU$; ⊙ Fr–So 10–16 Uhr) von 1835 steht am Yass Valley Way in Richtung Sydney. Im Visitor Centre ist auch eine Wanderkarte für den **Hume & Hovell Walking Track** erhältlich.

Beim **Wine, Roses & All That Jazz Festival** Anfang November dreht sich alles um Musik, feines Essen und Weinproben. Die beste Unterkunft am Ort ist das elegante **Globe Inn** (☏ 02-6226 3680; www.theglobeinn.com.au; 70 Rossi St; EZ/DZ ab 130/160 AU$).

ALBURY

45 627 EW.

Albury ist ein wichtiger Knotenpunkt in der Region. Es liegt direkt am Murray River, der hier die Grenze zu Victoria bildet. Auf der anderen Flussseite befindet sich Wodonga. Albury ist ein guter Ausgangspunkt für Ausflüge zu den Skipisten, ins Hochland von Victoria und NSW sowie für Erkundungstouren am oberen Murray River. Außerdem lässt sich hier die Fahrt von Sydney nach Melbourne gut unterbrechen.

⊙ Sehenswertes

Library Museum MUSEUM
(☏ 02-6023 8333; www.alburycity.nsw.gov.au; Ecke Kiewa St & Swift St; ⊙ Mo, Mi & Do 10–19, Di & Fr 10–17, Sa 10–16, So 12–16 Uhr) GRATIS Neben verschiedenen Ausstellungen zeigt das Museum die Geschichte der Stadt mit Exponaten zu den hier ansässigen Ureinwohnern genauso wie zu den Einwanderungswellen des 20. Jhs.

Albury Regional Art Gallery GALERIE
(☏ 02-6043 5800; www.alburycity.nsw.gov.au; 546 Dean St; ⊙ Mo–Fr 10–17, Sa 10–16, So 12–16 Uhr) GRATIS Nach gründlicher Renovierung für 10,5 Mio. AU$ wurde das Museum Mitte 2015 wieder eröffnet. Die wohl beste Kunstgalerie in New South Wales außerhalb von Sydney verfügt über wunderbare Sammlungen indigener und zeitgenössischer Kunst.

🏃 Aktivitäten

Noreuil Park SCHWIMMEN
Der Park direkt vor dem Lincoln Causeway liegt im Schatten hoher Platanen und beherbergt ein **Fluss-Schwimmbad**. Die Flussbiegung ist hier fast kreisrund und lässt sich in 20 Minuten einmal komplett durchschwimmen.

Wonga Wetlands VOGELBEOBACHTUNG
(Riverina Hwy, Splitters Creek) Ein innovatives Projekt zur Wiederherstellung der hiesigen Feuchtgebiete: Hier kann man über 154 Vogelarten beobachten und auf einem von den Wiradjuri angelegten Zeltplatz übernachten.

AUF HALBEM WEG

Gundagai am Murrumbidgee River liegt etwa in der Mitte zwischen Sydney und Melbourne. Die Stadt hat einen schönen Campingplatz direkt am Fluss und einige Motels, doch die mit Abstand beste Unterkunft ist **Hillview Farmstay** (☏ 02-6944 7535; www.hillviewfarmstay.com.au; Hume Hwy; Cottage mit 1/2/4 Schlafzi. 145/175/450 AU$; ❄). Die fast 4,5 km² große Farm liegt 34 km südlich der Stadt.

Goldrausch und Ganoven prägten Gundagais bewegte Vergangenheit. Der legendäre Bandit Captain Moonlite wurde im örtlichen Gerichtsgebäude von 1859 zum Tode verurteilt und auf dem **Friedhof** im Norden der Stadt begraben. Auf diesem Friedhof befindet sich auch das Grab des Ureinwohners Yarri, der Anfang des 19. Jhs. fast 50 Einheimische vor einem Hochwasser rettete.

Die historische, für Fahrzeuge und Fußgänger gesperrte **Prince Alfred Bridge** überspannt auch die Flussauen an beiden Ufern. Unterhalb der Brücke ist noch ein Stück der längsten aus Holz erbauten Bahnstrecke in New South Wales zu sehen.

Vom **Mt. Parnassus Lookout** hat man einen tollen Rundumblick. Infos zum ebenso reizvollen **Rotary Lookout** erteilt das Besucherzentrum.

Bei dem berühmten **Dog on the Tuckerbox** 8 km östlich der Stadt handelt es sich um das gut getroffene Bildnis eines Hundes, der in einer Outback-Ballade aus dem 19. Jh. besungen wurde.

🛏 Schlafen

Albury Motor Village YHA — HOSTEL $
(☎ 02-6040 2999; www.yha.com.au; 372 Wagga Rd; B/DZ/FZ 30/70/90 AU$; @ 🏊) Etwa 4,5 km nördlich des Zentrums von Albury; mit einigen Hütten, feststehenden Vans und Betten in sauberen Schlafsälen.

★ Briardale B&B — B&B $$
(☎ 02-6025 5131; www.briardalebnb.com.au; 396 Poplar Dr; Zi. 155-190 AU$; 🏊) Die elegante Pension im Norden der Stadt hat schöne Zimmer, die angenehm zurückhaltend mit Antiquitäten eingerichtet sind. Das Gebäude befindet sich direkt an einem weitläufigen Park.

Quest Albury — APARTMENTS $$
(☎ 02-6058 0900; www.questalbury.com.au; 550 Kiewa St; Zi. ab 149 AU$; 🏊🏠) Die modernen Suiten und Apartments sind mit dunklen Holzmöbeln eingerichtet.

🍴 Essen & Ausgehen

Green Zebra — CAFÉ $
(☎ 02-6023 1100; www.greenzebra.com.au; 484 Dean St; Hauptgerichte 11,50-17,50 AU$; ⓘ Mo-Fr 8-18.30, Sa & So 7.30-15 Uhr; 🌿) 🌿 Hausgemachte Nudeln, frische Salate und weitere Bio-Gerichte sind die absoluten Renner in diesem ausgezeichneten Café in der Hauptstraße.

Mr. Benedict — CAFÉ $$
(www.mrbenedict.com.au; 664 Dean St; Hauptgerichte 12-21 AU$; ⓘ Mi-So 7.30-15 Uhr) Das überaus beliebte Café hat den besten Kaffee der Stadt, eine exquisite Bier- und Weinkarte sowie interessante Tagesangebote für Frühstück und Mittagessen.

Kinross Woolshed — KNEIPENESSEN $$
(☎ 02-6043 1155; www.kinrosswoolshed.com.au; Old Sydney Rd, Thurgoona; Hauptgerichte 12-32 AU$; ⓘ Mo-Fr 9 Uhr-open end, Sa 7 Uhr-open end, So 8 Uhr-open end) Die ländliche Kneipe in einem Scherschuppen aus dem 1890er-Jahren ist nur mit dem Auto oder einem Shuttle-Bus zu erreichen. Jeden Samstagabend gibt's dick mit Schinken und Spiegelei belegte Brötchen für 2 AU$ und danach ebenso deftige Countrymusik.

Border Wine Room — MODERN-AUSTRALISCH $$
(www.borderwineroom.com.au; 492a Dean St; Hauptgerichte 28-37 AU$; ⓘ Di-Sa 16-24 Uhr) Das schicke Restaurant mit Bar serviert kreative Speisen, die oft Einflüsse der nahöstlichen und asiatischen Küchen aufweisen.

Bamboo — BIERKNEIPE
(www.bambooalbury.com.au; 498 Dean St; ⓘ Mi-So 12-15, Di-So 17.30 Uhr-open end) In der Gartenwirtschaft gibt's Bier aus Kleinbrauereien, Essen wie auf Asiens Straßen und gelegentlich Livemusik.

ⓘ Praktische Informationen

Albury Touristeninformation (☎ 1300 252 879; www.visitalburywodonga.com.au; Railway Pl; ⓘ 9-17 Uhr) Gegenüber dem Bahnhof.

ⓘ An- & Weiterreise

Der **Flughafen** (Borella Rd) liegt 4 km außerhalb der Stadt. **Rex** (☎ 13 17 13; www.rex.com.au), **Virgin Australia** (www.virginaustralia.com.au) und **Qantas** (☎ 13 13 13; www.qantas.com.au) fliegen nach Sydney (ab 130 AU$, 1¼ Std.) und Melbourne (ab 109 AU$, 1 Std.).

Greyhound (☎ 1300 473 946; www.greyhound.com.au) Busse nach Melbourne (52 AU$, 3¾ Std.), Wagga Wagga (35 AU$, 2½ Std.) und Sydney (ab 82 AU$, 10 Std.).

NSW TrainLink (☎ 13 22 32; www.nswtrainlink.info) XPT-Züge fahren nach Wagga Wagga (19 AU$, 1¼ Std.) und Sydney (72 AU$, 8 Std.) sowie nach Melbourne (46 AU$, 3½ Std.). NSW TrainLink Busse fahren auch nach Echuca (32 AU$, 4¼ Std.) und Züge von **V/Line** (☎ 13 61 96; www.vline.com.au) rollen nach Melbourne (33 AU$, 3¾ Std.).

WAGGA WAGGA

46 913 EW.

Im Norden schlängelt sich der Murrumbidgee River um die Stadt, deren Straßen am Fluss mit Eukalyptusbäumen und hübschen Gärten gesäumt sind. Das von den Wiradjuri als „Ort der vielen Krähen" bezeichnete „Wagga" ist die größte Stadt im Inneren von New South Wales.

⊙ Sehenswertes & Aktivitäten

Botanic Gardens — BOTANISCHER GARTEN
(Macleay St; ⓘ Sonnenaufgang-Sonnenuntergang) Auf dem Gelände des botanischen Gartens befindet sich auch ein kleiner **Zoo** mit Kängurus, Wombats und Emus sowie einer großen Vogelvoliere. Ganz in der Nähe führt der Baden Powell Dr zu einem schönen Aussichtspunkt und der Panoramastraße des **Captain Cook Drive**.

Museum of the Riverina — MUSEUM
(www.wagga.nsw.gov.au/museum; Baden Powell Dr; ⓘ Di-Sa 10-16, So bis 14 Uhr) GRATIS Zwei Ausstellungsstätten im Civic Centre und im

botanischen Garten stellen die Bewohner, Events und Orte Waggas in den Vordergrund.

Wagga Wagga Art Gallery　　KUNSTGALERIE
(02-6926 9660; www.wagga.nsw.gov.au/gallery; Civic Centre, Morrow St; Di-Sa 10-16, So bis 14 Uhr) GRATIS Highlight dieser hervorragenden Galerie mit Werken lokaler und nationaler Künstler ist die wunderbare **National Art Glass Gallery**.

Wiradjuri Walking Track　　WANDERN
Zwei Rundwege, einer 12 km und einer 30 km lang und sehr sehenswert, beginnen jeweils am Visitor Centre; die Rundwege schließen Aussichtspunkte und wichtige Aborigine-Stätten mit ein.

Wagga Beach　　SCHWIMMEN
Am Ende der Tarcutta St erstreckt sich dieser gute Badestrand am Fluss.

Feste & Events

Taste　　ESSEN & WEIN
(www.tasteriverina.com.au) Im Oktober finden jede Menge kulinarische Festivitäten in der Riverina statt.

Schlafen

Wagga Wagga Beach Caravan Park　　CAMPING $
(02-6931 0603; www.wwbcp.com.au; 2 Johnston St; Stellplatz 25 AU$/Erw., Hütte 115-170 AU$;) Mit eigens angelegtem Badestrand am Fluss.

Townhouse Hotel　　HOTEL $$
(02-6921 4337; http://townhousewagga.com.au; 70 Morgan St; Zi. 119-189 AU$;) Das zentral gelegene Hotel hat einen ausgezeichneten Service und elegante Zimmer zu bieten, die aber teilweise kein Fenster nach draußen haben.

Dunns B&B　　B&B $$
(02-6925 7771; www.dunnsbedandbreakfast.com.au; 63 Mitchelmore St; EZ/DZ 130/140 AU$;) Ein hübsch aufgemachtes Wohnhaus aus der Föderationszeit mit Zugang zu einem Balkon und einem Salon. Das B&B liegt außerhalb, in der Nähe des botanischen Gartens.

Essen & Ausgehen

Mates Gully Organics　　CAFÉ $$
(www.matesgully.com.au; 32 Fitzmaurice St; Hauptgerichte 14-33 AU$; So-Mi 8-16, Do-Sa 8-21.30 Uhr;) Große Tische und mit Kunstwerken geschmückte Wände sorgen für eine lässige Atmosphäre. Die meisten Zutaten stammen aus eigenem biologischem Anbau. Hin und wieder gibt's auch Livemusik.

Oak Room Kitchen & Bar　　BISTRO $$
(www.townhousewagga.com/the-oakroom/; Townhouse Hotel, 70 Morgan St; Snacks in der Bar 7-17 AU$, Hauptgerichte 28-39 AU$; Mo-Sa 18 Uhr-open end) Das stets volle Bistro serviert kleine Leckereien wie kurz gebratene Jakobsmuscheln aus Queensland und Hauptgerichte wie hausgemachte Gnocchi und gebratenes Lamm aus der nahe gelegenen Riverina. Ab 17 Uhr gibt's Snacks und Getränke an der Bar.

Magpies Nest　　BISTRO $$$
(02-6933 1523; www.magpiesnestwagge.com; 20 Pine Gully Rd; Menü 55 AU$; Di-Sa 17.30 Uhr-open end) Ein herrlich entspanntes Restaurant in einem restaurierten, aus Stein erbauten Stall aus den 1860er-Jahren, umgeben von Olivenhainen und Weinbergen und mit Blick auf die Auen des Murrumbidgee River.

Thirsty Crow Brewing Co　　BIERKNEIPE
(www.thirstycrow.com.au; 31 Kincaid St; Pizza 19-25 AU$; Mo & Di 16-22, Mi-Sa 11-23.30, So 12-21.30 Uhr) Die Leute kommen vor allem wegen der süffigen Biere wie des dunklen Dark Alleyway IPA, lassen sich aber auch gerne eine Holzofenpizza schmecken.

❶ Praktische Informationen

Visitor Centre (1300 100 122; www.visitwagga.com; 183 Tarcutta St; 9-17 Uhr) Hier

---

WAGGAS WEINE & ÖLE

Harefield Ridge (www.cottontailwines.com.au; 562 Pattersons Rd; Mi-So 11.30 Uhr-open end) Weinproben, Verkauf und Restaurant.

Wagga Wagga Winery (02-6922 1221; www.waggawaggawinery.com.au; Oura Rd; Do-So 11-22 Uhr) Weinproben und Restaurant.

Charles Sturt University Winery (www.winery.csu.edu.au; McKeown Dr; Fr-So 11-16 Uhr) Verkostung von Wein, Olivenöl und Käse.

Wollundry Grove Olives (02-6924 6494; www.wollundrygroveolives.com.au; 15 Mary Gilmore St; 11-16 Uhr) Preisgekrönte Olivenöle und Tafeloliven.

kann man sich über alles Mögliche informieren und auch gleich buchen.

ℹ An- & Weiterreise

Qantas (📞13 13 13; www.qantas.com.au) fliegt nur nach Sydney (ab 129 AU$, 1 Std.), **Rex** (📞13 17 13; www.rex.com.au) nach Melbourne (ab 129 AU$, 1¼ Std.) und Sydney (ab 126 AU$, 1¼ Std.).

NSW TrainLink (📞13 22 32; www.nswtrainlink.info) Die Busse starten am **Bahnhof von Wagga** (📞02-6939 5488, 13 22 32), wo man auch Tickets kaufen und Plätze reservieren kann. Züge fahren nach Albury (25 AU$, 1¼ Std.), Melbourne (88 AU$, 5 Std.) und Sydney Central (88 AU$, 6¾ Std.).

GRIFFITH

17 616 EW.

In der kleinen, landwirtschaftlich geprägten Stadt bevölkern überraschend viele Inder, Italiener und Fidschi-Insulaner die Straßen. Diese ethnische und kulturelle Vielfalt zeigt sich auch im kulinarischen Angebot. Schließlich ist Griffith die Wein- und Feinschmeckerhauptstadt der Riverina.

👁 Sehenswertes & Aktivitäten

Pioneer Park Museum   MUSEUM
(📞02-6962 4196; Ecke Remembrance Dr & Scenic Dr; Erw./Kind 10/6 AU$; ⏰9.30–16 Uhr) Für das Museum nördlich der Stadt wurde ein komplettes Dorf aus der Zeit der ersten Europäer in der Riverina aufgebaut. Seit Kurzem ist hier auch eine Weinausstellung zu sehen.

Sir Dudley de Chair Lookout   AUSSICHTSPUNKT
Dieser hübsche Aussichtspunkt in der Nähe der **Hermit's Cave** wurde von einem italienischstämmigen Mann im frühen 20. Jh. für mehrere Jahrzehnte bewohnt. Achtung: Schlangen!

McWilliam's Hanwood Estate   WEINGUT
(www.mcwilliamswine.com; Jack McWilliam Rd, Hanwood; ⏰Verkostungen Di–Sa 10–16 Uhr) Dies ist das älteste Weingut der Region, es stammt von 1913.

De Bortoli   WEINGUT
(www.debortoli.com.au; De Bortoli Rd; ⏰Mo–Sa 9–17, So 9–16 Uhr) Das Weingut ist vor allem für seinen bemerkenswerten Dessertwein *Black Noble* bekannt.

Catania Fruit Salad Farm   FARM
(📞02-6963 0219; www.cataniafruitsaladfarm.com.au; Farm 43, Cox Rd, Handwood; ⏰Besichtigung Feb.–Nov. 13.30 Uhr) Bei der Farmbesichtigung dürfen Besucher nicht nur das hier angebaute Obst probieren, sondern auch sauer eingelegtes Gemüse, Würzsaucen und Marmeladen.

🎉 Feste & Events

UnWINEd   ESSEN & WEIN
(www.unwined-riverina.com; ⏰Juni) Weinverkostungen, öffentliche Mittagessen und Livemusik bis zum Abwinken.

🛏 Schlafen

Myalbangera Outstation   HOSTEL $
(📞0428 130 093; Farm 1646, Rankin Springs Rd, Yenda; B 19–25 AU$, DZ 40–45 AU$; ❄) Das Hostel auf dem Bauernhof befindet sich 12 km außerhalb der Stadt. Die Besitzer vermitteln auch Saisonarbeit.

Banna Suites   APARTMENTS $$
(📞02-6962 5278; www.bannasuites.com; 470 Banna Ave; Apt. mit 1/2 Schlafzi. ab 150/260 AU$) Die schicken und mondänen Apartments liegen günstig an der Hauptstraße.

Grand Motel   MOTEL $$
(📞02-6969 4400; www.grandmotelgriffith.com.au; 454 Banna Ave; Zi. 135–175 AU$; ❄🛜🏊) Hohe Decken und helle, moderne Zimmer, die aber teilweise keine Fenster haben.

> **FESTIVALSTADT DENILIQUIN**
>
> Am langen Wochenende des Labour Day in New South Wales Anfang Oktober erwacht das verschlafene Deniliquin zum Leben und lockt Tausende Besucher in ihren *utes* (australisch für „SUV" = Geländewagen, Pick-up) zum **Ute Muster** (www.deniutemuster.com.au; ⏰Okt.). Gefeiert wird mit Rodeos, Wettbewerben im Kettensägen von Skulpturen und im Holzhacken sowie einem umfassenden Kinderprogramm. Außerdem treten hier häufig die Stars der australischen Musikszene auf.
>
> Nicht nur Musiker, sondern Künstler aller Art und aus aller Welt stehen am Osterwochenende beim **Big Sky Blues & Roots Festival** (www.bigskybluesfestival.com; ⏰Osterwochenende) auf der Bühne. Zu den Höhepunkten der letzten Jahre zählten die Auftritte von Elvis Costello und des funkigen George Clinton.

🍴 Essen

In der Banna Ave liegt ein italienisches Restaurant neben dem anderen.

Roastery — CAFÉ $$
(www.facebook.com/TheRoasteryGriffith; 232 Banna Ave; Hauptgerichte 12–24 AU$; ⊙ Mo–Fr 7–17, Sa & So 8–15 Uhr) Die Kaffeebohnen aus aller Welt werden tatsächlich vor Ort geröstet. Zum besten Kaffee der Stadt bekommt man typische Bistrogerichte und Essen von einer Verkaufstheke. Außerdem werden Weine aus der Riverina ausgeschenkt.

Belvedere — PIZZERIA, ITALIENISCH $$
(www.facebook.com/Belvedereristorante; 494 Banna Ave; Pizza 14–30 AU$, Hauptgerichte 18–30 AU$; ⊙ Di–So 12 Uhr–open end) Das Lokal backt nicht nur die beste Pizza der Stadt, sondern braut auch sein eigenes Bier, das untergärige Tresetti.

La Scala — ITALIENISCH $$
(📞 02-6962 4322; 455b Banna Ave; Hauptgerichte 26–30 AU$; ⊙ Di–Sa 18–21.30 Uhr) In dem mit Wandmalereien geschmückten Lokal wird noch nach der alten Schule gekocht und ein günstiger Weißwein vom Fass ausgeschenkt. Einfach genial!

🛍 Shoppen

Riverina Grove — ESSEN
(📞 02-6962 7988; www.riverinagrove.com.au; 4 Whybrow St) Hier bekommt man eine riesige Auswahl eingelegter Schafskäse und Olivenöle, hausgemachter Marmeladen und Chutneys sowie vieler anderer Köstlichkeiten. Auch werden jede Menge Gratis-Verkostungen angeboten.

ℹ Praktische Informationen

Viele Farmen und Weingüter beschäftigen das ganze Jahr über Erntehelfer. Weitere Infos erteilt das Visitor Centre.

Visitor Centre (📞 02-6962 4145; www.visit griffith.com.au; Ecke Banna Ave & Jondaryan Ave) Informiert und übernimmt Buchungen.

ℹ Anreise & Unterwegs vor Ort

Rex (📞 13 17 13; www.rex.com.au) fliegt nach Sydney (ab 173 AU$, 1¼ Std.).

Mit Ausnahme der Busse von NSW TrainLink, die den Bahnhof anfahren, halten alle Busse vor dem Visitor Centre. Die Busverbindungen nach Melbourne (80 AU$, 9½ Std.) und Sydney (70 AU$, 10¼ Std.) führen über die Ortschaften Mildura (59 AU$, 6 Std.) bzw. Cootamundra (28 AU$, 2¾ Std.).

> **NICHT VERSÄUMEN**
>
> ### ITALIENISCHE KLASSIKER IN GRIFFITH
>
> → **Bertoldo's Bakery** (324 & 150 Banna Ave; ⊙ 8.30–17 Uhr) serviert die besten Cannoli.
>
> → Die beste Focaccias gibt's bei **La Piccola Italian Deli** (444a Banna Ave; ⊙ Mo–Fr 8.30–17.30, Sa 8.30–13, So 9–12 Uhr)
>
> → Das **Belvedere** backt die beste Pizza.

SNOWY MOUNTAINS

Die „Snowies" sind Teil der Great Dividing Range, die hier entlang der Grenze zwischen New South Wales und Victoria verläuft. Hier befindet sich auch der höchste Berg des australischen Festlands, der 2228 m hohe Mt. Kosciuszko (sprich: kos-si-*os*-ko). Das Gebiet ist die einzige Hochgebirgsregion in ganz Australien. Wintersport ist hier von Anfang Juni bis Ende August möglich. Doch auch im Sommer lohnt sich ein Aufenthalt in den Bergen.

ℹ Anreise & Unterwegs vor Ort

Cooma ist zwar das östliche Tor zu den Snowy Mountains, doch vor allem im Sommer ist es günstiger, das Basislager in Jindabyne aufzuschlagen. Im Winter bietet sich das Skigebiet um Thredbo an.

Wer nur Ski fahren möchte, kommt mit dem öffentlichen Nahverkehr überallhin. Im Sommer sollte man jedoch am besten mit dem Auto kommen.

Zum Zeitpunkt der Recherche gab es keine Flüge in die Snowy Mountains.

Greyhound (📞 1300 4739 46863; www.grey hound.com.au) bietet im Winter regelmäßig Skireisen ab Sydney und Canberra an.

Murrays (📞 13 22 51; www.murrays.com.au) Im Winter fahren die Busse von Sydney und Canberra täglich in die Skigebiete. Auch Skireisen werden angeboten.

NSW TrainLink (📞 13 22 32; www.nswtrainlink. info) Die Busse fahren das ganze Jahr über von Cooma nach Canberra (14 AU$, 1¼ Std.) und Sydney Central (53 AU$, 7 Std.). Zur Zeit der Recherche wurde eine Busverbindung von Jindabyne nach Canberra und Cooma getestet.

Snowliner Coaches (📞 02-6452 1584; www. snowliner.com.au) Der während des Schuljahres in New South Wales zwischen Cooma und Jindabyne verkehrende Schulbus darf auch von anderen Fahrgästen benutzt werden (Erw./Kind 15/8 AU$).

V/Line (13 61 96; www.vline.com.au) Die Busse fahren von Canberra nach Cooma (13 AU$, 1¼ Std.).

Jindabyne

Die Stadt liegt den größten Wintersportorten im Kosciuszko National Park am nächsten, und so quartieren sich jeden Winter mehr als 20 000 Besucher hier ein. Im Sommer ist es wesentlich ruhiger. Zu den beliebtesten Aktivitäten gehört dann das Angeln in den Flüssen oder im See; zunehmend wird auch das Mountainbiken auf ausgezeichneten Strecken angepriesen.

🏃 Aktivitäten

Sacred Ride ABENTEUERSPORT
(02-6456 1988, 1300 736 581; www.sacredride.com.au; 6 Thredbo Tce) Der Veranstalter verleiht sämtliche Ausrüstungen und organisiert Touren mit dem Wakeboard, Mountainbike, Kanu und Kajak sowie Wildwasserrafting und Abseilen. Fürs Mountainbiken gibt's keinen besseren!

Mountain Adventure Centre SPORT
(1800 623 459; www.mountainadventurecentre.com.au; Shop 5, Snowline Centre, Ecke Kosciuszko Rd & Thredbo Rd; ⊙ Nov.–Mai 9–16 Uhr, Juni–Okt.

SKIFAHREN IN DEN SNOWYS

In **Thredbo** (1300 020 589; www.thredbo.com.au) und den anderen Wintersportgebieten der Snowy Mountains von **Perisher Blue** (02-6459 4495, 1300 369 909; www.perisherblue.com.au) und **Charlotte Pass** (www.charlottepass.com.au) dauert die Skisaison in der Regel von Anfang Juni bis Ende August.

In Thredbo kommen Skifahrer aller Leistungsstufen auf ihre Kosten. Zur Auswahl stehen der Supertrail (3,7 km), der einfache Village Trail (5 km), der anspruchsvolle Karels T-Bar (5,9 km) und weitere Abfahrten.

Das Wintersportgebiet Perisher Blue umfasst Perisher Valley, Smiggin Holes, Mt. Blue Cow und Guthega.

Charlotte Pass am Fuße des Mt. Kosciuszko ist eines der am höchsten gelegenen sowie ältesten und abgeschiedensten Skigebiete Australiens. Hier kann man auch im Sommer sehr viel unternehmen.

8–18 Uhr) Der Anbieter verkauft und verleiht die Ausrüstungen für Outdoor-Aktivitäten aller Art und organisiert Abenteuertouren. Im Sommer werden Mountainbike- und Kanutouren sowie diverse Wanderungen organisiert, im Winter sind Langlauf, Telemarken und Schneeschuhwanderungen angesagt.

Discovery Holiday Parks BOOTSFAHRTEN
(02-6456 2099; www.discoveryholidayparks.com.au; Ecke Kosciuszko Rd & Alpine Way) Es können Motorboote, Kanus und Tretboote geliehen werden.

🛏 Schlafen

Da die Preise im Winter kräftig in die Höhe schnellen, sollte man unbedingt im Voraus buchen. Die Agenturen **Jindabyne & Snowy Mountains Accommodation Centre** (1800 527 622; www.snowaccommodation.com.au) und **Visit Snowy Mountains** (02-6457 7132; www.visitsnowymountains.com.au) vermitteln Ferienunterkünfte aller Art an Traveller.

Snowy Mountains Backpackers HOSTEL $
(1800 333 468; www.snowybackpackers.com.au; 7-8 Gippsland St; Sommer B/DZ 25/60 AU$, Winter B 30–50 AU$, DZ 90–140 AU$; @) Das preislich angemessene Hostel mitten im Ort hat saubere Schlafsäle, Zimmer mit eigenem Bad und sonnige Gemeinschaftsräume. Zudem gibt's hier gute Tipps zu Verkehrsmitteln und Aktivitäten.

Banjo Paterson Inn HOTEL $$
(02-6456 2372; www.banjopatersoninn.com.au; 1 Kosciuszko Rd; Zi. im Sommer 100–130 AU$, Winter 150–230 AU$) Die besten Zimmer sind die mit Balkon und Blick auf den See. Im Haus befindet sich eine lärmige Bar und sogar eine eigene Kleinbrauerei. Bei Wintersportlern ist das Hotel äußerst beliebt.

🍴 Essen

Haben Besucher im Winter die freie Auswahl zwischen italienischen, indischen, japanischen und mexikanischen Restaurants, ist das Angebot im Sommer sehr viel dürftiger.

Red Door Roastery CAFÉ $
(www.facebook.com/TheRedDoorRoastery; Town Centre Mall; Hauptgerichte 9–16 AU$; ⊙ 7.30–15 Uhr) Mit Blick auf den See genießt man an einem Tisch im Freien den besten Kaffee in „Jindy" und dazu sensationelle Frühstücks-Wraps.

DEN HÖCHSTEN BERG AUSTRALIENS ERKLIMMEN

Australiens höchster Berg ist relativ einfach zu besteigen, auch wenn der Weg bis zum Gipfel etwas anstrengend werden kann. Wenn kein Schnee liegt, kann man auch gut wandern. Allerdings kann sich das Wetter das ganze Jahr über schnell ändern.

Es werden geführte Wanderungen angeboten, etwa die **Mt. Kosciuszko Day Walk** (www.thredbo.com.au; Erw./Kind/Fam. 44/30/88 AU$; Ende Okt.–Ende April Di, Do & Sa 10–15.30 Uhr) oder die **Sunset Tour** (www.thredbo.com.au; Erw. 93 AU$; best. Tage um Weihnachten & Neujahr).

Für Wanderungen auf eigene Faust empfehlen sich folgende Wege:

Mt. Kosciuszko Track Von Thredbo fährt man mit dem **Kosciuszko Express Chairlift** nach oben. Der steil ansteigende Weg von der Bergstation zum Gipfel und zurück ist insgesamt 13 km lang.

Summit Walk Man fährt bis zum Ende der befestigten Straße oberhalb von Charlotte Pass, wo ein breiter Schotterweg beginnt. Der 9 km lange Weg zum Gipfel steigt zum Schluss steil an.

Main Range Track Der anstrengende, 20 km lange Rundweg beginnt ebenfalls oberhalb von Charlotte Pass. Unterwegs durchquert man einige kleine Bäche.

★ Wild Brumby Mountain Schnapps
BISTRO $$

(www.wildbrumby.com; Alpine Way; Hauptgerichte 12–30 AU$; 10–17 Uhr) Der auf halbem Weg zwischen Jindabyne und Thredbo gebrannte Schnaps hat es in sich. Gut, dass man sich auf der Veranda mit einem Bier, Käse und Wurst stärken kann!

★ Café Darya
NAHÖSTLICH $$

(02-6457 1867; www.cafedarya.com.au; Snowy Mountains Plaza; Vorspeisen 14 AU$, Hauptgerichte 29–32 AU$; Di–Sa 18–21 Uhr) Als Vorspeise gibt's dreierlei Dips, als Hauptspeise langsam gegarte Lammkeule mit persischen Gewürzen und Rosenblütenblättern. Bier und Wein muss mitgebracht werden. Nur Bares ist Wahres.

🍷 Ausgehen & Nachtleben

Banjo Paterson Inn
KLEINBRAUEREI & BAR

(www.banjopatersoninn.com.au; 1 Kosciuszko Rd) Das leckere Kosciuszko Pale Ale wird hier vor Ort gebraut. Dazu gibt's ganz ordentliches Essen in Clancy's Bistro. Der hauseigene Nachtclub mit Tanzfläche ist nur im Winter geöffnet.

ℹ️ Praktische Informationen

Snowy Region Visitor Centre (02-6450 5600; www.environment.nsw.gov.au; Kosciuszko Rd; 9–16 Uhr) Das von der Nationalparkverwaltung NPWS unterhaltene Besucherzentrum hat verschiedene Ausstellungen, ein Kino und ein Café. Es informiert über Möglichkeiten zum Angeln und Besichtigungen von Weingütern und Brauereien.

Kosciuszko National Park

Das Kronjuwel unter den Nationalparks in New South Wales erstreckt sich über eine Fläche von knapp 6735 km² und eine Länge von 150 km.

Im Frühling und Sommer sind die Wanderwege und Campingplätze des Parks von blühenden Alpenblumen umgeben. Überall gibt es faszinierende Kalksteinhöhlen und -schluchten, historische Berghütten und Gehöfte zu entdecken. Auch bei Radfahrern und Mountainbikern ist der Park überaus beliebt.

Wer nur durch den Nationalpark fährt, muss keinen Eintritt bezahlen. Bei Übernachtungen in oder Fahrten zum Skigebiet Charlotte Pass hinter Jindabyne werden pro Fahrzeug 16 AU$ für 24 Stunden fällig.

Thredbo

Das in 1370 m Höhe liegende Thredbo wird oft als bester Wintersportort in ganz Australien gerühmt. Mittlerweile werden auch im Sommer diverse Aktivitäten angeboten.

⊙ Sehenswertes & Aktivitäten

Thredbo Landslide Memorial GEDENKSTÄTTE
(Bobuck Lane) Das Denkmal steht an der Stelle der Bobuck Lane, wo 1997 die beiden Skihütten Carinya und Bimbadeen durch einen Erdrutsch zerstört wurden. Die 18 Stützpfeiler der Plattform symbolisieren die 18 Menschen, die bei diesem Ereignis ums Leben kamen.

Bobsled ABENTEUERSPORT
(1/6/10 Abfahrten 7/36/50 AU$; ⊙ganzjährig 10-16.30 Uhr) Die Bobschlitten sausen auf einer 700 m langen Bahn den Berg hinunter.

Kosciuszko Express Chairlift SESSELLIFT
(Tageskarte hin & zurück Erw./Kind 34/18 AU$; ⊙ganzjährig) Die Seilbahn fährt 560 m nach oben. Von der Bergstation kann man bis zum Gipfel des Mt. Kosciuszko aufsteigen.

**Thredbo Snow Sports
Outdoor Adventures** ABENTEUERSPORT
(📞 02-6459 4100; www.thredbo.com.au) Wintersporttouren aller Art.

K7 Kosciuszko Adventures ABENTEUERSPORT
(📞 0421 862 354; www.k7adventures.com) Abenteuertouren im Winter und im Sommer.

🛏 Schlafen

Thredbo YHA Lodge HOSTEL $
(📞 02-6457 6376; www.yha.com.au; 8 Jack Adams Path; Sommer 2BZ 99 AU$, B/2BZ ohne Bad 35/85 AU$; @) Die beste Budgetunterkunft des Ortes hat tolle Gemeinschaftsbereiche. Im Winter steigen die Preise. Erwachsene müssen Mitglied des YHA sein, um hier übernachten zu dürfen.

Candlelight Lodge LODGE $$
(📞 1800 020 900, 02-6457 6318; www.candlelightlodge.com.au; 32 Diggings Tce; EZ/DZ im Winter ab 210/250 AU$, Sommer ab 135/180 AU$; 📞) Die Hütte im Alpenstil hat tolle Zimmer mit schöner Aussicht. Das Restaurant serviert ein sagenhaftes Fondue (nur im Winter).

★**Lake Crackenback Resort** RESORT $$$
(📞 1800 020 524; www.lakecrackenback.com.au; 1650 Alpine Way; Zi. ab 255 AU$; ❄@📶♨) Die Apartments und Chalets des Wellnessresorts am See sind erstklassig, die Restaurants ausgezeichnet, und im Winter wie im Sommer werden jede Menge Aktivitäten angeboten.

🍴 Essen & Ausgehen

Gourmet 42 CAFÉ $
(100 Mowamba Pl, Village Sq; Hauptgerichte 12-19 AU$; ⊙7.30-15 Uhr) Verkaterte Snowboarder und müde Barkeeper treffen sich hier zu Kaffee, Suppen und Pasta.

Knickerbocker MODERN-AUSTRALISCH $$
(📞 02-6457 6844; www.jeanmichelknickerbocker.com.au; Diggings Tce; Hauptgerichte 32-33 AU$; ⊙Sa & So 12-14, Mi-So 18 Uhr-open end) Drinnen herrscht kuschelige Alpengemütlichkeit, auf der Sonnenterrasse kann man in eine Decke eingemummelt die grandiose Aussicht genießen. Nach einem Aperitif in der Bar (ab 16 Uhr) genießt man echte Feinschmeckergerichte.

ℹ Praktische Informationen

Thredbo Visitor Centre (📞 02-6459 4294; www.thredbo.com.au; Friday Dr; ⊙Sommer 9-17 Uhr, Winter 8-18 Uhr) Informiert und übernimmt Buchungen.

Brisbane & Umgebung

Inhalt ➡
Brisbane......................291
North Stradbroke
Island 326
Moreton Island...........329
Granite Belt.................331
Toowoomba................334

Gut essen
- Brew (S. 310)
- Kwan Brothers (S. 311)
- Baker's Arms (S. 309)
- Varias (S. 333)
- Island Fruit Barn (S. 328)

Schön übernachten
- Latrobe Apartment (S. 309)
- Limes (S. 305)
- Bowen Terrace (S. 305)
- Casabella Apartment (S. 306)
- Vacy Hall (S. 335)

Auf nach Brisbane!

Vielleicht ist das dynamisch boomende, aufstrebende Brisbane die am meisten unterschätzte Stadt Australiens. Zwischen die Schleifen des Brisbane River quetschen sich hier üppige Parks, historische Gebäude und Restaurants – und leckerer Kaffee, ein pulsierendes Nachtleben und eine umtriebige Kunstszene gehören auch dazu.

Die Einheimischen sind gern draußen: Ihre Fitness ist so hervorragend wie das Wetter hier. So stehen sichtbar Sportliche hier früh auf, um zu joggen, zu schwimmen, zu radeln, zu paddeln oder zu klettern oder um einfach nur mit dem Hund Gassi zu gehen. Wenn es draußen zu heiß ist, bescheren Buchläden, kosmopolitische Restaurants, Cafés, Bars und viele Bandproberäume Brisbane eine starke Subkultur.

Östlich von „Brizzy" ist die Moreton Bay mit ihren Sandinseln, Stränden und vorbeiziehenden Paraden von Walen, Schildkröten und Delfinen. Westlich liegt das ländliche (ebenso unterschätzte) Drehkreuz Toowoomba und die faszinierende Granite Belt Wine Region, die tolle Tropfen abfüllt.

Reisezeit
Brisbane

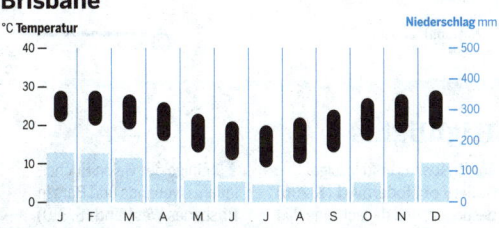

Jan. Im Sommer vergeht Brisbane vor Hitze – eine gute Zeit, um zur North Stradbroke Island zu fahren.

Mai–Aug. Mildkühles Wetter (Jacke mitnehmen!), wolkenloser Himmel – Brisbane vom Feinsten!

Sept. Der Frühling kommt, und mit ihm warme Temperaturen und das künstlerische Brisbane Festival.

Highlights

1 Brisbanes erstklassige **Gallery of Modern Art** (S. 296) besuchen, und danach eine Paddeltour am Streets Beach in den **South Bank Parklands** (S. 296) unternehmen.

2 Live-Comedy im **Brisbane Powerhouse** (S. 320) bestaunen, und das Nachtleben in **Fortitude Valley** (S. 317) erkunden.

3 Einige der vielen Bücherläden, Livebands und Bars in Brisbanes **West End** (S. 319) abchecken.

4 Den **North Gorge Headlands Walk** (S. 326) auf der North Stradbroke Island entlangwandern und Schildkröten, Rochen und Delfine vor der Küste beobachten.

5 Die buschigen Hügel zum **Mt. Coot-tha Lookout** (S. 294) hinaufwandern.

6 Den **Brisbane River** (S. 299) auf einer Fähre queren oder hinauf- und hinuntertuckern.

7 Sich in der **Granite Belt Wine Region** (S. 332) entspannt von Weingut zu Weingut treiben lassen.

BRISBANE IN...

...zwei Tagen
Los geht's in Brisbanes bohemischem West End, z.B. im **Gunshop Café** (S. 314) oder dem **Burrow** (S. 314). Anschließend macht man sich zu den **South Bank Parklands** (S. 296) auf. Danach lohnt sich ein mehrstündiger Aufenthalt in der **Gallery of Modern Art** (S. 296). Später geht es zum Mittagessen in einen der Imbisse am Fluss, und zum Schwimmen an den **Streets Beach** (S. 300). Abends springt man auf eine Fähre zum **Brisbane Powerhouse** (S. 297) in New Farm. Hier gibt's Essen und Trinken und vielleicht sogar eine Aufführung.

Am zweiten Tag geht's in die Innenstadt, wo sich alte und neue Architektur mischen. Die frisch renovierte **City Hall** (S. 295) und das **Museum of Brisbane** (S. 295) im dritten Stock sind einen Blick wert. Anschließend sollte man sich das **Treasury Building** (S. 296) ansehen. Von hier aus steuert man die üppigen **City Botanic Gardens** (S. 295) an. Den Abend lässt man in **Fortitude Valley** ausklingen, z.B mit einem Getränk bei **Alfred & Constance** (S. 317) und einer Nudelsuppe in **Chinatown** (S. 297) – danach lohnt sich ein Streifzug durch die Bars und Clubs.

... vier Tagen
Der dritte Tag beginnt mit einem Besuch in einem der französisch angehauchten Cafés in New Farm. Das **Chouquette** (S. 313) ist nach wie vor schwer zu schlagen. Danach geht's hinüber nach Paddington, wo eine Reihe von Retroshops warten. Anschließend steht der Aussichtspunkt des **Mt. Coot-tha Reserve** (S. 294) auf dem Programm, gefolgt von einem ein- oder zweistündigen Spaziergang in den **Brisbane Botanic Gardens** (S. 294). Danach macht man sich schick für einen Drink und das Abendessen in der Innenstadt. Nach einem Drink im **Super Whatnot** (S. 317) geht's weiter zum Essen ins stylische **E'cco** (S. 310).

Am vierten Tag fährt man mit dem Boot zum **Lone Pine Koala Sanctuary** (S. 295). Geschichten über die Tiere und Pflanzen, die man erspäht hat, erzählt man sich danach bei Bier und Steak im **Breakfast Creek Hotel** (S. 316). Anschließend geht's auf ein paar Bier ins West End, z.B. in die **Archive Beer Boutique** (S. 319). Danach gibt's Livemusik im **Lock'n'Load** (S. 320).

BRISBANE

2.2 MIO. EW.

Brisbanes Reize sind offenkundig: Kunst, Cafés und Bars, tolles Wetter, alte Queensland-Häuser, und die unverkennbare „Los, hol's Dir!"-Einstellung seiner Einwohner. 2011 und 2013 verursachte der Brisbane River vor Ort viel Kummer durch Hochwasser. Doch wahrscheinlich hat gerade er der Stadt ihr Profil verliehen: Die natürlichen Windungen des Flusses unterteilen die Stadt in einen Flickenteppich aus urbanen Dörfern, von denen jedes seinen eigenen Stil und seine eigene Topografie hat: das unkonventionelle, tief gelegene West End, das hippe Paddington in Hügellage, das exklusive New Farm auf einer breiten Halbinsel und das geschniegelte, spitz zulaufende Kangaroo Point. Wer die ganze Vielfalt dieser exzentrischen und lebendigen Hauptstadt von Queensland gebührend kennenlernen und genießen will, zieht daher am besten von Viertel zu Viertel.

Geschichte

Die erste Siedlung im Gebiet um Brisbane wurde 1824 in Redcliffe an der Moreton Bay als Strafkolonie für Härtefälle aus Sydney gegründet. Nachdem es Probleme mit der Wasserversorgung und feindseligen ansässigen Aborigine-Stämmen gegeben hatte (die durch die Siedlung verdrängt worden waren), wurde die Kolonie an das Ufer des Brisbane River verlegt. Hier befindet sich heute das Stadtzentrum. Am neuen Standort bereiteten jedoch betrügerische Wärter Schwierigkeiten und im Jahr 1839 wurde er aufgegeben. 1842 wurde das Gebiet um die Moreton Bay schließlich für freie Siedler geöffnet. Seitdem gewann Brisbane immer mehr an Bedeutung.

Als sich Queensland 1859 von New South Wales trennte, hatte Brisbane rund 6000 Einwohner. Durch die neue Weide- und Goldwirtschaft in den Darling Downs floss großer Reichtum in die Stadt. Grandiose Gebäude wurden errichtet, die den neuen

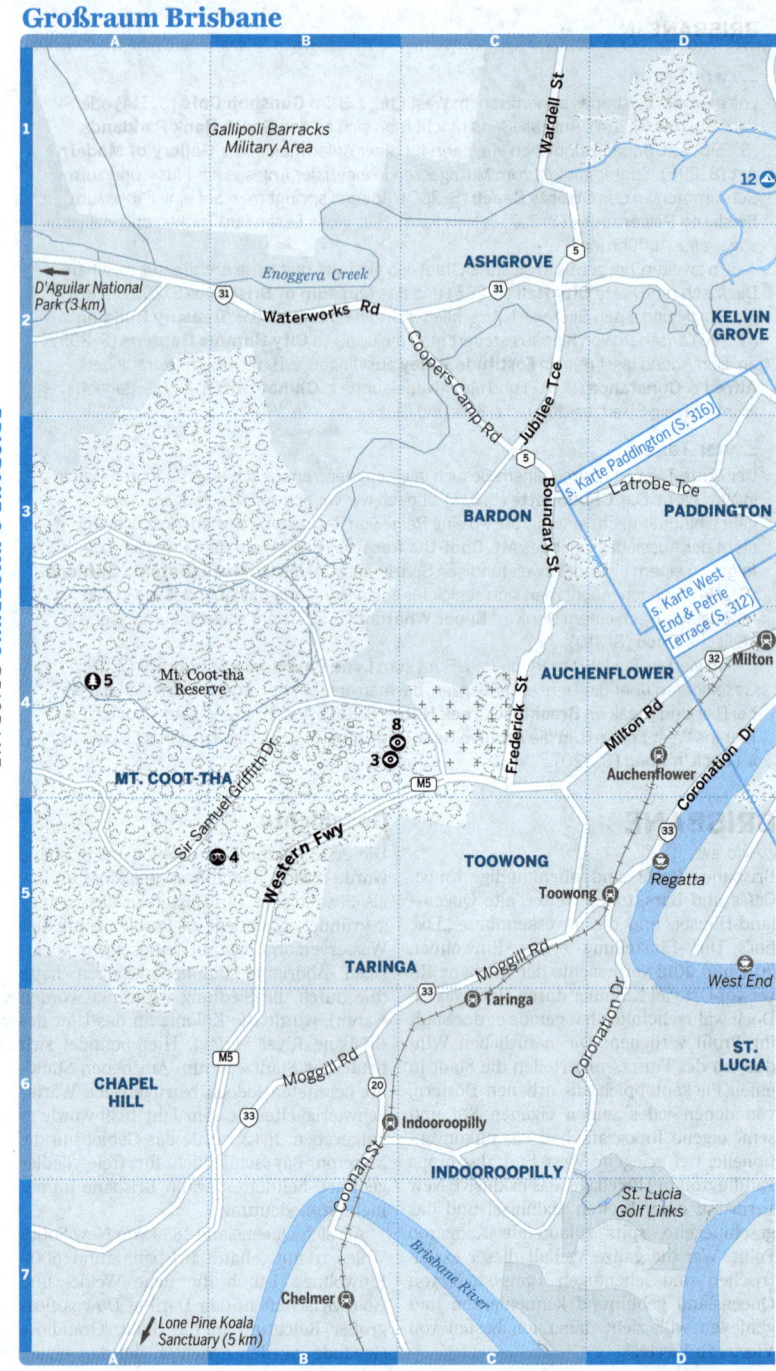

Großraum Brisbane

293

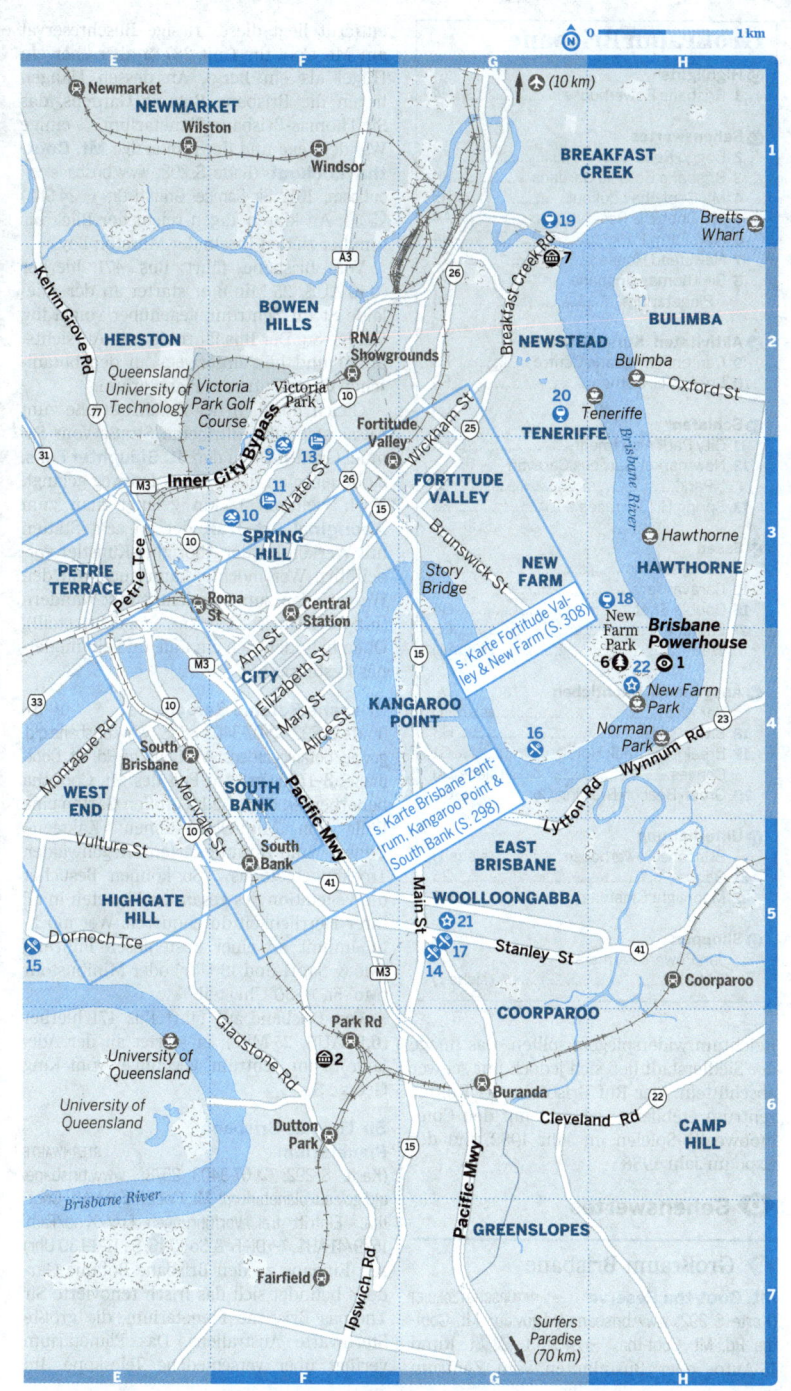

BRISBANE & UMGEBUNG BRISBANE

(10 km) ✈

Newmarket
NEWMARKET
Wilston
Windsor

BREAKFAST CREEK
Bretts Wharf

HERSTON
BOWEN HILLS
RNA Showgrounds
NEWSTEAD
BULIMBA
Bulimba
Oxford St

Kelvin Grove Rd
Queensland University of Technology
Victoria Park Golf Course
Victoria Park
Fortitude Valley
Wickham St
TENERIFFE
Teneriffe
Brisbane River

Inner City Bypass
SPRING HILL
FORTITUDE VALLEY
Water St
Brunswick St
NEW FARM
Hawthorne
HAWTHORNE

PETRIE TERRACE
Petrie Tce
Roma St
Ann St
Central Station
Story Bridge
New Farm Park
Brisbane Powerhouse
New Farm Park
Norman Park
Wynnum Rd

CITY
Elizabeth St
Mary St
Alice St
KANGAROO POINT

Montague Rd
WEST END
South Brisbane
Melville St
SOUTH BANK
Pacific Mwy
South Bank
EAST BRISBANE
Lytton Rd

Vulture St

HIGHGATE HILL
Dornoch Tce
WOOLLOONGABBA
Stanley St
Coorparoo
COORPAROO

Main St
Park Rd

University of Queensland
University of Queensland
Gladstone Rd
Dutton Park
Buranda
Cleveland Rd
CAMP HILL

Brisbane River
Ipswich Rd
Pacific Mwy
GREENSLOPES
Fairfield

Surfers Paradise (70 km)

0 — 1 km

Großraum Brisbane

◎ Highlights
1. Brisbane Powerhouse H4

◎ Sehenswertes
2. Boggo Road Gaol F6
3. Brisbane Botanic Gardens B4
4. Mt. Coot-tha Lookout B5
5. Mt. Coot-tha Reserve A4
6. New Farm Park H4
7. Newstead House G2
8. Sir Thomas Brisbane
   Planetarium B4

◎ Aktivitäten, Kurse & Touren
9. Centenary Aquatic Centre F3
10. Spring Hill Baths F3

◎ Schlafen
11. City Park Apartments F3
12. Newmarket Gardens Caravan
    Park D1
13. Spring Hill Terraces F3

◎ Essen
14. Baker's Arms G5
15. Caravanserai E5
16. Double Shot G4
17. Enoteca G5
    Watt .... (siehe 1)

◎ Ausgehen & Nachtleben
    Bar Alto ....(siehe 1)
18. Bitter Suite H3
19. Breakfast Creek Hotel G1
    Canvas ....(siehe 14)
20. Green Beacon Brewing Co G2

◎ Unterhaltung
    Brisbane Powerhouse .... (siehe 1)
21. Gabba G5
22. Moonlight Cinema H4

◎ Shoppen
    Jan Powers Farmers
    Market ....(siehe 1)

Reichtum widerspiegeln sollten. Das Image der Siedlerstadt ließ sich jedoch nur schwer abschütteln. Der Ruf Brisbanes als Kulturzentrum etablierte sich erst mit den Commonwealth-Spielen im Jahr 1982 und der Expo im Jahr 1988.

◎ Sehenswertes

◉ Großraum Brisbane

Mt. Coot-tha Reserve NATURSCHUTZGEBIET
(Karte S. 292; www.brisbane.qld.gov.au; Mt. Coot-tha Rd, Mt. Coot-tha; ⊙24 Std.) GRATIS Rund 15 Auto- oder Busminuten vom Zentrum entfernt liegt dieses riesige Buschreservat am Mt. Coot-tha (mit 287 m aber eher ein Hügel als ein Berg). An dessen Hängen liegen die Brisbane Botanic Gardens, das Sir-Thomas-Brisbane-Planetarium, einige Wanderwege und der großartige **Mt. Coot-tha Lookout** (Karte S. 292; www.brisbanelookout.com; 1012 Sir Samuel Griffith Dr; ⊙24 Std.) GRATIS. An klaren Tagen reicht der Blick bis hinüber zu den Inseln der Moreton Bay.

Von Brisbane fährt Bus 471 hierher (6,10 AU$, 25 Min.); er startet an der Adelaide St im Zentrum, gegenüber vom King George Sq. Der Bus fährt bis zum Aussichtspunkt und hält unterwegs an den botanischen Gärten und am Planetarium.

Gleich nördlich der Zufahrtsstraße zum Aussichtspunkt führt eine Straße vom Samuel Griffith Dr zu den **JC Slaughter Falls**, zu denen man nach 700 m Fußweg gelangt. Nach weiteren 1,5 km gelangt man zum **Aboriginal Art Trail**, der an acht Stätten mit Werken lokaler Aborigine-Künstler vorbeiführt. Wer möchte, kann auch von den Wasserfällen zum Aussichtspunkt wandern (hin & zurück ca. 4 km; Vorsicht, steil!). Oben befinden sich ein Café und ein modernes Restaurant.

Brisbane Botanic Gardens GÄRTEN
(Karte S. 292; ☎07-3403 8888; www.brisbane.qld.gov.au/botanicgardens; Mt. Coot-tha Rd, Mt. Coot-tha; ⊙8-17.30 Uhr) Am Fuß des Mt. Coot-tha beherbergen diese 52 ha großen Gärten eine Fülle von Mini-Ökosystemen: Kakteen-, Bonsai- und Kräutergärten, Regenwälder, Trockengebiete usw. So können Besucher die Vegetation des gesamten Planeten in all ihrer Herrlichkeit durchqueren. Wer möchte, nimmt an einer kostenlosen Führung (Mo & Sa, 11 und 13 Uhr) oder Minibustour (Mo-Fr, 10.30 Uhr) teil.

Von Brisbane aus fährt Bus 471 hierher (6,10 AU$, 25 Min.); er startet an der Adelaide St im Zentrum, gegenüber vom King George Sq.

**Sir Thomas Brisbane
Planetarium** STERNWARTE
(Karte S. 292; ☎07-3403 2578; www.brisbane.qld.gov.au/planetarium; Mt. Coot-tha Rd, Mt. Coot-tha; Eintritt frei, Vorführungen Erw./Kind/Fam. 15/9/41 AU$; ⊙Di–Fr & So 10-16, Sa 11–19.30 Uhr) Am Eingang zu den Brisbane Botanic Gardens befindet sich das frisch renovierte Sir Thomas Brisbane Planetarium, die größte Sternwarte Australiens. Das Planetarium verfügt über verschiedene Teleskope. Im

Cosmic Skydome gibt es zehn regelmäßige Kosmos-Vorführungen, bei denen die Stimmen von Größen wie Harrison Ford und Ewan McGregor erklingen (Reservierung empfohlen).

Ab Brisbane fährt Bus 471 hierher (6,10 AU$, 25 Min.); er startet an der Adelaide St, gegenüber vom King George Sq.

Lone Pine
Koala Sanctuary   NATURSCHUTZGEBIET
(07-3378 1366; www.koala.net; 708 Jesmond Rd, Fig Tree Pocket; Erw./Kind/Fam. 30/20/72 AU$; 9–17 Uhr) Rund 12 km südlich vom Zentrum erstreckt sich das Lone Pine Koala Sanctuary auf einem Stück Parkland am Fluss. Neben Tierarten wie Kängurus, Opossums, Wombats oder heimischen Vögeln beheimatet es auch ca. 130 Koalas. Letztere sind so unsagbar süß, dass die meisten Besucher gern die 16 AU$ für ein Knuddelfoto hinblättern. Den ganzen Tag über finden Tiershows statt.

Hierher fährt Bus 430 vom Busbahnhof an der Queen St (7,20 AU$, 45 Min.), außerdem fahren Boote von **Mirimar** (1300 729 742; www.miramar.com; inkl. Parkeintritt pro Erw./Kind/Fam. 55/33/160 AU$). Diese legen täglich um 10 Uhr am Cultural Centre Pontoon in South Bank neben der Victoria Bridge ab (Rückfahrt vom Lone Pine um 13.45 Uhr).

Newstead House   HISTORISCHES GEBÄUDE
(Karte S. 292; www.newsteadhouse.com.au; Ecke Breakfast Creek Rd & Newstead Ave, Newstead; Erw./Kind/Fam. 9/6/20 AU$; Mo–Do 10–16, So 14–17 Uhr) Brisbanes ältestes Haus (erb. 1846) thront auf einem luftigen Hügel über dem Fluss und bietet eine hübsche Aussicht auf denselben. In dem schlichten, L-förmigen Bau in Pfirsichtönen kann man schmucke viktorianische Möbeln, Antiquitäten, Kleidungsstücke u. a. aus dieser Ära bestaunen. Er ist von gepflegten Gärten umgeben, in denen auch eine große Transformatorenstation steht – ein optischer Horror für Hochzeitsfotografen. Am Sonntagnachmittag gibt's Gratiskonzerte.

Zentrum

★ City Hall   HISTORISCHES GEBÄUDE
(Karte S. 298; 07-3403 8463; www.brisbane.qld.gov.au; King George Sq; 9–17 Uhr) GRATIS Der schöne Sandsteinbau am King George Sq stammt aus den 1930-Jahren und wird vorne von einer Reihe korinthischer Riesensäulen flankiert. Die Glocken des 85 m hohen Uhrenturms tönen noch immer über die Dächer der Stadt. 2013 wurde das Rathaus nach dreijähriger Renovierung wiedereröffnet. Kostenlose Führungen finden stündlich zwischen 10.15 und 15.30 Uhr statt; kostenlose Führungen zum Uhrenturm gibt es viertelstündlich zwischen 10.45 und 16.45 Uhr. Für Rathaus-Führungen kann man sich per Telefon anmelden; für Uhrenturm-Führungen gilt: Wer zuerst kommt, mahlt zuerst. Das Rathaus beheimatet auch das hervorragende Museum of Brisbane.

★ Museum of Brisbane   MUSEUM
(Karte S. 298; 07-3339 0800; www.museumofbrisbane.com.au; Level 3, Brisbane City Hall, King George Sq; 10–17 Uhr) GRATIS In Brisbanes renovierter City Hall befindet sich dieses hervorragende kleine Museum, das Brisbane von allen Seiten beleuchtet. Interaktive Exponate beschäftigen sich sowohl mit der Sozialgeschichte als auch mit der Kulturlandschaft der Stadt. Es gibt drei Dauerausstellungen: zur Geschichte und zu den Inseln der Moreton Bay (mit exzellenten Informationen zum Aborigine-Erbe), über die Geschichte des Brisbane River und über David Malouf, den Kultschriftsteller aus Queensland, mit Werken von fünf Künstlern, die von seinem Schaffen beeinflusst wurden.

Commissariat Store Museum   MUSEUM
(Karte S. 298; www.queenslandhistory.org; 115 William St; Erw./Kind/Fam. 6/3/12 AU$; Di–Fr 10–16 Uhr) Das frühere staatliche Lagerhaus wurde 1829 von Sträflingen errichtet und ist Brisbanes ältestes bewohntes Gebäude. Das tadellos präsentierte kleine Museum im Inneren widmet sich der lokalen Strafvollzugs- und Kolonialgeschichte. Die „Sträflingsfinger" und die Ausstellung zu Italienern in Queensland nicht verpassen!

City Botanic Gardens   PARK
(Karte S. 298; www.brisbane.qld.gov.au; Alice St; 24 Std.;) Brisbanes beliebteste Grünfläche erstreckt sich vom Campus der Queensland University of Technology hinunter zum Fluss. Auf den vielen Rasenflächen tummeln sich verschlungene Moreton-Bay-Feigenbäume, Bunya-Bunya-Bäume, Macadamia-Bäume und Tai-Chi-Gruppen. Kostenlose Führungen starten täglich um 11 und um 13 Uhr an der Rotunde.

Old Government House   HISTORISCHES GEBÄUDE
(Karte S. 298; 07-3138 8005; www.ogh.qut.edu.au; 2 George St; So–Fr 10–16 Uhr) GRATIS Der

staatliche Stararchitekt Charles Tiffin entwarf dieses Juwel im Jahr 1862 als angemessene vornehme Residenz für Sir George Bowen, Queenslands ersten Gouverneur. Das Gebäude gilt als Queenslands wichtigstes historisches Gebäude. 2009 wurde das prächtige Innere renoviert. Von Dienstag bis Donnerstag finden morgens kostenlose Führungen statt (Reservierung per Telefon).

Treasury Building HISTORISCHES GEBÄUDE
(Karte S. 298; www.treasurybrisbane.com.au; Ecke Queen & William St; 24 Std.) GRATIS Das herrliche Treasury Building im italienischen Renaissancestil (erb. 1889) steht am Westende der Queen St Mall. Statt Steuereintreibern beherbergt es heute Brisbanes Kasino.

Gegenüber erhebt sich das gleichermaßen großartige Fünfsternehotel Treasury (S. 304) im früheren **Land Administration Building** am Rand eines Rasenplatzes.

⊙ South Bank

Gegenüber vom Central Business District (CBD) liegt Brisbanes kulturelles Epizentrum gleich jenseits der Victoria Bridge in South Bank: Das riesige **Queensland Cultural Centre** beherbergt vier Museen, die Queensland State Library und diverse Konzert- bzw. Theatersäle.

★ Gallery of Modern Art GALERIE
(GOMA; Karte S. 298; www.qagoma.qld.gov.au; Stanley Pl; 10–17 Uhr;) GRATIS Die GOMA besteht ganz aus verwinkeltem Glas, Beton und schwarzem Metall. Ein Besuch ist Pflicht: Hier steht australische Kunst von den 1970er-Jahren bis heute im Mittelpunkt. Die ständig wechselnden, oft auch fordernden Ausstellungen reichen von Malerei, Bildhauerei und Fotografie bis hin zu Videos, Installationen und Filmen. Hinzu kommen ein künstlerisch geprägter Buchladen, Erlebnisräume für Kinder, ein Café und Gratisführungen (11, 13 & 14 Uhr). Großartig!

South Bank Parklands PARK
(Karte S. 298; www.visitsouthbank.com.au; Grey St; Sonnenaufgang–Sonnenuntergang) Diese schöne Grünanlage empfängt Besucher mit Veranstaltungsbühnen, Skulpturen, Straßenkünstlern, Restaurants, Bars, kleinen Regenwaldhainen, Grillplätzen, Lauben voller Bougainvilleen und versteckten Rasenflächen. Die Hauptattraktionen: Der Streets Beach ist ein kitschiger künstlicher Badestrand im Stil einer Tropenlagune (am Wochenende sehr voll). Das **Wheel of Brisbane** (Karte S. 298; 07-3844 3464; www.thewheelofbrisbane.com.au; Grey St; Erw./Kind/Fam. 17,50/12/50 AU$; Mo–Do 11–21.30, Fr & Sa 10–23, So 10–22 Uhr) erinnert an das Londoner Riesenrad und wartet in 60 m Höhe mit Rundumblick auf. Während der klimatisierten (!), ca. zehnminütigen Fahrt ist ein Audiokommentar zu hören.

Queensland Art Gallery GALERIE
(QAG; Karte S. 298; www.qagoma.qld.gov.au; Melbourne St; 10–17 Uhr) GRATIS Die hervorragende Dauerausstellung zeigt australische Kunst aus der Zeit zwischen den 1840er- und 1970er-Jahren, darunter Werke gefeierter Künstler wie Sir Sydney Nolan, Arthur Boyd, William Dobell und George Lambert. Kostenlose Führungen finden um 11, 13 und 14 Uhr statt.

Queensland Museum & Sciencentre MUSEUM
(Karte S. 298; www.southbank.qm.qld.gov.au; Ecke Grey & Melbourne St; Queensland Museum Eintritt frei, Sciencentre Erw./Kind/Fam. 14,50/11,50/44,50 AU$; 9.30–17 Uhr) Interessante Ausstellungen geben hier einen Überblick über die Geschichte des Bundesstaats: Zu sehen sind z. B. Queenslands eigene Dinosaurier (den *Muttaburrasaurus* alias Mutt) oder die winzige *Avian Cirrus*, mit der Bert Hinkler aus Queensland und den ersten Alleinflug von Australien nach England absolvierte (1928). Im Freien bietet die „Whale Mall" Snacks und Walgesänge.

⊙ Fortitude Valley

Chinatown STADTVIERTEL
(Karte S. 308; Duncan St; 24 Std.) Brisbanes Chinatown säumt nur eine einzige Straße (unbedingt die Nachbildung des Torbogens aus der Tang Dynastie und die Löwen am Ende der Ann St anschauen), ist aber genauso kunterbunt und vielfältig duftend wie ihre Pendants in Sydney oder Melbourne. Glasierte Pekingenten hängen hier hinter beschlagenen Scheiben, während die Aromen von thailändischem, chinesischem, vietnamesischem, laotischem und japanischem Essen die Luft schwängern. Im Sommer gibt's kostenloses Freiluftkino; zum chinesischen Neujahrsfest ist hier stets die Hölle los.

Institute of Modern Art GALERIE
(IMA; Karte S. 308; www.ima.org.au; 420 Brunswick St, Fortitude Valley; Di–Sa 12–18, Do bis 20 Uhr)

ABSEITS DER ÜBLICHEN PFADE

D'AGUILAR NATIONAL PARK

Genug von der Stadt? Die Lust auf Wildnis kann in diesem 500 km² großen **Nationalpark** (www.nprsr.qld.gov.au/parks/daguilar; 60 Mount Nebo Rd, The Gap) gestillt werden, der nur 10 km nordwestlich des Zentrums liegt, dabei aber dennoch einer anderen Welt anzugehören scheint (ausgesprochen wird er: „di-ag-lar"). Am Parkeingang befindet sich das **Walkabout Creek Visitor Information Centre** (07-3512 2300; www.walkabout creek.com.au; Naturzentrum Erw./Kind/Fam. 6,80/3,30/17,10 AU$; 9–16.15 Uhr), in dem es auch Karten gibt. Hier befindet sich zudem das **South East Queensland Wildlife Centre**, in dem man Schnabeltiere, Echsen, Pythons und Gleitbeutler sehen kann. Außerdem gibt es eine Voliere und ein Café. Eine millionenteure Sanierung des Geländes ist geplant und soll 2020 abgeschlossen sein.

Die Wanderwege im Park sind einige Hundert Meter oder bis zu 13 km lang. Darunter befindet sich der 6 km lange Morelia Track, der am Manorina-Aufenthaltsbereich beginnt, und der 4,3 km lange Greene's Falls Track, der in Mt. Glorious beginnt. Wer möchte, kann hier auch Mountainbiken oder Reiten. Im Park gibt es außerdem mehrere **Campingplätze** (13 74 68; http://parks.nprsr.qld.gov.au/permits; pro Person 5,75 AU$), für die keine Reservierung erforderlich ist. Am Besucherzentrum beginnen einige Spazierwege (1,5 km und 5 km lang); die anderen Wanderungen starten weiter entfernt (um zum Startpunkt zu kommen, braucht man ein Auto).

Bus 385 (7,20 AU$, 30 Min.) fährt von der Roma St Station zum Gap Park 'n' Ride. Die restlichen paar Hundert Meter geht's zu Fuß weiter.

GRATIS Diese hervorragende nichtkommerzielle Galerie im Judith Wright Centre of Contemporary Arts (S. 320) zeigt Werke lokaler Größen. Im Industrieambiente trumpft die freche kleine Cousine der GOMA mit gewagter, progressiver Experimentalkunst für Erwachsene auf.

New Farm

★ **Brisbane Powerhouse** KUNSTZENTRUM
(Karte S. 292; www.brisbanepowerhouse.org; 119 Lamington St, New Farm; Mo–Fr 9–17, Sa & So 10–16 Uhr) **GRATIS** Das Powerhouse am Ostrand des New Farm Park ist ein ehemals baufälliges Elektrizitätswerk, das in ein hervorragendes Zentrum für Gegenwartskunst umgewandelt wurde. Seine Backsteinmauern beherbergen Graffitireste, alte Industriemaschinen und Lampen, die aus ehemaligen Transformatoren bestehen. Hier werden Bildende Künste, Komödien und (viele kostenlose) Konzerte präsentiert und es gibt Essens-und-Wein-Events. Hinzu kommen zwei Restaurants am Fluss. Eine kostenlose App bietet eine Audiotour durch dieses fantastische historische Gebäude.

New Farm Park PARK
(Karte S. 292; www.newfarmpark.com.au; Brunswick St, New Farm; 24 Std.;) Der New Farm Park, am Ende der Brunswick St, ist ein großer, offener Park am Fluss mit Picknickbereichen und Gasgrills, Jacarandabäumen, Rosengärten und kostenlosem WLAN. Der Spielplatz – eine an Robinson Crusoes Baustil erinnernde Aneinanderreihung von Plattformen unter riesigen Moreton-Bay-Feigenbäumen – ist bei Kindern besonders beliebt. Hier finden außerdem der Jan Powers Farmers Market (S. 323) und das Moonlight Cinema (S. 320) statt.

Aktivitäten

Fallschirmspringen & Ballonfahren

Jump the Beach Brisbane FALLSCHIRMSPRINGEN
(1300 800 840; www.jumpthebeachbrisbane.com.au; Fallschirmsprung ab 279 AU$) Holt Kunden im CBD ab und bietet Tandemsprünge über Brisbane, bei denen man am Strand von Redcliffe landet.

Fly Me to the Moon BALLONFAHREN
(07-3423 0400; www.brisbanehotairballooning.com.au; Erw./Kind inkl. Transfer & Frühstück ab 299/230 AU$) Einstündige Heißluftballonfahrten über Brisbane.

Inlineskating

Das Riverlife Adventure Centre verleiht Skates und Ausrüstung.

Planet Inline SKATING
(Karte S. 298; 0413 099 333; www.planetinline.com; Goodwill Bridge; Touren 15 AU$) Mittwochnacht erobern die Teilnehmer der Ska-

Brisbane Zentrum, Kangaroo Point & South Bank

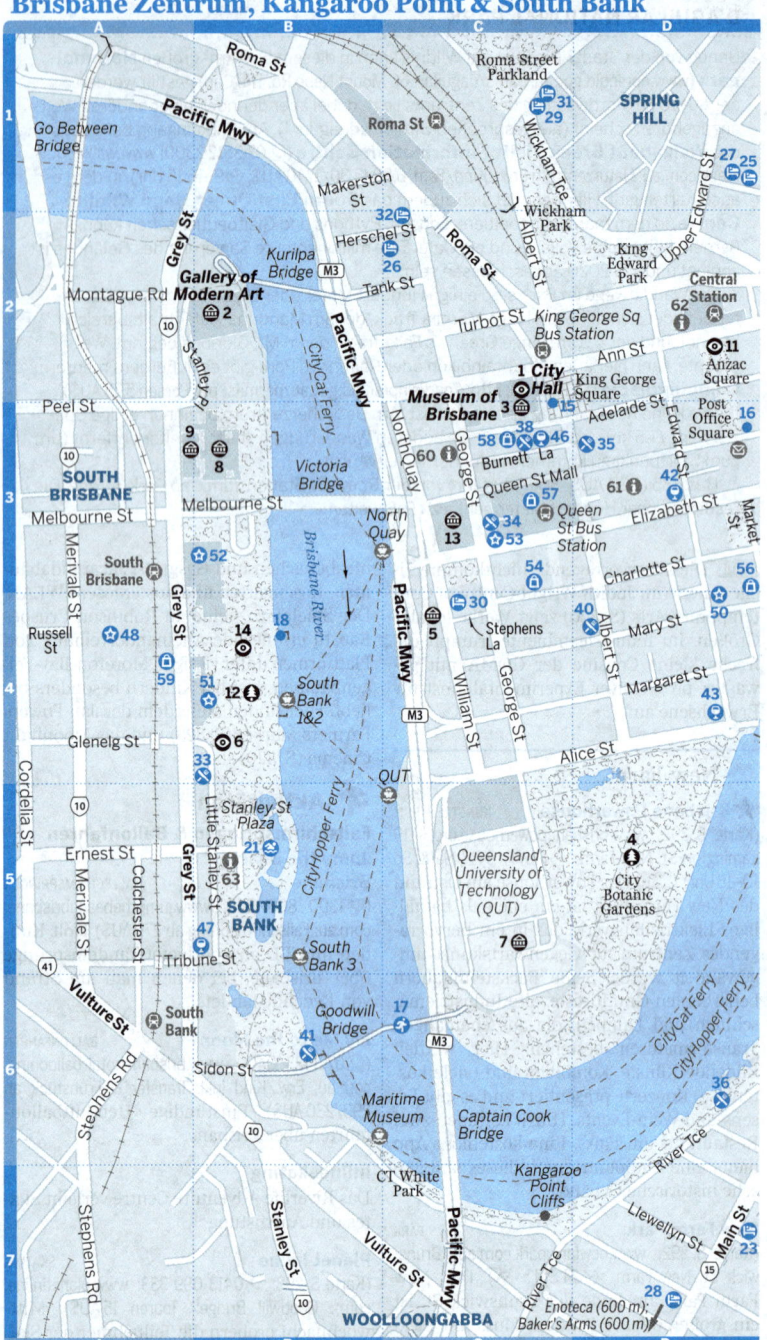

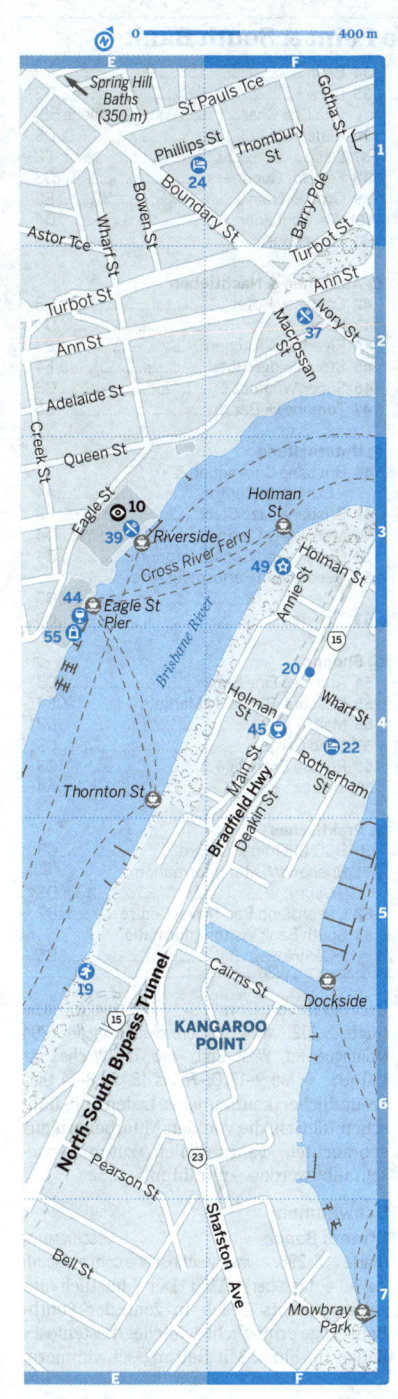

tingtouren von Planet Inline die Straßen. Die Touren starten um 19.15 Uhr am oberen Ende der Goodwill Bridge. Samstagmorgen veranstaltet Planet Inline Frühstückstouren und nachmittags wöchentlich wechselnde dreistündige Touren.

Klettern/Abseilen
Story Bridge
Adventure Climb ABENTEUERTOUR

(Karte S. 298; 1300 254 627; www.sbac.net. au; 170 Main St, Kangaroo Point; Erw./Kind ab 99/85 AU$) Ob tagsüber, nachts oder in der Morgen- bzw. Abenddämmerung: Brückenklettern in Brisbane ist für Adrenalinjunkies Pflicht und bietet einen unschlagbaren Blick auf die Stadt. Der Aufstieg an der südlichen Brückenhälfte (2½ Std.; Mindestalter 10 Jahre) erfolgt 80 m über dem kurvigen, schlammigen Brisbane River. Abseilen ist ebenfalls im Angebot.

Riverlife Adventure Centre KLETTERN

(Karte S. 298; 07-3891 5766; www.riverlife.com. au; Naval Stores, Kangaroo Point Bikeway, Kangaroo Point; 9–17 Uhr) Nahe den 20 m hohen Felsen am Kangaroo Point bietet Riverlife u. a. Klettern (ab 55 AU$), Abseilen (45 AU$) und Flusstouren mit dem Kajak (ab 45 AU$) an. Es gibt auch einen Verleihservice (Fahrrad/Inlineskates pro 4 Std. 35/40 AU$, Kajak 35 AU$/2 Std.).

Urban Climb KLETTERN

(Karte S. 312; 07-3844 2544; www.urbanclimb. com.au; 2/220 Montague Rd, West End; Erw./Kind 20/18 AU$; Mo–Fr 12–22, Sa & So 10–18 Uhr) Riesige Indoor-Kletterwand mit 200 Routen.

Radfahren

Brisbane ist hügelig, aber dennoch eine der fahrradfahrerfreundlichsten Städte Australiens. Das Radwegenetz umfasst über 900 km, darunter Strecken am Brisbane River entlang. Eine schöne Route führt von den City Botanic Gardens über die Goodwill Bridge hinaus zur University of Queensland. Die Strecke ist 7 km lang (einfach); unterwegs kann man auf ein Bier im Regatta-Pub in Toowong vorbeischauen.

Die Mitnahme von Fahrrädern in Zügen ist gestattet, außer werktags zu Stoßzeiten. Fahrräder dürfen auch auf CityCats und anderen Fähren mitgenommen werden (kostenlos).

CityCycle FAHRRADVERLEIH

(1300 229 253; www.citycycle.com.au; Verleih pro Std./Tag 2,20/165 AU$, erste 30 Min. kosten-

Brisbane Zentrum, Kangaroo Point & South Bank

◉ Highlights
1 City Hall C2
2 Gallery of Modern Art B2
3 Museum of Brisbane C3

◉ Sehenswertes
4 City Botanic Gardens D5
5 Commissariat Store Museum C4
6 Courier-Mail Piazza B4
7 Old Government House C5
8 Queensland Art Gallery B3
9 Queensland Museum &
　Sciencentre A3
10 Riverside Centre E3
11 Shrine of Remembrance D2
12 South Bank Parklands B4
13 Treasury Building C3
14 Wheel of Brisbane B4

◉ Aktivitäten, Kurse & Touren
15 Brisbane Greeters C3
16 CitySights D3
17 Planet Inline C6
18 River City Cruises B4
19 Riverlife Adventure Centre E5
20 Story Bridge Adventure Climb F4
21 Streets Beach B5

◉ Schlafen
22 Bridgewater Apartments F4
23 EconoLodge City Star Brisbane D7
24 Kookaburra Inn E1
25 Mantra Terrace D1
26 Meriton Serviced Apartments C2
27 Punthill Brisbane D1
28 Queensland Motel D7
29 Soho Motel C1
30 Treasury C4
31 Urban Brisbane C1
32 X-Base Brisbane Uptown C2

◉ Essen
33 Ahmet's B4

34 Bean C3
35 Brew D3
　Cha Cha Char .... (siehe 55)
36 Cliffs Cafe D6
37 E'cco F2
38 Felix for Goodness C3
39 Groove Train E3
40 Miel Container D4
41 Stokehouse B6

◉ Ausgehen & Nachtleben
42 Embassy Hotel D3
43 Nant D4
44 Riverbar & Kitchen C3
45 Story Bridge Hotel F4
46 Super Whatnot C3
47 Tomahawk Bar B5

◉ Unterhaltung
48 Brisbane Convention &
　Exhibition Centre A4
49 Brisbane Jazz Club F3
50 Metro Arts Centre D4
51 Queensland Conservatorium B4
52 Queensland Performing Arts
　Centre B3
53 Ticketek C3

◉ Shoppen
54 Archives Fine Books C3
55 Brisbane Riverside Markets E4
56 Malt Traders D3
57 Mind Games C3
58 Record Exchange C3
59 Title A4

◉ Praktisches
60 BCC Customer Centre C3
61 Brisbane Visitor Information
　Centre D3
62 Queensland Rail Travel Centre D2
63 South Bank Visitor Information
　Centre B5

---

los; ⊙ Verleih 5–22 Uhr, Rückgabe 24 Std.) Brisbanes öffentliches Bikesharing-Programm ist hervorragend! Einfach auf der Website anmelden (pro Tag/Woche/Vierteljahr 2/11/27,50 AU$) und ein Fahrrad von einer der 150 Fahrradstationen in der Stadt ausleihen (zusätzliche Gebühr). Es ist sehr teuer, Fahrräder länger als eine Stunde zu leihen, daher sollte man von den ersten 30 Minuten, die kostenlos sind, Gebrauch machen, von Station zu Station fahren, und das Fahrrad wechseln. Manchmal sind Schutzhelme und Schlösser im Preis inbegriffen, oft aber auch nicht. Auf der Website gibt's Infos zu Geschäften, in denen man beides kaufen kann.

Bicycle Revolution FAHRRADVERLEIH
(Karte S. 312; www.bicyclerevolution.org.au; 294 Montague Rd, West End; pro Tag/Woche 35/150 AU$; ⊙ Mo 9–17, Di–Fr bis 18, Sa 8–14 Uhr) Freundlicher kommunaler Laden mit hübschen Rädern, die von den Mitarbeitern aus gebrauchten Fahrradteilen zusammengeschraubt werden – ultrahipp.

Schwimmen
Streets Beach SCHWIMMEN
(Karte S. 298; www.visitbrisbane.com.au/south-bank; ⊙ tagsüber) GRATIS Der künstlich angelegte Streets Beach in zentraler South-Bank-Lage ermöglicht schnelles, kostenloses Baden im Fluss. Mit Rettungsschwimmern,

kreischenden Kindern, Strandschönheiten, posenden Muskelmännern und Eiskarren bietet er das komplette Programm.

Centenary Aquatic Centre — SCHWIMMEN
(Karte S. 292; ☎ 1300 332 583; www.cityaquatics.com.au; 400 Gregory Tce, Spring Hill; Erw./Kind/Fam. 5,10/3,70/15,60 AU$; ⊕ Mo–Do 5–20, Fr 5–18, Sa & So 7–18 Uhr) Das beste Schwimmbad der Stadt wurde kürzlich renoviert. Hier gibt es ein Olympiabecken und ein Tauchbecken mit hohem Sprungturm.

Spring Hill Baths — SCHWIMMEN
(Karte S. 292; ☎ 1300 733 053; www.cityaquatics.com.au; 14 Torrington St, Spring Hill; Erw./Kind/Fam. 5,10/3,70/15,60 AU$; ⊕ Mo–Do 6.30–19, Fr bis 18, Sa & So 8–17 Uhr) Wunderbar altmodisches Schwimmbad (aus dem Jahr 1886) mit einem beheizten 25-m-Becken, umgeben von reizenden Holzumkleiden. Dies ist eines der ältesten Schwimmbäder auf der südlichen Halbkugel.

Stadtspaziergänge
Wer sich die Füße vertreten will, sollte einen der hervorragenden Kunst- und Kulturspaziergänge unternehmen. Mehr Infos gibt's unter www.brisbane.qld.gov.au/facilities-recreation/sports-leisure/walking/walking-trails.

Leider wurde der hervorragende Spazierweg am Fluss während des Hochwassers im Jahr 2011 zerstört. Ein Spaziergang am Flussufer ist dennoch nach wie vor ein Highlight. Ein neuer 72 Mio. AU$ teurer und gegen Hochwasser gesicherter Riverwalk befindet ich im Bau und sollte 2015 eröffnet werden (einschließlich eines Abschnitts, der New Farm mit dem CBD verbindet).

🖝 Geführte Touren

CityCat — BOOTSFAHRT
(☎ 13 12 30; www.translink.com.au; einfache Strecke 6,10 AU$; ⊕ 5.25–23.50 Uhr) Für einen Sightseeing-Trip mit Stil empfiehlt sich eine der eleganten CityCat-Flussfähren auf dem Brisbane River: Auf deren Freiluftdecks stehend, gleitet man unter der Story Bridge hindurch Richtung South Bank und Zentrum. Die Kähne pendeln zwischen der University of Queensland im Südwesten und der Apollo Road nördlich der Stadt (alle 15–30 Min.). Unterwegs legen sie an 14 Stationen an – darunter New Farm Park, North Quay (gen CBD), South Bank und West End.

Brisbane Bicycle Tours — FAHRRADTOUR
(☎ 0417 462 875; www.brisbanebicycletours.com.au; 2/4-stündige Touren ab 50/75 AU$) Wer die River City, das Zentrum oder das Flussufer mit dem Fahrrad erkunden möchte, ist hier richtig. Auf den gemütlichen Fahrradtouren (ideal für alle, die schon länger nicht mehr auf einem Drahtesel gesessen sind) legt man unterwegs viele Stopps ein.

CitySights — GEFÜHRTE TOUR
(Karte S. 298; www.citysights.com.au; Tagesticket Erw./Kind/Fam. 35/20/80 AU$; ⊕ 9–15.45 Uhr) Diese Bustouren mit beliebigem Aus- und Zusteigen klappern 19 von Brisbanes Attraktionen ab (u.a. CBD, Mt. Coot-tha, Chinatown, South Bank, Story Bridge – ohne Unterbrechung dauert die Tour 2 Stunden). Sie starten alle 45 Minuten am Post Office Sq (Queen St). Tickets kauft man beim Fahrer.

XXXX Brewery Tour — TOUR
(Karte S. 312; ☎ 07-3361 7597; www.xxxx.com.au; Ecke Black & Paten Sts, Milton; Erw./Kind AU$32/18; ⊕ Touren Mo–Fr 11, 12.30, 14 & 15.30, Sa 11, 11.3, 12, 12.30, 13, 13.30 & 14 Uhr) Wie wär's mit XXXX? Auf dieser Brauereitour gibt es kostenlose Ales (Auto besser zu Hause lassen!). Im Angebot sind auch Kombitouren der Brauerei und des Suncorp Stadium (Erw./Kind 48/28 AU$; Mo–Do, 10.30 Uhr). Unbedingt im Voraus reservieren und geschlossene Schuhe anziehen. Wer möchte, gönnt sich anschließend noch ein kühles Getränk in der Bierstube.

Brisbane Greeters — GEFÜHRTE TOUR
(Karte S. 298; ☎ 07-3156 6364; www.brisbanegreeters.com.au; Brisbane City Hall, King George Sq; ⊕ 10 Uhr) GRATIS Freundliche Volontäre leiten diese „Brizzy"-Einführungstouren in Kleingruppen. Anrufen, um das Programm zu erfragen oder sich individuelle Touren zusammenstellen zu lassen. Reservierung erforderlich.

Brisbane Lights Tours — GEFÜHRTE TOUR
(☎ 07-3822 6028; www.brisbanelightstours.com; Erw./Kind/Fam. ab 69/30/160 AU$) Diese Abendtouren (3 Std.) mit Abholung am Hotel beginnen täglich um 18.30 Uhr. Sie beinhalten ein Dutzend lokale Wahrzeichen, einen CityCat-Fährtrip (20 Min.) und das Abendessen bzw. einen Snack am Mt. Coot-tha Lookout.

Lucy Boots Bushwalking Tours — WANDERN
(☎ 0499 117 199; www.lucybootsbushtours.com.au; Touren ab 99 AU$) Auf Tagestouren ab Brisbane veranstaltet Lucy Boots Bushwalking Tours geführte Wanderungen durch leicht zugängliche Wildnis (u.a. zum Lamington

BRISBANE FESTIVAL

Im September verwandelt das größte Kunstevent der Stadt, das **Brisbane Festival** (www.brisbanefestival.com.au), die Straßen in eine Komposition aus Farbe, Flair, Aroma und Feuerwerk. Das Festival dauert drei Wochen. Mehr als 300 Darbietungen und 60 Events locken über 2000 Künstler aus aller Welt an. Kunstaustellungen, Tanz, Theater, Oper, Symphonien, Zirkusaufführungen, Straßenkünstler und Varietédarsteller sorgen für ein buntes Wirrwarr. Es gibt kostenlose Straßenevents und Konzerte in der ganzen Stadt.

Jedes Jahr wird das Festival mit einem – sprichwörtlich – lauten Knall eröffnet: Über dem Brisbane River findet das gigantische **Riverfire**-Feuerwerk statt, mit überwältigender, visueller Choreographie und synchronisiertem Soundtrack. Gute Blicke erheischt man von der South Bank, der Innenstadt und dem West End.

National Park, zum Tamborine Mountain, zu den Glasshouse Mountains, zur Bribie Island oder zum Springbrook National Park). Das Mittagessen und die Hin- und Rückfahrt ab/nach Brisbane sind im Preis inbegriffen.

River City Cruises BOOTSFAHRT
(Karte S. 298; ☏ 0428 278 473; www.rivercitycruises.com.au; South Bank Parklands Jetty A; Erw./Kind/Fam. 29/15/65 AU$) Kommentierte Flussfahrten von South Bank (Start 10.30 & 12.30 Uhr, im Sommer auch 14.30 Uhr; 1½ Std.) nach New Farm und zurück.

Ghost Tours TOUR
(☏ 07-3344 7265; www.ghost-tours.com.au; Spazier-/Bustouren ab 20/50 AU$) Auf diesen 1½-stündigen Spaziergängen oder 2½-stündigen Bustouren zu Brisbanes Geistererbe bekommt man garantiert eine Gänsehaut. Besucht werden u. a. Schauplätze von Morden, schaurige Säulengänge und das berüchtigte **Boggo Road Gaol** (Karte S. 292; ☏ 07-3844 0059, 0411 111 903; www.boggoroadgaol.com; Annerley Rd, Dutton Park; historische Touren Erw./Kind/Fam. 25/12,50/50 AU$, Geistertouren Erw./Kind über 12 Jahre 40/25 AU$; ⊙ historische Touren Di–Sa 11 & 13, So 9, 10, 11, 12 & 13 Uhr, Geistertouren Mi & So 19.30, Fr 19 & 20 Uhr). Jede Woche werden mehrere Touren angeboten; unbedingt im Voraus reservieren.

✦ Feste & Events

Unter www.visitbrisbane.com.au gibt's Infos zu allen Veranstaltungen in der Stadt.

Brisbane International TENNIS
(www.brisbaneinternational.com.au) Profi-Tennisturnier mit Weltklassespielern, das im Januar, kurz vor den Australian Open (Melbourne), im Queensland Tennis Centre stattfindet.

Chinesisches Neujahrsfest KULTUR
(www.chinesenewyear.com.au) Findet im Januar/Februar statt und wird entlang der Chinatown Mall (Duncan St; Fortitude Valley) mit Feuerwerk, umherwirbelnden Drachen und tollem Essen gefeiert.

Brisbane Comedy Festival COMEDY
(www.briscomfest.com) Vierwöchiges Festival im März mit einheimischen und internationalen Komikern. Findet im Brisbane Powerhouse (S. 329) statt.

Brisbane Winter Carnival SPORT
(www.racingqueensland.com.au) Das bedeutendste Pferderennen des Staates findet im Mai und Juni statt. Das wichtigste Pferderennen ist das **Stradbroke Handicap** (Anfang Juni).

Brisbane Pride Festival SCHWUL-LESBISCH
(www.brisbanepridefestival.com.au) Brisbanes vierwöchiges Schwulen- und Lesbenfest findet jedes Jahr im September statt (mit ein paar Extra-Events im Juni, z. B. dem berühmten Queen's Ball).

„Ekka" Royal Queensland Show KLUTUR
(www.ekka.com.au) Das Ekka (früher Brisbane Exhibition) im August vereint Stadt und Land in Queenslands größtem Jahresevent. Jungtiere, Wundertüten, Schausteller, Schafschur-Demonstrationen, Fahrgeschäfte und Kinder mit Zucker-Überdosis en masse!

Brisbane Writers Festival LITERATUR
(BWF; www.brisbanewritersfestival.com.au) Seit 50 Jahren dreht sich bei Queenslands größtem Literaturevent alles um Worte, Bücher und Autoren. Findet im September statt.

Brisbane Festival THEATER
(www.brisbanefestival.com.au) Brisbanes größtes Kunstfestival (s. Kasten oben) im September dauert drei Wochen.

Valley Fiesta MUSIK
(www.valleyfiesta.com.au) Im Oktober beschallen bei Brisbanes wichtigstem Gratis-Musikfestival Rockbands und DJs drei Tage lang

die Brunswick St und die Chinatown Malls in Fortitude Valley.

Brisbane International Film Festival FILM
(BIFF; www.biff.com.au) Zeigt zwölf Tage lang anspruchsvolle Filme in Brisbanes Kinos.

Schlafen

Brisbane hat ein großartiges Unterkunftsangebot für jeden Geldbeutel. Die meisten Optionen liegen außerhalb des Zentrums (dort gibt's größtenteils Businesshotels), sind aber meist zu Fuß oder leicht mit dem Öffentlichen Nahverkehr erreichbar.

Spring Hill ist sehr ruhig, Fortitude Valley etwas für Partymäuse. Paddington empfiehlt sich für Cafés oder Boutiquen, Petrie Terrace für Hostels und das schwulenfreundliche New Farm für Restaurants. In West End warten zahlreiche Bars und Buchläden.

Großraum Brisbane

Newmarket Gardens Caravan Park CAMPING $
(Karte S. 292; 07-3356 1458; www.newmarketgardens.com.au; 199 Ashgrove Ave, Newmarket; Stellplatz ohne/mit Strom 40/42 AU$, Standwohnwagen 56 AU$, Budget-Zi. 66 AU$, Hütten 130–155 AU$; P❄@🛜🏊) Zu den Gewächsen auf diesem Campingplatz gehören auch Mangobäume – Vorsicht, Kopf! Der Platz liegt 4 km nördlich vom Zentrum und ist mit dem Bus oder Zug erreichbar. Hier gibt es sechs einfache Budgetzimmer (ohne Klimaanlage), fünf saubere Hütten (mit Klimaanlage) und viele Wohnwagen- bzw. Zeltstellplätze. Das Angebot für Kinder ist beschränkt.

Zentrum

X-Base Brisbane Uptown HOSTEL $
(Karte S. 298; 07-3238 5888; www.stayatbase.com; 466 George St; B/DZ ab 21/85 AU$; ❄@🛜) Das relative neue, zweckmäßige Hostel in der Nähe der Roma St Station verfügt über eine moderne Einrichtung sowie anständige Ausstattung und ist sauber. Jedes Zimmer ist mit Klimaanlage, Bad und Schließfach ausgestattet, und das Hostel ist behindertengerecht. In der Bar im Untergeschoss gibt's Partys, Sportübertragungen auf Riesen-TVs, DJs und „Open Mic"-Abende.

Kookaburra Inn PENSION $
(Karte S. 298; 1800 733 533, 07-3832 1303; www.kookaburra-inn.com.au; 41 Phillips St, Spring Hill; EZ/2BZ & DZ ohne Bad ab 67/84 AU$; ❄🛜) Die beiden Stockwerke dieser kleinen, einfachen Pension beherbergen schlichte Quartiere mit Waschbecken, Kühlschrank und sauberen Gemeinschaftsbädern. Das unscheinbare Gebäude verfügt außerdem über einen Aufenthaltsraum, eine Küche und eine Terrasse. Eine anständige Budgetoption für alle, die die Nase von Schlafsälen voll haben. Kostenloses WLAN. Klimaanlagen gibt es nur in einigen Doppelzimmern.

Spring Hill Terraces MOTEL $$
(Karte S. 292; 07-3854 1048; www.springhillterraces.com; 260 Water St, Spring Hill; DZ 95–145 AU$, Wohneinheit 175 AU$; P❄🛜🏊) Zehn Gehminuten von Fortitude Valley entfernt warten hier Oldschool-Service, Securitys und ein Minipool (oder eher Teich?). Das Motel verfügt über einfache Zimmer sowie geräumigere, ebenerdige Wohneinheiten mit Balkon und grünen Innenhöfen.

Punthill Brisbane HOTEL $$
(Karte S. 298; 07-3055 5777, 1300 731 299; www.punthill.com.au; 40 Astor Tce; 1-/3-Schlafzimmer-Apt. ab 150/180 AU$; P❄🛜🏊) Die Lobby ist voll mit Retro-Fahrrädern (die gemietet werden können) und jeder Balkon ist mit einem Vogelkäfig samt gefiedertem Freund ausgestattet. Abgesehen von diesen Kuriositäten gibt es hier stylische Suiten (in taupe, grau und beige, mit netter Kunst) in zentraler Lage zu guten Preisen. Insgesamt eine sehr gute Option. Parkplatz 25 AU$.

Meriton Serviced Apartments APARTMENT $$
(Karte S. 298; 13 16 72, 07-3999 8000; www.staymsa.com; 43 Herschel St; DZ ab 120 AU$, 1-/2-/3-Schlafzimmer-Apt. ab 150/315/365 AU$; P❄@🏊) Interesse an einem Zimmer mit Aussicht? Der 249 m hohe, glänzend schwarze Infinity Tower Shiny ist Brisbanes höchstes Gebäude. Er beherbergt 80 Stockwerke mit stylischen Meriton-Apartments, deren Größe und Ausstattung variieren – aber alle haben gute Ausblicke. Die Studio- und Einzimmer-Apartments bieten ein super Preis-Leistungs-Verhältnis. Parkplatz 35 AU$.

Urban Brisbane HOTEL $$
(Karte S. 298; 07-3831 6177; www.hotelurban.com.au; 345 Wickham Tce; DZ/1-/2-Schlafzimmer ab 180/225/270 AU$; P❄@🛜🏊) Das Urban wirkt auch nach der vor Kurzem durchgeführten Renovierung für 10 Mio. AU$ noch sexy: Die stilvollen Zimmer punkten mit maskulinen Farbtönen, Balkonen und erst-

klassiger Ausstattung (z. B. superbequemen Betten, großen TVs, flauschigen Bademänteln). Hinzu kommen ein beheizter Freiluftpool und eine Bar. Unter den Gästen sind viele uniformierte Flugbegleiter. Gutes Preis-Leistungs-Verhältnis. Parken 15 AU$.

Mantra Terrace BOUTIQUEHOTEL $$
(Karte S. 298; 1300 737 111, 07-3009 3400; www.8hotels.com; 52 Astor Tce; DZ ab 179 AU$; P※ಇ) Hinter der ultramodernen schwarz-weißen Fassade des siebenstöckigen Mantra Terrace verbergen sich kompakte, moderne Zimmer mit schicken Tapeten und geschmackvollen Akzenten (Original-Kunst, kostenloses WLAN). Die größeren Suiten haben Kochnischen und Aufenthaltsbereiche. Im Erdgeschoss gibt es ein Restaurant mit Bar. Parkplatz 28 AU$.

Soho Motel MOTEL $$
(Karte S. 298; 07-3831 7722; www.sohobrisbane.com.au; 333 Wickham Tce; Zi. 100–160 AU$; P※@ಇ) Dieses Backsteingebäude in der Nähe der Roma St Station hat 50 Zimmer, die besser aussehen, als die Fassade vermuten lässt. Die kompakten Räume sind mit kleinen Balkons ausgestattet. Die Besitzer sind freundlich und kenntnisreich und haben ein Auge für das Wesentliche: Gratis-WLAN, 11-Uhr-Checkout, kostenlose Parkplätze, maßgefertigte Möbel und gute Bettwäsche. Ein tolles Preis-Leistungs-Verhältnis.

City Park Apartments APARTMENT $$
(Karte S. 292; 07-3839 8683; www.citypark apts.com.au; 251 Gregory Tce, Spring Hill; DZ ab 140 AU$, 1-/2-Schlafzimmer-Apt. ab 180/230 AU$; P※ಇ≋) Trotz der tropischen Palmen und postmodernen Deko schafft es dieser gepflegte, dreistöckige Komplex, irgendwie toskanisch auszusehen. Die Preise sind anständig, der nierenförmige Pool erfrischend und die Apartments vom CBD aus gut zu erreichen. Lohnt sich insbesondere für längere Aufenthalte.

Treasury LUXUSHOTEL $$$
(Karte S. 298; 07-3306 8888; www.treasury brisbane.com.au; 130 William St; Zi. ab 260 AU$; P※@ಇ) Hinter der schönen Fassade des früheren Land Administration Building ist heute Brisbanes prächtigstes Hotel zu finden. Alle Zimmer haben hohe Decken und sind individuell mit historischen Elementen gestaltet. Ihre elegante Einrichtung umfasst gerahmte Kunstwerke und polierte Holzmöbel. Perfekt für alle, die Luxus und Prunk mögen. Von den besten Zimmervarianten aus schaut man auf den Fluss. Super effizienter Service; Parken 30 AU$.

Kangaroo Point

Bridgewater Apartments APARTMENT $$
(Karte S. 298; 07-3391 5300; www.bridgewater apartments.com.au; 55 Baildon St, Kangaroo Point; Studio-Apt. ab 160 AU$, 1-/2-/3-Schlafzimmer-Apt. ab 180/230/320 AU$; P ಇ≋) In der Nähe des Story Bridge Hotel (und der Story Bridge selbst) befindet sich dieser geschniegelte, gesicherte Apartmentkomplex mit einem dreistöckigen Labyrinth aus Wohneinheiten und einem 13-stöckigen Turm mit Aussicht. Die ganze Anlage ist in Grau- und Beigetönen gehalten. Tages-, Wochen- und Monatstarife verfügbar.

EconoLodge City Star Brisbane MOTEL $$
(Karte S. 298; 07-3391 6222; www.citystar.com. au; 650 Main St, Kangaroo Point; DZ/2BZ/FZ ab 119/134/154 AU$; P※ಇ≋) Aus geschäftlichem oder privatem Anlass zu Besuch in Brisbane? Egal: Die Gäste in diesem Motel kommen aus unterschiedlichen Gründen hierher, aber alle fühlen sich in diesem supersauberen und supereffizienten Motel pudelwohl (neue Betten!). Das Gebäude befindet sich an der Hauptstraße in Kangaroo Point. Die kostenlose Fähre zum Eagle St Pier im CBD legt nur wenige Schritte entfernt ab.

Queensland Motel MOTEL $$
(Karte S. 298; 07-3391 1061; www.queensland motel.id.au; 777 Main St, Kangaroo Point; DZ/3BZ/FZ 120/155/270 AU$; P※ಇ≋) Dieses einfache, freundliche Oldschool-Motel nahe dem Gabba-Cricketstadion liegt 20 Gehminuten vom Zentrum entfernt. Am besten ein Zimmer im obersten Stock nehmen, wo Palmwedel vor dem Fenster rascheln.

Fortitude Valley

Bunk Backpackers HOSTEL $
(Karte S. 308; 07-3257 3644, 1800 682 865; www. bunkbrisbane.com.au; 21 Gipps St, Fortitude Valley; B 23–33 AU$, EZ 60 AU$, DZ/Apt. ab 80/170 AU$; P※@ಇ≋) Diese alte Kunstakademie wurde vor zehn Jahren in ein Backpackerhostel verwandelt – und die Party geht weiter! Das riesige, fünfstöckige Gebäude beherbergt Dutzende Zimmer (größtenteils Schlafsäle mit acht Betten) und einige tolle Apartments im obersten Stock. Das Hostel liegt in nächster Nähe zum Valley-Nachtleben. Hier gibt's außerdem eine Bar (Birdees) und

BRISBANE FÜR KINDER

Von Kleinkindern bis hin zu Teenagern – in Brisbane findet sich eine Beschäftigung für Kinder aller Altersgruppen (sehr zum Glück der Eltern). Infos zu aktuellen Veranstaltungen gibt's im kostenlosen Monatsmagazin *Brisbane's Child* (www.brisbaneschild.com.au). Während der Schulferien veranstaltet der Brisbane City Council das „Chill Out"-Aktivitäten-Programm für 10- bis 17-Jährige: siehe www.brisbane.qld.gov.au/whats-on/type/recreation-programs/chill-out.

Die **South Bank Parklands** (S. 296) mit ihren Rasenflächen, Grillplätzen, Spielplätzen und dem langsam drehenden **Wheel of Brisbane** (S. 296) begeistern alle Kinder unter 15 Jahren. Der von Rettungsschwimmern patrouillierte **Streets Beach** (S. 300) hat einen flachen Bereich für sehr kleine Schwimmer. **New Farm Park** (S. 297) ist ein wunderschönes Plätzchen am Fluss, wo eine Reihe von baumhausartigen Plattformen riesige (und schattige) Moreton-Bay-Feigenbäume miteinander verbinden.

Der Brisbane River ist ein großes Plus, und eine Fährfahrt um Brisbanes Innenstadt ein echtes Highlight – ebenso ein Ausflug zu dem weiter entfernten **Lone Pine Koala Sanctuary** (S. 295), wo Kinder mit Koalas auf Tuchfühlung gehen können. Wer auf dem Weg zum Mt. Coot-tha ist, sollte sich eine Sternen-Show im **Sir Thomas Brisbane Planetarium** (S. 294) nicht entgehen lassen.

Es ist zu schwül, um sich im Freien aufzuhalten? Dann los zum klimatisierten Queensland Cultural Centre in South Bank. Hier veranstaltet das **Queensland Museum** (S. 296) während der Schulferien einige hervorragende Programme für Kinder. Im **Sciencentre** können Kinder viele Knöpfe drücken und schauen, was passiert. Die **Queensland Art Gallery** (S. 296) hat ein Children's Art Centre, das das ganze Jahr über Angebote für Kinder hat. Dasselbe gilt für die **State Library of Queensland** (S. 323) und die **Gallery of Modern Art** (S. 296). Im Judith Wright Centre of Contemporary Arts in Fortitude Valley veranstaltet **C!RCA** (Karte S. 308; 07-3852 3110; www.circa.org.au; Level 3, 420 Brunswick St, Fortitude Valley) aktionsgeladene „Zirkusklassen" (Purzelbäume, Balancieren, Springen und Trapezarbeit) für aufstrebende kleine Schausteller.

Kindertagesstätten und Babysitter sind z.B. **Dial an Angel** (07-3878 1077, 1300 721 111; www.dialanangel.com) und **Care4Kidz** (www.carekidz.com.au).

---

eine mexikanische Cantina. Das ist definitiv nichts für Leute, die um 22 Uhr schlafen möchten.

Central Brunswick Apartments
APARTMENT $$

(Karte S. 308; 07-3852 1411; www.centralbrunswickhotel.com.au; 455 Brunswick St; Zi. 130-150 AU$; P 🕸 🎧) Die 60 Studio-Apartments im Backsteingemäuer einer alten Brauerei sind besonders bei Geschäftsleuten beliebt. Alle haben eine komplett ausgestattete Küche, zudem gibt es einen Fitnessraum, kostenloses WLAN und einen Grillbereich auf dem Dach. Parken 10 AU$.

★ Limes
BOUTIQUEHOTEL $$$

(Karte S. 308; 07-3852 9000; www.limeshotel.com.au; 142 Constance St, Fortitude Valley; DZ ab 229 AU$; P 🕸 🎧) Stilvoller Chic im Valley: Die 21 Zimmer machen viel aus wenig Platz. Sie punkten mit schicken Möbeln, Kochnischen und praktischen Extras (iPod-Anschlüssen, Gratis-WLAN, kostenlosem Fitnessraum). Die Bar, der Whirlpool und das Kino auf dem Dach (!) sind bezaubernd. Parkplatz in der Nähe 18 AU$.

Alpha Mosaic Brisbane
HOTEL $$$

(Karte S. 308; 07-3332 8888; www.alphamosaichotelbrisbane.com.au; 12 Church St, Fortitude Valley; 1-/2-Schlafzimmer-Apt. ab 229/459 AU$; P 🕸 🎧) Das brandneue Alpha Mosaic ist ein vornehmes, 18-stöckiges Gebäude, das die Entwicklung des Fortitude Valley von gewöhnlich zu elegant nicht besser aufzeigen könnte. Nette Kunst, nette Aussicht und nette Mitarbeiter – also alles ziemlich nett hier! Die Bar und das Restaurant sind luftig und entspannt. Das Hotel liegt in der Nähe der James St. Parkplatz 25 AU$.

New Farm

★ Bowen Terrace
PENSION $

(Karte S. 308; 07-3254 0458; www.bowenterrace.com.au; 365 Bowen Tce, New Farm; B/EZ/DZ ohne Bad 35/42/72 AU$, DZ/FZ mit Bad 119/145 AU$; P @ 🎧 ≋) Dieser wunderschöne, restaurierte, 100 Jahre alte Queenslander beherbergt ruhige Zimmer mit TV, Minibar, guter Bettwäsche und großen Deckenventilatoren. Die Terrasse hinten grenzt an einen einladenden Pool. Das Haus ist nicht klimatisiert, bietet aber ein gutes Preis-Leistungs-Verhältnis und weit mehr Klasse als jedes Durchschnittshostel. Die Wände zwischen den Zimmern sind ein bisschen dünn (sie stammen noch aus der Zeit vor der Erfindung des Fernsehens).

Spicers Balfour Hotel BOUTIQUEHOTEL $$$
(Karte S. 308; 1300 597 540; www.spicersretreats.com/spicers-balfour-hotel; 37 Balfour St, New Farm; Zi. ab 329 AU$; P✴@🛜) Die neun schicken Zimmer in diesem aufwendig renovierten alten Hotel sind auf zwei Stockwerke verteilt und punkten mit Stil und Komfort – weit und breit keine Blümchentapete oder Spitzendecke in Sicht. Das Ganze macht einen etwas hochnäsigen Eindruck (im Restaurant wird „High Tea" serviert) – am besten einfach darüber hinweggesehen und die Dach-Bar und das hippe Viertel genießen.

West End

Gonow Family Backpacker HOSTEL $
(Karte S. 312; 07-3846 3473; www.gonowfamily.com.au; 147 Vulture St; B 18–30 AU$; DZ 69 AU$; P🛜) Das Gonow hat garantiert die billigsten Betten in Brisbane! Trotz der niedrigen Preise ist das Hostel sauber, sicher und würdevoll. Es liegt auch nicht an einer Partymeile: Wer nachts um die Häuser ziehen will, ist in einem anderen Hostel besser aufgehoben. Die Zimmer im oberen Stock haben höhere Decken.

Brisbane Backpackers HOSTEL $
(Karte S. 312; 07-3844 9956, 1800 626 452; www.brisbanebackpackers.com.au; 110 Vulture St; B 21–34 AU$, DZ/2BZ/3BZ ab 99/110/135 AU$; P✴@🛜🏊) Gibt's eigentlich sowas wie „Backpacker-Kitsch"? Falls ja, dann ist er hier zu finden. Zum Hostel gehören auch Mitarbeiter in zu engen T-Shirts und dubiose Werbung („Traveller schlafen nur mit den Besten"). Wer Party machen möchte, ist hier genau richtig. Die Pool- und Barbereiche sind super, die Zimmer einfach, aber gepflegt.

Petrie Terrace

Aussie Way Backpackers HOSTEL $
(Karte S. 312; 07-3369 0711; www.aussieway backpackers.com; 34 Cricket St, Petrie Terrace; B/ EZ/2BZ/DZ 26/55/68/69 AU$; FZ 81–135 AU$; ✴🛜🏊) Dieses malerische, zweistöckige Quartier an der reizvoll benannten Cricket St erinnert eher an eine gemütliche Pension als an ein Hostel. Ein prima Pool für schwüle Brisbaner Nachmittage ergänzt die geräumigen, geschmackvoll möblierten Quartiere. Die Doppelzimmer im separaten hinteren Gebäude sind genauso nett. Ab 22.30 Uhr ist hier Nachtruhe angesagt.

Brisbane City YHA HOSTEL $
(Karte S. 312; 07-3236 1004; www.yha.com. au; 392 Upper Roma St; B ab 33 AU$, 2BZ & DZ mit/ohne Bad ab 113/99 AU$, FZ ab 133 AU$; P✴@🛜🏊) Das blitzblanke, gut geführte Hostel hat einen Dachpool und eine Sonnenterrasse mit spektakulärem Flussblick. Zudem punktet es mit sehr guten Sicherheitsvorkehrungen, Aktivitäten, geführten Touren und geräumigen Küchen (viele Kühlschränke!). Die Schlafsäle haben meist eigene Bäder und sind mit maximal sechs Betten nicht zu groß. In der Cafébar finden Quizabende und Happy Hours statt. Dennoch ist dies ein YHA-Haus und kein Partytempel. Parken 10 AU$.

Banana Benders Backpackers HOSTEL $
(Karte S. 312; 1800 241 157, 07-3367 1157; www. bananabenders.com; 118 Petrie Tce, Petrie Terrace; B 27–30 AU$, 3BZ 32 AU$, DZ & 3BZ 70–76 AU$; ✴🛜) Dieses freundliche, bananenfarbene Backpacker-Hostel hat einfache Zimmer und eine tolle, kleine Terrasse. Das Haus liegt ein bisschen abseits (was gut ist!), 10 Gehminuten bergauf von der Roma St Station. Das Alter der Gäste liegt ein bisschen über dem Backpacker-Durchschnittsalter – und es ist kein Ort, der sich zum Feiern eignet.

Chill Backpackers HOSTEL $
(Karte S. 312; 07-3236 0088, 1800 851 875; www. chillbackpackers.com; 328 Upper Roma St; B/ DZ/3BZ ab 30/89/105 AU$; P✴@🛜) Dieses helle, aquamarinblaue Gebäude am Rand des CBD hat kleine, saubere und moderne Zimmer. Wie beim etwas höher gelegenen YHA weiter oben an der Straße gibt es eine Dachterrasse mit tollem Flussblick. Die Atmosphäre liegt irgendwo zwischen Party und Purismus. Hier kann rund um die Uhr eingecheckt werden.

Paddington

★ Casabella Apartment APARTMENTS $$
(Karte S. 316; 07-3217 6507; www.casabella -apartment.com; 211 Latrobe Tce, Paddington;

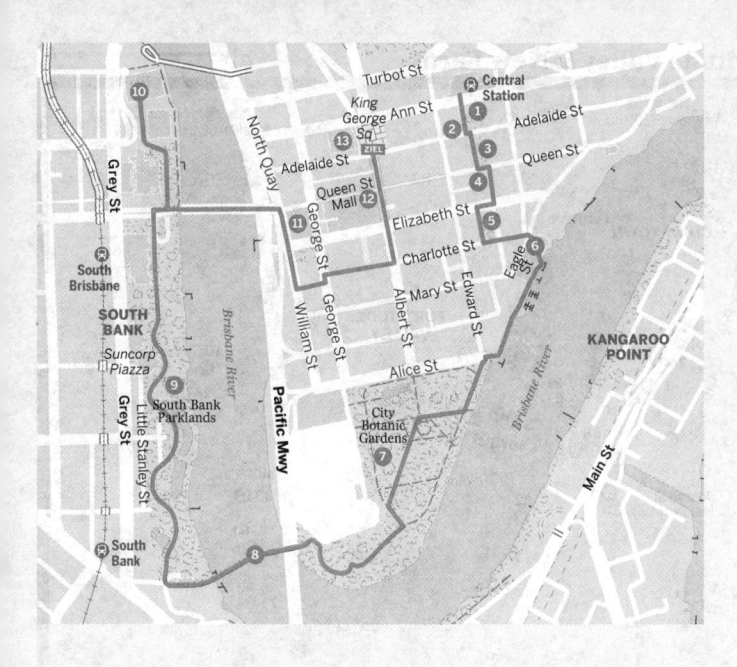

Stadtspaziergang
CBD & South Bank Circuit

START CENTRAL STATION
ZIEL KING GEORGE SQ
LÄNGE/DAUER 5 KM; 2 STD.

Zuerst die Ann St südlich der Central Station überqueren, um den ernüchternden ❶ **Shrine of Remembrance** zu besuchen, der sich am Nordrand des ❷ **Anzac Square** erhebt, auf dem zwiebelförmige Affenbrotbäume in die Luft ragen und Ibisse umherstolzieren. Dann am südlichen Rand des Platzes eine Fußgängerbrücke über die Adelaide St nehmen, um zum höher gelegenen, gepflegten ❸ **Post Office Square** zu gelangen. An dessen Südseite steht Brisbanes stattliches ❹ **General Post Office**. Nun der Gasse zwischen den Flügeln des Postamts zur Elizabeth St folgen, diese überqueren und einen Blick in die schöne weiße ❺ **St. Stephen's Cathedral** werfen.

Über den begrünten Innenhof der Kathedrale geht's zur Charlotte St. Links abbiegen, die Eagle St überqueren und dem ❻ **Eagle Street Pier** am Fluss folgen, wobei der Blick links auf die Story Bridge fällt. Die Stufen zur Uferpromenade hinunterlaufen und südwärts halten.

An der Ecke Edward/Alice St einen Abstecher durch die ❼ **City Botanic Gardens** (S. 295) machen, über den Fluss auf die Klippen am Kangaroo Point schauen und hinter der Brisbane Riverstage zur ❽ **Goodwill Bridge** laufen. Jetzt nach links auf die HMAS *Diamantina* im Queensland Maritime Museum blicken, dann gen Norden zu den ❾ **South Bank Parklands** (S. 296) laufen.

Wer Zeit hat, besichtigt die hervorragende ❿ **Gallery of Modern Art** (S. 296). Ansonsten geht's über die Victoria Bridge zurück ins Zentrum. Südlich des ⓫ **Treasury Building** (S. 296) an der William St führt eine namenlose Gasse zur George St. Diese in Richtung Charlotte St überqueren, letzterer folgen, und dann entlang der Albert St nach links ins moderne CBD laufen.

Jetzt die ⓬ **Queen Street Mall** und danach die Adelaide St queren, um zur ⓭ **City Hall** (S. 295) am Südwestrand des King George Sq zu gelangen. Nun geht's zurück zur Mall, um eine Stärkung zu genießen.

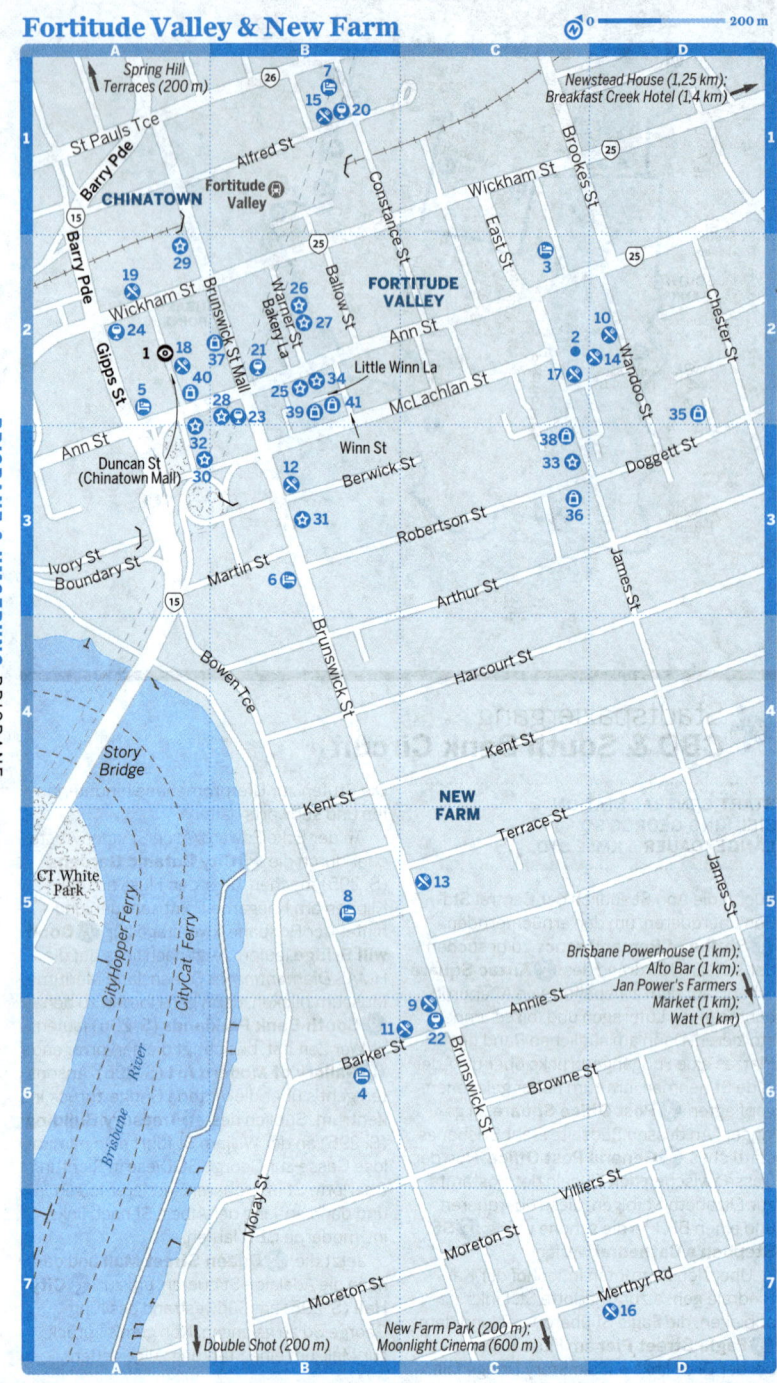

Fortitude Valley & New Farm

0 — 200 m

A
- Spring Hill Terraces (200 m)
- St Pauls Tce
- Barry Pde
- CHINATOWN
- Barry Pde
- Wickham St
- Gipps St
- Ann St
- Duncan St (Chinatown Mall)
- Ivory St
- Boundary St
- Story Bridge
- CT White Park
- City Hopper Ferry

B
- Alfred St
- Fortitude Valley
- Brunswick St Mall
- Warner St / Bakery La
- Little Winn La
- Winn St
- Berwick St
- Martin St
- Bowen Tce
- Brunswick St
- Kent St
- Moray St
- Moreton St
- Double Shot (200 m)
- CityCat Ferry
- Brisbane River

C
- Constance St
- Ballow St
- FORTITUDE VALLEY
- Ann St
- McLachlan St
- Robertson St
- Arthur St
- Harcourt St
- Kent St
- NEW FARM
- Terrace St
- Annie St
- Barker St
- Browne St
- Villiers St
- Moreton St
- New Farm Park (200 m); Moonlight Cinema (600 m)

D
- Newstead House (1.25 km); Breakfast Creek Hotel (1.4 km)
- Wickham St
- Brookes St
- East St
- Wandoo St
- Chester St
- Doggett St
- James St
- James St
- Merthyr Rd
- Brisbane Powerhouse (1 km); Alto Bar (1 km); Jan Power's Farmers Market (1 km); Watt (1 km)

BRISBANE & UMGEBUNG BRISBANE

Fortitude Valley & New Farm

⊙ Sehenswertes
1. Chinatown A2
   Institute of Modern Art ....(siehe 31)

⊙ Aktivitäten, Kurse & Touren
   C!RCA ....(siehe 31)
2. James St Cooking School C2

⊙ Schlafen
3. Alpha Mosaic Brisbane C2
4. Bowen Terrace B6
5. Bunk Backpackers A2
6. Central Brunswick Apartments B3
7. Limes B1
8. Spicers Balfour Hotel B5

⊙ Essen
9. Anise C6
10. Campos D2
11. Chouquette C6
12. Harajuku Gyoza B3
13. Himalayan Cafe C5
14. James St Market D2
15. Kwan Brothers B1
16. Smoke BBQ D7
17. Spoon Deli Cafe C2
18. Thai Wi-Rat A2
19. Vietnamese A2

⊙ Ausgehen & Nachtleben
20. Alfred & Constance B1
21. Bowery B2
22. Gertie's Bar & Lounge C6
23. Press Club B2
24. Sabotage Social A2

⊙ Unterhaltung
25. Beat MegaClub B2
26. Brightside B2
27. Church B2
28. Cloudland B2
29. Crowbar B2
30. Family A3
31. Judith Wright Centre of
    Contemporary Arts B3
32. Oh Hello A3
33. Palace Centro C3
34. Zoo B2

⊙ Shoppen
35. Angelo's Fresh Pasta D2
36. Blonde Venus C3
37. Brisbane Valley Markets B2
38. James Street C3
39. Künstler B2
40. Trash Monkey A2
41. Winn Lane B2

Apt. 175 AU$; [P][@]) Das Untergeschoss des fuchsienfarbigen Gebäudes am ruhigen Ende von Paddos Hauptstraße wurde zu einer komfortablen Wohneinheit für Selbstversorger umgebaut. Darin warten zwei Schlafzimmer für insgesamt drei Personen, Böden aus Recyclingholz und warme mediterrane Farbtöne. Anstelle einer Klimaanlage weht ein laues Lüftchen durch die Jalousien herein – herrlich! Gratisparken an der Straße; der Mindestaufenthalt beträgt 2 Nächte.

★**Latrobe Apartment** APARTMENT $$$
(Karte S.316; ☏0448 944 026; www.stayz.com.au/77109; 183a Latrobe Tce, Paddington; Apt. ab 200 AU$; [P][✱][@]) Unter einer Chiropraxis im reichen Paddington liegt dieses wirklich exzellente Apartment mit zwei Schlafzimmern und zwei Bädern. Maximal vier Personen werden hier von den polierten Bodendielen, der reizvollen Beleuchtung, einer wunderbaren Grillterrasse und dem eleganten, modernen Einrichtungsdesign empfangen. Ob Bettwäsche, Toilettenartikel, Küchengeschirr, TV, iPod-Anschluss oder Wohnzimmermöbel mit Lederbezug – alles ist hier vom Feinsten. Oben an der Straße findet man Cafés und kann außerdem auch kostenlos parken.

✕ Essen

Wie die meisten anderen Dinge werden in Brisbane auch kulinarische Erlebnisse weitgehend von den Eigenarten des jeweiligen Viertels bestimmt. Das Zentrum wartet mit Spitzenrestaurants und kleinen Cafés auf, Fortitude Valley mit Chinatown und günstigen Cafés. Im benachbarten New Farm gibt's viele multikulturelle und preisgekrönte Lokale und Cafés im französischen Stil. Das vielseitige West End strotzt vor Künstlercafés und multikulturellen Diners, während South Bank zwischen Mainstream und teuer schwankt. Überall allerdings kann man im Freien essen (ist Brisbane vielleicht lateinisch für „draußen essen"?).

✕ Großraum Brisbane

★**Baker's Arms** BÄCKEREI $
(Karte S.292; ☏07-3391 6599; www.thebakersarms.com.au; 29 Logan Rd, Woolloongabba; Hauptgerichte 8–10 AU$; ⊙7–15 Uhr) In dieser geschäftigen Bäckerei an der Logan Rd gibt es keine feste Karte. Die Auswahl an frisch zubereiteten Kuchen, Torten, Riesenkeksen, Frittaten, Pies, Salaten und Suppen wechselt täglich, je nach verfügbaren Zutaten und Laune der Bäcker. Reingehen, auswählen,

zum Soundtrack der brutzelnden Kaffeemaschine bezahlen, und die Leckereien an Kaffeetischen auf dem Gehsteig genießen.

Enoteca ITALIENISCH $$$
(Karte S. 292; ☏ 07-3392 4315; www.1889enoteca.com.au; 10-12 Logan Rd, Woolloongabba; Hauptgerichte Mittagessen 21–38 AU$, Abendessen 35–42 AU$; ⊙ Di–Fr & So 12–14.30, Di–Sa 6 Uhr–open end) Einfache und zugleich einfach wundervolle traditionelle Pasta-, Fisch- und Fleischgerichte, die südlich des Zentrums in Woolloongabba in einem herrlichen Laden aus dem Jahr 1889 serviert werden. Selbst wer nicht zum Essen herkommt – es gibt auch eine kleine Weinhandlung, sollte sich die üppige Buntglasbeleuchtung, die fantastische Marmorbar und die Glasvitrine mit italienischen Weingefäßen anschauen.

Zentrum

★ Brew CAFÉ $
(Karte S. 298; ☏ 07-3211 4242; www.brewgroup.com.au; Lower Burnett Lane; Hauptgerichte 9–30 AU$; ⊙ Mo 7–16, Di & Mi bis 22, Do & Fr bis 23.30, Sa 9–23.30, So 9–15 Uhr) Ein derart subkulturelles Underground-Café erwartet man vielleicht in Seattle oder Berlin – aber in Brisbane? Das Brew bringt das schwarze Gold in die Gassen und Queensland eine ganz neue Form der Cafékultur. Zum Koffein serviert es einfache Kost wie Tapas, Sliders (kleine Burger) oder Nudelgerichte. Wer Lust auf ein anderes Gebräu hat, bestellt Wein, Cocktails oder Flaschenbier.

Felix for Goodness CAFÉ $
(Karte S. 298; www.felixforgoodness.com; 50 Burnett Lane; Hauptgerichte 6–17 AU$; ⊙ Mo–Fr 7–15 Uhr; 🌱) Eine weitere preisgekrönte Adresse in der Burnett Lane: Hier zaubert der tüchtige Felix täglich frische hausgemachte Salate, Baguettes, Pies, Torten, Kuchen und Smoothies aus frischen Früchten. Verwendet werden ausschließlich lokale Bioerzeugnisse. Es gibt seit Kurzem abends nun auch Hauptgerichte sowie australische Biere und Weine.

Miel Container BURGER $
(Karte S. 298; ☏ 0423 466 503; www.facebook.com/mielcontainer; Ecke Mary & Albert Sts; Hauptgerichte 12–24 AU$; ⊙ Mo–Do 11–22, Fr & Sa 11–24 Uhr) Dieser dunkelrote Schiffscontainer versteckt sich in einem Winkel zwischen den Wolkenkratzern im Zentrum Brisbanes. Hier gibt es vor allem hervorragende hausgemachte Burger: Brötchen, Gemüse, Käse und Saucen aussuchen und dann auf dem Bürgersteig nach einem feien Plätzchen suchen. Mittags drängeln sich hier jede Menge Anzugträger.

Bean CAFÉ $
(Karte S. 298; www.facebook.com/beanbrisbane; Rückseite 181 George St; Hauptgerichte 9–15 AU$; ⊙ Mo & Di 7–18 Uhr, Mi–Sa bis 22 Uhr) Ein weiteres Glied in der Kette der neuen, hippen Straßencafés. Das Bean liegt in einer schäbigen, graffitibeschmierten Gasse abseits der George St, umgeben von Feuerleitern, Klimaanlagen und rauchenden Büroangestellten. Hier gibt's Kekse, Bier und Frühstückseier, aber vor allem: Kaffee. Donnerstagabends erklingt Livemusik.

Groove Train CAFÉ $$
(Karte S. 298; www.groovetrain.com.au; Riverside Centre, 123 Eagle St; Hauptgerichte 19–34 AU$; ⊙ 7 Uhr–open end) Der orange-braune Bunker versteckt sich beim Riverside-Fährterminal. Der Groove Train ist lang, niedrig, schlank - und unheimlich groovy. Von hier aus kann man die Boote vorbeituckern sehen, während man sich an Holzofenpizzas, Wokgerichten, Burgern, Calzonen, Risottos und großen Salaten gütlich tut. Abends verwandelt sich der Groove Train in eine atmosphärische Bar.

★ E'cco MODERN-AUSTRALISCH $$$
(Karte S. 298; ☏ 07-3831 8344; www.eccobistro.com; 100 Boundary St; Hauptgerichte 40–43 AU$; ⊙ Di–Fr 12–14.30, Di–Sa 18–22 Uhr; 🌱) Das preisgekrönte E'cco zählt zu Queenslands besten Restaurants und ist Pflicht für Feinschmecker. Unter den kulinarischen Meisterwerken von Küchenchef Philip Johnson ist z.B. Schweinebauch mit Lakritzaroma, karamellisierten Pfirsichen, Zwiebelgelee und Kipfler-Kartoffeln. Die entsprechend noble Inneneinrichtung ist ganz in Schwarz und Weiß gehalten, häufig kam aber auch Edelstahl zum Einsatz.

Cha Cha Char STEAK $$$
(Karte S. 298; ☏ 07-3211 9944; www.chachachar.com.au; Shop 5, 1 Eagle St Pier; Hauptgerichte 36–56 AU$; ⊙ Mo–Fr 12–23, Sa & So 18–23 Uhr) Diese alteingesessene Institution hat schon viele Preise gewonnen und serviert neben Brisbanes besten Steaks auch hervorragendes Seafood oder Wildbraten. Der vornehme, halbrunde Speiseraum im Eagle Street Pier hat deckenhohe Fenster mit schönem Flussblick.

Kangaroo Point

Cliffs Cafe CAFÉ $
(Karte S. 298; www.cliffscafe.com.au; 29 River Tce, Kangaroo Point; Hauptgerichte 7–22 AU$; ⊙ Mo-Sa 7–17 Uhr) Vom Ufer läuft man steil hinauf (oder aber man fährt bis vor die Tür) zu diesem legeren Freiluft-Pavillon, der am oberen Klippenrand mit tollem Blick auf Fluss und Skyline aufwartet. Unter den Menühighlights sind ein großes Frühstücksangebot, Burger, panierter Barramundi mit Pommes, Salate, Desserts und prima Kaffee.

South Bank

Ahmet's TÜRKISCH $$
(Karte S. 298; 07-3846 6699; www.ahmets.com; Shop 10, 168 Grey St; Hauptgerichte 21–34 AU$, Banketts 38–46 AU$/Pers.; ⊙ 11.30–15 & 18 Uhr-open end;) An der restaurantreichen Grey St liegt das kunterbunte Ahmet's mit breiter Straßenterrasse und regelmäßiger Livemusik. Zwischen Wandbildern vom Großen Basar oder dem Bosporus serviert es leckeres türkisches Essen wie das *sucuk pide* (türkisches Fladenbrot mit Salami, Ei, Tomate und Mozzarella).

Stokehouse MODERN-AUSTRALISCH $$$
(Karte S. 298; 07-3020 0600; www.stokehouse.com.au; River Quay, Sidon St; Hauptgerichte 34–40 AU$; ⊙ 12 Uhr–open end) Wer ein Nobelrestaurant für einen Heiratsantrag sucht, ist in diesem eckigen Beton-Holz-Kasten am Fluss richtig! Den Anfang machen am besten die Köstlichkeiten aus der Moreton Bay mit geschmortem Lauch, gefolgt von Yorkshire-Schwein in Salzkruste mit sherryglasierten Pflaumen und Blumenkohl. Wenn er oder sie dann „ja" gesagt hat, empfiehlt sich der Schampus in der glamourösen Stoke Bar nebenan.

Fortitude Valley

James Street Market MARKT $
(Karte S. 308; www.jamesstmarket.com.au; 22 James St, Fortitude Valley; ⊙ Mo–Fr 8.30–19, Sa & So 8–18 Uhr) Ein wahres Paradies für Feinschmecker: Auf diesem kleinen, aber bestens sortierten Markt findet man leckeren Käse, eine Bäckerei/Konditorei, Obst, Gemüse, Blumen und viele hochwertige Süßigkeiten. Hinzu kommt eine Seafood-Theke mit tollem Sushi und Sashimi. Die **James St Cooking School** (Karte S. 308; 07-3252 8850; www.jamesstcookingschool.com.au; 3-stündiger Kurs 135-155 AU$) ist im oberen Stockwerk untergebracht.

Harajuku Gyoza JAPANISCH $
(Karte S. 308; 07-3852 4624; www.harajukugyoza.com; 394 Brunswick St, Fortitude Valley; Hauptgerichte 8–12 AU$; ⊙ 12 Uhr–open end) In diesem stimmungsvollen japanischen Restaurant an der Hauptstraße lohnt sich ein schneller Stopp, um Gyoza (kleine Knödel) oder eine Ramen-Suppe zu vertilgen, die man am besten mit ein paar lustigen Kumpeln teilt. Viel Spaß, gute Preise, kaltes Kirin vom Fass und Koshihikari-Reisbier aus dem Kühlschrank. Keine Reservierung möglich.

Vietnamese VIETNAMESISCH $
(Karte S. 308; 07-3252 4112; www.thevietnameserestaurant.com.au; 194 Wickham St, Fortitude Valley; Hauptgerichte 10–20 AU$; ⊙ 11–15 & 17–22 Uhr) Das einfallslos, aber passend benannte Lokal ist in der Tat *die* örtliche Adresse für vietnamesische Küche. Seine hervorragend zubereiteten Gerichte mit großartigem Preis-Leistungs-Verhältnis sorgen stets für ein volles Haus. Am besten einer Empfehlung des Küchenchefs („Chef's Recommendation") folgen und beispielsweise die knusprigen Rindfleischstreifen mit Honig und Chili oder den Garnelen-Feuertopf mit Austernsauce bestellen.

Campos CAFÉ $
(Karte S. 308; www.camposcoffee.com; 11 Wandoo St, Fortitude Valley; Hauptgerichte 9-17 AU$; ⊙ 6.30–16 Uhr) Kaffeeliebhaber müssen in der kleinen Gasse hinter dem James St Market über Milchkisten und Pappkartons steigen, um an den besten Kaffee der Stadt zu kommen. Essenstechnisch gibt's hier alles, was ein Café zu bieten hat: gebratene Eier, Bagel und Buttermilchpfannkuchen. Mitnehmen ist möglich.

Thai Wi-Rat THAILÄNDISCHH, LAOTISCH $
(Karte S. 308; 07-3257 0884; 20 Duncan St, Fortitude Valley; Hauptgerichte 10–18 AU$; ⊙ 10–16 & 17–21.30 Uhr) Dieses bescheidene, hell erleuchtete Schlupfloch in der Chinatown Mall serviert gute, scharfe thailändische und laotische Gerichte, z. B. *pla dook yang* (ganzen gegrillten Wels). Das *curry laksa* (Nektar der Götter) ist auch klasse. Mitnahme möglich.

★**Kwan Brothers** ASIATISCH $$
(Karte S. 308; 07-3251 6588; www.kwanbros.com.au; 43 Alfred St, Fortitude Valley; kleine Gerichte 10–15 AU$, Hauptgerichte 15–27 AU$; ⊙ Mo–Do

West End & Petrie Terrace

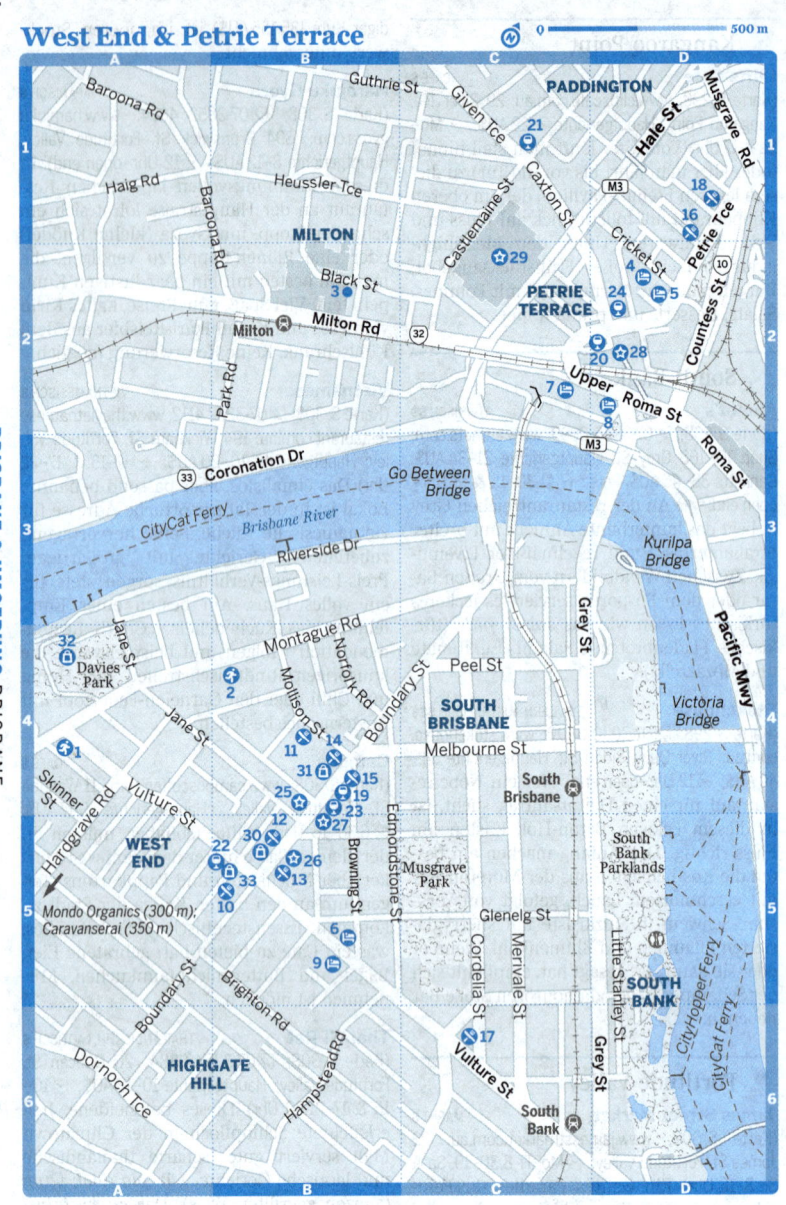

12–15 & 17–23, Fr–So 12 Uhr–open end; 🍴) Die Brüder Kwan sind Nachteulen und lieben es, in ihrer stimmungsvollen renovierten Lagerhalle unter Diskokugeln und chinesischen Schirmen zu sitzen oder knuspriges Tofu mit Zitronengras und Chili, koreanischen frittierten Blumenkohl und gegrillten Schweinebauch zu servieren. Das alles lässt passt gut zu einem Kirin vom Fass. Kurz vor Sonnenaufgang verkriecht man sich dann ins Bett.

Spoon Deli Cafe CAFÉ $$
(Karte S.308; ☎07-3257 1750; www.spoondeli.com.au; Shop B3, 22 James St, Fortitude Valley;

West End & Petrie Terrace

⊕ Aktivitäten, Kurse & Touren
1 Bicycle Revolution A4
2 Urban Climb B4
3 XXXX Brewery Tour B2

⊕ Schlafen
4 Aussie Way Backpackers D2
5 Banana Benders Backpackers D2
6 Brisbane Backpackers B5
7 Brisbane City YHA C2
8 Chill Backpackers D2
9 Gonow Family Backpacker B5

⊕ Essen
10 Blackstar Coffee Roasters B5
11 Burrow B4
12 Chop Chop Chang's B5
13 George's Seafood B5
14 Gunshop Café B4
15 Little Greek Taverna B4
16 Scout D1
17 Swampdog C6
18 Tibetan Kitchen D1

⊕ Ausgehen & Nachtleben
19 Archive Beer Boutique B4
20 Cabiria D2
21 Dowse Bar C1
22 End B5
23 Lychee Lounge B4
24 Statler & Waldorf D2

⊕ Unterhaltung
25 Hi-Fi B4
26 Lock 'n' Load B5
27 Loft West End B5
28 Palace Barracks D2
29 Suncorp Stadium C2

⊕ Shoppen
30 Avid Reader B5
31 Boundary Street Markets B4
32 Davies Park Market A4
33 Egg Records B5

Frühstück 7–21 AU$, Hauptgerichte 10–29 AU$; ⊙Mo-Fr 6.30–18, Sa & So 7–17 Uhr; ⊛) Das gehobene Deli im James Street Market tischt herrlich gehaltvolle Nudelgerichte, Burger, Salate und Suppen sowie Riesen-Paninis und Lasagnestücke auf. Die frischgepressten Säfte geben fast eine Mahlzeit für sich ab. Die Feinkost in den Wandregalen (u. a. Essig, Öl, Kräuter, Fresskörbe) heizt den Hunger schon beim Hereinkommen an.

New Farm

Chouquette CAFÉ $
(Karte S. 308; ☎07-3358 6336; www.chouquette.com.au; 19 Barker St, New Farm; Stück 3–11 AU$, 10 Windbeutel 3,50 AU$; ⊙Mi-Sa 6.30–17, So 6.30–12.30 Uhr; ⊛) Ist das vielleicht die beste französische Patisserie jenseits von Toulouse? Darüber sollte man nachsinnen, während man einen leckeren Kaffee, eine Tüte der namensgebenden *chouquettes* (kleine Windbeutel mit Körnerzucker), eine leckere *tarte au citron* oder ein belegtes Baguette genießt. Die Mitarbeiter hier sprechen Französisch.

Double Shot CAFÉ $
(Karte S. 292; ☎07-3358 6556; 125 Oxlade Dr, New Farm; Hauptgerichte 11–19 AU$; ⊙Di-So 6–15 Uhr) Dieses hyperaktive kleine Café hat die verschlafenen Tieflandbewohner von New Farm wachgerüttelt. Junge Mütter und Hundebesitzer drängeln sich in dem engen Lädchen, um spanische Sardinen auf Toast, Frühstücksburritos oder so leckere Gebäckstücke wie Kuchen und Torten zu ergattern. Die Mitarbeiter sind hier ziemlich auf Zack und versuchen ihr Bestes, um alle unterzubringen.

Anise FRANZÖSISCH $$
(Karte S. 308; ☎07-3358 1558; www.anise.com.au; 697 Brunswick St, New Farm; Hauptgerichte 24–34 AU$, 7-gängiges Probemenü mit/ohne Wein 155/100 AU$; ⊙Do-Sa 12–14.30, Mo-Sa 18–21.30 Uhr) Dieses etwas überstylte Restaurant mit Weinbar und 22 Sitzplätzen serviert saisonale französische Gerichte. Gäste sitzen an der engen Bar und genießen *amuse-bouches* (Hors d'oeuvres; z. B. Austern oder Gänseleberpastete aus dem Elsass), gefolgt von Schweinekoteletts auf Kartoffelpüree mit Senf oder Entenbrust mit Kürbis, Lebkuchen und Lakritzsauce. Toll für besondere Anlässe.

Watt MODERN-AUSTRALISCH $$
(Karte S. 292; ☎07-3358 5464; www.wattrestaurant.com.au; Brisbane Powerhouse, 119 Lamington St, New Farm; Hauptgerichte Bar 9–22 AU$, Restaurant 27–39 AU$; ⊙Mo-Fr 9 Uhr–open end, Sa & So 8 Uhr–open end) Unter dem Brisbane Powerhouse am Fluss liegt das zwanglose, luftige Watt. Hier gibt's Entensalat mit süßen Chilis, Rucola und Orange sowie Schinken-Terrine mit Linsen und Cornichons. Offene Weine erhältlich. Samstagnachmittags legen DJs auf. Gegessen wird in der Bar oder im etwas teureren Restaurant.

Smoke BBQ
BARBECUE $$

(Karte S. 308; ☏ 07-3358 1922; www.thesmokebbq.com.au; 85 Merthyr Rd, New Farm; Hauptgerichte 15–38 AU$; ⊙ Di-So 11.30–14, Mo-So 18–21 Uhr) In diesem amerikanisch anmutenden BBQ-Restaurant ist die Luft geschwängert vom Geruch verbrannten Walnussholzes. Auf der Karte stehen zartes Rippchen, Schwein und Huhn (in Wodka-BBQ-Sauce) sowie die üblichen Beilagen: Krautsalat, Makkaroni mit Käse und Pommes Frites. Insider-Joke: „Das Problem mit BBQ ist, dass man nach zwei, drei Tagen wieder Hunger bekommt…".

Himalayan Cafe
NEPALESISCH $$

(Karte S. 308; ☏ 07-3358 4015; 640 Brunswick St, New Farm; Hauptgerichte 15–25 AU$; ⊙ Di-So 17.30–22 Uhr; ⚑) Dieses lockere Restaurant mit gutem Karma strotzt vor Gebetsfahnen und bunten Kissen. Unter den authentischen Gerichten aus Tibet und Nepal ist z.B. zartes *fhaiya darkau* (Lamm mit Gemüse, Kokosmilch und Gewürzen). Und immer schön das Mantra des Hauses wiederholen: „Möge positive Energie mit jedem Lebewesen sein."

West End

★ George's Seafood
FISH & CHIPS $

(Karte S. 312; ☏ 07-3844 4100; 150 Boundary St, West End; Hauptgerichte 7–16 AU$; ⊙ Mo 11–20, Di-Sa 9.30–20, So 10.30–20 Uhr) Mit seiner Theke voller Schlammkrabben, Moreton-Bay-Felsenaustern, Bananen-Garnelen und Snappery hat sich dieser alteingesessene, beliebte Fish-and-Chips-Laden ein ganz neues Gesicht gegeben, und George's Seafood ist wie eh und je das einzig Wahre. Der leckere Kabeljau mit Pommes für 9,50 AU$ ist nach wie vor einfach unschlagbar.

Swampdog
MEERESFRÜCHTE $

(Karte S. 312; ☏ 07-3255 3715; www.swampdog.com.au; 186 Vulture St, West End; Hauptgerichte 10–15 AU$; ⊙ 12–20.30 Uhr) ⚑ In dieser geschäftigen Seafood-Bude, die an einem noch belebteren Teil der Vulture St liegt (Parken ist hier wirklich die absolute Hölle!) ist das Motto: „Fish-and-Chips wie es sie bisher noch nie gegeben hat!". Die Fische aus nachhaltiger Fischzucht sind üppig portioniert und frisch verarbeitet (man sollte unbedingt die Sardinen auf Sauerteigbrot probieren!). Hier bekommt man „Restaurantqualität zu Cafépreisen", wie ein zufriedener Gast bemerkte.

Burrow
CAFÉ $

(Karte S. 312; ☏ 07-3846 0030; www.theburrowwestend.com.au; 37 Mollison St, West End; Hauptgerichte 10–17 AU$; ⊙ Di-So 7 Uhr–open end; ⚑) Das Burrow im offenen Untergeschoss eines ramponierten alten Queenslanders ist eine Mischung aus Baja-California-Cantina und studentischer Gemeinschaftsbude. Dafür sorgt ein relaxtes, strandmäßiges Ambiente mit Surfer-Wandbildern und wabernden Pink-Floyd-Soundtracks. Ein Kater lässt sich hier gut mit einem Bill-Murray-Burger (mit viel Jarlsberg) oder einer Big-Voodoo-Daddy-Pizza mit mariniertem Grillhähnchen, Cajun-Würstchen und Bourbon-BBQ-Glasur killen. Hier gibt's außerdem Biere aus Kleinbrauereien.

Blackstar Coffee Roasters
CAFÉ $

(Karte S. 312; www.blackstarcoffee.com.au; 44 Thomas St, West End; Hauptgerichte 7–13 AU$; ⊙ 7–17 Uhr) West Ends beliebte Kaffeerösterei serviert hervorragenden Kaffee zu einfachem Frühstück (Wraps, Spanakopita, Eggs Benedict) und den klagenden Klängen von Roy Orbison. Abends finden regelmäßig Sprech- oder Ukulele-Auftritte (nein, natürlich nicht gleichzeitig…) statt. An heißen Tagen ist der Eiskaffee unschlagbar.

Chop Chop Chang's
ASIATISCH $

(Karte S. 312; ☏ 07-3846 7746; www.chopchopchangs.com.au; 185 Boundary St, West End; Hauptgerichte 12–22 AU$; ⊙ 11.30–15 & 17.30–21.30 Uhr) „Glück wird durch Teilen nicht weniger", sagt Buddha. Die hungrigen Horden im Chop Chang's scheinen auch dieser Meinung zu sein: Hier werden Schüsseln mit asiatischen Imbissgerichten und Flaschen voller *sriracha*-Chilisauce von lächelnden Leuten weitergereicht. Das karamellisierte Schwein mit Tamarinde ist der Hammer. Freitag und Samstag ist länger geöffnet.

★ Gunshop Café
MODERN-AUSTRALISCH $$

(Karte S. 312; ☏ 07-3844 2241; www.thegunshopcafe.com; 53 Mollison St, West End; Hauptgerichte 16–29 AU$; ⊙ Mo 6.30–14, Di-Sa 6.30 Uhr–open end, So 6.30–14.30 Uhr) Nach dem Umbau wartet der ehemalige Waffenladen mit cooler Musik, verrückter Beleuchtung, freundlichen Mitarbeitern, freiliegenden Backsteinwänden, raffinierten Deckenlampen und einem einladenden rückwärtigen Garten auf. Das Menü aus lokalen Zutaten wechselt täglich, aber Hervey-Bay-Muscheln mit Krabben und gebackene Zucchini mit Safranjoghurt sind fast immer zu haben. Zum

Frühstück gibt es ausgezeichnete französische Brioches. Hier gibt's außerdem Biere kleiner Brauereien sowie australische Weine und nachmittags süße Muntermacher.

Little Greek Taverna GRIECHISCH $$
(Karte S. 312; 07-3255 2215; www.littlegreek taverna.com.au; Shop 5, 1 Browning St, West End; Hauptgerichte 15–17 AU$, Bankette 35–43 AU$/Pers.; 11–21 Uhr) Die flotte, kinderfreundliche und stets brummende LGT in bester West-End-Lage eignet sich hervorragend für einen griechischen Festschmaus und zum Leutebeobachten. Garnelen-Saganaki-Salat oder klassisches Lammgyros (Souvlaki) werden hier von starkem griechischem Kaffee begleitet.

Caravanserai TÜRKISCH $$
(Karte S. 292; 07-3217 2617; www.caravanserai restaurant.com.au; 1 Dornoch Tce, West End; Hauptgerichte 24–34 AU$; Fr & Sa 12–14.30, Di–So 18 Uhr–open end) Gewebte Tischtücher sowie rote Wände und Kerzen auf den Tischen verleihen dem herausragenden türkischen Lokal eine gemütliche Atmosphäre. Zu empfehlen sind die leckeren „Istanbul Sublime"-Mezze-Platten (mit gegrilltem Halloumi, Köfte, Knoblauch-Garnelen und anderen Leckereien) oder die hervorragenden Lammrippchen.

Petrie Terrace

Scout CAFÉ $
(Karte S. 312; www.scoutcafe.com.au; 190 Petrie Tce, Petrie Terrace; Hauptgerichte 6–18 AU$; 7–16 Uhr) Dieser alteingesessene Laden stand 17 Jahre lang leer, bevor Scott auftauchte und anfing, hier Bagel zu verkaufen. Das Ambiente ist schlicht, freundlich und künstlerisch. Wer keine Lust auf Frühstücksbagel hat, sollte die mazedonischen Bohnen mit Feta und gebratenen Kirschtomaten bestellen, und den Kindern dabei zusehen, wie sie in der Sonne Kreidebilder auf den Gehsteig malen.

Tibetan Kitchen TIBETISCH $$
(Karte S. 312; 07-3367 0955; www.tibetankit chen.com.au/springhill; 216 Petrie Tce, Petrie Terrace; Hauptgerichte 14–19 AU$; 17.30 Uhr–open end;) Unter Papierlampen und einem riesigen Paar tibetischer Dungchen, die von der Decke hängen, werden leckere tibetische Gerichte serviert. Unbedingt das *bakra ko tihun* (Ziegencurry mit Kürbis) versuchen. Wer noch nie nepalesisches Reisbier probiert hat, hat hier endlich die Gelegenheit.

Paddington

Gelateria Cremona EISDIELE $
(Karte S. 316; 07-3367 0212; 5/151 Baroona Rd, Rosalie; Eis ab 4,80 AU$; Mo 17–22, Di–Fr 14–22, Sa & So 13–22 Uhr;) Echtes italienisches Gelato in hübschen kleinen Bechern oder Waffeln – perfekte Begleiter für einen Spaziergang an einem schwülen Abend. Unbedingt gesalzenes Karamell und holländische Schokolade probieren, oder aber ein leichtes Früchtesorbet (Guave ist fantastisch!). Die Eisdiele liegt an der Hauptstraße in Paddington im niedlichen Einkaufsbezirk in Rosalie.

Merlo Torrefazione CAFÉ $
(Karte S. 316; 07-3368 2099; www.merlo.com. au; 1/78 Latrobe Tce, Paddington; Stück 3–6 AU$; Mo–Fr 6–17.30, Sa & So 6–17 Uhr) Dieses Café mit Rösterei ist eines von mehreren Merlos in Brisbane (eine lokale Erfolgsgeschichte!) und hält die Einwohner von Paddington mit Koffein auf Trab. Wer möchte, kann hier Kekse oder Kuchen essen, aber der eigentliche Hit ist der Kaffee: egal ob in der Tasse oder in der Tüte – er hält einen super lange wach.

Il Posto ITALIENISCH $$
(Karte S. 316; 07-3367 3111; www.ilposto.com. au; 107 Latrobe Tce, Paddington; Hauptgerichte 20–29 AU$; Mi–So 12–16 & 17.30 Uhr–open end) Pizza und Pasta wie in Rom werden hier auf einer Piazza im Freien aufgetischt (bei zu schwülem Wetter auch drinnen). Die knusprigen Pizzen mit dünnen Krusten gibt's entweder *rosse* oder *bianche* (mit oder ohne Tomatensauce auf dem Teig). Der kinderfreundliche Laden punktet zudem mit hervorragendem Personal und Peroni-Bier vom Fass (fast wie in Rom).

Ausgehen & Nachtleben

Seine Lounges, Livemusik-Bars und Nachtclubs (sowohl für Homos als auch für Heteros) machen Fortitude Valley zu Brisbanes Ausgehpflaster Nummer Eins. Die meisten hiesigen Clubs haben von Mittwoch bis Samstag geöffnet; manche verlangen keinen Grundpreis, andere bis zu 20 AU$. Man sollte sich schick anziehen und seinen Ausweis mitnehmen! Im CBD bechert das After-Work-Publikum, während Innenstadt-Hipster in den coolen Bars von West End abhängen. New Farm hat einige hippe Bars, in der sich vor allem Leute aus deren Nachbarschaft tummeln.

Paddington

Paddington

Schlafen
1 Casabella Apartment A1
2 Latrobe Apartment A1

Essen
3 Gelateria Cremona A3
4 Il Posto B2
5 Merlo Torrefazione B2

Ausgehen & Nachtleben
6 Kettle & Tin D3

Unterhaltung
7 Paddo Tavern C3

Shoppen
8 Dogstar C2
9 Paddington Antique Centre B1
10 Retro Metro C2

Großraum Brisbane

★ **Green Beacon Brewing Co** BRAUEREI
(Karte S. 292; www.greenbeacon.com.au; 26 Helen St, Teneriffe; Mo & Di 17 Uhr–open end, Mi & Do 12 Uhr–open end, Fr–So 11 Uhr–open end) Zwischen den fotogenen Backsteinhäusern von Teneriffes Seitenstraßen liegt diese exzellente Brauerei. Hinter der langen Bar befindet sich eine Reihe von riesigen Edelstahlfässern, in denen der gute Stoff gärt, ehe er durch die Zapfhähne in die Gläser der Gäste fließt: hausgemachtes helles und dunkles Ale, Weizen sowie saisonale Spezialitäten und leckere Bargerichte. Ein Sieger!

Canvas WEINBAR
(Karte S. 292; www.canvasclub.com.au; 16b Logan Rd, Woolloongabba; Di–Fr 12–24, Sa & So 8–24 Uhr) Im Schatten des Gabba-Cricketstadions liegt das hippe, künstlerisch angehauchte Canvas. Dorthin gelangt man von der Logan St (mit ihren aufstrebenden Bars, Restaurants und Antiquitätenläden) aus. Erst in Ruhe das verrückte Wandgemälde betrachten und dann einen „Guerrilla Warfare"-Cocktail beim schnauzbärtigen Barkeeper bestellen.

Breakfast Creek Hotel KNEIPE
(Karte S. 292; www.breakfastcreekhotel.com; 2 Kingsford Smith Dr, Albion; 10 Uhr–open end) Diese historische Kneipe (erb. 1889) im verspielten Stil der französischen Renaissance ist ein echter Brisbane-Klassiker. Unter den verschiedenen Bar- und Speisebereichen befinden sich z. B. ein Biergarten und eine Art-déco-„Privatbar", in der es frisch Gezapftes aus dem Holzfass gibt. Die stilvolle, hauseigene Rumbar Substation No. 41 serviert außerdem Cocktails und obendrein super Steaks.

Zentrum

★ Super Whatnot
BAR

(Karte S. 298; www.superwhatnot.com; 48 Burnett Lane; ⊙ Mo–Do 15–23, Fr 12–1, Sa 15–1, So 15–20 Uhr) Das unkonventionelle Super Whatnot mit Zwischengeschoss und im Boden versenkter Lounge versprüht sein futuristisches Industrieflair an einer kleinen Gasse. Getränke: australische Boutique-Flaschenbiere und Cocktails (wie den probierenswerten Border Control). Essen: Barsnacks mit US-Touch (Hotdogs, Nachos, Mini-Burritos). Musik: DJs mit Funk-, Soul- und Hiphop-Platten (Do–Sa) oder akustische Livesounds (regelmäßig). Insgesamt: eine Top-Kombi!

Riverbar & Kitchen
BAR

(Karte S. 298; www.riverbarandkitchen.com.au; 71 Eagle St; ⊙ 7–23.30 Uhr) Ein entspanntes Plätzchen am Fuße des Eagle-St-Pier-Komplexes am braunen Brisbane River, das sich bestens für ein Ale am Nachmittag eignet. Im Gewand eines Bootsschuppens mit aufgerollten Seilen, weiß gestrichenem Holz und hölzernen Sitzecken hat die Riverbar eine lockere, luftige und ungezwungene Atmosphäre – und ist dabei so charmant wie der Fluss selbst. Das Essen ist ebenfalls ausgezeichnet.

Nant
BAR

(Karte S. 298; www.nant.com.au; 2 Edward St; ⊙ Di–Sa 15 Uhr–open end) Eine neue, stylische Kneipe, in der sich einfach alles um Nant-Whisky dreht. Serviert wird hervorragender Single Malt aus den Central Highlands Tasmaniens, außerdem Bourbon, Roggenwhisky und Gin (im Stil der Prohibitionszeit). Hier gibt's außerdem Ledersofas, hohe Decken, freundliche Mitarbeiter und regelmäßig Livemusik. Wer ein paar Drinks zu viel hatte, kann hinüber zu den City Botanic Gardens taumeln und nach Fledermäusen Ausschau halten.

Embassy Hotel
PUB

(Karte S. 298; www.embassybar.com.au; 214 Elizabeth St; ⊙ Mo–Mi 11–22, Fr 11 Uhr–open end, Sa 12 Uhr–open end) Diese Kneipe hat seit ihrer Eröffnung im Jahr 1928 viele Wiedergeburten erlebt – zur letzten gehören Biere aus Kleinbrauereien, Wandverkleidungen aus gepresstem Blech oder aber freigelegte Backsteinwände sowie hervorragende Steak-Sandwichs. Besonders beliebt ist der Pub bei Backpackern, die im Hostel im Obergeschoss übernachten.

Kangaroo Point

Story Bridge Hotel
KNEIPE

(Karte S. 298; www.storybridgehotel.com.au; 200 Main St, Kangaroo Point; ⊙ 9 Uhr–open end) Die hübsche Biergartenkneipe von 1886 ist hervorragend für einen Humpen nach einem langen Sightseeing-Tag geeignet. Unter der Brücke am Kangaroo Point wartet sie mit Livejazz (So ab 15 Uhr) und vielen verschiedenen Bar- bzw. Restaurantbereichen auf.

South Bank

Tomahawk Bar
BAR

(Karte S. 298; www.tomahawkbar.com.au; 5/182 Grey St; ⊙ So, Di & Mi 11–22, Do 11–23, Fr & Sa 11–24 Uhr) Dies ist mit Abstand der coolste Ort für ein Bier in South Bank. Entspannte Mitarbeiter mit Bärten schenken Manufakturbiere und Biocider aus – die Zapfhähne werden von Dänen, Amerikanern und einem Neuseeländer regiert. Die Barsnacks sind ebenfalls hervorragend: Burger mit Schweinebauch, gebackener Camembert und Fischbrötchen.

Fortitude Valley

★ Alfred & Constance
BAR

(Karte S. 308; www.alfredandconstance.com.au; 130 Constance St, Fortitude Valley; ⊙ 10–3 Uhr) Wow! Das herrlich abgefahrene A&C in zwei alten Schindelhäusern (abseits des großen Trubels in Valley) lockt gleichermaßen Anzugträger, Surfertypen, tätowierte Lesben und Bauarbeiter in Leuchtkleidung an. Bei Streifzügen zwischen Tiki-Bar, Dachterrasse, Cafébereich und den diversen Lounges bewundert das Publikum die wunderbar verrückte Einrichtung (u.a. Kronleuchter, Skelette, Surfbretter, alte Hi-Fi-Geräte).

Sabotage Social
BAR

(Karte S. 308; www.sabotagesocial.com.au; Ecke Gipps & Wickham Sts, Fortitude Valley) Whisky ist der letzte Schrei in Brisbane, und überall eröffnen Whiskybars. Das Sabotage Social ist ein gutes Beispiel: Hier gibt es kirschrote Holzverkleidungen, vergoldete Wände, Musik aus den 1990er-Jahren und einen super Biergarten (oder vielleicht eher Whiskygarten?).

Bowery
COCKTAILBAR

(Karte S. 308; www.facebook.com/theboweryrybar; 676 Ann St, Fortitude Valley; ⊙ Di–So 17 Uhr–open end) Die lange, schmale Bar mit freiliegendem Backstein, vergoldeten Spiegeln,

Separees und ausgetretenen Bodendielen bringt etwas Klasse ins zwanglose Valley. Ihre erstklassigen Cocktails und Weine sind entsprechend teuer. Musik: Livejazz bzw. -dub (Di–Do) und DJs (Wochenende).

Press Club COCKTAILBAR
(Karte S. 308; www.pressclub.net.au; 339 Brunswick St, Fortitude Valley; ⊙ Di–Do 19 Uhr–open end, Fr–So 18 Uhr–open end) Bernsteintöne, Ledersofas, Ottomanen, Lüster, Laternen mit Stoffbezug: Hier wirkt alles auf noble Weise marrokanisch und erinnert zugleich leicht an die verrückte Cantina in *Star Wars*. Livemusik (Jazz, Funk, Rockabilly) am Donnerstag und DJs am Wochenende.

Cloudland CLUB
(Karte S. 308; www.katarzyna.com.au/venues/cloudland; 641 Ann St, Fortitude Valley; ⊙ Mo & Di 17 Uhr–open end, Mi–So 11.30 Uhr–open end) In diesem mehrstöckigen Club scheint man einen surrealen Nebelwald zu betreten: Die Riesenlobby mit Glasdach zieren viele Pflanzen, riesige Kronleuchter und Sitzecken, deren schmiedeeiserne Gitter an Vogelkäfige erinnern. Auch Nicht-Clubber sollten tagsüber mal durch die Fenster spähen – das Design ist umwerfend!

Oh Hello CLUB
(Karte S. 308; www.ohhello.com.au; 621 Ann St, Fortitude Valley; ⊙ Do–So 21–5 Uhr) Oh, hallo! Wie schön, Dich hier zu sehen! Dieser gesellige Club ist ideal für alle Clubbing-Fans, die von der Realität etwas ernüchtert sind: Gäste können im T-Shirt einlaufen und tolle Biere aus Kleinbrauereien probieren. Selbst die aufgeblasenen „cool kids" wirken hier nicht so arrogant wie anderswo.

Family CLUB
(Karte S. 308; www.thefamily.com.au; 8 McLachlan St, Fortitude Valley; ⊙ Fr–So 21–5 Uhr) Hier heißt es Schlange stehen an einem der größten und besten Clubs von Brisbane. Die Musik im Family ist phänomenal: Es gibt vier Ebenen mit unzähligen Tanzflächen, ausgefallenen thematischen Sitzecken und es kommen einige der besten DJs von nah und fern. Sonntags findet die „Fluffy"-Schwulentanzparty statt.

Church CLUB
(Karte S. 308; www.thechurchnightclub.com.au; 25 Warner St, Fortitude Valley; ⊙ Fr & Sa 21–5 Uhr) Lust, wieder mal die Hüften zu schwingen? Dieses verhexte, schwarz gestrichene „Gotteshaus" in einer Seitenstraße von Fortitude Valley ist die Heimat des Magic City Superclub, einer recht hemmungslosen Tanzorgie, die immer freitags und samstags stattfindet.

Beat MegaClub CLUB
(Karte S. 308; www.thebeatmegaclub.com.au; 677 Ann St, Fortitude Valley; ⊙ Mo & Di 21–5, Mi–So 20–5 Uhr) Fünf Räume plus sieben Bars plus drei Chillout-Bereiche plus Hard House/Elektro/Retro/Techno ergeben den perfekten Tanztempel. Der Club ist auch wegen der regelmäßigen Travestieshows bei Schwulen und Lesben beliebt.

New Farm

Bar Alto BAR
(Karte S. 292; www.baralto.com.au; Brisbane Powerhouse, 119 Lamington St, New Farm; ⊙ Di–So 11 Uhr–open end) Im Obergeschoss des Brisbane Powerhouse befindet sich dieses tolle Restaurant mit Bar. Der Blick auf den Fluss von einem der grobschlächtigen Holztische auf dem riesigen Balkon aus ist zu jeder Tageszeit der Hammer. Hier gibt's eine umwerfend gute Weinkarte und obendrein hervorragendes Essen.

Gertie's Bar & Lounge WEINBAR
(Karte S. 308; 699 Brunswick St, New Farm; ⊙ Di–Fr 16–24, Sa 15–24, So 14–24 Uhr) Gertie's Bar & Lounge bietet ein richtig kultiviertes Ambiente. Und irgendwie schafft es Gertie immer, Gruppen von attraktiven City-Girls anzuziehen, die hinter den Faltfenstern Cocktails schlürfen. Doch auch ohne solche Blickfänge ist das Gertie's mit seiner stimmungsvollen Beleuchtung, seinen souligen Klängen und seinen Retrofotos ein ansolut großartiges Plätzchen, um sich einen gemütlichen Drink zu gönnen oder einen Teller leckere Pasta mit einem Glas Wein zu genießen.

Bitter Suite BAR
(Karte S. 292; www.bittersuite.com.au; 75 Welsby St, New Farm; ⊙ Di–Do 11.30–23, Fr bis 23.30, Sa 8–23.30, So bis 22 Uhr) Diese alte Backsteinfabrik in einer ruhigen Seitenstraße in New Farm wurde in einen quicklebendigen Bierschuppen verwandelt, in dem über 60 Biere aus kleinen Brauereien angeboten werden, von denen täglich acht verschiedene Sorten an den Zapfhähnen zur Verfügung stehen. Die Bargerichte sind ganz hervorragend (vor allem die Pekingente mit Pfannkuchen!). Am Wochenende gibt's hier auch gutes Frühstück.

West End

★ Archive Beer Boutique BAR
(Karte S. 312; www.archivebeerboutique.com.au; ⊙ 11 Uhr–open end) Interessantes Bier, interessante Leute, interessante Bar: Willkommen im Archive, einem Biertempel mit vielen schaumigen Spitzensorten vom Fass (unbedingt das Holgate Cowboy Sour Porter probieren). Der tolle Tresen besteht aus Büchern; das Essen (Steaks, Muscheln, Pasta) macht ebenfalls einen hervorragenden Eindruck. Das Loft West End (Karte S. 312; www.loftwestend.com; ⊙ Mi-Sa 16 Uhr–open end) im Obergeschoss ist ein frecher Mix aus Cocktailbar und Restaurant.

End BAR
(Karte S. 312; www.73vulture.com; 1/73 Vulture St, West End; ⊙ 15–24 Uhr) Im Fall von The End wurde eine modern-industrielle Ladenfassade in Flussnähe zu einem echt trendigen Treff der Einheimischen umgebaut. Zu hören gibt's Morrissey auf Vinyl, DJs und akustische Livemusik. Käseplatten und Blackstar Mocha Stout (geliefert von der örtlichen Kaffeerösterei) sorgen für gute Laune an regnerischen Nachmittagen.

Lychee Lounge COCKTAILBAR
(Karte S. 312; www.lycheelounge.com.au; 94 Boundary St, West End; ⊙ So-Do 15–24, Fr & Sa bis 1 Uhr) Ist diese asiatisch-exotische Loungebar mit stimmungsvoller Beleuchtung und entspannten Beats nicht wie eine echte Opiumhöhle? Versunken in bequemem Mobiliar starrt man hier zu makabren Kronleuchtern aus Puppenköpfen hinauf oder durch die offene Front hinaus zur Boundary St.

Petrie Terrace

Statler & Waldorf BAR
(Karte S. 312; www.statlerandwaldorf.co; 25 Caxton St, Petrie Terrace; ⊙ Mi-So 11–24 Uhr) Wer sich an die beiden zynischen Alten aus der *Muppet Show* erinnert, kann sich hier über ein Widersehen freuen. In dieser Kneipe, die die ansonsten eher heruntergekommene Caxton St optisch aufwertet, schauen die beiden von einem Bild über dem Kamin auf die Gäste hinunter. Hier gibt's alte Bodendielen, Craft Beer, Cocktails, Scotch-Proben und gute Gespräche.

Cabiria BAR
(Karte S. 312; www.cabiria.com.au; 6 The Barracks, 61 Petrie Tce, Petrie Terrace; ⊙ Mo 7–15, Di-Fr 7 Uhr–open end, Sa 16 Uhr–open end) Highlight des tollen Restaurant- und Barkomplexes in Brisbanes früherer Polizeikaserne ist das coole Cabiria. In einem stimmungsvollen Raum mit Schummerlicht warten hier große Spiegel, super Sandwichs à la NYC und schimmernde Regale voller Alkohol (u. a. 35 verschiedene Tequilasorten!).

Paddington

Kettle & Tin BAR
(Karte S. 316; www.kettleandtin.com.au; 215 Given Tce, Paddington; ⊙ Mo 7–17 Uhr, Di-So bis open end) Die Tafel, die außen an diesem coolen Café mit Bar hängt, zieht die Aufmerksamkeit aller Passanten auf sich: „Wir servieren Bier und Whiskeys, weil keine große Geschichte je mit einem Salat begonnen hat." Das Essen ist ausgezeichnet (und ziemlich kalorienreich: unbedingt die Enten-Nachos oder Schweinebauch-Pommes probieren!). Sonntagnachmittag gibt's Livemusik.

Dowse Bar BAR
(Karte S. 312; www.facebook.com/dowsebar; Ecke Given Tce & Dowse St, Paddington; ⊙ Do-So 16 Uhr–open end) Versteckt unter der größeren und schickeren Iceworks Bar liegt die Dowse Bar, eine gesellige, verschrobene Retrokneipe, die ein bisschen Studenten- und Hipster-Feeling nach Paddington bringt. Hier gibt's Livemusik für die Gäste, die auf alten Sofas unter verrückten Lampen und Wandgemälden chillen.

☆ Unterhaltung

Viele berühmte Bands aus aller Welt spielen in Brisbane, und die hiesigen Nachtclubs engagieren regelmäßig Top-DJs. Die Kinos, Theater und anderen Bühnen der Stadt gehören zu den größten und besten Australiens.

The Music (www.themusic.com.au) und *Scene* (www.scenemagazine.com.au) gehören zu den kostenlosen Veranstaltungskalendern. *Q News* (www.qnews.com.au) informiert die Schwulen- und Lesbenszene. Die Zeitung *Courier Mail* (www.news.com.au/couriermail) oder *Brisbane Times* (www.brisbanetimes.com.au) enthalten ebenfalls Kultur- und Veranstaltungsverzeichnisse.

Die zentrale Buchungsagentur **Ticketek** (Karte S. 298; ☎ 13 28 49; www.ticketek.com.au; Ecke Elizabeth & George St; ⊙ Mo-Fr 9–17 Uhr) reserviert Karten für alle Großevents (u. a. Sport, Aufführungen). **Qtix** (☎ 13 62 46; www.qtix.com.au) empfiehlt sich für vornehmere Kulturveranstaltungen.

Brightside
LIVEMUSIK
(Karte S. 308; www.thebrightsidebrisbane.com.au; 27 Warner St, Fortitude Valley; ⊙ Do–Sa 20 Uhr–open end) Der Grundstein dieser Kirche aus dem Jahr 1906 widmet den Bau „Gottes Herrlichkeit". Aber heutzutage ist es der Gott des Alternative Rock, den die Gläubigen hier anbeten: hart, leidenschaftlich, entfesselt und garantiert laut. Noch genauso wie im Jahr 1991 – nur ohne Zigaretten.

Lock'n'Load
LIVEMUSIK
(Karte S. 312; www.locknloadbistro.com.au; 142 Boundary St, West End; ⊙ Mo–Fr 10 Uhr–open end, Sa & So 7 Uhr–open end; 🛜) Dieser sprudelnde, zweistöckige Gastropub aus Holz lockt enthusiastische Musikfans. Auf der kleinen Bühne spielen Livebands (Jazzbands und Bands mit eigenen Songs). Konzertbesucher können hier am nächsten Morgen frühstücken: Die Schinken-Kartoffel-Frikadellen sind prima Kater-Killer.

Hi-Fi
LIVEMUSIK
(Karte S. 312; www.thehifi.com.au; 125 Boundary St, West End; ⊙ Gig-Abende 20 Uhr–open end) Diese modern-minimalistische Rock-Location schließt an die Bar Retro Vinyl an. Drinnen hat man freien Blick auf ein tolles Line-Up aus heimischen und internationalen Talenten (Sepultura, Kingswood, Violent Soho…).

Crowbar
LIVEMUSIK
(Karte S. 308; www.facebook.com/crowbarbrisbane; 243 Brunswick St, Fortitude Valley; ⊙ Konzert 20 Uhr–open end) Willkommen im Metal-, Hardcore und Punkhimmel: schwarz gekleidete Musikfans aus Australien, den USA und Großbritannien – hautnah und unerbittlich.

Zoo
LIVEMUSIK
(Karte S. 308; www.thezoo.com.au; 711 Ann St, Fortitude Valley; ⊙ Mi–So 19 Uhr–open end) 🍃 Das 1992 eröffnete Zoo hat etwas musikalischen Boden an das Hi-Fi und das Brightside verloren. Dennoch spielen hier noch immer Indie-, Hip-Hop-, Akustik-, Reggae- und Elektrobands (darunter viele junge lokale Talente).

Brisbane Jazz Club
JAZZ
(Karte S. 298; 📞 07-3391 2006; www.brisbanejazzclub.com.au; 1 Annie St, Kangaroo Point; 15–25 AU$; ⊙ Do–Sa 18.30–23, So 17–22 Uhr) Der Minischuppen am Fluss scheint direkt aus den US-Südstaatensümpfen zu stammen und ist seit 1972 das Jazzmekka der Stadt. Alle Szenegrößen spielen hier, wenn sie in Brisbane weilen.

Brisbane Convention & Exhibition Centre
LIVE MUSIC
(Karte S. 298; www.bcec.com.au; Ecke Merivale & Glenelg Sts, South Bank) Wenn die Großen (Nick Cave, Bob Dylan) in der Stadt sind, dann in diesem 8000-Mann-Saal in South Bank.

Palace Barracks
KINO
(Karte S. 312; www.palacecinemas.com.au; 61 Petrie Tce, Petrie Terrace; Erw./Kind AU$18.50/13; ⊙ 9 Uhr–open end) Das vornehme Palace Barracks in der Nähe der Roma St Station im Barracks Centre zeigt Hollywood- und Arthouse-Filme auf sechs Leinwänden. Und es gibt auch eine Bar!

Moonlight Cinema
KINO
(Karte S. 292; www.moonlight.com.au; Brisbane Powerhouse, 119 Lamington Rd, New Farm; Erw./Kind 16/12 AU$; ⊙ Mi–So 19 Uhr) Im New Farm Park in der Nähe des Brisbane Powerhouse gibt's von Dezember bis Februar im Moonlight Cinema Freiluftkino. Wer einen Platz ergattern will, sollte früh kommen.

Palace Centro
KINO
(Karte S. 308; www.palacecinemas.com.au; 39 James St, Fortitude Valley; Erw./Kind 17,50/13 AU$; ⊙ 10 Uhr–open end) Präsentiert Kunstfilme und veranstaltet ein französisches Kinofestival im März/April sowie ein skandinavisches Filmfest im Juli.

Brisbane Powerhouse
THEATER
(Karte S. 292; www.brisbanepowerhouse.org; 119 Lamington St, New Farm) Unter den vielen Veranstaltungen im Powerhouse (oft gratis) sind z. B. national wie international anerkannte Theater-, Tanz-, Comedy- oder Musikproduktionen. In toller Lage am Brisbane River findet man hier auch coole Bars und Restaurants.

Judith Wright Centre of Contemporary Arts
THEATER
(Karte S. 308; www.judithwrightcentre.com; 420 Brunswick St, Fortitude Valley; ⊙ Tickets Mo–Fr 9–16 Uhr; 🛜) In dem mittelgroßen Saal (max. 300 Zuschauer) werden die neuesten Tanz-Musik-, Aborigine-Theater-, Zirkus- und Kunst-Aufführungen gezeigt.

Metro Arts Centre
THEATER
(Karte S. 298; www.metroarts.com.au; Level 2, 109 Edward St; ⊙ wechselnde Aufführungen, Galerie Mo–Fr 10–16.30, Sa 14–16.30 Uhr) Dieser Veranstaltungsort im Zentrum zeigt lokale Theater-, Dramen-, Tanz- und Kunstaufführungen. Ein temperamentvoller Ort, an

dem man einen Geschmack für Brisbanes kreatives Talent bekommt – von unkonventionell, verschroben oder fortschrittlich zu schlichtweg bizarr. Am ersten Freitag im Monat veranstalten Künstler und Darsteller kostenlose Abendgespräche.

Queensland Performing Arts Centre
THEATER

(QPAC; Karte S. 298; www.qpac.com.au; Queensland Cultural Centre, Ecke Grey St & Melbourne St, South Bank; ⊙ Tageskasse Mo-Sa 9-20.30 Uhr) Brisbanes größtes Zentrum für anspruchsvolle darstellende Kunst zeigt Aufführungen aller Art (u. a. Konzerte, Theater, Tanz) in drei verschiedenen Sälen. Das Programm reicht dabei von Flamenco und Broadway Musicals bis hin zum American Ballet Theatre.

Queensland Conservatorium
OPER, LIVEMUSIK

(Karte S. 298; www.griffith.edu.au/music/queensland-conservatorium; 140 Grey St, South Bank; ⊙ Tageskasse Mo-Fr 7-22, Sa & So 8-18 Uhr) Das Conservatorium gehört zur Griffith University. Neben Opern gibt's hier auch tourende Künstler aus den Bereichen Klassik, Jazz, Rock und Weltmusik zu sehen (oft gratis).

Paddo Tavern
KOMÖDIE

(Karte S. 316; www.standup.com.au; 186 Given Tce, Paddington; ⊙ 10 Uhr – open end) Würde eine Autowaschanlage einen Supermarkt heiraten, würde das Erstgeborene wahrscheinlich wie diese hässliche Kneipe aussehen, die unpassenderweise auch noch ein Wild-West-Outfit angezogen hat (inklusive Stetsons, Sattelsitzen und alten Gewehren an der Wand). Die Paddo Tavern ist jedoch einer der besten Orte in Brisbane, um Bühnenkomiker live zu erleben – auf der Website findet man das Programm.

Sport

Wie die meisten Australier sind auch Brisbanes Einwohner Sportfanatiker. Im **Gabba** (Brisbane Cricket Ground; Karte S. 292; www.thegabba.com.au; 411 Vulture St, Woolloongabba) südlich von Kangaroo Point finden nationale und internationale Cricket-Begegnungen statt. Die Cricketsaison dauert von Oktober bis März; Cricket-Frischlinge sollten sich ein Twenty20-Spiel ansehen – Cricket vom Feinsten!

Das Gabba ist auch Heimat der Brisbane Lions, ein Team der **Australian Football League** (AFL; www.afl.com.au), die die Liga in den frühen 2000er-Jahren beherrschte. Sie können von April bis September live (und oft sogar abends bei Flutlicht) in Aktion bestaunt werden.

Auch die Rugby-Liga ist ein großer Zuschauermagnet in „Brizzy". Die Brisbane Broncos, die an der **National Rugby League** (NRL; www.nrl.com.au) teilnehmen, tragen ihre Winterheimspiele im **Suncorp Stadium** (Karte S. 312; www.suncorpstadium.com.au; 40 Castlemaine St, Milton) in Milton (zwischen Petrie Terrace und Paddington) aus. Die Queensland Reds im Super-Rugby-Wettbewerb und das nationale Wallabies-Team spielen ebenfalls im Suncorp und haben große Fangemeinden.

Im Suncorp ist außerdem das Queensland-Roar-Fußballteam zu Hause, das Teil der **A-League** (www.aleague.com.au) ist. Die Fußballsaison dauert von August bis Februar und lockt in den letzten Jahren riesige Zuschauermengen an.

🔒 Shoppen

In Brisbane gibt es einige hervorragende Märkte am Fluss sowie ausgefallene Boutiquen und einzigartige Läden, vor allem in Fortitude Valley und in Paddington. Hier gibt es alles von Indie-Mode über Aborigine-Kunst, Vintage-Klamotten, neue und gebrauchte Bücher bis hin zu seltenen Schallplatten. In der **Queen St Mall** und im **Myer Centre** im CBD gibt es riesige Ketten, teure Outlets und den obligatorischen Touristenkitsch.

🔒 Central Brisbane

Archives Fine Books
BÜCHER

(Karte S. 298; www.archivesfinebooks.com.au; 40 Charlotte St; ⊙ Mo-Do 9-18, Fr bis 19, Sa bis 17 Uhr) Auf knarrenden Bodendielen kann man hier stundenlang stöbern: In den wackeligen Regalen steht (angeblich) eine Million gebrauchter Bücher.

Mind Games
SPIELE

(Karte S. 298; www.mindgamesbrisbane.com; Level 2, Myer Centre, Queen St Mall; ⊙ Mo-Do 9-17.30, Fr bis 21, Sa bis 16, So 10-16 Uhr) Hier gibt es altmodische Denkspiele für verregnete Tage: Schach, Kreuzworträtsel, Zauberwürfel, Mah-Jongg, Scrabble, 1000-teilige Puzzles des Triumphbogens uvm.

Malt Traders
WEIN

(Karte S. 298; www.malttraders.com.au; 10 Market St; ⊙ Mo & Di 10-19, Mi bis 20 Uhr, Fr bis 21, Sa 12-19 Uhr) Der erste kleine Laden dieser Art im CBD hat sich auf Single Malt Whiskeys,

Biocider, Lagenweine und Handwerksbiere spezialisiert. Das Motto lautet „probieren, genießen, kaufen".

Record Exchange MUSIK
(Karte S. 298; www.therecordexchange.com.au; Level 1, 65 Adelaide St; 9–17 Uhr) Dieser höhlenartige Shop (laut eigenen Angaben „Brisbanes interessantester Laden") beherbergt eine eindrucksvolle Sammlung an Schallplatten, CDs, DVDs, Postern und anderen Rock-Erinnerungsstücken.

South Bank

Title BÜCHER
(Karte S. 298; www.titlestore.com.au; 1/133 Grey St; 10–18 Uhr) Hier gibt es unkonventionelle Kunst, Musik, Fotografie- und Kinobücher, Schallplatten, CDs und DVDs – insgesamt eine gute Dosis an umstürzlerischer Aufsässigkeit (genau das, was South Bank braucht!). Unbedingt die Woody Guthrie Centennial Collection mitnehmen, die anlässlich seines 100. Geburtstages herausgegeben wurde.

Fortitude Valley

Trash Monkey BEKLEIDUNG, ACCESSOIRES
(Karte S. 308; www.trashmonkey.com.au; 9/8 Duncan St, Fortitude Valley; Mo-Mi 10–19, Do-Sa bis 21, So bis 17 Uhr) Subkulturelles Chaos im Valley! Gruftis, Skater, Punks, Alt-Rocker und Rockabilly-Rebellen kommen hierher, um sich mit Schuhen, T-Shirts, Kappen, Nylonstrümpfen, Socken, Gürteln, Beanies und Ausgehklamotten einzudecken. Die meisten Produkte sind mit Tattoo-Designs versehen. Auf der Suche nach Leopardenschuhen? Hier wird man fündig.

Angelo's Fresh Pasta ESSEN
(Karte S. 308; www.angelospasta.com.au; 22 Doggett St, Fortitude Valley; Pasta rund 5 AU$; Mo-Fr 8–17, Sa bis 12 Uhr) Diese lokale Institution stellt seit 1968 Pasta her und verkauft die Teigwaren aus einer kleinen roten Hütte auf einem Hinterhofparkplatz. Ob Tomaten-Tagliatelle, Entenei-Linguine oder Kürbis-Spinat-Cannelloni – alle sind hervorragend! Nach den Palletten leerer Tomatendosen an der Straße Ausschau halten.

Winn Lane BEKLEIDUNG, BÜCHER
(Karte S. 308; www.winnlane.com.au; Winn Lane) Hinter der Ann St (abseits der Winn St) liegt diese künstlerisch angehauchte Ansammlung von Boutiquen, Buchläden, Schmuckgeschäften und Imbissständen. Die Straßenkunst verleiht dem Ganzen eine junge, etwas spleenige Atmosphäre. Auf keinen Fall **Künstler** (Karte S. 308; www.kunstler.com.au; 5 Winn Lane; Di-Sa 10–17 Uhr, So bis 15 Uhr) verpassen, den wahrscheinlich kleinsten Laden in Brisbane, der Kunst- und Architekturbücher verkauft.

James Street BEKLEIDUNG, ESSEN
(Karte S. 308; www.jamesst.com.au; James St, Fortitude Valley) Die modisch-schillernde Seite von Fortitude Valley erstreckt sich entlang der James St unter Feigenbäumen. Hier tummeln sich teure Boutiquen (Scanlan Theodore, Mimco, Kookai, Blonde Venus) sowie Cafés und der hervorragende James St Market (S. 311).

Blonde Venus BEKLEIDUNG
(Karte S. 308; www.blondevenus.com.au; Shop 3, 181 Robertson St, Fortitude Valley; Mo-Sa 10–18, So 11–16.30 Uhr) Das Blonde Venus ist seit über 20 Jahren im Geschäft und gehört zu Brisbanes besten Boutiquen. Sein sorgfältig ausgewähltes Sortiment besteht aus Indie- und Couture-Labeln.

West End

★ Egg Records MUSIK
(Karte S. 312; www.eggrecords.com.au; 79 Vulture St, West End; Mo-Fr 9.30–17.30, Sa & So bis 16 Uhr) Diese gut organisierte Sammlung von LPs, CDs und kitschigen Erinnerungsstücken ist ein Muss für alle, die auch nur einen kleinen Sammler in ihrer DNA haben. Hier gibt's massenweise gebrauchte Schallplatten, CDs und Heavy-Metal-T-Shirts, und eine Flut von Plastikschätzen, darunter Doctor-Who- und Star-Wars-Helden oder Evel Knievel – einfach großartig!

Avid Reader BÜCHER
(Karte S. 312; www.avidreader.com.au; 193 Boundary St, West End; Mo-Fr 8.30–20.30, Sa bis 18, So bis 17 Uhr) Alle möglichen Bücher, eine kleine Café-Ecke und regelmäßige Literaturevents wie Lesungen: ein echter Kulturtreff à la West End.

Paddington

Retro Metro BEKLEIDUNG
(Karte S. 316; 07-3876 3854; www.mustdobrisbane.com; 297 Given Tce, Paddington; Di-Sa 10–17, So 11–16 Uhr) Ein Highlight unter den

BRISBANES MÄRKTE

Jan Powers Farmers Market (Karte S. 292; www.janpowersfarmersmarkets.com.au; Brisbane Powerhouse, 119 Lamington St, New Farm; ☺ jeden 2. und 4. Samstag im Monat, 6–12 Uhr) Lust auf violette Karotten oder blaue Bananen? Die über 120 Stände dieses großartigen Bauernmarktes bieten neben derart Ungewöhnlichem auch bunte Blumen, Käse, Kaffee und Fisch. Mit der CityCat-Fähre geht's direkt zum Markt.

Davies Park Market (Karte S. 312; www.daviesparkmarket.com.au; Davies Park, West End; ☺ Sa 6–14 Uhr) Unter einer Gruppe mächtiger Moreton-Bay-Feigenbäume am Flussufer im West End befindet sich dieser Hippiemarkt mit Biolebensmitteln, Gourmetfrühstück, Kräutern, Blumen, Nippes und Straßenkünstlern.

Brisbane Valley Markets (Karte S. 308; www.brisbane-markets.com.au/brisbane-valley-markets.html; Brunswick St & Duncan St Malls, Fortitude Valley; ☺ Sa 8–16, So 9–16 Uhr) Diese farbenfrohen Märkte erstrecken sich entlang der Brunswick St Mall und der Duncan St (Chinatown) Mall in Fortitude Valley. Hier gibt es einige Handwerksprodukte, Kleider, Bücher, Schallplatten, Essensstände und Arbeiten aufstrebender Designer.

Brisbane Riverside Markets (Karte S. 298; www.brisbane-markets.com.au/brisbane-riverside-markets.html; Eagle St Pier; ☺ So 7–16 Uhr) Die Sunday Riverside Markets am Fluss haben Dutzende Stände, die Glasprodukte, Handarbeiten, Kunst, Säfte und Snacks verkaufen. Außerdem gibt's hier Livemusik. Die CityCat-Fähre hält gleich nebenan.

Boundary Street Markets (Karte S. 312; www.boundarystreetmarkets.com.au; cnr Boundary & Mollison Sts, West End; ☺ Fr 16–22 , Sa & So 9–15 Uhr) Diese Boheme-Märkte gruppieren sich in und um eine ehemalige Eiscremefabrik. Hier gibt es wechselnde Stände, Straßenmusikanten, Imbisswagen, Vintage-Klamotten und kuriose Leute (eben das West End!) sowie Livebands im Motor Room.

---

vielen Boutiquen, die die Hauptstraße von Paddington säumen. Retro Metro hat eine fantastische Auswahl an Vintage-Klamotten: Cowboystiefel, Cocktailkleider, Handtaschen, Schmuckstücke, Schallplatten, Rock-T-Shirts aus den 1980er-Jahren, Sonnenbrillen, Vasen, Aschenbecher und anderen interessanten Nippes. Nach dem schäbigen alten weißen Haus Ausschau halten, an dessen Fassade Schallplatten hängen.

Dogstar BEKLEIDUNG
(Karte S. 316; www.dogstar.com.au; 2 Latrobe Tce, Paddington; ☺ Mo–Fr 10–17, Sa bis 16, So bis 15 Uhr) In dieser angesagten Boutique weht mehr als nur ein schwacher japanischer Wind. Wunderschöne Stoffe und erlesene Details machen die Röcke, Jacken, Wickelkleider, Tuniken, Schmuckstücke und Retro-Winterpullis aus.

Paddington Antique Centre ANTIQUITÄTEN
(Karte S. 316; ☏ 07-3369 8088; www.paddingtonantiquecentre.com.au; 167 Latrobe Tce, Paddington; ☺ 10–5 Uhr) In Brisbanes größtem Antiquitätenkaufhaus (ein Theater aus dem Jahr 1929) verkaufen über 50 Händler Schätze und Ramsch aus vergangenen Zeiten – darunter Kleidung, Schmuck, Puppen, Bücher, Lampen, Musikinstrumente, Spielzeug, Hawaiihemden aus den 1960er-Jahren und deutsche Stahlhelme aus dem Zweiten Weltkrieg. Hier gibt's außerdem ein Café.

ⓘ Praktische Informationen

GELD

American Express (☏ 1300 139 060; www.americanexpress.com; 260 Queen St; ☺ Mo–Do 8.30–16.30, Fr bis 17 Uhr) In der Westpac-Bank.

Travelex (☏ 07-3174 1018; www.travelex.com.au; 300 Queen St; ☺ Mo–Do 9.30–16, Fr bis 17 Uhr) Geldumtausch.

INTERNETZUGANG

Brisbane Square Library (www.brisbane.qld.gov.au; 266 George St; ☺ Mo–Do 9–18, Fr bis 19, Sa & So 10–15 Uhr; 🛜) Kostenloser Internetzugang.

Hispeed Internet (61 Petrie Tce, Petrie Terrace; ☺ 8 Uhr–spät; 🛜) Im Barracks-Einkaufszentrum.

State Library of Queensland (www.slq.qld.gov.au; Stanley Pl, South Bank; ☺ Mo–Do 10–22, Fr–So bis 17 Uhr; 🛜) 30-Minuten-Terminals und kostenloses WLAN.

MEDIZINISCHE VERSORGUNG

CBD Medical Centre (☏ 07-3211 3611; www.cbdmedical.com.au; Level 1, 245 Albert St;

Uhr) Allgemeinärztliche Behandlungen und Impfungen.

Pharmacy on the Mall (07-3221 4585; www.pharmacies.com.au/pharmacy-on-the-mall; 141 Queen St; Mo–Do 7–21, Fr bis 21.30, Sa 8–21, So 8.30–18 Uhr)

Royal Brisbane & Women's Hospital (07-3646 8111; www.health.qld.gov.au/rbwh; Butterfield St, Herston) 24-Std.-Notaufnahme.

NOTFALL

Polizei (000; 200 Roma St) Brisbanes Hauptpolizeiwache.

RACQ (13 11 11; www.racq.com.au) Leistet Pannenhilfe für Auto- und Motorradfahrer.

POST

Main Post Office (GPO; Karte S. 298; www.auspost.com.au; 261 Queen St; Mo–Fr 7–18, Sa 10–13.30 Uhr)

TOURISTENINFORMATION

BCC Customer Centre (Karte S. 298; 07-3407 2861; www.brisbane.qld.gov.au; 266 George St; Mo–Fr 9–17 Uhr) Dieses Zentrum des Brisbane City Council bietet Infos zu behindertengerechten Einrichtungen in der Stadt. Im selben Gebäude wie die Brisbane Square Library.

Brisbane Visitor Information Centre (Karte S. 298; 07-3006 6290; www.visitbrisbane.com.au; Queen St Mall; Mo–Do 9–17.30, Fr bis 19, Sa bis 17, So 10–17 Uhr) Tolle Runduminfos zu Brisbane.

South Bank Visitor Information Centre (Karte S. 298; www.visitsouthbank.com.au; Stanley St Plaza, South Bank; 9–17 Uhr) Viele Infos zu South Bank, dazu ein Buchungsservice für Touren, Unterkünfte und verschiedene Transportmittel sowie Tickets für diverse Unterhaltungsevents.

ⓘ An- & Weiterreise

Das Brisbane Transit Centre in der Roma St Station ist Brisbanes Hauptbusbahnhof und Buchungszentrum für alle Fernbusse und -züge sowie CityTrains. Es liegt ca. 500 m westlich des Zentrums. Die Central Station ist auch ein wichtiger Knotenpunkt für Züge.

AUTO & MOTORRAD

Brisbane hat ein 70 km langes Netz aus Schnellstraßen, Tunneln und Brücken (einige mit Mautgebühr), das von **Queensland Motorways** (13 33 31; www.qldmotorways.com.au) betrieben wird. Im reinen Transitverkehr von Norden nach Süden oder umgekehrt nimmt man am besten den Gateway Motorway (M1), der das Zentrum umgeht (Mautgebühr 4,25 AU$; siehe www.govia.com.au für Bezaloptionen im Voraus oder im Nachhinein).

Autovermietung

Die großen Autovermieter – **Avis** (www.avis.com.au), **Budget** (www.budget.com.au), **Europcar** (www.europcar.com.au), **Hertz** (www.hertz.com.au) und **Thrifty** (www.thrifty.com.au) – haben Zweigstellen am Brisbane Airport und in der Stadt.

Kleinere Verleihfirmen mit Filialen in Flughafennähe (und Kundenshuttles dorthin) sind z. B. **Ace Rental Cars** (1800 049 225; www.acerentalcars.com.au; 330 Nudgee Rd, Hendra), **Apex Car Rentals** (1800 121 029; www.apexrentacar.com.au; 400 Nudgee Rd, Hendra) und **East Coast Car Rentals** (3839 9111, 1800 028 881; www.eastcoastcarrentals.com.au; 76 Wickham St, Fortitude Valley).

BUS

Brisbanes Hauptbusbahnhof und Buchungszentrum für Fernbusse ist das **Brisbane Transit Centre** (Roma St Station; www.brisbanetransitcentre.com.au; Roma St). Hier befinden sich auch Buchungsschalter von Greyhound (S. 334) und **Premier Motor Service** (www.premierms.com.au).

Beispiele für beliebte Fernziele und die entsprechenden Preise (wohlgemerkt: Fliegen ist oft nicht teurer und viel schneller!):

ZIEL	DAUER (STD.)	EINFACHE FAHRT (AU$)
Adelaide	62	396
Cairns	30	205
Darwin	49	418
Melbourne	36	298
Sydney	18	105
Townsville	24	285

Vom Flughafen Richtung Gold Coast & Byron Bay

Con-x-ion (www.con-x-ion.com) betreibt direkte Shuttlebusse vom Brisbane Airport zur Gold Coast (49 AU$). Die Busse holen Passagiere der wichtigsten Flüge ab und bringen sie zu ihren Unterkünften an der Gold Coast. Busse von **AA Express** (www.aaexpress.com.au) fahren vom Brisbane Transit Centre zur Gold Coast (45 AU$).

Täglich fahren mehrere Busse von **Byron Easy Bus** (www.byroneasybus.com.au) vom Brisbane Airport (54 AU$, drei Std.) und vom Brisbane Transit Centre (40 AU$) weiter südlich zur Byron Bay. Busse von **Brisbane 2 Byron** (www.brisbane2byron.com) fahren dieselbe Route zu ähnlichen Preisen.

Vom Flughafen zur Sunshine Coast

Sun-Air Bus Service (www.sunair.com.au) Einer von mehreren Anbietern mit Direktbussen vom Brisbane Airport zur Sunshine Coast.

Con-x-ion (www.con-x-ion.com) Fährt dieselbe Strecke wie Sun-Air. Einfache Fahrten kosten rund 40 AU$ (zu den südlichen Zielen an der Sunshine Coast; je weiter nördlich desto teurer).

FLUGZEUG

Der **Brisbane Airport** (www.bne.au, Airport Drive) befindet sich 16 km nordöstlich vom Zentrum in Eagle Farm. Die Terminals für In- und Auslandsflüge liegen rund 2 km auseinander und sind über den Airtrain (s. unten) miteinander verbunden, der alle 15 bis 30 Minuten zwischen 5.40 Uhr und 22 Uhr verkehrt (zwischen den Terminals Erw./Kind 5 AU$/kostenlos). Regelmäßige Verbindungen bestehen nach Asien, Europa, zu den pazifischen Inseln, nach Nordamerika und Neuseeland.

Mehrere Fluggesellschaften fliegen Städte im Rest des Landes an. Die wichtigsten sind:
Jetstar (www.jetstar.com)
Qantas (www.qantas.com.au)
Tigerair (www.tigerair.com)
Virgin Australia (www.virginaustralia.com)
Qantas, Virgin Australia und Jetstar fliegen kleine und große Städte in Queensland an, insbesondere die beliebten Küstenziele und die Whitsunday Islands. Tiger Airways verbindet Brisbane mit Melbourne, Sydney, Adelaide, Darwin und Cairns.

Skytrans (www.skytrans.com.au) ist eine kleine Fluggesellschaft, die Brisbane mit regionalen Zentren verbindet, z. B. Toowoomba, Charleville und Mt. Isa.

ZUG

Brisbanes Hauptbahnhof für Fernzüge ist die Roma St Station (im selben Komplex wie das Transit Centre). Für Reservierungen und Informationen kontaktiert man das **Queensland Rail Travel Centre** (Karte S. 298; 1800 872 467, 07-3235 1323; www.queenslandrail.com.au; Concourse Level, 305 Edward St; Mo–Fr 8–17 Uhr) in der Central Station.
NSW TrainLink Von Brisbane nach Sydney
Spirit of Queensland Von Brisbane nach Cairns
Spirit of the Outback Von Brisbane nach Longreach über Rockhampton
Sunlander Von Brisbane nach Cairns über Townsville
Tilt Train Von Brisbane nach Cairns
Westlander Von Brisbane nach Charleville

❶ Unterwegs vor Ort

AUTO & MOTORRAD

Auf vielen Straßen im CBD und anderen Innenstadtbezirken ist Parken auf zwei Stunden beschränkt. Es lohnt sich, den Schildern Folge zu leisten, denn Brisbanes Knöllchenverteiler sind unbarmherzig. Tagsüber ist Parken in der South Bank und im West End billiger als im Zentrum. Abends ist Parken im CBD kostenlos.

Brisbanes Straßennetz ist langsam gewachsen und daher ziemlich verwirrend. Ein Navi kann hier zum besten Freund werden.

VOM/ZUM FLUGHAFEN

Der **Airtrain** (07-3215 5000; www.airtrain.com.au) verkehrt zwischen 5.40 und 22 Uhr alle 15 bis 30 Minuten. Er verbindet den Brisbane Airport mit wichtigen Zielen wie Fortitude Valley, der Central Station, der Roma St Station (Brisbane Transit Centre) und anderen Zielen (einfache Strecke/hin & zurück 16,50/31 AU$). Darüber hinaus verkehren CityTrains halbstündlich zwischen dem Flughafen und der Gold Coast (einfache Fahrt 37 AU$).

Wer von Tür zu Tür befördert werden möchte, für den betreibt **Con-x-ion** (www.con-x-ion.com) regelmäßige Shuttlebusse zwischen dem Flughafen und den Hotels im CBD (einfache Fahrt/hin & zurück 20/36 AU$). Die Busse fahren auch vom Brisbane Airport zu Hotels an der Gold Coast (einfache Fahrt/hin & zurück 49/92 AU$).

Ein Taxi vom Zentrum zum Flughafen kostet 40 bis 50 AU$.

ÖFFENTLICHE VERKEHRSMITTEL

Brisbanes ausgezeichnetes öffentliches Verkehrsnetz – bestehend aus Bus, Zug und Fähre – wird von **TransLink** (13 12 30; www.translink.com.au) betrieben. TransLink hat ein Transit Information Centre in der Roma St Station (Brisbane Transit Centre). Das Brisbane Visitor Information Centre (S. 324) bietet ebenfalls Infos zum öffentlichen Verkehrsnetz.
Preise Busse, Züge und Fähren verkehren in einem Zonensystem: Die meisten Innenstadtbezirke gehören zur Zone 1. Einfach Fahrten kosten 5,20/2,60 AU$ pro Erw./Kind. In Zone 2 kosten einfache Fahrten 6,10/3,10 AU$. Eine Go Card spart viel Geld.
NightLink Zusätzlich zu den Verkehrsmitteln, die nachfolgend beschrieben sind, gibt es auch noch nächtliche NightLink-Busse und -Züge sowie Taxis mit Festpreisen, die zwischen dem Stadtzentrum und Fortitude Valley verkehren. Mehr Infos gibt's unter www.translink.com.au.
CityCycle (S. 299) bietet viele hilfreiche Informationen zu Brisbanes öffentlichem Fahrradverleihnetzwerk.

Bus

Die kostenlosen Translink-Buslinien City Loop und Spring Hill Loop von Brisbane umrunden den CBD bzw. Spring Hill (werktags 7–18 Uhr alle 10 Min.). Unterwegs stoppen sie an wichtigen Zielen wie der QUT, der Queen Street Mall, den City Botanic Gardens, der Central Station und dem Roma Street Parkland.

> **ℹ️ GO CARD**
>
> Wer das öffentliche Transportnetz öfter benutzen möchte, spart Geld mit einer **Go Card** (Mindestpreis Erw./Kind 10/5 AU$). Man kauft die Karte, erwirbt ein Guthaben und benutzt sie dann in öffentlichen Bussen, Zügen und Fähren – und spart bis zu 30 Prozent der Kosten für eine einfache Fahrt. Go Cards gibt es in Transitstationen und Zeitungskiosken oder per Internet oder Telefon. Aufladen funktioniert genauso. Mehr Infos gibt's unter www.translink.com.au/tickets-and-fares/go-card.

Die Haupthaltestellen für Stadtbusse sind die unterirdische **Queen Street Bus Station** (Karte S. 298) und die **King George Square Bus Station** (Karte S. 298). Auch entlang der Adelaide St zwischen George und Edward St kann häufig eingestiegen werden.

Von Montag bis Freitag verkehren die Busse von ca. 5–23 Uhr alle 10 bis 30 Minuten; dieser Takt gilt auch am Samstagmorgen ab 6 Uhr. Ansonsten ist der Betrieb eingeschränkt und ruht sonntags ab 21 Uhr (an anderen Tagen ab 24 Uhr). Die Services CityGlider und BUZ bedienen stark genutzte Routen mit hoher Frequenz.

Fähre

Neben der schnellen CityCat (S. 301) gibt es Translink-Cross-Flussfähren, die Kangaroo Point mit dem CBD, und New Farm Park mit dem Norman Park am Nachbarufer verbinden (und auch Teneriffe und Bulimba weiter nördlich). Preise/Zonen wie bei allen anderen Transportmitteln.

Kostenlose (jawohl, kostenlose!) CityHopper-Fähren kreuzen zwischen dem North Quay, South Bank, dem CBD, Kangaroo Point und der Sydney St in New Farm. Zwischen 6 und 23 Uhr.

Zug

Die sechs Hauptlinien des schnellen Citytrain-Netzes von TransLink fahren nordwärts bis Gympie an der Sunshine Coast und südwärts bis Varsity Lakes an der Gold Coast. Alle Züge halten an der Roma St Station, der Central Station und der Fortitude Valley Station. Es gibt außerdem eine günstig gelegene South Bank Station.

Airtrain-Züge ergänzen das Citytrain-Netz im CBD und und entlang der Gold Coast.

Züge verkehren von ca. 4.30 bis 23.30 Uhr oder Mitternacht, wenn die letzten Züge jeder Linie in der Central Station abfahren. Sonntags fahren die letzten Züge um 22 Uhr.

TAXI

Im Zentrum gibt's Taxistände an der Roma Street Station und am oberen Ende der Edward St (Kreuzung mit der Adelaide St). In Fortitude Valley sind Taxis zu später Stunde mitunter nur schwer zu ergattern: Am einzigen Stand nahe der Ecke Brunswick/Ann St ist stets mit langen Warteschlangen zu rechnen.

Black & White (🕿 13 32 22; www.blackandwhitecabs.com.au)

Yellow Cab Co (🕿 13 19 24; www.yellowcab.com.au)

BRISBANE UND UMGEBUNG

North Stradbroke Island

2000 EW.

30 gemütliche Fährminuten von Brisbanes Vorort Cleveland entfernt wirkt diese bodenständige Ferieninsel wie eine Mischung aus Noosa und Byron Bay. Hier gibt es eine Reihe von Superstränden mit weißem Pulversand, spitzenmäßiger Brandung und ein paar hervorragende Unterkünfte und Restaurants (die vor allem auf Brisbanes anspruchsvolle Wochenendausflügler zugeschnitten sind). Zudem kann man vor Ort wunderbar Delfine, Schildkröten, Mantarochen und – von Juni bis November – Hunderte Buckelwale beobachten. Außerdem bietet „Straddie" einige Süßwasserseen und Geländewagen-Routen.

Die wenigen kleinen Siedlungen mit ihrer Handvoll Unterkünften und Restaurants liegen zumeist nahe dem **Point Lookout** im Nordosten. An der Westküste legen Fähren in **Dunwich** an. **Amity** ist ein kleines Dorf im äußersten Nordwesten. Der Süden der Insel ist größtenteils für Besucher gesperrt, da hier Sand abgebaut wird.

Die Nord- und die Südinseln waren einst eine einzige Insel, aber ein Sandsturm teilte die Insel im Jahr 1896 in zwei Eilande.

👁 Sehenswertes

Der atemberaubende, leicht zu meisternde **North Gorge Headlands Walk** (hin & zurück 20 Min.) am Point Lookout ist ein absolutes Highlight: Zum Zirpen der Zikaden umrundet man die Landspitze auf Stegen und kann dabei z. B. nach Schildkröten, Delfinen oder Mantarochen im offenen Meer Ausschau halten. Die Aussicht entlang des Main Beach ist überwältigend.

Rund um den Point Lookout liegen auch mehrere tolle **Strände**. Der bewachte Cylinder Beach zwischen dem Home Beach und dem Strand mit dem ominösen Namen Deadman's Beach ist bei Familien sehr beliebt. Weiter um das Kap herum findet man mit dem Frenchman's Beach noch ein ruhiges und einsames Fleckchen, an dem sich mitunter ein paar FKK-Fans tummeln. Cylinder und Frenchman's Beach punkten auch mit Surf Breaks. Nahe dem Headlands Walk suchen Surfer und Bodyboarder am Main Beach nach der perfekten Welle.

Angler fahren mit dem Geländewagen (Genehmigung erforderlich; 39,55 AU$, bei Straddie Camping) am Main Beach entlang zum **Eighteen Mile Swamp**. Von hier aus geht's weiter entlang der Ostküste zum Jumpinpin, dem Kanal, der die Nord- und die Südinsel trennt. Hier befindet sich ein beinahe legendärer **Angelplatz**.

Rund 4 km östlich von Dunwich liegt der **Brown Lake**. Sein tanninhaltiges Wasser hat die Farbe von abgestandenem Tee, ist aber zum Baden einwandfrei geeignet. Hier gibt es Picknicktische, Grills und eine Toilette. Etwa 4 km weiter entlang der Straße zweigt eine 2,6 km lange Buschpiste ab, die nach weiteren 40 Minuten zum strahlenden Mittelpunkt der Straddies führt, dem **Blue Lake** im **Naree Budjong Djara National Park** (www.nprsr.qld.gov.au/parks/naree-budjong -djara). Unterwegs sieht man oft Waldvögel, schreckhafte Eidechsen und Sumpf-Wallabies. Am See gibt es eine hölzerne Aussichtsplattform, die von einem Wald aus Birken, Eukalyptus und Banksien umgeben ist. Wer möchte und sich nicht vor trübem Wasser fürchtet, wagt einen Sprung ins kühle Nass. Weiter nördlich in Richtung Point Lookout erstrecken sich die Keyholes, ein Süßwassersee mit Lagunensystem. Die Keyholes sind mit dem Geländewagen über den Strand erreichbar (Genehmigung erforderlich). Ein Stopp lohnt sich auch an den **Myora Springs** – von üppiger Vegetation und Wanderwegen umgebene Badelöcher - nahe der Küste, rund 4 km nördlich von Dunwich.

North Stradbroke Island Historical Museum   MUSEUM
(07-3409 9699; www.stradbrokemuseum.com. au; 15-17 Welsby St, Dunwich; Erw./Kind 3,50/1 AU$; Di-Sa 10–14, So 11–15 Uhr) Das kleine, aber eindrucksvolle North Stradbroke Island Historical Museum im früheren Dunwich Benevolent Asylum (eine Art Armenhaus) informiert heute über Schiffswracks und qualvolle Seereisen. Zudem führt es Besucher in die vielfältige indigene Geschichte der Insel ein, die von den hier ursprünglich beheimateten Quandamooka-Aborigines „Minjerribah" genannt wird. Zu sehen gibt's u.a. die Originallinse des Point-Lookout-Leuchtturms und den Schädel eines Pottwals, der 2004 am Main Beach angeschwemmt wurde.

🏃 Aktivitäten

North Stradbroke Island Surf School   SURFEN
(07-3409 8342; www.northstradbrokeislandsurf school.com.au; Kurse ab 50 AU$; tgl.) Kleingruppenkurse (90 Min.) auf Straddies warmen Wellen. Wer unsicher ist, nimmt Einzelunterricht.

Straddie Adventures   KAJAKFAHREN, SANDBOARDEN
(0433 171 477; www.straddieadventures.com.au; tgl.) Verleihservice (Surfbretter, Fahrräder, Schnorchelausrüstung) plus Seekajaktrips (Erw./Kind 60/45 AU$) und Sandboarding-Sessions (Erw./Kind 30/25 AU$).

Straddie Super Sports   FAHRRADVERLEIH
(07-3409 9252; 18 Bingle Rd, Dunwich; Mo-Fr 8–16.30, Sa bis 15, So 9–14 Uhr) Vermietet Mountainbikes (pro Std./Tag 6,50/30 AU$), Kajaks (halber/ganzer Tag 30/50 AU$) und verkauft Anglerausrüstung. Der vielleicht freundlichste Laden in Queensland!

Manta Lodge & Scuba Centre   TAUCHEN
(07-3409 8888; www.mantalodge.com.au; 1 East Coast Rd, Point Lookout) Im YHA bietet das Manta Scuba Centre verschiedene Optionen: Man kann einen Wetsuit (20 AU$), Schnorchelausrüstung (25 AU$) oder ein Surfbrett (50 AU$) ausleihen oder an einem Tauchkurs teilnehmen (ab 499 AU$). Die Preise für Schnorchelausflüge (ab 60 AU$) beinhalten Bootsfahrt und Ausrüstung.

👉 Geführte Touren

North Stradbroke Island 4WD Tours & Camping Holidays   AUTOTOUR
(07-3409 8051; www.stradbroke4wdtours. com; Erw./Kind halber Tag 35/20 AU$, ganzer Tag 85/55 AU$) Bei den Jeeptouren im Bereich des Point Lookout sieht man viel Buschland, Strände, Tiere und Pflanzen. Zudem kann vom Strand aus geangelt werden (Erw./Kind 45/30 AU$).

Straddie Kingfisher Tours   ABENTEUERTOUR
(07-3409 9502; www.straddiekingfishertours. com.au; Erw./Kind inkl. Abholen auf der Insel 80/40 AU$, inkl. Abholen in Brisbane oder an der

Gold Coast 195/145 AU$) Bietet sechsstündige Jeep- oder Angeltouren und in der Saison auch Walbeobachtungen an; hinzu kommen Kajaktrips und Sandboarding.

🛌 Schlafen

Straddie Camping
CAMPING $

(☎ 07-3409 9668; www.straddiecamping.com.au; 1 Junner St, Dunwich; Jeep-Stellplatz ab 16,55 AU$, Stellplatz ohne/mit Strom ab 39/46 AU$, Hütten ab 120 AU$; ⊙ Buchungsbüro 8–16 Uhr) Unter den acht Straddie-Campingplätzen auf der Insel befinden sich zwei reine Geländewagen-Camps am Strand (Genehmigung erforderlich; 39,55 AU$). Die besten liegen rund um den Point Lookout: **Cylinder Beach**, **Adder Rock** und **Home Beach** mit Aussicht auf den Strand. **Amity Point** hat neue Ökohütten. Man bekommt gute Wochentarife – unbedingt lange im Voraus buchen.

Manta Lodge YHA
HOSTEL $

(☎ 07-3409 8888; www.mantalodge.com.au; 1 East Coast Rd, Point Lookout; B/DZ/2BZ/FZ ab 34/86/86/113 AU$; @ 🛜) Das dreistöckige, zitronengelbe Hostel hat saubere, aber langweilige Zimmer in toller Strandlage (aber wer will schon im Schlafsaal rumsitzen?). Hinzu kommen ein dschungelartiger hinterer Bereich mit Hängematten und Feuerstelle und eine Tauchschule im Untergeschoss. Die Duschen und Betten wurden kürzlich erneuert. Hier kann man auch Surfbretter, Wellenbretter und Schnorchel mieten.

Straddie Views
B&B $$

(☎ 07-34098875; www.northstradbrokeisland.com/straddiebb; 26 Cumming Pde, Point Lookout; EZ/DZ ab 125/150 AU$) Ein freundlicher Einheimischer vermietet hier zwei geräumige Suiten in einem Untergeschoss. Das warme Frühstück gibt's oben auf einer Terrasse mit wunderbarem Meerblick.

Straddie Bungalows
BUNGALOWS $$

(☎ 07-3409 7017; www.straddiebungalows.com.au; 33 Ballow St, Amity; 1-/2-/3-Zimmer Bungalows ab 179/189/229 AU$; ❄🛜🏊) Diese etwas erhöht gelegenen Strandbungalows mit thailändischen Designakzenten befinden sich am Ufer im relaxten Amity. Eine gute Wahl für alle, denen der Trubel in Point Lookout zu viel ist. Hier gibt es einen tollen Pool – super für Familien. Von der Anlegestelle aus kann man Delfine beobachten!

Stradbroke Island Beach Hotel
HOTEL $$$

(☎ 07-3409 8188; www.stradbrokehotel.com.au; East Coast Rd, Point Lookout; DZ ab 235 AU$; ❄🛜🏊) Straddies einziges Hotel hat 13 coole, einladende Zimmer mit muschelfarbenen Fliesen, hellem Holz, Balkonen und technischen Highend-Extras. Schicke Apartments mit drei oder vier Betten für einen mehrtägigen Aufenthalt sind ebenfalls vorhanden. Auf dem Weg zum Strand bietet sich ein Abstecher in die offene Erdgeschossbar (Hauptgerichte 18–40 AU$; morgens, mittags & abends) an.

Allure
APARTMENTS $$$

(☎ 07-3415 0000, 1800 555 200; www.allurestradbroke.com.au; 43 East Coast Rd, Point Lookout; Apt. ab 249 AU$; ❄🛜🏊) Die großen, ultramodernen Apartments auf grünem Gelände sind eigentlich Villen (bzw. „Shacks", wenn sie nur ein Schlafzimmer haben). Sie punkten mit üppigem Farbdekor im Strandstil, Originalkunst und eigenen Grillterrassen im Freien. Obwohl zwischen den Quartieren nicht viel Platz ist, sorgt das clevere Design für genug Privatsphäre. Bei mehr als einer Übernachtung gibt's kräftig Rabatt.

🍴 Essen

⭐ Island Fruit Barn
CAFÉ $

(☎ 07-3409 9125; www.stradbrokeholidays.com.au; 16 Bingle Rd, Dunwich; Hauptgerichte 10–12 AU$; ⊙ Mo–Fr 7–17, Sa & So bis 16 Uhr; 🌱) An der Hauptstraße in Dunwich liegt die zwanglose Island Fruit Barn, eine Ansammlung von Tischen, an denen ausgezeichnetes Frühstück, tolle Smoothies, Salate, Suppen, Kuchen und Sandwichs aus hochwertigsten Zutaten serviert werden. Am besten ein Spinat-Feta-Brötchen bestellen und danach im hauseigenen Feinkostladen einkaufen.

Oceanic Gelati
EIS $

(☎ 07-3415 3222; www.stradbrokeholidays.com.au; 19 Mooloomba Rd, Point Lookout; Eiscreme ab 4 AU$; ⊙ 9.30–17 Uhr) „Mein Gott! Das beste Eis aller Zeiten!" – so ein zufriedener Kunde, dem wir komplett zustimmen können. Probierenswert sind z. B. die Sorten Tropical (milchfrei), Zitrone (erfrischend) oder Vanille (klassisch).

Seashells Cafe
CAFÉ $$

(☎ 07-3409 7886; www.stradbrokeholidays.com.au; 21 Ballow St, Amity; Hauptgerichte 13–28 AU$; ⊙ Mo–Sa 9–20, So bis 14 Uhr) Das beste Essen in Amity gibt es in diesem luftigen, offenen Café mit Bar. Hier gibt es kaltes XXXX-Bier vom Fass und die üblichen Hauptgerichte, darunter einen Seafood-Korb, vegetarische Fettuccine sowie Lammschenkel, dazu Kaffee und Kuchen (den ganzen Tag über). Gäste dürfen gerne barfuß vorbeischauen! Der Koch kommt aus Frankreich – weiter von zuhause könnte er wohl kaum weg sein!

Look MODERN-AUSTRALISCH $$
(07-3415 3390; www.beachbarcafe.com; 1/29 Mooloomba Rd; Hauptgerichte 22–38 AU$; tgl. 8–15, Do–Sa 18–21 Uhr) An den luftigen Plätzen im Außenbereich mit Blick aufs Meer werden Pizza, Pasta, Salat und fischlastige Hauptgerichte serviert, dazu gibt's viele offene Weine und coole Musik. Die Chiligarnelen sind toll!

Praktische Informationen

Die Insel ist über den Großteil des Jahres recht ruhig, aber zu Weihnachten, Ostern und während der Schulferien stark besucht. Unterkünfte und Campinggenehmigungen sollten deshalb rechtzeitig gebucht werden.

Wer Geländewagen fahren will, bekommt entsprechende Infos und Genehmigungen (39,55 AU$) bei Straddie Camping (S. 328).

An- & Weiterreise

Der Knotenpunkt für Fähren zur North Stradbroke Island ist Brisbanes Vorort Cleveland. Von Brisbanes Central Station und Roma St Station fahren regelmäßig **Citytrains** (www.translink.com.au) zur Cleveland Station (10,30 AU$, 1 Std.); Busse zum Fährterminal warten an der Cleveland Station (5,20 AU$, 10 Min.).

Stradbroke Ferries & Fast Ferries (07-3488 5300; www.stradbrokeferries.com.au; hin & zurück pro Fahrzeug mit Passagieren 149 AU$, ohne Fahrzeug Erw./Kind 10/5 AU$, Schnellfähre hin und zurück Erw./Kind 20/10 AU$; 5–20 Uhr) In Kooperation mit Big Red Cat befördert Stradbroke Ferries Passagiere/Fahrzeuge achtmal täglich nach Dunwich und zurück (45 Min.). Schnelle Passagierfähren verkehren 15-mal täglich (25 Min.). Die Onlinetarife für Fahrzeuge sind billiger.

Big Red Cat (07-3488 9777, 1800 733 228; www.bigredcat.com.au; hin & zurück pro Fahrzeug mit Passagieren 149 AU$, ohne Fahrzeug Erw./Kind 10/5 AU$; 5.15–19 Uhr) In Kooperation mit Stradbroke Ferries befördern die Fähren von Big Red Cat Passagiere/Fahrzeuge achtmal täglich von Cleveland nach Dunwich und zurück (45 Min.). Wer online bucht, bekommt die Tickets ein bisschen billiger.

Gold Cats Stradbroke Flyer (07-3286 1964; www.flyer.com.au; Middle St, Cleveland; hin & zurück Erw./Kind/Fam. 19/10/50 AU$; 5–19.30 Uhr) Passagierfähren von Gold Cats Stradbroke Flyer pendeln 12-mal täglich zwischen Cleveland und dem One Mile Jetty in Dunwich (30 Min.).

Amity Trader (07-3820 6557; www.amitytrader.com; Geländewagen/Passagiere hin & zurück 270/40 AU$) Fähren für Geländewagen sowie für Passagiere ohne Fahrzeug verkehren mehrmals wöchentlich zwischen Amity und Kooringal auf Moreton Island. Den aktuellen Fahrplan telefonisch erfragen.

Unterwegs vor Ort

Um das weitläufige Straddie angemessen zu erkunden, empfehlen sich die eigenen vier Räder. Wer ins Gelände möchte, bekommt Infos und Genehmigungen (39,55 AU$) bei Straddie Camping (S. 328).

Alternativ warten **Stradbroke Island Buses** (07-3415 2417; www.stradbrokebuses.com) an der Fähre in Dunwich, um Passagiere nach Amity und zum Point Lookout (einfache Fahrt/hin & zurück 5/10 AU$) zu bringen. Der letzte Bus nach Dunwich verlässt den Point Lookout um 18.20 Uhr. Auch die Taxis vom **Stradbroke Cab Service** (0408 193 685) verkehren zwischen Dulwich und dem Point Lookout (60 AU$).

Straddie Super Sports (S. 327) in Dunwich vermietet Mountainbikes (pro Std./Tag 6,50/30 AU$).

Moreton Island

250 EW.

Wer nicht weiter nach Norden reisen will als bis nach Brisbane und dennoch ein Stück tropisches Paradies genießen möchte, sollte zur wundervollen Moreton Island fahren. Es ist beruhigend zu wissen, dass Moretons sandige Ufer, Buschgebiete, Vögel, Dünen und herrliche Lagunen geschützt sind – 95 % der Insel gehören zur **Moreton Island National Park & Recreation Area** (www.nprsr.qld.gov.au/parks/moreton-island). Abgesehen von einigen felsigen Kaps besteht die gesamte Insel aus Sand. Der 280 m hohe Mt. Tempest ist der höchste Küstensandhügel der Welt. An der Westküste liegen die rostigen, riesigen Tangalooma Wrecks, die zum Schnorcheln und Tauchen einladen.

Die lange Inselgeschichte reicht von frühen indigenen Siedlungen bis hin zur Gründung von Queenslands erster und einziger Walfangstation bei **Tangalooma** (in Betrieb 1952–1962). Heute beschäftigen sich Besucher mit Schwimmen, Schnorcheln und Offroad-Fahren – hier sind sowieso nur Geländewagen erlaubt.

In Tangalooma befindet sich das einzige Resort der Insel. An der Westküste liegen drei weitere kleine Orte: **Bulwer** nahe der Nordwestspitze, **Cowan Cowan** zwischen

Bulwer und Tangalooma sowie **Kooringal** nahe der Südspitze.

◉ Sehenswertes & Aktivitäten

Bei Tangalooma, ungefähr auf halber Strecke entlang der Westküste, findet jeden Abend bei Sonnenuntergang eine Delfinfütterung statt. Dabei schwimmt etwa ein halbes Dutzend der Tiere vom Meer herein und frisst Fisch aus den Händen von Freiwilligen. Obwohl nur Gäste des Tangalooma Island Resort mitmachen dürfen, sind Zuschauer willkommen. Beim Resort befindet sich außerdem das **Tangalooma Marine Education & Conservation Centre** (www.tangalooma.com/info/dolphin_feeding/tmecc; Tangalooma Island Resort; ◉10–12 Uhr & 13–17 Uhr), in dem es eine Ausstellung zum Meeres- und Vogelleben in der Moreton Bay gibt. Hier gibt es auch Karten mit Wanderwegen. Das Zentrum veranstaltet außerdem Pelikan-, Kookaburra- und Fischfütterungstouren sowie andere Naturspaziergänge.

Gleich nördlich vom Resort liegen die berühmten **Tangalooma Wrecks** – 15 versunkene Schiffe, die geschützte Ankerplätze und hervorragende Möglichkeiten zum Schnorcheln bieten. Das Resort vermietet **Schnorchelausrüstungen**. Alternativ veranstaltet Tangatours zweistündige Kajak- und Schnorcheltouren zu den Wracks (79 AU$) sowie **Stehpaddeltouren** (49 AU$) und **Kajaktouren** bei Sonnenuntergang (59 AU$).

Zu den lokalen **Bushwalking-Routen** gehören z. B. der Wüstentrail ab dem Resort (2 Std.) oder der anstrengende, aber lohnende Aufstieg vom Mt. Tempest. Der Startpunkt liegt 3 km landeinwärts vom Eagers Creek und ist nur mit eigenen Verkehrsmittel erreichbar.

Das **Cape Moreton Lighthouse** (erb. 1857) an der Nordspitze der Insel ist Queenslands ältester noch betriebener Leuchtturm. In der Saison hat man hier einen sehr guten Blick auf vorbeiziehende Wale.

☞ Geführte Touren

Viele Inseltouren beginnen in Brisbane oder an der Gold Coast. **Dolphin Wild** (✆07-3880 4444; www.dolphinwild.com.au; Erw./Kind/Fam. inkl. Mittagessen 125/75/325 AU$, Schnorcheltour Erw./Kind zusätzlich 20/10 AU$) veranstaltet Delfinbeobachtungstrips, die auf der Redcliffe Peninsula nördlich von Brisbane starten. **Tangatours** (✆07-3410 6927; www.tangatours.com.au) ✈ im Tangalooma Island Resort veranstaltet ebenfalls actionreiche Touren.

Adventure Moreton Island   ABENTEUERTOUR
(✆1300 022 878; www.adventuremoretonisland.com; Tagestour ab 144 AU$) Die Touren ab Brisbane werden zusammen mit Tangatours vom Tangalooma Island Resort veranstaltet. Sie beinhalten verschiedene Aktivitäten (z. B. Paddleboarden, Schnorcheln, Segeln, Kajakfahren, Angeln) und sind auch im Rahmen von Pauschalangeboten buchbar (Tour plus Resortübernachtung ab 323 AU$).

Moreton Bay Escapes   ABENTEUERTOUR
(✆1300 559 355; www.moretonbayescapes.com.au; Tagestour Erw./Kind ab 189/139 AU$, 2-tägige Campingtour Erw./Kind 309/179 AU$) ✈ Veranstalter mit Öko-Zertifikat und Tagestrips per Jeep, die neben Schnorcheln oder Kajakfahren auch Sandboarden, ein Mittagspicknick und das Beobachten von Meerestieren beinhalten. Bei der Option mit Camping sieht man noch mehr von der Insel.

Moreton Island Adventures   AUTO-TOUR
(✆07-3909 3333; www.moretonislandadventures.com.au; 14 Howard Smith Dr, Port of Brisbane; 1-Tages-Tour Erw./Kind ab 170/140 AU$) Geführte Ausflüge im Geländewagen mit Schwerpunkt Umwelt oder Abenteuer beginnen auf der feschen Micat-Fahrzeugfähre, die im Port of Brisbane ablegt. Die Unterbringung erfolgt in schlafsaalartigen Wohneinheiten oder teureren Zelten mit eigenem Bad (Wohneinheiten ab 130 AU$; Zwei-/Vier-Betten-Zelte ab 80/110 AU$).

🛏 Schlafen & Essen

Außer besagtem Resort gibt es in Kooringal, Cowan und Bulwer einige Ferienwohnungen und -häuser. Verzeichnisse gibt es unter www.moretonisland.com.au. Moreton Island Adventures betreibt außerdem Campingplätze und bietet Wohneinheiten an.

Zudem gibt's im Nationalpark zehn **Campingplätze** (✆13 74 68; www.nprsr.qld.gov.au/experiences/camping; Stellplatz pro Erw./Fam. 5,75/23 AU$) mit Wasser, Toiletten und kalten Duschen. Fünf liegen direkt am Strand. Vorher per Telefon oder Internet reservieren!

Im Resort gibt es einen kleinen Lebensmittelladen sowie Cafés, Restaurants und Bars. In Kooringal und Bulwer gibt es teurere Geschäfte. Am besten eigene Lebensmittelvorräte vom Festland mitbringen.

Tangalooma Island Resort   HOTEL, APARTMENTS $$$
(✆07-3637 2000, 1300 652 250; www.tangalooma.com; DZ ab 250 AU$, 2-/3-/4-Zimmer-Apt. ab

630/730/830 AU$; ❄@🌐🏊) Das wunderschön gelegene Resort bietet die besten Unterkünfte auf der Insel. Hier gibt es viele verschiedene Unterkunftsoptionen, von einfachen Hotelzimmern über teurere Wohneinheiten oder Suiten mit Strandzugang und zeitgenössischem Dekor bis hin zu den noch teureren Apartments (mit zwei bis vier Schlafzimmern). Im Resort gibt es außerdem mehrere Restaurants. Im Übernachtungspreis sind oft die Hin- und Rückfahrt mit der Fähre sowie der Transfer vom und zum Anleger enthalten.

ⓘ Praktische Informationen

Auf Moreton Island gibt es keine befestigten Straßen. Geländewagen können die Strände und Pisten befahren – normale Autos sind nicht erlaubt. Infos zu Gezeiten und zum Durchfahren von Flussbetten unbedingt vor Abfahrt einholen! Karten gibt es bei den Fährbetreibern. Genehmigungen für Geländewagen kosten 45,10 AU$. Sie sind einen Monat lang gültig und ebenfalls bei den Fährbetreibern oder per Telefon oder Internet beim Department of National Parks, Recreation, Sport and Racing erhältlich. Wer sein Fahrzeug mitbringen möchte, muss einen Platz auf der Fähre reservieren.

Mehr Infos gibt es unter www.visitmoretonisland.com.

ⓘ Anreise & Unterwegs vor Ort

Mehrere Fähren verbinden das Festland mit der Insel. Für Erkundungen vor Ort empfiehlt sich das Mitbringen eines Geländewagens oder die Teilnahme an einer geführten Tour. Die meisten Touren starten in Brisbane und beinhalten die Hin-/Rückfahrt mit der Fähre.

Amity Trader (S. 329) Fahrzeugfähre von der North Stradbroke Island nach Kooringal.

Micat (www.micat.com.au; 14 Howard Smith Dr, Port of Brisbane; hin & zurück Erw./Kind 50/35 AU$, Fahrzeug inkl. 2 Pers. 195–230 AU$) Fahrzeugfähre vom Port of Brisbane nach Tangalooma (8-mal wöchentl., 75 Min.). Infos zur Anfahrt zum Fährterminal auf der Website.

Moreton Island Tourist Services (☎ 07-3408 2661; www.moretonisland.net.au) Geländetaxis verkehren auf der Insel. Einfache Fahrten kosten 50 bis 220 AU$.

Tangalooma Flyer (☎ 07-3637 2000; www.tangalooma.com; hin & zurück Erw./Kind 80/45 AU$) Der schnelle Katamaran des Tangalooma Island Resort holt Passagiere an der Holt Street Wharf in Brisbane ab (für Wegbeschreibung s. Website; Überfahrt 75 Min., 3-mal tgl.). Dorthin flitzen Shuttlebusse ab dem CBD oder Flughafen (einfache Strecke Erw./Kind 21/10,50 AU$, Reservierung erforderlich).

Granite Belt

In den westlichen Ausläufern der Great Dividing Range, rund 210 km südwestlich von Brisbane, liegt die Granite-Belt-Region mit ihren Hügeln, Weinreben und Obstbäumen (Äpfel, Birnen, Pflaumen und Pfirsiche), die in der kühlen, frischen Luft gedeihen. Stanthorpe, das Zentrum der Region, liegt auf 915 m Höhe. Der Granite Belt ist Queenslands einzige echte nennenswerte Weinregion und der einzige Ort im Staat, an dem es kühl genug ist, um ausreichend große Mengen Trauben zu produzieren. Weiter südlich, an der Grenze zu New South Wales (NSW), ziehen Felsen und wilde Blumen Buschwanderer in den fotogenen Girraween National Park.

Stanthorpe & Ballandean

Queenslands kühlste Stadt, **Stanthorpe** (4300 Einwohner), ist ein weniger bekanntes Touristenziel. Die Stadt hat ein ausgeprägtes Vierjahreszeitenklima und bietet somit ein Winterrefugium für hitzegeplagte Queensländer, die sich hier vor einem offenen Feuer entspannen und eine Flasche Rotwein von einem der über 50 lokalen Weingüter genießen können. 1860 pflanzte ein italienischer Priester hier die ersten Reben, aber erst mit Eintreffen italienischer Einwanderer in den 1940er-Jahren (die das ganze Wissen des Weinbaus im Koffer hatten) entstand hier eine Weinwirtschaft. Heute gibt es im funktionalen Stanthorpe und dem winzigen Dorf **Ballandean** (470 Ew., etwa 20 km weiter südlich) eine boomende Weinindustrie mit Kellereiverkauf, Gourmetküchen, Boutique-Unterkünften und vielen Veranstaltungen.

Aber es geht nicht nur um Wein und Gesang: Die wechselnden Jahreszeiten machen den Granite Belt auch zu einem erstklassigen Obstbaugebiet. Wem nicht zu kälteempfindlich ist, der kann hier früh morgens bei der Obsternte helfen.

⊙ Sehenswertes & Aktivitäten

Weinproben sind in dieser Gegend ein Muss. Das gilt aber auch für eine Fahrt durch die fels- und weinübersäte Landschaft des Granite Belt. Wer gerne ein Glas mehr probieren möchte, sollte an einer geführten Tour teilnehmen.

Wochenendausflügler kommen nicht nur wegen des Weines, sondern auch wegen des Essens her. In der Region gibt es mehrere

DIE WEINGÜTER DES GRANITE BELT

Dutzende Weingüter im Granite Belt bieten kostenlose Weinproben an. Man kann leicht eine Woche damit zubringen, durch die Weinberge der Region zu wandern, und sieht dennoch nur einen Bruchteil dessen, was es zu sehen gibt. Mehr Infos gibt es unter www.granitebeltwinecountry.com.au/wine/cellar-doors. Alternativ verbringt man hier ein oder zwei Tage und besucht nur einige ausgewählte Weingüter. Es lohnt sich, im Voraus anzurufen, um sicherzugehen, dass die kleineren Weingüter geöffnet haben.

Ballandean Estate (07-4684 1226; www.ballandeanestate.com; 354 Sundown Rd, Ballandean; 9–17 Uhr) Eines der ältesten und größten Weingüter von Queensland mit vielen preisgekrönten Jahrgängen und einem beeindruckenden Café-Restaurant namens Barrel Room Cafe (S. 333). Kostenlose Führungen im Weingut finden um 11 Uhr statt.

Boireann Wines (07-4683 2194; www.boireannwinery.com.au; 26 Donnellys Castle Rd, The Summit; Fr–Mo 10–16 Uhr) Boireanns erstklassige Rotweine gehören zu den besten der Region (der australische Weinguru James Halliday hat ihnen fünf Sterne verliehen). Einen kleinen Abverkauf gibt es rund 10 km nördlich von Stanthorpe.

Golden Grove Estate (07-4684 1291; www.goldengroveestate.com.au; 337 Sundown Rd, Ballandean; 10–15 Uhr) Ein alteingesessener Familienbetrieb mit vielen einzigartigen Weinen, darunter der ausgezeichnete rote Nero d'Avola, eine sizilianische Traube. Ein weiteres Weingut, dem James Halliday fünf Sterne verliehen hat.

Ravens Croft Wines (07-4683 3252; www.ravenscroftwines.com.au; 274 Spring Creek Rd, Stanthorpe; Fr–So 10.30–16.30 Uhr) Ein hoch angesehener Kelterer, der hervorragende Rotweine (Petit Verdot, Cabernet Sauvignon und südafrikanischen Pinotage) sowie Weißweine (darunter ein erstklassiger Verdelho) herstellt. Eine bescheidene Kellertür im Hinterland westlich von Stanthorpe.

Robert Channon Wines (07-4683 3260; www.robertchannonwines.com.au; 32 Bradley Lane, Stanthorpe; Mo, Di & Fr 11–16 Uhr, Sa & So 10–17 Uhr) Viele preisgekrönte Weine (das erste Weingut in Queensland, dem James Halliday fünf Sterne verlieh) und ein belebtes Café am Wochenende mit Blick auf einen hübschen See. Man sollte unbedingt den Verdelho versuchen!

hervorragende Gourmetläden, die köstliches Ess- und Trinkbares anbieten.

Im Stanthorpe Visitor Information Centre (S. 334) gibt es die Broschüre *Stanthorpe to Ballandean Bike Trail*, die eine 34 km lange Wanderung zwischen Stanthorpe und Ballandean beschreibt.

Stanthorpe Regional Art Gallery GALERIE
(07-4681 1874; www.srag.org.au; Ecke Lock & Marsh Sts, Stanthorpe; Di–Fr 10–16, Sa & So bis 13 Uhr) GRATIS Eine der besten Kunstgalerien in Queensland, mit einer kleinen, aber überraschend guten Sammlung von Werken lokaler Künstler – zumeist Leinwände und Keramiken. Die Galerie eignet sich gut für einen Zwischenstopp an einem Regentag. Sonntagnachmittags gibt's Livemusik – mehr Infos auf der Website oder per Telefon.

Granite Belt Brewery BRAUEREI
(07-4681 1370; www.granitebeltbrewery.com.au; 146 Glenlyon Dr, Stanthorpe; 10–17 Uhr) In der Gegend gibt es nicht nur Wein, sondern auch eine Brauerei! In der Bar beim Happy Valley Hotel/Restaurant kann man das lokal gebraute Bier kosten. Eine Probiertablett kostet 12 AU$ (eine kleinere, autofahrerfreundliche Version kostet 7 AU$). Das Tablett beinhaltet eine Probe der Biere, die derzeit gebraut werden, z. B. das Granite Pilsner, Poziers Porter oder Irish Red Ale.

Granite Belt Dairy KÄSE
(07-4685 2277; www.granitebeltdairy.com.au; Ecke Amiens Rd & Duncan Lane, Thulimbah; 10–16 Uhr) Was wäre Wein ohne Käse? Die führende Käserei des Granite Belt bietet eine leckere Auswahl an Käse, die gekostet werden darf. Im **Jersey Girls Cafe** nebenan gibt es fantastische Milchshakes und Käsekuchen, Devonshire-Tees und frisch gebackene Brote sowie Chutneys und andere Köstlichkeiten für den Picknickkorb. Unbedingt den duftenden Bastard Tail – einen Weichkäse mit gewaschener Rinde – probieren.

Bramble Patch ERDBEEREN
(07-4683 4205; www.bramblepatch.com.au; 381 Townsend Rd, Glen Aplin; 10–16 Uhr) Ent-

lang der Townsend Rd führen Schilder zu dieser Beerenfarm. Hier gibt es Eiscreme mit hausgemachtem Beerenkompott, Waffeln mit Beeren, Marmeladen, Chutneys, Beerenweine und natürlich frische Früchte (Nov.–April). Die Chili-Pflaumen-Sauce ist hervorragend! Entweder mitnehmen oder vor Ort genießen.

Schlafen

Top of the Town Tourist Park CAMPINGPLATZ $

(07-4681 4888; www.topoftown.com.au; 10 High St, Stanthorpe; Stellplatz mit Strom 40 AU$, Hütten-/Motel-DZ ab 110/125 AU$; ❈@≋) Im Norden von Stanthorpe liegt dieser buschige Campingplatz, der sich besonders für alle anbietet, die bei der Wein- oder Obsternte helfen. Ein kuscheliges Cottage für sechs Personen kostet 230 AU$ pro Nacht.

Backpackers of Queensland HOSTEL $

(0429 810 998; www.backpackersofqueensland.com.au; 80 High St, Stanthorpe; pro Woche 195 AU$; ❈) Die Leitung hilft jungen Backpackern bei der Suche nach Erntejobs und bringt sie in schlichten Zimmern unter. Hier gibt es 5-Bett-Schlafsäle mit Bad. Der Mindestaufenthalt beträgt eine Woche. Alkohol, Drogen, Zigaretten usw. sind nicht erlaubt.

Diamondvale B & B Cottages COTTAGE $$

(07-4681 3367; www.diamondvalecottages.com.au; 26 Diamondvale Rd, Stanthorpe; 1-/2-/4-Zimmer-Cottage ab 195/350/750 AU$; ❊) Die fünf Cottages und die Lodge (mit vier Schlafzimmern) befinden sich auf einem Stück ländlichem Buschland außerhalb von Stanthorpe. Die Cottages und die Lodge sind mit altmodischen Details ausgestattet sowie mit Kaminen, Küchen und Veranden. Die Hütte mit Gemeinschaftsgrill ist im Winter der Renner! Ein 2 km langer Fußweg führt am Bach entlang in die Stadt (der Bach eignet sich auch zur Abkühlung!).

Stannum Lodge Motor Inn MOTEL $$

(07-4681 2000; www.stannumlodge.com.au; 12 Wallangarra Rd, Stanthorpe; DZ/2BZ ab 125/135 AU$; ❈❊≋) Dieses Backsteinmotel von 1985 ist vielleicht nicht gerade das schönste, aber vielleicht das sauberste Motel, das wir je gesehen haben! Brandneue TVs und Bettwäsche, ein hübscher kleiner Pool, kostenloses WLAN und freundliche Gastgeber runden das Ganze ab. Hinten befindet sich eine hübsche Laube, in der man Wein und Käse genießen kann.

Azjure Studio Retreat BOUTIQUEHOTEL $$$

(0405 127 070; www.azjure.com.au; 165 Sundown Rd, Ballandean; 1-/2-Zimmer-Studios ab 300/430 AU$; ❈❊) Dieses preisgekrönte Hotel bietet drei modisch designte, abgetrennte Studios für je zwei sowie eine Villa für vier Personen mit traumhaften Blicken über die Weingüter. Jedes Studio ist offen geschnitten und verfügt über große Fenster, Veranden mit Grill und luxuriöse Ausstattung (darunter eine Spa-Badewanne mit Ausblick). In der Dämmerung hüpfen Kängurus vorbei.

Essen

★ Varias MODERN-AUSTRALISCH $$

(07-4685 5050; www.varias.com.au; Queensland College of Wine Tourism, 22 Caves Rd, Stanthorpe; Hauptgerichte 25–34 AU$; ⊗ Mittagessen tgl. 11–15 Uhr, Frühstück Sa & So 9–11.30 Uhr, Wein & Tapas Fr 16–19 Uhr) In diesem schicken Bistro werden die köstlichen Werke der angehenden Köche des angeschlossenen Queensland College of Wine Tourism serviert, einem niedrigen, eckigen Stahl-und-Stein-Bau am New England Hwy. Zu den einzelnen Gängen werden die hervorragenden Bianca-Ridge-Weine des Colleges serviert. Das lodernde Feuer und die deckenhohen Wände mit Blick auf die Weinreben machen das Varias zum schicksten Restaurant weit und breit.

Barrel Room Cafe MODERN-AUSTRALISCH $$

(07-4684 1326; www.thebarrel-room.com; Ballandean Estate, 354 Sundown Rd, Ballandean; Hauptgerichte 27–35 AU$; ⊗ Mi–Mo 11.30–14.30, Do–So 18 Uhr–open end) Dieses gemütliche Café mit Restaurant auf dem Weingut Ballandean Estate (S. 332) ist umgeben von riesigen, 140 Jahre alten Weinfässern und eignet sich hervorragend für ein üppiges Mahl und ein oder zwei Flaschen Wein. Auf der Karte stehen Bio-Lammschulter mit israelischem Couscous und geschlagenem Feta, Entenbrust mit Trüffel-Gnocchi, Pilzragout und andere saisonale Spitzengerichte.

Patty's on McGregor MODERN-AUSTRALISCH $$$

(07-4681 3463; www.pattysonmcgregor.com.au; 2 McGregor Tce, Stanthorpe; Hauptgerichte 30–38 AU$; ⊗ Do–Sa 18.30 Uhr–open end) Ein alteingesessener Liebling der Einwohner von Stanthorpe. Dieser Laden in einer Seitenstraße serviert wechselnde, wunderbar zubereitete Gerichte mit östlichem Einschlag, darunter Rogan-Josh-Curry aus lokalem Biolamm, Schweinelende mit einer Kruste aus Za'atar, Birnen und Honig

ABSTECHER

GIRRAWEEN NATIONAL PARK

Eine kurze Fahrt östlich von Ballandean liegt der Girraween National Park (www.nprsr.qld.gov.au/parks/girraween) mit seinen mächtigen Granitfelsen, unberührten Wäldern und herrlichen Wildblumen im Frühling (Girraween bedeutet „Ort der Blumen"). Die Flora und Fauna des Parks ist überwältigend und Wanderungen sind ein Erlebnis. Der Park hat ein 17 km langes Netz aus Wanderwegen, die auch hinauf zu einigen der surrealen Granitfelsen führen. Kurze Wanderungen sind z. B. der 1,6 km lange Rundweg zum Granite Arch und der 3,6 km langer Rundweg hinauf zur Pyramid (1080 m). Der Klassiker der Wanderungen ist jedoch die 11 km lange Rundwanderung zum Gipfel des Mt. Norman (1267 m).

Ballandean und Stanthorpe liegen nur eine kurze Autofahrt entfernt. In der Gegend gibt es einige hervorragende Unterkünfte.

Die Girraween Environmental Lodge (07-4684 5138; www.girraweenlodge.com.au; Pyramids Rd, Ballandean; DZ 250 AU$, extra Erw./Kind AUAU$40/20;) ist ein umweltfreundliches Refugium auf 160 ha Buschland am Rand des Nationalparks mit viel Flora und Fauna. Die zehn einfachen aber eleganten und ultrabequemen Holzhütten sind größtenteils aus recyceltem Holz gefertigt. Sie sind mit sechs Betten, Holzheizungen, DVD-Playern und eigenen Veranden mit Grills ausgestattet. Hier gibt es außerdem ein Outdoor-Spa und einen Pool. Es gibt kein Restaurant – Lebensmittel müssen mitgebracht werden.

Auf einer großen Weide inmitten grasender Rinder steht das Wisteria Cottage (07-4684 5121; www.wisteriacottage.com.au; 2117 Pyramids Rd, Wyberba; DZ inkl. Frühstück ab 190 AU$) mit drei einfachen, geschmackvollen Holzhütten: eine mit zwei Schlafzimmern (mit Platz für bis 6 Pers.) und zwei mit je einem Schlafzimmer (für 2/4 Pers.). Die Hütten sind mit breiten Veranden und Kaminen ausgestattet. Frühstück wird in einem großen Korb serviert. Außerdem findet man Heavenly Chocolate (07-4684 5121; www.heavenlychocolate.com.au; 2117 Pyramids Rd, Wyberba; Fr–Mo 10–16 Uhr) am Ort!

Es gibt außerdem zwei gute Campingplätze (13 74 68; http://parks.nprsr.qld.gov.au/permits; pro ./Fam. 5,75/23 AU$) im Park – Castle Rock und Bald Rock Creek – die man mit dem Fahrzeug erreichen kann. Hier gibt es eine große Flora und Fauna sowie Trinkwasser, Grills und heiße Duschen. Per Internet oder Telefon anmelden.

Das Besucherzentrum am Ende der Pyramids Rd hat Infos zu Park und Wanderwegen. Die Öffnungszeiten variieren, aber Karten sollten verfügbar sein, auch wenn niemand da ist. Winternächte können hier zwar kalt sein, aber beim Aufstieg über Felsen wird einem auch ganz schnell ziemlich heiß – unbedingt ausreichend Wasser mitnehmen!

Der Park liegt 8 km südlich von Ballandean. Von der Pyramids Rd links abbiegen und weitere 7 km Richtung Parkeingang fahren.

---

sowiestets auch ein vegetarisches Tagesgericht. Hier gibt es schwarz-weiße Bodenfließen, Tische mit Kerzenlicht und lokale Kunst. Den Wein muss man selbst mitbringen (kein Korkengeld)!

❶ Praktische Informationen

Die meisten Weingüter des Granite Belt befinden sich südlich von Stanthorpe in der Nähe von Ballandean. Im **Stanthorpe Visitor Information Centre** (1800 762 665, 07-4681 2057; www.granitebeltwinecountry.com.au; 28 Leslie Pde, Stanthorpe; 9–17 Uhr) gibt's die Broschüre *Granite Belt Wine Country*.

❶ Anreise & Unterwegs vor Ort

Greyhound Australia (13 14 99; www.greyhound.com.au) und **Crisps Coaches** (www.crisps.com.au) fahren durch Stanthorpe. Es gibt Busse nach Warwick (16 AU$, 45 Min.), Toowoomba (47 AU$, 2½ Std.), Brisbane (58 AU$, 4½ Std.) und Tenterfield in NSW (20 AU$, 45 Min.) mit Anschlüssen nach Byron Bay durch Northern Rivers Buslines (S. 253).

Wer die Weingüter im Granite Belt abklappern möchte, sollte an einer geführten Tour teilnehmen oder mit dem eigenen Fahrzeug anreisen (und einem nüchternen Freund, der fährt).

Toowoomba

157 700 EW.

Am Rand der Great Dividing Range, 700 m über dem Meeresspiegel, liegt das geschäftige Toowoomba mit seinen breiten Alleen, herrschaftlichen Häusern und bodenständigen Einwohnern. Für Reisende gibt's hier nicht sonderlich viel zu sehen oder zu unternehmen – auf die Frage, was es hier zu tun gibt, lautete die Antwort mitunter: „Weiterfahren!". Wer aber den Staat von einem zum anderen Ende abgeklappert hat, und eine Pause braucht, kann sich hier gut ein oder zwei Tage lang die Zeit vertreiben.

Die Luft ist hier oben in den Bergen deutlich kühler – im Frühling leuchten die Gärten der Stadt in allen Farben. Die „Gartenstadt von Queensland" ist nicht nur die größte und älteste Stadt im Landesinneren, sondern auch der Geburtsort von zwei nationalen Helden: dem Lamington-Dessert und dem Oscarpreisträger Geoffrey Rush.

Sehenswertes & Aktivitäten

Cobb & Co Museum MUSEUM
(07-4659 4900; www.cobbandco.qm.qld.gov.au; 27 Lindsay St; Erw./Kind/Fam. 12,50/6,50/32 AU$; 10–16 Uhr) Unmittelbar nördlich des Queens Park liegt das gute Cobb & Co Museum, das eine beeindruckende Sammlung von Kutschen hat, sowie Ausstellungsstücke, die das Leben und Reisen im Outback mit Pferden darstellen. Das Museum beherbergt außerdem eine Schmiede, eine Fotoausstellung über die Anfangszeit von Toowoomba sowie eine Sammlung zum Thema Aborigines (Schilde, Axtköpfe und Bumerangs). Zeichentrickfilme zeigen Traumgeschichten. Nach dem halben Dutzend drehender Windmühlen Ausschau halten.

Picnic Point PARK
(www.picnic-point.com.au; Tourist Rd; 24 Std.) GRATIS Hoch oben am Rand der Great Dividing Range, am östlichen Stadtrand, liegen die Escar Uhrent Parks und der tolle Picnic Point. Hier gibt es Wanderwege, Picknickplätze und ein **Café-Restaurant** (Hauptgerichte 14–27 AU$; Mo-Do 8.30–17, Fr bis 21, Sa 8–21, So 8–17 Uhr). Besucher kommen jedoch vor allem wegen der umwerfenden Aussicht auf das Lockyer Valley.

Ju Raku En Japanese Garden GÄRTEN
(www.toowoombarc.qld.gov.au; West St; 7 Uhr-Sonnenuntergang) GRATIS Der wunderschöne Zen-Garten liegt 4 km südlich des Zentrums bei der University of Southern Queensland. Der von einem japanischen Professor aus Kyoto entworfene 5 ha große Garten hat einen wunderschönen See, sorgfältig arrangierte Felsen, Bambusstöcke, Koniferen, Kirschbäume, hübsche Brücken und verschlungene Pfade.

Toowoomba Regional Art Gallery GALERIE
(07-4688 6652; www.toowoombarc.qld.gov.au/trag; 531 Ruthven St; Di-Sa 10–16, So 13–16 Uhr) GRATIS Die kleine Toowoomba Regional Art Gallery beherbergt eine interessante Sammlung von Gemälden, Keramiken und Zeichnungen sowie seltene Bücher, Karten und Manuskripte in der Bücherei. Die regelmäßigen Wechselausstellungen ziehen ein paar mehr Besucher als gewöhnlich an.

Schlafen

Big4 Toowoomba Garden City CAMPINGPLATZ $
(07-4635 1747, 1800 333 667; www.big4toowoombagchp.com.au; 34a Eiser St, Harristown; Stellplatz mit Strom ab 39 AU$, 1-/2-/3-Zimmer-Hütten ab 103/135/170 AU$;) Die Anfahrt ist etwas lang, aber dieser ruhige, in einer Hinterstraße gelegene Camüingplatz ist der Ort schlechthin für Camper. Hier gibt es grüne Stellplätze, saubere Hütten, Blumenbeete, zwei Pools und eine schönen Grillbereich im Freien (Achtung: „betrunkenes und lautes Auftreten wird nicht toleriert!").

★**Vacy Hall** PENSION $$
(07-4639 2055; www.vacyhall.com.au; 135 Russell St; DZ 125–245 AU$;) Dieses herrliche Herrenhaus von 1873 (einst Hochzeitsgeschenk eines reich gewordenen Hausbesetzers an seine Tochter) liegt oberhalb des Stadtzentrums und bietet 12 historische Zimmer mit authentischem Charme. Eine große Veranda umschließt das Haus. Alle Zimmer haben eigene Bäder, die meisten auch Kamine. Superhohe Decken sorgen dafür, dass manche Zimmer höher als breit sind. Kostenloses WLAN.

Ecoridge Hideaway CHALET $$
(07-4630 9636; www.ecoridgehideaway.com.au; 712 Rockmount Rd, Preston; Zi. ab 140 AU$) Rund 15 km entfernt vom Zentrum, in einer Nebenstraße nach Gatton, ist das Ecoridge eine ausgezeichnete Alternative zum ansonsten eher langweiligen Unterkunftsangebot in Toowoomba. Die drei separaten Hütten sind einfach, aber elegant, ausgestattet mit guten Öfen, Gaskochern und fantastischen Ausblicken bei Sonnenaufgang über die Great Dividing Range. Lohnt sich vor allem bei längeren Aufenthalten.

Central Plaza Hotel HOTEL, APARTMENTS $$
(1300 300 402, 07-4688 5333; www.toowoombacentralplaza.com.au; 523 Ruthven St; 1-/2-/3-Zimmer-Apt. ab 180/380/415 AU$;) Das

auffällig gestaltete, neun Stockwerke hohe Central Plaza bietet etwas urbane Eleganz in dieser großen Stadt, in der es fast ausschließlich Motels gibt und die Hotels eher zum Biertrinken genutzt werden. Hier gibt es hübsche Kunst, moderne Möbel und bunte, gut geschnittene Apartments mit Aussicht.

Essen

Phatburgers BURGER $
(07-4638 4738; www.phatburgers.com.au; 520 Ruthven St; Burger 6–20 AU$; 10–21 Uhr) Hervorragende Burger sowie grell-orangefarbene Servietten und Live-DJs, die Retrorock auflegen. An der Spitze der Kalorientabelle steht der Burghoffer-Burger (den keiner auf einmal schafft). Die Chilipaste ist super!

Artisan PIZZA $
(07-4638 0727; www.facebook.com/artisanpizzaandsandwich; 41a Russell St; Hauptgerichte 8–18 AU$; Di–Fr 11–15, Di–Sa auch 17–21 Uhr) Das Artisan ist ein hipper Ort mit langen Tischen aus grobem Holz, Edelstahlstühlen, alten Bodendielen und Art-Déco-Decken. Die geschäftige, offene Küche in der Ecke zaubert einfache Pizza, Salate und Sandwichs. Hier gibt's auch guten Kaffee.

Ortem CAFÉ $$
(07-4632 0090; www.ortem.com.au; 15 Railway St; Hauptgerichte 17–22 AU$; 7–16 Uhr) Gegenüber vom Bahnhof liegt dieses hippe Industriecafé mit seinem kleinen, aber feinen Menü aus Salaten, Risottos, Burgern sowie üppigem Frühstück und hervorragendem Kaffee. Stühle im Freien, zeitgenössische Kunst und stets freundliche Mitarbeiter (immer ein gutes Zeichen!) runden das Erlebnis ab. Im Obergeschoss ist ein Veranstaltungsraum – Infos zum Programm gibt's auf der Website (Quiznächte, Kinofilme usw.).

Chutney Mary's INDISCH $$
(07-4638 0822; www.chutneymary.com.au; 335 Ruthven St; Hauptgerichte 17–23 AU$; Mo–Sa 12–15, tgl. 17 Uhr–open end) Wer seinen Aufenthalt in Toowoomba etwas Würze verleihen möchte, sollte bei Chutney Mary's vorbeischauen. Hier gibt es gute Currys, Naan-Brote, Tandoor- und Reisgerichte in typisch indischem Ambiente.

Ausgehen

Spotted Cow PUB
(www.spottedcow.com.au; Ecke Ruthven & Campbell Sts; 11 Uhr–open end) Der senffarbene Pub ist eine lokale Institution. Hier tönt Blues aus der Stereoanlage, außerdem treten regelmäßig Livebands auf (darunter Aussiegrößen wie Dan Sultan und Steve Kilbey). Im Angebot sind 70 verschiedene Biere sowie leckere Bistrogerichte (Hauptgerichte 11–40 AU$). Wer richtig Hunger hat, sollte sich ein Kilo Muscheln für 27 AU$ gönnen. Mittwoch ist Quizabend.

Praktische Informationen

Toowoomba Visitor Information Centre
(1800 331 155, 07-4639 3797; www.southernqueenslandcountry.com.au; 86 James St; 9–17 Uhr;) Südwestlich des Zentrums, an der Kreuzung zur Kitchener St. Peel, liegt dieses Besucherinformationszentrum, in dem es u. a. Karten für den *Toowoomba Tourist Drive* (auf eigene Faust) gibt.

An- & Weiterreise

Toowoomba liegt 126 km westlich von Brisbane am Warrego Hwy. Greyhound-Busse (S. 334) verkehren täglich zwischen Brisbane und Toowoomba (36 AU$, 2 Std.). Busse fahren weniger häufig in südlicher Richtung nach Stanthorpe (47 AU$, 2½ Std.).

Wer direkt vom Brisbane Airport kommt, sollte den **Airport Flyer** (1300 304 350, 07-4630 1444; www.theairportflyer.com.au; einfache Fahrt/hin & zurück 86/155 AU$) nehmen, der direkt nach/ab Toowoomba fährt (und je mehr Passagiere zusteigen, desto billiger wird die Fahrt).

Surfers Paradise & Gold Coast

Inhalt ➡
Surfers Paradise &
Broadbeach 339
Burleigh Heads &
Currumbin 346
Coolangatta 348
Gold Coast
Hinterland 349

Gut essen
- BSKT Cafe (S. 343)
- Borough Barista (S. 347)
- Cafe dbar (S. 349)

Schön übernachten
- La Costa Motel (S. 348)
- Binna Burra Mountain Lodge (S. 348)
- Olympus Apartments (S. 343)

Auf nach Surfers Paradise und an die Gold Coast!

52 km Sandstrände, 300 Sonnentage im Jahr und Millionen Besucher jährlich – die Gold Coast lockt mit einem heißen Cocktail aus Sonne, Surfen, Strand und Aktivitäten – dies ist eine der besten Gegenden Australiens, um surfen zu lernen! Hinter dem berühmten Strand von Surfers Paradise liegt eine glitzernde Meile mit Apartment-Hochhäusern, Restaurants, Bars, Clubs und Themenparks, die einen mit ihrem turbulenten Treiben in den Bann zieht und später erschöpft, aber glücklich wieder ausspuckt. Weiter südlich ebbt der Hype ab: Broadbeach ist sandig und schick, Burleigh Heads hat Küstencharme und Coolangatta ist für seine relaxte Surferatmosphäre bekannt. Das subtropische Hinterland der Gold Coast (mit den Nationalparks Lamington und Springbrook) sollte man sich nicht entgehen lassen, denn zu seinen Attraktionen gehören Regenwaldwanderungen, spektakuläre Wasserfälle, tolle Aussichtspunkte und private Refugien in den Bergen.

Reisezeit
Surfers Paradise

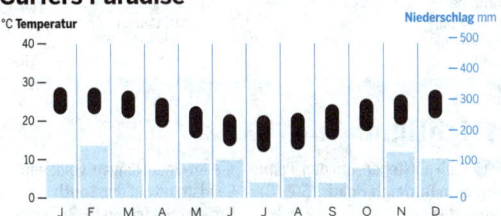

Dez.–Feb. Sonnenschein, wärmere Temperaturen und viel Leben an den Stränden.

Juni–Aug. Der australische Winter zieht sonnenhungrige Touristen aus kälteren Gefilden an.

Nov.–Dez. Schulabgänger (Schoolies) kommen scharenweise zum Feiern nach Surfers Paradise.

Highlights

❶ Früh aufstehen, um den Point Break in **Burleigh Heads** (S. 346) zu surfen

❷ Im **Lamington National Park** (S. 350) eine Buschwanderung durch zerklüftete Schluchten und den Regenwald unternehmen

❸ An einem langen, goldenen Sandstrand auf der **South Stradbroke Island** (S. 347) den Menschenmassen entfliehen

❹ Die Aussicht vom zu Recht so benannten Best of All Lookout im **Springbrook National Park** (S. 351) genießen

❺ Auf den Achterbahnen in den **Themenparks** (S. 342) der Gold Coast seine Nerven (und seinen robusten Magen) unter Beweis stellen

❻ In **Surfers Paradise** (S. 339) trinken, tanzen und den Sonnenaufgang am Strand betrachten

❶ An- & Weiterreise

AUTO & MOTORRAD
Die Goldküste liegt eine einfache einstündige Fahrt südlich von Brisbane. Wenn man vom Süden kommt, überquert man die Grenze der Bundesstaaten New South Wales (NSW) und Queensland (eine Vorortstraße!) bei Tweed Heads; Coolangatta (die südlichste Stadt an der Gold Coast) befindet sich direkt hinter der Grenze.

BUS
Greyhound (www.greyhound.com.au) Regelmäßige Verbindungen von/nach Brisbane (21 AU$, 1½ Std.), Byron Bay (30, 2½ Std.) und darüber hinaus.

Premier Motor Service (☎13 34 10; www.premierms.com.au) Täglich fahren einige Busse nach Brisbane (ab 21 AU$, 1½ Std.), Byron Bay (ab 29 AU$, 2½ Std.) und in andere Küstengegenden.

FLUGZEUG
Der **Gold Coast Airport** (www.goldcoastairport.com.au; Longa Ave, Bilinga) liegt 25 km südlich von Surfers Paradise in Coolangatta. Alle großen australischen Inlandsfluggesellschaften fliegen ihn an. **Scoot** (www.flyscoot.com), **Air Asia** (☎1300 760 330; www.airasia.com) und **Air New Zealand** (☎13 24 76; www.airnewzealand.co.nz) bieten auch internationale Verbindungen an.

Der **Brisbane Airport** (www.bne.com.au) liegt 16 km nördlich vom Zentrum Brisbanes und ist besonders für ausländische Besucher, die an die Gold Coast wollen, sehr praktisch.

ZUG
TransLink (☎13 12 30; translink.com.au) Citytrain-Züge fahren von Brisbane etwa alle 30 Minuten zu den Bahnhöfen Nerang, Robina und Varsity Lakes an der Gold Coast (75 Min.). Dieselbe Linie führt nördlich von Brisbane bis zum Brisbane Airport.

❶ Unterwegs vor Ort

BUS
Surfside Buslines (☎13 12 30; www.surfside.com.au) Surfside, die Tochtergesellschaft von Brisbanes Verkehrsunternehmen TransLink, betreibt Busse, die die Gold Coast hoch und runter fahren, sowie Shuttlebusse von den Bahnhöfen an der Gold Coast nach Surfers Paradise und noch weiter (z. B. zu den Themenparks).

Surfside (in Kooperation mit Gold Coast Tourist Shuttle) bietet auch einen Freedom Pass, der Hin- & Rückfahrt vom/zum Gold Coast Airport sowie unbegrenzte Fahrten zu den Themenparks und Regionalbusfahrten beinhaltet. Er kostet für drei Tage pro Erw./Kind 78/38 AU$. Pässe für fünf, sieben und zehn Tage sind ebenfalls erhältlich.

ZUM/VOM FLUGHAFEN
Con-X-ion Airport Transfers (☎1300 266 946; www.con-x-ion.com; einfache Strecke Erw./Kind ab 20/12 AU$) Transfer vom/zum Gold Coast Airport (einfache Strecke Erw./Kind ab 20/12 AU$), Brisbane Airport (einfache Strecke Erw./Kind ab 49/25 AU$) und zu den Themenparks an der Gold Coast.

Gold Coast Tourist Shuttle (☎1300 655 655, 07-5574 5111; www.gcshuttle.com.au; einfache Strecke Erw./Kind 21/13 AU$) Erwartet ankommende Flüge am Gold Coast Airport und bietet den Transfer zu den meisten Unterkünften an der Goldcoast; fährt auch die Themenparks an der Gold Coast an.

TAXI
Gold Coast Cabs (☎13 10 08; www.gccabs.com.au)

TRAM
G:link (Gold Coast Light Rail; ☎13 12 30; translink.com.au; Tickets ab 4,80 AU$, Goexplore-Mehrtageskarten Erw./Kind 15/7,50 AU$) Die 2014 in Betrieb genommene G:link, eine praktische Straßenbahnlinie, führt von Southport nach Broadbeach. Unterwegs gibt es mehrere Haltestellen. Tickets verkaufen die G:link-Läden, 7-Eleven-Geschäfte und einige Zeitungsläden.

> ### ❶ HILFE, DIE SCHOOLIES KOMMEN!
>
> Jedes Jahr im November kommen Tausende Teenager nach Surfers Paradise, um auf einer dreiwöchigen Party, die „Schoolies Week" genannt wird, das Ende ihrer Schulzeit zu feiern. Die Behörden haben zwar Maßnahmen ergriffen, um die Exzesse einzudämmen, doch betrunkene, von Drogen benebelte Teenager sind noch immer die Regel.
>
> Mehr Infos gibt's unter www.schoolies.com.

Surfers Paradise & Broadbeach

24 300 EW.

Manche sagen, dass die Surfer inzwischen andere Strände bevorzugen und das Paradies (von den schönen Strände mal abgesehen) hier auf tragische Weise verloren gegangen ist, doch diese wilde, kitschige Partyzone zieht eine unglaubliche Zahl an

Surfers Paradise

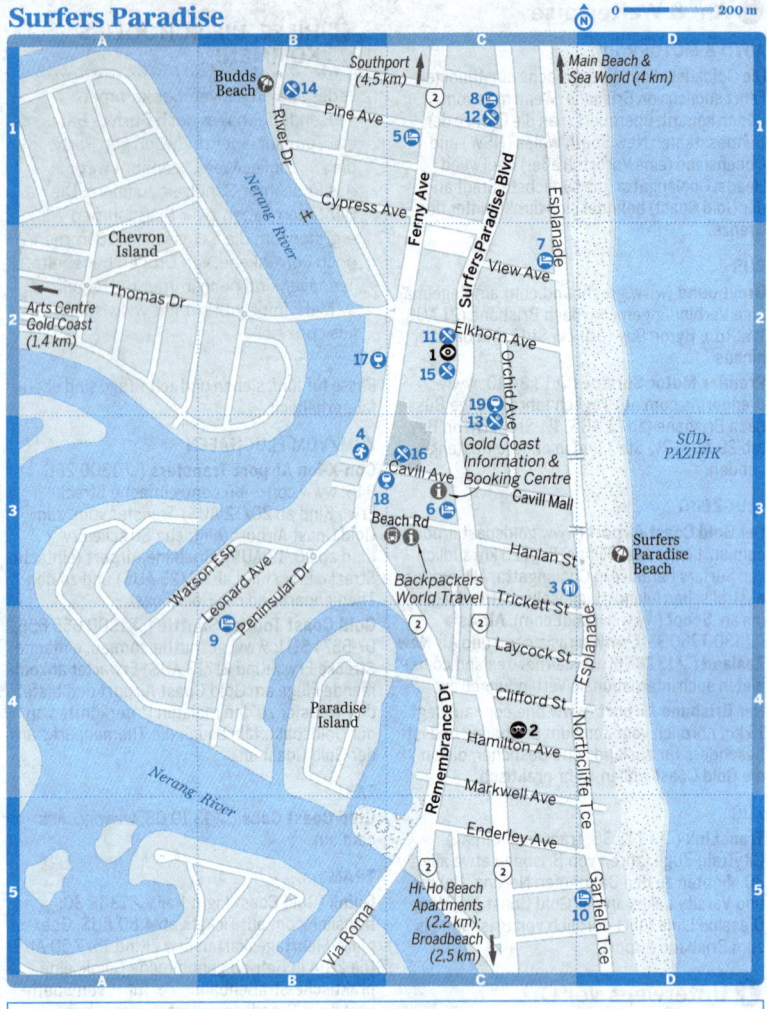

◎ Sehenswertes
1 Infinity..C2
2 SkyPoint Observation Deck C4

✪ Aktivitäten, Kurse & Touren
3 Cheyne Horan School of Surf...............C3
4 Whales in Paradise B3

🛏 Schlafen
5 Budds in Surfers C1
6 Gold Coast Accommodation
 Service..C3
7 Olympus Apartments.............................C2
8 QT C1
9 Sleeping Inn Surfers B4
10 Surfers Beachside Holiday
 Apartments D5

✖ Essen
11 Baritalia...C2
12 Bazaar C1
13 Black Coffee Lyrics................................C3
14 Bumbles Café...B1
15 Coles C2
16 Woolworths...C3

◉ Ausgehen & Nachtleben
17 Helm Bar & Bistro..................................B2
18 Melbas on the Park B3
19 Sin City..C2

Besuchern an – 20 000 pro Tag! Partylustige kommen wegen der aufregenden Clubs, Bars und Einkaufszentren – und wenn der Kater einsetzt, verbringen sie vielleicht auch noch etwas Zeit am Strand. Die Atmosphäre ist ziemlich aufreizend: viele tätowierte Backpacker mit freiem Oberkörper und Ausschnitte, tiefer als der Grand Canyon.

In Broadbeach direkt südlich von Surfers Paradise nimmt der Geräuschpegel merklich ab. Der Ort bringt mit seinen guten Cafés und den stylischen Shops und Restaurants etwas Chic in die Gegend und bietet außerdem einen herrlichen goldenen Sandstrand.

◉ Sehenswertes

SkyPoint Observation Deck AUSSICHTSPUNKT
(www.skypoint.com.au; Level 77, Q1 Bldg, Hamilton Ave, Surfers Paradise; Erw./Kind/Familie 22/13/57 AU$; ⊗ So–Do 7.30–20.30, Fr & Sa bis 23.30 Uhr) Die Sehenswürdigkeiten von Surfers Paradise liegen in der Regel auf Strandtüchern. Doch wer das Ganze mal aus der Vogelperspektive sehen möchte, saust mit dem Fahrstuhl hinauf zur 230 m hohen Aussichtsplattform fast ganz oben im Q1, einem der bemerkenswertesten Hochhäuser der Welt. Mutige können den **SkyPoint Climb** auf die Spitze des Gebäudes wagen, der auf 270 m Höhe führt (Erw./Kind ab 69/49 AU$).

Im Gebäude befindet sich auch ein praktischer Tourenschalter, der Tickets für andere Aktivitäten in der Region verkauft.

Infinity LABYRINTH
(www.infinitygc.com.au; Chevron Renaissance, Ecke Surfers Paradise Blvd & Elkhorn Ave, Surfers Paradise; Erw./Kind/Familie 27/18/73 AU$; ⊗ 10–22 Uhr) In diesem Labyrinth, das trickreich mit aufwändigen audiovisuellen Effekten getarnt ist, macht es nichts, wenn die Kinder mal für eine Stunde verloren gehen.

✈ Aktivitäten

Balloon Down Under BALLONFAHRT
(☏ 07-5500 4797; www.balloondownunder.com; 1-stündige Fahrt Erw./Kind 299/240 AU$) Hoch hinauf geht's bei den Ballonfahrten zum Sonnenaufgang, die mit einem Sektfrühstück enden.

Whales in Paradise WALBEOBACHTUNG
(☏ 07-5538 2111; www.whalesinparadise.com.au; Ecke Cavill Ave & Ferny Ave, Surfers Paradise; Erw./Kind/Familie 95/60/250 AU$; ⊗ Juni–Nov.) Die

SURFSCHULEN

Die Gold Coast ist eine tolle Gegend, um an einer der ausgezeichneten lokalen Surfschulen surfen zu lernen.

Surfing Services Australia (☏ 07-5535 5557; www.surfingservices.com.au; Currumbin; Erw./Kind 35/25 AU$)

Cooly Surf (☏ 07-5536 1470; www.surfshopaustralia.com.au; Ecke Marine Pde & Dutton St, Coolangatta; 2-stündiger Surfunterricht 45 AU$; ⊗ 9–17 Uhr)

Cheyne Horan (☏ 1800 227 873; www.cheynehoran.com.au; 2-stündiger Unterricht 49 AU$, 3/5 Kurseinheiten 129/189 AU$; ⊗ 10 & 14 Uhr)

Brad Holmes (☏ 07-5539 4068, 0418 757 539; www.bradholmessurfcoaching.com; Broadbeach; 90-minütiger Unterricht 75 AU$)

Walkin' on Water (☏ 07-5534 1886, 0418 780 311; www.walkinonwater.com; Greenmount Beach, Coolangatta; 2-stündiger Unterricht 50 AU$)

3½-stündigen Walbeobachtungstouren starten dreimal täglich im Zentrum von Surfers Paradise.

🎉 Feste & Events

Quicksilver Pro Surfing Competition SURFEN
(www.aspworldtour.com) Etwa im März reiten die besten Surfer der Welt beim ersten Wettbewerb der jährlichen ASP World Tour die Wellen.

Surfers Paradise Festival ESSEN, KUNST
(www.surfersparadisefestival.com) An vier Wochenenden im April dreht sich alles um Essen, Wein und Livemusik.

Gold Coast Film Festival FILM
(www.gcfilmfestival.com) Massentaugliche Produktionen und Filme aus dem linken Spektrum aus der ganzen Welt werden im April unter freiem Himmel gezeigt.

Gold Coast Marathon SPORT
(www.goldcoastmarathon.com.au) Verschwitzte Sportler laufen eine sehr, sehr lange Strecke; im Juli.

Gold Coast 600 SPORT
(www.v8supercars.com.au) An drei Tage im Oktober verwandeln sich die Straßen von

> **NICHT VERSÄUMEN**
>
> ## DIE THEMENPARKS AN DER GOLD COAST
>
> Die Achterbahnen und Wasserrutschen in den Themenparks nach amerikanischem Vorbild besiegen die Schwerkraft derart schwindelerregend, dass man alle Mühe hat, das Mittagessen im Magen zu behalten. Die meisten Touristeninformationen an der Gold Coast verkaufen vergünstigte Tickets; der VIP-Pass (110 AU$) gewährt unbegrenzten Eintritt zu Sea World, Movie World und Wet'n'Wild (die alle Warner Brothers gehören).
>
> Hier ein paar Tipps: Die Parks können unglaublich überfüllt sein, darum sollte man früh da sein, ansonsten muss man einen langen Fußweg vom hintersten Ende des Parkplatzes in Kauf nehmen. Es ist nicht erlaubt, Essen und Getränke mit in den Park zu nehmen.
>
> **Dreamworld** (1800 073 300, 07-5588 1111; www.dreamworld.com.au; Dreamworld Pkwy, Coomera; Erw./Kind 95/75 AU$; 10–17 Uhr) Preist sich selbst als „größter" Themenpark Australiens an. Es gibt die „Big 9 Thrill Rides" sowie für kleinere Kinder die Wiggles World und die DreamWorks. Weitere Aktionen sind Tiger Island sowie zahlreiche interaktive Begegnungen mit Tieren. Der World Pass (Erw./Kind bei Onlinebuchung 95/85 AU$, am Eingang 105/95 AU$) ist einen Tag lang sowohl für die Dreamworld als auch für die WhiteWater World gültig.
>
> **Sea World** Sea World ist wegen seiner Meerestier-Shows, bei denen Delfine und Seelöwen Tricks für das Publikum vorführen, weiterhin umstritten. Während Sea World versichert, dass die Tiere ein gutes Leben haben, argumentieren Tierschutzgruppen, dass es für solche empfindlichen Meeressäugetiere grundsätzlich abträglich ist, in Gefangenschaft zu leben, und dass der Kontakt mit Menschen dies noch verschlimmert. Im Park sind auch Pinguine und Polarbären zu sehen, außerdem gibt es Wasserrutschen und Achterbahnen.
>
> **Movie World** (13 33 86, 07-5573 3999; www.movieworld.com.au; Pacific Hwy, Oxenford; Erw./Kind 83/50 AU$; 9.30–17 Uhr) Shows, Rides und Attraktionen mit Film-Hintergrund (z. B. Batwing Spaceshot, Justice League 3D Ride oder Scooby-Doo Spooky Coaster); durch die Besucherscharen streifen Batman, Austin Powers, Porky Pig und Co.
>
> **Wet'n'Wild** (13 33 86, 07-5556 1660; www.wetnwild.com.au; Pacific Hwy, Oxenford; Erw./Kind 63/48 AU$; 10–17 Uhr) Die ultimative Wasserrutsche des Riesenparks heißt Kamikaze und lässt zweisitzige Schläuche 11 m tief mit 50 km/h zu Tal schießen. Hinzu kommen diverse Rutschen im Dunkeln, Wildwasserbahnen und Wellenbecken.
>
> **WhiteWater World** (1800 073 300, 07-5588 1111; www.whitewaterworld.com.au; Dreamworld Pkwy, Coomera; Erw./Kind 60/40 AU$; Mo–Fr 10–16, Sa & So bis 17 Uhr) Dieser Park bietet seinen Gästen die Cave of Waves, die Pipeline Plunge und über 140 Wasseraktivitäten und Wasserrutschen. Der einen Tag gültige World Pass (Erw./Kind bei Onlinebuchung 95/85 AU$, am Eingang 105/95 AU$) gilt sowohl für die Dreamworld als auch für die WhiteWater World.

Surfers Paradise in eine Rennstrecke für megaschnelle V8-Supercars.

Schlafen

Der **Gold Coast Accommodation Service** (07-5592 0067; www.goldcoastaccommodationservice.com) kann Unterkünfte und Touren arrangieren und sofort buchen.

Budds in Surfers HOSTEL $
(07-5538 9661; www.buddsinsurfers.com.au; 6 Pine Ave, Surfers Paradise; B/2BZ/DZ/FZ ab 28/80/80/120 AU$; @ 🏠 ≋) Das lockere Budds hat ordentliche Bäder, saubere Fliesenböden, kostenloses WLAN, eine gesellige Bar und einen schönen Pool, und alles nur einen Katzensprung vom Budds Beach mit ruhigem Wasser. Fahrräder kann man ebenfalls ausleihen.

Sleeping Inn Surfers HOSTEL $
(1800 817 832, 07-5592 4455; www.sleepinginn.com.au; 26 Peninsular Dr, Surfers Paradise; B 28–32 AU$, DZ 78–88 AU$; @ 🏠 ≋) Diese Backpackerbleibe befindet sich in einem alten Apartmentblock ein Stück vom Zentrum entfernt, sodass man wirklich die Chance hat, mal auszuschlafen. Es veranstaltet Pizza- und Grillabende, hat eine Küche und holt Gäste kostenlos vom Transit Centre ab.

In einem angrenzenden Apartmentblock bietet es auch ein paar tolle renovierte private Zimmer.

★ Olympus Apartments APARTMENTS $$

(07-5538 7288; www.olympusapartments.com.au; 62 Esplanade, Surfers Paradise; Apt. mit 1 Schlafzi. 100–160 AU$, Apt. mit 2 Schlafzi. 150–300 AU$; P❄🌐🏊) Das freundliche, eher kleine Hochhaus direkt gegenüber vom Strand hat sehr gepflegte, große und supersaubere Apartments mit ein oder zwei Schlafzimmern, die modern eingerichtet und mit Kunstwerken geschmückt sind. Alle gehen aufs Meer hinaus. Tolles Preis-Leistungs-Verhältnis.

Hi-Ho Beach Apartments APARTMENTS $$

(07-5538 2777; www.hihobeach.com.au; 2 Queensland Ave, Broadbeach; Apt. mit 1/2 Schlafzi. 100/130 AU$; P❄🌐🏊) Erstklassige Lage in der Nähe vom Strand und von Cafés. Hier zahlt man nicht für eine glitzernde Lobby, sondern für Standardapartments ohne Schnickschnack (die Einrichtung ist ziemlich 1990er-Jahre), die ihr Geld wert sind. Sie sind gepflegt, sauber und ruhig. Cool ist das an Las Vegas erinnernde Hinweisschild.

Surfers Beachside Holiday Apartments APARTMENTS $$

(07-5570 3000; www.surfersbeachside.com.au; 10 Vista St, Surfers Paradise; Apt. mit 1/2 Schlafzi., 3 Nächte 600/700 AU$) Das großartige Management ist ein riesiges Plus in dieser unauffälligen, familienfreundlichen Unterkunft. Jedes Apartment hat einen anderen Besitzer und ist daher auch unterschiedlich gestaltet, aber alle sind sauber und komfortabel. In der Hochsaison gilt ein Mindestaufenthalt von drei Nächten, doch wer kürzer bleiben möchte, sollte mit dem Management sprechen.

QT HOTEL $$

(07-5584 1200; www.qtgoldcoast.com.au; 7 Staghorn Ave, Surfers Paradise; Zi. ab 165 AU$) Das funkige, coole Hochhaus mit hippen Retro-Elementen wartet mit einem Stilmix auf, der nichts auslässt: Acapulco Chairs im Stil der 1950er-Jahre, Retro-Fahrräder und übergroße Lampenschirme im Design der 1980er-Jahre im Foyer. Die auffällige Dekoration unter dem Motto „Fun in the sun" soll an den Stil von Surfers Paradise und Miami der 1950er- und 1960er-Jahre erinnern, und das gelingt auch. Die Zimmer sind hell, komfortabel und modern und nicht ganz so nostalgisch eingerichtet, wenngleich die Stoffe sehr ausgefallen sind.

Zur fröhlichen, legeren Atmosphäre passen die Flip-Flops im Baumwollbeutel, die sich in jedem Zimmer befinden – aber nur zum Ausleihen.

🍴 Essen

Supermärkte, in denen Selbstversorger einkaufen können, befinden sich in den Einkaufszentren **Chevron Renaissance Centre** (Ecke Elkhorn Ave & Surfers Paradise Blvd, Surfers Paradise; ⊗Mo–Sa 7–22, So 8–20 Uhr) und **Circle on Cavill** (Ecke Cavill Ave & Ferny Ave, Surfers Paradise; ⊗Mo–Sa 7–22, So 8–20 Uhr).

★ BSKT Cafe CAFÉ $

(07-5526 6565; www.bskt.com.au; 4 Lavarack Ave, Mermaid Beach; Hauptgerichte 10–27 AU$; ⊗Mo–Do 7–16, Fr & Sa bis 22, So bis 17 Uhr; 🅿🚸) 100 m vom Mermaid Beach und ein kleines Stück südlich von Broadbeach befindet sich dieses hippe Eck-Café. Das Projekt von vier Freunden, in dem Bio-Zutaten die Hauptrolle spielen, ist modern im industriellen Stil und mit massiven Holztischen eingerichtet. Die Mitarbeiter sind klasse und die Hauptgerichte kreativ. Veganer werden sich hier sofort heimisch fühlen, genau wie Kinder, für die es einen eingezäunten Spielbereich gibt.

Bumbles Café CAFÉ $

(07-5538 6668; www.bumblescafe.com; 21 River Dr, Budds Beach, Surfers Paradise; Hauptgerichte 12–22 AU$; ⊗7.30–16 Uhr) Das wunderbare Café in einem umgebauten Haus bzw. Laden (das auch schon mal als Bordell fungierte) ist der perfekte Ort, um zu frühstücken und süße Köstlichkeiten zum Kaffee zu genießen. Es besteht aus mehreren Räumen, vom rosa Princess Room, dem idealen Ort für den Nachmittagstee, bis zu einer Bibliothek. Übrigens gibt's hier auch die leckersten Kuchen in der Region.

Cardamom Pod VEGETARISCH $

(www.cardamompod.com.au; Lot 1, 70 Surf Pde, Broadbeach; ⊗Mo–Fr 11.30–21, Sa & So 7.30–21 Uhr; 🅿) 🌱 Vegetarier werden begeistert sein! Das magische, von Krishna inspirierte, veganerfreundliche Lokal serviert mit das beste vegetarische Essen der Gegend. Allein wegen der veganen Lasagne lohnt der Besuch, doch man kann auch zwei beliebige Currys und zwei Salate, alle mit Reis serviert, für 26 AU$ wählen. Zum Abschluss sollte man ein Dessert bestellen: roh, glutenund zuckerfrei (und köstlich). Alles wird hier direkt zubereitet.

Black Coffee Lyrics
CAFÉ $$

(0402 189 437; www.blackcoffeelyrics.com.au; 40/3131 Surfers Paradise Blvd, Surfers Paradise; Hauptgerichte 12–21 AU$; Di–Fr 12–14.30 Uhr & 17 Uhr–open end, Sa & So ab 8 Uhr) Das trendige Café, das sich an einem unerwarteten Ort – in einer kleinen Ladenstraße – versteckt, wirkt ausgesprochen cool. Im Kontrast zum hellen Sonnenschein ist es dunkel und mixt den Stil einer amerikanischen Bar mit industriellem Funk. Und es hält, was es verspricht: Die schlichten Gourmet-Sandwiches und Eiergerichte passen bestens zu den Boutique-Bieren und -Cocktails, darunter Espresso-Martinis.

Baritalia
ITALIENISCH $$

(07-5592 4700; www.baritaliagoldcoast.com.au; Shop 15, Chevron Renaissance Centre, Ecke Elkhorn Ave & Surfers Paradise Blvd, Surfers Paradise; Hauptgerichte 25–35 AU$; 7.30 Uhr–open end) Diese italienische Restaurantbar hat eine tolle Freiluftterrasse und hippes Personal aus aller Welt. Zu empfehlen sind beispielsweise die leckeren Pizzas, die Nudel- und Risottogerichte oder die Chili-Muscheln mit Weißwein in einer Tomatensuppe (es gibt auch glutenfreie Gerichte). Dazu gibt's guten Kaffee und anständige offene Weine.

Bazaar
INTERNATIONAL $$$

(07-5584 1238; 7 Staghorn Ave, Surfers Paradise; Frühstück/Abendessen 32/72 AU$; Mo–Sa 6.30–10.30 & 17.30–21, So 12–15 Uhr;) In gehobener PR-Sprache heißt es „In dieser funkigen Extravaganza im Stil des 21. Jh. können Sie sich um den ganzen Erdball essen." Konkret bedeutet das, dass die Gäste sich bis zum Rand mit dem vollstopfen können, was sie an verschiedenen „Food Stations" auswählen: spanische Charcuterie, italienische Pizzas, asiatische Wokgerichte und eine australische Seafood-Bar. Das ultimative Essenserlebnis nach dem Motto „erst sehen, dann essen" spielt sich in einem fröhlichen, stilvollen Ambiente statt.

Kinder unter zwölf Jahren zahlen die Hälfte.

🍷 Ausgehen & Nachtleben

Helm Bar & Bistro
BAR

(www.helmbarsurfers.com.au; 30–34 Ferny Ave, Surfers Paradise; 10–21 Uhr) Sofern man nicht auf Irish Pubs steht, eignet sich diese Bar im nautischen Stil vor Ort am besten zum Bechern – sie ist ideal für ein paar Bierchen, während man zusieht, wie die Sonne über dem Nerang River versinkt. Hier bekommt man auch gute Pizzas und Steaks.

Sin City
CLUB

(www.sincitynightclub.com.au; 22 Orchid Ave, Surfers Paradise; 21 Uhr–open end) Der glitzernder Sündenpfuhl im Stil von Las Vegas ist mit seinen sexy Mitarbeitern, berühmten DJs und der merkwürdigen Mischung aus Lebemännern und Studenten der richtige Ort für Ausschweifungen.

Melbas on the Park
CLUB

(www.melbas.com.au; 46 Cavill Ave, Surfers Paradise) Das alteingesessene Melbas ist ein Partypalast mit einer großen Lounge und Nachtclubs sowie Restaurants. Das Publikum ist ein wenig älter als das in den typischen Backpacker-Bars.

☆ Unterhaltung

Arts Centre Gold Coast
THEATER, KINO

(07-5588 4000; www.theartscentregc.com.au; 135 Bundall Rd, Surfers Paradise; Tageskasse Mo–Fr 8–21, Sa 9–21, So 11–19 Uhr) Zu dieser Kultur- und Benimmbastion am Nerang River gehören u. a. zwei Kinos, ein Restaurant, eine Bar und die Gold Coast City Gallery. Im Theater mit 1200 Plätzen sind regelmäßig eindrucksvolle Produktionen zu sehen (z. B. Comedy, Oper, Jazz- oder Kinderkonzerte).

ℹ️ Praktische Informationen

Backpackers World Travel (07-5561 0634; www.backpackerworldtravel.com; 6 Beach Rd, Surfers Paradise; 10–16 Uhr;) Buchung von Unterkünften, Touren und Verkehrsmitteln sowie Internetzugang (4,50 AU$/Std.; WLAN 5 AU$/24 Std.).

Gold Coast Information & Booking Centre (1300 309 440; www.visitgoldcoast.com; Cavill Ave, Surfers Paradise; Mo–Sa 8.30–17, So 9–16 Uhr) Die Haupttouristeninformation der Gold Coast; verkauft auch Tickets für die Themenparks und hat Infos zu den öffentlichen Verkehrsmitteln.

Surfers Paradise Day & Night Medical Centre (07-5592 2299; www.goldcoast7daymedicalcentres.com.au; 3221 Surfers Paradise Blvd, Surfers Paradise; 6–23 Uhr) Allgemeinmedizinisches Zentrum mit Apotheke; Termin vereinbaren oder direkt vorbeischauen.

ℹ️ An- & Weiterreise

Fernbusse, darunter Busse von Greyhound (S. 339) und Premier Motor Service (S. 339), halten am **Surfers Paradise Transit Centre** (10 Beach Rd, Surfers Paradise).

ABSTECHER

MAIN BEACH & THE SPIT

Nördlich von Surfers Paradise trennt die Southport Spit das (ansonsten recht langweiligen Wohn- und Geschäftsviertel) Southport vom Pazifik. In Main Beach befinden sich einer der großen Themenparks, Sea World (S. 342), sowie Mariner's Cove mit dem nützlichen **Mariner's Cove Tourism Information & Booking Centre** (07-5571 1711; Main Beach; 9–15 Uhr). Hier kann man diverse Aktivitäten auf dem Wasser buchen:

Australian Kayaking Adventures (0412 940 135; www.australiankayakingadventures.com.au; halbtägige Touren Erw./Kind 95/75 AU$, Sonnenuntergangstouren 55/45 AU$)

Jet Ski Safaris (07-5526 3111, 0409 754 538; www.jetskisafaris.com.au; Mariner's Cove, 60-70 Sea World Dr, Main Beach; Touren pro Jet-Ski 1/2½ Std. ab 190/395 AU$)

Island Adventures (07-5532 2444; goldcoastadventures.com.au; Mariner's Cove, 60–70 Sea World Dr, Main Beach; 3-stündige Touren Erw./Kind 99/69 AU$, ganztägige Touren Erw./Kind 129/79 AU$) Walbeobachtung.

Broadwater Canal Cruises (0410 403 020; www.broadwatercanalcruises.com.au; Mariner's Cove, 60-70 Sea World Dr, Main Beach; 2-stündige Bootsfahrten Erw./Kind 23/15 AU$; 10 & 12 Uhr)

Landratten können den **Federation Walk** in Angriff nehmen. Dieser schöne, 3,7 km lange Weg beginnt gegenüber vom Eingang zu Sea World am Philipp-Park-Parkplatz und führt durch kleine Gebiete von Küstenregenwald bis zum Gold Coast Oceanway, einem 36 km langen Wander- und Radweg nach Coolangatta.

Südöstlich von hier beginnt die unaufhaltsame Parade der Apartment-Hochhäuser, die sich bis nach Surfers Paradise zieht. Hier steht der hübsche, 1934 im Stil einer spanischen Mission erbaute **Main Beach Pavilion** (Macarthur Pde, Main Beach; 9–17 Uhr). Innen sind einige großartige alte Fotos der Gold Coast aus der Zeit vor den Wolkenkratzern zu sehen.

Schlafen & Essen

In Main Beach und auf der Spit gibt's einige gute Restaurants und Unterkünfte für diejenigen, die sich abseits des Trubels des nahe gelegenen Surfers Paradise wohler fühlen.

Das **Surfers Paradise YHA at Main Beach** (07-5571 1776; www.yha.com.au; 70 Sea World Dr, Main Beach; B 32 AU$, DZ & 2BZ 81 AU$; @) hat eine tolle Lage im 1. Stock mit Blick auf die Marina und einen kostenlosen Shuttleservice. Es arrangiert auch Touren und Aktivitäten.

Lecker essen kann man im **Providore** (07-5532 9390; www.facebook.com/miragemarket; Shop 37, Marina Mirage, 74 Sea World Dr, Main Beach; Hauptgerichte 16–29 AU$; 7–18 Uhr), einem trendigen italienischen Feinkostladen und Café, das offene Weine, Brot, Käse und Zutaten fürs Picknick verkauft. Wer es ohne Schnickschnack mag, ist bei **Peter's Fish Market** (07-5591 7747; www.petersfish.com.au; 120 Sea World Dr, Main Beach; Mahlzeiten 9–16 AU$; 9–19.30 Uhr) richtig, der frisches und gekochtes Seafood aller Art zu tollen Preisen serviert. Eine Alternative ist die **Fisherman's Wharf Tavern** (07-5571 0566; Mariner's Cove, Main Beach; Hauptgerichte 22–32 AU$; 10–24 Uhr), eine der Kneipen, in der um 10 Uhr morgens schon Bier getrunken wird – doch ordentliche Burger und anderes anständiges Kneipenessen gibt's hier auch.

An- & Weiterreise

Die Regionalbusse der Linie 705 fahren regelmäßig zwischen Surfers Paradise und Main Beach/The Spit.

❶ Unterwegs vor Ort

Nützliche Buslinien von Surfside (S. 339), um innerhalb von Surfers Paradise von A nach B zu kommen, sind die Linie 705 zwischen Broadbeach und Seaworld (Main Beach) über Surfers Paradise sowie die Linie 731 zwischen Southport und Broadbeach, die ebenfalls über Surfers Paradise fährt.

Die neue Straßenbahnlinie G:link (S. 339) ist ebenfalls eine hervorragende Alternative zum Auto.

AUTO

Mietwagen kosten etwa 40 bis 50 AU$ pro Tag.
East Coast Car Rentals (07-5592 0444, 1800 028 881; www.eastcoastcarrentals.com.au; 80 Ferny Ave; Mo–Fr 7–18, Sa 8–17, So 8–16 Uhr)

Red Back Rentals (07-5592 1655; www.redbackrentals.com.au; Surfers Paradise Transit Centre, 10 Beach Rd; Mo–Sa 7.30–16 Uhr)

Scooter Hire Gold Coast (07-5511 0398; www.scooterhiregoldcoast.com.au; 3269 Surfers Paradise Blvd; 8–17.30 Uhr) Verleiht Motorroller (50 ccm) ab ca. 75 AU$ pro Tag.

Burleigh Heads & Currumbin

9200 & 2785 EW.

Die relaxte Surferstadt Burleigh Heads verkörpert die echte, sandige Essenz der Gold Coast. Mit ihren fröhlichen Cafés und Strandrestaurants, dem berühmten Break, dem schönen Strand und einem kleinen Nationalpark auf der felsigen Landzunge verzaubert Burleigh einfach alle.

Currumbin, das etwas weiter südlich liegt, ist ein kleines, schläfriges und auf Familien ausgerichtetes Städtchen. Im Currumbin Creek kann man sicher schwimmen.

Sehenswertes

Burleigh Head National Park PARK
(www.nprsr.qld.gov.au/parks/burleigh-head; Goodwin Tce, Burleigh Heads) GRATIS Ein Fußmarsch im 27 ha großen Regenwaldschutzgebiet auf der Landzunge ist Pflicht für jeden Besucher: Hier warten Wanderwege, viele Vogelarten und eine Aussicht auf Burleighs Brandung.

David Fleay Wildlife Park TIERSCHUTZGEBIET
(07-55762411; www.nprsr.qld.gov.au/parks/davidfleay; Ecke Loman Lane & West Burleigh Rd, West Burleigh; Erw./Kind/Familie 20,10/9,25/51,30 AU$; 9–17 Uhr) In diesem Tierschutzgebiet, das von dem Arzt gegründet wurde, der als Erster erfolgreich Schnabeltiere züchtete, gibt es 4 km Wanderwege durch Mangroven und Regenwald und viele einheimische Wildtiere, die den ganzen Tag über aktiv sind. Es befindet sich 3 km landeinwärts von Burleigh Heads.

Currumbin Wildlife Sanctuary TIERSCHUTZGEBIET
(1300 886 511, 07-5534 1266; www.cws.org.au; 28 Tomewin St, Currumbin; Erw./Kind/Fam. 49/35/133 AU$; 8–17 Uhr) Hier kann man in Australiens größter Regenwaldvoliere kunterbunte Allfarbloris von Hand füttern und sich mit Koalas oder Krokodilen fotografieren lassen. Zudem gibt's Kängurufütterungen, Reptilienshows und indigene Tanzvorführungen. Nach 15 Uhr ist der Eintritt günstiger. Es gibt Busshuttles (hin & zurück 18 AU$).

Aktivitäten

Currumbin Rock Pools SCHWIMMEN
(www.gcparks.com.au; Currumbin Creek Rd, Currumbin Valley) GRATIS Diese natürlichen Schwimmlöcher versprechen Abkühlung an heißen Sommertagen. Zwischen den Grillplätzen am grasbewachsenen Ufer springen Teenager von den Felskanten. Von der Küste führt die Currumbin Creek Rd hierher (14 km).

Burleigh Heads Bowls Club BOWLEN
(07-5535 1023; www.burleighbowls.org.au; Ecke Connor St & James St, Burleigh Heads; 5 AU$/Pers.; So 12–17 Uhr) Wenn die Wellen am Sonntagnachmittag mal zu niedrig sind, kann man seine Schuhe ausziehen und im hiesigen Rasenbowlingclub barfuß bowlen. Vorausbuchung notwendig!

Burleigh Brewing Company GEFÜHRTE TOUR
(07-5593 6000; www.burleighbrewing.com.au; 17a Ern Harley Dr, Burleigh Heads; Führungen 20 AU$) An jedem ersten Samstag im Monat finden in Burleighs lokaler Boutique-Brauerei Führungen statt; die Bar der Brauerei ist immer freitags von 17.30 bis 20 Uhr geöffnet.

Schlafen

Burleigh Beach Tourist Park WOHNWAGENPARK $
(07-5667 2750; www.goldcoasttouristparks.com.au; 36 Goodwin Tce, Burleigh Heads; Stellplatz ohne/mit Strom ab 31/41 AU$, Hütten 145–210 AU$; @) Dieser Wohnwagenpark, der der Kommune gehört, ist klein, aber gut geführt und liegt wunderbar in der Nähe des Strandes. Am besten nimmt man eine der drei blauen Hütten im vorderen Teil des Parks. Die Peise für Hütten gelten bei einem Aufenthalt von sieben Nächten.

Burleigh Palms Holiday Apartments APARTMENTS $$
(07-5576 3955; www.burleighpalms.com; 1849 Gold Coast Hwy, Burleigh Heads; Apt. mit 1 Schlafzi. pro Übern./Woche ab 170/620 AU$;) Diese großen, komfortablen Apartments für Selbstversorger liegen zwar am Highway, ha-

ben aber ein gutes Preis-Leistungs-Verhältnis. Durch die Gasse hinten geht's flott zum Strand, während die Eigentümer viele lokale Infos liefern. Zudem reinigen sie die Quartiere selbst, um die Preise klein zu halten.

Hillhaven Holiday
Apartments APARTMENTS $$
(07-5535 1055; www.hillhaven.com.au; 2 Goodwin Tce, Burleigh Heads; Apt. mit 2 Schlafzi. ab 170 AU$; @) Direkt an der Landzunge, angrenzend an den Nationalpark, bieten diese 22 Apartments einen tollen Blick auf Burleigh Heads und die Wellen. Sie liegen extrem ruhig und nur 150 m vom Strand entfernt. Die Qualität reicht von „Standard" bis „Gold Deluxe".

Essen

★ Borough Barista CAFÉ $
(14 Esplanade, Burleigh Heads; Hauptgerichte 5-19 AU$; 5.30-14 Uhr) Coole Musik und eine freundliche Atmosphäre prägen diese kleine, offene Kaffeebude. Auf der einfachen Karte stehen Burger und Salate, und die Leidenschaft für Kaffee (ab 5.30 Uhr) ist unübersehbar. Der gegrillte Magic-Mushroom-Burger (13,50 AU$) dürfte so manchen zum Vegetarier bekehren. Der Weg zum großen Schwestercafé **Barefoot Barista** (www.barefootbarista.com.au; 10 Palm Beach Ave, Palm Beach; Hauptgerichte 11-18 AU$; Mo-Fr 5-16, Sa & So bis 15 Uhr) am benachbarten Palm Beach lohnt sich.

Fishmonger SEAFOOD $
(07-5535 2927; 9 James St, Burleigh Heads; Gerichte 7-16 AU$; 10-19.30 Uhr) Diesen unauffälligen Fish & Chips-Laden gibt's seit 1948 – lange genug, um das Rezept zu perfektionieren! Am besten holt man sich etwas zum Mitnehmen und macht sich dann zum Strand auf.

Justin Lane Pizzeria & Bar PIZZA $$
(07-5576 8517; www.justinlane.com.au; 1708 Gold Coast Hwy, Burleigh Heads; Pizzas 19-24 AU$; 17 Uhr-open end) Das Justin Lane, eines von mehreren coolen Restaurants in Burleigh Heads, befindet sich in einer sanierten Ladenstraße. Es ist eine fröhliche, lebhafte Pizzeria mit Bar, in der viel Trubel und geschäftiges Treiben herrscht – und tolle Pizzas gibt es auch.

Elephant
Rock Café MODERN-AUSTRALISCH, CAFÉ $$
(07-5598 2133; www.elephantrock.com.au; 776 Pacific Pde, Currumbin; Hauptgerichte 28-35 AU$;

ABSEITS DER ÜBLICHEN PFADE

SOUTH STRADBROKE ISLAND

Diese schmale, 21 km lange Sandinsel ist weitgehend unentwickelt und damit der perfekte Gegenpol zur chaotischen Gold Coast. Am Nordende kann man in dem schmalen Kanal, der die Insel von der North Stradbroke Island trennt, wunderbar angeln. Am Südende sind es nur 200 m bis zur Spit. South Stradbroke war ursprünglich mit North Stradbroke verbunden, doch 1896 fegte ein schwerer Sturm durch die Landenge, die beide verband. Auf der Insel befinden sich das luxuriöse **Ramada Couran Cove Island Resort** (07-5597 9999; www.courancove.com.au; DZ/Suite ab 350/450 AU$;) sowie drei Campingplätze. Außerdem gibt's viele Wallabies und jede Menge Buschland, Sand und Meer, aber keine Autos!

Genaueres zum Zelten auf den Campingplätzen Tipplers, North Currigee und South Currigee sowie zum Transport siehe www.mystraddie.com.au.

Di-Sa 7 Uhr-open end, So & Mo bis 17 Uhr) Am erfrischend wenig bebauten Currumbin Beach steht das luftige, zweigeschossige Elephant Rock Café, das tagsüber ein schickes Strandcafé ist und sich abends in ein ebenso schickes Nachtcafé verwandelt. Tolle Blicke auf den Ozean und ein noch besseres indonesisches Seafood-Curry!

★ Fish House SEAFOOD $$$
(07-5535 7725; www.thefishhouse.com.au; 50 Goodwin Tce, Burleigh Heads; Hauptgerichte 36-56 AU$; Mi-So 12-15 & 18-21 Uhr) Der stilvolle rote Ziegelkasten auf der anderen Straßenseite gegenüber vom Strand ist für seinen Fisch bekannt: Wittling, Schwertfisch, Stachelmakrele, Petersfisch – alle frisch gefangen oder frisch aus anderen Bundesstaaten importiert. Man sollte sich nett anziehen und auf einen hohen Geräuschpegel (viele harte Oberflächen) einstellen. Es macht Spaß, die Leute zu beobachten, die teilweise aus anderen Bundesstaaten einfliegen, um hier zu essen. Ein Essen im Fish House ist ein Erlebnis, für das man sich Zeit lassen sollte.

Ausgehen & Nachtleben

Currumbin Beach Vikings SLSC KNEIPE
(07-5534 2932; www.currumbinslsc.com.au; 741 Pacific Pde, Currumbin; 7-22.30 Uhr) Dieser

INSIDERWISSEN

EX-PROFISURFER LUKE EGAN

Die Gold Coast gehört zu den fünf besten Surfgebieten weltweit. Das Einzigartige an der Goldy ist, dass die meisten Wellen auf Sand brechen.

Beste Surfstrände
An den berühmten Surfspots Burleigh Heads, Kirra Beach, Rainbow Bay und Snapper Rocks kann man endlos lange auf den Wellen reiten – daher ist die Gold Coast einfach ein Muss für jeden passionierten Surfer.

Für Anfänger
Die Wellen am Greenmount Point und in Currumbin geben Neulingen genügend Zeit, in aller Ruhe auf die Füße zu kommen und dabei dennoch einen langen Wellenritt zu erleben. Wer an einem dieser beiden Strände das Surfen lernt, hat dafür wohl die beste Location in Australien, wenn nicht weltweit gewählt.

Die beste Erfahrung
Nach einem langen Surftag fühlt man sich komplett „ausgesurft" – ein besseres Gefühl gibt es nicht! Obwohl ich nicht mehr an internationalen Wettbewerben teilnehme, stürze ich mich dennoch jeden Tag so in die Wellen, als ob es mein letzter wäre.

Surferpavillon in toller Lage am Currumbin Beach unter dem zerklüfteten Elephant Rock ist der ideale Ort für ein Nachmittagsbierchen. Das Speiseangebot (Hauptgerichte 20–30 AU$) ist vorhersehbar, doch die Aussicht haut einen von den Socken.

❶ An- & Weiterreise

Premier Motor Service (www.premierms.com.au) verbindet Burleigh Heads mit verschiedenen Orten im Norden und Süden, darunter Byron Bay (ab 29 AU$). Der Regionalbus 702 von Surfside (S. 339), der vom Gold Coast Airport nach Southport fährt und unterwegs oft hält, stoppt auch in Burleigh Heads.

Coolangatta
5200 EW.

Coolangatta, eine bodenständige Küstenstadt an der südlichen Grenze von Queensland, bietet erstklassige Surfstrände (darunter den berühmten Superbank Break) und eine eng verbundene Einwohnerschaft. Jeden Oktober findet der legendäre Rettungsschwimmer-Wettbewerb Coolangatta Gold statt. Der Strandweg führt Richtung Norden um die Landspitze Kirra Point herum zum Vorort Kirra und einem schönen Strand mit anspruchsvoller Brandung.

🏃 Aktivitäten & Geführte Touren

Gold Coast Skydive ABENTEUERSPORT
(☎ 07-5599 1920; www.goldcoastskydive.com.au; 1/78 Musgrave St, Kirra Beach; Tandemsprünge ab 365 AU$) Aus 3660 m Höhe vom Himmel stürzen? Los geht's! Für einige unglaublich, doch für viele ein beliebtes Abenteuer. Die Crew ist der einzige Anbieter von Tandemsprüngen an der Gold Coast.

Tweed Endeavour Cruises BOOTSFAHRT
(☎ 07-5536 8800; www.goldcoastcruising.com; 2-stündige Bootsfahrten Erw./Kind ab 40/20 AU$) Bootstouren vom Krabbenfangen bis hin zu Regenwaldfahrten auf dem Tweed River (ein Mittagessen mit Fleisch und Seafood ist im Preis enthalten).

🛏 Schlafen

Coolangatta YHA HOSTEL $
(☎ 07-5536 7644; www.coolangattayha.com; 230 Coolangatta Rd, Bilinga; B29-34, EZ/DZ/FZ ab 45/68/90 AU$; 📶🏊) Das freundliche YHA-Hostel, das 4 km vom Zentrum des Geschehens entfernt neben dem Flughafen steht, macht diesen Nachteil durch den kostenlosen Transfer nach Coolangatta und durch seine Nähe zum Kirra Beach auf der anderen Seite des Highways wieder wett. Es verleiht auch Surfboards (20 AU$/Tag) und Fahrräder (25 AU$). Das Frühstück kostet 5 AU$.

⭐ La Costa Motel MOTEL $$
(☎ 07-5599 2149; www.lacostamotel.com.au; 127 Golden Four Dr, Bilinga; DZ 150 AU$) Das mintgrüne Schindelhaus am Gold Coast Hwy, eines von wenigen Motels des „Highway Heritage" der 1950er-Jahre, ist außen seinen historischen Wurzeln treu geblieben. Die ge-

pflegten Zimmer sind dagegen modern und mit Miniküchen ausgestattet. Ein hübsches Apartment eignet sich für längere Aufenthalte. Außerhalb der Hochsaison sind die Preise deutlich günstiger.

★ Hotel Komune   HOTEL, HOSTEL $$
(☏ 07-5536 6764; www.komuneresorts.com; 146 Marine Pde, Coolangatta; B ab 35 AU$, Apt. mit ½ Schlafzi. ab 105/145 AU$; 🛜🏊) Dieses Hostel verfolgt einen ganz eigenen Ansatz. Der umgebaute Apartment-Block mit zehn Etagen ist in einem funkigen Beach-Dekor gestaltet, hat einen Poolbereich voller Palmen, bietet eine superrelaxte Atmosphäre und ist der ultimative Surfer-Treff. Es gibt Budget-Mehrbettzimmer, Apartments und ein hippes Penthouse, das für Partys wie geschaffen ist.

In der Bar auf dem Gelände ist so ab 21 Uhr etwas los, freitags bis sonntags gibt's Livemusik.

Nirvana   APARTMENTS $$$
(☏ 07-5506 5555; www.nirvanabythesea.com.au; 1 Douglas St, Kirra; Apt. mit 2/3 Schlafzi. ab 210/380 AU$; 🅿🛜) Der schicke Apartmentturm gegenüber vom Kirra Beach (passt eigentlich besser in die Stadt als an den Strand) ist eine Art Salzwasser-Nirwana mit Meerblick und allen Schikanen (u. a. zwei Swimmingpools, Fitnessraum, Kino-Raum und diverse Salons).

✘ Essen

Burger Lounge   BURGER $
(☏ 07-5599 5762; www.burgerlounge.com.au; Ecke Musgrave St & Douglas St, Kirra; Hauptgerichte 13–17 AU$; ⏲ 11–21 Uhr) Das Restaurant im Erdgeschoss des Nirvana-Apartmentturms (Fast-Food-Nirwana?) bereitet Gästen ein tolles Burgerfest – die Variante mit Huhn, Mango und Chili ist hitverdächtig! Den Durst stillen Krüge mit Sangria und viele gute Bier-, Wein- oder Cocktailsorten.

★ Cafe dbar   MODERN-AUSTRALISCH $$
(☏ 07-5599 2031; www.cafedbar.com.au; 275 Boundary St, Coolangatta; Hauptgerichte 14–26 AU$; ⏲ Mo–Do 11.15–15, Fr–So bis 20 Uhr) Dieses schöne Restaurant steht oberhalb der Klippen von Point Danger am östlichsten Punkt der beiden Bundesstaaten NSW und Queensland und fast am äußersten Punkt der Grenze dazwischen. Es gibt viele fabelhafte Frühstücksgerichte (unsere Lieblingsmahlzeit hier), Salate und Tapas sowie guten Kaffee.

Bread 'n' Butter   TAPAS $$
(☏ 07-5599 4666; www.breadnbutter.com.au; 76 Musgrave St, Coolangatta; Tapas 15–27 AU$, Pizzas 20–25 AU$; ⏲ 17.30 Uhr–open end) Der Balkon mit stimmungsvoller Beleuchtung und relaxter Musik macht diese Bar ideal für Tapas, Holzofen-Pizzas oder Drinks (bzw. Kombinationen daraus). Am Freitag- und Samstagabend legen DJs auf.

Bellakai   MODERN-AUSTRALISCH $$$
(☏ 07-5599 5116; www.facebook.com/bellakai.coolangatta; 82 Marine Pde, Coolangatta; Hauptgerichte 30–37 AU$; ⏲ 5–21.30 Uhr) Ab 5 Uhr (ja, 5 Uhr morgens!) serviert das Bellakai richtig leckeres Essen. Die Karte wechselt saisonal, doch typisch sind Gerichte wie Butterkrebse mit Aubergine und Chili-Marmelade oder frischer Calamari. Teuer, aber nicht versnobt. Der Kaffee ist ebenfalls sehr gut.

ℹ An- & Weiterreise

Greyhound (☏ 1300 473 946; www.greyhound.com.au) fährt von Brisbane nach Coolangatta und noch weiter; die Busse halten in der Warner St (Tickets ab 21 AU$). Busse von **Premier Motor Service** (☏ 13 34 10; www.premierms.com.au) fahren Richtung Norden bis nach Cairns und halten in der Wharf St.

Gold Coast Hinterland

Wer die Wellen, Sandstrände und halbnackten Körper der Gold Coast landeinwärts hinter sich lässt, fühlt sich in den dicht bewaldeten Bergen der McPherson Range wie in einer anderen Welt. Hier liegen ein paar herrliche Nationalparks mit subtropischem Dschungel, Wasserfällen, Aussichtspunkten und wilden Tieren. Der Springbrook National Park mit kühler Luft und dichten Wäldern soll der feuchteste Ort im Südosten Queenslands sein. Vogelbeobachter schätzen den Lamington National Park. Kunsthandwerks- und Hüttenfans zieht es am Wochenende zum kitschigen Tamborine Mountain.

👉 Geführte Touren

Bushwacker Ecotours   ÖKOTOUR
(☏ 07-3848 8806, 1300 559 355; www.bushwacker-ecotours.com.au; geführte Touren Erw./Kind ab 129/99 AU$) Ökotouren ins Hinterland mit Regenwaldwanderungen im Springbrook National Park und seiner Umgebung. Sie starten an der Gold Coast oder in Brisbane.

ABSTECHER

LAMINGTON NATIONAL PARK

Australiens größtes verbleibendes Gebiet subtropischen Regenwaldes bedeckt die tiefen Täler und steilen Klippen der McPherson Range, die auf dem Lamington Plateau eine Höhe von 1100 m erreicht. Hier befindet sich der 200 km² große **Lamington National Park** (www.nprsr.qld.gov.au/parks/lamington), eine UNESCO-Welterbestätte mit mehr als 160 km Wanderwegen.

Die Gebiete **Binna Burra** und **Green Mountains** sind am leichtesten zugänglich: Von Canungra aus geht's jeweils über lange, schmale Kurvenstraßen dorthin (schwierig für große Wohnmobile). Binna Burra ist auch ab Nerang erreichbar.

Die **Bushwalking-Routen** des Parks reichen von kurzen Wanderwegen bis zu mehrtägigen Abenteuer-Touren. Der Gold Coast Hinterland Great Walk für erfahrene Wanderer verbindet den Sektor Green Mountains mit dem Springbrook Plateau (3 Tage, 54 km). Ebenfalls sehr beliebt: Der Tree Top Canopy Walk (Green Mountains) führt über Hängebrücken aus Planken und Seilen, während der Border Track (21 km; Binna Burra–Green Mountains) dem Bergrücken an der Grenze zwischen NSW und Queensland folgt.

Wanderführer gibt's bei den **Rangerstationen** (◎ Mo–Fr 7.30–16, Sa & So 9–15.30 Uhr) von Binna Burra und Green Mountains.

Schlafen

Green Mountains Campground (☎ 13 74 68; www.nprsr.qld.gov.au/parks/lamington/camping.html; Green Mountains; Stellplatz pro Pers./Familie 5,75/23 AU$) Am Ende der Lamington National Park Rd, angrenzend an den Parkplatz für Tagesbesucher, befindet sich ein mehrstufiger Nationalpark-Campingplatz mit vielen Stellplätzen für Zelte und Wohnmobile (und einem Sanitärblock mit Duschen). Man sollte vorher buchen.

Binna Burra Mountain Lodge (☎ 1300 246 622, 07-5533 3622; www.binnaburralodge.com.au; 1069 Binna Burra Rd, Beechmont; Stellplatz ohne/mit Strom 28/35 AU$, DZ inkl. Frühstück mit/ohne Bad 300/190 AU$) Diese tolle Unterkunft kommt einer Skihütte im Busch recht nahe. Übernachten kann man in diesem stimmungsvollen Bergrefugium in rustikalen Holzhütten, grandiosen Apartments (Sky Lodges) oder umgeben von Wald im Zelt. Das zentrale Restaurant serviert ein Abendbüffet (45 AU$) und Frühstück (28 AU$).

Am Campingplatz steht auch ein Teehaus im Caféstil (Hauptgerichte 14–18 AU$), das von 10 bis 16 Uhr geöffnet ist. Für die Gäste der Hütten und Lodges sind geführte Wanderungen und Aktivitäten im Preis enthalten.

O'Reilly's Rainforest Retreat (☎ 1800 688 722, 07-5502 4911; www.oreillys.com.au; Lamington National Park Rd, Green Mountains; Zi. ab 179, Villa mit ½ Schlafzi. ab 330/360 AU$; @ 🛜 ⛱) Die berühmte, 1926 erbaute Pension hat ihre ursprüngliche Grandeur eingebüßt, doch ihr rustikaler Charme und die sensationelle Aussicht blieben erhalten. Die neueren Luxusvillen und Doppelzimmer sorgen für ein moderneres Ambiente. Es werden viele organisierte Aktivitäten angeboten, außerdem gibt's einen Schönheitssalon, ein Café, eine Bar und ein Restaurant (Hauptgerichte 26–40 AU$), das zum Frühstück, Mittagessen und Abendessen geöffnet ist.

JPT Tour Group GEFÜHRTE TOUR
(☎ 07-56301602; www.daytours.com.au; geführte Touren Erw./Kind ab 102/63 AU$) Verschiedene Tagestouren von Brisbane oder der Gold Coast aus, z. B. über den Tamborine Mountain zum Lamington National Park oder zu den nächtlichen Glühwürmchen bei der Natural Bridge.

Mountain Coach Company GEFÜHRTE TOUR
(☎ 1300 762 665, 07-5524 4249; www.mountaincoach.com.au) Dieser Veranstalter besucht den Tamborine Mountain (Erw./Kind 59/49 AU$), den Lamington National Park (Erw./Kind 89/57 AU$) und den Springbrook National Park (Erw./Kind 89/57 AU$) täglich von der Gold Coast aus; von dort aus werden auch reine Shuttles angeboten (Tamborine Mountain Erw./Kind 30/20 AU$, Lamington National Park Erw./Kind 50/40 AU$).

Tamborine Mountain

Diese Gemeinde hoch oben in den Bergen im Regenwald umfasst Eagle Heights, North

Tamborine und Mt. Tamborine und liegt 45 km landeinwärts von den Stränden der Gold Coast. Sie betreibt das Geschäft mit Kunst und Kunsthandwerk, auf „deutsch" gemachten Kitsch, Schokolade, Bonbons und Likör in großem Stil. Wer das liebt, kann im Gallery Walk in Eagle Heights seine Bestände auffüllen.

Ein gute Auswahl an funkigen Cafés und Lokalen findet man in der Main St in North Tamborine, die auch bei den Einheimischen sehr beliebt ist. Etwas weiter weg liegen einige ausgezeichnete Weingüter mit guten Restaurants und schöner Aussicht.

Sehenswertes & Aktivitäten

Tamborine National Park NATIONALPARK
(www.nprsr.qld.au/parks/tamborine) Der älteste Nationalpark Queenslands ist in 13 Abschnitte unterteilt, die sich auf dem 8 km langen Plateau erstrecken und mit Wasserfällen und fantastischem Blick auf die Gold Coast aufwarten. Einfache bis mittelschwere Wanderwege führen zu den Wasserfällen **Witches Falls**, **Curtis Falls**, **Cedar Creek Falls** und **Cameron Falls**. Karten gibt's im Visitor Centre in North Tamborine.

Skywalk WANDERN
(07-5545 2333, 07-5545 2222; www.rainforestskywalk.com.au; 333 Geissman Dr, North Tamborine; Erw./Kind/Familie 19,50/9,50/49 AU$; 9.30–16 Uhr) 30 m über dem Erdboden verläuft dieser Weg durch die Baumkronen des Regenwaldes. Danach führt er wieder auf die Erde und weiter zum Cedar Creek. Von einem alles überragenden Aussichtspunkt bietet sich aus großer Höhe eine tolle – und leicht schwankende – Aussicht. Unterwegs sollte man nach den seltenen Richmond-Birdwing-Schmetterlingen Ausschau halten.

Schlafen & Essen

Songbirds Rainforest Retreat HOTEL $$$
(07-5545 2563; www.songbirds.com.au; Lot 10, Tamborine Mountain Rd, North Tamborine; Villas ab 298 AU$) Die mit Abstand eleganteste Unterkunft auf dem Berg. Jede der sechs sehr noblen, von Südostasien inspirierten Villen hat zwei Wellness-Badewannen mit Blick auf den Regenwald. Es lohnt sich, das preisgekrönte Restaurant in der Anlage zu einem ausgedehntem Mittagessen zu besuchen.

St. Bernards Hotel KNEIPE $$
(07-5545 1177; www.stbernardshotel.com; 101 Alpine Tce, Mt. Tamborine; Hauptgerichte 22–39 AU$; 10–24 Uhr) Eine alte Bergkneipe aus Holz mit einer großen Terrasse und weitem Blick. Es gibt akzeptable Kneipengerichte wie Fish & Chips oder Hähnchen „Parmigiana". Eine leckere einheimische Alternative ist das Hähnchenfilet mit Macadamianüssen (29,90 AU$).

**Mason Winery
Eden Restaurant** MODERN-AUSTRALISCH $$
(07-5545 2000; www.masonwines.com.au; 32 Hartley Rd, North Tamborine; Hauptgerichte 15–30 AU$; 11–15 Uhr) Das Mason Wines, eines der neueren Restaurants in Tamborine, bietet täglich kostenlose Weinverkostungen an. Es ist ein schöner Ort für ein gemütliches Mittagessen, besonders wenn man einen Platz auf der überdachten Veranda mit Blick auf den üppigen Garten bekommt. Die Fleisch- und Seafood-Platten sind zwar für zwei Personen, doch auch wer allein isst, kann unter tollen Gerichten wählen, z. B. das in Panko panierte Wittling-Filet von der Gold Coast oder supergesunde Salate mit frischen regionalen Zutaten. Alle Gerichte sind wunderbar angerichtet.

Praktische Informationen

Tamborine Mountain Visitor Information Centre (07-5545 3200; www.tamborinemtncc.org.au; Doughty Park, Main Western Rd, North Tamborine; 10–16 Uhr;) Viele Infos zum Tamborine National Park.

Springbrook National Park

Rund 40 Autominuten westlich von Burleigh Heads erhebt sich mit dem **Springbrook National Park** (www.nprsr.qld.gov.au/parks/springbrook) ein steiler Überrest des riesigen Tweed-Schildvulkans, dessen Zentrum vor über 20 Mio. Jahren der heutige Mt. Warning in NSW war. Großartige Pfade führen hier durch gemäßigte, subtropische und Eukalyptuswälder. Auch Schluchten, Felsen und Wasserfälle machen das Gebiet zum Paradies für Wanderer.

Der Park ist in vier Bereiche unterteilt. Im über 1000 m hoch gelegenen Bereich **Springbrook Plateau**, der die meisten Besucher anzieht, befindet sich an der Springbrook Rd die Gemeinde Springbrook. Das Gebiet ist mit Wasserfällen, Wanderwegen und atemberaubenden Aussichten gespickt. Der malerische Bereich mit der **Natural Bridge** erstreckt sich abseits der Straße von Nerang nach Murwillumbah. Er ist zu Fuß auf einem Rundweg (1 km) erkundbar, der zu einem mächtigen Felsbogen führt. In der vom Wasser ausgespülten Höhle darunter lebt eine leuchtende Glühwürmchen-Kolonie. Der Bereich **Mt. Cougal** ist über die Currumbin Creek Rd zugänglich. Hier gibt's mehrere Wasserfälle und Schwimmlöcher (Vorsicht vor versunkenem Totholz und rutschigen Felsen!). Im Norden liegt der vierte, dicht bewaldete Parkbereich namens **Numinbah.**

◉ Sehenswertes

Best of All Lookout
AUSSICHTSPUNKT

(Repeater Station Rd) Der Best of All Lookout macht seinem Namen alle Ehre und bietet eine phänomenale Aussicht vom Südrand des Springbrook Plateau auf das Tiefland darunter. Der 350 m lange Weg vom Parkplatz zum Aussichtspunkt führt vorbei an einer Gruppe knorriger Antarktischer Buchen, die nur in der Region Scenic Rim wachsen.

Purling Brook Falls
WASSERFALL

(Forestry Rd) Gleich abseits der Springbrook Rd fallen die gefächerten Purling Brook Falls erstaunliche 109 m in den Regenwald; den schönsten Blick hat man vom Aussichtspunkt (nichts für Leute mit Höhenangst).

Canyon Lookout
AUSSICHTSPUNKT

(Canyon Pde) Der Canyon Lookout bietet eine Aussicht über das zerklüftete Tal bis hinüber nach Surfers Paradise. Hier beginnt auch der 4 km lange Rundweg zu den **Twin Falls**. Er ist Teil des längsten Wanderweges des Nationalparks, des 17 km langen Rundwegs **Warrie Circuit**.

Goomoolahra Falls
WASSERFALL

(Springbrook Rd) Am Ende der Springbrook Rd befindet sich neben den 60 m hohen Goomoolahra Falls ein toller Aussichtspunkt, von dem der Blick über das Plateau und den ganzen Weg bis zur Küste reicht. An einem Bach gibt's auch einen Picknickplatz.

🛏 Schlafen & Essen

Settlement Campground
CAMPING $

(☎ 13 74 68; www.nprsr.qld.gov.au/parks/springbrook/camping.html; 52 Carricks Rd; pro Pers./Familie 5,50/22 AU$) In diesem hübschen, gepflegten Campingplatz (dem einzigen im Springbrook National Park) gibt es elf Rasenstellplätze, Toiletten und einen Grillplatz. Man sollte im Voraus buchen. Der Gold Coast Hinterland Great Walk führt hier vorbei.

Dancing Waters Café
CAFÉ $

(☎ 07-5533 5335; www.dancingwaterscafe.com; 33 Forestry Rd; Gerichte 6–13 AU$; ⊙ 10.30–16.30 Uhr) Das freundliche Café neben dem Parkplatz für die Purling Brook Falls serviert gesunde Salate und leichte Mahlzeiten (fabelhafte getoastete Hühnchen-Sandwiches und hausmachte Scones). Im Winter gibt's ein offenes Feuer, im Sommer eine sonnige Terrasse.

❶ Praktische Informationen

Visitor Information Centre (Springbrook Rd; ⊙ 10–14 Uhr) Dieses freundliche Besucherzentrum hat Karten, Broschüren und Infos und vermittelt Unterkünfte.

Noosa & Sunshine Coast

Inhalt ➡

Noosa 355
Glass House
Mountains 360
Caloundra 361
Mooloolaba &
Maroochydore 362
Peregian Beach &
Sunshine Beach 364
Cooloola Coast 365

Gut essen

➡ Little Humid (S. 358)

➡ Spice Bar (S. 363)

➡ Mooloolah River Fisheries (S. 363)

Schön übernachten

➡ YHA Halse Lodge (S. 357)

➡ Glass House Mountains Ecolodge (S. 360)

➡ Boreen Point Camping Ground (S. 366)

Auf nach Noosa & zur Sunshine Coast!

Die Sunshine Coast – die 100 goldenen Kilometer von der Spitze von Bribie Island bis zur Cooloola Coast – lockt mit schimmernden Küsten, tollen Surfspots und einer entspannten, freundlichen Bevölkerung. Das stilvolle Noosa prunkt mit eleganten Restaurants und Resorts, während Mooloolaba mit seinem beliebten Strand und Freiluftcafés bei urlaubenden australischen Familien Trumpf ist.

Aber auch das Hinterland hat seine Juwelen. Die Glass House Mountains bieten zauberhafte Wanderungen. Autofahrer erreichen leicht die Aussichtspunkte, die eine herrliche Aussicht über die Region versprechen. Weiter nördlich ändert sich am Blackall Range die Landschaft, die nun von Wäldern, Weiden und idyllischen Dörfern geprägt ist. Auch das Hinterland besitzt eine wachsende kulinarische Szene; es gibt eine ganze Reihe ausgezeichneter Restaurants. In der Region liegt schließlich auch noch der berühmte Australia Zoo.

Reisezeit

Noosa

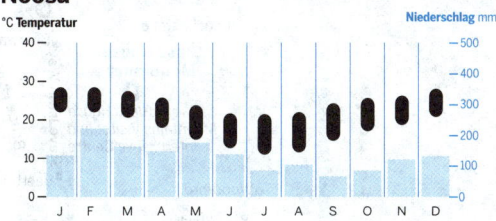

Mai Kulinarische Gelüste werden beim Noosa International Food & Wine Festival befriedigt.

Aug. Nach den Ferien sind weniger Menschen hier, es ist warm und am Strand ist kaum etwas los.

Sept. Noosas Straßen sind beim viertägigen Noosa Jazz Festival voller Musik.

Highlights

1. Auf dem Küstenweg im **Noosa National Park** (S. 355) wandern

2. In einem der schicken **Restaurants** (S. 358) von Noosa Strandkost für Feinschmecker probieren

3. Das Strandleben in **Mooloolaba** (S. 362) genießen

4. Den Ausblick auf (und von) den **Glass House Mountains** (S. 360) bewundern

5. Mit dem Kanu durch die **Noosa Everglades** (S. 355) fahren und den **Great Sandy National Park** (Cooloola; S. 366) erkunden

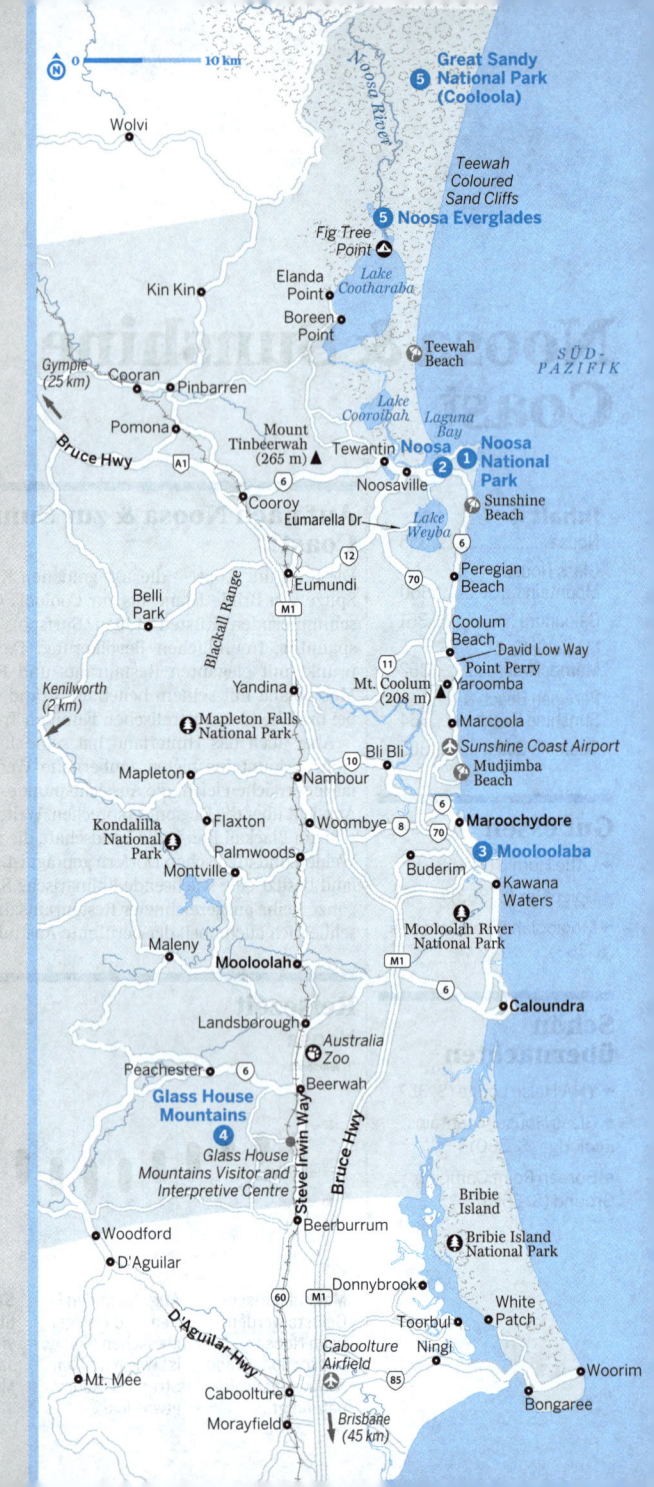

🛈 Anreise & Unterwegs vor Ort

BUS
Greyhound Australia (📞1300 473 946; www.greyhound.com.au) fährt mehrmals täglich von Brisbane nach Caloundra (ab 11 AU$, 2 Std.), Maroochydore (21 AU$, 2 Std.) und Noosa (28 AU$, 2½ Std.). Auch **Premier Motor Service** (📞13 34 10; www.premierms.com.au) bedient Maroochydore (23 AU$, 1½ Std.) und Noosa (23 AU$, 2½ Std.) von Brisbane aus.

Mehrere Unternehmen bieten einen Transfer vom Sunshine Coast Airport oder von Brisbane zu Punkten längs der Küste. Der Preis ab Brisbane liegt zwischen 40 und 50 AU$ und vom Sunshine Coast Airport zwischen ca. 25 und 35 AU$. Kinder zahlen etwa die Hälfte.

Con-X-ion (📞07-5450 5933; www.con-x-ion.com) Flughafentransfer vom Sunshine Coast und Brisbane Airport.

Henry's (📞07-5474 0199; www.henrys.com.au) Tür-zu-Tür Service vom Sunshine Coast Airport nordwärts bis nach Noosa Heads oder Tewantin.

Sunbus (📞13 12 30; www.sunbus.com.au) Dieser TransLink-Nahverkehrsbus pendelt zwischen Caloundra und Noosa und von Noosa über Eumundi zum Bahnhof in Nambour (10,50 AU$, 1 Std.).

FLUGZEUG
Der **Sunshine Coast Airport** (📞07-5453 1500; www.sunshinecoastairport.com; Friendship Ave, Marcoola) bei Mudjimba liegt 10 km nördlich von Maroochydore und 26 km südlich von Noosa. **Jetstar** (📞13 15 38; www.jetstar.com.au) und **Virgin Australia** (📞13 67 89; www.virginaustralia.com) steuern ihn täglich von Sydney oder Melbourne aus an.

Noosa

14 000 EW.

Noosa ist ein schicker Ferienort mit einer hinreißenden Landschaft aus kristallklaren Stränden und tropischem Regenwald. Designerboutiquen und smarte Restaurants locken ein elegantes Strandpublikum an, aber Strand und Busch sind immer noch kostenlos, daher teilen sich die Modebewussten das Gelände mit gebräunten Bikini-Schönheiten und Leuten in Shorts und Badelatschen.

An langen Wochenenden und während der Schulferien staut sich der Verkehr in der geschäftigen Hastings St, in der übrigen Zeit geht es entspannt(er) zu.

Noosa umfasst drei Hauptzonen: Noosa Heads (rund um Laguna Bay und die Hastings St), Noosaville (am Noosa River) und Noosa Junction (das Verwaltungszentrum).

👁 Sehenswertes

Noosa National Park   NATIONALPARK
(www.noosanationalpark.com) Eines der reizvollsten Gebiete in Noosa ist dieser hübsche Park auf der Landzunge mit schönen Wegen, einer tollen Küstenlandschaft und Buchten mit erstklassigen Wellen. Der malerischste Zugang zum Nationalpark ist der Plankenweg, der vom Ort die Küste entlang führt.

Koalas lassen sich oft in den Bäumen nahe der Tea Tree Bay beobachten. Delfine sieht man häufig von den Klippen rund um die Alexandria Bay, einen inoffiziellen FKK-Strand an der Ostseite. Wanderkarten gibt's am Parkeingang im **Noosa National Park Information Centre** (📞07-5447 3522; ⏱9.15–16.45 Uhr).

Laguna Lookout   AUSSICHTSPUNKT
Für einen Ausblick auf Noosas schönen Nationalpark kann man zum Laguna Lookout (300 m vom Viewland Dr) von der Noosa Junction aus hinaufgehen oder -fahren.

Everglades   NATIONALPARK
Der Abschnitt des Noosa River, der in den Great Sandy National Park (S. 366) hineinführt, wird poetisch „Fluss der Spiegel" oder auch Everglades genannt. Hier kann man prima Kajakfahren und auf einem der vielen Campingplätze im Nationalpark zelten.

🏃 Aktivitäten

Surfen & Wassersport
Mit einer Kette von Brechern rund um einen unberührten Nationalpark ist Noosa ein prima Ort zum Surfen; die Wellen sind im Dezember und Januar am besten. Bei Sunshine Corner am Nordende des Sunshine Beach gibt's das ganze Jahr tolle Brecher, aber auch eine wüste Müllhalde. Die Point Breaks rund um die Landspitze gibt's nur im Sommer, dann darf man aber auch tolle Bedingungen und gute Wasserwälle bei Boiling Point und Tea Tree an der Nordküste der Landspitze erwarten. Sanftere Wellen brechen bei Noosa Spit am äußersten Ende der Hastings St, wo die meisten Surfschulen trainieren.

Die Bedingungen für Kitesurfer an der Flussmündung und am Lake Weyba sind am besten zwischen Oktober und Januar, und an windigen Tagen ist der Noosa River eine Spielwiese für echte Wagehälse.

Merrick's Learn to Surf   SURFEN
(📞0418 787 577; www.learntosurf.com.au; Beach Access 14, Noosa Main Beach; 2-std. Kurs 60 AU$; ⏱9 & 13.30 Uhr) Veranstaltet ein-, drei- und fünftägige Surfkurse.

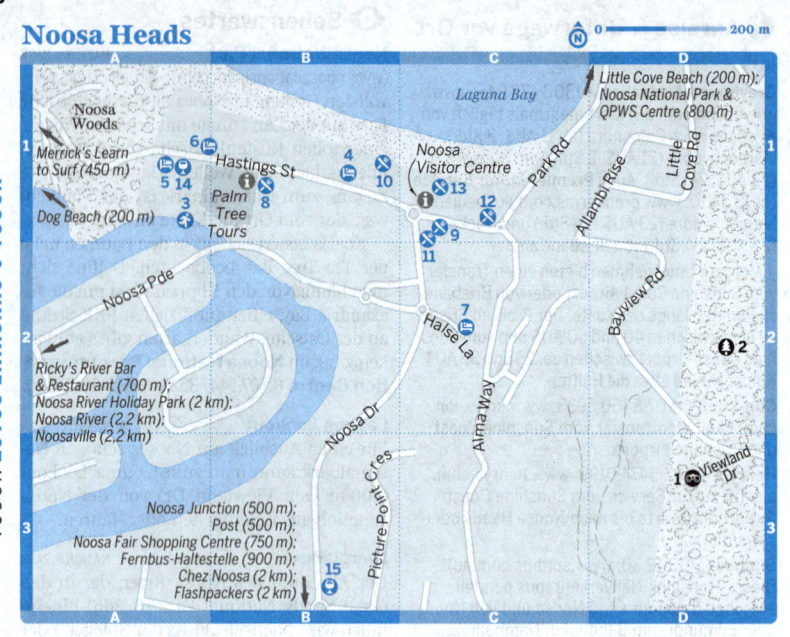

Noosa Heads

⊙ Sehenswertes
- 1 Laguna Lookout D3
- 2 Noosa National Park D2

✚ Aktivitäten, Kurse & Touren
- 3 Noosa Ferry A1

🛏 Schlafen
- 4 Accom Noosa B1
- 5 Hotel Laguna A1
- 6 Seahaven Noosa A1
- 7 YHA Halse Lodge C2

✖ Essen
- 8 Bay Village Shopping Centre Food Court B1
- 9 Berardo's C1
- 10 Bistro C B1
- 11 Gaston C1
- 12 Massimo's C1
- 13 Noosa Heads SLSC C1

◉ Ausgehen & Nachtleben
- 14 Miss Moneypenny's A1
- 15 Reef Hotel B3

Adventure Sports Noosa KITESURFEN
(☏ 07-5455 6677; www.kitesurfaustralia.com.au; 203 Gympie Tce, Noosaville; Kitesurfen 2½-std. Kurs 275 AU$) Veranstaltet Unterricht im Kitesurfen und vermietet Kajaks (35 AU$/halber Tag), Fahrräder (2 Std./Tag 19/25 AU$) sowie Stehpaddelbretter (2 Std./Tag 19/25 AU$).

Noosa Stand Up Paddle WASSERSPORT
(☏ 0423 869 962; www.noosastanduppaddle.com.au; Kurs 55 AU$; ⊙ Kurse 9, 11, 13 & 15 Uhr) Stehpaddelunterricht.

Kanu- & Kajakfahren
Der Noosa River eignet sich ausgezeichnet zum Kanufahren; man kann seinem Lauf durch den Lake Cooroibah, den Lake Cootharaba und durch den Cooloola-Abschnitt des Great Sandy National Park folgen.

Noosa Ocean Kayak Tours KAJAKFAHREN
(☏ 0418 787 577; www.noosakayaktours.com; 2-std. Tour 70 AU$, Kajakverleih 60 AU$/Tag) Touren durch den Noosa National Park und auf dem Noosa River.

Abenteueraktivitäten

Bike On Australia MOUNTAINBIKEN
(☏ 07-5474 3322; www.bikeon.com.au; Touren ab 80 AU$, Fahrradverleih 25 AU$/Tag) Veranstaltet diverse Touren, auch selbstgeführte und abenteuerliche Öko-Ausflüge. Die lustige, halbtägige „Tour von der Spitze" – bergab auf einem Mountainbike – kostet 79 AU$. Vermietet auch Straßenräder (30 AU$/Tag).

Bootsfahrten

Noosa Ferry BOOTSFAHRT

(☏07-5449 8442; www.noosaferry.com) Dieser exzellente Fährdienst bietet informative 90-minütige Rundfahrten (20 AU$) zwischen Tewantin und der Sheraton Jetty, zudem eine Öko-Tour (inkl. Wanderung; prima für Vogelbeobachter; 45 AU$/Pers.), eine Dinner-Kreuzfahrt und eine wunderbare, einstündige Fahrt in den Sonnenuntergang (20 AU$/Pers.; alkoholische Getränke können selber mitgebracht werden).

Geführte Touren

Fraser Island Adventure Tours ABENTEUERTOUR

(☏07-5444 6957; www.fraserislandadventuretours.com.au; Tagestour ab 145 AU$) Die beliebten Tagestouren zum Eli Creek, dem Wrack der *Maheno* und dem Lake McKenzie sind so intensiv wie eine zweitägige Tour.

Discovery Group GELÄNDEWAGENTOUR

(☏07-5449 0393; www.thediscoverygroup.com.au; Jetty 186, Gympie Tce, Noosaville; Tagestour Erw./Kind 175/120 AU$) Mit einem geländegängigen Truck besucht man bei dieser wundervollen Tour Fraser Island. Angeboten werden auch Trips durch die Everglades (S. 355).

Feste & Events

Noosa International Food & Wine Festival ESSEN, WEIN

(www.noosafoodandwine.com.au) Die dreitägige Hommage an kulinarische Freuden findet alljährlich im Mai statt.

Noosa Long Weekend ESSEN, MODE

(www.noosalongweekend.com) Zehntägiges Festival der Kunst, Kultur, Gastronomie und Mode im Juni/Juli.

Noosa Jazz Festival JAZZ

(www.noosajazz.com.au) Bei dem viertägigen Event Anfang September gibt's an verschiedenen Orten rund um den Ort Jazz unterschiedlicher Stilrichtungen.

Schlafen

Die Preise können in der Spitzensaison um 50 bis 100 % steigen. Dann muss man in den meisten Unterkünften zumindest zwei oder drei Übernachtungen buchen.

Eine ausführliche Liste zu Ferienwohnungen für kurze Aufenthalte gibt's im Noosa Visitor Centre (S. 359) und bei **Accom Noosa** (☏07-5447 3444; www.accomnoosa.com.au; Shop 5/41 Hastings St, Noosa Heads).

★YHA Halse Lodge HOSTEL $

(☏07-5447 3377; www.halselodge.com.au; 2 Halse Lane, Noosa Heads; B 32 AU$, DZ 96 AU$; @🛜) Das prächtige Queenslander-Holzhaus aus der Kolonialzeit ist ein legendärer Halt auf dem Backpacker-Trail und lohnt das Erklimmen der steilen Auffahrt. Es gibt Schlafsäle mit drei und sechs Betten, Doppelzimmer und eine hübsche, breite Veranda. Die Bar ist prima, um Leute kennenzulernen, und serviert tolle Mahlzeiten (10–15 AU$). Das Haus liegt nahe dem Geschehen am Main Beach.

Noosa River Holiday Park WOHNMOBILPARK $

(☏07-5449 7050; www.noosaholidayparks.com.au; 4 Russell St, Noosaville; Stellplätze ohne/mit Strom 36/44 AU$; 🛜) Diese Anlage auf einem hübschen Gelände an den Ufern des Noosa ist der Noosa am nächsten gelegene Campingplatz. Achtung: Die Platzregeln und Vorschriften werden hier sehr ernst genommen!

Hotel Laguna APARTMENTS $$

(www.hotellaguna.com.au; 6 Hastings St, Noosa Heads; 1-Raum-Apt./Suite ab 155/210 AU$; ❄🛜♨) Die Anlage mit separaten Apartments und kleineren Einraumwohnungen hat in dieser Preiskategorie mit das beste Preis-Leistungs-Verhältnis in der Region und liegt praktischerweise eingekeilt zwischen dem Fluss und der Hastings St. Da alle Apartments verschiedene private Besitzer haben, sind sie auch individuell dekoriert, aber alle sind sauber und smart. Die Lage ist das besondere Plus: In Nullkommanichts ist man am Strand oder in einem tollen Café.

Coral Beach Noosa Resort APARTMENTS $$

(☏07-5449 7777; www.coralbeach.com.au; 12 Robert St, Noosaville; Apt. mit 2 Betten ab 185 AU$; P❄🛜♨) Die geräumigen und luftigen Doppelstockapartments gehören zu Noosas Unterkünften mit dem besten Preis-Leistungs-Verhältnis. Sie sind individuell eingerichtet und haben jeweils einen kleinen Balkon und ihre eigene Rasenfläche. Die Anlage ist besonders bei Familien beliebt, denn Kinder können im Pool planschen und ihre Späße treiben. Das Management ist ausgesprochen hilfsbereit, und man ist schnell bei der Action am Flussufer, in der grünen Umgebung oder an einem von mehreren Pools.

Noosa Sun Motel APARTMENTS $$

(☏07-5474 0477; www.noosasunmotel.com.au; 131 Gympie Tce, Noosaville; Zi. 115–240 AU$; ❄@🛜♨) Die Anlage wirkt von außen langweilig, aber überrascht drinnen mit modernen, großen und stilvollen Apartments mit Einbauküchen und kostenlosem WLAN. Die teureren Wohneinheiten haben Blick aufs Wasser, die billigeren auf den Garten. Die Anlage liegt in Gehweite vieler Restaurants und Läden.

Seahaven Noosa APARTMENTS $$$
(seahavennoosa.com.au; 15 Hastings St, Noosa Heads; 1-Raum-Apt. ab 199 AU$, Apt. ab 490 AU$) Diese Strandanlage hat den „Wow"-Faktor: smarte, topmoderne Inneneinrichtung, elektrische Jalousien und schicke Einbauküchen. Die Apartments mit Blick auf den Strand sind hell und geräumig und ideal für Ferientage, die nur aus Baden, Lesen und Schlafen bestehen. Die Einraum-Apartments an der Hastings St sind etwas beengt und für das, was sie bieten, ziemlich teuer.

✖ Essen

Noosa ist stolz, ein Ziel für Gourmets zu sein; von feinen Restaurants bis zu Strandimbissen gibt's hier überall globale und regionale Spezialitäten. In Noosa Heads sammeln sich die Restaurants in der Hastings St; in Noosaville ist der Streifen an der Thomas St und der Gympie Tce die richtige Adresse.

Eine Auswahl an billigeren Imbisstheken und zwanglosen Speiselokalen findet man im **Bay Village Shopping Centre Food Court** (Hastings St, Noosa Heads; Hauptgerichte 12 AU$). Selbstversorger können im **Noosa Fair Shopping Centre** (Lanyana Way, Noosa Junction) in Noosa Junction einkaufen.

Burger Bar BURGER $
(07-5474 4189; theburgerbar.com.au; 4 Thomas St, Noosaville; Burger 11–15 AU$; ⊙11–20 Uhr;) Dieser zwanglose und skurrile Laden serviert hormonfreie, vegetarische und Burger mit eigenwilligen Füllungen. Besonders lecker sind die Lamm-Burger (vor allem „Top Bun" mit Brie, Zitronen-Krautsalat und Piccalilli-Sauce; 14 AU$).

Massimo's GELATERIA $
(75 Hastings St, Noosa Heads; Eis 2–6 AU$; ⊙10–21.30 Uhr) Mit einer riesigen Auswahl an Geschmacksrichtungen und einer treuen Kundschaft, die die natürlichen Zutaten der Eiscreme zu schätzen wissen, gehört diese Gelateria zu den besten in Queensland.

★ Little Humid MODERN-AUSTRALISCH $$
(07-5449 9755; www.humid.com.au; 2/235 Gympie Tce, Noosaville; Hauptgerichte ab 25 AU$; ⊙Mi–So 12–14, Di–So auch ab 18 Uhr) Feines Speisen ohne prätentiöses Getue: Das sehr beliebte Lokal ist nach Meinung von Einheimischen eines der besten vor Ort. Mit leckeren Bissen wie erstklassigen Filetsteaks, zartem Schweinebauch und einer großen Auswahl kreativer vegetarischer Gerichte wird das Restaurant seinem Ruf gerecht. Reservieren!

★ Gaston MODERN-AUSTRALISCH $$
(facebook.com/gastonnoosa; 5/50 Hastings St, Noosa Heads; Hauptgerichte 25–36 AU$; ⊙7 Uhr–Open End) Das unprätentiöse Gaston nimmt es mit den besten Restaurants auf und ist hervorragend geeignet, die Reichen und Schönen zu beobachten. Man kann sich die vorbeiziehende Parade bei den Mittagsmenüs mit tollem Preis-Leistungs-Verhältnis (Hauptgericht und ein Getränk 20 AU$) oder bei den Dinner-Sonderangeboten (2 Hauptgerichte & 1 Flasche Wein 55 AU$) ansehen, die in ruhigeren Zeiten angeboten werden.

Bistro C MODERN-AUSTRALISCH $$
(07-5447 2855; bistroc.com.au; Hastings St, On the Beach Resort, Noosa Heads; Hauptgerichte 19–40 AU$; ⊙7.30–23.30 Uhr) Dieses ansprechende Lokal hat lange Öffnungszeiten und ist bei seiner Lage am Strand ideal, um sich hier vom Kaffee bis zum Cocktail zu entspannen. Der Brunch bietet das beste Preis-Leistungs-Verhältnis (zu empfehlen ist der Blechkuchen mit Mais und Schnittlauch, 22 AU$). Abends ist die Atmosphäre besser als die Küche, aber die Bar macht Spaß. Nachmittags sind auch Tapas im Angebot.

Noosa Heads SLSC INTERNATIONAL $$
(07-5474 9788; www.noosasurfclub.com.au; 69 Hastings St, Noosa Heads; Hauptgerichte 16,50–31 AU$; ⊙8 Uhr–open end) Dank der idealen Strandsicht kann man hier gemütlich sein Bier trinken und ordentliche (wenn auch teure) Kneipenkost mampfen. Dabei gibt's alles vom „Ironman"-Frühstück (d.h. Eier mit Speck und vielen Beilagen) bis zu Fish & Chips sowie Burgern mittags und abends.

Berardo's MODERN-AUSTRALISCH $$$
(07-5447 5666; berardos.com.au; 52 Hastings St, Noosa Heads; Hauptgerichte 30–42 AU$; ⊙ab 18 Uhr) Das Restaurant ist eines der bekanntesten in Noosa und ein kulinarisches Paradies. Das Essen ist so elegant wie das Ambiente (sonnenverwöhnter Schick in Weiß mit Klaviermusik). Die Zutaten stammen meist aus der Region, hinzu kommt Raffiniertes wie Saucen aus grüner Mango und Zuckerrohr.

Ricky's River Bar & Restaurant MODERN-AUSTRALISCH $$$
(07-5447 2455; rickys.com.au; Noosa Wharf, 2 Quamby Pl, Noosa Heads; Hauptgerichte 30–

ABSTECHER

DIE BERÜHMTEN EUMUNDI MARKETS

Das niedliche kleine Eumundi ist ein idyllisches Hochlanddorf mit einem skurrilen New-Age-Flair, das sich an den berühmten Markttagen mächtig verstärkt. Das historische Straßenbild mit seinen Feigenbäumen verschmilzt gut mit den modernen Cafés, den künstlerischen Boutiquen und dem Kunsthandwerkervölkchen. Die meisten Besucher kommen wegen der **Eumundi Markets** (www.eumundimarkets.com.au; 80 Memorial Dr; Mi 8–13.30, Sa 7–14 Uhr) hierher, wo an mehr als 600 Ständen alles von handgearbeiteten Möbeln und Schmuck bis hin zu selbstgeschneiderter Kleidung und alternativen Heilmethoden angeboten wird. Nachdem man sein Portemonnaie kräftig erleichtert hat, holt man sich einen Bissen im **Bohemian Bungalow** (07-5442 8679; www.bohemianbungalow.com.au; 69 Memorial Dr; Hauptgerichte mittags 13–28 AU$, abends 26–34 AU$; Mi, Sa & So morgens, Mi & So mittags, Do–Sa abends), einem der besten Restaurants im Ort.

Wen es nach Spitzenküche verlangt, für den ist das **Spirit House** (07-5446 8977; www.spirithouse.com.au; 20 Nindery Rd, Yandina; Teller zum Teilen 12–53 AU$; tgl. mittags, Mi-Sa abends) in Yandina, 11 km südlich von Eumundi, der ideale Ort, um einen Nachmittag mit tollen Gerichten in einem subtropischen, südostasiatischen Ambiente zuzubringen.

Sunbus (13 12 30; www.sunbus.com.au) fährt stündlich von Noosa Heads (4,50 AU$, 45 Min.) und Nambour (5,90 AU$, 40 Min.) nach Eumundi. Eine Reihe von Veranstaltern bieten mittwochs und samstags Touren zu den Eumundi Markets.

---

40 AU$; 12 Uhr–open end) Das elegante Restaurant in perfekter Lage am Noosa River in Noosa Sound ist bei den örtlichen Geschäftsleuten für ein langes Mittagessen beliebt. Es hat schlichte, aber gut ausgeführte Gerichte wie z. B. Noosa-Spannerkrabben-Spaghettini, bei denen örtliche Produkte im Vordergrund stehen. Das Tapas-Angebot ist besonders verführerisch, und es gibt hier auch eine ausgezeichnete Weinkarte.

Ausgehen & Nachtleben

Miss Moneypenny's BAR
(07-5474 9999; missmoneypennys.com.au; 6 Hastings St, Noosa Heads; 7.30 Uhr–open end) Die Bar erklärt, sie wolle „Sydney nach Noosa Heads bringen", und tatsächlich bietet sie smartes City-Dekor, eine schicke Bestuhlung und Stimmungsbeleuchtung (wenn auch keine Spur von 007). Hier gibt's viele Cocktails, von traditionellen (natürlich geschüttelt, nicht gerührt) bis zu experimentellen, sowie Gerichte an der Bar und von der Karte.

Noosa Yacht Club BAR
(Gympie Tce, Noosaville; Mo-Sa 10 Uhr–Open End, So ab 8 Uhr) Hier gibt's alles, was man von einem Jachtclub erwartet: billiger Grog, Blick aufs Wasser und gesellige Seeleute.

Reef Hotel PUB
(07-5430 7500; noosareef.com.au; 19 Noosa Dr, Noosa Junction; So–Do 11–24, Fr & Sa bis 3 Uhr) Der Pub ist zwar in Sachen Deko ziemlich langweilig, aber Livemusik und kaltes Bier machen das wieder wett.

ℹ Praktische Informationen

Noosa Visitor Centre (07-5430 5000; www.visitnoosa.com.au; 61 Hastings St, Noosa Heads; 9–17 Uhr) Hilfreiche Infos über Noosa und die Umgebung.

Palm Tree Tours (07-5474 9166; www.palmtreetours.com.au; Bay Village Shopping Centre, Hastings St, Noosa Heads; 9–17 Uhr) Sehr hilfsbereite, lange existierende Tour-Agentur. Bucht Touren, Unterkünfte und Bustickets.

Post (91 Noosa Dr, Noosa Junction)

ℹ An- & Weiterreise

Die Fernverkehrsbusse halten im **Noosa Transit Centre** (Sunshine Beach Rd) in Noosa Junction. **Greyhound Australia** (1300 473 946; www.greyhound.com.au) hat mehrmals täglich Busse nach Brisbane (28 AU$, 2½ Std.), **Premier Motor Service** (13 34 10; www.premierms.com.au) einen (23 AU$, 2½ Std.).

Die meisten Hostels holen Gäste kostenlos ab.

Sunbus (Translink; 13 12 30; sunbus.com.au; 8.30–16.30 Uhr) fährt regelmäßig nach Maroochydore (10,50 AU$, 1½ Std.) und zum Bahnhof Nambour (11,20 AU$, 1 Std.).

ℹ Unterwegs vor Ort

AUTO

Alle großen Autovermieter sind in Noosa vertreten; Autos gibt's ab ca. 55 AU$ pro Tag.

Noosa Car Rentals (0429 053 728; www.noosacarrentals.com.au) ist ein guter regionaler Autovermieter; er bringt das Fahrzeug zur Unterkunft.

> **NICHT VERSÄUMEN**
>
> ### DER AUSTRALIA ZOO
>
> Gleich nördlich von Beerwah liegt eine der bekanntesten Attraktionen von Queensland: Der **Australia Zoo** (☏07-5436 2000; www.australiazoo.com.au; Steve Irwin Way, Beerwah; Erw./Kind/Fam. 59/35/172 AU$; ⊙9–17 Uhr) ist eine angemessene Hommage an seinen verstorbenen Gründer, den ulkigen Naturliebhaber Steve Irwin. Neben allerhand Schleimigem und Schuppigem beherbergt er auch tolle Wildtiergehege – darunter den Tiger Temple im kambodschanischen Stil und das berühmte Crocoseum.
>
> Diverse Firmen bieten geführte Touren ab Brisbane und der Sunshine Coast an. Zudem fahren zooeigene Gratis-Busse vom/zum Bahnhof Beerwah (Reservierung erforderlich).
>
> Im Zoo gibt's auch Aras, Raubvögel, Riesenschildkröten, Schlangen, Otter, Kamele sowie unvorstellbar viele Krokodile und Kleintiere zu sehen. Somit sollte für diesen großartigen Tierpark ein ganzer Tag eingeplant werden.

BUS
Sunbus (S. 359) betreibt Nahverkehrsbusse, die Noosa Heads, Noosaville, Noosa Junction und Tewantin verbinden.

FAHRRAD
Bike On Australia (S. 356) verleiht Fahrräder an mehreren Stellen in Noosa, darunter dem Flashpackers (S. 364) am Sunshine Beach. Alternativ kann man sich das Rad zur Unterkunft liefern und von dort abholen lassen (35 AU$, bei einer Buchung von mehr als 100 AU$ Lieferung frei).

SCHIFF/FÄHRE
Noosa Ferry (S. 357) betreibt alle 30 Minuten Fähren zwischen Noosa Heads und Tewantin (Tageskarte Erw./Kind 20/6 AU$).

Glass House Mountains

Die Vulkanpfropfen der Glass House Mountains erheben sich 20 km nordwestlich von Caboolture abrupt aus den subtropischen Ebenen. In Traumzeitlegenden gehören diese Gipfel einer Familie von Berggeistern. Den Entdecker James Cook erinnerten sie an die Glasschmelzöfen seiner Heimat in Yorkshire. Es lohnt sich, vom Bruce Hwy auf den langsameren Steve Irwin Way zu wechseln, der sich seinen Weg durch dichte Kiefernwälder und grünes Weideland bahnt, um diesen spektakulären Vulkanen näher zu kommen.

Der **Glass House Mountains National Park** besteht aus mehreren Abschnitten (alle in Rufweite von Beerwah). Es gibt Picknickplätze und Aussichtspunkte, aber keine Campingmöglichkeiten. Die Gipfel erreicht man über eine Reihe von asphaltierten und nicht asphaltierten Straßen, die landeinwärts vom Steve Irwin Way abzweigen.

Karten und Wegbeschreibungen findet man im äußerst hilfsbereiten **Glass House Mountains Visitor and Interpretive Centre** (☏07-5438 7220; www.visitsunshinecoast.com.au; Ecke Bruce Pde & Reed St; ⊙9–16 Uhr).

◉ Sehenswertes & Aktivitäten

Der am leichtesten erreichbare und beste Aussichtspunkt auf die Gipfel und fernen Strände ist der 9 km vom Besucherzentrum entfernte **Glasshouse Mountains Lookout** an der Woodford Rd.

Wanderer haben die Qual der Wahl. Mehrere ausgeschilderte Wanderwege führen zu einigen der Gipfel, aber manche sind steil und felsig. Der neue, 6 km lange **Soldier Settlers Walk** bietet eine tolle Aussicht, interessante Vegetation und die Überquerung einer kürzlich eröffneten Holzbrücke. Die mittelschwere Wanderung auf den **Ngungun** (253 m) verspricht einen sensationellen Blick, während die Besteigung des **Tibrogargan** (364 m) eine anspruchsvolle Kraxelei ist. Der ziemlich steile **Beerburrum** (278 m) kann ebenfalls bestiegen werden. Achtung: Zum Zeitpunkt der Recherche waren mehrere Gipfelwege wegen Steinschlags gesperrt. Infos zum Zustand der Wege und über Sperrungen stehen auf der Website von **Queensland Parks and Wildlife Service** (☏07-5494 0150; www.nprsr.qld.gov.au; Bells Creek Rd, Beerwah).

In der Regel sieht man Kletterer, die sich an den Tibrogargan und Ngungun wagen. Der **Mt. Coonowrin** (alias „Knicknacken"), der dramatischste der Vulkanpfropfen, ist für die Öffentlichkeit gesperrt.

🛌 Schlafen

★**Glass House Mountains Ecolodge** LODGE $$
(☏07-5493 0008; www.glasshouseecolodge.com; 198 Barrs Rd; Zi. 120–220 AU$; P❋🛜) Dieses neue Refugium nahe dem Australia Zoo wird von einem engagierten Umweltschützer geleitet und ist die ideale Ausgangsbasis für regionale Erkundungen. Zu den diversen ruhigen Quartieren mit gutem

Preis-Leistungs-Verhältnis gehören z. B. die gemütlichen Orchard Rooms (120 AU$), das umgebaute Church Loft (220 AU$) und umgebaute Eisenbahnwaggons. Den Mt. Tibrogargan kann man von dem schönen Garten aus sehen. Auf Wunsch werden Gäste am Bahnhof Glass House Mountains abgeholt.

Caloundra

10 000 EW.

Auf einer Landzunge am Südende der Sunshine Coast Region präsentiert sich Caloundra als eine seltsame Mixtur aus Rentnersiedlung und Strandvorstadt. Tolle Angelmöglichkeiten und einige nette Surfstrände machen den Ortsteil zu einem beliebten Urlaubsziel von Familien und Wassersportfans.

Ein hübscher Küstenweg beginnt in Caloundra und führt um die Landspitze herum zum Point Cartwright.

Sehenswertes & Aktivitäten

Queensland Air Museum — MUSEUM
(07-5492 5930; www.qam.com.au; Caloundra Airport; Erw./Kind/Familie 13/7/30 AU$; 10–16 Uhr) Die vielen Flugzeuge werden die Kids stundenlang begeistern.

Caloundra Surf School — SURFEN
(0413 381 010; www.caloundrasurfschool.com; Kurs ab 45 AU$) Die beste der hiesigen Surfschulen verleiht auch Surfbretter.

Blue Water Kayak Tours — KAJAKFAHREN
(07-5494 7789; www.bluewaterkayaktours.com; halb/ganztägige Tour für mind. 4 Pers. 90/150 AU$, Dämmerungstour 55 AU$) Die sportlichen Kajaktouren führen über den Kanal zur Nordspitze des Bribie Island National Park.

Caloundra Cruise — BOOTSFAHRT
(07-5492 8280; www.caloundracruise.com; Maloja Jetty; Erw./Kind/Familie 20/10/55 AU$; So, Di, Mi & Fr) Diverse Bootstouren in die Pumicestone Passage auf einem Boot im Stil der 1930er-Jahre.

Sunshine Coast Skydivers — ABENTEUERSPORT
(07-5437 0211; www.sunshinecoastskydivers.com.au; Caloundra Airport; Tandemsprünge ab 279 AU$) Aus 4500 m (oder 2100 m) Höhe bietet sich bei einem Tandemflug ein atemberaubender Blick auf Caloundra.

Schlafen

In der Hauptsaison muss man oft mindestens drei bis fünf Übernachtungen buchen.

Caloundra Backpackers — HOSTEL $
(07-5499 7655; www.caloundrabackpackers.com.au; 84 Omrah Ave; B/DZ 32/75 AU$; @) Caloundras einziges Hostel ist eine schlichte Budgetunterkunft mit einem geselligen Hof, einem Büchertausch und Grill- oder Pizzaabenden. Die Schlafsäle sind nicht berauschend, aber sauber und friedlich.

Rumba Resort — RESORT $$$
(07-5492 0555; www.rumbaresort.com.au; 10 Leeding Tce; Zi. ab 260 AU$) Das in weiß strahlende Fünfsterne-Resort mit angenehm lebhaftem Personal ist für die örtlichen Verhältnisse äußerst trendig. Die Zimmer und der Poolbereich werden dem Hype gerecht.

Essen

Die Promenade am Bulcock Beach ist übersät mit Freiluftcafés und -restaurants, die alle einen perfekten Meerblick bieten.

Green House Cafe — VEGETARISCH $
(07-5438 1647; www.greenhousecafe.com.au; 5/8 Orumuz Ave; Hauptgerichte 8–16 AU$; 7.30–15 Uhr;) Das hübsche kleine Lokal ist ein willkommener Neuzugang unter den Küstencafés. Es versteckt sich in einer kleinen Gasse und serviert mit das beste Essen in der Gegend. Die Gerichte sind ausschließlich vegetarisch, Bio und sehr lecker. Zum schrillen Dekor gehören Lampen und Möbel, die in der Region hergestellt wurden.

Pocket Bar — CAFÉ $
(www.facebook.com/thepocketespressobar; 8 Seaview Tce, Moffat Beach; Mo-Mi 6-14, Do-So bis 18 Uhr) Abgefahrener Schick erreicht Caloundra: Das herrliche kleine Café mit Bar hält Überraschungen bereit, z. B. eigenes Ale und Cider, gute Kaffeemischungen und Bio-Zutaten. Zu empfehlen ist die „Gourmet Pocket of Joy" (eine Pie). Hier kann man prima chillen, man kann sich aber auch einen Snack schnappen und zu dem nur einen Katzensprung entfernten Strand eilen.

Amici — ITALIENISCH $$
(07-5491 9511; www.amicicafe.com.au; 2/80 Lower Gay Tce; Hauptgerichte 17–30 AU$; Di–So ab 17, So 7–15 Uhr) Trotz seiner Lage abseits vom Strand ist dieses Restaurant derzeit im Ort wegen seines guten italienischen Essens, das in einem schlichten, modernen Ambiente serviert wird, schwer angesagt. Sonntags sind Panini und Burger ein prima Mittagessen nach dem Schwimmen, es gibt an diesem Tag aber auch tolles Frühstück von Rosinentoast bis zu leckeren Eierspeisen.

❶ Praktische Informationen

Sunshine Coast Visitor Centre (✆ 07-5420 6240; 7 Caloundra Rd; ⊙ 9–15 Uhr) Am Verkehrskreisel am Ortseingang; es gibt auch noch einen Info-Kiosk an der Bulcock St (✆ 07-5420 8718; 77 Bulcock St; ⊙ 9–17 Uhr).

❶ An- & Weiterreise

Greyhound (✆ 1300 473 946; www.greyhound.com.au) Die Busse aus Brisbane (ab 11 AU$, 2 Std.) halten am Busbahnhof an der Cooma Tce, einen Block abseits vom Bulcock Beach.

Sunbus (TransLink; ✆ 13 12 30; www.sunbus.com.au) Betreibt häufige Busse nach Noosa (12,20 AU$, 1½ Std.) über Maroochydore (6,70 AU$, 50 Min.).

Mooloolaba & Maroochydore

11 000 & 15 000 EW.

Mooloolaba hat schon viele mit seinem Klima, seinem Strand und seiner entspannten Lebensart verführt. Restaurants, Boutiquen, Resorts und Apartmentanlagen breiten sich an der Esplanade aus und verwandeln das frühere bescheidene Fischerdorf in eines der beliebtesten Ferienziele in Queensland.

Das nahegelegene Maroochydore ist ein wichtiges Geschäftszentrum der Sunshine Coast Region, hat aber auch einige schöne Stellen und gute Restaurants.

◉ Sehenswertes & Aktivitäten

Mooloolabas nach Norden blickender Hauptstrand ist einer der geschütztesten und sichersten in der Region. Es gibt hier gute Surf Breaks: eine der besten Stellen für Longboarder in Queensland ist das **Bluff**, der herausragende Punkt des Alexandra Headland. **Pincushion** in der Nähe des Maroochy River bietet bei winterlichen Offshore-Winden einen exzellenten Brecher.

Das Tauchen zum Wrack der **ex-HMAS Brisbane**, eines gesunkenen Kriegsschiffs, ist ebenfalls sehr beliebt. Das Schiff sank im Juli 2005, das Wrack liegt in 28 m Tiefe, aber seine Schornsteine befinden sich nur 4 m unter der Wasseroberfläche.

Underwater World – Sea Life Mooloolaba AQUARIUM
(✆ 07-5458 6280; www.underworld.com.au; Wharf, Mooloolaba; Erw./Kind/Familie 38/23/104 AU$; ⊙ 9–17 Uhr) In diesem beliebten tropischen Ozeanarium kann man das Leben im Meer bewundern, u. a. auch von einem 80 m langen, durchsichtigen Unterwassertunnel aus. Gegen Aufpreis kann man mit Seebären schwimmen und zu Haien tauchen. Es gibt ein Wasserbecken, Vorführungen und Präsentationen, die Jung und Alt unterhalten. Die „Hinter den Kulissen"-Tour kostet 10 AU$.

Robbie Sherwell's XL Surfing Academy SURFEN
(✆ 07-5478 1337; www.xlsurfingacademy.com; 1 Std. Privat-/Gruppenunterricht 95/45 AU$) Bei dieser alteingeführten Schule kann man in die Surfkultur der Aussies eintauchen.

Suncoast Kite & SUP Fun KITESURFEN
(✆ 075-479 2131; www.sunshinecoastkitesurfingsupfun.com) Das Unternehmen in Maroochydore bietet Unterricht im Kitesurfen (150 AU$, 1½ Std.) und Stehpaddeln (50 AU$/Std.).

Sunreef TAUCHEN
(✆ 07-5444 5656; www.sunreef.com.au; 110 Brisbane Rd, Mooloolaba; PADI-Open-Water-Tauchkurs 495 AU$) Bietet zwei Tauchgänge (175 AU$) zum Wrack der ex-HMAS *Brisbane* sowie nächtliche Tauchtrips zu dem Wrack.

Sunshine Coast Bike & Board Hire SURFEN, FAHRRADVERLEIH
(✆ 0439 706 206; www.adventurehire.com.au) Vermietet Fahrräder zusammen mit Surfbrettern ab 50 AU$ pro Tag. Kostenlose Anlieferung an die Unterkunft.

Swan Boat Hire BOOTSFAHRTEN
(✆ 07-5443 7225; www.swanboathire.com.au; 59 Bradman Ave, Maroochydore; Bootsverleih halber/ganzer Tag ab 190/285 AU$; ⊙ 6–18 Uhr) Auf dem Maroochy River. Auch Kajakverleih (1 Std./halber Tag 30/95 AU$).

☛ Geführte Touren

Whale One WALBEOBACHTUNG
(✆ 1800 942 531; www.whaleone.com.au; Wharf, Mooloolaba; Erw./Kind/Familie 119/79/320 AU$) Walbeobachtungstouren (Juni–Nov.).

Canal Cruise BOOTSTOUR
(✆ 07-5444 7477; www.mooloolabacanalcruise.com; Wharf, Mooloolaba; Erw./Kind/Familie 20/8/50 AU$; ⊙ 11, 13 & 14.30 Uhr) Die Bootsausflüge führen an den neuen Luxuswohnanlagen am Mooloolah River vorbei.

Coastal Cruises BOOTSTOUR
(✆ 0419 704 797; www.cruisemooloolaba.com.au; Wharf, Mooloolaba) Bootstouren durch den Mooloolaba Harbour, über den Fluss und die Kanäle. Bei Sonnenuntergang (25 AU$) und mittags mit Meeresfrüchteessen (35 AU$).

🛏 Schlafen

Während der Schulferien können sich die Preise verdoppeln, und die meisten Unterkünfte verlangen eine Buchung von mindestens zwei oder drei Übernachtungen.

Mooloolaba Beach Backpackers HOSTEL $
(☎ 07-5444 3399; www.mooloolababackpackers.com; 75 Brisbane Rd, Mooloolaba; B/DZ 30/70 AU$; P 🖂 🌐 🏊) Einige Schlafsäle haben ein angeschlossenes Bad. Die Zimmer sind etwas trist, wofür aber viele kostenlose Extras (Fahrräder, Surfbretter, Stehpaddelbretter und Frühstück) entschädigen. Zudem ist das Hostel nur 500 m von den Aktivitäten und dem Nachtleben am Strand entfernt.

Cotton Tree Holiday Park CAMPING $
(☎ 07-5459 9070; www.sunshinecoastholidayparks.com.au; Cotton Tree Pde, Cotton Tree, Maroochydore; Stellplätze mit Strom 43 AU$, Villen ab 140 AU$) Der Platz hat eine hübsche Lage am Maroochy River in Cotton Tree, einem beliebten Viertel von Maroochydore.

Mooloolaba Motel MOTEL $$
(☎ 07-5444 2988; www.mooloolabamotel.com.au; 46 Brisbane Rd, Mooloolaba; DZ/3BZ ab 105/165 AU$; P ❄ 🌐 🏊) Das Design der 1970er-Jahre mit braunem Backstein ist nicht schön, aber die Zimmer sind groß und luftig und haben deckenhohe Fenster und eine moderne Einrichtung. Die Lage an einer Hauptstraße ist kein Problem, weil man dafür nur ein paar hundert Meter von den Läden, dem Strand und der Action entfernt ist.

Maroochydore Beach Motel MOTEL $$
(☎ 07-5443 7355; www.maroochydorebeachmotel.com; 69 Sixth Ave, Maroochydore; EZ/DZ/FZ ab 120/135/180 AU$; P ❄ @ 🏊) Das flotte, makellose Themenhotel hat 18 verschiedene Zimmer, darunter (natürlich) einen „Elvis Room", den „Egyptian Room" und den „Aussie Room" (mit Spielzeug-Wombat). Die Anlage befindet sich zwar an einer Hauptstraße, ist aber nur 50 m vom Strand entfernt.

🍴 Essen

★ **Mooloolah River Fisheries** SEAFOOD $
(Mooloolaba Fish Market; www.mooloolahfish.com.au; Lot 201, Parkyn Pde, The Spit, Mooloolaba; Fish & Chips ab 12 AU$, Meeresfrüchteteller 60 AU$; ⏰ Mo-Do 8-19.30, Fr-So bis 20 Uhr) Der feuchte, stinkende und stimmungsvolle Fischmarkt mit Laden verkauft die frischesten Meeresfrüchte. Man kann die Fische kaufen und selber zubereiten, sie oben auf der Terrasse über der Parkyn bestellen und essen oder sie kaufen, sich vom Koch zubereiten lassen und zum Picknick im Park mitnehmen.

★ **Spice Bar** ASIATISCH-FUSION $$
(☎ 07-5444 2022; www.spicebar.com.au; 1. OG, 123 Mooloolaba Esplanade, Mooloolaba; Hauptgerichte 27-35 AU$; ⏰ Di-So 18 Uhr-open end, Mi-So ab 12 Uhr) Dies ist die Spielwiese der örtlichen Gourmets: Das hübsche, moderne Lokal mit seinem Dekor in Rot und Schwarz serviert ausgezeichnete asiatische Fusionküche. Sehr angesagt sind Teller, die man sich teilen kann, z. B. Hervey-Bay-Muscheln oder „Numbing Chicken" – mit Chili eingeriebene, scharfe Hähnchenteile, von denen man gar nicht genug bekommen kann. Im Angebot ist auch ein tolles Verkostungsmenü.

Boat Shed SEAFOOD $$
(☎ 07-5443 3808; www.boatshed.net.au; Esplanade, Cotton Tree, Maroochydore; Hauptgerichte 28-38 AU$; ⏰ Mo-Sa 9-23.30, So ab 17 Uhr) Das Lokal ist ein schäbig-schickes Schmuckstück am Maroochy, wo man bei Sonnenuntergang prima einen Drink unter dem großen Kapokbaum genießen kann. Meeresfrüchte spielen die Hauptrolle auf der modern-australischen Karte. Nach dem Abendessen entspannt man sich draußen auf den Sofas beim Dessert und blickt in die Sterne. Sonst sucht man sich einfach einen Sofaplatz am Ufer für den Drink zum Sonnenuntergang.

🍷 Ausgehen & Nachtleben

Taps@Mooloolaba BAR
(www.tapsaustralia.com.au; Ecke Esplanade & Brisbane Rd, Mooloolaba; ⏰ 12 Uhr-open end) Der schaumige Traum aller Bierfans: sein eigenes Bier zapfen. Diese Hightech-Bar verwendet iButtons zum Bezahlen und Auswählen der Biere. Das wirkt vielleicht etwas effekthascherisch, aber schließlich kann man aus rund 20 Kleinbrauerei- und sonstigen Bieren wählen. Burger und Bruschetta schaffen die nötige Grundlage.

SolBar CLUB
(☎ 07-5443 9550; www.solbar.com.au; 19 Ocean St, Maroochydore; ⏰ Mo-Fr 7.30 Uhr-open end, Sa & So ab 10.30 Uhr) Die SolBar ist ein Geschenk des Himmels für Indie-hungrige Fans aus den Städten. Stets überraschende Bands marschieren auf, die Kunden finden eine Auswahl internationaler Biere, und die Stimmung ist weniger von Surfern geprägt als in den meisten anderen Bars der Stadt.

ℹ Praktische Informationen

Die Mooloolaba Esplanade geht am Ufer von Alexandra Headland (oder „Alex" bei den Einheimischen) nahtlos in die Alexandra Pde über und dann in die Aerodrome Rd und das zentrale Geschäftsviertel von Maroochydore. Cotton Tree liegt an der Mündung des Maroochy River.

Sunshine Coast Visitor Information Centre (☏ 1300 847 481; www.visitsunshinecoast.com.au; Ecke Brisbane Rd & First Ave, Mooloolaba; ⊙ 9–15 Uhr) Weitere Filialen in der Region: in Maroochydore (www.visitsunshinecoast.com.au; Ecke Sixth Ave & Melrose St, Maroochydore; ⊙ 9–16 Uhr) und am Sunshine Coast Airport (www.visitsunshinecoast.com.au; Marcoola; ⊙ Betriebszeiten des Flughafens).

ℹ Anreise & Unterwegs vor Ort

Die Fernverkehrsbusse halten vor dem Sunshine Coast Visitor Information Centre in Maroochydore. **Greyhound Australia** (☏ 1300 473 946; www.greyhound.com.au; einfache Strecke 21 AU$) und **Premier Motor Services** (☏ 13 34 10; www.premierms.com.au; einfache Strecke 23 AU$) fahren von/nach Brisbane (2 Std.).

Sunbus (Translink; ☏ 13 12 30; www.sunbus.com.au) bietet viele Busse zwischen Mooloolaba und Maroochydore (4,80 AU$, 15 Min.) und nach Noosa (10,50 AU$, 1½ Std.). Die Sunshine Plaza ist der Knotenpunkt der Nahverkehrsbusse.

Peregian & Sunshine Beach

3500 & 2300 EW.

15 km nicht überlaufener, unbebauter Strand erstrecken sich nördlich von Coolum bis zum Sunshine Beach und dem felsigen nordöstlichen Vorgebirge des Noosa National Park.

Peregian Beach ist der Ort für lange einsame Strandwanderungen, das Surfen auf tollen Brechern und das Genießen von frischer Luft und viel Sonnenschein; auch Wale kann man hier oft vor der Küste sehen.

Nördlich davon lockt Sunshine Beach mit seiner entspannten Haltung Einwohner von Noosa an, die den Massen entkommen wollen. Strandwege gehen hier in Pfade über die Landzunge über; bei einem Spaziergang durch den Noosa National Park braucht man eine Stunde nach Alexandria Bay und zwei Stunden nach Laguna Bay in Noosa. Auf der Straße erreicht man den Park über den McAnally Dr oder die Parkedge Rd.

🛌 Schlafen

Flashpackers   HOSTEL $
(☏ 07-5455 4088; www.flashpackersnoosa.com; 102 Pacific Ave, Sunshine Beach; B ab 33 AU$, B im Frauen-Schlafsaal 38 AU$, DZ ab 85 AU$; ❄ 🛜 🏊) Flashpacker-Hostels sind wahrlich keine von Flöhen verseuchten Absteigen. Zu den überlegten Details in den ordentlichen Schlafsälen zählen Spiegel, viele Steckdosen und der kostenlose Verleih von Surfbrettern.

Chez Noosa   MOTEL $$
(☏ 07-5447 2027; www.cheznoosa.com; 263 Edwards St, Sunshine Beach; Zi. Standard/Deluxe ab 120/130 AU$; ❄ 🛜 🏊) Am Noosa National Park bietet diese Anlage inmitten der Buschlandschaft ein tolles Preis-Leistungs-Verhältnis. Die separaten Wohneinheiten (für 2 Pers.) sind schlicht, aber nett, und es gibt einen Pool samt Spa und Grillbereichen.

Peregian Court Resort   APARTMENTS $$
(☏ 07-5448 1622; www.peregiancourt.com; 380 David Low Way, Peregian Beach; Apt. mit 1 Schlafzi. 115–160 AU$, mit 2 Schlafzi. 145–180 AU$; 🅿 ❄ 🛜 🏊) Von diesen sauberen, luftigen und komfortablen Ferienwohnungen ist man in einer Minute am Strand. Alle Apartments sind individuell möbliert und bieten eine komplett ausgestattete Küche. Der Grillbereich verführt dazu, draußen in der Meeresbrise zu essen. Mindestaufenthalt zwei Nächte.

🍴 Essen

Le Bon Delice   CAFÉ $
(www.lebondelice.com.au; Shop 8, 224 David Low Way, Peregian Beach; Kuchen ab 3 AU$, Snacks 8–14 AU$; ⊙ Mi-Sa & Mo 7–16, So bis 14 Uhr) Das von dem bestens ausgebildeten französischen *pâtissier* Jean Jacques geführte kleine Café am Rand des Dorfplatzes präsentiert sich echt französisch. Während man sich an Éclairs, Macarons oder Quiches delektiert, könnte man glauben, der Peregian Beach Sq sei plötzlich nach Paris versetzt worden.

Fratellini   ITALIENISCH $$
(☏ 07-5474 8080; www.fratellini.com.au; 36 Duke St, Sunshine Beach; Hauptgerichte 23–35 AU$; ⊙ 6.30 Uhr–Open End) Dieses Lokal ist kein *fratellino* („kleiner Bruder") der Cafés an diesem Café-Strip des Sunshine Beach. Die Küche liefert beste italienische Gerichte, darunter köstliche Pasta und Pizza mit knusprigem Boden. Und auch der Kaffee ist gut.

Pitchfork   MODERN-AUSTRALISCH $$
(☏ 07-5471 3697; www.pitchforkrestaurant.com.au; 5/4 Kingfisher Dr, Peregian Beach; Hauptgerichte 25–35 AU$; ⊙ Di-So 12–14 & 17 Uhr–open end) Die preisgekrönten Köche dieses smarten Lokals liefern Gerichte, bei denen Meeresfrüchte im Mittelpunkt stehen. Am besten

DAS HINTERLAND ERKUNDEN

Landeinwärts von Nambour bildet die Blackall Range eine tolle Kulisse für die nur knapp 50 km entfernten Strände der Sunshine Coast. Eine entspannte halb- oder ganztägige Rundfahrt folgt von der Küste auf einer gewundenen Straße dem steilen Felshang, führt durch nette Bergdörfer, wie Kenilworth und Montville und bietet spektakuläre Ausblicke auf das Küstentiefland. Die Dörfer leiden an zu vielen kitschigen Kunsthandwerksläden und Devonshire-Teestuben. Sie lohnen trotzdem einen Besuch, aber die eigentliche Attraktion ist die Landschaft mit ihren grünen Weiden und sanften Tälern und Hügelkämmen, ihren Wasserfällen, Regenwäldern und Wanderwegen in den Nationalparks. Die hiesigen gemütlichen Hütten und B&Bs sind beliebte Wochenendrefugien gerade im Winter.

Wenn das Flair eines Ortes einen wirklich fesselt, wird das in Maleny sein. Das Dorf ist eine Melange aus kreativen Köpfen, alternden Hippies, jüngeren Aussteigern aus den Städten und genossenschaftlichen Unternehmungen. Die Boheme am Rand passt gut zu einer wirtschaftlich blühenden Gemeinde, die es sich anders als nahe Bergdörfer versagt, als Touristenfalle daherzukommen. Das Maleny Visitor Information Centre (07-5499 9033; www.malenycommunitycentre.org; Shop 2, 23 Maple St; 9.30–16 Uhr) hat Infos über die Sehenswürdigkeiten und die Unterkünfte vor Ort.

Ein paar Anbieter veranstalten Touren ins Hinterland und holen Teilnehmer überall an der Sunshine Coast ab: SunAir Bus Service (www.sunair.com.au; Erw./Kind 55/35 AU$) unternimmt touristische Fahrten in die Gegend, und Off Beat Eco Tours (0417 787 318; www.offbeattours.com.au; Tour halber Tag 65 AU$/Pers.; ganzer Tag Erw./Kind 195/135 AU$) führt in die Regenwälder und Wildnisgebiete im Hinterland.

---

ist meist der frische Fisch. Für ein Essen hier sollte man sich Zeit nehmen: einen Weinen trinken, im topmodernen Ambiente die Atmosphäre wirken lassen, die Action draußen auf dem Peregian Beach Sq beobachten und dann ausgiebig sein Essen genießen.

Cooloola Coast

Die Cooloola Coast ist ein abgelegener, langer Sandstrand vor dem Cooloola-Abschnitt des Great Sandy National Park und erstreckt sich 50 km lang zwischen Noosa und Rainbow Beach. Die Küste ist zwar unbeaut, aber die Leute rücken mit Geländefahrzeugen und Booten an, sodass es hier nicht immer so friedlich ist, wie man sich das vielleicht vorstellt. Wenn man jedoch zu Fuß oder per Kanu einem der vielen Wasserwege und Meeresarme folgt, ist man schnell außer Reichweite der Massen.

Vom Ende der Moorindil St in Tewantin setzen die Noosa North Shore Ferries (07-5447 1321; www.noosanorthshoreferries.com.au; einfache Strecke 1/7 AU$ pro Fußgänger/Auto; So–Do 5.30–22.20, Fr & Sa bis 0.20 Uhr) über den Fluss zum Noosa North Shore über. Mit einem Geländewagen kann man den ganzen Strand entlang bis Rainbow Beach (und weiter bis Inskip Point zur Fähre nach Fraser Island) fahren, braucht dafür aber eine Genehmigung (www.nprsr.qld.gov.au; 11,40/28,65/45,10 AU$ pro Tag/Woche/Monat). Man kann die Genehmigung auch im QPWS-Büro (S. 366) kaufen. Achtung: Gezeitenkalender checken!

Auf dem Weg den Strand hinauf passiert man die farbigen Sandklippen von Teewah, die ca. 40 000 Jahre alt sind.

Lake Cooroibah

Ein paar Kilometer nördlich von Tewantin erweitert sich der Noosa River zum Lake Cooroibah, der von üppigem Buschland umgeben ist. Wenn man die Noosa North Shore Ferry nimmt, kann man mit einem normalen Auto bis zum See fahren und an Abschnitten des Strands auch zelten.

Schlafen

Noosa North Shore Retreat RESORT $
(07-5447 1225; www.noosanorthshoreretreat.com.au; Beach Rd; Stellplätze ohne/mit Strom ab 20/30 AU$, Hütten/Zi. ab 80/145 AU$; ❄@≋) Hier gibt's alles von Stellplätzen über „Dorfzelte" aus Vinyl bis hin zu schicken Motelzimmern und Cottages. Man stellt sein Gepäck ab, paddelt rund um den See, wandert durch den Busch oder riskiert einen Sprung aufs Sprungpolster. Im Resort befindet sich auch das am Wochenende mittags und abends geöffnete Great Sandy Bar & Restaurant (Hauptgerichte 15–30 AU$).

Lake Cootharaba & Boreen Point

Der **Lake Cootharaba** ist mit ca. 5 km Breite und 10 km Länge der größte See im Cooloola-Abschnitt des Great Sandy National Park. Am Westufer des Sees und dem Südrand des Nationalparks gibt's in der kleinen Gemeinde **Boreen Point** mehrere Unterkünfte und Restaurants. Der See ist das Tor zu den **Noosa Everglades**, wo man Kanu fahren und im Busch wandern und campen kann.

Von Boreen Point führt eine (zur Hälfte nicht asphaltierte) Straße 5 km weiter nach **Elanda Point**.

👉 Geführte Touren

Kanu Kapers KAJAKFAHREN
(✆ 07-5485 3328; www.kanukapersaustralia.com; 11 Toolara St, Boreen Point; halb-/ganztägige geführte Tour 155/185 AU$, ganztägige Tour ohne Führer 85 AU$) Per Boot in die Everglades.

Discovery Group KANUFAHREN
(✆ 07-5449 0393; www.thediscoverygroup.com.au; Tagestour 125 AU$, selbstgeführte Kanutour 3 Tage/2 Übernachtungen 155 AU$) Ganztägige Boots- und Kanutour durch die Everglades bis nach Fig Tree Point (Morgentee und Grill-Mittagessen werden gestellt). Wer allein fahren will, kann den Weg in drei Tagen im Kanu zurücklegen und unterwegs campen. Angeboten werden auch Touren am Nachmittag (79 AU$).

🛏 Schlafen & Essen

Boreen Point Camping Ground CAMPING $
(✆ 07-5485 3244; www.noosaholidayparks.com.au; Esplanade, Boreen Point; Stellplätze ohne/mit Strom 23/29 AU$) Gummibäume ragen über diesen kleinen Campingplatz am Lake Cootharaba. Hier gibt's keinen Massenandrang, und man hat ein Stück Busch am See für sich.

Lake Cootharaba Motel MOTEL $$
(✆ 07-5485 3127; www.cootharabamotel.com; 75 Laguna St, Boreen Point; Zi. 105–140 AU$; ❄) Die idyllische Anlage ist weniger ein Motel als ein Refugium am See und ein guter Ausgangspunkt für Vorstöße in die Everglades. Da es nur fünf Zimmer gibt, unbedingt vorab reservieren!

Apollonian Hotel PUB $$
(✆ 07-5485 3100; www.apollonianhotel.com.au; 19 Laguna St, Boreen Point; Hauptgerichte 12–30 AU$; ⊙ 10–24 Uhr) Das Apollonian ist ein toller alter Pub mit stabilen Holzwänden, schattigen Veranden und schöner alter Inneneinrichtung. Sein leckeres Kneipenessen hat viele Fans. Den berühmten Spießbraten (25 AU$) am Sonntag muss man im Voraus bestellen.

Great Sandy National Park: Cooloola-Abschnitt

Dieser 540 km² große Teil des Parks erstreckt sich vom Lake Cootharaba nordwärts bis Rainbow Beach. Es ist ein abwechslungsreiches Gebiet mit langen Stränden, von Mangroven gesäumten Wasserwegen, Wald und Heide. Überall findet man eine reiche Vogelwelt, darunter seltene Arten wie den Fuchshabicht und die Östliche Graseule. Im Frühling blühen viele Wildblumen.

Der **Cooloola Way** von Tewantin nach Rainbow Beach ist für Geländefahrzeuge frei (außer nach starken Regenfällen – bei den Parkrangern zuvor fragen). Die meisten Leute fahren lieber über den Strand, obwohl man dabei auf ein paar Stunden vor und nach Ebbe beschränkt ist. Man braucht dafür eine **Genehmigung** (www.nprsr.qld.gov.au; 11,40/28,65/45,10 AU$ pro Tag/Woche/Monat).

Am besten erlebt man Cooloola, wenn man per Boot oder Kanu einen der zahlreichen Nebenarme des Noosa River befährt. Boote kann man in Tewantin und Noosa (an der Gympie Tce), in Boreen Point und in Elanda Point am Lake Cootharaba mieten.

Ein paar fantastische Wanderwege starten in Elanda Point am Ufer des Lake Cootharaba, darunter der 46 km lange **Cooloola Wilderness Trail** nach Rainbow Beach und der 7 km lange Weg zu einem unbemannten QPWS-Informationszentrum in Kinaba.

Das **QPWS Great Sandy Information Centre** (✆ 07-5449 7792; 240 Moorindil St, Tewantin; ⊙ 8–16 Uhr) informiert über den Zugang zum Park, Gezeiten und Verbote zum Entfachen von Feuern im Park. Hier werden auch Fahrzeug- und Campinggenehmigungen für Fraser Island und den Great Sandy National Park ausgestellt, die man aber besser online unter www.nprsr.qld.gov.au bucht.

Der Park hat viele Campingplätze (✆ 13 74 68; www.nprsr.qld.gov.au; pro Pers./Fam. 5,75/23,15 AU$), die meisten liegen am Fluss. Am besten ausgestattet sind **Fig Tree Point** am Lake Cootharaba (Nordende), **Harry's Hut** (ca. 4 km flussaufwärts) und **Freshwater** an der Küste (ca. 6 km südlich des Double Island Point). Bei Fahrten hinauf zum Rainbow Beach ist auch Strandcamping an ausgewiesenen Stellen erlaubt. Bis auf Harry's Hut, Freshwater und Teewah Beach sind alle Plätze nur zu Fuß oder über den Fluss erreichbar.

Fraser Island & Fraser Coast

Inhalt ➡

Fraser Coast..............369
Hervey Bay................369
Rainbow Beach..........373
Maryborough............375
Bundaberg................376
Fraser Island.............378

Gut essen

➡ Waterview Bistro (S. 375)
➡ Pop In (S. 376)
➡ Enzo's on the Beach (S. 372)
➡ Rosie Blu (S. 377)
➡ Arcobaleno on the Beach (S. 375)

Schön übernachten

➡ Kingfisher Bay Resort (S. 381)
➡ Debbie's Place (S. 375)
➡ Beachfront Tourist Parks (S. 371)
➡ Colonial Lodge (S. 371)
➡ Inglebrae (S. 377)

Auf nach Fraser Island & an die Fraser Coast!

Das Weltnaturerbe Fraser Island ist die größte Sandinsel der Erde. Auf dem geheimnisvollen, zuweilen auch unheimlichen Fleckchen Erde gibt's riesige Dünen, Regenwälder, Seen und zahllose Wildtiere, darunter die „reinrassigsten" Dingos Australiens. Der Küstenort Hervey Bay auf der anderen Seite der Great Sandy Strait ist das Sprungbrett nach Fraser Island. Durch diese Meerenge ziehen von Juli bis Oktober die Buckelwale auf ihrem Weg in die Antarktis. Weiter südlich liegt der kleine, entspannte Badeort Rainbow Beach, wo ebenfalls Fähren nach Fraser Island übersetzen. Angeln, Baden, Bootsfahrten jeglicher Art und Campen sind die beliebtesten Beschäftigungen an der gesamten Küste.

Im Landesinneren liegen verstaubte, geschichtsträchtige Orte inmitten von Feldern und Weiden. Bundaberg als größte Stadt der Fraser Coast ist von Zuckerrohrplantagen umgeben, die den Stoff für den berühmt-berüchtigten Rum liefern.

Reisezeit
Bundaberg

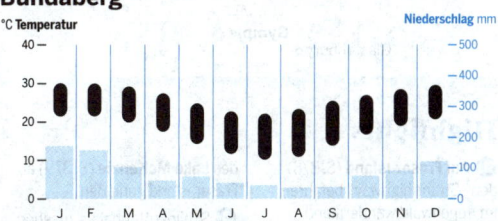

Juni & Juli Beim Mary Poppins Festival in Maryborough spannt alle Welt den Regenschirm auf.

Juli–Nov. Die Buckelwale sind unterwegs. Ihre Hauptreisezeit ist von August bis Oktober.

Nov.–März Am Strand von Mon Repos legen Meeresschildkröten ihre Eier ab.

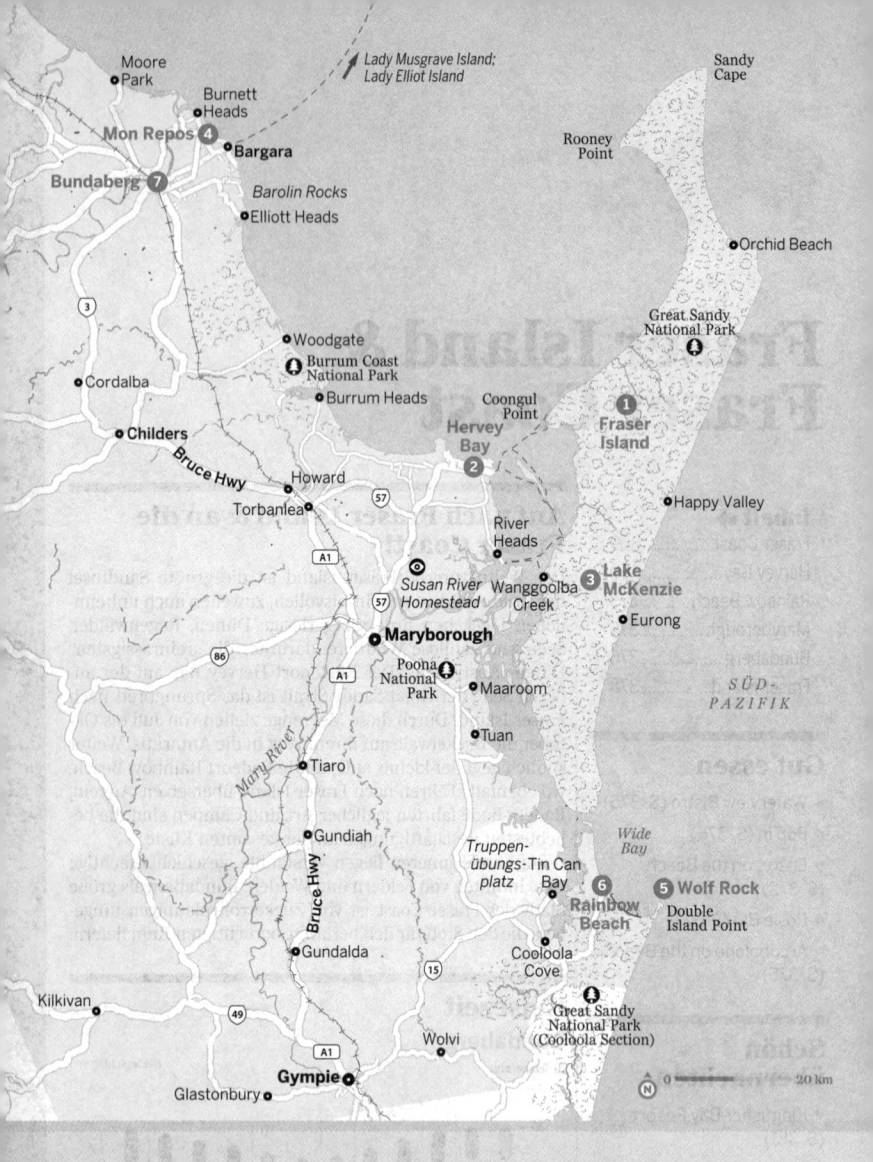

Highlights

① Auf **Fraser Island** (S. 378) den „Strandhighway" befahren, im Regenwald wandern und unterm Sternenhimmel schlafen

② Die Wale vor **Hervey Bay** (S. 369) beobachten

③ Das glasklare, tiefblaue Wasser und den weißen Sandstrand des **Lake McKenzie** (S. 379) auf Fraser Island genießen

④ Schildkrötenbabys zusehen, wie sie am Strand von **Mon Repos** (S. 377) ins Meer krabbeln

⑤ Am **Wolf Rock** (S. 374) vor Rainbow Beach mit Haien tauchen

⑥ Vom Carlo Sandblow in **Rainbow Beach** (S. 373) die farbenprächtigen Sandklippen bestaunen

⑦ Das hochprozentige „flüssige Gold" der Rumbrennerei von **Bundaberg** (S. 376) probieren

❶ An- & Weiterreise

BUS

Die Busse von **Greyhound** (☏1300 473 946; www.greyhound.com.au) und **Premier Motor Service** (☏13 34 10; www.premierms.com.au) verkehren regelmäßig auf dem Bruce Hwy (A1) und stoppen unterwegs in allen größeren Städten. Abseits des Highway fahren sie auch nach Hervey Bay und Rainbow Beach.

FLUGZEUG

Qantas (☏13 13 13; www.qantas.com.au) und **Virgin** (☏13 67 89; www.virginaustralia.com.au) fliegen nach Bundaberg und Hervey Bay.

ZUG

Queensland Rail (☏1800 872 467; www.queenslandrail.com.au) Auf der Strecke von Brisbane nach Rockhampton fahren die Züge regelmäßig durch die Region. Dabei hat man die Wahl zwischen dem superschnellen *Tilt Train* und dem gemütlicheren *Sunlander*.

FRASER COAST

Die Fraser Coast bietet einfach alles: eine traumhafte Küstenlandschaft, Nationalparks direkt am Meer, winzige Badeorte, Farmen aller Art und altmodische, ländliche Kleinstädte inmitten von Zuckerrohrfeldern.

Hervey Bay

76 403 EW.

Eindeutig – die Stadt hat den unwiderstehlichen Charme ihres Namensgebers Hervey, des „Englischen Casanovas". Das warme subtropische Klima, lange Sandstrände, ruhiges, tiefblaues Meer und die entspannte, lockere Atmosphäre locken Rucksacktouristen ebenso wie Familien und Ruheständler hierher. Als wäre all das nicht schon genug, ziehen die majestätischen Buckelwale in Sichtweite vorbei und ist die Stadt zudem ein bequemes Sprungbrett auf die Weltnaturerbe-Insel Fraser Island.

Die Insel wiederum schützt Hervey Bay vor den Brechern des offenen Meeres. So ist das seichte und absolut ruhige Wasser hier ideal für Kinder und viele schöne Postkartenfotos.

⊙ Sehenswertes

Reef World   AQUARIUM

(☏07-4128 9828; Pulgul St, Urangan; Erw./Kind 18/9 AU$, Tauchen mit Haien 50 AU$; ⊙9.30–16 Uhr) In dem kleinen Aquarium tummeln sich einige der farbenprächtigsten Bewohner des Great Barrier Reef, darunter ein riesiger, 18 Jahre alter Zackenbarsch. Wer sich traut, kann auch mit Zitronen-, Wal- und anderen ungefährlichen Haien tauchen.

Fraser Coast Discovery Sphere   MUSEUM

(☏07-4197 4207; www.frasercoastdiscoverysphere.com.au; 166 Old Maryborough Rd, Pialba; Erw./Kind/Fam. 7/5/20 AU$; ⊙10–16 Uhr) Die vielen Bildungsaktivitäten mit regionalem Bezug sind ideal für Kinder und neugierige Erwachsene.

Wetside Water Education Park   PARK

(www.widebaywater.qld.gov.au; The Esplanade, Scarness; ⊙Mi–So, in den Schulferien tgl. 10–18 Uhr) An heißen Tagen taucht man am besten in diesem Wasserpark am Strand ab. Hier gibt's jede Menge Schatten, Spring- und Eimerbrunnen sowie einen Holzsteg mit unterhaltsamen Infos rund ums Wasser. Da die Öffnungszeiten wechseln, sollte man sich vorab auf der Homepage informieren.

🏃 Aktivitäten

Tretboote, Kajaks, Wasser-Dreiräder, Jetskis und vieles mehr verleihen **Aquavue** (☏07-4125 5528; www.aquavue.com.au; The Esplanade, Torquay) und **Enzo's on the Beach** (☏07-4124 6375; www.enzosonthebeach.com.au; The Esplanade, Scarness). Die Leihgebühren starten bei 20 AU$ pro Stunde.

Walbeobachtung

In der Walsaison von Ende Juli bis Anfang November legen die Boote zur Walbeobachtung jeden Tag in Hervey Bay ab, sofern das Wetter es zulässt. Von August bis Ende Oktober garantieren die Veranstalter sogar, dass man einen Wal zu Gesicht bekommt. Wenn nicht, darf man kostenlos noch mal mitfahren. Außerhalb der Saison bieten viele Bootseigner Touren zur Delfinbeobachtung an. Die Boote fahren vom **Urangan Harbour** in die Platypus Bay und dann zwischen den Walgruppen hin und her, bis sie die aktivsten Tiere finden. Es werden zumeist Halbtagestouren für 120 AU$ pro Erwachsenem und 70 AU$ pro Kind angeboten, die oft ein Mittagessen bzw. Frühstück oder Nachmittagstee beinhalten. Buchen kann man die Touren in den verschiedenen Unterkünften oder in den Besucherzentren.

Spirit of Hervey Bay   WALBEOBACHTUNG

(☏1800 642 544; www.spiritofherveybay.com; Urangan Harbour; ⊙8.30 & 13.30 Uhr) Größtes Boot mit den meisten Passagieren.

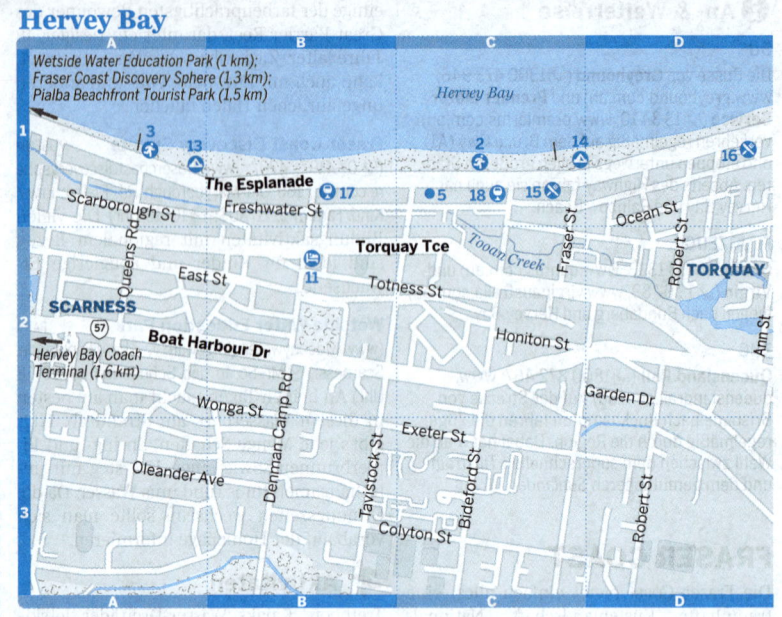

Hervey Bay

Hervey Bay

Sehenswertes
1 Reef World H2

Aktivitäten, Kurse & Touren
2 Aquavue C1
 Blue Dolphin Marine Tours .... (siehe 6)
3 Enzo's on the Beach A1
4 Krystal Klear H3
 MV Tasman Venture .... (siehe 6)
5 Nomads C1
6 Spirit of Hervey Bay H2

Schlafen
7 Alexander Lakeside B&B E1
8 Bay B&B F1
9 Colonial Lodge E1

10 Colonial Village YHA G3
11 Flashpackers B2
12 Quarterdecks Harbour Retreat G3
13 Scarness Beachfront Tourist
 Park A1
14 Torquay Beachfront Tourist
 Park C1

Essen
15 Bayaroma Cafe C1
16 Coast D1
 Enzo's on the Beach .... (siehe 3)

Ausgehen & Nachtleben
17 Hoolihan's B1
18 Viper C1

MV Tasman Venture WALBEOBACHTUNG
(☎ 1800 620 322; www.tasmanventure.com.au; Urangan Harbour; ⊙ 8.30 & 13.30 Uhr) Die mit Unterwassermikrofonen und Panoramafenstern ausgestatteten Boote gehören zu den besten der Gegend. In der Saison wird die Sichtung von Walen garantiert. Wenn sich kein Wal blicken lässt, darf man kostenlos an einer weiteren Tour teilnehmen.

**Blue Dolphin
Marine Tours** WALBEOBACHTUNG
(☎ 07-4124 9600; www.bluedolphintours.com.au; Urangan Harbour) Der Skipper Pete hat sage und schreibe beinahe 30 Jahre Erfahrung mit den Meeressäugern – kein Wunder, dass er eine unerschöpfliche Quelle des Wissens über Wale ist.

Weitere Aktivitäten

MV Fighting Whiting ANGELN
(☎ 07-4124 3377; www.fightingwhiting.com.au; Erw./Kind/Fam. 70/35/175 AU$) Bei dieser gemütlichen Angeltour darf man nicht nur seinen Fang behalten, sondern bekommt auch Sandwiches, Köder und die gesamte Ausrüstung, die man für die Tour benötigt, gestellt.

MV Princess II
ANGELN

(☏ 07-4124 0400; Erw./Kind 160/100 AU$) Die erfahrene Crew taucht ihre Angelruten schon seit mehr als 20 Jahren in diese Gewässer.

Krystal Klear
BOOTSFAHRT

(☏ 07-4124 0066; www.krystalkleer.com.au; Urangan Marina; 5-stündige Tour Erw./Kind 90/50 AU$) Mit einem 12 m langen Glasbodenboot – dem einzigen in Hervey Bay – geht es zum Schnorcheln, Korallen beobachten und Grillen auf einer Insel.

Fraser Coast Microlites
RUNDFLÜGE

(☏ 1800 811 728; Flug 125–250 AU$) Im offenen Ultraleichtflugzeug fliegt man 20, 30, 45 oder 70 Minuten lang über Inseln und Seen. Im Voraus buchen!

Skydive Hervey Bay
FALLSCHIRMSPRINGEN

(☏ 0458 064 703; www.skydiveherveybay.com.au) Beim Tandemsprung aus 3660 m Höhe ist man bis zu 45 Sekunden im freien Fall. Nervenkitzel pur für 325 AU$.

Susan River Homestead
REITEN

(☏ 07-4121 6846; www.susanriver.com; Hervey Bay–Maryborough Rd) In den Reitausflügen (Erw./Kind 250/160 AU$) sind Übernachtungen, alle Mahlzeiten und die Benutzung von Swimmingpool und Tennisplatz enthalten. Tagesausflügler können sich auch nur für 2 Stunden aufs Pferd schwingen (Erw./Kind 85/75 AU$).

🎉 Feste & Events

Hervey Bay Whale Festival
KULTUR

(www.herveybaywhalefestival.com.au) Im August wird die Rückkehr der Wale gefeiert.

🛏 Schlafen

In Hervey Bay gibt's jede Menge toller Hostels. Viele davon befinden sich in der Torquay Rd in Scarness. Hier wird man oft auch ohne Reservierung fündig.

★ Colonial Lodge
HOTEL $

(☏ 07-4125 1073; www.herveybaycoloniallodge.com.au; 94 Cypress St, Torquay; Zi. 90–140 AU$; ❄🛜🏊) Auf dem Gelände im Stil einer Hazienda stehen wunderbare, makellose Wohneinheiten für Selbstversorger mit 1 oder 2 Schlafzimmern. Zum Abkühlen kann man im Swimmingpool abtauchen oder zum nahen Strand gehen.

Torquay Beachfront Tourist Park
WOHNWAGENPARK $

(☏ 07-4125 1578; www.beachfronttouristparks.com.au; The Esplanade, Torquay; Stellplatz ohne/mit Strom ab 26/31 AU$; 🛜) Insgesamt drei schattige Campingplätze liegen direkt am feinen,

> ### GIGANTEN DER MEERE
>
> Jedes Jahr (Juli–Anfang Nov.) machen Tausende Buckelwale in den geschützten Gewässern vor Hervey Bay Station, bevor sie ihre anstrengende Wanderung Richtung Süden bzw. Antarktis fortsetzen. Nach Paarung und Geburt in wärmeren Gefilden vor Nordostaustralien erreichen die Wale Hervey Bay in Verbänden von ca. zwölf Tieren (Schulen), die sich dann in zwei- oder dreiköpfige Kleingruppen aufteilen. Während ihres Aufenthalts vor Ort trinken die neugeborenen Walkälber jeweils ca. 600 l Milch pro Tag. So entwickeln sie ihre dicke Speckschicht, die in den eisigen Gewässern des Südens überlebenswichtig ist.
>
> Der Anblick von Walen ist einfach überwältigend. Dabei lieben es die majestätischen Lebewesen, mit Kunststückchen zu protzen: Sie wedeln mit den Brustflossen, klatschen mit der Schwanzflosse aufs Wasser und blasen hohe Fontänen in die Luft. Wenn sie sich dann noch in ihrer ganzen Länge neben das Boot legen und mit einem Auge aus dem Wasser spähen, stellt sich schon die Frage, wer da wen beobachtet.

langen Sandstrand von Hervey Bay und bieten alle einen traumhaften Blick aufs Meer. Der Platz in Torquay befindet sich mitten im Geschehen. Die anderen Plätze sind in **Pialba** (07-4128 1399; www.beachfronttouristparks. com.au; The Esplanade, Pialba; Stellplatz ohne/mit Strom ab 26/31 AU$;) und **Scarness** (07-4128 1274; www.beachfronttouristparks.com.au; The Esplanade, Scarness; Stellplatz ohne/mit Strom ab 26/31 AU$;).

Colonial Village YHA HOSTEL $
(07-4125 1844; www.yha.com.au; 820 Boat Harbour Dr, Urangan; B/DZ/Hütte ab 23/52/79 AU$; @) Die ausgezeichnete Jugendherberge liegt auf einem 8 ha großen, ruhigen Gelände im Busch Direkt daneben liegt der Jachthafen, der Strand ist 50 m entfernt. Die Atmosphäre ist wunderbar lebhaft, wozu auch Possums und Papageien beitragen. Es gibt einen Swimmingpool, Tennis- und Basketballplätze sowie ein gemütliches Restaurant mit Bar.

Flashpackers HOSTEL $
(07-4124 1366; www.flashpackersherveybay.com; 195 Torquay Tce, Torquay; B 25–30 AU$; DZ 70 AU$;) Die großen, gemütlichen Schlafsäle und Zimmer mit Bad sind mit Leselampen und ausreichend Steckdosen ausgestattet. Der riesige Gemeinschaftskühlschrank ist begehbar, die Gemeinschaftsbereiche sind blitzsauber und aus den Duschen kommt ein ordentlicher Strahl. Das Hostel steht in einer Straße hinter dem Strand.

Bay B & B B&B $$
(07-4125 6919; www.baybedandbreakfast. com.au; 180 Cypress St, Urangan; EZ 100 AU$, DZ 125–140 AU$; @) Ein weitgereister Franzose mit Frau und Hund betreibt diese Pension, die ein tolles Preis-Leistungs-Verhältnis bietet. Die Gästezimmer befinden sich in einem gemütlichen Anbau hinter dem Haus. Das legendäre Frühstück wird im tropischen Garten serviert. Für Familien ist die freistehende, komplett ausgestattete Wohneinheit ideal.

Quarterdecks Harbour Retreat APARTMENTS $$
(07-4197 0888; www.quarterdecksretreat.com. au; 80 Moolyyir St, Urangan; Haus mit 1/2/3 Schlafzi. 185/225/290 AU$;) Die ausgezeichneten Ferienhäuser sind stilvoll eingerichtet und haben einen eigenen Innenhof. Sie verfügen über alle modernen Einrichtungen und bieten zudem luxuriöse Annehmlichkeiten wie flauschige Bademäntel. Hinter der Anlage beginnt ein Naturschutzgebiet, und daher ist es, abgesehen von fröhlichem Vogelgezwitscher, absolut ruhig – und dabei ist man hier nur einen Katzensprung vom Strand entfernt. Die Apartments können alleine oder im Rahmen von Pauschalangeboten gebucht werden. Beides ist sehr vorteilhaft!

Alexander Lakeside B & B B&B $$
(07-4128 9448; www.herveybaybedandbreakfast. com.au; 29 Lido Pde, Urangan; Zi. 140–150 AU$, Suite 170–180 AU$; @) In der freundlichen Pension am See kann man sich richtig verwöhnen lassen. Morgens kommen manchmal Schildkröten vorbei. Es gibt einen beheizten Whirlpool am See, zwei große Zimmer mit Bad und zwei luxuriöse Suiten für Selbstversorger.

✕ Essen

Enzo's on the Beach CAFÉ $
(www.enzosonthebeach.com.au; 351a The Esplanade, Scarness; Hauptgerichte 8–20 AU$; 6.30–17 Uhr) In dem schäbig-schicken Strandcafé kann man sich mit Sandwiches, Wraps, Sa-

laten und Kaffee stärken, bevor es zum Paddeln mit dem Kajak oder dem Unterricht im Kitesurfen geht.

Bayaroma Cafe — CAFÉ $
(☏ 07-4125 1515; 428 The Esplanade, Torquay; Frühstück 10–22 AU$, Hauptgerichte 9,50–20 AU$; ◉ 6.30–15.30 Uhr) Das Café ist bekannt für seinen guten Kaffee, das ganztägig servierte Frühstück und die optimale Lage, um Leute zu beobachten. Die umfangreiche Speisekarte bietet wirklich für jeden etwas, auch für Vegetarier. Zudem ist das fröhliche Personal sehr aufmerksam und flink.

Coast — FUSION $$
(☏ 07-4125 5454; 469 The Esplanade, Torquay; Hauptgerichte 21–60 AU$; ◉ Di & Mi 17 Uhr–open end, Do–So 11.30 Uhr–open end) Essen für Feinschmecker, die sich das was kosten lassen. Die kreativen Fleisch- und Meeresfrüchtegerichte sind asiatisch und nahöstlich inspiriert, die Desserts wie Kürbiskäsekuchen sind unbeschreiblich!

🍷 Ausgehen & Nachtleben

Hoolihan's — PUB
(382 The Esplanade; Scarness; ◉ 11–2 Uhr) Wie alle guten Irish Pubs ist das Hoolihan's vor allem bei Backpackern beliebt.

Viper — NACHTCLUB
(410 The Esplanade, Torquay; ◉ Mi, Fr & Sa 22–3 Uhr) Der neue Nachtclub mit pulsierendem Sound und energiegeladenem Publikum ist ein Rohdiamant, der sein Potential vor allem im Sommer zeigt.

❶ Praktische Informationen

Zu Hervey Bay gehören eine Reihe kleiner Küstenorte wie Point Vernon, Pialba, Scarness, Torquay und Urangan. Jenseits der makellosen Strandidylle und der ruhigen Vororte verwandelt sich die Stadt aber in ein wild wucherndes Industriegebiet.

Hervey Bay Visitor Information Centre (☏ 1800 811 728; www.visitfrasercoast.com; Ecke Urraween Rd & Maryborough Rd) Das Büro am Stadtrand hat eine gut sortierte Auswahl an Broschüren und Informationsmaterialien sowie hilfsbereites Personal.

❶ An- & Weiterreise

BUS
Alle Busse starten am **Hervey Bay Coach Terminal** (☏ 07-4124 4000; Central Ave, Pialba). Die Busse von **Greyhound** (☏ 1300 473 946; www.greyhound.com.au) und **Premier Motor Service** (☏ 13 34 10; www.premierms.com.au) fahren mehrmals täglich von und nach Brisbane (71 AU$, 5½ Std.), Maroochydore (48 AU$, 3½ Std.), Bundaberg (25 AU$, 1½ Std.) und Rockhampton (88 AU$, 6 Std.).

Tory's Tours (☏ 07-4128 6500; www.torystours.com.au) Fährt zweimal täglich zum Flughafen von Brisbane (75 AU$).

Wide Bay Transit (☏ 07-4121 3719; www.widebaytransit.com.au) An Wochentagen fahren die Busse stündlich vom Jachthafen in Urangan über die Esplanade, wo sie auch halten, nach Maryborough (8 AU$, 1 Std.). Am Wochenende sind sie seltener unterwegs.

FLUGZEUG
Der Flughafen von Hervey Bay liegt am Don Adams Dr auf Höhe der Booral Rd. **Qantas** (☏ 13 13 13; www.qantas.com.au) und **Virgin** (☏ 13 67 89; www.virginaustralia.com.au) fliegen täglich von und zu Zielen in ganz Australien.

SCHIFF/FÄHRE
Die Fähren nach Fraser Island starten in River Heads, gut 10 km südlich der Stadt, und in der **Great Sandy Straits Marina in Urangan**. Die Boote der Tourveranstalter legen zumeist im **Urangan Harbour** ab.

❶ Unterwegs vor Ort

AUTO
Wer nach Fraser Island will, mietet sich am besten in Hervey Bay ein Fahrzeug mit Allradantrieb.

Aussie Trax (☏ 07-4124 4433; www.fraserisland4wd.com.au; 56 Boat Harbour Dr, Pialba)

Hervey Bay Rent A Car (☏ 07-4194 6626; www.herveybayrentacar.com.au; 5 Cunningham St, Torquay) Vermietet auch Motorroller (30 AU$/Tag).

Rainbow Beach
1103 EW.

Das zauberhafte Städtchen auf der Inskip Peninsula ist für die spektakulären farbigen Sandklippen bekannt, die einen schönen Kontrast zum strahlend weißen Sandstrand bilden. Die freundlichen Einwohner, die zwanglose Atmosphäre, der bequeme Zugang zu Fraser Island (10 Min. mit der Fähre) und die Cooloola Section des Great Sandy National Park machen es zu einem lohnenden Abstecher für Outdoor-Fans und Sonnenanbeter.

◉ Sehenswertes

Der Ort ist nach den in allen Farben schillernden **Sandklippen** benannt, die in 2 km

Entfernung am Strand aufragen. Die zumeist rötlich schimmernden Klippen rund um die Wide Bay erstrecken sich vom Leuchtturm bei Double Island Point bis zur Landspitze gegenüber Fraser Island im Norden.

Ein 600 m langer Waldweg führt vom südlichen Ende des Cooloola Dr zum **Carlo Sandblow**, einer spektakulären, 120 m hohen Sanddüne auf einer Klippe. Von der Düne hat man einen atemberaubenden Blick auf die farbigen Klippen und den Strand. Beim Begehen der Düne sollte man unbedingt die Hinweisschilder beachten, um sich selbst zu schützen und das Ökosystem der Düne nicht zu gefährden.

Aktivitäten

Vor Double Island Point kann man gut surfen.

Wolf Rock Dive Centre TAUCHEN
(07-5486 8004, 0438 740 811; www.wolfrockdive.com.au; 20 Karoonda Rd; Bootsfahrt mit 2 Tauchgängen ab 220 AU$) Wolf Rock ist eine Ansammlung vulkanischer Gesteinsformationen vor Double Island Point und gilt als eines der besten Tauchgebiete von Queensland. Der stark gefährdete Sandtigerhai ist hier das ganze Jahr über anzutreffen.

Skydive Rainbow Beach FALLSCHIRMSPRINGEN
(0418 218 358; www.skydiverainbowbeach.com; Sprünge aus 2400/4570 m Höhe 299/429 AU$) Die Landung erfolgt im weichen Sand.

Rainbow Paragliding GLEITSCHIRMFLIEGEN
(07-5486 3048, 0418 754 157; www.paraglidingrainbow.com; Gleitschirmflüge 180 AU$) Atemberaubende Tandemflüge über die bunten Klippen.

Epic Ocean Adventures SURFEN
(0408 738 192; www.epicoceanadventures.com.au; 3 Std. Surfunterricht 60 AU$, 3-stündige Kajaktour 70 AU$) Im Angebot sind Surfkurse und Seekajaktouren zur Delfin-Beobachtung.

Buschwandern & Camping

Die Cooloola Section des Great Sandy National Park (S. 366) bietet zahlreiche Buschwanderwege und Campingplätze, darunter den herrlichen Platz am Teewah Beach. Genehmigungen zum Campen und Fahren mit Allradantrieb müssen online beantragt werden.

In einem Zelt am Strand erlebt man diesen Küstenabschnitt am besten. Wer keine eigene Campingausrüstung hat, wendet sich an **Rainbow Beach Hire-a-Camp** (07-5486 8633; www.rainbow-beach-hire-a-camp.com.au; Zelt ab 30 AU$/Nacht, jede weitere Nacht 10 AU$). Auf Wunsch bauen die Mitarbeiter das Zelt auch auf, richten alles ein und besorgen die Campinggenehmigung. Nach der Abreise bauen sie das Zelt dann wieder ab.

Geführte Touren

Surf & Sand Safaris AUTO-TOUR
(07-5486 3131; www.surfandsandsafaris.com.au; Erw./Kind 75/40 AU$) Die Halbtagestouren im Geländewagen führen durch den Nationalpark sowie am Strand entlang zu den bunten Sandklippen und dem Leuchtturm am Double Island Point.

Schlafen

Im kleinen Rainbow Beach gibt es nur eine Handvoll Hostels, die alle nichts Besonderes sind. Fast alle befinden sich in der Spectrum St, sodass man sich einige anschauen kann, bevor man sich entscheidet. Alternativ kann man auch in Erwägung ziehen, in der tollen Landschaft zu campen.

Pippies Beach House HOSTEL $
(07-5486 8503; www.pippiesbeachhouse.com.au; 22 Spectrum St; B/DZ 24/65 AU$; ❄@🛜☂) Mit nur zwölf Zimmern ist das kleine, zwanglose Hostel ideal, um sich zwischen diversen Outdoor-Aktivitäten zu entspannen. Frühstück, WLAN und Bodyboards sind kostenlos. Außerdem werden viele Gruppenaktivitäten organisiert.

Dingo's Backpacker's Resort HOSTEL $
(1800 111 126; www.dingosresort.com; 20 Spectrum St; B 24 AU$; ❄@🛜☂) In dem Partyhostel mit Bar gibt's abends Livemusik, Karaoke oder Face-Painting. Zu den ruhigeren Annehmlichkeiten gehören ein Pavillon zum Entspannen, kostenloses Frühstück mit Pfannkuchen und preiswertes Abendessen.

Rainbow Sands Holiday Units MOTEL $
(07-5486 3400; www.rainbowsands.com.au; 42-46 Rainbow Beach Rd; DZ 100 AU$, Apt. mit 1 Schlafzi. ab 115 AU$; ❄🛜☂) In einem hübschen, niedrigen Gebäude mit Palmen vor der Tür befinden sich durchschnittliche Motelzimmer. Es gibt auch komplett mit Waschmaschine ausgestattete Wohneinheiten für Selbstversorger, die länger bleiben möchten.

Rainbow Beach Holiday Village WOHNWAGENPARK $
(07-5486 3222; www.rainbowbeachholidayvillage.com; 13 Rainbow Beach Rd; Stellplatz ohne/mit

Stromanschluss ab 38/47 AU$, Haus ab 145 AU$; ✳✳) Sehr beliebter, aber teurer Campingplatz direkt am Strand.

★ Debbie's Place B&B $$
(☎ 07-5486 3506; www.rainbowbeachaccommodation.com.au; 30 Kurana St; DZ/Suite ab 119/140 AU$, Wohnung mit 3 Schlafzi. ab 300 AU$; ✳🛜✳) In einem hübschen Queenslander aus Holz, der mit Topfpflanzen vollgestellt ist, sind bezaubernde Zimmer untergebracht, die komplett ausgestattet sind und einen eigenen Eingang sowie Veranda haben. Bei der temperamentvollen Besitzerin mit einem unglaublichen Wissen fühlt man sich gleich wie zu Hause.

🍴 Essen

Für Selbstversorger gibt es einen Supermarkt in der Rainbow Beach Rd. In dieser Straße befinden sich auch einige preiswerte Cafés.

★ Waterview
Bistro MODERN-AUSTRALISCH $$
(☎ 07-5486 8344; Cooloola Dr; Hauptgerichte 26–35 AU$; ⊙ Mi–Sa 11.30–23.30, So 11.30–17 Uhr) In dem schicken Restaurant hoch oben auf dem Hügel *muss* man einfach einen Sundowner trinken und dabei den spektakulären Blick auf Fraser Island genießen. Zu essen gibt's leckeren Meeresfrüchte-Eintopf, Steaks und Seafood. Oder man brutzelt sich etwas auf dem heißen Stein.

Arcobaleno on the
Beach ITALIENISCH $$
(1 Rainbow Beach Rd; Pizza 15–25 AU$; ⊙ 9–22 Uhr) In Wirklichkeit ist es nur in der Nähe des Strands, den man von hier aus auch gar nicht sieht. Doch der nach Zen-Kriterien gestaltete Innenhof voller Grünpflanzen, das einladende Innere mit gemütlichen Sofas und das freundliche Personal machen es zu einem entspannenden Ort, wo man morgens, mittags und abends essen kann sowie den ganzen Tag über guten Kaffee und hervorragende italienische Pizza bekommt.

Rainbow Beach Hotel KNEIPENESSEN $$
(1 Rainbow Beach Rd; Hauptgerichte 18–35 AU$; ⊙ ab 11.30 Uhr) Der schick herausgeputzte Pub ist ganz im Stil eines Plantagenhauses eingerichtet, mit Deckenventilatoren, Palmen, Holzboden und Rattanmöbeln – plus Bierdunst. Auf den Tisch kommt traditionelles Kneipenessen. Vom Balkon im Obergeschoss kann man das Treiben auf der Straße beobachten.

ℹ️ Praktische Informationen

Queensland Parks & Wildlife Service (QPWS, Rainbow Beach Rd; ⊙ 8–16 Uhr)

Rainbow Beach Visitor Centre (☎ 07-5486 3227; www.rainbowbeachinfo.com.au; 8 Rainbow Beach Rd; ⊙ 7–17.30 Uhr) Trotz offizieller Öffnungszeiten ist das Büro nur sporadisch besetzt.

Shell Tourist Centre (36 Rainbow Beach Rd; ⊙ 6–18 Uhr) Bei der Touristeninformation in der Shell-Tankstelle kann man Touren buchen und Tickets für die Fähre nach Fraser Island kaufen.

ℹ️ Anreise & Unterwegs vor Ort

Die Busse von **Greyhound** (☎ 1300 473 946; www.greyhound.com.au) fahren mehrmals täglich von Brisbane (49 AU$, 5 Std.), Noosa (32 AU$, 3 Std.) und Hervey Bay (26 AU$, 2 Std.) nach Rainbow Beach. **Premier Motor Service** (☎ 13 34 10; www.premierms.com.au) ist etwas preiswerter als Greyhound. **Cooloola Connections** (☎ 07-5481 1667; www.coolconnect.com.au) betreibt einen Shuttle-Bus vom Flughafen von Brisbane (135 AU$, 3 Std.) und dem Sunshine Coast Airport (95 AU$, 2 Std.) nach Rainbow Beach.

Die meisten Anbieter, die Geländewagen vermieten, organisieren auch die erforderlichen Genehmigungen und Fährtickets (100 AU$/Fahrzeug hin & zurück) und verleihen Campingausrüstung. Empfehlenswert sind **All Trax** (☎ 07-5486 8767; www.fraserisland4x4.com.au; Rainbow Beach Rd, Shell-Tankstelle; ab 165 AU$/Tag) und **Rainbow Beach Adventure Centre** (☎ 07-5486 3288; www.adventurecentre.com.au; 13 Spectrum Street, Rainbow Beach; ab 180 AU$/Tag).

Maryborough

21 777 EW.

Der im Jahr 1847 gegründete Ort gehört zu den ältesten Städten in Queensland. In diesem Hafen setzten im 19. Jh. Tausende freier Siedler ihren Fuß erstmals auf das Land, von dem sie sich ein besseres Leben erhofften. So zeichnet sich Maryborough durch sein traditionsreiches Erbe und seine lange Geschichte aus. Davon zeugen auch die wunderbar restaurierten Gebäude aus der Kolonialzeit und die eleganten Bauten im Queenslander Stil.

In der schönen alten Stadt wurde auch Pamela Lyndon (PL) Travers geboren, die Schöpferin der Regenschirm schwingenden Mary Poppins. In dem preisgekrönten Film *Saving Mr. Banks*, der ihre Geschichte erzählt, spielt das Maryborough Anfang des

20. Jhs. eine wichtige Rolle. Eine lebensgroße **Statue** von Mary Poppins steht an der Ecke von Richmond St und Wharf St.

In dem als **Portside** (101 Wharf St; Mo-Fr 10-16, Sa & So 10-13 Uhr) bekannten historischen Hafenviertel am Mary River sind 13 denkmalgeschützte Gebäude, ein schöner Park und ein Museum zu besichtigen. Jeden Donnerstag findet der lebhafte **Maryborough Heritage City Markets** (Ecke Adelaide St & Ellena St; Do 8-13.30 Uhr) statt, bei dem um 13 Uhr eine Kanone abgefeuert wird. Die **Stadtführungen** (Mo-Sa 9 Uhr) GRATIS, die beim Visitor Centre in der City Hall beginnen, sind sehr unterhaltsam. Fans von Mary Poppins sollten die Stadt während des **Mary Poppins Festival** (www.marypoppinsfestival.com.au) im Juni/Juli besuchen.

🛏 Schlafen & Essen

Eco Queenslander BOUTIQUEHOTEL $$
(0438 195 443; www.ecoqueenslander.com; 15 Treasure St; 140 AU$/Paar) Am liebsten würde man für immer in dem hübschen Queenslander-Haus mit gemütlicher Lounge, komplett ausgestatteter Küche, Waschsalon und gusseiserner Badewanne bleiben. Zum Konzept der nachhaltigen Bewirtschaftung gehören die Energieversorgung mithilfe der Sonne, das Auffangen von Regenwasser, energiesparende Beleuchtung und die Bereitstellung von Fahrrädern. Man muss mindestens zwei Nächte bleiben.

★ Pop In CAFÉ $
(203 Bazaar St; Sandwiches 8,50 AU$; Mo-Fr 7-15, Sa 7-13 Uhr) In dem hellen, freundlichen Café vergisst man schnell die Zeit. Es gibt starken Kaffee, frisch gepresste Säfte und hausgemachte Leckereien wie gefüllte Champignons, Salate, englisches Frühstück und Sandwiches.

ℹ Praktische Informationen

Maryborough/Fraser Island Visitor Centre (1800 214 789; www.visitfrasercoast.com; Kent St; Mo-Fr 9-17, Sa & So 9-13 Uhr) Das äußerst hilfreiche Visitor Centre in der 100 Jahre alten City Hall hält kostenlose Broschüren bereit, in denen verschiedene Stadtspaziergänge und Wanderungen ausführlich beschrieben sind. Außerdem sind Kombitickets für die Museen und Sehenswürdigkeiten von Portside erhältlich.

ℹ An- & Weiterreise

Sowohl der *Sunlander* (75 AU$, 5 Std.) als auch der *Tilt Train* (75 AU$, 3½ Std.) fahren von Maryboroughs Westbahnhof nach Brisbane. Zu dem Bahnhof 7 km westlich der Innenstadt fährt ein Shuttle-Bus.

Die Busse von **Greyhound** (1300 473 946; www.greyhound.com.au) und **Premier Motor Service** (13 34 10; www.premierms.com.au) fahren nach Gympie (30 AU$, 1 Std.), Bundaberg (40 AU$, 3 Std.) und Brisbane (64 AU$, 4½ Std.). Die Busse von **Wide Bay Transit** (07-4121 4070; www.widebaytransit.com.au), die stündlich (am Wochenende seltener) zwischen Maryborough und Hervey Bay (8 AU$, 1 Std.) verkehren, starten vor der City Hall in der Kent St.

Bundaberg

69 805 EW.

Trotz des optimalen Klimas, der von Korallenriffen gesäumten Strände und wogenden Zuckerrohrfelder wird „Bundy" von den meisten Reisenden glatt übersehen. Während Scharen von Rucksacktouristen hierher kommen, um auf den Obstplantagen und Farmen zu arbeiten, fahren andere Sommerurlauber auf ihrem Weg in die umliegenden Badeorte einfach vorbei.

Dabei ist dies der Heimatort des berühmten „Bundaberg Rum", einer hochprozentigen Spirituose, die merkwürdigerweise einen Eisbär auf dem Etikett trägt, obwohl der Rum so typisch australisch ist wie Victoria Bitter und Vegemite.

Für viele sind die kleinen Strandorte rund um Bundaberg auch wesentlich attraktiver als die Stadt selbst. Gut 25 km nördlich des Zentrums liegt Moore Park mit seinen breiten, flachen Stränden. Das äußerst populäre Elliott Heads im Süden hat einen hübschen Strand mit felsigen Abschnitten, der auch gut zum Angeln geeignet ist.

👁 Sehenswertes & Aktivitäten

★ Bundaberg Rum Distillery BRENNEREI
(07-4131 2999; www.bundabergrum.com.au; Avenue St; Audiotour Erw./Kind 15/8 AU$, Führung 25/12 AU$; Mo-Fr 10-15, Sa & So 10-14 Uhr) Der gleichnamige Rum ist Bundabergs berühmtestes Kind. In der ganzen Stadt prangt der „Bundy"-Eisbär auf Werbetafeln und Autoaufklebern. Man kann entweder das Museum der Brennerei auf eigene Faust besichtigen oder an einer Führung durch die Brennerei teilnehmen, die zu jeder vollen Stunde beginnt. Bei beiden Alternativen ist eine Rumverkostung für Erwachsene inbegriffen. Geschlossene Schuhe tragen!

Bundaberg Barrel BRAUEREI
(07-4154 5480; www.bundaberg.com; 147 Bargara Rd; Erw./Kind 12/5 AU$; Mo–Sa 9–16.30, So 10–15 Uhr) Das alkoholfreie Ingwerbier und die anderen alkoholfreien Getränke, die hier produziert werden, sind zwar weit weniger bekannt wie der Bundaberg Rum, doch ebenfalls sehr gut. Das kleine Museum kann mit einem Audioguide besichtigt werden. Verkostungen sind im Preis inbegriffen. Das Ganze ist auf Familien abgestimmt.

Hinkler Hall of Aviation MUSEUM
(www.hinklerhallofaviation.com; Mt. Perry Rd, Botanic Gardens; Erw./Kind/Fam. 18/10/38 AU$; 9–16 Uhr) Dieses moderne Museum empfängt seine Besucher mit Multimedia-Ausstellungsstücken, einem Flugsimulator und informativen Ausstellungen zum Leben von Bert Hinkler, dem bekanntesten Sohn von Bundaberg. Ihm gelang im Jahr 1928 der erste Alleinflug zwischen England und Australien.

Bundaberg Aqua Scuba TAUCHEN
(07-4153 5761; www.aquascuba.com.au; 239 Bourbong St; Tauchkurs ab 349 AU$) Organisiert auch Tauchgänge vor der Küste des nahegelegenen Innes Park.

Burnett River Cruises BOOTSFAHRT
(0427 099 009; www.burnettrivercruises.com.au; School Lane, East Bundaberg; 2½-stündige Tour Erw./Kind 25/10 AU$) Die alte Fähre *Bundy Belle* schippert gemächlich bis zur Mündung des Burnett River. Die genauen Abfahrtstermine erfährt man im Internet oder telefonisch.

Schlafen & Essen

Entlang der Straße von Childers nach Bundaberg stehen jede Menge Motels der mittleren Preisklasse. Die wenigen Hostels in Bundaberg sind ganz auf arbeitende Rucksacktouristen eingerichtet und können zumeist auch Jobs als Erntehelfer vermitteln.

Bigfoot Backpackers HOSTEL $
(07-4152 3659; www.footprintsadventures.com.au; 66 Targo St; DZ ab 24 AU$; P) Das komfortable, freundliche Hostel im Zentrum organisiert neben jeder Menge Obstpflückerjobs auch hervorragende Schildkrötentouren nach Mon Repos. Frische Farbe, glückliches Personal und eine entspannte Atmosphäre heben das Bigfoot von seinen vielen Konkurrenten ab.

> ### BABYSCHILDKRÖTEN
>
> Der Strand von **Mon Repos**, 15 km nordöstlich von Bundaberg, ist eine der am leichtesten zugänglichen Kinderstuben der Meeresschildkröten in Australien. Von November bis Ende März schleppen sich die Weibchen der Unechten Karettschildkröten den Strand hinauf, um ihre Eier im warmen Sand zu verbuddeln. Ungefähr acht Wochen später graben sich die frisch geschlüpften Schildkrötenbabys an die Oberfläche und krabbeln anschließend im Schutz der Dunkelheit ins Wasser, so schnell ihre winzigen Paddelfüße sie tragen.
>
> Das Bundaberg Visitor Centre informiert über Maßnahmen zum Schutz der Schildkröten und organisiert während der Saison nächtliche Beobachtungstouren (Erw./Kind 11,25/6 AU$), die jeweils um 19 Uhr beginnen. Die Touren müssen im Voraus gebucht werden und zwar entweder beim Bundaberg Visitor Centre oder auf www.bookbundabergregion.com.au. Das Besucherzentrum verzeichnet auch, wie viele Schildkröten pro Saison beobachtet werden.

★ Inglebrae B&B $$
(07-4154 4003; www.inglebrae.com; 17 Branyan St; Zi. inkl. Frühstück 120–150 AU$) Die wunderbare Pension in einem prachtvollen Queenslander-Haus hat den Charme des alten England. Glänzend poliertes Holz und Buntglasfenster begleiten die Gäste vom Eingang bis in ihre Zimmer, die mit hohen Betten und Antiquitäten ausgestattet sind.

Rosie Blu FEINKOST $
(07-4151 0957; 90a Bourbong St; Hauptgerichte 9–20 AU$; Mo 8–16, Di–Fr 8.30–16, Sa 8–13.30 Uhr) Die Einheimischen strömen in Scharen in das kleine Lokal, dessen Portionen alles andere als klein sind. Und die Feinschmeckersandwiches, Salate, vegetarischen Leckereien und warmen Mittagsgerichte werden blitzschnell serviert.

Indulge CAFÉ $
(80 Bourbong St; Gerichte 9–18 AU$; Mo–Fr 8.30–16.30, Sa 7.30–12.30 Uhr) Für die köstlichen Backwaren und kreativen Gerichte werden hauptsächlich Produkte aus der Region verwendet.

🛈 Praktische Informationen

Bundaberg Visitor Centre (☏ 07-4153 8888, 1300 722 099; www.bundabergregion.org; 271 Bourbong St; ⊙ 9–17 Uhr)

🛈 Anreise & Unterwegs vor Ort

BUS

Von Bundabergs Fernbusbahnhof an der Targo St fahren sowohl **Greyhound** (☏ 1300 473 946; www.greyhound.com.au) als auch **Premier Motor Service** (☏ 13 34 10; www.premierms.com.au) täglich nach Brisbane (89 AU$, 7 Std.), Hervey Bay (25 AU$, 1½ Std.) und Rockhampton (51 AU$, 4 Std.).

Duffy's Coaches (☏ 1300 383 397) Die Busse, die unter der Woche mehrmals täglich nach Bargara (5 AU$, 35 Min.) fahren, starten hinter dem Kaufhaus Target in der Woongarra St.

FLUGZEUG

Bundaberg Airport (Airport Dr) 6 km südwestlich des Zentrums.
QantasLink (☏ 13 13 13; www.qantas.com.au) fliegt mehrmals täglich nach Brisbane.

ZUG

Queensland Rail (☏ 1800 872 467; www.traveltrain.com.au) Auf ihrem Weg nach Cairns bzw. Rockhampton fahren der *Sunlander* (89 AU$, 7 Std. 3-mal wöchentlich) und der *Tilt Train* (89 AU$, 5 Std., So–Fr) über Brisbane nach Bundaberg.

FRASER ISLAND

Das Volk der Butchulla nennt die Insel „K'Gari", das Paradies – und das völlig zu Recht. Wind, Sand und Wellen haben diese gigantische Sandbank mit tiefblauen Seen, kristallklaren Bächen, riesigen Dünen und üppig grünen Regenwäldern geformt. Die größte Sandinsel der Welt (120 km lang, 15 km breit) entstand in Hunderttausenden von Jahren durch den Sand, der von der Ostküste des australischen Festlandes angeschwemmt wurde. Auf Fraser Island wächst und gedeiht auch der einzige Regenwald der Welt auf losem Sandboden.

Im Landesinneren reicht die Vegetation von tropischem Regenwald über wilde Heidelandschaft bis hin zu Feuchtgebieten und dem einzigartigen Wallum. Dazwischen erheben sich gewaltige, bis zu 200 m hohe Sanddünen, schlängeln sich mineralhaltige Flüsse und treffen ruhige Süßwasserseen auf lange Sandstrände mit donnernder Brandung. Auf der Insel ist eine einzigartige Vielfalt an Vögeln und Tieren heimisch, darunter auch die berühmt-berüchtigten Dingos. Vor der Küste tummeln sich Seekühe, Delfine, Mantarochen, Haie und Buckelwale.

Der einstige Lieferant für Bodenschätze, Sand und Holz wurde 1992 in die Welterbe-Liste der UNESCO aufgenommen. Heu-

---

🛈 DER RICHTIGE UMGANG MIT DINGOS

Trotz der zahllosen natürlichen Sehenswürdigkeiten und Abenteuer, die auf Fraser Island locken, ist wohl nichts atemberaubender als die erste Begegnung mit einem Dingo. Die zu den reinrassigsten Dingos der Welt gehörenden Tiere der Insel sind elegant, schnell und unglaublich schön. Sie sind aber auch wilde Raubtiere, die wegen einer falschen Bewegung – oder dem Geruch von Essen – schlagartig aggressiv werden können. Obwohl es nur selten zu Angriffen kommt, sollte jeder Besucher der Insel gewisse Vorsichtsmaßnahmen beachten:

➤ Egal, wie abgemagert ein Dingo aussieht oder mit welch mitleiderregendem Blick er einen ansieht, er darf keinesfalls gefüttert werden! Werden Dingos von Menschen gefüttert, verlieren sie sehr schnell ihre Scheu und können kampflustig werden und mit anderen rivalisieren. Deshalb ist das Füttern von Dingos auch illegal und wird mit hohen Geldbußen bestraft.

➤ Essensreste niemals herumliegen lassen und auch kein Essen an die Seen mitnehmen. Beim Picknick an einem See isst man auf „gleicher Höhe" wie die Dingos, was es zu einer leichten Beute für die schnorrenden Räuber macht.

➤ Immer in Gruppen bleiben und Kinder immer in unmittelbarer Nähe bei sich behalten.

➤ Dingos zu reizen ist nicht nur grausam, sondern auch gefährlich. Am besten lässt man sie einfach in Ruhe, dann tun sie es auch.

➤ Dingos nur aus sicherer Entfernung beobachten. Also das Zoomobjektiv aufsetzen und den Mund halten, dann wird man mit tollen Fotos – und intakten Gliedmaßen – heil nach Hause kommen.

te steht die Insel als Teil des **Great Sandy National Park** weitgehend unter Naturschutz.

Das Inselparadies ist jedoch inzwischen in Gefahr: Immer mehr Geländewagen pflügen durch den Sand der Strände und Straßen im Landesinneren. Die durchschnittlich 1000 Besucher am Tag machen die Insel zu einem riesigen Sandkasten, durch den sich die Fahrzeuge im Schneckentempo quälen.

Ende Oktober 2014 wurde der Gebietsanspruch der Butchulla auf Fraser Island bestätigt, nachdem sie seit den 1970er-Jahren versucht hatten, ihr Stammesland zurückzubekommen. Sofern sie es für erforderlich halten, können die Butchulla nun die für sie wichtigen Kultstätten schützen und Besuchern möglicherweise mehr über die historische und spirituelle Bedeutung ihrer Insel nahebringen.

Sofern man nicht mit einer geführten Tour anreist, sollte man sich vor der Überfahrt in Rainbow Beach oder Hervey Bay vergewissern, dass das Fahrzeug genügend Bodenfreiheit hat und ausreichend Treibstoff sowie Essen und Wasser (zum Campen) an Bord ist.

◉ Sehenswertes & Aktivitäten

Die Inselrundfahrt beginnt an der Südspitze, wo die Fähren zum Inskip Point auf dem Festland ablegen. Ein hoch gelegter Weg, der auch bei Flut befahrbar ist, führt ins Landesinnere, im weiten Bogen am gefährlichen Hook Point vorbei, und trifft schließlich auf die Hauptdurchgangsstraße am Strand der Ostküste. Der erste Ort an dieser Straße ist **Dilli Village**, wo sich einst eine Sandgrube befand. 9 km weiter nördlich liegt das Städtchen **Eurong** mit Tankstelle, Geschäften und Restaurants. Hier beginnt die Straße quer durchs Landesinnere, die über Central Station und Wanggoolba Creek zum Fähranleger nach River Heads führt.

Beim Ranger-Zentrum in **Central Station** mitten auf der Insel beginnen einige Wanderwege, z. B. zu den herrlichen **Seen McKenzie**, **Jennings**, **Birrabeen** und **Boomanjin**, die alle auch mit dem Auto zu erreichen sind. Das sensationell klare Wasser des Lake McKenzie, der von weißen Sandstränden umgeben ist, lädt zum Schwimmen ein. Zum Lake Birrabeen kommen kaum Touristen- und Backpackergruppen.

4 km nördlich von Eurong führt ein gut ausgeschilderter Wanderweg am Strand entlang und über Sanddünen zum schönen **Lake Wabby**, dem am leichtesten zugänglichen See auf Fraser Island. Der Weg vom Lake Wabby Lookout an der Break Rd in Cornwell im Landesinneren ist noch einfacher. Der See ist an drei Seiten von einem Eukalyptuswald umgeben, an der vierten Seite befindet sich eine riesige Sanddüne, die jedes Jahr etwa 3 m weiter an den See vorrückt. Da der See erstaunlich flach ist, sollte man sich keinesfalls mit einem Kopfsprung hineinstürzen.

Bei Flut kann man nicht weiter am Strand entlangfahren, sondern muss wegen der **Poyungan** und **Yidney Rocks** ins Landesinnere ausweichen, bevor man schließlich **Happy Valley** erreicht, wo es Unterkünfte, einen Laden und ein Bistro gibt. 10 km weiter nördlich kann man sich auf dem glasklaren, schnell fließenden **Eli Creek** stromabwärts tragen lassen. 2 km hinter Eli Creek liegt das verrostete Wrack der *Maheno*. Das ehemalige Passagierschiff wurde 1935 zum Verschrotten nach Japan geschleppt, als es in einen Taifun geriet und vor der Küste auf Grund lief.

Gut 5 km nördlich der *Maheno* erheben sich die farbenprächtigen Sandklippen der **Pinnacles**. Nach weiteren 10 km erreicht man **Dundubara**, wo es eine Rangerstation und einen ausgezeichneten Campingplatz gibt. Auf den nächsten 20 km sind nur Strände zu sehen, bis schließlich der einsa-

---

FRASER ISLAND GREAT WALK

Auf dem Fraser Island Great Walk erlebt man die zauberhafte Insel ganz intensiv. Der 90 km lange Wanderweg von Dilli Village nach Happy Valley windet sich quer durchs Landesinnere. In sieben Etappen, die zwischen 6 und 16 km lang sind, sowie einigen Abzweigungen folgt der Weg den Spuren der Butchulla, den Ureinwohnern von Fraser Island. Auf dem Weg läuft man unterm Blätterdach des Regenwalds, umrundet einige der schönen Seen und überwindet hohe Wanderdünen.

Zuvor sollte man sich unbedingt auf www.nprsr.qld.gov.au über den aktuellen Zustand des Weges informieren, denn bei schlechter Passierbarkeit wird er gesperrt. Auf der Internetseite findet man auch Wanderkarten und ausführliche Infos.

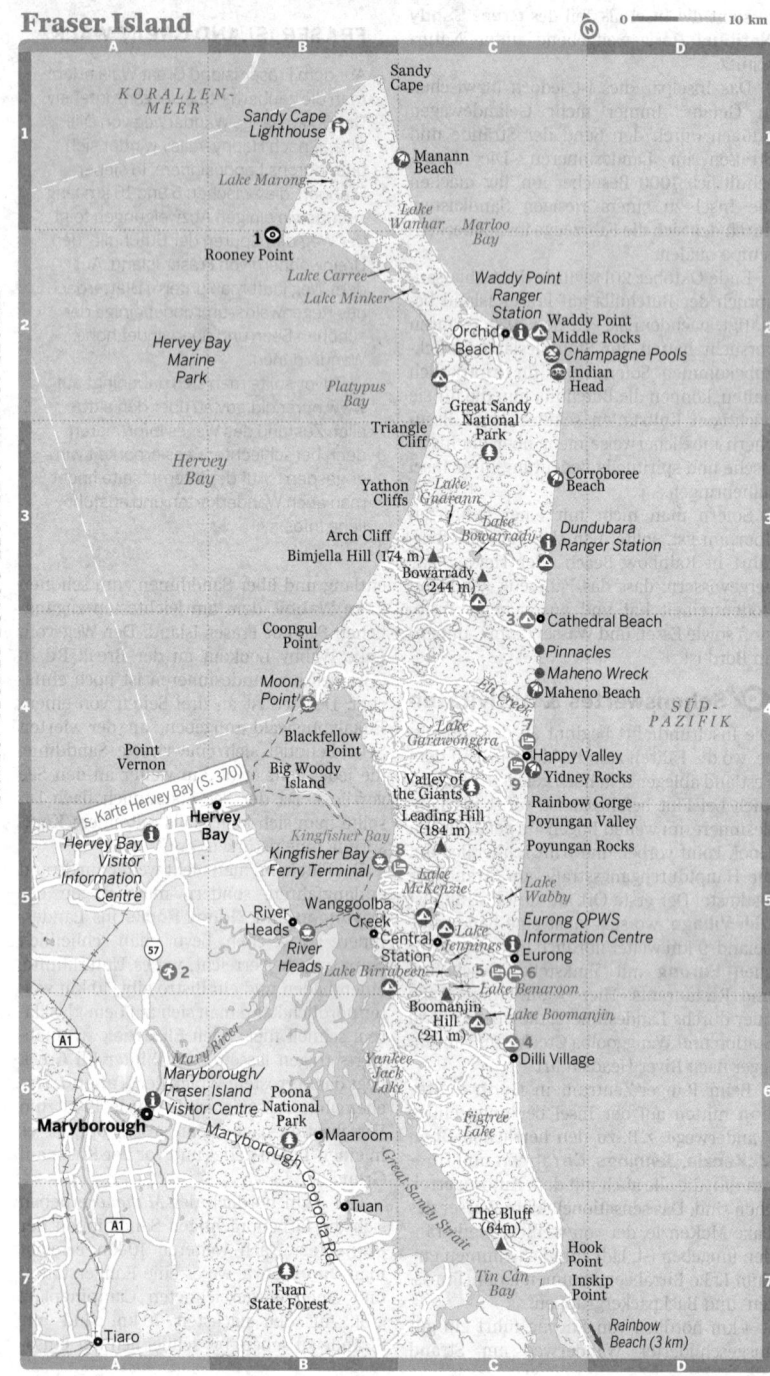

Fraser Island

0 — 10 km

KORALLEN-MEER

Sandy Cape

Sandy Cape Lighthouse

Manann Beach

Lake Marong

Lake Wanhar

Marloo Bay

Rooney Point 1

Lake Carree

Lake Minker

Hervey Bay Marine Park

Waddy Point Ranger Station

Orchid Beach

Waddy Point

Middle Rocks

Champagne Pools

Indian Head

Platypus Bay

Great Sandy National Park

Hervey Bay

Triangle Cliff

Yathon Cliffs

Lake Garawean

Corroboree Beach

Arch Cliff

Bimjella Hill (174 m)

Lake Bowarrady

Dundubara Ranger Station

Bowarrady (244 m)

Coongul Point

Cathedral Beach 3

Pinnacles

Maheno Wreck

Maheno Beach

Moon Point

Eli Creek

SÜD-PAZIFIK

Point Vernon

Lake Garawongera

Happy Valley

Yidney Rocks

Blackfellow Point

Big Woody Island

Valley of the Giants

Leading Hill (184 m)

Rainbow Gorge

Poyungan Valley

Poyungan Rocks

s. Karte Hervey Bay (S. 370)

Hervey Bay

Hervey Bay Visitor Information Centre

Kingfisher Bay

Kingfisher Bay Ferry Terminal

Lake McKenzie

Lake Wabby

River Heads

Wanggoolba Creek

Central Station

Lake Jennings

Eurong QPWS Information Centre

Eurong

River Heads

Lake Birrabeen

57 2

Lake Benaroon

A1

Boomanjin Hill (211 m)

Lake Boomanjin

Mary River

Maryborough/Fraser Island Visitor Centre

Poona National Park

Yankee Jack Lake

Dilli Village 4

Maryborough

Maryborough

Maaroom

Figtree Lake

Cooloola Rd

A1

Tuan

Great Sandy Strait

The Bluff (64m)

Tuan State Forest

Tin Can Bay

Hook Point

Inskip Point

Tiaro

Rainbow Beach (3 km)

Fraser Island

◎ Sehenswertes
1 Wrack der Panama B2

✪ Aktivitäten, Kurse & Touren
2 Susan River Homestead A5

⊜ Schlafen
3 Cathedrals on Fraser C4
4 Dilli Village Fraser Island C6
5 Eurong Beach Resort C5
6 Fraser Island Beachhouses C5
7 Fraser Island Retreat C4
8 Kingfisher Bay Resort C5
9 Sailfish on Fraser C4

me Felsen des Indian Head auftaucht. Von dieser Landspitze aus lassen sich gut Haie, Mantarochen, Delfine und (während der Saison) Wale beobachten.

Zwischen Indian Head und Waddy Point zweigt die Straße wieder ins Landesinnere ab und passiert die Champagne Pools, die einzige Stelle der Insel, an der man gefahrlos im Salzwasser baden kann. Gute Campingmöglichkeiten findet man am Waddy Point und in Orchid Beach, dem nördlichsten Ort der Insel. Die meisten Wege, die weiter nach Norden führen, sind zum Schutz der Natur gesperrt.

Das **Kingfisher Bay Resort** (☎07-4194 9300; www.kingfisherbay.com) organisiert Rundflüge mit dem Hubschrauber. **Air Fraser Island** (☎07-4125 3600; www.airfraserisland.com.au) bietet neben vielen geführten Inseltouren auch einen 15-minütigen Flug für 75 AU$ an.

🛏 Schlafen & Essen

★ Kingfisher Bay Resort RESORT $$
(☎1800 072 555, 07-4194 9300; www.kingfisherbay.com; Kingfisher Bay; DZ 188 AU$, Haus mit 2 Schlafzi. 258 AU$; ❄@☒) ✔ Das Öko-Resort hat elegante Hotelzimmer mit Balkon und raffinierte Holzhäuser mit zwei oder drei Schlafzimmern, die auf Podesten stehen, um die Umwelt zu schonen. In der Hochsaison muss man mindestens drei Nächte bleiben. Das Resort hat mehrere Restaurants, Bars und Geschäfte. Außerdem organisiert es täglich von Rangern geführte, ökologisch zertifizierte Inseltouren (Erw./Kind 160/110 AU$).

Fraser Island Beachhouses HÜTTEN $$
(☎1800 626 230, 07-4127 9205; www.fraserislandbeachhouses.com.au; Eurong Second Valley; Apt./Haus ab 150/275 AU$; ☒) Eine tolle Alternative für alle, die für sich sein möchten, aber nicht auf dem Sand zelten wollen. Die sonnigen Wohneinheiten für Selbstversorger sind mit glänzend poliertem Holz und Kabel-TV ausgestattet und haben Meerblick. Die Strandhäuser sind je nach Größe und Preis in vier Kategorien unterteilt. Für jede Kategorie gibt es eine Mindestaufenthaltsdauer.

Eurong Beach Resort RESORT $$
(☎1800 111 808, 07-4120 1600; www.eurong.com.au; Eurong; Zi. ab 135 AU$, Apt. mit 2 Schlafzi. 199 AU$; ❄@☎☒) Das freundliche, aber einfache Resort ist das größte Hotel an der Ostküste und eine gute Option für fast jeden Geldbeutel. Es gibt einfache Motelzimmer und gemütliche, komplett ausgestattete Ferienwohnungen. Das Hotel hat ein **Restaurant** (Hauptgerichte 18–40 AU$; ⊗morgens, mittags & abends), eine Bar, einen Laden, zwei Swimmingpools, Tennisplätze und eine eigene Tankstelle.

Fraser Island Retreat HÜTTEN $$
(☎07-4127 9144; www.fraserisretreat.com.au; Happy Valley; Hütte für 2 Nächte 360 AU$; @☎☒) Die neun Holzhütten für jeweils bis zu vier Personen bilden eine der preiswertesten Unterkünfte auf der Insel. Die luftigen Hütten stehen unter heimischen Bäumen in der Nähe des Strands. Es gibt eine Campingküche, ein Restaurant mit Alkoholausschank und einen Laden mit Tankstelle.

Sailfish on Fraser APARTMENTS $$$
(☎07-4127 9494; www.sailfishonfraser.com.au; Happy Valley; DZ 230–250 AU$, jede weitere Pers. 10 AU$; ☒) In der luxuriösen Unterkunft ist die raue Wildnis der Umgebung schnell vergessen. Die schicken, kleinen Apartments mit zwei Schlafzimmern bieten Platz für bis zu sechs Personen. Außerdem stehen Whirlpools, alle modernen Einrichtungen, ein herrlicher Swimmingpool und eine Waschanlage für Geländewagen zur Verfügung.

Camping

Lebensmittel und sonstige Artikel des täglichen Bedarfs sind auf der Insel kaum erhältlich und noch dazu sehr teuer. Deshalb sollte man sich gut mit Vorräten eindecken und auch Mittel gegen Mücken und Bremsen mitnehmen.

Wer auf Campingplätzen und öffentlichem Gelände, etwa am Strand, zelten möchte, benötigt eine Camping-Genehmigung des Department of National Parks, Sport and Racing (NPRSR). Die besten

SANDSAFARIS AUF FRASER ISLAND

Die einzige Möglichkeit, sich auf Fraser Island fortzubewegen, ist, abgesehen von Schusters Rappen, mit einem Geländewagen. Den Besuchern bieten sich zumeist drei Optionen: eine Selbstfahrer-Tour mit Guide unternehmen, an einer organisierten Tour teilnehmen oder einen Geländewagen mieten. Als vierte Option kann man sich in einer der Unterkünfte auf der Insel einmieten und von dort aus Tagestouren unternehmen.

Bevor man sich entscheidet, sollte man bedenken, dass die ganze Insel ein empfindliches Ökosystem darstellt. Je mehr Fahrzeuge unterwegs sind, desto größer ist der Schaden für diese einzigartige Natur und Umwelt.

Selbstfahrer-Touren mit Guide

Diese Touren sind besonders bei Rucksacktouristen sehr beliebt. Die Teilnehmer quetschen sich in mehrere Geländewagen, die dann im Konvoi dem Führungsfahrzeug mit einem erfahrenen Guide hinterherfahren. Dabei wechseln sich die Teilnehmer am Steuer ab. Das kann sehr spaßig sein, hat aber auch schon zu Unfällen geführt. Der Preis für eine solche Tour liegt zwischen 350 und 400 AU$. Vorher abklären, ob Essen, Benzin, Alkohol etc. im Preis inbegriffen ist. Bei mehrtägigen Touren wird meistens in Zelten übernachtet.

Vorteile Man lernt schnell neue Leute kennen und macht die aufregende Erfahrung, den Strand entlang zu düsen.

Nachteile Wenn das Essen nicht im Preis der Tour enthalten ist, muss man sich selber darum kümmern und eventuell sogar kochen. Die Gruppen sind manchmal größer als bei Busreisen.

Dropbear Adventures (☎1800 061 156; www.dropbearadventures.com.au) Der Veranstalter bietet jede Menge Touren ab Hervey Bay, Rainbow Beach und Noosa an, sodass man leicht einen Platz bekommt.

Fraser's on Rainbow (☎07-5486 8885; www.frasersonrainbow.com) Die Touren starten in Rainbow Beach.

Fraser Dingo (☎0400 779 880; fraserislandtagalongtours.com; Unit 13/3 Southern Cross Circuit, Urangan; 2-tägige Tour 304 AU$) Im Preis inbegriffen sind die Mahlzeiten und die Übernachtung in einem Hostel.

Pippies Beach House (☎07-5486 8503; www.pippiesbeachhouse.com.au) Die gut organisierten Konvois mit wenigen Fahrzeugen und hohem Sicherheitsstandard starten in Rainbow Beach.

Nomads (☎07-5447 3355; www.nomadsfraserisland.com) Ab Noosa.

NPRSR-Campingplätze (☎13 74 68; www.nprsr.qld.gov.au; 5,45/21,80 AU$ pro Pers./Fam.) haben Münzduschen mit warmem Wasser, Toiletten und Grillplätze. Solche Plätze befinden sich am Waddy Point, in Dundubara und in Central Station. Wer mit einem Fahrzeug unterwegs ist, kann auch die kleineren Campingplätze mit weniger Einrichtungen am Lake Boomanjin sowie in Ungowa und Wathumba an der Westküste ansteuern. Abseits der größeren Campingplätze können Wanderer ihre Zelte entlang des Fraser Island Great Walk Trail aufschlagen. Die Stellplätze mit den jeweiligen Einrichtungen sind in der Wanderkarte verzeichnet. An ausgewiesenen Stellen an der Ostküste darf man auch am Strand zelten, doch gibt es dort keinerlei sanitären Einrichtungen. Abgesehen von den öffentlichen Feuerstellen am Waddy Point und in Dundubara ist offenes Feuer überall verboten. Brennholz muss absolut unbehandelt sein und selbst mitgebracht werden.

Dilli Village Fraser Island CAMPING $
(☎07-4127 9130; www.usc.edu.au; Stellplatz 10 AU$/Pers., B/Hütte 50/120 AU$) Der von der University of the Sunshine Coast geführte Campingplatz bietet gute Stellplätze auf einem leicht abschüssigen Gelände.

Cathedrals on Fraser WOHNWAGENPARK $
(☎07-4127 9177; www.cathedralsonfraser.com.au; Cathedral Beach; Stellplatz ohne/mit Strom 39/45 AU$, Hütte mit/ohne Bad 220/180 AU$; @)

Organisierte Touren

Die organisierten Touren klappern zumeist alle wichtigen Sehenswürdigkeiten der Insel ab: die Regenwälder, Eli Creek, Lake McKenzie und Lake Wabby, die farbenprächtigen Pinnacles und das Wrack der *Maheno*.

Vorteile Fachkundige Erklärungen, ordentliches Essen und gemütliche Unterkünfte. Zudem ist dies oft die preisgünstigste Option.

Nachteile Die Sehenswürdigkeiten teilt man sich oft mit ganzen Busladungen voller Tagesausflügler. Weniger zwanglos und unterhaltsam.

Cool Dingo Tours (07-4120 3333; www.coolingotour.com; 2-/3-tägige Tour ab 325/395 AU$) Übernachtet wird in Lodges, in denen man auch länger bleiben kann. Party inklusive.

Fraser Explorer Tours (07-4194 9222; www.fraserexplorertours.com.au; 1-/2-tägige Tour 175/319 AU$) Jede Menge Touren mit sehr guten Fahrern.

Fraser Experience (07-4124 4244; www.fraserexperience.com; 1-/2-tägige Tour 180/327 AU$) Kleine Gruppen und flexible Routen.

Remote Fraser (07-4124 3222; www.tasmanventure.com.au; Tour 150 AU$) bietet Tagestouren an die weniger stark besuchte Westküste.

Mieten eines Geländewagens

Geländewagen werden sowohl in Hervey Bay und Rainbow Beach als auch auf Fraser Island selbst vermietet. Alle Autovermietungen verlangen eine saftige Kaution, die zumeist in Form eines Kreditkartenausdrucks zu bezahlen ist. Die Kaution wird *nicht* zurückerstattet, wenn man durch Salzwasser fährt – was sowieso generell keine gute Idee ist!

Bei der Tourplanung sollte man auf den Strecken im Landesinneren mit einer Geschwindigkeit von 20 km/h, auf dem Strand an der Ostküste mit 40 km/h rechnen. Die meisten Unternehmen helfen auch bei der Buchung der Fähre, organisieren Genehmigungen und Campingausrüstung. Die Preise für eine Mietzeit von mehreren Tagen beginnen bei 185 AU$ pro Tag.

Vorteile Man ist vollkommen frei in der Gestaltung der Route. Keine Menschenmassen.

Nachteile Teilweise ist der Zustand von Strand und Straßen selbst für geübte Fahrer eine echte Herausforderung. Außerdem ist das die teuerste Variante.

Autovermietungen gibt es in **Hervey Bay** (S. 373) und **Rainbow Beach** (S. 375). Auf Fraser Island vermietet **Aussie Trax** (07-4124 4433; www.fraserisland4wd.com.au) Geländewagen ab 283 AU$ pro Person und Tag.

Der private Campingplatz ist riesig und hat jede Menge ebene, mit Gras bewachsene Stellplätze. Zum Schutz vor Dingos ist er ringsum eingezäunt und deshalb ideal für Familien.

ⓘ Praktische Informationen

In den Geschäften in Cathedral Beach, Eurong, Kingfisher Bay, Happy Valley und Orchid Beach kann man sich mit Proviant eindecken und telefonieren. Auch viele Campingplätze haben ein öffentliches Telefon.

Das **Eurong QPWS Information Centre** (07-4127 9128) ist die größte Rangerstation der Insel. Weitere Stationen gibt es in **Dundubara** (07-4127 9138) und **Waddy Point** (07-4127 9190). Allerdings sind die Büros oft nicht besetzt, da die Ranger auf Patrouille sind.

GENEHMIGUNGEN

Genehmigungen für Fahrzeuge (11/27,70/43,60 AU$ pro Tag/Woche/Monat) und zum Campen auf den NPRSR-Campingplätzen (5,45/21,80 AU$ pro Pers./Fam.) müssen vor der Ankunft bei der **NPRSR** (13 74 68; nprsr.qld.gov.au) gekauft werden. Wer auf privaten Campingplätzen oder in einem der Resorts übernachten möchte, benötigt keine Genehmigung. Die Genehmigung besorgt man sich entweder im Internet oder erkundigt sich bei den Besucherzentren nach den aktuellen Verkaufsstellen.

ⓘ An- & Weiterreise

FLUGZEUG

Bei Air Fraser Island (S. 381) kostet ein Rückflug zum Strand der Ostküste (30 Min. hin & zurück) ab 135 AU$ aufwärts. Die Flieger heben vom Flughafen in Hervey Bay ab.

SCHIFF/FÄHRE

Die Autofähren nach Fraser Island starten in **River Heads**, 10 km südlich von Hervey Bay, und weiter südlich am **Inskip Point** bei Rainbow Beach.

Fraser Venture Barge (1800 227 437, 07-4194 9300; www.fraserislandferry.com.au) Die Fähren (Fahrzeug inkl. 4 Pers. hin & zurück 165 AU$, 30 Min.) verkehren zwischen River Heads und Wanggoolba Creek an der Westküste von Fraser Island. Abfahrt in River Heads ist täglich um 8.30, 10.15 und 16 Uhr, die Rückfahrt von der Insel ist um 9, 15 und 17 Uhr.

Kingfisher Bay Ferry (1800 227 437, 07-4194 9300; www.fraserislandferry.com) Die Auto- und Passagierfähre (Fußgänger hin & zurück Erw./Kind 50/25 AU$, Fahrzeug inkl. 4 Pers. hin & zurück 165 AU$, 50 Min.) verkehrt täglich zwischen River Heads und Kingfisher Bay. Abfahrt ist um 6.45, 9, 12.30, 15.30, 18.45 und (nur Fr & Sa) 21.30 Uhr, die Rückfahrt um 7.50, 10.30, 14, 17, 20.30 und (ebenfalls nur Fr & Sa) 23 Uhr.

Manta Ray (07-5486 3935; mantarayfraserislandbarge.com.au) Die beiden Fähren starten in Rainbow Beach und setzen dann in 15 Minuten von Inskip Point nach Hook Point über (Fahrzeug hin & zurück 110 AU$). Sie fahren täglich von 6–17.30 Uhr ständig hin und her.

Unterwegs vor Ort

Für Fahrten auf Fraser Island ist ein Geländewagen unabdingbar. Außerdem ist eine **Genehmigung** (S. 383) erforderlich. Teures Benzin bekommt man in den Geschäften von Cathedral Beach, Eurong, Kingfisher Bay, Happy Valley und Orchid Beach. Bei einer Panne hilft der **Abschleppdienst** (tow-truck service 0428 353 164, 07-4127 9449) in Eurong.

Der **Fraser Island Taxi Service** (07-4127 9188; www.fraserservice.com.au) fährt mit dem Geländewagen in jeden Winkel von Fraser Island. Unbedingt im Voraus buchen, denn es gibt nur ein einziges Allrad-Taxi für die ganze Insel!

Capricorn Coast & Southern Reef Islands

Inhalt ➡
Agnes Water & Town of 1770 387
Southern Reef Islands 389
Rockhampton 390
Yeppoon 393
Great Keppel Island 394
Hinterland der Capricorn Coast 395

Gut essen
➡ Ferns Hideaway Restaurant (S. 396)
➡ Getaway Garden Café (S. 388)
➡ Ginger Mule (S. 392)
➡ Great Western Hotel (S. 392)
➡ Megalomania (S. 394)

Schön übernachten
➡ Svendsen's Beach (S. 395)
➡ LaLaLand Retreat (S. 388)
➡ Coral Inn Yeppoon (S. 394)
➡ Lady Elliot Island Resort (S. 390)
➡ Myella Farm Stay (S. 391)

Auf an die Capricorn Coast & zu den Southern Reef Islands!

Die tropische Capricorn Coast gehört zu den ruhigsten und schönsten Abschnitten an der Ostküste. In den Ferien tummeln sich einheimische Familien an den Stränden, ansonsten ist es hier aber selbst in der Hauptsaison nicht sehr voll und man muss nie lange nach einem einsamen Strand suchen.

Die pulvrigen weißen Traumstrände und das aquamarinblaue Wasser an der Capricorn Coast sind absolut postkartenreif. Die friedvollen Inseln des südlichen Great Barrier Reef bieten einige der besten Tauch- und Schnorchelmöglichkeiten Queenslands. Auch viele Tiere – von Schildkrötenjungen bis hin zu vorbeiziehenden Walen – kann man hier beobachten. Unberührte Strände und windgepeitschte Nationalparks säumen die gesamte Küstenlinie.

Landeinwärts liegt das geschäftige Rockhampton – Capricornias Wirtschaftszentrum und Hauptstadt des „Cattle Country" mit Steakhäusern, Rodeos und, damit auch jeder gleich weiß, was hier los ist, gigantischen Hüten.

Reisezeit
Rockhampton

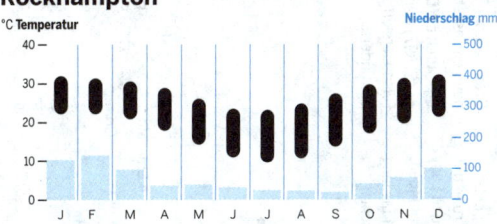

Feb. Das Agnes Blues & Roots Festival sorgt für Stimmung an der Discovery Coast.

Mai–Sept. Bei warmen Wintertemperaturen kann man wunderbar Schwimmen und Sonnenbaden.

Dez. Die Sommersonnenwende lässt die Capricorn Caves in sagenhaftem Licht erstrahlen.

Highlights

1 Beim Tauchen die spektakulären Korallengärten rund um **Heron Island** (S. 390) und **Lady Elliot Island** (S. 389) erkunden.

2 Einen wunderbaren Tag lang die Seele auf der tropischen

Great Keppel Island (S. 394) baumeln lassen.

3 Durch die **Carnarvon Gorge** (S. 397) wandern und die Felsmalereien der Aborigines bewundern.

4 In **Rockhampton** (S. 390), Australiens Rindfleischhauptstadt, ein riesiges Steak verputzen.

5 In den **Capricorn Caves** (S. 393) durch spannende

schwarze Löcher und enge Tunnel krabbeln.

6 Auf den **Edelsteinfeldern** (S. 396) nach Saphiren suchen.

7 In **Agnes Water** (S. 387), Queenslands nördlichstem Surfstrand, auf den Wellen reiten oder einfach nur mal ausgiebig chillen.

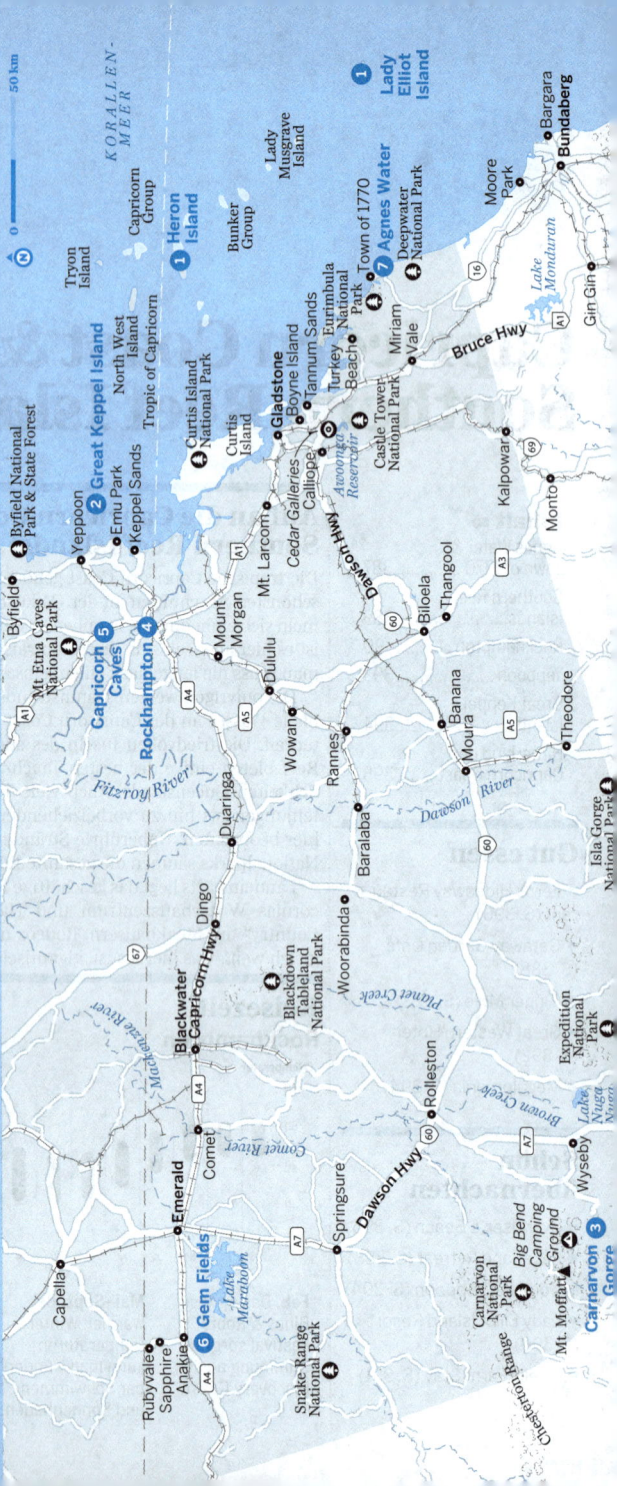

Agnes Water & Town of 1770

1815 EW.

Umgeben von Nationalparks und dem blauen Ozean gehören die Zwillingsstädte Agnes Water und Town of 1770 zu den schönsten und entspanntesten Zielen an der Küste von Queensland. Das winzige Nest Agnes Water hat den nördlichsten Surfstrand der australischen Ostküste. Und das noch kleinere Town of 1770 ist wenig mehr als ein Jachthafen und markiert Captain Cooks ersten Landgang in diesem Staat. Es ist ideal zum Kajakfahren und für Stand-up-Paddling. Die „Discovery Coast" (wie sie auch genannt wird) ist zudem beliebt zum Angeln oder Bootfahren abseits der Massen. Um die Orte zu erreichen, fährt man bei Miriam Vale (70 km südlich von Gladstone) Richtung Osten vom Bruce Hwy ab. Nun sind es noch 57 km bis Agnes Water und weitere 6 km bis Town of 1770.

⊙ Sehenswertes & Aktivitäten

Agnes Water ist Queenslands nördlichster **Surfstrand**. Der Hauptstrand mit seinen oft tollen Breaks wird von den Rettungsschwimmern des Surfclubs bewacht. Flussaufwärts im Round Hill Creek kann man gut **angeln** und **Schlammkrabben sammeln**. Außerdem gibt es Charterboote, die Angel-, Surf-, Schnorchel- und Tauchausflüge zum Riff anbieten. Wer will, kann sich in dem kleinen Yachthafen von Town of 1770 auch ein Boot mieten und zum Angeln rausfahren (halber/ganzer Tag 75/110 AU$); nach Poppy Bob fragen. Wer lieber in Gesellschaft ist, wendet sich an den Veranstalter **Hooked on 1770** (07-4974 9794; www.1770tours.com; Halb-/Ganztagstour 150/220 AU$).

Deepwater National Park NATIONALPARK
(www.nprsr.qld.gov.au/parks/deepwater) 8 km südlich von Agnes Water befindet sich eine unberührte Küstenlandschaft mit langen Sandstränden, Wanderwegen, Süßwasserbächen, guten Angelstellen und zwei Campingplätzen, die allerdings nur per Allradwagen zu erreichen sind. Zwischen November und Februar legen hier Unechte Karettschildkröten ihre Eier. In den Nächten von Januar bis April schlüpfen die Kleinen dann.

Reef 2 Beach Surf School SURFEN
(07-4974 9072; www.reef2beachsurf.com; Agnes Water Shopping Centre, Agnes Water) Bei dieser sehr renommierten Surfschule kann man in den leichten Wellen am Hauptstrand das Surfen lernen. Ein dreistündiger Gruppenunterricht kostet 17 AU$/Pers., Surfbretter werden verliehen (20 AU$/4 Std.).

1770 Liquid Adventures KAJAKFAHREN
(0428 956 630; www.1770liquidadventures.com.au) Wie wär's mit einer spektakulären Kajaktour in der Abenddämmerung? Für 55 AU$ gleitet man erst über die Wellen vor 1770, danach relaxt man bei Drinks und Snacks am Strand, genießt den Sonnenuntergang und hält nach Delfinen Ausschau. (Kajakverleih 20 AU$/Std.).

1770 SUP WASSERSPORT
(0421 026 255; www.1770SUP.com.au; Tour 1/2 Std. 35/50 AU$) Die ruhigen Gewässer vor den Stränden von 1770 lassen sich wunderbar auf einem SUP-Brett erkunden. Im Preis enthalten ist eine Übungsstunde. Wer sicher auf dem Brett steht, kann sich eins ausleihen (1/2 Std. 20/30 AU$). Der Anhänger mit den SUPs steht in 1770 oft am Ufer gegenüber der Tree Bar.

Scooteroo MOTORRADFAHREN
(07-4974 7697; www.scooterootours.com; 21 Bicentennial Dr, Agnes Water; Motorradtour 3 Std./75 AU$) Rauf auf die Maschine und los geht's auf eine coole, fesselnde, 50 km lange Fahrt durchs Umland. Jeder, der einen Autoführerschein hat, darf mit diesen Motorrädern im Chopper Style fahren. Lange Hosen und feste Schuhe muss man selbst mitbringen, die Lederjacke „für ganze Kerle" (natürlich mit Flammen-Muster) wird von Scooteroo gestellt.

⊙ Geführte Touren

★ **Lady Musgrave Cruises** BOOTSFAHRT
(07-4974 9077; www.1770reefcruises.com; Captain Cook Dr, Town of 1770; Erw./Kind 190/90 AU$; ⊙ tgl. 8.30 Uhr) Dieser Familienbetrieb bietet hervorragende Tagesausflüge zur Lady Musgrave Island. Man verbringt fünf Stunden auf der Insel. Im Preis enthalten sind Korallengucken in einem Halbtaucherboot, das Mittagessen, Vor- und Nachmittagstee sowie die Schnorchelausrüstung. Gegen einen Aufpreis kann man auch tauchen oder am Riff angeln. Für Camper gibt's Inselshuttles (450 AU$/Pers.).

ThunderCat 1770 ABENTEUERTOUR
(0411 078 810; Touren ab 70 AU$) Man rast in einem Rennboot oder im Tube Rider Xpress über die Wellen. Am besten ist aber die Sumo-Weste, mit der man durchs Wasser hopst und trudelt. Wer auf den Adrenalinkick ver-

zichten kann, nimmt an der ruhigeren Öko-Tour „Wilderness Explorer" teil.

1770 Larc Tours   GEFÜHRTE TOUR
(07-4974 9422; www.1770larctours.com.au; Erw./Kind 155/95 AU$) Siebenstündige Touren in einem der witzigsten Öko-Wagen der Welt (ein pinkfarbenes Amphibienmilitärfahrzeug) rund um Bustard Head und den Eurimbula National Park. Angeboten werden auch einstündige Nachmittagsfahrten (Erw./Kind 38/17 AU$) und Sandboarding-Safaris (120 AU$).

Feste & Events

Agnes Blues & Roots Festival   MUSIK
(www.agnesbluesandroots.com.au; SES Grounds, Agnes Water) Am letzten Wochenende im Februar zeigen australische Stars und Newcomer, was sie drauf haben.

Schlafen

Workmans Beach Camping Area   CAMPING $
(Workmans Beach, Springs Rd, Agnes Water; Stellplatz 6 AU$/Pers.) Workmans Beach ist ein von der Kommune verwalteter Campingplatz mit großen Stellplätzen in Strandnähe. Es gibt Duschen (nur Kaltwasser), Plumpsklos und Gasgrills. Wer sich unsterblich in den Platz verliebt hat, kann bis zu 44 Tage hier bleiben. Reservierungen sind nicht möglich. Man sucht sich einfach einen Platz und wartet, bis ein gut gelaunter Platzwärter morgens zu nachtschlafender Zeit ans Wohnmobil klopft oder ans Zelt kommt, um abzukassieren.

Cool Bananas   HOSTEL $
(07-4974 7660, 1800 227 660; www.coolbananas.net.au; 2 Springs Rd, Agnes Water; B 28 AU$; @) Die junge, gesellige Backpacker-Bleibe mit balinesischem Dekor hat Schlafsäle für sechs und acht Personen sowie offene, luftige Gemeinschaftsbereiche. Sie ist nur fünf Gehminuten vom Strand und von den Geschäften entfernt. In dem tropischen Garten kann man in einer der Hängematten die Seele baumeln lassen.

1770 Southern Cross Tourist Retreat   HOSTEL $
(07-4974 7225; www.1770southerncross.com; 2694 Round Hill Rd, Agnes Water; B/DZ inkl. Frühstück 25/85 AU$; @) Angenehme, nette Unterkunft in einem Eukalyptuswald mit vielen Einrichtungen inmitten der Natur. Es gibt einen Pool, einen Grillbereich mit Hängematten und ein Lagerfeuer am Teich. Abends wird zwar oft gefeiert, aber dennoch kann man hier nachts wunderbar ruhig schlummern. Das Hostel liegt 2,5 km außerhalb des Ortes und ist mit einem Zubringerbus zu erreichen.

1770 Camping Ground   WOHNWAGENPARK $
(07-4974 9286; www.1770campingground.com.au; Captain Cook Dr, Town of 1770; Stellplatz ohne/mit Strom ab 33/37 AU$) Großer, ruhiger Park mit Stellplätzen direkt am Strand und vielen Schatten spendenden Bäumen.

★ LaLaLand Retreat   PENSION $$
(07-4974 9554; www.lalalandholiday.com.au; 61 Bicentennial Dr, Agnes Water; Hütte 135–240 AU$; P   ) Die farbenfrohen Hütten dieser geselligen Pension an der Zufahrtsstraße in die Stadt stehen inmitten von hübschem Buschland und bieten Platz für bis zu fünf Personen. Es gibt einen tollen, als Lagune gestalteten Pool. Außerdem ist die Anlage barrierefrei und bietet das Gefühl totaler Abgeschiedenheit von jeglicher Zivilisation. Wer vorher anruft, kommt vielleicht in den Genuss eines Preisnachlasses.

Agnes Water Beach Club   APARTMENTS $$
(07-4974 7355; www.agneswaterbeachclub.com.au; 3 Agnes St, Agnes Water; 1-/2-Zi.-Apt. ab 150/250 AU$; @) Luxusapartments für Gruppen und Familien mit hervorragendem Preis-Leistungs-Verhältnis und exzellenten Einrichtungen. Erstklassige Lage in Strandnähe.

Essen

Agnes Water Bakery   BÄCKEREI $
(Endeavour Plaza, Agnes Water; Pasteten 5 AU$; Mo–Sa 6–16, So 6–14 Uhr) Ein absolutes Muss! Die Pasteten sind hier um ein Vielfaches besser als die der meisten Stadtbäckereien – ganz zu schweigen von denen in verschlafenen Badeorten. Die Füllungen sind wahrhaft lecker, es gibt sogar eine vegetarische Variante mit Brokkoli und Cheddar. Auch Süßes schmeckt hier göttlich. Hier ist immer viel los – also nicht allzu spät kommen.

★ Getaway Garden Café   MODERN-AUSTRALISCH $$
(07-4974 9232; 303 Bicentennial Dr, Agnes Water; Frühstück 7–19 AU$, Mittagessen 10–22 AU$, Abendessen 20–25 AU$; So–Do 8–16 Uhr, Mi & So 17.30 Uhr–open end) Das luftige Café mit Blick auf Seerosenteiche ist nur einen kurzen Spaziergang von mehreren einsamen Stränden entfernt. Hier schmeckt alles köstlich, das Eier-Benedict-Frühstück mit Lachs

genauso wie die mittags angebotenen Burger. Der Lammbraten vom Spieß (mittwoch- und sonntagabends) ist bei den Einheimischen sehr beliebt (unbedingt reservieren). Außerhalb der Hauptessenszeiten kann man hier aber auch wunderbar ein Stück Kuchen und eine Tasse Kaffee genießen.

Tree Bar MODERN-AUSTRALISCH $$
(07-4974 7446; 576 Captain Cook Dr, Town of 1770; Hauptgerichte 16–34 AU$; morgens, mittags & abends) Einfache, kleine, salzverkrustete Diner-Bar mit Plastiktischen. Es weht eine leichte Brise und der Blick schweift durch die Bäume aufs Meer. Die Seafood-Gerichte sind der Renner, aber auch das Frühstück (ab 8 AU$) ist verdammt gut.

Agnes Water Tavern PUB-ESSEN $$
(07-4974 9469; 1 Tavern Rd, Agnes Water; Hauptgerichte 15–30 AU$; ab 11.30 Uhr) Der nette Pub hat viele Plätze im Freien und mittags und abends besondere Tagesgerichte.

Shoppen

1770 Markets MARKT
(SES Grounds, Town of 1770; So 8–12 Uhr) Auf dem heiteren Markt mit seinen geschwätzigen Budenbesitzern findet man so ziemlich alles – von Essbarem bis hin zu Antiquitäten. Der Markt findet jeden zweiten und vierten Sonntag im Monat statt.

Praktische Informationen

Agnes Water Visitors Centre (07-4902 1533; 71 Springs Rd, Town of 1770; Mo-Fr 9–17, Sa & So 9–16 Uhr) Die übereifrigen Freiwilligen versorgen Besucher selbst dann noch mit Infos und Broschüren, wenn das Zentrum schon geschlossen ist.

An- & Weiterreise

Ein paar **Greyhound-Busse** (1300 473 946; www.greyhound.com.au) biegen vom Bruce Hwy nach Agnes Water ab. Es gibt tägliche Verbindungen nach Bundaberg (26 AU$, 1½ Std.) und Cairns (224 AU$, 21 Std.). Auch **Premier Motor Service** (13 34 10; www.premierms.com.au) bedient die Stadt.

Southern Reef Islands

Wer schon immer mal wissen wollte, wie sich ein Leben als Schiffbrüchiger anfühlt, ist hier auf den Inseln am südlichen Great Barrier Reef am Ziel seiner Träume angekommen – winzige Korallenatolle mit weißem Sandstrand, umgeben von azur-

> **QUALLEN**
>
> Die tödlichen Würfelquallen Chironex fleckeri und Irukandji, alias Seewespen oder Marine Stingers, sind etwa von Oktober bis April in den Küstengewässern Queenslands nördlich von Agnes Water (und gelegentlich auch weiter südlich) anzutreffen. In diesen Monaten ist das Baden in Küstennähe nicht zu empfehlen. Glücklicherweise ist Schwimmen und Schnorcheln rund um die Riffinseln aber das ganze Jahr über unproblematisch, obwohl an den äußeren Riffs und Inseln schon die seltene, winzige Irukandji-Qualle (Durchmesser 1–2 cm) gesichtet wurde. Unbedingt vor Ort nachfragen oder sich einen Ganzkörper-Stinger-Suit ausleihen.

blauem Meer. Zwischen der wunderschönen Lady Elliot Island, 80 km nordöstlich von Bundaberg, und der Tryon Island liegen über 140 km verstreut viele einsame Korallenriffs und Atolle.

Mehrere Inselchen in diesem Teil des Riffs bieten ausgezeichnete Schnorchel- und Tauchmöglichkeiten. Allerdings ist die Anreise im Allgemeinen teurer als die zu den näher an der Küste gelegenen Inseln. Einige der Inseln sind wichtige Brutstätten für Schildkröten und Seevögel. Zum Schutz von Flora und Fauna sollten Besucher die im Department of National Parks, Sport and Racing (NPRSR) ausliegenden Informationsblätter und Vorsichtsregeln lesen.

Campen kann man auf Lady Musgrave, Masthead und auf den Inseln im North West National Park, man muss sich aber komplett selbst versorgen. Es gibt nur eine bestimmte Anzahl an Camping-Genehmigungen, sodass man den Antrag rechtzeitig beim **NPRSR** (13 74 68; www.nprsr.qld.gov.au; Genehmigung pro Pers./Fam. 5,45/21,80 AU$) stellen sollte.

Die Inseln sind von Town of 1770 und Gladstone aus zu erreichen.

Lady Elliot Island

Die 40 ha große Lady Elliot Island am Südrand des Great Barrier Reef ist ein bewachsenes Korallenatoll mit brütenden Meeresschildkröten und beeindruckend vielen Seevögeln. Hier gibt es die besten Schnorchelmöglichkeiten des gesamten südlichen Great Barrier Reef. Auch Taucher kommen auf ihre Kosten. Sie können einen Meeresboden voller Schiffswracks, Korallengärten, Bommies (einzeln stehende Korallenfelsen bzw. -säulen) und Spritzlöchern erkunden. Zum großen maritimen Reichtum gehören u. a. Barrakudas, riesige Mantarochen und harmlose Leopardenhaie.

Lady Elliot Island ist kein Nationalpark. Wegen des Campingverbots bleibt zum Übernachten aber nur das **Lady Elliot Island Resort** (1800 072 200; www.ladyelliot.com.au; 147–350 AU$/Pers.) mit Zelthütten, einfachen Wohneinheiten im Motelstil und teureren Selbstversorger-Suiten mit zwei Zimmern. Im Preis enthalten sind Frühstück, Abendessen, Schnorchelausrüstung und ein paar geführte Touren.

Die Insel ist nur mit einem Kleinflugzeug zu erreichen. Resortgäste werden von Bundaberg, der Gold Coast und von Hervey Bay eingeflogen. Das Resort organisiert auch fantastische **Tagesausflüge**, die unbedingt ihr Geld wert sind (Rundflug, Schnorcheltour und Mittagessen für ca. 300 AU$). Weitere Infos gibt es auf der Website. Flüge und Tagesausflüge können über die hiesigen Reisebüros gebucht werden.

Lady Musgrave Island

Möchtegern-Robinsons müssen nicht länger suchen. Dieses winzige, 15 ha große Eiland liegt 100 km nordöstlich von Bundaberg am Westrand einer wunderschönen türkisblauen Rifflagune, die für sicheres Schwimmen, Schnorcheln und Tauchen bekannt ist. Ein makelloser weißer Sandstrand säumt dichte Pisonienwälder, in denen unzählige Vögel leben, u. a. Seeschwalben, Sturmtaucher und Weißkopfnoddis. Die Vögel brüten von Oktober bis April, die Grünen Meeresschildkröten vermehren sich von November bis Februar.

Die unbewohnte Insel gehört zum Capricornia Cays National Park. Auf der Westseite der Insel gibt's einen NPRSR-Campingplatz. Camper müssen sich komplett selbst versorgen und sogar ihr eigenes Trinkwasser mitbringen. Da maximal 40 Personen gleichzeitig erlaubt sind, sollte man die Genehmigung rechtzeitig beim **NPRSR** (13 74 68; www.nprsr.qld.gov.au; Pers./Fam. 5,45/21,80 AU$) beantragen. Gaskocher nicht vergessen, denn auf der Insel herrscht Feuerverbot!

Tagesausflüge (190 AU$) zur Lady Musgrave Island starten am Yachthafen von Town of 1770.

Heron Island & Wilson Island

Mit seiner direkt vom Strand aus zugänglichen Unterwasser-Riffwelt gehört Heron Island zu den am leichtesten erreichbaren Tauch- und Schnorchelrevieren der Southern Reef Islands. Allerdings ist der Besuch des dicht mit Pisonien bewachsenen und von einer 24 km² großen Riffzone umgebenen Inselchens nicht gerade billig. Im nordöstlichen Drittel der Insel gibt es ein Resort und eine Forschungsstation; der Rest ist als Nationalpark ausgewiesen.

🛏 Schlafen

Heron Island Resort RESORT $$$
(1300 863 248; www.heronisland.com; DZ/FZ/Strandhaus ab 434/798/3198 AU$) Komfortable Unterkunft für Familien und Paare. Die Point Suites haben die beste Aussicht. Über die Website sind oft wahre Schnäppchen möglich. Mahlzeiten kosten extra. Die Anreise ab Gladstone kostet per Boot pro Erw./Kind 50/25 AU$ (einfache Fahrt), per Wasserflugzeug 291 AU$ und per Hubschrauber 395 AU$.

Wilson Island REFUGIUM $$$
(1300 863 248; www.wilsonisland.com; DZ 463 AU$/Pers.) Wilson Island gehört ebenfalls zu einem Nationalpark und ist ein exklusives Wildnisrefugium mit sechs fest aufgestellten „Zelten" und solarbeheizten Duschen. Die Insel ist nur von der Heron Island aus zugänglich. Besucher müssen ein Wilson-Heron-Pauschalangebot buchen und mindestens zwei Nächte auf Wilson Island bleiben. Der Transfer zwischen Wilson und Heron sowie Mahlzeiten und Getränke sind im Preis enthalten.

Die Insel hat ausgezeichnete Strände und hervorragende Schnorchelmöglichkeiten zu bieten. Wer zur entsprechenden Jahreszeit auf der Insel ist, kann auch Schildkröten beobachten.

Rockhampton

61724 EW.

Willkommen in Rockhampton (oder auch „Rocky"). Hier ist alles groß: die Hüte, die Stiefel und die Autos – am größten sind aber die Stiere. Mit über 2,5 Mio. Rindern in einem Umkreis von 250 km ist Rockhampton zu Recht als Australiens „Beef Capital" anzusehen. Die ausufernde Provinzstadt ist das Verwaltungs- und Handelszentrum von

Central Queensland. Die breiten Straßen und schönen Gebäude aus viktorianischer Zeit (ein Spaziergang durch die Quay St. lohnt sich) zeugen von der Blütezeit dieser Region im 19. Jh. – bedingt durch Gold- und Kupferabbau sowie Rinderzucht.

In dem am Südlichen Wendekreis gelegenen Rocky kann es brütend heiß werden. Die Stadt liegt 40 km landeinwärts, kühle Seebrisen gibt es also nicht. Die Sommer sind oft unerträglich feucht. Die Stadt hat zwar auch ein paar Attraktionen aufzuweisen, aber eigentlich wird sie nur als Tor zu den Küstenperlen Yeppoon und Great Keppel Island betrachtet.

Sehenswertes

★ Botanic Gardens GARTEN
(07-4932 9000; Spencer St; 6–18 Uhr) GRATIS Der Garten südlich der Stadt ist eine wundervolle Oase mit tropischen und subtropischen Regenwäldern, Landschaftsgärten und Lagunen voller Seerosen. Der japanische Garten ist ein Zen-Bereich der Ruhe, es gibt ein Café (8–17 Uhr) und einen tollen Zoo (8.30–16.30 Uhr, Eintritt frei) mit Koalas, Beutelmäusen, Dingos, Affen, einem begehbaren Vogelhaus und vielem mehr.

Südlicher Wendekreis AREAL
(Gladstone Rd) Hier dreht sich alles um den Breitengrad! Beim Besucherzentrum in der Gladstone Rd ist der Südliche Wendekreis durch eine in den Himmel ragende Spitze gekennzeichnet.

Dreamtime Cultural Centre KULTURZENTRUM
(07-4936 1655; www.dreamtimecentre.com.au; Bruce Hwy; Erw./Kind 14/6,50 AU$; Mo-Fr 10–15.30, Führungen 10.30 & 13 Uhr) Rund 7 km nördlich vom Stadtzentrum gibt das Dreamtime Cultural Centre leicht verständliche Einblicke in Geschichte und Kultur der Aborigines bzw. Torres Strait Islanders. Die großartigen Führungen zum Mitmachen (90 Min; inkl. Werfen des eigenen Bumerangs) eignen sich für alle Altersklassen.

Geführte Touren

Little Johnny's Tours and Rentals GEFÜHRTE TOUR
(0414 793 637; www.littlejohnnysrentals.com.au) Dieser Veranstalter organisiert Ausflüge zu in der Nähe gelegenen Attraktionen wie Byfield und den Capricorn Caves und fährt mit Minibussen vom Rockhampton Airport nach Yeppoon und zurück.

Schlafen

Die nördlichen und südlichen Zufahrtstraßen nach Rocky sind von zahlreichen Motels gesäumt. Wer allerdings gern in den eleganten, von Palmen gesäumten Straßen am Fitzroy River spazieren gehen will, sollte sich nach Möglichkeit besser eine Bleibe

---

RINGERS & COWBOYS: FARMAUFENTHALTE

Wer hätte keine Lust, auf einer echten Viehfarm im australischen Outback roten Staub aufzuwirbeln und den Unterschied zwischen einem *jackeroo*, einem *ringer*, einem *stockman* und einem *cowboy* herauszufinden? Während eines solchen Farmaufenthalts erlebt man die alltäglichen Aktivitäten auf einer Viehfarm hautnah: Reiten, Motorradfahren, Rinder zusammentreiben, Zäune bauen, überm Lagerfeuer *damper* backen und Tee im *billy* kochen.

Myella Farm Stay (07-4998 1290; www.myella.com; Baralaba Rd; 2/3 Tage 260/370 AU$, Tagestrip 120 AU$;) Myella Farm Stay, 125 km südwestlich von Rockhampton, vermittelt auf der 10,6 km² großen Farm eine Ahnung davon, wie es sich im Outback lebt. Im Pauschalangebot enthalten sind Buschausflüge auf dem Rücken von Pferden, auf Motorrädern und in Geländewagen, alle Mahlzeiten, die Unterkunft in einem renovierten Haus mit glänzenden Holzfußböden und einer großen Veranda, Farmkleidung und ein kostenloser Transfer von und nach Rockhampton.

Kroombit Lochenbar Station (07-4992 2186; www.kroombit.com.au; Paket 2 Tage & 1 Nacht ab 229 AU$/Pers.;) Es gibt hier mehrere Pauschalangebote: Man kann sein eigenes Zelt aufstellen, in einer Buschhütte aus Holz oder aber in einer Luxushütte übernachten. Um sich wie ein richtiger Aussie fühlen zu können, lernt man hier mit der Peitsche zu knallen, einen Bumerang oder ein Lasso zu werfen und sich auf dem Rücken eines mechanisch betriebenen, bockigen Bullen Sporen zu verdienen. In den Preisen sind Mahlzeiten und die Abholung im nahen Biloela enthalten.

im Zentrum der Altstadt südlich des Flusses suchen.

Rockhampton Backpackers HOSTEL $
(07-4927 5288; www.rockhamptonbackpackers.com.au; 60 MacFarlane St; B 28 AU$; ❄@🛜🏊) Diese zur Youth Hostelling Association (YHA) gehörende Unterkunft verfügt über einen geselligen Aufenthalts- und Essbereich. In den meisten der einfachen Schlafsäle stehen vier Betten. Hier übernachten ganz unterschiedliche Gäste, beispielsweise Backpacker, die auf der Suche nach Arbeit auf einer Rinderfarm sind.

Southside Holiday Village CAMPINGPLATZ $
(07-4927 3013; www.sshv.com.au; Lower Dawson Rd; Stellplatz ohne/mit Strom 30/38 AU$, Hütte 69–88 AU$, Haus 98–120 AU$; ❄@🛜🏊) Einer der besten Campingparks der Stadt mit sauberen Selbstversorgerhütten und -häusern, großen, grasbewachsenen Stellplätzen und guten Kochgelegenheiten. Die genannten Preise gelten für zwei Personen. Der Park liegt ca. 3 km südlich des Zentrums an einer belebten Hauptstraße.

Criterion HOTEL $$
(07-4922 1225; www.thecriterion.com.au; 150 Quay St; Zi. 60–85 AU$, Motel-Zi. 130–160 AU$; ❄🛜) Das Criterion ist Rockhamptons grandioseste alte Kneipe mit elegantem Foyer, einer netten Bar und einem beliebten Steakhouse. In den beiden oberen Stockwerken befinden sich außerdem mehrere stilvolle Zimmer mit Dusche. Die Toiletten sind allerdings unten in der Halle. Außerdem gibt's noch einige 4½-Sterne-Motelzimmer.

🍴 Essen & Ausgehen

★ Ginger Mule STEAK $
(07-4927 7255; 8 William St; Hauptgerichte ab 10 AU$; ⏲Mi & Do 11.30–24, Fr 11.30–2, Sa 16–2 Uhr) Rockys coolstes Lokal bezeichnet sich selbst als Tapas-Bar. Hierher kommt man aber nur wegen einer Sache: Steaks! Und die blutigen (oder auf dem Holzkohlengrill gebratenen) Steaks sind wirklich gut. Am Ende der Woche werden Specials angeboten (z. B. Steaks für 10 AU$). Wer nicht um einen Tisch kämpfen will, sollte früh erscheinen. Später am Abend wird aus dem Lokal eine Cocktailbar.

★ Great Western Hotel KNEIPE
(07-4922 1862; www.greatwesternhotel.com.au; Ecke Stanley St & Denison St; ⏲10–2 Uhr) Juhu! In dieser Kneipe von 1862 im Italo-Western-Outfit treffen sich Rockys Cowboys und -girls. Hinten gibt's eine Rodeoarena, wo man Mittwoch- und Freitagabend den mutigen Viehzüchtern zuschauen kann, wie sie sich von bockenden Bullen und wilden Pferden durch die Gegend wirbeln lassen. Manchmal treten tourende Bands auf. Tickets gibt's online. In puncto Essen dreht sich hier alles um saftige Steaks.

❶ Praktische Informationen

Tropic of Capricorn Visitor Centre (1800 676 701; Gladstone Rd; ⏲9–17 Uhr) Nützliches Zentrum an der Schnellstraße direkt neben der Südlichen-Wendekreis-Marke. Das Besucherzentrum liegt ungefähr 3 km südlich des Stadtzentrums.

❶ An- & Weiterreise

BUS
Greyhound (1300 473 946; www.greyhound.com.au) verbindet Rockhampton regelmäßig mit Mackay (62 AU$, 4 Std.), Brisbane (160 AU$, 11 Std.) und Cairns (200 AU$, 17 Std.). Alle Busse halten am **Mobil Roadhouse** (91 George St).

Premier Motor Service (13 34 10; www.premierms.com.au) hält auf der Strecke zwischen Brisbane und Cairns ebenfalls in Rockhampton.

Young's Bus Service (07-4922 3813; www.youngsbusservice.com.au; 171 Bolsover St) Montags bis freitags fahren Busse nach Yeppoon und Mt. Morgan (6,70 AU$, einfache Fahrt), los geht's an der Bolsover St vor der Polizeidienststelle.

FLUGZEUG
Qantas (13 13 13; www.qantas.com.au) und **Virgin** (13 67 89; www.virginaustralia.com) fliegen von Rockhampton aus verschiedene Städte an. Der Flughafen befindet sich ca. 6 km außerhalb des Stadtzentrums.

ZUG
Queensland Rail (1800 872 467; www.queenslandrailtravel.com.au) fährt von Rockhampton nach Brisbane, Cairns und ins staubige Landesinnere von Queensland, z. B. in die Buschstädte Longreach und Emerald. Der Bahnhof befindet sich 450 m südwestlich vom Stadtzentrum.

❶ Unterwegs vor Ort

Sunbus (www.sunbus.com.au) bietet ein recht umfangreiches innerstädtisches Busnetz. Die Busse fahren montags bis freitags den ganzen Tag über, samstags allerdings nur vormittags. Fahrpläne kann man im Besucherzentrum bekommen. Außerdem stehen – und zwar jederzeit – die **Rocky Cabs** (13 10 08) zur Verfügung.

CAPRICORN CAVES

In der Berserker Range, 24 km nördlich von Rockhampton in der Nähe der Caves Township, liegen die eindrucksvollen **Capricorn Caves** (07-4934 2883; www.capricorncaves.com.au; 30 Olsens Caves Rd; Erw./Kind 28/14.50 AU$; 9–16 Uhr), die den Besuch unbedingt lohnen. Diese uralten, wabenartigen Kalksteinhöhlen und Labyrinthe können im Rahmen einer geführten Tour erkundet werden. So kann man Höhlenkorallen, Stalaktiten, herunterhängende Feigenbaumwurzeln und ganz vielleicht auch kleine insektenfressende Fledermäuse bewundern.

Das Highlight der einstündigen „Cathedral Tour" ist die wunderschöne Felskathedrale, in der eine Tonaufnahme abgespielt wird, um die unglaubliche Akustik in der Höhle aufzuzeigen – ein tolles Erlebnis für Körper und Geist. In der Kathedrale wird gern geheiratet, außerdem werden immer wieder Konzerte gegeben. Um die Sommersonnenwende im Dezember (1. Dez.–14. Jan.) fallen die Sonnenstrahlen senkrecht durch einen 14 m langen Schacht in die Belfry Cave und erzeugen eine beeindruckende Lichtshow. Wenn man direkt unter dem Strahl steht, färbt das reflektierte Sonnenlicht die ganze Höhle in die Farben der eigenen Kleidung.

Mutige Höhlenforscher können eine zweistündige **Abenteuertour** (75 AU$) buchen, die durch enge Stellen mit Namen wie „Fat Man's Misery" führt. Mindestens einen Tag im Voraus buchen.

Auf dem Gelände der Capricorn Caves gibt's Grillbereiche, einen Pool, einen Kiosk und eine **Unterkunft** (Stellplatz mit Strom 35 AU$, Hütte 140–170 AU$).

Yeppoon

13 500 EW.

Der niedliche kleine Küstenort Yeppoon bietet einen langen Strand, ein ruhiges Meer und ein schönes Hinterland mit Vulkanspitzen, Ananasplantagen und Weideland. Die ruhigen Straßen, verschlafenen Motels und Strandcafés ziehen nicht nur viele Rockhamptoner an, sondern auch Touristen auf dem Weg zur Great Keppel Island, die nur 13 km vor der Küste liegt.

◉ Sehenswertes & Aktivitäten

Schiffe und Fähren zur Great Keppel Island legen in der Keppel Bay Marina in Rosslyn Bay direkt südlich von Yeppoon ab.

Man sollte Ausschau halten nach den Flughunden am Fig Tree Creek und in den großen Bäumen der Stadt. Bei Sonnenuntergang kann man oft ihren spektakulären Flug am Himmel beobachten.

Cooberrie Park   NATURSCHUTZGEBIET
(07-4939 7590; www.cooberriepark.com.au; Woodbury Rd; Erw./Kind/Fam. 30/15/70 AU$; 10–15 Uhr, Tiershow 13 Uhr) Der Cooberrie Park, etwa 15 km nördlich von Yeppoon, ist ein kleines Naturschutzgebiet in 10 ha großem Buschland. Hier laufen Kängurus, Wallabys und Pfauen frei herum. Man kann diese auch füttern und gegen einen Aufpreis kuschelige Koalas oder spannende Reptilien streicheln.

Koorana Crocodile Farm   NATURSCHUTZGEBIET
(07-4934 4749; www.koorana.com.au; Coowonga Rd; Erw./Kind 28/13 AU$; Führung 10.30 & 13 Uhr) Die 15 km entfernte Koorana Crocodile Farm an der Straße vom Emu Park nach Rockhampton kann nur im Rahmen informativer Führungen besucht werden. Nachdem man die Menschenfresser bei ihren furchteinflößenden Tobereien beobachtet hat, kann man sich im dazugehörigen Restaurant auf menschliche Art und Weise rächen und Krokodil-Kebabs, Krokodil-Rippchen oder Krokodil-Pastete probieren.

Funtastic Cruises   BOOTSFAHRT
(0438 909 502; www.funtasticcruises.com; ganztägige Bootsfahrt Erw./Kind/Fam. 98/80/350 AU$) Funtastic Cruises bietet an Bord eines 17 m langen Katamarans ganztägige Schnorchelausflüge mit zweistündigem Aufenthalt auf der Great Keppel Island an. Im Preis enthalten sind Tee (vor- und nachmittags) und die Ausleihe der gesamten Schnorchelausrüstung. Es ist auch möglich, sich auf einer der Inseln an der Strecke absetzen zu lassen, um dort zu campen.

Sail Capricornia   BOOTSFAHRT
(0402 102 373; www.sailcapricornia.com.au; ganztägige Bootsfahrt inkl. Mittagessen Erw./Kind 115/75 AU$) Sail Capricornia veranstaltet an Bord des Katamarans *Grace* Schnorchelausflüge sowie Sonnenuntergangsfahrten (55 AU$) und dreitägige Törns (499 AU$).

🛏 Schlafen

An dem 19 km langen Küstenabschnitt südlich von Yeppoon bis Emu Park gibt's Strände, Campingplätze, Motels und diverse Ferienanlagen.

Eine recht vollständige Liste der hiesigen Unterkünfte gibt's unter www.yeppooninfo.com.au.

★ Coral Inn Yeppoon HOSTEL $
(☏ 07-4939 2925; www.flashpackers.net.au; 14 Maple St; B 29 AU$, DZ ab 90 AU$; ❄❋@☎☰) Extrem freundliche und hilfsbereite Betreiber. Helle Korallenfarben und gesellige Gemeinschaftsräume sorgen dafür, dass man eigentlich nicht mehr weg von hier möchte. Alle Zimmer haben ein Bad und sind für den Preis recht luxuriös. Es gibt eine große Gemeinschaftsküche, einen Mini-„Strand" mit Hängematten, einen einladenden Pool und einen Schlafsaal für sechs Personen. Achtung: Rauchfreie Zone.

★ Emu's Beach Resort & Backpackers HOSTEL $
(☏ 07-4939 6111; www.emusbeachresort.com; 92 Pattison St, Emu Park; B 25–28 AU$, DZ/3BZ/4BZ 80/95/105 AU$; ❋@☎☰) Das freundliche Emu's Beach an der Küstenstraße 19 km südlich von Yeppoon bietet seinen Gästen einen zentralen Pool- und Grillbereich. Ein weiterer Pluspunkt ist das ausgezeichnete Preis-Leistungs-Verhältnis. Die geräumigen Schlafsäle (keine Stockbetten) sind hauptsächlich etwas für Selbstversorger.

Beachside Caravan Park CAMPINGPLATZ $
(☏ 07-4939 3738; Farnborough Rd; Stellplatz ohne Strom 28 AU$, Stellplatz mit Strom 32–36 AU$) Der einfache, saubere kleine Campingplatz nördlich des Stadtzentrums ist wunderschön am Strand gelegen. Er hat gute Einrichtungen und mit Gras bewachsene, leicht schattige Stellplätze, aber keine Hütten oder Mobilheime. Die genannten Preise gelten für zwei Personen.

Surfside Motel MOTEL $$
(☏ 07-4939 1272; 30 Anzac Pde; Zi. ab 129 AU$; ❋@☎☰) Die lindgrünen Moteleinheiten aus den 1950er-Jahren an der Straße gegenüber vom Strand und in Stadtnähe wirken wie der Inbegriff von Sommerferien am Meer. Und auch das Preis-Leistungs-Verhältnis ist nicht zu toppen: Geräumige, ungewöhnlich gut ausgestattete Zimmer mit Toaster, Fön und Gratis-WLAN. Ab drei Übernachtungen wird's billiger.

🍴 Essen

Flour CAFÉ $
(☏ 07-4925 0725; 9 Normanby St; Gebäckstücke ab 3,50 AU$, Frühstück 9 AU$; ⊙ Mo–Fr 8–15, Sa 8–14 Uhr) Niedliches kleines Dorfcafé mit großstädtischem Frühstücksangebot und köstlichem Kuchen. Es gibt viele glutenfreie Speisen und ungelogen den besten Kaffee weit und breit.

Megalomania FUSION $$
(☏ 07-4939 2333; Arthur St; Hauptgerichte 22–36 AU$; ⊙ Di–Sa 12–15 & 17.30–21, So 12–15 Uhr) In Yeppoons bestem Restaurant fühlt man sich wie auf einer urbanen Insel. Im Angebot ist australisch-asiatische Fusionküche mit einem Schwerpunkt auf Meeresfrüchten. Entweder man genießt die Speisen unter dem Feigenbaum oder man klappert drinnen mit Silberbesteck.

ⓘ Praktische Informationen

Capricorn Coast Information Centre (☏ 1800 675 785; www.capricorncoast.com.au; Ross Creek Roundabout; ⊙ 9–17 Uhr) Hier bekommt man viele Infos über die Capricorn Coast und zu Great Keppel Island. Außerdem kann man Unterkünfte und Touren buchen.

ⓘ An- & Weiterreise

Yeppoon liegt 43 km nordöstlich von Rockhampton. **Young's Bus Service** (☏ 07-4922 3813; www.youngsbusservice.com.au) fährt regelmäßig von Rockhampton (einfache Fahrt 6,70 AU$) nach Yeppoon und weiter zur Keppel Bay Marina.

Einige Fährschiffbetreiber verkehren zwischen den Unterkünften und der Keppel Bay Marina. Wer ein Auto hat, kann es tagsüber kostenfrei auf dem Parkplatz am Jachthafen abstellen. Am Scenic Hwy, südlich von Yeppoon, am Abzweig zum Jachthafen kann man seinen fahrbaren Untersatz für längere Zeit sicher im Parkhaus **Great Keppel Island Security Car Park** (☏ 07-4933 6670; 422 Scenic Hwy; ab 15 AU$/Tag) unterstellen.

Great Keppel Island

Great Keppel Island ist eine perfekte Insel mit felsigen Landzungen, bewaldeten Hügeln und pulvrig weißem Traumstrand in der azurblauen See. Zahlreiche „Robinsonstrände" säumen die 14 km² große Insel, deren Inneres zu 90% aus Buschland besteht.

Bis jetzt gibt es nur eine Reihe von Hütten und anderen Unterkünften hinter den Bäumen, die den Hauptstrand säumen. Die nur 13 km vom Festland entfernte Insel gehört für Ruhe suchende Backpacker zu den besten Zielen in der Nähe des Great Barrier Reef. Leider wird es mit der Ruhe bald vorbei sein, denn es gibt genehmigte Pläne für den Bau eines Hotels mit 250 Zimmern, von etwa 700 Villen, einem Fähranleger und mehr.

Rainbow Hut Shop, Great Keppel Island Hideaway und Great Keppel Island Holiday Village bieten ein paar lebenswichtige Dinge. Wer kochen will, muss sich alles selbst mitbringen.

◉ Sehenswertes

Die Strände von Great Keppel gehören zu den besten, die Queensland zu bieten hat. Am Fisherman's Beach (dem Hauptstrand) beginnen mehrere Wanderwege durch den Busch. Die längste und vielleicht schwierigste Route führt zum 2,5 m hohen „Leuchtturm" beim Bald Rock Point auf der anderen Inselseite (hin & zurück 3 Std.). Nach einer 45-minütigen Wanderung über einen steilen Weg oder nach einem 25-minütigen Marsch gen Süden über die felsige Landzunge erreicht man Monkey Beach mit seinen großartigen Schnorchelspots. Vom Südrand des Flugplatzes führt ein Weg zum Long Beach, dem wahrscheinlich schönsten Strand der ganzen Insel.

🏃 Aktivitäten

Watersports Hut WASSERSPORT
(07-4925 0624; Putney Beach; ⊗ Sa, So & Schulferien) Die Watersports Hut am Hauptstrand verleiht Schnorchelausrüstung, Kajaks und Katamarane. Außerdem kann man auf Gummireifen über das Wasser reiten.

🛌 Schlafen

★ Svendsen's Beach HÜTTEN **$$**
(07-4938 3717; www.svendsensbeach.com; DZ 105 AU$) Diese abgeschieden gelegene Unterkunft bietet am wunderschönen Svendsen's Beach zwei luxuriöse Zeltbungalows auf erhöhten Holzplattformen, ein farbenfrohes Wohnstudio (130 AU$) und ein Haus (ab 200 AU$/bis 4 Pers.). Die umweltfreundliche Anlage wird mit Sonnen- und Windkraft betrieben, und es gibt sogar eine „Eimerdusche". Es ist der perfekte Ort zum Schnorcheln, Bushwalken und für romantische Ausflüge. Pro Aufenthalt muss man mindestens 3 AU$ hinblättern (3 Tage).

Der Transfer vom Fähranleger am Fisherman's Beach ist im Preis enthalten. Nur Barzahlung.

Great Keppel Island Hideaway RESORT **$$**
(07-4939 2050; www.greatkeppelislandhideaway.com.au; Zelthütte 60–100 AU$, Zi. 100–160 AU$, Hütte 160–200 AU$) In dem weitläufigen, an einer Biegung des Fisherman's Beach gelegenen Resort geht es immer lustig und freundlich zu. Das Restaurant (Hauptgerichte 12–25 AU$) und die Bar am Strand bieten gute Speisen und einen ausgezeichneten Blick. Zum Zeitpunkt der Recherchen hieß es, dass die Unterkünfte aufgemöbelt werden sollen (alles war etwas schmuddelig). Hoffentlich bleiben die Zeltstellplätze auch in Zukunft erhalten.

Über die Website kann man manchmal wirklich gute Schnäppchen machen.

Great Keppel Island Holiday Village HOSTEL, HÜTTEN **$$**
(07-4939 8655; www.gkiholidayvillage.com.au; B 35 AU$, Zelt EZ & DZ 90 AU$, Hütte 150 AU$) Das Village bietet mehrere gute Budgetunterkünfte (Schlafsäle, Hütten, Zelte) sowie ganze Häuser (ab 230 AU$). Es ist eine freundliche, lockere Bleibe mit Gemeinschaftsbad, einer ordentlichen Gemeinschaftsküche und einem Grillbereich. Schnorchelequipment bekommt man gratis, außerdem werden Trips in motorisierten Kanus zu grandiosen Schnorchelspots angeboten.

ℹ️ An- & Weiterreise

Freedom Fast Cats (07-4933 6888; www.freedomfastcats.com; hin & zurück Erw./Kind/Fam. 55/35/160 AU$) fährt täglich von der Keppel Bay Marina in Rosslyn Bay (7 km südlich von Yeppoon) nach Great Keppel Island und wieder zurück (die genauen Abfahrzeiten sind der Website zu entnehmen). Im Angebot sind auch ein paar eintägige Tourpakete wie Schnorchelausflüge, Fahrten in Glasbodenbooten und/oder Mahlzeiten (ab 78 AU$).

Hinterland der Capricorn Coast

In den Central Highlands westlich von Rockhampton finden sich zwei ausgezeichnete Nationalparks. Der Blackdown Tableland National Park hat melancholische, gewaltige Landschaften, während die Besucher des Carnarvon National Park von der spektakulären Schlucht völlig verzückt sind.

In Emerald, 270 km landeinwärts, kann man sich unter andere nette Menschen mischen und im Geröll nach Edelsteinen suchen – hier herrscht echte Outback-Stimmung. Da es hier sehr heiß ist, sollte man

ABSTECHER

BYFIELD

Der unglaublich schöne Byfield National Park besteht aus gewaltigen Sanddünen, einem dichten, subtropischen Regenwald, Feuchtgebieten und Felsnadeln. Die vielen Wanderwege machen den Park zu einem guten Ziel für einen Sonntagsnachmittagsausflug, und die einsamen Strände laden zu einem längeren Aufenthalt ein. Es gibt fünf **Campingplätze** (☏ 13 74 68; www.nprsr.qld.gov.au; Pers./Fam. 5,85/21,80 AU$), die alle im Voraus gebucht werden müssen. Die Plätze am Nine Mile Beach und bei Five Rocks liegen direkt am Strand und sind nur mit Allradwagen zu erreichen. Bei guten Bedingungen gibt's am Nine Mile Beach ordentliche Surfwellen.

Die **Nob Creek Pottery** (☏ 07-4935 1161; www.nobcreekpottery.com.au; 216 Arnolds Rd; ⊙ 10–16 Uhr) GRATIS ist eine Töpferei mit Galerie, in der mundgeblasene Glaswaren, Holzarbeiten und Schmuck gezeigt werden. Besonders schön sind die handgefertigten Keramiken.

Gleich nördlich von Byfield weist ein Schild den Weg zur einsamen Buschoase **Ferns Hideaway** (☏ 07-4935 1235; www.fernshide-away.com; 67 Cahills Rd; Stellplatz ohne Strom 15 AU$/Pers., Hütte 150 AU$; ❋ ≋), wo es Hütten, einen Campingplatz, Kanus und Wanderwege gibt. Tagesausflügler können sich an den Wochenenden in dem auch bei Einheimischen beliebten **Restaurant** (☏ 07-4935 1235; www.fernshideaway.com; 67 Cahills Rd; Hauptgerichte 20–38 AU$; ⊙ Fr & So mittags, Sa mittags & abends) stärken. Geboten werden leckere, herzhafte Speisen, Livemusik und gute Stimmung.

Im **Byfield General Store** (☏ 07-4935 1190; Byfield Rd; ⊙ Mi–Mo 8–18 Uhr) bekommt man Benzin, erstaunlich viele Lebensmittel und im dazugehörigen Café Pasteten, Sandwichs, sehr empfehlenswerte Burger und frisch gepresste Säfte.

Der Park liegt 40 km nördlich von Yeppoon. Nördlich von Byfield grenzt der Truppenübungsplatz Shoalwater Bay an den Wald und den Park – dieses Gebiet ist absolut tabu.

---

diese Gegend in den kühleren Monaten April und November besuchen.

Blackdown Tableland National Park

Der verblüffende, spektakuläre Blackdown Tableland National Park ist ein 600 m hohes Sandsteinplateau, das plötzlich aus der flachen Ebene von Zentral-Queensland aufragt. Die einzigartige Tier- und Pflanzenwelt sowie eine starke künstlerische und spirituelle Präsenz der Aborigines bilden eine traumhafte Kulisse für grandiose Buschwanderungen. Der Weg zum Blackdown Tableland zweigt 11 km westlich von Dingo ab. Die 23 km lange Schotterstraße, die am Fuß des Hochplateaus beginnt, eignet sich nicht für Wohnmobile und -wagen und kann bei Regen ziemlich gefährlich werden – die ersten 8 km sind steil, kurvenreich und oft rutschig. Oben angekommen trifft man auf den atemberaubenden **Horseshoe Lookout** (mit Picknicktischen, Grillplätzen und Toiletten). Hier beginnt zudem ein Wanderweg, der nach **Two Mile Creek** (1,8 km) führt.

Der **Munall Camping Ground** (☏ 13 74 68; www.qld.gov.au/camping; Pers./Fam. 5,45/21,80 AU$) ist etwa 8 km vom Horseshoe Lookout entfernt. Es gibt Plumpsklos und Feuerstellen – Wasser, Feuerholz und/oder einen Campingkocher muss man mitbringen. Vorher unbedingt online reservieren. Ein Muss ist der **Goon-Goon-Dina-Weg**, ein einfacher 2,5 km langer Rundkurs vom Campingplatz zur Ghungalu-Höhle mit ihren Malereien. Wer sich etwas mehr anstrengen möchte, fährt mit dem Auto ein paar Kilometer zum Beginn des **Gudda-Gumoo-Wegs**. Über 240 Stufen und einen 2 km langen, steilen Anstieg erreicht man eine tiefe, mit grünen Farnen bewachsene Schlucht und einen **Wasserfall**.

Edelsteinfelder

Westlich von **Emerald** (das nach Emerald Downs benannt ist, wo es aber gar keine Smaragde gibt) befinden sich auf einer Fläche von 640 km² Edelsteinfelder. Hier verdienen sich hartgesottene Edelsteinsucher mühselig ihren Lebensunterhalt, bis sie den „Jackpot knacken" (oder einen Sonnenstich erleiden). Man sollte sich im Winter auf die Suche nach Edelsteinen machen – in den heißen Monaten sind die Städte so gut wie ausgestorben. Am häufigsten sind Saphire, es werden aber auch Zirkone und seltene

Rubine gefunden. 16 km von Emerald entfernt liegen Sapphire und Rubyvale, die beiden Hauptorte in den Edelsteinfeldern.

◉ Sehenswertes

Wer auf Schatzsuche gehen will, benötigt eine Lizenz, die nur an einigen wenigen Stellen in der Gegend erhältlich ist. Eine Liste gibt's im **Central Highlands Visitors Centre** (www.centralhighlands.co.au; 3 Clemont St, Emerald; ◉10–16.30 Uhr) in Emerald oder online (www.dnrm.qld.gov.au; Erw./Fam. 7,25/10,45 AU$). Wer nur mal reinschnuppern will, kann sich in einem der Schatzsucherparks einen Eimer „wash" (in Wasser gelöster Minenstaub) kaufen und ihn von Hand durchsieben.

Miners Heritage Walk-in Mine MINE
(☎07-4985 4444; Heritage Rd, Rubyvale; Erw./Kind20/10 AU$; ◉9–17 Uhr) Diese begehbare Mine liegt gleich hinter Rubyvale. Den ganzen Tag über finden hier informative, 30-minütige Führungen statt, bei denen man in ein Tunnellabyrinth 18 m unter der Erdoberfläche eintaucht. Die Führungen starten immer 15 Minuten nach der vollen Stunde.

🛌 Schlafen & Essen

In Anakie, Rubyvale und Sapphire gibt es ein paar Campingplätze.

Sapphire Caravan Park CAMPINGPLATZ $
(☎07-4985 4281; www.sapphirecaravanpark.com.au; 57 Sunrise Rd, Sapphire; Stellplatz ohne/mit Strom 25/29 AU$, Hütte 115 AU$) Der super saubere, freundliche Sapphire Caravan Park befindet sich auf einem hügeligen, 1,6 ha großen Gelände mit vielen Eukalyptusbäumen und bietet Stellplätze und Hütten – genau das Richtige für Schatzsucher.

Pat's Gems HOTEL $
(☎07-4985 4544; 1056 Rubyvale Rd, Sapphire; Hütte 85 AU$; ❋✶) Pat's Gems hat vier saubere Hütten im Angebot, die bei Stammgästen und Familien begehrt sind. Es gibt einen Grillplatz, eine Küchenzeile und ein Café (◉8.30–17 Uhr).

Rubyvale Gem Gallery HOTEL $$
(www.rubyvalegemgallery.com; 3 Main St, Rubyvale; DZ ab 125 AU$; ❋✶) Riesige, moderne Suiten mit Wohnzimmer und voll ausgestatteter Küche mit Waschmaschine und Trockner. Außerdem gibt es hier ein Geschäft mit den schönsten Edelsteinen, die in der Gegend gefunden wurden, sowie ein Café, das erstklassigen Espresso sowie leichte Gerichte serviert.

Carnarvon National Park

Die **Carnarvon Gorge** ist ein spektakuläres Beispiel für die Schönheit der australischen Landschaft. Inmitten der uralten Felsmalereien versteckten sich einst entflohene Sträflinge. Das Gebiet wurde 1932 zum Nationalpark erklärt, nachdem Farmern ihre Weiderechte aberkannt worden waren.

Die 30 km lange, 200 m tiefe Schlucht wurde über Jahrmillionen hinweg vom Carnarvon Creek und seinen Nebenflüssen in das weiche Sedimentgestein gegraben. Von der kargen Umgebung abgeschirmt, entstand so eine blühende, paradiesische Oase. In der Schlucht wachsen Palmfarne, Königsfarngewächse, Kasuarinen, Eukalyptusbäume und Livistona-Palmen. Man findet auch tiefe Teiche. Im Fluss tummeln sich Schnabeltiere.

Für die meisten Besucher ist die Carnarvon Gorge praktisch mit dem Carnarvon National Park identisch, weil die anderen Abschnitte des Parks – darunter Mt. Moffatt (an dem schon vor 19 000 Jahren Menschen lebten), Ka Ka Mundi und Salvator Rosa – lange nur schlecht zugänglich waren.

Von Rolleston kommend, fährt man über eine Straße, die zunächst über 75 km asphaltiert und dann auf 20 km unbefestigt ist. Die Straße von Roma über Injune und das Homestead Wyseby ist die ersten 215 km asphaltiert, auf den letzten 30 km aber unbefestigt und sehr holprig. Nach starken Regenfällen können beide Straßen unpassierbar werden.

Die Zufahrtsstraße führt zu einem **Informationszentrum** (☎07-4984 4505; ◉8–10 & 15–17 Uhr) und einem malerischen Picknickplatz. In der Ferienzeit gibt's am Eingang eine begrenzte Zahl von Stellplätzen. Hier beginnt auch der Hauptwanderweg, der dem Carnarvon Creek durch die Schlucht folgt und von dem Wege zu verschiedenen interessanten Punkten abgehen, u. a. zum **Moss Garden** (3,6 km vom Picknickplatz entfernt), zum **Ward's Canyon** (4,8 km), zur **Art Gallery** (5,6 km) und zur **Cathedral Cave** (9,3 km). Für einen Besuch sollte man mindestens einen ganzen Tag einplanen. Grundnahrungsmittel und Eis sind im Takarakka Bush Resort erhältlich. Benzin bekommt man nirgendwo in der Schlucht, daher in Rolleston oder Injune auftanken.

Von der Carnarvon Gorge aus kann man nicht mit dem Auto in andere Abschnitte des Parks fahren. Der wunderschöne Mt. Moffatt ist jedoch von Injune aus über eine unbefestigte Straße (nur für Geländewagen) erreichbar.

Sunrover Expeditions (✆1800 353 717; www.sunrover.com.au; 940 AU$/Pers. inkl. alle Mahlzeiten) veranstaltet zwischen August und Oktober fünftägige Campingsafaris in die Carnarvon Gorge.

Schlafen

Unterkünfte mussen reserviert werden, bevor man in den Park geht.

Big Bend Camping Ground CAMPING $
(✆13 74 68; www.qld.gov.au/camping; Stellplatz pro Pers./Fam. 5,85/21,80 AU$) Der Big Bend Camping Ground ist ein abgelegener Campingplatz in der Schlucht, zu dem man 10 km weit wandern muss.

Mt. Moffatt Camping Ground CAMPING $
(✆13 74 68; www.qld.gov.au/camping; Stellplatz pro Pers./Fam. 5,85/21,80 AU$) Auf dem Mt. Moffatt Camping Ground müssen sich die Camper selbst versorgen. Erreichbar ist dieser Platz aber ausschließlich mit einem Geländewagen.

Takarakka Bush Resort CAMPING $$
(✆07-4984 4535; www.takarakka.com.au; Wyseby Rd; Stellplatz ohne/mit Strom ab 38/45 AU$, Hütte 195–228 AU$) Das vor Kurzem renovierte Takarakka Bush Resort ist bei Familien und Bushwalkern sehr beliebt. Die Rezeption verkauft Grundnahrungsmittel, Karten, Alkohol und Eis und verleiht frische Bettwäsche (10 AU$). Das Resort liegt 5 km hinter dem Eingang zur Schlucht.

Carnarvon Gorge Wilderness Lodge LODGE $$$
(✆1800 644 150; www.carnarvon-gorge.com; Wyseby Rd; DZ ab 220 AU$; ⊙ Nov.–Feb. geschl.; ✻) Outback-Schick kennzeichnet diese tief im Busch gelegene, hübsche Lodge. Angeboten werden hervorragend geführte Touren sowie die Unterbringung mit Vollpension (zwischen 155 und 300 AU$/Pers.).

ⓘ An- & Weiterreise

Da keine Busse zur Schlucht fahren, kommt man entweder mit dem Mietwagen oder man bucht an der Küste eine Tour mit Übernachtung.

Whitsunday Coast

Inhalt ➡
Mackay 401
Airlie Beach 405
Die Whitsundays 410
Bowen 415

Gut essen

- Mr. Bones (S. 409)
- Spice n Flavour (S. 403)
- Fish D'vine (S. 409)
- Jochheims Pies (S. 416)
- Bommie Restaurant (S. 414)

Schön übernachten

- Qualia (S. 413)
- Campingplätze am Whitehaven Beach (S. 415)
- Platypus Bushcamp (S. 408)
- Kipara (S. 407)
- Stoney Creek Farmstay (S. 403)

Auf an die Whitsunday Coast!

Die mit Superlativen überhäuften Whitsunday Islands, die das Wasser des Korallenmeers sprenkeln, sind eine der bekanntesten natürlichen Attraktionen Australiens. Jadegrünes Wasser und weiße Strände säumen die bewaldeten Inseln, und ringsum schwimmen Schwärme tropischer Fische durch den größten Korallengarten der Welt, den Great Barrier Reef Marine Park. Am besten besucht man die Inseln mit dem Segelboot; in jedem Fall sind sie kein Budgetziel. Das Tor zu den Inseln, Airlie Beach, ist ein Backpacker-Treffpunkt, in dem eine Parade sonnengebräunter Menschen zwischen den Booten, Stränden und Nachtclubs umherschwirrt. Näher an die Inseln kommen manche Budget-Traveller gar nicht.

Südlich von Airlie liegt Mackay, eine für Queensland typische Küstenstadt mit von Palmen und Art-déco-Gebäuden gesäumten Straßen. Es ist eine gute Ausgangsbasis für Touren zum Eungella National Park, einer grünen Oase im Hinterland, wo Schnabeltiere in freier Wildbahn herumtollen.

Reisezeit
Mackay

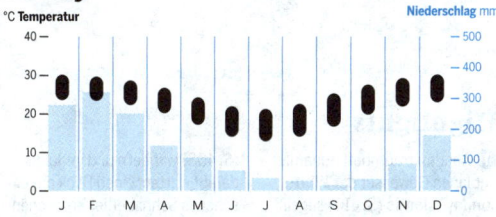

Juni–Okt. Die perfekte Reisezeit mit viel Sonne, milden Temperaturen und quallenfreiem Meer.

Aug. Während der Airlie Beach Race Week düsen Segelboote über das Wasser und es wird viel gefeiert.

Sept. & Okt. Ideale Bedingungen für Kajaktouren rund um die Inseln.

Highlights

① Auf den traumhaft aquamarinblauen Gewässer der **Whitsunday Islands** (S. 410) segeln

② Sich am fantastischen **Whitehaven Beach** (S. 415) vom schneeweißen Quarzsand blenden lassen

③ Im nebligen Regenwald des **Eungella National Park** (S. 408) wandern und geduldig darauf warten, einen Blick auf ein scheues Schnabeltier erhaschen zu können

④ Im **Whitsunday Islands National Park** (S. 414) unter dem Sternenzelt schlafen und wie Robinson auf einer Insel leben

⑤ An den Riffen des **Outer Great Barrier Reef** (S. 405) tauchen und schnorcheln

⑥ Auf den Waldwegen der **Hamilton Island** (S. 412) wandern

⑦ Im lebenslustigen **Airlie Beach** (S. 405) ein paar Bierchen trinken und es so richtig krachen lassen

ℹ An- & Weiterreise

BUS
Fernbusse von **Greyhound** (☎ 1300 473 946; www.greyhound.com.au) und **Premier** (☎ 13 34 10; www.premierms.com.au) fahren den Bruce Hwy (A1) entlang und halten in den größeren Städten. Von Proserpine bis Airlie Beach nehmen sie eine Route abseits des Highways.

FLUGZEUG
In Mackay gibt es einen großen **Inlandsflughafen** (www.mackayairport.com.au). **Jetstar** (☎ 13 15 38; www.jetstar.com.au), **Qantas** (☎ 13 13 13; www.qantas.com.au) und **Virgin** (☎ 13 67 89; www.virginaustralia.com) fliegen regelmäßig von und zu den großen Flughäfen. **Tiger Airways** (☎ 02-8073 3421; www.tigerairways.com.au) fliegt von Melbourne und Sydney nach Mackay.

Jetstar und Virgin bieten häufige Flüge zu den Hamilton Island, von wo der Transfer per Boot und Flugzeug zu den anderen Inseln möglich ist. Sie fliegen auch zum Whitsunday Coast Airport auf dem Festland; von dort kann man mit einem Charterflug zu den Inseln oder mit dem Bus nach Airlie Beach und ins nahe gelegene Shute Harbour weiterreisen.

SCHIFF/FÄHRE
Airlie Beach und Shute Harbour sind die Ausgangsorte für Bootstouren zu den Whitsundays.

ZUG
Züge von **Queensland Rail** (www.queenslandrailtravel.com.au) zwischen Brisbane und Townsville/Cairns fahren durch die Region.

Mackay

85 399 EW.

Trotz der hübschen tropischen Straßen, den Art-déco-Gebäuden, den verschlungenen Mangroven und der herzlichen Bevölkerung gelang es Mackay nicht, zu einem touristischen Top-Ziel zu werden. Stattdessen ist diese große ländliche Stadt ein Versorgungszentrum für die Landwirtschaft und den Bergbau in der Umgebung. Wenn man aber von den vielen typischen Urlaubsorten genug hat, bietet sich Mackay für einen erfrischenden Zwischenstopp an. Wenngleich die erneuerte Marina mit Open-Air-Restaurants und -Cafés an der malerischen Promenade lockt, ist Mackay vor allem eine praktische Ausgangsbasis für Exkursionen in die Umgebung der Stadt. Nach Airlie Beach und zu den Schiffen, die die Whitsunday Islands ansteuern, fährt man nur anderthalb Stunden, und die schöne Fahrt zum Eungella National Park führt an Zuckerrohrfeldern vorbei.

⊙ Sehenswertes

Mackay verdankt seine eindrucksvolle **Art-déco-Architektur** in großen Teilen einem verheerenden Wirbelsturm, der 1918 viele Gebäude zerstörte. Fans dieser Architektur sollten sich im Visitor Center von Mackay die Broschüre *Art Deco in Mackay* holen.

Vom **Rotary Lookout** in North Mackay hat man einen guten Blick hinunter auf das Hafengelände und vom **Lampert's Lookout** aus über den Strand.

Artspace Mackay GALERIE
(☎ 07-4961 9722; www.artspacemackay.com.au; Gordon St; ⊙ Di-So 10-17 Uhr) GRATIS Die kleine regionale Kunstgalerie der Stadt zeigt Arbeiten von hiesigen und auswärtigen Künstlern. Im **Foodspace** (www.artspacemackay.com.au; Hauptgerichte 16-26 AU$; ⊙ Di-So 9-15 Uhr) auf dem Gelände kann man seine Eindrücke bei einem Snack verarbeiten.

Mackay Regional Botanical Gardens GÄRTEN
(Lagoon St) Für Pflanzenliebhaber sind diese 33 ha großen Gärten, die 3 km südlich vom Stadtzentrum liegen, ein absolutes Muss. Es gibt fünf Themengärten und das Café-Restaurant Lagoon (Mi-So 9-16 Uhr).

Bluewater Lagoon SEE
(⊙ 9-17.45 Uhr; ☎) GRATIS Mackays netter, künstlich angelegter See nahe dem Caneland Shopping Centre bietet Wasserfontänen, Wasserrutschen, Grasflächen, auf denen man picknicken kann, kostenloses WLAN und ein Café.

Mackay Marina HAFEN
(Mackay Harbour) An der belebten Marina kann man sehr nett mit Blick aufs Wasser essen oder etwas trinken, aber auch einfach im nur gemütlich im Park picknicken und am Hafen spazieren gehen. Hier kann man auch gut angeln.

Strände
Mackay hat viele Strände, doch noch nicht alle eignen sich gut zum Schwimmen.

Die beste Option in der Nähe der Stadt ist der **Harbour Beach**, 6 km nördlich vom Zentrum und direkt südlich der Marina von Mackay. Der Strand ist bewacht, außerdem gibt's hinter der Küste ein Schutzgebiet mit Picknicktischen und Grillplätzen.

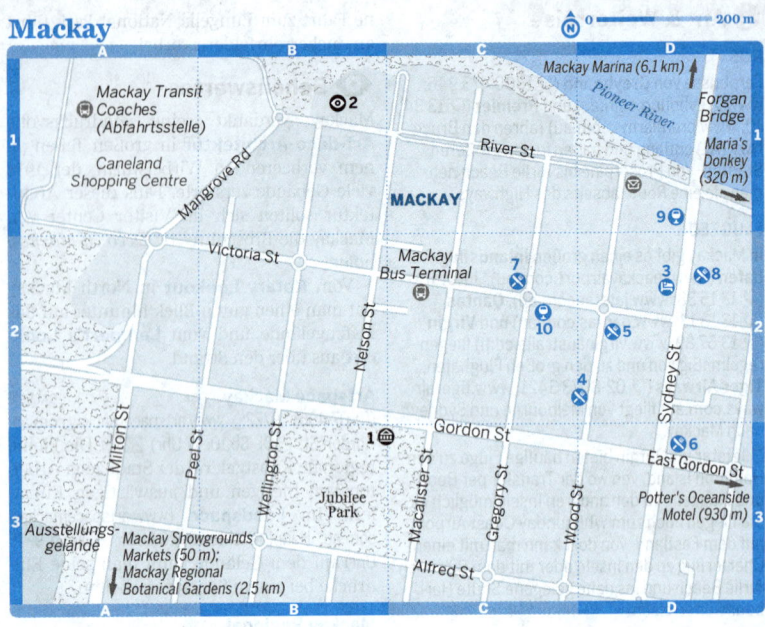

Mackay

Mackay

⊙ Sehenswertes
1 Artspace Mackay B3
2 Bluewater Lagoon B1

🛏 Schlafen
3 Gecko's Rest D2

✗ Essen
4 Burp Eat Drink D2

Foodspace .... (siehe 1)
5 Kevin's Place D2
6 Oscar's on Sydney D3
7 Spice n Flavour C2
8 Woodsman's Axe Coffee D2

🍸 Ausgehen & Nachtleben
9 Ambassador Hotel D1
10 Tryst C2

Sogar noch besser sind die Strände etwa 16 km nördlich von Mackay. Am langen, flachen, von vielen Einwohnern besuchten **Blacks Beach** erstreckt sich der Strand 6 km weit. Der naturbelassenste und wohl auch schönste Strand der Gegend ist der **Bucasia**. Wer im Blacks Beach Holiday Park (S. 403) oder Bucasia Beachfront Caravan Resort (S. 403) übernachtet, erreicht ihn leicht.

👉 Geführte Touren

Farleigh Sugar Mill GEFÜHRTE TOUR
(📞 07-4959 8360; 2-stündige Touren Erw./Kind 25/13 AU$; ⊙ Mai–Dez. 9.30–13 Uhr) Während der Zuckerrohrernte kann man zusehen, wie das Zuckerrohr in die süßen Kristalle verwandelt wird. Für den Besuch der Zuckerrohrmühle sollte man passend gekleidet sein: lange Ärmel, lange Hosen, feste Schuhe. Im Preis ist ein morgendlicher/Nachmittagstee enthalten.

Reeforest Adventure Tours KULTURTOUR
(📞 1800 500 353; www.reeforest.com) Bietet eine breite Palette von Touren an, darunter eine Öko-Safari in den Regenwald auf der Suche nach Schnabeltieren, zweitägige Touren in den Eungella National Park und Exkursionen unter dem Motto „Paddock to Port", die einen vergnüglichen Einblick in die regionale Zuckerindustrie bieten.

Heritage Walk STADTFÜHRUNG
(📞 07-4944 5888; ⊙ Mai–Sept. Mi 9 Uhr) GRATIS Der wöchentlich stattfindende Stadtspaziergang (1½–2 Std.) führt zu den Sehenswürdigkeiten und Geheimnissen des alten

Mackay. Los geht's an der Old Town Hall in der Sydney St.

🛏 Schlafen

An der verkehrsreichen Nebo Rd südlich vom Zentrum stehen viele Motels. Die Budget-Unterkünfte (DZ ab ca. 110 AU$) weisen ihre Preise vorne am Gebäude aus und leiden häufig unter Lärm.

★ Stoney Creek Farmstay FARMSTAY $
(☎ 07-4954 1177; www.stoneycreekfarmstay.com; Peak Downs Hwy; B/Ställe/Cottages 25/130/175 AU$) Diese Unterkunft im Busch (32 km südlich von Mackay) ist auf die bestmögliche Weise einfach und ungehobelt. Übernachten kann man in einem liebenswert klapprigen Cottage, im rustikalen Pferdestall oder dem charismatischen Dead Horse Hostel. Die typischen „modernen Annehmlichkeiten" kann man hier vergessen: Dies ist echtes Leben im Busch. Dreistündige Ausritte kosten 105 AU$ pro Person; außerdem werden noch viele andere Aktivitäten angeboten.

Blacks Beach Holiday Park WOHNMOBILPARK $
(☎ 07-4954 9334; www.mackayblacksbeachholidaypark.com.au; 16 Bourke St, Blacks Beach; Stellplatz ohne/mit Strom 30/35 AU$, Villas 140–180 AU$; P ※ ☒) In diesem ausgezeichneten Wohnmobilpark etwa 16 km nördlich von Mackay gibt es Zeltstellplätze mit Blick auf einen herrlichen langen Strandabschnitt des Blacks Beach.

Bucasia Beachfront Caravan Resort WOHNMOBILPARK $
(☎ 07-4954 6375; www.bucasiabeach.com.au; 2 The Esplanade; Stellplatz mit Strom 30–45 AU$; ※ ☒) In dem vor Kurzem modernisiertem Bucasia Resort gibt es unterschiedliche Stellplätze, einige mit tollem Strandblick. Es liegt etwa 16 km nördlich von Mackay.

Mackay Marine Tourist Park WOHNMOBILPARK $
(☎ 07-4955 1496; www.mmtp.com.au; 379 Harbour Rd; Stellplatz ohne/mit Strom 32/35 AU$, Villas 97–150 AU$; ※ @ 🛜 ※ ☒) Eine Klasse besser als die typischen Wohnmobilparks: Alle Hütten und Villas haben private Terrassen und Breitbild-TVs, und das riesige Trampolinkissen macht irrsinnig viel Spaß.

Gecko's Rest HOSTEL $
(☎ 07-4944 1230; www.geckosrest.com.au; 34 Sydney St; B/EZ/DZ 30/45/55 AU$; ※ @ 🛜) Das

ⓘ QUALLEN: WO KANN MAN IM SOMMER SCHWIMMEN?

Weil von Oktober bis Mai gefährliche Quallen auftreten können, ist es in dieser Zeit nicht ratsam, ohne einen sogenannte Stinger Suit zu schwimmen. Ganzjährig sicher ist das Schwimmen aber in der herrlichen Lagune (S. 405) im Küstenvorland von Airlie Beach.

Gecko's platzt vor abenteuerlustigen Travellern und Bergarbeitern geradezu aus allen Nähten. Es ist nicht gerade das Ritz, doch es ist das einzige Hostel in der Stadt, und die zentrale Lage ist praktisch.

Potter's Oceanside Motel MOTEL $$
(☎ 07-5689 0388; www.pottersoceansidemotel.com.au; 2c East Gordon St; DZ 149–169 AU$, FZ 269 AU$; ※ 🛜 ☒) Das 2014 eröffnete, gut geführte und freundliche Motel bietet einen kurzen Fußweg vom Town Beach entfernt große, modern Zimmer (teilweise rollstuhlgerecht). Genau das Richtige, um sich mal wieder etwas Komfort zu gönnen, wenn man lange unterwegs war.

🍴 Essen

Maria's Donkey TAPAS $
(☎ 07-4957 6055; 8 River St; Tapas 8–15 AU$; ⊙ Mi & Do 12–22, Fr–So bis 24 Uhr) Skurriles, energiegeladenes Lokal am Flussufer, das Tapas und Sangria in Krügen serviert und manchmal für Livemusik und immer für gute Stimmung sorgt. Der Service ist mal besser, mal schlechter, doch das ist Teil des Charmes.

Woodsman's Axe Coffee CAFÉ $
(41 Sydney St; Kaffee ab 4,30 AU$; ⊙ Mo-Fr 6–14, Sa & So 7–14 Uhr) Zum besten Kaffee der Stadt gibt's verschiedene leichte Gerichte, von Wraps über Quiches bis zu Muffins.

Oscar's on Sydney FUSION $
(☎ 07-4944 0173; Ecke Sydney St & Gordon St; Hauptgerichte 10–23 AU$; ⊙ Mo-Fr 7–17, Sa bis 16, So 8–16 Uhr) Die köstlichen *poffertjes* (holländische Pfannkuchen mit traditionellen Füllungen) sind nach wie vor ein Renner in diesem beliebten Eck-Café, man sollte sich aber nicht scheuen, auch die anderen Gerichte zu probieren. Tolles Frühstücksrestaurant.

★ Spice n Flavour INDISCH $$
(☎ 07-4999 9639; 162 Victoria St; Hauptgerichte 15–25, Banketts ab 35 AU$/Pers.; ⊙ Mo–Fr

11.30–14.30 Uhr, tgl. 17.30 Uhr–open end) Chili-Liebhaber, die enttäuscht davon sind, was andere indische Restaurants als „scharf" auftischen, werden hier mit Sicherheit auf ihre Kosten kommen (auf Wunsch). Auf der Karte stehen alle typischen Gerichte sowie einige exotischer Optionen, und die Mitarbeiter helfen bei der Wahl des passenden Getränkes, wenn man unsicher ist. Auf jeden Fall sollte man das Mangobier probieren!

Kevin's Place   ASIATISCH $$

(07-4953 5835; 79 Victoria St; Hauptgerichte 16–27 AU$; Mo-Fr 11.30–14 & 17.30–20, Sa 17.30–20 Uhr) Die Kombination aus brutzelnden, würzigen Gerichten aus Singapur, Mitarbeitern, die auf Draht sind, und Tischen im Freien sorgt für ein wunderbares tropisches Erlebnis. Die Tagesangebote zum Mittagessen ab 12 AU$ sind ein echtes Schnäppchen.

Burp Eat Drink   MODERN-AUSTRALISCH $$$

(07-4951 3546; www.burp.net.au; 86 Wood St; Hauptgerichte ab 33 AU$; Di-Fr 11.30–15 Uhr & 18 Uhr–open end, Sa 18 Uhr–open end) Das Burp, ein elegantes Restaurant im Stil Melbournes in den Tropen, hat eine kleine, aber faszinierende Karte. Das anspruchsvolle Angebot umfasst Gerichte wie Schweinebauch mit Muscheln, Butterkrebse in Kaffir-Limetten-Kruste sowie ein paar hervorragende Steaks.

Ausgehen & Nachtleben

Ambassador Hotel   BAR

(07-4953 3233; www.ambassadorhotel.net.au; 2 Sydney St; Do 17 Uhr–open end, Fr-So 16 Uhr–open end) Außen Art déco, innen wild und verrückt. Der Trubel erstreckt sich über mehrere Ebenen, bis hinauf zur einzigen Dachbar in Mackay.

Tryst   CLUB

(99 Victoria St; Do-Sa 22–4 Uhr) Frenetischer Dance-Club, in dem eigene und Gast-DJs auflegen.

Shoppen

Mackay Showgrounds Markets   MARKT

(Milton St; Sa ab 7.30 Uhr) Ein Bauernmarkt mit tollen Backwaren.

Troppo Market   MARKT

(Parkplatz Mt. Pleasant Shopping Centre; jeden 2. So im Monat ab 7.30 Uhr) Hier gibt's von allem etwas, darunter viel Unterhaltung, Essen und Trinken.

Praktische Informationen

Der Flughafen, der botanische Garten und das Mackay Visitor Centre liegen etwa 3 km südlich vom Stadtzentrum. Der Hafen von Mackay befindet sich 6 km nordöstlich vom Zentrum und wird von einem großen Zucker-Terminal beherrscht, während es an der angrenzende Marina einige Restaurants am Wasser gibt.

Mackay Visitor Centre (1300 130 001; www.mackayregion.com; 320 Nebo Rd; 9–17 Uhr; @) Ca. 3 km südlich vom Zentrum. Internetzugang und WLAN.

An- & Weiterreise

BUS

Die Busse halten am **Mackay Bus Terminal** (Ecke Victoria St & Macalister St), wo man auch Tickets kaufen kann. Busse von **Greyhound** (1300 473 946; www.greyhound.com.au) fahren die Küste hinauf und hinunter. Beispiele für Ticketpreise für Erwachsene (einfache Strecke) und Fahrzeiten: Airlie Beach (31 AU$, 2 Std.), Townsville (69 AU$, 6½ Std.), Cairns (117 AU$, 13 Std.) und Brisbane (218 AU$, 17 Std.

Premier (13 34 10; www.premierms.com.au) ist preiswerter als Greyhound, hat aber weniger Busverbindungen.

FLUGZEUG

Der Flughafen liegt ungefähr 3 km südlich vom Zentrum Mackays.

Jetstar (13 15 38; www.jetstar.com.au), **Qantas** (13 13 13; www.qantas.com.au) und **Virgin** (13 67 89; www.virginaustralia.com.au) fliegen von/nach Brisbane. **Tiger Airways** (02-8073 3421; www.tigerairways.com.au) bietet Direktflüge zwischen Mackay und Melbourne/Sydney an.

ZUG

Queensland Rail (1800 872 467; www.queenslandrail.com.au) Verbindet Mackay mit Brisbane, Cairns und den Städten dazwischen. Der Bahnhof befindet sich in Paget, 5 km südlich vom Stadtzentrum.

Unterwegs vor Ort

Große Mietwagenfirmen haben Schalter am Mackay Airport; sie sind auf www.mackayairport.com.au/travel/car-hire aufgeführt.

Mackay Taxis (13 10 08)

Mackay Transit Coaches (07-4957 3330; www.mackaytransit.com.au) Betreibt verschiedene Buslinien innerhalb der Stadt und zwischen der Stadt, dem Hafen und den Stränden im Norden. Den Fahrplan bekommt man im Mackay Visitor Centre und im Internet.

Ocean Breeze Transfers (www.ocean-breeze-transfers.com.au) Fährt zwischen der Innenstadt und dem Flughafen; man muss im Voraus buchen.

Airlie Beach
7868 EW.

Abgesehen davon, dass es als Ausgangspunkt für die traumhaften Whitsunday Islands dient, ist Airlie Beach für Backpacker eine Wohlfühlstadt erster Güte. Dafür sorgen die riesengroßen Hostels mit Bars, die die helle Hauptstraße säumen, und eine von Rasen umgebene Lagune, in der man baden kann, ehe man sich mal wieder ausschläft. Doch die Eröffnung des schicken neuen Komplexes Port of Airlie mit Marina, Hotels und Restaurants im Jahr 2014 ist ein untrügliches Zeichen dafür, dass die Stadt teurer wird. Nun gibt es mehr attraktive Angebote für ältere, anspruchsvollere Reisende, die sich noch ein wenig austoben wollen, ehe sie die Anker lichten, um aufs friedliche, glitzernde Meer und zu den dschungelbedeckten Inseln in der Ferne aufzubrechen. Wer der Partyszene komplett aus dem Weg gehen will, hat kein Problem, ruhige Unterkünfte in der Nähe der Stadt zu finden.

Zum 750 m entfernten Hafen von Airlie, an dem die Fähren von Cruise Whitsundays ablegen und wo viele der Jachten, die hier kreuzen, festmachen, führt ein netter Fußweg. Viele andere Boote fahren von der Abel Point Marina (1 km westlich) oder von Shute Harbour (ca. 12 km östlich); die meisten Anbieter von Bootstouren bieten kostenlose Shuttlebusse in die Stadt an.

🏃 Aktivitäten

Saisonal kann man vor dem Airlie Beach Hotel bei verschiedenen Anbietern Jetskis, Katamarane, Windsurfbretter und Surfskis ausleihen.

Lagune
SCHWIMMEN

(Shute Harbour Rd) **GRATIS** In der Lagune im Stadtzentrum, die frei von Quallen, Krokodilen und anderen lästigen Tropentieren ist, kann man das ganze Jahr über baden.

Tandem Skydive
Airlie Beach
TANDEMSPRINGEN

(📞 07-4946 9115; www.skydiveairliebeach.com.au; ab 199 AU$) Tandemsprünge aus einem Flugzeug aus ca. 1800, 2400 oder 4260 m Höhe.

Salty Dog Sea Kayaking
KAJAKFAHREN

(📞 07-4946 1388; www.saltydog.com.au; Shute Harbour; halb-/ganztägige Tour 80/130 AU$)

Veranstaltet geführte ganztägige Touren und vermietet Kajaks (halber/ganzer Tag 50/80 AU$). Darüber hinaus gibt's auch längere Kajak-/Campingexkursionen (z. B. die anspruchsvolle Sechstagestour für 1650 AU$). Eine wirklich charmante und gesunde Art, die Inseln zu erkunden.

Tauchen

In Airlie Beach und auf den Whitsunday Islands fallen viele professionelle Tauchzentren ins Auge. Zwar lockt auch das Great Barrier Reef, doch die meisten Tauchexkursionen besuchen die Riffe rings um die Whitsundays (besonders an den Nordspitzen), da sie viel einfacher zu erreichen sind und sich dort oft mehr Weichkorallen befinden. Erfahrene Taucher, die im eigentlichen Great Barrier Reef tauchen wollen, finden rund um Cairns viel mehr Optionen; doch auch im Gebiet rund um die Whitsundays gibt's viele schöne Tauchplätze, wenn man gern hier tauchen möchte.

Die Preise für Open-Water-Kurse mit mehreren Tauchgängen im Meer starten bei etwa 1000 AU$. Die **Whitsunday Diving Academy** (📞 1300 348 464; www.whitsunday divingacademy.com.au; 2579 Shute Harbour Rd, Jubilee Pocket) ist ein guter Startpunkt.

Auf mehreren **Segeltouren** kann man optional auch tauchen. Die Preise beginnen bei 85 AU$ für Einführungstauchgänge oder Tauchgänge für zertifizierte Taucher. Das Fährunternehmen Cruise Whitsundays (S. 410) bietet auf Tagestouren Tauchgänge (ab 119 AU$) bei seinem Riff-Ponton an.

Auch die meisten **Inselresorts** haben Tauchschulen und kostenlose Schnorchelausrüstung.

Angeln

Mit einer billigen Handleine kann man sich sein eigenes Abendessen angeln. Beliebte Stellen in Airlie sind die Felswände beim Segelclub in Cannonvale und der Angelponton in Shute Harbour. Unzählige Touren, die man in Airlie Beach problemlos buchen kann, kosten pro halben/ganzen Tag etwa 120/210 AU$.

👉 Geführte Touren

Fast alle Tagestouren beinhalten Aktivitäten wie Schnorcheln oder Boomnetting; Tauchen ist optional möglich. Die meisten Bootstouren starten im Hafen von Airlie; diejenigen, die in Shute Harbour beginnen, holen Kunden aus Airlie Beach und Cannonvale mit dem Bus ab. Man kann auch mit

Airlie Beach

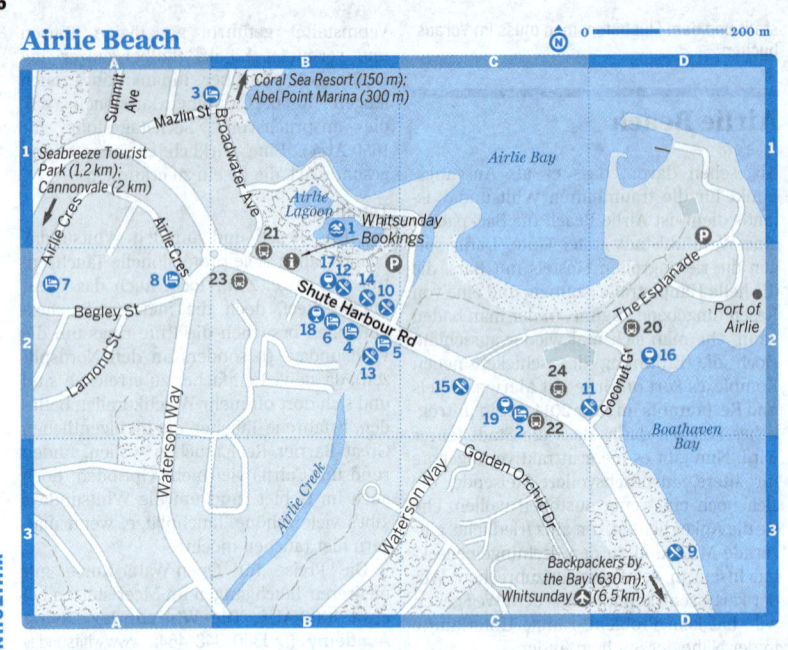

(Map legend)

Coral Sea Resort (150 m); Abel Point Marina (300 m)
Seabreeze Tourist Park (1,2 km); Cannonvale (2 km)
Airlie Bay
Airlie Lagoon
Whitsunday Bookings
Begley St
Shute Harbour Rd
Port of Airlie
Boathaven Bay
Airlie Creek
Golden Orchid Dr
Backpackers by the Bay (630 m); Whitsunday (6,5 km)

Airlie Beach

Aktivitäten, Kurse & Touren
1 Lagoon B1

Schlafen
2 Airlie Beach YHA C2
3 Airlie Waterfront B&B B1
4 Beaches Backpackers B2
5 Magnums Backpackers C2
6 Nomads Backpackers B2
7 Sunlit Waters A2
8 Waterview A2

Essen
9 Denman Cellars Beer Cafe D3
10 Easy Cafe C2
11 Fish D'vine D2
12 Mr Bones B2
13 Village Cafe B2
14 Wisdom Health B2
15 Woolworths Supermarket C2

Ausgehen & Nachtleben
16 Just Wine & Cheese D2
17 Mama Africa B2
18 Paddy's Shenanigans B2
19 Phoenix Bar C2

Transport
20 Haltestelle für Fernverkehrsbusse D2
21 Haltestelle von Whitsunday Transit B2
22 Haltestelle von Whitsunday Transit C2
23 Haltestelle von Whitsunday Transit B2
24 Haltestelle von Whitsunday Transit C2

einem öffentlichen Bus nach Shute Harbour fahren.

Tagestouren kann man in der Regel bei jedem Reisebüro in Airlie Beach buchen.

Cruise Whitsundays BOOTSTOUR
(07-4946 4662; www.cruisewhitsundays.com; Shingley Dr, Abel Point Marina; ganztägige Bootstouren ab 99 AU$) Cruise Whitsundays betreibt nicht nur eine Fähre zu den Whitsunday Islands, sondern bietet auch Touren zum Hardy Reef, zum Whitehaven Beach und zu mehreren Inseln, darunter Daydream Island und Long Island. Mit einem **Island Hopper Pass** (Erw./Kind 120/59 AU$), der einen Tag lang gültig ist, kann man sich auch seine eigene Route zusammenstellen. Das Unternehmen organisiert außerdem eine beliebte Tagestour an Bord der *Camira* (S. 412).

Ecojet Safari GEFÜHRTE TOUR
(07-4948 2653; www.ecojetsafari.com.au; 195 AU$) Auf diesen dreistündigen Jetski-Safaris (2 Pers./Jetski) in kleinen Gruppen kann man die Inseln, die Mangroven

und die Meeresfauna der nördlichen Whitsundays erkunden.

Ocean Rafting BOOTSTOUR
(07-4946 6848; www.oceanrafting.com.au; Erw./Kind/Familie ab 134/87/399 AU$) In einem sehr schnellen, gelben Hochgeschwindigkeitsboot besucht man die „wilde" Seite der Inseln. Unterwegs kann man am Whitehaven Beach baden, auf einer geführten Nationalparkwanderung wieder festen Boden unter den Füßen spüren oder an den Riffen in der Mantaray Bay und vor Border Island schnorcheln.

Big Fury BOOTSTOUR
(07-4948 2201; Erw./Kind/Familie 130/70/350 AU$) In einem offenen Sportboot geht's rasant hinaus zum Whitehaven Beach, gefolgt von einem Mittagessen und einem Schnorchelausflug zu einem nahe gelegenen, abgeschiedenen Riff. Tolles Preis-Leistung-Verhältnis und bei allen Reisebüros am Airlie Beach buchbar.

Air Whitsunday RUNDFLÜGE
(07-4946 9111; www.airwhitsunday.com.au; Terminal 1, Whitsunday Airport) Bietet eine ganze Palette an Touren an, darunter Tagestouren zum Whitehaven Beach (255 AU$) und Panoramaflüge plus Schnorcheltouren im Great Barrier Reef (375 AU$).

Whitsunday Crocodile Safari GEFÜHRTE TOUR
(07-4948 3310; www.crocodilesafari.com.au; Erw./Kind 120/60 AU$) Auf dieser Tour beobachtet man wild lebende Krokodile, erkundet einsame Meeresarme und isst echtes Bush Tucker (Buschnahrung).

Feste & Events

Airlie Beach Race Week SEGELN
(www.airlieraceweek.com) Segler aus aller Welt kommen zur jedes Jahr im August veranstalteten Regatta nach Airlie.

Airlie Beach Music Festival MUSIK
(airliebeachfestivalofmusic.com.au) Dieses Festival wurde 2012 ins Leben gerufen und wird von Jahr zu Jahr beliebter. Eine dreitägige Party zu Rock- und Folkkonzerten im November.

Schlafen

Airlie Beach ist ein Backpacker-Paradies. Doch angesichts der Vielzahl der Hostels ist die Qualität sehr unterschiedlich, außerdem sind Bettwanzen ein verbreitetes Problem.

Die meisten Resort bieten im Internet-Spezialpauschalen und Standby-Preise, die viel günstiger als die angegebenen Preise sind.

★ Kipara RESORT $
(www.kipara.com.au; 2614 Shute Harbour Rd; Zi./Hütten/Villas ab 65/100/105 AU$; ※@⊛☀) Dieses Budget-Resort versteckt sich in üppig grüner Umgebung und man kann hier leicht vergessen, dass man nur 2 km vom Trubel der Stadt entfernt ist. Es ist extrem sauber und bietet ein hervorragendes Preis-Leistungs-Verhältnis. Die Mitarbeiter sind hilfsbereit, es gibt Kochmöglichkeiten und regelmäßig schauen wilde Tiere vorbei – eine der besten Unterkünfte in Airlie. Bei zwei oder mehr Übernachtungen wird es noch günstiger.

Nomads Backpackers HOSTEL $
(07-4999 6600; www.nomadsairliebeach.com; 354 Shute Harbour Rd; B/DZ 25/88 AU$; ※@⊛☀) Das Nomads liegt auf einem etwa 2,8 ha großen, grünen Gelände mit einem Volleyballfeld sowie einem glitzernden Swimmingpool und erinnert ein bisschen mehr an ein Resort als viele andere Hostels in der Stadt. Die Unterkünfte sind nichts Besonderes, doch die Zeltstellplätze sind nett und schattig und die Privatzimmer sind mit Fernseher, Kühlschrank und Miniküche ausgestattet.

Seabreeze Tourist Park WOHNMOBILPARK $
(07-4946 6379; www.theseabreezepark.com.au; 234 Shute Harbour Rd; Stellplatz ohne/mit Strom ab 20/35 AU$, Hütten/Villas ab 100/130 AU$; P ※@⊛☀) Weitläufiger Campingplatz mit Rasen, erfrischendem Meerblick und einer angenehm relaxten Atmosphäre. Die Zeltstellplätze sind schattig, und die neuen Bali-Villen aus Holz offerieren ein exotisches Ambiente, das den meisten Wohnmobilparks entschieden fehlt.

Beaches Backpackers HOSTEL $
(07-4946 6244; www.beaches.com.au; 356 Shute Harbour Rd; B/DZ 22/85 AU$; ※@⊛☀) Auch wenn man hier nicht übernachtet, sollte man sich zumindest einen Drink an der großen Open-Air-Bar gönnen. Wer sich hier einquartiert, sollte Ohrstöpsel und Partylaune mitbringen. Mit Sicherheit nichts für jemanden, der Ruhe und Frieden sucht.

Backpackers by the Bay HOSTEL $
(07-4946 7267; www.backpackersbythebay.com; 12 Hermitage Dr; B 26 AU$, DZ & 2BZ 80 AU$;

ABSTECHER

EUNGELLA NATIONAL PARK

Der mystisch-geheimnisvolle, bergige Eungella National Park ist Teil der hoch gelegenen Clarke Range und fast 500 km² groß, aber bis auf Wanderwege rund um **Broken River** und **Finch Hatton Gorge** unzugänglich. Tausende Jahre waren hier die großen Gebiete tropischer und subtropischer Vegetation von anderen Regenwaldgebieten abgeschnitten, sodass sich mehrere einzigartige Arten entwickelt haben, darunter der Skink mit orangen Flanken und der charmante Eungella-Frosch, der seine Eier im Magen ausbrütet und die Kaulquappen zur Welt bringt, indem er sie ausspuckt.

An den meisten Tages des Jahres ist die Wahrscheinlichkeit hoch, von der zu Recht bekannten **Schnabeltier-Aussichtsplattform** (gegenüber vom Information Office neben der Brücke auf der anderen Straßenseite) am Broken River ein oder mehrere Schnabeltiere zu sehen. Die Aussichtsplattform gilt als einer der verlässlichsten Orte der Welt, um diese sanftmütigen Kloakentiere (eierlegende Säugetiere) beim Spielen zu beobachten – und kaum ein Besucher wird enttäuscht, dafür legen wir die Hand ins Feuer. Die beste Zeit sind die Stunden direkt nach Sonnenaufgang und vor Einbruch der Dunkelheit. Man muss geduldig und leise sein und darf sich nicht bewegen. Am aktivsten sind die Schnabeltiere von Mai bis August, wenn die Weibchen sich in Erwartung der Befruchtung selbst mästen. Andere Tiere, die man am Fluss sehen kann, sind die großen Elseya-Schildkröten und die leuchtend blauen Azurfischer.

Zwischen dem Picknickplatz Broken River und Eungella gibt es mehrere großartige **Regenwald-Wanderwege**, die man sich nicht entgehen lassen sollte. Karten bekommt man im Information Office (an der Aussichtsplattform). Es ist zwar nur unregelmäßig besetzt, aber zum Glück stehen an den Startpunkten der Wanderwege Informationstafeln mit Karten.

Es gibt auch ein paar Unterkünfte. Die beste Option für Budget-Traveller ist das exzentrische und rustikale **Platypus Bushcamp** (07-4958 3204; www.bushcamp.net; Finch Hatton Gorge; Stellplatz 10 AU$, Hütten 100 AU$), im üppig grünen, mit Regenwald bewachsenen Tiefland der Finch Hatton Gorge, zu dem sogar ein Wasserloch gehört, in dem Schnabeltiere schwimmen. Wer etwas mehr ausgeben kann, sollte sich geradewegs zum freundlichen, komfortablen **Broken River Mountain Resort** (07-4958 4000; www.brokenrivermr.com.au; DZ 130–190 AU$;) aufmachen, das direkt gegenüber der Schnabeltier-Aussichtsplattform am Broken River hoch oben in den Bergen liegt. Informationen zu einer Handvoll Campingplätze stehen auf der Seite www.nprsr.qld.gov.au/parks/eungella/camping.html.

Der Nationalpark liegt 84 km westlich von Mackay. Nach Eungella oder Finch Hatton fahren keine Busse, doch Reeforest Adventure Tours (S. 402) veranstaltet Tagestouren ab Mackay und kann Besucher, die länger bleiben wollen, absetzen und wieder abholen. Allerdings finden die Touren nicht an jedem Tag statt, sodass man eventuell länger bleiben muss als geplant

---

) Eine ruhige Alternative zu den turbulenten Party-Hostels, die sich im Zentrum versammeln. Das Hostel hat ordentliche Zimmer, Hängematten sowie einen guten Pool, und die hämmernden Bässe entfallen hier. Vom Zentrum Airlies sind es etwa zehn Gehminuten.

Magnums Backpackers HOSTEL $
(1800 624 634; www.magnums.com.au; 366 Shute Harbour Rd; Zeltstellplatz/Wohnmobilstellplatz 22/24 AU$, B/DZ ab 22/56 AU$;) Eine laute Party-Bar, Alkohol im Strömen und gut aussehende junge Menschen. Hände weg von den Stellplätzen in der Nähe der Bar – wer hier Schlaf finden will, muss schon bewusstlos sein. Hinter der hektischen Rezeption befinden sich einfache Mehrbettzimmer in einem tropischen Garten.

Airlie Beach YHA HOSTEL $
(07-4946 6312; www.yha.com.au; 394 Shute Harbour Rd; B 28,50 AU$, DZ 79 AU$;) Zentral gelegen, hinreichend sauber und mit einem glitzernden Pool und tollen Kochmöglichkeiten ausgestattet.

Waterview APARTMENT $$
(07-4948 1748; www.waterviewairliebeach.com.au; 42 Airlie Cres; Wohnstudio/1-Zi.-Wohneinheit ab

140/155 AU$; ❄🛜) Dank ihrer Lage und des herrlichen Komforts eine ausgezeichnete Wahl – diese Boutique-Unterkunft liegt an der Hauptstraße und bietet einen großartigen Blick auf die Bucht. Die Zimmer sind modern, luftig und großzügig und haben sogar eine Küchenzeile für Selbstversorger.

Coral Sea Resort RESORT $$
(📞1800 075 061; www.coralsearesort.com; 25 Ocean View Ave; DZ/2-Zi.-Apt. ab 175/330 AU$; ❄@🛜≋) Am Ende einer flachen Landzunge liegt das Coral Sea Resort gleich westlich des Stadtzentrums direkt am Wasser – mit die beste Lage der Umgebung. Viele Zimmer bieten einen atemberaubenden Ausblick.

Sunlit Waters APARTMENT $$
(📞07-4946 6352; www.sunlitwaters.com; 20 Airlie Cres; Studios ab 92 AU$, Apt. mit 1 Schlafzi. 115 AU$; ❄🛜≋) Diese großen Studios sind mit allem ausgestattet, was man sich wünschen kann, z. B. einer separaten Küche und fantastischer Aussicht von den großen Balkons – und dabei sind die Studios noch nicht einmal teuer.

Airlie Waterfront B&B B&B $$$
(📞07-4946 7631; www.airliewaterfrontbnb.com.au; Ecke Broadwater Ave & Mazlin St; Apt. mit 1/2 Schlafzi. ab 179/249 AU$; ❄@🛜≋) Das üppig möblierte, tipptopp gepflegte B&B mit toller Aussicht hat sichtbar Klasse. Zur Stadt sind es nur fünf Minuten über einen Fußweg. Einige Zimmer sind mit Wellness-Badewannen ausgestattet.

🍴 Essen

Ein riesiger neuer **Woolworths Supermarket** (Shute Harbour Rd; ⊗8–21 Uhr), in dem Selbstversorger einkaufen können, liegt praktisch im Zentrum. An dem Abschnitt gegenüber vom Hafen im neuen Port of Airlie gibt's eine gute Auswahl an eleganten, gehobenen Restaurants, im Zentrum von Airlie Beach sind dagegen alle Varianten vorhanden, von billigen Takeaway-Kebab-Läden bis zu schickeren Restaurants mit Terrassen.

Wisdom Health CAFÉ $
(1b/275 Shute Harbour Dr; Toast ab 4,95 AU$, Säfte ab 6,45 AU$; ⊗7.30–15.30 Uhr; 🌱) In dem geschäftigen Eck-Café, das hauptsächlich Takeaway-Speisen verkauft, gibt's drinnen und draußen auch ein paar Tische. Es serviert gesunde Toasts, Sandwiches (darunter viele vegetarische Optionen wie den leckeren Linsen-Burger), Pizzas und eine breite Palette frischer Smoothies und Säfte.

Easy Cafe CAFÉ $
(Pavillion Arcade; Hauptgerichte 9,50–16 AU$; ⊗Do-Fr 7.30–15 Uhr; 🛜) Eine ruhige, versteckte Oase in den hektischen Straßen Airlies. In dem Deli-Café gibt's die beste Auswahl an Salaten der Stadt und hoch gelobte Eier Benedikt auf köstlich frischem Brot.

⭐ **Mr. Bones** PIZZERIA $$
(📞0416 011 615; Lagoon Plaza, 263 Shute Harbour Rd; Teller zum Teilen 12–17 AU$, Pizzas 15–23 AU$; ⊗Di-Sa 9–21 Uhr) Mr. Bones ist der Pionier in Airlie Beach für hippes, bezahlbares Essen. Das Lokal hat sich mit seinen perfekten dünnkrustigen Pizzas zu Recht einen Namen gemacht – empfehlenswert ist die Pizza mit Garnelen und Harissa. Auch die sogenannten *not pizzas* (Vorspeisen wie köstliche geschwärzte Fisch-Spieße mit Ananas- und Minz-Salsa) sind spektakulär.

Fish D'vine SEAFOOD $$
(📞07-4948 0088; 303 Shute Harbour Rd; Hauptgerichte 16–30 AU$; ⊗17 Uhr–open end) Die Piraten hatten definitiv einen guten Riecher: Diese Fisch- und Rum-Bar mit toller Stimmung serviert Köstlichkeiten aus dem Meer und jede Menge Rum (mehr als 200 Sorten). Yoho!

Denman Cellars Beer Cafe TAPAS $$
(📞07-4948 1333; Shop 15, 33 Port Dr; Tapas 10 AU$; Hauptgerichte 18–36 AU$; ⊗Mo–Fr 11–22, Sa & So 8–23 Uhr) Das Angebot an solidem modern-australischen Essen (z. B. Lammbuletten, sehr kleine Meeresfrüchte-Vorspeisen und Frühstücksgerichte) ist im Vergleich zu dem riesigen Biersortiment (über 700 Biersorten!) eher klein.

Village Cafe CAFÉ $$
(📞07-4946 5745; 366 Shute Harbour Rd; Hauptgerichte 20–30 AU$; ⊗7.30–21 Uhr) Das Village Cafe ist immer mit verkaterten Backpackern und Gästen, die einen guten Kaffee schätzen, gefüllt. Die Frühstücksoptionen in dem beliebten Café garantieren einen guten Start in den Tag. Wer einen *hot rock* (heißen Stein) bestellt, kann sich das Fleisch seiner Wahl auf einem knisternden Vulkanstein, der zwölf Stunden lang vorgeheizt wurde, perfekt garen.

🍸 Ausgehen & Nachtleben

Es heißt, dass Airlie Beach eine Trinkerstadt mit einem Seglerproblem ist. Die

Bars in Magnums und Beaches, den beiden großen Backpacker-Treffs im Zentrum der Stadt, sind immer überfüllt, und äußerst beliebt, um einen wilden Abend zu beginnen.

Phoenix Bar   BAR
(390 Shute Harbour Rd; 19–3 Uhr) Angesagte Dance- und DJ-Bar mit Getränke-Specials und allabendlichen kostenlosen Pizzas (von 18–20 Uhr).

Paddy's Shenanigans   IRISH PUB
(352 Shute Harbour Rd; 17–3 Uhr) Genau wie man sich ein Irish Pub vorstellt.

Just Wine & Cheese   WEINBAR
(Shop 8, 33 Port Dr; Glas Wein 7–18 AUS$; 15–22 Uhr) Diese schöne Bar mit Blick auf die Marina von Port of Airlie hält, was sie verspricht, und beweist, dass Airlie Beach teurer wird.

Mama Africa   CLUB
(263 Shute Harbour Rd; 22–5 Uhr) Dieser Nachtclub im afrikanischen Safari-Stil liegt nur einen Stolperer von den wichtigsten Party-Bars entfernt auf der anderen Straßenseite und lockt mit einem dröhnenden Beat, dem Jäger wie Beute nur schwer widerstehen können.

ⓘ Praktische Informationen

Auf der Hauptstraße drängen sich zahllose private Reisebüros. Wir empfehlen **Whitsunday Bookings** (07-4948 2201; www.whitsundaybooking.com.au; 346 Shute Harbour Rd). An seinen Pinnwänden hängen Standby-Preise für die Segeltouren und Resort-Unterkünfte. Internet- und WLAN-Zugang sind vielerorts verfügbar.

Department of National Parks, Sport & Racing (NPRSR; 13 74 68; www.nprsr.qld.gov.au; Ecke Shute Harbour Rd & Mandalay Rd; Mo–Dr 9–16.30 Uhr) Camping-Genehmigungen und weitergehende Informationen besorgt man sich am besten telefonisch oder online.

ⓘ An- & Weiterreise

BUS
Busse von **Greyhound** (1300 473 946; www.greyhound.com.au) und von **Premier Motor Service** (13 34 10; www.premierms.com.au) verlassen den Bruce Hwy, um nach Airlie Beach zu fahren. Die Busse sind zwischen Airlie Beach und allen großen Städten entlang der Küste unterwegs, darunter auch Brisbane (245 AU$, 19 Std.), Mackay (31 AU$, 2 Std.), Townsville (47 AU$, 4 Std.) sowie Cairns (85 AU$, 9 Std.).

Fernbusse halten an der Esplanade, zwischen dem Segelclub und dem Airlie Beach Hotel.

Whitsunday Transit (07-4946 1800; www.whitsundaytransit.com.au) verbindet Proserpine (Whitsunday Airport), Cannonvale, Abel Point, Airlie Beach und Shute Harbour.

FLUGZEUG
Die nächsten größeren Flughäfen sind Whitsunday Coast (Proserpine) und Hamilton Island.

Whitsunday Airport (07-4946 9180) Ein kleiner Flugplatz, 6 km östlich von Airlie Beach, auf halbem Weg zwischen Airlie Beach und Shute Harbour.

SCHIFF/FÄHRE
Cruise Whitsundays (07-4946 4662; www.cruisewhitsundays.com) sorgt für den Transfer zwischen dem **Port of Airlie** (www.portofairlie.com.au) und den Insel Hamilton, Daydream und Long.

ⓘ Unterwegs vor Ort

Airlie Beach ist klein genug, um überall zu Fuß hinzukommen. Die meisten Anbieter von Bootstouren haben kostenlose Busse, die Kunden von ihrer Unterkunft abholen und nach Shute Harbour oder zur Abel Point Marina bringen. Ein Taxi kann man bei **Whitsunday Taxis** (13 10 08) bestellen.

Die meisten großen Autovermietungen haben Büros in der Shute Harbour Rd.

Die Whitsundays

Diese von Sandstränden gesäumten 74 Inseln im Korallenmeer verschwinden am Horizont in den wundervollen Kristall-, Türkis-, Blau- und Indigo-Tönen des Ozeans. Weil sie vom Great Barrier Reef geschützt werden, gibt es hier keine donnernden Wellen und keinen gefährlichen Sog, sodass sich das Wasser perfekt zum Segeln eignet.

Unter den zahlreichen fantastischen, einsamen Stränden ragt der Whitehaven Beach mit seinem schneeweißen Quarzsand heraus. Er ist zweifellos der schönste Strand der Whitsundays und für viele sogar der schönste Strand der Welt. Man kann ihn auf einer tollen Tagestour besuchen – genau das Richtige, wenn man sich nur eine Tour zu den Inseln leisten kann.

Airlie Beach auf dem Festland ist das Küstenzentrum und das größte Tor zu den Inseln. Nur auf sieben der Inseln befinden sich Touristenresorts – von den einfachen Unterkünften auf Hook Island bis zum exklusiven Luxus der Hayman Island. Die meisten der Whitsunday Islands sind unbewohnt, und mehrere bieten Zurück-Zur-Natur-Erlebnisse mit Camping am Strand und Buschwanderungen.

Die meisten Anbieter von organisierten Touren und Aktivitäten befinden sich in Airlie Beach, viele identische Touren kann man aber auch auf den einzelnen Inseln buchen.

🛈 Praktische Informationen

Airlie Beach ist das Festland-Zentrum für Besuche der Whitsundays und hat ein überwältigendes Angebot an Unterkünften, Reisebüros und Tourveranstaltern. Der Port of Airlie ist der Haupthafen für Tagestouren per Boot und die Inselfähren. Die Boote einiger Unternehmen starten aber auch von der Abel Point Marina, etwa 1 km westlich von Airlie Beach.
Whitsundays Region Information Centre (📞1300 717 407; www.whitsundaytourism.com; ⏱10–17 Uhr) Am Bruce Hwy an der südlichen Einfahrt nach Proserpine.

🛈 Anreise & Unterwegs vor Ort

FLUGZEUG
Die beiden Hauptflughäfen für die Whitsundays befinden sich auf Hamilton Island und in Proserpine (Whitsunday Coast). Der kleine Whitsunday Airport in Airlie Beach liegt etwa 6 km außerhalb der Stadt.

SCHIFF/FÄHRE
Cruise Whitsundays (📞07-4946 4662; www.cruisewhitsundays.com; einfache Strecke Erw./Kind ab 36/24 AU$) Fähren zu den Inseln Daydream, Long, South Molle und Hamilton.

Long Island

Long Island lockt mit einsamen, schönen weißen Stränden, wilden Felskängurus und 13 km Wanderwegen. Das **Break Free Long Island Resort** (📞1800 075 125; www.oceanhotels.com.au/longisland; DZ ab 139 AU$; ❄@☼) hat einige sehr gute Online-Angebote. Es ist ein entspanntes, abgeschiedenes Resort, in dem man wunderbar mit den Kids im Pool planschen, am herrlichen Strand ein Bier trinken oder im Schatten einer Palme in der Hängematte schaukeln kann. Mehrere Waldwanderwege beginnen beim Resort. Kajaks und Tretboote sind kostenlos, man kann Minigolf spielen und die Ausrüstung für viele andere Wassersportarten ausleihen.

Tagesbesucher können die Einrichtungen des Break Free Long Island Resort ebenfalls nutzen. Auf der Insel gibt es auch einen einfachen **Campingplatz** (www.nprsr.qld.gov.au; pro Pers./Familie 5,75/23 AU$)

🛈 Anreise & Unterwegs vor Ort

Cruise Whitsundays (📞07-4946 4662; www.cruisewhitsundays.com) Täglich verkehren mehrere Fähren zwischen dem Long Island Resort und dem Port of Airlie. Die direkte Fahrt dauert rund 20 Minuten und kostet 48 AU$ pro Strecke.

Hook Island

Die 53 km² große Hook Island, die zweitgrößte Insel der Whitsundays, ist größtenteils ein Nationalpark und erreicht am Hook Peak eine Höhe von 450 m. Rund um die Insel liegen mehrere gute Strände und einige der besten Tauch- und Schnorchelspots der Region.

Nationalpark-**Campingplätze** (www.nprsr.qld.gov.au; pro Pers./Familie 5,45/21,80 AU$) befinden sich in Maureen Cove, Steen's Beach, Curlew Beach und Crayfish Beach. Sie sind zwar sehr einfach, bieten aber wunderbare Möglichkeiten, im wahrsten Sinne des Wortes zur Natur zurückzukehren.

Bei der Buchung der Unterkünfte wird auch der Transfer arrangiert. Außerdem kann **Whitsunday Island Camping Connections – Scamper** (📞07-4946 6285; www.whitsundaycamping.com.au) die Fahrt zu den Campingplätzen für etwa 160 AU$ pro Person (hin & zurück, mind. 4 Pers.) organisieren.

South Molle Island

South Molle, die mit 4 km² größte Insel der Inselgruppe Molle Islands, ist mit den Inseln Mid Molle und North Molle nahezu verbunden. Abgesehen von einem privaten Wohngebiet und einem Golfplatz in der Bauer Bay im Norden ist die gesamte Insel ein Nationalpark und wird von 15 km Wanderwegen durchzogen, an denen einige großartige Aussichtspunkte liegen.

Nationalpark-**Campingplätze** (📞13 74 68; www.nprsr.qld.gov.au; pro Pers./Familie 5,45/21,80 AU$) gibt es in der Sandy Bay im Süden und in der Paddle Bay in der Nähe des Resorts.

Tagesbesucher und Camper können mit Whitsunday Island Camping Connections – Scamper nach South Molle fahren (hin & zurück 65 AU$).

Daydream Island

Daydream Island ist nur gut 1 km lang und 200 m breit und würde seinem Namen bes-

SEGELN IN DEN WHITSUNDAYS

Die Whitsundays sind *der* Ort, um bei einer tropischen Brise über das fantastisch blaue Wasser zu gleiten. Wer zeitlich etwas flexibler ist, kann mit Last-Minute-Standby-Angeboten wesentlich günstiger wegkommen und weiß dann auch besser über die Wetterlage Bescheid.

Die meisten Boote bieten Schnorcheln an den rund um die Inseln liegenden Riffen an, wo es oft mehr farbenfrohe Weichkorallen gibt als in äußeren Riffen. Tauchen und andere Aktivitäten kosten fast immer extra. Wer sich für eine Tour entschieden hat, kann sie in einer der vielen Reisebüros in Airlie Beach buchen.

Tagestouren

Abgesehen von der superschnellen Camira schaffen es die Segelboote auf einer Tagestour nicht zu Orten wie dem Whitehaven Beach. Stattdessen steuern sie meistens die Hayman Island mit dem schönen Langford Reef an; vor der Buchung sollte man sich informieren, wo es hingeht.

Camira (www.cruisewhitsundays.com; Tagestouren 195 AU$) Die lila Camira, einer der schnellsten kommerziellen Segel-Katamarane der Welt, ist heute eine Ikone der Whitsundays. Die Tagestouren bieten ein gutes Preis-Leistungs-Verhältnis und beinhalten den Whitehaven Beach, Schnorcheln, Tee am Vormittag und am Nachmittag, ein Barbecue-Mittagessen und alle Erfrischungen (einschließlich Wein und Bier).

Derwent Hunter (www.tallshipadventures.com.au; Tagestouren 179 AU$) Eine zu Recht beliebte Segel-Safari auf einem sehr schönen Holzschoner mit Gaffeltakelung. Eine gute Möglichkeit für Paare und alle, die mehr Interesse an der Natur als an wilden Partys haben.

SV Domino (www.aussieyachting.com; Tagestouren 180 AU$) Fährt mit maximal acht Gästen zur Bali Hai Island, einem wenig besuchten „Geheimtipp" der Whitsundays. Das Mittagessen und zwei schöne Stunden Schnorcheln sind inbegriffen. Das Boot kann auch für private, maßgeschneiderte Touren gechartert werden.

Illusions (0455 142 021; www.illusion.net.au; Tagestouren 125 AU$) Die Segeltouren auf dem 12 m langen Katamaran sind die günstigsten, trotzdem sind sie beständig gut.

Mehrtägige Touren

Die meisten mehrtägigen Segeltouren dauern drei Tage und zwei Nächte oder zwei Tage und zwei Nächte.

---

ser gerecht werden, wenn hier nicht ganz so viel los wäre – man könnte die Insel leicht für einen schwimmenden Themenpark halten. Hier befindet sich das dem Festland nächstgelegene Resort, zudem ist die Insel bei Tagesausflüglern beliebt und hat jedem etwas zu bieten, besonders Familien mit Kindern, lebenslustigen Singles sowie Paaren, die romantisch auf einer Insel heiraten wollen.

Das große und herrlich kitschige **Daydream Island Resort & Spa** (1800 075 040; www.daydreamisland.com; DZ ab 368 AU$; ❀ ❀ ❀) liegt inmitten wunderbar gestalteter tropischer Gärten, durch die sich eine Lagune zieht, in der Stachelrochen, Haie und andere Fische leben. Es verfügt über einen Tennisplatz, einen Fitnessraum, Katamarane, Windsurfbretter, drei Pools und ein Freiluft-Kino. Diese Einrichtungen sind alle im Preis enthalten. Außerdem gibt's einen Kinderclub, in dem ständig Aktivitäten stattfinden, um den Nachwuchs zu beschäftigen. Das Resort nimmt die gesamte Insel ein; wer Einsamkeit sucht, ist hier ganz eindeutig falsch.

Cruise Whitsundays (07-4946 4662; www.cruisewhitsundays.com; einfache Strecke Erw./Kind 36/24 AU$) hat täglich mehrere Fähren zwischen Daydream Island und der Abel Point Marina sowie Shute Harbour.

Hamilton Island
1209 EW.

Willkommen in einem kleinen Resort-Paradies, wo auf den asphaltierten Straßen Golfcarts fahren, wo sich Wanderwege mit herr-

Solway Lass (www.solwaylass.com; 3-tägige Tour mit 3 Übernachtungen ab 579 AU$) Auf diesem 28 m langen Schiff, dem einzigen authentischen Großsegler in Airlie Beach, verbringt man drei volle Tage. Es ist bei Backpackern beliebt.

Atlantic Clipper (www.atlanticclipper.com.au; 2-tägige Tour mit 2 Übernachtungen ab 460 AU$) Junge, schöne, trinkfreudige Gäste ... und keine Chance, dem Trubel zu entgehen. Ein Highlight ist das Schnorcheln (oder die Erholung von der Party) auf der Langford Island.

Explore Whitsundays (www.explorewhitsundays.com; 2-tägige Tour mit 1 Übernachtung ab 359 AU$) Preiswerte, aber gute Touren mit unterschiedlichen Optionen und auf mehreren Schiffen. Zielt hauptsächlich auf Backpacker ab.

Bareboat Charter

Es ist auch möglich, ein Boot ohne Skipper, Crew oder Vorräte zu chartern. Formelle Qualifikationen sind nicht erforderlich, doch mindestens einer aus der Gruppe, die mit dem Boot segeln will, muss nachweisen, dass er es kompetent führen kann. In der Hochsaison (Sept.–Jan.) muss man für eine Jacht, in der vier bis sechs Personen übernachten können, mit 500 bis 1000 AU$ pro Tag rechnen; dazu kommen eine Buchungsanzahlung und eine Kaution (die zurückgezahlt wird, wenn das Boot unbeschädigt zurückgegeben wird). Die meisten Unternehmen haben eine Mindestmietdauer von fünf Tagen.

Rund um Airlie Beach gibt es mehrere Bareboat-Charter-Unternehmen:

Charter Yachts Australia (1800 639 520; www.cya.com.au; Abel Point Marina)

Cumberland Charter Yachts (1800 075 101; www.ccy.com.au; Abel Point Marina)

Queensland Yacht Charters (1800 075 013; www.yachtcharters.com.au; Abel Point Marina)

Whitsunday Escape (1800 075 145; www.whitsundayescape.com; Abel Point Marina)

Whitsunday Rent A Yacht (1800 075 000; www.rentayacht.com.au; 6 Bay Tce, Shute Harbour)

Auf einem Boot anheuern

Wer auf einem Boot anheuert, wird als Gegenleistung für eine kostenlose Koje, die Verpflegung und ein Segelabenteuer, damit beschäftigt sein, das Hauptsegel zu hissen und die Toiletten zu putzen. Ob das eine tolle oder eine schlechte Erfahrung wird, hängt vom Boot, vom Skipper, den anderen Crewmitgliedern (so vorhanden) und der eigenen Einstellung ab. Auf jeden Fall sollte man vorher jemandem Bescheid sagen, wohin, mit wem und für wie lange man aufbricht.

---

licher Aussicht aufs Meer durch die steilen, felsigen Hügel winden und wo an den weißen Stränden Wassersport aller Art betrieben wird. Das mag zwar nicht jedermanns Vorstellung vom einsamen Inselleben entsprechen, dennoch ist es schwer, sich nicht von der riesigen Auswahl an Nobelunterkünften, Restaurants, Bars und Aktivitäten beeindrucken zu lassen – für jeden, der das nötige Kleingeld mitbringt, ist etwas dabei. Tagesbesucher können einige Einrichtungen der Resorts nutzen, z. B. Tennisplätze, einen Goldplatz und einen Minigolfplatz, und so die Insel für vergleichsweise wenig Geld erleben.

Am **Catseye Beach** vor dem Resort-Bereich kann man Stehpaddelbretter, Kajaks, Surfbretter, Katamarane, Jetskis und andere Ausrüstung ausleihen, auch Parasailing und Wasserskifahren sind im Angebot. Die Ausleihe nichtmotorisierter Ausrüstung kostet pro halbe Stunde etwa 12 AU$, pro Stunde 20 AU$.

Einige Tauchshops am Hafen organisieren Tauchgänge und Zertifizierungskurse, und so ziemlich überall kann man diverse Bootsfahrten zu anderen Inseln und zum äußeren Riff buchen.

Wer nur Zeit für eine Wanderung hat, sollte auf den **Passage Peak** (239 m) in der Nordostecke der Insel klettern.

🛏 Schlafen

Qualia RESORT $$$
(1300 780 959; www.qualia.com.au; DZ ab 995 AU$; ❉@❡≋) Das umwerfende, ultraluxuriöse Qualia liegt auf einem abgeschiedenen, 12 ha großen Grundstück. Seine

ABSEITS DER ÜBLICHEN PFADE

CAMPING IN DEN WHITSUNDAYS

Das **Department of National Parks, Sport & Racing** (NPRSR; www.nprsr.qld.gov.au) verwaltet die Campingplätze des **Whitsunday Islands National Park** auf mehreren Inseln, sowohl für individuelle Camper als auch für kommerzielle Touren. Camping Permits (pro Pers./Familie 5,75/23 AU$) bekommt man online oder im NPRSR-Buchungsbüro in Airlie Beach.

Camper müssen sich komplett selbst versorgen und sollten pro Tag mindesten 5 l Wasser mitnehmen sowie einen zusätzlichen Vorrat für drei Tage, falls sie aus irgendeinem Grund festsitzen. Auch einen Gaskocher sollte man mitbringen, denn Holzfeuer sind auf allen Inseln verboten.

Wenn Cruise Whitsundays (S. 411) die entsprechende Insel nicht bedient, kann man mit **Whitsunday Island Camping Connections – Scamper** (07-4946 6285; www.whitsundaycamping.com.au) fahren. Abgelegt wird in Shute Harbour und Kunden können auf den Inseln South Molle, Denman und Planton (hin & zurück jeweils 65 AU$), auf Whitsunday Island (hin & zurück 105 AU$), am Whitehaven Beach (hin & zurück 155 AU$) und auf der Hook Island (hin & zurück 160 AU$) abgesetzt werden. Im Transfer inbegriffen sind kostenlose 5-l-Waserbehälter. Man kann auch ein Camping-Set (erste Nacht 40 AU$, jede weitere Nacht 20 AU$) ausleihen, das u. a. ein Zelt, einen Gaskocher und einen Kühlbehälter enthält. Auf der Website stehen viele Einzelheiten und nützliche Informationen.

---

moderne Villen ragen wie himmlische Baumhäuser auf dem grünen Hügel empor. Das Resort hat einen privaten Strand, zwei Restaurants, ein Spa und zwei Swimmingpools.

Beach Club RESORT $$$
(www.hamiltonisland.com.au/BeachClub; DZ ab 595 AU$; ✳@🛜🏊) Der Beach Club liegt am Rand des Haupt-Resortkomplexes und bietet Zimmer mit Terrasse in bester Strandlage. Hier sind nur Erwachsene erlaubt. Die beste Wahl am Catseve Beach für romantische Tage.

Whitsunday Holiday Homes APARTMENT $$$
(13 73 33; www.hihh.com.au; ab 288 AU$; ✳@🛜🏊) Die Palette der privaten Unterkünfte reicht von Drei-Sterne-Apartments bis zu familienfreundlichen Häusern und Fünf-Sterne-Luxusapartments. Im Preis inbegriffen sind Golfcarts, mit denen man sich mal so richtig austoben kann. Für einige Unterkünfte gilt ein Mindestaufenthalt von vier Nächten.

Palm Bungalows HÜTTEN $$$
(www.hamiltonisland.com.au/palm-bungalows; DZ ab 350 AU$; ✳@🛜🏊) Diese attraktiven, frei stehenden Bungalows in einem tropischen Garten liegen ein kurzes Stück vom Catseve Beach und auf einem kleinen Hügel. Sie stehen zwar recht eng beieinander, bieten aber trotzdem Privatsphäre.

✕ Essen

Im Haupt-Resortkomplex befinden sich mehrere Restaurants. Auch an der Marina gibt es viele Möglichkeiten, darunter eine gute **Bäckerei & Feinkostgeschäft** (Front St; Sandwiches ab 9 AU$; ⏰7–16 Uhr), einen **Fish & Chips-Laden** (Front St; Fish & Chips 11,50 AU$; ⏰So–Do 10–21, Fr & Sa 11.30–21 Uhr), eine **Taverne** (07-4946 8839; Marina Village; Hauptgerichte ab 17,50 AU$; ⏰11–24 Uhr) und einen Supermarkt/Gemischtwarenladen für Selbstversorger.

Bommie Restaurant MODERN-AUSTRALISCH $$$
(07-4948 9433; Hauptgerichte 38–50 AU$; ⏰Di–Sa 18–24 Uhr) Gehobene modern-australische Küche und ein Meerblick, der so exklusiv ist wie die Preise. Das Bommie befindet sich im Resortkomplex.

Romano's ITALIENISCH $$$
(07-4946 8212; Marina Village; Hauptgerichte 33–40 AU$; ⏰Do–Mo 18–24 Uhr) Beliebtes italienisches Restaurant mit einer großen überdachten Terrasse, die über das Wasser hinausragt.

Mariners Seafood Restaurant SEAFOOD $$$
(07-4946 8628; Marina Village; Hauptgerichte 38–48 AU$; ⏰Sa–Mi 18 Uhr–open end) Der Schwerpunkt liegt auf Fisch und Meeresfrüchten, Grillgerichte sind aber ebenfalls im Angebot.

❶ An- & Weiterreise

FLUGZEUG

Die meisten Besucher der Whitsundays kommen am Hamilton Island Airport an. Er wird von **Qantas** (☏ 13 13 13; www.qantas.com.au), **Jetstar** (☏ 13 15 38; www.jetstar.com.au) und **Virgin** (☏ 13 67 89; www.virginaustralia.com.au) angeflogen.

SCHIFF/FÄHRE

Cruise Whitsundays (☏ 07-4946 4662; www.cruisewhitsundays.com) Verbindet den Hamilton Island Airport und die Marina mit dem Port of Airlie in Airlie Beach (48 AU$).

❶ Unterwegs vor Ort

Zwischen 7 und 23 Uhr fährt ein kostenloser Shuttlebus über die Insel.

Man kann auch Golfcarts ausleihen (1/2/3/24 Std. 45/55/60/85 AU$) und damit über die Insel sausen.

Hayman Island

Die kleine Hayman Island, die nördlichste der Whitsunday-Gruppe, ist nur 4 km² groß und erreicht eine Höhe von maximal 250 m. Auf der Insel gibt's bewaldete Hügel, Täler und Strände sowie ein Fünf-Sterne-Luxusresort.

Eine Allee stattlicher Dattelpalmen führt zum Haupteingang des prächtigen **One&Only Hayman Island Resort** (☏ 07-4940 1838; www.hayman.com.au; Zi. inkl. Frühstück 730–12 300 AU$; ✳@⛱☀). Es ist eine der nobelsten Anlagen am Great Barrier Reef und wartet mit 1 ha Swimmingpools, gepflegten Gärten und Anlagen sowie exklusiven Boutiquen auf.

Gäste des Resorts müssen zum Hamilton Island Airport fliegen und werden anschließend mit Luxusjachten zum Resort gefahren.

Lindeman Island

Auf der hübschen kleinen Lindeman Island befand sich früher ein großer Club Med. Für etwas Leben sorgen heute nur noch die Naturfotografen und Wanderer, die auf eigene Faust losziehen, um die vielfältigen Baumarten der Insel und den großartigen Blick vom Mt. Oldfield (210 m) zu erleben. Die Lindeman Island ist überwiegen ein Nationalpark mit leeren Buchten und 20 km beeindruckender Wanderwege. Am Besten zelten kann man am **Boat Port**.

Whitsunday Island

Der **Whitehaven Beach** auf Whitsunday Island ist ein 7 km langer, ursprünglicher Streifen aus blendendem Sand (aus 98 % reiner Kieselerde, dieser Sand ist einer der weißesten der Welt), der sich zwischen üppig-grüner tropischer Vegetation und dem glitzernden blauen Meer erstreckt. Am Hill Inlet am Nordende des Strands zeichnet das wirbelnde Muster aus blendend weißem Sand, der sich durch türkisblaues Wasser zieht, ein wahrhaft magisches Bild. Am Südende kann man sehr gut schnorcheln. Whitehaven ist einer der schönsten Strände in Australien.

Am Dugong, Nari's und Joe's Beach im Westen, in der Chance Bay im Süden, am Südende des Whitehaven Beach und in der Peter Bay im Norden gibt's Nationalpark-**Campingplätze** (☏ 13 74 68; www.nprsr.qld.gov.au; Erw./Fam. 5,45/21,80 AU$).

Auf die Insel kommt man mit Whitsunday Island Camping Connections – Scamper; die Hin- und Rückfahrt kostet 105 AU$.

Weitere Whitsunday-Inseln

Die nördlichen Inseln sind unerschlossen und sehen nur selten Besucher, die mit dem Schiff oder im Wassertaxi anreisen. Auf ein paar von ihnen – Gloucester, Saddleback und Armit Island – gibt's Nationalpark-Campingplätze. Das NPRSR-Büro (S. 410) in Airlie Beach, stellt Campinggenehmigungen aus und weiß, welche Inseln man besuchen kann und wie man hinkommt.

Bowen

10 260 EW.

Bowen ist ein typisches, traditionelles Queensland-Küstenstädtchen: niedrige Gebäude, hölzerne Queenslander-Häuser und entspannte, freundliche Einwohner. Was Bowen von anderen ähnlichen Städten unterscheidet, sind die 24 farbenfrohen Wandbilder, die verschiedene Ereignisse und Facetten der Geschichte der Region darstellen; im Visitor Centre oder an Informationsschalter bekommt man eine Karte für einen Stadtspaziergang und weitere Infos.

Der Uferbereich bildet mit seiner gepflegten Esplanade, den Picknicktischen und den Grillplätzen das Herzstück der Stadt. Nordöstlich vom Stadtzentrum liegen ein paar herrliche und wenig besuchte Strände und Buchten.

Während der Obsterntesaison (April–Nov.) herrscht in Bowen viel Betrieb. Von hier stammt die berühmte Bowen-Mango, wie der Name schon verrät.

Auf dem Wasserturm der Stadt ist ein Schild mit der Aufschrift „Bowenwood" zu sehen. Es erinnert an den Monumentalfilm *Australia*, der 2007 hier gedreht wurde; die Einheimischen sind bis heute ein wenig von den Stars geblendet.

Wer Arbeit als Erntehelfer sucht, sollte bei **Bowen Backpackers** (07-4786 3433; www.bowenbackpackers.net; Herbert St; B pro Nacht/Woche ab 40/180 AU$;) gleich hinter dem Strand nachfragen und rechtzeitig im Voraus ein Bett buchen. Auch wer nur auf der Durchreise ist, sollte bei **Jochheims Pies** (49 George St; Pasteten 4,60 AU$; Mo–Fr 5.30–15.30, Sa bis 12.30 Uhr) anhalten, um sich eine *hunky beef*-Pastete zu genehmigen, die so heißt, weil sie Hugh Jackmans Lieblingsgericht während der Dreharbeiten zu *Australia* war. Danach kann man einen Stopp bei **Tourism Bowen** (07-4786 4222; www.tourismbowen.com.au; Mo–Fr 8.30–17, Sa & So 10.30–17 Uhr), etwa 7 km südlich der Stadt am Bruce Hwy, oder am **Informationsschalter** (Santa Barbara Pde; Mo–Fr 10–17 Uhr, Sa & So unterschiedl. Öffnungszeiten) am Strandende der Herbert St einlegen, um eine Kugel Bowen-Mango-Sorbet (4 AU$) zu schlecken.

An- & Weiterreise

BUS

Greyhound (1300 473 946; www.greyhound.com.au) und **Premier** (13 34 10; www.premierms.com.au) bieten regelmäßige Busverbindungen von/nach Airlie Beach (24 AU$, 1½ Std.) und Townsville (27 AU$, 4 Std.) an.

Townsville & Mission Beach

Inhalt ➜
Townsville	419
Magnetic Island	426
Ingham & Umgebung	429
Cardwell & Umgebung	430
Mission Beach	431
Dunk Island	435
Von Mission Beach nach Innisfail	436
Innisfail & Umgebung	436

Gut essen

➜ Wayne & Adele's Garden of Eating (S. 423)

➜ Kiosk auf Dunk Island (S. 436)

➜ Caffe Rustica (S. 435)

➜ Bingil Bay Cafe (S. 435)

➜ Marlin Bar (S. 428)

Schön übernachten

➜ Shambhala Retreat (S. 428)

➜ Noorla Heritage Resort (S. 429)

➜ Jackaroo Hostel (S. 433)

➜ Bungalow Bay Koala Village (S. 427)

➜ Coral Lodge (S. 422)

Auf nach Townsville & Mission Beach!

Zwischen den Touristenmagneten Cairns und Whitsunday Islands erstreckt sich diese weniger bekannte, von Regenwald bedeckte Gegend mit ruhigen Stränden, riesigen Kasuaren, und Koalas, die auf Gummibäumen ein Nickerchen halten. Das von vielen Besuchern übersehene Townsville bietet hübsche Straßen, eine grün angelegte Hafenpromenade, prächtige Architektur aus dem 19. Jh., Kultur-Veranstaltungen und Sportevents. Zudem dient die Stadt als Ausgangsbasis für Ausflüge nach Magnetic Island. Die günstige Alternative zu den Whitsundays wartet mit einer viel umfangreicheren Tierwelt auf, so können Besucher wilde Wallabys von Hand füttern, auf Buschwanderwegen eine vielfältige Vogelwelt entdecken und nach Koalas Ausschau halten.

Mission Beach nördlich von Townsville ist ein entspanntes Örtchen. Ironischerweise lockt es jede Menge Adrenalinjunkies an, die mit dem Fallschirm über dem Riff schweben oder wilde Raftingtouren auf dem Tully River unternehmen.

Reisezeit
Townsville

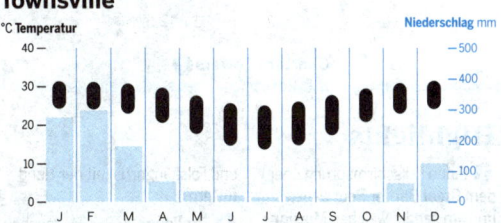

Mai–Okt. Aufgrund der quallenfreien Meere die beste Zeit für Aktivitäten im Wasser.

Aug. Townsville präsentiert auf dem Australian Festival of Chamber Music seine kulturelle Seite.

Okt. Beim Mission Evolve Music Fest in Mission Beach werden jede Menge Rastas geschüttelt.

Highlights

① Einen Fallschirmsprung über dem Great Barrier Reef wagen und am sandig-weichen **Mission Beach** (S. 431) landen

② In einem Floß durch die wilden Kurven des **Tully River** (S. 433) steuern

③ Auf der paradiesischen **Magnetic Island** (S. 426) dösende Koalas entdecken

und Felskängurus mit der Hand füttern

④ Zur **Yongala** (S. 424) tauchen, einem der eindrucksvollsten Wracks Australiens

⑤ Nachdem man den Ausblick genossen hat, zum Fuß von Australiens höchstem einstufigen Wasserfall, den **Wallaman Falls** (S. 430), hinabsteigen

⑥ In **Townsville** (S. 419) den Cowboys, North Queenslands beliebtem National-Rugby-League-Team, oder dem National-Basketball-League-Team, den Crocodiles, zujubeln

⑦ In der Goldrauschstadt **Charters Towers** (S. 425) im Outback unter freiem Himmel den Film *Ghosts After Dark* ansehen

TOWNSVILLE & UMGEBUNG

Die größte Stadt von North Queensland ist eine ideale Ausgangsbasis für Tagesausflüge an die Küste, ins Landesinnere und auf die Inseln.

Townsville

189 238 EW.

Vor der Kulisse eines riesigen roten Hügels und der glitzernden blauen See präsentiert sich Townsville als gepflegter, recht moderner Ort. Er hat viel zu bieten: exzellente Museen, ein riesiges Aquarium, tolle Tauchspots, zwei bedeutende Sportteams, ein lebendiges Nachtleben und eine endlose Promenade. Die prachtvollen restaurierten Bauten aus dem 19. Jh. der fußgängerfreundlichen Stadt bieten sich bestens als Orientierungspunkte an. Wer sich dennoch verläuft, dem wird von den freundlichen Bewohnern nur zu gern geholfen oder vielleicht sogar ein Bier ausgegeben. Die lebendige, junge Bevölkerung von Townsville prägen tausende Studenten und Militärangehörige sowie alteingesessene Einheimische, Minenarbeiter, die während ihrer Arbeitseinsätze vor Ort leben, und Urlauber, die durchschnittlich 320 Sonnentage im Jahr genießen.

Townsville liegt nur 350 km von Cairns entfernt, ist jedoch sehr viel niederschlagsärmer als sein tropischer Konkurrent. Und wem es in „Brownsville" zu heiß wird, der setzt einfach mit der Fähre zu den Traumstränden von Magnetic Island über.

⊙ Sehenswertes & Aktivitäten

★ Reef HQ Aquarium   AQUARIUM

(www.reefhq.com.au; Flinders St E; Erw./Kind 28/14 AU$; ⊙ 9.30–17 Uhr) Eindrucksvolle 2,5 Mio. l Wasser fließen hier durch das Korallenriffbecken, in dem 130 Korallen- und 120 Fischarten leben. Kindern wird das **Schildkrötenkrankenhaus** begeistern, wo sie die Tiere ansehen, füttern und berühren können. Den ganzen Tag über finden (im Eintritt inbegriffene) Vorträge und Führungen zu verschiedenen Themen zum Riff und zum Aquarium statt.

Castle Hill   AUSSICHTSPUNKT

Wer eine Wanderung auf diesen großartigen, 286 m hohen roten Hügel unternimmt, einen alleinstehenden rosafarbenen Monolithen, der die Szenerie Townsvilles dominiert, wird mit tollen Blicken auf die Stadt und die Cleveland Bay belohnt. Man erreicht ihn über den unbefestigten „Ziegenpfad" (einfache Strecke 2 km) vom Hillside Cres aus. Wer ein Auto hat, kann auch über die Gregory St die enge verschlungene 2,6 km lange Castle Hill Rd hinauffahren. Auf dem Gipfel erläutert ein Infoschild kurze Wege zu verschiedenen Aussichtspunkten.

Museum of Tropical Queensland   MUSEUM

(www.mtq.qm.qld.gov.au; 70–102 Flinders St E; Erw./Kind 15/8,80 AU$; ⊙ 9.30–17 Uhr) Das alles andere als alltägliche Museum of Tropical Queensland stellt mittels detaillierter Modelle und interaktiver Exponate historische Szenen nach. Um 11 und 14.30 Uhr können Besucher wie im 18. Jh. eine Kanone laden und abfeuern. Zu den Ausstellungen gehören das kindgerechte Wissenschaftszentrum MindZone sowie Exponate zu North Queenslands Geschichte, von Dinosauriern bis hin zu Regenwäldern und zum Riff.

Billabong Sanctuary   NATURSCHUTZGEBIET

(www.billabongsanctuary.com.au; Bruce Hwy; Erw./Kind 33/20 AU$; ⊙ 9–17 Uhr) Nur 17 km südlich von Townsville können Besucher in diesem Naturpark mit Ökosiegel mit australischen Wildtieren (von Dingos bis zu Kasuaren) in ihrer natürlichen Umgebung auf Tuchfühlung gehen. In dem 11 ha großen Schutzgebiet, in dem etwa jede halbe Stunde Fütterungen, Vorführungen oder Vorträge stattfinden, kann man problemlos einen ganzen Tag verbringen.

> **ⓘ GEFAHREN: WÜRFELQUALLEN & KROKODILE**
>
> Von ca. Ende Oktober bis Mai sollte man wegen Seewespen, Irukandji und anderen Würfelquallen nicht an der Küste baden. Schwimmen ist nur in Bereichen mit einem bewachten Schutznetz sicher.
>
> Salzwasserkrokodile leben in Mangrovenwäldern, Meeresarmen und im offenen Wasser. Rund um Wasserwege, an denen sie auftreten können, sind Warnschilder angebracht. Diese sollte man in jedem Fall beherzigen und nicht als skurrile Motive für Urlaubsschnappschüsse betrachten: Krokodile sind schneller und cleverer, als viele glauben!
>
> Aktuelle Infos liefern Touristeninformationen oder Einheimische, die sich mit Wassersport auskennen.

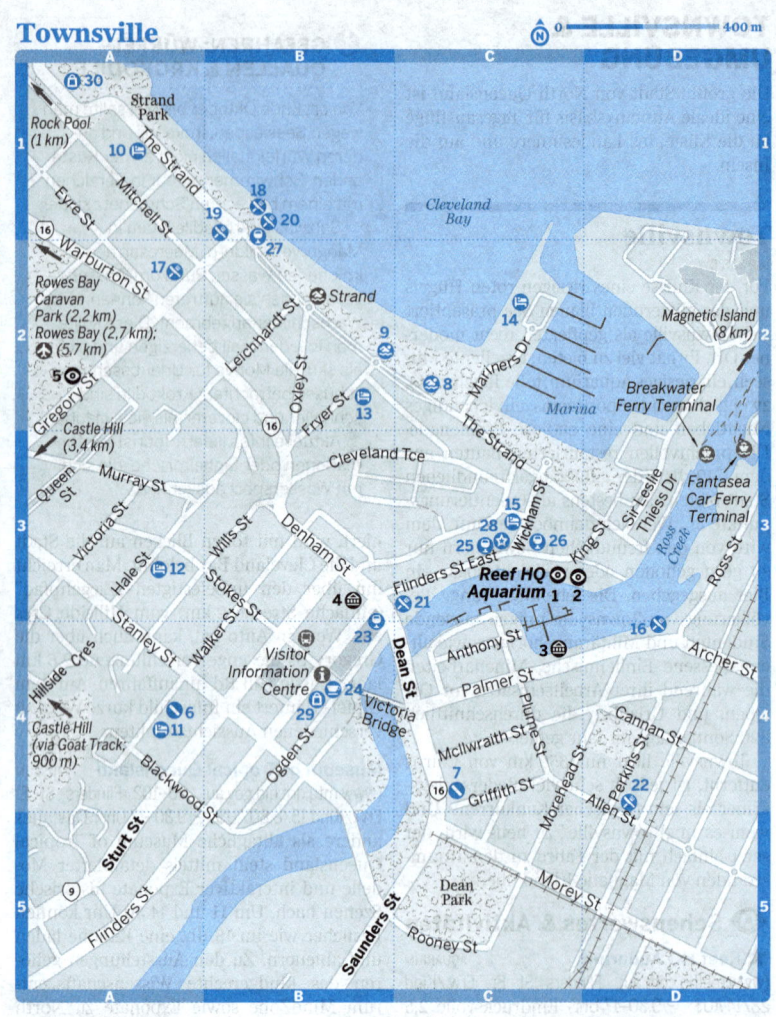

Townsville

Botanic Gardens GARTEN
(☼Sonnenaufgang–Sonnenuntergang) GRATIS Townsvilles botanische Gärten erstrecken sich über drei Standorte: jeder hat seinen eigenen Charakter, aber alle bieten tropische Pflanzen und sind herrlich grün. Die formellen **Queens Gardens** (Ecke Gregory St & Paxton St; ☼Sonnenaufgang–Sonnenuntergang) liegen 1 km nordwestlich der Stadt am Fuß des Castle Hill und am nächsten zum Zentrum.

Cultural Centre KULTURZENTRUM
(☎07-4772 7679; www.cctownsville.com.au; 2-68 Flinders St E; Erw./Kind 5/2 AU$; ☼9.30–16.30 Uhr) Zeigt die Geschichte, Traditionen und Bräuche der indigenen Kulturen der regionalen Wulgurukaba und der Bindal; die Zeiten der geführten Touren telefonisch erfragen.

Perc Tucker Regional Gallery GALERIE
(www.townsville.qld.gov.au/facilities/galleries/perctucker; Ecke Denham St & Flinders St; ☼Mo–Fr 10–17, Sa & So bis 14 Uhr) GRATIS Zeitgenössische Galerie im Gebäude einer ehemaligen Bank von 1885. Die Ausstellungen konzentrieren sich auf Künstler aus North Queensland.

Maritime Museum of Townsville MUSEUM
(www.townsvillemaritimemuseum.org.au; 42-68 Palmer St; Erw./Kind 6/3 AU$; ☼Mo–Fr 10–15, Sa &

Townsville

Highlights
1 Reef HQ Aquarium ... C3

Sehenswertes
2 Cultural Centre ... C3
3 Maritime Museum of Townsville ... C4
   Museum of Tropical
   Queensland ... (siehe 2)
4 Perc Tucker Regional Gallery ... B3
5 Queens (Botanic) Gardens ... A2

Aktivitäten, Kurse & Touren
6 Adrenalin Dive ... A4
7 Remote Area Dive ... C4
8 Tobruk Memorial Baths ... C2
9 Water Playground ... B2

Schlafen
10 Aquarius on the Beach ... A1
11 Civic Guest House ... A4
12 Coral Lodge ... A3
13 Historic Yongala Lodge Motel ... B2
14 Mariners North ... C2
   Orchid Guest House ... (siehe 12)
15 Reef Lodge ... C3

Essen
16 Brandy's ... D4
17 Cafe Bambini ... A2
18 Cbar ... B1
19 Harold's Seafood ... B1
20 Longboard Bar & Grill ... B1
   Souvlaki Bar ... (siehe 19)
21 Summerie's Thai Cuisine ... C3
22 Wayne & Adele's Garden of
   Eating ... D4

Ausgehen & Nachtleben
23 Brewery ... B4
24 Coffee Dominion ... B4
25 Heritage Bar ... C3
26 Molly Malones ... C3
27 Seaview Hotel ... B1

Unterhaltung
28 Flynns ... C3

Shoppen
29 Cotters Market ... B4
30 Strand Night Market ... A1

So 12–15 Uhr) Bootsliebhaber sind hier richtig, dafür sorgen eine Ausstellung zum Wrack der *Yongala* und Exponate zur Schiffsindustrie von North Queensland. Zum Angebot gehören auch Führungen auf dem ausgemusterten Wachboot HMAS *Townsville*.

Strand   SCHWIMMEN
Townsvilles Uferbereich erstreckt sich über 2,2 km und ist mit Parks, Schwimmbädern, Cafés und Spielplätzen gespickt – mit Hunderten von Palmen, die Schatten spenden. Der goldene Sandstrand wird mit zwei Barrieren vor den gefährlichen Seewespen geschützt und überwacht.

An der Nordspitze befindet sich der **Rock Pool** (The Strand; 24 Std.), GRATIS ein riesiges künstliches Schwimmbecken, das von Grünflächen und Sandstränden umgeben ist. Alternativ kann man auch die chlorgetränkte Sicherheit des Schwimmbads in den **Tobruk Memorial Baths** (www.townsville.qld.gov.au; The Strand; Erw./Kind 5/3 AU$; Mo–Do 5.30–19, Fr bis 18, Sa 7–16, So 8–17 Uhr) genießen, das noch dazu olympische Ausmaße bietet und unter Denkmalschutz steht. Zudem gibt's einen fantastischen **Water Playground** (The Strand; Dez–März 10–20, Sept.–Nov., April & Mai bis 18, Juni–Aug. bis 17 Uhr) GRATIS für Kinder.

Skydive Townsville   FALLSCHIRMSPRINGEN
(07-4721 4721; www.skydivetownsville.com.au; Tandemsprünge ab 395 AU$) Hier stürzt man sich aus einem gut gewarteten Flugzeug, um später direkt am Strand zu landen.

Feste & Events

In der Stadt finden jede Menge Feste und Veranstaltungen statt. Dazu gehören die Heimspiele der zwei heiß geliebten Sportteams, den **North Queensland Cowboys** (www.cowboys.com.au; Saison März–Sept.) der National Rugby League und den **Crocodiles** (www.crocodiles.com.au; Saison Mitte Okt.–April) der National Basketball League. Wer glaubt, Basketball wäre in Australien nicht wirklich beliebt, der wird beim Anblick von Krokodilschwänzen, die aus Kofferräumen hängen, eines Besseren belehrt.

Townsville 500   SPORT
(www.v8supercars.com.au) Jeden Juli röhren während des V8 Supercar Championship V8-Supercars über einen eigens angelegten Straßenparcours.

Australian Festival of Chamber Music   MUSIK
(www.afcm.com.au; Aug.) Im August zeigt Townsville während dieses international bekannten Festivals seine kulturelle Seite.

Schlafen

Während Festivals und Veranstaltungen sind Townsvilles Zimmer schnell ausgebucht, deswegen ist es ratsam, im Voraus zu reservieren. Mittelklassemotels und Unterkünfte für Selbstversorger gibt es am Strand, während man internationale Ketten und Backpacker-Bleiben im Zentrum und rund um die Palmer St findet.

Coral Lodge   B&B $

(☏07-4771 5512; www.corallodge.com.au; 32 Hale St; EZ/DZ ohne Bad 80/85 AU$, 3BZ/4BZ 110/135 AU$; ❄🛜) Wer in einem charmanten, altmodischen australischen Haus (inklusive dreibeiniger Katze) nächtigen möchte, ist in diesem 100 Jahre alten Gebäude richtig. Die Selbstversorgereinheiten oben wirken wie separate Apartments, während sich die Gästezimmer im Erdgeschoss Bäder teilen. Die herzlichen Besitzer holen Gäste gern vom Bus, vom Zug oder von der Fähre ab.

Reef Lodge   HOSTEL $

(☏07-4721 1112; www.reeflodge.com.au; 4 Wickham St; B 23–35 AU$, DZ mit/ohne Bad 80/62 AU$; ❄@🛜) Die entspannte Atmosphäre im besten und zentralsten Hostel der Stadt spiegelt sich in buddhistischen Skulpturen, Hängematten im Garten und einem Raum für Videospiele im Stil der 1980er-Jahre, der jeden Nerd faszinieren wird, wider.

Civic Guest House   HOSTEL $

(☏07-4771 5381; www.civicguesthousetownsville. com.au; 262 Walker St; B/DZ ab 24/58 AU$; @🛜) Das charmante Civic mit seinem kolonialen Flair ist ein Anwärter auf den Titel des saubersten Hostels der Welt und überzeugt mit freundlichem Personal und entspannter Klientel. Der Transport ab/zum Fährhafen oder Busbahnhof ist kostenlos.

Rowes Bay Caravan Park   WOHNWAGENPARK $

(☏07-4771 3576; www.rowesbaycp.com.au; Heatley Pde; Stellplatz ohne/mit Strom 27/38 AU$, Hütte mit/ohne Bad ab 99/77 AU$; ❄@🛜☀) Der grüne Platz liegt gegenüber dem Strand von Rowes Bay. Die brandneuen Villen sind kleiner, aber schicker als die Hütten.

Orchid Guest House   PENSION $

(☏07-4771 6683; www.orchidguesthouse.com.au; 34 Hale St; B 28 AU$, DZ mit/ohne Bad 85/65 AU$; ❄) Nichts für Partylöwen, jedoch eine exzellente günstige und einladende Bleibe. Für arbeitende Backpacker gibt's Wochentarife.

Historic Yongala Lodge Motel   MOTEL $$

(☏07-4772 4633; www.historicyongala.com.au; 11 Fryer St; Motel-Zi. 89–135 AU$, Apt. mit 1/2 Schlafzi. 139/159 AU$; ❄🛜☀) Das zauberhafte historische Gebäude von 1884 mit Zierbalustraden ist nur einen kurzen Spaziergang vom Strand und Zentrum entfernt. Zimmer und Apartments sind klein, aber preisgünstig. Das exzellente **Restaurant** (zum Zeitpunkt der Recherche wegen Renovierung geschlossen) erfreut sich bei Einheimischen schon lange großer Beliebtheit.

Aquarius on the Beach   HOTEL $$

(☏1800 622 474; www.aquariusonthebeach.com. au; 75 The Strand; DZ 117–270 AU$; ❄@🛜☀) Die spektakulären Balkonblicke beeindrucken fast so sehr wie die Ausmaße des Hotels, das im höchsten Gebäude am Strand untergebracht ist. Nicht von der in die Jahre gekommenen Fassade abschrecken lassen – das Aquarius gehört zu den besseren Optionen der Gegend und der Service ist erstklassig.

Mariners North   APARTMENTS $$$

(☏07-4722 0777; www.marinersnorth.com.au; 7 Mariners Dr; Zi. ab 199 AU$, Apt. mit 2/3 Schlafzi. ab 239/290 AU$; ❄🛜☀) Die direkt am Meer gelegenen Apartments zum Selbstversorger verfügen über großzügige Wohnbereiche, große Bäder und Balkone mit Blick auf die Cleveland Bay und bis nach Magnetic Island. Gäste dürfen den Fitnessbereich ohne Aufpreis nutzen und es gilt ein Mindestaufenthalt von zwei Übernachtungen.

🍴 Essen

Die senkrecht zum Strand verlaufende Gregory St säumen einige Cafés und Imbisse. Die Restaurantmeile Palmer St bietet eine große kulinarische Vielfalt – man sucht sich einfach das Passende aus. Viele der hiesigen Bars und Kneipen serviert auch Essen.

Cafe Bambini   CAFÉ $

(46 Gregory St; Hauptgerichte 11–21 AU$; ⊙Mo-Fr 5.30–17, Sa & So 6.30–16 Uhr; 🍴) Die örtliche Kette bildet mit ihren vier Filialen in der Stadt eine echte Erfolgsgeschichte und serviert den ganzen Tag über mit das beste Frühstück in Townsville. Die Mittagsgerichte sind frisch und sättigend.

Souvlaki Bar   GRIECHISCH $

(Shops 3 & 4, 58 The Strand; Gerichte 7,50–10,60 AU$; ⊙Mo-Fr 10.30–21, Sa & So bis 22 Uhr) Zu den großzügigen, sättigenden Leckereien zum Mitnehmen gehören saftiges Gyros, jede Menge Meze, Burger und hausgemachtes Müsli.

Harold's Seafood   MEERESFRÜCHTE $

(Ecke The Strand & Gregory St; Gerichte 4–10 AU$; ⊙Mo–Do 8–21, Fr–So bis 21.30 Uhr) Der Imbiss

BLOWIN' IN THE WIND

Queensland, der Sunshine State, ist für sein schwülheißes Klima und ganzjähriges Urlaubswetter bekannt. Ein alter Werbeslogan besagte sogar „An einem Tag wunderschön, am nächsten perfekt". Doch ganz im Norden gehören zwischen November und April alljährlich Zyklone – in der nördlichen Hemisphäre Hurrikane genannt – zum tropischen Alltag. Jede Saison bilden sich durchschnittlich vier bis fünf. Nur selten entwickeln sich diese Zyklone zu Stürmen mit voller zerstörerischer Kraft, es gibt sie aber doch: Im Februar 2011 fegte Zyklon Yasi mit einer geschätzten Geschwindigkeit von bis zu 300 km/h über die Küste rund um Mission Beach hinweg und traf Ortschaften wie Tully und Cardwell sowie Inseln wie Dunk, Bedarra und Hinchinbrook. Hunderte Wohnhäuser entlang der Küste zwischen Innisfail und Ingham wurden stark beschädigt, Bananenplantagen und Zuckerrohrfelder zerstört und geschützter Regenwald in Mitleidenschaft gezogen. Wundersamerweise gab es weder Tote noch Schwerverletzte.

In der Saison ist es wichtig, sich über Zyklonvorhersagen und Warnungen zu informieren. Wird ein Zyklon ausgemacht oder eine Warnung ausgesprochen, hält man sich bezüglich aktueller Entwicklungen und Tipps an die lokalen Radiosender und die Website des **Bureau of Meteorology** (www.bom.gov.au). Einheimische sind beim Thema Zyklone oft gelassen, wir sind bei unmittelbarer Gefahr jedoch noch immer höchst alarmiert!

---

verkauft Gerichte zu wunderbar günstigen Preisen, darunter Burger und Barramundi mit Salat für 10 AU$.

Wayne & Adele's Garden of Eating MODERN-AUSTRALISCH $$
(07-4772 2984; 11 Allen St; Hauptgerichte ab 19 AU$; Mo 18.30–22, Do–Sa bis 23, So 12–15 Uhr) Wer Lust auf originelle Küche hat, ist mit Gerichten wie „Don't Lose Your Tempeh" (frittiertes Curry-Gemüse-Tempeh mit Kaffir-Limetten-Gado-Gado-Salat) oder „Goat in a Boat" (marokkanische Ziegenpastete an Dattel-Dhal) bestens bedient. Der lilafarbene Innenhof ist so extravagant wie die Karte.

Longboard Bar & Grill MODERN-AUSTRALISCH $$
(07-4724 1234; The Strand, gegenüber der Gregory St; Hauptgerichte 15–37 AU$; 11.30–15 & 17.30 Uhr–open end) Das Lokal am Meer lockt mit Grillklassikern wie klebrigen Schweinerippchen, Steaks und Buffalo Wings eine lebendige Kundschaft an. Das unpassende Surfdekor ignoriert man am besten und lässt sich lieber den Dorsch schmecken.

Brandy's CAFÉ $$
(30–34 Palmer St; Frühstück 14–20 AU$, Pizza 22–30 AU$; Mo–Fr 17Uhr–open end, Sa & So 6 Uhr–open end) Am Wochenende kommt hier mit das beste Frühstück der Stadt auf den Tisch, allabendlich zudem leckere Holzofenpizzas, Tapas und Pasta. Die Atmosphäre ist fröhlich, geschäftig und gesellig.

Cbar CAFÉ $$
(The Strand, gegenüber der Gregory St; Hauptgerichte 16–32 AU$; 7–22 Uhr;) Das Café serviert den ganzen Tag über verlässlich leckere Küche. Das Angebot hilft sowohl gegen den kleinen Hunger (Antipasto 18 AU$) als auch gegen den ganz, ganz großen (riesige Burger mit ausgebackenem Fisch 17 AU$).

Summerie's Thai Cuisine THAILÄNDISCH $$
(07-4420 1282; 232 Flinders St; Mittagsgerichte 12,50 AU$, Hauptgerichte abends ab 17 AU$; 11.30–14.30 & 17.30–22 Uhr) Die authentische Thai-Küche wird von Kokoscurry-verrückten Einheimischen geliebt. Der Name der Spezialität des Hauses, „Heaven on Earth" (geschmorte Kokosgarnelen mit knusprigem Gemüse), ist kein leeres Versprechen.

Ausgehen & Unterhaltung

In Townsville geht man gern aus, vielleicht liegt das am sonnigen Wetter. Das Nachtleben konzentriert sich auf die Flinders St East, während es an der Palmer St und am Strand kleinere Bars gibt. Veranstaltungstipps findet man in der Donnerstagsausgabe des *Townsville Bulletin*. Die Öffnungszeiten richten sich nach Saison und Gästezahl; Nachtclubs schließen in der Regel um 5 Uhr.

Heritage Bar BAR
(www.heritagebar.com.au; 137 Flinders St E; Barsnacks ab 10,50 AU$; Di–Sa 17–2 Uhr) Erstaunlich schicke kleine Bar. Charmante Barkeeper mixen kreative Cocktails für eine coole Klientel, die mit rustikalem Kneipenambiente nicht zufrieden ist. Gegen den Hunger helfen gehobene Barkost (z. B. in Bourbon mariniertes gegrilltes Schwein so-

wie Jakobsmuschel-Chorizo-Gnocchi) und leckere Snacks wie köstliche Kokosgarnelen.

Brewery
BRAUEREI

(252 Flinders St; ⊙ Mo-Sa 11.30–24 Uhr) Die betriebsame Brauerei in einer ehemaligen wunderschön restaurierten Post aus dem 1880er-Jahren stellt ihr Bier vor Ort her. Zum Townsville Bitter oder Bandito Loco gibt's gehobene Küche im angeschlossenen Restaurant (Hauptgerichte 17–36 AU$).

Coffee Dominion
CAFÉ

(Ecke Stokes St & Ogden St; ⊙ Mo–Fr 6–17, Sa & So 7–13 Uhr) Das umweltbewusste Café röstet Bohnen aus Nah (Atherton Tableland) und Fern (Sambia). Wer möchte, kann sich eine eigene Mischung zusammenstellen und mahlen lassen.

Seaview Hotel
KNEIPE

(Ecke The Strand & Gregory St; ⊙ 10–24 Uhr) Das Seaview ist für Biergarten-Flair am Sonntag und die Traumlage am Strand bekannt, zudem gehören eisgekühltes großes Bier, Livemusik und Unterhaltung zum Programm. Das riesige Restaurant (Hauptgerichte 21–44 AU$) serviert ebenso riesige Steaks.

Molly Malones
KNEIPE, CLUB

(87 Flinders St E; ⊙ Mo & Di 11.30–1, Mi bis 2, Do bis 3, Fr bis 5, Sa 17–5, So 17–1 Uhr) In dem munteren Irish Pub gibt's Freitag- und Samstagabend Livemusik.

Flynns
LIVEMUSIK

(101 Flinders St E; ⊙ Di–So 17 Uhr–Open End) Der lustige Irish Pub bemüht sich nicht allzu angestrengt darum, irisch zu wirken. Er ist wahnsinnig beliebt wegen seiner allabendlichen Livemusik – außer mittwochs, dann ist Karaoke angesagt.

🛍 Shoppen

Cotters Market
MARKT

(www.townsvillerotarymarkets.com.au; Flinders St Mall; ⊙ So 8.30–13 Uhr) Rund 200 Kunsthandwerks- und Essensstände sowie Liveunterhaltung.

Strand Night Market
MARKT

(www.townsvillerotarymarkets.com.au; The Strand; ⊙ Mai–Dez. 1. Fr im Monat 17–21.30 Uhr) Die Stände am Strand verkaufen Kuriositäten, Kunsthandwerk und natürlich auch allerlei Souvenirs.

AUSFLÜGE ZUM GREAT BARRIER REEF AB TOWNSVILLE

Das Great Barrier Reef liegt näher an Cairns und Port Douglas als an Townsville, deswegen sorgen die größeren Benzinkosten für höhere Preise. Andererseits ist hier weniger los und das Riff hat weniger unter dem Besucheransturm zu leiden. Touren ab Townsville richten sich in der Regel an Taucher. Wer nur schnorcheln möchte, schließt sich einem Tagesausflug zum Riff an – das Wrack der *Yongala* ist ausschließlich für Taucher. Die *Yongala* liegt um einiges näher an Alva Beach bei Ayr als an Townsville, wer also in erster Linie am Wracktauchen interessiert ist, bucht am besten eine Exkursion mit **Yongala Dive** (☎ 07-4783 1519; www.yongaladive.com.au; 56 Narrah St, Alva Beach) in Alva Beach.

Das Visitor Centre hat eine Liste mit Veranstaltern in Townsville. Diese bieten Anfängerkurse unter Leitung von zertifizierten Professional Association of Diving Instructors (PADI) mit zweitägigem Training in einem Pool plus mindestens zwei Tagen und einer Übernachtung an Bord eines Bootes. Die Preise beginnen bei rund 615 AU$ und Teilnehmer müssen eine Tauchtauglichkeitsuntersuchung (ca. 60 AU$) durchführen lassen.

Adrenalin Dive (☎ 07-4724 0600; www.adrenalinedive.com.au; 252 Walker St) Tagesausflüge zur *Yongala* (ab 220 AU$) und zum Wheeler Reef (ab 280 AU$), beide mit zwei Tauchgängen. Bietet außerdem Schnorcheln (ab 180 AU$) am Wheeler Reef, Touren mit Übernachtung an Bord und Tauchzertifizierungskurse an.

Remote Area Dive (RAD; ☎ 07-4721 4424; www.remoteareadive.com.au; 16 Dean St) Veranstaltet Tagesausflüge (ab 220 AU$) zu den Inseln Orpheus und Pelorus sowie Touren mit Übernachtung an Bord und Tauchkurse.

Yongala Dive (☎ 07-4783 1519; www.yongaladive.com.au; 56 Narrah St) Organisiert Tauchausflüge (259 AU$ inkl. Ausrüstung) zum *Yongala*-Wrack ab Alva Beach, 17 km nordöstlich von Ayr. Die Bootsfahrt zum Wrack dauert nur 30 Minuten, von Townsville aus sind es dagegen 2½ Stunden. Die Backpacker-Unterkünfte in der hauseigenen Tauchlodge an der Küste müssen im Voraus gebucht werden; im Preis inbegriffen ist ein Abholservice ab Ayr.

ABSTECHER

RAVENSWOOD & CHARTERS TOWERS

Für einen Vorgeschmack auf das trockene, staubige Outback von Queensland, das in starkem Kontrast zur grünen Küste steht, muss man sich nicht weit ins Inland vorwagen. Folgende Tour bietet sich als Tagesausflug ab Townsville an, wenn man Zeit hat, lohnt sich jedoch eine Übernachtung, um die freundlichen Einheimischen besser kennenzulernen.

Am Flinders Hwy führt bei Mingela, 88 km südwestlich von Townsville, eine Abzweigung ins 40 km weiter südlich gelegene winzige Goldgräberdorf Ravenswood (350 Ew.) mit ein paar großartigen Gasthöfen von der Jahrhundertwende mit einfachen Unterkünften und Gemeinschaftsbädern.

Von Mingela aus 47 km weiter entlang des Flinders Hwy liegt die historische Stadt Charters Towers (8234 Ew.) aus der Zeit des Goldrauschs; die „Towers" sind die umliegenden *tors* (Hügel). William Skelton Ewbank Melbourne (WSEM) Charters war hier während des Goldrauschs, als die Stadt die zweitgrößte und wohlhabendste in Queensland war, der Goldbeauftragte. Mit ihren fast 100 Minen, etwa 90 Pubs und einer eigenen Börse wurde sie bald nur noch „The World" genannt.

Heute gehört ein Spaziergang, bei dem man den Geschichten der Einheimischen lauscht, während man an den eindrucksvollen Fassaden vorbeischlendert, die an die Pracht dieser aufregenden Zeit erinnern, zu den Highlights eines Besuchs in Towers.

Aus den Mauern der Stock Exchange Arcade (unbedingt das Café besuchen) neben dem Charters Towers Visitor Centre (07-4761 5533; www.charterstowers.qld.gov.au; 74 Mosman St; 9–17 Uhr) von 1890 quillt die Geschichte förmlich hervor. Am Visitor Centre gibt's eine kostenlose Broschüre, die den One Square Mile Trail beschreibt, auf dem man die schön erhaltenen Gebäude aus dem 19. Jh. im Zentrum der Stadt kennenlernt. Das Zentrum vermittelt alle Touren in der Stadt, auch zur Venus Gold Battery, wo es spuken soll. Dort wurde von 1872 bis 1973 goldhaltiges Erz zerkleinert und verarbeitet.

Nach Einbruch der Dunkelheit dient der Towers Hill mit Panoramablicken – hier wurde erstmals Gold entdeckt – als atmosphärische Kulisse für ein Open-Air-Kino. Gezeigt wird der 20-minütige Film *Ghosts After Dark*; das Besucherzentrum informiert über die saisonbedingten Vorstellungszeiten und verkauft Eintrittskarten (10 AU$).

Highlight der Unterkünfte vor Ort ist eine sehr freundliche ehemalige Kneipe mit historischen Möbeln, das Royal Private Hotel (07-4787 8688; www.royalprivate-hotel.com; 100 Mosman St; EZ/DZ ohne Bad 65/75 AU$, DZ mit Bad ab 114 AU$;). Am Stadtrand gibt es zudem drei Wohnwagenparks.

Greyhound (1300 473 946; www.greyhound.com.au) verkehrt zweimal wöchentlich zwischen Townsville und Charters Towers (29 AU$, 1¾ Std.).

Die Inlander-Bahn von Queensland Rail (1800 872 467; www.queenslandrail.com.au) fährt zweimal wöchentlich zwischen Townsville und Charters Towers (21 AU$, 3 Std.).

❶ Praktische Informationen

Visitor Information Centre (07-4721 3660; www.townsvilleholidays.info; Ecke Flinders St & Stokes St; 9–17 Uhr) Umfangreiche Infos zu Townsville, Magnetic Island und Nationalparks in der Nähe. Es gibt ein weiteres Büro am Bruce Hwy, 10 km südlich der Stadt.

❶ An- & Weiterreise

AUTO
Große Autovermietungen sind in Townsville und am Flughafen vertreten.

BUS
Greyhound (1300 473 946; www.greyhound.com.au) fährt dreimal täglich nach Brisbane (272 AU$, 24 Std.), Rockhampton (124 AU$, 12 Std.), Airlie Beach (47 AU$, 4½ Std.), Mission Beach (42 AU$, 3¾ Std.) und Cairns (61 AU$, 6 Std.). Ankunft und Abfahrt der Busse erfolgen am **Breakwater Ferry Terminal** (2/14 Sir Leslie Thiess Dr; Gepäckaufbewahrung 4–6 AU$/Tag).

Premier Motor Service (13 34 10; www.premierms.com.au) bietet täglich eine Verbindung nach/von Brisbane und Cairns, die auch in Townsville am **Autofährterminal von Fantasea** (Ross St, South Townsville) hält.

FLUGZEUG
Vom **Townsville Airport** (www.townsvilleairport.com.au) fliegen **Virgin** (13 67 89; www.virginaustralia.com), **Qantas** (13 13 13; www.qantas.com.au), **Air North** (1800 627 474; www.airnorth.com.au) und **Jetstar** (13 15 38; www.jetstar.com.au) nach Cairns, Brisbane, zur Gold

Coast, nach Sydney, Melbourne, Mackay und Rockhampton sowie in andere größere Städte.

ZUG

Der **Bahnhof** (Charters Towers Rd) von Townsville liegt 1 km südlich des Zentrums.

Der *Spirit of Queensland* verkehrt zwischen Brisbane und Cairns und fährt fünfmal pro Woche durch Townsville. Die Fahrtzeit von Brisbane nach Townsville beträgt 25 Stunden (einfache Strecke ab 189 AU$); Interessierte wenden sich an **Queensland Rail** (☏ 1800 872 467; www.queenslandrail.com.au).

❶ Unterwegs vor Ort

BUS

Sunbus (☏ 07-4771 9800; www.sunbus.com.au) betreibt den lokalen Busverkehr rund um Townsville. Linienpläne und Fahrtzeiten gibt es beim Visitor Centre und online.

VOM/ZUM FLUGHAFEN

Der Townsville Airport liegt 5 km nordwestlich des Zentrums in Garbutt. Eine Taxifahrt in die Innenstadt kostet rund 22 AU$.

Airport Shuttle (☏ 1300 266 946; www.con-x-ion.com; einfache Strecke/hin & zurück 10/18 AU$) ist auf alle Lande- und Startzeiten abgestimmt und hält an vielen Stellen im zentralen Geschäftsbezirk (Reservierung erforderlich).

TAXI

In der Stadt gibt es Taxistände, außerdem kann man bei **Townsville Taxis** (☏ 13 10 08; www.tsvtaxi.com.au) anrufen.

Magnetic Island

2500 EW.

In „Maggie", wie die Insel liebevoll genannt wird, muss man sich einfach verlieben, dafür sorgen felsige Küstenwege, Gummibäume mit dösenden Koalas (die meisten Besucher entdecken welche) und das glitzernde türkisfarbene Meer. Sie zieht jede Menge Touristen an, wegen der vielen Einheimischen, die hier dauerhaft leben und arbeiten, wirkt sie jedoch eher wie eine entspannte Gemeinde und nicht wie ein Urlaubort.

Über die Hälfte der 52 km² großen bergigen dreieckigen Insel ist Nationalparkgebiet mit malerischen Wanderwegen und einer vielfältigen Tierwelt, zu der eine große (und entzückende) Population von Felskängurus gehört. Hübsche Strände laden zu Wasseraktivitäten und zum Sonnenbaden ein. Die Granitfelsen, Araukarien und Eukalyptusbäume sind eine erfrischende Abwechslung zum Klischee des tropischen Inselparadieses.

◉ Sehenswertes & Aktivitäten

Über die Insel verläuft eine Hauptstraße von der Picnic Bay über die Nelly und Geoffrey Bay bis zur Horseshoe Bay. Die Route wird regelmäßig von örtlichen Bussen bedient. Die größeren Orte sind außerdem durch Buschwanderwege miteinander verbunden.

◉ Picnic Bay

Seitdem der Fährhafen von Picnic Bay nach Nelly Bay verlegt wurde, hat sich der Ort in einen der ruhigsten der Insel verwandelt. Geprägt wird er in erster Linie von seinen freundlichen Bewohnern. In der Saison (Nov.–Mai) schützt ein Netz vor Seewespen und die Bademöglichkeiten sind großartig.

◉ Nelly Bay

Wenn man mit der Fähre anreist, beginnt und endet der Aufenthalt auf Maggie hier. Es gibt eine breite Palette an gut besuchten aber auch sehr entspannenden Restaurants und Unterkünften und einen recht anständigen Strand. In der Nähe des Nordendes des Strands befindet sich auch ein Kinderspielplatz, und im Korallenriff vor der Küste kann man prima schnorcheln.

◉ Arcadia

Die Ortschaft Arcadia besteht aus einer recht faden Ansammlung von Läden, Lokalen und Unterkünften der Mittelklasse. Am Südende des Hauptstrandes in der **Geoffrey Bay** liegt ein Riff (von Riff-Spaziergängen bei Ebbe wird abgeraten). Sein mit Abstand hübschester Abschnitt ist die Bucht von **Alma Bay**, wo riesige Felsen ins Meer hineinragen. Neben jeder Menge Schatten gibt es hier Picknicktische und einen Kinderspielplatz.

Am Ende der Straße, dem **Bremner Point** zwischen Geoffrey Bay und Alma Bay, gibt es gegen 17 Uhr wilde Felskängurus zu sehen. Diese fressen Besuchern quasi aus der Hand, da sie sich daran gewöhnt haben, jeden Tag zur selben Zeit gefüttert zu werden. Wer den Fußmarsch auf sich nimmt, wird mit einem echten Highlight belohnt.

◉ Radical Bay & die Forts

Townsville diente im Zweiten Weltkrieg als Versorgungsbasis im Pazifik, und die Forts wurden errichtet, um die Stadt vor Seeangriffen zu schützen. Der schönste Spaziergang vor Ort ist der **Forts-Weg** (hin & zurück 1½ Std., 2,8 km). Er beginnt in der Nähe der Abzweigung zur Radical Bay und führt an jeder Menge ehemaliger Militärstätten, Geschützstellungen und falscher „Felsen" vorbei. An der höchsten Stelle der Route bieten der Aussichtsturm und der Kommandoposten spektakuläre Küstenblicke, zudem ist die Wahrscheinlichkeit hoch, **Koalas** in den Baumwipfeln zu sehen. Zurück geht's über dieselbe Strecke oder entlang der Verbindungswege, die zur Horseshoe Bay führen (dort fährt ein Bus zurück).

Die **Balding Bay** in der Nähe ist Maggies inoffizieller Nudistenstrand.

◉ Horseshoe Bay

Die Horseshoe Bay an der Nordküste ist der schönste der zugänglichen Strände der Insel und zieht junge, hippe Naturliebhaber und ältere Tagesausflügler an. Vor Ort gibt es einen Verleih für Wassersportausrüstung, ein Seewespennetz, verschiedene Cafés und eine fantastische Kneipe.

Das Bungalow Bay Koala Village hat einen eigenen Naturpark, in dem man mit Krokodilen und Koalas auf Tuchfühlung gehen kann.

Hiesiges Kunsthandwerk ist auf dem **Markt** (◉ 2. & letzter So im Monat 9–14 Uhr) von Horseshoe Bay am Strand erhältlich.

☞ Geführte Touren

Pleasure Divers TAUCHEN
(☏ 07-4778 5788; www.pleasuredivers.com.au; 10 Marine Pde, Arcadia; Open-Water-Kurse 349 AU$/Pers.) Bietet dreitägige PADI-Open-Water-Kurse sowie Kurse für Fortgeschrittene und Tauchgänge zum Wrack der *Yongala*. Erfahrene Taucher, die eine Tour zum Great Barrier Reef unternehmen möchten, finden in den Ausflügen zum wenig besuchten Lodestone Reef mit zwei Tauchgängen für 226 AU$ (196 AU$ für Schnorchler) eines der besten Angebote der Gegend.

Tropicana Tours GELÄNDEWAGENTOUR
(☏ 07-4758 1800; www.tropicanatours.com.au; ganzer Tag Erw./Kind 198/99 AU$) Bei den ganztägigen Touren mit Guides in langgezogenen Geländewagen werden Teilnehmer zu den schönsten Flecken der Insel gefahren. Im Preis inbegriffen sind Begegnungen mit Wildtieren, Mittagessen in einem hiesigen Café und ein Cocktail bei Sonnenuntergang. Zur Auswahl stehen auch kürzere Touren.

Horseshoe Bay Ranch REITEN
(☏ 07-4778 5109; www.horseshoebayranch.com.au; 38 Gifford St, Horseshoe Bay; 2-stündige Ausritte 110 AU$) Bei dem beliebten zweistündigen Ritt durch Buschland zum Strand galoppiert man dramatisch in die – recht ruhige – Brandung. Es gibt auch Ponyritte für die Kleinen (20 Min., 20 AU$).

Magnetic Island Sea Kayaks KAJAKFAHREN
(☏ 07-4778 5424; www.seakayak.com.au; 93 Horseshoe Bay Rd, Horseshoe Bay; Touren ab 60 AU$) ✍ Hier kann man sich einer ökozertifizierten Tour am Morgen oder bei Sonnenuntergang anschließen oder sich ein Kajak leihen (Einzel-/Doppelkajak 75/150 AU$ pro Tag).

Providence V BOOTSFAHRT
(☏ 0427 882 062; www.providencesailing.com.au) Auf dem einzigen Großsegler der Insel kann man schnorcheln, sich beim Boomnetting vergnügen oder einfach die Kulisse des Sonnenuntergangs genießen. Zweistündige Segeltörns gibt's ab 70 AU$ pro Person.

🛏 Schlafen

★**Bungalow Bay Koala Village** HOSTEL $
(☏ 1800 285 577, 07-4778 5577; www.bungalowbay.com.au; 40 Horseshoe Bay Rd, Horseshoe Bay; Stellplatz ohne/mit Strom 12,50/15 AU$/Pers., B 28 AU$, DZ mit/ohne Bad 90/75 AU$; ✳ @ ☞ ☲) ✍ Die Anlage wirkt wie ein Sommercamp. Die Zimmer, Schlafsäle und Stellplätze verteilen sich auf ein Naturparadies mit eigenem **Wildtierpark** (☏ 07-4778 5577, 1800 285 577; www.bungalowbay.com.au; 40 Horseshoe Bay Rd, Horseshoe Bay; Erw./Kind 19/12 AU$; ◉ 2-stündige Touren 10, 12 & 14.30 Uhr), in dem man mit Koalas kuscheln kann. Für Abkühlung sorgen der Pool und die luftige Bar, fünf Gehminuten vom Strand entfernt; zudem gibt's Pizza und Bier im hauseigenen **Bar-Restaurant** (☏ 07-4778 5577, 1800 285 577; www.bungalowbay.com.au; 40 Horseshoe Bay Rd, Horseshoe Bay; Hauptgerichte 15,50–24 AU$; ◉ 12 Uhr–open end).

Base Backpackers HOSTEL $
(☏ 1800 242 273; www.stayatbase.com; 1 Nelly Bay Rd, Nelly Bay; Stellplatz 15 AU$/Pers., B 28–33 AU$, DZ mit/ohne Bad ab 125/105 AU$; @ ☞ ☲) Wem Schlaf nicht so wichtig ist, der ist hier richtig. Das Base ist berühmt für wilde Vollmondpartys, wobei es dank der berüchtigten hauseigenen Island Bar zu jeder Tag- und Nachtzeit heiß hergehen kann. Es gibt Pakete mit Übernachtung, Essen und Transport. Das Hostel bietet eine recht ab-

geschiedene, aber wunderschöne Strandlage zwischen Nelly und Picnic Bay.

★ Shambhala Retreat BUNGALOW $$
(☏0448 160 580; www.shambhala-retreat-magnetic-island.com.au; 11 Barton St, Nelly Bay; DZ ab 105 AU$; ❋❄) ✦ Welche Idylle! Die mit Ökostrom versorgte Anlage umfasst drei Wohneinheiten im tropischen Stil mit buddhistischen Wandteppichen und von Bäumen geschützten Terrassen, auf denen man nach Wildtieren Ausschau halten kann. Zwei davon haben Außenduschen im Garten, alle außerdem komplett ausgestattete Küchen, große Bäder und Waschmaschinen. Mindestaufenthalt von zwei Nächten.

Tropical Palms Inn MOTEL $$
(☏07-4778 5076; www.tropicalpalmsinn.com.au; 34 Picnic St, Picnic Bay; Wohneinheiten ab 120 AU$; ❋🛜❄) Ein wunderbarer kleiner Pool vor der Tür, sehr freundliche Gastgeber und einfache, helle, gemütliche Moteleinheiten für Selbstversorger. Bei einem Aufenthalt ab zwei Nächten fallen die Preise, zudem gibt es einen Geländewagenverleih.

Arcadia Village Motel HOTEL $$
(☏07-4778 5481; www.arcadiavillage.com.au; 7 Marine Pde, Arcadia; Zi. 100–155 AU$; ❋🛜❄) Das freundliche, unprätentiöse Motel versprüht Urlaubsflair und die hauseigene Bistro-Bar **Island Tavern** (☏07-4778 5481; www.arcadiavillage.com.au; 7 Marine Pde, Arcadia; Hauptgerichte 19,50–28 AU$; ⊕Bistro 11–20 Uhr, Bar 12–3 Uhr) unterhält Gäste mit günstigem Bier, Livemusik und Riesenkrötenrennen an Mittwochabenden. Es gibt zwei großartige Pools, zudem führt ein kurzer Spaziergang zu einem tollen Strand.

Arcadia Beach Guest House PENSION $$
(☏07-4778 5668; www.arcadiabeachguesthouse.com.au; 27 Marine Pde, Arcadia; B ab 58 AU$, Safarizelte 65 AU$, Zi. ohne Bad 69–89 AU$, Zi. mit Bad 140–249 AU$; ❋🛜❄) Hier hat man die Qual der Wahl: Wie wär's mit hellen, nach den Buchten von Magnetic Island benannten Zimmern mit Strandflair? Oder mit einem Safarizelt? Oder doch mit einem Schlafsaal? Darüber hinaus kann man Schildkröten vom Balkon aus beobachten, ein Kanu, einen Moke oder einen Geländewagen mieten – oder einfach alles zusammen tun. Kostenloser Abholservice von der Fähre.

🍴 Essen & Ausgehen

Mehrere Hotels und Hostels haben Restaurants und Bars, die bei Einheimischen mindestens so beliebt sind wie bei Gästen und Besuchern. Öffnungszeiten richten sich nach Saison und Besucherzahl. In Nelly Bay und Horseshoe Bay gibt es die größte Auswahl an Restaurants. Es überrascht nicht, dass auf Maggie der kulinarische Schwerpunkt auf Fisch und Meeresfrüchte liegt.

Noodies on the Beach MEXIKANISCH $
(☏07-4778 5786; 2/6 Pacific Dr, Horseshoe Bay; ab 10 AU$; ⊕Mo–Mi & Fr 10–22, Sa 8–22, So 8–15 Uhr; 🅿) Ein Lokal, das kostenlose Sombreros und Margarita-Krüge für seine Gäste bereithält, muss man einfach lieben. Das Noodies serviert gute mexikanische Küche, ist jedoch vor allem für seinen Kaffee bekannt, dem wohl besten auf der Insel. Außerdem gibt es eine großartige Buchbörse.

Picnic Bay Hotel PUB-ESSEN $
(The Esplanade, Picnic Bay Mall; Hauptgerichte 11–26 AU$; ⊕9.30–22 Uhr) Bei einem Drink kann man auf die funkelnden Lichter von Townsville jenseits der Bucht blicken. In der **R&R Cafe Bar** (9 Uhr–open end) gibt's den ganzen Tag Gerichte à la carte und riesige Salate, darunter Cajun-Krabbensalat.

Man Friday MEXIKANISCH, INTERNATIONAL $
(☏07-4778 5658; 37 Warboy St, Nelly Bay; Hauptgerichte 14–39 AU$; ⊕Mi–Mo ab 18 Uhr; 🍴) Hier werden mexikanische Klassiker in einem etwas deplatzierten, aber idyllischen Garten mit romantischer Beleuchtung serviert, in dem manchmal Wildtiere vorbeigucken. Spezielle Wünsche bezüglich der Zutaten werden nicht berücksichtigt und bei viel Betrieb lässt das Essen auf sich warten, dafür ist es zweifellos lecker.

Arcadia Night Market MARKT $
(RSL Hall, Hayles Ave, Arcadia; ⊕Fr 17–20 Uhr) Kleiner, aber lebendiger Abendmarkt samt Bar mit Schanklizenz und jeder Menge preiswertem Essen.

Marlin Bar KNEIPENESSEN $$
(3 Pacific Dr, Horseshoe Bay; Hauptgerichte 16–24 AU$; ⊕mittags & abends) Bevor man Maggie verlässt, sollte man sich unbedingt ein kaltes Bier am Fenster dieser beliebten Kneipe am Meer mit Blick auf den Sonnenuntergang über der Bucht genehmigen. Die Gerichte sind großzügig und legen den Schwerpunkt erwartungsgemäß auf Meeresfrüchten.

ℹ Praktische Informationen

Auf Magnetic Island gibt es kein offizielles Informationszentrum für Besucher, dafür bietet das in Townsville (S. 425) Informationen, Karten und Unterkunftsvermittlung. Karten sind außerdem an beiden Fährhäfen in Townsville und am Terminal in Nelly Bay erhältlich.

Fast überall werden Eftpos-Zahlungen akzeptiert, darüber hinaus gibt es viele Geldautomaten, u. a. auf dem **Postamt** (Sooning St, Nelly Bay; ⊙ Mo–Fr 9–17, Sa bis 11 Uhr).

❶ An- & Weiterreise

Alle Fähren der Insel legen am Fährhafen in Nelly Bay ab und an. An beiden Fährhäfen in Townsville gibt's Parkplätze.

Fantasea (☎ 07-4796 9300; www.magnetic-islandferry.com.au; Ross St, South Townsville) bietet achtmal täglich (7-mal am Wochenende) eine Autofähre von der Südseite von Ross Creek an (35 Min.). Sie kostet 178 AU$ (hin & zurück) für ein Auto und bis zu drei Personen, Fußgänger zahlen 29/17 AU$ (Erw./Kinder hin & zurück). Buchungen sind erforderlich und der Fahrradtransport ist kostenlos.

Regelmäßig verkehrt eine Passagierfähre von **Sealink** (☎ 07-4726 0800; www.sealinkqld.com.au) zwischen Townsville und Magnetic Island (Erw./Kind hin & zurück 32/16 AU$; 20 Min.). Fähren legen in Townsville vom Breakwater Terminal am Sir Leslie Thiess Dr ab.

❶ Unterwegs vor Ort

Auf Magnetic Island gibt es ein großartiges Wegenetz mit Routen entlang von Bergkämmen an der Küste, durch das Inselinnere, zwischen Städten und zu einsamen Stränden. Nicht sehr detaillierte, aber ausreichende Wanderkarten sind am Ticketschalter des Fährhafens erhältlich.

AUTO & MOTORROLLER

Es gibt viele Verleihstationen für Mokes (Buggys) und Roller. Man muss über 21 sein, eine gültige Fahrerlaubnis haben und eine Kaution per Kreditkarte hinterlassen. Roller werden ab etwa 35 AU$ pro Tag, Mokes ab ca. 75 AU$ vermietet. **MI Wheels** (☎ 07-4758 1111; www.miwheels.com.au; 138 Sooning St, Nelly Bay) ist die richtige Adresse für einen klassischen Moke, **Roadrunner Scooter Hire** (☎ 07-4778 5222; 3/64 Kelly St, Nelly Bay) für Roller und Geländefahrräder.

BUS

Sunbus (www.sunbus.com.au/sit_magnetic_island) verkehrt zwischen Picnic und Horseshoe Bay, ist auf alle Fährfahrpläne abgestimmt und hält bei größeren Unterkünften. Ein Tagesticket für das gesamte Netz kostet 7,20 AU$. Ein Gespräch mit den Busfahrern, die sehr gern über ihre Maggie sprechen, lohnt sich!

FAHRRAD

Magnetic Island eignet sich hervorragend zum Radfahren, aber ein paar der Hügel haben es in sich. In den meisten Unterkünften kann man sich ein Fahrrad für etwa 20 AU$ pro Tag leihen, und viele bieten sie ihren Gästen auch kostenlos an.

NÖRDLICH VON TOWNSVILLE

Beim Verlassen von Townsville lässt man auch die trockenen Tropen hinter sich. Richtung Norden weicht die ausgedörrte braune Landschaft langsam Zuckerrohrplantagen entlang des Highways und tropischem Regenwald in den Bergen.

Wasserfälle, Nationalparks und Dörfchen verstecken sich im Hinterland, darunter der **Paluma Range National Park**, Teil der Wet Tropics World Heritage Area. Visitor Centres vor Ort haben Broschüren zu Wanderwegen, Badebecken und Campingplätzen.

Die Region nördlich von Townsville wurde im Februar 2011 am stärksten von Zyklon Yasi (sowie 2006 von Zyklon Larry) getroffen, der Zerstörungen an der Küste, auf den Inseln, in den Nationalparks und auf landwirtschaftlichen Flächen anrichtete. Die Schäden wurden größtenteils behoben, in einigen Gebieten sind die Arbeiten jedoch noch nicht abgeschlossen.

Ingham & Umgebung

4767 EW.

Ingham ist stolzer Hüter der 120 ha großen **Tyto Wetlands** (Tyto Wetlands Information Centre; ☎ 07-4776 4792; www.tyto.com.au; Ecke Cooper St & Bruce Hwy; ⊙ Mo–Fr 8.45–17, Sa & So 9–16 Uhr), die 4 km an Spazierwegen bieten und rund 230 Vogelarten anlocken, darunter auch weit gereiste Gäste aus Sibirien und Japan. Auch hiesige Spezies fühlen sich hier wohl, darunter Hunderte von Wallabys, die sich in der Morgen- und Abenddämmerung blicken lassen. Auf dem Gelände gibt es eine Galerie und eine Bibliothek. Das Gedicht, das dem bekannten Slim-Dusty-Hit „Pub With No Beer" (1957) zugrunde liegt, wurde im **Lees Hotel** (☎ 07-4776 1577; www.leeshotel.com.au; 58 Lannercost St, Ingham; EZ/DZ ab 64/84 AU$, Gerichte ab 12 AU$; ⊙ Mo–Sa mittags & abends; ✱ ☎) von dem aus Ingham stammenden Zuckerrohrarbeiter Dan Sheahan geschrieben, nachdem US-Soldaten die Alkoholvorräte weggetrunken hatten. Die Kneipe bietet heute neben warmer Küche und Bier auch Gästezimmer und ist an dem Reiter auf dem Dach zu erkennen. Das **Noorla Heritage Resort** (☎ 07-4776

1100; www.hotelnoorla.com.au; 5–9 Warren St, Ingham; EZ 69–169 AU$, DZ 79–179 AU$; ✷ 🕿 ≋) war einst das Revier italienischer Zuckerrohrschneider. Heute beherbergt Inghams schöne Pension im Art-déco-Stil aus den 1920er-Jahren großartig restaurierte Zimmer mit hohen Decken sowie günstigere Container-ähnliche Unterkünfte im Garten.

Ingham dient als Ausgangsbasis für Ausflüge zum majestätischen, lohnenswerten **Wallaman Falls**, dem mit 305 m höchsten einstufigen Wasserfall Australiens. Er liegt im **Girringun National Park**, 51 km westlich der Stadt (bis auf die letzten 10 km ist die Zufahrtsstraße befestigt) und ist in der Regenzeit am eindrucksvollsten, wobei der Anblick immer spektakulär ist. Ein steiler, aber toller Weg (2 km) führt zum Fuß des Wasserfalls. Der **Campingplatz** (www.nprsr.qld.gov.au; pro Pers./Familie 5,75/23 AU$) hat Grillstellen und Duschen, zudem schauen hier regelmäßig Wildtiere vorbei. Wer sich geduldig auf die Lauer legt, bekommt vielleicht sogar ein im Badebecken planschendes Schnabeltier zu sehen. Eine Infobroschüre gibt es im Tyto Wetlands Information Centre.

24 km südlich von Ingham bzw. 91 km nördlich von Townsville liegen die gut zugänglichen **Jourama Falls** (6 km vom Bruce Hwy entfernt). Hier kann man wandern, Tiere beobachten (z. B. Mahagoni-Gleithörnchenbeutler) und zelten. 40 km südlich von Ingham (61 km nördlich von Townsville) liegt **Mt. Spec**, ein nebliges Paradies aus Regenwald und Eukalyptusbäumen, durchzogen von Wanderwegen. In das Gebiet gelangt man von Norden über die Spiegelhaur Rd Richtung Big Crystal Creek (4 km) abseits des Bruce Hwy oder über die Südroute ab dem charmanten **Paluma Village**.

Mungalla Station (📞 07-4777 8718; www.mungallaaboriginaltours.com.au; 2-stündige Touren Erw./Kind 52,50/30 AU$) ✐, 15 km östlich von Ingham, bietet interessante Touren unter der Leitung von Aborigines, u. a. zum Bumerangwerfen und zu Geschichten der hiesigen Kultur. Der Aufpreis für das traditionelle Kupmurri-Mittagessen mit Fleisch und Gemüse in Bananenblättern, das unter der Erde in einem Lehmofen zubereitet wird (Erw./Kind inkl. Tour 102,50/60 AU$), lohnt sich.

Busse von **Greyhound** (📞 1300 473 946; www.greyhound.com.au; Townsville/Cairns 39/52 AU$) und **Premier** (📞 13 34 10; www.premierms.com.au; Townsville/Cairns 26/34 AU$) halten auf der Fahrt von Cairns nach Brisbane in Ingham.

Ingham liegt an der Zugstrecke von **Queensland Rail** (📞 1800 872 467; www.queenslandrail.com.au) zwischen Brisbane und Cairns.

Cardwell & Umgebung

1250 EW.

Ein Großteil des Bruce Hwy verläuft mehrere Kilometer von der Küste im Landesinneren, deshalb überrascht der Anblick des Meeres direkt rechts neben der Straße, wenn man die kleine Stadt Cardwell erreicht. Die meisten Besucher halten hier zur saisonalen Obsternte (Arbeitssuchende wenden sich am besten an die Hostels).

🏃 Aktivitäten

Cardwell Forest Drive OUTDOOR-AKTIVITÄTEN
Die malerische 26 km lange Rundstraße ab dem Ortszentrum durch den Nationalpark wartet mit vielen Aussichtspunkten, Wanderwegen und Picknickplätzen auf, die unterwegs ausgeschildert sind. Die **Attie Creek Falls** bieten hervorragende Bademöglichkeiten, ebenso wie der **Spa Pool** (der Name passt), wo in einem Felsloch das Wasser über einem sprudelt.

Das Visitor Centre von Cardwell hat Broschüren zu anderen Wanderwegen und Badebecken im Park.

🛏 Schlafen

**Cardwell Beachcomber
Motel & Tourist Park** WOHNWAGENPARK $
(📞 07-4066 8550; www.cardwellbeachcomber.com.au; 43a Marine Pde; Stellplatz ohne/mit Strom 27/36 AU$, Motel DZ 98–125 AU$, Hütten & Studios 95–115 AU$; ✷ @ 🕿 ≋) Der große Park wurde 2011 von Zyklon Yasi in Mitleidenschaft gezogen, ist jedoch mit neuen Hütten am Pool, niedlichen Studios und modernen Villen mit Meerblick zurück im Geschäft. Ein überraschend schickes **Restaurant** serviert Meeresfrüchte, Steaks und leckere Pizzas.

Cardwell Central Backpackers HOSTEL $
(📞 07-4066 8404; www.cardwellbackpackers.com.au; 6 Brasenose St; B 22 AU$; @ 🕿 ≋) Das freundliche Hostel richtet sich vor allem an Saisonarbeiter (die Geschäftsleitung hilft bei der Jobsuche), heißt jedoch auch Übernachtungsgäste willkommen. Kostenloses Internet und Billardtisch.

Mudbrick Manor B&B $$
(📞 07-4066 2299; www.mudbrickmanor.com.au; Lot 13, Stony Creek Rd; EZ/DZ 90/120 AU$; ✷ ≋)

Das „Lehmziegelgut" ist ein Familiensitz und wurde tatsächlich aus Lehmziegeln (sowie Holz und Stein) erbaut. Riesige wunderschön eingerichtete Zimmer säumen einen Innenhof mit Springbrunnen und ein warmes Frühstück ist im Preis inbegriffen. Das leckere Abendessen mit drei Gängen muss mindestens ein paar Stunden im Voraus gebucht werden (30 AU$/Pers.).

ⓘ Praktische Informationen

Rainforest & Reef Centre (☏ 07-4066 8601; www.greatgreenwaytourism.com/rainforest-reef.html; 142 Victoria St; ☉ Mo–Fr 8.30–17, Sa & So 9–13 Uhr) Das Rainforest & Reef Centre neben dem Pier von Cardwell bietet eine exzellente interaktive Regenwaldausstellung sowie detaillierte Infos zu Hinchinbrook Island und anderen Nationalparks in der Nähe.

ⓘ An- & Weiterreise

Die Busse von **Greyhound** (☏ 1300 473 946; www.greyhound.com.au) und **Premier** (☏ 13 34 10; www.premier-ms.com.au) halten auf der Strecke Brisbane–Cairns in Cardwell. Die Fahrt kostet nach Cairns 50 AU$ und nach Townsville 37 AU$.

Cardwell liegt an der Bahnstrecke Brisbane–Cairns; detaillierte Informationen gibt's bei **Queensland Rail** (☏ 1800 872 467; www.queenslandrail.com.au).

Die Boote zur Hinchinbrook Island legen an der Port Hinchinbrook Marina, 2 km südlich der Stadt ab.

Mission Beach

4852 EW.

Keine 30 km östlich der Zuckerrohr- und Bananenplantagen des Bruce Hwy liegen in einem Weltnaturerbe-Regenwald versteckt mehrere Weiler, die gemeinsam den Namen Mission Beach tragen. Der Wald erstreckt sich bis zum Korallenmeer, und manchmal fühlt man sich auf diesem 14 km langen, von Palmen gesäumten Küstenstreifen mit seinen abgeschiedenen Buchten und weiten Stränden wie ein Schiffbrüchiger auf einer tropischen Insel.

Der verheerende Zyklon Yasi suchte Mission Beach 2011 heim und beschädigte große Teile des Regenwaldes und der Vegetation. Die hiesigen Gemeinden haben die Naturkatastrophe noch nicht vollständig überwunden, zum Zeitpunkt der Recherche gab es beispielsweise keinen Tauchanbieter, was sich in naher Zukunft jedoch vielleicht wieder ändern wird.

Auch wenn die ganze Gegend allgemein nur Mission Beach oder einfach „Mission" genannt wird, besteht sie aus einer Reihe einzelner, sehr kleiner und ruhiger Dörfer, die sich entlang der Küste aneinanderreihen. **Bingil Bay** liegt 4,8 km nördlich des eigentlichen **Mission Beach** (manchmal auch North Mission genannt). **Wongaling Beach** liegt 5 km südlich; von hier aus sind es weitere 5,5 km Richtung Süden bis **South Mission Beach**. Die meisten Einrichtungen findet man in Mission Beach und Wongaling Beach; South Mission Beach und Bingil Bay sind vorwiegend Wohngegenden.

Mission Beach gehört zu den nächsten Zugangspunkten zum Great Barrier Reef und dient als Einfahrtstor nach Dunk Island. Wanderer kommen hier voll auf ihre Kosten: Rund um Mission Beach verlaufen verschiedene Wege und der örtliche Regenwald wartet mit der höchsten Dichte an Kasuaren (ca. 40) des Landes auf. Die Küste von Mission Beach verlockt zum Baden, allerdings sollte man nicht überall die Zehen ins Wasser strecken, sondern sich an die Schwimmbegrenzungen halten. Ansonsten droht eine hässliche Begegnung mit einer Seewespe oder sogar einem Krokodil…

🏄 Aktivitäten

Mission Beach zieht mit seinem Angebot an Extrem- und Wassersportaktivitäten, darunter Wildwasserrafting auf dem Tully River in der Nähe, jede Menge Adrenalinjunkies an. Wer ein eigenes Brett hat, kann Bingil Bay ansteuern, einen der wenigen Orte innerhalb des Riffs, an dem das Surfen möglich ist. Die Wellen sind mit rund 1 m zwar klein, aber beständig.

Seewespennetze in Mission Beach und South Mission Beach garantieren das ganze Jahr über sichere Schwimmbedingungen.

Das Visitor Centre verfügt über jede Menge Informationen zu den ausgezeichneten Wanderwegen in der Gegend.

★ Skydive Mission Beach FALLSCHIRMSPRINGEN
(☏ 1300 800 840; www.skydivemissionbeach.com.au; 1 Wongaling Rd, Wongaling Beach; Tandemsprünge aus ca. 4250 m Höhe 334 AU$) Mission Beach ist zu Recht eines der beliebtesten Reviere für Fallschirmspringer in Queensland, dafür sorgen Ausblicke über traumhafte Inseln und blaues Wasser sowie weiche Landungen an weißen Sandstränden. Sky Dive Australia, vor Ort unter dem Namen Sky Dive Mis-

sion Beach bekannt, veranstaltet mehrere Flüge pro Tag.

Blokart Mission Beach ABENTEUERSPORT
(07-4068 8310; www.missionbeachadventurehire.com; 71 Banfield Pde, Wongaling Beach) „Blokarting" ist eine Art Sandsegeln: Man fährt in niedrigen, bereiften Wagen mit Segeln am Strand entlang. Darüber hinaus vermietet der Veranstalter verschiedene Ausrüstung, darunter Kajaks und Fahrräder.

Big Mama Sailing SEGELN
(0437 206 360; www.bigmamasailing.com; Erw./Kind ab 75/50 AU$) Hier gibt's Touren auf einer 18 m hohen Ketsch mit den leidenschaftlichen Seglern Stu, Lisa und Fletcher. Zur Auswahl stehen ein 2½-stündiger Törn bei Sonnenuntergang, eine Tour mit Barbecue zur Mittagszeit und ein ganztägiger Ausflug zum Riff.

Coral Sea Kayaking KAJAKFAHREN
(07-4068 9154; www.coralseakayaking.com; halb-/ganztägige Touren 80/136 AU$) Ganztägige Touren unter sachkundiger Leitung nach Dunk Island sowie entspannte halbtägige Ausflugsfahrten.

Fishin' Mission ANGELN
(0427 323 469; www.fishinmission.com.au; halb-/ganztägige Touren 160/260 AU$) Entspannte Angelausflüge zum Riff mit einheimischen Experten.

Mission Beach Tropical Fruit Safari VERKÖSTIGUNGEN
(07-4068 7099; www.missionbeachtourism.com; Mission Beach Visitor Centre, Porter Promenade, Mission Beach; Erw./Familie 9,50/23,50 AU$; Mo & Di 13–14 Uhr) Hier kann man ungewöhnliche und leckere tropische Früchte aus der Gegend kennenlernen und probieren.

Feste & Events

Mission Evolve Music Fest MUSIK
(www.missionevolve.com.au) Zweitägiges Live-musik-Festival im Oktober mit Blues, Roots, Soul, Funk und DJs aus Far North Queensland.

Schlafen

In der Touristeninformation gibt's eine Liste der Vermittler von Ferienwohnungen.

Hostels bieten einen kostenlosen Abholservice mit dem Bus an.

South Mission Beach

Sea-S-Ta PENSION $$$
(07-4088 6699; www.sea-s-ta.com.au; 38 Kennedy Esplanade; 375 AU$/Nacht;) Seltsamer Name, großartige Unterkunft. Das Ferienhaus für Selbstversorger am Strand ist eine tolle Option für Gruppenreisende, die Mission erkunden möchten. Die helle mexikanisch inspirierte Hacienda bietet Platz

---

ABSEITS DER ÜBLICHEN PFADE

HINCHINBROOK ISLAND

Australiens größter Insel-Nationalpark (399 km²) ist ein echtes Wanderparadies, aber schwer zu erreichen, weshalb Vorabplanung erforderlich ist. Granitberge ragen dramatisch aus dem Meer, die Festlandseite ist dicht mit tropischer Vegetation bedeckt und lange Sandstrände sowie labyrinthartige Mangrovenhaine erstrecken sich an der Ostküste.

Das Highlight von Hinchinbrook ist der **Thorsborne Trail** (auch East Coast Trail genannt), ein anstrengender 32 km langer Küstenweg. Entlang der Route gibt es **NPRSR-Campingplätze** (13 74 68; www.nprsr.qld.gov.au; 5,45 AU$/Pers.). Für den gesamten Weg sollte man drei Übernachtungen einplanen, man kann sich jedoch auch Einzelabschnitte vornehmen und denselben Weg wieder zurücklaufen. Wanderer sollten sich auf hungrige einheimische Tiere (z. B. Krokodile), aggressive Moskitos und unwegsame Teilabschnitte einstellen. Wasser muss man selbst mitbringen.

Da immer nur 40 Wanderer gleichzeitig auf dem Weg zugelassen sind, empfiehlt das NPRSR, sich für die Hochsaison ein Jahr und für die Nebensaison sechs Monate im Voraus anzumelden. Wegen gelegentlicher Absagen lohnt es sich, auch ohne Anmeldung nachzufragen.

Hinchinbrook Island Cruises (07-4066 8601; www.hinchinbrookislandcruises.com.au) verkehrt von Cardwell nach Hinchinbrook (einfache Strecke 90 AU$/Pers., 1½ Std.) und bietet eine fünfstündige Überfahrt nach Hinchinbrook (99 AU$/Pers., mind. 4 Pers.), wobei der Fahrplan wenig verlässlich ist. Buchungen nimmt das Rainforest & Reef Centre in Cardwell (S. 431) vor.

für sechs Personen sowie jede Menge Extras, darunter Saftpressen und Pantoffeln. Man muss mindestens zwei Nächte buchen; die Preise sinken mit der Länge des Aufenthalts.

Wongaling Beach

Scotty's Mission Beach House HOSTEL $
(1800 665 567; www.scottysbeachhouse.com.au; 167 Reid Rd; B 25–29 AU$, DZ 71 AU$; ✻@🌐❄) Die sauberen, gemütlichen Zimmer (darunter Schlafsäle für Frauen mit Bettwäsche in Barbierosa) sind um den grasbewachsenen geselligen Poolbereich des Scotty's angeordnet. In **Scotty's Bar & Grill** (1800 665 567; 167 Reid Rd; Hauptgerichte 10–30 AU$; ⊙17–24 Uhr) im vorderen Bereich (auch für Nicht-Gäste) wird jeden Abend etwas geboten, von Feuershows über Billardwettbewerbe bis hin zu Livemusik. Ein Hoch auf die guten alten Backpacker-Zeiten!

Dunk Island View Caravan Park WOHNWAGENPARK $
(07-4068 8248; www.dunkislandviewcaravanpark; 21 Webb Rd; Stellplatz ohne/mit Strom 28/38 AU$, Einheit ohne 1/2 Schlafzi. 98/128 AU$; ✻🌐❄) Auf dieser sauberen, hübschen Anlage nur 50 m vom Strand entfernt wacht man mit einer frischen Meeresbrise in der Nase auf. Hier gibt's alles, was man sich von einem Wohnmobilpark wünscht, außerdem ein neues **hauseigenes Café** (Fish & Chips 8 AU$).

★Licuala Lodge B&B $$
(07-4068 8194; www.licualalodge.com.au; 11 Mission Circle; EZ/DZ/3BZ inkl. Frühstück 99/135/185 AU$; 🌐❄) Geselliges B&B mit Gästeküche, einer großartigen Veranda, einem Pool mit Wasserfall und gelegentlichen Besuchen von Kasuaren. Nicht von den Teddys in den Schlafzimmern abschrecken lassen! Die Unterkunft liegt 1,5 km vom Strand und dem anderen Trubel entfernt, wer also Ruhe sucht, ist hier richtig.

Hibiscus Lodge B&B B&B $$
(07-4068 9096; www.hibiscuslodge.com; 5 Kurrajong Cl; Zi. ab 135 AU$; 🌐) In diesem reizenden B&B wacht man zu Vogelgezwitscher auf, zudem ist die Wahrscheinlichkeit groß, beim Frühstück (einem absoluten Muss!) auf der Veranda mit Blick auf den Regenwald den einen oder anderen Kasuar zu erspähen. Es gibt nur drei (sehr private) Zimmer, deswegen muss man vorab reservieren. Keine Kinder.

NICHT VERSÄUMEN

RAFTING AUF DEM TULLY

Dank der starken Niederschläge und seiner Fluttore (zur Stromerzeugung) bietet der Tully River das ganze Jahr über aufregende Rafting-Möglichkeiten. Die Touren werden zeitlich jeweils so gelegt, dass sie mit der täglichen Öffnung der Schleusen zusammenfallen. So entstehen Stromschnellen der Stufe 4 vor einer eindrucksvollen Regenwaldkulisse.

Tagesausflüge mit **Raging Thunder Adventures** (07-4030 7990; www.ragingthunder.com.au; Standard-/Extremtouren 189/215 AU$) und **R'n'R White Water Rafting** (07-4041 9444; www.raft.com.au; ab 179 AU$) beinhalten ein Barbecue zum Mittagessen und den Transport ab Tully oder Mission Beach in der Nähe. Der Transfer ab Cairns kostet 10 AU$ zusätzlich.

Mission Beach

Mission Beach Retreat HOSTEL $
(07-4088 6229; www.missionbeachretreat.com.au; 49 Porter Promenade; B 22–25 AU$, DZ 56 AU$; ✻@🌐❄) Die entspannte, luftige Backpacker-Bleibe mitten im Zentrum am Strand muss man einfach mögen.

Mission Beach Ecovillage HÜTTEN $$
(07-4068 7534; www.ecovillage.com.au; Clump Point Rd; DZ 130–210 AU$; ✻🌐❄) Das Ökodorf mit eigenen Bananenstauden und Limettenbäumen inmitten eines tropischen Gartens und einem direkten Weg durch den Regenwald zum Strand versteht es, seine Naturlandschaft perfekt zu nutzen. Bungalows sammeln sich um einen felsigen Swimmingpool, zudem gibt es luxuriöse Cottages mit privaten Spas. Zur Anlage gehört ein **Restaurant** (07-4068 7534; Clump Point Rd; Hauptgerichte 18,50 AU$; ⊙Mi-Sa 7–22 Uhr) mit Schanklizenz.

Bingil Bay

★Jackaroo Hostel HOSTEL $
(07-4068 7137; www.jackaroohostel.com; 13 Frizelle Rd; Stellplatz 15 AU$, B/DZ inkl. Frühstück 24/58 AU$; P@🌐❄) Das Hostel auf Holzpfählen hoch oben im Regenwald bietet alles, was das Herz begehrt. Die Dschungellandschaft, frischen Zimmer und die luftige

> **DER KASUAR, EINE BEDROHTE ENDEMISCHE ART**
>
> Die flugunfähigen prähistorischen Vögel stolzieren wie Kreaturen aus *Jurassic Park* durch den Regenwald. Sie sind so groß wie ein erwachsener Mann, haben drei sehr scharfe dolchähnliche Zehen, einen blau leuchtenden Kopf, rote Kehllappen, die am Hals hängen, ein helmartiges Horn und struppige schwarze Federn, die an ein Emu erinnern. Kasuare sind ein wichtiges Bindeglied für das Ökosystem des Regenwalds. Als einziges Tier kann es die Samen von über 70 Baumarten verteilen. Deren Früchte sind für andere Spezies des Regenwalds zu groß zum Verdauen und Ausscheiden (sie dienen als Düngemittel). Die besten Chancen, Kasuare in freier Wildbahn zu erleben, hat man rund um Mission Beach, Etty Bay und in dem Teil des Cape Tribulation, der im Daintree National Park liegt. Die Vögel können aggressiv sein, vor allem wenn sie Nachwuchs haben, deswegen sollte man sich ihnen nicht nähern. Wird man von einem Tier bedroht, sollte man nicht davonlaufen, sondern dem Vogel nicht den Weg versperren und versuchen, ein robustes Hindernis zwischen sich und ihn zu bringen, am besten einen Baum.
>
> Im wilden Norden von Queensland leben schätzungsweise 1000 oder weniger Kasuare. Die größte Gefahr für die bedrohte Spezies ist der Verlust von Lebensraum, der in den letzten Jahren natürlichen Ursprungs war. Der tropische Zyklon Yasi zerstörte große Teile des Regenwalds rund um Mission Beach und entzog so der ums Überleben kämpfenden Population ihre Nahrungsgrundlage. Zudem sind die Vögel nun ungeschützt den Elementen ausgesetzt und bei ihrer Nahrungssuche anfälliger für Hundeangriffe und Zusammenstöße mit Autos.
>
> Neben der Touristeninformation in Mission Beach zeigt das **Wet Tropics Environment Centre** (07-4068 7197; www.wettropics.gov.au; Porter Promenade; 10–16 Uhr), in dem Freiwillige der **Community for Cassowary & Coastal Conservation** (www.cassowaryconservation.asn.au) arbeiten, eine Ausstellung zur Erhaltung der Kasuare. Die Einnahmen aus dem Souvenirladen werden in den Erwerb von Kasuar-Habitaten investiert. Die Website www.savethecassowary.org.au ist ebenfalls eine gute Informationsquelle.

Terrasse laden zu einem längeren Aufenthalt ein, zudem gibt es einen Dschungelpool als Sahnehäubchen.

★ Sanctuary HÜTTEN $$

(07-4088 6064, 1800 777 012; www.sanctuaryatmission.com; 72 Holt Rd; B 35 AU$, Hütten EZ/DZ ab 65/70 AU$, Hütten 145/165 AU$; Mitte April–Mitte Dez.; @🛜🏊) Ein steiler, 600 m langer Spazierweg durch den Regenwald führt vom Parkplatz (es gibt einen Abholservice per Geländewagen) zum Sanctuary. Gäste können in einer einfachen Hütte auf einer Plattform, geschützt von einem Moskitonetz, nächtigen oder in einem Häuschen mit eigenem Bad und Dusche mit Panoramablicken auf den Regenwald.

Zum Freizeitprogramm gehören Wanderungen, Yogakurse (15 AU$) und Massagen (80 AU$/Std.). Wer Hunger hat, nutzt die Küche für Selbstversorger oder lässt sich die gesunde Kost im Restaurant schmecken. Die umweltfreundliche Politik des Hauses spiegelt sich im eigenen Abwassersystem, im Sammeln von Regenwasser und in der Verwendung biologisch abbaubarer Reinigungsmittel wider. Keine Kinder unter 11 Jahren.

🍴 Essen

Der Großteil der Bars und/oder Restaurants konzentriert sich auf Mission Beach entlang der Porter Promenade und auf das benachbarte Labyrinth an kleinen Gässchen und Arkaden. Vor Ort gibt's einen kleinen Supermarkt, in Wongaling Beach findet man außerdem einen großen Woolworths-Supermarkt (zu erkennen an einem riesigen Kasuar), ein paar Lokale, Bars und Getränkemärkte.

🍴 Wongaling Beach

Millers Beach Bar & Grill KNEIPENESSEN $

(07-4068 8177; 1 Banfield Pde; 10–38 AU$; Di–Fr 15–open end, Sa & So 12 Uhr–open end) Das Millers liegt so nahe am Strand, dass man fast schon den Sand aus dem Bier fischen muss. Der wunderbare kleine Innenhof eignet sich bestens zum Entspannen und zur Auswahl gehören Pizzas für 10 AU$ (tgl. 16–18 Uhr), riesige Steaks, glutenfreie Speisen und eine Kinderkarte. Alternativ lässt man einfach bei einem Cocktail den Blick auf Dunk Island auf sich wirken.

★ Caffe Rustica ITALIENISCH $$
(☎ 07-4068 9111; 24 Wongaling Beach Rd; Hauptgerichte 13–25 AU$, Pizzas 10–25 AU$; ⊙ Mi-Sa 17-open end, So 10–21 Uhr; 🌐) In der modernen Strandhütte aus Wellblech gibt's ausgezeichnete hausgemachte Pasta, knusprig-dünne Pizzas sowie Eis und Sorbet aus eigener Herstellung. Im Voraus reservieren.

✖ Mission Beach

Fish Bar MEERESFRÜCHTE $
(☎ 07-4088 6419; Porter Promenade; Hauptgerichte 10–17 AU$; ⊙ 10–24 Uhr) Wer Hunger hat und Geselligkeit sucht, ist hier an der richtigen Adresse. Die Atmosphäre ist entspannt und zugleich lebendig, und die moderne Speisekarte umfasst jede Menge Meeresfrüchte.

Zenbah INTERNATIONAL $
(☎ 07-4088 6040; 39 Porter Promenade; Hauptgerichte 9–25 AU$; ⊙ Fr & Sa 10–1.30, So–Do bis 24 Uhr) Die farbenfrohen Stühle auf dem Gehsteig zeugen vom lebendigen Charakter des kleinen Lokals. Die Küche reicht von nahöstlichen Speisen über asiatische Gerichte bis hin zu Pizzas. Verdauungsanregend wirkt die Livemusik am Freitag und Samstag.

Garage Bar & Grill MODERN-AUSTRALISCH $$
(☎ 07-4088 6280; 41 Donkin Lane; Meze-Teller 17 AU$; ⊙ 9 Uhr–open end; 🍴🌐) Die sehr gesellige Bar im „Village Green" von Mission serviert leckere „Sliders" (Mini-Burger), fachmännisch gemixte Cocktails (14 AU$), guten Kaffee, Kuchen und Tapas. Für Unterhaltung sorgt mitreißende Livemusik.

✖ Bingil Bay

★ Bingil Bay Cafe CAFÉ $$
(29 Bingil Bay Rd; Hauptgerichte 14–23 AU$; ⊙ 6.30–22 Uhr; 🌐) Der lavendelfarbene Klassiker überzeugt auf ganzer Linie, von der abwechslungsreichen Speisekarte bis hin zum luftig-leichten Flair auf der Veranda. Das Frühstück ist ein Highlight, zudem kann man Kunstausstellungen, Livemusik und die gesellige Stimmung mit einem eisgekühlten Bier genießen.

🛍 Shoppen

Mission Beach Markets MARKT
(Porter Promenade, Mission Beach; ⊙ 1. & 3. So im Monat 8–13 Uhr) Kunst, Kunsthandwerk, Schmuck, tropische Früchte, hausgemachte Feinkost und weitere Produkte aus der Gegend werden an den Ständen der Mission Beach Markets feilgeboten.

Mission Beach Rotary Monster Market MARKT
(Marcs Park, Cassoway Dr, Wongaling Beach; ⊙ April–Nov. letzter So im Monat 8–12.30 Uhr) Wunderbare Produkte, darunter handgemachte Holzmöbel.

❶ Praktische Informationen
Mission Beach Visitor Centre (☎ 07-4068 7099; www.missionbeachtourism.com; Porters Promenade, Mission Beach; ⊙ Mo-Sa 9-16.45, So 10–16 Uhr) Hält jede Menge Infomaterial in verschiedenen Sprachen bereit.

❶ Anreise & Unterwegs vor Ort
Die Busse von **Greyhound** (☎ 1300 473 946; www.greyhound.com.au) und **Premier** (☎ 13 34 10; www.premierms.com.au) halten in Wongaling Beach neben dem „Riesenkasuar". Die Fahrt mit Greyhound/Premier kostet nach Cairns 24/19 AU$ und nach Townsville 42/46 AU$.

Sugarland Car Rentals (☎ 07-4068 8272; www.sugarland.com.au; 30 Wongaling Beach Rd, Wongaling Beach; ⊙ 8–17 Uhr) Verleiht Kleinwagen ab 35 AU$ pro Tag.

Dunk Island

Die Djiru-Aborigines nannten die Insel Coonanglebah, Insel des Friedens und des Überflusses. Falsch lagen sie damit nicht: Das tropische Inselidyll wartet mit Dschungel, weißen Sandstränden und traumhaft blauem Wasser auf.

Wanderwege durchziehen Dunk Island und umrunden die Insel fast komplett. Wer das Innere und die facettenreiche Tierwelt in Eigenregie erkunden möchte, nimmt sich am besten den Rundweg (9,2 km) vor. In Muggy Muggy kann man inmitten hoher Wellen schnorcheln (bei unserem Besuch war ein Großteil der Korallen allerdings mit Algen bedeckt), zudem gibt es am traumhaften Coconut Beach tolle Bademöglichkeiten. Am Wochenende finden oft spezielle Veranstaltungen statt, z. B. Bongo-Kurse oder Auftritte von Ukulele-Bands; Infos liefert das Mission Beach Visitor Centre (S. 435).

Das Inselresort ist momentan wegen Zyklonschäden geschlossen, der **Campingplatz** (☎ 0417 873 390; 5,15 AU$/Pers.) mit wunderschönen Stellplätzen am Strand, Warmwasserduschen und einem Gasgrill ist jedoch wieder geöffnet. Versorgungsgüter muss man selbst mitbringen. Freitags, samstags und sonntags serviert ein Kiosk (Hauptgerichte 10,50–30 AU$; während das Taxiboot verkehrt) kaltes Bier und fangfrische Garnelen, Fisch und Burger, bis das letzte Taxiboot ablegt.

Das **Mission Beach Dunk Island Water Taxi** (07-4068 8310; www.missionbeachwatertaxi.com; Banfield Pde, Wongaling Beach; Erw./Kind hin & zurück 35/18 AU$) fährt in 20 Minuten von Wongaling Beach nach Dunk Island.

Von Mission Beach nach Innisfail

Die Straße nördlich von Mission Beach geht in **El Arish** (442 Ew.) in den Bruce Hwy über. Von hier verläuft die Nordroute entlang dem Bruce Hwy direkt zum Ziel. Abzweigungen führen zu Strandgemeinden wie dem exquisiten **Etty Bay** mit umherwandernden Kasuaren, felsigen Landzungen, Regenwald, großen Seewespennetzen und einem einfachen, aber traumhaft gelegenen Wohnmobilpark.

Innisfail & Umgebung

10 143 EW.

Nur 80 km südlich vom Touristentrubel in Cairns präsentiert sich Innisfail als Paradebeispiel einer entspannten ländlichen Stadt in Far North Queensland. Fischer gehen im breiten Johnstone River ihrem Geschäft nach, Traktoren tuckern die Hauptstraße entlang und die Einheimischen sind gleichermaßen stolz auf die Art-déco-Architektur (auch wenn diese 2006 von Zyklon Larry erheblich beschädigt wurde) und das bekannteste Kind der Stadt, den Footy-(Rugby-)Star Billy Slater.

Das entspannte Flying Fish Point am Strand liegt 8 km nordöstlich vom Zentrum von Innisfail, während Nationalparks wie der unterhaltsame **Mamu Tropical Sky Walk** (www.mamutropical-skywalk.com.au; Palmerston Hwy; Erw./Kind 20/10 AU$; 9.30–17.30, letzter Einlass 16.30 Uhr), ein 2,5 km langer rollstuhlgerechter Rundweg durchs Blätterdach, eine kurze Autofahrt entfernt sind.

Schlafen

Die Hostels von Innisfail richten sich vor allem an Bananenpflücker, die auf den umliegenden Plantagen arbeiten. Sie sind außerdem die richtige Adresse für Arbeitssuchende und verlangen pro Woche rund 185 AU$ (für ein Bett im Schlafsaal). Das freundliche, hilfsbereite Besucherinformationszentrum verfügt über eine komplette Liste der Unterkünfte, die Jobs vermitteln.

Backpackers Shack HOSTEL $
(049 904 2446, 07-4061 7760; www.backpackersshack.com; 7 Ernest St; B 195 AU$/Woche;) Zentral und freundlich.

Codge Lodge HOSTEL $
(07-4061 8055; www.codgelodge.com; 63 Rankin St; B 185 AU$/Woche;) Das fröhliche Hostel beherbergt viele Farmarbeiter, die hier über einen längeren Zeitraum unterkommen, Übernachtungsgäste sind jedoch auch willkommen.

Barrier Reef Motel MOTEL $$
(07-4061 4988; www.barrierreefmotel.com.au; Bruce Hwy; Zi. ab 120 AU$, Wohneinheiten 160–180 AU$;) Das Motel mit seinen luftigen gefliesten Zimmern mit großen Bädern ist die beste Unterkunft von Innisfail.

Essen

Innisfail Fish Depot MEERESFRÜCHTE $
(51 Fitzgerald Esplanade; Mo–Fr 8–18, Sa 9–15 Sat, So 10–16 Uhr) Fangfrischer Fisch für den Grill und gekochte Biogarnelen im Beutel (18–20 AU$/kg).

Flying Fish Point Cafe CAFÉ $$
(9 Elizabeth St, Flying Fish Point; Hauptgerichte 12–25 AU$; 7.30–20 Uhr) Wer großen Hunger hat, für den sind die riesigen Portionen von Fisch im Teigmantel oder in Panade, gegrillten Calamari, Wonton-Garnelen, Tempura-Jakobsmuscheln und mehr genau das Richtige.

Oliveri's Continental Deli FEINKOST $
(www.oliverisdeli.com.au; 41 Edith St; Sandwiches 8,50–11 AU$; Mo–Fr 8.30–17.15, Sa bis 12.30 Uhr;) Eine Institution in der Stadt. Zur leckeren Auswahl stehen über 60 Varianten von europäischem Käse, Schinken und Salami sowie leckere Sandwiches. Der Kaffee ist fantastisch.

An- & Weiterreise

Busse von **Premier** (13 34 10; www.premierms.com.au) verkehren einmal täglich, die von **Greyhound** (1300 473 946; www.greyhound.com.au) mehrmals täglich zwischen Innisfail, Townsville (47 AU$, 4½ Std.) und Cairns (20 AU$, 1½ Std.).

Innisfail liegt an der Zugstrecke zwischen Cairns und Brisbane. Informationen gibt's bei **Queensland Rail** (1800 872 467; www.queenslandrail.com.au).

Cairns & Daintree Rainforest

Inhalt ➡

Cairns	440
Trinity Beach	457
Palm Cove	459
Green Island	461
Kuranda	463
Atherton	465
Yungaburra	465
Lake Tinaroo	467
Port Douglas	468
Der Daintree	475
Cape Tribulation	477
Cooktown	482

Gut essen

- ➡ Vivo Bar & Grill (S. 460)
- ➡ Yorkeys Knob Boating Club (S. 457)
- ➡ Tokyo Dumpling (S. 451)
- ➡ Candy (S. 451)
- ➡ Chianti's (S. 458)

Schön übernachten

- ➡ Bloomfield Lodge (S. 476)
- ➡ Peppers Beach Club (S. 472)
- ➡ Cape Trib Beach House (S. 479)
- ➡ Travellers Oasis (S. 450)
- ➡ Port O' Call Eco Lodge (S. 471)

Auf nach Cairns & zum Daintree Rainforest!

Cairns steht sowohl für das Great Barrier Reef als auch für den Daintree Rainforest. Sie machen die abgelegene Stadt zu einem Highlight der Ostküste. Zwischen Cairns und diesen Welterbestätten verkehren Busse und Boote voller Travellern, obwohl das elegante Port Douglas näher am Außenriff und am Regenwald liegt. Das schwüle, sorglose Cairns ist ein Mix aus Backpackerparadies und Urlaubsort für Familien. Palm Cove oder Port Douglas sind luxuriösere Ziele. Landeinwärts bieten die Atherton Tablelands mit kühlem Klima, Seen und Wasserfällen Erholung von Cairns Feuchtigkeit und Trubel.

Die reizvollen Küsten-Highways treffen irgendwann auf die Autofähre über den Daintree-River. Von hier erstreckt sich der Regenwald bis zum Cape Tribulation, unterbrochen von Stränden, an denen Quallen (Okt.–Mai) und Salzwasserkrokodile (ganzjährig) leben – eine sehr ernste Gefahr.

Echte Abenteurer reisen auf dem Bloomfield Track, der nur mit Geländewagen befahrbar ist, bis nach Cooktown.

Reisezeit
Cairns

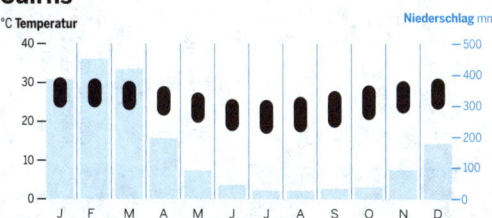

Mai Port Douglas feiert Karneval. Die Quallensaison endet jetzt.

Juni Beim Cooktown Discovery Festival stellen Schauspieler die Ankunft Cooks in Australien nach.

Nov. Taucher können das jährliche Coral Spawning (Korallenlaichen) an den Riffen beobachten.

Highlights

① Tauchen, Schnorcheln und Schwimmen zwischen den Fischen, Schildkröten und Korallen des **Great Barrier Reef** (S. 444).

② Am klaren Wasser der **Mossman Gorge** (S. 474) im Daintree National Park eine **Kuku-Yalanji-Traumwanderung** (S. 474) unternehmen.

③ Mit der **Skyrail** (S. 456) über den Regenwald zu den Märkten von Kuranda fahren und mit der **Kuranda Scenic Railway** (S. 456) zurückkehren.

④ In den romantischen Restaurants und Resorts des unberührten **Palm Cove** (S. 459) die Sonnenseiten des Lebens genießen.

⑤ Im angesagten **Lion's Den Hotel** (S. 482) nach Beendigung des Bloomfield Tracks ein kühles Bier genießen.

Map labels

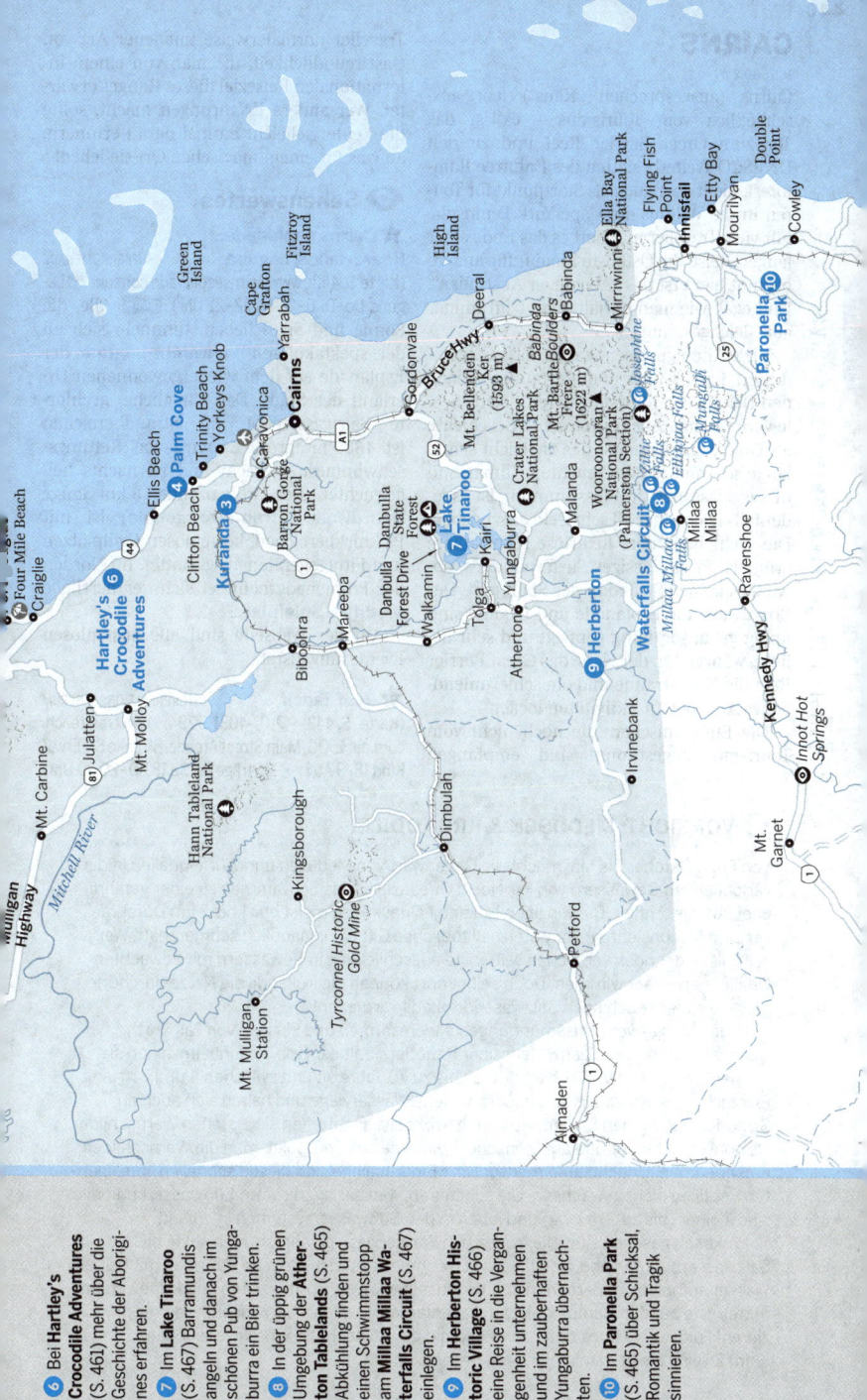

- Four Mile Beach
- Craiglie
- Mulligan Highway
- Mt. Carbine
- Julatten
- Mt. Molloy
- Ellis Beach
- Clifton Beach
- **Hartley's Crocodile Adventures** (6)
- **Palm Cove** (4)
- Trinity Beach
- Yorkeys Knob
- Green Island
- Cape Grafton
- Fitzroy Island
- Yarrabah
- **Cairns**
- Caravonica
- Barron Gorge National Park
- **Kuranda** (3)
- Mareeba
- Biboohra
- Mitchell River
- Hann Tableland National Park
- Kingsborough
- Tycrconnel Historic Gold Mine
- Dimbulah
- Mt. Mulligan Station
- Petford
- Almaden
- Mt. Garnet
- Kennedy Hwy
- Innot Hot Springs
- Ravenshoe
- Millaa Millaa
- **Waterfalls Circuit** (8)
- **Millaa Millaa Falls**
- **Ellinjaa Falls**
- **Mungalli Falls**
- **Zillie Falls**
- **Herberton** (9)
- Irvinebank
- Atherton
- Tolga
- Yungaburra
- Kairi
- Danbulla Forest Drive
- Danbulla State Forest
- **Lake Tinaroo** (7)
- Walkamin
- Gordonvale
- Bruce Hwy
- Deeral
- Babinda
- High Island
- Mt. Bellenden Ker (1593 m)
- Mt. Bartle Frere (1622 m)
- Bruce Boulders
- Crater Lakes National Park
- Malanda
- Wooroonooran National Park (Palmerston Section)
- **Josephine Falls**
- Mirrwinni
- Ella Bay National Park
- Flying Fish Point
- **Innisfail**
- Etty Bay
- Double Point
- Mourilyan
- Cowley
- **Paronella Park** (10)

---

6 Bei Hartley's Crocodile Adventures (S. 461) mehr über die Geschichte der Aborigines erfahren.

7 Im Lake Tinaroo (S. 467) Barramundis angeln und danach im schönen Pub von Yungaburra ein Bier trinken.

8 In der üppig grünen Umgebung der **Atherton Tablelands** (S. 465) Abkühlung finden und einen Schwimmstopp am **Millaa Millaa Waterfalls Circuit** (S. 467) einlegen.

9 Im Herberton Historic Village (S. 466) eine Reise in die Vergangenheit unternehmen und im zauberhaften Yungaburra übernachten.

10 Im Paronella Park (S. 465) über Schicksal, Romantik und Tragik sinnieren.

CAIRNS

165 860 EW.

Cairns (ausgesprochen „Käns") lebt ausschließlich vom Tourismus – es ist das Tor zum Great Barrier Reef und zu den UNESCO-Welterbestätten des Daintree Rainforest, dient aber auch als Startpunkt für Touren in die Wildnis der Cape York Peninsula. Für viele Traveller markiert es das Ende einer langen Reise die Ostküste hinauf; für andere beginnt hier erst das „Abenteuer Australien". Und egal, wie man es hält, man trifft immer auf Gleichgesinnte.

Viele Alteingesessene sagen, dass Cairns – dessen Bars, Clubs und Restaurants nach den Dollars der Touristen gieren – seine Seele verloren hat. Aber durch seine Geschichte als Goldgräberhafen ist das vielleicht schon lange so. Inmitten des feuchten Klimas und in ausgelassener Urlaubsstimmung ist es jedenfalls leicht, hier all sein Geld auszugeben. Die nicht besonders luxuriöse Atmosphäre erinnert an ein lässiges Surferparadies, obwohl es keinen Strand in der Stadt gibt. Der Boardwalk, die Esplanade und Lagune sind üppig grün, sorgfältig gepflegt und sehr beliebt, während in der Nähe das Great Barrier Reef die Nordstrände und ein schier unendliches Angebot an Aktivitäten locken.

Die Einheimischen, die noch nicht vom Tourismus abgestumpft sind, empfangen Traveller normalerweise mit jener Art von Gastfreundlichkeit, die man von einem internationalen Reiseziel dieses Ranges erwartet. Wer andere Erfahrungen macht, sollte die Leute vielleicht einmal daran erinnern, an was für einem magischen Ort sie leben!

⊙ Sehenswertes

★ **Cairns Esplanade, Boardwalk & Lagune** UFERPROMENADE
(Karte S. 442; www.cairnsesplanade.com.au; ⊙ Lagune Do–Di 6–21, Mi 12–21 Uhr) GRATIS Alle, die Sonne und Spaß lieben, tummeln sich an der spektakulären **Schwimm-Lagune** der Esplanade auf dem wiedergewonnenen Uferland der Stadt. Der künstliche, gechlorte Salzwasserpool mit Strandbereichen ist 4800 m² groß. Er wird von Rettungsschwimmern bewacht und ist nachts hell erleuchtet. Der angrenzende, 3 km lange **Boardwalk (Strandpromenade)** ist mit Picknickbereichen, kostenlosen Grillplätzen und Fitnessgeräten ausgestattet. Im Norden der Promenade befindet sich der herrliche **Muddy's-Spielplatz**.

Auf der Webseite sind alle kostenlosen Events aufgelistet.

★ **Reef Teach** INTERPRETATIONSZENTRUM
(Karte S. 442; ☏ 07-4031 7794; www.reefteach.com.au; 2. OG, Main Street Arcade, 85 Lake St; Erw./Kind 18/9 AU$; ⊙ Vorträge Di–Sa 18.30–20.30 Uhr)

ⓘ VORSICHT: MEDUSEN & KROKODILE!

Von Ende Oktober bis Mai macht die Gegenwart von Medusen und Würfelquallen in den verlockenden Gewässern von Far North Queensland das Schwimmen zu einer gefährlichen Angelegenheit. Die winzigen Irukandji-Quallen mit meist nur 1 bis 2 cm Durchmesser sind fast unsichtbar. Ihr potenziell tödliches Gift ist unglaublich schmerzhaft. Wer sein Glück dennoch versuchen will, sollte ausschließlich in Gewässern mit bewachten Quallennetzen schwimmen. Doch selbst dort können die Irukandji die Netze durchdringen, die zudem auch noch Salzwasserkrokodile anziehen!

In den Mangroven, Flussmündungen, Meeresarmen und Flüssen von Far North Queensland leben das ganze Jahr über Raubtier-„Salties" (wie die Einheimischen sie nennen) – sie werden durchschnittlich bis zu 70 Jahre alt und zwischen 4 und 7 m lang (schluck!). Die Krokodile durchqueren offene Wasserwege und halten sich auch an Stränden auf: An den Stellen, wo häufig Krokodile anzutreffen sind, stehen Warnschilder. Obwohl tödliche Angriffe auf Menschen relativ selten sind, sollte man die Warnschilder ernst nehmen: Unachtsame menschliche Eindringlinge sind diesen schnellen, intelligenten Reptilien nicht gewachsen. Die scheueren, weniger aggressiven Süßwasserkrokodile sind kleiner (bis zu 3 m lang) und leben in den Süßwassersystemen im Inland.

Praktisch gesehen sind alle tropischen Wasserwege gefährlich. Man sollte niemals in Salzwasserbuchten und Tideflüssen schwimmen und sich nicht an Stränden mit trübem Wasser aufhalten; außerdem nicht am Flussufer wandern oder zelten und keine Lebensmittelreste auf den Campingplätzen liegenlassen. Man darf ein Krokodil niemals provozieren! Für weitere Infos unter www.ehp.qld.gov.au nach „be croc wise" suchen.

Im Zweifel bleibt man einfach am Resortpool …

ABSEITS DER ÜBLICHEN PFADE

BABINDA BOULDERS & WOOROONOORAN NATIONAL PARK

Die kleine Arbeiterstadt Babinda liegt etwa 60 km südlich von Cairns am Bruce Highway. 7 km landeinwärts von hier erreicht man die Babinda Boulders mit einem malerischen Flüsschen, das zwischen 4 m hohen Granitfelsen hindurchrauscht. Der Bach ist krokodilfrei, birgt aber eine Gefahr ganz anderer Art: heimtückische Strömungen. Traumgeschichten zufolge soll eine junge Frau sich, nachdem sie von ihrer großen Liebe getrennt wurde, in das damals noch ruhige Wasser gestürzt haben; ihr Schmerz hat den Fluss zu dem reißenden Strom gemacht, der er heute ist. Fast 20 Besucher haben an den Felsen schon ihr Leben gelassen. Schwimmen ist nur an einigen ruhigen, gut markierten Stellen des Flusses erlaubt, aber man sollte genau auf die Warnschilder achten. Mehrere Wanderwege bieten sichere Möglichkeiten für die obligatorischen Fotos.

Der kostenfreie Babinda Boulders Camping Ground (Mindestaufenthalt 2 Nächte) bietet Toiletten, Duschen und kostenlose Grilleinrichtungen. Nicht weit von hier kann man im klaren Wasser des Babinda Creek Kajak fahren – die Ausrüstung verleiht Babinda Kayak Hire (07-4067 2678; www.babindakayakhire.com.au; 330 Stager Rd; halber/ganzer Tag inkl. Pickup 55/83 AU$).

Der Regenwald um die Josephine Falls im Wooroonooran National Park gehört zum UNESCO-Weltnaturerbe der Wet Tropics of Queensland und birgt den Gipfel des höchsten Berges der Region: des Mount Bartle Frere (1622 m), der den alleinigen Lebensraum für zahlreiche Pflanzen und Tierarten bietet. Der Parkplatz für die Josephine Falls – eine spektakuläre Ansammlung von Wasserfällen und Pools – ist 6 km abseits des Bruce Highway ausgeschildert und liegt 10 km südlich von Babinda. Von dort führt ein steiler, asphaltierter, 600 m langer Weg durch den Wald zu den Wasserfällen, die sich am Fuß der Bellenden Ker Range befinden.

Der Mount Bartle Frere Summit Track (15 km, Hin- & Rückweg 2 Tage) führt vom Parkplatz der Josephine Falls zum Gipfel hinauf. Der Aufstieg eignet sich nur für fitte und gut ausgerüstete Wanderer; der Himmel kann plötzlich mit Wolken verhangen sein und es regnet oft. Entlang des Wanderpfades ist Zelten erlaubt; man muss aber vorher bei NPRSR (13 74 68; www.nprsr.qld.gov.au) buchen. Wanderkarten gibt's im Babinda Information Centre (07-4067 1008; www.babindainfocentre.com.au; Ecke Munro St & Bruce Hwy; 9–16 Uhr).

In diesem unterhaltsamen, informativen Zentrum kann man sein Wissen vertiefen. Meeresexperten erklären, wie man verschiedene Fisch- und Korallenarten voneinander unterscheidet und respektvoll mit dem Riff umgeht.

Tjapukai Aboriginal Cultural Park KULTURZENTRUM
(07-4042 9999; www.tjapukai.com.au; Cairns Western Arterial Rd, Caravonica; Erw./Kind 40/25 AU$; 9–17 Uhr) Dieses preisgekrönte Kulturzentrum 15 km außerhalb der Stadt wird von den Urhütern der Region verwaltet. Es wurde erst im Jahr 2015 umfassend renoviert. Mithilfe riesiger Hologramme und unter Mitwirkung von Schauspielern erzählt es die Geschichte der Schöpfung. Es gibt ein Tanztheater, eine Galerie, Shows mit Bumerang- und Speerwerfen sowie Kanufahrten zum Beobachten der Schildkröten. Höhepunkt des Dinner-und-Show-Pakets Tjapukai by Night (Erw./Kind 109/59 AU$, 19–21.30 Uhr) ist ein Corroboree am Lagerfeuer.

Flecker Botanic Gardens GÄRTEN
(07-4032 6650; www.cairns.qld.gov.au; 64 Collins Ave; Gelände tgl. 7.30–17.30 Uhr, Besucherzentrum Mo–Fr 9–16.30, Sa & So 10–14.30 Uhr) GRATIS Das spiegelverglaste Besucherzentrum gibt Tipps zu kostenlosen, geführten Wanderungen durch diese wunderschönen tropischen Gärten. Man folgt dem Rainforest Boardwalk zur Saltwater Creek und den Centenary Lakes, einem Paradies für Vogelbeobachter. Bergaufwärts befindet sich der Mt. Whitfield Conservation Park mit Wanderwegen durch den Regenwald, auf denen man zu Aussichtspunkten hinaufklettern kann, die schöne Ausblicke auf die Stadt bieten.

Man sollte sich auch den Weg zum Mangrove Boardwalk und seinen zwei aufschlussreichen Routen in die Sumpfgebiete zeigen lassen.

Cairns

CAIRNS & DAINTREE RAINFOREST CAIRNS

Map Legend

- Tanks Arts Centre (1.2km);
- Flecker Botanic Gardens (1.5km);
- Edge Hill (2km);
- Great Barrier Reef Helicopters (2km);
- GSL Aviation (2km);
- Nautilus Aviation (2km);
- Smithfield (13km)

NORTH CAIRNS

MANUDA

Trinity Bay

Cairns Harbour

Pier Marina

Cairns Esplanade, Boardwalk & Lagoon

Cairns & Tropical North Visitor Information Centre

Cairns Transit Mall — Sunbus

Main St Arcade

CAIRNS

Reef Teach

Detailplan

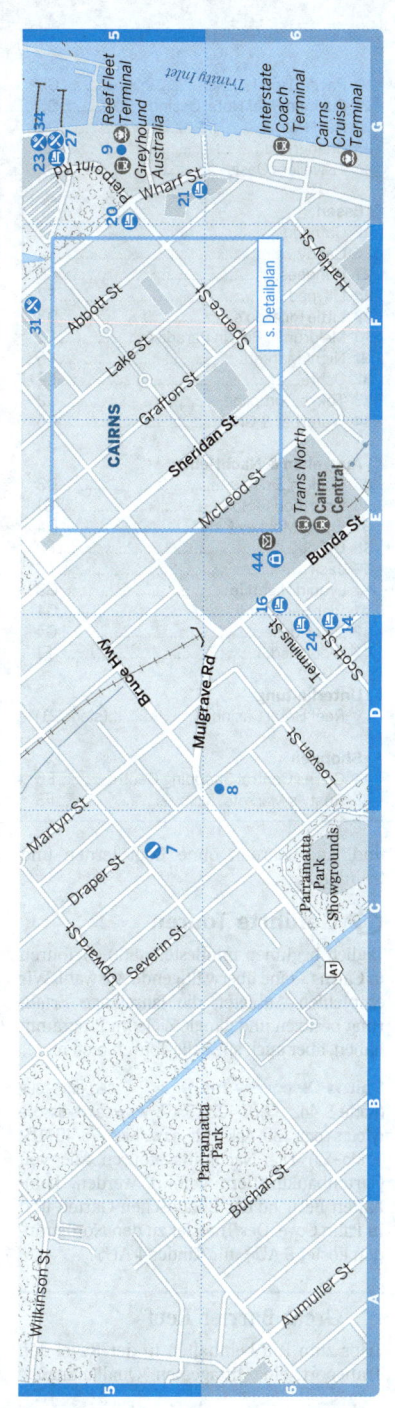

Crystal Cascades
WASSERFÄLLE

(via Redlynch) Etwa 14 km von Cairns befinden sich die Crystal Cascades, eine Reihe wunderschöner Wasserfälle mit idyllischen, krokodilfreien Schwimmpools, deren Existenz die Einheimischen lieber für sich behalten würden. Man erreicht sie in 30 Minuten über einen 1,2 km langen Pfad. Die Crystal Cascades sind durch einen sehr steilen **Wanderweg** durch den Regenwald (Hin- & Rückweg 3 Std.) mit dem Lake Morris (dem Wasserreservoir der Stadt) verbunden; der Pfad beginnt in der Nähe des Picknickplatzes.

Es gibt keine öffentlichen Verkehrsmittel zu den Pools. Man fährt bis zum Vorort Redlynch und folgt dann den Ausschilderungen zu den Crystal Cascades.

Cairns Regional Gallery
GALERIE

(Karte S. 442; 07-4046 4800; www.cairnsregionalgallery.com.au; Ecke Abbott & Shields Sts; Erw./Kind 5 AU$/frei; Mo–Fr 9–17, Sa 10–17, So 10–14 Uhr) Die angesehene Galerie ist im denkmalgeschützten Gebäude der ehemaligen staatlichen Versicherung (von 1936) untergebracht. Ihre ständige Sammlung besteht hauptsächlich aus lokalen und indigenen Werken. In der Regel wird auch eine temporäre Ausstellung gezeigt.

Tanks Arts Centre
GALERIE

(07-4032 6600; www.tanksartscentre.com; 46 Collins Ave; Eintrittspreis variiert; Mo–Fr 9.30–16 Uhr) Im Tanks Arts Centre wurden drei gigantische Benzintanks aus dem 2. Weltkrieg zu Galerien und einem inspirierenden Zentrum für darstellende Kunst umfunktioniert. Am letzten Sonntag des Monats (April–Nov.) findet hier ein lebhafter Markt statt.

Australisches Rüstungs- & Artilleriemuseum
MUSEUM

(07-4038 1665; ausarmour.com; 1145 Kamerunga Rd, Smithfield; Erw./Kind 25/15 AU$; 9.30–16.30 Uhr) Militär- und Geschichtsinteressierte werden dieses Museum schätzen – es wurde im September 2014 eröffnet und zeigt die größte Ausstellung von Panzern und Artillerie in der südlichen Hemisphäre.

🏃 Aktivitäten

Zahllose Touranbieter veranstalten Abenteueraktivitäten, die in Cairns beginnen und meist auch einen Transfer beinhalten.

AJ Hackett Bungee & Minjin
ABENTEUERSPORT

(1800 622 888; www.ajhackett.com; McGregor Rd, Smithfield; Bungee 169 AU$, Minjin 129 AU$, Pa-

Cairns

◉ Highlights
1. Cairns Esplanade, Boardwalk & Lagoon F4
2. Reef Teach F2

◉ Sehenswertes
3. Cairns Regional Gallery G1

◉ Aktivitäten, Kurse & Touren
4. Adventure North Australia E1
5. Cairns Discovery Tours E1
6. Cairns Dive Centre G1
7. Deep Sea Divers Den C5
8. Down Under Cruise & Dive D6
   Great Adventures .... (siehe 9)
   Hot Air Cairns .... (siehe 9)
   Ocean Free .... (siehe 9)
9. Passions of Paradise G5
10. Pro-Dive F2
    Raging Thunder .... (siehe 9)
11. Reef Encounter E4
    Reef Magic .... (siehe 9)
    Silverswift .... (siehe 9)
    Sunlover .... (siehe 9)
12. Tusa Dive G1

◉ Schlafen
13. Cairns Plaza Hotel C1
14. Cairns Sharehouse D6
15. Doubletree by Hilton E4
16. Dreamtime Travellers Rest E6
17. Gilligan's Backpacker's Hotel & Resort F2
18. Hotel Cairns E4
19. Northern Greenhouse E2
20. Pacific Hotel G5
21. Pullman Reef Hotel Casino G5
22. Reef Palms C2
23. Shangri-La G5
24. Travellers Oasis D6

◉ Essen
25. Caffiend F2
26. Candy F2
27. Dundees G5
28. Lillypad F2
29. Little Ricardo's D3
30. Meldrum's Pies in Paradise F2
31. Night Markets F5
32. Ochre E2
33. Tokyo Dumpling G2
34. Waterbar & Grill G5

◉ Ausgehen & Nachtleben
35. Cock 'n' Bull D3
36. Courthouse Hotel G1
37. Flying Monkey Cafe D4
38. G-Spot F2
39. Jack F3
40. Lyquid Nightlife G3
41. Pier Bar & Grill G4
42. Salt House G4
43. Woolshed F1

◉ Unterhaltung
Reef Hotel Casino .... (siehe 21)

◉ Shoppen
44. Cairns Central Shopping Centre E6
45. Rusty's Markets F3

---

kete 249 AU$; ◉ 10–17 Uhr) Hier kann man mit einem Bungeeseil von einem 50 m hohen Turm springen oder sich mit der einzigartigen Minjin-Gurtschaukel 45 m in die Tiefe fallen lassen und mit 120 km/h durch die Bäume schwingen. Der Transfer von Cairns ist bereits im Preis enthalten.

Fishing Cairns ANGELN
(☎ 0448 563 586; www.fishingcairns.com.au; 60 Collinson St, Westcourt; halbtägige Trips ab 95 AU$) Der erfahrene Anbieter veranstaltet viele verschiedene halb- bis mehrtägige Angel- und Chartertouren zum Fliegen- und Sportfischen (möglich in ruhigem Wasser oder auf offener See). Die Preise variieren entsprechend.

Cairns Wake Park WASSERSPORT
(☎ 07-4038 1304; www.cairnswakepark.com; Captain Cook Hwy, Smithfield; Erw./Kind pro Std. 39/34 AU$, pro Tag 74/69 AU$; ◉ 10–18 Uhr) In diesem Wassersportpark nahe dem Skyrail kann man Wasserskilaufen, Wakeboarden und Kneeboarden ohne Boot lernen und trainieren.

◉ Geführte Touren

Täglich beginnen mindestens 800 (!) Touren in Cairns – eine überwältigende Auswahl. Wir empfehlen Anbieter, die jahrelange Erfahrung besitzen und gängie Ziele im Programm haben, aber auch spezielle Touren bieten.

Cairns Discovery Tours GEFÜHRTE TOUR
(Karte S. 442; ☎ 07-4028 3567; www.cairnsdiscoverytours.com; 36 Aplin St; Erw./Kind 75/40 AU$; ◉ Mo–Sa) Die Nachmittagstouren, die von Gartenbaukünstlern geführt werden, beinhalten Besuche der Botanischen Gärten und in Palm Cove. Der Transfer zu den Nordstränden kostet 8 AU$, für Kinder 4 AU$.

◉ Great Barrier Reef

Trips zum Riff beinhalten in der Regel den Transport, ein Mittagessen, Quallenanzüge und Schnorchelausrüstung. Bei der Wahl einer Tour sollte man auf das Fahrzeug/Boot, seine Kapazität, die gebotenen Leistungen und das Ziel achten: Die Außenriffe sind unberührter, aber weiter entfernt; die Innenriffe können ungleichmäßig sein und Zeichen der Zerstörung aufweisen. Manche bevorzugen kleinere, weniger überfüllte Boote, andere nutzen gern die Zusatzleistungen, die größere Boote bieten.

Anbieter mit eigenem Ponton haben ein sehr gutes Preis-Leistungs-Verhältnis: Die Schwimmträger sind eine großartige Möglichkeit für Familien, das Riff zu erleben – wer nicht ins Wasser will, kann die Einrichtungen des Ponton genießen oder einen Trip in einem Boot mit Glasboden oder einem Halbtaucher machen.

Fast alle Boote legen um 8 Uhr von der Marlin Wharf ab (die Check-In- und Buchungseinrichtungen befinden sich im Reef Fleet Terminal) und kehren gegen 18 Uhr zurück. Kleinere Anbieter checken ihre Passagiere direkt am Boot an ihrem Stand an einem Anlegeplatz ein – einfach vorher nachfragen.

★ Tusa Dive   TAUCHEN, SCHNORCHELN
(Karte S. 442; 07-4047 9100; www.tusadive.com; Ecke Shields St & The Esplanade; Tagestrips Erw./Kind ab 185/110 AU$) Maximal 60 Passagiere passen auf die T6, das neueste, maßgefertigte Riffschiff der Stadt. Die Zulassung für das Außenriff und die hohe Kundenorientierung machen diesen Anbieter zu einer exzellenten Wahl für Tagestouren.

★ Silverswift   TAUCHEN, SCHNORCHELN
(Karte S. 442; 07-4044 9944; www.silverseries.com.au; 1 Spence St; Tagestrips Erw./Kind ab 202/152 AU$) Die hohen Geschwindigkeiten, der Fahrkomfort (max. 85 Passagiere) und die guten Einrichtungen machen die Silverswift für diejenigen, die etwas mehr Geld ausgeben können, zu einem der beliebtesten Riffkreuzfahrtschiffe der Stadt. Man hält sich etwa fünf Stunden am Riff auf und besucht drei von 16 Zielen am Außenriff.

Das Partnerschiff der Silverswift, das Hochgeschwindigkeitsboot Silversonic, legt in Port Douglas ab.

Reef Encounter   TAUCHEN, SCHNORCHELN
(Karte S. 442; 07-4037 2700; reefencounter.com.au; 100 Abbott St; 2 Tage an Bord ab 410 AU$) Wem ein Tag am Riff nicht ausreicht, der kann eine Übernachtungs-Tour mit der Reef Encounter machen. Ihre 21 klimatisierten Zimmer mit eigenen Bädern können maximal 42 Gäste aufnehmen. Die Auswahl an Programmen ist größer, die Mahlzeiten sind inklusive und es gibt täglich Abfahrten von Cairns. Eine exzellente Wahl für diejenigen, die mal etwas anderes erleben wollen.

Passions of Paradise   TAUCHEN, SCHNORCHELN
(Karte S. 442; 1800 111 346; www.passions.com.au; 1 Spence St; Tagestouren Erw./Kind ab 159/109 AU$) Der preisgekrönte Hochgeschwindigkeitskatamaran fährt zur Michaelmas Cay (einer Insel), wo man vor dem weißen Sandstrand mitten im Riff schnorcheln kann. Anschließend geht's weg von den Menschenmassen zum exklusiven Ankerplatz am Paradise Reef.

Great Adventures   TAUCHEN, SCHNORCHELN
(Karte S. 442; 07-4044 9944; www.greatadventures.com.au; 1 Spence St; Tagestouren Erw./Kind ab 218/112 AU$;) Auf seinem mehrstöckigen Ponton bietet Great Adventures schnelle Katamaran-Tagestouren zum Rand des Riffs sowie Touren nach Green Island. Tauchtrips sowie Ausflüge auf Booten mit Glasböden und Halbtauchern sind ebenfalls im Programm.

Reef Daytripper   SEGELN
(07-4036 0566; www.reefdaytripper.com.au; 1 Spence St; Tagestouren Erw./Kind ab 139/100 AU$) Backpacker lieben diese Segeltrips mit kleinen Gruppen auf einem altmodischen Katamaran zum Upolu-Riff am äußeren Great Barrier Reef.

Down Under Cruise & Dive   TAUCHEN, SCHNORCHELN
(Karte S. 442; 1800 079 099; www.downunderdive.com.au; 287 Draper St; Tagestouren Erw./Kind ab 159/80 AU$) Die einfache Schnorcheltour zum Außenriff für nur 159 AU$ sorgt für eine fröhliche Aussie-Atmosphäre und bietet Zugang zu zwei Rifflocations sowie zahlreiche coole Extras. Es werden auch PADI-Tauchkurse angeboten.

Reef Magic   TAUCHEN, SCHNORCHELN
(Karte S. 442; 07-4031 1588; www.reefmagiccruises.com; 1 Spence St; Tagestouren Erw./Kind ab 195/95 AU$) Das Hochgeschwindigkeitsboot von Reef Magic eignet sich perfekt für Familien. Es segelt zum wetterfesten Marineworld-Ponton, das am Rand des Außenriffs ankert. Für Wasserscheue werden auch Touren auf Booten mit Glasboden organisiert; außerdem kann man sich vor Ort mit Meeresbiologen unterhalten oder eine Massage genießen!

Tore zum Great Barrier Reef

Es gibt viele Wege zu diesem Unterwasserwunder: Man sucht einen der Ferienorte auf und schließt sich einer Tour an, oder man nimmt an einer Segel- bzw. Tauchexkursion teil und erkundet die weniger besuchte Außenseite. Wer will, kann auch zu einer abgelegenen Insel fliegen und hat das Riff fast für sich allein.

Die Whitsunday Islands

Die von türkisfarbenem Wasser, Korallengärten und palmbeschatteten Stränden umgebenen Whitsunday Islands (S. 410) sind ein wunderschönes Archipel. Man kann auf einer Insel übernachten und segeln gehen oder am Airlie Beach auf dem Festland wohnen und Inselhopping machen.

Cairns

Als beliebtester Startpunkt für Touren zum Riff verfügt Cairns (S. 440; oft „Cans" ausgesprochen, mit einem Nasallaut) über Dutzende von Veranstaltern, die eintägige Schnorcheltouren und mehrtägige Rifferkundungen an Bord eines Schiffs anbieten. Cairns ist auch der richtige Ort, um Scuba-Tauchen zu lernen.

Port Douglas

Das eine Fahrtstunde nördlich von Cairns gelegene Port Douglas (S. 468) ist ein reicher, ruhiger Badeort, ab dem Boote ein Dutzend Tauchstellen ansteuern, z. B. unberührtere Außenriffe wie das Agincourt Reef.

Townsville

Australiens größte tropische Stadt (S. 419) liegt zwar etwas vom äußeren Riff (2½ Std. Bootsfahrt) entfernt, aber sie hat noch andere Vorzüge: Zugang zu Australiens Hot-Spot zum Wracktauchen, ein tolles Aquarium und Meeresmuseen sowie mehrtägige Bootstouren für Taucher.

Southern Reef Islands

Wer das Paradies abseits der Touristenmassen erleben will, bucht einen Trip zu den entlegenen Inseln (S. 389) am Südrand des Great Barrier Reef. Hier kann man fantastisch schnorcheln und tauchen.

1. Clownfisch **2.** Airlie Beach (S. 405) **3.** Reef HQ Aquarium (S. 419), Townsville

447

TAUCHKURSE & -TRIPS

Cairns ist die Tauchhauptstadt des Great Barrier Reef und ein beliebter Ort, um den Open-Water-Tauchschein der Professional Association of Diving Instructors (PADI) zu machen. Es gibt unzählige Kurse (viele mehrsprachig); man sollte die Leistungen, die geboten werden, aber vorher genau prüfen. Alle Anbieter verlangen ein medizinisches Eignungszertifikat, das man vor Ort bekommt (rund 60 AU$). Es können Riffsteuern (20 bis 80 AU$) anfallen.

Passionierte, zertifizierte Taucher sollten nach speziellen Tauchmöglichkeiten Ausschau halten, z. B. Nachttauchen, Trips zum Korallenlaichen sowie Touren nach Cod Hole bei Lizard Island, einer der hervorragendsten Tauchlocations in Australien.

Pro-Dive (Karte S. 442; 07-4031 5255; www.prodivecairns.com; Ecke Grafton & Shields Sts; Tagestouren Erw./Kind ab 185/110 AU$, PADI-Kurse ab 700 AU$) Pro-Dive ist einer der erfahrensten Anbieter in Cairns mit mehrsprachigen Mitarbeitern. Der umfassende fünftägige PADI-Anfängerkurs gilt als einer der besten.

Cairns Dive Centre (Karte S. 442; 1800 642 591; www.cairnsdive.com.au; 121 Abbott St; Live-Aboard 2/3 Tage ab 540/680 AU$, Tagestouren ab 200 AU$) Die Preise dieses beliebten, langjährigen Anbieters sind billiger, weil er nicht zu PADI, sondern zu Scuba Schools International (SSI) gehört.

Deep Sea Divers Den (Karte S. 442; 07-4046 7333; www.diversden.com.au; 319 Draper St; Tagestouren ab 160 AU$, PADI-Zertifikat ab 640 AU$) Passionierte Einheimische bilden hier seit 1974 Taucher aus.

Sunlover TAUCHEN, SCHNORCHELN
(Karte S. 442; 07-4050 1333; www.sunlover.com.au; 1 Spence St; Tagestouren Erw./Kind ab 195/90 AU$) Dieser schnelle, familienfreundliche Katamaran-Ausflug führt zu einer Plattform am äußeren Moore Reef. Dort kann man u. a. im Halbtauchboot fahren oder Helmtauchen.

Coral Princess KREUZFAHRT
(1800 079 545; www.coralprincess.com.au; 24 Redden St, Portsmith; DZ/2BZ ab 1596 AU$ pro Pers.) Luxuriöse vier- bis achttägige Kreuzfahrten auf den kompakten, rundumerneuerten Schiffen *Coral Princess I* und *II* zwischen Cairns, Pelorus Island und Lizard Island. Alle Mahlzeiten sind inklusive.

Captain Matty's Barefoot Tours OUTDOOR-AKTIVITÄTEN
(07-4055 9082; www.barefoottours.com.au; Erw. 85 AU$) Backpacker werden diese fröhliche, ganztägige Tour rund um die Tablelands lieben. Unterwegs gibt's Schwimmpausen an Wasserfällen und an einer natürlichen Wasserrutsche. Nicht für Kinder geeignet.

Organic Experience GEFÜHRTE TOUR
(0474-311 885; www.theorganicexperience.com.au; geführte Touren ab 175 AU$; Fr 8.30–17 Uhr) Dieser umweltfreundliche Anbieter nimmt seine Gäste mit auf eine Reise in eine Welt, in der nachhaltige Lebensführung die Realität ist. Unterwegs lernt man lokale Biobauern und -züchter kennen, deren Produkte man auch probieren kann.

Atherton Tablelands

Food Trail Tours GEFÜHRTE TOUR
(07-4032 0322; www.foodtrailtours.com.au; Manoora, Cairns; Erw./Kind ab 175/115 AU$; Mo–Sa) Die Feinschmeckertour führt zu Farmen auf dem Hochplateau, die Macadamianüsse, tropische Obstweine, Käse, Schokolade und Kaffee erzeugen.

Uncle Brian's Tours OUTDOOR-AKTIVITÄTEN
(07-4033 6575; www.unclebrian.com.au; Touren 119 AU$; Mo–Sa) Lebendige, energiegeladene Tagestrips in kleinen Gruppen zu den Babinda-Felsen, Wäldern, Wasserfällen und Seen.

Cape Tribulation & Daintree Rainforest

Der zweitbeliebteste Trip (nach dem Great Barrier Reef) ist ein Besuch des Cape Tribulation. Der Zugang zum Kap erfolgt über eine gut ausgeschilderte Asphaltstraße; wer etwas mehr Zeit hier verbringen will, sollte nicht zögern, ein eigenes Fahrzeug zu mieten.

Billy Tea Bush Safaris OUTDOOR-AKTIVITÄTEN
(07-4032 0077; www.billytea.com.au; Tagestrips Erw./Kind 205/155 AU$) Dieser zuverlässige Anbieter organisiert aufregende Tagestou-

ren in kleinen Gruppen zum Cape Tribulation mit eigens angefertigten Geländewagen.

Tropics Explorer OUTDOOR-AKTIVITÄTEN
(☎ 1800 801 540; www.tropicsexplorer.com.au; Tagestouren ab 110 AU$) Bei diesen beschwingten Trips zum Cape Tribulation muss man sich sein eigenes Mittagessen kaufen; es sind auch Übernachtungstouren verfügbar.

Cooktown & Cape York

Adventure North Australia AUTOTOUR
(Karte S. 442; ☎ 07-4028 3376; www.adventurenorthaustralia.com; 36 Aplin St; Tagestouren Erw./Kind 260/220 AU$) Diese Road Trips mit Geländewagen führen über die Küstenroute nach Cooktown und über die Inlandroute zurück. Der Anbieter veranstaltet auch andere Touren mit ruhigerem Tempo, z. B. zwei- oder dreitägige Trips, Flug-Auto-Touren und Aborigine-Kulturtouren entlang des Bama Way.

GSL Aviation PANORAMAFLÜGE
(☎ 1300 475 000; gslaviation.com.au; 3 Tom McDonald Dr, Aeroglen; Flug ab 169 AU$/Pers.) Wer das Riff von oben sehen will, sollte einen dieser Landschaftsflüge in Betracht ziehen; sie sind billiger als Choppertouren und bieten genügend Zeit in der Luft.

Nautilus Aviation LANDSCHAFTSFLÜGE
(☎ 07-4034 9000; www.nautilusaviation.com.au; Bush Pilots Ave, Aeroglen; Flug ab 386 AU$/Pers.) Cairns' neuester Veranstalter auf dem Luxus-Helikoptertour-Markt bietet eine Auswahl an Pauschalpaketen sowie Charterdienste.

Great Barrier Reef Helicopters LANDSCHAFTSFLÜGE
(☎ 07-4081 8888; www.gbrhelicopters.com.au; Bush Pilots Ave, Aeroglen; Flug ab 165 AU$/Pers.) Bietet eine breite Auswahl an Helikopterflügen: Von zehnminütigen Flügen über Cairns City (165 AU$) bis hin zu einstündigen Riff- und Regenwaldtouren (699 AU$) ist alles dabei.

Hot Air Cairns BALLONFAHRTEN
(Karte S. 442; ☎ 07-4039 9900; www.hotair.com.au/cairns; 1 Spence St; 30-min. Flug Erw./Kind 235/160 AU$) Die Ballons heben in Mareeba ab. Die Ballon-Passagiere bekommen den wunderschönen Sonnenaufgang über den Atherton Tablelands zu sehen. Im Preis ist der Rücktransport von Cairns bereits enthalten.

Skydive Cairns FALLSCHIRMSPRINGEN
(☎ 1300 800 840; www.skydivecairns.com.au; Tom McDonald Dr, Aeroglen; Tandemsprünge ab 334 AU$) Bei diesen Fallschirmsprüngen sieht man das Riff aus einer völlig neuen Perspektive und profitiert von der Abstiegszone mit warmem tropischem Klima. Spektakuläre Blicke auf das Riff, den UNESCO-geschützten Regenwald und das Trinity Inlet tun sich auf.

Wildwasser-Rafting
Der Adrenalinpegel beim Wildwasser-Rafting auf den Flüssen Barron, Russell und North Johnston hängt von der Saison ab: je feuchter das Wetter, umso wilder das Wasser. Der Tully River bietet das ganze Jahr über Stromschnellen. Die Trips sind nach Schwierigkeitsgraden eingeteilt; von Armchair-Rafting (Grad 1) bis hin zu Whiteknuckle-Rafting (Grad 5) ist alles dabei.

Foaming Fury RAFTING
(☎ 1800 801 540; www.foamingfury.com.au; 19-21 Barry St; halbtägiger Trip ab 133 AU$) Ganztagstrips auf dem Russell River (200 AU$) und Halbtagstouren auf dem Barron (133 AU$). Auch Raftingoptionen für Familien sind verfügbar.

Raging Thunder RAFTING
(Karte S. 442; ☎ 07-4030 7990; www.ragingthunder.com.au; 52-54 Fearnley St, Portsmith; halb-/ganztägige Touren ab 133/199 AU$) Ganztägige Trips auf dem Tully River (Standardtrip 199 AU$, Extremtrip 235 AU$) und halbtägige Touren auf dem Barron (133 AU$). Es sind auch Transfers zur Fitzroy Island verfügbar (74 AU$).

Feste & Events

Cairns Festival FESTIVAL
(www.cairns.qld.gov.au/festival; ⊘ Ende Aug.–Anfang Sep.) Das Cairns Festival erobert die Stadt mit einem rappelvollen Programm, angefangen von Kleinkunst über visuelle Kunst bis hin zu Musik- und Familienevents.

Schlafen

Für eine verhältnismäßig kleine Stadt hat Cairns ein riesiges Volumen an Touristen und eine hohe Fluktuation an Saisonkräften. In den feuchten Monaten (Januar bis März) werden die Unterkünfte häufig renoviert. Um Enttäuschungen zu vermeiden, sollte man realistisch sein: Das Hotelangebot von Cairns ist nicht mit dem von New York City oder der Côte d'Azur vergleichbar.

Cairns ist ein Hotspot für Rucksacktraveller: Es gibt jede Menge Hostels, darunter intime, umgebaute Häuser, aber auch lärmige Absteigen. Nichtssagende Drive-in-Motels säumen die Sheridan Street ab der Upward Street in Richtung Flughafen – eine preiswerte Alternative mit etwas Privatsphäre. Die beliebten Touristenhotels befinden sich an den besten Standorten entlang der Esplanade. Obwohl es auch ein paar Luxushotels in der Stadt gibt, sollten Reisende mit gehobeneren Ansprüchen vielleicht lieber direkt nach Palm Cove oder Port Douglas fahren.

Familien und Gruppen sind in den **Cairns Holiday Homes** (07-4045 2143; www.cairnsholidayhomes.com.au) gut aufgehoben. Für Langzeiturlauber eignet sich **Cairns Sharehouse** (Karte S. 442; 07-4041 1875; www.cairns-sharehouse.com; 17 Scott St; EZ/DZ ab 160/125 AU$ pro Pers. pro Woche; ❄️🛜🏊), das 200 Zimmer in der ganzen Stadt bietet.

★ Travellers Oasis HOSTEL $
(Karte S. 442; 1800 621 353; travellersoasis.com.au; 8 Scott St; B/EZ/DZ ab 27/49/33 AU$ pro Pers.; ❄️@🛜🏊) Das beliebte kleine Hippie-Hostel liegt versteckt in einer Seitenstraße hinter dem Cairns Central (S. 453). Es ist intim, einladend und weniger partyverrückt als andere Unterkünfte. Es gibt eine gute Auswahl an Zimmern: Drei-, Vier- und Sechsbettzimmer, Einzelzimmer sowie Zweibett- und Deluxe-Doppelzimmer. Die Klimaanlage kostet 1 AU$ für drei Stunden.

Gilligan's Backpacker's Hotel & Resort HOSTEL $
(Karte S. 442; 07-4041 6566; www.gilligansbackpackers.com.au; 57-89 Grafton St; B/EZ/DZ ab 22/129/65 AU$ pro Pers.; ❄️@🛜🏊) Kein anderes Hostel ist wie das Gilligan's: eine laute, stolze, partyfreudige Backpackeroase, in der alle Zimmer Privatbäder und meist auch Balkone haben. Die teureren Räume sind mit Kühlschrank und TV ausgestattet. In der riesigen Bar und am angrenzenden Lagunenpool, der einer Lounge gleicht, kann man wunderbar Leute treffen. Abends gibt's viele weitere Unterhaltungsevents. Liegt sehr zentral.

Dreamtime Travellers Rest HOSTEL $
(Karte S. 442; 1800 058 440; www.dreamtimehostel.com; Ecke Bunda & Terminus Sts; B/EZ/DZ ab 24/45/29 AU$ pro Pers.; @🛜🏊) Das Hostel in einem weitläufigen alten Gebäude am Stadtrand kombiniert freundliche Mitarbeiter mit gemütlichen Zimmern, die hell sind, aber nicht billig wirken. Die günstige Pizza, Feuerkunst und Grillabende machen den Aufenthalt noch besser.

Northern Greenhouse HOSTEL $
(Karte S. 442; 07-4047 7200; www.northerngreenhouse.com.au; 117 Grafton St; B/DZ ab 24/48 AU$ pro Pers.; P❄️@🛜🏊) Eine freundliche Unterkunft mit relaxter Atmosphäre. Die Zimmer reichen von Schlafsälen bis hin zu hübschen, an Studios erinnernde Apartments mit Küchen und Balkonen. Die zentrale Dachterrasse sowie der Billard- und Spieleraum eignen sich großartig, um Leute kennenzulernen. Das kostenlose Frühstück und das sonntägliche Barbecue runden den Deal ab.

★ Cairns Plaza Hotel HOTEL $$
(Karte S. 442; 07-4051 4688; www.cairnsplaza.com.au; 145 The Esplanade; DZ ab 129 AU$; P❄️@🛜🏊) Eines der ältesten Wolkenkratzerhotels von Cairns. Das triumphale Plaza ist erst kürzlich renoviert worden und wird von einem neuen Besitzer geleitet. Die Zimmer haben ein frisches, sauberes Dekor sowie funktionale Küchen und Balkone; viele bieten tolle Ausblicke über die Trinity Bay. Die Gästewäscherei, die freundlichen Mitarbeiter an der rund um die Uhr geöffneten Rezeption, die ruhige Lage an der Esplanade und die tollen Preise machen das Hotel zu einer exzellenten Mittelklasseoption.

Hotel Cairns HOTEL $$
(Karte S. 442; 07-4051 6188; www.thehotelcairns.com; Ecke Abbott & Florence Street; DZ ab 129 AU$; ❄️🛜🏊) Ein Boutiquehotel mit tropischem Charme, das im traditionellen regionalen „Plantagenstil" erbaut wurde. Es liegt einen Block hinter der Esplanade und verfügt über stilvolle, solide Zimmer, die in Würde altern und eine dezente Eleganz ausstrahlen. Die Suiten bieten luxuriöse Extras und Privatbalkone. Wer ein geschultes Auge hat, wird erkennen, dass das Preis-Leistungs-Verhältnis hier hervorragend ist.

Doubletree by Hilton HOTEL $$
(Karte S. 442; 07-4050 6070; doubletree3.hilton.com; 121-123 The Esplanade; DZ/Suite ab 160/296 AU$) Das gut präsentierte Kettenhotel verfügt über eine beneidenswerte Lage am Nordende der Esplanade und bietet einen 24-Stunden-Service sowie stilvolle, moderne Gästezimmer, mit Fenstern, die vom Boden bis zur Decke reichen. Gegen Aufpreis werden auch Zimmer mit Balkon vermietet.

Pacific Hotel
HOTEL $$

(Karte S. 442; 07-4051 788; www.pacifichotel cairns.com; Ecke The Esplanade & Spence St; DZ ab 139 AU$) Ein älteres Hotel in erstklassiger Lage am Anfang der Esplanade. Es befindet sich in liebevoll gepflegtem Zustand und wurde vor Kurzem renoviert. Die Zimmer sind mit Originaldekor aus den Siebzigern und viel Holz ausgestattet, verfügen aber über eine frische, moderne Einrichtung. Alle haben Balkone. Die freundlichen und hilfsbereiten Mitarbeiter machen das Pacific zu einem exzellenten Mittelklassehotel.

Reef Palms
APARTMENTS $$

(Karte S. 442; 1800 815 421; www.reefpalms. com.au; 41-47 Digger St; Apt. ab 130 AU$; ❋@🛜🏊) Paare und Familien werden das exzellente Preis-Leistungs-Verhältnis und den freundlichen Service des Reef Palms zu schätzen wissen. Die supersauberen Apartments verfügen über Kochecken, sind aber vielleicht etwas zu kitschig dekoriert. Die größeren Apartments bieten Zugang zu einer Lounge und einem Spa.

Pullman Reef Hotel Casino
HOTEL $$$

(Karte S. 442; 07-4030 8888; www.reefcasi no.com.au/hotel; 35-41 Wharf St; DZ/Suite ab 229/319 AU$) Das Fünfsternehotel im Casino-Komplex im Herzen des CBD bietet die elegantesten Zimmer und den besten Service der Stadt. Die Zimmertypen unterscheiden sich stark – viele haben Balkone und Whirlpools – und die Suiten sind sehr luxuriös.

Shangri-La
HOTEL $$$

(Karte S. 442; 07-4031 1411; www.shangri-la. com/cairns; 1 Pierpoint Rd; DZ/Suite ab 205/365 AU$; P❋@🛜🏊) Zur Zeit der Recherchen hat uns dieses Fünfsternehotel irgendwie nicht aus den Socken gehauen, obwohl es eine hervorragende Lage mit Blick auf den Jachthafen hat und in der Nähe der besten Restaurants der Stadt liegt. Da es zurzeit renoviert wird, sind die luftigen, älteren Zimmer – mit tollem Ausblick – für Schnäppchenpreise zu haben. Die frisch renovierten Zimmer hingegen bieten die Opulenz (und den Preis), für den diese Luxusmarke steht.

🍴 Essen

Bei so vielen hungrigen Touristen und einer so großen Auswahl an Restaurants ist die kulinarische Szene von Cairns nicht immer erstklassig, aber es gibt einige tolle Optionen. Die Pubs sind für ihr herzhaftes und preiswertes Essen bekannt. Auf der Esplanade gibt's zahlreiche lebhafte Speiselokale, darunter auch das Gastronomiezentrum **Night Markets** (Karte S. 442; The Esplanade; Gerichte 10–15 AU$; 17–23 Uhr) mit Büfettgerichten. Die Promenade am Jachthafen hat die schickste Atmosphäre, aber die besten Restaurants findet man etwas versetzt vom Wasser entlang der Grafton Street.

★ Tokyo Dumpling
JAPANISCH $

(Karte S. 442; 07-4041 2848; 46 Lake St; Klößchen ab 7 AU$, Schalen ab 10,80 AU$; 11.30–20.30 Uhr) In diesem makellosen kleinen Lokal mit Gerichten zum Mitnehmen gibt's das beste *tantanmen* (eine Art scharfes Sesam-ramen) außerhalb Japans und einige wirklich gute *gyoza* (Klößchen): für die mit Käse und Kartoffeln könnte man töten. Wer einmal hier gewesen ist, wird immer wiederkommen.

Meldrum's Pies in Paradise
BÄCKEREI $

(Karte S. 442; 07-4051 8333; 97 Grafton St; Pies 4,70–5,90 AU$; Mo–Fr 7–16.30, Sa bis 14.30 Uhr; 🐾) Das vielfach preisgekrönte Meldrum's verdient seine Auszeichnungen, die es seit 1972 für seine unzähligen Variationen des einfachen australischem Pie erhalten hat, wirklich. Hier gibt's einfach alles, angefangen von Hühnchen und Avocado über Kürbis-Gnocchi bis hin zu Thunfisch-Mornay. Wir haben das Steak mit Pilzen in cremiger Pfeffersauce sehr genossen!

★ Candy
CAFÉ $$

(Karte S. 442; 07-4031 8816; 70 Grafton St; 7–14.30 Uhr) Auf der verlockenden Speisekarte des skurrilen Lizenzcafés stehen einige herrliche Köstlichkeiten: Eier Benedict mit leichter, fluffiger Sauce Hollandaise; karamellisierter French Toast mit Pfirsichen und Mascarpone; und der berüchtigte Candyburger mit Wagyu-Rindfleisch, Eiern, Schinken, Rote-Bete-Konfitüre und Vintage-Cheddar.

Lillypad
CAFÉ $$

(Karte S. 442; 07-4051 9565; 72 Grafton St; Gerichte 10–14 AU$; 7–15 Uhr; 🐾) Serviert gigantische Portionen von Crepes, Wraps oder vegetarischen Gerichten und bietet eines der besten Preis-Leistungs-Verhältnisse der Stadt. Die Atmosphäre erinnert ein wenig an Hippiezeiten, und es ist immer jede Menge los: Man wird wahrscheinlich eine Weile auf sein Essen warten müssen. Man sollte hier unbedingt die frischen Säfte ausprobieren!

Caffiend
CAFÉ $$

(Karte S. 442; 07-4051 5522; www.caffiend.com.au; 5/78 Grafton St; Gerichte ab 12 AU$; Mo-Sa 7.30–15, So 8–14 Uhr;) Am besten folgt man einfach seiner Nase: die mit Graffiti besprühte, an Melbourne erinnernde Gasse hinunter bis zu diesem gemütlichen Café, das hervorragenden Barista-Kaffee serviert. Außerdem gibt's hier ganztags Frühstück, Gourmetgerichte sowie Kunst, Bier und gelegentlich Livekonzerte.

Little Ricardo's
ITALIENISCH $$

(Karte S. 442; 07-4051 5266; www.littlericardos.com; 191 Sheridan St; Pizza ab 17 AU$, Hauptgerichte ab 19 AU$; Mo–Sa 17–22 Uhr) Dieses romantische italienische Restaurant ist klein und ganz im alten Stil gehalten. Hier werden beliebte Pizza, Pastagerichte und Hausmannskost, darunter Calamari und Kalbfleisch in allen möglichen Varianten, serviert. Alle Speisen gibt's auch zum Mitnehmen.

★ Waterbar & Grill
STEAKHAUS $$$

(Karte S. 442; 07-4031 1199; www.waterbarandgrill.com.au; Pier Shopping Centre, 1 Pierpoint Rd; Hauptgerichte 19–42 AU$; Mo–Sa 11.30–23, So bis 21 Uhr) Das preisgekrönte Steakhaus von Cairns hält, was es verspricht: Es kredenzt üppige, saftige Steaks, zarte Burger und teure Beilagen. Man sollte auch den hausgemachten klebrigen Dattelpudding probieren…

Dundees
MEERESFRÜCHTE $$$

(Karte S. 442; 07-4051 0399; www.dundees.com.au; Harbour Lights, 1 Marlin Pde; Hauptgerichte 25–79 AU$; 11.30–21.30 Uhr) Probiert und für gut befunden: Das Meeresfrüchte-Restaurant am Ufer punktet mit Ambiente, großzügigen Portionen und freundlichem Service. Die vielseitige Speisekarte mit ansprechenden Vorspeisen beginnt mit Meeresfrüchte-Suppe, Tempura-Krabben und Calamaristreifen; als Hauptgericht gibt's z. B. Pasta, ein komplettes Grillmenü und riesige Meeresfrüchte-Platten.

Ochre
MODERN-AUSTRALISCH $$$

(Karte S. 442; 07-4051 0100; www.ochrerestaurant.com.au; 43 Shields St; Hauptgerichte 19–38 AU$; Mo–Fr 11.30–14.30, Mo–So 17.30–21.30 Uhr;) Der Speisesaal dieses innovativen Restaurants ist in Ocker und pflaumenfarbenen Tönen gehalten. Auf der ständig wechselnden Karte stehen heimisches Fleisch (z. B. Krokodil mit australischer Paprika, Känguru mit Quandong-Chili-Glasur) und Speisen mit australischen Pflanzen (z. B. Wattleseed-Brot oder Zitronen-Myrte-Panacotta). Wer sich nicht entscheiden kann, wählt das Verkostungsmenü.

Ausgehen & Nachtleben

Cairns ist zweifellos die Partyhauptstadt des Nordens. Die meisten Locations haben Essen, Alkohol und diverse Unterhaltungsevents im Angebot.

Um zu erfahren, was in der Stadt los ist, geht man am besten auf www.entertainmentcairns.com oder liest den Abschnitt *Time Out* in der donnerstags erscheinenden Zeitung *Cairns Post*. Wer etwas härter feiern will, sollte **Ultimate Party** (07-4041 0332; www.ultimatepartycairns.com; 35 AU$/P.; Mi & Sa nachts) probieren, eine wilde und verrückte Pubnacht, bei der man in sechs Stunden fünf lärmige Kneipen besuchen kann.

★ Salt House
BAR

(Karte S. 442; 07-4041 7733; www.salthouse.com.au; 6/2 Pierpoint Rd; Fr–So 9–2, Mo–Do 12–24 Uhr) Die coolste und stilvollste Bar der Stadt liegt am Jachtclub und zieht vor allem Gäste im Alter von 20 bis 30 Jahren an. Neben Killercocktails gibt's gelegentliche Livemusik und DJs. Im Restaurant wird hervorragende und moderne australische Küche serviert. Man sollte genug Bargeld mitbringen.

★ Jack
PUB

(Karte S. 442; 07-4051 2490; www.thejack.com.au; Ecke Spence & Sheridan Street; 10 Uhr–open end) Das Jack ist in jeder Hinsicht ein toller Pub. Es ist in einem unübersehbaren alten Traditionsgebäude untergebracht und verfügt über einen riesigen, schattigen Biergarten. Jeden Abend ist etwas los, beispielsweise gibt's Livekonzerte oder es legen DJs auf. Das Pubessen hier ist superlecker, und für Gäste, die sich einfach nicht losreißen können, befindet sich nebenan ein Backpackerhostel.

Pier Bar & Grill
BAR

(Karte S. 442; 07-4031 4677; www.pierbar.com.au; Pier Shopping Centre, 1 Pierpoint Rd; 11.30 Uhr–open end) Eine lokale Institution! Die Bar wurde 2014 sorgfältig renoviert und verfügt über eine herrliche Lage am Wasser. Jeden Abend von 17 bis 19 Uhr ist Happy Hour. Die beliebte Sonntags-Session ist perfekt, um Leute zu treffen – dann gibt's Livemusik, Essen und Getränkespecials sowie fröhliche Stimmung.

Courthouse Hotel
PUB

(Karte S. 442; ☏ 07-4081 7777; www.lantern hotels.com.au/courthouse-hotel; 38 Abbott St; ◉ 9 Uhr–open end) Der stilvolle Pub befindet sich im strahlend weißen, früheren Gerichtsgebäude (1921) der Stadt. Die lebhafte Kneipe hat eine Bar aus poliertem Holz und zahlreiche Sitzbereiche im Freien. An den Wochenenden gibt's Livemusik. Schäbig ist was anderes.

Flying Monkey Cafe
CAFÉ

(Karte S. 442; ☏ 0411 084 176; 154 Sheridan St; Kaffee 4 AU$; ◉ Mo–Fr 6.30–15.30, Sa 7–12 Uhr) Fantastischer Kaffee, wechselnde Kunstausstellungen, schillernde Straßenkünstler und superfreundliche Mitarbeiter machen dieses Café aus. Ein absolutes Muss für Koffein- und Kulturjunkies.

Cock 'n' Bull
PUB

(Karte S. 442; ☏ 07-4031 1160; www.cocknbull.net.au; 6 Grove St; ◉ Mo–Sa 10–3, So bis 24 Uhr) Dieser Pub unweit des städtischen Krankenhauses ist sehr beliebt bei Einheimischen. Er ist im Stil einer englischen Taverne eingerichtet und hat für jeden etwas zu bieten. Es gibt hier auch einen (allerdings sehr unenglischen) tropischen Biergarten. Die riesigen, superleckeren Pubgerichte haben ein wirklich tolles Preis-Leistungs-Verhältnis, genau wie die Getränkeangebote in der lebhaften Bar.

G-Spot
BAR, CLUB

(Karte S. 442; ☏ 07-4040 2777; www.thegspotcairns.com; 57-89 Grafton St; ◉ 22 Uhr–open end) Im G-Spot befinden sich auch der Nachtclub Gilligan's und das Attic. Jede Woche gibt's andere Themenabende und spezielle Events. Der Club ist immer randvoll mit lärmenden Backpackern und hat das stärkste Soundsystem der Stadt.

Lyquid Nightlife
CLUB

(Karte S. 442; ☏ 07-4028 3773; www.lyquid.com.au; 33 Spence St; ◉ 21–3 Uhr) Sexy neuer Club, der die heißesten Abende der Stadt verspricht: Also schick anziehen und die Nacht durchfeiern!

Woolshed
BAR, CLUB

(Karte S. 442; ☏ 07-4031 6304; www.thewoolshed.com.au; 24 Shields St; ◉ So–Do 19–3, Fr & Sa bis 5 Uhr) Ein ewiger Backpackermagnet und „Frischfleischmarkt", wo tolle Typen, Tauchlehrer und sexy Nomaden sich fröhlich betrinken und gemeinsam auf den Tischen tanzen.

☆ Unterhaltung

Reef Hotel Casino
CASINO

(Karte S. 442; ☏ 07-4030 8888; www.reefcasino.com.au; 35-41 Wharf St; ◉ Fr & Sa 9–5, So–Do bis 3 Uhr) Neben Tischspielen und Automaten bietet das Casino von Cairns auch vier Restaurants und vier Bars, darunter die Vertigo Cocktail Bar & Lounge (mit kostenloser Livemusik und kostenpflichtigen Shows) und die riesige Casino Sports Arena Bar.

🛍 Shoppen

Die Einkaufsmöglichkeiten in Cairns reichen von Edelboutiquen bis hin zu grell bunten Souvenirschuppen.

★ Rusty's Markets
MARKT

(Karte S. 442; ☏ 07-4040 2705; www.rustysmarkets.com.au; 57 Grafton St; ◉ Fr & Sa 5–18, So bis 15 Uhr) Kein Wochenende in Cairns ist komplett ohne einen Besuch dieses Obst- und Gemüsemarktes, an dessen Ständen Mangos, Bananen, Ananas und alle möglichen anderen tropischen Früchte aufgetürmt sind. Außerdem gibt's frischen Honig, heiße Pommes Frites, Currys und kalte Getränke.

Cairns Central Shopping Centre
EINKAUFSZENTRUM

(Karte S. 442; ☏ 07-4041 4111; www.cairnscentral.com.au; Ecke McLeod & Spence St; ◉ Mo–Mi, Fr &

ZU VIELE TOURISTENINFORMATIONEN?

Die meisten Touren und Aktivitäten ab Cairns können am Tour-Stand der eigenen Unterkunft sowie in den unzähligen angeblichen „Touristeninformationen" der Stadt gebucht werden. Verwirrt? Das waren wir auch! Vieler dieser sogenannten Agenturen (die mit dem weißen „i" auf blauem Hintergrund) sollen nur Anreize bieten, um noch nicht ausgebuchte Touren der Anbieter, mit denen sie zusammenarbeiten, zu verkaufen.

Es gibt nur eine offizielle unabhängige Touristeninformation in der Stadt: das Cairns & Tropical North Visitor Information Centre. Es ist das einzige mit einem gelben „i" auf blauem Hintergrund und liegt am Anfang der Esplanade, vor der Lagune. Die freundlichen, kompetenten Mitarbeiter (die meisten sind Freiwillige, die ihre Stadt lieben) tun ihr Bestes, um das richtige Angebot für einen zu finden.

Sa 9–17.30, Do bis 21, So 10–16.30 Uhr) Oberhalb der Cairns Central Railway Station (S. 456), findet man das größte Einkaufszentrum der Region. Es protzt mit mehreren Supermärkten und vielen Läden, die alles von Büchern bis Bikinis und Sonnenschutzmittel bis hin zu SIM-Karten verkaufen.

❶ Praktische Informationen

INTERNETZUGANG
Internetcafés gibt's entlang der Abbott Street zwischen der Shields Street und Aplin Street.

POST
Postamt (Karte S. 442; ☎ 13 13 18; www.auspost.com.au; Shop 112, Cairns Central Shopping Centre; ⏰ Mo–Mi sowie Fr & Sa 9–17.30 Uhr, Do bis 21 Uhr, So 10.30–16 Uhr)

TOURISTENINFORMATION
Cairns & Tropical North Visitor Information Centre (Karte S. 442; ☎ 1800 093 300; www.cairns-greatbarrierreef.org.au; 51 The Esplanade; ⏰ Mo–Fr 8.30–18, Sa & So 10–18 Uhr) Es gibt nur ein staatliches Touristeninformationszentrum in der Stadt, das neutrale Beratung anbietet. Es hält Hunderte kostenfreier Broschüren, Karten und Heftchen bereit. Die freundlichen Mitarbeiter helfen bei der Buchung von Unterkünften und Touren. Nach dem gelben „i" auf blauem Hintergrund Ausschau halten.

Royal Automobile Club of Queensland (RACQ; ☎ 07-4042 3100; www.racq.com.au; 537 Mulgrave Rd, Earlville; ⏰ Mo–Fr 9–17 Uhr) Karten und Infos zum Straßenzustand im ganzen Bundesstaat bis hinauf zum Cape York. Der Straßenzustandsbericht ist unter ☎ 1300 130 595 rund um die Uhr abrufbar.

❶ An- & Weiterreise

AUTO & MOTORRAD
Die großen Autovermietungen haben Büros im Stadtzentrum und am Flughafen. Ihre Tagespreise beginnen bei rund 45 AU$ für ein kompaktes Auto und 80 AU$ für einen Geländewagen.

Cairns Older Car Hire (☎ 07-4053 1066; www.cairnsoldercarhire.com; 410 Sheridan St; ab 25 AU$/Tag) und **Rent-a-Bomb** (☎ 07-4031 4477; www.rentabomb.com.au; 144 Sheridan St; ab 30 AU$/Tag) haben billigere Preise für ältere Modelle. Wer ein billiges Wohnmobil sucht, findet bei **Jucy** (☎ 1800 150 850; www.jucy.com.au; 55 Dutton St, Portsmith; ab 40 AU$/Tag), **Spaceships** (☎ 1300 132 469; www.spaceshipsrentals.com.au; 3/52 Fearnley St, Portsmith; ab 59 AU$/Tag) und **Hippie Camper Hire** (☎ 1800 777 779; www.hippiecamper.com; 432 Sheridan St; ab 40 AU$/Tag) hochwertige Fahrzeuge zu Budgetpreisen.

Wer eine lange Reise plant, sollte in den Hostels, unter www.gumtree.com.au und an der großen Tafel in der Abbott Street nach gebrauchten Wohnmobilen und Autos ehemaliger Backpacker suchen.

Wer lieber mit dem Motorrad unterwegs ist, kann bei **Choppers Motorcycle Tours & Hire** (☎ 1300 735 577; www.choppersmotorcycles.com.au; 150 Sheridan St) eine Harley (ab 210 AU$/Tag) oder eine auffällige Honda VTR (ab 110 AU$/Tag) mieten. Auch geführte Touren sind verfügbar.

BUS
Cairns Cooktown Express (☎ 07-4059 1423; www.cairnsbuscharters.com/services/cairns-cooktown-express) Cairns Bus Charters betreibt den täglich verkehrenden Cairns Cooktown Express (79 AU$, 5 Std.), der seine Fahrgäste über die Inlandsroute nach Cooktown bringt.

Greyhound Australia (Karte S. 442; ☎ 1300 473 946; www.greyhound.com.au) Die Greyhound-Busse fahren vom **Interstate Coach Terminal** (Karte S. 442, im Reef Fleet Terminal) ab. Greyhound bietet täglich Verbindungen die Küste herunter nach Townsville (ab 55 AU$, 6 Std.), Airlie Beach (ab 85 AU$, 11 Std.), Rockhampton (201 AU$, 18 Std.) und Brisbane (311 AU$, 29 Std.). Rabatttickets sind verfügbar.

John's Kuranda Bus (☎ 0418 772 953) Bietet zwei- bis fünfmal täglich eine Busverbindung (5 AU$, 30 Min.) zwischen Cairns (Abfahrt vom Lake Street Transit Centre) und Kuranda.

Premier Motor Service (☎ 13 34 10; www.premierms.com.au) Das Unternehmen fährt einmal täglich von der Haltestelle D im Lake St Transit Centre über Innisfail (19 AU$, 1½ Std.), Mission Beach (19 AU$, 2 Std.), Tully (26 AU$, 2½ Std.), Cardwell (30 AU$, 3 Std.), Townsville (55 AU$, 5½ Std.) und Airlie Beach (90 AU$, 10 Std.) nach Brisbane (205 AU$, 29 Std.). Man sollte beim Ticketkauf nach aktuell verfügbaren Ermäßigungen fragen.

Trans North (Karte S. 442; ☎ 07-4095 8644; www.transnorthbus.com; Cairns Central Railway Station) Fünf Busse fahren täglich von Cairns in die Atherton Tablelands, darunter nach Kuranda (8 AU$, 30 Min., 4-mal tgl.), Mareeba (18 AU$, 1 Std., 1- bis 3-mal tgl.) und Atherton (23,40 AU$, 1¾ Std., 1- bis 3-mal tgl.). Die Busse fahren am Bahnhof (Cairns Central Railway Station) ab; die Fahrkarte kauft man beim Einsteigen.

Sun Palm (☎ 07-4087 2900; www.sunpalmtransport.com.au) Betreibt Busverbindungen mit festem Fahrplan sowie Charterwagen zwischen Cairns CBD, dem Flughafen (15 AU$, 20 Min.) und Port Douglas (ab 40 AU$, 1½ Std.) mit Halt in Palm Cove und an den Nordstränden (ab 20 AU$).

Rund um Cairns

FLUGZEUG

Am Cairns Airport (S. 1197) – der etwa 6 km vom CBD entfernt liegt – starten und landen Flugzeuge von **Qantas** (13 13 13; www.qantas.com.au), **Virgin Australia** (13 67 89; www.virginaustralia.com) und **Jetstar** (13 15 38; www.jetstar.com.au). Sie bieten Direktflüge in alle Landeshauptstädte außer Canberra und Hobart sowie zu regionalen Zentren wie Townsville, Weipa und Horn Island. Zu den internationalen Direktverbindungen zählen Bali, Shanghai, Guam, Tokio und Port Moresby.

Hinterland Aviation (07-4040 1333; www.hinterlandaviation.com.au) bietet täglich bis zu drei Flüge (Mo–Sa) nach Cooktown (einfach ab 175 AU$, 40 Min.).

Im Januar 2015 stellte Skytrans, eine regionale Fluglinie, die entlegene Gemeinden wie Coen, Bamaga und Lockhart River anflog, nach 25 Jahren ihren Betrieb ein. Zur Zeit der Recherchen war noch nicht bekannt, ob und wann andere Airlines diese Regionen wieder anfliegen werden.

SCHIFF/FÄHRE

Fast alle Rifftouren von Cairns beginnen an der Marlin Wharf (manchmal auch Marlin Jetty genannt). Die Buchungs- und Check-In-Einrichtungen befinden sich im **Reef Fleet Terminal** (Karte S. 442). Ein paar kleinere Anbieter nehmen den Check-In direkt am Boot, also am Anlegesteg selbst, vor. Man sollte vorher nach der korrekten Nummer des Ankerplatzes fragen.

NICHT VERSÄUMEN

REISE ÜBER UND IN DEN REGENWALD

Eine Reise nach Cairns ist nicht vollständig ohne die obligatorische Regenwaldtour durch den Barron Gorge National Park in das Tablelands-Dorf Kuranda. Wir empfehlen, in die eine Richtung die Skyrail Rainforest Cableway (Seilschwebebahn) und zurück den Kuranda Scenic Railway (Zug) zu nehmen. Kombiangebote sind erhältlich.

Die 7,5 km lange **Skyrail Rainforest Cableway** (07-4038 5555; www.skyrail.com.au; Ecke Cook Hwy & Cairns Western Arterial Rd, Smithfield; Erw./Kind einfach 49/24,50 AU$, Hin- & Rückfahrt 73/36,50 AU$; 9–17.15 Uhr) ist eine der längsten Gondelseilbahnen der Welt. Sie bietet einen herrlichen Blick aus der Vogelperspektive auf den tropischen Regenwald. Eine Fahrt dauert 90 Minuten, inklusive zwei Stopps unterwegs, bei denen Regenwaldpfade mit Erklärungstafeln sowie Aussichtspunkte mit Blick auf die mächtigen Barron Falls besucht werden. Wir empfehlen das Upgrade auf die „Diamond View"-Gondel mit Glasboden (Erw. 10 AU$ extra, Kinder 5 AU$ extra); echte Abenteurer kommen wahrscheinlich nicht am „Canopy Glider" vorbei. Die offene Plattform gleitet über die Baumkronen hinweg (ab 100 AU$ extra/Pers.).

Die letzten Abfahrten von Cairns und Kuranda sind 15.45 Uhr; Transfers zu/von den Terminals sind verfügbar. Für tiefere Einblicke sollte man an der 40-minütigen **Djabugay Aboriginal Guided Rainforest Walking Tour** (Erw./Kind 24/12 AU$) teilnehmen, die an der Barron Falls Station beginnt.

Der **Kuranda Scenic Railway** (07-4036 9333; www.ksr.com.au; Erw./Kind einfach 49/25 AU$, Hin- & Rückfahrt 79/37 AU$) windet sich 34 km von Cairns nach Kuranda über malerische Berge. Die Zugstrecke wurde 1891 fertiggestellt: Ihre Erbauer gruben die Tunnel mit der Hand aus und waren mit Krankheiten, abschüssigem Terrain und giftigen Tieren konfrontiert. Die 1¾-stündige Fahrt beginnt täglich 8.30 und 9.30 Uhr in Cairns; die Rückfahrt vom hübschen Kuranda-Bahnhof startet um 14 und um 15.30 Uhr.

Internationale Kreuzfahrtschiffe und die Fähren von SeaSwift (S. 490) nach Seisia am Cape York ankern und starten am **Cairns Cruise Terminal** (Karte S. 442; 07-4052 3888; www.cairnscruiselinerterminal.com.au; Ecke Wharf & Lake Street).

ZUG

Queensland Rail's (1800 872 467; www.traveltrain.com.au) hat 2015 den neuen, hochmodernen Zug *Spirit of Queensland* in Betrieb genommen. Er bietet Plätze in der Railbed Class, die an die Business Class eines Flugzeugs erinnert, sowie standardmäßige Sitzplätze in der Premium Economy Class. Der Zug ist mit persönlichen Unterhaltungssystemen ausgestattet. Er startet montags, mittwochs, donnerstags, freitags und sonntags an der **Cairns Central Railway Station** (Bunda Street) nach Brisbane (einfach ab 222 AU$, 24 Std.).

Der Kuranda Scenic Railway verkehrt täglich.

Unterwegs vor Ort

BUS

Sunbus (Karte S. 442; 07-4057 7411; www.sunbus.com.au; Fahrt ab 2,20 AU$) bietet regelmäßig Busse in und um Cairns ab der **Cairns Transit Mall** (Karte S. 442) an der Lake Street an, wo auch die Fahrpläne aushängen. Nützliche Routen: Flecker Botanic Gardens/Edge Hill (Route 131), Holloways Beach und Yorkeys Knob (Route 113), Trinity Beach (Route 111) und Palm Cove via Clifton Beach (Route 110). Die meisten Busse Richtung Norden fahren über Smithfield. Alle Routen werden auch von einer Nachtlinie (N) bedient. Bus 140 fährt in Richtung Süden bis nach Gordonvale. Einzeltickets kosten ab 2,20 AU$, Tageskarten sind ab 4,40 AU$ zu haben.

FAHRRAD & SCOOTER

Bike Man (07-4041 5566; www.bikeman.com.au; 99 Sheridan St; 15/60 AU$ pro Tag/Woche) Verleih, Verkauf und Reparaturen.

Cairns Scooter & Bicycle Hire (07-4031 3444; www.cairnsbicyclehire.com.au; 47 Shields St; Scooter/Fahrräder ab 95/35 AU$ pro Tag) Herumflitzen mit einem Nifty Fifty oder es langsam angehen lassen mit einem Fahrrad. Verkauft auch gebrauchte Scooter.

ZUM/VOM FLUGHAFEN

Der Flughafen liegt 6 km nördlich vom Zentrum; viele Unterkünfte bieten ihren Gästen einen kostenfreien Abholservice an. Sun Palm stellt sich auf alle ankommenden Flüge ein und betreibt einen Shuttlebus (Erw./Kind 15/7,50 AU$) zum CBD. Der billigste Shuttleservice (ab 12 AU$/Pers.) wird von **Cairns Airport Shuttle** (0432 488 783; www.cairnsairportshuttle.com.au; ab 12 AU$/Pers.) betrieben: Je mehr Passagiere dabei mitfahren, umso billiger wird auch der Preis – eine Onlinebuchung vorab ist empfehlenswert.

Taxis zum CBD kosten rund 25 AU$.

TAXI
Cairns Taxis (☏ 13 10 08; www.cairnstaxis.com.au) Taxistände gibt's überall in der Stadt, z. B. auf der Abbott Street und am Cairns Central Shopping Centre.

DIE STRÄNDE NÖRDLICH VON CAIRNS

Erstaunlicherweise wissen nur wenige Besucher vor ihrer Ankunft in Cairns, dass die Strände der Stadt nur 15 Fahrminuten vom CBD entfernt sind. Dort erwartet sie eine Reihe hübscher Strandkommunen, die als Nordstrände bekannt sind und jeweils einen ganz eigenen Charakter haben. Yorkeys Knob ist bei Seglern beliebt, Trinity bei Familien, und Palm Cove ist ein schickes Honeymoon-Paradies, das in einer ganz eigenen Liga spielt.

Alle Strände sind über gut ausgeschilderte Abzweigungen vom Cook Highway aus zu erreichen.

Vor Ort liefert **Northern Beaches Bike Hire** (☏ 0417 361 012; cairnsbeachesbikehire.com; 41 Iridescent Dr, Ellis Beach; ab 20 AU$/Tag) Leihfahrräder an die meisten Unterkünfte und sammelt diese wieder ein, wenn man abreist.

Yorkeys Knob

Yorkeys Knob ist eine bescheidene Siedlung, die für die Half Moon Bay und ihren Jachthafen bekannt ist. Die Idee, hier ein Megacasino (aquiscasino.com) zu bauen, bringt die Bürger in Aufruhr, denn es würde das Stadtleben unwiderruflich verändern. Bis jetzt geht aber alles seinen Gang und die Geschäfte (wenn es welche gibt) laufen normal.

Aktivitäten

Kite Rite WASSERSPORT
(☏ 07-4055 7918; www.kiterite.com.au; Shop 9, 471 Varley St; 79 AU$/Std.) Bietet Unterricht im Kite- und Windsurfen (einzigartig in Yorkeys) und vermietet Ausrüstung. Ein zweitägiger Kurs mit Zertifikat kostet 499 AU$.

Schlafen & Essen

Villa Marine APARTMENTS $$
(☏ 07-4055 7158; www.villamarine.com.au; 8 Rutherford St; Apt. ab 99–189 AU$; ※ ☎ ≋)
Der freundliche Besitzer Peter sorgt dafür, dass man sich in seinen einstöckigen Retro-Apartments, die sich um einen Pool reihen, wie zu Hause fühlt. Die Gäste verpflegen sich selbst, und der Strand ist nur einen kurzen Spaziergang entfernt.

York APARTMENTS $$
(☏ 07-4055 8733; www.yorkapartments.com.au; 61-63 Sims Esplanade; Apt. ab 165 AU$) Direkt gegenüber vom Strand befinden sich diese niedrigen, luftigen Apartments mit hochwertigen Möbeln, Fliesenböden, kompletten Küchen und Balkonen.

★ **Yorkeys Knob Boating Club** FISCH & MEERESFRÜCHTE $$
(☏ 07-4055 7711; www.ykbc.com.au; 25-29 Buckley St; Hauptgerichte ab 16 AU$; ⏰ 12–15 & 18–21 Uhr; ✈) Ein echte Fundgrube für frische Meeresfrüchte! Von der weitläufigen Dachterrasse aus genießt man herrliche Blicke auf die teuren schwimmenden Spielzeuge am Jachthafen. Die Hummer-Freitage (35 AU$ inkl. Getränke) und Austern-Samstage (12 AU$/Dutzend) sind ein Muss, ebenso die Tagesangebote. Das Restaurant eignet sich perfekt für ein Mittagessen und ist die Anfahrt von Cairns wirklich wert.

ℹ An- & Weiterreise

Wer kein Auto hat, fährt mit der Sunbus-Route 113 von Cairns nach Yorkeys (40 Min.)

Trinity Beach

Der Trinity Beach ist eines der besser gehüteten Geheimnisse der Region. Mit seinem schönen Sandstrand, der geschützten Esplanade sowie den preiswerten Restaurants und Unterkünften ist es hier gelungen, den Massentourismus abzuwehren – obwohl er ein Ferienort und beliebtes Gastronomieziel für die Bewohner von Cairns mit Insiderkenntnissen ist. Man kann hier nicht viel tun außer essen, schlafen und relaxen, aber die zentrale Lage des Trinity Beach macht ihn zu einem perfekten Ausgangspunkt für Ausflüge.

Schlafen

Die erstaunliche Vielzahl an wundervollen und preisgünstigen Unterkünften im Apartmentstil macht Trinity zu einer wirklich exzellenten Alternative zu den Hotels von Cairns, vor allem für Familien und Gruppenreisende.

Comfort Inn &
Suites Trinity Beach Club   HOTEL $$
(☎ 07-4055 6776; www.choicehotels.com.au; 19-23 Trinity Beach Rd; Apt. ab 195 AU$) Die Anlage verfügt über ein Management und Service im Hotelstil. Ihre apartmentähnlichen Unterkünfte mit Ein- und Zweibettzimmern sind mit kompletten Küchen ausgestattet und nur 200 m vom Trinity Beach entfernt.

Sea Change Beachfront
Apartments   APARTMENTS $$$
(☎ 07-40575822; www.seachange-beachfront-apartments.com; 31-35 Vasey Esplanade; Apt. ab 290 AU$) Diese professionell geführten Luxusapartments profitieren von ihrer ruhigen Lage am Südende des spektakulären Strandes von Trinity. Sie variieren in der Größe – von Ein- bis Vierbettzimmern ist alles dabei. Einige verfügen über Zugang zum Pool oder private Dachterrassen. Die hohe Zahl an Wiederkehrern spricht für sich. Der Mindestaufenthalt beträgt drei Nächte.

🍴 Essen

In Trinity scheint es besonders viele italienische Restaurants zu geben, aber wenn man schon mal hier ist…

INSIDERWISSEN

BAMA WAY

„Bama Way" heißt eine Touristenroute zwischen Cairns und Cooktown, die von den traditionellen Hütern der Region, den Aborigine-Völkern der Kuku Yalanji und Guugu Yimithirr angelegt wurde. Der Begriff Bama (ausgesprochen „Bamma") wird im tropischen Far North Queensland weithin genutzt und bedeutet „Aborigine". Bei den Kuku Yalanji und Guugu Yimithirr steht er für „Person" oder „alle Menschen". Wer eine wirklich tiefgehende kulturelle Erfahrung machen möchte, sollte an einer der vielen geführten Touren teilnehmen. Die **Walker Family Walking Tours** (S. 482) entlang des Bloomfield Track und die aufschlussreichen **Guurrbi Tours** (S. 483) von Willie Gordon in Cooktown sind sehr empfehlenswert. Wer lieber selbst fahren will, holt sich im Besucherzentrum eine Karte des Bama Way oder lädt sich diese auf www.bamaway.com.au, der Homepage des Bama Way, herunter.

★ Chianti's   ITALIENISCH $$
(☎ 07-4057 5338; www.chianttis.com; 81 Vasey Esplanade; Hauptgerichte ab 18 AU$; ⊙ 16–22 Uhr) Wir lieben die unprätentiöse, altmodische Romantik dieses familiengeführten Restaurants, das durch Mund-zu-Mund-Propaganda bekannt geworden ist; man darf hier allerdings nicht mit gehobenem Service rechnen. Die besten Aussichten und das schönste Ambiente gibt's auf der gemütlichen Veranda. Die Pizza und die Pastagerichte sind hausgemacht und herzhaft, und das tägliche Abendessen für „Early Birds" bietet ein großartiges Preis-Leistungs-Verhältnis.

Fratelli on Trinity   ITALIENISCH $$
(☎ 07-4057 5775; www.fratelli.net.au; 47 Vasey Esplanade; Hauptgerichte ab 20 AU$; ⊙ Do–So 7-22, Mo-Mi ab 17.30 Uhr) Die lockere Strandatmosphäre dieses Lokals lässt eigentlich nicht vermuten, dass das Essen hier so erstklassig ist. Die Pastagerichte sind hervorragend, und die langsam gekochte Lammschulter oder der mit Knoblauch und Rosmarin gewürzte Schweinebauch schaffen es sogar, die Gäste vom fantastischen Ausblick abzulenken.

Blue Moon
Grill   MODERN-AUSTRALISCH $$$
(☎ 07-4057 8957; Shop 6, 22-24 Trinity Beach Rd; Hauptgerichte 26–39 AU$; ⊙ Fr–So 7–11 & 16–22, Mo–Do 16–22 Uhr) Ein gemütliches, familiengeführtes Bistro etwas versetzt vom Strand, das eine überwältigende Speisekarte mit kreativen und originellen Gerichten bietet. Wo sonst kann man Krokodil-Popcorn probieren?

L'Unico Trattoria   ITALIENISCH $$$
(☎ 07-4057 8855; www.lunico.com.au; 75 Vasey Esplanade; Hauptgerichte ab 22 AU$; ⊙ 12–22 Uhr; 🅿) Die gehobene L'Unico Trattoria verfügt über eine umlaufende Terrasse mit Strandblick und serviert stilvolle italienische Küche. Im Angebot sind z. B. Languste mit Knoblauch, Chili mit Weißwein, hausgemachte Vier-Käse-Gnocchi und Holzofenpizza. Auch die Weinliste ist einfach hervorragend.

ℹ️ Anreise & Unterwegs vor Ort

Wir raten dazu, sich bei der Ankunft in Cairns am besten ein Auto zu mieten. Trinity Beach liegt ungefähr 20 Fahrminuten vom Flughafen und rund 30 Minuten vom Zentrum von Cairns entfernt. Alternativ verkehrt aber auch die Route 111 von Sunbus (S. 456) regelmäßig zum Trinity Beach.

Palm Cove

Palm Cove, der bekannteste Strandort nördlich von Cairns, hat sich zu einer ganz eigenen Urlaubsdestination entwickelt – er ist intimer als Port Douglas und luxuriöser als seine südlichen Nachbarn. Die abgeschiedene Küstengemeinde hat eine wunderschöne Promenade, die an der von Pflanzen gesäumten Williams Esplanade entlangführt. Der wunderschöne weiße Sandstrand und die schicken Restaurants tun ihr Bestes, um die jungen Liebespaare aus ihren Luxusresorts zu locken, und das gelingt ihnen zweifellos auch.

Im Gegensatz zu Port Douglas kann man in Palm Cove überallhin laufen. Anders als in Cairns wird man kaum die Gegenwart anderer Touristen bemerken. Und wer es sich leisten kann, hier zu übernachten, wird auch nicht die Extrakosten eines Mietautos scheuen, das man braucht, wenn man das Paradies verlassen und etwas Action erleben will.

Sehenswertes & Aktivitäten

Cairns Tropical Zoo ZOO
(07-4055 3669; www.cairnstropicalzoo.com.au; Captain Cook Highway; Erw./Kind 34/17 AU$; 8.30–16 Uhr) In diesem Zoo kann man Tiere von ganz Nahem sehen, beispielsweise Krokodile und Schlangen. Das geht aber auch bei Fotosessions mit Koalas oder bei Känguru-Fütterungen. Die Veranstaltung „Cairns Night Zoo" beinhaltet ein Abendessen mit Grillgerichten sowie ein Unterhaltungsprogramm (Erw. 105 AU$, Kinder 52,50 AU$). Gegen Aufpreis wird auch ein Transfer angeboten.

Palm Cove Watersports KAJAKFAHREN
(0402 861 011; www.palmcovewatersports.com; Leihkajak ab 20 AU$/Std.) Organisiert zweistündige Seekajak-Touren bei Sonnenaufgang (55 AU$) sowie halbtägige Paddeltouren zur Double Island vor der Küste (Erw./Kind 110/80 AU$). Es wird auch Ausrüstung verliehen.

Beach Fun Co. WASSERSPORT
(0411-848 580; www.beachfunco.com; Ecke Williams Esplanade & Harpa St) Vermietet Katamarane (50 AU$/Std.), Jetski (15 Min. Einzel/Doppel 60/80 AU$), Paddelboote (30 AU$) und SUP Boards (30 AU$). Organisiert auch Jetski-Touren rund um Double Island und Haycock – alias Scouts Hat – Island (30 Min. Einzel/Doppel ab 150/200 AU$). Eine vorherige telefonische Buchung ist empfehlenswert.

Schlafen

Es gibt über 30 Unterkünfte in diesem kleinen Dorf – viele davon erfordern einen Mindestaufenthalt von zwei Nächten. Wenn man Glück mit dem Wetter hat, sind in der Nebensaison echte Schnäppchen zu bekommen.

Palm Cove Holiday Park CAMPINGPLATZ $
(1800 736 640; www.palmcovehp.com.au; 149 Williams Esplanade; Stellplatz mit/ohne Stromanschluss 28/20 AU$;) Die einzige Möglichkeit, Palm Cove preiswert zu erleben, ist dieser günstige Strand-Campingplatz unweit des Anlegestegs. Er verfügt über Zeltplätze und Stellplätze für Wohnmobile, einen Grillbereich, eine Wäscherei und mehrere WLAN-Hotspots.

Reef Retreat APARTMENTS $$
(07-4059 1744; reefretreat.com.au; 10-14 Harpa St; Apt. ab 145 AU$;) Wir sind sicher, dass das neue Management dieses herrlichen Anwesens den Ruf des Reef Retreat für seinen exzellenten Service pflegen wird. Die gut in Schuss gehaltenen Ein-, Zwei- und Dreibettapartments stehen auf einer friedvollen bewaldeten Anlage und reihen sich um einen beschatteten Pool. Sie kombinieren östliche und westliche Einflüsse mit viel Holz, hochwertigen Möbeln und großen, luftigen Balkonen.

Silvester Palms APARTMENTS $$
(07-4055 3831; www.silvesterpalms.com.au; 32 Veivers Rd; Apt. ab 125 AU$;) Diese hellen Ein-, Zwei- und Dreibettapartments für Selbstversorger sind eine preiswerte Alternative zu den großen Resorts von Palm Cove. Sie kombinieren familiäre Atmosphäre mit einem romantischem Resortflair.

Sanctuary Palm Cove APARTMENTS $$$
(07-4059 2200; www.sanctuarypalmcove.com.au; 6 Cedar Rd; Apt. ab 175 AU$;) Am Nordende des Gebiets, nur einen Katzensprung vom Strand entfernt, sorgen die attraktiven Ein-, Zwei- und Dreibettapartments des Sanctuary Palm Cove für Aufsehen. Die Gäste erwartet hier Luxus pur: weitläufige, offene Bereiche, Fliesenböden, Plantagen-Fensterläden, stilvolle High-End-Möbel, Balkone, Whirlpools und nicht zuletzt ein wunderschöner, 25 m langer Pool, der von Myrtenheiden und üppigen tropischen Gärten beschattet wird.

Peppers Beach Club & Spa HOTEL $$$
(☏ 07-4059 9200; www.peppers.com.au; 123 Williams Esplanade; DZ ab 275 AU$; ❄@☎☼) Hier betritt man eine Welt der Entspannung und Erholung. Es fällt schwer, den riesigen, von Sand umgebenen Lagunenpool (mit Bar zum Anschwimmen) zu verlassen, es sei denn, man hat Lust, den begrünten Regenwaldpool zu besuchen, Tennis zu spielen oder eine Spa-Behandlung zu genießen. Alle Zimmer verfügen über private Balkonspas; die Penthouses (ab 720 AU$) haben sogar individuelle Dachpools.

Reef House Resort & Spa BOUTIQUEHOTEL $$$
(☏ 07-4080 2600; www.reefhouse.com.au; 99 Williams Esplanade; DZ ab 239 AU$; ❄@☎☼) Das Reef House war früher das private Anwesen eines Brigadegenerals und ist intimer und unaufdringlicher als die meisten anderen Resorts in Palm Cove. Weiße Wände, Korbmöbel und große, romantisch mit Musselinvorhängen drapierte Betten schaffen ein elegantes Flair. An der Bar des Generals bedient man sich selbst und zahlt auf Vertrauensbasis; in der Dämmerstunde gibt's einen kostenlosen Punsch bei Kerzenschein.

🍴 Essen

Die Cafés und Restaurants an der malerischen Esplanade sind in der Regel teuer, aber hervorragend. Die meisten Resorts öffnen ihre Restaurants auch für Nichtgäste. Wer wenig Geld zur Verfügung hat, kann wie die Einheimischen essen: Im **Clifton**

INSIDERWISSEN

WARUM ALL DIESE TREPPEN?

Besucher von Palm Cove und Port Douglas sind oft geschockt, dass ihre Unterkünfte keine Aufzüge haben. In Palm Cove und Port Douglas gelten strenge Höhenbegrenzungen – die Gebäude dürfen nicht höher als die höchste Palme sein und in der Regel nur drei Stockwerke haben. Es ist teuer und aufwendig, in niedrigen Gebäuden Fahrstühle einzubauen. Außerdem macht die salzige Meerluft eine regelmäßige und teure Wartung erforderlich. Wer nicht so mobil ist, sollte vor der Buchung prüfen, ob die Unterkunft einen Aufzug hat oder sich einfach ein Zimmer im Erdgeschoss geben lassen.

Village Shopping Centre am benachbarten Clifton Beach gibt's einige gute Speiselokale und einen Supermarkt für Selbstversorger. Und der Trinity Beach liegt nur zehn Minuten die Straße hinunter.

Deli Adrift CAFÉ $
(☏ 07-4055 3354; 2 Veivers Rd; Sandwichs ab 9 AU$; ⊙ 7–15.30 Uhr) Der freundliche Service und die relaxte, lässige Atmosphäre machen dieses großartige kleine Café zu einem perfekten Ziel für Kaffee, Frühstück oder leckere frische Sandwichs. Man kann sie vor Ort genießen oder mitnehmen und ein Picknick am Strand machen.

Chill Cafe CAFÉ $$
(☏ 0402 665 523; www.chillcafepalmcove.com.au; Shop 1, 41 Williams Esplanade; Hauptgerichte ab 15 AU$; ⊙ So–Do 7–16, Fr & Sa bis 20 Uhr) Die hervorragende Lage am Rand der Ufer-Esplanade, der fröhliche und aufmerksame Service, die tolle Musik und die riesige Terrasse sind großartige Gründe, um dieses angesagte Café zu besuchen. Es serviert übergroße, leckere Gerichte wie Fischtacos und riesige Club-Sandwichs. Man kann sie auch einfach den Sonnenschein bei einem Saft oder Bier genießen.

A Taste of Italy PIZZA $$
(☏ 07-4059 2727; www.atasteofitaly.com.au; Clifton Village Shopping Centre, Clifton Beach; Pizza ab 13 AU$; ⊙ 11–21 Uhr) Wer sich einfach mal hinsetzen und Pizza im Paradies essen will, kann dies hier tun. Man kann die Gerichte vom benachbarten Clifton Beach abholen oder anrufen und sich liefern lassen: Viele machen das so (Mindestbestellwert 20 AU$, Liefergebühr 5 AU$). Und ja, die Pizzas sind seeeehr gut!

★ Vivo Bar & Grill MODERN-AUSTRALISCH $$$
(www.vivo.com.au; 49 Williams Esplanade; Hauptgerichte ab 28 AU$; ⊙ 7.30–21 Uhr) Das schönste Restaurant an der Esplanade ist auch das beste. Die Gerichte (Frühstück, Mittag- und Abendessen) sind kreativ und werden aus frischen regionalen Zutaten zubereitet. Der Service ist hervorragend, der Ausblick herrlich. Die Preise dafür sind gerechtfertigt. Die Tagesmenüs haben ein großartiges Preis-Leistungs-Verhältnis.

Beach Almond ASIATISCH, FISCH & MEERESFRÜCHTE $$$
(☏ 07-4059 1908; www.beachalmond.com; 145 Williams Esplanade; Hauptgerichte ab 30 AU$;

Mo-Di & Do-Sa 17.30–22, So 12–15 & 17.30–22 Uhr) Wundervoll und nicht zu verfehlen – das rustikale Strandhaus auf Stelzen lässt auf den ersten Blick nicht vermuten, dass hier elegante und gehobene Küche serviert wird. Garnelen mit schwarzem Pfeffer, Singapur-Krabben und balinesische *barra* sind nur einige der hervorragenden Ideen der Küche, die asiatische Elemente und Gewürze kombiniert.

Ausgehen & Nachtleben

Surf Club Palm Cove BAR
(07-4059 1244; www.surfclubpalmcove.com.au; 135 Williams Esplanade; Gerichte 14–30 AU$; 18 Uhr–open end) Ein toller Ort, um in der sonnigen Gartenbar einen Drink zu nehmen. Zudem gibt es hier günstige Meeresfrüchte und ordentliche Gerichte für Kinder.

Apres Beach Bar & Grill BAR
(07-4059 2000; www.apresbeachbar.com.au; 119 Williams Esplanade; 7.30–23 Uhr) Die angesagteste Bar in Palm Cove ist mit alten Motorrädern und Rennautos dekoriert; von der Decke hängt ein Doppeldecker. Es gibt regelmäßig Livemusik sowie großartige Steaks in allen Varianten.

Praktische Informationen

An der Williams Esplanade findet man kommerzielle Touranbieter; das **Cairns & Tropical North Visitor Information Centre** (S. 454) in Cairns hilft bei der Buchung.

Das **Palm Cove Shopping Village** (113 Williams Esplanade; 7–22 Uhr) verfügt über ein Postamt (mit Internetzugang, 4 AU$/Std.), einen kleinen Supermarkt und einen Zeitschriftenladen.

An- & Weiterreise

Palm Cove hat eine ideale Lage mitten zwischen Cairns und Port Douglas – in jede Richtung sind es nur 30 Autominuten. Mit eigenem Mietwagen eröffnen sich einem unzählige Ausflugsmöglichkeiten. Man kann am Cairns Airport ein Auto mieten und ohne Umweg über Cairns direkt hierher fahren.

Alternativ fährt die Linie 110 von Sunbus (S. 456) zum Clifton Beach und nach Palm Cove via Smithfield.

Ellis Beach

Little Ellis Beach ist der letzte Strandort im Norden von Cairns. Er liegt dem Highway am nächsten, der direkt daran vorbeiführt. An der langen, traumhaft schönen, von Palmen gesäumten geschützten Bucht gibt's einen von Rettungsschwimmern überwachten und im Sommer durch ein Netz gegen Seewespen abgesicherten Badestrand.

Aktivitäten

Hartley's Crocodile Adventures TIERSCHUTZGEBIET
(07-4055 3576; www.crocodileadventures.com; Captain Cook Hwy, Wangetti Beach; Erw./Kind 35/17,50 AU$; tgl. 8.30–17 Uhr) Hartley's Crocodile Adventures liegt nördlich von Ellis Beach in Richtung Port Douglas und ist eines der Highlights der Region. Das tägliche Angebot aufregender Events beinhaltet Führungen über die Krokodilfarm, Fütterungen, „Krokodilattacken"-Shows und Bootsrundfahrten. Hier kann man sicher sein, Krokodile wirklich „privat" und von Nahem zu sehen. Nichts für Zartbesaitete!

Schlafen & Essen

Ellis Beach Oceanfront Bungalows CAMPINGPLATZ $
(1800 637 036; www.ellisbeach.com; Captain Cook Hwy; Stellplatz ohne Strom 32 AU$, Bungalows ab 155 AU$;) Ein einfaches, von Palmen beschattetes Paradies direkt am Strand. Es verfügt über Stellplätze, Hütten und moderne Bungalows, die alle einen weiten Blick auf den Ozean bieten.

Ellis Beach Bar 'n' Grill PUBESSEN $$
(07-4055 3534; ellisbeachbarandgrill.com.au; Captain Cook Hwy; Hauptgerichte ab 16 AU$; 8–20 Uhr) Der Versuch, an Ellis Beach Bar 'n' Grill vorbeizufahren und nicht für ein Bier und einen Burger anzuhalten, scheitert meist! Oh, und haben wir erwähnt, dass es hier Austern für 1 AU$ und sonntags Livemusik gibt?

Der Ort in Ellis für eine gute Mahlzeit.

DIE INSELN VOR CAIRNS

Green Island

Dieses zauberhafte Koralleninselchen – nur 45 Minuten von Cairns entfernt – hat schon einige Narben davongetragen, die von Ruhm und Beliebtheit zeugen – aber es hat sich seine Schönheit erhalten, obwohl man bei den Exkursionen zum Außenriff spektakulärere Korallen zu sehen bekommt. Die Insel ist von Regenwald bedeckt, den Naturlehrpfade durchziehen; sie verfügt über einen weißen Sandstrand und bietet gute Schnorchelmöglichkeiten (toll für Kinder). Man kann in 30 Minuten um die Insel wandern (die zusammen mit dem sie umgebenden Ozean als National- und Meerespark geschützt ist).

◉ Sehenswertes & Aktivitäten

Great Adventures (S. 445) und **Big Cat** (07-4051 0444; www.greenisland.com.au; Erw./Kind ab 86/43 AU$) veranstalten Tagestouren, optional auch mit Glasbodenboot und Halbtauchern. Alternativ springt man auf die **Ocean Free** (Karte S. 442; 07-4052 1111; www.oceanfree.com.au; 1 Spence St; Erw./Kind ab 195/110 AU$) und verbringt den Tag vor der Küste am Pinnacle-Riff mit einem kurzen Halt auf der Insel.

Marineland Melanesia AQUARIUM
(07-4051 4032; www.marinelandgreenisland.com.au; Green Island; Erw./Kind 18,50/8,50 AU$) Das familiengeführte Aquarium mit Tropenthema zeigt Fische, Schildkröten, Stachelrochen und Krokodile. Darunter ist auch Cassius, das größte in Gefangenschaft lebende Krokodil: Es soll über 100 Jahre alt sein und ist 5,5 m lang! Die Krokos werden täglich um 10.30 und 13.30 Uhr gefüttert. Es gibt auch eine Sammlung melanesischer Artefakte. Mit dem Ticket kann man das Aquarium innerhalb eines Tages so oft besuchen, wie man will.

🛏 Schlafen

Green Island Resort RESORT $$$
(1800 673 366; www.greenislandresort.com.au; Green Island; Suite ab 670 AU$; ❋@≋) Das luxuriöse Green Island Resort vermittelt ein Gefühl von Privatsphäre und Exklusivität, obwohl einige Bereiche inzwischen auch für die Öffentlichkeit zugänglich sind (die Restaurants, Bars, der Eiscremeladen und die Wassersporteinrichtungen). Die geräumigen, rundumerneuerten Suiten verteilen sich auf mehrere Ebenen und sind mit Holzmöbeln und einladenden Balkonen ausgestattet. Das Dekor ist ganz im Tropenstil gehalten. Im Preis sind das Frühstück, Drinks bei Sonnenuntergang und geführte Wanderungen enthalten, außerdem kann man gratis Wassersportgeräte ausleihen und sich kostenlos mit dem Hochgeschwindigkeitskatamaran von Cairns abholen lassen.

Fitzroy Island

Fitzroy Island, ein steiler Berg, der aus dem Meer ragt, hat korallenübersäte Strände, Wälder und Wanderwege zu bieten – einer davon endet am heute nicht mehr genutzten Leuchtturm. Der beliebteste Schnorchel-Spot liegt bei den Felsen am Nudey Beach, der trotz seines Namens kein offizieller Nacktstrand ist. Im Gegensatz zur restlichen Insel gibt's am Nudey auch etwas Sand.

Das **Fitzroy Island Turtle Rehabilitation Centre** (www.saveourseaturtles.com.au; Fitzroy Island; Erw./Kind 5,50/2,20 AU$; ⊙ Führungen 14 Uhr) pflegt kranke und verletzte Meeresschildkröten gesund, um sie dann wieder in die Wildnis zu entlassen. Bei den täglichen Bildungstouren (max. 15 Gäste) wird auch das neue Schildkröten-Krankenhaus besucht. Die Buchung erfolgt über das **Fitzroy Island Resort** (07-4044 6700; www.fitzroyisland.com; Fitzroy Island; Studios/Hütten ab 155/300 AU$, Suite mit 1/2 Betten ab 215/325 AU$; ❋≋), dessen tropisch anmutenden Unterkünfte von schicken Studios und Strandhütten bis hin zu luxuriösen Apartments mit Selbstverpflegung reichen. Das Restaurant, die Bar und der Kiosk des Resorts sind für Tagesbesucher geöffnet. Für ein Hotel auf einer Riffinsel bietet es ein exzellentes Preis-Leistungs-Verhältnis. Das Resort leitet auch den **Fitzroy Island Camping Ground** (07-4044 6700; www.fitzroyisland.com; Fitzroy Island; Campingplatz 32 AU$), einen idyllischen und abgeschiedenen Campingplatz mit Duschen, Toiletten und Grillplätzen. Eine Buchung im Voraus ist erforderlich.

Um hierher zu gelangen, fährt man 45 Minuten mit der **Fast Cat** (www.fitzroyisland.com/getting-here; Erw./Kind Hin- & Rückfahrt 72/36 AU$) von der Cairns Marlin Wharf (Anlegeplatz 20) zur Insel. Sie startet um 8, 11 und 13.30 Uhr (Buchung erforderlich). Oder man nimmt an einem Tagesausflug von Raging Thunder (S. 449) teil und springt auf deren Meerestrampolin herum!

Frankland Islands

Wen der Gedanke anspricht, eine der fünf unbewohnten, von Korallen umringten Inseln zu besuchen, die zudem exzellente Schnorchelmöglichkeiten und herrliche weiße Sandstrände bieten – und wem würde diese Idee nicht gefallen? –, der sollte zum Frankland Group National Park fahren.

Campen kann man auf den dschungelbewachsenen Inseln High Island and Russell Island; für Reservierungen im Voraus und Infos über saisonale Einschränkungen kann man einfach **NPRSR** (13 74 68; www.

nprsr.qld.gov.au; Genehmigung 5,45 AU$) kontaktieren.

Frankland Islands Cruise & Dive (☎ 07-4031 6300; www.franklandislands.com.au; Erw./Kind ab 159/89 AU$) veranstaltet tolle Tagestouren, zu denen auch eine Bootsfahrt auf dem Mulgrave River gehört. Schnorchelausrüstung, Unterricht und Mittagessen sind inklusive. Ebenfalls im Angebot: Schnorcheltouren, die von einem Meeresbiologen geführt werden, sowie Tauchausflüge. Wer auf Russel Island campen will, kann sich hinbringen und wieder abholen lassen. Die Boote legen in Deeral, etwa 45 km südlich von Cairns, ab. Der Transfer von Cairns und den Stränden im Norden kostet 16 AU$ pro Person.

Um nach High Island zu kommen, kümmert man sich um ein Boot oder chartert eins.

ATHERTON TABLELANDS

Von der Küste zwischen Innisfail und Cairns fällt das Land in die fruchtbare Ebene des hohen Nordens ab – die Atherton Tablelands. Friedvolle Städtchen, Öko-Lodges in der Wildnis und luxuriöse Frühstückspensionen sprenkeln die saftig grünen Hügel, die sich zwischen Patchworkfeldern, Dschungelwäldern, spektakulären Seen und Wasserfällen erheben. Mittendrin ragen die höchsten Berge Queenslands auf: der Bartle Frere (1622 m) und der Bellenden Ker (1593 m).

Von der Küste führen vier Hauptstraßen her: der Palmerston Highway von Innisfail, der Gillies Highway von Gordonvale, der Kennedy Highway von Cairns und die Rex Range Road von Mossman nach Port Douglas.

❶ Anreise & Unterwegs vor Ort

Trans North (S. 454) bietet regelmäßig Busse, die Cairns mit den Tablelands verbinden. Sie fahren von der Cairns Central Railway Station ab und steuern mindestens einmal täglich Kuranda (8 AU$, 30 Min.), Mareeba (18 AU$, 1 Std.) und Atherton (23,40 AU$, 1¾ Std.) an. Montags, mittwochs und freitags verkehren sie auch nach Herberton (31 AU$, 2 Std.) und Ravenshoe (36 AU$, 2½ Std.).

Alternativ kann man auch einen Wagen ausleihen oder eine Tagestour ab Cairns machen.

Kuranda

2966 EW.

Versteckt im Regenwald liegt eines der beliebtesten Ausflugsziele von Cairns: das Künstlerdorf Kuranda.

◉ Sehenswertes

In der Regenzeit rauschen die mächtigen Barron Falls mit donnernder Kraft in die Tiefe; um sie zu erreichen, geht man 3 km weit die Barron Falls Road hinunter.

Kuranda Original Rainforest Markets MARKT
(☎ 07-4093 9440; www.kurandaoriginalrainforest market.com.au; Therwine St; ⊙ 9.30–15 Uhr) Die Märkte werden seit 1978 abgehalten und sind der beste Ort, um lokalen Künstlern bei der Arbeit zuzusehen und Hippies in voller Aktion zu beobachten. Hier kann man alle Arten von Volkskunst und Handwerk kaufen, Honig aus der Region probieren und Obstweine trinken.

Heritage Markets MARKT
(☎ 07-4093 8060; www.kurandamarkets.com.au; Rob Veivers Dr; ⊙ 9.30–15.30 Uhr) Diese Märkte verhökern australische Souvenirs in ganzen Busladungen und beherbergen einige Wildtiergehege. In den **Kuranda Koala Gardens** (☎ 07-4093 9953; www.koalagardens.com; Rob Veivers Dr; Erw./Kind 17/8,50 AU$, Koalafotos kosten extra; ⊙ 9.45–16 Uhr) kann man Koalas (oder Wombats und Wallabys) knuddeln – zumindest, wenn sie in entsprechend freundlicher Stimmung sind. Das **Australian Butterfly Sanctuary** (☎ 07-4093 7575; www.australian butterflies.com; Rob Veivers Dr; Erw./Kind/Fam. 19/9,50/47,50 AU$; ⊙ 9.45–16 Uhr) ist das größte Schmetterlingsgehege Australiens mit über 1500 tropischen Schmetterlingen; es werden halbstündige Führungen angeboten. **Birdworld** (☎ 07-4093 9188; www.birdworld kuranda.com; Rob Veivers Dr; Erw./Kind 17/8,50 AU$; ⊙ 9–16 Uhr) empfindet in seiner einzigartigen Dschungelumgebung die Lebensräume von mehr als 80 Vogelarten nach.

Ein Kombiticket (Combination Wildflife Experience) schlägt mit 46/23 AU$ (Erw./Kind) zu Buche.

Rainforestation PARK
(☎ 07-4085 5008; www.rainforest.com.au; Kennedy Hwy; Erw./Kind 44/23 AU$; ⊙ 9–16 Uhr) In Kurandas Regenwald zwitschert, summt und brummt es aus allen Ecken; die Vielfalt der hier lebenden Tiere ist riesig. Um einen Eindruck davon zu erhalten, kann man mit dem Shuttlebus (Erw./Kind 10/5 AU$) zu diesem riesigen Touristenpark außerhalb der Stadt fahren. Er hat einen Bereich, in dem Wildtiere leben, bietet Touren durch den Regenwald und auf dem Fluss und veranstaltet interaktive Aborigines-Events.

Kuranda

Kuranda

Sehenswertes
1 Australian Butterfly Sanctuary C2
  Birdworld .... (siehe 3)
2 Heritage Markets C2
3 Kuranda Koala Gardens B2
4 Kuranda Original Rainforest
  Markets C2

Schlafen
5 Kuranda Hotel Motel D2

Essen
6 Kuranda Cyber Cafe B2
7 Petit Cafe C1

Schlafen & Essen

Es gibt unzählige Restaurants in Kuranda. Doch nachts, wenn der letzte Zug und Skyrail abgefahren sind, wird es zu einer Art Geisterstadt.

Kuranda Hotel Motel   MOTEL $$
(07-4093 7206; www.kurandahotel.com.au; Ecke Coondoo & Arara St; EZ/DZ 95/100 AU$; ❄❄) Das komfortable, vor Ort als „bottom pub", als „unterer Pub", bekannte Kuranda Hotel Motel hat hinten geräumige Motelzimmer im Stil der 1970er-Jahre mit modernen Akzenten. Mittagessen gibt's täglich, von Donnerstag bis Samstag auch Abendessen.

Cedar Park Rainforest Resort   RESORT $$
(07-4093 7892; www.cedarparkresort.com.au; 250 Cedarpark Rd; EZ/DZ ab 130/150 AU$; @🕿) Tief im Busch (20 Automin. von Kuranda in Richtung Mareeba) liegt diese ungewöhnliche Hotelanlage, eine Mischung aus europäischer Burg und australischem Buschresort. An Stelle von Fernsehen schauen sich die Gäste hier Wallabys, Pfauen und Dutzende einheimischer Vögel an; es gibt zahlreiche Hängematten, einen Zugang zur Bucht, eine Feuerstelle sowie ein Gourmetrestaurant mit preiswerten Gerichten und kostenlosem Portwein.

Petit Cafe   CREPERIE $
(www.petitcafekuranda.com; Shop 35, Kuranda Original Rainforest Markets; Crepes 10–17 AU$; ⏰8–15 Uhr) Hinter den Heritage Markets gelegenes Restaurant mit einer verlockenden Auswahl an Crepes, die entweder herzhaft oder süß gefüllt sind. Besonders verführerisch ist die Kombination Macadamia-Pesto und Fetakäse.

Kuranda Cyber Cafe   CAFÉ $
(07-4093 7576; 8/12 Rob Veivers Dr; Gerichte ab 8 AU$; ⏰Di–So 11–21, Mo ab 15 Uhr) Die freundlichen Mitarbeiter des Kuranda Cyber Cafe servieren günstige und leckere Pizza, barra-Burger und den besten Karamell-Milchshake, den wir seit Langem getrunken ha-

ben. Eines der wenigen Lokale der Stadt, die auch nach Sonnenuntergang geöffnet sind.

❶ Praktische Informationen

Kuranda Visitor Information Centre (07-4093 9311; www.kuranda.org; Centenary Park; 10–16 Uhr) Die kompetenten Mitarbeiter des unübersehbaren Besucherzentrums im Centenary Park geben gern Empfehlungen. Im Zentrum liegen außerdem jede Menge Karten aus.

❶ An- & Weiterreise

Wer nach Kuranda will, reist getreu dem Motto „Der Weg ist das Ziel": Das Dorf ist mit der Skyrail (S. 456) und dem Kuranda Scenic Railway (S. 456) zu erreichen. Wer auf sein Budget achten muss, kann auch mit Trans North (S. 454) oder John's Kuranda Bus (S. 454) nach Kuranda fahren.

Atherton

7288 EW.

Die größte Stadt der gleichnamigen Tablelands bietet ganzjährig Erntejobs und auch eine Handvoll Attraktionen. Im **Atherton Visitor Information Centre** (07-4091 4222; www.itablelands.com.au; Ecke Main Road & Silo Road) erfährt man alles über aktuelle Jobs und erhält Beratung zu individuellen Reiserouten.

⊙ Sehenswertes & Aktivitäten

Passionierte Mountainbike-Fahrer schätzen die gepflegten Radwege der Region. Details dazu gibt's unter dem Link www.nprsr.qld.gov.au/parks/herberton-range/mountain-bike.html.

Hou Wang Miau TEMPEL
(07-4091 6945; www.houwang.org.au; 86 Herberton Rd; Erw./Kind 10/5 AU$; Mi–So 11–16 Uhr) Ende des 19. Jhs. kamen tausende chinesischer Migranten in die Region, um hier Gold zu suchen. Doch dieses Tempelmuseum aus verrostetem Stahl, das vom National Trust geführt wird, ist alles, was von Athertons Chinatown heute noch übrig ist. Im Eintrittspreis ist ein geführter Rundgang inbegriffen.

Crystal Caves MUSEUM
(07-4091 2365; www.crystalcaves.com.au; 69 Main St; Erw./Kind 22,50/10 AU$; Mo–Fr 8.30–17, Sa 8.30–16, So 10–16 Uhr, Feb. geschl.) Crystal Caves ist ein skurriles Mineralienmuseum, das die weltgrößte Amethystengeode beherbergt (sie ist über 3 m hoch und wiegt 2,7 t). Man kann auch selbst eine Geode (Hohlraum) knacken und sein eigenes glitzerndes, zig Millionen Jahre altes Souvenir mit nach Hause nehmen.

🛏 Schlafen

Barron Valley Hotel HOTEL $
(07-4091 1222; www.bvhotel.com.au; 53 Main St; B 40 AU$, EZ/DZ mit Bad 60/85 AU$; ❄☎) Dieses Hotel ist ein schönes Art-déco-Gebäude mit ordentlichen Zimmern und einem **Restaurant** (Hauptgerichte 18–35 AU$), das herzhafte Speisen, z. B. riesige Steaks, serviert.

Yungaburra

1150 EW.

Wer nur begrenzt viel Zeit hat, sollte einfach direkt ins zauberhafte Yungaburra, das

---

NICHT VERSÄUMEN

DER TRAUM EINES EINZELNEN: DER PARONELLA PARK

Der **Paronella Park** (07-4065 0000; www.paronellapark.com.au; Japoonvale Rd, Mena Creek; Erw./Kind 42/21 AU$) zählt zu den beliebtesten Ausflugszielen um Cairns. Er liegt eigentlich näher an Innisfail und ist in 90 Fahrminuten Richtung Süden zu erreichen. Als die Art-déco-Burg mit eigenem Wasserkraftsystem 1935 erbaut wurde, sah die Welt noch ganz anders aus. Der Selfmade-Millionär und spanische Immigrant José Paronella erbaute den Park als Geschenk an seine Frau Margarita. Er machte das Bauwerk und die Gärten kurz nach ihrer Fertigstellung auch für die dankbare Öffentlichkeit zugänglich. Paronella starb 1948; heute befindet sich der Park in Privatbesitz und ist im National Trust aufgelistet. Die phänomenale Anlage mit viel mehr Nischen, Winkeln und faszinierenden Ecken als man hier beschreiben kann, strahlt eine geheimnisvolle Magie aus. In der Nähe kann man campen und ruhige Hütten mieten.

Northern Experience Eco Tours (07-4058 0268; www.northernexperience.com.au; 77 Kamerunga Rd; Touren Erw./Kind ab 120/82 AU$) veranstaltet Tagestouren ab Cairns zum Park und bietet verschiedene Programme an.

ABSEITS DER ÜBLICHEN PFADE

HERBERTON HISTORIC VILLAGE

Das faszinierende und einzigartige **Herberton Historic Village** (07-4097 2002; www.herbertonhistoricvillage.com.au; 6 Broadway; Erw./Kind 25/12 AU$; 9–17 Uhr, letzter Einlass 15.30 Uhr) ist ein Muss auf jeder Reise durch die Tablelands. Es besteht aus 60 historischen Gebäuden, die restauriert und hierher transportiert wurden. Zu den Exponaten zählen eine Schule, eine Sägemühle, eine Bank, ein Bischofsgebäude sowie ein Wagenschuppen, ein Fotoladen und vieles mehr. Gezeigt werden u. a. Landwirtschaftsgeräte, antike Autos und eine Druckerpresse. Nirgends in Australien gibt es etwas Vergleichbares.

Das Dorf liegt 90 Fahrminuten von Cairns in der hübschen, verschlafenen Tablelands-Siedlung Herberton.

---

größte National-Trust-Dorf Queenslands, fahren. Seine Schnabeltierkolonie, 19 denkmalgeschützte Stätten und die malerische Umgebung machen das Dorf zum beliebten Erholungsort für Insider. Und dank der zahlreichen qualitativ hochwertigen Unterkünfte ist Yungaburra wirklich der perfekte Ort, um sich in den Tablelands zu entspannen.

◉ Sehenswertes & Aktivitäten

Curtain Fig Tree (Gardinen-Feigenbaum) NATUR
(07-4091 4222; Fig Tree Rd, East Barron) Der heilige, 500 Jahre alte Gardinen-Feigenbaum (auch Lorbeerfeige genannt; ausgeschildert, 3 km außerhalb der Stadt) ist ein spektakuläres Beispiel für eine Parasiten- oder Würgefeige mit einem gigantischen Vorhang aus baumelnden Wurzeln.

Avenue of Honour MAHNMAL
(www.avenueofhonour.com.au; Tinaburra Dr) Am Lake Tinaroo steht dieses im Jahr 2013 eingeweihte und sehr berührende Mahnmal, das der australischen Soldaten gedenkt, die im Afghanistankonflikt ihr Leben gelassen haben. Zum Denkmal gehört auch ein spektakulärer Hain aus Australischen Flammenbäumen.

Yungaburra Markets MARKT
(www.yungaburramarkets.com; Gillies Hwy; 4. Sa im Monat 7.30–12.30 Uhr) An jedem vierten Sonntag im Monat wird die Stadt von Tagesbesuchern geradezu überrannt, die auf diese pulsierenden Märkte strömen und dort auf die Jagd nach Kunsthandwerk und regionalen Produkten gehen.

Schnabeltier-Beobachtung WILDTIERBEOBACHTUNG
(Gilles Hwy) GRATIS Wenn man ganz still ist, kann man auf dieser Aussichtsplattform an der Peterson Creek einen Blick auf eines der scheuen Schnabeltiere erhaschen. Die besten Chancen bestehen bei Sonnenauf- und -untergang.

✯ Feste & Events

Tablelands Folk Festival MUSIK
(www.tablelandsfolkfestival.org) Dieses tolle Gemeindefest, das jeden Oktober in Yungaburra und im benachbarten Herberton stattfindet, bietet Musik, Vorführungen und einen Markt.

🛏 Schlafen

★ On the Wallaby HOSTEL $
(07-4095 2031; www.onthewallaby.com; 34 Eacham Rd; Camping 10 AU$, B/DZ mit Gemeinschaftsbad 24/55 AU$; @) Ein gemütliches Hotel mit handgefertigten Holzmöbeln, Mosaikdekor und makellosen Zimmern. Es gibt keine Fernseher! Es veranstaltet auch Naturtrips (40 AU$) inklusive Nachtkanufahrten. Tourpakete und Transfers (einfach 30 AU$) sind ab Cairns verfügbar.

Eden House Retreat BOUTIQUE-HOTEL $$$
(07-4089 7000; www.edenhouse.com.au; 20 Gillies Hwy; DZ ab 175 AU$;) Die romantischen Landhütten stehen mitten in einer Gartenanlage hinter einem historischen Gebäude im Stadtzentrum. Sie verfügen über große Spaßbäder und Hochbetten. Es gibt auch Familienvillen. Das Restaurant hat dienstags- bis samstagsabends geöffnet.

🍴 Essen & Ausgehen

Nick's Restaurant SCHWEIZERISCH, ITALIENISCH $$
(07-4095 9330; www.nicksrestaurant.com.au; 33 Gillies Hwy; Hauptgerichte ab 8,50 AU$; Sa & So 11.30–15, Di–So 17.30–23 Uhr) Gemütlich und lustig – wie in einer Schweizer Berghütte mit kostümierten Kellnerinnen, Bierkrügen, Klavier- und Akkordeonmusik sowie dem einen oder anderen Jodler. Zu essen gibt's u. a. Schnitzel, Kassler mit Sauerkraut sowie einige vegetarische Gerichte.

Lake Eacham Hotel PUB
(☏ 07-4095 3515; 6-8 Kehoe Pl; ⊗ 11–23 Uhr) Besser bekannt als „Yungaburra Pub". Der Speiseraum im Keller und die Holzwendeltreppe dieses eleganten alten Pubs sind originell und inspirierend: Wir hoffen, die Besitzer werden alles beim Alten belassen. Oben werden billige und fröhliche Unterkünfte angeboten – einfach an der Bar nachfragen.

❶ Praktische Informationen

Yungaburra Visitor Information Centre
(☏ 07-4095 2416; www.yungaburra.com; 16 Cedar St) Die superfreundlichen Freiwilligen im makellosen Besucherzentrum können gute Unterkünfte empfehlen. Man sollte sich den Wanderführer *Old Town Loop* mitnehmen. Wenn Syb gerade da ist, hat sie vielleicht Lust auf eine Unterhaltung über die Stadt aus dem Blickwinkel der Ureinwohner. Es gibt auch Internetzugang.

❶ An- & Weiterreise

Man braucht ein eigenes Fahrzeug, um nach Yungaburra zu kommen, aber wer einmal da ist, kann den Ort problemlos zu Fuß erkunden. Hin kommt man über den steilen und windigen Gilles Highway, der von Cairns nach Süden führt, oder über den Palmerston Highway (via Kuranda, Mareeba und Atherton) aus dem Norden. Es ist ca. eine Stunde Anfahrt aus jeder Richtung.

Lake Tinaroo

Der Lake Tinaroo wurde angeblich nach einem Goldgräber benannt, der eine Zinnader entdeckte und vor Begeisterung „Tin! Hurroo!" schrie. Die Begeisterung ist geblieben – viele Einheimische fliehen vor der Hitze der Küste an den See, um Boot und Wasserski zu fahren oder um sich einfach am Ufer zu entspannen. **Barramundi-Fischen** ist hier ganzjährig gestattet, aber man muss sich dafür eine Genehmigung holen. Vielleicht will man auch eine abendliche Rundfahrt auf der wirklich superkomfortablen „schwimmenden Lounge" von **Lake Tinaroo Cruises** (☏ 0457 033 016; www.laketinaroocruises. com.au; Charterpreis für 2/4 Std. 200/300 AU$) unternehmen und nebenbei angeln oder ein

---

NICHT VERSÄUMEN

MALANDA & DER MILLAA MILLAA WATERFALLS CIRCUIT

Wer der Hitze entfliehen will, ist an den krokodilfreien Malanda Falls genau richtig. Sie liegen 75 km südwestlich von Cairns und haben sich zu einer Art öffentlichem Swimmingpool entwickelt. Das **Malanda Falls Visitor Centre** (☏ 07-4096 6957; www.malandafalls. com; Malanda-Atherton Rd; ⊗ 9.30–16.30 Uhr) gegenüber den Wasserfällen organisiert **Wanderungen durch den Regenwald** (16 AU$/Person; ⊗ Sa & So 9.30 & 11.00 Uhr, Buchung erforderlich), die von Mitgliedern der Ngadjonji-Gemeinde geführt werden. Im Besucherzentrum kann man sich auch über den **Millaa Millaa Waterfalls Circuit** (www. millaamillaa.com.au) informieren, einen malerischen Rundweg, der 25 km weiter südlich in der Nähe der für ihre Milchwirtschaft bekannten Gemeinde Millaa Millaa verläuft.

Der einfache, 15 km lange Rundweg, der 1 km östlich von Millaa Millaa abseits des Palmerston Highway beginnt, führt an vier der schönsten Wasserfälle der Tablelands vorbei. Nach kurzer Zeit erreicht man die angeblich meistfotografierten Wasserfälle, die 12 m hohen Millaa Millaa Falls, die sich gut zum Schwimmen eignen. 8 km weiter liegen die Zillie Falls, die erreichen über einen kurzen Pfad, der zu einem Aussichtspunkt oberhalb der Fälle führt. Als nächstes folgen die Ellinjaa Falls. Hier führt ein 200 m langer Weg herunter zu einem felsigen Natur-Swimmingpool am Fuß der Wasserfälle. Weitere 5,5 km den Palmerston Highway herunter befindet sich die Abzweigung zu den Mungalli Falls.

Hungrig? Im **Falls Teahouse** (☏ 07-4097 2237; www.fallsteahouse.com.au; 6 Theresa Creek Rd; Gerichte ab 9 AU$; ⊗ 10–17 Uhr) kann man seine Knochen am Kamin aufwärmen oder von der Veranda auf der Rückseite einen schönen Blick auf das Farmland genießen. Dazu gibt's Gerichte wie gebratenen *barra* oder lokale Rindfleisch-Pies. Es werden auch Unterkünfte angeboten.

Auf halber Strecke zwischen Malanda und Millaa Millaa wird man in den **Canopy Treehouses** (☏ 07-4096 5364; www.canopytreehouses.com.au; Hogan Rd, Tarzali, via Malanda; DZ ab 199 AU$; ⊛) ✦ echte Ruhe finden. Die luxuriösen Apartments liegen versteckt in einem 40 ha großen, uralten Regenwald und bieten tolle Möglichkeiten zum Beobachten von Wildtieren. Der Mindestaufenthalt beträgt zwei Nächte.

leckeres Barbecue und ein gutes Glas Wein genießen.

Der 28 km lange **Danbulla Forest Drive** windet sich entlang der Nordseite des Sees durch Dschungel und Nadelwaldplantagen. Im Danbulla State Forest in den Queensland Parks gibt es fünf Campingplätze. Alle haben Wasser, Grillplätze und Toiletten; für die notwendige Buchung im Voraus einfach **NPRSR** (13 74 68; www.nprsr.qld.gov.au; Genehmigung 5,45 AU$) kontaktieren. Alternativ kann man auch im **Lake Tinaroo Holiday Park** (07-4095 8232; www.laketinarooholidaypark.com.au; 3 Tinaroo Falls Dam Rd, Tinaroo Falls; Stellplatz mit/ohne Stromanschluss 27/31 AU$, Hütten ab 89 AU$;) unterkommen. Er bietet viele moderne Annehmlichkeiten und vermietet Boote (halber Tag 90 AU$) und Kanus (10 AU$/Std.).

Crater Lakes National Park

Die zwei spiegelblanken, krokodilfreien Kraterseen **Lake Eacham** und **Lake Barrine** gehören den zum UNESCO-Weltnaturerbe erklärten Wet Tropics von Queensland an. Sie sind problemlos über Asphaltstraßen zu erreichen, die vom Gillies Highway abzweigen. Camping ist hier nicht erlaubt.

Der Lake Barrine ist der größte See; er hüllt sich in dichten, uralten Regelwald. Um den See führt ein 5 km langer Wanderweg, den man in 1½ Stunden bewältigen kann. Klassischen Devonshire-Tee gibt's im charmanten **Lake Barrine Rainforest Tea House** (07-4095 3847; www.lakebarrine.com.au; Gillies Hwy; Hauptgerichte ab 8 AU$; 9–15 Uhr) oberhalb des Seeufers. Das klare Wasser eignet sich zum Schwimmen und Beobachten von Schildkröten; es gibt geschützte Picknickplätze, einen Ponton und eine Bootsrampe. Der 3 km lange Rundweg um den See ist problemlos in einer Stunde zu schaffen.

Jedes der vier individuell gestalteten **Crater Lakes Rainforest Cottages** (07-4095 2322; www.craterlakes.com.au; Lot 17, Eacham Close; DZ 240 AU$;) ist eine romantische Zuflucht mit eigenem privatem Stück Regenwald, Kerzen, frischen Blumen sowie Holzöfen und Spabad. In den voll ausgestatteten Küchen stehen Frühstückskörbe und sogar Früchte zum Füttern der Vögel bereit! Einfachere Unterkünfte bietet der **Lake Eacham Tourist Park** (07-4095 3730; www.lakeeachamtouristpark.com; Lakes Dr; Stellplatz mit/ohne Strom 22/25 AU$, Hütten 90–110 AU$;): Er verfügt über schattige Campingplätze und hübsche Hütten.

PORT DOUGLAS

3205 EW.

In den 1960er-Jahren war Port Douglas noch ein verschlafenes Fischerdörfchen; seitdem hat es sich in eine elegante Alternative zur hektischen Touristenszene von Cairns verwandelt. Das äußere Great Barrier Reef liegt weniger als eine Stunde vor der Küste, der Daintree Rainforest praktisch im Hinterhof, und es gibt hier unzählige Resorts – deshalb verlassen immer mehr Flashpacker, betuchte Paare und wohlhabende Familien Cairns gleich am Flughafen wieder und steigen in Port Douglas ab.

Die wichtigste Attraktion der Stadt ist der Four Mile Beach, ein nahezu unberührter, von Palmen gesäumter weißer Sandstrand; er beginnt am Ostende der Macrossan Street, der Hauptgeschäftsstraße mit den meisten Läden, Bars und Restaurants. Am westlichen Ende der Macrossan befindet sich das malerische Dickson Inlet und die Reef Marina (Jachthafen), wo die Reichen und Berühmten ihre teuren Wasserspielzeuge parken.

Sehenswertes

Trinity Bay Lookout AUSSICHTSPUNKT
(Island Point Rd) Vom Trinity Bay Lookout aus genießt man spektakuläre Ausblicke auf das Korallenmeer und die nahegelegenen Koralleninseln.

St. Mary's by the Sea KIRCHE
(0418 456 880; 6 Dixie St) GRATIS Diese wirklich urige, nicht konfessionsgebundene weiße Holzkirche wurde schon im Jahre 1911 erbaut und lockt zu einem Besuch (jedenfalls, wenn sie nicht gerade voller Hochzeitsgäste ist).

Wildlife Habitat Port Douglas ZOO
(07-4099 3235; www.wildlifehabitat.com.au; Port Douglas Rd; Erw./Kind 33/16,50 AU$; 8–17 Uhr) Dieses Tierschutzgebiet zeigt heimische Tiere in Gehegen, die ihrer natürlichen Umgebung ähneln. Hier kann man den Koalas, Kängurus, Krokodilen, Kasuaren u. a. ganz nahe kommen. Die Tickets sind drei Tage lang gültig. Der Zoo befindet sich 4 km außerhalb der Stadt; um ihn zu erreichen, fährt man die Davidson Street entlang nach Süden.

🏃 Aktivitäten

Ballyhooley-Dampfzug MINIATURZUG
(☏ 07-4099 1839; www.ballyhooley.com.au; 44 Wharf St; Tagespass Erw./Kind 10/5 AU$; ☺ So) Kinder werden diesen süßen Miniaturdampfzug lieben! Er fährt jeden Sonntag (und an manchen gesetzlichen Feiertagen) von der kleinen Zugstation an der Reef Marina zur St. Crispins Station. Die Hin- und Rückfahrt dauert etwa eine Stunde; wer einen kürzeren Abschnitt fährt, erhält Rabatt.

Port Douglas Yacht Club SEGELN
(☏ 07-4099 4386; www.portdouglasyachtclub.com.au; 1 Spinnaker Cl; ☺ Mi ab 16 Uhr) Jeden Mittwochnachmittag haben Traveller die Möglichkeit, kostenlos mit den Clubmitgliedern zu segeln: Ab 16 Uhr kann man sich anmelden. Von den Ausgewählten wird erwartet, dass sie nach dem Segeln zum Abendessen und zu ein paar Drinks im Club bleiben.

Port Douglas Boat Hire BOOTSFAHRTEN
(☏ 07-4099 6277; www.pdboathire.com.au; Berth C1, Reef Marina; Verleih ab 33 AU$/Std.) Das Unternehmen vermietet Jollen (33 AU$/Std.), überdachte, familienfreundliche Pontonboote (43 AU$/Std.) sowie verschiedene Angelausrüstungen.

Lady Douglas RUNDFAHRTEN
(☏ 07-4099 1603; www.ladydouglas.com.au; 1½-stünd. Rundfahrt Erw./Kind 30/20 AU$) Hübscher Raddampfer, der zu Krokodil-Beobachtungstouren entlang des Dickson Inlet aufbricht; anschließend wird eine Rundfahrt bei Sonnenuntergang geboten (im Preis inklusive).

Bike N Hike RADFAHREN
(☏ 0477-774 443; www.bikenhiketours.com.au; Fahrradabenteuer ab 99 AU$) Bei den Geländefahrten geht's mit dem Mountainbike den passend benannten Bump Track hinunter. Es werden auch recht wilde Nachttouren angeboten.

Fishing Port Douglas ANGELN
(☏ 0409 610 869; www.fishingportdouglas.com.au; Gemeinschafts-/Einzelcharterboot halber Tag ab 90/320 AU$) Private und Gemeinschaftstouren mit dem Charterboot auf dem Fluss und am Riff. Die Ausrüstung und Köder sind inklusive.

👉 Geführte Touren

Port Douglas ist ein Zentrum für Touren. Viele Touranbieter mit Sitz in Cairns haben hier Büros und offerieren u. a. Wildwasser-Raftingtouren und Fahrten mit dem Heißluftballon. Sie bieten auch Transfers von Port Douglas nach Cairns und umgekehrt.

👉 Great Barrier Reef

Das Außenriff liegt näher an Port Douglas als an Cairns, und der stete Strom an Besuchern hat leider entsprechende Auswirkungen auf seinen Zustand. Man sieht immer noch bunte Korallen und eine vielfältige Unterwasserwelt, aber eben nur teilweise.

Die meisten Tagestouren beginnen an der Reef Marina (Jachthafen). Die Tourpreise beinhalten in der Regel eine Riffsteuer, einen Schnorcheltrip, Transfers von der Unterkunft sowie Mittagessen und Erfrischungen. Ein kontrollierter Tauchgang für Anfänger ohne Zertifikat oder Erfahrung kostet rund 250 AU$; zusätzliche Tauchgänge sind für rund 50 AU$ zu haben. Taucher mit Zertifikat zahlen rund 260 AU$ für zwei Tauchgänge inklusive Komplettausrüstung.

Einige Anbieter veranstalten auch Touren zu den Low Isles, einer kleinen, idyllischen Inselgruppe, die sich nur 15 km vor der Küste erhebt und von einem wunderschönen Korallenriff umgeben ist; hier hat man gute Chancen, auch Schildkröten zu sehen.

★ Quicksilver KREUZFAHRT
(☏ 07-4087 2100; www.quicksilver-cruises.com; Reef Marina; Erw./Kind 225/113 AU$) Einer der größten Anbieter der Region mit schnellen Fahrten zu seinem eigenen Ponton am Agincourt Reef. Wir empfehlen den „Ocean

---

YEEE-HAA: DAS MAREEBA RODEO

Mareeba hat ein typisches Wild-West-Flair: Die örtlichen Kaufleute bieten Ledersättel, handgefertigte Buschhüte und die charakteristischen übergroßen Gürtelschnallen feil. Julys **Mareeba Rodeo** (www.mareebarodeo.com.au) ist eines der größten und besten von ganz Australien, mit Bullenreiten, einem „Beaut Ute"-Muster (nach einem australischen Fest) und Boot-Scootin'-Countrymusik. Das **Mareeba Heritage Museum & Tourist Information Centre** (☏ 07-4092 5674; www.mareebaheritagecentre.com.au; Centenary Park, 345 Byrnes St; ☺ 9–17 Uhr) GRATIS bietet Infos zum Rodeo, zur Stadtgeschichte und den lokalen Attraktionen der Region.

Port Douglas

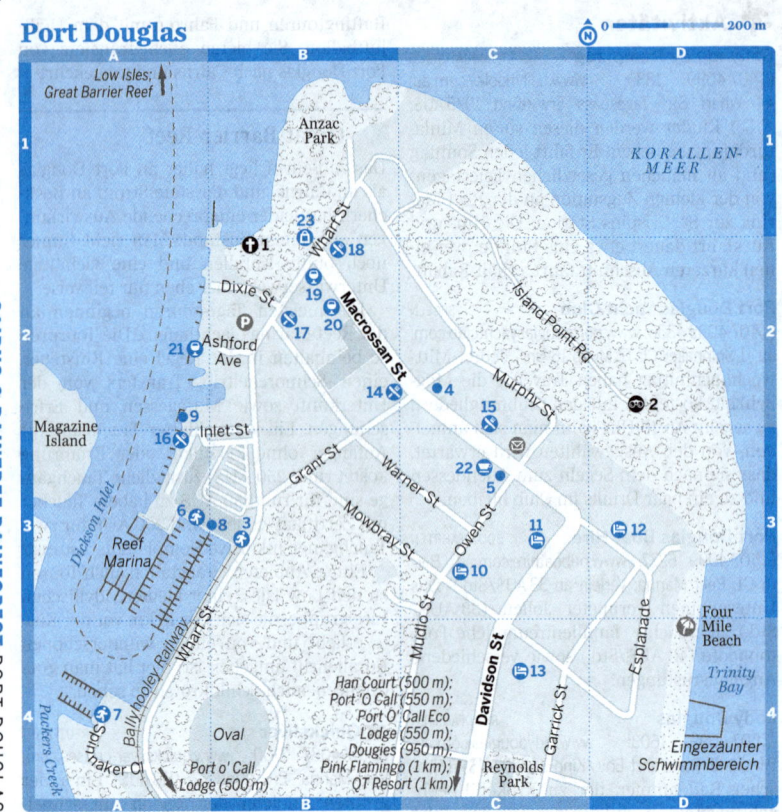

Walk", einen Helmtauchgang (158 AU$) auf einer Plattform unter Wasser. Bietet auch schöne zehnminütige Helikopterflüge (165 AU$, mind. 2 Passagiere) an.

Poseidon
SCHNORCHELN
(07-4087 2100; www.poseidon-cruises.com.au; Reef Marina; Erw./Kind 226/158 AU$) Der Luxuskatamaran gehört jetzt zur Quicksilver-Gruppe und spezialisiert sich auf Trips zu den Agincourt Ribbon Reefs.

Blue Dive
TAUCHEN
(0427 983 907; www.bluedive.com.au; 32 Macrossan St; Riff-Einführungstauchkurs ab 285 AU$) Der beliebteste Tauchanbieter von Port Douglas organisiert eine Reihe von Programmen, z. B. Live-Aboard-Trips und PADI-Zertifizierungen. Es werden auch privat geführte Rifftauchgänge angeboten.

Sailaway
SEGELN, SCHNORCHELN
(07-4099 4200; www.sailawayportdouglas.com; Erw./Kind 225/155 AU$) Veranstaltet einen ziemlich beliebten Segel- und Schnorcheltrip zu den Low Isles, der sich perfekt für Familien eignet. Organisiert zudem auch schöne 90-minütige Segeltouren bei Sonnenuntergang (60 AU$) vor der Küste von Port Douglas.

Sail Tallarook
SEGELN
(07-4099 4070; www.sailtallarook.com.au; Erw./Kind halbtägige Segeltour 120/100 AU$) Rundfahrten bei Sonnenuntergang (ab 60 AU$, Di & Do) auf einer historischen, 30 m langen Jacht. Als Verpflegung werden Käseplatten serviert.

Reef Sprinter
SCHNORCHELN, BOOTSTOUR
(07-4099 6127; www.reefsprinter.com.au; Shop 3, Reef Marina; Erw./Kind 120/100 AU$) Der 2¼-stündige Trip führt in nur 15 Minuten zu den Low Isles – damit verbringt man 1½ Stunden in bzw. auf dem Wasser. Bietet auch halbtägige Trips zum Außenriff (ab 200 AU$).

Port Douglas

Sehenswertes
1 St. Mary's by the Sea..............................B2
2 Trinity Bay Lookout D2

Aktivitäten, Kurse & Touren
3 Ballyhooley Steam Railway B3
4 Blue Dive C2
5 BTS Tours C3
6 Port Douglas Boat Hire A3
7 Port Douglas Yacht Club......................A4
8 Quicksilver..B3
9 Reef Sprinter A2

Schlafen
10 Hibiscus Gardens..................................C3
11 Mantra Aqueous on Port C3
12 Martinique on Macrossan....................D3
13 Peppers Beach Club..............................C4

Essen
14 Cafe Fresq B2
15 Little Larder...C2
16 On the Inlet A3
17 Salsa Bar & Grill B2
18 Sassi Cucina e Bar.................................B2

Ausgehen & Nachtleben
19 Court House Hotel.................................B2
20 Iron Bar B2
   Port Douglas Yacht Club ....(siehe 7)
21 Tin Shed A2
22 Whileaway Bookshop Cafe..................C3

Shoppen
23 Port Douglas Markets B1

Daintree & Umgebung

Es werden Touren mit dem Geländewagen von Cairns via Port Douglas nach Cooktown und Cape York angeboten.

★ Tony's Tropical Tours   OUTDOORTRIPS
(07-4099 3230; www.tropicaltours.com.au; Lot 2, Captain Cook Hwy; Tagestouren ab 185 AU$) Der Anbieter von Luxustouren mit kleinen Gruppengrößen (8 bis 10 Personen) spezialisiert sich auf Trips zu den abgelegenen Teilen der Mossman-Schlucht und des Daintree Rainforest (Tour A, Erw./Kind 185/155 AU$) sowie zu den Bloomfield Falls und nach Cape Trib (Tour B, nur Erw., 210 AU$ – gute Mobilität erforderlich). Sehr empfehlenswert!

Daintree Discovery Tours   OUTDOORTRIPS
(07-4098 2878; www.daintreediscoverytours.com.au; 12 Thooleer Close, Mossman; halbtägige Touren Erw./Kind ab 90/70 AU$) Veranstaltet halb- und ganztägige Touren (Erw./Kind 180/160 AU$) zur Mossman-Schlucht, den Cassowary Falls und nach Cape Tribulation inklusive Besuch von Wasserfällen, Flusskreuzfahrten und freundlichen, kompetenten Guides.

Back Country Bliss Adventures   SCHNORCHELN
(07-40993677;www.backcountryblissadventures.com.au; Trips 99 AU$) Sich einfach mit dem Strom treiben lassen und den Mossman River hinunter schnorcheln. Unterwegs sieht man Schildkröten und Süßwasserfische. Kinderfreundlich. Bietet eine gute Auswahl an Touren.

BTS Tours   OUTDOORTRIPS
(07-4099 5665; www.btstours.com.au; 49 Macrossan St; Erw./Kind ab 83/52 AU$) Touren zum Daintree Rainforest und zum Cape Trib, inklusive Kanutour, Schwimmen und Wanderungen durch den Regenwald.

Schlafen

Der Nachteil von Port Douglas ist, dass der Großteil seiner Unterkünfte abseits der 5 km langen Port Douglas Rd liegen, während sich die meisten Restaurants, Bars, Pubs und der Jachthafen an der Hauptstraße, der Macrossan Street, befinden. Taxis sind nicht allgegenwärtig – und nach einer langen Nacht zurück ins Hotel zu laufen kann echt anstrengend sein.

★ Port O' Call Eco Lodge   HOSTEL $
(07-4099 5422; www.portocall.com.au; Ecke Port St & Craven Close; Schlafsaal mit 5/4 Betten ab 25/30 AU$, DZ ab 609 AU$; ❄@🔊⊠) Das relaxte Hostel hat ein neues Management, bunte, blitzblanke Schlafsäle und Privatzimmer. Es bietet iPod-Anschlüsse, kostenlose Tablets und WLAN sowie einen hübschen Pool und eine tolle Bar mit Bistro. Alle Zimmer sind mit eigenen Bädern ausgestattet. Sehr empfehlenswert!

Dougies   HOSTEL $
(07-4099 6200; www.dougies.com.au; 111 Davidson St; Campingplatz 17 AU$/Person, B 26 AU$, DZ 68 AU$; ❄@🔊⊠) Auf dem weitläufigen Gelände des Dougies kann man problemlos den ganzen Tag in einer Hängematte verbringen und nachts dann in die hauseigene Bar gehen. Es werden auch Fahrräder und Angelausrüstung verliehen. Montags, mitt-

wochs und samstags werden Gäste kostenlos von Cairns abgeholt.

★ Pink Flamingo BOUTIQUEHOTEL $$
(07-4099 6622; www.pinkflamingo.com.au; 115 Davidson St; DZ ab 135 AU$; ❋@🛜🏊🐾) Die extravagant gestrichenen Zimmer hinaus zu privaten, ummauerten Höfen (mit Hängematten, Bad und Dusche im Freien) und die tolle Bar mit Discokugel machen das Pink Flamingo zu Port Douglas' coolster Unterkunft. Abends gibt's Freilichtkino. Ein Fitnessraum und der Fahrradverleih runden das Angebot ab.

Mantra Aqueous on Port APARTMENTS $$
(07-4099 0000; www.mantra.com.au; 3-5 Davidson St; DZ ab 140 AU$; 🏊) Das einzigartige Resort mit vier Pools verfügt über eine unschlagbare Lage. Die Erdgeschosszimmer haben vom Pool aus anschwimmbare Terrassen, und die Zimmer verfügen über einen Whirlpool im Freien! Es sind auch Studios sowie Ein- und Zweibettapartments verfügbar. Die großartigen Preise und die frische neue Farbgebung von 2015 machen dieses Hotel zu einem exzellenten Allrounder und einem perfekten Ziel für Romantikliebhaber. Wer länger bleibt, zahlt weniger.

> **TURTLE COVE BEACH RESORT**
>
> **Turtle Cove Beach Resort** (07-4059 1800; www.turtlecove.com; Captain Cook Hwy; DZ/Suite ab 157/279 AU$; P❋@🏊) Dieses Resort auf halber Strecke zwischen Palm Cove und Port Douglas ist das einzige Hotel für Homosexuelle im gesamten tropischen Far North Queensland: Nicht einmal in Cairns gibt's eine Schwulenbar! Die Einheimischen (Glück haben sie!) können das fröhliche kleine Resort mit schönem eigenem Privatstrand jederzeit besuchen. Das Turtle Cove hat eine relaxte und herzliche Atmosphäre und verfügt über einen herrlichen, von Gummibäumen beschatteten Pool sowie Hängematten zum Faulenzen. Ob man Kleidung trägt, bestimmt man selbst.
>
> Die Zimmer wurden erst kürzlich renoviert und die Preise beinhalten ein kontinentales Frühstück. Und natürlich sind die Bar und das Bistro zum Mittagessen, Abendessen und für Pina Coladas geöffnet, Darling! Wer länger bleibt, zahlt weniger.

Martinique on Macrossan APARTMENTS $$
(07-4099 6222; www.martinique.com.au; 66 Macrossan St; Zi. ab 129 AU$; 🛜🏊) Ein Terrakottablock mit zauberhaften gefliesten Apartments, die über je ein Schlafzimmer, eine kleine Küche, einen Privatbalkon, bunte Farbakzente und Jalousien verfügen. Die wunderbaren Gastgeber und die gute Lage an der Hauptstraße runden das Angebot ab. Der kleine Pool hat sechs Einbuchtungen und wird von einem hübschen Elefanten- und Delfinschrein bewacht. Großartiges Preis-Leistungs-Verhältnis.

QT Resort RESORT $$
(07-4099 8900; www.qtportdouglas.com.au; 87-109 Port Douglas Rd; DZ ab 159 AU$; ❋@🛜🏊) QT ist frisch, fröhlich und flippig und zielt auf ein trendiges Publikum im Alter von 20 bis Ende 30 ab. Es bietet eine Lagune, eine Poolbar sowie Zimmer mit Retrokitsch-Dekoration und kostenlosem WLAN. Die gutaussehenden Mitarbeiter sind superfreundlich, und in der Cocktaillounge Estilio legen DJs Loungemusik auf. Das Frühstücksbüfett ist eines der besten, das wir je probiert haben: Man muss es wirklich sehen…und genießen.

Hibiscus Gardens RESORT $$
(07-4099 5995; www.hibiscusportdouglas.com.au; 22 Owen St; DZ ab 170 AU$; ❋@🏊) Seine balinesischen Einflüsse wie Teakholzmöbel, -deko und Plantagenjalousien – sowie gelegentlich eine Buddhafigur – verleihen dem stilvollen Resort exotisches Flair. Das Day Spa gilt als eines der besten der Stadt.

★ Peppers Beach Club RESORT $$$
(1300 987 600; www.peppers.com.au/beach-club; 20-22 Davidson St; DZ ab 207 AU$; 🛜🏊) Herrliche Lage und ein außergewöhnlicher, riesiger und sandiger Lagunenpool. Luxuriöse, luftige Apartments mit High-End-Möbeln und -Einrichtungen. Ein Surround-Soundsystem, Whirlpools und zum Teil auch eigene Poolzugänge. Für all diese Annehmlichkeiten sowie das Management-Team, das einfach alles für seine Gäste tut, bewerten wir das Peppers als bestes Hotel in der heißumkämpften Luxushotelsparte von Port Douglas. Familienfreundlich, aber auch empfehlenswert für junge Romantiker.

🍴 Essen

Port Douglas hat erwartungsgemäß einige sehr elegante Restaurants zu bieten. Reservierungen sind empfehlenswert. Selbstversorger können sich im großen Supermarkt im **Port Village Shopping Centre** (Macrossan St) eindecken.

★ Port 'O Call
AUSTRALISCH $$

(07-4099 5422; www.portocall.com.au; Ecke Port St & Craven Close; Hauptgerichte ab 16 AU$; Di–So 18–21.30 Uhr) Das Restaurant des angesehenen Hotels serviert ausgezeichnetes Essen zu vernünftigen Preisen in fröhlicher, lässiger Umgebung. Die Standardgerichte wie Fisch, Steak, Pasta und Salate sind alles, aber nicht gewöhnlich, und auch die Angebote des talentierten Küchenchefs (z. B. mexikanische Nächte!) lohnen den Besuch. Die Fettuccine Carbonara, die oft zu sahnig sein können, sind hier genau richtig.

Cafe Fresq
CAFÉ $$

(07-4099 6111; 27 Macrossan St; Frühstück ab 10 AU$, Hauptgerichte ab 15 AU$; 7.30–15 Uhr) Das Café auf der Macrossan Street eignet sich perfekt für ein Frühstück draußen (man muss wahrscheinlich auf einen Tisch warten). Es serviert köstliche Gerichte, super Kaffee und leckere frische Säfte.

Little Larder
CAFÉ $$

(07-4099 6450; Shop 2, 40 Macrossan St; Frühstück ab 6$, Sandwichs 12,50 AU$; Mi–Mo 7.30–11.30 Uhr) Frühstück bis 11.30 Uhr, leckere Sandwichs ab 12 Uhr: Man hat die Qual der Wahl – und wird auf jeden Fall zufrieden sein. Der Kaffee ist großartig, und man kann auch einen frisch gebrühten, supergesunden Kombuchatee probieren.

Han Court
CHINESISCH $$

(07-4099 5007; 85 Davidson St; Hauptgerichte ab 16 AU$; 12–14 & 17–22 Uhr) Wer die hippen Phrasen der städtischen Speisekarten nicht mehr sehen kann, bekommt bei Han gute, altmodische Hausmannskost. Das Restaurant gibt es schon ewig in der Stadt; auf der schönen kerzenbeleuchteten Terrasse serviert man altbekannte, aber sehr schmackhafte Gerichte wie Honighühnchen oder Rindfleisch mit schwarzen Bohnen (Black Bean Beef). Die Knödel schmecken wunderbar.

★ Flames of the Forest
MODERN-AUSTRALISCH $$$

(07-4099 5983; www.flamesoftheforest.com.au; Mowbray River Rd; Abendessen mit Show, Getränken & Transfer ab 182 AU$) Dieses einzigartige Erlebnis geht über das traditionelle Konzept „Dinner & Show" hinaus – die Gäste werden tief in den Regenwald gebracht und genießen dort eine unvergessliche Nacht, die ihnen Theater, Kultur und Gourmetküche bietet. Vorherige Buchung erforderlich.

Salsa Bar & Grill
MODERN-AUSTRALISCH $$$

(07-4099 4922; www.salsaportdouglas.com.au; 26 Wharf St; Hauptgerichte ab 22,50 AU$; 12–15 & 17.30–21.30 Uhr;) Das Salsa hält sich in der unbeständigen Gastronomieszene von Port Douglas schon sehr lange. Wer mal etwas Anderes probieren will, bestellt das kreolische Jambalaya (Reis mit Garnelen, Tintenfisch, Krokodil- und geräuchertem Hühnchenfleisch) oder das Känguru mit Tamarillomarmelade. Dazu kann man einen Cocktail genießen.

On the Inlet
SEAFOOD $$$

(07-4099 5255; www.portdouglasseafood.com; 3 Inlet St; Hauptgerichte ab 24 AU$; 12–23.30 Uhr) In dem über den Dickson Inlet ragenden Restaurant warten die Gäste an den Tischen auf der riesigen Terrasse auf George, den 250 kg schweren Riesenzackenbarsch, der hier fast täglich gegen 17 Uhr zur Fütterung erscheint. Von 15.30 bis 17.30 Uhr gibt's für 18 AU$ einen Eimer voll Garnelen und ein Getränk.

Sassi Cucina e Bar
ITALIAN $$$

(07-4099 6744; www.sassi.com.au; Ecke Wharf Street & Macrossan Street; Hauptgerichte ab 26 AU$; 12–22 Uhr) Man muss etwas Geld sparen, um in diesem legendären Restaurant ein italienisches Festmahl genießen zu können. Das Lokal ist das geistige Kind des Besitzers und Küchenchefs Tony Sassi, der sich beim Kochen von den Abruzzen in seiner Heimat Italien inspirieren lässt. Seine Meeresfrüchte-Variationen sind weltbekannt: Die ausbalancierten Aromen der Gerichte halten länger an als die Sonnenbräune vom Four Mile Beach.

AUF ZUM KARNEVAL!

Ende Mai tanzt Port Douglas zehn Tage lang nach dem Rhythmus des **Carnivale** (www.carnivale.com.au): Es gibt eine Parade, Livemusik, unzählige Vorführungen sowie Essen und Wein satt. Details sind auf der Website zu finden; wer zur Zeit des Festivals nach Port Douglas kommt, sollte seine Unterkunft im Voraus buchen. Die Zimmer füllen sich schnell und die Preise schießen durch die Decke!

> **ABSTECHER**
>
> ### DIE MOSSMAN GORGE
>
> Mossman liegt 20 km nördlich von Port Douglas und ist ein obligatorischer Zwischenstopp für einen Besuch der **Mossman Gorge** (www.mossmangorge.com.au) sowie ein guter Ort, um sich mit Proviant einzudecken und zu tanken, wenn man weiter nach Norden will.
>
> Die Mossman-Schlucht liegt nur 5 km westlich der Stadt an der Südostecke des Daintree National Parks. Sie gehört zum traditionellen Gebiet des Kuku-Yalanji-Volkes. Die Schlucht fällt in ein von Felsen übersätes Tal ab; sie wurde durch den Mossman River geformt, dessen sprudelndes Wasser das antike Gestein auswäscht. Das fantastische **Mossman Gorge Centre** (07-4099 7000; www.mossmangorge.com.au; Traumwanderung Erw./Kind 50/25 AU$; 8–18 Uhr) beherbergt eine Kunstgalerie und ein Restaurant, in dem Buschessen serviert wird. In der Nähe des Zentrums schlängeln sich Wanderwege den Fluss entlang zu einem erfrischenden Naturschwimmpool – Vorsicht, die Strömung kann schnell sein! Es gibt einen Picknickbereich, aber keine Campingmöglichkeiten. Die Rundwanderung dauert insgesamt über eine Stunde; man kann aber auch mit dem Shuttlebus (alle 15 Min., Erw. 8,50 AU$, Kinder 4,25 AU$) zum Herzen der Schlucht fahren. Buchungen für die unvergesslichen 1½-stündigen, von Aborigines geführten **Kuku-Yalanji-Traumwanderungen** (Erw./Kind 50/25 AU$; 9, 11 & 15 Uhr) können im Mossman Gorge Centre vorgenommen werden.

Ausgehen & Nachtleben

Tin Shed BAR
(07-4099 5553; www.thetinshed-portdouglas.com.au; 7 Ashford Ave; 10–22 Uhr) Port Douglas' Combined Services Club ist ein Geheimtipp. Hier kann man günstig am Ufer essen, und sogar die Drinks sind wirklich preiswert.

Iron Bar PUB
(07-4099 4776; www.ironbarportdouglas.com.au; 5 Macrossan St; 11–3 Uhr) Das schrullige Outback-Dekor bietet die perfekte Kulisse für eine wilde Partynacht. Die abendlichen Agakröten-Rennen (5 AU$) um 20 Uhr sollte man nicht verpassen.

Court House Hotel PUB
(07-4099 5181; courthousehotelportdouglas.com.au; Ecke Macrossan & Wharf Street; 11 Uhr–open end) Elegant und unübersehbar – das alte „Courty" ist ein lebhafter lokaler Pub, in dem am Wochenende Bands auftreten. Es gibt auch gutes Pubessen.

Whileaway Bookshop Cafe CAFÉ
(07-4099 4066; whileaway.com.au; 2/43 Macrossan St; 7–18 Uhr) Köstlicher Kaffee in intellektuell anmutender Umgebung.

Port Douglas Yacht Club BAR
(07-4099 4386; www.portdouglasyachtclub.com.au; 1 Spinnaker Close; Mo–Fr 16–22, Sa & So 12–22 Uhr) Der PDYC hat eine nautisch inspirierte Atmosphäre. Jeden Abend werden preiswerte Gerichte serviert.

Unterhaltung

Moonlight Cinema KINO
(www.moonlight.com.au/port-douglas; QT Resort, 87-109 Port Douglas Rd; Erw./Kind 16/12 AU$; Juni–Okt.) Ein Picknick mitbringen oder einen Knautschsack mieten und bei Sonnenuntergang die Vorführungen im Freiluftkino genießen. Details gibt's auf der Website.

Shoppen

Port Douglas Markets MARKT
(Anzac Park, Macrossan St; So 8–13 Uhr) Auf diesen Sonntagsmärkten werden handgefertigte Handwerksprodukte und Schmuck sowie regionale Tropenfrüchte und andere frische Produkte verkauft.

Praktische Informationen

Die *Port Douglas & Mossman Gazette* erscheint jeden Donnerstag und bietet zahlreiche Infos zur Region, Veranstaltungsprogramme und mehr.

Es gibt keine unabhängige, staatlich zugelassene Touristeninformation in Port Douglas.

Douglas Shire Historical Society (07-4098 1284; www.douglashistory.org.au; Wharf St, Port Douglas; Eintritt 2 AU$; Di, Do, Sa & So 10–13 Uhr) Auf der Website kann man sich Routen für individuelle historische Wanderungen durch Port Douglas, Mossman und den Daintree herunterladen. Im Museum (das in einem Gerichtsgebäude untergebracht ist) halten Einheimische gerne ein Schwätzchen mit den Gästen.

Post (07-4099 5210; 5 Owen St; Mo–Fr 8.30–17, Sa 9–12 Uhr)

❶ An- & Weiterreise

Etwa auf der Hälfte der 65 km langen Strecke zwischen Cairns und Port Douglas bieten sich magische Ausblicke auf die Küste: Fahrer müssen sich aber trotzdem auf die Straße konzentrieren!

Port Douglas Bus (07-4099 5665; www.portdouglasbus.com.au; einfach Erw./Kind 34/20 AU$) Bietet täglich Verbindungen (34 AU$, 1½ Std.) zwischen Port Douglas und Cairns via Palm Cove und Cairns Airport.

Coral Reef Coaches (07-4098 2800; www.coralreefcoaches.com.au; Erw. ab 44 AU$) Verbindet Port Douglas mit Cairns (44 AU$, 1¼ Std.) via Palm Cove und Cairns Airport. Bietet auch einen lokalen Shuttlebus innerhalb der Stadt.

Sun Palm (07-4087 2900; www.sunpalmtransport.com.au; Erw. ab 44 AU$) Betreibt täglich zahlreiche Busverbindungen zwischen Port Douglas und Cairns (44 AU$, 1½ Std.) über die Strände im Norden von Cairns und den Flughafen.

❶ Unterwegs vor Ort

Viele große Autovermietungen haben Filialen in der Stadt. Wer gern etwas für die Region tun will, geht am besten zu **Paradise Wheels** (07-4099 6625; www.paradisewheels.com.au; 7 Warner St).

Port Douglas Bike Hire (07-4099 5799; www.portdouglasbikehire.com.au; Ecke Wharf Street & Warner Street; ab 19 AU$/Tag) Vermietet Hochleistungsbikes und Tandemräder (32 AU$/Tag). Kostenlose Anlieferung und Abholung.

DER DAINTREE

Die Bezeichnung Daintree steht für viele Dinge: den Regenwald, der zum Weltnaturerbe gehört, den Fluss, ein Riff, ein Dorf und die Heimat seiner traditionellen Hüter, des Kuku-Yalanji-Volkes. Der Daintree umfasst die regionale Tieflandregion zwischen den Flüssen Daintree und Bloomfield River, wo der Regenwald auf die Küste trifft. Er ist ein fragiles, uraltes Ökosystem, das einst von Rodung bedroht war, aber heute als Nationalpark geschützt wird.

Vom Daintree River zum Cape Tribulation

Die spektakuläre Region vom Daintree River nach Norden zum Cape Tribulation gehört zu Queenslands Wet Tropics, die zum UNESCO-Weltnaturerbe erklärt worden sind. Sie besteht aus uraltem Regenwald, sandigen Stränden und zerklüfteten Bergen. Nördlich des Daintree River wird die Stromversorgung durch Generatoren und zunehmend auch durch Solarkraft bereitgestellt. Es gibt nur wenige Geschäfte und Dienstleister, und größtenteils auch keinen Handyempfang. Die **Daintree River Ferry** (douglas.qld.gov.au/community/daintree-ferry; Auto/Motorrad 13,50/5 AU$, Fahrrad & Fußgänger 1 AU$; ⊙6–24 Uhr, keine Buchung möglich) bringt Wanderer und ihre Fahrzeuge ca. alle 15 Minuten über den Fluss.

DER DAINTREE NATIONAL PARK DAMALS UND HEUTE

Fast der ganze Daintree Rainforest steht als Teil des Daintree National Park unter Naturschutz. Das Gebiet hat eine von Kontroversen geprägte Geschichte hinter sich. Gegen den massiven Widerstand von Umweltschützern wurde 1983 der Bloomfield Track vom Cape Tribulation zum Bloomfield River mitten durch den küstennahen Regenwald geschlagen. Die immense internationale Beachtung, die dieses Projekt fand, veranlasste die australische Bundesregierung indirekt, den feuchttropischen Regenwald von Queensland für die Aufnahme in die Liste des Weltnaturerbes vorzuschlagen. Dies wiederum führte zu heftigen Protesten seitens der Holzindustrie von Queensland. Doch 1988 wurde das Gebiet tatsächlich zum Weltnaturerbe erklärt – und damit war das kommerzielle Abholzen des Regenwalds mit sofortiger Wirkung verboten.

Da die Aufnahme in die Liste des UNESCO-Weltnaturerbes (whc.unesco.org) keinerlei Auswirkungen auf die Eigentums- oder Kontrollrechte hat, bemühen sich die Regierung von Queensland und Umweltschutzorganisationen seit den 1990er Jahren darum, Grundbesitz zurückzukaufen und Eigentumsrechte wiederherzustellen, um das Land zum Daintree National Park hinzuzufügen. Als mit dem Ausbau der Straße zum Cape Tribulation 2002 die schnelle Besiedelung der Region begann, wurden noch mehr Ländereien zurückgekauft. In Verbindung mit einer kontrollierten Entwicklungspolitik führen diese Anstrengungen dazu, dass sich der Regenwald nun wieder erholen kann. Weitere Informationen gibt's bei **Rainforest Rescue** (www.rainforestrescue.org.au).

ABSEITS DER ÜBLICHEN PFADE

ETWAS BESONDERES: DIE BLOOMFIELD LODGE

Bloomfield Lodge (07-4035 9166; www.bloomfieldlodge.com.au; Weary Bay Rd, Cape Tribulation; DZ inkl. aller Mahlzeiten ab 350 AU$/Person ; ❈ ✆ ❈) Die luxuriöse All-inclusive-Lodge direkt am Daintree Rainforest ist eins der bestgehüteten Geheimnisse von Far North Queensland. Ihre freundlichen Mitarbeiter setzen alle Hebel in Bewegung, damit man sich hier wie jemand ganz Besonderes fühlt, von der Ankunft bis hin zum warmherzigen Abschied, wenn das Boot vom Dock ablegt. Die Zimmer sind luftig und schlicht und bieten fantastische Meerblicke; einige haben sogar Terrassen mit Whirlpools.

Die köstlichen Mahlzeiten werden in geselliger Atmosphäre eingenommen und umfassen u. a. Meeresfrüchte aus der Region, leckere Salate und herzhafte Frühstücksgerichte.

Das Hotel ist perfekt für einen speziellen Anlass oder wenn man einmal allem entfliehen möchte. Es ist nur auf dem Wasserweg zugänglich (über den winzigen Ayton-Anlegesteg).

◉ Sehenswertes & Aktivitäten

An der steilen, kurvenreichen Straße zwischen Cape Kimberley und der Cow Bay bietet der **Walu Wugirriga Lookout** herrliche Ausblicke auf den Mündungsarm des Daintree River; besonders bei Sonnenuntergang atemberaubend!

Der weiße Sandstrand **Cow Bay Beach** am Ende der Buchanan Creek Road kann locker mit jedem anderen Küstenparadies mithalten.

Daintree Discovery Centre
NATURSCHUTZRESERVAT

(07-4098 9171; www.discoverthedaintree.com; Tulip Oak Rd; Erw./Kind/Fam. 32/16/78 AU$; ⏱ 8.30–17 Uhr) Der preisgekrönte **Baumkronenpfad**, der einen 23 m hohen Turm zur Beobachtung der unterschiedlichen Kohlenstoff-Levels umfasst, führt tief in den Regenwald hinein. In einem Theater werden Filme über Kasuare, Krokodile, Naturschutz und Klimawandel gezeigt. Im Eintrittspreis ist eine exzellente Tour mit Audioguide enthalten, die sich mit den Aborigines befasst; die Tickets sind sieben Tage lang gültig.

Daintree Rainforest Tours
GEFÜHRTE TOUR

(07-4098 9126; www.daintreerainforest.net.au; Cape Tribulation Rd; geführte Wanderungen 55–300 AU$) Von Experten geführte Wanderungen durch den Regenwald mit Schwimmstopp am Cooper Creek. Es sind verschiedene Touren/Routen verfügbar.

Cape Tribulation Wilderness Cruises
BOOTSRUNDFAHRT

(0457 731 000; www.capetribcruises.com; Cape Tribulation Rd; Erw./Kind ab 30/22 AU$) Das einzige Tourboot, das die Region um Cape Tribulation, die zum Daintree National Park gehört, befahren darf. Bietet interessante Mangroven- und Krokodilbeobachtungstouren.

🛏 Schlafen

Lync-Haven Rainforest Retreat
CAMPINGPLATZ $

(07-4098 9155; www.lynchaven.com.au; Lot 44, Cape Tribulation Rd; Stellplatz mit/ohne Strom 14/32 AU$, DZ ab 99 AU$; ❈) Der familienfreundliche Campingplatz erstreckt sich auf einem 16 ha großen Gelände an der Hauptstraße, etwa 5 km nördlich der Cow Bay. Im Umland befinden sich viele Wanderwege. Auf dem Platz leben mehrere von Menschenhand aufgezogene Kängurus. Das **Restaurant** tischt robuste Steaks sowie gute Pasta und Fischgerichte auf.

Thornton Beach Bungalows
BUNGALOW $$

(07-4098 9179; www.thorntonbeach.com; Cape Tribulation Rd; Hütten/Häuser 95/250 AU$) Paradies gefunden: zwei bezaubernde, klitzekleine Hütten mit Veranda sowie ein modernes Haus mit herrlicher Badewanne und Betten für vier Personen; die hübschen Unterkünfte sind nur durch die Straße vom Strand getrennt. Der Mindestaufenthalt beträgt zwei Nächte.

Epiphyte B & B
B&B $$

(07-4098 9039; www.rainforestbb.com; 22 Silkwood Rd; EZ/DZ/Hütte ab 80/110/150 AU$) Diese entspannten Unterkünfte befinden sich auf einem üppig grünen, 3,5 ha großen Anwesen. Die individuell gestalteten Zimmer haben verschiedene Größen, verfügen aber alle über Veranden. Es gibt auch eine geräumige Privathütte mit eigener Terrasse, Küchenecke und einem tiefergelegten Bad.

Daintree Rainforest Bungalows
BUNGALOW $$

(07-4098 9229; www.daintreerainforestbungalows.com; Lot 40, Spurwood Rd; Bungalows ab 105 AU$) Die einfachen freistehenden Hütten mit überdachten Terrassen haben ein großartiges Preis-Leistungs-Verhältnis. Sie stehen in einem tropischen Obstgarten unweit vom Strand; in der Nähe befinden sich Wälder und Naturpools. Der Mindestaufenthalt beträgt zwei Nächte.

★ Heritage Lodge LODGE $$$
(☏ 07-4098 9321; www.heritagelodge.net.au; Lot 236/R96 Turpentine Rd, Diwan; Hütten ab 250 AU$; ❄ ⓦ) Die freundlichen Besitzer dieser wundervollen Lodge mitten im Wald tun ihr Bestes, um dafür zu sorgen, dass man sich bei ihnen wohlfühlt. Ihre komfortablen, geschmackvoll renovierten Hütten sind mit Klimaanlagen ausgestattet und bieten kostenloses WLAN. Das kristallklare Wasser des Naturpools am Cooper Creek ist unvergesslich. Im hauseigenen Restaurant werden hervorragende Gerichte serviert.

✖ Essen

Südlich des Cooper Creek werden im **Rainforest Village** (☏ 07-4098 9015; www.rainforest village.com.au; Cape Tribulation Rd; ⏰ 7–19 Uhr) Lebensmittel, Eiscreme und Benzin verkauft.

Daintree Ice Cream Company EISCREME $
(☏ 07-4098 9114; Lot 100, Cape Tribulation Rd; Eiscreme 6 AU$; ⏰ 11–17 Uhr) Man sollte unbedingt diesen Eiscremeladen besuchen, der nur natürliche Zutaten verwendet und eine täglich wechselnde Palette an Eissorten anbietet.

Thornton Beach Kiosk KIOSK $
(☏ 07-4098 9118; Cape Tribulation Rd; Hauptgerichte 12–25 AU$; ⏰ 9–16 Uhr) Von der weitläufigen Terrasse dieses Strandkiosks aus kann man bei einem Bier und einem Burger die atemberaubende Aussicht genießen; oder noch besser, man schnappt sich das Spezialgericht „Fish and Chips" für 10 AU$ und genießt es am Strand.

Cow Bay Hotel PUBESSEN $$
(☏ 07-4098 9011; Cape Tribulation Rd; Hauptgerichte ab 14 AU$; ⏰ 11–21.30 Uhr) Wer sich nach gutem Pubessen, Bier und typisch australischer Country-Club-Atmosphäre sehnt, sollte das Cow Bay besuchen. Es befindet sich unweit der Abzweigung zum Strand und wird allen Erwartungen gerecht.

On the Turps MODERN-AUSTRALISCH $$$
(☏ 07-4098 9321; Lot 236/R96 Turpentine Rd, Diwan; Hauptgerichte ab 18 AU$; ⏰ 12–14 & 17.30–21 Uhr) Das Restaurant der Heritage Lodge serviert einige der besten Gerichte, die man in Daintree bekommen kann. Es verfügt auch über Sitzbereiche im Freien, hat ein stimmungsvolles Ambiente und befindet sich direkt am sprudelnden, kristallklaren Wasser des Cooper Creek. Zu den kreativen Gerichten zählen z. B. Kängurufiletsteak, Krokodilknödel und Gourmetpies.

Cape Tribulation

Dieses isolierte Stück Paradies hat sich seine Grenzlandatmosphäre bewahrt: Die Straßenschilder warnen Fahrer vor Kasuarüberquerungen, und die Krokodilwarnungen machen Strandspaziergänge zu einem nicht ganz so entspannten Vergnügen.

Der Regenwald geht direkt in die wunderschönen Strände von Myall und Cape Tribulation über, die durch ein knorriges Kap voneinander getrennt sind. Das kleine Dorf an dieser Stelle markiert das Ende der Straße: Dahinter beginnt der nur mit Geländewagen befahrbare Bloomfield-Track, der nach Cooktown weiterführt.

Es gibt keine öffentlichen Verkehrsmittel nach Cape Tribulation und hinter dem Daintree River auch keine Flughafenshuttles zu Unterkünften. Um hierher zu gelangen, muss man ein Fahrzeug mieten oder an einer Tagestour teilnehmen.

⊙ Sehenswertes

Bat House WILDTIERZENTRUM
(☏ 07-4098 0063; www.austrop.org.au; Cape Tribulation Rd; Eintritt 5 AU$; ⏰ Di–So 10.30–15.30 Uhr) Das Pflegeheim für verletzte oder verwaiste Flughunde wird von der Naturschutzorganisation Austrop geführt.

Mt. Sorrow WANDERN
Auch leistungsfähige Wanderer sollten früh aufstehen, um den anstrengenden, aber lohnenden Weg zum Kamm des Mt. Sorrow (7 km, Hin- & Rückweg 5-6 Std., nicht später als 10 Uhr starten) zurückzulegen. Der ausgeschilderte Pfad beginnt etwa 150 m nördlich des Kulki-Picknickplatzes beim Parkplatz.

☞ Geführte Touren & Aktivitäten

★ Ocean Safari SCHNORCHELN
(☏ 07-4098 0006; www.oceansafari.com.au; Cape Tribulation Rd; Erw./Kind 128/82 AU$) Das Unternehmen veranstaltet Bootstouren zum Schnorcheln für kleine Gruppen (max.

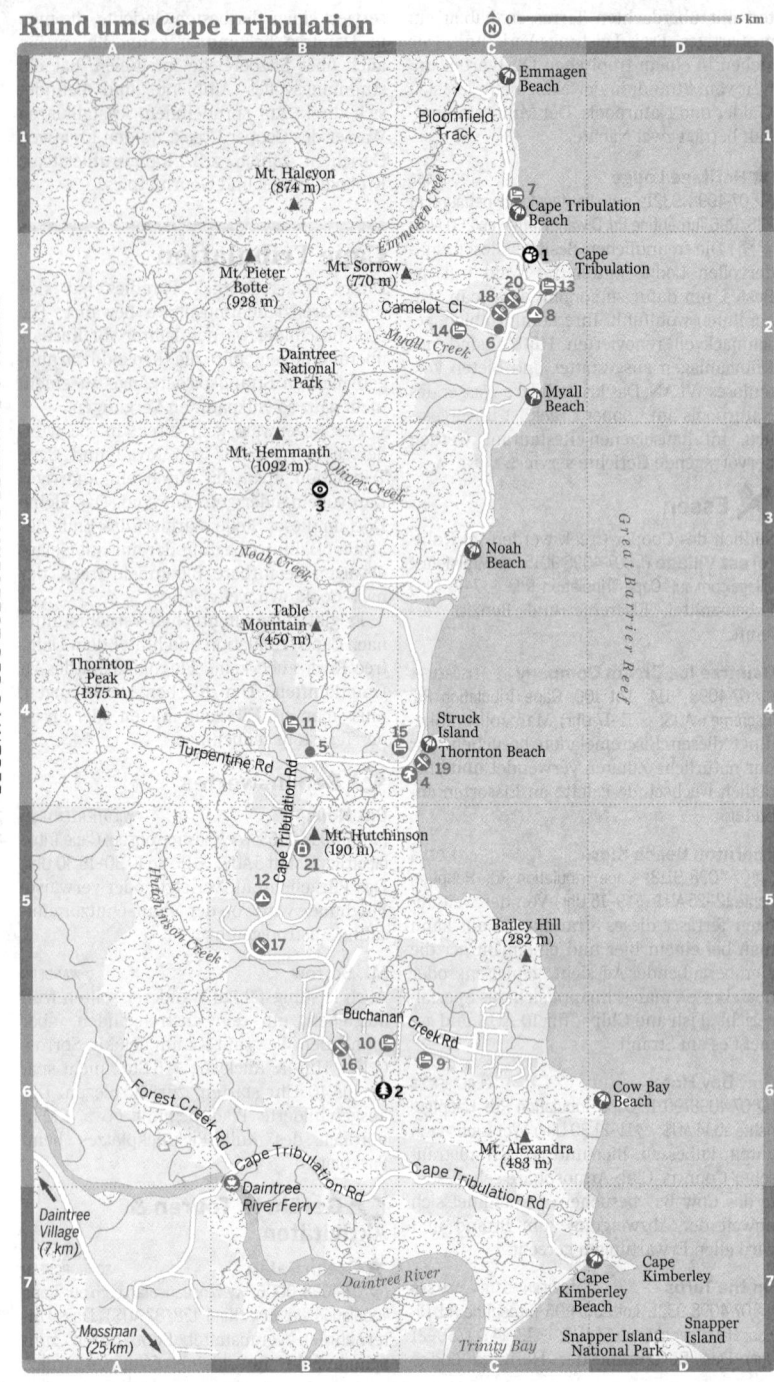

Rund ums Cape Tribulation

Rund ums Cape Tribulation

⊙ Sehenswertes
1. Bat House C2
2. Daintree Discovery Centre B6
3. Daintree Rainforest B3

⊙ Aktivitäten, Kurse & Touren
4. Cape Tribulation Wilderness Cruises C4
5. Daintree Rainforest Tours B4
6. Ocean Safari C2

⊙ Schlafen
7. Cape Trib Beach House C1
8. Cape Tribulation Camping C2
9. Daintree Rainforest Bungalows C6
10. Epiphyte B&B B6
    Ferntree Rainforest Resort .... (siehe 6)
11. Heritage Lodge B4
12. Lync-Haven Rainforest Retreat B5
13. PK's Jungle Village C2
14. Rainforest Hideaway C2
15. Thornton Beach Bungalows C4

⊙ Essen
16. Cow Bay Hotel B6
17. Daintree Ice Cream Company B5
18. Mason's Store & Cafe C2
    Sandbar .... (siehe 8)
19. Thornton Beach Kiosk C4
20. Whet C2

⊙ Shoppen
21. Rainforest Village B5

⊙ Praktisches
Mason's Store .... (siehe 18)

25 Pers.) am Great Barrier Reef, das nur eine halbe Stunde vor der Küste liegt.

Jungle Surfing OUTDOOR-AKTIVITÄTEN, WANDERN
(07-4098 0043; www.junglesurfing.com.au; Seilrutschen 90 AU$, Nachtwanderungen 40 AU$, Kombipakete 120 AU$; ⊙ Nachtwanderungen 19.30 Uhr) Auf geht's in den Regenwald für ein aufregendes Zipline-Abenteuer direkt in den Baumkronen! Die Nachtwanderungen werden von Biologen geführt, die Licht in den dunklen Dschungel bringen. Die Preise beinhalten eine Abholung der Teilnehmer von ihren Unterkünften am Cape Trib (selbst mit dem Auto herzufahren, ist nicht erlaubt).

D'Arcy of the Daintree AUTOTOUR
(07-4098 9180; www.darcyofdaintree.com.au; 116 Palm Rd, Diwan; Touren Erw./Kind ab 129/77 AU$) Aufregende und unterhaltsame Touren im Geländewagen mit kleinen Grup-

pen den Bloomfield Track hinauf zu den Wujal Wujal Falls und bis nach Cooktown.

Paddle Trek Kayak Tours KAJAKFAHREN
(07-4098 0062; www.capetribpaddletrek.com.au; Lot 7, Rykers Rd; Kajakverleih 16–55 AU$/Std., Trips 69–79 AU$) Geführte Seekajaktouren und Kajakverleih.

Cape Trib Horse Rides REITEN
(07-4098 0043; www.capetribhorserides.com.au; ab 99 AU$/Person; ⊙ 8 & 14.30 Uhr) Gemütliche Reitausflüge am Strand und im Wald.

🛏 Schlafen

★ Cape Trib Beach House HOSTEL, RESORT $
(07-4098 0030; www.capetribbeach.com.au; 152 Rykers Rd; B ab 29 AU$, Hütten ab 150 AU$; ✱@令≋) Eine großartige Wahl für jedermann: Das Resort eignet sich für Backpacker, aber auch für Paare und Familien. Freundliches Management, hilfsbereite Mitarbeiter und eine große Auswahl an Unterkünften – von Schlafsälen bis hin zu romantischen Hütten fast direkt am Strand ist alles dabei. Zu den Highlights zählen der unberührt wirkende Privatstrand, die saubere Gemeinschaftsküche und die tolle Restaurantbar mit offener Terrasse.

PK's Jungle Village HOSTEL $
(07-4098 0040; www.pksjunglevillage.com; Cape Tribulation Rd; Stellplatz ohne Strom 15 AU$/Pers., B ab 25 AU$, DZ ab 125 AU$; ✱@令≋) Das langjährige Backpackerzentrum verfügt über einen Plankenweg, der direkt zum Myall Beach führt. Die hauseigene Jungle Bar ist die angesagteste Ausgehlocation von Cape Trib.

Rainforest Hideaway B&B $$
(07-4098 0108; www.rainforesthideaway.com; 19 Camelot Close; DZ ab 129 AU$) ✿ Diese bunte Frühstückspension wurde von ihrem Besitzer, dem Künstler und Bildhauer „Dutch Rob", eigenhändig erbaut – sogar die Möbel und Betten sind handgefertigt. Durch das Anwesen schlängelt sich ein Skulpturenpfad.

Ferntree Rainforest Resort RESORT $$
(07-4098 0000; www.ferntreerainforestlodge.com.au; Camelot Close; B ab 28 AU$, DZ ab 130 AU$; 令≋) Die einzige Unterkunft im Resortstil am Cape Trib könnte eine Renovierung zwar durchaus ganz gut vertragen, aber die wichtigsten Dinge sind allesamt vorhanden. Es gibt einen hübschen, gepflegten Poolbereich, kostenloses WLAN in der

Essen

Whet MODERN-AUSTRALISCH $$
(07-4098 0007; www.whet.net.au; 1 Cape Tribulation Rd; Hauptgerichte ab 16,50 AU$; 11.30–15 & 17.30–21.30 Uhr) Die coolste Adresse von Cape Tribulation bietet zweifellos auch die beste Küche in der ganzen Region. Hier werden moderne australische Gourmetgerichte kredenzt. Gelegentlich gibt's auch Themenabende und Events.

Sandbar PIZZA $$
(07-4098 0077; Lot 11, Cape Tribulation Rd; Pizzas ab 14 AU$; April–Nov. 17–21 Uhr) Die Holzofenpizza und die tolle Atmosphäre im **Cape Tribulation Camping** (07-4098 0077; www.capetribcamping.com.au; Lot 11, Cape Tribulation Rd; Stellplatz ohne Strom ab 15 AU$; @) sorgen nach wie vor für Aufsehen. Es gibt hier außerdem erfrischende alkoholische Getränke.

Mason's Store & Cafe CAFÉ $$
(07-4098 0016; 3781 Cape Tribulation Rd; Hauptgerichte ab 15 AU$; So-Do 10–16, Fr & Sa bis 19 Uhr) In diesem entspannten Café werden gute Fish and Chips sowie riesengroße Steaksandwichs aufgetischt. Außerdem gibt's einen kleinen Gemischtwaren- und einen Likörladen, einen Touristen-Infokiosk und – und das ist am besten vor allem – einen kristallklaren, krokodilfreien Naturpool auf der Rückseite (Eintritt gegen eine Goldmünzenspende).

ℹ Praktische Informationen

Mason's Store (07-4098 0070; Cape Tribulation Rd; 8–18 Uhr) Bietet Infos zur Region und zum aktuellen Zustand des Bloomfield Tracks.

Nach Norden bis Cooktown

Es führen zwei Wege aus Richtung Süden nach Cooktown: die Küstenstrecke vom Cape Tribulation über den Bloomfield Track, der nur mit einem Geländewagen befahrbar ist, und die Inlandsroute über den Mulligan Hwy, der durchweg asphaltiert ist.

Die Inlandsroute

Die Inlandsroute führt über 332 km entlang der Westseite der Great Dividing Range (etwa 4½ Fahrstunden) von Cairns nach Cooktown.

Wer von Port Douglas aus ankommt, wird unterwegs **Julatten** passieren. In diesem Dorf, an genau der Stelle, an der der Regenwald auf den Busch trifft, befinden sich die romantischen, sensationell designten und herrlich abgeschieden gelegenen Luxushütten der **Sweetwater Lodge** (07-4094 1594; www.sweetwaterlodge.com.au; 2472 Mossman-Mt Molloy Rd, Julatten; DZ ab 225 AU$) für Selbstversorger. Sweetwater ist beliebt bei Vogelbeobachtern und Travellern, die Stille und Einsamkeit suchen. Der Mindestaufenthalt beträgt zwei Nächte.

ABSEITS DER ÜBLICHEN PFADE

DAINTREE VILLAGE

Viele mögen zu den Stränden von Cape Trib strömen, aber für Tierliebhaber lohnt sich der 20 km lange Umweg ins winzige Dorf Daintree. Das Highlight sind die Touren zur Krokodilbeobachtung auf dem Daintree River. Wir empfehlen eine Buchung bei **Crocodile Express** (07-4098 6120; www.crocodileexpress.com; 1-stünd. Rundfahrt Erw./Kind 23/12 AU$; ab 8.30 Uhr) oder **Daintree River Wild Watch** (0447 734 933; www.daintreeriverwildwatch.com.au; 2-stünd. Rundfahrt Erw./Kind 60/35 AU$), die auch informative Vogelbeobachtungstrips bei Sonnenaufgang bzw. Fototouren mit dem Boot bei Sonnenuntergang anbieten.

Die 15 Boutique-*banyans* (Baumhäuser) der **Daintree Eco Lodge & Spa** (07-4098 6100; www.daintree-ecolodge.com.au; 20 Daintree Rd; Baumhäuser ab 215 AU$; ❋@🛜🏊) ✈ wurden ein paar Kilometer südlich des Dorfes hoch in die Bäume des Regenwaldes gebaut. Das hervorragende hauseigene **Julaymba Restaurant** (07-4098 6100; www.daintree-ecolodge.com.au; 20 Daintree Rd; Hauptgerichte 26,50–40 AU$; Frühstück, Mittag- & Abendessen) verwendet größtenteils regionale Produkte; es ist auch für Nichtgäste zugänglich.

In Daintree Village gibt's keine Möglichkeiten zum Tanken.

WER ES SICH LEISTEN KANN: LIZARD ISLAND

Die fünf Inseln der Lizard-Island-Gruppe liegen 33 km vor der Küste, etwa 100 km nördlich von Cooktown. Lizard – die Hauptinsel – verfügt über felsiges, bergiges Terrain, funkelnd weiße Strände und spektakuläre Saumriffe zum Schnorcheln und Tauchen. Der Großteil der Insel gehört zu einem Nationalpark, in dem unzählige Wildtiere leben. Das ultraexklusive **Lizard Island Resort** (✆1300 863 248; www.lizardisland.com.au; Anchor Bay; DZ ab 1699 AU$; ✴@✻✉) wurde während des Wirbelsturms Ita im April 2014 schwer beschädigt und 2015 rundumerneuert. Heute bietet es mit seinen luxuriösen Unterkünften und Gourmetrestaurants wieder erstklassigen 5-Sterne-Luxus. Auf dem **Campingplatz** (✆13 74 68; www.nprsr.qld.gov.au/parks/lizard-island/camping.html; Watsons Bay; 5,75 AU$/Pers.) der Insel kann man typisches Busch-Camping erleben – die Anzahl an Stellplätzen ist jedoch begrenzt. Es gibt keine Geschäfte auf der Insel. Flugtransfers nach/von Cairns (Hin- & Rückflug 670 AU$, 1 Std.) sind im Resort buchbar.

Daintree Air Services (✆1800 246 206; www.daintreeair.com.au; Tagestouren ab 750 AU$) bietet spektakuläre Ganztagestouren ab Cairns zu den schönsten Orten dieses unberührten Ökosystems. Im Preis inklusive sind ein Gourmet-Mittagessen, Schnorchelausrüstung, Transfers und einen lokaler Guide.

Etwa 40 km nördlich von Mareeba und 45 km südwestlich von Port Douglas markiert **Mt. Molloy** (274 Ew.) den Beginn des **Mulligan Highway** und der Route nach Norden. Seit ihrer Blütezeit als Bergbauzentrum ist die Siedlung stark geschrumpft und verfügt heute nur noch über einen Pub, eine Bäckerei, ein Postamt und ein Café; in Letzterem werden weltberühmte, riesige Burger serviert. Von hier aus sind es 30 km bis zum unscheinbaren **Mt. Carbine**; wer 8 km vor dem Ort vom Mulligan Highway abbiegt (wenn man die Ausschilderungen sieht), stößt auf die **Bustard Downs Organic Farm** (✆07-4094 3094; www.bustarddowns.com.au; 61-03 East Mary Rd, Maryfarms; Camping 12,50 AU$, Hütten 220 AU$, B&B EZ/DZ 135/200 AU$) mit zweckmäßigen Campinggelegenheiten, restaurierten Hütten ehemaliger Tabakarbeiter und herrlichen Pensionsunterkünften.

Wer einen Geländewagen mit hohen Rädern hat und einige der faszinierenden Ruinen der Region erkunden will, kann die Geisterstadt **Maytown** besuchen. Sie war einst das prachtvolle Zentrum des Goldrausches am Palmer River (1873–83) und liegt etwa 80 km landeinwärts vom Highway. Die Fahrt hierher ist extrem, lohnt sich aber – sie ist allerdings nichts für Ungeübte, denn unterwegs müssen auch Flüsse durchquert werden. Die Abzweigung befindet sich 17 km südlich des **Palmer River Roadhouse** (✆07-4060 2020; Peninsula Development Rd; Stellplatz ohne Strom 20 AU$, Hütten 45–90 AU$), einem der letzten Stopps für Proviant und Benzin, bevor es richtig in die Wildnis geht. Außerdem gibt's hier einen hübschen Campingplatz und fröhliche Hüttenunterkünfte. Man sollte auch das friedliche Geschichtsmuseum besuchen und sich bei Andrew über Reisen in den Norden informieren.

Nach weiteren 15 km erreicht man **Lakeland**, wo der Mulligan Highway auf die legendäre **Peninsula Developmental Road** trifft. Wer auf ihr in Richtung Westen fährt, kommt bald an **Laura** vorbei. Hinter Laura ist die Straße unbefestigt, schwer zu befahren und nur mit dem Geländewagen und nur für mutige, geübte Fahrer bis nach **Cape York** geeignet. Die meisten Besucher übernachten am Mulligan und fahren dann die 80 km weiter bis nach Cooktown. Etwa 30 km vor der Ankunft erreicht man den unheimlichen, beeindruckenden und wie aus einer anderen Welt stammenden **Black Mountain National Park**. Hier erheben sich Tausende schwarzer Granitfelsen, die vor 260 Mio. Jahren entstanden sind. Der Park markiert das Ende der UNESCO-Weltnaturerbes der Wet Tropics. Der heilige Berg ist in Mysterien und Legenden gehüllt: Einfach mal bei den Einheimischen nachfragen!

Die Küstenroute

Der legendäre, nur mit dem Geländewagen befahrbare Bloomfield Track verbindet Cape Tribulation mit Cooktown. Er führt durch Flüsse, über teuflisch steile Anstiege und durch schlammiges Terrain. In der Regenzeit kann er wochenlang unpassierbar sein, und selbst in der trockenen Saison sollte man sich vor der Fahrt über die Straßenbedingungen informieren, denn die Flüsse sind gezeitenabhängig. Der Weg eignet sich nicht für Reisende mit Wohnwagen. Der Bloomfield Track ist sehr umstritten: Er wurde Anfang der 1980er-Jahre mit dem Bulldozer durch die unberührten Wälder geschlagen und war Schauplatz schwerer Kämpfe zwischen den Protestanten und der Polizei. Unbestätigten Gerüchten zufolge soll der Weg bald asphaltiert werden.

Vom Cape Trib sind es 8 km bis nach **Emmagen Creek**; ab hier steigt die Straße steil an, fällt dann wieder tief hinab und windet sich scharfe Kurven entlang. Anschließend folgt sie ein Stück dem Bloomfield River, bevor sie ihn schließlich nach 22 km überquert. Direkt hinter der Brücke biegt man links ab, um die **Bloomfield Falls** zu sehen. Im Fluss leben Krokodile – und die Stelle ist für die indigene Gemeinde, die in Wujal Wujal lebt, ein heiliger Ort. Die halbstündigen **Walker Family Walking Tours** (07-4040 7500; www.bamaway.com.au; Erw./Kind 25/12,50 AU$; vorher reservieren) zu den Wasserfällen und in den umliegenden Wald sind sehr zu empfehlen.

Etwa 5 km nördlich von Wujal Wujal kann man im **Bloomfield Track Takeaway & Middleshop** (07-4060 8174; Gerichte ab 10 AU$; Di–Sa 8–22, So & Mo bis 20 Uhr) Fast Food, Benzin, Angelausrüstung und Gemischtwaren kaufen. Nördlich von Bloomfield beginnen ab der **Home Rule Rainforest Lodge** (07-4060 3925; www.home-rule.com.au; Rossville; Stellplatz ohne Strom Erw./Kind 10/5 AU$, Zi. Erw./Kind 35/30 AU$), die sich am Ende einer 3 km langen, holprigen Straße befindet, mehrere Wanderwege. Zu den makellosen Einrichtungen zählen Gemeinschaftshütten und eine Gemeinschaftsküche; auch Mahlzeiten und Leihkanus sind verfügbar. Das **Wallaby Creek Festival** (www.wallabycreekfestival.org.au; Ende Sep.), ein dreitägiges Wochenendfestival im September, ist ein multikulturelles, familienfreundliches Event mit ethnischer, indigener und Blues- Musik.

Nach weiteren 9 km erreicht man das wunderbare **Lion's Den Hotel** (07-4060 3911; www.lionsdenhotel.com.au; 398 Shiptons Flat Rd, Helenvale; Stellplatz ohne/mit Strom 12/28 AU$ pro Pers., EZ/DZ 45/65 AU$;): eine kultige Oase mit einer langen, bis heute wahrnehmbaren Geschichte, die bis ins Jahr 1875 zurückreicht. Hier gibt's Benzin, eiskaltes Bier, starken Kaffee, leckere Pizza und gutes Pubessen. Wer will, kann auch eine Nacht hier campen oder in einer der Zelthütten übernachten. Unbedingt im krokodilfreien Bach schwimmen!

Man kann auch den umliegenden Regenwald und den Wasserfall der **Mungumby Lodge** (07-4060 3158; www.mungumby.com; Helenvale; EZ/DZ 260/279 AU$;) erkunden. Ihre Bungalows mit Privatbädern stehen zwischen Mangobäumen auf dem Gelände verteilt. Das Frühstück ist im Preis inklusive. Es werden auch Naturtouren angeboten. Etwa 4 km weiter nördlich trifft der Bloomfield Track auf den Mulligan Highway – von dort sind es noch 28 km bis nach Cooktown.

COOKTOWN

2339 EW.

Der kleine Ort mit dem großen Namen liegt in der südöstlichen Ecke der Cape York Peninsula. Jahrtausendelang hatten die Aborigines der Guugu Yimithirr und Kuku Yalanji hier in Waymbuurr ihre Versammlungen abgehalten, bevor am 17. Juni 1770 ein gewisser Lieutenant (und späterer Captain) Cook sein Schiff *Endeavour* in den Sand der Flussmündung setzte, die zuvor vor der Küste des Cape Tribulation auf ein Riff gelaufen war. Cooks Crew ließ sich für 48 Tage hier nieder, um den Schaden zu reparieren. So entstand Cooktown (wenn auch nur vorübergehend), die erste nicht-indigene Siedlung auf dem australischen Kontinent.

Heute ist Cooktown ein Hotspot für Geschichtsfans, arbeitshungrige WWOOF-Teilnehmer und Leute, für die ein Fischernetz und eine Kiste kühles Bier alles Glück der Welt bedeuten.

Sehenswertes & Aktivitäten

Cooktowns Hauptstraße, die Charlotte Street, ist von wunderschönen Gebäuden aus dem 19. Jh. gesäumt.

Nach Sonnenuntergang sowie freitags- und samstagsnachts hat das Stadtzentrum eine etwas beunruhigende Atmosphäre, besonders für weibliche Reisende. Dies ist eine raue Region – man sollte also entsprechend vorsichtig sein.

Grassy Hill AUSSICHTSPUNKT

Cook kletterte auf diesen 162 m hohen Hügel, um nach einer Passage durch die Riffe zu suchen. Bei Sonnenauf- und -untergang ist der Rundumblick auf die Stadt, den Fluss und den Ozean wahrhaft spektakulär! Der Aussichtspunkt ist mit dem Auto von der

Stadt aus über eine steile Straße zu erreichen. Wanderer können den Hügel über den Buschpfad von der Cherry Tree Bay aus besteigen.

Nature's Powerhouse
INTERPRETATIONSZENTRUM
(07-4069 6004; www.naturespowerhouse.com.au; off Walker St; Eintritt durch Spende; 9–17 Uhr) Dieses fantastische Umweltzentrum umfasst die angrenzenden **Cooktown Botanical Gardens** sowie zwei exzellente Galerien: die **Charlie Tanner Gallery** mit konserviertem Krabbelgetier und die **Vera Scarth Johnson Gallery**, die botanische Zeichnungen der indigenen Pflanzen der Region zeigt.

James Cook Museum
MUSEUM
(07-4069 5386; www.nationaltrust.org.au/qld/JamesCookMuseum; Ecke Helen & Furneaux Sts; Erw./Kind 10/3 AU$; 9.30–16 Uhr) Das schönste Gebäude Cooktowns (ein Ordenshaus von 1899) beherbergt heute gut erhaltene Relikte, z.B. die Tagebucheinträge, die Kanone und den Anker der *Endeavour*; außerdem präsentiert es Exponate zur lokalen Kultur der Ureinwohner.

Bicentennial Park
PARK
Hier befinden sich eine oft fotografierte **Bronzestatue von Captain Cook** und die nahegelegene **Milbi Wall** – ein 12 m langes Mosaik, das die Geschichte des lokalen Gungarde-(Guugu-Yimithirr-)Volkes von seiner Entstehung bis hin zu den Versöhnungsbemühungen zeigt. Gleich im Wasser steht ein Felsen, der jenen Punkt markiert, an dem Cook mit seinem Schiff auf Grund lief.

Fishing Cooktown
ANGELN
(07-4069 5980; www.fishingcooktown.com; Lot 4 Wilkinson St; ab 115 AU$/Person) Angeltrips, Helikopterfischen, Krokodil- und Vogelbeobachtung, Krabbenfangen und Ökotouren.

Geführte Touren

Es werden keine regelmäßigen Tauch- oder Schnorcheltrips zum nahegelegenen Riff angeboten. Alle Wassertouren starten am Kai. Viele Anbieter haben während der Regenzeit kürzere Öffnungszeiten.

★ Guurrbi Tours
KULTUREXKURSION
(07-4034 5020; guurrbitours.blogspot.com.au; 2-/4-stündige Tour ab 95/120 AU$, Selbstfahrer ab 65/85 AU$; Mo–Sa) Der Nugal-Warra-Familienälteste Willie Gordon veranstaltet aufschlussreiche Touren, bei denen er die natürliche Landschaft zum Verständnis der spirituellen Landschaft der Aborigines, ihrer Kultur und ihres Brauchtums nutzt.

Maaramaka Walkabout Tours
KULTUREXKURSION
(07-4045 6328; www.maaramaka.com.au; 1/2-stündige Tour ab 84/42 AU$) Bei den telefonisch zu vereinbarenden Touren werden traditionelle Geschichten der Aborigines erzählt, man wandert durch den Regenwald, isst Bush Tucker und Hausmannskost – und alles in einem grandiosen Ambiente nahe bei Hopevale.

Cooktown Tours
TOUR
(1300 789 550; www.cooktowntours.com; Touren Erw./Kind ab 60/35 AU$) Bietet zweistündige Touren durch die Stadt und halbtägige Trips zum Black Mountain National Park und Lion's Den Hotel.

Feste & Events

Cooktown Discovery Festival
KULTURELLES FEST
(www.cooktowndiscoveryfestival.com) Das Festival findet Anfang Juni statt und gedenkt Cooks Ankunft im Jahre 1770 mit einem Schauspiel samt Kostümen, einer prachtvollen Parade mit herrlichen Kleidern und zahlreichen Aborigine-Events.

Schlafen & Essen

Pam's Place Hostel & Cooktown Motel
HOSTEL, MOTEL $
(07-4069 5166; www.cooktownhostel.com; Ecke Charlotte St & Boundary St; B 30 AU$, EZ/DZ 60 AU$, Motel DZ ab 95 AU$; ❄@🛜🏊) Cooktowns YHA-Hostel bietet die günstigste Unterkunft vor Ort. Die freundliche Verwaltung kann auch bei der Vermittlung von Erntejobs helfen.

Seaview Motel
MOTEL $$
(07-4069 5377; www.cooktownseaviewmotel.com.au; 178 Charlotte St; DZ ab 95 AU$, Reihenhaus 235 AU$; ❄@🛜🏊) In toller Lage gegenüber dem Kai mit geschmackvollen, modernen Zimmern (einige davon mit eigenem Balkon).

Sovereign Resort Hotel
HOTEL $$$
(07-4043 0500; www.sovereign-resort.com.au; Ecke Charlotte Street & Green Street; DZ ab 180 AU$; ❄@🛜🏊) Cooktowns schickste Unterkunft bietet Zimmer in einem tropisch anmutenden Stil, herrliche Gärten, den größten Pool der Stadt und ein hauseigenes Restaurant mit guter Weinkarte.

The Italian ITALIENISCH $$

(☎ 07-4069 6338; 95 Charlotte St; Hauptgerichte 13–22 AU$; ⊙ Di–Sa 16–22 Uhr) In diesem einladenden Freiluftlokal werden großzügige Portionen herzhafter italienischer Kost serviert. Der Service ist effizient und gelegentlich gibt's Livemusik. Auf der Speisekarte stehen sogar chinesische Gerichte: einfach ausprobieren!

Cooktown Bowls Club BISTRO $$

(☎ 07-4069 5819; 129 Charlotte St; Hauptgerichte ab 15 AU$; ⊙ Mi–Fr 11.30–14.30, tgl. 17.30–22 Uhr; 🍴) Große Bistromahlzeiten. Mittwochs- und samstagsabends kann man beim geselligen Bowling zusammen mit den Einheimischen kegeln.

Restaurant 1770 MODERN-AUSTRALISCH $$$

(☎ 07-4069 5440; 3/7 Webber Esplanade; Hauptgerichte ab 28 AU$; ⊙ Di–Sa 7.30–9.30, 11.30–14 & 18–21.30 Uhr; 🍴) Das Restaurant öffnet sich hin zu einer romantischen Terrasse am Wasser und serviert köstliche Gerichte mit Frischfisch aus der Region. Unbedingt Platz für die verführerischen Desserts lassen!

ⓘ Praktische Informationen

Touristeninformation (☎ 07-4069 6004; www.naturespowerhouse.com.au; Walker St; ⊙ 9–17 Uhr) Befindet sich im Komplex des Nature's Powerhouse. Die freundlichen Mitarbeiter halten Karten und viele Tipps bereit. Nach John fragen!

ⓘ Anreise & Unterwegs vor Ort

Das Flugfeld von Cooktown befindet sich 7,5 km westlich der Stadt an der McIvor Road. **Hinterland Aviation** (☎ 07-4040 1333; www.hinterlandaviation.com.au) bietet täglich (Mo–Sa) bis zu drei Flüge nach Cairns (einfach ab 175 AU$, 40 Min.).

Cairns Bus Charters betreibt den **Cairns Cooktown Express** (☎ 07-4059 1423; www.cairnsbuscharters.com/services/cairns-cooktown-express), der täglich entlang der Inlandsroute nach Cairns fährt (79 AU$, 5 Std.).

Cape York Peninsula

Inhalt ➡
Lakeland.....................490
Laura..........................490
Von Laura nach Musgrave 490
Von Musgrave zum Archer River Roadhouse........491
Weipa..........................491
Von Archer River zur Bramwell Junction.....492
Von der Bramwell Junction zum Jardine River......492
Northern Peninsula Area............................493
Horn Island, Thursday Island & Torres Strait Islands.......................494

Die besten Touren

➡ Cape York Day Tour (S. 488)
➡ Heritage Tours (S. 488)
➡ Aurukun Wetland Charters (S. 488)

Schön übernachten

➡ Cape York Camping Punsand Bay (S. 493)
➡ Grand Hotel (S. 495)
➡ Laura Motel (S. 490)
➡ Eliot Falls Campground (S. 492)

Auf zur Cape York Peninsula!

Die abgeschiedene Cape York Peninsula ist einer der wildesten tropischen Landstriche des Planeten. Die Great Dividing Range bildet den Rücken des Kaps. Auf der Ostseite locken Regenwälder, Palmen und Strände, im Westen findet man Baumsavannen, Eukalyptuswälder und Mangroven an der Küste. Diese ungezähmte Landschaft durchläuft alljährlich eine unglaubliche Wandlung, wenn die sintflutartigen Regenfälle einsetzen: Trockene Erde verwandelt sich in mächtigen roten Schlamm, der nach Wasser lechzende Busch erwacht zu üppigem Grün und die Bäche schwellen zu Flüssen an.

Die Fahrt zur Spitze der unwegsamen Halbinsel ist eine der großartigsten Routen des Kontinents und eine erhebende Reise in seine letzte große Wildnis. Unebene Straßen und knifflige Flussquerungen durch Wasserläufe voller Krokodile sind Teil des Abenteuers – feine Restaurants und weiche Betten nicht. Die vielfältige Tierwelt, der atemberaubende Blick von der Nordspitze, echte Abgeschiedenheit und ein Gefühl der Erfüllung (egal, wie weit man kommt) belohnen für alles.

Reisezeit
Cape York Peninsula

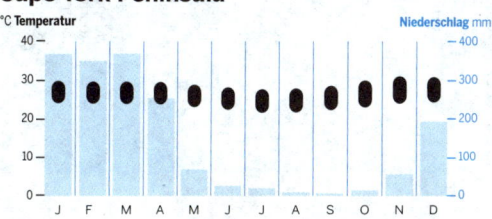

Juni–Aug. Trockenzeit: warme Tage, kühle Abende. Viele Traveller-Jeeps auf staubigen Pisten.

Sept. & Okt. Die Besucherzahlen fallen kurz vor der Regenzeit. Jetzt ist es hier herrlich abgeschieden.

Nov.–April Regenzeit – Cape Yorks grüne Schönheit zeigt sich. Touren mit Boot oder Flugzeug locken.

Cape York Peninsula

100 km

KORALLENMEER

Great Barrier Reef Marine Park

⚠ Krokodile kommen in tropischen Gefilden in sämtlichen Gewässern vor – vom Schwimmen wird abgeraten!

TORRESSTRASSE

- Thursday Island ③
- Horn Island ④
- Airport
- Cape York
- ② The Tip
- Somerset
- Cape York Camping Punsand Bay
- Seisia
- Bamaga
- Northern Peninsula Airport
- Jardine River Ferry & Roadhouse
- Northern Bypass Rd
- ⑥ Jardine River National Park
- Fruit Bat Falls
- Eliot Falls Campground ⑤
- Old Telegraph Track
- Heathlands Ranger Station
- Shelburne Bay
- Cape Grenville
- Temple Bay
- Southern Bypass Rd
- Bramwell Station
- Bramwell Junction Roadhouse
- Moreton Telegraph Station
- Old Telegraph Track
- Kutini-Payamu (Iron Range) National Park
- Chili Beach
- Lockhart River
- Lockhart River Aboriginal Reserve
- Cape Weymouth
- Weymouth Bay
- Portland Roads
- Cape Direction
- Portland Roads Road
- Dulhunty River
- Mapoon Aboriginal Community
- Wenlock River
- Aurukun Road
- Merluna Station
- Weipa ⑥
- Albatross Bay
- Duyfken Pt
- Pera Head

Highlights

① Die Felsmalereien der Aborigines in der **Split Rock Gallery** (S. 489) außerhalb von Laura bestaunen

② Sich zum Erreichen des **Tip** (S. 493) beglückwünschen, dem nördlichsten Zipfel des australischen Kontinents

③ Die einzigartige Geschichte und Kultur der winzigen **Thursday Island** (S. 494) erkunden

④ Im Torres Strait Heritage Museum auf **Horn Island** (S. 494) angesichts der bewegten Militärgeschichte der Region ins Staunen geraten

⑤ Auf dem abgeschiedenen und stimmungsvollen **Eliot Falls Campground** (S. 492) sein Zelt unter dem Sternenhimmel aufschlagen

⑥ Beim Barramundi-Fischen in **Weipa**

(S. 491) oder auf dem majestätischen **Jardine River** (S. 492) nach Krokodilen Ausschau halten

7 Umgeben von der Vielfalt der Vogelwelt im **Rinyirru (Lakefield) National Park** (S. 490) den Ornithologen in sich entdecken

👉 Geführte Touren

Sofern man nicht sehr viel Erfahrung besitzt, ist die Idee, sich selbst einen Jeep zu mieten und die Region auf eigene Faust zu erkunden, im besten Fall töricht, im schlimmsten Fall gefährlich: Nicht selten bezahlen Menschen hier draußen ihre Blauäugigkeit mit dem Leben. Kampferprobte Geländewagen-Fanatiker mit eigenem Fahrzeug und Mitreisenden (am besten im Konvoi), können – mit gründlicher Vorbereitung – diesen Trip aber durchaus alleine unternehmen.

Allen anderen, also den normalsterblichen Travellern, wird dringend empfohlen, sich jemandem anzuvertrauen, der weiß, was er tut.

Viele Veranstalter organisieren Cape-Expeditionen von Cairns nach Cooktown. Die meisten finden zwischen April und Oktober statt, dauern sechs bis 14 Tage und haben maximal 20 Teilnehmer. Wenn die Regenzeit mal etwas früher oder später einsetzt, kann das Auswirkungen auf die Termine haben. Zu den typischen Zwischenstopps zählen Laura, der Rinyirru (Lakefield) National Park, Coen, Weipa, das Eliot River System (mit den Twin Falls), Bamaga, Somerset und Cape York. Der Abstecher zu den Inseln Thursday Island und Horn Island ist meistens gegen Aufpreis möglich. Der Transport erfolgt zu Lande, zu Wasser und/oder in der Luft, übernachtet wird im Zelt oder in einfachen Motels. Im Preis sind normalerweise die Mahlzeiten sowie die Abholung am Hotel enthalten.

★ Cape York Day Tour TOUR
(📞 07-4034 9300; www.daintreeair.com.au; ab 1399 AU$/Pers.; ⊙ auf Anfrage April–Jan.) Daintree Air Services bietet den längsten Panoramaflug der Welt. Dabei geht es auf niedriger Höhe am äußeren Great Barrier Reef, dem Daintree Rainforest und den Flüssen Bloomfield, Endeavour und Lockhart entlang. In Bamaga wartet dann ein Geländewagen, der die Passagiere zur nördlichsten Spitze des Kontinents bringt – und das alles an einem einzigen Tag! Mahlzeiten sind inbegriffen.

Heritage Tours TOUR
(📞 1800 77 55 33; www.heritagetours.com.au; 7-tägige Tour mit Flugzeug & Jeep ab 2449 AU$; ⊙ Mai–Okt.) Bei dem großen Angebot von Heritage Tours hat man die Wahl zwischen Touren per Flugzeug und Auto, dem Schiffs- und Landweg sowie zwischen Zelt und anderen Unterkünften.

Wilderness Challenge TOUR
(📞 1800 354 486; www.wilderness-challenge.com.au; 5-tägige Campingtour ab 2095 AU$, 7-tägige Tour mit Flugzeug & Jeep mit fester Unterkunft ab 3395 AU$; ⊙ Mai–Okt.) Das Unternehmen hat kundige Führer, die eine Reihe von fünf- bis zwölftägigen Touren mit Flugzeug-Auto-Boot-Kombinationen und Übernachtung anbieten.

Oz Tours Safaris TOUR
(📞 1800 079 006; www.oztours.com.au; 10-tägige Tour mit Flugzeug & Jeep ab 3090 AU$, 16-tägige Landtour ab 3790 AU$) Zahlreiche sieben- bis 16-tägige Touren mit Transport auf der Straße, dem Luft- oder Seeweg und Übernachtung in Zelt oder Motel.

Cape York Motorcycle Adventures MOTORRADTOUR
(📞 07-4059 0220; www.capeyorkmotorcycles.com.au; 8-tägige Tour ab 5550 AU$) Wilder, rauer und aufregender kann ein Trip kaum sein. Die All-Inclusive-Motorradtour dieses Anbieters startet in Cairns und führt hinauf bis zur Spitze der Halbinsel. Teilnehmer müssen im Besitz eines gültigen Motorradführerscheins sein; wer sein eigenes Geländemotorrad mitbringt, bezahlt für die Tour weniger (ab 3945 AU$).

Aurukun Wetland Charters KULTURTOUR
(📞 07-4058 1441; www.aurukunwetlandcharters.com; Touren mit 6 Übernachtungen ab 5845 AU$/Tag) Die von Aborigines der Auruhun-Gemeinde geführte Tour widmet sich der Kultur und Natur im entlegenen westlichen Teil des Kaps. Die Teilnehmer übernachten an Bord der MV *Pikkuw* (max. 8 Pers.). In den Sümpfen kann man ausgezeichnet Vögel beobachten.

ℹ️ Praktische Informationen & Genehmigungen

Für eine Jeep-Exkursion über Laura hinaus, das das Ende der befestigten Straßen markiert, ist eine angemessene Vorbereitung unerlässlich. Man muss unbedingt Ersatzreifen, Werkzeug, eine Seilwinde mit Zubehör, Nahrung und sehr viel Wasser mitnehmen. Letzteres ist vor allem entlang der Hauptroute sehr knapp. Roadhouses können Hunderte von Kilometern voneinander entfernt liegen und haben nur einfache Versorgungsgüter auf Lager. Bevor es los geht, sollte man sich auf jeden Fall den Straßenzustandsbericht des **RACQ** (📞 13 19 40; www.racq.com.au) ansehen. Das Mobilfunknetz ist im besten Falle rudimentär und nur auf das Telstra-Netzwerk beschränkt. Die Tour sollte auf gar keinen Fall alleine unternommen werden. Am besten reist man im Konvoi mit mindestens zwei Geländewagen.

Man braucht für das Campen auf Aborigine-Land eine Genehmigung von **Queensland Parks** (📞 13 74 68; www.nprsr.qld.gov.au; 5,75 AU$) – und dabei handelt es sich um das Land nördlich des Dulhunty River. Die Injinoo Aboriginal Community betreibt die Fähre über den mächtigen Jardine River; im Fährpreis ist die Camping-Genehmigung enthalten.

Wer anderswo auf Aborigine-Land am Kap unterwegs ist, braucht eventuell zusätzliche Genehmigungen, die man beim Rat der zuständigen Gemeinde erhält. Einzelheiten erfährt man auf der Website von Cape York Sustainable Futures (www.cysf.com.au). Die Ausstellung der Genehmigung kann bis zu sechs Wochen dauern.

Der **Cape York Land Council** (cylc.org.au) hat einen umfassenden Überblick über die historischen Landansprüche der indigenen Bevölkerung, die dazu geführt haben, dass in den letzten Jahren knapp 30 % des Landes der Cape York Peninsula ihren traditionellen Eigentümern zurückgegeben wurde.

ALKOHOLBESTIMMUNGEN

Auf dem Weg zum Kap stehen überall Schilder, die auf die strengen Alkoholbestimmungen hinweisen, die auch für alle Besucher gelten. In einigen Gemeinden ist Alkohol gänzlich verboten, und alkoholische Getränke dürfen nicht eingeführt werden. In der Northern Peninsula Area (das Gebiet nördlich des Jardine River) sind maximal 11,25 l Bier (oder 9 l an alkoholischen Mixgetränken) und 2 l Wein pro Fahrzeug (nicht pro Person!) erlaubt. Die Geldstrafen für die Übertretung dieser Bestimmungen sind empfindlich – sie können bis zu 42 693 AU$ für einen Ersttäter betragen. Aktuelle Infos gibt's auf www.datsima.qld.gov.au/fundin-grants/atsi/alcohol-limits/index.page?.

KARTEN & BÜCHER

Am besten ist die Karten HEMA *Cape York Atlas & Guide* und *Cairns/Cooktown/Townsville* sowie *Cape York Peninsula* des RACQ.

Cape York – an Adventurer's Guide von Ron und Viv Moon gilt als umfassender Führer für alle, die mit dem Geländewagen oder als Camper hier unterwegs sind.

ⓘ An- & Weiterreise

AUTO & MOTORRAD

Die kürzeste und gleichzeitig anspruchsvollste Strecke von Cairns zur Spitze der Halbinsel (als „The Tip" bekannt) ist 952 km lang. Auf diese Reise sollte man sich wirklich nur einlassen, wenn man einen Geländewagen mit hoher Bodenfreiheit oder aber ein geeignetes Trial-Motorrad hat.

> **NICHT VERSÄUMEN**
>
> ### SPLIT ROCK ABORIGINAL ART GALLERY
>
> Etwa 50 km nördlich von Lakeland und 12 km südlich von Laura befindet sich die Abzweigung zur **Split Rock Gallery** (Peninsula Development Rd; Eintritt gegen Spende), der einzigen Felskunst-Stätte, die der Öffentlichkeit ohne Guide zugänglich ist. Als Eintritt entrichtet man am Parkplatz eine Spende. Die überhängenden Sandsteinfelsen sind über und über mit Malereien bedeckt, die bis zu 14 000 Jahre alt sind. Abhängig vom Zeitpunkt des Besuchs beschreitet man den Weg, der den Hügel hinauf zu den außerirdisch anmutenden „Galerien" in den Felsen führt, in völliger Stille, Einsamkeit und Abgeschiedenheit. Ein wahrlich surreales Erlebnis.
>
> In Split Rock ist das authentische Flair des Heiligen – einerseits etwas unheimlich, andererseits atemberaubend – förmlich greifbar. Man wird sich unwillkürlich fragen, wie die Landschaft vor so langer Zeit ausgesehen haben mag und wie es gewesen sein muss, hier zu leben.

Die ersten 245 km der Strecke auf dem Mulligan Hwy bis nach Lakeland und dann auf der Peninsula Developmental Rd (PDR) bis Laura sind asphaltiert.

Auf den gut 500 km zwischen Laura und Weipa verläuft ebenfalls die PDR. Hier ist sie zwar noch breit und in recht gutem Zustand, aber oft unbefestigt und voller Furchen. Man kann sich also auf eine sehr holprige Fahrt einstellen. Die Straße teilt sich an der Abzweigung nach Weipa, der Kreuzung der PDR mit der Telegraph Rd. Hier beginnt das wahre Cape-York-Abenteuer: Die Flussüberquerungen häufen sich und werden immer anspruchsvoller.

An der Bramwell Junction, 120 km hinter der Abzweigung nach Weipa, folgen die meisten Traveller der Bamaga Rd (oft auch einfach nur die Umgehungsstraße, also *bypass road* genannt), die nach 217 km Bamaga erreicht. Hartgesottene, erfahrene Gelände-Fahrer können auch dem 110 km langen Old Telegraph Track (OTT) folgen, eine Geländewagenroute der extremen Art in Richtung Norden zum Jardine River und eine volle Tagesreise, die nur erfahrene Geländewagenfahrer bewältigen können. Der OTT trifft an der Jardine River Kreuzung wieder auf die Bamaga Rd. Die Telegraph Rd und die Bamaga Rd werden oft gemeinsam als die Northern Peninsula Rd

ABSEITS DER ÜBLICHEN PFADE

RINYIRRU (LAKEFIELD) NATIONAL PARK

Der zweitgrößte Nationalpark in Queensland ist bekannt für seine ausgedehnten Flussgebiete, spektakulären Sümpfe und artenreiche Vogelwelt. Die zahllosen Wasserläufe des 5370 km² großen Parks münden an dessen nördlichem Rand in die Princess Charlotte Bay. Die New Laura Ranger Station (07-4060 3260) liegt etwa 25 km nördlich der Kreuzung mit der Battle Camp Rd. Die beste Campingmöglichkeit (mit Toiletten und Duschen) findet sich am Kalpowar Crossing. Genehmigungen dafür können online bei Queensland Parks (13 74 68; www.nprsr.qld.gov.au; Genehmigung 5,75 AU$) gebucht werden. Die malerische Red Lily Lagoon mit ihren roten Lotuslilien (die in den frühen Morgenstunden am schönsten sind) und die White Lily Lagoon ziehen zahllose Vogelarten an.

---

bezeichnet. So oder so, man befindet sich hier in reinem Allrad-Gelände. Das ist nichts für Unerprobte oder zaghafte Naturen.

FLUGZEUG

QantasLink (13 13 13; www.qantas.com.au) fliegt täglich von Cairns nach Weipa und zur Horn Island.

Im Januar 2015 stellte Skytrans, eine Regionalfluggesellschaft, die abgelegene Gemeinden wie Coen, Bamaga und Lockhart River anflog, nach 25 Jahren ihren Betrieb ein. Zum Zeitpunkt der Recherche war noch unklar, ob in Zukunft andere Fluggesellschaften Verbindungen in diese Gebiete anbieten werden.

SCHIFF/FÄHRE

MV Trinity Bay (07-4035 1234; www.seaswift.com.au; einfache Strecke ab 670 AU$) betreibt eine Frachtfähre, die einmal wöchentlich zur Thursday Island und nach Seisia fährt und bis zu 38 Passagiere mit an Bord nehmen kann. Sie legt jeden Dienstag in Cairns ab und kehrt am Freitag aus Seisia zurück.

Lakeland

Wer von Cooktown hinauf zum Cape reist, nimmt in Lakeland die PDR nach Nordwesten. Bis nach Laura ist sie asphaltiert, dann verwandelt sie sich bis Weipa in eine breite, gut unterhaltene Schotterpiste. Lakeland hat einen Gemischtwarenladen mit Benzinverkauf, einen kleinen Campingplatz und das Lakeland Hotel Motel (07-4060 2142; Peninsula Development Rd; DZ ab 90 AU$), die letzte Möglichkeit vor Laura für eine Stärkung und eine Nacht in einem (sehr einfachen) Zimmer.

Hinter Lakeland betritt man Quinkan Country, so benannt nach den mythischen Wesen der Aborigines, die in den Felsmalereien der Region dargestellt sind. Die UNESCO zählt Quinkan Country zu den Top-Ten der weltweit bedeutendsten Regionen mit Felsmalerei.

Laura

Seit 2013, als die PDR bis nach Laura befestigt wurde, steigen die Besucherzahlen hier stetig an, was aber auch so ziemlich das einzige ist, was sich in dieser verschlafenen Siedlung seither geändert hat. Sie ist bekannt für ihre Nähe zu den Felskunst-Stätten des Quinkan Country und ihr dreitägiges Laura Aboriginal Dance Festival (www.lauradancefestival.com), der landesweit größten Feier zu Ehren des indigenen Tanzes und der indigenen Kultur.

Das Quinkan & Regional Cultural Centre (07-4060 3457; www.quinkancc.com.au; Eintritt gegen Spende; Mo–Fr 8.30–17, Sa & So 9–15.30 Uhr) widmet sich der Geschichte der Region. Hier können Touren mit einem indigenen Guide (Preis auf Anfrage) zu den Felskunst-Stätten in Quinkan Country gebucht werden.

Das einfache Quinkan Hotel (07-4060 3393; Deighton Rd; Stellplatz ohne/mit Strom 25/32 AU$) bietet Campingmöglichkeiten. Hier kann man auch zum Trinken oder Essen herkommen, wenn man im neuen, blitzblanken Laura Motel (07-4060 3238; Deighton Rd; DZ ab 120 AU$) gegenüber wohnt.

Tanken ist im Laura Roadhouse (07-4060 3440; Peninsular Development Rd; Gerichte ab 10 AU$) möglich, das auch ein gutes Frühstück hat, oder im Laura Store & Post Office (07-4060 3238; Terminus St). In beiden gibt's auch Eis und Grundnahrungsmittel zu kaufen.

Von Laura nach Musgrave

Einige Flussübergänge nördlich von Laura, etwa die über den Little Laura und den Kennedy River, sind großartige Stellen zum Zelten. Eine landschaftlich reizvollere Alternativstrecke nach Musgrave bietet die Abzweigung zum Rinyirru (Lakefield) National Park, rund 28 km nördlich von Laura.

Wer auf der PDR bleibt, kommt im **Hann River Roadhouse** (07-4060 3242; Peninsula Developmental Rd), 76 km nördlich von Laura, an Lebensmittel, Benzin (und Bier). Ab hier beginnt die die flache, baumlose Landschaft, die sich bis zum Horizont erstreckt und deren spektakuläre Monotonie nur von weitem Grasland und riesigen Termitenhügeln unterbrochen wird.

Schlafen

Musgrave Roadhouse MOTEL, CAMPINGPLATZ $
(07-4060 3229; www.musgraveroadhouse.com.au; Stellplatz 10 AU$, Zi. 110 AU$) Das Musgrave Roadhouse, 80 km nördlich vom Hann River, wurde 1887 errichtet und diente ursprünglich als Telegrafenstation. Heute befindet sich hier ein Café mit Schanklizenz, in dem man Grundnahrungsmittel, Bier und Benzin verkauft. Die Zimmer sind schlicht, der Campingplatz ist grün und grasbedeckt.

Lotus Bird Lodge LODGE $$$
(07-4060 3400; www.lotusbird.com.au; Marina Plains Rd; EZ/DZ inkl. Gerichte 300/440 AU$; nur Mai–Nov.) Ungefähr 26 km vor Musgrave bietet die bei Vogelbeobachtern überaus beliebte Lotus Bird Lodge gemütliche Blockhäuser mit Ausblick auf eine absolut idyllische Lagune.

Von Musgrave zum Archer River Roadhouse

Coen (416 Ew.), die „Hauptstadt" des Kaps, ist eine winzige Ortschaft. Sie liegt 108 km nördlich von Musgrave und verfügt über ein gewisses Banditenflair. Im legendären **S'Exchange Hotel** (07-4060 1133; Regent St) kann man sich den roten Staub mit einem Bier aus der Kehle spülen. Nachdem sich ein paar Betrunkene einen Streich erlaubt hatten, ist das „S" nun zum festen Bestandteil des Namens geworden. Nettere Zimmer gibt's nebenan im **Homestead Guesthouse** (07-4060 1157; www.coenguesthouse.com.au; 37 Regent St; DZ ab 90 AU$).

Am **Bend**, rund 5 km nördlich von Coen, kann man in wirklich schöner Umgebung am Fluss campieren. Die Abzweigung zum abgelegenen **Oyala Thumotang National Park** (früher hieß er Mungkan Kandju National Park) befindet sich 25 km weiter nördlich.

Das **Archer River Roadhouse** (07-4060 3266; Stellplatz ohne Strom Erw./Kind 10/5 AU$, Zi. ab 70 AU$; 7.30–22 Uhr), 66 km nördlich von Coen, serviert die besten Burger des Kaps und ist die letzte Tankstelle vor Bramwell Junction (170 km nördlich an der Telegraph Rd) bzw. Weipa (197 km westlich auf der PDR). Hier gibt's auch Stellplätze und einfache Zimmer. Ein Besuch des Denkmals, das der raubeinigen Truckerin und echten Cape-York-Legende Toots gewidmet ist, lohnt sich.

Die Rinderranch **Merluna Station** (07-4060 3209; www.merlunastation.com.au; Stellplatz ohne Strom 13 AU$, EZ/DZ ohne Bad 80/100 AU$), etwa 80 km nordwestlich des Archer River Roadhouse, bietet Unterkünfte in umgebauten Landarbeiterquartieren.

Weipa

3344 EW.

Weipa, die größte Stadt am Kap, ist Standort der weltweit größten Bauxitmine (aus Bauxit wird Erz und daraus wiederum Aluminium gewonnen), die auch weiterhin ausgebaut werden soll. Die meisten Besucher kommen aber hierher, um Barramundis zu angeln.

Schlafen

Albatross Bay Resort RESORT $$
(1800 240 663; www.albatrossbayresort.com.au; Duyfken Cres; Bungalow/Zi. 130/155 AU$;) Nicht weit vom Ufer entfernt, bietet dieser glorifizierte Pub die besten Gerichte und Unterkünfte in der Gegend.

Weipa Caravan Park & Camping Ground CAMPINGPLATZ $$
(07-4069 7871; www.campweipa.com; Stellplatz ohne/mit Strom 30/35 AU$, Hütte mit Bad 120–140 AU$, Lodge Zi. 165–180 AU$; @) Dieser Platz nimmt ein schattiges Gelände am Ufer ein und dient zugleich als inoffizielle Touristeninformation der Stadt, die Minenbesichtigungen und Angeltouren organisiert. Angeboten wird eine Stadt- und Minenführung (Erw./Kind 40/12 AU$), bei der man sich von dem ungeheuren Umfang des Bergbaus überzeugen kann: Täglich werden 22 000 t Bauxit abgebaut und umgehend auf die wartenden Schiffe im Hafen verladen.

ℹ An- & Weiterreise

Qantaslink (S. 490) hat täglich Flüge nach/ab Cairns.

Von Archer River zur Bramwell Junction

Rund 36 km nördlich vom Archer River Roadhouse führt eine Abzweigung über 135 km durch den Iron Range National Park bis zur winzigen Küstensiedlung Portland Roads. Der Park beherbergt die größten noch verbleibenden Tieflandregenwaldgebiete Australiens und bietet vielen Tiere einen Lebensraum, die weiter südlich auf dem Kontinent nicht vorkommen. Unmittelbar südlich von Portland Roads gibt's am Chili Beach einen Campingplatz. Wer etwas Luxus genießen will, kann im Portland House (07-4060 7193; www.portlandhouse.com.au; ab 95 AU$/Pers.), einer Strandhütte für Selbstversorger übernachten.

Vom Archer River führt die PDR weiter in Richtung Weipa; nach 48 km zweigt die Telegraph Road nach Norden ab und zieht sich über 22 raue und holprige Kilometer bis zum Übergang über den Wenlock River. Bei Hochwasser kann das Wasser hier bis zu 14 m hoch stehen! Am Nordufer des Wenlock gibt's an der Moreton Telegraph Station (07-4060 3360; www.moretonstation.com.au; Stellplatz ohne Strom 10 AU$/Pers., Safarizelt EZ/DZ 172/212 AU$) einen Campingplatz mit Safarizelten. Man erhält hier auch Benzin, Essen und Bier.

Die Abzweigung zur Bramwell Station (07-4060 3300; www.bramwellstationcapeyork.com.au; Stellplatz 10 AU$/Pers.), Australiens nördlichster Rinderranch, die einfache Unterkünfte, einen Campingplatz und Verpflegung bietet, befindet sich 15 km vor dem Bramwell Junction Roadhouse (07-4060 3230; Stellplatz ohne Strom 12 AU$/Pers.). Das Roadhouse markiert die Kreuzung der Southern Bypass Road und des Old Telegraph Track und ist die letzte Möglichkeit vor der Jardine River Ferry (Überfahrt 8–17 Uhr), Benzin und Lebensmittel zu kaufen.

Von der Bramwell Junction zum Jardine River

An der Bramwell Junction kreuzen sich die zwei Routen, die gen Norden zur Jardine River Ferry führen. Die längere Strecke über die unbefestigten, aber recht gut präparierten Pisten der Southern Bypass Rd und der Northern Bypass Rd spart Zeit und meidet viele schwierige Bach- und Flussquerungen zwischen Wenlock River und Jardine River.

Die kürzere, aber extrem unwegsame Strecke entlang des Old Telegraph Track (OTT) ist mit den tiefen Rillen, dem feinen Sand und den komplizierten Bachquerungen – besonders die Übergänge über den Palm Creek und den Dulhunty River – nur was für hartgesottene Abenteurer. Der OTT folgt den Überresten der Overland Telegraph Line, die in den 1880er-Jahren errichtet wurde und die Kommunikation zwischen Cairns und dem Kap ermöglichte.

Auf etwa halber Strecke in Richtung Norden geht der OTT für etwa 9 km wieder in die Southern Bypass Rd über, bevor er in die Northern Bypass Rd nach Westen (später nach Norden) zur Jardine River Ferry führt. Nach nur wenigen weiteren Kilometern auf dem OTT ist die Abzweigung zu den Fruit Bat Falls erreicht. Von dieser Abfahrt sind es weitere 7 km bis zur Abzweigung zu den Eliot & Twin Falls. Die Wasserfälle und die tiefen, smaragdgrünen Schwimmstellen sind spektakulär und einen ausgedehnten Besuch mit Übernachtung im sehr beliebten Eliot Falls Campground (13 74 68; www.nprsr.qld.gov.au; 5,75 AU$/Pers.) wert.

Hinter den Eliot Falls führt zwischen Sam Creek und Mistake Creek eine Piste nach Westen, die bis zur 45 km entfernten Jardine River Ferry wieder in die Northern Bypass Rd übergeht. Die Fähre ist die einzige Möglichkeit, weiter nach Norden zu kommen.

Wer zu den hartgesottenen Jeep-Fahrern gehört und auf dem OTT weiterfährt, muss sich auf eine Reihe ernstzunehmender, riskanter Bachquerungen einstellen, bevor er das Ende des Tracks und damit den Jardine River erreicht. An diesem gefährlichen und mit Krokodilen bevölkerten Abschnitt des Flusses ist die Überquerung nicht mehr gestattet. Deshalb muss man hier nach Westen abbiegen und dem Weg folgen, bis nach 15 km die Fähre erreicht ist.

Der von zahllosen Krokodilen bewohnte Jardine River ist Queenslands größter ganzjährig Wasser führender Fluss und transportiert mehr Süßwasser ins Meer als jeder andere in Australien. Die Jardine River Ferry (07-4069 1369; mit/ohne Anhänger 145/129 AU$; 8–17 Uhr), die von den Injinoo-Aborigines geführt wird, ist nur während der Trockenzeit in Betrieb. Im Preis für die Überfahrt sind die Gebühren für die Campinggenehmigung zwischen Dulhunty River und Jardine Rivers sowie in bestimmten Gebieten nördlich des Jardine enthalten.

Hier bekommt man auch Verpflegung und Benzin.

Von der Hauptstraße erstreckt sich die undurchdringliche Landschaft des **Jardine River National Park** in Richtung Osten bis zur Küste. In ihm befinden sich auch die Quellgebiete des Jardine und des Escape River.

Northern Peninsula Area

Die gesamte Region nördlich des Jardine River wird auf dem Festland als Northern Peninsula Area (oder von den Einheimischen kurz als NPA) bezeichnet.

Bamaga & Seisia

Bamaga (1046 Ew.), 45 km nördlich des Jardine River gelegen, ist die erste Siedlung nach der Überquerung des Flusses und die Heimat der größten Gemeinde von Torres-Strait-Insulanern auf der Cape York Peninsula. 5 km nordwestlich von Bamaga blickt der kleine Ort **Seisia** (204 Ew.) auf die Torres Strait; er ist ein prima Ausgangspunkt zur Erkundung der Landspitze.

Aktivitäten

Cape York Adventures ANGELN
(07-4069 3302; www.capeyorkadventures.com.au; Charterboot ab 800 AU$) Bietet halb- und ganztägige Angelausflüge und Bootsfahrten in den Sonnenuntergang an und organisiert geführte Touren von Cairns hinauf nach Bamaga.

Schlafen

Seisia Holiday Park CAMPINGPLATZ $
(07-4069 3243; www.seisiaholidaypark.com; Stellplatz ohne/mit Strom 12/20 AU$ pro Pers., EZ/DZ ab 80/120 AU$, ✳@✱) Neben dem Kai in Seisia liegt dieser beliebte Campingplatz mit guten Einrichtungen und einem Restaurant (Gerichte ab 15 AU$). Auf dem Platz kann man auch Rundflüge, Geländewagentouren und die Fähre zur Thursday Island buchen.

Loyalty Beach Campground & Fishing Lodge CAMPINGPLATZ $
(07-4069 3372; www.loyaltybeach.com; Stellplatz ohne/mit Strom 12/32 AU$, EZ/DZ ab 120/175 AU$) Auf diesem Campingplatz am Strand, 3 km vom Kai entfernt, geht es ruhiger zu als im Holiday Park. Man bekommt hier etwas zu essen serviert und es können ebenfalls Touren gebucht werden.

An- & Weiterreise

Peddells Ferry Service (07-4069 1551; www.peddellsferry.com.au; einfache Strecke Erw./Kind 58/29 AU$; ⊙Juni-Sept. Mo-Sa 8-16 Uhr, Okt.-Mai Mi-Fr) betreibt einen regelmäßigen Fährdienst zwischen Seisia und Thursday Island.

The Tip

Von Bamaga führt die Straße nach Norden zum Lockerbie Homestead. Das **Croc Tent** (07-4069 3210; www.croctent.com.au; Ecke Punsand Bay Rd & Pajinka Rd; ⊙7.30-18 Uhr) auf der anderen Straßenseite verkauft Souvenirs und fungiert als inoffizielle Touristeninformation. Von hier aus sind es nur wenige Kilometer bis zur freundlichen Camping-Oase **Cape York Camping Punsand Bay** (07-4069 1722; www.punsand.com.au; Punsand Bay Rd; Stellplatz ohne/mit Strom pro Pers. 15/20 AU$, DZ ab 176 AU$; ✳@✱). Stellplätze, Strandhütten, freundliche und hilfsbereite Angestellte, hammermäßig leckere Holzofenpizza und andere frisch zubereitete Gerichte, die in der geselligen, luftigen Corrugation Bar serviert werden, sind die Belohnung für alle Traveller, die es bis hierher geschafft haben. Aber die Reise ist noch lange nicht vorbei …

Die Hauptstraße führt durch den **Lockerbie Scrub**, den nördlichsten Regenwald Australiens, bevor sie eine Y-Kreuzung erreicht.

Der Weg rechts führt nach **Somerset** mit seinem hübschen Ufer und dem Campingplatz. Die einladende Lodge, die gegenüber auf Pabaju (Albany) Island zu sehen ist, kann man im Rahmen eines eintägigen Angelausflugs, organisiert von den freundlichen Leuten von **CY Fishing Charters** (07-4069 2708; www.cyfishingcharters.com.au; Pabaju Island; Charterboot 1 Tag an 200 AU$/Pers., DZ ab 150 AU$/Pers.) besuchen. Dabei geht's aber vorrangig ums Angeln. Wer einfach mal für ein oder zwei Nächte im Paradies ausspannen möchte, fragt nach Pabaju Private Island Adventure.

Über die linke Route erreicht man nach ungefähr 10 km den Parkplatz der mittlerweile stillgelegten Pajinka Wilderness Lodge. Ein etwa 1 km langer Spaziergang durch den Wald und über den Strand (oder über die Landspitze) führt zum **Cape York**, der nördlichsten Spitze Australiens. Geschafft! Vor lauter Euphorie sollte man aber auf keinen Fall versäumen, den atemberaubenden Ausblick zu genießen.

Horn Island, Thursday Island & Torres Strait Islands

Australiens nördlichstes Grenzgebiet besteht aus mehr als 100 Inseln, die sich wie Trittsteine über 150 km von der Spitze der Cape-York-Halbinsel bis Papua-Neuguinea aneinanderreihen. Die Ausprägungen dieser Inseln reichen von den felsigen Nordausläufern der Great Dividing Range bis hin zu kleinen Koralleninseln und mit Regenwald bewachsenen Vulkanerhebungen.

Die Torres-Strait-Insulaner wanderten vor über 2000 Jahren aus Melanesien und Polynesien kommend ein und schufen eine einzigartige Kultur, die sich von der Kultur in Papua-Neuguinea und jener der australischen Aborigines unterscheidet.

Horn Island war im Zweiten Weltkrieg ein strategisch wichtiger Luftwaffenstützpunkt. Hier waren einst über 5000 Soldaten stationiert. Heute zählt sie noch 539 Einwohner und ist ein Drehpunkt des Luftverkehrs der Inseln und des Kaps. Es gibt eine regelmäßige Fährverbindung zur nahe gelegenen **Thursday Island (TI)**.

Auch wenn die **Prince of Wales Island** die größte Insel der Gruppe ist, dient die winzige, nur 3 km² große Thursday Island 30 km vor dem Kap als Verwaltungshauptstadt der Inseln. Obwohl sie selbst keine Süßwasserversorgung hat, wurde die Insel (2610 Ew.) wegen ihres tief liegenden, geschützten Hafens und ihrer Nähe zu den wichtigsten Schifffahrtsstraßen ausgesucht. Als eine von 17 bewohnten Inseln der Gruppe war „TI" früher ein wichtiges Perlenzentrum. Die kulturelle Mischung aus Asiaten, Europäern und Insulanern ist das Erbe dieser Industrie.

Für den Besuch abseits gelegener Inseln ist unter Umständen eine Genehmigung erforderlich. Diesbezüglich wendet man sich an den **Torres Strait Regional Council** (07-4048 6200; www.tsirc.qld.gov.au; 46 Victoria Pde).

Sehenswertes

★ Torres Strait Heritage Museum MUSEUM
(07 4090 3333; www.torresstraitheritage.com; 24 Outie St, Horn Island; Erw./Kind 7/3,50 AU$) Auf faszinierenden, lehrreichen Tagestouren (Erw./Kind ab 45/22,50 AU$) erfährt man Näheres über die bedeutende und alles andere als vergessene Militärgeschichte der Insel. So gibt's z. B. fest installierte Kanonen und Flugzeugwracks zu sehen. Geführt werden die Touren von den freundlichen Angestellten dieses wunderbaren Heimatmuseums auf Horn Island. Es werden auch Ausflüge mit Mittagessen angeboten.

Gab Titui Cultural Centre GALERIE
(07-4090 2130; www.gabtitui.com.au; Ecke Victoria Pde & Blackall St, Thursday Island; Eintritt 6 AU$; Mo–Sa 9–16.30 Uhr, So auf Anfrage) Im Gab Titui Cultural Centre auf Thursday Island ist eine moderne Galerie untergebracht, in der eine Ausstellung zur Kulturgeschichte der Torres Strait zu sehen ist. Außerdem finden dort kulturelle Veranstaltungen und Ausstellungen örtlicher Künstler statt.

All Souls & St. Bartholomew Memorial Church KIRCHE
(Thursday Island) 1893 erbaut, erinnert die Kirche an jene 134 Menschen, die ihr Leben ließen, als die Quetta auf ein unbekanntes Riff lief und innerhalb von drei Minuten sank. Im Inneren sind Erinnerungsstücke aus mehreren Schiffswracks zu sehen.

Geführte Touren

Peddells Tours BUS-TOUR
(07-4069 1551; www.peddellsferry.com.au; Erw./Kind ab 33/16 AU$; 8.30–17 Uhr) Bei den 90-minütigen Bustouren über Thursday Island werden alle wichtigen Sehenswürdigkeiten angesteuert. Außerdem werden Tagestouren im Geländewagen zum Cape York und die Besichtigung von Stätten des Zweiten Weltkriegs auf Horn Island angeboten.

LAX Tours KULTUREXKURSION
(0427 691 356; www.laxchartersandtours.com.au; Thursday Island; Tour ab 60 AU$/Pers.) Der freundliche Einheimische Dirk zeigt Besuchern gerne im Rahmen von personalisierten Touren im klimatisierten Fahrzeug seine Insel, darunter das Green Hill Fort und das Japanese Pearl Divers Memorial. Auch Angeltrips in Charterbooten können organisiert werden.

Schlafen & Essen

Gateway Torres Strait Resort RESORT $$$
(07-4069 2222; www.torresstrait.com.au; 24 Outie St, Horn Island; Zi. ab 180 AU$; ❄@≋) Diese saubere Option hat einfache Zimmer, in sich abgeschlossene Wohneinheiten und einen Pool. Zu Fuß sind es fünf Minuten bis zum Kai von Horn Island.

Wongai Beach Hotel HOTEL $$$
(☏ 07-4083 1100; www.wongaibeachresort.bigpondhosting.com; 2 Wees St, Horn Island; EZ/DZ 200/220 AU$; ☒) Dieses angenehme Hotel hat die schönsten Zimmer der Insel im Angebot. Sie sind jeweils mit Kühlschrank und Mikrowelle ausgestattet. Zudem gibt's hier einen hübschen Pool und einen gepflegten Garten.

Grand Hotel HOTEL $$$
(☏ 07-4069 1557; www.grandhotelti.com.au; 6 Victoria Pde, Thursday Island; EZ 200–210 AU$, DZ 235–260 AU$; ✳@) Auf einem Hügel hinter der Anlagestelle von Thursday Island gelegen, bietet das Grand Hotel moderne Zimmer mit Meer- und Bergblicken. Im Zimmerpreis ist das Frühstück bereits inbegriffen.

Thursday Island Motel MOTEL $$$
(☏ 07-4069 1569; Ecke Jardine St & Douglas St, Thursday Island; EZ/DZ mit Frühstück 200/215 AU$; ✳@) Hier findet man recht komfortable Motelzimmer an der Rückseite des Federal Hotels.

Torres Strait Hotel PUB $$
(☏ 07-4609 1141; Ecke Normanby St & Douglas Sts, Thursday Island; Gerichte ab 14 AU$) In „Australiens nördlichstem Pub" kann man saftige Krebs-Pies essen und hinterher damit prahlen, hier gewesen zu sein.

ⓘ Anreise & Unterwegs vor Ort

McDonald Charter Boats (☏ 1300 664 875; www.tiferry.com.au; Erw./Kind hin & zurück 14/7 AU$) Unterhält tagsüber einen Fährdienst zwischen Thursday Island und Horn Island und Wassertaxis zwischen anderen Inseln der Torres Strait Islands sowie einen Bus vom und zum Horn Island Airport (Erw./Kind hin & zurück 20/10 AU$).

Peddells Ferry Service (☏ 07-4069 1551; www.peddellsferry.com.au; Engineers Jetty) Betreibt einen regelmäßigen Fährdienst zwischen dem Fähranleger in Seisia und Thursday Island.

QantasLink (☏ 13 13 13; www.qantas.com.au) Fliegt täglich von Cairns nach Horn Island.

West Wing Aviation (☏ 1300 937 894; www.westwing.com.au) Verbindet Horn Island mit anderen Inseln.

Queenslands Outback & Gulf Savannah

Inhalt ➡
Mt. Isa	499
Winton	501
Longreach	503
Barcaldine	504
Charleville	505
Boulia	506
Birdsville	507
Undara Volcanic National Park	508
Normanton	510
Karumba	510

Beste Festivals

➡ Birdsville Cup (S. 507)
➡ Mt. Isa Rodeo (S. 499)
➡ Outback Festival (S. 501)
➡ Boulia Camel Races (S. 506)
➡ Undara Opera in the Outback (S. 509)

Schön übernachten

➡ Undara Experience (S. 509)
➡ Adel's Grove (S. 513)
➡ North Gregory Hotel (S. 502)
➡ McKinnon & Co Outback Lodges (S. 504)
➡ Cobbold Gorge Village (S. 509)

Auf ins Outback von Queensland & nach Gulf Savannah!

Wenn man die Küste abgehakt hat, gibt's keinen Grund aufzuhören: Das Outback Queenslands gehört zu den am leichtesten zugänglichen Gebieten dieser Art in Australien und bietet einen weiten Himmel und echte Abgeschiedenheit.

Hinter der Great Dividing Range öffnet sich der Himmel über einem rauen Land, das gnadenlos, aber wunderschön ist. Traveller finden hier ein exotisches Australien-Erlebnis, voller leuchtender Farben und eindrucksvoller Stille.

Dies ist eine Region der Rodeos und Buschrennen, der Rentner in Wohnmobilen und der Backpacker an den Theken, des Barramundi-Fischens und der tollen Sonnenuntergänge. In der Trockenzeit dehnt sich der Himmel über den Wüsten, und nachts steht die Milchstraße am Firmament.

Queenslands Outback und Gulf Savannah sind eine unermessliche große, aber eine erstaunlich zugängliche Region, die von Asphaltstraßen durchzogen ist. Von einem Drink zum nächsten ist die Entfernung groß, aber die Fahrt lohnt sich.

Reisezeit
Mt. Isa

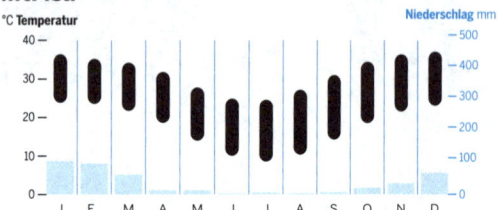

Juni–Aug. Perfektes Winterwetter: blauer Himmel, warme Tage, Angeln im Golf.

März–April & Sept.–Okt. Das Wetter ist noch gut, aber weniger Menschen und niedrigere Preise.

Nov.–Feb. Nebensaison: Im Outback ist es oft zu heiß. Unpassierbare Straßen durch Regen.

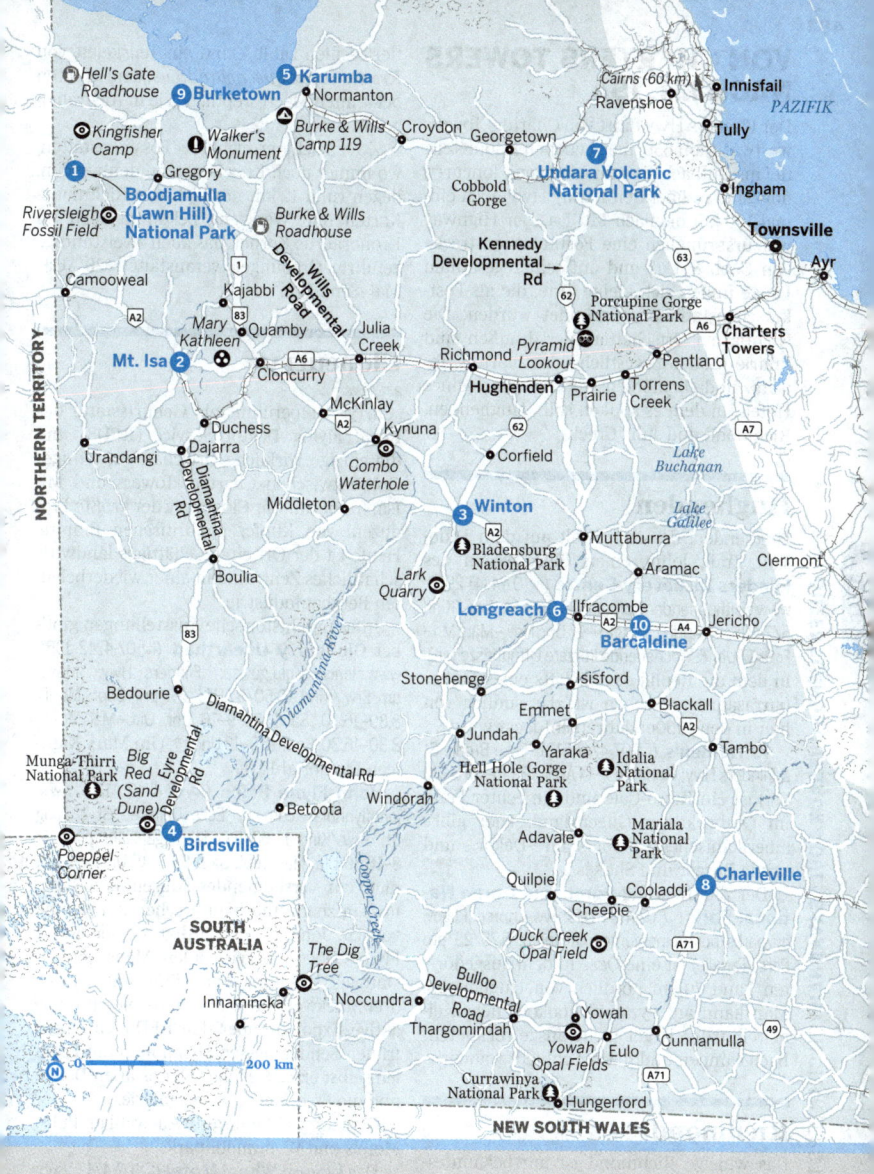

Highlights

1 Im **Boodjamulla National Park** (S. 512) mit dem Kanu durch die Lawn Hill Gorge fahren

2 In **Mt. Isa** (S. 499) in den Untergrund gehen

3 Auf dem Dinosaur Trail in **Winton** (S. 501) Fossilien suchen

4 Bis ins abgelegene **Birdsville** (S. 507) vorstoßen

5 In **Karumba** (S. 510) Barramundis angeln

6 In **Longreach** (S. 503) auf einer Boeing 747 spazieren gehen und den ersten Entdeckern und Viehzüchtern Tribut leisten

7 Im **Undara Volcanic National Park** (S. 508) uralte Lavaröhren erkunden

8 In der Nähe von **Charleville** (S. 505) den sternenübersäten Himmel des Outback bewundern

9 In **Burketown** auf das als Morning Glory (S. 512) bekannte Wolkenphänomen hoffen

10 In einem aus Holz gezimmerten Outback-Pub abhängen, z. B. in **Barcaldine** (S. 504)

VON CHARTERS TOWERS NACH MT. ISA

Der Flinders Hwy führt von Charters Towers westwärts auf 650, meist ebenen Kilometern tief ins Outback bis zum winzigen Cloncurry, dort sind es über den Barkly Hwy noch einmal 120 km bis nach Mt. Isa. Der Highway war ursprünglich eine Postkutschenstrecke von Cobb & Co., und auf seiner gesamten Länge finden sich kleine Orte, die als Postkutschenstationen gegründet wurden. Die wichtigsten Ortschaften hier draußen sind Prairie (200 km westlich von Charters Towers und bemerkenswert wegen seines Hotels, in dem es spuken soll), Hughenden, Richmond und Julia Creek.

Hughenden

Hughenden, der erste Halt auf dem Dinosaur Trail, lohnt einen Blick wegen des **Flinders Discovery Centre** (07-4741 2970; www.visithughenden.com.au; 37 Gray St; Erw./Kind 5/2 AU$; April–Okt. tgl. 9–17 Uhr, Nov.–März Mo-Fr 9–17 Uhr & Wochenende kürzere Öffnungszeiten), in dem die Replik des Skeletts eines Muttaburrasaurus zu sehen ist, das südlich von hier in den 1960er-Jahren entdeckt wurde.

FJ Holden's (07-4741 5121; Ecke Brodie St & Flinders Hwy; Gerichte 7–14 AU$; Mo–Sa 8–20 Uhr) ist ein Retro-Café und ein echter Fund im Outback von Queensland. Hier gibt's amerikanisches 1950er-Jahre-Dekor und prima Burger und Shakes.

Der relativ grüne **Porcupine Gorge National Park** (07-4741 1113; www.nprsr.qld.gov.au/parks/porcupine-gorge; Stellplatz 5,75/23 pro Pers./Familie) ist eine Oase in dem ausgedörrten Land 70 km nördlich von Hughenden. Man kann am Pyramid Lookout neben einem (in der Regel nicht ausgetrockneten) Bach campen und in die Schlucht wandern.

Richmond

Das winzige Richmond ist am bekanntesten für das **Kronosaurus Korner** (07-4741 3429; www.kronosaurus-korner.com.au; 91–93 Goldring St; Erw./Kind/Fam. 20/10/40 AU$; April–Okt. 8.30–17 Uhr, Nov.–März 8.30–16 Uhr), das die mit Abstand beste Sammlung mariner Fossilien in Australien beherbergt, die meist von örtlichen Grundbesitzern gefunden wurden. Die Highlights sind das fast vollständig erhaltene, 4,5 m lange Skelett eines Pliosaurus – das zu Australiens besten Wirbeltierfossilien zählt – und ein Teilskelett von *Kronosaurus queenslandicus*, dem größten bekannten Meeresreptil, das je in Australien gelebt hat.

Zwei leicht erreichbare Fossilienstätten, wo immer noch Knochen gefunden werden, liegen rund 12 km nördlich von Richmond. Karten und Werkzeug bekommt man im Kronosaurus Korner, das auch zweistündige geführte Grabungen veranstaltet (20 AU$; Mai–Sept. Do).

Cloncurry

2313 EW.

„Curry" ist berühmt als Geburtsstätte des Royal Flying Doctor Service (RFDS) und die einzige wirkliche Ortschaft von einiger Größe zwischen Charters Towers und Mt. Isa. Im 19. Jh. war Cloncurry der größte Produzent von Kupfer im britischen Empire. Heute ist der Ort ein geschäftiges landwirtschaftliches Zentrum mit einer wiederbelebten Bergbauindustrie.

Infos und historische Ausstellungen gibt's bei **Cloncurry Unearthed** (07-4742 1361; www.cloncurry.qld.gov.au; Flinders Hwy; Museum Erw./Kind 10,50/5 AU$; April–Sept. Mo-Fr 8.30–16.30, Sa & So 9–16 Uhr, Okt.–Mai Mo-Fr 8.30–16.30, Sa & So 9–13 Uhr;) im Mary Kathleen Memorial Park.

John Flynn Place (07-4742 4125; www.johnflynnplace.com.au; Ecke Daintree St & King St; Erw./Kind 10,50/5 AU$; ganzjährig Mo–Fr 8–16.30 Uhr, Mai–Sept. Sa & So 9–15 Uhr) ist ein nicht zu versäumendes Museum, das die unschätzbare und bahnbrechende Leistung von Dr. John Flynn würdigt, dessen Royal Flying Doctor Service allen Menschen im Outback Hoffnung und Hilfe brachte. Die drei Stockwerke des Museums bieten interaktive Exponate über den RFDS, zu einem frühen Sender, dessen Strom man mit Pedalen selbst erzeugte, über Flynns alten Dodge und die Fred McKay-Kunstgalerie.

Cloncurry hat eine gute Auswahl an Pubs, Motels und Wohnmobilparks.

Das **Wagon Wheel Motel** (07-4742 1866; 54 Ramsay St; EZ/DZ 90/101 AU$, Deluxe EZ/DZ 105/116 AU$;) soll die älteste Einrichtung mit Schanklizenz im nordwestlichen Queensland sein. Die Motelzimmer hinten sind sauber und komfortabel und mit Fernseher und Kühlschrank ausgestattet. Der kleine Aufpreis für die größeren und neueren Deluxe-Zimmer lohnt sich. Das Restaurant (Hauptgerichte 22–36 AU$) gehört zu den besseren im Ort und ist zum Frühstück und Abendessen geöffnet.

MT. ISA

20 570 EW.

Die Schornsteine sind bei der Fahrt hinein nach Mt. Isa, einer der ältesten Bergbaustädte Queenslands, nicht zu übersehen. Die Stadt ist ein Traveller- und Lebensstilzentrum in der Mitte des Bundesstaats. Ob man zum Arbeiten oder zum Vergnügen gekommen oder einfach nur auf der Durchreise ist, ein Abend in einem der Clubs der Stadt kann einen vergessen lassen, dass man sich fern im Outback befindet.

Nachts erstrahlen und röhren die umliegenden Klippen wegen des Bergbaus; der Ausblick vom City Lookout auf die funkelnden Lichter der Mine und die Silhouetten der Schornsteine ist seltsam schön. Das umliegende Land hat ebenfalls eine nackte, rote Schönheit zu bieten. Merkwürdige, zum Teil mit olivgrünem Spinifex-Gras bewachsene Felsformationen umgeben die Stadt, und die tiefblauen Sonnenuntergänge überstrahlen alles künstliche Licht.

Stolze Einheimische genießen – oft bei mehreren Bieren – das gemeinsame Leben in der staubigen Hitze und der geografischen Isolation – das Gemeinschaftsgefühl ist deutlich spürbar. Am besten kommt man Mitte August zu Australiens größtem **Rodeo** (www.isarodeo.com.au; 2. Wochenende im Aug.).

Sehenswertes & Aktivitäten

★ Outback at Isa · MUSEUM
(1300 659 660; www.outbackatisa.com.au; 19 Marian St; 8.30–17 Uhr) Das preisgekrönte Outback at Isa vereint das Besucherzentrum und Buchungsbüro mit drei Hauptattraktionen der Stadt unter einem Dach. Die **Hard Times Mine** (Erw./Kind 49/30 AU$; tgl.) ist eine Reise in den Untergrund, die ein echtes Bergbauerlebnis bietet. **Isa Experience & Outback Park** (Erw./Kind 12/7,50 AU$; 8.30–17 Uhr) ist ein interaktives Museum, das einen bunten und klaren Überblick über die Bergbau-, Pionier- und Ortsgeschichte gibt. Und das faszinierende **Riversleigh Fossil Centre** (Erw./Kind 12/7,50 AU$; 8.30–17 Uhr) lässt Funde aus der weltbekannten Fossilienstätten im Boodjamulla National Park lebendig werden. Es gibt diverse Kombi-Angebote, darunter den günstigen Zwei-Tages-Pass (Erw./Kind 59/36 AU$), der den Eintritt zu all diesen Attraktionen umfasst.

★ City Lookout · AUSSICHTSPUNKT
GRATIS Jeder sollte die kurze Tour bis zu diesem Aussichtspunkt machen, von dem man einen Panoramablick über Mt. Isa hat. Die beste Zeit ist der Sonnenuntergang, wenn sich die Schornsteine als Silhouette am Horizont abzeichnen und die Minenlichter zu funkeln beginnen.

School of the Air · SCHULE
(07-4744 8333; www.mtisasde.eq.edu.au; 137–143 Abel Smith Pde; Führung 2 AU$; Führungen Mo–Fr 10 Uhr) Die einstündigen Führungen durch die Schule demonstrieren die Einsamkeit des Outback und den Erfindungsreichtum bei der Unterrichtung der Kids.

Underground Hospital · MUSEUM
(07-4743 3853; Joan St; Führung Erw./Kind 15/5 AU$; 10–14 Uhr) Als 1942 japanische Bombenangriffe drohten und gleichzeitig der Zuzug von Arbeitskräften und die Anlieferung von Material bevorstanden, ging das Mt. Isa Hospital in den Untergrund. Die Bomben fielen nie, aber das unterirdische Hospital blieb erhalten. Man kann hier auch das Beispiel eines Zelthauses sehen, die früher in Mt. Isa verbreitet waren.

Schlafen

Travellers Haven · HOSTEL $
(07-4743 0313; www.travellershaven.com.au; 75 Spence St; B/EZ/DZ 35/60/70 AU$;) Die Zimmer sind recht bescheiden, aber das ist das einzige wirkliche Backpackerhostel in Isa - sowie fast im gesamten Outback von Queensland - und also ein toller Treffpunkt. Polly, die britische Inhaberin, teilt gern ihre Leidenschaft für die Region mit. Das Hostel liegt in kurzer Gehweite vom Outback at Isa. Man kann auch anrufen, um sich abholen zu lassen.

Mt. Isa Caravan Park · WOHNMOBILPARK $
(07-4743 3252; www.mtisacaravanpark.com.au; 112 Marian St; Stellplatz mit Strom 28–35 AU$, abgestelltes Wohnmobil 70 AU$, Hütte 90–140 AU$;) Der dem Stadtzentrum nächstgelegene Wohnmobilpark ist ein eindrucksvolles Touristendorf mit einer Reihe von Übernachtungsoptionen, darunter auch in freistehenden Hütten. Es gibt auch einen großen Pool und schattige, grasbewachsene Bereiche.

Fourth Avenue Motor Inn · MOTEL $$
(07-4743 3477; www.fourthavemotorinn.com; 14 Fourth Ave; DZ/FZ ab 140/160 AU$;) Das freundliche, farbenfrohe Motel in einer

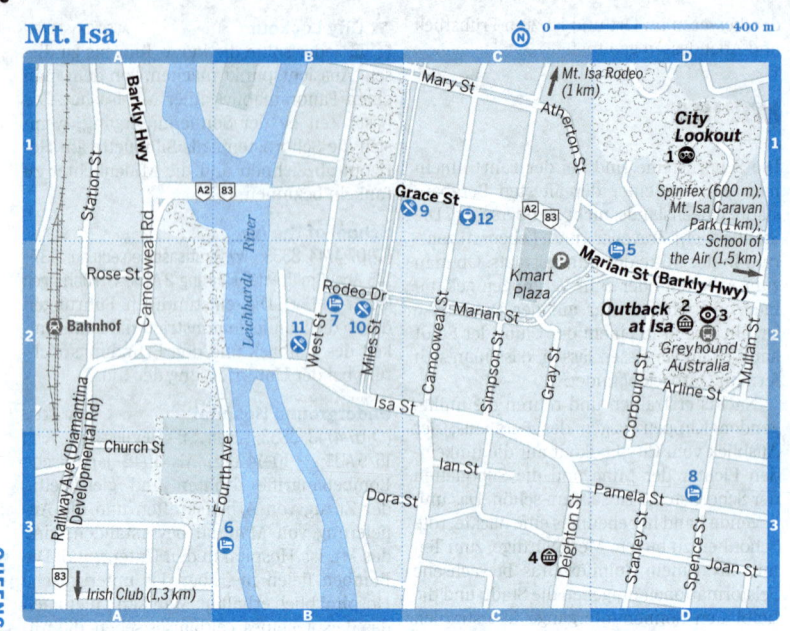

Mt. Isa

ruhigen Wohnzone hat einen ordentlichen Freiluftbereich mit einem großen Salzwasserpool. Die Zimmer liegen einen Hauch über dem hiesigen Durchschnitt.

Central Point Motel   MOTEL $$
(✆ 07-4743 0666; www.centralpoint-motel.com; 6 Marian St; EZ/DZ ab 135/140 AU$; ❄️🛜🏊) In kurzer Gehweite von der Stadt wirkt das Central Point etwas betagt, bietet aber eine tropische Atmosphäre und sonnige Zimmer mit gut ausgestatteten Küchen.

Red Earth Hotel   HOTEL $$$
(✆ 1800 603 488; www.redearth-hotel.com.au; Rodeo Dr; DZ 189–229 AU$; ❄️@) Mit eleganten Möbeln und Badewannen mit Klauenfüßen ist dieses Boutiquehotel zweifellos die beste Adresse in Mt. Isa. Der kleine Aufpreis für einen eigenen Balkon, einen Whirlpool und einen großen Fernseher lohnt sich. Im Red Earth gibt es eine Cocktailbar und ein ausgezeichnetes, aber teures Restaurant im Foyer. Das Mt. Isa Hotel im gleichen Block gehört zum selben Hotelkomplex und hat preiswertere Zimmer.

🍴 Essen & Ausgehen

Happy Box Noodles   ASIATISCH $
(✆ 07-4743 0889; 32 Miles St; Hauptgerichte 12 AU$; ⏱ So-Mi 11.30–21.30, Do-Sa bis 22 Uhr) Schnelle und schmackhafte Nudel- und Reisgerichte aus ganz Asien, darunter Sushi, Laksa und Chow mein.

Three Doors Coffee House   CAFÉ $
(✆ 07-4743 3353; 13 West St; Gerichte 7,50–18 AU$; ⏱ Mo-Fr 6.30–15, Sa 8.30–15, So 8.30–14 Uhr) Für guten Kaffee und eine schrille Atmosphäre ist das Three Doors die beste Adresse in Isa. Ein großartiger Ort für ein frühes Frühstück!

Rodeo Bar & Grill   KNEIPENKOST $$
(✆ 07-4749 8888; Ecke Miles St & Rodeo Dr; Hauptgerichte 15–40 AU$; ⏱ 6.30–11.30, 12–15 & 18–21 Uhr) Sitzecken sorgen für etwas Intimität in diesem riesigen Barrestaurant im renovierten Isa Hotel. Die Karte bietet für jeden etwas, von Pizzas (16 AU$) und Tapas-artigen Snacks bis zu riesigen Steaks. Auch das Frühstück (ab 6.30 Uhr) in den Sitznischen ist überraschend gut.

Buffs Club   BAR
(✆ 07-4743 2365; www.buffs.com.au; Ecke Grace St & Camooweal St; ⏱ So-Do 10–24, Fr & Sa bis 2 Uhr) Der dem Zentrum am nächsten gelegene, immer beliebte Club umfasst die Billabong Bar, wo DJs auflegen (Mi-Sa), eine Sportbar, eine Sonnenterrasse und Liveunterhaltung am Wochenende. Gut essen kann man im Frog & Toad Bar & Grill.

Mt. Isa

◎ Highlights
1 City Lookout D1
2 Outback at Isa D2

◎ Sehenswertes
3 Hard Times Mine D2
   Isa Experience & Outback
   Park .... (siehe 2)
   Riversleigh Fossil Centre .... (siehe 2)
4 Underground Hospital C3

🛏 Schlafen
5 Central Point Motel D2
6 Fourth Avenue Motor Inn B3
7 Red Earth Hotel B2
8 Travellers Haven D3

🍴 Essen
9 Happy Box Noodles C1
10 Rodeo Bar & Grill B2
11 Three Doors Coffee House B2

🍸 Ausgehen & Nachtleben
12 Buffs Club C1

Irish Club BAR
(☎ 07-4743 2577; www.theirishclub.com.au; 1 19th Ave; ⊙10–2, Fr & Sa bis 3 Uhr) Der Irish Club, der sich ein paar Kilometer südlich der Stadt befindet, ist einer von Isas Mehrzwecktreffs. Es gibt hier ein Spielezimmer, die riesige Blarney Bar, eine Karaokebar, den etwas kitschigen, aber brummenden Nachtclub Rish sowie ein ordentliches Restaurant.

❶ Anreise & Unterwegs vor Ort

Rex (☎13 17 13; www.rex.com.au) fliegt täglich direkt von Mt. Isa nach Townsville.

Mt. Isa liegt an der transnationalen Busroute. **Greyhound Australia** (☎ 1300 473 946; www.greyhound.com.au) hat täglich Busse nach Townsville (174 AU$, 11½ Std.), Longreach (125 AU$, 8½ Std.), Brisbane (232 AU$, 26½ Std.) und Alice Springs (243 AU$, 14 Std.). Bequemerweise liegt das Busdepot beim Outback at Isa (S. 499).

Der Inlander-Zug **Queensland Rail** (☎1800 872 467; www.queenslandrailtravel.com.au) fährt zweimal wöchentlich zwischen Mt. Isa und Townsville (Economy Seat/Sleeper Class ab 108/265 AU$, 21 Std.).

Die Autovermieter **Avis** (☎ 07-4743 3733; www.avis.com.au), **Hertz** (☎ 07-4743 4142; www.hertz.com.au) und **Thrifty** (☎ 07-4743 2911; www.thrifty.com.au) haben Schalter am Flughafen.

Für ein Taxi in die Stadt (30–35 AU$) **Mt. Isa Taxis** (☎ 07-4749 9999) anrufen!

VON MT. ISA NACH CHARLEVILLE

Die wohl beliebteste Straßentour im zentralen Outback von Queensland umfasst fast 1200 km und führt zunächst auf dem Barkly Hwy nach Osten und dann auf dem Landsborough Hwy nach Südosten. Hauptsächlich handelt es sich um flaches Land, auf dem Rinderherden weiden, aber auch von Dinosauriern, von Waltzing Matilda, von Qantas und sogar von *Crocodile Dundee* wird man hier hören.

Greyhound Australia (S. 504) bedient diese Strecke mit täglichen Bussen ab Brisbane (über Charleville) oder Rockhampton (über Longreach).

Winton
954 EW.

Gebremster Pioniercharme bestimmt die Hauptstraße von Winton, eines Zentrums der Rinder- und Schafzucht, das sich alle Mühe gibt, aus der Verbindung zu „Waltzing Matilda" das Meiste herauszuholen. Banjo Paterson soll die inoffizielle australische Hymne nach einem Besuch in dem Ort geschrieben haben; ihre Uraufführung erlebte sie vor 120 Jahren im North Gregory Hotel.

Die Elderslie St ist eine bunte Straßenlandschaft aus alten, holzgezimmerten Pubs und historischen Gebäuden, es gibt hier also viele malerisch-nostalgische Fotomotive. Winton ist außerdem die beste Ausgangsbasis zum Dinosaur Trail, weil zwei der größten Dino-Attraktionen im Outback von Queensland von hier aus recht einfach zu erreichen sind.

Das **Outback Festival** (☎ 07-4657 1558; www.outbackfestival.org) bietet Mitte September ausgelassene Outback-Späße.

◎ Sehenswertes

Waltzing Matilda Centre MUSEUM
(☎ 1300 665 115; www.facebook.com/waltzingmatildacentre; 73 Elderslie St) Das Visito Centre mit Museum und Galerie brannte im Juni 2015 ab. In dem Zentrum gab es ein Billabong-Panorama und eine große Menge an Artefakten zu Qantas. Die Stadt ist zum Wiederaufbau entschlossen – aktuelle Infos finden sich auf der Website.

Royal Theatre KINO
(73 Elderslie St; Erw./Kind 7/5 AU$; ⊙ Vorführungen April–Sept. Mi 20 Uhr) Das klassische

DER DINOSAUR TRAIL

Fossilienfans, Amateur-Paläontologen und *Jurassic-Park*-Fans kommen auf dem dreieckigen Dinosaur Trail im Outback von Queensland voll auf ihre Kosten. Die nördlichen Punkte sind **Richmond** (S. 498) mit der reichsten Sammlung von marinen Dinosaurierfossilien in Australien und **Hughenden** (S. 498), die Fundstätte des Muttaburrasaurus. Zwei der besten prähistorischen Attraktionen hat aber die Region um Winton zu bieten.

Vor etwa 95 Mio. Jahren – plus/minus ein paar Millionen – stob eine Herde kleiner Dinos auf der Flucht vor einem Raubsaurier auseinander. In einem Bachbett hinterließ die daraus resultierende Stampede Tausende Fußabdrücke, die Mutter Natur bemerkenswerterweise als Fossilien konservierte. Die **Lark Quarry Dinosaur Trackways** (✆1300 665 115; www.dinosaurtrackways.com.au; 55-minütige Führungen Erw./Kind/Familie 12/7/30 AU$; ✆ Führungen 10, 12 & 14 Uhr) bilden einen winzigen *Jurassic Park* in Queenslands Outback. Rund 110 km südwestlich von Winton sind dort die Spuren der prähistorischen Massenpanik in einem Schutzgebäude mit Laufstegen zu sehen.

Geschützt von einem abgeschirmten Gang, kann diese Stätte nur im Rahmen einer Führung besichtigt werden. Die Guides erläutern, was nach Meinung von Wissenschaftlern hier einst geschah. Es gibt hier keine Unterkünfte oder Restaurants, aber die Anfahrt über die teilweise unbefestigte, in der Trockenzeit auch für normale Autos geeignete Winton–Jundah Rd ist gut ausgeschildert (ca. 1½ Std.).

Das **Australian Age of Dinosaurs** (✆07-4657 0712; www.australianageofdinosaurs.com; Lot 1 Dinosaur Dr; Erw./Kind/Fam. 30/16/69 AU$; ✆ 8.30–17 Uhr, Führungen stündl. 9–15 Uhr), 15 km östlich von Winton am Landsborough Hwy, ist ein faszinierendes interaktives Forschungsmuseum auf einer örtlichen Rinderfarm und befindet sich einem zerklüfteten Plateau, das als Jump Up berühmt ist. Das Museum hat zwei Bestandteile: das Labor und die Sammlung. Letztere enthält die originalen Dinosaurierfossilien, die in der Region gefunden wurden und die unvollständigen Skelette von „Matilda" und „Banjo" bilden. Die Führung widmet beiden Bestandteilen jeweils eine halbe Stunde. Zwischendrin gibt es eine halbstündige Pause. Fossilienfans können sich mit Vorabbuchung einen Tag (65 AU$) oder eine Woche der Präparation von Knochen widmen; für die jährlich stattfindenden dreiwöchigen Grabungen (3500 AU$/Woche) muss man weit im Voraus reservieren.

Matilda Country Tours (✆07-4657 1607; Tour 30–75 AU$; ✆ tgl.) bietet täglich Bustransporte zu beiden Stätten.

In den Besucherzentren der Region kann man sich nach dem Dino Pass erkundigen, mit dem man ermäßigten Eintritt zu allen Attraktionen am Dinosaur Trail hat.

---

halboffene Filmtheater versprüht mit seinen Leinwandstühlen, Wellblechwänden und der mit Sternen bemalten Decke den Charme der guten alten Kinowelt – auch den größten Liegestuhl der Welt gibt's hier. Gezeigt werden im Royal alte Filmklassiker, und im Vorführraum ist ein kleines Museum untergebracht. Gegen eine Spende kann man sich in der Regel hier einfach einmal umschauen.

Arno's Wall SKULPTUR

(Vindex St) Arno's Wall ist Wintons skurrilste Sehenswürdigkeit: Das 70 m lange Work in Progress des Künstlers Arno Grotjahn besteht aus allen möglichen Maschinen und Haushaltsgeräten, von Fernsehgeräten bis zu Motorrädern, die allesamt einzementiert sind.

🛏 Schlafen & Essen

Pelican Van Park WOHNMOBILPARK $
(✆07-4657 1478; 92 Elderslie St; Stellplatz ohne/mit Strom 25/30 AU$, Hütte ab 80 AU$; ❋) Der einfache, aber freundliche Platz ist einer von zweien direkt im Zentrum – praktisch, wenn man den örtlichen Pubs einen Besuch abstatten will.

★ **North Gregory Hotel** HOTEL $$
(✆07-4657 0647; www.northgregoryhotel.com; 67 Elderslie St; Zi. 95–125 AU$; ❋) Um das historische Art-déco-Prunkstück ranken sich viele Geschichten, und es bietet von allen Pubs der Stadt die besten normalen Zimmer oder Zimmer mit angeschlossenem Bad. Das Foyer wirkt wie die glamouröse Kulisse eines Film Noir, während die Zimmer stilistisch irgendwo zwischen der Glanzzeit des Pubs

und dem Brisbane des 20. Jhs. liegen. „Waltzing Matilda" soll im Hotel am 6. April 1895 von seinem Autor Banjo Paterson höchstpersönlich zum ersten Mal angestimmt worden sein.

Musical Fence Cafe CAFÉ $
(07-4657 0647; 67 Eldersite St; Hauptgerichte 5–16 AU$; 7–14 Uhr) Das ans North Gregory Hotel angeschlossene Café mit Schanklizenz ist toll für ein Frühstück oder ein kleines Mittagessen aus Sandwiches, Burgern oder Pizzas.

Tattersalls Hotel KNEIPENKOST $$
(07-4657 1309; 78 Eldersite St; Hauptgerichte 12–28 AU$; 11–21 Uhr) Der freundliche, holzgezimmerte Eck-Pub ist kein Ziel für Feinschmecker, hat aber Kneipenkost zu vernünftigen Preisen im Angebot, die man am besten auf der Holzveranda mit Blick zur Straße wegfuttert. Oben gibt's Zimmer und auf der anderen Straßenseite einen Wohnmobilpark.

Longreach
3200 EW.

Die wohlhabende Stadt im Outback war in der ersten Hälfte des vergangenen Jahrhunderts der Sitz von Qantas, ist heute aber genauso berühmt für die Australian Stockman's Hall of Fame & Outback Heritage Centre, eines der besten Museen im Outback Queenslands. Der Wendekreis des Steinbocks verläuft durch den Ort – die Markierung nahe dem Visitor Centre weist in die heiße (Norden) und die gemäßigte Zone (Süden).

Sehenswertes

★ Qantas Founders Outback Museum MUSEUM
(07-4658 3737; www.qfom.com.au; Landsborough Hwy; Erw./Kind/Fam. 25/15/70 AU$; 9–17 Uhr) In dem Museum findet sich ein originalgroßer Nachbau einer Avro 504K, der ersten Maschine der jungen Fluglinie. Interaktive und multimediale Ausstellungen erzählen die Geschichte von Qantas. Nebenan steht im originalen Qantas-Hangar von 1921 die Replik einer DH-61. Draußen befindet sich ein außer Dienst gestellter, hell glänzender **747-200B Jumbo** (07-4658 3737; www.qfom.com.au; Landsborough Hwy; Museum & Jet-Besichtigung Erw./Kind/Fam. 60/40/175 AU$, Flügelbegehung Erw./Kind 65/55 AU$; Jet-Besichtigung 9.30, 11, 13 & 14.30 Uhr; Flügelbegehung 11, 12.30 & 14.30 Uhr) von 1979. Die Besichtigung des Jumbos und der in der Nähe stehenden Boeing 707 ist faszinierend, und man kann auch mit einem Sicherheitsgurt ausgestattet auf den Flügeln herumspazieren (Reservierung erforderlich).

★ Australian Stockman's Hall of Fame & Outback Heritage Centre MUSEUM
(07-4658 2166; www.outbackheritage.com.au; Landsborough Hwy; Erw./Kind/Fam. 31/15,50/82 AU$; 9–17 Uhr) Das nette Museum residiert in einem schön entworfenen Gebäude mit vielen Bögen und ist eine Hommage an die Outback-Pioniere, die frühen Entdecker, die Viehzüchter und die indigenen Australier. Die fünf Galerien, von denen einige mit interaktiven Touch-Screens ausgestattet sind, behandeln die Aborigines-Kultur, die europäische Entdeckung (eine hübsche Karte zeigt die Reisewege von Burke und Wills, Ludwig Leichhardt, Ernest Giles usw.), die Pioniere und Hirten, das „Leben im Outback" und als letztes die Stockmen. Sehenswert ist die Outback Stockman Show, bei der live Geschichten erzählt werden (Di–So 11 Uhr, Erw./Kind 20/10 AU$).

Zum Museumskomplex gehören auch ein Café, ein Garten und Souvenirläden. Die Eintrittskarten gelten zwei Tage.

Geführte Touren

Kinnon & Co Longreach TOUR
(07-4658 1776; www.kinnonandco.com.au; 115a Eagle St) Der Haupttourveranstalter in Longreach bietet eine Bootsfahrt bei Sonnenuntergang auf dem Thomson River, gefolgt von einem Abendessen unter dem Sternenhimmel und Lagerfeuerunterhaltung (Erw./Kind/Fam. 89/50/250 AU$). Der Postkutschen-„Gallop thru the Scrub" (Erw./Kind/Fam. 89/59/266 AU$) ist ein Highlight, das Postkutschenromantik mit einer Theatervorstellung, einem Mittagessen und einer Filmvorführung kombiniert. Man kann sich aber auch für eine 45-minütige Postkutschenfahrt entscheiden. Vorab reservieren.

Outback Aussie Tours TOUR
(07-4658 3000; www.oat.net.au; Landsborough Hwy) Der Veranstalter mit Sitz am Bahnhof bietet die beliebte „Drover's Sunset Cruise" (Erw./Kind 89/59 AU$) auf dem Thomson River mit Abendessen und Show sowie diverse Tagestouren (Winton, Strathmore Station) und mehrtägige Touren bis nach Cape York und Birdsville.

🛏 Schlafen & Essen

Mit Motels, Cafés, Bäckereien und Pubs bildet die Eagle St den Mittelpunkt des Geschehens.

Longreach Tourist Park WOHNMOBILPARK $
(📞 07-4658 1781; www.longreachtouristpark.com.au; 12 Thrush Rd; Stellplatz ohne/mit Strom 26/32 AU$, Hütte 98 AU$; ❄🏊) Dem großen geräumigen Park fehlt es an Gras, es gibt hier aber einen kleinen Bereich mit Whirlpools und das Barrestaurant Woolshed.

Commercial Hotel PUB $
(📞 07-4658 1677; 102 Eagle St; EZ/DZ mit Bad 85/100 AU$, ohne Bad 36/50 AU$; ❄🏊) Das Commercial hat einfache, aber gemütliche Zimmer, und in dem freundlichen, mit Bougainvilleen geschmückten Biergarten isst es sich gut (Hauptgerichte 12,50-22,50 AU$).

⭐ McKinnon & Co Outback Lodges LODGE $$
(📞 07-4658 3811; www.kinnonandco.com.au; 63-65 Ilfracombe St; separate Hütte 120-135 AU$, Bretterhütte 180 AU$; ❄🏊) Die komfortablen, freistehenden Hütten bieten ein ausgezeichnetes Preis-Leistungs-Verhältnis. Zum Zeitpunkt der Recherche wurde gerade letzte Hand an die neuen Holzbretterhütten gelegt, die rustikales Outback-Flair mit modernem Stil verbinden. Es gibt einen von Palmen beschatteten Swimmingpool, einen Garten mit Vegetation aus der Region und einen großen, überdachten Gemeinschaftsbereich. Die Anlage steht gegenüber dem Qantas-Museum.

Longreach Motor Inn MOTEL $$
(📞 07-4658 2322; 84 Galah St; Zi. 124-134 AU$; ❄🏊) Dieses beliebte Motel am Ende der Einkaufszone des Orts hat riesige Zimmer mit entsprechenden Balkonen und professionelles Personal. An dem geschützten Pool und in dem schattigen Garten lässt sich der Nachmittag gut verbringen. Das hier ansässige Restaurant Harry's (Hauptgerichte 16-30 AU$) ist eines der besten in Longreach.

Eagle's Nest Bar & Grill MODERN-AUSTRALISCH $$
(📞 07-4658 0144; 110 Eagle St; Gerichte 15-34 AU$; ⏰ Mi-Fr 11.30-24, Sa & So 7.45-12 Uhr) Das beliebte Bistro mit Schanklizenz serviert Steaks und Meeresfrüchte. Eine tolle Adresse für ein Frühstück am Wochenende.

ℹ Praktische Informationen

Das **Longreach Visitor Information Centre** (📞 07-4658 3555; 99 Eagle St; ⏰ Mo-Fr 8-16.45, Sa & So 9-12 Uhr) befindet sich am nördlichen Ende der Eagle St.

ℹ An- & Weiterreise

Greyhound Australia (📞 1300 473 946; www.greyhound.com.au) hat einen täglichen Bus nach Brisbane (173 AU$, 18 Std.) über Charleville und einen nach Mt. Isa (125 AU$, 8½ Std.) über Winton und Cloncurry. Die Busse halten hinter dem Commercial Hotel.

Queensland Rail (📞 1800 872 467; www.queenslandrailtravel.com.au) betreibt zweimal wöchentlich den *Spirit of the Outback* zwischen Longreach und Brisbane über Rockhampton.

Barcaldine

1500 EW.

Barcaldine (ausgesprochen „Bar-*call*-din") ist ein bunter kleiner Ort mit Pubs an der Kreuzung des Landsborough Hwy und des Capricorn Hwy (Rte 66), 108 km östlich von Longreach.

Der Ort schrieb 1891 in Australien Geschichte, als er zum Zentrum eines großen Streiks der Schafscherer wurde. Der Konflikt trug zur Gründung der Australian Workers' Party bei, der heutigen Australian Labor Party. Treffpunkt der Streikführung war der Tree of Knowledge, ein Eukalyptusbaum, der in der Nähe des Bahnhofs stand und lange ein Denkmal für den Kampf der Arbeiter um ihre Rechte war. Der Baum wurde auf mysteriöse Art und Weise 2006 mit einem Herbizid vergiftet und ging ein. Heute sorgt hier ein radikales neues Denkmal für politische Aufregung.

Die ursprünglichen Bewohner der Gegend waren die Inningai, die bald nach der Ankunft des Entdeckers Thomas Mitchell (1824) „verschwanden".

👁 Sehenswertes & Aktivitäten

⭐ Tree of Knowledge Memorial DENKMAL
(Oak St) Die 5 Mio. AU$ teure zeitgenössische Kunstinstallation - ein missmutiger Einheimischer bezeichnete sie als „umgestürzten Milchkasten" - schaut man sich am besten nachts an, wenn Licht gebrochen durch die hölzernen Windspiele fällt. Ob einem das Werk gefällt oder nicht, es macht die Kunden in der Kneipe gegenüber zu Kunstkritikern, und die meisten Einhei-

mischen behaupten, es sei ihnen ans Herz gewachsen.

Australian Workers Heritage Centre
MUSEUM
(☏ 07-4651 1579; www.australianworkersheritage-centre.com.au; Ash St; Erw./Kind/Fam. 16/9/40 AU$; ⊕ Mo-Sa 9-17 Uhr, So 10-16 Uhr) Das Zentrum ist den sozialen, politischen und Arbeiterbewegungen in Australien gewidmet. Vielfältige Dauer- und Wechselausstellungen feiern z.B. die arbeitenden Frauen, die Schafscherer und die Gründung der Australian Workers Union.

Artesian Country Tours
GEFÜHRTE TOUR
(☏ 07-4651 2211; www.artesiancountrytours.com.au; Erw./Kind 145/65 AU$; ⊕ MO, Mi & Sa) Das Unternehmen veranstaltet eine sehr zu empfehlende historische Tour zu den Lavahöhlen, Rinderfarmen und Stätten mit Aborigine-Felskunst in der Gegend um Aramac und Gracevale.

🛏 Schlafen & Essen

Homestead Caravan Park
WOHNMOBILPARK $
(☏ 07-4651 1308; www.homesteadcvpark.com.au; Landsborough Hwy; Stellplatz ohne/mit Strom 18/27 AU$, Hütte 55-90 AU$) Der kompakte kleine Wohnmobilpark mit grasbewachsenen Stellplätzen ist nur einen kurzen Spaziergang vom Zentrum und den Pubs entfernt. Die freundliche Verwaltung findet man in der örtlichen Raststätte.

Shakespeare Hotel
PUB $
(☏ 07-4651 1111; 95 Oak St; EZ/DZ ohne Bad 30/40 AU$, DZ-Wohneinheit 60 AU$, Hauptgerichte 23-29 AU$) Der große rote Pub gegenüber dem Tree of Knowledge hat die besten Pub-Zimmer vor Ort und gutes Essen.

Barcaldine Country Motor Inn
MOTEL $$
(☏ 07-4651 1488; 1 Box St; EZ/DZ 89/99 AU$; ❄) Die sehr anheimelnden Zimmer sind gut eingerichtet, kühl und sauber. Gleich um die Ecke liegen die kultigen Pubs an der Hauptstraße.

Ironbark Inn
MOTEL $$
(☏ 07-4651 2311; www.ironbarkmotel.com.au; 72 Box St; DZ Hütte ab 90 AU$, Motel-Wohneinheit 120-145 AU$) Das Ironbark Inn hat eine ruhige Lage einige Blocks südlich der Hauptstraße und saubere, komfortable Motelzimmer in einem urtümlichen Garten. Hier ist auch das beliebte, rustikale **3Ls Bar & Bistro** (Hauptgerichte 20-30 AU$) zu finden.

ℹ Praktische Informationen

Das **Visitor Information Centre** (☏ 07-4651 1724; Oak St; ⊕ März-Okt. tgl. 8.15-16.30 Uhr, Nov.-Feb. Sa & So 9-14 Uhr) befindet sich neben dem Bahnhof.

CHARLEVILLE
3300 EW.

Charleville ist die große alte Dame des zentralen Queenslands mit ein paar interessanten Attraktionen für Traveller. Es ist die größte Stadt im Busch und das südliche Tor zum Outback. Wegen ihrer erstklassigen Lage am Warrego River war die Stadt ein wichtiges Zentrum für die frühen Erkunder. Cobb & Co hatten ihre größte Postkutschen-Werkstatt im Ort. Als wichtiges Zentrum der australischen Wollindustrie hat sich Charleville seinen Wohlstand bewahrt.

Das **Visitor Information Centre** (☏ 07-4654 7771; Qantas Dr) im Cosmos Centre südlich der Stadt bucht Touren in der Region.

⊙ Sehenswertes & Aktivitäten

Cosmos Centre
OBSERVATORIUM
(☏ 07-4654 7771; www.cosmoscentre.com; Qantas Dr; Observatorium 28/19 AU$, Sonnenbeobachtung 12/9 AU$; ⊕ 10-16 Uhr, Observatorium 19.30 Uhr) Im Cosmos Centre sieht man den Sternenhimmel des Outbacks in all seiner Pracht durch ein Hochleistungsteleskop in Begleitung von kundigen Führern. Die 90-minütigen Veranstaltungen beginnen um 19.30 Uhr, kurz nach Sonnenuntergang. Es gibt auch ein Sonnenteleskop, durch das man bei Tag die Sonne beobachten kann. Die Veranstaltungen finden nur bei wolkenlosem Himmel statt, der hier draußen aber häufig ist.

Bilby Experience
NATUR
(☏ 07-4654 7771; www.savethebilbyfund.com; 1 Park St; 10 AU$; ⊕ April-Okt. Mo, Mi, Fr, So 18 Uhr) Hier hat man die seltene Gelegenheit, Kaninchennasenbeutler zu sehen. Freiwillige erläutern die Aufzucht der Tiere in Gefangenschaft und das Erhaltungsprogramm.

🛏 Schlafen & Essen

Evening Star
FARMSTAY $
(Thurlby Station; ☏ 07-4654 2430; Adavale Rd; Stellplatz ohne/mit Strom 26/30 AU$, Hütte 110 AU$; ⊕ April-Okt.) Auf der nur 9 km westlich von Charleville gelegenen Farm gibt's Stellplätze, eine schlichte Hütte mit angeschlossenem Bad, eine rustikale Bar und regelmäßig Musik am Lagerfeuer. Führun-

gen über die Farm (40 AU$/Pers.) bekommt man mittwochs und samstags.

Hotel Corones HOTEL $
(07-4654 1022; 33 Wills St; EZ/DZ einfaches Zi. 50/70 AU$, EZ/DZ Motel 89/99 AU$, EZ/DZ historisches Zi. 95/115 AU$; ❄) Das majestätische Hotel Corones ist ein klassischer Country-Pub mit einfachen Zimmern im Obergeschoss, wiederhergestellten historischen Zimmern mit Kamin und Buntglasfenstern sowie Motelzimmern an der Seite. Man speist in dem grandiosen Speisesaal, im Biergarten oder im Pub an der Bar.

Moo Steakhouse STEAKHAUS $$
(07-4654 1002; 34 Wills St; Hauptgerichte 14–27 AU$; ⊙12–15 & 18–23 Uhr) Das Moo im Hotel Corones, das sich selbst als „Charlevilles schlechtestes vegetarisches Restaurant" anpreist, bringt saftige Steaks nach City-Art zurück ins Rinderland.

CHANNEL COUNTRY

Outback gefällig? Das Channel Country verkörpert es in seiner reinsten Form – und das gleich meilenweise! In der unbarmherzigen, über weite Teile unbewohnten Region wird die Landschaft von roten Sandhügeln, Wildblumen, bizarren Lichtspielen und grasenden Rindern dominiert. Die vielen Kanäle sind durch Wasser entstanden, das sich nach den Monsunregen seinen Weg südwärts zu den Flüssen Georgina, Hamilton und Diamantina und dem Cooper Creek bahnt. Die sengende, staubige Hitze macht einen Besuch der Region in den Sommermonaten (Okt.–April) unerträglich.

❶ Anreise & Unterwegs vor Ort

Im Channel Country fahren weder Züge noch Busse; die nächste Autovermietung befindet sich in Mt. Isa. Einige der Straßen, die von Osten nach Norden bis an die Grenzen des Channel Country verlaufen, sind befestigt. Zwischen Oktober und Mai werden sie jedoch mitunter von schlammigem Morast bedeckt und sind dann unbefahrbar. Man benötigt in jedem Fall ein robustes Fahrzeug mit großer Bodenfreiheit und guter Federung; für Touren abseits der größeren Straßen ist zudem ein Allradantrieb erforderlich. Und immer genug Trinkwasser und Benzin mitnehmen!

Die Hauptstraße durch dieses Gebiet ist die Diamantina Developmental Rd, die von Mt. Isa über Boulia bis nach Bedourie asphaltiert ist und dann als unbefestigte Piste Richtung Osten weiter nach Windorah führt. Die Straßen nach Birdsville sind ab Bedourie unbefestigt genauso wie die aus Windorah. Normale Autos können in der Trockenzeit die Straße befahren, man sollte aber unbedingt vorab den Straßenzustand checken.

Boulia
230 EW.

Die inoffizielle Hauptstadt des Channel Country ist ein netter kleiner Vorposten am spitzen Ende der großen Simpsonwüste. Die längste Poststrecke der Welt, die rund 3000 km weiter südlich in Port Augusta in South Australia beginnt, endet hier. Wer am dritten Juliwochenende im Ort ist, kann sich die **Boulia Camel Races** ansehen, eines der wichtigsten Events in der australischen Kamelrennserie.

Die bekanntesten „Bewohner" Boulias sind die Min Min Lights, ein mysteriöses Naturereignis: Wenn die Temperaturen nach Einbruch der Dunkelheit sinken, tauchen umherirrende Lichter am ungewöhnlich flachen Horizont auf. Sind die Außerirdischen nun da draußen? Jedenfalls gibt es viele Science-Fiction-Tricks und schaurige Beleuchtung bei der stündlichen „Alienshow" im **Min Min Encounter** (07-4746 3386; Herbert St; Erw./Kind/Fam. 18/15/45 AU$; ⊙April–Sept. tgl. 8.45–17 Uhr, Mo–Fr 8.45–17, Sa 10–14 Uhr), einer typischen, kitschigen Touristenattraktion. Im Haus befindet sich auch die Touristeninformation.

Das **Stone House Museum** (Ecke Pituri & Hamilton St; Erw./Kind 5/3 AU$; ⊙Mo–Fr 8.30–17, Sa & So 8–12 Uhr) umfasst neben dem 1888 erbauten Haus der Pionierfamilie Jones (dem Stone House) Schuppen mit Outback-Kram, Weltraumschrott, Zeugnisse der Ortsgeschichte und Artefakte der Aborigines.

Es gibt einen **Wohnmobilpark** (07-4746 3320; Herbert St; Swag-Stellplatz 10 AU$, Stellplatz ohne/mit Strom 20/25 AU$, Hütte 75–95 AU$) und einen **Pub** (07-4746 3144; Herbert St; EZ/DZ 44/55 AU$, Motel-Wohneinheit 99 AU$; ❄) im Ort, ansonsten noch das **Desert Sands Motel** (07-4746 3000; www.desertsandsmotel.au; Herbert St; EZ/DZ 127/137 AU$; ❄ ⊙) mit modernen und geräumigen Wohneinheiten.

Die asphaltierte Kennedy Developmental Rd (Rte 62) führt von Boulia 369 km ostwärts nach Winton. Der einzige Halt unterwegs ist **Middleton**, 175 km nach Boulia, wo es einen **Pub** (07-4657 3980; Kennedy Developmental Rd; Hauptgerichte 16–30 AU$, Barsnacks ab 10 AU$) und Benzin gibt.

ABSEITS DER ÜBLICHEN PFADE

WINDORAH, QUILPIE & UMGEBUNG

Die Birdsville Developmental Rd führt ostwärts aus Birdsville hinaus und trifft nach 277 km auf die rauen Schotter- und Sandpiste auf die Diamantina Developmental Rd. Autofahrer müssen ausreichend Benzin und Wasser für die 395 km lange Strecke bis zum nächstgelegenen Ort Windorah mitnehmen.

Windorah, gleich westlich des Cooper Creek, hat einen Pub, einen Gemischtwarenladen und einen einfachen Wohnmobilpark. Das 1878 gegründete **Western Star Hotel** (07-4656 3166; www.westernstarhotel.com.au; 15 Albert St; Windorah; Hotel EZ/DZ 80/90 AU$, Motel EZ/DZ 130/140 AU$; ❄) ist ein wundervolles Landgasthaus mit köstlichem Essen und tollen Motelzimmern in einem separaten Gebäude. Am Mittwoch vor dem **Birdsville Cup** (S. 507) in Birdsville gibt's hier ein **Flusskrebsrennen**.

In **Quilpie** wird nach Opalen geschürft und Rinder werden zum Transport zur Küste in die Bahn verfrachtet. Südlich von Quilpie und westlich von Cunnamulla liegen die abgeschiedenen **Yowah Opal Fields** und der Ort **Eulo**, der Ende August zusammen mit Cunnamulla die **Weltmeisterschaft im Eidechsenrennen** ausrichtet. In **Thargomindah**, 130 km westlich von Eulo, gibt es ein paar Motels und ein Gasthaus. Weitere 145 km weiter westlich gibt es in **Noccundra** gerade einmal ein Hotel mit schlichter Unterkunft, Mahlzeiten und einer Zapfsäule. Wer über einen Geländewagen verfügt, kann über den rauen und steinigen Strzelecki Track noch weiter Richtung Westen bis nach Innamincka in South Australia fahren. Dabei passiert man die Stätte des berühmten **Dig Tree**, unter dem William Brahe während der gescheiterten Expedition von Burke und Wills (1860–1861) Vorräte vergrub.

Bedourie

280 EW.

Bedourie ist der Verwaltungssitz des riesigen Diamantina Shire und ein freundlicher Vorposten im Outback. Der Ort liegt 200 km südlich von Boulia und ist über eine kürzlich asphaltierte Straße zu erreichen. Eine große Attraktion ist das kostenlose öffentliche Schwimmbad mit einem **artesischen Spa**.

Das charmante **Bedourie Hotel** (07-4746 1201; www.bedouriehotel.com; Herbert St; Zi. ab 88 AU$; ❄) wurde in den 1880er-Jahren aus Lehmziegeln erbaut und bildet den geselligen Mittelpunkt der Region. Nach hinten hinaus gibt's sehr gemütliche Motelzimmer. Im Speisesaal werden Steaks und Barramundi in gewaltigen Portionen aufgetischt.

Einen Wohnmobilpark und komfortable Motelzimmer bietet die **Simpson Desert Oasis** (07-4746 1291; www.simpsondesertoasis.com.au; 1 Herbert St; Stellplatz ohne/mit Strom kostenlos/26 AU$, EZ/DZ Motel 149/150 AU$; ❄ @), eine Raststätte mit Tankstelle, Supermarkt und Restaurant.

Birdsville

120 EW.

Wer wirklich von sich sagen will, er habe als Traveller die gebahnten Wege verlassen, kommt um Birdsville nicht herum, den Inbegriff einer australischen Siedlung am Rand der Simpsonwüste und Queenslands abgelegenste „Stadt".

Am ersten Septemberwochenende locken die jährlichen Pferderennen um den **Birdsville Cup** (www.birdsvilleraces.com) bis zu 7000 Fans aus dem ganzen Land an, die drei staubige Tage mit Trinken, Tanzen und Glücksspiel verbringen. Das Parken ist für Leichtflugzeuge kostenlos.

Seit 1884 steht das solide aus Sandstein gebaute, vielgeliebte **Birdsville Hotel** (07-4656 3244; www.theoutback.com.au; Adelaide St; EZ/DZ 140/160 AU$; ❄) im Ort. Die motelartigen Wohneinheiten sind geschmackvoll und geräumig, und das Restaurant präsentiert sich überraschend schick.

Birdsville Track

Südlich von Birdsville führt der 517 km lange Birdsville Track nach Maree in South Australia. Dabei durchquert der Track die einsame Gegend zwischen der Simpson Desert im Westen und der Sturt Stony Desert im Osten. Für den ersten Abschnitt ab Birdsville gibt's zwei verschiedene Routen. Momentan ist aber nur der längere und weiter östlich verlaufende Outside Track befahrbar.

Man sollte sich vor der Fahrt im **Wirrarri Centre** (07-4656 3300) über den Straßenzustand informieren.

Munga-Thirri National Park

Die riesige, wasserlose Simpson Desert (200 000 km²) im Herzen Australiens erstreckt sich über die Grenzen von Queensland, von South Australia (SA) und des Northern Territory. Im äußersten Südwesten Queenslands steht sie unter dem Schutz des entlegenen, ausgedörrten Munga-Thirri National Park (10 000 km²) mit hohen roten Sanddünen, Spinifex- und Wüstengräsern.

Während der Birdsville Track bei trockenen Bedingungen gerade noch mit normalen Autos befahrbar ist, erfordert die Durchquerung der Simpson Desert aber Allradantrieb und deutlich mehr Vorbereitung. So sollte man sich ausschließlich in Gruppen von mindestens zwei Geländewagen auf den Weg machen und unbedingt geeignete Kommunikationsmittel (z. B. einen EPIRB-Sender) für Notrufe dabeihaben. Alternativ verleiht die **Polizei in Birdsville** (07-4656 3220; Birdsville) Satellitentelefone, die man bei der **Polizei in Maree** (08-8675 8346; Maree; SA) zurückgibt.

Wer irgendwo im Park zelten möchte, braucht eine Genehmigung (5,75/23 pro Pers./Fam.), die online (www.nprsr.qld.gov.au), bei den Nationalparkbüros in Birdsville oder Longreach und bei den Tankstellen in Birdsville erhältlich ist. Für die Einreise in die Nationalpark von South Australia braucht man eine separate Genehmigung, die bei **National Parks South Australia** (1800 816 078; www.environment.sa.gov.au) erhältlich ist.

DER SAVANNAH WAY

Der endlos lange Savannah Way führt von Cairns bis nach Broome und durchschneidet den Norden des Landes. Der Abschnitt in Queensland von Cairns nach Burketown verbindet die Ostküste mit dem Golf von Carpentaria und ist eine der großen Straßentouren im Bundesstaat.

Hier erstrahlt die Welt in anderen Farben: Vom Grün der wolkenverhangenen Berge und riesigen Zuckerrohrfelder an der Ostküste bis zum Rot der staubigen Landschaft aus endlosem Weideland, struppigen Wäldern und Mangroven, die von einem dichten Netz von oft ausgetrockneten Flüssen und vor Krokodilen wimmelnden Wasserläufen durchzogen sind, die alle schließlich in den Golf von Carpentaria münden. Vor allem Barramundis kann man hier besser angeln als irgendwo sonst. Die Saison dauert von Mitte Januar bis Ende September.

Mit Abstechern nach Karumba und in den Boodjamulla (Lawn Hill) National Park ist dies ein echtes Outback-Abenteuer, und man braucht noch nicht einmal einen Geländewagen, um den größten Teil der Strecke in der Trockenzeit zu erkunden.

Trans North (07-4096 8644; www.transnorthbus.com) betreibt dreimal wöchentlich einen Bus zwischen Cairns und Karumba (154 AU$, 11 Std.), der in allen Orten hält, darunter in Undara (67 AU$, 4½ Std.) und Normanton (148 AU$, 10 Std.). Der Bus startet montags, mittwochs und freitags in Cairns und dienstags, donnerstags und samstags in Karumba.

Von Normanton gibt es keine Busverbindungen nach Mt. Isa oder Burketown.

Undara Volcanic National Park

Vor rund 190 000 Jahren brach der Undara-Schildvulkan aus, und die Lava ergoss sich über die umliegende Landschaft. Während die Oberfläche der Lava abkühlte und erstarrte, strömte die heiße Lava unten weiter und hinterließ das größte, wenn auch teilweise eingestürzte, Lavaröhrensystem der Erde, dessen Entstehung auf einen einzigen Schlot zurückgeht.

Hier oben gibt es mehr als 160 km an Lavaröhren, aber nur ein Bruchteil davon kann besichtigt werden und das nur im Rahmen einer Führung. Die meisten werden von **Undara Experience** (07-4097 1900, 1800 990 992; www.undara.com.au; Tour 2–4 Std. Erw./Kind/Fam. ab 55/27,50/165 AU$) durchgeführt. Es gibt täglich vier Hauptführungen, die am Undara Experience Resort (S. 509) starten, darunter die zweistündigen Touren „Archway Explorer" und „Active Explorer". Eine beliebte Tour heißt „Wildlife at Sunset" (Erw./Kind 60/30 AU$). Hier kann man abends sehen, wie winzige Zwergfledermäuse aus einem Höhleneingang ausschwärmen und zur Beute blitzschneller hängender Baumnattern werden, die als „Nachttiger" bezeichnet werden. **Bedrock Village Caravan Park & Tours** (07-4062 3193; www.bed

> **HISTORISCHE ZÜGE AM GOLF**
>
> Es gibt zwei nostalgische Zugverbindungen am Golf. Der historische **Savannahlander** (☏ 1800 793 848, 07-4053 6848; www.savannahlander.com.au; einfache Strecke/hin & zurück 232/392 AU$), auch Silver Bullet genannt, fährt entlang einer traditionellen Bergbaubahn von Cairns nach Forsayth und zurück. Abfahrt in Cairns ist mittwochs um 6.30 Uhr, Rückkehr samstags um 18.40 Uhr. Die verschiedenen Fahrten – mit Abstechern nach Chillagoe, Undara und in die Cobbold Gorge – sowie die entsprechenden Unterkünfte können online gebucht werden.
>
> Der ebenfalls historische **Gulflander** (☏ 07-4745 1391; www.gulflander.com.au; Erw. einfache Strecke/hin & zurück 69/115 AU$, Kind 35,50/57,50 AU$) fährt einmal pro Woche von Normanton nach Croydon und zurück. Der pittoreske Zug mit der flachen Schnauze rattert entlang der Gulf Developmental Rd auf den 1891 verlegten Schienen der früheren „Goldtransportbahn". Abfahrt in Normanton ist mittwochs um 8.30 Uhr, in Croydon donnerstags um 8.30 Uhr.

rock-village.com.au; Mt. Surprise; ganzer Tag Erw./Kind 128/65 AU$, halber Tag 82/42 AAU$) bietet ab Mt. Surprise ebenfalls Touren.

Ein lohnender Abstecher ist die ausgeschilderte Fahrt zum **Kalkani-Krater**. Die Kraterrand-Wanderung ist vom nur tagsüber geöffneten Parkplatz ein leichter, 2,5 km langer Rundweg mit gutem Ausblick auf das umliegende Land.

Opera in the Outback, ein Event, das im Oktober im Undara Experience stattfindet, ist eine einmalige Darbietung klassischer Musik unter dem Sternenhimmel.

Undara liegt 15 km südlich des Savannah Way an einer asphaltierten Straße.

🛏 Schlafen & Essen

★ **Undara Experience** RESORT $$
(☏ 1800 990 992; www.undara.com.au; Stellplatz ohne/mit Strom 12,50/18 AU$ pro Pers., EZ/DZ Bahnwaggon ab 90/170 AU$; ✱✱) Gleich außerhalb des Nationalparks bietet Undara Experience eine große Auswahl an Unterkünften, von einem schattigen Campingplatz über niedliche kleine Swag-Zelte auf erhöhten Plattformen bis zu modernen Zimmern mit angeschlossenem Bad. Das Highlight sind die restaurierten Eisenbahnwaggons, die charmant eingerichtet sind und teilweise ein angeschlossenes Bad haben. Hier wohnt man nahe bei den Höhlen und den umliegenden Busch-Wanderwegen, außerdem gibt's ein gutes Restaurant, eine Bar, Grillbereiche, einen kleinen Laden und teures Benzin.

Von Undara nach Croydon

Rund 32 km westlich von Mt. Surprise nimmt man einen der teilweise asphaltierte **Explorers' Loop** (Straßenbedingen im Vorfeld checken!) mit auf eine 150 km lange Rundreise durch alte Goldgräberstädte. In **Einasleigh** nimmt man einen Drink im einzigen Pub und schaut sich die erstaunliche Miniatur-Puppenhaussammlung des Wirts an, ehe man hinüber zur Copperfield Gorge schlendert. Hinter **Forsayth** fährt man weiter zur privaten, von Quellen gespeisten Oase von **Cobbold Gorge**, die Hauptattraktion hier draußen und einer jener unerwartet schönen Funde im Outback.

In **Cobbold Gorge Village** (☏ 1800 669 922, 07-4062 5470; www.cobboldgorge.com.au; Cobbold Gorge; Stellplatz ohne/mit Strom/mit Bad 26/36/49 AU$, EZ/DZ ab 89/99 AU$; ⊙ April–Okt.; ✱@✱✱) werden dreistündige **Buschwandertouren** (☏ 07-4062 5470, 1800 669 922; www.cobboldgorge.com.au; Cobbold Gorge; Erw./Kind/Fam. 79/39,50/205 AU$; ⊙ April–Okt. 10 Uhr, Juni–Aug. auch 13.30 Uhr) veranstaltet, deren Höhepunkt eine Bootsfahrt durch die hinreißende Schlucht ist. Auf den Felsen, an denen man vorbeifährt, sonnen sich Krokodile. Der Infinity Pool mit schwimmender Bar in der Anlage ist inmitten aus der ausgedörrten Umgebung ein höchst willkommener Fund.

Georgetown (244 Ew.) bildet den Endpunkt der Schleife und liegt wieder am Savannah Way. Die einzige echte Sehenswürdigkeit hier ist das schicke **Terrestrial Centre** (☏ 07-4062 1485; Low St; ⊙ Mai–Sept. 8–17 Uhr, Okt.–April Mo–Fr 8.30–16.30 Uhr) mit dem **Visitor Centre** und der **Ted Elliot Mineral Collection** (☏ 07-4062 1485; Low St; Eintritt 8 AU$; ⊙ 8–17 Uhr), einer schimmernden Sammlung von mehr als 4500 Mineralien, Edelsteinen und Kristallen, die aus ganz Australien stammen.

Croydon

312 EW.

Unglaublich, aber wahr: Dank eines kurzen, aber lukrativen Goldrauschs war das winzige Croydon einst die größte Stadt in der Golfregion. 1885 wurde in Croydon Gold entdeckt, aber am Ende des Ersten Weltkriegs waren die Vorkommen erschöpft, und der Ort wurde mehr oder weniger zu einer Geisterstadt.

Croydons **Visitor Information Centre** (07-4748 7152; Samwell St; April–Sept. tgl. 9–16.30 Uhr, Okt.–März Mo–Fr 9–16.30 Uhr) hat Details zum historischen Viertel und zeigt einen kurzen (kostenlosen) Film über die Tage des Goldrauschs. Der Lake Belmore, 4 km nördlich vom Zentrum, ist voll von Barramundis und zum Baden oder Angeln geeignet.

Das 1887 erbaute **Club Hotel** (07-4745 6184; www.clubhotelcroydon.com.au; Ecke Brown St & Sircom St; DZ 80 AU$, Wohneinheit 115 AU$;) ist der einzige von einstmals mehr als 30 Pubs, der aus den Tagen des Bergbaus übrig geblieben ist. Hier bekommt man Gerichte in riesigen Portionen, eiskaltes Bier und kann von der Veranda aus den Sonnenuntergang genießen. Camper finden Stellplätze im **Croydon Caravan Park** (07-4745 6238; www.croydon.qld.gov.au/croydon-caravan-park; Ecke Brown St & Alldridge St; Stellplatz ohne/mit Strom 20/30 AU$, DZ/FZ Hütte 100/120 AU$;).

Im **Croydon General Store** (07-4745 6163; Sircom St; Mo–Fr 7–18.30, Sa & So 9–19.30 Uhr) behauptet ein Schild, er wäre der „ältesten Laden Australiens, gegründet 1894". Wir haben das nicht nachgeprüft, aber das Innere mit den Holzdielen stammt mit Sicherheit aus ferner Zeit. Die kleine Sammlung von historischem Krimskrams lohnt einen Blick.

Normanton

1469 EW.

Als Hafen für Croydons Goldrausch prunkt Normanton mit einer breiten und recht langen Hauptstraße, an der einige farbenfrohe alte Gebäude stehen. Heute ist der Ort ein Kreuzungspunkt von Travellern auf dem Weg nach Karumba und Burketown und die Endstation des *Gulflander*-Zugs. Der Norman River produziert mächtige Barramundis; jedes Jahr an Ostern lockt das **Barra Bash** große Menschenmengen an, gleiches gilt für die **Normanton Rodeo & Show** (Mitte Juni) und die **Normanton Races** (Sept.).

Im historischen Burns Philp Building bietet Normantons ausgezeichnetes **Visitor Information & Heritage Centre** (07-4745 8444; www.carpentaria.qld.gov.au; Ecke Caroline St & Landsborough St; April–Sept. Mo–Fr 9–16, Sa & So bis 12 Uhr, Okt.–März So geschl.) eine Bibliothek, historische Ausstellungen und viele Informationen zur Region. Wenn es geschlossen ist, bekommt man Infos am Bahnhof von Normanton.

Jeder hält an, um ein Foto von **Krys the Crocodile** an der Landsborough St zu schießen. Dabei handelt es sich um die angeblich lebensgroße Statue eines 8,64 m langen Leistenkrokodils, das 1958 von der Krokodiljägerin Krystina Pawloski auf dem Norman River erlegt wurde – das größte jemals nachgewiesene Krokodil weltweit.

Der **Normanton Tourist Park** (1800 193 469, 07-4745 1121; www.normantontouristpark.com.au; 14 Brown St; Stellplatz ohne/mit Strom 24/32 AU$, Hütte mit/ohne Bad 105/100 AU$;) bietet auf einem schattigen Gelände an der Hauptstraße Hütten und ein artesisches Spa.

Nicht zu übersehen ist das farbenfrohe Holzgebäude des **Purple Pub** (07-4745 1324; Ecke Landsborough St & Brown St; 100/120 AU$, Hauptgerichte 15–25 AU$;). Hier gibt es gute Pub-Gerichte (15–25 AU$) und hinter dem Haus Zimmer im Motelstil.

Karumba

587 EW.

Ach, Karumba, du Anglerparadies und Wintersitz vieler Rentner aus dem Süden. Wenn die Sonne als feuriger Ockerball in den Golf von Carpentaria versinkt, ist dies wahrlich ein kleines Outback-Paradies. Und auch, wenn man nicht angeln mag, bleibt Karumba die einzige über eine asphaltierte Straße erreichbare Stadt an der gesamten Küste des Golfs und ein prima Ort, um sich ein paar Tage zu entspannen.

Die eigentliche Ortschaft liegt am Norman River, während Karumba Point – der bessere Ort, um sich ein Quartier zu suchen – an der Straße rund 6 km entfernt am Strand liegt. Die beiden Gemeinden sind auch durch einen heißen, offenen 3 km langen Wanderweg verbunden. Karumbas **Visitor Information Centre** (07-4745 9582; www.carpentaria.qld.gov.au; Walker St, Karumba Town; April–Sept. Mo–Fr 9–16.30, Sa & So bis 12 Uhr, Okt.–März So geschl.; ☎) hat Einzelheiten zu Bootstouren und Charterbooten zum Angeln.

◉ Sehenswertes & Aktivitäten

Barramundi Discovery Centre
AUFZUCHTSTATION

(☏ 07-4745 9359; 148 Yappar St, Karumba Town; Erw./Kind 15/7,50 AU$; ⊘ Führungen Mo–Fr 10.30 & 13.30, Sa & So 9.30 Uhr, Laden Mo–Fr 9.30–15.30, Sa & So 9–12 Uhr) Alles, was man schon immer über Barramundis wissen wollte, erfährt man bei einer Führung durch diese Aufzuchtstation, wo man Barras auch von Hand füttern kann. Im Geschenkeladen gibt's vor Ort hergestellte Taschen aus Barramundi-, Krokodil- und Aga-Krötenleder.

Ferryman
BOOTSFAHRT

(☏ 07-4745 9155; www.ferryman.net.au; Bootstour 45 AU$, Krokodilbeobachtung 60 AU$) Eine Bootsfahrt auf dem Golf in den Sonnenuntergang ist in Karumba unbedingt angesagt. Ferryman veranstaltet in der Trockenzeit regelmäßig Bootsfahrten mit Getränken und Garnelen, Obst und Käseplatten. Das Unternehmen vermietet auch Boote für Angelausflüge (halber/ganzer Tag 100/200 AU$).

Croc & Crab Tours
TOUR

(☏ 0428 496 026; www.crocandcrab.com.au; halbtägige Tour Erw./Kind 119/60 AU$, Bootstour Erw./Kind 65/30 AU$) Diese ausgezeichneten halbtägigen Ausflüge beinhalten Krabbenfischen und Krokodilbeobachtungen am Norman River sowie ein Mittagessen aus Schlammkrabben und örtlichen Garnelen. Angeboten werden auch Bootstouren in den Sonnenuntergang.

🛏 Schlafen & Essen

Die Garnelenfischerei ist hier immer noch ein wichtiger Gewerbezweig, und man kann frische (und gefrorene) Meeresfrüchte aus den hiesigen Gewässern in Läden überall um Karumba Town und Point kaufen – einfach nach der Ausschilderung schauen. Ein Kilo Garnelen kostet 20 AU$.

★ Karumba Point Sunset Caravan Park
WOHNMOBILPARK $

(☏ 07-4745 9277; www.sunsetcp.com.au; 53 Palmer St, Karumba Point; Stellplatz ohne/mit Strom 34/41 AU$, Hütte 105–125 AU$; ❄@🛜🏊) Der beste der vier Wohnmobilparks in der Gegend von Karumba bietet schattenspendende Palmen, makellose Einrichtungen und liegt gleich neben einem Bootssteg und dem Strand.

Ash's Holiday Units
MOTEL $$

(☏ 07-4745 9132; www.ashsholidayunits.com.au; 21 Palmer St, Karumba Point; EZ/DZ 105/114 AU$; ❄@🛜🏊) Die separaten Hütten im Motelstil liegen rund um einen kleinen Pool. Im Café (8–22 AU$) gibt's großartige Fish & Chips und Barra-Burger (9,50 AU$).

End of the Road Motel
MOTEL $$

(☏ 07-4745 9599; www.endoftheroadmotel.com.au; 26 Palmer St, Karumba Point; DZ 165–210 AU$; ❄🛜🏊) Karumbas bestes Motel bietet eine Auswahl an Zimmern und vom Garten aus einen Blick in den Sonnenuntergang. Von den besten Zimmern aus hat man natürlich eine schöne Sicht auf den Golf.

★ Sunset Tavern
PUB $$

(☏ 07-4745 9183; www.sunsettavern.com.au; The Esplanade, Karumba Point; Hauptgerichte 15–35 AU$; ⊘ 10–22 Uhr) Das große, offene Lokal ist bei Sonnenuntergang *der* angesagte Ort in Karumba Point, um bei einem Glas Wein und einem Meeresfrüchteteller zuzuschauen, wie die Sonne im Golf versinkt. Das Essen ist durchaus ordentlich, aber die Aussicht ist besser – früh kommen, um sich einen Tisch im Freien mit dem besten Blick zu sichern!

Der Nordwesten

Die Straße von Normanton nach Burketown ist auf rund 30 km asphaltiert, dann folgt für rund 120 km eine gut unterhaltene unversiegelte Piste mit Betonkanalisierung bis zum Leichhardt River, der in der Trockenzeit in der Regel auch von normalen Autos passiert werden kann. Die letzten 70 km bis nach Burketown sind dann wieder asphaltiert. Rund 37 km außerhalb von Normanton führt eine ausgeschilderte Abzweigung zum unheimlichen **Burke & Wills Camp 119**, dem nördlichsten Lager der schlecht vorbereiteten, gescheiterten Entdeckungsreise von 1861 – die Männer starben nur 5 km vor dem Erreichen des Golfs.

Die andere Straße, die von Normanton ausgeht, ist die nach Süden führende Burke Developmental Rd (alias Matilda Hwy), die die ganze Strecke bis nach Cloncurry (380 km), wo sie auf den Barkly und den Flinders Highway trifft, asphaltiert ist. Auf dem Weg nach Süden geht die trockene Grasebene langsam in kleine Hügel und Wälder voller Termitenhügel über. Schilder, die vor Überflutungen warnen, geben einen Hinweis darauf, wie es hier während der Regenzeit ist.

> **MORNING GLORY**
>
> Etwa von August bis November strömen tollkühne Wolkensurfer nach Burketown, um auf den häufig (aber völlig unberechenbar) auftauchenden Morning Glory Clouds zu surfen. Bei diesem seltenen meteorologischen Phänomen rollen bis zu acht lange Wolkenröhren wie Wellen am Himmel entlang. Jede dieser Röhren kann bis zu 1000 km lang und 2 km hoch werden und eine Geschwindigkeit von bis zu 60 km/h erreichen. Sobald die Sonne aufgeht, heben die Segelflugzeuge ab und versuchen, eine davon zu erreichen. Mit etwas Glück und Überredungskunst darf man mitfliegen. Auch aus den Leichtflugzeugen der in der gesamten Golfregion tätigen Charterfluggesellschaft **Savannah Aviation** (07-4745 5177; www.savannah-aviation.com; Burketown; 1-stündiger Flug mit bis zu 4 Pers. 650 AU$) kann man einen Blick auf die Wolken werfen.

Alle stoppen am **Burke & Wills Roadhouse** (07-4742 5909; Stellplatz 10 AU$/Pers., EZ/DZ 70/80 AU$, Hauptgerichte 18–28 AU$; 5.30–24 Uhr, Restaurant bis 21 Uhr;) für ein kaltes Getränk oder zum Auftanken. Von hier aus führt die asphaltierte Wills Developmental Rd westwärts nach Gregory, von wo aus man Richtung Norden nach Burketown oder Richtung Westen zum Boodjamulla National Park fahren kann.

Burketown

Schlafen & Essen

★ Burketown Pub PUB $$
(07-4745 5104; www.burketownpub.com; Ecke Musgrave St & Beames St; EZ/DZ Wohneinheit 135/145 AU$, Hauptgerichte 17–38 AU$; Mi–Sa ab 10, So–Di ab 11 Uhr;) Der Burketown Pub ist Herz und Seele der Stadt. Der originale, 140 Jahre alte Pub brannte 2012 ab. Er wurde komplett wiederaufgebaut und 2013 wiedereröffnet. Was der Pub an altmodischem Charme verloren hat, macht er durch glänzende neue Einrichtungen und die große Bar wieder wett, in der man mit Einheimischen und anderen Travellern in Anglergeschichten schwelgen kann. Die Mahlzeiten kommen in großen Portionen; natürlich steht auch Barramundi auf der Karte.

Burketown Caravan Park CAMPING $
(07-4745 5118; www.burketowncaravanpark.net.au; Sloman St; Stellplatz mit Strom 34 AU$, DZ Hütte ohne Bad 75–90 AU$;) Der örtliche Wohnmobilpark hat eine Reihe von Hütten (die mit eigenem Bad kosten etwas mehr), geräumige Stellplätze mit Strom und eine Camp-Küche.

Morning Glory Restaurant BISTRO $
(07-4745 5295; Beames St; Hauptgerichte 8,50–18,50 AU$; 8–20.30 Uhr;) Das Restaurant und Café mit Schanklizenz gegenüber dem Pub bieten vor allem etwas, von Barra-Burgern zum Mitnehmen bis hin zu Steaks. Die Inhaberin Rosita möchte künftig auch asiatische Gerichte anbieten.

Von Burketown bis zum Boodjamulla National Park

Die 120 km lange Straße von Burketown nach Gregory ist auf der ganzen Strecke asphaltiert und daher leicht zu befahren. Sie bildet die direkteste Verbindung zum schönen Boodjamulla (Lawn Hill) National Park. Auf einer 185 km langen, rauen Piste gelangt man südwärts zum Barkly Hwy, über den man in westlicher Richtung nach Camooweal und in östlicher nach Mt. Isa gelangt.

Der Eingang zum Boodjamulla National Park liegt 100 km westlich von **Gregory** (40 Ew.), einer reinen Raststation am hübschen Gregory River. Benzin erhält man im **Gregory Downs Hotel** (07-4748 5566; Gregory; EZ/DZ Stellplatz 10/12 AU$, DZ Motel 100 AU$;), einem entspannten Lokal, um seinen Durst zu stillen und ordentliche Gerichte zu essen (Mo–Fr abends, Sa abends Grill, So mittags).

Von Gregory führt die asphaltierte Wills Development Rd 147 km nach Osten, wo sie am Burke & Wills Roadhouse mit dem Matilda Hwy zusammentrifft.

Boodjamulla (Lawn Hill) National Park

Boodjamulla ist schlicht einer der schönsten und ursprünglichsten Orte im gesamten Outback von Queensland. Eine Reihe von dunkelorangeroten Sandsteinschluchten türmt sich über dem von Quellen gespeisten, grün leuchtenden Lawn Hill Creek auf. Eine üppige Vegetation, zu der Keulenlilien, Schraubenbäume und Sternbüsche gehören, säumt die Schlucht und bietet Wildtieren in dieser Outback-Oase eine Zuflucht. Die

REISE INS NORTHERN TERRITORY

Für die Reise vom Outback in Queensland ins Northern Territory (NT) gibt es zwei Hauptrouten. Die leichte Verbindung ist der asphaltierte Barkly Hwy von Mt. Isa nach Three Ways (640 km), von wo man auf dem asphaltierten Stuart Hwy südwärts nach Alice Springs oder nordwärts nach Darwin weiterkommt. Abenteuerlicher ist die Weiterfahrt von Burketown auf dem Savannah Way weiter Richtung Westen. Die fast 500 km lange, teilweise asphaltierte, dann aber von gelegentlichen rauen, nur von Geländewagen passierbaren Abschnitten unterbrochene Straße führt von Burketown nach Borroloola (NT) und darüber hinaus. In der Regenzeit ist die Straße in der Regel unpassierbar. Unterwegs kommt man an der **Doomadgee Aboriginal Community** (07-4745 8188) vorbei, wo man Benzin und Vorräte kaufen kann. Der Verkauf von Alkohol unterliegt Einschränkungen und ein Besuch des Dorfs bedarf der Genehmigung des Gemeinderats. Nach weiteren 80 km durch Myrtenheiden-Gestrüpp erreicht man das **Hell's Gate Roadhouse** (07-4745 8258; Stellplatz 10 AU$/Pers.) 50 km vor der Grenze zum Northern Territory. Hier gibt es Benzin, Stellplätze (ohne Strom) und Snacks; nur Barzahlung.

Waanyi leben seit rund 30 000 Jahren in dem Gebiet und haben hier Felskunst hinterlassen.

Rund 20 km an Wanderwegen fächern um die Lawn Hill Gorge aus und führen zu einigen unvergesslichen Aussichtspunkten. Das smaragdgrüne Wasser ist ideal zum Schwimmen, insbesondere bei den Indarri Falls.

Eine besondere Art, die Schlucht zu erkunden, bietet eine Kanutour (Zweierkanu 25 AU$/Std.). Wenn man einigermaßen fit ist, lohnt es sich, bis zur oberen Schlucht zu paddeln. Alternativ gibt eine geführte Tour auf einem mit Solarstrom betriebenen Ökoboot (Erw./Kind 35/25 AU$) einen guten Einblick in den Park. Buchen kann man jeweils bei Adel's Grove.

Es gibt einen ausgezeichneten Nationalpark-**Campingplatz** (13 74 68; www.nprsr.qld.gov.au; 5,75/23 AU$ pro Pers./Fam.) direkt neben der Lawn Hill Gorge. Hier gibt es zwar keinen Strom, aber fließendes Wasser, Duschen, Toiletten und ein Rangerbüro.

Im südlichen Teil des Parks befindet sich die zum Welterbe gehörende Fossilienstätte **Riversleigh** mit einem kleinen **Campingplatz** (13 74 68; www.nprsr.qld.gov.au; Stellplatz 5,75/23 pro Pers./Fam.; März–Okt.) 4 km südlich der Fundstätte Riversleigh D (die als einzige für die Öffentlichkeit zugänglich ist). Diese gilt als die reichste Fundstätte von Säugetierfossilien in Australien; entdeckt wurden hier beispielsweise die Reste von Riesenschlangen, fleischfressenden Kängurus und winzigen Koalas. Camper müssen vorab reservieren und alle Vorräte selber mitbringen.

Die Hauptunterkunft ist **Adel's Grove** (07-4748 5502; www.adelsgrove.com.au; Stellplatz DZ/FZ 34/45 AU$, Safarizelt mit Abendessen & Frühstück 220–290 AU$) 10 km östlich vom Parkeingang. Dies ist ein ausgezeichnetes kleines Resort an den Ufern des Lawn Hill Creek mit einer Bar und einem **Restaurant** (07-4748 5502; Hauptgerichte morgens 13 AU$, mittags 10–18 AU$, 2-Gänge-Abendessen 35 AU$) mit einer großen offenen Terrasse. Es gibt separat vom Hauptunterkunftsbereich noch einen schattigen Campingbereich (ohne Strom) am Fluss. Weitere Optionen sind auf erhöhten Plattformen stehenden Safarizelte (die am Fluss sind teurer), schlichte Hütten mit Klimaanlage und neue Hütten mit angeschlossenem Bad. Abgesehen von den Stellplätzen werden die Unterkünfte mit Frühstück und Abendessen vermietet, man kann aber fragen, ob eine Vermietung alleine möglich ist, wenn man sich lieber selbst verpflegen will. Benzin, Essenspakete und einfache Lebensmittel sind erhältlich.

Zu den Touren, die von Adel's Grove angeboten werden, gehören die faszinierende Tour zu der Fossilienstätte Riversleigh (halbtägige Tour 75 AU$) und die Tour zur Mine Century 21.

Melbourne & Umgebung

Inhalt ➡

Melbourne 516
Daylesford &
Hepburn Springs 567
Dandenongs 570
Yarra Valley 571
Mornington
Peninsula 573
Phillip Island 575

Gut essen

- Vue de Monde (S. 546)
- MoVida (S. 544)
- Attica (S. 551)
- Charcoal Lane (S. 547)
- Supernormal (S. 544)

Schön übernachten

- Art Series (The Cullen; S. 542)
- Ovolo (S. 541)
- Adina Apartment Hotel (S. 540)
- Space Hotel (S. 539)
- Lake House (S. 568)

Auf nach Melbourne!

Melbourne wird regelmäßig zu den Städten der Welt gezählt, in denen es sich am besten lebt, und ist im letzten Jahrzehnt weiter aufgeblüht. Während Sydneys Reiz zu großen Teilen auf seiner geografischen Lage und seinem Ruf beruht, muss Melbourne schon immer etwas härter für den Applaus arbeiten. Aber da die Stadt stilvoll und kunstsinnig, dynamisch und kosmopolitisch ist, heimst sie Erfolg für Erfolg ein. Sie hat die vielfältigste Gastro-Szene in Australien und erhebt den Anspruch, die Kunst- und Sporthauptstadt des Landes zu sein. Nimmt man noch die stattlichen Gebäude aus der Zeit des Goldrauschs, die großen Parks, die Gassen voller Straßenkunst, die erstklassigen Museen und eine muntere Livemusik-Tradition hinzu, wird man in Melbourne praktisch nichts vermissen. Jenseits der Grenzen der Stadt locken lohnende Abstecher, z. B. zu den Pinguinen auf Phillip Island, den Thermalquellen von Hepburn Springs und zu den Weinen und Wildtieren im Yarra Valley.

Reisezeit
Melbourne

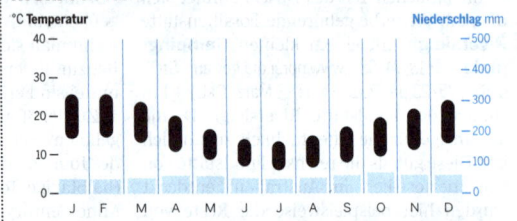

Mitte Dez.–März Milde Nächte, Grand-Slam-Tennis und Musikfestivals.

April–Sept. Bei Galeriebesuchen, beim Shoppen in Boutiquen und in Pubs entkommt man der Kälte.

Sept.–Nov. Finalfieber im Australian Football; beim Spring Racing Carnival galoppieren die Pferde.

Highlights

1. Melbournes **Gassen** und **Arkaden** entdecken (S. 521)
2. Auf dem historischen **Queen Victoria Market** (S. 524) die Lebensmittelstände bewundern
3. Eine **Kajaktour** (S. 535) auf dem Yarra unternehmen
4. In der **HuTong Dumpling Bar** (S. 545) chinesische Teigtaschen genießen
5. Galerien besuchen, durch den Birrarung Mar schlendern und den **Federation Square** (S. 516) genießen
6. Kaffee im Industriechick der **Auction Rooms** (S. 549) schlürfen
7. Auf Tour über die Weingüter und durch die Brauereien des **Yarra Valley** (S. 571) gehen
8. Im Healesville Sanctuary (S. 571) mit Wildtieren auf Tuchfühlung gehen
9. Bei Sonnenuntergang den Landmarsch der Pinguine auf **Phillip Island** (S. 575) beobachten
10. Mit **Daylesford** (S. 567) eines der beliebtesten Ausflugsziele der Melbourner entdecken

MELBOURNE

4,25 MIO. EW.

Melbourne lernt man am besten kennen, indem man sich an den Einheimischen orientiert, weil der Charakter der Stadt im Wesentlichen auf ihren verschiedenen innerstädtischen Vierteln beruht. Taucht man in die Gassen ein oder besucht eine Freiluftbar auf dem Dach eines ehemaligen Gewerbegebäudes, begreift man sehr schnell, warum Melbourne die angesagteste Stadt Australiens ist.

Sehenswertes

Stadtzentrum

Auf Melbournes breiten Hauptstraßen und in unzähligen Gassen tobt sieben Tage die Woche Tag und Nacht das Leben. Überall finden sich Museen und Kunstgalerien. Das Stadtzentrum hat in den letzten zehn Jahren einen Boom erlebt; rund 100 000 Menschen haben sich hier in Wohnungen neu niedergelassen. Wolkenkratzer ballen sich am westlichen und östlichen Ende des Innenstadtrasters – diese Gebiete sind überwiegend Geschäftsviertel. Im Westen befindet sich die Southern Cross Station, dahinter liegen das Docklands Stadium und die wiederbelebten Docklands. Gegenüber der zentralen Flinders Street Station liegt der Federation Sq (besser bekannt als Fed Square), der zu einem beliebten Treffpunkt der Stadt geworden ist, am Ufer des Yarra River. Im Osten liegt das teuerste Viertel (die Einheimischen sprechen vom „Paris End") mit monumentalen Gebäuden aus der Ära des Goldrauschs und Designerläden.

★ **Federation Square** PLATZ
(Karte S. 522; www.fedsquare.com.au; Ecke Flinders & Swanston St; 1, 3, 5, 6, 8, 16, 64, 67, 72, Flinders St) Es hat zwar etwas gedauert, aber endlich haben die Melbourner den Federation Sq akzeptiert – und zwar als das, wofür er geplant war: als Treff zum Feiern, zum Demonstrieren, zum Anschauen von Sportereignissen oder einfach zum Abhängen. Der Platz nimmt einen prominenten Block der Stadt ein, ist aber nicht einfach viereckig: Der wellenförmige gemusterte Außenbereich wurde von Hand mit 460 000 Pflastersteinen aus der Kimberley-Region gepflastert; seine Blickachsen weisen auf Melbournes große Wahrzeichen, und die Gebäude sind mit fraktal gemusterten, an die Haut von Reptilien erinnernden Fassaden bestückt.

An der Kreuzung des Platzes zur Straße findet sich das unterirdische Melbourne Visitor Centre (S. 565). Es gibt sehr zu empfehlende kostenlose Führungen über das

---

MELBOURNE IN ...

...zwei Tagen
Zuerst erkundet man das **Ian Potter Centre** mit den Museen **NGV Australia** (S. 517) und **ACMI** (S. 517), danach genießt man ein Mittagessen im **MoVida** (S. 544). Bei einem Stadtrundgang entdeckt man die Melbourner Straßenkunst. In einer Dachterrassenbar (S. 556) entspannt man sich, bis es Zeit wird für eine abendliche Kajaktour (S. 535) auf dem Yarra River. Am zweiten Tag steht ein Bummel durch den **Birrarung Marr** (S. 517) und durch die **Royal Botanic Gardens** (S. 532) auf dem Programm, gefolgt von einem Besuch des **Queen Vic Market** (S. 524). Mit der Straßenbahn geht's dann nach **St. Kilda** (S. 533), wo man einen Strandspaziergang machen kann, bevor man abends die Bars in der munteren Acland St unsicher macht.

...einer Woche
Nach ein paar Stunden im **Melbourne Museum** (S. 531) holt man sich einen Kaffee im **DOC Espresso** (S. 549). Danach stehen Fitzroy und Collingwood auf dem Programm, gefolgt von einem Einkaufsbummel auf der **Gertrude St** und einer Stärkung im **Cutler & Co** (S. 548). Wieder zurück im Stadtzentrum, schlendert man durch **Chinatown** (S. 520) und stattet der **State Library** (S. 520) einen Besuch ab. Zum Abendessen gibt's ein paar Dampfklöße. Den Rest der Woche sind **Shoppen** (S. 561), Café-Besuche und Leutegucken angesagt. Im Winter kann man sich ein Footballspiel im **MCG** (S. 527) anschauen und anschließend die Bars in den Gassen der Stadt unter die Lupe nehmen. Nicht versäumen sollte man die Tacos im **Mamasita** (S. 544) und die Livemusik im **Tote** (S. 559) in Collingwood.

Gelände (Mo-Sa 11 Uhr); die Plätze sind begrenzt, weswegen man sich zehn bis 15 Minuten früher einfinden sollte. Auf dem Platz hat man kostenloses WLAN, außerdem gibt's täglich kostenlos Tai Chi ab 7.30 Uhr und dienstags um 12.30 Uhr Meditation.

★ Ian Potter Centre:
NGV Australia
GALERIE

(Karte S. 522; 03-8620 2222; www.ngv.vic.gov. au; Federation Sq; Ausstellungspreise variieren; Di-So 10-17 Uhr; 1, 3, 5, 6, 8, 16, 64, 67, 72, Flinders St) Versteckt unter dem Federation Sq zeigt das Ian Potter Centre, die andere Hälfte der National Gallery of Victoria (NGV), deren eindrucksvolle Sammlung australischer Kunst. Auf drei Etagen verteilen sich Dauerausstellungen (Eintritt frei) und Wechselausstellungen (mit Eintritt) zu Malerei, Kunstgewerbe, Fotografie, Grafik, Bildhauerei und Mode. Es gibt auch einen tollen Souvenirladen im Museum. Kostenlose Führungen finden täglich um 11, 12, 13 und 14 Uhr statt.

Die Dauerausstellung zu den Aborigines (im Erdgeschoss) ist eindrucksvoll und darauf ausgerichtet, Vorstellungen über „Authentizität" infrage zu stellen. Ausgestellt sind ein paar besonders schöne Beispiele von Malereien aus Papunya, interessante Kunstwerke aus Baumrinde, Didgeridoos sowie zeitgenössische Skulpturen und Leinwandgemälde im Dot-Painting-Stil.

Australian Centre for the
Moving Image
MUSEUM

(ACMI; Karte S. 522; 03-8663 2200; www.acmi. net.au; Federation Sq; 10-18 Uhr; 1, 3, 5, 6, 8, 16, 64, 67, 72, Flinders St) GRATIS Das gleichermaßen informative wie spannende und unterhaltende ACMI ist ein visuelles Fest, eine Hommage ans australische Kino und Fernsehen. Wie wohl kein anderes Museum bietet es einen Einblick in die heutige australische Psyche. Das auf Knopfdruck ausgestrahlte Material – Fernsehsendungen, Spiele und Filme – ist für Menschen jedes Alters geeignet, sodass man hier prima einen ganzen Tag beim Fernsehen verbringen kann, ohne sich schuldig zu fühlen. Kostenlose Führungen gibt's täglich um 11 und 14.30 Uhr.

★ Birrarung Marr
PARK

(Karte S. 522; zw. Federation Sq & Yarra River; 1, 3, 5, 6, 8, 16, 64, 67, 72, Flinders St) Der dreistufig terrassierte Birrarung Marr bietet mit seinen Grashügeln, Spazierwegen am Fluss, der durchdachten Begrünung mit endemischer Flora und den herrlichen Aussichtspunkten auf die Stadt und den Fluss eine willkommene Ergänzung zu Melbournes Flickenteppich aus Parks und Gärten. Von hier führt auch ein malerischer Fußweg über die „sprechende" William Barak Bridge – die Lieder, Worte und Geräusche, die man beim Überqueren hört, stehen für die kulturelle Vielfalt Melbournes – hinüber zum Melbourne Cricket Ground (S. 527).

★ Hosier Lane
STRASSE

(Karte S. 522; Hosier Lane; 75, 70) Die für ihre Straßenkunst berühmteste Gasse Melbournes ist die kopfsteingepflasterte Hosier Lane, die mit ihren ausgefallenen Graffiti, Schablonengraffiti und Kunstinstallationen jede Menge fotografierwütige Leute anlockt. Die Kunstwerke drehen sich überwiegend um politische und alternativkulturelle Themen, sind mit respektlosem Humor gewürzt und ändern sich fast täglich (selbst ein Banksy ist hier nicht sicher). Sehenswert ist auch die Rutledge Lane (die hufeisenförmig um die Hosier Lane verläuft).

Flinders Street
Station
HISTORISCHES GEBÄUDE

(Karte S. 522; Ecke Flinders & Swanston St) Wenn es je ein echtes Symbol für die Stadt gab, dann ist es die Flinders Street Station. Erbaut 1854, war dies der erste Bahnhof in Melbourne, und es gibt wohl kaum einen Melbourner, der nicht irgendwann in seinem Leben „Wir treffen uns unter den Uhren" gesagt hat (dem beliebten Treffpunkt am vorderen Bahnhofseingang). Eine auffällige achteckige Kuppel krönt das schöne klassizistische Gebäude am Yarra River.

St. Paul's Cathedral
KIRCHE

(Karte S. 522; 03-9653 4333; www.stpauls cathedral.org.au; Ecke Flinders & Swanston St; So-Fr 8-18, Sa bis 17 Uhr) Gegenüber dem Federation Sq erhebt sich die prächtige anglikanische St. Paul's Cathedral. Gottesdienste wurden an dieser Stelle schon seit den ersten Tagen der Stadt errichtet. Die zwischen 1880 und 1891 erbaute heutige Kirche ist ein Werk des berühmten Kirchenarchitekten William Butterfield (und ein Beispiel der Trennung von Entwurf und Bauausführung, weil Butterfield sich nicht dazu herabließ, Melbourne zu besuchen, sondern einfach nur seine Entwurfszeichnungen aus England schickte). In der Kirche, in der auch ausgezeichnete Konzerte zu hören sind, fin-

Melbourne

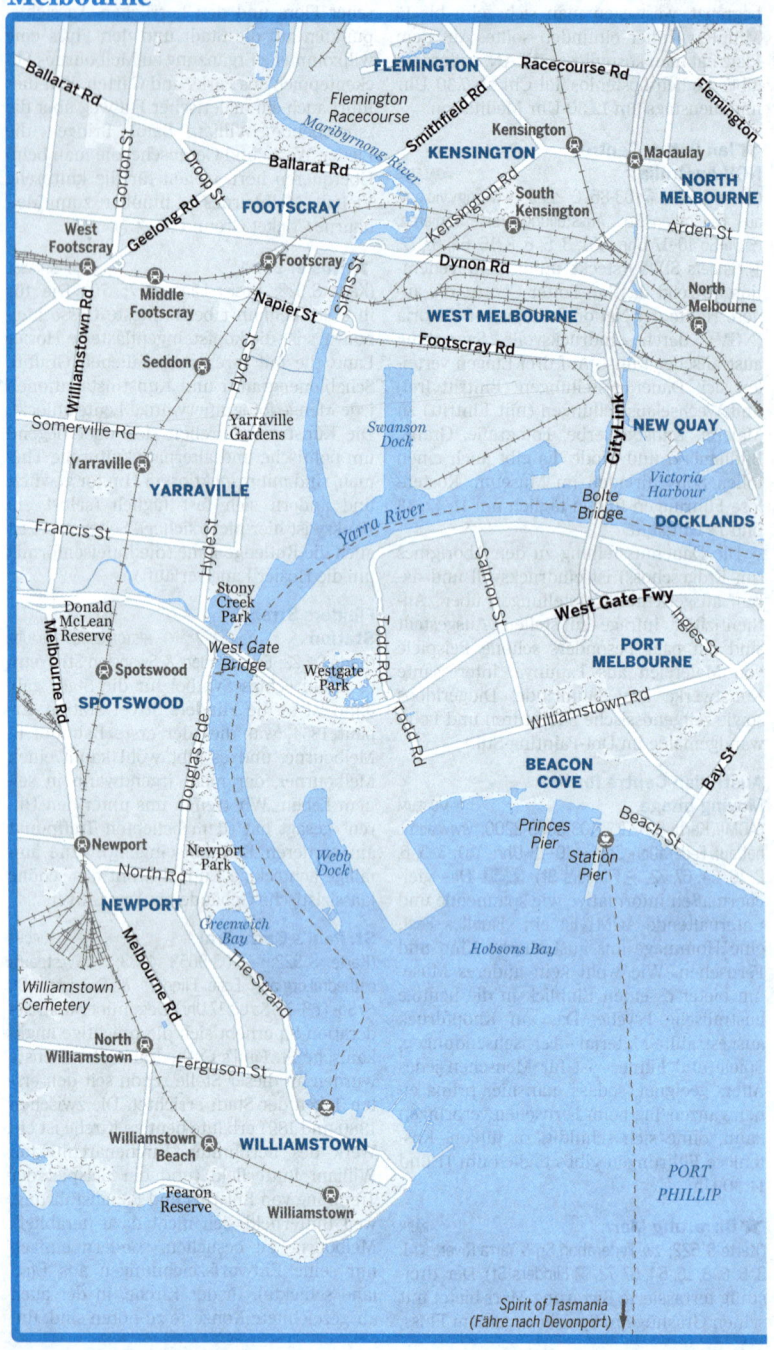

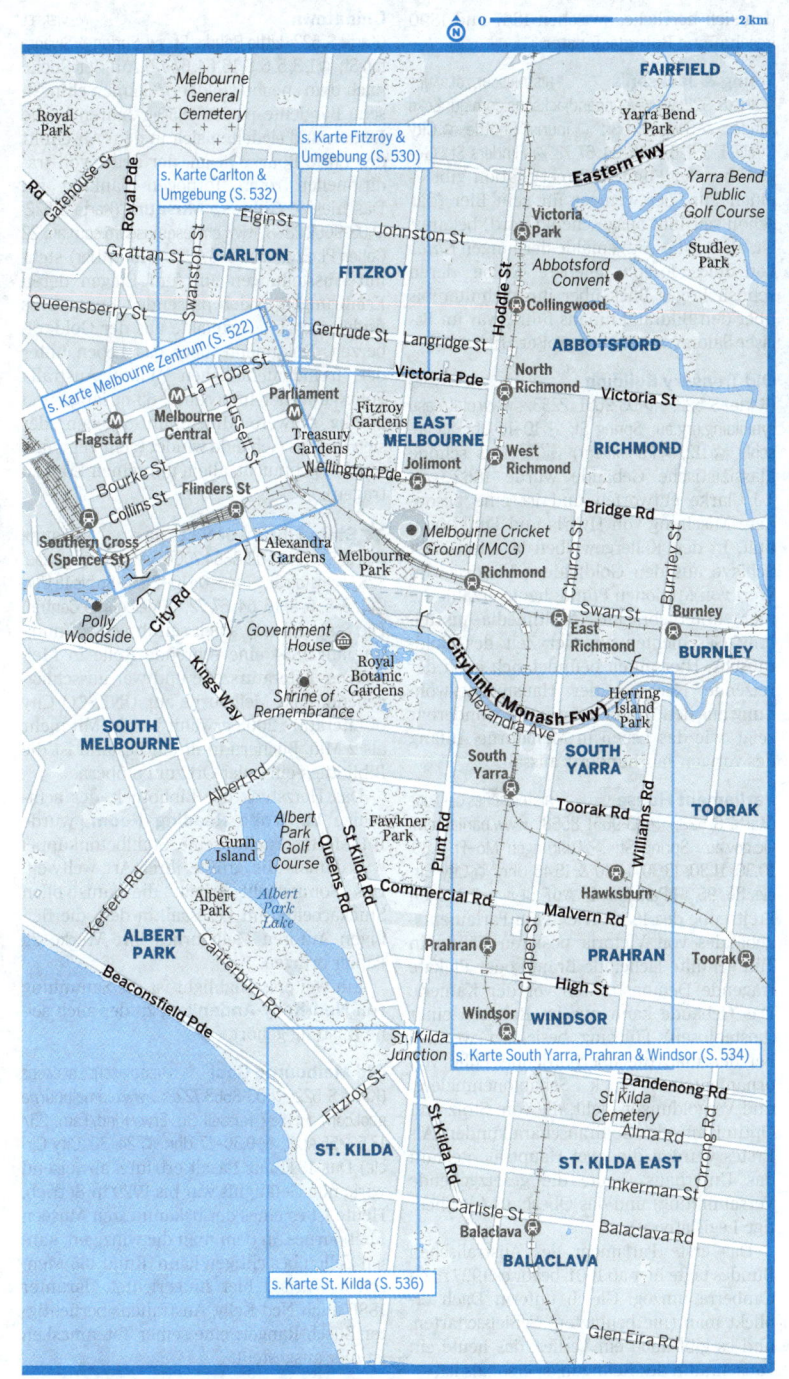

MELBOURNE & UMGEBUNG SEHENSWERTES

s. Karte Fitzroy & Umgebung (S. 530)

s. Karte Carlton & Umgebung (S. 532)

s. Karte Melbourne Zentrum (S. 522)

s. Karte South Yarra, Prahran & Windsor (S. 534)

s. Karte St. Kilda (S. 536)

- Royal Park
- Melbourne General Cemetery
- Gatehouse St
- Royal Pde
- Rd
- Swanston St
- Elgin St
- Grattan St
- CARLTON
- Queensberry St
- La Trobe St
- Flagstaff
- Melbourne Central
- Russell St
- Parliament
- Bourke St
- Collins St
- Flinders St
- Southern Cross (Spencer St)
- Polly Woodside
- City Rd
- Kings Way
- Alexandra Gardens
- Melbourne Park
- Government House
- Shrine of Remembrance
- Royal Botanic Gardens
- SOUTH MELBOURNE
- Albert Rd
- Kerferd Rd
- Gunn Island
- Albert Park
- Albert Park Golf Course
- Albert Park Lake
- St Kilda Rd
- Queens Rd
- Fawkner Park
- Punt Rd
- Commercial Rd
- ALBERT PARK
- Canterbury Rd
- Beaconsfield Pde
- Prahran
- Chapel St
- High St
- Windsor
- St. Kilda Junction
- Fitzroy St
- ST. KILDA
- St Kilda Rd
- FITZROY
- Johnston St
- Victoria Park
- Hoddle St
- Abbotsford Convent
- Collingwood
- FAIRFIELD
- Yarra Bend Park
- Eastern Fwy
- Yarra Bend Public Golf Course
- Studley Park
- Gertrude St
- Langridge St
- Victoria Pde
- North Richmond
- Victoria St
- ABBOTSFORD
- Fitzroy Gardens
- Treasury Gardens
- EAST MELBOURNE
- Wellington Pde
- Jolimont
- West Richmond
- RICHMOND
- Bridge Rd
- Church St
- Burnley St
- Melbourne Cricket Ground (MCG)
- Richmond
- Swan St
- East Richmond
- Burnley
- BURNLEY
- CityLink (Monash Fwy)
- Alexandra Ave
- Herring Island Park
- South Yarra
- SOUTH YARRA
- Toorak Rd
- Williams Rd
- TOORAK
- Hawksburn
- Malvern Rd
- PRAHRAN
- Toorak
- Dandenong Rd
- St Kilda Cemetery
- Alma Rd
- Orrong Rd
- ST. KILDA EAST
- Inkerman St
- Carlisle St
- Balaclava
- Balaclava Rd
- BALACLAVA
- Glen Eira Rd

0 — 2 km

den sich herrliche, zwischen 1887 und 1890 geschaffene Buntglasfenster.

Young & Jackson's
HISTORISCHES GEBÄUDE

(Karte S. 522; www.youngandjacksons.com.au; Ecke Flinders & Swanston St; Tourist Shuttle, City Circle, 1, 3, 5, 6, 8, 16, 64, 67, 72, Flinders St) Gegenüber der Flinders Street Station gibt es einen Pub, der weniger für sein Bier (das schon seit 1861 ausgeschenkt wird) bekannt ist, als für das Aktgemälde der jungen *Chloe* von Jules Joseph Lefebvre. Chloe, deren sehnsüchtiger Blick über ihre Schulter bis über den Bildrand hinaus führt, war im Pariser Salon von 1875 ein großer Hit.

Old Treasury Building
MUSEUM

(Karte S. 522; 03-9651 2233; www.oldtreasurybuilding.org.au; Spring St; 10–16 Uhr, Sa geschl.; 112, Parliament) GRATIS Das schöne klassizistische Gebäude wurde 1862 von J.J. Clarke entworfen und ist eine besondere Mischung von Hybris und Funktionalität. In den Kellergewölben lagerten einst Schätze aus den Goldfeldern Victorias im Wert von Millionen Pfund; heute erzählt die hier untergebrachte Multimedia-Ausstellung Geschichten aus der Zeit des Goldrauschs. Hier unten befindet sich auch der reizende Nachbau der Hausmeisterwohnung aus den 1920er-Jahren, die wunderbar zeigt, wie das Leben in Melbourne Anfang des vorigen Jahrhunderts aussah.

Parliament House
HISTORISCHES GEBÄUDE

(Karte S. 522; 03-9651 8568; www.parliament.vic.gov.au; Spring St; Führungen Mo–Fr 9.30, 10.30, 11.30, 13.30, 14.30 & 15.45 Uhr; City Circle, 86, 96, Parliament) Auf der prächtigen Freitreppe des 1856 errichteten Parlamentsgebäudes von Victoria posieren häufig in Tüll gehüllte lächelnde Bräute oder Plakate tragende Demonstranten vor der Kamera. Das Gebäude kann nur im Rahmen einer (kostenlosen) Führung besichtigt werden, bei der man die überbordende Fülle von ornamentalem Stuck, Schablonenmalerei und Vergoldungen sieht, die vom Stolz und Optimismus der Goldrauschära künden. Als Erstes wurden die zwei Hauptsäle gebaut: das Unterhaus (heute die gesetzgebende Versammlung) und das Oberhaus (der heutige Legislativrat).

Das erste Parlament des Australischen Bundes tagte hier ab 1901, bevor es 1927 nach Canberra umzog. Gleich unterm Dach erblickt man (nie benutzten) Schießscharten, und es gibt auch ein Verlies, das heute ein Pausenraum des Reinigungspersonals ist.

Chinatown
VIERTEL

(Karte S. 522; Little Bourke St, zw. Spring & Swanston St; 1, 3, 5, 6, 8, 16, 64, 67, 72) Auf der Suche nach dem „neuen Goldberg" kamen chinesische Bergleute in den 1850er-Jahren in die Region und siedelten sich in dem Abschnitt der Little Bourke St an, der heute von traditionellen roten Torbögen flankiert ist. Das hiesige **Chinese Museum** (Karte S. 522; 03-9662 2888; www.chinesemuseum.com.au; 22 Cohen Pl; Erw./Kind 8/6 AU$; 10–17 Uhr) stellt mit Ausstellungen auf fünf Etagen deren Erfahrungen in den passenden Kontext. Es finden sich u. a. Artefakte aus der Goldgräberzeit, Dokumente über das Leben unter der fremdenfeindlichen White Australia Policy und der imposante, 63 m lange und 200 kg schwere Millenniumsdrachen, der sich um das Gebäude windet (acht Personen werden gebraucht, allein um seinen Kopf zu tragen).

★ State Library of Victoria
BIBLIOTHEK

(Karte S. 522; 03-8664 7000; www.slv.vic.gov.au; 328 Swanston St; Mo–Do 10–21, Fr–So bis 18 Uhr; 1, 3, 5, 6, 8, 16, 64, 67, 72, Melbourne Central) Die State Library spielt seit ihrer Eröffnung im Jahr 1854 eine führende Rolle in Melbournes Literaturszene und war ausschlaggebend, dass Melbourne zur UNESCO City of Literature 2008 erwählt wurde. Mit mehr als 2 Mio. Büchern in ihrem Bestand ist die Bibliothek ein toller Ort zum Stöbern.

Das Herzstück der Bibliothek, der achteckige **La Trobe Reading Room**, wurde 1913 fertiggestellt; seine Stahlbetonkuppel war damals die größte ihrer Art weltweit. Das Sonnenlicht erhellt die kunstvollen Stuckarbeiten im Lesesaal, in dem die fleißigen Autoren Melbournes ihre Werke zu Papier bringen.

Ein weiteres Highlight ist die Sammlung von **Ned-Kelly-Andenken**, zu der auch seine Rüstung gehört.

Old Melbourne Gaol
HISTORISCHES GEBÄUDE

(Karte S. 522; 03-8663 7228; www.oldmelbournegaol.com.au; 337 Russell St; Erw./Kind/Fam. 25/13,50/55 AU$; 9.30–17 Uhr; 24, 30, City Circle) Das 1841 aus Basalt erbaute, abweisend wirkende Gefängnis war bis 1929 in Betrieb. Heute ist es eines der bekanntesten Museen Melbournes, in dem man die winzigen, kahlen Zellen besichtigen kann. Rund 135 Menschen wurden hier hingerichtet, darunter 1880 auch Ned Kelly, Australiens berüchtigter Busch-Ranger; eine seiner Totenmasken ist hier ausgestellt.

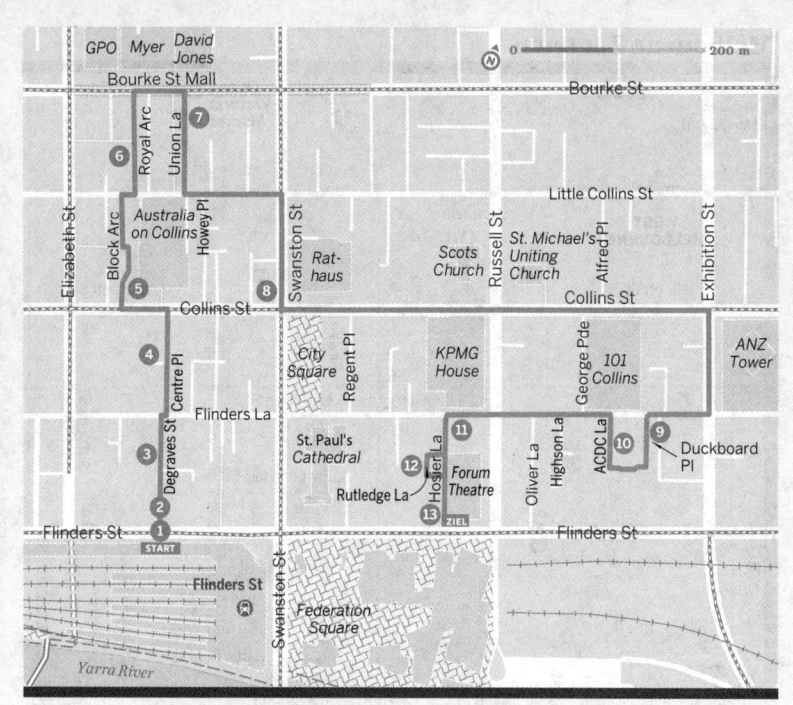

Stadtspaziergang
Arkaden & Gassen

START CAMPBELL ARCADE
ZIEL MOVIDA
LÄNGE/DAUER 3 KM, 2½ STD.

Das Zentrum ist ein Gewirr von Arkaden aus dem 19. Jh. und einst schmuddeligen, heute hippen Kopfsteinpflastergassen mit Straßenkunst, Kellerrestaurants, Boutiquen und Bars.

Los geht's mit der ❶ **Campbell Arcade** (Degraves Subway), die im Art-déco-Stil für die Olympischen Spiele von 1956 errichtet wurde und heute Läden birgt. In der ❷ **Degraves St** holt man sich einen Kaffee im ❸ **Degraves Espresso** und geht gen Norden, überquert die Flinders Lane und erreicht den ❹ **Centre Place**. Dort gibt's Cafés. Von hier aus kann man gut die Straßenkunst erkunden.

Nach Überquerung der Collins St geht es links in die 1891 gebaute ❺ **Block Arcade** mit ihren Ätzglasdecken und Mosaikböden, inspiriert von der Galleria Vittorio Emanuele in Mailand. Hier kann man ins Schaufenster des Hopetoun Tea Rooms gucken. Durch den anderen Ausgang der Arkade gelangt man in die Little Collins St, wo man sich einen Cocktail im Chuckle Park gönnen kann.

Jenseits der Little Collins folgt ein Bummel durch die ❻ **Royal Arcade**, die man zur Bourke St Mall durchquert. Dort biegt man rechts ab und läuft, bis man rechts auf die straßenkunstbedeckte ❼ **Union Lane** stößt.

Am Ende der Union Lane geht's links in die Little Collins St, dann rechts in die Swanston St und südwärts zur ❽ **Manchester Unity Arcade** (1932) an der Kreuzung mit der Collins St. Wenn man sich umgeschaut hat, läuft man zurück zur Swanston und den Hügel hinauf zum „Pariser Ende" der Collins St.

Der Weg führt nach rechts in die Exhibition St, dann rechts in die Flinders Lane und weiter, bis man den ❾ **Duckboard Place** sieht. Man nimmt sich Zeit für die Straßenkunst, ehe man in die ACDC Lane einbiegt, vorbei an der Rock-'n'-Roll-Kneipe ❿ **Cherry** (S. 560).

Die Flinders Lane runter gelangt man zum Straßenkunst-Mekka der ⓫ **Hosier Lane** (S. 517) und ⓬ **Rutledge Lane**, ehe man sich schließlich mit Tapas und einem Drink im ⓭ **MoVida** (S. 544) stärkt.

Melbourne Zentrum

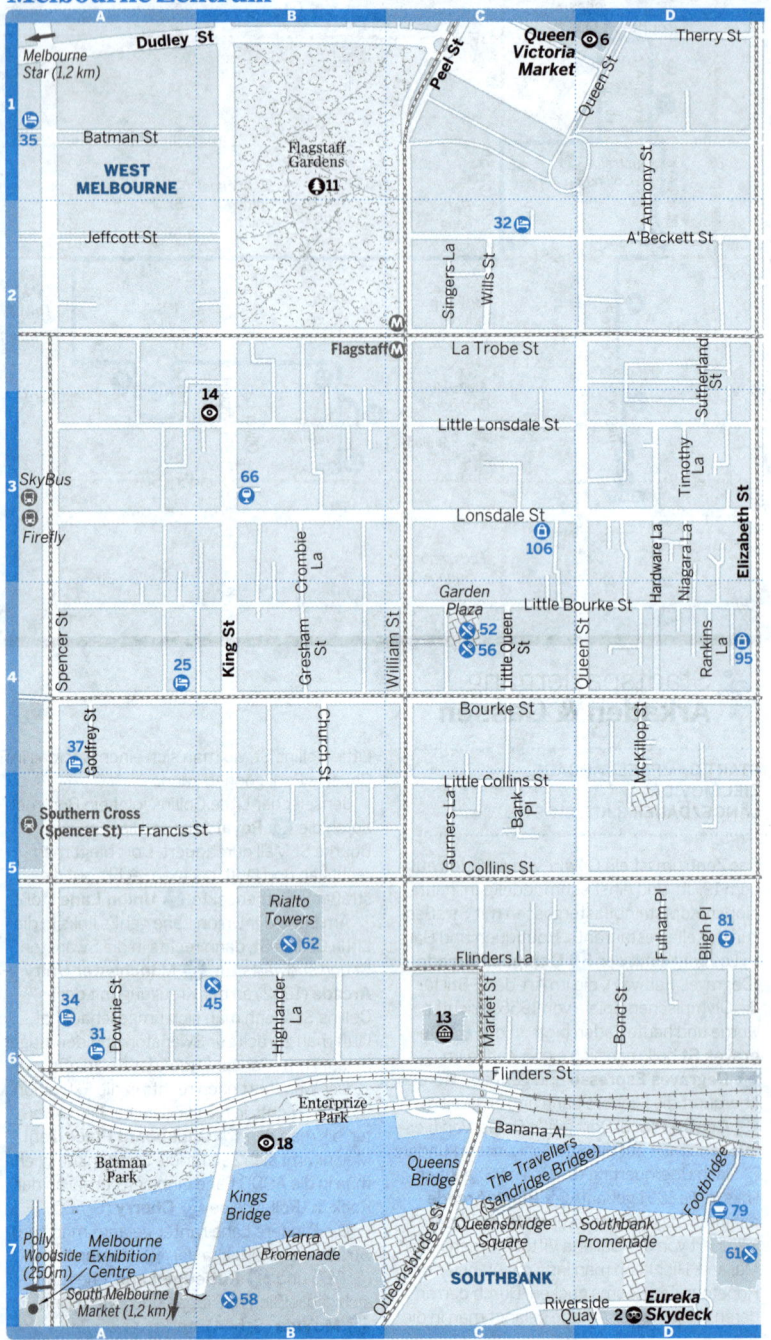

523

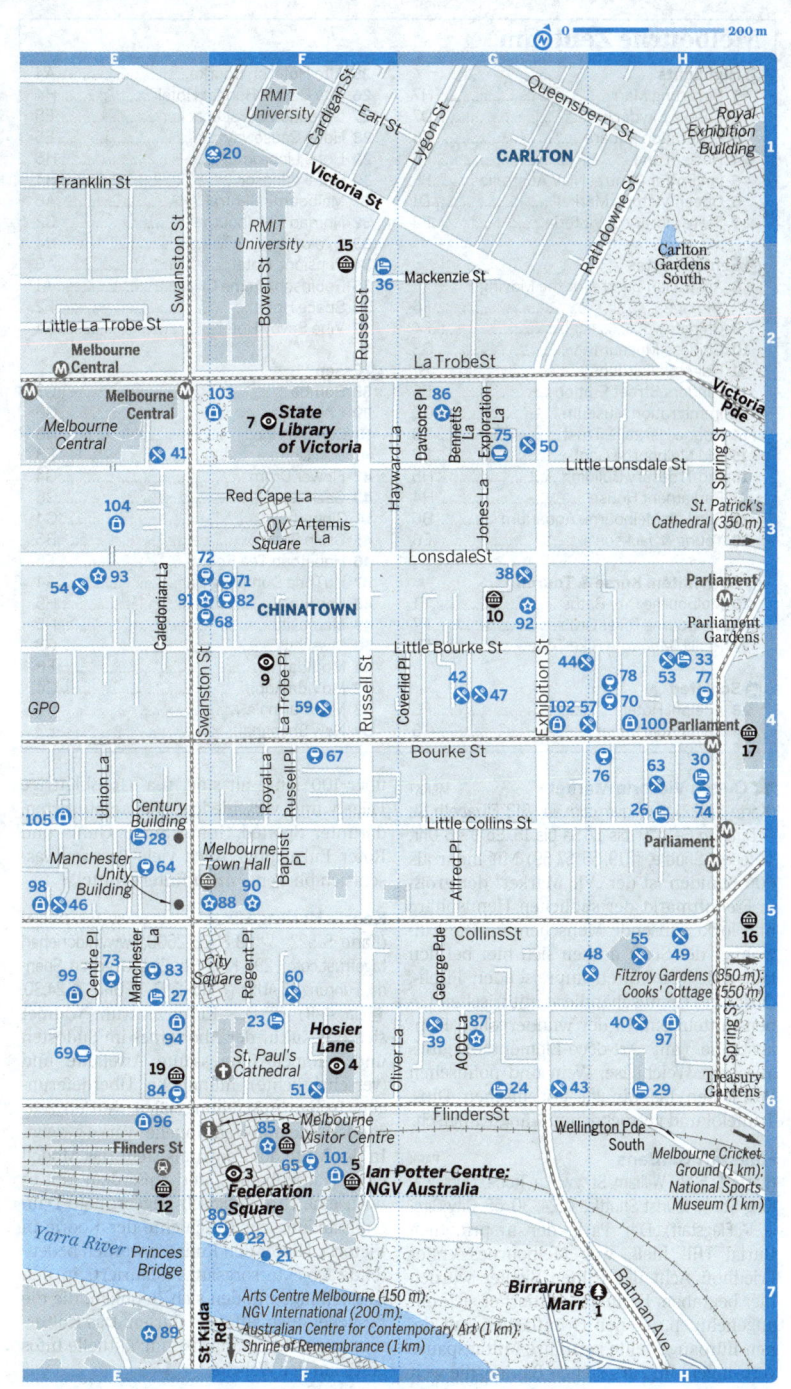

MELBOURNE & UMGEBUNG SEHENSWERTES

Map features visible:

- RMIT University
- Carlton
- Royal Exhibition Building
- Franklin St
- Victoria St
- Queensberry St
- Carlton Gardens South
- Little La Trobe St
- Melbourne Central
- La Trobe St
- Victoria Pde
- State Library of Victoria (7)
- Little Lonsdale St
- St. Patrick's Cathedral (350 m)
- Red Cape La
- QV Square, Artemis La
- Lonsdale St
- Chinatown
- Parliament
- Parliament Gardens
- Little Bourke St
- GPO
- Bourke St
- Little Collins St
- Century Building
- Melbourne Town Hall
- Manchester Unity Building
- Collins St
- Fitzroy Gardens (350 m); Cooks' Cottage (550 m)
- Hosier Lane (4)
- St. Paul's Cathedral
- Treasury Gardens
- Flinders St
- Wellington Pde South
- Melbourne Visitor Centre
- Ian Potter Centre: NGV Australia (5)
- Federation Square (3)
- Melbourne Cricket Ground (1 km); National Sports Museum (1 km)
- Flinders St
- Yarra River
- Princes Bridge
- St Kilda Rd
- Arts Centre Melbourne (150 m); NGV International (200 m); Australian Centre for Contemporary Art (1 km); Shrine of Remembrance (1 km)
- Birrarung Marr (1)
- Batman Ave

Melbourne Zentrum

◎ Highlights
1. Birrarung Marr H7
2. Eureka Skydeck D7
3. Federation Square F6
4. Hosier Lane F6
5. Ian Potter Centre: NGV Australia F6
6. Queen Victoria Market D1
7. State Library of Victoria F2

◎ Sehenswertes
8. Australian Centre for the Moving Image F6
9. Chinatown F4
10. Chinese Museum G3
11. Flagstaff Gardens B1
12. Flinders Street Station E6
13. Immigration Museum C6
14. Koorie Heritage Trust B3
15. Old Melbourne Gaol F2
16. Old Treasury Building H5
17. Parliament House H4
18. Sea Life Melbourne Aquarium B6
19. Young & Jackson's E6

◎ Aktivitäten, Kurse & Touren
20. Melbourne City Baths F1
21. Melbourne River Cruises F7
22. Real Melbourne Bike Tours F7

◎ Schlafen
23. Adelphi Hotel F6
24. Adina Apartment Hotel G6
25. Alto Hotel on Bourke A4
26. City Centre Budget Hotel H4
27. Greenhouse Backpacker E5
28. Hotel Causeway E5
29. Hotel Lindrum H6
30. Hotel Windsor H4
31. Melbourne Central YHA A6
32. Nomad's Melbourne C2
33. Ovolo H4
34. Pensione Hotel A6
35. Robinsons in the City A1
36. Space Hotel F2
37. Vibe Savoy Hotel A4

◎ Essen
38. Bomba G3
39. Chin Chin G6
40. Cumulus Inc H6
41. Don Don E3
42. Flower Drum G4
43. Gazi G6
44. Gingerboy G4
45. Grain Store B6
46. Hopetoun Tea Rooms E5
47. HuTong Dumpling Bar G4
48. Kenzan H5
49. Mamasita H5
50. Misschu G3
51. MoVida F6
52. MoVida Aqui C4
53. Mrs. Parma's H4
54. New Shanghai E3

★ Queen Victoria Market MARKT
(Karte S. 522; www.qvm.com.au; 513 Elizabeth St; ◎ Di & Do 6–14, Fr bis 17, Sa bis 15, So 9–16 Uhr; ◉ Tourist Shuttle, ◉ 19, 55, 57, 59) Mit mehr als 600 Ständen ist der „Vic Market" der größte Freiluftmarkt der südlichen Hemisphäre und lockt Tausende Menschen an. Die Einwohner der Stadt decken sich hier bei den lautstark ihre Waren anpreisenden Fisch-, Obst- und Gemüsehändlern mit frischen Lebensmitteln ein. In der wundervollen Feinkosthalle (mit Art-déco-Elementen) gibt's alles von Weichkäse, Wein und polnischen Würstchen bis hin zu griechischen Dips, Trüffelöl und getrocknetem Kängurufleisch.

Flagstaff Gardens PARK
(Karte S. 522; William St, zw. La Trobe, Dudley & King St; ◉ Tourist Shuttle, ◉ 24, 30, 55, City Circle, ◉ Flagstaff) Der Park, der ursprünglich Burial Hill hieß, war Melbournes erster Friedhof: Acht der frühen Siedler wurden hier begraben. Heute präsentiert er sich mit angenehmen, offenen Grünflächen, auf denen Büroangestellte gern ihre Mittagspause verbringen. Im Park stehen Bäume, die weit über 100 Jahre alt sind, u.a. Großblättrige Feigen und verschiedene Eukalyptusarten, darunter Spotted Gums, Sugar Gums und Roter Eukalyptus. Auch viele Possums lassen sich blicken – *nicht* füttern, bitte!

Koorie Heritage Trust KULTURZENTRUM
(Karte S. 522; ☏ 03-8622 2600; www.koorieheritagetrust.com; 295 King St; Eintritt gegen Spende, Führung 15 AU$; ◎ Mo–Fr 9–17 Uhr; ◉ 24, 30, ◉ Flagstaff) Das Kulturzentrum widmet sich der Kultur der Aborigines im Südosten und sammelt interessante Artefakte und (verschriftlichte) mündliche Überlieferungen. In den Ausstellungssälen werden zeitgenössische und traditionelle Werke gezeigt. In der Mitte des Zentrums steht das Modell eines Narbenbaums, und außerdem gibt es noch eine chronologisch angeordnete Dauerausstellung zur Geschichte der Koorie in Victoria. Hinter den Kulissen werden bedeutende Objekte sorgsam restauriert; in den Ausstellungen finden sich Repliken, die die Besucher auch anfassen dürfen. Das Kulturzentrum zieht demnächst um; aktuelle Infos gibt's auf der Website.

55	No. 35 at Sofitel	H5
56	Paco's Tacos	C4
57	Pellegrini's Espresso Bar	G4
58	Rockpool Bar & Grill	B7
59	ShanDong MaMa	F4
60	Supernormal	F5
61	Tutto Bene	D7
62	Vue de Monde	B5
63	Waiters Restaurant	H4

Ausgehen & Nachtleben
64	Bar Americano	E5
65	Beer DeLuxe	F6
66	Brown Alley	B3
67	Carlton Hotel	F4
68	Cookie	E3
69	Degraves Espresso	E6
70	Double Happiness	H4
71	Ferdydurke	F3
72	Goldilocks	E3
73	Hell's Kitchen	E5
74	Hotel Windsor	H4
75	League of Honest Coffee	G3
	Lui Bar	(siehe 62)
76	Madame Brussels	H4
77	Melbourne Supper Club	H4
78	New Gold Mountain	H4
79	Ponyfish Island	D7
80	Riverland	F7
81	Robot	D5
82	Section 8	F3
83	Shebeen	E5
84	Young & Jackson's	E6

Unterhaltung
85	Australian Centre for the Moving Image	F6
86	Bennetts Lane	G2
87	Cherry	G6
88	Halftix Melbourne	E5
89	Hamer Hall	E7
90	Last Laugh at the Comedy Club	F5
	Melbourne Symphony Orchestra	(siehe 89)
91	Rooftop Cinema	E3
92	Ticketek	G3
93	Ticketmaster	E3

Shoppen
94	Alice Euphemia	E6
95	Captains of Industry	D4
96	City Hatters	E6
97	Craft Victoria Shop	H6
98	Gewürzhaus	E5
99	Incu	E5
100	Melbournalia	H4
101	NGV Shop at the Ian Potter Centre	F6
102	Original & Authentic Aboriginal Art	G4
103	Readings	F2
104	RM Williams	E3
105	Somewhere	E5
106	Wunderkammer	C3

Das Zentrum veranstaltet auch sehr empfehlenswerte **Führungen** zu den Flagstaff Gardens und entlang der Ufer des Yarra, bei denen diese Gebiete in Beziehung zu den unwiderruflichen Veränderungen gesetzt werden, die diese Gebiete und die in ihnen lebenden Menschen erfuhren. Mit einem Appell an alle Sinne werden hier Erinnerungen wach, die tief unter der modernen Stadt schlummern. Die Führungen sind hauptsächlich für Schulklassen gedacht, aber in der Regel kann man sich anschließen – einfach vorher anrufen und nachfragen!

Lohnend ist auch der Laden des Zentrums, der Bücher zur Aborigines-Kultur, CDs, Kunsthandwerk und Bushfood verkauft.

Immigration Museum MUSEUM
(Karte S. 522; ☎13 11 02; www.museumvictoria.com.au/immigrationmuseum; 400 Flinders St; Erw./Kind 12 AU$/frei; ◷10–17 Uhr; 🚋70, 75) Das Immigration Museum erzählt mittels Augenzeugenberichten, Äußerungen von Gemeinden und anhand von Bildern und Zeugnissen die vielen Geschichten der Einwanderung nach Australien. Das Museum residiert passenderweise im Old Customs House: Das restaurierte Gebäude allein ist schon einen Besuch wert; der **Long Room** ist ein hinreißendes Werk der Neorenaissance-Architektur.

Sea Life Melbourne Aquarium AQUARIUM
(Karte S. 522; ☎03-9923 5999; www.melbourneaquarium.com.au; Ecke Flinders & King St; Erw./Kind/Fam. 38/22/96 AU$; ◷9.30–18 Uhr, letzter Einlass 17 Uhr; 🚋70, 75) In dem Aquarium schwimmen Rochen, Zackenbarsche und Haie in einem Becken mit rund 2,2 Mio. l Wasser. In dem hindurchführenden Glastunnel können die Besucher die Tiere aus der Nähe beobachten. Im eisigen „Antarctica" sieht man Pinguine, und in der Krokodilhöhle kommt man ein paar der größten Leistenkrokodile Australiens sehr nah. Dreimal täglich gibt's Tauchgänge zu den Haien; mit 210 bis 300 AU$ ist man dabei. Online sind die Eintrittskarten billiger.

St. Patrick's Cathedral KIRCHE
(☎03-9662 2233; www.stpatrickscathedral.org.au; Ecke Gisborne St & Cathedral Pl; ◷Mo-Fr

> ### DAS „PARISER ENDE" DER COLLINS STREET
>
> Das obere Ende der Collins St (zw. Spring und Elizabeth St), das „Pariser Ende", ist von Platanen, prächtigen Gebäuden und Luxusboutiquen (daher der Spitzname) gesäumt. Aufwendige Arkaden gehen von der Collins St ab. Die Blocks um Block Pl, Block Arcade und Block Ct heißen „Block", weil man im 19. Jh. davon sprach, „um den Block zu ziehen", wenn man einen Spaziergang durch das elegante Viertel der Stadt unternahm.

9–17 Uhr; 🚌112) Geht man die McArthur St (die Verlängerung der Collins St) hinauf, erblickt man eines der schönsten und größten Beispiele neugotischer Architektur. Die römisch-katholische Kathedrale wurde von William Wardell entworfen; dass sie nach dem hl. Patrick, dem Schutzpatron Irlands benannt wurde, verrät, woher die meisten Gemeindemitglieder seinerzeit stammten. Die Bauarbeiten begannen 1863 und wurden 1939 mit dem Aufsetzen der Turmspitzen abgeschlossen.

City Circle Trams STRASSENBAHN
(Tram 35; ☎13 16 38; www.ptv.vic.gov.au; ⊙So-Mi 10–18, Do–Sa bis 21 Uhr; 🚌35) GRATIS Diese hauptsächlich für Touristen gedachte (kostenlose) Straßenbahn umrundet das Stadtzentrum und fährt unterwegs an vielen Sehenswürdigkeiten Stadt vorbei. Es gibt einen Audiokommentar; die Bahn fährt ungefähr alle zehn Minuten.

⊙ Southbank & Docklands

Southbank, einst ein raues Industriegebiet, liegt von der Flinders St aus direkt jenseits des Yarra. Dahinter verbirgt sich das bedeutendste Kunstviertel der Stadt. Unten am Ufer erstreckt sich die Promenade bis zum **Crown Casino & Entertainment Complex**, einer, wie er sich selbst nennt, „Welt der Unterhaltung", und weiter bis **South Wharf**, dem neuesten Viertel mit Bars und Restaurants. Westlich des Stadtzentrums liegen die Docklands, eine kleine Stadt für sich mit Apartmentgebäuden, Büros, Restaurants, Plazas, öffentlicher Kunst und Parks. Das Viertel ist noch neu, und die Farben und die Lebendigkeit des nachbarschaftlichen Lebens müssen sich hier erst noch entwickeln.

★**NGV International** GALERIE
(☎03-8662 1555; www.ngv.vic.gov.au; 180 St. Kilda Rd; Ausstellungen unterschiedliche Eintrittspreise; ⊙Mi–Mo 10–17 Uhr; 🚌Tourist Shuttle, 🚋1, 3, 5, 6, 8, 16, 64, 67, 72) Hinter der Wasserwandfassade erwartet die Besucher auf drei Etagen eine umfangreiche Sammlung internationaler Kunst von der Antike bis zur Gegenwart. Bedeutende Werke sind u. a. ein Rembrandt, ein Tiepolo und ein Bonnard, und man könnte auch auf einen Monet, Modigliani oder Bacon stoßen. Hier ist auch Picassos Werk *Die weinende Frau*, das 1986 Opfer eines Kunstdiebstahls wurde, ausgestellt. Stündlich zwischen 11 und 14 Uhr gibt's kostenlose 45-minütige Führungen, die abwechselnd verschiedene Teile der Sammlung behandeln.

★**Arts Centre Melbourne** KUNSTZENTRUM
(☎bookings 1300 182 183; www.artscentremelbourne.com.au; 100 St Kilda Rd; ⊙Kartenschalter Mo–Fr 9–20.30, Sa 10–17 Uhr; 🚌Tourist Shuttle, 🚋1, 3, 5, 6, 8, 16, 64, 67, 72, 🚆Flinders St) Das Arts Centre besteht aus zwei separaten Gebäuden: der **Hamer Hall** (dem Konzertsaal) und dem **Theatergebäude** (unter dem Turm). Beide sind durch mehrere hübsch gestaltete Fußwege miteinander verbunden. Die **George Adams Gallery** und die **St. Kilda Road Foyer Gallery** zeigen Wechselausstellungen bei freiem Eintritt. Im Foyer des Theatergebäudes gibt's eine Broschüre für einen Rundgang zu den Kunstwerken, die für das Haus in Auftrag gegeben wurden. Dazu zählen Arbeiten von Arthur Boyd, Sidney Nolan und Jeffrey Smart.

★**Eureka Skydeck** AUSSICHTSPUNKT
(Karte S. 522; www.eurekaskydeck.com.au; 7 Riverside Quay; Erw./Kind/Fam. 19,50/11/44 AU$, The Edge zzgl. 12/8/29 AU$; ⊙10–22 Uhr, letzter Einlass 21.30 Uhr; 🚌Tourist Shuttle) Melbournes höchstes Gebäude ist der 2006 errichtete, 297 m hohe Eureka Tower. Der schnelle Aufzug bringt einen in weniger als 40 Sekunden 88 Stockwerke hoch (sollte die Zeit reicht, lohnt ein Blick auf das Foto auf dem Boden des Aufzugs). **The Edge** ist ein recht sadistischer Glaswürfel, der über die Gebäudekante vorgeschoben wird, während man in ihm ist, sodass man unwillkürlich in den Abgrund schauen muss.

**Australian Centre for
Contemporary Art** GALERIE
(ACCA; ☎03-9697 9999; www.accaonline.org.au; 111 Sturt St; ⊙Di & Do–So 10–17, Mi bis 20 Uhr;

1) **GRATIS** Das ACCA ist eine der spannendsten und provokantesten Galerien zeitgenössischer Kunst in Australien, die eine Reihe örtlicher und internationaler Künstler ausstellt. Das skulptural gestaltete Gebäude erinnert mit seiner rostigen Fassade an die Fabriken, die sich früher auf dem Gelände befanden. Der hohe Innenraum eignet sich gut für die Aufstellung sehr großer Installationen. Von der Flinders St Station aus passiert man die Princes Bridge und läuft auf der St. Kilda Rd, biegt rechts in die Grant St und dann wieder links in die Sturt St ab.

Polly Woodside   MUSEUM
(03-9699 9760; www.pollywoodside.com.au; 2a Clarendon St; Erw./Kind/Fam. 16/9,50/43 AU$; Sa & So 10–16 Uhr, tgl. während der Schulferien; 96, 109, 112) Der Großsegler *Polly Woodside* von 1885 ist ein restauriertes Handelsschiff, das heute in einem Gebäude abseits des Yarra seine letzte Ruhe gefunden hat. Beim Blick auf die Takelage gewinnt man eine Vorstellung davon, wie es auf dem Yarra im 19. Jh. ausgeschaut haben mag, als hier die Schiffe dicht an dicht vor Anker lagen.

Melbourne Star   RIESENRAD
(03-8688 9688; www.melbournestar.com; 101 Waterfront Way, Docklands; Erw./Kind/Fam. 32/19/82 AU$; 10–22 Uhr; City Circle, 70, 86, Southern Cross) Das Riesenrad wurde ursprünglich 2008 aufgebaut, dann aber wegen Statikproblemen demontiert. Anschließend dauerte es aufgrund finanzieller Schwierigkeiten noch einige Jahre, bis der Melbourne Star sich endlich drehte. Das gigantische Aussichtsriesenrad, vergleichbar mit dem London Eye und dem Singapore Flyer, hat Glasgondeln, die einen 120 m in die Höhe bringen, von wo sich ein toller Panoramablick auf die Stadt, Port Philip Bay und bis nach Geelong und in die Dandenongs bietet. Die Fahrt mit dem Riesenrad dauert 30 Minuten.

Für 8 AU$ mehr kann man abends noch eine Fahrt unternehmen und die hellen Lichter der Stadt bewundern.

East Melbourne & Richmond

Die ruhigen, breiten Straßen von East Melbourne sind gesäumt von prachtvollen viktorianischen Reihenhäusern mit Doppelfassade, Villen im italienischen Stil und Art-déco-Apartmentblocks. Die Bewohner pendeln zu Fuß über die Fitzroy Gardens ins Stadtzentrum. Während der Football-Saison oder wenn ein Kricket-Match stattfindet, dröhnt der Lärm der Massen durch das Viertel, denn man ist hier nur einen Steinwurf vom MCG entfernt.

Jenseits der ständig verstopften Punt Rd/ Hoddle St liegt die Vorstadt Richmond, die sich bis zum Yarra hinunter erstreckt. Einst ein buntes Gewirr schäbiger Hütten, in denen Generationen von Arbeitern lebten, die in den Gerbereien und der Textil- und Lebensmittelindustrie schufteten, ist das Gebiet heute eine ziemlich noble Vorstadt, die allerdings immer noch eine gute Menge Kneipen und eine blühende vietnamesische Gemeinde an der Victoria St zu bieten hat. Parallel zur Victoria St verlaufen die Bridge Rd, an der sich viele Outlets von Bekleidungsfabriken befinden, und die Swan St mit vielen Restaurants, Läden und coolen Bars. Richmonds Hauptdurchfahrtsstraße in Nord-Süd-Richtung ist die Church St.

★ Melbourne Cricket Ground   STADION
(MCG; 03-9657 8888; www.mcg.org.au; Brunton Ave; Führung Erw./Kind/Fam. 20/10/50 AU$, inkl. National Sports Museum 30/15/70 AU$; Führungen 10–15 Uhr; Tourist Shuttle, 48, 70, 75, Jolimont od. Richmond) Mit 100 000 Plätzen ist das „G" eine der bedeutendsten Sportarenen der Welt – und für viele Australier gewissermaßen heiliger Boden. Im Sommer finden hier Kricket- und im Winter die AFL-Footballspiele statt. Wer kann, sollte sich unbedingt ein Spiel anschauen. Ansonsten kann man auch an einem spielfreien Tag im Rahmen einer **Führung** über das Gelände pilgern und die Tribünen, die Reporter- und Trainerbereiche, die Umkleideräume und

---

MELBOURNE BIKE SHARE

Melbourne Bike Share (1300 711 590; www.melbournebikeshare.com.au) startete 2010, kam aber relativ langsam in Gang, wofür hauptsächlich die in Victoria geltende Helmpflicht verantwortlich gemacht wurde. Heute gibt es subventionierte Fahrradhelme (5 AU$, von denen 3 AU$ bei Rückgabe erstattet werden) in den 7Eleven-Läden rund um das Zentrale Geschäftsviertel. Die Benutzung der Fahrräder ist in den ersten 30 Minuten kostenlos. Für eine Tages- (2,80 AU$) oder Wochenausleihe (8 AU$) braucht man eine Kreditkarte und muss eine Kaution von 300 AU$ hinterlegen.

ABSTECHER

WILLIAMSTOWN & UMGEBUNG

Jenseits der Westgate Bridge präsentiert sich der historische Vorort Williamstown mit seinem maritimen Flair und seinen Jachten als Juwel. Man hat hier einen tollen Blick auf Melbourne. An der Südseite gibt's einen kleinen Strand, wo man paddeln kann. Historische Schilder im Ort ermöglichen einen Spaziergang durch eine vergangene Ära.

Sehenswertes & Aktivitäten

Point Gellibrand war die Stätte der ersten Siedlung von Weißen in Victoria. Hier hatte die Flotte ihren Sitz. Der 1840 von Sträflingen errichtete Timeball Tower ermöglichte den Schiffen, ihre Chronometer einzustellen.

Scienceworks (13 11 02; www.museumvictoria.com.au/scienceworks; 2 Booker St, Spotswood; Erw./Kind 10 AU$/frei, Planetarium & Lightning Room zzgl. Erw./Kind 6/4,50 AU$; 10–16.30 Uhr; Spotswood) Die interaktiven Ausstellungen im Scienceworks halten wissbegierige Kinder einen ganzen Tag bei Laune. Die Anlage umfasst drei historische Gebäude und das **Melbourne Planetarium**. Hier kann man die Geheimnisse des Universums (und der menschlichen Anatomie) enträtseln und allerlei Seltsames erfahren, indem man Knöpfe drückt, an Hebeln zieht oder Schalter umlegt.

Seaworks (0417 292 021; www.seaworks.com.au; 82 Nelson Pl) Im Gewerbeviertel Seaworks finden sich historische Bootsschuppen, ein Meeresmuseum und eine Ausstellungsfläche. Hier ist auch das Hauptquartier von **Sea Shepherd Australia** (www.seashepherd.org.au), dessen Schiffe an Wochenenden von 12 bis 16.30 Uhr besichtigt werden können (wenn die Schiffe auf See sind, um japanische Walfänger zu attackieren, kann man immer noch die Ausstellungen und das Video über die Kampagne zum Verbot des Walfangs anschauen). Seaworks betreibt auch eine Schiffsbauwerft, eine Schenke mit Piratenthema und Victorias ältestes Leichenschauhaus, das man bei einer **Geistertour** (1300 390 119; www.lanternghosttours.com; Erw./Kind 24/34 AUS) besichtigen kann.

Schlafen & Essen

Williamstown hat an den Hauptstraßen und um sie herum viele historische Pubs.

Quest Williamstown (03-9393 5300; www.questwilliamstown.com.au; 1 Syme St; Apt. mit 1 Schlafzi. ab 199 AU$; P) Das ausgezeichnete Quest Williamstown hat separate Apartments am Ufer mit Blick auf den Jachthafen. Eine tolle Option, wenn man außerhalb des Stadtzentrums unterkommen will!

Ragusa (03-9399 8500; www.ragusarestaurant.com.au; 139 Nelson Pl; Hauptgerichte 17–34 AU$; 12–15 & 18 Uhr–open end) In einem schönen, denkmalwürdigen Gebäude bietet das Ragusa gute, moderne kroatische Küche.

Jimmy Grants (www.jimmygrants.com.au; 28 Ferguson St, Williamstown; Hauptgerichte ab 7,50 AU$) Das überall in Melbourne wegen seiner leckeren Souvlakis geschätzte Jimmy Grants hat kürzlich in Williamstown eine Filiale in der öffentlichen Bar des Hobsons Bay Hotel eröffnet. Auch wenn man's nicht glaubt: Bier und Souvlaki passen gut zueinander.

Praktische Informationen

Hobsons Bay Visitor Information Centre (03-9932 4310; www.visithobsonsbay.com.au; Ecke Syme St & Nelson Pl) Die Touristeninformation gleich hinter dem Ufer hat Infos zu Attraktionen vor Ort und im gesamten Bundesstaat.

An- & Weiterreise

Die beliebteste und zweifellos malerischste Verbindung nach Williamstown ist die Fähre – sie ist auch besonders passend wegen des maritimen Ambientes. **Williamstown Ferries** (03-9682 9555; www.williamstownferries.com.au; Williamstown-Southbank Erw./Kind 18/9 AU$, hin & zurück 28/14 AU$) fährt täglich durch die Hobsons Bay mit Stopps in Southbank und bei ein paar Attraktionen, z. B. Scienceworks und den Docklands. **Melbourne River Cruises** (03-8610 2600; www.melbcruises.com.au; Williamstown-City Erw./Kind 22/11 AU$) legt ebenfalls am Gem Pier an.

auch den Platz (aufs Spielfeld selbst darf man aber nicht) in Augenschein nehmen.

National Sports Museum MUSEUM
(03-9657 8856; www.nsm.org.au; MCG, Olympic Stand, Tor 3; Erw./erm./Fam. 20/10/50 AU$, mit MCG-Führung 30/15/70 AU$; 10–17 Uhr) Versteckt auf dem Gelände des Melbourne Cricket Ground zeigt das Sportmuseum fünf Dauerausstellungen zu den Lieblingssportarten der Australier und feiert historische Momente im Sport. Kinder lieben die interaktive Sportabteilung, wo sie ihr Können u. a. im Football, Kricket oder Netball zeigen können.

Fitzroy Gardens PARK
(www.fitzroygardens.com; Wellington Pde, zw. Lansdowne & Albert St; Tourist Shuttle, 75, Jolimont) Gleich östlich der Spring St weicht die Stadt urplötzlich Melbournes schönem Hinterhof, den Fitzroy Gardens. Die stattlichen Alleen sind gesäumt mit Englischen Ulmen. Die Anlage mit ihren Blumenbeeten, weiten Rasenflächen, ungewöhnlichen Springbrunnen und einem Wasserlauf ist von der Stadt nur einen kurzen Spaziergang entfernt.

Das Highlight ist **Cooks' Cottage** (03-9419 5766; Erw./Kind/Fam. 6/3/16,50 AU$; 9–17 Uhr), das Ziegelstein für Ziegelstein per Schiff von Yorkshire hergebracht und 1934 hier wiederaufgebaut wurde (die Hütte gehörte ursprünglich den Eltern des Seefahrers). Das Häuschen ist im Stil der Mitte des 18. Jhs. dekoriert, und es gibt eine Ausstellung zu den ereignisreichen, wenn auch nicht unumstrittenen Reisen von Kapitän James Cook durch die Südsee.

◉ Fitzroy & Umgebung

Fitzroy, Melbournes erste Vorstadt, galt einst als Inbegriff von Schmutz und Laster. Trotz lang anhaltender Gentrifizierung treffen sich hier auch heute noch die Kreativen, allerdings eher, um zu Mittag zu essen, darüber ein Blog zu schreiben und anschließend „einzigartige" Boutiquen und Antiquitätenläden zu durchstöbern. Außerdem gibt's in dem Viertel auch eine ganze Menge Kunstgalerien.

Die Gertrude Street, vor deren Betreten Großmütter einst warnten, ist Melbournes hippste Straße. Die Smith Street in Collingwood hat zwar noch raue Ecken, aber heute spricht man nicht mehr von ihrer einstigen Verkommenheit, sondern von ihren smarten Restaurants, Cafés und Boutiquen.

Collingwood Children's Farm FARM
(www.farm.org.au; 18 St Heliers St, Abbotsford; Erw./Kind/Fam. 9/5/18 AU$; 9.15–16.30 Uhr; 200, 201, 207, Victoria Park) In diesem nicht nur von Kindern geliebten Refugium am Fluss vergisst man das Stadtzentrum ganz schnell. Kinder können helfen, die herumstreunenden Farmtiere zu füttern, daneben gibt es einen großen Garten und ein Gelände, auf dem man an warmen Tagen picknicken kann. Das Café der Farm macht früh auf und kann auch besucht werden, ohne die Farm selbst zu betreten. Der monatliche **Bauernmarkt** (www.mfm.com.au; Erw./Kind 2 AU$/frei; 2. Sa im Monat 8–13 Uhr) am Fluss ist ein Highlight in der Gegend. Hier wird alles von Kaninchen über Rosen bis hin zu Biomilch angeboten.

Carlton & United Breweries BRAUEREI
(03-9420 6800; www.carltonbrewhouse.com.au; Ecke Nelson & Thompson St, Abbotsford; Führung Erw./erm. 25/20 AU$; 109) Das Brauerei-Imperium Foster's veranstaltet eineinhalbstündige **Führungen** durch seinen Betrieb in Abbotsford, wo man Bierfässer von 30 m Durchmesser und eine superschnelle Abfüllanlage bestaunen kann. Kostproben sind im Preis natürlich inbegriffen. Führungen gibt es von Montag bis Samstag; die Termine variieren – einfach auf der Website nachschauen! Teilnehmer müssen mindestens 18 alt sein und geschlossene Schuhe tragen. Reservierung erforderlich.

Centre for Contemporary Photography GALERIE
(CCP; Karte S. 530; 03-9417 1549; www.ccp.org.au; 404 George St, Fitzroy; Mi–Fr 11–18, Sa & So 12–17 Uhr; 86) GRATIS Das gemeinnützige Zentrum zeigt wechselnde Fotoausstellungen in mehreren Galerien. Die Arbeiten reichen von traditionell bis hoch konzeptuell. Ein besonderer Schwerpunkt liegt auf Arbeiten, die mit Videoprojektionen zu tun haben, z. B. eine abendliche Bildschirmdarbietung in einem Fenster. Auch Fotografierkurse werden hier angeboten.

Alcaston Gallery GALERIE
(Karte S. 530; 03-9418 6444; www.alcastongallery.com.au; 11 Brunswick St, Fitzroy; Di–Fr 10–18, Sa 11–17 Uhr; 112) GRATIS Die in einem imposanten Reihenhaus der Gründerzeit residierende Galerie konzentriert sich auf die Arbeiten lebender indigener Künstler. Die Galerie arbeitet direkt mit indigenen Gemeinden zusammen und berücksichtigt dabei sorgsam deren kulturelle Sensibilitäten.

Fitzroy & Umgebung

Fitzroy & Umgebung

◎ Sehenswertes
- **1** Alcaston Gallery B7
- **2** Centre for Contemporary Photography C3
- **3** Gallery Gabrielle Pizzi A3

🛏 Schlafen
- **4** Brooklyn Arts Hotel C7
- **5** Home@The Mansion A7
- **6** Nunnery A5

✖ Essen
- **7** Añada C6
- **8** Charcoal Lane B6
- **9** Cutler & Co A6
- **10** Hammer & Tong 412 .... B1
- **11** Jimmy Grants D4
- **12** Moon Under Water C6
- **13** Po' Boy Quarter D3
- **14** Robert Burns Hotel D3

🍷 Ausgehen & Nachtleben
- **15** Everleigh B6
- **16** Forester's Hall D6
- **17** Industry Beans B2
- **18** Little Creatures Dining Hall B4
- **19** Naked for Satan B3
- **20** Napier Hotel C4
- **21** Panama Dining Room D5
- **22** Rose C2
- **23** Standard A4
- **24** Storm in a Teacup D7

🎭 Unterhaltung
- **25** Evelyn Hotel B2
- **26** Old Bar B3

🛍 Shoppen
- **27** Aesop D6
- **28** Crumpler D6
- **29** Gorman B4
- **30** Little Salon A6
- **31** Mud Australia C6
- **32** Poison City Records B2
- **33** Rose Street Artists' Market B2
- **34** Third Drawer Down C6

Die Arbeiten zeigen eine große Stilvielfalt von traditionell bis avantgardistisch. Ein Raum ist Arbeiten auf Papier gewidmet.

Gallery Gabrielle Pizzi GALERIE
(Karte S. 530; ☎ 03-9416 4170; www.gabriellepizzi.com.au; 51 Victoria St, Fitzroy; ⏰ Mi–Fr 10–17, Sa 12–18 Uhr; 🚌 11, 96, 112) GRATIS Gabrielle Pizzi, eine der angesehensten Händlerinnen für indigene Kunst in Australien, gründete die Galerie in den 1980ern. Ihre Tochter Samantha zeigt weiterhin Arbeiten in der Stadt lebender Künstler sowie Traditionelles von Künstlern aus den Gemeinden Balgo Hills, Papunya, Maningrida und von den Tiwi-Inseln.

◎ Carlton & Umgebung

Carlton ist die traditionelle Heimat von Melbournes italienischer Gemeinde, deswegen wird hier bei Fußballspielen oder beim Formel-1-Grand-Prix leidenschaftlich die Trikolore geschwenkt. Die berauschende Mischung aus Intellektualität, Espresso und wunderbarem Essen lockte in den 1950ern Bohemiens ins Viertel. In den 1970ern war es das Zentrum der aufblühenden Gegenkultur der Stadt, aus dem Theater, Musik und Literatur hervorgingen, die zur Legende wurden.

★ **Melbourne Museum** MUSEUM
(Karte S. 532; ☎ 13 11 02; www.museumvictoria.com.au; 11 Nicholson St, Carlton; Erw. 12 AU$, Kind & Student frei, zzgl. Eintritt für Sonderausstellungen; ⏰ 10–17 Uhr; 🚌 Tourist Shuttle, 🚋 City Circle, 86, 96, 🚆 Parliament) Das Museum liefert einen großartigen Einblick in die Naturkunde und Kulturgeschichte von Victoria. Die Ausstellungen umfassen alles von Dinosaurierfossilien und riesigen Exemplaren von Tintenfischen bis hin zu einem Saal mit präparierten Tieren, einem 3D-Vulkan und einem Wald mit der Flora Victorias in einem Atrium unter freiem Himmel. In einer Ausstellung lernt man die Legende des berühmten Rennpferds und Nationalhelden Phar Lap kennen. Die exzellente Ausstellung **Bunjilaka** im Erdgeschoss vermittelt Geschichten der australischen Ureinwohner anhand von Objekten und Berichten von Aborigines, die mit modernster Technik wiedergegeben werden. Auf dem Gelände gibt es auch ein **IMAX-Kino**.

Royal Exhibition Building HISTORISCHES GEBÄUDE
(Karte S. 532; ☎ 13 11 02; www.museumvictoria.com.au/reb; 9 Nicholson St, Carlton; Führung Erw./Kind 10/7 AU$; 🚌 Tourist Shuttle, 🚋 City Circle, 86, 96, 🚆 Parliament) Das für die Internationale Ausstellung von 1880 errichtete Bauwerk gehört seit 2004 zum UNESCO-Weltkulturerbe. Das schöne viktorianische Gebäude kündet von den großen Tagen der Industriellen Revolution, des britischen Empire und von der wirtschaftlichen Vormachtstellung

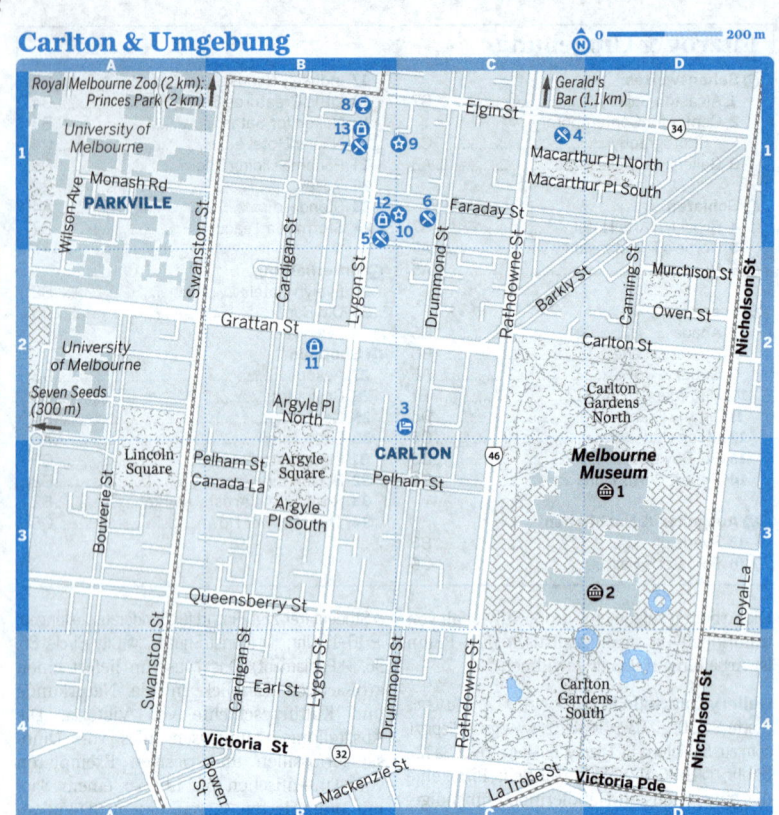

Carlton & Umgebung

Melbournes im 19. Jh. Hier wurde zum ersten Mal die australische Flagge gehisst, denn im Jahr 1901 tagte hier das erste Parlament des Australischen Bundes. Heute finden hier Veranstaltungen aller Art von Handelsmessen bis zu Autoausstellungen statt. Führungen durch das Gebäude starten um 14 Uhr am Melbourne Museum.

Royal Melbourne Zoo ZOO
(☎ 03-9285 9300; www.zoo.org.au; Elliott Ave, Parkville; Erw./Kind 30/13,20 AU$, Wochenende & Feiertage Kind frei; ⊙ 9–17 Uhr; ⛯ 505, ⛯ 55, ⛯ Royal Park) Der 1861 gegründete Zoo, eine der beliebtesten Attraktionen der Stadt, ist der älteste in Australien und der drittälteste der Welt. Mit seinen weitläufigen, hübsch landschaftlich gestalteten Anlagen versucht der Zoo, die natürlichen Lebensräume der Tiere nachzubauen. Man findet hier eine große Menge einheimischer Tierarten in natürlicher Umgebung, ein Schnabeltier-Aquarium, ein schönes Schmetterlingshaus, Seebären, Elefanten, Löwen, Tiger und viele Reptilien.

⊙ South Yarra, Prahran & Windsor

Diese Viertel sind seit je gleichbedeutend mit Glanz und Glamour, weil die erhöhte Lage und die großen Grundstücke Prestige verleihen. Vor dem Bau der Princes Bridge im Jahr 1850 kam man nur per Boot oder Stechkahn *(punt)* vom Zentrum nach South Yarra, deswegen gibt es hier die Punt Rd.

★ Royal Botanic Gardens GARTEN
(www.rbg.vic.gov.au; Birdwood Ave, South Yarra; ⊙ 7.30 Uhr–Sonnenuntergang, Children's Garden Mi–So, Mitte Juli–Mitte Sept. geschl.; ⛯ Tourist Shuttle, ⛯ 1, 3, 5, 6, 8, 16, 64, 67, 72) GRATIS In Melbourne befindet sich einer der schönsten botanischen Gärten der Welt, eine der prachtvollsten Attraktionen der Stadt. Die herrlichen Anlagen erstrecken sich am Yar-

Carlton & Umgebung

Highlights
1 Melbourne Museum D3

Sehenswertes
2 Royal Exhibition Building D3

Schlafen
3 169 Drummond C2

Essen
4 Abla's C1
5 D.O.C Delicatessen B1
   D.O.C Espresso ....(siehe 5)
6 DOC Pizzeria.. C1
7 Tiamo B1

Ausgehen & Nachtleben
8 Jimmy Watson's..................................B1

Unterhaltung
9 Cinema Nova C1
10 La Mama C1

Shoppen
11 Eastern Market....................................B2
12 Gewürzhaus... B1
13 Readings B1

ra River und präsentieren Pflanzen aus aller Welt sowie spezifisch australische Arten. Inmitten großer Rasenflächen findet man kleine Ökosysteme mit Kakteen und Sukkulenten, einen Kräutergarten und einen indigenen Regenwald. Am besten bringt man ein Buch, einen Picknickkorb oder eine Frisbeescheibe, vor allem aber viel Zeit mit.

Shrine of Remembrance DENKMAL
(www.shrine.org.au; Birdwood Ave, South Yarra; 10–17 Uhr; Tourist Shuttle, 1, 3, 5, 6, 8, 16, 64, 67, 72) GRATIS Neben der St. Kilda Rd steht der gewaltige Shrine of Remembrance, ein Denkmal für die Soldaten aus Victoria, die im Ersten Weltkrieg fielen. Der Bau erfolgte zwischen 1928 und 1934, überwiegend als Arbeitsbeschaffungsmaßnahme während der Weltwirtschaftskrise. Der klassizistische Entwurf basiert teilweise auf dem Mausoleum von Halikarnassos, einem der sieben Weltwunder der Antike. Das Denkmal ist vom anderen Ende der Stadt sichtbar; Bebauungsvorschriften verhindern, dass ein Gebäude von der Swanston St bis zur Lonsdale St den Blick auf den Schrein verdeckt.

St. Kilda & Umgebung

Nach St. Kilda kommt man wegen der Meeresbrise, der anrüchigen Geschichte und zum Leutegucken. St. Kilda war einst ein Freizeitviertel mit vielen Tanzsälen, einem Vergnügungspark, einer Eisbahn, Theatern, Seebädern und Gärten. Heute erzielen die hiesigen Art-déco-Apartments astronomische Preise. An den Wochenenden wird hier voll aufgedreht, der Verkehr kriecht, und Straßenfeststimmung breitet sich aus. St. Kilda ist immer noch ein Viertel der extremen, oft anregenden Kontraste: Backpackerhostels finden sich hier neben feinen Restaurants und Souvlaki-Imbisse neben Designerläden.

Strand von St. Kilda STRAND
(Karte S. 536; Jacka Blvd; 16, 96) Es gibt hier zwar von Palmen gesäumte Promenaden, einen als Park gestalteten Streifen und einen langen Sandstrand, aber als Ferienort erinnert St. Kilda eher an das englische Brighton als an *Baywatch*, woran auch die schicken Neubauten der letzten 20 Jahre nichts ändern. Der Kiosk am Ende des **St. Kilda Pier** ist eine exakte Kopie des 2003, ein Jahr vor seinem 100-jährigen Bestehen, abgebrannten Originals.

Luna Park VERGNÜGUNGSPARK
(Karte S. 536; 03-9525 5033; www.lunapark.com.au; 18 Lower Esplanade, St. Kilda; 1 Fahrgeschäft Erw./Kind 11/9 AU$, alle Fahrgeschäfte 49/39 AU$; 16, 96) Der 1912 eröffnete Luna Park hat sich die Atmosphäre eines altmodischen Vergnügungsparks bewahrt. Schon beim Eintritt durch den Rachen von Mr. Moon kann man sich so richtig gruseln. Es gibt eine denkmalgeschützte Achterbahn (die älteste noch funktionstüchtige weltweit), ein wunderschönes barockes Karussell mit handbemalten Pferden, Schwänen und Streitwagen und das ganze Sortiment schwindelerregender Fahrgeschäfte.

South Melbourne, Port Melbourne & Albert Park

Diese Vororte haben etwas Prahlerisches, was gewiss etwas mit der Nähe zum Wasser zu hat. Denn die Bucht, der Strand und der große Albert Park Lake sind zweifellos Highlights von Melbourne. Diese teuren Viertel erfreuen sich einer friedvollen Umgebung, doch während des Grand Prix steigt der Geräuschpegel erheblich an.

South Melbourne Market MARKT
(www.southmelbournemarket.com.au; Ecke Coventry & Cecil St, South Melbourne; Mi, Sa & So 8–16,

South Yarra, Prahran & Windsor

0 — 400 m

CREMORNE
RICHMOND
SOUTH YARRA
TOORAK
PRAHRAN
WINDSOR
ST. KILDA

Corner Hotel (1 km)
Moonlight Cinema (850 m);
Royal Botanic Gardens (1 km);
Sidney Myer Music Bowl (1.4 km)
The Tan (400 m);
Shrine of Remembrance (1.4 km)
Art Series (The Blackman) (800 m);
Albert Park Lake (2 km)

CityLink (Monash Fwy)
Yarra River
Herring Island Park
Como Park

Streets and places
- Cubitt St
- Green St
- Church St
- Brighton St
- Mary St
- Williams Rd North
- Verdant Ave
- Punt Rd
- Caroline St
- Alexandra Ave
- Domain Rd
- Avoca St
- Murphy St
- Darling St
- Yarra St
- Claremont St
- Malcolm St
- River St
- Tivoli Rd
- Rockley Rd
- Kensington Rd
- Como Ave
- Williams Rd
- Bruce St
- Washington St
- Lechlade Ave
- South Yarra
- Caroline St S
- Powell St
- Davis St
- William St
- Chambers St
- Misschu
- Oxford St
- Clara St
- Toorak Rd
- Alexandra St
- Arthur St
- Palermo St
- Hawksburn Rd
- Lang St
- Fawkner St
- Osborne St
- Portland Pl
- Fitzgerald St
- Phoenix St
- Cliff St
- Garden St
- Cassell St
- Albion St
- Moore St
- Hardy St
- Grosvenor St
- Hawksburn
- Argo St
- Balmoral St
- Barry St
- Surrey Rd
- Cromwell Rd
- Motherwell St
- Exchange Bar
- Chapel St
- Joy St
- Commercial Rd
- Art Series (The Cullen)
- Howitt St
- McKillop St
- May Rd
- HuTong Dumpling Bar
- Princes Gardens
- Malvern Rd
- Moss St
- Porter St
- Grattan St
- Izett St
- Greville St
- Little Chapel St
- Essex St
- Clarke St
- Mackay St
- Lorne Rd
- Perth St
- Charles St
- Prahran
- King St
- Clifton St
- Mount St
- Bangs St
- York St
- Murray St
- Lewisham Rd N
- Spring St
- Wrights Tce
- Victoria Gardens
- Pridham St
- Bayview St
- Aberdeen Rd
- Andrew St
- Raleigh St
- Green St
- Eastbourne St
- Earl St
- Duke St
- High St
- Upton Rd
- Hornby St
- Union St
- Henry St
- Windsor
- Peel St
- Albert St
- The Avenue
- Lewisham Rd
- Newry St
- Williams Rd
- Chornley St
- Dandenong Rd
- Wellington St

Fr bis 17 Uhr; 96) Die labyrinthischen Gänge des Markts sind vollgestopft mit allen möglichen Ständen von altvertraut bis edel. Der Markt existiert schon seit 1864 und ist eine Institution im Viertel, genauso wie das berühmte Dim Sum, das hier seit 1949 angeboten wird. Es gibt außerdem stimmungsvolle Restaurants, einen munteren Nachtmarkt (Mitte Jan.–Anfang März Do) und eine Kochschule. Einzelheiten auf der Website.

Albert Park Lake SEE
(zw. Queens Rd, Fitzroy St, Aughtie Dr & Albert Rd; 96) Elegante Trauerschwäne begrüßen die Leute, die zum Joggen, Radfahren oder Wandern auf den 5 km langen Weg rund um den künstlichen See unterwegs sind. Der Lakeside Dr wurde in den 1950er-Jahren als Rennstrecke im internationalen Motorsport benutzt, und seit 1996 dient die neu ausgebaute Strecke als Austragungsort des alljährlich im März stattfindenden **Australian Formula One Grand Prix**. Am Stadtrand befindet sich auch das **Melbourne Sports & Aquatic Centre** mit einem olympischen Schwimmbad und einem Wellenbad, das bei Kindern für viel Spaß sorgt.

🏃 Aktivitäten

Kayak Melbourne KAJAKFAHREN
(0418 106 427; www.kayakmelbourne.com.au; Tour 72–117 AU$; 11, 31, 48) Man sollte sich die Chance nicht entgehen lassen, den Yarra River per Kajak zu erkunden. Die zweistündigen Touren führen einen an den aktuellen Neubauprojekten Melbournes vorbei und bieten einen Einblick in die Geschichte der älteren Stadtteile. Sehr stimmungsvoll sind die Mondscheinfahrten inklusive Abendessen mit Fish & Chips. Abfahrt ist in der Regel vom Victoria Harbour in den Docklands – Infos zur Anfahrt gibt's auf der Website.

Laufen

The Tan LAUFEN
(Royal Botanical Gardens, Birdwood Ave; Tourist Shuttle, 8) Die 3,8 km lange ehemalige Pferderennstrecke ist heute der beliebteste Ort zum Laufen in der Stadt. Die Strecke führt rund um die Royal Botanical Gardens und die King's Domain.

Princes Park LAUFEN
(Princes Park Dr, North Carlton; 19) Jogger und Walker bevölkern den 3,2 km langen Schotterweg rund um den Park, während in der Mitte Kricket und Fußball gespielt und Hunde ausgeführt werden. Dies ist die frühere Spielstätte des Carlton Football Club (und heute sein Trainingsgelände).

Radfahren
Radkarten gibt's im Visitor Centre am Federation Sq. Radstrecken in der Stadt sind u. a. der Main Yarra Trail (35 km), von dem der Merri Creek Trail (19 km), der Outer Circle Trail (34 km) und der Maribyrnong River Trail (22 km) abzweigen. Es gibt auch Radwege entlang von Melbournes Stränden.

Humble Vintage FAHRRADVERLEIH
(0432 032 450; www.thehumblevintage.com; pro 2 Std./Tag/Woche 25/35/90 AU$) Hier kann man aus ganz besonderen Drahteseln (Retro-Rennräder, Stadt- und Damenräder) wählen. Inklusive sind ein Fahrradschloss, ein Helm und eine tolle Karte mit Tipps, was man außer Radeln sonst noch tun kann. Die Abholstellen stehen auf der Website.

Schwimmen
Im Sommer sollte man es wie die meisten Melbourner machen und die städtischen Strände aufsuchen. St. Kilda, Middle Park und Port Melbourne sind beliebte Ziele, hinzu kommen die Vororstrände in Brighton und Sandringham. Auch die öffentlichen Schwimmbäder sind beliebt.

Melbourne City Baths SCHWIMMEN
(Karte S. 522; 03-9663 5888; www.melbourne.vic.gov.au/melbournecitybaths; 420 Swanston St, Melbourne; Erw./Kind 6,10/3,60 AU$; Mo–Do 6–22, Fr bis 20, Sa & So 8–18 Uhr; Melbourne Central) Die City Baths waren bei ihrer Eröffnung 1860 tatsächlich öffentliche Badeanstalten, die die Menschen davon abbringen sollten, im verschmutzten Yarra River zu baden und von dem Wasser zu trinken. Heute gibt es hier das größte Schwimmbecken im Stadtzentrum (30 m) und die Möglichkeit, in einem denkmalgeschützten Gebäude von 1903 seine Bahnen zu ziehen.

**Melbourne Sports &
Aquatic Centre** SCHWIMMEN
(MSAC; 03-9926 1555; www.msac.com.au; Albert Rd, Albert Park; Erw./Kind 7,40/5,20 AU$; Mo–Fr 5.30–22, Sa & So 7–20 Uhr; 96, 112) Verfügt über einen fantastischen, 50 m langen Hallenpool, ein Wellenbad, Wasserrutschen, ein Spa mit Sauna und Dampfraum und geräumige Gemeinschaftsbereiche am Strand des Albert Park Lake.

Windsurfen, Kitesurfen & Stehpaddeln
Die Kitesurfszene rund um St. Kilda wächst schnell (Nov.–April). Elwood, gleich südlich

St. Kilda

St. Kilda

⊚ Sehenswertes
- 1 Luna Park C5
- 2 Strand von St. Kilda A5

✪ Aktivitäten, Kurse & Touren
- Aurora Spa Retreat .... (siehe 9)
- 3 Kite Republic A4
- 4 Stand Up Paddle HQ A4

🛏 Schlafen
- 5 Adina Apartment Hotel St Kilda C2
- 6 Base D5
- 7 Hotel Barkly D4
- 8 Hotel Urban B3
- 9 Prince B3
- 10 Ritz D2

⊗ Essen
- 11 Claypots D6
- 12 Lau's Family Kitchen B3

- 13 Mirka's at Tolarno B2
- 14 Monarch Cake Shop C5

⊙ Ausgehen & Nachtleben
- 15 George Lane Bar C2
- Hotel Barkly .... (siehe 7)
- 16 Republica A4
- 17 St. Kilda Bowling Club C2
- 18 Vineyard C5

⊙ Unterhaltung
- 19 Esplanade Hotel B4
- 20 Palais Theatre C5
- Prince Bandroom .... (siehe 9)

⊙ Shoppen
- 21 Bookhouse D4
- 22 Dot Herbey D6
- 23 Eclectico D6
- 24 Esplanade Market B4
- 25 Readings D5

von St. Kilda, ist ein beliebtes Gebiet zum Windsurfen.

Stand Up Paddle HQ   WASSERSPORT
(Karte S. 536; ☎ 0416 184 994; www.supb.com.au; St. Kilda Pier; Stehpaddelbrettverleih 30 AU$/Std., 2-stündige Tour 89 AU$; 🚌 96) Vermietet Stehpaddelausrüstung und veranstaltet Kurse und Touren auf dem Yarra River.

Kite Republic   KITESURFEN
(Karte S. 536; ☎ 03-9537 0644; www.kiterepublic.com.au; St. Kilda Seabaths, 4/10-18 Jacka Blvd; 1-stündiger Kurs 90 AU$; ⊙10–19 Uhr) Bietet Kurse im Kitesurfen, Touren und Ausrüstung und ist eine gute Infoquelle. Im Winter werden Kiteskitouren auf dem Mt. Hotham organisiert. Vermietet auch Bretter zum Stehpaddeln und zum Straßen-Stehpaddeln.

⌲ Geführte Touren

Melbourne By Foot   STADTSPAZIERGANG
(☎ 0418 394 000; www.melbournebyfoot.com; Tour 40 AU$; 🚉 Flinders St) ✏ Bei dem mehrstündigen, entspannten und informativen 4 km langen Stadtspaziergang lernt man die Straßenkunst, die Politik, die Geschichte und die ethnische Vielfalt Melbournes kennen. Unterwegs gibt's auch eine Erfrischungspause. Sehr zu empfehlen; online reservieren! Ebenfalls angeboten wird der anregende „Beer Lovers' Guide to Melbourne".

Aboriginal Heritage Walk   KULTURTOUR
(☎03-9252 2300; www.rbg.vic.gov.au; Erw./Kind 25/10 AU$; ⊙So–Do 11 Uhr; 🚌Tourist Shuttle, 🚌8)

✏ Die Royal Botanic Gardens befinden sich auf einem traditionellen Lager- und Versammlungsplatz der Aborigines. Im Rahmen der faszinierenden 90-minütigen Führungen erfährt man viel über ihre Geschichte, ihre Traumpfade und ihr Wissen über Pflanzen. Die Tour beginnt am Visitor Centre.

Melbourne Street Art Tours   STADTSPAZIERGANG
(☎03-9328 5556; www.melbournestreettours.com; Tour 69 AU$; ⊙Di, Do & Sa 13.30 Uhr) ✏ Bei der dreistündigen Tour entdeckt man die Straßenkunst Melbournes. Die Guides sind selbst Straßenkünstler, sodass man einen guten Einblick in diese Kunstform erhält.

St. Kilda Music Walking Tours   STADTSPAZIERGANG
(SKMWT; www.skmwt.com.au; Tour 40 AU$; ⊙Wochenende) Bei dieser Rock-'n'-Roll-Tour zu den berüchtigten Bars und Wahrzeichen, die eine wichtige Rolle in St. Kildas Underground-Musikszene spielten, entdeckt man die wilde Seite der Stadt. Da Musikikonen aus St. Kilda, darunter Fred Negro und Fiona Lee Maynard, als Führer fungieren, erwarten einen komische und anstößige Einblicke.

Real Melbourne Bike Tours   RADTOUR
(Karte S. 522; ☎ 0417 339 203; www.rentabike.net.au/biketours; Federation Sq; 4-stündige Tour inkl. Mittagessen Erw./Kind 110/79 AU$; ⊙10 Uhr; 🚉 Flinders St) ✏ Bei dieser Radtour bekommt man dank der durchdachten Streckenplanung einen guten Einblick in die Stadt, vor allem in ihre kulinarische Seite;

man sieht mehr als zu Fuß. Der Veranstalter vermietet auch Fahrräder.

Hidden Secrets Tours
STADTSPAZIERGANG
(☏ 03-9663 3358; www.hiddensecretstours.com; Spaziergang 29–150 AU$) Veranstaltet diverse Stadtspaziergänge mit Themen wie Gassen und Arkaden, Wein, Architektur, Kaffee und Cafés oder das alte Melbourne.

Melbourne Visitor Shuttle
BUSTOUR
(Tourist Shuttle; www.thatsmelbourne.com.au; Tagesticket 5 AU$, Kinder unter 10 Jahren frei; ⊙ 9.30–16.30 Uhr) Dieser Bus (mit Audiokommentar) fährt einen eineinhalbstündigen Rundkurs mit 13 Haltestellen ab, auf dem man alle Hauptsehenswürdigkeiten Melbournes zu sehen bekommt.

Melbourne River Cruises
BOOTSTOUR
(Karte S. 522; ☏ 03-9681 3284; www.melbcruises.com.au; Federation Wharf; Erw./Kind ab 23/11 AU$) Angeboten werden einstündige Fahrten auf dem Yarra River stromaufwärts oder stromabwärts sowie eine zweieinhalbstündige Rundfahrt. Los geht's an ein paar verschiedenen Stellen – die Details checken! Das Unternehmen betreibt auch eine Fähre zwischen Southgate und dem Gem Pier in Williamstown, die je nach Saison drei- bis neunmal täglich ablegt.

Feste & Events

Australian Open
SPORT
(www.australianopen.com; National Tennis Centre) Die Topspieler der Welt und gut gelaunte Zuschauermassen treffen sich im Januar zu Australiens Grand-Slam-Tennisturnier.

Midsumma Festival
SCHWULE, LESBEN
(www.midsumma.org.au) Das von Mitte Januar bis Mitte Februar stattfindende schwul-lesbische Kunstfestival beinhaltet mehr als 100 Events. Den Abschluss bildet der Pride March.

MELBOURNE MIT KINDERN

Collingwood Children's Farm (S. 529)

ACMI (S. 517)

Luna Park (S. 533)

Royal Melbourne Zoo (S. 532)

National Sports Museum (S. 529)

Melbourne Museum (S. 531)

Scienceworks (S. 528)

Chinese New Year
KULTUR
(www.chinatownmelbourne.com.au; Little Bourke St) Seit die Little Bourke Street in den 1860ern Chinatown wurde, feiert Melbourne jeden Februar das sich nach dem Mondkalender richtende Chinesische Neujahr.

White Night
KULTUR
(whitenightmelbourne.com.au) Bei dem Event im Februar wird Melbourne die ganze Nacht mit Projektionen bestrahlt. Vor dieser Kulisse gibt's kostenlos Kunst, Musik und Filme.

St. Kilda Festival
MUSIK
(www.stkildafestival.com.au; Acland & Fitzroy St) Das einwöchige Fest endet am letzten Sonntag im Februar mit einem großen Straßenfest.

Melbourne Food & Wine Festival
ESSEN
(www.melbournefoodandwine.com.au) Im März werden überall in der Stadt (und im Bundesstaat) Marktbesuche, Weinproben, Kochkurse und Shows bekannter Köche angeboten.

Moomba
KULTUR
(www.thatsmelbourne.com.au; Alexandra Gardens) Ein Festival am Flussufer, das in ganz Melbourne für die verrückte Birdman Rally berühmt ist, bei der sich die Teilnehmer mit selbst gebauten Flugmaschinen in den Yarra stürzen. Das Festival findet im März statt.

Australian Formula One Grand Prix
SPORT
(☏ 1800 100 030; www.grandprix.com.au; Albert Park; Tickets ab 55 AU$) Der 5,3 km lange Parcours um den Albert Park Lake ist für seinen glatten Belag bekannt. An vier Tagen im März haben die dröhnenden Motoren die Stadt (und die Ohren) voll im Griff.

Melbourne International Comedy Festival
COMEDY
(www.comedyfestival.com.au; Melbourne Town Hall) Von Ende März bis Ende April ist vier Wochen lang Lachen angesagt. Riesiges Aufgebot internationaler Comedians!

Melbourne Jazz
JAZZ
(www.melbournejazz.com) Internationale Jazzgrößen schließen sich den einheimischen Könnern im Mai/Juni an. Statt findet das Ganze in der Hamer Hall, im Regent Theatre und im Palms at Crown Casino.

Melbourne International Film Festival
FILM
(MIFF; www.miff.com.au) Filmfans in schwarzen T-Shirts strömen in Massen zu diesem Filmfest im Winter – im Juli und August.

Melbourne Writers Festival LITERATUR
(www.mwf.com.au) Ob man es nun glaubt oder nicht: Melbourne ist eine UNESCO-„Literaturstadt" und stolz auf seine Autoren und Leser. Das Writers Festival beginnt in der letzten Augustwoche. Foren und Events gibt's an verschiedenen Orten.

AFL Grand Final SPORT
(www.afl.com.au; MCG) Es ist leichter, ein Tor aus dem Aus zu schießen, als ein Ticket für das Grand Final zu ergattern, das im September stattfindet. Aber das Endspielfieber lässt sich überall in Melbourne (vor allem in Pubs) erleben.

Melbourne Fringe Festival KUNST
(www.melbournefringe.com.au) Von Ende September bis Anfang Oktober stehen Experimentelles an Theater, Musik und bildender Kunst im Mittelpunkt.

Melbourne International Arts Festival KUNST
(www.melbournefestival.com.au) An verschiedenen Veranstaltungsorten der Stadt präsentiert das Festival im Oktober ein zum Nachdenken anregendes Programm mit nationalem und internationalem Theater, Oper, Tanz, bildender Kunst und Musik.

Melbourne Cup SPORT
(www.springracingcarnival.com.au) Der Spring Racing Carnival, dessen Höhepunkt der prestigeträchtige Melbourne Cup bildet, ist sowohl ein sportliches als auch ein gesellschaftliches Ereignis. Der Cup findet am ersten Dienstag im November statt – ein Feiertag in Melbourne.

Boxing Day Test CRICKET
(www.mcg.org.au; MCG) Der Boxing Day ist in Melbourne der Stichtag in puncto Testmatch im Kricket und zieht die Massen geradezu an. Besonders auf Bay 13 ist einiges los.

Schlafen

Stadtzentrum
Es gibt viele Unterkünfte aller Preiskategorien, die einen mitten ins Geschehen bringen, ganz egal ob man in der Stadt shoppen, Party machen, ein Spiel anschauen oder etwas Kultur schnuppern will.

★ Space Hotel HOSTEL, HOTEL $
(Karte S. 522; 03-9662 3888; www.spacehotel.com.au; 380 Russell St; B/EZ/DZ ohne Bad ab 29/77/93 AU$; ❄@🛜; ⏅City Circle, 24, 30) Eines

---

INDIGENES MELBOURNE

Sehenswertes
Bunjilaka Aboriginal Cultural Centre (S. 531) Im Melbourne Museum
Koorie Heritage Trust (S. 524)
Aboriginal Heritage Walk (S. 537)
Birrarung Marr (S. 517)
Alcaston Gallery (S. 529)
Gallery Gabrielle Pizzi (S. 531)
Ian Potter Centre: NGV Australia (S. 517)

Essen
Charcoal Lane (S. 547)

Medien
➡ Melbournes Rundfunkstation 3KND (Kool n Deadly; 1503 AM)
➡ NITV, ein landesweiter Fernsehsender mit ausschließlich indigenen Inhalten.

---

der wenigen echten Flashpackers in Melbourne ist dieses schicke, moderne und makellose Hotel mit sehr vernünftigen Preisen und Angeboten für alle Altersgruppen. Die Zimmer sind mit iPod-Stationen und Flachbild-TVs ausgestattet, und die Schlafsäle bieten durchdachte Details mit große Schließfächer mit Lichtsensoren und verschließbaren Adaptern. Es gibt auch Doppelzimmer mit angeschlossenem Bad und Balkon.

Melbourne Central YHA HOSTEL $
(Karte S. 522; 03-9621 2523; www.yha.com.au; 562 Flinders St; B/DZ 34/100 AU$; @🛜; ⏅70) Das altehrwürdige Gebäude wurde durch die Leute vom YHA total überholt, und durch die Renovierung vor Kurzem ist es sogar noch besser geworden. Hier gibt's eine muntere Rezeption und hübsche Zimmer, Küchen und Gemeinschaftsbereiche auf allen vier Etagen. Unterhaltung wird hier großgeschrieben. Im Erdgeschoss finden sich das fabelhafte Restaurant Bertha Brown und oben eine tolle Dachterrasse.

Nomad's Melbourne HOSTEL $
(Karte S. 522; 03-9328 4383; www.nomadshostels.com; 198 A'Beckett St; B 20–45 AU$, DZ 100–145 AU$; P@🛜; ⏅Flagstaff) Flashpacking in Melbournes Stadtzentrum ermöglicht dieses smarte Hostel mit einer Mischung aus Schlafsälen mit vier bis 14 Betten (einige mit angeschlossenem Bad) und geräumigen

Doppelzimmern. Es gibt eine Dachterrasse mit Grill, eine Kino-Lounge, eine Bar und viel Hochglanz (besonders in dem Frauen vorbehaltenen Flügel).

City Centre Budget Hotel　　　　HOTEL $
(Karte S. 522; ☏ 03-9654 5401; www.citycentre budgethotel.com.au; 22 Little Collins St; DZ mit Gemeinschaftsbad/eigenem Bad ab 79/94 AU$; @ ☎; ⊟ Parliament) Traulich, eigenständig und unaufdringlich. Das Budgethotel mit 38 Zimmern ist eine echte Entdeckung. Es liegt am hübscheren Ende der Stadt, in einer kleinen Straße ein paar Stufen hinauf in einem unscheinbaren Gebäude. Die Zimmer sind schlicht, aber nett und ordentlich, das Personal ist superfreundlich, und es gibt gratis WLAN, eine Waschküche und eine Gemeinschaftsküche auf der mit Kieselsteinen bedeckten Dachterrasse.

Greenhouse Backpacker　　　　HOSTEL $
(Karte S. 522; ☏ 03-9639 6400; www.greenhouse backpacker.com.au; 6/228 Flinders Lane; B/EZ/DZ inkl. Frühstück ab 37/80/90 AU$; ✳@☎; ⊟ Flinders St) Im Greenhouse herrscht eine lustige Stimmung. Das Haus ist sehr gut geführt – die Leute wissen, wie man Backpacker zufriedenstellt, z. B. mit Gratis-WLAN, kostenlosen Barbecues auf dem Dach, großen Gemeinschaftsbereichen, einer Gepäckaufbewahrung und einem Aktivitätsangebot. Das Personal ist gesprächig und hilfsbereit, und die Toiletten sind tipptopp. Fünf Gehminuten von der Flinders Street Station entfernt.

★ Adina Apartment Hotel　　　　APARTMENTS $$
(Karte S. 522; ☏ 03-8663 0000; www.adinaho tels.com.au; 88 Flinders St; Apt. ab 141 AU$; P✳ ☎; ⊟ City Circle, 70, 75) Das ist Melbourne, wie es leibt und lebt: Die coolen, einfarbig gestalteten Designer-Apartments im lagerhausartigen Loft-Stil sind extragroß und luxuriös. Die Apartments nach vorn hinaus bieten einen umwerfenden Blick auf eine Parklandschaft, und die riesigen Wohnstudios mit Dielen gewähren Blick auf die Gassen Melbournes. Alle Unterkünfte haben eine voll ausgestattete Küche. Es gibt auch Apartments in **St. Kilda** (Karte S. 536; ☏ 03-9536 0000; 157 Fitzroy St, St. Kilda; Apt. ab 139 AU$) mit Blick auf den Albert Park.

Alto Hotel on Bourke　　　　HOTEL $$
(Karte S. 522; ☏ 03-8608 5500; www.altohotel. com.au; 636 Bourke St; Zi. ab 166 AU$; P✳@☎; ⊟ 86, 96) ✎ Das umweltbewusste Alto hat Wasserspardüschen, Energiesparlampen und Doppelglasfenster, und die Gäste werden angehalten, ihren Müll zwecks Recycling zu trennen. Die Zimmer sind bestens mit gutem Licht und neutraler Einrichtung ausgestattet. Die Apartments (aber nicht die Wohnstudios) umfassen eine voll ausgestattete Küche und mehrere LCD-Fernseher; einige haben auch einen Whirlpool. Gratis-Extras sind u. a. Bio-Espresso, Äpfel und Zugang zum Massageraum. Gäste können auch das Elektroauto (17 AU$/Std.) nutzen.

Pensione Hotel　　　　HOTEL $$
(Karte S. 522; ☏ 03-9621 3333; www.pensione.com. au; 16 Spencer St; Zi. ab 114 AU$; P✳@☎; ⊟ 96, 109, 112) Mit erfrischender Ehrlichkeit nennt das nette Pensione Hotel einige ihrer Zimmer „Shoesbox" und „Matchbox". Doch was einem an Platz versagt bleibt, wird durch Stil, besondere Extras im Zimmer und günstige Preise mehr als wett gemacht.

Hotel Causeway　　　　HOTEL $$
(Karte S. 522; ☏ 03-9660 8888; www.causeway. com.au; 275 Little Collins St; Zi. ab 139 AU$; ✳@ ☎; ⊟ 86, 96) Mit einem diskreten Eingang in den überdachten Arkaden am Howey Pl spricht das Causeway vor allem die Leute an, die zum Shoppen und wegen der Bars nach Melbourne kommen. Das Haus ist recht klein und hat natürlich nicht alle Einrichtungen eines großen Hotels. Die Zimmer sind elegant und bieten luxuriöse Bettwäsche, Bademäntel und Pantoffeln.

Robinsons in the City　　　　BOUTIQUEHOTEL $$
(Karte S. 522; ☏ 03-9329 2552; www.ritc.com.au; 405 Spencer St; Zi. ab 149 AU$; P✳☎; ⊟ 75, 96) Mit sechs großen Zimmern und herzlichem Service ist das Robinsons ein Schmuckstück. Bei dem 1850 errichteten Gebäude handelt es sich um eine ehemalige Bäckerei, es hat aber einen modernen, bunten Anstrich erhalten. Die Bäder sind nicht an die Zimmer angeschlossen, aber zu jedem gehört ein eigenes Bad im Korridor. Der Service ist herzlich und persönlich, sodass die Gäste oft wiederkommen.

Vibe Savoy Hotel　　　　HOTEL $$
(Karte S. 522; ☏ 03-9622 8888; www.vibehotels. com.au; 630 Little Collins St; Zi. ab 101 AU$; ✳@ ☎; ⊟ Southern Cross) Das hübsche altehrwürdige Gebäude am westlichen Ende der Collins St (gegenüber der Southern Cross Station) wurde kräftig umgestaltet, aber einige Zimmer haben subtile Merkmale ihrer Entstehungszeit bewahrt. Man findet hier traditionellen Hotelkomfort, kräftige Farben und eine zeitgenössische Möblierung.

★ Ovolo
BOUTIQUEHOTEL $$$

(Karte S. 522; ☎ 03-8692 0777; www.ovologroup.com; 19 Little Bourke St; Zi. inkl. Frühstück ab 215 AU$; P✴@✆; ❑Parliament) Melbournes neuestes Boutiquehotel mischt hippen Schick mit witziger Businessatmosphäre. Es ist freundlich, cool und voller toller Dinge: Es gibt eine kostenlose Minibar in jedem Zimmer und täglich eine Happy Hour mit Gratisgetränken im Erdgeschoss. Angesichts des Korbes mit leckeren Sachen, den man bei der Ankunft erhält, dem Nespresso-Maschine in der Lobby und dem Frühstückgebäck von Le Patisserie wird man für immer bleiben wollen.

Adelphi Hotel
HOTEL $$$

(Karte S. 522; ☎ 03-8080 8888; www.adelphi.com.au; 187 Flinders Lane; Zi. ab 275 AU$; ✴@✆☆; ❑3, 5, 6, 16, 64, 67, 72) Das dezente Anwesen in der Flinders Lane war eines der ersten Boutiquehotels Australiens. Nach der Fünf-Sterne-Renovierung rockt es noch immer. Die gemütlichen Zimmer mit Designelementen vermitteln deutlich europäischen Glamour. Und der inzwischen zum Wahrzeichen gewordene Pool auf dem Dach, der über die Flinders Lane vorspringt, ist geblieben!

Hotel Lindrum
BOUTIQUEHOTEL $$$

(Karte S. 522; ☎ 03-9668 1111; www.hotellindrum.com.au; 26 Flinders St; Zi. ab 275 AU$; P✴✆; ❑70, 75) Die ehemalige Snookerhalle des legendären, ungeschlagenen Walter Lindrum ist heute eines der attraktivsten Hotels der Stadt mit satten Farben, viel Stoff und sanfter Beleuchtung. Wer sich für ein Luxuszimmer entscheidet, bekommt Bogen- oder Erkerfenster und einen tollen Blick auf Melbourne. Natürlich steht hier auch ein Billardtisch, auf dem Lindrum gespielt hat!

Crown Metropol
HOTEL $$$

(☎ 03-9292 6211; www.crownhotels.com.au; Crown Casin, 8 Whiteman St; Zi. ab 280 AU$; ✴@✆☆; ❑96,109,112) Das schickste unter den Crown Hotels bietet Gäste den außergewöhnlichsten Infinity-Pool Melbournes. Hier kann man in der 27. Etage Schwimmübungen machen und sich von oben ansehen, was man besichtigen will. Am preiswertesten sind die schönen Luxuszweibettzimmer, in denen man auch zu viert übernachten kann.

Hotel Windsor
HOTEL $$$

(Karte S. 522; ☎ 03-9633 6000; www.thehotelwindsor.com.au; 111 Spring St; Zi. ab 200 AU$; ✴@; ❑Parliament) Funkelnde Kronleuchter und ein Konzertflügel in der Lobby zeigen, dass das opulente, denkmalgeschützte Gebäude von 1883 eines der berühmtesten und stilsichersten Grandhotels Australiens birgt. Zur Zeit unserer Recherchen stand die umstrittene 260 Mio. AU$ teure Renovierung noch aus. Zu seinem englischen Charakter tragen die High Tea (S. 552) und die historische Cricketers Bar voller Kricketkram bei.

East Melbourne & Fitzroy

In East Melbourne ist man zwar außerhalb des Geschehens, befindet sich aber noch in Gehweite des Stadtzentrums und gelangt schnell zum MCG. Das vor Leben sprühende Fitzroy hat Tag und Nacht Attraktionen zu bieten und liegt in fußläufiger Entfernung zur Stadt.

★ Nunnery
HOSTEL $

(Karte S. 530; ☎ 03-9419 8637; www.nunnery.com.au; 116 Nicholson St, Fitzroy; B/EZ/DZ inkl. Frühstück ab 32/90/120 AU$; @✆; ❑96) Das 1888 erbaute Nunnery strahlt mit den großen Treppenhäusern und vielen originalen Klosterdetails viel Flair aus. An den Wänden hängt christliche Kunst, und es gibt prächtige Buntglasfenster. Zu begrüßen sind die großen, komfortablen Lounges und Gemeinschaftsbereiche. Direkt neben dem Haupthaus steht das Nunnery Guesthouse mit größeren Zimmern in traulicherer Lage (ab 130 AU$). Das Anwesen ist sehr beliebt – also vorab buchen!

Home@The Mansion
HOSTEL $

(Karte S. 530; ☎ 03-9663 4212; www.homehostels.com.au; 80 Victoria Pde, East Melbourne; B 25–36 AU$, DZ 80–99 AU$; @✆; ❑City Circle, 30, 96, ❑Parliament) Das Hostel in einem großen, alten Gebäude der Heilsarmee ist eines der wenigen in Melbourne mit eigenem Charakter. Es gibt 92 Schlafsaalbetten und ein paar Doppelzimmer; alle sind hell und bunt und haben angenehm hohe Decken. Es gibt zwei kleine Fernsehbereiche mit einer Spielkonsole, einen Hof und eine sonnige Küche.

Brooklyn Arts Hotel
BOUTIQUEHOTEL $$

(Karte S. 530; ☎ 03-9419 9328; www.brooklynartshotel.com.au; 48-50 George St, Fitzroy; EZ/DZ inkl. Frühstück ab 115/155 AU$; ✆; ❑86) Das einmalige Hotel mit viel Charakter hat sieben sehr unterschiedliche Zimmer. Die Eigentümerin Maggie bevorzugt Künstlertypen, sodass man mit munteren Unterhaltungen beim kontinentalen Frühstück rechnen kann. Die Zimmer sind unterschiedlich groß, aber alle sind sauber, eigenwillig, bunt und schön de-

ABSTECHER

HEIDE MUSEUM OF MODERN ART

Das **Heide Museum of Modern Art** (03-9850 1500; www.heide.com.au; 7 Templestowe Rd, Bulleen; Erw./Kind 16 AU$/frei; Di–So 10–17 Uhr; 903, Heidelberg) im ehemaligen Heim der berühmten örtlichen Kunstmäzene John und Sunday Reed ist eine große öffentliche Kunstgalerie mit einem wundervollen Gelände. Es veranstaltet regelmäßig Wechselausstellungen, bei denen oft Werke von Künstlern wie Sidney Nolan und Albert Tucker zu sehen sind, die in „Heide" aus- und eingingen. Es gibt auch ein tolles **Café** vor Ort, wo man auch für einen Lunchbox oder einen Korb für ein Picknick am Yarra bekommt. Die kostenlosen Führungen (14 Uhr) sind eine sehr gute Einführung in Melbournes frühe Künstlerszene.

koriert – in einem steht sogar ein Klavier. Am besten sind die großen Zimmer oben mit hohen Decken und Blick auf die Straße.

Knightsbridge Apartments APARTMENTS $$
(03-9470 9100; www.knightsbridgeapartments.com.au; 101 George St, East Melbourne; Apt. ab 119 AU$; P@; 48, 75, Jolimont) Die renovierten Ein-Zimmer-Wohnungen auf drei Etagen besitzen gut ausgestattete Küchen sowie Möbel und Accessoires wie Zimmer einer höheren Preiskategorie. Man wird fröhlich empfangen, und alles scheint mühelos möglich. Wegen des besseren Ausblicks und Lichts sind die oberen Zimmer vorzuziehen (kein Fahrstuhl!). Vorher anrufen, um sich einen Parkplatz zu sichern!

South Yarra & Prahran

Südlich des Flusses bietet South Yarra ein paar tolle Boutique- und Spitzenklasseunterkünfte an hübschen, von Bäumen gesäumten Wohnstraßen.

★ **Art Series (The Cullen)** BOUTIQUEHOTEL $$$
(Karte S. 534; 03-9098 1555; www.artserieshotels.com.au/cullen; 164 Commercial Rd, Prahran; Zi. ab 215 AU$; @; 72, 78, 79, Prahran) Von allen Art Series Hotels ist dies das avantgardistischste. Es wurde von dem verstorbenen Grunge-Maler Adam Cullen gestaltet. Seine vor Leben sprühenden, oft zeichnerisch geprägten Arbeiten sieht man überall hier, z. B. den schießenden Ned Kelly in Acryl an der Trennwand zwischen Zimmer und Bad. Hier gibt's klassische Boutiquezimmer – supergemütlich, aber nicht sehr groß.

St. Kilda

St. Kilda ist eine Enklave für Budgettraveller, es gibt aber auch einige stilvolle Optionen in kurzer Gehentfernung vom Strand.

★ **Base** HOSTEL $
(Karte S. 536; 03-8598 6200; www.stayatbase.com; 17 Carlisle St; B 27–39 AU$, DZ 90–125 AU$; P@; 3a, 16, 79, 96) Das gut geführte Base hat modernisierte Schlafsäle (mit Bad) und schicke Doppelzimmer. Eine Etage ist Frauen vorbehalten; dort gibt's Haarglätteisen und Sekt. Für gute Stimmung sorgen eine Bar und abends Livemusik.

Ritz HOSTEL $
(Karte S. 536; 03-9525 3501; www.ritzbackckers.com; 169 Fitzroy St; B/DZ inkl. Frühstück ab 23/65 AU$; @; 3a, 16, 79, 96, 112) Das Ritz hat eine ausgezeichnete Lage direkt über einer englischen Kneipe, die für ihre *Nachbarn*-Abende bekannt ist. Gegenüber befinden sich ein See und ein Park, und das Zentrum von St. Kilda ist auch nur fünf Gehminuten entfernt. Es gibt Filmabende und freitags kostenloses Barbecue.

Hotel Barkly HOTEL $
(St. Kilda Beach House; Karte S. 536; 03-9525 3371; www.stkildabeachhouse.com; 109 Barkly St; B/DZ inkl. Frühstück ab 28/99 AU$; @; 3, 67) Das Hotel Barkly ist eine einzige Party, und alle stehen auf der Gästeliste. Im 1. Stock gibt's helle Schlafsäle, im 2. und 3. findet man stimmungsvolle, wenn auch nicht luxuriöse private Zimmer, teils mit Balkon und Ausblick. Ganz unten gibt's noch eine lärmige Kneipe und ganz oben eine witzige Bar, die die Wände wackeln lässt. Wer's also laut mag, wird hier sicher jede Menge Spaß haben.

Hotel Urban HOTEL $$
(Karte S. 536; 03-8530 8888; www.hotelurban.com.au/melbourne; 35-37 Fitzroy St; Zi. ab 149 AU$; P@; 3a, 16, 79, 96, 112) Viel Weiß und helles Holz lassen die schlichten, hellen und ruhigen Zimmer größer wirken. Alle sind unterschiedlich: Manche verfügen über freistehende Whirlpools, andere haben eine kreisrunde Form. Es gibt auch einen kleinen Fitnessraum.

Prince HOTEL $$
(Karte S. 536; ☏ 03-9536 1111; www.theprince.com.au; 2 Acland St; Zi. inkl. Frühstück ab 185 AU$; P❊@☎≋; ☐3a, 16, 79, 96, 112) Das schicke Prince hat eine spektakuläre Lobby, und die Zimmer verbinden Naturmaterialien mit zurückhaltender Ästhetik. Zu den Einrichtungen vor Ort gehören einige der Highlights des Viertels: das Tages-Spa **Aurora** (Karte S. 536; ☏ 03-9536 1130; www.aurorasparetreat.com; 2 Acland St, St. Kilda; 1 Std. ab 120 AU$; ⊙Mo-Fr 8.30-20, Sa bis 18, So 10-19 Uhr; ☐3a, 16, 96, 112), das Restaurant **Circa**, Bars und ein Probenraum. Fürs Frühstück sorgt die **Acland St Cantina** im Erdgeschoss. Wer am Wochenende hier absteigt, muss mit Nachtclub-Lärm rechnen. Ein Bonus ist das kostenlose WLAN.

🛏 Rund um St. Kilda

Drop Bear Inn HOSTEL $
(☏ 03-9690 2220; www.dropbearinn.com.au; 115 Cecil St, South Melbourne; B/DZ ab 27/50 AU$; @☎; ☐112) Das nach dem Drop Bear, Australiens Version des Wolpertingers, benannte Hostel hat den Vorteil, gegenüber dem South Melbourne Market zu liegen, sodass man sich gut mit frischem Obst und Gemüse eindecken kann, das man gegen Marktschluss dort zu Schnäppchenpreisen bekommt. Das Hostel befindet sich über einem Pub, eignet sich also für alle, die Party machen wollen. Die meisten Zimmer empfangen viel Sonnenlicht und sind charmanter als die der meisten Hostels. Kostenloses WLAN.

Art Series
(The Blackman) BOUTIQUEHOTEL $$$
(☏ 1800 278 468, 03-9039 1444; www.artseriesho tels.com.au/blackman; 452 St Kilda Rd, Melbourne; Zi. ab 220 AU$; ❊☎; ☐3, 5, 6, 8, 16, 64, 67, 72) Das Hotel besitzt zwar kein Originalgemälde von Charles Blackman (wenn auch jede Menge Drucke und Blackman-Klebebilder), aber es hat eine erstklassige Aussicht (am besten wählt man eine Ecksuite mit Blick auf den Albert Park Lake und die Skyline der Stadt), luxuriöse Betten und Verdunklungsvorhänge für einen ungestörten Schlaf.

🍴 Essen

🍴 Stadtzentrum

★ShanDong MaMa ASIATISCH $
(Karte S. 522; ☏ 03-9650 3818; Shop 7, Mid City Arcade, 200 Bourke St; Hauptgerichte ab 11 AU$; ⊙11-21 Uhr) Melbournes Leidenschaft für Teigtaschen findet ihren größten Ausdruck in diesem schlichten, kleinen Lokal. Die Teigtaschen werden hier gekocht, nicht – wie anderswo – gedämpft. Wer später als um 12 Uhr zum Mittagessen kommt, wird warten müssen. Unsere Lieblingsbestellung für zwei ist ein Teller „Little Rachaels" und einer mit Teigtaschen mit Riesengarnelen. Lecker!

Miss Katie's Crab Shack AMERIKANISCH $
(☏ 03-9329 9888; www.misskatiescrabshack.com; 238 Victoria St; Gerichte 8-25 AU$; ⊙Di-Fr 17-21, Sa 12-21, So 12-20 Uhr; ☐19, 57, 59) Das Miss Katie's in der Public Bar gibt Kneipenessen durch Südstaaten-Hausmannskost einen besonderen Touch, bei der auf frische Produkte vom Vic Market gegenüber und auf hausgemachte scharfe Saucen zurückgegriffen wird. Das Rezept für das gebratene Hähnchen stammt von der Oma aus Virginia, das für die Blaukrabbengerichte nach Chesapeake-Bay-Art von der Mama.

Misschu SÜDOSTASIATISCH $
(Karte S. 522; ☏ 03-9077 1097; www.misschu.com.au; 297 Exhibition St; Hauptgerichte 7-16 AU$; ⊙11-22 Uhr; ☐City Circle, 24, 30) Die selbst ernannte „Königin der Reispapierrollen" erweitert immer noch ihr Reich aus Lokalen, in denen in vielfältigem Ambiente (Holzkisten als Sitze, Sonnenblenden, die in den 1950ern Mode waren) billige und leckere laotisch-vietnamesische Straßengerichte serviert werden. Man bestellt Reispapierrollen mit gebratener Ente und Bananenmehl oder Rindfleisch und Ochsenschwanz-Pho. Eine weitere Filiale gibt's in **South Yarra**

MELBOURNE GRATIS

Royal Botanic Gardens (S. 532)

Birrarung Marr (S. 517)

City Circle Tram (S. 526)

Australian Centre for Contemporary Art (S. 526)

Ian Potter Centre: NGV Australia (S. 517)

NGV International (S. 526)

Hosier Lane (S. 517)

Queen Victoria Market (S. 524)

Australian Centre for the Moving Image (ACMI; S. 517)

State Library of Victoria (S. 520)

(Karte S. 534; 03-9041 5848; 276 Toorak Rd, South Yarra; 11–23 Uhr; 8, 78, 79).

Don Don
JAPANISCH $

(Karte S. 522; 198 Little Lonsdale St; Hauptgerichte 6–9 AU$; Mo-Sa 11–21, So bis 20.30 Uhr; 3, 5, 6, 16, 64, 67, 72, Melbourne Central) Aufgrund seiner Beliebtheit musste das Don Don in ein größeres Lokal umziehen, stößt aber immer noch schnell an die Grenzen seines Fassungsvermögens. Man schnappt sich eine große Schale oder eine Bento-Box mit japanischen Köstlichkeiten und verschlingt sie gleich drinnen oder, wie die meisten, draußen auf dem Rasen der Staatsbibliothek.

★ MoVida
SPANISCH $$

(Karte S. 522; 03-9663 3038; www.movida.com.au; 1 Hosier Lane; Tapas 4–6 AU$, Raciones 8–30 AU$; 12 Uhr-open end; 70, 75, Flinders St) Das MoVida versteckt sich in einer kopfsteingepflasterten Gasse, die gleichzeitig eine der weltgrößten Ansammlungen von Straßenkunst auf engem Raum darstellt – mehr Melbourne geht nicht! Man stellt sich an die Theke, sammelt sich um die kleinen Tische am Fenster oder setzt sich, wenn man reserviert hat, an einen Tisch im Speisebereich und genießt die fantastischen spanischen Tapas und *raciones*.

Das **MoVida Next Door** – ja, wirklich gleich nebenan! – ist der ideale Ort für ein Bier und Tapas vor dem Besuch einer Vorstellung. Ebenfalls zum MoVida-Imperium gehören das **MoVida Aqui** (Karte S. 522; 03-9663 3038; www.movida.com.au; 1. Stock, 500 Bourke St; Tapas ab 4,50 AU$, Raciones 22–30 AU$; Mo-Fr 12 Uhr-open end, Sa ab 18 Uhr; 86, 96), ein großer, offener Laden mit ähnlichen Tapas und Gerichten vom Grill, und gleich daneben der mexikanische Ableger **Paco's Tacos** (Karte S. 522; 03-9663 3038; www.pacostacos.com.au; 1. Stock, 500 Bourke St; Tacos 6 AU$; 12–23 Uhr; 86, 96). Vor Kurzem ist noch die **Bar Pulpo** (www.movida.com.au/airport; Terminal 2 (International), Melbourne Airport; Frühstück 7,90–22,50 AU$, Tapas ab 4,90 AU$, Raciones ab 13,90 AU$; 8–0.30 Uhr) am Melbourner Flughafen hinzugekommen, wo man sich vor dem Flug mit Tapas und Drinks stärken kann.

★ Supernormal
ASIATISCH $$

(Karte S. 522; 03-9650 8688; www.supernormal.net.au; 180 Flinders Lane; Hauptgerichte 15–37 AU$; So-Do 11–23, Fr & Sa bis 24 Uhr) Andrew McConnell kann, so scheint es, einfach nichts falsch machen. Mit seinen Erfahrungen als Koch in Shanghai und Hongkong präsentiert er eine kreative Auswahl, von Teigtaschen bis zu rohen Meeresfrüchten und langsam gegartem Sichuan-Lamb.

Selbst wenn man nicht drinnen essen will, sollte man sich die berühmten Neuengland-Hummer-Brötchen zum Mitnehmen nicht entgehen lassen, denn was spricht gegen Hummer in einer kleinen Brioche? Reservierungen zum Abendessen werden erst ab sechs Personen angenommen.

Mamasita
MEXIKANISCH $$

(Karte S. 522; 03-9650 3821; www.mamasita.com.au; 1/11 Collins St; Tacos ab 5 AU$, Platte zum Teilen ab 19 AU$; Mo-Sa 12 Uhr-open end, So ab 13 Uhr; City Circle, 11, 31, 48, 112) Das Restaurant hat in Melbourne eine wahre Leidenschaft für authentische mexikanische Imbisskost ausgelöst. Das Mamasita ist noch immer eines der besten, wie die langen Schlangen beweisen. Der auf Holzkohle gegrillte Mais mit Käse und Chipotle-Mayo ist eine legendäre Vorspeise, und dann gibt's noch eine fantastische Auswahl von Mais-Tortilla-Tacos und 180 Tequila-Arten. Keine Reservierung möglich – man muss mit Wartezeiten rechnen.

Cumulus Inc
MODERN-AUSTRALISCH $$

(Karte S. 522; www.cumulusinc.com.au; 45 Flinders Lane; Hauptgerichte 19–33 AU$; Mo-Fr 7–23, Sa & So ab 8 Uhr; City Circle, 48) Ob zum Frühstück, Mittag- oder Abendessen – dieses Restaurant gehört zu den besten in Melbourne. Man genießt die wunderbaren Gerichte von Andrew McConnell zu vernünftigen Preisen. Der Schwerpunkt liegt auf erstklassigen Lebensmitteln und einfacher, aber kunstvoller Zubereitung – vom Frühstück mit Sardinen und geräucherten Tomaten auf Toast an der Marmortheke bis zu den frisch aus der Schale gelösten Austern *clair de lune*, die man auf den mit Leder bezogenen Sitzbänken verdrückt.

Da Reservierungen nicht angenommen werden, sind Wartezeiten wahrscheinlich.

Chin Chin
ASIATISCH $$

(Karte S. 522; 03-8663 2000; www.chinchintaurant.com.au; 125 Flinders Lane; Hauptgerichte 19–33 AU$; 11 Uhr-open end; City Circle, 70, 75) Eine weitere prima Option in der Flinders Lane: Das Chin Chin liefert köstliche südostasiatische Straßensnacks in Portionen zum Teilen. Es befindet sich in einem geschäftigen alten Gebäude, das wirklich an New York erinnert. Es werden keine Reservierungen angenommen, man kann aber unten in der **Go Go Bar** warten, bis ein Platz frei wird.

Waiters Restaurant ITALIENISCH $$
(Karte S. 522; ☎ 03-9650 1508; 1. Stock, 20 Meyers Pl; Hauptgerichte 15-25 AU$; ◎ Mo-Fr 12-14.30, Mo-Sa 18 Uhr-open end; ☐ Parliament) Das Restaurant liegt in einer Gasse, ein paar Stufen hinauf. Schon beim Eintreten fühlt man sich in eine andere Ära versetzt. Das 1947 eröffnete Lokal besitzt immer noch Gardinen, Holzvertäfelung und Laminat-Tische aus den 1950ern. Einst war der Laden italienischen und spanischen Kellnern vorbehalten, die sich bei der Arbeit hier bei einer Partie *scopa* (Kartenspiel) entspannten, aber heute können sich hier alle an der köstlichen Pasta mit roter Sauce laben.

HuTong Dumpling Bar CHINESISCH $$
(Karte S. 522; www.hutong.com.au; 14-16 Market Lane; Hauptgerichte 15-25 AU$; ◎ 11.30-15 & 17.30-22.30 Uhr; ☐ 86, 98) Aus den Fenstern des HuTong schaut man auf das berühmte Flower Drum (S. 546). Wegen seines Rufs, göttliche *xiao long bao* (mit Fleisch und Brühe gefüllte Klöße) zuzubereiten, ist es nicht einfach, in dem dreistöckigen Gebäude mittags einen Tisch zu ergattern. Unten schaut man den Köchen bei der Zubereitung der delikaten Klöße zu und kann nur hoffen, dass diese einem nicht zuschauen, wenn man sich beim Essen ungeschickt anstellt. Es gibt noch eine Filiale in **Prahran** (Karte S. 534; www.hutong.com.au; 162 Commercial Rd, Prahran; Hauptgerichte 15-25 AU$, ☐ 72,78,79).

New Shanghai CHINESISCH $$
(Karte S. 522; ☎ 03-9994 9386; www.newshanghai.com.au; Shop 323, Ebene 3, Emporium, 287 Lonsdale St; Hauptgerichte 8-32 AU$; ◎ Sa-Mi 11-19, Do & Fr bis 21 Uhr) Laut örtlichen Teigtaschen-Experten serviert das New Shanghai oben im neuen Emporium-Einkaufskomplex Melbournes beste *xiao long bao*, die mit Suppe gefüllten Teigtaschen. Wir sind uns nicht so sicher, ob die HuTong Dumpling Bar es verdient, ihre Krone zu verlieren. Wem so etwas schmeckt (und wer mit Stäbchen umzugehen versteht), kann ja ruhig beide Restaurants ausprobieren.

Pellegrini's Espresso Bar ITALIENISCH $$
(Karte S. 522; ☎ 03-9662 1885; 66 Bourke St; Hauptgerichte 15-18 AU$; ◎ Mo-Sa 8-23.30, So 12-20 Uhr; ☐ Parliament) Dieses Lokal ist eine Ikone – das italienische Pendant eines klassischen Diners aus den 1950ern. Seit Jahrzehnten hat sich im Pellegrini's quasi nichts geändert.

Man stellt sich sein Essen aus den diversen hausgemachten Pastasorten und Saucen, deren Zubereitung in den großen Töpfen man vom Tisch im hinteren Bereich beobachten kann, zusammen und genießt die freundliche Atmosphäre. Im Sommer bietet sich als Dessert Wassermelonen-Granita an.

Gazi GRIECHISCH $$
(Karte S. 522; ☎ 03-9207 7444; www.gazirestaurant.com.au; 2 Exhibition St; Platte zum Teilen ab 11,50 AU$, Hauptgerichte 23 AU$; ◎ 11.30-23 Uhr; ☐ 48, 70, 75) Der jüngste Laden von George Calombaris, der durch die Fernsehsendung *MasterChef* berühmt wurde, ist das Gazi gleich neben dem angrenzenden schickeren Press Club. Das Gazi befindet sich in einem höhlenartigen Gewerberaum mit einer von griechischen Straßenimbissen inspirierten Speisekarte. Zur Wahl steht alles von authentischen großen Vorspeisetellern und leckeren Mini-Souvlakis mit Garnelen oder Ente bis hin zu Grillspießen.

Calombaris gehört auch das Restaurant **Hellenic Republic** (☎ 03-9381 1222; www.hellenicrepublic.com.au; 434 Lygon St, East Brunswick; Hauptgerichte 12-32 AU$; ◎ Fr 12-16, Sa & So 11-16, Mo-So 17.30 Uhr-open end; ☎; ☐ 1, 8) in East Brunswick.

Bomba SPANISCH, TAPAS $$
(Karte S. 522; ☎ 03-9077 0451; http://bombabar.com.au; 103 Lonsdale St; Tapas 3,50-8 AU$, Gerichte 15-32 AU$; ◎ Mo-Fr 12-15, tgl. 17 Uhr-open end; ☐ Parliament) Das an eine muntere spanische Bodega erinnernde Restaurant serviert schmackhafte, authentische Tapas, *raciones* für den größeren Hunger sowie katalanische Eintöpfe und Paellas. Auf der Weinkarte stehen überwiegend spanische Tropfen, der Wermut fließt in Strömen und ebenso das kalte Estrella. Alles lässt sich prima auf der Dachterrasse vor der Kulisse des Turms der St. Patrick's Cathedral genießen.

Grain Store CAFÉ $$
(Karte S. 522; ☎ 03-9972 6993; www.grainstore.com.au; 517 Flinders Lane; Hauptgerichte mittags 18-29 AU$, abends 26-38 AU$; ◎ Mo-Mi 7-16,

---

BESTE TEIGTASCHEN- & YUM-CHA-LOKALE

ShanDong MaMa (S. 543)
HuTong Dumpling Bar (S. 545)
New Shanghai (S. 545)
Supernormal (S. 544)

Do–Sa 7–16 & 18–22, So 8–16 Uhr) In einem jener postindustriellen Ambientes, auf die sich Melbourne so gut versteht, bringt das Grain Store einen Hauch von Klasse in die Café-Szene im Stadtzentrum. Die Gerichte reichen von acht Stunden lang gegarter Schulter von freilaufenden Otway-Schweinen bis zu gebratenem Blumenkohl mit Kreuzkümmel. Der Brunch am Wochenende bietet mehr Abwechslung als die meisten Frühstückslokale – die Pfannkuchen mit Ricotta und Passionsfrucht stachen uns ins Auge.

Hopetoun Tea Rooms TEEHAUS $$

(Karte S. 522; 03-9650 2777; www.hopetountearooms.com.au; 282 Collins St; Gerichte 13–23 AU$; Mo–Sa 8–17, So 9–17 Uhr) Seit 1892 knabbern die Gäste hier an riesigen Sandwiches, trinken Tee (mit abgespreiztem kleinen Finger) und verputzen *lamingtons* (Schokogebäck). Weil der Laden eine altehrwürdige Institution ist, reicht die Schlange fast bis zum Eingang der Block Arcade. Die Auslage macht Appetit, während man wartet.

★ Vue de Monde MODERN-AUSTRALISCH $$$

(Karte S. 522; 03-9691 3888; www.vuedemonde.com.au; Ebene 55, Rialto, 525 Collins St; Menüs 150–250 AU$; Reservierungen Di–Fr & So 12–14, Mo–Sa 18–21.15 Uhr; 11, 31, 48, 109, 112, Southern Cross) Melbournes beliebtestes Restaurant für feines Essen hat eine tolle Lage auf der alten „Aussichtsterrasse" des Rialto mit einer Aussicht, die dem Namen gerecht wird. Die visionäre Chefköchin Shannon Bennett hat die klassische französische Küche hinter sich gelassen. Das Thema, das sich nun von der Einrichtung bis zur Speisekarte durchzieht, ist die modern-australische Küche.

★ Kenzan JAPANISCH $$$

(Karte S. 522; 03-9654 8933; www.kenzan.com.au; 56 Flinders Lane; Hauptgerichte 30–45 AU$, Menü mittags/abends ab 36/85 AU$; 12–14.30 & 18–22 Uhr) Als einer von vielen Anwärtern auf den Titel des besten japanischen Lokals in Melbourne hat das Kenzan zwar kein schönes Ambiente, aber herrliches Sashimi und Sushi sowie *nabe ryori* (das man selbst an seinem Tisch gart) zu bieten. Wer sich nicht entscheiden kann, wählt einfach das hervorragende Mittags- bzw. Abendmenü. Wenn angeboten, sollte man sich für das teurere marmorierte Rindfleisch entscheiden.

Flower Drum CHINESISCH $$$

(Karte S. 522; 03-9662 3655; www.flower-drum.com; 17 Market Lane; Hauptgerichte 15–60 AU$; Mo–Sa 12–15 & 18–23, So 18–22.30 Uhr; ; 86, 96) Das Flower Drum ist nach wie vor Melbournes am meisten gefeiertes chinesisches Restaurant. Dank der besten, frischesten, mit größter Liebe zum Detail zubereiteten Produkte ist diese Institution in Chinatown immer auf Wochen hinaus ausgebucht. Die üppigen, nur scheinbar schlichten kantonesischen Gerichte (von der täglich wechselnden Karte) werden so elegant serviert, wie man es in einer derart schicken Umgebung erwarten darf.

Gingerboy ASIATISCH $$$

(Karte S. 522; 03-9662 4200; www.gingerboy.com.au; 27-29 Crossley St; Gerichte zum Teilen 32–52 AU$; Mo–Fr 12–14.30 & 17.30–22.30, Sa 17.30–22.30 Uhr; 86, 96) Es lohnt sich, der explizit trendigen Umgebung und der Partyszene am Wochenende zu trotzen, denn der talentierte Teague Ezard präsentiert hier Straßensnacks mit Pfiff und Schick. Gerichte wie Muscheln mit grüner Chili-Marmelade oder Makrele mit Kokos und Erdnuss-Tamarinden-Dressing sind ein Geschmackserlebnis. Abends gibt es jeweils zwei Dinner-Termine; Reservierung erforderlich! Im Obergeschoss hat das Gingerboy eine lange, lange Cocktailtheke.

No 35 at Sofitel MODERN-AUSTRALISCH $$$

(Karte S. 522; www.no35.com.au; Ebene 35, Sofitel, 25 Collins St; Hauptgerichte 30–48 AU$; 12–14.30 & 18 Uhr–open end; 11, 48, 109, 112, Parliament) Melbournes Äquivalent zur Bar aus *Lost in Translation* in Tokio: Dank der deckenhohen Fenster hat man in diesem Bar-Restaurant einen herrlichen Blick auf die Skyline der Stadt (selbst aus den Toiletten). Das Lokal ist eine tolle Alternative für besondere Gelegenheiten. Auf der Karte stehen köstliche Gerichte wie gebratene Meeresforelle oder Parmesan-Gnocchi mit Krabben-Kaviar-Buttersauce und Rahmspinat.

Mrs. Parma's MODERN-AUSTRALISCH $$

(Karte S. 522; www.mrsparmas.com.au; 25 Little Bourke St, Melbourne; Chicken Parma 21,50–27,50 AU$; Mo–Fr 11 Uhr–open end, Sa & So ab 12 Uhr; Parliament) Die Aussies haben das schlichte *chicken parmigiana* (Hähnchenbrust mit Tomatensoße und Käse) schon lange ins Herz geschlossen, aber das Mrs. Parma's treibt diese Vorliebe dank 15 verschiedenen Varianten mit Hähnchen, Kalbfleisch oder Aubergine (und einige davon sind echt seltsam) bis auf die Spitze. Ein weiterer Grund für einen Besuch ist die große Auswahl von Kleinbrauereibieren aus Victoria.

Southgate, South Wharf & Docklands

Tutto Bene
ITALIENISCH $$
(Karte S. 522; ☏03-9696 3334; www.tuttobene.com.au; Mezzaningeschoss, Southgate; Hauptgerichte 24–45 AU$; ⏲12–15 & 18–22 Uhr; ☒Flinders St) Dies italienische Restaurant ist besonders bekannt für seine Risottogerichte vom schlichten venezianischen *risi e bisi* (Reis mit Erbsen) bis hin zu sagenhaften Luxusvariationen mit Trüffeln, gebratener Wachtel oder gereiftem Balsamico. Auch das hausgemachte Gelato ist toll.

Rockpool Bar & Grill
STEAKS $$$
(Karte S. 522; ☏03-8648 1900; www.rockpoolmelbourne.com; Crown Entertainment Complex; Hauptgerichte 24–110 AU$; ⏲So–Fr 12–14.30, tgl. 18–23 Uhr; ☒55, ☒Flinders St) Der Melbourner Vorposten von Neil Perrys Imperium punktet mit seinem Aushängeschild, der Theke mit rohen Meeresfrüchten, aber eigentlich dreht sich hier alles um Rindfleisch - von Rindern, die mit Gras gefüttert wurden, bis hin zum vollblütigen Wagyu-Rind. Der dunkel-maskulin wirkende Raum ist so schlicht und stilvoll wie das Essen. An der Bar bekommt man das gleiche Essen und dazu eine spektakuläre Drink-Auswahl.

Richmond

Das für seine eleganter werdende kulinarische Szene bekannte Richmond hat sich, besonders in den billigen vietnamesischen Lokalen an der Victoria St, immer noch eine gute Portion Bodenständigkeit bewahrt.

Richmond Hill Cafe & Larder
CAFÉ $$
(☏03-9421 2808; www.rhcl.com.au; 48-50 Bridge Rd; Mittagessen 12–30 AU$; ⏲8–17 Uhr; ☒75, ☒West Richmond) Die einstige Domäne der bekannten Köchin Stephanie Alexander trumpft noch immer mit einem hübschen Käseraum und einfachen, sättigenden Speisen wie Käsetoast auf. Für Wagemutige gibt's Frühstückcocktails.

Fitzroy & Umgebung

An der Smith St sind in den letzten Jahren erstaunlich viele großartige neue Restaurants entstanden, hinzu kommen ein paar weitere überzeugende Optionen in der Gertrude St. In der Brunswick St finden sich einige alteingesessene beliebte Lokale, die übrigen dort sind eher Glückssache. Weiter draußen bildet sich ein tolles Restaurantviertel am Abschnitt der High St in Northcote.

Po' Boy Quarter
AMERIKANISCH $
(Karte S. 530; ☏03-9419 2130; www.gumbokitchen.com.au; 295 Smith St, Fitzroy; Rolls 10–14 AU$; ⏲11.30–1 Uhr; ☒86) Die Jungs, die hinter dem Gumbo-Kitchen-Truck stehen, haben mit diesem smarten, an eine Kantine erinnernden Lokal ein festes Standquartier in der Smith St bezogen. Hier kann man Pulled-Pork-Sandwiches, Shrimps mit scharfer Louisiana-Sauce oder gebratene grüne Tomaten mit Cajun-Krautsalat verschlingen und die Leute draußen beobachten.

Jimmy Grants
GRIECHISCH $
(Karte S. 530; www.jimmygrants.com.au; 113 St. David St, Fitzroy; Souvlakis ab 9 AU$; ⏲11–22 Uhr; ☒86) Der vom Starkoch George Calombaris gegründete Laden ist keine ordinäre Souvlaki-Bude: Hier gibt's Feinschmecker-Snacks, die nicht erst um 3 Uhr morgens mit gewissem Alkoholpegel schmecken. Beispiele sind Pita mit Lamm, Senf-Aioli und Pommes oder mit Garnelen, Honig und Kräutern.

★ Charcoal Lane
MODERN-AUSTRALISCH $$
(Karte S. 530; ☏03-9418 3400; www.charcoallane.com.au; 136 Gertrude St, Fitzroy; Hauptgerichte 19–31 AU$; ⏲Di–Sa 12–15 & 18–21 Uhr; ☒86) 🍃 In dem Basaltgebäude einer ehemaligen Bank befindet sich dieses Lokal, in dem Aborigines und benachteiligte junge Menschen ausgebildet werden. Es ist eines der besten Lokale, um sich mit den kulinarischen Seiten der einheimischen Flora und Fauna vertraut zu machen: Auf der Karte stehen u. a. Känguru-Burger mit Buschtomaten-Chutney und Wallaby-Tartar. Am Wochenende empfiehlt es sich, zu reservieren. Hier werden auch Meisterkochkurse unter Einsatz von einheimischen Zutaten veranstaltet; Infos gibt's auf der Website.

Añada
TAPAS $$
(Karte S. 530; ☏03-9415 6101; www.anada.com.au; 197 Gertrude St, Fitzroy; Tapas ab 4 AU$; Raciones 10–26 AU$; ⏲Mo–Fr 17 Uhr–open end, Sa & So ab 12 Uhr; ☒86) Das hübsche kleine Lokal serviert herzhafte spanische und muslimisch-mediterrane Gerichte. Es gibt eine großartige Tapasauswahl; zu empfehlen ist auch das Neun-Gänge-Bankett (nach Auswahl des Chefkochs) für 50 AU$.

Hammer & Tong 412
CAFÉ $$
(Karte S. 530; ☏03-9041 6033; www.hammerandtong.com.au; Rückseite 412 Brunswick St, Fitz-

ESSEN AUF RÄDERN: MELBOURNES FOOD-TRUCKS

Essen vom Truck ist in Melbourne ein alter Hut – kein vorstädtisches Football-Spiel wäre denkbar ohne Leute, die die frierenden Fans von einem Wagen aus mit warmen Marmeladen-Donuts, Fleisch-Pies und Pommes versorgen. Und was wäre ein Strandbesuch ohne bimmelnde Eiswagen? Aber hochwertiges „Essen auf Rädern" ist eine andere Sache. Angeregt von der Food-Truck-Revolution in Los Angeles sind seit einigen Jahren auch in Melbournes Straßen fabelhafte Food-Trucks unterwegs. Jeden Tag lassen die Inhaber ihre Kunden auf Twitter und Facebook wissen, wo sie sind, sodass die hungrige Kundschaft sie immer finden kann. Zu den beliebtesten Melbourner Food-Trucks (in Klammer die Twitter-Adresse) zählen:

Beatbox Kitchen (@BeatboxKitchen) Gourmetburger und Pommes.

Cornutopia (@Cornutopia) Mexikanisches Streetfood.

GrumbleTumms (@GrumbleTumms) Bush-Tucker: Pies vom Krokodil oder Emu und Känguru-Burger.

Gumbo Kitchen (@GumboKitchen) Po' Boys wie in New Orleans.

Mr. Burger (@MrBurgerTruck) Der Name sagt's schon.

Smokin' Barry's (@SmokinBarrys) Rauchiges Fleisch vom Grill.

Die Standorte weiterer Melbourner Food-Trucks erfährt man unter www.wherethetruck.at.

---

roy; Hauptgerichte 14–32 AU$; Di-Sa 7 Uhr–open end, Mo & So bis 16 Uhr; 112) Das Café versteckt sich in einer Seitenstraße der Brunswick St hinter einer so abweisenden Fassade, dass man sich fragt, ob man hier richtig ist. Aber das Lokal ist beliebt, und seine Eigentümer können darauf verweisen, früher für das Vue du Monde und das Jacques Reymond gearbeitet zu haben. Zum Frühstück gibt's hier beispielsweise Omeletts mit Yabbie-Krebsschwänzen, mittags Burger mit weichschaligen Krabben und aufwendige Hauptgerichte. Auch der Kaffee ist super.

Robert Burns Hotel SPANISCH $$
(Karte S. 530; www.robertburnshotel.com.au; 376 Smith St, Collingwood; Hauptgerichte ab 19 AU$; Mo & Di 17 Uhr–open end, Mi-So ab 12 Uhr; 86) Durch die schicke Renovierung ist zwar der heimelig-schmuddelige Charme verloren gegangen, aber die spanischen Gerichte sind erfreulicherweise authentisch wie eh und je – die Meeresfrüchte-Paella gehört immer noch zu den besten in Melbourne. Das Mittagsmenü für 12 AU$ ist ein Schnäppchen.

Cutler & Co MODERN-AUSTRALISCH $$$
(Karte S. 530; 03-9419 4888; www.cutlerandco.com.au; 55 Gertrude St, Fitzroy; Hauptgerichte 36–49 AU$; Fr & So 12 Uhr–open end, Mo-Do ab 18 Uhr; 86) Der Hype um dieses Restaurant, das ebenfalls Andrew McConnell gehört, ist voll und ganz berechtigt. Die Deko wirkt vielleicht ein bisschen übertrieben, aber das aufmerksame, sachkundige Personal und die Gaumenfreuden verheißenden Gerichte (u. a. gegrilltes Spanferkel, Earl-Grey-Eis und Austern aus der Moonlight Bay) haben das Cutler & Co. schnell zu einem der besten Restaurants in Melbourne gemacht.

Moon Under Water MODERN-AUSTRALISCH $$$
(Karte S. 530; 03-9417 7700; www.buildersarmshotel.com.au; 211 Gertrude St, Fitzroy; 3-/4-/6-Gänge-Menü 65/75/95 AU$; Mi-Sa 18–22, So 12–15 & 18–22 Uhr; 86) Ein weiteres Lokal in Andrew McConnells Imperium ist dieses elegante Restaurant, das sich hinten im Builders Arms Hotel versteckt. Das Menü wechselt jede Woche, der passende Wein dazu kostet 55 AU$ extra. Auch vegetarische Menüs werden angeboten. Wer zwangloser und *à la carte* speisen will, hält sich an das angrenzende Bistro, wo es täglich ab 18 Uhr ein Menü vom Grillspieß (Spanferkel) gibt.

Fürs Restaurant sollte man mindestens zwei Wochen im Voraus reservieren.

Estelle MODERN-AUSTRALISCH $$$
(03-9489 4609; www.estellebarkitchen.com.au; 243 High St, Northcote; 5-/8-Gänge-Menü 80/120 AU$; Di-Do 18 Uhr–open end, Fr-So ab 12 Uhr; 86, Northcote) Das hat Klasse: Man speist im eleganten Speisesaal mit glänzenden Fliesenböden oder zwanglos draußen im Hof in typischem Northcote-Hinterhofflair. Es gibt schwere französische Gerichte, aber auch asiatisch inspirierte Fischgerichte. Beliebt ist das Fünf-Gänge-Verkostungsmenü mit passendem Wein (ab 70 AU$).

Carlton & Umgebung

Seit der Ankunft von Einwanderern aus dem Mittelmeerraum in den 1950er-Jahren steht die Lygon St für italienische, allerdings ein wenig an den australischen Geschmack angepasste Küche. Man sollte die reißerisch aufgemachten Läden meiden und sich nördlich hinter der Grattan St umschauen – dort und noch weiter hinauf finden sich einige hübsche Cafés und Restaurants. Gute Lokale gibt's auch an dem Ende der Lygon St, das zu East Brunswick gehört.

Sugardough Panificio & Patisserie
BÄCKEREI $

(03-9380 4060; www.sugardough.com.au; 163 Lygon St, East Brunswick; Hauptgerichte 8,60 AU$; Di-Fr 7.30-17, Sa & So bis 16 Uhr; 1, 8) Das Sugardough ist mit hausgemachten Pies (auch vegetarischen), im Haus gebackenen Broten und Gebäck groß im Geschäft. Dank den zusammengewürfelten Tassen, Tellern, Messern und Gabeln fühlt man sich wie bei einem großen Familientreffen.

D.O.C Espresso
ITALIENISCH $$

(Karte S. 532; 03-9347 8482; www.docgroup.net; 326 Lygon St, Carlton; Hauptgerichte 12-20 AU$; Mo-Sa 7.30-21.30, So 8-21 Uhr; 205, 1, 8, 96) Das in dritter Generation von Italienern geführte D.O.C bringt Authentizität und neues Leben in die Lygon St. Die Espresso-Bar bietet hausgemachte Pastaspezialitäten, italienische Kleinbrauereibiere und eine Happy Hour (*aperitivo*, 16-19 Uhr) mit Negroni-Cocktails und kostenlosen Knabbereien, während man umzingelt ist von baumelnden Würsten und großen Käselaiben hinter Glas.

Der **Deli** (Karte S. 532; 03-9347 8482; www.docgroup.net; 326 Lygon St, Carlton; Hauptgerichte ab 12 AU$; 9-20 Uhr) nebenan macht tolle Käseteller und Panini. Die **Pizzeria** (Karte S. 532; 03-9347 2998; www.docgroup.net; 295 Drummond St, Carlton; Pizzas ca. 13-18 AU$; Mo-Mi 17.30-22.30, Fr-So 12-22.30 Uhr; 205, 1, 8) um die Ecke war der Ausgangspunkt des kleinen Familienunternehmens. Hier gibt's tolle Pizza mit dünnem, knusprigem Boden und viel Geselligkeit.

Rumi
NAHÖSTLICH $$

(03-9388 8255; www.rumirestaurant.com.au; 116 Lygon St, East Brunswick; Hauptgerichte 12-24 AU$; 18-22 Uhr; 1, 8) Das wunderbar konzipierte Restaurant serviert einen Mix aus traditioneller libanesischer Küche und modernen Varianten altpersischer Gerichte. Die *sigara boregi* (Gebäckstücke mit Käse und Pinienkernen) hier sind heiß begehrt. Neben leckeren Hauptspeisen wie Fleischbällchen gibt es eine große und interessante Auswahl vegetarischer Speisen (der fast karamellisierte Blumenkohl und die Saubohnen sind besonders empfehlenswert).

Auction Rooms
CAFÉ $$

(03-9326 7749; www.auctionroomscafe.com.au; 103-107 Errol St, North Melbourne; Hauptgerichte 14-22 AU$; Mo-Fr 7-17, Sa & So ab 7.30 Uhr; 57) Das ehemalige Auktionshaus serviert einen der besten Kaffees Melbournes – das gilt für Espresso *und* Filterkaffee. Gebrüht werden immer andere sortenreine Bohnen, die im Haus geröstet werden. Und auch das Essen ist toll: Es gibt kreatives Frühstück und Mittagessen mit saisonalen Zutaten. Vom Queen Vic Market die Victoria St nach Westen nehmen und rechts in die Errol St abbiegen!

Bar Idda
ITALIENISCH $$

(03-9380 5339; www.baridda.com.au; 132 Lygon St, East Brunswick; Hauptgerichte 15-20 AU$; Mo-Sa 18-22 Uhr; 1, 8) Die im Diner-Stil eingedeckten Tische halten nicht wirklich mit den leckeren sizilianischen Gerichten hier mit. Der Probierteller, der von Lammlende in Pistazienkruste bis hin zur vegetarisch gefüllten Aubergine alles bietet, ist top.

Tiamo
ITALIENISCH $$

(Karte S. 532; www.tiamo.com.au; 303 Lygon St, Carlton; Hauptgerichte 9-26 AU$; 6.30-23 Uhr;

NICHT VERSÄUMEN

NAHÖSTLICHES IM NORDEN

Die Sydney Rd in Brunswick ist Melbournes nahöstliches Viertel. Das geschäftige **A1 Lebanese Bakehouse** (www.allebanesebakery.com.au; 643-5 Sydney Rd, Brunswick; Hauptgerichte ab 10 AU$; So-Mi 7-19, Do-Sa bis 21 Uhr; 19, Anstey) und das **Tiba's Restaurant** (www.tibasrestaurant.com.au; 504 Sydney Rd, Brunswick; Hauptgerichte ab 11 AU$; So-Do 11-23, Fr & Sa bis 24 Uhr; 19, Brunswick), in dem kein Alkohol ausgeschenkt wird, lohnen schon allein einen Besuch, ebenso das nahöstlich beeinflusste Café **Ray** (03-9380 8593; 332 Victoria St, Brunswick; Gerichte 8-20 AU$; Mo-Fr 7.30-16, Sa & So 8.30-17 Uhr; 19, Brunswick).

Tourist Shuttle, 1, 8) Wenn man genug hat von Presskannen-, Filter-, Aufgusskaffee und dergleichen, bietet sich ein Besuch in einem der originalen italienischen Café-Restaurants in der Lygon St ab. Hier herrscht lustige, entspannte Lebensfreude, wie man sie nur in alteingesessenen Lokalen findet. Es gibt auch prima Pizzas und Pastagerichte. Das Tiamo 2 gleich nebenan ist eleganter.

Abla's LIBANESISCH $$
(Karte S. 532; 03-9347 0006; www.ablas.com.au; 109 Elgin St, Carlton; Hauptgerichte 27–30 AU$; Do & Fr 12–15, Mo–Sa 18–23 Uhr; 205, 1, 8, 96) Die Küche wird von Abla Amad geführt, deren authentische, aromatische Gerichte eine ganze Generation örtlicher libanesischer Chefköche inspiriert haben. Am Freitag- und Samstagabend gibt's nur ein Bankett (70 AU$) – Wein selbst mitbringen!

St. Kilda & Umgebung

Die Fitzroy St ist eine beliebte Restaurantmeile, an der alles von gut, über sehr gut bis zu ausgesprochen scheußlich zu finden ist. Auch an der Acland St gibt's viele Restaurants und dazu berühmte Kuchenbäckereien. Jenseits des Nepean Hwy finden sich in der Carlisle St eine Menge niedlicher Cafés und ein paar Restaurants, die die Einheimischen bei Laune halten.

Monarch Cake Shop DESSERTS, EUROPÄISCH $
(Karte S. 536; 03-9534 2972; www.monarchcakes.com.au; 103 Acland St, St. Kilda; Kuchen ab 5 AU$/Stück; 8–22 Uhr; 96) In St. Kilda locken schon seit Langem osteuropäische Bäckereien mit ihren Schaufenstern voller Süßwaren die Menschen an. Das Monarch ist mit seinem unschlagbaren Gugelhupf, Pflaumenkuchen und Mohn-Käsekuchen ein Favorit. Es ist seit 1934 in Betrieb, und seitdem hat sich an den wundervollen Butteraromen und dem altmodischen Flair kaum was verändert. Guter Kaffee.

Si Señor MEXIKANISCH $
(193 Carlisle St, Balaclava; Tacos 5–8 AU$, Tortas 13,50–16 AU$; 11.30 Uhr–open end; ; 3, 16, 79) Unter den mexikanischen Restaurants, die sich in Melbourne ausgebreitet haben, ist das Si Señor eines der neuesten und authentischsten. Unter Aufsicht des mexikanischen Inhabers landet das Fleisch vom Grillspieß auf weichen Maistortillas. Wer zu viel scharfe Sauce genommen hat, löscht mit einer authentischen *horchata*, einem köstlichen Getränk aus Reismehl, Milch und Zimt.

Glick's BAGELS $
(www.glicks.com.au; 330a Carlisle St, Balaclava; Bagels 4–10 AU$; Mo–Fr & So 5.30–20, Sa 30 Min. nach Sonnenuntergang–24 Uhr; 3, 16, 79) Die schlichte Bäckerei hält die örtliche jüdische Gemeinde mit Bagels bei Laune, die vor Ort gebacken und gedämpft und auch koscher angeboten werden. Man hält sich an die klassischen Versionen oder den „New Yorker" mit Frischkäse und Eiersalat.

Monk Bodhi Dharma CAFÉ $$
(03-9534 7250; www.monkbodhidharma.com; Rückseite der 202 Carlisle St, Balaclava; Frühstück 9–20 AU$; Mo–Fr 7–17, Sa & So 8–17 Uhr; ; 3, 16, 79) Wegen seiner versteckten Lage in einer Gasse abseits der Carlisle St (neben dem Safeway) hat das Monk Bodhi Dharma nicht viel Laufkundschaft, was ein Vorteil ist, weil das gemütliche Café mit Backsteinwänden ohnehin viele Stammgäste verköstigt. In dem ehemaligen Backhaus aus den 1920er-Jahren gibt es heute tolles vegetarisches Essen, hausgemachtes Bircher-Müsli und frisch gerösteten, sortenreinen Kaffee.

Für das Essen am Freitagabend vorab reservieren!

Uncle VIETNAMESISCH $$
(03-9041 2668; www.unclestkilda.com.au; 188 Carlisle St, St. Kilda; Hauptgerichte 24–34 AU$; Di 17 Uhr–open end, Mi–So ab 12 Uhr) Mit erstklassiger vietnamesischer Küche im typischen St.-Kilda-Ambiente (mit Dachterrasse) ist das Uncle eines der spannenderen asiatischen Restaurants der letzten Jahre in Melbourne. Auf der Getränkekarte steht vietnamesische Sangria, zu den Hauptgerichten zählt z. B. Rinderfilet mit Zitronengras und Kokosnuss, und Traditionalisten halten sich an *pho* (vietnamesische Nudelsuppe).

Mirka's at Tolarno INTERNATIONAL, ITALIENISCH $$
(Karte S. 536; 03-9525 3088; www.mirkatolarnohotel.com; Tolarno Hotel, 42 Fitzroy St, St. Kilda; Hauptgerichte 18–38 AU$; 18 Uhr–open end; 16, 96, 112) Malereien der Künstlerin Mirka Mora schmücken die Wände dieses geschichtsträchtigen, schon seit den frühen 1960ern bestehenden Speisesaals. Auf Guy Grossis italienischer Karte stehen rustikale Klassiker wie Kalbfleisch-Satimbocca und Überraschungen wie Walnuss-Birnen-Gnocchi mit Gorgonzola. Es gibt auch ein Vier-Gänge-Menü zum Teilen (60 AU$).

Claypots SEAFOOD $$
(Karte S. 536; 03-9534 1282; 213 Barkly St, St. Kilda; Hauptgerichte 24–38 AU$; 12–15 & 18–1

Uhr; 96) In diesem Lieblingslokal der Einheimischen bekommt man Meeresfrüchte aus dem Tontopf – wie könnte es bei diesem Namen auch anders sein? Früh kommen, um einen Platz und die besten Leckereien zu ergattern, denn die besonders beliebten Gerichte sind schnell ausverkauft! Es gibt eine weitere Filiale im South Melbourne Market (S. 533).

Lau's Family Kitchen CHINESISCH $$
(Karte S. 536; 03-8598 9880; www.lauskitchen.com.au; 4 Acland St, St. Kilda; Hauptgerichte 24–38 AU$; Abendessen 18 & 20 Uhr; 16, 96) Die Familie des Besitzers hat den passenden Stammbaum (Vater Gilbert Lau ist der frühere Inhaber des berühmten Flower Drum) und das Restaurant eine schöne Lage im Grünen. Die hauptsächlich kantonesischen Gerichte sind einfach, aber sehr gut zubereitet, wenn auch nicht gerade überraschend. Es gibt aber auch ein paar ausgefallenere Angebote für wagemutigere Gäste.

Für die beiden Termine zum Abendessen sollte man vorab reservieren.

★ **Attica** MODERN-AUSTRALISCH $$$
(03-9530 0111; www.attica.com.au; 74 Glen Eira Rd, Ripponlea; 8-Gänge-Verkostungsmenü 190 AU$; Mi–Sa 18.30 Uhr–open end; 67, Ripponlea) Das verlässliche, permanent Preise gewinnende Attica ist ein Vorstadt-Restaurant, das Ben Shewrys kreative Küche im Verkostungsstil serviert. Viele Gerichte sind bei der Bestellung noch nicht ganz fertig: Die Angestellten vollbringen kleine Wunder, indem sie noch ein bisschen von dem und einen Tropfen von jenem am Tisch hinzufügen. Kostproben von Shewrys neuesten Ideen gibt's dienstagabends beim Chef's Table (125 AU$/Pers.). Man muss hier mehrere Monate im Voraus reservieren.

Der Brighton Rd nach Süden bis zur Glen Eira Rd folgen!

South Melbourne, Port Melbourne & Albert Park

Andrew's Burgers BURGER $
(03-9690 2126; www.andrewshamburgers.com.au; 144 Bridport St, Albert Park; Burger ab 7,50 AU$; Mo–Sa 11–15 & 16.30–21 Uhr; 1) Das Andrew's ist eine von einer Familie geführte Burger-Institution, die es schon seit den 1950er-Jahren gibt. Die Wände sind immer noch holzgetäfelt, inzwischen aber mit Fotos örtlicher Berühmtheiten bedeckt, die mit den Massen auf einen klassischen Burger und eine große Tüte Ppommes zum Mitnehmen vorbeischauen. Es gibt auch vegetarische Optionen.

St. Ali CAFÉ $$
(03-9689 2990; www.stali.com.au; 12-18 Yarra Pl, South Melbourne; Gerichte 8–23 AU$; 7–18 Uhr; 112) Ein verstecktes Café in einem umgebauten Lagerhaus, in dem der Kaffee garantiert gut ist, weil sorgsam darauf geachtet wird, woher er stammt. Wer sich zwischen der hauseigenen Kaffeemischung, dem Spezialkaffee oder schwarzem bzw. weißem Kaffee nicht entscheiden kann, bestellt das „Verkostungsangebot" (18 AU$). Die Maispommes mit pochierten Eiern und Haloumi-Käse sind legendär. Das St. Ali wurde im *The Age Good Cafe Guide 2013* zum Café mit dem besten Essen auserkoren.

Abseits der Clarendon St, zwischen Coventry und York St.

Albert Park Hotel Oyster Bar & Grill SEAFOOD, PUB $$
(03-9690 5459; www.thealbertpark.com.au; Ecke Montague St & Dundas Pl, Albert Park; Hauptgerichte 15–30 AU$; 1, 96) Mit dem Schwerpunkt auf Austern, Meeresfrüchten und Thekengerichten verspricht dieses Restaurant Fisch zu Marktpreisen und Fischgerichte vom Holzkohlengrill, die auf fünf verschiedene mediterrane Arten zubereitet werden.

Ausgehen & Nachtleben

Melbournes Bars sind legendär und reichen von versteckten Kaschemmen in den Gassen bis zu superedlen Etablissements, die eine Straßenecke dominieren. Das gleiche gilt auch für Kaffeehäuser. Außerhalb des Stadtzentrums gibt es jede Menge Bars in Läden in den Einkaufsstraßen, z. B. in Fitzroy, Collingwood, Northcote, Prahran und St. Kilda. Viele innerstädtische Pubs haben die Kneipenhocker rausgeworfen, die bierdurchtränkten Teppichböden entsorgt, den Beton poliert und talentierte Köche und Barkeeper engagiert. Gerade deswegen aber sollte man sich die verbliebenen alten Pubs, die viel Charakter zu bieten haben, nicht entgehen lassen.

Stadtzentrum

★ **Bar Americano** COCKTAILBAR
(Karte S. 522; 20 Pesgrave Pl, abseits des Howey Pl; 8.30–1 Uhr; 11, 31, 48, 109, 112) Das versteckte Americano in einer Gasse in der Innenstadt ist eine Steh-Bar mit schwarz-weiß

kariertem Boden, wie in einem U-Bahnhof gefliesten Wänden und der subtilen Atmosphäre einer Flüsterkneipe. Tagsüber gibt's hier exzellenten Kaffee, aber abends dreht sich alles um Cocktails – sie sind zwar nicht billig, aber super!

Lui Bar COCKTAILBAR
(Karte S. 522; www.vuedemonde.com.au; Ebene 55, Rialto, 525 Collins St; ⊗ Mo 17.30–24, Di–Fr 12–24, Sa 17.30 Uhr–open end, So 12 Uhr–abends; ⓖ 11, 31, 48, 109, 112, ⓡ Southern Cross) Das Lui ist eine der raffiniertesten Bars der Stadt und bietet eine tolle Aussicht und exzellente Barsnacks (geräucherte Regenbogenforelle!), ohne dass man sich wie bei einem Essen im Vue de Monde verschulden muss. An den meisten Abenden tummeln sich hier jede Menge Anzugträger und Jetsetter – also sollte man früh kommen (angemessen gekleidet), sich einen Tisch suchen und aus der wie ein Pop-up-Buch aufgemachten Karte seine Getränke wählen.

Zu denen zählen Macadamia-Martinis, die an der Bar vakuumdestilliert werden.

Melbourne Supper Club BAR
(Karte S. 522; ✆ 03-9654 6300; 1. Stock, 161 Spring St; ⊗ So–Do 17–4, Fr & Sa bis 6 Uhr; ⓖ 95, 96, ⓡ Parliament) Der Supper Club ist das Lokal, das man aufsucht, wenn man nirgendwo sonst mehr hingehen kann. Der Laden bliebt sehr lange geöffnet und wird gern von Künstlern und Leuten aus dem Gastgewerbe nach der Arbeit besucht. Hinein geht's durch eine Holztür ohne Schild. Drinnen gibt man seinen Mantel an der Garderobe ab und lässt sich auf ein Sofa fallen.

Anschließend studiert man die lange Weinkarte und entspannt sich, während die Weinkellner das Gewünschte herbeischaffen.

Madame Brussels BAR
(Karte S. 522; www.madamebrussels.com; Ebene 3, 59-63 Bourke St; ⊗ 12–1 Uhr; ⓖ 86, 96) Wer genug von Stimmungsbeleuchtung und dunklem Holz hat, ist hier richtig. Diese Bar ist zwar nach einer berühmten Bordell-Betreiberin aus dem 19. Jh. benannt, wirkt aber mit viel Kunstrasen und Country-Club-mäßig ausstaffierten Angestellten wie ein manierierter Kaninchenbau aus den 1960er-Jahren. Auf der wundervollen Dachterrasse kann man mit einem Pimm's nach Art des Hauses prima der Stadt entfliehen.

Double Happiness BAR
(Karte S. 522; ✆ 03-9650 4488; www.double-happiness.org; 21 Liverpool St; ⊗ Mo–Mi 16–1, Do & Fr bis 3, Sa 18–3, So bis 1 Uhr; ⓖ 86, 96, ⓡ Parliament) Die stilvolle Ladenbar ist mit rotchinesischen Propagandaplakaten und Maostatuen ausstaffiert und bietet eine ausgezeichnete Auswahl asiatisch beeinflusster, mit Chili oder Koriander aromatisierter Cocktails. Oben befindet sich die von den gleichen Betreibern geführte Bar **New Gold Mountain** (Karte S. 522; ✆ 03-9650 8859; www.newgoldmountain.org; Ebene 1, 21 Liverpool St; ⊗ Di–Do 18 Uhr–open end, Fr & Sa bis 5 Uhr; ⓖ 86, 96, ⓡ Parliament) mit Tischservice.

Hell's Kitchen BAR
(Karte S. 522; Ebene 1, 20 Centre Pl; ⊗ Mo & Di 12–22 Uhr, Mi–Sa open end, So bis 23 Uhr; ⓡ Flinders St) Die Bar versteckt sich eine schmale Treppe hinauf in einer Gasse in der schönen Centre Place Arcade. Hier schlürfen junge Hipster klassische Cocktails (Negroni, Whisky Sour und Martinis), trinken Bier oder Cider und beobachten an den großen Fenstern die Leute. Es gibt auch etwas zu essen.

Shebeen BAR
(Karte S. 522; www.shebeen.com.au; 36 Manchester Lane; ⊗ Mo–Fr 12 Uhr–open end, Sa ab 16 Uhr; ⓖ 11, 31, 48, 109, 112) Mit den Wellblechwänden und -vordächern wirkt das entspannte Shebeen (der Name für illegale Kneipen in Südafrika unter dem Apartheidregime) wie ein Kantinenschuppen. Hier kann man was trinken, ohne sich schuldig zu fühlen, denn die Einnahmen aus den Drinks gehen an eine Wohltätigkeitsorganisation im Ausland.

Zur Zeit unserer Recherchen gab es Pläne, hier Bands und DJs auftreten zu lassen.

Hotel Windsor TEEHAUS
(Karte S. 522; www.thehotelwindsor.com.au; 111 Spring St; Nachmittagstee Mo–Fr 69 AU$, Sa & So 89 AU$; ⊗ Mo & Di 12, Mi–So 12 & 14.30 Uhr; ⓡ Parliament) In diesem großen Hotel wird schon seit 1883 ein Nachmittagstee serviert. Auf den dreistufigen Anrichten finden sich Sandwiches, Scones, Gebäck und Champagner; serviert wird entweder vorn im Speisesaal oder im Jugendstil-Ballsaal.

Cookie BAR
(Karte S. 522; ✆ 03-9663 7660; www.cookie.net.au; Ebene 1, Curtin House, 252 Swanston St; ⊗ So–Do 12–1, Fr & Sa bis 3 Uhr) Das Lokal ist teils schicke Bar, teils Thai-Restaurant und auf beiden Feldern außergewöhnlich gut und daher eine prima Einführung ins Melbourner Nachtleben. Die Bar ist überreich mit tollen Whiskys und Weinen bestückt, und unter den mehr als 200 angebotenen Bieren finden sich viele

SCHWULEN- & LESBENSZENE IN MELBOURNE

Melbournes Schwulen- und Lesbengemeinde ist gut in die Gesamtbevölkerung integriert, aber ihre Clubs und Bars konzentrieren sich in zwei getrennten Gebieten: Abbotsford und Collingwood sowie Prahran und South Yarra. Die Commercial Rd, die Prahran von South Yarra trennt, ist Sitz mehrerer Schwulenclubs, Cafés und Geschäfte. Sie ist etwas glamouröser als die „Northside", die als bodenständiger und weniger schick gilt.

Örtliche Infos finden sich im kostenlosen Wochenblatt *MCV (Melbourne Community Voice)*. Die Rundfunkstation JOY 94.9FM (www.joy.org.au) der SLBT-Gemeinde ist eine weitere wichtige Infoquelle für Besucher und Einheimische.

Feste & Events

In vielen Melbourner Locations ist beim Midsumma Festival (S. 538) richtig was los. Es gibt ein vielfältiges Programm aus Kultur-, Gemeinde- und Sport-Events, darunter den beliebten Midsumma Carnival in den Alexandra Gardens und den St. Kilda's Pride March.

Melbourne Queer Film Festival (www.melbournequeerfilm.com.au) Australiens größtes Schwulen-und Lesben-Filmfestival zeigt im März alles von Spielfilmen über Animationen bis hin zu experimentellen Arbeiten.

Schlafen

169 Drummond (Karte S. 532; 03-9663 3081; www.169drummond.com.au; 169 Drummond St, Carlton; DZ inkl. Frühstück 120–145 AU$; 1, 8) Die private Pension befindet sich in einem renovierten Reihenhaus aus dem 19. Jh. im Norden, einen Block von der munteren Lygon St entfernt.

Ausgehen & Nachtleben

Exchange Bar (Karte S. 534; 03-9804 5771; www.exchangebar.com.au; 119 Commercial Rd, South Yarra; Mi–Sa 17 Uhr–open end; 72) Das frühere Exchange Hotel ist einer der wenigen verbliebenen Schwulentreffs an der Commerical Rd mit Dragshows und regelmäßig auflegenden DJs.

Laird (03-9417 2832; www.lairdhotel.com; 149 Gipps St, Collingwood; 17 Uhr–open end; Collingwood) Das Laird ist seit mehr als 30 Jahren ein Hotel, das nur Schwule aufnimmt. Es liegt im Abbotsforder Abschnitt der Gipps St, die von der Wellington St in Collingwood abgeht.

DT's Hotel (03-9428 5724; www.dtshotel.com.au; 164 Church St, Richmond; 78, 79) In dem kleinen, traulichen Pub gibt's einige der besten Dragshows in Melbourne, außerdem Retro-Nächte und eine Happy Hour.

Peel Hotel (03-9419 4762; www.thepeel.com.au; 113 Wellington St, Collingwood; Do–Sa 21 Uhr–Sonnenaufgang; 86) Das Peel ist einer der bekanntesten und beliebtesten Schwulentreffs in Melbourne und bei einer Ausgehnacht oft die letzte Adresse.

Commercial Hotel (03-9689 9354; www.hotelcommercial.com.au; 238 Whitehall St, Yarraville; Do–Sa; Yarraville) Der freundliche, entspannte Pub in Melbournes Westen präsentiert jeden Samstagabend Dragshows. Vom Stadtzentrum nimmt man die Footscray Rd und biegt links in die Whitehall ab.

GH Hotel (Greyhound Hotel; 03-9534 4189; www.ghhotel.com.au; Ecke Carlisle St & Brighton Rd, St. Kilda; 16, 67, 79) Das alte Greyhound wurde überholt und bietet nun Dragshows (Do–Sa abends) sowie einen Nachtclub mit topmoderner Soundanlage.

Kleinbrauereiprodukte. Auch auf richtig gute Cocktails versteht man sich.

Goldilocks BAR
(Karte S. 522; 0401 174 962; www.goldilocksbar.com; Ebene 4, 262 Swanston St; 14–3 Uhr) Dank fabelhafter Cocktails (z. B. Whisky mit Chili) und einer Dachterrasse ist diese Bar ein Stern im Melbourner Nachthimmel. Es gibt keinen Grund, weiterzuziehen.

Section 8 BAR
(Karte S. 522; www.section8.com.au; 27-29 Tattersalls Lane; Mo–Mi 10–23, Do & Fr bis 1, Sa & So 12–1

Uhr; 3, 5, 6, 16, 64, 67, 72) Das wie ein Käfig mit Schiffscontainern umgebene und mit Holzpaletten als Sitzgelegenheiten bestückte Section 8 ist nach wie vor eine der hippsten Bars der Stadt. Es gibt hier tolle Hotdogs, auch vegane.

Ferdydurke BAR
(Karte S. 522; 03-9639 3750; www.ferdydurke. com.au; Ebenen 1 & 2, 31 Tattersalls Lane, Ecke Lonsdale St; 12–1 Uhr; ; Melbourne Central) Die Kneipe/Kunstlocation wird von den gleichen Leuten geführt wie das Section 8 nebenan und verteilt sich auf mehrere Etagen. In dem schmuddeligen Laden ist alles Mögliche von Electro bis zu polnischem Livejazz zu hören. Mittwochabends werden Computerspiele auf die riesige Backsteinwand gegenüber projiziert. Zu essen gibt's Hotdogs.

Robot BAR
(Karte S. 522; 03-9620 3646; www.robotsushi. com; 12 Bligh Pl; Mo–Fr 17 Uhr–open end, Sa ab 20 Uhr; Flinders St) Wer auf Neo-Tokio steht oder Lust auf Sushi und ein Asahi zum Runterspülen hat, ist im Robot richtig. Es hat große Fenster zur Gasse und ein feines Mezzaningeschoss. Das Publikum ist jung und entspannt. Die Türsteher lassen jeden ein.

Riverland BAR
(Karte S. 522; 03-9662 1771; www.riverlandbar. com; Gewölbe 1-9 Federation Wharf, unter der Prin-

---

BARS & BRAUEREIEN FÜR BIERSNOBS

In den letzten Jahren sind in Melbourne zahlreiche Kleinbrauereien und Bars entstanden, die edle Biere kredenzen und die Nachfrage echter Bierfans befriedigen.

Die beiden größten Ereignisse im Melbourner Bierkalender sind die **Good Beer Week** (www.goodbeerweek.com.au) und das **Great Australasian Beer SpecTAPular** (www.gabsfestival.com.au); bei beiden Events stehen im Mai örtliche, australische und internationale Spitzenbiere im Mittelpunkt.

Mountain Goat Brewery (www.goatbeer.com.au; Ecke North & Clark St, Richmond; Mi & Fr 17–24 Uhr; 48, 75, 109, Burnley) In den Nebenstraßen des Industriegebiets Richmond residiert diese Kleinbrauerei in einem riesigen Bier-Lagerhaus. Hier kann man Biere probieren (Probiergläser 11 AU$) und Pizzas snacken. Kostenlose Führungen durch die Brauerei gibt's am Mittwoch. Die Anlage ist etwas schwer zu finden: Von der Bridge Rd biegt man links in Burnley und dann rechts in die North St ab.

Temple Brewery (03-9380 8999; www.templebrewing.com.au; 122 Weston St, Brunswick East; Mo–Do 17.30–23, Fr & Sa 12–23, So 12–21 Uhr; 1, 8) Diese Brauerei mit Klasse lockt mit einer Brasserie und Saisonbieren.

Matilda Bay Brewery (03-9673 4545; www.matildabay.com.au; 89 Bertie St, Port Melbourne; Di–Do 11.30–22, Fr & Sa bis 23 Uhr; 109) Die große Auswahl hier produzierter Biere kann man inmitten der Produktionsanlagen probieren. Samstags Gratis-Führungen.

Local Taphouse (www.thelocal.com.au; 184 Carlisle St, St. Kilda; 12 Uhr–open end; 16, 78, Balaclava) Der Laden erinnert an eine Brooklyner Bar alter Schule. Man setzt sich an die Theke aus poliertem dunklen Holz und wählt aus den 19 Kleinbrauereibieren vom Fass oder den eindrucksvoll vielen Flaschenbieren. Oben gibt's einen Biergarten, unten Sofas, einen offenen Kamin und eine Boccia-Bahn im Haus. Abends Live-Comedy.

Alehouse Project (03-9387 1218; www.thealehouseproject.com.au; 98-100 Lygon St, East Brunswick; Di–Fr 15 Uhr–open end, Sa & So ab 12 Uhr; ; 1, 8) Hier können Bierfans zusammenkommen, Meinungen austauschen oder sich einfach nur mit den zwölf tollen Kleinbrauereibieren vom Fass eines antrinken. Es gibt Barhocker, Secondhand-Sofas, einen kleinen Hof und Sport auf dem Großbildfernseher.

Beer DeLuxe (Karte S. 522; www.beerdeluxe.com.au; Federation Sq; So–Mi 11–23, Do–Sa open end; Tourist Shuttle, City Circle, Flinders St) Im Herzen der Stadt erhält man hier eine regelrechte Bierbibel als Karte: Es gibt 160 Biere aus aller Welt, darunter zwölf vom Fass. Dazu gehört ein attraktiver Biergarten im Stil einer Bierhalle.

Forester's Hall (Karte S. 530; www.forestershall.com.au; 64 Smith St, Collingwood; Mo–Do 16–2, Fr & Sa 12–4, So 12–2 Uhr) Angesichts von 50 Zapfhähnen, aus denen mehr als 30 verschiedenen Kleinbrauereibiere aus Australien und aller Welt fließen, scheuen Biersnobs die Anreise nach Collingwood nicht.

ces Bridge; Mo–Fr 10 Uhr–open end, Sa & So ab 9 Uhr; Flinders St) Diese Bar in einem Basaltgewölbe unter der Princes Bridge am Yarra hält das Angebot mit gutem Wein, Bier vom Fass und den idealen Barsnacks (Wurst, Käse & Grillwürstchen) bewusst schlicht. Die Tische draußen sind einfach toll, wenn das Wetter mitspielt. Vor und nach Football-Spielen im MCG geht's hier derbe zu.

Ponyfish Island CAFÉ, BAR

(Karte S. 522; www.ponyfish.com.au; unter der Yarra Pedestrian Bridge; 8–1 Uhr; Flinders St) In den Gassen versteckte Bars sind out. Heute suchen sich die Melbourner neue kreative Locations. Was wäre da besser als ein Freiluftlokal unter einer Brücke über den Yarra? Von der Unterführung der Flinders St Station geht man über die Fußgängerbrücke Richtung Southgate. Von dort führen Stufen hinab, wo man schon die Leute sieht, die bei Bier und Toast-Sandwiches oder Käse chillen.

Carlton Hotel BAR

(Karte S. 522; www.thecarlton.com.au; 193 Bourke St; 16 Uhr–open end; 86, 96) Überkandideltes Melbourner Rokoko entlockt einem hier unwillkürlich ein Lächeln. Wer Lust auf etwas Miami-Atmosphäre hat oder einfach nur die tolle Aussicht genießen will, besucht das **Palmz** auf der Dachterrasse.

Young & Jackson's PUB

(Karte S. 522; www.youngandjacksons.com.au; Ecke Flinders & Swanston St; 11 Uhr–open end; Flinders St) In dem historischen Pub gegenüber der Flinders St Station wird schon seit 1861 Bier ausgeschenkt, und er ist immer noch ein beliebter Treff. Man sitzt auf Sofas in Chloe's Bar oder stiefelt rauf zur Ciderbar auf dem Dach, wo es neun australische Ciders vom Fass gibt, u. a. die hauseigene Marke.

Alumbra CLUB

(03-8623 9666; www.alumbra.com.au; Halle 9, Central Pier, 161 Harbour Esplanade; Fr & Sa 16–3, So bis 1 Uhr; Tourist Shuttle, 70, City Circle) Die tolle Musik und die sagenhafte Location beeindrucken – die Deko, die ein Mittelding aus Bali und Marokko ist, weniger. Wer aber einen echten Melbourner Megaclub erleben will (und gegen eine Tanzfläche mit Glasboden nichts hat), ist hier richtig. Der Club befindet sich in einer der alten Baracken in den Docklands von Victoria Harbour.

Brown Alley CLUB

(Colonial Hotel; Karte S. 522; 03-9670 8599; www.brownalley.com; 585 Lonsdale St; Do–So 22–7 Uhr; Flagstaff) In dem historischen Pub verbirgt sich ein richtiger Nachtclub mit rund um die Uhr geltender Schanklizenz. In dem riesigen Club, in dem bis zu 1000 Leute Platz finden, verteilen sich unterschiedliche Räume über drei Etagen. Die Soundanlage kann sich hören lassen, und die DJs legen Breakbeat, Psy-Trance und Deep House auf.

Fitzroy & Umgebung

Mit der größten Kneipendichte aller Melbourner Vorstädte besitzt Fitzroy eine muntere Barszene. Viel Action gibt's auch an der High St in den Nachbarvierteln Collingwood und Northcote.

Naked for Satan BAR

(Karte S. 530; 03-9416 2238; www.nakedforsatan.com.au; 285 Brunswick St, Fitzroy; So–Do 12–Mitternacht, Fr & Sa bis 1 Uhr; 112) Die muntere, laute Bar erweckt eine Legende der Brunswick St wieder zum Leben (ein Typ mit dem Spitznamen Satan, der in einer Wodka-Schwarzbrennerei unter dem Laden schmutzig und wegen der Hitze nackt herumgelaufen sein soll). Die Gäste kommen aber wegen der beliebten *pintxos* (baskische Tapas 2 AU$), der großen Auswahl von Getränken mit witzigen Namen und der tollen Aussicht von der Dachterrasse her.

Everleigh COCKTAILBAR

(Karte S. 530; www.theeverleigh.com; 150-156 Gertrude St, Fitzroy; 17.30–1 Uhr; 86) In dieser versteckten Nische im Obergeschoss sind Raffinesse und Barkeeper-Fertigkeiten unübertroffen. Man setzt sich mit ein paar Freunden in dem traulichen Ambiente in eine Leder-Sitzecke, unterhält sich und kommt bei den klassischen Cocktails aus der „goldenen Ära", die nirgendwo sonst gemixt werden, aus dem Staunen nicht heraus.

Wesley Anne BAR

(03-9482 1333; www.wesleyanne.com.au; 250 High St, Northcote; 12 Uhr–open end; 86, Northcote) Der stimmungsvolle Pub hat sich im Versammlungshaus einer kirchlichen Mission eingenistet. Was will man erwarten, wenn der Teufel Alkohol die Mäßigkeit überwältigt? Schnaps, natürlich! Es gibt hier aber auch interessantes Essen, Livemusik, einen Biergarten mit Heizpilzen und ein entspanntes Publikum, tagsüber sogar mit Kindern.

Panama Dining Room BAR

(Karte S. 530; 03-9417 7663; www.thepanama.com.au; 3. Stock, 231 Smith St, Fitzroy; So–Mi

17–23, Do bis 24, Fr & Sa bis 1 Uhr; 86) Man bestaunt den Blick auf „Manhattan" in diesem großen Raum im Lagerhausstil, während man gute Cocktails schlürft und Snacks wie getrüffelte Polenta-Chips oder Falafel-Bällchen mit Tahini verdrückt. Im Speisesaal wird's gegen 21 Uhr wegen der modern-europäischen Gerichte voll.

Industry Beans   CAFÉ
(Karte S. 530; www.industrybeans.com; Ecke Fitzroy & Rose St, Fitzroy; Mo–Fr 7–16, Sa & So 8–17 Uhr; ; 96, 112) In diesem Lagerhauscafé, das sich in einer Seitenstraße von Fitzroy versteckt, dreht sich alles um Kaffee. Der Kaffee-Guide erläutert die verschiedenen Zubereitungsstile der (vor Ort gerösteten) Bohnen, und das kundige Personal erleichtert einem die Entscheidung. Zu dem schwarzen Gebräu gibt's Latte-Kaffeeperlen oder Kaffee-Toffees aus dem „Labor".

Die Speisekarte ist ehrgeizig, aber die Gerichte gelingen nicht immer.

Napier Hotel   PUB
(Karte S. 530; 03-9419 4240; www.thenapierhotel.com; 210 Napier St, Fitzroy; Mo–Do 15–23, Fr & Sa 13–1, So 13–23 Uhr; 86, 112) Das Napier steht schon länger als 100 Jahre an seiner Ecke, und vieles hat sich inzwischen verändert z. B. die Erinnerungsstücke an das leider verschwundene Fitzroy-Football-Team. Man schlängelt sich an der zentralen Theke vorbei in den pompösen Speisesaal, um sich einen der berühmten Bogan Burger zu holen. Im Obergeschoss kann man sich die Empore anschauen.

Rose   PUB
(Karte S. 530; 406 Napier St, Fitzroy; So–Mi 12–24, Do–Sa bis 1 Uhr; 86, 112) Der beliebte Pub in einer Seitenstraße von Fitzroy ist mit billigem Thekenessen und bodenständigen Leuten, die sich hier Footballspiele anschauen, seinen Wurzeln treu geblieben.

Little Creatures Dining Hall   BIERHALLE
(Karte S. 530; 03-9417 5500; www.littlecreatures.com.au; 222 Brunswick St, Fitzroy; 8 Uhr–open end; ; 112) Diese große Trinkhalle ist der ideale Ort, um Biere einer der erfolgreichsten Kleinbrauereien Australiens zu probieren und dazu Pizza zu verdrücken. Hier kann man auch kostenlos Fahrräder mit Picknickkörben ausleihen und sich dazu einen Henkelkorb mit Bieren mitnehmen.

Standard   PUB
(Karte S. 530; 03-9419 4793; 293 Fitzroy St, Fitzroy; Mo & Di 15–23, Mi–Sa 12–23, So 12–21 Uhr; 96, 112) Mit seinem großen Biergarten entspricht das Standard gar nicht seinem Namen. Das Lokal in einer Nebenstraße von Fitzroy hat bodenständiges Barpersonal. Die Gäste sind bunt gemischt. Livemusik, Football auf kleinen Fernsehern und muntere Gespräche prägen die Atmosphäre.

Storm in a Teacup   CAFÉ
(Karte S. 530; 03-9415 9593; www.storminateacup.com.au; 48a Smith St, Collingwood; Di–So 10–18 Uhr; ; 86) Angesichts der Melbourner Begeisterung für Kaffee ist man froh, dass sich dieses Café mit gleichem Enthusiasmus des Tees annimmt. 40 verschiedene Sorten stehen zur Auswahl – schwarze, grüne und weiße Tees aus aller Welt, darunter auch mehrere aus einem einzelnen Anbaugebiet. Es gibt auch Essen und Cocktails auf Teebasis.

AUSGEHEN UNTERM STERNENHIMMEL

Melbourne mag zwar einige der coolsten Bars besitzen, die sich in schmuddeligen Gassen verstecken, doch wenn die Sommersonne brennt und die Abende lang und lau sind, stehen frische Luft und Sonnenlicht hoch im Kurs. Entsprechend gibt's einige wunderbare Freiluftlokale, darunter Biergärten und versteckte Dachterrassen, die man mit dem Fahrstuhl erreicht.

Dachterrassenbars

Goldilocks (S. 553)

Naked for Satan (S. 555)

Madame Brussels (S. 552)

Palmz at the Carlton Hotel (S. 555)

Outdoor Bars & Beer Gardens

Ponyfish Island (S. 555)

Standard (S. 556)

Riverland (S. 554)

Carlton & Umgebung

Seven Seeds   CAFÉ
(www.sevenseeds.com.au; 114 Berkeley St, Carlton; Mo–Sa 7–17, So 8–17 Uhr; 19, 59) Der größte Laden des Seven-Seeds-Kaffeeimperiums: Hier hat man viel Platz, um sein Fahrrad abzustellen und mit den anderen Leuten,

die so glücklich waren, dieses ziemlich abgelegene Lagerhaus-Café zu finden, einen wundervollen Kaffee zu trinken. Öffentliche Kaffeeverkostungen *(cuppings)* gibt's mittwochs (9 Uhr) und samstags (10 Uhr).

Jimmy Watson's WEINBAR
(Karte S. 532; ☎ 03-9347 3985; www.jimmywatsons.com.au; 333 Lygon St, Carlton; ⊙ 11–23 Uhr; 🚋 1, 8) Entweder hält man's bescheiden und bestellt ein schönes Glas Wein, oder man gönnt sich eine Flasche Dry & Dry (Wermut und Ginger-Ale) und macht es sich für den Nachmittag und Abend bequem. Wenn das schöne, von Robyn Boyd entworfene Gebäude aus der Mitte des vorigen Jahrhunderts Ohren hätte, wären wohl mehrere Generationen von Schriftstellern, Studenten und Professoren in Schwierigkeiten.

Alderman WEINBAR
(134 Lygon St, East Brunswick; ⊙ Di–Fr 17 Uhr-open end, Sa & So ab 14 Uhr; ☎; 🚋 1, 8) Ein typisches East-Brunswick-Lokal: Das Alderman hat eine einladende, schwere traditionelle Holztheke, einen offenen Kamin, eine gute Bierauswahl und eimerweise Cocktails. Zur Bar gehört auch ein kleiner Hof. Essen kann man aus dem Restaurant Bar Idda (S. 549) nebenan kommen lassen.

Town Hall Hotel PUB
(☎ 03-9328 1983; www.townhallhotelnorthmelbourne.com.au; 33 Errol St, North Melbourne; ⊙ Mo–Do 16–1, Fr & Sa 12–1, So 12–23 Uhr; 🚋 57) Das Town Hall ist ein schlichter Pub mit sagenhaft unpassender religiöser Ikonografie oben an den Wänden. Im vorderen Raum gibt's donnerstags bis samstags kostenlos Livemusik, ansonsten dudelt die Konserve. Es gibt auch einen Biergarten und Kneipenkost. Vom Queen Vic Market nimmt man die Victoria St gen Westen und biegt rechts in die Errol St ab.

Gerald's Bar WEINBAR
(http://geraldsbar.com.au; 386 Rathdowne St, North Carlton; ⊙ Mo–Sa 17–23 Uhr; 🚋 253, 🚋 1, 8) Weine im Glas werden in Gerald's ganz demokratisch ausgewählt, und hinter der gekurvten Holztheke werden ein paar feine, alte Scheiben aufgelegt. Gerald selbst bereitet hinten an Essen zu, wonach ihm gerade der Sinn steht, z. B. Ziegencurry, scharf gebratene Calamares, Fleischbällchen oder Trifle.

Brunswick East Project CAFÉ
(☎ 03-9381 1881; www.padrecoffee.com.au; 438 Lygon St, East Brunswick; ⊙ Mo–Sa 7–16, So 8–16 Uhr; 🚋 1, 8) Dieses Café im Lagerhausstil ist

MELBOURNES BESTER KAFFEE

Auction Rooms (S. 549)
Industry Beans (S. 556)
Seven Seeds (S. 556)
Brunswick East Project (S. 557)

ein weiterer großer Name der Melbourner Kaffeeszene. Er ist der Originalröster des Padre Coffee und produziert hier seine sortenreinen Premium-Kaffees und Kaffeemischungen. Weiterhin gehören dazu das **League of Honest Coffee** (Karte S. 522; 8 Exploration Lane; ⊙ Mo–Fr 7–17 Uhr; 🚋 City Circle, 24, 30) sowie Stände auf dem **Queen Victoria Market** (String Bean Alley, M Shed nahe der Peel St; ⊙ Di & Do 7–14, Fr–So bis 16 Uhr; 🚋 55) und dem **South Melbourne Market** (www.padrecoffee.com.au; Shop 33, South Melbourne Market; ⊙ Mi, Sa & So 7–16, Fr bis 17 Uhr; 🚋 96).

Retreat PUB
(☎ 03-9380 4090; www.retreathotelbrunswick.com.au; 280 Sydney Rd, Brunswick; ⊙ 12 Uhr–open end; 🚋 19, 🚆 Brunswick) Dieser Pub ist von fast schon einschüchternder Größe. Man sucht sich sein Plätzchen – im Gartenhof, im schmuddeligen Probenraum oder in der traulichen Bar vorn – und entspannt sich. Sonntags kommen viele Einheimische und lungern auf dem Kunstrasen herum, und an den meisten Abenden gibt's Livemusik.

Brunswick Green BAR
(313 Sydney Rd, Brunswick; ⊙ Di–Do 16–24, Fr & Sa 14–1, So 14–23 Uhr; 🚋 19, 🚆 Brunswick) Ein coole Location in Brunswick mit einer Boheme-Bar vorn, einer gemütlichen Lounge und einem Biergarten hinten. Am Mittwochabend treten die beliebten Darsteller der Variety Collective in Aktion.

South Melbourne

Clement CAFÉ
(www.clementcoffee.com; South Melbourne Market, 116-136 Cecil St, South Melbourne; ⊙ 7–17 Uhr; 🚋 96) Das winzige Café am Rand des South Melbourne Market ist nicht nur für den kundig zubereiteten Kaffee, sondern auch für seine hausgemachten Donuts mit Salzkaramell oder mit Marmelade und Eiercreme bekannt. Man pflanzt sich auf einen Hocker am Straßenrand oder nimmt die Sachen mit und wandert über den Markt.

Eve
CLUB

(☏ 03-9696 7388; www.evebar.com.au; 334 City Rd, South Melbourne; ⊙ Do–Sa ab Sonnenuntergang; 🚊 112) Florence-Broadhurst-Tapeten, eine Theke aus schwarzem Granit und Louis-Stühle prägen die Atmosphäre, die zu vorgerückter Stunde immer lockerer wird. Footballspieler, Glamourgirls und Nachtschwärmer kommen hierher für Cocktails und kommerziellen House. Nach 21 Uhr muss man am Eingang Schlange stehen.

🍷 St. Kilda & Umgebung

Carlisle Wine Bar
WEINBAR

(☏ 03-9531 3222; www.carlislewinebar.com.au; 137 Carlisle St, Balaclava; ⊙ Mo–Fr 15–1, Sa & So 11–1 Uhr; 🚊 3, 16, 🚆 Balaclava) Die Einheimischen lieben dieses ziemlich chaotische Weinlokal, das früher eine Fleischerei war. Die Bedienung behandelt einen gleich wie einen Stammgast, schenkt einem irgendetwas Besonderes ein und findet inmitten des ganzen Wochenendtrubels noch die Zeit, einen Cocktail zu mixen. Das rustikale italienische Essen ist ebenfalls sehr gut. Die Carlisle St geht östlich von der St. Kilda Rd ab.

George Lane Bar
BAR

(Karte S. 536; www.georgelanebar.com.au; 1 George Lane, St. Kilda; ⊙ Do–So 19–1 Uhr; 🚊 96, 16) Versteckt hinter dem großen George Hotel, in einer Seitengasse der Grey St, ist diese Bar prima, um mal abzutauchen. Die angenehm improvisierte Deko ist nach all der durchdachten Designerästhetik anderswo richtig erholsam. An den Wochenenden ist mit DJs (und Warteschlangen) zu rechnen.

Republica
BAR

(Karte S. 536; www.republica.net.au; St. Kilda Sea Baths, 10-18 Jacka Blvd, St. Kilda; ⊙ Mo–Fr 11.30–1, Sa & So 9–1 Uhr; 📶; 🚊 3a, 16, 96) Direkt am Strand von St. Kilda ist das Republica das Lokal in Melbourne, das man noch am ehesten als Strandbar bezeichnen könnte. Hier kann man prima von einem aufgehängten Korbstuhl aus mit einem Bier oder Cocktail den Sonnenuntergang bewundern und genauso gut mit einem Frühstück und einem Kaffee am Meer in den Tag starten.

St. Kilda Bowling Club
PUB

(Karte S. 536; www.stkildasportsclub.com.au; 66 Fitzroy St, St. Kilda; ⊙ So–Do 12–23, Fr & Sa bis 1 Uhr; 🚊 16, 96, 112) Das sagenhaft erhaltene alte Clubhaus versteckt sich hinter einer getrimmten Hecke und einem prächtigen Bowling-Green. An der langen Theke gibt's Drinks zu Clubpreisen (d. h. billig). Am Samstagnachmittag treffen sich hier die Hipster aus St. Kilda. Man streift die Schuhe ab, wirft ein paar Bowlingkugeln, trinkt das eine oder andere Bier und blickt in den Sonnenuntergang.

Hotel Barkly
PUB

(Karte S. 536; ☏ 03-9525 3354; www.hotelbarkly.com; 109 Barkly St, St. Kilda; 🚊 16, 67, 79) Der Pub im Erdgeschoss ist der richtige Ort, um ein paar Pints zu stemmen, zu den Klängen aus der Jukebox mit dem Fuß zu wippen und mit Unbekannten zu knutschen, wenn zur letzten Runde geläutet wird. Die Bar auf der Dach bemüht sich um etwas mehr Klasse, aber auch hier wird es abends rauer. Man kann aber sehr schön den spektakulären Sonnenuntergang über St. Kilda genießen.

Vineyard
BAR

(Karte S. 536; www.thevineyard.com.au; 71a Acland St, St. Kilda; ⊙ Mo–Fr 10.30–3.30 Uhr, Sa & So 10–3.30 Uhr; 🚊 3a, 16, 96) Der ewige Favorit, das Vineyard, hat die perfekte Ecklage, und der Grillplatz im Hof lockt zusätzlich massenweise Backpacker und leicht bekleidete Einheimische an, denen es sogar gelingt, die benachbarte Achterbahn zu übertönen. Sonntagnachmittags ist hier sehr viel los.

☆ Unterhaltung

Australian Centre for the Moving Image
KINO

(ACMI; Karte S. 522; ☏ 03-9663 2583; www.acmi.net.au; Federation Sq; 🚊 1, 48, 70, 72, 75, 🚆 Flinders St) Die Kinos des ACMI haben ein vielseitiges Angebot. Es gibt regelmäßig Filmreihen zu bestimmten Themen oder Genres und für bestimmte Publikumsgruppen, aber auch einmalige Vorführungen.

Cinema Nova
KINO

(Karte S. 532; ☏ 03-9347 5331; www.cinemanova.com.au; 380 Lygon St, Carlton; 🚊 Tourist Shuttle, 🚊 1, 8) Hier laufen die neuesten Kunstfilme, Dokus und ausländischen Filme. Montag ist Kinotag.

Rooftop Cinema
KINO

(Karte S. 522; www.rooftopcinema.com.au; Ebene 6, Curtin House, 252 Swanston St; 🚆 Melbourne Central) Diese Dachbar befindet sich in schwindelerregender Höhe ganz oben im angesagten Curtain House. Im Sommer verwandelt sie sich in ein Freiluftkino mit gestreiften Liegestühlen und einem Kinoprogramm mit beliebten Neuerscheinungen und Klassikern.

Moonlight Cinema — KINO
(www.moonlight.com.au; Gate D, Birdwood Ave, Royal Botanic Gardens; 🚊8) In Melbournes originalem Freiluftkino bekommt man mit dem „Gold Grass"-Ticket ein Glas Wein und einen reservierten Sitzsack.

La Mama — THEATER
(Karte S. 532; ☎03-9347 6948; www.lamama.com.au; 205 Faraday St, Carlton; 🚊1, 8) Das La Mama ist in der Melbourner Theaterlandschaft von historischer Bedeutung. Das winzige, trauliche Forum zeigt neue australische Stücke und experimentelles Theater und hat den Ruf, Werke aufstrebender Bühnenautoren zu inszenieren. Es handelt sich um ein klappriges Gebäude mit einer Freiluftbar. Aufführungen finden auch im größeren **Courthouse Theater** (349 Drummond St) statt – also auf dem Ticket ganz genau nachschauen, welche Adresse angegeben ist!

Malthouse Theatre — THEATER
(☎03-9685 5111; www.malthousetheatre.com.au; 113 Sturt St, Southbank; 🚊1) Die Inszenierungen der Malthouse Theatre Company gehören oft zu den spannendsten der Melbourner Theaterszene. Das Ensemble fördert Werke australischer Autoren und residiert seit 1990 in dem stimmungsvollen Malthouse Theatre (dem ehemaligen Playbox). Von der Flinders St Station überquert man die Princes Bridge, folgt der St. Kilda Rd und biegt rechts in die Grant St und dann links in die Sturt St ab.

Melbourne Theatre Company — THEATER
(MTC; ☎03-8688 0800; www.mtc.com.au; 140 Southbank Blvd, Southbank; 🚊1) Melbournes bedeutendste Theatertruppe stellt jährlich 15 Produktionen auf die Beine, von zeitgenössischen und modernen Stücken (u. a. viele neue Werke australischer Autoren) bis hin zu Shakespeare und anderen Klassikern. Aufführungen finden an einem neuen, preisgekrönten Veranstaltungsort in Southbank statt.

Last Laugh at the Comedy Club — COMEDY
(Karte S. 522; ☎03-9650 1977; www.thecomedyclub.com.au; Athenaeum Theatre, 188 Collins St; Show 25 AU$; ⊗Fr & Sa; 🚊1, 72, 112, 🚆Flinders St) Das Last Laugh hat ganzjährig freitags und samstags und im Sommer an weiteren Abenden Vorstellungen. Zu sehen ist professionelle Stand-up-Comedy mit örtlichen und internationalen Comedians. Es gibt auch Pauschalangebote für Abendessen und Show (55 AU$) – Reservierung ist zu empfehlen. Der Club ist auch eine Spielstätte beim Comedy Festival.

TICKETS

Moshtix (www.moshtix.com.au) Eintrittskarten für Konzerte, Theater, Comedy und andere Events.

Halftix Melbourne (Karte S. 522; www.halftixmelbourne.com; Melbourne Town Hall, 90-120 Swanston St; ⊗Mo 10–14, Di–Fr 11–18, Sa 10–16 Uhr; 🚆Flinders St) Eine gute Quelle für verbilligte Tickets.

Ticketek (Karte S. 522; http://premier.ticketek.com.au) Tickets für große Sportereignisse oder Mainstream-Unterhaltung kann man hier im Laden, telefonisch oder per Internet buchen.

Ticketmaster (Karte S. 522; www.ticketmaster.com.au) Wichtigste Agentur für die Buchung von Theater-, Konzertkarten, Tickets für Sportereignisse und andere Events.

Comic's Lounge — COMEDY
(☎03-9348 9488; www.thecomicslounge.com.au; 26 Errol St, North Melbourne; 🚊57) Hier gibt's jeden Abend Stand-up-Comedy. Die Eintrittspreise variieren, liegen aber in der Regel zwischen 15 und 25 AU$. Abende mit Dinner und Show sind beliebt. Dabei treten Melbournes bekannteste Comedians auf (die oft auch Radiosendungen haben). Dienstag gibt's eine Art Open Mike, wo hoffnungsvolle Comedy-Anfänger acht Minuten Ruhm (oder Hohn) erleben können.

Livemusik
Infos zu Auftritten finden sich in den Tageszeitungen und in den kostenlosen Wochenblättern **Beat** (www.beat.com.au) und **The Music** (www.themusic.com.au). Der Rundfunksender 3RRR (102,7 FM) sendet jeden Abend um 19 Uhr einen Eventkalender und stellt diesen unter www.rrr.org.au ins Netz.

Esplanade Hotel — LIVEMUSIK
(The Espy; Karte S. 536; ☎03-9534 0211; www.espy.com.au; 11 The Esplanade, St. Kilda; ⊗So–Mi 12–1, Do–Sa bis 3 Uhr; 🚊16, 96) Rockfans aufgepasst! Das Espy ist nach wie vor herrlich schmuddelig und offen für alle. Abend für Abend spielen lokale und internationale Bands alles von Rock'n'Roll bis Hip-Hop – entweder im legendären Gershwin Room, in der Bar vorn oder unten im Keller.

The Tote — LIVEMUSIK
(☎03-9419 5320; www.thetotehotel.com; Ecke Johnston & Wellington St, Collingwood; ⊗Di–So 16

Uhr–open end; 🚌86) Eine der kultigsten Livemusikstätten Melbournes. In dieser Kneipe in Collingwood spielen nicht nur viele lokale und internationale Underground-Bands. Hier gibt's auch eine der besten Jukeboxen der Welt. Die vorübergehende Schließung 2010 löste in Melbourne buchstäblich einen Stillstand aus: Die Leute protestierten in den Straßen der Innenstadt gegen die Ausschankgesetze, die für die Schließung verantwortlich gemacht wurden.

Corner Hotel LIVEMUSIK
(☎ 03-9427 9198; www.cornerhotel.com; 57 Swan St, Richmond; ⊙ Di & Mi 16 Uhr–open end, Do–So ab 12 Uhr; 🚌70, 🚆Richmond) Die mittelgroße Spielstätte ist eine der populärsten in Melbourne und hat im Laufe der Jahre viel laute Live-Action erlebt – von Dinosaur Jr. bis zu Buzzcocks. An der netten Bar vorn kann man seinen Ohren eine Verschnaufpause gönnen. Von der Dachterrasse aus bietet sich ein schöner Blick auf die Stadt. Hier ist es aber immer sehr voll, weil hier auch Leute herkommen, die mit den Musikfans von unten nichts zu tun haben.

Northcote Social Club LIVEMUSIK
(☎ 03-9489 3917; www.northcotesocialclub.com; 301 High St, Northcote; ⊙ Mo & Di 16 Uhr–open end, Mi–So ab 12 Uhr; 🚌86, 🚆Northcote) Auf der Bühne dieses Clubs im Norden stehen viele ausländische Musiker, die vielleicht noch ein Album vom Star-Ruhm entfernt sind, und auch der Aufmarsch einheimischer Talente kann sich sehen lassen. Wer einfach nur etwas trinken will, findet vorn eine Bar, die jeden Abend gut besucht ist. Für faule Nachmittage bietet sich die große Terrasse hinten an.

Cherry LIVEMUSIK
(Karte S. 522; www.cherrybar.com.au; AC/DC Lane; ⊙ Di & Mi 18–3, Do–Sa 17–5, So 14–18.30 Uhr; 🚌City Circle, 70, 75) Melbournes legendäre Rock'n'Roll-Bar ist immer noch gut im Geschäft. Draußen bildet sich in der AC/DC Lane (die nach der Band benannt ist, die aus der Stadt stammt) oft eine Schlange, aber drinnen herrscht ein einladender, leicht anarchistischer Geist. Jeden Abend gibt's Livemusik und DJs, die Rock auflegen. Am Donnerstag steigt schon seit Langem die Soul Night.

Tourende Bands können nach dem Auftritt in der Bar abhängen – der Laden machte Schlagzeilen, als Lady Gaga draußen bleiben musste, weil eine örtliche Band reserviert hatte.

Old Bar LIVEMUSIK
(Karte S. 530; ☎ 03-9417 4155; www.theoldbar.com.au; 74-76 Johnston St, Fitzroy; 🚌; 🚌96, 112) Mit allabendlich Livebands und einer Schanklizenz bis 3 Uhr ist die Old Bar ein weiterer Grund, warum Melbourne Australiens Rock-'n'-Roll-Hauptstadt ist. In dem schmuddeligen Konzertraum treten tolle örtliche und ein paar internationale Bands auf. Es herrscht Hausparty-Stimmung.

Bennetts Lane JAZZ
(Karte S. 522; ☎ 03-9663 2856; www.bennettslane.com; 25 Bennetts Lane, Melbourne; ⊙ 21 Uhr–open end, 🚌 City Circle 24, 30) Das Bennetts Lane ist schon seit langer Zeit der Jazz-Hotspot Melbournes. Hier tritt die Crème de la Crème der nationalen und internationalen Talente auf, und das Publikum weiß, wann ein Applaus angesagt ist. Hinter der gemütlichen Bar vorn befindet sich ein weiterer Raum, in dem große Gigs stattfinden.

Prince Bandroom LIVEMUSIK
(Karte S. 536; ☎ 03-9536 1168; www.princebandroom.com.au; 29 Fitzroy St, St. Kilda; 🚌16, 96, 112) Das Prince ist ein beliebter Treff in St. Kilda, wo schon erstklassige internationale und örtliche Bands (Rock, Indie, Hip-Hop) und DJs auf der Bühne standen. Der grüne Balkon und die raue Bar im Erdgeschoss sind zusätzliche Attraktionen. Heute sind hier eher Dance und Electropop angesagt.

Evelyn Hotel LIVEMUSIK
(Karte S. 530; ☎ 03-9419 5500; www.evelynhotel.com; 351 Brunswick St, Fitzroy; ⊙12.30–1.30 Uhr; 🚌112) Im „Ev" treten meist örtliche Bands und gelegentlich auch ausländische auf. Die Stilrichtung spielt hier keine Rolle, sondern man will in erster Linie Qualität bieten.

Palais Theatre KONZERTBÜHNE
(Karte S. 536; ☎ 03-9525 3240, Karten 13 61 00; www.palaistheatre.net.au; Lower Esplanade, St. Kilda; 🚌 3a, 16,79, 96) Das Palais, gelistet als Kulturerbe (erbaut 1927), steht anmutig neben dem Luna Park und ist ein Wahrzeichen von St. Kilda. Nicht nur, dass es sich dabei um eine wunderschöne, alte Spielstätte handelt, hier werden auch einige herausragende Gigs von großen internationalen Bands und bekannten Comedians geboten.

Sidney Myer Music Bowl KONZERTSTÄTTE
(☎1300 182 183; www.artscentremelbourne.com.au; Linlithgow Ave, King Domain Gardens; 🚌1, 3, 5, 6, 8, 16, 64, 67, 72) Das schöne Amphitheater im Park wird für vielerlei Outdoor-Events

genutzt, vom Filmfestival Tropfest über Nick Cave and the Bad Seeds und Opera in the Bowl bis hin zur Raveparty Summerdayze am Neujahrstag.

Tanz, klassische Musik & Oper

Australian Ballet BALLETT
(1300 369 741; www.australianballet.com.au; 2 Kavanagh St; 1) Das über 40 Jahre alte Australian Ballet mit Sitz in Melbourne zeigt traditionelle und neue Arbeiten im State Theatre des Arts Centre. Bei der einstündigen Führung durchs Australian Ballet Centre (18 AU$, Reservierung erforderlich) besucht man eine Produktion, den Fundus und die Studios des Ensembles sowie die der Balletschule.

Hamer Hall KONZERTSTÄTTE
(Melbourne Concert Hall; Karte S. 522; 1300 182 183; www.artscentremelbourne.com.au; Arts Centre Melbourne, 100 St. Kilda Rd; 1, 3, 16, 64, 72, Flinders St) Die Konzerthalle wurde kürzlich für mehrere Millionen Dollar renoviert. Sie ist bekannt für ihre ausgezeichnete Akustik. Das Dekor ist von Australiens Mineral- und Edelsteinlagern inspiriert.

Melbourne Symphony Orchestra ORCHESTER
(MSO; Karte S. 522; 03-9929 9600; www.mso.com.au) Das MSO hat eine große Bandbreite: Es scheut nicht vor Populismus zurück (wie bei ausverkauften Konzerten mit Burt Bacharach oder den Whitlams), bringt neben seiner Interpretationen großer Sinfonien aber auch Ausgefallenes auf die Bühne (z. B. das Konzert mit Kiss). Das Orchester tritt regelmäßig an Spielstätten überall in der Stadt auf, u. a. in der Melbourne Town Hall, im Recital Centre und in der Hamer Hall. Im Sommer bietet es eine kostenlose Konzertreihe in der Sidney Myer Music Bowl.

Opera Australia OPER
(03-9685 3700; www.opera.org.au; Ecke Fawkner & Fanning Sts, Southbank) Australiens Nationaloper tritt ziemlich regelmäßig in Melbournes Victorian Arts Centre auf.

Sport

Melbourne ist eine sportbegeisterte Stadt. Von März bis Oktober dreht sich alles um AFL-Football, aber auch Rugby League, Fußball und Rugby Union sind sehr populär. Im Sommer steht Kricket im Vordergrund.

Melbourne Cricket Ground SPORT
(03-9657 8888; www.mcg.org.au) In Melbournes Sport-Mekka, dem MCG (S. 527) oder kurz „G", gibt's im Sommer Kricket und im Winter AFL-Football. Für viele Einheimische war der erste Besuch im Stadion ein Initiationsritus.

Melbourne Park SPORT
(03-9286 1600; www.mopt.com.au; Batman Ave, Richmond; Führung Erw./Kind/Fam. 15/7/35 AU$; 48, 70, 75, Jolimont) Die Anlage ist im Januar Austragungsstätte der **Australian Open** im Tennis und umfasst rund um die zentrale **Rod Laver Arena** 34 Plätze. Bei der Führung bekommt man die Umkleiden, die VIP-Bereiche und die „Super-Boxes" zu sehen. Wer selbst einmal spielen will, zahlt auf dem Hallenplatz 36 bis 42 AU$ und auf einem Außenplatz zwischen 28 und 36 AU$ zuzüglich Leihgebühr für den Schläger.

Flemington Racecourse PFERDERENNEN
(1300 727 575; www.vrc.net.au; 400 Epsom Rd, Flemington; 57, Flemington Racecourse) Auf dem Heimgeläuf des Victoria Racing Club gibt es regelmäßig Pferderennen. Der Höhepunkt der Saison ist der Spring Racing Carnival (mit dem Melbourne Cup; S. 539) von Oktober bis November.

Shoppen

Melbourne ist eine Stadt des leidenschaftlichen, engagierten Einzelhandels, der für fast jeden Geschmack, alle Launen und Lebensstile etwas bietet. Von Gassen voller Boutiquen bis hin zu vorstädtischen Einkaufsstraßen und Einkaufszentren finden sich in Melbourne viele Gelegenheiten, für seine Geld etwas Einmaliges zu erstehen.

Stadtzentrum

Melbournes Stadtzentrum bietet alles, von Boutiquen, die sich in Gassen verstecken, bis hin zu großen Einkaufskomplexen wie dem QV, dem Emporium oder dem Melbourne Central mit den bekannten internationalen Marken.

★**Craft Victoria Shop** KUNSTHANDWERK
(Craft Victoria; Karte S. 522; 03-9650 7775; www.craft.org.au; 31 Flinders Lane; Mo-Sa 11-18 Uhr; City Circle, 70, 75) Dieser Laden von Craft Victoria, bietet vor allem handgemachtes Kunsthandwerk, hauptsächlich von einheimischen Künstlerin, an. Die große Auswahl von Schmuck, Textilien, Accessoires, Glas- und Keramikwaren verbindet handwerkliches mit künstlerischem Können. Hier findet man wirklich wunderbare Mitbringsel,

die einen noch in der Heimat an Melbourne erinnern. Außerdem gibt's hier auch einige Galerien mit wechselnden Ausstellungen; Eintritt frei.

Somewhere
MODE, ACCESSOIRES

(Karte S. 522; www.someplace.com.au; Royal Arcade, 2/314 Little Collins St; ⊗ Mo–Do & Sa 10–18, Fr bis 20, So 11–17 Uhr; ⏚ 86, 96) Der Name passt zu diesem tollen, aber schwer auffindbaren Laden: Er liegt an dem Ende der Royal Arcade zur Little Collins St (nach dem Schild „Marais" Ausschau halten und die Treppe hinauf aufs Level 2 gehen!). In weiß getünchtem Lagerhaus-Ambiente verkauft der Laden vornehmlich Artikel skandinavischer Marken und Mode örtlicher Designer, daneben auch Ledertaschen, Keramikschmuck von Anne Black und eine gute Auswahl Jeans.

Incu
MODE

(Karte S. 522; ☎ 03-9663 9933; www.incuclothing.com; Shop 6a, 274 Flinders Lane; ⊗ Mo–Do & Sa 10–18, Fr bis 20, So 11–17 Uhr; ⏚ Flinders St) Das aus Sydney bekannte Incu hat in Melbourne einen Laden aufgemacht, der eine gute Auswahl moderner Designer-Herrenbekleidung bietet, darunter knackig geschneiderte Hemden von Weathered, bequeme Chinohosen und tolle Sachen von Marken wie Vanishing Elephant und Kloke. Die Damenabteilung des Ladens befindet sich im QV Building.

Captains of Industry
KLEIDUNG, ACCESSOIRES

(Karte S. 522; ☎ 03-9670 4405; www.captainsofindustry.com.au; Ebene 1, 2 Somerset Pl; ⊗ 9–17 Uhr; ⏚ 19, 57, 59) Wo bekommt man einen Haarschnitt, einen maßgeschneiderten Anzug, ein Paar Schuhe und eine Brieftasche an einem Ort? Hier. Das hart arbeitende Personal in dem geräumigen und geschäftigen Captains serviert zudem Frühstück und Mittagsgerichte. Am Freitagabend verwandelt sich der Laden in eine entspannte Bar.

City Hatters
ACCESSOIRES

(Karte S. 522; ☎ 03-9614 3294; www.cityhatters.com.au; 211 Flinders St; ⊗ Mo–Fr 9.30–18, Sa 9–17, So 10–16 Uhr; ⏚ Flinders St) Mit seiner Lage direkt neben dem Haupteingang der Flinders St Station ist dieser Laden am praktischsten, wenn man einen kultigen Akubra-Hut, einen Sonnenhut aus Känguruleder oder etwas Ausgefalleneres kaufen möchte.

Wunderkammer
ANTIQUITÄTEN

(Karte S. 522; ☎ 03-9642 4694; www.wunderkammer.com.au; 439 Lonsdale St; ⊗ Mo–Sa 10–18, So bis 16 Uhr; ⏚ 55) Dieser seltsame Laden hat jede Menge Überraschungen zu bieten, u. a. ausgestopfte Tiere, Käfer in Einmachgläsern, alte wissenschaftliche Geräte, chirurgische Instrumente und fleischfressende Pflanzen.

RM Williams
KLEIDUNG

(Karte S. 522; ☎ 03-9663 7126; www.rmwilliams.com.au; Melbourne Central, Lonsdale St; ⊗ Mo–Do & Sa 10–18, Fr bis 21, So bis 17 Uhr) Selbst für Großstadthelden ist diese Marke eine Aussie-Ikone. In dem Laden bekommt man stilvolle Accessoires, um durch das Land zu ziehen, vor allem natürlich die berühmten Stiefel.

Original & Authentic Aboriginal Art
KUNST, KUNSTHANDWERK

(Karte S. 522; ☎ 03-9663 5133; www.originalandauthenticaboriginalart.com; 90 Bourke St; ⊗ 11–18 Uhr; ⏚ 86, 96) Die seit 25 Jahren bestehende, zentral gelegene Galerie pflegt ein gutes Verhältnis zu ihren in ganz Australien lebenden indigenen Künstlern. Man findet hier erstaunliche, durchaus erschwingliche Werke, immer mit Infos zu dem jeweiligen Künstler.

Alice Euphemia
MODE, SCHMUCK

(Karte S. 522; Shop 6, Cathedral Arcade, 37 Swanston St; ⊗ Mo–Do & Sa 10–18, Fr bis 19 Uhr, So 12–17 Uhr; ⏚ Flinders St) Bei den meisten der hier verkauften Marken, die in Australien produzieren und designen, ist der künstlerische Anspruch unverkennbar: bei Romance was Born, Karla Spetic und Kloke, um einige dieser Marken zu nennen. Der Schmuck bewegt sich zwischen schockierend und berauschend schön, und in den Räumlichkeiten im Obergeschoss finden regelmäßig Events und Ausstellungen statt.

NGV Shop im Ian Potter Centre
BÜCHER, GESCHENKE

(Karte S. 522; www.ngv.vic.gov.au; Federation Sq; ⏚ Flinders St) Dieser Galerieladen hat eine große Auswahl internationaler Design-Zeit-

---

> **QUEEN-VIC-NACHTMARKT**
>
> Von Mitte November bis Ende Februar findet mittwochabends auf dem **Queen Victoria Market** (S. 524) der Summer Night Market statt. Zu dem munteren Event gehören Imbissstände mit Essen, Bars, Musik und Tanzvorführungen. Im August gibt's mittwochabends den Winter Night Market.

schriften, eine Abteilung für Kinder und das, was man sonst in einer Galerie erwartet. Eine Filiale befindet sich in der NGV International (S. 526).

Melbournalia GESCHENKE, SOUVENIRS
(Karte S. 522; www.melbournalia.com.au; Shop 5, 50 Bourke St; ⊙ Mo–Do 10–18, Fr bis 20, Sa & So 11–17 Uhr; 🚋 86, 96) In dem zur Dauereinrichtung gewordenen improvisierten Laden findet man interessante Souvenirs örtlicher Designer – von Tram-Tragetaschen und Honig von städtischen Dächern bis hin zu Drucken mit Wahrzeichen der Stadt und tollen Büchern über Melbourne.

Fitzroy & Umgebung

Die Gertrude St ist zu einer der interessantesten Einkaufsstraßen Melbournes geworden. In der Smith St mit ihren vielen kleinen Boutiquen ist Trödel ein großes Geschäft. Am nördlichen Ende, hinter der Johnston St gibt es zudem jede Menge Ausverkaufsläden. In der Brunswick St ist das Angebot mittelprächtig, aber im Abschnitt zwischen der Johnston St und der Gertrude St gibt's einige gute Boutiquen mit Designerware. Eine interessante Auswahl an Haushaltswaren, Trödel und Produkten junger Designer findet man auch an der High St in Northcote.

★ Third Drawer Down HAUSHALTSWAREN
(Karte S. 530; www.thirddrawerdown.com; 93 George St, Fitzroy; ⊙ Mo–Sa 11–17 Uhr; 🚋 86) In diesem „Museum der Kunst-Souvenirs" begann alles mit den Geschirrtüchern, deren Design ein Markenzeichen ist (heute im New Yorker MOMA zu sehen). Das Third Drawer Down macht dank seiner absurden Artikel mit einer gehörigen Portion Humor und der hochwertigen Kunst bekannter Designer das Leben schön ungewöhnlich.

Mud Australia KERAMIK
(Karte S. 530; ☎ 03-9419 5161; www.mudaustralia.com; 181 Gertrude St, Fitzroy; ⊙ Mo–Fr 10–18, Sa bis 17, So 12–17 Uhr; 🚋 86) Mud liefert besonders schönes und funktionales Porzellan. Die Kaffeebecher, Milchkännchen, Salatschüsseln und Servierplatten sind in matten Pastellfarben gehalten und haben eine raue Oberfläche. Die einzelnen Stücke kosten ab 20 AU$.

Crumpler ACCESSOIRES
(Karte S. 530; ☎ 03-9417 5338; www.crumpler.com; 87 Smith St, Ecke Gertrude St, Fitzroy; ⊙ Mo–Sa 10–18, So bis 17 Uhr; 🚋 86) Bei Crumpler fing alles mit Fahrradkuriertaschen an, die zwei ehemalige Kuriere entwarfen, die eine Fahrradtasche mit Bierhalter wollten. Inzwischen gibt's auch für Kameras, Laptops und iPods solche strapazierfähigen, praktischen Taschen, und sie haben sich in aller Welt durchgesetzt.

Gorman KLEIDUNG, ACCESSOIRES
(Karte S. 530; www.gormanshop.com.au; 235 Brunswick St, Fitzroy; ⊙ Mo–Do & Sa 10–18, Fr bis 19, So 11–17 Uhr; 🚋 112) Lisa Gorman kreiert Alltagsbekleidung, die alles andere als alltäglich ist: burschikos, aber sexy, kurze Schnitte aus exquisiten Stoffen, hübsche Cardigans mit bequemen T-Shirts aus Biofasern. In der Stadt gibt's auch noch andere Filialen, u. a. im **GPO** (Karte S. 522; ☎ 03-9663 0066; www.melbournesgpo.com; Ecke Elizabeth St & Bourke St Mall; ⊙ Mo–Do & Sa 10–18, Fr bis 20, So 11–17 Uhr; 🚋 19, 57, 59, 86, 96).

Poison City Records MUSIK
(Karte S. 530; www.poisoncityrecords.com; 400 Brunswick St, Fitzroy; ⊙ 11–18 Uhr; 🚋 112) Der unabhängige Platten- und Skaterladen bringt unter seinem eigenen Label Poison City ausgezeichnete Indie-, Punk und Fuzz-Rockbands aus Melbourne groß raus, darunter Nation Blue, die White Walls und die Smith Street Band.

Aesop KOSMETIK
(Karte S. 530; ☎ 03-9419 8356; www.aesop.com; 242 Gertrude St, Fitzroy; ⊙ Mo & So 11–17, Di–Fr 10–18, Sa 10–17 Uhr; 🚋 86) Dieses bodenständige Imperium ist auf aromatische Salben, Haarmasken, Düfte, Reinigungsmittel und Öle auf Zitrus- und Pflanzenbasis spezialisiert. Die Artikel für Männer und Frauen gibt's in schön schlichten Verpackungen. Das Unternehmen hat viele Filialen in der Stadt, und in den Bädern der meisten Cafés der Stadt kann man sich schon einmal von der Qualität der Produkte überzeugen.

Shirt & Skirt Market KLEIDUNG, KUNSTHANDWERK
(www.shirtandskirtmarkets.com.au; Abbotsford Convent, 1 St. Heliers St, Abbotsford; ⊙ 3. So im Monat 10–16 Uhr; 🚋 Collingwood) In kleinen Stückzahlen produzierte Kleidung (für Erwachsene und Kinder) sowie Accessoires von aufstrebenden Designern kann man auf diesem Markt kaufen, auf dem man prima entspannt unter freiem Himmel stöbern kann. Einzelheiten zu Dauerstandbetreibern stehen auf der Website. Zunächst geht man die Johnson St Richtung Osten und biegt

> **MELBOURNES BESTE MÄRKTE**
>
> **South Melbourne Market** (S. 533)
>
> **Queen Victoria Night Market** (S. 524)
>
> **Rose Street Artists' Market** (Karte S. 530; www.rosestmarket.com.au; 60 Rose St, Fitzroy; ⊙ Sa 11–17 Uhr; 🚊112) Auf einem der beliebtesten Kunst- Kunsthandwerksmärkte in Melbourne findet man die Arbeiten der besten örtlichen Gestalter nur ein kurzes Stück von der Brunswick St entfernt. An den bis zu 70 Ständen bekommt man matten Silberschmuck, Kleidung, Milchflaschen aus Keramik, Siebdrucke mit Melbourne-Motiven, Kerzen in Figurenform und hässlich-niedliche Spielsachen.
>
> **Humble Vintage** (S. 535) vermietet hier Fahrräder.
>
> **Esplanade Market** (Karte S. 536; www.esplanademarket.com; zw. Cavell & Fitzroy St, St. Kilda; ⊙ Mai–Sept. So 10–16, Okt.–April bis 17 Uhr; 🚊96) Ein Sonntagsmarkt am Strand: Auf 1 km Länge werden hier Tapezierstische aufgebaut und kunsthandwerkliche Produkte feilgeboten, von Spielsachen und Bioseife bis hin zu großen Metallskulpturen von fischigen Kreaturen.

dann an der Clarke St rechts und dann noch einmal links ab.

Little Salon KUNSTHANDWERK, MODE
(Karte S. 530; www.littlesalon.com.au; 71 Gertrude St, Fitzroy; ⊙ Mo–Sa 10–18 Uhr; 🚊86, 112) Der niedliche, kleine Laden verkauft tragbare Kunstwerke örtlicher Modeschöpfer und dekorative Stücke für die Wand oder das Regal.

🔒 Carlton & Umgebung

Readings BUCHLADEN
(Karte S. 532; www.readings.com.au; 309 Lygon St, Carlton; ⊙ Mo–Fr 8–23, Sa 9–23, So 9–21 Uhr; 🚊 Tourist Shuttle, 🚊1, 8) Beim Schmökern in diesem florierenden Indie-Buchladen kann schnell mal ein ganzer Nachmittag draufgehen. Es gibt einen vollgepackten Tisch mit (günstigen) Sonderangeboten, hellwache Mitarbeiter und das ganze Sortiment von Lacan bis *Charlie & Lola*. Ihr draußen angebrachtes Schwarzes Brett ist legendär. Weitere Filialen befinden sich u. a. in **St. Kilda** (Karte S. 536; www.readings.com.au; 03-9525 3852; 112 Acland St; 🚊96) und im City Centre (Karte S. 522; State Library, Ecke La Trobe & Swanston St; 🚊Melbourne Central).

Gewürzhaus ESSEN
(Karte S. 532; www.gewurzhaus.com.au; 342 Lygon St, Carlton; ⊙ Mo–Sa 10–18, So 11–17 Uhr; 🚊1, 8) Der Laden, den zwei unternehmungslustige junge Frauen aus Deutschland eröffnet haben, ist mit seinen Gewürzen aus aller Welt – darunter indigene australische Gewürzmischungen sowie aromatisierte Salze und Zucker – ein Traum für Köche. Es gibt hier auch hochwertige Küchenaccessoires, Geschenke und Kochkurse. In der **Block Arcade** (Karte S. 522; 282 Collins St; 🚊19, 57, 59) im Stadtzentrum findet sich eine weitere Filiale.

Eastern Market KLEIDUNG
(Karte S. 532; 03-9348 0890; www.easternmarket.com.au; 107 Grattan St, Carlton; ⊙ Mo–Sa 11–18 Uhr; 🚊1, 8, 16) Das Territorium für Modekenner mit dekonstruktivistischer Euro-Tokio-Ausrichtung. Der Raum selbst ist schon eine Attraktion: eine Kapelle aus dem 19. Jh., bereichert um die unnachahmlichen Ideen des Eigentümers.

🔒 St. Kilda

Dot Herbey MODE, ACCESSOIRES
(Karte S. 536; www.dotandherbey.com; 229 Barkly St; ⊙ Mo–Mi 10.30–18.30, Do & Fr bis 19, Sa & So 10–18 Uhr; 🚊96) Grandma Dot und Grandpa Herb blicken von einem wandgroßen Foto hinunter auf diese winzige Eckboutique mit alten Stoffen mit Blumenmustern und Sachen im Retro-Stil. Das ist definitiv kein Laden, wenn man alltägliche Ware der Ketten sucht, denn hier wird farbenfroh mit dem Melbourner Einheitsschwarz gebrochen.

Eclectico KLEIDUNG
(Karte S. 536; www.eclectico.com.au; 163a Acland St; ⊙ Mo–Sa 10.30–18.30, So 11–18 Uhr; 🚊96) Hier findet man alles, was man in St. Kilda an Hippie-Klamotten, Beanies, Batik-Hemden, indischem Schmuck etc. so braucht. Man kann in diesem abgefahrenen Laden in einem Obergeschoss auch einfach so vorbeikommen, einen kostenlosen Tee trinken und auf der Dachterrasse abhängen. Es gibt auch eine gute Auswahl von Schallplatten mit Afrobeat.

Bookhouse BÜCHER
(Karte S. 536; www.bookhousestkilda.com.au; 52 Robe St; ⊙ Mi–So 10–18 Uhr; 🚊3, 67) Der belieb-

te Buchladen ist kürzlich von der Fitzroy St in diesen Laden an einer ruhigen Seitenstraße umgezogen. In den Regalen entdeckt man Prachtbände und Bücher von Chomsky und Kerouac. Außerdem gibt's eine tolle Auswahl von Büchern über Australien und Melbourne.

Praktische Informationen

GEFAHREN & ÄRGERNISSE
Gelegentlich kommt es an den Wochenenden nachts zu alkoholbedingten Schlägereien in einigen Teilen des Melbourner Stadtzentrums, insbesondere in der King St.

INTERNETZUGANG
WLAN gibt's kostenlos an zentralen Stellen in der Stadt, z. B. am Federation Sq, in der Flinders St Station, im Crown Casino und in der Staatsbibliothek. Die meisten Unterkünfte haben WLAN und Computer; die Nutzung kostet nichts oder höchstens 10 AU$ pro Stunde.

MEDIZINISCHE VERSORGUNG
Besucher aus Ländern mit gegenseitigem Gesundheitsversorgungsabkommen mit Australien über Medicare (13 20 11; www.humanservices.gov.au/customer/dhs/medicare) haben Zugang zu preisgünstigerer medizinischer Versorgung (trifft für Deutsche, Österreicher und Schweizer aber nicht zu).

Chemist Warehouse (www.chemistwarehouse.com.au) Discount-Apotheke mit Filialen überall in Melbourne. Die Standorte stehen auf der Website.

Royal Children's Hospital (03-9345 5522; www.rch.org.au; 50 Flemington Rd, Parkville) Kinderkrankenhaus mit rund um die Uhr geöffneter Notfallstation.

Royal Melbourne Hospital (03-9342 7000; www.rmh.mh.org.au; Ecke Grattan St & Royal Pde, Parkville) 19, 59) Öffentliches Krankenhaus mit Notfallstation.

Travel Doctor (TVMC; 03-9935 8100; www.traveldoctor.com.au; Ebene 2, 393 Little Bourke St; Mo, Mi & Fr 9–17, Di & Do bis 20.30, Sa bis 13 Uhr; 19, 57, 59) Spezialisiert auf Impfungen und Gesundheitstipps für Reisen nach Übersee. Auch in Southgate (03-9690 1433; 3 Southgate Ave, Southbank; Mo–Fr 8.30–17.30 Uhr).

NOTFALL
Polizei, Ambulanz und Feuerwehr erreicht man telefonisch unter 000.

Centre Against Sexual Assault (CASA; 1800 806 292)

Polizei (228 Flinders Lane) Zentrale Wache.

Translating & Interpreting Service (13 14 50) Rund um die Uhr.

TOURISTENINFORMATION
Melbourne Visitor Centre (MVC; Karte S. 522; 03-9658 9658; www.melbourne.vic.gov.au/touristinformation; Federation Sq; 9–18 Uhr; Flinders St) Das Zentrum bietet Travellern umfangreiche Infos zu Melbourne und dem regionalen Victoria, darunter auch exzellente Infos für mobilitätseingeschränkte Reisende, sowie einen Schalter für die Buchung von Unterkünften und Touren. Hier gibt's auch Steckdosen, wo man sein Handy aufladen kann. Es existiert auch ein Kiosk in der Bourke St Mall (hauptsächlich für Shopping-Tipps und einfache Erkundigungen).

An- & Weiterreise

BUS & ZUG
Southern Cross Station (www.southerncrossstation.net.au; Ecke Collins & Spencer St) Der Hauptterminal für die meisten Fernbusverbindungen.

Firefly (Karte S. 522; 1300 730 740; www.fireflyexpress.com.au) Busse fahren Tag und Nacht von Melbourne nach Adelaide (ab 55 AU$, 11 Std.) und Sydney (ab 60 AU$, 14 Std.).

Greyhound (1300 473 946; www.greyhound.com.au) Busverbindungen durch ganz Australien.

V/Line (1800 800 007; www.vline.com.au) Bus- und Zugverbindungen im Bundesstaat Victoria.

FLUGZEUG
Melbourne Airport (www.melbourneairport.com.au; Centre Rd, Tullamarine) Die meisten größeren Fluglinien haben direkte In- und Auslandsflüge zum Melbourne Airport in

---

MELBOURNE-WEBSITES

Broadsheet Melbourne (www.broadsheet.com.au) Tolle Quelle mit Bewertungen der besten Restaurants, Bars und Shoppingoptionen der Stadt.

That's Melbourne (www.thatsmelbourne.com.au) Stadtpläne zum Runterladen, Infos und Podcasts aus Melbourne.

Three Thousand (thethousands.com.au/melbourne) Eine wöchentliche Übersicht über coole Ereignisse vor Ort.

Visit Victoria (www.visitvictoria.com.au) Stellt Veranstaltungen in Melbourne und Victoria vor.

Good Food (www.goodfood.com.au) Restaurants und kulinarische Events rund um Melbourne.

Tullamarine, 22 km nordwestlich vom Stadtzentrum. In- und Auslandsflüge bieten u. a. Qantas, Jetstar, Virgin Australia und Tiger Airways. Qantaslink, eine Tochtergesellschaft von Qantas, fliegt nach Mildura, Launceston, Devonport und Canberra.

Regional Express hat Flüge von/nach Mildura, Mt. Gambier, King Island und Burnie.

Avalon Airport (AVV; ☎ 1800 282 566, 03-5227 9100; www.avalonairport.com.au) Jetstar nutzt für Flüge von/nach Sydney und Brisbane den Avalon Airport, der rund 55 km südwestlich des Zentrums von Melbourne liegt.

Essendon Airport (MEB; ☎ 03-9948 9300; www.essendonairport.com.au) Von dem kleineren Flugplatz fliegt Sharp Airlines (☎ 1300 556 694; www.sharpairlines.com) nach Portland, Warrnambool und Flinders Island.

SCHIFF/FÄHRE

Spirit of Tasmania (☎ 1800 634 906; www.spiritoftasmania.com.au; einfache Strecke Erw./Auto 159/83 AU$) Die *Spirit of Tasmania* fährt immer mindestens einmal pro Nacht über die Bass Strait von Melbourne nach Devonport (Tasmanien); in der Hauptsaison wird Tasmanien auch tagsüber angesteuert. Die Überfahrt dauert elf Stunden, und wer mit will, muss sich am Station Pier in Port Melbourne einfinden.

ℹ Unterwegs vor Ort

AUTO & MOTORRAD
Autovermietung

Avis (☎ 13 63 33; www.avis.com.au)
Budget (☎ 1300 362 848; www.budget.com.au)
Europcar (☎ 1300 131 390; www.europcar.com.au)
Hertz (☎ 13 30 39; www.hertz.com.au)
Rent a Bomb (☎ 13 15 53; www.rentabomb.com.au)
Thrifty (☎ 1300 367 227; www.thrifty.com.au)

Parken

Die Politessen sind im Stadtzentrum besonders eifrig. Die meisten Straßenparkplätze sind mit Automaten versehen; wenn man seine Parkzeit überzieht, muss man mit einem Bußgeld (72–144 AU$) rechnen. Für das Parken in (beschilderten) Parkverbotszonen gelten empfindliche Geldstrafen. Im Innenstadtbereich kostet das Parken rund 6 AU$ pro Stunde, außerhalb davon 3,50 AU$ pro Stunde. Es gibt viele Parkhäuser mit unterschiedlichen Preisen in der Stadt. Motorräder dürften auf dem Gehweg abgestellt werden.

Mautstraßen

Auto- und Motorradfahrer benötigen einen Mautpass, wenn sie eine der beiden Mautstraßen nutzen wollen: den CityLink vom Tullamarine Airport zur Stadt und zu den östlichen Vororten oder den **EastLink** (☎ 13 54 65; www.eastlink.com.au) von Ringwood nach Frankston. Man bezahlt online oder per Handy, muss den Pass aber innerhalb von drei Tagen nach Nutzung der Mautstraße kaufen, um eine Geldstrafe zu vermeiden.

VOM/ZUM FLUGHAFEN
Tullamarine Airport

Leider gibt es keine direkte Zug- oder Straßenbahnverbindung vom Tullamarine Airport in die Stadt. Die einzige Option mit öffentlichen

---

MYKI CARD

In den Bussen, Straßenbahnen und Zügen Melbournes wird das umstrittene System **Myki** (www.myki.com.au) genutzt, bei dem man beim Ein- und Aussteigen die Fahrkarte entwerten muss, indem man sie von einem Lasergerät einlesen lässt. Dieses System ist für Kurzzeitbesucher nicht gerade benutzerfreundlich: Man muss sich für 6 AU$ eine Plastik-Myki-Card kaufen und vor Fahrtantritt ein Guthaben draufladen. Die Karten sind erhältlich an den Automaten in Bahnhöfen, 7-Eleven-Läden und an Zeitungsständen; einige Hostels sammeln auch Myki Cards von abreisenden Travellern. Ankömmlinge kaufen am besten im Myki Visitor Value Pack (14 AU$), mit dem man einen Tag lang unbegrenzt die öffentlichen Verkehrsmittel nutzen kann und ermäßigten Eintritt zu diversen Sehenswürdigkeiten erhält. Diese Tageskarte ist jedoch nur am Flughafen, am Skybus Terminal und im PTV-Zentrum an der Southern Cross Station erhältlich.

Aufladen kann man die Myki Card in 7-Eleven-Läden, an Myki-Automaten in den meisten Bahnhöfen und an einigen Straßenbahnhaltestellen im Stadtzentrum. Frustrierenderweise nehmen Online-Aufladungen mindestens 24 Stunden in Anspruch. Für Zone 1 – mehr brauchen die meisten Traveller nicht – kostet Myki Money 3,76 AU$ für zwei Stunden oder 7,52 AU$ für den ganzen Tag. Die Automaten geben nicht immer Wechselgeld heraus, deshalb passend zahlen! Wer ohne gültige Myki Card erwischt wird, zahlt 212 AU$ Strafe (oder 75 AU$, wenn man gleich bezahlt). Die Fahrkartenkontrolleure sind da gnadenlos und sehr wachsam.

Verkehrsmitteln besteht darin, mit dem **Bus 901** (Abfahrt an Terminal 1) bis zum Bahnhof Broadmeadows (nachts ein ziemlich zwielichtiges Gelände) zu fahren und dort einen Zug in die Stadt zu nehmen. Die Fahrt kostet (mit der Myki-Card) rund 10 AU$ und dauert rund eine Stunde. Der letzte Bus vom/zum Flughafen fährt gegen 23 Uhr.

Die Fahrt mit dem **Taxi** ins Stadtzentrum kostet ab 50 AU$; der Preis kann nach 24 Uhr inklusive Aufpreis und Maut bis auf 75 AU$ steigen.

Autofahrer müssen beachten, dass ein Teil der Hauptstrecke vom Tullamarine Airport nach Melbourne eine von **CityLink** (13 26 29; www.citylink.com.au) betriebene Mautstraße ist. Wer auf Mautstraßen (u. a. dem CityLink und dem EastLink) weniger als 30 Tage unterwegs ist, braucht einen Melbourne Pass (Grundgebühr 5,50 AU$, zzgl. Maut & Fahrzeuggebühr). Wer mehr Zeit als Geld hat, der nimmt die Ausfahrt an der Bell St, biegt dann rechts auf die Nicholson St ab und fährt über diese Straße südwärts ins Stadtzentrum.

SkyBus (Karte S. 522; 03-9335 2811; www.skybus.com.au; einfache Strecke Erw. 18 AU$; Southern Cross Station) Skybus bietet rund um die Uhr einen Shuttle-Service zwischen dem Stadtzentrum und dem Flughafen mit Abholung von Hotels im Stadtzentrum. Die Fahrt dauert je nach Verkehrslage rund 25 Minuten.

Avalon Airport

Sita Coaches (03-9689 7999; www.sitacoaches.com.au; Erw./Kind 22/10 AU$) Sita Coaches bedient alle An- und Abflüge auf dem Flughafen Avalon. Die Busse starten an der Southern Cross Station (50 Min.). Eine Reservierung ist nicht erforderlich.

ÖFFENTLICHE VERKEHRSMITTEL

Die Flinders Street Station ist der zentrale U-Bahnhof zwischen der Stadt und den Vororten. Der „City Loop" verläuft unter der Stadt und verbindet deren vier Ecken.

Das umfangreiche Straßenbahnnetz erreicht alle Ecken der Stadt und nutzt in Nord-Süd- und Ost-West-Richtung die meisten Hauptstraßen. Die Straßenbahnen fahren montags bis freitags etwa alle zehn, samstags alle 15 und sonntags alle 20 Minuten. Im Stadtzentrum und im Gebiet der Docklands fährt man kostenlos.

Die Fahrradbeförderung ist in Straßenbahnen und Bussen ausgeschlossen, aber in Zügen erlaubt.

Public Transport Victoria (1800 800 007; www.ptv.vic.gov.au) managt den öffentlichen Verkehr in der Region – Einzelheiten stehen auf der Website.

TAXI

Melbournes Taxis sind mit Taxametern ausgestattet. Bei einer Fahrt zwischen 22 und 5

> ### ⓘ KOSTENLOSE STRASSEN-BAHNEN
>
> Durch Veränderungen bei der Preisgestaltung im öffentlichen Nahverkehr sind in Melbourne Straßenbahnfahrten im Zentrum – zwischen dem Queen Victoria Market, dem Victoria Harbour in den Docklands, der Spring Street und dem Federation Square – nun kostenlos. Für Fahrten innerhalb dieses Gebiets wird keine Myki Card benötigt.

Uhr muss der geschätzte Fahrpreis im Voraus bezahlt werden. Abweichende Endbeträge müssen dann nachgezahlt bzw. erstattet werden. Fällige Mautgebühren werden auf den Fahrpreis aufgeschlagen.

13 Cabs (13 22 27; www.13cabs.com.au)
Silver Top (131 008; www.silvertop.com.au)

RUND UM MELBOURNE

Daylesford & Hepburn Springs

3265 EW.

Inmitten der malerischen Hügel, Seen und Wälder der Central Highlands bilden Daylesford und Hepburn Springs das „Spa-Zentrum Victorias". Das Gebiet ist das ganze Jahr über ein lohnendes Ziel, man kann hier seine Sorgen ausschwitzen und gemütlich am Kamin Wein schlürfen. Deswegen ist die Region eines der beliebtesten Wochenend-Refugien in Victoria. Wer keine Lust auf Wellness-Anwendungen hat, findet viele großartige Wandermöglichkeiten, gut erhaltene und restaurierte Gebäude, ein sagenhaftes kulinarisches Angebot und Reste einer künstlerisch geprägten alternativen Atmosphäre vor. Werktags sind manche Einrichtungen geschlossen, am besten kommt man also zwischen Donnerstag und Sonntag.

👁 Sehenswertes & Aktivitäten

Daylesford liegt am hübschen, künstlichen **Lake Daylesford**, einem beliebten Angel- und Picknickgebiet. Am **Jubilee Lake** rund 3 km südöstlich des Ortes gibt's einen Kanuverleih und ebenfalls schöne Picknickstellen. Gute Wanderwege in der Gegend, bei denen man auch an Zapfstellen von Mineralquellen vorbeikommt, führen zu den

Sailors Falls, den **Tipperary Springs**, ins **Central Springs Reserve** sowie ins **Hepburn Springs Reserve** – eine Wasserflasche mitnehmen, um das gepumpte Wasser zu kosten! Im Visitor Centre gibt's Karten und Wanderführer.

Convent Gallery GALERIE
(☎ 03-5348 3211; www.theconvent.com.au; 7 Daly St, Daylesford; Eintritt 5 AU$; ⊙10–16 Uhr) Der aus dem 19. Jh. stammende schöne Konvent am Wombat Hill mit hohen Decken, prächtigen Torbogen und herrlichen Gartenanlagen wurde zu einer Kunstgalerie umgebaut. Von dem Weg im Garten hinter dem Konvent hat man einen weiten Blick über den Ort. Es gibt hier auch ein **Café** im Atrium, eine **Bar** und ein **Apartment** im Dachgeschoss. Unerschrockene buchen die nächtliche **Geistertour** (45 AU$, vorab reservieren!).

★ **Hepburn Bathhouse & Spa** SPA
(☎ 03-5321 6000; www.hepburnbathhouse.com; Mineral Springs Reserve Rd, Hepburn Springs; ab 27 AU$/2 Std.; ⊙9–18.30 Uhr) Das Hauptbadehaus im Hepburn Mineral Springs Reserve ist ein schickes, modernes Gebäude, von wo man in den Busch blickt, während man im Pool liegt oder auf den Sofas lümmelt. Angeboten werden diverse Anwendungen und ein Bad in einem privaten Thermalwasserbecken im historischen Originalgebäude.

Rund um das Badehaus finden sich Picknickbereiche, Thermalwasser-Zapfstellen und das historische **Pavilion**-Café.

🎉 Feste & Events

ChillOut Festival SCHWULE & LESBEN
(www.chilloutfestival.com.au) Dieses schwul-lesbische Festival findet am langen Labour-Day-Wochenende im März statt und ist das größte alljährliche Event in Daylesford. Es zieht mit seinen Paraden, der Musik und den Partys Tausende Besucher an.

Swiss Italian Festa KULTUR
(www.swissitalianfesta.com) Dieses Fest wird im Oktober gefeiert und besinnt sich mit literarischen Events, Musik, Essen, Wein und Kunst auf europäische Traditionen.

🛏 Schlafen & Essen

Daylesford

2 Dukes PENSION $$
(☎ 03-5348 4848; 2 Duke St, Daylesford; Zi. ab 99 AU$; 🛜) Die in eine Pension umgewandelte ehemalige Arztpraxis hält in Daylesford die Fahne der erschwinglichen Unterkünfte hoch. Das Haus ist mit altem Trödel und originalen, bunten Kunstwerken geschmückt. Die fünf Zimmer haben alle ihren eigenen Charakter und teilen sich das Bad; eines hat ein eigenes, angeschlossenes Bad. Im Preis inbegriffen ist ein leichtes Frühstück. Das kostenlose WLAN rundet das günstigste Angebot vor Ort ab.

Lake House BOUTIQUEHOTEL $$$
(☎ 03-5348 3329; www.lakehouse.com.au; King St, Daylesford; DZ inkl. HP ab 550 AU$; ❄🛜) Über dem Lake Daylesford steht das berühmte Lake House in einem großen Garten mit Brücken und Wasserfällen. Zu den 35 Unterkünften zählen einerseits geräumige Zimmer mit Balkonterrassen und andererseits Lodge-Zimmer mit eigenen Höfen. Im Preis inbegriffen sind das Frühstück und abends ein Drei-Gänge-Menü in dem berühmten Restaurant. An Wochenenden muss man mindestens zwei Übernachtungen buchen.

Farmers Arms KNEIPENKOST $$
(☎ 03-5348 2091; www.thefarmersarms.com.au; 1 East St, Daylesford; Hauptgerichte 25–40 AU$; ⊙12–15 & 18 Uhr–open end) In diesem klassischen Country-Gastropub in einem roten Ziegelgebäude gehen in Sachen Ambiente und beim Essen Modernes und Rustikales nahtlos ineinander über. Vorn gibt's eine einladende Bar und außerdem einen Biergarten für sommerliche Tage.

★ **Lake House** MODERN-AUSTRALISCH $$$
(☎ 03-5348 3329; www.lakehouse.com.au; King St, Daylesford; 2-/4-Gänge-Menü ab 80 AU$; ⊙12–14.30pm & 18–21.30 Uhr; 🛜) Man kann nicht über Daylesford reden, ohne sich über das Lake House auszulassen, das seit Langem als das Spitzenrestaurant im Ort gilt. Und mit seinen stilvollen purpurroten Stühlen mit

---

> **ⓘ UNTERKUNFTSVERMIE-TUNGEN IN DAYLESFORD**
>
> **Daylesford Accommodation Escapes** (☎ 03-5348 1448; www.dabs.com.au; 94 Vincent St, Daylesford)
>
> **Daylesford Getaways** (☎ 03-5348 4422; www.dayget.com.au; 14 Vincent St, Daylesford)
>
> **Daylesford Cottage Directory** (☎ 03-5348 1255; www.cottagedirectory.com.au; 16 Hepburn Rd, Daylesford)

SCHWARZER SAMSTAG

In Victoria sind Buschfeuer nicht unbekannt. 1939 starben 71 Menschen bei dem Buschfeuer am Schwarzen Freitag; 1983 forderte das Feuer am Aschermittwoch 75 Menschenleben in Victoria und South Australia. Aber niemand war auf die Verheerungen vorbereitet, die die Buschfeuer von 2009 anrichteten, die unter dem Namen Schwarzer Samstag in die Geschichte eingingen.

Am 7. Februar verzeichnete Victoria die höchsten jemals gemessenen Temperaturen; das Thermometer stieg in Melbourne auf über 46 °C und anderswo im Bundesstaat auf über 48 °C. Starke Winde und durch jahrelange Dürre ausgetrocknetes Unterholz schufen zusammen mit den hohen Temperaturen Bedingungen mit extremer Buschfeuergefahr. Die ersten Brände wurden in der Nähe von Kilmore verzeichnet; starke, auf Süd drehende Winde trieben die Flammen auf die Yarra Ranges zu. Innerhalb einiger weniger verheerender Stunden hüllte der gewaltige Feuersturm die Ortschaften Marysville, Kinglake, Strathewen, Flowerdale und Narbethong ein, während in Horsham, Bendigo und einem Gebiet südwestlich von Beechworth neue Feuer ausbrachen. Die Flammen radierten die Ortschaften Marysville und Kinglake praktisch aus und kamen so schnell voran, dass viele Einwohner keine Chance hatten, sich in Sicherheit zu bringen. Viele wurden in ihren Häusern ein Opfer der Flammen, andere in ihren Autos, weil manche Straßen durch umfallende Bäume blockiert wurden.

Die Feuer wüteten mehr als einen Monat lang im Bundesstaat. Wegen der hohen Temperaturen, der starken Winde und des ausbleibenden Regens konnten die Einsatzkräfte kaum etwas ausrichten. Neue Feuer brachen im Wilson's Promontory National Park (50 % der Parkfläche wurden vernichtet), den Dandenong Ranges und im Gebiet um Daylesford aus.

Die Statistik meldet traurige Zahlen: 173 Menschen starben, mehr als 2000 Wohnhäuser wurden zerstört, rund 7500 Menschen wurden obdachlos und mehr als 4500 km² Land verwüstet. Auf die Schockstarre folgten landesweite Trauer, aber auch ungeheuer viel humanitäre Hilfe. Fremde spendeten tonnenweise Kleidung, Spielsachen, Nahrungsmittel, Wohnmobile, ja sogar Häuser für die Überlebenden der Buschfeuer, und ein Spendenaufruf des Australischen Roten Kreuzes erbrachte mehr als 300 Mio. AU$.

Heute erholen sich die zu Kohle geschwärzten Wälder um Kinglake und Marysville, und die Ortschaften werden wiederaufgebaut. Der Tourismus bleibt eine wichtige Stütze der örtlichen Wirtschaft, und ein Besuch in den Läden, Cafés und Hotels dieser Gebiete trägt zu ihrem Wiederaufbau bei.

---

hoher Rückenlehne, den Panoramafenstern zum Lake Daylesford, den exquisiten saisonalen Gerichten, der preisgekrönten Weinkarte und makellosem Service enttäuscht es auch wahrlich nicht. Für Wochenenden weit im Voraus reservieren.

Hepburn Springs

★Hepburn Springs Chalet HOTEL $$
(☏ 03-5348 2344; www.hepburnspringschalet.com.au; 78 Main Rd, Hepburn Springs; Zi. werktags/Wochenende 120/180 AU$; 🛜) Wenn Don Draper im Ort vorbeikäme, würde er hier absteigen: Die Inhaber haben die originalen Features der Pension aus den 1920er-Jahren bewahrt und um charmante Retro-Details wie Art-déco-Spiegel und samtbezogene Sofas in den Sitzbereichen und der Bar ergänzt. Die Zimmer sind schlicht, aber komfortabel und verfügen jeweils über angeschlossene Bäder.

Shizuka Ryokan PENSION $$$
(☏ 03-5348 2030; www.shizuka.com.au; 7 Lakeside Dr, Hepburn Springs; DZ 280–380 AU$) Das minimalistische Refugium, das sich von traditionellen Orten der Verjüngung und Erneuerung in Japan inspirieren ließ, verfügt über sechs Zimmer mit eigenen japanischen Gärten, Tatami-Matten und viel grünem Tee. Für Kinder ist das Haus nicht geeignet.

Red Star Café CAFÉ $$
(☏ 03-5348 2297; 115 Main Rd, Hepburn Springs; Hauptgerichte 8–26 AU$; ◉ 8–16 Uhr) Mit seiner Schindelfassade, den gemütlichen Sofas und Regalen voller Lesestoff wirkt dies Café wie ein Privathaus. Es gibt hier tolle Musik, nach hinten hinaus einen Garten und eine entspannte kleinstädtische Atmosphäre. Man

kann prima morgens Kaffee trinken und sich mittags mit Focaccia, einem Curry oder einem Steaksandwich stärken.

❶ Praktische Informationen

Daylesford Visitors Centre (☎ 1800 454 891, 03-5321 6123; www.visitdaylesford.com; 98 Vincent St, Daylesford; ⏱ 9–17 Uhr) Die tolle Touristeninformation in der alten Feuerwache hat gute Infos zur Gegend und zu den Mineralquellen. Nebenan ist ein historisches **Museum** (☎ 03-5348 1453; www.daylesfordhistory.com.au; 100 Vincent St, Daylesford; Erw./Kind 3/1 AU$; ⏱ Sa & So 13.30–16.30 Uhr).

❶ An- & Weiterreise

Daylesford ist 115 km von Melbourne entfernt und über den Calder Hwy in eineinhalb Stunden zu erreichen. Von der Autobahnausfahrt Woodend sind es noch 35 Minuten bis zum Ort.

Nahverkehrsbusse fahren von der Bridport St nach Hepburn Springs (3 km; 15 Min.).

V/Line (☎ 1800 800 007; www.vline.com.au) Tägliche V/Line-Verbindungen bestehen zwischen Melbourne und Daylesford. Zunächst geht's mit dem Zug nach Woodend, Ballarat oder Castlemaine, dann mit dem Bus weiter nach Daylesford (11,40 AU$, 2 Std.). Die Busse starten an der Bridport St gegenüber der Feuerwache.

Dandenongs

Der niedrige Hügelzug der grünen Dandenongs ist gerade einmal 35 km von Melbourne entfernt, wirkt der Stadt aber weltenweit entrückt und eignet sich wunderbar für einen Tagesausflug. Der 633 m hohe Mt. Dandenong ist der höchste Gipfel in der Gegend; die Landschaft präsentiert sich als ein Mix aus exotischer und endemischer Flora mit einem dichten Unterwuchs aus Baumfarnen. Vorsicht bei der Fahrt auf den kurvenreichen Straßen: Abgesehen von anderen Verkehrsteilnehmern könnte auch gerade ein Leierschwanz über die Straße hüpfen!

Tee und Scones kann man sich in den vielen Cafés in den Hügeln immer gönnen, und in Orten wie Olinda, Sassafras und Emerald versprechen gute Restaurants ein feines Mittagessen.

◉ Sehenswertes & Aktivitäten

Dandenong Ranges National Park NATIONALPARK
(www.parkweb.vic.gov.au; ❑ Upper Ferntree Gully, Belgrave) Dieser Nationalpark umfasst die vier größten verbliebenen Waldgebiete in den Dandenongs. In der Ferntree Gully Area gibt es mehrere kurze Wanderwege, darunter die beliebten **1000 Steps** hinauf zum **Picknickplatz One Tree Hill** (hin & zurück 2 Std.); dieser Weg gehört zum **Kokoda Memorial Track**, der an die australischen Soldaten erinnert, die während des Zweiten Weltkriegs in Neuguinea kämpften. Festes Schuhwerk mitbringen, weil die Stufen oft glitschig sind!

Im **Sherbrooke Forest** nördlich von Belgrave finden sich hohe Riesenneukalypten und mehrere Wanderwege. Auf dem **Grants Picnic Ground** bei Kallista lassen sich Scharen von Gelbhaubenkakadus blicken.

National Rhododendron Gardens GARTEN
(☎ 03-9751 1980; www.parkweb.vic.gov.au; Georgian Rd, Olinda; ⏱ 10–17 Uhr) GRATIS Riesenneukalypten ragen in diesem Park mit mehr als 15 000 Rhododendren und 12 000 Azaleen über schattigen Rasenflächen und bunten Blumenbeeten in die Höhe. In voller Pracht präsentieren sich die Rhododendren zwischen September und November.

SkyHigh Mt. Dandenong AUSSICHTSPUNKT
(☎ 03-9751 0443; www.skyhighmtdandenong.com.au; 26 Observatory Rd, Mt. Dandenong; Eintritt 5 AU$/Fahrzeug; ⏱ Mo–Do 9–22, Fr bis 22.30, Sa & So 8–23 Uhr; ❑ 688) Mit dem Auto kommt man auf den höchsten Punkt in den Dandenongs und genießt den bemerkenswerten

---

> **ABSTECHER**
>
> ### ST. ANDREWS
>
> Die verschlafen in den Hügeln 35 km nördlich von Melbourne liegende Kleinstadt ist vor allem für den wöchentlichen **St. Andrews Community Market** (www.standrewsmarket.com.au; ⏱ Sa 8–14 Uhr) bekannt. Jeden Samstagvormittag mischt sich der Duft des Eukalyptus mit Weihrauch, wenn sich hier ein alternatives Völkchen trifft, um Kunsthandwerk zu kaufen, eine Shiatsu-Massage zu genießen, Chai zu schlürfen, sich die Chakren austarieren zu lassen oder einfach den Straßenmusikanten zuzuhören. Vom Bahnhof Hurstbridge fährt ein Shuttle-Bus zum Markt.
>
> Die kurvige Straße von St. Andrews nach Kinglake gehört zu den schönsten Panoramastraßen der Region.

Ausblick auf Melbourne und die Port Phillip Bay. Besonders eindrucksvoll ist der Blick auf die Lichter der Stadt in der Abenddämmerung. Es gibt vor Ort ein Café-Restaurant, einen Garten, Picknickbereiche und einen Irrgarten (Erw./Kind/Fam. 6/4/16 AU$).

Puffing Billy ZUG
(03-9757 0700; www.puffingbilly.com.au; Old Monbulk Rd, Belgrave; hin & zurück Erw./Kind/Fam. 65/32,50/131 AU$; Belgrave) Der restaurierte Dampfzug, der durch die farnbewachsenen Hügel von Belgrave nach Emerald Lake Park und Gembrook tuckert, ist für viele Melbourner eine liebe Kindheitserinnerung. Kids lassen gern ihre Beine seitlich aus den offenen Waggons baumeln. Man kann auf der Strecke aus- und einsteigen, um ein Picknick oder eine Wanderung zu machen.

Der Bahnhof des Puffing Billy befindet sich in kurzer Gehentfernung vom Bahnhof Belgrave, der von Melbourner Vorortzügen bedient wird.

Trees Adventure ADVENTURE SPORTS
(09752 5354; www.treesadventure.com.au; Old Monbulk Rd, Glen Harrow Gardens; 2 Std. Erw./Kind 40/25 AU$; Mo–Fr 11–17, Sa & So 9–17 Uhr; Belgrave) Das an das Ewok-Dorf aus *Die Rückkehr der Jedi-Ritter* erinnernde Trees Adventure ist ein Dschungel aus Kletterstegen, Flying-Foxes und Hindernisparcours in einem hinreißenden alten Waldstück mit Mammutbäumen, Riesenkalypten und Japanischen Eichen.

Die Sicherheitsvorrichtungen sorgen dafür, dass man die gesamte Zeit mit einer Sicherheitsleine verbunden ist. Die Anfänger-Abschnitte sind für Kinder ab fünf Jahren geeignet.

Essen & Ausgehen

Pie in the Sky AUSTRALISCH $
(www.pieinthesky.net.au; 43 Olinda-Monbulk Rd, Olinda; Pies ab 5 AU$; Mo–Fr 10–16.30, Sa & So 9.30–17 Uhr) Hier winken Pies – entweder die preisgekrönte klassische Aussie-Variante oder die mit Rindfleisch und Burgundersauce.

Miss Marple's Tearoom TEEHAUS
(382 Mt. Dandenong Tourist Rd, Sassafras; Gerichte 13–17 AU$, 2 Devonshire-Scones 9 AU$; Mo–Fr 11–16, Sa & So bis 16.30 Uhr) Die nach Agatha Christies Detektivin benannte idyllische Teestube hat Tischdecken mit Blümchenmuster, Devonshire-Scones, klebrigen Toffee-Pudding und Mittagsgerichte. An Wochenenden ist der Laden so voll, dass man oft zwei Stunden warten muss.

Praktische Informationen

Dandenong Ranges & Knox Visitor Information Centre (03-9758 7522; www.dandenongrangestourism.com.au; 1211 Burwood Hwy, Upper Ferntree Gully; Mo 13–17, Di–Sa 9–17, So 10.30–14.30 Uhr; Upper Ferntree Gully) Die Touristeninformation vor dem Bahnhof Upper Ferntree Gully hat Wanderkarten auf Lager.

An- & Weiterreise

Von Melbournes Stadtzentrum ist man mit dem Auto in weniger als einer Stunde in Olinda, Sassafras oder Belgrave. Am schnellsten geht's auf dem Eastern Fwy bis zur Ausfahrt Burwood Hwy oder Boronia Rd. Von Melbourne fahren die Vorortzüge der Belgrave Line nach Belgrave.

Yarra Valley

Das üppige Yarra Valley ist Victorias bestes Weinbaugebiet und bevorzugtes Wochenendziel – zum einen wegen der Nähe zu Melbourne, hauptsächlich aber wegen der mehr als 80 Weingüter, der erstklassigen Restaurants, der Nationalparks und der Natur. Das Tal umschließt ein gewaltiges Gebiet des rauen und schönen Yarra Ranges National Park im Osten bis zum Kinglake National Park, einem großen Eukalyptuswald an den Abhängen der Great Dividing Range im Westen. In der Mitte liegt das mit Weinstöcken bewachsene Tal. Coldstream gilt als das Tor zur Weinbauregion Yarra Valley; die meisten Weingüter liegen in dem Dreieck zwischen Coldstream, Healesville und Yarra Glen.

Healesville

Das hübsche, kleine Healesville ist der Hauptort und die beste Basis zur Erkundung des Dreiecks des Lower Yarra Valley. Es ist berühmt für sein Wildschutzgebiet und liegt ideal, um einige der besten Weingüter der Region zu besuchen. Eine malerische Straße (auch als Rundfahrt möglich) führt nach Yarra Glen und Coldstream.

Sehenswertes & Aktivitäten

★**Healesville Sanctuary** ZOO
(03-5957 2800; www.zoo.org.au/healesville; Badger Creek Rd, Healesville; Erw./Kind/Fam. 30,80/13,60/74,60 AU$; 9–17 Uhr; 685, 686) Einer der besten Orte im südlichen Austra-

lien, um sich mit der endemischen Fauna vertraut zu machen, ist dieser Wildpark voller Kängurus, Dingos, Leierschwänze, Tasmanischer Teufel, Fledermäuse, Koalas, Adler, Schlangen und Eidechsen. Im Schnabeltierhaus kann man die scheuen Wasserbewohner beobachten, und es gibt täglich eine interaktive Vorführung um 11.30 Uhr (am Wochenende zusätzlich 14 Uhr). Bei der aufregenden Raubvogelpräsentation (tgl. 12 & 14.30 Uhr) sieht man gewaltige Keilschwanzadler und Eulen hoch in den Lüften schweben. Am Wochenende ist der Eintritt für Kinder frei.

🛏 Schlafen & Essen

Eine Reihe von Weingütern bietet Luxusunterkünfte an. Darüber hinaus gibt es im Yarra Valley viele B&Bs, Farmstays und Pensionen – ein Buchungsservice findet sich hier: www.visityarravalley.com.au.

Healesville Hotel HOTEL $$
(03-5962 4002; www.yarravalleyharvest.com.au; 256 Maroondah Hwy, Healesville; DZ werktags/Wochenende ab 110/130 AU$, Sa inkl. Abendessen 325 AU$; ❋ 🗟) Das restaurierte Hotel von 1910 ist ein Wahrzeichen von Healesville. Im Obergeschoss gibt's Boutiquezimmer mit gestärkter weißer Bettwäsche, Pressmetalldecken und makellosen Gemeinschaftsbädern. Hinzu kommen schicke Apartments hinter dem Hotel im Furmston House (1-Zi.-Apt. ab 180 AU$).

Tuck Inn B&B $$
(03-5962 3600; www.tuckinn.com.au; 2 Church St, Healesville; DZ werktags/Wochenende ab 150/180 AU$; ❋) Die ehemalige Freimaurerloge wurde zeitgemäß umgestaltet – das Ergebnis ist eine schöne und stilvolle Pension mit fünf Zimmern und freundlichen Gastgebern. Ein großes Frühstück ist inklusive.

WEINGÜTER IM YARRA VALLEY

In den sanft gewellten, von Weinstöcken bedeckten Hügeln des Yarra Valley (www.wineyarravalley.com) gibt es mehr als 80 Weingüter und 50 Weinkellereien mit Verkauf. Es ist die älteste Weinbauregion Victorias – die ersten Rebstöcke wurden 1838 in der Yering Station gepflanzt. Die Region produziert Weine wie Chardonnay, Pinot Noir und Pinot Gris, die in kühlem Klima gedeihen und gut zum Essen passen, sowie ganz ordentliche vollmundige Rotweine.

Domain Chandon (03-9738 9200; www.chandon.com; 727 Maroondah Hwy, Coldstream; ⊙10.30–16.30 Uhr) Das Weingut am Maroondah Hwy zwischen Coldstream und Healesville ist ein Beispiel für gut gemachten Massentourismus in Sachen Wein. Das Weingut – ein Ableger von Moët & Chandon – hat einen hinreißend gestalteten Empfangsbereich mit überwältigendem Ausblick, in dem Besucher Weine probieren und kaufen können. Bei den Führungen (11, 13 & 15 Uhr) bekommt man auch Einblick in die stimmungsvolle Rüttel-Halle (für die *remuage*).

Oakridge (03-9738 9900; www.oakridgewines.com.au; 864 Maroondah Hwy, Coldstream; ⊙10–17 Uhr) Das Weingut wurde 2012 von *The Age* und dem *Sydney Morning Herald* zum Weingut des Jahres gekürt.

Rochford (03-5962 2119; www.rochfordwines.com.au; 878-880 Maroondah Hwy, Ecke Hill Rd, Coldstream; ⊙9–17 Uhr) Das große Weingut mit Restaurant und Galerie liefert feinen Cabernet Sauvignon und Pinot Noir. Es ist vor allem für seine großen Konzerte bekannt.

TarraWarra Estate (03-5957 3510; www.tarrawarra.com.au; 311 Healesville–Yarra Glen Rd, Healesville; Weinprobe 4 AU$; ⊙11–17 Uhr) TarraWarra verfügt über eine beachtliche moderne Kunstgalerie mit wunderbaren Ausstellungen. Im angrenzenden Bistro und Weinkeller kann man sich stärken.

Yering Station (03-9730 0100; www.yering.com; 38 Melba Hwy, Yering; ⊙Mo–Fr 10–17, Sa & So bis 18 Uhr) In dem originalen Weingut von 1859 kann man Weine probieren, genießt dann den Ausblick vom Café im Obergeschoss und kauft schließlich im Laden ein. Ein Spaziergang führt über das hübsche Gelände zu dem eleganten, modernen Restaurant. An jedem dritten Sonntag findet hier der **Yarra Valley Farmers' Market** statt.

Yarra Valley Winery Tours (1300 496 105; www.yarravalleywinerytours.com.au; Tour ab Yarra Valley/Melbourne 105/140 AU$) Im Rahmen der Tagestouren mit Mittagessen besucht man vier oder fünf Weingüter.

DER YARRA VALLEY CIDER & ALE TRAIL

Zwar lockt der Wein die meisten Besucher ins Yarra Valley, aber der **Cider & Ale Trail** (www.ciderandaletrail.com.au) ist eine fantastische Möglichkeit, sich mit den örtlichen Kleinbrauereien und Cider-Produzenten vertraut zu machen.

Buckley's Beer (0408 354 909; www.buckleysbeer.com.au; 30 Hunter Rd, Healesville; Sa & So 11–17 Uhr) Mit seiner Mission, „die Welt mit einem Schluck zu retten", produziert das Buckley's schon seit mehr als zehn Jahren Lager und Ales in traditioneller Brauweise. Führungen und Verkostungen gibt's nur am Wochenende.

Kelly Brothers Cider Co. (03-9722 1304; www.kellybrothers.com.au; Fulford Rd, Wonga Park; Mo–Sa 10–17, So 11–17 Uhr) Das Unternehmen stellt schon seit den 1960er-Jahren Cider aus regionalen Birnen und Äpfeln her.

Napoleone Cider (03-9739 0666; www.napoleonecider.com.au; 10 St Huberts Rd, Coldstream; 10–17 Uhr) Das Unternehmen erzeugt verschiedene Birnen- und Apfel-Ciders. Das Obst stammt von der eigenen Plantage und wird vor Ort gepresst. Das Unternehmen produziert auch ein Pale Ale. Kostenlose Verkostungen.

White Rabbit Brewery (03-5962 6516; www.whiterabbitbeer.com.au; 316 Maroondah Hwy, Healesville; Sa–Do 11–17, Fr bis 21 Uhr) Ein Muss für Bierliebhaber: Diese Kleinbrauerei gibt sich ganz bodenständig. Ein Paar alte Sofas und Bänke stehen einfach mitten in den Produktionsanlagen, sodass man hier sein kühles Bier zwischen gewaltigen Fässern und Abfüllmaschinen genießt. Werktags gibt's dabei natürlich viel Krach. Man bekommt hier auch prima Pizzas.

Aussie Brewery Tours (1300 787 039; www.aussiebrewerytours.com.au; Tour inkl. Transport, Mittagessen & Verkostung 150 AU$) Das in Melbourne ansässige Unternehmen veranstaltet beliebte Touren.

★ **Giant Steps & Innocent Bystander** TAPAS, PIZZA $$
(03-5962 6111; www.innocentbystander.com.au; 336 Maroondah Hwy, Healesville; Hauptgerichte 20–45 AU$; Mo–Fr 10–22, Sa & So 8–22 Uhr;) Das riesige Giants Steps & Innocent Bystander ist ein munteres Restaurant mit Weinkeller – ein prima Ort für köstliche Pizzas, Tapas und Käseplatten oder einen entspannten Drink am Nachmittag. An der Theke kann man kostenlos Weine verkosten. Man kann auch eine Tour durch den Weinkeller machen und die Tropfen für 10 AU$ probieren (wird abgezogen, wenn man Wein kauft).

❶ Praktische Informationen

Yarra Valley Visitor Centre (03-5962 2600; www.visityarravalley.com.au; Harker St, Healesville; 9–17 Uhr) Die Haupttouristeninformation für das Lower Yarra Valley hat viele Broschüren und verkauft Landkarten.

❶ An- & Weiterreise

Healesville liegt 65 km nördlich von Melbourne und ist über den Eastern Fwy und den Maroondah Hwy/B360 mit dem Auto in einer Stunde leicht erreichbar. Von Melbourne fahren Vorortzüge nach Lilydale, von wo regelmäßiger Busverkehr nach Healesville besteht.

McKenzie's Bus Lines (03-5962 5088; www.mckenzies.com.au) Busse des Unternehmens fahren täglich von der Southern Cross Station in Melbourne nach Healesville (1½ Std., 6,20 AU$) und weiter nach Marysville und Eildon; der Fahrplan steht auf der Website.

Mornington Peninsula

Die Mornington Peninsula – das bootsförmige Gebiet zwischen der Port Phillip Bay und der Western Port Bay – ist seit den 1870er-Jahren Melbournes sommerliche Spielwiese, als Raddampfer hinunter nach Portsea fuhren. Heute ist ein großer Teil des Ackerlands Weinbergen und Obstplantagen gewichen. Gourmets lieben die Halbinsel – ein Mittagessen auf einem Weingut ist ein Highlight. Trotz allem sind noch schöne Reste des ursprünglichen Busches erhalten.

Die ruhigen Strände liegen an der Seite zur Port Phillip Bay; Familien machen in den Ferienorten an der Bucht – von Mornington bis Sorrento – gern Urlaub. Die zerklüfteten Meeresstrände an der Bass Strait sind von Portsea, Sorrento und Rye aus leicht zu erreichen. An diesem Küstenstreifen, der zum Mornington Peninsula National Park gehört, gibt es tolle Wanderwege.

🛈 Praktische Informationen

Peninsula Visitor Information Centre (☏ 1800 804 009, 03-5987 3078; www.visitmorningtonpeninsula.org; 359b Nepean Hwy, Dromana; ⊙ 9–17 Uhr) Das Hauptinformationszentrum für die Halbinsel bucht Unterkünfte und Touren. Weitere Touristeninformationen gibt es in Mornington (☏ 03-5975 1644; www.visitmorningtonpeninsula.org; 320 Main St, Mornington; ⊙ 9–17 Uhr) und Sorrento (☏ 03-5984 1478; Ecke George St & Ocean Beach Rd).

🛈 An- & Weiterreise

Der Moorooduc Hwy und die Point Nepean Rd führen beide auf den Mornington Peninsula Fwy, den Hauptzugang zur Halbinsel. Alternativ verlässt man den Moorooduc Hwy Richtung Mornington und nimmt die Küstenstraße rund um die Port Phillip Bay.

Queenscliff–Sorrento Ferry (☏ 03-5258 3244; www.searoad.com.au; Fußgänger einfache Strecke Erw./Kind 11/8 AU$, 2 Erw. & Auto einfache Strecke/hin & zurück 73/136 AU$; ⊙ stündl. 7–18 Uhr, Jan. & lange Wochenenden bis 19 Uhr) Die Fähre verbindet Sorrento über die Port Phillip Bay mit Queenscliff.

Sorrento & Portsea

Das historische Sorrento liegt auf der Mornington Peninsula und ist bekannt für seine schönen Kalksteingebäude, das Meer, die Strände in der Bucht sowie die quirlige Küstenatmosphäre im Sommer. Sorrento war die erste offizielle europäische Siedlung in Victoria und wurde von einer Expeditionsgruppe aus Sträflingen, Marinesoldaten, Zivilbeamten und freien Siedlern gegründet, die 1803 aus England hier ankamen.

Nur 4 km weiter westlich liegt das winzige Örtchen Portsea, ebenfalls mit schönen Stränden, Tauchunternehmen und Wassersportanbietern.

⊙ Sehenswertes & Aktivitäten

Der ruhige Strand an der Bucht ist für Familien gut geeignet. Am Ufer kann man sich **Surfbretter** ausleihen. Bei Ebbe ist der **Felsenpool** hinten auf dem Strand eine sichere Stelle, wo Erwachsene und Kinder schwimmen und schnorcheln können. Der Surfstrand wird im Sommer von Rettungsschwimmern überwacht.

★ **Moonraker Charters**   NATURBEOBACHTUNG
(☏ 03-5984 4211; www.moonrakercharters.com.au; 7 George St, Sorrento; Erw./Kind Besichtigung 55/44 AU$, Schwimmen mit Delfinen und Seehunden 129/115 AU$) Organisiert dreistündige Touren inklusive Schwimmen mit Delfinen und Seehunden vom Sorrento Pier aus.

★ **Polperro Dolphin Swims**   NATURBEOBACHTUNG
(☏ 03-5988 8437; www.polperro.com.au; Erw./Kind Besichtigung 55/35 AU$, Schwimmen mit Delfinen & Seehunden Erw.& Kind 135 AU$) Beliebte Touren mit Delfin- und Seehundschwimmen am Vor- und Nachmittag vom Sorrento Pier aus.

🛏 Schlafen & Essen

Carmel of Sorrento   PENSION $$
(☏ 03-5984 3512; www.carmelofsorrento.com.au; 142 Ocean Beach Rd, Sorrento; DZ 130–220 AU$) Das hübsche alte Sandsteingebäude direkt im Zentrum von Sorrento wurde geschmackvoll im Stil der Zeit restauriert und verbindet geschickt die Geschichte des Ortes mit zeitgemäßem Komfort. Man wohnt in einer der drei Suiten im edwardianischen Stil mit Bad (und kleinem Frühstück) oder in einer der zwei modernen, in sich abgeschlossenen Wohneinheiten.

Portsea Hotel   HOTEL $$
(☏ 03-5984 2213; www.portseahotel.com.au; Point Nepean Rd, Portsea; EZ/DZ ohne Bad ab 75/105 AU$, EZ/DZ mit Bad ab 135/175 AU$) Der Puls von Portsea schlägt in diesem weitläufigen Fachwerkgebäude, einem riesigen Pub mit großem Rasen und einer Terrasse mit Blick auf die Bucht. Es gibt ein exzellentes **Bistro** (Hauptgerichte 24–39 AU$) und altmodische Unterkünfte (die meisten Zi. mit Gemeinschaftsbad), deren Preis je nach Meerblick variiert (am Wochenende teurer).

Hotel Sorrento   HOTEL $$$
(☏ 03-5984 2206; www.hotelsorrento.com.au; 5-15 Hotham Rd, Sorrento; Motel Zi. 195–280 AU$, Apt. 220–320 AU$) Das legendäre Hotel Sorrento lebt von dem berühmten Namen und hat sehr unterschiedliche Unterkünfte. Im „Sorrento on the Park" gibt's Standard- und überteuerte Motelzimmer, während die Doppelzimmer und Familienapartments im hübschen „On the Hill" mit luftigen Wohnzimmern, geräumigen Badezimmern und privaten Balkonen punkten.

The Baths   FISH & CHIPS $
(☏ 03-5984 1500; www.thebaths.com.au; 3278 Point Nepean Rd, Sorrento; Fish & Chips 10 AU$, Restaurant Hauptgerichte 27–36 AU$; ⊙ 12–20 Uhr) Die Uferterrasse des ehemaligen Seebads mit Blick auf die Landungsbrücke und die Queenscliff-Fähre ist der perfekte Ort

ABSTECHER

LAKE MOUNTAIN & MARYSVILLE

Das in dem Tal zwischen Narbethong und dem Lake Mountain gelegene Marysville lag im Zentrum der tragischen Buschfeuer von 2009 (S. 569), bei denen die meisten Gebäude des Ortes zerstört wurden und 34 Menschen ums Leben kamen. Die Gemeinde hält fest zusammen und baut den Ort wieder auf, der immer noch der Hauptausgangspunkt für die Skilanglauftouren am Lake Mountain ist.

Der zum Yarra Ranges National Park gehörende Lake Mountain (1433 m) ist Australiens wichtigstes **Skilanglaufgebiet** mit 37 km an Loipen und mehreren Rodelbahnen. Im Sommer werden **Wanderwege** und **Mountainbikepisten** ausgewiesen. Am Berg gibt's keine Unterkünfte, aber Marysville ist nur 10 km entfernt.

In der Skisaison beträgt die Tagesgebühr an Wochenenden und Feiertagen 35 AU$ pro Auto und an Werktagen 25 AU$; die Trail-Gebühren betragen ab 11,90/5,90 AU$ pro Erwachsenem/Kind. Außerhalb der Saison muss man nur eine Parkgebühr von 2 AU$ entrichten.

Aktivitäten

Lake Mountain Alpine Resort (03-5957 7222; www.lakemountainresort.com.au; Snowy Rd; ⊙ Okt.–März Mo–Fr 8–16.30 Uhr, Juni–Sept. bis 18.30 Uhr) Hat einen Skiverleih, eine Skischule, ein Café und überdachte Grillbereiche.

Marysville Ski Centre (www.marysvilleski.com.au; 27 Murchison St, Marysville; ⊙ Juni–Sept.) Vermietet Ski, Rodelschlitten, Sportkleidung und Schneeketten fürs Auto.

Schlafen

Crossways Historic Country Inn (03-5963 3290; www.crosswaysmarysville.com.au; 4 Woods Point Rd, Marysville; DZ 120 AU$, Cottage mit 2 Schlafzi. 195 AU$) Das Crossways existiert seit den 1920er-Jahren und hat wie durch ein Wunder auch die Buschfeuer überstanden. Zu den familienfreundlichen Unterkünften zählen separate Blockhütten-Einheiten und das River Cottage, eine moderne Hütte mit zwei Schlafzimmern.

The Tower (03-5963 3225; www.towermotel.com.au; 33 Murchison St, Marysville; EZ/DZ/FZ 125/145/165 AU$) Als eines der wenigen Gebäude an der Hauptstraße, die den Schwarzen Samstag überlebten, hat sich das Tower seine Motelfassade aus den 1970er-Jahren bewahrt, wurde aber durch die kürzlich durchgeführten Renovierungen fast auf Boutiqueniveau gebracht. Die Anlage hat superfreundliche Eigentümer, einen attraktiven Hof und eine Weinbar. Die Zimmer bieten Minibars, Kabel-TV und kostenloses WLAN. Während der Skisaison steigen die Preise.

An- & Weiterreise

Lake Mountain Snow Bus (Country Touch Tours; 03-5963 3753; www.lakemountainsnowbus.com; 24 Murchison St, Marysville) Der Lake Mountain Snow Bus bietet einen Transfer zum Lake Mountain und zurück ab Marysville (10.30 Uhr, Erw./Kind 45/40 AU$) und Healesville (Sa 10 Uhr, Erw./Kind 45/40 AU$). Der Bus fährt um 15 Uhr vom Lake Mountain zurück. In den Preisen ist die Eintrittsgebühr ins Skigebiet enthalten.

---

für ein Mittagessen oder ein romantisches Dinner bei Sonnenuntergang. Auf der Karte stehen ein paar gute Meeresfrüchtegerichte. Sehr beliebt ist der Imbissschalter vorn, wo man sich mit Fish & Chips zum Mitnehmen eindecken kann.

Smokehouse ITALIENISCH $$
(03-5984 1246; 182 Ocean Beach Rd, Sorrento; Hauptgerichte 20–34 AU$; ⊙ 18–21 Uhr) Ausgezeichnete Pasta und Pizza sind die Spezialität dieses beliebten Restaurants. Kreative Beläge und der Duft aus dem Holzofen sind der Schlüssel zum Erfolg.

Phillip Island
9406 EW.

Das für die Pinguinparade und den Motorrad-Grand-Prix bekannte Phillip Island lockt neugierige Surfer, Motorsportfans und ausländische Traveller an, die schnurstracks zu den Zwergpinguinen eilen.

Phillip Island

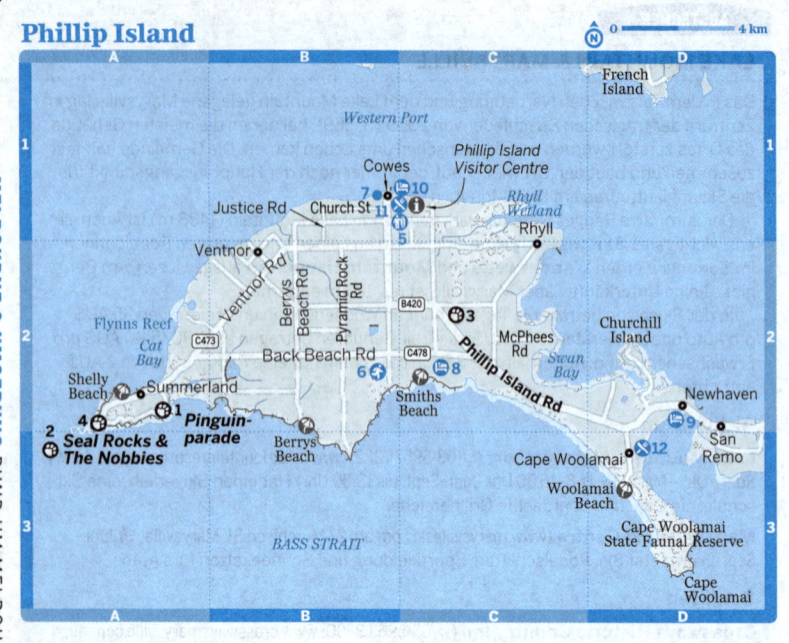

Phillip Island

◉ Highlights
1. Pinguinparade A2
2. Seal Rocks & The Nobbies A3

◎ Sehenswertes
3. Koala Conservation Centre C2
4. Nobbies Centre A2

◆ Aktivitäten, Kurse & Touren
5. Island Surfboards C1
6. Phillip Island Grand Prix Circuit B2
7. Wildlife Coast Cruises B1

🛏 Schlafen
8. Clifftop C2
9. Island Accommodation YHA D2
10. Waves Apartments C1

✖ Essen
11. Fig & Olive at Cowes B1
12. White Salt D3

In seinem Kern ist Phillip Island immer noch eine bäuerliche Gemeinde, aber die Natur hat ihr Möglichstes getan, die Insel zu einem der angesagtesten Touristenziele Victorias zu machen. Abgesehen von dem nächtlichen Marsch der Zwergpinguine gibt es eine große Kolonie Südafrikanischer Seebären, eine reiche Vogelwelt rund um die Rhyll-Sümpfe und eine Koala-Kolonie.

An der zerklüfteten Südküste finden sich sagenhafte Surfstrände. Wegen der Touristenmassen – im Sommer wächst die Bevölkerung durch die Urlauber auf ca. 40 000 Menschen an – gibt es eine große Menge Attraktionen für Familien, viele Unterkünfte und eine lebhafte, wenn auch nicht sonderlich interessante Café- und Restaurantszene in der Inselhauptstadt Cowes. Im Winter allerdings präsentiert sich die Insel als ein ruhiger Ort, wo die ortsansässigen Bauern, Surfer und Hippies sich nur um ihre jeweils eigenen Angelegenheiten kümmern.

◎ Sehenswertes & Aktivitäten

Cowes' **Hauptstrand** ist ruhig und ein sicherer Badestrand; weniger Publikum gibt's am langen Cowes East Beach. Die besten Surfstrände liegen an der Südküste. Das spektakuläre **Cape Woolamai** ist der beliebteste Surfstrand, aber wegen der Strudel und Rippströmungen nur für erfahrene Surfer geeignet. Anfänger und Familien zieht es zum **Smiths Beach**, wo es oft von Teilnehmern der Anfängerkurse wimmelt. Beide Strände werden im Sommer von Rettungsschwimmern überwacht. Der **Berrys Beach** ist ein weiterer schöner Strand und in der Regel ruhiger als die beiden vorher genannten. Auf der anderen Seite von The Nobbies sind die Strände **Cat Bay** und **Flynns Reef** oft ruhig, während um Cape Woolamai und den Smiths Beach der Wind ordentlich auf den Strand bläst.

★ Pinguinparade — SCHUTZGEBIET
(03-5951 2800; www.penguins.org.au; Summerland Beach; Erw./Kind/Fam. 23,80/11,90/ 59,50 AU$; 10 Uhr–Sonnenuntergang, Pinguine kommen bei Sonnenuntergang) Pro Jahr kommen mehr als eine halbe Million Besucher, um sich die Zwergpinguine *(Eudyptula minor)* anzuschauen, die kleinste und wohl niedlichste Art dieser Wasservögel. Zum Pinguinkomplex gehören Betontribünen mit 3800 Plätzen, von denen aus sich gut beobachten lässt, wie die kleinen Kerlchen unmittelbar nach Sonnenuntergang an Land kommen und zu ihren Nistplätzen watscheln.

Die Zahl der Pinguine nimmt im Sommer nach dem Brüten zu, aber da sind sie ganzjährig. Nach dem Marsch sollte man noch etwas auf den Plankenwegen verweilen und zuschauen, wie Nachzügler ihre Nistplätze und ihren Partner suchen. Warme Kleidung mitbringen! Es gibt eine Reihe spezieller **Touren** (www.penguins.org.au; Erw. 44–80 AU$), bei denen Ranger das Verhalten der Pinguine erklären oder bei denen man die Pinguine von einer Skybox (einer erhöhten Plattform) aus beobachtet. Zum Komplex gehören auch ein Café und eine informative Ausstellung.

Koala Conservation Centre — ZOO
(03-5951 2800; www.penguins.org.au; 1810 Phillip Island Rd, Cowes; Erw./Kind/Fam. 11,90/5,95/ 29,75 AU$; 10–17 Uhr, im Sommer verlängerte Öffnungszeiten) Von den Plankenwegen aus kann man Koalas beobachten, wie sie Eukalyptusblätter mampfen oder dösen – schließlich schlafen die Beuteltiere rund 20 Stunden pro Tag!

★ Seal Rocks & The Nobbies — NATUR
(11–17 Uhr) Die Nobbies sind eine Reihe großer, zerklüfteter Felsformationen vor der Südwestspitze der Insel. Jenseits von ihnen liegen die Seal Rocks, auf denen Australiens größte Seebärenkolonie lebt. Das **Nobbies Centre** (03-5951 2852; www.penguins.org.au; 11 Uhr–1 Std. vor Sonnenuntergang) GRATIS bietet eine großartige Sicht auf The Nobbies und auf die rund 6000 Südafrikanischen Seebären, die sich in der Ferne auf den Felsen sonnen. Man kann die Tiere von einem Plankenweg mit Ferngläsern beobachten oder einen Blick durch die Unterwasserkameras im Zentrum auf sie werfen (5 AU$).

Innerhalb der Anlage gibt es auch einige faszinierende interaktive Exponate, ein Kinderspielzimmer und ein Café.

★ Phillip Island
Grand Prix Circuit — ABENTEUERSPORT
(03-5952 9400; Back Beach Rd) Auch wenn gerade kein Motorradrennen ansteht, sind die Fans ganz wild auf den Grand Prix Motor Racing Circuit, der 1989 für den Australian Motorcycle Grand Prix ausgebaut wurde. Das Visitor Centre veranstaltet **Führungen** (http://phillipislandcircuit.com.au; Erw./Kind/Fam. 22/13/57 AU$; Führungen 14 Uhr). Sehenswert ist außerdem das **History of Motorsport Museum** (Erw./Kind/Fam. 15/8/38 AU$). Wagemutige können mit einem Rennfahrer in einem frisierten V8 eine Runde drehen (330 AU$; Reservierung erforderlich).

Mit den **Phillip Island Circuit Go Karts** (10/20/30 Min. 35/60/80 AU$) kann man auf einer maßstabsgerechten Nachbildung der Rennstrecke selbst ein Fahrzeug steuern – wenn es auch nur ein Gokart ist.

Island Surfboards — SURFEN
(03-5952 3443; www.islandsurfboards.com.au; 65 Smiths Beach Rd, Smiths Beach; Kurs 65 AU$; Surfbrettverleih pro Std./Tag 12,50/40 AU$) Bei Island Surfboards gibt's Surfunterricht für Anfänger und Fortgeschrittene sowie Neoprenanzüge und Surfbretter zum Ausleihen. Ein weiterer Laden befindet sich in **Cowes** (03-5952 2578; www.islandsurfboards.com.au; 147 Thompson Ave; Surfbrettverleih pro Std./Tag 12,50/40 AU$).

☞ Geführte Touren

Go West — TAGESTOUR
(1300 736 551, 03-9485 5290; www.gowest.com. au; Tour 135 AU$, 1-Tages-Tour 130 AU$) Bei der Tour ab Melbourne sind Mittagessen und iPod-Kommentare in mehreren Sprachen inbegriffen. Inklusive Eintritt zur Penguin Parade.

Wildlife Coast Cruises — BOOTSTOUR
(03-5952 3501; www.wildlifecoastcruises.com. au; Rotunda Bldg, Cowes Jetty; Seebärenbeobachtung Erw./Kind 72/49 AU$; Mai–Sept. Fr-Mi 14 Uhr, Okt.–April tgl. 14 & 16.30 Uhr) Bietet eine Reihe verschiedener Bootstouren, darunter eine zur Seebärenbeobachtung, eine Dämmerungstour und eine rund ums Kap; außerdem sind zweistündige Fahrten zur French Island (Erw./Kind 30/20 AU$) und ganztägige zum Wilsons Promontory (190/140 AU$) im Programm.

★ Feste & Events

Australian Motorcycle Grand Prix SPORT
(www.motogp.com.au) Die bekannteste Veranstaltung auf der Insel: drei Oktobertage voller Motorrad-Action.

🛏 Schlafen & Essen

Island Accommodation YHA HOSTEL $
(☎ 03-5956 6123; www.theislandaccommodation.com.au; 10-12 Phillip Island Rd, Newhaven; B/DZ ab 35/165 AU$; @ 🛜) 🅿 Dieses riesige, zweckmäßige Backpackerhostel verfügt in jedem Stockwerk über nahezu identische Wohnbereiche mit Tischtennisplatten und Kaminen für den Winter. Von der Dachterrasse aus bieten sich grandiose Ausblicke, und die ökologischen Bewertungen sind ausgezeichnet. In den günstigsten Schlafsälen haben bis zu zwölf Personen Platz, die Doppelzimmer haben Motelstandard.

Waves Apartments APARTMENT $$
(☎ 03-5952 1351; www.thewaves.com.au; 1 Esplanade, Cowes; DZ ab 195 AU$; ❄ 🛜) Von diesen schicken Apartments aus hat man Blick auf den Hauptstrand von Cowes. Wer eines mit Balkon und Strandblick nimmt, kann also nichts falsch machen. Die modernen Apartments für Selbstversorger verfügen über Spa und Balkon oder Veranda.

Clifftop BOUTIQUEHOTEL $$$
(☎ 03-5952 1033; www.clifftop.com.au; 1 Marlin St, Smiths Beach; DZ 235–300 AU$; ❄) Man kann sich kaum einen besseren Ort für seinen Inselaufenthalt denken als hier hoch über dem Smiths Beach. Von den sieben luxuriösen Suiten gewähren die oberen vier Meerblick und haben eigene Balkone, die Zimmer im Erdgeschoss öffnen sich dafür zu einem Garten. Allen gemeinsam sind die flauschigen Betten und das schicke Dekor.

White Salt FISH & CHIPS $
(☎ 03-5956 6336; 7 Vista Pl, Cape Woolamai; Fisch ab 6,50 AU$, Take-away ab 15 AU$; ⊙ Mi, Do & So 17–20, Fr & Sa 12–20.30 Uhr) Das White Salt serviert die besten Fish & Chips auf der Insel: ausgesuchte Fischfilets und von Hand geschnittene Pommes, dazu Garnelen-Tempura und Salat aus mariniertem Grill-Oktopus mit Mais, Pesto und Zitrone.

Fig & Olive at Cowes MODERN-AUSTRALISCH $$
(☎ 03-5952 2655; www.figandoliveatcowes.com.au; 115 Thompson Ave, Cowes; Hauptgerichte 24–38 AU$; ⊙ Mi–Mo 9 Uhr–open end) Das entspannte Lokal ist mit seinem anregenden Ambiente aus Holz, Stein und limettengrüner Deko der richtige Ort für ein schön angerichtetes Essen oder einen Cocktail am späten Abend. Auf der bunt zusammengewürfelten Speisekarte stehen viele Meeresfrüchte, daneben Paella, Schweinebauch und tasmanischer Lachs aus dem Holzofen.

ℹ Praktische Informationen

Phillip Island Visitor Centre (☎ 1300 366 422; www.visitphillipisland.com; 895 Phillip Island Tourist Rd, Newhaven; ⊙ 9–17 Uhr, während der Schulferien bis 18 Uhr) Das Hauptbesucherzentrum für die Insel liegt an der Hauptstraße in Newhaven, ein kleineres Visitor Centre findet sich in Cowes (Ecke Thompson & Church St). Beide verkaufen den Three Parks Pass (Erw./Kind/Fam. 36/18/90 AU$), der einen Besuch der Pinguinparade, das Koala Conservation Centre und die Churchill Island Heritage Farm abdeckt. Das Zentrum in Newhaven bietet außerdem einen kostenlosen Buchungsservice für Unterkünfte und Touren.

ℹ An- & Weiterreise

Das etwa 140 km von Melbourne entfernte Phillip Island ist nur mit dem Auto über die Brücke zwischen San Remo und Newhaven erreichbar. Von Melbourne nimmt man den Monash Freeway und fährt bei Pakenham ab, um bei Koo Wee Rup auf den South Gippsland Highway zu gelangen.

V/Line (☎ 1800 800 007; www.vline.com.au) V/Line bietet Zug-/Busverbindungen von der Southern Cross Station in Melbourne über Dandenong Station oder Koo Wee Rup an (12,80 AU$, 2½ Std.). Es gibt keine Direktverbindung.

Great Ocean Road

Inhalt ➡

Geelong	582
Bellarine Peninsula	585
Great Ocean Road	586
Torquay	586
Anglesea	588
Lorne	590
Apollo Bay	592
Cape Otway	593
Port Campbell National Park	594
Warrnambool	596
Port Fairy	597
Portland	599

Gut essen

- ➡ Brae (S. 591)
- ➡ A La Grecque (S. 589)
- ➡ Merrijig Kitchen (S. 599)
- ➡ Chris's Beacon Point Restaurant (S. 593)

Schön übernachten

- ➡ Bimbi Park (S. 594)
- ➡ Great Ocean Ecolodge (S. 594)
- ➡ Beacon Point Ocean View Villas (S. 593)
- ➡ Vue Grand (S. 586)
- ➡ Cimarron B&B (S. 589)

Auf zur Great Ocean Road!

Die Great Ocean Road (B100) ist eine der berühmtesten Straßen Australiens für Touren mit dem Auto. Man fährt vorbei an erstklassigen Surfstränden, durch Regenwald und ruhige Orte am Meer und teilweise unter einem Blätterdach hindurch, in dem Koalas sitzen. Man sieht Kalksteinklippen, Kuhfarmen, Heideland und kommt den mächtigen Wellen des Südpolarmeers ziemlich nahe.

Wer den Massen wirklich den Rücken kehren möchte, sollte die abgelegenen Strände und Leuchttürme und dichten Eukalyptuswälder im Hinterland der Otways besuchen. Statt direkt zur Great Ocean Road aufzubrechen, kann man in Geelong einen Umweg machen, und gemütlich über die Bellarine Peninsula fahren, und das charmante Queenscliff und die Weingüter entlang des Weges besuchen.

Wer möchte, kann ab Melbourne einen Tagesausflug zur Great Ocean Road in weniger als 12 Stunden absolvieren, idealerweise nimmt man sich jedoch eine ganze Woche Zeit.

Reisezeit
Cape Otway

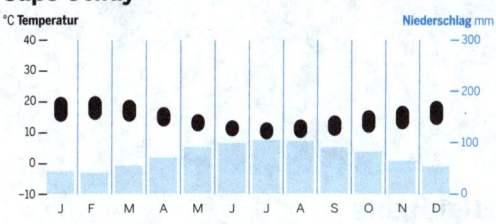

März Auf dem enorm beliebten Port Fairy Folk Festival bei Folk- und Roots-Melodien entspannen.

Ostern Beim Rip Curl Pro am Bells Beach spektakuläre Surfmanöver sehen.

Juli Tief im Winter Küstenstädte abklappern, Sonne, Meer, und tolle Cafés genießen und Wale beobachten.

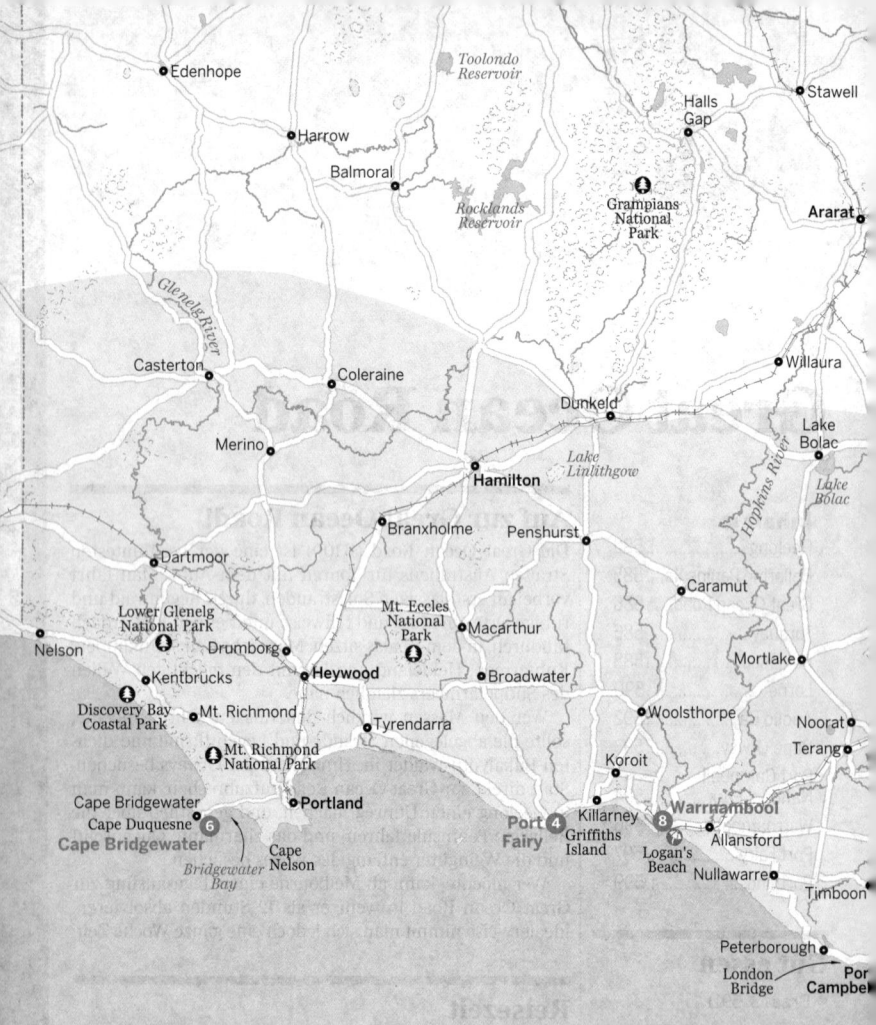

Highlights

❶ Die hoch aufragenden **Twelve Apostles** (S. 594) nahe Port Campbell zählen

❷ Am **Cape Otway** (S. 593) auf Stränden am Leuchtturm zelten und nach Koalas Ausschau halten

❸ Das Resortleben im baumgesäumten **Lorne** (S. 590) genießen

❹ In **Port Fairy** (S. 597) ein perfektes Küstendorf erleben

❺ In **Torquay** (S. 586) eine Surfausrüstung kaufen und Surfunterricht nehmen.

❻ Am **Cape Bridgewater** (S. 600) Robben beobachten

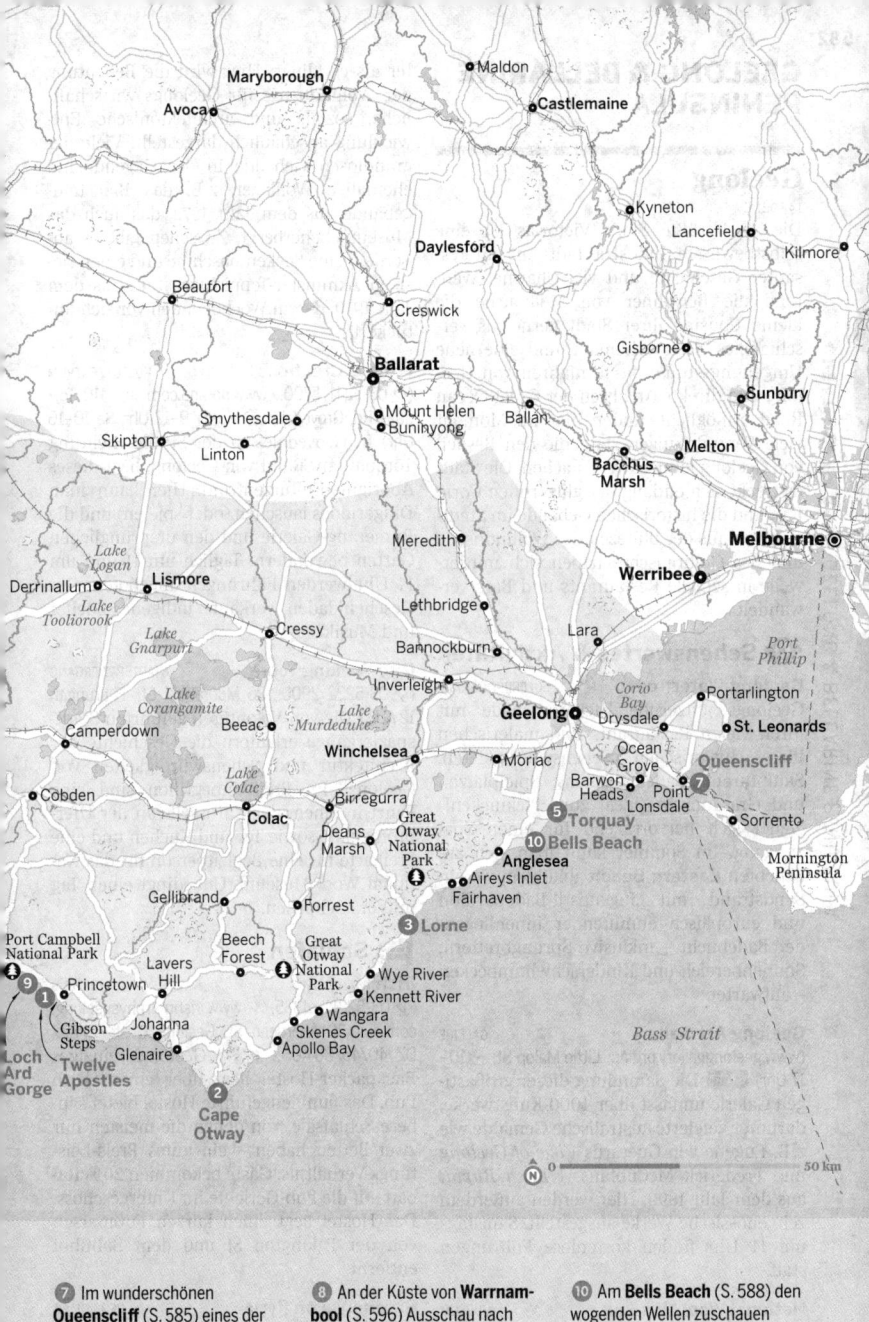

⑦ Im wunderschönen **Queenscliff** (S. 585) eines der beliebtesten Wochenendziele der Einwohner von Melbourne entdecken

⑧ An der Küste von **Warrnambool** (S. 596) Ausschau nach Walen halten

⑨ Am gespenstischen **Loch Ard Gorge** (S. 595) die Legende verlorener Seelen kennenlernen

⑩ Am **Bells Beach** (S. 588) den wogenden Wellen zuschauen

GEELONG & BELLARINE PENINSULA

Geelong
143 921 EW.

Die zweitgrößte Stadt Victorias ist eine selbstbewusste Industriestadt mit interessanter Geschichte und viel Charme. Während die Bewohner von Melbourne die kleine Cousine ihrer Stadt gerne als verschlafenes Nest verhöhnen, und eine neue Umgehungsstraße das Umfahren von Geelong und direkte Anfahren der Great Ocean Road ermöglicht, finden hier im Moment viele Veränderungen statt, die den Besuch von Geelong lohnenswert machen. Die Stadt erstreckt sich entlang der glitzernden Corio Bay, und die historischen Gebäude im Stadtzentrum aus der Blütezeit der Wollindustrie und des Goldrausches haben sich mittlerweile in schicke Restaurants und Bars verwandelt.

◉ Sehenswertes & Aktivitäten

Geelong Waterfront UFERPROMENADE
Geelongs glitzernde Uferpromenade mit ihren vielen Restaurants und malerischen Piers, historischen Sehenswürdigkeiten, Skulpturen, Badebereichen, Spielplätzen und Grasanlagen (ideal zum Picknicken!) eignet sich hervorragend für einen Spaziergang. Im Sommer kann man sich am beliebten Eastern Beach abkühlen, wo ein Sandstrand mit Jugendstil-Badepavillon und europäisch anmutender innenliegender Badebucht – inklusive Sprungbrettern, Sonnenbereich und Kinderschwimmbecken – aufwartet.

Geelong Art Gallery GALERIE
(www.geelonggallery.org.au; Little Malop St; ⊙ 10–17 Uhr) GRATIS Die Sammlung dieser großartigen Galerie umfasst über 4000 Kunstwerke, darunter gefeierte australische Gemälde wie z. B. Eugene von Guérards *View of Geelong* und Frederick McCubbins *A Bush Burial* aus dem Jahr 1890. Hier werden außerdem zeitgenössische Werke ausgestellt. Samstags um 14 Uhr finden kostenlose Führungen statt.

National Wool Museum MUSEUM
(☏ 03-5272 4701; www.geelongaustralia.com.au/nwm; 26 Moorabool St; Erw./Kind/Fam. 8,25/4,50/25 AU$; ⊙ Mo–Fr 9.30–17 Uhr, Sa & So 10–17 Uhr) Dieses Museum ist interessanter als es klingt: Hier wird die Bedeutung der Wollindustrie für Geelongs wirtschaftliche, soziale und architektonische Entwicklung anschaulich dargestellt. Viele der grandiosen Gebäude in der Gegend sind ehemalige Wolllager, z. B. das Blausteingebäude aus dem Jahr 1872, das auch das Museum beherbergt. Zu sehen gibt es außerdem eine Sockenmaschine und einen riesigen Axminster-Teppichwebstuhl aus dem Jahr 1910, der an Wochenenden vor sich hin tuckert.

Narana Creations KULTURZENTRUM
(☏ 03-5241 5700; www.narana.com.au; 410 Torquay Rd, Grovedale; ⊙ Mo–Fr 9–17 Uhr, Sa 10–16 Uhr) In Grovedale, an der Straße Richtung Torquay, am Rand von Geelong, liegt dieses Aborigine-Kulturzentrum. Hier kann man Didgeridoos lauschen (oder spielen) und die Bumerang-Galerie und den ursprünglichen Garten bewundern. Täglich um 11 und um 14 Uhr werden Führungen angeboten. Der Geschenkladen verkauft indigene Bücher und Musik.

City Walking Tours STADTSPAZIERGANG
(☏ 03-5222 2900; 26 Moorabool St; Führungen 12 AU$) Die von Volontären geführten Stadtspaziergänge erläutern die Geschichte der Architektur und Sehenswürdigkeiten von Geelong. Im Preis inbegriffen sind eine Fahrt in einem der Karussells an der Uferpromenade sowie Tee und Kuchen und eine Freikarte für eine Begleitperson für das National Wool Museum. Unbedingt einen Tag im Voraus buchen.

🛏 Schlafen

Irish Murphy's HOSTEL $
(☏ 03-5221 4335; www.irishmurphysgeelong.com.au; 30 Aberdeen St, Geelong West; B/EZ/DZ 40/45/80 AU$; 🅿🛜) Geelongs einziges Backpacker-Hostel liegt über einem Irish Pub. Das familiengeführte Hostel bietet saubere Schlafsäle, von denen die meisten nur zwei Betten haben – ein gutes Preis-Leistungs-Verhältnis. Gäste bekommen 20 % Rabatt auf die Pub-Gerichte im Untergeschoss. Das Hostel liegt einen kurzen Fußmarsch von der Pakington St und dem Bahnhof entfernt.

Gatehouse on Ryrie PENSION $$
(☏ 0417 545 196; www.gatehouseonryrie.com.au; 83 Yarra St; DZ inkl. Frühstück 110–145 AU$; 🅿@🛜) Geelongs beste Mittelklasse-Option wurde im Jahr 1897 erbaut und hat herrli-

Geelong

che Holzfußböden, geräumige Zimmer (die meisten mit Gemeinschaftsbad) und eine Gemeinschaftsküche sowie einen Aufenthaltsraum. Das Frühstück wird in dem herrlichen Empfangszimmer serviert.

✕ Essen & Trinken

Geelong Boat House FISH & CHIPS $

(Geelong Waterfront; Fish & Chips ab 8,50 AU$; ⊙10–20 Uhr) Dieser Fish-&-Chips-Laden befindet sich auf einer Barge, die früher benutzt wurde, um den Yarra River auszubaggern. Gäste können auf der Terrasse oder auf dem Dach entspannen oder auf einer der Picknickdecken am grasigen Ufer faulenzen. Im zugehörigen Bootsschuppen befindet sich ein Seafood-Restaurant.

★ **Jack & Jill** MODERN-AUSTRALISCH $$

(☎03-5229 9935; www.jackandjillrestaurant.com.au; 247 Moorabool St; Probierteller ab 33,50 AU$; ⊙tgl. 18 Uhr–open end, Fr 12–14.30 Uhr) Gäste dürfen drei kleine Gerichte aus dem Menü regionaler Produkte wählen (z. B. das lokale Barwon-Lamm mit Couscous-Filo-Pasteten, Zitronenjoghurt und Granatapfelsirup), die auf einem Teller serviert werden. Oben gibt's einen Dachbiergarten mit guten Bieren aus Kleinbrauereien. Freitags zwischen 17 und 18.30 Uhr bekommt man Freigetränke. Livebands treten regelmäßig auf.

Geelong

⦿ Sehenswertes
1 Geelong Art Gallery A2
2 National Wool Museum B2

⦿ Aktivitäten, Kurse & Touren
City Walking Tours ....(siehe 2)

⦿ Schlafen
3 Gatehouse on Ryrie B3

⦿ Essen
4 Geelong Boat House B1
5 Jack & Jill B3

★ **Little Creatures Brewery** BRAUEREI
(☎ 03-5202 4009; www.littlecreatures.com.au; Ecke Fyans St & Swanston St; ⊙ Mo-Di 11-17, Mi-Fr 11-21, Sa 8-21, So 8-17 Uhr; ☏) Geelong ist die jüngste Ergänzung zum schnell wachsenden Bieremperium von Little Creatures. Die Brauerei befindet sich in einer alten Wollmühle und hat das Flair einer industriellen Lagerhalle. Die Brauerei eignet sich hervorragend, um Biere zu probieren und dünnkrustige Pizzas (10-23 AU$) oder leckere Känguruspieße zu kosten.

Mehrmals am Tag finden Führungen durch die Brauerei mit kostenlosen Bierproben statt. Kinder lieben die Sandkästen und das Spielzimmer.

❶ Praktische Informationen

National Wool Museum Visitor Centre (www.visitgreatoceanroad.org.au; 26 Moorabool St; ⊙ 9-17 Uhr; ☏) Geelongs Haupttouristeninformation hat Broschüren über Geelong, die Bellarine Peninsula und die Otways, sowie kostenloses WLAN. Wer direkt zur Great Ocean Road fährt, kommt am Visitor Centre (www.visitgreatoceanroad.org.au; Princes Hwy; ⊙ 9-17 Uhr) an der Geelong Rd, bei der Tankstelle bei Little River, vorbei.

❶ An- & Weiterreise

AUTO

Die 25 km lange Geelong Ring Road führt von Corio nach Waurn Ponds, d. h. um Geelong herum. Wer nach Geelong möchte, sollte die Abfahrt links zum Princes Hwy (M1) nehmen.

BUS

Gull Airport Service (☎ 03-5222 4966; www.gull.com.au; 45 McKillop St) Der Gull Airport Service betreibt 14 Busse täglich zwischen Geelong und dem Melbourne Airport (32 AU$, 1¼ Std.). Die Busse fahren im Zentrum und am Bahnhof in Geelong ab.

McHarry's Buslines (☎ 03-5223 2111; www.mcharrys.com.au) Die Busse von McHarry's Buslines fahren regelmäßig vom Bahnhof in Geelong nach Torquay und zur Bellarine Peninsula (3,60 AU$, 20 Min.).

V/Line (☎ 1800 800 007; www.vline.com.au) Die Busse von V/Line starten am Bahnhof in Geelong und fahren über Torquay (3,60 AU$, 25 Min.), Anglesea (5,60, 45 Min.), Lorne (10,40 AU$, 1½ Std.) und Wye River (12,80 AU$, 2 Std.) nach Apollo Bay (16,80 AU$, 2½ Std., 4-mal tgl.). Montags, mittwochs und freitags fährt außerdem ein Bus weiter nach Port Campbell (29,20 AU$, 5 Std.) und Warrnambool (33 AU$, 6½ Std.) – dazu muss man aber in Apollo Bay umsteigen.

Züge sind die schnellere und preiswertere Option für alle, die direkt nach Warrnambool möchten – obwohl man dann die Great Ocean Road verpasst.

FLUGZEUG

Jetstar (☎ 13 15 38; www.jetstar.com) bietet Flüge zum/ab Avalon Airport (S. 566). Der **Avalon Airport Shuttle** (☎ 03-5278 8788; www.avalonairportshuttle.com.au) holt Passagiere am Avalon Airport ab und bringt sie nach Geelong (Erw./Kind 18/14 AU$, 35 Min.) oder entlang der Great Ocean Road nach Lorne (32/26 AU$, 1¾ Std.).

ZUG

V/Line (☎ 1800 800 007; www.vline.com.au) V/Line-Züge fahren regelmäßig vom Bahnhof in Geelong zur Southern Cross Station in Melbourne (ab 7,80 AU$, 1 Std.) und von Geelong nach Warrnambool (22,80 AU$, 2½ Std., 3-mal tgl.).

GREAT OCEAN ROAD ENTFERNUNGEN & ZEITEN

STRECKE	ENTFERNUNG	FAHRZEIT
Melbourne–Geelong	75 km	1 Std.
Geelong–Torquay	21 km	15–20 Min.
Torquay–Anglesea	16 km	15 Min.
Anglesea–Aireys Inlet	10 km	10 Min.
Aireys Inlet–Lorne	19 km	20 Min.
Lorne–Apollo Bay	45 km	1 Std.
Apollo Bay–Port Campbell	96 km	1½ Std.
Port Campbell–Warrnambool	66 km	1 Std.
Warrnambool–Port Fairy	28 km	20 Min.
Port Fairy–Portland	72 km	1 Std.
Portland–Melbourne	Über die Great Ocean Road 440 km/ über den Hamilton Hwy 358 km	6½ Std./4¼ Std.

Bellarine Peninsula

Queenscliff
1418 EW.

Das historische Queenscliff ist ein hübsches Örtchen, das bei Tagesausflüglern und Übernachtungsgästen aus Melbourne sehr beliebt ist, die hier die historischen Straßenbilder durchwandern und nautische Atmosphäre in sich aufnehmen. Der Blick über die Port Phillip Heads und die Bass Strait ist herrlich.

⊙ Sehenswertes & Aktivitäten

Fort Queenscliff HISTORISCHE STÄTTE
(03-5258 1488, für Touren an Wochentagen 0403 193 311; www.fortqueenscliff.com.au; Ecke Gellibrand St & King St; Erw./Kind/Fam. 10/5/25 AU$; ⊙ Sa & So 13 & 15 Uhr, Schulferien tgl.) Queenscliffs Festung wurde zuerst im Jahr 1882 zur Küstenverteidigung genutzt, um Melbourne vor einer befürchteten russischen Invasion zu schützen. Bis 1946 blieb die Festung eine Basis, ehe sie bis Ende 2012 als Army Staff College genutzt wurde. Heute fungiert die Festung als Verteidigungsarchiv. Die 30-minütigen Führungen erkunden das Militärmuseum, die Magazine, die Zellen und den Doppelleuchtturm. Besucher müssen einen Personalausweis oder Reisepass mitbringen.

Bellarine Peninsula Railway ZUG
(03-5258 2069; www.bellarinerailway.com.au; Bahnhof Queenscliff; Drysdale hin & zurück Erw./Kind/Fam. 30/20/70 AU$, Lakers Siding 15/12/40 AU$; ⊙ Abfahrt So 11 & 14.45 Uhr, in den Schulferien auch Di & Do) Die Eisenbahn wird von einer Gruppe fröhlicher Dampfzugenthusiasten betrieben und hat herrliche alte Dampf- und Dieselzüge, die Reisende in 1¾ Stunden nach Drysdale und zurück bringen. Täglich verkehrt außerdem ein Zug nach Lakers Siding (33 Min., hin & zurück); Abfahrt ist um 13.15 Uhr in Queenscliff.

Sea-All Dolphin Swims NATURBEOBACHTUNG
(03-5258 3889; www.dolphinswims.com.au; Queenscliff Harbour; Sightseeing Erw./Kind 75/65 AU$, 3½ Std. Schnorcheln 140/120 AU$; ⊙ Okt.–April 8 & 13 Uhr) Bietet Sightseeing-Touren und Schwimmen mit Seehunden und Delfinen in der Port Phillip Bay. Seehunde sieht man auf jeden Fall; aber für Delfine stehen die Chancen auch nicht schlecht.

> **ABSTECHER**
>
> ### BELLARINE GOURMETTOUR
>
> Die Bellarine Peninsula genießt den wachsenden Ruf einer Gourmetregion, insbesondere wegen ihrer Weine. In der Gegend um Bellarine und Geelong gibt es über 50 Weingüter, die vor allem für ihre Pinot-, Shiraz- und Chardonnay-Trauben bekannt sind, die hier in kühlem Klima gedeihen. Hier kann man leicht einige Tage verbringen und entspannt die Region erkunden. Eine Liste der Weingüter gibt es auf www.winegeelong.com.au. Die Visitor Centres in der Region stehen mit Ratschlägen zur Seite.
>
> **Bellarine Taste Trail** (www.thebellarinetastetrail.com.au) Wer einen tollen Tagausflug unternehmen möchte, verbindet eine Tour der Weingüter mit dem Bellarine Taste Trail, der sich vor allem handwerklich hergestellten Gourmetzutaten widmet.

☞ Geführte Touren

Im Visitor Centre gibt's die kostenlose Broschüre *Queenscliff – A Living Heritage*, mit der man selbstgeführte Touren durch die Stadt unternehmen kann.

Queenscliff Heritage Walk STADTSPAZIERGANG
(03-5258 4843; inkl. Nachmittagstee 12 AU$) Das Visitor Centre veranstaltet samstags um 14 Uhr oder auf Anfrage den Queenscliff Heritage Walk, eine 1¼-stündige Führung, die die historischen Gebäude der Stadt abklappert.

★ Feste & Events

Queenscliff Music Festival MUSIK
(03-5258 4816; www.qmf.net.au) Eines der besten Musikfestivals der Küste, an dem sich große australische Folk- und Blues-Musiker einfinden. Findet Ende November statt.

Blues Train MUSIK
(www.thebluestrain.com.au; Tickets 97,70 AU$) Hier kommen Musikfans auf ihre Kosten: In diesem Zug werden erdige Musik und leckere Mahlzeiten geboten. Infos zu Daten und Künstlern gibt's auf der Website.

🛌 Schlafen

Athelstane House BOUTIQUEHOTEL $$
(03-5258 1024; www.athelstane.com.au; 4 Hobson St; Zi. inkl. Frühstück 160–270 AU$; 🛜) Das

Athelstane House bietet komfortable Zimmer mit historischem Charme und Eckbadewannen in einem wunderschön erhaltenen historischen Gebäude. Das Restaurant kümmert sich um das leibliche Wohl der Gäste. Für wärmere Abende gibt es eine hübsche Veranda.

Queenscliff Hotel   HOTEL $$
(03-5258 1066; www.queenscliffhotel.com.au; 16 Gellibrand St; DZ ab 149 AU$; ❋@) Dieses vom National Trust gelistete Gebäude ist ein herrliches, authentisches Luxushotel aus der Kolonialzeit. Die kleinen viktorianischen Zimmer haben weder Telefon noch Fernseher noch eigene Badezimmer. Gäste können sich aber in den komfortablen Aufenthaltsräumen entspannen oder in dem wunderbaren Restaurant mit Bar essen und trinken.

★ Vue Grand   HOTEL $$$
(03-5258 1544; www.vuegrand.com.au; 46 Hesse St; Standard-/Turm-Zi. inkl. Frühstück ab 200/400 AU$) Das Vue bietet Standard-Pub-Zimmer, eine modernen Turmsuite (mit 360-Grad-Rundumblick) und Zimmer mit Aussicht auf die Bucht (und freistehenden Badewannen im Aufenthaltsraum). Wer kein Zimmer ergattern kann, sollte an sonnigen Tagen ein oder zwei Getränke auf der Sonnenterrasse im Turmgeschoss genießen.

🍴 Essen & Trinken

Athelstane House   MODERN-AUSTRALISCH $$
(03-5258 1024; www.athelstane.com.au; 4 Hobson St; Hauptgerichte 28–34 AU$; Mo-Fr 18–21, Sa & So 12–14 & 18–21 Uhr, im Sommer tgl. 20–21 Uhr) In diesem wunderschönen historischen Gebäude – und auf der zugehörigen Gartenterrasse – wird eine breite Palette an Gerichten serviert, von Linguine mit Queensland-Riesengarnelen zu gebratener Entenbrust oder auch leichteren Sandwichoptionen.

Café Gusto   CAFÉ $$
(03-5258 3604; 25 Hesse St; Hauptgerichte 12–26 AU$; 8.30–16 Uhr) In diesem beliebten Lokal mit seinem geräumigen Garteninnenhof gibt es hervorragendes Frühstück. Falls viel los ist, wartet man manchmal ein bisschen länger, aber das Essen und die Atmosphäre machen das locker wieder wett.

Vue Grand   MODERN-AUSTRALISCH $$$
(03-5258 1544; www.vuegrand.com.au; 46 Hesse St; 2-/3-Gang-Menü 59/79 AU$, 5-Gang Bellarine-Probiermenü ohne/mit Wein oder Bier 95/145 AU$; Mi-Sa 18–21 Uhr) Das herrschaftliche Vue Grand – die große alte Dame unter den Restaurants in Queenscliff – serviert fabelhafte Gerichte, z. B. Lammrücken mit Safran, Granatapfel und geschlagener Fetacreme, und dazu hervorragende Weine und Biere. Das Bellarine-Probiermenü führt die Gäste auf eine kulinarische Reise über die Halbinsel – die aus lokalen Erzeugnissen gezauberten Gerichte werden mit lokalen Weinen und Bieren serviert. Am Wochenende kann es schwierig sein, einen Tisch zu ergattern.

ℹ️ Praktische Informationen

Queenscliff Visitor Centre (03-5258 4843; www.queenscliffe.vic.gov.au; 55 Hesse St; 9–17 Uhr) Hier gibt es viele Broschüren und in der Bücherei nebenan kostenlosen Internetzugang.

ℹ️ An- & Weiterreise

Von Melbourne aus ist Queenscliff (und der Rest der Bellarine Peninsula) über den Princes Fwy (M1) nach Geelong gut zu erreichen. Anstatt die Geelong-Umgehungsstraße zu nehmen, sollte man durch Geelong auf den Bellarine Hwy (B110) fahren.

Queenscliff–Sorrento Ferry (03-5258 3244; www.searoad.com.au; einfache Fahrt Erw./Kind 11/8 AU$, 2 Erw. & Auto 73 AU$; stündl. 7–18 Uhr) Fähren verkehren zwischen Queenscliff und Sorrento (40 Min.), in der Hauptsaison bis 19 Uhr.

GREAT OCEAN ROAD

Torquay
13 339 EW.

In den 1960er- und 1970er-Jahren war Torquay nur irgendein verschlafenes Städtchen am Meer. Und Surfen war in Australien nur etwas für Gegner des Establishments, für hartgesottene Hippie-Aussteiger, die in klapprigen VW-Bussen lebten, Marihuana rauchten und mit den Töchtern des Bürgertums durchbrannten. Heute ist der Sport längst im Mainstream angekommen und die Nähe der Stadt zum weltberühmten Bells Beach und sein Status als Heimat zweier prägender Surfzubehör-Marken – Rip Curl und Quicksilver, beide stellten anfangs Neoprenanzüge her – lassen keinen Zweifel daran, dass das Städtchen die unumstrittene Surfindustriehauptstadt Australiens ist.

👁 Sehenswertes & Aktivitäten

Torquays Strände ziehen alle an, von Kindern mit Schwimmhilfen bis hin zu Backpackern, die hier Surfunterricht nehmen. Der **Fisherman's Beach**, der von den Meereswellen geschützt liegt, ist besonders bei Familien beliebt. Der von schattigen Pinien und abfallenden Rasenflächen gesäumte **Front Beach** lädt zum Faulenzen ein, während der **Back Beach** mit seiner schäumenden Brandung im Sommer von Surfrettern patrouilliert wird. Berühmte Surfstrände sind der nahegelegene Jan Juc, Winki Pop und – natürlich – der Bells Beach.

Surf World Museum   MUSEUM
(www.surfworld.com.au; Surf City Plaza; Erw./Kind/Fam. 12/8/30 AU$; ⊙9–17 Uhr) Der perfekte Ausgangspunkt für alle, die eine Surfsafari unternehmen möchten, ist dieses gut kuratierte Museum, das eine Huldigung an die australische Surftradition darstellt. Von Simon Andersons bahnbrechendem Thruster aus dem Jahr 1981 zu Mark Richards Brettersammlung und – vor allem – Australiens Surfing Hall of Fame. Das Museum ist voll von Erinnerungsstücken (darunter befindet sich u.a. Duke Kahanamokus hölzernes Longboard) und Videos. Gezeigt werden auch Ausstellungen zur Surfkultur in den 1960er-, 1970er- und 1980er-Jahren.

Go Ride a Wave   SURFEN
(☏1300 132 441; www.gorideawave.com.au; 1/15 Bell St; 2-stündiger Kurs inkl. Verleih 65 AU$) Verleiht Surfausrüstung, verkauft gebrauchte Geräte und bietet Unterricht an (preiswerter, wenn man im Voraus bucht).

Torquay Surfing Academy   SURFEN
(☏03-5261 2022; www.torquaysurf.com.au; 34a Bell St; 2-stündiger Gruppen-/Einzelunterricht 60/180 AU$) Sehr gute Surfschule.

Westcoast Surf School   SURFEN
(☏03-5261 2241; www.westcoastsurfschool.com; 2-stündiger Unterricht 60 AU$) Die angesehene Westcoast Surf School bietet Surfunterricht und verleiht Bretter.

🛏 Schlafen

Bells Beach Backpackers   HOSTEL $
(☏03-5261 4029; www.bellsbeachbackpackers.com.au; 51–53 Surfcoast Hwy; B/DZ ab 26/80 AU$; @🛜) Dieses freundliche Backpacker-Hostel an der Hauptstraße fügt sich hervorragend in das Bild dieser Surferstadt ein – hier gibt es Bretter zu mieten, tägliche Surfberichte und eine gute Sammlung von Surfvideos. Die einfachen Zimmer sind sauber und in gutem Zustand.

Woolshed B&B   B&B $$$
(☏0408 333 433; www.thewoolshedtorquay.com.au; 75 Aquarius Ave; Apt. inkl. Frühstück 275 AU$; ❄🛜) Auf einer herrlichen Farm am Rand von Torquay steht dieser hundert Jahre alte Wollschuppen, der in einen offenen und luftigen Raum mit zwei Schlafzimmern verwandelt wurde. Hier können bis zu sechs Personen übernachten und Gäste dürfen den Pool und den Tennisplatz benutzen. Lange im Voraus buchen!

🍴 Essen & Trinken

Cafe Moby   CAFÉ $
(☏03-5261 2339; www.cafemoby.com; 41 Esplanade; Hauptgerichte 12–18 AU$; ⊙7–16 Uhr; 🛜) Das alte Café an der Esplanade stammt aus den Zeiten, in denen Torquay noch eine einfache Stadt war. Heute werden hier moderne Gerichte serviert, darunter Linguini oder mit Honig gebratenes Lammsouvlaki. Hinter dem Haus gibt es einen kolossal großartigen Kinderspielplatz.

Bottle of Milk   BURGER, BAR $
(☏0456 748 617; www.thebottleofmilk.com; 24 Bell St; Burger ab 10 AU$; ⊙10.30–open end) Nach

---

ℹ ORGANISIERTE TOUREN

Go West Tours (☏1300 736 551; www.gowest.com.au; Touren 125 AU$) Ganztägige Touren führen zum Bells Beach, den Koalas in den Otways, nach Port Campbell und zurück nach Melbourne. Im Bus gibt es kostenloses WLAN.

Otway Discovery Tour (☏03-9629 5844; www.greatoceanroadtour.com.au; 1-/2-/3-Tagestour 99/249/355 AU$) Sehr preiswerte Great Ocean Road-Touren. Die zweitägigen Touren beinhalten einen Abstecher zur Phillip Island; die dreitägigen Touren führen zu den Grampians.

Ride Tours (☏1800 605 120; www.ridetours.com.au; Tour 210 AU$) Zweitägige Touren entlang der Great Ocean Road.

Great Ocean Road Surf Tours (☏1800 787 353; www.gorsurftours.com.au; 106 Surf Coast Hwy) Mehrtägige Surftouren entlang der Küste ab 309 AU$, einschließlich Übernachtung in Torquay.

> **NICHT VERSÄUMEN**
>
> **BELLS BEACH & POINT ADDIS**
>
> Die Great Ocean Road beginnt offiziell auf der Strecke zwischen Torquay und Anglesea. Ein kleiner Umweg führt zum berühmten **Bells Beach**, der mächtige Point Break, der seinen Platz in der internationalen Geschichte des Surfens hat. Hier fand die finale Auseinandersetzung zwischen Keanu Reeves und Patrick Swayze in dem Film *Gefährliche Brandung* statt. Wenn der lange Right Hander funktioniert, kann man hier den längsten Ritt des Landes erleben.
>
> Seit 1973 ist der Bells Beach Gastgeber des **Rip Curl Pro** (www.aspworldtour.com), der an Ostern ausgetragen wird. Das Event, das Teil der WSL-Weltmeisterschaft ist, zieht Tausende Zuschauer an, die den besten Surfern der Welt dabei zusehen, wie sie die riesigen Wellen durchpflügen, die hier bis zu 5 m hoch werden. Falls der unzuverlässige Bells Beach nicht mitspielt, findet der Rip Curl Pro am Johanna Beach, zwei Stunden weiter westlich, statt.
>
> 9 km südwestlich von Torquay liegt die Abzweigung zum spektakulären Point Addis. Der Strand, an dem auch nackt gebadet werden darf, lockt Surfer, FKK-Anhänger, Schwimmer und Drachenflieger gleichermaßen an. Der ausgeschilderte **Koorie Cultural Walk** ist ein 1 km langer Rundweg, der durch das Naturschutzgebiet **Ironbark Basin** führt.

dem sensationellen Erfolg der Filiale in Lorne (S. 591), hat sich Bottle of Milks Erfolgsformel aus Burger, Bier und Strand auch in Torquay bewährt. Hier gibt es einen Biergarten und exzellenten Kaffee.

🛍 Shoppen

Eine bunte Mischung aus Surfläden ziert die Hauptstraße von Torquay, darunter befinden sich große und bekannte Anbieter aber auch kleine lokale Brettverkäufer. Gute Angebote gibt's im Surf City Plaza am Baines Cres.

ℹ Praktische Informationen

Torquay Visitor Information Centre (www.greatoceanroad.org; Surf City Plaza, Beach Rd; ⊙9–17 Uhr) Torquay hat eine gute Touristeninformation neben dem Surf World Museum. In der Bücherei nebenan gibt's kostenloses WLAN und Internet.

ℹ An- & Weiterreise

Torquay liegt eine 15-minütige Fahrt südlich von Geelong an der B100.

BUS

McHarry's Buslines (☏03-5223 2111; www.mcharrys.com.au) Busse verkehren stündlich von 9 bis 20 Uhr (am Wochenende bis 17 Uhr) zwischen Geelong und Torquay (3,60 AU$, 30 Min.).

V/Line (☏1800 800 007; www.vline.com.au) Busse fahren von Montag bis Freitag sechsmal täglich und von Samstag bis Sonntag zweimal täglich zwischen Geelong und Torquay (3,60 AU$, 25 Min.).

Anglesea

2454 EW.

Man mische ins Meer abfallende, orangefarbene steile Klippen mit hügeligen, bewaldeten Vororten und einer Bevölkerung, die im Sommer deutlich größer wird, und schon hat man Anglesea, wo das Teilen von Fish & Chips mit den Möwen für viele eine Jahrzehnte alte Familientradition darstellt.

Dank der neuen Geelong-Umgehungsstraße dauert die Fahrt von Melbourne nach Anglesea nur rund 75 Minuten.

⊙ Sehenswertes & Aktivitäten

Der **Main Beach** ist ein prima Ort, um surfen zu lernen, und der geschützte **Point Roadknight Beach** eignet sich gut für Familien.

Anglesea Golf Club GOLF
(☏03-5263 1582; www.angleseagolfclub.com.au; Noble St; 9 Löcher ab 25 AU$; ⊙Clubhouse 8 Uhr–Mitternacht) Durch die großen Glasfenster kann man Kängurus auf den Fairways grasen sehen. Noch besser ist es, wenn man die herrliche Aussicht mit einer Runde Golf verbindet.

Go Ride a Wave SURFEN
(☏1300 132 441; www.gorideawave.com.au; 143b Great Ocean Rd; 2-stündiger Unterricht ab 65 AU$; Bootsmiete ab 25 AU$; ⊙9–17 Uhr) Das Go Ride a Wave ist eine alteingesessene Surfschule, die Surfunterricht gibt und Bretter, SUPs und Kajaks vermietet.

🛌 Schlafen

Anglesea Backpackers   HOSTEL $
(☏ 03-5263 2664; www.angleseabackpackers.com; 40 Noble St; B ab 35 AU$, DZ 95–115 AU$, FZ 150 AU$; @) Während die meisten Hostels versuchen, so viele Gäste wie möglich in ihren Räumlichkeiten unterzubringen, hat dieses einfache, heimelige Backpacker-Hostel nur zwei Schlafsäle und ein Doppel-/Dreibettzimmer. Das Anglesea Backpackers ist sauber, hell und einladend. Im Winter brennt im gemütlichen Wohnzimmer ein wärmendes Feuer.

Anglesea Rivergums   B&B $$
(☏ 03-5263 3066; www.anglesearivergums.com.au; 10 Bingley Pde; DZ 125–160 AU$; ❋) Versteckt am Fluss und mit schöner Aussicht liegen diese beiden geräumigen, geschmackvoll eingerichteten Zimmer (es gibt einen separaten Bungalow und ein Zimmer, das am Haus angebaut ist), die ein sehr gutes Preis-Leistungs-Verhältnis bieten.

🍽 Essen

★ Uber Mama   MODERN-AUSTRALISCH $$
(☏ 03-5263 1717; www.ubermama.com.au; 113 Great Ocean Rd; Hauptgerichte 19–33 AU$; ⊙ Do-Sa 12–15 & 18–21, So 9–15 Uhr) Ein Beispiel für die schleichende Revolution, die durch die Küchen Australiens zieht: Uber Mama bietet moderne Aussie-Küche mit asiatischem Touch – kreativ, aber nicht allzu weit entfernt von ihren Wurzeln. Besonders schmackhaft sind die Platten für zwei Personen, beispielsweise gebackener Otway-Brie oder sautierte Muscheln mit Prosciutto, oder klassische Fish & Chips als Hauptgang.

Locanda Del Mare   ITALIENISCH $$
(☏ 03-5263 2904; 5 Diggers Pde; Hauptgerichte 19,50–25 AU$; ⊙ Sommer Do–Mo ab 18 Uhr, Winter So–Do ab 18 Uhr) Potenzielle Gäste sollten sich von der hässlichen Fassade nicht täuschen und schon gar nicht abschrecken lassen: Dieses authentische italienische Restaurant liegt versteckt hinter der Tankstelle in Anglesea und erhält ausgezeichnete Kritiken, besonders für seine wunderbaren Nachspeisen.

ℹ Praktische Informationen

Anglesea Visitor Information Centre (Great Ocean Rd; ⊙ 9–17 Uhr) Die neue Touristeninformation gegenüber vom Angahook Café liegt neben einem ebenso neuen Grillplatz.

Aireys Inlet & Umgebung
1071 EW.

Aireys Inlet liegt auf halber Strecke zwischen Anglesea und Lorne. Hier gibt es herrliche Strände, darunter den **Fairhaven** und den **Moggs Creek**. Im Visitor Center bekommt man Infos zu Wanderwegen in der Umgebung.

⊙ Sehenswertes & Aktivitäten

★ Split Point Lighthouse   LEUCHTTURM
(☏ 03-5263 1133; www.splitpointlighthouse.com.au; 45-minütige Führungen Erw./Kind/Fam. 14/8/40 AU$; ⊙ Führungen stündl. 11–14 Uhr, Sommerferien 10–16 Uhr) Wer die 136 Stufen zur Spitze des wunderschönen „White Queen"-Leuchtturms erklimmt, kann einen sensationellen 360-Grad-Rundumblick genießen. Der 34 m hohe, 1891 erbaute Leuchtturm ist noch immer in Betrieb (obwohl er mittlerweile vollständig automatisiert ist). Der Leuchtturm kann nur im Rahmen einer Führung besichtigt werden.

Blazing Saddles   REITEN
(☏ 03-5289 7322; www.blazingsaddlestrailrides.com; Lot 1 Bimbadeen Dr; 1/2½-stündige Ritte 50/100 AU$) Besucher kommen aus der ganzen Welt, um sich in den Sattel eines der Blazing Saddles-Pferde zu schwingen und den atemberaubenden Strand und den Busch auf dem Rücken eines Pferdes zu erkunden.

🛌 Schlafen & Essen

★ Cimarron B&B   B&B $$
(☏ 03-5289 7044; www.cimarron.com.au; 105 Gilbert St; DZ 150–175 AU$; ❋) Dieses Haus wurde 1979 von einheimischen Holzfällern aus Brettern und Holzdübeln errichtet und ist ein idyllischer Rückzugsort mit Blick über den Point Roadknight. Der große Aufenthaltsbereich ist von Bücherwänden gesäumt und mit einem gemütlichen Kamin ausgestattet. Oben befinden sich zwei einzigartige loftartige Doppelzimmer mit Gewölbedecken aus Holz. Darüber hinaus gibt's ein geräumiges Apartment. Hier draußen sind die Gäste umgeben von Wildnis und dem State Park.

Die Unterkunft ist schwulen- und lesbenfreundlich, Kinder sind dagegen nicht erwünscht.

★ A La Grecque   GRIECHISCH $$
(☏ 03-5289 6922; www.alagrecque.com.au; 60 Great Ocean Rd; Hauptgerichte 22–35 AU$; ⊙ Dez.–

> ## WILDTIERE BEOBACHTEN
>
> Die Great Ocean Road bietet nicht nur einen der besten Roadtrips der Welt – sie ist auch einer der besten Orte in Australien, um wildlebende Tiere zu sehen.
>
> ### Kängurus
> **Anglesea Golf Club** (S. 588)
> **Tower Hill Reserve** (15 km westlich von Warrnambool). Hier gibt's auch Emus und Koalas.
>
> ### Platypus
> **Lake Elizabeth** (7 km entfernt von Forrest, 30 Minuten Fahrzeit von Apollo Bay). **Otway Eco Tours** (0419 670 985; www.platypustours.net.au; Erw./Kind 85/50 AU$) kontaktieren.
>
> ### Koalas
> **Kennett River** (besonders hinter dem Wohnwagenpark)
> **Cape Otway** (entlang der Straße, zwischen dem Highway und dem Leuchtturm)
>
> ### Pinguine
> **Twelve Apostles** (S. 594)
> **London Bridge** (S. 595)
>
> ### Südkaper
> **Warrnambool** (Mai bis Sept.)
> **Portland** (Mai bis Sept.)
>
> ### Schwarze Wallabys
> **Battery Hill** (S. 598)
> **Port Fairy** (S. 598)

März tgl. 9–11.30 Uhr, April, Mai & Sept.–Nov. Mi–So 12.30–14.30 & 18–22 Uhr) Diese moderne griechische Taverne serviert hervorragende mediterrane Küche. Die Mezze (z. B. sautierte Muscheln oder geschmorter Tintenfisch mit Apfel, Sellerie und Limettendressing) und die Hauptgerichte (z. B. Schweineschulter) sind sensationell.

Aireys Pub PUB $$
(03-5289 6804; www.aireyspub.com.au; 45 Great Ocean Rd; Hauptgerichte 20–34 AU$; 12 Uhr–open end;) Dieser ursprünglich 1904 eröffnete Pub ist ein wahrer Überlebenskünstler: nachdem er zweimal bis auf die Grundmauern niedergebrannt war, schloss er im Jahr 2011, ehe sich einige Einheimische zusammenfanden, Geld sammelten und den Pub retteten. So gut wie heute lief der Laden noch nie, mit einer fantastischen Küche (unbedingt den Känguru-Burger probieren), prasselndem Feuer, herrlichem Biergarten, toller Livemusik, und dem hauseigenen Aireys-Bier vom Fass.

Lorne
1046 EW.

Lorne punktet mit viel Natur, was man auf der Fahrt von Aireys Inlet in die Stadt sehr schön sehen kan: Hohe, alte Eukalyptusbäume säumen die hügeligen Straßen, und die Loutit Bay leuchtet verführerisch. Diese Schönheit ist es, die bereits seit Generationen Besucher anlockt. Allerdings ist deshalb in Lorne auch viel los: Im Sommer muss man mit den Tagesausflüglern um Plätze in den Restaurants und den Milchkaffee buhlen – aber trotzdem: Dieser Ferienort ist einfach schön.

Sehenswertes & Aktivitäten

Kinder lieben den Swimmingpool am Meer, die Trampoline und den Skaterpark. Rund um Lorne gibt es über 50 km **Buschwanderwege**, die durch üppige Wälder und vorbei an Wasserfällen führen. Im Visitor Centre gibt es die Broschüre *Lorne Walks & Waterfalls*.

Erskine Falls WASSERFALL
(Erskine Falls Access Rd) Außerhalb des Ortes liegt dieser hübsche Wasserfall. Es gibt einen leicht zu meisternden Weg hinauf zur Aussichtsplattform, und 250 (nicht selten glitschige) Stufen führen hinunter zum Fuß des Wasserfalls. Unten angekommen kann man weiterwandern oder einfach wieder die Stufen hinaufsteigen.

Southern Exposure WASSERSPORT
(03-5261 9170; www.southernexposure.com.au; 2-stündiger Surfunterricht 75 AU$) Bietet Surfunterricht, sowie Kajak- und Mountainbiketouren.

Feste & Events

Falls Festival MUSIK
(www.fallsfestival.com; 2-/3-/4-Tages-Tickets 320/390/433 AU$; 28 Dez.–1. Jan.) Eine viertägige Neujahrsparty auf einer Farm außerhalb der Stadt. Dieses ausgezeichnete Musikfestival lockt internationale Rock- und Indie-Bands an. Prominente Musiker, die hier bereits auftraten, sind z. B. Iggy Pop, Spiderbait, Kings of Leon und die Black Keys. Die Tickets

beinhalten auch Camping und sind schnell ausverkauft.

Pier to Pub Swim SPORT
(www.lornesurfclub.com.au) Bei diesem beliebten Event im Januar schwimmen bis zu 4500 Wasserfans 1,2 km durch die Lorne Bay zum Lorne Hotel. Ein Stelldichein für lokale Politiker und Prominente.

🛌 Schlafen

Great Ocean Road Backpackers HOSTEL $
(☎ 03-5289 1070; http://greatoceanroadcottages.com; 10 Erskine Ave; B/DZ 35/90 AU$; ❋ ☏) Versteckt im Busch, zwischen Kakadus, Koalas und anderen Tieren, liegt diese zweistöckige Holzlodge mit Schlafsälen und guten Doppelzimmern. An die gemischten Gemeinschaftsbäder muss man sich gewöhnen. Hier gibt es auch teurere separate Nurdachhütten mit Küche und Bad.

Grand Pacific Hotel HOTEL $$
(☎ 03-5289 1609; www.grandpacific.com.au; 268 Mountjoy Pde; DZ/Apt. ab 130/180 AU$; ☏) Dieses kultige Wahrzeichen aus dem Jahr 1875 wurde vor kurzem renoviert und bietet nun modernes Dekor mit einigen klassischen Elementen aus dem 19. Jh. Die besten Zimmer haben Balkone und eine atemberaubende Aussicht über das Pier aufs Meer. Die preiswerteren Zimmer sind kleiner, bieten aber dennoch ein ausgezeichnetes Preis-Leistungs-Verhältnis. Hier gibt's außerdem eine Reihe von separaten Selbstversorgerapartements.

Qdos RYOKAN $$$
(☎ 03-5289 1989; www.qdosarts.com; 35 Allenvale Rd; Zi. inkl. Frühstück ab 250 AU$; ☏) Die perfekte Wahl für alle, die ein romantisches Plätzchen oder einen spirituellen Rückzugsort mitten im Wald suchen. Die luxuriösen Baumhäuser sind mit Tatamimatten und Trennwänden aus Reispaper ausgestattet. Fernseher gibt es keine. Der Mindestaufenthalt beträgt zwei Nächte. Kinder sind nicht willkommen.

🍴 Essen

Bottle of Milk BURGER $
(☎ 03-5289 2005; www.thebottleofmilk.com; 52 Mountjoy Pde; Burger ab 12 AU$; ⊙ Mo-Fr 8–15, Sa & So bis 17, Nov.–Feb. 8–21 Uhr) Wer sich in diesem beliebten Lokal in der Hauptstraße einen der 24 ausgefallenen Burger aus frischen Zutaten bestellt, kann nichts falsch machen.

Lorne Beach Pavilion MODERN-AUSTRALISCH $$
(☎ 03-5289 2882; www.lornebeachpavilion.com.au; 81 Mountjoy Pde; Frühstück & Mittagessen Hauptgerichte 9–20 AU$, Abendessen 25–37 AU$; ⊙ 8–21 Uhr) An diesem unschlagbaren Standort am Ufer fühlt sich das Leben sprichwörtlich wie ein Strand an – besonders wenn man ein kühles Bier in der Hand hält. Zur Happy Hour gibt es 1 kg Muscheln für 10 AU$ und zwei Cocktails für den Preis von einem. Das Frühstück und das Mittagessen sind lecker; zum Abendessen stehen etwas teurere modern-australische Gerichte zur Wahl.

Arab CAFÉ $$
(☎ 03-5289 1435; 94 Mountjoy Pde; Hauptgerichte 19–26 AU$; ⊙ Mo-Fr 7–20, Sa & So bis 21.30 Uhr) Das Arab öffnete im Jahr 1956 als Beatnik-Coffeelounge und verwandelte Lorne in Eigenregie von einem altmodischen Urlaubsort für Familien in ein Ziel für Groover und Shaker. Seitdem gibt es hier noch immer fantastischen Kaffee und super Frühstück, von morgens bis abends.

ℹ️ Praktische Informationen

Lorne Visitor Centre (☎ 1300 891 152; www.visitgreatoceanroad.org.au/lorne; 15 Mountjoy

---

ABSTECHER

BRAE IN BIRREGURRA

Brae (☎ 03-5236 2226; www.braerestaurant.com; 4285 Cape Otway Rd, Birregurra; 8-Gang Probierteller 180 AU$/Pers., mit passenden Weinen 120 AU$; ⊙ Fr-Mo 12–15, Do–So ab 18 Uhr) Angesichts des Erfolgs, den der Koch Dan Hunter im Royal Mail Hotel in Dunkeld hatte, muss sich die Tourismusindustrie in Birregurra die Hände gerieben haben, als bekannt wurde, dass er in die Stadt zieht, um sein neues Restaurant zu eröffnen. Das Brae befindet sich im Gebäude des ehemaligen, beliebten Sunnybrae; das Farmhaus wurde von dem bekannten Architekturbüro Six Degrees renoviert.

Das Restaurant benutzt alles, was in den 12 ha großen eigenen Gärten wächst. Unbedingt im Voraus reservieren. In Zukunft soll hier auch eine Boutique-Unterkunft entstehen.

Das Restaurant befindet sich in der kleinen historischen Stadt Birregurra, zwischen Colac und Lorne.

Pde; ⊘ 9–17 Uhr; 🕾) Hier gibt's jede Menge Infos (z. B. Wanderkarten), hilfsbereites Personal, Angelgenehmigungen, Bustickets und die Möglichkeit zur Buchung von Unterkünften. Es gibt auch einen Internetzugang und kostenloses WLAN.

❶ An- & Weiterreise

V/Line (www.vline.com.au) V/Line-Busse fahren täglich von Geelong (10,40 AU$, 1½ Std.) nach Apollo Bay (4,40 AU$, 1 Std.) und halten in Lorne.

Apollo Bay

1094 EW.

In Apollo Bay, einem der größeren Orte an der Great Ocean Road, findet man eine eng verbundene Gemeinschaft aus Fischern, Künstlern, Musikern und Sinnsuchern. Die sanft geschwungenen Hügel bilden einen postkartenreifen Hintergrund für das Städtchen, während im Vordergrund weiße, breite Sandstrände das Bild beherrschen. Apollo Bay ist ein idealer Ausgangspunkt für Erkundungen des malerischen Cape Otway (S. 593) und des Otway National Park. Hier gibt es einige der besten Restaurants an der Küste und zwei lebendige Pubs.

🕺 Aktivitäten

Mark's Walking Tours STADTSPAZIERGANG
(📞 0417 983 985; www.greatoceanwalk.asn.au/markstours; 2–3-stündige Führung Erw./Kind 50/15 AU$) Der Sohn des Leuchtturmwärters von Cape Otway, Mark Brack, veranstaltet Führungen vor Ort. Er kennt die Küste, ihre Geschichte und ihre Gespenster besser als jeder andere in der Gegend. Touren finden täglich statt und beinhalten Schiffswrack-, Geschichts-, Glühwurm- und Great-Ocean-Walk-Touren. Die Mindestteilnehmerzahl ist zwei Personen – je mehr Teilnehmer desto geringer der Preis pro Person.

Apollo Bay Surf & Kayak WASSERSPORT
(📞 0405 495 909; www.apollobaysurfkayak.com.au; 157 Great Ocean Rd; 2-stündige Kajaktouren 65 AU$, 1½-stündiger Surfunterricht 60 AU$) Hier gibt es Doppelkajaktouren zu Seehundkolonien. Die Touren (mit Anleitungen für Anfänger) starten am Marengo Beach (südlich des Stadtzentrums). Apollo bietet außerdem Surfunterricht (inklusive Brettern) und vermietet Stehpaddelbretter und Mountainbikes.

🛏️ Schlafen

YHA Eco Beach HOSTEL $
(📞 03-5237 7899; www.yha.com.au; 5 Pascoe St; B ab 36,50 AU$, DZ/FZ 101,50/122 AU$; @🕾) 🌿 Dieses 3 Mio. AU$ teure, von einem Architekten entworfene Hostel ist fantastisch. Es hat zahlreiche ökologische Vorzüge, tolle Wohnbereiche, Küchen, Bouleplätze und Dachterrassen. Die Zimmer sind schlicht aber blitzsauber. Das Hostel befindet sich ein paar Straßen entfernt vom Strand.

Surfside Backpacker HOSTEL $
(📞 03-5237 7263; www.surfsidebackpacker.com; Ecke Great Ocean Rd & Gambier St; B ab 28 AU$,

---

NICHT VERSÄUMEN

WANDERN ENTLANG DER GREAT OCEAN ROAD

Der herrliche, mehrtägige **Great Ocean Walk** (www.visitgreatoceanroad.org.au/greatoceanwalk) beginnt bei Apollo Bay und führt bis zu den Twelve Apostles. Er windet sich durch verschiedene Landschaften, vorbei an spektakulären Klippen, verlassenen Stränden und dem bewaldeten Otway National Park.

Es ist möglich, kürzere Abschnitte zu gehen, und an einem Punkt zu starten und sich an einem anderen abholen zu lassen (es fahren nur wenige öffentliche Verkehrsmittel). Wer möchte, läuft die gesamte, 104 km lange Strecke (acht Tage). Entlang der Strecke liegen ausgewiesene Campingplätze, die nur registrierten Wanderern zugänglich sind. Unbedingt Kochgeräte und Zelte mitbringen (Feuer ist nicht erlaubt). Umfassende Infos gibt's im hilfreichen FAQ-Bereich auf der Website.

Walk 91 (📞 03-5237 1189; www.walk91.com.au; 157-159 Great Ocean Rd, Apollo Bay) Walk 91 organisiert Route, Transport und Ausrüstungsmiete und kann den Rucksack zum Reiseziel bringen.

GOR Shuttle (📞 03-5237 9278, 0428 379 278) GOR Shuttle ist ein renommierter Shuttleservice für Reisende und ihr Gepäck. Er holt Reisende entlang des Weges ab – die Preise liegen zwischen 35 und 85 AU$, abhängig von der Entfernung.

DIE SHIPWRECK COAST

In der Ära der Segelschiffe war Victorias schöne und raue südwestliche Küste eine der heimtückischsten der Welt. Zwischen 1830 und 1930 wurden hier über 200 Schiffe in die Tiefe gerissen, was der Küste zwischen Cape Otway und Port Fairy den Namen „Shipwreck Coast" (Wrackküste) einbrachte. Zwischen 1850 und den späten 1880er-Jahren brachte Victorias Goldrausch und nachfolgender Wirtschaftsaufschwung unzählige Schiffsladungen mit Goldschürfern und Hoffnungsvollen aus Europa, Nordamerika und China hierher. Nachdem sie mehrere Monate auf hoher See verbracht hatten, gingen viele Schiffe (und Leben) auf der Zielgeraden verloren.

Die **Leuchttürme** entlang der Küste – am Aireys Inlet und Cape Otway, in Port Fairy und Warrnambool – sind auch heute noch in Betrieb. Außerdem gibt es Schiffswrackmuseen, Gedenktafeln, und Anker, die die dramatischen Geschichten der Wracks an dieser Küste erzählen. Die berühmteste Geschichte ist die des Eisen-Klippers **Loch Ard**, die vor der Mutton Bird Island (nahe Port Campbell) um 4 Uhr morgens in der letzten Nacht ihrer langen Reise aus England im Jahr 1878 sank. Von der 37-köpfigen Besatzung und den 19 Passagieren an Bord überlebten nur zwei: Eva Carmichael, eine Nichtschwimmerin, hielt sich an einem Wrackteil fest und wurde schließlich in eine Schlucht gespült – die seit dem Unglück **Loch Ard Gorge** (S 595) heißt –, wo sie von dem Offiziersanwärter Tom Pearce gerettet wurde. Trotz Gerüchten einer Romanze zwischen den beiden sahen sie einander nie wieder – Eva kehrte kurz nach dem Unglück zurück nach Irland.

DZ 75 AU$; 🕾) Genau gegenüber vom Strand liegt dieses geräumige, klassische Strandhaus aus den 1940er-Jahren, das all jenen gefallen wird, die nach einer Budget-Unterkunft mit Charakter Ausschau halten (allerdings nicht denjenigen, die ein modernes Hostel suchen). In dem heimeligen Aufenthaltsraum gibt es viele Sofas, Brettspiele und riesige Fenster mit Meerblick. Zu Fuß ist man in 15 Minuten an der Bushaltestelle.

★**Beacon Point Ocean**
View Villas VILLA $$
(☎ 03-5237 6196; www.beaconpoint.au; 270 Skenes Creek Rd; Zi. ab 165 AU$; ❄) Diese wundervolle Sammlung komfortabler Villen (mit 1 und 2 Schlafzimmern) unter Bäumen in imposante Hügellage bietet ein luxuriöses, aber erschwingliches Busch-Refugium. Die meisten Villen bieten sensationelle Küstenblicke, Balkone und Holzheizungen.

🍴 Essen & Trinken

Bay Leaf Café CAFÉ $
(☎ 03-5237 6470; 131 Great Ocean Rd; Hauptgerichte 11–17 AU$; ⊙ 8.30–14.30 Uhr) Ein lokaler Favorit mit innovativem Menü, gutem Kaffee, freundlicher Atmosphäre und einer großen Auswahl an Modebieren.

Apollo Bay Hotel PUB $$
(☎ 03-5237 6250; www.apollobayhotel.com.au; 95 Great Ocean Rd; Hauptgerichte 18–36 AU$; ⊙ 11– 23 Uhr) Der verlockende Biergarten dieses Pubs ist *der* Ort für den Sommer. Im Bistro gibt es gute Meeresfrüchtegerichte und am Wochenende spielen Livebands.

★**Chris's Beacon**
Point Restaurant GRIECHISCH $$$
(☎ 03-5237 6411; www.chriss.com.au; 280 Skenes Creek Rd; Hauptgerichte ab 38 AU$; ⊙ tgl. 8.30–10 & 18 Uhr–open end, Sa & So auch 12–14 Uhr; 🕾) In diesem gehobenen Restaurant, das versteckt zwischen Baumspitzen auf einem Hügel liegt, können sich Besucher an unvergesslichen Meerblicken, köstlichen Meeresfrüchten und griechisch angehauchten Gerichten gütlich tun. Im Voraus reservieren. Wer möchte, kann in den wundervollen Stelzenvillen übernachten (265–330 AU$). Hierher gelangt man über den Skenes Creek.

ℹ Praktische Informationen

Great Ocean Road Visitor Centre (☎ 1300 689 297; 100 Great Ocean Rd; ⊙ 9–17 Uhr; 🕾) Das moderne und professionelle Visitor Centre hat viele Informationen zur Region und ein „Öko-Zentrum" mit Ausstellungen. Hier gibt es kostenloses WLAN; außerdem kann man Busfahrkarten buchen.

Cape Otway

Cape Otway ist der zweitsüdlichste Punkt des australischen Festlandes (nach Wilsons Promontory) und einer der feuchtesten Orte des Staates. Die Küste ist besonders schön, rau und gefährlich für Schiffe. Die Abzweigung zur Lighthouse Rd, die nach 12 km zum Leuchtturm führt, liegt 21 km entfernt von Apollo Bay.

◉ Sehenswertes & Aktivitäten

Cape Otway Lightstation LEUCHTTURM
(☏ 03-5237 9240; www.lightstation.com; Lighthouse Rd; Erw./Kind/Fam. 19,50/7,50/49,50 AU$; ◷ 9–17 Uhr) Der Leuchtturm von Cape Otway ist der älteste noch existierende Leuchtturm auf dem australischen Festland. Er wurde 1848 von mehr als 40 Steinmetzen ohne Mörtel oder Zement gebaut. Die **Telegraph Station** bietet faszinierende Informationen über die 250 km lange Telegrafenverbindung nach Tasmanien, die im Jahr 1859 eingerichtet wurde. Auf dem weitläufigen Komplex gibt es viel zu sehen, von Kulturstätten der Aborigines zu Bunkern aus dem Zweiten Weltkrieg.

🛏 Schlafen

★ Bimbi Park WOHNWAGENPARK $
(☏ 03-5237 9246; www.bimbipark.com.au; 90 Manna Gum Dr; Stellplatz ohne/mit Strom 20/30 AU$, B 45 AU$, DZ-Hütten 60–185 AU$;) 3 km vom Leuchtturm entfernt, eine Schotterstraße hinunter, liegt dieser außergewöhnliche Wohnwagenpark mit Buschstellplätzen, Hütten, Schlafsälen und altmodischen Wohnwägen. Er eignet sich gut für Familien. Hier gibt's viele Tiere zu sehen (z. B. Koalas), außerdem werden Pferderitte organisiert (45 AU$/Std.) und eine Kletterwand gibt's ebenfalls. Der Park ist ein gutes Beispiel für Wassersparinitiativen.

Cape Otway Lightstation B&B $$$
(Cape Otway Leuchtturm; ☏ 03-5237 9240; www.lightstation.com; Lighthouse Rd; DZ ab 255 AU$) An diesem windgepeitschten Ort gibt es eine Reihe von guten Unterkunftsoptionen. Man kann die gesamte Head Lightkeeper's House (16 Pers.) oder das kleinere Manager's House (2 Pers.) buchen. In der zweiten Nacht gilt der halbe Preis. Kleinbusse sind willkommen (25 AU$), müssen aber zusätzlich für die Einfahrt bezahlen.

★ Great Ocean Ecolodge LODGE $$$
(☏ 03-5237 9297; www.greatoceanecolodge.com; 635 Lighthouse Rd; Zi. inkl. Frühstück & Aktivitäten ab 380 AU$;) Dieses Gebäude aus Lehm und Ziegeln in ländlicher Umgebung mit seinen vielen Tieren erinnert an eine luxuriöse afrikanische Safarilodge. Der Strom kommt von der Solaranlage – Erträge gehen an das örtliche **Centre for Conservation Ecology** (www.conservationecologycentre.org).

Die Lodge dient auch als Tierkrankenhaus und betreibt außerdem eine Zuchtstätte für Riesenbeutelmarder, die man auf einer Führung mit einem Ökologen bei Sonnenuntergang sehen kann.

Port Campbell National Park

Nach dem Verlassen der Otways wird die Straße flacher und führt an der Küste zwischen Princetown und Peterborough in ein Gebiet mit schmalen, von Sträuchern bewachsenen Steilhängen, die über kahle Klippen 70 m tief zum Meer hin abfallen – hier herrscht eine ganz andere Landschaft vor. Man befindet sich jetzt im Port Campbell National Park mit den Twelve Apostles. Es ist auch der berühmteste und meistfotografierte Abschnitt der Great Ocean Road.

Alle Strände an diesem Küstenabschnitt sind wegen den starken Strömungen und Strudeln ganz und gar nicht zum Schwimmen geeignet.

◉ Sehenswertes & Aktivitäten

★ Twelve Apostles AREAL
(Great Ocean Rd; ◷ Besucherzentrum 9–17 Uhr) Die kultigste Sehenswürdigkeit und das unvergesslichste Bild für die meisten Besucher der Great Ocean Road sind die Twelve Apostles, die der passende Höhepunkt einer jeden Reise sind. Die Felsnadeln ragen spektakulär aus dem Meer, als seien sie vom zurückweichenden Festland zurückgelassen worden. Heute sind nur noch sieben „Apostel" von einem Netz aus Aussichtsplattformen aus zu sehen, die durch Holzstege verbunden sind, die sich um die Klippenspitzen winden.

Vom Parkplatz am Twelve Apostles Visitor Centre (eher ein Kiosk mit Toiletten als ein Infozentrum) geht es zu Fuß durch einen Tunnel unter der Great Ocean Road zu den Aussichtsplattformen.

Die beste Zeit für einen Besuch ist bei Sonnenuntergang, nicht nur, weil man dann die besten Fotos machen kann und die Touristenbusse schon weg sind, sondern weil dann **kleine Pinguine** ans Ufer zurückkehren. Obwohl Besucher nicht immer Glück haben, kommen die putzigen Tierchen in der Regel 20 bis 40 Minuten nach Sonnenuntergang ans Ufer. Um sie beob-

> **WIE VIELE APOSTEL?**
>
> Die Twelve Apostles sind nicht zu zwölft – und sie waren es allen Aufzeichnungen zufolge auch noch nie. Von der Aussichtsplattform aus kann man deutlich sieben ausmachen, aber vielleicht verstecken sich ja einige? Wir fragten bei Beamten von Parks Victoria nach, bei den Mitarbeitern von Touristeninformationen und sogar bei der Reinigungskraft am Aussichtspunkt, und doch ließ sich die Frage nicht endgültig klären. Die Einheimischen meinen, es hänge alles davon ab, von wo aus man schaue – und damit haben sie wohl auch recht.
>
> In der geologischen Fachterminologie handelt es sich bei den Apostles um „Brandungspfeiler". Ursprünglich hießen sie die „Sow and Piglets", doch in den 1960er-Jahren meinte irgendjemand (niemand erinnert sich, wer das war), dass die Felsen bestimmt mehr Touristen anlocken würden, wenn sie einen ehrwürdigeren Namen hätten als „Sau mit Ferkeln". Also wurden sie in „The Apostles" umgetauft. Und da Apostel nun einmal im Dutzend auftreten, kam die Zahl zwölf etwas später auch noch dazu. Die beiden Felsnadeln östlich der Aussichtsplattform (Richtung Otway) sind eigentlich keine Apostel, sondern heißen Gog und Magog.
>
> Die weichen Kalksteinklippen verändern sich weiter, denn die Erosion hört durch die unaufhörlich anbrandenden Wellen niemals auf – ein 70 m hoher Felsen stürzte im Juli 2005 ins Meer, und der Island Archway verlor im Juni 2009 seinen Bogen.

achten zu können, braucht man Ferngläser, die man am Port Campbell Visitor Centre (S. 596) ausleihen kann.

Gibson Steps   STRAND
Diese 86 Stufen, die im 19. Jh. vom Landbesitzer Hugh Gibson in die Klippen geschlagen wurden (und vor kurzem durch Betonstufen ersetzt wurden), führen hinunter zum Gibson Beach. Man kann am Stand entlanglaufen, sollte aber aufpassen, dass man nicht von der Flut erwischt wird.

Loch Ard Gorge   STRAND
In der Nähe der Twelve Apostles liegt die Loch Ard Gorge, wo sich die berühmteste und unheimlichste Geschichte der Shipwreck Coast abgespielt hat, denn hier gelangten zwei junge Überlebende des gekenterten Klippers *Loch Ard* an den Strand. In dem Gebiet gibt es mehrere Spazierwege, die Besucher zu der Höhle führen, in der die beiden Unterschlupf suchten, sowie zu einem Friedhof und einem schroffen Strand.

London Bridge   AREAL
Gleich außerhalb von Port Campbell, auf dem Weg nach Peterborough, liegt die mittlerweile eingestürzte London Bridge, die einst in einem natürlichen Doppelbogen an das Festland anknüpfte. Im Januar 1990 stürzte einer der Bogen ein und hinterließ zwei panische Touristen auf der neusten Insel der Welt. Sie wurden später von einem Hubschrauber gerettet. Die Fahrt hierher lohnt sich noch immer.

Port Campbell
260 EW.

Diese kleine, entspannte Küstenstadt wurde nach dem schottischen Kapitän Alexander Campbell benannt, einem Walfänger, der hier auf Handelsreisen zwischen Tasmanien und Port Fairy Zuflucht suchte. Port Campbell ist ein freundliches Örtchen mit einigen tollen Budgetunterkünften, und eignet sich hervorragend für einen kurzen Aufenthalt nach einem Besuch der Twelve Apostles. Die kleine Bucht hat einen hübschen Sandstrand – eine der wenigen sicheren Badestellen an diesem stürmischen Küstenstrich.

☞ Geführte Touren

Port Campbell
Touring Company   GEFÜHRTE TOUREN
(✆ 03-5598 6424; www.portcampbelltouring.com.au; Halbtagestouren ab 100 AU$) Bietet Apostle-Coast-Touren und andere geführte Touren, darunter einen Spaziergang zum Loch Ard (65 AU$).

🛌 Schlafen

Port Campbell Guesthouse   PENSION $
(✆ 0407 696 559; www.portcampbellguesthouse.com; 54 Lord St; EZ/DZ inkl. Frühstück ab 40/68 AU$; ✱ @) Es ist einfach toll, entfernt von daheim ein Zuhause zu finden. Dieses historische Cottage in der Nähe der Stadt bietet vier gemütliche Schlafzimmer, einen entspannten Aufenthaltsbereich und eine

ländliche Küche. Wer etwas mehr Privatsphäre möchte, findet hier außerdem einen separaten motelartigen Trakt mit Schlafzimmern (mit Badezimmern). Der ultraentspannte Besitzer Mark weiß viel über die Region.

Port Bayou B&B $$

(03-5598 6009; www.portbayou.portcampbell.nu; 52 Lord St; DZ-Cottage ab 185 AU$; ❄) Besucher haben die Wahl zwischen dem gemütlichen B&B im Haus oder dem separaten Cottage mit freigelegten Deckenbalken und gewellten Zinnwänden (die bessere Wahl).

🍴 Essen & Trinken

12 Rocks Cafe Bar CAFÉ $$

(19 Lord St; Hauptgerichte 21–37 AU$; ⏰ 9.30–23 Uhr) Von diesem quirligen Lokal mit großartigem Strandblick aus kann man hervorragend beobachten, wie Treibgut am Strand angespült wird. Das einheimische Otways-Bier schmeckt am besten zu Pasta oder Seafood. Oder man trinkt einfach in aller Ruhe einen guten Kaffee.

Port Campbell Hotel PUB

(40 Lord St; ⏰ Mo-Sa 11–1 Uhr, So 12–23 Uhr) Hier findet man viele Einheimische, die sich an Essen und Bier gütlich tun. Die Küche schließt um 20.30 Uhr.

ℹ️ Praktische Informationen

Port Campbell Visitor Centre (1300 137 255; www.visit12apostles.com.au; 26 Morris St; ⏰ 9–17 Uhr) Hier bekommt man jede Menge Informationen über die Region, ihre Unterkünfte sowie interessante Ausstellungen zu Schiffswracks – vor dem Haupteingang steht der Anker der *Loch Ard*. Das Visitor Centre bietet die kostenlose Nutzung von Ferngläsern und GPS-Geräten an.

ℹ️ An- & Weiterreise

V/Line (13 61 96; www.vline.com.au) V/Line-Busse verlassen Geelong montags, mittwochs und freitags auf dem Weg nach Port Campbell (29,20 AU$, 5 Std.). Einige halten in Apollo Bay, ehe sie nach Warrnambool (6,80 AU$, 1 Std. 20 Min.) weiterfahren.

Warrnambool

29 284 EW.

Warrnambool war ursprünglich ein Wal- und Robbenfängerort und erstrahlt heute als größtes regionales Kommerz- und Walbeobachtungszentrum in neuem Glanz. Seine historischen Gebäude, Kanäle und von Bäumen gesäumten Straßen sind sehr hübsch. Außerdem gibt's eine riesige Studentengemeinde.

👁 Sehenswertes & Aktivitäten

Die geschützte **Lady Bay**, deren Wellenbrecher am westlichen Ende stark befestigt sind, eignet sich hervorragend zum Schwimmen, der **Logan's Beach** ist dagegen am besten zum Surfen geeignet. Weitere Surfspots gibt's am **Levy's Beach** und in der **Second Bay**.

⭐ Flagstaff Hill Maritime Village HISTORISCHE STÄTTE

(03-5559 4600; www.flagstaffhill.com; 89 Merri St; Erw./Kind/Ermäßigung/Fam. 16/6,50/12,50/39 AU$; ⏰ 9–17 Uhr) Der Flagstaff Hill hat Weltklasseformat. Er ist bekannt für sein Schiffswrackmuseum, seine denkmalgeschützten Leuchttürme und Garnison, und für seine Nachbildung einer histori-

---

WALE BEOBACHTEN BEI WARRNAMBOOL

Im 19. Jh. machte sich Warnambools Walindustrie mit Harpunen auf die Jagd nach den riesigen Tieren. Heute sind Wale der größte Touristenmagnet – von Mai bis September drängen sich die Besuchermassen, um sie vor der Küste herumtollen zu sehen. Südkaper (deren englischer Bezeichnung *Southern right whale* darauf hinweist, dass sie die „richtigen" Jagdobjekte waren), sind die häufigsten Besucher, die aus der Antarktis in diese gemäßigten Gewässer ziehen.

Obwohl Wale auch zwischen Portland und Anglesea gesichtet werden, ist der beste Ort, um sie zu beobachten, die **Walbeobachtungsplattform am Logan Beach** – in diesen Gewässern ziehen die Wale ihre Jungen auf. Sichtungen sind nicht garantiert, aber man hat eine gute Chance, sie beim Auftauchen und Flossenschlagen zu beobachten. Besucher sollten das **Visitor Centre** (siehe unten) im Voraus anrufen, um zu fragen, ob sich Wale in der Gegend aufhalten, oder die neusten Infos auf www.visitwarrnambool.com.au einholen.

schen viktorianischen Hafenstadt. Abends findet **Shipwrecked** (Erw./Kind/Fam. 26/14/ 67 AU$) statt, eine faszinierende 70 Minuten lange Sound-und-Laser-Show, die die dramatische Geschichte des Untergangs der *Loch Ard* nacherzählt. Das Dorf ist einer australischen Hafenstadt aus der Pionierzeit nachempfunden, mit alten Läden (z. B. Schmieden, Kerzenmachern und Schiffsbauern).

Rundell's Mahogany Trail Rides REITEN
(☎ 0408 589 546; www.rundellshorseriding.com.au; 1 1/2-stündiger Strandritt 65 AU$) Einige der ruhigsten Strandabschnitte von Warrnambool kann man auf dem Pferderücken erkunden.

Schlafen

Warrnambool Beach Backpackers HOSTEL $
(☎ 03-5562 4874; www.beachbackpackers.com.au; 17 Stanley St; B/DZ ab 26/80 AU$; @ 🛜) Nach einem kurzen Spaziergang Richtung Strand findet man dieses Hostel, das alles hat, was Backpacker brauchen: Hier gibt es einen riesigen Aufenthaltsbereich, eine Aussie-Themenbar, Internetzugang, eine Küche und einen kostenlosen Abholservice. Die Zimmer sind sauber und gut, und man kann Surfbretter und Fahrräder mieten. Mit einem Wohnmobil zahlt man 12 AU$ pro Person und Übernachtung.

Hotel Warrnambool PUB $$
(☎ 03-5562 2377; www.hotelwarrnambool.com.au; Ecke Koroit St & Kepler St; DZ inkl. Frühstück ohne/mit Badezimmer ab 110/140 AU$; 🅿 🛜) Während der jüngsten Renovierungsarbeiten an diesem historischen Hotel aus dem Jahr 1894 wurden die Zimmer um eine Kategorie angehoben, ohne dass ihr Pub-Charme verlorenging.

Lighthouse Lodge PENSION $$
(www.lighthouselodge.com.au; Flagstaff Hill; DZ/Haus ab 155/375 AU$; 🅿 🛜) Dieses charmante Cottage – das ehemalige Wohnhaus des Hafenmeisters – kann ganz oder teilweise gemietet werden. Vom Rasen aus hat man einen Ausblick auf das Maritime Village und die Küste. Im Dorf kann man auch im **Garrison Camp** (25 AU$/Pers.) schlafen – die kleinen Nurdachhütten aus Holz bieten ein gutes Preis-Leistungs-Verhältnis für Backpacker. Bettwäsche muss man selbst mitbringen.

Essen

★ **Kermond's Hamburgers** BURGER $
(☎ 03-5562 4854; 151 Lava St; Burger 8 AU$; ⏲ 9–21.30 Uhr) In diesem Burgerladen hat sich seit seiner Eröffnung 1949 wahrscheinlich kaum etwas verändert. Hier sitzt man noch immer an Laminex-Tischen unter holzgetäfelten Wänden und genießt klassische Milchshakes, die in Edelstahlbechern serviert werden. Die Burger haben Kultstatus.

Bojangles PIZZA $$
(☎ 03-5562 8751; www.bojanglespizza.com.au; 61 Liebig St; Hauptgerichte 16–31 AU$; ⏲ 17–22 Uhr; 🍴) Die köstlichen dünnen Pizzas sind deutlich besser als die durchschnittliche Pizza, die auf dem Land serviert wird.

Hotel Warrnambool PUB-ESSEN $$
(www.hotelwarrnambool.com.au; Ecke Koroit St & Kepler St; Mittagessen Hauptgerichte 12–27 AU$, Abendessen Hauptgerichte 28–34 AU$; ⏲ 12 Uhr-spät; 🛜) Einer der besten Küsten-Pubs in Victoria. Im Hotel Warrnambool mischt sich Pub-Charme mit Bohème-Geist. Es gibt Holzofenpizza und andere Gastro-Pub-Gerichte.

🛈 Praktische Informationen

Warrnambool Visitor Centre (☎ 1800 637 725; www.visitwarrnambool.com.au; Merri St; ⏲ 9–17 Uhr) Hier gibt's Infos zur Walbeobachtung, sowie Fahrrad- und Wanderkarten. Zudem kann man Fahrräder mieten (30 AU$/ Tag).

🛈 An- & Weiterreise

Warrnambool liegt eine Stunde Fahrzeit westlich von Port Campbell an der B100.

V/Line (☎ 1800 800 007; www.vline.com.au; Merri St) V/Line-Züge fahren über Geelong (22,80 AU$, 2½ Std.) nach Melbourne (31,80 AU$, 3¼ Std., 3 oder 4 tgl.).

Dreimal wöchentlich fahren außerdem Busse von Geelong entlang der Great Ocean Road nach Warrnambool (33 AU$, 6½ Std.). Außerdem fahren drei Busse täglich von Warrnambool nach Port Fairy (4,20 AU$, 35 Min.) und Portland (11,40 AU$, 1½ Std.).

WESTLICH DER GREAT OCEAN ROAD

Port Fairy

2835 EW.

Port Fairy, im Jahr 1833 als Wal- und Robbenfängerstation gegründet, hat sich seinen

> **UNTERKÜNFTE IN PORT FAIRY**
>
> Der Großteil der Urlaubsunterkünfte in Port Fairy wird von Veranstaltern verwaltet. Das **Port Fairy Visitor Centre** (S. 599) bietet einen kostenlosen Buchungsservice.
>
> **Port Fairy Accommodation Centre** (03-5568 3150; www.portfairyaccom.com.au; 2/54 Sackville St) Buchungsservice für lokale Unterkünfte.
>
> **Port Fairy Holiday Rentals** (03-5568 1066; www.lockettrealestate.com.au; 62 Sackville St) Buchungsservice für lokale Unterkünfte.

historischen Charme des 19. Jhs. bewahrt. Die Stadt verströmt eine entspannte, salzige Atmosphäre, mit ihren historischen Blau- und Sandsteingebäuden, getünchten Cottages, bunten Fischerbooten und breiten, baumgesäumten Straßen. Im Jahr 2012 wurde Port Fairy zur lebenswertesten Gemeinde der Welt gewählt und es ist nicht schwer zu raten, warum.

Sehenswertes & Aktivitäten

Battery Hill — HISTORISCHE STÄTTE
Gegenüber vom malerischen Hafen, über die Brücke, liegt der Battery Hill, dessen Kanonen und Befestigungen eine Erkundung wert sind. Die Anlage wurde im Jahr 1887 errichtet, um die Stadt vor Angriffen ausländischer Kriegsschiffe zu schützen. Besucher treffen hier außerdem schwarze Wallabys. Der Battery Hill diente ursprünglich als Ort für den Fahnenmast, deshalb hat man von hier aus eine entsprechend gute Aussicht.

Selbstgeführte Stadtspaziergänge — STADTSPAZIERGÄNGE
Im Visitor Centre gibt es viele Karten und Broschüren, die Besucher zu den historischen Stätten der Stadt führen. Das Visitor Centre hat auch Karten für den beliebten Maritime & Shipwreck Heritage Walk. Architekturfreunde sollten eine Ausgabe der Broschüre *Historic Buildings of Port Fairy* kaufen.

Go Surf — SURFEN
(0408 310 001; www.gosurf.com.au; 2-stündiger Unterricht 40 AU$, Brett-Miete 2 Std./1 Tag 25/50 AU$) Surfschule und Stehpaddeltouren.

Feste & Events

★ **Port Fairy Folk Festival** — MUSIK
(www.portfairyfolkfestival.com; Tickets 75–290 AU$) Australiens größtes Musikfestival findet Anfang März am langen Wochenende des Labour Day statt. Das Festival zieht eine ausgezeichnete Mischung aus internationalen und nationalen Musikgrößen an. Während der Festivalzeit sind selbst die Straßen von Musikanten bevölkert. Die Unterkünfte sind teilweise ein Jahr im Voraus ausgebucht.

Schlafen

Port Fairy YHA — HOSTEL $
(03-5568 2468; www.portfairyhostel.com.au; 8 Cox St; B 26–30 AU$, EZ/2BZ/DZ ab 41,50/70/75 AU$; @ 🛜) Das freundliche, gut geführte Hostel ist im weitläufigen Haus des Kaufmanns William Rutledge aus dem Jahr 1844 untergebracht und hat eine große Küche, einen Billardtisch, Kabel-TV und einen ruhigen Garten.

★ **Douglas on River** — B&B $$
(www.douglasonriver.com.au; 85 Gipps St; Zi. Inkl. Frühstück ab 160 AU$; 🛜) Am Ufer neben Anlegeplatz befindet sich diese historische Pension aus dem Jahr 1852, angeblich ist sie die älteste in Port Fairy. Das B&B ist eine hervorragende Wahl für all jene, die auf der Suche nach einer Boutique-Unterkunft sind. Der hübsche Garten vorne und der Aufenthaltsbereich eignen sich hervorragend zum Entspannen. Das wunderbare Frühstück besteht ausschließlich aus lokalen Erzeugnissen.

Pelican Waters — HÜTTE $$
(03-5568 1002; www.pelicanwatersportfairy.com.au; 34 Regent St; Hütte ab 100 AU$; ❄) Warum in einem Hotel absteigen, wenn man auch in einem Zug schlafen kann? Auf dieser schön gestalteten Farm findet man neben Hütten auch Zimmer in umgebauten alten Stadtbahnwaggons der MET-Züge aus Melbourne. Es gibt hier auch Alpacas und Lamas.

Essen & Trinken

Pantry Door at Basalt — CAFÉ $$
(03-5568 7442; 1131 Princes Hwy, Killarney; Hauptgerichte 12–26 AU$; Mo 7.30–12, Mi–So bis 16.30 Uhr; 🛜) Gleich außerhalb von Port Fairy, in Killarney, befindet sich dieses Café in einem Farmgebäude aus Blaustein. Das Café hat sich auf saisonale lokale Produkte

spezialisiert, die auf einer Terrasse unter Obstbäumen serviert werden. Nebenan befindet sich **Basalt Wines** (0429 682 251; www.basaltwines.com; 1131 Princes Hwy, Killarney; & So 11–16.30 Uhr), ein familienbetriebenes biodynamisches Weingut, auf dem man an Weinproben teilnehmen kann.

Stump Hotel PUB $$
(03-5568 1044; www.caledonianinnportfairy. com.au; 41 Bank St; Hauptgerichte 16–22 AU$; 12 Uhr–open end) In Victorias ältestem lizenziertem Pub aus dem Jahr 1844 – bekannt als „Stump" oder „Caledonian Inn" – gibt es einen Biergarten und Pub-Gerichte sowie schlichte Motelzimmer (ab 100 AU$).

★ Merrijig Kitchen MODERN-AUSTRALISCH $$$
(03-5568 2324; www.merrijiginn.com; 1 Campbell St; Hauptgerichte 28–38 AU$; Do–Mo 18–21 Uhr;) Eines der atmosphärischsten Restaurants an der Küste Victorias. Hier können sich Besucher am offenen Feuer wärmen und ein hervorragendes Abendessen aus saisonalen Produkten genießen. Köstliches Essen und hervorragender Service.

Praktische Informationen

Port Fairy Visitor Centre (03-5568 2682; www.visitportfairy-moyneshire.com.au; Bank St; 9–17 Uhr) Bietet hervorragende Infos für Touristen (z. B. Broschüren zu Wanderwegen) sowie V/Line-Fahrkarten und Leihfahrräder (halber/ganzer Tag 15/25 AU$).

An- & Weiterreise

Port Fairy liegt 20 Minuten Fahrzeit westlich von Warrnambool an der A1.
V/Line (1800 800 007; www.vline.com. au) V/Line-Busse fahren montags bis freitags dreimal täglich, samstags zweimal und sonntags einmal täglich nach Portland (55 Min., 7,80 AU$) und Warrnambool (35 Min., 4,20 AU$.).

Portland

9950 EW.

Portland – angeblich die erste europäische Siedlung Victorias – wurde im frühen 18. Jh. als Wal- und Robbenfängerstation gegründet. Trotz seiner kolonialen Geschichte und Architektur sowie seiner Größe fehlt es der Arbeiterstadt an Anziehungskraft, was angesichts ihres Potentials sehr schade ist. Außerhalb der Stadt gibt es einige gute Strände und Surfspots.

Sehenswertes & Aktivitäten

Im Winter kommen viele Wale hierher. Auf www.whalemail.com.au gibt's die neuesten Informationen.

Uferpromenade UFERPROMENADE
(Cliff St) Der graswachsene Komplex mit Blick auf den Hafen hat mehrere historische Gebäude aus Blaustein. Das **History House** (03-5522 2266; Cliff St; Erw./Kind 3/2 AU$; 10–12 Uhr & 13–16 Uhr) im ehemaligen Rathaus (1863) beheimatet ein interessantes Museum, das Portlands koloniale Vergangenheit erläutert. Das **Customs House** (1850) bietet eine faszinierende Ausstellung konfiszierter Beutestücke, darunter ein ausgestopfter schwarzer Bär. Hier befindet sich auch das **Gerichtsgebäude** aus dem Jahr 1845 und der **Rocket Shed** aus dem Jahr 1886, in der sich eine Ausstellung zu Schiffsrettungsausrüstungen befindet, sowie eine **Geschützgruppe** aus dem Jahr 1889, die zur Verteidigung gegen eine mögliche russische Invasion erbaut wurde.

Selbstgeführte Stadtspaziergänge STADTSPAZIERGANG
Die Touristeninformation hat Broschüren zu selbstgeführten Spaziergängen, darunter eine Tour zu **historischen Gebäuden** und eine Tour, die das Leben der **heiligen Mary MacKillop** in Portland nachzeichnet.

Schlafen

Annesley House BOUTIQUE-HOTEL $$
(0429 852 235; www.annesleyhouse.com.au; 60 Julia St; DZ ab 150 AU$;) Dieses kürzlich renovierte ehemalige Herrenhaus eines Arztes (von ca. 1878) bietet sechs sehr verschiedene Zimmer für Selbstversorger, einige davon mit freistehender Badewanne und wunderschöner Aussicht. Der Stil aller Zimmer ist einzigartig.

Clifftop Accommodation PENSION $$
(03-5523 1126; www.portlandaccommodation. com.au; 13 Clifton Ct; DZ ab 140 AU$;) Die Panoramablicke aus den Balkonen sind unfassbar schön. Die drei in sich geschlossenen Zimmer sind riesig und verfügen über großen Messingbetten, Teleskope und eine moderne, maritime Atmosphäre.

Essen

Deegan Seafoods FISH & CHIPS $
(106 Percy St; Hauptgerichte ab 10 AU$; Mo–Fr 9–18 Uhr) Dieser Fish-&-Chips-Laden serviert den frischsten Fisch in Victoria.

Cafe Bahloo
CAFÉ $$

(85 Cliff St; Hauptgerichte 12–29 AU$; ⊙Di–Sa 7.30–15.30 Uhr) In diesem Café, das sich in dem Blaustein-Haus des Wachmanns gegenüber vom Hafen befindet, gibt's gutes Frühstück und leckeren Kaffee.

❶ Praktische Informationen

Portland Visitor Centre (☏1800 035 567; www.visitportland.com.au; Lee Breakwater Rd; ⊙9–17 Uhr) In einem modernen Gebäude am Ufer befindet sich diese hervorragende Touristeninformation, in der die Besucher viele Informationen zu Sehenswürdigkeiten und Aktivitäten bekommen.

❶ An- & Weiterreise

Portland befindet sich eine Stunde Fahrzeit westlich von Port Fairy an der A1.

V/Line (☏1800 800 007; www.vline.com.au) V/Line-Busse verbinden Portland mit Port Fairy (55 Min., 7,80 AU$) und Warrnambool (1½ Std., 11,40 AU$). Die Busse fahren von montags bis freitags dreimal täglich, samstags zweimal täglich und sonntags einmal täglich. Abfahrt ist in der Henty St.

Von Portland nach South Australia

Von Portland geht es weiter Richtung Nordwesten entlang der wunderschönen Straße nach Nelson. Diese Straße führt von der Küste ins Landesinnere, aber entlang der Strecke gibt es viele Abzweigungen, die zu Stränden und Nationalparks führen.

Cape Bridgewater liegt 21 km abseits der Straße. Der beeindruckende, 4 km lange Bogen der Bridgewater Bay ist einer der schönsten weißen Surfstrände Australiens. Die Straße führt weiter zum **Cape Duquesne**, wo Fußwege zu einem spektakulären Blowhole und dem gespenstischen Petrified Forest (und Windfarmen) hoch oben auf den Klippen führt. Eine etwas längere, zweistündige Rundweg führt zu einer **Robbenkolonie**.

Das winzige **Nelson**, 65 km entfernt von Portland und 4 km vor der Grenze nach South Australia, besteht aus einem Laden, einem Pub und einer Handvoll Unterkünften. Von hier aus führen Boots- und Kajaktouren den Glenelg River hinauf.

Gippsland & Wilsons Promontory

Inhalt ➡

Walhalla	604
Korumburra	605
Wilsons Promontory National Park	606
Lakes District	610
Sale	610
Ninety Mile Beach	610
Metung	611
Lakes Entrance	612
Mallacoota	614

Gut essen

➡ Koonwarra Food & Wine Store (S. 606)

➡ Metung Galley (S. 611)

➡ Ferryman's Seafood Cafe (S. 613)

➡ Lucy's (S. 615)

Schön übernachten

➡ Walhalla Star Hotel (S. 605)

➡ Lighthouse Keepers' Cottages (S. 608)

➡ Wilderness Retreat (S. 609)

➡ Limosa Rise (S. 609)

➡ Adobe Mudbrick Flats (S. 615)

Auf nach Gippsland & in den Wilsons Promontory!

Die Great Ocean Road kennt jeder, aber Gippsland ist ein echter Geheimtipp. In dieser Region lohnt es sich, einen großen Bogen um die Städte zu machen, denn die am Princes Hwy aufgereihten Orte sind für Touristen uninteressant. Dafür bietet diese Gegend die schönste und unberührteste Wildnis mit einsamen Stränden in Victoria.

Direkt an der Küste erstreckt sich der Wilsons Promontory National Park, ein Traumziel für Wanderer und Individualreisende. Und dies ist nur der Anfang einer Reihe traumhafter Strände. So geht der legendäre Ninety Mile Beach in den Cape Conran Coastal Park über und führt weiter bis zum Croajingolong National Park.

Im Landesinneren liegt das äußerst bezaubernde Dorf Walhalla, während die Nationalparks am Snowy River und bei Errinundra so dicht bewaldet, abgeschieden und naturbelassen sind wie kaum eine andere Gegend Australiens.

Reisezeit
Point Hicks

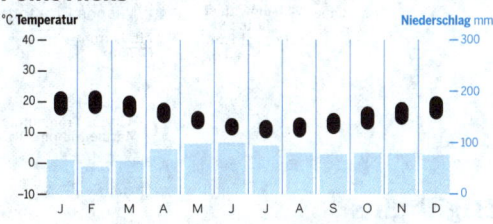

Feb. & März In Inverloch und Paynesville finden mitreißende Jazzfestivals statt.

Sept.–Nov. Wenn im Frühjahr die Wildblumenwiesen blühen, ist die ideale Zeit, um zu wandern.

Dez. & Jan. Es wird überall voll, denn im Sommer strömen alle ans Meer und an die Seen.

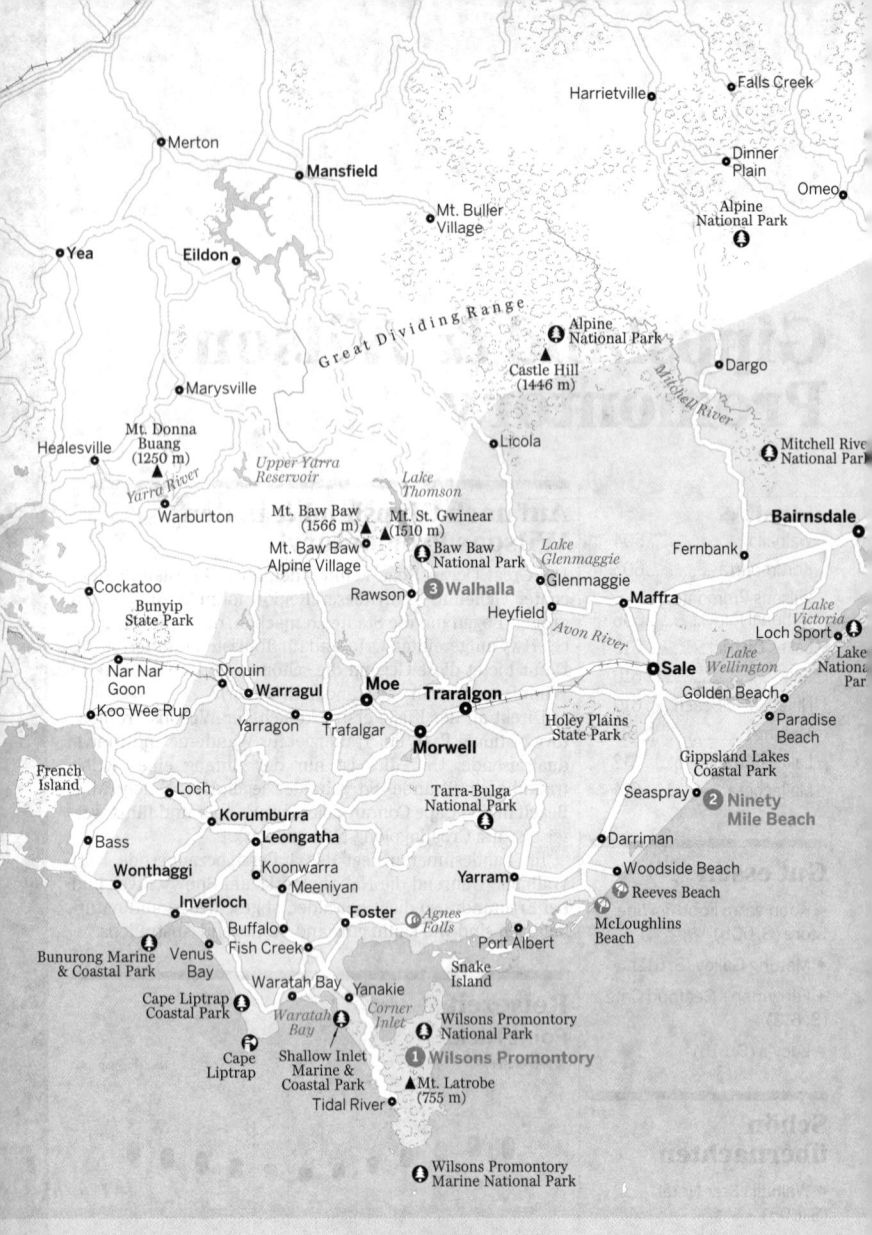

Highlights

① Im **Wilsons Promontory** (S. 606) von Tidal River zur Sealers Cove oder zu einem einsamen Leuchtturm wandern

② Am legendären **Ninety Mile Beach** (S. 610) in den Dünen zelten und am Strand angeln

③ In dem waschechten Goldgräberdorf **Walhalla** (S. 604) eine Reise zurück in der Zeit unternehmen

④ Im **Snowy River National Park** (S. 614) durch die Wälder wandern oder die kurvigen Pisten unter die Auroräder nehmen

⑤ Bei **Buchan** (S. 613) in uralte Kalksteinhöhlen hinab-

VICTORIA

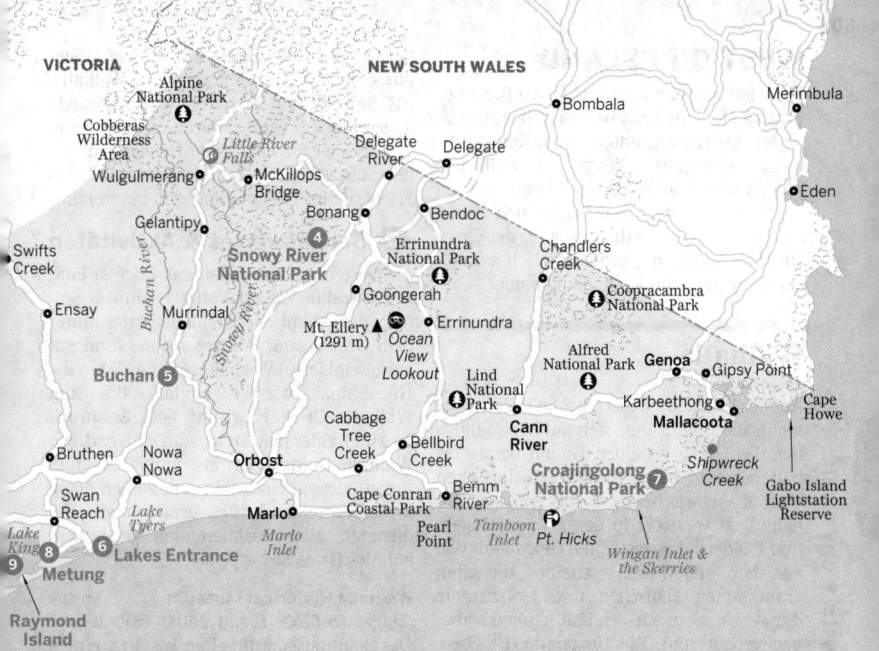

NEW SOUTH WALES

- Merimbula
- Bombala
- Eden
- Alpine National Park
- Cobberas Wilderness Area
- Little River Falls
- Wulgulmerang
- McKillops Bridge
- Delegate River
- Delegate
- Gelantipy
- Bonang
- Bendoc
- Chandlers Creek
- Swifts Creek
- Buchan River
- **Snowy River National Park** ❹
- Errinundra National Park
- Coopracambra National Park
- Ensay
- Murrindal
- Snowy River
- Goongerah
- Errinundra
- Mt. Ellery (1291 m)
- Ocean View Lookout
- Alfred National Park
- **Genoa** • Gipsy Point
- **Buchan** ❺
- Lind National Park
- **Cann River**
- Karbeethong
- **Mallacoota**
- Bruthen
- Nowa Nowa
- **Orbost**
- Cabbage Tree Creek
- Bellbird Creek
- Bemm River
- **Croajingolong National Park** ❼
- Shipwreck Creek
- Cape Howe
- Swan Reach
- Lake Tyers
- **Marlo**
- Cape Conran Coastal Park
- Pearl Point
- Tamboon Inlet
- Pt. Hicks
- Wingan Inlet & the Skerries
- Gabo Island Lightstation Reserve
- Lake King ❽ **Lakes Entrance** ❻
- Marlo Inlet
- **Metung** ❾
- **Raymond Island**

BASS STRAIT

0 — 50 km

---

steigen und direkt daneben zelten

❻ In **Lakes Entrance** (S. 612) nachmittags eine Weintour unternehmen und abends Meeresfrüchte schlemmen

❼ Im grandiosen **Croajingolong National Park** (S. 614) ein einsames Plätzchen am Ende der Welt finden

❽ Mit dem Boot vom beschaulichen **Metung** (S. 611) aus die Gewässer des Lakes District erkunden

❾ Auf der kaum bekannten **Raymond Island** (S. 612) auf die Suche nach Koalas gehen

WEST GIPPSLAND

Von Melbourne in Richtung Osten führt der Princes Hwy ins Latrobe Valley, das für seine Milchwirtschaft und riesigen Kohlekraftwerke bekannt ist. Die großen Städte wie Moe, Morwell und Traralgon lässt man am besten links liegen und begibt sich direkt an die Küste oder in die Ausläufer der Great Dividing Range im Norden, wo sich das alte Goldbergwerk von Walhalla befindet.

Walhalla
15 EW.

Auf der Fahrt durch das Latrobe Valley weist nichts darauf hin, dass sich nur 35 km nördlich des Highways einer der am besten erhaltenen und bezauberndsten historischen Orte in Victoria befindet. Das winzige Walhalla liegt versteckt in den grünen Hügeln und Wäldern des westlichen Gippsland. Wie aus dem Bilderbuch erscheinen die alten graubraunen Häuschen und Holzbauten, die vereinzelt noch original, zumeist aber nachgebaut sind. Die Umgebung ist ebenfalls spektakulär, denn das Dorf liegt mitten in einem tiefen, dicht bewaldeten Tal, durch das der Stringers Creek plätschert.

Das erste Gold wurde hier bereits am 26. Dezember 1862 entdeckt, doch erst als der Fund im Januar 1863 registriert wurde, begann der Goldrausch. Auf seinem Höhepunkt lebten 5000 Menschen in Walhalla. Als die Stadt 1998 ans öffentliche Stromnetz angeschlossen wurde, waren es noch zehn. Wie es sich für eine echte Geisterstadt gehört, übersteigt die Zahl der Toten auf dem Friedhof die Zahl der Lebenden bei weitem.

Sehenswertes & Aktivitäten

Am besten erkundet man das Dorf zu Fuß: Der **Tramline Walk** (45 Min.) beginnt gegenüber dem Gemischtwarenladen kurz hinter dem Ortseingang. Andere schöne (und gut ausgeschilderte) Wege führen vom Tal in die Hügel hinauf, wie der 2 km lange Pfad zum **Walhalla Cricket Ground** (hin & zurück 45 Min.). Oder man steigt zum einzigartigen **Walhalla Cemetery** (hin & zurück 20 Min.) hinauf, dessen Grabsteine am steilen Hang kleben. Ihre Inschriften erzählen aus der düsteren, aber faszinierenden Vergangenheit des Ortes.

Walhalla Historical Museum　　　MUSEUM
(03-5165 6250; Eintritt 2 AU$; 10–16 Uhr) Das Stadtmuseum im alten Postamt, einem der schön restaurierten Geschäftsgebäude der Hauptstraße, ist zugleich die Touristeninformation. Hier kann man die beliebten, zweistündigen **Geistertouren** am Samstagabend buchen (www.walhallaghosttour.info; Erw./Kind/Fam. 25/20/75 AU$; Sa 19.30 Uhr, Sommerzeit 20.30 Uhr).

Long Tunnel Extended Gold Mine　　MINE
(03-5165 6259; abseits der Walhalla-Beardmore Rd; Erw./Kind/Fam. 19,50/13,50/49,50 AU$; tgl. 13.30, feiertags zusätzlich 12 & 15 Uhr) Bei den Führungen erkundet man das Cohens Reef, eine der reichsten Goldfundstätten in Australien – fast 14 t Gold wurden hier gewonnen.

Walhalla Goldfields Railway　　ZUG
(03-5165 6280; www.walhallarail.com; Erw./Kind/Fam. hin & zurück 20/15/50 AU$; Mi, Sa, So & Feiertage ab Bahnhof Walhalla 11, 13 & 15 Uhr, ab Bahnhof Thomson 11.40, 13.40 & 15.40 Uhr) Die 20-minütige Fahrt mit der malerischen Walhalla Goldfields Railway vom Bahnhof in Walhalla nach Thomson (am Highway 3,5 km von Walhalla entfernt) ist eine der Hauptattraktionen des Ortes. Die Strecke entlang der Stringers Creek Gorge führt durch die zerklüftete, dicht bewaldete Landschaft und über zahlreiche alte Jochbrücken. Im Sommer ist der Zug täglich unterwegs.

IN DEN AUSTRALISCHEN ALPEN WANDERN

Der Australian Alps Walking Trail, einer der schönsten und anspruchsvollsten Wanderwege Australiens, führt von Walhalla bis in die Nähe von Canberra. Auf der 655 km langen Strecke überquert man die Berge und Täler des Hochlands von Victoria und erklimmt auf dem Weg nach Tharwa im Australian Capital Territory (ACT) mit den Gipfeln des Mt. Bogong, des Mt. Kosciuszko und des Bimberi Peak jeweils die höchsten Berge von Victoria, New South Wales und dem ACT. Wer den ganzen, anstrengenden Weg laufen will, sollte einen ausgeprägten Orientierungssinn besitzen, extrem fit sein und gut alleine zurecht kommen. Für die Planung dieser Wanderung, die bis zu acht Wochen dauern kann, ist das Buch *Australian Alps Walking Track* von John und Monica Chapman sehr hilfreich.

> **ABSTECHER**
>
> ### BUNURONG MARINE & COASTAL PARK
>
> In dem erstaunlichen kleinen Küsten- und Meerespark findet man einige der besten Schnorchel- und Tauchgebiete Australiens, aber auch eine atemberaubend schöne Panoramastraße auf den Klippen zwischen Inverloch und Cape Paterson. Archäologen aus aller Welt staunten in den 1990er-Jahren nicht schlecht, als hier 120 Mio. Jahre alte Dinosaurierknochen entdeckt wurden. Bei Eagles Nest, Shack Bay, The Caves und Twin Reefs kann man toll **schnorcheln**. Die Einheimischen **surfen** am liebsten am Strand von The Oaks. Der **Dinosaurier** wurde bei The Caves ausgegraben.
>
> **SEAL Diving Services** (03-5174 3434; www.sealdivingservices.com.au; 7/27 Princes Hwy, Traralgon) Die Tauchschule bietet im Sommer Kurse zur Erlangung des PADI-Open-Water-Scheins in Inverloch an. Außerdem werden eintägige Tauchausflüge für Anfänger und Fortgeschrittene, Tauchen für Kinder und Wochenendtouren in den Bunurong Marine and Coastal Park für Taucher mit Schein angeboten.

Schlafen & Essen

Kostenlos campen kann man in **North Gardens**. Der Campingplatz am nördlichen Ende des Dorfs bietet Toiletten und Grillstellen, hat aber keine Duschen.

Chinese Garden CAMPING $
(www.walhallaboard.org.au; Nähe Main St; 25 AU$/Pers.) Der erst vor kurzem eröffnete Campingplatz am nördlichen Ende des Dorfs verfügt über alle sanitären Einrichtungen wie Toiletten und Duschen sowie einen Waschsalon und einen Grillplatz.

★ Walhalla Star Hotel HISTORISCHES HOTEL $$
(03-5165 6262; www.starhotel.com.au; Main St; DZ inkl. Frühstück 189–249 AU$; ❄@🛜) Der wieder aufgebaute, historische Pub ist nun ein stilvolles Boutiquehotel mit großen Doppelbetten und einfacher, aber eleganter Designereinrichtung. Für diese wurden auch Materialien aus dem Ort wie Wassertanks aus Wellblech verwendet. Hotelgäste können ohne vorherige Anmeldung im Restaurant speisen, alle anderen müssen einen Tisch reservieren. Gutes Frühstück, süße und pikante Kuchen sowie köstlichen Kaffee bekommt man auch nebenan im **Greyhorse Café** (Hauptgerichte ab 5 AU$; 10–14 Uhr).

Windsor House B&B $$
(03-5165 6237; www.windsorhouse.com.au; Nähe Walhalla Rd; DZ 170 AU$, Suite 175–215 AU$) Die fünf Zimmer und Suiten in dem wunderbar restaurierten, zweistöckigen Wohnhaus von 1878 sind im Stil der damaligen Zeit eingerichtet und garantiert nicht von Geistern heimgesucht. Kinder unter 12 Jahren haben keinen Zutritt.

Walhalla Lodge Hotel PUB-ESSEN $$
(03-5165 6226; Main St; Hauptgerichte 15–28 AU$; Mi–Mo 12–14 & 18–21 Uhr) Der Wally Pub ist eine gemütliche Kneipe, die mit Drucken des alten Walhalla dekoriert ist und preiswerte Bargerichte serviert – wie Burger, Pasta, Schnitzel und T-Bone Steaks.

🛈 An- & Weiterreise

Walhalla liegt gut 180 km östlich von Melbourne. Öffentliche Verkehrsmittel fahren nicht dorthin. Mit dem eigenen Auto fährt man von Moe oder Traralgon auf einer schönen, kurvigen Straße durch den Wald.

SÜDLICHES GIPPSLAND

An der Küste zwischen Melbourne und Wilsons Promontory reiht sich ein Schmuckstück des südlichen Gippsland an das andere: Venus Bay, Cape Liptrap Coastal Park und Waratah Bay lohnen alle einen Abstecher. Im Landesinneren führen grandiose Panoramastraßen von den ländlichen Dörfern der Strzelecki Ranges zu trendigen Städtchen wie Koonwarra.

Korumburra

3350 EW.

Der erste nennenswerte Ort nach Melbourne am South Gippsland Hwy liegt malerisch schön am Rand der Strzelecki Ranges. Auf dem Weg in den Wilsons Prom bietet sich hier eine Pause an.

⊙ Sehenswertes

Coal Creek Village MUSEUM
(03-5655 1811; www.coalcreekvillage.com.au; 12 Silkstone Rd; Do–Mo 10–16.30 Uhr, in den Schul-

ferien tgl.) **GRATIS** Der Nachbau einer Bergarbeitersiedlung des 19. Jhs. ist zwar nicht ganz so großartig und auch weniger touristisch wie andere Orte dieser Art in Victoria, aber vielleicht gerade deshalb sehr ansprechend.

❶ An- & Weiterreise

V/Line (☏ 1800 800 007; www.vline.com.au) Die Busse fahren bis zu siebenmal täglich von der Southern Cross Station in Melbourne nach Korumburra (12,80 AU$, 1¾ Std.).

WILSONS PROMONTORY NATIONAL PARK

Wer Buschwandern in der Wildnis, atemberaubende Küstenlandschaften und einsame weiße Sandstrände liebt, wird von diesem Nationalpark begeistert sein. Der „Prom", wie er liebevoll genannt wird, ist einer der beliebtesten Nationalparks in Australien. Kein Wunder, denn er ist gut von Melbourne aus zu erreichen, verfügt über ein dichtes Netz von insgesamt 80 km langen Wanderwegen, schöne Bade- und Surfstrände sowie eine unglaublich vielfältige Tier- und Pflanzenwelt. Der südlichste Zipfel des australischen Festlandes war einst Teil einer Landbrücke, auf der man zu Fuß nach Tasmanien gehen konnte.

Tidal River, 30 km vom Parkeingang entfernt, ist der Hauptort. Hier gibt es zwar kein Benzin, doch das Büro von Parks Victoria, einen Gemischtwarenladen, ein Café und Unterkünfte. Die Wildtiere rund um Tidal River sind überraschend zahm.

🏃 Aktivitäten

Unzählige, gut markierte **Wanderwege** führen durch dichte Wälder, Feuchtgebiete und Täler voller Baumfarne, vorbei an niederen Granithügeln und Sandstränden mit hohen

---

ABSTECHER

KOONWARRA

Das winzige Städtchen im sanften Hügelland am South Gippsland Hwy hat sich durch eine Kochschule und einen feinen Lebensmittelladen einen Ruf als Feinschmeckernische in der von der Milchwirtschaft geprägten Region erworben.

Die Busse zwischen Korumburra und Foster halten an Wochentagen dreimal und am Wochenende bis zu sechsmal täglich in Koonwarra. Die Stadt liegt 32 km südwestlich von Korumburra und 21 km nordöstlich von Inverloch.

Farmers Market (☏ 0408 619 182; www.kfm.org.au; Memorial Park, Koala Dr; ⊙ 1. Sa des Monats 8–13 Uhr) 🍴 Auf dem Bauernmarkt beim Memorial Park kann man sich an jedem ersten Samstag des Monats mit Bioprodukten wie Obst, Gemüse, Beeren und Kaffee sowie hormonfreiem Rindfleisch und natürlich hergestelltem Käse eindecken.

Milly & Romeo's Artisan Bakery & Cooking School (☏ 03-5664 2211; www.millyand-romeos.com.au; 1 Koala Dr; Erw./Kind ab 90/50 AU$; ⊙ Do & Fr 9.30–16.30, Sa & So 8.30–16.30 Uhr, Sommer verlängerte Öffnungszeiten) 🍴 Victorias erste Kochschule mit Biozertifikat bietet Crash-Kurse zum Backen von Kuchen, Brot, traditionellem Gebäck und französischen Klassikern sowie zur Nudelherstellung. Außerdem finden ständig Kochkurse für Kinder statt.

Lyre Bird Hill Winery & Guest House (☏ 03-5664 3204; www.lyrebirdhill.com.au; 370 Inverloch Rd; EZ/DZ 125/175 AU$; ⊙ Weinverkauf Okt.–Nov. & Feb.–April Mi–Mo 10–17 Uhr, Dez. & Jan. tgl., Mai–Sept. nach Vereinbarung; ❄) Das hübsche altmodische B&B auf einem Weingut 4 km südwestlich von Koonwarra hat helle Zimmer mit Blick auf den Garten. Ideal für Familien ist das komplett ausgestattete Cottage im Landhausstil. Das Ganze liegt mitten in den Weinbergen.

Koonwarra Food & Wine Store (☏ 03-5664 2285; www.koonwarrastore.com; Ecke South Gippsland Hwy & Koala Dr; Hauptgerichte 12–26 AU$; ⊙ 8.30–16 Uhr) 🍴 In einem restaurierten Holzhaus werden Weine und andere Erzeugnisse aus der Region verkauft. Das weithin bekannte Café serviert mit viel Stil einfaches Essen, dessen Zutaten von kleinen Biobauern und Produzenten stammen. Zweimal im Monat gibt es samstagabends ein Themenessen. Sitzen kann man im gemütlichen Inneren des Holzhauses oder im schattigen Garten.

Wilsons Promontory National Park

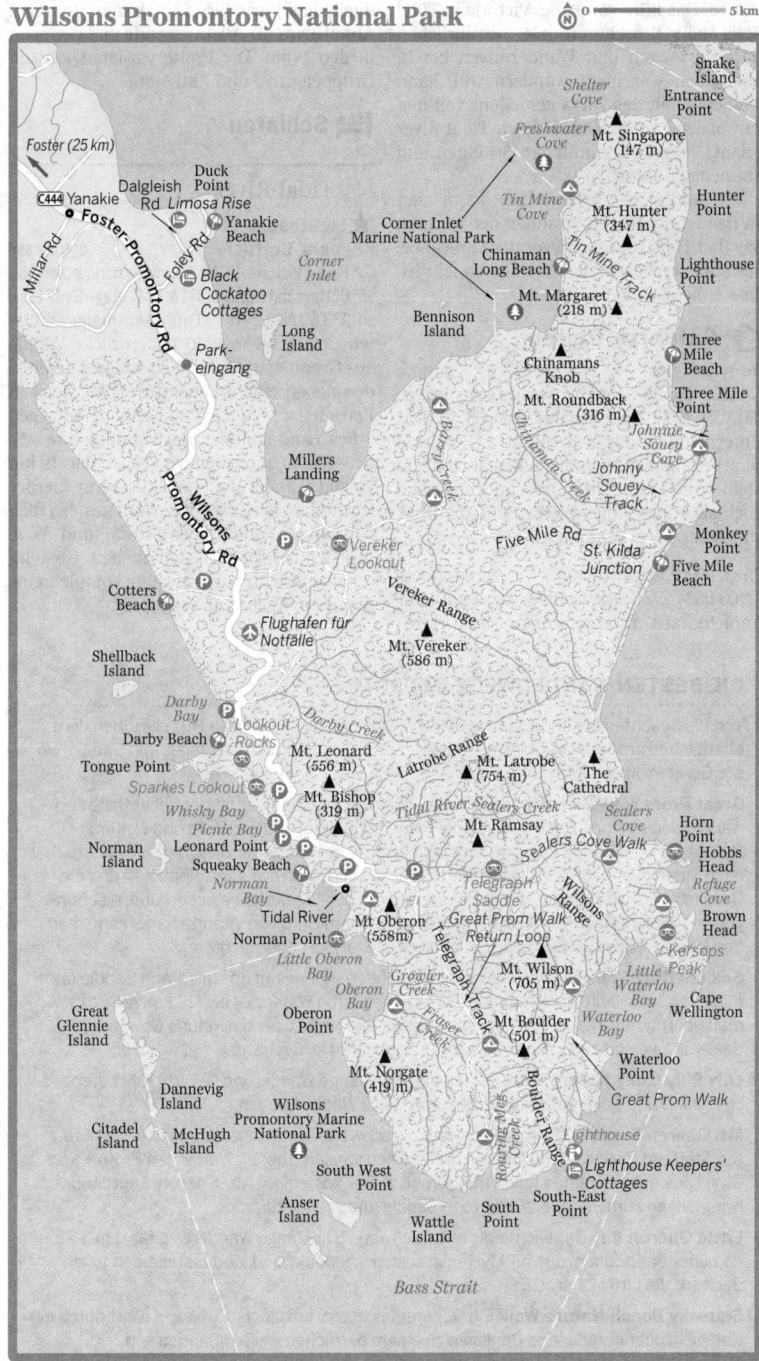

Dünen. Das Büro von Parks Victoria in Tidal River hält Broschüren mit ausführlichen Infos zu Wegen und Wanderungen bereit. Aber auch wer nicht wandern will, kann die Schönheit des Parks genießen: Von den Parkplätzen an der Straße nach Tidal River gelangt man zu traumhaften Stränden und Aussichtspunkten.

Gut und sicher **schwimmen** kann man an den wunderbaren Stränden der Norman Bay (bei Tidal River) und vor der Landspitze des Squeaky Beach, dessen Sand so fein ist, dass er beim Gehen quietscht.

Geführte Touren

Bunyip Tours BUSTOUR
(1300 286 947; www.bunyiptours.com; Tour ab 120 AU$; Mi & So, Sommer auch Fr) Das Unternehmen, das sich rühmt, CO_2-neutral zu arbeiten, bietet eintägige Busfahrten von Melbourne in den Prom. Wer möchte, kann noch zwei Tage länger bleiben und den Park auf eigene Faust erkunden.

First Track Adventures ABENTEUERTOUR
(03-5634 2761; www.firsttrack.com.au) Dieser Anbieter aus Yarragon organisiert individuelle Buschwanderungen, Kanutouren und Abseil-Trips für Alleinreisende und Gruppen in den Prom. Die Preise variieren je nach Gruppengröße und Aktivität.

Schlafen

Tidal River

★Lighthouse Keepers' Cottages COTTAGES $$$
(Parks Victoria 13 19 63; www.parkweb.vic.gov.au; Cottage mit DZ 334–371 AU$, Cottage für 12 Pers. ab 133,80 AU$/Pers.) Die denkmalgeschützten Cottages von 1850 haben dicke Wände aus Granitstein und stehen völlig abgeschieden neben einem Leuchtturm, der noch in Betrieb ist und sich auf einem winzigen Stück Land befindet, das rundum vom wilden Ozean umgeben ist. Nach der 19 km langen Wanderung von Tidal River hierher kann man sich in den Cottages herrlich entspannen und dabei Schiffe und Wale beobachten. Den Gästen stehen Gemeinschaftseinrichtungen wie eine komplett ausgestattete Küche zur Verfügung.

DIE BESTEN WANDERWEGE IM PROM

Von Weihnachten bis Ende Januar verkehrt ein kostenloser Shuttle-Bus zwischen dem öffentlichen großen Parkplatz in Tidal River und dem Parkplatz am Telegraph Saddle, wo der Great Prom Walk beginnt.

Great Prom Walk Dieser mittelschwere, 45 km lange Rundweg ist der beliebteste Fernwanderweg im Park. Er führt von Tidal River hinüber zur Sealers Cove und weiter zur Refuge Cove, Waterloo Bay und zum Leuchtturm, bevor es über die Oberon Bay zurück nach Tidal River geht. Für die gesamte Strecke sollte man drei Tage einplanen und die Gezeiten berücksichtigen, um beim Überqueren der Creeks keine bösen Überraschungen zu erleben. Nach vorheriger Absprache mit dem Büro von Victoria Parks kann man den **Leuchtturm** (S. 608) besichtigen oder sogar dort übernachten.

Sealers Cove Walk Die beste zweitägige Wanderung beginnt am Telegraph Saddle und führt den Telegraph Track hinunter zur schönen Little Waterloo Bay (12 km, 4½ Std.), wo man übernachten kann. Am nächsten Tag wandert man über die Refuge Cove bis zur Sealers Cove und zurück zum Telegraph Saddle (24 km, 7½ Std.).

Lilly Pilly Gully Nature Walk Die leichte, 5 km lange Wanderung (2 Std.) führt durch Heideland und Eukalyptuswälder, in denen viele Wildtiere leben.

Mt. Oberon Summit Die mittelschwere bis schwere, 7 km lange Wanderung (2½ Std.) mit Start am Parkplatz Mt. Oberon bietet einen idealen Überblick über den Prom – vom Gipfel aus hat man einen tollen Rundumblick. Der kostenlose Mt.-Oberon-Shuttlebus bringt einen zum Parkplatz Telegraph Saddle und wieder zurück.

Little Oberon Bay Der leichte bis mittelschwere, 8 km lange Wanderweg führt in 3 Stunden über Sanddünen, die mit Myrtensträuchern bedeckt sind, und bietet einen tollen Blick auf die Little Oberon Bay.

Squeaky Beach Nature Walk Ein weiterer leichter, 5 km langer Rundweg führt durch ein Gelände voller Kanuka und Banksien zu einem herrlichen weißen Sandstrand.

ⓘ ÜBERNACHTEN IM PROM

Eine Nacht im Prom ist ein unvergessliches Erlebnis. Ein gutes Basislager mit vielen Unterkünften ist Tidal River, aber das einzig Wahre sind die elf Campingplätze im Busch, die sich über den gesamten Prom verteilen. Abgesehen von Plumpsklos oder Komposttoiletten bieten sie keinerlei sanitären Einrichtungen. Auch das Trinkwasser muss man selber mitbringen.

Auf **Campingplätzen** kostet ein Stellplatz ohne/mit Strom für ein Fahrzeug und bis zu acht Personen ab 54,90/61,10 AU$. Es gibt auch **Holzhütten** mit Stockbetten und Küchenzeile, aber ohne Bad (Hütte mit 4/6 Betten ab 98,50/150 AU$) sowie große, freistehende und komplett ausgestattete **Häuschen** für bis zu 6 Personen (229,60–313,80 AU$).

In Tidal River stehen insgesamt 484 Stellplätze zur Verfügung, darunter nur 20 mit Stromanschluss. In den Weihnachtsferien werden die Plätze im Losverfahren vergeben. Dafür muss man sich bis spätestens 30. Juni bei Parks Victoria anmelden.

Parks Victoria (☏ 03-5680 9555, 13 19 63; www.parkweb.vic.gov.au; ⊙ 8.30–16.30 Uhr) Das hilfsbereite Personal im Visitor Centre in Tidal River bucht alle Unterkünfte im Park und stellt Camping-Genehmigungen für Gebiete außerhalb von Tidal River aus.

Der **Wilsons Prom & Surrounds Accommodation Service** (www.promcountry.com.au) bucht Unterkünfte im Hinterland des Prom.

★ **Wilderness Retreat** SAFARIZELTE $$$
(www.wildernessretreats.com.au; DZ 312 AU$, jede weitere Pers. 25 AU$) Die luxuriösen Safarizelte im Busch bei Tidal River haben eine eigene Terrasse, Bad, französische Betten und Heizung. Jedes dieser tollen Zelte bietet Platz für bis zu vier Personen. Die Gemeinschaftsküche befindet sich ebenfalls in einem Zelt. Abgesehen vom lauten Gelächter der Kookaburras fühlt man sich hier wirklich wie auf Safari in Afrika.

🛏 Yanakie & Foster

Der winzige Ort Yanakie außerhalb des Parks bietet die den Grenzen des Nationalparks am nächsten gelegenen Unterkünfte wie Hütten, Zeltplätze und luxuriöse Cottages. Die nächste größere Stadt ist Foster, wo es ein Hostel und mehrere Motels gibt.

Prom Coast Backpackers HOSTEL $
(☏ 0427 875 735; www.promcoastyha.com.au; 40 Station Rd, Foster; B/DZ ab 35/70 AU$; @) Die freundliche Jugendherberge in Foster ist das nächste Hostel beim Park. Das wunderbar renovierte Cottage bietet Platz für maximal zehn Personen und ist sehr gemütlich.

Black Cockatoo Cottages COTTAGES $$
(☏ 03-5687 1306; www.blackcockatoo.com; 60 Foley Rd, Yanakie; DZ 140–170 AU$, Haus für 6 Pers. 250 AU$) In diesen stilvollen Cottages aus schwarzem Holz muss man weder die gemütliche Bett verlassen noch die Bank sprengen, um einen grandiosen Ausblick auf den Park zu genießen. Zur Wahl stehen drei moderne Cottages mit Doppelzimmer und ein Haus mit drei Schlafzimmern.

★ **Limosa Rise** COTTAGES $$$
(☏ 03-5687 1135; www.limosarise.com.au; 40 Dalgleish Rd, Yanakie; DZ 260–455 AU$; ❄) Die Aussicht von diesen luxuriösen, komplett ausgestatteten Cottages in der Nähe des Parkeingangs ist einfach überwältigend. Die drei geschmackvoll eingerichteten Cottages – mit einem Studio, einem oder zwei Schlafzimmern – haben raumhohe Panoramafenster mit Blick auf Corner Inlet und die Berge im Nationalpark.

🍴 Essen

Tidal River General Store & Café CAFÉ $
(Hauptgerichte 5–24 AU$; ⊙ So–Fr 9–17, Sa bis 18 Uhr) Im Tidal River General Store stehen Lebensmittel und ein bisschen Campingzubehör in den Regalen, aber wenn man wandern oder länger bleiben will, kann man sich in Foster günstiger eindecken. Im angeschlossenen Café gibt's Essen zum Mitnehmen, z. B. Pies und Sandwiches. Am Wochenende und in den Ferien kann man auch frühstücken und Kleinigkeiten oder Bistrogerichte genießen.

ⓘ An- & Weiterreise

Tidal River liegt etwa 224 km südöstlich von Melbourne. Eine öffentliche Verkehrsverbindung zwischen Melbourne und dem Prom gibt es nicht.

V/Line (☎ 1800 800 007; www.vline.com.au) Die Busse fahren von der Southern Cross Station in Melbourne über Dandenong und Koo Wee Rup nach Foster (20,40 AU$, 3 Std., 4-mal tgl.).

Wilsons Promontory Bus Service (Moon's Bus Lines; ☎ 03-5687 1249) Der Wilsons Promontory Bus Service fährt freitags um 16.30 Uhr von Foster nach Tidal River (über Fish Creek) und samstags um 16.30 Uhr wieder zurück. In Fish Creek haben die Busse Anschluss an die V/Line-Busse aus Melbourne.

LAKES DISTRICT

Die Gippsland Lakes sind das größte Binnenwassersystem in Australien. Die drei miteinander verbundenen Seen Wellington, King und Victoria erstrecken sich von Sale bis fast nach Lakes Entrance. Bei den Seen handelt es sich genaugenommen um Salzwasserlagunen, die durch den Gippsland Lakes Coastal Park und den schmalen Küstenstreifen mit den Sanddünen des Ninety Mile Beach vom Meer getrennt sind. Neben den schönen Stränden und Bademöglichkeiten locken hier vor allem die netten, zwanglosen Küstenorte.

Sale

12 766 EW.

Das Tor zum Lakes District ist ein bedeutendes Wirtschaftszentrum der Region, aber ansonsten nicht weiter bemerkenswert. Ein Besuch hier lohnt sich allenfalls als Zwischenstation auf dem Weg zu anderen Zielen.

◉ Sehenswertes

Port of Sale HAFEN
Der neu gestaltete Jachthafen in der Innenstadt bietet nun Promenaden, Cafés und einen Kanal zu den Gippsland Lakes.

🛏 Schlafen & Essen

Cambrai Hostel HOSTEL $
(☎ 03-5147 1600; www.maffra.net.au/hostel; 117 Johnson St; B 28/160 AU$ pro Nacht/Woche; @) Das zwanglose Hostel in Maffra, 16 km nördlich von Sale, ist eine hervorragende Budgetunterkunft und eines der wenigen Hostels im Gippsland überhaupt. Das 120 Jahre alte Gebäude war einst das Wohnhaus eines Arztes. Heute befinden sich dort eine Bar mit Alkoholausschank, offenem Kamin und Billardtisch sowie eine winzige Küche für Selbstversorger und saubere, freundliche Zimmer.

Die Inhaber können teilweise auch Jobs in der Region vermitteln.

Quest Serviced Apartments APARTMENTS $$
(☎ 03-5142 0900; www.questapartments.com.au; 180-184 York St; Studio/Apt. mit 1/2 Schlafzi. 120/205/285 AU$; ❄🛜🏊) Die Apartments einer sehr zuverlässigen Hotelkette sind modern und komplett ausgestattet. Sie bieten sogar etwas mehr Luxus als bei den Preisen zu erwarten ist. Damit sind sie um Welten besser als die meisten Motelzimmer der Stadt.

Mister Raymond CAFÉ $$
(☎ 03-5144 4007; 268-270 Raymond St; Hauptgerichte 14–28 AU$; ◐ Di–Do, Sa & So 8–16, Fr 8–21 Uhr) Ob Frühstück, Brunch oder Mittagessen – bei Mister Raymond isst man am besten in ganz Sale. In dem schicken Café kommen gegrillte Schweinefleischstreifen, Tacos mit gehäuteten Krabben und andere frisch zubereiteten Köstlichkeiten auf den Tisch. Gegessen wird im Innenraum oder draußen auf der Straße.

ℹ Praktische Informationen

Wellington Visitor Information Centre (☎ 03-5144 1108; www.tourismwellington.com.au; 8 Foster St; ◐ 9–17 Uhr) Internetzugang und kostenlose Buchung von Unterkünften.

ℹ An- & Weiterreise

Sale liegt 214 km von Melbourne entfernt am Princes Hwy.
V/Line (☎ 1800 800 007; www.vline.com.au) Es gibt Zug- und Zug-Bus-Verbindungen zwischen Melbourne und Sale (25 AU$, 3 Std., 4-mal tgl.), bei denen man manchmal in Traralgon umsteigen muss.

Ninety Mile Beach

Um es mit den legendären Worten von Crocodile Dundee auszudrücken: Das ist nicht nur ein Strand, das ist *der* Strand. Der abgeschiedene Ninety Mile Beach ist ein schmaler Sandstreifen mit Dünen und Lagunen, der sich ohne Unterbrechung tatsächlich um die 90 Meilen (150 km) vom McLoughlins Beach zum Kanal von Lakes Entrance erstreckt. Hier kann man hervorragend campen, in der Brandung angeln und ewig lange Strandspaziergänge unternehmen. Nur das Baden ist wegen der enorm starken

Brandung ziemlich gefährlich und sollte daher auf die von Rettungsschwimmern überwachten Abschnitte von Seaspray, Woodside Beach und Lakes Entrance beschränkt werden.

Die Hauptzufahrt zum Ninety Mile Beach erfolgt von Sale oder Foster über den South Gippsland Hwy, der über Abzweigungen nach Seaspray, Golden Beach und Loch Sport verfügt.

Metung

1010 EW

Das winzige Städtchen, das sich an die Bancroft Bay schmiegt, gehört zu den schönsten Orten im Lakes District. Lokalpatrioten bezeichnen es als „Gippsland Riviera", was angesichts der Lage direkt am Wasser und des lässigen Charmes auch durchaus gerechtfertigt ist.

🏃 Aktivitäten

Riviera Nautic BOOTSVERLEIH
(☏ 03-5156 2243; www.rivieranautic.com.au; 185 Metung Rd; Motor- & Segeljachten für 3 Tage ab 1056 AU$) Aufs Wasser hinausfahren ist ziemlich einfach: Riviera Nautic verleiht Boote und Jachten zum Cruisen, Angeln und Segeln auf den Gippsland Lakes.

🛌 Schlafen & Essen

Metung Holiday Villas HÜTTEN $$
(☏ 03-5156 2306; www.metungholidayvillas.com; Ecke Mairburn Rd & Stirling Rd; Hütte 150–240 AU$; ❄🐾) Der ehemalige Wohnwagenpark wurde in ein kleines Dorf mit recht luxuriösen Hütten verwandelt und ist nun eine der besten Unterkünfte der Stadt.

Moorings at Metung APARTMENTS $$$
(☏ 03-5156 2750; www.themoorings.com.au; 44 Metung Rd; Apt. 150–390 AU$; ❄📶🐾) Die moderne Apartmentanlage am Ende der Straße durch Metung bietet einen schönen Blick aufs Wasser des Lake King und der Bancroft Bay. Das Angebot reicht von geräumigen Studios bis zu Reihenhäuschen mit versetzten Ebenen und zwei Schlafzimmern. Außerdem stehen ein Tennisplatz, Pools im Haus und draußen sowie ein Wellnessbereich und ein Jachthafen zur Verfügung. In der Nebensaison ist das Preis-Leistungs-Verhältnis in Ordnung.

★ Metung Galley CAFÉ $$
(☏ 03-5156 2330; www.themetunggalley.com.au; 50 Metung Rd; Hauptgerichte Mittagessen 10–22 AU$, Abendessen 19–35 AU$; ⊙ Di 8–16, Mi–Fr 8 Uhr–open end, Sa 7.30 Uhr–open end, So 7.30–16 Uhr) Felicitys und Richards Erfahrung als Gastronomen in der Großstadt machen sich in dem freundlichen Café mit kreativer Speisekarte bemerkbar. Für das hochwertige und wunderbar angerichtete Essen werden Zutaten aus der Region verwendet, z. B. frische Meeresfrüchte und Lammfleisch aus dem Gippsland. Letzteres wird in köstliche Teigröllchen gewickelt und mit Tzatziki serviert.

Metung Hotel PUB-ESSEN $$
(☏ 03-5156 2206; www.metunghotel.com.au; 1 Kurnai Ave; Hauptgerichte 25–36 AU$; ⊙ 12–14 & 18–20 Uhr) Die Lage oberhalb des Metung Wharf ist unschlagbar und wird mit großen

---

ABSTECHER

BAW BAW NATIONAL PARK

Der Baw Baw National Park im südlichsten Winkel des Hochlands von Victoria liegt in einem Ausläufer der Great Dividing Range. Das Baw Baw Plateau und die dicht bewaldeten Täler der Flüsse Thomson und Aberfeldy eignen sich hervorragend zum Buschwandern. Auf gut markierten Wegen läuft man durch die subalpine Vegetation mit lichten Eukalyptuswäldchen, tief eingeschnittenen Tälern mit rauschenden Wildbächen und Hochlandwäldern mit riesigen Bäumen. Die höchsten Erhebungen sind der Mount St. Phillack (1566 m) und Mount Baw Baw (1564 m). Wenn im Winter die höher gelegenen Regionen des Nationalparks mit Schnee bedeckt sind, strömen die Skifahrer ins Baw Baw Village und die Langläufer ins Wintersportgebiet am Mount St. Gwinear. Über ruhige Nebenstraßen und den Australian Alps Walking Track gelangt man von hier nach Walhalla.

Mt. Baw Baw Alpine Resort Management Board (☏ 03-5165 1136; www.mount bawbaw.com.au; ⊙ Skisaison Sa–Do 8.30–19.30, Fr 8.30–21.30 Uhr, übriges Jahr 9–17 Uhr) Das Büro mitten im Ort hält allgemeine Informationen für Touristen bereit und bucht auch Unterkünfte.

> **ABSTECHER**
>
> ## RAYMOND ISLAND
>
> Um zu einem der besten Orte für die Beobachtung von Koalas in Victoria zu kommen, biegt man vom Princes Hwy ab und fährt in die entspannte Stadt Paynesville am Lake Victoria. Obwohl das Städtchen selbst ganz nett ist, dient es den meisten nur als Sprungbrett nach Raymond Island. Auf der Insel, die in fünf Minuten mit der Fähre zu erreichen ist, lebt eine große Kolonie von Koalas, deren Vorfahren zumeist in den 1950er-Jahren von Phillip Island umgesiedelt wurden. Die Auto- und Passagierfähren verkehren von 7 bis 23 Uhr alle 30 Minuten. Für Fußgänger und Radfahrer ist die Überfahrt kostenlos, Autos und Motorräder kosten jeweils 10 AU$.
>
> Paynesville liegt an der C604, 16 km südlich von Bairnsdale.

Fenstern und einer Holzterrasse auch optimal genutzt. Auf der Karte des Bistros steht erstklassiges Kneipenessen mit deutlichem Schwerpunkt auf frischen Meeresfrüchten aus der Region. Außerdem werden hier die günstigsten Hotelzimmer (85 AU$) der Stadt vermietet.

❶ Praktische Informationen

Das **Metung Visitor Centre** (📞 03-5156 2969; www.metungtourism.com.au; 3/50 Metung Rd; ⏱ 9–17 Uhr) bucht Unterkünfte und verleiht Boote.

❶ An- & Weiterreise

Metung liegt an der C606 südlich des Princes Hwy. Die Abzweigung ist in Swan Reach ausgeschildert. Die nächsten größeren Städte sind Bairnsdale (28 km) und Lakes Entrance (24 km). Der nächste Bahnhof für Fernreisezüge ist in Bairnsdale.

Lakes Entrance

5965 EW.

Durch den seichten Cunninghame Arm vor der starken Brandung des offenen Meeres geschützt, liegt die Stadt wirklich schön. Deshalb wird sie in der Ferienzeit auch zu einem rappelvollen Touristenort mit den üblichen Motels, Wohnwagenparks, Minigolfplätzen und Souvenirläden an der Esplanade. Doch auch in dieser Zeit schaukeln die Fischerboote auf den Wellen, gibt es superfrische Meeresfrüchte, endlose Strände und Bootsfahrten nach Metung und zur Wyanga Park Winery.

◉ Sehenswertes & Aktivitäten

In Lakes Entrance dreht sich alles um Strände und Bootsfahrten. Eine lange Fußgängerbrücke überspannt den Cunninghame Arm vom östlichen Stadtrand bis zum Meer und dem **Ninety Mile Beach**. Dort beginnt auch der 2,3 km lange **Eastern Beach Walking Track** (45 Min.) durch die struppige Küstenlandschaft zum künstlich angelegten Kanal.

Surf Shack   SURFEN
(📞 03-5155 4933; www.surfshack.com.au; 507 Esplanade; 2-stündiger Kurs 50 AU$) Der Surfunterricht findet am Lake Tyers Beach statt, gut 10 km außerhalb der Stadt. Die Ausrüstung wird gestellt.

⌨ Geführte Touren

Peels Lake Cruises   BOOTSFAHRTEN
(📞 03-5155 1246, 0409 946 292; www.peelscruises.com.au; Post Office Jetty; 4-stündige Bootsfahrt nach Metung mit Mittagessen Erw./Kind 60/18 AU$, 2½-stündige Bootsfahrt 45 AU$; ⏱ Di–So 11, Di–Do & Sa 14 Uhr) Der alteingesessene Veranstalter schippert mit der *Stormbird* täglich nach Metung. Mittagessen gibt's an Bord. Die *Thunderbird* ist nur zweieinhalb Stunden unterwegs.

Sea Safari   BOOTSFAHRTEN
(📞 0458 511 438; www.lakes-explorer.com.au; Post Office Jetty; 1-/2-stündige Bootsfahrt 15/25 AU$) 🍃 Bei den Safaritouren an Bord der *Lakes Explorer* erfährt man viel über die Meeresforschung und das Ökosystem Meer, identifiziert und zählt Seevögel, testet den Salzgehalt des Wassers und lernt Meerestiere und -pflanzen kennen.

🛏 Schlafen

Eastern Beach Tourist Park   WOHNWAGENPARK $
(📞 03-5155 1581; www.easternbeach.com.au; 42 Eastern Beach Rd; Stellplatz ohne/mit Strom ab 27/32 AU$, Hütte 110–300 AU$; @ 🛜 ♨ 🐕) Die meisten Wohnwagenparks haben nur winzige Stellplätze, doch dieser hat große, mit Gras bewachsene Parzellen in toller Lage. Zudem befindet er sich abseits des Trubels der Stadt im Busch beim Eastern Beach. Ein Fußweg führt in die Stadt (30 Min.). Zu den ausgezeichneten, nagelneuen Einrichtungen

gehören eine Campingküche, Grills und ein Spielplatz.

Kalimna Woods COTTAGES $$
(03-5155 1957; www.kalimnawoods.com.au; Kalimna Jetty Rd; DZ 99–170 AU$; ✳) Die Häuschen stehen 2 km vom Zentrum entfernt in einem großen Park mit Regenwald und Busch, freundlichen Possums und bunten Vögeln. Die komplett ausgestatteten Cottages im Landhausstil sind geräumig und sehr gemütlich. Sie haben entweder ein Wellnessbad oder einen offenen Kamin.

Bellevue on the Lakes HOTEL $$
(03-5155 3055; www.bellevuelakes.com; 201 Esplanade; DZ ab 179 AU$, Apt. mit 2 Schlafzi. ab 284 AU$; ✳☎≋) Für eine stilvolle Aufwertung der Touristenmeile sorgt dieses Hotel mitten an der Esplanade mit schön eingerichteten Zimmern in warmen Erdtönen, die zumeist Blick aufs Wasser haben. Noch mehr Luxus bieten die großen Suiten mit Wellnessbad und die komplett ausgestatteten Apartments mit zwei Schlafzimmern.

✖ Essen

Six Sisters & A Pigeon CAFÉ $
(03-5155 1144; 567 Esplanade; Hauptgerichte 9–19 AU$; ⊙Di–So 7–15 Uhr; ✐) Schon wegen des Namens sollte man diesem originellen Café mit Alkoholausschank an der Esplanade, gegenüber der Fußgängerbrücke unbedingt einen Besuch abstatten. Serviert werden guter Kaffee, den ganzen Tag über Frühstück mit mexikanischen Eiern, französischem Toast oder spanischen Omelettes, Focaccias und belegte Baguettes zum Mittagessen sowie leichte Gerichte mit asiatisch-italienischem Touch.

★ Ferryman's Seafood Cafe SEAFOOD $$
(03-5155 3000; www.ferrymans.com.au; Middle Harbour, Esplanade; Hauptgerichte Mittagessen 18–24 AU$, Abendessen 21–45 AU$; ⊙10 Uhr–open end; ✐) Ein Abendessen an Deck dieses schwimmenden Café-Restaurants ist ein kaum zu übertreffendes Erlebnis. Hier kann man in Fisch- und Meeresfrüchtegerichten schwelgen, aber auch einfach nur die guten alten Fish & Chips essen. Sehr zu empfehlen ist die Meeresfrüchteplatte. Das Lokal ist zudem sehr kinderfreundlich und verkauft im Unterdeck frische Garnelen, Flusskrebse und andere Meeresfrüchte (8.30–17 Uhr).

Miriam's Restaurant STEAKS, SEAFOOD $$
(03-5155 3999; www.miriamsrestaurant.com.au; Ecke Esplanade & Bulmer St; Hauptgerichte 24–39 AU$; ⊙18 Uhr–open end) Der Blick auf die Esplanade vom Speiseraum des Restaurants mit der zwanglosen Atmosphäre einer Cocktailbar ist ebenso ausgezeichnet wie die Rindersteaks aus dem Gippsland und die Meeresfrüchte aus der Region. Bei der legendären „griechischen Fischerplatte" bekommt man 500 g heimische Meeresfrüchte für 55 AU$!

❶ Praktische Informationen

Lakes Entrance Visitor Centre (1800 637 060, 03-5155 1966; www.discovereastgipps

---

ABSTECHER

BUCHAN

Das verschlafene Städtchen in den Ausläufern der Snowy Mountains ist für sein spektakuläres Höhlenlabyrinth des Buchan Caves Reserve berühmt. Unterirdische Flüsse gruben sich einst durch die Kalksteinfelsen und schufen Höhlen in allen Größen und Formen, in denen Aborigines bereits vor 18 000 Jahren oder sogar noch früher lebten.

Camping ist in der Nähe der Höhlen möglich und muss über Parks Victoria gebucht werden. Außerdem gibt es Unterkünfte in Buchan.

Buchan befindet sich gemütliche 56 km nördlich von Lakes Entrance.

Buchan Caves (13 19 63; www.parks.vic.gov.au; Führung Erw./Kind/Fam. 20,90/12,20/57,50 AU$, Kombiticket für 2 Höhlen 31,20/18,10/85,80 AU$; ⊙Führungen 10, 11.15, 13, 14.15 & 15.30 Uhr, außerhalb der Saison wechselnde Öffnungszeiten) Die von Parks Victoria organisierten Höhlenführungen finden täglich statt, und zwar abwechselnd in der **Royal** und der **Fairy Cave**. Beide Höhlen sind äußerst beeindruckend: Die Royal Cave ist farbiger, höher und beinhaltet uralte Kängurukchen. In der Fairy Cave sind schönere Zeichnungen und märchenhafte Formationen zu sehen. In der Hochsaison bieten die Parkranger auch Führungen durch die weniger gut erschlossene Federal Cave an, die nur mit Schutzhelm betreten werden darf.

land.com.au; Ecke Princes Hwy & Marine Pde; ⓘ 9–17 Uhr) Die Touristeninformation bucht kostenlos Unterkünfte und Touren. Außerdem lohnt sich ein Blick auf www.lakesentrance.com.

❶ An- & Weiterreise

Lakes Entrance liegt 314 km von Melbourne entfernt direkt am Princes Hwy.

V/Line (☏ 1800 800 007; www.vline.com.au) Die Zug-Bus-Verbindung von Melbourne nach Lakes Entrance führt über Bairnsdale (35 AU$, 4½ Std., 3-mal tgl.).

EAST GIPPSLAND & WILDERNESS COAST

Die Region östlich von Lakes Entrance ist eine einzigartige Wildnis mit spektakulären Nationalparks und uralten Küstenwäldern. Da der größte Teil dieser Landschaft niemals urbar gemacht wurde, befinden sich hier einige der abgeschiedensten und ursprünglichsten Nationalparks Victorias. So ist das Fällen von Bäumen in diesen uralten Wäldern auch ein ganz heißes Eisen.

Mallacoota

1031 EW.

Victorias östlichste Stadt ist eine der Kronjuwelen des Gippsland, ja des ganzen Bundesstaates. Sie liegt direkt am gleichnamigen Meeresarm und ist von den schroffen Hügeln und hohen Sanddünen des herrlichen Croajingolong National Park umgeben. Wer sich soweit in die Wildnis wagt, wird mit langen, einsamen Meeresstränden, Ebbe und Flut unterliegenden Flussmündungen sowie unzähligen Möglichkeiten zum Baden, Angeln und Bootfahren auf dem Meeresarm belohnt.

☉ Sehenswertes & Aktivitäten

Das ruhige Wasser des Mallacoota Inlet kräuselt sich vor einer Küste von insgesamt 300 km Länge. Diese lässt sich am besten mit einem Boot erkunden, das man immer wieder zu grandiosen Wanderungen am Ufer verlassen kann.

Tolle **Surfwellen** gibt's am Bastion Point und am Tip Beach. Im geschützten Wasser des Betka Beach kann man gut schwimmen.

NATIONALPARKS IN EAST GIPPSLAND

Ganz im Osten von Gippsland befinden sich einige der schönsten Nationalparks Victorias. Sie schützen die Wildnis von der zerklüfteten Küste bis zu den dichten Regenwäldern im Landesinneren. Infos zu Campingplätzen und Wanderwegen findet man auf www.parkweb.vic.gov.au.

Snowy River National Park Auf seinem Weg von den Snowy Mountains in New South Wales bis zu seiner Mündung bei Marlo hat sich der Snowy River tief in die Kalk- und Sandsteinfelsen gegraben und die wunderbaren Schluchten des Nationalparks geschaffen. Rund um diese Schluchten erstreckt sich eine völlig unberührte, fantastische Busch- und Berglandschaft.

Errinundra National Park Das atemberaubend schöne Naturschutzgebiet umfasst Victorias größten gemäßigten Regenwald. Drei hohe Granitberge sorgen für große Niederschlagsmengen, tiefe, fruchtbare Böden, eine vielfältige Tier- und Pflanzenwelt sowie ein Netz von Bächen und Flüssen, die nach Norden, Süden und Osten fließen. Anfang 2014 wurden große Teile des Parks durch Buschfeuer zerstört, und zum Zeitpunkt der Recherche waren viele Wege noch gesperrt.

Croajingolong National Park Einer der schönsten Küstennationalparks in Australien erstreckt sich über etwa 100 km von der Stadt Bemm River bis zur Grenze nach New South Wales. Wunderbare, unberührte Strände, Meeresarme, Flussmündungen und Wälder laden zum Campen, Wandern, Baden und Surfen ein. Bei Point Hicks sichteten James Cook und seine Männer auf der *Endeavour* 1770 erstmals die Landmasse von Australien.

Cape Conran Coastal Park Dieser herrlich unerschlossene, aber leicht zugängliche Teil der Küste gehört mit seinen langen, abgeschiedenen Strandstreifen aus weißem Sand zu den schönsten Ecken von Gippsland. Die 19 km lange Küstenstrecke von Marlo zum Cape Conran ist besonders malerisch und von Banksien, Grasebenen, Sanddünen und dem Ozean gesäumt.

> **ABSTECHER**
>
> ## GABO ISLAND
>
> Im windgepeitschten, 154 ha großen Gabo Island Lightstation Reserve auf der Insel 14 km vor der Küste von Mallacoota sind unzählige Arten von Seevögeln heimisch und auch eine der weltweit größten Kolonien von Zwergpinguinen mit wesentlich mehr Tieren als auf Phillip Island. Wale, Delfine und Seebären sind hier regelmäßig zu beobachten. Der 1862 erbaute Leuchtturm der Insel ist der höchste in der südlichen Hemisphäre und noch immer in Betrieb.
>
> **Wilderness Coast Ocean Charters** (03-5158 0701, 0417 398 068) organisiert Tagestouren nach Gabo Island (75 AU$, ab 8 Pers.; bei Übernachtung auf der Insel kosten Hin- und Rückfahrt jeweils 75 AU$) und auf Anfrage auch Touren zur Beobachtung der Seebärenkolonie an der Küste vor Wingan Inlet.
>
> **Gabo Island Lighthouse** (03-5161 9500, Parks Victoria 13 19 63; www.parkweb.vic.gov.au; 315–350 AU$ für bis zu 8 Pers.) Die Übernachtung in dem abgeschiedenen Leuchtturm ist ein echtes Abenteuer. Im Haus des zweiten Leuchtturmwärters stehen drei Schlafzimmer zur Verfügung. Man muss mindestens zwei Nächte bleiben. In den Weihnachts- und Osterferien werden die Plätze im Losverfahren vergeben.

Allerdings wird der Strand nur in den Weihnachtsferien überwacht. Gute **Badestellen** findet man auch an den Stränden des Biosphärenreservats, am Bastion Point und Quarry Beach.

Mallacoota Hire Boats BOOTSVERLEIH
(03-5158 0704, 0438 447 558; Main Wharf, Ecke Allan Dr & Buckland Dr; Motorboot für 2/4/6 Std. 60/100/140 AU$) Der zentral gelegene Bootsverleih vermietet Kanus und Boote aller Art. Ein Bootsführerschein ist nicht erforderlich. Kreditkarten werden nicht akzeptiert.

Geführte Touren

MV Loch-Ard BOOTSFAHRTEN
(03-5158 0764; Main Wharf; 2-stündige Bootsfahrt Erw./Kind 35/15 AU$) Im Angebot sind verschiedene Touren auf dem Meeresarm, darunter eine Tour zur Beobachtung von Wildtieren und eine Bootsfahrt in der Dämmerung.

Schlafen

Mallacoota Foreshore Holiday Park WOHNWAGENPARK $
(03-5158 0300; Ecke Allan Dr & Maurice Ave; Stellplatz ohne Strom 21–30 AU$, mit Strom 27–40 AU$;) Die graswachsenen Stellplätze direkt am Wasser gehören zu einem der gemütlichsten und landschaftlich reizvollsten Campingplätze Victorias. Der Blick auf den Meeresarm ist einfach atemberaubend! Zu den ständigen Bewohnern gehören Trauerschwäne und Pelikane. Es gibt zwar keine Hütten, aber der Platz ist mit Abstand der beste der vielen Campingplätze von Mallacoota.

★ Adobe Mudbrick Flats APARTMENTS $
(03-5158 0329, 0409 580 0329; www.adobeholidayflats.com.au; 17 Karbeethong Ave; DZ 80 AU$, 4BZ 95–180 AU$) Die von Margaret und Peter Kurz mit viel Liebe eingerichteten Lehmziegelhäuschen in Karbeethong sind etwas ganz Besonderes. Es wird viel Wert auf Recycling und Umweltschutz gelegt. So wird das Wasser in den Apartments mit Solarenergie erhitzt und die Gäste sind gehalten, ihre Küchenabfälle zu kompostieren. Die einzigartigen Apartments sind gemütlich, gut ausgestattet und preiswert.

Karbeethong Lodge PENSION $$
(03-5158 0411; www.karbeethonglodge.com.au; 16 Schnapper Point Dr; DZ 110–220 AU$) Auf der breiten Veranda des Holzhauses, das Anfang des 20. Jhs. errichtet wurde und einen freien Blick auf das Mallacoota Inlet bietet, kann man einfach nur entspannen. Der große Gemeinschaftsbereich und Speiseraum hat einen offenen Kamin und ist mit Stilmöbeln ausgestattet. Es gibt eine riesige Küche, und die in zarten Pastellfarben gehaltenen Zimmer sind zwar klein, aber geschmackvoll eingerichtet.

Essen & Ausgehen

★ Lucy's ASIATISCH $$
(03-5158 466; 64 Maurice Ave; Hauptgerichte 10–23 AU$; 8–20 Uhr) Das Lucy's ist bekannt für seine köstlichen hausgemachten Reisnudeln mit Hühnchen, Garnelen oder Seeohren und die mit Erzeugnissen seines Gartens gefüllten Klößchen, die zudem recht preiswert sind. Das Frühstück ist ebenfalls sehr gut.

Mallacoota Hotel PUB-ESSEN **$$**
(☏ 03-5158 0455; www.mallacootahotel.com.au; 51-55 Maurice Ave; Hauptgerichte 17–33 AU$; ⊙12–14 & 18–20 Uhr) Die Mischung aus Pub und Bistro serviert verschiedene herzhafte Gerichte, darunter das sehr empfehlenswerte Hühnchen Milanese oder Rindersteaks aus dem Gippsland. Im Sommer spielen regelmäßig Livebands auf.

❶ Praktische Informationen

Mallacoota Visitor Centre (☏ 03-5158 0800; www.visitmallacoota.com.au; Main Wharf, Ecke Allan Dr & Buckland Dr; ⊙10–16 Uhr) Die Touristeninformation in einem kleinen Schuppen am Hauptkai wird von freundlichen Freiwilligen betrieben. Wechselnde Öffnungszeiten.

❶ An- & Weiterreise

Mallacoota liegt 23 km südöstlich von Genoa (am Princes Hwy), das wiederum 492 km von Melbourne entfernt ist. Mit dem Zug fährt man bis nach Bairnsdale (3¾ Std.) und dann weiter mit dem V/Line-Bus nach Genoa (45,20 AU$, 3½ Std., 1-mal tgl.). Der Bus von Genoa nach Mallacoota hat montags, donnerstags und freitags sowie in den Schulferien auch sonntags Anschluss an den V/Line-Bus und fährt dann weiter nach Mallacoota (4,70 AU$, 30 Min.).

Grampians & Goldfields

Inhalt ➡
Ballarat 620
Bendigo 624
Kyneton 629
Castlemaine 630
Maldon 632
Grampians
(Gariwerd) 632
Halls Gap 634
Mt. Arapiles
State Park 638

Gut essen
➡ Royal Mail Hotel (S. 638)
➡ Public Inn (S. 631)
➡ Dispensary Enoteca (S. 627)
➡ Mr. Carsisi (S. 629)
➡ Catfish (S. 623)

Schön übernachten
➡ The Schaller Studio (S. 627)
➡ Maldon Miners Cottages (S. 632)
➡ D'Altons Resort (S. 636)
➡ Little Desert Nature Lodge (S. 637)
➡ Comfort Inn Sovereign Hill (S. 623)

Auf zu den Grampians und den Goldfields!

Das regionale Herz Victorias ist eine spektakuläre Mischung aus Geschichte, Natur und Kultur. Mitte des 19. Jhs. kam für kurze Zeit über ein Drittel des gesamten Golds der Welt aus Victoria und die Ausbeute aus dieser Zeit ist noch heute in den schönen Städten Bendigo und Ballarat sowie in den bezaubernden Örtchen Castlemaine, Kyneton und Maldon zu sehen. Die Region eignet sich mit ihrer vielfältigen Landschaft – von grünen Wäldern über rote Erde und Granitfelsen bis hin zu Ackerland, Obstplantagen und Weinbergen – hervorragend für eine Tour mit dem Auto.

Weiter im Westen erwartet den Traveller im Grampians National Park, einem der großen Naturwunder Victorias, eine ganz andere geschichtliche Erfahrung. Etwa 80 % von Victorias Felskunst-Stätten der Aborigines sind hier zu finden und die magisch anmutenden Bergketten, die sich über dem malerischen Wartook Valley und den Ortschaften Halls Gap und Dunkeld erheben, sind ein Paradies für Abenteurer.

Reisezeit
Ballarat

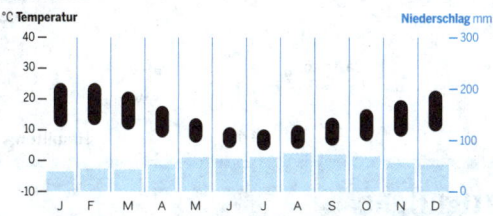

Ostern Beim Easter Festival in Bendigo der Prozession mit den chinesischen Drachen folgen.

März–Mai Leuchtende Herbstfarben; Wandern und Weinverkostungen ohne Touristenmassen.

Sept.–Nov. Jetzt stehen die Wildblumen im Grampians National Park in voller Blüte.

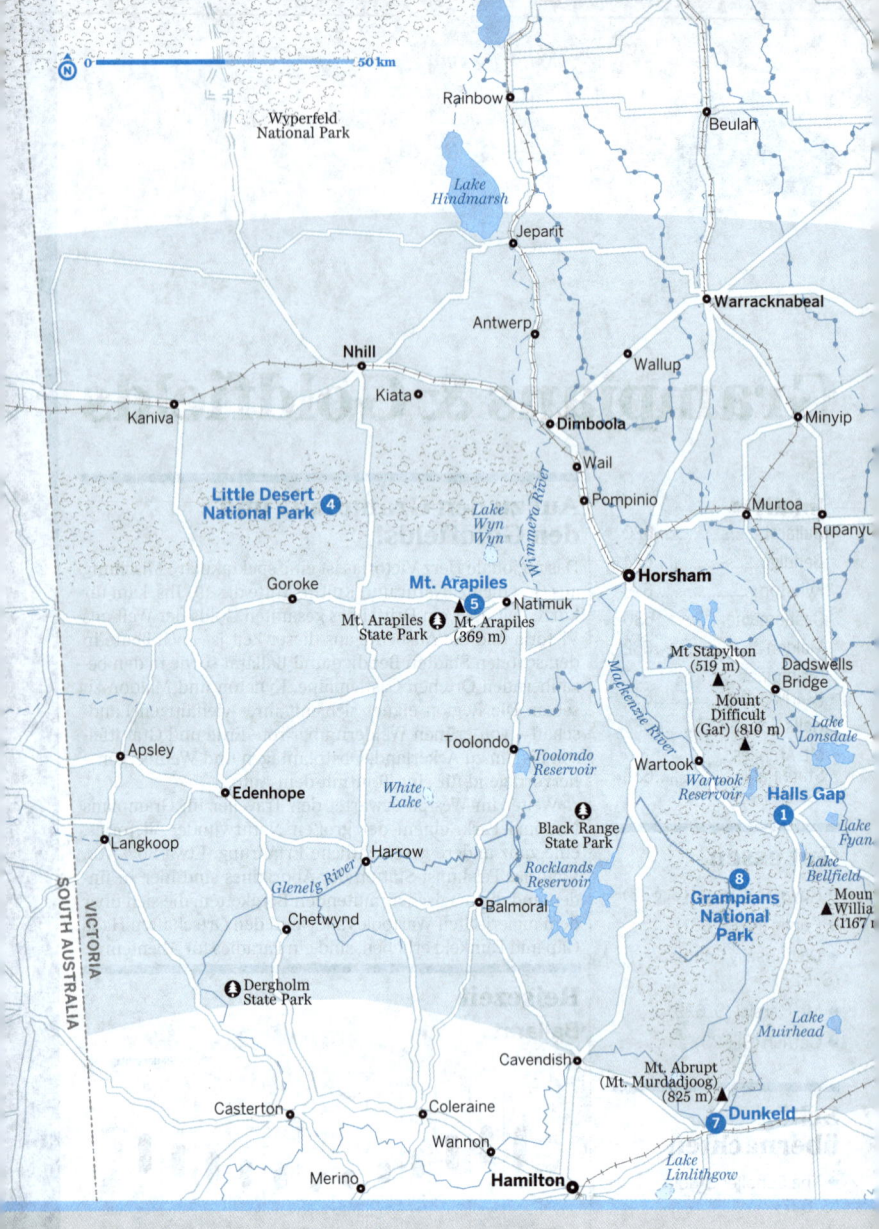

Highlights

1 Sich im **Brambuk Cultural Centre** (S. 633) in Halls Gap den traditionellen Geschichten über Gariwerd widmen

2 In **Bendigo** (S. 624) tief hinab in eine Goldmine steigen, mit der „sprechenden" Straßenbahn fahren und sich anschließend ein gutes Abendessen gönnen

3 Mit dem restaurierten **Dampfzug** (S. 630) von Maldon nach Castlemaine tuckern

4 Im **Little Desert National Park** (S. 637) unterm Sternenhimmel zelten

5 Sich am **Mt. Arapiles** (S. 638), der besten Kletterdestination Victorias, versuchen

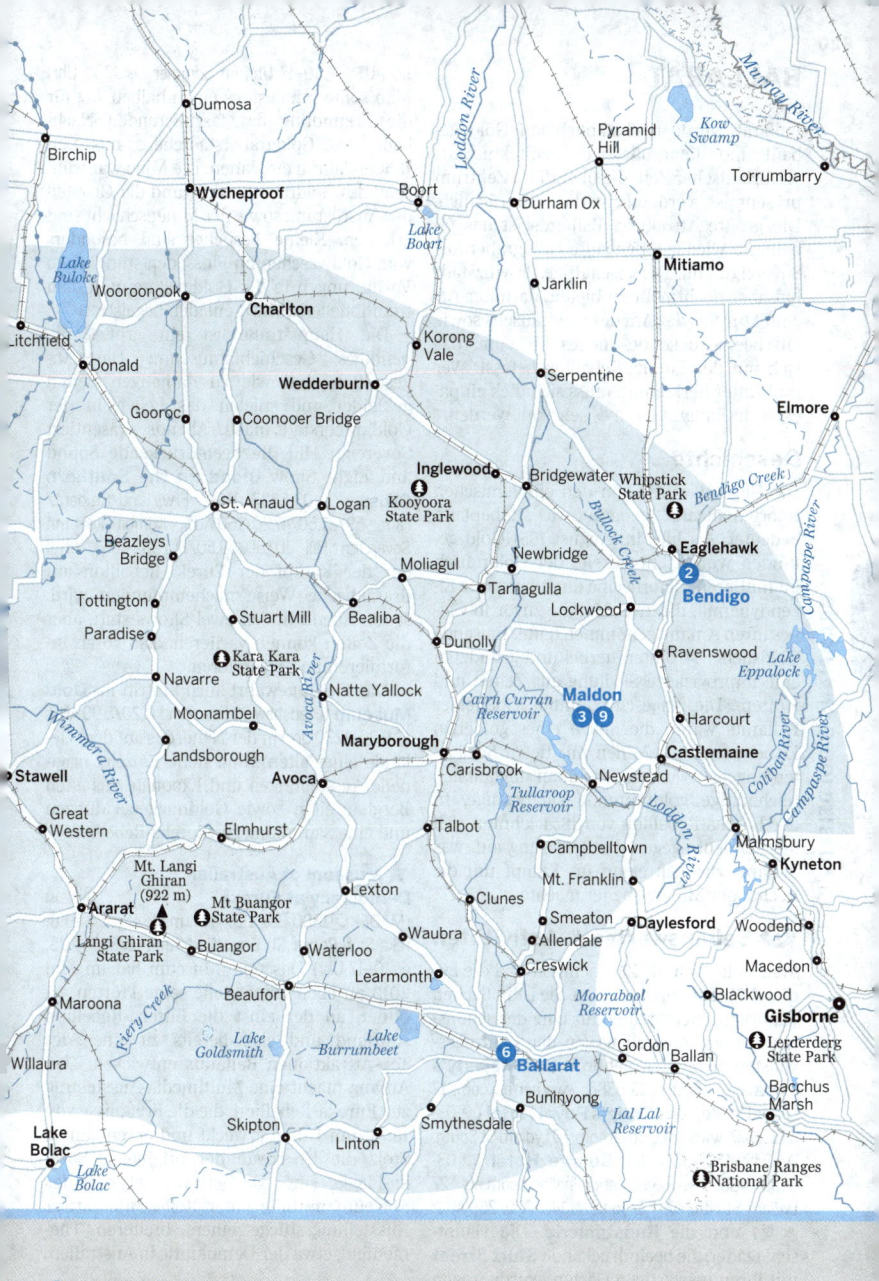

6 In Ballarats **Sovereign Hill** (S. 620) eine fast authentische Goldgräberstadt entdecken

7 Nach der Besteigung des Mt. Sturgeon ein stilvolles Abendessen mit gutem Wein im Royal Mail Hotel in **Dunkeld** (S. 638) genießen

8 Von einem der Campingplätze im **Grampians National Park** (S. 633) aus zu Fuß die Wasserfälle und die vielen atemberaubenden Aussichtspunkte abklappern

9 In der Postkartenidylle der hübschen Hauptstraße von **Maldon** (S. 632) einen Abstecher in die Vergangenheit machen

BALLARAT

85935 EW.

Ballarat wurde buchstäblich auf Gold gebaut und die großartige Architektur aus viktorianischer Zeit, die überall im Zentrum präsent ist, verdeutlicht dies eindrücklich. Die größte Attraktion Ballarats ist das fabelhafte wieder aufgebaute Goldgräberdorf Sovereign Hill. Die geschäftige Provinzstadt hat aber noch mehr zu bieten, darunter Architektur aus der Ära des Goldrauschs sowie ein beeindruckendes neues Museum, das sich mit der Eureka-Rebellion befasst. Wer im Winter herkommt, muss sich dick einpacken: In Ballarat kann es sehr kalt werden.

Geschichte

Die Gegend wurde von den einheimischen Koori „Ballaarat" genannt, was „Ruheplatz" bedeutet. Als hier im August 1851 Gold gefunden wurde, entwickelte der Goldrausch im mittleren Victoria eine unaufhaltsame Eigendynamik, die zwei Monate zuvor in Clunes ihren Anfang genommen hatte. Tausende Goldsucher strömten herbei und gründeten eine improvisierte Siedlung aus Zelten und Hütten. Die angeschwemmten Goldfelder Ballarats waren die Spitze eines goldenen Eisbergs und als Minen mit tiefen Schächten angelegt wurden, fand man unglaublich reichhaltige goldführende Quarzgänge. In der Eureka-Rebellion von 1854 lehnten sich die Bergleute gegen die Regierung auf, was Ballarat zur Leitregion im Kampf um die Rechte der Minenarbeiter machte.

Sehenswertes & Aktivitäten

Man sollte sich die Zeit nehmen und die **Lydiard Street** entlanglaufen. Sie ist in Sachen viktorianischer Architektur eine der schönsten Straßen Australiens. Zu den eindrucksvollsten Gebäuden gehören **Her Majesty's Theatre** (03-5333 5888; www.hermaj.com; 17 Lydiard St Sth), das **Craig's Royal Hotel** (03-5331 1377; www.craigsroyal.com; 10 Lydiard St South; DZ 230–450 AU$), das **George Hotel** (03-5333 4866; www.georgehotelballarat.com.au; 27 Lydiard St Nth; DZ/FZ/Suite ab 145/220/260 AU$) und die **Kunstgalerie**. Die Hauptschlagader, die beeindruckende **Sturt Street** mit ihren inselartigen Gärten, wurde wegen der großen Wendekreise der Ochsenkarren einst drei Ketten (60 m) breit angelegt.

★ **Sovereign Hill** HISTORISCHE STÄTTE
(03-5337 1100; www.sovereignhill.com.au; Bradshaw St; Erw./Kind/Student/Fam. 49,50/22/39,60/122 AU$; 10–17 Uhr, im Sommer bis 17.30 Uhr) Man sollte mindestens einen halben Tag für die Erkundung des faszinierenden Nachbaus des Goldgräberstädtchens aus den 1860er-Jahren einplanen. Die Mine war während des Goldrauschs aktiv und der Großteil der Ausrüstung sowie der Minenschacht sind erhalten. Kleine Besucher sind besonders vom Goldwaschen im Fluss, den stündlichen Vorführungen in der Goldgießerei und dem traditionellen Süßwarenladen begeistert.

Die Hauptstraße ist ein großes, lebendiges Geschichtsmuseum: Die Angestellten sind wie zu damaligen Zeiten gekleidet und spielen das Leben in der Goldgräberstadt nach. Abends präsentiert Sovereign Hill die beeindruckende Sound and Light Show **Blood on the Southern Cross** (03-5337 1199; Erw./Kind/Student/Fam. 59/31,50/47,20/160 AU$, Kombiticket mit Sovereign Hill 107,50/53,50/86/282 AU$), bei der der Kampf der Eureka-Rebellion auf dramatische Weise nachempfunden wird. Jeden Abend finden zwei Shows statt, aber die Zeiten können variieren, also vorab informieren und reservieren.

Das Ticket gewährt auch Eintritt ins **Gold Museum** (Bradshaw St; Erw./Kind 11,20/5,90 AU$; 9.30–17.30 Uhr) in der Nähe, das auf dem Gelände einer alten Mine steht. Es zeigt originelle Ausstellungen und Exponate aus alten Bergbauzeiten sowie Goldnuggets, Münzen und eine Sammlung zur Eureka-Rebellion.

★ **Museum of Australian Democracy at Eureka** MUSEUM
(MADE; 1800 287 113; www.made.org; Ecke Eureka St & Rodier St; Erw./Kind/Fam. 12/8/35 AU$; 10–17 Uhr) Das tolle Museum hat im Mai 2013 an eben jener Stelle seine Pforten geöffnet, an der einst die Eureka-Rebellion stattfand und sich bereits zu einer der Top-Attraktionen Ballarats entwickelt. Den Anfang macht eine Multimedia-Ausstellung zur Eureka-Rebellion, die die Ereignisse von 1854 zum Leben erweckt und deren ganzer Stolz die Überreste der originalen Eureka-Flagge sind. Danach widmet sich das Museum mithilfe einer Reihe interaktiver Ausstellungsstücke einem breiteren Themenfeld, etwa der Demokratie in Australien.

★ **Art Gallery of Ballarat** GALERIE
(03-5320 5858; www.balgal.com; 40 Lydiard St Nth; 10–17 Uhr) GRATIS 1884 erbaut und 1890 an den heutigen Standort umgezogen, ist die Art Gallery of Ballarat die älteste Provinzgalerie Australiens. Das architektonische

DIE EUREKA-REBELLION

Am 29. November 1854 verbrannten während einer Massenversammlung unter der Führung des Iren Peter Lalor um die 800 Goldgräber ihre Lizenzen und errichteten eine Barrikade in Eureka, wo sie sich darauf vorbereiteten, für ihre Rechte zu kämpfen. Raffaello Carboni, ein Veteran aus dem italienischen Unabhängigkeitskrieg, rief die Menge dazu auf, „unabhängig von Nationalität, Religion oder Hautfarbe", das Kreuz des Südens als „Zuflucht aller Unterdrückten aus allen Ländern der Erde" zu grüßen.

Am 3. Dezember gab die Regierung den Truppen (und berittenen Kolonialpolizisten) den Befehl zur Stürmung. Hinter den provisorischen Barrikaden waren 150 Goldgräber. Der Kampf dauerte nur 20 Minuten und kostete 25 Goldgräber und vier Soldaten das Leben.

Obwohl die Rebellion nur kurz angedauert hatte, gewannen die Goldgräber die Sympathie der Einwohner Victorias. Die Regierung entschloss sich daraufhin, die Anführer des Aufstands vom Vorwurf des Hochverrats freizusprechen. Interessant ist, dass nur vier der Goldgräber in Australien geboren waren. Die anderen kamen ursprünglich aus Deutschland, der Schweiz, Holland, Frankreich, Griechenland, Portugal, Italien, Korsika, Schweden, Irland, Großbritannien, den USA, Kanada, Russland und den Westindischen Inseln.

Die Lizenzgebühren wurden abgeschafft und eine Schürfberechtigung für 1 £ pro Jahr eingeführt. Diese gab den Goldgräbern das Recht, nach Gold zu suchen, ein kleines Stück Land einzuzäunen, es zu bestellen und eine Behausung zu errichten. Zudem erhielten sie das Wahlrecht. Der Rebellenführer Peter Lalor wurde einige Jahre später Parlamentsmitglied. Eureka hat bis heute Symbolwirkung für die australische Kultur. Es steht für die hoch angesehenen Werte Arbeitnehmerrechte, Demokratie und Gleichberechtigung.

Die Brüderlichkeit auf den Goldfields im Jahr 1854 hatte aber leider auch ihre Grenzen. Die 40 000 Goldgräber, die aus dem Süden Chinas nach Victoria kamen, um ihr Glück zu suchen, waren oft das Ziel von Gewaltangriffen und Vorurteilen. Die chinesische Gemeinschaft hat diese Herausforderungen jedoch gemeistert und ist heute ein fester Bestandteil des Stadtbilds in Melbourne sowie in den ländlichen Gebieten Victorias.

Schmuckstück beherbergt eine tolle Sammlung kolonialer Gemälde sowie Werke australischer Künstler (z. B. Tom Roberts, Sir Sidney Nolan, Russell Drysdale and Fred Williams) und zeitgenössische Arbeiten. Es gibt kostenlose iPod-Touren, und von Mittwoch bis Sonntag (14 Uhr) auch kostenlose Führungen.

Ballarat Wildlife Park ZOO
(☎ 03-5333 5933; www.wildlifepark.com.au; Ecke York St & Fussell St; Erw./Kind/Fam. 28/16/75 AU$; ☉ 9–17.30 Uhr, Führung 11 Uhr) Ein ruhiger Zoo mit heimischen Tieren, vom süßen King Island Wallaby bis hin zu Tasmanischen Teufeln, Emus, Kurzschwanzkängurus, Schlangen, Adlern und Krokodilen. Täglich gibt es eine geführte Tour und das Wochenendprogramm beinhaltet Koala-, Wombat- und Schlangen-Shows sowie Krokodilfütterungen.

Kryal Castle SCHLOSS
(☎ 03-5334 7388; http://kryalcastle.com.au; 121 Forbes Rd, Leigh Creek; Erw./Kind/Fam. 31/19/89 AU$; ☉ Sa & So 10–16 Uhr, in den Schulferien tgl.) Dieser Nachbau eines mittelalterlichen Schlosses mit Vergnügungspark mag vielleicht ein wenig kitschig anmuten, Kinder lieben es aber und verbringen am liebsten den ganzen Tag hier. Ritter und Burgfräulein wandeln über das Gelände und im Action-Angebot sind ein Drachen-Labyrinth, ein Zauber-Workshop, Lanzenduelle, ein Folterverlies und vieles mehr. Wer will, kann auch in einer der einigermaßen luxuriösen Castle Suites (Zi. ab 130 AU$) übernachten.

Gold Shop GOLDWÄSCHE
(☎ 03-5333 4242; www.thegoldshop.com.au; 8a Lydiard St North; ☉ Mo–Sa 10–17 Uhr) Im historischen Gebäude der Mining Exchange können hoffnungsvolle Goldsucher Schürflizenzen erwerben und Metalldetektoren ausleihen.

☞ Geführte Touren

Eerie Tours TOUR
(☎ 1300 856 668; www.eerietours.com.au; Erw./Kind/Fam. 27,50/17,50/75 AU$; ☉ Mi–So 20 oder 21 Uhr) Auf einer nächtlichen Geister- oder Friedhofstour kann man die schaurigen Aspekte von Ballarats Vergangenheit erfahren.

✲ Feste & Events

Begonia Festival STRASSENKARNEVAL
(www.ballaratbegoniafestival.com) Das hundert Jahre alte Festival findet am langen La-

Ballarat

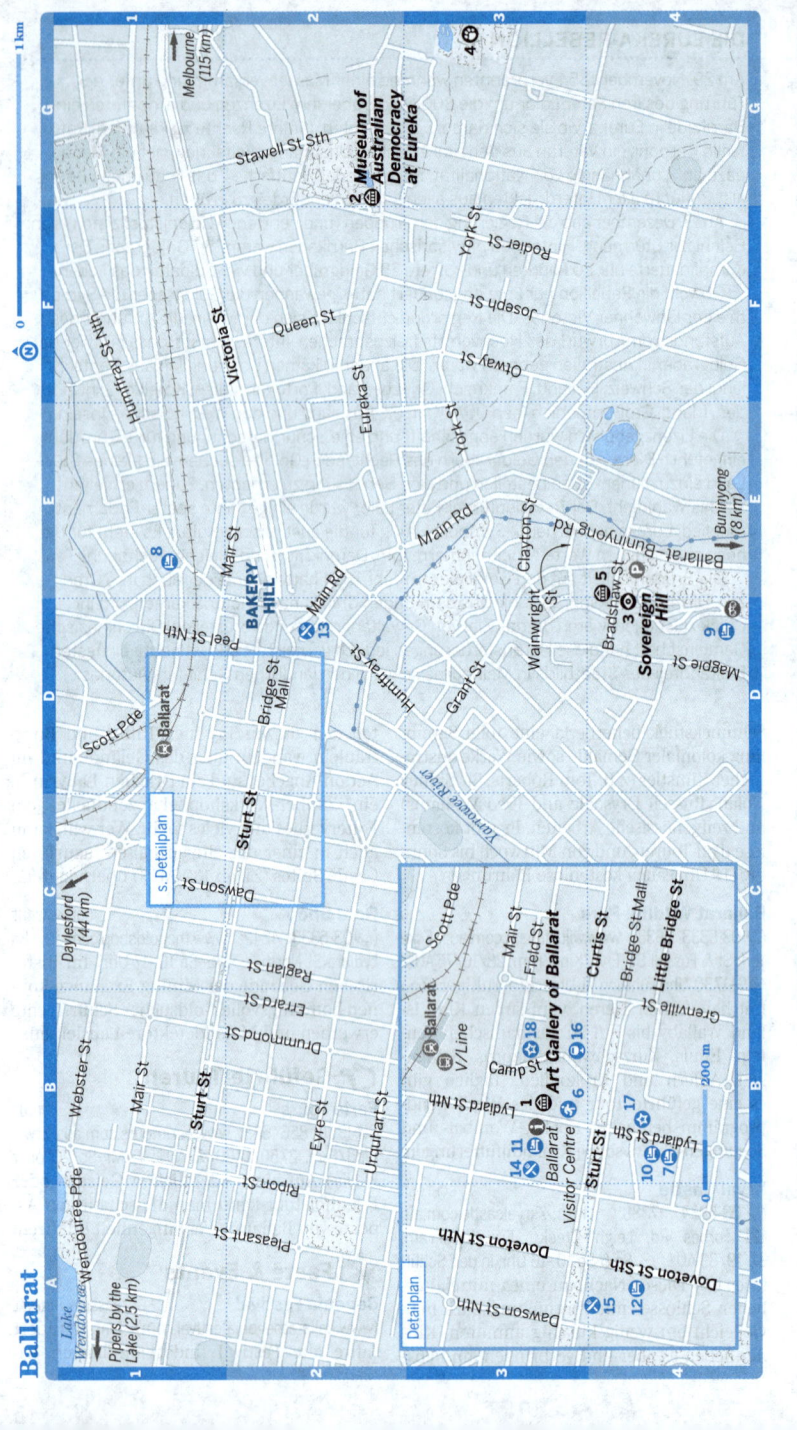

GRAMPIANS & GOLDFIELDS BALLARAT

- 1 Art Gallery of Ballarat
- 2 Museum of Australian Democracy at Eureka
- 3 Sovereign Hill
- 4 (symbol)
- 5 Bradshaw St
- 6
- 7
- 8
- 10
- 11
- 12
- 13
- 14
- 15
- 16
- 17
- 18

Key streets visible:
- Lake Wendouree
- Pipers by the Lake (2.5 km)
- Wendouree Pde
- Daylesford (44 km)
- Pleasant St
- Ripon St
- Webster St
- Mair St
- Sturt St
- Drummond St
- Eyre St
- Urquhart St
- Errard St
- Raglan St
- Dawson St
- Scott Pde
- Humffray St Nth
- Victoria St
- Stawell St Sth
- Queen St
- Eureka St
- York St
- Joseph St
- Otway St
- Rodier St
- Mair St
- Peel St Nth
- Bridge St Mall
- Main Rd
- Bakery Hill
- Humffray St
- Grant St
- Clayton St
- Wainwright St
- Magpie St
- Ballarat-Buninyong Rd
- Buninyong (8 km)
- Yarrowee River
- Melbourne (115 km)

Detailplan inset:
- Scott Pde
- Mair St
- Field St
- Curtis St
- Bridge St Mall
- Little Bridge St
- Greville St
- Camp St
- Lydiard St Nth
- Lydiard St Sth
- Sturt St
- Doveton St Nth
- Doveton St Sth
- Dawson St Nth
- Ballarat V/Line
- Ballarat Visitor Centre

0 — 1 km
0 — 200 m

Ballarat

◎ Highlights
1. Art Gallery of Ballarat B3
2. Museum of Australian Democracy at Eureka G2
3. Sovereign Hill D4

◎ Sehenswertes
4. Ballarat Wildlife Park G3
5. Gold Museum E4

✪ Aktivitäten, Kurse & Touren
6. Gold Shop B3

⌂ Schlafen
7. Ansonia on Lydiard B4
8. Ballarat Backpackers Hostel E1
9. Comfort Inn Sovereign Hill D4
10. Craig's Royal Hotel B4
11. George Hotel B3
12. Oscar's A4

⊗ Essen
13. Catfish D2
14. Forge Pizzeria B3
15. L'Espresso A4

◉ Ausgehen & Nachtleben
16. Haida B3

✪ Unterhaltung
17. Her Majesty's Theatre B4
18. Karova Lounge B3

bour-Day-Wochenende Anfang März statt, mit einer spektakulären Blumenaustellung, Parade, Feuerwerk, Kunst und Musik.

🛏 Schlafen

Ballarat Backpackers Hostel HOSTEL $
(☎ 0427 440 661; www.ballaratbackpackers.com.au; 81 Humffray St Nth; B/EZ/DZ 30/40/70 AU$) Die renovierte Pension im alten Eastern Station Hotel (von 1862) ist auch ein Pub, der Livemusik auf dem Programm hat. Die Zimmer sind einfach, aber frisch renoviert und bieten ein gutes Preis-Leistungs-Verhältnis.

★ Comfort Inn Sovereign Hill HISTORISCHES HOTEL $$
(☎ 03-5337 1159; www.sovereignhill.com.au/comfort-inn-sovereign-hill; 39-41 Magpie St; Zi. 175-195 AU$; ❊ ⓢ) Die ehemalige Sovereign Hill Lodge ist eine hervorragende Unterkunft mit hellen, modernen Zimmern, nur einen Steinwurf von Sovereign Hill selbst entfernt. Erhältlich sind auch Übernachtungspakete inklusive Entertainment-Angebot.

Wer das „Night in the Museum"-Paket (EZ/DZ 425/695 AU$) bucht, übernachtet im Steinfeld's-Gebäude am Ende der Main St innerhalb von Sovereign Hill selbst und wird vom Personal in Kostümen der damaligen Zeit bedient.

★ Oscar's BOUTIQUEHOTEL $$
(☎ 03-5331 1451; www.oscarshotel.com.au; 18 Doveton St; DZ 150-200 AU$, Zi. mit Whirlpool 225 AU$; ❊ ⓢ) Die 13 Zimmer dieses attraktiven Art-déco-Hotels wurden geschmackvoll renoviert und bieten Doppelduschen und Whirlpools (mit Blick auf den Fernseher).

Ansonia on Lydiard B&B $$
(☎ 03-5332 4678; www.theansoniaonlydiard.com.au; 32 Lydiard St South; Zi. 125-225 AU$; ❊ ⓢ) Das Ansonia ist eines der vielen tollen Hotels an der Lydiard St und vereint Ruhe mit minimalistischem Design, polierten Böden, Möbeln aus dunklem Holz und einem von Licht durchfluteten Atrium. Die stilvollen Zimmer – die Palette reicht von Studio-Apartments für zwei bis hin zu Familiensuiten – haben allesamt Großbild-TVs.

✕ Essen

L'Espresso ITALIENISCH $
(☎ 03-5333 1789; 417 Sturt St; Hauptgerichte 11-20 AU$; ⊙ So-Do 7.30-18, Fr & Sa bis 23 Uhr) Dieses trendige, italienische Lokal ist eine Institution in Ballarats Cafészene und fungiert gleichzeitig als Plattenladen – man kann in aller Ruhe eine große CD-Auswahl mit Jazz, Blues und Weltmusik durchstöbern, während man auf Espresso oder eine toskanische Bohnensuppe wartet.

★ Catfish THAI $$
(☎ 03-5335 5248; www.catfishthai.com.au; 42-44 Main Rd; Hauptgerichte 18-34 AU$; ⊙ Di-Sa 18 Uhr-open end) Damien Jones, der schon der Lydiard Wine Bar zu ihrem Ruf als geheimes Juwel verholfen hat, ist jetzt Chefkoch im Catfish. Nicht zuletzt die Thai-Kochkurse machen das Restaurant immer beliebter.

Forge Pizzeria ITALIENISCH, PIZZA $$
(☎ 03-5337 6635; www.theforgepizzeria.com.au; 14 Armstrong St North; Pizza 15-25 AU$; ⊙ 12-23 Uhr) Sollte dies der Beginn von Ballarats Bendigo-Renaissaince sein? Der Speisesaal mit seinen Backsteinwänden ist die coolste Adresse der Stadt mit außerordentlich leckeren Pizzen und italienischen Gerichten sowie feinem Pökelfleisch.

Pipers by the Lake CAFÉ $$
(☎ 03-5334 1811; www.pipersbythelake.com.au; 403 Wendouree Pde; Hauptgerichte 19-33 AU$;

> ### 🛈 BALLARAT PASS
>
> Der Ballarat Pass (📞1800 446 633; www.visitballarat.com.au/things-to-do/ballarat-pass; Pass für 3/4 Attraktionen Erw. 96/107 AU$, Kind 51/58 AU$, Fam. 257/288 AU$) ist eine Kombi-Eintrittskarte, die für die drei Attraktionen Sovereign Hill, Kryal Castle und den Ballarat Wildlife Park gültig ist. Der Pass für vier Attraktionen beinhaltet auch das Museum of Australian Democracy in Eureka. Wer sich den Ballarat Pass holt, spart etwa 10 % des regulären Eintrittspreises. Er kann telefonisch oder im Visitor Centre von Ballarat gekauft werden.

⊙ Sa–Do 9–16, Fr 9–16 & 18–22 Uhr) Die Lakeside Lodge von 1890 wurde von W.H. Piper entworfen und ist heute ein reizendes, lichtdurchflutetes Café mit riesigen Fenstern, die den Blick auf den See und den Hof draußen freigeben. Auf den Tisch kommen z. B. Pulled-Pork-Sandwichs oder Risotto mit geröstetem Kürbis, Feta und Pinienkernen.

🍸 Ausgehen & Unterhaltung

Als Studentenstadt verfügt Ballarat über ein sehr reges Nachtleben. Überall in der Stadt warten traditionelle Pubs, aber das bunteste Treiben herrscht rund um die Lydiard Street und die nahe Camp Street.

Haida LOUNGE
(📞03-5331 5346; www.haidabar.com; 12 Camp St; ⊙ Mi–So 17 Uhr–open end) Das Haida ist eine Lounge-Bar auf zwei Ebenen, in der man mit einem Cocktail am offenen Kamin entspannen oder unten zu Livemusik oder DJ-Sound chillen kann.

Karova Lounge LIVEMUSIK
(📞03-5332 9122; www.karovalounge.com; Ecke Field & Camp St; ⊙ Mi–Sa 21 Uhr–open end) Dies ist der beste Laden für Livemusik in ganz Ballarat: Im angesagten Karova treten Bands in einer industriell anmutenden Umgebung auf.

🛍 Shoppen

Mill Markets MARKT
(📞03-5334 7877; www.millmarkets.com.au; 9367 Western Hwy; ⊙10–18 Uhr) Die kleinere Ausgabe der beliebten Mill Markets in Daylesford ist eine riesige Ansammlung von Antiquitäten, Retro-Möbeln und allerhand Schnickschnack in den alten Wolllagern.

🛈 Praktische Informationen

Ballarat Visitor Centre (📞1800 446 633, 03-5320 5741; www.visitballarat.com.au; 43 Lydiard St North; ⊙9–17 Uhr) Gegenüber der Kunstgalerie.

🛈 An- & Weiterreise

Airport Shuttle Bus (📞03-5333 4181; www.airportshuttlebus.com.au) Fährt vom Flughafen in Melbourne direkt zum Bahnhof von Ballarat (Erw./Kind 34/17 AU$, 1½ Std., Mo–Fr 9-mal tgl., am Wochenende 7-mal tgl.).

Greyhound Australia (📞1300 473 946; www.greyhound.com.au) Busse von Greyhound Australia fahren zwischen Adelaide (92 AU$, 8¾ Std., Abfahrt Adelaide 20.15 Uhr) und Melbourne (29 AU$, 1¾ Std.) und halten auf Wunsch (beim Fahrer anfragen) in Ballarat.

V/Line (📞1800 800 007; www.vline.com.au) Häufige direkte Zugverbindungen zwischen Melbourne (Southern Cross Station) und Ballarat (ab 12,75 AU$, 1½ Std., 18-mal tgl.) und mindestens drei Verbindungen über Geelong.

BENDIGO

82794 EW.

Den Namen Bendigo sollte man sich merken, denn es entwickelt sich zur angesagtesten Stadt des Bundesstaats. Neue Hotels, eine dynamische Restaurantszene und der beeindruckende Umbau historischer Stätten (das ehemalige Gefängnis soll bald als Theater mit 1000 Sitzplätzen zu neuem Leben erwachen) gesellen sich zu einem ohnehin schon beeindruckenden Spektrum an Attraktionen, das von Architektur aus Zeiten des Goldrauschs und edlen Kunstgalerien bis hin zu den chinesischen Drachen des Easter Festival reicht. Bendigo liegt außerdem mitten in den Goldfeldern der Umgebung sowie im Herzen einer ausgezeichneten Weingegend. Die einzige offene Frage ist, warum der Siegeszug Bendigos eigentlich so lange auf sich hat warten lassen.

Geschichte

Nachdem 1851 im nahe gelegenen Ravenswood und später in Bendigo Creek Gold entdeckt worden war, entwickelte sich die Gegend zu einem unfassbar reichen Goldgräbergebiet, den Bendigo Diggings, das eine Fläche von über 360 km² einnahm. Angeblich sollen die Stubenmädchen im Shamrock Hotel jeden Abend den Boden aufgewischt haben, um den Goldstaub zu sammeln, den die Trinkgesellen an ihren

Schuhen kleben hatten. Im Jahr 1854 erreichten Tausende von chinesischen Bergarbeitern die Stadt, was trotz fremdenfeindlicher Spannungen, die daraufhin auftraten, einen nachhaltigen Einfluss auf Bendigo haben sollte.

Die 1860er-Jahre brachten erneut Veränderungen mit sich, als die Überlegenheit der mächtigen Bergbaugesellschaften mit ihren schweren Maschinen gegenüber den unabhängigen Bergarbeitern offensichtlich wurde. Die Gesellschaften spülten Unmengen an Geld in die Stadt und es wurden ca. 35 Quarzgänge entdeckt. Der Boden unterhalb Bendigos ist noch heute von zahllosen Minenschächten durchzogen und es schlummert auch noch einiges an Gold in der Erde. Bendigo Mining hat 2008 in der Mine von Kangaroo Flat seine Arbeit wieder aufgenommen.

⊙ Sehenswertes

Die beeindruckendsten Gebäude der Stadt stehen in der **Pall Mall**, während die **View St** ein historischer Straßenzug mit einigen eleganten Bauwerken ist, darunter das **Capital** mit der Bendigo Art Gallery.

★ Central Deborah Goldmine
HISTORISCHE STÄTTE

(⌕ 03-5443 8322; www.central-deborah.com; 76 Violet St; Minenbesuch Erw./Kind/Fam. 30/16/83 AU$; ⊙ 9.30–17 Uhr) Wer eine echte Tiefenerfahrung machen möchte, der kann mit einem Geologen in diese Mine 500 m unter der Erde absteigen. In der Mine wurde auf 17 Ebenen gearbeitet. Dabei kam rund 1 Tonne Gold zutage. Man kriegt einen Helm und eine Lampe und steigt tief in den Schacht ab, um sich die verschiedenen Arbeitsschritte inklusive Bohrvorführungen anzusehen. Unter der Woche werden täglich fünf Führungen angeboten, am Wochenende sind es sechs. Sie dauern jeweils etwa 75 Minuten.

Außerdem gibt es ein 2½-stündiges **Underground Adventure** (Erw./Kind/Fam. 85/52,50/245 AU$) und, für alle, die sich unter der Erde nicht so wohl fühlen, eine **Über-Tage-Tour** (15/7,50/40 AU$).

★ Bendigo Talking Tram
BAHN

(⌕ 03-5442 2821; www.bendigotramways.com; Erw./Kind/Fam. 17,50/11/51 AU$, 2 Tage gültig; ⊙ 10–17 Uhr) Mit einer der restaurierten „sprechenden" Straßenbahnen kann man eine Stadtrundfahrt machen. Die Fahrkarte gilt zwei Tage und man kann beliebig oft ein- und aussteigen. Die Bahn fährt alle halbe Stunde von der Central Deborah Goldmine zum **Tramways Museum** (1 Tramways Rd; mit Straßenbahnfahrkarte Eintritt frei; ⊙ 10–17 Uhr) und stoppt mehrfach – z. B. am Golden Dragon Museum und am Lake Weeroona.

★ Golden Dragon Museum & Gardens
MUSEUM

(⌕ 03-5441 5044; www.goldendragonmuseum.org; 1–11 Bridge St; Erw./Kind/Fam. 11/6/28 AU$; ⊙ 9.30–17 Uhr) Das unübersehbare chinesische Erbe unterscheidet Bendigo von anderen Goldgräberorten, und dieses fantastische Museum widmet sich eben jenem. Durch ein Holztor betritt man eine ehrfurchterregende Kammer voller Drachen, darunter die kaiserlichen Exemplare Old Loong (der älteste der Welt) und Sun Loong (mit mehr als 100 m der längste der Welt).

Das Museum stellt auch beeindruckende traditionelle chinesische Artefakte und Kostüme aus. Das Gebiet vor dem Museum wurde saniert, mit einer überdimensionalen Lotusblume versehen und trägt nun die Bezeichnung Dai Gum San Chinese Precinct.

Joss House Temple
TEMPEL

(⌕ 03-5443 8255; www.bendigojosshouse.com; Finn St; Erw./Kind/Fam. 6/4/18 AU$; ⊙ 11–15 Uhr) Dieser Tempel ist rot angestrichen – in der traditionellen Farbe der Kraft – und das einzige noch aktive „Joss House" in Zentral-Victoria. Er liegt 2 km nordwestlich des Zentrums.

★ Bendigo Art Gallery
GALERIE

(⌕ 03-5434 6088; www.bendigoartgallery.com.au; 42 View St; Eintritt gegen Spende; ⊙ 10–17 Uhr, Führungen 14 Uhr) Die Dauerausstellung der Bendigo Art Galerie, eine der besten regionalen Kunstgalerien in Viktoria, zeigt hervorragende kolonialzeitliche und zeitgenössische australische Kunst. Alljährlich gibt es topaktuelle Wechselausstellungen, die einen entscheidenden Beitrag zu Bendigos Renaissance geleistet haben. Das Gallery Café überblickt den Rosalind Park und ist ein nettes Plätzchen für einen Kaffee oder ein leichtes Mittagessen.

Sacred Heart Cathedral
KIRCHE

(Ecke Wattle St & High St) Der hoch aufragende Kirchturm der prachtvollen Kathedrale ist kaum zu übersehen. Im 19. Jh. wurde dem Bau begonnen. Die Fertigstellung war aber erst im Jahr 2001 mit dem Einbau der italienischen Glocke im Glockenturm. Unter der hohen, gewölbten Decke kann man einen prächtig geschnitzten Bischofsthron, ein paar wunderschöne Buntglasfenster und die Holzengel an den Deckenbögen bestaunen.

Bendigo

Bendigo

⊙ Highlights
1. Bendigo Art Gallery B2
2. Bendigo Talking Tram A4
3. Central Deborah Goldmine A4
4. Golden Dragon Museum & Gardens C1

⊙ Sehenswertes
5. Dudley House B2
6. Sacred Heart Cathedral A3
7. Tramways Museum D1

⊙ Schlafen
8. Bendigo Backpackers B3

9. Quest Bendigo D1
10. Shamrock Hotel C2

⊗ Essen
11. Brewhouse Cafe B3
12. Dispensary Enoteca C2
13. Gillies Bendigo Original Pie Shop C2
14. GPO Bar & Grill C2
15. Malayan Orchid A2
16. Mason's of Bendigo C3
17. Woodhouse C3

⊙ Unterhaltung
18. Capital B2

Great Stupa of Universal Compassion
BUDDHISTISCH

(☏ 03-5466-7568; www.stupa.org.au; 25 Sandhurst Town Rd, Myers Flat) In Myers Flat, gleich außerhalb von Bendigo, steht dieser buddhistische Stupa zwischen Eukalyptusbäumen und soll mit seinem 50 m langen Fundament und den 50 m Höhe angeblich der größte Stupa der westlichen Welt sein. Sobald das Bauwerk fertig ist, wird hier eine massive, aus Jade geschnitzte Buddhastatue untergebracht sein (die größte der Welt). Zur Zeit der Recherche waren die Bauarbeiten noch nicht beendet, eine Besichtigung war aber bereits möglich.

🎉 Feste & Events

Easter Festival
KARNEVAL

Bendigos wichtigstes Fest findet im März oder April statt. Es zieht mit seiner Karnevalsatmosphäre und den bunten, lauten Prozessionen mit chinesischen Drachen, die von Sun Loong – dem längsten chinesischen Drachen der Welt – angeführt werden, Tausende von Besuchern an.

🛏 Schlafen

Bendigo Backpackers
HOSTEL $

(☎ 03-5443 7680; www.bendigobackpackers.com.au; 33 Creek St South; B/DZ/FZ 30/70/100 AU$; ❊🛜) Dieses kleine heimelige Hostel ist in einem Holzhaus in toller, zentraler Lage untergebracht. Es hat helle, freundliche Zimmer mit der üblichen Ausstattung plus einige Extras wie einen Fahrradverleih.

Central City Caravan Park
CAMPINGPLATZ $

(☎ 1800 500 475, 03-5443 6937; www.centralcitycaravanpark.com.au; 362 High St, Golden Square; Stellplatz ohne/mit Strom ab 30/37 AU$, Hütten 89–190 AU$; ❊❊) Dieser Platz liegt der Stadt am nächsten. Er bietet schattige Stellplätze, Gemeinschaftsküche und Hütten mit Bad.

★ The Schaller Studio
BOUTIQUEHOTEL $$

(☎ 03-4433 6100; www.artserieshotels.com.au/schaller; Ecke Bayne St & Lucan St; DZ ab 112 AU$; 🅿❊🛜) Diese Unterkunft ist ein Vorreiter in Sachen Stilrenaissance in Bendigo und gehört zur schicken Hotelkette Art Series, die in Melbourne großen Anklang findet. Das Atelier des australischen Künstlers Mark Schaller mit seinen farbenfrohen Landschaftsbildern und Stillleben diente dem Boutiquehotel als Vorbild.

Die öffentlichen Bereiche sind unkonventionell und cool, während die Zimmer eine verspielte Energie ausstrahlen. Hier ist nicht nur das Preis-Leistungs-Verhältnis sensationell. Im Garten stehen Skulpturen des Künstlers.

★ Shamrock Hotel
HOTEL $$

(☎ 03-5443 0333; www.hotelshamrock.com.au; Ecke Pall Mall & Williamson St; DZ 130–200 AU$, Suite 250 AU$) Das Shamrock ist eine von Bendigos historischen Legenden und vereinnahmt ein atemberaubendes viktorianisches Gebäude mit Buntglas, Originalgemälden, schicken Säulen und einer Treppe à la *Vom Winde verweht*. Die renovierten Zimmer oben reichen von kleinen Standardzimmern bis hin zu riesigen Luxus-Suiten mit eigenem Whirlpool.

Quest Bendigo
APARTMENT $$

(☎ 03-5410 1300; www.questapartments.com.au; 228 McCrae St; Wohnstudio 140 AU$, Apt. mit 1/2 Betten 165/240 AU$; ❊🛜) Der Bendigo-Ableger dieser hervorragenden Kette ist ein Apartment-Hotel mit stilvollen, geräumigen und modernen Wohneinheiten nahe dem Stadtzentrum.

🍴 Essen

★ Gillies Bendigo Original Pie Shop
BÄCKEREI $

(Hargreaves St Mall; Pasteten ab 5 AU$; ⏰ Sa–Do 9–17.30, Fr bis 19 Uhr) Die Bäckerei an der Ecke des Einkaufszentrums ist eine echte Institution in Bendigo. Bessere Pies als hier sucht man in der ganzen Stadt vergebens.

★ Dispensary Enoteca
MODERN-AUSTRALISCH $$

(☎ 03-5444 5885; www.thedispensaryenoteca.com; 9 Chancery Lane; Hauptgerichte 18–55 AU$; ⏰ Di–Sa 11.30 Uhr–open end) Lokale Zutaten, ein angesagter Speisebereich und ein talentierter Koch machen dies zu einem der kreativeren Restaurants im ländlichen Victoria. Die Riesenwachtel vom Grill und die geräucherte und scharf angebratene Aylesbury-Entenbrust mit Wacholder sind vorzüglich. Durch die zahllosen Bierflaschen und die Location in einer kleinen Gasse fühlt man sich hier wie in einem Designer-Restaurant (gegen später einer Designer-Bar) für Insider.

★ Mason's of Bendigo
MODERN-AUSTRALISCH $$

(☎ 03-5443 3877; www.masonsofbendigo.com.au; 25 Queen St; Hauptgerichte 18–49 AU$; ⏰ Di–Sa 8.30–9.30 Uhr) Zwanglos und doch elegant, mit vorwiegend lokalen Zutaten, aber von Kochtechniken aus der ganzen Welt beeinflusst. Das Mason's ist in einer ehemaligen Glasfabrik untergebracht und zu jeder Tageszeit eine angenehme Mischung aus hochwertigem Essen und toller Atmosphäre. Auf der Speisekarte stehen Rote-Bete-Gnocchi, geröstete Ziegenschulter oder Wachtel mit Pistazienterrine. Auch die Bierkarte ist super.

Brewhouse Cafe
CAFÉ $$

(☎ 03-5442 8224; www.brewhousecoffee.com.au; 402 Hargreaves St; Hauptgerichte 14–22 AU$; ⏰ Mo–Do 7–17, Fr bis 21, Sa bis 16, So 8–16 Uhr) Das Brewhouse Cafe serviert in einer lagerhausähnlichen Location, die an Melbourne erinnert, den besten Kaffee der Stadt. Kein Wunder, denn die Bohnen stammen aus dem angeschlossenen Brewhouse Coffee Roasters,

DER GOLDRAUSCH IN VICTORIA

Als in New South Wales im Mai 1851 Gold entdeckt wurde, befürchtete man in Victoria, auf der Strecke zu bleiben, und so wurde eine Belohnung für denjenigen ausgesetzt, der im Umkreis von 300 km um Melbourne auch auf Gold stoßen würde. Die Sorgen waren unbegründet. Im Juni wurde in Clunes, 32 km nördlich von Ballarat, ein beträchtlicher Goldfund gemacht und die Goldgräber kamen in Scharen nach Zentral-Victoria.

In den folgenden Monaten gab es fast wöchentlich überall in Victoria neue Goldfunde und im September 1851 wurde in Moliagul der größte Fund der Geschichte gemacht. Kurz darauf folgten Ballarat, Bendigo, Mt. Alexander und viele andere Orte. Ende des Jahres 1851 zog es hoffnungsvolle Goldgräber aus England, Irland, dem europäischen Festland, China und den zur Neige gehenden Goldfeldern in Kalifornien nach Victoria.

Während der Goldrausch auch seine tragischen Seiten hatte (etwa Epidemien, die in den Lagern wüteten) und auch viele Gauner anzog (darunter Buschranger, die Goldtransporte angriffen), läutete er auch eine großartige Ära des Wachstums und Wohlstands in Victoria ein. Innerhalb von zwölf Jahren wuchs die Bevölkerung von 77 000 auf 540 000 an. Bergbauunternehmen investierten große Summen in die Gegend, die Entwicklung von Straßen und Eisenbahnstrecken beschleunigte sich und die riesigen Barackensiedlungen wurden durch moderne Provinzstädte wie Ballarat, Bendigo und Castlemaine ersetzt, die ihre Blütezeit in den 1880er-Jahren erlebten.

Das weltweit größte angeschwemmte Goldnugget, das 72 kg schwere „Welcome Stranger", wurde 1869 in Moliagul gefunden, während das „Hand of Faith" (das größte je mithilfe eines Detektors gefundene Nugget) 27 kg wog und 1980 bei Kingower entdeckt wurde.

in dem geröstet wird. Das Frühstück ist toll und auch die Pizza, Sandwichs und Gerichte wie Thai-Fischbällchen oder in Guinness geschmorte Lammstelzen sind lecker!

GPO Bar & Grill — MEDITERRAN $$
(03-5443 4343; www.gpobendigo.com.au; 60-64 Pall Mall; Tapas ab 9 AU$, Hauptgerichte mittags 16-27 AU$, Hauptgerichte abends 21-36 AU$; 11 Uhr–open end;) Essen und Atmosphäre im GPO sind grandios und werden von den Einheimischen sehr geschätzt. Geschmorte Rinderbäckchen oder Salat mit Harcourt-Birne und Blauschimmelkäse sind traumhafte Mittagsoptionen. Ebenso gut sind die innovative Pizza, die Pasta und die Tapas. Die Bar ist ein guter Ort für einen Drink von der beeindruckenden Wein- und Cocktailkarte.

Malayan Orchid — MALAYSISCH, AUSTRALISCH $$
(03-5442 4411; www.malayanorchid.com.au; 155 View St; Hauptgerichte 20-30 AU$; Mo-Fr 12-14 & 17 Uhr–open end, Sa 17 Uhr–open end) In diesem edlen malaysischen Restaurant werden die typischen Gerichte aufgetischt. Die Saucen werden allerdings mit Emu-, Känguru- und sogar Kamelfleisch versehen – ein gutes Beispiel dafür, wie einfach den Leuten in Bendige die kulturübergreifende Fusionküche von der Hand geht.

Woodhouse — STEAKHAUS $$$
(03-5443 8671; www.thewoodhouse.com.au; 101 Williamson St; Pizza 18-23 AU$, Hauptgerichte 33-59 AU$; Di-Fr 12-14.30 & 17.30 Uhr–open end, Mo & Sa 17.30 Uhr–open end) Die Bewohner Bendigos lieben dieses Restaurant im Lagerhausstil mit warmen Farbtönen und Backsteinwänden – aus gutem Grund! Hier kommt mit das beste Steak Victorias auf den Tisch. Die Woodhouse Wagyu Tasting Plate (58,90 AU$) ist teuer, für Fleischliebhaber aber ein Fest. Der Mittagstisch (20 AU$) ist eine etwas leichtere und günstigere Option und umfasst Pizza und ein Glas Wein.

Ausgehen & Unterhaltung

Bendigos Nachtleben ist quicklebendig. Dienstags und donnerstags gibt's Studenten-Specials. Manche Clubs haben bis 5 Uhr offen, nach 2 Uhr kommt aber niemand mehr rein. Das Meiste spielt sich rund um die Bull Street und entlang der Pall Mall ab. Viele Restaurants wie das Wine Bank, die Dispensary Enoteca oder das Whirrawee verwandeln sich nach Küchenschluss in tolle Weinlokale.

Capital — THEATER
(03-5434 6100; www.bendigo.vic.gov.au; 50 View St) Das schön restaurierte Capital ist Bendigos wichtigste Bühne für Kleinkunst, und jedes Jahr finden hier Hunderte Events statt.

Praktische Informationen

Bendigo Visitor Centre (1800 813 153, 03-5434 6060; www.bendigotourism.com; 51-67

Pall Mall; ⊙9–17 Uhr) Das Besucherzentrum ist im ehemaligen Postgebäude untergebracht und bietet Buchungen für Unterkünfte. Außerdem kann man die Post Office Gallery, eine Außenstelle der Bendigo Art Gallery, besuchen.

ℹ️ An- & Weiterreise

Bendigo Airport Service (📞03-5444 3939; www.bendigoairportservice.com.au; Erw. einfach/hin & zurück 42/78 AU$, Kind 20/40 AU$) Direktverbindung zwischen Melbournes Tullamarine Airport und dem Bahnhof in Bendigo (2 Std., 7-mal tägl.). Reservieren!

V/Line (📞13 61 96; www.vline.com.au) V/Line hat regelmäßige Zugverbindungen zwischen Melbourne (Southern Cross Station) und Bendigo (ab 19,30 AU$, 2 Std., 12–18-mal tgl.) über Kyneton und Castlemaine.

ORTE IN DEN GOLDFIELDS

Auch wenn Ballarat und Bendigo großartige Städte sind, sollte man sie irgendwann hinter sich lassen, um die Ortschaften auf dem Land zu besuchen und die Überreste der Goldgräberzeit zu erkunden, die für Zentral-Victoria typisch sind. Ein Roadtrip nach Castlemaine, Kyneton, Maryborough und Maldon vermittelt einen Eindruck vom unglaublichen Wachstum und vom unvermeidbaren Niedergang jener Ortschaften aus den Zeiten des Goldrauschs. Unterwegs kommt man aber auch durch eine wunderschöne Landschaft und eine Region, die aufgrund ihres Weins und anderer Produkte an Beliebtheit gewinnt und sich zum angesagten Ausflugsziel mausert. Am besten beginnt man seine Tour nördlich von Melbourne (über den Calder Hwy; M79 und A79).

Kyneton

4460 EW.

Kyneton wurde ein Jahr vor den ersten Goldfunden gegründet. Es war einst die wichtigste Postkutschenstation zwischen Melbourne und Bendigo und Drehkreuz für die Versorgung der Goldgräber mit Lebensmitteln. Im Viertel rund um die Piper St stehen alte Gebäude aus Basalt, die Cafés, Antiquitätenläden, Museen und Restaurants beherbergen.

👁 Sehenswertes

Kyneton Historical Museum MUSEUM
(📞03-5422 1228; 67 Piper St; Erw./Kind 6,50/3 AU$; ⊙Fr–So 11-16 Uhr) Das ehemalige Bankgebäude (1855) ist heute ein Museum mit Exponaten zur lokalen Geschichte. Das Obergeschoss ist mit Möbeln aus der damaligen Zeit eingerichtet. Das Gebäude an sich ist interessanter als die Ausstellungen.

🎉 Feste & Events

Kyneton Daffodil & Arts Festival KARNEVAL
(www.kynetondaffodilarts.org.au; ⊙Sept.) Kyneton ist für seine Osterglocken bekannt. Beim jährlich stattfindenden Kyneton Daffodil & Arts Festival gibt's zehn Tage lang Galas, Märkte, Konzerte, einen Rummel sowie Kunst- und Blumenausstellungen.

Budburst ESSEN, WEIN
(📞1800 244 711; www.macedonrangeswine.com.au/budburst-festival/; ⊙Mitte Nov.) Das Wein- und Kulinarikfestival Budburst findet über mehrere Tage hinweg in den Weingütern der gesamten Macedon-Ranges-Region statt.

🛏 Schlafen & Essen

Die historische Piper St ist der beste Ort in Kyneton, um essen zu gehen. Hier gibt es eine fantastische Café- und Restaurantszene.

Airleigh-Rose Cottage B&B $$$
(📞0402 783 489; www.airleighrosecottage.com.au; 10 Begg St; Zi. 2 Nächte 490 AU$, Mindestaufenthalt 2 Nächte) Hübsche Zimmer mit viel mit Holz und Backstein in einem Cottage von 1900.

⭐ Mr. Carsisi NAHÖSTLICH $$$
(📞03-5422 3769; http://mrcarsisi.com; 37c Piper St; Hauptgerichte 29–39 AU$; ⊙Fr–Di 11.30 Uhr–open end) Das beliebte Restaurant serviert türkische Gerichte und nahöstliche Mezze und lässt fremde Aromen aus lokalen Zutaten entstehen. Ein gutes Beispiel ist die Milawa-Entenbrust mit Honig und Kardamom.

Annie Smithers Bistrot MODERN-AUSTRALISCH $$$
(📞03-5422 2039; www.anniesmithers.com.au; 72 Piper St; Hauptgerichte 36–40 AU$; ⊙Do–Sa 12-14.30 & 18–21, So 12–14.30 Uhr) Eine der spannendsten neuen Adressen in Zentral-Victoria. Auf der Speisekarte dieses edlen Restaurants stehen saisonal wechselnde Gerichte und die Beschreibungen dazu hören sich wie eine kulinarische Kurzgeschichte über Zutaten aus der Region und sorgfältig ausgewählte Geschmackskombinationen an, etwa das in Haselnüssen und Fenchelsamen panierte Schweineschnitzel mit Apfel-Fenchel-Püree, Frühlings-Krautsalat und Schweine-Cider-Jus.

🛈 Praktische Informationen

Kyneton Visitor Centre (☎ 1800 244 711, 03-5422 6110; www.visitmacedonranges.com; 127 High St; ⊙ 9–17 Uhr) An der südöstlichen Stadtzufahrt. Gibt die Broschüren *Town Walks*, *Self Drive Tour* und *Campaspe River Walk* aus.

🛈 An- & Weiterreise

Kyneton liegt direkt am Calder Hwy, etwa 90 km nordwestlich von Melbourne.

V/Line (www.vline.com.au) Auf der Strecke Melbourne-Bendigo verkehren regelmäßig V/Line-Züge, die auch in Kyneton halten (ab 10,35 AU$, 1¼ Std.). Der Bahnhof liegt 1 km südlich des Stadtzentrums.

Castlemaine

9124 EW.

Im Herzen der Goldfields in Zentral-Victoria liegt Castlemaine, ein angenehmes Arbeiterstädtchen, in dem sich eine wachsende Gemeinde von Künstlern und ehemaligen Städtern inmitten inspirierender Goldrauscharchitektur und hübscher Gärten niedergelassen hat. In den Hauptstraßen sind einige tolle Beispiele der Architektur des späten 19. Jhs. zu bewundern.

Geschichte

Nachdem 1851 im Specimen Gully Gold entdeckt wurde, zog der Tagebau am Mt. Alexander rund 30 000 Goldgräber an, und Castlemaine verwandelte sich in die florierende Stadt der Goldfelder. Die Bedeutung der Stadt schwand, als das Oberflächengold in den 1860er-Jahren zur Neige ging, aber glücklicherweise war ihr Zentrum dann bereits gut etabliert und blieb relativ intakt.

Denn auch nachdem das Gold weniger wurde, hat Castlemaine noch den Ruf als Stadt der Industrie und Innovation: Dies ist der Geburtsort der Bierbrauerei Castlemaine XXXX (die ihren Sitz inzwischen aber in Queensland hat – die Originalbrauerei war in der Elizabeth Street) und von Castlemaine Rock, einem Bonbonsorte, die seit 1853 von der Familie Barnes mit viel Liebe hergestellt wird. Außerdem ist die Stadt das „Street Rod Centre of Australia": Hier werden seit 1962 Autos frisiert und stolz präsentiert.

⊙ Sehenswertes & Aktivitäten

★ Castlemaine Art Gallery & Historical Museum GALERIE, MUSEUM
(☎ 03-5472 2292; www.castlemainegallery.com; 14 Lyttleton St; Erw./Student/Kind 4/3 AU$/frei; ⊙ 10–17 Uhr) Diese Galerie befindet sich in einem grandiosen Art-déco-Gebäude und bietet eine Sammlung kolonialer und zeitgenössischer australischer Kunst, darunter Werke von Frederick McCubbin und Russell Drysdale. Unten befindet sich ein Museum zur Lokalgeschichte mit Kostümen, Porzellan und Relikten aus der Goldgräberzeit.

Castlemaine Botanical Gardens GARTEN
(Walker St) Die majestätischen Gärten zählen zu den ältesten ihrer Art in Victoria (1860 angelegt) und schaffen ein perfektes Gleichgewicht zwischen Skulpturen und Natur. In ihnen findet man zahlreiche atemberaubende, vom National Trust gelistete Bäume sowie einen künstlich angelegten See (Lake Joanna).

Burke & Wills Monument DENKMAL
(Wills St) An der Wills St steht das Burke and Wills Monument, von dem aus man einen guten Blick über die Stadt hat (der Lyttleton St vom Zentrum aus nach Osten folgen). Bevor Robert O'Hara Burke zu seinem verhängnisvollen Marsch aufbrach, war er Polizeikommissar in Castlemaine.

Victorian Goldfields Railway ZUG
(☎ 03-5470 6658; www.vgr.com.au; Erw./Kind hin u. zurück 45/20 AU$) Dieser historische Dampfzug schlängelt sich durch das Waldgebiet des Gold Country. Er verbindet bis zu dreimal pro Woche Castlemaine und Maldon.

🎭 Feste & Events

Castlemaine State Festival KUNST
(www.castlemainefestival.com.au; ⊙ März–April) Eines der wichtigsten Kunstevents Victorias mit Theater, Musik, Kunst und Tanz. Es wird im März oder April in Jahren mit ungerader Jahreszahl gefeiert.

Festival of Gardens GARTEN
(www.festivalofgardens.org; ⊙ Nov.) Zu diesem Event, das in Jahren mit gerader Jahreszahl stattfindet, öffnen über 50 Einheimische ihre Anwesen für die Öffentlichkeit.

🛏 Schlafen

Während der Festivals läuft ohne Reservierung nichts. Der kostenlose **Buchungsservice für Quartiere** (☎ 1800 171 888; www.maldoncastlemaine.com) in der Region hilft gern.

Castlemaine Gardens Caravan Park CAMPINGPLATZ $
(☎ 03-5472 1125; www.castlemaine-gardens-caravan-park.vic.big4.com.au; Doran Ave; Stellplatz ohne/mit Strom 32/37 AU$, Hütten 85–155 AU$) In

ABSTECHER

MARYBOROUGH

Maryborough zählt zu Victorias „Goldenem Dreieck", in dem Goldsucher auch heute noch ein Nugget finden können. Der Stolz des Ortes ist sein großartiger Bahnhof, und da es wieder Zugverbindungen von Melbourne nach Maryborough gibt, lohnt sich auch ein Tagesausflug hierher. Aktuell gibt es täglich einen Direktzug ab Melbourne (29 AU$, 2¼ Std.); alternativ steigt man in Geelong, Ballarat oder Castlemaine in einen Bus um.

Bahnhof Maryborough (03-5461 4683; 38 Victoria St; 10–17 Uhr) Im Ort gibt's viele beeindruckende Bauwerke aus viktorianischer Zeit, der Bahnhof von Maryborough ist aber unangefochtene Nummer Eins. Das große Gebäude mit Glockenturm von 1892 wurde von Mark Twain als „Bahnhof mit angeschlossener Ortschaft" beschrieben. Heute beherbergt er ein riesiges Kaufhaus für Antiquitäten, ein Weinzentrum und ein Café.

Coiltek Gold Centre (03-5460 4700; www.marybroughgoldcentre.com.au; 6 Drive-in Ct; 9–17 Uhr) Wer sich auf die Suche nach einem Nugget machen möchte, kann im Coiltek Gold Centre an einem Goldsucher-Kurs (1/2 Pers. 120/200 AU$) mit modernsten Metalldetektoren teilnehmen. Hier kann auch die Ausrüstung gekauft oder geliehen werden.

Central Goldfields Visitor Centre (1800 356 511, 03-5460 4511; www.visitmaryborough.com.au; Ecke Alma St & Nolan St; 9–17 Uhr) Hat jede Menge hilfreicher Karten und freundlicher Angestellter.

schöner Lage neben dem botanischen Garten und dem öffentlichen Schwimmbad. Der bewaldete Park hat eine Küche, einen Grillplatz und eine Hütte mit Aufenthaltsraum.

★ **Apple Annie's** APARTMENTS $$
(03-5472 5311; www.appleannies.com.au; 31 Templeton St; Apt. 120–160 AU$) Wunderschön eingerichtete Apartments mit rustikalen Dielen, Pastelltönen, offenen Kaminen und (im vorderen Apartment) privater Veranda.

Midland Private Hotel PENSION $$
(0487 198 931; www.themidland.com.au; 2 Templeton St; DZ 150 AU$) Die mit Spitze dekorierte Unterkunft aus dem Jahr 1879 liegt gegenüber vom Bahnhof und ist größtenteils original erhalten. Die Zimmer sind altmodisch, aber die Räume versprühen jede Menge Charme, vom Art-déco-Eingang bis hin zur wunderschönen Lounge und der angeschlossenen Maurocco Bar. Kinder sind nicht erwünscht.

✖ Essen

Apple Annie's BÄCKEREI, CAFÉ $
(03-5472 5311; www.appleannies.com.au; 31 Templeton St; Hauptgerichte 10–17 AU$; Mi–Sa 8–16, So bis 15 Uhr) Mit frisch gebackenem Brot, Feta und Zucchini-Fritten oder belegten Baguettes ist dieses Bäckerei-Café im ländlichen Stil nur schwer zu schlagen.

Good Table EUROPÄISCH $$
(03-5472 4400; www.thegoodtable.com.au; 233 Barker St; Hauptgerichte 26–32 AU$, 2-/3-Gänge-Menü abends Mo–Do 25/30 AU$; Do–So 12–14

Uhr, tgl. ab 18 Uhr) Dieses beliebte Restaurant ist in einem hübschen Eckhotel untergebracht. Auf der Karte findet sich eine sorgfältige Auswahl an europäisch beeinflussten Gerichten, die regelmäßig geändert wird – je nach Jahreszeit und Angebot auf dem Markt. Auch die Weinkarte ist sehr gut.

★ **Public Inn** MODERN-AUSTRALISCH $$$
(03-5472 3568; www.publicinn.com.au; 165 Barker St; 2-Gänge-Menü 39 AU$, Hauptgerichte 19–45 AU$; Fr–So 12 Uhr–open end, Mo–Do 16 Uhr–open end) Das ehemalige Criterion Hotel wurde auf sensationelle Weise in ein schickes Restaurant mit Bar verwandelt, das mit edlen Farben und den Ledersofas auch in Manhattan nicht fehl am Platz wäre. Das Essen könnte auch in einem edlen Gastro-Pub serviert werden. Die „Fässer-Wand", an der lokale Weine ausgeschenkt werden, ist einen Blick wert.

☆ Unterhaltung

Bridge Hotel LIVEMUSIK
(03-5472 1161; http://bridgehotelcastlemaine.com; 21 Walker St; Mo–Mi 16–23, Do bis 1, Fr 12–1, Sa 12–24, So 12–23 Uhr) Es lohnt sich, vorbeizuschauen, denn dies ist eine der besten Livemusik-Locations Victorias. Es ist ein bescheidenes Lokal mit vielen Liveacts mit Indie-Kleinoden und Stars. Wenn kein Konzert ansteht, gibt's Karaoke- und Quizabende.

Theatre Royal KINO
(03-5472 1196; www.theatreroyal.info; 28 Hargreaves St; Kinoticket Erw./Kind 15,50/12 AU$) Dieses

Schauspielhaus ist seit den 1850er-Jahren ohne Unterbrechung in Betrieb und eine tolle Eventlocation. Hier gibt's ein Kino (nebenher kann man zu Abend essen), Liveauftritte tourender Künstler, eine Bar und ein Café. Das Programm steht auf der Website.

ⓘ Praktische Informationen

Castlemaine Visitor Centre (☏ 03-5471 1795; www.maldoncastlemaine.com; 44 Mostyn St; ⊙ 9–17 Uhr) Das Besucherzentrum findet man im wunderschönen alten Castlemaine Market. Seine Fassade erinnert an eine römische Basilika, die passenderweise eine Statue von Ceres krönt, der römischen Erntegöttin.

ⓘ An- & Weiterreise

V/Line (☏ 13 61 96; www.vline.com.au) Stündlich verkehren Züge zwischen Melbourne und Castlemaine (ab 14,15 AU$, 1½ Std.), die nach Bendigo (3,90 AU$) weiterfahren.

Maldon

1236 EW.

Alles im winzigen Maldon, einem Relikt aus der Zeit des Goldrauschs, ist wie in einem Volksmuseum. Zahlreiche Gebäude wurden aus vor Ort abgetragenen Steinen erbaut. Die Einwohnerzahl ist inzwischen zwar sehr weit entfernt von jenen 20 000, die einst auf den Goldfeldern arbeiteten, aber Maldon ist noch immer ein lebendiger Arbeiterort, in dem am Wochenende viele Touristen unterwegs sind. Unter der Woche geht es verschlafener zu.

⊙ Sehenswertes & Aktivitäten

Old Post Office HISTORISCHES GEBÄUDE
(95 High St) Das alte Postamt stammt von 1870 und ist das Haus, in dem die Autorin Henry Handel Richardson (ja, Autorin!) aufgewachsen ist. Sie berichtet davon in ihrer Autobiographie *Myself When Young* (1948).

Carman's Tunnel HISTORISCHE STÄTTE
(☏ 03-5475 2656; off Parkin's Reef Rd; Erw./Kind 7,50/2,50 AU$; ⊙ Touren Sa & So 13.30, 14.30 & 15.30 Uhr, während der Ferien tägl.) Der Carman's Tunnel ist ein 570 m langer Minentunnel, für den in den 1880er-Jahren zwei ganze Jahre lang gegraben wurde und der am Ende nur zu Gold im Wert von 300 AU$ führte. Heute kann man auf einer 45-minütigen Tour bei Kerzenlicht mit einem Guide hinabsteigen.

Mt. Tarrengower AUSSICHTSPUNKT
Auf keinen Fall sollte man den Panoramablick vom Förderturm auf dem Mt. Tarrengower verpassen. Man kann die 3 km hinauf bequem mit dem Auto zurücklegen.

Victorian Goldfields Railway ZUG
(☏ 03-5470 6658; www.vgr.com.au; Erw./Kind hin & zurück 45/20 AU$) Dieser wunderschön restaurierte Dampfzug fährt bis zu dreimal wöchentlich auf seiner ursprünglichen Strecke durch den Muckleford Forest bis nach Castlemaine (und zurück). Wer etwas mehr zahlt, kann in der 1. Klasse in einem mit Eichenholz verkleideten Waggon mitfahren. Der Bahnhof in Maldon stammt aus dem Jahr 1884.

✦ Feste & Events

Maldon Folk Festival MUSIK
(www.maldonfolkfestival.com; Ticket 2 Tage 115 AU$; ⊙ Okt.–Nov.) Maldons wichtigste Veranstaltung ist dieses viertägige Festival, das Folk-Künstler anzieht. Dabei wird eine große Vielfalt an Weltmusik an Veranstaltungsorten in der ganzen Stadt und auf der Hauptbühne im Mt. Tarrengower Reserve gespielt.

🛏 Schlafen & Essen

Im gesamten Ort gibt es voll ausgestattete Cottages und bezaubernde B&Bs in restaurierten Gebäuden. Der Buchungsservice für Unterkünfte kann dabei helfen (S. 630).

★ Maldon Miners Cottages COTTAGE $$
(☏ 0413 541 941; www.heritagecottages.com.au; 41 High St; Cottage ab 150 AU$) Bucht Übernachtungen in Maldons historischen Cottages aus dem 19. Jh. Eine tolle Option!

Gold Exchange Cafe CAFÉ $
(www.goldexchangecafe.com; 44 Main St; Gerichte 7–15 AU$; ⊙ Mi–So 9–17 Uhr) Dieses winzige Café mit Schanklizenz hat leckere Yabby-Pies aus lokal gezüchteten Flusskrebsen.

ⓘ Praktische Informationen

Maldon Visitor Centre (☏ 03-5475 2569; www.maldoncastlemaine.com; 95 High St; ⊙ 9–17 Uhr) Hat Internetzugang. Außerdem gibt's hier die Broschüren *Information Guide* und *Historic Town Walk*, die Grundlage für einen Stadtspaziergang vorbei an historischen Gebäuden sind.

GRAMPIANS (GARIWERD)

Die Grampians zählen sowohl kulturell als auch in puncto Natur zu den bemerkenswertesten Besonderheiten des Bundesstaats.

Sie erheben sich aus den Ebenen Western Victorias und sind ein Paradies für Buschwanderer, Kletterer und Naturliebhaber. Die große Vielfalt von Flora und Fauna, die einzigartigen Sandsteinformationen, die Felskunst der Aborigines, spektakuläre Aussichtspunkte sowie ein umfangreiches Netz aus Wanderwegen und Zeltplätzen im Busch haben für jeden etwas zu bieten. Die einheimischen Jardwadjali nannten die Berge Gariwerd (in der Sprache der lokalen indigenen Bevölkerung bedeutet *gari* „spitzer Berg" und *werd* heißt „Schulter"). Der Entdecker Major Thomas Mitchell benannte die Berge nach den schottischen Grampians.

Grampians National Park

Die vier höchsten Bergketten der Grampians sind die **Mt. Difficult Range** im Norden, die **Mt. William Range** im Osten, die **Serra Range** im Südosten und die **Victoria Range** im Südwesten. Sie erstrecken sich von Ararat bis zum Wartook Valley und von Dunkeld bis fast nach Horsham. **Halls Gap** liegt im Fyans Valley und ist eine Art Basislager und Drehscheibe für Dienstleistungen rund um die Erkundung der Grampians. Die kleinere **Wonderland Range** nahe Halls Gap wartet mit einer spektakulären und gut zugänglichen Landschaft, Panoramastraßen, Picknickplätzen und wunderschönen Wanderwegen durch Eukalyptuswälder auf, wie etwa jene, die zu den **Pinnacles** oder den **Silverband Falls** führen.

Es gibt über 150 km gut markierter **Wanderwege**, von halbstündigen Spaziergängen bis hin zu mehrtägigen Trekkingtouren durch schwieriges Gelände. Alle beginnen an Park-, Picknick- oder Campingplätzen. Wer längere Touren unternimmt, sollte jemandem mitteilen (am besten einem Ranger von Parks Victoria), wo es hingehen soll.

Eine der beliebtesten Attraktionen sind die spektakulären **MacKenzie Falls**. Vom Parkplatz führt ein steiler, 600 m langer Pfad zum Fuße des Wasserfalls und einem großen Becken (Baden verboten). Außerdem beliebt sind der **Boroka Lookout** mit tollem Blick über Halls Gap und den Lake Bellfield sowie der **Reed Lookout** mit einer kurzen Wanderung zu den **Balconies** und Blick über den Lake Wartook. **Mt. Stapylton** und **Hollow Mountain** im Norden sind bekannt als gute Orte für Abseil- und Klettertouren.

Mitte Januar 2014 fegte eine Reihe von Buschfeuern über die Region der Grampians hinweg. Ein Ascheregen ging über Halls Gap nieder, als der Wind früher als erwartet seine Richtung änderte und der Ort verschont blieb. Der Norden der Region wurde am härtesten getroffen: In Wartook und Brimpaen brannten viele Häuser nieder. In der Gegend rund um Mt. Difficult zerstörten die Flammen große Waldflächen. Für Besucher der Grampians hat sich trotz der Brände wenig geändert. Die Visitor Centres sowie Parks Victoria haben Infos, ob und welche Wanderwege gesperrt sind.

Geführte Touren

Absolute Outdoors ABENTEUERTOUR
(03-5356 4556; www.absoluteoutdoors.com.au; 105 Main Rd, Halls Gap) Klettern, Abseilen, Mountainbiken, Kanufahren und geführte Wanderungen. Verleiht auch Ausrüstungen.

★**Brambuk Cultural Centre** KULTUREXKURSION
(03-5356 4452; www.brambuk.com.au; Grampians Tourist Rd, Halls Gap; 3-/5-stündige Führung 70/140 AU$) Von Rangern begleitete Kultur- und Felskunstexkursionen mit zahlreichen

> **FELSKUNST**
>
> Schon seit über 20 000 Jahren leben die Aborigines, die traditionellen Landbesitzer, in Gariwerd (den Grampians). In dieser Region finden sich die am leichtesten zugänglichen Stätten mit indigener Felskunst. Zu ihnen zählt auch **Bunjil's Shelter** bei Stawell, eine der heiligsten Stätten der Aborigines in Victoria, die man am besten im Rahmen einer Tour vom **Brambuk Cultural Centre** (03-5356 4452; www.brambuk.com.au; Grampians Rd/C216) aus besichtigt. Im Westen des Parks liegen die Stätten **Manja Shelter**, vom Harrop-Track-Parkplatz aus zu erreichen, und der **Billimina Shelter** in der Nähe des Buandik-Campingplatzes. Im Norden liegt der **Ngamadjidj Shelter**, der vom Campingplatz Stapylton erreichbar ist.
>
> Die Malereien liegen im Schutz von Felsüberhängen und bestehen größtenteils aus Handabdrücken, Tierfährten und Strichmännchen. Sie zeigen, welchen Respekt diesen Bergen von den lokalen Aborigine-Gemeinden entgegengebracht und sollten mit dem gebührenden Respekt behandelt werden.

Grampians Horseriding Adventures
REITEN
(☏ 03-5383 9255; www.grampianshorseriding.com.au; 430 Schmidts Rd, Wartook Valley; 2½-stündiger Ausritt 100 AU$; ⊙ 10 & 14 Uhr) Ausritte auf einem Anwesen mit toller Aussicht, schönen Seen und Wegen durch den Busch. Anfänger werden gut betreut. Im Angebot ist auch Ponyreiten (30 AU$) für Kinder.

Grampians Mountain Adventure Company
ABENTEUERTOUR
(GMAC; ☏ 0427 747 047; www.grampiansadventure.com.au; halber/ganzer Tag ab 95/145 AU$) Spezialisiert auf Klettern und Abseilen und Kurse für Anfänger und Fortgeschritttene.

Hangin' Out
KLETTERN
(☏ 0407 684 831, 03-5356 4535; www.hanginout.com.au; Klettertour 4 Std./ganzer Tag 115/160 AU$) Am besten fängt man mit einer privaten vierstündigen Einführung durch die Kletterspezialisten an. Der erfahrene Guide Earl nimmt fortgeschrittenere Kletterer mit hinein in die Felswände und gibt unterwegs noch lebhafte Erklärungen zur Umgebung. Seine ganztätige Abenteuertour umfasst sowohl Klettern als auch Abseilen.

🛏 Schlafen

Parks Victoria unterhält im gesamten Park Campingplätze (je Fahrzeug bzw. 6 Pers. 11,70–37,80 AU$) mit Toiletten, Picknicktischen und Feuerstellen (Wasser mitbringen!). Für die Nutzung braucht man eine kostenpflichtige Genehmigung, die im Büro von Parks Victoria im Brambuk Cultural Centre erhältlich ist. Buschcamping ist erlaubt (aber keine Lagerfeuer) mit Ausnahme der Gegend rund um die Wonderland Range, um den Lake Wartook und in Teilen der Serra Range, Mt. William Range und Victoria Range.

Unbedingt die Feuerbeschränkungen beachten! An Tagen mit absolutem Feuerverbot bringt man nicht nur sich und den Busch in Gefahr, sondern kann für das Entfachen jeglicher Art von Feuer – sogar von Spirituskochern – ins Gefängnis kommen. Bevor man sich in den Busch aufmacht, sollte man sich unter www.cfa.vic.gov.au genau über die Beschränkungen informieren.

ℹ Praktische Informationen

Parks Victoria (☏ 03-5361 4000, 13 19 63; www.parkweb.vic.gov.au; Brambuk Cultural Centre, Grampians Tourist Rd, Halls Gap) Das Parkbüro ist die beste Adresse für Karten und die Ranger dort können Tipps zu möglichen Zielen, Campingplätzen und Sehenswertem geben. Es werden auch Camping- und Angelgenehmigungen ausgestellt. Letztere werden für das Angeln in den Bächen der Umgebung benötigt.

Halls Gap
613 EW.

Das hübsche Örtchen Halls Gap liegt unterhalb der schroffen Wonderland Range. Im Winter ist er etwas verschlafen, aber während der Ferien kann es hier ganz schön heiß hergehen. Halls Gap dient oft als Basislager für Touren in die Grampians und bietet Zugang zu den schönsten Teilen. An der einzigen Straße des Ortes gibt es einige Shops, einen Supermarkt, Buchungsbüros für Abenteueraktivitäten sowie Restaurants und Cafés.

⊙ Sehenswertes

★ Brambuk Cultural Centre
KULTURZENTRUM
(☏ 03-5361 4000; www.brambuk.com.au; Grampians Tourist Rd; ⊙ 9–17 Uhr) GRATIS Als erstes sollte man in diesem tollen Kulturzentrum in Brambuk, 2,5 km südlich von Halls Gap vorbeischauen. Das Zentrum wird von fünf Koori-Gemeinden in Zusammenarbeit mit Parks Victoria betrieben und gewährt mit Hilfe von Erzählungen, Kunst, Musik, Tanz, Werkzeugen und Fotos der Koorie Einblicke in die heimische Kultur und Geschichte.

Das Gebäude hat eine umwerfende Architektur, die zeitlose Aborigine-Motive mit modernen Formen und Baumaterialien verbindet. Sein fließendes orangefarbenes Dach stellt die Flügel eines Kakadus dar und erinnert außerdem an die Berggipfel der Grampians.

Das Gariwerd Dreaming Theatre (Erw./Kind/Fam. 5/3/15 AU$) zeigt stündlich Filme zu Traumzeiterzählungen über Gariwerd und die Schöpfungsgeschichte Bunjil. Die Decke stellt einen Südlichen Glattwal dar (er ist der Totem des Gunditjmara-Volks). Es gibt außerdem einen Kunstraum, in dem Kinder sich selbst in indigener Kunst versuchen können. Zudem werden Einführungen ins Boomerangwerfen und Didgeridoospielen angeboten und diverse Ferienprogramme organisiert. Vor dem Gebäude werden heimische Pflanzen angebaut, die als Nahrung und für medizinische Zwecke verwendet werden.

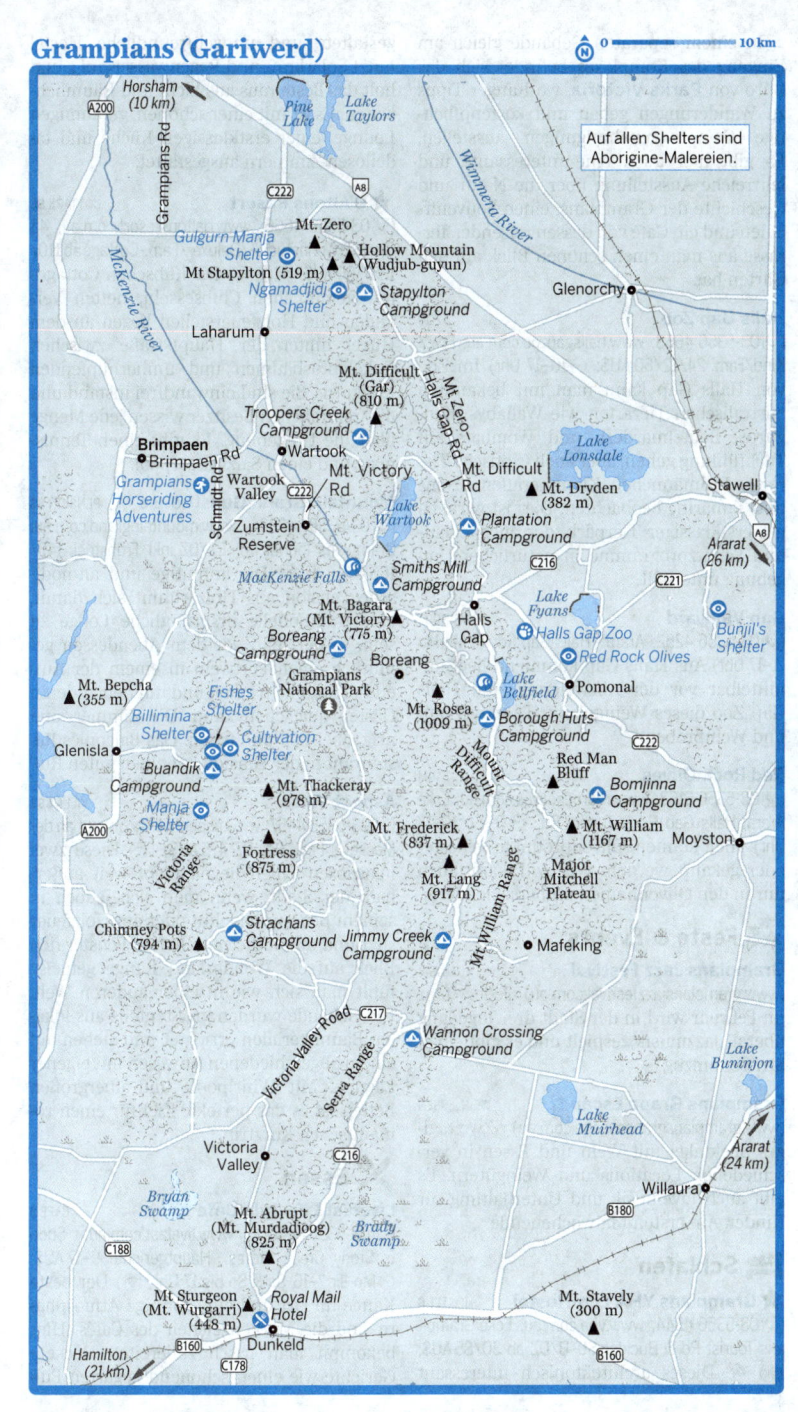

Grampians (Gariwerd)

Auf allen Shelters sind Aborigine-Malereien.

In einem separaten Gebäude gleich am Eingang des Komplexes befindet sich das Büro von **Parks Victoria**, wo Ranger Tipps zu Wanderungen geben und kostenpflichtige Campinggenehmigungen ausstellen. Es gibt hier auch eine interessante und lehrreiche Ausstellung über die Natur und Geschichte der Grampians, einen Souvenirladen und ein Café von dessen reizender Terrasse aus man einen schönen Blick auf den Garten hat.

Halls Gap Zoo ZOO
(03-5356 4668; www.hallsgapzoo.com.au; Erw./Kind/Fam. 24/12/60 AU$; 10–17 Uhr) Im Zoo von Halls Gap kann man mit bekannten australischen Tierarten wie Wallabys, Kängurus, Beutelmardern und Wombats auf Tuchfühlung gehen, aber auch exotische Tiere wie Erdmännchen, Klammeraffen, Bisons und Tamarine beobachten. Dies ist wirklich ein erstklassiger Tierpark, der auch Zucht- und Schutzprogramme in natürlicher Umgebung unterhält.

Gap Vineyard WEINGUT
(03-5356 4252; Ararat–Halls Gap Rd; Mi–Mo 11–17 Uhr) Aus Halls Gap kommend liegt unmittelbar vor der Abzweigung zum Halls Gap Zoo dieses Weingut mit Direktverkauf und Weinproben.

Red Rock Olives FARM
(03-5356 6168; www.redrockolives.com.au; Ecke Ararat-Halls Gap Rd & Tunnel Rd; Fr–So 10–17 Uhr) Hier können Olivenprodukte gekostet oder gekauft werden. Wer will, kann auch nur in den Olivenhainen umherschlendern.

Feste & Events

Grampians Jazz Festival MUSIK
(www.grampiansjazzfestival.com.au) Jedes Jahr im Februar wird in der Stadt drei Tage lang überall Jazzmusik gespielt und es gibt einen Straßenumzug.

Grampians Grape Escape WEIN, ESSEN
(www.grampiansgrapeescape.com.au) Zweitägiges Spektakel mit Wein und Essen in verschiedenen Locations und Weingütern. Es gibt auch Livemusik und Unterhaltung für Kinder. Am ersten Maiwochenende.

Schlafen

⭐ **Grampians YHA Eco-Hostel** HOSTEL $
(03-5356 4544; www.yha.com.au; Ecke Grampians Tourist Rd & Buckler St; B/DZ ab 30/85 AU$; @) Dieses architektonisch interessante gestaltete und umweltfreundliche Hostel nutzt Solarkraft und Regenwassertanks und holt das Beste raus aus Licht und Räumlichkeiten. Es ist mit einer schönen, geräumigen Lounge, einer erstklassigen Küche und tadellosen Zimmern ausgestattet.

⭐ **D'Altons Resort** COTTAGE $$
(03-5356 4666; www.daltonsresort.com.au; 48 Glen St; Wohnstudio-/Deluxe-/Fam.-Cottage ab 110/125/160 AU$; ❄☎♨) Die hübschen Cottages mit gemütlichen Clubsesseln, netten Veranden und Holzfeuerstellen liegen an dem Hügel hinter der Hauptstraße zwischen Eukalyptusbäumen und umherhüpfenden Kängurus. Sie sind einwandfrei instand und die freundlichen Besitzer wissen jede Menge über die Umgebung. Es gibt einen Tennisplatz und einen Salzwasserpool.

Mountain Grand Guesthouse PENSION $$
(03-5356 4232; www.mountaingrand.com.au; Grampians Tourist Rd; EZ/DZ inkl. Frühstück 146/166 AU$; ❄☎) Die anmutige und altmodische Pension aus Holz rühmt sich damit, eine traditionelle ursprüngliche Lodge zu sein, in der man vor der Abendessen gemütlich einen Portwein in einem der Aufenthaltsräume trinken und mit den anderen Gästen quatschen kann. Die Zimmer sind urig, aber hell und frisch. Das Balconies Restaurant in der Pension hat einen guten Ruf.

Aspect Villas VILLA $$$
(03-5356 4457; www.aspectvillas.com.au; an der Mackey's Peak Rd; DZ 475 AU$; ❄) Diese zwei luxuriösen Villen liegen nicht weit außerhalb der Stadt, wenn man sich jedoch in seinem Bett zurücklehnt oder am Holzfeuer sitzt und durch die raumhohen Fenster den Blick auf die Wonderland Range genießt, fühlt man sich wie in einer anderen Welt. Die Gebäude wurden größtenteils aus lokalen Baumaterialien errichtet und stehen auf einem abgeschiedenen Anwesen mit eigener Lagune. Mit Whirlpools und übergroßen Betten ist es das perfekte Ziel für einen romantischen Kurztrip.

Essen

Livefast Lifestyle Cafe CAFÉ $
(03-5356 4400; www.livefast.com.au; Shop 5, Stony Creek Stores; Hauptgerichte 9–17 AU$; Mo–Fr 7–16, Sa & So bis 17 Uhr; ☎) Der beste Kaffee im Ort und eine sonnige Atmosphäre sind die Markenzeichen des Cafés. Hier bekommt man frisch zubereitete, leckere Gerichte wie einen schonend gegarten Pul-

> **ABSTECHER**
>
> ## LITTLE DESERT NATIONAL PARK
>
> Trotz des Namens („Kleine Wüste") darf man hier nicht erwarten, auf sanft geschwungene Sanddünen zu stoßen. Der mit 1320 km² ganz schön große Park ist zwar dürr, aber dennoch reich an Flora und Fauna, die erfolgreich mit der Trockenheit zu leben gelernt haben. Hier findet man über 670 heimische Pflanzenarten und im Frühling und Sommer verwandelt sich die Landschaft in ein farbenprächtiges Wunderland aus Wildblumen. Der bekannteste Bewohner des Parks ist das Thermometerhuhn, ein fleißiger Vogel, den man im Vogelhaus der Little Desert Nature Lodge beobachten kann.
>
> Durch den Park führen die asphaltierte Nhill Harrow Rd sowie eine Schotterstraße ab Dimboola, im Park findet man aber fast ausschließlich Sandpisten, die nur mit geländegängigen Fahrzeugen oder zu Fuß gemeistert werden können. Manche sind während der Regenzeit (Juli–Okt.) für Fahrzeuge gesperrt.
>
> **Little Desert Nature Lodge** (03-5391 5232; www.littledesertlodge.com.au; Stellplatz Zelt 25 AU$, DZ in einer Schlafbaracke 44 AU$, B & B Zi. 125 AU$; ❄) Am nördlichen Ende der Wüste und 16 km südlich von Nhill gelegen, eignet sich dieses Resort im Busch ausgezeichnet als Ausgangspunkt für Erkundungen des Parks. Hier ist für jeden was dabei: ein weitläufiger Campingplatz, eine Schlafbaracke, komfortable Motelzimmer mit Bad und ein Restaurant. Zu den Highlights zählen eine Führung durch die Voliere der Thermometerhühner (15 AU$), wo man die seltenen Vögel im Rahmen eines Aufzuchtprogramms sehen kann. Alternativ schließt man sich einer Führung durch das Schutzgebiet der Thermometerhühner (65 AU$) oder einem Nachtspaziergang (15 AU$) an, bei dem Ausschau nach den Tieren gehalten wird.
>
> **Little Desert Park Office** (13 19 63; www.parkweb.vic.gov.au; Nursery Rd) Hier gibt's Infos zum Zelten im Park. Das Büro liegt abseits des Western Hwy südlich von Dimboola.

led-Lamb-Salat oder Falafel mit Rote Bete und Spinat.

Kookaburra Restaurant MODERN-AUSTRALISCH $$
(03-5356 4222; www.kookaburrabarbistro.com.au; 125-127 Grampians Rd; Hauptgerichte 19–35 AU$; Di-Fr 18–21, Sa & So 12–15 & 18–21 Uhr) Diese Institution von Halls Gap ist bekannt für ihr exzellentes Kneipenessen wie die traumhaft knusprige Ente sowie ihre australischen Gerichte, z. B. Barramundi oder Kängurufilet (nur englisch oder medium erhältlich, genau wie es sein sollte). Auf der Weinkarte stehen vor allem Weine aus den Grampians und in der gemütlichen Bar gibt's Bier vom Fass.

Halls Gap Hotel KNEIPENESSEN $$
(03-5356 4566; www.hallsgaphotel.com.au; 2262 Grampians Rd; Hauptgerichte 18–30 AU$; Mi-So 12–14, tgl. ab 18 Uhr) Etwa 2 km nördlich des Ortes liegt dieser Pub, in dem es großzügig portioniertes, sehr leckeres Bistroessen und dazu noch einen schönen Blick auf die Grampians gibt. Auf den Tisch kommen unter anderem Meeresfrüchte-Risotto, täglich wechselndes gebratenes Fleisch und warmer marokkanischer Hühnchensalat. Für die Kleinen gibt's Spielecken und wer sich nach einem langen Wandertag im Busch auf ein erfrischendes Bier freut, ist hier goldrichtig.

🛈 Praktische Informationen

Halls Gap Visitor Centre (1800 065 599; www.grampianstravel.com.au; Grampians Rd; 9–17 Uhr) Die Angestellten sind hilfsbereit und können Touren, Unterkünfte und Aktivitäten buchen.

Südliche Grampians

Das kleine, verschlafene Örtchen Dunkled dient als südliches Tor zu den Grampians und rühmt sich zudem mit einem sehr bekannten Restaurant. Der Mt. Abrupt und der Mt. Sturgeon, die sich im Norden erheben, bilden eine großartige Kulisse, während die Grampians Tourist Rd, die nach Halls Gap führt, eine prachtvolle Route in den Park hinein ist. Kaum ist man zwischen den Bergketten Serra Range und Mt. William Range hindurchgefahren, rücken die Felswände weiter auseinander und der Himmel scheint endlos. Körperlich fitte Wanderer können die Gipfel des **Mt. Abrupt** (6,5 km, 3 Std. hin & zurück) sowie des **Mt. Sturgeon** (7 km, 3 Std. hin & zurück) erklimmen und werden mit einem Panoramablick über die umliegenden Berge belohnt.

Essen

Royal Mail Hotel　　MODERN-AUSTRALISCH $$$
(03-5577 2241; www.royalmail.com.au; Parker St, Dunkeld; Kneipenkost 31-44 AU$, Hauptgerichte 39–55 AU$, Menü 5/8 Gänge 110/150 AU$; ⊙ Bar & Bistro 12–14.30 & 18–21 Uhr, Restaurant Mi–So ab 18 Uhr) Die größte Attraktion in Dunkeld ist das Restaurant im Royal Mail Hotel. Es besitzt seine Schanklizenz bereits seit 1855 (ohne Unterbrechung) und zählt heute zu den besten Restaurants Victorias. Chefkoch Robin Wickens hat sowohl in der Küche des gehobenen Vorzeigerestaurants als auch im erschwinglicheren Bistro das Sagen. Wer im Restaurant essen möchte, muss schon Monate im Voraus einen Tisch reservieren.

Praktische Informationen

Dunkeld Visitor Centre (03-5577 2558; www.visitsoutherngrampians.com.au; Parker St, Dunkeld) Hat hilfreiche Infos über den Ort im Süden der Grampians.

Wartook Valley & nördliche Grampians

Das Wartook Valley verläuft entlang der westlichen Ausläufer der Grampians, sodass man diese hier aus einer komplett anderen Perspektive betrachten kann. Auf dem Weg von oder nach Horsham ist dies die malerische Alternative zum Western Hwy (A8). Von Wartook aus führen die asphaltierten Straßen Roses Gap Rd und Mt. Victoria Rd durch den Park, es gibt aber auch jede Menge unbefestigte Routen, die an kleinen Bächen, Wasserfällen und Picknickplätzen vorbeiführen. Der Großteil der touristischen Infrastruktur blieb 2014 von den Bränden verschont, aber große Teile der ehemals grünen Landschaft sind heute vom Feuer schwarz. Es wird einige Zeit dauern, bis sich die Natur wieder erholt hat.

Sehenswertes

Mt. Zero Olives　　FARM
(03-5383 8280; www.mountzeroolives.com; Mt. Zero Rd; ⊙ 10–16 Uhr) Auf dem 1953 angelegten Olivenhain von Mt. Zero Olives werden in malerischer Lage Oliven angebaut sowie Olivenöl (mit unterschiedlichen Geschmacksrichtungen), Tapenaden und andere Gourmetprodukte hergestellt. Jeden Tag gibt es Verkostungen und einen Direktverkauf. Am Wochenende und in der Ferien auch das exzellente Café geöffnet.

NORDWESTLICH DER GRAMPIANS

Mt. Arapiles State Park

Der Mt. Arapiles ist die Kletterdestination schlechthin in Australien. Mit einer Höhe von 369 m ist er zwar nicht gerade sonderlich hoch, aber die über 2000 Kletterrouten unterschiedlicher Schwierigkeitsgrade ziehen Kletterer aus der ganzen Welt an. Besonders beliebt sind beispielsweise Bard Buttress, Tiger Wall und die Pharos. Im nahen Örtchen Natimuk haben begeisterte Kletterer Einrichtungen für Touristen ins Leben gerufen, und der Ort hat sich außerdem zu so etwas wie einem Künstlerzentrum entwickelt.

Aktivitäten

Natimuk Climbing Company　　KLETTERN
(03-5387 1329; www.climbco.com.au; 6 Jory St, Natimuk) Bietet Kurse im Klettern und Abseilen an.

Arapiles Climbing Guides　　KLETTERN
(03-5384 0376; www.arapiles.com.au; Natimuk) Kletterkurse und geführte Touren rund um den Mt. Arapiles.

Feste & Events

Nati Frinj Festival　　BILDENDE KÜNSTE
(http://actnatimuk.com/nati-frinj) In Jahren mit ungerader Jahreszahl findet im November das Nati Frinj Festival mit Aufführungen und einem farbenfrohen Straßenumzug statt.

Schlafen

Pines Camping Ground　　CAMPING $
(Centenary Park; Stellplatz Zelt 7 AU$) Die meisten Kletterer übernachten auf diesem beliebten Campingplatz am Fuß der Berge.

Victorias High Country

Inhalt ➡
Lake Eildon 642
Mansfield 643
Mt. Buller 644
Beechworth 647
Rutherglen 649
Yackandandah 651
Mt. Buffalo
National Park 652
Bright 653
Mt. Beauty &
Kiewa Valley 656
Falls Creek.................657
Mt. Hotham &
Dinner Plain 658

Gut essen

➡ Simone's Restaurant (S. 655)

➡ Provenance (S. 649)

➡ Pepperleaf Bushtucker Restaurant (S. 655)

➡ Tuileries Restaurant & Café (S. 650)

Schön übernachten

➡ Freeman on Ford (S. 649)
➡ Odd Frog (S. 655)
➡ Dreamers (S. 657)
➡ Eildon Houseboat Hire (S. 642)

Auf in Victorias High Country!

Mit seiner bestechenden Mischung aus Geschichte, Abenteuer und kulinarischen Verlockungen ist Victorias High Country ein Ort, an dem man wunderbar seine Zeit verbringen kann. Die Great Dividing Range windet sich durch den Osten Victorias, von den Snowy Mountains zu den Grampians. Ihr Höhepunkt ist das High Country. Das sind die Alpen Victorias: Ein riesiger Bergspielplatz, der im Winter Skifahrer und Snowboarder und im Sommer Wanderer und Mountainbiker anzieht. Hier ist die Bergluft frisch und klar, Winterschneefälle in den Resorts von Mt. Buller, Mt. Hotham und Falls Creek sind so gut wie sicher, und die Landschaft ist spektakulär.

Auch jenseits der Berggipfel warten jede Menge Aktivitäten. Bright eignet sich wunderbar als Ausgangsbasis für Erkundungen des Bundesstaates. Neben den historisch bedeutsamen Orten wie Beechworth, den Weingütern des King Valley und Rutherglen, und der Gourmethochburg Milawa finden sich hier viele Gründe zum Verweilen.

Reisezeit
Mt. Hotham

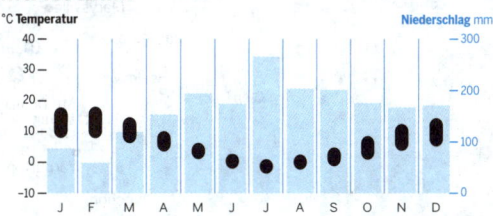

| **April–Mai** Prächtige Herbstfarben in Bright und Omeo. | **Juli–Aug.** Skifahren auf schneebedeckten Bergpisten. | **Dez.–Feb.** Mountainbikefahren, Reiten und Weinproben in der grünen Jahreszeit. |

Highlights

① Den **Murray to Mountains Rail Trail** (S. 653), Victorias zweitlängsten Fahrradweg, entlangstrampeln

② Ned Kellys Zelle besuchen und danach die Biere von Bridge Road Brewers im historischen **Beechworth** (S. 647) probieren

③ Den Gourmetpfad in **Milawa** (S. 646) begehen, und Weine, Käse, Senf und Oliven kosten

④ Die Pisten im mondänen **Falls Creek** (S. 657) hinabsausen

⑤ Die lebhaften Herbstfarben und Frühlingsfeste in **Bright** (S. 653) genießen

⑥ Ein oder zwei Tage in einer der besten Weinregionen Victorias in der Nähe von **Rutherglen** (S. 649) verbringen und Weine probieren

⑦ Es dem *Man from Snowy River* nachmachen und auf den Hochebenen um **Mansfield** (S. 643) reiten

⑧ Entlang der Great Alpine Rd zum abgelegenen, malerischen Örtchen **Omeo** (S. 660) fahren

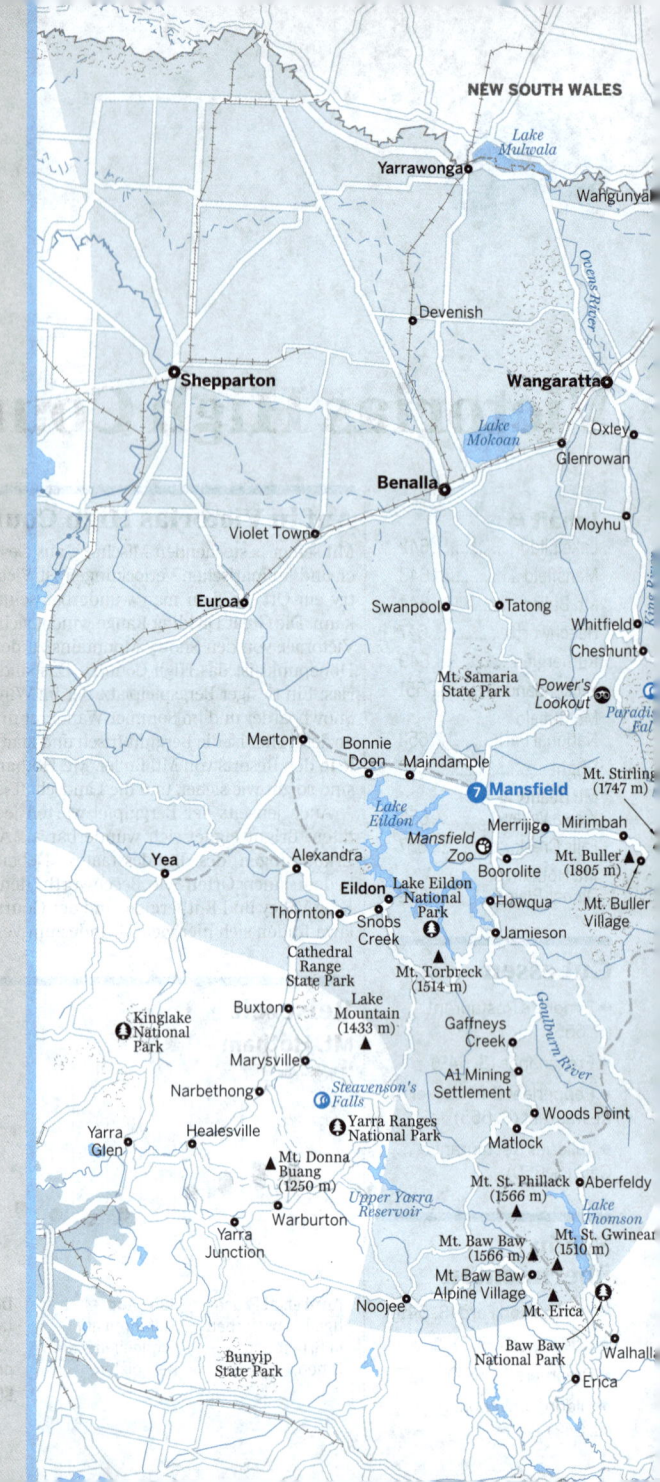

0
50 km
Murray River
Walwa
Pine Mountain (1062 m)
Burrowa-Pine Mountain National Park
Tintaldra
Albury
6 Rutherglen
Talgarno
Bellbridge
Granya
Chiltern
Wodonga
Mt. Burrowa (1300 m)
Towong
Tallangatta
Bullioh
Stanley State Forest
Red Bluff
Berringama
Corryong
Colac Colac
Khancoban
Yackandandah
2 Beechworth
Stanley
3 Milawa
Everton
Tallandoon
Mitta Mitta River
Eskdale
NEW SOUTH WALES
Murray River
Whorouly
Gapsted
Myrtleford
Ovens
Mitta Mitta
Dartmouth
Mt Buffalo National Park
Lake Dartmouth
King Valley
1 Murray to Mountains Rail Trail
Tawonga
Park Entrance Station
Porepunkah
Mt. Bogong (1986 m)
Dingo Dell
5 Bright
Mt. Beauty
The Horn (1723 m)
Cresta Valley
Wandiligong
Bogong
4 Falls Creek
Harrietville
Mt. Feathertop (1922 m)
Glen Valley
Wabonga Plateau
Mount Hotham
Anglers Rest
Benambra
Alpine National Park
Mt. Hotham (1868 m)
Dinner Plain
Mt. Hotham Airport
Craig's Hut
Great Dividing Range
8 Omeo
Mt. Howitt (1742 m)
Wonnangatta River
Straße im Winter geschlossen
Victoria Falls Camping Area
Alpine National Park
Swifts Creek
Buchan River
Dargo River
Ensay
Dargo
Buchan
Licola
Mitchell River National Park
Bruthen
Nowa Nowa
Mitchell River
Bairnsdale
Lake Tyers
Metung
Eagle Point
Lake Tyers
Lakes Entrance
Paynesville
Raymond Island
Maffra
Heyfield
Stratford

Lake Eildon

Der über 270 km² große **Lake Eildon National Park**, der den Großteil des Sees umschließt, dem er seinen Namen verdankt, bildet das südliche Tor zum High Country. Hier kann man hervorragend wandern und campen.

Der Lake Eildon (ehemals: Sugarloaf Reserve) wurde als riesiges Reservoir für Bewässerungs- and Wasserkraftanlagen geschaffen. Der See entstand zwischen 1915 und 1929 durch Flutung des Ortes Darlingford und der umliegenden Farmen. Nach Jahren der Dürre haben die Regen der jüngsten Vergangenheit den Wasserspiegel des Sees wieder aufgefüllt. Hinter der Dammwand verteilt sich der Wassereinstau unterhalb der Gemeinde Eildon, einem winzigen, beliebten Erholungs- und Urlaubsort mit Pub.

Am nördlichen Seearm liegt **Bonnie Doon**, ein beliebter Ort für Kurzurlauber, der Kultstatus erreicht hat als der nichtssagende Ort, an dem die Familie Kerrigan in dem australischen satirischen Film *My Home Is My Castle* (1997) die „Stille" genoss.

🏃 Aktivitäten

Eildon Trout Farm ANGELN
(☏ 03-5773 2377; www.eildontroutfarm.com.au; 460 Back Eildon Rd; Eintritt/Angeln 2,50/2,50 AU$; ⊙ 9–17 Uhr) Hier fängt man garantiert eine Forelle oder einen Lachs! Die Farm liegt an der Nebenstraße zwischen Thornton und Eildon. Angler können zwischen fünf Teichen wählen und die Ausrüstung mitbringen oder eine Ausrüstung mieten (2,50 AU$). Was man fängt, darf man behalten und mit nach Hause zum Abendessen nehmen (oder den Fang gleich vor Ort auf den Grill legen).

Rubicon Valley Horse Riding REITEN
(☏ 03-5773 2292; www.rubiconhorseriding.com.au; Rubicon Rd; Ritt mit Einführung 55/80/120/210 AU$ 2 Std./halber/ganzer Tag) Reiten für alle Erfahrungsstufen (auch Kinder) in wunderbarer Umgebung.

🛏 Schlafen

Der Lake Eildon ist ein wunderschönes Fleckchen für Buschcamper, die rund um den See aus einer Reihe von verschiedenen Campingplätzen des Nationalparks wählen können. Alle **Campingplätze** (www.parkweb.vic.gov.au; Stellplatz 11,70–48,70 AU$) müssen online gebucht werden.

In der Gemeinde Eildon und an der Nebenstraße nach Thornton gibt's einige Übernachtungsmöglichkeiten.

Eildon Lake Motel MOTEL $$
(☏ 03-5774 2800; www.eildonlakemotel.com.au; 2 Gordwood Pde; EZ/DZ 90/100 AU$; 🅿 ❄) Ein paar Straßen abseits des Goulburn River bietet dieses Motel geräumige, wenn auch ziemlich einfallslose Zimmer mit Backsteinwänden.

⭐**Eildon Houseboat Hire** HAUSBOOT $$$
(☏ 0408 005 535; www.eildonhouseboathire.com.au; Winter/Sommer 2400/3500 AU$ pro Woche) Wem der Murray River zu weit weg ist, oder wer mehr Raum zum Manövrieren braucht, für den ist der Lake Eildon der beste Ort in Victoria um ein Hausboot zu mieten. Besucher haben die Wahl zwischen einem luxuriösen zehn- oder zwölf-Betten-Hausboot (Mindestmiete für ein langes Wochenende mit 3 Nächten ist 1700 AU$). In der Urlaubszeit unbedingt lange im Voraus buchen.

⭐**Lake Eildon Marina & Houseboat Hire** HAUSBOOT $$$
(☏ 03-5774 2107; www.houseboatholidays.com.au; 190 Sugarloaf Rd; 10-Betten-Hausboot, Hochsaison, 2500–3500 AU$/Woche) Hausboote mit zehn oder zwölf Kojen. In der Urlaubszeit unbedingt Monate im Voraus buchen.

ℹ Praktische Informationen

Eildon Visitor Information Centre (☏ 03-5774 2909; www.lakeeildon.com; Main St; ⊙ 10–14 Uhr) Freundliches Personal betreibt dieses kleine Büro gegenüber dem Einkaufszentrum.

ℹ An- & Weiterreise

Der Lake Eildon, 215 km nordöstlich von Melbourne, kann über den Hume Fwy (M31; Abzweigung bei Seymour) oder die weitaus hübschere Strecke durch Healesville erreicht werden.

Jamieson

384 EW.

Von Eildon führt eine befestigte, landschaftlich reizvolle Nebenstraße am südlichen Rand des Nationalparks nach Jamieson, einem reizenden kleinen Städtchen wo der Goulburn River und der Jamieson River in den Lake Eildon fließen. Jamieson wurde in den 1850er-Jahren als Versorgungsbasis für Goldgräber geschaffen, und noch immer gibt es einige interessante historische Gebäude zu sehen.

🛌 Schlafen & Essen

Twin River Cabins HÜTTE $
(☏ 03-5777 0582; www.twinrivercabins.com.au; 3 Chenery St; EZ/DZ 50/90 AU$) Diese rustikalen kleinen Hütten sind gute Budgetoptionen in der Nähe der Stadt. Alle Hütten sind mit einfachen Kochmöglichkeiten und Gemeinschaftsbädern ausgestattet und bieten Platz für vier bis sechs Personen. Die Besitzer vermieten Mountainbikes für 20 AU$ pro Tag.

Jamieson Brewery PUB-ESSEN $$
(☏ 03-5777 0515; www.jamiesonbrewery.com.au; Eildon-Jamieson Rd; Hauptgerichte 16–32 AU$; ⊙ 11–22 Uhr) Ein unumgänglicher Halt 3 km außerhalb der Stadt ist die Jamieson Brewery. Vor Ort werden schmackhafte Biere gebraut, z. B. ein Himbeer-Ale und das wahrhaft umwerfende „Beast". Für 15 AU$ kann man ein Probetablett mit vier Bieren und hausgemachtem Pesto bekommen und danach an der kostenlosen Brauereiführung teilnehmen, die täglich um 12.30 Uhr startet. Hier gibt es außerdem kostenlose Bierproben und hausgemachtes Buttertoffee. Das zugehörigen Bistro serviert gutes Pubessen.

Mansfield

3067 EW.

Mansfield ist das Tor zu Victorias größten Schneefeldern am Mt. Buller und zu einem Teil des spektakulären High Country, aber auch die Stadt selbst lohnt in jeder Jahreszeit einen Besuch. Im Land des *Man from Snowy River* gibt's viel zu erleben: Im Sommer sind Reiten und Mountainbike fahren sehr beliebt, und wenn im Winter die „Schneehasen" in der Stadt einfallen, herrscht eine sehr lebendige Atmosphäre.

⊙ Sehenswertes

Mansfield Cemetery FRIEDHOF
Auf diesem Friedhof liegen die Gräber dreier Polizisten aus Mansfield, die 1878 von Ned Kelly und seiner Bande am Stringybark Creek getötet wurden.

Mansfield Zoo ZOO
(☏ 03-5777 3576; www.mansfieldzoo.com.au; 1064 Mansfield Woods Point Rd; Erw./Kind/Fam. 15/8/44 AU$; ⊙ 10–17.30, im Sommer bis 18.30 Uhr oder Sonnenuntergang) Der Mansfield Zoo ist ein überraschend guter Tierpark mit jeder Menge einheimischer Arten und ein paar Exoten, darunter auch ein Paar Löwen. Wenn man älter als acht Jahre ist, kann man auf einer Koppel im schlichten Zelt übernachten (Erw./Kind 65/45 AU$, inklusive Zooeintritt für zwei Tage) und bei Sonnenaufgang mit den wilden Tieren aufwachen.

Mansfield Farmers Market MARKT
(www.mansfieldfarmersmarket.com.au; 30 High St; ⊙ 8.30–13 Uhr, jeden 4. Sa im Monat) An jedem vierten Samstag im Monat bringen die Farmer ihre Erzeugnisse zu diesem Markt an der Mansfield Primary School.

🏃 Aktivitäten

All Terrain Cycles MOUNTAINBIKEFAHREN
(☏ 03-5775 2724; www.allterraincycles.com.au; 58 High St; Mountainbikeverleih 50–130 AU$/Tag) Verleiht hochwertige Mountainbikes und Sicherheitsausrüstung. Bietet auch geführte Touren an und es gibt eine Werkstatt.

High Country Horses REITEN
(☏ 03-5777 5590; www.highcountryhorses.com.au; Mt. Buller Rd, Merrijig; Ausritt 2 Std./halber Tag 100/130 AU$, mit Übernachtung ab 590 AU$; ⊙ Okt.–Mai) In Merrijig auf dem Weg Richtung Mt. Buller. High Country Horses bietet das volle Programm – vom kurzen Trab bis hin zu Ausritten mit Übernachtung zur Craig's Hut, zum Howqua River und zum Mt. Stirling.

McCormacks Mountain Valley Trail Rides REITEN
(☏ 03-5777 5542; www.mountainvalleytrailrides.com.au; 43 McCormack's Rd, Merrijig; Ausritt 2 Std./halber Tag 90/120 AU$, mit Übernachtung ab 550 AU$; ⊙ Okt.–Mai) Erfahrene Einheimische führen Touren ins King Valley und ins High Country. Es werden auch mehrtägige Abenteuer angeboten.

🎉 Feste & Events

Upper Goulburn Wine Region Vintage Celebration WEIN
(www.uppergoulburnwine.org.au) Weine aus der Region, Musiker und Köche sorgen an drei Tagen im April für viel Spaß und Freude.

High Country Festival & Spring Arts KUNST
(www.highcountryfestival.com.au) Ende Oktober findet dieses einwöchige Fest mit Kunst, Buschmärkten und Aktivitäten statt. Höhepunkt ist das Melbourne Cup Day Picknickrennen.

🛏 Schlafen

Mansfield Holiday Park WOHNWAGENPARK $
(☎ 03-5775 1383; www.mansfieldholidaypark.com.au; Mt. Buller Rd; Stellplatz ohne/mit Strom ab 25/30 AU$, Hütten mit DZ 70–140 AU$; ❄) Dieser weitläufige Campingplatz liegt am Rand der Stadt und bietet einen Swimmingpool, Minigolf, eine Gemeinschaftsküche und gemütliche Hütten.

Highton Manor B&B $$
(☎ 03-5775 2700; www.hightonmanor.com.au; 140 Highton Lane; DZ Stall/Turm inkl. Frühstück 130/365 AU$; ❄) Dieses stattliche Herrenhaus wurde 1896 für Francis Highett erbaut, der mit Dame Nellie Melba sang. Es bietet Stil und Romantik, nimmt sich aber selbst nicht allzu ernst. Hier gibt's Gemeinschaftsunterkünfte, moderne Zimmer in den umgebauten Ställen, und pompöse Zimmer im Stil des 19. Jhs. im Haupthaus. Wer königlich schlafen möchte, sollte sich für das Turmzimmer entscheiden.

Wappan Station FARM $$
(☎ 03-5778 7786; www.wappanstation.com.au; Royal Town Rd; Schafschererlager für 20 Pers. 450 AU$, Cottages DZ ab 200 AU$; ❄) Wer in der Wappan Station übernachtet, kann den Aktivitäten auf dieser Schaf- und Rinderfarm am Ufer des Lake Eildon von der eigenen Terrasse aus zusehen.

🍴 Essen & Trinken

⭐ **Mansfield Regional Produce Store** CAFÉ $
(☎ 03-5779 1404; www.theproducestore.com.au; 68 High St; Hauptgerichte 12–19 AU$; ⊙ Di–Do, Sa & So 9–17, Fr bis 21 Uhr; ✎) Dieser rustikale Laden ist die beste Wahl für einen Kaffee oder ein leichtes Mittagessen. Hier steht außerdem ein breites Sortiment lokaler Erzeugnisse in den Regalen, etwa Weine und frisch gebackenes Brot. Das ständig wechselnde Menüangebot auf dem Schwarzen Brett bietet ein großes Frühstück, Baguettes und Salate.

Mansfield Hotel PUB-ESSEN $$
(☎ 03-5775 2101; www.mansfieldhotel.com.au; 86 High St; Hauptgerichte 18–35 AU$; ⊙ 12–14 & 18–21 Uhr) Das Mansfield, das 2010 bei einem Brand starke Schäden erlitt, wurde erst kürzlich renoviert und begeistert jetzt mit einer riesigen Speisesaal und einer umfangreichen Bistrokarte. Im Winter sollte man es sich vor dem Kamin auf einem Sofa gemütlich machen und im Sommer kann man es sich draußen im sonnigen Biergarten schmecken lassen.

Deck on High MODERN-AUSTRALISCH $$
(☎ 03-5775 1144; www.thedeckonhigh.com.au; 13–15 High St; Hauptgerichte 12–37 AU$; ⊙ Mi–Mo 11–open end) Ein stilvolles, aber dennoch relaxtes Bar-Restaurant. Das Deck serviert gute zeitgenössische australische Küche, z. B. Riesengarnelen-Fettucini und gegrillten Schwertfisch. Die obere Terrasse eignet sich hervorragend für einen Drink an einem Sommernachmittag. Die Bar im Erdgeschoss mit ihren weichen Kissen und geraden Linien ist ein gemütlicher Ort, um im Winter die umfangreiche Auswahl an regionalen Weinen zu kosten.

ℹ Praktische Informationen

Mansfield & Mt. Buller High Country Visitor Centre (☎ 1800 039 049; www.mansfieldmtbuller.com.au; 175 High St; ⊙ 9–17 Uhr) Die Touristeninformation befindet sich in einem modernen Gebäude neben dem alten Bahnhof. Hier kann man Unterkünfte buchen und Lifttickets kaufen.

ℹ An- & Weiterreise

Mansfield liegt 209 km nordöstlich von Melbourne. Wer selbst fährt, sollte mindestens zweieinhalb Stunden für die Fahrt einkalkulieren. Vom Hume Fwy die Ausfahrt Tallarook oder Euroa nehmen.

Busse von **V/Line** (☎ 1800 800 007; www.vline.com.au) fahren mindestens einmal täglich zwischen der Southern Cross Station in Melbourne und Mansfield (3 Std., 25 AU$). In der Skisaison verkehren die Busse häufiger.

Mt. Buller
1805 M

Victorias größtes und belebtestes Skiresort ist das Melbourne am nächsten gelegene große Resort, weshalb es hier den ganzen Winter lang brummt. Mt. Buller entwickelt sich außerdem zu einem Sommerurlaubsziel, das Mountainbikern und Wanderern eine große Palette an den unterschiedlichsten Wanderwegen zu bieten hat. Die Skipisten verteilen sich auf 180 ha, mit einem Gesamt-Höhenunterschied von 400 m.

⊙ Sehenswertes & Aktivitäten

Buller ist ein gut entwickeltes Resort. Im Winter und an den Sommerwochenenden pulsiert die Dorfatmosphäre. Im Winter findet mittwochs und samstags **Nacht-**

RADFAHREN AM MT. BULLER

Der Mt. Buller hat sich zu einem der beliebtesten Sommerziele für Mountainbiker in Victoria entwickelt. Er bietet ein Streckennetz rund um den Gipfel und aufregende Downhill-Strecken. Vom 26. Dezember bis Ende Januar ist an den Wochenende der Horse Hill Sessellift in Betrieb, der Fahrer und Räder hinauf zum Plateau bringt (Nutzung Lifte und Strecken 60 AU$/Tag). Auch wer nicht radfahren möchte, kann den Sessellift den ganzen Tag über nutzen (Erw./Kind 20/15 AU$).

Vom 26. Dezember bis zum Osterwochenende verkehrt jedes Wochenende ab dem **Mirimbah Store** (☎ 03-5777 5529; www.mirimbah.com.au; 15 AU$/Strecke, 40 AU$/Tag; ⊙ Sept.–Mai Do–So 8–16 Uhr, Winter tgl.) am Fuß des Berges ein Shuttlebus zum Parkplatz auf dem Gipfel, von wo aus man auf verschiedenen Strecken bis nach unten fahren kann. Die beliebteste Strecke ist der **Delatite River Trail** (1–1½ Std.), der teilweise dem Delatite River folgt und 13 Flussüberquerungen beinhaltet. Schwieriger ist die neue Strecke **Australian Alpine Epic** (4–5 Std.). Die Besitzer des Mirimbah Store (der Laden ist praktischerweise auch ein hervorragendes Café), sind erfahrene Radfahrer und eine unerschöpfliche Informationsquelle zu den Radstrecken.

Qualitativ hochwertige Mountainbikes vermietetet All Terrain Cycles (S. 643) in Mansfield. Während der Radfahrsaison gibt's auch einen Anbieter in Buller Village, der Räder vermietet und verkauft.

---

skifahren statt. Wer nicht Ski fährt, kann Schlittenfahren, Schlauchrodeln oder Schneeschuhlaufen. Die Einfahrt in den Horse Hill Parkplatz kostet im Winter 35 AU$ pro Fahrzeug (im Sommer gratis).

Skier und andere Ausrüstungsgegenstände kann man bei den mehr als acht Veranstaltern in Mansfield und Mt. Buller mieten; mehr Infos gibt's auf www.mtbuller.com.au.

🛏 Schlafen

Mt. Buller Alpine Reservations RESERVIERUNGSSERVICE
(☎ 03-5777 6633; www.mtbullerreservations.com.au) Mt. Buller Alpine Reservations buchen Unterkünfte. Am Wochenende muss man mindestens zwei Nächte bleiben.

High Country Reservations RESERVIERUNGSSERVICE
(☎ 1800 039 049; www.mansfieldmtbuller.com.au) Hilft bei Online-Unterkunftsbuchungen.

Buller Backpackers HOSTEL $
(www.bullerbackpackers.com.au; B ab 55 AU$) Das geschäftige Buller Backpackers gehört zum Mt. Buller Chalet und ist die beste Budgetoption vor Ort.

Mt. Buller Chalet CHALET $$$
(☎ 03-5777 6566; www.mtbullerchalet.com.au; Summit Rd; DZ inkl. Frühstück Sommer/Winter ab 250/325 AU$; 🛜🏊) Das Chalet in zentraler Lage ist ganzjährig geöffnet und bietet eine Reihe hübscher Suiten, eine Bibliothek mit Billardtisch, renommierte Restaurants, ein beeindruckendes Sportzentrum und einen beheizten Swimmingpool.

🍴 Essen & Trinken

Im Winter gibt's hier jede Menge gute Restaurants, einige davon haben das ganze Jahr über geöffnet. Im Zentrum befindet sich auch ein **Supermarkt** mit guten Sortiment, der auch Alkohol verkauft.

Cattleman's Café CAFÉ, BISTRO $
(☎ 03-5777 7970; Dorfzentrum; Hauptgerichte 8–19 AU$; ⊙ Okt.–Mai 8–14 Uhr, Juni–Sept. bis 21 Uhr) Am Fuß des Blue-Bullet-Sessellifts serviert dieses Bistro das ganze Jahr über Frühstück, Kaffee und Bistrogerichte (z. B. Steak, Burger und Fish & Chips).

Black Cockatoo MODERN-AUSTRALISCH $$$
(☎ 03-5777 6566; Summit Rd; Hauptgerichte 31–45 AU$, 2-/3-Gang-Menü 60/70 AU$; ⊙ 7–11 & 18–21 Uhr) Hier im Mt. Buller Chalet gibt's das ganze Jahr über das beste Essen vor Ort. Im Winter isst man etwas ungezwungener im **Après Bar & Cafe**.

Pension Grimus ÖSTERREICHISCH $$$
(☎ 03-5777 6396; www.pensiongrimus.com.au; Breathtaker Rd; Hauptgerichte 34–44 AU$; ⊙ Sa & So 12–14 & 18–21, Mo–Fr 18–21 Uhr) Ein echtes Original am Mt. Buller: Das österreichisch inspirierte Essen im Kaptan's Restaurant, die Musik und die geschäftige Bar geben ermüdeten Pistenhasen nach einem Tag im Schnee ein wunderbar warmes, wohliges Gefühl.

ℹ Praktische Informationen

Mt. Buller Resort Management Board (☎ 03-5777 6077; www.mtbuller.com.au; Community Centre, Summit Rd; ⊙ 8.30–17 Uhr) Im Uhrenturm am Dorfplatz gibt's im Winter auch einen Infoschalter.

ℹ Anreise & Unterwegs vor Ort

Während der Skisaison parkt man unterhalb des Dorfes. Ein Taxi mit Allradantrieb transportiert die Gäste von dort aus in ihre Unterkünfte im Dorf.

Tagesausflügler stellen ihr Fahrzeug auf dem Parkplatz Horse Hill ab und nehmen den Quad-Sessellift zum Skigebiet. Zudem gibt es einen kostenlosen Shuttlebus, der zwischen Parkplatz und Dorf verkehrt. Am Fuß der Sessellifts kann man Lifttickets kaufen und Skier mieten.

Mansfield–Mt. Buller Buslines (☎ 03-5775 2606; www.mmbl.com.au) unterhält im Winter einen Busdienst bis Mansfield (Erw./Kind, hin & zurück 62/42 AU$).

V/Line (☎ 1800 800 007; www.vline.com.au) V/Line betreibt einen Bus, der mindestens einmal täglich zwischen Melbourne und Mt. Buller verkehrt (Erw./Kind, hin & zurück ab 132/82 AU$).

King Valley

Wer aus Melbourne kommt und in östlicher Richtung nahe Wangaratta vom Hume Fwy abfährt, kommt über die Snow Rd ins King Valley, eine wohlhabende Gourmet- und Weinregion, in der Weine in kühlem Klima angebaut werden. Das Tal erstreckt sich in südlicher Richtung am King River, durch die winzigen Orte Mohyu, Whitfield und Cheshunt. Hier befinden sich über 20 Weingüter, die für ihre italienischen Rebsorten bekannt sind, die in kühlem Klima gedeihen (z. B. Sangiovese, Barbera, prickelnder Prosecco und Pinot Grigio). Mehr Informationen gibt's auf www.winesofthekingvalley.com.au.

Am King River liegt ein schöner Campingplatz, und in Whitfield findet man auch ein paar Unterkünfte.

⊙ Sehenswertes

Dal Zotto Estate WEINGUT
(☎ 03-5729 8321; www.dalzotto.com.au; Main Rd, Whitfield; ⊙ Kellertür 10–17 Uhr, Trattoria Do, Sa & So 12–15, Fr 12–15 & 18–22 Uhr) Das Dal Zotto Estate gehört zu den besten Weingütern der Gegend. Hier gibt es eine hervorragende Trattoria, die norditalienische Gerichte serviert.

Pizzini WEINGUT
(☎ 03-5729 8278; www.pizzini.com.au; 175 King Valley Rd, Whitfield; ⊙ 10–17 Uhr) Pizzini ist eines der angesehensten Weingüter der Region. Hier gibt's außerdem eine Kochschule, in der überwiegend italienische Gerichte gezaubert werden.

Milawa Gourmet Region

Nirgendwo kann man seinen Gaumen besser verwöhnen als in der Milawa/Oxley Gourmet Region (www.milawagourmet.com). Hier können Besucher Weine, Käse, Oliven, Senf und Marinaden kosten, und in einigen der besten Restaurants der Region speisen.

⊙ Sehenswertes & Aktivitäten

★ Milawa Cheese Company KÄSE
(☎ 03-5727 3589; www.milawacheese.com.au; Factory Rd, Milawa; ⊙ 9–17 Uhr, Mahlzeiten 9.30–15 Uhr) 2 km nördlich von Milawa liegt die Milawa Cheese Company, die hervorragende regionale Erzeugnisse verkauft. Seit den bescheidenen Anfängen des Unternehmens hat sich viel getan. Mittlerweile kann man hier eine große Auswahl an köstlichen Käsesorten probieren und kaufen. Zu den besten Sorten gehören der weiche Farmhouse-Brie (Ziegen- oder Kuhmilch) und würzige Käsesorten mit gewaschener Rinde. Eine Bäckerei gibt's hier ebenfalls und im hervorragenden Restaurant sind verschiedene Pizzas mit Milawa-Käse die Spezialität. Hier befindet sich außerdem die Kellertür von **Wood Park Wines** (☎ 03-5727 3500; www.woodparkwines.com.au; ⊙ Fr–Mi 11–16 Uhr).

★ Brown Brothers WEINGUT
(☎ 03-5720 5500; www.brownbrothers.com.au; Bobbinawarrah Rd, Milawa; ⊙ 9–17 Uhr) Brown Brother, das bekannteste Weingut der Region, kelterte seinen ersten Jahrgang 1889, und es ist noch immer im Besitz derselben Familie. Man kann an einer Weinprobe teilnehmen oder das ausgezeichnete Restaurant Epicurean Centre besuchen. Außerdem gibt's einen wunderschönen Garten, Kinderspielgeräte sowie Picknick- und Grillmöglichkeiten.

Gapsted Wines WEINGUT
(☎ 03-5751 1383; www.gapstedwines.com.au; Great Alpine Rd; ⊙ 10–17 Uhr, Mittagessen tgl.) Wo die Snow Rd auf die Great Alpine Rd (B500) trifft befindet sich dieses hervorra-

gende Weingut, auf dem man das saisonale Mittagsmenü in wunderschöner Umgebung genießen kann.

Sam Miranda WEINGUT
(☎ 03-5727 3888; www.sammiranda.com.au; 1019 Snow Rd, Oxley; ⊙ Kellertür 10–17 Uhr) das unverwechselbare Sam Miranda hat eine architektonisch gestaltete Probierstube und eine große Auswahl an italienisch anmutenden Weinen.

Milawa Mustard SENF
(☎ 03-5727 3202; www.milawamustards.com.au; The Cross Roads, Milawa; ⊙ 10–17 Uhr) An der Hauptstraße von Milawa bietet Milawa Mustard Kostproben seiner hausgemachten Auswahl an Körnersenf-Sorten, Kräuteressige und Konfitüren.

Olive Shop OLIVEN
(☎ 03-5727 3887; www.theoliveshop.com.au; 1605 Snow Rd, Milawa; ⊙ 10–17 Uhr) Der Olive Shop verkauft lokal hergestelltes Olivenöl sowie köstliche Tapenaden und exotische Gewürze.

EV Olives Groves OLIVEN
(☎ 03-5727 0209; www.evolives.com; 203 Everton Rd, Markwood; ⊙ 10–17 Uhr) An der Straße von Milawa nach Everton bietet EV Olives Groves fruchtige Öle, Oliven und Tapenaden.

🛏 Schlafen & Essen

Die meisten Besucher der Milawa-Region schlafen in Bright, Wangaratta oder Myrtleford. Die meisten Weingüter haben gute Restaurants.

Whorouly Hotel HOTEL $
(☎ 03-5727 1424; www.whoroulyhotel.com; 542 Whorouly Rd, Whorouly; DZ 50 AU$; Hauptgerichte 16–28 AU$; ⊙ Mahlzeiten Fr & Sa 6–21 Uhr) Hier gibt's einfache Pub-Zimmer und herzhaftes Pub-Essen, das sich am besten im Biergarten genießen lässt. Eine erfrischend bodenständige Option in Whorouly.

2 Cooks Cafe CAFÉ $
(☎ 03-5783 6110; the2cookscafe.com.au; 577 Whorouly Rd, Whorouly; Hauptgerichte 12,50–17,50 AU$; ⊙ Fr–Mo 9–17, Fr 6–21 Uhr) Whorouly ist Heimat des 2 Cooks Cafe – ein niedlicher Delikatessenladen plus Café. Hier gibt es alles, von Shepherds Pie zu Vindaloo Curry mit Rindfleisch und Kokosnussmilch.

Milawa Gourmet Hotel MODERN-AUSTRALISCH $$
(☎ 03-5727 3208; www.milawagourmethotel.com.au; Ecke Snow Rd & Factory Rd, Milawa; Hauptgerichte 15–36 AU$; ⊙ 12–14.30 Uhr & 18–20.30 Uhr) Ein traditioneller Country-Pub, der Gerichte mit Gourmet-Flair aus vorwiegend lokalen Erzeugnissen serviert. Das Milawa-Huhn, gefüllt mit Camembert aus der Region, eingewickelt in Speck, serviert mit Milawa-Senf, ist ein Gedicht.

🛈 An- & Weiterreise

Milawa liegt an der Snow Rd, zwischen Wangaratta und Myrtleford. In der Region gibt es keine öffentlichen Verkehrsmittel, am besten mietet man sich ein Auto.

Beechworth

3559 EW.

Die historischen, honigfarbenen Granitgebäude von Beechworth und die wunderbaren Gourmet-Leckereien machen das Städtchen zu einem der angenehmsten Ziele im Nordosten Victorias. Der Ort ist auch auf der Liste des National Trust als eine der beiden „bemerkenswerten" Städte Victorias verzeichnet (die andere ist Maldon). Und man erkennt schnell, warum.

⊙ Sehenswertes & Aktivitäten

Beechworths Hauptattraktion ist das Ensemble gut erhaltener, honigfarbener Gebäude, die sich zum Historic & Cultural Precinct vereinen. Am besten startet man an der **Town Hall** (Ford St), wo sich das Visitors Centre befindet und die kostenlose audiovisuelle Vorführung *Echoes of History* zu sehen ist.

Beechworth Courthouse HISTORISCHES GEBÄUDE
(Erw./Kind/Fam. 8/5/16 AU$; ⊙ 9.30–17 Uhr) Das Gerichtsgebäude ist bekannt für Ned Kellys ersten Auftritt vor Gericht. Besucher können die Zelle im Keller hinter der Shire Hall besuchen, in der Ned festgehalten wurde.

> ### 🛈 KOMBITICKET
>
> Wer mehr als zwei Museen in Beechworth besuchen möchte, sollte das Kombi-Ticket „Golden Ticket" (Erw./Kind/Fam. 25/5/50 AU$) kaufen, das online oder im Visitor Centre (S. 649) erhältlich ist. Das Ticket ist vier Tage lang gültig und berechtigt zum Eintritt in die meisten wichtigen Sehenswürdigkeiten sowie zur Teilnahme an zwei Führungen.

Hinter dem Gerichtsgebäude befindet sich das **Old Police Station Museum** (Eintritt 2,50 AU$; ⊙Fr–So 10–14 Uhr).

Telegraph StationMUSEUM
(Ford St; Eintritt 2,50 AU$; ⊙10–16 Uhr) Von der Telegraphenstation, dem früheren Morse-Code-Büro, können Besucher Telegramme in die ganze Welt verschicken.

Robert O'Hara Burke MuseumMUSEUM
(☏03-5728 8067; Erw./Kind/Fam. 8/5/16 AU$; ⊙10–17 Uhr) Das Burke Museum wurde nach dem Forscher Robert O'Hara Burke benannt, der von 1854 bis 1858 als Polizeichef von Beechworth diente. Das Museum zeigt Ausstellungsstücke aus der Zeit des Goldrauschs und eine Arkade aus Ladenfronten von vor 140 Jahren.

Beechworth Honey ExperienceHONIG
(☏03-5728 1432; www.beechworthhoney.com.au; Ecke Ford & Church St; ⊙9–17 Uhr) GRATIS Die Beechworth Honey Experience entführt ihre Besucher auf einen audiovisuellen Tour sowie mit einem lebendigen Bienenstock und Honigverkostungen in die Welt des Honigs und der Bienen. Der Shop verkauft Honig aus der Region, Bienenwachskerzen, Weißen Nougat und Seifen.

★Sticks & Stones AdventuresOUTDOOR
(☏02-6027 1483; www.sticksandstonesadventures.com.au) Dieser Anbieter veranstaltet einige der faszinierendsten Ausflüge Victorias. Die Palette beinhaltet eine Demonstration von Überlebensfähigkeiten, die man im Busch benötigt (Feuermachen ohne Streichholz, Heilpflanzen finden) und andere interessante Buscherfahrungen (Goldwaschen oder Brotbacken). Die Flora und Fauna und lokale Nahrungsmittel stehen ebenfalls ganz oben auf der Liste.

👉 Geführte Touren

Geführte **Spaziergänge** (Erw./Kind/Fam. 10/7,50/25 AU$) starten täglich am Visitor Centre. Hier erfährt man jede Menge Klatsch und Tratsch und interessante Einzelheiten. Die Gold-Rush-Tour beginnt um 10.15 und die Ned-Kelly-Tour um 13.15 Uhr.

Beechworth Ghost ToursTOUR
(☏1300 856 668, 0447 432 816; www.beechworthghosttours.com; Erw./Kind/Fam. 35/20/110 AU$; ⊙20 Uhr) Beechworths beliebteste Abendausflüge werden von Beechworth Ghost Tours veranstaltet, die bei Lampenlicht die ehemalige Irrenanstalt besichtigen, begleitet von vielen schaurigen Geschichten von Mord und Totschlag. Am Wochenende finden vier Touren statt, darunter eine Mitternachtstour. Nicht geeignet für Kinder unter acht Jahren.

🛏 Schlafen

Beechworth ist gut bestückt mit Cottages und B&Bs; mehr Infos gibt's unter www.beechworthonline.com.au.

Lake Sambell Caravan ParkWOHNWAGENPARK $
(☏03-5728 1421; www.caravanparkbeechworth.com.au; Peach Dr; Stellplatz ohne/mit Strom 29/35 AU$, Hütten 90–170 AU$; ❋☏) Dieser schattige Park neben dem schönen Lake Sambell hat tolle Einrichtungen, darunter eine Küche, ein Spielplatz und ein Fahrradverleih. Das Wasser des Sees spiegelt die spektakulären Sonnenuntergänge.

Old PrioryPENSION $$
(☏03-5728 1024; www.oldpriory.com.au; 8 Priory Lane; B/EZ/DZ 50/70/100 AU$, Cottages 150–

> **MURRAY TO MOUNTAINS RAIL TRAIL**
>
> Der **Murray to Mountains Rail Trail** (www.murraytomountains.com.au) ist Victorias zweitlängster Radweg und einer der besten Wander-/Radwege für Familien und Gelegenheitsfahrer im High Country. Er ist asphaltiert, größtenteils relativ eben und führt durch eine spektakuläre Landschaft aus Farmen, Wäldern und Weingebieten, mit Blick auf die Berge.
>
> Der 94 km lange Weg verbindet Wangaratta über Myrtleford und Porepunkah mit Bright. Ein frisch fertiggestellter Abschnitt führt nordwestlich von Wangaratta über Rutherglen nach Wahgunyah – ein echtes Murray-to-Mountains-Erlebnis.
>
> Kenner behaupten, dass der 16 km lange Abschnitt zwischen Everton und Beechworth, der vom Hauptweg abzweigt, der beste Teil der Strecke sei (trotz einer anspruchsvollen Aufwärtsstrecke), da diese Strecke durch Buschland führt. Räder können in Wangaratta und Bright und in den Orten entlang des Weges gemietet werden.

170 AU$) Dieses historische Kloster ist ein unheimliches, aber charmantes historisches Plätzchen. Es wird oft von Schulgruppen belagert, ist aber dennoch die beste Budgetunterkunft in Beechworth. Die Gärten sind wunderschön, und die Palette an Zimmern umfasst wunderschön renovierte Goldgräber-Cottages.

★ **Freeman on Ford** B&B $$$
(03-5728 2371; www.freemanonford.com.au; 97 Ford St; EZ/DZ inkl. Frühstück ab 255/275 AU$; ❄) Die Oriental Bank aus dem Jahr 1876 im Herzen der Stadt beherbergt dieses prächtige, aber heimelige B&B, dessen sechs wunderschön renovierten Zimmer viktorianischen Luxus bieten. Die Besitzerin Heidi gibt sich bei jedem Gast besondere Mühe.

Essen & Ausgehen

Beechworth Bakery BÄCKEREI $
(1300 233 784; www.beechworthbakery.com.au; 27 Camp St; leichte Gerichte 4,50–11 AU$; 6–19 Uhr) Diese beliebte Bäckerei war die erste einer mittlerweile großen Bäckereikette. Hier gibt's tolle Pies, Pasteten, Kuchen und Sandwiches.

★ **Bridge Road Brewers** PIZZA $$
(03-5728 2703; www.bridgeroadbrewers.com.au; Old Coach House Brewers Lane, 50 Ford St; Pizzas 12–23 AU$; Mo–Do 11–16, Fr–So bis 23 Uhr) Diese Kleinbrauerei ist Beechworths Schmuckstück. Sie versteckt sich hinter dem imposanten Tanswells Commercial Hotel und produziert einige ausgezeichnete Biersorten (10 Sorten zum Probieren für 15 AU$), wobei jeweils neun Sorten frisch vom Fass kommen. Es werden auch frisch gebackene Brezeln und Pizzas serviert.

★ **Provenance** MODERN-AUSTRALISCH $$$
(03-5728 1786; www.theprovenance.com.au; 86 Ford St; 2-/3-Gang-Menüs 63/80 AU$, Degustationsmenü ohne/mit passenden Weinen 100/155 AU$; Mi–So 18.30–open end) Das Provenance ist in einem ehemaligen Bankgebäude aus dem Jahr 1856 untergebracht und bietet eine elegante, aber zeitgenössische kulinarische Erfahrung. Unter der Leitung des gefeierten lokalen Kochs Michael Ryan stehen auf der innovativen Karte Gerichte wie Berkshire-Schweinebauch, teegeräucherte Entenbrust und einfallsreiche vegetarische Optionen. Wer sich nicht entscheiden kann, sollte das Degustationsmenü wählen. Hier muss man unbedingt im Voraus reservieren.

ℹ Praktische Informationen

Beechworth Visitor Centre (1300 366 321; www.beechworthonline.com.au; 103 Ford St; 9–17 Uhr) Im Visitor Centre im Rathaus gibt's Informationen und einen Buchungsservice für Unterkünfte und Aktivitäten.

ℹ An- & Weiterreise

Beechworth liegt gleich abseits der Great Alpine Rd, 36 km östlich von Wangaratta und 280 km nordöstlich von Melbourne.

V/Line (1800 800 007; www.vline.com.au) unterhält Züge/Busse zwischen Melbourne und Beechworth (31,80 AU$; 3½ Std., 3-mal tgl.), aber man muss in Seymour oder Wangaratta umsteigen. Ab Wangaratta (4,40 AU$, 35 Min., 6-mal tgl.) und Bright (9,20 $, 50 Min., 2-mal tgl.) fahren Direktbusse.

Rutherglen

2125 EW.

Rutherglen vereint einige herrliche Gebäude aus der Goldgräberzeit (1860 wurde hier Gold gefunden) mit der gefeierten Weintradition im Norden Victorias. Das Städtchen selbst hat alles, was einen kurzen Halt rechtfertigt, z. B. ein großartiges Pie-Geschäft, Antiquitätenläden, und einen verwinkelten Second-Hand-Buchladen. Das alles macht Rutherglen zu einem eigenständigen Ziel, und zu einer guten Ausgangsbasis um das Hinterland des Murray River zu erkunden.

⊙ Sehenswertes & Aktivitäten

Rutherglen Wine Experience WEINGUT
(1800 622 871; www.rutherglenvic.com; 57 Main St; 9–17 Uhr; P) Die Rutherglen Wine Experience ist das städtische Herz der Weinindustrie der Region. Hier gibt's Informationen über lokale Weingüter und Weinproben.

🛏 Schlafen

Rutherglen Caravan & Tourist Park WOHNWAGENPARK $
(02-6032 8577; www.rutherglentouristpark.com; 72 Murray St; Stellplatz ohne/mit Strom ab 27/34 AU$, DZ-Hütten 95–145 AU$; ❄) Dieser freundliche Park mit guten Einrichtungen liegt am Ufer des Lake King, in der Nähe vom Golfplatz und Schwimmbad.

★ **Tuileries** BOUTIQUE-HOTEL $$
(02-6032 9033; www.tuileriesrutherglen.com.au; 13 Drummond St; DZ mit Frühstück 199 AU$, mit Abendessen 299 AU$; ❄ ❄ ❄) In diesem luxuriösen Hotel neben den Jolimont Cellars

sind alle Zimmer individuell eingerichtet und in hellen, frischen Farbtönen gehalten. Es gibt eine Lounge, einen Tennisplatz, einen Pool und ein tolles Restaurant mit Café.

Carlyle House B&B $$
(02-6032 8444; www.carlylehouse.com.au; 147 High St; Zi. inkl. Frühstück 150–240 AU$; ❄) Die traditionellen Suiten und modernen Garten-Apartments in diesem liebevoll restaurierten Gebäude sind wunderschön. Die Tokay-Suite hat eine private Lounge.

✖ Essen

★ Parker Pies BÄCKEREI $
(02-6032 9605; www.parkerpies.com.au; 86-88 Main St; Pies 5–7,50 AU$; ⏰ Mo–Sa 8–17, So 9–16.30 Uhr) Wer denkt Pie ist Pie, wird in dieser preisgekrönten Bäckerei eines Besseren belehrt. Unbedingt die Gourmet-Pasteten testen: Emu, Reh, Krokodil, Büffel oder die vorzügliche Jolly Jumbuck (Lammpastete mit Rosmarin und Minze).

★ Tuileries Restaurant & Cafe MEDITERRAN $$
(02-6032 9033; www.tuileriesrutherglen.com.au; 13-35 Drummond St; Hauptgerichte mittags 13,50 AU$, Abendessen 30,50–38 AU$; ⏰12–14 & 18.30–21 Uhr) Das helle Innenhofcafé serviert mittags gutes Essen und das exzellente Restaurant abends hervorragende mediterrane Gerichte aus lokalen Erzeugnissen, z. B. eukalyptusgeräuchertes Kängurufilet oder Murray-Valley-Schweinebauch.

Taste @ Rutherglen MODERN-AUSTRALISCH $$$
(03-5728 1480; www.taste-at-rutherglen.com; 121b Main St; Hauptgerichte abends 28–34 AU$, Menü ohne/mit Weinen 80/130 AU$; ⏰12–14.30 Uhr & 18–21 Uhr) Das angesagte Café verwandelt sich abends in ein elegantes Restaurant und erntet Lob für seine Gerichte, z. B. Gnocchi mit Hase und Ente oder persisches Feta-Soufflé.

✨ Feste & Events

Tastes of Rutherglen WEIN, ESSEN
Zwei Wochenenden des totalen Genusses im März, wenn Dutzende Weingüter und Restaurants Kombipakete anbieten.

Winery Walkabout Weekend WEIN, MUSIK
Australiens ursprüngliches Weinfest im Juni mit Musik, Fassrennen – und wahrscheinlich etwas Wein.

Rutherglen Wine Show WEIN
(www.rutherglenwineshow.com.au) Dieses Event mit Weinproben und Gourmet-Essen Ende September oder Anfang Oktober sollte man sich nicht entgehen lassen.

ℹ Praktische Informationen

Rutherglen Visitor Information Centre
(1800 622 871; 57 Main St; ⏰9–17 Uhr) Befindet sich im selben Komplex wie das Rutherglen Wine Experience.

ℹ An- & Weiterreise

Rutherglen liegt 295 km nordöstlich von Melbourne. Mit dem Auto nimmt man die Abzweigung Chiltern vom Hume Fwy (M31).

V/Line (1800 800 007; www.vline.com.au) betreibt eine Zug-/Busverbindung zwischen Melbourne und Rutherglen mit Umsteigen in Wangaratta (31,80 AU$, 3½ Std., 8-mal wöchentlich). Während der Festivals organisiert

---

ROTWEIN AUS RUTHERGLEN

Auf den Weingütern von Rutherglen werden sehr gute Likörweine (Port, Muskateller und Tokajer) sowie einige starke Durif- und Shiraz-Weine hergestellt, die von den größten, besten und stärksten Rotweinreben stammen. Mehr Infos gibt's unter www.winemakers.com.au.

All Saints (02-6035 2222; www.allsaintswine.com.au; All Saints Rd, Wahgunyah; ⏰Mo–Sa 9–17.30, So 10–17.30 Uhr) Märchenschloss, Terrace Restaurant, und Käseverkostung.

Buller Wines (03-9936 0200; www.buller.com.au; Three Chain Rd; ⏰Mo–Fr 9–17, Sa & So 10–17 Uhr) Hier wird seit 1921 feiner Shiraz hergestellt.

Rutherglen Estates (02-6032 7999; www.rutherglenestates.com.au; Tuileries Complex, 13–35 Drummond St; ⏰10–17.30 Uhr) Das von der Stadt aus nächstgelegene Weingut mit Shiraz, Grenache und anderen Tafelweinen.

Stanton & Killeen Wines (02-6032 9457; www.stantonandkilleenwines.com.au; Jacks Rd; ⏰Mo–Fr 9–17, Sa & So 10–17 Uhr) Auf diesem hundert Jahre alten Weingut gibt es rote Tafelweine, Muskatweine und alte Portweine.

Warrabilla Wines (02-6035 7242; www.warrabillawines.com.au; Murray Valley Hwy; ⏰10–17 Uhr) Kleines Weingut, das qualitativ hochwertigen Shiraz und Cabernet Sauvignon herstellt.

das Visitor Information Centre Busfahrten zu den Weingütern.

Yackandandah
950 EW.

Die allgemein nur „Yack" genannte alte Goldgräbersiedlung liegt östlich von Beechworth zwischen schönen Hügeln und Tälern. Sie ist so ursprünglich, dass der National Trust sie auf seine Liste setzte. Mancher erkennt den Ort vielleicht wieder: Er diente als Kulisse für den Film *Schräge Bettgesellen* (2004) mit Paul Hogan und Michael Caton in den Hauptrollen.

◉ Sehenswertes

Ein Bummel entlang der historischen Hauptstraße ist der Höhepunkt eines Besuches. Im Visitor Centre gibt es die kostenlose Broschüre *A Walk in High Street*.

Karrs Reef Goldmine MINE
(☏ 0408 975 991; Erw./Kind 25/20 AU$; ⊕ Sa & So 10, 13 & 16 Uhr) Die Karrs Reef Goldmine stammt aus dem Jahr 1857. Bei der anderthalbstündigen Führung steigt man mit Schutzhelm auf dem Kopf in die alten Stollen hinab und erfährt dies und das über die Geschichte der Mine. Man kann über das Visitor Centre buchen.

Schmidt's Strawberry Winery WEINGUT
(☏ 02-6027 1454; 932 Osborne's Flat Rd, Allans Flat; ⊕ Mo-Sa 9-17 Uhr, So 10-16 Uhr) Von Mitte Oktober bis Mitte Januar gibt's hier frische Erdbeeren zu kaufen, aber das Highlight sind die Erdbeerweine. Die sind nicht jedermanns Geschmack, aber absolut einzigartig. Das Weingut befindet sich 5 km nordöstlich von Yackandandah, an der Straße nach Baranduda.

✦ Feste & Events

Yackandandah Folk Festival MUSIK
(http://folkfestival.yackandandah.com) Das größte Event des Jahres ist das Yackandandah Folk Festival. Irgendwann zwischen Mitte und Ende März stehen drei Tage lang Musik, Umzüge, Workshops und jede Menge gute Laune auf dem Programm.

🛏 Schlafen & Essen

**Yackandandah
Holiday Park** WOHNWAGENPARK $
(☏ 02-6027 1380; www.yhp.com.au; Taymac Dr; Stellplatz mit Strom 32-43 AU$, Hütten 105-170 AU$) An dem hübschen Yackandandah Creek, in der Nähe der Stadt, befindet sich diese gut ausgestattete kleine Oase unter herbstlichem Laub.

Star Hotel PUB $$
(☏ 02-6027 1493; 30 High St; Hauptgerichte 17-21 AU$; ⊕ Fr-So 12 Uhr-open end, Mo-Do 15 Uhr-open end) Dieses 1863 erbaute Hotel ist bei Einheimischen bekannt als „Top Pub". Hier gibt's gute Bistrogerichte, die von gemischten Grillplatten und Steaksandwiches zu vegetarischer Lasagne oder rotem Hühnchencurry reichen.

🔒 Shoppen

Viele historische Geschäfte in der Hauptstraße beherbergen Galerien, Antiquitätengeschäfte und Kuriositäten.

ABSTECHER

CHILTERN

Das winzige Chiltern ist eine von Victorias historischsten und charmantesten kolonialen Gemeinden – es wirkt wie eine Filmkulisse aus einer vergangenen Zeit. Die beiden Hauptstraßen sind von Gebäuden aus dem 19. Jh. gesäumt, darunter Antiquitätenläden und einige Pubs. Das alles wirkt so authentisch, dass Chiltern in der Tat als Drehort für historische Filme benutzt wurde, beispielsweise für den Walt-Disney-Klassiker *Mein wildes Pony* (1975) Chiltern wurde im Jahr 1851 als Black Dog Creek gegründet und blühte auf, als hier 1859 Gold entdeckt wurde. Im **Chiltern Visitor Centre** (☏ 03-5726 1611; www.chilternvic.com; 30 Main St; ⊕ 10-16 Uhr) gibt es den *Chiltern Touring Guide*, der Besucher zu 20 historischen Stätten im Ort führt.

Hinter dem historischen Postgebäude steht das **Linesman's Cottage** (☏ 03-5726 1300; www.linesmanscottage.com.au; 56 Main St; 1-/2-/3-Nächte 120/220/300 AU$; ❄) aus den 1950er-Jahren. Die historische Fassade ist erhalten, und innen wurde es wunderschön renoviert. Mit Küche, Garten im Innenhof, Doppelbett und Sofabett eignet es sich hervorragend für Familien.

Chiltern liegt 290 km nordöstlich von Melbourne, am Hume Fwy (M31). Von Melbournes Southern Cross Station fahren bis zu drei Busse oder Züge (V/Line) hierher (31,80 AU$, 3¼ Std.).

Kirby's Flat Pottery
KERAMIK

(📞 02-6027 1416; www.johndermer.com.au; 225 Kirby's Flat Rd; ⊙ Sa & So 10.30–17.30 Uhr) Diese Kombination aus Studio, Galerie und Laden liegt 4 km südlich von Yackandandah. Selbst wer nichts einkaufen möchte, sollte sich die überwältigende Sammlung der Galerie ansehen.

🛈 Praktische Informationen

Das **Yackandandah Visitor Centre** (📞 02-6027 1988; www.uniqueyackandandah.com.au; 27 High St; ⊙ 9–17 Uhr) befindet sich im 1878 erbauten Athenaeum-Gebäude.

🛈 An- & Weiterreise

Yackandandah liegt 307 km nordöstlich von Melbourne. Mit dem Auto geht's vom Hume Fwy zur Great Alpine Rd. Nach der Ausfahrt nördlich von Wangaratta führen Schilder nach Beechworth. Von hier aus sind es nur noch 22 km nach Yackandandah.

Myrtleford

2707 EW.

Myrtleford liegt an der Great Alpine Rd nahe der Hügellandschaft rund um den Mt. Buffalo. Es ist ein weiteres Tor zu den Bergen und eine lohnende Option für einen Zwischenstopp, wenn man die Schneefelder oder die Gourmet Region erkunden möchte.

👁 Sehenswertes & Aktivitäten

Myrtleford Butter Factory BUTTER

(📞 03-5752 2300; www.thebutterfactory.com.au; Great Alpine Rd; ⊙ Mo–Fr 10–16 Uhr, Sa & So 9–17 Uhr) In dieser Butterfabrik mit Lebensmittelladen können Besucher noch immer bei der Butterherstellung zusehen. Donnerstags um 11 Uhr finden 45-minütige Führungen statt (8 AU$). Der Bio-Laden bietet eine breite Palette an lokalen Erzeugnissen, darunter Butter in allen Variationen. Ein Umzug ist geplant, Infos dazu gibt's auf der Website.

Myrtleford Cycle Centre FAHRRADMIETE

(📞 03-5752 1511; www.myrtlefordcycle.com; 59 Clyde St; 25/45 AU$/Tag/Wochenende; ⊙ Di–Sa 9–17.30 Uhr, So 10–14 Uhr) Vermietet Fahrräder und Helme.

🛏 Schlafen

Myrtleford Caravan Park WOHNWAGENPARK $

(📞 03-5752 1598; www.myrtlefordholidaypark.com.au; Lewis Ave; Stellplatz ohne/mit Strom ab 26/28 AU$, B 29 AU$, Hütten 86–138 AU$; ❄) Begrünte Stellplätze, gepflegte Hütten, ein Kinderspielplatz und eine Schlafbaracke mit 40 Betten für Gruppen oder Backpacker.

Motel on Alpine MOTEL $$

(📞 03-5752 1438; www.motelonalpine.com; 258 Great Alpine Rd; DZ/FZ inkl. Frühstück ab 130/195 AU$; ❄ 🛜 ☆) Qualitativ hochwertiges Motel in Ortsnähe mit Pool und Spa, schön angelegtem Garten und einem sehr guten Restaurant.

🛈 Praktische Informationen

Myrtleford Visitor Centre (📞 03-5755 0514; www.visitmyrtleford.com; 38 Myrtle St; ⊙ 9–17 Uhr) Hier gibt es Informationen und einen Buchungsservice für die nahegelegenen Skipisten. Der *Myrtleford Discovery Trail Guide* enthält Beschreibungen zu den historischen Stätten vor Ort.

🛈 An- & Weiterreise

Myrtleford liegt 296 km nordöstlich von Melbourne. Hierher gelangt man am besten über die Great Alpine Rd (B500) zwischen Wangaratta (46 km) und Bright (30 km).

Mt. Buffalo National Park

Der wunderschöne Mt. Buffalo ist das ganze Jahr über ein leicht zu erreichendes Ziel: Im Winter ist er ein übersichtliches, familienorientiertes Skigebiet mit leichten Abfahrten und im Sommer der perfekte Ort zum Buschwandern, Mountainbikefahren und Felsenklettern.

Der Berg wurde 1824 von den Entdeckern Hume und Hovell auf ihrer Expedition von Sydney nach Port Phillip getauft – sie fanden, dass seine wuchtige Form einem Buffalo ähnelt – und 1898 wurde er zum Nationalpark erklärt.

👁 Sehenswertes & Aktivitäten

Hier gibt es Granitfelsen, Aussichtspunkte, Bäche, Wasserfälle, Wildblumen und Wildtiere. Der **Big Walk**, ein 11 km langer, fünfstündiger Aufstieg auf den Berg, beginnt in der Eurobin Creek Picnic Area, nördlich von Porepunkah, und endet in der Gorge Day Visitor Area. Eine Straße führt direkt bis unter den Gipfel des Horn (1723 m), des höchsten Berges des Massivs. Der nahe gelegene **Lake Catani** eignet sich gut zum Schwimmen, Kanufahren und Campen. Es gibt 14 km an **Langlaufloipen**, die am Cresta Valley Parkplatz beginnen, und einen **Rodelbereich**.

Im Sommer verwandelt sich der Mt. Buffalo in ein Paradies für **Drachenflieger**. Die nahezu senkrechten Wände der Gorge machen ihn außerdem zu einem der besten **Kletterfelsen** Australiens.

Mt. Buffalo Olives OLIVEN
(☎ 03-5756 2143; www.mtbuffaloolives.com.au; 307 Mt. Buffalo Rd, Porepunkah; ⊙ Fr–Mo 11–17 Uhr & tgl. während der Schulferien) An der Straße von Porepunkah nach Mt. Buffalo liegt dieser Olivenhain. Hier können Besucher Oliven probieren und Olivenöle und andere lokale Bio-Produkte kaufen. Wer möchte, kann hier auch übernachten (So–Do 180 AU$/Nacht, Fr & Sa 220 AU$/Nacht, Mindestaufenthalt 2 Nächte).

Adventure Guides Australia OUTDOOR
(☎ 0419 280 614; www.visitmountbuffalo.com.au) Dieser etablierte Anbieter bietet Abseilen (ab 90 AU$), Felsenklettern (ab 88 AU$) und Höhlentouren durch ein unterirdisches Flusssystem bei dem man Glühwürmchen beobachten kann (ab 120 AU$) fast alles an, was man am Berg so machen kann. Im Winter öffnet er außerdem seine Langlaufschule.

Schlafen

Lake Catani Campground CAMPINGPLATZ
(Stellplatz 28 AU$/Pers.; ⊙ Nov.–April) Ein beliebter Sommercampingplatz mit Toiletten und Duschen. Man muss ihn über **Parks Victoria** (☎ 13 19 63; www.parkweb.vic.gov.au) buchen.

❶ An- & Weiterreise

Am besten erreicht man ihn über Porepunkah, das zwischen Myrtleford und Bright liegt.

Bright

2165 EW.

Bright liegt im Hügelvorland, ist für seine phänomenale Herbstfärbung bekannt und das ganze Jahr über ein beliebtes Ziel, das gern als Ausgangspunkt in Richtung Mt. Hotham und Falls Creek genutzt wird. Im Winter wimmelt es in Bright von Skifahrern, aber es ist ein wirklich nettes Basislager zur Erkundung des Alpine National Park. Man kann hier prima Fallschirmspringen, in den Flüssen angeln, Kajak fahren, buschwandern und die Weingüter der Region entdecken. Zahlreiche Unterkünfte und einige sehr gute Restaurants und Cafés vervollständigen das besonders reizvolle Bild.

Aktivitäten

Bright ist Ausgangsbasis für alle möglichen Abenteueraktivitäten, z. B. Gleitschirmfliegen – Fans des Sports nutzen die Thermik des nahe gelegenen Mystic Mountain.

Murray to Mountains Rail Trail RADFAHREN
(www.murraytomountains.com.au) Der Murray to Mountains Rail Trail zwischen Bright und Wangaratta beginnt (oder endet) hinter dem alten Bahnhof. Fahrräder, Tandems und Anhänger für Kinder kann man bei **Cyclepath** (☎ 03-5750 1442; www.cyclepath.com.au; 74 Gavan St; ab 20 AU$/Std., 1. Std./halber/ganzer Tag ab 20/24/32 AU$, Mountainbike/Straßenrad 44/60 AU$/Tag; Mo–Fr 9–17.30, Sa & So 9.30–16 Uhr) ausleihen.

Active Flight ABENTEUERSPORT
(☎ 0428 854 455; www.activeflight.com.au) Paraglidingkurse für Anfänger (ab 265 AU$) und Tandemflüge (ab 150 AU$).

Alpine Paragliding ABENTEUERSPORT
(☎ 0428 352 048; www.alpineparagliding.com; ⊙ Okt.–Juni) Tandemflüge vom Mystic Mountain (130 AU$) aus sowie zweitägige Kurse (500 AU$).

Alpine Gravity MOUNTAINBIKEN
(☎ 03-5758 3393; www.alpinegravity.net; 100 Gavan St; Halb-/Ganztagestouren 60/75 AU$) Dieser erfahrene Anbieter veranstaltet Mitte November ein Mountainbike-Fest. Den Rest des Jahres werden Halb- und Ganztagestouren sowie mehrtägige Touren angeboten.

Kurse

★ Patrizia Simone Country Cooking School KOCHKURS
(☎ 03-5755 2266; www.simonesbright.com.au; 98 Gavan St; 180 AU$/Pers.) Patrizia Simone, eine der gefeiertesten Köchinnen im Nordosten Victorias, veranstaltet fabelhafte vierstündige Kochkurse, die sich der italienischen (vor allem umbrischen) Küche widmen. Verwendet werden lokale Produkte. Der bekannteste Kurs verspricht eine „Umbrische Erfahrung" – hier werden Gerichte aus Patrizias Kochbuch *My Umbrian Kitchen* nachgekocht.

Feste & Events

Bright Autumn Festival STRASSENKARNEVAL
(www.brightautumnfestival.org.au) Ein beliebter Festtag mit offenen Gärten und malerischen Convoy Tours, der im April oder Mai stattfindet.

NED KELLY

Ned Kelly mag zwar ein Gesetzloser gewesen sein, aber er ist trotzdem Australiens größter Volksheld geworden. Sein Leben und Tod sind inzwischen Teil der nationalen Kultur – von Sidney Nolans berühmten Gemälden zu Peter Careys Buch *Die wahre Geschichte von Ned Kelly und seiner Gang*, das mit dem Man-Booker-Preis ausgezeichnet wurde. Kurzum, Ned Kelly ist ein Symbol für den rebellischen Charakter der Australier.

Der 1855 geborene Ned wurde zum ersten Mal in Benalla im Alter von 14 Jahren verhaftet und in den folgenden zehn Jahren immer wieder eingebuchtet. 1878 wurde ein Haftbefehl wegen eines Pferdediebstahls gegen ihn ausgestellt, woraufhin Ned und sein Bruder Dan untertauchten. Ihre Mutter und zwei Freunde wurden wegen Beihilfe verhaftet, verurteilt und eingesperrt. Die Kelly-Familie fühlte sich schon lange Zeit von den Behörden verfolgt und die Inhaftierung von Mrs. Kelly war der Tropfen, der das Fass zum Überlaufen brachte.

Ned und Dan versteckten sich gemeinsam mit zwei anderen Kumpanen, Steve Hart und Joe Byrne, in den Wombat Ranges bei Mansfield. Als vier Polizisten – Kennedy, Lonigan, Scanlon und McIntyre – sie endlich aufspürten, kam es am Stringybark Creek zu einer Schießerei, bei der Ned drei der Polizisten – Kennedy, Lonigan und Scanlon – tötete. McIntyre konnte nach Mansfield entkommen und schlug dort Alarm.

Daraufhin setzte die Regierung für die Ergreifung der Bandenmitglieder jeweils eine Belohnung in Höhe von 500 £ aus – tot oder lebendig. Im Dezember 1878 raubte der Gang die National Bank in Euroa aus und flüchtete mit der Beute von 2000 £. Im Februar 1879 überfielen die Gangster die Polizeiwache in Jerilderie, sperrten die zwei Polizisten in die Zellen ein, stahlen ihre Polizeiuniformen und raubten als Polizisten verkleidet die Bank of New South Wales aus. Zu jener Zeit betrug das Kopfgeld für jeden von ihnen bereits 2000 £.

Am 27. Juni 1880 nahm die Bande in einem Hotel in Glenrowan 60 Geiseln. Eine ganze Zugladung mit Polizisten und Spürhunden wurde aus Melbourne zu Hilfe geschickt. Neds Plan, den Zug zu zerstören, wurde vereitelt als ein Schullehrer die Polizei warnte. Von der Polizei umstellt, verschanzte sich die Bande in ihren selbstgebastelten Rüstungen aus Pflugscharen im Hotel und leistete vier Stunden lang bewaffneten Widerstand. Bei der Schießerei wurde Ned an den Beinen getroffen und gefangengenommen; Dan Kelly, Joe Byrne und Steve Hart sowie mehrere Geiseln kamen ums Leben.

Ned Kelly wurde nach Melbourne gebracht und verurteilt und am 11. November 1880 gehängt. Er sah seinem Tod mutig entgegen; seine berühmt gewordenen angeblich letzten Worte lauteten: „So ist das Leben". Seine Totenmaske, seine Rüstung und der Galgen, an dem er starb, sind im Old Melbourne Gaol zu sehen (S. 520).

Von allen Orten, die mit Ned Kelly in Verbindung gebracht werden, hat Glenrowan am Hume Fwy seine Geschichte am besten zu nutzen gewusst: Es ist unmöglich, durch Glenrowan zu fahren, ohne mit Neds Legende konfrontiert zu werden, z. B. in Form einer großen Statue, die ihn in seiner Rüstung zeigt. Die wichtigsten Plätze seiner Ergreifung sind ausgeschildert; ein Stadtplan zeigt den Weg.

Ned Kelly Museum & Homestead (03-5766 2448; 35 Gladstone St, Glenrowan; Erw./Kind 6/1 AU$; 9–17.30 Uhr) Hinter Kate's Cottage liegt dieses Museum, das Erinnerungsstücke und Artefakte aus dem gesamten Bezirk ausstellt, darunter ein Nachbau des Kelly-Familienhauses. Der überdachte Picknickbereich lohnt den Halt.

Ned Kelly's Last Stand (03-5766 2367; www.glenrowantouristcentre.com.au; 41 Gladstone St, Glenrowan; Erw./Kind/Fam. 27/20/90 AU$; 9.30–16.30 Uhr, Shows alle 30 Min.) In der Touristeninformation befindet sich dieses Animationstheater: Neds Geschichte wird in verschiedenen Räumen von einigen überraschend lebendig wirkenden animatronischen Figuren erzählt. Höhepunkt sind die rauchige Schießerei und Neds Hinrichtung am Galgen (für kleine Kinder möglicherweise nicht geeignet).

Besucher können den Laden und die kleine Ausstellung von Erinnerungsstücken und Bildern gratis durchstöbern. Hier gibt's außerdem einen Stadtplan, der die wichtigsten Örtlichkeiten vor Beginn der Schießerei beschreibt.

Bright Spring Festival STRASSENKARNEVAL
(www.brightspringfestival.com.au) Hier feiert sich das strahlende Bright selbst. Das Fest wird Ende Oktober/Anfang November am Wochenende des Melbourne Cup gefeiert.

Schlafen

Bright hat jede Menge Unterkünfte zu bieten, aber während der Urlaubszeit ist es manchmal schwer, ein Zimmer zu ergattern. Wer Glück hatte, sollte bei **Bright Escapes** (1300 551 117; www.brightescapes.com.au; 76a Gavan St) oder **Bright Holiday Accommodation** (www.brightholidays.com.au) nachfragen.

Bright Holiday Park WOHNWAGENPARK $
(03-5755 1141; www.brightholidaypark.com.au; Cherry Lane; Stellplatz ohne/mit Strom 32/37 AU$, Hütten 115–240 AU$; 🕾) Der Wohnwagenpark erstreckt sich zu beiden Seiten des hübschen Morses Creek. Von hier aus erreicht man die Geschäfte in einem fünfminütigen Fußweg. Die Hütten am Fluss sind sehr schön.

★ Odd Frog BOUTIQUEHOTEL $$
(0418 362 791; www.theoddfrog.com; 3 McFadyens Lane; DZ 150–195 AU$, 4BZ 250 AU$) Diese modernen, umweltfreundlichen Wohnstudios bieten helle, luftige Räume und tolle Balkone inklusive Teleskop zum Sternegucken. Mit ihrer skulpturartigen Stahlrahmenkonstruktion sind sie sehr clever an ihre Umgebung und die Hanglage angepasst.

Coach House Inn MOTEL $$
(1800 813 992; www.coachhousebright.com.au; 100 Gavan St; EZ/DZ ab 85/105 AU$, Apt. 125–205 AU$; 🅿🏊) Die Zimmer in diesem zentral gelegenen Motel sind einfach, aber bieten ein sehr gutes Preis-Leistungs-Verhältnis. Zudem gibt's Selbstversorger-Einheiten, in denen zwei bis sechs Personen Platz finden. In der Hauptsaison werden 22 AU$ auf die Einheiten aufgeschlagen. Im Winter kann man hier Ski leihen (Gäste bekommen Rabatt). Nebenan befindet sich das beliebte **Lawlers Hut Restaurant**.

Aalborg APARTMENT $$$
(0401 357 329; www.aalborgbright.com.au; 6 Orchard Ct; Zi. 220–250 AU$; 🕾) Dieses fabelhafte Apartmentgebäude mit seinen geraden Linien ist im skandinavischen Stil gehalten. Die Möbel sind vorwiegend aus weißer Pinie und jedes Stück wurde sorgfältig ausgewählt. Die vielen großen Glasfronten bieten weitläufige Blicke auf das Buschland. Mindestaufenthalt zwei Nächte.

Essen & Trinken

Blackbird Café & Food Store CAFÉ $
(03-5750 1838; www.blackbirdfood.com.au; 95 Gavan St; Hauptgerichte 8–21 AU$; 8–16 Uhr) In diesem lichtdurchfluteten Eckcafé, auf dessen Sofas und Kaffeetischen Zeitungen ausliegen, mischen sich Einheimische und Reisende. Das Café verkörpert die Quintessenz des entspannten und essensliebenden Bright. Die gebackene Harrietville-Forelle ist besonders gut.

★ Pepperleaf Bushtucker Restaurant MODERN-AUSTRALISCH $$
(03-5755 1537; 2a Anderson St; 1/10 Tapas 8/70 AU$, Hauptgerichte 18–30 AU$; Fr-Di 12–14 & 18 Uhr–open end, am Wochenende auch Frühstück) Das Pepperleaf ist nicht schick, aber die Philosophie und das Essen – aus lokalen Zutaten, z. B. Akaziensamen, Quandong, wilden Limetten und Zitronenmyrte – sind eine Geschmacksoffenbarung. Hauptgerichte sind z. B. Salz-und-Pfeffer-Krokodil, Wallaby oder Chorizo.

★ Simone's Restaurant ITALIENISCH $$$
(03-5755 2266; www.simonesbright.com.au; 98 Gavan St; Hauptgerichte 37–40 AU$, vegetarisches/nichtvegetarisches Probiermenü 85/95 AU$; Di-Sa 6.30–22 Uhr) Besitzerin und Köchin Patrizia serviert im rustikalen Speiseraum dieses denkmalgeschützten Hauses seit 20 Jahren herausragende italienische Küche mit Schwerpunkt auf lokalen Zutaten und saisonalen Produkten. Dies ist eines der besten regionalen Restaurants in Victoria und sein Geld wert. Unbedingt im Voraus reservieren.

★ Bright Brewery BRAUEREI
(03-5755 1301; www.brightbrewery.com.au; 121 Gavan St; 12–22 Uhr; 🕾) Diese kleine Brauerei produziert eine Reihe hochwertiger Biere (6 für 12 AU$ probieren) und serviert auch gleich das passende Essen wie Pizza, Wurst und Nachos. Es gibt Führungen, montags, freitags und samstags um 15 Uhr eine Verkostung (18 AU$) und sonntags Live-Bluesmusik. Außerdem kann man einen Tag lang lernen, wie man Braumeister wird (360 AU$).

ⓘ Praktische Informationen

Alpine Visitor Information Centre (1800 111 885, 03-5755 0584; www.brightvictoria.com.au; 119 Gavan St; 9–17 Uhr) Bietet einen umtriebigen Buchungsservice für Unterkünfte und Informationen zu Parks Victoria sowie ein Café an.

ABSTECHER

CORRYONG & THE MAN FROM SNOWY RIVER

Vielleicht hat man ja die Verfilmung (*Snowy River*) gesehen oder das Gedicht von Banjo Paterson gelesen, aber hier draußen in Corryong, in der Nähe der Quelle des Murray River, wird die Legende gelebt. Corryong ist eine hübsche Gemeinde, umgeben von Bergen, ein Naturspielplatz zum Forellenangeln, Kanufahren, Radfahren und Buschwandern.

Man From Snowy River Museum (03-6076 2600; www.manfromsnowyrivermuseum.com; 103 Hanson St, Corryong; Erw./Kind 5/1 AU$; Sept.–Mai 10–16 Uhr, Juni–Aug. 11–15 Uhr Das Museum erzählt die Geschichte von Jack Riley, einem Rinderzuchtgehilfen, der in der Nähe von Corryong gelebt und gearbeitet hat und Paterson vielleicht als Inspiration diente. Das Museum fungiert auch als Heimatmuseum; die Ausstellung umfasst Skier aus dem Jahr 1870 und das Jarvis Homestead, eine Hütte aus Stein und Holz aus dem 19. Jh.

Jack Riley's Grave (Corryong Cemetery) Jack Rileys Grab im Friedhof ist mit der Inschrift „In memory of the Man from Snowy River, Jack Riley, buried here 16th July 1914" („In Gedenken an den Man from Snowy River, Jack Riley, hier begraben am 16. Juli 1914") versehen.

Man From Snowy River Bush Festival (02-6076 1992; www.manfromsnowyriverbushfestival.com.au; März–April) Er sah im Film so lustig aus, dass es die Einheimischen einfach ausprobieren mussten: Bergpferderennen wo „die Berge zweimal so steil und zweimal so rau sind". Die Country Wide Challenge, Australiens ultimativer Test, bei dem Teilnehmer ihr reiterisches Können unter Beweis stellen müssen! Das Rennen ist Teil des Festivals – vier Tagen Peitschenschnalzen und Geschichtenerzählen.

Corryong Visitor Centre (03-6076 2277; 50 Hanson St, Corryong; 9–17 Uhr) Hier gibt's Infos zur Region.

❶ An- & Weiterreise

Bright liegt 310 km nordöstlich von Melbourne.
Snowball Express (1300 656 546; www.snowballexpress.com.au) Während der Skisaison fährt der Snowball Express von Bright zum Mt. Hotham (Erw./Kind hin & zurück 50/40 AU$, 1½ Std.).
V/Line (1800 800 007; www.vline.com.au) Die V/Line betreibt Züge/Busse nach Melbourne (33 AU$, 4½ Std, 2-mal tgl.) mit Umsteigen in Wangaratta.

Mt. Beauty & Kiewa Valley

1654 EW.

Mt. Beauty schmiegt sich an den Fuß des höchsten Bergs von Victoria, dem Mt. Bogong (1986 m). Der Ort liegt am Kiewa River, und seine Zwillingsstädtchen Tawonga und Tawonga South sind die Tore zum Skiort Falls Creek. Von Bright aus erreicht man ihn über eine steile, kurvenreiche Straße, aber man hat dafür ein tolles Bergpanorama.

◉ Sehenswertes & Aktivitäten

Annapurna Estate WEINGUT
(03-5754 4517; www.annapurnaestate.com.au; 217 Simmonds Creek Rd, Tawonga South; Fr–So 11–16 Uhr) Der Annapurna Estate, rund 3 km entfernt von Mt. Bounty, ist ein überwältigender Weinberg. Hier kann man Wein kaufen oder auf der schönen Restaurantterrasse essen.

Rocky Valley Bikes FAHRRADVERLEIH
(03-5754 1118; www.rockyvalley.com.au; Kiewa Valley Hwy; Fahrradverleih 20 AU$/Std., Trekkingrad 35/50 AU$ halber Tag/ganzer Tag) Rocky Valley Bikes verleiht Mountainbikes und Trekkingräder im Sommer und Schneesportausrüstung im Winter.

Bogong Horseback Adventures REITEN
(03-5754 4849; www.bogonghorse.com.au; Mountain Creek Rd, Tawonga; 2/3 Std. Ausritt 90/110 AU$, ganzer Tag inkl. Mittagessen 220 AU$) Reiter können diese wunderschöne Gegend mit Bogong Horseback Adventures erleben. Der Anbieter befindet sich 12 km nordwestlich von Tawonga.

🎪 Feste & Events

Mt. Beauty Music Festival MUSIK
(www.musicmuster.org.au) Das Mt. Beauty Music Festival lockt im April Folk-, Blues- und Countrymusiker in die Stadt.

🛏 Schlafen

Mt. Beauty
Holiday Centre WOHNWAGENPARK $
(☏ 03-5754 4396; www.holidaycentre.com.au; Kiewa Valley Hwy; Stellplatz ohne/mit Strom 30/35 AU$, Hütten & Jurten 80–150 AU$; ✷ 🛜) Dieser familienorientierte Campingplatz in der Nähe der Stadt Mt. Beauty liegt direkt am Fluss und bietet Spielmöglichkeiten und ein paar interessante Hütten, darunter sechseckige „Jurten".

★ **Dreamers** APARTMENTS $$$
(☏ 03-5754 1222; www.dreamersmtbeauty.com.au; Kiewa Valley Hwy, Mt. Beauty; Apt. 200–490 AU$; 🛜✷) 🍴 Jedes der tollen Öko-Apartments des Dreamers bietet etwas Besonderes und ist architektonisch einzigartig: Versunkene Lounge-Bereiche, offene Kamine, Loft-Schlafzimmer und Whirlpools auf den Balkonen sind nur ein paar der Highlights. Die großartige Aussicht und die hübsche Lagune machen das traumhaft romantische Fünf-Sterne-Erlebnis perfekt.

🍴 Essen

★ **Å Skafferi** SCHWEDISCH $$
(☏ 03-5754 4544; www.svarmisk.com.au; 84 Bogong High Plains Rd, Mt Beauty; Hauptgerichte 12–21 AU$; ⊙ Do-Mo 8–16 Uhr) Dieses coole schwedische Lokal mit Lebensmittelladen lohnt unbedingt einen Halt. Zum Frühstück gibt es gegrillte Milawa-Käse-Sandwiches und zum Mittagessen schwedische Köttbullar oder Hering mit *knackebrod*. Hier können Besucher eine breite Palette an lokalen und schwedischen Erzeugnissen kaufen. Zudem findet man hier einige ausgezeichnete **Apartments** (Apt. mit 1/2/3 Schlafzi. 295/365/515 AU$).

Roi's Diner Restaurant ITALIENISCH $$
(☏ 03-5754 4495; 177 Kiewa Valley Hwy; Hauptgerichte 27–34 AU$; ⊙ Do-So 6.30-21.30 Uhr) Es ist schwer zu glauben, dass dieser unauffällige Holzschuppen am Highway, 5 km von Mt. Beauty, ein preisgekröntes Restaurant ist, das auf ausgefallene, moderne italienische Kühe spezialisiert ist. Auf der Karte stehen Risotto, Rib-Eye-Carpaccio und ein unvergessliches Schweinekotelett.

ℹ Praktische Informationen

Mt. Beauty Visitor Centre (☏ 1800 111 885, 03-5755 0596; www.visitmountbeauty.com.au; 31 Bogong High Plains Rd; ⊙ 9–17 Uhr) Ein Buchungsservice für Unterkünfte und eine Ausstellung zur Geschichte und Natur der Region sowie Informationen zu Wanderungen vor Ort.

ℹ An- & Weiterreise

Im Winter betreibt **Falls Creek Coach Service** (☏ 03-5754 4024; www.fallscreekcoachservice.com.au) mittwochs, freitags, samstags und sonntags Direktbusse von Melbourne nach Mt. Beauty (einfache Strecke/hin & zurück 85/134 AU$), und donnerstags bis sonntags von Albury (34/53 AU$) aus. Beide Busse fahren weiter nach Falls Creek.

V/Line (☏ 1800 800 007; www.vline.com.au) betreibt eine Zug-/Bus-/Taxiverbindung von Melbourne nach Mt. Beauty (37,20 AU$, 5½ Std.), über Wangaratta und Bright.

Falls Creek

1780 M

Falls Creek, Victorias schillerndster, modebewusstester Urlaubsort, vereint eine malerische Bergkulisse mit beeindruckenden Skipisten und berüchtigter Après-Ski-Unterhaltung.

🏃 Aktivitäten

Die **Skipisten** in Falls Creek sind auf zwei Gebiete verteilt: **Village Bowl** und **Sun Valley**. Hier gibt es insgesamt 19 Lifte, einen Höhenunterschied von 267 m und Australiens längste Anfängerpiste, **Wombat's Ramble**. Falls ist außerdem die Hauptstadt der Freeride-Snowboarder – hier befinden sich vier Parks. Mehrmals in der Woche findet in der Village Bowl **Nachtskifahren** statt. Alle Informationen zu Winteraktivitäten gibt's bei der **Activities Hotline** (☏ 1800 204 424).

Der **Gipfel-Sessellift** ist während der Sommerschulferien in Betrieb (15 /25 AU$ pro Fahrt/Tag). In der grünen Jahreszeit ist hier **Mountainbikefahren** beliebt. Es gibt Downhill-Strecken, Spur-Fire-Strecken, Aquädukt-Strecken, drei Strecken, die mit Lift zugänglich sind, und einen Straßenpar-

---

ℹ UNTERKUNFT IN FALLS CREEK

Falls Creek Central Reservations
(☏ 1800 033 079; www.fallscreek.com.au/centralreservations) Buchungsservice.

Falls Creek Reservation Centre
(☏ 1800 453 525; www.fallscreek.com.au/ResCentre) Buchungsservice für Unterkünfte in Falls Creek.

cours. Fahrräder gibt's auch zu mieten (ab 55 AU$/Tag).

Zu den besten lokalen **Wanderwege** gehören die Wanderung zur 1889 gebauten **Wallace Hut**, die angeblich die älteste Rinderzüchterhütte im High Country ist, und die Wanderung zum **Rocky Valley Lake**.

Packers High Country Horse Reiten
REITEN

(03-5159 7241; www.horsetreks.com; Anglers Rest; Ausritt 1½ Std./halber/ganzer Tag 80/150/250 AU$) Packers High Country Horse Riding in Anglers Rest an der Straße nach Omeo bietet echtes Reiten im High Country, durch Flusstäler und Eukalyptuswälder.

🎭 Feste & Events

Mile High Dragon Boat Festival
KULTUR

(www.fallscreek.com.au/dragonboats) Prächtiges, herrliches Drachenbootrennen auf dem Rocky Valley Lake vom 26. bis 27. Januar.

Easter Festival
ESSEN

(www.fallscreek.com.au/easterfestival) Eine riesige Ostereiersuche.

🛏 Schlafen

Die meisten Lodges in Falls Creek erfordern einen Mindestaufenthalt von zwei Nächten, vor allem an Wochenenden.

Alpha Lodge
LODGE $

(03-5758 3488; www.alphaskilodge.com.au; B Sommer/Winter ab 61/159 AU$) Eine geräumige, erschwingliche Lodge mit Sauna, großer Lounge mit Panoramablick und Gemeinschaftsküche.

Frueauf Village
APARTMENT $$$

(1300 300 709; www.fvfallscreek.com.au; 4 Schuss St; DZ zwei Nächte ab 400 AU$; 📶) Diese luxuriösen und architektonisch gestalteten Apartments haben alles, z. B. private Außen-Whirlpools und die irre **Milch Cafe Wine Bar**.

🍴 Essen & Trinken

Three Blue Ducks
CAFÉ $$

(03-5758 3863; www.huski.com.au; 3 Sitzmark St; Hauptgerichte 12–16 AU$; ⊙ Juni–Sept. 7.30–23 Uhr) Dieses schicke Café mit Lebensmittelladen bietet tolles Essen in ungezwungener Atmosphäre sowie lokale Erzeugnisse.

The Gully by Three Blue Ducks
MODERN-AUSTRALISCH $$

(03-5758 3863; www.thegully.com.au; 3 Sitzmark St; Mittagessen Hauptgerichte 14–25 AU$;

Abendessen 35 AU$; ⊙ 7.30–21.30 Uhr) Wie das verwandte Café Three Blue Ducks werden in diesem schicken Restaurant im Huski Luxury Apartments Komplex vorwiegend frische Zutaten verwendet. Zu den Highlights gehören das Rote-Beete-Risotto und die salzgeröstete Regenbogenforelle.

Man Hotel
PUB

(03-5758 3362; www.themanfallscreek.com; 20 Slalom St; ⊙ 16 Uhr–open end) „The Man" gibt's schon seit Ewigkeiten. Es ist das ganze Jahr über geöffnet und stellt das Herz des Nachtlebens von Falls Creek dar. Im Winter haut es mit Club, Cocktailbar und Livemusik von beliebten Aussie-Bands so richtig auf die Pauke. Man bekommt gutes Pub-Essen und Pizzas.

ℹ Praktische Informationen

Während der Skisaison kostet die Einfahrt ins Skigebiet 20 AU$ je Auto. Liftpässe für einen Tag kosten 113/57 AU$ für Erwachsene /Kinder. Kombipakete mit Liftnutzung und Unterricht für Erwachsene kosten 178 AU$. Die Liftpässe gelten auch für Mt. Hotham.

Falls Creek Resort Management (03-5758 1202; www.fallscreek.com.au; 1 Slalom St; ⊙ Winter tgl. 8.30–17 Uhr, Sommer Mo–Fr 9–17 Uhr, Sa & So 10–15 Uhr) Infoblätter für Besucher, z. B. *Crosscountry* (Skipisten, die sich im Sommer zum Wandern eignen).

ℹ Anreise & Unterwegs vor Ort

Falls Creek liegt 375 km von Melbourne entfernt, also ca. 4½ Stunden Autofahrt.

Im Winter betreibt der **Falls Creek Coach Service** (03-5754 4024; www.fallscreekcoachservice.com.au) vier Mal pro Woche Busse zwischen Falls Creek und Melbourne (einfache Strecke/hin & zurück 80/140 AU$) und zudem Verbindungen nach und von Albury (60/95 AU$) und Mt. Beauty (37/58 AU$). Im Sommer sind die Verbindungen seltener.

Ein Schnee-Taxi-Service (hin & zurück 40 AU$) pendelt täglich von 7 bis 24 Uhr (Fr bis 2 Uhr, Sa & So 1 Uhr). Parkplätze für Tagesbesucher befinden sich am Fuß des Dorfes, neben dem Skilift.

Mt. Hotham & Dinner Plain

1868 EW.

Geübte Wanderer, Skifahrer und Snowboarder strömen zum Mt. Hotham, wo es einige der besten und schwierigsten Abfahrtspisten im Land gibt.

🏃 Aktivitäten

Mt. Hotham bietet 320 ha Abfahrtspisten mit einem Höhenunterschied von 428 m. Rund 80 % der Pisten sind nur für mittelgute bis sehr gute Skifahrer geeignet. Anfänger fangen am Big D an, wo jeden Mittwoch und Samstag im Winter **Nachtskifahren** stattfindet.

Im 10 km von Hotham entfernten Dinner Plain, das mit diesem durch einen kostenlosen Shuttlebus verbunden ist, gibt es rund um das Dorf hervorragende **Langlaufloipen**, darunter den Hotham–Dinner Plain Ski Trail. Mehr als sechs Anbieter verleihen Ski und andere Ausrüstung. Vollständige Listen mit Anbietern gibt es in den Visitor Centres oder auf www.mthotham.com.au. Von November bis Mai bieten Hotham und Dinner Plain atemberaubende alpine Strecken zum **Wandern** und **Mountainbikefahren**.

🎉 Feste & Events

Cool Summer Festival MUSIK
(www.coolsummerfestival.com) Drei Tage Musik wo sich Fuchs und Hase gute Nacht sagen. Findet im Januar oder Februar statt.

🛏 Schlafen

Während der Skisaison muss man seine Unterkunft grundsätzlich für mindestens zwei Tage buchen. Reservierungsbüros:

Leeton Lodge LODGE $
(03-5759 3283; www.leetonlodge.com; Dargo Ct, Mt. Hotham; B Sommer 45 AU$, Winter 65–85 AU$) Klassischer, familienorientierter Skiclub mit 30 Betten, Küche und schöner Aussicht. Ganzjährig geöffnet.

General Lodge LODGE $$$
(03-5759 3523; www.thegeneral.com.au; Great Alpine Rd, Mt. Hotham; 1- & 2-Bett-Apt. ab 150 AU$) Diese brandneuen Apartments hinter dem General Pub überzeugen mit Lounge und Küche und bieten eine tolle Aussicht.

Arlberg Resort APARTMENT $$$
(03-5986 8200; www.arlberghotham.com.au; Mt. Hotham; 2 Nächte im DZ ab 430–870 AU$; 🛜 ♨) Das Arlberg ist das größte Resort am Berg und hat eine breite Auswahl an Apartments und Zimmern im Motelstil sowie Restaurants, Bars, einen Skiverleih und einen beheizten Pool. Nur während der Skisaison.

🍴 Essen

Im Winter ist die Auswahl in Mt. Hotham riesig, im Sommer sind einige Lokale geschlossen. Der kleine Supermarkt beim General hat aber geöffnet.

General PUB-ESSEN $$
(03-5759 3523; Great Alpine Rd, Mt. Hotham; Gerichte 12–32 AU$; ⏱12–14 & 18–20.30 Uhr) Das stets zuverlässige „Gen" ist das ganze Jahr über geöffnet und allseits beliebt. Auf der Karte stehen Pizzas und gute Bistrogerichte.

Dinner Plain Hotel PUB-ESSEN $$
(03-5159 6462; www.dinnerplainhotel.com.au; Dinner Plain; Hauptgerichte 10–29 AU$; ⏱12–14 & 18–21 Uhr) Dieser freundliche Pub bildet das Herz von Dinner Plain. Hier kann man prima abhängen und das Bistro serviert gutes Essen.

⭐ Graze MODERN-AUSTRALISCH $$$
(03-5159 6422; www.rundells.com.au; 12 Big Muster Dr, Dinner Plain; Hauptgerichte 35–45 AU$, 5-Gang Probemenü ohne/mit Wein 89/134 AU$; ⏱ Juni–Sept. 12.30–14.30 & 18–20.30 Uhr, März–Mai Di–Sa 18–20.30 Uhr) Das beste Restaurant in der Gegend. Koch Leigh Irish verwendet lokale Erzeugnisse. Zu den Gerichten zählen z. B. geschmorte Ente aus Milawa oder geräuchertes Wild-Carpaccio aus dem Ovens Valley.

ℹ️ Praktische Informationen

Während der Skisaison beträgt die Einfahrtgebühr 40 AU$ pro Auto und Tag bzw. 15 AU$ für Besucher, die mit dem Bus anreisen (manchmal im Fahrpreis inbegriffen). Liftpässe (Hauptsaison) kosten 120/100/58 AU$ für Erwachsene/Studenten/Kinder, im September weniger. Es gibt auch Kombipakete mit Ausrüstungsverleih und Unterricht. Die Liftpässe gelten auch für Falls Creek.

> ### ℹ️ MT. HOTHAM BUCHUNGS-AGENTUREN
>
> **Mt. Hotham Accommodation Service** (1800 032 061; www.mthothamaccommodation.com.au) Bucht in der Skisaison Unterkünfte in den Bergen.
>
> **Dinner Plain Accommodation** (1800 444 066, 03-5159 6696; www.accommdinnerplain.com.au; Big Muster Dr, Dinner Plain) Buchungsservice für Unterkünfte in Dinner Plain.
>
> **Dinner Plain Central Reservations** (1800 670 019; www.dinnerplain.com; Big Muster Dr, Dinner Plain) Buchungsservice für Unterkünfte in Dinner Plain.

Dinner Plain Visitor Centre (☎ 1300 734 365; www.visitdinnerplain.com) Im Dorfzentrum.

Mt. Hotham Alpine Resort Management Board (☎ 03-5759 3550; www.mthotham.com.au) In der Dorfverwaltung gibt es eine Reihe von Broschüren mit Karten zu kurzen Wanderungen sowie Natur-, Geschichts- und Dorfspaziergängen.

❶ Anreise & Unterwegs vor Ort

Mt. Hotham liegt 360 km nordöstlich von Melbourne. Mit dem Auto geht's über den Hume Fwy Richtung Wangaratta, und von dort über die Great Alpine Rd nach Mt. Hotham.

Der **Mt. Hotham Airport** (☎ 03-5159 6777) wird gegenwärtig nur von **QantasLink** (www.qantas.com.au) ab Sydney und von Chartergesellschaften angeflogen.

Snowball Express (☎ 03-9370 9055, 1800 659 009; www.snowballexpress.com.au) Während der Skisaison schickt Snowball Express täglich Busse von Melbourne über Wangaratta, Myrtleford, Bright und Harrietville zum Mt. Hotham (164 AU$ hin & zurück, 6 Std.).

Zwischen 7 Uhr und 3 Uhr pendelt häufig ein kostenloses Shuttle durch Mt. Hotham, und außerdem gibt's eine Verbindung nach Dinner Plain.

Omeo
487 EW.

Das hübsche, historische Omea liegt hoch in den Hügeln. Hierher geht es über eine kurvenreiche Straße herauf von der Küste oder herunter von den Bergen. Dies ist die südliche Zugangsstraße nach Mt. Hotham und Falls Creek, und Omea ist der größte Ort im östlichen Abschnitt der Great Alpine Rd. Im Winter ist die Straße oft eingeschneit, daher vor der Abfahrt unbedingt die Wetterbedingungen prüfen.

🛌 Schlafen & Essen

Omeo Caravan Park WOHNWAGENPARK $
(☎ 03-5159 1351; www.omeocaravanpark.com.au; Old Omeo Hwy; Stellplatz ohne/mit Strom 30/35 AU$, DZ-Hütten ab 100 AU$) In einem hübschen Tal am Livingstone Creek, rund 2 km von Omeo, bietet dieser Park geräumige Stellplätze. Von hier aus starten die **Howling Husky Sled Dog Tours** (www.howlinghuskys.com.au). Es gibt kurze Ausflüge in die Umgebung sowie Wochenendpakete in Mt. Baw.

Golden Age Hotel HOTEL $
(☎ 03-5159 1344; www.goldenageomeo.com.au; Day Ave; EZ/DZ ab 50/80 AU$, DZ mit Whirlpool 160 AU$) Das schöne Eckhaus im Art-déco-Stil dominiert Omeos Hauptstraße. Oben stehen einfache, aber elegante Pubzimmer zur Verfügung, einige mit eigenem Bad und Whirlpool. Das einladende Restaurant (Hauptgerichte 15–25 AU$) serviert großzügige Portionen, etwa Steaks, Salate und Pizzas.

❶ Praktische Informationen

Omeo Visitor Information Centre (☎ 03-5159 1455; www.omeoregion.com.au; 179 Day Ave; ◷ Mo–Fr 8.30–17, Sa & So 10–14 Uhr) Freundliches Besucherzentrum in der Bücherei.

❶ An- & Weiterreise

Omeo liegt 400 km entfernt von Melbourne.

O'Connell's Bus Lines (☎ 0428 591 377; www.omeobus.com.au) unterhält im Sommer eine tägliche „Alps Link"-Verbindung zwischen Omeo und Bright (11 AU$) über Mt. Hotham (5,40 AU$) und Dinner Plain (4,40 AU$). Im Winter gibt es sonntags, mittwochs und freitags eine Verbindung nach Dinner Plain und Mt. Hotham.

Omeo Bus Lines (☎ 0427 017 732) betreibt werktags einen Bus zwischen Omeo und Bairnsdale (22 AU$, 2 Std.).

Nordwestliches Victoria

Inhalt ➜
Mildura 664
Swan Hill 668
Echuca 670
Barmah National
Park 675

Gut essen
➜ Jim McDougall in Stefano's Cellar (S. 667)
➜ Spoons Riverside Café (S. 670)
➜ Shebani's (S. 674)
➜ Fish in a Flash (S. 674)

Schön übernachten
➜ Hausboot in Echuca (S. 674)
➜ Quality Hotel Mildura Grand (S. 666)
➜ Adelphi Boutique Apartments (S. 674)
➜ Indulge Apartments (S. 667)

Auf ins nordwestliche Victoria!

Der mächtige Murray River ist die längste und wichtigste Wasserstraße im australischen Binnenland, und an seinem Ufer finden sich ein paar der reizvollsten Ortschaften Victorias. Die Region ist geprägt von Weingütern, Obstplantagen, Möglichkeiten zum Buschcamping, mildem Wetter und Wäldern mit Rotem Eukalyptus. Auf seiner 2400 km langen Strecke ändert der Murray beständig seinen Charakter. In Orten wie Echuca spielt Geschichte eine große Rolle, rund um Mildura prägen Essen und Wein das Geschehen, und im äußersten Nordwesten umschließen Nationalparks stimmungsvolle weite Wüsten. Dies ist eine Welt der malerischen Flussstrände, der Schaufelraddampfer, von denen einst das Überleben der Siedlungen im Binnenland Victorias abhing, und der weiten Horizonte, die einen Vorgeschmack auf das gar nicht so ferne wirkliche Outback bieten. In dieser berührenden, sich weit ausdehnenden Landschaft tritt man in die Fußstapfen mancher früher Forschungsreisender, die hier ins Landesinnere vordrangen.

Reisezeit
Mildura

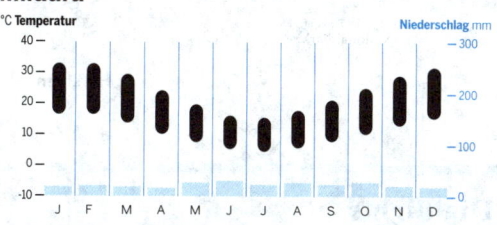

Jederzeit Die Murray-Region, vor allem Mildura, ist das ganze Jahr über sonnig.

Sept.–Nov. Im Frühjahr, noch bevor die Hitze kommt, finden einige der besten Festivitäten statt.

Feb.–März Eine gute Zeit zum Campen am Fluss, nachdem die Feriengäste alle wieder weg sind.

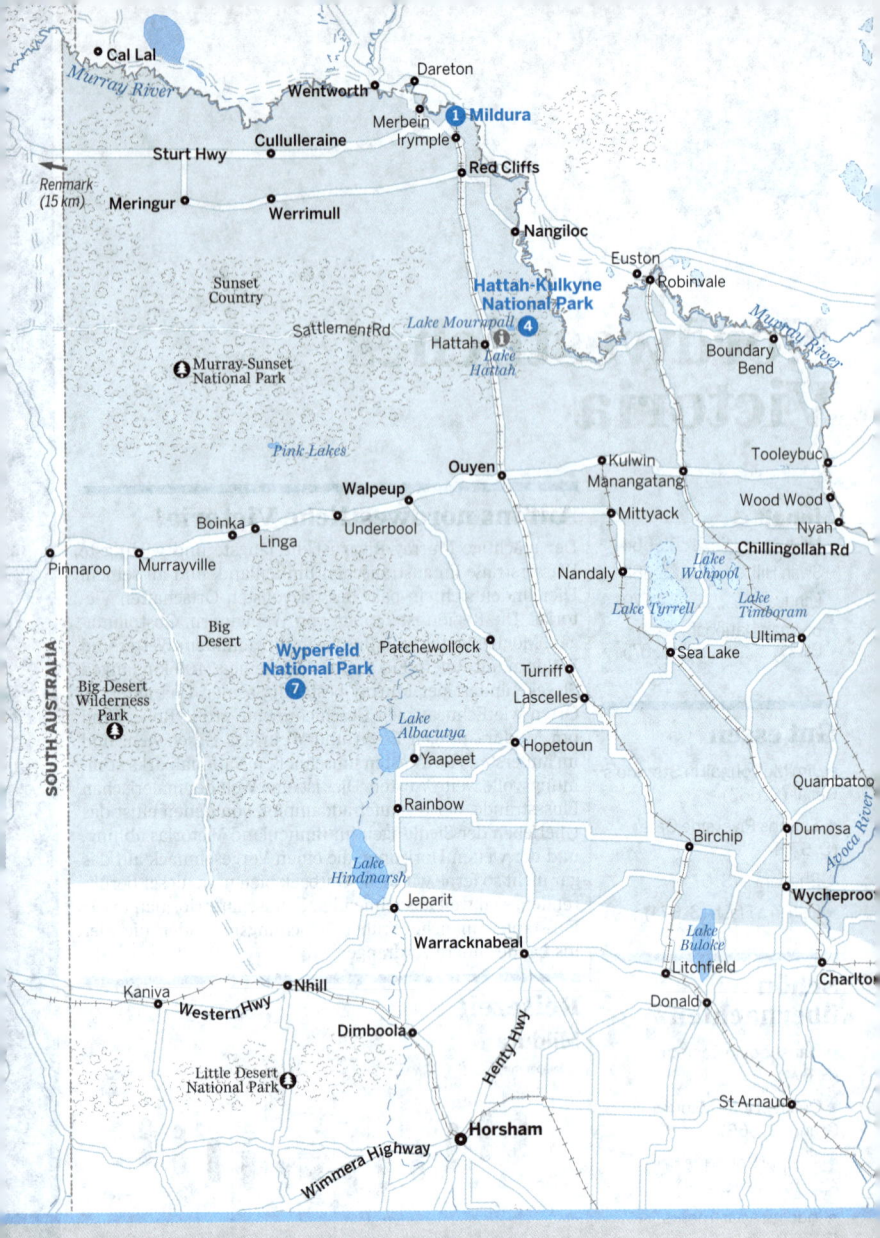

Highlights

1 Im sonnigen **Mildura** (S. 664) auf einem Hausboot relaxen und die Restaurants auf der „Feast Street" testen

2 Ab **Echuca** (S. 670) mit einem Schaufelraddampfer den Murray hinunter zum Mittagessen in einem der tollen Weingüter fahren

3 Echucas interessante Geschichte in dem neuen **Discovery Centre** (S. 670), der alten Hafengegend sowie auf der historischen Murray Esplanade in Port of Echuca wieder zum Leben erwecken

4 Im wunderschönen **Hattah-Kulkyne National Park** (S. 669)

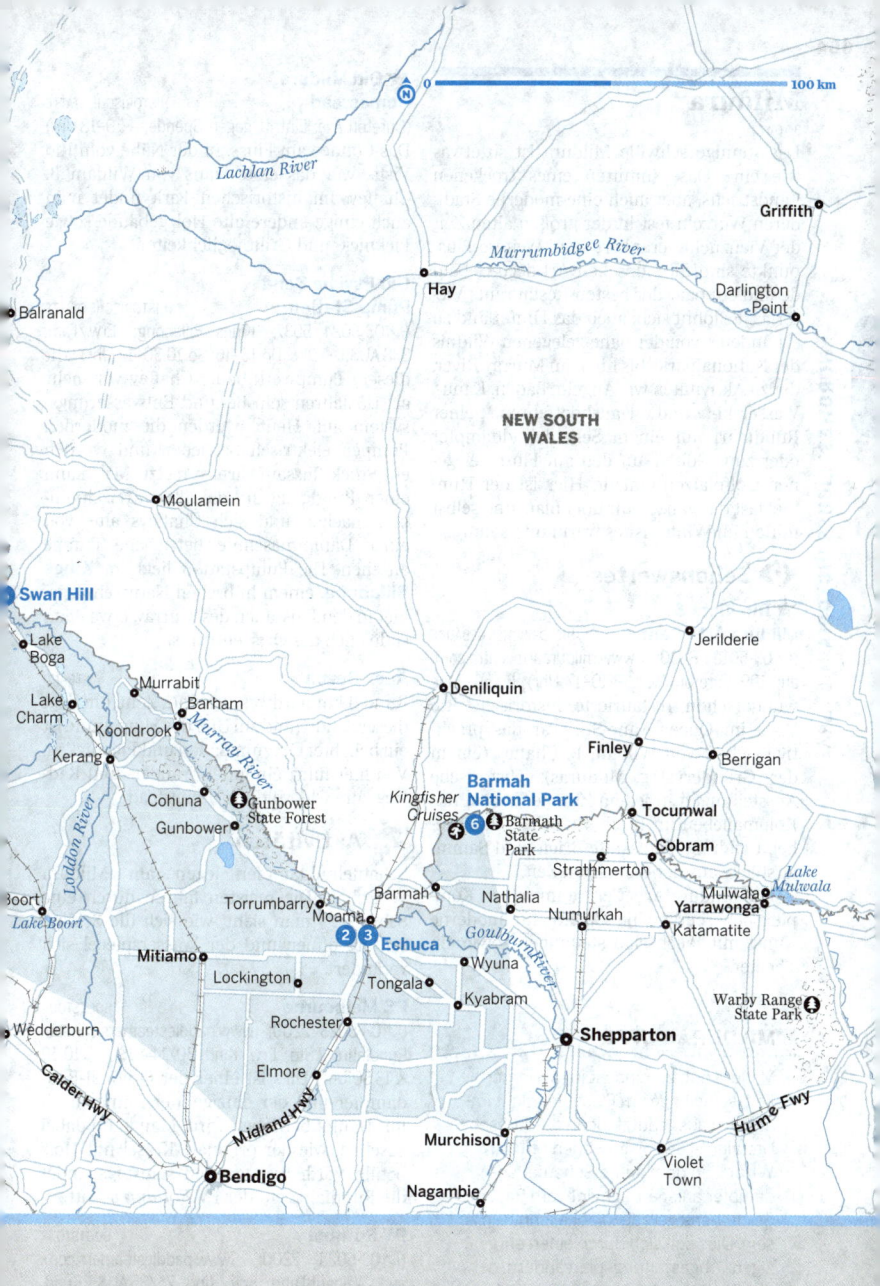

die vielen Vertreter verschiedener Wasservogelarten in Augenschein nehmen

5 In der **Pioneer Settlement** (S. 669) von Swan Hill die Kids mit auf eine höchstspannende Zeitreise in die Vergangenheit nehmen

6 Im **Barmah National Park** (S. 675) inmitten der Roten Eukalyptusbäume eine Bootsfahrt unternehmen

7 Im entlegenen **Wyperfeld National Park** (S. 669) untertauchen und dabei die schier unendliche Weite der Mallee entdecken

Mildura

30 647 EW.

Das sonnige schwüle Mildura ist so etwas wie eine Oase inmitten eines trockenen Landstrichs, aber auch eine moderne Stadt, deren Wurzeln fest in der großen alten Zeit der Viehzucht verankert sind. Weitere Pluspunkte sind die hübschen Art-déco-Gebäude und ein paar der besten Restaurants Victorias. Es lohnt sich, auch das Hinterland zu erkunden – von der nahe gelegenen Wildnis der Nationalparks bis hin zum Murray River, der zu Aktivitäten wie Angeln, Baden, Kanu-, Wasserski- und Hausbootfahren, einer Rundfahrt auf einem Schaufelraddampfer oder zum Golfen auf den am Fluss gelegenen Golfplätzen einlädt. Hier ist der Himmel fast das ganze Jahr über blau, und selbst mitten im Winter ist es warm und sonnig.

◉ Sehenswertes

★ Rio Vista & Mildura Arts Centre   HISTORISCHES GEBÄUDE
(☏ 03-5018 8330; www.milduraartscentre.com.au; 199 Cureton Ave; ◷ 10–17 Uhr) GRATIS Das wunderschön restaurierte historische Rio Vista im Queen-Anne-Stil war das prächtige Gehöft von William B. Chaffey (einem der Gründerväter Milduras). Historische Ausstellungen in jedem Zimmer zeigen das Kolonialleben im 19. Jh. Zu sehen sind Möbel, Kleidung, Fotos, alte Briefe und Sammlerstücke aus der damaligen Zeit.

Das Mildura Arts Centre im selben Komplex beherbergt eine Galerie für moderne Kunst mit Wechselausstellungen sowie ein Theater.

MILDURAS UFER

Mildura hat, zumindest in moderner Zeit, seine Lage am Flussufer nicht immer voll ausgenutzt, denn das hübsche Uferviertel des historischen **Mildura Wharf**, an dem heute Schaufelraddampfer anlegen, scheint vom Rest des Städtchens geradezu abgeschnitten zu sein. Dies soll sich durch einen ehrgeizigen Umgestaltungsplan ändern, der das Restaurantviertel an der Langtree Avemit mit Parks und Wanderwegen an das Ufer anschließen wird. Es gibt auch Pläne, das Visitor Information Centre in dieses Ufergebiet zu verlegen; dies soll jedoch frühestens 2016 geschehen.

★ Old Mildura Homestead   HISTORISCHE STÄTTE
(Cureton Ave; Eintritt gegen Spende; ◷ 9–18 Uhr) Das Cottage am Fluss, in der Nähe vom Rio Vista, war das erste Haus von William B. Chaffey. Im historischen Park findet man auch einige andere alte Holzgebäude sowie Picknick- und Grillmöglichkeiten.

Old Psyche Bend Pump Station   HISTORISCHE STÄTTE
(☏ 03-5024 5637; Kings Billabong; Erw./Fam. 3/8 AU$; ◷ Di & Do 13–16, So 10.30–12 Uhr) Mit diesem Pumpwerk baute Chaffey vor mehr als 115 Jahren sein Be- und Entwässerungssystem auf. Heute werden die modernen Pumpen elektrisch betrieben und wurden ein Stück flussaufwärts versetzt. Man kann einen Rundgang um die alten Kreiselpumpen machen und sich Chaffeys alte, von einer Dampfmaschine betriebene Pumpe ansehen. Die Pumpstation liegt im **Kings Billabong**, einem hübschen Naturschutzgebiet in den Flussauen des Murray, etwa 8 km südöstlich des Ortszentrums.

Apex Beach   STRAND
Rund 3 km nordwestlich vom Zentrum liegt dieser Sandstrand am Ufer des Murray und ist ein beliebter Ort zum Baden und Picknicken. Von hier führt ein guter Wander- und Radweg zum Old Mildura Homestead.

✱ Aktivitäten

Schaufelraddampfer legen am Mildura Wharf ab. Die meisten fahren durch eine Schleuse – man sieht, wie sich die Schleusentore öffnen und der Wasserspiegel sich verändert.

PS Melbourne   BOOTSTOUR
(☏ 03-5023 2200; www.paddlesteamers.com.au; Rundfahrt 2 Std. Erw./Kind 30/14 AU$; ◷ 10.50 & 13.50 Uhr) Dies ist einer der Original-Raddampfer und der einzige, der immer noch mit Dampf betrieben wird. Man kann dabei zusehen, wie der originale Kessel mit Holz befüllt wird. Freitags und samstags findet die Rundfahrt auf der PV *Rothbury* statt.

PV Rothbury   BOOTSTOUR
(☏ 03-5023 2200; www.paddlesteamers.com.au; Weingut-Fahrt Erw./Kind 75/35 AU$, Rundfahrt mit Abendessen 70/35 AU$, mit Mittagessen 35/17 AU$; ◷ Di 11.30, Do 10.30 & 19 Uhr) Der schnellste unter den Flussdampfern bietet donnerstags um 10.30 Uhr eine fünfstündige Rundfahrt zum Schwerpunkt Wein an, bei dem ein Besuch des Trentham Estate

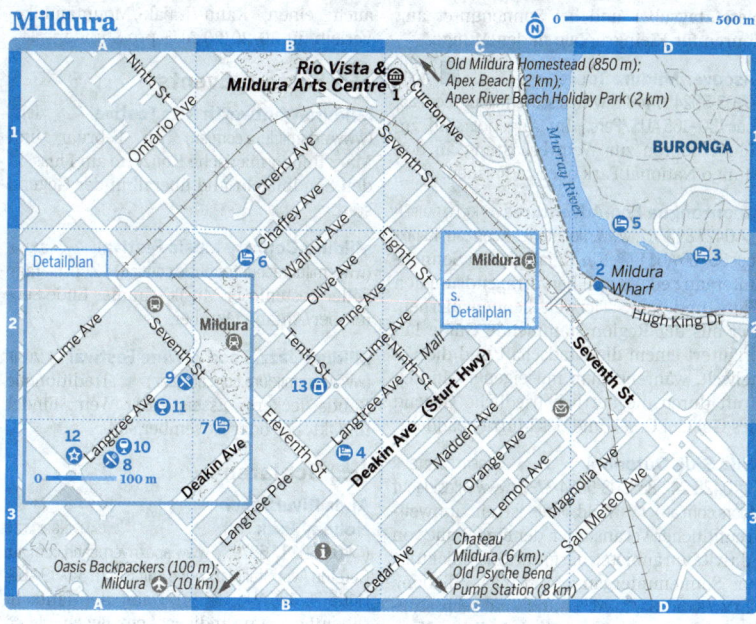

Mildura

Mildura

- **Highlights**
  1 Rio Vista & Mildura Arts Centre C1

- **Aktivitäten, Kurse & Touren**
  2 PS Melbourne D2
  PV Rothbury .... (siehe 2)

- **Schlafen**
  3 Acacia Houseboats D2
  4 Indulge Apartments B3
  5 Mildura Houseboats D1
  6 Pied-à-Terre B2
  7 Quality Hotel Mildura Grand B3

- **Essen**
  Jim McDougall in Stefano's Cellar .... (siehe 7)
  Pizza Café at the Grand .... (siehe 9)
  8 Restaurant Rendezvous A3
  9 Spanish Bar & Grill A2

- **Ausgehen & Nachtleben**
  10 Dom's Nightclub A3
  11 Mildura Brewery A2

- **Unterhaltung**
  12 Sandbar A3

- **Shoppen**
  13 Sunraysia Cellar Door B2

Winery und ein Mittagsgrillen im Kings Billabong auf dem Programm stehen. Es gibt donnerstags auch eine dreistündige Rundfahrt mit Abendessen und dienstags eine 3½-stündige Fahrt mit Mittagessen zum Gol Gol Hotel, wo man Essen gehen kann.

Geführte Touren

Ein Highlight sind die außerordentlichen, uralten natürlichen Formationen im Mungo National Park (in NSW). Diverse Betreiber organisieren Touren dorthin, mit Fokus auf Kultur, Natur und die 45 000-jährige Geschichte.

★ Harry Nanya Tours KULTUREXKURSIONEN
(☏ 03-5027 2076; www.harrynanyatours.au; geführte Touren Erw./Kind 180/110 AU$, ohne Führung im eigenen Fahrzeug 90/45 AU$) Der Führer Graham Clarke verzaubert die Besucher mit Traumzeitgeschichten und tiefgründigem Wissen über die Mungo-Region. Im Sommer (Nov.–März) gibt es eine beeindruckende Sonnenuntergangstour.

Mungo National Park Tours TOUR
(☏ 0408 147 330, 1800 797 530; www.murraytrek.com.au; Tour tagsüber/bei Sonnenuntergang 145/175 AU$) Der erfahrene Trevor Hancock

bietet tagsüber und bei Sonnenuntergang Touren für Kleingruppen in den Mungo.

Discover Mildura Tours TOUR
(03-5024 7448; www.discovermildura.com.au; Tour 150–165 AU$/Pers.) Im Angebot sind geführte Touren zur Weinverkostung, in den Mungo National Park oder zu Farmen.

Moontongue Eco-Adventures KAJAKFAHREN
(0427 898 317; www.moontongue.com.au; Kajaktour 35–65 AU$) Ein Kajaktrip bei Sonnenuntergang eignet sich hervorragend, um den Fluss und seine Tierwelt kennenzulernen. Der aus der Region stammende Guide Ian erläutert einem die Landschaft und die Vogelwelt, während man mit eigener Muskelkraft durch die herrlich friedliche Gegend des Gol Gol Creek und des Murray paddelt.

Wild Side Outdoors ABENTEUERTOUR
(0428 242 852, 03-5024 3721; www.wildsideoutdoors.com.au) Wild Side ist ein umweltfreundlicher Veranstalter, der eine Reihe von Aktivitäten anbietet, darunter eine Kajaktour bei Sonnenuntergang in Kings Billabong (Erw./Kind 35/15 AU$) und eine sechsstündige Jeeptour in den Hattah-Kulkyne Nationalpark (Erw./Kind 85/30 AU$). Es gibt auch einen Kanu-/Kajak-/Mountainbike-Verleih für 30/20/20 AU$ pro Stunde.

Feste & Events

Mildura Wentworth Arts Festival KUNST
(www.artsmildura.com.au) Im Februar und März finden magische Konzerte am Fluss, in den Sandhügeln und überall in der Gegend statt.

Mildura Country Music Festival MUSIK
(www.milduracountrymusic.com.au) Zehn Tage voller kostenloser Musik – immer Ende September/Anfang Oktober.

Mildura Jazz, Food & Wine Festival MUSIK
(www.artsmildura.com.au/jazz) Traditionelle Bands, leckeres Essen, guter Wein. Findet im Oktober oder November statt.

Schlafen

Apex RiverBeach Holiday Park CAMPINGPLATZ $
(03-5023 6879; www.apexriverbeach.com.au; Cureton Ave; Stellplatz ohne/mit Strom 34/39 AU$, Hütte 75–125 AU$;) Dank der fantastischen Lage am sandigen Apex Beach, gleich außerhalb der Ortschaft, ist dieser Campingplatz im Busch immer gut frequentiert. Während der Schulferien steigen die Preise um 25% an. Es gibt hier Lagerfeuer, eine Zeltküche, einen Grillbereich, eine Bootsrampe, ein Café und tolle Schwimmmöglichkeiten.

Oasis Backpackers HOSTEL $
(03-5022 8200, 0401 344 251; www.milduraoasisbackpackers.com.au; 230–232 Deakin Ave; B/DZ 160/340 AU$ pro Woche;) Mildura ist ein begehrtes Ziel für Backpacker, die sich bei der Obsternte etwas dazuverdienen wollen. Deshalb sind die meisten von dem halben Dutzend Hostels, die es im Ort gibt, auf Obstpflücker ausgerichtet. Das Oasis ist das am besten ausgestattete Backpackerhostel in Mildura und hat einen tollen Pool, eine Patio-Bar, eine ultramoderne Küche und kostenloses Internet. Die Inhaber können auch viele Saison-Jobs vermitteln. Mindestaufenthalt eine Woche.

★ Quality Hotel Mildura Grand HOTEL $$
(03-5023 0511, 1800 034 228; www.qualityhotelmilduragrand.com.au; Seventh St; EZ/DZ mit Frühstück ab 85/130 AU$;) Die Standardzimmer im Grand sind zwar nicht die luxuriösesten im Ort, aber ein Aufenthalt in diesem Wahrzeichen von Mildura – es ist die

---

> **HAUSBOOTE IN MILDURA**
>
> Auf einem Hausboot zu wohnen, ist ein Vergnügen. Mehr als ein Dutzend Unternehmen in der Region vermieten Hausboote, die zwei bis zwölf Kojen umfassen und zwischen bescheiden und luxuriös rangieren. Die meisten muss man für mindestens drei Tage mieten; im Sommer und während der Schulferien steigen die Preise drastisch an. Die meisten Anbieter finden sich gleich gegenüber dem Mildura Wharf in Buronga.
>
> **Acacia Houseboats** (1800 085 500, 03-5022 1510; www.murrayriver.com.au/acacia-houseboats-949/fleet; 3 Nächte 525–1800 AU$) Hat fünf Hausboote mit vier bis zwölf Kojen. Außer Verpflegung und Getränken wird alles gestellt.
>
> **Mildura Houseboats** (1800 800 842, 03-5024 7770; www.milduanouseboats.com.au; 3 Nächte 990–3700 AU$) Willandra hat sechs Hausboote mit Platz für zwei bis zwölf Personen. Es gibt auch Pauschalangebote mit Gourmetverpflegung oder Golf.

beste Adresse hier – vermittelt einem das Gefühl, Teil von etwas Besonderem zu sein. Die billigeren Zimmer im alten Flügel sind zwar recht komfortabel, aber besser sind die schicken Suiten mit eigenem Wellnessbad.

Viele Zimmer blicken auf den hübschen Garten im Hof. Es gibt hier auch einen Fitnessraum, einen Pool und ein Spa.

★**Indulge Apartments** APARTMENTS $$
(☏1300 539 559, 03-5018 4900; www.indulgeapartments.com.au; 150 Langtree Ave; Wohnstudio 149 AU$, Apt. mit 1/2 Schlafzi. 175/265 AU$; ❋) Diese atemberaubend modernen Apartments im Zentrum sind mit ihren lackierten Böden, breiten Korridoren und exzellenten Einrichtungen die vielleicht besten in Mildura. Wenn das Haus an der Langtree Ave ausgebucht ist, gibt es noch ein paar andere Häuser des Anbieters im Ort.

Pied-à-Terre B&B $$
(☏03-5022 9883; www.piedaterre.com.au; 97 Chaffey Ave; DZ 175 AU$, zusätzl. Erw./Kind 25/15 AU$ pro Nacht; ❋🛜P) Der französische Name bedeutet „ein zweites Zuhause", doch unserer Meinung nach ist das eigene Zuhause längst nicht so gut! Es gibt hier fünf stilvolle, luxuriöse Schlafsäle für bis zu zehn Personen mit allen denkbaren Annehmlichkeiten, darunter kostenloses WLAN, einen Parkplatz für Boote und Autos sowie einen Grillbereich.

🍴 Essen

Milduras Café- und Restaurantviertel erstreckt sich entlang der Langtree Ave (auch „Feast Street", Schlemmermeile, genannt) und rund um den Block des Grand Hotel. Der beredte Italiener Stefano de Pieri hat vielleicht im Alleingang den Ort auf die kulinarische Landkarte gebracht, aber es stehen noch andere in den Startlöchern.

Pizza Café at the Grand PIZZA $
(☏03-5022 2223; www.pizzacafe.com.au; 18 Langtree Ave; Pizza & Pasta 15–21 AU$; ◷Mo-Sa 11–23, So 11.30–23 Uhr) Wer mit der Familie einfach und preiswert (aber stilvoll) essen gehen will, ist im Pizza Café mit der eleganten Atmosphäre der Grand-Hotel-Restaurantmeile genau richtig. Die Holzofenpizzen schmecken prima; daneben gibt es noch Salate, Pasta- und Hähnchengerichte.

Spanish Bar & Grill STEAKHAUS $$
(☏03-5021 2377; www.spanishgrill.com.au; Ecke Langtree Ave & Seventh St; Hauptgerichte 26–48 AU$; ◷Di-Sa 18–22 Uhr) Das Restaurant im Grand Hotel hält sich einfach an hervorragende Steaks und Grillfleisch, darunter auch Känguru. Es gibt keine Tapas, aber Fleischesser fühlen sich wie im Himmel.

Restaurant Rendezvous FRANZÖSISCH $$
(☏03-5023 1571; www.rendezvousmildura.com.au; 34 Langtree Ave; Hauptgerichte 17–39 AU$; ◷Mo-Fr 12–16 & 18 Uhr–open end, Sa 18 Uhr –open end) Die warme, zwanglose Atmosphäre des alteingesessenen Restaurants, das im Schatten des Grand Hotel steht, ergänzt die perfekt zubereiteten Speisen, darunter Meeresfrüchte nach mediterraner Art, Pasta, Crêpes und nichtalltägliche Spezialitäten.

★**Jim McDougall in Stefano's Cellar** ITALIENISCH $$$
(☏03-5023 0511; www.jimmcdougall.com.au; Quality Hotel Mildura Grand, Seventh St; Mittagsmenü 2/3 Gänge 55/62 AU$, Abendmenü 130–175 AU$; ◷Di-Do 19–23, Fr & Sa 12–15 & 19–23 Uhr) Ste-

---

ABSTECHER

WEINGÜTER RUND UM MILDURA

Mildura ist eine der größten Weinregionen Australiens. Wer die Weingüter der Region besuchen will, sollte sich im Visitor Information Centre ein Exemplar der Broschüre *Mildura Wines* holen oder auf die Seite www.mildurawines.com.au schauen.

Wer es nicht bis zu den Weingütern schafft, besucht einfach **Sunraysia Cellar Door** (☏03-5021 0794; www.sunraysiacellardoor.com.au; 125 Lime Ave; ◷Mo–Fr 9–17, Sa & So 11–17 Uhr), wo rund 250 örtliche Weine von 22 verschiedenen Weingütern sowie ein paar örtliche Kleinbrauereibiere verkostet und gekauft werden können.

Chateau Mildura (☏03-5024 5901; www.chateaumildura.com.au; 191 Belar Ave; Erw./Kind 5 AU$/frei; ◷10–16 Uhr) Das Gut wurde 1888 gegründet und produziert immer noch Tafelweine. Es ist teils Weingut, teils Museum und bietet Weinproben und historische Ausstellungen.

Nursery Ridge Estate Wines (☏03-5024 3311; www.nrewines.com.au; 8514 Calder Hwy, Red Cliffs; ◷Do-So 10–16.30 Uhr) Das Gut produziert eine ganze Palette von Rot- und Weißweinen und liegt rund 20 km südlich des Zentrums von Mildura.

fano de Pieri ist zwar nicht mehr der Chef der Küche, aber sein Protegé Jim McDougall ist ein würdiger Thronfolger. Die Speisekarte hat sich inzwischen von Stefanos italienischen Wurzeln emanzipiert und bietet frische, zeitgenössische Gerichte, meist mit Produkten aus der Region. Das Angebot ändert sich je nach Saison, doch zu erwarten sind Känguru-, Yabbie-Krebs- und Murray-Dorsch-Gerichte sowie regionales Obst.

Das intime, kerzenbeleuchtete Restaurant ist beliebt – weit im Voraus reservieren!

Ausgehen

★ Mildura Brewery BRAUEREI
(03-5022 2988; www.mildurabrewery.com.au; 20 Langtree Ave; 12 Uhr–open end) Milduras trendigste Kneipe befindet sich im ehemaligen Kino Astor im selben Häuserblock wie das Grand Hotel. Glänzende Edelstahlfässer, Rohre und Brauerei-Utensilien geben eine tolle Kulisse für die schicke Lounge ab. Und das Bier, das hier gebraut wird – u. a. Honey Wheat und Mallee Bull – schmeckt wirklich super. Das Essen ist aber auch nicht zu verachten.

Den Innenraum zieren noch viele schmucke Art-déco-Details des alten Kinos.

Dom's Nightclub CLUB
(03-5021 3822; www.doms.com.au; 28 Langtree Ave; Sa 21 Uhr–open end) Samstagabends zieht es die Leute nach dem Pub-Besuch in diesen oben gelegenen Club mitten auf der Feast Street.

☆ Unterhaltung

Sandbar LIVEMUSIK
(03-5021 2181; www.thesandbar.com.au; Ecke Langtree Ave & Eighth St; Di–So 12 Uhr–open end) An milden Abenden strömen die Einheimischen in diesen fantastischen Biergarten hinter der Lounge-Bar, die sich in einem Eckhaus im Art-déco-Stil befindet. Lokale, nationale, originale und Mainstream-Bands spielen jede Nacht von Donnerstag bis Sonntag vor der Bar.

ℹ Praktische Informationen

Mildura Visitor Centre (1800 039 043, 03-5018 8380; www.visitmildura.com.au; Ecke Deakin Ave & 12th St; Mo–Fr 9–17.30, Sa & So bis 17 Uhr) Hier gibt's einen kostenlosen Service zur Buchung von Unterkünften, interessante Ausstellungen, lokale Produkte, ein Café, eine Bibliothek, ein Schwimmbad und sehr hilfsbereite Angestellte, die auch Touren und Aktivitäten buchen.

ℹ An- & Weiterreise

Mildura liegt 542 km nordwestlich von Melbourne am Calder Highway (A79).

BUS & ZUG
Fernbusse nutzen das **V/Line-Busdepot** am Bahnhof an der Seventh St. Derzeit gibt es leider keine direkten Personenzüge von bzw. nach Mildura.

Greyhound (1300 473 946; www.greyhound.com.au) hat Busverbindungen von Mildura nach Adelaide (ab 40 AU$/Pers.).

V/Line (1800 800 007; www.vline.com.au) bietet eine Zug-/Busverbindung über Bendigo oder Swan Hill ab/nach Melbourne (45,50 AU$, 7½ Std., 4-mal tgl.). Der von V/Line betriebene Murraylink ist ein täglich verkehrender Bus zwischen Mildura und den Ortschaften am Murray: Swan Hill (27,20 AU$, 3 Std., 3-mal tgl.), Echuca (37,20 AU$, 6 Std., 1-mal tgl.) und Albury-Wodonga (46,40 AU$, 11 Std., 1-mal tgl.).

FLUGZEUG
Mildura Airport (MQL; 03-5055 0500; www.mildurraairport.com.au) Der etwa 10 km westlich vom Ortszentrum abseits des Sturt Hwy gelegene Mildura Airport ist der größte regionale Flughafen Victorias.

Qantas (13 13 13; www.qantas.com.au) Verbindet Mildura mit Melbourne.

Regional Express Airlines (Rex; 13 17 13; www.regionalexpress.com.au) Fliegt zwischen Mildura und Melbourne, Sydney, Adelaide und Broken Hill.

Virgin Australia (13 67 89; www.virginaustralia.com) Hat Flüge zwischen Melbourne und Mildura.

Swan Hill
9894 EW.

Swan Hill ist ein verschlafener Ort am Fluss ohne den touristischen Hype von Mildura oder Echuca. Dennoch hat das Nest seinen Reiz. Das am Fluss gelegene Pioneer Settlement ist eines der besten Freiluftmuseen in Victoria. Außerdem gibt's hier ein paar gute Lokale. Auch wenn man vielleicht nicht meilenweit fährt, um herzukommen, ist Swan Hill auf einer Erkundungstour längs des Murray doch eine Pause wert.

⊙ Sehenswertes & Aktivitäten

Der **Burke & Wills Tree** an der Curlewis St ist ein riesiger Großblättriger Feigenbaum, der zum Gedenken an die beiden Forschungsreisenden gepflanzt wurde, die auf ihrer unglückseligen Expedition durch Swan Hill kamen.

ABSTECHER

NATIONALPARKS IM NORDWESTLICHEN VICTORIA

Die Mallee-Region nimmt die relativ große nordwestliche Ecke Victorias ein – eine flache Ebene voll endlosem Mallee-Gestrüpp und Wüste. Abgesehen von der Einsamkeit besteht die Hauptattraktion hier in den überwiegend trockenen Naturgebieten, die vor allem für ihre vielen endemischen Pflanzenarten, die Wildblumenblüte im Frühling und ihre Vögel berühmt sind. Dies ist das „Land des Sonnenuntergangs", der einzig wirklich leere Teil des Bundesstaats. Naturfreunde werden daran ihre Freude haben, aber ein großer Teil ist nur für erfahrene Geländewagenfahrer zugänglich. Wie in den meisten Outback-Gebieten sollte man einen Besuch während der Sommermonate unterlassen.

Im Folgenden die wichtigsten Nationalparks der Region. Weitere Infos zu ihnen erhält man bei **Parks Victoria** (☎ 13 19 63; www.parkweb.vic.gov.au).

Hattah-Kulkyne National Park Dies ist der am leichtesten zugängliche der Mallee-Parks. Er umfasst mehr als 20 Seen, Ufergelände des Murray River mit verschiedenen Eukalyptusarten, Akazien und Zylinderputzern sowie trockenes, sandiges, mit Mallee-Gesträuch bewachsenes Land. Es gibt raue Autopisten, Radwege und Campingplätze. Die Hauptzugangsstraße geht von Hattah aus, das 70 km südlich von Mildura am Calder Hwy liegt. Das **Hattah-Kulkyne National Park Visitor Centre** (☎ 03-5029 3253) befindet sich am Parkeingang.

Wyperfeld National Park Der große Park bietet Eukalyptusbäume, Mallee-Gesträuch, ausgetrocknete Seen, Sandebenen, im Frühjahr einen Teppich von Wildblumen, mehr als 200 Vogelarten, zwei Campingplätze und ein Netz von Wander- und Radwegen. Man erreicht den Park über Patchewollock, Hopetoun, Underbool oder Rainbow.

Big Desert Wilderness Park Der Park liegt westlich von Wyperfeld an der Grenze zu South Australia. Es gibt hier keine Straßen, keine Einrichtungen und kein Wasser. Das Wandern und Campen ist erlaubt, aber nur für erfahrene Wanderer, die sich vollständig selbst versorgen, möglich.

Murray-Sunset National Park Der Park bietet hinreißende 6330 km² mit Waldgebieten, Mallee-Gesträuch und rosa schimmernden Seen und erstreckt sich von Lindsay Island mit seinen Eukalyptusbäumen bis nach Underbool. Der größte Teil des Parks ist nur mit Geländewagen erreichbar. Am leichtesten erreicht man den Park über Underbool.

Pioneer Settlement MUSEUM
(☎ 03-5036 2410; www.pioneersettlement.com.au; Monash Dr, Horseshoe Bend; Erw./Kind/Fam. 28/20,50/76,50 AU$; ⊙ 9.30–16 Uhr) Swan Hills größte Touristenattraktion ist die reizende Nachbildung einer Hafenstadt am Fluss aus der Zeit der Schaufelraddampfer. Zu sehen gibt's in der Siedlung u. a. die restaurierte PS *Gem*, eines der größten Flussboote Australiens, eine große Sammlung alter Kutschen und Wagen, ein altes Fotoatelier, einen Keeping Place (Verwahrort für sakrale Gegenstände) der Aborigines, ein Lolligeschäft, ein Klassenzimmer und das faszinierende Kaiserpanorama. Auf dem Schaufelraddampfer **PS Pyap** (Erw./Kind/Fam. 22/15/59 AU$; ⊙Rundfahrten tgl. 14.30 Uhr, Wochenende & Schulferien auch 10.30 Uhr) kann man eine kurze Fahrt auf dem Murray unternehmen.

Jeden Abend bei Sonnenuntergang erweckt eine 45-minütige **Sound & Light Show** (Erw./Kind/Fam. 22/15/59 AU$) die Altstadt zum Leben und zeigt eine dramatische Reise durch die Siedlung in einem Transporter. Wer ein Kombiticket für die Rundfahrt auf dem Dampfer und die Show kauft, spart.

Swan Hill Regional Art Gallery GALERIE
(☎ 03-5036 2430; www.swanhillart.com; Monash Dr, Horseshoe Bend; Eintritt gegen Spende; ⊙ Di-So 10–17 Uhr) Die Galerie neben dem Pioneer Settlement hat eine Sammlung von mehr als 300 Werken. Schwerpunkt sind Arbeiten zeitgenössischer Künstler aus der Region.

🎉 Feste & Events

Swan Hill Food & Wine Festival ESSEN, WEIN
(www.swanhillfoodandwine.com.au) Gourmets lieben das Fest Anfang März mit Produkten aus lokalem Anbau. Alles hat sehr gute Qualität.

🛏 Schlafen & Essen

Riverside Caravan Park CAMPINGPLATZ $
(☎ 03-5032 1494, 1800 101 012; www.big4.com.au; 1 Monash Dr; Stellplatz ohne/mit Strom ab

31/35 AU$, Hütte 105–170 AU$) Der Park am Ufer des Murray, nahe dem Pioneer Settlement hat eine tolle zentrale Lage. Es gibt eine gute Auswahl an Hütten; in der Ferienzeit steigen die Preise aber um mehr als 50 %.

Travellers Rest Motor Inn MOTEL $$
(☎ 03-5032 9644; www.bestwestern.com.au/travellersrest; 110 Curlewis St; DZ ab 133 AU$; ❋ ❄ ⊜) Im Schatten des Baumes von Burke und Wills bekommt man hier große, komfortable Zimmer mit den üblichen Motel-Einrichtungen. Es gibt ein beheiztes Spa und einen Außenpool.

★ Spoons
Riverside Café MODERN-AUSTRALISCH $$
(☎ 03-5032 2601; www.spoonsriverside.com.au; 125 Monash Dr, Horseshoe Bend; Hauptgerichte mittags 9,50–25 AU$, abends 26–35 AU$; ⊙ So-Mi 8–17, Do-Sa bis 23 Uhr) Schon die Lage am Fluss würde ausreichen, um einen in dieses Café mit Schanklizenz und einer großen Holzterrasse mit Blick auf den Marraboor River und das Pioneer Settlement zu locken. Obendrein gibt's hier leichte Mittagsgerichte und innovative Abendgerichte (mit frischen Zutaten aus der Region). Es gibt auch einen Lebensmittelladen mit Frischem und Feinkost.

Java Spice THAILÄNDISCH $$
(☎ 03-5033 0511; www.javaspice.com.au; 17 Beveridge St; Hauptgerichte 21–32 AU$; ⊙ Fr & So 12–14, 16 Uhr–open end, Di–Do und Sa ab 18 Uhr; ⊘) Wer in den offenen, strohgedeckten Teakholzhütten im tropisch anmutenden Garten zu Abend isst, kommt sich vor wie in Südostasien. Die authentische Küche ist hauptsächlich thailändisch mit ein paar malaysischen und indonesischen Einflüssen. Im **Town Centre** (☎ 03-50330015; 24 McRae St) gibt es außerdem eine Filiale, in der man das Essen mitnehmen kann.

❶ Praktische Informationen

Swan Hill Region Information Centre
(☎ 1800 625 373, 03-5032 3033; www.swanhillonline.com; Ecke McCrae & Curlewis St; ⊙ 9–17 Uhr) Hat hilfreiche Karten und Broschüren zur Region.

❶ An- & Weiterreise

Swan Hill liegt 338 km nordwestlich von Melbourne; man fährt über Bendigo und Kerang. Es liegt am Murray Valley Hwy (B400), 218 km von Mildura und 156 km von Echuca entfernt.

V/Line (☎ 1800 800 007; www.vline.com.au) betreibt Züge zwischen Melbourne und Swan Hill (36,60 AU$, 4 Std., 3–4-mal tgl.) sowie ein paar Zug-/Busverbindungen, bei denen man in Bendigo umsteigen muss. Täglich fahren V/Line-Busse nach Mildura (27,20 AU$, 3 Std.) und Echuca (16,80 AU$, 2 Std.).

Echuca
12 613 EW.

Echuca ist eins der hübschesten Städtchen im ländlichen Victoria. Als bundesstaatliche Hauptstadt der Schaufelraddampfer hat die klassische Murray-River-Kleinstadt jede Menge Geschichte, Nostalgie und natürlich Flussboote zu bieten. Der Aborigine-Name bedeutet in etwa „Zusammenfluss der Gewässer", weil hier drei große Flüsse – der Goulburn, der Campaspe und der Murray – aufeinandertreffen. Das Highlight ist zweifellos die historische Hafengegend, die man am besten bei einer Bootstour bei einem Sonnenuntergangsbummel genießt, während Kakadus und Corellas (auch eine Kakadu-Art) über einem kreischen.

⊙ Sehenswertes

Im Echuca Visitors Centre bekommt man die Broschüre *Heritage Walk Echuca*, in der Spazierwege zu historischen Gebäuden im Ortszentrum eingezeichnet sind.

Die größte Sehenswürdigkeit von Echuca ist das historische Port of Echuca. Hier ist alles original erhalten – während man also über die nur für Fußgänger zugängliche Murray Esplanade schlendert, wird Geschichte lebendig.

★ Port of Echuca
Discovery Centre MUSEUM
(☎ 03-5481 0500; www.portofechuca.org.au; 74 Murray Esplanade; Erw./Kind 11/8 AU$; ⊙ 9–17 Uhr) Am Nordende der Murray Esplanade befindet sich das atemberaubende neue Port of Echuca Discovery Centre, das mit seinen exzellenten Ausstellungen (einige sind interaktiv) zur Geschichte des Hafens, der Schaufelraddampfer und des Flussschiffhandels eine hervorragende Einführung in das Gebiet des Echuca Wharf gibt. Zweimal pro Tag finden Führungen durch die Gegend ab dem Discovery Centre statt.

Der Kai wurde wegen des sich ändernden Wasserstands des Flusses in drei Stufen gebaut; eine Skala markiert die höchsten erreichten Stände. Original erhaltene Elemente sind beispielsweise die Sägemühle und ein paar alte Bestandteile von Schaufelraddampfern.

Red Gum Works
HISTORISCHE STÄTTE
(Murray Esplanade; Eintritt frei; ⊙9–16 Uhr) GRATIS
Hier kann man Drechslern und Schmieden bei ihrer Arbeit mit traditionellen Werkzeugen zuschauen und ihre Erzeugnisse aus Eukalyptusholz kaufen.

Sharp's Magic Movie House & Penny Arcade
HISTORISCHES GEBÄUDE
(☏03-5482 2361; 43 Murray Esplanade; Erw./Kind/Fam. 15/10/45 AU$; ⊙9–17 Uhr) Dieser Ort hat Automaten jeglicher Sorte und kostenlose Fudge-Verköstigung. Im Kino werden alte Filme gezeigt, etwa Buster-Keaton- oder Laurel-und-Hardy-Klassiker.

St. Anne's
WEINGUT
(☏03-5480 6955; www.stanneswinery.com.au; 53 Murray Esplanade; ⊙10–18 Uhr) Das St. Anne's veranstaltet Gratis-Verkostungen lokaler Weine. Probieren sollte man auch die in Bourbon- und Rumfässern gereiften Portweine.

★ National Holden Museum
MUSEUM
(☏03-5480 2033; www.holdenmuseum.com.au; 7 Warren St; Erw./Kind/Fam. 7/3/16 AU$; ⊙9–17 Uhr) Autoliebhaber sollten dieses Museum, das dem vierrädrigen Maskottchen Australiens gewidmet ist, unbedingt besuchen. Hier stehen über 40 wunderschön restaurierte Holdens, vom FJ bis hin zum Monaro, außerdem gibt es Filmmaterial über Autorennen und Memorabilia.

Great Aussie Beer Shed
MUSEUM
(☏03-5480 6904; www.greataussiebeershed.com.au; 377 Mary Ann Rd; Erw./Kind/Fam. 12/5/25 AU$; ⊙Sa, So & Ferien 9.30–17 Uhr) In diesem riesigen Schuppen reihen sich an der Wand mehr als 17000 Bierdosen aneinander – das Ergebnis von 30 Jahren Sammelwut. Eine Bierdose stammt sogar noch aus der Zeit der Föderation. Bei der Führung taucht man ein in die Geschichte des Biers. Typisch Aussie!

🏃 Aktivitäten

Eine Rundfahrt auf einem Schaufelraddampfer ist hier schon fast Pflicht. Zeitweise sind bis zu fünf solcher mit Holz befeuerten, dampfbetriebenen Raddampfer unterwegs; während der Fahrt bekommt man auch interessante Kommentare zu hören. Tickets sind im Port of Echuca Discovery Centre, im Echuca Visitor Centre (S. 675) und bei den Verkaufsstellen an der Murray Esplanade erhältlich. Vorher den Fahrplan für die mit Mittag- oder Abendessen oder die bei Dämmerung oder Sonnenuntergang stattfindenden Fahrten checken.

PS Alexander Arbuthnot
RUNDFAHRT
(☏03-5482 4248; www.echucapaddlesteamers.net.au; Rundfahrt 1 Std. Erw./Kind/Fam. 24/10/62,50 AU$) Auf dem 1923 gebauten Dampfer finden regelmäßig einstündige Rundfahrten und weniger regelmäßig zweistündige Fahrten in der Dämmerung sowie 2½-stündige Fahrten mit Abendessen statt.

PS Canberra
RUNDFAHRT
(☏03-5482 5244; www.emmylou.com.au; Erw./Kind/Fam. 24/10/65 AU$) Auf dem hübschen alten Dampfer, gebaut 1912 und restauriert 2003, gibt's einstündige Rundfahrten.

ⓘ KOMBITICKETS

Echucas Attraktionen sind in einer Reihe von Kombitickets zusammengestellt, die einem Zeit und Geld sparen können.

Heritage Package (Erw./erm./Kind/Fam. 50/44/23/120 AU$) Umfasst den Eintritt zum Port of Echuca Discovery Centre (S. 670), zum National Holden Museum (S. 671), zum Great Aussie Beer Shed (S. 671), zum **Echuca Historical Museum** (☏03-5480 1325; www.echucahistoricalsociety.org.au; 1 Dickson St; Erw./Kind 5/1 AU$; ⊙11–15 Uhr) sowie eine einstündige Fahrt mit einem Schaufelraddampfer.

Discovery Centre & One-Hour Cruise Package (Erw./erm./Kind/Fam. 34,50/28,50/16/96 AU$) Umfasst den ganztägigen Zugang zum historischen Hafengebiet (Führungen 11.30 & 13.30 Uhr) sowie eine einstündige Fahrt mit einem der Schaufelraddampfer (abgesehen von der PS Emmylou).

Riverboat Discovery Package (Erw./Kind/Fam. 38/19/108,50 AU$) Umfasst eine 1½-stündige Bootsfahrt mit der PS Emmylou und den ganztägigen Eintritt zum Port of Echuca Discovery Centre.

Wharf to Winery Package (69,50 AU$/Pers.) Umfasst die Schaufelraddampfertour zum Morrisons Winery, ein Zwei-Gänge-Mittagessen und eine Weinverkostung.

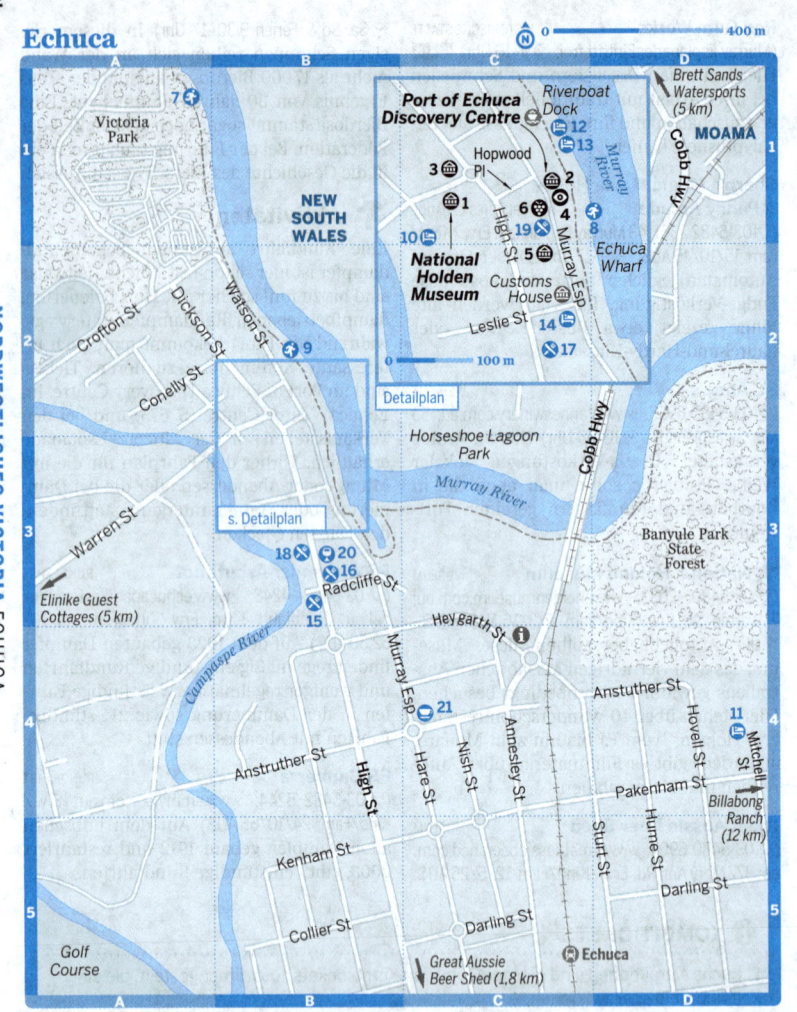

Echuca

PS Emmylou RUNDFAHRT
(☏ 03-5482 5244; www.emmylou.com.au; Rundfahrt 1 Std. Erw./Kind/Fam. 27.50/13/75 AU$, 2 Std. 35/16/87,50 AU$) Die restaurierte und von der Original-Dampfmaschine angetriebene PS Emmylou ist eins der eindrucksvollsten Boote Echucas. Sie macht täglich zwei einstündige Rundfahrten und eine zweistündige Fahrt, zudem Fahrten mit Mittag- bzw. Abendessen sowie mit Übernachtung. Die Dinner-Fahrt (3 Std.) kostet 130/55 AU$ pro Erw./Kind.

PS Pevensey RUNDFAHRT
(☏ 1300 942 737, 03-5482 4248; www.echucapaddlesteamers.net.au; Erw./Kind/Fam. 24/10/62,50 AU$) Der Star aus der Mini-Fernsehserie *All the Rivers Run* und einer der ältesten Schaufelraddampfer (1911), die noch unterwegs sind, unternimmt bis zu fünfmal am Tag einstündige Rundfahrten.

PS Pride of the Murray RUNDFAHRT
(☏ 03-5482 5244; www.murraypaddlesteamers.com.au; Erw./Kind/Fam. 24/10/65 AU$) Einstündige Rundfahrten.

Billabong Ranch REITEN
(☏ 03-5483 5122; www.billabongranch.com.au; Ausritt 1/2/3 Std. 55/100/145 AU$) Auf dieser 12 km östlich von Echuca gelegenen Ranch

Echuca

Highlights
1 National Holden Museum C1
2 Port of Echuca Discovery Centre C1

Sehenswertes
3 Echuca Historical Museum.................... C1
4 Red Gum Works C1
5 Sharp's Magic Movie House &
 Penny Arcade C2
6 St. Anne's C1

Aktivitäten, Kurse & Touren
7 Echuca Boat & Canoe Hire A1
8 PS Alexander Arbuthnot......................... D1
 PS Canberra .... (siehe 8)
9 PS Emmylou B2
 PS Pevensey .... (siehe 8)
 PS Pride of the Murray .... (siehe 8)

Schlafen
10 Adelphi Boutique Apartments............... C1
11 Echuca Gardens D4
12 Murray River Houseboats C1
13 Rich River Houseboats C1
14 Steampacket B&B................................... C2

Essen
15 Beechworth Bakery B3
16 Ceres.. B3
17 Fish in a Flash... C2
18 Shebani's... B3
19 Star Hotel C1

Ausgehen & Nachtleben
20 Bordello Wine Bar................................... B3
21 Office 3564.. C4

geht's hoch zu Ross durch den Busch und an den Flüssen Murray und Goulburn entlang. Es gibt hier auch eine Aufzuchtstation, eine Minigolfanlage, Tretboote, eine Kegelbahn, einen Spielplatz, ein Café, eine Bar und Ponys für Ausritte.

Echuca Boat & Canoe Hire BOOTFAHREN
(03-5480 6208; www.echucaboatcanoehire.com; Victoria Park Boat Ramp) Verleiht Motorboote (1/2 Std. 40/60 AU$), sogenannte „Barbie Boats" mit Grill an Bord (10 Pers. ab 100/150 AU$), Kajaks (16/26 AU$) und Kanus (20/30 AU$). Auf Wunsch werden auch mehrtägige Camping-/Kanutrips organisiert, bei denen man sich weiter flussaufwärts absetzen lässt und die Strecke zurück mit dem Kanu fährt.

River Country Adventours KANUFAHREN
(0428 585 227; www.adventours.com.au; Safari halber/ganzer Tag/2 Tage 55/88/245 AU$) In Bezug auf organisierte Kanu-Safaris auf dem Goulburn River ist dieses Team in Kyabram Experte. Es gibt Kanu- und Camping-Safaris am Barmah, Goulburn oder Murray.

Geführte Touren

Echuca Moama Wine Tours WEINGUT
(1300 798 822; www.echucamoamawinetours.com.au; Tour ab 95 AU$; Di-So) Die Touren umfassen die Besichtigung des historischen Hafens, eine Fahrt auf dem Murray und den Besuch von lokalen Weingütern.

Feste & Events

Einen Veranstaltungskalender findet man online unter www.echucamoama.com.

Riverboats Music Festival MUSIK
(www.riverboatsmusic.com.au) Ende Februar stehen am Murray Musik, Essen und Wein im Vordergrund. Aufgetreten sind zuletzt u. a. Tim Finn, Archie Roach und Colin Hay.

Echuca-Moama Winter Blues Festival MUSIK
(www.winterblues.com.au) Bei dem Fest an einem Wochenende Ende Juli sind die Straßen und diverse Veranstaltungsstätten von Blues und Folk erfüllt.

Schlafen

Der etwa 5 km östlich vom Ort gelegene **Christies Beach** ist ein kostenloser Campingplatz am Ufer des Murray. Es gibt hier Plumpsklos, aber Wasser und Feuerholz muss man selber mitbringen.

Wer detaillierte Infos zu den fünf B&B-Unterkünften haben will, holt sich von der Touristeninformation die Broschüre *Echuca Moama - Traditional Bed & Breakfasts* oder schaut auf www.echucabandbs.com nach.

Echuca Gardens HOSTEL, PENSION $
(0419 881 054, 03-5480 6522; www.echucagardens.com; 103 Mitchell St; B 30 AU$, Wohnwagen 80–160 AU$, Pension 110–200 AU$; P@) Die reizende, vom eingefleischten Weltenbummler Kym betriebene Anlage inmitten eines schönen Gartens mit Teich, Statuen, Hühnern und Obstbäumen ist teils Jugendherberge, teils Pension. In dem 140 Jahre alten Arbeiter-Cottage gibt's Etagenbetten, adrette Badezimmer, eine Landhausküche und ein Fernsehzimmer. Die netten „Zigeuner-Wohnwagen" im Garten, komplett mit

> ### HAUSBOOTE MIETEN
>
> Echuca ist ein prima Ort, um ein Hausboot zu mieten. Das Echuca Visitor Centre hat Broschüren und Infos über die Hausbootanbieter.
>
> **Murray River Houseboats** (☏03-5480 2343; www.murrayriverhouseboats.com.au; Riverboat Dock; Hausboot mit 2-7 B 1550-2720 AU$/Woche) Zu der fünf Hausboote umfassenden Flotte gehört auch die eindrucksvolle *Indulgence* mit vier Schlafkabinen.
>
> **Rich River Houseboats** (☏03-5480 2444; www.richriverhouseboats.com.au; Riverboat Dock; Hausboot mit 8 B 3850-6800 AU$/Woche) Zu den sechs schönen Booten gehören eine Budgetoption mit sechs Schlafkojen und ein paar schwimmende Paläste.

Bad und Kochnische, stellen eine einzigartige Unterkunft dar.

Steampacket B&B   B&B $$
(☏03-5482 3411; www.steampacketinn.com.au; Ecke Murray Esplanade & Leslie St; DZ 135-200 AU$; ❄) Bei einer Übernachtung im alten Hafenviertel lernt man Echuca richtig kennen. Das B&B befindet sich in einem vom National Trust unter Denkmalschutz gestellten Gebäude aus dem 19. Jh. und bietet elegante Zimmer, die mit der Bettwäsche, der Spitze und den Bettgestellen aus Messing altmodischen Charme versprühen, aber auch Klimaanlage und Flachbild-TV haben. Am besten fragt man nach einem der großen Eckzimmer mit Blickauf den Kai.

Es gibt auch einen gemütlichen Loungebereich, und das Frühstück wird auf feinstem Porzellan serviert.

Elinike Guest Cottages   COTTAGE $$
(☏03-5480 6311; www.elinike.com.au; 209 Latham Rd; DZ mit Frühstück 160-195 AU$) Die romantischen, kleinen, in sich abgeschlossenen Cottages befinden sich in einem weitläufigen Garten am Murray River rund 5 km außerhalb vom Ort. Sie kombinieren altmodischen Stil mit modernen Annehmlichkeiten wie Whirlpools für zwei. Das fliederfarbene Cottage hat einen Wintergarten mit Glasdach.

★ Adelphi Boutique Apartments   APARTMENTS $$$
(☏03-5482 5575; www.adelphiapartments.com.au; 25 Campaspe St; Apt. mit 1/2 Schlafzi. ab 175/360 AU$; ❄) Die recht luxuriösen Unterkünfte, einen Block hinter der Hauptstraße, sind eine gute Wahl, vor allem, wenn man bereit ist, etwas mehr für eines der Zimmer mit Terrasse und Blick auf den Campaspe River zu zahlen.

🍴 Essen

★ Fish in a Flash   FISH & CHIPS $
(☏03-5480 0824; 602 High St; Fish & Chips ab 8,90 AU$; ⊙11-20 Uhr) Das Fish in a Flash zählt zu den besten Fish-&-Chips-Lokalen in Victoria. Neben den üblichen Verdächtigen gibt's manchmal auch Flussfische – jeweils in die nach einem Geheimrezept des Inhabers zubereitete Panade getunkt. Ideal für ein Picknick am Fluss!

Beechworth Bakery   BÄCKEREI $
(☏1300 233 784; www.beechworthbakery.com.au; 513 High St; Hauptgerichte 5-12 AU$; ⊙6-18 Uhr) In einem prächtigen alten Gebäude mit umlaufendem Balkon und einer Terrasse mit Blick auf den Campaspe River verkauft diese heitere Bäckerei Brote, Pies, Kuchen und Sandwichs.

★ Shebani's   MEDITERRAN $$
(☏03-5480 7075; 535 High St; Hauptgerichte 12-22 AU$; ⊙8-16 Uhr) Der wundervolle Neuzugang in der Restaurantszene von Echuca ist wie eine kulinarische Reise ans Mittelmeer – es gibt griechische, libanesische und sogar nordafrikanische Gerichte, jeweils raffiniert zubereitet. Das Dekor bringt mühelos mediterrane Fliesen und marokkanische Lampen mit frischem Aussie-Café-Stil zusammen.

Ceres   EUROPÄISCH $$
(☏03-5482 5599; www.ceresechuca.com.au; 554 High St; Mittagessen 14-27 AU$, Abendessen 26-38 AU$; ⊙Mo-Fr 10 Uhr–open end, Sa & So 9 Uhr–open end) Das Ceres in einer schönen, umgebauten Backsteinmühle von 1881 hat mit seinen Lederstühlen mit hoher Rückenlehne, den gestärkten Tischdecken und den vereinzelten Sofas jede Menge Stil. Mittags geht's eigentlich recht zwanglos zu, Kaffee und Tapas gibt's den ganzen Tag über, doch abends verwandelt sich das Ceres schließlich in ein stimmungsvolles Restaurant mit einfallsreicher Karte und italienisch inspirierten Pastagerichten, Steaks sowie gebratener Ente.

Star Hotel   BISTRO $$
(☏03-5480 1181; www.starhotelechuca.com.au; 45 Murray Esplanade; Hauptgerichte 13-26 AU$, Pizza

19–23 AU$; ⊕ Mi–So 8–14 & 18 Uhr–open end) Die historische „Star Bar" ist für ein Essen oder einen Drink einer der lebhaftesten Orte in der Stadt, vor allem am Wochenende, wenn hier Livemusik gespielt wird. Es gibt warmes Frühstück und recht preiswerte Mittagsgerichte wie Kalamares oder Chicken Parma, die man direkt neben dem Hafen genießen kann. Die Holzofenpizza ist die wohl beste im ganzen Ort.

Ausgehen

Bordello Wine Bar WEINBAR
(☎ 03-5480 6902; www.rivergalleryinn.com.au; 578 High St; ⊕ Do–So 17–23 Uhr) Die intimste Bar von Echuca hat gute Weine aus der Region, eine hervorragende Auswahl von 65 Biersorten aus der ganzen Welt, gemütliche Sessel und samstagabends Livemusik.

Office 3564 CAFÉ, WEINBAR
(☎ 03-5482 3564; 252 Hare St; ⊕ 7–24 Uhr) Das schicke moderne Café in der alten Post von Echuca hat hervorragenden Kaffee, kleine Mittagsgerichte, Süßwaren und exzellente, meist aus der Region stammende Weine.

Praktische Informationen

Echuca Visitor Centre (☎ 1800 804 446; www.echucamoama.com; 2 Heygarth St; ⊕ 9–17 Uhr) Die Touristeninformation im alten Pumpwerk hat hilfsbereite Angestellte und bucht Raddampfertouren und Unterkünfte.

An- & Weiterreise

Echuca liegt 222 km nördlich von Melbourne. Man fährt über den Hume Fwy (M31) und nimmt anschließend die gut ausgeschilderte Ausfahrt zur B75, die durch Heathcote und Rochester nach Echuca führt.

V/Line (☎ 13 61 96; www.vline.com.au) Betreibt zwischen Melbourne und Echuca freitags und an den Wochenenden Direktzüge und unter der Woche Zug-/Busverbindungen (hin & zurück 50 AU$, 3½ Std.), bei denen man in Bendigo, Murchison oder Shepparton umsteigen muss.

Barmah National Park

Etwa 40 km nordöstlich von Echuca liegt der über den Cobb Hwy in NSW zu erreichende Nationalpark Barmah, ein bedeutendes Sumpfgebiet in den Auen des Murray. Dies ist der größte noch vorhandene Wald aus Roten Eukalyptusbäumen in Australien. Das sumpfige Unterholz steht meist unter Wasser und ist ein ideales Laich- und Brutgebiet für viele Fische und Vögel – es ist einer der wenigen Orte in Victoria, wo man den Schildsittich sehen kann.

Campen kann man kostenlos im Park oder auf dem **Campingplatz Barmah Lakes**, wo es Tische, Grillstellen und Plumpsklos gibt. Der Parkeingang liegt etwa 6 km nördlich der winzigen Ortschaft Barmah (am Pub abbiegen).

Aktivitäten

Kingfisher Cruises RUNDFAHRT
(☎ 03-5855 2855; www.kingfishercruises.com.au; Rundfahrt 1 Std. Erw./Kind/Fam. 32/17/80 AU$, 2 Std. 37/21/100 AU$; ⊕ Mo, Mi, Do, Sa & So 10.30 Uhr) Vom tagsüber genutzten Bereich aus nimmt Kingfisher Cruises Interessenten mit auf eine informative Rundfahrt in einem Flachbodenboot. Der Kapitän erklärt die Vogel- und Säugetierarten, auf die man unterwegs trifft. Vorab telefonisch Abfahrtszeiten erfragen und reservieren.

Hobart & Tasmaniens Südosten

Inhalt ➡

Hobart	677
Richmond	698
Mt. Field National Park	700
Bruny Island	701
Cygnet	704
Huonville & Umgebung	704
Hartz Mountains National Park	706
Dover & Umgebung	706
Tasman Peninsula	708
Port Arthur	711

Gut essen

➡ Pilgrim Coffee (S. 691)
➡ Jackman & McRoss (S. 693)
➡ Lotus Eaters Cafe (S. 704)
➡ Summer Kitchen Bakery (S. 705)

Schön übernachten

➡ Henry Jones Art Hotel (S. 688)
➡ Alabama Hotel (S. 687)
➡ Duffy's Country Accommodation (S. 700)
➡ Huon Bush Retreats (S. 705)
➡ Jetty House (S. 707)

Auf nach Hobart & in Tasmaniens Südosten!

Hobart, Australiens zweitälteste Stadt, liegt in den Ausläufern des Mt. Wellington. Zum reichen Schatz an kolonialer Architektur und Naturschönheit kommen angesagte Festivals, muntere Märkte sowie tolle Restaurants und Bars. Nicht versäumen sollte man das MONA, Hobarts hinreißendes Museum of Old & New Art, das Tasmanien auf die Weltkarte der Kultur katapultiert hat.

Auf dem Weg nach Südosten weichen die von Obstbäumen bedeckten Hänge des Huon Valley den glitzernden Meeresarmen des D'Entrecasteaux-Kanals, vor dem Bruny Island lockt. Das Kernland der „Apple Isle" produziert neben Äpfeln auch Kirschen, Aprikosen, Lachs, Weine, Pilze und Käse.

Nur einen Katzensprung von Hobart entfernt liegen die atemberaubenden Landschaften und historischen Stätten der Tasman Peninsula. Hier kann man im Busch wandern, surfen oder Kajak fahren. Und schließlich wartet da noch die Welterbestätte Port Arthur, die berüchtigte Strafkolonie..

Reisezeit
Hobart

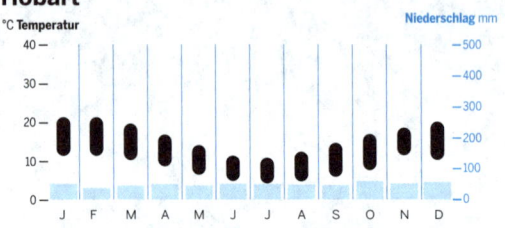

Silvester Rund um Neujahr bestimmen Seeleute, Traveller, kulinarische Festivals und Konzerte das Bild.

Jan.–März Lange Sommertage mit Essen, Ausgehen, Wandern, Cricket und vielleicht auch Baden.

Juni–Aug. Schnee auf dem Mt. Wellington, AFL-Football und günstige Unterkünfte am Ufer in Hobart.

HOBART

218 000 EW.

Kein Zweifel, Hobarts Zukunftsaussichten sind rosig. Der Tourismus boomt, und die alte Stadt tritt selbstbewusst auf die Weltbühne. Man sollte ruhig planen, einige Zeit hier zu verbringen, denn man braucht alleine schon ein paar Tage, um alle Biere durchzukosten, die die hiesigen Pubs ausschenken.

An Sommernachmittagen weht eine sanfte Brise vom Meer, und Jachten kreuzen auf dem Fluss. An Wintervormittagen hebt sich die Erbsensuppe des „Bridgewater Jerry"-Nebels und der schneebedeckte Gipfel des Mt. Wellington wird enthüllt, eines

Highlights

❶ Sich am Samstagvormittag durch das Labyrinth der Stände auf dem **Salamanca Market** (S. 686) in Hobart arbeiten

❷ Sich vom **MONA** (S. 683) inspirieren, anregen, aufregen, unterrichten und unterhalten lassen

❸ Mit einem Mountainbike von der Spitze des **Mt. Wellington** (S. 684) herabsausen

❹ Am Wochende die zahlreichen **Bars und Pubs** (S. 694) in Hobarts Ufergebiet unsicher machen

❺ Sich an den **Russell Falls** (S. 700) im Mt. Field National Park auf eine kalte Dusche gefasst machen

❻ Auf **Bruny Island** (S. 701) ein paar Tage lang außer Handyreichweite sein

❼ In der **Port Arthur Historic Site** (S. 711) seinen Respekt zollen und den vielen schrecklichen Erinnerungen aus naher und fernerer Vergangenheit nachhängen

❽ Mit einem seetüchtigen **Kajak** (S. 708) die wunderbar wilde, zerrissene Küste der Tasman Peninsula umfahren

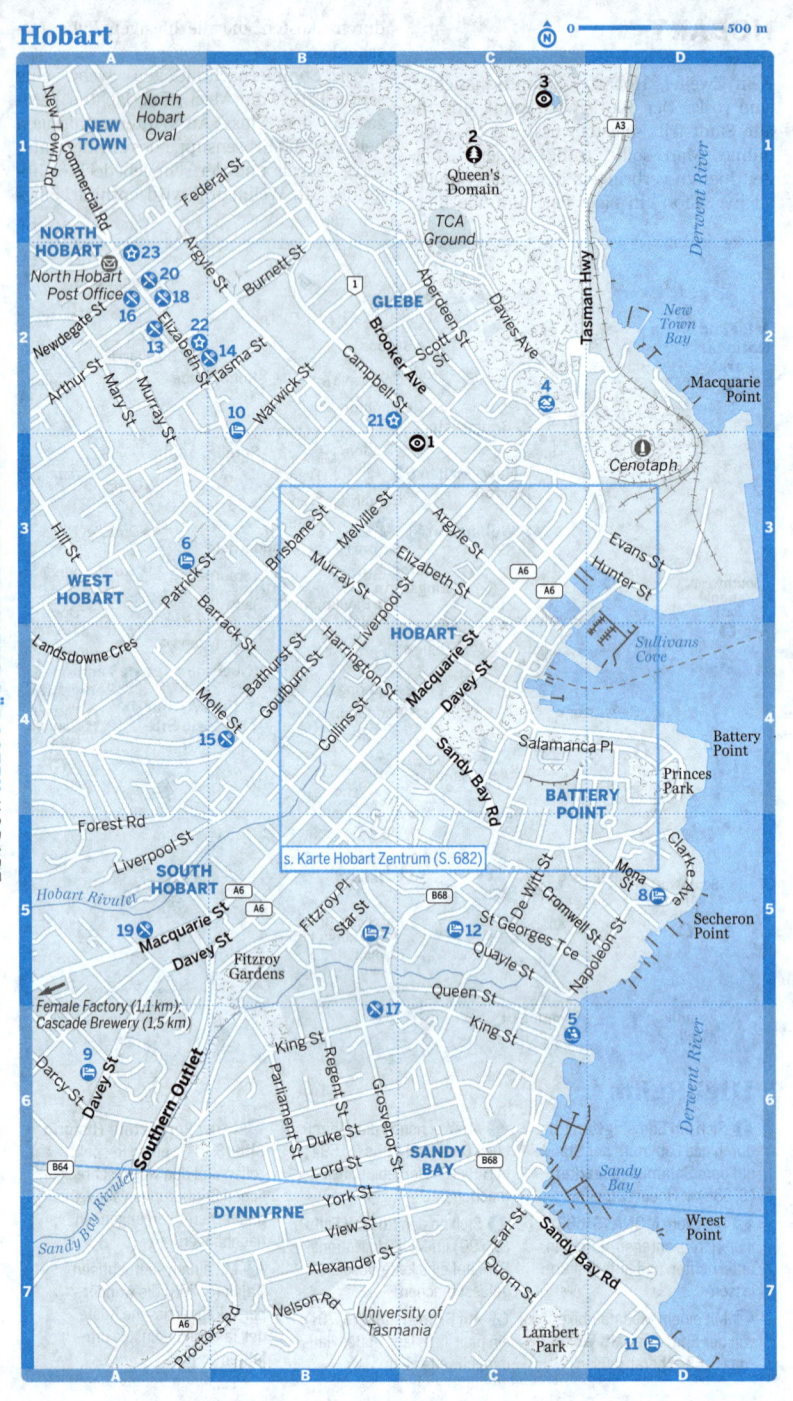

Hobart

New Town / North Hobart / Glebe
North Hobart Oval
Queen's Domain
TCA Ground

West Hobart / Hobart / Battery Point
Cenotaph
Sullivans Cove
Battery Point
Princes Park

South Hobart / Sandy Bay / Dynnyrne
Hobart Rivulet
Fitzroy Gardens
Female Factory (1,1 km);
Cascade Brewery (1,5 km)
Sandy Bay
Secheron Point
Wrest Point
University of Tasmania
Lambert Park

Derwent River
New Town Bay
Macquarie Point
Sandy Bay Rivulet

Hobart

⊙ Sehenswertes
- **1** Penitentiary Chapel Historic Site.................................C3
- **2** Queen's Domain........................C1
- **3** Royal Tasmanian Botanical Gardens.......................................C1

⊕ Aktivitäten, Kurse & Touren
- **4** Hobart Aquatic Centre.............C2
- Penitentiary Chapel Ghost Tour...(siehe 1)
- **5** Roaring 40s Kayaking................C6

⊕ Schlafen
- **6** Altamont House...........................A3
- **7** Apartments on Star....................B5
- **8** Grand Vue Private Hotel...........D5
- **9** Islington...A6
- **10** Lodge on Elizabeth....................B2
- **11** Motel 429......................................D7
- **12** Quayle Terrace...........................C5

⊗ Essen
- **13** Burger Haus.................................A2
- **14** Elizabeth St Food + Wine........B2
- **15** Pigeon Hole..................................B4
- **16** Raincheck Lounge.....................A2
- **17** Solo Pasta & Pizza....................B6
- **18** Sweet Envy...................................A2
- **19** Vanidol's..A5
- **20** Vanidol's..A2

⊕ Unterhaltung
- **21** Brisbane Hotel.............................B2
- **22** Republic Bar & Café..................A2
- **23** State Cinema...............................A2

zerklüfteten Monolithen, der wie gemacht ist für Mountainbiketouren und Wanderungen.

Am Ufer tischen die Cafés, Bars und Restaurants am Salamanca Pl und im nahegelegenen Battery Point das beste auf, was Tasmanien zu bieten hat. Weitere tolle Restaurants und Bars finden sich im wohlhabenden Sandy Bay und an der Elizabeth St im Bohemeviertel North Hobart. Weiter im Norden steht das clevere MONA (Museum of Old and New Art), das dem internationalen Ansehen der Stadt mächtig Auftrieb gibt.

Geschichte

Die halbnomadischen Mouheneer waren die ersten Menschen, die in der Gegend lebten. 1803 wurde mit Risdon Cove am Ostufer des Derwent River die erste europäische Siedlung hier gegründet, ein Jahr später verlegte man sie an die Stelle des heutigen Hobart.

In den 1820er-Jahren quollen die Gefängnisse Großbritanniens über, und Zehntausende Sträflinge wurden in heruntergekommenen Frachtern nach Hobart Town geschafft, wo sie unter menschenunwürdigen Bedingungen ihre Strafen verbüßen mussten. In den 1850er-Jahren war der Ort voller Seemänner, Soldaten, Walfänger, Krawallmacher und Prostituierter, die in den zahllosen Hafenkneipen hemmungslos soffen, herumhurten und sich prügelten.

Es lässt sich behaupten, dass die Stadt bis heute nicht völlig ausgenüchtert ist – und der Tag, an dem Hobarts Ufergebiet nicht mehr zum Ausgehen einladen würde, wäre fürwahr ein trauriger –, aber Verurteilte wird man heute eher im Bereich der Wirtschaftskriminalität finden als einfach in Form schlechter Gesellschaft in der Kneipe. Natürlich hat Hobart seine Schandflecken in der Vergangenheit – allen voran die Ausrottung der indigenen Tasmanier und das Leid Tausender von Sträflingen –, aber angesichts der schimmernden Schönheit der Stadt und der entspannten Atmosphäre verblassen derlei Gedanken schnell.

⊙ Sehenswertes

⊙ Zentrum

★ Farm Gate Market MARKT
(Karte S. 682; www.farmgatemarket.com.au; Bathurst St, zw. Elizabeth & Murray St; ⊙ So 9–13 Uhr) Der Salamanca Market am Ufer ist seit Jahrzehnten ein Erfolg, aber dieser neue hyperaktive kulinarische Straßenmarkt könnte ihm mächtig Konkurrenz machen. Die Geschäfte beginnen mit dem Läuten der Messingglocke um 9 Uhr. Dann drängelt man sich durch zu den besten Angeboten oder nimmt sich die Zeit, das Obst, das Gemüse, den Honig, die Weine, Backwaren, Biere, geräucherten Fleischwaren, Kaffees, Nüsse, Öle, Schnittblumen und Marmeladen genauer zu prüfen – einfach fantastisch!

Penitentiary Chapel Historic Site HISTORISCHE STÄTTE
(Karte S. 678; www.penitentiarychapel.com; Ecke Brisbane St & Campbell St; Führung Erw./Kind/Fam. 12/5/25 AU$; ⊙ Führungen So–Fr 10, 11.30, 13 & 14.30, Sa 13 & 14.30 Uhr) Beim Gedanken an die Gerichtssäle, Gefängniszellen und den Galgen hier schrieb der Schriftsteller T.G. Ford: „Als der Teufel durch Hobart Gaol ging, erblickte er eine Einzelzelle. Der Teu-

HOBART IN...

...zwei Tagen

Bei einem Spaziergang rund um **Battery Point** (S. 681) taucht man in die Geschichte ein – Kaffee und Kuchen bei **Jackman & McRoss** (S. 693) sind unerlässlich. Anschließend geht es die Kelly's Steps hinunter zum **Salamanca Place** (S. 680), wo man sich in den Kunsthandwerksläden und Galerien umschaut oder sich ein paar kühle Cascades im **Knopwood's Retreat** (S. 694), Hobarts Pub par excellence, genehmigt. Im **Mawson's Hut Replica Museum** (S. 681) spürt man dem Erbe der Antarktis-Expeditionen nach und schlendert schließlich an der Uferpromenade der Sullivans Cove entlang, wo man sich bei **Flippers** (S. 692) Fish & Chips zum Abendessen gönnt.

Am zweiten Tag tankt man zunächst Kraft bei einem ausgiebigen Frühstück im **Retro Café** (S. 692) am Salamanca Pl – wenn gerade Samstag ist, herrscht großer Trubel auf dem **Salamanca Market** (S. 686) –, und nimmt dann die Fähre zum **MONA** (S. 683), um sich den Nachmittag über von subversiver Kunst unterhalten und anregen zu lassen. Bei einem Abendessen und Drinks in North Hobart gewinnt man wieder Bodenhaftung und hört anschließend noch etwas Livemusik im **Republic Bar & Café** (S. 695).

fel freute sich, denn nun wusste er, wie er das Gefängnis der Hölle verbessern konnte." Die großartige National-Trust-Tour lohnt sich auf jeden Fall; aber auch die einstündige **Penitentiary Chapel Ghost Tour** (Karte S. 678; 03-6231 0911; www.hobartghosts.com; Erw./Kind/Fam. 15/10/50 AU$; Mo & Fr 20.30 Uhr), die zweimal wöchentlich stattfindet (Reservierung notwendig).

Maritime Museum of Tasmania MUSEUM
(Karte S. 682; 03-6234 1427; www.maritime tas.org; 16 Argyle St; Erw./Kind/Fam. 9/5/18 AU$; 9–17 Uhr) Die interessante, wenn auch etwas statische Sammlung von Fotos, Gemälden, Modellen und Relikten (der Versuchung widerstehen, die große Messingglocke der *Rhexenor* zu läuten!) beleuchten den Schiffsbau, den Walfang, die Wracks und Hobarts unvergängliche Verbindung mit dem Meer. Im Obergeschoss zeigt die städtische **Carnegie Gallery** (Karte S. 682; 10–17 Uhr) GRATIS Kunst, Kunsthandwerk, Design und Fotografie aus Tasmanien.

Parliament House HISTORISCHES GEBÄUDE
(Karte S. 682; 03-6212 2248; www.parliament. tas.gov.au; Salamanca Pl; Führungen in der sitzungsfreien Zeit Mo–Fr 10 & 14 Uhr) GRATIS Neben dem Salamanca Pl steht in einem Park voller Eichen Tasmaniens 1840 aus Sandstein errichtetes Parlamentsgebäude, das ursprünglich ein Zollhaus war. Von ihm führt ein Tunnel unter der Murray St zum Customs House Pub gegenüber – offiziell ist die Funktion dieses Tunnels unbekannt, aber man kann sich ja schon so seine Gedanken machen... Wenn das Parlament nicht tagt, gibt es 45-minütige Führungen.

Theatre Royal HISTORISCHES GEBÄUDE
(Karte S. 682; www.theatreroyal.com.au; 29 Campbell St; 1-std. Führung Erw./Kind 12/10 AU$; Führungen Mo, Mi & Fr 11 Uhr) Bei der Backstage-Tour kann man einen Blick hinter die Kulissen des prestigeträchtigen Theatre Royal werfen. Seit 1834 gibt es hier bombastische Theaterveranstaltungen. Trotz eines größeren Brands im Jahr 1984 bleibt das Royal Australiens ältestes kontinuierlich genutzte Spielstätte.

Uferviertel & Salamanca Place

Salamanca Place HISTORISCHE STÄTTE
(Karte S. 682; www.salamanca.com.au) Die malerischen Zeilen der vierstöckigen, aus Sandstein errichteten Lagergebäude sind ein klassisches Beispiel australischer Kolonialarchitektur. Das Areal reicht zurück bis in die Walfängerzeiten der 1830er-Jahre; später wurde es zum Zentrum des Wirtschafts- und Handelslebens von Hobart. In der Mitte des vorigen Jhs. waren viele der Lagergebäude verfallen, doch in den 1970er-Jahren begannen die Restaurierungsarbeiten. Heute gibt es hier unzählige Restaurants, Cafés, Bars, Läden und den unbedingt sehenswerten Salamanca Market (S. 686) am Samstagvormittag.

Ufer UFERVIERTEL
(Karte S. 682) Die Hobarter stürzen sich auf das Uferviertel ihrer Stadt wie Möwen auf Fritten. Rund um das **Victoria Dock** (ein Fischerhafen) und das **Constitution Dock** (voller „Imbisskähne", die Meeresfrüchte verkaufen) lädt das Uferviertel zu tollen Er-

kundungen ein. In der Sonne zu sitzen, Fish and Chips zu mampfen und sich den Trubel im Hafen anzuschauen, ist ein unverzichtbares Hobart-Erlebnis. Wer lieber mit Messer und Gabel speist, findet einige ausgezeichnete Restaurants am Elizabeth Street Pier.

★ Mawson's Huts Replica MuseumMUSEUM
(Karte S. 682; www.mawsons-huts-replica.org.au; Ecke Morrison & Argyle St; Erw./Kind/Fam. 12/4/26 AU$; ⊙ Okt.–April 9–18 Uhr, Mai–Sept. 10–17 Uhr) Die ausgezeichnete neue Installation im Uferviertel ist eine exakte Kopie jener Hütte, in der Sir Douglas Mawson während der Australasiatischen Antarktisexpedition (1911–14), die in Hobart aufbrach, Unterschlupf fand. Drinnen ist alles vollständig originalgetreu, bis hin zu den Streichhölzern, dem Ofen und den Stockbetten. An einem rustikalen Tisch sitzt ein kundiger Führer, der gern alle Fragen zur Antarktis beantwortet. Die Eintrittsgelder dienen der Erhaltung der originalen Hütte am Cape Denison auf dem antarktischen Kontinent.

Tasmanian Museum & Art GalleryMUSEUM
(Karte S. 682; www.tmag.tas.gov.au; Dunn Pl; ⊙ Di–So 10–16 Uhr) GRATIS Das aufgemöbelte Museum, in das Hobarts ältestes Gebäude, der Commissariat Store (1808), einbezogen ist, zeigt Zeugnisse der Kolonialzeit und ausgezeichnete Ausstellungen zu den Aborigines und zur Tier- und Pflanzenwelt. Die Galerie präsentiert eine Sammlung tasmanischer kolonialzeitlicher Kunst. Es gibt ein cooles Café und kostenlose Führungen (Mi–So 13 & 14 Uhr) – die Horden von Schulkindern sind daran vielleicht weniger interessiert – sowie Führungen durch eine historische Villa auf dem Museumsgelände (Mi 11 Uhr).

⊙ Battery Point, Sandy Bay & South Hobart

Battery PointHISTORISCHE STÄTTE
(Karte S. 682; www.batterypoint.net; Battery Point) Nur einen Rumbuddelwurf vom Ufer entfernt, präsentiert sich die alte Seefahrersiedlung Battery Point als ein Viertel aus Gassen und Villen aus dem 19. Jh., die so eng zusammengepackt sind wie schanghaite Landratten im Rumpf eines Seelenverkäufers. Hier kann man gut einen Nachmittag verbringen – vom Salamanca Pl stolpert man Kelly's Steps hinauf und biegt scharf in die South Street ab, wo die roten Lampen früher Tag und Nacht brannten. Dann dreht man eine Runde um den malerischen Arthur Circus, tankt in den Cafés an der Hampden Road wieder auf und beäugt schließlich noch die St. George's Anglican Church an der Cromwell St.

Cascade BreweryBRAUEREI
(☏ 03-6224 1117; www.cascadebrewery.com.au; 140 Cascade Rd, South Hobart; Brauereiführung Erw./Fam. 25/65 AU$, Heritage Tour Erw./Fam. 15/37 AU$; ⊙ Brauereiführung tgl. 11 & 12.30 Uhr, Heritage Tour Mo, Mi & Fr 12.30 Uhr) In seltsamer, fast schon gespenstischer Einsamkeit steht Australiens älteste, 1832 gegründete Brauerei am sauberen Hobart Rivulet und braut immer noch hervorragende Biere. Bei den Führungen erfährt man viel über die Geschichte, und am Ende gibt's auch Kostproben. Achtung: Wer an der eigentlichen Brauereiführung teilnehmen will, muss mindestens 16 Jahre alt sein – als Alternative gibt's aber die familienfreundliche Heritage Tour. Außerdem sollte man berücksichtigen, dass die Brauereimaschinen am Wochenende still stehen (denn auch Brauer haben ein Wochenende). In jedem Fall muss man vorab reservieren. Zur Brauerei gelangt man mit den Bussen 44, 46, 47 oder 49.

Mt. WellingtonBERG
(Kunanyi; www.wellingtonpark.org.au; Pinnacle Rd, über Fern Tree) Der winters schneebedeckte Mt. Wellington (1270 m) thront über Hobart wie ein wohlwollender Lehnsherr. Die Bürger schöpfen Zuversicht aus seiner ständigen, unerschütterlichen Präsenz, und Outdoorfans nutzen ihn zum wandern oder sausen auf dem Rad seine grünen Flanken hinunter. Der Ausblick von der Spitze des Bergs ist einfach unglaublich. Man kann über eine asphaltierte Straße bis direkt auf die Bergspitze fahren. Alternativ veranstaltet die Hobart Shuttle Bus Company (☏ 0408 341 804; www.hobartshuttlebus.com; Tour pro Erw./Kind 30/20 AU$, einfache Strecke 20 AU$) täglich zweistündige Touren zum Gipfel und transportiert Wanderer auf den Berg oder von diesem hinunter.

Female FactoryHISTORISCHE STÄTTE
(☏ 03-6233 6656; www.femalefactory.org.au; 16 Degraves St Süd Hobart; Erw./Kind/Fam. 5/5/15 AU$; Führung Erw./Kind/Fam. 15/10/40 AU$; „Her Story" Erw./Kind/Fam. 20/12,50/60 AU$; ⊙ 9.30–16, Führungen 10–15 Uhr stündl., „Her Story" 11 Uhr.) Es hat ziemlich lange gedauert, bis das ehemalige Frauengefängnis endlich als bedeutende historische Stätte anerkannt wurde – und

Hobart Zentrum

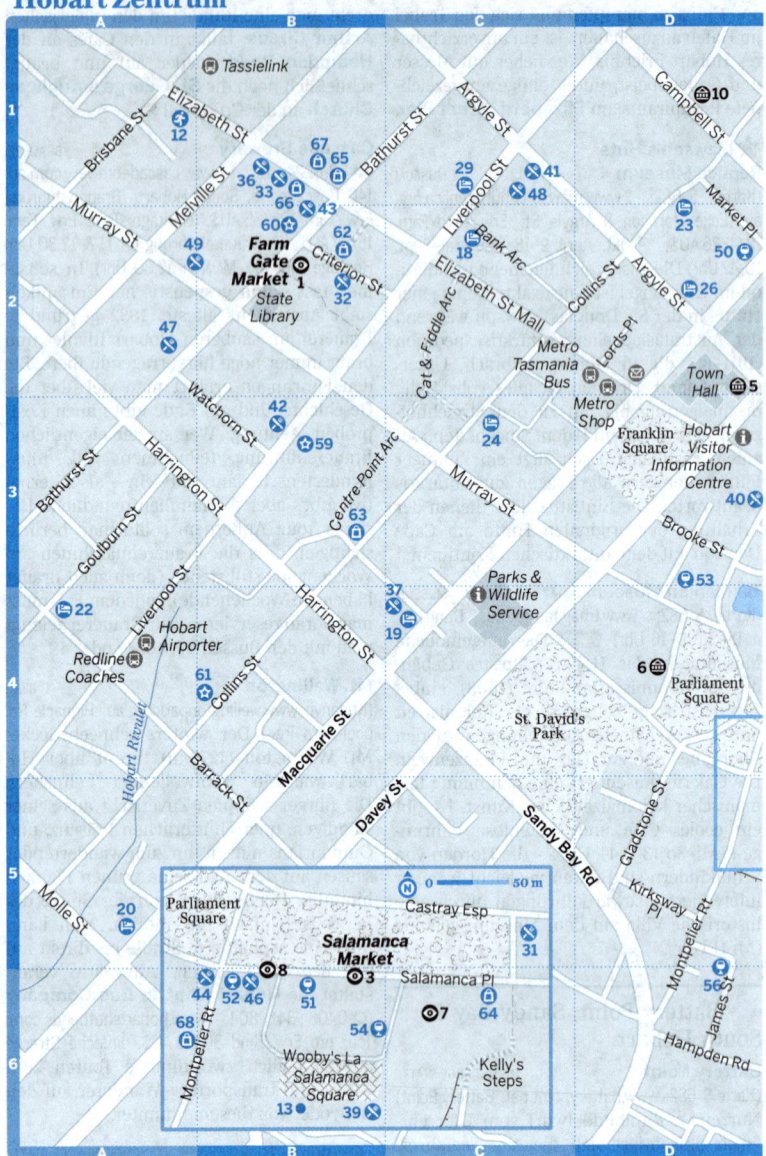

das, obwohl ein Viertel der Sträflinge, die ins damalige Vandiemensland deportiert wurden, weiblich war. Man kann diese Stätte entweder auf eigene Faust erkunden oder man nimmt an einer der geführten Touren teil. Der Film *Her Story* lohnt sich auf jeden Fall.

Danach bietet sich die ganz in der Nähe liegende Cascade Brewery für einen Besuch an. Um mit den öffentlichen Verkehrsmitteln dorthin zu gelangen, nimmt man einfach einen Bus der Linie 44, 46, 47 oder 49; an der Haltestelle 13 muss man dann aussteigen.

& Feb.–April Mi–Mo 10–18 Uhr, Jan. tgl. 10–18 Uhr, Mai–Nov. Mi–Mo 10–17 Uhr) 12 km nördlich von Hobarts Zentrum befindet sich das MONA auf einer an eine Sauciere erinnernden Halbinsel, die in den Lauf des Derwent River vorspringt. Das über drei unterirdische, an die nackte Felswand grenzende Etagen verteilte, 75 Mio. AU$ teure Museum wurde von den Philanthropen und Eigentümer David Walsh als „ein subversives Disneyland für Erwachsene" beschrieben. Altertümer stehen hier Seite an Seite neben topaktuellen Werken. Das Ganze ist sexy, provokant, verstörend – ein Highlight, das man sich auf keinen Fall entgehen lassen darf!

Um hinzukommen, nimmt man vom Brooke St Pier in Hobart die MONA-Roma-Fähre bzw. den Shuttlebus (hin & zurück 20 AU$). Fahrkarte und Eintrittsticket online buchen!

Royal Tasmanian Botanical Gardens GARTEN

(Karte S. 678; 03-6236 3057; www.rtbg.tas.gov.au; Lower Domain Rd, Queen's Domain; Okt.–März 8–18.30 Uhr, April & Sept. bis 17.30 Uhr, Mai–Aug. bis 17 Uhr) GRATIS Der kleine, aber betörende Garten an der Ostseite der Queen's Domain reicht bis 1818 zurück und präsentiert mehr als 6000 exotische und heimische Pflanzenarten. Man kann auf dem Rasen picknicken, das Gewächshaus mit subantarktischen Pflanzen erkunden und im **Botanical Restaurant**, wo es auch einen Souvenirshop und einen Kiosk gibt, einen Happen essen. Dem Haupteingang gegenüber liegt das Gelände des ehemaligen **Beaumaris Zoos**, wo 1936 der letzte in Gefangenschaft gehaltene Beutelwolf starb.

Eastern Shore

Tasmanian Cricket Museum MUSEUM

(03-6282 0433; www.crickettas.com.au/blundstone-arena/museum-library; Ecke Church & Derwent St, Bellerive; Erw./Kind 2/1 AU$, Führung 10/2 AU$; Di–Do 10–15, Fr bis 12 Uhr) Cricketfans sollten sich schnurstracks zur Blundstone Arena aufmachen. Dort gibt es ein hervorragendes Cricketmuseum samt Bibliothek sowie Führungen durch die Arena (telefonisch Zeiten erfragen und Tickets reservieren). Unbedingt anschauen sollte man sich die Ecke im Museum, die der tasmanischen Schlagmann-Legende Ricky „Punter" Ponting gewidmet ist. Allerdings findet David Boons Rekordleistung, der 1989 bei einem Flug von Sydney nach London 52 Do-

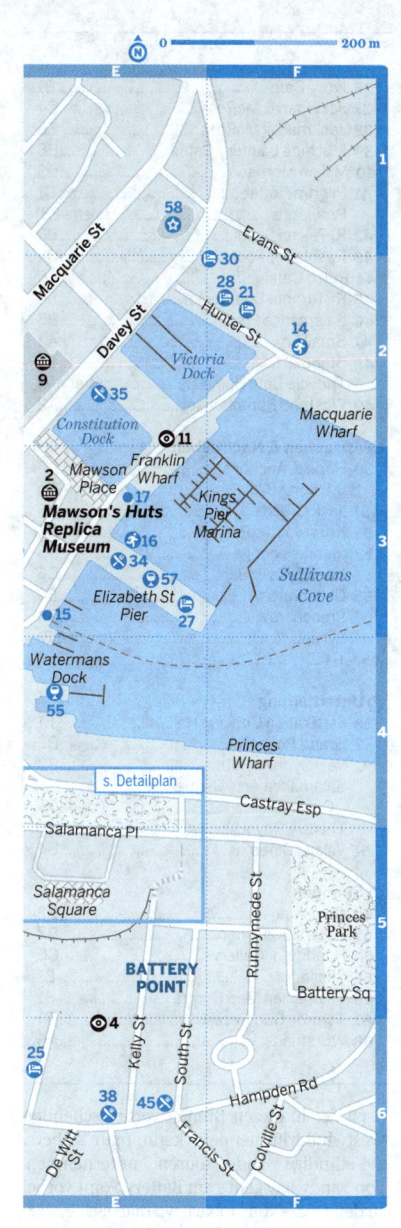

Nördliche Vorstädte

★ MONA MUSEUM, GALERIE

(Museum of Old & New Art; 03-6277 9900; www.mona.net.au; 655 Main Rd, Berriedale; Erw./Kind 20 AU$/frei, Einwohner Tasmaniens frei; Dez.

Hobart Zentrum

◎ Highlights
1 Farm Gate Market B2
2 Mawson's Huts Replica Museum E3
3 Salamanca Market B6

◎ Sehenswertes
4 Battery Point E6
 Carnegie Gallery ....(siehe 5)
5 Maritime Museum of Tasmania D2
6 Parliament House D4
7 Salamanca Arts Centre C6
8 Salamanca Place B6
9 Tasmanian Museum & Art Gallery E2
10 Theatre Royal D1
11 Waterfront E2

◎ Aktivitäten, Kurse & Touren
12 Artbikes A1
13 Ghost Tours of Hobart & Battery Point B6
14 Hobart Bike Hire F2
15 Hobart Historic Cruises E3
16 Lady Nelson E3
17 Tasman Island Cruises E3

◎ Schlafen
18 Alabama Hotel C2
19 Astor Private Hotel C4
20 Edinburgh Gallery B&B A5
21 Henry Jones Art Hotel F2
22 Hobart Hostel A4
23 Hotel Collins D2
24 Imperial Hotel Backpackers C3
25 Montacute E6
26 Montgomery's Private Hotel & YHA D2
27 Somerset on the Pier E3
28 Sullivans Cove Apartments F2
29 Tassie Backpackers C1
30 Zero Davey F2

◎ Essen
31 Blue Eye C5
32 Criterion Street Café B2
33 Ethos B1
34 Fish Frenzy E3
35 Flippers E2
36 Ivory Cafe B1
37 Jackman & McRoss C4
38 Jackman & McRoss E6
39 Machine Laundry Café B6
40 Mill on Morrison D3
41 Pilgrim Coffee C1
 Providore ....(siehe 33)
42 R. Takagi Sushi B3
43 Raspberry Fool B2
44 Retro Café B6
45 Ristorante Da Angelo E6
46 Salamanca Fresh B6
47 Small Fry A2
48 Standard C1
 Tricycle Café Bar ....(siehe 7)
49 Westend Pumphouse A2

◎ Ausgehen & Nachtleben
50 Hope & Anchor D2
 IXL Long Bar ....(siehe 21)
51 Jack Greene B6
52 Knopwood's Retreat B6
53 Mobius Lounge Bar D3
54 Nant Whisky Bar B6
55 Observatory E4
56 Preachers D6
 Syrup ....(siehe 52)
57 T-42° E3

◎ Unterhaltung
58 Federation Concert Hall E1
59 Grand Poobah B3
60 New Sydney Hotel B2
 Salamanca Arts Centre Courtyard ....(siehe 7)
 Theatre Royal ....(siehe 10)
61 Village Cinemas B4

◎ Shoppen
62 Cool Wine B2
63 Fullers Bookshop B3
64 Handmark Gallery C6
65 Skigia B1
66 Tasmanian Map Centre B1
67 Tommy Gun Records B1
68 Wursthaus A6

---

sen Bier konsumierte, immer noch keine angemessene Würdigung. Der Bus 608 aus dem Zentrum fährt direkt am Spieloval vorbei.

🏃 Aktivitäten

Kajakfahren

Roaring 40s Kayaking KAJAKFAHREN
(Karte S. 678; ☏ 0455 949 777; www.roaring40s kayaking.com.au; Erw./Kind 90/50 AU$; ⊙ ganzjährig tgl. 10 Uhr, Nov.–April auch 16 Uhr) Vom Wasser aus präsentiert sich Hobart von seiner Schokoladenseite. Mit Roaring 40s, die sich nach der in diesen Breiten vorherrschenden Westwinddrift nennen, kann man sichere, 2½-stündige Paddeltouren unternehmen. Von Sandy Bay geht's am Battery Point vorbei zu den Docks von Hobart, wo man sich Fish & Chips genehmigt und sich treiben lässt, bevor man nach Sandy Bay zurückpaddelt.

Radfahren

★ Mt. Wellington Descent RADFAHREN
(☏ 1800 064 726; www.underdownunder.com.au; Erw./Kind 75/65 AU$; ⊙ ganzjährig tgl. 10 & 13 Uhr,

Jan. & Feb. auch 16 Uhr) Mit einem Van geht es zunächst auf den Gipfel des Mt. Wellington (1270 m) und dann auf dem Mountainbike 22 km den Berg hinunter – ein toller Spaß mit herrlicher Aussicht bei minimalem Energieaufwand! Die Touren starten und enden am Brooke St Pier in Hobarts Uferviertel.

Artbikes FAHRRADVERLEIH
(Karte S. 682; ☎ 03-6165 6666; www.artbikes. com.au; 146 Elizabeth St; ⊙ Mo–Fr 9–16.30 Uhr) Wer größer als 1,40 m ist, kann bei Artbikes kostenlos ein Stadtfahrrad entleihen. Dafür braucht man nur eine Kreditkarte und einen Lichtbildausweis, und schon kann es losgehen. Wer das Fahrrad über Nacht ausleihen will, zahlt 22 AU$; die Ausleihe für ein ganzes Wochenende kostet 44 AU$.

Hobart Bike Hire FAHRRADVERLEIH
(Karte S. 682; ☎ 0447 556 189; www.hobartbikehire. com.au; 35 Hunter St; Kosten pro Tag/über Nacht ab 25/35 AU$; ⊙ Mo–Fr 9–17.30 Uhr) Der zentrale Fahrradverleih an der Promenade hält unzählige Vorschläge für Touren in der ganzen Stadt und entlang des Derwent River bis zum MONA bereit. Es werden auch E-Bikes und Tandems verliehen; Karte und Helm sind im Preis inbegriffen.

Schwimmen & Surfen

Sichere und saubere Badestellen finden sich südlich der Stadt an der **Kingston** und der **Blackmans Bay**. Die verlässlichsten Surfspots vor Ort sind der **Clifton Beach** und der **Goats Beach** auf dem Weg Richtung South Arm.

Hobart Aquatic Centre SCHWIMMEN
(Karte S. 678; ☎ 03-6222 6999; www.hobartcity. com.au/recreation/the_hobart_aquatic_centre; 1 Davies Ave, Queen's Domain; Erw./Kind/Fam. 7,50/5/20 AU$; ⊙ Mo–Fr 6–21, Sa & So 8–18 Uhr) Im Hobart Aquatic Centre gibt's Badespaß, auch wenn es draußen regnet. Hier findet man Freizeitbecken, Langschwimmbecken, ein Spa, eine Sauna, ein Dampfbad, Wasser-Aerobic und Aerobic für Landratten.

Segeln mit dem Windjammer

Lady Nelson SEGELN
(Karte S. 682; ☎ 03-6234 3348; www.ladynelson. org.au; Elizabeth St Pier; Erw./Kind 30/10 AU$; ⊙ Okt.–März Sa–So 11, 13, 15 Uhr, April–Sept. nur 11 & 13 Uhr) Die Segeltörns im Hafenbereich (90 Minuten) finden auf einem Nachbau des überraschend kleinen Zweimasters Lady Nelson statt, das als eines der ersten Schiffe in der neuen Kolonie Tasmanien ankam. Ab und an sind auch längere Touren im Angebot, Näheres dazu auf der Website.

☞ Geführte Touren

Hobart Historic Tours STADTSPAZIERGANG
(☎ 03-6238 4222, 03-6231 4214; www.hobarthistoric tours.com.au; Tour Erw./Kind/Fam. 30/14/75 AU$) Angeboten werden informative und unterhaltsame 90-minütige Spaziergänge durch Hobart (Do–Sa 15, So 9.30 Uhr) und durch die historische Vorstadt Battery Point (Mi 17 & Sa 13 Uhr). Bei der Old Hobart Pub Tour (Do–Sa 17 Uhr) stattet man einigen Kneipen im Uferviertel einen Besuch ab. Im Winter gibt's weniger Termine. Reservierung erforderlich.

Gourmania ESSEN
(☎ 0419 180 113; www.gourmaniafoodtours. au; ab 95 AU$/Pers.) Es gibt „leckere" Stadtspaziergänge rund um den Salamanca Place und ins Zentrum, bei denen sich unzählige Möglichkeiten bieten, typisch Tasmanisches zu probieren und sich mit den Besitzern von Lokalen, Cafés und Geschäften zu unterhalten. Eine Führung durch Hobart's beste Cafés war während der Recherchen zu diesem Reiseführer im Gespräch.

Louisa's Walk STADTSPAZIERGANG
(☎ 03-6229 8959, 0437 276 417; www.livehistory hobart.com.au; 2-stündige Führung pro Erw./Fam. 35/90 AU$) Während der ausgezeichneten Führungen durch die Female Factory (S. 681) wird die Geschichte der weiblichen Sträflinge in Hobart von Schauspielerinnen nachgestellt. Los geht's um 14 Uhr an der Cascade Brewery.

Hobart Historic Cruises BOOTSTOUR
(Karte S. 682; ☎ 03-6223 5893; www.hobarthistoric cruises.com.au; 6 Franklin Wharf; 1-std. Rundfahrt Erw./Kind/Fam. 20/15/60 AU$; ⊙ tgl.) Auf schmucken alten Fähren tuckert man von Hobarts Uferviertel aus den Derwent River hinauf oder hinunter. Es gibt auch längere Kreuzfahrten mit Mittag- (Erw./Kind/Fam. 30/25/100 AU$) oder Abendessen (49/45/150 AU$), die ebenfalls den Fluss hinauf oder hinunter führen. Telefonisch Termine checken und Teilnahme reservieren!

Red Decker BUSTOUR
(☎ 03-6236 9116; www.reddecker.com.au; 20-Stopp-Pass Erw./Kind/Fam. 30/15/80 AU$) Die kommentierte Stadtrundfahrt in einem alten Londoner Doppeldeckerbus kann man entweder in einem Rutsch in 90 Minuten durchziehen oder bis zu 20-mal unterbre-

chen (gültig für 3 Tage). Wer noch ein paar Moneten drauflegt, kann auch die Cascade Brewery (Erw./Kind/Fam. 55/30/140 AU$) oder die Tour zum Mt. Wellington zum Abschluss wählen (55/40/140 AU$).

Jump Tours — BUSTOUR
(0422 130 630; www.jumptours.com) Auf Jugendliche und Backpacker ausgerichtete drei- bzw. fünftägige Touren durch Tasmanien.

Under Down Under — BUSTOUR
(1800 064 726; www.underdownunder.com.au) Die backpackerfreundlichen Touren mit dem Schwerpunkt auf Umwelt und Natur dauern drei bis neun Tage.

Tasmanian Whisky Tours — DESTILLERIETOUR
(0412 099 933; www.tasmanianwhiskytours.com.au; 185 AU$/Pers.; Mi, Fr & So 9 Uhr) Tasmanischer Whisky ist schwer im Kommen, seit Sullivans Cove Whisky 2014 den begehrten „Best Single Malt"-Titel bei den World Whisky Awards gewann. Der engagierte Veranstalter organisiert Tagestouren, bei denen drei oder vier Brennereien besucht und bis zu zehn tasmanische Single Malts der Spitzenklasse verkostet werden. Mindestens vier Interessenten müssen zusammenkommen.

Ghost Tours of Hobart & Battery Point — STADTSPAZIERGANG
(Karte S. 682; 0439 335 696, 03-3933 5696; www.ghosttoursofhobart.com.au; Erw./Kind 25/15 AU$) Die Stadtspaziergänge, bei denen viele Spukgeschichten auf dem Programm stehen, starten fast täglich in der Abenddämmerung am Bakehouse am Salamanca Sq. Reservierung erforderlich; Kinder unter acht Jahren können nicht teilnehmen.

Feste & Events

★ The Taste of Tasmania — ESSEN & WEIN
(www.thetasteoftasmania.com.au) Rund um Silvester werden eine Woche lang die kulinarischen Köstlichkeiten Tasmaniens gefeiert. Meeresfrüchte, Wein und Käse sind natürlich die Highlights, aber es lohnt sich auch, nach Pilzen, Trüffeln, Himbeeren etc. Ausschau zu halten. Kein Restaurant von Rang und Namen in Hobart lässt es sich nehmen, hier mit einem Stand vertreten zu sein. Es gibt auch Livemusik.

MONA FOMA — MUSIK, KUNST
(MOFO; www.mofo.net.au; Jan.) Kürzel ahoi! Auf dem Gelände des MONA präsentiert das wunderbar durchmischte Festival of Music & Arts jedes Jahr im Januar einen hochkarätigen „Eminent Artist in Residence" (EAR). Zu den EARs früherer Jahre zählten auch John Cale und Nick Cave. Man darf also gespannt sein.

Australian Wooden Boat Festival — KULTUR
(www.australianwoodenboatfestival.com.au) Alle zwei Jahre Mitte Februar (in ungeraden Jahren) stattfindendes Event, das auf denselben Termin wie die Royal Hobart Regatta fällt. Das Festival würdigt das Erbe der tasmanischen Bootsbauer und die Seefahrertraditionen. Die Huon-Pinie kann man fast riechen.

Ten Days on the Island — KULTUR, KUNST
(www.tendaysontheisland.com) Tasmaniens wichtigstes Kulturfestival findet alle zwei Jahre (immer in Jahren mit ungerader Zahl und üblicherweise von Ende März bis Anfang April) statt. In Veranstaltungsorten überall auf der Insel wird Tasmaniens Kunst, Musik und Kultur mit Konzerten, Ausstellungen, Tanz, Filmvorführungen, Theatervorstellungen und Workshops gefeiert.

Dark MOFO — MUSIK, KUNST
(www.darkmofo.net.au) Die düstere Schwester des MONA FOMA lauert im Halbdunkel der tasmanischen Wintersonnenwende im Juni. Auf dem Programm stehen Livemusik, Installationen, Lesungen, Film-noir-Vorführungen und mitternächtliche Feste, jeweils mit einem Unterton von tasmani-

---

NICHT VERSÄUMEN

SALAMANCA MARKET

Seit 1972 füllen Hippies und Kunsthandwerkshändler von außerhalb beim **Salamanca Market** (Karte S. 682; www.salamanca.com.au; Sa 8–15 Uhr) die baumgesäumte Weite des Salamanca Pl mit ihren Ständen. frischen Bio-Produkten, Secondhand-Klamotten, gebrauchten Büchern, kitschigen Touristensouvenirs, Keramik und Holzschnitzereien, billigen Sonnenbrillen und Antiquitäten, außerdem gibt es ausgelassene Musikanten, gutes Essen und Trinken… Doch eigentlich kommt man, um die Leute zu beobachten. Ob Sonnenschein oder Regen, dieses Schauspiel darf man sich nicht entgehen lassen!

schem Gothic und mit einem gewissen Gruselfaktor.

Tasmanian Beerfest BIER
(www.tasmanianbeerfest.com.au) Beim Bierfest im November präsentieren sich mehr als 200 Biere aus Australien und aller Welt. Hinzu kommen Brauereikurse und unzählige Gelegenheiten, am Ufer zu essen, zu trinken und zu tanzen.

Sydney-Hobart-Regatta SPORT
(www.rolexsydneyhobart.com) Die Maxi-Jachten, die sich an der jährlichen anspruchsvollen Hochseeregatta beteiligen, laufen ab etwa dem 29. Dezember in Hobart ein – gerade rechtzeitig zur Silvesterparty! (Und die Segler verstehen sich aufs Feiern…)

Falls Festival MUSIK
(www.fallsfestival.com.au) Die tasmanische Version des Rockfestivals in Victoria ist ein Renner! Vier Tage und drei Nächte stehen australische und internationale Musiker und Bands (z. B. Paul Kelly, Dan Sultan, Cold War Kids, Alt J) zwischen dem 29. Dezember und dem 1. Januar in Marion Bay, eine Stunde östlich von Hobart, auf der Bühne.

🛏 Schlafen

Bei Übernachtungen sind das Ufergebiet und Salamanca Pl die angesagtesten Viertel in Hobart, auch wenn die Preise hier in der Regel astronomisch und freie Zimmer Mangelware sind. Wer die Stadt im Januar besuchen will, sollte so weit wie irgend möglich im Voraus reservieren. Das Geschäftsviertel hat zwar weniger Atmosphäre, aber die meisten Backpackerhostels, Pubs mit Gästezimmern und Mittelklassehotels zu bieten.

Nördlich vom Zentrum findet man in den Vororten North Hobart und New Town Apartments und B & Bs in Gehentfernung zu den Restaurants von North Hobart. Südlich vom Zentrum gibt's in Sandy Bay erstaunlich günstige Unterkünfte.

🛏 Zentrum

★ Alabama Hotel HOTEL $
(Karte S. 682; ☎ 0499 987 698; www.alabamahobart.com.au; Ebene 1, 72 Liverpool St; DZ/2BZ ab 85/90 AU$; 🛜) Eine niedliche und coole Bleibe: Die alte Art-déco-Absteige – einst ein düsterer Schuppen voller schmieriger Teppiche – ist als Boutique-Budgethotel neu erstanden. Zwar hat keines der 17 Zimmer ein eigenes Bad, aber es gibt viele blitzsaubere Gemeinschaftsbäder. Das Dekor ist schick und bunt mit einigen Anklängen ans Art déco, und es gibt eine ganztägig geöffnete Bar mit sonnigem Balkon über der Straße.

Tassie Backpackers HOSTEL $
(Brunswick Hotel; Karte S. 682; ☎ 03-6234 4981; www.tassiebackpackers.com; 67 Liverpool St; B 20–30 AU$, DZ/3BZ mit Bad ab 79/85 AU$; 🛜) Zwar können wir dem übermäßigen Gebrauch des abgedroschenen Wortes „Tassie" überall in diesem Bundesstaat keinen Geschmack abgewinnen, aber dieses Hostel hat zweifellos seine Vorzüge – gegen Hobarts billigste Betten lässt sich wirklich nichts einwenden. Das ehrwürdige alte Brunswick Hotel (einige der Sandsteinmauern stammen von 1816) bietet in zentraler Lage nun viele Gemeinschaftsbereiche, eine Küche und eine Waschküche. Die engagierten Betreiber führen auch die Bar im Erdgeschoss.

Hobart Hostel HOSTEL $
(Karte S. 682; ☎ 1300 252 192, 03-6234 6122; www.hobarthostel.com; Ecke Goulburn & Barrack St; B 26–30 AU$, EZ/DZ ohne Bad 65/73 AU$, DZ & DZ mit Bad 85–95 AU$; @🛜) In einem ehemaligen Pub (dem allzeit brummenden Doghouse) bietet das Hobart Hostel saubere, kürzlich renovierte Schlafsäle und oben Doppel- und Zweibettzimmer mit angeschlossenem Bad und gutem Preis-Leistungs-Verhältnis. Im Erdgeschoss gibt's große rote Sofas und gesittete Backpacker gehen ihren Geschäften nach – die Party findet anderswo statt.

Imperial Hotel Backpackers HOSTEL $
(Karte S. 682; ☎ 03-6223 5215; www.backpackers imperialhobart.com.au; 138 Collins St; B/EZ/2BZ/

> **SYDNEY-HOBART-REGATTA**
>
> Die Jachten der vielleicht größten und launischsten Hochseeregatta der Welt, der **Sydney-Hobart-Regatta**, laufen jedes Jahr gegen Silvester am Constitution Dock in Hobart ein. Wenn die vom Sturm zerzausten Maxi-Jachten die Ziellinie überqueren, knallen die Champagnerkorken, und müde Seeleute machen die Stadt unsicher. Am Neujahrstag kann man sich dann ein sonniges Plätzchen am Hafen suchen, sich etwas zum Mittagessen vom Food-Festival **Taste of Tasmania** (S. 686) holen und die Spinnaker auf dem Fluss zählen. Gute Vorsätze? Was für gute Vorsätze?

DZ ab 24/59/82/90 AU$; 🛜) Direkt im Zentrum der Stadt punktet dieses labyrinthische Hostel, das in einem der alten Hotels von Hobart (erbaut 1870) residiert, mit vielen Gemeinschaftsbereichen, einer aufgemöbelten Küche, hohen Decken, freundlichem Personal und Extras wie einer Gepäckaufbewahrung und dem Schalter eines Tourveranstalters. Nach einem sonnigen Zimmer nach Norden mit Blick auf die Collins St fragen!

Montgomery's Private Hotel & YHA   HOSTEL $

(Karte S. 682; ☎ 03-6231 2660; www.montgomerys.com.au; 9 Argyle St; B ab 29 AU$, DZ & 2BZ mit/ohne Bad ab 140/120 AU$, FZ ab 118 AU$; @) Die an einen historischen Pub (der früher Fluke & Bruce hieß) angeschlossene schlichte, aber saubere Jugendherberge bietet helle, sichere Zimmer direkt im Zentrum. In der über drei labyrinthische Etagen verteilten Unterkunft gibt es Schlafsäle aller Größen sowie schicke Zimmer mit Bad und Familienzimmer. Zum Hostel gehört kein eigener Parkplatz, aber man befindet sich ohnehin in Gehweite zu allem Sehenswerten und Interessanten.

★ Astor Private Hotel   HOTEL $$

(Karte S. 682; ☎ 03-6234 6611; www.astorprivatehotel.com.au; 157 Macquarie St; EZ 79–89 AU$, DZ 93–140 AU$, jeweils mit Frühstück; 🛜) Das große, nette Hotel in der Innenstadt stammt aus den 1920er-Jahren und hat sich viel vom Charme seiner Entstehungszeit bewahrt, dafür sorgen z. B. Buntglasfenster, altes Mobiliar, hohe Decken (mit Stuckrosetten) und die unerschütterliche Tildy auf der Kommandobrücke. Die älteren Zimmer haben Gemeinschaftsbäder, von denen aber viele vorhanden sind; die neueren Zimmer mit Bad sind am teuersten. Im Hotel sind Prolls absolut unerwünscht.

Edinburgh Gallery B & B   B&B $$

(Karte S. 682; ☎ 03-6224 9229; www.artaccom.com.au; 211 Macquarie St; Zi. mit Frühstück 90–230 AU$; P@🛜) Das schrille, mit Kunstwerken angefüllte Boutiquehotel verleiht dem 1909 im Federation-Stil erbauten Haus gleich westlich vom Zentralen Geschäftsviertel eine bunt zusammengewürfelte Note. Einige Zimmer haben makellose Gemeinschaftsbäder, aber in allen gibt es DVD-Player und ein skurriles, künstlerisch angehauchtes Dekor. Am Besten nimmt man eine Verandasuite. Das kontinentale Frühstück (mit Honig von der Farm, Marmelade, Joghurt, Zerealien und Keksen mit Schokoladenstückchen) wird rund um die nette Gemeinschaftsküche serviert.

Hotel Collins   HOTEL $$

(Karte S. 682; ☎ 03-6226 1111; www.hotelcollins.com.au; 58 Collins St; DZ 180–275 AU$, Apt. ab 385 AU$; ✱@🛜) Diesem Hotel, einem der neuesten in der Stadt, gelingt es mühelos, andere etwas alt und verwohnt wirken zu lassen. Die jugendliche Energie an der Rezeption strahlt in alle zehn Etagen aus. Dort befinden sich geräumige Zimmer und Apartments, von denen manche einen tollen Ausblick auf den Bergriesen Mt. Wellington bieten. Im Erdgeschoss gibt's eine entspannte Cafébar. Nur Parkplätze fehlen leider.

🛏 Uferviertel & Salamanca Place

Zero Davey   APARTMENTS $$

(Karte S. 682; ☎ 03-6270 1444, 1300 733 422; www.escapesresorts.com.au; 15 Hunter St; Apt. mit 1/2/3 Schlafzi. ab 185/329/429 AU$; P✱🛜) Die modernen, schicken Apartments am Rand von Hobarts quicklebendigem Uferviertel können zwar nicht mit einer überzeugenden Fassadengestaltung aufwarten, sind aber prima eingerichtet und haben eine erstklassige Lage. Am besten schnappt man sich eines mit Balkon, um den Ausblick auf Hobarts verwegene Fischereiflotte zu genießen. Online gibt's kräftigen Rabatt.

★ Henry Jones Art Hotel   BOUTIQUEHOTEL $$$

(Karte S. 682; ☎ 03-6210 7700; www.thehenryjones.com; 25 Hunter St; DZ ab 310 AU$; P✱@🛜) Das superschicke Hotel ist ein Meilenstein an Eleganz. Die Unterkunft am Ufer in der restaurierten Henry Jones IXL Jam Factory strahlt mit den erhaltenen Maschinen zur Konfitürenzubereitung und den mächtigen Holzbalken Klasse aus, ohne hochnäsig zu wirken – schließlich befindet man sich in Hobart, nicht in Sydney. Moderne Kunst belebt die Wände, und die Einrichtungen und Zerstreuungsangebote (Bar, Restaurant, Café) sind erste Klasse. Einfach brillant!

Sullivans Cove Apartments   APARTMENTS $$$

(Karte S. 682; ☎ 03-6234 5063; www.sullivanscoveapartments.com.au; 5/19a Hunter St; Apt. mit 1/2/3 Schlafzi. ab 260/320/520 AU$, 45 AU$/weitere Pers.; P✱🛜) Exklusiv, raffiniert, luxuriös, intim – all diese Beschreibungen passen auf die schicken Apartments, die sich auf fünf Standorte in Hobarts Uferviertel verteilen. (Eingecheckt wird für alle in 5/19a Hunter St). Besonders gelungen finden wir

HOBART MIT KINDERN

Eltern müssen nicht viel Geld ausgeben, um die Kids in Hobart bei Laune zu halten. Der kostenlose **Friday Night Fandango** (S. 695) im Hof des Salamanca Arts Centre ist eine familienfreundliche Angelegenheit, und die Straßenkünstler, Musikanten und alles Drum und Dran beim samstäglichen **Salamanca Market** (S. 686) verzaubern Jung und Alt. Im **Ufergebiet** (S. 680) ist immer etwas los: Fischerboote laufen tuckernd vom Victoria Dock aus oder ins Dock ein, Jachten kreuzen in der Sullivans Cove ...und auf den schwimmenden Fischbuden am Constitution Dock lässt sich die ganze Bande gut für ein Taschengeld verköstigen.

An Regentagen wird ein Besuch im **Tasmanian Museum & Art Gallery** (S. 681), dem **Maritime Museum of Tasmania** (S. 680) oder dem ausgezeichneten neuen **Mawson's Huts Replica Museum** (S. 681) den Kindern genauso viel Spaß machen wie den Eltern.

Wer einmal einen romantischen Abend zu zweit verbringen will, wendet sich an den **Mobile Nanny Service** (03-6273 3773, 0437 504 064; www.mobilenannyservice.com.au).

---

die wunderbaren, von Architekten gestalteten Wohneinheiten in der stimmungsvollen alten Gibson's Flour Mill an der Morrison St, bei denen die originalen Holz- und Stahlkonstruktionen geschickt in die Innengestaltung einbezogen wurden.

Somerset on the Pier HOTEL $$$
(Karte S. 682; 03-6220 6600, 1800 766 377; www.somerset.com; Elizabeth St Pier; Apt. mit 1/2 Schlafzi. ab 295/395 AU$; P ❋ @ ⓢ) An einem für Hobart typischen Standort – auf der oberen Ebene des Elizabeth Pier –, bietet dieser coole Komplex Luxusapartments mit schönem Hafenblick und luftig-aktuellem Design. Eine Wohnung mit Balkon ist teurer, aber bei diesem Ausblick kann man auf sonstiges Sightseeing getrost verzichten. Es gibt einige kostenlose Parkplätze.

Battery Point, Sandy Bay & South Hobart

★ Montacute HOSTEL $
(Karte S. 682; 03-6212 0474; www.montacute.com.au; 1 Stowell Ave, Battery Point; B/2BZ/DZ ab 35/90/100 AU$; P ⓢ) Die neue „Boutique-Schlafbaracke" in einem renovierten Haus in Battery Point erntet begeisterte Zustimmung. Viele Hostels in Hobart sind einfach nur kostengünstig umgestaltete alte Pubs, aber das Montacute legt die Messlatte entschieden höher: Die Gäste finden hier makellose Zimmer und Gemeinschaftsbäder, hübsche Kunst, hochwertige Bettwäsche und gute Matratzen. Ein weiterer Vorteil ist die Nähe zu den Cafés, denn das Zentrum und Salamanca sind gerade einmal zehn Gehminuten entfernt.

★ Quayle Terrace FERIENHAUS $$
(Karte S. 678; 0418 395 543; www.quayleterrace.com.au; 51 Quayle St, Battery Point; DZ 180–250 AU$, 20 AU$/weitere Pers.; P ❋) Die Quayle St an der Grenze zwischen Battery Point und Sandy Bay präsentiert sich mit einer fotogenen Gruppe aus Reihenhäusern (ohne die Stromleitungen könnte man sich in die Zeit um 1890 zurückversetzt fühlen). Das Quayle Terrace ist ein solches Gebäude: ein geschmackvoll renoviertes zweistöckiges Haus mit zwei Schlafzimmern, einem behaglichen Gasofen und einem Ausblick von der Dusche auf den Berg. Kostenlose Straßenparkplätze.

Tree Tops Cascades FERIENHAUS $$
(03-6223 2839, 0408 323 839; www.treetopscascades.com.au; 165 Strickland Ave, South Hobart; DZ/4BZ ab 150/250 AU$, 25 AU$/weitere Pers.; P ⓢ) Für das hübsche Haus mit drei Schlafzimmern (für insgesamt 5 Pers.) sollte man reservieren: Es liegt idyllisch in der Natur, 6 km außerhalb der Stadt in der Nähe der Cascade Brewery und mehrerer Wanderwege am Mt. Wellington. Auf dem 2 ha großen Anwesen gibt es einen ganzen Zoo an Wildtieren, etwa Possums, Wallabys, Nasenbeutler sowie zahme Jägerlieste (die man auf der Grillterrasse füttern kann). Anfahrt: Bus 44, 46, 47 oder 49 aus dem Zentrum.

Apartments on Star APARTMENTS $$
(Karte S. 678; 03-6225 4799, 0400 414 656; www.apartmentsonstar.com.au; 22 Star St, Sandy Bay; Apt. mit 1/2/3 Schlafzi. ab 190/230/300 AU$; P ⓢ) Das alte Backsteinhaus am unteren Ende der Star St (dessen untere Etage einst ein Lonely Planet Autor bewohnte, der nicht namentlich genannt sein will) umfasst heute zwei schicke Apartments, zu denen noch

zwei weitere in einem neuen, angrenzenden Gebäude hinzukommen. Die Wohnungen haben prima Küchen, Großbild-TV und hochwertiges Mobiliar und sind nur einige Meter von Sandy Bays munterer Restaurantszene entfernt.

Motel 429 MOTEL $$
(Karte S. 678; 03-6225 2511; www.motel429.com.au; 429 Sandy Bay Rd, Sandy Bay; DZ 130–200 AU$; P❋@🛜) Die laufende Renovierung dieses Motel hat inzwischen 27 der insgesamt 33 Zimmer ein schickes Designer-Outfit verpasst. Das Personal ist freundlich, die ganze Anlage ist sauber und tipptopp, und die Restaurants von Sandy Bay sind nur eine kurze Autofahrt entfernt. Die Deluxe-Zimmer sind äußerst komfortabel, und wer sein Glück versuchen will, findet das Wrest Point Casino gleich auf der anderen Straßenseite.

Grand Vue Private Hotel B&B $$$
(Karte S. 678; 03-6223 8216; www.grande-vue-hotel.com; 8 Mona St, Battery Point; DZ 225–285 AU$; P🛜) Von den besten Zimmern dieses liebevoll restaurierten Herrenhauses von 1906 aus hat man einen schönen Ausblick auf große Teile von Sandy Bay und den Derwent River bzw. in der anderen Richtung auf den Mt. Wellington. Durch schicke neue Badezimmer und superfreundlichen Service zeichnet sich das Grande Vue gegenüber ähnlichen B&Bs in der Nähe aus. Zum Frühstück (12,50 AU$) gibt's auch ofenwarme Backwaren von Jackman & McRoss.

North & West Hobart

Hobart Cabins & Cottages CAMPINGPLATZ $
(03-6272 7115; www.hobartcabinscottages.com.au; 19 Goodwood Rd, Glenorchy; Stellplatz mit Strom 35 AU$, Hütte DZ & FZ ab 110 AU$, Haus mit 3 Schlafzi. 200 AU$; P🛜) Die Anlage liegt zwar unvorteilhafte 8 km nördlich der Stadt in Glenorchy, bietet aber ordentliche Cottages und Hütten sowie ein Haus mit drei Schlafzimmern für bis zu zehn Personen.

Lodge on Elizabeth B&B $$
(Karte S. 678; 03-6231 3830; www.thelodge.com.au; 249 Elizabeth St; Zi. inkl. Frühstück 165–230 AU; P🛜) In dem 1829 errichteten Haus waren schon eine Schule, ein Internat und ein Rehabilitationszentrum untergebracht. Heute dient es als nette Pension mit gutem Preis-Leistungs-Verhältnis. Die Zimmer sind mit Antiquitäten (nichts für Modernisten) möbliert und haben alle ein eigenes Bad. Hinten raus steht ein kleines Ferienhäuschen, das für mindestens zwei Nächte vermietet wird.

Bay View Villas MOTEL, APARTMENTS $$
(1800 061 505, 03-6234 7611; www.bayviewvillas.com; 34 Poets Rd, West Hobart; DZ 149–219 AU$, 20 AU$/weitere Pers.; P🛜🏊) Die auf Familien ausgerichtete Anlage liegt ein paar Kilometer vom Stadtzentrum entfernt an den steilen Hängen von West Hobart. Es gibt ein Spielzimmer und einen Hallenpool, den man schon von der Rezeption aus am Chlorgeruch erschnuppert. Nach vorne liegen eine Reihe aufgehübschter Motelzimmer, hinten zwölf stilvolle Wohneinheiten mit einem Schlafzimmer und wunderschönem Blick auf den Fluss.

Islington BOUTIQUEHOTEL $$$
(Karte S. 678; 03-6220 2123; www.islingtonhotel.com; 321 Davey St, South Hobart; DZ ab 395 AU$; P🛜) Als bestes aller Hotels in Hobart vereint das Islington mühelos historische Architektur, antikes Mobiliar, zeitgenössische Kunst und einen prächtigen Garten. Der Service ist aufmerksam, aber nicht aufdringlich, das Frühstück wird in einem großen Wintergarten serviert. Abends kann man sich bei einem Glas Wein in der Gästebibliothek, dem Herrenzimmer/Musikzimmer oder dem Salon entspannen. Auch exquisite intime Dinners sind verfügbar. Kurz: ein Hotel mit Klasse!

Altamont House APARTMENTS $$$
(Karte S. 678; 0409 145 844, 0437 344 932; www.altamonthouse.com.au; 109 Patrick St, West Hobart; DZ 200 AU$, 60/30 AU$ zus. Erw./Kind; P❋🛜) Gibt es Vorschriften, wie steil eine Straße sein darf? In jedem Fall war das den Stadtplanern bei der Anlage der Patrick St egal, wofür man hier mit einem wundervollen Ausblick belohnt wird. Das Altamont im Erdgeschoss eines prächtigen alten Hauses aus Naturstein und Schiefer vermietet eine üppige Doppelsuite mit einem Extrazimmer, das bei Bedarf geöffnet wird. Rolling-Stones-Krawalle sind hier nicht zu befürchten.

✕ Essen

Im Zentrum von Hobart gibt's ein paar Cafés, in denen man prima brunchen oder mittagessen kann, aber sobald die Sonne hinter dem Berg versinkt, ist hier nicht mehr viel los. Nun führt der Weg zum Salamanca Pl und ins Uferviertel, das Zentrum der kulinarischen Szene der Stadt, wo man überall wunderbare Meeresfrüchte findet.

Die Restaurants an der Hampden Rd in Battery Point lohnen immer einen Blick; kosmopolitische Lokale säumen die Elizabeth St in North Hobart (alias „NoHo").

Hobarts bestes Kneipenessen gibt's im New Sydney Hotel (S. 695) oder dem Republic Bar & Café (S. 695).

Zentrum

★ Pilgrim Coffee CAFÉ $
(Karte S. 682; 03-6234 1999; 48 Argyle St; Hauptgerichte 11–20 AU$; Mo-Fr 7–17 Uhr) Mit unverputzten Ziegeln, Holzbalken und alten Mauern ist das L-förmige Pilgrim Hobarts coolstes Café. Zu essen gibt's Wraps, Panini und interessante Hauptgerichte (z. B. auf peruanische Art gewürztes Alpaka mit Quinoa und Roter Bete!), zu trinken kundig zubereiteten Kaffee. An den Gemeinschaftstischen kommt man mit Einheimischen ins Gespräch. Um die Ecke betreibt die gleiche hippe Mannschaft die sagenhafte Burger-Bar **Standard** (Karte S. 682; 03-6234 1999; Hudsons Lane; Burger 7–12 AU$; tgl. 11–22 Uhr).

Small Fry CAFÉ $
(Karte S. 682; 03-6231 1338; www.small-fryhobart.com.au; 129 Bathurst St; Hauptgerichte 6–25 AU$; Mo-Do 7.30–15.30, Fr bis 21, Sa 8.30–21 Uhr) Das hippe Small Fry ist mittlerweile eine der besten Cafébars in Hobart. An der Stahltheke kommt man zwanglos mit anderen Gästen ins Gespräch, nippt an einem Glas Wein, schlürft eine Suppe oder einen Kaffee, redet, hört zu, lacht, mampft einen Salat… Die Atmosphäre ist auf ungezwungenen Austausch angelegt, und die Holzwürfel mit der Speisekarte sind einfach niedlich.

Raspberry Fool CAFÉ $
(Karte S. 682; 03-6231 1274; 85 Bathurst St; Hauptgerichte 9–17 AU$; Mo-Fr 7.30–16, Sa & So bis 14.30 Uhr) Das ganztägige Speiseangebot setzt auf Alltagsgerichte mit etwas Chefkoch-Raffinesse. Zu empfehlen sind der Toast mit Käse, Lauch, Schinken und Spiegelei oder die Eier mit glasierten Zwiebeln, Schinken und Greyerzer Käse. Wenn am Sonntagvormittag draußen der Farm Gate Market (S. 679) stattfindet, geht es zu wie in einem Bienstock. Es gibt auch tollen Kaffee.

Criterion Street Café CAFÉ $
(Karte S. 682; 03-6234 5858; www.criterionstcafe.com; 10 Criterion St; Hauptgerichte 6–15 AU$; Mo-Fr 7–16, Sa & So 8–15 Uhr) Die Karte ist so kurz wie die Straße, aber das Criterion Street Café stellt zum Frühstück und Mittagessen seine Gäste völlig zufrieden. Koffeinsüchtige kommen ganztägig auf ihre Kosten. Zu empfehlen sind das spanische Omelette oder der Halloumi-Salat mit braunem Reis und jungem Spinat. Es gibt auch Bier und Wein.

R. Takagi Sushi JAPANISCH $
(Karte S. 682; 03-6234-8524; 155 Liverpool St; ab 3 7–10 AU$; Mo-Fr 10.30–17.50, Sa 10.30–16.00, So 11.30–15 Uhr) Die tollen Meeresfrüchte aus Tasmaniens Gewässern werden hier zum besten Sushi der Stadt verarbeitet. Doch auch die Udon-Nudeln und die Misosuppe machen das schicke, kleine Restaurant zum Lieblingstreffpunkt der Büroangestellten in Hobart.

Providore CAFÉ, DELI $
(Karte S. 682; 03-6231 1165; 100 Elizabeth St; Hauptgerichte 3–12 AU$; Mo-Sa 10–16 Uhr) Das schrille Providore ersetzt tagsüber das abends geöffnete Restaurant Ethos und hat ebenfalls seine Moral, da nur ethisch vertretbar produzierte regionale Zutaten zum Einsatz kommen. Tolle Salate und prima Sandwichs sind die Hauptstärken des Lokals. Hinzu kommen Regale, angefüllt mit handwerklich gebackenen Broten, Ölen, Pestos, Pasten, Honig und Kochbüchern. Gleich nebenan gibt's eine wundervolle **Joghurt- und Säftebar**.

Westend Pumphouse CAFÉ $$
(Karte S. 682; 03-6234 7339; www.pumphouse.com.au; 105 Murray St; Hauptgerichte 19–38 AU$; 8.30 Uhr–Open End) Im wendigen, industriell aufgemachten Pumphouse gibt's eine ausgezeichnete Weinkarte, guten Kaffee und Kleinbrauereibiere vom Fass. Hier kann man morgens seinen ersten Kaffee einnehmen und später mit Freunden wiederkommen, um sich einen Teller zu teilen (zu empfehlen ist die Lammschulter mit dem Kohl-Senf-Salat) und ein paar Ales zu trinken. Die Wand mit den Milchbehältern lohnt einen Blick.

Ivory Cafe THAILÄNDISCH $$
(Karte S. 682; 03-6231 6808; 112 Elizabeth St; Hauptgerichte 12–20 AU$; Mo-Sa 11.30–15, Di-Sa 17–21 Uhr) Hobarts beliebtestes thailändisches Restaurant ist ein bescheidenes, schmales Lokal mit einer langen Sitzbank an einer Wand und drei Hockern im Schaufenster, wo man prima essen kann, wenn man alleine gekommen ist. Man bestellt das

ausgezeichnete grüne Hühnchen-Curry und blickt auf den Trubel in der Elizabeth St.

Ethos MODERN-AUSTRALISCH $$$
(Karte S. 682; 03-6231 1165; www.ethoseatdrink. com; 100 Elizabeth St; 6-/8-Gänge-Menü 75/ 90 AU$; Di-Sa 18 Uhr–open end) Versteckt in einem Hof an einer mit Platten gepflasterten Gasse abseits der Elizabeth St setzt das Ethos rigoros auf verantwortlich produzierte tasmanische Lebensmittel und die Unterstützung örtlicher Farmer. Die Speisekarte ist saisonal und ganz auf die Präsentation frischer Produkte ausgerichtet. Die Gerichte kommen in kleinen Portionen, sind aber innovativ und sehr schmackhaft. Reservieren erforderlich. Im Erdgeschoss gibt's eine stimmungsvolle neue **Weinbar**.

Uferviertel & Salamanca Place

★ Retro Café CAFÉ $
(Karte S. 682; 03-6223 3073; 31 Salamanca Pl; Hauptgerichte 10–18 AU$; 7–17 Uhr) Das schrille Retro ist so populär, dass es fast schon weh tut: Hier trifft sich am Samstag alles zwischen den Marktständen und eigentlich auch sonst an jedem Tag. Hier erwarten einen prima Frühstück, Bagels, Salate und Burger, lustiges Personal, cooler Jazz und das Klappern und Surren der Kaffeemaschine. Kurz, ein Hobart-Café mit Klasse.

Flippers MEERESFRÜCHTE $
(Karte S. 682; www.flippersfishandchips.com.au; Constitution Dock; Gerichte 10–24 AU$; 9.30– 20.30 Uhr) Mit seinem fischförmigen Profil und dem ansprechenden meerblaufarbenen Anstrich ist das schwimmende Flippers eine Institution in der Stadt. Die Fish & Chips sind einfach toll, und die Filets vom Plattkopf und die Tintenfischringe wandern direkt aus der Hochsee in die Fritteuse. Die Möwen vor Ort warten gespannt, was für sie abfällt.

Machine Laundry Café CAFÉ $
(Karte S. 682; 03-6224 9922; 12 Salamanca Sq; Hauptgerichte 7–17 AU$; Mo-Sa 7.30–17, So 8.30–17 Uhr) In dem freundlichen Café im Retrostil stehen tatsächlich Waschmaschinen, und so kann man sich die Waschzeit (5 AUS$) mit frisch gepresstem Obstsaft, Suppe oder Kaffee vertreiben. Zum Frühstück gibt's chilischarfe Wraps mit gebratenem Fleisch.

Tricycle Café Bar CAFÉ $
(Karte S. 682; 03-6223 7228; www.salarts.org. au/portfolio/tricycle; 71 Salamanca Pl; Hauptgerichte 8–15 AU$; Mo-Sa 8.30–16 Uhr) In der gemütlichen, rot gestrichenen Nische im **Salamanca Arts Centre** (Karte S. 682; 03-6234 8414; www.salarts.org.au; 77 Salamanca Pl; Läden & Galerien 9–17 Uhr) werden Café-Klassiker (Sandwichs mit Speck, Salat und Ei, getoastete Sandwichs, Rührei, Salate, frisch aufgebrühter Tee und Kaffee aus fairem Handel) und prima Tagesgerichte (z. B. geschmortes Wagyu-Rindfleisch mit Reis und Jalapeño-Creme) serviert. An der Bar gibt's offene Weine.

Salamanca Fresh SUPERMARKT $
(Karte S. 682; 03-6223 2700; www.salamanca fresh.com.au; 41 Salamanca Pl; 7–19 Uhr) Selbstversorger, die Feinschmecker sind, sollten sich das Obst, Gemüse, Fleisch und die sonstigen frischen Produkte in diesem Supermarkt genauso wenig entgehen lassen wie die Auswahl an tasmanischen Weinen.

Fish Frenzy MEERESFRÜCHTE $$
(Karte S. 682; 03-6231 2134; www.fishfrenzy. com.au; Elizabeth St Pier; Hauptgerichte 14–35 AU$; 11–21 Uhr) In der zwanglosen Fischbude am Ufer finden Freunde von Meeresfrüchten Fish & Chips, fischlastige Salate (Tintenfisch, Räucherlachs und Brie) und Fischburger. Das „Fish Frenzy"-Menü (18 AU$) bietet von allem etwas. Die Qualität kann etwas schwanken, aber das freundliche Personal und die muntere Hafenstimmung machen immer Laune. Reservieren nicht möglich.

Mill on Morrison SPANISCH, MODERN-AUSTRALISCH $$
(Karte S. 682; 03-6234 3490; www.themillon morrison.com.au; 11 Morrison St; Tapas 4–16 AU$; Mo-Fr 12–14, Mo-Sa 17.30 Uhr–open end) In der prächtig renovierten Gibson's City Mill (gusseiserne Säulen, freiliegende Holzdecken, Tische und Stühle aus dunklem Holz) präsentiert sich das kecke, aber entspannte Tapas-Restaurant ein bisschen spanisch, ein bisschen mexikanisch und ein bisschen modern-australisch. Nicht übersehen sollte man die Tintenfische vom Holzkohlegrill und die Käse- und Arancini-Bällchen. Es gibt auch tolle offene Weine vom Coal River Valley oder aus Katalonien.

Blue Eye MEERESFRÜCHTE $$$
(Karte S. 682; 03-6223 5297; www.blueeye.net. au; 1 Castray Esplanade; Hauptgerichte 29–45 AU$; Mo 17–21, Di-Sa 11–21 Uhr) Das etwas klinische Dekor sollte einen nicht davon abhalten, sich auf die Meeresfrüchte hier zu stürzen, die zu den besten in Hobart zählen. Zu den

Highlights zählen die Jakobsmuscheln und die Garnelen-Linguini, der Meeresfrüchte-Eintopf und der herrliche Meeresfrüchte-Pie mit Dill- und Spinatcreme. Moo Brew Ale vom Fass und eine Weinkarte mit hauptsächlich tasmanischen Weinen komplettieren das begeisternde Angebot.

Battery Point, Sandy Bay & South Hobart

★ Jackman & McRoss — BÄCKEREI $
(Karte S. 682; ☎ 03-6223 3186; 57-59 Hampden Rd, Battery Point; Gerichte 8–13 AU$; ⊗ Mo–Fr 7–18, Sa & So bis 17 Uhr) Diese nette Bäckerei mit Café sollte man keinesfalls links liegen lassen, und sei es nur, um einen Blick auf die Theke mit den köstlichen Pies, Tarts, Baguettes und Gebäckstücken zu werfen. Morgens erfreuen einen Kaffee und Kuchen, mittags vielleicht Quiches oder ein Wallaby-Pie mit Brombeeren. Das Personal hat mächtig zu tun, bleibt aber immer freundlich. Die **Filiale** im Stadtzentrum (Karte S. 682; ☎ 03-6231 0601; 4 Victoria St; ⊗ Mo–Fr 7–16.30 Uhr) hat die gleichen Preise.

Ginger Brown — CAFÉ $
(☎ 03-6223 3531; 464 Macquarie St, South Hobart; Hauptgerichte 10–20 AU$; ⊗ Di–Fr 7.30–16, Sa & So 8.30–16 Uhr; 🚸) Ein Café, das so toll geführt wird, sorgt für gute Stimmung: Das Personal ist glücklich, die Gäste sind happy und alles ist sonniger Laune. Zu empfehlen ist das Panini mit langsam gegartem Lammfleisch, Gewürzgurken und Hummus. Das Lokal ist sehr kinder- und radfahrerfreundlich. Küchenschluss ist um 15 Uhr.

Ristorante Da Angelo — ITALIENISCH $$
(Karte S. 682; ☎ 03-6223 7011; www.daangelo.com; 47 Hampden Rd, Battery Point; Hauptgerichte 18–32 AU$; ⊗ 17 Uhr–Open End) Das alteingeführte und bezaubernde italienische *ristorante* hat eine eindrucksvolle lange Karte mit hausgemachten Pasta-, Kalbfleisch- und Hähnchengerichten, Calzone und Pizzen mit 20 verschiedenen Belägen. Fotos vom Kolosseum und von der Mannschaft des Carlton Football Club sorgen für zusätzliche Authentizität. Der Laden hat lange geöffnet und man kann das Essen auch mitnehmen. muss Alkoholische Getränke bringt man selbst mit.

Solo Pasta & Pizza — ITALIENISCH $$
(Karte S. 682; ☎ 03-6234 9898; www.solopastaandpizza.com.au; 50b King St, Sandy Bay; Hauptgerichte 12–26 AU$; ⊗ Di–So 17–22 Uhr) Die tollen Pastagerichte, Pizzen, Risottos und Calzones im Solo locken seit Jahrzehnten die hungrigen Massen an. Das Alter sieht man dem Laden aber nicht an, denn der schicke Raum mit Glasfassade und Weinregalen an der Hinterwand wirkt geradezu futuristisch.

North & West Hobart

★ Burger Haus — BURGER $
(Karte S. 678; ☎ 03-6234 9507; 364a Elizabeth St, North Hobart; Hauptgerichte 10–14 AU$; ⊗ Mo–Fr 11.30–21.30, Sa & So 11–21.45 Uhr) Dröhnender Rock der 1980er-Jahre, große Rindfleischburger und eine kleine Terrasse, auf der man sitzen, sein Essen mampfen und das Farbenspiel des Mt. Wellington betrachten kann, machen den Reiz dieses Lokals aus. Der „Haus-Burger" (mit Speck, Zwiebelringen, karamellisierter Ananas und Senf-Mayonnaise) ist wirklich prima.

Pigeon Hole — CAFÉ $
(Karte S. 678; ☎ 03-6236 9306; www.pigeonholecafe.com.au; 93 Goulburn St, West Hobart; Hauptgerichte 10–13 AU$; ⊗ Di–Sa 8–16.30 Uhr) Dieses schrille, freundliche Café ist eines jener Lokale, die es in jedem Innenstadtviertel geben sollte. Neben tollem Kaffee bekommt man Café-Gerichte, die deutlich über dem Durchschnitt liegen. Die frisch gebackenen Panini sind hervorragend, und die gebratenen Eier *en cocotte* (in der Kasserolle) mit Serrano-Schinken sind absolut himmlisch.

Sweet Envy — CAFÉ $
(Karte S. 678; ☎ 03-6234 8805; www.sweetenvy.com; 341 Elizabeth St, North Hobart; Gerichte 5–10 AU$; ⊗ Di–Fr 8.30–18, Sa 8.30–17 Uhr) Als Kontrastprogramm zu den Angeboten der unzähligen Restaurants in der Straße kommen hier luftige Macarons, köstliche Madeleines und Muffins sowie feine Pasteten und gefüllte Blätterteigtaschen auf den Tisch, z. B. mit Schweinefleisch und Fenchel. Die fantastischen Eiscremes und Sorbets sind ebenfalls hausgemacht. Unbedingt das schwarze Sesameis probieren!

Elizabeth St Food + Wine — MODERN-AUSTRALISCH, DELI $$
(Karte S. 620; ☎ 03-6231 2626; 285 Elizabeth St, North Hobart; Hauptgerichte 10–20 AU$; ⊗ So–Do 8–18, Fr bis 20, Sa bis 16 Uhr) 🌿 Dieses muntere Gourmet-Lokal in North Hobart mit Gemeinschaftstischen und Regalen mit 100 % saisonalen Lebensmitteln aus Tasmanien ist gleichzeitig Café, Delikatessenladen und

Weingeschäft. Geboten werden ausgezeichnetes Frühstück, große Salate und wunderbare Hauptgerichte (zu empfehlen: die würzige Rinderwange mit Kartoffeln und Peperonata) mit darauf abgestimmten regionalen Weinen.

Raincheck Lounge CAFÉ $$
(Karte S. 678; 03-6234 5975; www.raincheck lounge.com.au; 392 Elizabeth St, North Hobart; Tapas 6–17 AU$, Hauptgerichte 9–22 AU$; Mo–Fr 7 Uhr–open end, Sa ab 8, So ab 8.30 Uhr) Der bohemehafte, marokkanisch angehauchte Raum und die Tische auf der Straße geben dem Raincheck einen Anstrich städtischer Coolness. Die Gäste trinken Kaffee, tanken beim großen Frühstück neue Kraft und unterhalten sich bei großzügigen Tapas-Portionen (z. B. Broccolini mit Sardellenstückchen oder Chorizo in Peperonata). Eine tolle Weinkarte und das schlagfertige Personal sind weitere Pluspunkte. Ein idealer Treff vor oder nach einem Film im State Cinema (S. 695).

Vanidol's ASIATISCH $$
(Karte S. 678; 03-6234 9307; www.vanidols-north-hobart.com; 353 Elizabeth St, North Hobart; Hauptgerichte 18–30 AU$; tgl. 17.30–21 Uhr;) Ein wagemutiges Restaurant in North Hobart, das mit seiner vielseitigen Karte und Gerichten wie scharfem thailändischen Rindfleischsalat, nepalesischem Lammcurry oder Hühnchen auf balinesische Art mühelos ganz Asien abdeckt. Auch die Auswahl an vegetarischen Gerichten kann sich sehen lassen. Es gibt auch eine Filiale in South Hobart (Karte S. 678; 03-6224 5986; www.vanidolsouth.com; 361a Macquarie St, South Hobart; Hauptgerichte 20–25 AU$; Di–Sa 11–14 & 17.30–21 Uhr).

Ausgehen & Nachtleben

Hobarts Partyvolk unterscheidet sich um Welten von den Walfängern der Vergangenheit, denen der Rum das Hirn vernebelte. Beim Ausgehen allerdings sind die Absichten letztlich dieselben geblieben: etwas trinken, Entspannung finden und vielleicht jemanden kennenlernen, mit dem man die Nacht verbringen möchte. Am Salamanca Pl und im Uferviertel gibt es eine ganze Menge Kneipen und Bars, wo man an Sommerabenden draußen oder im Winter am offenen Feuer sitzen kann. North Hobart ist eine weitere solide Adresse für Kneipen und Bars.

★ Knopwood's Retreat PUB
(Karte S. 620; www.knopwoods.com; 39 Salamanca Pl; 10–open end) In Hobarts bester Kneipe kehrten schon die Seeleute der Sträflingstransporte ein. Den Großteil der Woche über ist es einfach eine nette, gemütliche Kneipe mit knisterndem Kaminfeuer, doch freitagabends stehen die biertrinkenden Arbeiter aus der Innenstadt bis auf die Straße hinaus.

Preachers BAR
(Karte S. 682; 5 Knopwood St, Battery Point; 12 Uhr–open end) Man sitzt drinnen auf alten Sofas oder draußen mit den Hipstern in der improvisierten Gartenbar, wo Sitzecken zum Biertrinken in einem alten Stadtbus warten. Es gibt viele tasmanische Kleinbrauereibiere vom Fass, das Personal ist cool, und ein Geist soll sich auf dem Gelände auch noch herumtreiben. Burger (15 AU$) und Tapas (12 AU$) halten das Bier in Schach.

Jack Greene BAR
(Karte S. 682; www.jackgreene.com.au; 47-48 Salamanca Pl; 11 Uhr–open end) Die Gourmetburger kosten hier bis zu 20 AU$, aber das stimmungsvolle Jack Greene (das wie eine europäische Jagdhütte auf Urlaub wirkt) ist für Bierfans immer einen Besuch wert. In den Kühlschränken stapeln sich die Flaschen mit diversen Bieren, und es gibt mindestens 16 australische und neuseeländische Biere vom Fass. Manchmal lassen sich Sänger neben der Treppe nieder.

IXL Long Bar BAR
(Karte S. 682; www.thehenryjones.com; 25 Hunter St; Mo–Fr 17–22.30, Sa 15 Uhr bis spat, So 17–21 Uhr) In der glanzvollen Bar des Henry Jones Art Hotel (S. 688) kann man Hobarts Modefreaks beim Schlürfen ihres Whisky Sour beobachten. Wenn alle Barhocker an der nicht allzu langen Theke besetzt sind, einfach auf die Ledersofas in der Eingangshalle ausweichen! Dazu gibt es Moo Brew aus dem Zapfhahn und freitags und samstags Live-Jazz.

T-42° BAR
(Karte S. 682; www.tav42.com.au; Elizabeth St Pier; Mo–Fr 7.30 Uhr–open end, Sa & So ab 8.30 Uhr) Am Ufer schlägt das T-42° mit seinem Essen (Hauptgerichte 13–30 AU$) mächtige Wellen, lockt aber mit seinem minimalistischen Interieur, der segelförmigen Theke und der Stimmungsmusik auch Bargänger an. Wer sich abends nicht loseisen kann, kann hier auch noch frühstücken.

Nant Whisky Bar BAR
(Karte S. 682; www.nant.com.au; 63 Woobys Lane; So–Fr 12–24, Sa 10–24 Uhr) An der Theke in dieser kleinen, historisch angehauchten Bar

abseits des Salamanca Pl stapelt sich der Whisky aus der **Nant Distillery** (☏1800 746 453, 03-6259 5790; www.nant.com.au; 254 Nant Lane; Verkostung & Führung 15 AU$; ◷10–16.45 Uhr, Führungen 11 & 15 Uhr) im tasmanischen zentralen Hochland neben anderen Tropfen aus aller Welt.

Hope & Anchor   PUB
(Karte S. 682; www.hopeandanchor.com.au; 65 Macquarie St; ◷11 Uhr–Open End) Viele (aber bestimmt nicht der Barkeeper im Fortune of War in Sydney) behaupten, dass das Hope & Anchor der älteste Pub in ganz Australien sei (aus dem Jahr 1807). Seefahrer-Schnickschnack bestimmt den holzgetäfelten Innenraum – kein schlechtes Plätzchen für ein kühles Cascade.

Syrup   CLUB
(Karte S. 682; 39 Salamanca Pl; ◷Fr & Sa 21–5 Uhr) Mehr als zwei Etagen über dem Knopwood's Retreat ist dieser Club eine Top-Adresse für einen Drink am späten Abend und DJs, die Techno und House auflegen. Trauerndes Angedenken verdient Round Midnight, die Bluesbar, die früher die oberste Etage einnahm.

Mobius Lounge Bar   CLUB
(Karte S. 682; 7 Despard St; ◷Mi 21–4 Uhr, Fr 22.30–4.30 Uhr, Sa 22–5 Uhr) Die Mischung aus lautem Partykeller und cooler Loungebar ist in zweiter Reihe hinter der Uferpromenade zu finden. Hin und wieder legen namhafte DJs auf.

Observatory   CLUB
(Karte S. 682; www.observatorybar.com.au; Ebene 1, Murray St Pier; ◷Mi, Fr & Sa 21 Uhr–open end) Man schlürft einen „Big O"-Cocktail, während man sich zwischen den stimmungsvollen Sitzecken im Observatory treiben lässt. Im Hauptraum gibt's Commercial Dance, in der Lounge Urban Funk. Nicht zu lässig gekleidet kommen (die Türsteher können pingelig sein).

☆ Unterhaltung

State Cinema   KINO
(Karte S. 678; ☏03-6234 6318; www.statecinema.com.au; 375 Elizabeth St, North Hobart; Tickets Erw./Kind 18/14 AU$; ◷10 Uhr–open end) Das State, das in den 1990er-Jahren vor der Abrissbirne gerettet wurde, zeigt in mehreren Sälen Independent- und Arthouse-Filme von in- und ausländischen Filmemachern. Vor Ort gibt's auch ein tolles Café mit Bar und einen Buchladen, in dem sich das Herumstöbern lohnt. Die verführerischen Restaurants von North Hobart finden sich gleich vor der Tür.

Republic Bar & Café   LIVEMUSIK
(Karte S. 678; ☏03-6234 6954; www.republicbar.com; 299 Elizabeth St, North Hobart; ◷11 Uhr–open end) Das Republic ist ein rauer Artdéco-Pub, in dem es jeden Abend (oft bei freiem Eintritt) Livemusik gibt. Unter den Livemusik-Pubs vor Ort ist er die Nummer Eins, wobei immer interessante Musiker auftreten, darunter auch international bekannte Größen. Viele verschiedene Biere und ausgezeichnetes Essen sorgen fürs leibliche Wohl.

Brisbane Hotel   LIVEMUSIK
(Karte S. 678; 3 Brisbane St; ◷Di–Sa 12 Uhr–open end, So ab 15 Uhr) Das verlotterte alte Brisbane, in dem früher alte Männer auf schmierigen Teppichen soffen, hat sich als ein progressiver Livemusiktreff neu erfunden. Hier treten Punk-, Metal-, Hiphop-Bands und Liedermacher auf, die etwas Originelles, Ausgefallenes und Unkommerzielles wagen.

New Sydney Hotel   LIVEMUSIK
(Karte S. 682; www.newsydneyhotel.com.au; 87 Bathurst St; ◷12–24 Uhr) Dienstags bis sonntags gibt's hier für ein reiferes Publikum entspannten Folk, Jazz, Blues und Comedy, in der Regel bei freiem Eintritt; das Programm steht auf der Website. Hinzu kommen tolles Kneipenessen und eine prima Auswahl an Bieren, darunter wechselnde Kleinbrauereiprodukte von der Insel. Samstag um 14 Uhr steht eine irische Jamsession ins Haus.

NICHT VERSÄUMEN

FREITAGABEND-FANDANGO

Mit die beste Livemusik in Hobart gibt's jeden Freitagabend im Hof des **Salamanca Arts Centre** (Karte S. 682; www.salarts.org.au/portfolio/rektango; 77 Salamanca Pl; ◷17.30–19.30 Uhr) gleich abseits der Wooby's Lane. Das kostenlose kommunale Event wird nach einer Band, die gelegentlich hier auftritt, auch „Rektango" genannt. Das Programm wechselt monatlich: Man kann hier alles von afrikanischen Rhythmen bis hin zu Rockabilly, Folk und Gypsy-Latino erwarten. Die Leute trinken (Sangria im Sommer, Glühwein im Winter) und die meisten tanzen auch.

Theatre Royal
THEATER
(Karte S. 682; ☎ 03-6233 2299, 1800 650 277; www.theatreroyal.com.au; 29 Campbell St; Vorstellungen 20–60 AU$; ⊙ Theaterkasse Mo–Fr 9–17 Uhr) Die ehrwürdige alte Bühne ist Australiens ältestes, kontinuierlich genutztes Theater – schon 1834 standen hier Schauspieler auf den Brettern. Heute gibt es hier Konzerte, Ballett, Theatervorstellungen, Opern und Revuen von Universitäten.

Grand Poobah
LIVEMUSIK
(Karte S. 682; 142 Liverpool St; ⊙ Mi 20–1Uhr, Fr & Sa 21–4.30 Uhr) Die vielfältige Künstlerbar wird regelmäßig zur Showbühne, wenn DJs und Musiker auftreten oder Tanz- und Comedy-Veranstaltungen stattfinden.

Federation Concert Hall
KLASSISCHE MUSIK
(Karte S. 682; ☎ 1800 001 190; www.tso.com.au; 1 Davey St; ⊙ Konzertkasse Mo–Fr 9–17 Uhr) Die an das Hotel Grand Chancellor angeschlossene Konzerthalle erinnert wegen der Spalten in der Verkleidung an eine riesige Aluminiumbüchse mit undichter Isolierung. Drinnen müht sich das Tasmanian Symphony Orchestra nach Kräften.

Village Cinemas
KINO
(Karte S. 682; ☎ 1300 555 400; www.villagecinemas.com.au; 181 Collins St; Tickets Erw./Kind 17,50/13 AUS$, Gold Class ab 30 AUS $, ⊙ 10 Uhr– open end) In dem Multiplex-Kino in der Innenstadt flimmern die aktuellen Kassenschlager über die Leinwand. Dienstags kostet der Eintritt nur 12 AU$

🛒 Shoppen

Fullers Bookshop
BÜCHER
(Karte S. 682; www.fullersbookshop.com.au; 131 Collins St; ⊙ Mo–Fr 8.30–18, Sa 9–17, So 10–16 Uhr) Hobarts beste Buchhandlung hat ein großes Sortiment an Belletristik und Reiseliteratur sowie regelmäßige Präsentationen und Lesungen und in einer Ecke ein cooles Café.

Cool Wine
WEIN
(Karte S. 682; www.coolwine.com.au; Shop 8, MidCity Arcade, Criterion St; ⊙ Mo–Sa 9.30–18.30, So 10–14 Uhr) Tolles Sortiment an tasmanischen Weinen und Craft-Bieren aus aller Welt.

Tommy Gun Records
MUSIK, KLEIDUNG
(Karte S. 682; 127 Elizabeth St; ⊙ Mo–Fr 10–17, Sa bis 15 Uhr) Schallplatten, Armbänder mit Nieten, schwarze Rock-T-Shirts und mehr.

Wursthaus
ESSEN
(Karte S. 682; www.wursthaus.com.au; 1 Montpelier Retreat; ⊙ Mo–Fr 8–18, Sa bis 17, So 9–17 Uhr) Abseits des Salamanca Pl werden die feinen Wurst- und Käsespezialiäten, Kuchen, Brote, Weine und Fertiggerichte verkauft.

Handmark Gallery
KUNST & KUNSTHANDWERK
(Karte S. 682; www.handmark.com.au; 77 Salamanca Pl; ⊙ 10–17 Uhr) Die seit 30 Jahren bestehende Galerie verkauft Keramik, Holzschnitzereien, Glaswaren, Schmuck sowie Gemälde und Skulpturen – alles 100% tasmanisch.

Tasmanian Map Centre
KARTEN
(Karte S. 682; www.map-centre.com.au; 110 Elizabeth St; ⊙ Mo–Fr 9.30–17.30, Sa 10.30–14.30 Uhr) Wanderkarten, GPS-Geräte und Reiseführer.

ℹ️ Praktische Informationen

GELD
Die großen Banken haben Filialen und Geldautomaten rund um die Elizabeth St Mall. Geldautomaten gibt's auch rund um Salamanca Pl.

INFOS IM INTERNET
Hobart City Council (www.hobartcity.com.au) Die Website des Stadtrats mit Hinweisen zu Parks, Verkehrsmitteln und Erholungsstätten.
Welcome to Hobart (www.welcometohobart.com.au) Offizieller Besucher-Guide.

INTERNETZUGANG
Ruffcut Records (www.ruffcut-records.com; 35a Elizabeth St; ⊙ Mo–Fr 8.30–18, Sa 10–17 Uhr) Internet-PCs und coole Schallplatten.
State Library (www.linc.tas.gov.au; 91 Murray St; ⊙ Mo–Do 9.30–18, Fr bis 20, Sa bis 14 Uhr) Eine Stunde kostenloser Internetzugang.

MEDIEN
Hobarts alteingeführte Tageszeitung *Mercury* (www.themercury.com.au; alias „the Mockery") ist praktisch, um herauszufinden, was wo stattfindet. In der Donnerstagsausgabe gibt's einen Veranstaltungskalender. Hinweise auf Livemusik finden sich im kostenlosen Straßenblatt *Warp* (www.warpmagazine.com.au) und bei **The Dwarf** (www.thedwarf.com.au).

MEDIZINISCHE VERSORGUNG
City Doctors & Travel Clinic (☎ 03-6231 3003; www.citydoctors.com.au; 188 Collins St; ⊙ Mo–Fr 9–17 Uhr) Allgemeinmedizinische Sprechstunden und Reiseimpfungen.
My Chemist Salamanca (☎ 03-6235 0257; www.mychemist.com.au; 6 Montpelier Retreat, Battery Point; ⊙ Mo–Fr 8.30–18, Sa bis 17, So 10–16 Uhr) Apotheke in praktischer Lage gleich abseits des Salamanca Pl.
Royal Hobart Hospital (☎ 03-6222 8423; www.dhhs.tas.gov.au; 48 Liverpool St; ⊙ 24 Std.) Der Eingang zur Notfallstation ist an der Liverpool St.

NOTFALL

Hobart Police Station (☏ 03-6230 2111, allgemeine Hilfe 13 14 44; www.police.tas.gov.au; 43 Liverpool St; ⊙ 24 Std.) Die Hauptwache der städtischen Polizei.

Polizei, Feuerwehr & Ambulanz (☏ 000) Notfallrufnummer.

POST

General Post Office (GPO; Karte S. 682; www.auspost.com.au; Ecke Elizabeth & Macquarie St; ⊙ Mo–Fr 8.30–17.30 Uhr) Post hin oder her – das wirklich Interessante ist hier die Architektur!

TOURISTENINFORMATION

Hobart Visitor Information Centre (Karte S. 682; ☏ 03-6238 4222; www.hobarttravelcentre.com.au; Ecke Davey & Elizabeth St; ⊙ tgl. 9–17 Uhr, im Sommer länger) Infos, Landkarten und Buchung von Touren, Verkehrsmitteln und Unterkünften in ganz Tasmanien.

Parks & Wildlife Service (Karte S. 682; ☏ 1300 827 727, 1300 135 513; www.parks.tas.gov.au; 134 Macquarie St; ⊙ Mo–Fr 9–17 Uhr) Infos, Karten, Eintrittspässe und Merkblätter zu Wanderungen in den Nationalparks. Im Büro von Service Tasmania.

❶ An- & Weiterreise

BUS

Zwei Busgesellschaften bedienen Hobart. Fahrpläne und Preisinfos bekommt man online oder im Hobart Visitor Information Centre (S. 697).

Redline Coaches (Karte S. 682; ☏ 1300 360 000; www.redlinecoaches.com.au; 230 Liverpool St) Die Busse starten vor der Ladenfront an der Liverpool St.

Tassielink (Karte S. 682; ☏ 1300 300 520; www.tassielink.com.au; 64 Brisbane St) Bis der Standort für einen neuen Busbahnhof gefunden und dieser gebaut ist (der Pachtvertrag für den alten ist abgelaufen), fahren die Busse von Tassielink von der Brisbane St und einer Behelfshaltestelle auf der anderen Straßenseite gegenüber dem Hobart Visitor Information Centre an der Elizabeth St ab. Neue Abfahrtsstellen telefonisch erfragen oder im Internet nachschauen.

FLUGZEUG

Internationale Direktflüge ab/nach Tasmanien gibt es nicht. Folgende Fluglinien verkehren zwischen der Insel und dem australischen Festland.

Jetstar (☏ 13 15 38; www.jetstar.com.au) Der Billig-Ableger von Qantas bietet Direktflüge von Melbourne und Sydney nach Hobart und Launceston.

Qantas (☏ 13 13 13; www.qantas.com.au) Direktflüge von Sydney, Brisbane und Melbourne nach Hobart und Launceston. Qantas-Link (die regionale Tochtergesellschaft) verbindet Melbourne mit Devonport.

Tiger Airways (☏ 03-9999 2888; www.tigerairways.com.au) Fliegt von Melbourne nach Hobart.

Virgin Australia (☏ 13 67 89; www.virginaustralia.com.au) Direktflüge ab Melbourne, Sydney, Brisbane und Canberra nach Hobart und von Melbourne, Brisbane und Sydney nach Launceston.

❶ Unterwegs vor Ort

AUTO, WOHNMOBIL & MOTORRAD

AAA Car Rentals (☏ 0437 313 314, 03-6231 3313; www.aaacarrentals.com.au; 73 Warwick St; ⊙ Mo–Fr 9–17, Sa & So 10–14 Uhr)

AutoRent-Hertz (☏ 03-6237 1111, 1300 067 222; www.autorent.com.au; Ecke Bathurst & Harrington St; ⊙ 8–17 Uhr)

Avis (☏ 03-6214 1711; www.avis.com.au; 2/4 Market Pl; ⊙ Mo–Fr 8–17.30, Sa & So bis 16 Uhr)

Bargain Car Rentals (☏ 1300 729 230; www.bargaincarrentals.com.au; 173 Harrington St; ⊙ Mo–Fr 8–17, Sa & So 9–15 Uhr)

Britz (☏ 1300 738 087; www.britz.com.au)

Budget (☏ 03-6234 5222, 1300 362 848; www.budget.com.au; 96 Harrington St; ⊙ Mo–Fr 7.30–17.30, Sa bis 16.30, So 9–14 Uhr)

Europcar (☏ 03-6231 1077, 1300 131 390; www.europcar.com.au; 112 Harrington St; ⊙ Mo–Fr 8–17.30, Sa bis 16, So 8–14 Uhr)

Tasmanian Campervan Hire (☏ 1800 807 119; www.tascamper.com) Spezialisiert auf Wohnmobile mit zwei Schlafkojen.

Tasmanian Motorcycle Hire (☏ 0418 365 210; www.tasmotorcyclehire.com.au)

BUS

Metro Tasmania (☏ 13 22 01; www.metrotas.com.au) ist für den zuverlässigen Stadtbusverkehr zuständig. Aber die Busse fahren außerhalb der Geschäftszeiten nicht mehr sehr häufig. Der **Metro Shop** (Karte S. 682; 22 Elizabeth St; ⊙ Mo–Fr 8–18 Uhr) verkauft Fahrkarten und erteilt Auskünfte. Die Busse starten meist in der Elizabeth St oder vom nahen Franklin Sq.

Eine einfache Fahrt kostet je nach Entfernung (*sections*) zwischen 3 und 6,20 AU$. Die „Day Rover"-Karte für 5,30 AU$ gilt montags bis freitags ab 9 Uhr und am Wochenende und an Feiertagen den ganzen Tag lang. Tickets für einfache Fahrten kann man entweder im Metro-Shop oder beim Fahrer kaufen (und passend bezahlen) oder bei Kiosken und Postämtern. Busfahrer verkaufen keine Day Rover Tickets.

FAHRRAD

Fahrräder kann man in der Stadt bei verschiedenen Stellen (S. 685) ausleihen.

VOM/ZUM FLUGHAFEN

Der **Hobart Airport** (☎ 03-6216 1600; www.hobartairport.com.au; Strachan St, Cambridge) liegt in Cambridge, 19 km östlich der Stadt. Ein Taxi in die Stadt kostet werktags zwischen 6 und 20 Uhr rund 42 AU$, sonst rund 50 AU$.

Hobart Airporter (Karte S. 682; ☎ 1300 385 511; www.airporterhobart.com.au; einfache Strecke/hin & zurück 18/32 AU$) Transport vom Hotel zum Flughafen (und umgekehrt) mit Anschluss an den jeweiligen Flug. Reservieren!

TAXI

131008 Hobart (☎ 13 10 08; www.131008 hobart.com) Standardtaxis.

Maxi-Taxi Services (☎ 13 32 22; www.hobart maxitaxi.com.au) Fahrzeuge für Rollstuhlfahrer sowie Großraumtaxis.

RUND UM HOBART

Siedlungen am Fluss, historische Ortschaften, Weideland und unberührter Busch: All das liegt nur wenige Autominuten außerhalb von Hobarts Stadtgrenzen. Die Geister der früheren tasmanischen Sträflingskolonie holen einen auch in Richmond ein, während sich der Mt. Field National Park mit seiner Natur, den Wildtieren, Wasserfällen und großartigen kurzen Wanderwegen für einen herrlichen Tagesausflug anbietet.

Richmond

750 EW.

Das historische Richmond am Coal River, 27 km nordöstlich von Hobart, war einst ein militärischer Posten von strategischer Bedeutung und eine Zwischenstation für die Sträflinge an der Straße nach Port Arthur. Mit seinen Gebäuden aus dem 19. Jh. ist Richmond wohl Tasmaniens bedeutendste historische Siedlung, läuft aber wie The Rocks in Sydney oder Hahndorf in Adelaide Gefahr, zu einer Parodie seiner selbst zu werden, weil die Tourismusindustrie die Relikte der kolonialen Vergangenheit völlig für sich vereinnahmt. Trotzdem ist Richmond zweifellos malerisch, und Kinder haben Spaß an den Enten am Flussufer.

Weitere Infos gibt's unter www.richmond village.com.au.

⊙ Sehenswertes & Aktivitäten

Richmond Bridge BRÜCKE

(Wellington St) Über die klobige, aber nicht unelegante Brücke über den Coal River rollt immer noch der Verkehr. Sie wurde 1823 von Sträflingen erbaut und ist damit die älteste Kraftverkehrsbrücke Australiens. Sie ist auch der ganze Stolz der Stadt. Angeblich soll hier der Geist des 1832 verstorbenen „Geißlers von Richmond", George Grover, herumspuken.

Bonorong Wildlife Centre WILDRESERVAT

(☎ 03-6268 1184; www.bonorong.com.au; 593 Briggs Rd, Brighton; Erw./Kind/Fam. 25/11/65 AU$; ⊙ 9–17 Uhr) Diese eindrucksvolle Einrichtung liegt 17 km westlich von Richmond; die Abfahrt vom Hwy 1 in Brighton ist ausgeschildert. Von Richmond kommend nimmt man die Middle Tea Tree Rd und biegt nach 11 km links in die Tea Tree Rd ab. „Bonorong" ist von einem Aborigine-Wort abgeleitet, das „einheimischer Begleiter" bedeutet. In der Anlage, deren Schwerpunkte Naturschutz, Bildungsarbeit und die Pflege verletzter Tiere sind, sieht man Tasmanische Teufel, Koalas, Wombats, Ameisenigel und Beutelmarder.

ZooDoo Wildlife Park WILDRESERVAT

(☎ 03-6260 2444; www.zoodoo.com.au; 620 Middle Tea Tree Rd; Erw./Kind 25/13 AU$; ⊙ 9–17 Uhr) 6 km westlich von Richmond, an der Straße nach Brighton (Middle Tea Tree Rd), gibt es im ZooDoo „Safari"-Bustouren, Spielplätze, Picknickbereiche und etliche Tiere, z. B. Tiger, Lamas, Tasmanische Teufel und Wallabys. Zu manchen Terminen kann man zuschauen, wie hungrige weiße Löwen gefüttert werden.

**Richmond Gaol
Historic Site** HISTORISCHES GEBÄUDE

(☎ 03-6260 2127; www.richmondgaol.com.au; 37 Bathurst St; Erw./Kind./Fam. 9/4/22 AU$; ⊙ 9–17 Uhr) Der Nordflügel des bemerkenswert gut erhaltenen Gefängnisses wurde 1825, fünf Jahre früher als die Strafanstalt von Port Arthur, errichtet. Sie ist somit Australiens ältestes Gefängnis. Ebenso wie Port Arthur ist auch dieses Kittchen ein faszinierender Ort. Allerdings hängt in dem alten Gemäuer eine gewisse Schwere in der Luft.

**Old Hobart Town Historical
Model Village** HISTORISCHE STÄTTE

(☎ 03-6260 2502; www.oldhobarttown.com; 21a Bridge St; Erw./Fam. 14/35 AU$; ⊙ 9–17 Uhr) Originalgetreu wurde hier das Hobart Town der 1820er-Jahre nach Originalplänen nachgebaut – den Kindern wird es gefallen. Der Eintrittspreis ist recht hoch, aber die Anlage vermittelt gute historische Einblicke.

Richmond Park Boat House BOOTSFAHRT

(☎ 0401 233 652, 03-6260 1099; www.richmond parkboathouse.com.au; 56 Bridge St; Ruderboot

> **ABSTECHER**
>
> ## WEINREGION COAL RIVER VALLEY
>
> Richmond und das nahegelegene Cambridge sind die Zentren von Tasmaniens am schnellsten wachsender Weinregion, dem Coal River Valley. Manche Unternehmen sind opulente Weingüter mit Gourmetrestaurants, andere kleine Familienbetriebe mit einem Laden, der nach Vereinbarung geöffnet wird. Weitere Infos finden sich unter www.wine south.com.au. Hier zwei Weingüter, mit denen man seine Erkundung starten kann:
>
> **Puddleduck Vineyard** (03-6260 2301; www.puddleduck.com.au; 992 Richmond Rd, Richmond; 10–17 Uhr) Das kleine, von einer Familie geführte Weingut produziert nur 1200 Kisten pro Jahr: zugreifen sollte man beim Riesling, dem Pinot Noir und dem Schaumwein "Bubbleduck". Zu Mittag kann man am See in Begleitung von Lucky, der Ente, einen Käseteller (20 AU$) verputzen oder den Grill anwerfen (Fleisch selber mitbringen).
>
> **Frogmore Creek** (03-6274 5844; www.frogmorecreek.com.au; 699 Richmond Rd, Cambridge; 4-/5-/6-Gänge-Menü 80/95/125 AU$, mit Wein 100/125/160 AU$; 10–17 Uhr, Restaurant 12–16 Uhr) Die Kooperative Frogmore Creek betreibt 9 km südwestlich von Richmond ihr schickes Restaurant mit Ausblick auf das Mt. Pleasant Observatory. Zum Mittagessen erhält man hier ausgezeichneten Chardonnay, Pinot Noir und einen Edelfäule-Riesling. Unbedingt anschauen sollte man sich *Flawed History*, eine in den Boden eingearbeitete Sägearbeit des örtlichen Künstlers Tom Samek. Für das Restaurant empfiehlt es sich, vorab zu reservieren. Kinder sind unerwünscht.

25 AU$/30 Min., Fahrrad 25 AU$/Std.; Mi–So 10–16 Uhr) Hier kann man ein Fahrad leihen und durch den Ort radeln oder mit einem kleinen gemieteten Ruderboot auf dem Fluss paddeln und den Enten zusehen.

Schlafen & Essen

Barilla Holiday Park CAMPING $
(03-6248 5453, 1800 465 453; www.barilla.com.au; 75 Richmond Rd, Cambridge; Stellplatz ohne/mit Strom 34/40 AU$, Hütten & Wohneinheiten 80–150 AU$;) Der Platz ist eine ordentliche Option für Besucher mit eigenem Fahrzeug und liegt auf halber Strecke zwischen Hobart (14 km) und Richmond (14 km) in bequemer Nähe zum Flughafen, zu den Weingütern des Coal River Valley und einigen guten Naturparks. Über das Gelände verstreut finden sich gepflegte Hütten, eine Minigolfanlage (sehr idyllisch!) und ein Restaurant, das Holzofenpizza serviert.

★ Daisy Bank Cottages B&B $$
(03-6260 2390; www.daisybankcottages.com.au; 78 Middle Tea Tree Rd; DZ 150–190 AU$) Die hübsche Anlage verspricht ländliche Erholung: in einer umgebauten Sandsteinscheune aus den 1840er-Jahren auf dem Gelände einer Schaffarm gibt es zwei makellose, stilvolle separate Wohneinheiten (eine davon mit Wellnessbad). Außerdem finden sich Schlafzimmer unter dem Dach, ein hübscher Ausblick über die Dächer von Richmond und für Kinder viele Möglichkeiten zum Herumtollen. Im umliegenden Farmland locken Naturlehrpfade und hoch in den Lüften kreisen Raubvögel. Die Zutaten zum Frühstück werden täglich frisch geliefert.

Number 3 Henry Street COTTAGE $$$
(03-6260 2847; www.numberthree.com.au; 3 Henry St; DZ 350 AU$, 75 AU$/weitere Pers.;) Im Innern wurde das hübsche alte Haus aus- und umgebaut. Von der Straße aus wirkt es idyllisch, doch von der Gartenseite her präsentiert es sich topmodern. Drinnen erwarten einen gedämpfte Farben, üppige Bettwäsche, schicke Bäder und ein privater, mit Platten gepflasterter Hof. In den zwei Schlafzimmern kommen vier Personen unter (das obere ist ins Dach hineingebaut und hat eine schräge Decke).

Richmond Bakery BÄCKEREI $
(03-6260 2628; 50 Bridge St, abseits der Edward St; 3–8 AU$/Stück; 7.30–18 Uhr) Pies, Gebäck, Sandwichs, Croissants, Muffins und Kuchen erhält man hier zum Mitnehmen, wenn man nicht gleich im Hof einen Happen essen will. Falls niemand auf der Hauptstraße zu sehen ist, dürfte sich der gesamte Ort hier im Laden versammelt haben.

An- & Weiterreise

Tassielink (1300 653 633; www.tassielink.com.au) unterhält täglich mehrere Busse nach Richmond (samstags aber nur zwei, und sonntags nur einen; einfache Strecke 7,60 AU$, 45 Min.).

Richmond Tourist Bus (☏ 0408 341 804; www.hobartshuttlebus.com/richmond-village. html; Erw./Kind hin & zurück 30/20 AU$; ⊙ So–Fr 9, tgl. 12.15 Uhr) fährt täglich ab Hobart nach Richmond, wo man sich drei Stunden lang auf eigene Faust umschauen kann. Telefonisch reservieren und Abfahrtsort erfragen!

Mt. Field National Park

Das 80 km nordwestlich von Hobart gelegene Mount Field wurde 1916 zum Nationalpark erklärt und ist für seine Hochmoore, Seen, Regenwälder, Wasserfälle, Wanderwege, Skigebiete und artenreiche Tierwelt bekannt. Von Hobart aus kann man den Park bei einem Tagesausflug besuchen, es gibt aber auch Übernachtungsmöglichkeiten.

⊙ Sehenswertes & Aktivitäten

Russell Falls WASSERFALL

Auf keinen Fall sollte man die herrlichen angestuften Russell Falls verpassen. Die 45 m hohe Kaskade erkundet man auf einem 20-minütigen Spaziergang (hin & zurück). Der Weg beginnt hinter dem Visitor Information Centre und ist auch für Kinderwagen und Rollstuhl geeignet. Zudem gibt's weitere Spaziergänge zu den **Lady Barron Falls** und den **Horseshoe Falls** sowie Wanderungen.

Mt. Mawson SKIFAHREN

(☏ www.mtmawson.info; Skifahren ganzer Tag Erw./Kind 30/15 AU$, halber Tag 20/10 AU$, Ski-Lift 10 AU$, Mittw Julie – Mitte Sept. Sa & So 10–16 Uhr) Wenn der Himmel Schnee schickt (in den letzten Jahren eher selten), kann man sich am Mt. Mawson auf die Ski schwingen. Schneeberichte gibt's auf www.ski.com.au.

🛌 Schlafen

Mt. Field National Park Campground CAMPING $

(☏ 03-6288 1149; www.parks.tas.gov.au; off Lake Dobson Rd; Stellplatz ohne/mit Strom pro 2 Erw. 16/20 AU$, weiterer Erw. 7/9 AU$, weiteres Kind 3/4 AU$) Der von der Parkverwaltung geführte Campingplatz mit Selbstregistrierung liegt einige hundert Meter hinter der Besucherinformation und hat ordentliche Einrichtungen (Toiletten, Duschen, Waschküchen und kostenlose Grillstellen). Keine Reservierung. Der Preis für den Stellplatz gilt zusätzlich zum Eintrittspreis für den Nationalpark.

Lake Dobson Cabins HÜTTEN $

(☏ 03-6288 1149; www.parks.tas.gov.au; Lake Dobson Rd; Hütte für bis zu 6 Pers. 45 AU$) Die drei schlichten, je mit sechs Betten ausgestatteten Hütten 16 km im Inneren des Mt. Field National Park sind sehr rustikal. Es gibt Matratzen, kaltes Wasser, Holzöfen und Brennholz, aber keinen Strom. Die Gemeinschaftstoiletten sind in einem extra Sanitärblock. Gaslampen, Haushaltsgeräte und Bettzeug muss man mitbringen. Gebucht wird online oder über das Visitor Centre (S. 700).

★**Duffy's Country Accommodation** COTTAGE $$

(☏ 03-6288 1373; www.duffyscountry.com; 49 Clark's Rd, Westerway; DZ 130–145 AU$, weiterer Erw./weiteres Kind 25/15 AU$; ☏) Zwei makellose, separate Cottages – eine für Paare geeignete und eine für Familien praktische, aus dem Mt. Field National Park hierher versetzte Rangerhütte – blicken hinaus auf ein Feld mit Himbeersträuchern. Hinzu kommen neben jeder Hütte eine nette Schlafbaracke mit zwei Betten, in denen man mitreisende Teenager einquartieren kann. Die Zutaten fürs Frühstück können geliefert werden. Auch Wallabys lassen sich ab und an hier sehen.

ℹ Praktische Informationen

Mt. Field National Park Visitor Centre (☏ 03-6288 1149; www.parks.tas.gov.au; 66 Lake Dobson Rd; ⊙ Nov.–April 8.30–17 Uhr, Mai–Okt. 9–16 Uhr)

ℹ An- & Weiterreise

Die Fahrt zum Mt. Field National Park durch das Tal des Derwent Valley und den Bushy Park ist herrlich, denn überall sieht man Stromschnellen, und die Straße ist von Hopfenfeldern, alten Trockenschuppen, Pappeln und Weißdornhecken gesäumt. Es gibt keine öffentlichen Verkehrsmittel, die zum Nationalpark führen, aber einige Veranstalter in Hobart bieten Tagestrips an.

DER SÜDOSTEN

Der Südosten lockt mit sanften Tälern und Hügeln, Apfelplantagen, Städtchen am Fluss und verschwiegenen Häfen und Meeresarmen. Die von der Landwirtschaft geprägten Siedlungen wirken ziemlich englisch, und Bruny Island und der Hartz Mountains National Park liegen in bequemer Nähe.

Online finden sich Infos unter www.huontrail.org.au.

ℹ Anreise & Unterwegs vor Ort

Die Busse 94–97 von **Metro Tasmania** (☏ 13 22 01; www.metrotas.com.au) fahren regelmäßig

Der Südosten

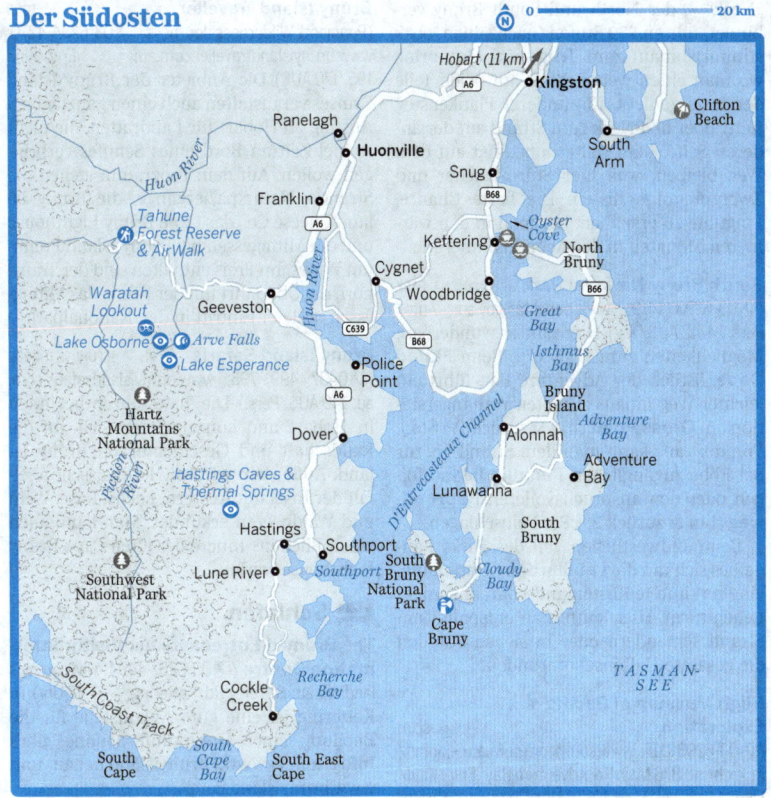

von Hobart nach Kettering (8 AU$, 50 Min.), dem Zugangspunkt nach Bruny Island. Der Bus 98 verbindet in jeder Richtung einmal täglich (Mo–Fr) Cygnet mit Hobart (10,50 AU$, 80 Min.).

Busse von **Tassielink** (1300 300 520; www.tassielink.com.au) fahren mehrmals täglich auf dem Huon Hwy von Hobart nach Huonville (10,50 AU$, 45 Min.), einige fahren weiter nach Cygnet (12,50 AU$, 1¼ Std.), Geeveston (14 AU$, 1¼ Std.) und Dover (21 AU$, 1¾ Std.).

Bruny Island

600 EW.

Bruny Island besteht genau genommen aus zwei Inseln, die durch die schmale, sandige Landenge *The Neck* miteinander verbunden sind. Das für seine Fauna (kleine Pinguine, Ameisenigel, Sturmtaucher, Wallabys) bekannte, windgepeitschte Eiland ist nur dünn besiedelt und kaum erschlossen. Im Süden gibt es oft starke Regenfälle, der Norden hingegen ist trocken und von Gestrüpp bedeckt.

Ihren Namen verdankt die Insel dem französischen Entdecker Bruny D'Entrecasteaux.

Man sollte sich einige Tage Zeit nehmen, um Brunys abgelegene Küstengemeinden, die Schwimm- und Surfstrände sowie die Wälder und Wanderwege zu erkunden – bloß nicht versuchen, alles in einen Tagesausflug zu packen! Zudem muss man an verlängerten Wochenenden lange auf die Fähren warten.

Vor Ort wird in Selbstversorgerhütten und Pensionen übernachtet. Ohne Auto oder Fahrrad kommt man kaum voran. Lebensmittel gibt's im gut ausgestatteten Gemischtwarenladen in Adventure Bay und bei einem kleinen Laden in Alonnah. Hinweis: Viele Straßen hier sind unbefestigt, was manchen Autovermietern ganz und gar nicht passt!

◉ Sehenswertes & Aktivitäten

**Bruny Island
Neck** NATURSCHUTZGEBIET, AUSSICHTSPUNKT
(www.brunyisland.org.au/about-bruny-island/the-neck) Auf halber Strecke des Isthmus – des

„Neck" –, der North und South Bruny verbindet, führen 279 Stufen (nachzählen, obs's stimmt) hinauf zum **Truganini Memorial**, wo man einen weiten Blick auf beide Teile der Insel genießt. Ein anderer Plankensteg führt über den Neck zum Strand auf der anderen Seite. Man sollte unbedingt auf dem Weg bleiben, weil hier Sturmtaucher und Zwergpinguine nisten. Die beste Chance, Pinguine zu erspähen, hat man in den wärmeren Monaten in der Abenddämmerung.

South Bruny National Park NATIONALPARK
(03-6293 1419; www.parks.tas.gov.au; Auto/Pers. 24/12 AU$/Tag) Hier gibt es wunderbare Möglichkeiten zum Wandern. Beim **Fluted Cape**, östlich der Adventure Bay, führt ein leichter Weg hinaus zur alten Walfängerstation am **Grass Point** (hin & zurück 1½ Std.). Von dort aus kann man dem Strand bis zur bei Ebbe zugänglichen **Penguin Island** folgen oder den anspruchsvolleren **Kaprundweg** (hin & zurück 2½ Std.) einschlagen.

Beim südwestlichen Teil des Parks handelt es sich um die **Labillardiere Peninsula**, eine zerklüftete Küstenlandschaft mit einem Leuchtturm. Hier kann man entspannt am Strand schlendern oder in sieben Stunden die gesamte Halbinsel umrunden.

Bligh Museum of Pacific Exploration MUSEUM
(03-6293 1117; www.southcom.com.au/~jontan/index.html; 876 Main Rd, Adventure Bay; Erw./Kind/Fam. 4/2/10 AU$; 10–16 Uhr) Das mit Kuriositäten vollgestopfte Museum widmet sich den regionalen Unternehmungen der Entdecker Bligh, Cook, Furneaux, Baudin und, natürlich, Bruny d'Entrecasteaux. Zur interessanten Sammlung zählen Manuskripte sowie Land- und Seekarten; viele davon sind Originale bzw. Erstausgaben.

Geführte Touren

Bruny Island Cruises BOOTSTOUR
(Pennicott Wilderness Journeys; 03-6234 4270; www.brunycruises.com.au; Erw./Kind/Fam. 125/75/390 AU$) Bei den sehr empfehlenswerten dreistündigen Fahrten an der herrlichen Südostküste der Insel erblickt man Brutplätze, Robbenkolonien, Buchten und Meeresklippen. Die Touren starten täglich um 11 Uhr am Adventure Bay Jetty; im Sommer gibt es eine weitere Fahrt um 14 Uhr. Die Tour lässt sich auch als Tagesausflug ab Hobart (Erw./Kind 195/140 AU$, inkl. Mitttagessen) oder Kettering (Erw./Kind 140/90 AU$) unternehmen.

Bruny Island Traveller TOUR
(Pennicott Wilderness Journeys; 03-6234 4270; www.brunyislandtraveller.com.au; Erw./Kind 195/170 AU$) Die Anbieter der Bruny Island Cruises veranstalten auch einen ganztägigen Ausflug ab Hobart für Landratten, die nicht so viel Zeit an Bord eines Schiffes verbringen wollen. Auf dem Programm stehen die Strände, Naturspaziergänge, die Bruny Island Cheese Co., das Cape Bruny Lighthouse und ein Mittagessen bei Bruny Island Premium Wines. Im Preis enthalten sind der Transport, die Überfahrt mit der Fähre, das Mittagessen und der Eintritt in den Nationalpark.

Bruny Island Safaris GEFÜHRTE TOUREN
(0437 499 795; www.brunyislandsafaris.com.au; 149 AU$/Pers.) Die Tagestouren beginnen in Hobart und konzentrieren sich auf die Landschaft und Geschichte von Bruny Island. Außerdem wird die kulinarische Vielfalt der Insel mit Austern, Lachs, Käse, Wein und Waldbeeren erkundet. Man kann auch einen Blick ins Innere des alten Cape Bruny Lighthouse werfen.

Schlafen

The **Bruny d'Entrecasteaux Visitor Information Centre** (03-6267 4494; www.brunyisland.org.au; 81 Ferry Rd, Kettering; 9–17 Uhr) in Kettering ist eine gute Anlaufstelle für die Buchung einer Unterkunft. Online gibt's Infos unter www.brunyisland.net.au und www.brunyisland.com.

Captain Cook Caravan Park CAMPING $
(03-6293 1128; www.captaincookpark.com; 786 Main Rd, Adventure Bay; Stellplatz ohne/mit Strom 25/30 AU$, Mobilheime/Hütten DZ 70/140 AU$;) Dem Platz jenseits der Strandstraße in Adventure Bay fehlen zwar ein paar Bäume, aber er bietet ordentliche Einrichtungen, darunter ein paar schicke neue Hütten mit einem Schlafzimmer und kleinen Terrassen. Die neuen Eigentümer sind dabei, die Anlage aufzumöbeln.

★ **43 Degrees** APARTMENTS $$
(03-6293 1018; www.43degrees.com.au; 948 Adventure Bay Rd, Adventure Bay; DZ/Apt. 190/240 AU$, 40 AU$/weitere Pers.) Die Anlage auf 43 Grad südlicher Breite schließt die beiden Enden des Strands von Adventure Bay ab: Am westlichen Ende liegen zwei elegante Einzimmerwohnungen (für 2 Pers.), am östlichen Ende nahe der Anlegestelle zwei ähnlich gestaltete Apartments

(für 4 Pers.). Die Doppelfenster halten je nach Jahreszeit die Wärme drinnen oder die Hitze draußen. Nach Kombiangeboten mit Bruny Island Cruises (S. 702) fragen!

Morella Island Retreats   FERIENHAUS $$
(03-6293 1131; www.morella-island.com; 46 Adventure Bay Rd, Adventure Bay; DZ 180–250 AU$, 25 AU$/weitere Pers.) Diese einmaligen, künstlerisch angehauchten Cottages finden sich 6 km nördlich von Adventure Bay. Es gibt eine Reihe von Refugien für Paare (uns gefiel das „Cockpit") und ein Ferienhaus für eine Familie. Alle Unterkünfte stehen frei und lassen sich in Gestaltung und Dekor am besten als „Typ einsame Insel" beschreiben. Wer länger als eine Nacht bleibt, zahlt pro Übernachtung 30 AU$ weniger. Auf dem Gelände befindet sich auch das Hothouse Cafe (03-6293 1131; www.morella-island.com/hothouse.htm; 46 Adventure Bay Rd, Adventure Bay; Hauptgerichte 11–18 AU$; 9–17 Uhr;).

Satellite Island   FERIENHAUS $$$
(0400 336 444; www.satelliteisland.com.au; Satellite Island, über Alonnah oder Middleton; DZ/weitere Pers. ab 950/450 AU$) Eine Insel vor einer Insel oder einer Insel: Mitten in D'Entrecasteaux-Kanal bietet diese wundervolle Privatinsel-Lodge (mit Bootshaus-Charme) separate Unterkunft für bis zu 15 Robinsons. Zur Unterhaltung gibt's Kajaks und Angelruten; Wanderwege und mit Austern besetzte Felsen laden zur Erkundung ein. Die Insel ist mit Privatbooten von Alonnah auf Bruny Island oder von Middleton auf dem tasmanischen „Festland" zu erreichen. Der Mindestaufenthalt beträgt zwei Tage, man wird aber bestimmt länger bleiben wollen.

All Angels Church House   FERIENHAUS $$$
(03-6293 1271; www.brunyisland.com/accomodation; 4561 Main Rd, Lunawanna; DZ ab 235 AU$) Kaum zu glauben: Das Ferienhaus mit drei Schlafzimmern und einem großen, offenen Wohnraum mit hoher Decke ist tatsächlich in einer ehemaligen Dorfkirche (erbaut 1912) in der Nähe von Daniels Bay untergebracht. Im geschützten Garten kann man den Grill anwerfen und direkt am rustikalen Gartentisch essen oder am riesigen Esstisch im Haus dinieren. Mindestens fünf Übernachtungen.

✖ Essen

Penguin Cafe   CAFÉ $
(03-6293 1352; 710 Main Rd, Adventure Bay; Hauptgerichte 5–12 AU$; 9–15 Uhr, im Sommer länger) Neben dem Laden von Adventure Bay serviert das exzentrische kleine Penguin Cafe einfache hausgemachte Burger, Fish & Chips, Brötchen mit Ei und Schinken, tolle

---

BRUNY ISLAND KULINARISCH

Bruny Islands Reputation als Region mit erstklassigem Essen und Wein wächst zusehends. Hier ein paar Highlights:

Get Shucked Oyster Farm (0428 606 250; www.getshucked.com.au; 1735 Main Rd, Great Bay; 12 Austern ab 12 AU$; 9.30–18.30 Uhr, im Winter kürzere Öffnungszeiten) Im kühlen Great Bay kann man im Verkostungsraum ein salziges Dutzend Austern mit Zitronensaft und Tabasco verdrücken und dazu kalten Jansz-Sekt schlürfen. Wirklich feudal.

Bruny Island Smokehouse & Whisky Bar (03-6260 6344; 360 Lennon Rd, North Bruny; Hauptgerichte ab 30 AU$; Sept.–Mai 9.30–17.30 Uhr, Juni–Aug. bis 16.30 Uhr) Das alte Bruny Island Smokehouse hat sein Repertoire erweitert und ist heute auch eine Probierstube für alle Whisky-Destillerien im Bundesstaat. Auch Gourmetteller, Räucherfleisch und Meeresfrüchte-Chowder sind im Angebot. Vorsicht: Angesichts dieser Genüsse kann man leicht die letzte Fähre zurück nach Kettering verpassen.

Bruny Island Cheese Co. (03-6260 6353; www.brunyislandcheese.com.au; 1087 Main Rd, Great Bay; Gerichte 10–24 AU$; 10–17 Uhr) Lust auf ein Stück Käse? Bei der Bruny Island Cheese Co. stützt der neuseeländische Käsemacher Nick Haddow seine Inspirationen auf die Erfahrungen, die er bei der Arbeit in Frankreich, Spanien, Italien und Großbritannien gesammelt hat. Hausgebackenes Brot, Holzofenpizza, belebender Kaffee und örtliche Weine sind überdies ebenfalls erhältlich.

Bruny Island Premium Wines (03-6293 1008, 0409 973 033; www.brunyislandwine.com; 4391 Main Rd, Lunawanna; 11–16 Uhr) Wer Durst hat, sollte im Verkaufsraum von Australiens südlichstem Weingut vorbeischauen. Pinot Noir und Chardonnay führen die Liste an; Burger, Gourmetteller und Fleischgerichte sind ebenfalls im Angebot.

Pies mit Muschel-Curry und in Kaffeetassen gebackene Muffins.

Jetty Cafe CAFÉ $$
(☏ 03-6260 6245; www.jettycafebrunyisland.com; 18 Main Rd, Dennes Point; Mittagessen 15–20 AU$, Abendessen 28–30 AU$; ⊙ Do–So 10–21 Uhr) Teils Café-Restaurant, teils Delikatessenladen, teils örtliche Kunstgalerie: das vom Spitzenarchitekten John Wardle gestaltete stilvolle Jetty Cafe ist ein toller Neuzugang in der kulinarischen Szene auf Bruny Island. Man kann auf einen Kaffee oder ein Mittagessen hineinschauen oder die Fish & Chips am Freitagabend – reservieren! Bei den saisonalen Menüs stehen Produkte aus der Region im Mittelpunkt. Am besten ruft man vorher an, weil die Öffnungszeiten so veränderlich sind wie die Meeresbrise.

❶ Praktische Informationen

Bruny d'Entrecasteaux Visitor Information Centre (☏ 03-6267 4494; www.brunyisland.org.au; 81 Ferry Rd; ⊙ 9–17 Uhr) Die örtliche Touristeninformation befindet sich an der Fähranlegestelle und ist der beste Ort, um sich über Unterkünfte und Dienstleistungen auf Bruny Island zu informieren, Wanderkarten zu beschaffen und aktuelle Verkehrsinfos zu bekommen. Es gibt hier auch ein Café.

❶ An- & Weiterreise

Bruny Island Ferry (☏ 03-6273 6725; www.brunyislandferry.com.au; Ferry Rd, Kettering; Auto hin & zurück 30–35 AU$, Motorrad/Fahrrad/Fußgänger 5/5 AU$/frei) Die Doppeldeckerfähre *Mirambeena* befördert Autos und Passagiere von Kettering nach Roberts Point auf North Bruny (20 Min.). Die Fähre verkehrt in jeder Richtung mindestens zehnmal täglich. Die erste Fähre legt in Kettering um 6.35 Uhr (So 7.45 Uhr) ab, die letzte um 18.30 Uhr (Fr 19.30 Uhr). Die erste Fähre ab Bruny startet um 7 Uhr (So 8.25 Uhr), die letzte um 19 Uhr (Fr 19.50 Uhr).

Cygnet

1460 EW.

Das wundervolle Cygnet wurde von Bruny d'Entrecasteaux wegen der vielen Trauerschwäne, die in der Bucht herumschwimmen, auf den Namen Port de Cygne Noir („Hafen des Schwarzen Schwans") getauft. Als Cygnet („Jungschwan") wieder auferstanden hat sich der Ort zu einer künstlerischen Enklave mit Rasta-Typen entwickelt, ohne seine Bedeutung als wichtiges Zentrum des Obstanbaus zu verlieren. Hier unterhalten sich abgehärtete Bauern mit Banjos tragenden Hippies auf der Hauptstraße oder hängen gemeinsam an den Theken in den Pubs des Städtchens ab.

Das beliebte **Cygnet Folk Festival** (www.cygnetfolkfestival.org; Tickets pro Tag/Wochenende ab 70/130 AU$) bringt im Januar drei Tage lang Lyrik, Musik und Tanz in den Ort.

🛏 Schlafen & Essen

Commercial Hotel PUB $
(☏ 03-6295 1296; 2 Mary St; EZ/DZ ohne Bad 65/85 AU$; 🖥) Oben im großen Commercial Hotel (dem „Bottom Pub") von 1884 gibt's ordentliche Pubzimmer, die kürzlich renoviert und mit kleinen TVs, Kühlschränken und neuen Betten ausgestattet wurden. Unten hocken wortkarge Einheimische an der Theke oder gönnen sich ein kräftiges Steak im Bistro (Hauptgerichte 10–28 AU$, Küche 12–14 & 18–20 Uhr).

★ Cherryview COTTAGE $$
(☏ 03-6295 0569; www.cherryview.com.au; 90 Supplices Rd; DZ 130–160 AU$) Die vor einem großen Eukalyptushain auf einem 10 ha großen, ruhigen Anwesen stehende Einraumhütte ist eine Pracht. Sie ist schlicht, aber stilvoll, und blickt hinunter in ein Tal und die dahinter aufragenden Hartz Mountains. Schön ist das aus einer alten Tür gearbeitete Kopfteil des Bettes. Das GPS könnte überfordert sein: Heißt es nun Supplice Rd oder Supplices Rd? Auf jeden Fall befindet sich das Anwesen 4 km nördlich der hellen Lichter von Cygnet.

★ Lotus Eaters Cafe CAFÉ $
(☏ 03-6295 1996; www.thelotuseaterscafe.com.au; 10 Mary St; Hauptgerichte 10–25 AU$; ⊙ Do–Mo 9–16 Uhr; 🖥) Das rustikale Dekor des tollen Hippie-Cafés täuscht über seine kulinarischen Qualitäten hinweg. Man bekommt prima Frühstück mit Ei, Currys und Suppen, bei denen saisonale und regionale Bioprodukte im Mittelpunkt stehen. Von bester Qualität sind auch die hausgemachten Kuchen, die Mandelhörnchen und der Kaffee.

Huonville & Umgebung

2540 EW.

Das von der Landwirtschaft geprägte Huonville ist die größte Stadt im Südosten und liegt 35 km südlich von Hobart an den Ufern des Huon River. Die Stadt hat sich einen Namen als Tasmaniens Zentrum des Apfelanbaus gemacht. Sie ist funktional, prosaisch und hat nicht viel Charme, dafür aber alle Dienstleistungen, die man benötigt. Etwas weiter die Straße entlang gibt es im hübschen Uferstädtchen Franklin (1110 Ew.) ein paar gute Restaurants.

◉ Sehenswertes & Aktivitäten

Apple Shed MUSEUM
(☎ 03-6266 4345; www.williesmiths.com.au; 2064 Main Rd, Grove; Eintritt gegen Spende; ⊙10–18 Uhr) Das aufgemöbelte Café, Feinkostgeschäft und Museum in Grove, 6 km nördlich von Huonville, ist die Heimstätte von Willie Smith's Organic Apple Cider, der an der Spitze der Cider-Welle stand, die seit einiger Zeit Australiens Pubs und Bars überschwemmt. Man kann sich einen Kaffee, einen Käseteller, ein Essen (Hauptgerichte 7–24 AU$), eine Cider-Kostprobe (12 AU$) oder eine 1,89 l-Kanne mit Willie Smith's Bone Dry vorbeischauen. Das Museum widmet sich der Apfelanbaugeschichte Huonvilles; zu sehen sind alte Pressen und eine interessante Schauwand mit verschiedenen Apfelsorten.

Wooden Boat Centre MUSEUM
(☎ 03-6266 3586; www.woodenboatcentre.com; 3341 Huon Hwy, Franklin; Erw./Kind/Fam. 9/3/20 AU$; ⊙9–17 Uhr) Zu diesem interessanten maritimen Zentrum gehört die School of Wooden Boatbuilding, eine einmalige Institution, die akkreditierte Kurse (1–7 Wochen) im traditionellen Bootsbau aus tasmanischem Holz veranstaltet. Wer hineinschaut, erfährt alles über Bootsbau, kann zuschauen, wie Boote gezimmert werden und den Duft der Huon-Kiefer schnuppern.

Huon Jet BOOTSTOUR
(☎ 03-6264 1838; www.huonjet.com; Esplanade, Huonville; Erw./Kind 80/58 AU$; ⊙ Okt.–April 9–17 Uhr, Mai–Sept. 10–16 Uhr) Jetboot-Fahren? Aber das ist doch so typisch Achtziger… Sei's drum: Die geschwinden, 35-minütigen Fahrten sind toll, um sich den Fluss aus der Nähe anzuschauen. Reservierung empfohlen.

🛏 Schlafen & Essen

Huon Valley Caravan Park CAMPING $
(☎ 0438 304 383; www.huonvalleycaravanpark.com.au; 177 Wilmot Rd, Huonville; Stellplatz ohne/mit Strom 30/34 AU$) Am Zusammenfluss des Huon mit dem Mountain River liegt dieser grasbewachsene Platz, der die Lücke im Budgetsektor bei den örtlichen Unterkünften schließt. Es gibt hier (noch) keine Hütten, aber eine brandneue Küche mit einem Pizzaofen sowie ordentliche Einrichtungen.

★ Huon Bush Retreats HÜTTEN $$
(☎ 03-6264 2233; www.huonbushretreats.com; 300 Browns Rd, Ranelagh; Stellplatz ohne Strom 30 AU$, Tipi/Hütte DZ 145/295 AU$) 🌿 Das private naturnahe Refugium befindet sich an den Flanken des Mt. Misery. Das Anwesen umfasst fünf moderne, freistehende Hütten, Luxus-Tipis, Stellplätze für Zelte und Wohnmobile, 5 km an Wanderwegen und eine fantastische Küche mit Grills. Zwischen den Ästen flattern Prachtstaffelschwänze umher. Ein Wegbeschreibung zur Anfahrt findet sich auf der Website. Das Anwesen ist 12 km von Huonville entfernt und über eine steile, unbefestigte Straße zu erreichen.

★ Summer Kitchen Bakery BÄCKEREI, CAFÉ $
(☎ 03-6264 3388; 1 Marguerite St, Ranelagh; 4–7 AU$/Stück; ⊙ Di–Fr 7.30–16, Sa 8–16 Uhr) Einheimische fahren kilometerweit, nur um sich einen Laib Brot aus dieser ausgezeichneten kleinen Bäckerei zu holen, die sich etwas außerhalb von Huonville an einer Straßenecke in Ranelagh befindet. Hier gibt's Bio-Sauerteigbrot aus dem Holzofen, Brot mit gekeimtem Roggen, Bio-Rindfleisch- und Wallaby-Pies, Gebäck und den besten Kaffee der Region.

Petty Sessions CAFÉ $$
(☎ 03-6266 3488; www.pettysessions.com.au; 3445 Huon Hwy, Franklin; Hauptgerichte 19–32 AU$; ⊙ Mo–Fr 9–16 & 17.30–20, Sa & So 9–20 Uhr) Ein Lattenzaun und ein Blumengarten umgeben das nette Café in einem Gerichtsgebäude von 1860. Man setzt sich auf die Terrasse und bestellt klassische Café-Kost (Salate, Sandwichs mit Schinken, Blattsalat und Tomate, gegrillte Huon-River-Lachs und Meeresfrüchte-Fettuccine) oder Seeohr-Chowder, die Spezialität des Hauses.

ⓘ Praktische Informationen

Huon Valley Visitor Information Centre
(☎ 03-6264 0326; www.huontrail.org.au; 2273 Huon Hwy, Huonville; ⊙9–17 Uhr) Die Touristeninformation für den Südosten liegt von Hobart kommend am Ortseingang.

Geeveston & Umgebung

1430 EW.

Der raue Holzfällerort Geeveston liegt 31 km südlich von Huonville. Er ist ein typisches Versorgungszentrum und hat für Touristen außer Unterkünften in der Nähe der Hartz Mountains und des Tahune Forest AirWalk wenig zu bieten.

🏃 Aktivitäten

Tahune Forest AirWalk WANDERN
(📞1300 720 507; www.adventureforests.com.au; Tahune Forest Reserve, Arve Rd; Erw./Kind/Fam. 26/13/52 AU$; ⊙ Okt.–März 9–17 Uhr, April–Sept. 10–16 Uhr) Im Tahune Forest führt ein 600 m langer, auch für Rollstuhlfahrer benutzbarer Stahlsteg in 20 m Höhe über dem Boden durch den Wald. Ein 24 m langes, auskragendes Stück schwankt bedenklich und schwindelerregend. Zurück auf dem Boden der Tatsachen warten Wanderwege, darunter einer durch einen Bestand junger Huon-Kiefern am Fluss (20 Min.). Im Schutzgebiet gibt's auch ein **Café** (Hauptgerichte 10–30 AUS) sowie **Unterkunft** in Blockhütten (B/DZ/FZy 47/95/115 AU$).

Eagle Hang Glider ABENTEUER
(📞1300 720 507; www.tahuneairwalk.com.au; Tahune Forest Reserve, Arve Rd; Erw./Kind 15/13,50 AU$; ⊙ Nov.–März 9–17 Uhr, Sept.–April 10–16 Uhr) Nahe dem AirWalk können sich Abenteuerlustige an einen Hängegleiter anschnallen lassen, der dann in ein 250 m langes Seil eingeklinkt wird, das 50 m über dem Huon River und dem Wald gespannt ist. Guten Flug! Mindest-/Höchstgewicht 25/100 kg.

🛏 Schlafen & Essen

Cambridge House B&B $$
(📞03-6297 1561; www.cambridgehouse.com.au; 2 School Rd; DZ mit/ohne Bad mit Frühstück 140/115 AU$) Das fotogene B&B aus den 1870er-Jahren – im Landhausstil, aber nicht kitschig – bietet oben drei (gut für Familien geeignete) Schlafzimmer mit Gemeinschaftstoiletten und im Erdgeschoss zwei Zimmer mit angeschlossenen Bädern. Die Holztreppe und die Decken aus Ostsee-Kiefer sind wunderschön. Wer sich ruhig verhält, kann vielleicht ein Schnabeltier im Bach unten auf dem Gartengelände erspähen. Es gibt hier außerdem warmes Frühstück.

Masaaki's Sushi JAPANISCH $
(📞0408 712 340; 20b Church St; Sushi 8–20 AU$; ⊙ Fr & Sa 11.30–18.30 Uhr) Was für eine Überraschung! Ausgerechnet im verschlafenen Geeveston gibt's Tasmaniens bestes Sushi, garniert mit frischem Wasabi. Leider hat das Lokal nur an zwei Tagen pro Woche geöffnet, doch das wirklich ausgezeichnete Sushi wird sonntagmorgens auch auf dem großen Tas Farm Gate Market (S. 679) in Hobart verkauft.

Hartz Mountains National Park

Der 65 km² große **Hartz Mountains National Park** (📞03-6264 8460; www.parks.tas.gov.au; Fahrzeug/Pers. 24/12 AU$ pro Tag) ist berühmt für seine zerklüfteten Gipfel, Gletscherseen, Schluchten, düsteren Hochmoore und das kalte, neblige Klima. Hier ist immer mit schnellen Wetteränderungen zu rechnen: Sogar bei einer Tageswanderung braucht man unbedingt warme, wasserdichte Kleidung.

Im Park gibt es einige großartige Wanderstrecken und einsame Aussichtspunkte, wo man sich hinsetzen und über das Leben nachdenken kann. Der 24 km von Geeveston entfernte **Waratah Lookout** ist von der Straße aus mit einem kurzen Spaziergang (5 Min.) zu erreichen. Weitere gut ausgebaute kurze Wanderwege führen u. a. zu den **Arve Falls** (hin & zurück 20 Min.) und zum **Lake Osborne** (hin & zurück 40 Min.). Bei der steilen Wanderung zum **Lake Esperance** (hin & zurück 1½ Std.) stiefelt man durch herrliches Hochland.

Im Park gibt's keine Campingplätze, sondern nur einfache Einrichtungen für Tageswanderer. Weitere Infos stehen auf der Website. Von Geeveston aus nimmt man die Arve Rd zum Park; die letzten 10,5 km sind nicht asphaltiert und manchmal unter Schnee begraben.

Dover & Umgebung

770 EW.

Dover ist ein entspannter Standort, wenn man den äußersten Süden der Insel erkunden will. Im 19. Jh. lebte Dover von Sägewerken, heute ernten Fischfarmen Atlantischen Lachs für den Export in asiatische Länder. Traveller auf dem Weg nach Süden können im Ort auftanken und sich mit Vorräten eindecken. Weitere 28 km südlich folgt **Southport** (280 Ew.), eine entspannte Küstensiedlung, die einst ebenfalls von der Holzwirtschaft bestimmt war.

Infos gibt's online unter www.farsouthtasmania.com.

🛏 Schlafen & Essen

Dover Beachside Tourist Park CAMPING $
(📞03-6298 1301; www.dovercaravanpark.com.au; 27 Kent Beach Rd; Stellplatz ohne/mit Strom 22,50/35 AU$, Hütte ab 95 AU$; 📶) Die ordentliche

> **NICHT VERSÄUMEN**
>
> ### HASTINGS CAVES & THERMAL SPRINGS
>
> 5 km landeinwärts vom Huon Hwy (ausgeschildert) und rund 15 km südlich von Dover (gleich hinter der Ausfahrt Southport) liegt der Eingang zu den wundervollen **Hastings Caves and Thermal Springs** (☏ 03-6298 3209; www.parks.tas.gov.au/reserves/hastings; 754 Hastings Caves Rd, Hastings; Höhlen & Pool Erw./Kind/Fam. 21/15/60 AU$, nur Pool 5/2/12 AU$; ⊙ Jan. 9–17 Uhr, Feb.–April 10–16 Uhr, Mai–Sept. 10.30–15.30 Uhr, Okt.–Dez. 10–15.30 Uhr). Die Höhlen – sie liegen innerhalb des Hastings Caves State Reserve – können nur im Rahmen einer Führung besucht werden. Tickets gibt's im Besucherzentrum. Die Touren starten ungefähr stündlich, aber die genauen Zeiten variieren im Jahreslauf, weshalb man vorher anrufen oder auf der Website nachschauen sollte.
>
> Im Eintrittspreis inbegriffen ist eine 45-minütige Führung durch die herrliche **Newdegate Cave** mit ihren Dolomit-Kristallen und der Besuch im **Thermalbad** hinter dem Besucherzentrum, das von 28°C warmem Wasser aus Thermalquellen gespeist wird.
>
> Der Eingang zur Höhle liegt 5 km hinter dem Besucherzentrum. Es gibt keine öffentlichen Verkehrsmittel hierhin.

Anlage gegenüber dem Sandstrand und dem Kinderspielplatz bietet saubere Hütten, große, grasbewachsene Stellplätze und einen schwatzhaften Kakadu an der Rezeption.

★ **Jetty House** B&B $$

(☏ 03-6298 3139; www.southportjettyhouse.com; 8848 Huon Hwy; EZ/DZ mit Frühstück 120/170 AU$, 30 AU$/weitere Pers.; 🛜) Ideal zur Erholung nach der Erkundung des South Coast Track: Die von einer Familie geführte Pension nahe dem Kai residiert in einem rustikalen, von Veranden umgebenen Landhaus, das 1875 für den Besitzer des Sägewerks erbaut wurde. Im Preis inbegriffen sind das warme Frühstück und die Nachmittagstee. Offenes Kaminfeuer, interessante Kunst, das völlige Fehlen von Zierdeckchen und die freundliche Hauskatze namens Pushkin sorgen für einen behaglichen Aufenthalt. Abendessen gibt's nach Vereinbarung; für längere Aufenthalte gelten günstigere Zimmerpreise.

Ashdowns of Dover B&B $$

(☏ 0417 746 437; www.ashdownsofdover.com.au; 6957 Huon Hwy; DZ 140 AU$, 25 AU$/weitere Pers.; 🛜) Weiße Klippen gibt's hier zwar nicht, aber das Ashdowns of Dover ist sehr idyllisch. In dem Holzhaus von 1950 finden sich gemütliche Zimmer mit angeschlossenem Bad und afrikanischen und asiatischen Dekor-Elementen. Es gibt warmes Frühstück, und nach hinten hinaus blickt man auf eine grasende Schafherde. Die Kinder können die Eier der freilaufenden Hühner einsammeln.

★ **Post Office 6985** MEERESFRÜCHTE, PIZZA $$

(☏ 03-6298 1905; 6985 Huon Hwy; Hauptgerichte 15–30 AU$; ⊙ Sept.–Mai Mi–So 12–14.30 & 18–20 Uhr, Juni–Aug. 16–20 Uhr) Aus der Stereoanlage dudeln Leonard Cohen und Alternative-Country, das Dekor ist cool und es liegen kulinarische Zeitschriften aus. Auf der Speisekarte stehen hiesige Meeresfrüchte und Holzofenpizza (zu empfehlen ist die Variante mit Jakobsmuscheln, glasierten Zwiebeln und Pancetta). Nach einem Abend hier wird man wahrscheinlich in seiner Unterkunft fragen, ob man noch eine weitere Nacht bleiben kann. Auch die Bier- und Weinkarte kann sich sehen lassen.

Cockle Creek

Australiens südlichste Straße ist eine 19 km lange, geriffelte Schotterpiste, die von **Ida Bay** – dort sollte man sich die wunderbar malerische, 14 km lange **Ida Bay Railway** (☏ 0428 383 262, 03-6298 3110; www.idabayrailway.com.au; 328 Lune River Rd; Erw./Kind/Fam. 30/15/75 AU$; ⊙ 9–17 Uhr) nicht entgehen lassen – vorbei an den sanft plätschernden Wellen der **Recherche Bay** bis nach Cockle Creek führt. Dort war einst ein großes Straßennetz geplant, aber der Rückgang der Kohlevorkommen und Walbestände ließ die Planungen im Sande verlaufen.

Man fährt durch eine malerische Landschaft mit zerklüfteten, wolkenverhangenen Bergen, traumhaften Stränden, die – und das ist das Beste daran – nahezu menschenleer ist. Der anspruchsvolle **South Coast Track,** über Melaleuca in den **Southwest National Park** (www.parks.tas.gov.au; Fahrzeug/Pers. 24/12 AU$ pro Tag) beginnt (bzw. endet) hier. Wenn man diese Wanderung mit dem **Port Davey Track** kombiniert, kann man bis zum Lake Pedder wandern. Kürzere Wanderwege führen von Cockle Creek u.a.

am Strand entlang bis zum Leuchtturm am **Fishers Point** (hin & zurück 2 Std.) und auf einem Abschnitt des South Coast Track bis zur **South Cape Bay** (hin & zurück 4 Std.). Man muss den Nationalpark-Eintritt bezahlen; das geschieht durch Selbstregistrierung in Cockle Creek.

An der Recherche Bay gibt es ein paar tolle, kostenlose, sehr einfache **Campingplätze**, darunter am Gilhams Beach gleich vor Catamaran. Auch in Cockle Creek kann man kostenlos campen, muss aber die Nationalparkgebühr bezahlen, sobald man die Brücke überquert.

Bei **Evans Coaches** (03-6297 1335; www.evanscoaches.com.au) kann man nachfragen, ob sie zum gewünschten Zeitpunkt die Strecke Geeveston–Cockle Creek bedienen. Ansonsten ist man auf ein eigenes Auto angewiesen.

TASMAN PENINSULA

Die beeindruckende, etwas karge historische Stätte der ehemaligen Sträflingskolonie Port Arthur mag der Mittelpunkt und die Hauptsehenswürdigkeit der Tasman Peninsula sein, doch es gibt hier zudem 300 m hohe Felsenklippen über einsamen Surfstränden, dichten Urwald mit atemberaubenden Buschwanderwegen und abgeschiedene Küstenstreifen. Der größte Teil der Halbinsel gehört zum **Tasman National Park** (www.parks.tas.gov.au).

Mehr Infos gibt's auf www.tasmanregion.com.au und www.portarthur.org.au.

Geführte Touren

Tasman Island Cruises BOOTSTOUR
(Karte S. 682; 03-6234 4270; www.tasmancruises.com.au; Franklin Wharf; ganztägige Tour Erw./Kind 225/155 AU$; 7.45 Uhr) Mit dem Bus geht's nach Port Arthur zu einer dreistündigen Kreuzfahrt rund um die Tasman Island – sehenswert sind die erstaunlichen Meeresklippen am Cape Pillar, die höchsten in der südlichen Hemisphäre –, dann zur historischen Stätte Port Arthur und schließlich mit dem Bus zurück in die Stadt. Im Preis inbegriffen sind der Morgentee, ein Mittagessen und die Eintrittsgebühr für Port Arthur.

Roaring 40s Kayaking KAJAKFAHREN
(0455 949 777; www.roaring40skayaking.com.au; Tagestour 200 AU$; Nov.–April) Roaring 40s veranstaltet lange Tagestouren auf dem offenen Meer, die rund um die Tasman Peninsula und entlang der ehrfurchtgebietenden Küste am Cape Hauy führen. Im Preis inbegriffen sind die Ausrüstung, ein Mittagessen und der Transfer ab/nach Hobart.

Under Down Under TOUR
(1800 444 442; www.underdownunder.com.au; 110 AU$/Pers.) Geführte Tagesausflüge für Backpacker nach Port Arthur. Im Preis enthalten sind die Abholung von der Unterkunft, die Eintrittsgebühren, eine geführte Wanderung und eine Hafenkreuzfahrt. Unterwegs stattet man auch Richmond einen kurzen Besuch ab.

Tours Tasmania TOUR
(1800 777 103; www.tourstas.com.au; ganztägige Tour 120 AU$; So–Fr) Die hauptsächlich auf Backpacker ausgerichteten Tagestouren für kleine Gruppen haben ein ordentliches Preis-Leistungs-Verhältnis. Sie führen über Richmond, die Devil's Kitchen und den Tasman Arch nach Port Arthur (Eintritt, Führung & Hafenkreuzfahrt inklusive).

Navigators BOOTSTOUR
(03-6223 1914; www.navigators.net.au; Brooke St Pier, Hobart; ganztägige Tour Erw./Kind 229/204 AU$; Okt.–April) Die Bootstouren führen von Hobart nach Port Arthur, die Rückfahrt erfolgt im Bus. Im Preis inbegriffen sind die Eintrittgebühr zur historischen Stätte, der Morgentee, das Mittagessen, eine Führung und ein Besuch auf der Isle of the Dead. Günstiger wird's, wenn man auf die Mahlzeiten und die Isle of the Dead verzichtet (Erw./Kind 159/128 AU$).

Gray Line BUSTOUR
(1300 858 687; www.grayline.com.au; ganztägige Tour Erw./Kind 139/70 AU$) Im Preis für die gemütliche Bustour ab Hobart sind eine Hafenrundfahrt um die Isle of the Dead, der Eintritt und die Führung in Port Arthur sowie ein Zwischenstopp bei Tasman Arch und Devil's Kitchen inbegriffen.

Anreise & Unterwegs vor Ort

Tassielink (1300 300 520; www.tassielink.com.au) fährt von Hobart aus zur Tasman Peninsula mit Stopps in Eaglehawk Neck (21 AU$, 1½ Std.) und Port Arthur (25 AU$, 2¼ Std.).

Von Eaglehawk Neck nach Port Arthur

Die historische Bedeutung von Eaglehawk Neck (340 Ew.) hat mit der Sträflingskolo-

Tasman Peninsula

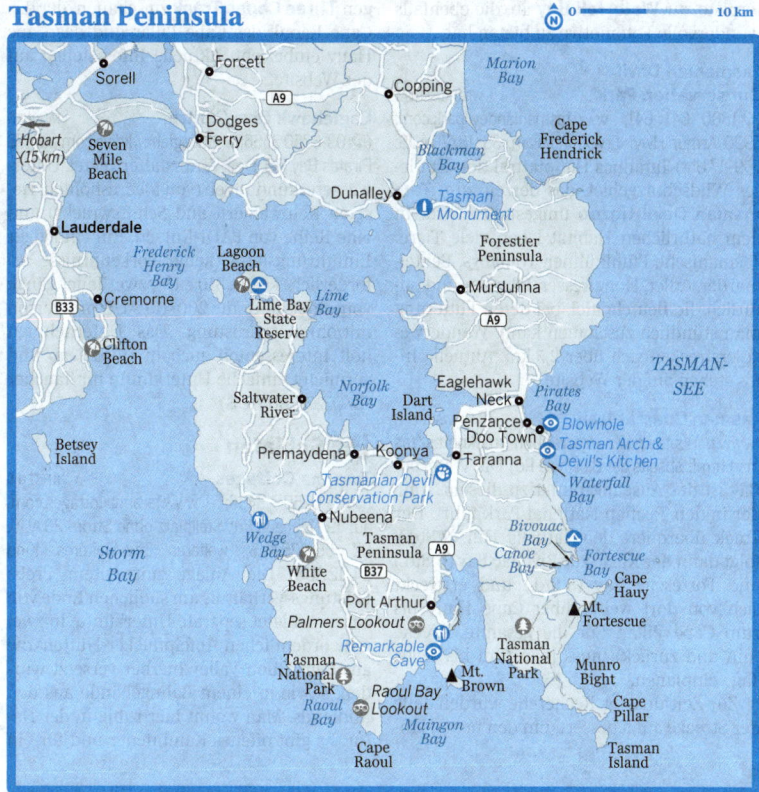

nie zu tun. Wegen ihr war der 100 m breite Isthmus durch eine Reihe von angeketteten Hunden abgesperrt – die berüchtigte „Dogline" –, die ein Entkommen verhindern sollte. Um Häftlinge davon abzuschrecken, schwimmend zu entkommen, wurden Gerüchte ausgestreut, dass es in den Gewässern von Haien wimmele. Trotz all dieser Maßnahmen gelang aber mehreren Sträflingen die Flucht.

Auf dem Weg nach Eaglehawk Neck kann man in Sorell auf der **Sorrell Fruit Farm** (03-6265 2744; www.sorellfruitfarm.com; 174 Pawleena Rd; Container ab 8,50 AU$; Okt.–Mai 8.30–17 Uhr) saisonales Obst pflücken.

Sehenswertes & Aktivitäten

**Eaglehawk Neck
Historic Site** HISTORISCHE STÄTTE, MUSEUM
(03-6214 8100; www.parks.tas.gov.au; Arthur Hwy; 24 Std., Museum 9–15.30 Uhr) GRATIS Unten am Isthmus ist das **Officers Quar-ters Museum** (1832) das einzige erhaltene Gebäude aus der Zeit der Sträflingskolonie; es handelt sich um das älteste aus Holz errichtete militärische Bauwerk in Australien. In den Innenräumen gibt es viele historische Infos zur Dogline, entkommenen Sträflingen und dem gebildeten Buschräuber Martin Cash.

**Blowhole, Tasman Arch
& Devil's Kitchen** WAHRZEICHEN
(abseits der Blowhole Rd) Um die spektakuläre Küste südlich des Neck aus der Nähe zu betrachten, folgt man der Ausschilderung zum **Blowhole**, zum **Tasman Arch** (einem natürlichen Felsentor) und zur **Devil's Kitchen** (einer zerklüfteten, 60 m tiefen Spalte). Beim Blowhole muss man sich vor den sporadischen Wasserfontänen hüten und bei den anderen Stätten die Absperrungen beachten – die Klippenränder sind der Erosion ausgesetzt. Von der Straße zum Blowhole geht eine ausgeschilderte, 4 km lange Schot-

terpiste zur **Waterfall Bay** ab, die ebenfalls wundervolle Fotomotive zu bieten hat.

Tasmanian Devil
Conservation Park   WILDRESERVAT
(✆1800 641 641; www.tasmaniandevilpark.com; 5990 Arthur Hwy; Erw./Kind/Fam. 33/18/79 AU$; ◉9–17 Uhr) Tarannas Hauptattraktion ist dieses Wildschutzgebiet, das derzeit zum **Tasmanian Devil Unzoo** umgestaltet wird. In dem natürlichen Habitat leben viele Tiere: Tasmanische Pfuhlhühner, Wallabys, Beutelmarder, Adler, Hongfresser, Filander und natürlich die Beutelteufel, bei deren Fütterung man stündlich zuschauen kann. Wanderwege erstrecken sich über 2,5 km. Aktuelle Infos stehen auf der Website.

Tasman Coastal Trail   WANDERN
(www.parks.tas.gov.au/recreation/tracknotes/tasman.html; abseits der Blowhole Rd) Die Waterfall Bay ist der Ausgangspunkt zu diesem Trail, der in den Tasman National Park führt. Der Track überquert den Tatnells Hill (2 Std.), folgt dann der Küste zur Bivouac Bay (6 Std.) und Fortescue Bay (8 Std.) und erstreckt sich von dort weiter über Cape Hauy bis zum Cape Pillar. Für die gesamte Strecke (hin und zurück) muss man fünf bis sechs Tage einplanen.

Zur Zeit unserer Recherche wurden Teile der Strecke aufgebessert, um den neuen langen **Three Capes Track** zu schaffen, der das Cape Raoul, das Cape Pillar und das Cape Hauy einbezieht. Aktuelle Infos stehen auf der Website.

Eaglehawk Dive Centre   TAUCHEN
(✆03-6250 3566; www.eaglehawkdive.com.au; 178 Pirates Bay Dr) Der Veranstalter bietet Unterwassererkundungen (von Meereshöhlen, riesigen Kelpwäldern und Schiffswracks) und eine Reihe von PADI-Kursen. Ein eintägiger Einführungskurs (keine Vorkenntnisse erforderlich) kostet 310 AU$, zwei Tauchgänge vom Boot gibt's für 200/115 AU$ pro Person mit/ohne Ausrüstung. Das Unternehmen holt Interessenten auch in Hobart ab und vermietet einfache Unterkünfte für Taucher (B/DZ 25/80 AU$).

🛏 Schlafen

Taranna Cottages   HÜTTEN $
(✆03-6250 3436; www.tarannacottages.com.au; 19 Nubeena Rd; Stellplatz ohne Strom 20 AU$, DZ 95–125 AU$, weiterer Erw./weiteres Kind 24/12 AU$) Die Anlage mit gutem Preis-Leistungs-Verhältnis am südlichen Ende von Taranna bietet separate Unterkünfte in zwei sehr ordentlichen Apfelpflücker-Hütten, die aus dem Huon Valley hierher versetzt wurden, sowie in einem Bahngebäude aus den Midlands. Man wohnt hier ruhig in der Natur. Es gibt offenes Kaminfeuer und für ein

---

VON TIGERN UND TEUFELN

Zur Geschichte des Beutelwolfs oder Tasmanischen Tigers (*Thylacinus cynocephalus*) gibt es zwei Versionen. Der Beutelwolf – ein gestreiftes, nachtaktives, einem Hund ähnelndes Raubtier – war einst in Tasmanien und dem australischen Festland weit verbreitet. Die gängige Meinung ist, dass das Tier im frühen 20. Jh. bis zu seiner Ausrottung gejagt wurde und das letzte bekannte Exemplar 1936 im Zoo von Hobart starb. Trotz Hunderter angeblicher Sichtungen konnte seither nie mehr ein Vertreter dieser Gattung sicher identifiziert werden. Die zweite Version der Geschichte besagt, dass irgendwo in der tasmanischen Wildnis auch heute noch scheue, schwer auszumachende Wölfe durch die tasmanische Wildnis huschen. Wissenschaftler verspotten solche Überlegungen zwar, tasmanische Legenden scheinen sich jedoch nicht so recht von dieser sagenhaften Vorstellung lösen zu wollen. David Owens *Thylacine* und Col Baileys *Shadow of the Thylacine* gehen diesem Phänomen auf den Grund und zeichnen den Untergang der Spezies nach. Im Film *The Hunter* (2011) spielt Willem Dafoe einen grimmigen Mann, der Tasmaniens letzten Beutelwolf sucht.

Den angriffslustigen Tasmanischen Teufel (*Sarcophilus harrisii*) gibt's dagegen noch, auch wenn bereits 75 % des Bestandes an wild lebenden Tieren von der *Devil Facial Tumour Disease* (DFTD), einer ansteckenden Krebserkrankung, befallen sind. (In Wirklichkeit sehen die Teufel übrigens ganz anders aus als die Zeichentrickfigur von Warner Bros.). In ganz Tasmanien wurden einzelne Populationen unter Quarantäne gestellt, doch alle Anstrengungen, ein Heilmittel gegen die Seuche zu finden, waren bislang leider erfolglos. Bis es endlich soweit ist, kann man sich die Teufel zumindest noch in den Wildparks anschauen und sich dort auch über den Stand der Dinge in Sachen DFTD informieren.

> **ABSTECHER**
>
> ### REMARKABLE CAVE
>
> Rund 5 km südlich von Port Arthur befindet sich die Remarkable Cave, ein langer Tunnel am Grunde einer durch Erosion eingestürzten Schlucht, der unter einer Klippe hinauf zum Meer führt. Wellen dringen in den Tunnel ein und füllen die Schlucht mit Gischt. Über einen Plankenweg und Treppen hat man Zugang zu einer metallenen Aussichtsplattform über der Schlucht. Vom Parkplatz aus ist man in wenigen Minuten dort. Kaum zu glauben: Hartgesottene Surfer wagen sich in die Höhle und paddeln durch die Öffnung hinaus, um in den Riffen vor der Küste zu surfen.

paar Dollar mehr Zutaten fürs Frühstück (Eier von freilaufenden Hühnern, hausgemachte Konfitüren). Ein neues Museum/Café stand bei unserem Besuch gerade vor der Eröffnung.

★ Larus Waterfront Cottage
FERIENHAUS $$
(☏ 0457 758 711; www.larus.com.au; 576 White Beach Rd, White Beach; DZ 145–200 AU$) Mit zeitgemäßem Design, einem maritim angehauchten Farbschema, tollem Ausblick und allen modernen Einrichtungen (Großbildfernseher, Gasherd, Grills) ist diese Unterkunft wirklich wunderbar. Nur ein Streifen mit Gestrüpp trennt das Anwesen vom Meer. Von der Terrasse aus kann man mit einem Drink in der Hand den Sonnenuntergang bewundern. Im Haus haben vier Personen Platz.

Norfolk Bay Convict Station
B&B $$
(☏ 03-6250 3487; www.convictstation.com; 5862 Arthur Hwy; DZ mit Frühstück 160–180 AU$; ☏) Das prächtige, 1838 errichtete Gebäude war einst Endstation der Sträflingstransporte, das örtliche Postamt und der erste Pub auf der Tasman Peninsula und ist heute ein bezauberndes B&B mit bunt eingerichteten Zimmern. Es gibt ein hausgemachtes Frühstücksbüfett (warme Gerichte 10 AU$ extra), Gratis-Portwein, Angelzeug und ein auszuleihendes Dingi. Die Inhaber kennen sich bestens mit der örtlichen Geschichte aus.

Port Arthur

250 EW.

Im Jahr 1830 wählte Vizegouverneur Sir George Arthur die Tasman Peninsula aus, um hier Gefangene zu internieren, die in der Kolonie Straftaten begangen hatten. Die Halbinsel bildet eine Art „natürliches Gefängnis", da sie mit dem tasmanischen Festland nur über Eaglehawk Neck, eine nicht mal 100 m breite Landenge, verbunden ist.

Von 1830 bis 1877 durchlitten 12.500 Sträflinge hier eine harte, von Brutalität geprägte Haftzeit. Port Arthur wurde zum Zentrum einer Reihe von über die Halbinsel verteilten Strafanstalten. Die schönen Gebäude dienten blühenden, auf Zwangsarbeit beruhenden Industrien wie der Holzfällerei, dem Schiffsbau, dem Kohlebergbau, der Schuhproduktion, der Ziegelbrennerei und der Herstellung von Nägeln.

Port Arthur ist zwar eine wichtige touristische Stätte, aber zugleich ein düsterer Ort, der niemanden unberührt lässt. Über ihm hängen eine nicht zu verleugnende Traurigkeit und ein unheimlicher Schmerz, der einen selbst an den sonnigsten Tagen überfällt. Hinzu kommen die Erinnerungen an den April 1996, als ein junger Amokläufer unkontrolliert das Feuer eröffnete, 35 Menschen ermordete und weitere 37 verletzte. Nachdem er noch eine Pension niedergebrannt hatte, wurde er schließlich gefangen genommen und verbüßt nun eine lebenslange Haft in einem Gefängnis nördlich von Hobart. Das Massaker beschleunigte die Einführung strengerer Waffengesetze und das Verbot automatischer Waffen in Australien.

⊙ Sehenswertes & Aktivitäten

Port Arthur Historic Site
HISTORISCHE STÄTTE
(☏ 03-6251 2310; www.portarthur.org.au; Arthur Hwy; Erw./Kind/Fam. ab 37/17/90 AU$; ⊙ Führungen & Gebäude 9–17 Uhr, Gelände 9 Uhr–Sonnenuntergang) Das alte Gefängnis ist eine Welterbestätte und eine der großen Touristenattraktionen Tasmaniens. Dutzende Gebäude sind erhalten, über deren Funktion man alles bei einer Führung erfährt. Das Museum war ursprünglich ein Gefängnis für kriminelle Geisteskranke. Im Separate Prison wurden Gefangene durch Isolationshaft und den Entzug der Sinnesreize gebrochen. Die 1836 erbaute Kirche brannte 1884 ab, und das Penitentiary war einst ein Getreidespeicher. Die Außenmauern des Broad Arrow Café – hier gab es beim Massaker von 1996 die meisten Todesopfer – wurden, umgeben von einem Garten, als Mahnmal erhalten.

Im Hauptbesucherzentrum befinden sich das Felons Bistro (S. 712) und ein Souvenirladen (mit ein paar interessanten Publikationen zu den Sträflingen). In der Informationsgalerie unten kann man den Weg der deportierten Sträflinge von England nach Tasmanien nachverfolgen. Für Menschen mit eingeschränkter Mobilität stehen für die Besichtigung der Stätte Rollstühle bereit – am Informationsschalter nachfragen. Auch die Fähre für die Hafenrundfahrten ist rollstuhlfahrertauglich.

Schlafen

Port Arthur Holiday Park CAMPING $
(1800 620 708, 03-6250 2340; www.portarthurhp.com.au; Garden Point Rd; B 25 AU$, Stellplatz ohne/mit Strom/mit Bad 28/33/43 AU$; Hütten ab 120 AU$; ❄️📶) Der geräumige Platz mit viel Grün und zwitschernden Vögeln liegt 2 km vor Port Arthur, unweit einer geschützten Bucht. Er bietet viele Einrichtungen, darunter eine Küche, Holzgrills, eine Zapfsäule und einen Laden. Die beste (und einzige) Budgetunterkunft in diesen Gefilden.

Sea Change Safety Cove B&B $$
(0438 502 719, 03-6250 2719; www.safetycove.com; 425 Safety Cove Rd, Safety Cove; DZ 180–240 AU$, weiterer Erw./weiteres Kind 40/20 AU$; 📶) In welche Richtung man von diesem Haus 4 km südlich von Port Arthur auch blickt, die Aussicht ist fantastisch: Man schaut auf nebelverhangene Klippen, den vom Meer umspülten Safety Cove Beach oder in grünes Buschland. Im Haus gibt es ein paar B&B-Zimmer und unten eine separate Wohneinheit für fünf Personen. Draußen führt ein Garten voller Kamelien zu einer schönen Terrasse mit Blick auf den Strand, wo man sich prima einen Gin Tonic genehmigen kann.

Stewarts Bay Lodge RESORT $$
(03-6250 2888; www.stewartsbaylodge.com.au; 6955 Arthur Hwy; Hütten/Wohneinheiten ab 159/219 AU$, mit 2 Schlafzi. 260/319 AU$, Hütte mit 3 Schlafzi. 360 AU$; ❄️📶) Rund um eine schöne, versteckte Bucht, die zum Baden und Kajakfahren einlädt, vereint diese Anlage ältere, rustikale Blockhütten und neuere Deluxe-Wohneinheiten, die teilweise eigene Whirlpools haben. Die modernen Küchen geben einem Gelegenheit, das Beste aus dem guten regionalen Obst und Gemüse zu machen; wahrscheinlich wird man aber wohl öfters in dem schicken Restaurant Gabriel's on the Bay zu finden sein.

Essen

Gabriel's on the Bay MODERN-AUSTRALISCH $$
(03-6250 2771; www.stewartsbaylodge.au; Stewarts Bay Lodge, 6955 Arthur Hwy; Hauptgerichte mittags 18–35 AU$, abends 28–35 AU$; ⊙ tgl. 8–10 & 12–14, Do–Mo 17.30–20.30 Uhr; 📶) Das in einem modernen Pavillon aus Glas und Holz residierende Restaurant mit Ausblick aufs Meer rückt regionale Produkte mit Gerichten wie Eaglehawk Neck-Austern, Burger mit Lachs von der Tasman Peninsula oder tasmanisches Rinderfilet mit Süßkartoffelbrei, geschmortem Porree und Rotweinsauce ins Rampenlicht. Das Restaurant lohnt unbedingt einen Abstecher, wenn man irgendwo in der Nähe übernachtet. Reservierung empfohlen.

Felons Bistro MODERN-AUSTRALISCH $$
(1800 659 101; www.portarthur.org.au; Port Arthur Historic Site; Hauptgerichte 23–32 AU$; ⊙ 17 Uhr–open end) In einem Flügel des Besucherzentrums der historischen Stätte kann man nach der abendlichen Geistertour noch für ein Abendessen im Felons einsitzen. Die gehobenen, kreativen Gerichte unterstreichen das doppeldeutige Motto des Restaurants: „Essen mit Urteil". Hungrige Fleischfreunde sollten die geschmorte Wange vom Cape-Grim-Rind oder das gegrillte Doo-Town-Wild mit tasmanischem Ginseng probieren. Reservierung erforderlich.

Launceston & östliches Tasmanien

Inhalt ➡

Oatlands..................716
Ross.........................716
Maria Island
National Park...........718
Swansea..................721
Coles Bay & Freycinet
National Park...........723
Bicheno....................725
St. Helens................727
Bay of Fires.............729
Launceston.............730
Tamar Valley...........738
Longford &
Umgebung..............741

Gut essen

- Stillwater (S. 736)
- Freycinet Marine Farm (S. 725)
- Moresco Restaurant (S. 729)
- River Cafe (S. 740)

Schön übernachten

- Two Four Two (S. 735)
- Fresh on Charles (S. 733)
- Red Feather Inn (S. 742)
- View (S. 739)
- Piermont (S. 722)

Auf nach Launceston & ins östliche Tasmanien!

Wer von Hobart nach Norden Richtung Launceston fährt, erlebt in den ländlich geprägten Midlands Tasmaniens eine sehr englische Atmosphäre: strohgelbe Felder, Pappelbestände, Hecken und gut erhaltene georgianische Dörfer. Richtung Osten hat die salzhaltige Luft der Küste verjüngende Effekte – ein Landstrich mit stillen Buchten, unterbrochen von granitenen Landspitzen. Hier gibt's viele Möglichkeiten zum Wandern, Rad- oder Kajakfahren, Surfen, Tauchen und Angeln.

Es ist schwer vorstellbar, eine reizvollere Kleinstadt als Launceston im Norden des Bundesstaates zu finden. Vielleicht noch Wellington oder Bergen… aber Lonnie ist eindeutig groß genug für etwas urbane Aufregung und klein genug für ländlichen Charme.

Gleich außerhalb von Launceston liegen die Hügel des Tamar Valley in sanfter Schönheit. Die historischen Städte im Süden und Westen locken mit Anwesen, denkmalgeschützten Straßenansichten und viel Kleinstadtcharme.

Reisezeit

Launceston

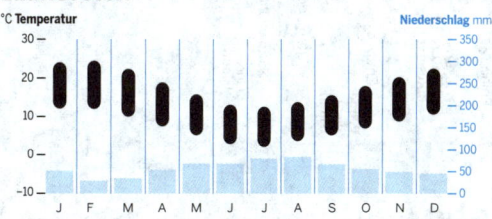

Dez.–Feb. Launceston punktet mit Sommerfestivals und langen, ruhigen Abenden am Fluss.

März–Apr. Weinlese im Tamar Valley; das Meer an der Ostküste ist jetzt am wärmsten.

Juni–Aug. Schnee auf dem Ben Lomond und klare, ruhige Tage in den Midlands. Untergibt's reichlich.

Highlights

① An der **Cataract Gorge** (S. 730) bei Launceston wandern, schwimmen, essen oder einfach nur relaxen

② Mit **Tamar River Cruises** (S. 731) Launceston vom Wasser aus entdecken

③ In der Weinregion **Pipers River** (S. 742) von Kellertür zu Kellertür wanken

④ Auf dem Wanderweg zur wie gemalt daliegenden **Wineglass Bay** (S. 723) an der Ostküste ein bisschen ins Schwitzen kommen

⑤ Im **Maria Island National Park** (S. 718) gleich vor der Ostküste Wombats und Wallabys in die Arme laufen

❻ An der **Binalong Bay** (S. 729) im Nordosten unter den Wellen durchtauchen

❼ Im hochliegenden **Ben Lomond National Park** (S. 743) die Skipisten hinuntergleiten

❽ Den Hochrad-Rennfahrern bei den National Penny Farthing Championships in **Evandale** (S. 742) zujubeln

DIE MIDLANDS

❶ An- & Weiterreise

Redline (☏1300 360 000; www.tasredline.com.au) Busse fahren mehrmals täglich entlang des Midland Hwy. Die einfache Fahrt von Hobart/Launceston nach Oatlands kostet 22/25 AU$; nach Ross oder Campbell Town muss man 31/14 AU$ bezahlen.

Oatlands

860 EW.

Das 1832 als Garnisonsstadt gegründete Oatlands ist ein blühendes Touristenzentrum, gibt sich aber dennoch bodenständig und zurückhaltend. In der kleinen Stadt sind die größte Ansammlung georgianischer Bauten in ganz Australien zu sehen. An der beeindruckenden Hauptstraße stehen 87 historische Gebäude, von denen manche heute Galerien und Kunsthandwerksläden beherbergen.

◉ Sehenswertes

Callington Mill HISTORISCHES GEBÄUDE
(☏03-6254 1212; www.callingtonmill.com.au; 1 Mill Lane; Touren Erw./Kind/Fam. 15/8/40 AU$; ⊙9–17 Uhr) ✻ Die Mühlräder der Callington Mill drehten sich seit 1837 über den Dächern von Oatlands; bis 1891 wurde hier Mehl gemahlen. Nach Jahrzehnten der Vernachlässigung, in denen sich im Inneren der Taubendreck häufte und das Mauerwerk verfiel, wurde die Mühle vollständig wiederhergestellt und produziert wieder hochwertiges Bio-Mehl. Dieses beeindruckende Stück Ingenieurskunst wird auf geführten Touren genau erklärt, die von 10 bis 15 Uhr stündlich beginnen. Auch das Visitor Information Centre der Stadt befindet sich hier.

🛏 Schlafen & Essen

Blossom's Cottage B&B $$
(☏03-6254 1516; www.blossomscottageoatlands.com.au; 116 High St; DZ inkl. Frühstück 110 AU$; ☉) Das komplett eingerichtete Gartenstudio ist hell und fröhlich, mit einem gusseisernen Bett, Fußböden aus Schwarzholz, Bleiglasfenstern, einer kleinen Küchenzeile und ein paar bequemen Sesseln unter einer Sandbirke. Macht viel her. Es gibt hier einen mehr als reichlich gefüllten Frühstückskorb.

Woodfired Bakery Café BÄCKEREI, CAFÉ $
(☏0418 551 546; www.naturespath.com.au; 106 High St; Hauptgerichte 10–16 AU$; ⊙Mi–Mo 10–16 Uhr) Das neueste Lokal in der Stadt (zum Zeitpunkt der Recherche wurden gerade die Schilder aufgehängt) im fröhlichen Outfit verkauft neben natürlichen Olivenöl-Seifen auch leckere Beilagen zum Kaffee wie Frühstücks-Burritos, Suppen, getoastete Paninis und Buttermilch-Pfannkuchen. Auch die Samstagabend-Pizzas sehen eindeutig nach einer guten Wahl aus.

❶ Praktische Informationen

Oatlands Visitor Information Centre (☏03-6254 1212; www.heritagehighwaytasmania.com.au; Callington Mill, 1 Mill Lane; ⊙9–17 Uhr) Bietet allgemeine Infos und kümmert sich um die Buchung von Unterkünften. Diese kostenlosen Broschüren sind empfehlenswert: *Welcome to Oatlands* mit Hinweisen für Stadttouren auf eigene Faust, *Lake Dulverton Walkway Guide* für Erkundungstouren rund um den See, sowie diverse Führer für die alten Militär- und Gerichtshofbezirke der Stadt.

Ross

420 EW.

Ross ist ein weiteres adrettes (nein, tadelloses) Dörfchen in den Midlands. Es liegt 120 km nördlich von Hobart und wurde 1812 als Garnisonsstadt gegründet, um Reisende auf der Straße zwischen Hobart und Launceston vor Wegelagerern zu schützen. Der Ort entwickelte sich zu einer wichtigen Postkutschenstation. In den alleenartigen Straßen sind der koloniale Charme und die bewegte Vergangenheit förmlich greifbar.

Die **Kreuzung** in der Ortsmitte bietet in jeder Himmelsrichtung etwas anderes: Man gelangt entweder zur Versuchung (Man O'Ross Hotel), zur Erlösung (katholische Kirche), zur Erholung (Gemeindehaus) oder zur Verdammnis (altes Gefängnis).

◉ Sehenswertes

Ross Bridge BRÜCKE
(Bridge St) Die oft fotografierte Ross Bridge aus dem Jahr 1836 ist die drittälteste Brücke Australiens. Ihre elegant geschwungenen Bögen wurden vom Kolonial-Architekten John Lee Archer entworfen und von zwei Steinmetzen erbaut, den Sträflingen Colbeck und Herbert, die für ihre Anstrengungen begnadigt wurden. Herbert meißelte die 186 komplizierten Schnitzereien, die die Bögen zieren, darunter keltische Symbole, Tiere und die Gesichter bekannter Zeitgenossen (etwa Gouverneur Arthur und den anglodänischen Sträfling Jorgen Jorgenson, den

kuriosen Ex-König von Island). Bei Nacht ist die Brücke erleuchtet – die Schnitzereien werfen gespenstische Schatten.

Ross Female Factory MUSEUM
(www.parks.tas.gov.au; Ecke Bond St & Portugal St; ⊙ Mo–Fr Gelände 9–17 Uhr, Hütte 9.30–16.30 Uhr & Sa & So 13–16 Uhr) GRATIS Diese karge Stätte war eines von zwei Straflagern für Frauen in Tasmanien (das andere befand sich in Hobart; S. 681). Nur eine Hütte steht noch, vollgepackt mit interessanten historischen Informationen, allerdings sind derzeit archäologische Ausgrabungen auf dem sonnenverbrannten Stoppelfeld im Gang. Anschauliche Tafeln liefern Einblicke in das harte Leben, das diese Frauen führten. Mit der Broschüre *Ross Female Factory* vom Visitor Centre kann man den Weg vom oberen Ende der Church St bis zum Museum entlanggehen.

🛌 Schlafen & Essen

Ross Caravan Park CAMPING $
(☏ 03-6381 5224; www.rossmotel.com.au; Bridge St; Stellplatz ohne/mit Strom 24/32 AU$, Hütten mit EZ/DZ 50/70 AU$; 🛜) Ein reizvoller grüner Fleck in der Nähe der Ross Bridge am Ufer des fischreichen Macquarie River. Die zweckmäßigen, barrackenartigen Sandsteinhütten mit Schlafgelegenheiten für zwei bis vier Personen (mit Kochgelegenheit) sind die preiswerteste Unterkunft in der Stadt. Gemeinschaftsbad; Bettwäsche und Handtücher sind mitzubringen. Die Rezeption befindet sich im Ross Motel.

Stone Cottage MIETSHAUS $$
(☏ 03-6381 5444; www.stonecottageross.com.au; 4 Church St; DZ 120 AU$, weiterer Erw./Kind 20/10 AU$; ❄🛜🐾) Für Familien ist das Stone Cottage eine der besten Optionen im Ort und sie ist tatsächlich aus Stein gefertigt (mit unglaublichen Details!). Hier gibt's unzähliges Spielzeug für Kinder, DVDs und einen großen Garten voller beliebter Obstsorten. Der lange Holztisch in der Landhausküche lädt sowohl mittags als auch abends zu ausgedehnten Mahlzeiten ein. Insgesamt gibt es hier Platz für sieben Personen.

Ross Motel MOTEL $$
(☏ 03-6381 5224; www.rossmotel.com.au; 2 High St; DZ/Fam. inkl. Frühstück ab 135/195 AU$; 🛜) Das inhabergeführte Ross Motel bietet blitzblanke Hütten im georgianischen Stil (einigermaßen harmlose Reproduktionen), jede mit Mikrowelle, Kühlschrank und TV. In den Familienhütten können vier Personen schlafen. Ruhig und zentral gelegen, am ersten Tag mit Frühstück.

Ross Village Bakery BÄCKER $
(☏ 03-6381 5246; www.rossbakery.com.au; 15 Church St; Backwaren 3–20 AU$; ⊙ 8.30–16.30 Uhr) Ein Übergebot an schmackhaften Kohlehydrathämmern, Kuchen, erstaunlich großen Vanillescheiben und Samstagabend-Holzofenpizzas im Sommer, dazu köstliche Suppen und Salate aller Art. Die Eigentümer stehen jeden Morgen um 4 Uhr auf, um den Holzofen aus dem Jahr 1860 anzuschüren.

Man O'Ross Hotel PUB-ESSEN $$
(☏ 03-6381 5445; www.manoross.com; 35 Church St; Hauptgerichte 19–30 AU$; ⊙ 12–14 & 18–20 Uhr; 🛜) In Ross gibt es nur wenige Möglichkeiten, zu Abend zu essen, aber der althergebrachte Pub der Stadt bietet ein Kneipenmenü alter Schule, darunter Krokodilsfisch von der Ostküste im Bierteig, selbstgemachte Frikadellen mit Chips und Gemüse, Hühnchen Kiew und Braten des Tages. Im Hinterhof gibt's einen hervorragenden Biergarten mit erhöhten Terrassen und Regenschirmen.

ℹ️ Praktische Informationen

Ross Visitor Information Centre (☏ 03-6381 5466; www.visitross.com.au; 48 Church St; ⊙ 9–17 Uhr) Die Touristeninformation ist im Inneren des Tasmanian Wool Centre untergebracht. Für Gruppen ab acht Personen bietet das Zentrum geführte Stadttouren an (5 AU$/Pers., Buchung notwendig).

Campbell Town
990 EW.

Campbell Town, 12 km nördlich von Ross, ist ebenfalls eine ehemalige Garnisonsstadt und Sträflingssiedlung. Anders als in Oatlands und Ross führt hier die Midlands Hwy immer noch direkt durch den Ort, was es zur perfekten Stelle für eine kleine Pause und einen Tankstop macht. Auf einer **roten Ziegelsteinreihe** im Gehwegpflaster der High St sind die Verbrechen, die Strafen und die Ankunftsdaten von Gefangenen wie Ephram Brain und English Corney nachzulesen. Nicht nur Mörder und Bigamisten wurden damals nach Vandiemensland verbannt, sondern auch Menschen, die nur ein paar Kartoffeln gestohlen hatten.

Weitere Infos zum Thema findet man unter www.campbelltowntasmania.com.

◉ Sehenswertes

Campbell Town Museum MUSEUM
(☏ 03-6381 1503; Town Hall, 75 High St; ☉ Mo-Fr 10–15 Uhr) GRATIS Das mit Kuriositäten angefüllte Museum wird von Ehrenamtlichen geleitet und beschäftigt sich mit der Geschichte von Menschen wie John Batman und Martin Cash (einem einheimischen Busch-Ranger). Außerdem sind jede Menge alte Artefakte wie ein Filmprojektor von 1930 zu bestaunen, der einst von den Bye-Brüdern verwendet wurde, die hier in den 1930er-Jahren Filme drehten.

Red Bridge BRÜCKE
(High St) Die von Sträflingen erbaute Brücke über den Elizabeth River wurde 1838 fertiggestellt, was sie fast so altehrwürdig macht wie die Ross Bridge. Die Einheimischen nennen sie die Rote Brücke, weil sie aus mehr als 1,5 Mio. roten Ziegelsteinen erbaut wurde, die vor Ort gebrannt wurden.

✕ Essen

Red Bridge Café & Lieferservice CAFÉ $
(☏ 03-6381 1169; 137 High St; Gerichte 4–13 AU$; ☉ Mo, Mi & Do 7.30–16, Fr bis 17, Sa & So 8–17 Uhr; ☏) Am südlichen Ende der Stadt, in der Nähe der Red Bridge, wurde eine ehemalige Brauerei in einen flippigen Speisesaal mit geteilten Holztischen verwandelt. Auf Lager sind jede Menge hervorragende tasmanische Lebensmittel, Wein und Bier. Die fantastischen Kuchen, Quiches, Torten und Gourmet-Pasteten darf man sich auf dem Weg nach Norden oder Süden nicht entgehen lassen.

❶ Praktische Informationen

Campbell Town Visitor Information Centre (☏ 03-6381 1353; www.campbelltowntasmania.com; Town Hall, 75 High St; ☉ Mo-Sa 10–15 Uhr) Infos zur Stadt plus das Campbell Town Museum (S. 718). Das Zentrum wird von Ehrenamtlichen geführt, die Öffnungszeiten können sich also ändern. Man sollte vor allem die Broschüre *Campbell Town – Historic Heart of Tasmania* mitnehmen, die auf einer Karte verschiedene historische Gebäude darstellt.

OSTKÜSTE

Tasmaniens ruhige Ostküste ist umwerfend schön. Die Westküste kriegt den ganzen Regen ab – bis die Wolken hier draußen ankommen, haben sie sich abgeregnet! Kein Wunder also, dass die Tasmanier hier gern Urlaub machen. Die Wineglass Bay und die pinkfarbenen Granitgipfel im Freycinet National Park sind zu Recht weltberühmt. Online gibt's Infos unter www.eastcoasttasmania.com.

❶ An- & Weiterreise

BUS

Tassielink (☏ 1300 300 520; www.tassielink.com.au) bedient die Strecken an der Ostküste von Hobart nach Triabunna (21 AU$, 1¾ Std.), Swansea (30 AU$, 2¼ Std.), die Abzweigung nach Coles Bay (34 AU$, 3 Std.) und nach Bicheno (38 AU$, 3–4 Std.).

Der Bicheno Coach Service (☏ 03-6257 0293, 0419 570 293; www.freycinetconnections.com.au) fährt zwischen Bicheno, Coles Bay und dem Freycinet National Park. An der Abzweigung nach Coles Bay gibt's Verbindungen mit den Tassielink-Bussen der Ostküste.

Nördlich von Bicheno fahren **Calow's Coaches** (☏ 0400 570 036, 03-6376 2161; www.calowscoaches.com.au) nach St. Helens (14 AU$, 2 Std.) und Launceston (36 AU$, 3–4 Std.).

FAHRRAD

Der Tasman Highway entlang der Ostküste ist zugleich der beliebteste Radweg Tasmaniens durch hübsche Küstenstädtchen, dichte Wälder und an unzähligen Bademöglichkeiten vorbei. In der Regel herrscht nicht allzu viel Verkehr, und die Hügel sind nicht furchtbar steil.

Maria Island National Park

Wer die Küste von Hobart aus hinauffährt, stößt etwa 8 km nördlich von Orford auf **Triabunna** (900 Ew.). Von hier fährt die Fähre hinüber zum **Maria Island National Park** (www.parks.tas.gov.au; 24 Std. 12 AU$/Pers.), der nur wenige Kilometer vor der Küste liegt. Tickets für die Fähre und Tagespässe für den Nationalpark bucht und kauft man im **Triabunna Visitor Information Centre** (☏ 03-6257 4772; Ecke Charles St & The Esplanade; ☉ 9–17 Uhr, Mittagspause 12.30–13.30 Uhr).

Maria Island (ma-*rye*-ah ausgesprochen), wurde 1972 zum Nationalpark erklärt. Ihre bewegte Geschichte spiegelt sich in interessanten Gefängnis- und Industrieruinen wider, die verstreut inmitten wunderbarer Natur aus Wäldern, farnüberwucherten Schluchten, felsigen Bergspitzen, Felsen voller Fossilien sowie einsamen Stränden

Die Ostküste

liegen. Die Insel ist bei Wanderern und Mountainbikern (das Rad kann man entweder selber mitbringen oder bei der Fährgesellschaft ausleihen) und Vogelbeobachtern ausgesprochen beliebt, und auch Schnorchler und Taucher kommen hier voll und ganz auf ihre Kosten. Selbstverständlich muss der Eintritt für den Nationalpark bezahlt werden; Informationen über die Insel bekommt man am Besucherempfang im alten Commissariat Store in der Nähe des Fähranlegers.

◉ Sehenswertes & Aktivitäten

Darlington HISTORISCHE STÄTTE

Die Kleinstadt Darlington ist der Ausgangspunkt des Inselbesuchs. Ganz in der Nähe der Anlegestelle der Fähre befinden sich einige erstaunliche alte **Silos** (das Innere eignet sich gut für klösterliche Gesänge) und das historische **Proviantamt**, heute das Visitor Centre des Nationalparks. Der Weg führt durch eine Allee aus knorrigen Monterey-Zypressen zum **Strafgefängnis**, das einst die Sträflinge beherbergte (heute gibt es hier Unterkünfte im Schlafbaracken-Stil) und außerdem zum restaurierten **Coffee Palace** sowie zur **Cafeteria**.

Painted Cliffs WAHRZEICHEN

Von Darlington aus läuft man eine halbe Stunde bis zu den Painted Cliffs am südlichen Ende des Hopground Beach. Vom Strand aus kann man in den aus Sandstein geformten Klippen herumklettern, die von Eisenoxid in allen Farben des Kaleidoskops durchsetzt sind. Der beste Zeitpunkt für einen Besuch ist der späte Nachmittag, dann taucht die Sonne die Klippen in ein feuriges Orange.

Fossil Cliffs, Bishop and Clerk & Mt. Maria WANDERUNG

Von Darlington aus führt eine zweistündige Rundwanderung zu den Fossil Cliffs und der alten Ziegelei. Wer mehr Zeit hat (man muss 4 Stunden für den Hin- und Rückweg ab Darlington einplanen) klettert auf den **Bishop and Clerk** (620 m). Auf dem exponierten felsigen Gipfel verzehrt man das mitgebrachte Lunchpaket und genießt den Blick aus der Vogelperspektive. Der **Mt. Maria** (711 m) ist der höchste Punkt der Insel; die Wanderung durch die Eukalyptuswälder dauert hin und zurück sieben Stunden von Darlington aus, und der Gipfel belohnt dafür mit brillanten Aussichten über die Landenge der Insel.

Maria Island Walk WANDERUNG

(03-6234 2999; www.mariaislandwalk.com.au; 2350 AU$/Pers.) Blasen, durchweichte Zelte und Zwei-Minuten-Terrinen? Diese luxuriöse, geführte Vier-Tages-Wanderung zu den schönsten Ecken von Maria Island definiert das Konzept des Buschwanderns neu. Die ersten zwei Nächte verbringt man in lauschigen Buschcamps, die dritte im historischen früheren Heim von Diego Bernacchi in Darlington. Leckeres Essen, feine tasmanische Weine, Unterkunft, Parkgebühren und der Transport von Hobart aus sind im Preis inbegriffen.

East Coast Cruises BOOTSTOUR

(03-6257 1300; www.eastcoastcruises.com.au; Touren Erw./Kind ab 175/65 AU$) Maria Islands großartige Fossil Cliffs und Painted Cliffs vom Wasser aus! Außerdem gibt's Robben und Meereshöhlen bei Iles des Phoques, im Norden der Insel, zu sehen. Man kann sogar mit den Robben schnorcheln! Auch eine Umrundung der Insel mit einem Halt in Darlington wird angeboten.

Maria Island Marine Reserve TAUCHEN, SCHNORCHELN

(www.parks.tas.gov.au) Das Meer zwischen Return Point und Bishop and Clerk ist als Meeresschutzgebiet ausgewiesen – Angeln ist hier nicht erlaubt (auch nicht im Gebiet um Darlington). Das Schutzgebiet umfasst die riesigen Kelp-Wälder und Höhlen rund um die Fossil Bay, die sich ausgezeichnet zum Tauchen und Schnorcheln eignet. Weitere gute Orte zum Schnorcheln sind der Anlegesteg der Fähre und die Painted Cliffs. Wer länger als fünf Minuten im Wasser bleiben will, sollte einen Neoprenanzug tragen!

🛏 Schlafen

Darlington Camp Site CAMPINGPLATZ $

(www.parks.tas.gov.au; Stellplatz ohne Strom für 1 Pers./2 Pers./Fam. 7/13/16 AU$, weiterer Erw./Kind 5/2,50 AU$) Es gibt Stellplätze ohne Stromanschluss in Darlington (gebührenpflichtig, aber keine Voranmeldung erforderlich), außerdem kostenlose Stellplätze auf **French's Farm** und **Encampment Cove**, drei bis vier Stunden Fußmarsch von der Fähre. In Darlington gibt's Grillmöglichkeiten, Toiletten und Duschen (1 AU$). An ausgewiesenen Feuerstellen ist offenes Feuer erlaubt (im Sommer häufig nicht). French's Farm und Encampment Cove haben nur begrenzte Wasservorräte, besser man bringt sein eigenes mit.

Penitentiary HÜTTEN $
(☎ 03-6256 4772; www.tasmaniaseastcoast.com.au; B/DZ/Fam. 15/44/50 AU$, weiterer Erw./Kind 10/5 AU$) Das aus Ziegeln errichtete Gefängnis beherbergte einst die Sträflinge der Insel. Heute ist das Gebäude eine einfache, zweckmäßige Unterkunft mit Schlafräumen für sechs Personen, Gemeinschaftsbädern und Münzduschen (1 AU$). Bettwäsche, Lampen (es gibt keinen Strom), Essen und Kochgeschirr muss man selbst mitbringen, außerdem ist es hilfreich, nicht an Geister zu glauben. Da oft Schulklassen zu Gast sind, sollte man vorausplanen.

❶ An- & Weiterreise

Maria Island Ferry (☎ 0419 746 668; www.mariaislandferry.com.au; hin und zurück Erw./Kind 35/25 AU$, Fahrrad/Kajak 10/20 AU$) Von Dezember bis April verkehrt die Fähre zweimal täglich zwischen Triabunna und Darlington, in den anderen Monaten von Freitag bis Montag. Fahrradverleih möglich (20 AU$/Tag). 40 Sitzplätze sind vorhanden, doch wurde zum Zeitpunkt der Recherche die Anschaffung einer neueren/größeren/schnelleren/besseren Fähre geprüft.

Swansea

780 E.W.

Das 1820 gegründete Städtchen liegt am geschützten Westufer der herrlichen Great Oyster Bay und bietet einen spektakulären Blick auf die Freycinet Peninsula. Der Aufschwung des einstmals verschlafenen Küstenortes ereignete sich im Zuge des Tourismus-Booms in ganz Tasmanien, sodass Traveller hier heute einige gute B&Bs, Restaurants und ein interessantes Museum vorfinden. Außerdem befinden sich einige der vortrefflichen Weingüter der Ostküste in unmittelbarer Nähe.

⊙ Sehenswertes & Aktivitäten

East Coast Heritage Museum MUSEUM
(☎ 03-6256 5072; www.eastcoastheritage.org.au; 22 Franklin St; ⊙10–16 Uhr) GRATIS In Swanseas ursprünglichem Schulgebäude – das nun auch das Swansea Visitor Information Centre beherbergt – zeigt dieses engagierte kleine Museum Artefakte der Aborigines, der Kolonialgeschichte und der Ostküsten-Surfsafaris der 1960er-Jahre.

Spiky Bridge WAHRZEICHEN
Etwa 7 km südlich der Stadt liegt die ziemlich bemerkenswerte Spiky Bridge, die Sträflinge Anfang der 1840er-Jahre aus Tausenden unbehauener Steine errichteten. Früher führte die Hauptverbindungsstraße der Ostküste darüber, heute steht die Brücke aber neben dem Highway. Die nahegelegenen Strände **Kelvedon** und **Cressy** bestehen aus tief goldenem Sand und sind nahezu unberührt.

Bark Mill Museum MUSEUM
(☎ 03-6257 8094; www.barkmilltavern.com.au; 96 Tasman Hwy; Erw./Kind/Fam. 10/6/23 AU$; ⊙9–16 Uhr) Auf der Rückseite der Bark Mill Tavern gelegen erklärt dieses Museum, wie aus der Rinde der Australischen Silberakazie Tannin gewonnen wird, um Leder zu gerben. Die Mühle war eine der wenigen Industriebetriebe, die während der Großen Depression in Swansea weiterarbeitete, und sie hielt die Stadt am Leben. Es gibt auch eine Ausstellung über die frühe französische Erforschung der tasmanischen Ostküste.

Freycinet Vineyard WEINGUT
(☎ 03-6257 8574; www.freycinetvineyard.com.au; 15919 Tasman Hwy, Apslawn; ⊙10–17 Uhr) Die Familie Bull kultiviert Trauben unter der Ostküstensonne seit 1980 – es war der erste Weinberg an der Küste. Das Ambiente an der Kellertür ist landwirtschaftlich geprägt, nicht protzig – sehr schön! Toller Sauvignon blanc.

Devil's Corner WEINGUT
(☎ 03-6257 8881; www.brownbrothers.com.au; Sherbourne Rd, Apslawn; ⊙10–17 Uhr) Gleich hinter dem Aussichtspunkt Great Oyster Bay gelegen, ist Devil's Corner eines der größten Weingüter Tasmaniens. Es wird von der beachtenswerten Brown Brothers Company geführt. Von der modernen Kellertür aus schweift der Blick über die Moulting Lagoon, dahinter liegt die Freycinet Halbinsel.

Loontitetermairrelehoiner Walk WANDERN
(Küstenvorland) Dieser Weg umrundet die Landspitze zwischen Waterloo Beach und Esplanade, vorbei an einer Kolonie Keilschwanz-Sturmtauchern. Während der Brutzeit (Sept.–April) kehren die erwachsenen Vögel in der Abenddämmerung zurück, nachdem sie auf dem Meer nach Futter gesucht haben. Für den Rundweg benötigt man etwa 30 bis 50 Minuten (so lange braucht man mindestens um den Namen aussprechen zu können – es ist die Bezeichnung für die Aborigines, die früher hier lebten).

🛌 Schlafen

Swansea Backpackers
HOSTEL $

(☎ 03-6257 8650; www.swanseabackpackers.com.au; 98 Tasman Hwy; Stellplätze ohne & mit Strom 18 AU$, B/DZ/3BZ/4BZ ab 31/81/81/87 AU$; 🛜) Diese hippe Backpacker-Unterkunft gleich neben der Bark Mill wurde vor einigen Jahren speziell angefertigt und sieht immer noch recht stilvoll aus. Es gibt schicke, geräumige Gemeinschaftsräume und eine blitzblanke Edelstahlküche. Die sauberen Zimmer sind um eine schattige Veranda angeordnet und tipptopp in Schuss. Die Bar ist gleich nebenan.

★ Schouten House
B&B $$

(☎ 03-6257 8564; www.schoutenhouse.com.au; 1 Waterloo Rd.; DZ inkl. Frühstück 160–200 AU$) Dieses Herrenhaus aus Ziegeln und Sandstein wurde im Jahr 1844 von Sträflingen erbaut und war das Zentrum von „Great Swanport" (der ursprüngliche Name von Swansea), bevor sich die Action ein wenig nach Norden verlagerte. Ausgestattet in einfachen, maskulinen georgianischen Stil (keine Rüschen), finden sich in den riesigen Räumen heute alte Betten und Badezimmer. Die geschichtsverbundenen Eigentümer machen ein hervorragendes Pfannkuchenfrühstück und haben die Kunst des Shortbread-Backens perfektioniert.

Swansea Beach Chalets
HÜTTEN $$

(☎ 03-6257 8177; www.swanseachalets.com.au; 27 Shaw St; DZ 180–240 AU$, weiterer Erw./Kind 20/10 AU$; 🛜) Diese 20 schicken, komplett ausgestatteten graublauen Chalets sind nur wenige Schritte vom Jubilee Beach entfernt. Die schönsten bieten einen unglaublichen 180-Grad-Rundumblick aufs Wasser – hoch, weit und hübsch. Es gibt auch einen Pavillon zum Grillen, ein Spielezimmer und einen Außenpool, wenn der Strand nicht ausreicht.

★ Piermont
HÜTTEN $$$

(☎ 03-6257 8131; www.piermont.com.au; 12990 Tasman Hwy; DZ 235–355 AU$; 🛜) Am Ende einer mit Weißdornhecken bestandenen Zufahrt 10 km südwestlich von Swansea ordnen sich diese 21 stilvollen Steinhäuschen entlang eines alten Bauernhauses unmittelbar am Meer an. Jede Einheit hat einen Kamin und einen Wellnessbereich. Es gibt auch einen Swimmingpool, Tennisplätze, Leihfahrräder, Meerkajaks und ein gleichnamiges **Restaurant** (☎ 03-6257 8131; www.piermont.com.au; 12990 Tasman Hwy; Hauptgerichte 32–38 AU$, Verkostung mit/ohne Wein 150/120 AU$; 18–20 Uhr, Aug. geschl.), das gute Kritiken bekommt. Toll für Hochzeitsfeiern (im Voraus buchen).

🍴 Essen

Kate's Berry Farm
CAFÉ $

(www.katesberryfarm.com; 12 Addison St; Mahlzeiten 10–14 AU$; 9.30–16.30 Uhr) Bei Kate's (3 km südlich von Swansea) sitzt man unter der mit Blauregen bewachsenen Pergola und muss nur entscheiden, welche der selbstgemachten Beerevarianten gerade zur Stimmung passt: Beeren-Eis, -Marmeladen, -Saucen, -Schokoladen, -Waffeln, -Pfannkuchen oder -Kuchen (oder sonst irgendetwas, das Himbeeren enthält). Auch großartiger Kaffee und „eingelegte" Pasteten (man denke an Rindfleisch und Burgunder oder Schweinefleisch und Chorizo). Hinweisschilder weisen den Weg vom Tasman Hwy aus hierher.

Ugly Duck Out
CAFÉ, MODERN-AUSTRALISCH $$

(☎ 03-6257 8850; www.theuglyduckout.com.au; 2 Franklin St; Hauptgerichte 12–32 AU$; 8.30–20 Uhr) 🌿 Mit der Bedeutung des Namens kann offenbar keiner was anfangen, aber dieses kleine am Ufer gelegene Restaurant ist eines der besten der Gegend. Burger, Salate, Currys, Nudeln, Gegrilltes, Brötchen… von Anfang bis Ende mit regionalen Zutaten, selbstgemacht, biologisch abbaubar und nachhaltig. Das Sandwich mit Wallaby-Wurst muss man probiert haben. Der Eigentümer hält gern ein Schwätzchen.

Saltshaker
CAFÉ, MODERN-AUSTRALISCH $$

(☎ 03-6257 8488; www.saltshakerrestaurant.com.au; 11a Franklin St; Hauptgerichte mittags 18–27 AU$, abends 20–39 AU$; 12–14 & 17.30 Uhr–open end, Café 8.30–21 Uhr, Juni–Aug. bis 16 Uhr) Das überschwängliche Saltshaker steht für die urbane Note in Swansea. Im hellen, schicken Speisesaal mit Blick aufs Wasser werden frisch zubereitete Mittagessen und klassische Abendmahlzeiten serviert, vor allem vor Ort gefangene Fische und Meeresfrüchte (die Krabbenpasta mit Spinat und rotem Paprika in Weißwein-Dill-Sauce ist ein Gedicht). Die Weinkarte ist so lang wie der Nachmittag; nebenan gibt's ein Café mit Gerichten (Hauptspeisen 6–12 AU$) zum Mitnehmen.

ℹ️ Praktische Informationen

Swansea Visitor Information Centre (☎ 03-6256 5072; www.tasmaniaseastcoast.com.au;

22 Franklin St; ⊙ 9–17 Uhr; ☎) Im alten Schulgebäude an der Ecke zur Noyes St (man teilt sich die Räume mit dem East Coast Heritage Museum).

Coles Bay & Freycinet National Park

310 EW

Das Städtchen Coles Bay sitzt auf einem Sandstreifen mit Blick über die Bucht zu den spektakulären pinkfarbenen Granitgipfeln der Hazards. Es ist ein lässiger Urlaubsort mit vielen Unterkunftsmöglichkeiten (trotzdem sollte man im Sommer im Voraus buchen) und einigen Angeboten für Aktivurlaub. Der Grund für den Andrang ist der großartige Freycinet National Park, ein Wildnisgebiet mit weißen Sandstränden und kristallklarem Wasser. Die größte Sehenswürdigkeit des Parks ist der prachtvolle Kelch der Wineglass Bay. Im Internet gibt's Infos unter www.freycinetcolesbay.com.

⊙ Sehenswertes & Aktivitäten

Cape Tourville WAHRZEICHEN
Auf einem leichten zwanzigminütigen Rundkurs kann man das ganze Panorama der östlichen Küstenlinie der Halbinsel bewundern. Selbst mit Rollstuhl oder Kinderwagen ist der Weg kein Problem. Auch das **Cape Tourville Lighthouse** steht hier, mit absolut spektakulärer Aussicht, wenn die Sonne ihre ersten Strahlen über den Horizont schickt.

★ Wineglass Bay Walk WANDERN
Diese Route ist verdientermaßen einer der beliebtesten Wanderwege Tasmaniens. Wer einfach nur die superbe Aussicht über die Bucht und die Halbinsel genießen will, nimmt die steile Klettertour zum **Wineglass Bay Lookout** (1½ Std. hin und zurück), wer den Sandstrand unter den Füßen spüren will, ist ein wenig länger unterwegs. Der steile Abstieg vom Aussichtspunkt zur Bucht dauert weitere 30 Minuten, sodass man für die ganze Tour vom Parkplatz und wieder zurück zweieinhalb bis drei Stunden einplanen sollte.

⌒ Touren

Freycinet Experience Walk WANDERN
(☏ 03-6223 7565, 1800 506 003; www.freycinet.com.au; Erw./Kind 2350/2000 AU$; ⊙ Nov.–Apr.) Für alle, die Wildnis lieber milder und weniger wild möchten, bietet der Freycinet Experience Walk eine viertägige Erforschung der Halbinsel mit Vollverpflegung. Die Wanderer kehren jeden Abend zur lauschigen, umweltfreundlichen Friendly Beaches Lodge zurück, wo sie mit köstlichen Mahlzeiten, heimischem Wein, heißen Duschen und bequemen Betten verwöhnt werden. Die Wanderungen sind zusammen etwa 37 km lang.

Freycinet Adventures KAJAKFAHREN
(☏ 03-6257 0500; www.freycinetadventures.com.au; 2 Freycinet Dr., Coles Bay; Tour 95 AU$/Pers.; ⊙ Touren Okt.–Apr. 8.30 Uhr, Mai–Sep. 9 Uhr) Auf diesen wunderbaren dreistündigen Paddeltouren auf den geschützten Gewässern rund um Coles Bay sieht man viel von der Halbinsel. Es gibt auch jeden Tag Dämmerungstouren, die drei Stunden vor Sonnenuntergang starten (keine Erfahrung mit dem Kajak nötig). Kajaks können auch geliehen werden (55 AU$/Pers. & Tag, inkl. Sicherheitsausrüstung).

Wineglass Bay Cruises BOOTSTOUR
(☏ 03-6257 0355; www.wineglassbaycruises.com; Jetty Rd., Coles Bay; Erw./Kind 130/85 AU$; ⊙ Touren Sep.–Mai 10 Uhr) Beschauliche vierstündige Kreuzfahrten von Coles Bay zur Wineglass Bay, inklusive Champagner, Austern und Häppchen. Das Schiff tuckert um die Südspitze der Halbinsel, vorbei an Hazards Beach und Schouten Island. Wahrscheinlich sieht man Delfine, Seeadler, Robben, Pinguine und zur richtigen Jahreszeit vielleicht sogar Wale auf Wanderung. Vorausbuchung erforderlich.

Wineglass Bay Tagestour BUSTOUR
(☏ 0407 778 308, 03-6265 7722; www.wineglassbaytours.com.au; Erw./Kind 105/60 AU$) Ganztägige Touren mit dem Minibus zu dem hinreißenden Kelch, Abfahrt in Hobart um 7.45 Uhr, Rückkehr gegen 19 Uhr. Man wandert in die Wineglass Bay hinein und besichtigt auch die Spiky Bridge, Cape Tourville und die Honeymoon Bay.

All4Adventure ABENTEUERSPORT
(☏ 03-6257 0018; www.all4adventure.com.au; 1 Reserve Rd., Coles Bay; Erw./Kind 2 Std. 139/89 AU$, halber Tag 239/129 AU$) Auf diesen Quadbike-Touren kommt man abseits der üblichen Pfade in Teile des Nationalparks, die nur wenige zu sehen bekommen. Die Touren starten jeden Tag um 13 Uhr (nach einer 30-minütigen Einweisung), von November bis März auch um 16.30 Uhr. Halbtagestouren in das Gebiet der Friendly Beaches

> **NICHT VERSÄUMEN**
>
> **WINEGLASS BAY**
>
> Fast jeder kennt die Bilder der Wineglass Bay, ihren perfekten, kelchförmigen Bogen, gesäumt von glasklarem Wasser und an Talkumpuder erinnernden weißen Sand – die Bucht taucht regelmäßig auf der Liste der zehn besten Strände der Welt auf. Aber ein Besuch der Wineglass Bay ist kein fauler Tag am Strand. Um die Bucht zu Fuß zu erreichen, ist mindestens ein Halbtagesmarsch vonnöten, mit 800 steilen Stufen in jeder Richtung.
>
> Wer nur auf den Aussichtspunkt über der Bucht klettert, teilt sich diesen Ausblick wahrscheinlich mit einer Horde anderer Fotografen (einigen der 250 000, die jährlich hierher kommen). Wer den Massen aus dem Weg gehen möchte, muss früh da sein und dann gleich auf der anderen Seite des Aussichtspunkts zur Bucht hinunter stapfen. Wasser, Essen und Sonnenschutz nicht vergessen – und dann eine Runde schwimmen!

beginnen jeden Tag um 8 Uhr. Führerschein nicht vergessen.

Schlafen

Richardsons Beach   CAMPINGPLATZ $
(03-6256 7000; www.parks.tas.gov.au; Stellplätze ohne/mit Strom ab 13/16 AU$) Diese Stellplätze liegen versteckt hinter dem Richardsons Beach und sind unglaublich beliebt. Für die Zeit von Ende Dezember bis Mitte Februar und über Ostern werden die Plätze in einem Zulassungsverfahren vergeben: man muss das Antragsformular herunterladen und bis zum 31. Juli einreichen. Zu anderen Zeiten kann man über das Freycinet National Park Visitor Information Centre (S. 725) buchen. Der Eintritt in den Nationalpark ist gebührenpflichtig.

BIG4 Iluka on Freycinet Holiday Park   CAMPING, HOSTEL $
(1800 786 512, 03-6257 0115; www.big4.com.au; am Ende der Reserve Rd; Stellplätze ohne Strom 30 AU$, mit Strom 36–40 AU$, Hostel B/DZ 30/78 AU$, Hütten & Ferienhäuschen DZ 100–185 AU$;) Iluka ist ein großer weitläufiger Platz, der schon immer da war und sich bei einheimischen Urlaubern ungebrochen großer Beliebtheit erfreut – frühzeitige Buchung ist erforderlich. Der Bereich für die Backpacker wird von der YHA gemanagt; es gibt sechs Schlafsäle mit je vier Betten, ein Doppelzimmer und eine angemessen ordentliche Küche. Lebensmittelladen, Bäckerei und Kneipe befinden sich ein paar Schritte den Hügel hinunter.

Freycinet Rentals   FERIENHÄUSER $$
(03-6257 0320; www.freycinetrentals.com; 5 East Esplanade; Ferienhaus 170–250 AU$) Wer (meist ältere, erschwingliche) Ferienhäuser und Strand„hütten" in und um Coles Bay mieten möchte, ist hier richtig. Die Preise schwanken zwischen Winter und Sommer stark, und man muss mindestens ein verlängertes Wochenende oder über die Weihnachtsferien bleiben. Eine der Möglichkeiten, **81 On Freycinet**, hat jede Menge Charme – das Haus aus Stein und Holz bietet drei Schlafzimmer, eine Wendeltreppe und Ausblick auf die Hazards (DZ 180 AU$).

★ Eagle Peaks   APARTMENT $$$
(03-6257 0444, 0419 101 847; www.eaglepeaks.com.au; 11–13 Oyster Bay Ct; DZ 275–425 AU$, Strandhaus 295–445 AU$, weitere Pers. 50 AU$;) Diese beiden schönen Studios aus tasmanischer Eiche und gestampftem Lehm liegen 4 km nördlich von Coles Bay. Jede Einheit hat ihre eigene Küchenzeile, Holzterrasse und ein bequemes breites Doppelbett. Auch ein mustergültiges Strandhaus gibt's hier, für vier Personen. Alle Gäste haben Zugang zu Außengrills; beim Essen auf der Terrasse kann man Honigfresser dabei zusehen, wie sie im Laub hin und her flitzen. Vom Grundstück sind es fünf Minuten zu Fuß zum Sandpiper Beach.

Saffire Freycinet   RESORT $$$
(1800 723 347, 03-6256 7888; www.saffire-freycinet.com.au; 2352 Coles Bay Rd.; DZ inkl. Mahlzeiten ab 1800 AU$;) Saffire ist ein architektonisches, gastronomisches und den Geldbeutel verschlankendes Wunder, das die Messlatte für erstklassige tasmanische Gastfreundschaft bildet. Es gibt hier 20 Luxus-Suiten, „wo das Blau des Himmels auf das azurblaue Meer trifft". Das kurvenreiche Hauptgebäude beherbergt ein piekfeines Restaurant, eine Selbstbedienungsbar, eine Bücherei, eine Kunstgalerie und ein Spa. Auch ein ganzes Bündel an Aktivitäten wird angeboten, viele davon sind im Preis enthalten.

Edge of the Bay   RESORT $$$
(03-6257 0102; www.edgeofthebay.com.au; 2308 Main Rd.; DZ 218–360 AU$, weitere Pers.

30 AU$; 🛜) Abseits des großen Ferientrubels, direkt am Strand etwa 4 km nördlich von Coles Bay, tanzt dieses kleine Resort im Takt seines eigenen Trommelschlags. Es hat liebevoll eingerichtete Suiten mit Meerblick, tolles Personal und Ferienhäuser für fünf Personen. Nach dem Aufwachen finden Gäste Mountainbikes, Schlauchboote und Tennisplätze zu ihrer Verfügung. Außerdem gibt's ein ausgezeichnetes **Restaurant** (📞03-6257 0102; www.edgeofthebay.com.au; 2308 Main Rd, am Rand der Bucht; Hauptgerichte 25–39 AU$; ⏱18–20 Uhr).

✖ Essen

Freycinet Cafe & Bakery BÄCKEREI, CAFÉ $
(📞03-6257 0272; 2 Esplanade; Gerichte 6–15 AU$; ⏱8–16 Uhr; 🛜) Diese Bäckerei hat so manche monumentale Wanderung im Freycinet mit der nötigen Energie versorgt. Man kann dort Pasteten, Kuchen und Sandwiches mitnehmen, oder nach einer Nacht in der Kneipe nebenan in ein ganztägiges Frühstück taumeln. Auch unerwartete Eindringlinge wie thailändischer Rindfleischsalat und frisch gepresste Säfte machen hier ihre Aufwartung.

★ Freycinet Marine Farm SEAFOOD $$
(📞03-6257 0140; www.freycinetmarinefarm.com; 1784 Coles Bay Rd.; Teller 15–25 AU$; ⏱Sep.–Mai 9–17 Uhr, Juni 10–16 Uhr, Juli & Aug. 11–16 Uhr) Die überaus beliebte Freycinet Marine Farm züchtet riesige saftige Austern (ein Dutzend gibt's für 15 AU$) in den Tidengewässern der Moulting Lagoon. Ebenfalls in Frage kommen aber auch Muscheln, Langusten, Jakobsmuscheln und Seeohren. Man sitzt auf der Terrasse, nimmt einen Schluck vom Chardonnay und stürzt sich auf sein Meeresfrüchte-Picknick, so frisch wie Freycinet.

Tombolo Freycinet CAFÉ, PIZZA $$
(📞03-6257 0124; 6 Garnet Ave; Hauptgerichte 16–24 AU$; ⏱Mo & Di 8.30–16, Mi–So bis 20.30 Uhr) Heimische Weine und Meeresfrüchte, Holzofenpizzas und der beste Kaffee der Stadt (Villino, in Hobart geröstet) werden auf einer gepflegten Terrasse mit Blick auf die Hauptstraße serviert. Und dazu eingelegte Birnen und Frangipane-Kuchen!

ℹ Praktische Informationen

Freycinet National Park Visitor Information Centre (📞03-6256 7000; www.parks.tas.gov.au; Freycinet Dr.; ⏱Apr. 8–17 Uhr, Mai–Okt. 9–16 Uhr) Am Eingang zum Park; hier bekommt man die Pässe für den Nationalpark. Von Dezember bis Februar lohnt es sich nach kostenlosen von Rangern geführten Aktivitäten zu fragen.

ℹ An- & Weiterreise

Der Bicheno Coach Service (S. 718) bietet Busverbindungen von Bicheno nach Coles Bay (11,50 AU$, 45 Min.) und weiter zu den Wanderwegen des Nationalparks (14,50 AU$, 50 Min.). Diese Busse bieten Anschluss an die Tassielink-Ostküstenbussen ab Hobart (34 AU$, 3 Std.) an der Abzweigung nach Coles Bay. Von dieser Abzweigung kostet die Fahrt 9 AU$ (30 Min.).

Bicheno
750 EW.

Im Gegensatz zum vornehmen Swansea und Coles Bay ist Bicheno (*bish*-uh-no ausgesprochen) auch heute noch ein funktionierender Fischerhafen. Der Ort ist dank der tollen Meerblicks und der hübschen Strände bei Urlaubern wahnsinnig beliebt – er ist sich dabei aber immer treu geblieben und wirkt auch weiterhin rau und ungeschliffen. Zudem sind die Preise für Essen und Unterkünfte hier weitaus vernünftiger als nördlich von Freycinet.

⊙ Sehenswertes & Aktivitäten

★ Bicheno Motorcycle Museum MUSEUM
(📞03-6375 1485; www.bichenomotorcyclemuseum.com; 33 Burgess St; Erw./Kind 9 AU$/frei; ⏱9–17 Uhr, Jun–Aug. So geschl.) Andrew Quin bekam seine erste Honda im Alter von vier Jahren und ist seit damals Feuer und Flamme für Motorräder. Aber auch wenn man kein Fan ist, lohnt dieses wundervolle kleine Museum hinter seiner Werkstatt einen Besuch. Chrom und Emaille schimmern im hellen Licht wohin man schaut: 60 makellos restaurierte Motorräder sind hier ausgestellt, darunter die einzigartige Noriel 4 Café Racer – ja, sie ist die einzige ihrer Art auf der Welt!

Diamond Island INSEL
(Redbill Beach, an der Gordon St) Vor dem nördlichen Ende des Redbill Beach liegt diese fotogene Felsnase aus Granit, mit dem Festland verbunden durch eine kurze, halb unter Wasser liegende sandige Landbrücke, über die man waten kann. Für den Ausflug sollte man die Ebbe abwarten – ansonsten steht man auf dem Rückweg bis zur Brust in den Wellen!

East Coast Natureworld ZOO
(☎ 03-6375 1311; www.natureworld.com.au; 18356 Tasman Hwy; Erw./Kind/Fam. 22/10,50/56 AU$; ⊙ 9–17 Uhr) Dieser Wildtierpark etwa 7 km nördlich von Bicheno steckt voller einheimischer und fremder Tierarten, darunter Tasmanische Teufel, Wallabys, Beutelmarder, Schlangen, Wombats und Riesenkänguruhs. Die Teufel werden täglich um 10, 12.30 und 15.30 Uhr gefüttert, und es gibt auch ein Teufelhaus, in dem man sich die kleinen Dämonen aus der Nähe anschauen kann. Ein Café ist auch dabei.

Douglas-Apsley National Park NATIONALPARK
(☎ 03-6359 2217; www.parks.tas.gov.au; Pers./Wagen pro Tag 12/24 AUS $) Die Abzweigung zum Douglas-Apsley National Park befindet sich 5 km nördlich von Bicheno. Im Naturschutzgebiet gibt es einen unberührten, trockenen Eukalyptuswald, Wasserfälle, Schluchten und zahlreiche Vögel sowie weitere Tiere. Man kann zu den Schwimmstellen an der **Apsley Gorge** (hin & zurück 2-3 Std.) oder am **Apsley River Waterhole** (hin & zurück 15 Min.) wandern. Es gibt im Park auch einfache Campingmöglichkeiten, die nur zu Fuß zu erreichen sind (kostenlos, aber der Eintritt für den Nationalpark muss bezahlt werden).

Foreshore Footway WANDERN
Dieser 3 km lange Strandspaziergang erstreckt sich vom **Redbill Beach** zum **Blowhole** über **Waubedebar's Grave** und den **Gulch**. Wenn das Meer wütend ist (oder auch nur ein bisschen aufgewühlt), spritzt es am Blowhole riesige Säulen schaumigen Wassers spektakulär in die Luft. Man sollte nicht zu nahe herangehen: selbst an ruhigen Tagen kann man unerwartet durchnässt werden. Als Rückweg empfiehlt sich der Pfad auf den **Whalers Hill**, der eine weite Aussicht über die Stadt bietet. Zu Walzeiten kann man die Meeresgiganten von hier oben vorbeiziehen sehen.

👉 Touren

Bicheno Penguin Tours VOGELBEOBACHTUNG
(☎ 03-6375 1333; www.bichenopenguintours.com.au; Tasman Hwy; Erw./Kind 30/15 AU$; ⊙ jeden Abend zur Dämmerung) Bicheno ist einer der Topspots in Tasmanien, wenn man Pinguine sehen möchte. Auf diesen einstündigen Dämmerungstouren kann man die Vögel beobachten, wenn sie zu ihren Höhlen zurückwackeln. Dieser Ausflug ist ein Naturerlebnis pur: keine Cafés oder Souvenirs (und Fotografieren ist auch nicht erlaubt). Die Aufbruchzeiten variieren je nach Jahreszeit, da sie vom Einbruch der Dämmerung abhängen. Unbedingt im Voraus buchen.

Bicheno's Glass Bottom Boat BOOTSTOUR
(☎ 03-6375 1294, 0407 812 217; bichenoglassbottomboat@activ8.net.au; Esplanade, am Gulch; Erw./Kind 20/5 AU$; ⊙ 10, 12 & 14 Uhr) Auf diesem 40-Minuten-Trip kann man die unter Wasser liegenden Wunder von Bicheno vom Boot aus bewundern. Die Touren starten von Oktober bis Mai vom Gulch aus, wenn das Wetter mitspielt (im Jan. sollte man im Voraus buchen).

🛏 Schlafen

Bicheno Backpackers HOSTEL $
(☎ 03-6375 1651; www.bichenobackpackers.com; 11 Morrison St; B 28–31 AU$, DZ 75–95 AU$; 📶) Die Schlafräume dieses angenehmen Hostels erstrecken sich über zwei mit Wandmalereien verzierte Gebäude, hinzu kommt das **Shack**, ein Haus mit zwölf Schlafplätzen (6 Zweibettzi.) einen Block entfernt an der Foster St. Die Gemeinschaftsküche ist der Treffpunkt für alle. Die Gepäckaufbewahrung ist kostenlos, und die netten Eigentümer helfen bei Buchungen.

Bicheno East Coast Holiday Park CAMPING $
(☎ 03-6375 1999; www.bichenoholidaypark.com.au; 4 Champ St; Stellplätze ohne/mit Strom 25/33 AU$, Ferienhäuschen/Hütten ab 95/138 AU$, weitere Pers. 25 AU$; 📶) Dieser gepflegte angenehme Platz mit viel Gras (wenige Bäume) liegt mitten in der Stadt und bietet Grillstellen, eine Campingküche, Waschküchen und einen Kinderspielplatz. In den Hütten ist Platz für sieben Personen. Wer eher einfach im Wohnmobil unterwegs ist: hier kann man duschen, auch wenn man kein Übernachtungsgast ist (5 AU$).

Bicheno Hideaway HÜTTEN $$
(☎ 03-6375 1312; www.bichenohideaway.com; 179 Harveys Farm Rd.; DZ ab 155 AU$, weitere Pers. 25 AU$) Im wildreichen Buschland ein paar Kilometer südlich der Stadt liegen architektonisch interessante Chalets verstreut, nah am Meer und mit atemberaubender Aussicht. Man kann dem Lärmen der Vögel zuhören (auch ein Pfau wandert herum) oder den Kräutergarten nach Essbarem durchsu-

chen. Ein Mindestaufenthalt wird vorausgesetzt, je nach Hütte und Jahreszeit.

Diamond Island Resort RESORT $$$
(03-6375 0100; www.diamondisland.com.au; 69 Tasman Hwy; DZ 250–510 AU$; 🛜 🏊) Etwa 2 km nördlich von Bicheno liegt dieser Komplex mit 27 sonnendurchfluteten Apartments inmitten gepflegter Rasenflächen und mit tollen Ausblicken nach Norden die Küste entlang. Es gibt einen privaten Strandzugang oder einen Pool für all jene, die lieber Chlor als Salz im Haar mögen. Auch auf die namensgebende Diamond Island kann man bei Ebbe hinüber spazieren. Auf der Anlage liegt das Restaurant **Facets** (03-6375 0100; www.diamondisland.com.au; 69 Tasman Hwy; Hauptgerichte ab 24 AU$; ⏲17.30–20.30 Uhr), außerdem werden den Gästen kostenlose Touren zu den Pinguinen angeboten.

✗ Essen

Sir Loin Breier FEINKOST $$
(03-6375 1182; 57 Burgess St; Artikel 5–20 AU$; ⏲Mo–Fr 8.30–17.30, Sa 9–16 Uhr) Die außergewöhnliche Metzgerei bietet eine erstaunliche Vielzahl an Feinkostartikeln; hier kann man sich gut für's Picknick eindecken. Der Laden ist randvoll mit gekochten heimischen Krebsen, geräucherten Forellen, Austern, Gourmetpasteten, Käse, Dips, Terrinen, Suppen, Bier und Wein von der Ostküste und fantastische Würste aus geräucherten Wachteln. Göttlich... Nur was der Name bedeutet, bleibt ein Rätsel – wer eine Idee hat, bitte melden! Im Januar sonntags geöffnet.

★ Pasini's CAFÉ $$
(03-6375 1076; 70 Burgess St; Hauptgerichte 10–17 AU$; ⏲Di–Sa 9–20, So 9–15 Uhr) Diese beeindruckende Einrichtung macht italienische Speisen wie Antipasti, Holzofenpizzas und Lasagne – aber oh, *so viel* besser als die meisten anderen. Die Frühstücksangebote sind reine Kunstwerke, Pasta und Gnocchi sind selbstgemacht und der Kaffee (der Marke „Ooomph", in Hobart geröstet) ist absolut köstlich. Auch die Gerichte zum Mitnehmen, Bier und Wein von der Ostküste und die reichhaltigen Sandwiches sind echte Hits. So sehen Sieger aus!

❶ Praktische Informationen

Bicheno Visitor Information Centre (03-6256 5072; www.tasmaniaseastcoast.com.au; 41b Foster St; ⏲Okt.–Apr. 9–17 Uhr, Mai–Sept. 10–16 Uhr) Unterstützt mit Infos zur Region und Unterkunftsbuchungen.

NORDOSTEN

In den Nordosten Tasmaniens verirren sich relativ wenige Traveller, wodurch die Region weniger erschlossen und „wilder" wirkt als der Rest der Ostküste. Das hübsche, am Meer gelegene St. Helens ist der wichtigste Ort der Region und ein guter Ausgangspunkt, um den Mt. William National Park mit seinen Tieren, die Wasserfälle und die vielen Kilometer einsamer Küste zu erkunden. Angeln ist fast überall möglich, und es finden sich entsprechend viele gute Fischrestaurants. Mehr Infos gibt's auf www.northeasttasmania.com.au.

❶ An- & Weiterreise

Calow's Coaches (03-6372 5166; www.calowscoaches.com.au) Busse verbinden Bicheno und St. Helens (14 AU$, 2 Std.) sowie St. Helens und Launceston (33 AU$, 3 Std. über St. Marys). Einige Busse bieten auf dem Midlands Hwy Anschluss an Tassielink für die Weiterreise nach Süden Richtung Hobart.

St. Helens

2180 EW.

Die verwegene einstige Walfängerstadt rund um die malerische Georges Bay wurde 1830 gegründet und war schon kurze Zeit später auch das Ziel von „Schwanenjägern", die es auf die weichen Daunen im Untergefieder der schwarzen Schwäne in der Bucht abgesehen hatten. Außerdem befindet sich hier seit Langem ein bedeutender Fischereihafen, in dem heute die größte Fischereiflotte Tasmaniens zu Hause ist.

Etwa 26 km westlich von St. Helens nimmt man die Abzweigung ins winzige **Pyengana** und zu den feinen, 90 m hohen **St. Columba Falls**, die höchsten Wasserfälle des Bundesstaats. Ein Stück weiter entfernt liegen **Weldborough** (50 Ew.) mit dem herausragenden **Weldborough Hotel** (03-6354 2223; www.weldborough.com.au; 12 Main Rd.; Stellplätze ohne/mit Strom 15/30 AU$, EZ/2BZ/DZ/Fam. 70/82/98/125 AU$; ⏲Rezeption Di–So 11.30 Uhr–open end) und **Derby**, ein altes Bergbaustädtchen, in dem Zinn abgebaut wurde und das jetzt das **Tin Dragon Interpretation Centre & Cafe** (Tin Centre; 03-6354 1062; www.trailofthetindragon.com.au/derby; Main St; Erw./Kind/Fam. 12/6/30 AU$; ⏲9–17 Uhr, im Winter verkürzte Öffnungszeiten) beherbergt. Das Zentrum erzählt die faszinierende Geschichte von Derbys Vergangenheit als Bergbauzentrum – Ende des 19. Jhs.

lebten und arbeiten hier Tausende chinesische Bergarbeiter.

◉ Sehenswertes & Aktivitäten

Zum Schwimmen geeignete Strände finden sich in **Binalong Bay** (11 km nördlich der Stadt an der Binalong Bay Rd), am **Jeanneret Beach** und **Sloop Rock** (15 km nördlich an der Straße nach The Gardens, die von der Binalong Bay Rd abzweigt), in **Stieglitz** (7 km östlich des St. Helens Point), am **St. Helens Point** und am **Humbug Point**.

Gone Fishing Charters   FISCHEN
(☎ 0419 353 041, 03-6376 1553; www.breamfishing.com.au) Bei einer Angeltour mit einem einheimischen Führer in Ufernähe kann man eine oder zwei Brachsen an Land ziehen.

East Lines   WASSERSPORT
(☎ 03-6376 1720; https://.eastlines.wordpress.com; 28 Cecilia St; ⊗ Dez.–Feb. Mo–Fr 9–17, Sa & So 10–14 Uhr) Verleiht Surfboards, Neoprenanzüge, Schnorchelausrüstung, Angelruten und Fahrräder. Wer tauchen möchte, wendet sich an Bay of Fires Dive (☎ 03-6376 8335; www.bayoffiresdive.com.au) in Binalong Bay.

🛏 Schlafen

BIG4 St. Helens Holiday Park   CAMPING $
(☎ 03-6376 1290; www.sthelenscp.com.au; 2 Penelope St; Stellplätze ohne/mit Strom ab 35/37 AU$, Hütten & Villen DZ 95–225 AU$, weitere Pers. 22 AU$; ❋ 🐾 ☎ 🅿) Dieser Platz erstreckt sich an einem grünen Hang 1,5 km südlich der Stadt und bietet viele auf Familien zugeschnittene Annehmlichkeiten (Spielzimmer, Hüpfkissen, Spielplatz, Swimmingpool). Am besten nimmt man eine aus der gepflegten Reihe der blau- und cremefarbenen Villen, die sich den Hügel hinaufziehen. Angemessene Lagerküche.

St. Helens Backpackers   HOSTEL $
(☎ 03-6376 2017; www.sthelensbackpackers.com.au; 9 Cecilia St; B 27–30 AU$, DZ mit/ohne Bad 80/65 AU$; ☎) Tadellos sauber, ruhig und geräumig – dieses Hostel für Otto Normalverbraucher verfügt über eine „Flashpacker"-Abteilung im oberen Stockwerk (gut für Familien) und im Hinterhaus eine Reihe von Schlafsälen mit selbstgezimmerten Kojen aus sehr dicken Holzstämmen. Man kann auf der Terrasse faulenzen oder die erstaunliche Wand aus Bierflaschen-Etiketten studieren (nicht, dass das hier ein Ort für Partys wäre – wenn's dunkel wird herrscht Ruhe).

Bed in the Treetops B & B   B&B $$$
(☎ 03-6376 1318; www.bedinthetreetops.com.au; 701 Binalong Bay Rd.; EZ 220–310 AU$, DZ 250–310 AU$, weitere Pers. 70 AU$, jeweils inkl. Frühstück; ☎) Ungefähr 7 km außerhalb von St. Helens auf der Straße nach Binalong Bay führt eine (steile!) Auffahrt immer weiter nach oben zwischen den Bäumen hindurch zu dieser abgelegenen, stilvollen Holzbehausung. Es gibt zwei vornehme Apartments, geschmackvoll möbliert und mit eigener Veranda, Spa und Ausblicken ins Grüne. Im Preis inbegriffen sind der Nachmittagstee oder Drinks vor dem Abendessen und ein fertig zubereitetes Frühstück.

🍴 Essen

Lifebuoy Cafe   CAFÉ $
(☎ 0439 761 371; 29 Quail St; Hauptgerichte 8–14 AU$; ⊗ Mo–Sa 7.30–16 Uhr) Dieses geheimnisvolle, gelehrte kleine Café versteckt sich hinter einem exzentrischen Antiquitätenladen abseits der Hauptgeschäftsstraße. Vernünftiger Kaffee und selbstgemachte Suppen locken die Gäste an, außerdem Lachsburger, Waffeln, Eier Benedikt und die guten alten Country-Kekse.

Mohr & Smith   CAFÉ, MODERN-AUSTRALISCH $$
(☎ 03-6376 2039; 55/59 Cecilia St; Hauptgerichte morgens & mittags 10–22 AU$, abends 22–30 AU$; ⊗ So–Mi 8–16.30, Do–Sa bis 20 Uhr) Sieh mal einer an! Eine klassische städtische Ecke! Mit sonniger Vorderterrasse, gemütlichem Kaminzimmer, entspannten Tönen und einer sexy Belegschaft wäre das M&S auf dem Salamanca Pl in Hobart auch nicht fehl am Platz. Die Pulled-Pork-Quesadilla oder ein paar Spiegeleier mit Avocado, Käse und Chorizo zum Frühstück sind sehr zu empfehlen – dann kann der Tag kommen. Auch nett für einen Drink am Abend.

Blue Shed Restaurant   SEAFOOD $$
(☎ 03-6376 1170; www.blueshedrestaurant.com.au; 1 Marina Pde; Hauptgerichte 29–30 AU$, zum Mitnehmen 10–18 AU$; ⊗ Mo–Fr Restaurant 12–14 & 18–20 Uhr, Gerichte zum Mitnehmen 10–19.30, Sa & So ab 11.30 Uhr) Dieses klassische Lokal am Hafen stellt wunderbare Dinge mit Meeresfrüchten an. Darf's zu Beginn ein würziger Austern-Kracher sein, gefolgt vom Aushängeschild, dem knusprigen Tintenfisch? Oder vielleicht die gegrillte Languste mit Kräutern und Mascarponebutter? Es gibt auch Schweinefleisch, Hähnchen und Rindfleisch für alle, die es mit dem Meeresgetier nicht so haben. Gleich daneben liegt die Takeaway-

Außenstelle namens Captain's Catch, mit der gleichen siegreichen Speisekarte seit 1994.

❶ Praktische Informationen

St. Helens Visitor Information Centre (☏ 03-6376 1744; www.tasmaniaseastcoast.com.au; 61 Cecilia St; ⏲ 9–17 Uhr) Gleich neben der Hauptstraße hinter der Bücherei. Verkauft auch Pässe für die Nationalparks. Die Stadtgeschichte wird durch Erinnerungsstücke und Fotos dokumentiert.

Bay of Fires

Die Bay of Fires ist unglaublich schön! Man findet hier feine Sandstrände vor tiefblauem Wasser und dahinter struppiges Buschland und Lagunen vor. Anders als man vermuten könnte, benannten die frühen Entdecker die Bucht nicht nach den überall auf Felsspitzen und Landzungen lebenden orangeroten Flechten, sondern nach den Feuern der Aborigines, die sie am Strand gesichtet hatten.

Das hübsche Binalong Bay (210 Ew.) ist die einzige ständig bewohnte Siedlung an der Bay of Fires und hat einen schönen Strand, an dem man schwimmen kann. Um zur eigentlichen Bay of Fires zu kommen, folgt man der Straße zur verfallenen Barackensiedlung The Gardens; ihr nördliches Ende erreicht man über die C843, die Straße zur Siedlung Ansons Bay und zum Mt. William National Park.

🏃 Aktivitäten

Bay of Fires Lodge Walk WANDERN
(☏ 03-6392 2211; www.bayoffires.com.au; Tour ab 2250 AU$; ⏲ Okt.–Mai) Ein viertägiges geführtes Abenteuer mit drei Übernachtungen durch dieses großartige, von Wellen ausgewaschene Gebiet. Höchstens zehn Gäste nehmen die sachkundigen Führer mit auf die Tour entlang der Küstenlinie. Die erste Nacht verbringt man im Zelt in einem abgeschiedenen Strandcamp, die beiden folgenden in der grandiosen Bay of Fires Lodge. Am dritten Tag kann man von hier aus auf dem Ansons River kajakfahren oder einfach nur in der Sonne faulenzen und sich Appetit für das Abendessen holen. Inklusive gutem Essen und Wein. Magisch!

🛏 Schlafen & Essen

An der Bucht gibt's wundervolle, kostenlose Campingplätze, die guten Plätze finden sich unmittelbar nördlich von Binalong Bay, zu erreichen über die Straße von St. Helens (die Abzweigung nach The Gardens nehmen!). Im Norden bieten sich die Uferplätze am Policeman's Point an, zu erreichen über eine Nebenstraße, die vor Ansons Bay abzweigt. Hier muss man aber alles selbst mitbringen.

Bay of Fires Character Cottages FERIENHÄUSCHEN $$
(☏ 03-6376 8262; www.bayoffirescottages.com.au; 66–74 Main Rd; DZ 180–230 AU$; ❇ 🛜) Diese fünf gut ausgestatteten Ferienhäuschen bieten von ihrem Standort aus einen Blick über die Bucht, der durchaus einer Millionärsvilla würdig wäre. Das Gelände ist durchsetzt mit dem heimischen Buschwerk, und in den faszinierenden Ausblicken kann man sich beim Grillen auf der Veranda vollständig verlieren. Jede Einheit bietet eine komplett eingerichtete Küche und alles, was zum Wäschewaschen benötigt wird.

Arthouse Tasmania FERIENHAUS $$$
(☏ 0457 750 035; www.arthousetasmania.com.au; 61 Lyall Rd; für 4 Pers. ab 500 AU$; 🛜) Wer im Freundeskreis ein paar Gleichgesinnte zusammentrommeln kann, sollte dieses von einem Architekten entworfene Strandhaus mieten: es wartet mit polierten Holzdielen, Bänken mit Granitauflagen und einer breiten gekrümmte Terrasse hinter einer Phalanx aus Schiebetüren auf. Nur etwa 50 m entfernt lockt die klassische Bay-of-Fires-Szenerie: weißer Sand, Felsen mit orangefarbenen Flechten und sanft anrollende Wellen. Vier Schlafplätze, keine Kinder unter 12 Jahren.

★ Moresco Restaurant CAFÉ, MODERN-AUSTRALISCH $$
(☏ 03-6376 8131; www.morescorestaurant.com.au; 64 Main Rd; Hauptgerichte morgens 11–24 AU$, mittags & abends 22–39 AU$; ⏲ tägl. 7.30–21 Uhr, Juni–Aug. Mo geschl.) Binalong Bays einziges Restaurant meint es ernst: ein fantastischer Speisesaal mit Meerblick, in dem den ganzen Tag Spitzenmahlzeiten serviert werden. Wie wär's mit Pilzen aus dem Huon Valley auf Toast mit tasmanischem Trüffelöl zum Frühstück, danach eine Runde Surfen, und bei der Rückkehr warten Moulting-Bay-Austern und Calamari aus der Bass Strait mit würzigem Tomatenrelish zum Abendessen? Toller Kaffee und eine noch tollere Weinkarte.

Mt. William National Park

Der abgeschiedene **Mt. William National Park** (03-6376 1550; www.parks.tas.gov.au; Pers./Wagen pro Tag 12/24 AU$, Campingplatz EZ/DZ/FZ 13/13/16 AU$, weiterer Erw./Kind 5/2,5 AU$) wartet mit langen Sandstränden, niedrigen Hügelketten und küstennahem Heideland auf. Die besten Zeiten für einen Besuch sind der Frühling und der Frühsommer, wenn die Wildblumen in voller Blüte stehen. Die höchste Erhebung im Park ist mit gerade einmal 216 m der **Mt. William** (hin & zurück 1½ Std. zu Fuß), von dem man aber eine schöne Aussicht hat. Vor allem, um die verbleibenden Bestände des Östlichen Grauen Riesenkängurus in Tasmanien zu schützen, wurde das Gebiet 1973 zum Nationalpark erklärt. Die Tiere waren in den 1950er- und 1960er-Jahren durch eine Krankheit fast vollständig ausgerottet worden.

Am Eddystone Point befindet sich der beeindruckende Leuchtturm **Eddystone Lighthouse**, der in den 1890er-Jahren aus Granitblöcken errichtet wurde. Von einem kleinen Picknickplätzchen aus schaut man auf den Strand mit seinen roten Granitfelsvorsprüngen. Campingmöglichkeiten bieten **Stumpys Bay** und das **Musselroe Top Camp**.

Der Nationalpark liegt ein gutes Stück abseits der Hauptstraßen und ist sowohl von Norden als auch von Süden aus erreichbar. Das nördliche Ende liegt 17 km von Gladstone entfernt, das südliche rund 60 km von St. Helens. Nachts sollte man sich vor Wildtieren in Acht nehmen.

LAUNCESTON

106 200 EW.

Tasmaniens zweitgrößte Stadt liegt in ewiger Rivalität mit dem großstädtischen Hobart im Süden. Launcestons Einwohner argumentieren, ihre Architektur sei eleganter, die Parks schöner, die umgebenden Hügel grüner – und selbst ihre Küche einfach voller im Geschmack. An manchen dieser Punkte ist was dran.

Launcestons Anfänge waren freilich alles andere als beeindruckend. Nach einem Besuch im Jahr 1822 schrieb Reverend Horton seinen Vorgesetzten: „Die Verderbtheit der Bewohner Launcestons spottet jeder Beschreibung. Würdet Ihr des Ausmaßes an Unwissenheit, Gotteslästerung, Trunksucht, sexuellen Ausschweifungen und Lastern aller Art gewahr, Ihr würdet nichts ungetan lassen, um mehr Missionare zu schicken." Launceston hat noch immer einige raue Ecken, bemüht sich aber, das Image abzulegen und sich als hedonistische historische Stadt, mit einem ganz eigenen Charme, zu präsentieren.

Weitere Infos sind unter www.visitlaun cestontamar.com.au zu finden.

◉ Sehenswertes

★ Cataract Gorge PARK

(Karte S. 732; 03-6331 5915; www.launceston cataractgorge.com.au; über den Cataract Walk, Trevallyn; Sessellift Erw./Kind einfache Strecke 12/8 AU$, hin & zurück 15/10 AU$; ganztägig) Nur einen fünfzehnminütigen Fußmarsch vom Zentrum entfernt liegt im Westen die sagenhafte Cataract Gorge. Buschland, Klippen und der eiskalte South Esk River geben einem jedoch das Gefühl, 1 Mio. km von der Stadt entfernt zu sein. Am First Basin gibt es einen kostenlosen Freiluft-**Swimmingpool** (Nov.–März), einen **Sessellift** (9–17.30 Uhr) mit der längsten Einzelspannweite der Welt, Sommerkonzerte, riesige europäische Bäume und kontaktfreudige Pfauen. Verköstigen kann man sich in einem Café, an einem Kiosk und im schicken **Gorge Restaurant** (Karte S. 732; 03-6331 3330; www.launcestoncataractgorge.com.au/gorge restaurant.html; Cataract Gorge; Hauptgerichte mittags ab 22 AU$, abends 30–39 AU$; tgl. 12–14.30, Di–Sa 18.30 Uhr–open end). Das ganze Drum und Dran wird nachts effektvoll beleuchtet.

★ Queen Victoria Museum & Art Gallery MUSEUM, GALERIE

(QVMAG; Karte S. 734; 03-6323 3777; www.qvmag.tas.gov.au; 2 Wellington St; 10–16 Uhr) **GRATIS** Das großartige Museum verteilt sich auf zwei Standorte: die sorgfältig restaurierte **Kunstgalerie** (Gemälde und dekorative Kunst aus der Kolonialzeit) an der Ecke des Royal Park und die naturkundlichen, sozialgeschichtlichen und technischen Sammlungen des **Museums** in den **Inveresk Railyards** (QVMAG; Karte S. 734; 2 Invermay Rd, Invermay; 10–16 Uhr, Planetariumsvorführungen Di–Fr 12 & 14, Sa 14 & 15 Uhr). Die Gebäude selbst machen schon die halbe Attraktion aus, vor allem Inveresk, das bis vor nicht allzu langer Zeit Launcestons Eisenbahnknotenpunkt war. Im **Planetarium** (Erw./Kind/Fam. 6/4/16 AU$) lernt man etwas über Schwarze Löcher, oder man füllt im Café das eine oder andere Loch im Magen.

Boag's Brewery
BRAUEREI

(Karte S. 734; 03-6332 6300; www.boags.com.au; 39 William St; Touren Erw./Kind 30/15 AU$; Touren um 11, 13 & 15 Uhr) James Boags Bier wird seit 1881 an der William St gebraut. In 90-Minuten-Touren wird man Augenzeuge der bernsteinfarbenen Alchemie, natürlich mit anschließender Verkostung. Das kostenlos zugängliche Museum vor Ort wirft weitere Schlaglichter auf die Braugeschichte (alte Fernsehwerbung, Bieretiketten und Fotos zuhauf). Vorabbuchungen der Touren notwendig. Zusätzliche Touren von Dezember bis März.

City Park
PARK

(Karte S. 734; www.launceston.tas.gov.au; Ecke Tamar St & Cimitiere St; tagsüber) Der ausgedehnte City Park prunkt mit riesigen Eichen und Platanen, einem eleganten Springbrunnen, einem gläsernen Gewächshaus, einem Musikpavillon im viktorianischen Stil und Spielplatz und Miniaturbahn für die Kleinen. Entfernte Verwandte erwarten die Besucher im verglasten Gehege der **Japan-Makaken** (April–Sept. 8–16 Uhr, Okt.–März bis 16.30 Uhr), ein Geschenk der japanischen Partnerstadt Ikeda.

National Automobile Museum of Tasmania
MUSEUM

(Karte S. 734; 03-6334-888; www.namt.com.au; 86 Cimitiere St; Erw./Kind/Fam. 13/7/ 32,50 AU$; Sept.–Mai 9–17 Uhr, Juni–Aug. 10–16 Uhr) Autofreaks aufgepasst! Dieses Museum zeigt mit seinen zahllosen Oldtimern, die sich alle in Privatbesitz befinden, eine der besten Auto- und Motorradausstellungen Australiens. Beim Anblick der aufreizenden 1969er-Corvette C2 steigt der Puls.

🏃 Aktivitäten

Mountain Bike Tasmania
MOUNTAINBIKING

(0447 712 638; www.mountainbiketasmania.com.au) Bietet geführte Touren entlang des North Esk River (100 AU$), durch die Trevallyn State Recreation Area (120 AU$) und die Abhänge des Ben Lomond (225 AU$) hinunter – eine Abfahrt über 1050 Höhenmeter so schnell wie man „Marzocchi-Stoßdämpfer" sagen kann.

Tasmanian Expeditions
KLETTERN

(1300 666 856, 03-6331 9000; www.tasmanianexpeditions.com.au) Kletterabenteuer an den Dolerit-Klippen der Cataract Gorge. Das Unternehmen bietet Halbtagestouren (250 AU$/Pers., 150 AU$/Pers. bei 2 oder mehr Kletterern) und Tagestouren (400 AU$/Pers., 225 AU$ bei 2 oder mehr Kletterern). Für die Halbtagesausflüge ist keine Erfahrung notwendig, für die Tagestouren schon. Die Ausrüstung ist im Preis inbegriffen.

👉 Touren

Tamar River Cruises
BOOTSTOUR

(Karte S. 734; 03-6334 9900; www.tamarrivercruises.com.au; Home Point Pde) Für die Erkundung der Stadt vom Wasser aus bietet sich die *Lady Launceston* im Stil der 1890er-Jahre an: 50 Minuten für die Cataract Gorge und das Flussufer (Erw./Kind/Fam. 29/12/70 AU$). Längere Fahrten am Vor- oder Nachmittag (2½ Std., Erw./Kind/Fam. 79/35/179 AU$) auf der *Tamar Odyssey* führen flussabwärts nach Rosevears und zurück.

Launceston Historic Walks
STADTSPAZIERGANG

(Karte S. 734; 03-6331 2213; www.1842.com.au/launceston-historic-walks; 15 AU$/Pers.; Mo 16, Di–Sa 10 Uhr) Bei der eineinhalbstündigen Führung durch die georgianischen, viktorianischen und moderneren Viertel der Stadt erfährt man viel über ihre Geschichte. Los geht's beim „1842-Gebäude" an der Ecke St. John St und Cimitiere St.

Valleybrook Weintouren
WEINGUT

(0400 037 250, 03-6334 0586; www.valleybrook.com.au; Halb-/Ganztagestouren ab 100/150 AU$) Auf den ganztägigen Weintouren klopft man an sechs Kellertüren im Tamar Valley. Es gibt auch Touren am Vor- oder Nachmittag mit dem Besuch von vier Weingütern. Man wird von der Unterkunft abgeholt und auch wieder dort abgesetzt.

Launceston City Ghost Tours
STADTSPAZIERGANG

(Karte S. 734; 0421 819 373; www.launcestoncityghosttours.com; Erw./Kind/Fam. 25/15/55 AU$; Abenddämmerung) Auf dem 90-minütigen Spaziergang gleich nach Sonnenuntergang durch die finsteren Seitengassen der Stadt wird's gruselig. Die Touren beginnen mit der Abenddämmerung vor dem **Royal Oak Hotel** (6331 5346; 14 Brisbane St), in dem Hausgeist Cyril spukt. Vorabbuchung erforderlich, die Aufbruchzeiten variieren je nach Jahreszeit. Für kleine Kinder nicht geeignet.

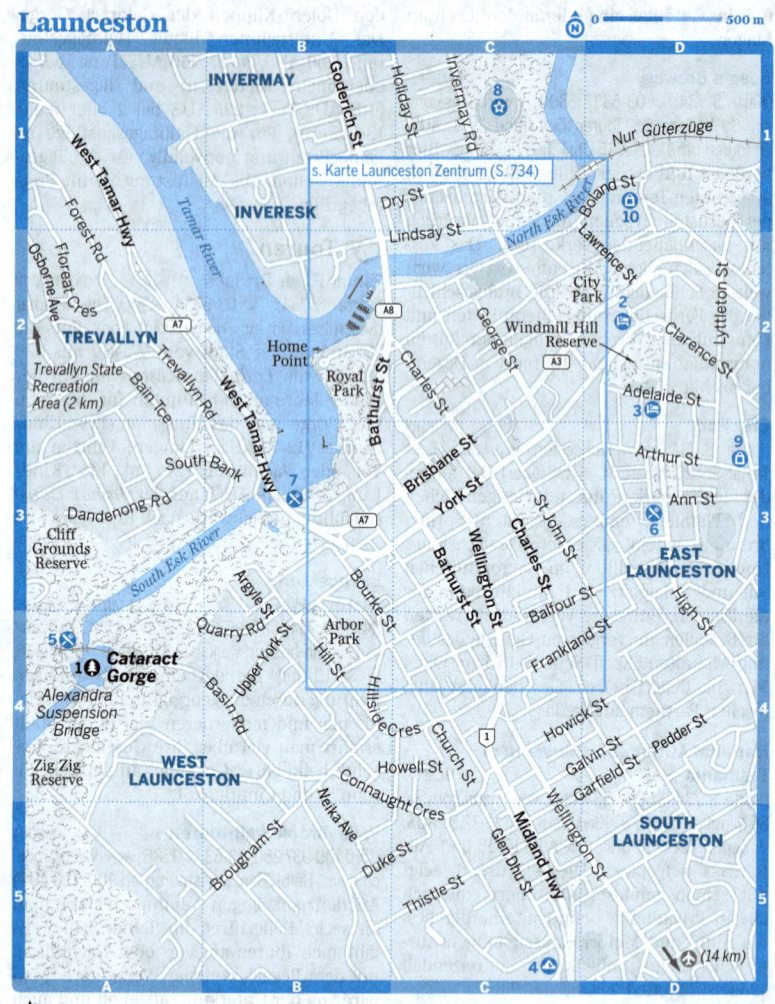

⭐ Feste & Events

Festivale   ESSEN, KUNST
(www.festivale.com.au) Drei fröhliche Tage im Februar im City Park, mit Essen, Trinken, Kunst und Live-Bands (normalerweise von der Variante „von gestern aber immer noch auf Tour"). Tasmanische Küche und Wein erhalten die angemessene öffentliche Aufmerksamkeit.

Junction Arts Festival   KUNST
(www.junctionartsfestival.com.au) Fünf Tage ausgefallener und interessanter Kunstdarbietungen, Installationen, Gigs und nächtliches Spektakel, im September.

Tasmanian Breath of Fresh Air Film Festival   FILM
(BOFA; www.bofa.com.au) Im November flimmern im Inveresk Park Arthouse-, unabhängige und innovative Filme über die Leinwände – Filme, die zum Nachdenken und Wandel einladen. Was für ein BOFA!

🛏 Schlafen

Arthouse Backpacker Hostel   HOSTEL $
(Karte S. 734; ☎ 03-6333 0222, 1800 041 135; www.arthousehostel.com.au; 20 Lindsay St, Invermay; B 23–27 AU$, EZ/DZ 57/67 AU$; @ 🕾)
🍴 Das Arthouse im alten Esplanade Hotel (1881) ist unser Lieblingshostel in Launces-

Launceston

Highlights
1 Cataract Gorge....................................A4

Schlafen
2 Hi George..D2
3 Kurrajong House...................................D2
4 Treasure Island Caravan Park............C5

Essen
5 Gorge Restaurant.................................A4
6 Le Café..D3
7 Stillwater..B3

Unterhaltung
8 Aurora Stadium....................................C1

Shoppen
9 Alps & Amici..D3
10 Autobarn...D1
Mill Providore & Gallery............(siehe 7)

ton: luftige Schlafräume (schöne Mansardenzimmer); ein einladender Aufenthaltsraum mit einem riesigen TV, ein hübscher Balkon im Obergeschoss (und ein Glockenturm) für gemütliche Plaudereien und nach hinten hinaus ein Innenhof mit Grillplatz. Das Hostel ist auch das erste in Australien mit ausgeglichener Klimabilanz (Recycling, Bäume pflanzen, Wurmfarmen – aber hallo!). Fahrrad- und Campingausrüstung zum Ausleihen.

Sportsmans Hall Hotel KNEIPE $
(Karte S. 734; ☎ 03-6331 3968; www.sportieshotel.com.au; Ecke Charles St & Balfour St; EZ 55 AU$, DZ mit/ohne Bad 80/70 AU$; P ☎) Auf der hippen Charles St ist das Sporties so was wie eine lokale Institution. Es wurde erst kürzlich renoviert und die Räume sind sehr schön: es gibt drei mit Badezimmer, die anderen haben ihr eigenes Bad den Flur hinunter. Für Freitag- oder Samstagnacht sollte man nach einem Zimmer fragen, das nicht in der Nähe der Bar liegt (Live-Bands).

Launceston Backpackers HOSTEL $
(Karte S. 734; ☎ 03-6334 2327; www.launcestonbackpackers.com.au; 103 Canning St; B/EZ/2BZ/3BZ 24/52/56/75 AU$, DZ mit/ohne Bad 67/58 AU$; P ☎) Dieses große Haus aus der Zeit der Federation of Australia wurde entkernt um Platz zu schaffen für eine riesige Unterkunft für Backpacker. Das Haus steht zwar mitten im Grünen am Rand des Schutzgebiets Brickfields Reserve, ist aber nicht das ansprechendste Hostel Tasmaniens. Aber da es inzwischen kaum noch Hostels in Launceston gibt, muss man sich damit zufrieden geben. Immerhin sind die Zimmer sauber und hell.

Treasure Island Caravan Park CAMPING $
(Karte S. 732; ☎ 03-6344 2600; www.treasureislandtasmania.com.au; 94 Glen Dhu St, Süd-Launceston; Stellplätze ohne/mit Strom 27/32 AU$, Wohnwagen 60 AU$, Hütten 90–100 AU$; P) Der Campingplatz liegt nur etwa 2,5 km südlich des Zentrums, aber unmittelbar am Highway, es ist daher ziemlich laut. In Ordnung als letzte Möglichkeit. Zum Zeitpunkt der Recherche fand gerade eine Umfirmierung statt, der Name könnte sich also inzwischen geändert haben.

★ **Fresh on Charles** APARTMENT $$
(Karte S. 734; ☎ 03-6331 4299; www.freshoncharles.com.au; 178 Charles St; DZ 120–150 AU$; ☎) Vom vegetarischen Café **Fresh on Charles** (Karte S. 734; ☎ 03-6331 4299; www.freshoncharles.com.au; 178 Charles St; Hauptgerichte 10–22 AU$, Platte für zwei Pers. 35–65 AU$; ⊙ Sa–Do 8.30–15 Uhr, Fr bis open end; ☎ ♪) ♥ führt eine Treppe hinauf zu diesen zwei ausgezeichneten komplett eingerichteten Apartments mit polierten Betonböden. Sie sind retro, minimalistisch, liegen brillant zentral und bieten viel fürs Geld. Die günstigere Einheit hat direkten Kontakt mit den Zweigen der Bäume auf dem Princes Sq auf der anderen Straßenseite. Nach Einbruch der Dunkelheit gibt's freie Parkplätze an der Straße direkt vor dem Haus.

Hi George B&B $$
(Karte S. 732; ☎ 03-6331 2144; www.higeorge.com.au; 64 York St; DZ inkl. Frühstück ab 130 AU$; P ☎) Irritierenderweise liegt das Hi George nicht an der George St. Wer Hallo sagen will, muss die York St hinauflaufen. Wer das tut, findet sechs einfache, geschmackvoll eingerichtete Zimmer in einem ansehnlichen Ziegelhaus aus dem Jahr 1880, ohne Geschnörkel als Staubfänger. Das warme Frühstück ist inklusive. Nett!

Quest Launceston Serviced Apartments APARTMENT $$
(Karte S. 734; ☎ 03-6333 3555; www.questlaunceston.com.au; 16 Paterson St; DZ ab 159 AU$, Apt. mit 2 Schlafzi. ab 249 AU$; P ✱ @ ☎) Das wundervoll renovierte Murray Building im Herzen der Stadt beherbergt jetzt diese 43 Apartments, die alles bieten, was man sich von einer teuren Urlaubsadresse nur wünschen kann: sie sind geräumig, komfortabel, vollkommen autark und extravagant einge-

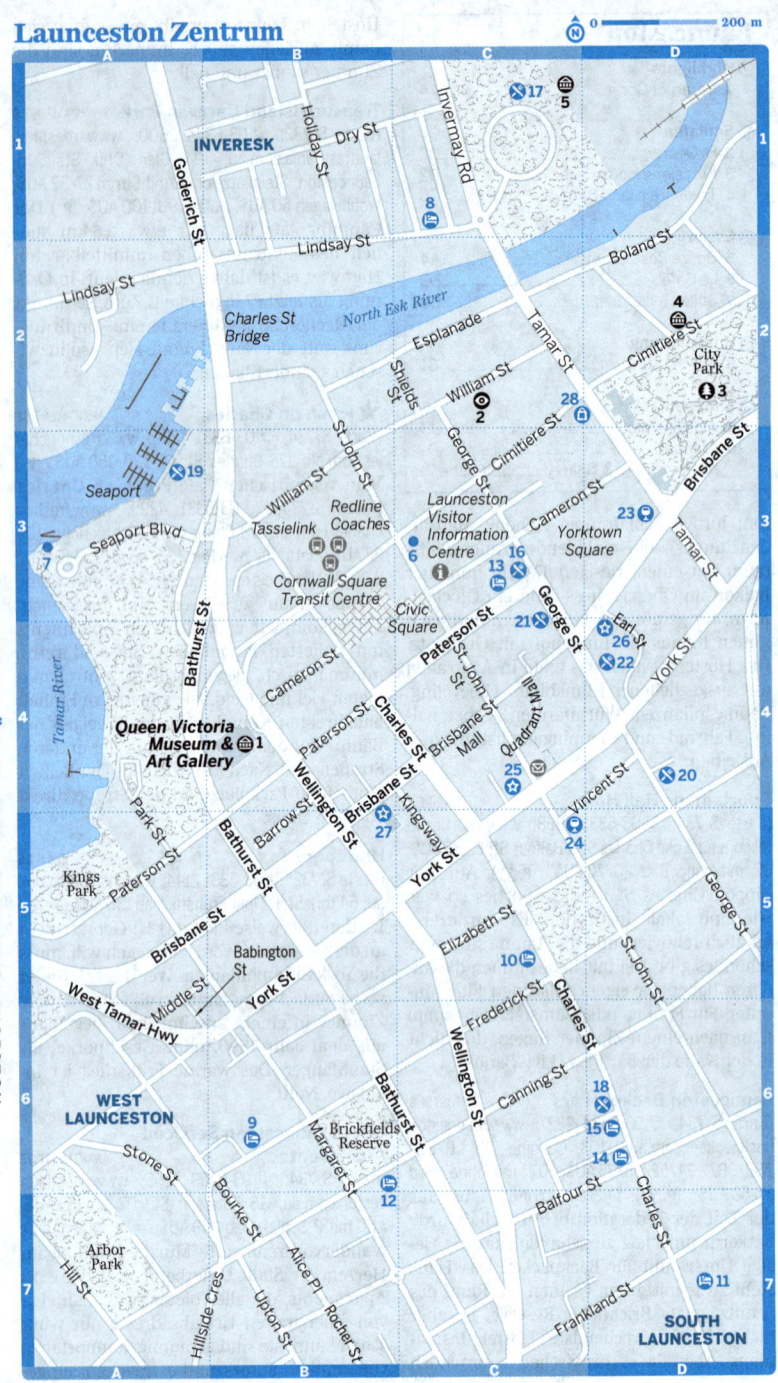

Launceston Zentrum

Launceston Zentrum

◉ Highlights
1 Queen Victoria Museum & Art Gallery B4

◉ Sehenswertes
2 Boag's Brewery C2
3 City Park D2
4 National Automobile Museum of Tasmania D2
5 Queen Victoria Museum & Art Gallery C1

⊕ Aktivitäten, Kurse & Touren
Launceston City Ghost Tours .... (siehe 23)
6 Launceston Historic Walks C3
7 Tamar River Cruises A3

🛌 Schlafen
8 Arthouse Backpacker Hostel C1
9 Auldington B6
10 Fresh on Charles C5
11 Hotel Charles D7
12 Launceston Backpackers B6
13 Quest Launceston Serviced Apartments C3
14 Sportsmans Hall Hotel D6
15 Two Four Two D6

✕ Essen
16 Black Cow Bistro C3
17 Blue Café Bar C1
18 Elaia D6
Fresh on Charles .... (siehe 10)
19 Mud A3
20 Pickled Evenings D4
21 Pierre's C4
22 Sweetbrew D4

🍸 Ausgehen & Nachtleben
23 Royal Oak Hotel D3
24 Saint John C5

✦ Unterhaltung
25 Hotel New York C4
26 Princess Theatre D4
27 Village Cinemas B5

🛍 Shoppen
28 Harvest C2

---

richtet. Die Architekten haben hier und da einige Abschnitte der Ziegelwand unverputzt gelassen und auch die ursprünglichen Stahlträger erhalten – beides taucht durchgängig an unerwarteten Orten auf.

Auldington   BOUTIQUEHOTEL $$
(Karte S. 734; ☎ 03-6331 2050; www.auldington.com.au; 110 Frederick St; DZ ab 129 AU$, Apt. mit 2 Schlafzi. ab 252 AU$; P ⛭) Dieses kleine Boutiquehotel zeigt eine historische Außenfassade – allen Ernstes braune Ziegel mit filigranen schmiedeeisernen Balkonen – die über die abgefahrene Innenausstattung hinwegtäuscht. Das Haus liegt mitten in der Stadt, bietet aber klösterliche Ruhe, tolle Aussichten auf die Stadt und die Art von freundlichem Service, den man in den größeren Hotels einfach nicht bekommt.

Kurrajong House   B&B $$
(Karte S. 732; ☎ 03-6331 6655; www.kurrajonghouse.com.au; Ecke High St & Adelaide St; DZ/Ferienhäuschen ab 155/175 AU$; P ⛭) Dieses ruhige B&B gibt es schon seit 1887 und ist Erwachsenen vorbehalten (über 21). Es vermittelt eine Atmosphäre, die an Zuhause erinnert, nur eleganter. Draußen gibt's blühende Rosen und ein komplett ausgestattetes Ferienhäuschen für längere Aufenthalte. Der schottische Gastgeber redet wie ein Wasserfall und serviert ein beeindruckend zubereitetes Frühstück im hellen Wintergarten.

★ Two Four Two   APARTMENTS $$$
(Karte S. 734; ☎ 03-6331 9242; www.twofourtwo.com.au; 242 Charles St; DZ inkl. Frühstück ab 250 AU$; ⛭) Das nennt man wohl eine coole Renovierung! Möbeldesigner Alan hat all sein handwerkliches Geschick in den Ausbau der vier eigenständige Stadthäuser eingebracht und sie mit viel dunklem Rosenholz, Myrte und tasmanischer Eiche ausgestattet. Edelstahlküchen, italienische Kaffeemaschinen, private Innenhöfe und Wellnessbäder komplettieren die luxuriöseste Unterkunft der Stadt. Die Restaurants auf der Charles St sind gut.

Hotel Charles   HOTEL $$$
(Karte S. 734; ☎ 03-6337 4100; www.hotelcharles.com.au; 287 Charles St; DZ ab 220 AU$; P ✱ @ ⛭) Das schickste Hotel der Stadt war früher ein trostloses Krankenhaus. Die Eingangsrampen und Schiebetüren erwecken immer noch den Eindruck, als müsse man im Rettungswagen ankommen, aber drinnen ist das Charles überall hell und freundlich, mit schicker Einrichtung, flottem Personal und einem stilvollen **Restaurant**. Die preiswerteren Zimmer sind recht klein, es lohnt sich, etwas mehr für ein Studio auszugeben. Alle Zimmer mit Kochnische.

Essen

★ Sweetbrew
CAFÉ $

(Karte S. 734; ☎03-6333 0443; 93a George St; Hauptgerichte 4–10 AU$; ☉Mo-Fr 7–17, Sa 8–15, So 9–14 Uhr) „Melbourne ist nur ein Vorort von Launceston", sagt der Barista in diesem neuen Café. Geht man nach seinem Kaffee, hat er nicht unrecht, denn das süße Gebräu ist ganz eindeutig Melbourne-mäßig, ebenso die Blätterteigstücke, Baguettes, Quiches und klassischen Kuchen auf der Theke. Die kleine Kabine hinten raus muss man sich anschauen!

Le Café
CAFÉ $

(Karte S. 732; ☎03-6334 8887; 39 Ann St, East Launceston; Hauptgerichte 8–16 AU$; ☉Mo-Fr 8.30–17, Sa bis 16 Uhr) In diesem französisch anmutenden kleinen Café herrscht immer Stimmengewirr. Es schaut oben auf dem Hügel in East Launceston auf den St Georges Sq. hinaus. Hinter den schönen alten Schaufenster (Buntglasfenster, Art-Déco-Fliesen) bekommt man frische Säfte, Kuchen, Torten, Hähnchen-und-Kürbis-Pastete und starken Kaffee von glücklichem Personal. *Très bon*.

★ Stillwater
MODERN-AUSTRALISCH $$

(Karte S. 732; ☎03-6331 4153; www.stillwater.net.au; 2 Bridge Rd, Ritchie's Mill; Frühstück 12–23 AU$, Hauptgerichte mittags & abends 29–35 AU$; ☉tgl. 8.30–15.30, Di-Sa 18 Uhr–open end;) Stille Wasser sind hier tief – heißt, hier geht's tief hinein in den Bereich aus herausragendem Service und hervorragender Mod-Oz-Küche. Neben dem Tamar in der renovierten Ritchie's Flour Mill gelegen (Teile davon reichen bis ins Jahr 1832 zurück), bietet das Stillwater geruhsames Frühstücken und entspannte Mittagessen… und wirft sich dann für das Abendessen in Schale. Das beste Restaurant in Launceston, zweifellos. Auch der Weinkeller lässt tief blicken.

Blue Café Bar
CAFÉ $$

(Karte S. 734; ☎03-6334 3133; www.bluecafebar.com.au; Inveresk Railyards, Invermay; Hauptgerichte 15–30 AU$; ☉So-Do 8–16 Uhr, Fr & Sa bis open end, Juli & Aug. abends geschl.) In einem umgebauten Kraftwerk aus klobigem Beton gleich neben dem Tasmanian College of the Arts serviert dieses coole Café Architekturstudenten auf der Flucht vor ihren Büchern fantastischen Kaffee und kreative Gerichte aus heimischem Bio-Anbau. Die Reuben-Pizza mit Wagyu-Rind, Pastrami, Gruyère, Sauerkraut und Meerrettich ist ein Muss.

Elaia
CAFÉ $$

(Karte S. 734; ☎03-6331 3307; www.elaia.com.au; 240 Charles St; Hauptgerichte 11–30 AU$; ☉Mo-Sa 7.30–20, So bis 15.30 Uhr;) Elaia – das wegweisende Café der Charles St. Mehr als die folgende Liste muss man dazu nicht kennen: Pizzas, Pasta, Risotto, Salate, Frühstück den ganzen Tag lang, alternative Country-Töne, schick tätowiertes Personal, Sitzgruppen, Livemusik am Freitagabend und bunte Tische auf dem Gehweg. Schwer zu übertreffen.

Pickled Evenings
INDISCH $$

(Karte S. 734; ☎03-6331 0110; www.pickledevenings.com.au; 135 George St; Hauptgerichte 17–22 AU$; ☉Di-So 17.30–21.30 Uhr;) Alkoholgetränkte Abende und Urlaub gehen zwar Hand in Hand, aber ein Besuch in diesem ausgezeichneten indischen Restaurant beinhaltet nicht notwendigerweise exzessives Trinken. Hierher geht man wegen der großzügigen, würzigen und großartigen Currys. Das Pickled Evenings hat eine gute vegetarische Auswahl und Gerichte auch zum Mitnehmen.

Pierre's
FRANZÖSISCH $$

(Karte S. 734; ☎03-6331 6835; www.pierres.net.au; 88 George St; Hauptgerichte mittags 18–29 AU$, abends 28–38 AU$; ☉Di-Fr 11 Uhr–open end, Sa 8 Uhr–open end) Das Pierre's ist eine Institution in der Stadt (seit 1956). Cooles Design mit dunklem Leder bei gedämpfter Beleuchtung, auf der knappen Speisekarte stehen Langzeitklassiker (Steak Tartar mit Dijonsenf, Cognac und Pommes) und – sagen manche – der beste Kaffee in Launceston. Zu den Gerichten werden fachmännisch die passenden heimischen Weine angeboten. *Oui, oui!*

Black Cow Bistro
STEAKHAUS $$$

(Karte S. 734; ☎03-6331 9333; www.blackcowbistro.com.au; 70 George St; Hauptgerichte abends 35–47 AU$; ☉Fr 12–14.30, tgl. 17.30 Uhr–open end) Dieses hochklassige Bistro-Steakhaus hat sich auf Steaks tasmanischer Weiderinder spezialisiert, die mit Gras gefüttert werden und ohne künstliche Hormongaben aufwachsen. Das Fleisch wird im Black Cow Bistro gleich in sechs Varianten angeboten, und das Steakhaus gilt als das beste in ganz Tasmanien, was angesichts des unglaublichen Erfolgs des Restaurants auch nicht ganz falsch sein kann. Das Cape Grim-Rinderfilet mit getrüffelter Sauce Béarnaise muss man unbedingt probieren – es ist jeden Cent wert.

Mud
MODERN-AUSTRALISCH $$$

(Karte S. 734; ☎03-6334 5066; www.mudbar.com.au; 28 Seaport Blvd; Hauptgerichte mittags 24–29 AU$, abends 35–48 AU$; ⊙11 Uhr–open end) Dieses hippe Bar-Restaurant bildet den absoluten Höhepunkt der Lokale in der wohlhabenden Enklave Seaport. Nach einem Bierchen an der Bar begibt man sich an seinen Tisch für eine erstklassige von der asiatischen Küche inspirierten Mahlzeit (vietnamesischer karamellisierter Schweinebauch, in Sojasauce gebratene Ente, mit Ingwer eingeriebener Lachs). Dabei schaut man den Mannschaften des North Esk Ruderclubs beim Training zu.

Ausgehen & Unterhaltung

★ Royal Oak Hotel
KNEIPE

(Karte S. 734; ☎03-6331 5346; 14 Brisbane St; ⊙12 Uhr–open end) Die beste Kneipe der Stadt. Man muss das eigentlich nicht weiter ausführen, aber es fällt schwer, das Folgende nicht zu erwähnen: herausragendes Bier vom Fass, Open Mic-Abende (am letzten Mi im Monat), Livemusik von Mittwoch bis Sonntag und draufgängerischer Rock aus den 1970er-Jahren vom Band. Wer zu alt ist um ein Hipster zu sein, sich aber noch kulturell dazu berechtigt fühlt, ist hier am richtigen Ort.

★ Saint John
BAR

(Karte S. 734; ☎0424 175 147; 133 St. John St; ⊙Di–So 12–24 Uhr) Hier sind Hipster glücklich! Bärtige Barmixer schenken Bier vom Fass aus, die riesige Bierkarte hinter ihnen listet alle Möglichkeiten in erschöpfender Ausführlichkeit auf. Im Hinterhof steht ein kleiner Imbisswagen, der Philly Cheese Steaks und Lamm-Burger auf Teller häuft, die man dann in der Bar essen kann. Die perfekte Symbiose!

Princess Theatre
THEATER

(Karte S. 734; ☎03-6323 3666; www.theatrenorth.com.au; 57 Brisbane St; ⊙Kartenschalter Mo–Fr 9–17, Sa 10–13 Uhr) Das alte Princess wurde 1911 erbaut und beherbergt im Hinterhof nun das kleinere Earl Arts Centre. Es bringt eine vielseitige Auswahl aus Drama, Tanz und Komödie auf die Bühne und zieht Schauspieler aus ganz Tasmanien und vom australischen Festland an.

Aurora Stadium
ZUSCHAUERSPORT

(Karte S. 732; ☎03-6323 3383; www.aurorastadiumlaunceston.com.au; Invermay Rd, Invermay; Tickets Erw./Kind ab 25/15 AU$) Wer während der Football-Saison (April–Aug.) in der Stadt ist, kann die großen Männer fliegen sehen – das AFL-Team Hawthorn ist zwar in Melbourne zuhause, trägt aber in jeder Saison einige Heimspiele im Aurora Stadium aus. „BAAAAAALL!!!"

Hotel New York
LIVEMUSIK

(Karte S. 734; www.hotelnewyork.net.au; 122 York St; ⊙Mi, Fr & Sa 16 Uhr–open end) In dieser clubähnlichen Kneipe mit internationalen Ansprüchen treten ständig DJs sowie heimische und internationale Rockstars auf (nicht allzu viele aus New York City). In der Regel muss man Eintritt bezahlen (ab 10 AU$).

Village Cinemas
KINO

(Karte S. 734; ☎1300 866 843; www.villagecinemas.com.au; 163 Brisbane St; Tickets Erw./Kind 17,50/13 AU$) Kleine Weltfluchten mit Hollywood-Blockbustern und Popcorn.

Shoppen

Harvest
MARKT

(Karte S. 734; ☎0417 352 780; www.harvestmarket.org.au; Parkplatz an der Cimitiere St; ⊙Sa 8.30–12.30 Uhr) ✦ Hervorragendes wöchentliches Treffen von Bio-Bauern und nachhaltigen Anbietern aus dem Norden und Westen Tasmaniens. Unter kleinen grünen Zelten gibt's jede Menge Bier von Kleinbrauereien, selbstgebackene Köstlichkeiten, Käse und Lachs.

Mill Providore & Gallery
LEBENSMITTEL

(Karte S. 732; ☎03-6331 0777; www.millprovidore.com.au; 2 Bridge Rd; ⊙Mo–Fr 9.30–17.30, Sa 9–17.30, So bis 16 Uhr) Über dem Restaurant Stillwater in Ritchie's Flour Mill findet man diese absolut großartige Schatztruhe mit schönen Dingen für Haus, Küche, Leib und Seele. Da stehen Regale voller Bücher, Lebensmittel und Wein (und Bücher über Essen und Wein), eine herausragende Feinkostabteilung für den Picknickkorb und eine Stadtgalerie, in der man sich ruhig mal umschauen kann.

Alps & Amici
LEBENSMITTEL

(Karte S. 732; ☎03-6331 1777; www.alpsandamici.com; 52 Abbott St East Launceston; ⊙Mo–Fr 7.30–18.30, So 8–14 Uhr) Der Super-Küchenchef Daniel Alps bietet in dem schicken Laden die Gerichte seines Restaurants zum Mitnehmen und Schwärmen an. Außerdem gibt's tolle klassische Kuchen, Käse, Fleisch und Meeresfrüchte, superfrisches Obst und Gemüse sowie Bier und Wein aus ganz Tasmanien. Der Kaffee ist auch ziemlich gut.

ⓘ Praktische Informationen

Banken und Geldautomaten gibt's in der St. John St und der Brisbane St in der Nähe des Einkaufszentrums.

Launceston General Hospital (☎ 03-6348 7111; www.dhhs.tas.gov.au; 287-289 Charles St; ⊙ 24 Std.) Unfall- und Notfallambulanz.

Launceston Visitor Information Centre (Karte S. 734; ☎ 03-6336 3133, 1800 651 827; www.visitlauncestontamar.com.au; 68-72 Cameron St; ⊙ Mo–Fr 9–17, Sa & So bis 13 Uhr) Alles was man jemals über Launceston wissen wollte, sich aber nie zu fragen traute.

Hauptpostamt (GPO; Karte S. 734; ☎ 13 13 18; 68-72 Cameron St; ⊙ Mo–Fr 8.30–17.30, Sa 9–12.30 Uhr) Im Inneren eines fantastischen roten Ziegelgebäudes, das aus den 1880er-Jahren stammt.

ⓘ An- & Weiterreise

BUS

Die meisten Linien fahren am **Cornwall Square Transit Centre** (Karte S. 734; 200 Cimitiere St) ab. Aktuelle Preise und Fahrpläne findet man im Internet.

Redline Coaches (Karte S. 734; ☎ 1300 360 000; www.tasredline.com.au) Von Launceston westlich nach Westbury, Deloraine, Devonport, Burnie und Stanley sowie südlich nach Hobart. Sehr viele Zwischenstopps.

Tassielink (Karte S. 734; ☎ 1300 300 520; www.tassielink.com.au) Westküstenbusse über Devonport und Cradle Mountain und eine Expresslinie vom Fährterminal in Devonport nach Hobart über Launceston. Verkehrt auch von Launceston nach Evandale und Longford.

FLUGZEUG

Jetstar (www.jetstar.com) Flüge nach Brisbane, Sydney und Melbourne.

Qantas (www.qantas.com.au) Direktflüge nach Melbourne, Sydney und Brisbane.

Virgin Australia (www.virginaustralia.com) Direktflüge nach Melbourne und Sydney.

ⓘ Unterwegs vor Ort

AUTO

Die großen Autovermieter haben Büros entweder am Launceston Airport oder in der Stadt. Bei kleineren Anbietern bekommt man Autos ab etwa 40 AU$ am Tag:

Rent For Less (☎ 03-6391 9182, 1300 883 739; www.rentforless.com.au; 153 St. John St; ⊙ Mo–Fr 8–17, Sa 8.30–17, So 9–13 Uhr)

BUS

Metro Tasmania (☎ 13 22 01; www.metrotas.com.au) betreibt das Busnetz in den Vororten der Stadt. Der Preis für eine einfache Fahrt hängt von den Zonen (*sections*) ab, die man durchfährt (3–6,20 AU$). Mit einem Day Rover-Pass (5,30 AU$) kann man ab 9 Uhr unbegrenzt fahren. Die Busse fahren vor den zwei Häuserblocks der St. John St zwischen der Paterson St und der York St ab. Viele Strecken werden abends oder an Sonntagen nicht bedient.

Free Tiger Bus (☎ 03-6323 3000; www.launceston.tas.gov.au) Verkehrt Montag bis Freitag zwischen 10 und 15.30 Uhr jede halbe Stunde von Inveresk nach Princes Park, Windmill Hill und zurück nach Inveresk.

FAHRRAD

Das **Arthouse Backpacker Hostel** (S. 732) verleiht Räder für 15 AU$ pro Tag.

Artbikes (☎ 03-6331 5506; www.artbikes.com.au; Design Centre Tasmania, Ecke Brisbane St & Tamar St; ⊙ Mo–Fr 9.30–17.30, Sa & So 10–16 Uhr) Verleih von Stadträdern des Design Centre Tasmania. Nur mit Kreditkarte und Lichtbildausweis. Der Verleih über Nacht kostet 22 AU$, für ein Wochenende 44 AU$.

VOM/ZUM FLUGHAFEN

Launceston Airport (☎ 03-6391 6222; www.launcestonairport.com.au; 201 Evandale Rd., Western Junction) liegt 15 km südlich der Stadt an der Straße nach Evandale. **Launceston Airporter** (☎ 1300 38 55 22; www.airporterlaunceston.com.au; Erw./Kind 18/14 AU$) ist ein Shuttlebus mit Abholservice. Ein Taxi in die Stadt kostet etwa 35 AU$.

RUND UM LAUNCESTON

Tamar Valley

Der breite Tamar River fließt von Launceston aus in die 64 km nördlich gelegene Bass Strait. Auf seinem Weg passiert er Obstplantagen, Wälder, Weiden und Weinberge. Dies ist Tasmaniens wichtigstes Weinanbaugebiet: die hier gekelterten Premiumweine erlangen internationale Anerkennung. Infos zu Weintouren gibt's auf www.tamarvalleywineroute.com.au.

Das **Tamar Visitor Information Centre** (☎ 1800 637 989, 03-6394 4454; www.tamarvalley.com.au; Main Rd, Exeter; ⊙ 8.30–17 Uhr) befindet sich in Exeter im westlichen Tamar Valley.

ⓘ An- & Weiterreise

Manions' Coaches (☎ 03-6383 1221; www.manionscoaches.com.au) fahren von Launceston ins westliche Tamar Valley, **Lee's Coaches**

(☎ 03-6334 7979; www.leescoaches.com) ins östliche.

Rosevears & Umgebung

310 EW

Das hübsche Dorf am Fluss liegt an einer kleinen Straße, die vom West Tamar Hwy abzweigt. Mit ein paar exquisiten Weingütern in der Umgebung ist es ein echtes Paradies für Liebhaber der edlen Tropfen. Drei der besten sind **Ninth Island Vineyard** (☎ 03-6330 2388; www.kreglingerwineestates.com; 95 Rosevears Dr, Rosevears; ⊙10–17 Uhr) mit einem herausragenden Pinot noir, das ansehnliche **Tamar Ridge** (☎ 03-6330 0300; www.tamarridge.com.au; 1a Waldhorn Dr, Rosevears; ⊙10–17 Uhr) mit seiner Sonnenterrasse und **Velo Wines** (☎ 03-6330 3677; www.velowines.com.au; 755 West Tamar Hwy, Legana; ⊙Kellertür Mi–So 10–17, Restaurant Mi–So 12.30–15.30 & Fr & Sa 18 Uhr–open end), das dem früheren Olympia-Radfahrer Michael Wilson gehört. Das Café des Velo ist überaus gefragt.

🛏️ Schlafen & Essen

★ View   APARTMENT, B&B $$
(☎ 0434 200 300; 279 Gravelly Beach Rd, Gravelly Beach; DZ 120–140 AU$) Das View ist ein hippes B&B-Studio für zwei Personen gleich neben einer Werkstatt. Der Frühstückskorb ist gefüllt mit Obst, Eiern, Brot, Marmelade, Cerealien und Kaffee. In der kleinen Küche in der Ecke kann das alles zubereitet werden. Und die Aussicht ist tatsächlich atemberaubend!

Rosevears Waterfront Tavern   KNEIPENESSEN $$
(☎ 03-6394 4074; www.rosevearstavern.com.au; 215 Rosevears Dr, Rosevears; Hauptgerichte 25–29 AU$; ⊙tgl. 12–15, Mi–Sa 18–21 Uhr) Die Rosevears Waterfront Tavern wurde 1831 erbaut und bietet beliebtes Kneipenessen (Burger, Hähnchen Parmigiana), aber auch etwas leidenschaftlichere Gerichte wie Lammschlegel Rogan Josh und Pizza mit gebratenen Riesengarnelen. Die Ausblicke auf den Fluss sind grandios, der Biergarten anregend. An den meisten Sonntagnachmittagen gibt's Livemusik.

Beauty Point & Umgebung

1210 EW.

Am Pier des schönen Beauty Point befindet sich die faszinierende **Seahorse World** (☎ 03-6383 4111; www.seahorseworld.com.au;

ABSTECHER

BRIDESTOWE LAVENDER ESTATE

In der Nähe von Nabowla, 52 km nordöstlich von Launceston, zweigt die Straße ab zur größten Lavendelfarm der südlichen Hemisphäre: Im **Bridestowe Lavender Estate** (☎ 03-6352 8182; www.bridestowelavender.com.au; 296 Gillespies Rd, Nabowla; ⊙9–17 Uhr) GRATIS wird Lavendelöl für die Parfümindustrie hergestellt. Die violetten Felder in der Blütezeit (Mitte Dez.–Ende Jan.) sind ein unvergesslicher Anblick. Es gibt auch ein **Café** und einen **Geschenkeladen**, der alles verkauft, was man aus Lavendel machen kann: Duftkissen für den Schrank, Bonbons, Eis und „Bobbie-Bären" – mit Lavendel gefüllte Spielsachen, die sich (unerklärlicherweise) zu Tausenden verkaufen.

---

200 Flinders St; Inspection Head Wharf, Beauty Point; Erw./Kind/Fam. 22/9/59 AU$; ⊙Dez.–April 9.30–16 Uhr, Mai–Nov. 10–15 Uhr), in der Seepferdchen für Aquarien auf der ganzen Welt gezüchtet werden.

Im **Platypus House** (☎ 03-6383 4884; www.platypushouse.com.au; 200 Flinders St, Inspection Head Wharf, Beauty Point; Erw./Kind/Fam. 22/9/55 AU$; ⊙9.30–15.30 Uhr) direkt nebenan ist ein Tierpark mit Schnabeltieren und Ameisenigeln untergebracht.

Südlich von Beauty Point liegt das Bergarbeiterstädtchen **Beaconsfield** (1200 Ew.), das durch den Einsturz seiner Goldmine im Jahr 2006 und die anschließende Rettungsaktion weltweit Schlagzeilen machte. Das **Beaconsfield Mine & Heritage Centre** (☎ 03-6383 1473; www.beaconsfield-heritage.com.au; West St; Beaconsfield; Erw./Kind/Fam. 12/4/30 AU$; ⊙9.30–16.30 Uhr) beleuchtet die Geschichte des Bergbaus mithilfe von interaktiven Exponaten.

Alle drei genannten Attraktionen lassen sich mit dem **Triple Pass** (Erw./Fam. 50/136 AU$) des Tamar Visitor Information Centre (S. 738) in Exeter besuchen.

🛏️ Schlafen & Essen

★ Tamar Cove   MOTEL $$
(☎ 03-6383 4375; www.tamarcove.com; 4421 Main Rd; DZ 119–150 AU$, Apt. mit 2 Schlafzi. 149 AU$; 🛜🏊) Was für eine einnehmende kleine am Hang gelegene Enklave! Neun stilvoll eingerichtete Motelzimmer mit Blick in gut

Rund um Launceston

gepflegte Gärten mit einem solargeheizten Swimmingpool. Auch das **Restaurant** (Hauptgerichte 15–30 AU$, geöffnet 20 Uhr-open end) erhält überschwängliche Kritiken – den Meeresfrüchte-Eintopf nach Art des Hauses muss man unbedingt probieren. Kostenloses WLAN. Das ist wirklich eine gute Adresse!

★ **River Cafe** CAFÉ, MODERN-AUSTRALISCH $$
(☎ 03-6383 4099; www.therivercafe.com.au; 225 Flinders St; Hauptgerichte 8–30 AU$; ⊙ 11 Uhr-open end; 🛜) An sonnigen Tagen werden im River Café die Fenster weit geöffnet und dann scheint das Wasser so nah, als könne man es problemlos berühren. Die Speisekarte führt die Gäste mit frischen lokalen Gerichten in Versuchung – das tasmanische Rinderfilet ist schlicht grandios – und auch der Kaffee ist nahe an der Perfektion. Pizzas zum Mitnehmen, kostenloses WLAN und Weine aus dem Tamar Valley bis zum Anschlag.

George Town

4310 EW.

Die historische Stadt am Ostufer der Mündung des Tamar River ist – nach Sydney und Hobart – die drittälteste weiße Siedlung Australiens. Gegründet wurde sie 1804 von Lieutenant Colonel Paterson als Wachposten gegen die Franzosen, die damals in diese Gegend vordrangen. Leider ist kaum etwas von der ursprünglichen Siedlung übrig geblieben.

Das **George Town Visitor Information Centre** (☎ 03-6382 1700; www.provincialtamar.com.au; 92-96 Main Rd; ⊙ 9–17 Uhr) verleiht Fahrräder für Erkundungen auf zwei Rädern. Man sollte sich den Weg zum **Bass & Flinders Centre** (☎ 03-6382 3792; www.bassandflinders.org.au; 8 Elizabeth St, George Town; Erw./Kind/Fam. 10/4/24 AU$; ⊙ 9–16 Uhr) zeigen lassen, einem ausgezeichneten Museum mit einer Nachbildung der *Norfolk*, dem Schiff, mit dem Bass und Flinders 1798 die damals noch Van-Diemens-Land genannte Insel umsegelten.

🛏 Schlafen & Essen

Pier Hotel Motel HOTEL, MOTEL $$
(✆ 03-6382 1300; www.pierhotel.com.au; 5 Elizabeth St; DZ 110–260 AU$; ⸎) Im Pier gibt es einen Flügel mit ruhigen Motelzimmern nach hinten hinaus und im oberen Stockwerk renovierte Kneipenräume, aber die tatsächliche Attraktion ist das **Bistro** (Hauptgerichte 14–33 AU$; ⊙ 12–14 & 18–20 Uhr), das ausgezeichnete Pizzas, Porterhousesteaks, Salate und Surf 'n' Turf mit einer umwerfenden süßen Chili-Béchamelsauce serviert. Falttüren öffnen sich bei warmem Wetter zum Wasser hin.

Low Head

450 EW

Das historische Low Head liegt in einer spektakulären Umgebung mit Blick über den Tamar River und seine wilden – und durchaus tückischen – Strömungen, der hier ins Meer fließt. Die **Low Head Pilot Station** ist Australiens älteste Lotsenstation (seit 1805) und dient dazu, den Schiffskapitänen bei der Einfahrt in den Tamar River zu helfen. Außerdem beherbergt sie das interessante **Low Head Pilot Station Museum** (✆ 03-6382 2826; www.lowheadpilotstation.com; 399 Low Head Rd; Erw./Kind/Fam. 5/3/15 AU$; ⊙ 10–16 Uhr) mit vielen historischen Stücken und Schautafeln.

In Low Head ist der Ausblick vom 1888 erbauten **Leuchtturm** ein echtes Highlight. Mit **Low Head Penguin Tours** (✆ 0418 361 860; http://penguintours.lowhead.com; Erw./Kind 18/10 AU$; ⊙ Dämmerung) kann man zur Pinguinbeobachtung aufbrechen. Die Tiere kehren allabendlich zu ihren Nestern zurück. Gut surfen und sicher im Fluss schwimmen kann man am **East Beach** an der Bass Strait.

🛏 Schlafen & Essen

Low Head Tourist Park CAMPING $
(✆ 03-6382 1573; www.lowheadtouristpark.com.au; 136 Low Head Rd; Stellplätze ohne Strom 15–20 AU$, mit Strom 24–30 AU$, mit eigenem Bad 34–40 AU$, B 28 AU$, Wohnwagen 60–80 AU$, Hütte 95–115 AU$, Ferienhäuschen 120–140 AU$) Dieser seltsam baumlose Campingplatz am Flussufer ist in zwei Bereiche unterteilt, einen alten und einen neuen. Die Preisspannen spiegeln diese Unterschiede wider. Die Einzelbetten stehen in einem umgebauten Wohnwagen mit Anbau. Am besten bucht man eine der holzverkleideten Hütten und genießt den spektakulären Sonnenuntergang.

Low Head Pilot Station FERIENHÄUSCHEN $$
(✆ 03-6382 2826; www.lowheadpilotstation.com; 399 Low Head Rd; Häuschen für 2/5/6/8/9 Pers. 180/210/210/250/300 AU$) Low Heads historischer Bezirk um die Lotsenstation bietet eine Auswahl aus neun sehr clever renovierten abgeschlossenen Ferienhäuschen mit Blick aufs Wasser für bis zu neun Personen. Toll für Familien; die Kids werden bald im Seemannsmodus mit gespitzten Ohren auf das Tuten des Nebelhorns vom Leuchtturm warten (So zur Mittagszeit).

Coxwain's Cottage Café CAFÉ $$
(✆ 03-6382 2826; www.lowheadpilotstation.com; 399 Low Head Rd, Low Head Pilot Station; Hauptgerichte 6–20 AU$; ⊙ Juni–Nov. 10–17 Uhr, Dez.–Mai 9–17 Uhr) Der beste (einzige) Ort um in Low Head etwas zu essen, ist dieses ausgezeichnete Café in einem Häuschen an der Low Head Pilot Station aus dem Jahr 1847. Angeboten werden unter anderem selbstgemachte Pasteten (die Version mit Lamm und Gemüse sollte man probieren), Quiches, getoastete Sandwiches und im Winter herzhafte Suppen – dazu Weine vom Pipers River und leckerer Espresso.

Longford & Umgebung

Longford (3760 Ew.) ist eine denkmalgeschützte Ortschaft 27 km südlich von Launceston, in der 1965 der Große Preis von Australien ausgetragen wurde. Die Stadt ist auch bekannt wegen ihres berühmtesten Sohnes, des Schriftstellers Richard Flanagan, der 2014 den Man Booker Prize für seinen Roman *Der schmale Pfad durchs Hinterland* erhielt.

In der Nähe befinden sich großartige historische Gebäude. Das 1819 errichtete **Woolmers** (✆ 03-6391 2230; www.woolmers.com.au; Woolmers Lane, Longford; Eintritt Erw./Kind ab 14/5 AU$, Führung Erw./Kind/Fam. ab 20/7/45 AU$; ⊙ 10–16, Führungen 11.15, 12.30 & 14 Uhr) gehört zum UNESCO-Welterbe. Es verfügt über einen 2 ha großen Rosengarten und mehrere Gebäude voller alter Schätze.

Das nahe gelegene **Brickendon** (✆ 03-6391 1383; www.brickendon.com.au; Woolmers Lane; Eintritt Erw./Kind/Fam. 12,50/5/38 AU$; ⊙ Okt.–Mai 9.30–17 Uhr, Juni–Sept. 9.30–16 Uhr)

> **NICHT VERSÄUMEN**
>
> ### WEINREGION PIPERS RIVER
>
> Auf jeden Fall einplanen sollte man einen langen Nachmittag zu den vielen Kellertüren in der Pipers River Weinregion, ein leichter Tagesausflug nördlich von Launceston. Online zu finden unter www.tamarvalleywineroute.com.au.
>
> **Pipers Brook** (03-6382 7527; www.pipersbrook.com.au; 1216 Pipers Brook Rd, Pipers Brook; kostenlose Verkostungen, Hauptgerichte im Café 14–25 AU$; 10–17, Café 10–15 Uhr) Das berühmteste Weingut der Region. Man kann einen Pipers Brook, Ninth Island oder Kreglinger in einem architektonisch innovativen Gebäude verkosten. Das **Café** bietet eine wechselnde Karte mit leichten Snacks und einen köstlichen Probierteller.
>
> **Jansz Wine Room** (03-6382 7066; www.jansz.com.au; 1216b Pipers Brook Rd, Pipers Brook; 10–16.30 Uhr) Gleich neben Pipers Brook wird im cleveren Jansz (benannt nach dem Seefahrer und Forscher Abel Jansz Tasman) ein feiner Sekt gekeltert – auch bekannt als *Méthode Tasmanoise* (haha). Eine Käseplatte mit zwei Sektflöten kostet 30 AU$.
>
> **Delamere Vineyards** (03-6382 7190; www.delamerevineyards.com.au; 4238 Bridport Rd, Pipers Brook; 10–17 Uhr) Das umgängliche, familiengeführte Weingut Delamere ist das Gegenstück zu den teuren Weingütern im Umkreis. Es ist ein kleiner Betrieb, der alles vom Anbau der Trauben über das Keltern bis zur Flaschenfüllung auf dem eigenen Hof erledigt. Ausgezeichneter Rosé, weißer Schaumwein und Pinot noir.

ist ein etwas bescheideneres Anwesen aus dem Jahr 1824 mit historischem Park und einem immer noch intakten Bauerndorf. Woolmers und Brickendon vermieten jeweils in sich abgeschlossene, restaurierte **Cottages** (DZ ab 145 AU$) aus der Kolonialzeit.

Das großartige, 1819 erbaute **Entally Estate** (www.entally.com.au; Old Bass Hwy, Hadspen; Erw./Kind 10/8 AU$; 10–16 Uhr) befindet sich in staatlichem Besitz und liegt in einem wunderschönen Anwesen. Es ist das Highlight des 15 km nördlich von Longford gelegenen **Hadspen** (2070 Ew.).

Mehr Infos gibt es unter www.longford tasmania.com.

Schlafen & Essen

★ Red Feather Inn   BOUTIQUEHOTEL $$$

(03-6393 6506; www.redfeatherinn.com.au; 42 Main St, Hadspen; DZ/4BZ inkl. Frühstück ab 250/450 AU$; ✱) Das uneingeschränkt hinreißende Red Feather Inn besteht seit 1852: ein magisches Boutiquehotel mit Kochschule, das den Seiten eines Modemagazins entsprungen scheint. Die Zimmer reichen von Doppelzimmern unterm Dach bis zu einem Ferienhäuschen für zehn Personen. Ganztägige **Kochkurse** (ab 195 AU$) werden in der Landhausküche abgehalten, in der auch die Gerichte für das **Restaurant** (Dreigänge-Menü ab 90 AU$) zubereitet werden, das an den Freitag- und Samstagabenden geöffnet hat.

★ Home of the Artisan   CAFÉ $$

(03-6391 2042; 15 Wellington St, Longford; Hauptgerichte mittags 18–22 AU$, abends 38–45 AU$; Mo–Mi & Fr 9–16.30, Do bis 20 Uhr) Das beste Café am Ort ist ein uriges, preiswertes Lokal in einer Ladenfront aus dem Jahr 1860 (eine ehemalige Apotheke). Frische Kräuter und Gemüse aus dem Garten hinter dem Haus finden ihren Weg in geniale Salate, außerdem gibt's leckere selbstgemachte Kuchen, Muffins und großartigen Kaffee. Donnerstagabends werden rustikale ländliche Gerichte serviert. Auch annehmbare Weine und Saucen sowie Chutneys zum Mitnehmen werden verkauft.

ⓘ An- & Weiterreise

Metro Tasmania (13 22 01; www.metrotas. com.au) Der Bus 78 verkehrt von Montag bis Samstag von Launceston nach Hadspen (4,50 AU$, 30 Min.). Kein Service nach Carrick.

Tassielink (1300 300 520; www.tassielink. com.au) Von Montag bis Samstag fahren Busse zwischen Launceston und Longford (7,50 AU$, 50 Min.) über Evandale.

Evandale

1410 EW

Das denkmalgeschützte Evandale ist ein unfassbar fotogener Ort: wer hier ein paar Stunden durch die ruhigen, historischen Straßen wandert, in Galerien stöbert und in Cafés abhängt, hat seine Zeit gut verbracht.

Das Highlight des Jahres sind die **National Penny Farthing Championships** (www.evandalevillagefair.com) im Februar, wenn Fahrradfahrer auf ihren (Hoch-)Rädern in alarmierendem Tempo durch die Straßen des Städtchens rasen.

◉ Sehenswertes

Clarendon HISTORISCHES GEBÄUDE
(☎ 03-6398 6220; www.nationaltrust.org.au/tas/clarendon; 234 Clarendon Station Rd; Erw./Kind 15 AU$/frei; ⊙ Sept.–Juni 10–16 Uhr) Über die Nile Rd gelangt man im Süden der Stadt zum stattlichen, zweistöckigen Clarendon, das 1838 im neoklassizistischen Stil erbaut wurde und aussieht, als sei es direkt aus *Vom Winde verweht* entsprungen. Es galt lang als prachtvollstes Haus der Kolonie. Man kann auf eigene Faust einen Rundgang durch das Haus machen, das mit Antiquitäten gefüllt ist, und durch die 7 ha große Parkanlage am South Esk River bummeln. Auch das Australian Fly Fishing Museum befindet sich hier.

Evandale Market MARKT
(☎ 03-6391 9191; Falls Park, Logan Rd; ⊙ So 8–13.30 Uhr) Eine ausgelassene Mischung aus glücklichen Einheimischen, die frisches Obst und Gemüse verkaufen, Ponys (und gelegentlich ein Spielzeugzug) für die Kleinen, Imbisswagen und Ständen, an denen Kunsthandwerk und Krimskrams verkauft wird.

Australian Fly Fishing Museum MUSEUM
(☎ 03-6398 6220; www.affm.net.au; 234 Clarendon Station Rd, Clarendon; Eintritt 5 AU$; ⊙ Mo–Sa 10–16, So 12–16 Uhr) Fliegenfischen ist eine noble Kunst. Ganz zu schweigen davon, die Fliegen tatsächlich so anzubringen, dass sie wie etwas aussehen, die eine Forelle fressen möchte. Dieses neue Museum hat eine wundervolle Kollektion von Angeln, Spulen und Fliegen. Der Besuch steigert den Wert des Aufenthaltes im Clarendon.

🛏 Schlafen & Essen

Wesleyan Chapel FERIENHÄUSCHEN $$
(☎ 03-6331 9337; www.windmillhilllodge.com.au; 28 Russell St; DZ inkl. Frühstück ab 150 AU$) Diese winzige Kapelle wurde 1836 erbaut und hat eine wechselvolle Geschichte hinter sich. Heute ist sie eine stilvolle, komplett eingerichtete Unterkunft für zwei Personen direkt an der Hauptstraße. Man beachte die alten Spannstangen aus Stahl, die in luftiger Höhe quer durch den Raum verlaufen und die Außenwände zusammenhalten.

Grandma's House FERIENHÄUSCHEN $$
(☎ 0408 295 387; www.grandmashouse.com.au; 10 Rodgers Lane; DZ 130–170 AU$, weitere Pers. 50 AU$; 🛜) Dieses Haus mit vier Schlafzimmern für fünf Personen steht in der belaubten Parkanlage des historischen Marlborough House im Stadtzentrum. Es gibt eine mit Blauregen bewachsene Veranda mit einem Grill im Hinterhof und die ausgedehnten Gärten stehen zur freien Verfügung. Bei längeren Aufenthalten gibt es Rabatt. Interessant sind die Fotos des Ferienhauses vor der Renovierung – eine unfassbare Verwandlung!

Vitalogy CAFÉ $
(☎ 0437 840 035; 1/14 Russell St; Hauptgerichte 9–25 AU$; ⊙ Mi–Fr 9.30–16, Sa 10–16, So 9–16 Uhr) Dieses sehr coole kleine Lokal ist eines für Fans von Pearl Jam (das war wirklich ein großartiges Album…) und macht köstliche Café-typische Gerichte mit viel frischen, lokalen Zutaten. Die Kürbissuppe mit Maisbrot, das Omelett mit drei Käsesorten und Kräutern oder die Luxus-Rindfleisch-Lasagne sind ein Gedicht. Außerdem gibt's den besten Kaffee der Stadt.

ⓘ Praktische Informationen

Evandale Visitor Information Centre (☎ 03-6391 8128; www.evandaletasmania.com; 18 High St; ⊙ 9.30–16.30 Uhr) Lokale Infos und Unterkunftsbuchungen. Hat die Broschüre *Evandale Heritage Walk* vorrätig (3 AU$), die detailliert über die historischen Reichtümer der Stadt Auskunft gibt. Der **History Room** zeigt Schautafeln über den heimischen Maler John Glover und im 1. Weltkrieg hochdekorierten Soldaten Harry Murray. An beide wird auch mit Statuen auf der Russell St erinnert: Glover, 114 kg schwer und klumpfüßig; Murray, eine Granate schleudernd.

ⓘ An- & Weiterreise

Tassielink (☎ 1300 300 520; www.tassielink.com.au) Von Montag bis Samstag verkehren Busse zwischen Launceston und Evandale (6,50 AU$, 30 Min.), die nach Longford weiterfahren.

Ben Lomond National Park

Der 181 km² große **Ben Lomond National Park** (☎ 03-6336 5312; www.parks.tas.gov.au; Auto/Pers. pro Tag 24/12 AU$), 55 km südöstlich von Launceston ist das schneesicherste Skigebiet Tasmaniens. Wenn im Frühjahr und Sommer kein Schnee liegt, marschieren

Wanderer über die mit Wildblumen bedeckten alpinen Bergwiesen.

Ganztages-Skipässe kosten 55/30 AU$ pro Erwachsener/Kind, Halbtagespässe 38/20 AU$. Schneeberichte und Webcams findet man auf www.ski.com.au/reports/australia/tas/benlomond.

Ben Lomond Snow Sports (☎ 03-6390 6185; www.skibenlomond.com.au; Ben Lomond Rd, Ben Lomond National Park; ⊙ in der Saison 9–16.30 Uhr) betreibt einen Kiosk, der Gerichte zum Mitnehmen anbietet und einen Laden, der Ski, Snowboards und Schlitten sowie die dazugehörige Ausrüstung verleiht. Ski, Stiefel, Stöcke und eine Unterrichtsstunde kosten 85/70 AU$ pro Erwachsener/Kind, nur die Ausrüstung ohne Unterricht 55/40 AU$. Wer zu den Skigebieten will, muss die Eintrittsgebühr für den Nationalpark entrichten.

🛏 Schlafen & Essen

Ben Lomond Alpine Hotel HÜTTEN $$
(☎ 03-6390 6199; www.northerntasmania.com.au/accommodation/ben-lomond-alpine-hotel; Alpine Village, Ben Lomond Rd; DZ 150–250 AU$) In Tasmaniens höchstgelegener Kneipe kann man das ganze Jahr über Unterkünfte buchen. Die Zimmer mit Bad sind kuschelig warm und – wenn Schnee liegt – kann man bis zur Tür abfahren. Im angeschlossenen **Restaurant** (Hauptgerichte 16–32 AU$) kann man seine Energien zum Skifahren oder Wandern wieder auftanken.

ℹ An- & Weiterreise

Es gibt keine öffentlichen Verkehrsmittel zum Berg, man muss also selbst fahren. Die Straße auf das Plateau ist nicht asphaltiert und führt über die Jacob's Ladder, einen haarsträubend steilen Anstieg mit sechs beängstigenden Haarnadelkurven ohne Leitplanken. Wenn Schnee liegt, sind Ketten Pflicht: man kann sie bei **Skigia** (Karte S. 682; www.skigia.com.au; 123 Elizabeth St, Hobart; ⊙ Mo–Fr 9.30–18, Sa bis 16 Uhr) in Hobart leihen oder bei **Autobarn** (Karte S. 732; ☎ 03-6334 5601; www.autobarn.com.au/stores/launceston; 6 Innes St, Launceston; ⊙ Mo–Fr 8–17.30, Sa 9–17, So 9–16 Uhr) in Launceston (etwa 40 AU$/Tag, plus 60 AU$ Kaution).

Ben Lomond Snow Sports betreibt einen Shuttlebus (einfache Strecke 15 AU$/Pers.) von der Ranger-Station 1 km hinter dem Eingang zum Nationalpark: zum Abholen ruft man an.

Nördliches & westliches Tasmanien

Inhalt ➡
Devonport 748
Deloraine 751
King Island 753
Burnie 755
Stanley 758
Queenstown 761
Strahan 764
Franklin-Gordon Wild
Rivers National Park .. 766
Cradle Mountain-
Lake St. Clair
National Park 766
Southwest
National Park 771

Gut essen

➡ Mrs Jones (S. 749)
➡ Linda Valley Cafe (S. 763)
➡ Renaessance (S. 750)
➡ Xanders (S. 759)

Schön übernachten

➡ @VDL (S. 759)
➡ Corinna Wilderness Experience (S. 761)
➡ Cradle Mountain Lodge (S. 770)
➡ Franklin Manor (S. 765)

Auf ins nördliche & westliche Tasmanien!

Wer sich Tasmanien als Land mit hohen Berggipfeln und traumhafter, unberührter Wildnis vorstellt, hat genau diesen Teil des Staates im Kopf. Die Region ist eine der ursprünglichsten Ecken Australiens, eine Wildnis voller Wälder und entlegener Flüsse, die von den dichten und uralten Regenwäldern der Tarkine-Wildnis bis hin zu isolierten Stränden mit der reinsten Luft der Welt reicht. Die Nordküste besteht aus malerischen Stränden und historischen Städten wie Stanley, der bekannten Filmkulisse, oder Penguin, wo von Mitte September bis März oder April Zwergpinguine ans Ufer kommen. Im Hinterland befinden sich einige der besten Orte des Kontinents, um Schnabeltiere zu beobachten – hier kann man in charmanten Städtchen mit historischer Atmosphäre übernachten. Am besten von allem aber ist, dass man die Reise in eine der letzten unberührten Regionen der Welt niemals vergessen wird.

Reisezeit
Devonport

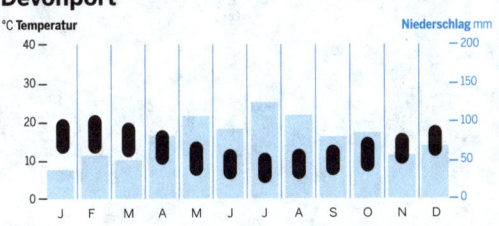

Jan.–März In der Region ist viel los, die langen Tage bieten mehr Zeit für Aktivitäten im Freien.

Juni–Aug. Die Kraft der Roaring Forties (Westwinde) erleben.

Okt.–Dez. Der Nordwesten blüht und es gibt frische Krebse; man kann wunderbar Pinguine beobachten.

Highlights

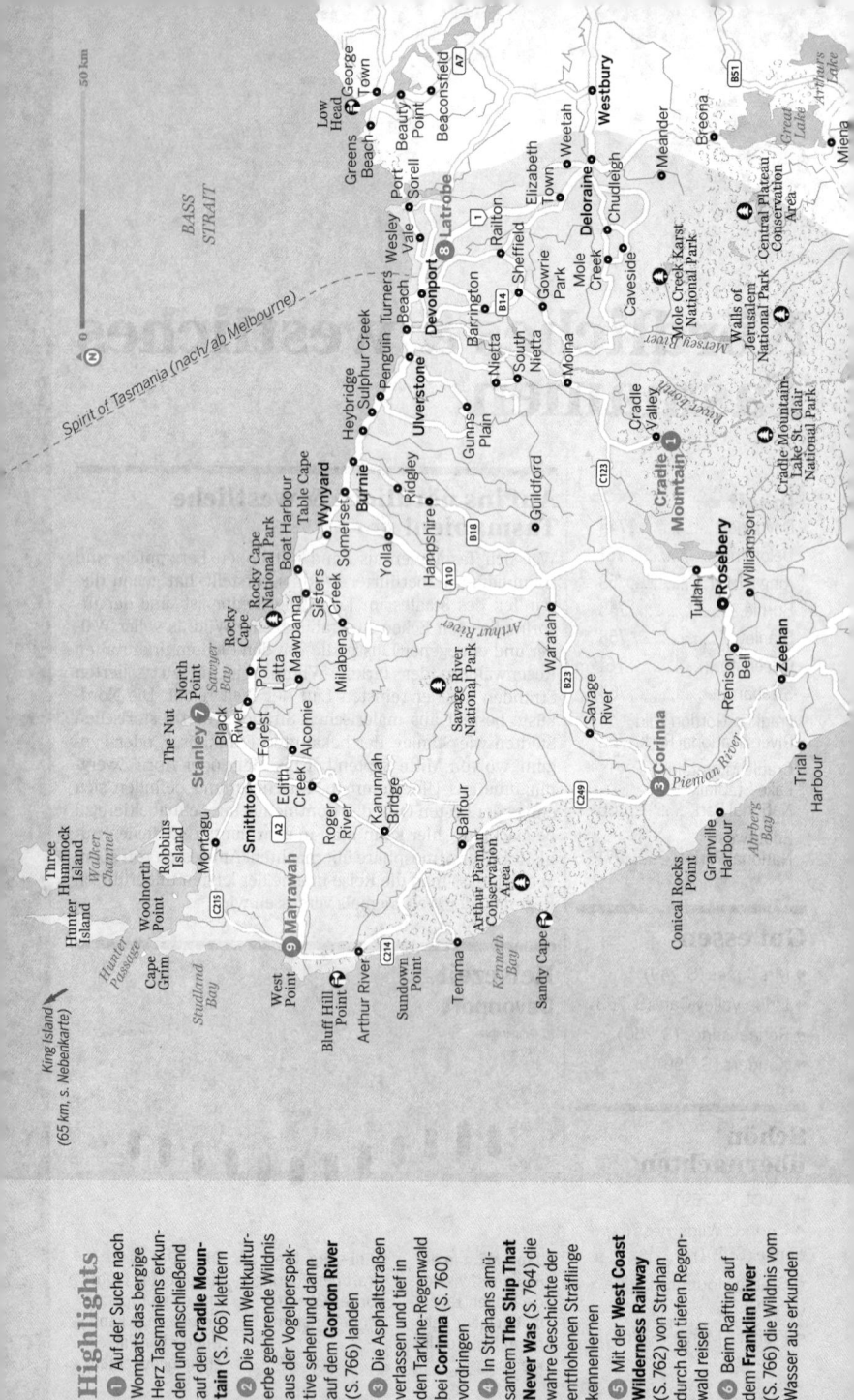

① Auf der Suche nach Wombats das bergige Herz Tasmaniens erkunden und anschließend auf den **Cradle Mountain** (S. 766) klettern

② Die zum Weltkulturerbe gehörende Wildnis aus der Vogelperspektive sehen und dann auf dem **Gordon River** (S. 766) landen

③ Die Asphaltstraßen verlassen und tief in den Tarkine-Regenwald bei **Corinna** (S. 760) vordringen

④ In Strahans amüsantem **The Ship That Never Was** (S. 764) die wahre Geschichte der entflohenen Sträflinge kennenlernen

⑤ Mit der **West Coast Wilderness Railway** (S. 762) von Strahan durch den tiefen Regenwald reisen

⑥ Beim Rafting auf dem **Franklin River** (S. 766) die Wildnis vom Wasser aus erkunden

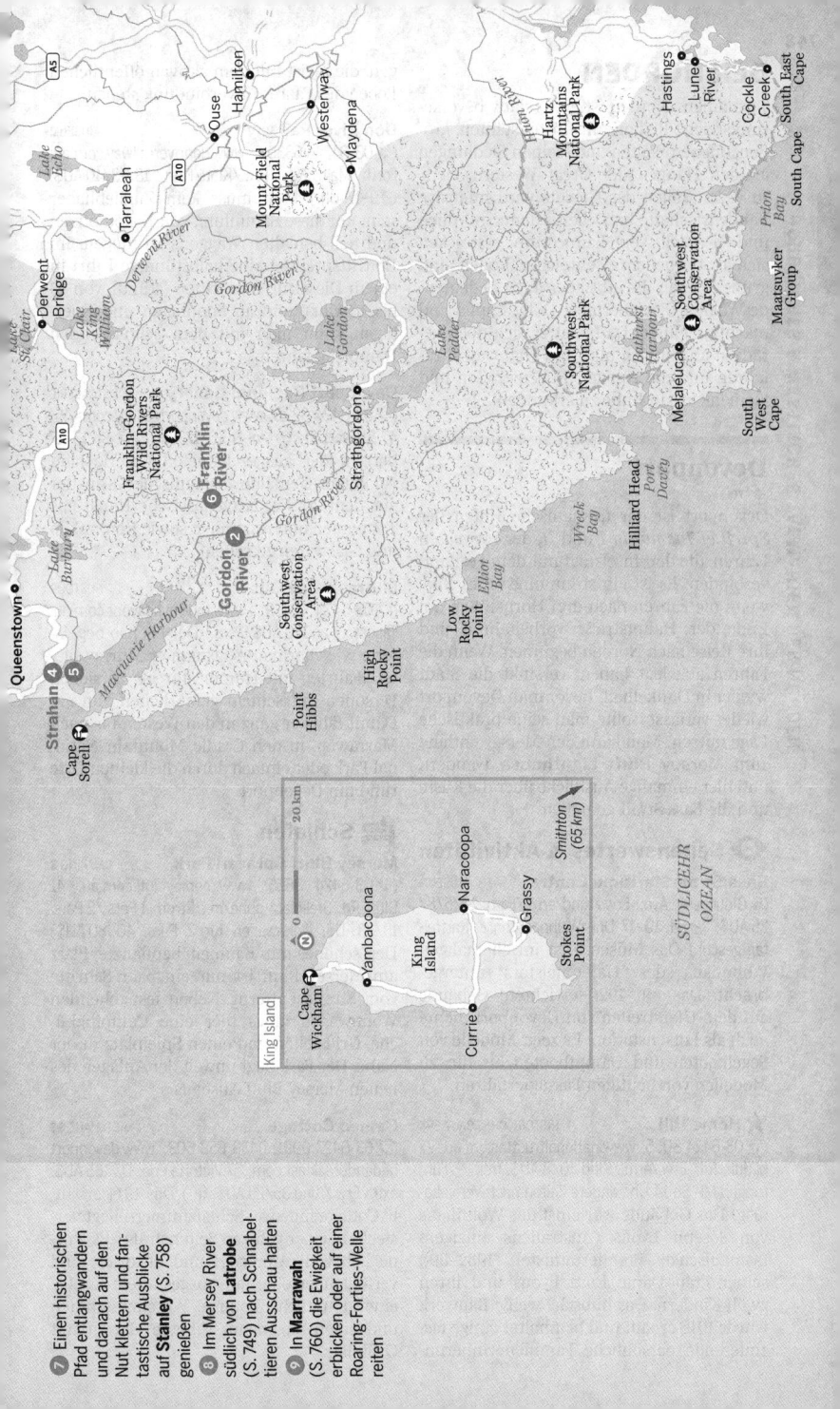

⑦ Einen historischen Pfad entlangwandern und danach auf den Nut klettern und fantastische Ausblicke auf **Stanley** (S. 758) genießen

⑧ Im Mersey River südlich von **Latrobe** (S. 749) nach Schnabeltieren Ausschau halten

⑨ In **Marrawah** (S. 760) die Ewigkeit erblicken oder auf einer Roaring-Forties-Welle reiten

DER NORDEN

Tasmaniens Norden ist eine relativ bevölkerungsreiche Region mit Küstenstädten, großen, offenen Weiten und kleinen Siedlungen an den Hängen der Great Western Tiers. In vielen Teilen des Gebiets wird intensive Landwirtschaft betrieben, denn nördlich und westlich von Launceston erstrecken sich rostfarbener, eisenreicher Boden und grüne Wiesen. Es gibt aber auch bedeutende Wälder, Gletschertäler, Doleritgipfel und mächtige Flüsse. Da bietet es sich doch geradezu an, einfach mal vom Highway abzufahren und die ruhigen Nebenstraßen und kleinen Orte in Ruhe zu erkunden!

Devonport

22 770 EW.

Devonport ist der tasmanische Hafen der *Spirit of Tasmania I* und *II*, der rotweißen Fähren, die den Inselstaat mit dem Festland verbinden. Es ist ein stimmungsvolles Bild, wenn die Fähren nach drei Hornstößen am Ende der Hauptstraße vorbeifahren und ihre Reise nach Norden beginnen. Wenn die Fähren abgelegt haben, versinkt die Stadt wieder in Dunkelheit. Bevor man Devonport wieder verlässt, sollte man seine praktische Lage nutzen: Man kann den Mersey entlang zum **Mersey Bluff Lighthouse** wandern und hier einmalige Ausblicke über die Küste und die Bass Strait genießen.

◉ Sehenswertes & Aktivitäten

Bass Strait Maritime Centre   MUSEUM
(6 Gloucester Ave; Erw./Kind/erm./Fam. 10/5/8/25 AU$; ⊙ tgl. 10–17 Uhr, Weihnachten & Karfreitag geschl.) Das Museum ist im ehemaligen Wohnhaus des Hafenmeisters untergebracht. Das um 1920 errichtete Gebäude auf dem Uferstreifen von Devonport diente auch als Lotsenstation. Es zeigt Modelle von Segelbooten und Dampfbooten bis hin zu Modellen von heutigen Passagierfähren.

★ Home Hill   HISTORISCHES BAUWERK
(03-6424 8055; www.nationaltrusttas.org.au; 77 Middle Rd; Erw./erm./Kind 10/8 AU$/frei; ⊙ Führungen Mi–So 14 Uhr, andere Zeiten nach Vereinbarung) Das Gebäude war einst das Wohnhaus von Joseph Lyons (Australiens einzigem tasmanischen Premierminister; 1932–39), seiner Frau Dame Enid Lyons und ihren zwölf Kindern. Das hübsche weiße Bauwerk wurde 1916 erbaut und beinhaltet einige faszinierende persönliche Familienerinnerungen, die meist mit dem aktiven öffentlichen Leben des Paares in Verbindung stehen.

Don River Railway   MUSEUM
(03-6424 6335; www.donriverrailway.com.au; Forth Main Rd; Erw./Kind/Fam. 18/13/40 AU$; ⊙ 9–17 Uhr) Man muss kein Zugliebhaber sein, um diese Sammlung von Lokomotiven und hell bemalten Waggons zu mögen. Im Eintrittspreis ist eine halbstündige Fahrt in einem Dieselzug inbegriffen (stündl. von 10 bis 16 Uhr), und an Sonntagen und Feiertagen kann man mit dem schnaufenden Dampfzug fahren.

Devonport Regional Gallery   KUNSTGALERIE
(03-6424 8296; www.devonportgallery.com; 45-47 Stewart St; ⊙ Mo–Fr 10–17, Sa 12–17, So 13–17 Uhr) In der ausgezeichneten Galerie sind vor allem Gemälde tasmanischer Künstler aus dem 20. Jh., zeitgenössische Kunst aus Tasmanien und Australien sowie Keramiken und Glaswaren zu sehen.

Murray's Day Out   BUSTOUR
(03-6424 2439; www.murraysdayout.com.au; Tagestour ab 150 AU$/Pers.) Der ebenso begeisterte wie charmante Tasmanier Murray bietet „Fahrten mit Humor" für bis zu sieben Personen mit seinem gemütlichen Van an. Damit fährt er ganz in den Westen bis nach Marrawah, in den Cradle Mountain National Park oder einfach durch die kleinen Orte rund um Devonport.

🛏 Schlafen

Mersey Bluff Caravan Park   CAMPING $
(03-6424 8655; www.merseybluff.com.au; 41 Bluff Rd; Stellplatz ohne/mit Strom 1 Pers./2 Pers. 13/33 AU$, Wohnwagen für 2 Pers. 40–80 AU$) Der schöne, mit Bäumen bepflanzte Platz am Mersey Bluff ist nur ein paar Schritte vom Strand entfernt. Neben feststehenden Wohnwagen gibt's hier eine Campingküche, Grillstellen und einen Spielplatz in der Nähe. Der Park liegt unweit der Anlagen des neuen Mersey Bluff Ausbaus.

Cameo Cottage   MIETSHAUS $$
(03-6427 0991, 0439 658 503; www.devonportbedandbreakfast.com; 27 Victoria Pde; DZ 165 AU$, extra Erw./Kind 35/25 AU$; P) Das 1914 erbaute Cottage mit zwei Schlafzimmern liegt versteckt in einer ruhigen Seitenstraße. Es wurde liebevoll restauriert und dekoriert und verfügt über eine gut ausgestattete Küche, eine gemütliche Lounge, Waschmaschinen und einen angenehm ruhigen Garten mit Grillplatz.

Quality Hotel Gateway HOTEL $$
(☏03-6424 4922; www.gatewayinn.com.au; 16 Fenton St; DZ ab 136 AU$; P✻@🌐) Das Hotel liegt drei Blöcke vom Ufer entfernt, verfügt über moderne Zimmer und wurde vor Kurzem renoviert. Es hat nicht die persönliche Atmosphäre einer Pension, bietet aber hervorragende Qualität. Es gibt auch ein **Restaurant**.

✖ Essen

★ Drift Cafe Restaurant CAFÉ $$
(☏03-6424 4695; www.driftdevonport.com; 41 Bluff Rd; Hauptgerichte 22–28 AU$, Burger 8–16 AU$; ⊘Mi-So 10 Uhr–open end, Mo & Di bis 16 Uhr) Das Café gehört zum neuen Surfclub-Komplex auf der Mersey Bluff Rd und geht mühelos von klassischer zu lässiger Atmosphäre über. Tasmanische Craft-Biere, Gourmetburger und frische Meeresluft – was will man mehr? Es gibt auch eine edle Speisekarte mit allen möglichen Gerichten, z.B. tasmanischer Lachs oder Curry mit Süßkartoffeln und Kichererbsen sowie gelegentlich auch Einflüsse griechischer und thailändischer Küche. Das Restaurant hat im Sommer bis spät in die Nacht geöffnet.

★ Laneway CAFÉ $$
(www.lane-way.com.au; 2/38 Steele St; Hauptgerichte 11–20 AU$; ⊘7.30–16 Uhr) Das Café in einer ehemaligen Bäckerei dürfte eines der besten in ganz Tassie sein. Das hippe Personal serviert herzhaftes Frühstück mit pochierten Eiern, Avocadopüree und Schinkenspeck. Zudem ist in dem freundlichen, denkmalgeschützten Haus auch ein Feinkostladen untergebracht, in dem Bier, Wein und Kunsthandwerk aus der Region verkauft werden. Gelegentlich finden auch Abendveranstaltungen mit besonderen Menüs statt, die vor Ort angekündigt werden.

★ Mrs. Jones MODERN-USTRALISCH $$$
(☏03-6423 3881; www.mrsjonesrbl.com.au; 41 Bluff Rd; Hauptgerichte 29–40 AU$; ⊘12 Uhr–open end) 🍴 Als die Besitzer das äußerst beliebte Wild Cafe an der Küste in Penguin schlossen, um es zu eröffnen, war das eindeutig ein Verlust für Penguin und ein Gewinn für Devonport. Oben im schicken neuen Surf Club bietet das Restaurant ein schönes Dekor (tasmanische Eichentische und Ledersofas sowie eine offene Küche) und außergewöhnliche Gourmetgerichte, für die regionale Produkte verwendet werden.

Die Speisekarte wechselt je nach Saison, aber die langsam geschmorte Lammschulter

> **ABSTECHER**
>
> ## SCHNABELTIERE IN LATROBE
>
> Latrobe vermarktet sich selbst – was wir ziemlich übertrieben finden – als „Schnabeltier-Hauptstadt der Welt". Es gibt aber gute Möglichkeiten für Touristen, hier Schnabeltiere zu sehen.
>
> ➡ Schnabeltier-Zentrum **Australian Axeman's Hall of Fame** (☏03-6426 2099; www.axemanscomplex.com.au; 1 Bells Pde; ⊘9–17 Uhr) GRATIS
>
> ➡ **Warrawee Forest Reserve** (⊘9 Uhr–Sonnenuntergang)
>
> ➡ **Platypus-Spotting Tours** (☏03-6426 1774, 03-6421 4699; Erw./Kind 10 AU$/frei; ⊘8 & 16 Uhr)

mit Zimt und anderen Gewürzen oder das aromatische Kokosnusscurry mit Entenfleisch sind uns zuerst ins Auge gesprungen, als wir dort waren.

🍷 Ausgehen

Central at the Formby BAR
(82 Formby Rd; ⊘14 Uhr–open end) Den Einwohnern zufolge ist dies die beste Bar der Stadt. Sie wirkt dank der Ledersofas sehr schick. An Sommerabenden werden die Glastüren geöffnet und man hat Blick auf den Fluss. Freitag- und samstagabends treten Livebands auf, sonntagnachmittags finden *unplugged*-Sessions statt, die ein reiferes Publikum anziehen.

ℹ Praktische Informationen

Devonport Visitor Information Centre (☏1800 649 514, 03-6424 4466; www.devonporttasmania.travel; 92 Formby Rd; ⊘7.30–17 Uhr) Die Touristeninformation am Ufer gegenüber dem Fährhafen öffnet zur Ankunft der Fähre und bewahrt Gepäck kostenlos auf.

ℹ An- & Weiterreise

BUS

Redline Coaches (☏1300 360 000; www.tasredline.com.au) Die Busse von Redline Coaches halten an der 9 Edward Street und am *Spirit of Tasmania*-Terminal in Devonport. Es gibt eine Verbindung von Launceston nach Devonport (25,40 AU$, 2½ Std.) via Deloraine und Latrobe. Weitere Busse fahren nach Ulverstone (6,50 AU$, 25 Min.), Penguin (8,50 AU$, 40 Min.) und Burnie (11,20 AU$, 1 Std.).

Tassielink (☏1300 300 520; www.tassielink.com.au) Die Busse von Tassielink halten am Besucherzentrum und am *Spirit of Tasmania*-

Terminal. Bietet Verbindungen von Devonport nach Launceston (25,50 AU$, 70 Min.), Sheffield (5,60 AU$, 40 Min.), Gowrie Park (10,20 AU$, 55 Min.), Cradle Mountain (42,40 AU$, 2 Std.), Queenstown (56,20 AU$, 4 Std.) und Strahan (66,80 AU$, 5 Std.).

FLUGZEUG
QantasLink (13 13 13; www.qantas.com.au) Fliegt regelmäßig nach Melbourne.

SCHIFF/FÄHRE
Die Fähren von **Spirit of Tasmania** (1800 634 906; www.spiritoftasmania.com.au; Servicecenter Mo–Sa 8–20.30, So 9–20 Uhr) verkehren zwischen dem Station Pier in Melbourne und dem Fährhafen an der Esplanade im Osten Devonports.

❶ Unterwegs vor Ort
Devonport Airport & Spirit Shuttle (1300 659 878)

Penguin
3159 EW.

Penguin wirkt wie eine dieser hübschen kleinen englischen Küstenstädte, wo sich alles um Eiscreme, Strandvergnügen und frische Meeresbrisen dreht. Aber es gibt etwas sehr Unenglisches in dieser Stadt – Pinguine! Der kleinste Zwergpinguin der Welt *(Eudyptula minor)* kommt in der Brutzeit hier ans Ufer, und selbst wer keine zu sehen bekommt, kann sich überall in der Stadt Modellpinguine ansehen.

🛏 Schlafen & Essen

Happy Backpacker   PUB $
(Neptune Grand Hotel; 03-6437 2406; www.thehappybackpacker.com.au; 84 Main Rd; B/DZ ohne Bad ab 25/65 AU$; P 📶) Der freundliche Pub bietet einfache, aber recht moderne Unterkünfte. In den Zimmern gibt's Waschbecken, aber die Toiletten und Duschen werden gemeinschaftlich genutzt. Im Speiseraum werden billige Gerichte wie Parmesan-Hühnchen sowie Thai- und Fischgerichte serviert.

Madsen   BOUTIQUE-HOTEL $$$
(0438 373 456, 03-6437 2588; www.themadsen.com; 64 Main St; DZ 165-300 AU$, FZ 220 AU$; @ 📶) Das Boutique-Hotel ist in einem früheren Bankgebäude auf der gegenüberliegenden Seite des Ufers untergebracht. Einige Zimmer bieten einen tollen Blick auf die Bass Strait. Das schön dekorierte Hotel mit historischem Flair und einem guten Sinn für moderne Coolness ist eine sehr angenehme Unterkunft. Wer den ultimativen Luxus sucht, sollte eine Penthouse-Suite buchen.

★ **Renaessance**   CAFÉ $$
(0409 723 771; 95 Main Rd; Hauptgerichte 12–25 AU$; Mo–Do & Sa 9–17, Fr bis 18, So 10–16 Uhr) Das Café an der Hauptstraße serviert Salate, Sandwichs, Dips und tollen Kaffee. Es bietet einen Touch Raffinesse und tolle Blicke auf die Bass Strait – wahrscheinlich der beste Ort der Stadt, um einen Kaffee oder ein Glas Wein zu trinken.

❶ Praktische Informationen
Penguin Visitor Information Centre (03-6437 1421; 78 Main Rd; Okt.–März Mo–Fr 9–16, Sa & So 9–15.30 Uhr, April–Sept. Mo–Fr 9.30–15.30, Sa 9–12.30, So 9–15.30 Uhr) Das freundliche Besucherzentrum, in dem Freiwillige arbeiten, informiert über lokale Attraktionen sowie über die aktuellen Aufenthaltsorte der Pinguine.

❶ An- & Weiterreise
Redline (www.tasredline.com.au) Die Busse von Redline fahren auf ihrer Route entlang der Nordwestküste von Penguin nach Burnie (6,50 AU$, 15 Min.) und Devonport (8,50 AU$, 40 Min.).

> ### ❶ WO KANN MAN PINGUINE SEHEN?
>
> Wie der Name schon sagt, ist Penguin ein Aufenthaltsort für Zwergpinguine, die zwischen Mitte September bzw. Oktober und März/April an diesem Küstenstreifen jede Nacht ans Ufer kommen. Es gibt drei Orte, um sie zu sehen:
>
> ➡ Die größte Brutkolonie kommt bei Sonnenuntergang an den **Lalico Beach**, 22 km östlich von Penguin. Es gibt eine Aussichtsplattform hier, und in den meisten Nächten der Saison ist ein Parkranger anwesend, um Fragen zu beantworten. Für weitere Details kontaktiert man das **Parks & Wildlife Office** (03-6464 3018; parks.tas.gov.au; Short St, Ulverstone) oder das **Visitor Information Centre** von Penguin.
>
> ➡ Eine kleinere Kolonie kommt beim **Sulphur Creek** (4 km westlich von Penguin) ans Ufer.
>
> ➡ **West Beach** in Burnie (19 km westlich von Penguin), hinter dem Makers' Workshop.

Deloraine

2333 EW.

Deloraine liegt am Fuße der Great Western Tiers und bietet wundervolle Panoramen. Die Hauptstraße ist von zahlreichen georgianischen und viktorianischen Gebäuden mit schmiedeeisernen Dekorelementen gesäumt und führt zu einem grünen Parkgelände am Ufer des Meander River. In der Stadt herrscht eine unkonventionelle, lebhafte Atmosphäre; es gibt tolle kleine Speiselokale, schicke Boutiquen und Secondhandläden.

⊙ Sehenswertes & Aktivitäten

Deloraine Museum   MUSEUM
(YARNS: Artwork in Silk; 03-6362 3471; www.yarnsartworkinsilk.com; 98–100 Emu Bay Rd; Erw./Kind./Fam. 8/2/18 AU$; ⊗9–17 Uhr) Kernstück des Museums ist ein herrlicher gesteppter und mit Applikationen versehener Wandbehang, der aus vier Teilen besteht und das Leben im Meander Valley im Wechsel der Jahreszeiten zeigt. Es ist ein beeindruckend detailliertes Werk, das von 300 kreativen Frauen und Männern in Gemeinschaftsarbeit erschaffen wurde. An jedem der vier Teile wurde 2500 Stunden lang gearbeitet; das ganze Projekt dauerte insgesamt drei Jahre. Seitdem hängt es in einem eigens dafür gebauten Saal, in dem auch die Entstehung erläutert wird.

41° South Tasmania   FARM
(03-6362 4130; www.41southtasmania.com; 323 Montana Rd; ⊗Nov.–März 9–17, April–Okt. bis 16 Uhr) GRATIS Auf dieser interessanten Farm werden Lachse in künstlichen Becken gezüchtet; ein Sumpf wird als natürlicher Biofilter genutzt. Diese abfall- und chemiefreie Methode der Fischzucht ist die sauberste Art, Fische aufzuziehen. Hier wird auch hervorragender Räucherlachs hergestellt, den man kostenlos probieren, kaufen und im **Café** zu Mittag essen kann. Man kann auch **Wanderungen** (Erw./Kind./Fam. 10/5/25 AU$) auf eigene Faust durch die Sümpfe machen.

🛏 Schlafen & Essen

Deloraine Hotel   PUB $
(03-6362 2022; www.delorainehotel.com.au; Emu Bay Rd; EZ ohne Bad 40 AU$, DZ mit Bad 80–120 AU$) Der 1848 gegründete Pub ist mit schmiedeeisernen Dekorelementen geschmückt. Er wurde vor Kurzem renoviert und bietet nun eine schicke moderne Einrichtung. Auch die stilvollen, schlichten Zimmer im Obergeschoss wurden erneuert.

★**Bluestone Grainstore**   B&B $$
(03-6362 4722; www.bluestonegrainstore.com.au; 14 Parsonage St; DZ inkl. 165–180 AU$; 🖳) Hier wurde ein 150 Jahre altes Lagerhaus stilvoll umgebaut und renoviert. Nun darf man sich auf weiß getünchte Steinwände, gestärkte Bettwäsche und große, ovale Badewannen freuen. Und auf flippige Extras wie Origami-Blumen. Es gibt sogar ein Miniaturkino mit freier Filmwahl! Zum Frühstück kommen regionale Produkte auf den Tisch – biologisch angebaut, wenn möglich.

★**Forest Walks Lodge**   LODGE $$
(03-6369 5150; www.forestwalkslodge.com; Jackeys Marsh; EZ/DZ/FZ ab 140/160/170 AU$ inkl. Frühstück) Die herrliche Lodge liegt in einer hübschen ländlichen Region und bekommt immer wieder gute Bewertungen von unseren Lesern. Sie bietet geräumige Zimmer in warmen Farbtönen, die mit lokalem Kunsthandwerk dekoriert sind. Auch das Mobiliar ist schick und modern.

Wer ein edles Drei-Gänge-Abendmenü genießen will, sollte reservieren. Die Besitzer organisieren auch geführte Wanderungen durch die Wälder der Great Western Tiers. Empfehlenswert!

Deloraine Deli   CAFÉ & FEINKOST $$
(03-6362 2127; 81 Emu Bay Rd; Hauptgerichte 11–21 AU$; ⊗Mo–Fr 8.30–17 Uhr, Sa bis 14.30 Uhr) Ideal für ein spätes Frühstück mit belegten bzw. gefüllten Baguettes, Bagels und Focaccia! Der starke Kaffee ist erstklassig, und es gibt auch laktose- und glutenfreie Gerichte.

ℹ An- & Weiterreise

Redline Coaches (03-6336 1446, 1300 360 000; www.redlinecoaches.com.au) Busse nach Launceston (14,30 AU$, 45 Min.).

Tassielink (03-6230 8900, 1300 300 520; www.tassielink.com.au) Busse nach Cradle Mountain (61,50 AU$, 3 Std.) und Strahan (mit Umstieg in Queenstown; 85,40 AU$, 6½ Std.).

Walls of Jerusalem National Park

Der **Walls of Jerusalem National Park** (www.parks.tas.gov.au; Pers./Fahrzeug 12/24 AU$ pro Tag) ist einer der schönsten Parks Tasmaniens. Seine von Gletschern übersäte Landschaft besteht aus zerklüfteten Doleritgipfeln, Bergseen und uralten Pinienwäldern. Der Parks ist Teil der von Seen gesprenkelten Wildnis des Central Plateau und gehört

> **ABSTECHER**
>
> ## MOLE CREEK KARST NATIONAL PARK
>
> Willkommen in einem der ungewöhnlichsten Nationalparks Tasmaniens! Der Schlüssel zur Anziehungskraft des **Mole Creek Karst National Park** (Tourbuchungen 03-6363 5182; www.parks.tas.gov.au) liegt in seinem Namen – das Wort „Karst" bezieht sich auf seine charakteristische Kalksteinlandschaft, die von Höhlen und unterirdischen Flüssen durchzogen ist. Die Region des Mole Creek umfasst über 300 bekannte Höhlen und Krater, darunter öffentlich zugängliche Höhlen, die man auf geführten Touren besichtigen kann, sowie Höhlen, die nur für erfahrene Höhlenkletterer zugelassen sind.
>
> **Marakoopa Cave** Der Name Marakoopa leitet sich vom Aborigine-Wort für „schön" ab – und das ist diese Höhle wirklich, in der man filigrane Stalaktiten und Stalagmiten, Glühwürmchen, funkelnde Kristalle und reflektierende Wasserpools sehen kann. Für die Höhle werden zwei geführte Touren angeboten. Die leichte **Underground Rivers and Glowworms Tour** (Erw./Kind 19/9,50 AU$; Okt.–Mai 10, 12, 14 & 16 Uhr, Juni–Sep. 16 Uhr keine Tour) eignet sich für alle Altersgruppen. Die **Great Cathedral and Glowworms Tour** (Erw./Kind 19/9,50 AU$; 11, 13 & 15 Uhr) ist anspruchsvoller und umfasst einen Treppenaufstieg zu einer riesigen Grotte, die als „Große Kathedrale" bekannt ist.
>
> **King Solomons Cave** (Erw./Kind 19/9,50 AU$; Dez.–April stündl. 10.30–16.30 Uhr, Mai–Nov. 11.30–15.30 Uhr) Bei der Besichtigung dieser kompakten Höhle sieht man prachtvolle Farben und Formationen. Die Touren zur King-Solomons-Höhle können nur mit Kreditkarte oder Eftpos bezahlt werden – Bargeld wird nicht akzeptiert. Wer keine Kreditkarte besitzt, kann den Eintrittspreis für die beiden Höhlen im Ticketbüro unweit der Marakoopa-Höhle (11 km entfernt) mit Bargeld bezahlen.
>
> **Mole Creek Caves Ticket Office** (03-6363 5182; www.molecreek.info; 330 Mayberry Rd, Mayberry) Tourtickets gibt's im Mole Creek Caves Ticket Office, das sich in der Nähe des Eingangs zur Marakoopa-Höhle befindet.

zur Tasmanian Wilderness World Heritage Area. Mehrere Wanderwege führen durch die Region; einige auch weiter zum Cradle Mountain-Lake St. Clair National Park.

Aktivitäten

Die beliebteste Wanderung ist der Ganztagestrek zu den „Walls". Ein steiler Pfad führt vom Parkplatz auf der Mersey Forest Rd hinauf zur **Trappers Hut** (hin & zurück 2 Std.), den **Solomon's Jewels** (hin & zurück 4 Std.) und durch das **Herod's Gate** zum **Lake Salome** (hin & zurück 6–8 Std.) sowie zum **Damascus Gate** (hin & zurück 9 Std.). Wer die historische **Dixon's Kingdom Hut** und die schönen Pinienwälder, die sie umgeben, besuchen will (vom Parkplatz hin & zurück 10 Std.) oder vorhat, auf die Spitze des **Mount Jerusalem** (hin & zurück 12 Std.) zu klettern, sollte über Nacht zelten. An der **Wild Dog Creek** gibt's Zeltplätze und eine Komposttoilette.

Man muss auf harte Bedingungen gefasst sein: Es schneit viel hier, nicht nur im Winter. Die Wanderungen durch den Park werden in *Cradle Mountain Lake St. Clair and Walls of Jerusalem National Parks* von John Chapman und John Siseman sowie im Lonely Planet *Walking in Australia* beschrieben.

Tasmanian Expeditions WANDERN
(03-6331 9000, 1300 666 856; www.tasmanian-expeditions.com.au) Tasmanian Expeditions bietet einen sechstägigen „Walls of Jerusalem"-Trip (1695 AU$) an, bei dem die Highlights des Parks und einige abgelegene Attraktionen besucht werden.

An- & Weiterreise

Man erreicht den Park von der Mole Creek aus über die Mersey Forest Rd in Richtung Lake Rowallan. Die letzten 11 km sind gut gepflegte Schotterstraßen.

Sheffield & Umgebung

1108 EW.

In den 1980er-Jahren war Sheffield eine typische tasmanische Kleinstadt, die der Flaute verfiel. Doch dann hatten einige Bewohner eine Idee, die es auch schon in der kleinen Stadt Chemainus in Kanada gegeben hatte, und die zu tollen Ergebnissen führte. Der Plan bestand darin, Wandbilder auf die Stadtmauern zu malen, die Szenen aus der Pionierzeit der Region darstellten. Heute ist Sheffield eine Freiluftgalerie mit über 50 fantastischen, riesigen Wandgemälden. Jedes Jahr findet ein Malfestival statt, bei denen noch mehr produziert werden.

🚩 Geführte Touren

⭐ Audiotouren zu den Wandbildern
WANDERN

Im Besucherzentrum holt man sich ein Headset (9 AU$) – und auf geht's zu einer informativen Audiotour zur Freiluftkunst Sheffields. Die Tour dauert etwa 90 Minuten (obwohl man das Headset den ganzen Tag behalten kann) und führt zu 20 der besten Gemälde der Stadt. Unterwegs passiert man auch den **Working Art Space** (www.traksheffield.blogspot.com.au; 2 Albert St; ⊙11–15 Uhr, kürzere Öffnungszeiten im Winter), wo man lokalen Künstlern bei der Arbeit zusehen kann.

🎉 Feste & Events

Muralfest KUNST
(www.muralfest.com.au) Sheffields Festival der Freiluftkunst findet jedes Jahr Ende März/Anfang April statt. Bei dem riesigen Malfest wird ein Thema festgelegt und Künstler aus ganz Australien strömen in die Stadt, um für einen Bargeldgewinn gegeneinander anzutreten. Dabei entstehen neun weitere Wandgemälde. Unterkünfte sollten zu dieser Zeit im Voraus gebucht werden.

🛏️ Schlafen & Essen

Sheffield Cabins HÜTTEN $$
(☏ 03-6491 2176; www.sheffieldcabins.com.au; 1 Pioneer Cres; DZ 100–105 AU$, extra Erw./Kind 15/10 AU$) Einfache, saubere Hütten für Selbstverpfleger. Sie stehen unweit des Besucherzentrums – der Preis unschlagbar. Man darf auch Tiere mitbringen.

Glencoe Rural Retreat B&B $$
(☏ 03-6492 3267; www.glencoeruralretreat.com.au; 1468 Sheffield Rd, Barrington; DZ 175–210 AU$; 🛜) Gleich nördlich von Sheffield, an der B14 bei Barrington, liegt dieses hübsche Anwesen, das dem gefeierten französischen Koch Remi Bancal gehört. Man übernachtet in romantischen, stilvollen Zimmern (Kinder unter 12 Jahre sind nicht erlaubt) und sollte auf keinen Fall die hervorragenden Drei-Gänge-Abendmenüs verpassen (65 AU$, nach vorheriger Anmeldung).

⭐ Blacksmith Gallery Cafe CAFÉ $
(☏ 03-6491 1887; www.fridaynitemusic.org; 63 Main St; Hauptgerichte 9–18 AU$; ⊙8.30–17 Uhr) Das freundliche, künstlerisch angehauchte Café behauptet, den besten Kaffee Sheffields zu servieren – und hat damit vielleicht sogar Recht. Mit seinem Retro-Dekor, der hippen Musik und dem Holzofen (an kalten Tagen) ist es ein toller Ort zum Abhängen, für ein Frühstück, ein Mittagessen (die Quiche ist köstlich) oder Kaffee und Kuchen zwischendurch. Am letzten Freitag im Monat finden ausgelassene Folkmusikabende statt.

ℹ️ An- & Weiterreise

Tassielink (www.tassielink.com.au) Die Busse von Tassielink halten vor dem Besucherzentrum. Verbindungen nach/ab Sheffield: Launceston (31,20 AU$, 2 Std.), Devonport (5,60 AU$, 40 Min.), Cradle Mountain (27,60 AU$, 70 Min.) und Strahan (60,30 AU$, 5 Std.).

King Island

King Island (oder KI, wie die Einwohner es nennen) ist ein Ort, in dem die einzige Verkehrskontrolle das entspannte Handwinken eines Einheimischen ist, wenn man vorbeifährt. Der schmale Landstreifen mit 64 km Länge und 27 km Breite ist ein relaxter Ort, wo jeder jeden kennt und das Leben einen gemächlichen Gang geht. Auf den Weiden der Insel blüht die Milchwirtschaft, und das Meer liefert herrliche Meeresfrüchte (und bietet tolle Surfmöglichkeiten).

👁️ Sehenswertes

King Island Dairy MOLKEREI
(☏ 1800 677 852, 03-6462 0947; www.kidairy.com.au; 869 North Rd; ⊙So–Fr 12–16 Uhr) Die bescheidene, aber hervorragende Käserei von King Island Dairy liegt 8 km nördlich von Currie (gleich hinter dem Flughafen). Hier kann man preisgekrönten Brie, Cheddar und Blauschimmelkäse probieren und sich dann im Geschäft mit Käse zum Budgetpreis (nur hier so billig) eindecken. Die hauseigene Sahne schmeckt einfach wunderbar.

Cape Wickham HISTORISCHE STÄTTE
Man kann direkt zum höchsten **Leuchtturm** der südlichen Hemisphäre bei Cape Wickham, an KIs Nordspitze, fahren. Der 48 m hohe Turm wurde 1861 errichtet, nachdem an der trügerischen Küste der Insel mehrere Schiffe gesunken waren. Das berühmteste Wrack von King Island ist die *Cataraqui*, die 1845 kenterte – es war mit 400 Toten das schwerste Seeunglück Australiens.

King Island Museum MUSEUM
(Lighthouse St, Currie; Erw./Kind 5/1 AU$; ⊙14–16 Uhr, Juli & Aug. geschl.) Bietet Infos zu Leucht-

ABSTECHER

TROWUNNA WILDLIFE PARK

Etwa 5 km östlich der Mole Creek an der B12 und 2 km westlich von Chudleigh befindet sich der erstklassige **Trowunna Wildlife Park** (☏ 03-6363 6162; www.trowunna.com.au; Erw./Kind/Fam. 22/12/60 AU$; ⊙ 9–17 Uhr, Führungen 11, 13 & 15 Uhr), der sich auf Tasmanische Teufel, Wombats und Koalas sowie auf Vögel spezialisiert hat. Es gibt eine informative Tour, bei der man einige Tiere streicheln, füttern oder sogar im Arm halten kann. Wer dort ist, sollte sich auch das interaktive **Devil Education and Research Centre** ansehen.

---

türmen, Schiffswracks und Denkmälern in der Umgebung. Gibt auch die Broschüre *King Island Maritime Trail: Shipwrecks & Safe Havens* heraus, die man dort bekommt, wo Besucherformationen zur Verfügung stehen.

🏃 Aktivitäten

King Island ist eins der besten **Surfziele** Australiens – und die Zeitschrift *Surfing Life* hat die Break an der Martha Lavinia als eine der zehn besten Wellen der Welt bewertet.

An vielen der unbebauten Strände und Süßwasserlagunen kann man **schwimmen** (Achtung: Felsspalten und Strömungen).

Wer **wandern** will, holt sich bei King Island Tourism eine Wanderkarte und geht auf eigene Faust los oder nimmt an einer Tour von **King Island Wilderness Walks** (☏ 0400 858 339; Lighthouse St, Currie) teil.

Man muss nicht weit laufen, um auf KI **Wildtiere zu beobachten**: Sie sind überall. Es gibt Zottelhasen- und Bennett-Kängurus, Filander, Schlangen, Ameisenigel und Schnabeltiere und man kann sogar Robben beobachten. Auf der Insel leben 78 Vogelarten, und an Sommerabenden kommen am Hafendamm in Grassy Zwergpinguine ans Ufer.

🛌 Schlafen & Essen

KI ist ein Gourmetparadies. Ein Muss sind der Käse und die Milchprodukte der Insel, außerdem gibt es Krebse (Nov.–Aug.), Austern, Krabben, Fleisch von Rindern aus Grasfütterung sowie Schweine- und Wildfleisch von freilebenden Tieren. Man sollte auch nach Cloud Juice, dem in Flaschen abgefüllten, reinen Regenwasser von KI, Ausschau halten. Es gibt zwei Supermärkte in Currie und einen Laden in Grassy.

Bass Cabins & Campground CAMPING $
(☏ 03-6462 1260; 5 Fraser Rd, Currie; Stellplatz 14 AU$/Pers., DZ-Hütte ab 85 AU$) Es gibt ein paar Stellplätze hier, die mit Wascheinrichtungen ausgestattet sind, außerdem zwei Hütten mit je zwei Schlafzimmern. Der Campingplatz ist 1,5 km vom Zentrum Curries entfernt.

Portside Links APARTMENT, B&B $$
(☏ 03-6461 1134; www.portsidelinks.com.au; Grassy Harbour Rd, Grassy; DZ Apt. 170 AU$) Diese fantastischen Apartments sind die beste Unterkunft auf KI. Es gibt zwei stilvolle und gut ausgestattete Apartments für Selbstverpfleger sowie ein Pensionszimmer im Haus des Besitzers. Portside Links liegt nur einen Spaziergang von Grassy Harbour und dem Sand Blow Beach entfernt. In der Nähe nisten Pinguine. Der Mindestaufenthalt beträgt zwei Nächte, und je länger man bleibt, umso mehr sinken die Preise.

Boomerang by the Sea MODERN-AUSTRALISCH $$$
(☏ 03-6462 1288; www.boomerangbythesea.com.au; Golf Club Rd, Currie; Hauptgerichte 29–42 AU$; ⊙ Mo–Sa 18–21 Uhr) Das wahrscheinlich beste Restaurant auf der Insel. Es bietet tolle Panoramablicke und eine edle Speisekarte mit Fokus auf Fisch und Meeresfrüchte.

ℹ️ Praktische Informationen

King Island Tourism (☏ 03-6462 1355, 1800 645 014; www.kingisland.org.au; 5 George St, Currie) Hier ist die Karte *King Island Grazing Trails* erhältlich, in der historische, landschaftlich und kulturell interessante Wanderungen beschrieben sind. Infos für die Planung gibt's auf der Website von King Island Tourism.

ℹ️ An- & Weiterreise

King Island Airlines (☏ 03-9580 3777; www.kingislandair.com.au) fliegt 2-mal tgl. von Melbourne Moorabbin nach King Island.

Regional Express (☏ 13 17 13; www.regional-express.com.au) fliegt von Melbourne Tullamarine nach King Island.

Sharp Airlines (☏ 1300 556 694; www.sharpairlines.com) fliegt von Launceston (einfache Strecke ab 261 AU$) nach King Island.

ℹ️ Unterwegs vor Ort

King Island Car Rental (☏ 03-6462 1282; 1800 777 282; kicars2@bigpond.com; 2 Meech St, Currie) Vermietet Autos ab 73 AU$/Tag.

P&A Car Rental (☏ 03-6462 1603; 1 Netherby Rd, Currie) Vermietet Fahrzeuge ab 80 AU$/Tag.

DER NORDWESTEN

In Tasmaniens Nordwesten peitschen die Winde der Roaring Forties übers Land, und jährlich prasseln über 2000 mm Regen auf die Heide an der Küste, die Auen, die Feuchtgebiete und den dichten, gemäßigten Regenwald, der schon seit Jahrmillionen besteht. Die Siedlungen sind entweder isolierte ländliche Vorposten oder aber aufgemotzte Touristenfallen. Je weiter man nach Westen vordringt, desto weniger Traveller wird man treffen, bis schließlich die dichte Wildnis der tasmanischen Nordwestspitze mit ihren gewundenen Stränden und den winzigen Orten am Ozean erreicht ist. Und irgendwo, draußen in der Ferne, liegt Südamerika…

Burnie

19 819 EW.

Die einstige Industriestadt Burnie war lange Zeit als hässliches Entlein verschrien, hat sich aber als „Stadt der Macher" neu erfunden, was sich sowohl auf seine Industrie als auch auf das neu errungene kreative Flair der Stadt bezieht. Der tolle neue Makers' Workshop ist Burnies größte Attraktion und sollte das erste Ziel sein, wenn man den Ort besucht. Von September oder Oktober bis Februar kommen Pinguine ans Ufer.

◉ Sehenswertes & Aktivitäten

Burnie hat eine beeindruckende Architektur zu bieten, die man auf zwei **Federation Walking Trails** besichtigen kann. Die Stadt ist auch für ihre Art-déco-Gebäude bekannt, die man auf dem **Art Deco Trail** zu sehen bekommt. Am Touristeninformationsstand im Makers' Workshop bekommt man Karten für alle drei Wanderwege.

★ **Makers' Workshop**　　　　MUSEUM
(☏ 03-6430 5831; www.discoverburnie.net; 2 Bass Hwy; ◉ 9–17 Uhr) Das beeindruckende neue Gebäude dominiert das westliche Ende des Hauptstrandes von Burnie. Es ist halb Museum, halb Kunstzentrum und ein toller Ort, um das kreative Herz der Stadt kennenzulernen. In vielen Ecken des höhlenartigen, aber modern eingerichteten Bauwerks stehen **Papierfiguren**. Sie sind das Werk von **Creative Paper** (☏ 03-6430 5830; Tour Erw./Kind 15/8 AU$; ◉ Touren 9.15–16.30 Uhr), das handgefertigtes Papier herstellt. Es bietet Touren an, die durch den Produktionsprozess der Papierherstellung führen und den Besuchern ungewöhnliche Ausgangsmaterialien wie Kängurukot, Apfelmasse und Regenwaldblätter zeigen.

Burnie Regional Art Gallery　　KUNSTGALERIE
(☏ 0437 436 803; www.burniearts.net; Burnie Arts & Function Centre, 77_79 Wilmot St; ◉ Mo–Fr 10–16.30, Sa & So. 13.30–16.30 Uhr) GRATIS Die ausgezeichnete Kunstgalerie zeigt Werke zeitgenössischer tasmanischer Künstler und auch herrliche Drucke von so berühmten australischen Künstlern wie Sidney Nolan und Brett Whiteley.

ABSTECHER

DER STRAND VON BOAT HARBOUR

Wäre das Wetter nicht so wechselhaft, könnte dies ein Paradiesstrand sein. Das malerische Boat Harbour hat einen so gelben Sandstrand und so saphirblaues Wasser, dass man glaubt, man hätte die falsche Abzweigung vom Bass Highway genommen und sei in der Karibik gelandet. Das meist ruhige Meer eignet sich perfekt für Kinder, und der einfache Ort ist sehr familienfreundlich.

Die täglich verkehrenden Redline-Busse von Burnie setzen einen an der Abzweigung Boat Harbour (3 km) oder Sisters Beach (8 km) ab; der Fahrpreis beträgt 6,50 AU$. Wer mit dem Auto von Wynyard kommt, folgt am besten der C234 nach Nordwesten – entlang der Straße bieten sich tolle Ausblicke auf die Klippen und die felsige Küste.

Azzure Holiday Houses (☏ 0430 066 312, 03-6445 1155; www.azzurebeachhouses.com.au; 263 Port Rd; Haus mit 4/6 Betten ab 280/410 AU$; ❖) Die Strandhäuser dieses Komplexes bieten einen modernen Stil und alle Annehmlichkeiten, die man sich nur vorstellen kann: DVD-CD-Player, WLAN, Klimaanlage und schicke Küchen; an den Wänden hängen zeitgenössische Kunstwerke. Ein Spa befindet sich im Bau.

Harbourside B & B (☏ 0400 595 036, 0400 595 066; www.harboursidebnb.com.au; 237 Port Rd; DZ inkl. Frühstück ab 195 AU$) Das B & B ist ein modernes Apartment mit großartigem Wasserblick. Es bietet sensationelle Ausblicke vom Bett aus, ein Spa und Terrassen.

Der Nordwesten

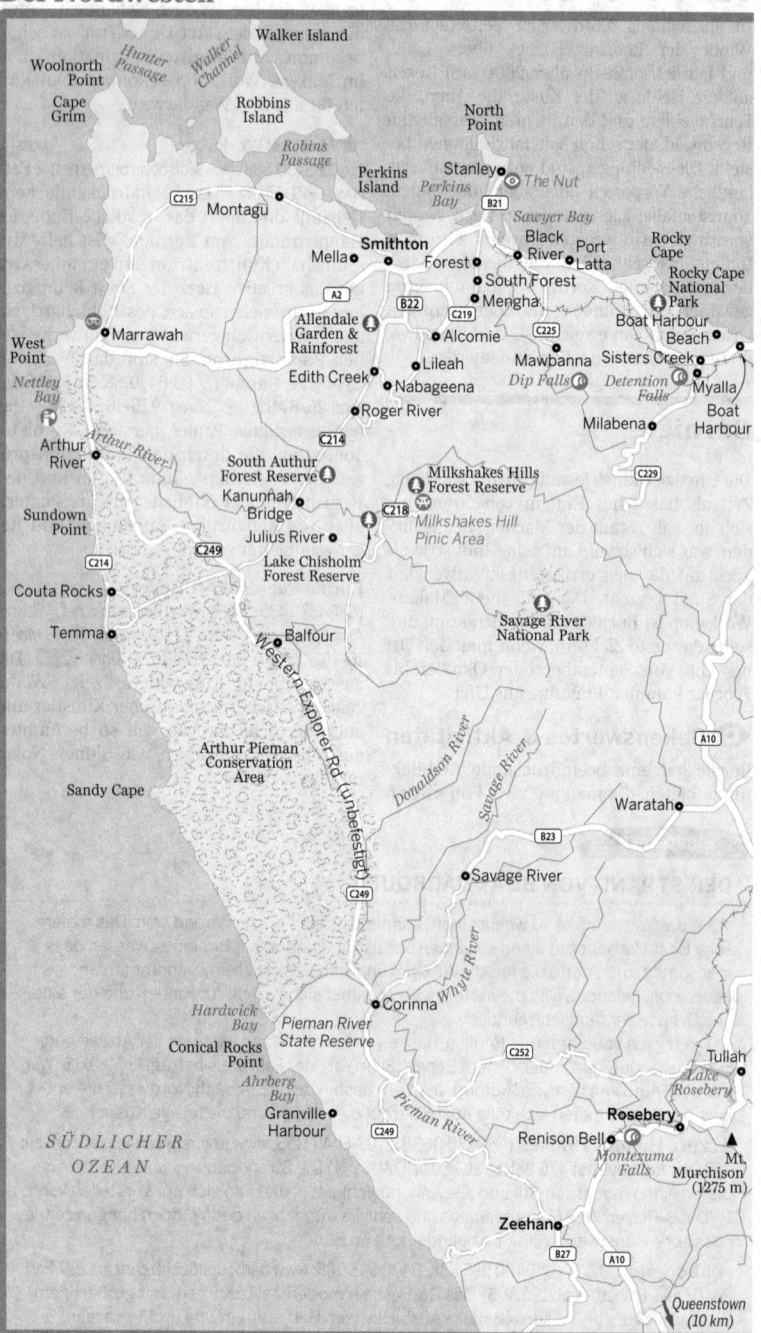

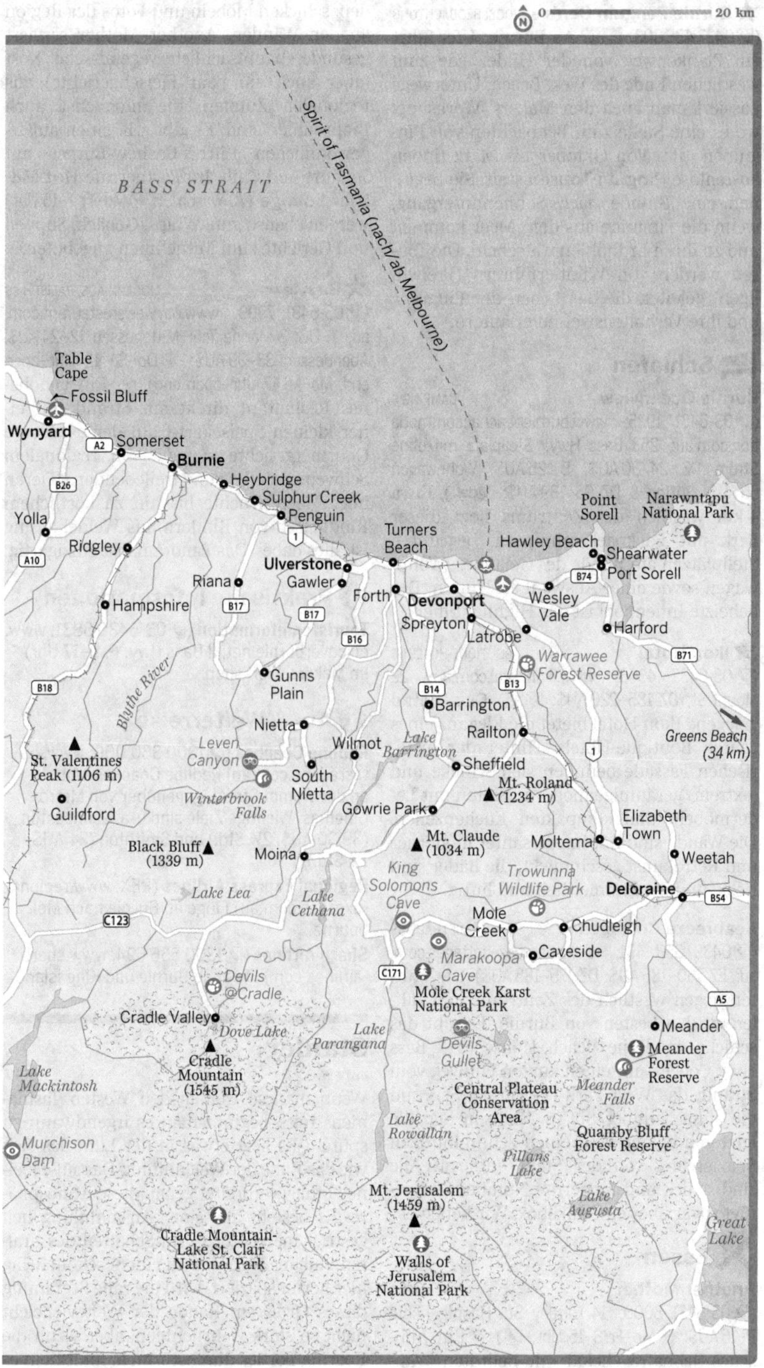
0
20 km
N
BASS STRAIT
Spirit of Tasmania (nach/ab Melbourne)
Table Cape
Fossil Bluff
Wynyard
A2
Somerset
Burnie
Heybridge
Sulphur Creek
Penguin
B26
Yolla
Ridgley
1
A10
Turners Beach
Ulverstone
Gawler
Riana
Forth
Devonport
Hampshire
B17
B17
B16
Spreyton
Latrobe
Point Sorell
Narawntapu National Park
Hawley Beach
Shearwater
Port Sorell
B74
Wesley Vale
Harford
B71
Warrawee Forest Reserve
Blythe River
Gunns Plain
B18
B14
B13
Barrington
Nietta
Railton
Greens Beach (34 km)
St. Valentines Peak (1106 m)
Leven Canyon
Wilmot
Lake Barrington
Sheffield
1
South Nietta
Mt. Roland (1234 m)
Guildford
Winterbrook Falls
Gowrie Park
Elizabeth Town
Black Bluff (1339 m)
Mt. Claude (1034 m)
Moltema
Weetah
Moina
King Solomons Cave
Trowunna Wildlife Park
Deloraine
B54
Lake Lea
Lake Cethana
Mole Creek
Chudleigh
C123
Caveside
Marakoopa Cave
C171
Devils @Cradle
Mole Creek Karst National Park
A5
Cradle Valley
Dove Lake
Lake Parangana
Meander
Devils Gullet
Meander Forest Reserve
Cradle Mountain (1545 m)
Lake Mackintosh
Central Plateau Conservation Area
Meander Falls
Lake Rowallan
Quamby Bluff Forest Reserve
Murchison Dam
Pillans Lake
Mt. Jerusalem (1459 m)
Lake Augusta
Great Lake
Cradle Mountain-Lake St. Clair National Park
Walls of Jerusalem National Park

★ **Burnie Penguin Centre** VOGELBEOBACHTUNG (0437 436 803) GRATIS An Burnies Ufer führt ein Plankenweg von der Hilder Pde zum westlichen Ende des West Beach. Unterwegs passiert man auch den Makers' Workshop, wo es eine Stelle zum Beobachten von Pinguinen gibt. Von Oktober bis März finden kostenlose **Pinguin-Touren** statt. Sie beginnen eine Stunde nach Sonnenuntergang, wenn die Pinguine aus dem Meer kommen und zu ihren Erdhöhlen watscheln. Die Touren werden von Wildtierführern (Freiwilligen) geleitet, die das Leben der Pinguine und ihre Verhaltensweisen erläutern.

🛏 Schlafen

Burnie Oceanview CAMPING $
(03-6431 1925; www.burniebeachaccommodation.com.au; 253 Bass Hwy; Stellplatz mit/ohne Strom DZ 24/30 AU$, B 25 AU$, Wohnwagen 55 AU$, Hütten & DZ 95–139 AU$; @ ⛱) Etwa 4 km westlich des Zentrums liegt dieser Park mit Backpackerzimmern, begrünten Stellplätzen am Rande des Geländes, Wohnwagen sowie einer Auswahl an Hütten. Der beheizte Innenpool ist das Highlight hier.

★ **Ikon Hotel** BOUTIQUE-HOTEL $$
(03-6432 4566; www.ikonhotel.com.au; 22 Mount St; DZ 185–220 AU$; ❄ 📶) Das zentral gelegene Ikon Hotel bietet die Eleganz eines echten Boutique-Hotels. Hinter der historischen Fassade befinden sich schicke und (extrem) geräumige moderne Suiten mit Ledermöbeln und kompakten Küchenzeilen. Die Wände sind mit interessanter moderner und Retrokunst geschmückt; die Bäder sind riesig und die Zimmer hell und luftig.

Seabreeze Cottages MIETHAUS $$
(0439 353 491; www.seabreezecottages.com.au; EZ 160–185 AU$, DZ 175–185 AU$) Die Hütten liegen westlich des Zentrums und zählen zu den besten von Burnie. Es gibt das schicke, moderne Beach House (243 Bass Hwy, Cooee), nur einen kurzen Fußweg vom Strand; das West Park (14 Paraka St); und die süße Number Six (6 Mollison St); die letzteren beiden sind einen zehnminütigen Spaziergang von der Stadt entfernt. Alle sind schick und modern – Number Six verfügt sogar über eine Jukebox. Wir lieben es!

🍴 Essen

Another Mother CAFÉ $
(03-6431 8000; 14 Cattley St; Hauptgerichte 9–16 AU$; Mo-Fr 8–15 Uhr; 🌱) Ein hübsches, lebhaftes Lokal mit hellroten Wänden, schicken Möbeln und Fotos der Region an den Wänden. Another Mother serviert gesunde, hauptsächlich vegetarische Kost (aber auch ein paar Fleischgerichte) aus regionalen Zutaten, die möglichst auch Bioprodukte sind. Es gibt z. B. einen außergewöhnlichen Kürbis-Cashew-Burger mit Joghurt und Chili. Im Partnercafé **Hot Mother Lounge** (70 Wilson St; Mo-Fr 7–15 Uhr) werden ebenso gute Wraps, Gebäck, Suppen und Gerichte zum Mitnehmen angeboten.

★ **Bayviews** MODERN-AUSTRALISCH $$
(03-6431 7999; www.bayviewsrestaurant.com.au; 1. OG, 2 Marine Tce; Mittagessen 12–24 AU$, Abendessen 33–39 AU$; Do-Sa 12 Uhr-open end, Mo-Mi 17 Uhr-open end) 🌱 Ein gehobenes Restaurant direkt am Strand mit einer kleinen Speisekarte, auf der exzellente Gourmetgerichte stehen: Von regionalem Schweinefleisch von freilebenden Tieren über Meeresfrüchte bis hin zu köstlichem Rindfleisch von Rindern aus Weidehaltung ist alles dabei. Das Panorama ist einzigartig.

ℹ Praktische Informationen

Touristeninformation (03-6430 5831; www.discoverburnie.net; 2 Bass Hwy; 9–17 Uhr) Im Makers' Workshop.

ℹ An- & Weiterreise

Redline Coaches (1300 360 000; www.tasredline.com.au) Redline Coaches hält an der Wilmot Street, gegenüber von Metro Cinemas. Wichtige Ziele sind u. a. Launceston (39,3 AU$, 2½ Std.) und Smithton (24 AU$, 1½ Std.).

Regional Express Airlines (REX; www.regional-express.com.au) Flüge ab Burnie nach Melbourne.

Sharp Airlines (1300 556 694; www.sharp-airlines.com) Fliegt ab Burnie und King Island.

Stanley

481 EW.

Wenn man so weit in den Westen Tasmaniens reist, beginnt man es irgendwann zu spüren: Es liegt etwas in der Luft, das sich wie das Ende der Welt anfühlt. Das süße kleine Stanley verbreitet genau diese Atmosphäre. Es besteht aus einer Ansammlung hell gestrichener Cottages im Schatten des uralten Vulkans Nut. Wer an einem schönen Tag hier herumspaziert, wird die raue Stimmung dieses Ortes am Rande der Welt vielleicht nicht so stark wahrnehmen, aber wenn die Roaring Forties durchstürmen, fühlt man es genau, und das ist Teil der aufregenden Erfahrung, die eine Reise hierher bietet.

◉ Sehenswertes & Aktivitäten

Die Broschüre *Under the Nut – Stanley Heritage Walk*, erhältlich in der Touristeninfo, beschreibt 14 der schönsten und/oder interessantesten historischen Bauwerke Stanleys ganz detailliert. Weitere Infos gibt's unter www.stanleyheritagewalk.com.au.

The Nut   WAHRZEICHEN
Die 152 m hohe, markante Felsformation aus Lavagestein ist schon von Weitem zu sehen. Auf das Plateau ist es ein 20-minütiger, steiler Anstieg, aber die Aussicht ist es wert. Man kann auch den **Sessellift** (Erw. einfache Fahrt/hin & zurück 9/15 AU$, ⊙ Okt.–Mai 9.30–17 Uhr, Juni–Sept. 10–16 Uhr) nehmen. Der beste **Aussichtspunkt** liegt fünf Minuten südlich des Sessellifts; ein 2 km langer Pfad führt in einer halben Stunde um das Plateau herum.

Highfield   HISTORISCHES GEBÄUDE
(☏ 03-6458 1100; www.historic-highfield.com.au; Green Hills Rd; Erw./Kind/Fam. 12/6/30 AU$; ⊙ Sept.–Mai tgl. 9.30–16.30 Uhr, Juni–Aug. Mo–Fr) Dieses Gehöft 2 km nördlich von Stanley wurde 1835 als Wohnsitz des Generalvertreters der Van Diemen's Land Company errichtet – ein seltenes Beispiel georgianischen Wohnbaus in Tasmanien. Haus, Ställe, Getreidespeicher, Arbeiterhütten und die Kapelle können besichtigt werden.

Van Diemen's Land Company Store   HISTORISCHES GEBÄUDE
(16 Wharf Rd) Im einstigen Lagerhaus am Ufer (erbaut 1844) bewahrte man für den Export bestimmte Wolle auf. Heute ist hier das schicke Boutiquehotel @VDL zu finden.

☞ Geführte Touren

Stanley Seal Cruises   BOOTSTOUR
(☏ 0419 550 134, 03-6458 1294; www.stanleyseal cruises.com.au; Fisherman's Dock; Erw./Kind ab 5 J./Kind bis 5 J. 55/18/10 AU$; ⊙ Sept. –Mitte Juni) Bei diesen 75-minütigen Bootstouren sieht man bis zu 500 australische Seebären, die sich am Bull Rock an der Küste der Bass Strait sonnen. Die Boote legen von September bis April um 10 und 15 Uhr, im Mai und Juni um 10 Uhr ab. Die Abfahrtszeiten können sich wetterbedingt ändern – man sollte auf jeden Fall im Voraus buchen, um sicherzustellen, dass die Boote auch wirklich fahren. Das Unternehmen bietet auch Angelchartertouren vor der Küste.

🛏 Schlafen

Stanley Hotel   HOTEL $
(☏ 1800 222 397, 03-6458 1161; www.stanley tasmania.com.au; 19 Church St; EZ/DZ ohne Bad 50/70 AU$, DZ mit Bad ab 109 AU$) Der historische Pub vermietet zahlreiche Zimmer. Sie sind hell gestrichen, sehr hübsch und zählen zu den schönsten Pubunterkünften der Region. Die Gemeinschaftsbäder sind supersauber, die Angestellten sehr freundlich. Man kann oben auf der Veranda sitzen und das Leben auf den Straßen Stanleys beobachten. Die Inhaber betreiben auch die sechs **Abbeys Cottages** (☏ 1800 222 397; www.stanleytasmania.com.au; DZ inkl. Frühstück 135–240 AU$) für Selbstversorger.

★ Ark Stanley   BOUTIQUE-HOTEL $$
(☏ 0421 695 224; www.thearkstanley.com.au; 18 Wharf Rd; DZ 140–300 AU$) Polierte Holzfußböden, schmiedeeiserne Möbel, Luxusbettwäsche, Decken aus Gänsedaunen… dieses Hotel beweist mit seinen individuell eingerichteten Zimmern ein Auge fürs Detail. Von einigen Zimmern hat man tolle Ausblicke und der Service ist diskret, aber aufmerksam.

★ @VDL   BOUTIQUE-HOTEL $$$
(☏ 0437 070 222, 03-6458 2032; www.atvdlstanley. com.au; 16 Wharf Rd; DZ 175–255 AU$; 🛜) Unglaublich, was man aus diesem 1840 erbauten Warenhaus mit seinen Blausteinmauern gemacht hat! Das extrem stilvolle Boutique-Hotel hat zwei Suiten und ein Loftapartment für Selbstversorger zu bieten, die, offen gesagt, cooler nicht sein könnten. Alles ist erstklassig, von den Betten bis hin zur Kunst an den Wänden. Die Inhaber betreiben auch das Schwesterhotel **@The Base** (32 Alexander Tce; DZ 115–340 AU$), das in einem historischen Gebäude untergebracht ist und zwei ähnlich schicke Suiten hat.

🍴 Essen

Moby Dicks Breakfast Bar   CAFÉ $
(☏ 03-6458 1414; 5 Church St; Hauptgerichte 8–16 AU$; ⊙ 7–12 Uhr) Bevor man rausgeht und den wilden Westwinden trotzt, kann man hier ein riesiges Frühstück genießen – wir empfehlen das mit gekochten Eiern usw. oder Waffeln mit Ahornsirup… mmmh.

★ Xanders   MODERN AUSTRALISCH $$$
(☏ 03-6458 1111; 25 Church St; Hauptgerichte 28–42 AU$; ⊙ Mi–So 18–22 Uhr) Stanleys bestes Restaurant befindet sich in einem alten Gebäude auf der Hauptstraße mit schönem Ausblick nach hinten und vorn. Die Speise-

karte legt Wert auf Fisch und Meeresfrüchte, aber Xanders serviert auch das exzellente Rindfleisch der Region sowie Spezialangebote wie Ente und Tandoori-Lammkarree. Es gibt auch gute Gerichte für Kinder.

Stanley's on the Bay MODERN-AUSTRALISCH $$$
(03-6458 1404; 15 Wharf Rd; Hauptgerichte 23-41 AU$; Sept.–Juni Mo-Sa 18-21 Uhr) Das noble Restaurant im historischen Ford-Laden hat sich auf Steaks und Meeresfrüchte spezialisiert. Auf den wunderbaren Meeresfrüchteplatten für zwei Personen (100 AU$) türmen sich Jakobsmuscheln, Austern, Fische, Tintenfisch und Lachs aus der Region.

❶ Praktische Informationen

Touristeninformation von Stanley (03-6458 1330, 1300 138 229; www.stanley.com.au; 45 Main Rd; Okt.–Mai 9.30-17 Uhr, Juni-Sept. 10-16 Uhr) Eine Goldmine für Infos über Stanley und Umgebung. Wer umfassende Infos über den hohen Nordwesten sucht, nimmt sich am besten die Broschüre *Take on the Edge* mit.

❶ An- & Weiterreise

Redline Coaches (www.tasredline.com.au) Die Busse halten auf dem Weg nach/ab Burnie (21,10 AU$, 75 Min.) und Smithton (6,10 AU$, 25 Min.) an der Touristeninformation.

Marrawah

371 EW.

Das ungezähmte und ursprüngliche Marrawah ist die Domäne der weiten Strände, herrlichen Sonnenuntergänge und grünen Hügel. Die Kraft des Meeres hier ist verblüffend, und die wilden Strände, felsigen Buchten und Landspitzen haben sich kaum verändert, seit die ersten Bewohner Tasmaniens hierher kamen. Diese Küste zeigt viele Spuren der Aborigines – und irgendwie herrscht hier ein Gefühl der einsamen Leere, so als ob die traditionellen Hüter Tasmaniens noch immer gegenwärtig wären.

Marrawah ist heute vor allem für seine riesigen Wellen bekannt. Manchmal spuckt der Südliche Ozean die Überreste lang vergessener Schiffswracks ans Ufer – und auf den Wellen werden Dinge angeschwemmt, die manchmal über zehn Meter lang sind. Erfahrene Surfer und Windsurfer kommen, um die anspruchsvollen Breaks zu erleben.

Der **Genral Store** (800 Comebeack Rd; Mo-Fr 7.30-19, Sa & So 8-19.30 Uhr) verkauft Lebensmittel und Benzin, fungiert aber auch als Agent für Australia Post und die Commonwealth Bank. Wer auf dem Western Explorer nach Corinna reisen will, muss sich hier mit Benzin eindecken, denn bis Zeehan oder Waratah, die 200 km entfernt liegen, gibt's keine Möglichkeiten mehr zum Tanken.

🛏 Schlafen & Essen

Ann Bay Cabins HÜTTE $$
(03-6457 1361, 0428 548 760; 99 Green Point Rd; DZ ab 150 AU$) Die zwei gemütlichen Holzhütten sind der perfekte Ort, um abzuhängen und allem zu entfliehen. Man kann auf der Veranda sitzen und den Ausblick genießen oder sich im Spa entspannen – Badeutensilien und Süßigkeiten liegen bereit.

Marrawah Beach House FERIENHAUS $$
(03-6457 1285; www.marrawahbeachhouse.com.au; DZ ab 160 AU$) Dieses Haus ist abgeschieden, bietet tolle Ausblicke und ist fröhlich mit Seesternen und Muscheln dekoriert. Die freundlichen Inhaber verwöhnen ihre Gäste mit Extras wie frischen Blumen und manchmal auch Honig aus der Region. In dem Gebäude können bis zu vier Personen übernachten. Es liegt gleich hügelaufwärts vom Green Point Beach, und die Ausblicke zählen zu den besten von ganz Tasmanien.

Marrawah Tavern TAVERNE $$
(03-6457 1102; Comeback Rd; Hauptgerichte 15-33 AU$; Mo-Mi 12-22, Do-Sa bis 24, So bis 21 Uhr) Der lässige Landpub serviert gute Mahlzeiten und leckere Getränke. Hier gibt's z. B. Steaksandwichs, Garnelen, Braten, Reef'n'Beef und Flundern aus der Region.

DER WESTEN

Urtümlich, stürmisch, den Elementen preisgegeben – diese Region Tasmaniens unterscheidet sich von allen anderen Gegenden Australiens. Hohe, zerklüftete Gebirgsketten, karge alpine Hochplateaus, wilde, tanningefärbte Flüsse, undurchdringlicher Regenwald und unaufhörlicher Regen: Das ist der wilde Westen der Insel. Den Menschen ist es nie gelungen, ihn zu zähmen. Heute gehört ein großer Teil zum Weltnaturerbe. Und abgesehen vom touristisch ausgerichteten Strahan sind die wenigen Orte und Siedlungen hier rau, urwüchsig und wettergegerbt.

Corinna

In der Blütezeit des Goldrausches war Corinna eine boomende Stadt mit zwei Hotels, einem Postamt, vielen Geschäften und etwa 2500 Einwohnern. Das ist schwer zu glauben, wenn man am bewaldeten Ufer des Pieman River ankommt, den Motor ausstellt und den stillen Waldfrieden genießt.

Vor weniger als zehn Jahren verwandelten die Besitzer der Überreste des Ortes Corinna in eine Waldwildnis, wo man Abenteuer erleben und den Regenwald erkunden kann, ohne auf Komfort verzichten zu müssen. Allerdings gibt's hier keinen Handyempfang und auch keine Fernseher – das vorherrschende Geräusch ist Vogelgesang. Auch Wallabys, Filander, Wombats und andere Wildtiere werden hier regelmäßig gesichtet.

🏃 Aktivitäten

Pieman River Cruises BOOTSTOUR
(📞 03-6446 1170; Erw./Kind 90/51 AU$; ⏱10 Uhr) Den Pieman River Cruise in Corinna sollte man nicht verpassen – eine angenehm rustikale Alternative zum überfüllten Gordon River bieten jedoch die Bootstouren ab Strahan. Die Tour auf der historischen *Arcadia II* dauert 4½ Stunden und führt stromabwärts zu dem Punkt, wo der Pieman River in den Südlichen Ozean mündet. Ein Lunchpaket ist im Preis inklusive, außerdem hat man genug Zeit, um zum entlegenen Strand zu wandern, bevor es zurück nach Corinna geht. Unbedingt weit im Voraus buchen!

🛏 Schlafen

⭐Corinna Wilderness Experience HÜTTEN $$$
(📞 03-6446 1170; www.corinna.com.au; Stellplatz 20 AU$/2 Pers., Hütten DZ 200–250 AU$, FZ 250 AU$) Corinna bietet neue Holz-Ökohütten für Selbstverpfleger sowie Ferienhäuser im historischen Stil. Die neueren Hütten sind modern und hübsch eingerichtet, und der Regenwald liegt direkt vor der Tür.

Der Pub hat eine gute Bar, und im **Restaurant** (Hauptgerichte 14–38 AU$, Küchenzeiten 12–14 & 18–20 Uhr) werden Gerichte wie Steaksandwichs (mittags) sowie zwei oder drei exzellente Hauptgerichte (abends, z. B. Steak oder Lachs) kredenzt. Man kann auch Picknickkörbe und Grillpakete bestellen.

ℹ An- & Weiterreise

Man erreicht Corinna über Somerset, gleich westlich von Burnie, über den Murchison Hwy, der durch die beeindruckende Hellyer Gorge (perfekt für eine Picknickpause) führt. Hinter Waratah ist die C247 bis zum Savage River asphaltiert; ab dort sind es noch 26 km entlang einer unbefestigten, aber gepflegten Schotterstraße, die fast immer mit normalen Fahrzeugen passierbar ist. Wer die C249 Western Explorer Rd nimmt, muss ab dem Arthur River noch 109 km auf einer unbefestigten Straße fahren.

Fatman Vehicle Barge (📞 03-6446 1170; Motorrad/Auto/Wohnmobil 10/20/25 AU$; ⏱ April–Sep. 9–17, Okt.–März 9–19 Uhr) Mit dem kabelgezogenen Fatman-Fahrzeugschlepper kann man auf dem Pieman River von Corinna runter nach Zeehan und Strahan fahren. Es gilt ein Größenlimit vom 9 m und 6,5 t.

Queenstown
1975 EW.

Der Großteil des tasmanischen Westens ist grün. Queenstown aber ist orangerot. Die kurvenreiche Fahrt hinunter nach Queenstown auf dem Lyell Hwy ist ein unvergessliches Erlebnis – eine Mondlandschaft aus staubigen Hügeln und erodierten Schluchten, wo einst Regenwald wuchs. Die Region ist ein Zeugnis der Umweltzerstörung an der Westküste durch den Bergbau. In den 1890er-Jahren wurde hier Kupfer entdeckt, und die Bergbauindustrie ist bis heute aktiv.

Die Stadt selbst lässt sich ihr authentisches, raues Pionierflair bewahrt. Bei unserem letzten Besuch war die Mine geschlossen, zahlreiche Fenster von Geschäften im Ort waren zugenagelt und es gab Gerüchte, dass die Stadt verfallen würde. Aber die Leute hier sind abgehärtet, der Touristenstern von Queenstown steigt und die Optimisten unter den Einheimischen sind davon überzeugt, dass die Mine wieder eröffnet wird. Und was immer auch geschieht, Queenstown ist eine Stadt wie keine andere in Tasmanien.

👁 Sehenswertes

⭐Iron Blow AUSSICHTSPUNKT
Auf der Spitze des Gormanston Hill am Lyell Highway, kurz vor dem letzten Gefälle der Haarnadelkurven nach Queenstown, führt eine Asphaltstraße zu einem spektakulären Aussichtspunkt mit Blick auf die geologische Wunde der Iron Blow Mine. Die stillgelegte Abbaustelle, an der einst die glanzvolle Bergbauzeit Queenstowns begann, ist unglaublich tief und mit smaragdgrünem Wasser gefüllt. Vom „Sprinboard"-Weg, der oberhalb der Grube in die dünne Luft ragt, kann man einen tollen Blick auf die Mine werfen.

⭐LARQ Gallery KUNSTGALERIE
(📞 0407527330; www.landscapeartresearchqueenstown.wordpress.com; 8 Hunter St; ⏱ Mitte Jan.–

NICHT VERSÄUMEN

WEST COAST WILDERNESS RAILWAY

Lust auf die Romantik eines Dampfzuges, eine Fahrt in alten, holzverkleideten Waggons mit Messingdekor und das Geräusch von schnaufenden Dampfmotoren und pfeifenden Zügen? Dann geht man am besten an Bord der **West Coast Wilderness Railway** (03-6471 0100; www.wcwr.com.au) und unternimmt die atemberaubende, 35 km lange Reise durch den Regenwald zwischen Strahan und Queenstown.

Zur Bauzeit um 1896 galten der Zug und die Route durch die kurvenreiche, isolierte Region als Wunder der Ingenieurskunst. Der Zug fährt eng an der tiefen Schlucht des (einst verschmutzten, aber heute wieder gesunden) King River entlang, bahnt sich den Weg durch den Regenwald über 40 Brücken und erklimmt Anstiege, die nur wenige Züge schaffen. Die Linie war die Hauptader der Mt. Lyell Mining and Railway Co. in Queenstown – die Züge transportierten Gold und Passagiere zum Hafen von Teepookana am King River und später auch nach Strahan. Die Originalstrecke wurde 1963 geschlossen.

Seit der Zug für Touristen zugänglich gemacht wurde, hatte er eine wechselhafte Geschichte und wurde erst 2014 nach einer langen Periode der Schließung wiedereröffnet – schuld waren die extremen Kosten, die aufliefen, um eine Zuglinie durch solch unwegbares Land aufrechtzuerhalten.

Es gibt folgende Fahrtoptionen (in den Wintermonaten ist der Zugverkehr reduziert):

Rack & Gorge Der Zug fährt mittwochs bis sonntags um 9 Uhr in Queenstown ab, windet sich durch die King River Gorge und kehrt um 13 Uhr zurück (Erw./Kind/Fam. 89/30/195 AU$).

River & Rainforest Abfahrt mittwochs bis freitags um 14 Uhr von Strahan. Der Zug fährt an der Küste entlang, dann durch den Regenwald und kehrt um 17.30 Uhr nach Strahan zurück. Unterwegs werden viele der spektakulären Brücken der Route überquert (Erw./Kind/Fam. 89/30/195 AU$).

Queenstown Explorer Abfahrt montags und dienstags um 9 Uhr von Strahan. Der Zug fährt die gesamte Länge der Strecke durch die Schlucht und den Regenwald nach Queenstown (wo er eine Stunde hält) und kehrt um 17.30 Uhr nach Strahan zurück (Erw./Kind/Fam. 95/40/220 AU$).

Mitte Juni Di–Sa 14–18 Uhr) GRATIS Die von dem weltbekannten tasmanischen Maler und Grafiker Raymond Arnold geführte Galerie präsentiert Werke heimischer und ausländischer Künstler in wunderbaren Ausstellungen und veranstaltet gemeinsame Workshops für Grafiker und Maler. Alles dient der Förderung einer Kunst, die von der grandiosen Landschaft der Westküste inspiriert ist. Die Galerie ist wirklich eine prima Einrichtung und unbedingt einen Besuch wert. Falls sie geschlossen hat, kann man beim Touristenbüro um Einlass bitten.

Spion Kop Lookout AUSSICHTSPUNKT
Wer einen tollen Ausblick genießen will, folgt der Hunter St bergauf, biegt links in die Bowes St ab und dann noch einmal scharf links in die Latrobe St. Von einem kleinen Parkplatz aus führt ein kurzer, steiler Weg hinauf zum Gipfel des Spion Kop (den Namen erhielt er von Soldaten, die nach einer Schlacht im Burenkrieg wiederkehrten). In der Nähe des Parkplatzes sieht man einen alten Zugstollen am Wegesrand, und auf der Spitze des Hügels befindet sich ein Haus.

Geführte Touren

★ **Queenstown**
Heritage Tours MINENTOUR
(Minentouren zum Mount Lyell; 0407 049 612; www.queens-townheritagetours.com) Die Tour „Lake Margaret Historic Hydropower" (Erw./Kind 45/30 AU$) führt zu einem Wasserkraftwerk aus dem frühen 20. Jh., die „Mt. Lyell Underground Mine Tour" (Erw. 80 AU$) zu einer Kupfermine. Aber das wahre Highlight ist die Tour „Lost Mines, Ancient Pines" (Erw./Kind 80/40 AU$), bei der alte Kupfer- und Goldminen, eine gewerbliche Sägemühle und ein Regenwaldabschnitt besucht werden.

Schlafen

Empire Hotel PUB $
(03-6471 1699; www.empirehotel.net.au; 2 Orr St; EZ mit Gemeinschaftsbad 45 AU$, DZ mit Gemeinschafts-/Privatbad 70/90 AU$) Die Zimmer

sind nicht ganz so prachtvoll wie der imposante Treppenaufgang aus Schwarzholz, der im National Trust gelistet ist, aber sie haben doch einen gewissen Pub-Charme und sind sauber.

Mt. Lyell Anchorage B&B $$
(03-6471 1900; www.mtlyellanchorage.com; 17 Cutten St; DZ inkl. Frühstück 160–170 AU$; P) Obwohl man es von außen nicht erwarten würde, wurde dieses holzverkleidete Haus aus den 1890er-Jahren innen komplett zu einem herrlichen kleinen Gästehaus ausgebaut, das mit hochwertigen Betten, edler Bettwäsche und luxuriösen Hochflorteppichen ausgestattet ist. Zwei der geräumigen Zimmer haben schicke Bäder (die anderen haben Privatbäder auf der anderen Seite des Flures), es gibt eine Gemeinschaftsküche und eine komfortable Lounge mit Kamin.

Penghana B&B $$
(03-6471 2560; www.penghana.com.au; 32 Esplanade; EZ 135–150 AU$, DZ 150–175 AU$, alle inkl. Frühstück; P) Das im National Trust gelistete Herrenhaus wurde 1898 für den ersten Generaldirektor der Mt. Lyell Mining & Railway Co. erbaut – wie man an seiner stattlichen Größe schon erkennt – und liegt auf einem Hügel über der Stadt mitten in einem wunderschönen Garten voller Bäume. Die Inhaber bieten hier komfortable Pensionsunterkünfte im alten Stil.

Essen

Café Serenade CAFÉ $$
(40 Orr St; Hauptgerichte 11–18 AU$; 8.30–16 Uhr;) Das beste Café in Queenstown. Das Essen ist hausgemacht und die Krte führt leckere Suppen, getoastete Sandwichs aus Sauerteigbrot sowie gute vegetarische Optionen, aber auch herzhaften Braten und Currys. Die Jakobsmuschel-Curry-Pies sind die Spezialität des Hauses. Es gibt auch gluten- und milchfreie süße Gerichte, und der Kaffee schmeckt wunderbar.

Empire Hotel MODERN-AUSTRALISCH $$
(03-6471 1699; www.empirehotel.net.au; 2 Orr St; Hauptgerichte mittags 12 AU$, abends 17–30 AU$; Bar 11–22, Mittagessen 12–14, Abendessen 17.30–20 Uhr) Dieser alte Bergbaupub hat vergangene Zeitalter überlebt und verfügt über einen stimmungsvollen historischen Speiseraum. Auf der regelmäßig wechselnden Speisekarte stehen herzhafte Pub-Standardmahlzeiten, z. B. Braten, Pasta sowie Steaks und Rippchen. Wir empfehlen die Apfel-Schweinefleisch-Rissoles oder den Beef Tower, ein gegrilltes Steak, auf das Gemüse gestapelt wird.

Unterhaltung

Paragon Theatre KINO
(www.theparagon.com.au; 1 McNamara St) Das herrlich restaurierte Art-déco-Theater zeigt Hollywood- und Arthouse-Filme sowie ein Programm von Kurzfilmen über die Westküste und Queenstown. Man kann seinen Kaffee oder ein Glas Wein (und natürlich Popcorn) mit hinein nehmen, wo man auf tiefen Ledersofas sitzt.

Praktische Informationen

Queenstown Visitor Centre (03-6471 1483; 1-7 Driffield St; Okt.–April Mo–Fr 9.30–17.30, Sa & So 12.30–17 Uhr, im Winter kürzer) Das Besucherzentrum befindet sich im Eric Thomas Galley Museum und wird von Freiwilligen geführt; daher können die Öffnungszeiten variieren.

An- & Weiterreise

Tassielink (www.tassielink.com.au) Die Busse fahren von der Milchbar an der 65 Orr St ab. Ihre zwei Hauptrouten führen nach Hobart (67,60 AU$, 6 Std.) und Launceston (74,80 AU$, 5½ Std.); letztere passiert auch Strahan (10,60 AU$, 45 Min.).

ABSTECHER

LINDA VALLEY CAFE

In der Blütezeit des Bergbaus lebten in den Hügeln westlich von Queenstown Hunderte von Menschen. Heute hat Linda Valley nur noch vier Einwohner... und ein unerwartetes Juwel. Etwa 5 km westlich von Queenstown befindet sich das vielgepriesene **Linda Valley Cafe** (03-6471 3082; 1 Lyell Hwy, Linda Valley, Gormanston; Hauptgerichte 32–38 AU$; Okt.–April 10–20 Uhr, Mai–Sep. kürzer), das – wie die Einheimischen schwören – das beste Essen der Westküste serviert.

Das Café bietet moderne Gourmetküche in einfacher Umgebung. Zu den Gerichten zählen z. B. geschmorter Schweinebauch und Zitronen-Pfeffer-Tintenfisch. Außerdem gibt's spezielle Likör-Kaffees und herrliche hausgemachte Kuchen. Auf der Rückseite befindet sich ein kostenloser Campingbereich für Zelte und Wohnmobile.

Strahan

660 EW.

Die Zeitung *Chicago Tribune* hat Strahan einmal als „beste Kleinstadt der Welt" bezeichnet, und wir wissen, was gemeint war: Dank ihrer perfekten Lage, eingeschmiegt zwischen den Gewässern von Macquarie Harbour und dem Regenwald, hat der Ort erstklassige Naturhighlights zu bieten. Fügt man noch die restaurierten Gebäude aus der Pionierzeit hinzu – süße Geschäfte, Hotels und Hütten, die sich vom Ufer den Hang hinauf drängen – hat man eine Szene vor Augen, die als Kulisse eines Disneyfilmes dienen könnte. Heute geht es hier nicht mehr wie im Wilden Westen zu, aber Strahan dient als guter Zugangspunkt zu den unglaublich schönen Naturattraktionen der Umgebung.

Sehenswertes & Aktivitäten

West Coast Reflections MUSEUM
(Esplanade; Sommer 10–18 Uhr, Winter 12–17 Uhr) GRATIS Das Visitor Centre von Strahan ist gleichzeitig auch ein Museum, dessen Ausstellung zur Geschichte der Westküste einerseits sehr kreativ wirkt, andererseits aber auch nachdenklich stimmt. Außerdem gibt's hier eine erfrischend ungeschminkte Darstellung der Niederlagen und Errungenschaften im Bereich des Umweltschutzes in der Region, inklusive der Franklin River Blockade.

Ocean Beach STRAND
Sechs Kilometer außerhalb des Ortes erstreckt sich der Ocean Beach, außergewöhnlich sowohl wegen seiner Länge von 33 km als auch wegen seiner starken Wellen. Dieser Sandstreifen zieht sich von Trial Harbour im Norden ohne Unterbrechung bis zu den Macquarie Heads im Süden – und ist der perfekte Ort, um zu beobachten, wie die orangefarbene Sonne mit dem Meer verschmilzt. Das Wasser allerdings ist trügerisch: man sollte hier nicht schwimmen!

★ The Ship That Never Was THEATER
(Esplanade; Erw./Kind 20/10 AU$; Sept.–Mai 17.30 Uhr, Kasse ab 17 Uhr) Ein absolutes Muss ist dieses Theaterstück, das die Geschichte der Sträflinge erzählt, die 1834 auf Sarah Island das Schiff, das sie gerade bauen mussten, kidnappten. Das Ganze ist ein unterhaltsamer Spaß für jedes Alter, bei dem das Publikum kräftig mitmacht – was auch von Touristen erwartet wird.

Geführte Touren

Die meisten Besucher kommen hierher, um eine Bootsrundfahrt auf dem Gordon River zu machen, doch auch der dichte Regenwald, der das Ufer säumt, und die friedliche Stimmung dieser unberührten Wildnis sind unvergesslich.

Man kann die Bootstour auf dem Gordon mit einem großen, schicken Katamaran in Gesellschaft vieler anderer Flussbewunderer (und mit jeder Menge Komfort) machen – oder es etwas abenteuerlicher angehen und mit dem Segelboot und einer kleinen Gruppe Mitreisender losfahren. Bei allen Rundfahrten überquert man die weite Macquarie Harbour, bevor man die Mündung des Gordon erreicht und weiter zur Heritage Landing fährt, um dort eine Wanderung durch den Regenwald zu machen. Die meisten Boote fahren auch nach Sarah Island – Standort der berüchtigten brutalen Strafkolonie von Van Diemen's Land – sowie nach Macquarie Heads und Hells Gates, der schmalen Hafeneinfahrt. Wer mit dem Segelboot unterwegs ist, darf den Fluss ein Stück weiter hochfahren als die anderen Schiffe – man kann sogar die wunderschönen Sir John Falls ansteuern.

★ World Heritage Cruises BOOTSTOUR
(03-6471 7174; www.worldheritagecruises.com.au; Esplanade; Erw. 105–150 AU$, Kind 50–80 AU$, Fam. 260–340 AU$; Mitte Aug.–Mitte Juli 9 Uhr) Das Unternehmen wird von der Familie Grining geführt, die seit 1896 Besucher auf dem Gordon befördert und die besten Flussexperten Strahans stellt. Man kann sich den Grinings auf ihrem neuen umweltfreundlichen Katamaran, dem *Eagle,* anschließen, und eine Rundfahrt durch die Macquarie Harbour und die Hells Gates nach Sarah Island und den Gordon River hinauf machen.

Die Preise variieren je nachdem, ob man einen Platz am Fenster (Premium, oder Gold, wenn man auf dem Oberdeck sitzt) oder in der Mitte des Bootes (Standard) bucht. Eine Büfettmahlzeit ist immer inbegriffen. Für Familien ist World Heritage Cruises die beste Wahl, denn die Kids können hochgehen und ohne Extrakosten den Kapitän besuchen. Im Hochsommer starten manchmal auch nachmittags Boote, und im Winter wird der Dienst an einigen Tagen ganz eingestellt.

Gordon River Cruises BOOTSTOUR
(03-6471 4300; www.gordonrivercruises.com.au; Esplanade; Erw. 105–220 AU$, Kind 52–220 AU$,

Fam. 260–334 AU$) Die *Lady Jane Franklin II* wird vom Royal Automobile Club of Tasmania (dem halb Strahan zu gehören scheint) betrieben und legt um 8.30 Uhr in Strahan ab; die Rückkehr erfolgt um 14.15 Uhr. Unterwegs erkundet man die Macquarie Harbour, Sarah Island und den Gordon River bis zur Heritage Landing.

Die Preise variieren je nach Sitzplatz – das Oberdeck bietet ein exklusives Gourmeterlebnis mit Wein und Essen.

★ West Coast Yacht Charters BOOTSTOUR
(03-6471 7422; www.westcoastyachtcharters.com.au; Esplanade; Okt.–April) Wer seine Fahrt auf dem Gordon River etwas abenteuerlicher gestalten (und mit weniger Leuten reisen) will, sollte mit der *Stormbreaker* segeln. Der Anbieter organisiert eine zweieinhalb- bis dreistündige Kajak- und Angeltour, die je nach Bedarf an den meisten Tagen um 12 und/oder 15 Uhr beginnt (Erw./Kind 90/50 AU$). Es gibt auch einen Übernachtungstrip auf dem Gordon River (Erw./Kind 380/190 AU$) mit Besuch von Sarah Island; die Verpflegung ist inklusive.

Strahan Seaplanes & Helicopters RUNDFLÜGE
(03-6471 7718; www.adventureflights.com.au; Mitte Sept.–Mai) In Wasserflugzeugen und Hubschraubern sieht man die Gegend aus der Vogelperspektive. Die Wasserflugzeuge fliegen entweder 80 Minuten lang über den Frenchmans Cap, die Flüsse Franklin und Gordon sowie Sarah Island (Erw./Kind 199/110 AU$) oder 65 Minuten lang über die Gegend rund um den Cradle Mountain (210/95 AU$). Ein 60-minütiger Flug mit dem Hubschrauber über das Naturschutzgebiet des Teepookana Forest kostet 199/120 AU$, eine Viertelstunde über Hells Gates und Macquarie Harbour 110/70 AU$.

🛏 Schlafen

Strahan Backpackers HOSTEL $
(03-6471 7255; www.strahanbackpackers.com.au; 43 Harvey St; Platz ohne Strom 20 AU$/2 Pers., B 27–30 AU$, DZ ab 65 AU$, Hütten ab 75 AU$; P@🕿) In schöner Buschlage etwa 15 Gehminuten vom Zentrum. Einfache Schlafräume und Doppelzimmer sowie hübsche Hütten. Es gibt einen Küchenblock, eine Wäscherei und ein Spielzimmer.

★ Gordon Gateway APARTMENT $$
(03-6471 7165, 1300 134 425; www.gordongateway.com.au; Grining St; DZ 79–140 AU$) Diese Unterkünfte befinden sich auf dem Hügel in Richtung Regatta Point und bestehen aus motelartigen Studioeinheiten und größeren, A-förmigen Chalets, die meist tolle Blicke auf Wasser und Ortschaft bieten.

Crays HÜTTEN $$
(0419 300 994, 03-6471 7422; www.thecrays-accommodation.com; 11 Innes St; DZ 130–220 AU$; P🕿) Crays bietet zwei Einheiten für Selbstversorger auf der Innes St und sechs neue, helle und geräumige Hütten an der 59 Esplanade, gegenüber der Risby Cove. Nur manche bieten schöne Ausblicke. Gäste, die drei Nächte bleiben, werden mit einem üppigen Langustenmahl belohnt, das aufs Haus geht. Die Inhaber haben auch reduzierte Preise für Bootstouren mit West Coast Yacht Charters (S. 765).

★ Franklin Manor BOUTIQUE-HOTEL $$$
(03-6471 7311; www.franklinmanor.com.au; Esplanade; DZ 175–250 AU$; P🕿) Das wunderschöne historische Gebäude ist das beste Hotel in Strahan. Es steht in einer gepflegten Gartenanlage etwas versetzt vom Ufer und ist ein schickes Boutique-Gästehaus mit eleganten Zimmern, edler Küche und ebenso hervorragendem Service. Es hat einen legendären Weinkeller und seit Kurzem auch einen Raum, in dem man tasmanische Produkte probieren und kaufen kann.

🍴 Essen

Risby Cove MODERN-AUSTRALISCH $$
(03-6471 7572; www.risbycove.com.au; Esplanade; Hauptgerichte 22–38 AU$; 18–21 Uhr) Die Leute kommen von überall her, um im Cove zu speisen, einem ruhigen, eleganten Restaurant gleich gegenüber vom Zentrum am Ufer. Auf der Karte stehen so edle Gerichte wie Ente vom Tamar Valley, und es ist immer frische Forelle von der Macquarie Harbour im Angebot. Es gibt auch eine gute Kinderkarte. Der Ausblick über das Wasser ist sensationell.

Hamer's Hotel PUBESSEN $$
(03-6471 4335; Esplanade; Hauptgerichte mittags 12–23 AU$, abends 19–32 AU$; 12–14.30 & 18–22 Uhr) In diesem hübsch eingerichteten historischen Pub speisen die meisten Touristen. Er serviert eine wechselnde Auswahl an exzellenten Pubgerichten – wir empfehlen die Forelle von der Macquarie Harbour oder das riesige Filetsteak. Im Sommer ist der Pub oft knackevoll, und man kann nicht reservieren, daher sollte man früh zum Essen herkommen.

Regatta Point Tavern PUBESSEN $$
(Esplanade; Hauptgerichte 16–29 AU$; ◉ Bar 12–22, Gerichte 12–14 & 18–20 Uhr) Wer sich abseits des Glitzers zu den Einheimischen gesellen will, sollte in diesen einfachen Pub gehen. Er befindet sich unweit der Endhaltestelle des Zuges, etwa 2 km vom Zentrum entfernt um die Bucht herum. Es gibt die üblichen Steaks und Burger sowie guten Frischfisch. Wer etwas Besonderes probieren will, sollte das Crayfish Mornay (Flusskrebs-Mornay) – nur in der Saison – bestellen.

ⓘ Praktische Informationen

Parks & Wildlife Service (☎ 03-6471 7122; www.parks.tas.gov.au; Esplanade; ◉ Mo-Fr 9–17 Uhr) Im ehemaligen Zollhaus befinden sich auch das Postamt, ein Internetcafé und ein Geldautomat.

West Coast Visitor Information Centre (☎ 03-6472 6800; www.westcoast.tas.gov.au; Esplanade; ◉ Dez.–März 10–18.30 Uhr, April–Nov. 10–18 Uhr) Hier ist nicht nur die Touristeninformation, sondern auch das West Coast Reflections Museum untergebracht.

ⓘ An- & Weiterreise

Tassielink (☎ 1300 300 520; www.tassie-link.com.au) Die Busse halten und starten am Besucherzentrum. Zu den Zielen zählen Launceston (85,40 AU$, 7 Std.), Hobart (78,20 AU$, 7½ Std.) und Queenstown (10,60 AU$, 45 Min.).

Franklin-Gordon Wild Rivers National Park

Dieser zum Weltnaturerbe gehörende, in den 1980er-Jahren vor Staudämmen bewahrte **Nationalpark** (www.parks.tas.gov.au) umfasst die Gebiete des Franklin River und des Olga River sowie Abschnitte des Gordon River – außergewöhnliche Gegenden zum Raften, Buschwandern und Klettern. Der höchste Punkt des Parks ist das schneebedeckte **Frenchmans Cap** (1443 m; anspruchsvoller 3- bis 5-tägiger Trek). Der Park rühmt sich auch vieler einzigartiger Pflanzenarten und der bedeutendsten indigenen archäologischen Ausgrabungsstätte Australiens, der **Kutikina Cave**.

Viele Gebiete des Parks bestehen aus tiefen Flussschluchten und undurchdringlichem Regenwald, allerdings durchquert der Lyell Hwy sein nördliches Ende. Einige kurze Wanderungen beginnen am Highway, u.a. zu den **Nelson Falls** (hin & zurück 20 Min.) und zum **Donaghys Hill** (hin & zurück 40 Min.). Von beiden Wegen aus kann man den Franklin River und die alles überragende weiße Quarzitspitze des Frenchmans Cap sehen.

Cradle Mountain-Lake St. Clair National Park

Der Cradle Mountain – diese perfekte, mondförmige Felskrümmung, die so oft fotografiert wird, wie sie sich im glatten Wasser spiegelt – ist so etwas wie ein Symbol für Tasmanien. Der Berg ist vielleicht die bekannteste Attraktion der Insel und wird als Juwel des 1262 km^2 großen Cradle Mountain-Lake St. Clair National Park angesehen. Die gletschergekrönten Gipfel, Schluchten, Seen, und wilden alpinen Moorgebiete erstrecken sich von den Great Western Tiers im Norden bis zur Derwent Bridge im Süden.

Das legendärste Abenteuer im Park ist der gefeierte Overland Track, ein einwöchiger Wanderweg, der so etwas wie der Heilige Gral für Buschwanderer geworden ist. Der 65 km lange Pfad führt vom Cradle Mountain zum Lake St. Clair (in der Sprache der Ureinwohner „Leeawuleena" oder „schlafendes Wasser") und bietet eine unvergessliche Reise durch das gebirgige Herz Tasmaniens.

Weniger bekannt ist, dass der Cradle Mountain auch ein fantastischer Ort zum Beobachten von Wildtieren ist – man sieht hier fast garantiert Wombats, Bennett-Wallabys und Filander sowie ab und zu Tasmanische Teufel und Schnabeltiere.

◉ Sehenswertes

Devils@Cradle TIERSCHUTZRESERVAT
(☎ 03-6492 1491; www.devilsatcradle.com; 3950 Cradle Mountain Rd; Erw./Kind 18/10 AU$, Fam. 45–60 AU$, Nachtfütterungstouren Erw./Kind 27,50/15 AU$, Fam. 70–90 AU$; ◉ 10–16 Uhr, Touren 10.30, 13 & 15 Uhr, Nachttouren 17.30 Uhr) Dieser exzellente Wildtierpark ist voller Beutelteufel, Wombats und scheuer Tüpfel- und Fleckschwanzbeutelmarder. Vor Ort erfährt man auch mehr über die Gesichtstumorerkrankung, die das Überleben der Tasmanischen Teufel gefährdet. Man kann den Park auf eigene Faust besuchen, aber wer das Meiste aus seinem Besuch rausholen will, sollte an einer geführten Tour teilnehmen. Die hauptsächlich nachtaktiven Tiere können zu ihren Fütterungszeiten (17.30 Uhr) am besten beobachtet werden; in der Sommerzeit gibt's noch eine zusätzliche Nachtfütterung um 20.30 Uhr.

RAFTING AUF DEM FRANKLIN

Eine Raftingtour auf dem Franklin River ist das Wildeste und Aufregendste, was man in Tasmanien machen kann. Der Fluss bietet extreme Abenteuer und Rafting von Weltrang. Erfahrene Rafter können ihn auf eigene Faust befahren, wenn sie voll ausgestattet und gut vorbereitet sind, aber für weniger Erfahrene (also etwa 90 % aller Besucher) empfiehlt sich eine Tour mit einem der vielen Anbieter, die Raftingpakete anbieten. Wer mit einer unabhängigen Gruppe unterwegs ist, muss vorher die Parkranger des **Queenstown Parks and Wildlife Service** (03-6471 2511; Penghana Rd, Queenstown) kontaktieren, um aktuelle Infos über Genehmigungen, Regelungen und Wetter- sowie Umweltbedingungen zu erfahren. Man sollte auch die Franklin-Rafting-Infos unter www.parks.tas.gov.au nachlesen. Alle Rafter müssen sich am Kiosk registrieren, der dort steht, wo der Lyell Highway den Collingwood River überquert (49 km westlich der Derwent Bridge).

Die Fahrt den Franklin hinunter beginnt am Collingwood River und endet an den Sir John Falls. Je nach Wetterbedingungen am Fluss dauert die Reise zwischen acht und 14 Tagen. Es sind auch kürzere Trips an bestimmten Abschnitten des Flusses möglich. Vom Endpunkt an den Sir John Falls kann man sich von einem Wasserflugzeug der **Strahan Seaplanes & Helicopters** (03-6471 7718; www.strahanseaplanesandhelicopters.com.au; Strahan Wharf; Sep.–Mai 8.30–17 Uhr) oder von *Stormbreaker* (S. 765) abholen lassen und zurück nach Strahan fliegen/fahren.

Der obere Franklin, vom Collingwood River zum Fincham Track, passiert die wunderschöne Irenabyss Gorge, von der aus man einen Abstecher zum Frenchmans Cap machen kann. Der untere Franklin, vom Fincham Track zu den Sir John Falls, umfasst die wilde und ursprüngliche Great Ravine.

Tasmanian Expeditions (1300 666 856; www.tasmanianexpeditions.com.au; 9-tägiger Trip 2695 AU$) Klassischer Franklin-Trip; man fährt mit einem Boot zurück nach Strahan.

Franklin River Rafting (0422 642 190; www.franklinriverrafting.com; 70 Dillons Hill Rd, Glaziers Bay; 8/10-tägiger Trip 2695/2995 AU$) Exzellente acht- und zehntägige Trips ab der Collingwood Bridge; zurück geht's auf der *Stormbreaker* nach Strahan. Der längere Trip bietet die Möglichkeit, auf das Frenchmans Cap zu klettern.

Water By Nature (0408 242 941, 1800 111 142; www.franklinrivertasmania.com; 5/7/10-tägige Trips 1980/2440/2980 AU$) Dieser Anbieter organisiert fünf-, sieben- und zehntägige Trips, die einen Flug mit dem Wasserflugzeug beinhalten. Bietet auch Klettertouren auf das Frenchmans Cap.

Wilderness Gallery GALERIE (03-6492 1404; www.wildernessgallery.com.au; Cradle Mountain Rd; Eintritt 7 AU$, für Gäste des Cradle Mountain Hotel kostenlos; 10–17 Uhr) Am Cradle Mountain Hotel, an der Straße zum Cradle Mountain, befindet sich diese tolle Galerie mit unglaublichen Fotografien zum Thema Umwelt. Sie zeigt auch eine faszinierende **Ausstellung über Tasmanische Tiger** und den weltweit einzigen Teppich aus dem Fell eines Tasmanischen Tigers.

🏃 Aktivitäten

Wanderungen durch das Cradle Valley

Das Cradle Valley hat einige der am besten zugänglichen Wanderwege im Park zu bieten. Die folgende Liste ist nur ein Auszug.

Knyve Fall (hin & zurück 25 Min.) Beginnt gleich gegenüber der Cradle Mountain Lodge.

Kratersee (hin & zurück 2 Std.) Vom Parkplatz am Ronny Creek kann man zu diesem Kratersee hinaufklettern.

Cradle Valley Walk (einfache Strecke 2 Std.) Ein einfacher, 8,5 km langer Wanderweg, der vom Interpretation Centre zum Dove Lake führt. Er ist bis zur Ronny Creek (5,5 km) mit Planken ausgelegt; der Rest des Pfades bis zum Dove Lake kann ziemlich schlammig sein und wird nach heftigen Regenfällen manchmal gesperrt.

Dove Lake Circuit (Rundweg, 2–3 Std.) Vom Parkplatz am Dove Lake kann man einmal rund um den See laufen und fast die ganze Strecke über tolle Blicke auf den Cradle Mountain genießen.

Cradle Mountain Summit (hin & zurück 6–8 Std.) Ein anstrengender, aber spektakulärer Aufstieg mit herrlichen Ausblicken (bei schönem Wetter). Nicht zu empfehlen

DER OVERLAND TRACK

Tasmaniens berühmteste Wanderung ist eine 65 km lange, sechs- bis achttägige Odyssee, bei der man mit dem Rucksack durch die faszinierende, zum Weltnaturerbe gehörende Landschaft ab dem Ronny Creek, unweit des Cradle Mountain, zum Lake St. Clair wandert. Der Pfad endet an der Nordküste des Lake St. Clair – von hier kann man die **Fähre** (S. 771) nehmen oder auf dem 15 km langen Lakeside Track zurück in die Zivilisation wandern. Wer Erfahrung mit Camping- und Mehrtageswanderungen hat, über eine gute Kondition verfügt und gut auf das unstete Wetter Tasmaniens vorbereitet ist, kann auf dem Overland Track ein gut machbares Abenteuer auf eigene Faust erleben. Unerfahrene Wanderer sollten sich vielleicht eher einer geführten Gruppe anschließen.

Die beste Zeit für den Overland Track ist der Sommer, wenn die Wildblumen in voller Blüte stehen, die Tage länger sind und man genug Hitze aufstauen kann, um in einem der eiskalten Bergseen zu schwimmen. Zu dieser Zeit ist viel los auf dem Track, und er unterliegt einem Zulassungssystem, um die Menschenmassen im Griff zu behalten. Erfahrene Wanderer, die den Track im Winter bereisen, finden ihn ruhig, vereist und wunderschön vor. Im Frühling und Herbst hat der Track einen ganz besonderen Charme; dann sind auch weniger Mitwanderer unterwegs als im Sommer (obwohl das Zulassungssystem dann immer noch greift).

Außerhalb der Zulassungssaison, in der eine Wanderregelung von Nord nach Süd gilt, kann der Pfad in jeder Richtung bewandert werden. Er ist seine gesamte Länge über gut ausgeschildert. Abstecher führen zu Attraktionen wie dem **Mt. Ossa** sowie zu fantastischen **Wasserfällen** – es lohnt sich, dafür etwas Zeit zu investieren. Abgesehen vom Winter wird man jeden Tag vielen Mitwanderern begegnen.

Entlang des Pfades stehen in Abständen von jeweils einer Tageswanderung unbewachte Hütten mit einfachen Holzbetten und Gasheizung, aber im Sommer sind diese meist belegt; man sollte also unbedingt ein Zelt mitnehmen. Lagerfeuer sind verboten und man muss seinen Campingkocher zur Essenszubereitung mitnehmen.

Die Wanderung selbst ist extrem vielfältig und führt durch hohe Bergmoore, Felsengeröll, Schluchten und Hochwald. Eine detaillierte Beschreibung des Overland Track und der wichtigsten Abstecher sind im Lonely Planet *Walking in Australia* zu finden. Weitere Infos zu den Tracks im Park gibt das Buch *Cradle Mountain–Lake St. Clair and Walls of Jerusalem National Parks* von John Chapman und John Siseman. Ein handliches Buch im Taschenformat zum Track ist *The Overland Track: One Walk, Many Journeys* von P&WS. Es informiert auch über die Ökologie und Geschichte des Pfades und enthält Illustrationen zu Blumen und Pflanzen, die man unterwegs sehen kann. Alle aktuellen Infos und Planungen zum Track gibt's unter www.parks.tas.gov.au. Die Referenzkarte für den Track und seine Umgebung ist die von Tasmap publizierte Karte *Cradle Mountain–Lake St. Clair* im Maßstab von 1:100.000.

Das Zulassungssystem (Erw./Kind 200/160 AU$) gilt vom 1. Oktober bis 31. Mai; dann dürfen sich täglich nur 34 erfahrene Wanderer auf den Weg machen. Die Genehmigungen erhält man unter www.parks.tas.gov.au – ab dem 1. Juli kann gebucht werden.

---

bei schlechter Sichtweite oder im Winter, wenn der Weg verschneit und vereist ist. Man kann die Wanderung entweder am Parkplatz des Dove Lake oder am Ronny Creek beginnen.

Wanderung an der Cynthia Bay

Wer sich am südlichen Ende des Nationalparks am Lake St. Clair aufhält, kann einige der folgenden Wanderungen unternehmen.

Larmairremener tabelti (hin & zurück 1 Std.) Ein kulturell bedeutsamer Wanderweg der Aborigines, der sich durch das traditionelle Land der Larmairremener, der Ureinwohner dieser Region, windet. Er beginnt am Besucherzentrum und schlängelt sich durch den Wald am Seeufer entlang und wieder zurück ins Ortszentrum.

Platypus Bay Circuit (hin & zurück 30 Min.) Startet in Watersmeet, unweit des Besucherzentrums.

Shadow Lake Circuit (hin & zurück 4–5 Std.)

Mt. Rufus Circuit (hin & zurück 7–8 Std.)

Lake St. Clair Lakeside Walk Man nimmt die Fähre nach Echo Point (3-4 Std. zu Fuß zurück zur Cynthia Bay) oder zur Narcissus Hut (5-7 Std. zurück zur Cynthia Bay) und läuft am Seeufer entlang zurück.

Familienwanderungen

Obwohl es etwas vom Alter der Kinder abhängt, eignen sich viele Wanderungen im Cradle Valley auch für Kids mit guter Kondition. Wer ganz kleine Kinder hat, kann eine der folgenden Touren unternehmen:

Rainforest Walk & Pencil Pine Falls (hin & zurück 10 Min.) Beginnt am Interpretation Centre. Ein leichter Plankenweg, aber sehr spektakulär.

Enchanted Nature Walk (hin & zurück 25 Min.) Beginnt unweit der Cradle Mountain Lodge und führt den Pencil Pine Creek entlang. Weitestgehend auch mit Kinderwagen und Rollstuhl zugänglich.

Weindorfers Forest Walk (hin & zurück 20 Min.) Beginnt neben den Waldheim Cabins und führt den Berg hinauf durch den Wald. Nicht zugänglich mit Kinderwagen oder Rollstuhl.

Ronny Creek (hin & zurück 20-25 Min.) Die Plankenwege, die den Beginn des Overland Track markieren, eignen sich ideal für Familien - unterwegs sieht man zahlreiche Wombats.

Geführte Touren

Tasmanian Expeditions WANDERN
(1300 666 856; www.tasmanianexpeditions.com.au; Okt.–Anfang Mai) Tasmanian Expeditions hat eine sechstägige Wanderung auf dem Overland Track im Angebot (ab 1995 AU$) und organisiert auch andere Wanderungen durch den Nationalpark und darüber hinaus.

Cradle Mountain Huts WANDERN
(03-6392 2211; www.cradlehuts.com.au; ab 2850 AU$; Okt.–Mai) Bei der sechstägigen Wanderung auf dem Overland Track übernachtet man fünfmal in privaten Hütten; das Gepäck wird transportiert.

Schlafen & Essen

Cradle Valley

Discovery Holiday Parks Cradle Mountain CAMPING $
(03-6492 1395; www.discoveryholidayparks.com.au; Cradle Mountain Rd; Stellplatz ohne/mit Strom für 2 Pers. 36/46 AU$, B 32 AU$, Hütte ab 144 AU$, Ferienhaus ab 159 AU$; P@🛜) Der gut ausgestattete Campingplatz im Busch ist 2,5 km vom Nationalpark entfernt. Die Stellplätze sind gut voneinander abgetrennt, es gibt ein dem YHA angeschlossenes Hostel, eine Campingküche, einen Waschsalon und komplett ausgestattete Hütten.

★ **Cradle Mountain Highlanders Cottages** HÜTTEN $$
(03-6492 1116; www.cradlehighlander.com.au; Cradle Mountain Rd; DZ 125–285 AU$; P) Das bestgehütete Geheimnis am Cradle Mountain! Die unglaublich gastfreundlichen Besitzer bieten eine charmante Sammlung erstklassig gepflegter Holzhütten für Selbstversorger. Alle sind mit Holz- oder Gasöfen, Queensize-Betten und Heizdecken ausgestattet. Es gibt ein kontinentales Frühstück. Drei Hütten verfügen über ein Spa, und alle Hütten werden täglich gereinigt.

Cradle Mountain Hotel HOTEL $$
(03-6492 1404, 1800 420 155; www.cradlemountainhotel.com.au; Cradle Mountain Rd; DZ ab 169 AU$; P@🛜) Dieser große Komplex ist der erste, auf den man im Cradle Valley stößt, und er kündigt sich mit einem riesigen Säulentor an. Die öffentlichen Bereiche sind zwar hübsch mit Holz verkleidet und werden von einem Kamin beheizt, aber die Zimmer erinnern ehrlich gesagt eher an ein Motel.

ⓘ ZUGANG ZUM PARK

Der Verkehr im Park wird streng kontrolliert, und wenn die Fahrzeugquote (oder Parkplatzkapazität) auf der Cradle Valley Rd erreicht ist, werden sich die Schwingtore erst wieder öffnen, um weitere Fahrzeuge hineinzulassen, wenn genug andere den Park wieder verlassen haben. Das kann besonders morgens zum Problem werden.

Um den Park vor zu viel Verkehr zu schützen, fahren häufiger **Shuttlebusse**. Die Busse verkehren im Sommer zwischen 8 und 20 Uhr (im Winter kürzer) alle 10 bis 20 Minuten ab dem **Cradle Mountain Transit Centre** (dem Parkplatz beim Visitor Centre). Das Angebot ist kostenlos, man muss allerdings im Besitz eines Nationalpark-Passes sein. Haltestellen sind das Rangers Station Interpretation Centre, Snake Hill, Ronny Creek und Dove Lake.

Am besten lässt man sich eins auf der Vorderseite mit Blick auf den Regenwald geben.

Es gibt ein gutes **Büfett-Restaurant** (Erw./Kind 38/19 AU$) und das anspruchsvollere **À-la-carte-Restaurant Grey Gum** (Hauptgerichte ab 28 AU$).

★ Cradle Mountain Lodge   LODGE $$$
(☏1300 806 192, 03-6492 2103; www.cradlemountainlodge.com.au; Cradle Mountain Rd; DZ 189–870 AU$; P✴@☎) Wenn die Holzhütten dieser Berglodge an einem Wintertag aus dem dichten Nebel auftauchen, kann man nicht anders, als sich von ihrem Charme bezaubern lassen. Die meisten Räume haben eine moderne Atmosphäre, einige sogar Kamine. Die Lodge veranstaltet Dutzende von Aktivitäten und geführten Wanderungen, und das Waldheim Alpine Spa bietet entspannende Massagen und Schönheitsbehandlungen.

Tavern Bar & Bistro   BISTRO $$
(☏03-6492 2100; www.cradlemountainlodge.com.au; Hauptgerichte 16–29 AU$; ⊙12–20.30 Uhr) In diesem einfachen Restaurant der Cradle Mountain Lodge gibt's herzhafte Bergküche und einen knisternden offenen Kamin, der dem Lokal einen tollen Charme verleiht. Hier dreht sich alles um Pasta, Burger, Steaks und Lachs; auch die Kinderkarte ist gut. Mittwochs um 20.30 Uhr gibt's Livemusik.

🛏 Cynthia Bay & Derwent Bridge

Lake St. Clair Lodge   LODGE $$
(☏03-6289 1137; www.lakestclairlodge.com.au; Stellplatz ohne/mit Strom für 2 Pers. 25/30 AU$, B/DZ 40/110 AU$, Cottages 185–550 AU$; P@) Zeltplätze im Busch am Ufer ohne Strom und Stellplätze mit Strom. Die Backpacker-Lodge bietet Schlafräume mit zwei bis vier Betten sowie eine Küche. Es gibt auch luxuriöse Cottages für Selbstversorger. Im Hauptgebäude gegenüber dem Lake-St.-Clair-Besucherzentrum befindet sich ein Café, das herzhafte Gerichte serviert, bevor es zur Buschwanderung geht. Die letzte Bestellung wird um 18.30 Uhr angenommen.

Hungry Wombat Café   CAFÉ $
(Lyell Hwy; Hauptgerichte 6–16 AU$; ⊙Sommer 8–18 Uhr, Winter 9–17 Uhr) Das freundliche Café gehört zur Tankstelle und serviert Frühstücksgerichte, die einen den ganzen Tag über satt machen. Mittags gibt's Suppen, Sandwichs, Fish & Chips, Pies, Wraps und Burger; den ganzen Tag lang werden Snacks, Kaffeevariationen und Kuchen kredenzt. Alle Gerichte sind hausgemacht und superlecker. Es gibt auch eine kleine Lebensmittelabteilung und Infos für Touristen.

ℹ Praktische Informationen

Cradle Mountain Visitor Information Centre (☏03-6492 1110; www.parks.tas.gov.au; 4057 Cradle Mountain Rd; ⊙8–17 Uhr, im Winter kürzer) Das Cradle Mountain-Besucherzentrum liegt gleich vor der Parkgrenze. Hier kann man seine Parkpässe kaufen, außerdem bekommt man detaillierte Infos und Karten zu Buschwanderungen, aktuelle Infos zu Wetterbedingungen sowie Beratung zu Ausrüstung, Sicherheit und Verhalten im Busch. Im Zentrum gibt's Toiletten und ein kleines Ladencafé (☏03-6492 1024; Cradle Mountain Rd; Hauptgerichte 8–11 AU$; ⊙Dez.–März 8–21 Uhr, April–Nov. 9–17 Uhr) sowie Eftpos (das möglicherweise Auszahlungen vornimmt). Es akzeptiert auch Zahlungen mit Kreditkarten. Es gibt keine Geldautomaten.

Ranger Station Interpretation Centre (⊙Sommer 8.30–17 Uhr, Winter 8.30–16 Uhr) Gleich hinter der Parkgrenze im Cradle Valley

---

WILDTIERBEOBACHTUNG

Cradle Mountain ist einer der besten Orte Australiens zur Wildtierbeobachtung, denn hier lebt eine große Vielfalt an Tieren. Außerdem kann man hier auch Tasmanische Teufel, Ameisenigel, Fleckschwanzbeutelmarder und Tüpfelbeutelmarder sehen.

Nacktnasenwombat Wird regelmäßig im Park gesichtet; am ehesten findet man es vor Sonnenuntergang im Ronny Creek Valleyl.

Rotbauchfilander Dieses kleine plumpe wallabyähnliche Tier ist überall im Park zu sehen, besonders rund um Unterkünfte wie das Cradle Mountain Hotel.

Bennett-Känguru Nicht so häufig wie Filander, aber trotzdem regelmäßig zu sehen, vor allem rund um den Ronny Creek.

Schnabeltier Zu sehen an den meisten Flüssen des Parks, aber auch bei Sonnenauf- und -untergang am Ronny Creek.

liegt dieses Zentrum. Zur Zeit der Recherchen wurde gerade ein Auditorium für Videopräsentationen zur Naturgeschichte des Cradle Mountain und zu den Wanderwegen der Region gebaut. Es gibt auch Exponate zur Kultur der Aborigines.

Lake St. Clair Visitor Information Centre (03-6289 1172; www.parks.tas.gov.au; Cynthia Bay; 8–17 Uhr) Das Lake St Clair-Besucherzentrum befindet sich in Cynthia Bay an der Südgrenze des Parks. Es bietet Infos zum Park und zu Wanderungen. Außerdem zeigt es Exponate zur Geologie, Flora, Fauna und dem Kulturerbe der Aborigines. Wer seine Regenkleidung vergessen hat, kann sich im Shop mit wasserfesten Sachen eindecken.

An- & Weiterreise

Tassielink (1300 300 520; www.tassielink.com.au) Bietet Verbindungen zum Cradle Mountain Transit Centre von Launceston via Devonport – eine Abholung am Fährterminal kann arrangiert werden. Von Cradle fahren Busse nach Launceston (61,50 AU$, 3¼ Std.), Devonport (42,20 AU$, 2 Std.) und Strahan (42,40 AU$, 3–4 Std.). Es gibt auch eine Verbindung zwischen Hobart und dem Lake St. Clair (53,60 AU$, 2½ Std.).

Unterwegs vor Ort

Lake St. Clair Ferry (03-6289 1137; www.lakestclairlodge.com.au; einfach Erw./Kind 40/20 AU$) Die Lake St. Clair Lodge betreibt Fähren für Buschwanderer, die nach/ab Narcissus Hut am Nordende des Lake St. Clair verkehren. Das Boot startet ganzjährig (oder nach Bedarf, mind. 6 Personen) dreimal täglich (9, 12 und 15 Uhr) von Cynthia Bay und erreicht Narcissus Hut etwa 30 Minuten später. Im Winter gibt's weniger Abfahrten, daher sollte man immer vorher anrufen.

Wer den Fährservice am Ende einer Wanderung auf dem Overland Track nutzt (Buchung erforderlich), muss den Fährbetreiber bei der Ankunft in Narcissus anfunken, um seine Buchung zu bestätigen. Man kann auch die Fähre von Cynthia Bay nach Echo Point (Erw./Kind 35/17 AU$) nehmen und dann zurück nach Cynthia Bay wandern (2–3 Std.).

DER SÜDWESTEN

Southwest National Park

Der größte Nationalpark des Staates ist ein entlegener, wilder Landstrich aus Wäldern, Grasebenen und Meereslandschaften. Hier wächst die *Lagarostrobos franklinii* (oder Huon-Pinie), die 3000 Jahre alt wird, und

> **NICHT VERSÄUMEN**
>
> ### EINE WAND IN DER WILDNIS
>
> Auf der Fahrt von Derwent Bridge nach Bronte Park sollte man unbedingt einen Abstecher zu **The Wall in the Wilderness** machen (03-6289 1134; www.thewalltasmania.com; Erw./Kind 10/6 AU$; Sept.–April 9–17 Uhr, Mai–Aug. bis 16 Uhr). Dabei handelt es sich um ein Kunstwerk, das noch im Entstehen begriffen ist. Der Holzbildhauer Greg Duncan schnitzt die Geschichte des tasmanischen Hochlands in eine Wand aus Holztafeln. Die Dimensionen sind unglaublich: Das fertige Panoramabild wird 100 m lang sein, und es wird voraussichtlich noch etwa zehn Jahre dauern, bis es vollendet ist.
>
> Trotz des riesigen Formats sind die Darstellungen unglaublich kunstvoll und detailreich geschnitzt. Von den Adern in den Händen der Arbeiter über die Knitterfalten in ihren Hemden bis hin zu den Haaren ihrer Bärte ist alles deutlich zu erkennen. The Wall steht 2 km östlich von Derwent Bridge und ist einen Besuch wirklich wert.

der Riesen-Eukalyptus, die höchste blühende Pflanze der Welt. In den Regenwäldern sind etwa 300 Arten von Flechten, Moos und Farn zu finden – einige davon sehr selten –, und die idyllischen Bergwiesen sind voller Wildblumen und blühender Büsche. Durch den Park fließen Flüsse, deren Stromschnellen durch tiefe Schluchten rauschen und sich an den Klippen in Wasserfälle ergießen.

Aktivitäten
Bushwalking

Die am häufigsten genutzten Wanderwege im Park sind der 70 km lange **Port Davey Track** zwischen der Scotts Peak Rd und Melaleuca (etwa 5 Tage) sowie der noch deutlich beliebtere **South Coast Track** (6–8 Tage) von 85 km Länge, der zwischen Cockle Creek und Melaleuca verläuft.

Bei beiden Tracks sollte man auf mieses Wetter vorbereitet sein. Kleinflugzeuge können Wanderer nach Melaleuca im Südwesten bringen. Straßen gibt es dort keine. Cockle Creek, am anderen Ende des South Coast Tracks, und die Scotts Peak Rd, am anderen Ende des Port Davey Tracks, sind hingegen über Zufahrtsstraßen und mit öffentlichen Verkehrsmitteln zu erreichen.

Der Südwesten

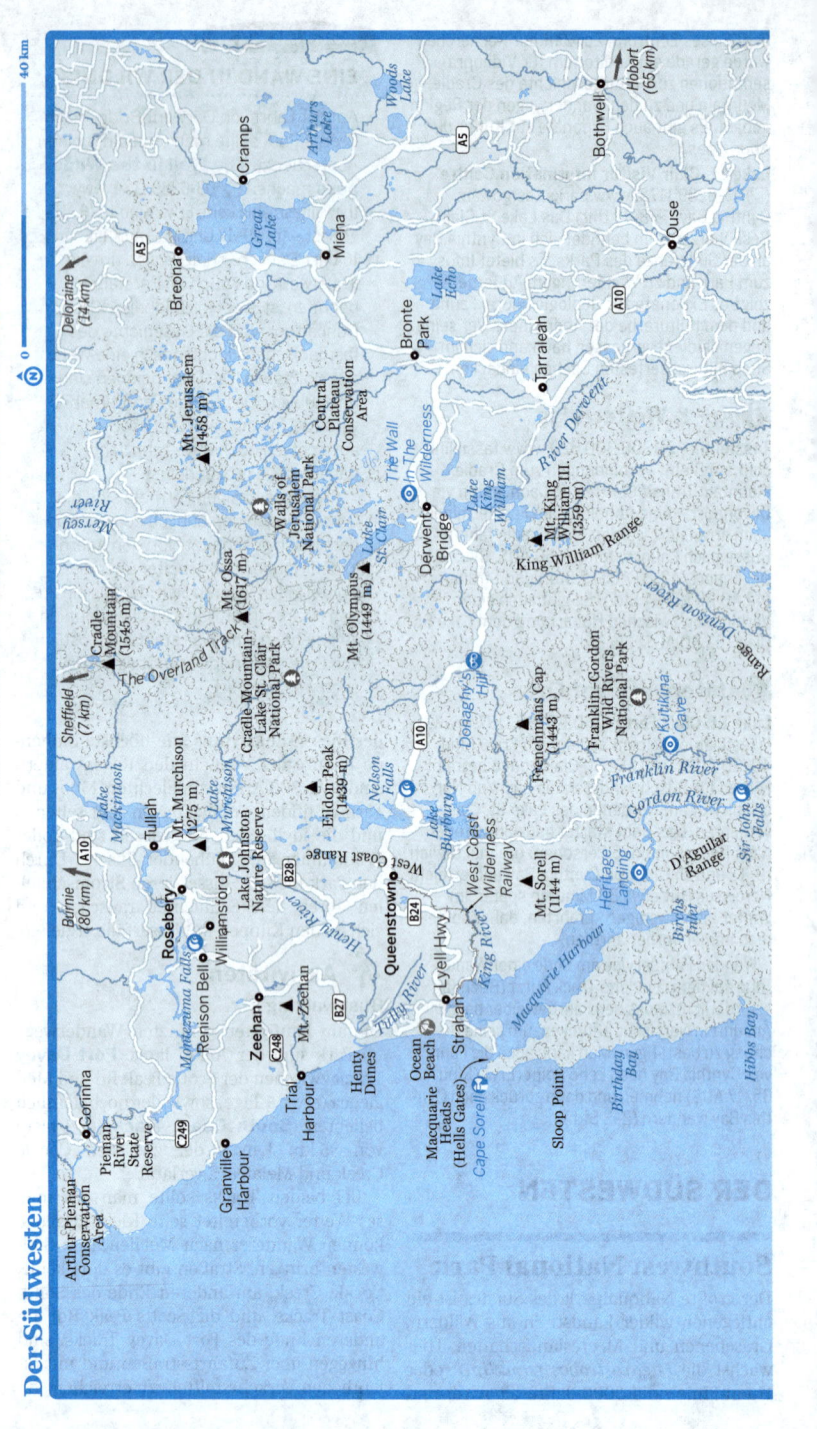

NÖRDLICHES & WESTLICHES TASMANIEN DER SÜDWESTEN

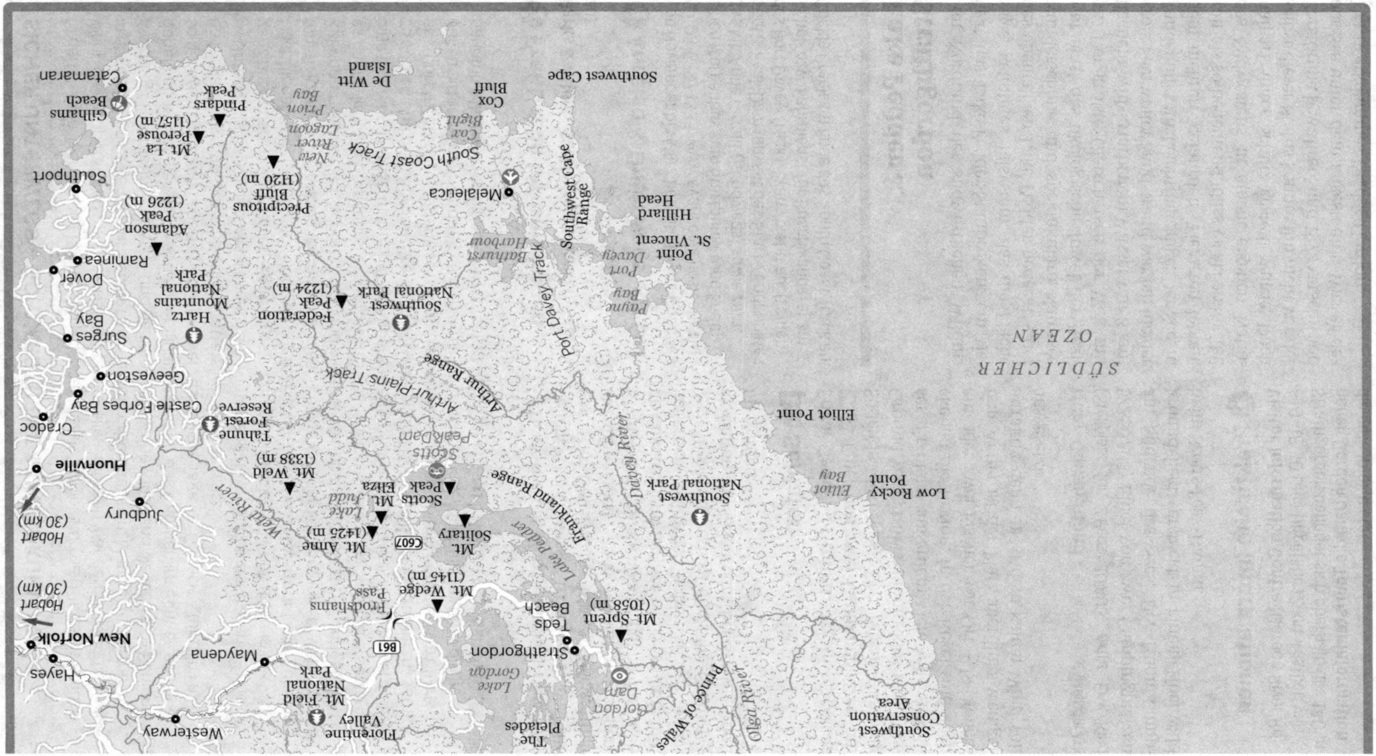
Westerway
Hayes
New Norfolk
Hobart (30 km)
Maydena
Florentine Valley
Mt. Field National Park
B61
Frodshams Pass
Hobart (30 km)
Judbury
Huonville
Cradoc
Castle Forbes Bay
Geeveston
Surges Bay
Dover
Raminea
Southport
Gilhams Beach
Catamaran
Weld River
Tahune Forest Reserve
Hartz Mountains National Park
Adamson Peak (1226 m)
Mt. La Perouse (1157 m)
Pindars Peak
Mt. Weld (1338 m)
Mt. Anne (1425 m)
Lake Judd
Mt. Eliza
C607
Mt. Wedge (1145 m)
Scotts Peak
Scotts Peak Dam
Mt. Solitary
Arthur Plains Track
Arthur Range
Federation Peak (1224 m)
Precipitous Bluff (1120 m)
New River Lagoon
Prion Bay
De Witt Island
Southwest National Park
South Coast Track
Cox Bight
Cox Bluff
Melaleuca
Bathurst Harbour
Port Davey Track
Southwest Cape Range
Southwest Cape
The Pleiades
Lake Gordon
Strathgordon
Teds Beach
Lake Pedder
Frankland Range
Gordon Dam
Mt. Sprent (1058 m)
Davey River
Payne Bay
Port Davey
Point St. Vincent
Hilliard Head
Prince of Wales
Olga River
Southwest National Park
Elliot Bay
Elliot Point
Southwest Conservation Area
Low Rocky Point
SÜDLICHER OZEAN

SICHER UNTERWEGS – SCHNEESTÜRME & UNTERKÜHLUNG

In den Bergen Tasmaniens kann es zu jeder Jahreszeit Schneestürme (Blizzards) geben. Wenn die Temperaturen unter den Gefrierpunkt fallen, müssen Wanderer besonders in abgelegenen Gegenden unbedingt gut darauf vorbereitet sein. Man sollte warme Kleidung (Thermounterwäsche und -jacken) sowie eine wind- und wasserfeste Schicht dabei haben. Das Zelt sollte von hoher Qualität und für das Campen im Schnee geeignet sein. Zudem gehören Lebensmittel für zwei zusätzliche Tage ins Gepäck – für den Fall, dass man aufgrund des schlechten Wetters irgendwo festsitzt.

Unterkühlung ist vor allem während der Wintermonate im Süden Australiens – und ganz besonders in Tasmanien – eine ernste Gefahr. Die heftigen Winde sind ein beträchtlicher Kältefaktor, der selbst bei nur mäßig kalten Temperaturen zur Unterkühlung führen kann. Frühe Anzeichen sind u. a. Einschränkungen der Feinmotorik (etwa beim Zuknöpfen der Jacke), Schüttelfrost und allgemeine Unbeholfenheit. Am wichtigsten ist es dann, die kalte Umgebung zu verlassen, nasse Kleidung durch trockene zu ersetzen, eine wind- und wasserdichte Schicht überzuziehen, für sonstige zusätzliche Isolierung zu sorgen und dem Körper „Brennstoff" (Wasser und Kohlenhydrate) zuzuführen, damit er – durch Zittern – wieder warm wird. Bei schwerer Unterkühlung hört der Betroffene auf zu zittern – dann handelt es sich um einen medizinischen Notfall, der über die genannten Maßnahmen hinausgehend sofort durch einen Arzt behandelt werden muss.

❶ Praktische Informationen

Parks & Wildlife Service (www.parks.tas.gov.au)

❶ Anreise & Unterwegs vor Ort

Von November bis März betreibt **Evans Coaches** (☏ 03-6297 1335; www.evanscoaches.com.au) einen Morgenbus zum Startpunkt (und Ende) des Mt. Anne Circuit (Rundwegs) sowie zum Scotts Peak Dam (unweit des Start-/Endpunktes des Port Davey Track). Evans bietet auch einen Abhol- bzw. Fahrdienst für Buschwanderer am Cockle Creek am Ende des South Coast Track an.

Lake Pedder & Strathgordon

Am Nordrand der südwestlichen Wildnis liegt das Lake-Pedder-Staubecken, ein riesiges, geflutetes Talsystem, das die Fläche des ehemaligen Lake Pedder bedeckt – der wunderschöne und spektakuläre Natursee war einst das ökologische Juwel der Region. Der größte Gletschersee der Welt mit flachem, whiskyfarbenem Wasser war 3 km² groß. Sein weiter Sandstrand war ein idealer Landepunkt für Leichtflugzeuge. Der See, in dem mehrere gefährdete Tierarten lebten, galt als so bedeutend, dass er als erster Teil des Südwestens in einem eigenen Nationalpark unter Schutz gestellt wurde. Doch selbst dieser Status konnte ihn nicht vor der Zerstörung bewahren, und 1972 verschwand der See unter dem angestauten Wasser des Kraftwerkdammes Pedder/Gordon.

Heute ist das Forellenfischen hier sehr beliebt. Das Gewässer ist voller Fische, die von 1 kg Gewicht bis hin zu gelegentlich aufzufindenden 20-kg-Monstern reichen. Klein- oder Schlauchboote haben hier keine Chance, denn der See ist 55 km lang und außerdem gefährlich hohen Wellen ausgesetzt. Bootsanlegestege gibt's am Scotts-Peak-Damm im Süden oder bei Strathgordon im Norden.

🛏 Schlafen

Edgar Camping Ground CAMPING

GRATIS Einer von zwei Campingplätzen am Südende des Sees. Der Edgar Camping Ground verfügt über Plumpsklos und Wasser. Er bietet außerdem viele tolle Ausblicke auf die Region. In der Regel sind auch ein oder zwei Fischer vor Ort – bei feuchtem Wetter ist der Platz allerdings weniger attraktiv, denn er ist dem kalten Wind voll ausgesetzt.

Huon Campground CAMPINGPLATZ

(Stellplatz für 2 Pers. 10 AU\$, extra Erw./Kind 5/2,50 AU\$) Einer von zwei Campingplätzen am Südende des Sees. Der Huon Campground liegt versteckt in einem Hochwald beim Scotts-Peak-Damm.

❶ Praktische Informationen

Visitor Information Centre (Gordon River Rd; ⏱ 9–18.30 Uhr) Ungefähr 12 km westlich von Strathgordon befindet sich oberhalb des 140 m hohen Gordon Dam die **Touristeninformation**, die gute Infos bietet.

Adelaide & Umgebung

Inhalt ➡

Adelaide 778
Hahndorf 804
Rund um Stirling 806
Oakbank & Woodside . 807
Fleurieu Peninsula 808
McLaren Vale 808
Willunga 810
Strände am Gulf
St. Vincent 811
Victor Harbor 812
Port Elliot 813
Goolwa 815
Kangaroo Island 816

Gut essen

➡ Peel Street (S. 794)
➡ Gin Long Canteen (S. 796)
➡ Star of Greece (S. 811)
➡ Flying Fish Cafe (S. 814)
➡ Dudley Cellar Door (S. 821)

Schön übernachten

➡ Adabco Boutique Hotel (S. 790)
➡ Port Elliot Beach House YHA (S. 814)
➡ Stirling Hotel (S. 807)
➡ Largs Pier Hotel (S. 793)
➡ Australasian (S. 816)

Auf nach Adelaide!

Wer genug von dem Wahnsinn an Australiens Ostküste hat, sollte sich ein paar Tage im relaxten Adelaide gönnen. Adelaide, die Hauptstadt des trockensten Bundesstaates auf dem trockensten Kontinent, lenkt mit den schönen Dingen des Lebens von der Hitze ab: mit traumhafter Landschaft, Festivals, leckerem Essen – und (vor allem) Wein.

An der Straßenbahnlinie liegt der Strandabschnitt Glenelg. Hier zeigt sich Adelaide in Surfershorts. Ganz in der Nähe ist Port Adelaide, wo die Gentrifizierung zwar ihren Lauf nimmt, es im Hafenviertel aber noch immer herzlich zugeht. Im Landesinneren gehen Adelaides Ebenen in die Adelaide Hills über, deren Täler, Städte und Weingüter in nur zwölf Minuten über den Freeway zu erreichen sind.

Nur einen Tagestrip entfernt, liegt die Fleurieu Peninsula – die Spielwiese für Wochenendausflügler aus Adelaide. Sie bietet Surf- und Badestrände, historische Ortschaften und die schöne Weinregion McLaren Vale. Vor der Küste wartet Kangaroo Island mit Tieren, Wäldern und Seafood.

Reisezeit

Adelaide

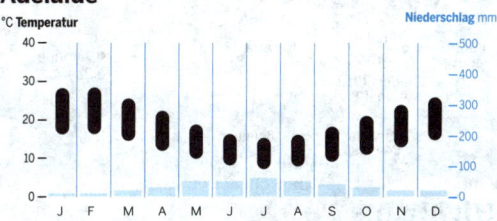

Feb.–März Adelaides Festsaison ist im Gange: Höhepunkte sind das Fringe und das WOMADelaide.

März–Mai (auch Sept.–Nov.) In der Zwischensaison ist die Hitze in der Stadt besser zu ertragen.

Sept. Football-Endspiele: Von den Rängen aus schreien sich alle heiser.

Highlights

① Auf Adelaides **Central Market** (S. 778) die Aromen von Käse, Obst und Kaffee genießen

② Im **McLaren Vale** (S. 808), einer der besten Weinregionen South Australias, von einer Weinprobe zur nächsten schwanken

③ In den **Adelaide Hills** (S. 804) Weingüter, Märkte und historische Städtchen besuchen

④ Auf **Kangaroo Island** (S. 816) dem Prusten der Robben lauschen

⑤ In Adelaides **Peel St** (S. 797) oder im **Exeter Hotel** (S. 797)

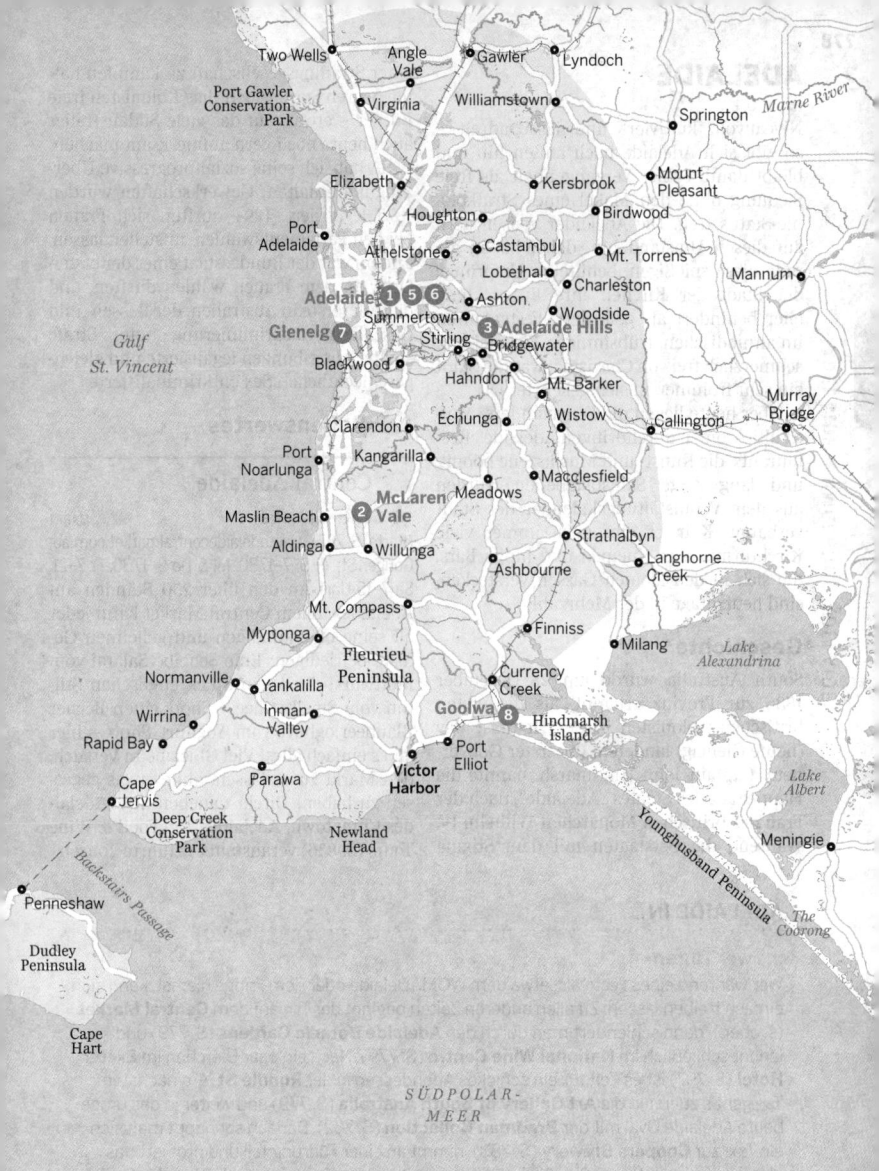

sich zu einem After-Work-Drink unter die Einheimischen mischen

⑥ Im umgebauten **Adelaide Oval** (S. 782) ein Kricket- oder AFL-Football-Spiel anschauen

⑦ Mit der Straßenbahn nach **Glenelg** (S. 783) fahren, wo man im Meer baden und bei Sonnenuntergang am Strand Fish & Chips genießen kann

⑧ Auf dem Encounter Bikeway von Victor Harbor nach **Goolwa** (S. 815) radeln und nach vorbeiziehenden Walen Ausschau halten

ADELAIDE

1,29 MIO. EW.

Niveauvoll, kultiviert und lässig-adrett – so gibt sich Adelaide nach außen hin und bleibt damit seiner Vergangenheit als freie Siedlung ohne den Makel eines Strafkolonie-Status treu. Die Adelaider weisen gern auf diesen Umstand hin, dabei haben gerade diese spießigen, behüteten Ursprünge der Stadt der Kirchen ihre Entwicklung eher behindert als gefördert. Festgefahren im altmodischen, trübsinnigen Einerlei und schmerzlich frei von Charisma, war die Stadt ein sehr frommer, in sich gekehrter Ort.

Aber heute liegen die Dinge anders. Multikulti-Aromen durchdringen Adelaides Restaurants, die Kunst- und Musikszene boomt, und langweilige Samstagabende wurden aus dem Veranstaltungskalender der Stadt verbannt. Klar, es gibt noch immer viele Kirchtürme, aber Kneipen und hippe Bars, die sich in den kleinen Gassen verstecken, sind heutzutage in der Mehrzahl.

Geschichte

South Australia wurde am 28. Dezember 1836 zur Provinz ernannt, als die ersten britischen Kolonisten in der Holdfast Bay (heute Glenelg) landeten. Ihr erster Gouverneur, Captain John Hindmarsh, nannte die Hauptstadt des Staates „Adelaide", nach der Frau des britischen Monarchen Wilhelm IV. Während die Oststaaten mit dem Stigma einer Sträflingsgesellschaft zu kämpfen hatten, waren South Australias Kolonisten freie Bürger – etwas, auf das viele Südaustralier auch heute noch gern aufmerksam machen.

SA hat sich seine sozial-progressive Überzeugung erhalten: Gewerkschaften wurden 1876 legalisiert, 1894 durften sich Frauen bei den Parlamentswahlen aufstellen lassen. Zudem war der Bundesstaat einer der ersten Orte, an dem Frauen wählen durften, und der Allererste in Australien, der Rassen- und Geschlechterdiskriminierung unter Strafe stellte, Abtreibungen legalisierte und gleichgeschlechtlichen Sex entkriminalisierte.

⊙ Sehenswertes

⊙ Central Adelaide

★ **Central Market** MARKT
(Karte S. 782; www.adelaidecentralmarket.com.au; Gouger St; ⊙ Di 7–17.30, Mi & Do 9–17.30, Fr 7–21, Sa 7–15 Uhr) An den über 250 Ständen auf Adelaides tollem Central Market kann jeder all seine offenkundigen und geheimen Gelüste befriedigen: Eine Scheibe Salami vom Mettwurst Shop, ein Stück englischen Stilton vom Smelly Cheese Shop, einen Becher Blaubeerjoghurt vom Yoghurt Shop – hier gibt's einfach alles! Viel Glück beim Versuch, den Markt zu verlassen, ohne etwas gegessen zu haben! Direkt daneben liegt Adelaides Chinatown. Adelaides Top Food & Wine Tours (S. 836) veranstaltet geführte Touren.

ADELAIDE IN...

...zwei Tagen

Wer während eines Festivals, etwa dem WOMADelaide oder dem Fringe hier ist, kann sich einfach treiben lassen. Zu allen anderen Zeiten beginnt der Tag auf dem **Central Market** (s. oben), dann schlendert man durch den **Adelaide Botanic Gardens** (S. 779) und landet schließlich im **National Wine Centre** (S. 779). Nach ein paar Bierchen im **Exeter Hotel** (S. 797) ist es Zeit für ein schickes Abendessen in der **Rundle St**. Am nächsten Tag geht's zuerst in die **Art Gallery of South Australia** (S. 779) und weiter in das umgebaute Adelaide Oval mit der **Bradman Collection** (S. 782). Danach schnappt man sich ein Taxi zur **Coopers Brewery** (S. 783), nimmt an einer Führung teil und probiert das eine oder andere Bier. Schließlich fährt man mit der Straßenbahn nach **Glenelg** (S. 783), wo man im Meer baden und sich am Strand mit Fish & Chips vollstopfen kann.

... vier Tagen

Zunächst folgt man dem Zweitagesprogramm – vielleicht schiebt man noch das **South Australian Museum** (S. 779) und das **Jam Factory Contemporary Craft & Design Centre** (S. 782) ein –, dann füllt man seinen Picknickkorb auf dem Central Market mit Obst und Gemüse und macht einen Tagesausflug in die nahen **Adelaide Hills** oder die Weingegenden **McLaren Vale** oder **Barossa Valley**. Tags drauf geht's in die Museen und historischen Kneipen in **Port Adelaide**. Zurück in der Stadt, lauscht man einer Band im **Grace Emily Hotel** (S. 797), bevor man in der **Gouger St** (S. 793) zu Abend isst.

★ Art Gallery of South Australia GALERIE
(Karte S. 782; www.artgallery.sa.gov.au; North Tce; ⊙10–17 Uhr) GRATIS Unter dem Gewölbe dieser Kunstgalerie kann man stundenlang über das Parkett wandeln und Werke namhafter australischer Künstler bestaunen. Die Dauerausstellungen umfassen australische Aborigine-, Torres-Strait-, asiatische, islamische und europäische Kunst sowie nordamerikanische (auch 20 Bronzeskulpturen von Rodin!). Im Untergeschoss sind moderne Wechselausstellungen zu sehen. Die Führungen (Di 11 & 14 Uhr) und Vorträge zur Mittagszeit (tgl. 12.30 Uhr) sind kostenlos.

National Wine Centre of Australia WEINGUT
(Karte S. 782; www.wineaustralia.com.au; Ecke Botanic & Hackney Rd; ⊙Mo–Fr 8–21, Sa 9–21 Uhr, So 9–19 Uhr, Touren & Verkostung 10–17 Uhr) GRATIS Die in Eigenregie zu erkundende interaktive Ausstellung **Wine Discovery Journey** und die dazugehörige Verkostung australischer Weine (ab 10 AU$) in diesem sehr anregenden Weinzentrum (eigentlich eine Forschungseinrichtung der University of Adelaide und kein Besucherzentrum) sollte man sich nicht entgehen lassen. Man bekommt einen Einblick in die Arbeit der Winzer und kann sich sogar seinen eigenen virtuellen Jahrgang bewerten lassen. Freitags um 16.30 Uhr finden spezielle Verkostungen statt und auf dem Gelände gibt's auch ein cooles Café.

South Australian Museum MUSEUM
(Karte S. 782; www.samuseum.sa.gov.au; North Tce; ⊙10–17 Uhr) GRATIS Das Museum bietet anhand von Sonderausstellungen über Wale und den Antarktisforscher Sir Douglas Mawson einen tiefen Einblick in die Naturgeschichte Australiens. In der Aboriginal Cultures Gallery sind Artefakte der Ngarrindjeri aus dem Coorong National Park und der unteren Murray-Region zu sehen. Der Riesenkrake und der Löwe mit dem zittrigen Schwanz sind die absoluten Highlights. Kostenlose Führungen werden wochentags um 11 Uhr und an den Wochenenden um 14 und 15 Uhr angeboten.

Adelaide Zoo ZOO
(Karte S. 788; www.zoossa.com.au/adelaide-zoo; Frome Rd; Erw./Kind/Fam. 32,50/18/85 AU$; ⊙9.30–17 Uhr) Etwa 1800 exotische und einheimische Säugetiere, Vögel und Reptilien brüllen, knurren und kreischen in Adelaides wunderschönem Zoo von 1883. Alle 30 Minuten werden kostenlose Spaziergänge angeboten (es gibt auch längere Führungen und Nachttouren). Kids werden von den Fütterungen und dem Streichelzoo begeistert sein. Wang Wang und Funi, die einzigen Großen Pandas Australiens, kamen 2009 in den Zoo (Pandemonium!) und sind jetzt Publikumslieblinge. Weitere Highlights sind u.a. das Nachttier- und das Reptilienhaus. Wer Lust hat, kann mit Popeye (S. 791) auf dem Fluss zum Zoo schippern.

Adelaide Botanic Garden GARTEN
(Karte S. 782; www.botanicgardens.sa.gov.au; North Tce; ⊙Mo–Fr 7.15 Uhr–Sonnenuntergang, Sa & So ab 9 Uhr) GRATIS In dem üppig-grünen botanischen Garten kann man lustwandeln, joggen oder in einem Buch schmökern. Zu den Highlights gehören das restaurierte Palmenhaus von 1877, der Seerosenpavillon (mit der gigantischen *Victoria amazonica*), die First Creek Wetlands, das fesselnde **Museum of Economic Botany**, die Sammlung von Palmfarnen und der großartige Stahl- und Glasbogen des **Bicentennial Conservatory** (⊙10–16 Uhr), unter dem ein tropischer Regenwald nachgebildet wurde. Täglich um 10.30 Uhr beginnen kostenlose eineinhalbstündige Führungen am Schomburgk Pavillon.

Migration Museum MUSEUM
(Karte S. 782; www.migrationmuseum.com.au; 82 Kintore Ave; ⊙Mo–Fr 10–17, Sa & So 13–17 Uhr) GRATIS Das spannende sozialgeschichtliche Museum erzählt die Geschichte vieler Einwanderer, die SA zu ihrem neuen Zuhause gemacht haben. Die Datenbank des Museums liefert Informationen zu mehr als 100 Nationalitäten (nicht über einzelne Personen) und einige sehr ergreifende persönliche Geschichten. Das Museum ist in einem ehemaligen Aborigine-Internat und Armenasyl untergebracht.

West Terrace Cemetery FRIEDHOF
(Karte S. 782; 08-8139 7400; www.aca.sa.gov.au; West Tce; ⊙Nov.–April 6.30–18 Uhr, Mai–Okt. bis 20.30 Uhr) GRATIS Die meisten Einwohner Adelaides übersehen diesen schönen, alten Friedhof einfach. Er wurde 1837 angelegt und hat inzwischen 150 000 „Bewohner" – ein stilles, faszinierendes Ziel für einen Abstecher. Der 2 km lange, auf eigene Faust begehbare **Heritage Highlights Interpretive Trail** schlängelt sich an 29 bedeutenden Stätten vorbei – eine Broschüre gibt's am Eingang an der West Tce. Geführte Touren starten Dienstag und Sonntag um 10.30 Uhr (10 AUS$/Pers.), man muss telefonisch reservieren.

Adelaide

Tandanya National Aboriginal Cultural Institute
GALERIE

(Karte S. 782; 08-8224 3200; www.tandanya.com. au; 253 Grenfell St; Mo–Sa 9–16 Uhr) GRATIS Das Institut bietet einen Einblick in die Kultur der Kaurna, deren Territorium sich im Süden bis nach Cape Jervis und im Norden bis nach Port Wakefield erstreckt. Es gibt interaktive Ausstellungen mit darstellender Kunst, einen Souvenirladen und ein Café. Es finden regelmäßig Didgeridoo-Vorführungen und kulturelle Darbietungen von Torres-Strait-Insulanern statt (Infos und Reservierung von Führungen vorab per Telefon).

Adelaide

◎ Sehenswertes
- 1 Bay Discovery Centre...................B5
- City of Adelaide ....(siehe 7)
- 2 Coopers Brewery...................C2
- 3 Haigh's Chocolates Visitor Centre............................... D4
- 4 National Railway Museum B1
- 5 Penfolds Magill Estate Winery F3
- 6 South Australian Aviation Museum..........................B2
- 7 South Australian Maritime Museum............................... B1
- 8 Wild at Hart Fresh Food Market.........B1

◎ Aktivitäten, Kurse & Touren
- 9 Adelaide Scuba..............................B5
- Dolphin Explorer Cruises ....(siehe 7)
- 10 Eagle Mountain Bike Park....................F5
- 11 Glenelg Bicycle Hire.............................B5
- 12 Temptation Sailing..........................B5

◎ Schlafen
- 13 BIG4 Adelaide Shores B4
- Glenelg Beach Hostel ....(siehe 1)
- 14 Largs Pier Hotel A1
- 15 Levi Park Caravan Park......................D3
- 16 Oaks Plaza Pier B5
- Port Adelaide Backpackers ......(siehe 4)
- 17 Seawall Apartments B5
- 18 Watson D3

◎ Essen
- 19 Bar 9 .... D4
- 20 Café de Vili's C4
- Good Life ....(siehe 1)
- 21 Jarmer's Kitchen.................................C3
- 22 Parwana Afghan Kitchen C4
- 23 Zest Cafe Gallery B5
- Zucca Greek Mezze .... (siehe 12)

◎ Ausgehen & Nachtleben
- 24 Colonist D4
- Pier Bar.....................................(siehe 12)
- 25 Wheatsheaf...C3

◎ Unterhaltung
- 26 Adelaide Entertainment Centre...........C3
- 27 Governor Hindmarsh Hotel C3

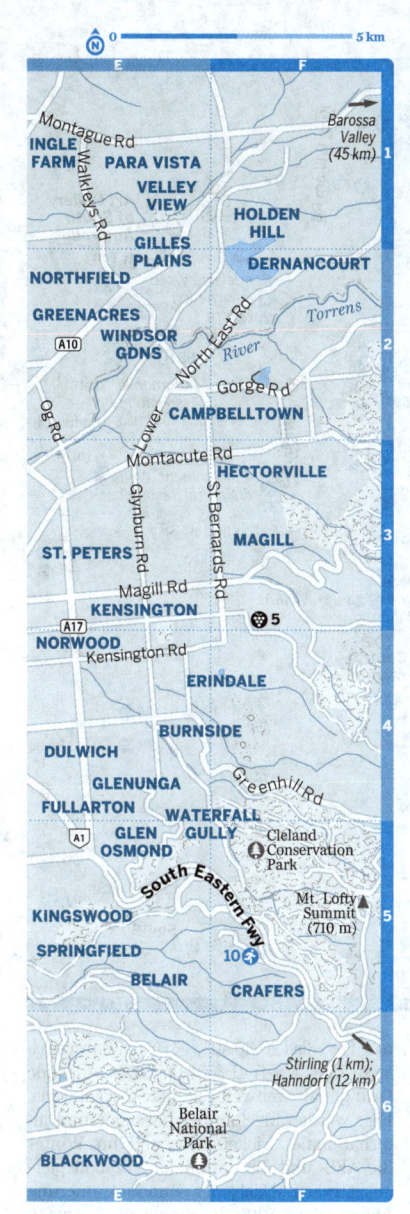

Adelaide Park Lands GARTEN
GRATIS Die Innenstadt und das schicke North Adelaide umschließt ein breiter Ring aus Parkanlagen. Dieses Konzept des umstrittenen Stadtplaners von Adelaide, Colonel William Light, ist gleichzeitig Segen und Fluch für die Stadt. Die Vorteile sind viele Grünflächen, saubere Luft und Spielplätze für Kids, die Nachteile die Trockenheit im Sommer, herumlungernde Penner und der Eindruck, dass die Vororte von der Stadt abgeschnitten sind. Anschauen sollte man sich die **Spielplätze** und die **Adelaide-Himeji Garden** (Karte S. 782) an der South Tce sowie die **Statue von Colonel William Light** (Karte S. 788), die vom Montefiore Hill auf die Adelaide Oval und die Bürotürme der Stadt blickt.

Adelaide Zentrum

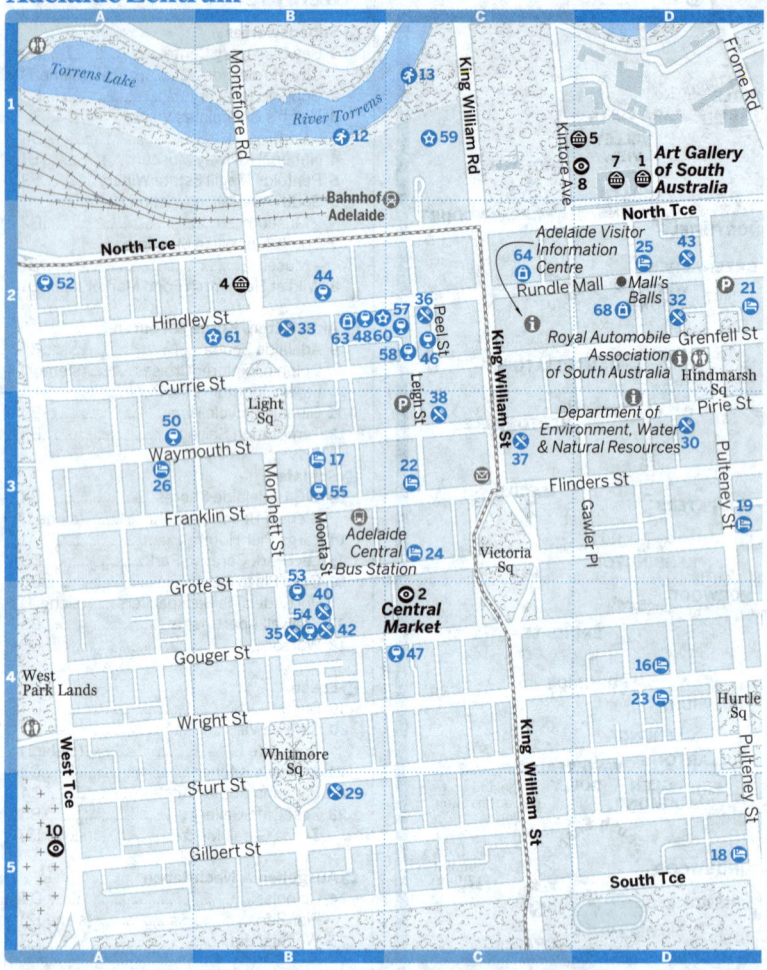

Jam Factory Contemporary Craft & Design Centre GALERIE
(Karte S. 782; ☎ 08-8410 0727, www.jamfactory.com.au; 19 Morphett St; ⊙ Mo–Sa 10–17, So ab 13 Uhr) GRATIS Zeitgenössische Kunst und Kunsthandwerk sowie Ateliers und eine Glasbläserei, in der tolle Produkte entstehen (vom Balkon kann man zusehen). Touren für Gruppen (ab 6 Pers.) können organisiert werden.

◉ North Adelaide

★ **Adelaide Oval** AREAL
(Karte S. 788; ☎ 08-8205 4700; www.adelaideoval.com.au; King William Rd, North Adelaide; Führung Erw./Kind 20/10 AU$; ⊙ Führungen an spielfreien Tagen Mo–Fr 11 & 14 Uhr) Das Adelaide Oval gilt als weltweit schönste Cricketarena. Hier werden im Sommer nationale und internationale Cricketspiele und im Winter die AFL- und die nationalen Footballspiele ausgetragen. Nach der Rundumsanierung finden jetzt 50 000 Zuschauer Platz – wenn die alle johlen, ist das ein echter Heimvorteil! Führungen (nach telefonischer Voranmeldung) beginnen am Riverbank Stand unweit des War Memorial Dr.

In der **Bradman Collection** (Karte S. 788; Riverbank Stand; ⊙ Mo–Fr 10–16 Uhr) GRATIS können Fans von Don Bradman, dem besten

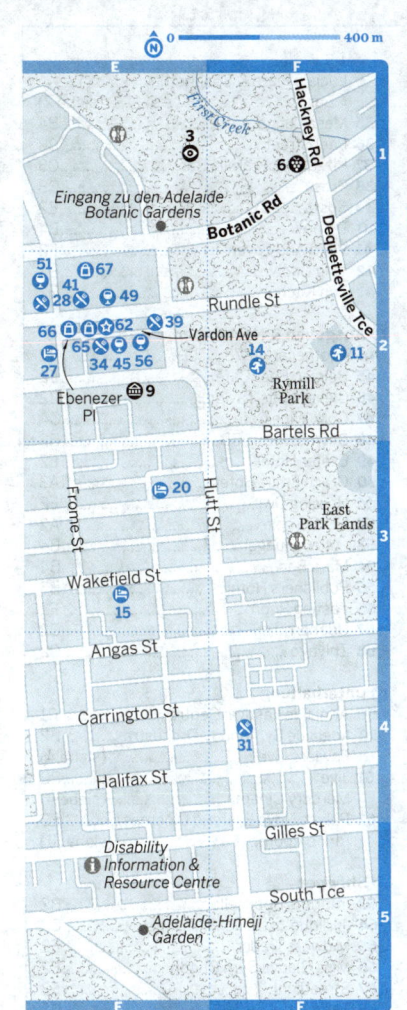

Schlagmann aller Zeiten, über alles Wichtige dieser Legende sinnieren. Vor dem Stadion schlägt eine Bronzestatue von Don einen Cover Drive.

◉ Innerstädtische Vororte

Coopers Brewery BRAUEREI
(Karte S. 780; ☏ 08-8440 1800; www.coopers.com.au; 461 South Rd, Regency Park; 1-stündige Führung 22 AU$/Pers.; ◷ Führungen Di–Fr 13 Uhr) Man kann unmöglich Adelaide besuchen, ohne eine Besichtigung der Coopers Brewery zumindest in Erwägung zu ziehen. Man sieht dabei das Brauhaus, die Abfüllhalle und das historische Museum, in dem man bei der Verkostung der Stouts, Ales und Lagers leicht hängen bleiben kann. Reservierung erforderlich; Mindestalter 18 Jahre. Die Brauerei liegt in den nördlichen Vororten, man erreicht sie mit dem Taxi oder geht vom Bahnhof Islington 1 km zu Fuß.

Penfolds Magill Estate Winery WEINGUT
(Karte S. 780; ☏ 08-8301 5569; www.penfolds.com; 78 Penfolds Rd, Magill; Verkostung gratis–50 AU$; ◷ 10–17 Uhr) Das 100 Jahre alte Weingut ist der Entstehungsort des bekanntesten australischen Weins – des legendären Grange. In der Kellerei kann man ihn probieren und dann im Restaurant zu Abend essen; man kann auch eine **Heritage Tour** (15 AU$) mitmachen oder den Geldbeutel für die **Great Grange Tour** (150 AU$) plündern. Wer an einer Besichtigungstour teilnehmen möchte, sollte unbedingt im Voraus buchen.

Haigh's Chocolates Visitor Centre SCHOKOLADE
(Karte S. 780; ☏ 08-8372 7070; www.haighschocolates.com; 154 Greenhill Rd, Parkside; ◷ Mo–Fr 8.30–17.30, Sa 9–17 Uhr) GRATIS Schokosüchtige werden in dieser legendären Fabrik bestimmt rückfällig. Auf der 20-minütigen, kostenlosen Führung erfährt man alles über die Schokoladenherstellung – von der Kakaobohne bis zu handgemachten Trüffeln (wer brav ist, darf auch probieren). Zeiten telefonisch erfragen. Reservierung erforderlich.

◉ Glenelg

In Glenelg – auch „The Bay" genannt, da hier die ersten Kolonisten von SA anlegten – zeigt sich Adelaide Los Angeles am ähnlichsten. Der **Strand** ist gen Westen gerichtet, und abends füllen sich die Kneipen und Bars mit Surfern, Backpackern und von der Sonne gezeichneten 60-Jährigen. Die Straßenbahn rumpelt aus der Innenstadt hierher, vorbei an der Einkaufsmeile **Jetty Rd** bis zu den Freiluftcafés am **Moseley Sq**.

Im **Glenelg Visitor Information Centre** (Karte S. 780; ☏ 08-8294 5833; www.glenelgsa.com.au; Shop 22, Marina Pier, Holdfast Shores, Glenelg; ◷ Mo–Fr 9–16.30, Sa & So 10–14 Uhr) gibt's Infos zum Tauchen und Segeln vor Ort.

Aus der Stadt kommt man mit der Bahn oder dem Bus 167, 168 oder 190 nach Glenelg.

Bay Discovery Centre MUSEUM
(Karte S. 780; www.glenelgsa.com.au/baydiscover; Moseley Sq, Town Hall; Eintritt gegen Spende; ◷ Okt.–März 10–17 Uhr, April–Sept. bis 16 Uhr) Das

Adelaide Zentrum

◎ Highlights
1. Art Gallery of South Australia D1
2. Central Market C4

◎ Sehenswertes
3. Adelaide Botanic Gardens.....................E1
4. Jam Factory Contemporary Craft & Design Centre....................................B2
5. Migration Museum D1
6. National Wine Centre of Australia..F1
7. South Australian Museum......................D1
8. State Library of South Australia D1
9. Tandanya National Aboriginal Cultural Institute E2
10. West Terrace Cemetery......................... A5

⊕ Aktivitäten, Kurse & Touren
11. Adelaide Bowling Club F2
12. Captain Jolley's Paddle Boats...............B1
13. Popeye C1
14. Rymill Park Rowboats F2

🛏 Schlafen
15. Adabco Boutique Hotel..........................E3
16. Adelaide Backpackers Inn D4
17. Adelaide Central YHA.............................B3
18. Adelaide City Park Motel D5
19. Backpack Oz... D3
20. Clarion Hotel Soho.................................E3
21. Crowne Plaza Adelaide D2
22. Franklin Central Apartments C3
23. Hostel 109.. D4
24. Hotel Metropolitan.................................C3
25. Hotel Richmond D2
26. My Place... A3
27. Roof Garden Hotel E2

⊗ Essen
28. Amalfi Pizzeria Ristorante E2
29. Café Troppo..B5
Central Market ....(siehe 2)
30. Earth's Kitchen...................................... D3
31. Good Life..F4
32. Jasmin Indian Restaurant..................... D2
33. Jerusalem Sheshkabab House B2
34. Kutchi Deli Parwana E2
Lucia's Pizza & Spaghetti Bar...................................... (siehe 2)
35. Mesa Lunga...B4
36. Peel Street..C2
37. Pizza e Mozzarella Bar...........................C3
38. Press...C3
39. Sosta...E2
40. T-Chow..B4
41. Vego And Loven' It E2
42. Ying Chow...B4
43. Zen Kitchen.. D2

🍸 Ausgehen & Nachtleben
44. Apothecary 1878 ....B2
45. Belgian Beer Café...................................E2
46. Clever Little Taylor.................................C2
47. Cork Wine Cafe......................................C4
48. Downtown HDCB....................................B2
49. Exeter Hotel E2
50. Grace Emily Hotel.................................. A3
51. Howling Owl..E2
52. HQ Complex..A2
53. Lotus Lounge..B4
54. Mars Bar B4
55. Publishers Hotel.....................................B3
56. Tasting Room...E2
57. Udaberri C2
58. Zhivago...C2

◎ Unterhaltung
59. Adelaide Festival Centre C1
60. Adelaide Symphony Orchestra B2
Fowlers Live .... (siehe 4)
61. Jive..B2
Mercury Cinema........................... (siehe 4)
62. Palace Nova Eastend Cinemas.............E2
Rhino Room................................. (siehe 51)

🛍 Shoppen
63. Imprints Booksellers B2
64. Jurlique...B2
65. Midwest Trader.......................................E2
66. Miss Gladys Sym Choon........................E2
67. Streetlight..E2
68. Tarts... D2
Urban Cow Studio ....(siehe 51)

bescheidene Museum ist in Glenelgs Rathaus von 1887 untergebracht und beleuchtet die Sozialgeschichte Glenelgs. Es erinnert auch an die indigenen Kaurna, die Land und Stimme verloren. Sehr sehenswert sind die Relikte, die am ursprünglichen Pier gefunden wurden, und die alten Jahrmarktautomaten.

◎ Port Adelaide

Jahrzehntelang war Port Adelaide – 15 km nordwestlich der Stadt – wirtschaftlich unbedeutend. Aber auch hier hat die Gentrifizierung eingesetzt: Lagerhäuser werden in Galerien und Museen, schäbige Kneipen in edle Bierlokale umgewandelt. Auch ein Bio-Markt fehlt nicht. Es geht also aufwärts!

Wer die Gegend auf eigene Faust erkunden will, bekommt im hilfreichen **Port Adelaide Visitor Information Centre** (Karte S. 780; ☏ 08-8405 6560, 1800 629 888; www.portenf.sa.gov.au; 66 Commercial Rd, Port Adelaide; ⊗ 9–17 Uhr; ☎) jede Menge Broschüren über Geschichte, historische Kneipen und die Attraktionen des benachbarten Semaphore, einem sehr angesagten Strandvorort. Angeboten werden auch Aktivitäten wie Delphinbeobachtungstouren und Kajaktrips.

Adelaides einzige Straßenbahnlinie soll irgendwann bis Port Adelaide verlängert werden. Bis dahin muss man von North Tce den Bus 150 oder den Zug nehmen.

South Australian
Maritime Museum
MUSEUM

(Karte S. 780; www.samaritimemuseum.com.au; 126 Lipson St, Port Adelaide; Erw./Kind/Fam. 10/5/25 AU$; ⊙ tgl. 10–17 Uhr, Leuchtturm So–Fr 10–15 Uhr) Das Meeresmuseum ist das älteste seiner Art in Australien. Zu den Highlights gehören das kultige **Port Adelaide Lighthouse** (Eintritt nur für den Leuchtturm 1 AU$, ansonsten im Museumseintritt inkl.), vollbusige Gallionsfiguren, die von überall auf der Welt von Londonderry bis Quebec kommen, Schiffswracks und Ausstellungen zu den Entdeckern sowie eine Datenbank über die frühen Einwanderer.

Wild at Hart Fresh Food Market
MARKT

(Karte S. 780; www.wildathart.com.au; Mundy St, Port Adelaide; ⊙ So 9–13 Uhr) Den trashigen Hauptmarkt am Kai kann man getrost vergessen, denn dieser Markt mit Bio-Produkten, Straßenmusikanten, hausgemachten Mahlzeiten, Backwaren, Kaffee und toller Stimmung schlägt ihn um Längen. Auch die alten Hart's-Mill-Gebäude sind super.

National Railway Museum
MUSEUM

(Karte S. 780; www.natrailmuseum.org.au; 76 Lipson St, Port Adelaide; Erw./Kind/Fam. 12/6/32 AU$; ⊙ 10–17 Uhr) Eisenbahnfans werden jubeln: Das reizende, verschrobene Museum ist mit allem möglichen Zeug zum Thema Eisenbahn vollgestopft. Und im Buchladen gibt es haufenweise Bücher wie *Thomas, die kleine Lokomotive*.

City of Adelaide
SCHIFF

(Karte S. 780; www.cityofadelaide.org.au; Divett St, Port Adelaide; ⊙ 24 Std.) GRATIS Wer bis zum Ende der Divett St läuft, kann (durch einen Zaun) einen Blick auf den ältesten Klipper der Welt (1864) werfen. Der Rumpf des gestrandeten Schiffs City of Adelaide wurde 2013 aus Schottland hierher gebracht.

🏃 Aktivitäten

Adelaide ist flach und folglich perfekt zum Radeln und Wandern geeignet (sofern es nicht zu heiß ist). Räder dürfen jederzeit mit in Züge genommen werden, in Bussen sind sie verboten. **Trails SA** (www.southaustraliantrails.com) bietet Unmengen Infos zu Rad- und Wanderwegen. Die Broschüre *40 Great South Australian Short Walks* sollte man sich unbedingt besorgen.

In den Adelaide Botanic Gardens (S. 779) werden kostenlose geführte Spaziergänge angeboten. Der **Linear Park Trail** am Flussufer ist ein 40 km langer Wander- und Radweg von Glenelg bis zum Fuß der Adelaide Hills, der die meiste Zeit am Torrens River entlangführt. Eine beliebte Wanderung ist auch der steile **Waterfall Gully Track** (hin & zurück 3 Std.) zum Gipfel des Mt. Lofty und wieder zurück.

Für ein kostenloses **Adelaide City Bike** für einen Tag, wendet man sich an Bicycle SA (S. 803)

Eagle Mountain Bike Park
MOUNTAINBIKE

(Karte S. 780; www.bikesa.asn.au; Mt. Barker Rd, Leawood Gardens; ⊙ Sonnenaufgang–Sonnenuntergang) GRATIS Mountainbiker sollten im Park in den Adelaide Hills vorbeischauen, wo es 21 km Radwege gibt. Wegbeschreibungen finden sich auf der Website.

Escapegoat
RADTOUREN

(📞 0422 916 289, 08-8121 8112; www.escapegoat.com.au) Bietet Touren vom 710 m hohen

---

> **DER LANGE WEG ZUM ZIEL**
>
> In SA gibt's drei unglaublich lange Wander- und Radwege, die alle durch Adelaide oder an Adelaide vorbei führen.
>
> **Heysen Trail** (www.heysentrail.asn.au) Australiens längster Wanderweg: 1200 km zwischen Cape Jervis auf der Fleurieu Peninsula und der Parachilna Gorge in den Flinders Ranges. Mehrere Zugangspunkte an der Strecke machen ihn ideal für Halb- oder Ganztageswanderungen. Aber Achtung: Zwischen Dezember und April sind wegen Feuergefahr Teile des Wegs gesperrt!
>
> **Kidman Trail** (www.kidmantrail.org.au) Ein Rad- und Wanderweg mit zehn Abschnitten zwischen Willunga auf der Fleurieu Peninsula und Kapunda nördlich des Barossa Valley.
>
> **Mawson Trail** (www.southaustraliantrails.com) 900 km langer Radwanderweg zwischen Adelaide und Blinman in den Flinders Ranges, der durch die Adelaide Hills und das Clare Valley führt.

Gipfel des Mt. Lofty hinunter nach Adelaide (99 AU$), eintägige Radtouren durch das McLaren Vale (129 AU$) und Radtouren durch die Flinders Ranges.

Adelaide Bowling Club BOWLING
(Karte S. 782; 08-8223 5516; www.adelaidebowlingclub.com.au; 58 Dequetteville Tce; 15 AU$/Pers.; Okt.–März So 14 Uhr–open end) In dem alten Club gleich östlich des CBD kann man beim Sunday Superbowlz ein paar Kegel umwerfen. Wer eine Pause braucht oder hungrig und durstig ist, kann sich abends im Clubhaus stärken.

Bikeabout MOUNTAINBIKEN
(0413 525 733; www.bikeabout.com.au) Tolle eintägige „Radelaide"-Mountainbike-Touren durch die Adelaide Hills (ab 130 AU$), Mountainbike-Verleih (24 Std. ab 65 AU$) und Touren durch die Weinregionen Barossa Valley, McLaren Vale und Clare Valley.

Glenelg Bicycle Hire FAHRRADVERLEIH
(Karte S. 780; 08-8376 1934; www.glenelgbicyclehire.com.au; 71 Broadway, Norfolk Motor Inn, Glenelg South; 4 Std./Tag 25/50 AU$, Tandem 40/60 AU$) Bei Glenelg Bicycle unten am Strand kann man Fahrräder mieten.

Wassersport
In Adelaide wird's im Sommer richtig heiß. Abkühlung findet man am Strand von Glenelg oder beim Wassersport. Weitere Optionen sind Flussfahrten mit *Popeye* (S. 791) und Captain Jolley's Paddle Boats (S. 791).

Adelaide Aquatic Centre SCHWIMMEN
(Karte S. 788; www.adelaideaquaticcentre.com.au; Jeffcott Rd, North Adelaide; Erw./Kind/Fam. 7,50/6/21 AU$; Mo–Fr 6–21, Sa & So 7–19 Uhr) Das der Stadt am nächsten gelegene öffentliche Schwimmbad mit Schwimmhalle, Tauchbecken und natürlich auch Fitnessraum, Sauna und Spa.

Adventure Kayaking SA KAJAKFAHREN
(08-8295 8812; www.adventurekayak.com.au; Tour Erw./Kind ab 50/25 AU$, Kajakverleih 1/2/3-Sitzer 40/60/80 AU$ pro 3 Std.) Familienfreundliche geführte Kajaktouren an der Mündung des Port River (man sieht Delfine, Mangroven und Wracks). Auch Kajakverleih.

Rymill Park Rowboats BOOTSFAHRT
(Karte S. 782; 08-8232 2814; www.rymillparkkiosk.com.au; Rymill Park, East Tce; Boot 8 AU$/Std; Sa & So 9–16.30 Uhr) Hier kann man sich ein niedliches, kleines Ruderboot leihen und mit den Kids über den von Enten bevölkerten See im Rymill Park schippern. Der Park liegt direkt östlich des Zentrums.

Temptation Sailing BOOTSFAHRT
(Karte S. 780; 0412 811 838; www.dolphinboat.com.au; Holdfast Shores Marina, Glenelg; Beobachtungstour/mit Delfinen schwimmen 3½ Std. Erw. 68/98 AU$, Kind 58/88 AU$) Umweltzertifizierte Rundfahrten im Katamaran, bei denen man Delfine beobachten oder mit ihnen schwimmen kann. Im Angebot sind auch Touren bei Dämmerung und eineinhalbstündige Touren tagsüber (Erw./Kind 24/16 AU$).

Earth Adventure KAJAKFAHREN
(08-8165 2024; www.earthadventure.com.au; 3-stündige Kajaktouren ab 75 AU$/Pers.) Earth Adventure organisiert morgendliche Kajakausflüge durch Mangroven und zu Schiffswracks im Port River in der Nähe von Port Adelaide. Bei weniger als fünf Teilnehmern ist der Preis pro Person höher. Es werden auch längere Paddeltouren auf dem Murray River, vor Kangaroo Island und in der Coffin Bay angeboten.

Dolphin Explorer Cruises BOOTSFAHRT
(Karte S. 780; 08-8447 2366; www.dolphinexplorer.com.au; Commercial Rd, Port Adelaide; Rundfahrt 2 Std. Erw./Kind ab 10/6 AU$; tgl.) Die Fahrten zur Beobachtung von Großen Tümmlern im Port River beginnen an der Fishermen's Wharf in Port Adelaide. Im Angebot stehen auch diverse Rundfahrten in Kombination mit Mittag- oder Abendessen.

Adelaide Scuba TAUCHEN
(Karte S. 780; 08-8294 7744; www.adelaidescuba.com.au; Patawalonga Frontage, Glenelg North; Mo–Fr 9–17.30, Sa & So 8–17 Uhr) Verleiht Schnorchelausrüstung (30 AU$/Tag) und veranstaltet Tauchgänge (1/2 Tauchgänge 65/130 AU$). Es gibt auch Tauchkurse über zwei Wochenenden für 450 AU$.

👉 Geführte Touren

Am besten lassen sich die wichtigsten Sehenswürdigkeiten Adelaides mit den kostenlosen Stadtbusse (S. 803) erkunden. Einige Tagesausflüge führen aus der Stadt hinaus, z. B. in die Adelaide Hills, auf die Fleurieu Peninsula, ins Barossa Valley und ins Clare Valley. Die eintägigen Trips zu den Flinders Ranges und auf die Kangaroo Island sind eher hektisch und ihr Geld oft nicht wert!

Adelaide's Top Food & Wine Tours TOUR
(08-8386 0888; www.topfoodandwinetours.com.au) Enthüllt die gastronomische Seele von

INSIDERWISSEN

KUNST & FESTE IN ADELAIDE

Emma Fey, Adelaides Altmeisterin der Kunst und ehemalige Development Manager der Art Gallery of SA, hat uns verraten, welche Highlights der Veranstaltungskalender von Adelaide zu bieten hat.

Festivalsaison
Das Adelaide Festival, das Fringe Festival, die Adelaide Writers' Week und das Clipsal 500 (V8-Rennen) finden alle im Februar und März statt. Dann brummt die Stadt: Alle sind draußen, und das Wetter ist gut. Ich kenne keinen anderen Ort, an dem sich kunstbeflissene Alternative und Autorennfans Seite an Seite amüsieren. Es macht einen Riesenspaß, die Leute zu beobachten!

Kunst in der Stadt
Die Art Gallery of South Australia befindet sich mitten im Viertel North Tce (neben dem Museum, der Universität, zwischen Stadt und Fluss). Die Galerie wurde kürzlich renoviert und die Ausstellungsflügel Elder und Melrose wurden neu bestückt. Die Ausstellungen fesseln immer ein breites Publikum. Vor allem junge Leute und Kinder sind von dem neuen „The Studio" begeistert, wo man selbst Kunst kreieren kann. In den kleinen Gassen überall im Viertel siedeln sich immer mehr kleine Galerien für moderne Kunst an.

Beste kostenlose Events
Überall in der Stadt finden alle möglichen unglaublichen kostenlosen Events statt, besonders während des Adelaide Festivals. Guerilla-Straßenkunst, gepaart mit gastronomischen Highlights, machen den sensationellen Nachtclub Adelaide Festival Club Barrio und die kostenlosen täglichen Angebote der Art Gallery of SA aus.

SA mit Touren über den lebendigen Central Market bei Sonnenaufgang (70 AU$ inkl. Frühstück) und am Vormittag (55 AU$), wenn die Händler ihre Waren anpreisen. Es sind auch Weintouren zu den Adelaide Hills, ins McLaren Vale, zum Barossa Valley und zum Clare Valley im Angebot.

Bookabee Tours   KULTURTOUR
(08-8235 9954; www.bookabee.com.au) Die von Aborigines geleiteten halb-/ganztägigen Stadttouren (180/255 AU$) mit dem Schwerpunkt Bush Food führen in die Adelaide Botanic Gardens, zum Tandanya National Aboriginal Cultural Institute und zum South Australian Museum und gewähren einen tollen Einblick in die Kultur der Kaurna. Es werden auch längere Touren ins Outback der Flinders Ranges angeboten.

Bums on Seats   GEFÜHRTE TOUR
(0438 808 253; www.bumsonseats.com.au; 55 AU$/Pers., Kombi 85 AU$/Pers.) Einer der wenigen Veranstalter, die Touren durch Port Adelaide organisieren. Es gibt Touren nur durch Port Adelaide oder Kombitouren mit den Hauptsehenswürdigkeiten von Adelaide.

Adelaide Sightseeing   GEFÜHRTE TOUR
(1300 769 762; www.adelaidesightseeing.com.au) Bietet eine Führung zu den Highlights der Stadt an (64 AU$), u. a. North Tce, Glenelg, Haigh's Chocolates und das Adelaide Oval. Es gibt Touren zum Central Market, ins Barossa Valley, ins McLaren Vale, in die Adelaide Hills und nach Kangaroo Island.

Haunted Horizons   GEFÜHRTE TOUR
(0407 715 866; www.adelaidehauntedhorizons.com.au; 30 AU$/Pers.) Geboten werden zweistündige Geistertouren, Nachtwanderungen nur für Erwachsene, Einblicke in Adelaides makabre und blutrünstige Vergangenheit.

Integrity Tours   GEFÜHRTE TOUR
(08-8382 9755; www.integritytoursandcharter.com.au) Abendliche City-Lights-Tour durch Adelaide (59 AU$), halb-/ganztägige Touren durch die Adelaide Hills (ab 69/99 AU$) sowie Tagesausflüge ins McLaren Vale und zur Fleurieu Peninsula (ab 99 AU$).

Feste & Events

Tour Down Under   SPORT
(www.tourdownunder.com.au) Die weltbesten Radfahrer rasen durch sechs Städte in SA; das Finale ist im Januar in Adelaide.

Adelaide Fringe   KUNST
(www.adelaidefringe.com.au) Das alljährlich im Februar und März stattfindende unabhängige Kunstfestival wird nur noch vom Edin-

North Adelaide

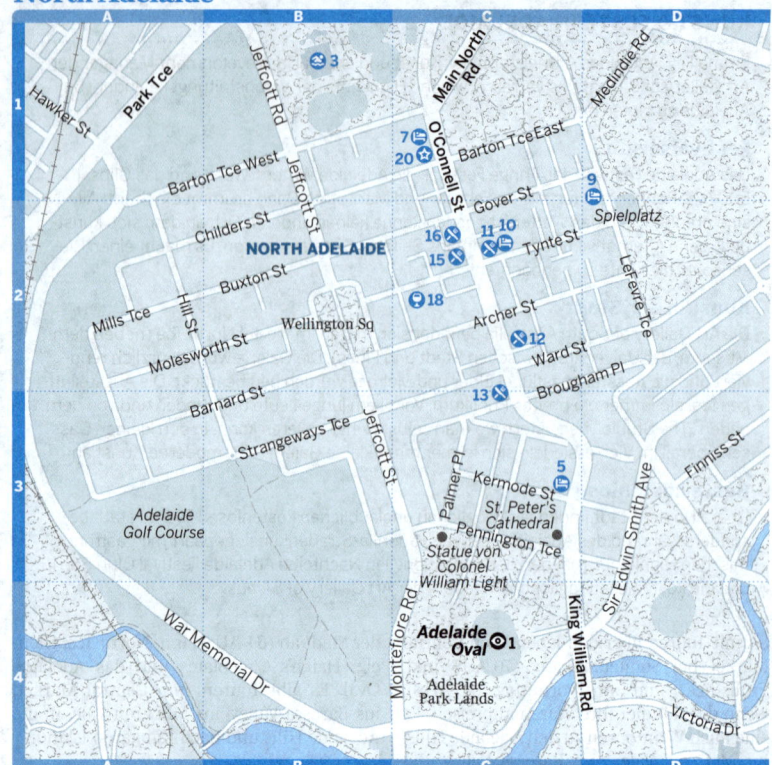

burgh Fringe getoppt. Funkig, unvorhersehbar und einfach nur ausgelassen!

Adelaide Festival KUNST
(www.adelaidefestival.com.au) Erstklassiges Festival im März mit Tanz, Theater, Oper, Literatur und Performances aus dem In- und Ausland. Keinesfalls versäumen sollte man die Northern Lights an der North Tce, wenn die alten Sandsteingebäude angestrahlt werden – und den Nachtclub Lola's Pergola.

Clipsal 500 SPORT
(www.clipsal500.com.au) PS-Freaks geraten völlig außer Rand und Band, wenn Adelaides Straßen im März vier Tage lang zur Rennbahn werden und Holden gegen Ford antritt.

WOMADelaide MUSIK
(www.womadelaide.com.au) Eines der weltbesten Livemusikevents mit mehr als 300 Musikern und Künstlern aus der ganzen Welt. Im März.

Tasting Australia ESSEN, WEIN
(www.tastingaustralia.com.au) Ende April dreht sich alles ums Essen. Die Mottos lauten: „Essen", „Trinken", „Teilen" oder „Denken". Es gibt Kurse, Vorführungen und viel Essbares.

Adelaide Cabaret Festival KLEINKUNST
(www.adelaidecabaretfestival.com) Das einzige seiner Art im ganzen Land. Im Juni.

Adelaide Guitar Festival MUSIK
(www.adelaideguitarfestival.com.au) Das jährlich im Juli stattfindende E-Gitarren-Fest bietet Rock, Klassik, Country, Blues und Jazz.

South Australian Living Artists Festival KUNST
(SALA; www.salafestival.com.au) Im August gibt's überall in der Stadt progressive Ausstellungen und Exponate.

City to Bay SPORT
(www.city-bay.org.au) Jedes Jahr im September findet der 12 km lange Volkslauf von der

North Adelaide

◎ Highlights
1 Adelaide Oval C4

◎ Sehenswertes
2 Adelaide Zoo E4
   Bradman Collection .... (siehe 1)

✈ Aktivitäten, Kurse & Touren
3 Adelaide Aquatic Centre B1

🛏 Schlafen
4 Adelaide Caravan Park F2
5 Greenways Apartments C3
6 Minima Hotel E2
7 O'Connell Inn C1
8 Old Lion Apartments E2
9 Princes Lodge Motel D1
10 Tynte Street Apartments C2

🍴 Essen
11 Amarin Thai C2
12 Gin Long Canteen C2
13 Good Life C3
14 Lion Hotel E2
15 O'Connell St General C2
16 Royal Oak C2
17 Store E2

🍸 Ausgehen & Nachtleben
18 Daniel O'Connell C2

🎭 Unterhaltung
19 Moonlight Cinema F4
20 Piccadilly Cinema C1

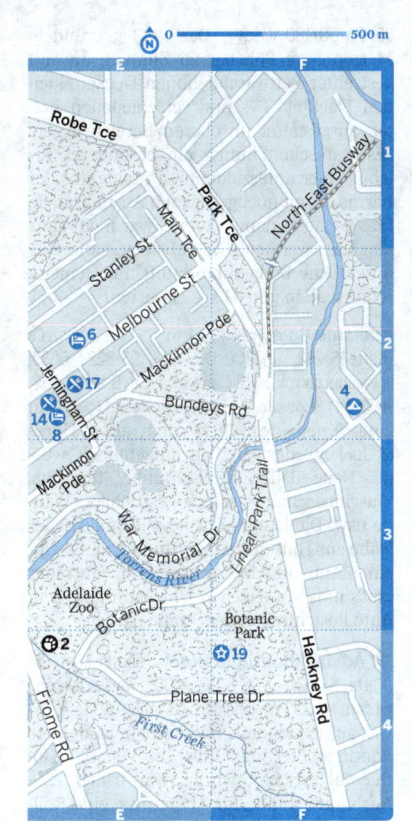

Stadt nach Glenelg statt – da sind jede Menge Blut, Schweiß und Tränen im Spiel.

Royal Adelaide Show   KULTUR
(www.theshow.com.au) Landwirtschafts- und Gartenmesse mit Schaustellern und Goodie-Tüten. Im September.

OzAsia Festival   KULTUR
(www.ozasiafestival.com.au) Essen, Kunst, Konversation, Musik und das faszinierende Moon Lantern Festival. Im September.

SANFL Grand Final   SPORT
(www.sanfl.com.au) Der Höhepunkt der Football-Saison findet im September statt. Egal, ob im Adelaide Oval, in einer Kneipe oder am TV – das Endspiel muss man sehen!

Christmas Pageant   KULTUR
(www.cupageant.com.au) Seit mehr als 70 Jahren eine Institution in Adelaide. Einen Tag lang im November ziehen kitschige Festwagen, Bands und Umzüge durch die Straßen.

Feast Festival   SCHWULE & LESBEN
(www.feast.org.au) Adelaides großes schwul-lesbisches Fest mit Karneval, Theater, Gesprächsrunden und Tanz findet zwei Wochen im November statt.

🛏 Schlafen

Die meisten Budgetunterkünfte Adelaides liegen im Zentrum. Weil man sich in dieser Stadt aber leicht zurechtfindet, ist es auch möglich, außerhalb des CBD zu übernachten. North Adelaide liegt zwar in der Einflugschneise, ist sonst aber ruhig. Wer in Strandnähe wohnen will, ist in Glenelg richtig. Die „Motel Alley" liegt an der Glen Osmond Rd, der Hauptzufahrtsstraße von Südosten.

Infos zu B&Bs gibt's unter www.bandbfsa.com.au.

🛏 Central Adelaide

My Place   HOSTEL **$**
(Karte S. 782; ☎ 1800 221 529, 08-8221 5299; www.adelaidehostel.com.au; 257 Waymouth St; B/ 2BZ/

DZ inkl. Frühstück ab 26/72/72 AU$; [P][❄][📶]) Der Gegenpol zu den großen Ketten. Das My Place hat ein einladendes, persönliches Flair und ist nur einen Katzensprung vom Grace Emily entfernt, dem wohl besten Pub Adelaides. Es gibt hier einen gemütlichen TV-Raum, Grillmöglichkeiten oberhalb der Straße, kostenlose Fahrräder und WLAN, Wandertipps und regelmäßig Pizza- und Kneipenabende – toll für Alleinreisende!

Adelaide Central YHA   HOSTEL $

(Karte S. 782; ☎ 08-8414 3010; www.yha.com.au; 135 Waymouth St; B ab 32 AU$, DZ mit/ohne Bad 105/90 AU$; 4BZ ab 130 AU$; [P][❄][@][📶]) Das YHA ist nicht gerade wegen der hier herrschenden Gesselligkeit bekannt, dafür schläft man in den geräumigen, komfortablen Zimmern gut. Ein cooles Hostel, in dem Sicherheit großgeschrieben wird. Es gibt auch eine große Küche, einen Gemeinschaftsbereich und makellose Badezimmer. Viel besser als die durchschnittlichen Backpackerabsteigen! Parken kostet ab 10 AU$ pro Tag.

Backpack Oz   HOSTEL $

(Karte S. 782; ☎ 1800 633 307, 08-8223 3551; www.backpackoz.com.au; Ecke Wakefield St & Pulteney St; B/EZ/DZ/2BZ/3BZ 26/65/70/75/105 AU$; [❄][@][📶]) Von außen macht diese umgebaute Kneipe (das alte Orient Hotel) nicht viel her, aber sie bietet die richtige Mischung aus Party und Beschaulichkeit. Es gibt geräumige Schlafsäle und auf der gegenüberliegenden Straßenseite eine einfache Pension (gut für Paare). In der Bar gibt's Erfrischungsgetränke und einen Billardtisch. Vieles ist gratis: Frühstück, WLAN, Fahrräder, Bettzeug und BBQ am Mittwochabend.

Hostel 109   HOSTEL $

(Karte S. 782; ☎ 1800 099 318, 08-8223 1771, 1800 099 318; www.hostel109.com; 109 Carrington St; B/EZ/2BZ/DZ/3BZ 30/65/74/90/105 AU$; [❄][@][📶]) Kleines, gut geführtes Hostel in einer ruhigen Ecke der Stadt mit ein paar winzigen Balkonen über der Straße und einem gemütlichen Gemeinschaftsbereich mit Küche. Das Haus ist makellos sauber, superfreundlich und bietet auch Schließfächer, Reiseinfos, viel Sicherheit und einen Gasherd. Der einzige Nachteil: Die Zimmer haben Fenster zu Lichtschächten und nicht zur Straße. Nach 17 Uhr gibt's kostenlose Parkmöglichkeiten an der Straße.

Hotel Metropolitan   PUB $

(Karte S. 782; ☎ 08-8231 5471; www.hotelmetro.com.au; 46 Grote St; EZ/2BZ/DZ/4BZ ab 55/90/90/180 AU$; [📶]) Der 1883 gegründete Metropolitan Pub hat 26 Zimmer, die mit gestreifter Bettwäsche, hohen Decken, kleinen Flachbild-TVs und verschiedenen Betten ausgestattet im oberen Bereich liegen. „Es war schon immer ein besonderes Erlebnis, hier unterzukommen", sagte uns der Barmann mit hochgezogenen Augenbrauen. Was genau er damit meinte, war nicht ganz klar, aber wer heute hier absteigt, kann eine ordentliche Budgetunterkunft mit Gemeinschaftsbad in guter Lage erwarten.

Adelaide Backpackers Inn   HOSTEL $

(Karte S. 782; ☎ 1800 099 318, 08-8223 6635; www.abpi.com.au; 112 Carrington St; B ab 27 AU$; [❄][@][📶]) Lockeres, ordentliches Hostel in einer Kneipe von 1841 (dem alten Horse & Jockey), das kürzlich aufgemöbelt wurde: Neue Bäder, Kühlschränke, Teppiche, Waschmaschinen, schick gestrichene Wände usw. Die Unterkunft liegt in praktischer Nähe zur Hutt St und zur Rundle St. Es gibt einen Auto- und Motorradverleih, Fahrräder gibt's umsonst. Nach 17 Uhr kann man sein Auto kostenfrei an der Straße parken.

★ Adabco Boutique Hotel   BOUTIQUEHOTEL $$

(Karte S. 782; ☎ 08-8100 7500; www.adabcohotel.com.au; 223 Wakefield St; DZ ab 139 AU$; [❄][📶]) Das ausgezeichnete, mit Steinen verkleidete Boutiquehotel, das 1894 im Venetian-Gothic-Stil errichtet wurde, war früher eine Ausbildungsstätte für Aborigines, eine Rollschuhbahn und eine Abseil-Location! Jetzt warten hier drei Stockwerke mit schönen Zimmern auf Gäste. Die Zimmer sind mit interessanten Kunstwerken geschmückt und haben qualitativ hochwertiges Bettzeug. Frühstück, WLAN und lächelndes Personal sind inklusive. Eine ausgezeichnete Wahl!

Hotel Richmond   HOTEL $$

(Karte S. 782; ☎ 08-8215 4444; www.hotelrichmond.com.au; 128 Rundle Mall; DZ ab 140 AU$; [P][❄][📶]) Das opulente Hotel in einem prächtigen Gebäude aus den 1920er-Jahren in der Mitte der Rundle Mall bietet modern-minimalistische Zimmer mit riesigen Betten, Marmorbädern, Möbeln aus amerikanischer Eiche und italienischen Einrichtungsgegenständen. Man kann sogar die Fenster öffnen – eine echte Seltenheit in Hotels. Im Preis inbegriffen sind Filme und Zeitungen. Parken kostet ab 20 AU$ pro Tag.

Clarion Hotel Soho   HOTEL $$

(Karte S. 782; ☎ 08-8412 5600; www.clarionhotelsoho.com.au; 264 Flinders St; DZ ab 145 AU$;

P✴︎🛜♨︎) Hier soll das Flair des Londoner Viertels Soho heraufbeschworen werden. Die superschicken Suiten (einige mit Spa, die meisten mit Balkon) in Adelaides East End, bieten luxuriöse Bettwäsche, Zimmerservice rund um die Uhr und Bäder aus italienischem Marmor. Einen Whirlpool und ein fabelhaftes Restaurant gibt's auch. Wochentags sinken die Preise. Parkplätze sind vorhanden (ab 20 AU$), kostenloses WLAN.

Franklin Central Apartments APARTMENTS $$
(Karte S. 782; 1300 662 288, 08-8221 7050; www.franklinapartments.com.au; 36 Franklin St; 1-/2-/3-Zi.-Apt. ab 148/199/298 AU$; P✴︎🛜) Das alte Bürohaus aus roten Backsteinen trieft nur so von Charme. Die schön eingerichteten Apartments mit gutem Preis-Leistungs-Verhältnis sind über fünf Etagen verteilt. Sie sind eigentlich für Geschäftsleute gedacht, aber Lage und Preise sagen deutlich: „U r l a u b!" (Parkplatz 15 AU$/Tag.)

Adelaide City Park Motel MOTEL $$
(Karte S. 782; 08-8223 1444; www.citypark.com.au; 471 Pulteney St; DZ mit/ohne Bad ab 110/88 AU$, FZ ab 210 AU$; P✴︎🛜) Diese Unterkunft mit makellosen Bädern, Ledersitzecken und hübschen französischen Drucken gehört zu den besseren Motels in Adelaide (nur überraschend wenige genügen den Anforderungen). Die Hutt St mit ihren Restaurants ist zu Fuß erreichbar, und auch der Freeway in die Adelaide Hills und nach Melbourne ist nicht allzu weit entfernt. Parkplätze, DVDs und WLAN sind gratis.

Crowne Plaza Adelaide HOTEL $$
(Karte S. 782; 08-8206 8888; www.crowneplaza.com/adelaide; 16 Hindmarsh Sq; DZ ab 180 AU$; P✴︎@🛜♨︎) Das Crowne Plaza mit seinen beiden 14-stöckigen Türmen steht etwas abseits der Rundle St. Von den kleinen Balkonen hat man einen schönen Blick über die gepflegten Rasenflächen des Hindmarsh Sq. Allzu viel Gemütlichkeit sollte man hier aber nicht erwarten – es ist eben ein ordentliches, internationales Hotel für Geschäftsleute in toller Lage. (Parkplatz 36 AU$/Tag).

Roof Garden Hotel HOTEL $$$
(Karte S. 782; 1800 008 499, 08-8100 4400; www.majestichotels.com.au; 55 Frome St; DZ ab 200 AU$; P✴︎@🛜) In dem zentral gelegenen Hotel mit Japan-Touch sieht alles neu aus. Die Zimmer mit Balkon zur Frome St haben die beste Aussicht. Wer will, kann es sich auch mit einer Flasche Wein auf der Dachterrasse (daher der Name) gemütlich machen und den Sonnenuntergang genie-

---

ADELAIDE MIT KINDERN

Es wird wohl kaum ein Kind geben, dem die **Straßenbahnfahrt** von der Stadt nach Glenelg nicht gefällt (Kinder unter 5 Jahren fahren kostenlos!) – vielleicht so gut, dass man es kaum zum Aussteigen bewegen kann. Die Aussicht auf ein Bad im flachen Wasser am **Glenelg Beach** und auf eine Portion Fish & Chips danach könnte aber helfen.

In den Schulferien bieten das South Australian Museum (S. 779), die **State Library of South Australia** (Karte S. 782; 08-8207 7250; www.slsa.sa.gov.au; Ecke North Tce & Kintore Ave, 1. Stock; Mo–Mi & Fr 10–20, Do & Fr bis 18, Sa & So bis 17 Uhr), die **Art Gallery of South Australia** (S. 779), der **Adelaide Zoo** (S. 779) und der **Adelaide Botanic Garden** (S. 779) kinder- und familienfreundliche Programme mit leicht verständlichen interaktiven Ausstellungen an. In der Art Gallery gibt's am ersten Sonntag im Monat von 12 bis 15 Uhr auch das Kinderprogramm **START at the Gallery** mit Führungen, Musik und mehr.

Mit **Popeye** (Karte S. 782; www.thepopeye.com; hin & zurück Erw./Kind 12/6 AU$, einfache Fahrt 4/2 AU$; 10–16 Uhr) kann man über den River Torrens schippern. Auch eine Fahrt im Tretboot von **Captain Jolley's Paddle Boats** (Karte S. 782; www.captainjolleyspaddleboats.com.au; Elder Park; Boot 20 AU$/30 Min.; Sommer tgl. 9.30–18, Winter Sa & So 10–16 Uhr) oder im Ruderboot von **Rymill Park Rowboats** (S. 786) macht viel Spaß.

In Port Adelaide kann man sich das **Maritime Museum** (S. 785), das **National Railway Museum** (S. 785) oder das **South Australian Aviation Museum** (Karte S. 780; www.saam.org.au; 66 Lipson St, Port Adelaide; Erw./Kind/Fam. 10/5/25 AU$; 10.30–16.30 Uhr) anschauen oder an einem **Delfinbeobachtungstörn** teilnehmen.

Die kostenlose Monatszeitschrift **Child** (www.childmags.com.au) erhält man in Cafés und Bibliotheken. Sie ist zwar recht anzeigenlastig, enthält aber auch eine umfangreiche Auflistung der aktuellen Veranstaltungen. **Dial-An-Angel** (1300 721 111, 08-8267 3700; www.dialanangel.com.au) vermittelt Kindermädchen und Babysitter in der ganzen Gegend.

ßen. Gratis-WLAN. Wer persönlich vorbeischaut oder in letzter Minute bucht, kann mit einem Preisnachlass rechnen. (Parkplatz ab 20 AU$/Tag).

North Adelaide

Princes Lodge Motel   MOTEL $
(Karte S. 788; 08-8267 5566; www.princeslodge.com.au; 73 LeFevre Tce, North Adelaide; EZ/DZ/FZ inkl. Frühstück ab 65/85/145 AU$; P ❈ ⓢ) Die freundliche, bunte Lodge in einem eleganten Haus von 1913 mit Blick auf die Parkanlagen hat hohe Decken, neue TVs und ist etwas abgewohnt. In der Nähe der Schickimicki-Restaurants von North Adelaide und in Gehweite zur Stadt, bietet dieses Motel ein tolles Preis-Leistungs-Verhältnis und viel Flair! Die preiswerteren Zimmer in der alten Remise hinten sind echte Schnäppchen.

Minima Hotel   HOTEL $$
(Karte S. 788; 08-8334 7766; www.majesticotels.com.au; 146 Melbourne St, North Adelaide; DZ ab 100 AU$; P ❈ @ ⓢ) Im guten alten North Adelaide ist ein Raumschiff gelandet! Das Minima bietet kleine, aber stylishe, von unterschiedlichen Künstlern aus SA dekorierte Zimmer in toller Lage in der Melbourne St. Do-it-yourself-Check-in über den Touchscreen in der Lobby. Begrenzte Parkmöglichkeiten ab 10 AU$ pro Nacht.

Greenways Apartments   APARTMENTS $$
(Karte S. 788; 08-8267 5903; www.greenwaysapartments.com.au; 41–45 King William Rd, North Adelaide; 1-/2-/3-Zi.-Apt. 127/168/220 AU$; P ❈ ⓢ) Die Apartments von 1938 sind nicht luxuriös, wer aber Aversionen gegen den glänzenden, offenen Wohnstil des 21. Jhs. hat, ist im Greenways gut aufgehoben. Wo sonst kann man zu solchen Preisen in derart sauberen, absolut zweckmäßigen Apartments so nah am Zentrum wohnen? Ein Muss für Cricketfans, denn das Adelaide Oval ist nur ein paar Schritte weit weg. Tipp: Bei Testspielen rechtzeitig buchen.

O'Connell Inn   MOTEL $$
(Karte S. 788; 08-8239 0766; www.oconnellinn.com.au; 197 O'Connell St, North Adelaide; DZ/4BZ ab 155/185 AU$; P ❈ ⓢ) In Adelaide ein ordentliches Motel zu finden, ist sehr schwierig (weil die meisten in den 1990er-Jahren steckengeblieben zu sein scheinen). Dieses hier ist aber eines. Es ist recht klein, freundlich, erschwinglich und hat eine schöne Lage – praktisch für Streifzüge Richtung Norden nach Barossa, Clare, Flinders usw.

Tynte Street Apartments   APARTMENTS $$
(Karte S. 788; 1800 779 919, 08-8334 7783; www.majestichotels.com.au; 82 Tynte St, North Adelaide; DZ & 1-Zi.-Apt. ab 140 AU$; P ❈ ⓢ) Ein Komplex mit 24 postmodernen, in sich abgeschlossenen Apartments für drei Personen in roten Backsteinhäusern in einer von Bäumen gesäumten Straße nahe der Cafés und Kneipen in der O'Connell St. Einchecken muss man beim den 1 km entfernten Old Lion Apartments (Karte S. 788; 1800 779 919, 08-8334 7799; 9 Jerningham St, North Adelaide; DZ ab 145 AU$, 1-/2-/3-Zi.-Apt. ab 155/205/305 AU$; P ❈ ⓢ). Parken und WLAN sind gratis.

Innerstädtische Viertel

Levi Park Caravan Park   WOHNWAGENPARK $
(Karte S. 780; 08-8344 2209; www.levipark.com.au; 1a Harris Rd, Vale Park; Stellplatz ohne/mit Strom ab 36/38 AU$, Hütte/Apt. ab 105/145 AU$; P ❈ @ ⓢ) Der begrünte, grasbewachsene Wohnwagenpark liegt 4 km außerhalb der Stadt und hat unzählige Einrichtungen zu bieten, u. a. Tennisplätze und einen von Palmen gesäumten Cricketplatz. Die Apartments befinden sich im restaurierten Vale House, das angeblich Adelaides ältestes Wohnhaus sein soll.

Adelaide Caravan Park   WOHNWAGENPARK $
(Karte S. 788; 08-8363 1566; www.adelaidecaravanpark.com.au; 46 Richmond St, Hackney; Stellplatz mit Strom 35–40 AU$, Hütte & Wohneinheit ab 129 AU$; P ❈ @ ⓢ ≋) Kompakter Wohnwagenpark ohne Schnickschnack zwischen dem River Torrens und einer ruhigen Straße, 2 km nordöstlich vom Zentrum. Sauber und gut geführt, aber mit nur wenig Grün, vor allem im Hochsommer.

Watson   BOUTIQUEHOTEL $$
(Karte S. 780; 1800 278 468, 08-7087 9666; www.artserieshotels.com.au/watson; 33 Warwick St, Walkerville; DZ ab 155 AU$, B&B ab 205 AU$; P ❈ ⓢ ≋) Das nagelneue, 2014 eröffnete Watson (nach dem Aborigine-Künstler Tommy Watson, dessen Werke das Hotel schmücken) ist ein schicker, mehrstöckiger Komplex mit 24 Wohneinheiten 4 km nördlich des CBD in Walkerville (leicht zu erreichen). Es gibt einen Fitnessraum, einen langen Pool, Zimmerservice rund um die Uhr, Fahrradverleih... Aber allein die Tatsache, dass es sich um ein neues Boutiquehotel im sonst stets gleichbleibenden Adelaide handelt, macht auf diese Unterkunft aufmerksam. Wirklich schön.

🚍 Glenelg, Port Adelaide & Umgebung

Glenelg Holiday & Corporate Letting (📞 08-8376 1934; www.glenelgholiday.com.au; 🐾) und **Glenelg Letting Agency** (📞 08-8294 9666; www.baybeachfront.com.au; 🐾) vermitteln Ferienwohnungen am Strand von Glenelg (ab rund 140 AU$/Nacht).

Glenelg Beach Hostel
HOSTEL $

(Karte S. 780; 📞 1800 359 181, 08-8376 007; www.glenelgbeachhostel.com.au; 1–7 Moseley St, Glenelg; B/EZ/DZ/FZ ab 25/60/70/110 AU$; @🛜) Ein paar Straßen hinter dem Strand befindet sich dieses schöne alte Haus (1879), Adelaides Perle unter den Budgetunterkünften. Die Zimmer sind mit Ventilatoren und historischen Details ausgestattet und haben keine Etagenbetten. Zudem gibt's kaltes Coopers in der Kellerbar (mit Livemusik am Wochenende), offene Kamine, hohe Decken, Schlafsäle nur für Frauen und einen Garten im Hof. Für den Sommer weit im Voraus buchen!

Port Adelaide Backpackers
HOSTEL $

(Karte S. 780; 📞 08-8447 6267; www.portadelaidebackpackers.com.au; 24 Nile St, Port Adelaide; B/EZ/DZ ab 19/60/65 AU$; 🐾🛜) Ungenierten Fans von Port Adelaide wird es warm ums Herz zu sehen, dass es hier eine neue Backpackerbleibe gibt. Zum Zeitpunkt der Recherche waren die Arbeiten in vollem Gang: Streichen, Fliesenlegen und allgemeine Renovierungsarbeiten. Die Erwartungen an diese neu gestaltete Seemannslodge in Ports historischem Zentrum sind hoch. Infos über den Stand der Dinge werden gern entgegengenommen. WLAN und Parkplätze auf der Straße sind gratis.

BIG4 Adelaide Shores
WOHNWAGENPARK $

(Karte S. 780; 📞 1800 444 567, 08-8355 7320; www.adelaideshores.com.au; 1 Military Rd, West Beach; Stellplatz mit Strom 38–53 AU$, Öko-Zelt 92 AU$, 1-/2-/3-Zi.-Hütte ab 105/141/245 AU$; P 🐾@🛜☀) Der schöne Park versteckt sich hinter den Dünen des West Beach, von wo ein Fuß-/Radweg nach Glenelg (3,4 km) und einer in die andere Richtung nach Henley Beach (3,5 km) führt. Es gibt Stellplätze im Grünen, fest aufgebaute Öko-Zelte, tolle Annehmlichkeiten und vorbeiziehende Delfine.

⭐ Largs Pier Hotel
HOTEL $$

(Karte S. 780; 📞 08-8449 5666; www.largspierhotel.com.au; 198 Esplanade, Largs Bay; DZ/FZ/Apt. ab 164/184/199 AU$; P🐾🛜) Was für eine Überraschung! In dem verschlafenen Strandort Largs Bay, 5 km nördlich von Port Adelaide, befindet sich dieses prächtige, 130 Jahre alte dreistöckige Hotel, das wie eine Hochzeitstorte aussieht. Die umfangreichen Renovierungsarbeiten haben sich gelohnt: Zimmer mit himmelhohen Decken, großen Betten, Taupe- und Schokotönen sowie Meerblick. Es gibt außerdem einen Flügel mit Motelzimmern auf der einen und Apartments auf der anderen Straßenseite.

Oaks Plaza Pier
HOTEL, APARTMENTS $$

(Karte S. 780; 📞 1300 551 111, 08-8350 6688; www.oakshotelsresorts.com; 16 Holdfast Promenade, Glenelg; DZ ab 185 AU$, 1-/2-/3-Zi.-Apt. ab 210/299/499 AU$; P🐾🛜) Das beste der mehrstöckigen Apartmenthäuser an Glenelgs Küste ist das achtstöckige Oaks Plaza Pier mit schicken Zimmern im Business-Stil, kostenlosem WLAN, Balkonen mit Meerblick, Bars und Restaurants (aber ohne Pier). Parkplatz ab 20 AU$.

Seawall Apartments
APARTMENTS $$$

(Karte S. 780; 📞 08-8295 1197; www.seawallapartments.com.au; 21–25 South Esplanade, Glenelg; Apt. mit 1/2/3/4 B ab 200/329/499/599 AU$; P🐾🛜) Leser empfahlen uns diese renovierten alten Häuser, die vom Mosely Sq in Glenelg einen fünfminütigen Spaziergang am Meer entlang entfernt stehen. Spielereien wären eigentlich nicht nötig gewesen - die Lage am Meer hätte ausgereicht -, aber die Fassaden zieren kitschige Seefahrerutensilien (Anker, Boote, Ruder, Haigebisse usw.). Drinnen sind die Apartments geräumig, sauber und modern eingerichtet.

🍴 Essen

Gourmets strömen ins West End in die angesagte Gouger St (sprich „Gu-dscher"), nach Chinatown und zum Central Market. Es gibt hier auch ein paar tolle Kneipen. Sogar auf der künstlerisch angehauchten, alternativen Hindley St – Adelaides kleinem schmutzigen Geheimnis - findet man jede Menge gute Lokale. Im East End bieten die Rundle St und die Hutt St diverse Freiluftcafés und Möglichkeiten zum Leutegucken. In North Adelaide gibt es auf der Melbourne St und der O'Connell St viele Bistros, Cafés und Kneipen.

🍴 Central Adelaide

Central Market
MARKT $

(Karte S. 782; www.adelaidecentralmarket.com.au; Gouger St; ⏰ Di 7–17.30, Mi & Do 9–17.30, Fr

7–21, Sa 7–15 Uhr) Der Markt ist eine Herausforderung der Sinne: ein Feuerwerk von Gerüchen, Farben und Standbesitzern, die lautstark frisches Gemüse, Brot, Käse, Seafood und Feinkost anbieten. Hier gibt's auch Cafés, hektische Food-Courts, einen Supermarkt und Adelaides Chinatown.

Zen Kitchen VIETNAMESISCH $

(Karte S. 782; 08-8232 3542; www.facebook.com/zenkitchenadelaide; Unit 7, Tenancy 2, Renaissance Arc; Hauptgerichte 6–14 AU$; ⊗Mo–Do 11–16, Fr bis 20, Sa bis 15 Uhr) Hier gibt's köstliche, frisch zubereitete kalte Frühlingsrollen, pho-Suppe und knusprig gegrilltes Schweinefleisch im Brötchen zum Mitnehmen oder sofort Essen. Runterspülen kann man das Ganze mit kalter Kokosmilch oder einem furchtbar starken vietnamesischen Kaffee mit gezuckerter Kondensmilch. Authentisch, erschwinglich und absolut lecker.

Café Troppo CAFÉ $

(Karte S. 782; 08-8211 8812; www.cafetroppoadelaide.com; 42 Whitmore Sq; Hauptgerichte 9–16 AU$; ⊗Di–Fr 7.30–16, Sa & So 9–16 Uhr;) Das Eck-Café bringt neuen Schwung an den Whitmore Sq, den ruhigsten der fünf Plätze in Central Adelaide. Das Troppo mit dem schön geschwungenen Gebälk und seinem nachhaltigen Ansatz (Zutaten aus der Region, Recycling-Maßnahmen, Bio-Milch, umweltfreundliche Reinigungsprodukte etc.) serviert erstklassigen Kaffee, marinierte Känguru- und Haloumi-Sandwiches, gebackene Eier mit Spinat und lokalen Käse nach Schweizer Art.

Lucia's Pizza & Spaghetti Bar ITALIENISCH $

(Karte S. 782; 08-8231 2260; www.lucias.com.au; 2 Western Mall, Central Market; Gerichte 8–14 AU$; ⊗Mo–Do & Sa 7–16, Fr bis 21 Uhr) Dieses kleine Stück Italien gab es hier schon, als Lucia noch viel jünger war. Ihre Pastas, Saucen und Pizzas sind lecker authentisch und hausgemacht! Nebenan kann man sich bei Lucia's Fine Foods mit Pasta für Zuhause eindecken.

Vego And Loven' It VEGETARISCH $

(Karte S. 782; www.vegoandlovenit.webs.com; Level 1, 240 Rundle St; Gerichte 7–14 AU$; ⊗Mo–Fr 10–16 Uhr;) In diesem künstlerisch angehauchten Lokal im Obergeschoss bekommt man seine wöchentliche Vitaminration in Form von leckeren Veggie-Burgern, Wraps oder Focaccias. Städter mit Dreadlocks bestellen „extra Alfalfa, aber ohne Hummus". Am Mosaik-Schild die schmale Treppe rauf.

Jerusalem Sheshkabab House NAHÖSTLICH $

(Karte S. 782; 08-8212 6185; 131b Hindley St; Hauptgerichte 10–15 AU$; ⊗Di–So 12–14 & 17.30–22 Uhr;) Das winzige Lokal in der Hindley St existiert schon ewig. Serviert werden hier Leckerbissen aus dem Nahen Osten und dem Libanon, z. B. Falafel, Hummus, Taboulé, Tahina und (natürlich) Schisch-Kebab. Die Plastikstühle und das drapierte Zeltmaterial wirkt etwas kitschig.

★ Peel Street MODERN-AUSTRALISCH, ASIATISCH $$

(Karte S. 782; 08-8231 8887; www.peelst.com.au; 9 Peel St; Hauptgerichte 20–30 AU$, Degustationsmenü 68 AU$; ⊗Mo–Fr 7.30–15, Do –Sa 18.30 Uhr-open end) Die lange vernachlässigte Seitengasse in Adelaides West End hat jetzt einige neue Bars und Restaurants aufzuweisen. Das erste (und noch immer beste) Lokal ist das Peel Street selbst. In dieser supercoolen Kombi aus Café, Bistro und Weinbar ist immer viel los. Schicke Großstadtmädchen sitzen an den Tischen am Fenster und essen mit Parmesan überbackene Pastinaken und Putenhackfleischbällchen mit eingelegten Zitronen. Zudem gibt's eine sagenhafte Weinkarte.

Pizza e Mozzarella Bar ITALIENISCH $$

(Karte S. 782; 08-8164 1003; www.pizzaemozzarellabar.com.au; 33 Pirie St; Pizzas 19–23 AU$, Hauptgerichte 20–36 AU$; ⊗Mo–Do 11.30–15, Fr 13.30–21.30, Sa 17.30–21.30 Uhr) Rustikales, italienisches Restaurant auf zwei Ebenen mit Brotkörben, Terrakotta-Utensilien, netter italienischer Bedienung und Strahlern. Alles, was auf den Tisch kommt, wird in dem Holzofen zubereitet, der einem sofort bei Betreten des Lokals ins Auge fällt. Es gibt Pizza mit dünnem Boden (ganz wie in Rom), Mozzarella-Platten mit Brot aus dem Holzofen und Spezialitäten wie Pulpo, Thunfisch und Salumi. Tolle Getränkekarte mit Weinen aus Italien und SA sowie Bier. Einfach klasse!

Jasmin Indian Restaurant INDISCH $$

(Karte S. 782; 08-8223 7837; www.jasmin.com.au; UG, 31 Hindmarsh Sq; Hauptgerichte 17–29 AU$; ⊗Do & Fr 12–14.30, Di–Sa 17.30–21 Uhr) Himmlische nordindische Currys und unglaublich professionelle Angestellte (manchmal erinnern sie sich sogar noch an Gäste, die vor Jahren mal da waren). Auf der Karte stehen keine Überraschungen, aber alles wird perfekt zubereitet. Reservierung erforderlich!

Earth's Kitchen VEGETARISCH $$

(Karte S. 782; 08-8215 0458; www.kitchenson earthcommunities.com.au; 131 Pirie St; Hauptgerichte 17–21 AU$; Mo–Do 7–16, Fr 7–21, Sa 9.30–14.30 Uhr;) Das Hippie-Café – Terrakotta, Jutesäcke und Regale mit Bio-Produkten – ist eine gute Alternative zu den unzähligen schicken Mittagslokalen mit viel Glas und Granit. Aus der Küche kommt vor allem Vegetarisches: knackige Salate, Dips und Pizzas. Man sollte unbedingt die scharf gewürzte Känguru-Pizza mit geröstetem Paprika und Mozzarella probieren.

Mesa Lunga MEDITERRAN $$
(Karte S. 782; 08-8410 7617; www.mesalunga .com; Ecke Gouger St & Morphett St; Tapas 4–19 AU$, Hauptgerichte 18–31 AU$; Fr 12–15, So 12 Uhr–open end, Di–Sa 18 Uhr–open end) Im schicken Mesa Lunga werden in einem runden Eckzimmer mit dunkler, hölzerner Weinwand Tapas und erstklassige Pizzas serviert. Am besten ordert man *gamba* (Garnelen mit schwarzem Salz und Chorizo im Teigmantel) und mit Sardellen gefüllte Manzanillo-Oliven und dazu prickelnde Sangria. Herrlich!

Ying Chow CHINESISCH $$
(Karte S. 782; 08-8211 7998; 114 Gouger St; Hauptgerichte 11–24 AU$; Fr 12–14.45, tgl. 17–0 Uhr) Das Lokal mit den Leuchtstoffröhren und den zackigen Angestellten ist ein gastronomisches Juwel. Es serviert von der Guangzhou-Region beeinflusste Gerichte wie Tofu mit Saubohnen und chinesischem Chutney sowie gedünstete Ente in salziger Sauce. Es kann recht voll werden – manchmal reicht die Schlange bis auf die Straße –, aber das Warten lohnt sich (man kann nicht reservieren)!

Amalfi Pizzeria Ristorante ITALIENISCH $$
(Karte S. 782; 08-8223 1948; 29 Frome St; Hauptgerichte 17–32 AU$; Mo–Fr 12–14.30, Mo–Sa 17.30–22.30 Uhr) Diesen alten Klassiker gab's schon, als Adelaides Telefonnummern noch siebenstellig waren. Authentische Pizza und Pasta, Bugholzstühle, Terrazzoböden, eine Tafel, auf der mit Kreide die Tagesgerichte angeschrieben sind, und richtiger Muntermacher-Kaffee. Und tagen da im Hinterzimmer etwa Mafiosi?

T-Chow CHINESISCH $$
(Karte S. 782; 08-8410 1413; www.tchow.eatout -adelaide.com.au; 68 Moonta St; Hauptgerichte 13–25 AU$; 11–15 & 17–23 Uhr;) Großes, helles Lokal mit viel Messing. Dieses China-Restaurant in der Hauptstraße der Chinatown bietet eine beeindruckende Speisekarte: Altbekanntes für Jedermann (Rinderschmortopf, gedämpfte Knoblauchshrimps) genauso wie Neues für Mutige (Schweineinnereien

> **NICHT VERSÄUMEN**
>
> ### WEINREGIONEN IN SOUTH AUSTRALIA
>
> Machen wir's kurz: Wir alle wissen, warum man nach SA kommt. Die hiesigen Weine sind die besten der Welt, und es gibt hier jede Menge Weinregionen mit alteingesessenen Weinbauern und Newcomern, die zu Verkostungen einladen. Die meisten sind nur eine Tagestour von Adelaide entfernt.
>
> **Adelaide Hills** (S. 804) Beeindruckende, in kühlem Klima gedeihende Weine vor den Toren Adelaides.
>
> **Barossa Valley** (S. 830) Traditionelle Weingüter und berühmte Rotweine.
>
> **Clare Valley** (S. 836) Kleine Riesling-Winzer und gemütliche Wochenend-Refugien.
>
> **Coonawarra** (S. 853) In den Ebenen der Limestone Coast gedeiht leckerer Cabernet Sauvignon.
>
> **McLaren Vale** (S. 808) Köstlicher Shiraz und Weinberge bis runter zum Meer.

mit gesalzenem Kohl, zarte Ente mit „aufgelösten Fetten"). Yum-cha gibt's täglich von 11 bis 15 Uhr.

★ Press MODERN-AUSTRALISCH $$$
(Karte S. 782; 08-8211 8048; www.pressfood andwine.com.au; 40 Waymouth St; Hauptgerichte 16–48 AU$; Mo–Sa 12 Uhr–open end) Das beste Lokal in der Geschäftsstraße Waymouth St ist dieses gestylte Restaurant (Backsteinwände, Glas, zitronengelbe Stühle). Hier kann man furchtlos Innereien (gebratenes Lammhirn, gegrillte Kalbszunge) oder Rohes (Rindfleisch-Carpaccio, Graved Lachs) und Confit (Entenkeule, Zwiebeln, Oliven) genießen. Das Degustationsmenü kostet 68 AU$ pro Person. Wer einen Platz im Obergeschoss haben möchte, muss vorab reservieren. Sonst sitzt man unten in Barnähe.

Sosta ARGENTINISCH $$$
(Karte S. 782; 08-8232 6799; www.sostaar gentiniankitchen.com.au; 291 Rundle St; Tapas 16–26 AU$, Hauptgerichte 33–45 AU$; Mo–Fr 12–14.30, tgl. 18 Uhr–open end) Rind, Lamm, Schwein, Hühnchen, Fisch – Vegetarier werden das Weite suchen! Die abgehangenen, 1 kg schweren T-Bone-Steaks hier sind legendär. Mit seinen schneeweißen Tischdecken und den rotbraunen Dielen ist das Sos-

ta ein elegantes Plätzchen, um einen nächtlichen Streifzug durchs East End zu beginnen.

North Adelaide

O'Connell St General SUPERMARKT, FEINKOST $
(Karte S. 788; www.foodland.net.au; 113 O'Connell St, North Adelaide; ⊗8–22 Uhr) Ein Foodland-Supermarkt mit tollem Feinkost-, Fleisch- und Wursttresen im Freien.

★ Gin Long Canteen ASIATISCH $$
(Karte S. 788; ☎08-7120 2897; www.ginlongcanteen.com.au; 42 O'Connell St, North Adelaide; kleine Gerichte 5–13 AU$, Hauptgerichte 18–24 AU$; ⊗Di–Fr 12–14.30, Di–Sa 17.30 Uhr–open end) Das Lokal ist der Renner. Die muntere Bedienung weist den Gästen einen Platz am großen Gemeinschaftstisch (Reservierung nicht möglich) und nimmt sofort die Bestellung auf. Das Essen lässt dann auch nicht lang auf sich warten: köstliche Currys, langsam geschmortes Rind- und Schweinefleisch nach Thai-Art, knusprige Frühlingsrollen, malaische Curry-Bällchen… Hier herrscht echte panasiatische Stimmung, die durch Riesenflaschen vietnamesisches Bier und das Lächeln der Bedienung noch verstärkt wird.

Store CAFÉ, BISTRO $$
(Karte S. 788; ☎08-8361 6999; www.thestore.com.au; 157 Melbourne St, North Adelaide; Frühstück 10–20 AU$, Hauptgerichte 15–28 AU$; ⊗Mo 7–15, Di–Fr 7–22, Sa 8–22, So 8–15 Uhr; ☒) Das Store, eine Mischung aus Pariser Bistro und Jazzcafé, bringt die nötige Portion Coolness ins steife North Adelaide. Die Deko besteht aus Retro-Kitsch (Jugendstilposter, Hirschgeweihe, Tretchikoff-Drucke), und serviert werden feurige Pasta, Risotto, Burger und erstklassige Fisch-, Hühnchen- und Rindfleischgerichte, die zudem erschwinglich sind. Eine eindrucksvolle Weinkarte gibt's auch.

Royal Oak PUB-ESSEN $$
(Karte S. 788; ☎08-8267 2488; www.royaloakhotel.com.au; 123 O'Connell St, North Adelaide; Hauptgerichte 18–29 AU$; ⊗Sa & So 8–12, tgl. 12–15 & 18–21 Uhr) In dieser seit Langem existierenden Kneipe kommt Überzeugendes aus der Küche: Steak-Sandwiches, vegetarische Lasagne, Lammauflauf, Zupfbraten mit Brötchen sowie Arme Ritter mit Ahornsirup. Skurriles Retro-Flair: dienstags, mittwochs, freitags und sonntags gibt's Livejazz oder Indie-Rock.

Amarin Thai THAI $$
(Karte S. 788; ☎08-8239 0026; www.theamarinthai.com.au; 108 Tynte St, North Adelaide; Hauptgerichte 13–27 AU$; ⊗Mi–Fr 12–14.30, tgl. 18–21.30 Uhr) Schlichtes Thai-Restaurant direkt nördlich der Hauptstraße von North Adelaide. Die verstreut auf dem Bürgersteig herumstehenden, senffarbenen Stühle sind genau der Ort, an dem man an einem lauen Abend seinen Hunger stillen sollte.

Lion Hotel PUB-ESSEN $$$
(Karte S. 788; ☎08-8367 0222; www.thelionhotel.com; 161 Melbourne St, North Adelaide; Hauptgerichte 38–43 AU$; ⊗Mo–Fr & So 12–15, Mo–Sa 18–22 Uhr) Die gehobene Kneipe (mit großen Bildschirmen, Biergarten und vielen Geschäftsleuten) geht auf einer Seite über in ein schickes Restaurant mit Retro-Dekor und romantischem Ambiente. Zu den Hits auf der Speisekarte gehören Coorong-Angus-Steaks, Fisch frisch vom Markt und Chili-Garnelen-Fettucine – alles serviert mit einer Professionalität, die man in einer Kneipe sonst kaum findet. Frühstück gibt's nebenan in der Bar (Hauptgerichte 10–21 AU$) Montag bis Freitag ab 8–12 Uhr, an den Wochenenden auch bis um 15 Uhr.

Innerstädtische Viertel

Bar 9 CAFÉ $
(Karte S. 780; ☎08-8373 1108; www.bar9.com.au; 96 Glen Osmond Rd, Parkside; Hauptgerichte 9–18 AU$; ⊗Mo–Fr 7.30–16, Sa & So 8.30–14 Uhr) Kaffeesüchtige sind in diesem Café, einen Katzensprung südöstlich vom Zentrum, richtig. Essen ist hier Nebensache: Die hippen Kundinnen in Twin-Sets sind zu beschäftigt damit, die angebotenen Kaffeespezialitäten zu diskutieren. Aber wer hungrig ist, bekommt in der Bar 9 auch gute Eier mit Schinken, Vanille-Birchermüsli und getrüffelte Pilze auf Toast.

Café de Vili's FAST FOOD $
(Karte S. 780; www.vilis.com; 2–14 Manchester St, Mile End St; Gerichte 4–14 AU$; ⊗24 Std.) Die Pies des Vili's sind berühmt in SA. Dieser Diner neben der gleichnamigen Fabrik, direkt westlich von CBD, ist die ganze Nacht lang geöffnet und serviert die beliebten „Pie Floaters" (Fleischpastete in Erbsensuppe mit Kartoffelpüree und Bratensauce – einfach spitze!) sowie Würstchen im Teigmantel, Pasteten, Burger, Pfannkuchen, warmes Frühstück, Puddingtörtchen und Donuts.

Parwana Afghan Kitchen AFGHANISCH $$
(Karte S. 780; ☎08-8443 9001; www.parwana.com.au; 124b Henley Beach Rd, Torrensville; Hauptgerichte 14–25 AU$; ⊗Di–Do & So 18–22, Fr & Sa

18–22.30 Uhr) Pikant, scharf, fremdartig und leicht ungewöhnlich: Afghanisches Essen ist einzigartig! Und dieses authentische Restaurant westlich vom CBD gegenüber der Grünanlage ist richtige Ort, um es zu probieren. Das typische Auberginengericht *banjaan borani* ist eine Wucht. Mittags gibt's noch eine Niederlassung in der Stadt an der Rundle St namens **Kutchi Deli Parwana** (Karte S. 782; 08-7225 8586; 7 Ebenezer Pl; Mo-Fr 11.30–16 Uhr). BYO; nur Barzahlung.

Jarmer's Kitchen CAFÉ, MODERN-AUSTRALISCH $$
(Karte S. 780; 08-8340 1055; www.jarmerskitchen.com.au; 18 Park Tce, Bowden; Hauptgerichte 11–33 AU$; Mo 7.30–16, Di-Fr 7.30–22, Sa 8–22, So 8–16 Uhr) Vorzeigelokal im neu gestalteten Bowden. In dem städtischen Randbezirk, der früher eine Industriebrache war, stehen jetzt viele schicke, neue Stadthäuser voller hipper Bewohner. Das noble Jarmer's ist ein tagsüber und abends geöffnetes Café in einem alten Kneipengebäude. Aus der Küche kommen köstliche Sandwiches, Pasta, Burger und gehaltvolle Hauptgerichte. Unbedingt die Schweinefleisch-Fenchel-Wurst probieren. Fantastische Weinkarte.

Glenelg

Zest Cafe Gallery CAFÉ $
(Karte S. 780; 08-8295 3599; www.zestcafegallery.com.au; 2a Sussex St, Glenelg; Gerichte 9–17 AU$; Mo-Sa 7.30–17, So 8–17 Uhr;) Mit seinem relaxten Flair und dem köstlichen Frühstück macht das kleine, in einer Nebenstraße gelegene Zest den Platzmangel wieder wett. Es gibt kreativ belegte Baguettes und Bagels. Seinen Kater kann man mit „Hell's Eggs" bekämpfen – in einer kleinen Auflaufform gebackene Eier mit Rosmarin, Tomatensauce, Käse und Tabasco. Toller Kaffee, Künstlertypen als Bedienung und vegetarische Speisen runden das Ganze ab.

Good Life PIZZERIA $$
(Karte S. 780; 08-8376 5900; www.goodlifepizza.com; Level 1, Ecke Jetty Rd & Moseley St, Glenelg; Pizzas 14–35 AU$; Di-Fr & So 12–14.30, tgl. 18 Uhr–open end;) In der großartigen Bio-Pizzeria oberhalb der Straßenbahngleise an der Jetty Rd gibt's Pizzas mit dünnem Boden und leckerem Belag wie gebratener Bio-Ente, Garnelen aus dem Spencer Gulf und würziger Hahndorf-Salami. So lässt sich das Leben genießen! Weitere Filialen gibt's im **Zentrum** (Karte S. 782; 08-8223 2618; 170 Hutt St; Pizzas 14–35 AU$; Mo-Fr 12–14.30, tgl. 18 Uhr–open end;) und in **North Adelaide** (Karte S. 788; 08-8267 3431; Shop 5, 11 O'Connell St, North Adelaide; Pizzas 14–35 AU$; Di-Do 12–14.30, Di-So 18 Uhr–open end;) .

Zucca Greek Mezze GRIECHISCH $$
(Karte S. 780; 08-8376 8222; www.zucca.com.au; Shop 5, Marina Pier, Holdfast Shores, Glenelg; Mezze 5–24 AU$, Hauptgerichte 17–48 AU$; 12–15 & 18 Uhr–open end) Spartanische Tischtücher, Blick auf den Jachthafen, spitzenmäßige Bedienung und eine moderne Karte mit allen möglichen Vorspeisen – besser ginge es auf Santorini auch nicht. Der gegrillte Hindmarsh Valley Haloumi-Käse mit würzigen Rosinen und die Jakobsmuscheln mit Feta und Pistazien sind köstlich.

Ausgehen & Nachtleben

In der Rundle St. gibt's ein paar kultige Kneipen. In der Hindley St im West End treffen Rotlichtschuppen auf hippe Bars, die sich in der Leigh St und der Peel St angesiedelt haben. Der Grundpreis variiert je nach Programm zwischen 0 und 15 AU$. Die meisten Clubs sind montags bis donnerstags zu.

Central Adelaide

★**Exeter Hotel** PUB
(Karte S. 782; 08-8223 2623; www.facebook.com; 246 Rundle St; 8 Uhr–open end) Die beste Kneipe der Stadt. Der legendäre Schuppen hat ein bunt gemischtes Publikum: Angestellte, Punks und Studenten, die hier nach Feierabend die Strapazen des Tages abschütteln wollen. Einfach einen Hocker an der Bar oder einen Tisch im verratzten Biergarten in Beschlag nehmen und den Tag ausklingen lassen! Abends wird Livemusik (Indie, Electronica, Akustik) gespielt; Spielautomaten gibt's keine. Für die Curry-Abende im Restaurant oben (meist Mi) vorab reservieren!

★**Grace Emily Hotel** PUB
(Karte S. 782; www.graceemilyhotel.com.au; 232 Waymouth St; 16 Uhr–open end) Das „Gracie" konkurriert mit dem Exeter Hotel um den Titel der besten Kneipe in Adelaide (es ist eine Qual, sich zwischen beiden entscheiden zu müssen). Hier spielen an den meisten Abenden aufstrebende australische Musiker. Die Inneneinrichtung ist ein Mix aus 1950er-Jahren und Voodoo; es gibt offene Kamine und tolles Bier. Regelmäßig finden Kinoabende mit Kultfilmen und Open-Mike-Abende statt. Keine Spielautomaten. Treten die Bastard Sons of Ruination heute auf?

Downtown HDCB — BAR
(Karte S. 782; ☎ 08-8212 7334; www.facebook.com/DowntownHDCB; 99 Hindley St; ⊗ Mi–Fr 12–24, Sa 18–2 Uhr) HDCB steht für Hot Dogs, Cold Beer – und davon gibt's jede Menge in dieser schmalen Bar in der Hindley St. Die Wände sind mit alten Musikpostern beklebt, tätowierte DJs legen Rock und Hip-Hop auf. Eigentlich passt diese Bar gar nicht in die Hindley St mit ihren Stripschuppen und Mainstream-Bierkneipen.

Cork Wine Café — WEINBAR
(Karte S. 782; www.corkwinecafe.com.au; 61a Gouger St; ⊗ Mo–Do 16–24, Fr & Sa 15–1 Uhr) Die kleine französische Weinbar fällt zwischen all den bunt beleuchteten China-Restaurants an diesem Abschnitt der Gouger St wirklich aus dem Rahmen. Abgenutzte Dielen, Bugholzstühle und Absinth-Plakate bilden die Kulisse für einen Vino vor dem Abendessen (das man praktischerweise gleich nebenan in einem der chinesischen Restaurants einnehmen kann).

Udaberri — BAR
(Karte S. 782; www.udaberri.com.au; 11–13 Leigh St; ⊗ Di–Do 16 Uhr–open end, Fr 15 Uhr–open end, Sa 18 Uhr–open end) In der kleinen Bar an der kompakten Leigh St fühlt man sich wie in Melbourne. Hier bekommt man spanische Weine im Glas, ein paar gute Biere aus dem Fass und Pintxos (baskische Tapas) wie Austern, Käse, *jamon* und Tortillas. Die Gäste sind betucht und auf die Stadt fixiert.

Howling Owl — BAR, CAFÉ
(Karte S. 782; www.thehowlingowl.com.au; 13 Frome St; ⊗ Mo & Di 8.30–18, Mi–Fr 8.30–open end, Sa 12 Uhr–open end) Wie wär's mit einem Gin? Tagsüber kann man in dieser Bar mit Café seinen Koffeinspiegel auffrischen, abends gibt's dann eine umwerfend gute Auswahl an *mother's ruin* (Gin) verfeinert mit allem nur Erdenklichen – von Koriander bis Kardamom. Zudem gibt's Biere und Weine aus SA, irre Musik, hinten eine tolle Sitzecke und unbeschwerte Gäste. Noch ein Gin gefällig?

Clever Little Taylor — BAR
(Karte S. 782; www.cleverlittletaylor.com.au; 19 Peel St; ⊗ 16 Uhr–open end) Das CLT gehört zu den ersten kleinen Bars, die in Adelaides Gassen neu eröffnet haben. Gute Liköre und edle Weine aus SA sind der Renner in dieser hippen Bar mit unverputzten Backsteinwänden (es dürfte wohl jedem klar sein, wofür dieser Raum früher benutzt wurde). Essbare Kleinigkeiten gibt's auch.

Apothecary 1878 — WEINBAR
(Karte S. 782; www.theapothecary1878.com.au; 118 Hindley St; ⊗ 17 Uhr–open end) Die ehemalige Apotheke von (wer hätte es gedacht) 1878 ist heute eine tolle Bar und serviert erstklassigen Kaffee und Wein. Medizinschränke aus dunklem Holz und Pariser Marmortische prägen den Innenraum – der perfekte Ort fürs erste Date.

Tasting Room — WEINBAR
(Karte S. 782; www.eastendcellars.com.au; 25 Vardon Ave; ⊗ Mo & Di 9–19, Mi & Do 9–21, Fr 9–22, Sa 10–22, So 12–19 Uhr) In diesem neuen Ableger der East End Cellars, Adelaides bestem Weinhandel, kann man die Weine probieren, bevor man sie kauft. Man sollte sich einen Platz am Fenster schnappen, die draußen vorbeitänzelnden East Enders beobachten und sich durch das riesige Angebot trinken.

Publishers Hotel — BAR
(Karte S. 782; www.publishershotel.com.au; Ecke Cannon St & Franklin St; ⊗ Di–Sa 11 Uhr–open end, So 15 Uhr–open end) Auf dem Schild steht „Established 1914". Es dürfte aber eher 2014 gewesen sein… Egal, das Publishers von heute ist eine vornehme Bar mit Kellnern in weißen Jacketts, interessanten Weinen und Craft-Bieren (besonders empfehlenswert ist das Pilsner vom Lobethal Bierhaus in Adelaide Hills). An den Wochenenden legen DJs von altem Soul bis hin zu den Dire Straits so ziemlich alles auf. (Hier treffen sich vorwiegend Leute über 30).

Belgian Beer Café — BAR
(Karte S. 782; www.oostende.com.au; 27–29 Ebenezer Pl; ⊗ So–Do 11–24, Fr & Sa bis 2 Uhr) Glänzendes Messing, sexy Bedienung, schneller Gläserwechsel und mehr als 26 (irgendwann haben wir aufgehört zu zählen) importierte belgische Superbiere. Zum Weißbier passen Muscheln mit Pommes ganz hervorragend. Abseits der Rundle St.

Zhivago — CLUB
(Karte S. 782; www.zhivago.com.au; 54 Currie St; ⊗ Fr–So 21 Uhr–open end) Unter den Clubs im West End (es gibt sehr viele rund um den Light Sq, und manche sind recht prollig) gehört das Zhivago zu den besten. Die DJs spielen alles von Reggae und Dub bis House, was bei den 18- bis 25-Jährigen super ankommt.

Lotus Lounge — CLUB
(Karte S. 782; www.lotuslounge.net.au; 268 Morphett St; ⊗ Mi–Sa 18 Uhr–open end) Hinter dem witzigen, schwach beleuchteten Neonschild – ein

Martiniglas mit blinkender Olive – verbirgt sich eine glamouröse Lounge mit Cocktails und gutem Bier. Hier legen die Mädels der Stadt eine kesse Sohle aufs Parkett. Samstags reicht die Schlange bis um die Ecke.

HQ Complex CLUB
(Karte S. 782; www.hqcomplex.com.au; 1 North Tce; ☺Mi, Fr & Sa 20 Uhr–open end) Adelaides größter Club nimmt fünf große Räume voller blitzender Lichter ein. Super Sound! Samstags steppt hier der Bär bei der größten und kitschigsten Clubnacht der Stadt, und mittwochs ist Retro-Abend. Freitags gibt es Livemusik.

Mars Bar CLUB
(Karte S. 782; www.themarsbar.com.au; 120 Gouger St; ☺Fr-Sa 21 Uhr–open end) Dreh- und Angelpunkt der Schwulen- und Lesbenszene Adelaides. Hier ist immer viel los. Glitzernde Deko, schrilles Publikum und überkandidelte Drag-Shows.

North Adelaide

Daniel O'Connell PUB
(Karte S. 788; www.danieloconnell.com.au; 165 Tynte St, North Adelaide; ☺11 Uhr–open end) Ein irischer Pub von 1881 mit genau der richtigen Menge keltischem Kitsch – erstklassiges Guinness, offener Kamin, über 170 Weine aus South Australia, Akustikmusik, modern zubereitete Speisen (Hauptgerichte 12–26 AU$) und im Biergarten ein haushoher Pfefferbaum (der mindestens schon 168 Jahre auf den Buckel hat).

Innere Vororte

★ Wheatsheaf LIVEMUSIK
(Karte S. 780; www.wheatsheafhotel.com.au; 39 George St, Thebarton; ☺Mo-Fr 11–24, Sa 12–24, So 12–21 Uhr, 🕾) Kleiner, versteckter Biergarten in der Einflugsschneise im Gewerbegebiet Thebarton voller kunstbeflissener Studenten, Jazzmusiker, Lesben, Punks und Rocker. Livemusk (Akustik, Blues, Country), Lagerfeuer und die Gerüchte bezüglich einer neuen Küche, die bald eröffnen soll. Das hauseigene Bier ist der Hammer!

Colonist PUB
(Karte S. 780; www.colonist.com.au; 44 The Parade, Norwood; ☺9 Uhr–open end) Witzige, wunderbar verschlissene Multikulti-Kneipe mit hauseigenem Bier und Wandmalereien im Stil von Gustav Klimt an der ansonsten massenkompatiblen Parade in Norwood. Nach dem Ende der Aussie-Rules-Football-Spiele des Norwood FC auf dem Platz an der gegenüberliegenden Straßenseite strömen die Fans in diese Kneipe.

Glenelg

Pier Bar BAR
(Karte S. 780; www.glenelgpier.com.au; 18 Holdfast Promenade, Glenelg; ☺Mo-Fr 12 Uhr–open end, Sa & So 11 Uhr–open end) Riesige Mainstream-Sportbar mit Blick über den Strand und Klappfenstern, um die Meeresbrise reinzulassen. Es gibt so viele Bildschirme wie Angestellte (also viele); sonntags geht's hoch her.

☆ Unterhaltung

Mit seiner lebendigen Kulturszene braucht sich Adelaide nicht hinter größeren Städten zu verstecken.

Veranstaltungskalender und Rezensionen stehen in **Adelaide Now** (www.adelaidenow.com.au) und **Adelaide Review** (www.adelaidereview.com.au).

Tickets für große Events gibt's bei:

BASS (✆13 12 46; www.bass.net.au)

Moshtix (✆1300 438 849; www.moshtix.com.au)

Venue Tix (✆08-8225 8888; www.venuetix.com.au)

Livemusik

Adelaide weiß, wie man seine Bewohner auf Touren bringt! Zu den kleineren Top-Veranstaltungsorten in der Stadt gehören Wheatsheaf, Grace Emily (S. 797) und das Exeter Hotel (S. 797).

Die kostenlosen Broschüren *Rip It Up* (www.ripitup.com.au) und *dB* (www.dbmagazine.com.au) bieten einen Überblick über Band-und DJ-Auftritte sowie Kritiken. Das Programm mit den verschiedenen Gigs steht in **Music SA** (www.musicsa.com.au) und **Jazz Adelaide** (www.jazz.adelaide.onau.net).

★ Governor Hindmarsh Hotel LIVEMUSIK
(Karte S. 780; www.thegov.com.au; 59 Port Rd, Hindmarsh; ☺11 Uhr–open end) Die Geburtsstätte der Livemusik in Adelaide: Im „Gov" treten lokale und internationale Legenden auf: An der Bar fiedelt die eine oder andere irische Band, während auf der Haupttribüne Rock, Folk, Jazz, Blues, Salsa, Reggae und Dance gespielt werden. Trotz seiner Größe herrscht in dem Laden eine unerklärlich persönliche Atmosphäre. Es gibt auch gutes Essen.

Jive
LIVEMUSIK

(Karte S. 782; www.jivevenue.com; 181 Hindley St; ⊗ wechselnde Öffnungszeiten) Das Jive in einem umgebauten Theater wird von unkonventionellen Studenten frequentiert, die von der Musik – funkig, links und alternativ – angelockt werden. Von der Bar hat man die abgesenkte Tanzfläche gut im Blick.

Fowlers Live
LIVEMUSIK

(Karte S. 782; www.fowlerslive.com.au; 68 North Tce; ⊗ wechselnde Öffnungszeiten) Die ehemalige Fowler Flour Factory ist heute ein teuflischer Tempel des Hardrock, Punk und Metal mit Platz für 500 Menschen.

Adelaide Entertainment Centre
KONZERTHALLE

(Karte S. 780; www.theaec.net; 98 Port Rd, Hindmarsh; ⊗ Theaterkasse Mo–Fr 8.30–17 Uhr) Mit Platz für rund 12 000 Menschen und Konzerten von den Wiggles bis Stevie Wonder.

Adelaide Symphony Orchestra
KLASSISCHE MUSIK

(Karte S. 782; www.aso.com.au; 91 Hindley St; ⊗ Theaterkasse Mo–Fr 9–16.30 Uhr) Das Veranstaltungsprogramm des ehrwürdigen ASO steht auf der Website.

Kino

Das aktuelle Kinoprogramm findet man unter www.my247.com.au/adelaide/cinemas.

Palace Nova Eastend Cinemas
KINO

(Karte S. 782; ☎ 08-8232 3434; www.palaceceinemas.com.au; 250 & 251 Rundle St; Tickets Erw./Kind 19,50/15,50 AU$; ⊗ 10 Uhr–open end) Die beiden einander gegenüberliegenden Kinokomplexe an der Rundle St zeigen anspruchsvolle Filme: neue Kunstfilme, fremdsprachige Streifen, Independent-Filme sowie ein paar Hollywoodhits. Alkoholausschank.

Mercury Cinema
KINO

(Karte S. 782; ☎ 08-8410 0979; www.mercurycinema.org.au; 13 Morphett St, Lion Arts Centre; Tickets Erw./erm. 17/13 AU$; ⊗ wechselnde Anfangszeiten) Das nicht auf Profit bedachte Mercury zeigt anspruchsvolle Filme. Hier ist auch die Adelaide Cinémathèque zu Hause, die Klassiker, Kultfilme und experimentelles Kino zeigt. Programm und Zeiten siehe Website.

Moonlight Cinema
KINO

(Karte S. 788; ☎ 1300 551 908; www.moonlight.com.au; Botanic Park; Tickets Erw./Kind 18/14 AU$; ⊗ Mitte Nov.–Mitte Feb. tgl. 19 Uhr) Im Sommer Picknickkorb und Insektenschutzmittel einpacken, sich auf die Wiese legen und unterm Sternenzelt alte und neue Filmklassiker anschauen! Mit dem etwas teureren „Gold-Grass"-Ticket sichert man sich einen Sitzsack in bester Lage.

Piccadilly Cinema
KINO

(Karte S. 788; ☎ 08-8267 1500; www.wallis.com.au; 181 O'Connell St, North Adelaide; Tickets Erw./Kind 18,50/14 AU$; ⊗ open end) Ein schönes, altes Art-déco-Kino an der Hauptstraße North Adelaides mit einer herrlich geschwungenen Fassade, die von unzähligen Fenstern im Fischgrätmuster durchbrochen wird. Hauptsächlich Mainstream-Streifen.

Theater & Comedy

Im **Adelaide Theatre Guide** (www.theatreguide.com.au) steht alles Wissenswerte über Reservierungen, Veranstaltungsorte und Kritiken (Comedy, Drama und Musicals).

Adelaide Festival Centre
DARSTELLENDE KUNST

(Karte S. 782; www.adelaidefestivalcentre.com.au; King William Rd; ⊗ Theaterkasse Mo–Fr 9–18 Uhr) Das kristallweiße Festival Centre ist der Mittelpunkt der darstellenden Kunst in SA. Es wurde im Juni 1973 eröffnet, vier Monate vor dem Sydney Opera House. Hier ist die **State Theatre Company** (www.statetheatrecompany.com.au) zu Hause.

Rhino Room
COMEDY

(Karte S. 782; www.rhinoroom.com.au; 13 Frome St; Tickets 20–25 AU$; ⊗ Mo, Fr & Sa 18.30 Uhr–open end) Freitags stehen australische und ausländische Stand-up-Comediens auf der Bühne, montags ist Open-Mike-Abend.

Sport

Wie die meisten australischen Städte definiert sich auch Adelaide über die Erfolge seiner Sportteams. In der **Australian Football League** (www.afl.com.au) feiern die Adelaide Crows und das Team Port Adelaide Power gelegentliche Erfolge (sie spielen im Adelaide Oval). Die Teams aus den Vororten messen sich in der **South Australian National Football League** (www.sanfl.com.au). Die Football-Saison dauert von März bis September.

In der **National Basketball League** (www.nbl.com.au) sind die Adelaide 36ers seit Jahrzehnten eine Größe. Im Korbball erzielen die Adelaide Thunderbirds beim **ANZ Championship** (www.anz-championship.com) regelmäßig Erfolge, und im Fußball ist Adelaide United in der **A League** (www.a-league.com.au) ein ernst zu nehmender Gegner. Im Sommer spielen die Redbacks im Adelaide

Oval in den ein- und mehrtägigen Turnieren der Cricket SA (www.cricketsa.com.au). Im landesweiten Cricket-Turnier T20 Big Bash (www.bigbash.com.au) nennen sich die Redbacks Adelaide Strikers.

🛍 Shoppen

Geschäfte und Kaufhäuser säumen die Rundle Mall. Die schönen alten Arkaden zwischen der Mall und der Grenfell St haben nichts von ihrer Pracht verloren; sie beherbergen viele kleine Geschäfte. In der Rundle St und dem angrenzenden Ebenezer Pl finden sich Boutiquen und Shops mit Retro-Klamotten.

★ Streetlight BÜCHER, MUSIK
(Karte S. 782; www.facebook.com/streetlightadelaide; 2/15 Vaughan Pl; ⊗ Mo-Do & Sa 10-18, Fr 10-21, So 11-17 Uhr) Das linke, künstlerische und im besten Sinne subversive Streetlight ist der Ort, an dem man diese fast unauffindbare Scheibe von Miles Davis oder einen bestimmten Charles-Bukowski-Band findet.

Midwest Trader BEKLEIDUNG, ACCESSOIRES
(Karte S. 782; www.facebook.com; Shop 1 & 2 Ebenezer Pl; ⊗ Mo-Do & Sa 10-18, Fr 10-21, So 12-17 Uhr) Tolles Sortiment von Punk-, Skate-, Vintage-, Biker- und Rockabilly-Klamotten sowie gebrauchte Cowboystiefel. Los geht's!

Imprints Booksellers BÜCHER
(Karte S. 782; www.imprints.com.au; 107 Hindley St; ⊗ Mo-Mi 9-18, Do & Fr 9-21, Sa 9-17, So 11-17 Uhr) Der beste Buchladen von Adelaide mit der wohl schlechtesten Lage (zwischen den Strip-Clubs an der Hindley St). Jazz, Dielen, persische Teppiche, Lesungen und Buchvorstellungen prägen den Laden.

Urban Cow Studio DESIGN
(Karte S. 782; www.urbancow.com.au; 11 Frome St; ⊗ Mo-Do 10-18, Fr 10-21, Sa 10-17, So 12-17 Uhr) ⚑ Der Slogan hier lautet „Handmade in Adelaide". Tolles Sortiment von Gemälden, Schmuck, Glaswaren, Keramiken und Textilien. Im Obergeschoss gibt's noch eine Galerie. Ihre „Heaps Good"-T-Shirts sind perfekt für einen heißen Sommertag in SA.

Miss Gladys Sym Choon MODE
(Karte S. 782; www.missgladyssymchoon.com.au; 235a Rundle St; ⊗ Mo-Do 9.30-18.15, Fr 9.30-21.30, Sa 10-18, So 10.45-17.30 Uhr) Der hippe Laden verdankt seinen Namen den berühmten in der Rundle St ansässigen Händlern aus den 1920er-Jahren. Hier gibt's tolle Kleider, schicke Stiefel, super Sneakers, Schmuck, Uhren und Hüte.

> **ⓘ EIN PINT COOPERS, BITTE!**
>
> In den Bars von Adelaide kann einen schon mal ein Gefühl der Verwirrung beschleichen. Neben „Butchers" (200 ml bzw. 7 oz) – die erste Wahl alter Herren in düsteren Pubs mit schäbigen Teppichen – gibt's noch drei weitere Einheiten für Bier: „Schooners" („Pots" oder „Middies" im Rest von Australien; 285 ml bzw. 10 oz), „Pints" („Schooners" im Rest von Australien; 425 ml bzw. 15 oz) und „Imperial Pints" (traditionelle englische Pints; 568 ml bzw. 20 oz). Na dann Prost!

Jurlique KOSMETIK
(Karte S. 782; www.jurlique.com.au; Shop 2Ga, 50 Rundle Mall Plaza; ⊗ Mo-Do 9-18, Fr 9-21, Sa 9-17, So 11-17 Uhr) Die duftenden Hautpflegeprodukte (wie wär's mit etwas Rosewater Balancing Mist?) der südaustralischen Firma Jurlique sind eine internationale Erfolgsgeschichte – teuer, aber jeden Cent wert!

Tarts DESIGN
(Karte S. 782; www.tartscollective.com.au; 10g Gays Arcade, Adelaide Arcade, Rundle Mall; ⊗ Mo-Sa 10-17 Uhr) ⚑ Textilien, Schmuck, Taschen, Karten und Bilder einer lokalen Kooperative aus 35 Künstlern, die man hier treffen kann.

ⓘ Praktische Informationen

GELD
American Express (www.americanexpress.com; 147 Rundle Mall, Citi Centre Arcade; ⊗ Mo-Fr 9-17, Sa bis 12 Uhr) Wechselstube.
Travelex (www.travelex.com.au; HSBC, 55 Grenfell St; ⊗ Mo-Do 9.30-16, Fr bis 17 Uhr) Wechselstube im HSBC Gebäude.

INTERNETZUGANG
Arena Internet Café (1. OG, 264 Rundle St; ⊗ Mo-Do 11-24, Fr-So 10 Uhr-open end)
Wireless Cafe (53 Hindley St; ⊗ Mo-Fr 7-19.30, Sa 8-18 Uhr) Hotspot in der Hindley St.

MEDIEN
Adelaides Tageszeitung ist der *Advertiser*, aber auch *Age*, *Australian* und *Financial Review* sind überall erhältlich.
Adelaide Review (www.adelaidereview.com.au) Anspruchsvolle Artikel zu Kultur und Kunst. Jeden Monat kostenlos.
Blaze (www.gaynewsnetwork.com.au) Schwul/lesbisches Straßenblatt, gratis (alle 2 Wochen).
dB (www.dbmagazine.com.au) Lokales Straßenblatt voller Infos zur Musikszene.

Rip it Up (www.ripitup.com.au) Konkurrenzblatt des dB mit viel Musikinfos plus Restaurant- und Bar-Bewertungen.

MEDIZINISCHE VERSORGUNG

Emergency Dental Service (08-8222 8222; www.sadental.sa.gov.au) Zahnschmerzen?

Midnight Pharmacy (08-8231 6333; 13 West Tce; Mo–Sa 7–24, So 9–24 Uhr) Löst auch spätabends Verordnungen ein.

Royal Adelaide Hospital (08-8222 4000; www.rah.sa.gov.au; 275 North Tce; 24 Std.) Notaufnahme (keine Bagatellen!) und Klinik für Geschlechtskrankheiten.

Women's & Children's Hospital (08-8161 7000; www.cywhs.sa.gov.au; 72 King William Rd, North Adelaide; 24 Std.) Notaufnahme und Anlaufstelle für Opfer von Sexualdelikten.

NOTFALL

Ambulanz, Feuerwehr, Polizei (000) Adelaides Hauptpolizeirevier ist in 60 Wakefield St.

RAA Emergency Roadside Assistance (13 11 11; www.raa.com.au) Pannenhilfe.

POST

Adelaide General Post Office (GPO; Karte S. 782; www.auspost.com.au; 141 King William St; Mo–Fr 9–17.30 Uhr) Adelaides (und eigentlich auch SAs) Hauptpostamt.

TOURISTENINFORMATION

Adelaide Visitor Information Centre (Karte S. 782; 1300 588 140; www.adelaidecitycouncil.com; 9 James Pl, an der Rundle Mall; Mo–Fr 9–17, Sa & So 10–16, an Feiertagen 11–15 Uhr) Infos zu Adelaide und SA, hervorragende Broschüren über die Region.

Department of Environment, Water & Natural Resources (DEWNR; Karte S. 782; 08-8204 1910; www.environment.sa.gov.au; Level 1, 100 Pirie St; Mo–Fr 9–17 Uhr) Infos zu Nationalparks und Buchungen.

Disability Information & Resource Centre (DIRC; Karte S. 782; 1300 305 558, 08-8236 0555; www.dircsa.org.au; 195 Gilles St; Mo–Fr 10–16 Uhr) Infos zu Unterkünften, Veranstaltungsorten und Reisen für Menschen mit Behinderung.

❶ An- & Weiterreise

AUTO & MOTORRAD

Alle internationalen Autovermieter haben Büros am Flughafen und in der Stadt. Es gibt einige örtliche Anbieter. Einige Anbieter erlauben nicht, dass man den Mietwagen mit nach Kangaroo Island nimmt.

Acacia Car Rentals (08-8234 0911; www.acaciacarrentals.com.au; 91 Sir Donald Bradman Dr, Hilton; Mo–Fr 8–17, Sa 8–12 Uhr) Preisgünstige Leihwagen für Fahrten im Umkreis von 100 km rund um Adelaide; auch Motorroller erhältlich.

Access Rent-a-Car (08-8340 0400, 1800 812 580; www.accessrentacar.com; 464 Port Rd, West Hindmarsh; Mo–Fr 8–18, Sa & So 8–12 Uhr) Inklusive Kangaroo Island, Autos mit Vierradantrieb erhältlich.

Cut Price Car & Truck Rentals (08-8443 7788; www.cutprice.com.au; Ecke Sir Donald Bradman Dr & South Rd, Mile End; Mo–Fr 7.30–17, Sa & So 8–15 Uhr) Geländewagenverleih.

Smile Rent-a-Car (08-8234 0655; www.smilerentacar.com.au; 315 Sir Donald Bradman Dr, Brooklyn Park; 8–18 Uhr) „Service with a smile!"

BUS

Adelaide Central Bus Station (Karte S. 782; 08-8221 5080; www.adelaidemetro.com.au/bussa; 85 Franklin St; 6–21.30 Uhr) Vom Hauptbusbahnhof fahren Busse in alle größeren Städte in SA und Australien. Strecken und Fahrpläne stehen auf der Website. Achtung: Es verkehrt kein Bus zwischen Adelaide und Perth.

Firefly Express (www.fireflyexpress.com.au) verkehrt zwischen Sydney, Canberra, Melbourne und Adelaide.

Greyhound Australia (1300 473 946; www.greyhound.com.au) Australiens größter Fernbusanbieter fährt zwischen Adelaide und Melbourne, Canberra, Sydney, Alice Springs, Darwin.

Premier Stateliner (1300 851 345; www.premierstateliner.com.au) Bedient Strecken im ganzen Bundesstaat.

V/Line (1800 800 007; www.vline.com.au) Bus- und Bus-/Zugverbindungen zwischen Adelaide und Melbourne.

FLUGZEUG

Adelaide Airport (ADL; Karte S. 780; 08-8308 9211; www.adelaideairport.com.au; 1 James Schofield Dr, Adelaide Airport), 7 km westlich des Zentrums, wird von internationalen, nationalen und regionalen Linien angeflogen.

Jetstar (www.jetstar.com.au) Direktflüge zwischen Adelaide und Perth, Darwin, Cairns, Brisbane, Gold Coast, Sydney, Melbourne.

Qantas (www.qantas.com.au) Direktflüge zwischen Adelaide und Perth, Alice Springs, Darwin, Cairns, Brisbane, Sydney, Canberra, Melbourne.

Regional Express (Rex; www.regionalexpress.com.au) Flüge von Adelaide in viele größere Städte in SA: Kingscote, Coober Pedy, Ceduna, Mount Gambier, Port Lincoln und Whyalla sowie Broken Hill in NSW und Mildura in Victoria.

Tiger Airways (www.tigerairways.com.au) Direktflüge zwischen Adelaide und Melbourne, Sydney, Brisbane.

Virgin Australia (www.virginaustralia.com.au) Direktflüge zwischen Adelaide und Perth, Brisbane, Gold Coast, Sydney, Canberra, Melbourne.

ZUG

Fernzüge von **Great Southern Rail** (☎ 08-8213 4401, 1800 703 357; www.greatsouthernrail.com.au) fahren zum **Adelaide Parklands Terminal** (Railway Tce, Keswick; ⊙ Mo & Fr 6–17, Di 6.30–17.30, Mi 9–17, Do 9–19, So 8.30–13 Uhr), 1 km südwestlich des Stadtzentrums. Die folgenden Züge fahren regelmäßig in Adelaide ab. Für Backpacker gibt's Nachlässe:

The Ghan Nach Alice Springs (Sitzplatz/Schlafwagen 449/1089 AU$, 19 Std.)

The Ghan Nach Darwin (889/2099 AU$, 47 Std.)

The Indian Pacific Nach Perth (569/1599 AU$, 39 Std.)

The Indian Pacific Nach Sydney (389/779 AU$, 25 Std.)

The Overland Nach Melbourne (ab 129 AU$, 11 Std.)

❶ Unterwegs vor Ort

VOM/ZUM FLUGHAFEN & BAHNHOF

Der Privatunternehmer **Adelaide Airport Flyer** (☎ 08-8353 5233, 1300 856 444; www.adelaideairportflyer.com) betreibt Minibusse zwischen dem Flughafen und jedem Ort in Adelaide (nur mit Vorabreservierung); Preise und Reservierung über die Website (die Fahrt vom Flughafen in die Stadt kostet 35 AU$/Pers.). **JetBus** von Adelaide Metro (www.adelaidemetro.com.au/routes/J1; Fahrkarten 3,20–5,10 AU$; ⊙ Mo–Fr 6.30–23.15, Sa & So 8–23.15 Uhr) verkehrt zwischen dem Flughafen, Glenelg und dem CBD.

Die Taxifahrt vom Flughafen in die Stadt (15 Min.) kostet ca. 30 AU$, vom Adelaide Parklands Terminal (10 Min.) etwa 15 AU$. Viele Hotels bieten ihren Gästen einen Bringe- und Holservice. Auch Adelaide Transport bietet Transfers an.

FAHRRAD

Adelaide ist platt wie eine Flunder – also ideal zum Radfahren! Mit einem gültigen Reisepass oder Führerschein kann man sich bei **Bicycle SA** (☎ 08-8168 9999; www.bikesa.asn.au/bikehire; 111 Franklin St; ⊙ 9–17 Uhr) an 18 Orten in der ganzen Stadt kostenlos ein **Adelaide City Bike** ausleihen. Helme und Schlösser werden gestellt. Man muss das Rad dort zurückgeben, wo man es sich ausgeliehen hat.

Glenelg Bicycle (S. 786) verleiht unten am Strand Fahrräder.

ÖFFENTLICHE VERKEHRSMITTEL

Adelaide Metro (☎ 1300 311 108; www.adelaidemetro.com.au; Ecke King William St & Currie St; ⊙ Mo–Fr 8–18, Sa 9–17, So 11–16 Uhr) betreibt Adelaides gut integriertes Bus-, Zug- und Tramnetz.

Fahrkarten bekommt man an Bord, an Schaltern in den Bahnhöfen, in Feinkost- und Zeitungsläden. Es gibt Tageskarten (9,70 AU$) sowie zwei Stunden in der Rushhour (5,10 AU$) und zwei Stunden außerhalb der Rushhour gültige Karten (3,20 AU$). Rushhour ist vor 9 Uhr und nach 15 Uhr. Kinder unter fünf Jahren fahren kostenlos mit. Seit Neuestem gibt es auch einen Drei-Tage-Pass, mit dem Besucher unbegrenzt oft fahren können (25 AU$).

Bus

Adelaides Busse sind sauber und verlässlich. Die meisten Linien verkehren von ca. 6 bis 24 Uhr.

99C & 99A City Loop Buses (www.adelaidemetro.com.au; ⊙ Mo–Fr 9–19.30 Uhr) Die kostenlosen City Loop Busse 99C und 99A der Adelaide Metro fahren alle 20 Minuten im bzw. gegen den Uhrzeigersinn rund um den CBD, vorbei an der Adelaide Station, North Tce und dem Central Market. Die Busse 98C und 98A bedienen die gleiche Strecke, fahren aber bis nach North Adelaide und auch an den Wochenenden.

After Midnight Buses (www.adelaidemetro.com.au; ⊙ Sa 0–5 Uhr) Die Adelaide Metro betreibt auf ausgewählten Strecken Nachtbusse, erkennbar an einem „N" vor der Busnummer. Es gelten die Standardtarife.

Straßenbahn

Die von der Stadt betriebenen modernen Straßenbahnen rattern täglich von 6 bis 24 Uhr zum/vom Moseley Sq in Glenelg über den Victoria Sq in der Stadt und die North Tce bis zum Adelaide Entertainment Centre. Sie fahren wochentags alle sieben oder acht Minuten (an den Wochenenden alle 15 Min.). Es gelten die Standardtarife, aber im Bereich zwischen South Tce und dem Adelaide Entertainment Centre fährt man gratis.

Zug

Gemächliche alte Dieselzüge fahren an der **Adelaide Station** (www.railmaps.com.au/adelaide.htm; North Tce) ab und bedienen fünf Vorortstrecken (Belair, Gawler, Grange, Noarlunga, Outer Harbour). Meist fahren die Züge zwischen 6 Uhr und Mitternacht (einige treten ihren Dienst sogar schon um 4.30 Uhr an).

TAXI

Adelaide Independent Taxis (☎ 13 22 11, Taxis für Rollstuhlfahrer 1300 360 940; www.aitaxis.com.au) Normale Taxis und Taxis für Rollstuhlfahrer.

Adelaide Transport (☎ 08-8212 1861; www.adelaidetransport.com.au) Minibustaxis für vier und mehr Personen. Transfer vom Flughafen in die Innenstadt.

Yellow Cabs (☎ 13 22 27; www.yellowcabgroup.com.au) Normale Taxis (sind meist weiß!).

ADELAIDE HILLS

Wenn die Ebenen Adelaides im Sommer unter wüstenartigem Klima ächzen, ist es in den Adelaide Hills (oder vielmehr in den Mt. Lofty Ranges) mit ihren labyrinthartigen Tälern immer ein paar Grad kühler, die Luft ist herrlich frisch, und die Wälder sind schattig. Die frühen Kolonisten haben rund um Stirling und Aldgate stattliche Sommerhäuser erbaut, und später kamen auch aus religiösen Gründen verfolgte deutsche Siedler hierher, die Orte wie Hahndorf und Lobethal mit den Werten und der Architektur Europas füllten.

Die Hills bieten sich von Adelaide aus für einen schönen Tagesausflug an. Man kann von Stadt zu Stadt hüpfen (in jeder gibt's mindestens eine Kneipe) und passiert unterwegs Verkaufsstände mit frischem Obst und Gemüse, Steinhäuschen, Olivenhaine und Weingüter.

👉 Geführte Touren

Neben den Angeboten vor Ort gibt's auch Tagestouren (S. 786), die in Adelaide starten.

Adelaide Hills Ambler GEFÜHRTE TOUR
(📞 0414 447 134; www.ambler.net.au; Halb-/Ganztagstouren 70/100 AU$/Pers.) Besuch der Hills in individuell vor Ort organisierten Touren ab Hahndorf. Viel Wein, Käse, Schokolade und Kunst.

Tour Adelaide Hills GEFÜHRTE TOUR
(📞 08-8563 1000, 1300 136 970; www.touradelaidehills.com; Ganztagstouren 145 AU$/Pers.) Ganztagstouren durch die Hills mit Abholservice in den Adelaide Hills, Adelaide oder dem Barossa Valley. Schöne Ausblicke, guter Wein und gutes Essen.

ℹ️ Anreise & Unterwegs vor Ort

Der beste Weg um die Hills zu erkunden ist mit dem eigenen Auto. Alternativ betreibt **Adelaide Metro** (www.adelaidemetro.com.au) Busse zwischen der Innenstadt und den meisten Orten in den Hills. Die Busse 864 und 864F zwischen der Stadt und Mt. Barker halten in Stirling, Aldgate und Hahndorf. Der Bus 823 fährt unter der Woche von Crafers zum Gipfel des Mt. Lofty und zum Cleland Wildlife Park, der Bus 830F von der Stadt nach Oakbank, Woodside und Lobethal.

Hahndorf

1810 EW.

Wie The Rocks in Sydney und Richmond in der Nähe von Hobart ist auch Hahndorf eine koloniale Enklave der „Alten Welt", die schamlos Profit aus ihrer Geschichte schlägt: eine kitschige Parodie ihrer selbst.

So, nachdem das klargestellt ist, kann man es ja zugeben: Hahndorf ist mit seiner teutonischen Sandsteinarchitektur, den europäischen Bäumen und all den Blumen, die aus halben Weinfässern ranken, einfach wunderschön. Und interessant: Australiens älteste noch existierende deutsche Siedlung (1839) wurde von 50 Lutheranerfamilien gegründet, die als religiös Verfolgte aus Preußen hierher geflohen waren. In Hahndorf wurde während des Ersten Weltkriegs das Kriegsrecht ausgerufen und den Namen änderte man in „Ambleside" (seit 1935 heißt der Ort wieder Hahndorf). Mit der Zeit ist es jetzt hier auch weniger kitschig und viel hipper geworden: Es gibt schon ein paar gute Cafés, und an den sonnigen Tagen tummelt sich viel Volk auf der Hauptstraße.

👁 Sehenswertes & Aktivitäten

Hahndorf Academy MUSEUM
(www.hahndorfacademy.org.au; 68 Main St, Hahndorf; ⊙10–17 Uhr) GRATIS Das Gebäude von 1857 beherbergt eine **Kunstgalerie** mit Wechselausstellungen und Originalskizzen von Sir Hans Heysen, dem berühmten Landschaftsmaler, der in Hahndorf aufwuchs (es gibt auch Führungen durch sein ehemaliges Atelier „The Cedars"). Das **Museum** illustriert das Leben der ersten deutschen Siedler anhand von kirchlichen Utensilien, Trachten und bäuerlichem Gerät. Hier ist auch das Adelaide Hills Visitor Information Centre.

Beerenberg Strawberry Farm FARM
(📞 08-8388 7272; www.beerenberg.com.au; Mount Barker Rd, Hahndorf; Erdbeeren pflücken Erw./Kind 4 AU$/frei, Erdbeeren ab 9,50 AU$/kg; ⊙9–17 Uhr) Zwischen November und Mai kann man auf dem berühmten Hof in Familienhand Erdbeeren pflücken. Die Auswahl an Marmeladen, Chutneys und Saucen ist sensationell. Letzter Einlass zum Pflücken 16.15 Uhr; im Dezember und Januar ist freitags bis 20.30 Uhr geöffnet.

Lane WEINGUT
(📞 08-8388 1250; www.thelane.com.au; Ravenswood Lane, Hahndorf; ⊙10–16 Uhr) Wow! Was für ein cooles Gebäude und was für eine Lage! Das Weingut bietet fotogene Ausblicke und moderne Weine (Viognier, Pinot Grigio, Pinot Gris) sowie ein hervorragendes Restaurant (wer mittags kommen will, muss reservieren). Wenn man eine Flasche kauft, bekommt man das Geld für die Weinprobe zurück.

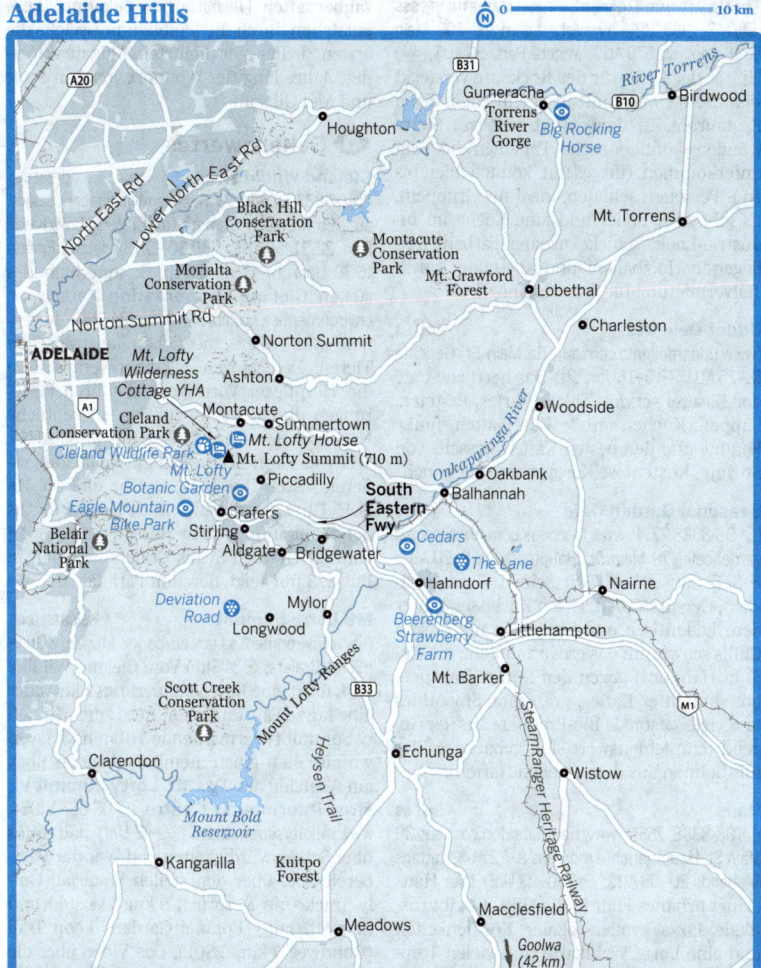

Adelaide Hills

Hahndorf Walking Tours   SPAZIERGANG
(☎0477 288 011; www.facebook.com/hahndorfwalkingtours; 45-/90-minütige Spaziergänge 18/25 AU$/Pers.; ⊙45-minütige Spaziergänge Sa & So 12 & 13 Uhr, 90-minütige Spaziergänge Sa & So 14 Uhr, zusätzl. Okt.–März tägl. 18 Uhr) Die kurzen, aber informativen, geschichtsträchtigen Spaziergänge geben einen guten Eindruck von dem alten Ort. Reservierung erforderlich.

🛏 Schlafen & Essen

Im **German Arms Hotel** (☎08-8388 7013; www.germanarmshotel.com.au; 69 Main St; Hauptgerichte 16–30 AU$; ⊙8.30–22 Uhr) und im **Hahndorf Inn** (☎08-8388 7063; www.hahndorfinn.com.au; 35 Main St; Hauptgerichte 17–32 AU$; ⊙Mo–Fr 8.30–21 Uhr) bekommt man deutsche Bratwurst, Schnitzel und Strudel. Bei „The Lane" gibt es auch Essen.

Manna   MOTEL, APARTMENTS $$
(☎08-8388 1000; www.themanna.com.au; 25 & 35a Main St; DZ mit/ohne Spa ab 225/150 AU$, Apt. mit 1-/2 Schlafzi. ab 159/318 AU$; ❄🛜🏊) Das sich auf mehrere Gebäude verteilende Manna an der Hauptstraße bietet stilvolle, moderne Motelsuiten. Die älteren (preiswerteren) Einheiten sind in einem renovierten Komplex mit freiliegenden Ziegelwänden weg von der Straße. Kostenloses WLAN.

Thiele House Retreat
APARTMENTS $$$

(📞 0421 983 291; www.stayz.com.au; 102 Main St; 6 Pers. ab 570 AU$, weitere Pers. 50 AU$; ❄) Hinter der Kellertür des Rockbare versteckt sich diese Unterkunft in einem ehemaligen Restaurant. In dem Apartment mit Steinwänden können sechs Personen bequem unterkommen (insgesamt können hier bis zu 8 Personen schlafen, ideal für Gruppen). Es gibt zwei Bäder und eine Küche im Industrie-Look, schicke urbane Farben, freiliegende Holzbalken und abstrakte Kunst. Teilvermietung für Paare ist möglich.

Udder Delights
CAFÉ

(www.udderdelights.com.au; 91a Main St; Gerichte 12–25 AU$; ⏱9–17 Uhr; 🅿) Das herrliche Café der Käserei serviert Salate, Tartes, Pasteten, Suppen, Kuchen, große Käseplatten, funky Fondue und den besten Kaffee diesseits von Stirling. Kostenlose Käseproben gibt's auch.

Seasonal Garden Cafe
CAFÉ $

(📞 08-8388 7714; www.facebook.com/theseasonalgardencafe; 79 Main St; Hauptgerichte 8–20 AU$; ⏱8–17 Uhr; 🅿) 🌱 Mit seinen Orangensäcken, Gewürztöpfen, vielen Kürbissen hinter dem Ladentisch und Schälchen mit dicken Chilis schwimmt das erdverbundene Bio-Café in Hahndorf gegen den Strom. Im Angebot sind guter Kaffee, grasgrüne Smoothies und viele saisonale Bio-Produkte aus der Gegend (empfehlenswert sind gebackene Eier mit Bohnen aus dem eigenen Garten).

Haus
CAFÉ $$

(📞 08-8388 7555; www.haushahndorf.com.au; 38 Main St; Hauptgerichte morgens 8–22 AU$, mittags & abends 20–55 AU$; ⏱7.30–23 Uhr) Das Haus bringt urbanes Flair in die Hills. Es gibt rustikale Pizzas voller lokaler Köstlichkeiten und eine lange Weinkarte (mit vielen Tropfen aus den Hills). Im Angebot sind auch Baguettes, Pasta, Burger, Salate, Quiches sowie guter Kaffee. xxx

ℹ Praktische Informationen

Adelaide Hills Visitor Information Centre (📞1800 353 323, 08-8388 1185; www.visitadelaidehills.com.au; 68 Main St; ⏱Mo–Fr 9–17, Sa & So 10–16 Uhr) Hat die üblichen Broschüren auf Lager und bucht Unterkünfte.

Rund um Stirling

Die fotogenen kleinen Dörfer hier – das altmodische **Stirling** (2870 Ew.) und das Kuhdorf **Aldgate** (3350 Ew.) – sind für ihre zauberhaften Herbstfarben bekannt: Diese entstehen durch die Laubbäume, welche die ersten Siedler hier pflanzten. Aldgate war einige Jahre lang der Wohnort von Bon Scott und Mel Gibson.

◉ Sehenswertes

Cleland Wildlife Park NATURSCHUTZGEBIET
(📞07-8339 2444; www.clelandwildlifepark.sa.gov.au; 365 Mt. Lofty Summit Rd, Crafers; Erw./Kind/Fam. 22/11/50 AU$; ⏱9.30–17 Uhr, letzter Einlass 16.30 Uhr) In dem Tierpark innerhalb des steilen **Cleland Conservation Park** (www.environment.sa.gov.au/parks; ⏱24 Std.) begegnet man allen möglichen australischen Tieren. Den ganzen Tag über veranstalten die Tierpfleger Vorträge und führen Fütterungen durch. Nachts gibt es gelegentliche Nachtwanderungen (Erw./Kind 45/35 AU$). Wer will, kann sich mit einem Koala fotografieren lassen (tgl. 14–15.15 Uhr und So. 11–11.45 Uhr). Es gibt hier auch ein **Café**. Aus der Stadt nimmt man Bus 864 oder 864F von der Grenfell St bis Crafers, wo man in Bus 823 umsteigt, der zum Park fährt.

Mt. Lofty Summit AUSSICHTSPUNKT
(www.environment.sa.gov.au/parks; Mt. Lofty Summit Rd, Crafers; ⏱24 Std.) Vom Cleland Wildlife Park führt eine Buschwanderung (2 km) oder eine kurze Fahrt mit dem Auto zum Mt. Lofty Summit (überraschende 710 m hoch), von wo aus man einen atemberaubenden Blick auf Adelaide hat. Das **Mt. Lofty Summit Visitor Information Centre** (📞08-8370 1054; www.mtloftysummit.com; ⏱9–17 Uhr) hält Infos über Sehenswürdigkeiten und **Wanderwege** bereit, u.a. über den steilen Waterfall Gully Track (hin & zurück 8 km, 2½ Std.) und den Mt. Lofty Botanic Gardens Loop Trail (Rundweg 7 km, 2 Std.). Das Video über die „Ash Wednesday"-Buschbrände, die hier am 16. Februar 1983 wüteten, ist erschütternd. Es gibt ein schickes **Café-Restaurant**.

Deviation Road WEINGUT
(www.deviationroad.com; 214 Scott Creek Rd, Longwood; ⏱10–17 Uhr) Die Weine hier können sich sehen bzw. schmecken lassen: Der Pinot Noir ist toll, der Shiraz kräftig, der Pinot Gris schwungvoll und der Sekt ordentlich. Am besten ein paar gute Tropfen mit einer Käseplatte in der Mittagssonne genießen!

Mt. Lofty Botanic Garden GARTEN
(www.botanicgardens.sa.gov.au; Tore am Mawson Dr & an der Lampert Rd, Crafers; ⏱Mo–Fr 8.30–16, Sa & So 10–17 Uhr) GRATIS Vom Mt. Lofty geht

es über die kühlen Hänge des Botanischen Gartens 1,5 km nach Süden. Naturpfade schlängeln sich an einem See, exotischen Pflanzen, heimischen Eukalyptusbäumen und traumhaften Rhododendronblüten vorbei. Kostenlose geführte Spaziergänge beginnen am Parkplatz in der Lampert Rd. (Sept.–Okt. & März–Mai Do 10.30 Uhr).

Stirling Markets MARKT
(www.stirlingmarket.com.au; Druids Ave, Stirling; ⊙ 4. So des Monats, 3. So im Dez. 10–16 Uhr) Der Markt nimmt die eichengesäumte Druids Ave in Stirling ein. Es gibt Pflanzen, Musik, Pies, Kuchen und Schnickschnack aus den Hills (aber nicht viele Druiden…).

🛏 Schlafen & Essen

Mt. Lofty Wilderness Cottage YHA HÜTTE $$
(📞 08-8414 3000; www.yha.com.au; Mt. Lofty Summit Rd, Crafers; ab 110 AU$/Nacht) Nur einen kurzen Abstecher von der Straße entfernt liegt dieses Steincottage von 1880 an einem steilen Abhang des Mt. Lofty. Die ehemalige Schäferhütte ist heute eine schlichte Hütte für acht Personen mit zwei Schlafzimmern und einem tollen Blick durch Eukalyptusbäume auf Adelaide. Mindestaufenthalt zwei Nächte.

Mt. Lofty House HISTORISCHES HOTEL $$$
(📞 08-8339 6777; www.mtloftyhouse.com.au; 74 Summit Rd, Crafers; DZ ab 242 AU$; ❄🛜♨) Wie es seinem Rang entspricht, thront das Herrenhaus aus den 1850er-Jahren oberhalb des Mt. Lofty Botanic Garden (*grandioser* Blick). Die historischen Zimmer und Gartensuiten sind prunkvoll und das Restaurant (ebenfalls mit Wahnsinnsaussicht) ist edel. Der perfekte Ort für Flitterwöchner und frisch Verliebte. Unter www.mtloftycottages.com.au werden ebenfalls auf dem Gelände gelegene klassische Cottages angeboten.

Organic Market & Café CAFÉ $
(www.organicmarket.com.au; 5 Druids Ave, Stirling; Gerichte 6–16 AU$; ⊙ 8.30–17 Uhr; 🌱) 🍴 Wer sich Stirlings pompösen Tendenzen entziehen möchte, weicht auf dieses lebendige Hippie-Lokal aus. Es ist das beliebteste Café im Ort – und das zu Recht. Das Essen ist köstlich, und alles ist liebevoll selbst gemacht. Zum Schlemmen gibt's Bruschetta, leckere Muffins, tollen Kaffee und sensationelle portugiesische Puddingtörtchen.

⭐**Stirling Hotel** PUB-ESSEN $$
(📞 08-8339 2345; www.stirlinghotel.com.au; 52 Mt. Barker Rd, Stirling; Hauptgerichte 16–32 AU$; ⊙ Mo–Fr 12–15 & 18–21, Sa & So 8–21 Uhr) Die Inhaber haben so viel Geld in diese alte Dame gesteckt, dass man sich wundert, wie sie auch noch das Personal bezahlen können. Aber die Investitionen haben sich gelohnt: Das geschäftige Bistro (mit erstklassigem Pub-Essen und Pizzas) und das romantische Restaurant (mit gehobener regionaler Küche) sind immer proppenvoll.

Oben gibt es fünf elegante, modern eingerichtete Suiten (DZ ab 280 AU$), drei mit offenem Kamin (gut im Winter) und luftigem Balkon (gut im Sommer). Alle haben Flachbild-TV, hochwertige Bettwäsche und Luxusbäder. Hier möchte man so schnell nicht wieder weg.

Oakbank & Woodside

Das lang gestreckte Oakbank (450 Ew.) lebt bei dem jährlichen **Oakbank Easter Racing Carnival** (www.oakbankracingclub.com.au) auf, dem angeblich größten Amateur-Pferderennen der Welt. Bei dem zweitägigen Festival sieht man prachtvolle Pferde, gewagte Outfits und Teenies, die keinen Alkohol vertragen.

Das landwirtschaftlich geprägte **Woodside** (1830 Ew.) hat ein paar Verlockungen für vorbeigaloppierende Feinschmecker zu bieten. Das bescheidene **Woodside Cheese Wrights** (www.woodsidecheese.com.au; 22 Henry St, Woodside; Verkostung gratis, Käse ab 5 AU$; ⊙ 10–16 Uhr) stellt mit viel Leidenschaft aus Schafs- und Kuhmilch aus der Region klassischen, traditionellen und experimentellen Käse her (die Spezialität ist Weichkäse). In **Melba's Chocolate & Confectionery Factory** (www.melbaschocolates.com; 22 Henry St, Woodside; Verkostung gratis, Schokolade ab 2 AU$; ⊙ 9–16.30 Uhr) kann man sich mit Rocky Road (Milchschokolade mit Marshmallows), gebrannten Mandeln und eklig echt aussehenden Schoko-Kuhfladen vollstopfen.

Gumeracha, Birdwood & Lobethal

Die landschaftlich schöne Fahrt von Adelaide nach Birdwood führt durch die **Torrens River Gorge** und **Gumeracha** (400 Ew.), ein rustikales Dorf am Hang mit einer Kneipe am unteren Ende (was das Nachhauserollen leider schwierig macht). Der größte Reiz hier ist die Besteigung des 18,3 m hohen Schaukelpferds **Big Rocking Horse** (www.thetoyfactory.com.au; Birdwood Rd, Gumeracha; Eintritt 2 AU$; ⊙ 9–17 Uhr), das zwar nicht wirklich schaukelt, aber verglichen mit den üblichen „großen Touristenattraktionen" Australiens recht geschmackvoll ist.

In Birdwood (1130 Ew.) befindet sich hinter der eindrucksvollen alten Getreidemühle von 1852 das National Motor Museum (⌘ 08-8568 4000; www.motor.historysa.com.au; Shannon St, Birdwood; Erw./Kind/Fam. 12/5/30 AU$; ⊙ 10–17 Uhr) mit einer Sammlung makelloser Oldtimer (der DeLorean ist wirklich sehenswert!) und Motorräder. Das Museum markiert die Ziellinie des Bay to Birdwood (www.baytobirdwood.com.au), eines Oldtimer-Korsos, der jedes Jahr im September von der Stadt hier hinauftuckert.

In der Nähe liegt Lobethal (1660 Ew.), das 1842 vom lutheranischen Pastor Fritzsche und seinen Anhängern gegründet wurde. Wie Hahndorf wurde Lobethal im Ersten Weltkrieg umbenannt – in „Tweedvale". Beim weihnachtlichen Lichterspielfest Lights of Lobethal (www.lightsoflobethal.com.au) im Dezember erwacht Lobethal richtig zum Leben. Im Lobethal Bierhaus (⌘ 08-8389 5570; www.bierhaus.com.au; 3a Main St, Lobethal; ⊙ Fr & Sa 12–22, So bis 18 Uhr) kann man sich ganz den Errungenschaften dieser Kleinbrauerei hingeben (das Red Truck Porter probieren!).

FLEURIEU PENINSULA

Weinberge, Olivenhaine und Mandelplantagen, die sich bis zum Meer hinunterziehen, prägen die Fleurieu (sprich: *„flu*-ri-o") Peninsula, die Spielwiese der Wochenendausflügler aus Adelaide. Die Weinregion McLaren Vale boomt und produziert gewagte Rotweine (u. a. guten Shiraz), um den Weinen aus dem Barossa Valley Konkurrenz zu machen (unserer Meinung nach gewinnt das McLaren Vale spielend). Weiter östlich liegt die Encounter Coast der Halbinsel mit bezaubernden Surfstränden, historischen Ortschaften und Walen im Meer.

McLaren Vale

3870 EW.

Das von Weinbergen gesäumte und vom weizengelben Willunga Scarp flankierte McLaren Vale liegt nur 40 Minuten südlich von Adelaide. Als Servicezentrum der Weinbranche ist das energiegeladene Städtchen nicht viel Sehenswertes, bietet aber immerhin ein paar tolle Restaurants und leichten Zugang zu einigen Kellertüren der besten Weingüter der Gegend.

⊙ Sehenswertes & Aktivitäten

Die meisten Leute kommen nach McLaren Vale, um die über 60 Weingüter zu besuchen. Und allein damit könnte man Tage verbringen! Eine Karte mit den Weingütern gibt's im Visitor Information Centre (S. 810).

Wenn im Juni an einem langen Wochenende das Sea & Vines Festival (www.mclarenvaleseaandvines.com.au) stattfindet, scheint ganz Adelaide in Bussen hierher zu strömen. Dann werden auf den örtlichen Weingütern köstliche Meeresfrüchte zubereitet, der Wein fließt in Strömen, und überall spielen Bands.

Goodieson Brewery   BRAUEREI
(www.goodiesonbrewery.com.au; 194 Sand Rd; Verkostung 5 AU$; ⊙ 11–17.30 Uhr) Klar, hier in der Gegend gibt es viele Weingüter. Aber manch einer hat vielleicht auch mal Appetit auf ein Bier. Diese Brauerei in Familienhand braut helles Bier, Pilsner, Weizenbier und dunkles Bier sowie sehr gute Saisonbiere, die man alle auf der sonnigen Terrasse probieren kann.

Shiraz Trail   RADFAHREN
Wer das Flair des McLaren Vale kennenlernen will, kann diesen 8 km langen Fuß-/Radweg an den alten Bahngleisen zwischen McLaren Vale und Willunga in Angriff nehmen. Wer Lust hat, radelt auf dem Coast to Vines Rail Trail noch 29 km weiter bis nach Marino Rocks. Ein Rad bekommt man bei Oxygen Cycles (⌘ 08-8323 7345; www.oxygencycles.com; 143 Main Rd; Fahrradverleih halber/ganzer Tag/über Nacht 15/25/40 AU$; ⊙ Di–Fr 10–18, Sa 9–17 Uhr, Dez.–Feb. auch So & Mo), eine Karte im Visitor Information Centre.

⌘ Geführte Touren

Die Touren lassen sich meist in Adelaide oder (preiswerter) direkt in McLaren Vale organisieren.

Chook's Little Winery Tours   GEFÜHRTE TOUR
(⌘ 0414 922 200; www.chookslittlewinerytours.com.au; ab 90 AU$/Pers.) Mit Kleingruppen besucht man ein paar der weniger bekannten Boutiqueweingüter im McLaren Vale.

McLaren Vale Wine Tours   GEFÜHRTE TOUR
(⌘ 0414 784 666; www.mclarenvaletours.com.au) Auf Kundenwünsche zugeschnittene und von Ortsansässigen geführte Gruppentouren rund ums McLaren Vale und die Fleurieu Peninsula. Preise telefonisch erfragen!

Off Piste 4WD Tours   GEFÜHRTE TOUR
(⌘ 0423 725 409; www.offpistetours.com.au; Touren halber/ganzer Tag 129/225 AU$) Ganz- oder

Fleurieu Peninsula

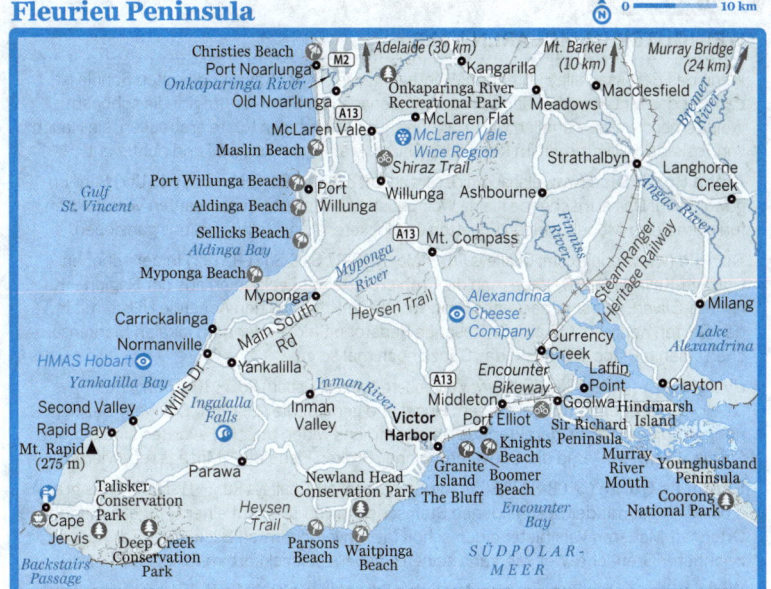

Halbtagsabenteuer in Allradwagen über die Fleurieu Peninsula für zwei bis zehn Personen. Viel Wildnis, Wein, Bier und Strand.

Sacred Earth Safaris GEFÜHRTE TOUR
(☎ 08-8555 3838; www.sacredearthsafaris.com.au) Zweitägige Fleurieu-Touren im Geländewagen ab Adelaide (595 AU$) und Tagestouren ins McLaren Vale ab Victor Harbor (99 AU$).

🛏 Schlafen & Essen

Außer in den Restaurants der Stadt, kann man auch auf vielen Weingütern etwas essen.

McLaren Vale Lakeside Caravan Park WOHNWAGENPARK $
(☎ 08-8323 9255; www.mclarenvale.net; 48 Field St; Stellplatz mit/ohne Strom/mit Bad ab 28/33/43 AU$, Hütte 110–155 AU$; ❄🏊) Einen kurzen Spaziergang vom Ort liegt dieser Wohnwagenpark an einem künstlichen See (ob er wohl diesen Sommer mit Wasser gefüllt ist?). Die günstigste Unterkunft im McLaren Vale bietet eine Gemeinschaftsküche, einen Pool, ein Spa, einen Tennisplatz und eine trashige Bücherbörse. Im Winter gibt's Preisnachlässe. Der Shiraz Trail (S. 808) führt hier vorbei.

McLaren Vale Backpackers HOSTEL $
(☎ 08-8323 0916; www.mclarenvalebackpackers.com.au; 106 Main Rd; B/EZ/DZ ab 27/75/80 AU$; ❄@🌐🏊) Zum Zeitpunkt der Recherche stand diese neue Backpacker-Bleibe kurz vor der Fertigstellung. Das Hostel befindet sich in einem ehemaligen Fitnessclub in der Hauptstraße. In den alten Squashcourts stehen Betten für Weinarbeiter; normale Schlafsäle und Zimmer befinden sich im vorderen Bereich. Außerdem gibt's eine Sauna, ein Spa und ein Tauchbecken. Wir sind optimistisch, dass es was wird.

Red Poles B&B $$
(☎ 08-8323 8994; www.redpoles.com.au; 190 McMurtrie Rd; DZ mit/ohne Bad 125/115 AU$; ❄🌐) In einer mit Busch bewachsenen Ecke versteckt sich das exzentrische Red Poles – ein tolles Plätzchen zum Übernachten (und Essen!). Am besten wählt man das rustikale Zimmer mit eigenem Bad (das ist größer als die anderen). Hungrige können sich Gnocchi mit Lammhack (Hauptgerichte ab 14 AU$, 9–16.30 Uhr) bestellen und sich beim Warten Werke lokaler Künstler anschauen. Sonntagnachmittags gibt's Livemusik und man kann Biere der McLaren Vale Beer Company (www.mvbeer.com) probieren.

McLaren Vale Studio Apartments APARTMENTS $$$
(☎ 08-8323 9536; www.mvsa.com.au; 222 Main Rd; DZ ab 225 AU$, weitere Pers. 50 AU$; ❄) Sechs dicht nebeneinander stehende Wohneinhei-

> ### NICHT VERSÄUMEN
>
> #### WEINGÜTER IM MCLAREN VALE
>
> Wenn das Barossa Valley unter den Weinregionen in SA der Kavalier der alten Schule ist, dann ist das McLaren Vale der aufmüpfige Teenager. Im Sommer umgibt die schönen Weinberge, die sich – ähnlich wie in Ligurien – bis zur ruhigen Küste erstrecken, ein Hauch von Toskana. Willkommen im Revier des Shiraz: kräftig, schwungvoll und richtig gut!
>
> **Alpha Box & Dice** (www.alphaboxdice.com.au; Lot 8 Olivers Rd; ⓢMo–Do 11–16 Uhr) Sehr ungewöhnlich! Das erfrischende kleine Weingut steht mit seinen interessanten Verschnitten, funkigen Retro-Möbeln, urigen Etiketten und lockeren Angestellten bei uns ganz oben.
>
> **Coriole** (www.coriole.com; Chaffeys Rd; ⓢMo–Fr 10–17, Sa & So 11–17 Uhr) In der schönen Cottage-Kellerei (1860) kann man die Probierplatte mit Leckereien aus der Region – Kalamata-Oliven, selbst gebackenes Brot, Woodside-Käse aus den Adelaide Hills – mit in den Garten nehmen. Mit einem Gläschen Redstone Shiraz oder dem lokalen Markenzeichen Chenin Blanc schmeckt das Ganze noch mal so gut.
>
> **d'Arenberg** (☎08-8329 4888; www.darenberg.com.au; Osborn Rd; ⓢ10–17 Uhr) Das „d'Arry's" steht entspannt auf einem Hügel und genießt die Aussicht. Die Wein-Bezeichnungen spiegeln den Charakter des Unternehmens wider. Unsere Favoriten sind der Shiraz „Dead Arm" und der Sauvignon Blanc „Broken Fishplate". Mittags reservieren.
>
> **Samuel's Gorge** (☎08-8323 8651; www.gorge.com.au; Chaffeys Rd; ⓢ11–17 Uhr) Das grandiose Weingut mit der bescheidenen Steinscheune von 1853 auf einem Hügel hinter der Ortschaft McLaren Vale bietet einen schon fast unverschämten Blick übers Tal. Ausgezeichneter Grenache. Wer will, kann seinen eigenen Picknickkorb mitbringen.
>
> **Wirra Wirra** (www.wirrawirra.com; McMurtrie Rd; ⓢMo–Sa 10–17, So 11–17 Uhr) Lust auf eine Partie *pétanque* zum Wein? Die scheunenartige Kellerei von 1894 hat eine Picknickwiese und für den Winter einen knisternden Kamin. Man kann hier die erschwinglichen *stickies* (Dessertweine) und den beliebten Rotweinverschnitt Church Block kosten. Zu den Weißweinen gehören ein Viognier mit Zitronenaroma und ein vollmundiger Riesling.

ten (je 6 Pers.) an der Hauptstraße mit modernen, eleganten Möbeln, Grillbereich und architektonischem Charme. Cafés, Lokale und Kneipen sind zu Fuß erreichbar.

★**Blessed Cheese**   CAFÉ $
(www.blessedcheese.com.au; 150 Main Rd; Hauptgerichte morgens 6–16 AU$, mittags 11–28 AUS$; ⓢMo–Do 8–16.30, Fr–So bis 17 Uhr) Das „gesegnete" Café serviert tollen Kaffee, Croissants, Wraps, Salate, Tartes, Burger, Käseplatten, himmlischen Kuchen und ungewöhnliche Würstchen im Teigmantel. Alle paar Tage gibt's eine neue Speisekarte, aber immer stehen lokale Produkte im Zentrum. Vom Käseschalter wehen lecker-käsige Düfte herüber.

Salopian Inn   MODERN-AUSTRALISCH $$
(☎08-83238769; www.salopian.com.au; Ecke Main Rd & McMurtrie Rd; Hauptgerichte 28–58 AU$; ⓢtgl. 12–15.30, Do–Sa 18 Uhr–open end) Das alte, von Weinranken bedeckte Gasthaus gibt's seit 1851 und wurde jetzt als tolles Mod-Oz-Lokal mit Asia-Touch wiedergeboren. Wie wär's mit einem Brötchen mit Fleisch vom Berkshire-Schwein oder Klöße mit Schwimmkrabben und Garnelen und dazu ein selbst im Keller ausgesuchter Tropfen? Zudem werden 170 Gins angeboten, einem eigenen Gin-Tonic steht also nichts im Weg!

❶ Praktische Informationen

McLaren Vale & Fleuriu Visitor Information Centre (☎1800 628 410, 08-8323 9944; www.mclarenvale.info; 796 Main Rd; ⓢMo–Fr 9–17, Sa & So 10–16 Uhr) Am Nordende des McLaren Vale. Infos zu Weingütern, Hilfe bei der Zimmersuche und beim Buchen von Sealink-Bussen und -Fähren nach Kangaroo Island.

❶ An- & Weiterreise

Regelmäßig fahren Vorortzüge von **Adelaide Metro** (www.adelaidemetro.com.au) zwischen Adelaide und Noarlunga (1 Std.). Von hier starten die Busse 751 und 753 nach McLaren Vale und Willunga (45 Min.). Es gelten die Standardtarife von Adelaide Metro.

Willunga

2420 EW.

Das künstlerisch angehauchte Willunga ist ein Kuhdorf mit drei Kneipen (eine gute

Kombination!). Als 1840 in der Nähe hochwertiger Schiefer entdeckt und nach ganz Australien geliefert wurde, startete der Ort so richtig durch. Heute befinden sich in den alten Gebäuden an der gewundenen High St einige sehr gute Restaurants, B&Bs und Galerien. Hier beginnt der Kidman Trail (S. 785).

◉ Sehenswertes

Willunga Farmers Market MARKT
(www.willungafarmersmarket.com; Willunga Town Sq; ⊙ Sa 8–12.30 Uhr) Der Bauernmarkt mit Bio-Produkten aus der Region findet jeden Samstagmorgen an der Ecke High St und Main Rd statt.

Willunga Slate Museum MUSEUM
(www.nationaltrust.org.au/sa/willungaslate-museum; 61 High St; Erw./Kind 5/1 AU$; ⊙ Di, Sa & So 13–16 Uhr) Am oberen Ende der steilen High St befindet sich eine Ansammlung alter Steingebäude, die zu verschiedenen Zeiten als Polizeiwache, Gericht, Gefängnis und Knabenschule dienten. Heute widmen sie sich als Museen der Geschichte des Schieferabbaus in Willunga und den kornischen Minenarbeitern, die die Drecksarbeit verrichteten.

🍴 Schlafen & Essen

Willunga House B&B B&B $$$
(☎ 08-8556 2467; www.willungahouse.com.au; 1 St Peters Tce; DZ inkl. Frühstück 210–280 AU$; ✱ 🛜 ☲) Wer sich etwas Besonderes gönnen will, ist in diesem charmanten, zweistöckigen Herrenhaus von 1850 abseits der Hauptstraße genau richtig: Hier gibt es Bodendielen aus Kiefernholz, Betten aus italienischem Kirschholz, offene Kamine, indigene Kunst und einen Swimmingpool. Das Frühstück ist ein Festmahl mit Bio-Müsli, Obstsalat und pochierten Birnen, gefolgt von warmen Leckereien.

Fino MODERN-AUSTRALISCH $$
(☎ 08-8556 4488; www.fino.net.au; 8 Hill St; Hauptgerichte 28–33 AU$; ⊙ Di–So 12–15, Fr & Sa 18.30–21 Uhr) Das feine Fino steht regelmäßig auf der Liste der 100 besten Restaurants Australiens und hat einen ganzen Schrank voller regionaler Preise, die es für Essen und Weine abgeräumt hat. Das entspannte Lokal in einem umgebauten Stein-Cottage mit Schieferfußboden hat eine kleine, einfache Speisekarte mit kleinen, schlichten Gerichten, die soweit möglich mit Zutaten aus der Region zubereitet werden. Die Coorong Angus Rippchen mit Senfblättern sind super.

Russell's Pizza PIZZERIA $$
(☎ 08-8556 2571; www.facebook.com; 13 High St; Pizzas ab 24 AU$; ⊙ Fr & Sa 18–23.30 Uhr) Es mag aussehen wie ein heruntergekommener Hühnerstall, aber das Russell's ist der angesagteste Ort, wenn man am Wochenende Appetit auf eine tolle Pizza aus dem Holzofen hat. Niemand stört sich daran, dass man lang auf das Essen (manchmal 1 Std.) warten muss, denn die Atmosphäre hier ist einfach einmalig. Irrsinnig beliebt, also ewig im Voraus reservieren!

Strände am Gulf St. Vincent

Der Küstenstreifen von Adelaides südlichen Vororten bis zum Cape Jervis ist genau das Richtige für einen Tagesausflug aus der Stadt an den Strand. Die Gegend dient als praktischer Übernachtungsstopp auf dem Weg zur Kangaroo Island oder als Abwechslung zu den Weingütern im McLaren Vale.

Es gibt ein paar erstklassige Badestrände (keine Surfstrände) an der Küste des Gulf St. Vincent – vom vorstädtischen **Christies Beach** bis zum **Maslin Beach**, dessen südliches Ende ein FKK-Strand und Schwulentreff ist. Maslin liegt eine 45-minütige Autofahrt außerhalb Adelaides – weit genug weg, dass die ausufernden Einkaufszentren und neuen Wohnsiedlungen südlich der Stadt nicht mehr zu sehen sind.

In **Port Willunga** steht auf den Klippen das stets gut besuchte, nach einem Schiffswrack benannte Fischrestaurant **Star of Greece** (☎ 08-8557 7420; www.starofgreececafe.com.au; 1 The Esplanade, Port Willunga; Hauptgerichte 29–35 AU$; ⊙ Mi–So 12–15, Fr & Sa 18 Uhr – open end) mit fetziger Deko, netten Angestellten und sonniger Terrasse. Wir haben den Kellner gefragt, wo der Wittling gefangen wurde. Er blickte hinaus auf die Bucht und sagte: „Sehen Sie das Boot da draußen?" Es gibt hier auch einen Imbissschalter (Snacks 4–8 AU$, Okt.–Mai 10–15 Uhr).

Direkt am Highway oberhalb vom **Sellicks Beach** steht eine schick renovierte Kneipe von 1858, das **Victory Hotel** (☎ 08-8556 3083; www.victoryhotel.com.au; Main South Rd, Sellicks Beach; Hauptgerichte 17–35 AU$; ⊙ 12–14.30 & 18–20.30 Uhr) mit herrlichem Blick auf den silbern schimmernden Golf, einer entspannten Atmosphäre und einem schönen Biergarten. Hinzu kommen hier noch kreative Gerichte, der eindrucksvolle Weinkeller und Weine, die man auch glasweise ausgeschenkt bekommt – was will man mehr? Als Übernachtungsoptionen dienen drei B&B-Hütten (DZ ab 150 AU$).

Etwas weiter südlich liegt das niedliche kleine **Yankalilla** mit dem **Yankalilla Bay Visitor Information Centre** (☏1300 965 842, 08-8558 0240; www.yankalilla.sa.gov.au; 163 Main South Rd, Yankalilla; ◎Mo–Fr 9–17, Sa & So 10–16 Uhr). Dahinter ist ein kleines **Museum** (www.yankalilla.sa.gov.au; 169 Main South Rd, Yankalilla; Eintritt 5 AU$; Mo–Fr 9–17 Uhr, Sa & So 10–14 Uhr) zur Regionalgeschichte. Nach der Radarantenne der versenkten **HMAS Hobart** (www.exhmashobart.com.au) Ausschau halten, heute ein Tauchspot vor der Küste!. In „Yank" findet sich auch das witzige **Lilla's Café** (☏08-8558 2525; www.lillascafe.com.au; 117 Main South Rd, Yankalilla; Hauptgerichte morgens 7–20 AU$, mittags & abends 15–32 AU$; ◎So–Di & Do 8.30–16, Fr & Sa bis 23 Uhr) – perfekt für Kaffee und Kuchen oder für eine üppig belegte Holzofenpizza freitag- und samstagabends.

Etwa 60 km südlich von Adelaide liegt **Carrickalinga** mit seinem schön geschwungenen Sandstrand – ein ruhiger Ort ohne Geschäfte. Vorräte und Unterkünfte gibt's im benachbarten **Normanville** mit einer großen Kneipe, einem Supermarkt und ein paar Wohnwagenparks. Hier ist auch **One Little Sister** (☏08-8558 3759; www.onelittlesister.com.au; 4/48 Main Rd, Normanville; Hauptgerichte 10–18 AU$, Pizzas 19–23 AU$; ◎So–Do 8–16, Fr & Sa 8–20.30 Uhr), ein hippes Stadtcafé mit tollem Kaffee, großem Frühstück und leckeren Pizzas. Ca. 10 km von Normanville entfernt an der Hay Flat Rd befinden sich die malerischen kleinen **Ingalalla Falls** (von der Yankalilla-Seite der Stadt den Schildern folgen). Die **Hindmarsh Falls** liegen von Myponga landeinwärts an der Hindmarsh Tiers Rd.

Im 107 km von Adelaide entfernten **Cape Jervis** gibt's nicht viel mehr Attraktionen als die Fähre zur Kangaroo Island und den Anfang des Heysen Trail (S. 785). In der Nähe gibt's im **Deep Creek Conservation Park** (www.environment.sa.gov.au; 10 AU$/Auto) einen grandiosen Blick auf die Küste, einen Wahnsinnswasserfall, mannshohe Grasbäume *(Xanthorrhoea semiplana tateana)*, Sandstrände, Kängurus, Jägerlieste und Campingplätze im Busch (ab 13 AU$/Auto).

Abseits der Straße zum Deep Creek Conservation Park kommen die gewellten Dächer des **Ridgetop Retreats** (☏08-8598 4169; www.southernoceanretreats.com.au; Tapanappa Rd; DZ 245 AU$) in Sicht. Die drei großartigen Luxus-Wellblechhäuschen für Selbstversorger im Busch sind mit Holzöfen, Ledersofas und Arbeitsflächen aus Edelstahl ausgestattet. Auf der Website von Ridgetop stehen weitere erschwingliche Unterkünfte.

Victor Harbor

13850 EW.

Die größte Stadt an der Encounter Coast ist Victor Harbor, ein schäbiges, lärmerfülltes Ferienziel mit drei riesigen Kneipen und vor der Küste vorbeiziehenden Walen. Im November tummeln sich beim **Schoolies Festival** (www.schooliesfestival.com.au) halbwüchsige Schulabgänger am grasbewachsenen Ufer und überlassen sich ihren Hormonen.

◉ Sehenswertes & Aktivitäten

South Australian Whale Centre MUSEUM
(☏08-8551 0750; www.sawhalecentre.com; 2 Railway Tce; Erw./Kind/Fam. 9/4,50/24 AU$; ◎10.30–17 Uhr) Victor Harbor liegt an der Wanderstrecke der Südkaper (Mai–Okt.). Das mehrstöckige South Australian Whale Centre zeigt beeindruckende Exponate (darunter auch den riesigen, miefigen Schädel eines Wals), und die Mitarbeiter wissen immer ganz genau, wo gerade Wale zu sehen sind. Wer zur „falschen" Jahreszeit hier ist, kann die riesigen Säuger im neuen 3D-Kino bestaunen. Für Infos zur Walbeobachtung, einfach bei der **Whale Information Hotline** anrufen (☏1900 942 537).

Alexandrina Cheese Company KÄSE
(www.alexandrinacheese.com.au; Sneyd Rd, Mt. Jagged; Verkostung frei, Käseplatten 10–13 AU$; ◎Mo–Fr 12–17, Sa & So 10–16.30 Uhr) An der Straße nach Mt. Compass, 18 km nördlich von Victor Harbor, öffnet die Erfolgsstory von Fleurieu ihre Pforten für alle Käseliebhaber und Milkshake-Süchtigen. Hier kann man Gouda, Edamer und Feta probieren – und dann ein Stück des kräftigen alten Cheddar kaufen.

Horse-drawn Tram BAHN
(☏08-8551 0720; www.horsedrawntram.com.au; Foreshore; hin & zurück Erw./Kind/Fam. 9/7/25 AU$; ◎10.30–15.30 Uhr stündl.) Direkt vor der Küste liegt die mit Felsbrocken übersäte **Granite Island**, die seit 1875 über einen 632 m langen Damm mit dem Festland verbunden ist. Man kann rüber zur Insel laufen, lustiger aber ist die Fahrt mit der Doppeldeckerbahn von 1894, die von einem großen Pferd gezogen wird. Tickets erhält man beim Fahrer oder im Visitor Information Centre.

Encounter Bikeway
RADFAHREN

(www.fleurieupeninsula.com.au/pdfs/bikeway_brochure09.pdf) GRATIS Der viel befahrene Encounter Bikeway erstreckt sich von Victor Harbor bis zum 30 km entfernten Laffin Point hinter Goolwa. Karten bekommt man im Visitor Centre, ein Fahrrad bei **Victor Harbor Cycle Skate Bay Rubber** (08-8552 1417; www.victorharborcycles.com; 73 Victoria St; Leihfahrrad 4/8 Std. 30/40 AU$; Mo & Mi–Fr 9–17, Sa & So 10–15 Uhr).

Big Duck
BOOTSFAHRT

(0405125312; www.thebigduck.com.au; 30-minütige Tour Erw./Kind/Fam. 35/25/110 AU$, 1-stündige Tour 60/50/195 AU$) Mit dem Festrumpfschlauchboot Big Duck kann man eine Runde um die Insel drehen und (in der Saison) Seehunde, Delfine und Wale sehen. Termine und Reservierung per Telefon oder online.

Schlafen & Essen

Anchorage
PENSION $

(08-8552 5970; www.anchorageseafronthotel.com; 21 Flinders Pde; EZ/DZ/3BZ/4BZ/Apt. ab 55/80/110/160/240 AU$; @) Diese grandiose alte Pension am Meer ist allererste Sahne. Die außerordentlich gepflegten Zimmer, die von den langen Gängen abgehen, sind ihr Geld wert. Die meisten haben Meerblick, einige einen Balkon (wofür man in Sydney ein Vermögen hinblättern müsste!). Die preiswertesten Zimmer mit Gemeinschaftsbad haben aber kein Fenster zum Meer. Das Café mit Bar im Erdgeschoss ist der Renner. Es gibt kostenloses WLAN (das in manchen Räumen nicht so gut funktioniert).

Victor Harbor Holiday & Cabin Park
WOHNWAGENPARK $

(08-8552 1949; www.victorharborholiday.com.au; 19 Bay Rd; Stellplatz ohne/mit Strom 32/39 AU$, Hütte/Wohneinheit/Haus 114/114/174 AU$; @) Der freundlichste Wohnwagenpark der Stadt (es gibt mehrere, die aber nichts Besonderes aufzuweisen haben) mit sauberen Einrichtungen, Gratis-Grillplätzen und Gratis-WLAN sowie einer großen Rasenfläche, auf der man sein Zelt aufbauen kann.

Nino's
CAFÉ, ITALIENISCH $$

(08-8552 3501; www.ninoscafe.com.au; 17 Albert Pl; Hauptgerichte 18–29 AU$; Mo–Do 10–22, Fr–So bis 24 Uhr) Das Nino's gibt's schon seit 1974, aber es gelingt dem Laden trotzdem, der Innenstadt von „VH" modernen Glanz zu verleihen. Hippe, junge Angestellte und moderne Inneneinrichtung bilden sozusagen die Kulisse für die Gourmetpizzas, Pasta, Salate, Risottos und viele italienische Fleischgerichte. Es gibt auch guten Kaffee, Kuchen und Snacks zum Mitnehmen.

Anchorage Café
MODERN-AUSTRALISCH $$

(08-8552 5970; www.anchorageseafronthotel.com; 21 Flinders Pde; Tapas 4–17 AU$, Hauptgerichte 16–34 AU$; 8–11, 12–14.30 & 17.30–20.30 Uhr) Im maritimen Lokal des Anchorage Hotel dient ein altes Walfangboot als Theke. Auf der Karte stehen mediterrane und modern-australische Gerichte (Baguettes, Pizzas, Souvlaki) sowie Meeresfrüchte. Es gibt auch großartigen Kaffee, Tapas, Kuchen und europäische Biere sowie eine luftige Terrasse, auf der man das alles genießen kann.

Praktische Informationen

Victor Harbor Visitor Information Centre (08-8551 0777; www.tourismvictorharbor.com.au; Foreshore; 9–17 Uhr) Bucht Touren und Unterkünfte und hat die Broschüren *Beaches on the South Coast* sowie *Old Port Victor* vorrätig.

An- & Weiterreise

BUS

Premier Stateliner (www.premierstateliner.com.au) fährt von Adelaide nach Victor Harbor (24 AU$, 1¾ Std., 1- bis 3-mal tgl.) und weiter nach Goolwa.

ZUG

Von Juni bis November betreibt die **Steam-Ranger Heritage Railway** (01300 655 991; www.steamranger.org.au) jeweils am ersten und dritten Sonntag den Touristenzug *Southern Encounter* (hin & zurück Erw./Kind 71/37 AU$), der von St. Barker in den Adelaide Hills über Strathalbyn, Goolwa und Port Elliot nach Victor Harbor fährt. Der *Cockle Train* (hin & zurück Erw./Kind 29/15 AU$) fährt in den Schulferien täglich, sonst jeden Sonntag zwischen Victor Harbor und Goolwa über Port Elliot an der Encounter Coast entlang.

Port Elliot

3100 EW.

Etwa 8 km östlich von Victor Harbor liegt das historische (und recht wohlhabende) Port Elliot an der **Horseshoe Bay**, einer schönen Bucht mit gutem Badestrand, sanfter Brandung und orangefarbenem Sand. Norfolktannen ragen in den Himmel, und an einer Wand im Pub steht, ob Wale zu sehen sind. Dann kann man zum Aussichtspunkt **Freemans Knob** am Ende des Strandes gehen und nach Walen Ausschau halten.

🏃 Aktivitäten

Geschichtsinteressierte sollten sich im Goolwa Visitor Information Centre (S. 816) die Broschüre *Walk Into History at Port Elliot* besorgen, in der historische Spaziergänge durch den Ort beschrieben werden.

**Port Elliot Bike &
Leisure Hire** FAHRRADVERLEIH

(☎ 0448 370 007; www.portelliotbikeleisurehire.myob.com.au; 85–87 Hill St; ab 40 AU$/Tag; ⊙ Mo–Sa 9–17, So ab 10.30 Uhr) Mit einem Mountainbike kann man den Encounter Bikeway (S. 813) in Angriff nehmen, der durch Port Elliot nach Goolwa (15 km östlich) und Victor Harbor (7 km westlich) führt.

🏃 Surfen

Am **Commodore Point** am Ostende der Horseshoe Bay sowie am nahen **Boomer Beach** und **Knights Beach** finden erfahrene Surfer verlässliche, oft 2 m hohe Dünungswellen vor. Auch am Strand des ansonsten unspektakulären **Middleton**, des nächsten Orts Richtung Goolwa, laufen kräftige Brecher auf. 12 km westlich von Victor Harbor bieten sich der **Waitpinga Beach** und der **Parsons Beach** zum Surfen an.

Die beste Zeit zum Surfen ist von März bis Juni, denn dann weht der Nordwind. Weitere Infos gibt's unter www.southaustralia.com, Surfberichte stehen auf www.surfsouthoz.com. In Middleton gibt es ein paar gute Surfschulen.

South Coast Surf Academy SURFEN

(☎ 0414 341 545; www.danosurf.com.au; Surfers Pde, Middleton) Hier kann man surfen lernen (2 Std. inkl. Ausrüstung ca. 50 AU$).

Surf & Sun SURFEN

(☎ 1800 786 386; www.surfandsun.com.au; 44 Victor Harbor Rd, Middleton) Verleih von Surfbrettern/Neoprenanzügen (halber Tag 20/10 AU$) und Surfunterricht (2 Std. inkl. Ausrüstung ca. 50 AU$).

Big Surf Australia SURFEN

(☎ 08-8554 2399; www.bigsurfaustralia.com.au; 24 Goolwa Rd, Middleton; Surfbrett/Bodyboard/Neoprenanzug 20/15/15 AU$ pro Tag; ⊙ 9–17 Uhr) Surfausrüstung bekommt man bei Big Surf Australia in Middleton.

🛌 Schlafen & Essen

⭐ **Port Elliot Beach House YHA** HOSTEL $

(☎ 08-8554 1885; www.yha.com.au; 13 The Strand; B/2BZ/DZ/FZ ab 28/90/90/125 AU$; ❄@🛜) Die 1910 (als Arcadia Hotel) errichtete Sandsteinschönheit bietet einen traumhaften Blick auf die Küste von Port Elliot. Wer es schafft, sein Augenmerk von der Küste aufs Haus zu lenken, wird glänzende Holzdielen, schöne Bettwäsche und ein farbenfrohes Interieur mit wahrhaft teurer Ausstattung vorfinden. Selbstverständlich gibt's hier Surfunterricht, und das Flying Fish Cafe, das die besten Fish & Chips von Süd-Fleurieu serviert, ist auch nur 200 m weg.

Port Elliot Holiday Park WOHNWAGENPARK $

(☎ 08-8554 2134; www.portelliotholidaypark.com.au; Port Elliot Rd; Stellplatz mit Strom/Hütte/Wohneinheit/Cottage ab 34/90/115/145 AU$; ❄@🛜) Der 5 ha große Wohnwagenpark in unschlagbarer Lage hinter den Dünen der Horseshoe Bay (es könnte etwas windig werden) mit saftig grünem Gras und gesund aussehenden Bäumen bietet alle erforderlichen Einrichtungen, darunter eine blitzblanke Campingküche und einen Allwetter-Grillplatz. Im Winter purzeln die Preise.

Royal Family Hotel PUB $

(☎ 08-8554 2219; www.royalfamilyhotel.com.au; 32 North Tce; 2BZ/3BZ/EZ/DZ 40/50/60/65 AU$) Es ist wohl kaum je ein König hier abgestiegen. Aber dafür gibt es hier überraschend ordentliche Zimmer mit sauberen Gemeinschaftsbädern, einen TV-Raum und einen Balkon mit Blick auf die Hauptstraße. Unten gibt es Bon Jovi in der Jukebox und Kneipenessen, das eines Königs sicher würdig wäre (Hauptgerichte 13–25 AU$, 12–14 & 18–20 Uhr).

Jetty Food Store CAFÉ, FEINKOST $

(☎ 0448 147 097; www.jettyfoodstore.com; 42 North Tce; Gerichte 8–16 AU$; ⊙ Mo–Fr 9–18, Sa 8.30–16, So 9–15 Uhr) 🌿 Hier lautet das Motto: „Frisches aus dem Meer direkt auf den Tisch". Wie wär's mit einer Tasse Bio-Kaffee, einem Dutzend Kangaroo-Island-Austern, einem Glas Bio-Wein oder Gourmet-Käse, Dips und Oliven? Leckere Säfte gibt's ebenfalls.

⭐ **Flying Fish
Café** MODERN-AUSTRALISCH, FISH & CHIPS $$

(☎ 08-8554 3504; www.flyingfishcafe.com.au; 1 The Foreshore; Hauptgericht Café 5–18 AU$, Restaurant 19–34 AU$; Café tgl. 9–16 Uhr, Restaurant tgl. 12–15, Fr & Sa 18–21 Uhr) Es kann passieren, dass man sich hier zum Frühstück ins Café hinsetzt und dann den ganzen Tag bleibt – so fesselnd ist der Blick auf die Horseshoe Bay. Man kann aber auch hervorragenden, in Coopers-Bierteig frittierten Krokodilsfisch mit Pommes zum Mitnehmen bestellen und zurück zum Strand laufen. Abends bie-

ABSTECHER

WEINGÜTER IN CURRENCY CREEK & LANGHORNE CREEK

Einst als Hauptstadt von SA vorgeschlagen, begnügt sich das 10 km nördlich von Goolwa gelegene **Currency Creek** (www.currencycreekwineregion.com.au) heute mit der Herstellung preisgekrönter Weine. Zur **Currency Creek Winery** (08-8555 4069; www.currency creekwinery.com.au; Winery Rd, Currency Creek; 10–17 Uhr) gehören Weinberge auf knapp 65 ha (herrlicher Cabernet Sauvignon) und ein fabelhaftes Restaurant (Hauptgerichte 26–30 AU$, Mi–So 12–15 Uhr & Fr & Sa 18–21 Uhr). Reservierung empfehlenswert.

Weiter nördlich ist das 16 km östlich von Strathalbyn gelegene **Langhorne Creek** eine der ältesten Weinbauregionen Australiens (www.langhornecreek.com), wo sich mehr als 20 Weingüter befinden. Hier gedeihen Shiraz, Cabernet Sauvignon und Chardonnay. Die **Bleasdale Winery** (www.bleasdale.com.au; Wellington Rd, Langhorne Creek; 10–17 Uhr), das erste Weingut in der Region, hat ein großes Sortiment, historische Weinkeller und eine alte Hebelpresse aus Eukalyptusholz. Das von zwei Schwestern betriebene **Bremerton** (www.bremerton.com.au; Strathalbyn Rd, Langhorne Creek; 10–17 Uhr) ist eine innovative Kellerei in einer Region, in der sonst die alte Schule gepflegt wird. Erstklassiger Chardonnay und Shiraz!

---

tet das Restaurant etwas mehr Klasse mit Hauptgerichten von der Karte; die Zutaten stammen hauptsächlich von selbständigen südaustralischen Produzenten.

❶ An- & Weiterreise

Premier Stateliner (www.premierstateliner.com.au) betreibt täglich Busse zwischen Adelaide und Port Elliot (24 AU$, 1 Std., 1–3-mal tgl.) über Victor Harbor mit Anschluss nach Goolwa.

Goolwa

6500 EW.

Viel entspannter und eleganter als das aufgedrehte Victor Harbor ist Goolwa, ein bescheidenes Städtchen an der Mündung des Murray River. Hinter den Dünen versteckt sich ein fantastischer Strand, an den viele Wellen branden. Beim **South Australian Wooden Boat Festival** (www.woodenboatfestival.com.au), das in allen ungeraden Jahren im Februar stattfindet, treffen sich hier Bootsfans.

◉ Sehenswertes & Aktivitäten

Am **Goolwa Beach** gibt's ein kleines Café. Ein Steg führt über die Dünen, von wo aus man einen tollen Blick auf die Brandung hat. Surfen lernen kann man in der **Ocean Living Surf School** (0487 921 232; www.olsurfschool.com.au; 2/4 Std. Unterricht 35/65 AU$).

Der 30 km lange **Encounter Bikeway** (www.fleurieupeninsula.com.au/pdfs/bikeway_brochure09.pdf) führt zwischen Goolwa und Victor Harbor an der Küste entlang (Karten sind im Goolwa Visitor Centre erhältlich).

Steam Exchange Brewery   BRAUEREI
(08-8555 3406; www.steamexchange.com.au; Goolwa Wharf; Verkostung 3,20 AU$; Mi–So 10–17 Uhr) Am Kai befindet sich diese Brauerei, die gute Starkbiere und Ales herstellt. Wie wär's mit einem Southerly Buster Dark Ale, während man aufs Flusswasser hinabblickt? SA einzige Single-Malt-Whiskey-Brennerei befindet sich ebenfalls hier! Für Verkostungen wird eine kleine Gebühr fällig. Gruppenführungen nach Vereinbarung.

Canoe the Coorong   KANUFAHREN
(0424 826 008; www.canoethecoorong.com; Erw./Kind 135/85 AU$) Ganztägige Paddeltouren durch den Coorong National Park und an der Mündung des Murray River mit Start in Goolwa. Inklusive Mittagessen und Bush-Tucker-Spaziergang über die Dünen. Es gibt auch längere Touren.

Spirit of the Coorong   BOOTSFAHRT
(08-8555 2203, 1800 442 203; www.coorongcruises.com.au; Goolwa Wharf) Veranstaltet umweltfreundliche Bootstouren auf dem Murray und in den Coorong National Park inklusive Mittagessen und geführten Spaziergängen. Die vierstündige Coorong Discovery Cruise (Erw./Kind 90/66 AU$) findet das ganze Jahr über donnerstags statt, von Oktober bis Mai auch montags, die sechsstündige Coorong Adventure Cruise (105/72 AU$) das ganze Jahr über sonntags, von Oktober bis Mai auch mittwochs. Reservierung erforderlich.

Von Oktober bis April gibt's samstags auch die zweistündige Murray Mouth Cruise (38/19 AU$).

Goolwa Riverboat Centre BOOTSFAHRT
(☎1300 466 592, 08-8555 2108; www.oscar-w.info; Goolwa Wharf; Erw./Kind/Fam. 20/8/48 AU$; ⊙10–15 Uhr, Termine telefonisch erfragen) Bietet einstündige Erkundungstouren auf dem Murray an Bord des 130 Jahre alten Raddampfers *Oscar W*. Heute ist es schwer vorstellbar, aber 1875 tuckerten 127 solcher Dampfer zwischen hier und NSW den Fluss hinauf! Termine und Reservierung per Telefon.

🛏 Schlafen

Ferienhäuser in und um Goolwa lassen sich über **LJ Hooker** (☎08-8555 1785; www.ljh.com.au/goolwa; 25 Cadell St) und **Professionals** (☎08-8555 2122; www.goolwaprofessionals.com.au; 1 Cadell St) mieten, die beide Häuser ab 80 AU$ pro Nacht (die meisten kosten aber um die 130 AU$) bzw. zu guten Wochenpreisen im Angebot haben.

Jackling Cottage B&B B&B $$
(☎08-8555 3489; www.goolwaheritagecottages.com; 18 Oliver St; DZ 2 Nächte inkl. Frühstück 340 AU$; ❄) Das hübsche alte Cottage aus den 1860er-Jahren in einer nichtssagenden Seitenstraße in Goolwa (die Tankstelle auf der anderen Straßenseite einfach ignorieren!) ist von rankenden Rosen und Kalksteinwänden umgeben. Es gibt zwei Zimmer für je zwei Personen – genau das Richtige für Familien oder zwei Pärchen, die ein preiswertes Wochenende am Meer verbringen wollen. Zur Hauptstraße ist es nur ein kleiner Spaziergang. Mindestaufenthalt zwei Nächte. Auch als Ferienwohnung (ohne Frühstück) zu mieten.

★ Australasian BOUTIQUEHOTEL $$$
(☎08-8555 1088; www.australasian1858.com; 1 Porter St; DZ inkl. Frühstück ab 395 AU$; ❄🛜) Das prachtvolle Steinhotel von 1858 am Anfang der Hauptstraße von Goolwa erlebt seinen zweiten Frühling als schickes B&B mit einer Reihe japanisch beeinflusster Terrassen und verglasten Anbauten sowie einem stilvollen Speissaal. Von den fünf eleganten Suiten hat man einen schönen Blick, und das Frühstück macht süchtig. Mindestaufenthalt zwei Nächte.

🍴 Essen

Café Lime CAFÉ $
(1/11 Goolwa Tce; Gerichte 9–20 AU$; ⊙tgl. 9–16 Uhr, Dez.–Feb. Fr & Sa bis 20 Uhr) Hier kann man sich ein fertiges Gourmetgericht zum Aufwärmen oder eine Tüte mit gesalzenen und gepfefferten Tintenfischringen samt Pommes und Zitronensalz zum Mitnehmen holen. Wer sich lieber bedienen lässt, schnappt sich einen Tisch und bestellt ein Coorong-Meeräsche in Bierteig. Es gibt auch Baguettes, Currys, Suppen, Pasta und tollen Espresso.

Hector's CAFÉ, MODERN-AUSTRALISCH $$
(☎08-8555 5885; www.hectorsonthewharf.com; Goolwa Wharf; Hauptgerichte 15–30 AU$; ⊙Dez.–Feb. tgl. 9–17, Fr & Sa 18 Uhr–open end) Im mit Angelruten geschmückten Hector's direkt am Murray unter der Hindmarsh Island Bridge fühlt man sich wie im Bootshaus eines Kumpels. Der Meeresfrüchte-Eintopf, panierte Muscheln und der Spinat-Käse-Auflauf passen wunderbar zu den lokalen Weinen. Das Ganze wird untermalt mit sanften Jazzklängen. Man bekommt hier auch guten Kaffee.

ℹ Praktische Informationen

Goolwa Visitor Information Centre (☎1300 466 592; www.visitalexandrina.com; 4 Goolwa Tce; ⊙Mo–Fr 9–17, Sa & So 10–16 Uhr) In dem ehemaligen Postamt von 1857 werden Infos über die Region (und über Unterkünfte) erteilt.

ℹ An- & Weiterreise

Premier Stateliner (www.premierstateliner.com.au) betreibt täglich Busse zwischen Adelaide und Goolwa (24 AU$, 2 Std., 1–3-mal tgl.)

KANGAROO ISLAND

Von Cape Jervis aus schippern Autofähren über die Backstairs Passage zur Kangaroo Island (KI). Lange verirrten sich keine Touristen hierher, aber inzwischen ist die Insel immer mehr zu einem Paradies für Wildnis- und Naturfreaks geworden – ein wahrer Zoo voller Seehunde, Vögel, Delfine, Ameisenigel und (wen wundert's?) Kängurus. Aber noch ist die Insel ländlich entspannt und wenig erschlossen – ein Ort, an dem die Kinder mit dem Fahrrad zur Schule fahren und Farmer über Schwarze Bretter nach einer Frau suchen. Die lokalen Erzeugnisse sind wahrhaft fantastisch.

Geschichte

Viele Ortsnamen auf KI sind französisch, was auf den gallischen Entdecker Nicholas Baudin zurückzuführen ist, der in den Jahren 1802 und 1803 vor der Küste auf Entdeckungsreise war. Baudins englischer Rivale, Matthew Flinders, gab der Insel 1802 ihren Namen, nachdem er sich und seiner Mannschaft ein Känguru zum Abendessen gegönnt hatte. Zu dieser Zeit war KI unbewohnt, aber Archäologen glauben, dass hier schon vor 2000 Jahren australische Ureinwohner gelebt haben. Weshalb sie die Insel verlassen haben, lässt sich nur vermuten, aber einen Hinweis könnte der Name der Ureinwohner für die Insel, „Karta", liefern – er bedeutet „Land der Toten". Zu Beginn des 19. Jhs. kehrten die Ureinwohner nach KI zurück, aber unter tragischen Umständen: Wal- und Robbenfänger entführten Aborigine-Frauen aus Tasmanien und brachten sie hierher.

🏃 Aktivitäten

Die sichersten **Badestellen** liegen an der Nordküste, wo das Wasser wärmer und die Strömung schwächer ist als im Süden. Empfehlenswert sind die Emu Bay, die Stokes Bay, der Snelling Beach und die Western River Cove.

Zum **Surfen** bieten sich die menschenleeren Wogen der Südküste an. In Pennington Bay gibt's starke, verlässliche Brecher; auch Vivonne Bay und Hanson Bay im Südwesten bieten ein paar herrliche Wellen. In den Touristeninformationen erhält man die Broschüre *Kangaroo Island Surfing Guide*, die es auch online unter www.tourkangaroo island.com.au.

Die Insel kann man gut auf eigene Faust erkunden. Infos zu **Buschwanderungen** zwischen 1 und 18 km Länge findet man unter www.tourkangarooisland.com.au/wildlife/walks.aspx.

Im Meer rund um Kangaroo Island leben 230 Fischarten und Korallen. Zudem gibt's hier ca. 60 Wracks – perfekt zum **Schnorcheln** und **Tauchen**. **Kangaroo Island Dive & Adventures** (📞 08-8553 3196; www.kanga rooislanddiveandadventures.com.au) veranstaltet Tauchausflüge (Tauchgänge vom Boot aus kosten ab 320 AU$) und verleiht Tauchequipment und Kajaks (Schnorchelausrüstung ab 35 AU$, Kajakverleih 70 AU$/Tag).

Es macht einen Riesenspaß, in **Little Sahara** die Dünen hinunterzurutschen. **Kangaroo Island Outdoor Action** (📞 08-8559 4296; www.kioutdooraction.com.au; 188 Jetty Rd, Vivonne Bay) verleiht Sandboards/Schlitten (29/39 AU$ pro Tag) sowie Einer-/Zweierkajaks (4 Std. 39/69 AU$).

Rund um die Insel lässt es sich prima **angeln**, z.B. an den Stegen in Kingscote, Penneshaw, Emu Bay und Vivonne Bay. Im Preis für Angeltouren per Boot (halber/ganzer Tag pro Pers. ab 150/250 AU$) sind Ausrüstung und Erfrischungen enthalten; außerdem darf man den Fang behalten. Eine gute Adresse ist **Kangaroo Island Fishing Adventures** (📞 08-8559 3232; www.kangarooislandad ventures.com.au).

👉 Geführte Touren

Man sollte auf der Insel mindestens eine Übernachtung einlegen, denn Tagestouren sind zu hektisch.

Adventures Beyond ABENTEUERTOUR
(📞 1300 736 014; www.adventuresbeyond.com.au; 1-/2-Tagestour 258/415 AU$) Zweitägige All-inclusive-Inseltouren (kleine Backpackergruppen) ab Adelaide mit vielen Aktivitäten (Sandboarden, Schnorcheln, Wandern…). Eintägige Touren werden auch angeboten.

Cruising Kangaroo Island KAJAKFAHREN
(📞 0418 767 667; www.cruisingkangarooisland. com; Touren ab 80 AU$/Pers.) 🚣 Zweistündige geführte Kajaktouren an ausgewählten Stellen vor Kangaroo Island, los geht's in Browns Beach. Nach Sonnenuntergangstouren fragen.

Groovy Grape GEFÜHRTE TOUR
(📞 08-8440 1640, 1800 661 177; www.groovygrape. com.au) Zweitägige All-inclusive-Tiersafaris

> **VON GROSSEN & KLEINEN TIEREN**
>
> Auf KI stolpert man (manchmal im wahrsten Sinne des Wortes) über unzählige Tiere. Nachts sind Kängurus, Wallabies, Beuteldachse und Kusus unterwegs, besonders in Gegenden wie dem Flinders Chase National Park. Koalas und Schnabeltiere wurden in den 1920er-Jahren in diesem Nationalpark angesiedelt, weil sie auf dem Festland auszusterben drohten. Im Unterholz lungern Ameisenigel herum, auch schuppige Warane und Tigerotter sind auf der Insel reichlich vertreten.
>
> Viele der 267 Vogelarten der Insel sind selten oder bedroht. Der Zwergemu ist dem Dodo bereits in die Versenkung gefolgt. Die Braunkopfkakadus könnten schon bald die Nächsten sein, da ihr Habitat immer weiter schrumpft.
>
> Vor der Küste tummeln sich Delfine und Südliche Glattwale in den Wellen, außerdem gibt's Kolonien von Zwergpinguinen, Neuseeländischen Seebären und Australischen Seelöwen.

Kangaroo Island

Kangaroo Island

Sehenswertes
1 Cape Borda Lightstation A2
2 Cape Willoughby Lightstation G3
3 Chapman River Wines G2
4 Clifford's Honey Farm E2
5 Island Pure Sheep Dairy E2
6 Kelly Hill Conservation Park B3
7 Penneshaw Maritime & Folk
  Museum F2
8 Raptor Domain D3
9 Seal Bay Conservation Park D3
10 Sunset Winery F2

Aktivitäten, Kurse & Touren
11 Kangaroo Island Outdoor
   Action C3
12 Pelican Feeding E1

Schlafen
13 Antechamber Bay Ecocabins G2
14 Flinders Chase Farm B3
   Gateway Visitor
   Information Centre .... (siehe 16)
15 Harvey's Return A2
16 Kangaroo Island Backpackers F2
17 Kangaroo Island Shores F2
18 Kangaroo Island Wilderness
   Retreat B3
19 Lifetime Private Rentals C2
20 Rocky River A3
21 Snake Lagoon A3
22 Southern Ocean Lodge.........................B3
23 Wallaby Beach House F2
24 Waves & Wildlife C1
25 West Bay A3
26 Western KI Caravan Park B3
27 Western River Cove Campsite............... B2

Essen
28 Chase Cafe B3
29 Dudley Cellar Door G2
   Isola Pizza..................................(siehe 16)
30 Marron Café C3

Praktisches
   Gateway Visitor
   Information Centre ....(siehe 16)

---

in kleinen Gruppen (415 AU$) ab Adelaide mit Sandboarden, Lagerfeuer und den wichtigsten Sehenswürdigkeiten.

Kangaroo Island Ocean Safari ABENTEUERTOUR
(0419 772 175; www.kangarooislandoceansafari.com.au; Touren Erw./Kind 77/55 AU$) Auf den 75-minütigen Fahrten ab Penneshaw auf einem schwimmenden Zwölfsitzer kann man Robben, Delfine, Vögel und (manchmal) Wale beobachten.

Kangaroo Island Adventure Tours GEFÜHRTE TOUR
(08-8202 8678; www.kiadventuretours.com.au) Zweitägige All-inclusive-Backpacker-Touren ab Adelaide mit vielen Aktivitäten (ab 436 AU$ mit Unterbringung im Schlafsaal, im Zimmer wird's teurer).

Kangaroo Island Marine Andventures TOUR
(08-8553 3227; www.kimarineadventures.com) Einstündige North Coast Bootstouren (60 AU$) und halbtägige Ausflüge (190 AU$). Dabei kann man mit Delfinen schwimmen, Seehundkolonien besuchen und entlegene Teile der Insel erkunden.

Schlafen

Übernachten auf KI ist teuer und reißt nach der ohnehin schon teuren Fährfahrt ein noch größeres Loch in die Geldbörse. Doppelzimmer in vereinzelt stehenden Cottages, B&Bs und Strandhäusern kosten ab 160 AU$ pro Nacht (in der Regel 2 Nächte Mindestaufenthalt). Auf der Insel gibt es aber auch ein paar tolle Campingplätze und einige wenige Mittelklassemotels. Gute Wohnwagenparks und Hostels sind selten.

Auf der Insel gibt es ein paar Agenturen, die bei der Zimmersuche behilflich sind.

Gateway Visitor Information Centre UNTERKUNFTSVERMITTLUNG
(1800 811 080; www.tourkangarooisland.com.au/accommodation)

Kangaroo Island Holiday Accommodation UNTERKUNFTSVERMITTLUNG
(08-8553 9007; www.kangarooislandholidayaccommodation.com.au)

Sealink UNTERKUNFTSVERMITTLUNG
(13 13 01; www.sealink.com.au/kangaroo-island-accommodation)

Praktische Informationen

Das größte Gateway Visitor Information Centre (S. 822) ist in Penneshaw. In Kingscote findet sich das **Kangaroo Island Hospital** (08-8553 4200; www.countryhealthsa.sa.gov.au; The Esplanade, Kingscote; 24 Std.). Geldautomaten gibt's in Kingscote und Penneshaw. Außerhalb der größeren Ortschaften ist auf der Insel der Handyempfang unzuverlässig (die beste Flächenabdeckung hat Telstra). Supermärkte

> ### ⓘ KANGAROO ISLAND TOUR PASS
>
> Wer alles Wichtige auf der Insel sehen möchte, spart mit einem **Kangaroo Island Tour Pass** (www.environment.sa. gov.au; Erw./Kind/Fam. 68/42/185 AU$) viel Geld. Der Pass berechtigt zum Eintritt in alle Parks und Naturschutzgebiete und zur Teilnahme an den von Rangern geführten Touren zur Seal Bay, zu den Kelly Hill Caves, zum Cape Borda und zum Cape Willoughby. Erhältlich ist der Pass online, bei den Visitor Centers und an den meisten Sehenswürdigkeiten.

gibt's in Penneshaw und Kingscote und einen Gemischtwarenladen am American River.
Siehe auch www.tourkangarooisland.com.au.

ⓘ An- & Weiterreise

BUS
Sealink betreibt morgens und nachmittags einen Bus zwischen der Adelaide Central Bus Station und Cape Jervis (hin & zurück Erw./Kind 52/28 AU$, einfache Strecke 2¼ Std.).

FÄHRE
Sealink (☏13 13 01; www.sealink.com.au) lässt zwischen Cape Jervis und Penneshaw auf KI täglich zumindest drei Autofähren in jede Richtung (hin & zurück Erw./Kind ab 98/50 AU$, Fahrrad/Motorrad/Auto 22/64/286 AU$, einfache Strecke 45 Min.) tuckern. Pro Wagen ist der Fahrer im Preis enthalten (d. h. nur bei Autos, nicht bei Fahr- und Motorrädern).

FLUGZEUG
Regional Express (Rex; www.regionalexpress. com.au) bietet täglich Flüge zwischen Adelaide und Kingscote (hin & zurück ab 240 AU$).

ⓘ Unterwegs vor Ort

Auf der Insel gibt es keine öffentlichen Verkehrsmittel. Wer also keine Tour mitmacht, muss einen fahrbaren Untersatz mitbringen oder mieten. Die Hauptstraßen auf der Insel sind asphaltiert, sonst gibt's nur Schotterpisten wie die Straßen nach Cape Willoughby, Cape Borda und die North Coast Rd (langsam fahren, besonders nachts!). Tankstellen gibt's in Kingscote, Penneshaw, American River, Parndana und Vivonne Bay.

AUTOVERMIETUNG
Nicht alle Autovermieter in Adelaide erlauben die Mitnahme des Mietwagens nach Kangaroo Island. **Budget** (www.budget.com.au) und **Hertz** (www.hertz.com.au) sind in Penneshaw, Kingscote und am Kingscote Airport vertreten.

VON DER/ZUR FÄHRE
Sealink betreibt täglich Shuttles zwischen Penneshaw und American River (Erw./Kind 15/8 AU$, 30 Min.) und Kingscote (18/10 AU$, 1 Std.). Reservierung erforderlich.

VOM/ZUM FLUGHAFEN
Der **Kingscote Airport** (www.kangarooisland. sa.gov.au/airport) ist 14 km von Kingscote entfernt. **Kangaroo Island Transfers** (☏08-8553 3133, 0427 887 575; www.kitransfers.com.au) betreibt Busse zwischen dem Flughafen und Kingscote (20 AU$/Pers., mind. 2 Pers.), American River (30 AU$) und Penneshaw (45 AU$). Alleinreisende zahlen das Doppelte (z. B. Kingscote 40 AU$). Reservierung erforderlich. Sealink bietet ähnliche Dienste.

Penneshaw & Dudley Peninsula

Von **Penneshaw** (300 Ew.) am Nordufer der **Dudley Peninsula** aus kann man über die Backstairs Passage zur Fleurieu Peninsula hinüberschauen. Hier kommen die Fähren an, und die Durchreisenden verursachen das etwas unbeständige Angebot hier, aber der Pub, das Hostel und der Gemischtwarenladen sind sehr authentisch und bodenständig. Die **Pennington Bay** liegt an der Strecke nach American River und hat eine beständige Brandung.

⊙ Sehenswertes

Chapman River Wines   WEINGUT
(www.chapmanriverwines.com.au; abseits der Cape Willoughby Rd, Antechamber Bay; ⊙ Sept.–Juni Do–Mo 11–16.30 Uhr) Die Betreiber des exzentrischen Weinguts in einem umgebauten Flugzeughangar keltern tollen Shiraz. Kunst und skurrile Fundstücke aus Kirchen, Kneipen und Häusern aus ganz SA schmücken die Innenräume. Es gibt auch guten Kaffee.

Kangaroo Island Farmers Market   MARKT
(www.goodfoodkangarooisland.com; Lloyd Collins Reserve, Frenchmans Tce, Penneshaw; ⊙ 1. So im Monat 9–13 Uhr) Hier gibt's Backwaren, Chutneys, Seafood, Olivenöl, Honig, Eier, Käse, Joghurt … und natürlich Straßenkünstler und Wein! Sealink (S. 820) bietet für den Marktbesuch Hin- und Rückfahrttickets vom Festland an.

Cape Willoughby Lightstation   LEUCHTTURM
(☏Unterbringung 08-8553 4410; www.environment. sa.gov.au; Cape Willoughby Rd; Spaziergang über das Gelände ohne Führung 3 AU$/Pers., mit Führung inkl. Leuchtturm Erw./Kind/Fam. 15/9/39 AU$; ⊙Füh-

rungen 11.30, 12.30 & 14 Uhr) Der Leuchtturm rund 28 km südöstlich von Penneshaw (über eine unbefestigte Straße) sandte 1852 zum ersten Mal Leuchtsignale aus. Heute dient er als Wetterstation. Viele Infos über Schiffswracks und Unterkünfte in einfachen Cottages (DZ ab 170 AU$, weitere Pers. 28 AU$). In den Schulferien werden auch Führungen um 15 und 16 Uhr angeboten.

Sunset Winery   WEINGUT
(www.sunset-wines.com.au; 4564 Hog Bay Rd, Penneshaw; 11–17 Uhr) Wow, was für eine Aussicht! Wer es den steilen Weg hinauf nicht schafft, kann das Weingut auch durch die Hintertür betreten. Egal, der Sauvignon Blanc und der spritzige Shiraz sind sensationell. Bei Sonnenuntergang werden zum Panorama köstliche Platten serviert.

Penneshaw Maritime &
Folk Museum   MUSEUM
(www.nationaltrustsa.org.au; 52 Howard Dr, Penneshaw; Erw./Kind/Fam. 4/2/7 AU$; Sept.–Mai Mi–So 15–17 Uhr) Zeigt Artefakte aus Schiffswracks in der Region und aus den ersten Siedlungen (darunter wahrhaft kolossale Mühlsteine) sowie liebenswert unbedarfte Modelle von Flinders *Investigator* und Baudins *Geographe*.

🛏 Schlafen & Essen

Kangaroo Island YHA   HOSTEL $
(08-8553 1344; www.yha.com.au; 33 Middle Tce, Penneshaw; B 35 AU$, DZ mit/ohne Bad 110/75 AU$, FZ 160 AU$; @ 🛜) Die Herberge in der Nähe des Zentrums von Penneshaw befindet sich in einem alten Motel aus den 1960er-Jahren mit einer imitierten Backsteinfassade und bietet saubere, geräumige Zimmer, meist mit eigenem Bad. Es gibt eine sonnige Gemeinschaftsküche, eine kleine Lounge, eine Waschküche und eine Hängematte.

Kangaroo Island Backpackers   HOSTEL $
(0439 750 727; www.kangarooislandbackpackers.com; 43 North Tce, Penneshaw; B/EZ/2BZ/DZ/FZ ab 28/38/58/80/120 AU$) Ordentliches, freundliches Privathostel zwischen Kneipe und Fähranleger. Hier ist alles recht einfach, und es gibt auch kein WLAN. Aber hallo, man macht ja schließlich Inselurlaub! Wer braucht da schon Innendesign und soziale Medien? Auch Angeln kann Spaß machen.

Kangaroo Island Shores   WOHNWAGENPARK $
(08-8553 1028; www.seafront.com.au; Lot 501, Talinga Tce, Penneshaw; Stellplatz ohne/mit Strom 25/30 AU$) Den dem Penneshaw-Fähranleger am nächsten gelegenen Campingplatz erreicht man nach ein paar Schritten. Es ist bestimmt nicht die wildeste oder interessanteste Anlage, dafür ist sie aber sauber und praktisch gelegen.

Antechamber Bay Ecocabins   HÜTTEN $$
(08-8553 1557; www.kiecocabins.com; 142 Creek Bay Rd, Antechamber Bay; DZ ab 130 AU$, weiterer Erw./Kind 20 AU$/frei, Stellplatz ohne Strom Erw./Kind 20 AU$/frei) 🌿 Die beiden Acht-Bett-Hütten abseits der Cape Willoughby Rd stehen auf einem 22 ha großen Gelände hinter den Dünen. Sie sind recht rudimentär, aber sehr gemütlich und verfügen über Duschen unter freiem Himmel, Komposttoiletten, Solarstrom und Warmwasser. Wer will, kann auch sein eigenes Zelt aufstellen und die tolle Campingküche benutzen. Kajaks und Angelausrüstung gibt's ebenfalls (im Fluss tummeln sich Brassen).

Wallaby Beach House   FERIENHAUS $$
(08-8362 5293; www.wallabybeachhouse.com.au; Browns Beach; DZ ab 180 AU$, weitere Pers. 25 AU$) Das abgeschiedene Strandhaus mit drei Schlafzimmern für insgesamt sechs Personen steht 13 km westlich von Penneshaw am menschenleeren Browns Beach und ist einfach, aber stilvoll eingerichtet. Man hat einen tollen Blick auf den Sonnenuntergang und die vorbeiziehenden Robben, Delfine und Pinguine.

Fish   SEAFOOD $
(0439 803 843; www.2birds1squid.com; 43 North Tce, Penneshaw; Hauptgerichte 13–18 AU$; Mitte Okt.–April 16.30–20 Uhr) Hier gibt's Fish & Chips zum Mitnehmen, wie man sie noch nie zuvor gegessen hat (Wittling und Hornhecht gegrillt, in Bierteig gebacken oder paniert), gigantische Jakobsmuscheln von der Insel, Krebse, Hummermedaillons, Garnelen, Austern und zum Dippen eine Reihe leckerer hausgemachter Saucen. Die Öffnungszeiten variieren, lieber vorher anrufen.

⭐ Dudley Cellar Door   CAFÉ $$
(08-8553 1333; www.dudleywines.com.au; 1153 Cape Willoughby Rd, Cuttlefish Bay; Hauptgerichte 25–28 AU$; 10–17 Uhr) Der erste Winzer auf KI hat 12 km östlich von Penneshaw ein neues Café eröffnet – einen raffinierten Wellblechschuppen mit atemberaubendem Blick aufs Festland. Serviert werden tolle Pizzas (zu empfehlen ist die mit Australischem Wittling), Austern und Garnelen – dazu noch eine Flasche Chardonnay auf der Terrasse, und der Genuss ist perfekt.

Isola Pizza
PIZZA $$

(📞 08-85531227; www.facebook.com/isolapizzakangarooisland; 43 North Tce, Penneshaw; Hauptgerichte 15–30 AU$; ⏱ 17–20 Uhr; 📶) Die Sonne geht unter, man wartet auf die Fähre, hat Hunger und den Proviant aufgefuttert? Dann nichts wir rein ins Isola („Insel" auf Spanisch) und eine leckere Pizza bestellen. Die griechische Version mit Lamm ist der Renner.

❶ Praktische Informationen

Gateway Visitor Information Centre (📞 1800 811 080, 08-8553 1185; www.tourkangarooisland.com.au; Lot 3 Howard Dr, Penneshaw; ⏱ Mo-Fr 9–17, Sa & So 10–16 Uhr; 📶) Gleich außerhalb von Penneshaw an der Straße nach Kingscote. Hat Broschüren und Karten, vermittelt Unterkünfte und verkauft Eintrittskarten zu Parks sowie den Kangaroo Island Tour Pass.

American River
230 EW.

Zwischen Penneshaw und Kingscote, mitten auf dem Weg ins Nirgendwo, liegt American River irgendwie unentschlossen an der klaren **Pelican Lagoon**. Die Stadt wurde nach einer amerikanischen Mannschaft von Robbenfängern benannt, die hier 1804 einen Handelsposten errichtete. Von der einstigen Geschäftigkeit ist nichts mehr übrig, bis auf den Gemischtwarenladen und viele Pelikane.

Am Ende des Scenic Dr führt ein **Küstenwanderweg** (einfache Strecke 2 km) durch Buschwerk, Gummibäume und Eichen zu den Ruinen einer Fischkonservenfabrik.

🛏 Schlafen & Essen

American River Camping Ground CAMPING $
(📞 08-8553 4500; www.kangarooisland.sa.gov.au; Tangara Dr, American River; Stellplatz ohne/mit Strom 15/25 AU$ für 2 Pers., weitere Pers. 5 AU$) Schattiger, von der Gemeinde betriebener Campingplatz an der Lagune mit Feuerstellen, Duschen, Toiletten und einer tollen Grillhütte. Die Bezahlung erfolgt durch Selbstregistrierung.

Mercure Kangaroo Island Lodge MOTEL $$
(📞 1800 355 581, 08-8553 7053; www.kilodge.com.au; Lot 2, Scenic Dr, American River; DZ inkl. Frühstück ab 180 AU$; ❄@📶≋) Standard-Motelsuiten mit Blick auf den Pool oder die Lagune (die besten Zimmer sind im Flügel aus Stampflehm). Im Restaurant gibt's morgens ein Frühstücksbüffet und abends Meeresfrüchte aus der Region (Hauptgerichte 20–30 AU$, 7.30–9 & 18–20.30 Uhr).

Island Coastal Units MOTEL, HÜTTEN $$
(📞 08-8553 7010; www.kangarooislandcoastalunits.com.au; Tangara Dr, American River; Wohneinheit/Hütte ab 100/120 AU$, weitere Pers. 20 AU$) Im Angebot sind einige niedrige, einfache Wohneinheiten im Motelstil mit einem oder zwei Schlafzimmern unter Bäumen am Ufer und vier schöne, separat stehende Hütten mit solarbeheiztem Warmwasser, Gaskochern und Klimaanlage (die 20 AU$ mehr lohnen sich!). Mindestens zwei Übernachtungen.

Oyster Farm Shop SEAFOOD $
(📞 08-8553 7122; www.goodfoodkangarooisland.com/food/kio_shop.asp; 486 Tangara Dr, American River; Gerichte 90–21 AU$; ⏱ Mo-Fr 11–16.30, Küche bis 14.30 Uhr) In der von den Besitzern einer lokalen Austernfarm betriebenen kleinen Hütte werden nachhaltig gefangene Meeresfrüchte von Produzenten auf der Insel verkauft. Es gibt Austern, Krebse, Seeohren, Australische Wittlinge und sogar Barramundi – als Mahlzeit zubereitet oder roh zum Mitnehmen. Ein Dutzend frischer Austern mit Schale kostet gerade mal 10 AU$.

Kingscote
1700 EW.

Das verschlafene Küstenörtchen Kingscote (sprich: „kings-coat") ist die größte Stadt auf KI und das Zentrum des Insellebens. Es ist ein fotogenes Städtchen mit wogenden Norfolktannen, ein paar Kneipen und anständigen Restaurants.

⊙ Sehenswertes & Aktivitäten

Kangaroo Island Spirits BRENNEREI
(KIS; www.kispirits.com.au; 856 Playford Hwy, Cygnet River; Verkostung gratis, Flasche ab 42 AU$; ⏱ Mi-Mo 11–17 Uhr, während der Schulferien tgl.) Die nette kleine Brennerei macht aus einheimischen Wacholderbeeren Gin in kleinen Chargen sowie Wodka, Brandy und Liköre (man kann nur hoffen, dass der leckere Bio-Honig-Walnuss-Likör noch nicht ausverkauft ist).

Island Beehive BIENENHAUS
(www.island-beehive.com.au; 59 Playford Hwy, Kingscote; Führung Erw./Kind/Fam. 4,50/3/13 AU$; ⏱ 9–17 Uhr, Führung 9.30–15.30 Uhr alle 30 Min.) Bei den Gruppenführungen durch die Anlage kann man alles über duldsame, hart arbeitende Ligurische Bienen und die Bienenzucht erfahren und sich dann mit allen möglichen Bienenprodukten wie leckerem Bio-Honig und Honigwabeneis eindecken.

Island Pure Sheep Dairy MOLKEREI
(www.islandpure.com.au; 127 Gum Creek Rd, Cygnet River; Führung Erw./Kind/Fam. 6,50/5,50/22 AU$; ⏱12–16 Uhr) In der Molkerei nahe dem Cygnet River, 12 km von Kingscote, warten 1500 Schafe darauf, gemolken zu werden (tgl. ab 14 Uhr). Bei der Führung durch die Anlage kann man auch Joghurt und Käse probieren (der Haloumi ist himmlisch!).

Pelikanfütterung VOGELBEOBACHTUNG
(☎08-8553 3112; Kingscote Wharf, Kingscote; Erw./Kind 5/3 AU$; ⏱17 Uhr) Man schnappt sich einfach einen Hocker an der Kingscote Wharf und beobachtet, wie die etwa 20 gefräßigen Pelikane gefüttert werden. Der „Gastgeber" ist gut geschützt (Hut, Handschuhe, Stiefel) und hat ein Mikro, sodass man das Spektakel der gierig nach Futter schnappenden Zeitgenossen hören kann.

Kingscote Tidal Pool SCHWIMMEN
(www.kangarooisland.sa.gov.au/page.aspx?u=572&c=8272; Chapman Tce, Kingscote; ⏱tagsüber) GRATIS Die Strände von Kingscote eignen sich nicht wirklich zum Baden. Die Einheimischen fahren daher lieber an die 18 km nordwestlich gelegene **Emu Bay** oder zu diesem 50 m langen Gezeitenbecken, wo es auch ein paar Pontons und ein grasbewachsenes Ufer zum Sonnenbaden gibt.

🍽 Schlafen & Essen

Kangaroo Island Central Backpackers HOSTEL $
(☎08-8553 2787; www.kicentralbackpackers.com; 19 Murray St, Kingscote; B/DZ ab 25/60 AU$; ❄🛜) Nur ein paar Blocks von Kingscotes Hauptstraße entfernt liegt dieses kleine, bescheidene Hostel. Es hat saubere und erschwingliche Zimmer und bietet eine gemütliche Lounge, Rasenfläche und hinten eine hübsche Hütte mit zwei Zimmern und Bad. Hier fühlt man sich wie zu Besuch bei jemandem zu Hause – ob das gut oder schlecht ist, hängt davon ab, wie gesellig man drauf ist.

Kingscote Nepean Bay Tourist Park WOHNWAGENPARK $
(☎08-8553 2394; www.kingscotetouristpark.com.au; Ecke First St & Third St, Brownlow; Stellplatz ohne/mit Strom 34/40 AU$; Hütte/Wohneinheit ab 90/135 AU$; ❄🛜) Der Wohnwagenpark hinter den Dünen in Brownlow, 3 km südwestlich von Kingscote, bietet die üblichen Annehmlichkeiten. Über den Küstenpfad kann man zurück nach Kingscote wandern. Die Stellplätze sind hier besser als die Hütten.

Aurora Ozone Hotel HOTEL $$
(☎08-8553 2011, 1800 083 133; www.aurorareorts.com.au; Ecke Commercial St & Kingscote Tce, Kingscote; DZ Kneipe/Motel ab 162/248 AU$, Apt. mit 1/2/3 B ab 270/482/543 AU$; ❄@🛜♨) Der 100 Jahre alte Ozone Pub an der Küste mit Traumblick bietet oben gute Gasthauszimmer sowie Motelzimmer und stilvolle Luxus-Apartments in einem neuen Flügel auf der anderen Straßenseite. Im stets gut besuchten Bistro (Hauptgerichte 20–48 AU$) bekommen Gäste Grillgerichte und Meeresfrüchte vorgesetzt, und an der Bar kann man sich den einen oder anderen Wein von Kangaroo Island gönnen.

Seaview Motel MOTEL, PENSION $$
(☎08-8553 2030; www.seaview.net.au; 51 Chapman Tce, Kingscote; Pension EZ/DZ 90/100 AU$, Motel EZ/DZ 146/156 AU$, weiterer Erw./Kind 25/15 AU$; ❄🛜) Das Seaview scheint immer komplett belegt zu sein – und das ist ein gutes Zeichen. Man hat die Wahl zwischen altmodischen Pensionszimmern von 1929 mit Gemeinschaftsbad (keine Klimaanlage) und renovierten Motelzimmern aus den 1980er-Jahren. Gehört einer Familie und ist für KI-Verhältnisse erschwinglich.

Kangaroo Island Fresh Seafoods SEAFOOD $
(www.goodfoodkangarooisland.com/eatingout/kifreshseafood.asp; 26 Telegraph Rd, Kingscote; Gerichte 8–16 AU$; ⏱Mo-Sa 8–20 Uhr) Das bescheidene Lokal an einer Tankstelle serviert die besten Meeresfrüchte, die man wohl je essen wird. Fette Austern kostet gerade mal 1 AU$, und dann gibt es noch alle möglichen Meeresfrüchte zubereitet oder frisch sowie gemischte Platten. Einfach super!

Bella ITALIENISCH $$
(☎08-8553 0400; www.goodfoodkangarooisland.com/eatingout/bella.asp; 54 Dauncey St, Kingscote; Pizzas 15–39 AU$, Hauptgerichte 26–32 AU$; ⏱10 Uhr–open end) Das gesellige Bella ist italienisches Café, Restaurant und Pizzeria zugleich. Man kann drinnen oder im Freien sitzen. Um die Mittagszeit gibt's Pizzas (auch zum Mitnehmen); abends speist man à la carte, z.B. Austern aus dem American River, Riesengarnelen aus dem Spencer Gulf sowie Känguru und Wittling aus der Region.

ℹ Praktische Informationen

Natural Resources Centre (08-8553 4444; www.naturalresources.sa.gov.au/kangarooisland; 37 Dauncey St, Kingscote; ⏱Mo–Fr 9–17

Uhr) Verkauft den Kangaroo Island Tour Pass und hat Infos zu den Nationalparks.

North Coast Road

Großartige Strände (ruhiger als die an der Südküste), Buschland und endlose Weideflächen prägen die North Coast Rd, die von Kingscote entlang der Küste zum Playford Highway 85 km westlich führt (der Asphalt endet in Emu Bay). Man kann hier nicht viel tun, außer am Strand rumzulümmeln – klingt gut, oder?

18 km von Kingscote entfernt liegt **Emu Bay**, ein winziges Ferienest. Sein 5 km langer weißer, von Dünen gesäumter Strand ist einer der besten Badeplätze auf KI. 36 km weiter westlich, in **Stokes Bay**, gibt's eine Pinguinkolonie und ein breites Felsenbecken, das man durch einen 20 m langen Tunnel in den Klippen (Vorsicht, Kopf!) am Ostende der Bucht erreicht. Die Strömung außerhalb des Beckens kann tückisch sein.

Der Ausblick vom Constitution Hill aus über den **Snelling Beach** ist fantastisch. 7 km weiter westlich trifft man auf die Abzweigung zur **Western River Cove**, in der ein kleiner Strand von düsteren Basaltklippen umrahmt wird. Die Straße, die auf den Klippen hierher führt, ist unglaublich schön (und steil!).

🛏 Schlafen & Essen

Western River Cove Campsite CAMPING $
(☎ 08-8553 4500; www.kangarooisland.sa.gov.au; Stellplatz ohne Strom 15 AU$/2 Pers., weitere Pers. 5 AU$) Es ist ein steiler Weg bis zu diesem Campingplatz mit Selbstregistrierung, der nur einen kurzen Spaziergang vom Strand und einer Fußgängerbrücke über den Fluss entfernt (was zum Angeln verführt) liegt. Es gibt einen Toilettenblock und eine Grillhütte, aber keine Duschen.

Emu Bay
Holiday Homes HÜTTE, FERIENHAUS $
(☎ 08-8553 5241; www.emubaysuperviews.com.au; 21 Bayview Rd, Emu Bay; Hütte 96 AU$, Ferienwohnung 122–152 AU$, weitere Pers. 22 AU$; ❄ 🔊) Sehr preisgünstige (wenn auch etwas kitschige) Hütten und Ferienwohnungen in einem großen Garten voller Blumen auf dem Hügel oberhalb vom Strand der Emu Bay (toller Blick!). Die separaten Hütten (aufgehübschte Wohnwagen ohne Klimaanlage) bieten Platz für vier bis sechs Personen, die Ferienhäuser für sechs bis zehn Personen.

Waves & Wildlife COTTAGES $$
(☎ 08-8559 2232; www.wavesandwildlife.com.au; North Coast Rd, Stokes Bay; 1-/3-Zi.-Cottage ab 125/145 AU$ für 2 Pers., weitere Pers. 20 AU$) Die gepflegten, sauberen, recht neuen Cottages (Baujahr 2006) stehen nebeneinander gereiht an einem mit Gras bewachsenen Abhang oberhalb von Stokes Bay (toller Tunnel und Felstümpel!). Es gibt Ein- und Dreizimmerhäuser mit komplett eingerichteter Küche, tollem Blick und in der Abenddämmerung herumhopsenden Kängurus. Bettzeug ist nicht im Preis enthalten, zudem gibt es einen Mindestaufenthalt – aber trotzdem ist das Preis-Leistungs-Verhältnis grandios.

Lifetime Private Rentals FERIENHAUS $$$
(www.life-time.com.au; North Coast Rd, Snelling Beach; DZ ab 490 AU$; ❄) Die vier herrlichen Ferienhäuser aus Stein und Holz an einem Hang über dem schönen Snelling Beach sind teuer, aber jeden Cent wert (...wenn man mit einer Gruppe unterwegs ist und sich die Kosten teilt, ist es eigentlich sogar recht erschwinglich: ab 510 AU$ für 6 Pers. in 3 Schlafzi.). Die Häuser bieten Terrassen, riesige Fenster, witzige Kunstwerke und einen Wahnsinnsblick.

Rockpool Café CAFÉ $$
(☎ 08-8559 2277; www.facebook.com/therockpoolcafe; North Coast Rd, Stokes Bay; Hauptgerichte 15–28 AU$; 11–17 Uhr) In dem lockeren Freiluftcafé in Stokes Bay muss man sich über sandige Füße keine Gedanken machen. Auf die Frage nach der Spezialität des Hauses meinte der Koch „Wonach mir gerade ist!" Und das sind in der Regel Meeresfrüchte, die man mit einem guten Wein aus der Region und einem ordentlichen Espresso runterspülen kann.

South Coast Road

Die Südküste ist im Vergleich zur Nordküste rau und bekommt eine starke Brandung ab.

⊙ Sehenswertes & Aktivitäten

Seal Bay Conservation
Park NATURSCHUTZGEBIET
(☎ 08-8553 4460; www.sealbay.sa.gov.au; Seal Bay Rd; geführte Tour Erw./Kind/Fam. 32/18/80 AU$, in der Dämmerung 60/36/165 AU$; ☉ Tour ganzjährig 9–16 Uhr, Dez.–Feb. zusätzl. Touren, Okt.–März Wanderungen zur Abenddämmerung) ✐ Hier gilt das Motto „beobachten, ohne einzugreifen". Bei den geführten Touren geht es am Strand entlang (bei Touren ohne Führer über den

Plankenweg; Erw./Kind/Fam. 15/9/40 AU$) zu einer Kolonie von (meist schlafenden) Australischen Seelöwen. Die Touren in der Dämmerung werden nur im Dezember und Januar angeboten. Reservierung empfohlen.

Clifford's Honey Farm
FARM

(www.cliffordshoney.com.au; 1157 Elsegood Rd, Haines; 9–17 Uhr) Für das Honigeis würde man sogar durch die Backstairs Passage schwimmen! Den Honig produziert ein Volk seltener Ligurischer Bienen. Die charmante, nicht kommerzielle Farm liegt ein wenig abseits der Touristenrouten.

Kelly Hill Conservation Park
NATURSCHUTZGEBIET

(08-8553 4464; www.environment.sa.gov.au; South Coast Rd; Führung Erw./Kind/Fam. 18/10/45 AU$, Abenteuer-Caving Erw./Kind 70/40 AU$; 10.15–16.30 Uhr) Die trockenen Kalksteinhöhlen wurden in den 1880er-Jahren durch Zufall entdeckt, als ein Pferd namens Kelly durch ein Loch in die Höhlen stürzte. Man kann an einer normalen Höhlenführung (10.30 Uhr, danach von 11–16 Uhr stündl.) und anschließend an einer Abenteuer-Caving-Tour (14.15 Uhr; Reservierung erforderlich) teilnehmen. Der **Hanson Bay Walk** (einfache Strecke 9 km) führt von den Höhlen vorbei an Süßwassersumpfgebieten. In den Schulferien werden zusätzliche Höhlenführungen angeboten.

Raptor Domain
ZOO

(www.kangarooislandbirdsofprey.com.au; Ecke South Coast Rd & Seal Bay Rd; Erw./Kind/Fam. Raubvögel 16.50/12/50 AU$, Reptilien 12/10/35 AU$; 10.30–16 Uhr) Bei der einstündigen Raubvogelschau (11.30 & 14.30 Uhr) bekommt man ein paar auf der Insel heimische Keilschwanzadler, Schleiereulen und Jägerlieste zu Gesicht – und dann gibt's noch die einstündige Echsen- und Schlangenshow (13 Uhr).

Schlafen & Essen

Western KI Caravan Park
CAMPING $

(08-8559 7201; www.westernki.com.au; 7928 South Coast Rd, Flinders Chase; Stellplatz ohne/mit Strom 25/30 AU$, Hütte 110–190 AU$;) Ein paar Minuten Autofahrt östlich vom Flinders Chase National Park kampiert man in diesem freundlichen Wohnwagenpark unter Schatten spendenden Eukalyptusbäumen und zwischen hier lebenden Kängurus. Die Koala- und Lagunenwanderwege sind wirklich toll, auch die Telefonzelle in einem alten

SOUTHERN OCEAN LODGE

Millionäre, sattelt die Pferde! In der Tourismusgalaxie von SA leuchtet ein heller Stern: die **Southern Ocean Lodge** (08-8559 7347; www.southernoceanlodge.com.au; Hanson Bay Rd; DZ ab 1050 AU$/Nacht;). Die Anlage zieht sich wie eine Schlange über die Klippen der Hanson Bay – ein Paradebeispiel für Exklusivität. Mindestaufenthalt sind zwei Nächte. Flughafentransfer, alle Mahlzeiten und Getränke sowie geführte Touren auf KI sind inklusive.

Wer nur einen Blick riskieren will, braucht das von der Straße aus erst gar nicht zu versuchen. Alles was man vorfindet, sind Stahltore und eine unspektakuläre Gegensprechanlage. Hier blättern die Gäste für ihre Privatsphäre einiges hin. (Hey, war das nicht gerade Teri Hatcher in dem Jeep da?). Vom Strand an der Hanson Bay aus kann man aber einen kleinen Blick auf die Lodge erhaschen.

Bäckerlieferwagen ist sehenswert. Der Laden verkauft Lebensmittel, hausgemachte Fertiggerichte und (nur für Gäste) Bier und Wein.

Flinders Chase Farm
HOSTEL, HÜTTE $$

(08-8559 7223; www.flinderschasefarm.com.au; 1561 West End Hwy, Karatta; B/Hütte 25/70 AU$, DZ & 4BZ mit Bad 110/120 AU$) Eine Farm mit Charme nur eine kurze Autofahrt vom Flinders Chase National Park entfernt. Hier gibt es makellose Schlafsäle, ein paar gemütliche Hütten und in einer Lodge Zimmer mit eigenem Bad. Eine tolle Campingküche, Feuerstellen und Duschen im Freien stehen Gästen ebenfalls zur Verfügung.

Kangaroo Island Wilderness Retreat
HOTEL, RESORT $$

(08-8559 7275; www.kiwr.com; Lot 1, South Coast Rd, Flinders Chase; DZ/Apt./Suite ab 175/182/256 AU$;) Das einfache Resort im Blockhüttenstil, auf dessen Gelände Wallabys grasen, befindet sich vor den Toren des Flinders Chase National Park. Den Gästen stehen ganz unterschiedliche Unterkünfte zur Verfügung: Von einfachen Zimmern im Motelstil bis hin zu schicken Suiten mit Spa. Außerdem gibt es eine Tanksäule, eine Bar und ein **Restaurant** (Frühstück 15–25 AU$, Abendessen 24–36 AU$; 7.30–9.30 & 18–20.30 Uhr).

Marron Café MODERN-AUSTRALISCH $$
(📞 08-8559 4114; www.andermel.com.au; 804 Harriet Rd, Central Kangaroo Island; Hauptgerichte 16–38 AU$; ⊙ Sept.–April 11–16.30 Uhr, Mai–Aug. 12–15.30 Uhr) Rund 15 km nördlich von Vivonne Bay kann man sich seine Süßwasserkrebse selbst aus dem Zuchttank aussuchen. Das Krebsfleisch hat einen feinen, zarten Geschmack, nur die schweren Saucen passen nicht so richtig dazu. Es gibt auch Steak und Hühnchen, falls man Schalentiere nicht mag. Letzte Bestellung 30 Minuten bevor das Restaurant schließt.

Flinders Chase National Park

Am Westende der Insel befindet sich der Flinders Chase National Park, einer der besten Nationalparks in SA. Der Großteil des Parks besteht aus Eukalyptusgestrüpp, aber es gibt auch ein paar schöne, hohe Eukalyptuswälder, besonders rund um Rocky River und die Ravine des Casoars, 5 km südlich vom Cape Borda. Den Eintritt bezahlt man am Flinders Chase Visitor Information Centre.

⊙ Sehenswertes & Aktivitäten

Früher war Rocky River eine Farm, heute ist es ein Zufluchtsort für Kängurus, Wallabys und Hühnergänse. Das Getier buhlt um die Aufmerksamkeit der Besucher. Ein paar gute Wanderwege beginnen hinter dem Visitors Centre, z. B. der Rocky River Hike; hier begegnet man vielleicht sogar einem Schnabeltier (hin & zurück 9 km, 3 Std.).

Von Rocky River führt eine Straße nach Süden zum abgelegenen Leuchtturm von 1906 auf dem rauen Cape du Couedic (ausgesprochen „coo-dick"). Ein Holzsteg windet sich zum Admirals Arch hinunter, einem riesigen Torbogen, der vom Meer ausgehöhlt wurde, und führt weiter zu einer Kolonie Neuseeländischer Seebären (angenehm riechen die ja nicht gerade…).

Am Kirkpatrick Point, ein paar Kilometer östlich des Cape du Couedic, befinden sich die oft fotografierten Remarkable Rocks, eine Ansammlung mächtiger, vom Wetter geformter Granitfelsen. Sie liegen auf einer Steinplatte, die 75 m über dem Meer thront. Beeindruckend!

In der Nordwestecke der Insel, auf dem Cape Borda befindet sich ein Leuchtturm (08-8559 3257; www.environment.sa.gov.au/parks; Eintritt frei, geführte Touren Erw./Kind/Fam. 14,50/9/38 AU$; ⊙ 9–17, geführte Touren 11.00, 12.30 & 14.00 Uhr) aus dem Jahr 1858 hoch über der welligen Oberfläche des Indischen Ozeans. Man findet hier Wanderwege zwischen 1,5 und 9 km Länge. Während der Sommerferien werden zusätzlich Touren um 15.15 und 16 Uhr veranstaltet.

Am nahe gelegenen Harvey's Return erzählt ein Friedhof ergreifende Geschichten über die harte Realität der Isolation in früheren Zeiten. Von hier aus gelangt man zur Ravine des Casoars (wörtlich „Schlucht der Kasuaren", benannt nach den nun ausgestorbenen Zwergemus, die Baudin hier gesichtet hat). Der anspruchsvolle Ravine des Casoars Hike (hin & zurück 8 km, 4 Std.) führt durch die Schlucht zur Küste.

🛏 Schlafen & Essen

Die Campingplätze heißen Rocky River (10/28 AU$ pro Pers./Auto), Snake Lagoon (7/13 AU$ pro Pers./Auto), West Bay (7/13 AU$ pro Pers./Auto) und Harvey's Return (7/13 AU$ pro Pers./Auto); gebucht werden kann über das Department of Environment, Water & Natural Resources (DEWNR; 📞 08-8553 4490; flinderschase@sa.gov.au).

Es stehen auch renovierte Cottages in Rocky River – das preiswerte Postmans Cottage (DZ 72 AU$) und das familienfreundliche Mays Homestead (DZ 171 AU$) – und die Leuchtturmwärter-Cottages am Cape du Couedic und am Cape Borda (DZ 48–219 AU$) zur Verfügung; sie sind ebenfalls über das Department of Environment, Water & Natural Resources (📞 08-8553 4410; www.environmentsa.gov.au) zu buchen (telefonisch oder online).

An der kulinarischen Front ist die einzige Option für alle, die sich nicht selbst versorgen, das Chase Café (📞 08-8559 7339; www.thechasecafe.com.au; Flinders Chase Visitor Information Centre; Gerichte 7–28 AU$; ⊙ 9–15.30 Uhr) im Visitors Centre, das Burger, Wraps, Suppen, Kaffee und Weine im Glas serviert.

❶ Praktische Informationen

Flinders Chase Visitor Information Centre (📞 08-8559 7235; www.environment.sa.gov.au/parks; South Coast Rd, Flinders Chase; Eintritt in den Park Erw./Kind/Fam. 10/6/27 AU$; ⊙ 9–17 Uhr) Infos, Karten und Reservierung von Stellplätzen/Unterkünften. Außerdem gibt's ein Café und eine Ausstellung über die Ökologie der Insel.

Barossa Valley & südöstliches SA

Inhalt ➡

Barossa Valley	830
Tanunda	831
Angaston	835
Clare Valley	836
Von Mannum nach Waikerie	841
Barmera & Umgebung	842
Loxton	843
Berri	844
Renmark	845
Robe	848
Mount Gambier	850

Gut essen

- ➡ Skillogalee (S. 838)
- ➡ Terroir (S. 837)
- ➡ Banrock Station Wine & Wetland Centre (S. 843)
- ➡ Pipers of Penola (S. 853)
- ➡ Ferment Asian (S. 833)

Schön übernachten

- ➡ Reilly's (S. 838)
- ➡ Waikerie Hotel Motel (S. 842)
- ➡ Dalton on the Lake (S. 847)
- ➡ Bompas (S. 850)
- ➡ BIG4 Renmark Riverfront Holiday Park (S. 846)

Auf ins Barosssa Valley & ins südöstliche South Australia!

Von den legendären Weinregionen nördlich von Adelaide über die Biegungen des Murray River bis hin zur Limestone Coast im Süden verdient die Region ungeteilte Aufmerksamkeit.

Das Barossa Valley und das Clare Valley kann man als Tagestour von Adelaide aus besuchen, doch warum die Eile, wenn Wein und Essen so gut sind? Besser verbringt man in jedem Tal einige Tage, erkundet antiquierte Orte, radelt, isst und fröhnt dem Hedonismus. Dies sind Urlaubsziele nach Maß!

Der Murray River dagegen ist gigantisch und windet sich durch den gesamten Bundesstaat. Die Städte hier sind funktional, haben aber auch eine ländliche Atmosphäre. Der still dahingleitende Fluss verströmt Schönheit und Anmut.

Auf dem Weg nach Südosten geht's über die Limestone Coast und durch den Coorong National Park, in dem sich Süß- und Salzwasser mischen, in die zweitgrößte Stadt von SA, Mount Gambier. Und auf alle, die noch mehr Lust auf Wein haben, wartet die Weinregion Coonawarra.

Reisezeit

Tanunda

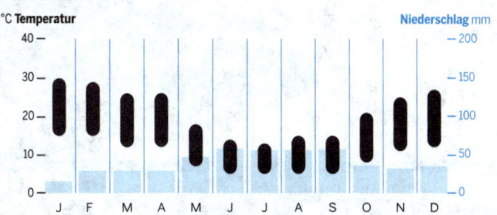

März–Mai Herbstliche Sonnenuntergänge und rostrote Weintrauben: Die Erntezeit beginnt.

Okt. & Nov. Frühling am Murray River, ehe Scharen von Jetski-Fans eintreffen.

Dez.–Feb. Der Sommer ist da – die ideale Zeit, um am Strand zu dösen.

Highlights

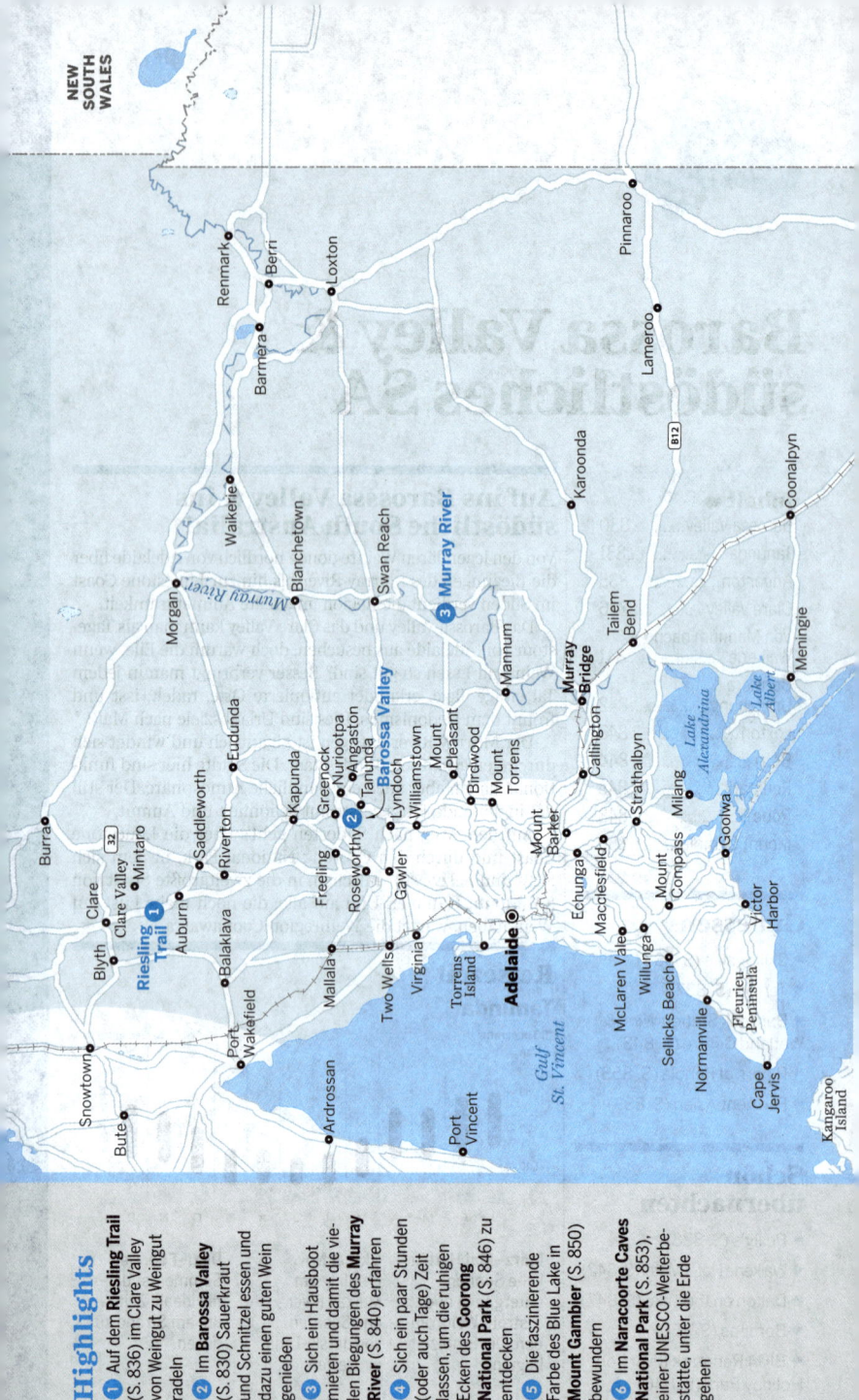

① Auf dem **Riesling Trail** (S. 836) im Clare Valley von Weingut zu Weingut radeln

② Im **Barossa Valley** (S. 830) Sauerkraut und Schnitzel essen und dazu einen guten Wein genießen

③ Sich ein Hausboot mieten und damit die vielen Biegungen des **Murray River** (S. 840) erfahren

④ Sich ein paar Stunden (oder auch Tage) Zeit lassen, um die ruhigen Ecken des **Coorong National Park** (S. 846) zu entdecken

⑤ Die faszinierende Farbe des Blue Lake in **Mount Gambier** (S. 850) bewundern

⑥ Im **Naracoorte Caves National Park** (S. 853), einer UNESCO-Welterbestätte, unter die Erde gehen

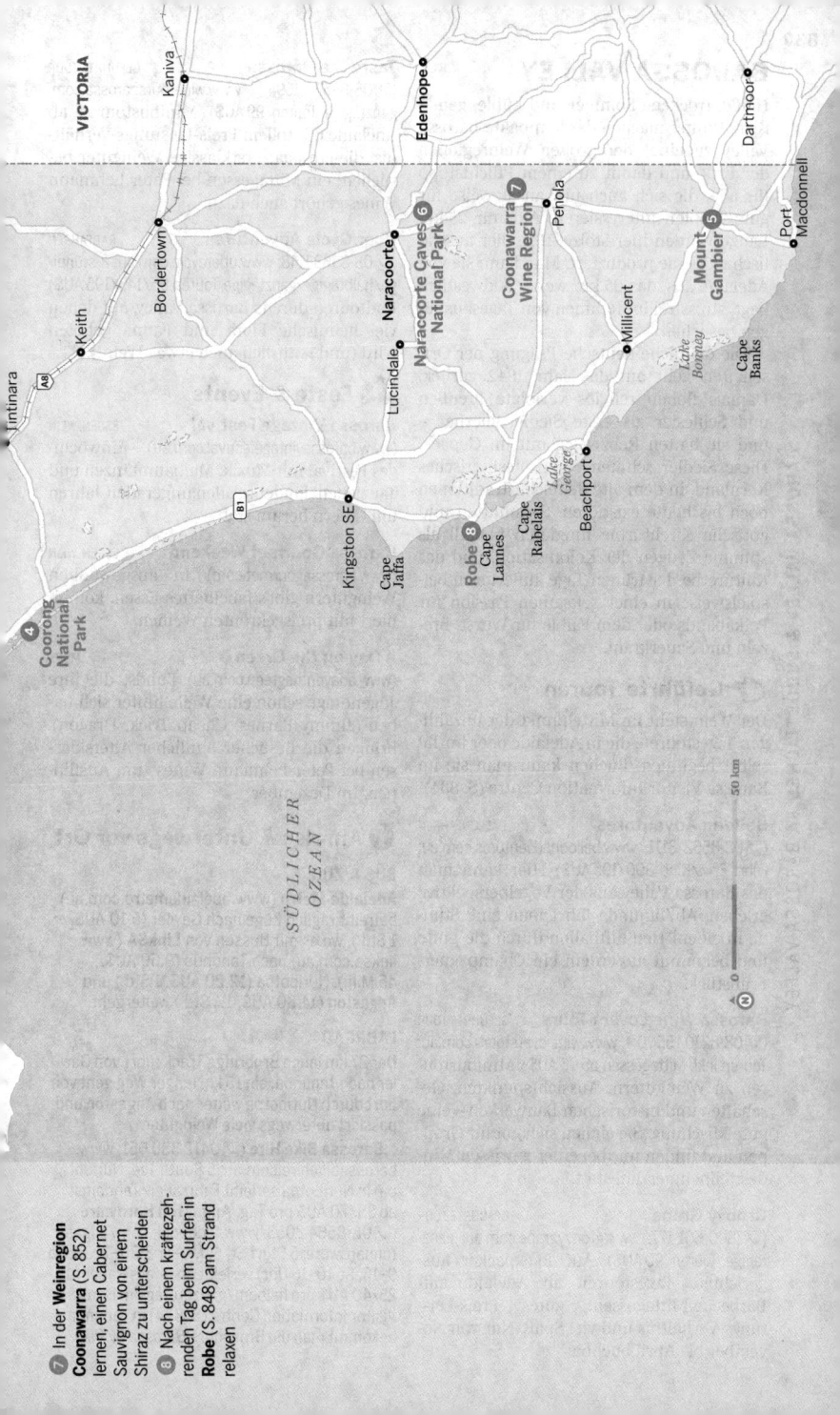

VICTORIA

Kaniva

Edenhope

Dartmoor

Jintinara

Keith

Bordertown

Naracoorte

Naracoorte Caves National Park 6

Penola

Coonawarra Wine Region 7

Port Macdonnell

Mount Gambier 5

Lucindale

Millicent

Cape Banks

Lake Bonney

Kingston SE

Cape Jaffa

Lake George

Beachport

Cape Rabelais

Robe 8 Cape Lannes

Coorong National Park 4

SÜDLICHER OZEAN

0 50 km

7 In der **Weinregion Coonawarra** (S. 852) lernen, einen Cabernet Sauvignon von einem Shiraz zu unterscheiden

8 Nach einem kräftezehrenden Tag beim Surfen in **Robe** (S. 848) am Strand relaxen

BAROSSA VALLEY

Heiße, trockene Sommer und kühle, gemäßigte Winter machen das kompakte Barossa Valley zu einer der großen Weinregionen der Erde und damit zu einem Pflichtstopp für alle, die sich auch nur ansatzweise für gute Tropfen interessieren. Auf nur 25 km Länge werden hier stolze 21 % aller australischen Weine produziert. Man kann sie von Adelaide aus, das 65 km weiter südwestlich liegt, stressfrei im Rahmen von Tagesausflügen besuchen.

Die deutliche deutsche Prägung der Ortschaften geht auf das Jahr 1842 zurück. Damals flohen religiös verfolgte Preußen und Schlesier als erste Siedler hierher – und sie hatten Rebzweige mit im Gepäck. Diese Siedler schufen ein protestantisches Kernland, in dem alte deutsche Traditionen noch bis heute existieren. Steinhütten und gotische Kirchtürme fungieren überall als stumme Zeugen der Kolonisation, und das Kulturerbe der frühen Tage äußert sich beispielsweise in einer seltsamen Passion für Polkabands oder dem Faible für Wurst, Brezeln und Sauerkraut.

Geführte Touren

Der Wein steht im Mittelpunkt der unzähligen Tagestouren, die in Adelaide oder im Tal selbst beginnen. Buchen kann man sie im Barossa Visitor Information Centre (S. 834).

Balloon Adventures BALLONFAHREN
(08-8562 3111; www.balloonadventures.com.au; Fahrt Erw./Kind 300/195 AU$) Hier kann man das Barossa Valley aus der Vogelperspektive erleben. Ab Tanunda fährt man eine Stunde in einem Heißluftballon durch die Lüfte und bekommt außerdem ein Champagner-Frühstück.

Barossa Wine Lovers Tours GEFÜHRTE TOUR
(08-8270 5500; www.wineloverstours.com.au; Touren inkl. Mittagessen ab 75 AU$) Minibustouren zu Weingütern, Aussichtspunkten, Geschäften und historischen Bauwerken – eine gute Mischung. Sie eignen sich gut für Gruppen und finden nur bei einer gewissen Mindestteilnehmerzahl statt.

Groovy Grape GEFÜHRTE TOUR
(1800 661 177; www.groovygrape.com.au; ganztägige Touren 90 AU$) Auf Backpacker ausgerichtete Tagestouren ab Adelaide mit Barbecue-Mittagessen: gutes Preis-Leistungs-Verhältnis und viel Spaß. Nur von November bis April buchbar.

Taste the Barossa GEFÜHRTE TOUR
(08-8357 1594; www.winetoursbarossa.com; ganztägige Touren 99 AU$) Minibustouren ab Adelaide mit tollem Preis-Leistungs-Verhältnis, die ein paar erstklassige Weingüter besuchen; ein Mittagessen bei Peter Lehmann Wines gehört auch dazu.

Uber Cycle Adventures RADFAHREN
(08-8563 1148; www.ubercycle.com.au; 2-stündige/halbtägige/ganztägige Touren 95/145/195 AU$) Radtouren durchs Barossa Valley, auf denen viel heimische Flora und Fauna geboten wird (und natürlich auch etwas Wein!).

Feste & Events

Barossa Vintage Festival ESSEN, WEIN
(www.barossavintagefestival.com.au) Einwöchiges Festival mit Musik, Maibaumtänzen und Tauziehen. Findet in allen ungeraden Jahren um Ostern herum statt.

Barossa Gourmet Weekend ESSEN, WEIN
(www.barossagourmet.com) In ausgewählten Weingütern gibt's fabelhaftes Essen, kombiniert mit preisgekrönten Weinen.

A Day on the Green MUSK
(www.adayonthegreen.com.au) Bands, die ihre Jugendtage schon eine Weile hinter sich haben (Jimmy Barnes, Cheap Trick, Dragon), bringen die Besucher ähnlicher Altersklassen bei Peter Lehmann Wines zum Ausflippen. Im Dezember.

Anreise & Unterwegs vor Ort

BUS & ZUG
Adelaide Metro (www.adelaidemetro.com.au) betreibt täglich Züge nach Gawler (5,10 AU$, 1 Std.), wo es mit Bussen von **LinkSA** (www.linksa.com.au) nach Tanunda (9,60 AU$, 45 Min.), Nuriootpa (12,20 AU$, 1 Std.) und Angaston (14,80 AU$, 1¼ Std.) weitergeht.

FAHRRAD
Der 27 km lange Brobridge Track führt von Gawler nach Tanunda, ein 13 km langer Weg geht von dort durch Nuriootpa weiter nach Angaston und passiert unterwegs viele Weingüter.

Barossa Bike Hire (0412 380 651; www.barossabikehire.com.au; 5 South Tce, Nuriootpa) in Nuriootpa verleiht Fahrräder/Tandems ab 35/70 AU$ pro Tag. **Angaston Hardware** (08-8564 2055; www.facebook.com/angastonhardware; 5 Sturt St; Mo–Fr 8.30–17.30, Sa 9–16, So 10–16 Uhr) verleiht ebenfalls Räder für 25/40 AU$ pro halbem/ganzen Tag. Im Barossa Visitor Information Centre (S. 834) in Tanunda bekommt man die Broschüre *Barossa by Bike*.

TAXI

Barossa Taxis (📞 0411 150 850; www.barossa taxis.com.au; ⊙ 24 Std.) Taxis für bis zu neun Personen.

Tanunda

4680 EW.

Als geografischer und sozialer Mittelpunkt des Barossa Valley ist Tanunda die Touristenhochburg schlechthin in der Region. Tanunda gelingt es, die Sachlichkeit von Nuriootpa mit dem Charme von Angaston ohne jegliche Selbstherrlichkeit zu vereinen. Aber der eigentliche Grund für einen Besuch hier sind natürlich die Weingüter – na dann: zum Wohl!

⊙ Sehenswertes

Mengler Hill Lookout AUSSICHTSPUNKT
(Mengler Hill Rd; ⊙ 24 Std.) GRATIS Auf der Fahrt von Tanunda über die malerische Straße via Bethany nach Angaston bietet sich ein unglaublicher Blick auf das neblige Tal (die geschmacklosen Skulpturen im Vordergrund einfach ignorieren!). Die Straße führt durch eine schöne ländliche Gegend mit riesigen Eukalyptusbäumen.

Barossa Museum MUSEUM
(www.community.history.sa.gov.au/barossa -museum; 47 Murray St; Erw./Kind 2/1 AU$; ⊙ Mo–Fr 10–17.30, Sa 9–12.30 Uhr) Die Ausstellung in diesem 1856 erbauten Postamt (Zugang durch die Fahrradwerkstatt, die davor liegt) zeigt Besteck mit Knochengriffen, Geräte zur Butterherstellung, Fotos von Einheimischen mit Zylinder, ein nachgebautes Schlafzimmer aus der Kolonialzeit und eine erstaunliche Karte Deutschlands mit den Herkunftsorten der Siedler im Barossa Valley. Der Teil über die indigene Bevölkerung könnte besser ausgearbeitet sein.

Keg Factory FABRIK
(www.thekegfactory.com.au; 25 St Hallett Rd; ⊙ 10–16 Uhr) GRATIS 4 km südlich der Stadt kann man in der Keg Factory dabei zuschauen, wie waschechte Böttcher Weinfässer her-

---

NICHT VERSÄUMEN

WEINGÜTER IM BAROSSA VALLEY

Das Tal ist vor allem für seinen Shiraz bekannt, und bei den Weißen dominiert der Riesling. Es gibt hier rund 80 Weinberge und 60 Weingüter, von kleinen, schicken Weinstuben bis hin zu riesigen Anlagen. Das seit Langem etablierte, große und draufgängerische „Barossa Barons" führt die Riege an; die kreativen jungen Boutiqueweinstuben sind dagegen schwerer zu finden.

Henschke (www.henschke.com.au; Henschke Rd, Keyneton; ⊙ Mo–Fr 9–16.30, Sa bis 12 Uhr) Das traditionelle Weingut Henschke, 10 km südöstlich von Angaston im Eden Valley, ist für seinen legendären Rotwein Hill of Grace bekannt, doch eigentlich sind die meisten seiner Weine echte Klassiker.

Penfolds (www.penfolds.com.au; 30 Tanunda Rd, Nuriootpa; ⊙ 10–17 Uhr) Den Namen hört man hier oft: Penfolds ist eine Institution des Barossa Valley. Die Führungen „Make Your Own Blend" (65 AU$) und „Taste of Grange" (150 AU$), bei denen man in den Genuss von Grange Hermitage kommt, sollte man im Voraus buchen.

Peter Lehmann Wines (www.peterlehmannwines.com.au; Para Rd, Tanunda; ⊙ Mo–Fr 9.30–17, Sa & So 10.30–16.30 Uhr) Die Shiraz- und Riesling-Jahrgänge (Oh, und natürlich die Sémillons!) sind von gleichbleibend guter Qualität und sind die wohl günstigsten und am weitesten verbreiteten Weine des Barossa Valley. Peter Lehmann verstarb 2013; bei einem Besuch des Weinguts kann man ihm die Ehre erweisen.

St. Hallett (www.sthallett.com.au; St Hallett Rd, Tanunda; ⊙ 10–17 Uhr) St. Hallet wird immer besser und produziert günstige, aber durchweg gute Weißweine (Tipp: der Poacher's Blend) und den ausgezeichneten Old Block Shiraz, ausschließlich aus Barossa-Trauben. Unprätentiös und ein ausgesprochen gutes Preis-Leistungs-Verhältnis.

Rockford Wines (www.rockfordwines.com.au; Krondorf Rd, Tanunda; ⊙ 11–17 Uhr) Das in den 1850er-Jahren gegründete Weingut, eines unserer Lieblings-Boutique-Weingüter im Barossa Valley, verkauft eine kleine Palette traditionell hergestellter Weine, darunter rote Schaumweine. Der Black Shiraz ist umwerfend spritzig und aromatisch.

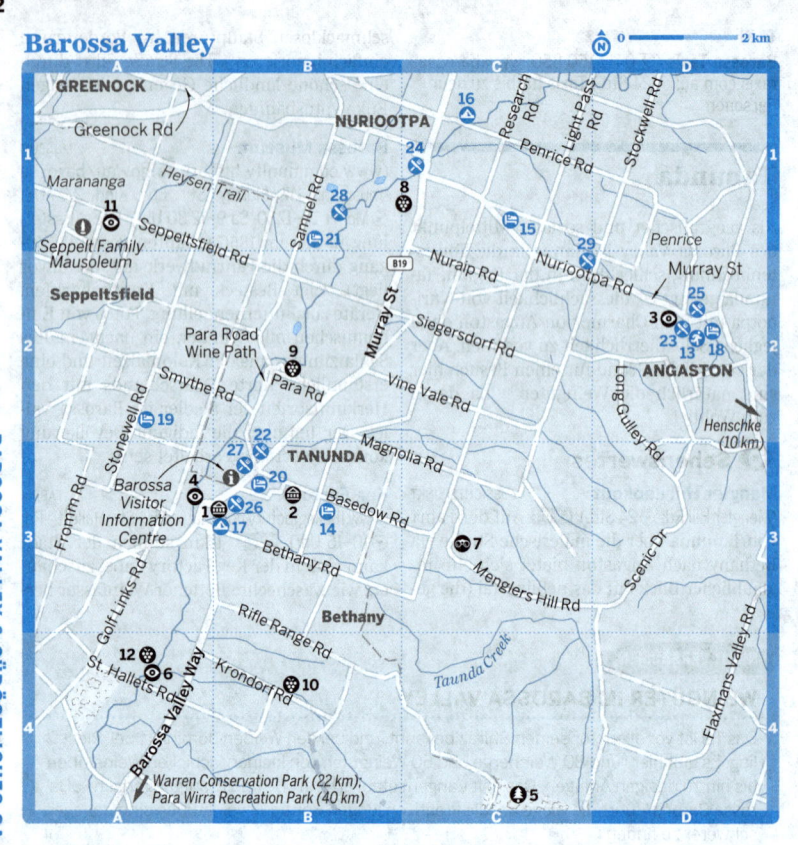

Barossa Valley

⊙ Sehenswertes
   Barossa Farmers Market .... (siehe 29)
 1 Barossa Museum B3
 2 Barossa Regional Gallery B3
 3 Barossa Valley Cheese
   Company D2
 4 Goat Square A3
 5 Kaiserstuhl Conservation Park C4
 6 Keg Factory A4
 7 Mengler Hill Lookout C3
 8 Penfolds C1
 9 Peter Lehmann Wines B2
 10 Rockford Wines B4
 11 Seppeltsfield Road A1
 12 St. Hallett A4

⊕ Aktivitäten, Kurse & Touren
 13 Angaston Hardware D2

⊟ Schlafen
 14 Barossa Backpackers B3
 15 Barossa Old Garage B&B C1
 16 Barossa Valley Tourist Park C1
 17 Discovery Holiday Parks
   Barossa Valley B3
 18 Marble Lodge D2
 19 Stonewell Cottages A2
 20 Tanunda Hotel B3
 21 Whistler Farm B1

⊗ Essen
 22 1918 Bistro & Grill B3
 23 Angaston Hotel D2
 24 Barossa Indian Cuisine C1
 25 Blond Coffee D2
 26 Cafe Pod B3
   Die Barossa Wurst Haus
   Bakery .... (siehe 27)
 27 Ferment Asian B3
 28 Maggie Beer's Farm Shop B1
 29 Vintners Bar & Grill C2

stellen und reparieren. Eine interessante Erfahrung!

Goat Square
HISTORISCHE STÄTTE

(Ecke John & Maria St) GRATIS In Tanunda gibt's zahlreiche historische Gebäude, beispielsweise die Cottages rund um den Goat Square in der John St. Mit dem „Ziegenmarkt" als Versammlungs- und Marktplatz entstand hier im Jahr 1842 das frühere Ortszentrum von Tanunda.

Barossa Regional Gallery
GALERIE

(www.freewebs.com/barossagallery; 3 Basedow Rd, Soldiers Memorial Hall; ⊙ Mi–Mo 11–16 Uhr) GRATIS Zeigt eine bunte Zusammenstellung von Gemälden, Kunsthandwerk und Wechselausstellungen. Der hintere Bereich beherbergt eine beeindruckende Sammlung von Orgelpfeifen.

🛏 Schlafen

Barossa Backpackers
HOSTEL $

(☎ 08-8563 0198; www.barossabackpackers.com.au; 9 Basedow Rd; B/EZ/DZ ab 27/80/80 AU$; @ 🛜) Im umgebauten u-förmigen Verwaltungsgebäude eines Weinguts, 500 m von Tanundas Hauptstraße entfernt, befindet sich diese recht neue Backpackerbleibe. Das Hostel ist sauber, sicher und sehr aufgeräumt. Es bietet gute Wochenpreise. Das Management kann helfen, Arbeit als Helfer bei der Ernte und beim Weinschnitt zu finden. Leihfahrräder kosten 20 AU$ pro Tag.

Tanunda Hotel
PUB $

(☎ 08-8563 2030; www.tanundahotel.com.au; 51 Murray St; DZ mit/ohne Bad 80/70 AU$, Apt. ab 200 AU$; ❄ 🛜) Die lärmige alte Kneipe von 1846 im Stadtzentrum ist ein echter Lokaltreff. Die Zimmer oben sind sauber und preisgünstig; hinten gibt es noch neun schicke in Malventönen gehaltene Apartments. Unten dröhnt Duran Duran aus der Jukebox, und die Schnitzel lappen über den Tellerrand (Hauptgerichte 18–37 AU$, 12–14 & 18–20 Uhr).

Discovery Holiday Parks Barossa Valley
CAMPING $

(☎ 1800 991 590, 08-8563 2784; www.discoveryholidayparks.com.au; Barossa Valley Way; Stellplatz ohne/mit Strom 33/36 AU$, Hütten mit/ohne Bad ab 115/99 AU$, Villen ab 285 AU$; ❄ 🛜 🏊) Auf diesem geräumigen Platz gleich südlich der Stadt spenden einzelne große Bäume etwas Schatten, in dem man seinen Kater auskurieren kann. Es gibt einen Spielplatz, Grillplätze, einen Wäscheraum sowie Leihfahrräder für Gäste (35 AU$/Tag). In den schicken Villen können bis zu sechs Personen übernachten; der Mindestaufenthalt beträgt zwei Nächte.

Stonewell Cottages
B&B $$$

(☎ 0417 848 977; www.stonewellcottages.com.au; Stonewell Rd; DZ Cottages inkl. Frühstück ab 335 AU$; ❄) Diese überaus romantischen Spa-Refugien und Cottages sind von Weinreben umgeben und bieten ein Höchstmaß an Privatsphäre, Komfort und Ruhe. Die hauseigenen Enten watscheln um rostige alte Pflüge herum, während sich auf dem Stausee Wasservögel tummeln. Es ist teuer hier, aber das Geld wert (online gibt's gute Sonderangebote, Aufenthalte mit mehreren Übernachtungen sind günstiger).

🍴 Essen

Die Barossa Wurst Haus Bakery
BÄCKEREI $

(86a Murray St; Mahlzeiten 4–26 AU$; ⊙ 7–16 Uhr) „Gib den Leuten, was sie sich wünschen", ist das Motto dieser deutschen Bäckerei, die Mettwurstbrötchen, Kuchen, Strudel und ganztägig Frühstück serviert. Es ist schwer, den traditionellen deutschen Brötchen mit slowenischer Krainer-Wurst, Sauerkraut, Käse und Senf zu widerstehen. Über der Theke hängt eine ganze Menge dieser leckeren Würste.

Cafe Pod
CAFÉ $

(58 Murray St; Hauptgerichte 10–19 AU$; ⊙ Mo–Fr 9–15, Sa 9–16, So 8.30–16 Uhr; 🖉) Ein relaxtes Stückchen Hippie-Leben auf der Hauptstraße von Tanunda mit vielen glutenfreien und vegetarischen Gerichten, offenem Feuer und Makramee-Teppichen für kühle Wintermorgen. Falafel, asiatische Fischkuchen, Sandwichs, vegetarische Burger, Nachos, Kräutertees – hier kann man sein Karma ins Gleichgewicht bringen, ehe man sich zu den Weingütern aufmacht.

★ Ferment Asian
SÜDOSTASIATISCH $$

(☎ 08-8563 0765; www.fermentasian.com.au; 90 Murray St; Hauptgerichte 23–33 AU$; ⊙ Do–So 12–14, Mi–Sa 18–20.30 Uhr) In einer hübschen alten Steinvilla, die in einem kecken Winkel bei der Hauptstraße Tanundas steht, befindet sich das Ferment, das alles immer ein wenig anders macht. Doch so manches, was exotisch klingt, ist tatsächlich erfrischend schlicht: *cari rau* = gelbes Gemüsecurry; *vit voi hoa chuoi* = Entenbrustsalat. Der Koch Tuoi Do versteht sein Handwerk.

1918 Bistro & Grill MODERN-AUSTRALISCH $$
(08-8563 0405; www.1918.com.au; 94 Murray St; Hauptgerichte 29–40 AU$; tgl. 12–14.30, Mo–Sa 18.30–21, So bis 20 Uhr) Dieses alteingesessene, elegante Restaurant residiert in einer schönen alten Villa, etwas zurückversetzt von der Straße unter einer mächtigen Norfolk-Tanne. Serviert werden kreative Hauptgerichte wie gebratene Ente nach Szechuan-Art mit Mandarinen-Karamell. Am besten reserviert man einen Tisch auf der Veranda.

Praktische Informationen

Barossa Visitor Information Centre (1300 852 982, 08-8563 0600; www.barossa.com; 66-68 Murray St, Tanunda; Mo–Fr 9–17, Sa–So 10–16 Uhr;) Alles Wichtige zum Tal sowie Internetzugang und Buchung von Unterkünften und geführten Touren. Außerdem gibt's hier die Broschüre *A Town Walk of Tanunda*.

Nuriootpa

5705 EW.

Nuriootpa, Barossas Wirtschaftszentrum, säumt eine scheinbar endlose Hauptstraße am nördlichen Talende. Auf den ersten Blick wirkt es vielleicht nicht ganz so reizvoll wie Tanunda oder Angaston, dennoch hat es einen gewissen ländlichen Charme. In Nuri regiert der Protestantismus, unterstützt durch ein Schild mit der Aufschrift „God has invested in you – are you showing any interest?"

Nicht verpassen sollte man die Fahrt auf der **Seppeltsfield Road** (www.seppeltsfield-road.com), einer irgendwie merkwürdig unpassend wirkenden Palmenallee, die sich hinter Nuri durch die Weinberge windet. Hinter Marananga zweigen die Palmen von der Straße ab und führen bergauf **zum Seppelt Family Mausoleum**, einer Art griechischem Tempel mit dorischen Säulen.

Schlafen & Essen

Barossa Valley Tourist Park CAMPING $
(08-8562 1404; www.barossatouristpark.com.au; Penrice Rd; Stellplatz ohne/mit Strom ab 30/35 AU$, Hütten ab 78 AU$;) Auf diesem schattigen, von Kiefern gesäumten Platz neben dem Football-Oval (Go Tigers!) gibt's mindestens sechs Typen von Hütten. Alle Hütten sind mit TV, Kühlschrank und Kochgelegenheit ausgestattet (aber nicht alle mit Bettwäsche). Ein Hingucker ist das „Haus auf Rädern", ein Dodge von 1930 – der Urvater aller Wohnmobile?

Whistler Farm B&B $$$
(0415 139 758; www.whistlerfarm.com.au; 616 Samuel Rd; DZ inkl. Frühstück 250 AU$;) Dieses B&B auf einem Gehöft inmitten von Weinreben und heimischem Gebüsch hat

---

ABSEITS DER ÜBLICHEN PFADE

REGIONALPARKS IM BAROSSA VALLEY

Wer genug von Trauben und Wein hat, kann die Parks im Barossa Valley erkunden. Sowohl Sonntagsspaziergänger als auch Hardcore-Buschwanderer finden hier die passenden Wege. Karten und Anfahrtspläne sind im Barossa Visitor Information Centre erhältlich.

Kaiserstuhl Conservation Park (08-8280 7048; www.environment.sa.gov.au; Tanunda Creek Rd, Angaston; tagsüber) Der 390 ha große Park an der Straße von Mengler Hill nach Angaston ist für seine exzellenten Wanderwege bekannt. Der Stringybark Hike (2 km, Rundweg) und der Wallowa Hike (4,7 km, einfache Strecke) beginnen am Parkeingang mit fantastischen Anblicken der Barossa Ranges. Ausschau halten nach Graubartfalken und Westlichen Grauen Riesenkängurus!

Para Wirra Recreation Park (08-8280 7048; www.environment.sa.gov.au; Humbug Scrub Rd, One Tree Hill; Pers./Auto 4/10 AU$; 8 Uhr–Sonnenuntergang) Der 1417 ha große Park Parra Wirra in den nördlichen Mt. Lofty Ranges, 45 km südlich von Tanunda, ist voller Wanderwege, Panoramastraßen, Grill- und Tennisplätze. Emus staksen hoffnungsvoll um die Picknickplätze, und abends grasen hier Westliche Graue Riesenkängurus.

Warren Conservation Park (08-8280 7048; www.environment.sa.gov.au; Watts Gully Rd, Kersbrook; tagsüber) Es finden sich in diesem ruhigen, 363 ha großen Park Akazien, Banksien und Frühlingsheidekraut sowie Pink Gums, Blue Gums und hünenhafte Red Gums (Eukalyptusbäume) vor. Erfahrene Wanderer werden die steilen Tracks mögen.

einen privaten Flügel mit Gästezimmern. Die beiden Zimmer im Countrystil mit unverputzten Holzbalken besitzen separate Eingänge. Auf der breiten Veranda können Traveller hervorragend vor sich hindösen und dabei von der nächsten tollen Weintour träumen.

Barossa Old Garage B&B
B&B $$$

(0407 203 016; www.barossaoldgaragebnb.com.au; Lot 15 Saleyards Rd; DZ ab 265 AU$, weitere Pers. 75 AU$; ❄︎ ☏) Bis vor einigen Jahren war diese skurrile Retro-Unterkunft noch eine Autowerkstatt. Heute findet man hier ein helles B&B vor, das mit erstaunlichen Dingen aus den 1950er- und 60er-Jahren vollgestopft ist – hier gibt's von einer alten Benzinpumpe über Coca-Cola-Gläser bis hin zu roten Kunststoffbarhockern einfach alles. In den zwei Zimmern finden bis zu sechs Gäste Platz (Kinder sind leider nicht erlaubt).

Maggie Beer's Farm Shop
FEINKOST $

(www.maggiebeer.com.au; 50 Pheasant Farm Rd; Stücke 5–20 AU$, Picknickkörbe ab 16 AU$; ⏱10.30–17 Uhr) SAs Feinschmeckerladen Maggie Beer hat es mit Gewürzen, Konserven und Pâtés (und TV-Auftritten) zu großem Erfolg gebracht. Das Flair hier ist nicht mehr ganz so entspannt wie früher, dennoch sind die Probierhappen, das Eis, die Kochdemos und die leckeren Fresskörbe zum Mitnehmen einen Besuch wert. Abseits der Samuel Rd.

Barossa Indian Cuisine
INDISCH $$

(08-8562 4005; www.barossa-indian-cuisine.com.au; 15 Murray St; Hauptgerichte 13–19 AU$; ⏱Mi–So 12–15, Di–So 18–21 Uhr; 🍴) In diesem roten Ziegelsteinbau, einer umgebauten Bank (mit einem herrlichen alten Messinggewölbe!) kann man seinem Trip ins Barossa noch mehr Würze verleihen. Hier werden erlesene indische Gerichte serviert, beispielsweise Garnelen mit Ingwer und Knoblauch, Gemüse-*korma* und ein unverschämt leckeres Hühnchen-*vindaloo*.

Angaston
1910 EW.

Das fotogene Angaston ist nach dem regionalen Viehzuchtpionier George Fife Angas benannt. In direkter Umgebung liegen relativ wenige Weingüter, sodass hier ein eher ländliches Ambiente vorherrscht: Auf den Koppeln an den Enden der Straßen grasen Kühe, und immer hängt ein Hauch von Dünger in der Luft. An der Hauptstraße gibt's zwei Kneipen, ein paar tolle Restaurants und einige B&Bs in alten Steinhäusern (auf Doppelglasfenster und Geister überprüfen – wir jedenfalls hatten eine schlaflose Nacht!).

⊙ Sehenswertes

Barossa Valley Cheese Company
KÄSEREI

(www.barossacheese.com.au; 67b Murray St; ⏱Mo–Fr 10–17, Sa 10–16, So 11–15 Uhr) In dem wundervoll streng duftenden Verkaufsraum gibt es hausgemachten Käse aus Kuh- und Ziegenmilch aus der Region. Probieren darf man gratis, aber es ist ziemlich unwahrscheinlich, dass man den Laden verlässt, ohne ein Stück Washington Washed Rind (ja, so heißt der!) gekauft zu haben.

Barossa Farmers Market
MARKT

(www.barossafarmersmarket.com; Ecke Stockwell & Nuriootpa Rds; ⏱Sa 7.30–11.30 Uhr) Findet jeden Samstag in der großen Scheune hinter Vintners Bar & Grill statt. Hier gibt's herzhafte deutsche Spezialitäten, Kaffee, Blumen, viele heimische Produkte und zweifelhafte Straßenmusiker.

🛏 Schlafen & Essen

Marble Lodge
B&B $$$

(08-8564 2478; www.marblelodge.com.au; 21 Dean St; DZ ab 225 AU$; ❄︎ ☏) Die grandiose Villa im Föderationsstil aus regionalem, rosafarbenem und weißem Granit stammt von 1915 und steht auf dem Hügel hinter der Stadt. Hinter dem Haus gibt es zwei schicke Suiten – sie sind je nach Sichtweise sehr kolonialzeitlich oder sehr kitschig. Das Frühstück wird im Haupthaus serviert.

Blond Coffee
CAFÉ $

(www.blondcoffee.com.au; 60 Murray St; Hauptgerichte 6–18 AU$; ⏱Mo–Fr 7.30–16, Sa 8.30–15, So 9–15 Uhr) Im dem eleganten, luftigen Raum mit riesigen Fenstern, die auf die Hauptstraße gehen, gibt's köstlichen Kaffee und den ganzen Tag lang Essen, z. B. grandiose Kürbis-, Paprika- und Feta-Muffins. Auf der Tafel stehen die Tagesangebote (wie Rindfleisch- und Shiraz-Pastete). An den Fenstertischen sitzen Touristen mit blondiertem Haar und Botox-Gesichtern neben den bodenständigen Stammgästen.

Angaston Hotel
PUB-ESSEN $$

(08-8564 2428; www.angastonhotel.com.au; 59 Murray St; Hauptgerichte 16–30 AU$; ⏱12–14.30 & 18–20.30 Uhr) Von den zwei Kneipen in der

Stadt wirkt das freundliche Angaston von 1846 erheblich netter. Hier werden Weine aus dem Barossa Valley und die günstigsten Steaks jenseits von Argentinien kredenzt. Das Wandgemälde *Triumph of Silenus* im Speiseraum einfach ignorieren (selbst die Barfrau findet, dass es scheußlich sei)! Oben gibt es einfache Unterkünfte mit Gemeinschaftsbad (EZ & DZ 70 AU$).

Vintners Bar & Grill MODERN-AUSTRALISCH $$$
(08-8564 2488; www.vintners.com.au; Ecke Stockwell & Nuriootpa Rds; Hauptgerichte mittags 16–36 AU$, abends 34–39 AU$; tgl. 12–14.30, Mo–Sa 18.30–21 Uhr) Das Vintners, eines der bekanntesten Restaurants im Barossa Valley, legt Wert auf Eleganz, sowohl beim Essen als auch bei der Atmosphäre. Im Speiseraum mit Blick auf Weingärten gibt es ein offenes Feuer und frische weiße Tischtücher. Die Karte konzentriert sich auf regionale Produkte. Wer bei seinem Besuch den in Cidre geschmorten Schweinebauch auf der Karte findet, ist ein Glückspilz!

CLARE VALLEY

Dieses schmale Tal im Zentrum des fruchtbaren mittleren Nordens, das zwei Fahrstunden nördlich von Adelaide liegt, produziert Riesling-Weine und Rotweine von Weltniveau. Die traumhafte weite Landschaft prägen Hügel, Haine großer Eukalyptusbäume und im Wind wogende Weizenfelder. Die Ortschaften haben ihre Ursprünge meist in den 1840er-Jahren; einige wurden als Versorgungszentren für die Kupferminen von Burra gebaut.

👉 Geführte Touren

Adelaide's Top Food & Wine Tours WEIN
(08-8386 0888, 0412 268 829; www.topfoodandwinetours.com.au; Touren inkl. Mittagessen ab 200 AU$/Pers.) Die ganztägigen Touren namens „Clare Valley Explorer" in kleinen Gruppen starten in Adelaide und legen den Schwerpunkt auf Wein; unterwegs geht es in einige interessante Kleinstädte.

Clare Valley Experiences GEFÜHRTE TOUR
(08-8842 1880; www.clarevalleyexperiences.com; Touren inkl. Mittagessen 430 AU$/ 2 Pers.) Weintouren in kleinen Gruppen, die im Clare Valley starten. Das Mittagessen in einem Weingut ist inbegriffen. Bei Gruppen wird es pro Person billiger (z.B. bei fünf Personen 115 AU$/Pers.). Auch Touren, die eine halbtägige Radtour umfassen, sind im Angebot.

Grape Valley Tours GEFÜHRTE TOUR
(0418 881 075; www.grapevalleytours.com.au; Touren inkl. Mittagessen ab 265 AU$/Pers.) Tagestouren in kleinen Gruppen (2–7 Pers.), die in Adelaide oder im Clare Valley starten und viele Weingüter beinhalten; das Mittagessen ist inbegriffen (am besten drängt man den Fahrer zum Weingut Skillogalee).

Swagabout Tours GEFÜHRTE TOUR
(0408 845 3780, 08-8266 1879; www.swagabouttours.com.au; Touren ab 190 AU$/Pers.) Zuverlässiger Veranstalter von informativen Ganztagstouren in Kleingruppen, die von Adelaide ins Clare Valley führen. Besonders schön: der „wine ponce"-Faktor.

🎉 Feste & Events

A Day on the Green MUSIK
(www.adayonthegreen.com.au) Das beliebteste Festival des Barossa Valley steigt im Februar auch in Annie's Lane Weingut im Clare Valley. Es spielen Jimmy Barnes, Crowded House, Daryl Braithwaite…

Clare Valley Gourmet Weekend ESSEN, WEIN
(www.clarevalley.com.au) Rauschendes Fest im Mai mit Wein, Essen und Musik.

Clare Show LANDWIRTSCHAFTSMESSE
(www.sacountryshows.com) Die größte eintägige Messe in SA findet im Oktober statt.

DER RIESLING TRAIL

Der großartige, 33 km lange **Riesling Trail** veräuft nördlich von Clare zwischen Auburn und Barinia entlang einer stillgelegten Bahntrasse und ist von Wein und einigen Überraschungen geprägt. Er ist in erster Linie ein Radweg, wegen der geringen Steigung kann man ihn aber auch problemlos zu Fuß und sogar mit dem Kinderwagen zurücklegen. Mit dem Rad benötigt man für die gesamte Strecke etwa zwei Stunden, doch warum die Eile? Unterwegs laden drei Rundwege zu Abstechern ein, außerdem locken Dutzende Weingüter. Der **Rattler Trail** führt von Auburn weitere 19 km nach Süden bis Riverton.

Räder kann man bei **Clare Valley Cycle Hire** (S. 839) und **Riesling Trail Bike Hire** (S. 839) in Clare sowie bei **Cogwebs** (S. 837) in Auburn ausleihen.

ⓘ Anreise & Unterwegs vor Ort

BUS
Yorke Peninsula Coaches (☎ 08-8821 2755; www.ypcoaches.com.au) Fährt von Dienstag bis Freitag und am Sonntag von Adelaide nach Auburn (32 AU$, 2¼ Std.) und Clare (40 AU$, 2¾ Std.). Am Donnerstag geht es weiter bis nach Burra (40 AU$, 3¼ Std.).

FAHRRAD
In Auburn und Clare kann man Räder ausleihen, um damit zu den Weingütern zu fahren. Das kostet pro halber/ganzer Tag um die 25/40 AU$.

TAXI
Clare Valley Taxis (☎ 08-8842 1400; www.131008.com) Laden Fahrgäste überall am Riesling Trail aus und ein.

Auburn
320 EW.

Das verschlafene Auburn (1849) ist das südlichste Dorf des Clare Valley. Hier lässt man die Haustür stets offen und den Zündschlüssel stecken. Die historische Atmosphäre erinnert an alte Schwarzweißfotos: Man scheint Zeitreisen in die Vergangenheit zu unternehmen, wenn man durch die Straßen mit den wunderschön erhaltenen, von Hand erbauten Steinhäusern bummelt. Die Gärten der Cottages sind wahre Blütenmeere. Nicht vergessen, im Clare Valley Visitors Information Centre die Broschüre *Walk with History at Auburn* mitzunehmen!

Heute liegt Auburn an der Hauptroute zu den Weingütern des Tals. Ursprünglich diente es Cowboys und südamerikanischen Maultiertreibern, die zwischen Burras Kupferminen und Port Wakefield unterwegs waren, als Versorgungsstation.

Der großartige, 33 km lange **Riesling Trail** beginnt (bzw. endet) am restaurierten Bahnhof von Auburn. **Cogwebs** (☎ 08-8849 2380, 0400 290 687; www.cogwebs.com.au; 30 Main North Rd; Fahrradverleih halber/ganzer Tag 25/40, Tandems 35/60 AU$; ◉ 8.30–18 Uhr, im Winter kürzer; ☏) verleiht Fahrräder (und bietet Internetzugang).

🛏 Schlafen & Essen

Auburn Shiraz Motel   MOTEL $
(☎ 08-8849 2125; www.auburnshirazmotel.com.au; Main North Rd; EZ/DZ/3BZ ab 85/95/125 AU$; ❄) Das kleine Motel auf der Adelaide-Seite der Stadt prunkt seit der Renovierung mit shirazfarbenen Wänden und cabernetroten Türen. Es gibt hier neun helle Wohneinheiten, freundliche Gastgeber und einen Fahrradverleih (40 AU$/Tag).

Rising Sun Hotel   PUB-ESSEN $$
(☎ 08-8849 2015; www.therisingsunhotel.com.au; 19 Main North Rd; Hauptgerichte 18–30 AU$; ◉ 12–14 & 18–20 Uhr; ☏) Die klassische Kneipe von 1850 hat sich mit ihrer Atmosphäre, dem Essen und den Unterkünften weithin einen Namen gemacht. Die Kneipenkost ist einfallsreich, dazu gibt's viele lokale Weine. Man übernachtet in Zimmern mit eigenem Bad oder in den Cottages, die einst die Stallungen waren (DZ mit Frühstück ab 80 bzw. 125 AU$).

★ Terroir   MODERN-AUSTRALISCH $$$
(☎ 08-8849 2509; www.facebook.com/terroirauburn; Main North Rd; Hauptgerichte morgens 17–20 AU$, mittags 18–25 AU$, abends 35–40 AU$; ◉ Do–Sa 12–14 & 18–20, So 8.30–11 & 12–14 Uhr; ☏) „Terroir", ein Wort aus der Weinsprache und definiert den Charakter eines Ortes: die Höhe, den Boden, das Klima, die Atmosphäre. In diesem ausgezeichneten Restaurant umfasst der Begriff aber auch die verwendeten Zutaten, die saisonal sind, aus einem Umkreis von 160 km stammen und mit moderner Cleverness zubereitet werden. Die Karte wechselt wöchentlich – und das Hausgericht Halloumi ist ein Traum. Besonders schön ist der Fußboden aus Mintaro-Schieferplatten.

Mintaro
230 EW.

Das denkmalgeschützte Mintaro (gegründet 1849, ausgesprochen „mintäro") ist ein hübsches Dorf, das mit seinen Steinhäusern direkt aus den englischen Cotswolds in den australischen Busch verpflanzt worden sein könnte. Es gibt hier nur wenige Bauten aus der Zeit nach 1900 – und alles wirkt, als ob es sich selbst überlassen wurde. Übrigens: Mintaro-Schiefer wird international bei der Herstellung von Billardtischen verwendet. Die Broschüre *Historic Mintaro* gibt's überall kostenlos.

◉ Sehenswertes & Aktivitäten

★ Martindale Hall   HISTORISCHES GEBÄUDE
(☎ 08-8843 9088; www.martindalehall.com; 1 Manoora Rd; Erw./Kind 10/2,50 AU$; ◉ Mo–Fr 11–16, Sa & So 12–16 Uhr) Martindale Hall ist ein beeindruckendes Herrenhaus 3 km von Mintaro entfernt. Es wurde 1880 für den jungen Viehbaron Edmund Bowman Jr.

erbaut, der anschließend das Familienvermögen verprasste (zwar spielten auch Dürreperioden und abstürzende Wollpreise eine Rolle, aber was Bowman das Genick brach, waren die vielen Partys…). Das Anwesen beherbergt originale Einrichtungsgegenstände, einen herrlichen Treppenaufgang aus Schwarzholz-Akazien, einen Billardtisch mit Mintaro-Schiefer und ein opulentes Raucherzimmer, das wie ein Museum wirkt. In Peter Weirs Film *Picknick am Valentinstag* von 1975 diente Martindale Hall als Appleyard College. *Mirandaaa…*

Pakete für B & B sowie für B & B mit einem Abendessen (130 bzw 260 AU$) machen es möglich, hier eine gespenstische Nacht zu verbringen.

Mintaro Maze LABYRINTH
(www.mintaromaze.com; Jacka Rd; Erw./Kind 12/8; ⊙ Do-Mo 10-16 Uhr, während der Schulferien tgl. 10-16 Uhr, im Feb. geschl.) Im Mintaro Maze, einem Heckenlabyrinth, braucht man schon einen ziemlich guten Orientierungssinn, um wieder hinauszufinden. Ein Café gibt es auch.

Schlafen

★ **Reilly's** MODERN-AUSTRALISCH $$
(☎ 08-8843 9013; www.reillyswines.com.au; Ecke Hill St & Leasingham Rd; Hauptgerichte 18-30 AU$; ⊙ 10-16 Uhr) Das Reilly's begann 1856 als Schusterei. Heute ist es ein Restaurant, das mit lokaler Kunst dekoriert ist und kreative, saisonale Gerichte der Mod-Oz-Küche (Antipasti, Kaninchenterrine, Spanikopita) sowie Reilly's Weine serviert. Das Bio-Gemüse kommt aus dem eigenen Garten gleich hinter dem Haus. Die Inhaber vermieten auch vier wunderschöne alte Stein-Cottages an der Hill St (DZ ab 145 AU$).

Magpie & Stump Hotel PUB-ESSEN $$
(☎ 08-8843 9014; www.mintaro.com.au/attractions/eateries; Burra St; Hauptgerichte 18-40 AU$; ⊙ Fr-So 12-14, Mi-Sa 18-20 Uhr) Das alte Magpie & Stump bekam 1851 erstmals eine Schanklizenz und war eine wichtige Zwischenstati-

---

NICHT VERSÄUMEN

WEINGÜTER IM CLARE VALLEY

Das kühle Mikroklima (an den Flüssen, Bächen und Wasserlöchern) im Clare Valley hat einen starken Einfluss auf den lokalen Wein. Dadurch behalten die Weißweine auch nach langer Lagerzeit ihr hervorragendes Aroma. Aus dem Tal kommen einige der weltbesten Rieslinge sowie großartiger Semillon und Shiraz.

Hop & Vine (www.clarevalleybrewing.com.au; 20 Main North Rd, Auburn; ⊙ 10-17 Uhr) Dieses stimmungsvolle Geschäft in Auburn ist eine Verkaufsstelle der Clare Valley Brewing Co – das hervorragende Red Ale, das Australian Pale Ale und den Trauben-Cidre sollte man unbedingt probieren. Es verkauft auch die Erzeugnisse von drei Weingütern im Clare Valley: Jeanneret, County Clare und Good Catholic Girl. Gute Preise!

Knappstein (www.knappstein.com.au; 2 Pioneer Ave, Clare; ⊙ Mo-Fr 9-17, Sa 11-17, So 11-16 Uhr) Knappstein verfolgt einen minimalistischen Ansatz und hat sich damit einen Namen gemacht. Shiraz und Riesling stehlen allen die Show, doch das Weingut produziert auch einen richtig guten Weinverschnitt aus Semillon und Sauvignon Blanc (und Bier!).

Pikes (www.pikeswines.com.au; Polish Hill River Rd, Sevenhill; ⊙ 10-16 Uhr) Die geschäftigen Pikes haben ihr Unternehmen 1984 gegründet und keltern seitdem ungemein beliebten Riesling (und Shiraz, Sangiovese, Pinot Grigio, Viognier usw.). Die Familie füllt auch das schwungvolle „Oakbank Pilsener" ab, falls einem der Sinn mal nicht nach Wein steht.

Sevenhill Cellars (☎ 08-8843 4222; www.sevenhill.com.au; College Rd, Sevenhill; ⊙ 10-17 Uhr) Zum Drink auch etwas Religion gefällig? Die Kellerei wurde 1851 von den Jesuiten gegründet, und damit ist sie das älteste Weingut im Clare Valley (unbedingt die unglaubliche St. Aloysius Church von 1866 anschauen!). Oh, und der Wein ist natürlich auch gut.

Skillogalee (☎ 08-8843 4311; www.skillogalee.com.au; 23 Trevarrick Rd, Sevenhill; ⊙ 10-17 Uhr) Das Weingut Skillogalee ist ein kleiner Familienbetrieb, der für seinen aromatischen Shiraz, das fabelhafte Essen und den erstklassigen Riesling bekannt ist – ein Glas davon an einem Sommernachmittag gleicht dem Kuss eines schönen Mädchens. Bei einem langen, gemächlichen Mittagessen auf der Veranda kann man relaxen (Hauptgerichte 20-35 AU$; vorher reservieren!).

on für dehydrierte Kupfertransporteure auf dem Weg von Burra nach Port Wakefield. Schnitzel und Steaks, ein Holzofen, ein Billardtisch, Mintaro-Schiefer-Böden und ein sonniger Biergarten davor – kurz: der perfekte Pub!

Clare
3280 EW.

Clare wurde 1842 gegründet und ist nach der gleichnamigen Grafschaft in Irland benannt. Es ist die größte Ortschaft im Tal und sie wirkt eher praktisch als charmant. Hier sind alle wichtigen Einrichtungen vorhanden: Post, Supermarkt, Tankstellen usw. Aber um das Clare Valley richtig zu erleben, übernachtet man besser außerhalb.

⊙ Sehenswertes & Aktivitäten

Old Police Station Museum   MUSEUM
(☏ 08-8842 2376; www.nationaltrustsa.org.au; Ecke Victoria & Neagles Rock Rd; Erw./Kind 2/0,50 AU$; ⊙ Sa & So 10–12 & 14–16 Uhr) Das Museum im Polizeirevier und dem Gerichtsgebäude von 1850 zeigt viktorianische Bekleidung, alte Fotos, Möbel und diverse Haushaltsgegenstände.

Riesling Trail Bike Hire   FAHRRADVERLEIH
(☏ 0418 777 318; www.rieslingtrailbikehire.com.au; 10 Warenda Rd; Fahrrad halber/ganzer Tag 25/40 AU$, Tandem 40/60 AU$; ⊙ 8–18 Uhr) Gute Fahrräder (auch Tandems) direkt am Riesling Trail.

Clare Valley Cycle Hire   FAHRRADVERLEIH
(☏ 08-8842 2782, 0418 802 077; www.clarevalleycyclehire.com.au; 32 Victoria Rd; Fahrrad halber/ganzer Tag 17/25 AU$; ⊙ 9–17 Uhr) Hat auch Babysitze und Anhänger für die Kleinen.

🛏 Schlafen

Bungaree Station   B&B $
(☏ 08-8842 2677; www.bungareestation.com.au; Main North Rd; pro Nacht 59–99 AU$/Pers.; ✱) Etwa 12 km nördlich von Clare liegt dieses schöne, 170 Jahre alte Gehöft, das einst 50 Angestellte, eine Kirche und eine Schule hatte. Die 1200 ha umfassende Farm wird noch immer bewirtschaftet. Die Gästezimmer befinden sich in schlichten, renovierten historischen Gebäuden und beherbergen zwei bis zehn Personen; einige haben Gemeinschaftsbäder. Hier können die Gäste auch das Vieh füttern, auf einem Geschichtsweg wandern (15 AU$/Pers.) oder in den Pool springen.

Clare Caravan Park   CAMPING $
(☏ 08-8842 2724; www.clarecaravanpark.com.au; Lot 136, Main North Rd; Stellplätze ohne/mit Strom ab 20/35, Hütten ab 89 AU$; ✱ 🛜 ☁) Auf diesem effizient geführten Campingplatz 4 km südlich der Stadt in Richtung Auburg gibt es geschützt liegende Stellplätze, Hütten (alle mit eigenem Bad), einen Bach und riesige Eukalyptusbäume. Auch ein Pool ist vorhanden, in dem man sich nach dem Radfahren abkühlen kann.

Battunga B&B   B&B $$
(☏ 08-8843 0120; www.battunga.com.au; Upper Skilly Rd, Watervale; DZ/4BZ inkl. Frühstück 195/315 AU$, weitere Pers. 60 AU$; ✱) Das Batunga liegt 2 km westlich von Watervale über die Hügel (es ist nicht leicht zu finden; unterwegs nach dem Weg fragen) auf einer 80 ha großen Farm und hat vier Apartments in zwei steinernen Cottages mit Böden aus Mintaro-Schiefer, Grillplätze, Küchenecken und Holzöfen. Rundum erstreckt sich hügeliges, landwirtschaftlich genutztes Ackerland mit großen Eukalyptusbäumen.

Riesling Trail & Clare Valley Cottages   B&B $$
(☏ 0427 842 232; www.rtcvcottages.com.au; 9 Warenda Rd; DZ inkl. Frühstück ab 150 AU$, weitere Pers. 50 AU$; ✱) Die gut geführte Unterkunft bietet sieben moderne Cottages, die von Bauerngärten umringt sind, und liegt direkt am Riesling Trail; Riesling Trail Bike Hire (S. 839) befindet sich auf der anderen Straßenseite. Im größten Cottage können sechs Personen übernachten. Es gibt gute Angebote für mehrtägige Aufenthalte.

🍴 Essen

Wild Saffron   CAFÉ $
(☏ 08-8842 4255; www.wildsaffron.com.au; 288 Main North Rd; Hauptgerichte 7–18 AU$; ⊙ Mo-Fr 8.30–17.30, Sa 8.30–12.30 So 9–12.30 Uhr) Dass im Clare Valley wirklich wilder Safran wächst, ist wohl eher unwahrscheinlich (das Tal ist schließlich von Weinbergen bedeckt), aber dieses Café ist trotzdem weithin beliebt. Auf der Karte stehen keine Überraschungen (Focaccias, Steak-Sandwichs, Suppen und hausgemachte Kuchen), aber die einfachen Speisen sind solide.

Artisans Table   MODERN-AUSTRALISCH $$
(☏ 08-8842 1796; www.artisanstable.com.au; Lot 3, Wendouree Rd; Hauptgerichte 28–32 AU$; ⊙ Sa & So 12–15, Mi–Sa 18–21 Uhr) Das moderne, luftige Bar-Restaurant am Hang hat einen

großen, sonnenbeschienenen Balkon – perfekt für eine Flasche Riesling aus der Region und ein paar Häppchen aus Thailand, Indien, Brasilien... Viele saisonale und regionale Produkte!

❶ Praktische Informationen

Clare Valley Visitor Information Centre (📞 1800 242 131, 08-8842 2131; www.clarevalley.com.au; 33 Old North Rd; ⊙ Mo–Fr 10–18, Sa & So bis 14 Uhr; 🖥) Infos zur Region, Internetzugang, Unterkunftsbuchungen im gesamten Tal und die Broschüre *Clare History Walk*. Befindet sich in der Bibliothek von Clare.

MURRAY RIVER

Mit dem geringsten Gefälle aller australischen Flüsse windet sich der langsam dahinströmende Murray auf 650 km durch SA. Gezähmt durch Wehre und Schleusen, bewässert er im Norden die Früchte und Reben der Region Riverland. Richtung Süden säumen die Weiden der Murraylands seine Kurven. In Schwärmen erheben sich Nacktaugen- und Rosakakadus von Felsen am Ufer oder aus Eukalyptusbäumen über üppige Obst- und Weinplantagen.

Vor der europäischen Kolonisation siedelten die indigenen Meru an den Ufern, und später legten flachgängige Raddampfer in Murray Bridge ab, um Wolle, Weizen und Vorräte auf dem Darling bis ins zentrale Queensland zu bringen. Mit dem Bau neuer Bahnstrecken verschwanden die Transportschiffe. Heute wird der Murray – vor allem im Sommer – massenhaft von Hausboottouristen, Wasserskifahrern und Jetskifans heimgesucht. Wer Ruhe sucht und sich an röhrenden V8-Bootsmotoren stört, sollte die größeren Städte und Campingplätze an Wochenenden sowie zur Ferienzeit lieber meiden.

❶ An- & Weiterreise

LinkSA (www.linksa.com.au) bietet täglich eine Busverbindung zwischen Adelaide und Murray Bridge (22 AU$, 1¼ Std.), manchmal mit Buswechsel in Mt. Barker in den Adelaide Hills, sowie montags bis freitags einen Bus von Murray Bridge nach Mannum (8 AU$, 30 Min.). Riverland-Busse von **Premier Stateliner** (www.premierstateliner.com.au) fahren täglich ab Adelaide und halten unterwegs in Waikerie (45 AU$, 2½ Std.), Barmera (56 AU$, 3¼ Std.), Berri (56 AU$, 3½ Std.) und Renmark (56 AU$, 4 Std.). Außer samstags halten die Busse auch in Loxton (56 AU$, 3¾ Std.).

Murray Bridge

16 710 EW.

Die größte am Fluss gelegene Stadt South Australias (und dessen fünftgrößte Stadt überhaupt) ist ein weitläufiges regionales Zentrum mit vielen alten Kneipen, einem kaum erschlossenen Uferbereich, einem riesigen Gefängnis und eher subtilem Charme.

⊙ Sehenswertes & Aktivitäten

Murray Bridge Regional Gallery GALERIE (www.murraybridgegallery.com.au; 27 Sixth St; ⊙ Di–Sa 10–16, So 11–16 Uhr) GRATIS Diese tolle Galerie ist das kulturelle Zentrum der Stadt und zeigt Wechselausstellungen auswärtiger und einheimischer Künstler: Malerei, Keramik, Glaskunst, Schmuck und Drucke. Eine wunderbare Option für einen verregneten Nachmittag.

Monarto Zoo ZOO (www.monartozoo.com.au; Princes Hwy, Monarto; Erw./Kind/Fam. 32,50/18/85 AU$; ⊙ 9.30–17 Uhr, letzter Einlass 15 Uhr) Dieser ausgezeichnete Zoo etwa 14 km westlich von Murray Bridge hat große Gehege, in denen australische und afrikanische Tiere leben, darunter Geparden, Nashörner, Zebras und Giraffen sowie ihr niedlicher Nachwuchs. Eine Hop-on-Hop-off-Bustour ist im Preis enthalten und den ganzen Tag über halten Tierpfleger Vorträge.

Riverglen Marina Kayak Hire KAJAKFAHREN (📞 08-8532 1986; www.riverglen.com.au; Jervois Rd; Kajak/Rettungsweste pro Std. 10/2,50 AU$) Hier kann man Kajaks für zwei Personen mieten und damit auf eigene Faust den Fluss erkunden.

Captain Proud Paddle Boat Cruises BOOTSFAHRT (📞 0466 304 092; www.captainproud.com.au; Wharf Rd; 3-stündige Bootsfahrt mit Mittagessen/Abendessen 59/79 AU$) Flussfahrten mit Mittag- oder Abendessen. Die Abfahrtzeiten erfährt man telefonisch und kann so auch eine Fahrt buchen.

🛏 Schlafen & Essen

Sehr beliebt sind Hausboote auf dem Murray. Einzelheiten dazu siehe S. 1193.

Balcony on Sixth LODGE $$ (📞 08-8531 1411; www.balconyonsixth.com.au; 6 Sixth Ave; EZ/DZ ohne Bad 109/159 AU$, DZ, DZ/FZ mit Bad 189/259 AU$; ❄🖥) Im ersten Stock eines historischen, 1918 erbauten Eckhauses befinden sich zehn überraschend moderne Zimmer im Motelstil. Die Lage ist sehr zentral, und von dem langen Balkon über der Straße kann man das Geschehen bestens beobachten. Auch Apartments mit zwei und drei Schlafzimmern sind im Angebot (ab 259 AU$).

Murray Bridge Hotel KNEIPE$$
(08-8532 2024; www.murraybridgehotel.com.au; 20 Sixth St; Hauptgerichte 16–31 AU$; 12–14 & 18–20 Uhr;) In der Stadt gibt's viele große alte Kneipen, doch das stattliche Murray Bridge Hotel ist die beste Option, um etwas zu essen – denn hier gibt's Braten, gegrillte Rinderrippen und mehr Meeresfrüchte als Steaks. Auch die Weinkarte kann sich gut sehen lassen.

Praktische Informationen

Murray Bridge Visitor Information Centre (08-8339 1142, 1800 442 784; www.murraybridge.sa.gov.au; 3 South Tce; Mo–Fr 9–17, Sa & So 10–16 Uhr) Hat die Broschüren *Accommodation Guide* und *Dining Guide* für Murray Bridge sowie Infomaterial zu historischen Spaziergängen und Rundfahrten vorrätig und gibt Infos zu den Veranstaltern von Bootstouren auf dem Fluss heraus.

Von Mannum nach Waikerie

Etwa 84 km östlich von Adelaide klebt auf einem schmalen Uferstreifen das absolut malerische **Mannum** (2170 Ew.), die inoffizielle Welthauptstadt der Hausboote. Hier wurde im Jahr 1853 die *Mary Ann*, Australiens erstes Flussschiff, gebaut, das auch die erste Raddampferfahrt auf dem Murray unternahm. Das Visitor Information Centre (S. 842) von Mannum beherbergt das **Mannum Dock Museum of River History** (08-8569 1303, 1300 626 686; www.psmarion.com; 6 Randell St, Mannum; Erw./Kind 7,50/3,50 AU$; Mo-Fr 9-17, Sa & So 10-16 Uhr), das über die hiesigen Aborigine-Gemeinden der Ngarrindjeri informiert. Außerdem sind ein Trockendock von 1876 und der restaurierte Raddampfer *PS Marion*, der manchmal noch mit Gästen auf dem Fluss rumschippert, zu bewundern.

Breeze Holiday Hire (0439 829 964; www.murrayriver.com.au/breeze-holiday-hire-1052) verleiht Kanus und Kajaks (75 AU$/Tag), Schlauchboote mit Außenbordmotoren (95 AU$/Tag) und Angelausrüstung (15 AU$/Tag). Wasserskikurse werden ebenfalls angeboten.

Zwischen Mannum und Swan Reach verläuft die östliche Uferstraße an vielen Stellen ziemlich weit östlich vom Fluss, aber die vielen Aussichtspunkte an der Strecke ermöglichen einen Überblick über die Landschaft. Etwa 9 km südlich von Swan Reach beschreibt der Murray eine enge Kurve namens **Big Bend**, die von zerklüfteten, ockerfarbenen Klippen gesäumt wird.

Der Name des schläfrigen **Swan Reach** (850 Ew.), 70 km südwestlich von Waikerie, ist trügerisch, denn hier gibt's zwar eine alte Kneipe, ein Museum und viele Pelikane, aber nicht gerade viele Schwäne.

Waikerie (4630 Ew.) ist ein Zentrum des Zitrusfruchtanbaus mit einem Wald aus abschreckend wirkenden Fernsehantennen. Der Name der Stadt stammt vom Aborigine-Begriff für „alles, was fliegt" – und tatsächlich leben hier zahlreiche Vogelarten. Allein 180 Arten verzeichnet das **Gluepot Reserve** (08-8892 8600, Shell-Tankstelle 08-8541 2621; www.gluepot.org; Gluepot Rd; Auto pro Tag/Nacht 5/10 AU$; 8–18 Uhr), ein Mallee-Buschgebiet 64 km nördlich von Waikerie (an der Lunn Rd), das Teil des UNESCO-Biosphärenreservats Riverland ist. Bevor man losfährt, sollte man sich bei der Shell-Tankstelle in Waikerie erkundigen, ob man einen Schlüssel für das Eingangstor benötigt.

In Waikerie ist auch **Nippy's** (www.nippys.com.au; 2 Ian Oliver Dr, Waikerie; Mo–Fr 8–16 Uhr) ansässig, ein regionaler Fruchtsaftproduzent mit einem Fabrikverkauf am Eingang.

Geführte Touren

Proud Mary BOOTSFAHRT
(08-8406 4444; www.proudmary.com.au; 1½-stündige Bootsfahrt Erw./Kind 60/42,50 AU$) Angeboten werden Bootsfahrten inklusive Mittagessen mit einem großem Boot auf dem großen Fluss, die immer montags in Mannum starten. Ruhig vorher nochmal die alten Texte von Creedence Clearwater Revival auffrischen!

Jester Cruises BOOTSFAHRT
(0419 909 116; www.jestercruises.com.au; 1/2-stündige Bootsfahrt pro Pers. 16/36 AU$, 2-stündige Bootsfahrt inkl. Mittagessen 44 AU$) Die Bootsfahrten auf dem Fluss in der *Jester* mit ihren 40 Plätzen starten in Mannum und finden an den meisten Tagen statt. Eine bestimmte Mindestanzahl an Fahrgästen ist erforderlich.

🛌 Schlafen & Essen

Mannum Caravan Park CAMPING $
(✆ 08-8569 1402; www.mannumcaravanpark.com.au; Purnong Rd, Mannum; Stellplatz ohne/mit Strom ab 29/32 AU$, Hütten/Villas ab 64/132 AU$; ❄@🛜) Ein adretter Campingplatz direkt am Fluss neben dem Fähranleger von Mannum. Über den Rasen spazieren Enten und Teichrallen, und im Spielzimmer steht ein Billardtisch für Regentage. Viele Schatten spendende Eukalyptusbäume.

Murray River Queen HOSTEL $
(✆ 0410 416 655; www.murrayriverqueen.com; Leonard Norman Dr, Waikerie; B 30 AU$, DZ mit/ohne Bad ab 90/55 AU$; ❄🛜) Die Tage als Transportmittel sind für diesen 1974 gebauten Raddampfer vorüber – heute ist er eine schwimmende Backpacker-Unterkunft am Ufer von Waikerie mit Doppelstockbetten in einfachen Kajüten, die sehr niedrig und ein wenig düster, auf jeden Fall aber einzigartig sind. An Bord gibt es auch eine Bar, einen Billardtisch, ein Sonnendeck und ein Thai-Café (Hauptgerichte 14–20 AU$). Beliebt bei den Erntehelfern.

★ Waikerie Hotel Motel HOTEL, MOTEL $$
(✆ 08-8541 2999; www.waikeriehotel.com; 2 McCoy St, Waikerie; DZ 99–149 AU$; ❄🛜) 2012, nur zwei Tage vor seinem 100. Geburtstag, wurde dieser Gasthof zu großen Teilen von einem Brand zerstört. Nach dem Wiederaufbau gibt es nun 19 großartige Suiten mit eigenem Bad, schicker Bettwäsche, Minibar und großen TVs sowie viel Leder und Granit. Außerdem gibt's hier eine Bar und ein Bistro, das typische Kneipengerichte serviert (Hauptgerichte 16–35 AU$). Die modernisierten Motelzimmer hinter dem Haus sind etwas billiger.

River Shack Rentals UNTERKUNFTSSERVICE $$
(✆ 0447 263 549; www.rivershackrentals.com.au; DZ ab 100 AU$) Offeriert eine Fülle von Mietunterkünften am Fluss, die von Mannum aus flussaufwärts liegen und bis zu 20 Personen Platz bieten. Die meisten sind direkt am Wasser: 36 River Lane ist eine solide Option für bis zu 10 Personen (ab 450 AU$). Hausboote sind ebenfalls verfügbar.

Pretoria Hotel PUB-ESSEN $$
(✆ 08-8569 1109; www.pretoriahotel.com.au; 50 Randell St, Mannum; Hauptgerichte 18–32 AU$; ⊙11–14.30 & 17.30–20.30 Uhr) Das familienfreundliche Pretoria von 1900 hat ein großes Bistro und eine Terrasse mit Blick auf den Fluss. Aufgetischt werden große Steaks, Känguru- und Parmawallaby-Filets, asiatische Salate sowie gute Meeresfrüchte. Übrigens: Als 1956 die Flut über die Stadt hereinbrach, wurde hier auf dem Balkon im 1. Stock weiter Bier ausgeschenkt!

ℹ️ Praktische Informationen

Mannum Visitor Information Centre (✆1300 626 686, 08-8569 1303; www.psmarion.com; 6 Randell St; ⊙Mo-Fr 9–17, Sa & So 10–16 Uhr) Übernimmt die Buchung von Bootsfahrten und Hausbooten und gibt die Broschüre *Mannum Historic Walks* aus. Hier befindet sich auch das Mannum Dock Museum of River History (S. 841).

Barmera & Umgebung

Donald Campbell, der Inhaber des Geschwindigkeitsweltrekords zu Lande, versuchte im Jahr 1964 vergeblich, auf dem Lake Bonney seine eigene Wasserbestmarke zu brechen. Das heute ziemlich verschlafen wirkende **Barmera** (3020 Ew.) war früher ein wichtiger Knotenpunkt des Langstrecken-Viehtriebs ab NSW. Heute wirkt der Ort trist: Die lokale Leidenschaft für Musik (Country *und* Western) sorgt dennoch für eine gewisse Stimmung. Das winzige Nest **Kingston-On-Murray** (alias Kingston OM; 260 Ew.) liegt in Richtung Waikerie.

⊙ Sehenswertes & Aktivitäten

Der einst nur zeitweise gefüllte **Lake Bonney** enthält durch menschliches Zutun heute durchgängig Wasser. Er ist von großen, abgestorbenen Roten Eukalyptusbäumen mit kahlen Ästen gesäumt, in denen sich Unmengen von Vögeln tummeln. Wer gern ohne Kleidung unterwegs ist, sollte wissen, dass man sich am FKK-Strand des **Pelican Point Holiday Park** (www.riverland.net.au/pelicanpoint) am Westufer des Sees im Sand räkeln kann.

Naturschutzgebiete mit Wanderwegen und Campingmöglichkeiten (6/10 AU$ pro Pers./Auto) sind **Moorook** an der Straße nach Loxton und **Loch Luna** am anderen Flussufer gegenüber von Kingston-On-Murray. Am hinteren Rand von Loch Luna steht das Overland Corner Hotel. Beide Schutzgebiete warten mit Naturlehrpfaden auf. Natürlich kann man hier auch ganz wunderbar Vögel beobachten und Kanu fahren. Genehmigungen für Campingplätze mit Selbstregistrierung sind am Eingang erhältlich.

Es gibt auch **Wanderwege** zum Overland Corner Hotel.

★ Banrock Station Wine & Wetland Centre
WEINGUT

(☎ 08-8583 0299; www.banrockstation.com.au; Holmes Rd, Kingston OM; Weinproben kostenlos, Feuchtland-Wanderungen gegen Goldmünzen-Spende; ⊙ Mo-Fr 9-16, Sa & So bis 17 Uhr) Das CO^2-neutrale Banrock Station Wine & Wetland Centre am Stuart Hwy bei Kingston Om liegt nahe an renaturierten Feuchtgebieten und ist ein stilvolles Weinverkostungszentrum (der Tempranillo ist fantastisch!) in einem Stampflehm-Gebäude. Das peppige Mittagsrestaurant (Hauptgerichte 20-30 AU$; gut ist die Banrock Pizza) verwendet Zutaten aus der Region. Hier starten drei verschiedene **Wanderungen durchs Feuchtgebiet**, die 2,5, 4,5 und 8 km lang sind.

Rocky's Hall of Fame Pioneers Museum
MUSEUM

(www.murrayriver.com.au/barmera/rockys-hall-of-fame-pioneers-museum; 4 Pascoe Tce, Barmera; 2 AU$; ⊙ Mo, Mi & Do 9-12, Fr 8.30-12 Uhr) In Barmera ist Country-Musik schwer angesagt. Im Juni steigt hier das **South Australian Country Music Festival & Awards** (www.riverlandcountrymusic.com), und aus den Außenlautsprechern des Rocky's Museum schallen ländliche Klänge auf die Hauptstraße. Sehenswert ist der 35 m lange botanische Garten in Gitarrenform hinter dem Haus, in dem 160 Country-Musiker von Slim Dusty bis Kasey Chambers ihre Handabdrücke hinterlassen haben.

🛏 Schlafen & Essen

Discovery Holiday Parks Lake Bonney
CAMPING $

(☎ 08-8588 2234; www.discoveryholidayparks.com.au; Lakeside Ave, Barmera; Stellplatz ohne/mit Strom ab 22/31 AU$, Hütten ab 94 AU$; ❋ 🛜 ≋) Dieser hervorragend geführte Campingplatz am See bietet kleine Strände (sicheres Schwimmen) und viele Einrichtungen, darunter Elektrogrills, eine Campingküche, einen Wäscheraum und viel Platz für herumtobende Kinder. Es gibt viele Bäume und Stellplätze direkt am Wasser, außerdem kann man Tandems, Kanus und Paddelboote ausleihen.

Barmera Lake Resort Motel
MOTEL $

(☎ 08-8588 2555; www.barmeralakeresortmotel.com.au; Lakeside Dr, Barmera; DZ 80-135 AU$, FZ ab 195 AU$; ❋ ≋) Direkt gegenüber vom Seeufer auf der anderen Straßenseite liegt dieses gepflegte Motel mit einem Pool, falls der See mal trübe aussieht. Das Preis-Leistungs-Verhältnis ist gut. Die Zimmer sind kompakt und nicht besonders schick, doch sie sind insgesamt tadellos und viele haben Seeblick.

Overland Corner Hotel
PUB-ESSEN $$

(☎ 08-8588 7021; www.overlandcornerhotel.com.au; 205 Old Coach Rd; Hauptgerichte 16-28 AU$; ⊙ Di-So 12-14, Fr & Sa 18-20 Uhr) Diese stimmungsvolle, 1859 erbaute Kneipe, die etwa 19 km nordwestlich von Barmera liegt, heißt nach einer Biegung im Murray River, in der früher Viehtreiber campierten. Sie verströmt jede Menge Charakter, und bei diesen Portionen wird garantiert jeder Viehtreiber satt. Außerdem gibt's ein Museum, einen Hausgeist, einen schönen Biergarten und viele Wanderwege, die hinunter zum Fluss führen (die passende Broschüre, *Historic Overland Corner*, bekommt man in Barmera).

ℹ Praktische Informationen

Barmera Visitor Information Centre (☎ 08-8588 2289; www.barmeratourism.com.au; Barwell Av, Barmera; ⊙ Mo-Fr 9-16, Sa & So 10-13 Uhr) Hilft bei der Buchung von Verkehrsmitteln und Unterkünften, außerdem gibt's hier die Wanderweg-Broschüren *Historic Overland Corner* und *Heritage Walk Barmera*.

Loxton
3780 EW.

Das ruhige Loxton liegt oberhalb einer weiten Schleife des langsam dahinströmenden Murray. Die selbst ernannte „Gartenstadt des Riverland" ist ländlich und wenig touristisch geprägt. Hier gibt's vor allem Geschäfte, die Reifen, Haushaltswaren und Leitungen für Bewässerungssysteme verkaufen.

⊙ Sehenswertes & Aktivitäten

Von Loxton aus kann man im Kanu zum Katarapko Creek im **Murray River National Park** hinüberpaddeln (www.environment.sa.gov.au). Das hierfür benötigte Kanu ist im Loxton Riverfront Caravan Park ausleihbar.

Tree of Knowledge
WAHRZEICHEN

(Grant Schubert Dr) Im „Baum der Erkenntnis", unten am Fluss in der Nähe des Campingplatzes, sind die Wasserstände der vergangenen Jahre eingeritzt. Die Spitzenpegel von 1931, '73, '74, '75 und 2011 sind allerdings gar nichts im Vergleich zur Flut aller Fluten im Jahr 1956 mit einem Pegel von 4 m!

Loxton Historic Village — MUSEUM
(www.thevillageloxton.com.au; Allen Hosking Dr; Erw./Kind/Familie 12,50/6,50/32 AU$; 10–16 Uhr) Das ein wenig kitschige (aber nichtsdestotrotz interessante) Loxton Historic Village unten am Fluss entführt die Besucher mit seinen nachgebauten staubigen, rostigen Gebäuden und alten ländlichen Kuriositäten ins Jahr 1945.

Schlafen

Loxton Riverfront Caravan Park — CAMPING $
(1800 887 733, 08-8584 7862; www.lrcp.com.au; 1 Sophie Edington Dr; Stellplatz ohne/mit Strom ab 27/32 AU$, Hütten mit/ohne Bad ab 115/85 AU$;) Dieser sympathische Campingplatz am mit Eukalyptusbäumen bestandenen Ufer der Habels Bend, 2 km außerhalb der Stadt, bezeichnet sich selbst als „Der Ruhige". Man kann Kanus ausleihen (15 AU$/Std.) und es gibt einen kostenlosen Neun-Loch-Golfplatz (der meistens recht sandig, manchmal aber auch überflutet ist). Kostenloses WLAN.

Loxton Hotel — HOTEL, MOTEL $$
(1800 656 686, 08-8584 7266; www.loxtonhotel.com.au; 45 East Tce; Hotel EZ/DZ ab 90/115 AU$, Motel ab 135/150 AU$;) Der große Komplex, dessen Profite alle zurück in die Gemeinde Loxton fließen, bietet makellose Zimmer und verlockende Wochenendpakete. Die ursprüngliche Kneipe wurde 1908 errichtet und seitdem unermüdlich erweitert. Zum Frühstück, Mittagessen und Abendessen (Hauptgerichte 18–32 AU$) werden Bistro-Gerichte serviert. Kostenloses WLAN gibt es ebenfalls.

Praktische Informationen

Loxton Visitor Information Centre (1300 869 990, 08-8584 8071; www.loxtontourism.com.au; Bookpurnong Tce, Loxton Roundabout; Mo–Fr 9–17, Sa 9–16, So 10–16 Uhr) Freundliche Touristeninformation, die über Unterkünfte, Verkehrsmittel und Nationalparks informiert. Außerdem gibt's hier eine Galerie und einen Trockenobst-Verkauf sowie die Broschüre *History Walk of Loxton*.

Berri
4110 EW.

Berri verdankt seinen Namen dem indigenen Begriff *berri berri* (was „große Flussbiegung" bedeutet). Früher machten hier viele Raddampfer fest, um Brennholz für ihre Kessel zu laden. Heute ist der wohlhabende Ort ein regionales Zentrum für bundesstaatliche und private Vermittler von Gelegenheitsjobs in der Landwirtschaft – mit anderen Worten: eines der besten Pflaster für arbeitswillige Erntehelfer.

Sehenswertes & Aktivitäten

Die Zufahrt zum malerischen Katarapko-Creek-Abschnitt des **Murray River National Park** (www.environment.sa.gov.au) zweigt zwischen Berri und Barmera vom Stuart Hwy ab. Dies ist ein schönes Plätzchen zum Buschcampen (10/6 AU$ pro Auto/Person), Kanufahren und Vogelbeobachten.

Riverland Farmers Market — MARKT
(www.riverlandfarmersmarket.org.au; Crawford Tce, Senior Citizens Hall; Sa 7.30–11.30 Uhr) Hier gibt's all die guten Sachen, die in der Region angebaut werden. Zur Stärkung dienen beispielsweise Brötchen mit Schinken und Eiern oder ein Glas frisch gepressten Orangensafts.

A Special Place for Jimmy James — GARTEN
(Riverview Dr; 24 Std.) Einen kurzen Bummel vom Visitor Information Centre entfernt, steht ein Denkmal für den indigenen Fährtensucher Jimmy James, der „den Busch wie

---

ALS ERNTEHELFER IM RIVERLAND ARBEITEN

Die Obst- und Weinbauzentren Berri, Barmera, Waikerie, Loxton und Renmark suchen immer Erntehelfer. Es ist zwar Saisonarbeit, doch irgendetwas wird eigentlich immer geerntet (Kernobst, Orangen, Wein, Äpfel) – außer von Mitte September bis Mitte Oktober und von Mitte April bis Mitte Mai, wenn nicht viel los ist. Wer ein gültiges Arbeitsvisum hat und nichts dagegen hat, auf den Feldern zu schwitzen (für ca. 100 AU$/Tag, wenn man den Bogen erstmal raus hat), kann sich in den Backpacker-Hostels vor Ort nach Arbeit erkundigen oder es beim Büro von **MADEC Labour Hire** (08-8586 1900; www.madec.edu.au; 8 Ral Ral Ave, Renmark) in Renmark und beim **National Harvest Information Service** (1800 062 332; www.jobsearch.gov.au/harvesttrail) versuchen.

eine Zeitung las". In die Granitblöcke sind skurrile Fährten und Spuren eingraviert.

River Lands Gallery
GALERIE
(www.countryarts.org.au; 23 Wilson St; ⊙ Mo-Fr 10-16, Sa 10-13 Uhr) Wie die Wandgemälde und Totempfähle an den Pfeilern der Berri Bridge beweisen, ist Berri eine Stadt voller künstlerischer Talente. Diese Galerie zeigt Wechselausstellungen von Gemälden, Skulpturen, Webereien und digitalen Medieninstallationen lokaler und indigener Künstler.

Canoe Adventures
KANUFAHREN
(0421 167 645; www.canoeadventure.com.au; Kanuverleih halber/ganzer Tag 55/65 AU$, Touren Erw./Kind halber Tag 75/50 AU$, ganzer Tag 120/80 AU$) Kanuverleih und geführte Kanutouren sowie Campingexpeditionen ab Berri, dem Sitz des Anbieters, auf Wunsch aber auch in den meisten Riverland-Städten.

BMS Tours
BOOTSFAHRT
(0408 282 300; www.houseboatadventure.com.au; Bootsfahrten ab 70 AU$) Bootsfahrten auf dem Murray ab Berri in einem Sumpfboot im Stil der Everglades-Boote. Am besten bucht man telefonisch, denn so erfährt man auch gleich die Abfahrtszeit und die Mindestteilnehmerzahl.

Schlafen & Essen

Berri Backpackers
HOSTEL $
(08-8582 3144; www.berribackpackers.com.au; 1081 Old Sturt Hwy; B pro Nacht/Woche 35/160 AU$;) Das vielseitige Hostel auf jener Seite von Berri, auf der Barmera liegt, ist die Anlaufstelle *numero uno* für arbeitswillige Traveller. Müde Erntehelfer können hier nach einem Tag harter Arbeit in schrägem New-Age-Ambiente entspannen. Die Unterkünfte zum Einheitspreis reichen von chaotischen Schlafsälen und Doppelzimmern über Gemeinschaftshäuser bis hin zu einem Tipi und einer Jurte. Die Betreiber vermitteln auch Erntehelferjobs (einfach mal anrufen!).

Berri Hotel
HOTEL, MOTEL $$
(1800 088 226, 08-8582 1411; www.berrihotel.com; Riverview Dr; Hotel EZ/DZ 77/145 AU$, Motel DZ/FZ 155/175 AU$;) Dieses gelb-braune Gebäude in der Nähe des Flusses hat Hotelzimmer (mit Gemeinschaftsbädern) und einen Flügel mit geräumigen Motelzimmern mit eigenem Bad. Das höhlenartige Bistro serviert gehobene Kneipengerichte (Hauptgerichte 19 bis 33 AU$, zum Abendessen geöffnet), außerdem gibt's ein Café, das kleine Frühstücksgerichte und Mittagessen anbietet. Ein gutes Haus, wenngleich es ein wenig an Las Vegas erinnert. Kostenloses WLAN.

Sprouts Café
CAFÉ $
(08-8582 1228; www.sproutscafe.com.au; 28 Wilson St; Hauptgerichte 7-14 AU$; ⊙ Mo-Fr 8.30-16, Sa 9.30-13 Uhr) Ein freundliches neues Café auf dem Hügel, ein paar Blocks hinter dem Fluss in flotten Grüntönen. Es serviert Suppen, Quiches, Burger, Currys, Wraps und auch Schokoladen-Pekanuss-Pudding.

❶ Praktische Informationen
Berri Visitor Information Centre (08-8582 5511, 1300 768 582; www.berribarmera.sa.gov.au; Riverview Dr; ⊙ Mo-Fr 9-17, Sa 9-14, So 10-14 Uhr) Direkt am Fluss, hat Broschüren, Internet, Karten, wasserfeste Kanu-Führer (10 AU$) und Mitarbeiter, die sich wirklich auskennen.

Renmark
7500 EW.

Renmark ist die erste größere Stadt am Fluss jenseits der Grenze zu Victoria und liegt 254 km von Adelaide entfernt. Es ist alles andere als ein überlaufenes Touristenziel, verströmt eine entspannte Atmosphäre und hat ein grasbewachsenes Flussufer, an dem man Hausboote mieten kann. Dies ist das Zentrum der Weinregion Riverland: An den Straßen in die Stadt werben grelle Schilder „Buy 6 Get 1 Free!" und „Bulk port $5/litre!". Auf der anderen Flussseite, 4 km flussaufwärts, liegt Renmarks eher uninteressante Satellitenstadt Paringa.

⊙ Sehenswertes & Aktivitäten

Chowilla Game Reserve
NATURSCHUTZGEBIET
(www.environment.sa.gov.au) Im flussaufwärts gelegenen Chowilla Game Reserve kann man prima campen (6/10 AU$ pro Auto/Pers.), Kanu fahren und durch den Busch wandern. Der Zugang erfolgt über das Nordufer von Renmark oder über das Südufer von Paringa. Weitere Infos sind im **Department of Environment, Water & Natural Resources** (DEWNR; 08-8595 2111; 28 Vaughan Tce, Berri) in Berri erhältlich.

Riverland Leisure
Canoe Tours
KANUFAHREN
(08-8595 5399; www.riverlandcanoes.com.au; Tour halber/ganzer Tag 75/120 AU$) Gemächliche geführte Kanutouren auf dem Murray

ab Paringa, das am Flussufer gegenüber von Renmark liegt. Es gibt einen Kanu- und Kajakverleih (pro Tag 65/55 AU$) sowie Abend- und Nachttouren.

🛏 Schlafen & Essen

BIG4 Renmark
Riverfront Holiday CAMPING $
(📞 1300 664 612, 08-8586 6315; www.big4renmark.com.au; Sturt Hwy; Stellplatz ohne/mit Strom ab 30/42 AU$, Hütten mit/ohne Bad ab 104/80 AU$; ❄🛜🏊) Zu den Highlights dieses schicken Campingplatzes am Fluss, 1 km östlich der Stadt, gehören eine Campingküche, ein Kanu- und Paddelbootverleih sowie fantastische Hütten und Stellplätze mit Strom am Wasser. Die recht neuen Wellblechhütten sind erste Sahne und erinnern mit den zerzausten Palmen ringsum ein wenig an die Optik der Riviera. In den Ferien kommen scharenweise Wasserskifans her.

Renmark Hotel HOTEL, MOTEL $$
(📞 1800 736 627, 08-8586 6755; www.renmarkhotel.com.au; Murray Ave; Hotel/Motel DZ ab 90/110 AU$; ❄🛜🏊) Was für eine Schönheit! Die fabelhaften Art-déco-Kurven des größten Pubs von Renmark sehen einfach gut aus. Zur Wahl stehen ältere Zimmer im Hotelstil sowie gehobene Motelzimmer. An einem schwülwarmen Abend gibt's kaum etwas Schöneres als ein kaltes Bier und gegrillten Barramundi auf dem Balkon des Nanya Bistro (Hauptgerichte 18–37 AU$, geöffnet 12–14.30 und 17.30–21 Uhr). Kostenloses WLAN.

Renmark Club PUB-ESSEN $$
(📞 08-8586 6611; www.renmarkclub.com.au; Murray Ave; Hauptgerichte 13–35 AU$; ⏱ 12–14.30 & 18–20.30 Uhr) Die alte Kneipe mit Club direkt am Fluss ist heute ein strahlendes modernes Bistro, das zum unschlagbaren Blick aufs Wasser gehobenes Kneipenessen (rustikale Lammschenkel-Pie, in Brandy geschmorte Rinderbäckchen) serviert. Der Club betreibt auch die schicken, neuen, graubrauen und holzlastigen **Renmark Holiday Apartments** (📞 1300 855 563; www.renmarkholidayapartments.com.au; 161 Murray Ave; Apt. mit 1/2 Schlafzi. ab 195/235 AU$; ❄) auf der anderen Straßenseite.

ℹ Praktische Informationen

Renmark Paringa Visitor Information Centre
(📞 1300 661 704, 08-8586 6704; www.visitrenmark.com; 84 Murray Ave; ⏱ Mo–Fr 9–17, Sa & So 10–16 Uhr) Hier gibt's die üblichen regionalen Infos, Broschüren und Kontaktdaten für Backpacker-Unterkünfte in der ganzen Stadt sowie ein Interpretation Centre und Leihfahrräder (halber/ganzer Tag 25/40 AU$). Der 1911 erbaute und wieder in Betrieb genommene Raddampfer *PS Industry* geht jeden Sonntag für 90 Minuten auf große Fahrt (Erw./Kind 20/10 AU$).

LIMESTONE COAST

Die langgezogene Limestone Coast des südöstlichen SA erstreckt sich zwischen dem flachen, olivgrünen Unterlauf des Murray und der Grenze zu Victoria. Dank der Highways lässt sich die auf seltsame Weise bezaubernde Ebene schnell und stressfrei in nicht einmal einem Tag durchqueren. Allerdings begeistert dieser Landesteil vor allem im Detail: Abstecher durchs Gelände enden z.B. an Lagunen, Brandungsstränden und entlegenen Buchten, und überall verstecken sich Weinanbaugebiete, malerische Fischerhäfen und verschlafene Dörfer. Noch reizvoller ist aber die unterirdische Welt, eine bizarre Landschaft aus Kalksteinhöhlen, Dolinen und abgrundtiefen Kraterseen, ein ehemals vulkanisches Gebiet, das heute als **Kanawinka Geopark** (www.kanawinkageopark.org.au) bekannt ist.

ℹ An- & Weiterreise

Der Dukes Hwy (Rte A8) ist die direkte Straßenverbindung zwischen Adelaide und Melbourne (729 km), aber der Princes Hwy (Rte B1; etwa 900 km) an der Küste nahe dem Coorong National Park ist deutlich schöner.

BUS

Premier Stateliner (www.premierstateliner.com.au) betreibt zwei Buslinien – eine an der Küste und eine durchs Landesinnere – zwischen Adelaide und Mt. Gambier (80 AU$, 6 Std.). Von Adelaide geht's (Mo, Mi, Fr & So) über Coorong, Meningie (39 AU$, 2 Std.), Robe (70 AU$, 4½ Std.) und Beachport (74 AU$, 5 Std.) die Küste entlang. Der Bus durchs Landesinnere fährt täglich über Naracoorte (74 AU$, 5 Std.) und Penola (76 AU$, 5¾ Std.).

FLUGZEUG

Regional Express (Rex; www.regionalexpress.com.au) fliegt täglich von Adelaide nach Mt. Gambier und zurück (ab 170 AU$).

Coorong National Park

Die fruchtbare Lagunenlandschaft des **Coorong National Park** (www.environment.sa.gov.

au) nimmt ab dem Lake Alexandrina etwa 145 km der Küste in Richtung Kingston SE ein. Die mächtigen Dünen der Younghusband Peninsula trennen das weit verzweigte Feuchtgebiet mit Salzpfannen und mehr als 200 Wasservogelarten vom Meer. Hier wurde *Storm Boy – Kinder des Sturms* (1976) nach Colin Thieles gleichnamigem Roman gedreht, ein anrührender Film über die Freundschaft zwischen einem kleinen Jungen und einem Pelikan.

In den 1800er-Jahren ernährten die üppigen Ressourcen hier viele indigene Ngarrindjeri. Und aufgrund ihrer tiefen Verbundenheit mit ihrer Heimat leben viele Angehörige dieses Volks bis heute im Coorong National Park.

Am Rand des Nationalparks, am **Lake Albert** (einem großen Arm des Lake Alexandrina), liegt **Meningie** (900 Ew.), das 1866 als kleiner Hafen gegründet wurde. Erst vor Kurzem erwachten diese „unteren Seen" wieder zum Leben, als die letzte Überschwemmung der Murray River 2011 neuen Wassernachschub brachte. Eine kurzzeitige Gnadenfrist vom Klimawandel? Das wird sich zeigen…

Wer auf dem Princes Hwy durch den Park fährt, sieht nicht viel von der Gegend. Die bessere Alternative ist der 13 km lange unbefestigte **Coorong Scenic Drive**. Die Panoramastraße zweigt 10 km südwestlich von Meningie als Seven Mile Rd von der Narrung Rd ab und führt direkt in die Landschaft mit ihren stinkigen Lagunen, dem Küstennebel, den Fischerhütten, den Pelikanen, schwarzen Schwänen und wilden Emus hinein. Die Straße trifft 10 km südlich von Meningie wieder auf den Princes Hwy.

Mit einem Geländewagen kann man zum **Ninety Mile Beach** fahren, einem bekannten Surf- und Angelstrand. Am leichtesten erreicht man das Meer über den Princes Hwy bis zur 42 Mile Crossing, 19 km südlich von Salt Creek. Von dort aus sind es noch 3 km auf einer Sandstraße – ein lohnender Abstecher.

Am Südrand des Coorong liegt Kingston SE (2200 Ew.; www.kingstonse.com.au). Die Stadt ist eine Hochburg des Hummerfangs; im Januar kann man die Hummer ganz in der Nähe beim **Cape Jaffa Seafood & Wine Festival** (www.capejaffafest.com.au) probieren. Ein berühmter Bewohner und eine der „großen" Touristenattraktionen Australiens ist **Larry the Lobster**, der übrigens anatomisch korrekt dargestellt ist.

Wer die Gegend vom Wasser aus erleben will, kann bei Spirit of the Coorong (S. 815) eine Bootsfahrt buchen oder sich an Canoe the Coorong (S. 815) wenden; beide befinden sich in Goolwa auf der Fleurieu Peninsula.

Schlafen & Essen

Im Park existieren elf Busch-**Campingplätze** (www.environment.sa.gov.au; pro Pers./Auto 7/13 AU$); die Buchung erfolgt online auf der DEWNR-Website (www.environment.sa.gov.au/parks). Auf den meisten Campingplätzen gibt's auch „Honesty Boxes", in die man die Übernachtungsgebühr entrichten muss.

Lake Albert Caravan Park CAMPING $
(08-8575 1411; www.lakealbertcaravanpark.com.au; 25 Narrung Rd, Meningie; Stellplatz ohne/mit Strom ab 20/30 AU$, Hütten mit/ohne Bad ab 110/75 AU$; ❄️ 📶) Luftiger Campingplatz mit schöner Aussicht auf den von Pelikanen bevölkerten Lake Albert (die besten Stellplätze sind direkt am Seeufer). Die besten Hütten sind die vier Deluxe-Hütten mit zwei Schlafzimmern (155 AU$).

⭐**Dalton on the Lake** B&B $$
(0428 737 161; admason@lm.net.au; 30 Narrung Rd, Meningie; DZ ab 145 AU$; ❄️) Die Betreiber des großzügigen, blitzsauberen B&Bs am See strengen sich mächtig an, um ihren Gästen einen angenehmen Aufenthalt zu bereiten, z. B. mit frischem Brot, hausgemachten Keksen sowie einem üppigen Frühstück mit Speck und Eiern. Im Anbau gibt's ein modernes, separat zugängliches Wohnstudio; zudem steht Besuchern eine renovierte Steinhütte zur Verfügung. Wer möchte, kann auch beides zusammen buchen!

Cheese Factory Restaurant PUB-ESSEN $$
(08-8575 1914; www.meningie.com.au; 3 Fiebig Rd, Meningie; Hauptgerichte 15–33 AU$; Di-So 10.30–15 Uhr, Mi-Sa 17.30 Uhr–open end) Man kann sich mit den Einheimischen an die Bar im vorderen Bereich lehnen oder sich im gewölbeartigen Speiseraum dieser umgebauten Käsefabrik (man hätte es sich schon fast gedacht!) Steaks, Schnitzel, Coorong-Meeräsche oder einen Corong-Wrap (mit Meeräsche!) schmecken lassen. Hier befindet sich auch das sehr altmodische **Meningie Cheese Factory Museum** (08-8575 1914; www.meningiecheesefactorymuseum.com; Eintritt 5 AU$; 8.30–17 Uhr), das Butterfässer, alte Schreibmaschinen und diverse Haushaltsgegenstände zeigt.

❶ Praktische Informationen

Meningie Visitor Information Centre (Coorong Cottage Industries; ☎ 08-8575 1770; www.meningie.com.au; 14 Princes Hwy; ⏰ 10–16.30 Uhr) Neben Campinggenehmigungen für den Coorong National Park bekommt man hier auch Informationen über die Region.

Robe

1020 EW.

Der zauberhafte kleine Fischerhafen ist bei Urlaubern aus Adelaide und Melbourne schwer angesagt. Das Schild mit der Aufschrift „Drain L Outlet" am Ortseingang schreckt etwas ab, doch die Hauptstraße wird von tollen Restaurants und zahllosen Unterkünften gesäumt. In der Umgebung gibt's ein paar herrliche Strände und Seen. Über Weihnachten und Ostern quillt Robe förmlich über – dann geht hier ohne rechtzeitige Reservierung gar nichts.

◉ Sehenswertes & Aktivitäten

Robes Straßen sind von denkmalgeschützten Gebäuden aus den späten 1840er- bis 1870er-Jahren gesäumt, z. B. von dem kleinen **Customs House** (www.nationaltrustsa.org.au; Royal Circus; Erw./Kind 2/0,50 AU$; ⏰ Feb.–Dez. Di & Sa 14–16 Uhr & Jan. Mo–Sa 14–16 Uhr) von 1863, in dem ein Seefahrtsmuseum untergebracht ist.

Der **Little Dip Conservation Park** (www.environment.sa.gov.au) GRATIS erstreckt sich über einen 13 km langen Küstenstreifen südlich der Stadt. Er birgt zahlreiche Biotope wie Seen, Sümpfe und Dünen, einige schöne Strände, von den Aborigines aufgestapelte Muschelhaufen, Wanderrouten und Campingmöglichkeiten (pro Pers./Auto 7/13 AU$). Der Eingang zum Park ist über die Nora Creina Rd zu erreichen.

An Robes kleinem Stadtstrand kann man gefahrlos schwimmen. Der **Long Beach** (2 km vom Ort entfernt) eignet sich gut zum Surfen, Windsurfen und Faulenzen (an manchen Stellen kann man auch gefahrlos ins kühle Nass springen – vorher beim Visitor Centre nachfragen!). **Steve's Place** (☎ 08-8768 2094; stevesplace66@internode.on.net; 26 Victoria St; ⏰ Mo–Fr 9.30–17, Sa 9.30–13, So 10–13 Uhr) verleiht Surfbretter/Bodyboards/Neoprenanzüge für 40/20/20 AU$ pro Tag. Hier ist auch der beste Ort, um Infos über Surfkurse und SAs ältesten (seit 1968), alljährlich im April stattfindenden Surfwettbewerb **Robe Easter Classic** zu bekommen.

🛏 Schlafen

Zimmervermittlungen mit Unterkünften ab 80 AU$ sind beispielsweise **Happyshack** (☎ 08-8768 234, 0403 578 382; www.happyshack.com.au), **SAL Real Estate** (☎ 08-8768 2737; www.salrealestate.com.au; 25 Victoria St) und **Robe Lifestyle** (☎ 1300 760 629; www.robelifestyle.com.au).

Caledonian Inn   HOTEL $
(☎ 08-8768 2029; www.caledonian.net.au; 1 Victoria St; DZ ab 75 AU$; 🛜) In diesem historischen Gasthaus (1859) gibt's sechs helle und gemütliche Pub-Zimmer mit Gemeinschaftsbädern zu tollen Preisen. Auch das Kneipenessen ist gut (Hauptgerichte 17–40 AU$, geöffnet 12–14 & 18–20.30 Uhr).

Lakeside Tourist Park   CAMPING $
(☎ 08-8768 2193; www.lakesiderobe.com.au; 24 Main Rd; Stellplatz ohne/mit Strom ab 34/35 AU$, Hütte/Villa ab 70/105 AU$; ❄@🛜) Direkt am Lake Fellmongery (ein *fellmonger* ist ein Wollwäscher) breitet sich dieser abstrakt angelegte Campingplatz mit unter Naturschutz stehenden Kiefern, Rezeptionsgebäude (in den 130 Jahre alten früheren Ställen), viel Rasen, schlichten Hütten und schicken Villen aus.

Robe Harbour View Motel   MOTEL $$
(☎ 08-8768 2155; www.robeharbourview.com.au; 2 Sturt St; DZ/FZ ab 120/155 AU$; ❄🛜) Am ruhigen Ende der Stadt (aber trotzdem nur fünf Gehminuten vom Zentrum entfernt) bieten die besseren drei der sechs vorderen Zimmer dieses ordentlichen, gut geführten Hotels den Hafenblick, den der Name verspricht. Die Standardzimmer liegen hinten und haben keine Aussicht, sind aber auch sehr schön – und wer braucht beim Schlafen schon eine Aussicht? Alle Zimmer warten mit schöner Bettwäsche, dezenten Farben und aufgemotzten Bädern auf.

Robe Lakeview Motel & Apartments   MOTEL $$
(☎ 08-8768 2100; www.robelakeviewmotel.com.au; 2 Lakeside Tce; DZ/Apt. mit 2 Schlafzi. ab 125/240 AU$, weitere Pers. 15 AU$; ❄🛜) Lakeview ist eines der besseren Motels in Robe. Es bietet direkten Blick auf den Lake Fellmongery, das Paradies für alle Wasserskifans. Die Einrichtung wird immer besser (langsam verschwinden die Dinge aus den späten 1990er-Jahren). Die Zimmer sind geräumig und blitzsauber, und im Sommer ist am Grill immer viel los. Hier gibt's kostenloses W-LAN!

Grey Masts B&B $$$
(☏0419 571 003; www.greymasts.com.au; Ecke Victoria & Smillie St; Haus inkl. Frühstück ab 200 AU$) Das hübsche Stein-Cottage aus den 1850er-Jahren mit niedrigen Decken liegt hinter dem örtlichen Buchladen. In den beiden Schlafzimmern können vier Personen schlafen, außerdem gibt's eine kompakte Küche, eine einladende Lounge und einen Garten voller Blumen. Hier lebte einst die Familie Savage (Herr und Frau Savage und ihre zwölf Söhne!). Im Sommer gilt ein Mindestaufenthalt von drei Nächten.

Essen

Union Cafe CAFÉ $
(☏08-8768 2627; 4/17-19 Victoria St; Hauptgerichte 7-16 AU$; ⊙8-16 Uhr;) Dieses seltsam verwinkelte Eck-Café mit Glasstücken im Fußboden und Surf-Art an den Wänden ist immer gut besucht. Wer etwas gegen seinen Kater unternehmen will, bestellt EBT (Eier und Schinken auf Fladenbrot mit Käse und hausgemachter Tomatensoße). Außerdem gibt's hier guten Kaffee, Eierkuchen, Currys, Salate und Wraps.

Polly's Fish'n'Chips FISH & CHIPS $
(☏08-8768 2712; www.pollysfishnchips.com.au; Lot 1, Lipson Tce; Mahlzeiten 5-16 AU$; ⊙So-Mi 10-20, Sa bis 21 Uhr) Unten am Hafen der Stadt befindet sich dieser schöne Fish-&-Chips-Laden, der den frischen Fang direkt vom Fischerboot aus verkauft. Für Fastfood ist er nicht immer der schnellste, doch Qualität braucht eben ihre Zeit. Man kann sich hinsetzen und die Boote betrachten, während man wartet.

Mahalia Coffee CAFÉ $
(☏08-8768 2778; www.mahaliacoffee.com.au; 2 Flint St; Getränk/Gebäck 5-9 AU$; ⊙8.30-17 Uhr) Überall an der Limestone Coast sieht man die Zeichen von Mahalia Coffee – eine echte Marketing-Erfolgsgeschichte. In den Räumen der Rösterei im Gewerbegebiet der Stadt bekommt man einen Doubleshot-„Flat White" und ein Croissant oder eine weiße Trinkschokolade und einen Macadamianuss-Muffin.

Sails MODERN-AUSTRALISCH $$$
(☏08-8768 1954; www.sailsatrobe.com.au; 21 Victoria St; Hauptgerichte 31-38 AU$; ⊙18 Uhr-open end) Das Sails ist das eleganteste Restaurant der Stadt und hat einen ausgezeichneten Ruf für seine Meeresfrüchte. Keine Lust auf Meeresgetier? Dann empfehlen sich die Känguru-Filets mit Rote-Bete-Fritten und Meerrettich oder die Linsen-Empanadas mit Ziegenkäse, Blumenkohl und Süßzwiebeln. Angenehmes Ambiente und guter Service.

❶ Praktische Informationen

Robe Visitor Information Centre (☏1300 367 144, 08-8768 2465; www.robe.com.au; Mundy Tce, Public Library; ⊙Mo-Fr 9-17, Sa & So 10-16 Uhr;) Geschichtsausstellungen, Broschüren und kostenloses Internet. Hier bekommt man die Infoblätter *Scenic Drive*, *Heritage Drive* und *A Walk Through History*.

Beachport
890 EW.

„Sehen und gesehen werden: rund um die Uhr Scheinwerferlicht!", verkünden Schilder an diesem Teil der Limestone Küste. Versucht Beachport verzweifelt, wahrgenommen zu werden? Wir mögen das beschauliche Beachport jedenfalls so, wie es ist - mit seinen Stränden, der Brandung, dem berühmten, 772 m langen Anlegesteg, den trutzigen Steinbauten und den Norfolktannen. Und das mit dem Gesehenwerden kann man vergessen, denn hier bleibt man in der Regel komplett anonym.

◉ Sehenswertes & Aktivitäten

Old Wool & Grain Store Museum MUSEUM
(☏08-8735 8029; www.nationaltrust.org.au/sa; 5 Railway Tce; Erw./Kind/Fam. 5/2/10 AU$; ⊙10-16 Uhr) Das Museum im staatlichen National-Trust-Gebäude an der Hauptstraße zeigt Relikte aus der Zeit des Walfangs und der Seefahrt Beachports sowie Räume, die im Stil der 1870er-Jahre eingerichtet sind. Eine der Ausstellungen widmet sich den indigenen Buandi.

Beachport
Conservation Park NATURSCHUTZGEBIET
(www.environment.sa.gov.au) GRATIS Es gibt ein paar tolle Wanderwege in diesem 710 ha großen Park zwischen der Küste und dem 2 km nördlich vom Ort gelegenen Lake George. Hier lassen sich Muschelhaufen der Aborigines, geschützte Buchten, Lagunen und Busch-Campingplätze (7/13 AU$ pro Pers./Auto) besichtigen bzw. bewohnen.

Pool of Siloam SCHWIMMEN
(Bowman Scenic Dr) GRATIS Das Becken in den Dünen am westlichen Ortsrand eignet sich hervorragend zum Baden (und sich treiben lassen: das Wasser ist siebenmal salziger als

das des Meeres). Anfahrtspläne hält das Visitor Information Centre bereit.

🛏 Schlafen

Southern Ocean
Tourist Park CAMPING $
(☎ 08-8735 8153; www.southernoceantouristpark.com.au; Somerville St; Stellplatz ohne/mit Strom ab 25/28 AU$, Hütten 95–160 AU$; ❋ 🐾) Der gepflegte, schattige Campingplatz liegt am Fuß eines Hügels im Zentrum; mit dem neuen Management hat er einen richtigen Schub erhalten. Es gibt einen Wäscheraum, überdachte Grillplätze, Hummerkocher und einen tollen kleinen Spielplatz. Oben auf dem Hügel stehen schöne Hütten mit Küche.

Bompas HOTEL $$
(☎ 08-8735 8333; www.bompas.com.au; 3 Railway Tce; DZ mit/ohne Bad ab 125/100; AU$ 🐾) Im ersten Pub von Beachport (1873) residiert heute das Bompas, ein kleines Hotel und Restaurant-Café mit Schanklizenz. Oben befinden sich die großen, mit moderner Kunst geschmückten Zimmer (Nr. 3 hat eine fantastische Aussicht). Unten wird Essen serviert (Hauptgerichte 13–32 AU$, geöffnet 12–14 & 18–20 Uhr), z. B. chinesische Pfannengerichte, Lammschenkel und Steaks; außerdem gibt's anständiges Bier und Quiz-Abende.

ℹ Praktische Informationen

Beachport Visitor Information Centre
(☎ 08-8735 8029; www.wattlerange.sa.gov.au; Millicent Rd; ⊙ Mo–Fr 9–17 Uhr, Sa & So 10–16 Uhr) Es gibt ein Informationszentrum an der Ortseinfahrt. Hier gibt's die Infohefte Beachport's Bowman Scenic Drive und Beachport's Historic Buildings Drive.

Mount Gambier

25 200 EW.

Mt. Gambier im Flachland unter einem erloschenen Vulkan ist die größte Stadt an der Limestone Coast und auch deren Dienstleistungszentrum. Manchmal wirkt „The Mount" nicht gerade großstädtisch, aber das, was Mt. Gambier ausmacht, sind nicht die oberirdischen Dinge, sondern der tiefe Blue Lake und die verblüffenden Höhlen, die sich unter der Stadt durch den Kalkstein ziehen.

⊙ Sehenswertes & Aktivitäten

Blue Lake SEE
(www.mountgambierpoint.com.au/attractions/blue-lake; John Watson Dr; ⊙ 24 Std.) GRATIS Mt. Gambiers Besuchermagnet ist der 75 m tiefe See, der im Sommer in unglaublich intensiven Blautönen erstrahlt. Ratlose Wissenschaftler gehen davon aus, dass dies etwas mit den Kalzitkristallen im Wasser zu tun hat, die sich in den wärmeren Monaten schneller ausbilden. Wer zwischen April und November hierher kommt, wird im Gegensatz dazu lediglich vor einen ganz normalen, stahlgrauen See stehen. Bei den stündlichen Führungen von **Acquifer Tours** (☎ 08-8723 1199; www.aquifertours.com; Ecke Bay Rd & John Watson Dr; Erw./Kind/Fam. 9/4/25 AU$; ⊙ Touren Nov.–Jan. 9–17 Uhr, Feb.–Mai & Sept.–Okt. 9–14 Uhr, Juni–Aug. 9–12 Uhr) fährt man in der Nähe des Ufers mit einem Glasaufzug in die Tiefe.

Riddoch Art Gallery GALERIE
(☎ 08-8723 9566; www.riddochartgallery.org.au; 1 Bay Rd; ⊙ Mo & Mi–Fr 10–17, Sa & So 11–15 Uhr) GRATIS Bei schlechtem Wetter kann der Besuch in einer der besten Regionalgalerien Australiens die Laune heben. Es gibt drei Abteilungen (Wechsel- und Dauerausstellungen, avantgardistische Installationen, Ausstellungen zur Gemeinde). Hier finden sich auch historische Exponate und ein Kino, in dem Filme zur Lokalgeschichte laufen. Kostenlose Führungen gibt's donnerstags um 11 Uhr.

Cave Gardens HÖHLE
(www.mountgambierpoint.com.au/attractions/cave-gardens; Ecke Bay Rd & Watson Tce; ⊙ 24 Std.) GRATIS Die 50 m tiefe Doline befindet sich mitten in der Stadt. Kein Wunder, dass ungewollt hin und wieder ein Einkaufswagen hineinfällt! Man kann hinabsteigen und der allabendlichen Sound & Light Show (ab 20.30 Uhr) beiwohnen, bei der Traumzeit-Geschichten der Aborigines erzählt werden.

Engelbrecht Cave HÖHLE
(☎ 08-8723 5552; www.engelbrechtcave.com.au; Jubilee Hwy W, an der Chute St; Führungen Erw./Kind/Familie 12,50/8/35 AU$; ⊙ Führungen Do–Di 10–15 Uhr stündl.) Dieses verschlungene Höhlensystem, das bis 1979 eine Mülldeponie war, erstreckt sich unter dem Jubilee Hwy und 19 Häusern! Bei den 45-minütigen Führungen geht es auch zu einem unterirdischen See (wer sich für Höhlentauchen interessiert, sollte telefonisch anfragen). Ein Café gibt es auch. Im Winter verkürzte Öffnungszeiten.

🛏 Schlafen

Old Mount Gambier Gaol HOSTEL $
(☎ 08-8723 0032; www.theoldmountgambiergaol.com.au; 25 Margaret St; B/2BZ/DZ/FZ ab 26/

60/80/150 AU$;) Wer sich nicht daran stört, dass dieses Haus bis 1995 ein Gefängnis war (oder das sogar spannend findet), findet hier eine stimmungsvolle und komfortable Unterkunft. In einem Gebäude befindet sich ein Backpacker-Schlafsaal; wer es gern etwas gruselig mag, kann aber auch in einer ehemaligen Zelle schlafen. Im Hostel ist eine Bar, in der manchmal Bands auftreten. Kostenloses WLAN!

Blue Lake Holiday Park   CAMPING $
(1800 676 028, 08-8725 9856; www.bluelake.com.au; Bay Rd; Stellplatz ohne/mit Strom ab 34/39 AU$, Hütte/Wohneinheit/Bungalow ab 99/127/156 AU$;) Neben dem Blue Lake, einem Golfplatz sowie Wander- und Radwegen bietet dieser freundliche Campingplatz ein paar nette grau-weiße Hütten, einen gut gemähten Rasen und schicke, moderne, in sich abgeschlossene „Refugien" (ab 192 AU$) für vier Personen.

Colhurst House   B&B $$
(08-8723 1309; www.colhursthouse.com.au; 3 Colhurst Pl; DZ ab 170 AU$;) Die meisten Einheimischen kennen das Colhurst nicht – es liegt an einer Gasse, die von einer Nebenstraße (Wyatt St) abgeht, und vom Zentrum der Stadt kann man es nicht richtig sehen. Es handelt sich um eine 1878 von walisischen Einwanderern erbaute Villa, der es gelingt, traditionell zu sein, ohne allzu kitschig zu wirken. Oben führt ein toller Balkon um das Haus herum, von dem sich ein herrlicher Blick über die Dächer bietet. Warmes Frühstück.

Park Hotel   PUB $$
(08-8725 2430; www.parkhotel.net.au; 163 Commercial St W; DZ/FZ ab 140/190 AU$;) Der alte Eck-Pub im Westen von Mount Gambier hat ein Vermögen in die Renovierung der drei Zimmer im ersten Stock gesteckt. Polierte Holzfußböden, Doppelverglasung, Marmorbäder sowie Kaffee- und Creme-Töne – alles ist überaus elegant. In der Gemeinschaftsküche kann man sich ein Frühstück zubereiten (Lebensmittel werden bereitgestellt).

Barn   APARTMENTS, MOTEL $$
(08-8726 9999; www.barn.com.au; 747 Glenelg River Rd; DZ/Apt./Haus ab 135/190/280 AU$;) 7 km außerhalb der Stadt, an der Straße nach Nelson, liegt das Barn, ein Komplex mit eleganten neuen Unterkünften im Motelstil – von Doppelzimmern über Apartments mit zwei Schlafzimmern bis hin zu Häusern mit vier Schlafzimmern – und einem fabelhaften Steakrestaurant, das regionales Rindfleisch auf den Tisch bringt (Hauptgerichte 33–38 AU$, geöffnet täglich zum Abendessen).

Essen

★ Metro Bakery & Cafe   CAFÉ $
(08-8723 3179; www.metrobakeryandcafe.com.au; 13 Commercial St E; Hauptgerichte 8–23 AU$; Mo-Mi 8.30–17 Uhr, Do-So bis open end) Fragt man die Einheimischen, wohin sie gehen, um einen Kaffee zu trinken, sagen sie wahrscheinlich: „ins Metro". Das effiziente, schwarz-weiß dekorierte Café liegt mitten im Trubel an der Hauptstraße und serviert Omelette, Focaccia, Sandwichs, Pasteten und fleischlastige Hauptgerichte (Tipp: der in Cidre geschmorte Schweinebauch). Außerdem gibt es eine Weinbar, die viele Cabernets aus Coonawarra im Angebot hat. Zum Abendessen sollte man einen Tisch reservieren.

Yoeys   CAFÉ $
(www.yoeys.com.au; 32 James St; Stücke 5–15 AU$; Mo-Fr 8.30–17.30, Sa bis 13.30 Uhr) Dieses Gourmet-Café bietet haufenweise Kuchen, Muffins, Brot, Schokolade, Pasta und Delikatessen. Der Kühlschrank ist übervoll mit hervorragendem Käse. Außerdem gibt's hier guten Kaffee, Suppen, Pasteten und Salate. Sehr schön!

Wild Ginger   THAI $$
(08-8723 6264; www.wildginger.com.au; 17 Commercial St W; Hauptgerichte 16–24 AU$; Di-Fr 11.30–14 Uhr, Di-So 17.30 Uhr–open end) Die Einheimischen empfehlen dieses authentische, goldumrahmte Lokal an der Hauptstraße, das Gerichte wie Larp-Hähnchensalat mit viel Zitrusaroma und verführerisches rotes Rindscurry serviert. Es besticht mit seiner Qualität und der Liebe zum Detail (Präsentation des Essens, Einrichtung, Kleidung der Mitarbeiter etc.). Sehr empfehlenswert.

Jens Town Hall Hotel   PUB-ESSEN $$
(08-8725 1671; www.jenshotel.com; 40 Commercial St E; Hauptgerichte 18–32 AU$; 12–14 & 18–20 Uhr) Das süffigste Bier der Stadt (in der es viele große alte Pubs gibt) serviert das 1884 erbaute Jens. Es hat einen riesigen Speiseraum, in dem ebenfalls große Steaks, Pasta, Meeresfrüchte und richtig gute Lammkotelets mit Minze auf den Tisch kommen. Die Tagesangebote zum Mittagessen sind bestechend günstig (6–12 AU$).

❶ Praktische Informationen

Mount Gambier Visitor Information Centre (☎1800 087 187, 08-8724 9750; www.mountgambiertourism.com.au; 35 Jubilee Hwy E; ⊙Mo-Fr 9–17, Sa & So 10–16 Uhr) Infos zu örtlichen Sehenswürdigkeiten, Aktivitäten, Verkehrsmitteln und Unterkünften. Außerdem gibt's hier die Broschüren *Heritage Walk* und *Historic Hotels* und einen Film zur Stadtgeschichte. Hier befindet sich auch das **Lady Nelson Discovery Centre** (Erw./Kind/Familie 4/2/10 AU$), das einen Nachbau des historischen Zweimasters *Lady Nelson* (der dem 192 m hohen Mount Gambier seinen Namen gab, als er im Jahr 1800 vorbeifuhr) und Ausstellungen zur Geologie, zu den Feuchtgebieten und zur Geschichte der indigenen Bevölkerung zeigt.

Penola & Weinregion Coonawarra

Die aufstrebende ländliche Stadt (welch eine Seltenheit!) **Penola** (1710 Ew.) gehört zu den Orten, in denen man auf der Hauptstraße mindestens dreimal mit einem freundlichen „Hallo" begrüßt wird, bevor man überhaupt im Pub ankommt. Die Stadt ist für zwei Dinge bekannt: erstens für ihre Verbindung zum Orden der Sisters of St. Joseph of the Sacred Heart, der 1867 von der ersten Heiligen Australiens, Mary MacKillop, mitbegründet wurde. Und zweitens, weil sie mitten im Herzen der bekannten Weinregion Coonawarra liegt.

⊙ Sehenswertes & Aktivitäten

Mary MacKillop Interpretive Centre MUSEUM
(www.mackilloppenola.org.au; Ecke Portland St & Petticoat Lane; Erw./Kind 5 AU$/frei; ⊙10–16 Uhr) Das Zentrum ist in einem feschen Gebäude mit schöner Pergola am Eingang – in Mutter Marys Augen wäre das vielleicht etwas zu protzig – untergebracht. Es informiert umfassend über Australiens erste Heilige. Zudem gibt's hier das Woods-MacKillop Schoolhouse, Australiens erste Schule für sozial benachteiligte Kinder.

John Riddoch Centre MUSEUM
(www.wattlerange.sa.gov.au/tourism; 27 Arthur St; ⊙Mo-Fr 9–17, Sa & So 10–16 Uhr) GRATIS Das Museum im Gebäude der Touristeninformation erläutert die Lokalgeschichte ab den 1850er-Jahren. Dabei erfährt man einiges über die hiesigen indigenen Pinejunga und den aus Penola stammenden Landbesitzer Riddoch, der „stets dem Unglück trotzte" und immer „standhaft und beharrlich" war.

Petticoat Lane STRASSE
(⊙24 Std.) GRATIS Eine der ersten Straßen Penolas. Die meisten der Originalgebäude sind zwar längst verschwunden, aber ein paar alte Fachwerkhäuser, Bordsteine aus Eukalyptusholz und knorrige Bäume gibt es immer noch.

🛏 Schlafen & Essen

B&Bs sind auf der Seite www.coonawarradiscovery.com verzeichnet. Viele Weingüter in der Region haben auch Restaurants.

Penola Backpackers HOSTEL $
(☎08-8736 6170, 0428 866 700; www.penolabackpackers.com.au; 59 Church St; B/EZ/DZ/FZ ab 35/45/95/140 AU$; ☒☏) Die neue Backpacker-Bleibe in einem Haus im spanischen Missionsstil auf der Hauptstraße ist genau zur richtigen Zeit in der Unterkunftsszene der Limestone Coast aufgetaucht. Im Haus gibt's eine ordentliche, saubere Küche, davor Rosen und Narzissen und hinterm Haus eine Terrasse, auf der gegrillt werden kann. Einige Zimmer haben eine Klimaanlage. Hier kann man sich auch nach dem Strandhaus des Hostels in Southend erkundigen.

Heyward's Royal Oak Hotel PUB
(☎08-8737 2322; www.heywardshotel.com.au; 31 Church St; EZ 66 AU$, DZ & 2BZ 99 AU$) Dieser verschnörkelte Kasten (von 1872) ist *der* Treffpunkt Penolas. Die Zimmer oben sind recht schlicht und haben Gemeinschaftsbäder, doch für den Preis sind sie völlig in Ordnung. Unten befindet sich ein riesiger Speiseraum mit Schottenkaro-Teppich (Hauptgerichte 15–23 AU$; geöffnet 11.30–14 & 18–20 Uhr), in dem modernes Kneipenessen und gigantische Schnitzel serviert werden.

Must@Coonawarra MOTEL $$
(☎08-8737 3444; www.mustatcoonawarra.com.au; 126 Church St; Zi. ab 160 AU$; ☒☏) 🌿 Das exklusive Must ist eine neuere Bleibe mit fesch gewölbtem Dach, das irgendwie an das Opernhaus in Sydney erinnert. Von Wohnstudios bis hin zu Apartments findet man hier so ziemlich alles. Ein weiteres Plus ist die Ausrichtung auf Nachhaltigkeit: Regenwasserduschen, Doppelverglasung und Wärmedämmung, mit Solarenergie beheiztes Warmwasser, natürliche Reinigungsprodukte usw. Es gibt auch einen Fahrradverleih (20 AU$/Tag).

NICHT VERSÄUMEN

WEINGÜTER IN COONAWARRA

Wenn es um vollmundigen Cabernet Sauvignon geht, ist die Weinregion Coonawarra (www.coonawarra.org) zweifellos die Nummer eins. In der fruchtbaren *terra rossa* (rote Erde) hier gedeihen unwiderstehlicher Shiraz und Chardonnay.

Balnaves of Coonawarra (www.balnaves.com.au; Riddoch Hwy; ⊗ Mo–Fr 9–17, Sa & So 12–17 Uhr) Die Weinbeschreibungen hier bedienen sich so blumiger Vergleiche wie „dunkler Seetang". Doch auch wer das nicht herausschmeckt, wird am hiesigen Cabernet Sauvignon und Chardonnay seine Freude haben.

Majella Wines (www.majellawines.com.au; Lynn Rd; ⊗ 10–16.30 Uhr) Die Familie, die das Majella betreibt, lebt seit vier Generationen in Coonawarra und kennt sich bestens mit vollmundigen Rotweinen aus (den Shiraz-Cabernet „The Musician" muss man einfach lieben).

Rymill Coonawarra (www.rymill.com.au; Riddoch Hwy; ⊗ 10–17 Uhr) Das Rymill bringt mit dem besten Sauvignon Blanc aller Zeiten Schwung in die Runde. Vor der Tür des Weinguts steht eine Statue von zwei angriffslustigen Pferden – und schon das verdeutlicht die Kampfansage.

Wynns Coonawarra Estate (www.wynns.com.au; 2 Memorial Dr; ⊗ 10–17 Uhr) Die Tür des ältesten Weinguts von Coonawarra stammt von 1896 und wurde vom Penola-Pionier John Riddoch persönlich gezimmert. Hier gibt's vor allem erstklassigen Shiraz, duftenden Riesling und goldenen Chardonnay.

Zema Estate (www.zema.com.au; Riddoch Hwy; ⊗ Mo–Fr 9–17, Sa & So 10–16 Uhr) Die Zemas gründeten ihr Traditionsweingut in den frühen 1980er-Jahren. Der Shiraz und der Cabernet Sauvignon zeigen die unaufdringliche handwerkliche Finesse.

Georgie's Cottage B&B $$$
(☎ 08-8737 3540; www.georgiescottage.com; 1 Riddoch St; DZ ab 200 AU$; ❄) Lust auf Romantik? Das einen kurzen Spaziergang vom Zentrum entfernte Georgie's an der Straße nach Millicent ist ein niedliches, kleines Stein-Cottage mit Rosen und Malven davor. Als Gourmetüberraschung gibt's Schokolade und Sekt – ob das vielleicht das Richtige zum Frühstück ist?

diVine CAFE, FEINKOST $
(☎ 08-8737 2122; www.penola.org/listing/divine-cafe; 39 Church St; Hauptgerichte 9–19 AU$; ⊗ Mo & Di 9–16.30, Mi–So 8–16.30 Uhr) Das helle, moderne Café serviert ganztägig Frühstück sowie Baguettes, tollen Kaffee und international inspirierte Mittagsgerichte (Tipp: die chinesischen Frühlingsrollen mit Schweinefleisch und Garnelen). Die schwatzenden Einheimischen lassen sich Muffins und regionalen Käse schmecken, während sie über die Nuancen verschiedener Weinjahrgänge diskutieren.

★ **Pipers of Penola** MODERN-AUSTRALISCH $$$
(☎ 08-8737 3999; www.pipersofpenola.com.au; 58 Riddoch St; Hauptgerichte 30–37 AU$; ⊗ Di–Sa 18–21 Uhr) Ein elegantes, intimes, geschmackvolles Restaurant in einer alten methodistischen Kirche mit freundlichem Personal und regionaler Küche. Auf der Karte wimmelt es nur so von Zutaten wie getrüffelten Pastinaken, Dattel-Couscous und Senf-Liaison – alles Hinweise auf echte Gourmetküche! Die Preise sind auf dem Weg nach oben, die Qualität aber auch. Auf der Weinkarte stehen viele regionale Weine; die Bierkarte könnte ein paar mehr Craft-Biere vertragen.

❶ Praktische Informationen

Penola Visitor Information Centre (☎ 1300 045 373, 08-8737 2855; www.wattlerange.sa.gov.au/tourism; 27 Arthur St; ⊗ Mo–Fr 9–17, Sa & So 10–16 Uhr) Ist für die Region Coonawarra zuständig und hat Infos zu Radwegen und Weintouren vor Ort. Hier befindet sich auch das John Riddoch Centre. Nach der Broschüre *Walk With History* fragen!

Naracoorte Caves National Park

Etwa 10 km südöstlich von Naracoorte, unweit der Straße nach Penola, befindet sich die einzige Welterbestätte von SA. Die Entdeckung eines versteinerten Urbeutlers in den hiesigen Kalksteinhöhlen faszinierte die Paläontologen der Welt und war Thema in David Attenboroughs BBC-Serie *Life on Earth*.

Das **Wonambi Fossil Centre** (☏ 08-87 62 2340; www.environment.sa.gov.au/naracoorte; 89 Wonambi Rd; Erw./Kind/ Fam. 13/8/36 AU$; ⊙ 9–17 Uhr) dient gleichzeitig als Besucherzentrum. Es porträtiert den hiesigen Regenwald von vor 200 000 Jahren: Eine Rampe führt vorbei an brüllenden, lebensgroßen Nachbildungen ausgestorbener Tiere, u. a. einem Beutellöwen, einem riesigen Ameisenigel, einem *Diprotodon australis* (Koala-Grizzly-Mischung) und einem *Megalania prisca* – einem 500 kg schweren Monsterwaran.

Die 26 Kalksteinhöhlen, u. a. die **Alexandra Cave**, die **Cathedral Cave** und die **Victoria Fossil Cave**, weisen bizarre Tropfsteinformationen auf. Möchtegern-Bruce-Waynes werden von der **Bat Cave** begeistert sein, aus der im Sommer bei Sonnenuntergang Tausende der bedrohten Südlichen Langflügelfledermäuse herausschwärmen. Die **Wet Cave** kann man auf eigene Faust erkunden (Erw./Kind/Fam. 9/5,50/25 AU$), aber in den anderen Höhlen muss man sich einer Ranger-Führung (1 Höhle Erw./Kind/Fam. ab 20/12/55 AU$) anschließen. Abenteuerliche Hölentouren gibt es ab 60/35 AU$ pro Erw./Kind. Eine preisgünstige Unterkunft findet man im **Wirreanda Bunkhouse** (☏ 08-8762 2340; www.environment. sa.gov.au/naracoorte; Stellplatz ohne/mit Strom ab 27,50/30 AU$; B/FZ ab 22/75 AU$), das oft voller Schulkinder ist, aber auch von Travellern gebucht werden kann.

Weitere Infos über die Region und Tipps zu Unterkünften sind im **Naracoorte Visitor Information Centre** (☏ 08-8762 1399; www.naracoortelucindale.com; 36 MacDonnell St; ⊙ Mo–Fr 9–17, Sa & So 10–16 Uhr) in Naracoorte erhältlich.

Yorke Peninsula & westliches SA

Inhalt ➡

Yorke Peninsula 857
West Coast 857
East Coast 860
South Coast &
Innes National Park ... 860
Eyre Peninsula &
West Coast 861
Port Augusta 861
Whyalla 862
Port Lincoln 862
Streaky Bay 866
Ceduna 867
Von Ceduna zur Grenze zu
Western Australia 867

Gut essen

➡ Fresh Fish Place (S. 864)
➡ Dragon Well (S. 858)
➡ Mocean (S. 866)
➡ Ceduna Oyster Bar (S. 867)

Schön übernachten

➡ Point Turton Caravan Park (S. 859)
➡ Tanonga (S. 864)
➡ Port Lincoln YHA (S. 863)
➡ Dawes Point Cottage (S. 865)

Auf zur Yorke Peninsula & ins westliche South Australia!

Die stiefelförmige Yorke Peninsula ein paar Autostunden westlich von Adelaide wird mit dem Slogan „Landwirtschaftliche Vielfalt – landschaftliche Schönheit" beworben. Und obwohl Yorke nicht viel urbanen Trubel zu bieten hat, punktet es doch mit der Schönheit der Landschaft – gelbe Weizenfelder an sanften Hügeln unter tiefblauem Sommerhimmel geben ihr eine attraktive Ländlichkeit. Die herrliche Küste mit der tollen Brandung bevölkern Emus, Kängurus, Fisch- und Seeadler. Zudem ziehen hier Glattwale und Delfine vorbei.

Weiter westlich erstreckt sich über dem riesigen Dreieck der Eyre Peninsula ein unendlicher Himmel. Gourmets bezeichnen die Gegend als gelobtes Land der Meeresfrüchte: Kaum eine Mahlzeit kommt hier ohne Austern, Thunfisch oder Wittling aus. An der Küste liegen Nationalparks, Surfspots und verschlafene Urlaubsorte. Deren Zahl nimmt westwärts bzw. Richtung Great Australian Bight, Nullarbor Plain und Western Australia (WA) allmählich ab.

Reisezeit
Ceduna

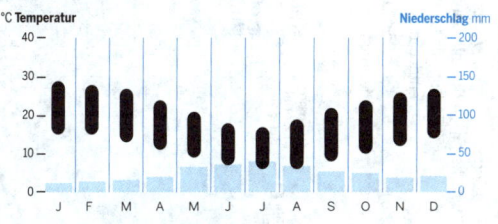

Nov.–Dez. Die Urlaubssaison erreicht ihren Höhepunkt und es herrscht Badewetter.

März–Mai Warme Herbsttage und kühle Nächte: perfekt für den Strand und zum Austernschlürfen.

Aug.–Okt. Frühling liegt in der Luft, die Weizenfelder sind grün und die Straßen leer.

Highlights

1 In **Moonta** (S. 859) in Cornwalls Geschichte des Kupferbergbaus eintauchen

2 Bei der abgeschiedenen **Pondalowie Bay** (S. 860) surfen

3 Im **Australian Arid Lands Botanic Garden** (S. 861) in Port Augusta Australiens Wüstenherz entdecken

4 In **Port Lincoln** (S. 862), der Thunfischhauptstadt Australiens, Meeresfrüchte bewundern (oder am besten gleich ein paar probieren)

5 Bei einem Tauchgang im **Haikäfig** (S. 863) vor Port Lincoln dem Tod ins Auge blicken

6 Im **Coffin Bay National Park** (S. 865) Buchten, Dünen und einsame Wanderwege erkunden

7 In **Ceduna** (S. 863) ein Dutzend salzige Austern au naturel schlürfen

8 Beim **Head of Bight** (S. 867) im Meer nach umherziehenden Südkapern Ausschau halten

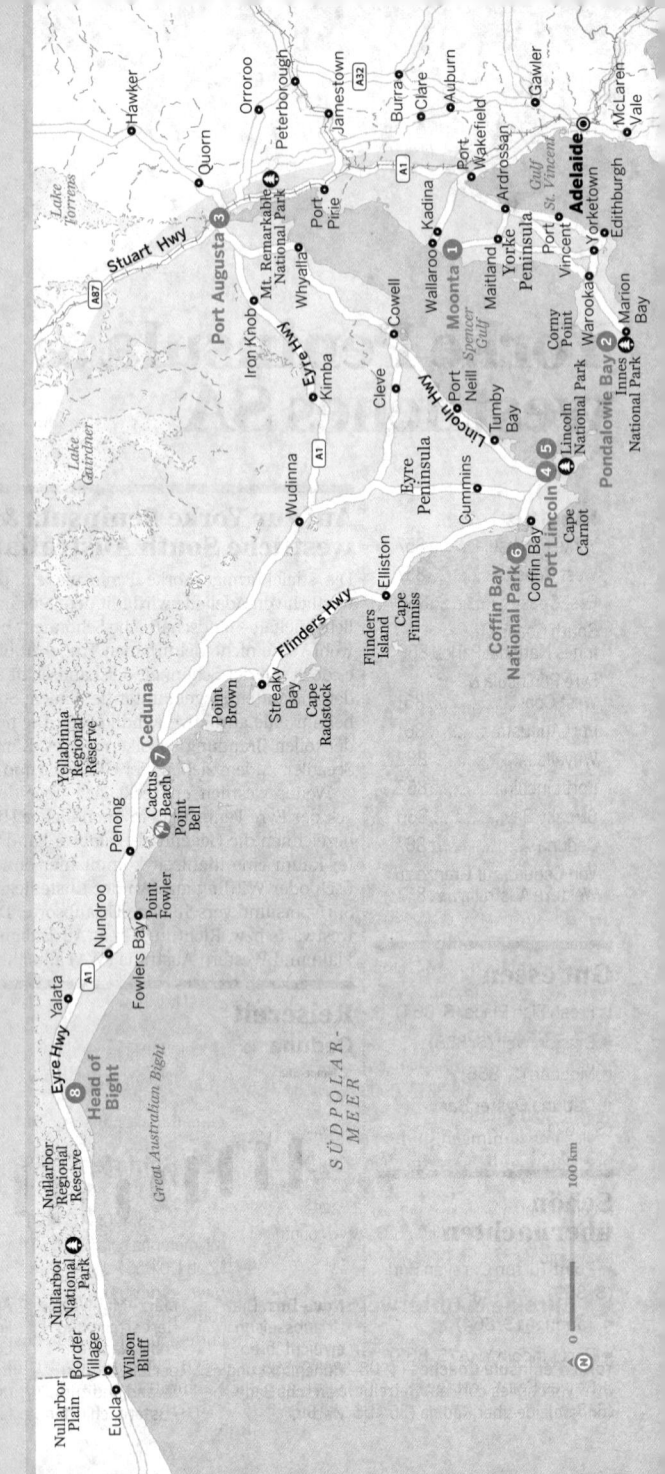

YORKE PENINSULA

Geschichtsinteressierte wird interessieren, dass am nordwestlichen Ende von „Yorkes", wie die Yorke Peninsula auch genannt wird, die drei Ortschaften Moonta (die Mine), Wallaroo (die Schmelze) und Kadina (das Versorgungszentrum) das Copper Triangle bilden. Das Gebiet wurde von Minenarbeitern aus Cornwall besiedelt und kurbelte nach dem Kupferboom Anfang der 1860er-Jahre die regionale Wirtschaft an. Die landwirtschaftlicher geprägte, entspanntere Gegend im Osten und Süden prägen verschlafene Ferienorte, der abgeschiedene Innes National Park, abgelegene Surfstrände und eine verlassene Küste.

👉 Geführte Touren

Aboriginal Cultural Tours South Australia ABORIGINES-KULTUR
(📞0429 367 121; www.aboriginalsa.com.au; halb-/1-/2-/3-tägige Touren 85/150/350/495 AU$) Sehr beliebte Touren, die sich der indigenen Kultur auf der Halbinsel annehmen. Teilnehmer lernen die im Land tiefverwurzelte Kultur der Narungga-Aborigines kennen. Viel Kultur, Wildnis und Camping. Die Touren starten in Adelaide.

Heading Bush WILDNIS
(📞1800 639 933, 08-8356 5501; www.headingbush.com; 3-tägige Touren ab 695 AU$) Die dreitägigen Touren ab Adelaide geben Einblicke in die Tierwelt, Klippen, Strände, Aborigines-Kultur und sogar in ein Weingut der Halbinsel. Im Preis inbegriffen ist eine Schlafsaalunterkunft; gegen einen Aufpreis sind außerdem Einzel-, Doppel- und Zweibettzimmer verfügbar.

🛏 Schlafen

Auf der Halbinsel gibt es 15 Gemeinde-**Campingplätze** (📞08-8832 0000; www.yorke.sa.gov.au; 10 AU$/Nacht).

Ferienwohnungen sind schon ab 100 AU$ pro Nacht zu haben. Hilfreich sind **Accommodation on Yorkes** (📞08-8852 2000; www.accommodationonyorkes.com.au) und **Country Getaways** (📞08-8823 2623; www.countrygetaways.info).

ℹ Anreise & Unterwegs vor Ort

BUS
Yorke Peninsula Coaches (📞08-8821 2755; www.ypcoaches.com.au) Betreibt täglich Busse von Adelaide über Kadina (36 AU$, 2¼ Std.), Wallaroo (36 AU$, 2½ Std.) und Moonta (36 AU$, 3 Std.) bis nach Edithburgh und Yorketown (52 AU$, 4 Std., tgl. außer Mi) ganz im Süden.

FÄHRE
SEASA (📞08-8823 0777; www.seasa.com.au; einfache Strecke Erw./Kind/Auto 35/10/140 AU$) Täglich pendeln Autofähren zwischen Wallaroo (Yorke Peninsula) und Lucky Bay (Eyre Peninsula) – im Vergleich zur Fahrt über Port Augusta eine Ersparnis von 350 km und mehreren Stunden. Die Überfahrt dauert rund 105 Minuten (einfache Strecke).

West Coast

An der West Coast am Spencer Gulf liegen eine Reihe seichter Badestrände und die Ortschaften im sogenannten Copper Triangle, die alle nur eine kurze Autofahrt voneinander entfernt sind. In Jahren mit ungerader Jahreszahl findet hier im Mai das **Kernewek Lowender** (www.kernewek.org), auch Copper Coast Cornish Festival genannt, statt.

Kadina

4470 EW.

Im landeinwärts gelegenen Kadina ist es heiß wie in einem Backofen. Es gibt ein paar beeindruckende öffentliche Gebäude aus der Zeit des Kupferabbaus und einige schöne alte Kneipen, Autohöfe und Tankstellen. Hier befindet sich auch das **Copper Coast Visitor Information Centre** (📞08-8821 2333, 1800 654 991; www.yorkepeninsula.com.au; 50 Moonta Rd; ⊙Mo–Fr 9–17, Sa & So 10–16 Uhr), die größte Touristeninformation auf der Halbinsel. Das dahinter liegende **Farm Shed Museum** (www.nationaltrust.org.au/sa; 50 Moonta Rd; Erw./Kind/Fam. 8/3/20 AU$; ⊙Mo–Fr 9–17, Sa & So 10–15.30 Uhr) gewährt einen Blick auf alte Landwirtschafts-, Bergbau- und Haushaltsgegenstände.

🛏 Schlafen & Essen

Kadina Gateway Motor Inn MOTEL $$
(📞1800 665 005, 08-8821 2777; www.kadinagatewaymotorinn.com.au; 4754 Copper Coast Hwy; DZ/FZ ab 110/155 AU$; ❄🐾🛜🏊) Wer auf der Suche nach einer einfachen, sauberen Bleibe ist, sollte dieses gut geführte Motel auf der Adelaide-Seite der Stadt ausprobieren. Abendessen gibt's im Bistro und an den heißen Nachmittagen sorgt ein Swimmingpool für Erfrischung.

Eyre Peninsula & Yorke Peninsula

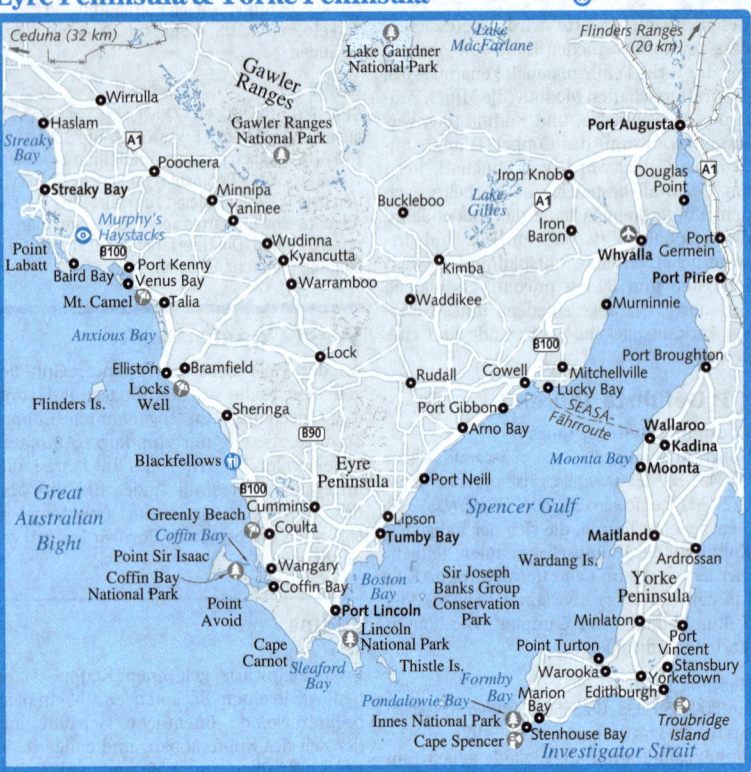

Dragon Well
CAFÉ $

(Ecke Graves St & Digby St; Backwaren 3–6 AU$; ⊙ Mo–Fr 7–17, Sa & So bis 12 Uhr) Das schmuddelige kleine Café mit Graffitis, verrückten Retro-Möbeln, einem tätowierten Barrista und Wänden voller alter Schallplattenhüllen im Zentrum von Kadina ist eine echte Überraschung und erinnert stark an Redfern. Guter Kaffee, Kekse und Kuchen.

Wallaroo
3050 EW.

Wallaroo ist noch immer ein wichtiger Weizenhafen, und das Städtchen ist im Kommen: Die Eyre-Peninsula-Fähre läuft wie am Schnürchen, es gibt zahlreiche Kneipen und in denen tobt das Leben hier. Nördlich der Stadt gibt es eine neue riesige Vorortsiedlung, und in der schicken, neuen **Copper Cove Marina** (www.coppercoastproperty.com.au/marina) schaukeln unzählige teure Jachten im Wasser.

Ein robustes Postgebäude aus dem Jahr 1865 unten am Wasser beherbergt heute das **Heritage & Nautical Museum** (www.nationaltrust.org.au; Ecke Jetty Rd & Emu St; Erw./Kind 6/3 AU$; ⊙ 10–16 Uhr). Besucher erwarten Geschichten von englischen Rahsegelschiffen und George, ein konservierter Riesenkalmar. Über die Lokalgeschichte informieren außerdem die Broschüren *Discovering Historic Wallaroo* für Wanderungen und Spritztouren mit dem Auto; erhältlich sind sie beim Copper Coast Visitor Information Centre (S. 857).

🛏 Schlafen

Sonbern Lodge Motel HOTEL, MOTEL $
(☎ 08-8823 2291; www.sonbernlodgemotel.com.au; 18 John Tce; EZ/DZ/FZ ab 80/95/125 AU$; ❄) Das 100 Jahre alte unprätentiöse Hotel ist ein Charmeur alter Schule mit Holzbalkon und altem Kurbeltelefon. Das Hauptgebäude beherbergt einfache Gästezimmer mit Bädern, dahinter gibt es zudem neuere Mo-

telunterkünfte. Auf Wunsch wird auch Frühstück serviert.

Wallaroo Marina Apartments HOTEL, APARTMENTS $$
(☏ 08-8823 4068; www.wallarooapartments.com.au; 11 Heritage Dr; DZ/Apt. ab 144/184 AU$; ❄🛜) Die neue mehrstöckige Anlage am Jachthafen am nördlichen Stadtrand bietet schicke Suiten, eisgekühltes Coopers Pale Ale, Bistroküche (gemischte Grillteller, Meeresfrüchte aus der Gegend), großartige Hafenblicke und regelmäßige Livekonzerte im **Coopers Alehouse** (☏ 08-8823 2488; www.wallaroomarinahotel.com; Hauptgerichte 17–30 AU$; ⏱12–14.30 & 18–20.30 Uhr) im unteren Stock.

Moonta

3350 EW.

Im späten 19. Jh. besaß Moonta die reichste Kupfermine Australiens. Heute ist Australiens „Little Cornwall", wie sich die Stadt selbst nennt, von verblichener Pracht; ein paar ordentliche Kneipen existieren auch. Dann gibt es 1 km westlich vom Zentrum noch das seichte Moonta Bay, in der man am Steg gut angeln und dank der schützenden Netze im Wasser baden kann.

Im **Moonta Visitor Information Centre** (☏ 08-8825 1891; www.moontatourism.org.au; Old Railway Station, Blanche Tce; ⏱9–17 Uhr) sind ein paar Broschüren zur Lokalgeschichte und Infos zur 1,5 km östlich der Stadt gelegenen **Moonta Heritage Site** erhältlich. Auf dem Gelände der Stätte finden sich zudem das exzellente **Moonta Mines Museum** (www.nationaltrust.org.au/sa; Verran Tce; Erw./Kind 8/4 AU$; ⏱13–16 Uhr), einst eine große Schule mit 1100 Schülern, auf der anderen Straßenseite der **Old Sweet Shop** (Verran Tce; ⏱10–16 Uhr) von 1846 und das vollständig restaurierte **Miner's Cottage** (Verco St; Erw./Kind 4/2 AU$; ⏱Mi, Sa & So 13.30–16 Uhr, während der Schulferien tgl.).

🍽 Schlafen & Essen

Moonta Bay Caravan Park CAMPING $
(☏ 08-8825 2406; www.moontabaycaravanpark.com.au; 5 Tossell St, Moonta Bay; Stellplatz ohne/mit Strom ab 32/34 AU$, Hütte ohne/mit Spa ab 112/150 AU$; ❄🛜) Der Wohnwagenpark in praktischer Nähe zum Strand und Jachthafen verfügt über eine anständige Auswahl an Hütten mit Spas und kleinen Terrassen. Die grasbedeckten Stellplätze liegen fast am Strand. Der WLAN-Empfang ist hier unten oft nicht ganz so gut, dafür sind die Sonnenuntergänge traumhaft!

Cottage by Cornwall B&B $$
(☏ 0438 313 952; www.cottagebycornwall.com.au; 24 Ryan St; DZ inkl. Frühstück ab 160 AU$, zusätzl. Erw./Kind 20 AU$/frei; ❄) Die mit Abstand schickste Unterkunft in Moonta ist dieses edle Cottage von 1863 mit drei Schlafzimmern (für 6 Pers.), raffinierter Bettwäsche, moderner Einrichtung und Badewanne mit Krallenfüßen. Pub und Cornish Kitchen sind nur einen kurzen Spaziergang entfernt. Es gilt ein Mindestaufenthalt von zwei Nächten.

Cornish Kitchen FAST FOOD $
(10–12 Ellen St; Stück 4–11 AU$; ⏱Mo–Fr 9–14, Sa bis 14 Uhr) Nach einem harten Tag in der Kupfermine kann man es sich im Cornish Kitchen gemütlich machen und Berge der ultimativen Cornish Pasties (kornische Fleischpasteten) verdrücken.

Point Turton

Point Turton (250 Ew.) an der Westküste in südlicher Richtung ist ein entspannter Strandort, in dem gerade viele neue Gebäude entstehen. Surfkurse bietet **Neptunes Surf Coaching** (☏ 0417 839 142; www.neptunes.net.au; 2-stündige Kurse ab 50 AU$).

🍽 Schlafen & Essen

Point Turton Caravan Park WOHNWAGENPARK $
(☏ 08-8854 5222; www.pointturtoncp.com.au; Bayview Rd; Stellplatz ohne/mit Strom ab 22/27 AU$, Hütten 55–150 AU$; ❄🛜) Der sehr freundliche Wohnwagenpark unten an der Küste hat grasbewachsene Stellplätze und Hütten mit Meerblick.

Tavern on Turton PUB-ESSEN $$
(☏ 08-8854 5063; www.tavernonturton.com; 154 Bayview Rd; Hauptgerichte 17–35 AU$; ⏱9–14 & 18–20 Uhr) Großartige Meerblicke und Meeresfrüchtesalate.

Inland Sea SEAFOOD $$
(☏ 08-8854 5499; www.inlandsea.com.au; 12918 Yorke Hwy, Warooka; Hauptgerichte 19–34 AU$; ⏱Mi–Sa 12–14 & 18–20 Uhr) Ein paar Kilometer von Point Turton in Richtung Landesinnere befindet sich das Inland Sea. Die direkte Küstennähe sorgt dafür, dass in dem Fischlokal fangfrische Leckereien auf den Tisch kommen.

East Coast

Die Ostküstenstraße entlang dem Gulf St. Vincent folgt der Küste in einem Abstand von 1 bis 2 km. Unterwegs führen Nebenstraßen ostwärts zu Sandstränden und Ferienorten. Wie Adelaides Vorstadtstrände am gegenüberliegenden Ufer des Golfes ist auch diese Gegend ganz groß in der **Krabbenfischerei**.

In den meisten Küstenorten gibt es eine Kneipe, einen Jachthafen und einen Wohnwagenpark oder Campingplatz, so auch im unauffälligen **Port Vincent** (480 Ew.). In **Stansbury** (550 Ew.) weiter südlich findet man ein paar Motels und das hübsche **Dalrymple Hotel** (08-8852 4202; www.facebook.com/thedalrymplehotel; 1 Anzac Pde; Hauptgerichte 16–33 AU$; 12–14 & 18–20 Uhr) am Meer, auf dessen Terrasse man sich Tintenfisch schmecken lassen kann.

Weiter südlich liegt **Edithburgh** (400 Ew.) etwa auf dem gleichen Breitengrad wie Adelaide. In dem Ort gibt es ein **Gezeitenbecken** in einer kleinen Bucht. Von den Klippen bieten sich Blicke bis zum sandigen **Troubridge Island Conservation Park** (www.environment.sa.gov.au) vor der Küste. Übernachten kann man im **Troubridge Island Lighthouse** (08-8852 6290; www.environment.sa.gov.au; pro Erw./Kind inkl. Transport 90/45 AU$, Min. 360 AU$). Hier finden zehn Personen Platz; Essen und Bettzeug muss man selbst mitbringen.

Zurück auf dem Festland bietet das überraschend hippe **Tipper's B&B** (08-8852 6181; www.tippersedithburgh.com.au; 35 Blanche St; DZ/4BZ inkl. Frühstück ab 150/210 AU$; ❄) an der Hauptstraße von Edithburgh zwei Suiten in einer ockerfarbenen ehemaligen Schmiede aus den 1890er-Jahren. Es gilt ein Mindestaufenthalt von zwei Nächten.

South Coast & Innes National Park

Da die Südküste der Halbinsel dank Kangaroo Island weitestgehend vom Toben des Südpolarmeers verschont bleibt, gibt's hier ein paar traumhafte **Badestrände**. Bei Troubridge Point trifft die Brandung aber ungehindert aufs Festland, genau wie bei Cape Spencer.

Cape Spencer ist ein Teil des **Innes National Park** (08-8854 3200; www.environment.sa.gov.au; Stenhouse Bay Rd, Stenhouse Bay; 10 AU$/Auto; Visitor Centre Mi–So 10.30–15 Uhr), in dem steile Klippen in indigofarbenes Wasser übergehen und sich kleine Buchten und Sandstrände hinter vorgelagerten Felsinseln verstecken. **Marion Bay** (www.marionbay.com.au) direkt vor den Toren des Parks und **Stenhouse Bay** sowie **Pondalowie Bay**, beide im Park, sind hier die größten Siedlungen. In der Pondalowie Bay dümpeln Hummerkutter und es gibt einen rauen Surfstrand.

Unmittelbar südlich von Pondalowie Bay ragen die rostigen Spanten der 1904 gestrandeten 711 t schweren Stahlbark *Ethel* verloren aus dem Sand. Gleich hinter der Abzweigung zum Cape Spencer weist ein Schild den Weg zur Geisterstadt **Inneston**. Bei diesen Ruinen handelt es sich um eine Gipsmine, die 1930 stillgelegt wurde.

🛏 Schlafen

Innes National Park CAMPING, LODGE $
(08-8854 3200; www.environment.sa.gov.au; Stellplatz Auto 10 AU$, Lodge 108–160 AU$) Im Innes National Park gibt es sieben waldbestandene Campingplätze. Unser Lieblingsplatz ist Pondalowie Bay, aber auch Cable Bay (wegen des Strandzugangs), Surfers Bay (zum Surfen) und Browns Beach (zum Angeln) sind nicht zu verachten. Eine Alternative sind die historisch aufgemachten Lodges in Inneston mit Platz für vier bis zehn Personen, Duschen und Kochgelegenheiten. Man bucht die Stellplätze und Lodges vorab online oder bezahlt direkt mit der Kreditkarte am Visitor Centre des Parks. Im Sommer muss man sein Trinkwasser selbst mitbringen.

⭐ **Marion Bay Motel & Tavern** MOTEL $$
(08-8854 4044; www.marionbaymotel.com.au; Jetty Rd, Marion Bay; EZ/DZ/3BZ 120/140/160 AU$;

> **DER HALBINSELFINGER**
>
> Unterhalb eines gewissen Breitengrads passiert auf den Halbinseln Yorke und Eyre etwas Seltsames: Fahrer entgegenkommender Fahrzeuge heben ihren Zeigefinger vom Lenkrad. Das freundliche Grüßen des Gegenübers gehört auf dem Land zur Etikette und ist in etwa gleichbedeutend mit „Hallo! Schön, dass noch jemand heute diese sonnige Straße entlangfährt!" Außenstehende können sie in ihrem urbanen Zynismus ignorieren oder einfach mitspielen und sehen, wer den Halbinselfinger wohl zuerst hebt.

✳🛜) Highlight des winzigen Marion Bay ist der Motelflügel mit fünf schicken Zimmern (weiße Wände, neue TVs, hübsche Bettwäsche). Die Kneipe mit Glasfront nebenan (Hauptgerichte 17–38 AU$; Küche 12–14 & 18–20 Uhr geöffnet) überblickt die Bucht und bietet neben einem Pizzaofen in einem Wassertank aus Wellblech asiatisch inspirierte Kneipenklassiker (lecker ist der vietnamesische Hühnchensalat).

EYRE PENINSULA & WEST COAST

Die wilde, fotogene Westseite der Eyre Peninsula ist eine bedeutende Kinderstube für Glattwale, Australische Seelöwen und große Weiße Haie – hier wurden die gruseligsten Szenen des Films *Der weiße Hai* (1975) gedreht. Unterwegs bieten sich unvergessliche Möglichkeiten zum Beobachten all dieser Meeresbewohner.

👉 Geführte Touren

Goin' Off Safaris   GEFÜHRTE TOUREN
(📞 0427 755 065; www.goinoffsafaris.com.au; Touren ab 150 AU$) Haie, Thunfische, Seelöwen und Meeresfrüchte – hier kann man sich die Hauptattraktionen der Eyre Peninsula unter Leitung einheimischer Guides vornehmen. Zum Angebot gehören Tagesausflüge rund um Port Lincoln und Coffin Bay, Exkursionen mit Übernachtung, Meeresfrüchte-Touren und Angeltrips.

ℹ️ An- & Weiterreise

Eine praktische Autofähre (S. 857) verkehrt zwischen Yorke Peninsula und Eyre Peninsula.

BUS

Premier Stateliner (www.premierstateliner.com.au) fährt täglich von Adelaide nach Port Augusta (60 AU$, 4¼ Std.), Whyalla (68 AU$, 5½ Std.), Port Lincoln (119 AU$, 9¾ Std.), Streaky Bay (122 AU$, 10 Std.) und Ceduna (135 AU$, 11¼ Std.).

FLUGZEUG

Regional Express (Rex; www.regionalexpress.com.au) fliegt täglich von Adelaide nach Whyalla (einfache Strecke 145 AU$), Port Lincoln (ab 115 AU$) und Ceduna (ab 190 AU$).

ZUG

Der berühmte *Ghan*, der Adelaide mit Darwin verbindet, hält in Port Augusta, wo der Anschluss an den *Indian Pacific* gewährleistet ist, der zwischen Perth und Sydney unterwegs ist. Die **Pichi Richi Railway** (📞 1800 440 101; www.prr.org.au; Bahnhof Port Augusta, Stirling Rd.; einfache Strecke Erw./Kind/Fam. 52/19/122 AU$) fährt samstags zwischen Port Augusta und Quorn (2 Std.).

Port Augusta

13 900 EW.

Von Port Augusta – der „Kreuzung Australiens" – führen Highways und Bahnstrecken Richtung Westen über die Nullarbor Plain nach WA, nach Norden zu den Flinders Ranges oder nach Darwin, Richtung Süden nach Adelaide oder Port Lincoln und schließlich Richtung Osten nach Sydney. Eine Spitzenlage!

Das alte Stadtzentrum ist mit den eleganten, alten Gebäuden und dem neu belebten Uferbereich, wo Einheimische im Meer angeln und indigene Kids von den Stegen einen Rückwärtssalto ins Wasser machen, äußerst reizvoll.

👁 Sehenswertes & Aktivitäten

Australian Arid Lands Botanic Garden   GARTEN
(www.aalbg.sa.gov.au; Stuart Hwy; Preise für die Führung; ⊙ Garten 7.30 Uhr–Sonnenuntergang, Visitor Centre Mo–Fr 9–17, Sa & So 10–16 Uhr) GRATIS
Gleich nördlich der Stadt erstreckt sich auf 250 ha dieser ausgezeichnete (und sogar kostenlose!) botanische Garten mit Sandhügeln, Salztonebenen sowie Wüstenflora und -fauna. Besucher können den Park in Eigenregie erkunden oder sich einer Führung (Mo–Fr 10 Uhr) anschließen. Vor Ort gibt's ein Café.

Port Augusta Aquatic & Outdoor Adventure Centre   OUTDOORAKTIVITÄTEN
(📞 08-8642 2699, 0427 722 450; www.augustaoutdoors.com.au; 4 El Alamein Rd; ⊙ Mo–Fr 9–16 Uhr) Kurse und Ausrüstungsverleih fürs Kajakfahren, Windsurfen, Klettern, Abseilen, Schnorcheln, Buschwandern und Segeln. Auch Fahrradverleih (30 AU$/Std.).

🛏 Schlafen & Essen

Shoreline Caravan Park   CAMPING $
(📞 08-8642 2965; www.shorelinecaravanpark.com.au; Gardiner Ave; Stellplatz ohne/mit Strom 30/33 AU$, B 40 AU$, Hütten 60–130 AU$; ✳🛜)
Der staubige Park liegt einen ordentlichen Fußmarsch von der Stadt (und bei Ebbe von der Küste) entfernt, dafür bietet er übersichtlich gestaltete Hütten und einfache Schlafsäle für Backpacker (je 4 Pers.). Die günstigsten Betten

in der Stadt, wenn es einen nicht stört, über einer Kneipe zu schlafen.

Oasis Apartments APARTMENTS $$
(☏ 08-8648 9000, 1800 008 648; www.majestic hotels.com.au; Marryatt St; Apt. 153–219 AU$; ❋ ☎ ≋) Die hauptsächlich für Tagungsgäste gedachte, recht flott gestaltete Anlage mit 75 Luxuswohnungen (Wohnstudios & Apt. mit 2 Schlafzi.) liegt direkt am Wasser. Alle Zimmer sind wie eine Festung gesichert, schick gestaltet und mit Waschmaschine, Trockner, TV, Kühlschrank und Mikrowelle ausgestattet. Es gibt auch kostenloses WLAN.

Crossroads Ecomotel MOTEL $$
(☏ 08-8642 2540; www.ecomotel.com.au; 45 Eyre Hwy; DZ ab 120 AU$; ❋ ☎) ⌀ Das überaus coole Motel hatte zum Zeitpunkt der Recherche gerade frisch geöffnet. Beim Bau des Crossroads kamen Stampflehm, Doppelglas und spezielles Dämmmaterial zum Einsatz, um Gästen eine wärmeisolierte Bleibe zu garantieren, zudem setzt das Ecomotel in Sachen Architektur in Port Augusta eindeutig neue Maßstäbe. Erdtöne, hübsche Bettwäsche und kostenloses WLAN runden das Gesamtpaket ab. Ein Swimmingpool ist in Planung.

Standpipe INDISCH $$
(☏ 08-8642 4033; www.standpipe.com.au; Ecke Stuart Hwy & Hwy 1; Hauptgerichte 18–39 AU$; ⊙ 18–21 Uhr) Das große Motel spricht mit seinem Swimmingpool, dem angrenzenden Golfplatz und 85 ziemlich schicken Zimmern (DZ/Apt. mit 2 Schlafzi. ab 128/ 233 AU$) vor allem Regierungsbeamte und Geschäftsleute an. Ein echtes Highlight im Standpipe ist das hervorragende indische Restaurant, das man hier kaum erwarten würde.

❶ Praktische Informationen

Port Augusta Visitor Information Centre (☏ 08-8641 9193, 1800 633 060; www.port augusta.sa.gov.au; Wadlata Outback Centre, 41 Flinders Tce; ⊙ Mo–Fr 9-17.30, Sa & So 10–16 Uhr) Das wichtigste Informationszentrum für die Eyre Peninsula, Flinders Ranges und das Outback. Es gehört zum **Wadlata Outback Centre** (www.wadlata.sa.gov.au; 41 Flinders Tce; Erw./Kind/Familie 19,50/11/42 AU$; ⊙ Mo–Fr 9-17.30, Sa & So 10–16 Uhr), wo der „Tunnel of Time" mittels audiovisueller Exponate, interaktiver Ausstellungsstücke und einer erschreckend großen Schlange die Geschichte der Aborigines und Europäer erzählt.

Whyalla

21 130 EW.

Eine Fahrtstunde südlich von Port Augusta liegt Whyalla, die drittgrößte Stadt in South Australia (SA). Neben einem Tiefwasserhafen gibt es hier Stahlwerke, Öl- und Gasraffinerien, unzählige qualmende Schornsteine sowie Hafen- und Industrieanlagen. Das alles ist nicht gerade schön, dafür findet man in der Altstadt ein paar gute Kneipen und gut erhaltene alte Wohnhäuser, zudem ist in den Gewässern vor der Küste von Mai bis August die Wanderung der Riesensepien zu sehen.

Das **Whyalla Visitor Information Centre** (☏ 1800 088 589, 08-8645 7900; www.whyalla. com; Lincoln Hwy; ⊙ Mo–Fr 9–17, Sa & So 10–16 Uhr) informiert über die Riesensepien, vermittelt Führungen durch die One-Steel-Anlage und hat eine Liste mit den Unterkünften. Neben dem Besucherzentrum zeigt das **Whyalla Maritime Museum** (☏ 08-8645 8900; www.whyallamaritimemuseum.com.au; Lincoln Hwy; Erw./Kind/Familie 12/7/31 AU$; ⊙ 10–15 Uhr, Schiffsführungen 11–14 Uhr stündlich) u. a. die HMAS *Whyalla*, das angeblich größte an Land liegende Schiff Australiens (wer führt eigentlich solche Statistiken?). Das nüchterne **Foreshore Motor Inn** (☏ 08-8645 8877; www.whyallaforeshore.com.au; Watson Tce; DZ/FZ ab 145/165 AU$; ❋ ☎ ≋) liegt unten am breiten weißen Sandstrand von Whyalla.

Port Lincoln

15 000 EW.

Das wohlhabende Port Lincoln säumt die breite Boston Bay am südlichen Ende der Eyre Peninsula. Die „Welthauptstadt des Thunfischs" gibt sich bis heute recht rüde, hat aber einen dynamischen (wenn nicht gar progressiv zu nennenden) Vibe. Ihr grasbewachsener Uferbereich dient als belebte Promenade, und für Abwechslung sorgen zahlreiche hervorragende Kneipen, Restaurants und Wassersportmöglichkeiten.

Ohne den hiesigen Mangel an Süßwasser wäre Port Lincoln wohl die Hauptstadt von SA geworden. Da es anders kam, halten nun eben das Meer und der Thunfisch die Geschäfte am Laufen. Wer sich Freunde machen möchte, spricht die Einheimischen auf Dean Lukin an: Direkt vom Thunfischkutter reiste Big Dean 1984 nach Los Angeles und holte olympisches Gold im Gewichtheben – was für ein großer Held!

Beim jährlichen **Tunarama Festival** (www.tunarama.net) werden am Australia-Day-Wochenende im Januar alle Aspekte des Thunfischfangs gefeiert.

◉ Sehenswertes & Aktivitäten

Gute Surfbedingungen für Anfänger und Fortgeschrittene bieten Fisheries Bay, Lone Pine und Wreck Beach. Infos gibt's bei **Lincoln Surf** (☏ 08-8682 4428; www.facebook.com/lincolnsurfsa; 7–11 Lewis St; ⌚ Mo–Fr 9–17.30, Sa bis 13 Uhr).

Wer lieber auf dem Wasser als im Wasser ist, kann vor Ort hervorragend angeln. Was wo anbeißt, weiß **Spot On Fishing Tackle** (www.spotonfishing.com.au; 39 Tasman Tce; ⌚ Mo–Fr 8.30–17.30, Sa 8–16, So 9–14 Uhr).

Boston Bay Wines WEINGUT
(☏ 08-8684 3600; www.bostonbaywines.com.au; Lincoln Hwy; ⌚ 12–16 Uhr) Heute findet man in South Australia quasi an jeder Ecke einen Weinkeller (außer vielleicht in der Wüste). Port Lincoln ist da keine Ausnahme. Boston Bay Wines am nördlichen Stadtrand stellt der hiesigen Fauna entsprechend guten Merlot und Sauvignon Blanc her.

Adventure Bay Charters ABENTEUERTOUREN
(☏ 08-8682 2979; www.adventurebaycharters.com.au) Bei dem umweltfreundlichen Anbieter kann man mit Seelöwen schwimmen (Erw./Kind 195/135 AU$) und in Käfigen zu Weißen Haien tauchen (345/245 AU$). Zum Angebot gehören außerdem mehrtägige Ausflüge aufs Meer sowie entspannte 90-minütige Hafenrundfahrten in Port Lincoln (45/25 AU$).

Calypso Star Charters ABENTEUERTOUREN
(☏ 08-8682 3939, 1300 788 378; www.sharkcagediving.com.au; 1-tägiger Tauchausflug Erw./Kind 495/345 AU$) Hier kann man rund um die Neptune Islands in Käfigen zu Weißen Haien tauchen. Im Voraus buchen! Billiger wird's, wenn man sich das Spektakel vom Boot aus anguckt. Wer möchte, kann außerdem auf vierstündigen Touren mit Seelöwen schwimmen (Erw./Kind 150/105 AU$).

Swim with the Tuna ABENTEUERTOUR
(☏ 1300 788 378, 08-8682 6010; www.swimwiththetuna.com.au; Erw./Kind 90/60 AU$) Die dreistündigen Bootstouren haben ein schwimmendes Thunfisch-Gehege zum Ziel, in dem man die großen Fische von einem Unterwasser-Observatorium aus beobachten oder auch zu ihnen ins Salzwasser hinein springen kann.

Port Lincoln Walk & Talk History Tours GEFÜHRTE TOUREN
(☏ 0474 222 020; www.facebook.com/portlincolnwalkandtalktours; Erw./Kind 12/10 AU$) 90-minütige Wanderungen entlang der Küste von Port Lincoln unter Leitung eines Einheimischen der fünften Generation, der die Stadt wie seine Westentasche kennt.

🛏 Schlafen & Essen

★ **Port Lincoln YHA** HOSTEL $
(☏ 08-8682 3605; www.yha.com.au; 26 London St; B/2BZ/DZ/FZ ab 33/80/100/200 AU$; ✳ @ ⓦ) Das eindrucksvolle Hostel mit 84 Betten unter der Leitung eines tatkräftigen Pärchens, das ein Vermögen für dessen Renovierung ausgegeben hat, ist in einer ehemalige Squash-Anlage untergebracht. Zu den praktischen Extras gehören dicke Federmatratzen, Leselampen, eine Café-Bar und Steckdosen in den Schließfächern (zum Aufladen von Handys). Alles ist makellos sauber und an Regentagen helfen 300 Filme gegen Langeweile (darunter auch *Der weiße Hai*). Die Mitarbeiter helfen gern bei der Buchung von Aktivitäten.

Pier Hotel PUB $
(☏ 08-8682 1322; www.portlincolnpier.com.au; 33 Tasman Tce; DZ/3BZ/Apt. mit 2 Schlafzi. ab 80/80/130 AU$; ✳) Das alte Hotel wurde aufgemöbelt; die zwölf Zimmer mit Bad im Obergeschoss präsentieren sich nun hell und sauber, mit glänzenden Dielen und TV. Das *Bistro* (Hauptgerichte 18–34 AU$, ⌚ 12–14 & 18–20 Uhr) im Erdgeschoss steht ganz im Zeichen lokaler Meeresfrüchte: Austern, Tintenfisch und Muscheln sind der Renner.

Port Lincoln Tourist Park CAMPING $
(☏ 08-8621 4444; www.portlincolntouristpark.com.au; 11 Hindmarsh St; Stellplatz ohne/mit Strom 25/32 AU$, Hütte & Wohneinheit 70–155 AU$; ✳ @ ⓦ) Auf einem luftigen Ufergelände befindet sich Lincolns bester Wohnwagenpark der auch ein paar schöne Luxushütten am Wasser zu bieten hat. Gäste genießen hier viel Ellbogenfreiheit, können vom Bootssteg aus angeln und am privaten Strand baden. Wer in den schlichten Hütten übernachten will, braucht eigenes Bettzeug.

Port Lincoln Hotel HOTEL $$
(☏ 1300 766 100, 08-8621 2000; www.portlincolnhotel.com.au; 1 Lincoln Hwy; DZ 145–250 AU$; ✳ ⓦ ⌇) Das siebenstöckige Nobelhotel wurde von ein paar Footballspielern der

Adelaide Crows Australian Football League (AFL) finanziert und hebt sich klar von der hiesigen Konkurrenz ab. Gäste erwarten elegant-moderner Stil, aufmerksames Personal sowie gute hauseigene Bars und Restaurants, die den ganzen Tag über geöffnet sind (Hauptgerichte 25–42 AU$).

★ Tanonga   B&B $$$

($\mathcal{J}$ 0427 812 013; www.tanonga.com.au; Charlton Gully; DZ inkl. Frühstück ab 310 AU$, Mindestaufenthalt 2 Nächte; ❄) ✿ Die zwei luxuriösen, mit Solarstrom versorgten, von Architekten entworfenen Öko-Lodges befinden sich in den Hügeln hinter Port Lincoln. Sie bieten Privatsphäre pur und liegen inmitten von ursprünglichem Buschland mit Vögeln und Wanderwegen. Zum Abendessen muss man aber in die Stadt fahren oder auf die Pakete mit regionalen Lebensmitteln zurückgreifen.

★ Fresh Fish Place   SEAFOOD $

($\mathcal{J}$ 08-8682 2166; www.portlincolnseafood.com.au; 20 Proper Bay Rd; Gerichte 10–14 AU$; ⊙ Mo–Fr 8.30–17.30, Sa bis 12.30 Uhr) Vor dem ausgezeichneten Meeresfrüchtelokal ist der Fisch des Tages auf einer Tafel angeschrieben, drinnen kommen Gerichte mit fangfrischem Fisch aus der Region auf den Tisch (Sillaginidae, Thunfisch, Königsmakrele, Plattköpfe etc.) sowie Coffin-Bay-Austern (12 AU$/Dutzend) und großartige Fish & Chips. Es gibt auch Verköstigungstouren mit Meeresfrüchten und Kochkurse.

GLO   CAFÉ $

(Good Living Organics; $\mathcal{J}$ 08-8682 6655; www.goodlivingorganics.net; 23 Liverpool St; 6–12 AU$/Stück; ⊙ Mo–Fr 8.30–17.30, Sa 9–12 Uhr; $\mathcal{J}$) ✿ Der beliebte Treff Einheimischer liegt einen Block vom Strand entfernt und wird daher von Reisenden häufig übersehen. Zum Angebot des GLO gehören gesunde Bio-Quiches, Wraps, Salate, Falafel, Couscous, der beste Kaffee von Port Lincoln sowie Tagessuppen.

Del Giorno's   ITALIENISCH $$

($\mathcal{J}$ 08-8683 0577; www.delgiornos.com.au; 80 Tasman Tce; Hauptgerichte 17–33 AU$; ⊙ Mon–Sat 7.30–21, So 8.30–21 Uhr) Das Lokal ist zu Recht das geschäftigste der Stadt: Neben gutem Kaffee gibt's großzügiges Frühstück und exzellente regionale Leckereien (insbesondere Meeresfrüchte) zu günstigeren Preisen als in den Kneipen. Großartige Pizzas, Pasta und Eintöpfe mit Kinkawooka-Muscheln, Tomaten, Chili und Weißwein.

❶ Praktische Informationen

Port Lincoln Visitor Information Centre ($\mathcal{J}$ 1300 788 378, 08-8683 3544; www.visitportlincoln.net; 3 Adelaide Pl; ⊙ Mo–Fr 9–17, Sa & So 10–16 Uhr) Das Information Centre bucht Unterkünfte und hat Infos und Pässe für die Nationalparks sowie den *Port Lincoln & District Cycling Guide*. Nach den interessanten örtlichen Eisenbahn-, Meeres- und historischen Museen fragen!

Von Port Lincoln nach Streaky Bay

Rund um Port Lincoln

Etwa 50 km nördlich von Port Lincoln liegt **Tumby Bay** (www.tumbybay.com.au), ein ruhiger kleiner Ort mit Strand, Anleger, Kneipe, Wohnwagenpark und Motel. Hier gibt's Erholung pur!

Ca. 15 km südlich von Port Lincoln liegt der **Lincoln National Park** (www.environment.sa.gov.au; 11 AU$/Auto), in dem sich Emus, Kängurus und Bürstenrattenkängurus tummeln. Hier gibt's auch sichere Badebuchten und Surfspots mit tosenden Wellen. Man muss sich am Eingang selbst registrieren. Als Übernachtungsmöglichkeit bietet sich das **Donnington Cottage** (93 AU$/Nacht) an der Spalding Cove an. In diesem 1899 errichteten Cottage mit Traumaussicht können bis zu sechs Personen übernachten. Buchungen nimmt das Port Lincoln Visitor Information Centre entgegen. Bettwäsche und Proviant muss man mitbringen. Das Visitor Centre kann auch Tipps zu **Buschcamping** (10 AU$/Auto) im Park geben, z. B. am Fisherman's Point, Memory Cove, September Beach und Surfleet Cove.

Das Port Lincoln Visitor Information Centre verkauft Genehmigungen für den **Whalers Way** (24-Std.-Pass inkl. 1 Übernachtung auf dem Campingplatz 30 AU$/Auto), eine landschaftlich schöne, 14 km lange Küstenstraße, 32 km südwestlich von Port Lincoln.

Coffin Bay

650 EW.

Coffin Bay ist ein Muss für Austernfans! Der Ortsname „Sargbucht" mutet zwar etwas makaber an, aber eigentlich ehrte Matthew Flinders damit nur einst seinen Kumpel Sir Isaac Coffin. Das Fischernest brutzelt verschlafen in der Sonne, bis jeden Januar etwa 4000 Urlauber hier einfallen. Die schlüpfrig-salzigen Schalentiere von den nahen **Austernbänken** werden in alle Welt exportiert. Direkt vor Ort dürfte man maximal 1 AU$ pro Stück hinblättern. Infos gibt's auch auf www.coffinbay.net.

Die wilde Küstenlandschaft auf Coffin Bays Seeseite gehört größtenteils zum **Coffin Bay National Park** (www.environment.sa.gov.au; 10 AU$/Auto), in dem jede Menge Kängurus, Emus und dicke Warane leben. Nach **Point Avoid** locken Aussichtspunkte am Meer, felsige Klippen, eine tolle Brandung und vorbeiziehende Wale (Mai–Okt.). Die felsige **Yangie Bay** mit ihren Wanderwegen führt ziemlich wenig Wasser. Achtung: Nur diese beiden Parkbereiche sind mit normalen Autos zugänglich – für alle anderen benötigt man Allradantrieb! Und auch die einsamen **Campingplätze** (10 AU$/Auto) des Parks erreicht man generell nur auf nicht asphaltierten Straßen.

Coffin Bay Explorer (0428 880 621; www.coffinbayexplorer.com; Erw./Kind 85/45 AU$) veranstaltet halbtägige Natur- und Seafood-Touren unter dem Motto „Delfine und Austern", man kann auch Kajakfahren. Details dazu siehe Earth Adventure (S. 786).

🛏 Schlafen & Essen

Coffin Bay Holiday Rentals (0427 844 568; www.coffinbayholidayrentals.com.au) und **Coffin Bay Holiday Homes** (0447 658 288; www.coffinbayholidayhomes.com.au) vermieten Ferienhäuschen für 50 bis 300 AU$ pro Nacht.

Coffin Bay Caravan Park CAMPING $
(08-8685 4170; www.coffinbaycaravanpark.com.au; 91 Esplanade; Stellplatz ohne/mit Strom 24/33 AU$, Hütten mit/ohne Bad ab 100/85 AU$, Villen 120 AU$; ✱) In den Kasuarinen, die den Stellplätzen Schatten spenden, krächzen Kakadus, Rosakakadus und Papageien, zudem gibt's Hütten zu fairen Preisen (Bettzeug muss man selbst mitbringen) und hübsche Familienvillen mit zwei Schlafzimmern.

★ Dawes Point Cottage FERIENHAUS $$
(0427 844 568; www.coffinbayholidayrentals.com.au/2_DawesPoint.htm; 5 Heron Ct; 140–200 AU$/Nacht; ✱) Die jetzigen Besitzer haben die altmodische Fischerhütte (für den Aussie-Autor Tim Winton sicherlich der Inbegriff von „Fisch-Dekor") beim Kartenspielen gewonnen! Heute ist das Anwesen 1 Mio. Dollar wert und hat sich seine Bescheidenheit trotz der Lage am Meer bewahrt.

Coffin Bay Pizza & Homemade Food PIZZA $
(0458 248 725; www.coffinbaypizza.com.au; 4/61 Esplanade; Gerichte 7–17 AU$; ⏱Mo 10–14, Mi–So 11–21.30 Uhr) Den kleinen, unauffälligen Imbiss scheint es schon immer gegeben zu haben. Zur Auswahl stehen anständige Pizzas, einfache Pastagerichte, Fish & Chips, hausgemachte Pies, Pasteten und Würstchen im Blätterteig. Besonders lecker ist der Austern-Pie. Während der Schulferien täglich geöffnet.

Von Coffin Bay nach Streaky Bay

Coulta liegt etwa 40 km nördlich von Coffin Bay. Südlich davon stößt man auf die verlässlichen Surfspots am **Greenly Beach**. Dieser wilde Küstenstrich bietet zudem großartige Möglichkeiten zum Lachsangeln, vor allem bei **Locks Well**, wo der **Staircase to Heaven** über 283 (möchte jemand nachzählen?) steile Stufen vom Parkplatz hinunter zum fantastischen, orangefarbenen und mit Muscheln übersäten Strand führt.

Etwa 15 km weiter nördlich kommt das winzige Fischernest **Elliston** (380 Ew.) an der ruhigen Waterloo Bay in Sicht. Dort gibt's einen wundervollen Badestrand und einen Anglersteg, an dem Geduldige auf Wittlinge hoffen können. Der ziemlich kleine **Waterloo Bay Tourist Park** (08-8687 9076; www.visitelliston.net; 10 Beach Tce; Stellplatz ohne/mit Strom 25/30 AU$, Hütte 65–130 AU$; ✱📶) am Ufer hat anständige Hütten (auf den Dünen) und verkauft Angelgerätschaften. Einen Blick wert ist das alte Rathausgebäude vorne.

Das **Elliston Visitor Information Centre** (08-8687 9200; www.elliston.com.au; Beach Tce; ⏱Mo–Fr 9–17, Sa & So 10–13 Uhr) zeigt den Weg zum **Great Ocean Tourist Drive** unmittelbar nördlich der Stadt. Der 10 km lange Abstecher zur **Anxious Bay** gewährt Blicke auf die eindrucksvolle Meeresszenerie. Unterwegs passiert man **Blackfellows**, dessen Surfbedingungen zu den besten der Westküste zählen. Von hier bieten sich Blicke auf die 36 km² große **Flinders Island** 35 km vor der Küste mit einer Schaffarm und dem **Flinders Island Getaway** (0428 261 132; www.flindersgetaway.com; ab 90 AU$/Pers.) mit neun Betten für Selbstversorger. Wer auf die Insel möchte, muss sich ein Flugzeug in Port Lincoln oder ein Boot in Elliston chartern, dazu kommen noch die Kosten für die Unterkunft. Bei der Buchung nach den Details fragen.

Geschützte Strände und der etwas wildere Mount Camel Beach säumen die **Venus Bay**, wo es Pelikanschwärme, einen kleinen Campingplatz und den obligatorischen Anglersteg gibt.

Wer planschen oder mit Seelöwen und Delfinen schwimmen möchte, wendet sich an **Baird Bay Ocean Eco Experience** (08-8626 5017; www.bairdbay.com; 4-stündige geführte Touren Erw./Kind 150/75 AU$; Sept.–Mai). Der Touranbieter an der Baird Bay vermietet auch Unterkünfte.

Wer lieber trockene Füße hat, nimmt die Straße zum **Point Labatt**, 43 km südlich von Streaky Bay, wo sich vom Klippenrand aus eine der wenigen ständigen Seelöwenkolonien des australischen Festlands beobachten lässt. Fernglas nicht vergessen!

Auf dem Weg zum Point Labatt erblickt man nach wenigen Kilometern die **Murphy's Haystacks**, (www.streakybay.sa.gov.au; Person/Fam. 2/5 AU$) eine eindrucksvolle Gruppe kugelrunder „Inselberge" – farbenfrohe Granitfelsen, die über Jahrmillionen von Wind und Wetter geformt wurden.

Streaky Bay

1150 EW.

Der reizende kleine Ort (am Blanche Port) ist nach den öligen Seetangstreifen benannt, die der vorbeisegelnde Matthew Flinders einst in der Bucht erspähte. Der bei Ebbe sichtbare Seetang lockt kleinere Meerestiere an und jene größeren Kreaturen, die wiederum die kleineren fressen – kurz gesagt: Man kann hier prima angeln.

Sehenswertes

Das **Streaky Bay Museum** (www.nationaltrust.org.au/sa; 42 Montgomery Tce; Erw./Kind 6,50/1 AU$; Di & Fr 13.30–16 Uhr) befindet sich in einem Schulgebäude von 1901 und zeigt eine komplett eingerichtete Hütte aus Lehm und Kiefernholz, eine alte Eiserne Lunge und viele Exponate zur Pioniergeschichte. Vor nicht allzu langer Zeit (1990) wurde ein 5 m langer, 1,5 t schwerer **Weißer Hai** vor Streaky Bay gefangen. Im **Stewarts Roadhouse** (08-8626 1222; 15 Alfred Tce; 7–21 Uhr) ist eine ziemlich unheimliche Replik ausgestellt.

Schlafen & Essen

Foreshore Tourist Park　　　　CAMPING $
(08-8626 1666; www.streakybayftpark.com.au; 82 Wells St; Stellplatz ohne/mit Strom ab 23/29 AU$, Hütten & Wohneinheiten 87–133 AU$;) Der sandige Platz am Doctors Beach unmittelbar östlich der Stadt ist im Sommer bei Urlauberfamilien und im Winter bei Seniorencampern sehr beliebt. Er bietet jede Menge Platz und viel Badespaß.

Streaky Bay Hotel/Motel　　　　HOTEL, MOTEL $
(08-8626 1008; www.streakybayhotel.com.au; 33 Alfred Tce; Hotel DZ & 2BZ 50–135 AU$, Motel DZ 110 AU$; alle inkl. Frühstück;) Die oberen Zimmer in diesem schönen Gebäude von 1866 warten mit traumhaften Blicken von den Balkonen auf. Die Quartiere im Erdgeschoss können diesbezüglich nicht mithalten, sind jedoch mit Bädern, TVs und Klimaanlagen ausgestattet und somit eine anständige Wahl. Die Motelzimmer sind recht unscheinbar, dafür jedoch privater. Essen wird im **Bistro** (Hauptgerichte 16–35 AU$, 7–9, 12–14 & 18–20.30 Uhr) serviert.

Streaky Bay Motel & Villas　　　　MOTEL $$
(08-8626 1126; www.streakybaymotelandvillas.com.au; 11–13 Alfred Tce; Motel DZ 130 AU$, Villa DZ/FZ 160/220 AU$;) Eine gepflegte Reihe älterer, renovierter Moteleinheiten aus Ziegelstein sowie einige neue, sehr viel modernere Familienvillen mit stacheligen Topfpflanzen, erdfarbenem Anstrich und limettengrünen Außenmöbeln. Zur Auswahl stehen auch Häuser mit drei Schlafzimmern. In der Nebensaison sind die Preise günstiger.

★ **Mocean**　　　　CAFÉ $$
(08-8626 1775; www.moceancafe.com.au; 34b Alfred Tce; Hauptgerichte 17–35 AU$; Di, Mi & So 10–15, Do–Sa 10 Uhr–open end;) Von der Straße aus wirkt das muntere Café mit Wellblechfassade wie ein großer Schiffscontainer, tatsächlich aber dient es mit seinen Wandmalereien, marokkanischen Windlichtern und dem Blicken aufs Wasser von der offenen Terrasse als geselliger Mittelpunkt des Städtchens. Die Speisekarte dominieren leckere Meeresfrüchte von der Eyre Peninsula – wie wär's mit Tintenfisch mit Chili und Limette oder Meerschnecke? Der Kaffee ist ebenfalls gut und die Gerichte gibt's auch zum Mitnehmen. Im August geschlossen.

Praktische Informationen

Streaky Bay Visitor Information Centre
(08-8626 7033; www.streakybay.com.au; 21 Bay Rd; Mo–Fr 9–12.30 & 13.30–17 Uhr) Das Visitor Centre bietet Infos über die Region.

Ceduna

2290 EW.

Trotz aller Bemühungen der Einheimischen bleibt Ceduna ein schäbiges Fischerstädtchen, dem es nicht gelingt, seinen Ruf als bloßer Zwischenstopp auf dem Weg nach WA loszuwerden. Aber die Austern sind prima. Das **Oysterfest** (www.ceduna.net/site/page.cfm?u=167) Ende September ist die unumstrittene Nummer eins der australischen Austernpartys. Und wenn man in der Walsaison (Mai–Okt.) gen Westen fährt, ist Ceduna *der* Ort, um aktuelle Infos über Sichtungen am Head of Bight einzuholen.

◉ Sehenswertes

Ceduna School House Museum MUSEUM
(www.nationaltrust.org.au/sa; 2 Park Tce; Erw./Kind/Fam. 4/2,50/9 AU$; ☉ Mo, Di & Do–Sa 10–12, Mi & Do 14–16 Uhr) In dem kleinen Museum sind Objekte aus der Pionierzeit, indigene Artefakte und Exponate zu den verheerenden Folgen der britischen Atombombentests in Maralinga ausgestellt.

🛏 Schlafen & Essen

Ceduna Foreshore Hotel/Motel MOTEL $$
(☎ 08-8625 2008; www.cedunahotel.com.au; 32 O'Loughlin Tce; DZ 125–195 AU$, FZ 160–180 AU$; ❄ 🛜) Das renovierte Motel mit 54 Zimmern ist die luxuriöseste Unterkunft der Stadt. Geboten werden Meerblicke und ein **Bistro** (Hauptgerichte 17–38 AU$; ☉ 6.30–9, 12–14 & 18–20.30 Uhr), in dem hauptsächlich Meeresfrüchte von der Westküste auf den Tisch kommen. Von der Terrasse blickt man durch Norfolktannen über die Bucht.

★ **Ceduna Oyster Bar** MEERESFRÜCHTE $$
(☎ 08-8626 9086; www.facebook.com/oysterbarceduna; Eyre Hwy; 12 Austern 12 AU$, Gerichte 14–22 AU$; ☉ 9.30–19.30 Uhr) Hier kann man sich eine Schachtel frisch geknackter Schalentiere kaufen und diese am Ufer genießen. Alternativ macht man es sich im Dachgeschoss gemütlich (wenn die Renovierungsarbeiten abgeschlossen sind) und beobachtet die Lastzüge, die aus Western Australia herbeirauschen. Frischer geht's nicht!

ℹ Praktische Informationen

Ceduna Visitor Information Centre (☎ 1800 639 413, 08-8625 2780; www.cedunatourism.com.au; 58 Poynton St; ☉ Mo–Fr 9–17.30, Sa & So bis 17 Uhr) Das Ceduna Visitor Information Centre informiert über die Region.

Von Ceduna zur Grenze zu Western Australia

Zwischen Ceduna und Western Australia liegen 480 km. Betten und Bier findet man unterwegs in Penong (72 km ab Ceduna), Fowlers Bay (141 km), Nundroo (151 km), beim Nullarbor Roadhouse (295 km) am Head of Bight und im Border Village an der eigentlichen Grenze.

Gelbe Weizenfelder und grüne Schafweiden säumen die Straße nach Nundroo. Die nächsten 100 km sind von Mallee aus Eukalyptussträuchern geprägt, nach weiteren 21 km weichen diese den niedrigen Blaubüschen *(Kochia sedifolia)* des eigentlichen Nullarbor (von lat. *nullus arbor*, „kein Baum"). Wer dort aufs Gas tritt und in Richtung Sonnenuntergang brettert, trifft höchstens auf ellenlange Fernlastzüge, Wohnmobile und offenbar durchgeknallte Radfahrer.

Bei **Penong** (200 Ew.) zweigt eine unbefestigte, etwa 20 km lange Piste vom Highway ab. Sie führt nach Point Sinclair und zum **Cactus Beach**, an dem sich drei der berühmtesten Surfspots Australiens befinden. Caves ist ein fieser Right-Hand-Break für erfahrene Surfer. Die Einheimischen schätzen hereinschneiende Fremde jedoch nicht sonderlich. Nahe den Breaks ist auf einem Privatgelände **Buschcamping** (www.youcamp.com/properties/51; Stellplatz ohne Strom 13 AU$) möglich. Trinkwasser muss man selbst mitbringen.

Von den Aussichtsplattformen am **Head of Bight** (☎ 0407 832 297; www.yalata.org; Erw. 20 AU$ Kind unter/über 15 Jahre frei/15 AU$; ☉ 8–17 Uhr) kann man sich eine bedeutende Kinderstube der Glattwale ansehen. Die Tiere wandern aus der Antarktis ab, um ihren Nachwuchs von Mai bis Oktober im örtlichen **Great Australian Bight Commonwealth Marine Reserve** (www.environment.gov.au) aufzuziehen. Hierbei handelt es sich um das weltweit zweitgrößte Meeresschutzgebiet (nach dem Great Barrier Reef).

Der Head of Bight gehört zur Yalata Indigenous Protected Area. Wenn man den Eintritt bezahlt hat, kann man in der **White Well Ranger Station** zwischen Eingang und Aussichtsplattformen aktuelle Infos zu den Walen einholen. Die ausgeschilderte Abzweigung beginnt 14 km östlich vom Nullarbor Roadhouse.

Nahe dem Head of Bight gibt's noch weitere Sehenswürdigkeiten: Hinter dem Nullarbor Roadhouse kann beispielsweise die **Murrawijinie Cave**, ein riesiger Felsüberhang, bewundert werden, und am oberen Rand der 80 m hohen **Bunda Cliffs** sind diverse Aussichtspunkte mit Meerblick ausgeschildert.

Wer westwärts nach WA hineinfahren möchte, sollte unbedingt beachten: Aufgrund von Quarantänebestimmungen müssen Obst, Gemüse, Käse und Pflanzen komplett in Border Village zurückbleiben, außerdem besteht bei Nachtfahrten Gefahr für und durch freilaufende Tiere. Ostwärts findet der südaustralische Quarantänecheck erst in Ceduna statt.

Schlafen

Penong Caravan Park CAMPING $

(08-8625 1111; www.nullarbornet.com.au/towns/penong.html; 5 Stiggants Rd, Penong; Stellplatz ohne/mit Strom ab 22/25 AU$, fest abgestellter Van/Hütte ab 45/75 AU$; ❄) Der gepflegte Platz unweit von Ceduna gilt bei manchen Travellern als der beste in der Nullarbor-Ebene. Die Hütten sind in gutem Zustand, und auf dem Campingplatz gibt es eine Waschküche und Grillstellen. Bettwäsche wird extra berechnet.

Fowlers Bay Eco Park CAMPING $

(08-8625 6143; www.fowlerseco.com; Esplanade, Fowlers Bay; Stellplatz mit Strom für 2 Pers. 28 AU$, zusätzl. Pers. 8 AU$) 🌱 Der freundliche Wohnwagenpark umfasst Stellplätze mit Strom, einen Kiosk und ein ausgeklügeltes Solarsystem. In der Nähe gibt es historische Gebäude, gute Angelgründe, vorbeischwimmende Wale und weite Dünen. Von Mai bis Oktober werden Walbeobachtungstouren angeboten. Die Abzweigung nach Fowlers Bay liegt 106 km von Ceduna entfernt.

Fowlers Bay Holiday Flats APARTMENTS $$

(08-8625 6179; www.fowlersbay.com; Fowlers Bay; DZ ab 100 AU$; ❄) Die einfachen Motelunterkünfte für vier Personen mit komplett ausgestatteten Küchen liegen einen kurzen Fußweg vom hiesigen Jachthafen entfernt. Es lohnt sich, eine Angelrute einzupacken.

Nundroo Hotel/Motel MOTEL $

(08-8625 6120; www.nundrooaccommodation.com; Eyre Hwy, Nundroo; Stellplatz ohne/mit Strom 8/20 AU$, DZ 99 AU$; ❄🛜) Auf dem Weg nach Westen existiert in Nundroo diese ordentliche Unterkunft – und die letzte Autowerkstatt vor dem 1038 km entfernten Norseman in WA. Es gibt abgewohnte, aber komfortable Motelzimmer mit renovierten Bädern und ein Bar-Restaurant (Gerichte 15–35 AU$, ⊙ 11 Uhr–open end).

Nullarbor Roadhouse MOTEL $

(08-8625 6271; www.nullarbornet.com.au/towns/nullarbor.html; Eyre Hwy, Nullarbor; Stellplatz ohne/mit Strom 20/25 AU$, Budget-Zi. EZ/DZ/3BZ 47/57/67 AU$, Motel EZ/DZ/3BZ ab 125/145/165 AU$; ❄) Das Rasthaus nahe dem Walbeobachtungsgebiet am Head of Bight ist eine echte Oase für müde Autofahrer. Vor Ort gibt's ein **Bar-Restaurant** (Gerichte 15–30 AU$; ⊙ 7–22 Uhr).

Border Village Motel MOTEL $

(08-9039 3474; www.nullarbornet.com.au/towns/bordervillage.html; Eyre Hwy, Border Village; Stellplatz ohne/mit Strom 15/20 AU$, Budget-EZ/DZ/3BZ 40/60/70 AU$, Motel EZ/DZ/FZ ab 95/110/120 AU$; ❄@🛜) Nur 50 m von der Grenze nach WA entfernt, bietet dieses umgebaute Motel verschiedenartige moderne Zimmer und Hütten sowie ein Restaurant mit Alkohollizenz (Gerichte 15–28 AU$, ⊙ 12–14 & 18–20 Uhr).

Flinders Ranges & Outback von SA

Inhalt ➡
Flinders Ranges	872
Mt. Remarkable National Park	874
Quorn	874
Hawker	875
Flinders Ranges National Park	876
Woomera	880
Coober Pedy	880
Oodnadatta Track	884
Birdsville Track	885
Strzelecki Track	885
Innamincka	886

Gut essen

➡ Rawnsley Park Station (S. 876)

➡ Prairie Hotel (S. 878)

➡ John's Pizza Bar & Restaurant (S. 883)

➡ Quorn Cafe (S. 875)

Schön übernachten

➡ North Star Hotel (S. 874)

➡ Quorn Caravan Park (S. 875)

➡ Wilpena Pound Resort (S. 877)

➡ Down to Erth B&B (S. 883)

Auf in die Flinders Ranges & ins Outback von South Australia!

Wer das Outback kennenlernen will, dieses eher grob umrissene, geographische Gebiet, das 70 % des australischen Festlands einnimmt, der findet auf einer Tour in die Flinders Ranges genau das, was er gesucht hat.

Nähert man sich vom Süden her, weichen die riesigen Weizenfelder und Weingüter weiten, halbwüstenartig anmutenden Rinderfarmen unter ockerfarbenen Gipfeln. Das hier ist altes Land, tief verwoben mit den Traumgeschichten der Adnyamathanha. Emus streifen über die Straßen; gelbfüßige Felskängurus hüpfen von Stein zu Stein.

Weiter nördlich den Stuart Highway rauf, entlang der legendären Oodnadatta und Strzelecki Tracks, schieben sich exzentrische Ansiedlung wie Woomera, William Creek, Innamincka und Coober Pedy aus dem Hitzeflimmern. Das ist kein Land für schwache Nerven, es ist wasserlos, Fliegen umschwärmt, schwindelregend heiß. Kein Wunder, dass die Opalschürfer in Coober Pedy lieber unter der Erde leben.

Reisezeit

Quorn

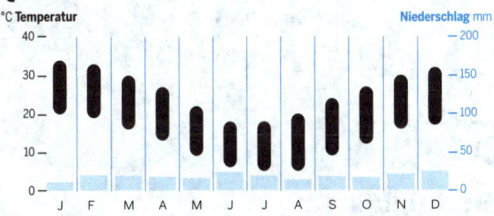

Mai Herbstende. Es wird kühler im Dürre gefärbten Outback.

Juni–Aug. Im Winter ist Hochsaison im Outback: es ist mild und der Himmel ist klar.

Sept. Letzte Chance, das Outback unter 35 °C zu erleben. Frühling in den Flinders Ranges.

Highlights

① Die Schluchten und Hänge des **Mt. Remarkable National Park** erkunden (S. 874)

② Sich bei einem kühlen Bierchen im **North Star Hotel** (S. 874) in Melrose entspannen

③ Die alten Gebäude und den Wild West-Charme von **Quorn** (S. 874) genießen

④ Zum Wangarra Lookout des **Ikara** (Wilpena Pound; S. 876) wandern

⑤ Das große australische Abenteuer wagen: im Geländewagen den **Oodnadatta Track** (S. 884) bezwingen

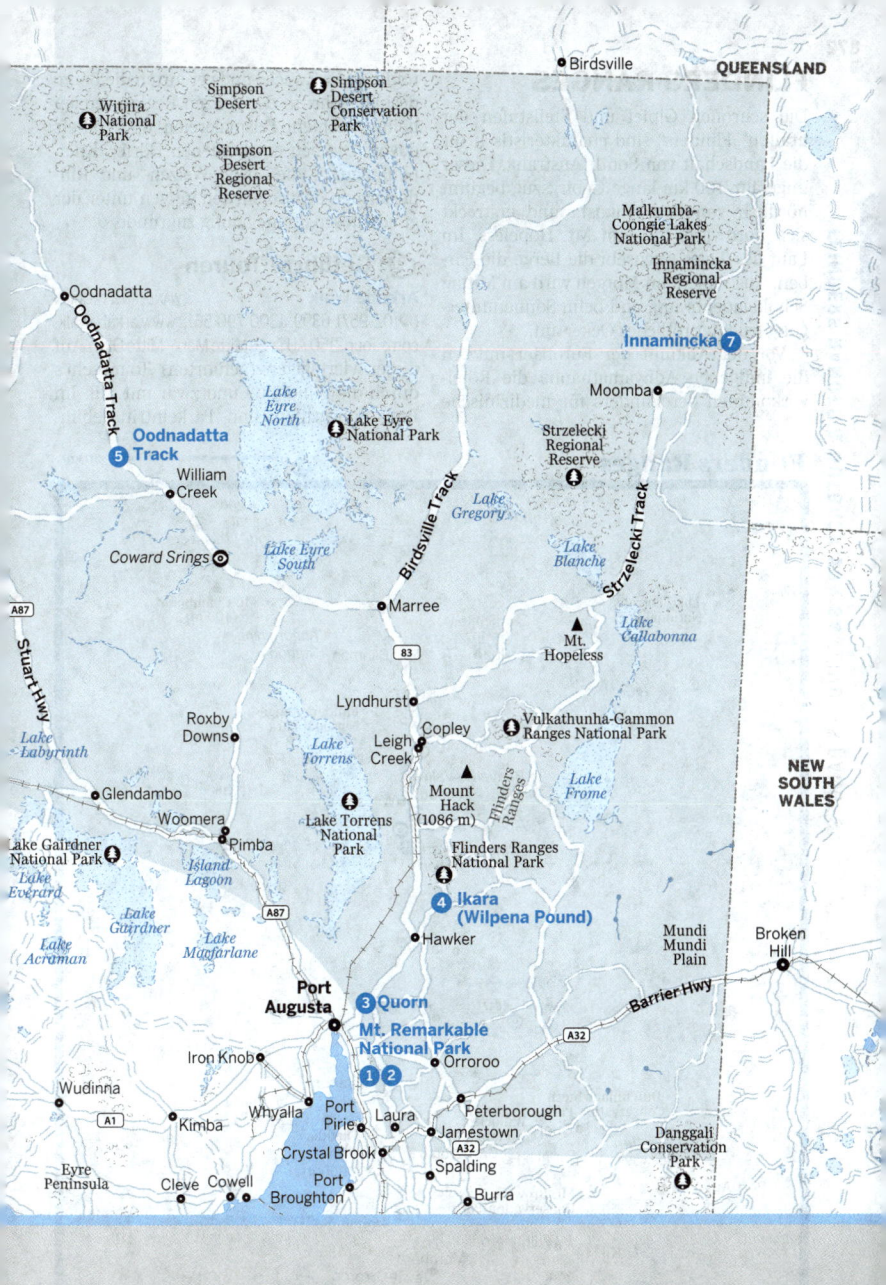

6 In **Coober Pedy** (S. 880) nach Opalen buddeln und dann unter der Erde schlafen

7 In **Innamincka** (S. 886) am Cooper Creek unter den Sternen das Zelt aufschlagen

FLINDERS RANGES

Die schroffen Gipfel und Steilstufen der uralten „Flinders" sind charakteristisch für die Landschaft von South Australia. Dieser ungefähr 400 km lange Gebirgszug beginnt nördlich von Port Augusta und erstreckt sich nordwärts bis zum Mt. Hopeless. Im Lauf des Tages wechseln die Berge die Farben: Aus Violett am Morgen wird am Mittag Schokoladenbraun, und beim Sonnenuntergang leuchtet rötliches Ocker auf.

Vor der Ankunft der Europäer nutzten die indigenen Adnyamathanha die Rötelvorkommen der Flinders für medizinische und rituelle Zwecke und verehrten die Berge deshalb sehr; in der ganzen Region zeugen heilige Höhlen, Felsmalereien und -reliefs davon. Die neu entstandenen Dörfer, Kneipen, Bauernhöfe sowie Weizen- und Rinderfarmen der Kolonisten gingen unter der gnadenlosen Sonne häufig zugrunde.

Geführte Touren

Arkaba Walk WANDERN & TREKKEN
(02-9571 6399, 1300 790 561; www.arkabawalk.com; Tour 2150 AU$; Mitte März–Mitte Okt.) Auf dieser viertägigen (geführten) Tour geht's durch die Flinders – und zwar mit Stil. Im Preis inbegriffen sind Parkeintrittsgebüh-

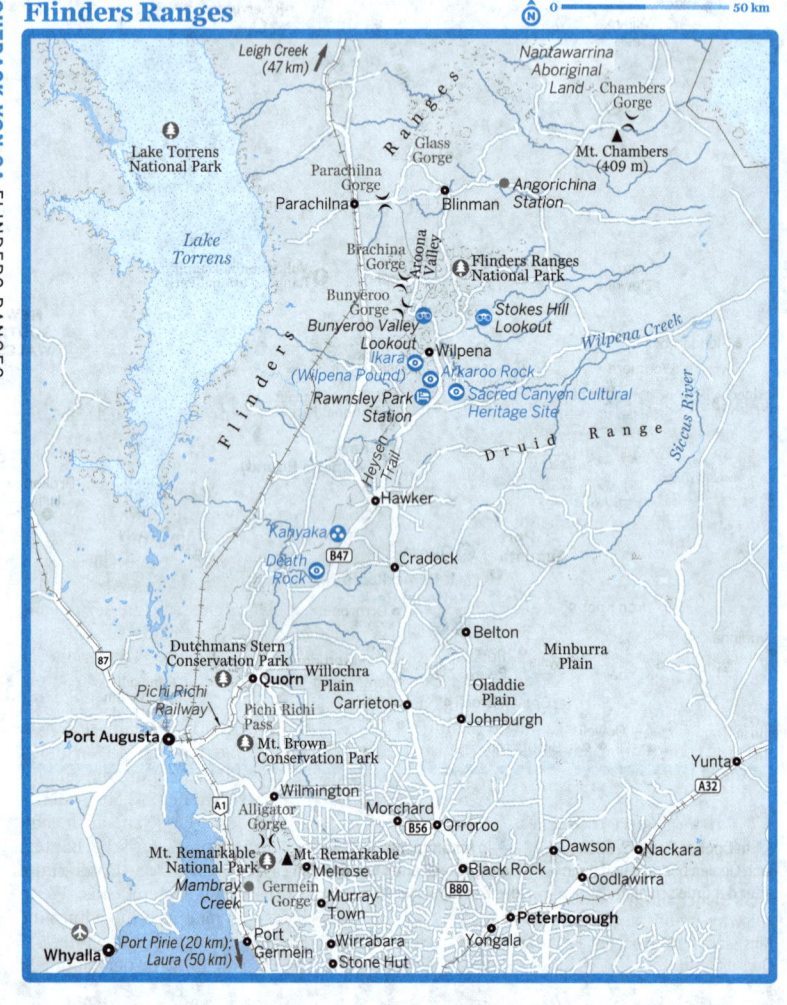

ren, Mahlzeiten vom mitreisenden Koch, Gepäcktransport, Camping de luxe sowie eine Nacht in der superedlen Arkaba Station (S. 876). Ein einzigartiges Erlebnis!

Groovy Grape OUTDOORS
(☎ 1800 661 177, 08-8440 1640; www.groovygrape.com.au) Bietet Touren für Kleingruppen an, beispielsweise einen viertägigen Trip von Adelaide nach Coober Pedy (495 AU$; zurück geht's über die Flinders Ranges) und eine siebentägige Tour von Adelaide über die Flinders Ranges, Coober Pedy und Uluru nach Alice Springs (975 AU$). Verpflegung, Camping und Parkeintritt sind im Preis enthalten.

Heading Bush OUTDOORS
(☎ 08-8356 5501, 1800 639 933; www.headingbush.com) Auf den rauen zehntägigen Kleingruppentouren von Adelaide nach Alice Springs (2495 AU$, alles inkl.) besucht man u. a. die Flinders Ranges, Coober Pedy, die Simpson Desert, Aborigine-Gemeinden, den Uluru und die West MacDonnell Ranges. Dreitägige Campingtouren in die Flinders Ranges kosten 695 AU$ (1250 AU$ bei Unterbringung in Hütten).

Flinders Ranges By Bike MOUNTAINBIKEN
(☎ 08-8648 0048; www.flindersrangesbybike.com.au; 1/2/3/4 Tage pro Pers. 35/40/45/50 AU$) Mit dem Bike geht's auf eine 200 km-Rundfahrt durch die Highlights der Flinders Ranges. Start (und Ziel) ist die Rawnsley Park Station (S. 876) südlich von Wilpena. Im Preis enthalten sind Parkeintrittsgebühren sowie die Gebühren für die Durchquerung von Privatgrundstücken. Um die Buchung der Unterkunft muss man sich aber selber kümmern. Gepäcktransport möglich.

Wallaby Tracks Adventure Tours OUTDOORS
(☎ 08-8648 6655, 0428 486 655; www.wallabytracks.com; Tour 1/4 Tage 250/1200 AU$) Geländewagentouren in kleinen Gruppen durch die Ranges und den Ikara (Wilpena Pound). Die eintägigen Ausflüge beginnen in Quorn oder Port Augusta, die viertägigen in Adelaide.

❶ An- & Weiterreise

Die Flinders erkundet man entweder im Rahmen einer geführten Tour oder auf eigene Faust. Die **Pichi Richi Railway** (☎ 1800 440 101 1800 440 101; www.prr.org.au; einfache Strecke 52 AU$) fährt samstags zwischen Port Augusta und Quorn (2 Std.).

TRAUMGESCHICHTEN DER ADNYAMATHANHA

Land und Natur sind ein wesentlicher Bestandteil der Kultur der traditionellen Eigentümer der Flinders Ranges. Unter dem kollektiven Oberbegriff Adnyamathanha (Hügelmenschen) tauschten die Stämme der Wailpi, Kuyani, Jadliaura, Piladappa und Pangkala einst Geschichten aus, die das spektakuläre Landschaftsbild ihrer Heimat erklärten.

Die Wände des Ikara (Wilpena Pound) sind in diesen Geschichten beispielsweise die Körper von zwei *akurra* (Riesenschlangen), die sich während eines Initiationsritus um den Ikara legten und den Großteil der Anwesenden verspeisten. Satt und bewegungsunfähig starben sie anschließend freiwillig und schufen so die charakteristische Wahrzeichen.

Orte in den Southern Ranges

In **Port Pirie** (13 830 Ew.) am Rand der Southern Flinders Ranges steht die größte Blei- und Zinkhütte der Welt. Die Fabrik von Nyrstar beherrscht die Skyline der Stadt. Es ist der richtige Ort, um sich vor der Fahrt nach Norden mit Vorräten einzudecken. Infos zur Stadt gibt's im **Port Pirie Regional Tourism & Arts Centre** (☎ 1800 000 424, 08-8633 8700; www.pirie.sa.gov.au; 3 Mary Elie St; ⊙ Mo–Fr 9–17, Sa 9–16, So 10–16 Uhr).

In die eigentlichen Southern Ranges gelangt man in der Nähe von **Laura** (550 Ew.), das wie Supermans Smallville – ganz Bürgerstolz und 1950er-Jahre-Wohlstand – den Weizenfeldern entsteigt. In der langen, geraniengeschmückten Hauptstraße existieren ein Supermarkt, eine Drogerie, eine Bäckerei, eine Bank, eine Post und sogar ein Schuhladen.

Melrose (200 Ew.) ist der älteste Ort in den Flinders Ranges; seit 1853 schmiegt sich das kleine Städtchen an die Flanke des 960 m hohen Mt. Remarkable. Melrose hat alles, was eine Ortschaft ausmacht: ein paar gut erhaltene historische Bauten, einen tollen Pub, hochwertige Unterkünfte und sogar Parks mit echtem Gras. Wenn man hier ist, sollte man sich unbedingt die verfallenden mehrstöckigen Ruinen der **Jacka's Brewery** (von 1878) in der Mount St anschauen – das Unternehmen beschäftigte früher 40 Arbeiter. Hier dreht sich alles ums Mountainbiken: Im **Over The Edge** (08-8666 2222; www.otesports.com.au; 6 Stuart St, Melrose; Mi-Mo 9–17 Uhr) gibt's Ersatzteile, einen Reparaturservice – und ein Café.

🛏 Schlafen

Melrose Caravan Park   CAMPING $
(08-8666 2060; www.parks-sa.com.au/caravan_park/250; Joe's Rd, Melrose; B 20 AU$, Stellplatz ohne/mit Strom 20/25 AU$, Hütte 60–120 AU$; ❄) Der kleine, ordentliche Wohnwagenpark bietet auf einem etwas über 2 ha großen Buschgelände Stellplätze und freistehende Hütten an, die ein Überbleibsel der Olympischen Sommerspiele von 2000 in Sydney sind (alle haben TV und Kochgelegenheit, die preiswerteren aber kein eigenes Bad). Der Wanderweg auf den **Mt. Remarkable** (hin & zurück 12 km) beginnt gleich hinter der Anlage. Neben ihr sorgt eine umgebaute Scheune noch für weitere einfache Schlafgelegenheiten.

★ **North Star Hotel**   KNEIPE $$
(08-8666 2110; www.northstarhotel.com.au; 43 Nott St, Melrose; DZ/Wohn-LKW ab 125/160 AU$; ❄ 📶) So willkommen wie ein Sommerregen: Das North Star Hotel, ein fabelhafter Pub von 1854, wurde so renoviert, dass es an eine Mischung aus städtischem Stil und Schafstall erinnert. Im Bistro sitzt man unter surrenden Ventilatoren und genießt frisch zubereitete Speisen (Hauptgerichte 16-30 AU$, Mi-So 12-14 & Do-So 18-20 Uhr), sehr guten Kaffee oder kaltes Bier. Die Unterkünfte reichen von Quartieren im Bundaleer Cottage nebenan (mit Platz für 16 Pers.) über schicke Zimmer über der Kneipe bis hin zu schrulligen Unterkünften auf zwei alten Lastwagen.

Mt. Remarkable National Park

Buschfans schwärmen in höchsten Tönen von dem steilen, schroffen **Mt. Remarkable National Park** (08-8634 7068; www.environment.sa.gov.au; Pers./Auto 4/10 AU$) am Rand der Southern Flinders. Die Eintrittsgebühr bezahlt man 21 km nördlich von Port Germein in Mambray Creek abseits des Hwy 1. Auf der Inlandsroute (Main North Rd A1 zwischen Melrose und Wilmington) gibt's eine Bezahlstation an der Alligator Gorge. Hauptanziehungspunkte sind hier die Natur und die unterschiedlichen Wanderwege (u. a. auch ein Abschnitt des **Heysen Trail**), die sich durch einsame, abgelegene Schluchten schlängeln.

Vom Parkplatz an der **Alligator Gorge** führt ein kurzer, steiler Wanderweg (2 km, 2 Std.) hinunter in die zerklüftete, krokodilfreie Schlucht. Dort beginnen auch ein Rundweg (9 km, 4 Std.) sowie ein Weg zur **Hidden Gorge** (18 km, 7 Std.) und zum **Mambray Creek** (13 km, 7 Std.). Gipfelstürmer nehmen den schweißtreibenden Aufstieg auf den 960 m hohen **Mt. Remarkable** (12 km, 5 Std.) in Angriff; der Wanderweg beginnt hinter dem Melrose Caravan Park (S. 874).

Im Park gibt's viele **Bushcampingplätze** (Erw./Kind 18 AU$/frei) und zwei Lodges: eine am **Mambray Creek** (ab 57 AU$/Nacht) und eine an der **Alligator Gorge** (ab 170 AU$/Nacht). Beide bekommen ihren Strom über Solaranlagen. Die Lodge an der Alligator Gorge hat eine bessere Kücheneinrichtung und Duschen. Campingplätze und Lodges können online gebucht werden – oder im Over The Edge-Bikeshop (S. 874) in Melrose – oder (in bar) in den Visitor Information Centres in Port Pirie, Port Augusta und Quorn.

Quorn
1210 EW.

Ist Quorn eine Filmkulisse, die man nach Abschluss der Dreharbeiten einfach stehen ließ? In dem kinematografischen Outback-Nest gibt's zumindest mehr kreischende Krähen als Menschen. 1875 wurde hier mit dem Weizenanbau begonnen, und als die Great Northern Railway aus Richtung Port Augusta hierher führte, erlebte der Ort einen wahren Boom. Quorn (sprich: „corn") blieb ein wichtiger Bahnverkehrsknoten, bis die Zugverbindungen in die Flinders 1970 eingestellt wurden.

⊙ Sehenswertes & Aktivitäten

Quorns Straßenbild, insbesondere die **Railway Terrace**, erteilt eine wahre Geschichtsstunde und war bereits in australischen Kultfilmen wie *Gallipoli* und *Sunday Too Far Away* zu sehen. Etwas außerhalb der Stadt säumen verfallene Ruinen die Straße von Quorn nach Hawker. Am eindrucksvollsten ist **Kanyaka**, eine einstmals florierende Schaffarm aus dem Jahr 1851. Von den Ruinen aus (41 km von Quorn entfernt) erreicht man zu Fuß in 20 Minuten ein Wasserloch im Schatten des gewaltigen Death Rock. Der Legende nach standen einheimische Aborigines dort ihren sterbenden Angehörigen in den letzten Stunden bei.

╒ Geführte Touren

Four Winds Cultural Guiding KULTUR
(☏ 08-8648 6993; www.southaustralia.com; Geführte Tour ab 35 AU$/Pers.) Einstündige Bushwalking-Tour unter der Führung eines Adnyamathanha, bei denen man entweder die lokale Kultur und deren Traumgeschichten kennenlernt, oder bei denen es um Bush Tucker (Buschnahrung) und die Jagd geht.

🛏 Schlafen & Essen

★ Quorn Caravan Park CAMPING $
(☏ 08-8648 6206; www.quorncaravanpark.com.au; 8 Silo Rd; Stellplatz ohne/mit Strom 26/32 AU$, DZ 40 AU$, Van EZ/DZ 60/70 AU$, Hütte 90–135 AU$; ❄) Die engagierten Leiter der Anlage beschäftigen sich viel mit dem Klimawandel und sind daher sehr darum bemüht, Emissionen zu reduzieren und das natürliche Habitat wiederherzustellen. Der Platz bietet makellose Hütten, eine Backpacker-Hütte für acht Personen, eine Campingküche aus wiederverwertetem Holz und schattige Stellplätze. Überall stehen Regenwassersammeltanks herum; ein paar Kängurus grasen unter den Eukalyptusbäumen.

Austral Inn HOTEL, MOTEL $
(☏ 08-8648 6017; www.australinn.info; 16 Railway Tce; Motel EZ/DZ 70/90 AU$, Pub EZ/DZ 110/115 AU$; ❄) Hier werfen immer ein paar Einheimische die Jukebox an. Die schlichten, sauberen Zimmer des Pubs sind renoviert und mit frischer Bettwäsche versehen. Sie sind netter als die fünf Motelzimmer hinter dem Haus. Im Bistro ist das Känguruschnitzel zu empfehlen (Hauptgerichte 16–24 AU$, 12–14 & 18–20 Uhr).

Savings Bank of South Australia FERIENHAUS $$
(☏ 0448 727 622; www.stayz.com.au/131032; 39 First St; DZ ab 180 AU$; ❄) Geruhsame Nächte sind einem in der einstigen Bank sicher. Das charmante, zweistöckige Gebäude von 1906 aus rotem Backstein bietet drei Schlaf- und zwei Badezimmer und ist eine tolle Basis für die Erkundung der Flinders. Platz für sechs Personen; zwei Nächte Minimum (gute Wochenpreise).

★ Quorn Cafe CAFÉ $
(☏ 08-8648 6368; www.quorncafe.com.au; 43 First St; Hauptgerichte 9–17 AU$; ⊙ 9–17 Uhr; ✍) Ein Hippie-Café in dieser Gegend ist sicher überraschend – die Karte, eine alte Tür, die an der Wand hängt, ist es auch. Die Tür ist mit braunen Butterbrot-Tüten bedeckt auf denen die Angebote gekritzelt stehen: Lamm-Burger, Salat mit Huhn und Räucherlachs, Egg & Bacon-Sandwiches – alles ist hausgemacht und die Portionen sind großzügig. Das Ziegen-Curry ist empfehlenswert („ein bisschen knochig, aber lecker"). Zudem gibt es hier den besten Kaffee in Quorn.

ℹ Praktische Informationen

Flinders Ranges Visitor Information Centre
(☏ 08-8620 0510; www.flindersranges.com; Railway Tce, Quorn Railway Station; ⊙ März–Okt. 9–17, Nov.–Feb. 10–16 Uhr) Tipps, Karten, Broschüren und Internetzugang.

Hawker
300 EW.

Bis Ikara (Wilpena Pound), 55 km weiter im Norden, ist Hawker der letzte Außenposten der Zivilisation. Wie Quorn hat auch dieser topfebene Ort schon bessere Tage gesehen – vor allem als an seinem Bahnhof noch der alte *Ghan* hielt. Mit einem Geldautomaten, dem Lebensmittelladen, einer Kneipe und der wohl weltweit wertvollsten Tankstelle dient er Reisenden heute als Raststation.

⊙ Sehenswertes & Aktivitäten

Der interessanteste Teil Hawkers ist seine wilde Umgebung. Wer diese lieber mit einem Dach über dem Kopf bewundern möchte, sollte das leicht skurrile Wilpena Panorama bei der **Jeff Morgan Gallery** (☏ 08-8648 4071; www.wilpenapanorama.com; Ecke Wilpena Rd & Cradock Rd; Erw./Kind/Fam. 8/5,50/20 AU$; ⊙ Mo-Fr 9–17, Sa bis 12 Uhr, Jan. & Feb. geschl.) besuchen. In einem riesigen kreisrunden Raum hängt hier ein 360°-Panorama des Ikara (Wilpena Pound).

Mit dem **Arkaroo Rock** ragt ca. 40 km nördlich von Hawker ein weiteres indigenes Heiligtum auf. Die Reptilien- und Menschenfiguren hier wurden mit Holzkohle, Vogelleim, Rötel und gelbem Ocker auf den Fels gemalt. Der Weg vom örtlichen Parkplatz ist relativ kurz (hin & zurück 2 km, 1 Std.).

👉 Geführte Touren

Derek's 4WD Tours   JEEPTOUR
(☎ 0417 475 770; www.dereks4wdtours.com; Tour halber/ganzer Tag ab 160/220 AU$) Die Geländewagentouren mit Öko-Touch haben u. a. die Schluchten von Bunyeroo und Brachina zum Ziel.

Bush Pilots Australia   RUNDFLÜGE
(☎ 08-8648 4444; www.bushpilots.com.au; 60 Elder Tce; Flug/Pers. 30 Min. 180 AU$) Von Hawker aus erhebt man sich in diesen Rundflügen über die Flinders. Längere Spritztouren ins Outback werden ebenfalls angeboten.

🛏 Schlafen

BIG4 Hawker Flinders Ranges Holiday Park   CAMPING $
(☎ 08-8648 4006; www.big4hawker.com.au; 44 Chace View Tce; Stellplatz ohne/mit Strom 28/32 AU$, Stellplatz mit Bad 42–50 AU$, Hütte 96–162 AU$; ❄@📶🏊) Die freundliche, sehr gepflegte Anlage am Stadtrand Richtung Wilpena hat großzügige Kiesstellplätze, eine Reihe von Hütten und einen Pool! Sollte es hier eng werden, dann gibt's von April bis Oktober weitere Stellplätze in der 12 Carpenter Rd (dort allerdings ohne Pool).

★ Rawnsley Park Station   RESORT $$
(☎ Wohnwagenpark 08-8648 0008, Rezeption 08-8648 0030; www.rawnsleypark.com.au; Wilpena Rd, via Hawker; Stellplatz ohne/mit Strom 25/35 AU$, Hostel Erw./Kind 38/28 AU$, Hütte/Wohneinheit/Villa ab 98/150/410 AU$; ❄@📶🏊) Auf der riesigen, 35 km von Hawker entfernten Farm gleich südlich des Nationalparks gibt es die ganze Unterkunftspalette von Zeltstellplätzen bis hin zu luxuriösen Öko-Villen. Es stehen auch ein paar als Schlafsäle eingerichtete Wohnwagenpark-Hütten zur Verfügung; diese werden von der YHA (www.yha.com.au) verwaltet. Zu den angebotenen Outback-Aktivitäten gehören Mountainbiken (Verleih 15 AU$/Std.), Buschwalking (30 Min.–4 Std.), Geländewagentouren und Rundflüge. Das hervorragende **Woolshed Restaurant** (☎ 08-8648 0126; www.rawnsleypark.com.au; Wilpena Rd, via Hawker; Hauptgerichte 27–36 AU$; ⊙ Mi–So 12–14 Uhr, tägl. 17–20.30 Uhr) liefert tolle Buschkost, außerdem Currys, Meeresfrüchte und Pizzas.

Outback Motel & Chapmanton Holiday Units   MOTEL $$
(☎ 08-8648 4100; www.outbackmotel.com.au; 1 Wilpena Rd; EZ/DZ Motel 120/125 AU$, EZ/DZ Wohneinheit 130/150 AU$; ❄) Das Motel, das aus orangeroten Ziegelbauten besteht, wirkt, als befände es sich in der Wüste von Utah. Man kann direkt vorfahren. Die Zimmer sind die besten in der Innenstadt von Hawker. Die Wohneinheiten mit zwei Schlafzimmern sind perfekt für Familien.

Arkaba Station   BOUTIQUEHOTEL $$$
(☎ 02-9571 6399, 1300 790 561; www.arkabastation.com; Wilpena Rd via Hawker; DZ ab 1632 AU$) Schillernde Unterkunft in einer Outback-Station aus den 1850er-Jahren. „Wild Bush Luxury" eben (so bezeichnen es zumindest die Eigentümer des Hotels).

ℹ Praktische Informationen

Hawker Motors (☎ 08-8648 4014, 1800 777 880; www.hawkermotors.com.au; Ecke Wilpena Rd & Cradock Rd; ⊙ 7.30–18 Uhr) Die Tankstelle der Stadt (wer nach Norden fährt, sollte hier unbedingt auftanken!) fungiert gleichzeitig als Touristeninformation.

Flinders Ranges National Park

Der **Flinders Ranges National Park** (www.environment.sa.gov.au; 10 AU$/Auto) gehört zu den beliebtesten Naturschutzgebieten in SA. Er lockt Besucher mit schroffen Schluchten, zerklüfteten Bergketten, verlassenen Gehöften, indigenen Stätten und einheimischen Tieren an. Nach Regenfällen sprießen hier außerdem Wildblumen. Das absolute Highlight ist jedoch der elliptische **Ikara (Wilpena Pound)**, der von gezackten Graten umgeben ist. Das natürliche, 80 km² große Talbecken entstand einst durch tektonische Senkung und ist kein Meteoritenkrater.

Das einzige öffentliche Transportmittel zum Pound, der **Shuttle-Bus** (Erw./Kind/Fam. hin & zurück 5/3/10 AU$; ⊙ 9, 11, 13 & 15 Uhr) des Wilpena Pound Resorts, hält etwa 1 km vor dem alten **Hills Homestead**, von wo aus man zum **Wangarra Lookout** (weitere 300 m) wandern kann. Kurz nach dem Absetzen der Passagiere brechen die Fahrzeuge wieder in Richtung Resort auf. Der Rückweg zu Fuß dauert 3 Stunden und beträgt 8 km.).

Das freiliegende Sedimentgestein entlang des 20 km langen **Brachina Gorge Geological Trail** gestattet tolle Einblicke in 120 Mio. Jahre Erdgeschichte. Beim Visitors Centre gibt's informative Broschüren dazu.

Nördlich von Wilpena beginnt der **Bunyeroo-Brachina-Aroona Scenic Drive** an der Straße nach Blinman. Diese Panoramastrecke (hin & zurück 110 km) passiert das Bunyeroo Valley, die Brachina Gorge, das Aroona Valley und den Stokes Hill Lookout.

◎ Sehenswertes & Aktivitäten

Bushwalking im Flinders Ranges National Park ist unvergesslich. Genügend Trinkwasser, Sonnenschutzmittel und ein großer Hut sind notwendig. Man sollte zudem jemanden über das Ziel unterrichten. Das Visitor Centre verteilt die Broschüre *Bushwalking in Flinders Ranges National Park*. Viele Wanderungen beginnen am Wilpena Pound Resort.

Einen Ausblick auf den Wilpena Pound ermöglicht der zum Teil anstrengende, aber großartige Aufstieg zum Tanderra Saddle (hin & zurück 15 km, 6 Std.). Der Saddle gehört zum Kamm des St. Mary Peak am Rand des Pound. Wanderer sollten sich unbedingt auf den Kamm beschränken: Der eigentliche St. Mary Peak hat für die indigenen Adnyamathanha eine traditionelle Bedeutung.

Auch der kurze, aber knackige Aufstieg am Mt. Ohlssen Bagge (hin & zurück 6,5 km, 4 Std.) belohnt Bergfans mit einer tollen Aussicht. Schöne kurze Wanderungen führen z. B. zum Hills Homestead (hin & zurück 6,5 km, 2 Std.) oder hinauf zur Wilpena Solar Power Station (hin & zurück 500 m, 30 Min.).

Gleich jenseits des südöstlichen Parkrands kann man zum Sacred Canyon Cultural Heritage Site marschieren (hin & zurück 1 km, 1 Std.), um die vielen indigenen Felsbilder in Form von Tierspuren und -figuren zu bestaunen.

⇨ Geführte Touren

Das Wilpena Pound Resort (halber/ganzer Tag ab 189/295 AU$) und die Rawnsley Park Station (halber/ganzer Tag ab 160/245 AU$) bieten beide Geländewagentouren an. Es gibt auch Touren ab Hawker.

Air Wilpena Scenic Flight Tours RUNDFLÜGE
(☏ 08-8648 0048; www.airwilpena.com.au; Flug 20/30 Min./1 Std. 169/199/299 AU$) Die Rundflüge starten am Wilpena Pound Resort.

🛏 Schlafen

Genehmigungen zum Buschcampen (Pers./Auto 7/13 AU$) innerhalb des Nationalparks (d.h. außerhalb des Resorts) erhält man im Visitor Centre und an den Selbstbedienungsstationen der Campingplätze.

★ **Wilpena Pound Resort** RESORT $$$
(☏ 1800 805 802, 08-8648 0004; www.wilpenapound.com.au; Wilpena Rd über Hawker; Stellplatz ohne/mit Strom 23/34 AU$, Safarizelt 180–230 AU$, DZ 236–300 AU$; ❄@🛜🏊) Zu den Unterkünften in diesem schicken Resort gehören Motelzimmer, elegante, komplett ausgestattete Suiten und ein großer (sehr gut besuchter) Campingplatz mit tollen Safarizelten. Wer im Winter kommen will, also zur Hochsaison, bucht besser (sehr!) frühzeitig. Nicht auslassen sollte man ein Bad im Pool, die Happy Hour an der Bar (17–18.30 Uhr) und das Abendessen im ausgezeichneten Bistro (Hauptgerichte 19–32 AU$ – das Känguru ist wirklich hervorragend).

ℹ Praktische Informationen

Wilpena Pound Visitor Information Centre (☏ 1800 805 802, 08-8648 0048; www.wilpenapound.com.au; Wilpena Pound Resort; ⊙ 8–17 Uhr) Im Infozentrum des Resorts gibt's einen Shop, eine Tankstelle, Wissenswertes zum Park, Internetzugang und Fahrradverleih (halber/ganzer Tag 35/60 AU$). Hier kann man auch Rundflüge und Geländewagentouren buchen, Tipps für Bushwalking-Touren erhalten und den Parkeintritt bezahlen.

Blinman & Parachilna

Etwa eine Stunde nördlich vom Wilpena Pound liegt das nette Blinman (30 Ew.) an einer asphaltierten Straße. Die Stadt verdankt ihre Existenz dem Kupfererz, das 1859 hier entdeckt wurde, und der 1903 errichteten Schmelzhütte. Aber der Boom endete und 1500 Menschen zogen um. Heute kann sich Blinman nur noch rühmen, die am höchsten gelegene Ortschaft in SA zu sein (610 m über dem Meeresspiegel).

Große Teile der alten **Heritage Blinman Mine** (☏ 08-8648 4782; www.heritageblinmanmine.com.au; Main St, Blinman; Führung Erw./Kind/Fam. 28/11/65 AU$; ⊙ 9–16 Uhr, Dez.–März kürzere Öffnungszeiten) sind mit Aussichtspunkten, audiovisuellen Erläuterungen und Infotafeln erschlossen. Die einstündigen Führungen beginnen um 10, 12 und 14 Uhr.

Schieferböden, alte Fotos und Zimmer im Kolonialstil prägen die Atmosphäre des renovierten **North Blinman Hotel** (☏ 08-8648 4867; www.blinmanhotel.com; Main St, Blinman; Stellplatz ohne/mit Strom 10/20 AU$, DZ Motel/Hotel 90/155 AU$; ❄) von 1869. Hinter dem

> **NATIONAL PARKS HOLIDAY PASS**
>
> Etwa 22% der Fläche von South Australia sind offizielle Naturschutzgebiete: dazu gehören Nationalparks, Erholungsparks, geschützte Grünanlagen und Tierreservate. Das **Department of Environment, Water & Natural Resources** (www.environment.sa.gov.au/parks) verwaltet die Schutzgebiete und verkauft Parkpässe und Campinggenehmigungen. Der Two Month Holiday Pass (40 AU$/Auto; inkl. Camping 80 AU$) berechtigt zum Eintritt in die meisten Parks in SA, mit Ausnahme der Wüstenparks und des Flinders Chase National Park auf Kangaroo Island. Den Pass gibt's online oder am Parkeingang.

Haus gibt's ziemlich einfache Zeltstellplätze und – welche Freude – einen Pool mit Wasser! Das Bistro (Hauptgerichte 20–30 AU$, 12–14 & 18–20 Uhr) tischt leckeres Kneipenessen auf.

Die **Angorichina Station** (08-8648 4863; www.angorichina.com.au; Blinman-Arkaroola Rd; Stellplatz ohne Strom 20 AU$, Scherer-Unterkunft/pro 5 Pers. 200 AU$, Cottage/pro 4 Pers. 200 AU$; ❄) liegt auf dem Weg nach Arkaroola und bietet Betten in Scherer-Unterkünften, Camping und ein entzückendes Cottage.

Die Straße von Blinman nach Parachilna führt durch die traumhafte **Parachilna Gorge**, wo man kostenlose Campingstellen am Bach und nette Fleckchen zum Entspannen findet. Der nördliche Abschnitt des **Heysen Trail** beginnt bzw. endet hier. Auf halbem Wege zwischen Blinman und Parachilna beginnt der **Blinman Pools Walk** (hin & zurück 12 km, 5 Std.); er folgt dem Lauf eines Baches, vorbei an verlassenen Schachtanlagen und Eukalyptusbäumen.

An der Straße von Hawker nach Leigh Creek liegt Parachilna (ca. 4–7 Ew.), ein beliebtes Ziel in den Flinders Ranges. Die Attraktion hier ist das legendäre **Prairie Hotel** (1800 331 473, 08-8648 4895; www.prairiehotel.com.au; Ecke High St & West Tce, Parachilna; Stellplatz mit Strom 35 AU$, einf. Hütte EZ/DZ 65/80 AU$, Hotel EZ/DZ/3BZ ab 195/225/320 AU$; ❄ 📶), einer Weltklasse-Unterkunft mit schicken Suiten, Stellplätzen und Arbeiterhütten auf der anderen Straßenseite. Unbedingt ein Essen und ein, zwei kalte Biere im Pub einplanen (Hauptgerichte 18–35 AU$, 11.30–15 & 18–20.30 Uhr)! Empfehlenswert ist der Wild-Grillteller (Kamelwürstchen, Kängurufilet und Emufleisch). Bei unserer Ankunft um 10.42 Uhr meinte der Barmann: „Zu früh für ein Bier!? Sagt wer?"

Leigh Creek & Copley

In den frühen 1980er-Jahren wurde der Ort Leigh Creek (700 Ew.) von der Staatsregierung aus dem Boden gestampft. Die Stadt wurde wegen des Kohlebergbaus geschaffen und beliefert die Kraftwerke in Port Augusta. Die **Leigh Creek Tavern** (08-8675 2025; leighcreektavern@alintaenergy.com.au; Black Oak Dr, Leigh Creek; Motel EZ/DZ 115/140 AU$, Hütte EZ/DZ/FZ 100/110/150 AU$; ❄) bietet flotte Motelzimmer im Stil der 1990er-Jahre, schlichte Hütten, die ein paar Hundert Meter abseits der Kneipe stehen, und Bergarbeiterportionen im Bistro (Hauptgerichte 18–30 AU$, 12–14 & 18–20 Uhr). Das **Leigh Creek Visitor Information Centre** (08-8675 2315; www.loccleighcreek.com.au; Shop 2, Black Oak Dr, Leigh Creek; Mo–Fr 8.30–17.30, Sa 8.30–14 Uhr) befindet sich in Liz's Open Cut Cafe.

Rund 6 km nördlich von Leigh Creek liegt ein schnuckeliges Nichts namens Copley (80 Ew.). Der **Copley Caravan Park** (08-8675 2288; www.copleycaravan.com.au; Lot 100 Railway Tce W, Copley; Stellplatz ohne/mit Strom 25/30 AU$, Hütte DZ 80–150, FZ 150 AU$; ❄) ist ein kleiner, makelloser Wohnwagenpark. Weiter die Straße runter bekommt man im **Quandong Cafe** (Lot 100 Railway Tce W, Copley; Stückchen 5–7 AU$; 8–17 Uhr) leckere Quandong-Pasteten (Quandong sind eine Art lokaler Kirschen).

Iga Warta (08-8648 3737; www.igawarta.com; Arkaroola Rd; Stellplatz ohne Strom 22 AU$, B & Zelt 36 AU$/Pers., Hütte/Safarizelt DZ 104/150 AU$), 57 km östlich von Copley auf dem Weg in den Vulkathunha-Gammon Ranges National Park, ist ein indigenes Unternehmen, das Adnyamathanha-Kulturtouren (25–84 AU$), Geländewagen- und Bushwalking-Exkursionen (138 AU$) veranstaltet.

Vulkathunha-Gammon Ranges National Park

Die 1282 km² große Wüstenlandschaft des entlegenen **Vulkathunha-Gammon Ranges National Park** (www.environment.sa.gov.

au) birgt tiefe Schluchten, gezackte Gebirgszüge, Gelbfuß-Felskängurus und von Eukalyptusbäumen gesäumte Bäche. Der größte Teil des Parks ist nur schwer zugänglich (hier ist ein Jeep unerlässlich), auch gibt's nur wenige Einrichtungen. Die Ranger sind im **Balcanoona Park Headquarters** (✆ 08-8204 1910, 08-8648 5300), 99 km von Copley entfernt, stationiert.

Im Park gibt's fünf Buschcampingplätze (Pers./Auto 10/6 AU$). Campinggenehmigungen sind im Park HQ erhältlich. Hier kann man auch zwei Hütten buchen: **Grindells Hut** (max. 8 Pers. 155 AU$) und die **Balcanoona Shearers' Quarters** (DZ/3BZ 44/65 AU$, alleinige Nutzung für max. 19 Pers. 285 AU$).

Arkaroola

Beim **Arkaroola Wilderness Sanctuary** (✆ 08-8648 4848; www.arkaroola.com.au) handelt es sich um ein privates Naturschutzgebiet mit Resort in einem besonders spektakulären Teil der Flinders Ranges. Es liegt 129 km östlich von Copley und ist nur über unbefestigte Straßen zu erreichen. Das **Visitor Centre** (◷ 9–17 Uhr) zeigt Ausstellungen über die hiesige Naturgeschichte und erklärt auf wissenschaftliche Weise, warum hier häufig die Erde bebt.

Man sollte die vierstündige **Ridgetop-Jeeptour** (✆ 08-8648 4848; www.arkaroola.com.au; Erw./Kind 145/55 AU$) durch die wilde Bergwelt nicht verpassen: Über halsbrecherische Anstiege und Abfahrten führt sie zum stimmungsvollen Sillers Lookout. Daneben gibt's auch Auto- und Wandertouren, die auf eigene Faust oder mit Führer unternommen werden können.

Das **Resort** (Arkaroola Rd Camp; Stellplatz ohne/mit Strom 22/29 AU$, Hütte 40 AU$, Cottage 4BZ 130–175 AU$, Motel DZ 149–179 AU$; ❄ ≋) besteht aus einem Motelkomplex, einem Wohnwagenpark, einem Restaurant mit Bar (Hauptgerichte 20–30 AU$, Küche geöffnet 12–14 & 18–20 Uhr), einem Supermarkt und einer Tankstelle.

OUTBACK

Nördlich der Eyre Peninsula und der Flinders Ranges geht das Land in die leere Weite des südaustralischen Outbacks über. Wer sich entsprechend vorbereitet, wird einen Trip durch diese kaum besiedelte, raue Region kaum je wieder vergessen.

Der Stuart Hwy führt ins rote Herz Australiens hinein. Erste Zwischenstation ist Woomera mit seiner düsteren Atomtestgeschichte und einer glänzenden Sammlung übrig gebliebener Raketen. Weiter nördlich bietet Coober Pedy einen einmaligen Anblick: Inmitten der glühend heißen Wüste wirkt die trostlose Opalmine wie ein menschlicher Fehltritt. Wagemutige Outback-Fans können einen Teil des kultigen Oodnadatta Track absolvieren, der ein wenig Abwechslung vom Asphalt des Stuart Hwy verspricht.

👉 Geführte Touren

Ergänzend zu den klassischen Outback-Touren führen auch Touren in die Flinders Ranges manchmal noch hinein ins nördliche Outback. Von Coober Pedy (S. 882), William Creek (S. 885) und Marree (S. 885) aus kann man sich bei Rundflügen über das Outback erheben.

Arabunna Tours   KULTUR-TOUR
(✆ 08-8675 8351; www.arabunnatours.com.au; Touren ab Adelaide 7 Tage ab 1800 AU$) Das von Aborigines geführte Unternehmen veranstaltet Kulturtouren von Adelaide in die Flinders Ranges, nach Marree, zum Oodnadatta Track sowie zum Lake Eyre (Kati Thanda).

Sacred Earth Safaris   ABENTEUERTOUR
(Erw./Kind $4900/4700) Veranstalten grandiose zehntägige Touren mit Geländewagen entlang der drei großen Wüsten-Tracks – Oodnadatta, Strzelecki und Birdsville – sowie nach Coober Pedy und in die Flinders Ranges.

ℹ️ Anreise & Unterwegs vor Ort

AUTO

Der Stuart Hwy ist zwischen Port Augusta und Darwin asphaltiert. In SA gibt es Benzin und Unterkunft in Pimba (171 km von Port Augusta), Glendambo (285 km), Coober Pedy (535 km), Cadney Homestead (689 km) und Marla (771 km). In Pimba, Coober Pedy und Marla kann man sogar rund um die Uhr tanken.

Die Oodnadatta, Birdsville and Strzelecki Tracks sind nach Regenfällen oft gesperrt, daher sollte man sich vor dem Losfahren den aktuellen Straßenzustandsbericht besorgen – den gibt's bei der **Royal Automobile Association** (RAA; Karte S. 782; ✆ 08-8202 4600; www.raa.com.au; 41 Hindmarsh Sq; ◷ Mo–Fr 8.30–17, Sa 9–16 Uhr) in Adelaide und Online unter www.dpti.sa.gov.au/OutbackRoads.

> ### ℹ DESERT PARKS PASS
>
> Wer das Outback ausführlich erkunden will, ist gut beraten einen **Desert Parks Pass** (☏ 08-8648 5328, 1800 816 078; www.environment.sa.gov.au; 150 AU$/ Auto) zu kaufen. Er ermöglicht Zugang zu sieben Parks im Outback (inkl. Camping); zudem bekommt man eine Landkarte und ein Handbuch. Den Pass gibt's bei der Royal Automobile Association in Adelaide. Man kann ihn aber auch online bestellen und ihn sich zuschicken lassen (aber nur in Australien) oder ihn bei regionalen Verkaufsstellen in den Flinders Ranges und im Outback von SA kaufen. Eine Liste dieser Verkaufsstellen findet sich unter www.environment. sa.gov.au/parks/ park_entry_fees/ parks_pass_outlets.

BUS

Greyhound Australia (www.greyhound.com. au) Die täglichen Busse von Adelaide nach Alice Springs (244 AU$, 20½ Std.) halten unterwegs in Pimba (82 AU$, 7 Std.), Glendambo (95 AU$, 8¼ Std.) und Coober Pedy (147 AU$, 11¼ Std.). Online-Tickets sind billiger.

FLUGZEUG

Regional Express (Rex; www.regionalexpress. com.au) Fliegt an den meisten Tagen zwischen Adelaide und Coober Pedy (ab 247 AU$, 2 Std.).

ZUG

Die Great Southern Rail (S. 803) betreibt den *Ghan* zwischen Adelaide und Alice Springs durchs Outback von SA. Diverse Züge halten in (oder in der Nähe von) Coober Pedy und Marla; Details gibt's auf der Webseite.

Woomera

200 EW.

Bei Pimba (50 Ew.) kann man vom Stuart Hwy abfahren und einen Abstecher (6 km) nach Woomera machen, das 1947 als Koordinationszentrale für britische Raketen- und Atomwaffentests gegründet wurde. An Orten wie Maralinga litten die Aborigines danach extrem unter nuklearem Fallout. Heute ist Woomera eine düstere und künstliche Regierungssiedlung auf einem Testgelände des Verteidigungsministeriums, das immer noch benutzt wird.

Im **Woomera Heritage & Visitor Information Centre** (☏ 08-8673 7042; www.south australia.com; Dewrang Ave; Museum Erw./Kind 6/3 AU$; ⊙ März–Nov. 9–17, Dez.–Feb. 10–14 Uhr) kann man sich anhand von Ausstellungsstücken über Woomeras Vergangenheit und Gegenwart informieren (und eine Runde Bowling spielen). Auf der anderen Seite des Parkplatzes befindet sich der **Lions Club Aircraft & Missile Park** mit diversen Überresten von Düsenflugzeugen und Raketen.

Das **Eldo Hotel** (☏ 08-8673 7867; eldohotel@ transfield-services.com; Kotara Ave; DZ ab 110 AU$; ❋) wurde ursprünglich gebaut, um Raketenwissenschaftlern ein Dach über dem Kopf zu bieten. Heute befinden sich hier in einer Reihe von Gebäuden gemütliche Motelzimmer. In dem recht schicken Bistro gibt es Essen (Hauptgerichte 19–32 AU$; 7–9, 12–14 & 18–20.30 Uhr). Empfehlenswert ist die Fleischplatte.

Nördlich von Woomera taucht nach 90 km (Asphaltstraße) **Roxby Downs** (www. roxbydowns.com; 4500 Ew.) auf. Der überraschend reiche Wüstenort ist das Versorgungszentrum der riesigen Olympic Dam Mine, die Kupfer, Silber und Uran fördert.

Von Woomera nach Coober Pedy

Mitten im Nichts – nämlich rund 115 km nordwestlich von Pimba und 245 km vor Coober Pedy – liegt **Glendambo** (30 Ew.), das 1982 als Raststation am Stuart Hwy gegründet wurde. Hier befindet sich die letzte Tankstelle vor Coober Pedy.

Schlafen kann man im oasenartigen **Glendambo Hotel-Motel** (☏ 08-8672 1030; manager@glendambo.com.au; Stuart Hwy; Stellplatz ohne/mit Strom 23/27 AU$, EZ/DZ/4BZ ab 94/99/140 AU$; ❋☲). Zu ihm gehören Bars, ein Restaurant und eine Reihe ordentlicher Motelwohneinheiten. Vor dem Hotel gibt's staubige Stellplätze, drinnen im Bistro fleischlastige Gerichte (16–30 AU$, 12–14 & 18–20 Uhr).

Nördlich von Glendambo führt der Stuart Hwy durch die staatliche **Woomera Prohibited Area**. Die ungehinderte Durchfahrt auf dem Highway ist möglich, aber Abstecher ins Sperrgebiet hinein sind absolut tabu.

Coober Pedy

3500 EW.

Im Umfeld von Coober Pedy ist die kahle, ausgedörrte Wüste plötzlich von Ausschachtungen und dazugehörigen Abraumhalden

Coober Pedy

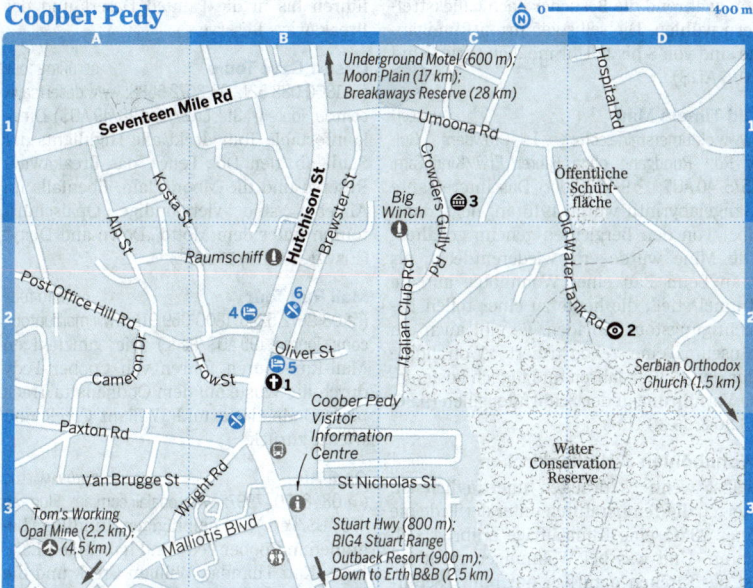

durchzogen – angeblich von mehr als einer Million davon. Tatsächlich ist Coober Pedy sehr kosmopolitisch, denn hier leben Menschen aus 44 Nationen. Der Grund für die intensive Wühltätigkeit sind die Opale, die hier vor 100 Jahren entdeckt wurden, und die die Kleinstadt zu einem Schürfermekka gemacht haben – jedoch nicht zu einem Touristenparadies: Mit Fliegenschwärmen, 50 °C an Sommertagen, in Erdlöchern hausenden Einwohnern und rostigen Autos in den Vorgärten wirkt der baumlose Ort wie die Vorhölle. Aber interessant ist er auf alle Fälle! Der Name leitet sich von *kupa*, dem Wort der regionalen Aborigines für „Weißer Mann", sowie *piti* (Loch) ab.

Die umliegende Wüste ist wirklich entsetzlich öde, ein Umstand, den sich Filmemacher nicht entgehen ließen, die hier Endzeitspektakel wie *Mad Max III – Jenseits der Donnerkuppel*, *Red Planet* oder *Pitch Black – Planet der Finsternis* in Szene setzten, aber auch Streifen wie *Ground Zero* oder *Priscilla – Königin der Wüste*.

◉ Sehenswertes

Big Winch AUSSICHTSPUNKT
Der markante Aussichtspunkt mit der Big Winch ist nicht zu übersehen; von hier schweift der Blick weit über Coober Pedy. Ein optimistisches „If", das auf eine Seite des hier hängenden riesigen Eimers gemalt wurde, spiegelt den Geist der Stadt wider.

Raumschiff SEHENSWÜRDIGKEIT
Das eindrucksvolle Raumschiff, eine zurückgelassene Requisite von den Dreharbeiten zu *Pitch Black – Planet der Finsternis*, musste in der Hutchison St notlanden.

Tom's Working Opal Mine MINE
(www.tomsworkingopalmine.com; Lot 1993, Stuart Hwy; Führung Erw./Kind/Fam. 25/10/55 AU$; 8–17 Uhr) Der beste Ort, um zu erleben, wie es beim Schürfen zugeht, ist diese Mine 2 km südwestlich der Stadt: Die Profis lassen sich bei der Suche nach der Hauptader nicht stö-

---

Coober Pedy

◉ Sehenswertes
1 Catholic Church of St. Peter & St. Paul B2
2 Faye's Underground Home D2
3 Old Timers Mine C1

🛏 Schlafen
4 Desert Cave Hotel B2
5 Radeka Downunder B2

🍴 Essen
6 John's Pizza Bar & Restaurant B2
7 Tom & Mary's Greek Taverna B3
   Umberto's .... (siehe 4)

ren, während die Besucher nach Glückstreffern wühlen. Die selbstgeführten Rundgänge sind von 8 bis 17 Uhr möglich (Erw./Kind 10/5 AU$).

Old Timers Mine MUSEUM
(www.oldtimersmine.com; 1 Crowders Gully Rd; Rundgang ohne Führer Erw./Kind/Fam. 15/5/40 AU$; ◎9–17.30 Uhr) Das interessante Gängelabyrinth wurde 1916 angelegt, dann aber von den Bergleuten geheim gehalten. Die Mine wurde erst wiederentdeckt, als man beim Bau einer Wohnhöhle auf die Tunnel stieß, die heute zu einer tollen Besichtigungstour einladen. Es gibt auch ein Museum, eine rekonstruierte Wohnhöhle aus den 1920er-Jahren und täglich kostenlose Vorführungen der Schürfutensilien (9.30, 13.30 & 15.30 Uhr).

Wohnhöhlen & Höhlenkirchen
Selbst wenn es draußen unerträglich ist, steigen die Temperaturen unter der Erde nie über 23 °C, eine Klimaanlage erübrigt sich damit. Und was bei Wohnungen recht ist, ist bei Kirchen natürlich nur billig (Schürfer brauchen schließlich viel Hoffnung und Gottvertrauen…).

Faye's Underground Home WOHNHÖHLE
(☏08-8672 5029; www.cooberpedy.sa.gov.au; Old Water Tank Rd; Erw./Kind 5/1,50 AU$; ◎März–Okt. Mo–Sa 8–17 Uhr) Drei Frauen haben diese etwas blumige Behausung mit dem tollen Wohnzimmerpool in den 1960er-Jahren von Hand ausgehoben!

Serbian Orthodox Church KIRCHE
(☏08-8672 3048; Saint Elijah Dr, abseits der Flinders St; Eintritt 5 AU$; ◎24hr) Komplexe Reliefs und eine wunderschöne Gewölbedecke schmücken die größte und eindrucksvollste Höhlenkirche des Ortes. Sie befindet sich rund 3 km südlich der Stadt.

Catholic Church of St. Peter & St. Paul KIRCHE
(Ecke Halliday Pl & Hutchison St; ◎10–16 Uhr, Sonntagsmesse 10 Uhr) GRATIS Coober Pedys erste Kirche verströmt mit ihren mit Statuen vollgestellten Alkoven und der leisen klassischen Musik noch immer einen niedlichen Reiz.

👉 Geführte Touren

Arid Areas Tours AUTO-TOUR
(☏08-8672 3008; www.aridareastours.com; Tour pro 2 Pers. 2/4/6 Std. ab 120/240/420 AU$) Die Geländewagentouren rund um die Stadt führen bis in die Painted Desert und das Breakaways Reserve.

Desert Cave Tours GEFÜHRTE TOUR
(☏1800 088 521, 08-8672 5688; www.desertcave.com.au; Touren 4 Std. Erw./Kind 98/49 AU$) Diese komfortable Tour deckt alle Highlights der Stadt ab: den Dog Fence, das Breakaways Reserve und die Moon Plain. Ebenfalls im Angebot sind vierstündige Opalschürftouren unter dem Motto „Down and Dirty" (Erw./Kind 110/55 AU$).

Mail Run Tour AUTO-TOUR
(☏08-8672 5226, 1800 069 911; www.mailruntour.com; Touren 195 AU$/Pers.) Die ganztägigen Mail-Run-Touren führen von Coober Pedy durch die Wüste auf dem Oodnadatta Track nach Oodnadatta und William Creek und wieder zurück.

Opal Air PANORAMAFLUG
(☏08 8670 7997; www.opalair.com.au; Flug ab 470 AU$/Pers.) Die halbtägigen Rundflüge beginnen in Coober Pedy und haben den Lake Eyre (Kati Thanda), William Creek und die Painted Desert zum Ziel.

🛏 Schlafen

Riba's CAMPING $
(☏08-8672 5614; www.camp-underground.com.au; Lot 811 William Creek Rd; unterirdischer Stellplatz 30 AU$, oberirdischer Stellplatz ohne/mit Strom 20/28 AU$, EZ & DZ 66 AU$; 🛜) Rund 5 km außerhalb der Stadt hat man im Riba's die einmalige Gelegenheit, unter der Erde zu campen! Außerdem gibt's hier ein unterirdisches TV-Zimmer, zellenartige unterirdische Budgetzimmer und jeden Abend eine Opalminentour (Erw. 24 AU$, für Camper unter der Erde und Camper ohne Strom kostenlos; für alle anderen Gäste gibt's Ermäßigungen).

BIG4 Stuart Range Outback Resort CAMPING $
(☏08-8672 5179; www.stuartrangeoutbackresort.com.au; Yanikas Dr; Stellplatz ohne/mit Strom 27/34 AU$, DZ ab 99 AU$, Apt. mit 1/2 Schlafzi. 170/255 AU$; ❄🛜🏊) Die hohen Investitionen für die Renovierung des Gebäudes und die umfangreiche Landschaftsgestaltung (Olivenbäume!) haben sich gelohnt: Stuart Range ist wahrscheinlich der beste traditionelle (d. h. oberirdische) Wohnwagenpark der Stadt. Der Pool wurde zum Zeitpunkt der Recherche gerade renoviert – man sollte also besser nachschauen, ob denn auch Wasser drin ist, bevor man reinspringt. Touren können ebenfalls gebucht werden.

Radeka Downunder HOSTEL $

(☏ 08-8672 5223; www.radekadownunder.com.au; 1 Oliver St; B/DZ/3BZ/4BZ 35/85/120/155 AU$, Motel-Wohneinheit DZ/4BZ/FZ 130/165/200 AU$; @ 🛜) Die Besitzer begannen im Jahr 1960 damit, diese Anlage auszuhöhlen. Viele Opale haben sie nicht gefunden, aber eine tolle Backpacker-Unterkunft geschaffen. Auf mehreren Ebenen finden sich hier 6,5 m unter der Erdoberfläche Budgetbetten, außerdem gute Privatzimmer und Motel-Wohneinheiten. Die Gemeinschaftsküche ist praktisch für Selbstversorger. Ferner gibt's eine Bar, einen Grill und eine Waschküche. Touren und Flughafen-Transfers sind ebenfalls im Angebot. In letzter Zeit sind die Bewertungen der Gäste allerdings eher gemischter Natur.

★ Down to Erth B & B B&B $$

(☏ 08-8672 5762; www.downtoerth.com.au; Lot 1785 Monument Rd; DZ inkl. Frühstück 165 AU$, zusätzl. Pers. 25 AU$; 🛜 ≋) Das unterirdische Juwel liegt etwa 3 km außerhalb der Stadt und verfügt über Wohnhöhlen für bis zu fünf Personen (ideal für Familien) mit zwei Schlafzimmern und Wohn- und Küchenbereich. Ein im Schatten gelegenes Tauchbecken sorgt für Abkühlung nach einem anstrengenden Erkundungstag; BBQ über Holz und kostenlose Pralinen.

Desert Cave Hotel HOTEL $$

(☏ 08-8672 5688; www.desertcave.com.au; Lot 1 Hutchison St; DZ/3BZ ab 170/200 AU$, zusätzl. Pers. 35 AU$; ❄ @ 🛜 ≋) Das eher hochpreisige Hotel sorgt für willkommenen Luxus in der Wüste inklusive Flughafen-Transfer, Tagescafé, Pool und dem ausgezeichneten Restaurant **Umberto's** (☏ 08-8672 5688; www.desertcave.com.au; Lot 1 Hutchison St; Hauptgerichte 28-38 AU$; ⊙18-21 Uhr). Das Personal ist sehr freundlich, und es werden auch viele Touren angeboten. Wer will, kann auch oberirdisch übernachten (die Räume sind riesig; in dem Fall gäb's dann aber nettere Unterkünfte anderswo in der Stadt).

Underground Motel MOTEL $$

(☏ 08-8672 5324; www.theundergroundmotel.com.au; Catacomb Rd; Standard EZ/DZ/FZ 110/125/157 AU$, Suite 125/135/182 AU$; 🛜) In dem zweckmäßigen, freundlichen und preisgünstigen Motel mit weitem Panoramablick auf die Breakaways kann man zwischen Standardzimmern und Suiten (mit separatem Wohn- und Küchenbereich) wählen. Die Unterkunft ist allerdings einen ordentlichen Fußmarsch vom Ort entfernt. Eines der wenigen lohnenswerten Motels an der Catacomb Rd.

✕ Essen

★ John's Pizza Bar & Restaurant ITALIENISCH $$

(☏ 08-8672 5561; www.johnspizzabarandrestaurant.com.au; Shop 24, 1 Hutchison St; Hauptgerichte 13-32 AU$; ⊙10-22 Uhr) An den tellergroßen Pizzas, der herzhaften Pasta und dem bei dieser Hitze wunderbaren Gelato dieses Restaurants kommt man nicht vorbei. Grillspeisen, Salate, Burger, Gyros sowie Fish & Chips sind ebenfalls erhältlich. Die Gäste sitzen drinnen im Innenraum oder draußen am Straßenrand zwischen traurig wirkenden Topfpflanzen. Das Essen gibt's auch zum Mitnehmen.

Tom & Mary's Greek Taverna GRIECHISCH $$

(☏ 08-8672 5622; Shop 4/2 Hutchison St; Hauptgerichte 17-32 AU$; ⊙Mo-Sa 18-21 Uhr) Auf der Karte des vielbesuchten griechischen Lokals steht alles von Moussaka bis zu Gyros, Meeresfrüchten, griechischen Salaten und Pasta mit hellenistischem Einschlag. Hier kann man bei einem Glas kaltem Retsina entspannt zusehen, wie die rote Sonne nach einem staubigen Tag hinter dem Horizont verschwindet.

ⓘ Praktische Informationen

24-Stunden-Wasserspender (Hutchison St; 0,20 AU$/30 l) Neben dem Visitor Information Centre kann man seine Feldflasche zu jeder Tages- und Nachtzeit auffüllen.

Coober Pedy Visitor Information Centre (☏ 1800 637 076, 08-8672 4617; www.opalcapitaloftheworld.com.au; Council Offices, Lot 773 Hutchison St; ⊙Mo-Fr 8.30-17, Sa & So 10-13 Uhr) Neben detaillierten Infos zu Touren und Unterkünften bietet das Büro 30 Minuten lang kostenlosen Internetzugang (vorher reservieren!) und eine Ausstellung zur Geschichte des Ortes.

Coober Pedy Hospital (☏ 08-8672 5009; www.sahealth.sa.gov.au; Lot 89 Hospital Rd; ⊙24 Std.) Unfallversorgung und Notdienst.

ⓘ Anreise & Unterwegs vor Ort

Achtung: Der nächstgelegene Halt des *Ghan* ist in Manguri, 42 km nordöstlich; man muss sich also um den Transfer in die Stadt kümmern.

Budget (☏ 08-8672 5333; www.budget.com.au; Coober Pedy Airport) Vermietet Autos, Geländewagen und Campingfahrzeuge ab rund 80 AU$ pro Tag.

Von Coober Pedy nach Marla

Das karge, aber farbenfrohe **Breakaways Reserve** mit seinen trockenen Hügeln und Steilhängen liegt 33 km nördlich von Coober Pedy an einer Holperstraße – 22 km westlich der Stadt vom Highway abfahren! Besuchsgenehmigungen (Erw./Kind 2,20 AU$/frei) sind beim Visitor Information Centre in Coober Pedy erhältlich (Achtung: Indigene Landbesitzer könnten diese Vorgehensweise irgendwann zukünftig ändern).

Eine interessante, 70 km lange Rundfahrt über vorwiegend unbefestigte Straßen beginnt in Coober Pedy und führt in die Breakaways, zum **Dog Fence** (der Australiens Südosten dingofrei halten sollte) und zur tafelbergartigen **Moon Plain** an der Straße von Coober Pedy nach Oodnadatta. Nach Regenfällen benötigt man für diese Tour ein Allradfahrzeug.

Wer auf dem Weg nach Oodnadatta ist, kann eine Abkürzung nehmen und beim Cadney Homestead (151 km nördlich von Coober Pedy) vom Stuart Hwy abfahren – auf diese Weise ist die Strecke über die unbefestigte Straße kürzer, als wenn man über Marla oder Coober Pedy fährt. Unterwegs kommt man an der passend benannten **Painted Desert** vorbei (Kamera nicht vergessen!).

Cadney Homestead (08-8670 7994; cadneys@bigpond.com; Stuart Hwy; Stellplatz ohne/mit Strom ab 16/25 AU$, DZ Hütte/Motel 85/125 AU$; ※@≋) selbst bietet Stellplätze für Wohnmobile und Zelte, zweckmäßige Motelzimmer und einfache Hütten an (Handtücher mitbringen; die sanitären Anlagen im Wohnwagenpark werden gemeinschaftlich genutzt). Außerdem gibt es hier Benzin, eine Reifenreparaturwerkstatt, Essen zum Mitnehmen, kaltes Bier, einen Geldautomaten und einen Swimmingpool. Geführte Touren durch die Painted Desert werden ebenfalls angeboten.

Etwa 82 km vom Cadney Homestead entfernt liegt **Marla** (245 Ew.) mitten im Mulga-Busch. Als 1980 die Bahnstrecke des *Ghan* hierher verlegt wurde, löste der Ort Oodnadatta als offizielles Zentrum der Region ab. **Marla Travellers Rest** (08-8670 7001; www.marla.com.au; Stuart Hwy; Stellplatz ohne/mit Strom/Hütte 20/30/40 AU$; DZ ab 120 AU$; ※@≋) bietet Benzin, Motelzimmer, Stellplätze, einen Pool, ein Café und einen Supermarkt.

Das wildwestmäßige **Mintabie** (250 Ew.) ist eine Opalschürfsiedlung auf Aboriginal Land 35 km westlich von Marla. Hier findet man einen Gemischtwarenladen, ein Restaurant und einen einfachen Wohnwagenpark vor.

Von Marla bis zur Grenze zum Northern Territory (NT) sind es jetzt noch 180 km. In Kulgera, 20 km hinter der Grenze, gibt es eine Tankstelle.

Oodnadatta Track

Der legendäre, einsame Oodnadatta Track verläuft zwischen Marla am Stuart Hwy und Marree in den nördlichen Flinders Ranges. Die unbefestigte, 615 km lange Straße folgt der alten Overland Telegraph Line und der stillgelegten Great Northern Railway. Unweit der Straße liegt der **Lake Eyre** (Kati Thanda; www.environment.sa.gov.au), der sechstgrößte See der Welt; er ist normalerweise ausgetrocknet. Man kann die Strecke in einem normalen Auto bewältigen, ein Allradfahrzeug ist aber ratsamer, da der Track wirklich holprig, matschig, staubig und mit Schlaglöchern übersät ist.

ⓘ Praktische Informationen

Bevor man sich auf den Oodnadatta Track macht, sollte man sich vor dem Losfahren unbedingt den aktuellen Straßenzustandsbericht besorgen (und checken, ob er wegen starker Regenfälle gesperrt ist) – den gibt's im Visitor Information Centre in Coober Pedy, bei der Royal Automobile Association (S. 879) in Adelaide und online unter www.dpti.sa.gov.au./Outback Roads.

Benzin, Übernachtungsmöglichkeiten und Verpflegung bekommt man in Marla, Oodnadatta, William Creek und Marree.

Die Broschüre *Oodnadatta Track – String of Springs* enthält Routeninfos und kann unter www.southaustralia.com heruntergeladen werden. Interessant sind auch die zwar lückenhaften aber dennoch nützlichen „Mud Maps" auf der Webseite des Pink Roadhouse.

Von Oodnadatta nach William Creek

Im rund 209 km von Marla entfernten Oodnadatta (170 Ew.) trennte sich einst die Hauptstraße von der alten Bahnstrecke. Im Zentrum steht das **Pink Roadhouse** (1800 802 074, 08-8670 7822; www.pinkroadhouse.com.au) in dem man gute Infos zum Track (auf den richtigen Reifendruck legt man hier besonders viel Wert!) und Gerichte wie den eindrucksvollen Oodnaburger bekommt. Zum Rasthaus gehört der Campingplatz (Stellplatz ohne/mit Strom ab 22/32 AU$, Hütte DZ ab 120 AU$) mit Unterkünften von schlichten Stellplätzen bis zu komplett eingerichteten Hütten.

Nach weiteren 201 km ist William Creek (6 Ew.) erreicht, wo man es sich am besten im verwitterten **William Creek Hotel** (📞 08-8670 7880; www.gdaypubs.com.au; William Creek; Stellplatz ohne/mit Strom 24/30 AU$, Hütte/Hotel DZ 90/150 AU$; ❄) bequem macht, einem kultigen Pub von 1887, dessen Wände mit Fotos, Visitenkarten, alten Auto-Nummernschildern und Geldscheinen tapeziert sind. Es gibt hier auch einen staubigen Campingplatz sowie bescheidene Hütten und Motelzimmer, außerdem Benzin, Ersatzreifen, kaltes Bier, Grundnahrungsmittel und den ganzen Tag über Essen (Hauptgerichte 16–32 AU$).

William Creek ist die Basis für **Wrightsair** (📞 08-8670 7962; www.wrightsair.com.au; William Creek; Flug ab 285 AU$), einem Unternehmen, das Rundflüge über den Lake Eyre veranstaltet (mind. 2 Pers.).

Von Coward Springs nach Marree

Etwa 130 km vor Marree erreicht man den **Coward Springs Campground** (📞 08-8675 8336; www.cowardsprings.com.au; Stellplatz ohne Strom Erw./Kind 12,50/6,25 AU$), den ersten Haltepunkt an der alten Coward-Springs-Bahnnebenstrecke. Hier kann man in Wannen aus alten Eisenbahnschwellen in **heißem Quellwasser** (Erw./Kind 2/1 AU$) schwelgen oder eine sechstägige **Kameltour** (1760 AU$/Pers.) zum Lake Eyre (Kati Thanda) unternehmen.

Nächster Halt ist der Aussichtspunkt über den **Lake Eyre South** – dieser Teil des Sees liegt 12 m unter dem Meeresspiegel. Wie weit der Lake Eyre gerade mit Wasser gefüllt ist, erfährt man unter www.lakeeyreyc.com. Rund 60 km vor Marree erreicht man den **Mutonia Sculpture Park** (⏱24 Std.) GRATIS, in dem es „Planehenge" zu sehen gibt, zwei zusammengeschweißte, mit dem Heck im Boden verankerte Flugzeuge.

Marree (100 Ew.) war früher einmal ein wichtiger Knotenpunkt für die von Afghanen geleiteten Kamelkarawanen und die Great Northern Railway und ist der Start- oder Zielpunkt des Oodnadatta sowie des Birdsville Tracks. Das große, 1883 aus Stein errichtete **Marree Hotel** (📞 08-8675 8344; www.marreehotel.com.au; Railway Tce S; Stellplatz ohne Strom kostenlos, Hotel DZ/Hütte 120/140 AU$ ❄🌐♨) hat ordentliche Pub-Zimmer (Gemeinschaftsbad), Hütten mit angeschlossenem Bad und kostenlose (!) Stellplätze. Marree ist auch ein guter Ausgangspunkt für einen Rundflug, den **Aus Air Services** (📞 08-8675 8212; www.ausairservices.com.au; 2-stündiger Flug 280 AU$/Pers.) anbietet.

Aus der Luft hat man auch einen guten Blick auf den **Marree Man**, eine 4,2 km lange Umrisszeichnung eines indigenen Pitjantjatjara-Kriegers, die in die Wüste nahe dem Lake Eyre geritzt wurde. Das Werk wurde erst 1998 entdeckt; sein Schöpfer ist unbekannt. Mittlerweile schreitet die Erosion mit Riesenschritten voran.

Marree liegt 80 km südlich vor Lyndhurst, wo man endlich wieder Asphalt unter die Räder bekommt. Von dort sind es noch 33 km bis nach Copley am Nordrand der Flinders Ranges.

Birdsville Track

Diese alte Viehtrieb-Route führt über 517 km von Marree in SA nach Birdsville (S. 507) gleich hinter der Grenze zu Queensland; sie verläuft dabei zwischen der Simpson Desert im Osten und der Sturt Stony Desert im Westen. Der Track ist eine der klassischen Outback-Routen Australiens. Infos zum Straßenzustand gibt's unter www.dpti.sa.gov.au/OutbackRoads – aber ein Geländewagen ist in jedem Fall die einzig richtige Entscheidung.

Strzelecki Track

Der 460 km lange Strzelecki Track windet sich durch die Sandhügel des **Strzelecki Regional Reserve** (www.environment.sa.gov.au). Er beginnt 80 km südlich von Marree in Lyndhurst und führt zum winzigen Außenposten Innamincka. Nach Erdöl- und Gasfunden bei Moomba (für Besucher nicht zugänglich) wurde aus dem ehemaligen Kamelpfad eine halbwegs anständige Schotterpiste mit heftigen Schlaglöchern, die von den schweren Lastwagen herrühren. Der neuere Moomba–Strzelecki Track ist besser in Schuss, aber auch länger und langweiliger als die alte Route entlang des Strzelecki Creek. Achtung: Unterkünfte, Essen und Benzin gibt's ausschließlich in Lyndhurst und in Innamincka!

Innamincka

12 EW.

Innamincka säumt den Cooper Creek am Nordende des Strzelecki Track. Ganz in der Nähe fanden Burke und Wills 1860 ihr tragisches Ende; der berühmte **Dig Tree** markiert das einstige Basislager ihrer Expedition, und auch wenn das Wort „Dig" mittlerweile verblichen ist, kann man ihre Campnummer noch erkennen.

Copper Creek ist Teil des **Innamincka Regional Reserve** (www.environment.sa.gov.au/parks; 10 AU$/Auto; ☺24 Std.). Hier gibt es einige Wasserlöcher, die ständig gefüllt sind. Im **Malkumba-Coongie Lakes National Park** (www.environment.sa.gov.au; 10 AU$/Auto; ☺24 Std.) findet man einige semipermanente Seen. Vor der europäischen Besiedlung lebten hier viele Aborigines, was Überreste wie alte Muschelhaufen (*middens*) und Mahlsteine bezeugen.

Der **Innamincka Trading Post** (☏08-8675 9900; www.innaminckatp.com.au; South Tce; ☺8–17 Uhr) verkauft Benzin, den Desert Park Pass, Campinggenehmigungen, frische Backwaren und Lebensmittel. Hier gibt's zudem Hütten mit Bad und Klimaanlage (DZ ab 150 AU$). Das **Innamincka Hotel** (☏08-8675 9901; www.theoutback.com.au/innaminckahotel; 2 South Tce; EZ/DZ 130/155 AU$; ❋) im Stil der guten alten Zeit bietet anständige Motelzimmer, eine familienfreundliche Schlafbaracke und Einzelhütten, kühles Bier (Innamincka Pale Ale!) und deftige Kneipenkost (Hauptgerichte 20-30 AU$, 12-14 & 18-20 Uhr).

Am Cooper Creek laden viele schattige **Buschcampingplätze** (☏08-8648 5328; 18 AU$/Auto) ein – die Genehmigungen gibt's beim Innamincka Trading Post, der Desert Parks Pass ist hier ebenfalls gültig. Vor dem Trading Post gibt's warme Duschen (2 AU$) und Toiletten.

Darwin & Umgebung

Inhalt ➡

Darwin 892
Mandorah 910
Tiwi Islands 910
Arnhem Highway 911
Mary-River-Region 913
Litchfield
National Park 916
Kakadu
National Park 918
Arnhem Land 926

Gut essen

➡ Laneway Speciality Coffee (S. 905)
➡ Exotic North Indian Cuisine (S. 905)
➡ Darwin Ski Club (S. 905)
➡ Moorish Café (S. 904)
➡ Stokes Hill Wharf (S. 904)

Schön übernachten

➡ Melaleuca on Mitchell (S. 902)
➡ Darwin Central Hotel (S. 902)
➡ Wildman Wilderness Lodge (S. 914)
➡ Pine Creek Railway Resort (S. 918)
➡ Anbinik (Lakeview) Resort (S. 924)

Auf nach Darwin & Umgebung!

Das Top End ist Grenzland. Es geht rau zu hier draußen; die Zeit, die man beim Erkunden der Außenbereiche der Region verbringt, lässt einen das Stadtleben schnell vergessen. Wildnis hat viele Formen, im abgelegenen Arnhem Land andere als in Darwins Mitchell St.

Man findet hier Gelegenheiten, die zeitlose Kultur der Aborigines und das Erbe zu erleben, das Zehntausende Jahre Besiedlungsgeschichte hinterlassen haben. Die indigene Felskunst hat eindrucksvolle Zeugnisse hinterlassen – ein uraltes Tagebuch menschlicher Existenz, dem Jahre des Klimawandels offenbar nichts anhaben können.

Die kosmopolitische Hauptstadt Darwin ist Australiens Tor nach Asien; sie feiert ihren Multikultimix mit köstlicher Fusion-Küche und entspanntem tropischem Flair. Darwin wirkt wie eine große Kleinstadt, nicht wie eine Großstadt, und die traumhafte Küste in ihren Außenbereichen ist ergreifend, wenn die Sonne blutrot am Horizont versinkt.

Reisezeit
Darwin

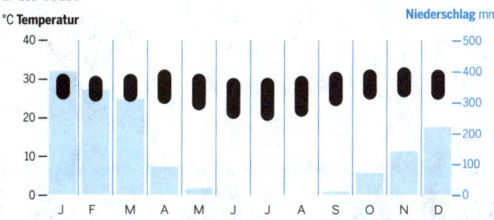

April–Aug. Die Spitzensaison; im Norden ist es weniger feucht.

Juni & Juli Fringe Festival mit all seinen Sounds, Attraktionen und Kultur-Events – Darwin lebt auf.

Sept.–März Regenzeit: Barramundi-Angeln in der Wasser-Wunderwelt des Top End.

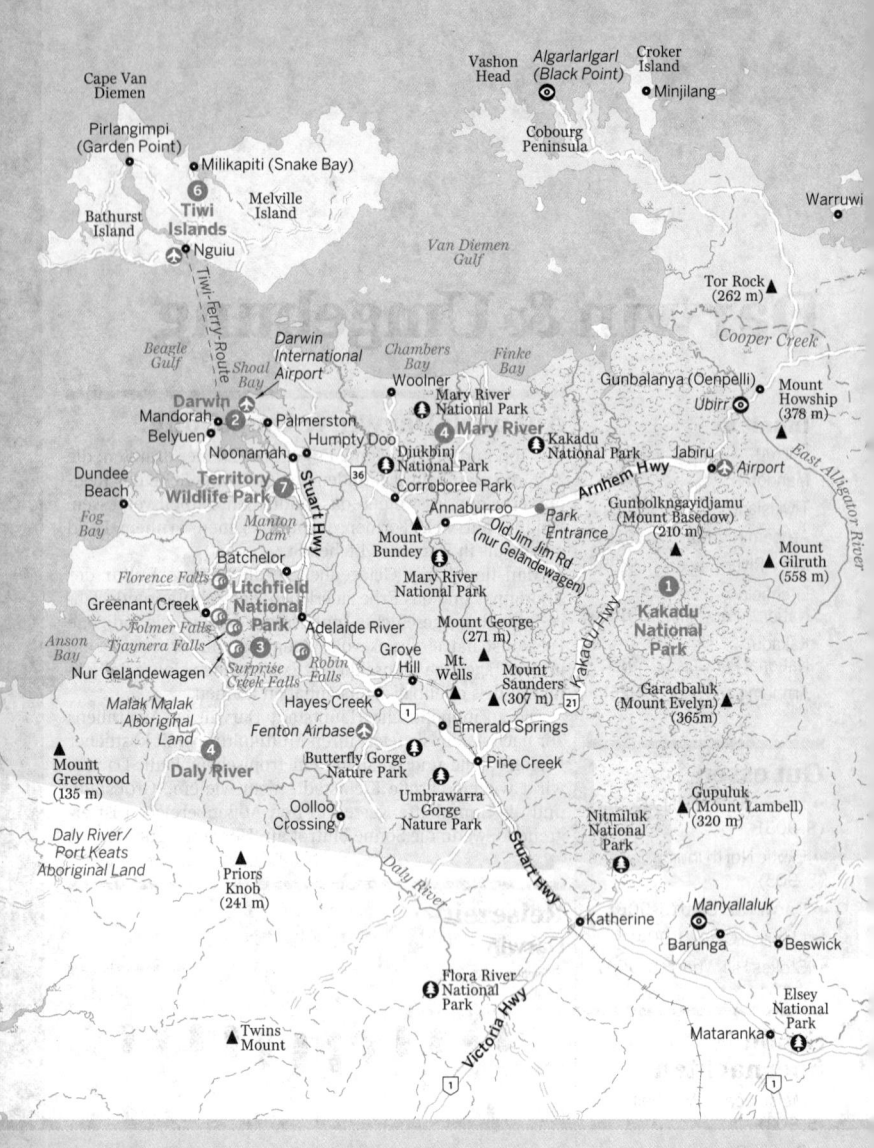

Highlights

❶ Die schimmernden Krokodilaugen in der Wasser-Wunderwelt des **Kakadu National Park** (S. 918) beobachten

❷ Auf dem **Mindil Beach Sunset Market** (S. 908) in Darwin Satay und anderes exotisches Essen probieren

❸ Im **Litchfield National Park** (S. 916) in ein Felsenbecken mit kristallklarem Wasser eintauchen

❹ Am **Daly River** (S. 917) oder am **Mary River** (S. 913), zwei der besten Gebiete zum **Barramundi-Fischen** (S. 891) in Australien, einen der großen Fische an den Haken kriegen

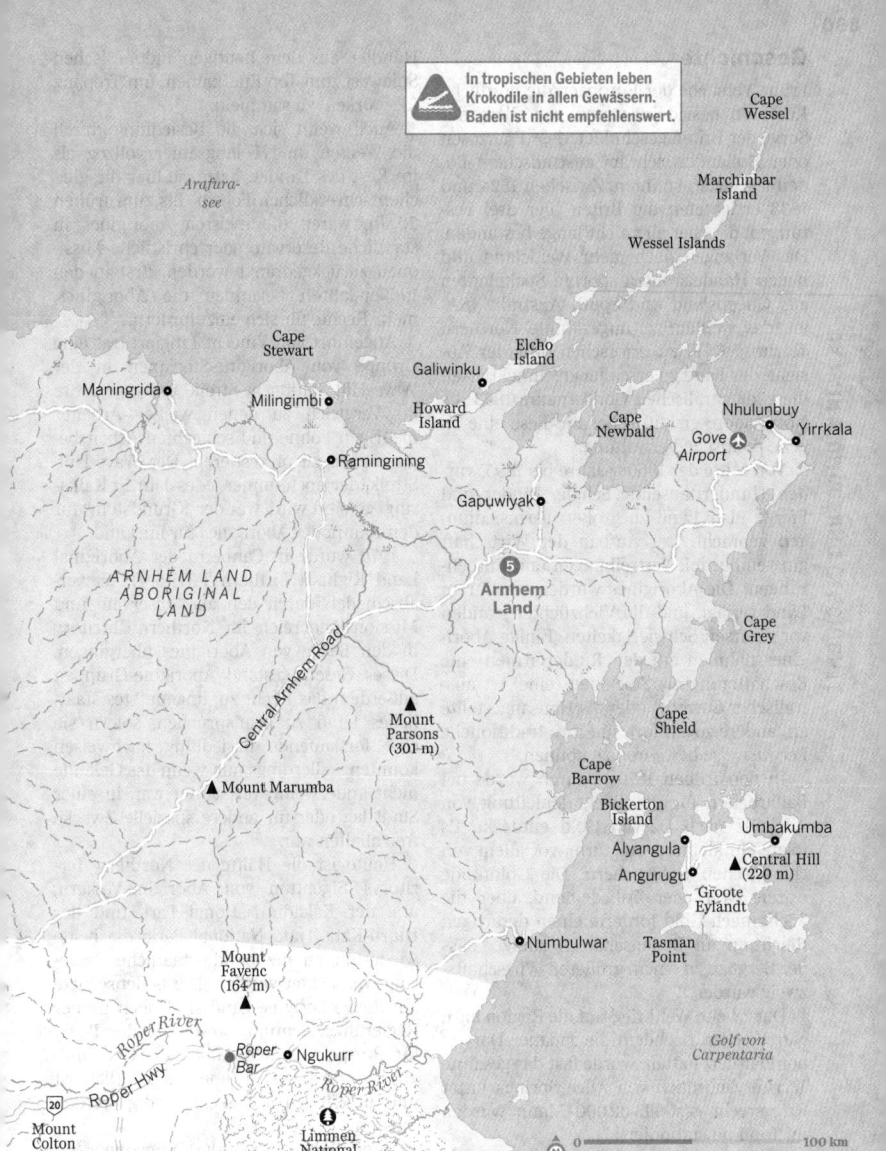

In tropischen Gebieten leben Krokodile in allen Gewässern. Baden ist nicht empfehlenswert.

⑤ Bei einer Tour durch das abgelegene und bezaubernd schöne **Arnhem Land** (S. 926) die indigene Kultur erleben

⑥ Die einmalige indigene Kultur der **Tiwi Islands** (S. 910) kennenlernen und ein paar ausgezeichnete Souvenirs erwerben

⑦ Australiens einmalige Tierwelt im **Territory Wildlife Park** (S. 914) bestaunen

Geschichte

Frühe Versuche der Europäer, die nördliche Küste zu besiedeln, waren vor allem der Sorge der Briten geschuldet, dass Franzosen oder Holländer sich auf australischem Boden festsetzen könnten. Zwischen 1824 und 1838 errichteten die Briten hier drei Festungen, die aber alle nicht lange bestanden. Das Verlangen nach mehr Weideland und neuen Handelsrouten spornte Spekulanten aus Queensland und South Australia (SA) an, das weitläufige, ungezähmte Northern Territory (NT) zu erforschen. Mit der Absicht, das Land zu erschließen, annektierten die südaustralischen Gouverneure 1863 die Nordregion; erst 1978 bekam diese eine eigene politische Verwaltung.

Von Mitte der 1860er-Jahre bis 1895 wurden Hunderttausende Schafe, Rinder und Pferde über Land zu großen Farmsiedlungen gebracht. Der Aufbau der Wirtschaft ging einher mit Vertreibungen und Entbehrungen: Die Aborigines wurden von ihrem Land verjagt, und die Viehzüchter standen vor diversen Schwierigkeiten. Einige Aborigines nahmen auf den Rinderfarmen eine Beschäftigung als Stockmen (eine Art australischer Cowboy) oder als Hausangestellte an, andere zogen fort, um ihre traditionelle Lebensweise bewahren zu können.

In den frühen 1870er-Jahren wurde bei Bauarbeiten für die Telegrafenleitung von Adelaide nach Darwin Gold entdeckt. Es folgte ein kleinerer Ansturm, vor allem von chinesischen Goldsuchern. Die Goldfunde waren zwar eher unbedeutend, aber die Suche nach Gold förderte einen derartigen Reichtum an Bodenschätzen zutage, dass der Bergbau zu einem größeren Wirtschaftszweig wurde.

Der Zweite Weltkrieg traf die Region hart. Nur Wochen nachdem die Japaner Darwin bombardiert hatten, wurde fast das gesamte Territory nördlich von Alice Springs unter Kriegsrecht gestellt. 32 000 Mann wurden im Top End stationiert.

Am ersten Weihnachtsmorgen 1974 starben 71 Menschen, als Darwin von Wirbelsturm Tracy getroffen wurde.

Indigenes Northern Territory

Die australischen Aborigines haben bereits vor etwa 60 000 Jahren Teile des NT besiedelt, die zentralen Regionen sind allerdings erst seit 24 000 Jahren bewohnt. Der erste Kontakt mit Fremden lief friedlich ab und ereignete sich im 17. Jh., als makassarische Händler aus dem heutigen indonesischen Sulawesi zum Top End kamen, um Trepang (Seegurken) zu sammeln.

Auch wenn sich die Besiedlung durch die Weißen im NT langsamer vollzog als im Rest des Landes, hatte sie hier die gleichen schrecklichen Folgen. Bis zum frühen 20. Jh. waren die meisten Aborigines in staatliche Reservate oder christliche Missionen zurückgedrängt worden. Erst in den 1960er-Jahren begannen die Aborigines, mehr Rechte für sich einzufordern.

Angeführt von Vincent Lingiari trat eine Gruppe von Aborigine-Stockmen in der Wave Hill Station in Streik, um gegen ihre im Vergleich zu denen weißer Arbeiter niedrigen Löhne und schlechten Arbeitsbedingungen zu protestieren. Der Wave-Hill-Streik, der noch immer jedes Jahr in Kalkaringi gefeiert wird, war der „Grundstein" für den Kampf der Aborigines für ihr Land.

1976 wurde in Canberra der Aboriginal Land Rights (Northern Territory) Act verabschiedet, durch den alle Reservate und Missionsländereien im Northern Territory in den Besitz von Aborigines übergingen. Dieses Gesetz gestand Aborigine-Gruppen außerdem das Recht zu, ungenutztes staatliches Land zu beanspruchen, sofern sie eine fortlaufende Besiedlung nachweisen konnten – allerdings nur, wenn das Gelände nicht anderweitig verpachtet war, in einer Stadt lag oder für andere spezielle Zwecke freizuhalten war.

Heute ist die Hälfte des Northern Territorys Eigentum von Aborigine-Völkern, u. a. der Kakadu National Park und der Uluru-Kata Tjuta National Park, die beide wiederum an die bundesstaatliche Regierung verpachtet wurden. Die Bodenschätze auf dem Aborigine-Land sind noch immer Regierungseigentum, obwohl in der Regel für Prospektion und Abbau die Genehmigung der Landeigentümer erforderlich ist und diese in jedem Fall entschädigt werden müssen.

Rund 30 % der 200 000 Einwohner im Territory sind Aborigines. Zwar sind sich in den letzten Jahren viele Australier ohne Aborigine-Vorfahren der Notwendigkeit einer Versöhnung mit den australischen Ureinwohnern bewusst geworden, aber der Unterschied zwischen den Kulturen ist immer noch gewaltig. In manchen Aborigine-Gemeinden gibt es durch lange etablierte Benachteiligungen und Drogenmissbrauch große soziale Probleme.

Kurzzeitbesucher kommen oft nur schwer mit Aborigines in Kontakt, da diese daran meist auch nicht interessiert sind. Das unschöne Bild, das einige wenige Aborigines in den Straßen von Alice Springs, Katherine oder Darwin vermitteln, wo soziale Probleme, Alkoholismus und Drogenmissbrauch vorherrschen, kann keineswegs auf die gesamte Gemeinschaft der Aborigines übertragen werden.

Touren in Aborigine-Gebiete (meist von den dortigen Gemeinden selbst angeboten) und Ausflüge zu Kunstzentren werden zunehmend leichter möglich, weil die Gemeinden eine stärkere Bereitschaft entwickeln, andere an ihrer Kultur teilhaben zu lassen. Das bringt ihnen viele Vorteile: Sie können finanziellen Gewinn aus eigenem Unternehmergeist ziehen, und wenn Nicht-Aborigines die traditionelle Kultur und die Bräuche nahegebracht werden, hilft das, die Probleme zu überwinden, die in der Vergangenheit durch Ignoranz und Missverständnisse entstanden sind.

Nationalparks

Außer in Darwin dreht sich im Top End alles um Nationalparks; in der Gegend liegen einige der größten und berühmtesten Wildnisgebiete Australiens, darunter die Nationalparks Kakadu und Litchfield. **Parks Australia** (www.environment.gov.au/parks) verwaltet den Kakadu National Park, die Parks & Wildlife Commission of the Northern Territory die übrigen Parks. Letztere gibt zudem Merkblätter heraus, die online und in ihren diversen Büros erhältlich sind.

🏃 Aktivitäten

Angeln

Man braucht zwar keine Genehmigung, um in den Wasserläufen des Territory angeln zu können, aber es gibt Bestimmungen zur Mindestgröße und zur Anzahl der Fische, die man pro Person angeln darf. Travel NT gibt im Internet einige Infos (www.travelnt.com). The Amateur Fishermen's Association of the Northern Territory (www.afant.com.au) stellt ebenfalls online Informationen zur Verfügung.

Die lebhaften Barramundis (Barschartige) locken viele Angler ins Top End, vor allem nach Borroloola (S. 941) und an die Flüsse Daly (S. 917) und Mary (S. 913). Zunehmend gehen die Freizeitangler zur Erhaltung der Bestände dazu über, die gefangenen Fische wieder freizulassen. Zahllose Tourveranstalter bieten Transport und Ausrüstung an, aber meist beginnen hier die Angebote erst bei 275 AU$.

Bushwalking

Die Nationalparks des Gebiets durchziehen gut ausgebaute Wanderwege von unterschiedlicher Länge und unterschiedlichem Schwierigkeitsgrad, die Wanderer in die vielfältigen Landschaften und in die Lebensräume der Tiere führen. Man sollte viel Wasser mitnehmen, den Müll wieder mit zurücknehmen und die Wege nicht verlassen. Zu den besten Buschwanderwegen gehört der Barrk Sandstone Bushwalk im Kakadu National Park.

Naturbeobachtung

Die beste Stelle, um garantiert Wildtiere – von Kaninchennasenbeutlern bis Emus – beobachten zu können, ist der hervorragende Territory Wildlife Park (S. 914) außerhalb von Darwin.

Wer Tiere lieber in freier Wildbahn beobachtet, muss einige Mühe auf sich nehmen: Viele der Tiere sind nachtaktiv. Ausnahmen finden sich im Kakadu National Park, wo man wahrscheinlich bei der Cahill's Crossing oder den Yellow Waters Krokodile und in den weitläufigen Sümpfen zahlreiche Vogelarten zu Gesicht bekommt.

Schwimmen

Die erfrischenden Wasserfälle und Wasserstellen sowie die Thermalbecken überall im Top End, die wie Jungbrunnen wirken, sind die perfekten Orte, um ins kühle Nass zu tauchen. Vor allem der Litchfield National Park ist einen Besuch wert.

Salzwasserkrokodile leben im Top End sowohl in Salz- als auch in Süßwasser, aber es gibt auch viele sichere natürliche Badestellen. Vor dem Sprung ins Wasser sollte man aber unbedingt die Warnschilder lesen und Hinweise vor Ort einholen. Im Zweifelsfall lieber kein Risiko eingehen!

Würfelquallen (Seewespen) bevölkern saisonal die Küste rund um Darwin. Am sichersten ist es an den Stränden der Stadt zwischen Mai und September.

ℹ️ Praktische Informationen

INFOS IM INTERNET

Parks & Wildlife Commission of the Northern Territory (📞 08-8999 4555; www.parksandwildlife.nt.gov.au) Details und Merkblätter zu den Parks und Schutzgebieten im Northern Territory.

Road Report (1800 246 199; www.roadreport.nt.gov.au) Zum Straßenzustand im Northern Territory.

Tourism Top End (www.tourismtopend.com.au) Tourismusverband mit Sitz in Darwin.

Travel NT (www.travelnt.com) Offizielle Tourismusseite des Territoriums.

ABORIGINAL LAND PERMITS

Zum Betreten von Aborigines-Land können Genehmigungen erforderlich sein, sofern man sich nicht auf ausgewiesene öffentliche Straßen beschränkt, die durch Aborigines-Territorien führen. Die Ausstellung der Genehmigungen kann vier bis sechs Wochen in Anspruch nehmen, Genehmigungen zum Besuch des Injalak Arts Centre at Gunbalanya (Oenpelli) werden aber in der Regel gleich an Ort und Stelle in **Jabiru** (08-8938 3000; Flinders St, Jabiru; Mo–Fr 8–16.30 Uhr) ausgestellt.

Northern Land Council (www.nlc.org.au) Zuständig für das Land nördlich einer Linie, die von Kununurra (Western Australia) nach Mt. Isa (Queensland) gezogen werden könnte. Eine Zweigstelle befindet sich in Katherine (Karte S. 934; 08-8971 9802; 5 Katherine Tce).

Tiwi Land Council (Karte S. 892; 08-8970 9373; www.tiwilandcouncil.com) Genehmigungen für die Tiwi Islands.

Anreise & Unterwegs vor Ort

AUTO

Um aber im Top End so richtig auf Erkundungstour gehen zu können, braucht man einen gut ausgerüsteten Geländewagen und etwas Knowhow über das Outback. Die **Automobile Association of the Northern Territory** (AANT; 08-8925 5901; www.aant.com.au; 2/14 Knuckey St, Darwin; Mo–Fr 9–17, Sa bis 12.30 Uhr) gibt Tipps, welche Ausrüstungsteile zu empfehlen sind. Mitglieder von Automobilclubs anderer australischer Staaten können diesen Dienst ebenfalls in Anspruch nehmen.

Viele Straßen sind mit normalen Autos und Wohnwagen befahrbar, die man in Darwin und Alice Springs mieten kann. Wenn man in einer Gruppe unterwegs ist, kann man sich die Kosten teilen und kommt so recht günstig weg.

Es gibt einiges zu beachten, wenn man mit einem Fahrzeug in Northern Territory unterwegs ist. Die Straßen sind zwar wenig befahren und schnurgerade, aber die Entfernungen zwischen den einzelnen Ortschaften sind extrem groß. Es gilt, unbedingt die vier großen Gefahren im Straßenverkehr von NT zu vermeiden: überhöhte Geschwindigkeit (zumal außerhalb von Ortschaften nur noch maximal 130 km/h erlaubt sind), Müdigkeit am Steuer, Lastzüge und Tiere (am gefährlichsten ist das Fahren bei Nacht). Achtung: In der Regenzeit sind die Straßen regelmäßig wegen Überflutung gesperrt; mehr Infos dazu findet man unter www.ntlis.nt.gov.au/roadreport/.

BUS

Greyhound Australia (www.greyhound.com.au) fährt regelmäßig über die Hauptstraßen durch das gesamte NT; die Busse machen u. a. Abstecher zum Kakadu National Park.

Eine Alternative sind Bustourveranstalter wie AAT Kings und Backpackerbusse, die über lange Strecken fahren und jeweils auf dem Weg liegende Sehenswürdigkeiten abklappern.

FLUGZEUG

Internationale und inländische Flüge nutzen den **Darwin International Airport** (Karte S. 894; www.darwinairport.com.au; Henry Wrigley Dr, Marrara). Es gibt auch Flüge von/nach Alice Springs und Uluru.

Airnorth (www.airnorth.com.au) Verbindet Darwin mit Osttimor, dem Arnhem Land, der Gold Coast, Broome, Perth und Kununurra.

Jetstar (www.jetstar.com.au) Bedient die meisten Großstädte Australiens und diverse Metropolen Südostasiens.

Qantas (www.qantas.com.au) Steuert alle australischen Großstädte an und fliegt nach/ab Asien oder Europa.

Virgin Australia (www.virginaustralia.com) Direktflüge zwischen Darwin und Brisbane, Melbourne, Perth oder Sydney.

ZUG

Die **Great Southern Rail** (www.gsr.com.au), betreibt den berühmten *Ghan* auf der Route Darwin–Adelaide (über Katherine und Alice Springs). Unterwegs besteht dabei Anschluss zum *Indian Pacific* (Sydney–Perth; ab Port Augusta, SA) und zum *Overland* (Adelaide–Melbourne; ab Adelaide).

Im *Ghan* gibt's eine Chair Class und drei verschiedene Schlafwagenklassen.

DARWIN

08/ 127 500 EW.

Darwin ist die einzige Regionalhauptstadt Australiens, die in den Tropen liegt. Aufgrund ihrer Lage an der Timorsee ist sie Bali näher als Bondi, und man fühlt sich hier etwas abgetrennt vom Rest des Landes.

Darwin hat Travellern viel zu bieten: Tische und Stühle stehen überall draußen vor den Restaurants und Bars, Museen feiern die aufregende Vergangenheit der Stadt, und innovative Galerien präsentieren indigene Kunstwerke aus der Region. Darwins kosmopolitischer Mix – über 50 Nationalitäten leben hier miteinander – spiegelt sich in den wundervollen Märkten wider, die während der Trockenzeit abgehalten werden.

Die Natur bildet einen wesentlichen Bestandteil der Kulisse Darwins – die berühmten Nationalparks Kakadu und Litchfield sind nur ein paar Autostunden und die einzigartigen Tiwi Islands nur eine Bootsfahrt weit weg. Für die Einwohner Darwins ist ein Ausflug zum Barramundi-Angeln in einem Tümpel mit einer Kühlbox voll kaltem Bier das perfekte Wochenende.

Geschichte

Die Larrakia-Aborigines lebten Tausende Jahre in Darwin: als Jäger, Fischer und Sammler. 1869 gründeten weiße Siedler hier eine Ortschaft und legten den Grundstein für eine neue Stadt. Ursprünglich hieß sie Palmerston und wurde 1911 in Darwin umbenannt. Die neue Stadt entwickelte sich schnell und veränderte die physische und soziale Landschaft.

Als im nahen Pine Creek Gold gefunden wurde, strömten viele Chinesen hierher, die sich bald anderen Wirtschaftszweigen zuwendeten. Asiaten und Insulaner verdingten sich als Perlentaucher sowie beim Bau der Bahn- und Kaianlagen. In letzter Zeit fanden auch Menschen aus Osttimor und Papua Zuflucht in Darwin.

Während des Zweiten Weltkriegs bildete Darwin die Frontlinie der Alliierten gegen die Japaner im Pazifik. Darwin ist die einzige australische Stadt, die jemals bombardiert wurde, und offizielle Berichte aus jener Zeit spielten das Ausmaß der Zerstörung kräftig herunter, um die Moral der Australier nicht zu schwächen. Auch wenn die Stadt bei den Angriffen nicht vollständig zerstört wurde, hatten die groß angelegten Militäraktionen doch gewaltige Auswirkungen auf Darwin.

Vernichtender war aber der Zyklon Tracy, der Darwin am Weihnachtsabend 1974 gegen Mitternacht traf. Am Morgen danach hatte Darwin als Stadt quasi aufgehört zu existieren: Nur 400 der zuvor 11 200 Häuser standen noch und 71 Menschen waren umgekommen. Die Stadt wurde nach strengen Bauvorschriften wieder neu errichtet und ist seitdem stetig in die Breite und in die Höhe gewachsen.

⊙ Sehenswertes

◎ Zentrum

★ Crocosaurus Cove ZOO
(Karte S. 896; 08-8981 7522; www.crocosaurus cove.com; 58 Mitchell St; Erw./Kind 32/20 AU$; 8– 18 Uhr, letzter Einlass 17 Uhr) Wenn die Traveller nicht kommen wollen, um sich die Krokos anzusehen, dann müssen die Krokos eben zu den Travellern. Direkt in der Mitte der Mitchell St befindet sich die Crocosaurus Cove, sodass man diesen ausgesprochen faszinierenden Kreaturen problemlos ganz nahe kommt. Sechs der größten Krokodile in Gefangenschaft leben in den supermodernen Aquarien und Wasserbecken

---

DARWIN IN …

… zwei Tagen
Los geht's mit einem Frühstück im **Four Birds** (Karte S. 896; 0408 729 708; 32 Smith St Mall, Shop 2, Star Village; 6–12 AU$/Stück; Mo-Fr 7-15, Sa 8–14 Uhr) oder in der **Roma Bar** (S. 904), bei dem man in den *Northern Territory News* blättert. Anschließend bummelt man durch die Innenstadt und den **Bicentennial Park** (Karte S. 896; www.darwin.nt.gov. au; 24 Std.). Nicht versäumen sollte man die Flut-Action im **Aquascene** (Karte S. 896; 08-8981 7837; www.aquascene.com.au; 28 Doctors Gully Rd; Erw./Kind 15/10 AU$; Flut s. Website). Wenn es wärmer wird, geht es dann hinunter zum **Waterfront Precinct** (S. 895), Mittagspause wird im **Curve** (S. 904) gemacht, und man kann in die Wave Lagoon springen. Bei Sonnenuntergang geht man dann zum **Mindil Beach Sunset Market** (S. 908) mit seinen Imbissständen, Souvenirs und Straßenmusikanten.

Am zweiten Tag mietet man ein Fahrrad und fährt hinaus zur **Museum & Art Gallery of the Northern Territory** (S. 898) mit anschließendem Mittagessen im angrenzenden **Cornucopia Cafe** (S. 905). Der Abstecher zur Küste setzt sich mit Besuchen im **East Point Reserve** (S. 900) und der **Defence of Darwin Experience** (S. 899) fort. Abends unternimmt man einen Kneipenbummel auf der **Mitchell St** (S. 905) oder findet ein ruhiges Uferrestaurant an der Cullen Bay und schaut sich im **Deckchair Cinema** (S. 907) unter den Sternen einen Film an.

Großraum Darwin

In tropischen Gebieten leben Krokodile in allen Gewässern. Baden ist nicht empfehlenswert.

hier. Darüber hinaus schwimmen im Aquarium noch Barramundis, Schildkröten und Stachelrochen herum, zudem gibt es hier ein riesiges Reptilienhaus (mit angeblich der größten Bandbreite von Reptilien aller Museen des Landes).

Wer will, kann sich im transparenten Cage of Death (Todeskäfig; 1/2 Pers. 160/240 AU$) direkt zu den Krokodilen in den Pool hinunterbefördern lassen. Wem das dann doch zu gruselig ist, der kann natürlich auch in einem anderen Becken schwimmen, in dem ihn eine Glaswand von den nicht ganz so fürchterlichen Baby-Krokos trennt.

George Brown Botanic Gardens GARTEN (Karte S. 896; http://www.parksandwildlife.nt.gov.au; Geranium St, Stuart Park, ⊙ 7–19 Uhr, Informationzentrum 8–16 Uhr) GRATIS Die nach dem Kurator des Gartens (1971–1990) benannten, 42 ha großen Gärten zeigen Pflanzen vom Top End und aus der ganzen Welt – es gibt eine Regenwaldzone, ein Gebiet mit Mangroven und Küstenpflanzen, Baobabs sowie eine hervorragende Sammlung einheimischer und exotischer Palmen und Palmfarne.

Die Gärten sind eine einfache, 2 km lange Radtour von Darwin entfernt. Man fährt entlang der Gilruth Ave und der Gardens

Großraum Darwin

◎ Highlights
1 Museum & Art Gallery of the Northern Territory A4

◎ Sehenswertes
2 Charles Darwin National Park B4
3 Crocodylus Park D3
4 East Point Reserve A3
5 Fannie Bay Gaol Museum A4
6 Northern Centre for Contemporary Art B4

◉ Aktivitäten, Kurse & Touren
7 Darwin Sailing Club A4

◉ Schlafen
8 Discovery Holiday Park – Darwin C4

◉ Essen
Cyclone Cafe .... (siehe 14)

9 Darwin Ski Club A4
Laneway Speciality Coffee .... (siehe 6)
Parap Fine Foods .... (siehe 14)
10 Pavonia Place B2
11 Pee Wee's at the Point A3

◉ Ausgehen & Nachtleben
Bogarts .... (siehe 6)
Darwin Ski Club .... (siehe 9)

◉ Unterhaltung
12 Darwin Railway Club B4

◉ Shoppen
13 Nightcliff Market B2
14 Parap Village Market B4
15 Rapid Creek Market B3
Tiwi Art Network .... (siehe 14)

Rd. Es gibt noch einen weiteren Eingang an der Geranium St, die vom Stuart Hwy in den Stuart Park abgeht. Alternativ hält Bus 7 aus der Stadt in der Nähe der Ecke Stuart Hwy/Geranium St.

Viele der hier gezeigten Pflanzen wurden traditionell von den Aborigines genutzt. Es wurden spezielle Wege angelegt, die mit Erläuterungen versehen sind – eine Broschüre liegt im Information Centre des Gartens beim Geranium-St-Eingang aus. Hier bekommt man außerdem Informationen zur Vogelbeobachtung und Karten von der Anlage.

Myilly Point Heritage Precinct
HISTORISCHE STÄTTE

(Karte S. 896) Diese kleine, aber bedeutende Gebäudegruppe am äußersten Nordende der Smith St entstand zwischen 1930 und 1939. Somit haben die vier Häuser das Bombardement im Zweiten Weltkrieg und den Zyklon Tracy überstanden! Heute werden sie vom National Trust verwaltet. Eines davon – das **Burnett House** (Karte S. 896; www.nationaltrustnt.org.au; Eintritt gegen Spende; ⊙ Mo-Sa 10–13, So 14.30–17 Uhr) – ist nun ein Museum. In den Gärten findet ein verlockender High Tea à la Kolonialzeit statt (10 AU$; April–Okt. So ab 15 Uhr).

◎ Darwin Waterfront Precinct

Die kühne, einige Millionen Dollar teure Sanierung des **Darwin Waterfront Precinct** (www.waterfront.nt.gov.au) hat das Stadtbild verändert: Hier findet man nun ein Kreuzfahrtterminal, Boutiquen, Luxushotels, Nobelrestaurants, ein Wellenbad (Wave Lagoon) und die Sky Bridge. Letztere ist ein Promenaden- bzw. Verbindungssteg mit Aufzug und beginnt am Südende der Smit St.

Wave & Recreation Lagoons
SPASSBAD

(Karte S. 896; ☏ 08-8985 6588; www.waterfront.nt.gov.au; Wave Lagoon Erw./Kind 7/5 AU$; ⊙ Wave Lagoon 10–18 Uhr) Die **Wave Lagoon** ist bei Einheimischen und Touristen gleichermaßen ausgesprochen beliebt. Ihre zehn verschiedenen Wellenprogramme dauern jeweils 20 Minuten; dazwischen sind stets zehn Minuten Pause. Weitere Pluspunkte sind die Rettungsschwimmer, ein Kiosk und ein Rasenstreifen zum Sonnenbaden. Die angrenzende **Recreation Lagoon** punktet mit Rettungsschwimmern, einem Sandstrand und echtem Meerwasser, das Filter und Netze frei von Würfelquallen (Seewespen) halten (Achtung: Eine hundertprozentige Schutzgarantie gibt es dennoch nicht!).

WWII Oil-Storage Tunnels
TUNNEL

(Karte S. 896; ☏ 08-8985 6322; www.darwintours.com.au/ww2tunnels; Tour auf eigene Faust 7 AU$/Pers.; ⊙ Mai–Sept. 9–16 Uhr, Okt.–April bis 13 Uhr) In dieser Anlage aus dem Zweiten Weltkrieg kann man ungestört die eigenen Hitchcock-Fantasien ausleben und der Hitze des Tages entkommen. Die Tunnel wurden 1942 als Marine-Öllager angelegt, aber nie benutzt. Heute sind hier Fotos aus Kriegstagen ausgestellt.

# Darwin Zentrum

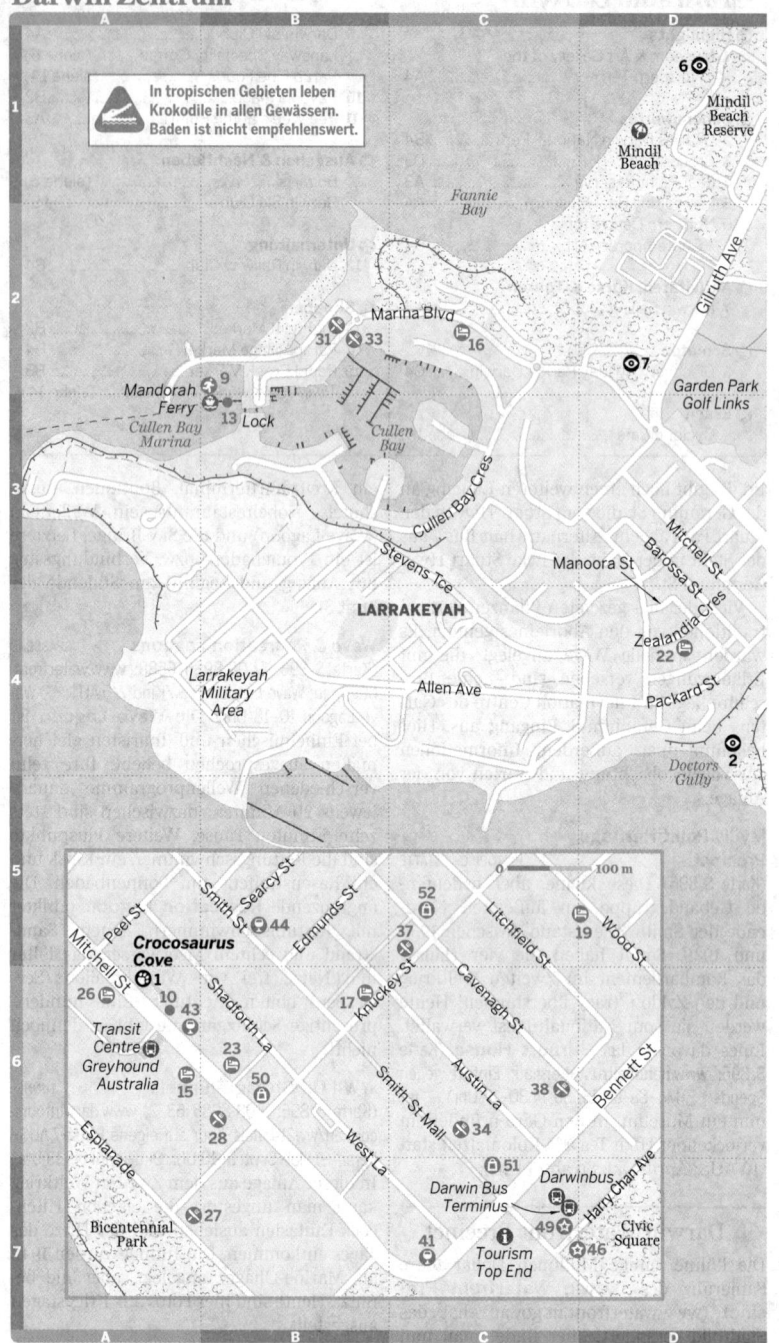

897

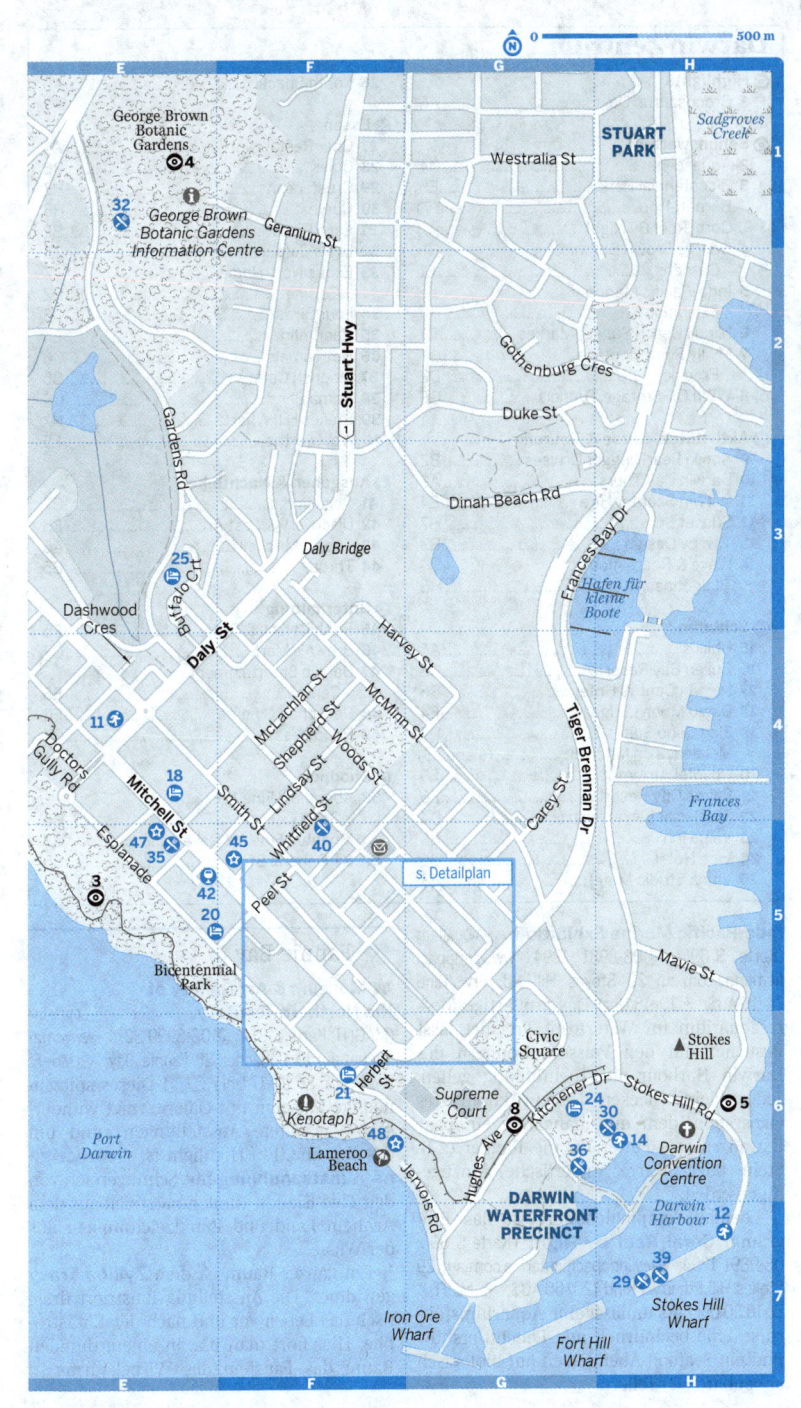

DARWIN & UMGEBUNG DARWIN

Map features:

- George Brown Botanic Gardens ⊙4 (E1)
- 32 George Brown Botanic Gardens Information Centre (E2)
- Westralia St (G1)
- STUART PARK (H1)
- Sadgroves Creek (H1)
- Stuart Hwy (F2)
- Geranium St (F2)
- Gothenburg Cres (G2)
- Duke St (G2)
- Dinah Beach Rd (G3)
- Daly Bridge (F3)
- Frances Bay Dr (H3)
- Hafen für kleine Boote (H3)
- 25 (E3)
- Dashwood Cres (E3)
- Gardens Rd (E3)
- Buffalo Ct (E3)
- Daly St (E4)
- Harvey St (F4)
- Tiger Brennan Dr (G5)
- Frances Bay (H4)
- 11 ⊙ (E4)
- Doctor's Gully Rd (E4)
- McLachlan St (F4)
- Shepherd St (F4)
- McMinn St (F4)
- Woods St (F4)
- Lindsay St (F4)
- 18 (E5)
- Mitchell St (E5)
- Smith St (F5)
- Whitfield St (F5)
- Carey St (G5)
- 47 ⊛ (E5)
- 35 ⊛ (E5)
- 45 (F5)
- 40 (F5)
- Esplanade (E5)
- 3 ⊙ (E5)
- 42 (F5)
- 20 (F5)
- Peel St (F5)
- s. Detailplan (G5)
- Mavie St (H5)
- Bicentennial Park (E6)
- Civic Square (G6)
- Stokes Hill (H6)
- 21 (F6)
- Herbert St (F6)
- Supreme Court (G6)
- 8 ⊙ (G6)
- Kitchener Dr (G6)
- 24 (G6)
- 30 (G6)
- 14 (H6)
- Stokes Hill Rd (H6)
- 5 ⊙ (H6)
- Kenotaph (F6)
- 48 ⊛ (F6)
- Lameroo Beach (F6)
- Jervois Rd (F6)
- Hughes Ave (G6)
- 36 (G6)
- Darwin Convention Centre (H6)
- Port Darwin (E7)
- Darwin Harbour (H7)
- 12 ⊛ (H7)
- DARWIN WATERFRONT PRECINCT (G7)
- 29 ⊗ (G7)
- 39 (H7)
- Stokes Hill Wharf (H7)
- Iron Ore Wharf (F7)
- Fort Hill Wharf (G7)

0 — 500 m

Darwin Zentrum

◎ Highlights
1 Crocosaurus Cove A6

◎ Sehenswertes
2 Aquascene D4
3 Bicentennial Park E5
 Burnett House .... (siehe 7)
 Coral Reef By Night .... (siehe 5)
4 George Brown Botanic
 Gardens E1
5 Indo-Pacific Marine
 Exhibition H6
6 Mindil Beach Sunset Market D1
7 Myilly Point Heritage
 Precinct D2
8 WWII Oil-Storage Tunnels G6

◎ Aktivitäten, Kurse & Touren
9 Anniki Pearl Lugger Cruises B2
10 Darwin Day Tours A6
11 Darwin Scooter Hire E4
12 Sunset Sail H7
13 Tiwi by Design B3
14 Wave & Recreation
 Lagoons H6

◎ Schlafen
15 Chilli's A6
16 Cullen Bay Resorts C2
17 Darwin Central Hotel B6
18 Dingo Moon Lodge E4
19 Elan Soho Suites D5
 Melaleuca on Mitchell .... (siehe 23)
20 Novotel Atrium E5
21 Palms City Resort F6
22 Steeles at Larrakeyah D4
23 Value Inn B6
24 Vibe Hotel G6
25 Vitina Studio Motel E3

26 Youth Shack A6

◎ Essen
27 Char Restaurant A7
28 Coles B6
29 Crustaceans H7
30 Curve H6
31 Eat a Pizza B2
32 Eva's Cafe E1
33 Exotic North Indian
 Cuisine B2
34 Four Birds C6
35 Hanuman E5
36 Hot Tamale G6
37 Moorish Café C5
38 Roma Bar C6
39 Stokes Hill Wharf H7
40 Woolworths F5

◎ Ausgehen & Nachtleben
41 Deck Bar C7
42 Discovery & Lost Arc E5
43 Tap on Mitchell A6
44 Throb B5

◎ Unterhaltung
45 Birch Carroll & Coyle F5
46 Brown's Mart C7
47 Darwin Entertainment
 Centre E5
48 Deckchair Cinema F6
49 Happy Yess C7

◎ Shoppen
50 Aboriginal Fine Arts
 Gallery B6
51 Mbantua Fine Art Gallery C7
52 NT General Store C5

Indo-Pacific Marine Exhibition AQUARIUM
(Karte S. 896; ☎ 08-8981 1294; www.indopacificmarine.com.au; 29 Stokes Hill Rd; Erw./Kind 24/10 AU$; ☉ 10–16 Uhr) Das großartige Meeresaquarium im Waterfront Precinct lässt Besucher mit den Wasserbewohnern des Darwin Harbour auf Tuchfühlung gehen. Jedes kleine Becken ist ein komplettes Ökosystem, dem nur manchmal ein paar Extrafische als Futter für die Räuber (z. B. Stein- oder bizarre Anglerfische) hinzugefügt werden.

Ebenfalls empfehlenswert ist das Programm **Coral Reef by Night** (Karte S. 896; 08-9891 1294; www.indopacificmarine.com.au; 29 Stokes Hill Rd; Erw./Kind 120/60 AU$; ☉ Mi, Fr & So 18.30 Uhr): Es umfasst eine Aquariumsführung, eine beeindruckende Leuchttiershow und ein Seafood-Abendessen auf biologisch abbaubaren (!) Tellern.

◎ Fannie Bay

★ **Museum & Art Gallery of the Northern Territory** MUSEUM
(MAGNT; Karte S. 894; ☎ 08-8999 8274; www.magnt.net.au; 19 Conacher St, Fannie Bay; ☉ Mo–Fr 9–17, Sa & So 10–17 Uhr) GRATIS Dieses spitzenmäßige Museum mit Galerie zeigt wunderschön gestaltete Ausstellungen rund um das Top End. Ein Highlight ist die **Aborigine-Kunstsammlung** mit Schnitzereien von den Tiwi Islands, Rindenmalereien aus dem Arnhem Land und Punktzeichnungen aus der Wüste.

Ein ganzer Raum ist dem **Zyklon Tracy** gewidmet: Die Ausstellung illustriert drastisch das Leben vor und nach der Katastrophe. Hier hört man u. a. in einem dunklen Raum das Fauchen des Wirbelsturms in voller Lautstärke – es ist ein Geräusch, das einem noch lang im Gedächtnis bleiben dürfte.

Die riesige **Maritime Gallery** beherbergt neben skurrilem, wunderbarem Kunsthandwerk (u. a. von den nahen Inseln oder aus Indonesien) auch einen Perlenlogger und ein vietnamesisches Flüchtlingsboot.

Der Star unter den ausgestopften Tieren ist Sweetheart: Das 5 m lange und 780 kg schwere Leistenkrokodil wurde im Top End bekannt, nachdem es mehrere Fischerboote auf dem Finniss River, südlich von Darwin, angegriffen hatte.

Zum Museum gehören auch ein guter Buchladen und das Cornucopia Café (S. 905), das ein hervorragendes Plätzchen für ein Mittagessen mit Meerblick abgibt.

Fannie Bay Gaol Museum MUSEUM
(Karte S.894; 08-8999 8290; http://artsandmuseum.nt.gov.au/museums/moretosee/gaolitage; Ecke East Point Rd & Ross Smith Ave; Eintritt gegen Spende; 10–15 Uhr) Das interessante (wenn auch leicht gruselige) Museum steht für fast 100 Jahre Einsamkeit: Von 1883 bis 1979 war es Darwins Hauptgefängnis. Die Schautafeln in den soliden Zellen geben Einblicke in die einzigartige Gesellschaftsgeschichte der Region. Unter den früheren Insassen waren z. B. Leprakranke, Flüchtlinge oder jugendliche Straftäter. Zu besichtigen sind auch die alten Todeszellen nebst Galgen, die für zwei Hinrichtungen im Jahr 1952 gebaut wurden.

Defence of Darwin Experience MUSEUM
(Karte S.894; 08-8981 9702; www.defenceofdarwin.nt.gov.au; Erw./Kind/Fam. 14/5,50/35 AU$; 9.30–17 Uhr) In diesem innovativen Multimedia-Museum hört man Erlebnisberichte von Zeitzeugen, die an Australiens Verteidigung im Zweiten Weltkrieg beteiligt oder von den Angriffen betroffen waren. Darwin und das Top End stehen im Zentrum: Das Gebiet wurde 64-mal bombardiert, und am 19. Februar 1942 griffen 188 Flugzeuge die Stadt an. Bei einer 20-minütigen Vorführung in dem kleinen Kino wird die Vergangenheit wieder zum Leben erweckt. An der Nordseite des East Point befinden sich eine Reihe von Geschützstellungen aus dem Zweiten Weltkrieg und das **Darwin Military Museum**.

Northern Centre for Contemporary Art GALERIE
(NCCA; Karte S.894; 08-8981 5368; http://nccart.com.au; Vimy Lane, Parap Shopping Village; Mi–Fr 10–16, Sa bis 14 Uhr) GRATIS Das NCCA ist zwar wirklich klein, zeigt aber herausfordernde Wechselausstellungen. Beim Besuch des Parap Market sollte man hier einmal hereinschauen.

Outer East

Crocodylus Park ZOO
(Karte S.894; www.crocoduluspark.com.au; 815 McMillans Rd, Berrimah; Erw./Kind 40/20 AU$; 9–17 Uhr) Neben Hunderten Krokodilen wartet hier auch ein Minizoo mit Großkatzen (z. B. Löwen und Tiger), Klammeraffen, Marmosetten (kleine Äffchen), Kasuaren (Laufvogel aus Neuguinea) und anderen großen Vögeln. Idealerweise plant man für die Besichtigung des Ganzen zwei Stunden ein und stimmt seinen Besuch auf eine der **Führungen** (10, 12, 14 & 13.30 Uhr) ab, die jeweils auch eine Fütterung umfassen. Zudem kann abgepacktes Kroko-Grillfleisch gekauft werden!

Der Park liegt ca. 15 km vom Zentrum entfernt und ist von Darwin aus mit Bus 5 erreichbar.

Aktivitäten

Strände & Schwimmen

Darwin ist kein Strandparadies, da der Hafen naturgemäß keine Brandung hat. Nördlich vom Zentrum säumt jedoch eine Reihe von Sandstränden die in Kurven verlaufende Küstenlinie: Am populärsten sind **Mindil** und **Vestey's** an der Fannie Bay. Weiter nördlich ist ein Abschnitt des 7 km langen **Casuarina Beach** offiziell als FKK-Strand ausgewiesen. Die meisten Badestrände Darwins liegen so weit von den Mangrovenflüssen entfernt, dass gefährliche Krokodilbegegnungen ausgesprochen unwahrscheinlich sind. Ein größeres Problem ist die tödliche Würfelqualle (Seewespe/Stinger), die das Schwimmen von Oktober bis März (oft auch schon früher und/oder bis Mai) höchst ungesund macht. Ganzjähriges Baden ohne Quallenrisiko ermöglicht der Westteil des **Lake Alexander** am **East Point** (Karte S.894; Mongrove-Strandpromenade 8–18 Uhr), der vom Zentrum aus leicht mit dem Fahrrad erreichbar ist. Dasselbe gilt für die Wave & Recreation Lagoon (S. 895) im Herzen des Darwin Wharf Precinct. Dort findet man auch die Recreation Lagoon (S. 895) mit natürlichem Salzwasser und Würfelquallenschutz durch Filter bzw. Netze.

Segeln

Darwin Sailing Club SEGELN
(Karte S. 894; ☎ 08-8981 1700; www.dwnsail.com.au) Hier kann man gut einheimische Jachtbesitzer kennenlernen und bei einem Bier in den Sonnenuntergang schauen. Boote chartern kann man hier nicht, aber über die Anschlagtafel wird oft Besatzung gesucht, und dort steht auch alles über den saisonalen Regatta-Kalender. Für Segel- und Windsurf-Unterricht stehen qualifizierte Lehrer bereit.

Radfahren

In Darwin kann man prima Fahrrad fahren (im Winter!). Auf den Straßen ist nicht viel los, und ein Geflecht aus **Radwegen** durchzieht den größten Teil der Stadt. Der Hauptweg führt vom nördlichen Ende der Cavenagh St nach Fannie Bay, Coconut Grove, Nightcliff und Casuarina. In Fannie Bay geht eine Nebenstrecke hinaus zum **East Point Reserve**. Schön ist es auch im **Charles Darwin National Park** (Karte S. 894; www.parksandwildlife.net.gov.au/parks/find/charles-darwin#; ⊙ 8–19 Uhr) 5 km südöstlich der Stadt, wo ein paar Kilometer Weg rund um die Feuchtgebiete, Wälder und die Bunker aus dem Zweiten Weltkrieg führen. In einigen Pensionen werden Mountainbikes für 15 bis 25 AU$ pro Tag verliehen. Traveller können aber auch folgende Anbieter ausprobieren:

Darwin Scooter Hire RADFAHREN
(Karte S. 896; www.thescootershop.com.au; 9 Daly St; ⊙ Mo–Fr 8–17, Sa 9–15 Uhr) Mountainbikes für 20 AU$ pro Tag (100 AU$ Kaution).

Fallschirmspringen

Top End Tandems ABENTEUERSPORT
(☎ 0417 190 140; www.topendtandems.com.au; Tandemsprünge ab 380 AU$) Abflug für die Tandemsprünge ist am Darwin Airport. Wieder festen Boden unter die Füße bekommt man im Lee Point Reserve.

👉 Geführte Touren

Es werden Dutzende Touren in und um Darwin veranstaltet; viele schließen auch den Kakadu National Park, Arnhem Land, den Litchfield National Park und die Umgebung mit ein.

Batji Indigenous Waterfront Walking Tour KULTURTOUR
(☎ 0416 731 353; www.batjitours.com.au; Erw./Kind 70 AU$/frei; ⊙ Mi & Fr 10 Uhr) Die ausgezeichnete zweistündige Wanderung an der Esplanade wird von Larrakia-Guides aus Darwin geführt. Man erfährt etwas über die örtliche Natur, entdeckt den Strand von Lameroo und erhält Einsicht in Orte, die für das Volk der Larrakia von kultureller Bedeutung sind.

Darwin Explorer BUSTOUR
(☎ 0416 140 903; http://theaustralianexplorer.com.au/darwin-explorer.html; Tageskarte Erw./Kind 35/20 AU$) Im Rahmen der Touren in den Bussen mit offenem Verdeck erkundet man Darwins wichtigste Sehenswürdigkeiten. Mit den Tickets, die einen oder zwei Tage gültig sind, kann man beliebig oft aussteigen und mit dem nächsten Bus weiterfahren. Die Busse starten alle 30 Minuten an der Touristeninformation.

Tour Tub BUSTOUR
(☎ 08-8985 6322; www.tourtub.com.au; Erw./Kind 100/60 AU$) Die fünfstündigen geführten Minibustouren führen zu Darwins größten Sehenswürdigkeiten; im Preis inbegriffen sind die Eintrittsgebühren zu besonderen Highlights wie der Defence of Darwin Experience.

Sea Darwin ÖKOTOUR
(☎ 1300 065 022; www.seadarwin.com; Geführte Tour Erw./Kind ab 35/20 AU$) 🏴 Ein-, zwei-, oder dreistündige Öko-Touren rund um die Stadt und Darwin Harbour, bei denen die Teilnehmer die Mangroven, eine Krokodilfalle, ein Schiffswrack und (mit ein wenig Glück) auch noch Seekühe und Delfine erspähen können.

Darwin Day Tours TOUR
(Karte S. 896; ☎ 1300 721 365; www.darwintours.com.au; Nachmittagsstadttouren Erw./Kind 75/38 AU$) Der Anbieter veranstaltet Nachmittagsstadttouren, die alle wichtigen Sehenswürdigkeiten beinhalten, u. a. Stokes Hill Wharf, Museum & Art Gallery und East Point Reserve. Die Touren können mit einer Hafenrundfahrt bei Sonnenuntergang und Fish & Chips kombiniert werden (55/40 AU$).

Tiwi Tours KULTURTOUR
(☎ 1300 721 365; www.aussieadventures.com.au; Erw./Kind inkl. Flug 550/410 AU$) Die Kulturtouren in kleinen Gruppen zu den nahe gelegenen Tiwi Islands werden von indigenen Führern geleitet. Die anderen Filialen des gleichen Unternehmens (Darwin Day Tours & Aussie Adventure) veranstalten Touren in die Nationalparks Kakadu und Litchfield.

Northern Territory Indigenous Tours
KULTURTOUR
(1300 921 188; www.ntitours.com.au; Erw./Kind 249/124 AU$) Gehobene indigene Kulturtouren in den Litchfield National Park.

Sacred Earth Safaris
OUTDOOR
(08-8555 3838; www.sacredearthsafaris.com.au) Mehrtägige Campingtouren im Geländewagen für kleine Gruppen rund um den Kakadu National Park, um Katherine und Kimberley. Die zweitägige Kakadu-Tour kostet 850 AU$, die fünftägige Top End National Parks Safari 2600 AU$.

Kakadu Dreams
TOUR
(1800 813 266; www.kakadudreams.com.au) Bietet Backpacker-Tagestouren zum Litchfield National Park (119 AU$) und ausgelassene zwei-/dreitägige Ausflüge in den Kakadu National Park (400/535 AU$) an.

Wallaroo Tours
TOUR
(08-8981 6670; www.wallarootours.com; Touren 160 AU$) Kleingruppentouren in den Litchfield National Park.

Hafenrundfahrten
Von April bis Oktober liegen reichlich Boote in der Cullen Bay Marina und der Stokes Hill Wharf, mit denen man eine Runde durch den Hafen drehen kann.

Anniki Pearl Lugger Cruises
SEGELN
(Karte S. 896; 0428 414 000; www.australianharbourcruises.com.au; Geführte Tour Erw./Kind 70/50 AU$) Die dreistündige Fahrt bei Sonnenuntergang auf diesem historischen Perlenfischerboot beginnt an der Cullen Bay Marina. Teilnehmer bekommen Sekt und Häppchen. Das Schiff ist aus dem Film *Australia* bekannt.

Sunset Sail
SEGELN
(Karte S. 896; 0408 795 567; www.sailnt.com.au; Geführte Tour Erw./Kind 70/45 AU$) Diese dreistündige Nachmittagstour auf dem Katamaran *Daymirri* startet an der Stokes Hill Wharf. Erfrischungen sind inklusive, aber wer alkoholische Getränke möchte, muss sie sich mitbringen.

Feste & Events

WordStorm
LITERATUR
(www.wordstorm.org.au) Bei dem alle zwei Jahre stattfindenden NT Writers' Festival im Mai (in Jahren mit geraden Jahreszahlen) stehen Gesang, Erzählungen, darstellende Kunst, Theater, Gedichtvorträge, Geschichte, Biografien, Poesie und Fiktion auf dem Programm.

Darwin Blues Festival
MUSIK
Ende Juni vibrieren die botanischen Gärten von Darwin nur so vor elektrisierendem Live-Blues. Viel Bier und zitternde Gitarrensaiten sind angesagt.

Beer Can Regatta
KULTUR
(www.beercanregatta.org.au) Ein absolut verrücktes und typisches Festival für das Territory: Alles dreht sich um ein Rennen mit Booten aus Bierdosen. Es findet im Juli in Mindil Beach statt und sorgt garantiert für einen superlustigen Tag.

Darwin Aboriginal Art Fair
KUNST
(www.darwinaboriginalartfair.com.au) Veranstaltungsort ist das Darwin Convention Centre. Bei dem dreitägigen Fest im August wird Kunst der Aborigines aus Gemeinden des gesamten Territory gezeigt.

Darwin Festival
KUNST
(www.darwinfestival.org.au) Das hauptsächlich unter freiem Himmel stattfindende Kunst- und Kulturfest feiert im August 18 Tage lang Musik, Theater, bildende Kunst, Tanz und Kabarett. Mittelpunkt des Festgeschehens ist der große Park neben dem Civic Sq abseits der Harry Chan Ave.

Schlafen

In Darwin gibt's eine gute Auswahl von Unterkünften. Die meisten liegen in praktischer Nähe zum CBD. In der Hauptsaison (Mai–Sept.) kann es aber schwer sein, auf die Schnelle ein Bett zu finden – daher im Voraus buchen, zumindest für die erste Nacht! Die Preise für eine Unterkunft unterscheiden sich je nach Saison und Nachfrage sehr stark. Zwischen November und März werden oft große Preisnachlässe gewährt, vor allem für Unterkünfte in der Mittel- und Spitzenklasse.

Die kleinsten Preisschwankungen gibt's bei den Backpackerhostels. Zwischen denen sind auch kaum Preisunterschiede auszumachen, weil viele dicht gedrängt an der Mitchell St mit ihren zahlreichen Bars liegen – da drückt die Konkurrenz. Wer es ruhiger mag, sollte etwas weiter von dort entfernt absteigen – es gibt auch Unterkünfte in Gehweite zur Partymeile. Die Hostels verfügen in der Regel über Küche, Pool und Waschküche sowie Schalter, an denen man Touren buchen kann. Manche bieten auch einen im Voraus buchbaren Abholservice vom Flughafen, Bahnhof oder Busbahnhof, und bei den meisten gibt's YHA- und VIP-Rabatte.

Stadtzentrum

Melaleuca on Mitchell   HOSTEL $
(Karte S. 896; 1300 723 437; www.momdarwin.com.au; 52 Mitchell St; B 32 AU$, DZ mit/ohne Bad 115/95 AU$; ※@🛜🏊) Wer hier übernachten will, muss wissen: Eingecheckt wird rund um die Uhr, und das Hostel liegt mitten im Trubel der Mitchell St. Zu viel Schlaf wird man also vielleicht nicht bekommen, dafür kann man auf die Pauke hauen: Das Highlight sind die Inselbar auf dem Dach und der Poolbereich mit Blick auf die Mitchell St – komplett mit Wasserfall-Whirlpool und Großbild-TV. Das moderne Hostel ist ansonsten makellos, hat tolle Einrichtungen und ist sehr sicher. Die dritte Etage ist Frauen vorbehalten.

Dingo Moon Lodge   HOSTEL $
(Karte S. 896; 08-8941 3444; www.dingomoonlodge.com; 88 Mitchell St; B 32–38 AU$, DZ & 2BZ 105 AU$ jeweils inkl. Frühstück; ※@🛜🏊) Im Dingo kann man den Mond anheulen. Das lustige, entspannte Hostel liegt etwas abseits der Partyszene, aber eigentlich hat man auch hier alles noch fast vor der eigenen Türschwelle. Die Anlage umfasst zwei Gebäude mit 65 Betten – ist also groß genug für Geselligkeit, aber nicht so groß, dass sie im Chaos versinkt. Sauberkeit und Service sind allerdings mal so, mal so. Ein Highlight ist der Pool unter einem gewaltigen Frangipani-Baum.

Chilli's   HOSTEL $
(Karte S. 896; 1800 351 313, 08-8980 5800; www.chillis.com.au; 69a Mitchell St; B 34 AU$, 2BZ & DZ ohne Bad 100 AU$; ※@🛜) Das freundliche Hostel ist ein netter Ort mit einer kleinen Sonnenterrasse und einem Whirlpool (den Pool nebenan benutzen!). Es gibt auch einen Billardtisch und eine luftige Küche mit Terrasse und Ausblick auf die Mitchell St. Die Zimmer sind recht klein, aber sauber. Zu den netten Details zählen z.B. Töpfe mit duftenden Kräutern, die vom Dach des Balkons hängen.

Youth Shack   HOSTEL $
(Karte S. 896; 1300 793 302; www.youthshack.com.au; 69 Mitchell St; B 34 AU$, 2BZ & DZ ohne Bad 90 AU$; 🏊) An einem Ende des Transit Centre findet sich dieses beliebte Hostel mit einer großen offenen Küche und einem Essbereich mit Blick auf einen Pool, der gerade groß genug ist, dass man in ihm schwimmen kann. Die hiesige Bar ist sehr populär, und manchmal geht's in ihr recht rau zu. Die Zimmer sind ein bisschen verwohnt, aber sauber, und das Personal wird stets wegen seiner Freundlichkeit und Hilfsbereitschaft gerühmt. Der Tourveranstalter im Haus erfreut sich bester Reputation.

Darwin Central Hotel   HOTEL $$
(Karte S. 896; 08-8944 9000, 1300 364 263; www.darwincentral.com.au; 21 Knuckey St; DZ ab 180 AU$; P※@🛜🏊; 4, 5, 8, 10) Direkt im Stadtzentrum verbindet dieses schicke, eigenständige Hotel zeitgenössischen Stil mit makellosen Einrichtungen. Die stilvollen Zimmer sind auch für Traveller mit Behinderungen leicht zugänglich. Die Standardpreise sind hoch, aber die Sonderpreise im Internet, am Wochenende und ab drei Übernachtungen sorgen insgesamt für ein tolles Preis-Leistungs-Verhältnis. Das ausgezeichnete Frühstück rundet das Angebot ab.

Value Inn   HOTEL $$
(Karte S. 896; 08-8981 4733; www.valueinn.com.au; 50 Mitchell St; DZ ab 140 AU$; P※🏊) Eine großartige Option ist das Value Inn. Es liegt mitten in der Action an der Mitchell St, wird seinem Namen aber (meistens) durch Ruhe und Komfort gerecht (vor allem in der Nachsaison). Die kleinen Zimmer für maximal drei Personen haben eigene Bäder, Kühlschränke und TVs.

Palms City Resort   RESORT $$
(Karte S. 896; 1800 829 211, 08-8982 9200; http://palmscityresort.com; 64 The Esplanade; DZ Motel/Villa 230/280 AU$; P※🛜🏊) Das von Travellern beständig gelobte Resort hat eine zentrale Lage inmitten von Gärten voller Palmen. Wer eine Mikrowelle und etwas mehr Platz haben will, sollte den kleinen Aufpreis für ein besseres Motelzimmer zahlen. Die asiatisch inspirierten sechseckigen Villen mit Whirlpool im Freien sind ausnehmend luxuriös. Schmetterlinge und Libellen gaukeln zwischen den Bougainvilleen in den herrlichen Gärten umher.

Vibe Hotel   HOTEL $$$
(Karte S. 896; 08-8982 9998; www.tfehotels.com/brands/vibe-hotels/vibe-hotel-darwin-waterfront; 7 Kitchener Dr; Zi. 260–310 AU$; P※@🛜🏊) Die professionell geführte Anlage mit freundlichem Personal und erstklassiger Lage im Darwin Waterfront Precinct verspricht einen eleganten Aufenthalt. Die

teureren Zimmer haben größere Betten und Ausblick aufs Wasser. Wem es am schattigen Swimmingpool zu ruhig ist, der findet gleich nebenan die Wave Lagoon.

Elan Soho Suites   HOTEL, APARTMENTS $$$
(Karte S. 896; 08-8981 0888; www.elansohosuites.com; 31 Woods St; Zi. 220 AU$, Apt. mit 1/2 Schlafzi. 270/310 AU$; P ❊ @ 🛜 ≋) Die Renovierungsarbeiten in diesem innovativen Neuzugang waren bei unserem Besuch noch nicht abgeschlossen, aber man begann gerade damit, Gäste aufzunehmen. Die Zimmerpreise versprechen ein prima Preis-Leistungs-Verhältnis (jedenfalls zu Anfang, bis das Hotel sich etabliert hat). Der Ausblick ist hinreichend, die Einrichtungen sind erstklassig; man kann sogar online einchecken und die Zimmertür per Handy öffnen. Das zugehörige Restaurant Seoul Food bringt koreanische Küche nach Darwin.

Novotel Atrium   HOTEL $$$
(Karte S. 896; 08-8941 0755; www.novotel.com; 100 The Esplanade; DZ ab 350 AU$, Apt. mit 2 Schlafzi. ab 470 AU$; P ❊ @ 🛜 ≋) Zugegeben: Es handelt sich um ein Kettenhotel, aber durch seinen erstklassigen Meerblick hebt es sich von der Masse ab. Das Stilniveau liegt dank subtiler Beleuchtung, frischer Blumen und interessanter indigener Kunst über dem Durchschnitt. Man genießt die Meeresbrise auf seinem Balkon oder steigt in den nierenförmigen Swimmingpool, einen der schönsten in Darwin. Das Frühstück ist ein Highlight.

Stadtrand & Vorstädte

Discovery Holiday Park – Darwin   WOHNWAGENPARK $
(Karte S. 894; 1800 662 253, 08-8984 3330; www.discoveryholidayparks.com.au/nt/darwin/darwin; Ecke Farrell Cres & Stuart Hwy, Winnellie; Stellplatz 34 AU$, Hütte 104–184 AU$; ❊ ≋) Wohnwagenpark mit vielen Bäumen, tadellosen Einrichtungen, Campingküche, lizenziertem Laden, überdachtem Pool mit Salzwasser und freundlichem Personal. Von einer nahe gelegenen Straßenecke fährt der öffentliche Bus 8 ins Stadtzentrum.

FreeSpirit Resort Darwin   WOHNMOBILPARK $
(Karte S. 912; 08-8935 0888; www.darwinfreespiritresort.com.au; 901 Stuart Hwy, Berrimah; Stellplatz 50 AU$, Hütte & Wohneinheit 140–300 AU$; ❊ @ 🛜 ≋) Die eindrucksvolle Anlage am Highway rund zehn Fahrminuten außerhalb der Stadt bietet eine Menge Einrichtungen (darunter drei Swimmingpools). Dank des Sprungkissens, einer Kinderecke, einer Bar und Livemusik in der Trockenzeit fühlen sich Erwachsene und Kinder hier gut unterhalten.

Vitina Studio Motel   MOTEL $$
(Karte S. 896; 08-8981 1544; www.vitinastudiomotel.com.au; 38 Gardens Rd; DZ/Suite 175/250 AU$; P ❊ @ 🛜 ≋) Uns gefällt dieses Motel: Die Zimmer haben ein gutes Preis-Leistungs-Verhältnis, der Service ist freundlich und effizient, und die Lage in Darwin ist praktisch. Ein echtes Schnäppchen also! Zur Verfügung stehen moderne Motelzimmer und größere Ein-Zimmer-Apartments mit Kochnische. Die Anlage befindet sich direkt am Stadtrand, in praktischer Nähe zum Golfplatz Gardens Park, dem botanischen Garten und dem Mindil Beach. Auf der Website nach Sonderangeboten schauen!

Steeles at Larrakeyah   B&B $$
(Darwin City B&B; Karte S. 896; 08-8941 3636; www.darwinbnb.com.au; 4 Zealandia Cres, Larrakeyah; DZ ab 225 AU$, Apt. mit 1/2 Schlafzi. 285–410 AU$; ❊ ≋) Manche B&Bs sind geschäftsmäßig, in anderen fühlt man sich wie bei Freunden – das Steeles gehört in die letztere Kategorie. In dem hübschen Wohnhaus im Spanish-Mission-Stil gibt es drei mit Kühlschrank, Flachbildfernseher und eigenem Eingang ausgestattete Zimmer. Die Eigentümer betreiben in der Nähe auch Apartments mit ausgezeichneten Einrichtungen, deren Wände mit indigener Kunst geschmückt sind.

Cullen Bay Resorts   APARTMENTS $$$
(Karte S. 896; 1800 625 533, 08-8981 7999; www.cullenbayresortsdarwin.com.au; 26–32 Marina Blvd; Apt. mit 1 Schlafzi. Standard/mit Meerblick 310/330 AU$; P ❊ 🛜 ≋) Die beiden Apartmenttürme gewähren eine herrliche Aussicht auf die Marina und den Hafen der Cullen Bay. Der Aufpreis für den Blick aufs Wasser lohnt sich. In kurzer Entfernung liegen Restaurants und die Anlegestelle der Fähre nach Mandorah. Bei geringerer Auslastung ist ein Rabatt von mindestens 10 % allemal drin.

Essen

Darwin ist das glitzernde Gastro-Juwel des Northern Territory: Seine Freiluftlokale machen das Beste aus der Tropenatmosphäre. Qualität und Vielfalt der Zutaten sind hier besser als anderswo im Territory.

✖ Stadtzentrum

Im Zentrum findet man zwei große Supermärkte der Ketten **Coles** (Karte S. 896; 55–59 Mitchell St, Mitchell Centre; ⓗ 24 Std.) und **Woolworths** (Karte S. 896; Ecke Cavenagh St & Whitfield St; ⓗ 6–22 Uhr).

Roma Bar   CAFÉ $
(Karte S. 896; ☎ 8981 6729; www.romabar.com.au; 9–11 Cavenagh St; Hauptgerichte 8–15 AU$; ⓗ Mo-Fr 7–16, Sa 8–14, So 8–13 Uhr; ⓦ) Das Roma ist eine Institution vor Ort und die verlässlichste Adresse für einen guten Kaffee in Darwin. Hier treffen sich politische Linke, Literaten und Traveller. Das Lokal liegt ein gutes Stück entfernt vom Trubel der Mitchell St und bietet kostenloses WLAN und frische Säfte. Hier bekommt man alles von Müsli bis Eggs Benedict zum Frühstück und mittags ausgezeichnete getoastete Focaccia und sogar Fischcurry.

Stokes Hill Wharf   SEAFOOD, FAST FOOD $$
(Karte S. 896; www.darwinhub.com/stokes-hill-wharf; Stokes Hill Wharf; Hauptgerichte 10–20 AU$; ⓗ ab 11 Uhr) Das hektische gastronomische Zentrum am Ende der Stokes Hill Wharf empfängt Gäste mit einem halben Dutzend Theken und Freilufttischen am Pier. In belebter Atmosphäre kann man hier z. B. Fish & Chips, Austern, Wok-Gerichte, Laksa oder einfach ein kaltes Bier zum Sonnenuntergang genießen.

Crustaceans   SEAFOOD $$
(Karte S. 896; ☎ 08-8981 8658; www.crustaceans.net.au; Stokes Hill Wharf; Hauptgerichte 18–40 AU$; ⓗ ab 17.30 Uhr; ⓦ) Das zwanglose Restaurant mit Alkoholausschanklizenz bietet frischen Fisch, Hummer, Austern, andere Schalentiere, saftige Steaks und sogar Krokodil. Ansonsten ist das Haupt-Highlight hier die Lage am Ende der Stokes Hill Wharf mit einem Blick auf den Sonnenuntergang über die Francis Bay. Kaltes Bier und eine erstklassige Weinkarte runden das Gesamtpaket ab.

Hot Tamale   MEXIKANISCH $$
(Karte S. 896; ☎ 08-8981 5471; www.hottamale.net.au; Bldg. 3, 19 Kitchener Dr; Hauptgerichte 20–25 AU$; ⓗ 12–21 Uhr) Wegen der vielen günstigen Drinks und der lustigen, entspannten Attitüde empfiehlt sich dieses Lokal genauso wie wegen seiner Atmosphäre und der tollen Uferlage und wegen des leckeren mexikanischen Essens mit jeder Menge Tacos, Burritos und Nachos.

Curve   CAFÉ $$
(Karte S. 896; ☎ 08-8982 9709; 7 Kitchener Dr; Hauptgerichte 22–35 AU$; ⓗ 6–21 Uhr; ⓦ) Das Allround-Café ist drinnen geräumig und sauber und hat vorn einen gemütlichen Freiluftbereich, wo man sich die Brise um die Nase wehen lassen kann. Zu jeder Tageszeit kann man hier gut auf einen Happen vorbeischauen. Mittags sind ein Burger oder ein Panino mit einem Bier oder einem Glas Wein für 18 AU$ ein gutes Angebot. Abends gibt's in der Pfanne gebratenen Thunfisch nach Cajun-Art. Das Café liegt gegenüber der Wave Lagoon – praktisch für Familien, die Schatten suchen oder eine Stärkung brauchen.

Moorish Café   NAHÖSTLICH $$$
(Karte S. 896; ☎ 08-8981 0010; www.moorishcafe.com.au; 37 Knuckey St; Tapas 7–11 AU$, Hauptgerichte 33 AU$; ⓗ Di-Fr 9–14.30 & 18–22, Sa 9–22 Uhr) Verführerische Düfte strömen aus diesem wunderbaren terrakottagefliesten Café, das nordafrikanische, mediterrane und nahöstliche Köstlichkeiten verbindet. Die Tapas sind ein bisschen Glückssache, aber die Gerichte wie Schweinebauch mit Chili-Schokoladensauce oder Känguru mit Berber-Gewürzen sind schmackhaft und verlässlich gut. Man isst hier schön, besonders wenn man einen Tisch mit Ausblick auf die Straße hat.

Hanuman   INDISCH, THAI $$$
(Karte S. 896; ☎ 08-8941 3500; www.hanuman.com.au; 93 Mitchell St; Hauptgerichte 19–38 AU$; ⓗ 12–14.30 Uhr, abends ab 18 Uhr; ⓦ) Fragt man Einheimische nach gutem Essen in Darwin, wird in der Regel auch das Hanuman genannt. Das Restaurant ist elegant, aber nicht steif. Einladende Düfte von innovativen indischen, thailändischen und Nonya-Gerichten wehen aus der Küche in den stilvollen offenen Speisesaal und auf die Terrasse. Die Karte ist umfangreich und bietet auch exotische Speisen für Vegetarier. Sogar Bankette werden ausgerichtet.

Char Restaurant   STEAKS $$$
(Karte S. 896; ☎ 08-8981 4544; www.charrestaurant.com.au; Ecke The Esplanade & Knuckey St; Hauptgerichte 30–60 AU$; ⓗ Mi-Fr 12–15, tgl. 18–23 Uhr) Das auf dem Gelände des historischen Admiralty House residierende Restaurant ist ein Paradies für Fleischfans. Die Spezialität sind Steaks vom Holzkohlengrill – Bio-Fleisch, gut abgehangen und perfekt zubereitet –, es gibt aber auch clevere Meeresfrüchtekreationen wie Garnelen mit Ba-

nanen und Krabben-Tian, mit Avocadopüree und *tobiko*-Kaviar.

Stadtrand & Vorstädte

Laneway Speciality Coffee CAFÉ $
(Karte S. 894; 08-8941 4511; 4/1 Vickers St, Parap; Hauptgerichte 12–18 AU$; Mo-Sa 8–15 Uhr) Das zurückhaltende industrielle Design, die Ecklage und der starke Kaffee könnten einen glauben machen, man befände sich in Melbourne. Das Lokal wird schnell populärer und bekommt begeisterte Kritiken. Bei den gut zubereiteten Gerichten kommen regionale Bio-Zutaten zum Einsatz – das fast schon künstlerische Brötchen mit Speck und Ei ist schon allein die Reise wert. Zum Mittagessen bieten sich Burger mit Wagyū-Rind an.

Cyclone Cafe CAFÉ $
(Karte S. 894; www.parapvillage.com.au; 8 Urquhart St, Parap; Gerichte 12–18 AU$; Mo-Fr 7.30–15, Sa 8.30–12 Uhr) In Sachen Dekor setzt man hier auf verrostetes Wellblech, obwohl das Café innen überraschend gemütlich und mit örtlicher Kunst an den Wänden geschmückt ist. Das Personal ist engagiert und der Kaffee stark und aromatisch (besonders der dreifache „Hypercino"). Die Karte ist vielseitig, zum Frühstück gibt's beispielsweise Nahöstliches – Eier, Spinat, Feta, Zitronenschale und Duqqa auf einem Muffin. Zum Mittagessen gibt's Salate, Burger und Käsesandwiches.

Eva's Cafe CAFÉ $
(Karte S. 896; George Brown Botanic Gardens; Hauptgerichte 8–14 AU$; 7–15 Uhr) Das 1897 auf einem Schiff nach Darwin transportierte Gebäude einer Methodistenkirche lädt zu einem stimmungsvollen Aufenthalt in Darwins botanischem Garten ein. Wegen der Außenbereiche, zu denen auch eine schattige Terrasse nach hinten raus gehört, ist das Lokal bei Eltern und Kindern beliebt. Zum Frühstück gibt's Dinge wie Müsli und Toast, mittags Sandwiches und Salate.

★ Exotic North Indian Cuisine INDISCH $$
(Karte S. 896; 08-8941 3396; http://exoticnorthindiancuisine.com.au; Cullen Bay Marina; Hauptgerichte 15–20 AU$; ab 17 Uhr;) Mit hochwertiger indischer Küche zu recht günstigen Preisen hat sich dieses Lokal den Titel des besten indischen Restaurants in Darwin verdient. Es liegt direkt am Ufer der Cullen Bay, sodass man hier abends sehr angenehm am Wasser speisen kann. Der Service ist aufmerksam, es gibt Kinderstühle, und man kann, was für Darwin unüblich ist, auch seinen eigenen Wein mitbringen.

★ Darwin Ski Club MODERN-AUSTRALISCH $$
(Karte S. 894; 08-8981 6630; www.darwinskiclub.com.au; Conacher St, Fannie Bay; Hauptgerichte 18–24 AU$; 13–21 Uhr) Dieses Lokal wird immer besser. Es ist bereits die schönste Adresse vor Ort für ein Bier zum Sonnenuntergang, liefert nun aber auch noch richtig gutes Essen. Die Gerichte sind solide zubereitet, und die Karte ist anregend und gut durchdacht. Wir hatten den Schweinebauch und waren von der Qualität angenehm überrascht, und auch die Chorizos und die Linguine mit Barramundi verdienen ein dickes Lob. Das Restaurant wird von Einheimischen sehr empfohlen.

Cornucopia Cafe CAFÉ $$
(Karte S. 894; 08-8941 9009; Bullocky Point, Conacher St, Fannie Bay; Hauptgerichte 20–30 AU$; Mo-Sa 9–17 & Mi-Sa 17.30–20.30 Uhr) Als Anhängsel der Museumsgalerie bietet sich dieses Café zu einer Rast an, wenn man in der Gegend ist. Der Speisebereich im Freien ist luftig und bietet malerischen Blick aufs Wasser. Die Karte ist abwechslungsreich und enthält tolle Salate, darunter einen thailändischen Rindersalat und einen Oktopussalat. Substanziellere Angebote sind örtlicher Barramundi und Wagyū-Rumpsteaks.

INSIDERWISSEN

PARAP VILLAGE MARKET

Parap Village ist ein Feinschmeckerparadies mit mehreren guten Restaurants, Bars und Cafés und dem sehr empfehlenswerten Feinkostladen **Parap Fine Foods** (Karte S. 894; 08-8981 8597; www.parapfinefoods.com; 40 Parap Rd, Parap; Mo-Fr 8–18.30, Sa bis 18, So 9–13 Uhr). Vor allem lockt der **Markt** (S. 908) am Samstagvormittag die Einheimischen an wie Bären der Honig. Hier geht das Frühstück entspannt in Brunch und Mittagessen über. Zwischen den Besuchen an den Imbissständen (meist würzige südostasiatische Snacks) decken sich die Einkaufslustigen mit tropischem Obst und Gemüse ein – mit allem, was man braucht, um sich Laksa oder Rendang zu machen. Die Produkte kommen aus der Region und sind daher mit Sicherheit frisch.

Eat a Pizza
PIZZA $$
(Karte S. 896; 08-8941 0963; 1/57 Marina Blvd, Cullen Bay; große Pizza 22 AU$, Pasta 18 AU$; Di–So 17–22 Uhr) Das Lokal ist seit Langem in Familienbesitz und vom Ufer der Cullen Bay nur durch die Straße getrennt. In dem großen, schattigen Freiluftbereich langen die zufriedenen Gäste bei den leckeren hausgemachten Pizzas und Pastagerichten mächtig zu.

Pavonia Place
MODERN-AUSTRALISCH $$
(Karte S. 894; 08-8948 1515; www.pavoniaplace.com.au; 2 Pavonia Place, Nightcliff; Hauptgerichte 26–36 AU$; Di–Sa 17.30 Uhr–open end) Das Juwel, das sich in den Nebenstraßen von Nightcliff versteckt, serviert tolle modern-australische Fusion-Küche; die im Ofen gebackene Aubergine mit Broccoli, Ziegenkäse, Knoblauch, Pilzen und Cherry-Tomaten ist einfach lecker. In der Küche werden frische, regionale Zutaten verwendet, und der Speisesaal ist geräumig und trotzdem gemütlich.

Pee Wee's at the Point
MODERN-AUSTRALISCH $$$
(Karte S. 894; 08-8981 6868; www.peewees.com.au; Alec Fong Lim Dr, East Point Reserve; Hauptgerichte 40–50 AU$; ab 18.30 Uhr) Mit Hummerschwänzen für 70 AU$ das Stück ist dies tatsächlich *das* Fleckchen für ein Festmahl. Da es sich um eines von Darwins besten Restaurants handelt, lohnt sich die Ausgabe aber auch. Man genießt seinen in Zitronengras, Ingwer und Entenfett geschmorten Schweinebauch unter tropischen Palmen im East Point Reserve direkt am Ufer.

🍷 Ausgehen & Nachtleben

Ausgehen spielt im tropischen Darwin eine wichtige Rolle (kaltes Bier und hohe Luftfeuchtigkeit gehören quasi symbiotisch zusammen). Die Stadt hat Dutzende Kneipen und Bars mit Terrassen, auf denen man den milden Abend genießen kann. So ziemlich alle Bars sind auch Restaurants, vor allem die entlang der Mitchell St – in dieser Straße reiht sich eine Kneipe an die andere, und alle sind voller Traveller, die sich einen hinter die Binde kippen.

⭐ Darwin Ski Club
PUB
(Karte S. 894; 080-8981 6630; www.darwinskiclub.com.au; Conacher St, Fannie Bay) Man lässt die Mitchell St hinter sich und genießt den herrlichen Sonnenuntergang in diesem entspannten Wasserskiclub am Vestey's Beach. Der Aussicht durch die Palmen vom Biergarten aus ist einfach schön, und oft spielen hier Livebands. Insgesamt ist dies schlicht der schönste Ort für ein Bier bei Sonnenuntergang in Darwin!

Bogarts
BAR
(Karte S. 894; 08-8981 3561; 52 Gregory St, Parap; Di–Sa 16 Uhr–open end) Das Bogarts ist eine der besten Bars in Darwin und lohnt den Weg hinaus in die Vorstädte. Alte Filmplakate, Rohrmöbel und Sofas mit Tierdrucken sorgen für ein buntes, aber erstaunlich gelungenes Ambiente. Die Stimmung ist entspannt, und bei Leuten über 30 Jahren ist der Laden besonders beliebt.

Tap on Mitchell
BAR
(Karte S. 896; www.thetap.com.au; 51 Mitchell St) Eine der beliebtesten und beste Terrassenbars der Mitchell St. Im Tap ist immer was los, und man bekommt auch günstiges Essen (Nachos, Burger, Calamares). Es gibt eine große Bier- und Weinauswahl.

Beachfront Hotel
PUB
(08-8985 3000; 342 Casuarina Dr, Rapid Creek) Nahe der Grenze zu Nightcliff lockt dieser muntere Pub, in dem oft Bands auftreten, die Einheimischen an. Ein Plätzchen auf der luftigen Vorderterrasse mit einem kalten Drink ist ideal.

Deck Bar
BAR
(Karte S. 896; www.thedeckbar.com.au; 22 Mitchell St) Am weniger belebten Ende der Mitchell St ist in der Deck Bar zur Happy Hour wider Erwarten trotzdem was los, Pub-Quiz und regelmäßige Livemusik inklusive. Die Grenze zwischen drinnen und draußen verschwimmt hier komplett, und das namensgebende Deck ist perfekt, um Leute zu beobachten.

Discovery & Lost Arc
CLUB
(Karte S. 896; www.discoverydarwin.com.au; 89 Mitchell St) Das Discovery ist Darwins größter Nacht- und Tanzclub mit drei Etagen, in denen Hip-Hop, Techno und House laufen und sich Bars, Sitzecken, ein erhöhtes Tanzpodium und viele Partygänger befinden. Karaoke gibt's auch. Das Lost Arc an der Mitchell St ist die klassische Bar zum Chillen; richtig Stimmung ist hier ab 22 Uhr.

⭐ Unterhaltung

Darwins milde Nächte laden zu spätabendlichen Entdeckungstouren ein. Und auch wenn es nur eine Handvoll Nachtclubs gibt, kann man doch jeden Abend der Woche einen anderen besuchen, wenn man will. Es existiert auch eine lebendige Kunst- und Unterhaltungsszene mit Theater, Filmen und Konzerten.

Das Magazin *Off the Leash* (www.offtheleash.net.au) listet alle Events der Stadt auf, ebenso wie **Darwin Community Arts** (www.darwincommunityarts.org.au). Besucher sollten auch auf die Aushänge an Anschlagtafeln und Laternenmasten achten, wo Tanz- und Vollmondpartys angekündigt werden.

In fast jeder Kneipe oder Bar der Stadt wird irgendeine Form von Livemusik gespielt, meist freitag- und samstagabends. In der Wochenmitte gibt's eher Karaoke; manchmal legen DJs auf.

Throb CLUB
(Karte S. 896; 64 Smith St; Fr & Sa 23–4 Uhr) Darwins wichtigster schwulen- und lesbenfreundlicher Nachtclub mit Cocktailbar lockt Partygänger beider Geschlechter und Vorlieben mit heißen DJs und cooler Atmosphäre an. Es gibt auch Dragshows, und es treten Künstler auf Tour auf. Nicht versäumen sollte man die Batman & Throbbin' Show am Freitag.

★ **Deckchair Cinema** KINO
(Karte S. 896; 08-8981 0700; www.deckchaircinema.com; Jervois Rd, Waterfront Precinct; Erw./Kind 16/8 AU$; April–Nov. ab 18.30 Uhr) Während der Trockenzeit betreibt die Darwin Film Society dieses tolle Open-Air-Kino unterhalb des südlichen Endes der Esplanade. Man kann sich einen Film unter dem Sternenhimmel ansehen, während man in einem Liegestuhl entspannt. Eine Bar mit Schanklizenz ist für das Essen zuständig – oder man bringt sich ein Picknick mit (Alkohol darf aber nicht mitgebracht werden). Freitag- und samstagabends werden meist Doppelvorstellungen gezeigt (Erw./Kind 24/12 AU$).

Birch Carroll & Coyle KINO
(Karte S. 896; 08-8981 5999; www.eventcinemas.com.au; 76 Mitchell St; Erw./Kind 19/14,50 AU$) Darwins kommerziellstes Kino, in dem in vier Sälen aktuelle Filme gezeigt werden. Am Tropical Tuesday zahlt man 12,50 AU$ Eintritt.

Darwin Entertainment Centre KUNSTZENTRUM
(Karte S. 896; 08-8980 3333; www.darwinentertainment.com.au; 93 Mitchell St; Kasse Mo–Fr 10–17.30 Uhr & 1 Std. vor Beginn) Darwins wichtigstes Gemeindezentrum beherbergt das Playhouse Theatre und das Studio Theatre. Hier werden Events wie Modeschauen, Theateraufführungen, Rockopern, Komödien und Konzerte abgehalten.

Brown's Mart DARSTELLENDE KÜNSTE
(Karte S. 896; 08-8981 5522; www.brownsmart.com.au; 12 Smith St) Dieses historische Gebäude (eine frühere Bergbauzentrale) ist nun ein Veranstaltungsort für Theateraufführungen, Musik und Kurzfilme.

Happy Yess LIVEMUSIK
(Karte S. 896; happyyess.tumblr.com; 12 Smith St, Browns Mart) Dieser Treff ist Darwins führende Stätte für Livemusik. Der Laden wird von Musikern geleitet; man wird hier also keine Coverbands hören. Das Programm ist originell, manchmal abgedreht, aber immer lustig.

Darwin Railway Club LIVEMUSIK
(Karte S. 894; 08-8981 4171; www.darwinrailwayclub.com; 17 Somerville Gardens, Parap) Der Club ist eine große Stütze der Livemusikszene von Darwin und bringt einige tolle Künstler auf die Bühne.

Shoppen

Man muss nicht weit auf der Smith St Mall laufen, um einen Souvenirladen zu finden, der kitschige regionale Souvenirs vertickt: Abtrocknetücher, T-Shirts, Bierflaschenhalter und Aga-Kröten-Geldbeutel (das meiste davon *made in China*). Ebenfalls im Überfluss gibt es Läden, die Kunst und Handwerksprodukte der Aborigines verkaufen (man sollte sich über vertrauenswürdige Anbieter informieren, s. S. 909). Auf Darwins herrlichen Märkten werden einzigartiges Handwerk wie die *seed-pod hats* (Hüte, die aussehen wie Samenkapseln), Muschelschmuck, Drachen, Bekleidung und Originalfotos angeboten.

NT General Store OUTDOOR-AUSRÜSTUNG
(Karte S. 896; 08-8981 8242; www.thentgeneralstore.com.au; 42 Cavenagh St; Mo–Mi 8.30–17.30, Do & Fr bis 18, Sa bis 13 Uhr) Die Regale in diesem zwanglosen Lagerhaus aus Wellblech sind vollgestopft mit Ausrüstung zum Campen und Buschwandern. Auch Wanderkarten sind erhältlich.

Aboriginal Fine Arts Gallery KUNST
(Karte S. 896; www.aaia.com.au; 1. Stock, Ecke Mitchell St & Knuckey St; 9–17 Uhr) Präsentiert

DARWINS ZAUBERHAFTE MÄRKTE

Mindil Beach Sunset Market (Karte S. 896; www.mindil.com.au; abseits der Gilruth Ave; ☉ Mai–Okt. Do 17–22, So 16–21 Uhr) Das Essen – Gerichte aus Thailand, Sri Lanka, Indien, China, Malaysia, Brasilien, Griechenland, Portugal und weiteren Ländern – ist hier die Hauptattraktion (alle Gerichte ca. 6–12 AU$). Und doch ist das nur der halbe Spaß: An den Kunsthandwerksständen türmen sich handgearbeiteter Schmuck, sagenhafte Batikkleidung in Regenbogenfarben, Aborigines-Artefakte und Waren aus Indonesien und Thailand auf. Mindil Beach ist rund 2 km von Darwins Stadtzentrum entfernt – ein einfacher Spaziergang. Die Busse 4 und 6 fahren am Markt vorbei.

Wenn die Sonne an Donnerstagen und Sonntagen in Richtung Horizont sinkt, pilgert halb Darwin hinunter zum Mindil Beach – mit Tischen, Stühlen, Decken, Grog und den Kindern im Schlepptau. Man kann sich alles ansehen, spazieren gehen, sich zwischendurch eine Massage gönnen oder stehen bleiben, um der rhythmischen Livemusik zu lauschen. Unbedingt einen Sate-Spieß von Bobbys Grill probieren! Dazu gibt's einen frischen Obstsalat, dekadenten Kuchen oder üppige Crêpes.

Ähnliche Stände (viele der Standbetreiber erkennt man wieder) finden sich von Freitag bis Sonntag auch auf den verschiedenen Vorstadtmärkten:

Parap Village Market (Karte S. 894; www.parapvillage.com.au; Parap Shopping Village, Parap Rd, Parap; ☉ Sa 8–14 Uhr) Dieser kompakte, meistens überfüllte Markt, der auf Lebensmittel spezialisiert ist, ist einer der Lieblingsmärkte der Einheimischen, denn hier bekommt man die komplette Bandbreite der Zutaten für die südostasiatische Küche sowie viele der Zutaten, die man braucht, um seinen eigenen Tropensturm zusammenzubrauen...

Rapid Creek Market (Karte S. 894; www.rapidcreekshoppingcentre.com.au; 48 Trower Rd, Rapid Creek; ☉ So 6.30–13.30 Uhr) Darwins ältester Markt ist eine weitere Fundgrube für alles Mögliche Asiatische. Feilgeboten wird hier eine unglaubliche Auswahl tropischer Früchte. Und über allem hängt dann noch der atemberaubende Duft von Gewürzen und Sate.

Nightcliff Market (Karte S. 894; www.nightcliffmarkets.com.au; Pavonia Way, Nightcliff; ☉ So 6–14 Uhr) Ein weiterer beliebter Gemeindemarkt im Nightcliff Shopping Centre nördlich der Stadt; hier gibt's viele Gebrauchtwaren und Designerklamotten.

---

und verkauft Kunst aus dem Arnhem Land oder der zentralen Wüstenregion.

Mbantua Fine Art Gallery KUNST
(Karte S. 896; ☎ 08-8941 6611; www.mbantua.com.au; 2/30 Smith St Mall; ☉ Mo–Sa 9–17 Uhr) Lebhafte Fantasiedesigns auf einem Sortiment, zu dem Gemälde genauso gehören wie Keramikwaren.

Tiwi Art Network KUNST
(Karte S. 894; ☎ 08-8941 3593; www.tiwiart.com; 3/3 Vickers St, Parap; ☉ Mi–Fr 10–17, Sa bis 14 Uhr) Dies ist das Ausstellungs- und Verwaltungszentrum von drei Künstlerkommunen auf den Tiwi Islands.

❶ Praktische Informationen

GELD
Rund um die Uhr zugängliche Geldautomaten finden sich verteilt über das ganze Stadtzentrum. Wechselstuben befinden sich in der Mitchell St.

INTERNETZUGANG
In den meisten Unterkünften in Darwin ist irgendeine Form von Internetzugang vorhanden. Gratis-WLAN gibt's in der Smith Street Mall.

Northern Territory Library (☎ 1800 019 155; www.ntl.nt.gov.au; Parliament House, Mitchell St; ☉ Mo–Fr 10–17, Sa & So 13–17 Uhr; 📶) Für kostenlose Computernutzung vorab reservieren! WLAN ist hier ebenfalls verfügbar.

MEDIZINISCHE VERSORGUNG
Royal Darwin Hospital (☎ 08-8920 6011; www.health.nt.gov.au; Rocklands Dr, Tiwi; ☉ 24 Std.) Bei Unfällen und medizinischen Notfällen.

NOTFALL
AANT Roadside Assistance (☎ 13 11 11; www.aant.com.au) Pannenhilfe.

Feuerwehr (☎ 000; www.nt.gov.au/pfes)

Krankenwagen (☎ 000) Für Notfälle.

Poisons Information Centre (☎ 13 11 26; ☉ 24 Std.) Ratschläge bei Vergiftungen, Insektenstichen und Schlangenbissen.

Polizei (📞 000; www.nt.gov.au/pfes) Örtliche Polizei.

POST
Hauptpost (Karte S. 896; 📞 13 13 18; www.auspost.com.au; 48 Cavenagh St; ⊘ Mo–Fr 9–17, Sa bis 12.30 Uhr) Effizienter Service bei postlagernden Sendungen.

TOURISTENINFORMATION
Tourism Top End (Karte S. 896; 📞 1300 138 886, 08-8980 6000; www.tourismtopend.com.au; Ecke Smith & Bennett St; ⊘ Mo–Fr 8.30–17, Sa & So 9–15 Uhr) Das hilfsbereite Personal dieses Büros hat Hunderte Broschüren und bucht Touren und Unterkünfte.

ⓘ An- & Weiterreise

AUTO & WOHNMOBIL
Ein normales Auto ist für Darwin und Umgebung völlig ausreichend. Bei den meisten Autovermietungen sind allerdings nur die ersten 100 km kostenlos, was einen nicht sehr weit bringt. Die Preise beginnen bei rund 40 AU$ pro Tag für einen Kleinwagen inklusive 100 km pro Tag.

In Darwin werden auch oft Geländewagen angeboten. Aber in der Regel muss man einen solchen im Voraus bestellen, und auch die Gebühren (bzw. die Kaution) sind höher als bei einem normalen Fahrzeug. Größere Unternehmen räumen für teurere Fahrzeuge die Möglichkeit ein, sie nur für die Hinfahrt zu mieten, und haben auch spezielle Angebote für alle, die größere Entfernungen zurücklegen möchten. Wohnmobile sind toll, wenn man im Territory herumfahren will, und in der Regel werden sie selbst bei kürzerer Mietdauer ohne Kilometerbegrenzung vermietet. Die Preise liegen bei rund 60 AU$ pro Tag für ein einfaches Wohnmobil, bei bis zu 120 AU$ für ein Hi-Top-Wohnmobil mit drei Kojen bzw. bei mindestens 220 AU$ für ein größeres Wohnmobil oder einen Buschcamper mit Allradantrieb. Zusatzversicherung oder Reduzierung der Selbstbeteiligung kosten extra.

Die meisten Autovermietungen sind täglich geöffnet und haben Filialen im Stadtzentrum. Ableger von Avis, Budget, Hertz und Thrifty gibt's am Flughafen.

Britz Australia (www.britz.com.au; 17 Bombing Rd, Winnellie) Britz ist ein vertrauenswürdiger Vermieter mit einer großen Auswahl von Wohnwagen und Wohnmobilen, darunter auch Buschcamper mit Allradantrieb.

JJ's Car Hire (www.jjscarhire.com.au; 7 Goyder Rd, Parap) Guter örtlicher Anbieter.

Mighty Cars & Campervans (www.mightycampers.com.au; 17 Bombing Rd, Winnellie) Im gleichen Depot wie Britz bietet dieser Budget-Vermieter kleine Wohnmobile und Kastenwagen zu vernünftigen Preisen an.

Travellers Autobarn (www.travellers-autobarn.com.au; 13 Daly St) Für Wohnmobile.

BUS
Greyhound Australia (Karte S. 896; www.greyhound.com.au) betreibt Langstreckenbusse ab dem **Transit Centre** (Karte S. 896; www.enjoy-darwin.com/transit-bus.html; 69 Mitchell St). Es gibt mindestens eine Fahrt pro Tag den Stuart Hwy hoch und runter mit Halt in Pine Creek (3 Std.), Katherine (4½ Std.), Mataranka (7 Std.), Tennant Creek (14½ Std.) und Alice Springs (22 Std.).

ABORIGINE-KUNST KAUFEN

Aborigine-Kunst mit nach Hause zu nehmen, kann eine enge Verbindung mit Australien herstellen. Für die Aborigine-Künstler ist die Malerei ein wichtiger Teil der Kultur und der Wirtschaft. Um sicherzustellen, dass man die Abzocke mit nicht-indigenem Ramsch nicht unterstützt, sollte man keine billigen, importierten Kühlschrankmagnete, Bierflaschenhalter, Boomerangs oder Didgeridoos kaufen. Man sollte sicher sein, dass man von einem authentischen Händler echte Kunst kauft, und wenn die Galerie die Künstler nicht vorab bezahlt, sollte man explizit danach fragen, wie viel des Kaufpreises beim Künstler oder der Gemeinde ankommt.

Ein guter Test ist die Frage nach biografischen Informationen über den Künstler – wenn der Händler die nicht hat, sollte man am besten weitersuchen. Ein authentisches Stück kommt inklusive Zertifikat mit dem Namen des Künstlers, seiner Sprachgruppe und Gemeinde sowie dem Titel des Werks, seiner Geschichte und der Info, wann es entstanden ist, daher.

Man kann auch prüfen, ob die verkaufende Galerie einem Verband angeschlossen ist, z. B. der **Australian Commercial Galleries Association** (www.acga.com.au). Wo immer möglich, sollte man direkt bei den Kunstzentren oder Verkaufsstellen der Aborigines in der Stadt kaufen (www.ankaaa.org.au oder www.aboriginalart.org); hier ist es generell günstiger, und die Echtheit ist sichergestellt. Außerdem sieht man die Werke in dem Umfeld, in dem sie entstanden sind.

Richtung Kakadu National Park gibt's einen täglichen Service von Darwin nach Cooinda (87 AU$, 4½ Std.) über Jabiru (62 AU$, 3½ Std.).

Backpacker-Busse bringen einen auch zu weiter entfernten Orten:

Adventure Tours (1300 654 604; www.adventuretours.com.au; 52 Mitchell St) Ein Anbieter mit guter Reputation.

Oz Experience (www.ozexperience.com) Macht die Backpacker-Reise nach Alice Springs einfach.

FLUGZEUG

Die folgenden großen Fluggesellschaften bedienen den Darwin International Airport (S. 892). Parallel verkehren regionale Anbieter auf Nebenrouten (bei Reisebüros nachfragen!).

Airnorth (1800 627 474: www.airnorth.com.au) Fliegt nach/ab Osttimor nach Broome, Perth, Kununurra und zur Gold Coast.

Jetstar (www.jetstar.com) Direktflüge zu Großstädten bzw. Verkehrsdrehscheiben an der Ostküste und zu den Metropolen Südostasiens.

Qantas (www.qantas.com.au) Direktflüge nach Perth, Adelaide, Canberra, Sydney, Brisbane, Alice Springs und Cairns.

Virgin Australia (www.virginaustralia.com) Verbindet Darwin direkt mit Brisbane, Broome, Melbourne, Sydney und Perth.

ZUG

Der legendäre *Ghan*, der zur **Great Southern Rail** (www.gsr.com.au) gehört, fährt wöchentlich (Mai–Juli 2-mal wöchentl.) von Adelaide über Alice Springs nach Darwin. Der Bahnhof Darwins liegt an der Berrimah Rd, 15 km (20 Min.) vom Stadtzentrum entfernt. Eine Taxifahrt zum Zentrum kostet etwa 30 AU$, es gibt aber auch einen Shuttle-Service zum/vom Transit Centre.

ⓘ Unterwegs vor Ort

VOM/ZUM FLUGHAFEN

Der **Darwin International Airport** (S. 892) liegt 12 km nördlich vom Zentrum. Hier starten und landen sowohl internationale als auch inländische Flieger. Der **Darwin Airport Shuttle** (08-8981 5066; www.darwinairportshuttle.com.au) holt oder setzt Traveller an fast jeder Stelle im Zentrum für 16 AU$ ab. Einen Tag vor dem Abflug aus Darwin reservieren! Eine Taxifahrt ins Zentrum kostet etwa 35 AU$.

MOTORROLLER

Darwin Scooter Hire (08-8941 2434; www.thescootershop.com.au; 9 Daly St) Verleiht Mountainbikes/50-ccm-Roller/Motorbikes für 20/60/180 AU$ pro Tag.

ÖFFENTLICHE VERKEHRSMITTEL

Darwinbus (Karte S. 896; www.nt.gov.au/transport) betreibt ein umfassendes Busnetzwerk; Startpunkt ist der **Darwin Bus Terminus** (Harry Chan Ave) gegenüber von Brown's Mart.

Mit einem Erwachsenenticket für 3 AU$ kann man innerhalb des Busnetzwerks für drei Stunden unbegrenzt fahren (beim ersten Einsteigen abstempeln!). Tages- (7 AU$) und Wochenkarten (20 AU$) gibt's an den Bushaltestellen, Zeitungskiosken und in den Visitor Centres. Bus 4 (nach Fannie Bay, Nightcliff, Rapid Creek und Casuarina) und Bus 6 (Fannie Bay, Parap und Stuart Park) sind auch ganz nützlich, um zum Aquascene, zu den Botanic Gardens, Mindil Beach, der Museum & Art Gallery, zum Fannie Bay Gaol Museum, zum East Point Reserve und zu den Märkten zu kommen.

TAXI

Taxis warten in der Knuckey St, schräg gegenüber dem Nordende der Smith St Mall, und können normalerweise leicht herangewinkt werden. Oder man ruft **Darwin Radio Taxis** (13 10 08; www.131008.com).

RUND UM DARWIN

Mandorah

Mandorah ist eine entspannte **Wohnvorstadt am Strand**, die über den Hafen nach Darwin hinüberblickt. Sie befindet sich an der Spitze der Cox Peninsula und ist auf der Straße 128 km, mit der regelmäßig über den Hafen setzenden Fähre aber nur 6 km von Darwin entfernt. Die Hauptgründe für einen Besuch sind die Fahrt mit der Hafenfähre und die Möglichkeit, an der Anlegestelle ein bisschen zu angeln. In der Nähe liegt die Aborigines-Gemeinde Wagait mit rund 400 Einwohnern. Leider ist das Mandorah Beach Hotel geschlossen.

Die **Mandorah Ferry** (Karte S. 896; www.sealinknt.com.au; Erw./Kind hin & zurück 25/12,50 AU$) fährt täglich rund ein Dutzend Mal. Die erste Fähre legt an der Cullen Bay Marina in Darwin um 5.45 Uhr ab, die letzte um 23 Uhr (Fr & Sa 24 Uhr). Die letzte Fähre ab Mandorah fährt um 23.20 Uhr (Fr & Sa 0.20 Uhr). Eine Reservierung ist nicht erforderlich.

Tiwi Islands

Die Tiwi Islands – **Bathurst Island** und **Melville Island** – liegen ungefähr 80 km nördlich von Darwin. Hier leben die Tiwi-Aborigines. Die Tiwis („Wir Menschen") haben eine eigenständige Kultur und sind heute wegen ihrer lebendig wirkenden Kunstwerke und der Footballspieler, die zu diesem Volk gehören und gelegentlich in die Öffentlichkeit rücken, bekannt.

Auf den Inseln sieht es mit der touristischen Infrastruktur ziemlich mau aus, und die meisten Traveller kommen nur auf die Inseln, wenn sie an einer der täglich stattfindenden organisierten Touren von Darwin aus teilnehmen.

Bis ins 20. Jh. waren die auf den Inseln lebenden Tiwis von den Entwicklungen auf dem Festland nahezu abgeschnitten, sodass sich in ihrer Kultur mehrere einzigartige Traditionen erhalten haben. Am bekanntesten sind wohl ihre *pukumani* (Grabpfeiler), die aus Holz geschnitzt, mit symbolischen und mythologischen Figuren bemalt und rund um die Gräber aufgestellt werden. Seit Kurzem stellen die Tiwis auch Kunsthandwerk zum Verkaufen her: Schnitzereien, Malereien, bedruckte Stoffe, Batik und Keramik. Sie benutzen dabei traditionelle Muster und Motive. Die Textilfabrik Bima Wear wurde 1969 ins Leben gerufen, um Tiwi-Frauen Arbeit zu verschaffen. Heute werden hier viele bunte Stoffe mit den charakteristischen Mustern hergestellt.

Die größte Siedlung auf den Inseln ist **Nguiu**. Sie liegt im Südosten von Bathurst Island und wurde 1911 als eine katholische Mission gegründet. Auf Melville Island befinden sich die Siedlungen **Pirlangimpi** und **Milikapiti**.

Die meisten der insgesamt 2700 Tiwi-Insulaner leben auf Bathurst (auf Melville sind es etwa 900). Sehr viele haben einen kaum traditionell geprägten Lebensstil. Allerdings jagen sie noch immer Dugongs (Gabelschwanzseekühe) und sammeln Schildkröteneier. Das Erjagte und Gesammelte ergänzt nämlich auch heute noch die vom Festland bezogenen Lebensmittel. Jedes Jahr ziehen sich die Tiwis für ein paar Wochen auf ihre angestammten Ländereien auf Melville Island zurück, um ihre Traditionen zu pflegen und weiterzugeben. Auf Melville leben auch einige Nachfahren der japanischen Perlentaucher, die zu Beginn des Jahrhunderts regelmäßig auf die Insel kamen.

Australian Football ist eine Passion der Insulaner. Eines der größten Events hier ist deshalb jedes Jahr Ende März das **Endspiel im Tiwi-Football**. Das ist übrigens der einzige Tag, an dem man die Insel ohne Genehmigung oder ohne, dass man an einer Tour teilnimmt, besuchen kann. Angesichts der Massen, die von überall vom Festland zu diesem Event anreisen, sollte man Tour und Fähre schon weit im Voraus buchen.

👉 Geführte Touren

Es gibt keinen öffentlichen Personennahverkehr auf den Inseln. Man erkundet sie am besten in Rahmen einer Tour. Wer möchte, kann die **Tiwi-Fähre** hinüber nach Nguiu nehmen und sich dort auch ohne Tour oder Genehmigung die Stadt ansehen, aber wer weiter herumkommen will, braucht eine Genehmigung vom Tiwi Land Council (S. 892).

Tiwi Tours Aboriginal Cultural Experience
KULTURTOUR

(☎ 1300 228 546; www.aatkings.com/tours/tiwi-tours-aboriginal-cultural-experience) Dieser Anbieter veranstaltet faszinierende Tagesausflüge zu den Tiwi Islands, auch wenn sich der Austausch mit der örtlichen Gemeinde in der Regel auf die Guides und die örtlichen Werkstätten und Ausstellungsräume beschränkt. Die Tour gibt's per Fähre (Do & Fr, Erw./Kind 250/125 AU$, Fahrt je 2½ Std.) oder Flugzeug (Mo–Mi, Erw./Kind 275/138 AU$, Flug je 20 Min.).

In der Tour inbegriffen sind die Genehmigung, eine Willkommenszeremonie, der Besuch von Künstlerwerkstätten und die Besichtigung von alten Gebäuden der katholischen Mission, des Patakijiyali Museum und einer Begräbnisstätte mit Totempfählen (*pukumani*).

Tiwi by Design
KULTURTOUR

(Karte S. 896; ☎ 1300 130 679; www.sealinknt.com.au; Erw. 319 AU$) Die Tour beginnt donnerstags und freitags um 7.30 Uhr am Fährhafen der Cullen Bay. Im Preis inklusive sind die Genehmigungen, ein Mittagessen und eine Willkommenszeremonie sowie Besuche eines örtlichen Museums, einer Kirche und einer Künstlerwerkstätte, wo man auch selbst kreativ werden kann. Die Tour wird vom Fährbetreiber Sealink angeboten.

Die Fahrt mit der Fähre zur Insel kostet Erw./Kind 80/40 AU$.

Arnhem Highway

Der Arnhem Hwy (Rte 36) zweigt 34 km südöstlich von Darwin Richtung Kakadu National Park ab. Nach etwa 10 km kommt man an der kleinen Bauernsiedlung Humpty Doo vorbei. Das selbst ernannte „weltbekannte" **Humpty Doo Hotel** (Karte S. 912;

Rund um Darwin

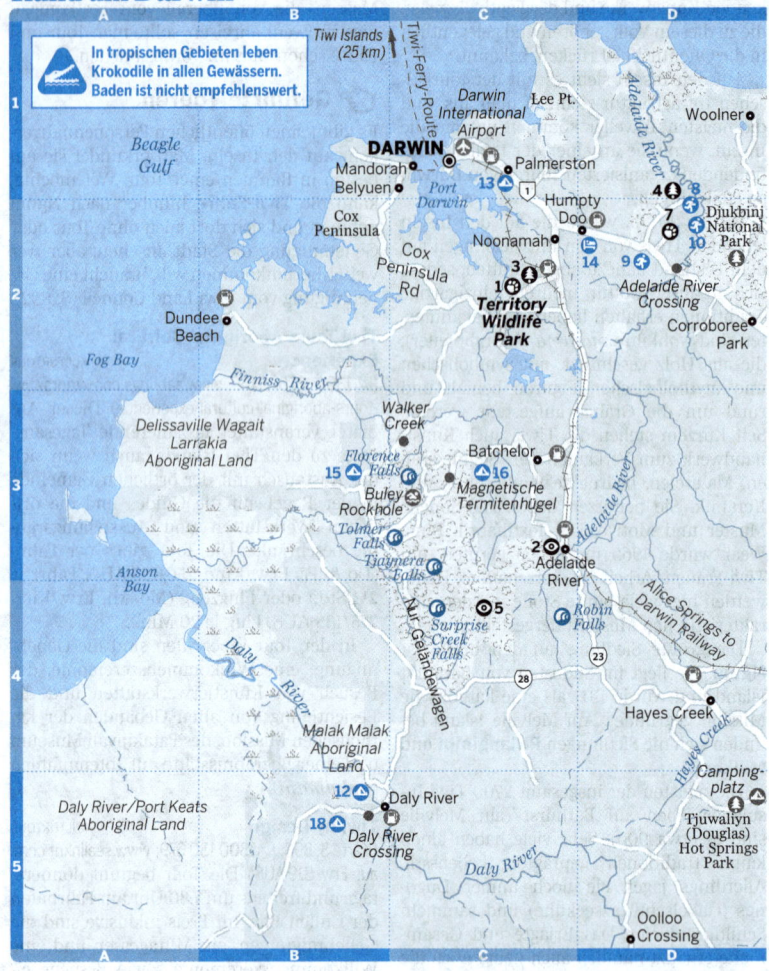

(Map of the Darwin region showing locations including Darwin, Darwin International Airport, Palmerston, Humpty Doo, Territory Wildlife Park, Adelaide River, Djukbinj National Park, Batchelor, Daly River, etc.)

08-8988 1372; www.humptydoohotel.net; Arnhem Hwy; DZ/Hütte 130/150 AU$; ✻ ☒) ist ein raubeiniges „Roadhouse", in dem große Portionen serviert werden (Hauptgerichte 20–30 AU$, geöffnet mittags & abends). Hinten hinaus befinden sich unspektakuläre Motelzimmer und Hütten.

Rund 15 km hinter Humpty Doo beginnt die Abzweigung zum fruchtbaren grünen Teppich der **Fogg Dam Conservation Reserve** (Karte S. 912; www.foggdamfriends.org). Es lohnt sich, ein Fernglas mitzubringen: Hier leben unglaublich viele Wasservögel. Wegen der Krokodile sind die Dämme für Wanderer tabu. Dafür führen zwei Naturpfade (2,2 & 3,6 km) durch die Wälder. Von Dezember bis Juli ist die Vogelzahl am höchsten.

Rund 3 km hinter der Abzweigung zum Fogg Dam erklärt das dieses elegant anmutende **Window on the Wetlands Visitor Centre** (Karte S. 912; www.nretas.nt.gov.au/national-parks-and-reserves/parks/windowwetlands; Arnhem Hwy; 8–17.30 Uhr) GRATIS das Ökosystem des Feuchtgebiets und die Geschichte der örtlichen Limilgnan-Wulna-Aborigines mit zahllosen Exponaten (statisch wie interaktiv). Die Aussichtsplattform bietet einen hervorragenden Blick auf die Auen des Adelaide River. Zudem lassen sich die Was-

Rund um Darwin

Highlights
1 Territory Wildlife Park C2

Sehenswertes
2 Adelaide River War Cemetery C3
3 Berry Springs Nature Park C2
4 Fogg Dam Conservation
  Reserve D1
5 Litchfield National Park.......................C4
6 Umbrawarra Gorge Nature Park E5
7 Window on the Wetlands
  Visitor Centre D2

Aktivitäten, Kurse & Touren
8 Adelaide River Cruises D2
9 Adelaide River Queen D2
10 Spectacular Jumping
   Crocodile Cruise D2

Schlafen
11 Bark Hut Inn...E2
12 Daly River Mango Farm......................B5
13 FreeSpirit Resort Darwin C1
14 Humpty Doo Hotel..............................D2
15 Litchfield Safari Camp........................B3
16 Litchfield Tourist Park........................C3
17 Mary River Wilderness Retreat E3
18 Perry's B5
19 Wildman Wilderness Lodge...............E2

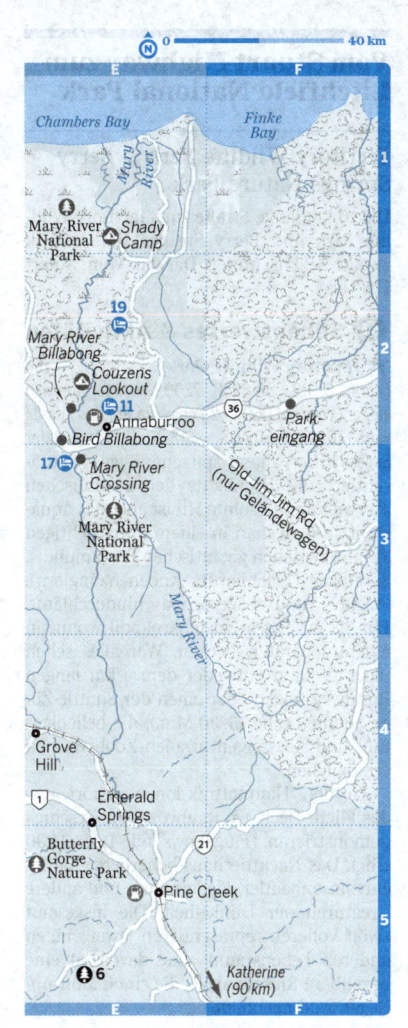

servögel auf dem Lake Beatrice mithilfe von Leihferngläsern beobachten.

Weitere 8 km nach dem Window on the Wetlands Visitor Centre kommt die **Adelaide River Crossing** in Sicht. Übrigens: Am bzw. auf dem Adelaide River werden große Krokodile dazu verlockt, vor knipswütigen Touristen aus dem trüben Wasser zu springen.

Mary-River-Region

Auf der anderen Seite des Adelaide River verläuft der Arnhem Hwy durch die Mary-River-Region. Flora und Fauna des **Mary River National Park** erstrecken sich von hier aus in Richtung Norden.

Der **Bird Billabong**, direkt am Highway ein paar Kilometer vor Mary River Crossing, ist ein Rückstau-Totarm (Billabong). Die vielen Flüsschen hier fließen während der Regenzeit vom nahe gelegenen Mt. Bundy Hill ab. Der Bird Billabong ist 4 km vom Highway entfernt und mit normalen Fahrzeugen das ganze Jahr über erreichbar. Der landschaftlich reizvolle **Loop Walk** (4,5 km, 2 Std.) verläuft durch **tropische Wälder** vor einer Kulisse aus den Granitfelsen des Mt. Bundy.

Fährt man auf derselben Straße noch 2 km weiter, taucht der smaragdgrüne **Mary River Billabong** (Karte S. 912) mit seinem Grillplatz auf (kein Camping). Von hier aus führt der nur für Geländewagen geeignete Hardies Track tiefer in den Nationalpark hinein zum **Corroboree Billabong** (25 km) und zum **Couzens Lookout** (37 km).

Noch ein Stück weiter und nördlich des Arnhem Hwy führt die teilweise geteerte Point Stuart Rd zu einigen Terrassen, von denen aus man über den Fluss blicken kann, und zum **Shady Camp**. Der Damm, der das Trinkwasser davon abhält, ins Salzwasser zu fließen, schafft ideale Lebensbedingungen für die Barramundis und ist perfekt zum Angeln.

🛏 Schlafen & Essen

Am Couzens Lookout und am Shady Camp gibt's einfache öffentliche **Campingplätze** (Karte S. 912; Erw./Kind/Fam. 3,30/1,65/7,70 AU$) mit Grasstellplätzen unter Banyan-Bäumen. Camper sollten darauf vorbereitet sein, eine Mückeninvasion abwehren zu müssen.

Bark Hut Inn HOTEL $
(Karte S. 912; 08-8978 8988; www.barkhutinn.com.au; Arnhem Hwy; Budgetzi. EZ/DZ 50/65 AU$, DZ 130 AU$, Villa 200 AU$) Das Bark Hut ist ein großer Schuppen mit rindfleischlastigen Bistrospeisen (Hauptgerichte 15–26 AU$) und einigen interessanten Exponaten zur Geschichte der Rinderfarm. Die Kunstgalerie ist nur ein Ort, wo Souvenirs verhökert werden, lohnt einen Besuch aber wegen Franklin, der Nordaustralischen Spitzkopfschildkröte.

Mary River Wilderness Retreat RESORT $$
(Karte S. 912; 08-8978 8877; www.maryriverpark.com.au; Arnhem Hwy, Mary River Crossing; Stellplatz ohne/mit Strom 24/33 AU$, Hütte 130–220 AU$; ❄☎🏊) Das Refugium im Busch, das 3 km Ufergelände am Mary River sein eigen nennt, hat ausgezeichnete, von Bäumen umgebene Hütten mit Veranden am Pool und im Busch. Die Hütten am Pool sind die besten: Sie haben hohe Decken, begehbare Duschen und mehr Platz; in beiden kommen drei Personen unter. Auch das Campen an den grasbewachsenen Hängen ist angenehm.

Es ist möglich, eine Bootsfahrt zur Beobachtung von Krokodilen (50 AU$) zu unternehmen, ein Fischerboot zu mieten oder sich nach einem Charterboot für Angelausflüge zu erkundigen; Reservierung erforderlich.

Wildman Wilderness Lodge RESORT $$$
(Karte S. 912; 08-8978 8955; www.wildmanwildernesslodge.com.au; Point Stuart Rd; Safarizelt/Hütte 550/700 AU$; ❄🏊) Die luxuriöse, rundum hervorragende Safari-Lodge punktet mit einem optionalen Angebot an Touren und Aktivitäten. Zur Wahl stehen lediglich zehn stilvolle Hütten mit Klimaanlage und 15 Luxuszelte mit Ventilatorkühlung. Der Tagestarif beinhaltet Frühstück und ein dreigängiges Abendessen.

Vom Stuart Highway zum Litchfield National Park

Territory Wildlife Park & Berry Springs Nature Park

Die 10 km lange Straße zum Territory Wildlife Park und Berry Springs Nature Park zweigt 48 km hinter Darwin vom Stuart Hwy ab.

◉ Sehenswertes & Aktivitäten

★ **Territory Wildlife Park** ZOO
(Karte S. 912; 08-8988 7200; www.territorywildlifepark.com.au; 960 Cox Peninsula Rd; Erw./Kind/Fam. 26/13/45,50 AU$; 8.30–18 Uhr, letzter Einlass 16 Uhr) Dieser spitzenmäßige Zoo präsentiert die Highlights der australischen Tierwelt. Der absolute Hit ist aber das Aquarium, in dem man in einem durchsichtigen Tunnel zwischen gigantischen Barramundis, Saratogas (Leichhardts Knochenzünglern), Stachel- und Sägerochen hindurchläuft. Ein 3,8 m langes Leistenkrokodil wohnt in einem separaten Becken. Wer alles sehen möchte, kann entweder dem 4 km langen Rundweg folgen oder einen der Shuttle-Züge nehmen (alle 15–30 Min.), die beliebiges Ein- und Aussteigen in allen Zoobereichen ermöglichen.

Zu den Hauptattraktionen gehört u. a. das Flight Deck, wo Raubvögel ihr Geschick demonstrieren (Flugshows tgl. 11 & 14.30 Uhr). Das Nachttierhaus beherbergt Kaninchennasenbeutler, Fledermäuse und andere Kreaturen der Dunkelheit. Die insgesamt zwölf Volieren repräsentieren jeweils einen anderen Lebensraum; eine davon ist eine begehbare Riesenanlage, die einen Monsun-Regenwald nachbildet.

Berry Springs Nature Park NATURSCHUTZGEBIET
(Karte S. 912; www.parksandwildlife.nt.gov.au/parks/find/berrysprings; 8–18.30 Uhr) Diese wundervolle Badestelle ist die Darwin am nächsten gelegene und bei den Einheimischen sehr beliebt. Sie besteht aus einer Reihe von Quellen gespeister Badelöcher im Schatten von Schraubenbäumen und Myrtenheiden, in denen unzählige Vögel zwitschern. Zu den Einrichtungen zählen ein Kiosk, ein Picknickbereich mit Grillstellen, Toiletten, Umkleidekabinen und Duschen. Zwischen den Schwimmrunden kann man sich auf dem großen grünen Gelände ausruhen.

Von Darwin aus fährt man 48 km auf dem Stuart Hwy bis zur Ausfahrt nach Berry Springs. Von dort sind es noch rund 10 km bis zum Park.

Batchelor

538 EW.

Die Regierung verschenkte in der Gegend von Batchelor einst parzellenweise Land, um die Ansiedlung in dieser kleinen Stadt voranzutreiben. Das war allerdings, bevor hier das Uran entdeckt und die benachbarte Rum Jungle Mine ausgebaut wurde (sie schloss 1971 nach fast 20 Jahren). Heute ist Batchelor der Zugangspunkt und gleichzeitig das Versorgungszentrum für den benachbarten Litchfield National Park (S. 916).

🛏 Schlafen & Essen

Litchfield Tourist Park WOHNMOBILPARK $
(Karte S. 912; ☏ 08-8976 0070; www.litchfield touristpark.com.au; 2916 Litchfield Park Rd; Stellplatz 35 AU$, Schlafbaracke 75 AU$, Hütte mit angeschlossenem Bad 150–240 AU$; ✳@🛜🛌) Nur 4 km vom Litchfield National Park entfernt findet sich eine große Auswahl von Unterkünften, die zudem die dem Park am nächsten gelegenen sind. Es gibt hier auch ein luftiges, an den Seiten offenes Bar-Restaurant (Essen ganztägig 10–18 Uhr, geöffnet morgens & abends), wo man ein Bier, einen Burger oder einen echten Kaffee bekommt.

Pandanus AUSTRALISCH $
(☏ 08-8976 0242; www.pandanuslitchfield.com. au; 275 Litchfield Park Rd; Budgetzi. 50 AU$, Hütte 115 AU$, Hauptgerichte 10–15 AU$) Das praktisch gelegene kleine Anwesen hat ein paar Unterkünfte mit tollem Preis-Leistungs-Verhältnis, aber der Hauptgrund, um hier zu übernachten oder zumindest einen Stopp einzulegen, ist das Essen. Das Restaurant ist auf Zutaten spezialisiert, die es nur in Australien gibt, und verleiht den meisten Gerichten einen australischen Dreh. Wie wäre es mit Wattleseed-Buschbrot? Die Karte verwendet die Sprache der örtlichen Koongurrukun. Das Lokal ist eine echte Perle und hat ein tolles Preis-Leistungs-Verhältnis. Es liegt 2,5 km hinter der Schnellstraßenabzweigung an der Litchfield Park Rd.

Batchelor Butterfly Farm RESORT $$
(☏ 08-8976 0199; 8 Meneling Rd; DZ 120–170 AU$; ✳@🛜🛌) Dieses kompakte Refugium besteht aus einer schlichten Touristenattraktion und einem freundlichen Resort im Tropenstil. Kinder werden sich über die Schmetterlingsfarm mit Minizoo freuen (Erw./Kind 10/5 AU$, Übernachtungsgäste

---

SPRINGENDE KROKODILE

Anscheinend können nur wenige Menschen widerstehen, wenn es darum geht, ein 3 m langes Salzwasserkrokodil zu sehen, das sich selbst aus dem Wasser herauskatapultiert, um nach einem Brocken Fleisch zu schnappen. Wie eine gut trainierte Zirkusattraktion wissen diese Krokodile genau, wo es umsonst was zu fressen gibt – und unten am Adelaide River ist die Kroko-Sprung-Show garantiert.

Der Sprung aus dem Wasser, um nach Futter zu schnappen, gehört zum natürlichen Verhalten der Krokos. Sie erwischen so normalerweise überraschte Vögel oder Tiere auf über dem Wasser hängenden Zweigen. Mit ihren kräftigen Schwänzen katapultieren sich die Reptilien aus ihrer Position direkt unter der Wasseroberfläche heraus, wo sie liegen und ihre Beute beobachten.

Adelaide River Cruises (Karte S. 912; ☏ 08-8983 3224; www.adelaiderivercruises.com.au; Touren Erw./Kind 35/20 AU$; ⊙Mai–Okt. 9, 11, 13 & 15 Uhr) Die springenden Krokodile finden sich auf einem privaten Flussabschnitt hinter der Abzweigung zum Fogg Dam. Der Veranstalter bietet auch ganztägige Bootstouren für kleine Gruppen in die Natur.

Adelaide River Queen (Karte S. 912; ☏ 08-8988 8144; www.jumpingcrocodilecruises.com. au; Touren Erw./Kind 35/25 AU$; ⊙März–Okt. 9, 11, 13 & 15 Uhr, Nov.–Feb. Termine s. Website) Der gut etablierte Veranstalter am Highway gleich vor Adelaide River Crossing veranstaltet Bootstouren zu den springenden Krokodilen.

Spectacular Jumping Crocodile Cruise (Karte S. 912; ☏ 08-8978 9077; www.jumping crocodile.com.au; Touren Erw./Kind 35/20 AU$; ⊙9, 11, 13 & 15 Uhr) Der Veranstalter bietet einstündige Touren entlang der Window-on-the-Wetlands-Zugangsstraße an. Nach Touren außerhalb von Darwin fragen!

Eintritt frei). Außerdem gibt's hier Hütten mit eigenen Bädern, Zimmer in einem großen Haupthaus und ein brummendes Café-Restaurant (Hauptgerichte 20-30 AU$, morgens, mittags & abends) mit asiatisch angehauchtem Essen. Buddhastatuen, Entspannungsmusik und Korbstühle auf einer schattigen Terrasse lassen das Ganze leicht Zen-mäßig wirken.

Litchfield National Park

Der Litchfield National Park ist vielleicht nicht so bekannt wie der Kakadu National Park, aber viele Bewohner des Territory mögen diesen Nationalpark sogar noch lieber. Es gibt sogar einen regionalen Spruch: *Litchfield-do, Kaka-don't*. Wir können dem zwar so nicht ganz zustimmen, denn es müsste heißen *Kaka-do-too*, aber der Litchfield National Park ist sicher einer der schönsten Orte im ganzen Top End zum Buschwandern, Campen und vor allem zum Schwimmen. Es gibt hier nämlich großartige Wasserfälle, die in prächtige und vor allem sichere Wasserbecken hinunterstürzen.

Das 1500 km² große Gelände des Nationalparks nimmt den größten Teil der spektakulären Tabletop Range ein, eines weiten Sandsteinplateaus, das fast vollkommen von Felsen umringt ist. Die Wasserfälle, die vom Rand des Plateaus in die Tiefe stürzen, sind ein Highlight des Parks. Das Wasser fällt in kristallklare, krokodilfreie Wasserbecken.

Die beiden Straßen vom Stuart Hwy zum Litchfield National Park (115 km südl. von Darwin) vereinen sich und ziehen dann eine Schleife durch den Park. Die südliche Zufahrt über Batchelor ist durchgehend asphaltiert, die von der Cox Peninsula Rd abzweigende nördliche nur teilweise. In der Regenzeit ist Letztere oft auch gesperrt.

Etwa 17 km hinter der Einfahrt in den Park von Batchelor aus kommt man zu etwas, das wie Grabsteine aussieht. Aber nur der obere Teil dieser magnetischen Termitenhügel wird zum Begraben der Toten benutzt – ganz unten befinden sich der König und die Königin, die Arbeiterinnen leben dazwischen. Die Hügel sind so angelegt, dass die Temperatur optimal geregelt ist: Wie Kompassnadeln (deshalb „magnetisch") stehen sie in perfekter Nord-Süd-Ausrichtung, sodass sie die Morgensonne einfangen, es den Bewohnern aber auch möglich ist, die Mittagshitze zu ertragen. In der Nähe befinden sich sehr große Hügel, die von den treffend benannten Cathedral-Termiten errichtet wurden.

6 km weiter befindet sich die Abzweigung zum Buley Rockhole (2 km), wo Wasser durch eine Reihe von Felsbecken nach unten fällt, die groß genug sind, um sich darin zu aalen. Diese Abzweigung führt auch zu den Florence Falls (5 km), die man nach einem 15-minütigen Abstieg über 135 Stufen zu einem tiefen, wunderschönen Pool erreicht, der von tropischem Regenwald umgeben ist. Alternativ kann man sich die Wasserfälle auch von einem Aussichtspunkt aus ansehen, der 120 m vom Parkplatz entfernt ist. Es gibt einen Wanderweg (1,7 km, 45 Min.) zwischen den beiden Sehenswürdigkeiten, der dem Florence Creek folgt.

Etwa 18 km hinter der Abzweigung zu den Florence Falls befindet sich die Abzweigung zu den spektakulären Tolmer Falls, die man sich allerdings nur ansehen kann. Ein 1,6 km langer Rundweg (45 Min.) eröffnet herrliche Ausblicke ins Tal.

Nochmal 7 km weiter auf der Straße kommt die Abzweigung zu Litchfields größter Attraktion in Sicht, den Wangi Falls (sprich: Wong-gei); man erreicht sie nach 1,6 km Fahrt auf einer Seitenstraße. Das Wasser fällt das ganze Jahr über an beiden Seiten eines großen, orangefarbenen Felsvorsprungs vorbei und in ein riesiges Schwimmbecken, das an den Regenwald grenzt. Die Taucherbrille nicht vergessen, sonst kann man sich die hiesigen Fische nicht ansehen! In der Trockenzeit kommen viele Leute hierher (dann gibt's auch einen mobilen Kiosk mit Erfrischungen; in der Regenzeit steigt der Wasserspiegel gefährlich an – die Warnschilder beachten!

Im Park gibt es viele Möglichkeiten zum Buschwandern, darunter den Tabletop Track (39 km), einen Rundweg durch den Park, den man in drei bis fünf Tagen ablaufen kann – das hängt davon ab, wie viele Seitenwege man einschlägt. Man erreicht den Track über die Florence Falls, die Wangi Falls oder den Walker Creek.

Man sollte eine der topografischen Karten der Gegend bei sich haben, die im Touristenzentrum und ihm Einzelhandel zu erwerben gibt. Von September bis März ist der Track gesperrt.

Schlafen

Im Park gibt's tolle öffentliche Campingplätze (Erw./Kind 6,60/3,30 AU$). Zu den Optionen mit Toiletten und Feuerstellen gehören z. B. Florence Falls, Florence Creek, Buley Rockhole oder Tjaynera Falls (Sandy Creek; Geländewagen erforderlich) – ebenso Wangi Falls (besser für Wohnmobile als für Zelte geeignet). Vergleichsweise schlichter sind Surprise Creek Falls (Geländewagen erforderlich) und Walker Creek, wo Camper ein eigenes Badeloch finden und in einer Buschwanderung zu ein paar herrlich einsamen Stellplätzen am Fluss gelangen.

Litchfield Safari Camp CAMPING $
(Karte S. 912; 08-8978 2185; www.litchfieldsafaricamp.com.au; Litchfield Park Rd; Stellplatz ohne/mit Strom 25/35 AU$, B 30 AU$, Safarizelt-DZ 150 AU$, zzgl. 10 AU$/weitere Pers.;) Die schattigen, grasbewachsenen Stellplätze sind eine gute Alternative zum Buschcamping im Park (vor allem, wenn man Strom möchte). Die Safarizelte bieten komfortablen Platz für bis zu vier Personen und weisen daher ein tolles Preis-Leistungs-Verhältnis auf. Zudem gibt's hier einen Kiosk, einen Minipool und eine heruntergekommene Campingküche.

Von Adelaide River nach Katherine

Adelaide River
238 EW.
Rund 111 km südlich von Darwin erreicht man dieses völlig unscheinbare Highway-Nest. Der **Adelaide River War Cemetery** (Karte S. 912; Memorial Tce) ist eine bedeutende Gedenkstätte: Zahllose kleine Messingtafeln erinnern hier an diejenigen, die zwischen 1942 und 1943 bei den Luftangriffen auf Nordaustralien starben.

Daly River
512 EW.
Der Daly River gilt als eines der besten **Barramundi-Angelreviere** des Territory. Diese kleine Siedlung mit Laden und Tankstelle, die 117 km südwestlich von Hayes Creek liegt und ab der Dorat Rd (Old Stuart Hwy; Rte 23) über eine schmale Asphaltstraße erreichbar ist, fungiert als regionales Zentrum. Wichtig: Besucher benötigen keine Genehmigung, müssen aber beachten, dass hier striktes Alkoholverbot herrscht.

Die zweite Hauptattraktion (neben dem Angeln) ist die Galerie **Merrepen Arts** (08-8978 2533; www.merrepenarts.com.au; Juni–Sept. Mo–Fr 9–17 Uhr) GRATIS, die hiesiges Kunsthandwerk wie Kupferstiche, Siebdrucke, Acrylmalereien, Schnitzereien, Webwaren und Textilien präsentiert.

Das **Merrepen Arts Festival** (www.merrepenfestival.com.au; Erw./Kind 20/10 AU$) feiert die Kunst und Musik örtlicher Gemeinden aus der Region, beispielsweise die der Nauiyu, Wadeye und Peppimenarti, mit Ausstellungen, Kunstauktionen, Workshops und Tänzen. Das Festival findet in Nauiyu, rund 5 km nordwestlich von Daly River statt.

Das Campinggelände auf der **Daly River Mango Farm** (Karte S. 912; 08-8978 2464; www.mangofarm.com.au; Stellplatz ohne/mit Strom 30/35 AU$, DZ 130–200 AU$;), die am Daly River 9 km hinter dem Übergang liegt, erhält Schatten von einem prächtigen Hain fast 100 Jahre alter Mangobäume. Neben Stellplätzen gibt es auch Budgetzimmer und separate Hütten. Es gibt geführte Angeltouren und einen Bootsverleih.

Das **Perry's** (Karte S. 912; 08-8978 2452; www.dalyriver.com; Mayo Park; Stellplatz ohne/mit Strom 28/38 AU$, Fischerhütte 95 AU$;) ist ein sehr friedliches Campinggelände mit 2 km Flussufer und einem Garten, in dem verwaiste Wallabys herumhüpfen. Dick Perry, ein bekannter Angelexperte, veranstaltet geführte Touren, und es gibt auch einen Bootsverleih. Die Fischerhütte hat keine Klimaanlage und ist sehr schlicht mit einem französischen Bett und Stockbetten ausgestattet. Achtung: Die Bootsrampe war zur Zeit unseres Besuchs nicht benutzbar, sodass man sein eigenes Boot derzeit nicht zu Wasser lassen kann.

Pine Creek
381 EW.
Ein kurzer Abstecher führt vom Stuart Hwy nach Pine Creek. In der kleinen, staubigen Siedlung spielte sich einst ein frenetischer Goldrausch ab. Der Kakadu Hwy (Rte 21) zweigt hier vom Stuart Hwy ab und schafft eine Verbindung nach Cooinda und Jabiru, sodass Pine Creek eine praktische Basis zur Erkundung der Region ist.

◉ Sehenswertes & Aktivitäten
Railway Museum & Steam Train MUSEUM
(Railway Tce; Mai–Sept. Mo–Fr 10–14 Uhr) GRATIS
Das Museum von 1889 zeigt eine Ausstellung zur Eisenbahn von Darwin nach Pine Creek, die von 1889 bis 1976 in Betrieb war. Die liebevoll restaurierte Dampflok, die 1877

in Manchester gebaut wurde, steht in einem Schuppen neben dem Museum.

Umbrawarra Gorge
Nature Park
NATURSCHUTZGEBIET

(Karte S. 912; www.parksandwildlife.nt.gov.au/parks/find/umbrawarragorge) Rund 3 km südlich von Pine Creek beginnt am Stuart Hwy die 22 km lange Abzweigung zur hübschen Umbrawarra Gorge, wo ein sicheres Badeloch, ein kleiner Strand und ein einfacher **Campingplatz** (Stellplatz Erw./Kind 3,30/1,65 AU$) warten. Die holperige Zufahrtspiste Richtung Südwesten ist in der Trockenzeit gerade noch mit normalen Autos zu meistern und in der Regenzeit oft gar nicht zu passieren. Zudem heißt's reichlich Wasser und Mückenschutzmittel mitbringen.

🛌 Schlafen & Essen

Lazy Lizard Caravan
Park & Tavern
CAMPING $

(08-8976 1019; www.lazylizardpinecreek.com.au; 299 Millar Tce; Stellplatz ohne/mit Strom 17/30 AU$; 🐾) Der kleine, grüne Campingplatz am Lazy Lizard ist eigentlich viel weniger spektakulär als die coole Kneipe nebenan: Das Dach der bei den Einheimischen beliebten Bar wird von beschnitzten Eisenholzsäulen gestützt. Es gibt einen Billardtisch, und über den Sparren hängen Sättel. Aus der Küche kommt hochwertiges Kneipenessen (Hauptgerichte 18–35 AU$, geöffnet mittags & abends), z. B. große Steaks und Barramundi.

Pine Creek Railway Resort
BOUTIQUEHOTEL $$

(08-8976 1001; www.pinecreekrailwayresort.com.au; EZ/DZ 90/130 AU$, Hütte 150–170 AU$; 🅿️🐾) Dieses charmante Hotel hat moderne Einzel-, Doppel- und Familienzimmer, die stilvoll mit Roheisen, Stahl und Holz eingerichtet sind. Bei der Gestaltung des äußerst attraktiven Speiseraums mit Prägeblech und prächtigen Kronleuchtern an der Decke hat die Romantik einstiger Bahnreisen als Vorbild gedient. Das Menü (Hauptgerichte 22–30 AU$), u. a. Steak, Pasta, Rippchen und Risotto, ist allerdings modern.

KAKADU NATIONAL PARK & ARNHEM LAND

Zusammen mit den benachbarten Arnhem Land verkörpert der Kakadu National Park die bemerkenswerte Landschaft und das Kulturerbe des Top End. Beide Gebiete sind nicht nur Schatztruhen in Sachen Naturgeschichte und Aborigine-Kunst, sondern auch bedeutende Zentren der zeitgenössischen indigenen Kultur.

Kakadu National Park

Der Kakadu National Park ist weit mehr als ein Naturschutzgebiet: Auf lebhafte, lebendige Art bestätigt er auch die elementare Beziehung zwischen den indigenen Hütern und dem Land, das Letztere seit Jahrtausenden gepflegt, erduldet und respektiert haben. Seine fast 20 000 km² (ca. 200 km Nord nach Süd, 100 km von Ost nach West) beheimaten ein spektakuläres Ökosystem und eine unglaubliche Konzentration von uralter **Felskunst**. Je nach Jahreszeit wirkt der sich ständig wandelnde Landschaftsteppich vorübergehend verbrannt, überflutet, scheinbar karg oder unübersehbar fruchtbar.

In nur wenigen Tagen kann man hier Bootstrips auf extrem artenreichen Billabongs (periodisch wasserführenden Flussarmen) unternehmen, mithilfe indigener Führer 25 000 Jahre alte Felsbilder bewundern, in Naturpools unter herabstürzenden **Wasserfällen** baden und zwischen uralten Sandsteinfelsen hindurchwandern.

Zumindest in der Trockenzeit hat der Nationalpark aber einen gewissen Nachteil: Er ist extrem beliebt. So können die Resorts, Campingplätze und Felskunststätten stark überlaufen sein. Doch dank der riesigen Landschaftsfläche führt einen etwas Abenteuerlust schnell weg von den Touristenpfaden und hinein in die menschenleere Natur.

Der Arnhem Hwy und der Kakadu Hwy durchqueren den Park; beide Straßen sind asphaltiert und ganzjährig befahrbar. Die nur für Geländewagen geeignete Old Jim Jim Rd ist eine alternative Zufahrtsroute ab dem Arnhem Hwy, der 7 km südlich von Cooinda auf den Kakadu Hwy trifft.

Geografie

Das langgezogene Arnhem-Land-Plateau bildet die natürliche Grenze zwischen dem Kakadu National Park und dem Arnhem Land. Die 30 bis 200 m hohe Steilwand aus Sandstein zieht sich 500 km durch den östlichen und den südöstlichen Teil des Parks.

Flüsse rauschen über die Felsebene und stürzen in der Regenzeit in schäumenden Kaskaden in die Tiefe. Danach ergießen sie sich über das Flachland und überfluten die großen Feuchtgebiete im nördlichen Teil des Parks. Von Westen nach Osten heißen die

Kakadu National Park

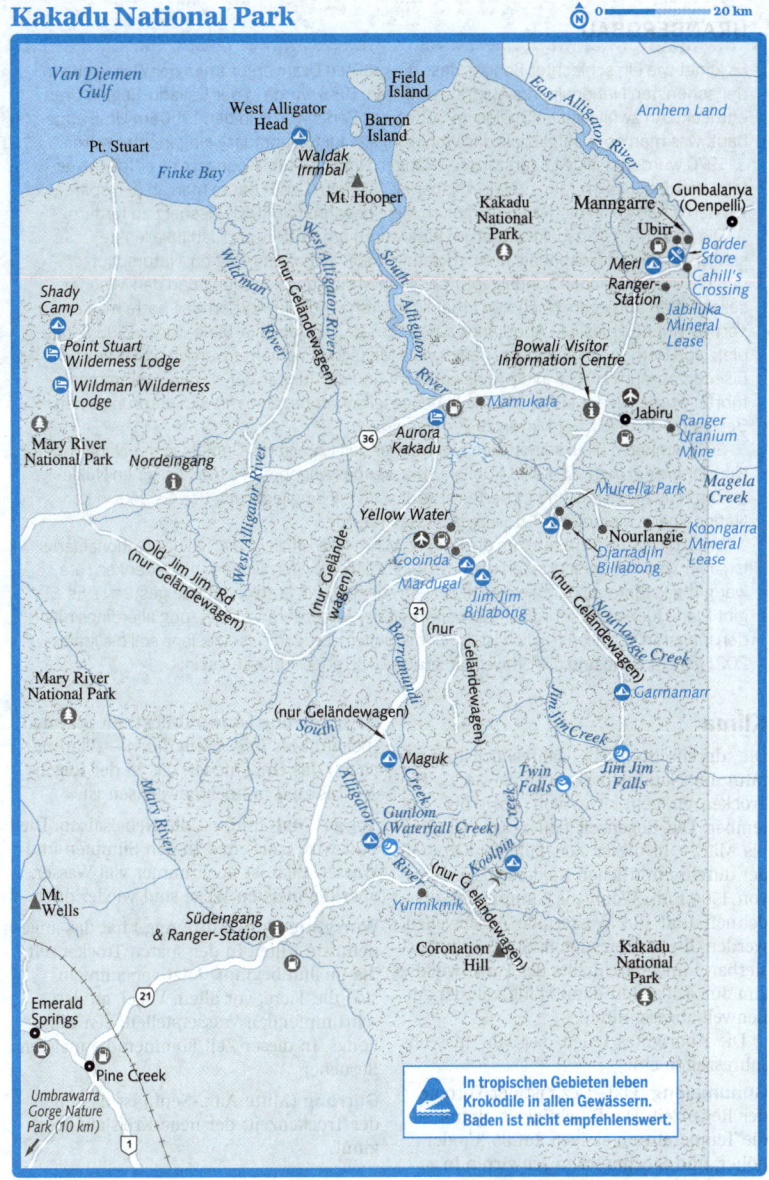

Flüsse Wildman, West Alligator, South Alligator und East Alligator (Letzterer markiert die Parkgrenze im Osten). Die Küstenregion ist über weite Strecken mit Mangrovensümpfen bedeckt. Sie sind extrem wichtig als Erosionsschutz und als Brutplatz für Vögel und jede Menge Meeresgetier. Der Südteil des Parks besteht aus trockenen Ebenen mit Gras und Eukalyptusbäumen.

Mehr als 80 % des Kakadu National Parks sind Savannenwaldgebiet. Insgesamt wachsen hier mehr als 1000 Pflanzenarten. Viele von ihnen dienen den Aborigines noch bis heute als Nahrung oder Medizin.

URANBERGBAU

Es klingt wie ein schlechter Scherz, dass die größten Uranvorkommen der Welt in einem der schönsten Nationalparks Australiens liegen. 1953 wurde in der Kakadu-Region Uran entdeckt. An zwölf kleinen Stellen im Süden des Parks wurde in den 1960ern Uran abgebaut, was man aber aufgab, als das Woolwonga Wildlife Sanctuary eingerichtet wurde.

1970 wurden riesige Lagerstätten – Ranger, Nabarlek und Koongarra – entdeckt, gefolgt von Jabiluka im Jahr 1971. Bei Nabarlek (Arnhem Land) baute man ab den späten 1970ern Uran ab; in der Ranger Uranium Mine begann man 1981, Eisenerz zu fördern.

Die gesamten Abbauaktivitäten im Park waren umstritten, und Jabiluka lenkte schließlich die internationale Aufmerksamkeit auf die Kakadu-Region. Naturschützer und die ursprünglichen Landeigentümer stellten sich der Regierung und den Minengesellschaften entgegen. Nachdem in Jabiluka Uran entdeckt worden war, hatte man einen Vertrag mit den hiesigen Aborigines ausgehandelt. Die Jabiluka-Mine wurde 1998 Schauplatz von Demonstrationen, bei denen viele Menschen verhaftet wurden. 2003 wurde Eisenerzabraum zurück in die Mine gebracht und der Tunnel, der zu den Vorkommen führte, wurde wieder aufgefüllt. Die Minengesellschaft begann, mit den ursprünglichen Besitzern, dem Volk der Mirrar, zu verhandeln.

2011 schlugen die traditionellen Eigentümer des Koongarra-Gebiets in der Nähe von Nourlangie ein mehrere Million Dollar umfassendes Angebot des französischen Nuklearkonzerns Areva aus und forderten stattdessen die Eingliederung des Gebiets in den Nationalpark, die Anfang 2013 abgeschlossen wurde.

Unterdessen entbrannte um die Ranger-Mine – die offiziell kein Teil des Nationalparks ist, aber von ihm umschlossen wird – 2014 ein Streit wegen Sicherheitsbedenken (u. a. war giftiges Material durch ein Leck ausgetreten und ein Luftschacht eingestürzt). Es gibt Pläne für eine unterirdische Erweiterung der Mine, deren Umsetzung allerdings nach den jüngsten Vorfällen fraglich ist. Nach der gegenwärtigen Gesetzeslage soll die Mine 2021 geschlossen und die Umweltsanierung 2026 abgeschlossen sein.

Klima

Die durchschnittliche Jahreshöchsttemperatur im Nationalpark liegt bei 34 °C. Die Trockenzeit geht etwa von April bis September. Die Regenzeit dauert von Oktober bis März – in dieser Zeit fällt der Großteil der durchschnittlichen Niederschlagsmenge von 1500 mm. Wenn die Sümpfe sich ausdehnen und die Wasserfälle anschwellen, werden die unbefestigten Straßen unpassierbar. Einige Highlights des Parks wie die Jim Jim Falls sind dann völlig von der Außenwelt abgeschnitten.

Die Aborigines teilen das Jahr in sechs Jahreszeiten ein:

Gunumeleng (Okt.–Dez.) ist der Vorbote der Regenzeit. Die Feuchtigkeit nimmt zu, die Temperaturen steigen auf 35 °C oder höher, und Stechmücken schwirren in unglaublichen Massen umher. Im November, wenn die Gewitter eingesetzt haben, füllen sich die Billabongs wieder, und die Wasservögel und Fische verteilen sich.

Gudjewg (Jan.–März) läutet die eigentliche Regenzeit mit heftigen Gewittern ein. Flora und Fauna gedeihen in dem heißen und feuchten Klima prächtig.

Banggerreng (April) drückt mit Stürmen (bekannt als *knock 'em down* – „Plattmacher") das Gras nieder, das in der Regenzeit bis zu 2 m hoch gewachsen ist.

Yegge (Mai–Juni) ist die Nebelsaison. Die Luft wird trockener. In den Sümpfen und Wasserfällen ist noch immer viel Wasser, aber die meisten Wege sind wieder offen.

Wurrgeng (Juni-Mitte Aug.) hat das angenehmste Klima in der späten Trockenzeit, die im Juli beginnt. Jetzt versammeln sich die Tiere, vor allem Vögel, an den schrumpfenden Wasserstellen, den Billabongs. In dieser Zeit kommen die meisten Besucher.

Gurrung (Mitte Aug.–Sept.) ist das Ende der Trockenzeit; der neue Kreislauf beginnt.

Tiere

In Kakadu leben zahlreiche Arten von Säugetieren (über 60), Vögeln (mehr als 280), Reptilien (ca. 120), Fröschen (25), Süßwasserfischen (55) und Insekten (min. 10 000). Bis auf Letztere bekommen Besucher aber nur einen kleinen Teil dieser Tiere zu Gesicht, da der Großteil scheu, nachtaktiv oder selten ist.

Vögel

Das wunderschöne Sumpfland mit seinen zahlreichen Wasservögeln ist ein Highlight des Nationalparks und zugleich landesweit eines der wichtigsten Rückzugsgebiete für Vögel wie Australische Zwergenten, Spaltfuß- oder Radjahgänse. Unter den anderen herrlichen Wasservögeln vor Ort sind Pelikane, Brolgakraniche und Australiens einzige Storchenart: der langschnäbelige Riesen- bzw. Großstorch mit seinen charakteristischen roten Beinen. Fisch- und Silberreiher, Kormorane, Schwarzmilane, Keilschwanzadler und -weihen kommen hier recht häufig vor. Bienenfresser, Eisvögel und vom Aussterben bedrohte Trappen bevölkern die offenen Waldflächen. An den Inlandsflüssen lassen sich majestätische Weißbauch-Seeadler blicken. Nachts ertönen u. a. das hundeartige Gebell des Kläfferkauzes oder die klagenden Laute der Triele. Der heisere Ruf des spektakulären Banks-Rabenkakadus gilt oft als typischer Sound des Nationalparks.

Rund 8 km südlich des South Alligator River liegt **Mamukala** am Arnhem Hwy. Dort warten ein 3 km langer Wanderweg, ein toller Beobachtungsbau und getarnte Unterstände auf Vogelfans.

Fische

Nicht zu übersehen sind die silberfarbenen Barramundis und die von ihnen verursachten typischen Wirbel unter der Wasseroberfläche. Diese berühmten Sportfische können über 1 m lang werden und wechseln im Alter von fünf oder sechs Jahren ihr Geschlecht: Aus Männchen werden Weibchen.

Säugetiere

In Kakadu National Park leben mehrere Arten von Kängurus und Wallabys. Das scheue Schwarze Bergkänguru kommt nur im Nationalpark und im Arnhem Land vor – unter den Felsüberhängen des Nourlangie Rock lassen sich einzelne ruhende Tiere beobachten. Bei Ubirr gibt's frühmorgens Kurzohr-Felskängurus zu sehen. In Waldgebieten kann man tagsüber eventuell Kurzkopfgleitbeutler oder einen scheuen Dingo erspähen. Von den 26 Fledermausarten des Parks sind vier vom Aussterben bedroht.

Reptilien

Die selten über 3 m langen Süßwasserkrokodile an den Twin und Jim Jim Falls haben schmale Schnauzen. Das gefährliche Leistenkrokodil bevölkert den ganzen Park.

Zu den anderen Reptilienarten im Kakadu National Park zählen die Kragenechse, elf Waranspezies und fünf verschiedene Süßwasserschildkröten, von denen die Siebenrock-Schlangenhalsschildkröte am weitesten verbreitet ist. Die vielen Schlangen des Parks sind zumeist nachaktiv und daher kaum zu sehen. Der großartige Oenpelli-Python wurde 1976 erstmals von Nicht-Aborigines gesichtet. Die sonderbare Arafura-Warzenschlange lebt in Billabongs und ist als Buschessen sehr gefragt. Sie hat einen eckigen Kopf, winzige Augen und eine schlaffe Haut mit kleinen, rauen Minischuppen (daher der Name). Zudem bewegt sie sich sehr langsam (an Land gar nicht), frisst nur einmal pro Monat und pflanzt sich nur alle zehn Jahre fort.

Felskunst

Der Kakadu National Park ist eine der größten und am besten zugänglichen Fundstellen von Felsmalereien: Sie sind an mehr als 5000 Stellen zu finden. Die ältesten Darstellungen entstanden vor 20 000 Jahren, die jüngsten vor zehn Jahren. Zu den allermeisten kommt man aber schlecht oder gar nicht. Ein Muss sind die Galerien am Ubirr Rock und am Nourlangie Rock, die auch sehr leicht zu erreichen sind.

Die Felsmalereien lassen sich grob in drei Perioden einteilen: die Prä-Ästuarperiode mit den frühesten Malereien bis vor ca. 6000 Jahren, die Ästuarperiode – als ein Anstieg des Meeresspiegels die heutigen Küsten entstehen ließ – mit 2000 bis 6000 Jahre alten Malereien und das Freshwater, das vor 2000 Jahren begann und bis in die Gegenwart reicht.

Für die hiesigen Aborigines stellen diese Stätten der Felskunst eine wichtige Quelle traditionellen Wissens dar und sind gewissermaßen ihre Archive. Heute hinterlassen die Aborigines nur noch selten Zeichnungen auf den Felsen, weil sie nicht mehr in Felshöhlen leben. Außerdem kennen sich nur noch wenige mit der Felsmalerei aus. Einige der älteren Zeichnungen, so glauben viele Aborigines, sollen von *mimi*-Geistern gemalt worden sein und im Zusammenhang mit Schöpfungslegenden und der Entwicklung des Rechts stehen.

Da die Malereien aus wasserlöslicher natürlicher Ockerfarbe bestehen, kann Wasser hier viel Schaden anrichten. Deshalb wurde über den Malereien an den Felsen eine durchsichtige Silikon-„Spur" angebracht, um sie vor Regen zu schützen. Da zu den zugänglichsten Stellen wöchentlich bis zu 4000 Besucher kommen, sind Holzstege gebaut worden. Auf diese Weise wird weniger Staub aufgewirbelt, und die Menschen halten einen angemessenen Abstand.

Geführte Touren

Dutzende Touren zum Kakadu National Park sind im Angebot; wenn möglich sollte man mindestens einen Tag im Voraus buchen. Viele Touren beginnen in Darwin. Die Veranstalter holen einen generell von der Unterkunft ab. Beachten sollte man die ausgezeichneten, kurzen, von Rangern geführten Touren und Aktivitäten, die im ganzen Park angeboten werden.

Kakadu Animal Tracks   KULTURTOUR
(0409 350 842; www.animaltracks.com.au; Erw./Kind 205/135 AU$) Der Veranstalter aus Cooinda bietet Touren mit einem Aborigine-Führer an, die eine Kombination aus Tiersafari und Kulturtour sind. Man sieht Tausende Vögel, darf Buschbeute jagen, ausnehmen, zubereiten und essen und grüne Ameisen vernaschen.

Arnhemlander Cultural & Heritage Tour   KULTURTOUR
(08-8979 2548; www.kakadutours.com.au; Erw./Kind 258/205 AU$) Das Aborigines gehörende und von ihnen geführte Unternehmen veranstaltet Touren im nördlichen Kakadu National Park und im Arnhem Land. Man sieht dabei uralte Felskunst, erlernt Fähigkeiten für das Leben im Busch und trifft örtliche Künstler im Injalak Arts Centre in Oenpelli.

Top End Explorer Tours   OUTDOOR-AKTIVITÄTEN
(08-8979 3615; www.kakadutours.net.au; Erw./Kind 230/170 AU$) Geländewagentouren in kleinen Gruppen zu den Jim Jim und den Twin Falls ab Jabiru und Cooinda.

Ayal Aboriginal Tours   KULTURTOUR
(0429 470 384; www.ayalkakadu.com.au; Erw./Kind 220/99 AU$) Bei den ganztägigen Nationalparktouren unter indigener Leitung beleuchtet der einheimische Ex-Ranger Victor Cooper die örtliche Kunst, Kultur und Natur.

Kakadu Air   PANORAMAFLÜGE
(1800 089 113, 08-8941 9611; www.kakaduair.com.au) Die 30-minütigen/einstündigen Flüge im Flugzeug kosten 150/250 AU$ pro Erw. Die Hubschrauberflüge sind zwar teurer, man sieht aber auch mehr; sie kosten zwischen 230 (20 Min.) und 650 AU$ (1 Std.) pro Person. Flüge über die Jim Jim Falls gibt es nur in der Regenzeit – die Aborigines als traditionelle Hüter des Landes verlangen nämlich, dass in der Trockenzeit „die Himmel ruhen".

Yellow Water Cruises   BOOTSTOUR
(1800 500 401; www.gagudju-dreaming.com) Bootstour auf dem South Alligator River und Yellow Water Billabong zur Beobachtung von Wildtieren. Die Tickets kauft man in der Gagudju Lodge in Cooinda; ein Shuttle-Bus bringt einen von dort zum Startpunkt der Tour. Zweistündige Touren (Erw./Kind 99/70 AU$) beginnen um 6.45, 9 und 16.30 Uhr; eineinhalbstündige (72/50 AU$) um 11.30, 13.15 und 14.45 Uhr.

Guluyambi Cultural Cruise   KULTURTOUR
(www.aptouring.com.au/KCT; Erw./Kind 72/48 AU$; Mai–Nov. 9, 11, 13 & 15 Uhr) Die von Aborigines geführte Flussfahrt startet an der stromaufwärts gelegenen Bootsrampe am East Alligator River nahe Cahill's Crossing. Von Einwohnern Darwins sehr empfohlen.

Praktische Informationen

Rund 200 000 Menschen besuchen den Kakadu National Park zwischen April und Oktober, man muss also an Stätten wie Ubirr und Yellow Water mit einem Andrang von Reisebussen rechnen. Am Besten verbringt man einige Zeit mit Campen und Buschwandern im Süden des Parks. Dieser Teil wird weniger besucht, ist aber unglaublich eindrucksvoll.

Für den Eintritt in den Park braucht man den 14 Tage gültigen Park Pass (Erw. 25 AU$, Kind frei). Den Pass holt man sich, zusammen mit dem ausgezeichneten Visitor Guide, im Bowali Visitor Information Centre, bei Tourism Top End (S. 909) in Darwin, bei der Gagudju Lodge in Cooinda (S. 925) oder dem Katherine Visitor Information Centre (S. 935). Den Pass sollte man immer bei sich haben, da Ranger Stichprobenkontrollen durchführen – wer nicht bezahlt hat, muss zusätzlich noch eine Geldstrafe entrichten. Benzin ist erhältlich im Kakadu Resort, in Cooinda und in Jabiru.

Die Unterkunftspreise im Kakadu National Park unterscheiden sich erheblich je nach Saison – während der Regenzeit können die Preise in den Resorts um bis zu 50 % fallen.

Das ausgezeichnete **Bowali Visitor Information Centre** (08-8938 1121; www.kakadunationalparkaustralia.com/bowali_visitors_center.htm; Kakadu Hwy, Jabiru; 8–17 Uhr) hat Ausstellungen, die einen durch das Land führen und die Ökologie des Gebiets aus der Perspektive der Aborigines und der Nicht-Aborigines erläutern. Das Zentrum liegt rund 2,5 km südlich der Kreuzung mit dem Arnhem Hwy; ein 1 km langer Wanderweg verbindet es mit Jabiru.

Eine tolle Website ist **Kakadu National Park** (www.kakadu.au); dort gibt es einen Besucherführer, eine Auflistung aktueller Events und Routenvorschläge zum Herunterladen.

Das Northern Land Council (S. 892) stellt Genehmigungen (Erw./Kind 18 AU$/frei) für den Besuch von Gunbalanya (Oenpelli) jenseits des East Alligator River aus.

❶ Anreise & Unterwegs vor Ort

Viele Traveller besuchen den Kakadu National Park im Rahmen einer Tour, die sie ohne größeres Gedränge zu den wichtigsten Attraktionen schafft. Es geht aber auch ganz bequem mit dem eigenen Auto, wenn man weiß, mit welchen Straßenbedingungen man zurechtkommt (die Jim Jim und Twin Falls sind beispielsweise nur mit Geländewagen zu erreichen).

Greyhound Australia (www.greyhound.com.au) betreibt einen Busservice (hin & zurück) von Darwin nach Jabiru (66 AU$, 3½ Std.).

Ubirr & Umgebung

Es braucht schon mehr als ein paar Busladungen Touristen, um die Anmut von **Ubirr** (☼ April–Nov. 8.30–Sonnenuntergang, Dez.–März ab 14 Uhr) zu stören. Mehrere Schichten von **Felskunst**, die in unterschiedlichen Stilen ausgeführt wurden und aus verschiedenen Jahrhunderten stammen, strahlen eine faszinierende Ruhe aus. Teile der Hauptgalerie lesen sich wie eine Speisekarte – mit Bildern von Kängurus, Schildkröten und Fischen im Röntgenstil, der vor etwa 8000 Jahren vorherrschend wurde. Noch älter sind die Zeichnungen der *mimi*-Geister: freche, dynamische Figuren, die, so der Glaube, als erste der Urahnen Zeichnungen auf den Felsen hinterließen (da es vor 8000 Jahren noch keine Hebekräne gab, stellt sich durchaus die Frage, wer, wenn nicht Geister, in dieser Höhe und in einem derartigen Winkel Zeichnungen anfertigte). Einen Blick wert sind die vor ca. 15000 Jahren entstandenen Kartoffelkopf-Figuren – der Körper eines Menschen oder eines Tieres mit einer Süßkartoffel als Kopf.

Zum Aussichtspunkt **Nardab Lookout** muss man von der Hauptgalerie aus mühsam 250 m nach oben klettern. Von dort überblickt man die Überflutungsebene und kann den Sonnenuntergang und den aufgehenden Mond beobachten – Sonne und Mond scheinen auf einer unsichtbaren Waage zu schweben: ein grandioser Anblick. Ubirr liegt 39 km nördlich des Arnhem Hwy und ist über eine befestigte Straße zu erreichen.

Unterwegs kommt man an der Abzweigung zum Campingplatz **Merl** (Erw./Kind 10 AU$/frei) vorbei, der nur in der Trockenzeit geöffnet ist und Sanitäranlagen und Grillstellen hat, und zum **Border Store** (☎ 08-8979 2472; Hauptgerichte 20–28 AU$; April–Nov. 8.30–20 Uhr), wo man Lebensmittel, echten Kaffee und leckere Thai-Gerichte kaufen kann (Benzin gibt's hier nicht).

🚶 Aktivitäten

Bardedjilidji Sandstone Walk
WANDERN & TREKKEN

Der Weg (2,5 km, 90 Min., leicht) beginnt am Parkplatz des Picknickplatzes und führt durch die Feuchtgebiete des East Alligator River und zu einigen erodierten Sandsteinbrocken der Klippen des Arnhem Land. Informative Schilder weisen auf Besonderheiten am Wegesrand hin.

Manngarre Monsoon Forest Walk
WANDERN & TREKKEN

Los geht's am Bootsanleger beim Border Store. Der Weg (hin & zurück 1,5 km, 30 Min., leicht) führt hauptsächlich an der Uferpromenade entlang und windet sich durch Schatten spendende Vegetation voller Palmen und Kletterpflanzen.

Sandstone & River Rock Holes
WANDERN & TREKKEN

Diese Verlängerung (6,5 km, 3 Std., mittelschwer) des Bardedjilidji Walk führt an Sandsteinfelsen, Niaouli-Baum-Sümpfen und Flüssen vorbei. In der Regenzeit geschlossen.

Jabiru

1129 EW.

Es mag überraschen, eine Stadt von der Größe und Struktur Jabirus in der Mitte einer Nationalparkwildnis zu finden – und sie existiert auch nur wegen der benachbarten Ranger Uranium Mine. Jabiru ist die Hauptversorgungsstation des Parks und verfügt über eine Bank, eine Zeitungsredaktion, Ärzte, einen Supermarkt, eine Bäckerei und eine Tankstelle. Man kann hier sogar eine Runde Golf spielen.

✦ Feste & Events

Mahbilil Festival KULTUR
(mahbililfestival.com) Anfang September gibt es eintägiges Fest der indigenen Kultur in Jabiru. Ausstellungen zeigen Werke örtlicher Künstler, und es gibt Vorführungen traditioneller Künste wie Weberei oder Malerei. Darüber hinaus gibt's Wettbewerbe im Speerwerfen, Didgeridoo-Blasen und im Braten von Spaltfußgänsen. Am Abend stehen dann indigene Musik und Tänze auf dem Programm.

🛏 Schlafen & Essen

★ Anbinik (Lakeview) Resort HÜTTEN $$
(☏ 08-8979 3144; www.lakeviewkakadu.com.au; 27 Lakeside Dr; Stellplatz mit Strom & Bad 40 AU$, Bungalow/DZ/Hütte 130/140/245 AU$; ❄ ☀) Die Aborigines gehörende Anlage ist eine der besten im Kakadu und verfügt über eine Reihe von Bungalows mit tropischem Design, die in üppigen Gartenanlagen stehen. Die Doppelzimmer haben Fernseher und Kühlschrank und teilen sich Gemeinschaftsküche, Bad und Wohnzimmer. Die „Buschbungalows" sind stilvoll, haben eine gehobene Safari-Ausstattung (aber keine Klimaanlage) und draußen ein eigenes Bad. In den Bungalows finden bis zu vier Personen Platz. Die Anlage bietet das mit Abstand beste Preis-Leistungs-Verhältnis in Jabiru.

**Aurora Kakadu Lodge &
Caravan Park** RESORT $$
(☏ 08-8979 2422, 1800 811 154; www.aurorareosrts.com.au; Jabiru Dr; Stellplatz ohne/mit Strom 28/40 AU$, Hütte ab 250 AU$; ❄ @ ☀) Das Resort ist eine der besten Campinganlagen im Ort. Sie bietet viel Gras, Bäume und natürliche Barrieren zwischen den Campingbereichen, die etwas Intimsphäre ermöglichen. Zu dem makellosen Resort gehört auch ein an eine Lagune erinnernder Swimmingpool. In den separaten Hütten finden bis zu fünf Personen Platz. Im hübschen Freiluftrestaurant isst man mit Blick auf den Pool. Die Karte ist kurz, aber die Gerichte, z. B. Büffelwürstchen, sind gut zubereitet.

**Mercure Kakadu
(Crocodile Hotel)** HOTEL $$$
(☏ 08-8979 9000; www.accorhotels.com; 1 Flinders St; DZ ab 310 AU$; ❄ ☎ ☀) Das vor Ort als „Croc" bekannte Hotel hat den Grundriss eines Krokodils, was natürlich nur aus der Luft oder bei Google Earth erkennbar ist. Die Zimmer sind sauber und komfortabel, wenn auch angesichts des Preises etwas langweilig (auf der Website gibt's aber tolle Sonderangebote). Am besten nimmt man ein Zimmer im Erdgeschoss mit direktem Zugang zum zentralen Pool.

Kakadu Bakery BÄCKEREI $
(Gregory Pl; Gerichte 6–15 AU$; ⊙ Mo–Fr 6–15, Sa 8–15.30, So 8–16 Uhr) Erstklassige, nach Wunsch belegte Sandwiches mit im Haus gebackenem Brot. Es gibt auch tolle Burger, Schnitten, warme Frühstücksgerichte, Pizzas, Kuchen und einfache Salate.

Jabiru Sports & Social Club KNEIPENKOST $$
(☏ 08-8979 2326; Lakeside Dr; Hauptgerichte 16–35 AU$; ⊙ Do–So 12–14, Di–Sa 18–20.30 Uhr) Neben dem Golfclub ist dieser lange Hangar der beste Ort, um mit Einheimischen bei einem Bier oder Glas Wein ins Gespräch zu kommen. Die Bistrogerichte, z. B. Steaks, Chicken Parma oder Fish & Chips, sind ordentlich, und es gibt eine Freiluftterrasse mit Blick über den See, einen Kinderspielplatz und Sport im TV.

Nourlangie

Beim Anblick dieses hoch aufragenden Felsvorsprungs an den Steilhängen des Arnhem Land versteht man plötzlich, warum er für die Aborigines eine so große Bedeutung hat. Der langgestreckte Felsen aus rotem Sandstein, der an manchen Stellen orange, weiß und schwarz gestreift ist, erhebt sich aus dem Wald und fällt an einer Seite in gestuften Klippen ab. Darunter findet sich die bekannteste Sammlung von **Felsenmalereien** im Kakadu National Park.

„Nourlangie" ist eine Abwandlung von *nawulandja*, einem Wort der Aborigines für ein Gebiet, das größer ist als der Berg selbst. Der 2 km lange Rundweg (geöffnet 8 Uhr–Sonnenuntergang) führt zuerst zum **Anbangbang Shelter**, der 20 000 Jahre lang als Zufluchtsort und Leinwand genutzt wurde. Danach ist die **Anbangbang Gallery** dran, die Dreaming-Figuren zeigt, die in den 1960er-Jahren nachgemalt wurden. Der männliche Nabulwinjbulwinj, ein gefährlicher Geist, der Frauen gefressen hat, nachdem er ihnen mit einer Wurzel auf den Kopf geschlagen hatte, ist gut zu erkennen. Von hier aus ist man schnell beim **Gunwarddehwarde Lookout** mit Blick auf den Arnhem-Land-Steilhang.

Der Nourlangie befindet sich am Ende einer 12 km langen, befestigten Straße, die vom Kakadu Hwy Richtung Osten abbiegt. 7 km südlich folgt die Abzweigung zum Campingplatz **Muirella Park** (Erw./Kind 10 AU$/frei) am **Djarradjin Billabong**. Dieser hat Grillplätze und sehr gute sanitäre Anlagen. Hier beginnt der 5 km lange **Bubba Wetland Walk**.

🏃 Aktivitäten

Nawurlandja Lookout WANDERN & TREKKEN
Nach einer mittelschweren Kurzwanderung (hin & zurück 600 m, 30 Min.) an einem allmählich ansteigenden Hang kann man hier den Sonnenuntergang zusammen mit einem großartigen Blick auf die Felslandschaft von Nourlangie genießen.

Anbangbang Billabong Walk WANDERN & TREKKEN
Dieser malerische Billabong befindet sich in der Nähe des Nourlangie. Die Picknicktische, die an seinem Ufer verteilt sind, machen ihn zu einem beliebten Plätzchen für die Mittagspause. Der Weg (2,5 km, 45 Min., leicht) umrundet den Billabong und führt durch einen Niaoulibaum-Sumpf.

Barrk Walk WANDERN & TREKKEN
Ein langer Tagesmarsch (Rundweg, 12 km, 5–6 Std., schwierig) durch das Nourlangie-Gebiet bringt einen weg von den Menschenmassen. „Barrk" wird das männliche Bergkänguru genannt, und wenn man früh genug unterwegs ist, kann man dieses scheue Beuteltier auch zu Gesicht bekommen. Im Bowali Visitor Information Centre kann man Broschüren mitnehmen.

Los geht's am Nourlangie-Parkplatz. Der anspruchsvolle Weg windet sich an der Anbangbang-Felskunst vorbei, bevor er steil auf den Nourlangie führt. Man überquert das flache Bergplateau und schlängelt sich an Sandsteinsäulen vorbei. Dann folgt man einem während der Regenzeit gefüllten Wasserlauf wieder nach unten. Der Weg geht am Fuß des Berges an der Nanguluwur Gallery und den westlichen Ausläufern vorbei, bevor er am Parkplatz endet.

Nanguluwur Gallery WANDERN & TREKKEN
Diese schöne Felskunststätte besuchen viel weniger Menschen als die von Nourlangie, weil der Weg (hin & zurück 3,5 km, 1½ Std., leicht) dorthin deutlich länger ist. Hier findet man Zeichnungen in sämtlichen Stilen, die im Park vertreten sind, beispielsweise sehr frühe dynamische Werke, Röntgenarbeiten und ein gutes Beispiel für „Kontakt-Kunst": das Bild eines Zweimasters, der ein Dinghi zieht.

Jim Jim Falls & Twin Falls

Einsam gelegen, aber spektakulär – diese beiden Wasserfälle sind der Inbegriff des rauen Top Ends. Die **Jim Jim Falls**, ein 215 m hoher Wasserfall, sind vor allem nach dem Regen unglaublich (dann kann man ihn vor von oben betrachten). Im Juni tröpfelt es hier nur noch mager. Die Twin Falls sind das ganze Jahr über schön (baden verboten!), wobei die Anreise an sich schon ein Highlight ist, denn dazu gehören eine kurze **Bootsfahrt** (Erw./Kind 12,50 AU$/frei, ⊙ 7.30–17 Uhr, letztes Boot 16 Uhr) und ein Steg über das Wasser.

Die berühmten Wasserfälle liegen an einem nur mit Jeeps befahrbaren Weg, der zwischen den Abzweigungen nach Nourlangie bzw. Cooinda nach Süden vom Kakadu Hwy abgeht. Die Jim Jim Falls sind ca. 56 km von der Abzweigung entfernt (der letzte Kilometer ist Fußweg); zu den Twin Falls sind es weitere 5 km. Die Strecke ist nur während der Trockenzeit befahrbar und kann bis Ende Mai geschlossen sein. Für die meisten Mietwagen ist sie tabu (das Kleingedruckte prüfen!). Einige Tourveranstalter fahren in der Trockenzeit hierher. Es gibt einen Campingplatz, **Garrnamarr** (Erw./Kind 10 AU$/frei), nahe den Jim Jim Falls.

Cooinda & Yellow Water

Cooinda ist bekannt für Touren (S. 922) durch ein Sumpfgebiet, das auch Yellow Water genannt wird und mittlerweile ein schickes Resort geworden ist. Etwa 1 km vom Resort entfernt befindet sich das **Warradjan Aboriginal Cultural Centre** (www.gagudji-dreaming.com; Yellow Water; ⊙ 9–17 Uhr), das die Entstehungsgeschichte erläutert und eine tolle Ausstellung zeigt, zu der Schlaghölzer, Zuckertütenhalter und Beispiele für Felskunst gehören. Besucher können sich über das Moiety-System (interne Gliederung der Stämme), über Sprachen und Skin-Groups informieren, und es gibt ein kleines Kino mit einer großen Filmauswahl. Im Hintergrund dudelt ein hypnotischer Soundtrack aus Gesängen und Digeridoo-Musik.

Die **Gagudju Lodge & Camping Cooinda** (☎ 1800 500 401; www.gagudju-dreaming.com; Cooinda; Stellplatz ohne/mit Strom 38/50 AU$, B

57 AU$, Budget/Lodge Zi. ab 75/310 AU$; ❄ @ ☒) ist das beliebteste Resort im Park, eine moderne Oase. Aber auch die 380 Stellplätze sind schnell ausgebucht! Bewohner der günstigen Wohneinheiten mit Klimaanlage teilen sich die sanitären Anlagen mit den Campingplatzbewohnern. Die Wohneinheiten sind kompakt und recht komfortabel. Die Zimmer für bis zu vier Personen in der Lodge sind geräumig und gemütlich. Es gibt auch einen Lebensmittelladen, einen Tourbuchungsschalter, eine Zapfsäule und die hervorragende **Barra Bar & Bistro** (☏1800 500 401; www.gagudji-dreaming.com; Cooinda; Hauptgerichte 15–36 AU$; ⊘ganztägig) unter freiem Himmel.

Die Abzweigung zum Cooinda-Resort und zu den Yellow-Water-Sümpfen kommt 47 km hinter der Arnhem-Hwy-Kreuzung auf dem Kakadu Hwy in Sicht. Abseits des Kakadu Hwy, 2 km südlich der Abzweigung nach Cooinda, liegt der einfache **Campingplatz Mardugal** (Erw./Kind 10 AU$/frei) – ein schöner, ganzjährig betriebener Platz mit Duschen und Toiletten.

Von Cooinda nach Pine Creek

Obwohl dieser südliche Parkteil weitaus weniger Tourbusse verzeichnet, hat man das traumhafte **Maguk** (Barramundi Gorge; 45 km südlich von Cooinda) wohl kaum ganz für sich allein. Wer jedoch der 10 km langen, holprigen Geländewagenpiste dorthin zur richtigen Zeit folgt, trifft an dem herrlichen Naturbecken mit Wasserfall eventuell nur wenige andere Besucher. Allradantrieb empfiehlt sich auch für die unbefestigte Abzweigung zum Wasserfall **Gunlom** (Waterfall Creek; 37 km), die etwa 40 km weiter südlich beginnt. Am Ende warten eine Steilkante mit dem Wasserfall, ein Badeloch, ein Campingplatz und der steile Waterfall Walk (1 km, 1 Std.) mit einer grandioser Aussicht.

Arnhem Land

Das Arnhem Land ist eine riesige, überwältigende und mysteriöse Ecke des Northern Territory. Das Aborigine-Reservat hat etwa die Größe des Bundesstaats Victoria und nur ca. 17 000 Bewohner, von denen die meisten Yolngu sind. Es ist eines der größten unberührten Wildnisgebiete Australiens. Die meisten Menschen hier leben in entlegenen Siedlungen und verbinden traditionelle Lebensweisen mit modernen. Sie gehen z. B. auf die Jagd, sind aber rechtzeitig zu den 18-Uhr-Nachrichten zurück. Dass zu viel Kommerzielles oder zu viele Besucher in das Gebiet kommen, verhindert das Genehmigungssystem. Damit sollen die Umwelt, die Felskunst und die Zeremonienplätze geschützt werden. *Balanda* (Weiße) kennen die Stellen der Begräbnis- und Zeremonienstätten nicht. Man muss einen genauen Grund (z. B. den Besuch eines Kunstzentrums) angeben können, um eine Genehmigung zu erhalten. Wer so weit ins Land reist, dass eine Übernachtung nötig wird, muss sich eine Unterkunft organisieren (und die sind knapp!). Problemlos kommt man aber im Rahmen einer Tour oder auf eigene Faust nach Gunbalanya (Oenpelli) gleich hinter der Grenze und zum dortigen Kunstzentrum. Alles andere besucht man besser auf einer Tour; die Organisatoren kümmern sich dann um alles.

👉 Geführte Touren

Arnhemlander Cultural & Heritage Tour TOUR
(☏1800 665 220; www.aptouring.com.au/KCT; Erw./Kind 258/205 AU$) Geländewagentouren zu alten Felskunststätten, zum Inkiyu Billabong und zum Injalak Art Centre in Gunbalanya (Oenpelli).

Davidson's Arnhemland Safaris TOUR
(☏08-8979 0413; www.arnhemland-safaris.com) Mit diesem erfahrenen Anbieter geht's nach Mt. Borradaile nördlich von Oenpelli. Der Tagespreis (750 AU$) beinhaltet das Übernachten in einem Safaricamp, alle Mahlzeiten, Angeln und geführte Touren. Bei Bedarf sind Shuttles ab Darwin möglich.

Venture North Australia TOUR
(☏08-8927 5500; venturenorth.com.au; Tour 4/5 Tage 2590/2890 AU$) Die Jeeptouren in abgelegene Gebiete werden von Felskunst-Experten geführt. Es gibt auch ein Safaricamp nahe Smith Point auf der Cobourg Peninsula.

Lord's Kakadu & Arnhemland Safaris TOUR
(☏08-8948 2200; www.lords-safaris.com; Erw./Kind ab Jabiru 225/180 AU$, ab Darwin 255/195 AU$) Die Tagestouren ins Arnhem Land (Gunbalanya) haben auch Oenpelli zum Ziel, wo die Felskunststätte Injalak Hill zu Fuß unter indigener Leitung umrundet wird.

Nomad Tours TOUR
(☏08-8987 8085; www.banubanu.com; halber/ganzer Tag pro Pers. 250/380 AU$) Luxus-Touren

für kleine Gruppen, darunter Angeltouren per Boot, Geländewagen- und Kulturtouren. Die An- und Abholung sowie geführte Aktivitäten gibt's gegen Aufpreis.

Gove Diving & Fishing Charters ANGELN
(08-8987 3445; www.govefish.com.au) Angeln (halber/ganzer Tag 225/325 AU$), Tauchen, Schnorcheln und Wildnistouren ab Nhulunbuy.

Gunbalanya (Oenpelli)
1121 EW.

Gunbalanya ist eine kleine Aborigine-Gemeinde im Arnhem Land, die 17 km vom Border Store im Kakadu National Park entfernt auf der anderen Seite des East Alligator River liegt. Schon die Fahrt durch leuchtend grünes Sumpfland und vorbei an tollen Felsformationen lohnt sich. Die Straße ist nur zwischen Mai und Oktober passierbar. Vor dem Aufbruch sollte man nachfragen, wann am Cahill's Crossing am East Alligator River Flut ist, damit man auch wirklich auf die andere Seite kommt.

Um den Ort zu besuchen, braucht man eine Genehmigung. Diese wird in der Regel für eine Stippvisite des **Injalak Arts & Crafts Centre** (08-8979 0190; www.injalak.com; Mo-Fr 8–17, Sa 9–14 Uhr) ausgestellt. In dem Zentrum werden traditionelle Gemälde auf Baumrinde und Papier, Didgeridoos, Gewebtes und Korbwaren aus den Fasern des Schraubenbaums sowie im Siebdruckverfahren bedruckte Stoffe verkauft, die Künstler und Kunsthandwerker vor Ort oder in abgelegenen Filialen überall im Arnhem Land herstellen.

Wenn man um die Veranda des Kunstzentrums herumläuft, kann man die Künstler bei ihrer Arbeit beobachten (nur vormittags). Hinter dem Zentrum schweift der Blick weit über das Sumpfland zu den Felsformationen und zum **Injalak Hill** (Long Tom Dreaming). Erfahrene Einheimische leiten Touren zu den hiesigen Felskunststätten. Die zweistündige Führung kostet für Erwachsene/Kinder 110/33 AU$. Es ist zwar möglich, sich vor Ort einer Gruppe anzuschließen, aber am besten bucht man die Tour schon in Jabiru oder Darwin.

Das **Stone Country Festival** ist ein Kulturfest und Tag der offenen Tür im August. Es gibt traditionelle Musik, Tänze und Kunsthandwerksvorführungen. Dies ist der einzige Tag, an dem man Gunbalanya ohne Genehmigung besuchen kann. Campen ist erlaubt, aber Alkohol verboten. Den Termin erfährt man online.

Das **Northern Land Council** (1800 645 299, 08-8938 3000; www.nlc.org.au; 3 Government Bldg, Flinders St, Jabiru; Mo–Fr 8–16.30 Uhr) stellt die Genehmigungen (Erw./Kind 16,50 AU$/frei) für den Besuch von Injalak üblicherweise an Ort und Stelle aus. Hier erfährt man auch die Gezeitentermine des East Alligator River, der bei Flut unpassierbar ist.

Cobourg Peninsula

Die Wildnis dieser Halbinsel sowie die angrenzenden Meeresgebiete gehören zum **Garig Gunak Barlu National Park** (www.parksandwildlife.nt.gov.au/parks/find/garig-gunak). Im türkisfarbenen Wasser sichtet man sehr wahrscheinlich Delfine und Schildkröten. Außerdem kann man prima Riesenfederflosser angeln – deshalb kommen die meisten Menschen hierher. An der Küste vor **Port Essington** finden sich Ruinen und Grundsteine der Siedlung Victoria – Großbritanniens Versuch, hier 1838 einen Militärposten einzurichten.

In **Algarlarlgarl** (Black Point) gibt's eine **Ranger-Station** (08-8979 0244) mit einem Besucher- und Kulturzentrum und dem **Garig Store** (08-8979 0455; Mo–Sa 16–18 Uhr), der Grundnahrungsmittel, Eis und Campinggas verkauft.

Um die Peninsula zu besuchen, braucht man zwei Genehmigungen: den Transit Pass (12,10 AU$/Auto) zur Fahrt über Aborigine-Land kriegt man im Northern Land Council (S. 892); die Erlaubnis, über Nacht im Park zu bleiben, gibt's beim **Cobourg Peninsula Sanctuary & Marine Park Board** (08-8999 4814; www.parksandwildlife.nt.gov.au/parks/find/gariggunak). Die Übernachtungsgebühr beträgt 232,10 AU$ pro Fahrzeug; sie gilt für fünf Personen und sieben Tage und beinhaltet Campen und den Transit Pass.

Es gibt hier zwei Campingplätze mit Duschen, Toiletten, Grills und einem begrenzten Vorrat an Brunnenwasser. In einer Ecke sind auch Generatoren erlaubt. Die Campinggebühren (16,50 AU$/Pers. & Tag) sind in der Fahrzeuggebühr enthalten, aber wer mit dem Flugzeug anreist, muss sie noch bezahlen. Weitere – teurere – Übernachtungsmöglichkeiten gibt es im Angelresort.

ⓘ An- & Weiterreise

Am schnellsten kommt man mit einem Charterflieger her, was von den Unterkunftsanbietern organisiert werden kann. Die Straße nach Cobourg beginnt in Gunbalanya (Oenpelli) und ist nur per Jeep und nur von Mai bis Oktober befahrbar. Die 270 km lange Fahrt nach Black Point vom East Alligator River aus dauert vier Stunden.

Östliches Arnhem Land

Die schöne, wilde Küste und das Hinterland des **östlichen Arnhem Land** (www.ealta.org) sind absolut abgelegen. Rund 4000 Menschen leben in Nhulunbuy, der größten Siedlung der Region, die der Bauxit-Mine wegen hier errichtet wurde. Die Pläne von 1963, hier eine Mangan-Mine anzulegen, stießen bei den Yolngu, den traditionellen Eigentümern, auf heftigen Protest. Obwohl der Abbau dann trotzdem vorangetrieben wurde, war der Fall ein bedeutender Schritt zur Durchsetzung der Landrechte der Aborigines. Auch einige der schönsten Kunsthandwerksgegenstände stammen aus der Region, u. a. Rindenmalereien, *mimi*-Figuren, *yidaki* (Didgeridoos), Flechtkörbe und -matten sowie Schmuck.

Das **Buku Larrnggay Mulka Art Centre & Museum** (www.yirrkala.com; Yirrkala; Eintritt gegen Spende; Mo–Fr 8–16.30, Sa 9–12 Uhr), 20 km südöstlich von Nhulunbuy in Yirrkala, ist eines der besten Zentren im Arnhem Land. Für einen Besuch von Nhulunbuy oder vom Gove Airport aus braucht man keine Genehmigung.

Im August findet das **Garma Festival** (www.yyf.com.au), ein viertägiges Fest im nordöstlichen Arnhem Land statt. Es ist eines der wichtigsten regionalen Feste zur Feier der Yolngu-Kultur. Dazu gehören Zeremonien, Buschkunde, eine *yidaki*- (Didgeridoo-)Meisterklasse und ein akademisches Forum. Man muss einen Besuch hier richtig gut planen, also besser frühzeitig damit anfangen!

Für die Fahrt durch das Arnhem Land muss man sich beim Northern Land Council (S. 892) eine (kostenlose) Genehmigung holen. Die **Dhimurru Land Management Aboriginal Corporation** (08-8987 3992; www.dhimurru.com.au; Arnhem Rd, Nhulunbuy) stellt Urlaubsgenehmigungen (7 Tage/2 Monate 35/45 AU$) für den Besuch von bestimmten Erholungsgebieten im östlichen Arnhem Land aus.

❶ An- & Weiterreise

Airnorth (1800 627 474; www.airnorth.com.au) und Qantaslink (S. 910) fliegen von Darwin täglich zum Gove Airport (nach Nhulunbuy; einfache Strecke ab 355 AU$). Overland bewältigt die Strecke mit einer zehnstündigen Geländewagenfahrt, die nur in der Trockenzeit möglich ist. Der Central Arnhem Hwy nach Gove verlässt den Stuart Hwy (Rte 87) 52 km südlich von Katherine. Zur Zeit der Recherche bot **Sea Swift** (08-8935 2400, 1800 424 422; www.seaswift.com.au) eine Schiffspassage von Darwin nach Gove auf einem Lastkahn an.

Uluru & Outback des NT

Inhalt ➡
Katherine 932
Nitmiluk (Katherine Gorge) National Park 935
Mataranka & Elsey National Park 939
Tennant Creek 942
Alice Springs 944
MacDonnell Ranges ... 955
Red Centre Way (Mereenie Loop) 963
Kings Canyon & Watarrka National Park 964
Uluru-Kata Tjuta National Park 967

Gut essen

➡ Savannah Bar & Restaurant (S. 933)

➡ Epilogue Lounge (S. 952)

➡ Hanuman Restaurant (S. 952)

➡ Piccolo's (S. 952)

Schön übernachten

➡ Nitmiluk National Park Campground (S. 937)

➡ Territory Manor Motel & Caravan Park (S. 940)

➡ Alice in the Territory (S. 951)

➡ Elkira Court Motel (S. 951)

Auf zum Uluru & ins Outback!

Der abgelegene und überwiegend ungezähmte Teil des Northern Territory (NT) zwischen Darwin und dem Uluru ist ein Gegend, wo Träume enden und Abenteuer beginnen. Wer auf Offroad steht, echte Charaktere des australischen Outback treffen und uraltes Land mit Schluchten, Klammen und Busch kennenlernen möchte, ist hier richtig.

Der Stuart Hwy von Katherine nach Alice Springs wird noch immer als „the Track („der Weg") bezeichnet, seit er im Zweiten Weltkrieg als unbefestigte Straße die beiden größten Städte des NT miteinander verband, ungefähr entlang der Overland Telegraph Line. Der Stuart Hwy verläuft die meiste Zeit schnurgerade. Das Red Centre ist das Herz des fünften Kontinents. Neben dem weltbekannten Uluru und den Kata Tjuta ist die Central Desert Heimat einer rätselhaften Kultur, die bis heute außergewöhnliche abstrakte Kunst hervorbringt. Alice Springs, die Stadt im Herzen des Kontinents, begeistert Reisende mit allerlei schrägen Angeboten, Pioniergeist und windgepeitschten Bergen.

Reisezeit
Alice Springs

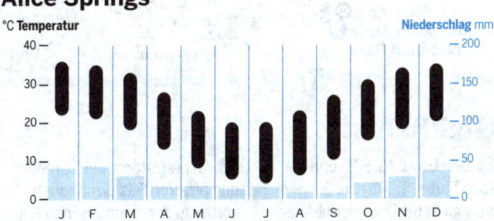

April–Aug. Hauptsaison mit kühleren Temperaturen im Red Centre.

Juni & Juli Festival-Saison: Beanie Festival und Camel Cup in Alice Springs.

Sept.–März In Alice Springs ist es heiß, heiß, heiß. In Katherine sorgen Stürme für etwas Abkühlung.

Highlights

1 Den **Uluru** (S. 971) und die **Kata Tjuta** (S. 973) bei Sonnenuntergang bestaunen; mit Anangu-Guides die spirituelle Seite dieser Felsen entdecken

2 Im **Nitmiluk (Katherine Gorge) National Park** (S. 935) im Kanu unter den sich steil erhebenden Sandsteinwänden entlangpaddeln

3 An prähistorischen Farnen und bizarren Felsformationen vorbei zu den dramatischen Klippen des **Kings Canyon** (S. 964) wandern

4 Bei **Mataranka** (S. 939) in den Thermalquellen relaxen

5 Eukalyptusbäume, Wellensittiche und Wallabys in den Spalten, Schluchten und Wasserlöchern des **West MacDonnell National Park** (S. 961) bestaunen

6 Zwischen den prekär balancierenden Felsbrocken der **Devil's Marbles** (S. 943) umherspazieren

7 **Alice Springs** (S. 944) erkunden und einige der besten indigenen Kunstwerke Central Australias bewundern

Geschichte

Im Abschnitt „Geschichte" zu Beginn des Kapitels „Darwin & Umgebung" gibt es Informationen zur Geschichte des Northern Territory.

Indigenes Northern Territory

Im Abschnitt „Indigenes Northern Territory" zu Beginn des Kapitels „Darwin & Umgebung" gibt es nähere Informationen zur Geschichte der indigenen Bevölkerung im Northern Territory.

Nationalparks

Das Outback des Northern Territory beherbergt einige der berühmtesten Naturgebiete Australiens, beispielsweise den Uluru-Kata Tjuta National Park und den West MacDonnell National Park.

Parks Australia verwaltet den Uluru-Kata Tjuta National Park; die Parks & Wildlife Commission of the Northern Territory verwaltet die anderen Parks. Letztere gibt Infoblätter heraus, die online oder in den Büros der Commission erhältlich sind.

Aktivitäten

Buschwandern

Die Nationalparks des Northern Territory verfügen über gut ausgebaute Wanderwege unterschiedlicher Länge und unterschiedlichen Schwierigkeitsgrads, die Wanderer in die vielfältigen Landschaften und Lebensräume der wildlebenden Tiere führen. Wer hier unterwegs ist, sollte viel Wasser mitbringen, den Müll wieder mitnehmen, und die markierten Wege nicht verlassen.

Zu den besten Wandergebieten gehören: der Jatbula Trail im Nitmiluk (Katherine Gorge) National Park, Ormiston Pound in den West MacDonnell Ranges, Trephina Gorge in den East MacDonnell Ranges und das Valley of the Winds in den Kata Tjuta.

Naturbeobachtung

Der beste Ort, um Wildtiere – von Kaninchennasenbeutlern bis zu Emus – zu sehen, ist der wirklich hervorragende Alice Springs Desert Park.

Wer Tiere lieber in freier Wildbahn beobachten möchte, muss einige Mühe auf sich nehmen: Viele Tiere der Region sind nachtaktiv. Im kargen Zentrum des NT lassen sich Wallabys, Reptilien und Adler blicken. Glück haben kann man auch in den West MacDonnell Ranges und im Watarrka (Kings Canyon) National Park.

Praktische Informationen

INFOS IM INTERNET

Die **Parks & Wildlife Commission of the Northern Territory** (08-8999 4555; www.parksandwildlife.nt.gov.au) hat detaillierte Informationen zu Nationalparks und Naturschutzgebieten im NT, einschließlich Infoblättern.

Travel NT (www.travelnt.com) ist die offizielle Tourismus-Website.

GENEHMIGUNGEN FÜR ABORIGINE-LAND

Außer auf anerkannten öffentlichen Straßen, die Aborigine-Gebiete durchqueren, ist für das Betreten von Aborigine-Land eine Genehmigung erforderlich.

Der **Central Land Council** (www.clc.org.au) kümmert sich um die Gebiete südlich der virtuellen Linie zwischen Kununurra (Western Australia) und Mt. Isa (Queensland). Büros gibt es in Alice Springs (S. 954) und Tennant Creek (08-8962 2343; www.clc.org.au; 63 Paterson St, Tennant Creek).

Der **Northern Land Council** (www.nlc.org.au) ist verantwortlich für die Gebiete nördlich der virtuellen Linie zwischen Kununurra (Western Australia) und Mt. Isa (Queensland). Eine Zweigstelle gibt es in Katherine (Karte S. 934; 08-8971 9802; 5 Katherine Tce).

Anreise & Unterwegs vor Ort

AUTO

Im Abschnitt „Auto" im Kapitel „Darwin & Umgebung" gibt's Informationen zum Thema Autofahren im Northern Territory

BUS

Busse von Greyhound Australia (S. 955) fahren regelmäßig über die Hauptstraßen durch das gesamte Territory; sie halten in Katherine, Tennant Creek und Alice Springs.

Eine Alternative sind Bustourveranstalter wie AAT Kings sowie Backpackerbusse, die lange Strecken fahren und unterwegs Sehenswürdigkeiten abklappern.

FLUGZEUG

Inlandsflüge starten und landen auf dem **Alice Springs Airport** (08-8951 1211; www.alicespringsairport.com.au; Santa Teresa Rd). Es gibt außerdem Verbindungen zwischen Darwin, Alice Springs und dem Ayers Rock Airport in der Nähe des Uluru.

Qantas (13 13 13, 08-8950 5211; www.qantas.com.au) fliegt regelmäßig zwischen Alice Springs und Sydney, Melbourne, Adelaide, Perth, Darwin, Cairns und Brisbane. Qantas bietet außerdem Flüge zum Uluru.

Virgin Australia (13 67 89; www.virginaustralia.com) fliegt zwischen Sydney und dem Uluru sowie Alice Springs, Darwin und Adelaide.

Jetstar (www.jetstar.com) fliegt vom Uluru nach Melbourne und Sydney; es gibt auch Direktflüge.

ZUG
Im Abschnitt „Zug" im Kapitel „Darwin & Umgebung" gibt's Informationen zum *Ghan*-Zug, der zwischen Adelaide und Darwin verkehrt.

KATHERINE
9187 EW.

In diesem Teil der Welt gilt Katherine als große Stadt, und wer gerade die lange Fahrt über den Highway von Alice Springs aus hinter sich hat, ist auch wirklich froh, endlich irgendwo anzukommen. Der namensgebende Fluss ist der erste permanente Wasserlauf an der Straße nördlich von Alice Springs. Am bekanntesten ist Katherine wohl wegen des östlich des Ortes gelegenen Nitmiluk (Katherine Gorge) National Park. Wer den besuchen möchte, findet in Katherine ein ideales Basislager mit Unterkünften.

◉ Sehenswertes & Aktivitäten

Godinymayin Yijard Rivers Arts & Culture Centre
GALERIE

(☎ 08-8972 3751; www.gyracc.org.au; Stuart Hwy, Katherine East; ⊙ Di-Fr 10-17 Uhr, Sa bis 15 Uhr) Dieses überwältigende neue Kunst- und Kulturzentrum in Katherine befindet sich in einem wunderschönen zeitgenössischen Gebäude, das sich selbst zu einer Sehenswürdigkeit entwickelt hat. Das Zentrum soll ein Treffpunkt für indigene und nicht-indigene Bewohner werden, ein Raum zum Kulturaustausch. Besucher können Einheimischen zuhören, die auf Multimediawänden ihre Geschichte erzählen. Besucher sollten dieses Zentrum auf keinen Fall verpassen. Es liegt 1 km südlich von Katherine, gleich hinter dem öffentlichen Schwimmbad.

Das Zentrum beherbergt außerdem eine wunderschöne Galerie, die Kunstwerke aus dem Northern Territory zeigt, sowie einen Veranstaltungssaal für Theater und Co., in dem bis zu 400 Personen Platz finden.

Top Didj Cultural Experience & Art Gallery
GALERIE

(☎ 08-8971 2751; www.topdidj.com, http://topdidj.com/files/Cultural-Experience_German.pdf; Ecke Gorge & Jaensch Rd; Kulturerfahrung Erw./Kind/Fam. 65/45/200 AU$; ⊙ Kulturerfahrung So-Fr 9.30 & 14.30, Sa 9.30 & 13.30 Uhr) Die Inhaber der Katherine Art Gallery geben Besuchern hier eine gute Möglichkeit, Aborigine-Künstler bei der Arbeit zu beobachten. Die „Kulturerfahrung" umfasst eigenhändiges Speerwerfen, Malen, Korbflechten und die Benutzung von Feuerstöcken.

Katherine Museum
MUSEUM

(Karte S. 934; ☎ 08-8972 3945; www.katherinemuseum.com; Gorge Rd; Erw./Kind 10/4 AU$; ⊙ 9-16 Uhr) Das Museum befindet sich im alten Flughafenterminal, etwa 3 km von der Stadt entfernt, an der Straße Richtung Schlucht. Hier lässt sich der echte Gypsy-Moth-Doppeldecker von Dr. Clyde Fenton, dem ersten Flying Doctor, besichtigen. Außerdem sieht man einige weitere interessante alte, rostige Maschinen. Historische Fotos und eine Tafel zur Flut von 1998 gibt es ebenfalls.

☞ Geführte Touren

Gecko Canoeing & Trekking
OUTDOOR-AKTIVITÄTEN

(☎ 1800 634 319, 0427 067 154; www.geckocanoeing.com.au) Die tollen geführten Kanutrips folgen den einsameren Abschnitten des Katherine River (860 AU$/3 Tage) oder alternativ dem Daly und Katherine River (1600 AU$/6 Tage). Im Angebot sind auch Treks entlang des Jatbula Trail im Nitmiluk National Park (1600 AU$/5 Tage). Wer den Jatbula Trail abwandert, kann sich zudem von Leliyn aus zurück nach Katherine oder zur Verwaltung des Nitmiluk National Park bringen lassen. Mindestteilnehmerzahl bei allen Optionen!

Crocodile Night Adventure
BOOTSFAHRT

(☎ 1800 089 103; www.travelnorth.com.au; Erw./Kind 75/49 AU$; ⊙ Mai-Okt. 18.30 Uhr) Bei den abendlichen Bootsfahrten vom Springvale Homestead aus beobachtet man Krokos und anderes nächtliches Tierleben am Katherine River. Der Preis beinhaltet Getränke und Essen vom Grill.

Travel North
SEHENSWÜRDIGKEITEN

(Karte S. 934; ☎ 08-8971 9999, 1800 089 103; www.travelnorth.com.au; 6 Katherine Tce, Transit Centre) Dieser Touranbieter mit Sitz in Katherine veranstaltet dort ganztägige Stadtführungen. Hinzu kommen Touren nach Kakadu, Arnhem Land und Litchfield. Die Firma bucht außerdem Tickets für Greyhound und den *Ghan*.

✦ Feste & Events

Katherine Country Music Muster
MUSIK

(www.kcmm.com.au; Erw./Kind 35 AU$/frei ⊙ Mai od. Juni) „Wir mögen beide Musikrichtungen:

Country und Western." Reichlich davon gibt's live in den örtlichen Pubs – ergänzt durch Unterhaltung im Lindsay Street Complex (Tick Market) am selben Wochenende. Die Website informiert über aktuelle Termine.

Schlafen

Coco's Backpackers HOSTEL $
(Karte S. 934; 08-8971 2889; coco@21firstst. com.au; 21 First St; Camping 20 AU$/Pers., B 35 AU$) Traveller lieben dieses Hostel. Die mit indigener Kunst dekorierten Wände und die Didgeridoos in der Blechhütte nebenan sorgen für eine echte Katherine-Erfahrung. Der Besitzer des umgebauten Wohnhauses unterhält sich gern mit seinen Gästen und gibt sachliche Hinweise zur Stadt und zur Umgebung. Viele Aborigine-Künstler kommen hierher, um Didgeridoos zu bemalen.

Katherine Low Level Caravan Park WOHNWAGENPARK $
(08-89723962; http://katherine-low-level-caravan -park.nt.big4.com.au; Shadforth Rd; Stellplatz ohne/ mit Strom 37/40 AU$, Safarizelt 90 AU$;) Tolle Extras machen den gepflegten Wohnwagenpark zum besten von mehreren vor Ort: Hier gibt's viele schattige Stellplätze und einen Pool, der an eine Bar und ein Bistro (Hauptgerichte 22–27 AU$) unter einem herrlichen Feigenbaum grenzt. Um ab der Stadt hierherzukommen, dem Victoria Hwy folgen (ca. 5 km) und die Low Level Bridge überqueren!

Knott's Crossing Resort MOTEL $$
(Karte S. 934; 08-8972 2511; www.knottscros sing.com.au; Ecke Cameron & Giles Sts; Stellplatz ohne/mit Strom 27/43 AU$, Hütte/Motel-DZ ab 110/160 AU$;) Die wahrscheinlich beste Unterkunft in Katherine. Das Motel sehr professionell geführt. Hier gibt es Zimmer für unterschiedlich dicke Geldbeutel sowie ein fantastisches Restaurant. Im tropischen Garten drängt sich alles auf etwas engem Raum, aber man findet leicht einen Rückzugsort. Das Motel liegt auf dem Weg zur Katherine Gorge; wer früh dort sein möchte, hat von hier aus einen Vorsprung.

Katherine River Lodge Motel MOTEL $$
(Karte S. 934; 08-8971 0266; http://kathe rineriverlodge.com.au; 50 Giles St; DZ/FZ ab 120/180 AU$;) Die Zimmer wurden vor Kurzem renoviert. Obwohl der Service auch ein Lifting vertragen könnte, sind die Räume sicher, modern und gepflegt. Dieser große Komplex (drei dreistöckige Blöcke) liegt in einem tropischen Garten und eignet sich besonders gut für Familien, da es Zimmer mit Verbindungstür gibt. Das zugehörige Restaurant serviert ausgezeichnetes Essen.

St. Andrews Apartments APARTMENTS $$$
(Karte S. 934; 1800 686 106, 08-8971 2288; www.standrewsapts.com.au; 27 First St; Apt. 230–285 AU$;) Die Apartments mit Zimmerservice liegen im Herzen der Stadt und eignen sich sehr gut für Familien, die etwas Komfort wie zu Hause bevorzugen. Sie haben jeweils zwei Schlafzimmer und bieten Platz für vier Personen (bzw. für 6 bei Benutzung der Schlafcouch). Die übrige Einrichtung umfasst komplett ausgestattete Küchen, Wohnzimmer mit Essbereich und im Erdgeschoss auch hübsche kleine Grillterrassen.

Essen

Coffee Club CAFÉ $
(Karte S. 934; www.coffeeclub.com.au; Ecke Katherine Tce & Warburton St; Gerichte 12–20 AU$; Mo–Fr 6.30–17 Uhr, Sa & So 7–16 Uhr) Hier gibt's das beste Frühstück der Stadt, und das Mittagessen ist auch gut. Gegessen wird in hellem, modernem Ambiente. Zum Frühstück gibt's anständigen Kaffee und gesunde Leckereien, darunter Früchte und Müsli. Den Rest des Tages kommen Burger, Sandwiches, Wraps und Salate auf den Tisch.

★ Escarpment Restaurant MODERN-AUSTRALISCH $$
(Karte S. 934; 08-8971 1600; 50 Giles St; Mittagessen 12 AU$, Abendessen 25 AU$; Mo–Sa 11.30–14.30 Uhr & 17–22 Uhr) Der schöne Außenbereich – wenn man mal von der Aussicht auf den Parkplatz absieht – verführt durchaus zu einem Zwischenstopp. Zum Glück ist das Essen so gut wie das Ambiente. Zum Mittagessen gibt's Burger, Wraps, Salate und Meeresfrüchte. Die Zubereitung und Präsentation der Mahlzeiten hebt dieses Restaurant von den meisten anderen der Stadt ab.

Savannah Bar & Restaurant MODERN-AUSTRALISCH $$
(Karte S. 934; 08-8972 2511; www.knottscros sing.com.au/restaurant; Ecke Giles & Cameron Sts, Knott's Crossing Resort; Hauptgerichte 25–35 AU$; 6.30–9 Uhr & 18–21 Uhr) Zweifelsohne eines der besten Restaurants der Stadt. Im Essbereich im tropischen Garten weht oft eine

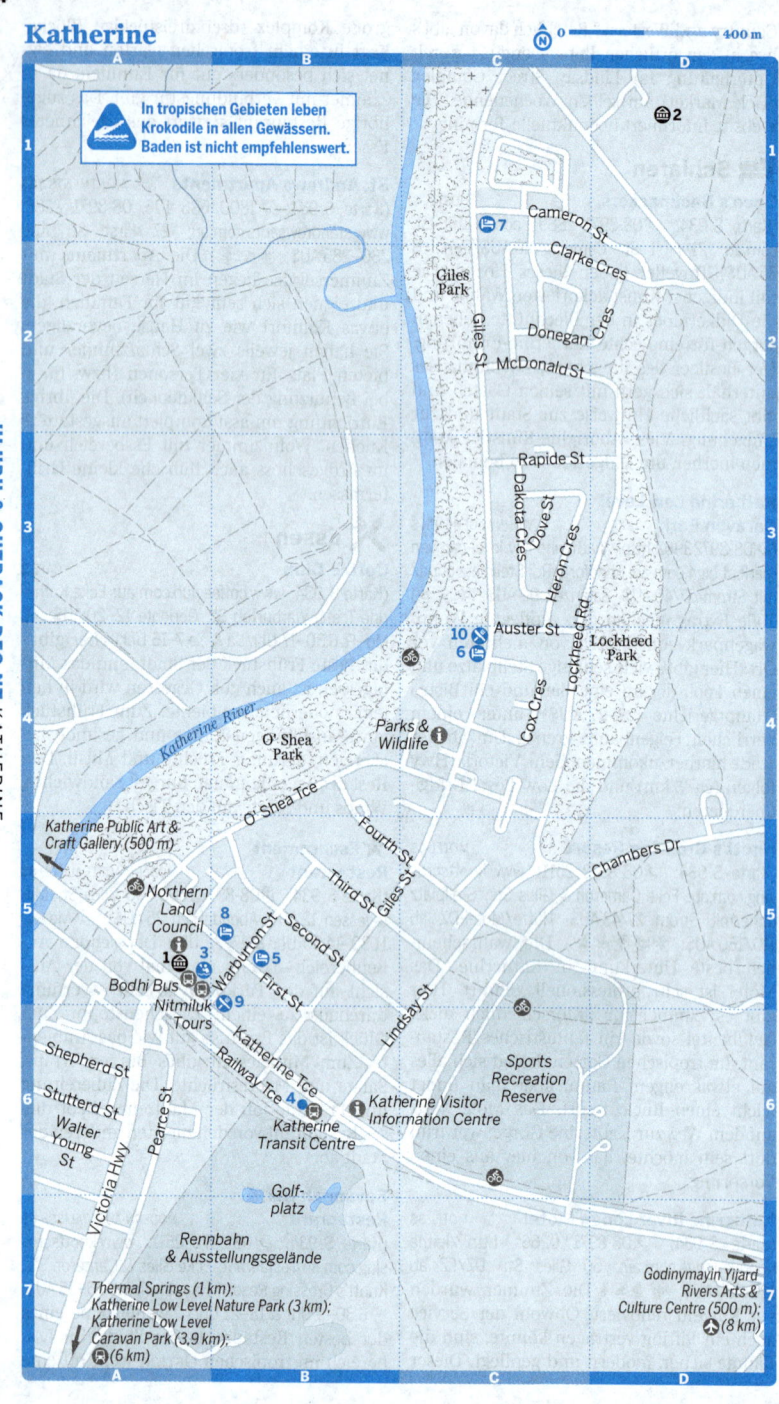

Katherine

In tropischen Gebieten leben Krokodile in allen Gewässern. Baden ist nicht empfehlenswert.

Katherine

◉ Sehenswertes
1 Djilpin Arts A5
2 Katherine Museum D1

🟢 Aktivitäten, Kurse & Touren
3 Nitmiluk Tours A5
4 Travel North B6

🛏 Schlafen
5 Coco's Backpackers B5
6 Katherine River Lodge Motel C4
7 Knott's Crossing Resort C1
8 St. Andrews Apartments B5

🍴 Essen
9 Coffee Club B5
10 Escarpment Restaurant C4
Savannah Bar & Restaurant ...... (siehe 7)

kühle Brise. Auf der Karte stehen Steaks, Barramundi und Garnelen aus der Venus Bay, aber auch Spanferkel. Der Service ist flott und freundlich, und das ganze Restaurant wird sehr professionell geführt.

🛈 Praktische Informationen

Katherine Hospital (☏ 08-8973 9211; www.health.nt.gov.au; Giles St) Hat eine Notaufnahme und liegt ca. 3 km nördlich der Stadt.

Katherine Visitor Information Centre (Karte S. 934; ☏ 1800 653 142; www.visitkatherine.com.au; Ecke Lindsay St & Stuart Hwy; ⊙Trockenzeit tgl. 8.30–17 Uhr, Regenzeit Mo–Fr 8.30–17, Sa & So 10–14 Uhr) Modernes, klimatisiertes Infozentrum mit Details zu allen Regionen des Northern Territory und dem praktischen *Katherine Region Visitor Guide*.

Parks & Wildlife (Karte S. 934; ☏ 08-8973 8888; www.parksandwildlife.nt.gov.au; 32 Giles St; ⊙8–16.20 Uhr) Infos und Hinweise zu den Nationalparks.

🛈 Anreise & Unterwegs vor Ort

Katherine ist ein wichtiger Knotenpunkt: Von hier aus verläuft der Stuart Hwy Richtung Norden und Süden, während der Victoria Hwy westwärts nach Kununurra (WA) führt.

Greyhound Australia (www.greyhound.com.au) verbindet Darwin regelmäßig mit Alice Springs, Queensland und WA. Die Busse halten am **Katherine Transit Centre** (Karte S. 934; ☏ 08-8971 9999; 6 Katherine Tce). Beispiele für Ziele und Preise (einfache Strecke) ab Katherine: Darwin (105 AU$, 4 Std.), Alice Springs (335 AU$, 16 Std.), Tennant Creek (220 AU$, 8½ Std.), Kununurra (158 AU$, 4½ Std.).

Eine Alternative ist der **Bodhi Bus** (Karte S. 934; http://thebodhibus.com.au), der abgelegene Gemeinden ansteuert und außerdem auf der Strecke Katherine–Darwin verkehrt (einfache Strecke 60 AU$, Mo, Do & Sa) und Passagiere am Busbahnhof in Palmerston oder am Flughafen in Darwin absetzt.

Die **Great Southern Rail** (www.gsr.com.au) lässt den *Ghan* (Adelaide–Darwin, 2-mal wöchentl.) jeweils vier Stunden lang hier halten – Zeit genug für eine Stippvisite zur Katherine Gorge! **Nitmiluk Tours** (Karte S. 934; ☏ 1300 146 743; www.nitmiluktours.com.au; Katherine Tce; ⊙ Mo–Sa 9–17 Uhr) betreibt Shuttle-Busse zwischen dem Bahnhof und der Stadt.

RUND UM KATHERINE

Cutta Cutta Caves Nature Park

Etwa 30 km südlich von Katherine sollte man der sengenden Sonne den Rücken zuwenden und 15 m unter die Erde abtauchen: in das labyrinthartige Höhlensystem aus Kalkstein. Die 1499 ha des **Cutta Cutta Caves Nature Park** (☏ 08-8972 1940; www.parksandwildlife.nt.gov.au/parks/find/cuttacuttacaves; geführte Touren Erw./Kind 20/10 AU$; ⊙8.30–16.30 Uhr, Touren um 9, 10, 11, 13, 14 & 15 Uhr) sind ein einzigartiges Ökosystem: Besucher betreten den Lebensraum von Braunen Nachtbaumnattern, Pythons und deren Beute, von vom Aussterben bedrohten Gespenstfledermäusen und Hufeisennasen. Cutta Cutta ist ein Jawoyn-Name, der „viele Sterne" bedeutet; für Aborigines war es verboten, die Höhlen zu betreten, denn sie glaubten, hier würden tagsüber die Sterne aufbewahrt. Zutritt hat man nur im Rahmen einer Tour.

Nitmiluk (Katherine Gorge) National Park

Die spektakuläre **Katherine Gorge** bildet den Rücken des 2920 km² großen **Nitmiluk (Katherine Gorge) National Park** (www.parksandwildlife.nt.gov.au/parks/find/nitmiluk) und ist etwa 30 km von Katherine entfernt. 13 tiefe Sandstein-**Schluchten** hat der **Katherine River** auf seinem Weg vom Arnhem Land zur Timorsee ins Gestein gefräst – ein gespenstisch schöner Ort (auch wenn es in der Hauptsaison voll wird) und ein Muss, wenn man in Katherine ist! In der Trockenzeit kann man prima auf dem Fluss paddeln, aber in der Regenzeit wird das sonst ruhige Wasser zu einer reißenden Sturzflut, die durch die Schlucht peitscht. Mindestens einen ganzen Tag zum Kanufahren oder Paddeln und zum Bushwalking einplanen!

Die angestammten Besitzer sind die Jawoyn-Aborigines, die den Park zusammen mit Parks & Wildlife betreiben. Nitmiluk Tours kümmert sich um Unterkünfte, Touren und Aktivitäten im Park.

⊙ Sehenswertes

Leiyn (Edith Falls) NATURSCHUTZGEBIET
Zum Wasserfall kommt man, indem man den Stuart Hwy von Katherine aus 40 km nach Norden fährt und dann 20 km einer befestigten Straße folgt. Hier kann man in idyllischer Umgebung sicher baden und prima wandern. Der mittelschwere **Leiyn Trail** (Rundweg, 2,6 km, 1½ Std.) steigt an bis zur Steilstufe und führt an Grevilleen (Silbereichen) und Spinifex sowie an malerischen Aussichtspunkten vorbei (Bemang ist nachmittags am schönsten) zum Upper Pool, von wo der mittelschwere **Sweetwater Pool Trail** (hin & zurück 8,6 km, 3-5 Std.) abzweigt. Am ruhigen Sweetwater Pool gibt es einen kleinen **Campingplatz** (3,30 AU$/Pers. zzgl. 50 AU$ Pfand); Übernachtungsgenehmigungen sind am Kiosk erhältlich.

Den größeren **Lower Pool** – eine herrliche, spiegelglatte Lagune zum Schwimmen – erreicht man in einem schnellen, 150 m langen Abstecher vom Parkplatz aus. Der **Campingplatz** von Parks & Wildlife (☏08-8975 4869; Erw./Kind 12/6 AU$) neben dem Parkplatz bietet Grasstellplätze, viel Schatten, Toiletten, Duschen, eine Waschmaschine und sanitäre Einrichtungen für Traveller mit Behinderung. Gebühren zahlt man am **Kiosk** (⊙Mai-Okt. 8-18 Uhr, Nov.-April 9.30-15 Uhr), an dem Snacks und Grundnahrungsmittel verkauft werden. Nebenan gibt's einen Picknickplatz mit Grill und Tischen.

🏃 Aktivitäten

Bushwalking
Der Park bietet ein Netz von etwa 120 km markierter Wanderwege. Es gibt Wege von 2 km Länge, aber auch bis zu 66 km lange Strecken für mehrtägige Wanderungen. Wer im Park übernachten will, muss sich im Nitmiluk Centre registrieren. Für die Übernachtung hinterlegt man 50 AU$ Pfand; die Campinggebühr beträgt 3,30 AU$ pro Nase und Nacht. Das Nitmiluk Centre hat Karten und Infos zu allen Wandermöglichkeiten.

Barrawei (Lookout) Loop BUSHWALKING
Mittelschwere Rundwanderung (3,7 km, 2 Std.), die mit einem kurzen, steilen Anstieg beginnt und eine schöne Aussicht auf den Katherine River bietet.

Butterfly Gorge BUSHWALKING
Anspruchsvoller Marsch (hin & zurück 12 km, 4½ Std.) durch schattige Monsun-Regenwälder, in denen man oft Schmetterlinge sieht. Ziel ist eine tiefe Badestelle im Zentrum der zweiten Schlucht.

Jawoyn Valley BUSHWALKING
Schwierige Rundroute durch die Wildnis (40 km, mit Übernachtung), die ab der Eighth Gorge in ein Tal mit Felsvorsprüngen und -malereien hineinführt.

Jatbula Trail BUSHWALKING
Der berühmte Trek (einfache Strecke 66 km, 5 Tage, schwierig) nach Leiyn (Edith Falls) erklimmt die Steilkante des Arnhem Land. Unterwegs passiert er die von Sümpfen gespeisten Biddlecombe Cascades, die Crystal Falls, das Amphitheatre und den Sweetwater Pool. Wanderer können nur in einer Richtung laufen (d.h. nicht von Leliyn zur Katherine Gorge) und müssen mindestens zu zweit sein. Von Oktober bis April ist der Trek geschlossen.

Los geht's mit einer Bootsfahrt über die Schlucht.

Kanufahren
Schluchterkundungen mit einem eigenen Boot sind unschlagbar. Viele Traveller paddeln zumindest bis zur ersten oder zweiten Klamm. Achtung: Unbedingt die sengende Sonne berücksichtigen! Zudem muss man das Kanu eventuell über die Felsriegel und Stromschnellen zwischen den Schluchten tragen. Das Nitmiluk Centre verteilt den empfehlenswerten *Canoeing Guide*. Wer sein eigenes Boot benutzen will, muss eine Registrierungsgebühr (5,50 AU$/Pers.) bezahlen und eine Kaution (50 AU$) hinterlegen.

Nitmiluk Tours KANUFAHREN
(Karte S. 934; ☏1300 146 743, 08-8972 1253; www.nitmiluktours.com.au) Von April bis November vermietet der Anbieter Einzel-/Doppelkanus für einen halben Tag (53/76 AU$, zzgl. 50 AU$ Pfand, Abfahrt 8 & 12.30 Uhr) oder den ganzen Tag (66/98 AU$, Abfahrt 8 Uhr). Inklusive sind eine „wasserfeste" Tonne für Kameras und sonstige Ausrüstung (bei unserem Test war sie allerdings

GHUNMARN CULTURAL CENTRE

Wer sich für echte Aborigine-Kunst interessiert, wie sie in den örtlichen Gemeinden hergestellt wird, kann den Stuart Hwy auf einen Abstecher verlassen, um das abgelegene Kulturzentrum in Beswick zu besuchen.

Die kleine Gemeinde ist über den befestigten Central Arnhem Hwy zu erreichen, 56 km östlich des Stuart Hwy, an den südlichen Ausläufern des Arnhem Land. Hier liegt das 2007 eröffnete **Ghunmarn Culture Centre** (08-8977 4250; www.djilpinarts.org.au; Beswick; April–Nov., Mo–Fr 9.30–16 Uhr), in dem Kunstwerke, Drucke, Schnitzereien, Webstücke und Didgeridoos aus dem westlichen Arnhem Land gezeigt werden. Das Zentrum beherbergt auch die Blanasi Collection, eine Dauerausstellung von Werken der Stammesältesten der westlichen Arnhem-Land-Region. Besucher dürfen das Zentrum ohne Genehmigung besuchen – vorher sollte man aber besser telefonisch nachfragen, ob geöffnet ist. Wenn man es nicht besuchen kann, sollte man sich **Djilpin Arts** (Karte S. 934; 08-8971 1770; www.djilpinarts.org.au; 27 Katherine Tce; Mo–Fr 9–16 Uhr) in Katherine ansehen.

Ein ganz besonderes Festival in Beswick ist **Walking With Spirits** (www.djilpinarts.org.au/visit-us/walking-with-spirits). Dabei werden in Zusammenarbeit mit der Australian Shakespeare Company magische Darbietungen der traditionellen Corroborees (Zeremonien) vorgeführt. Die Veranstaltung findet im Juli statt. Campen kann man während des Wochenendes in Beswick Falls, man muss aber auf jeden Fall vorher reservieren.

---

nicht ganz wasserdicht), eine Karte und eine Schwimmweste. Der Kanuschuppen befindet sich am Bootsanleger beim Hauptparkplatz, etwa 500 m hinter dem Nitmiluk Centre.

Während der halbtägigen Tour kann man nur bis zur ersten Schlucht paddeln. Wer einen ganzen Tag bucht, kommt bis zur dritten Schlucht, wenn er fit genug ist – früh starten! Wer etwas abenteuerlustiger ist, kann das Kanu auch über Nacht mieten (Einzel-/Doppelkanu 126/140 AU$ zzgl. 3,30 AU$ für die Campingerlaubnis) – es gibt Campingplätze an der fünften, sechsten, achten und neunten Schlucht. Auf jeden Fall reservieren, denn die Übernachtungsgenehmigungen sind limitiert! Man muss 60 AU$ Pfand hinterlegen. Diese Tour sollte man auf keinen Fall leichtfertig angehen!

Geführte Touren

Nitmiluk Tours BOOTSFAHRTEN
(08-8972 1253, 1300 146 743; www.nitmiluktours.com.au) Im Rahmen einer Bootsfahrt lässt sich die Schlucht sehr einfach bewundern. Wichtig: In der Hauptsaison sind einige Touren äußerst gefragt – darum spätestens am Vortag buchen!

Bei der zweistündigen Variante zur zweiten Schlucht (tgl. 9, 11, 13 & 15 Uhr je nach Wasserstand; ganzjährig) besucht man in einem 800 m langen Fußmarsch auch eine Felskunststätte. Für Rollstuhlfahrer ist nur der obere Teil der ersten Schlucht zugänglich. Der vierstündige Ausflug zur dritten Schlucht (April–Nov. tgl. 9 Uhr, Mai–Aug. auch 11 & 13 Uhr) beinhaltet Erfrischungen und Badepausen.

Hinzu kommen eine etwas entspanntere Frühstücksfahrt (2 Std.; April–Nov. 7 Uhr) sowie ein Sonnenuntergangstrip (Mai–Okt. tgl. 16.30 Uhr) inklusive Abendbüfett und Schampus bei Kerzenlicht.

Nitmiluk Tours PANORAMAFLÜGE
(1300 146 743; www.nitmiluktours.com.au) Die Palette der Panoramaflüge reicht vom achtminütigen Abstecher über die erste Schlucht (99 AU$/Pers.) bis hin zur 20-minütigen Tour über alle 13 Schluchten (235 AU$/Pers.). Ausgedehntere Trips besuchen z.B. den Kakadu National Park oder Stätten mit Aborigine-Felskunst. Das Nitmiluk Centre nimmt Buchungen entgegen.

Schlafen

Im ganzen Park gibt's Buschcampingplätze für Wanderungen mit Übernachtung. Hinzu kommen durchgängig betriebene Plätze in Leliyn (Edith Falls) und beim Nitmiluk Visitor Centre.

Nitmiluk National Park Campground CAMPING $
(1300 146 743, 08-8972 1253; www.nitmiluktours.com.au; Stellplatz ohne/mit Strom 38/44 AU$, Safarizelt 130 AU$;) Bietet viel Rasen bzw. Schatten, Warmwasserduschen, Toiletten, Grills, eine Waschküche, einen Kiosk an ei-

Nitmiluk Chalets
HÜTTEN $$$

(☏ 1300 146 743, 08-8972 1253; www.nitmiluktours.com.au; Hütte mit 1/2 Schlafzi. 205/255 AU$; ❄@🛜🏊) Diese Hütten sind eine gute Wahl, wenn man ein festes Dach über dem Kopf und einen Flachbild-TV bevorzugt. Gäste können alle Einrichtungen (Pool, Kiosk, Grills usw.) des benachbarten Wohnwagenparks nutzen.

Cicada Lodge
BOUTIQUEHOTEL $$$

(☏ 08-8974 3100, 1800 242 232; www.cicadalodge.com.au; Nitmiluk National Park; DZ inkl. Frühstück 700 AU$; ❄@🛜🏊) Die Architektur dieser Luxus-Lodge verbindet moderne Eleganz mit traditionellen Jawoyn-Motiven. Die nur 18 Nobelzimmer gewähren Aussicht auf den Katherine River. Die Einrichtung ist geschmackvoll und stylisch: Lamellentüren führen hinaus auf private Balkone, und indigene Kunst schmückt die Wände. Die Sonnenterrasse blickt auf den Swimmingpool, von dem aus man eine wunderbare Aussicht auf das Buschland hat. Wer sich verwöhnen lassen möchte, ist hier richtig.

❶ Praktische Informationen

Das **Nitmiluk Centre** (☏ 1300 146 743, 08-8972 1253; www.nitmiluktours.com.au; ⏱ 6.30–17.30 Uhr) hat hervorragende Ausstellungen und Informationen zur Geologie, zu den Tieren, den angestammten Besitzern (den Jawoyn) und zur neueren Geschichte des Parks. Es gibt hier auch ein Restaurant (Snacks & Gerichte 7–25 AU$). Im Büro von **Parks & Wildlife** bekommt man Informationsblätter zu diversen markierten Wanderwegen, die hier beginnen und quer durch die malerische Landschaft südlich der Schlucht führen. Für Wanderungen über Nacht und Campinggenehmigungen (3,30 AU$/Nacht) kann man sich zwischen 7 und 13 Uhr registrieren. Kanugenehmigungen werden ebenfalls hier ausgestellt.

❶ An- & Weiterreise

Es sind 30 km auf einer befestigten Straße von Katherine zum Nitmiluk Centre und noch ein paar Hundert Meter weiter bis zum Parkplatz, wo die Schlucht – und die Bootsfahrten – beginnen.

Nitmiluk Tours (Karte S. 934; ☏ 1300 146 743, 08-8972 1253; www.nitmiluktours.com.au; 27 Katherine Tce, Shop 2, Katherine; Erw./Kind hin & zurück 27/19 AU$) fährt täglich zwischen Katherine und der Schlucht. Los geht's am Nitmiluk Town Booking Office; auf Wunsch wird man auch vom Hotel abgeholt. Die Busse verlassen Katherine dreimal täglich.

VON KATHERINE NACH WESTERN AUSTRALIA

Der befestigte Victoria Hwy – ein Teil des Savannah Way – erstreckt sich 513 km von Katherine nach Kununurra in Western Australia (WA). Mit einem Geländewagen kommt man in einige der einsamen Nationalparks abseits des Victoria Hwy. Wer möchte, folgt der Straße durch die semiaride Wüste und an Sandsteinfelden vorbei, bis dicke Affenbrotbäume davon künden, dass man nun in Western Australia angekommen ist. Obst, Gemüse, Nüsse und Honig müssen bei der Quarantänestation an der Grenze abgegeben werden.

Giwining/Flora River Nature Park

Die Dämme aus Kalksteintuff entstanden, als der mineralreiche Flora River Kalziumkarbonat auf Wurzeln und Ästen ablagerte. So bildete sich eine Reihe hübscher Wasserfälle. Im **Giwining/Flora River Nature Park** (www.parksandwildlife.nt.gov.au/parks/find/florariver) findet sich ein **Campingplatz** (www.parksandwildlife.nt.gov.au/parks/find/florariver; Erw./Kind 6,60/3,30 AU$) mit sanitären Einrichtungen bei Djarrung. Im Flora River gibt es Krokodile: Schwimmen ist verboten!

Die Abzweigung zum Giwining/Flora River Nature Park befindet sich 90 km südwestlich von Katherine; der Parkeingang liegt weitere 32 km entfernt an einer unbefestigten, aber ganz gut befahrbaren Straße (die in der Trockenzeit auch ohne Allradantrieb passiert werden kann).

Victoria River Crossing

Rote Sandsteinklippen umgeben die Stelle, an der der Highway über den Victoria River (194 km westlich von Katherine) verläuft – ein atemberaubender Anblick! Der größte Teil des Gebiets gehört zum östlichen Bereich des Judbarra (Gregory National Park). Der **Victoria River Roadhouse Caravan Park** (Fax 08-8975 0744; Victoria Hwy; Stellplatz ohne/mit Strom 20/25 AU$, DZ 135 AU$) westlich der Brücke hat einen Laden, eine Bar und bietet Essen (14–32 AU$).

Timber Creek

231 EW.

Das winzige Timber Creek ist die einzige Stadt zwischen Katherine und Kununurra. Für ein so kleines Örtchen hat Timber Creek eine recht große Geschichte: Ein frühes europäisches Expeditionsschiff, die *Tom Tough*, benötigte Reparaturen, die mit hiesigem Holz (engl. *timber*) durchgeführt werden sollten. Der Leiter der Expedition, A.C. Gregory, kratzte das Datum seiner Ankunft in einen Affenbrotbaum, den **Gregory's Tree**, 15 km nordwestlich der Stadt. Die Inschrift ist noch immer lesbar und wird durch Schautafeln erklärt. Der Baum befindet sich abseits des Victoria Hwy, 3 km entlang einer unbefestigten Straße, die oft Bodenwellen schlägt.

Ein Highlight in Timber Creek ist die **Victoria River Cruise** (☎ 0427 750 731; www.victoriarivercruise.com; Sonnenuntergangs-Cruise Erw./Kind 95/50 AU$, Natur-Cruise Erw./Kind 60/30 AU$; ☉ April–Sept. tgl.), bei der Teilnehmer 40 km flussabwärts fahren und Tiere beobachten. Zum glutroten Sonnenuntergang ist man wieder zurück.

Die Stadt wird von dem an der Straße gelegenen **Timber Creek Hotel & Circle F Caravan Park** (☎ 08-8975 0722; www.timbercreekhotel.com.au; Victoria Hwy; Stellplatz ohne/mit Strom 27/30 AU$, DZ 100 AU$; ❋ ☀) dominiert. Riesige Bäume werfen Schatten auf Teile des Campingplatzes, der neben einer kleinen Schlucht liegt, wo jeden Abend um 17 Uhr Krokodile gefüttert werden. Zum Komplex gehören das Timber Creek Hotel und der Fogarty's Store.

Judbarra/Gregory National Park

Die abgelegene und sehr raue Wildnis des wenig besuchten **Judbarra/Gregory National Park** (www.parksandwildlife.nt.gov.au/parks/find/gregory) ist absolut überwältigend. Mit 12 860 km² Fläche umfasst der Park den Übergangsbereich zwischen den tropischen und der semiariden Region. Der Park wurde auf ehemaligem Weideland eingerichtet und besteht aus zwei separaten Bereichen: dem Ostgebiet (Victoria River) und dem viel größeren Westgebiet (Bullita).

Parks & Wildlife (☎ 08-8975 0888; www.parksandwildlife.nt.gov.au; Timber Creek; ☉ 7–16.30 Uhr) in Timber Creek hat Infos zum Park und zum Offroad-Fahren sowie eine Karte mit den verschiedenen Wanderwegen, Campingplätzen, der historischen Farm, und den romantischen, original erhaltenen Viehhöfen – die muss man gesehen haben! Hier gibt's Krokodile, schwimmen ist also nicht zu empfehlen.

Keep River National Park

Der entlegene **Keep River National Park** (www.nretas.nt.gov.au/national-parks-and-reserves/parks/find/keepriver) ist bekannt für seine Sandsteinformationen, seine wunderbare Kargheit und die Felsmalereien. Broschüren mit Infos zu den Wanderungen gibt es am Beginn eines jeden der hervorragenden Wege. Auf jeden Fall empfehlenswert sind der **Rock-art Walk** (hin & zurück 5,5 km, 2 Std.) bei Jarnem und der **Gorge Walk** (hin & zurück 3 km, 2 Std.) in Jinumum.

Der Parkeingang befindet sich nur 3 km von der Grenze zu Western Australia entfernt. Alle wichtigen Punkte im Park sind während der Trockenzeit mit normalen Fahrzeugen erreichbar. Eine **Ranger-Station** (☎ 08-9167 8827) liegt 3 km im Inneren des Parks, und es gibt einfache, von Sandstein umgebene **Campingplätze** (Erw./Kind 3,30/1,65 AU$) in Gurrandalyng (18 km im Inneren des Parks) und Jarnem (32 km). Kühlwasser kriegt man in Jarnem.

MATARANKA & ELSEY NATIONAL PARK

244 EW.

Die sanften, warmen Thermalquellen zwischen Palmen und tropischer Vegetation sind ein Grund, auf jeden Fall hier Halt zu machen: Wenigstens für ein paar Stunden hat man dann den Straßenstaub vom Körper runter. In der kleinen Siedlung wimmelt es von mit Handtüchern bewaffneten Besuchern, die zum Thermalbecken oder zum Elsey National Park mit seinen Quellen latschen.

⊙ Sehenswertes & Aktivitäten

Matarankas kristallklares **Thermalbecken** liegt 10 km außerhalb der Stadt neben dem Mataranka Homestead Resort versteckt im Regenwald. Das warme, klare Wasser erscheint gesprenkelt vom Licht, das durch die überhängenden Palmwedel scheint – eine Wohltat für müde Körper! Man erreicht das Becken über einen Fußweg vom Resort aus;

es kann hier aber sehr voll werden. Etwa 200 m entfernt (dem Fußweg weiter folgen!) fließt der Waterhouse River. Dort kann man für 12 AU$ pro Stunde ein Kanu mieten. Stevie's Hole, ein natürliches Schwimmloch im kühleren Waterhouse River, etwa 1,5 km von der Farm entfernt, ist nicht so überfüllt.

Elsey National Park NATIONALPARK
(www.parksandwildlife.nt.gov.au/parks/find/elsey) Der Nationalpark grenzt an das Thermalbadschutzgebiet und bietet Ruhe zum Campen, Angeln und Wandern am Waterhouse River und am Roper River. Bitter Springs ist ein ruhiges, palmengesäumtes Thermalbecken innerhalb des Nationalparks, 3 km von Mataranka entfernt und zu erreichen über die befestigte Martin Rd. Die fast unnatürlich blaugrüne Farbe des 34 °C warmen Wassers entsteht durch aufgelöste Kalksteinpartikel.

🛏 Schlafen & Essen

Mataranka Homestead Resort CAMPING $
(☏ 08-8975 4544; www.matarankahomestead.com.au; Homestead Rd; Stellplatz ohne/mit Strom 24/29 AU$, B/DZ/Hütte 25/90/115 AU$; ❄) Nur ein paar Meter vom Hauptthermalbecken entfernt. Die Anlage bietet eine große Auswahl an günstigen Unterkünften und ist eine sehr beliebte Option. Der große Campingplatz ist staubig, hat aber auch schattige Stellplätze und anständige sanitäre Einrichtungen. Die ventilatorgekühlten Hostelzimmer sind sehr einfach (Bettwäsche wird gestellt). Die klimatisierten Motelzimmer (auch ziemlich einfach) besitzen Kühlschrank, TV und Bad. Die Hütten verfügen über eine Küchenzeile und fassen bis zu sechs Personen. Im Voraus buchen!

Mataranka Cabins HÜTTEN $$
(☏ 08-8975 4838; www.matarankacabins.com.au; 4705 Martin Rd, Bitter Springs; Stellplatz ohne/mit Strom 25/30 AU$, Hütte 120 AU$; ❄@🛜🏊) Am Ufer des Little Roper River, nur ein paar Hundert Meter von Bitter Springs entfernt, verzieren auf diesem ruhigen Platz im Busch beeindruckende Termitenhügel die vordere Koppel (und eine Seite und das hintere Ende…). Die Hütten mit offenem Grundriss und TV haben einen Balkon mit Aussicht auf den Busch. Haustiere sind willkommen.

**★ Territory Manor
Motel & Caravan Park** MOTEL $$
(☏ 08-8975 4516; www.matarankamotel.com; Martin Rd; Stellplatz ohne/mit Strom 26/30 AU$, EZ/DZ 105/120 AU$; ❄@🏊) Matarankas bester Wohnwagenpark bietet gehobenen Standard in guter Lage – kein Wunder, dass er so beliebt ist! Die kleinen Motelzimmer sind gut ausgestattet und haben großzügige Badezimmer. Die Stellplätze sind schön schattig. Die Barramundis, die hier leben, werden zweimal am Tag auf spektakulärste Weise gefüttert. Ihre Cousins kommen im lizenzierten Bistro (Hauptgerichte 20–35 AU$) zusammen mit Steaks, Salaten usw. auf die Tische.

BARKLY TABLELAND & GULF COUNTRY

Östlich vom Stuart Hwy erstreckt sich eines der entlegensten Weidegebiete des Northern Territory. Einige Teile davon sind jedoch sogar über befestigte Straßen erreichbar. Die Inlandsgewässer der Golfküste gehören zu den besten Angelrevieren des ganzen Landes.

Roper Highway

Wenn man von Mataranka aus auf dem Stuart Hwy ein Stück nach Süden fährt, kommt irgendwann der überwiegend befestigte Roper Hwy in Sicht. Der führt nach 175 km in Richtung Osten nach Roper Bar, wobei er den von Niaouli- und Pandan-Bäumen gesäumten Roper River quert, wo Süß- auf Salzwasser trifft. Diese Strecke ist nur in der Trockenzeit passierbar. Wer gern angelt, hält hier; Unterkunft, Benzin und Vorräte stehen Gästen im Roper Bar Store (☏ 08-8975 4636; www.roperbar.com.au; Stellplatz ohne Strom 20 AU$, EZ/DZ 115/135 AU$) zur Verfügung. Von Roper Bar aus hat man Zugang nach Borroloola. Dazu muss man auf der holprigen Nathan River Rd Richtung Süden durch den Limmen National Park (www.parksandwildlife.nt.gov.au/parks/find/limmen) fahren – hoher Radstand und zwei Reservereifen sind die Voraussetzung. Und dann ab ins südöstliche Arnhem Land!

Von der Roper Bar aus erreicht man nach weiteren 45 km Richtung Osten auf dem Highway die Aborigine-Gemeinde Ngukurr, wo um die 1000 Menschen aus neun verschiedenen Sprachgruppen und Kulturen leben. Diese kulturelle Vielfalt beeinflusst die einzigartigen Kunstwerke, die man im Ngukurr Arts Centre (☏ 08-8975 4260; http://ngukurrarts.net.au/Ngukurr_Art/About_art_center.

html; ⊙ Mo-Fr 10-16 Uhr) auch kaufen kann. Zum Besuch des Zentrums ist keine Genehmigung nötig.

Carpentaria & Tablelands Highways

Südlich von Daly Waters führt der befestigte Carpentaria Hwy (Hwy 1) 378 km Richtung Osten nach Borroloola, in die Nähe des Golfs von Carpentaria. Barramundi-Angler sind hier genau an der richtigen Stelle! Nach 267 km trifft der Carpentaria Hwy auf den befestigten Tablelands Hwy in Cape Crawford. An dieser Kreuzung steht das bekannte **Heartbreak Hotel** (☏ 08-8975 9928; www.heartbreakhotel.com.au; Ecke Carpentaria & Tablelands Hwys, Cape Crawford; Stellplatz ohne/mit Strom 20/28 AU$, EZ/DZ 75/90 AU$; ✱). Hier kann man das Zelt auf einer schattigen, grünen Wiese aufstellen, und dann packt man sich mit einem kühlen Bier in der Hand auf die große Veranda. Frühstück, Mittag- und Abendessen (Gerichte 16-28 AU$) gibt's ebenfalls.

Von hier aus geht es öde 374 km nach Süden durch das Barkly Tableland zum Barkly Hwy (Rte 66) und zum **Barkly Homestead Roadhouse** (☏ 08-8964 4549; www.barklyhomestead.com.au; Stellplatz ohne/mit Strom 25/32 AU$, Hütten- & Motel-DZ 150 AU$; ✱ ≋), das eine überraschend gepflegte Raststätte ist. Von hier aus sind es noch einmal 210 km Richtung Westen nach Tennant Creek und 252 km Richtung Osten zur Grenze nach Queensland.

Borroloola

927 EW.

Am **McArthur River**, ganz in der Nähe des Golfs, befindet sich Borroloola – eine wahre Spielwiese für **Angler**. Aber wenn man nicht gerade unbedingt etwas an den Haken kriegen (die Barramundi-Saison dauert von Februar bis April) oder den entlegenen, bevorzugt mit einem Jeep zu befahrenden Savannah Way nach Queensland abfahren will, ist es ein weiter Weg ohne großes Ziel bis hierher.

Das **Savannah Way Motel** (☏ 08-8975 8883; www.savannahwaymotel.com.au; Robinson Rd; Zi. 80-130 AU$, Hütte 130 AU$; ✱ ≋) an der Hauptstraße durch die Stadt ist eine saubere und komfortable Unterkunft. Es bietet einzelne Hütten, Lodge-Zimmer und tropische Gartenanlagen.

VON MATARANKA NACH TENNANT CREEK

Larrimah

18 EW.

Es war einmal eine Eisenbahn, die von Darwin aus bis nach Birdum, 8 km südlich des kleinen Larrimah, fuhr, welches sich wiederum 185 km südlich von Katherine befindet. Das **Pink Panther (Larrimah) Hotel** (☏ 08-8975 9931; Stellplatz ohne/mit Strom 20/25 AU$, DZ 70-90 AU$; ✱ ≋), das während des Zweiten Weltkriegs das Offizierskasino war, ist ein fröhlicher, schräger, rustikaler Pub mit einfachen Zimmern, Kneipenessen (Hauptgerichte 12-32 AU$) und jeder Menge Tieren. **Fran's Devonshire Teahouse** (Stuart Hwy; Gerichte 6-20 AU$; ⊙ 8-16 Uhr) ist perfekt für ein Mittagessen. Zu empfehlen sind die legendäre Kamel- oder Büffelpastete oder einfach nur ein Devonshire-Tee oder ein frisch gebrühter Kaffee.

Daly Waters

25 EW.

Etwa 3 km abseits des Highways und 160 km südlich von Mataranka liegt Daly Waters, das in den Anfangsjahren der Luftfahrt eine ausgesprochen wichtige Rolle spielte. Hier landete Amy Johnson 1930 nach ihrem epischen Flug von England nach Australien. Fast alle Besucher statten dem berühmten **Daly Waters Pub** (☏ 08-8975 9927; www.dalywaterspub.com; Stellplatz ohne/mit Strom 16/28 AU$, DZ 70-110 AU$, Hütte 135-175 AU$; ✱) einen Besuch ab. Die mit Visitenkarten, BHs, Geldscheinen und allem möglichen Krimskrams von Travellern dekorierte Kneipe soll die älteste im Northern Territory sein (seit 1893 hat sie eine Schanklizenz) und ist zu einer Legende auf dem Track geworden – auch wenn diese Popularität etwas übertrieben scheint. Zwischen April und September gibt's eine australische Show, die von der Band Chilli veranstaltet wird und oft von einheimischen Musikern unterstützt wird. Ansonsten wird herzhaftes Essen (Hauptgerichte 12-30 AU$, geöffnet mittags & abends) serviert, z. B. der sättigende Barra-Burger. Neben dem Gasthaus liegt ein staubiger Campingplatz mit ein paar schattigen Stellen – man muss im Voraus buchen oder zeitig genug eintreffen, um sich einen Stellplatz mit Stromanschluss zu sichern. Die Unterkünfte reichen von einfachen

Von Daly Waters nach Three Ways

Wenn man von Daly Waters aus Richtung Süden fährt, erreicht man 3 km westlich des Highways die faszinierende Geisterstadt **Newcastle Waters**. Das 1932 aus den Teilen stillgelegter Windmühlen zusammengezimmerte Junction Hotel ist nur eines der historischen Gebäude voller Atmosphäre vor Ort. Südlich des Viehtreiberweilers **Elliott** wird die Landschaft zunehmend trockener und die Vegetation spärlicher. Die einlullende Monotonie wird bei **Renner Springs** unterbrochen – der Ort gilt als Grenze zwischen dem saisonal feuchten Top End und dem trockenen Centre. Hier findet sich eine gute Raststätte.

Banka Banka (08-8964 4511; Erw./Kind 10/5 AU$) ist eine historische Viehstation 100 km nördlich von Tennant Creek. Hier gibt's einen grasbedeckten Campingplatz ohne Stromversorgung, ausgeschilderte Wanderwege (einer führt zu einem Wasserbecken), eine Bar aus Lehmziegeln und einen Kiosk, an dem einfache Erfrischungen verkauft werden.

Three Ways, 537 km nördlich von Alice, ist die Kreuzung des Stuart Hwy und des Barkly Hwy. Hier geht's südwärts nach Alice, nordwärts in Richtung Darwin (988 km) oder ostwärts nach Mt. Isa in Queensland (643 km). Wer will, kann an der Raststätte **Threeways Roadhouse** (08-8962 2744; www.threewaysroadhouse.com.au; Stuart Hwy; Stellplatz ohne/mit Strom 24/32 AU$, DZ 100–115 AU$; ✱@☒), die über eine Bar und ein Restaurant verfügt, einen kleinen Zwischenstopp einlegen; bis nach Tennant Creek sind es aber ohnehin nur noch 26 km Richtung Süden.

TENNANT CREEK

3061 EW.

Tennant Creek ist zwischen Katherine (liegt 680 km nördl.) und Alice Springs (liegt 511 km südl.) die einzige Stadt in dieser Größe. Hier kann man hervorragend Rast machen und die wenigen Attraktionen der Stadt erforschen. Tennant Creek ist auch bekannt unter dem Namen Jurnkurakurr. Fast die Hälfte der Einwohner hat indigene Wurzeln.

Sehenswertes & Aktivitäten

Nyinkka Nyunyu GALERIE
(08-8962 2699; www.nyinkkanyunyu.com.au; Paterson St; Führung 15 AU$; Okt.–April Mo–Fr 9–17, Sa & So 10–14 Uhr, Mai–Sept. Mo–Sa 8–18, So 10–14 Uhr) Dieses innovative Museum mit Galerie stellt die dynamische Kunst und Kultur der einheimischen Warumungu in den Mittelpunkt. Die fesselnde Sammlung konzentriert sich auf zeitgenössische Kunst, traditionelle Artefakte (viele wurden aus staatlichen Museen zurückgeholt), Buschmedizin und regionale Geschichte. Die Dioramenserie – oder das Buschfernsehen, wie sie hier genannt wird – ist etwas ganz Besonderes.

Das Nyinkka Nyunyu liegt neben einer heiligen Stätte des Stachelschwanzwarans. Besucher lernen von ihrem persönlichen Tourguide etwas über Bush Tucker (Buschnahrung) und das Dreaming. Es gibt außerdem einen Museumsladen und das nette Jajjikari Café, in dem Espresso und Snacks serviert werden.

Battery Hill Mining Centre MINE
(08-8962 1281; www.barklytourism.com.au; Peko Rd; Erw./Kind 25/15 AU$; 9–17 Uhr) Wie das Leben im Tennant Creek während des Goldrauschs in den 1930er-Jahren gewesen sein muss, können Traveller sich in dieser Mine, 1,5 km vom Stadtzentrum entfernt, anschauen. Es werden **Untertagetouren** sowie Audiotouren zum Zehnkopf-Pochwerk angeboten. Außerdem befindet sich hier das ausgezeichnete **Minerals Museum**, und wer will, kann sich im Goldwaschen versuchen. Der Eintrittspreis gilt für alles Genannte. Man kann auch nur das Minerals und das Social History Museum (Erw./Fam. 7/15 AU$) besuchen oder nur Gold waschen (2 AU$/Pers.) gehen.

Wenn man schon mal da ist, sollte man sich gegen 20 AU$ Pfand den Schlüssel für die alte Telegrafenstation gleich neben dem Highway, etwa 12 km nördlich der Stadt, ausleihen. Sie ist eine von vier noch erhaltenen der ursprünglich elf Stationen des Territorys. Direkt nördlich der Station befindet sich die Abzweigung Richtung Westen nach Kundjarra („Die Kiesel"). Diese Formation aus Granitblöcken sieht aus wie eine Bonsai-Version der wesentlich bekannteren Devil's Marbles, die 100 km weiter südlich zu finden sind. Kundjarra ist bei den Warumungu eine heilige Dreaming-Stätte für Frauen.

🛏️ Schlafen & Essen

Tourist's Rest Youth Hostel `HOSTEL $`
(☎ 08-8962 2719; www.touristrest.com.au; Ecke Leichhardt St & Windley St; B/DZ 30/65 AU$; ❄@☐) Das kleine, nette und ein wenig verwohnte Hostel bietet helle, saubere Zimmer, kostenloses Frühstück und VIP-Rabatte. Das Hostel organisiert auch Touren zu den Goldminen und den Devil's Marbles. Man wird von der Bushaltestelle abgeholt.

Outback Caravan Park `CAMPING $`
(☎ 08-8962 2459; Peko Rd; Stellplatz ohne/mit Strom 15/36 AU$, Hütte 70–150 AU$; ❄☐) In einer Stadt, die sich häufig wie ausgedörrt anfühlt, ist es angenehm, im Schatten in diesem grünen Wohnwagenpark, etwa 1 km östlich des Zentrums, zu wohnen. Es gibt einen gut sortierten Kiosk, eine Campingküche und Brennstoff. Manchmal kommt man sogar in den Genuss von Buschpoesie und -essen – dank Geschichtenerzähler Jimmy Hooker (19.30 Uhr, 5 AU$). Es gibt außerdem eine schöne Outdoor-Bar, die aber früh schließt.

Safari Lodge Motel `MOTEL $$`
(☎ 08-8962 2207; http://safari.budgetmotelchain.com.au; Davidson St; EZ/DZ 110/130 AU$; ❄@☐) 🍴 Das familiengeführte Motel in zentraler Lage steht direkt neben dem besten Restaurant der ganzen Stadt. Die sauberen, recht gewöhnlichen Zimmer sind mit Kühlschränken, TV und Telefon ausgestattet. Reservierung ist ratsam.

Top of the Town Cafe `CAFÉ $`
(☎ 08-8962 1311; 163 Paterson St; Frühstück 7–14 AU$; ⊙ Mo-Fr 7–15 Uhr, Sa bis 13 Uhr) Dieses kleine Juwel von einem Café – Heimat der Pink Molly Cupcakes – ist ein bisschen kitschig. Im niedlichen, verschroben wirkenden Innenraum kann es ein bisschen eng werden, aber draußen auf dem Gehweg gibt's auch einige Tische und Stühle. Zum besten Frühstück der Stadt werden verschiedene Toasties und Eier-Speck-Varianten serviert.

Woks Up `CHINESISCH $$`
(☎ 08-8962 3888; 108 Paterson St; Hauptgerichte 14–24 AU$; ⊙17 Uhr–open end) Die sauberen, modernen Räumlichkeiten und die köstlichen, schmackhaften Gerichte mit unverfälschten Aromen machen das Woks Up zum besten Chinesen im Northern Territory. Hier gibt's großzügige Portionen Pfannengerührtes mit Erdnuss-, mongolischer oder Schwarze-Bohnen-Sauce.

ℹ️ Praktische Informationen

Leading Edge Computers (☎ 08-8962 3907; 145 Paterson St; 2 AU$/20 Min.; ⊙ Mo–Mi 9–17.30 Uhr & Fr bis 19 Uhr, Sa bis 12 Uhr; 📶) Internetzugang.

Polizei (☎ 08-8962 4444; Paterson St) Die Polizeistation der Stadt.

Tennant Creek Hospital (☎ 08-8962 4399; Schmidt St) Für medizinische Notfälle.

Visitor Information Centre (☎1800 500 879; www.barklytourism.com.au; Peko Rd; ⊙Mo–Fr 9–17 Uhr, Sa bis 13 Uhr) 2 km östlich der Stadt in Battery Hill.

ℹ️ An- & Weiterreise

Alle Fernbusse halten am **Transit Centre** (☎ 08-8962 2727; 151 Paterson St; ⊙ Mo–Fr 9–17, Sa 8.30–11.30 Uhr), an dem man auch Tickets bekommt. **Greyhound Australia** (☎1300 473 946; www.greyhound.com.au) verbindet Tennant Creek regelmäßig mit Alice Springs (205 AU$, 6 Std.), Katherine (215 AU$, 8½ Std.), Darwin (290 AU$, 14 Std.) und Mt. Isa (170 AU$, 8 Std.).

Der wöchentlich verkehrende *Ghan* (Alice Springs–Darwin) setzt Passagiere in Tennant Creek ab; allerdings können Autos hier weder zu- noch ausgeladen werden. Da der Bahnhof ca. 6 km südlich der Stadt liegt, muss man dorthin ein Taxi (☎ 08-8962 3626) nehmen.

Leihwagen gibt's bei **Thrifty** (☎ 08-8962 2207; Davidson St, Safari Lodge Motel).

VON TENNANT CREEK NACH ALICE SPRINGS

Die neben dem Stuart Hwy, 105 km südlich von Tennant Creek, in gefährlich wackeligen Haufen aufgetürmten Felsbrocken heißen **Devil's Marbles**, „Karlu Karlu" in der Sprache der Warumungu. Diese offizielle heilige Stätte ist von großer kultureller Bedeutung. Es heißt, die Felsen seien die Eier der Regenbogenschlange.

Ein 15-minütiger Spaziergang führt um die Formation herum. Dieses geologische Phänomen ist bei Sonnenauf- bzw. -untergang besonders hübsch, wenn die Brocken im warmen Licht leuchten. Der **Campingplatz** (Erw./Kind 3,30/1,65 AU$) hat einen *sehr* harten Boden, Plumpsklos und Feuerstellen (Holz selbst mitbringen!).

In Wauchope (*wor*-kap), 10 km südlich der Devil's Marbles findet man das **Wauchope Hotel** (☎ 08-8964 1963; www.wauchopehotel.com.au; Stuart Hwy; Stellplatz ohne/mit Strom 14/20 AU$, Budget EZ/DZ 60/100 AU$; ❄☐). Die Budgetzimmer sind Dongas (eine Art

Container), aber die teureren Zimmer sind geräumiger und haben ein Bad. Die Speisen des Restaurants (08-8964 1963; www.wauchopehotel.com.au; Stuart Hwy; Hauptgericht 18–33 AU$) sind wirklich gut.

Rund 17 km südlich von Wauchope wartet das verrückte Wycliffe Well Roadhouse & Holiday Park (08-8964 1966, 1800 222 195; www.wycliffe.com.au; Stellplatz ohne/mit Strom 35/36 AU$, Budget-EZ/DZ 60/70 AU$, EZ/DZ in Hütte mit eigenem Bad 120/140 AU$; 6.30–21 Uhr;) mit Benzin und Essen (Hauptgerichte 25 AU$) auf. Bei Bedarf kann man auch übernachten und nach den UFOs Ausschau halten, die hier offenbar mit erstaunlicher Regelmäßigkeit vorbeifliegen. Der ganze Laden ist mit Alienfiguren und Zeitungsausschnitten über UFO-Sichtungen dekoriert. Ansonsten bietet die Anlage Zeltstellplätze auf dem Rasen, ein Hallenbad, ein Café, einen Kinderspielplatz und Biere aus aller Welt.

Weiter im Süden ist das rustikale Barrow Creek Hotel (08-8956 9753; Stuart Hwy; Stellplatz mit Strom/EZ/DZ 20/60/75 AU$) einer der schrulligsten Outback-Pubs am Highway. Früher pinnten Schafscherer hier Geldscheine mit ihren Namen an die Wand, um sicherzugehen, dass sie sich beim nächsten Besuch einen Drink leisten konnten. Heute folgen Traveller der Tradition, indem sie Fotos und Nachrichten hinterlassen. Vor Ort gibt's auch Essen und Benzin. Nebenan liegt eine der originalen Telegrafenstationen der Overland Telegraph Line.

Der australischen Tradition folgend, sehr große Dinge an den Straßenrand zu bauen, um Autofahrer anzulocken, steht im Hinterhof des Aileron, 135 km nördlich von Alice Springs, der Naked Charlie Quartpot am Weg. Der 12 m hohe Anmatjere-Mann wacht hier zusammen mit seiner überlebensgroßen Familie. Die Homestead Art Gallery (08-8956 9111; Stuart Hwy) verkauft günstige Gemälde der ansässigen Anmatjere-Gemeinde und Arbeiten der Warlpiri-Gemeinde von Yuendumu.

70 km nördlich von Alice Springs führt der Plenty Hwy nach Osten in Richtung Harts Range. Der Hauptgrund für einen Umweg ist, dass man hier, 78 km östlich des Stuart Hwy, nach Edelsteinen suchen kann. Mit etwas Glück findet man Zirkone oder Granate. Garantiert glücklich wird man im beliebten Gemtree Caravan Park (08-8956 9855; www.gemtree.com.au; Gemtree; Stellplatz ohne/mit Strom 22/30, Hütte 85 AU$). Wer das Gefühl von Freiheit und Abenteuer auf australische Art braucht, sollte seinen Besuch auf die jährlichen Harts Range Races (im August) abstimmen, eines der besten Outback-Rodeos im Territory.

TANAMI ROAD

Die 1000 km lange Tanami Rd, quasi das Synonym für einsame Fahrten durchs Outback, verbindet Alice Springs mit Halls Creek in WA. Sie ist im Wesentlichen eine Abkürzung zwischen Central Australia und Kimberley. Bei trockenen Bedingungen ist die Strecke mit einem gut vorbereiteten normalen Pkw zu bewältigen. Immer aufpassen – hier überschlagen sich Autos gern mal! Man sollte außerdem ausreichend Sprit, Reifen sowie Essen und Wasser dabeihaben.

Der Straßenabschnitt im Northern Territory ist im Allgemeinen gut befestigt und beginnt 20 km nördlich von Alice Springs. Die Straße ist bis Tilmouth Well (08-8956 8777; www.tilmouthwell.com; Stellplatz ohne/mit Strom 30/40 AU$, Hütte ohne Bad 80 AU$;) asphaltiert. Die Anlage befindet sich am Rand der Napperby Station und bewirbt sich selbst als „Oase in der Wüste", denn sie hat einen glitzernden Pool und große Grünflächen.

Der nächste Tankstopp ist in Yuendumu, der größten abgelegenen Gemeinde der Region und Heimat des Warlpiri-Volkes, das berühmt ist für seine *Bush Mechanics* (www.bushmechanics.com). Auch ein Besuch im Warlukurlangu Art Centre (08-8956 4133; www.warlu.com; Mo–Fr 9–16 Uhr), das Einheimischen gehört, die sich auf Acrylmalerei spezialisiert haben, lohnt sich.

Ab hier gibt es noch einmal 600 km weit kein Benzin, bis man über die Grenze zu WA fährt und in der Gemeinde Billiluna (08-9168 8076; www.billiluna.org.au) ankommt. Übrigens: Das Rabbit Flat Roadhouse hat seine Pforten für immer geschlossen! Nach weiteren 170 km können Traveller ihren müden Knochen in Halls Creek eine Pause gönnen.

ALICE SPRINGS

25 186 EW.

Alice Springs ist voller Gegensätze und polarisiert seine Besucher: Einige lieben die Stadt, einige hassen sie. Ob man sie liebt oder hasst, wer das Red Centre besucht, kommt um einen Besuch in Alice Springs nicht herum. Die Stadt hat Travellern viel zu bieten, von unterschiedlichen Unterkünften zu hervorragenden Restaurants und guten Reiseanbindungen. Viele Besucher machen in Alice Springs erstmals Bekanntschaft mit dem zeitgenössischen indigenen Australien und seiner bezaubernden Kunst und faszinierenden Kultur sowie seinen aktuellen Herausforderungen.

Diese schöne, schroffe Stadt ist geprägt durch ihre mythischen Landschaften, die lebendige Aborigine-Kultur (wo sonst hört man sechs einzigartige australische Sprachen auf der Hauptstraße?) und ihre Pioniervergangenheit. Alice Springs ist der beste Ausgangspunkt, um Central Australia und den in vier Stunden Fahrzeit erreichbaren – also relativ nahen – Uluru-Kata Tjuta National Park zu erkunden. Die faszinierenden MacDonnell Ranges erstrecken sich im Osten und Westen des Stadtzentrums, und man muss nicht weit laufen, um sich in ockerfarbenen Schluchten, auf pastellfarbenen Hügeln und unter gespenstisch weißen Eukalyptusbäumen wiederzufinden.

⊙ Sehenswertes

Alice Springs Desert Park NATURPARK
(☏ 08-8951 8788; www.alicespringsdesertpark.com.au; Larapinta Dr; Erw./Kind 25/12,50 AU$; ⊙ 7.30–18 Uhr, letzter Einlass 16.30 Uhr) Wer auf seinen Reisen noch nie einen Tüpfelgrunzbarsch oder einen Marmorierten Fettschwanzgecko gesehen hat, sollte den Desert Park besuchen: Hier wird die ganze Fauna Central Australias auf einem Fleck gezeigt. Die sich größtenteils im Freien befindenden Gehege sind realistisch den natürlichen Lebensräumen bzw. Habitaten (Süßwasserfluss, Wüste, Wald) der Tiere nachempfunden.

Die 2,5 km hinaus zum Gelände sind leicht mit dem Fahrrad zu meistern. Alternativ bietet **Desert Park Transfers** (☏ 08-8952 1731; www.tailormadetours.com.au; Erw./Kind 40/22 AU$) einen Shuttle-Service ab Alice Springs (5-mal tgl.). Der Preis beinhaltet den Parkeintritt plus Hin- und Rückfahrt zur Unterkunft.

Idealerweise schließt der Besuch die großartige Greifvogelshow mit freifliegenden Graubartfalken, Milanen und herrlichen Keilschwanzadlern ein. Das hervorragende Nachttierhaus beherbergt seltene, scheue Parkbewohner wie den Kaninchennasenbeutler. Bei Gefallen kann man abends zurückkehren und an einer Nachtführung (Reservierung erforderlich) mit Schwerpunkt auf bedrohten Arten teilnehmen.

Für ein perfektes Parkerlebnis empfehlen sich ein kostenloser Audioguide (in mehreren Sprachen verfügbar) und die Gratisvorträge unter der Leitung von Rangern (ganztägig).

Araluen Cultural Precinct KULTURZENTRUM
(Karte S. 946; ☏ 08-8951 1122; http://artsandmuseums.nt.gov.au/araluen-cultural-precinct; Ecke Larapinta Dr & Memorial Ave; Precinct Pass Erw./Kind 15/10 AU$) Der Araluen Cultural Precinct ist das kulturelle Herz von Alice Springs. Besucher sollten sich für die Erkundung mindestens einen Nachmittag Zeit nehmen. Das Außengelände und den Friedhof kann man gratis erkunden. Mit dem „Precinct Pass" (innerhalb von 14 Tagen 2 Tage gültig) können auch die Ausstellungen und Exponate bewundert werden.

➡ **Araluen Arts Centre**
(Karte S. 946) Für eine Kleinstadt hat Alice Springs eine bemerkenswert lebendige Kunstszene – und das Araluen Arts Centre ist ihr Herz. Es gibt ein Theater (S. 953) mit 500 Plätzen und vier Galerien, in denen die Kunst der zentralen Wüstenregion im Zentrum steht.

Die Albert Namatjira Gallery zeigt Arbeiten des Künstlers, der in den 1930er-Jahren in Hermannsburg Aquarelle zu malen begann. Es werden auch Vergleiche zwischen Namatjira und seinem ursprünglichen Mentor Rex Battarbee sowie anderen Künstlern der Hermannsburger Schule gezogen. Außerdem kann man sich 14 frühe Acrylarbeiten aus der Papunya Community School Collection anschauen.

Andere Galerien zeigen Werke lokaler Künstler, Wanderausstellungen und neuere Arbeiten aus Gemeindekunstzentren der Aborigines.

➡ **Museum of Central Australia**
(Karte S. 946; ⊙ Mo–Fr 10–17 Uhr) Die naturkundliche Sammlung in diesem kleinen Museum erinnert an die Zeit der Megafauna, als nilpferdgroße Wombats und 3 m lange flugunfähige Vögel das Land durchstreiften. Unter den geologischen Exponaten sind Meteoritenfragmente und Fossilien. Angeboten wird eine kostenlose Audiotour, deren Text einer der Paläontologen eingesprochen hat, die halfen, diese Ausstellung zusammenzustellen.

Es existiert auch eine Ausstellung über das Wirken von Professor T.G.H. Strehlow, Linguist und Anthropologe, geboren in der Hermannsburger Mission bei Ange-

Alice Springs

hörigen des Arrernte-Stammes. Während seines Lebens hat er die bisher am besten dokumentierte Sammlung von Aborigine-Artefakten, Liedern, Ahnendokumenten, Filmen und Soundaufnahmen der Welt zusammengetragen. Die Ausstellung hat man oben im **Strehlow Research Centre** (Karte S. 946) aufgebaut, wo es außerdem eine Bibliothek gibt, die für die Öffentlichkeit zugänglich ist.

➜ **Central Australia Aviation Museum**

(Karte S. 946; www.centralaustralianaviationmuseum.com; Memorial Ave; ⊙ Mo–Fr 10–16, Sa & So 11–16 Uhr) GRATIS Im Connellan Airway Hangar sind historische Flugzeuge aus dem Northern Territory ausgestellt, einschließlich Fliegern des Royal Flying Doctor Service (RFDS).

Das ohne Zweifel interessanteste Stück der Sammlung ist das Wrack der *Kookaburra*, eines winzigen Flugzeugs, das 1929 während der Suche nach Charles Kingsford Smith und seinem Kopiloten Charles Ulm, die mit ihrer *Southern Cross* notlanden mussten, in der Tanami-Wüste abstürzte. Die *Kookaburra*-Piloten Keith Anderson und Bob Hitchcock kamen in der Wüste ums Leben, während Kingsford Smith und Ulm gerettet werden konnten.

Alice Springs

◎ Sehenswertes
- 1 Anzac Hill D1
- 2 Araluen Arts Centre B2
- 3 Araluen Cultural Precinct B3
- 4 Central Australia Aviation Museum B3
- Museum of Central Australia ....(siehe 6)
- 5 Olive Pink Botanic Garden D3
- 6 Strehlow Research Centre B2

⊕ Aktivitäten, Kurse & Touren
- 7 Outback Cycling D1

🛏 Schlafen
- 8 Alice in the Territory D5
- 9 Alice Lodge Backpackers E2
- 10 Alice on Todd C4
- 11 Alice's Secret Traveller's Inn E2
- 12 Annie's Place C3
- 13 Desert Palms Resort D4

⊗ Essen
- Bean Tree Cafe ....(siehe 5)
- 14 Hanuman Restaurant D4

⊕ Ausgehen & Nachtleben
- Annie's Place .... (siehe 12)

✪ Unterhaltung
- 15 Araluen Arts Centre B2

🛍 Shoppen
- 16 Desert Dwellers B2
- 17 Tjanpi Desert Weavers C2

School of the Air MUSEUM
(☎ 08-8951-6834; www.assoa.nt.edu.au; 80 Head St; Erw./Kind 7,50/5 AU$; ⊙ Mo–Sa 8.30–16.30, So 13–16.30 Uhr) Gegründet 1951, war dies die erste Schule ihrer Art in Australien, die den Unterricht über ein Gebiet von 1,3 Mio. km² verbreitete. Wurde früher noch alles per Kurzwelle übertragen, sitzen die Kinder heute dank Satelliten-Breitbandinternet und Webcams in einem virtuellen Klassenzimmer. Die Führung durch die Schule beinhaltet einen Film. Die Schule liegt 3 km nördlich des Zentrums.

Alice Springs Transport Heritage Centre MUSEUM
(www.roadtransporthall.com) Am MacDonnell Siding, etwa 10 km südlich von Alice und 1 km westlich des Stuart Hwy, gibt es zwei Museen, die sich großen Trucks und alten Zügen widmen: Das **Old Ghan Heritage Railway Museum** (☎ 08-8952 7161; 1 Norris Bell Dr; Erw./Kind 10/6 AU$; ⊙ 9–17 Uhr) in der reizenden Stuart Railway Station hat eine

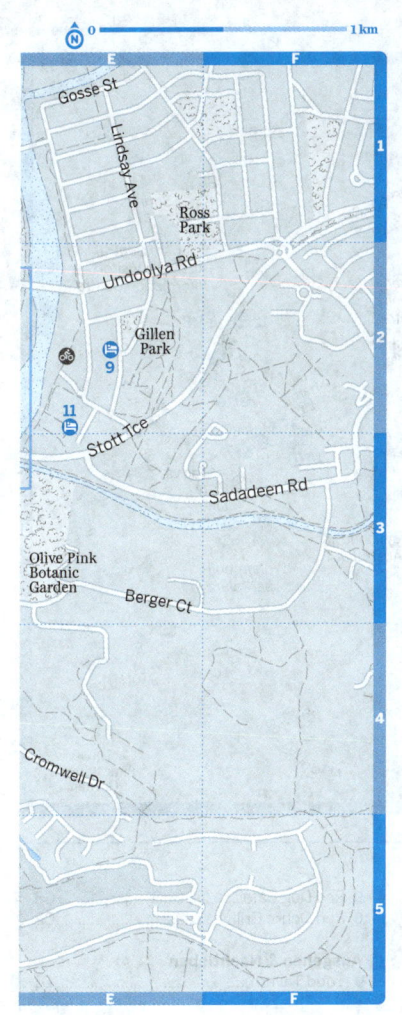

Royal Flying Doctor Service Base MUSEUM
(RFDS; Karte S. 948; ☎ 08-8958 8411; www.flyingdoctor.org.au; Stuart Tce; Erw./Kind 12/6 AU$; ⊙ Mo–Sa 9–17 Uhr, So 13–17 Uhr, Café Mo–Sa 8.30–16.30 Uhr) Die 3 Mio. AU$ teure Sanierung hat die Lebenszeit dieses hervorragenden Museums deutlich verlängert. Dies ist die Basis des Royal Flying Doctor Service, dessen engagiertes medizinisches Personal für einen 24-Stunden-Notdienst sorgt – für ein Gebiet von rund 1,25 Mio. km²! Die moderne Einrichtung umfasst interaktive Infoportale und Videopräsentationen, einen Flugsimulator, alte medizinische Ausrüstung, sowie einen Besuch im Kontrollzentrum.

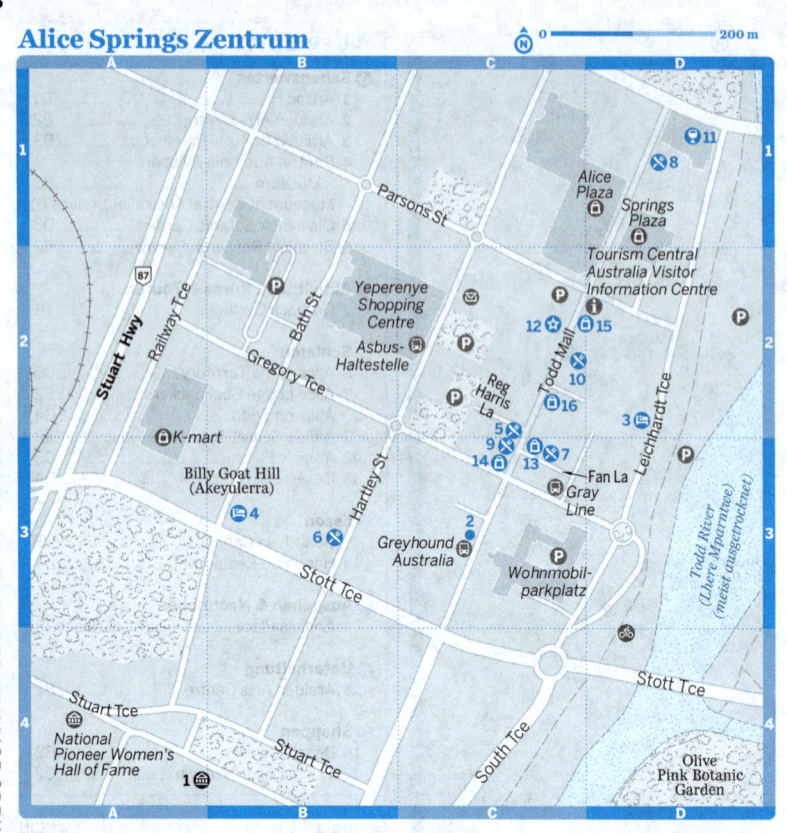

Alice Springs Zentrum

⊙ Sehenswertes
1 Royal Flying Doctor Service Base......... A4

⊕ Aktivitäten, Kurse & Touren
2 Emu Run Tours C3

🛌 Schlafen
3 Aurora Alice Springs D2
4 Elkira Court Motel B3

⊗ Essen
5 Epilogue Lounge C2
6 Overlanders Steakhouse B3
7 Page 27 Cafe C3
8 Piccolo's D1

🍷 Ausgehen & Nachtleben
9 Red Dog Cafe C3
10 Red Ochre Grill..................................C2

⊙ Unterhaltung
11 Todd Tavern D1

⊙ Unterhaltung
Alice Springs Cinema................ (siehe 8)
12 Sounds of Starlight Theatre.................C2

🛍 Shoppen
13 Aboriginal Art World C3
14 Mbantua Gallery C3
15 Talapi..C2
16 Todd Mall Market C2

Sammlung von restaurierten *Ghan*-Loks, eine Sammlung von Eisenbahn-Devotionalien und ein Teezimmer. Alle, die schon immer etwas über Trucks erfahren wollten, sind in der **National Road Transport Hall of Fame** (www.roadtransporthall.com; 2 Norris Bell Ave; Erw./Kind 15/8 AU$; ⊙ 9–17 Uhr) richtig. Hier gibt es eine Sammlung von schweren Lastzügen zu besichtigen, darunter einige uralte Road Trains.

Gezeigt werden über 100 restaurierte Trucks und Oldtimer, darunter viele Wagen aus der Pionierzeit des Outback. Das Ticket gilt auch für das Kenworth Dealer Truck Museum.

Olive Pink Botanic Garden — NATURSCHUTZGEBIET
(Karte S. 946; ☎ 08-8952 2154; www.opbg.com.au; Tuncks Rd; Eintritt frei, Spenden erbeten; ◷ 8–18 Uhr) Ein Netzwerk aus verschlungenen Wegen führt durch diesen schönen ariden botanischen Garten, gegründet von der prominenten Anthropologin Olive Pink. Im Garten wachsen über 500 zentralaustralische Pflanzenarten, und es werden Buschnahrung und Heilpflanzen kultiviert, z.B. das einheimische Zitronengras, Quandong und Buschpassionsfrüchte.

Wer den sanften Anstieg zum Meyers Hill nicht scheut, wird mit einem schönen Blick über Alice und Ntyarlkarle Tyaneme belohnt, eine der ersten Stätten, die von den Raupen erschaffen worden sein sollen.

Das kleine Visitor Centre zeigt übers Jahr verschiedene Ausstellungen, und das tolle **Bean Tree Cafe** (Karte S. 946; ☎ 08-8952 0190; www.opbg.com.au/bean-tree-cafe; Tuncks Rd, Olive Pink Botanic Garden; Hauptgerichte 12–20 AU$; ◷ 8–16 Uhr) ist allein schon einen Besuch wert.

Anzac Hill — WAHRZEICHEN
(Karte S. 946) Der herrliche Blick, besonders zu Sonnenauf- und -untergang, lohnt den Spaziergang hier hinauf (Lions Walk ab der Wills Tce); wer nicht laufen will oder kann, fährt mit dem Auto zum Gipfel des Anzac Hill (Untyeyetweleye). Vom Kriegsdenkmal bietet sich ein Panoramablick über die Stadt bis zur Heavitree Gap und den Ranges.

🏃 Aktivitäten
Bushwalking
Durch den Busch rund um Alice führen leichte Erkundungsspaziergänge ab dem Olive Pink Botanic Garden und der Telegrafenstation. An Letzterer beginnt auch der erste Abschnitt des Larapinta Trail.

Central Australian Bushwalkers — BUSHWALKING
(http://centralaustralianbushwalkers.com; Wanderung 5 AU$) Lokale Buschwandergruppe, deren viele verschiedene Regionaltouren vor allem durch die West MacDonnell Ranges führen (März–Nov.).

Kamelreiten
Kamele haben bei der Erschließung Central Australias eine wesentliche Rolle gespielt, als es noch keine Straßen und keine Eisenbahn gab. Wagemutige Traveller können herausfinden, wie sich das anfühlte.

Pyndan Camel Tracks — KAMELTOUR
(☎ 0416 170 1640; www.cameltracks.com; Jane Rd, 1-stünd. Ausritt Erw./Kind 60/30 AU$) Kameltreiber Marcus Williams bietet einstündige Ausritte und Halbtagstouren (110 AU$/Pers.) an.

Radfahren & Mountainbiken
Räder sind das perfekte Fortbewegungsmittel in und um Alice Springs. Es gibt Radwege entlang des Todd River zur Telegrafenstation, nach Westen zum Alice Springs Desert Park und hinaus zur Simpsons Gap. Für Radler und Wanderer gibt's im Visitor Information Centre spezielle Karten (S. 954).

Mountainbike-Wege sind von der Stadt aus einfach zu erreichen. Wer will, kann einen **Social Sunset Ride** (☎ 08-8952 5800; centralaustralianroughriders.asn.au; Fahrt 5 AU$) des Central Australian Rough Riders' Club mitmachen.

Outback Cycling — FAHRRADMIETE
(Karte S. 946; ☎ 08-8952 3993; http://outbackcycling.com/alice-springs/bicycle-hire; Alice Springs Telegraph Station; pro Tag/Woche 30/140 AU$) Vermietung von Stadträdern und Mountainbikes sowie Körben, Kinderrädern und Babysitzen.

👉 Geführte Touren
Rund um Alice & die MacDonnell Ranges
Dreamtime Tours — KULTUREXKURSIONEN
(☎ 08-8953 3739; www.rstours.com.au; Erw./Kind 85/42 AU$, Selbstfahrer 66/33 AU$; ◷ 8.30–11.30 Uhr) Bei der Dreamtime & Bushtucker Tour (3 Std.) trifft man Angehörige der Warlpiri-Aborigines und erfährt etwas über deren Traditionen. Da die Tour für große Busgruppen ausgelegt ist, wirkt sie eventuell etwas unpersönlich. Allerdings können sich Selbstfahrer hinten dranhängen.

Foot Falcon — STADTSPAZIERGANG
(☎ 0427 569 531; http://footfalcon.wordpress.com; 2-stündiger Stadtspaziergang 30 AU$; ◷ Mo–Fr 16, So 15 Uhr) Die Stadtspaziergänge der einheimischen Historikerin, Lehrerin und Autorin Linda Wells geben Einblicke in die Aborigine- bzw. Pioniergeschichte von Alice.

Rainbow Valley Cultural Tours — KULTUREXKURSIONEN
(☎ 08-8956 0661; www.rainbowvalleyculturaltours.com; nachmittags Wanderung Erw./Kind 80/

50 AU$) Bei dieser Tour durch das herrliche Rainbow Valley zeigen die traditionellen Landbesitzer den Teilnehmern auch Felskunststätten, die nicht für die breite Öffentlichkeit zugänglich sind. Die Touren gibt's optional auch mit Abendessen und Camping (20 AU$).

RT Tours TOUR
(08-8952 0327; www.rttoursaustralia.com; 160 AU$/Pers.) Im Rahmen der beliebten Lunch- bzw. Dinner-Touren von Bob Taylor besucht man die Simpsons Gap und das Telegraph Station Historical Reserve. Unterwegs zaubert der Chefkoch und Arrernte-Führer jeweils ein vom Busch inspiriertes Mahl. Außerdem sind auch noch weitere Touren im Angebot.

Trek Larapinta WANDERN & TREKKEN
(1300 133 278; www.treklarapinta.com.au; 3/6 Tage ab 1195/2195 AU$) Dieses Unternehmen folgt Teilen des Larapinta Trail im Rahmen geführter Mehrtagestreks. Zudem unterhält es Freiwilligenprojekte, die sich der Wanderwegspflege und der Buschregeneration in abgelegenen Aborigine-Gemeinden widmen.

Uluru, Kings Canyon & Palm Valley

Emu Run Tours OUTDOOR-AKTIVITÄTEN
(Karte S. 948; 1800 687 220; www.emurun.com.au; 72 Todd St) Bietet beispielsweise Tagestouren zum Uluru (229 AU$) und Zweitagestouren zum Uluru und Kings Canyon (520 AU$) an. Die Preise beinhalten Kost, Logis und Parkeintritt. Es gibt außerdem empfehlenswerte Tagesausflüge in Kleingruppen zu dem West MacDonnell Ranges (125 AU$) sowie eine Aborigine-Kultur-Tagestour (195 AU$).

Wayoutback Desert Safaris JEEPTOUR
(1300 551 510, 08-8952 4324; www.wayoutback.com) Bietet Jeepsafaris in Kleingruppen, darunter die Red Centre Safari (325 AU$) mit einer Zeltübernachtung in der Wüste nahe dem Uluru; dreitägige Jeepsafaris zum Uluru und Kings Canyon (695 AU$) und fünftägige Safaris zu den West MacDonnells (1045 AU$).

Feste & Events

Alice Springs Cup Carnival PFERDERENNEN
(www.alicespringsturfclub.org.au; Pioneer Park Racecourse; Mai) Am ersten Montag im Mai heißt es einen Hut aufsetzen und zum Hauptderby des fünftägigen Spektakels galoppieren.

Finke Desert Race MOTOCROSS
(www.finkedesertrace.com.au; Juni) Bei dem verrückten Rennen (240 km) entlang der Old South Rd rasen titelgierige Motorrad- und Buggyfahrer von Alice nach Finke; am nächsten Tag geht's dann wieder zurück. Zuschauer campen entlang der Strecke und feuern die Piloten kräftig an.

Alice Springs Beanie Festival KUNST
(www.beaniefest.org) Das viertäge Festival im Juni/Juli findet im Araluen Art Centre statt und feiert den schlichten Beanie (gestrickte Wollmütze) – handgefertigt von den Damen in der Central Desert.

Camel Cup KAMELRENNEN
(www.camelcup.com.au) „Karneval im Juli" könnte das Motto dieser Veranstaltung im Blatherskite Park sein.

Alice Springs Rodeo RODEO
Events wie Bullenreiten, Jungstierringen und das Barrel Racing der Damen stehen im August im Blatherskite Park auf dem Programm.

Old Timers Fete FEST
Nachschub an Häkeldeckchen und Geschirrtüchern kann man sich bei diesem Festival der großmütterlichen Künste zulegen, das am zweiten Samstag im August im Old Timers Village stattfindet.

Alice Desert Festival KUNST
(www.alicedesertfestival.com.au) Ein echter Kracher unter den Festivals: Hier gibt es Zirkus, Musik, Film und Comedy zu sehen und zu hören. Eine farbenfrohe Parade entlang der Todd Mall bildet den Auftakt zu diesem Festival im September.

Henley-on-Todd Regatta REGATTA
(www.henleyontodd.com.au) Dieses Bootsrennen im September ist ein Paradebeispiel für die typisch australische, völlig unbeschwerte totale Verleugnung der Realität. Die Regatta findet im Bett des ausgetrockneten Todd River statt: Die teilnehmenden Teams stehen in „Booten" ohne Boden und laufen den Parcours ab.

Schlafen

Wer in der Hauptsaison unterwegs ist (Juni-Sept.), sollte unbedingt im Voraus buchen. Wer auf gut Glück herkommen möchte, sollte im Internet nach Last-Minute-Angeboten Ausschau halten – da sind manchmal Spitzenklasseunterkünfte zu Mittelklassepreisen zu ergattern.

Alice Lodge Backpackers   HOSTEL $
(Karte S. 946; ☎ 1800 351 925, 08-8953 1975; www.alicelodge.com.au; 4 Mueller St; B 24–26 AU$, DZ/3BZ 68/80 AU$; ❄@🛜🏊) Das kleine und bescheidene, höchst empfehlenswerte Alice Lodge, zehn Minuten zu Fuß von der Stadt entfernt, ist bei Reisenden vor allem wegen des freundlichen und hilfsbereiten Managements beliebt. Das Personal ist so nett wie die Zimmerauswahl: Neben Schlafsälen (nur für Frauen oder gemischt; drei, vier oder sechs Betten) gibt's hier auch komfortable Doppel- und Zweibettzimmer rund um einen zentral gelegenen Pool.

Alice's Secret Traveller's Inn   HOSTEL $
(Karte S. 946; ☎ 08-8952 8686; www.asecret.com.au; 6 Khalick St; B 23–26 AU$, EZ/DZ/3BZ 60/70/90 AU$; ❄@🏊) Das Inn gegenüber vom Todd River ist eines der besten Hostels in Alice und punktet durch Sauberkeit und seinen hilfsbereiten, freundlichen Besitzer. Hier kann man am Pool entspannen, ins Didgeridoo blasen, und in der Hängematte im Garten dösen. Die besten Angebote erhält, wer seine Tour zum Uluru über das Inn bucht.

Einfache, saubere und gepflegte Zimmer im Haupthaus ergänzen die etwas beengten Donga-Quartiere.

Annie's Place   HOSTEL $
(Karte S. 946; ☎ 08-8952 1545, 1800 359 089; www.anniesplace.com.au; 4 Traeger Ave; B 22–25 AU$, DZ & 2BZ 60–75 AU$; ❄@🏊) Der grüne Biergarten ist bei Reisenden und Einheimischen gleichermaßen beliebt. Auch der tolle Poolbereich macht das Annie's die ganze Woche über zum beliebten Abendtreffpunkt – das ist nur dann ein Problem, wenn man unbedingt ruhig schlafen möchte. Die umgebauten Motelzimmer (alle mit Bad, einige auch mit Kühlschrank) sind ein bisschen klein, aber gemütlich. Das Frühstück ist im Preis inbegriffen.

MacDonnell Range Holiday Park   CAMPING $
(☎ 1800 808 373, 08-8952 6111; www.macrange.com.au; Palm Pl; Stellplatz ohne/mit Strom 41/47 AU$, Hütten-DZ 100–230 AU$; ❄@🛜🏊) Wohl das größte und am besten gehütete Geheimnis der Stadt: Dieser Wohnwagenpark punktet mit grünen Stellplätzen und blitzsauberen Sanitäranlagen. Die Unterkunftspalette reicht von einfachen Hütten mit Gemeinschaftsbädern bis zu separaten Villen mit zwei Schlafzimmern. Kinder können sich auf dem Abenteuerspielplatz, BMX-Parcours und Basketballplatz austoben. 2015 eröffneten drei neue Pools.

Heavitree Gap Outback Lodge   CAMPING $
(☎ 1800 896 119, 08-8950 4444; www.aurorareserts.com.au; Palm Circuit; Stellplatz ohne/mit Strom 26/34 AU$, DZ 100–180 AU$; ❄@🛜🏊) Am Fuß der MacDonnell Ranges warten hier herrliche Eukalyptusbäume, hüpfende Wallabys, und schattige Zelt- bzw. Wohnwagenstellplätze. Hinzu kommen Schlafsäle mit vier Betten und eine Lodge mit einfacher Kochnische, in der sechs Personen übernachten können. Es gibt einen kostenlosen Shuttle-Service ins 4 km entfernte Stadtzentrum.

Fast jeden Abend spielen Countrybands in dem Pub nebenan.

Elkira Court Motel   MOTEL $$
(Karte S. 948; ☎ 08-8952 1222; www.bestwestern.com.au/alice-springs/hotels/best-western-elkira-court-motel/; 65 Bath St; Zi. 80–150 AU$; ❄@🛜🏊) Das Elkira ist eine gute Mittelklasse-Option, die praktischerweise im Zentrum liegt. Hier gibt es Budget-, Queen- und King-Zimmer, die alle ein gutes Preis-Leistungsverhältnis bieten. Die Zimmer oben haben kleine, von der Sonne beschienene Balkone.

★ Alice in the Territory   RESORT $$
(Karte S. 946; ☎ 08-8952 6100; www.alicent.com.au; 46 Stephens Rd; B 25–35 AU$, EZ & DZ 110–150 AU$; ❄@🛜🏊) Das Alice in the Territory hat eines der besten Preis-Leistungs-Verhältnisse der Stadt. Die Anlage ist zwar groß, und die Doppelzimmer und Vierbett-Schlafsäle sind einfach und mit kleinen Bädern ausgestattet, aber die Zimmer sind hell, blitzsauber und komfortabel.

Es gibt eine tolle Bar und ein Restaurant mit internationaler Küche sowie einen großen Pool am Fuß der MacDonnell Ranges.

Alice on Todd   APARTMENTS $$
(Karte S. 946; ☎ 08-8953 8033; www.aliceontodd.com; Ecke Strehlow St & South Tce; Studio/1-B-Apt. 135/158 AU$; ❄@🛜🏊) Dieser hübsche, sichere und gut ausgestattete Apartmentkomplex am Todd River hat freundliche und hilfsbereite Mitarbeiter. Hier gibt es Selbstversorgerwohneinheiten mit Küche, Wohnzimmer und ein bis zwei Schlafzimmern. Hinzu kommen einige Studios. In den Einheiten mit Balkon haben bis zu sechs Personen Platz – sie eignen sich daher besonders gut für Familien. Die land-

Desert Palms Resort
HOTEL $$

(Karte S. 946; ☎08-8952 5977, 1800 678 037,; www.desertpalms.com.au; 74 Barrett Dr; Villa 140 AU$; ✱@☷) Schattige Palmen, wogende Bougainvilleen und Villen im indonesischen Stil verleihen dem Desert Palms ein relaxtes Insel-Feeling. Die Zimmer mit Spitzgiebeldecken, Kochnischen, Minibädern, TV und Privatbalkon wirken ziemlich betagt, wenn auch gemütlich. Der Inselpool ist der Renner bei Kids.

Aurora Alice Springs
HOTEL $$

(Karte S. 948; ☎1800 089 644, 08-8950 6666; www.auroraresorts.com.au; 11 Leichhardt Tce; Standard/Deluxe/Executive DZ 110/150/180 AU$; ✱@🛜☷) Das moderne Hotel mit relaxter Atmosphäre liegt mitten im Zentrum – die Hintertür geht hinaus auf die Todd Mall. Wer kann, sollte eines der Executive-Zimmer im frisch renovierten Flügel nehmen: Die privaten Balkone bietet eine schöne Aussicht auf den Todd River. Die Standard-Zimmer sind komfortabel und mit Kühlschrank, Telefon und hauseigenem Spielfilmkanal (gratis) ausgestattet. Zum Hotel gehört außerdem das ausgezeichnete Restaurant Red Ochre Grill (s. rechte Spalte).

🍴 Essen

⭐ Piccolo's
CAFÉ $

(Karte S. 948; ☎08-8953 1936; Shop 1, Cinema Complex 11, Todd Mall; Frühstück 10–18 AU$; ⏲Mo–Fr 7.30–15 Uhr, Sa bis 14 Uhr, So 8–13.30 Uhr) Dieses moderne, stylische Café ist bei Einheimischen wegen des ausgezeichneten Essens und des wahrscheinlich besten Kaffees der Stadt beliebt. Es könnte genauso gut in Melbourne stehen, nur dass der Service hier schneller und freundlicher ist. BRAT ist zu empfehlen.

Page 27 Cafe
CAFÉ $

(Karte S. 948; ☎08-8952 0191; Fan Lane; Hauptgerichte 9–15 AU$; ⏲Di–Fr 7.30–14.30 Uhr, Sa & So 8–14 Uhr; 🌱) Unter dieser Arkade genießen Einheimische leckeren Kaffee und frische Säfte. Hier gibt es außerdem gesundes, gutbürgerliches Frühstück (Eier in allen Variationen, Pfannkuchen), Fladenbrot-Wraps und tolle Salate, z. B. Fattoush mit Hühnchen, Quinoa mit Kräutern, Rucola, und Baba Ganoush. Die vegetarischen Gerichte sind hervorragend.

Epilogue Lounge
TAPAS $$

(Karte S. 948; ☎08-8953 4206; 58 Todd Mall; Tapas/Hauptgerichte 15/25 AU$; ⏲Mi–Mo 8–23.30 Uhr) Dieser urbane Augenschmaus im Retrostil ist das coolste Restaurant der Stadt. Hier gibt es den ganzen Tag über leckeres Essen, gute Weine und freundlichen Service. Das ist Alice Springs par excellence! Das eine oder andere Tapas-Gericht könnte noch etwas verfeinert werden, aber eine neue Karte ist in Arbeit.

Red Dog Cafe
CAFÉ $$

(Karte S. 948; ☎08-8953 1353; 64 Todd Mall; Frühstück 12,50 AU$, Mittagessen 16,50 AU$) Es gibt keinen besseren Ort zum Leutegucken als diese Tische und Stühle an der Todd Mall. Morgens gibt es hier herzhaftes Frühstück und frischen, starken Kaffee. Mittags werden Burger und vegetarische Gerichte serviert.

⭐ Hanuman Restaurant
THAI $$

(Karte S. 946; ☎08-8953 7188; www.hanuman.com.au/alice-springs; 82 Barrett Dr, Doubletree by Hilton; Hauptgerichte 25–36 AU$; ⏲Mo–Fr 12.30–14.30, tgl. ab 18.30 Uhr; 🌱) Wer in dem stilvollen Restaurant die großartigen Gerichte mit thailändischem und indischem Touch probiert, wähnt sich wohl kaum im Outback. Die Thai-Hauptgerichte sind so überragend wie das Seafood (vor allem die Hanuman-Garnelen). Doch trotz des thailändischen Schwerpunkts gibt's hier auch genügend Indisches, um eine eventuelle Currylust zu befriedigen. Hinzu kommen eine gute Weinkarte und diverse vegetarische Optionen.

Red Ochre Grill
MODERN-AUSTRALISCH $$$

(Karte S. 948; ☎08-8952 9614; www.redochrealice.com.au; Todd Mall; Hauptgerichte mittags 15–18 AU$, Hauptgerichte abends 30–37 AU$; ⏲10–21 Uhr) Die innovativen Fusion-Gerichte mit starkem Outback-Touch verwenden vorwiegend traditionelle Fleischsorten vom lokal gezüchteten Protein (z. B. Emu oder Känguru). Verfeinert werden sie mit einheimischem Gemüse (z. B. Zitronenmyrte, Pfefferbeeren und Buschtomaten). Hier gibt es viele gute Deals, z. B. Tapas mit einer Flasche Wein für 49 AU$ oder 20% Rabatt für alle, die früh zu Abend essen.

Overlanders Steakhouse
STEAK $$$

(Karte S. 948; ☎08-8952 2159; 72 Hartley St; Hauptgerichte 30–50 AU$; ⏲18 Uhr–open end) Alices beste Adresse für Steaks, große saftige Stücke Rind (sowie Krokodil, Kamel,

Känguru oder Emu). Hier kann man in Rinder-Ranch-Ambiente (inklusive Satteln, Brandeisen und dergleichen) die originale Stuart's Tucker Bag probieren: Würstchen aus Krokodil-, Känguru-, Emu- und Kamelfleisch.

Ausgehen

Annie's Place BAR
(Karte S. 946; 4 Traeger Ave; 17 Uhr–open end) Brummende Backpacker-Bar mit guter Musik (mitunter live), schattigem Biergarten sowie günstigen Humpen und Bechern am Pool.

Todd Tavern PUB
(Karte S. 948; www.toddtavern.com.au; 1 Todd Mall; 10–24 Uhr) Diese schon ewig existierende klassische Aussie-Kneipe bietet eine immer stark umschwärmte Bar, Spielautomaten und anständiges Thekenessen. Hin und wieder gibt's am Wochenende Livemusik.

Unterhaltung

Der ausführliche Guide im Abschnitt „Unterhaltung" des *Centralian Advocate* (wird jeden Dienstag und Freitag herausgegeben) enthält Infos zu allen Veranstaltungen in und um Alice. In der Epilogue Lounge (S. 952) gibt's am Wochenende die beste Livemusik in Alice.

Araluen Arts Centre KUNSTZENTRUM
(Karte S. 946; 08-8951 1122; http://artsandmuseums.nt.gov.au/araluen-cultural-precinct; Larapinta Dr) Das kulturelle Herz von Alice schlägt im Araluen Theatre. Vor bis zu 500 Zuschauern treten unterschiedliche Künstler auf, von Tanzkompanien bis zu Comedians. Das Art House Cinema zeigt jeden Sonntagabend ab 19 Uhr Filme (Erw./Kind 15/12 AU$).

Sounds of Starlight Theatre LIVEMUSIK
(Karte S. 948; 08-8953 0826; www.soundsofstarlight.com; 40 Todd Mall; Erw./erm./Fam. 30/25/90 AU$; Di, Fr & Sa 20 Uhr) Die eineinhalbstündige stimmungsvolle Vorführung, die mit Didgeridoo, Trommeln und Keyboards, wunderbaren Fotos und Lichteffekten den Geist des Outbacks erweckt, ist eine Institution in Alice Springs. Der Musiker Andrew Langford gibt sogar kostenlose Didgeridoo-Stunden (Mo–Fr, 11 Uhr).

Alice Springs Cinema KINO
(Karte S. 948; 08-8953 2888; www.alicespringscinema.com.au; 11 Todd Todd Mall; Erw./Kind 17,50/13,50 AU$, Di alle Tickets 12,50 AU$) Aktuelle Hollywood-Blockbuster.

Shoppen

Alice ist das Hauptzentrum für Aboriginekunst aus Central Australia. Einige Läden gehören Gemeindekunstzentren und werden auch von diesen betrieben. So wird sichergestellt, dass die Künstler und deren Gemeinden einen größeren Gewinnanteil bekommen. Das schwarz-rote Symbol des Indigenous Art Code (www.indigenousartcode.org) kennzeichnet Händler, die fair und transparent mit den Produzenten umgehen.

Talapi KUNST
(Karte S. 948; 08-8953 6389; http://talapi.com.au; 45 Todd Mall) Das Talapi ist eine der neuesten Galerien in Alice Springs. Der wunderschöne Ausstellungsraum, ein Mitglied des Indigenous Art Code, liegt mitten im Zentrum und hat sich der Ausstellung und Förderung der indigenen Kunst der Central Desert verschrieben. Die Ausstellungsstücke kommen direkt aus Kunstzentren, die von Aborigines betrieben werden. Einfach mal vorbeischauen und nach Ausstellungen fragen!

Aboriginal Art World KUNST
(Karte S. 948; 08-8952 7788; www.aboriginalartworld.com.au; 89 Todd Mall) Spezialisiert auf die Werke von Künstlern, die in der Central Desert rund um Alice Springs leben, besonders in der Region Pitjantjatjara. Hier können Besucher fertige Werke kaufen oder welche in Auftrag geben.

Desert Dwellers OUTDOOR-AUSRÜSTUNG
(Karte S. 946; 08-8953 2240; www.desertdwellers.com.au; 38 Elder St; Mo–Fr 9–17, Sa bis 14 Uhr) Hier wird praktisch alles verkauft, was Campingfans und Wanderer für Outback-Ausflüge so brauchen könnten – z. B. Karten, Zelte, Swags (Einmann-Biwakzelte), tragbare Kühlschränke oder Campingkocher.

Mbantua Gallery KUNST
(Karte S. 948; 08-8952 5571; www.mbantua.com.au; 64 Todd Mall; Mo–Fr 9–18, Sa bis 15, So 10–13 Uhr) Die Privatgalerie mit Café zeigt neben vielen Werken aus der berühmten Region Utopia auch Landschaftsaquarelle der Namatjira-Schule. Es gibt hier eine hervorragende Kulturausstellung mit Schautafeln zu Mythologie und Brauchtum der Aborigines.

Tjanpi Desert Weavers KUNST
(Karte S. 946; 08-8958 2377; www.tjanpi.com.au; 3 Wilkinson St; Mo–Fr 10–16 Uhr) Diese kleine Firma beschäftigt und unterstützt Weber aus 18 entlegenen Gemeinden in der Central Desert. Ihr besuchenswerter Laden verkauft beispielsweise wunderbare Flechtkörbe und skurrile Skulpturen aus heimischen Gräsern.

Todd Mall Market MARKT
(Karte S. 948; ww.toddmallmarkets.com.au; 9-13 od. 14 Uhr) Straßenkünstler, Kunsthandwerksstände, brutzelnde Woks, qualmende Satay-Spieße. Aborigine-Kunst, Schmuck und Nippes sorgen auf diesen Markt für entspanntes Bummeln. Der Markt findet zwei- bis dreimal im Monat statt – die genauen Daten stehen auf der Website.

Praktische Informationen

GEFAHREN & ÄRGERNISSE
Bei Dunkelheit nirgendwo allein in der Stadt herumlaufen! Nachtschwärmer sollten grundsätzlich per Taxis nach Hause fahren.

GELD
Großbanken (z. B. ANZ, Commonwealth, National Australia und Westpac) mit Geldautomaten befinden sich in der zentral gelegenen Todd Mall und deren Umgebung.

INTERNETZUGANG
Travel Bug (19 Todd Mall; 2 AU$/24 Min.) Internetzugang.

MEDIZINISCHE VERSORGUNG
Alice Springs Hospital (08-8951 7777; www.health.nt.gov.au/hospitals/alice_springs _hospital; Gap Rd) Für medizinische Versorgung.

NOTFALL
Rettungsdienst (000) Für Notfälle.

POST
Hauptpost (Karte S. 948; 13 13 18; 31-33 Hartley St; Mo–Fr 8.15–17 Uhr) Alle üblichen Dienstleistungen.

TOURISTENINFORMATION
Central Land Council (Karte S. 946; 08-8951 6211; www.clc.org.au; PO Box 3321, 27 Stuart Hwy, Alice Springs; 8.30–12 Uhr & 14–16 Uhr) Hier bekommt man Genehmigungen für das Besuchen und Durchfahren von Aborigine-Land.

Tourism Central Australia Visitor Information Centre (Karte S. 948; 1800 645 199, 08-8952 5199; www.discovercentralaustralia.com; Ecke Todd Mall & Parsons St; Mo–Fr 8.30–17 Uhr, Sa & So 9.30–16 Uhr;) Die hilfreiche Touristeninformation überhäuft Traveller mit kostenlosen Broschüren und Führern. Wettervorhersagen und Straßenzustandsberichte hängen an der Wand. Infos zu Nationalparks gibt es auch. Wer ein Auto mieten möchte, sollte sich nach Angeboten ohne Kilometerbegrenzung erkundigen.

An- & Weiterreise

AUTO & MOTORRAD
Alice Springs ist von überall weit entfernt. Es sind 1180 km bis nach Mt. Isa in Queensland, 1490 km bis nach Darwin und 441 km (4½ Std.) nach Yulara (Richtung Uluru/Ayers Rock). Auch wenn die Straßen nach Norden und Süden geteert und in einem guten Zustand sind – das hier ist das Outback, und man tut gut daran, nur mit einem gut präparierten Auto auf die Reise zu gehen, insbesondere da es außerhalb von Alice Springs oder Yulara keinen Handyempfang mehr gibt. Immer und jederzeit sehr viel Wasser und Notrationen dabeihaben!

Alle großen Verleihfirmen haben Niederlassungen in Alice Springs und viele auch noch einen Schalter am Flughafen. Die Preise fallen zwischen November und April oft um 20 %, aber der Wagen wird nicht wirklich billig, da die meisten Firmen nur 100 Freikilometer pro Tag anbieten, was einen nicht wirklich weit bringt. Das Tourism Central Australia Visitor Information Centre hat ein Angebot für Mietautos ohne Kilometerbegrenzung – einfach vor dem Buchen mal nachfragen! Mit einem normalen Pkw kommt man über geteerte Straßen zu fast allen Sehenswürdigkeiten in den MacDonnell Ranges, zum Uluru und zum Kings Canyon. Wer allerdings weiter raus will, z. B. zur Chambers Pillar, zur Finke Gorge oder gar über die Mereenie Loop Rd, für den ist ein Geländewagen unerlässlich.

Alice Camp 'n' Drive (08-8952 0098; www.alicecampndrive.com; 76 Hartley St) Bietet voll ausgestattete Autos fürs Camping, einschließlich Swags (oder echter Zelte), Schlafsäcken, Kochgeschirr, Klappstühlen usw. Es gibt keine Kilometerbegrenzung. Die Fahrzeuge können an der eigenen Unterkunft abgegeben werden.

Britz (08-8952 8814; www.britz.com.au; Ecke Stuart Hwy & Power St) Wohnmobile und Autos; auch am Flughafen. Hier stehen auch die Wohnmobile von Maui (1800 670 232; www.maui.com.au) und Mighty (1800 670 232; www.mightycampers.com.au).

Budget (13 27 27, 08-8952 8899; www.budget.com.au; 113 Todd St; Mo–Fr 9–17 Uhr, Sa bis 12 Uhr) Verlässlicher Autovermieter mit Zweigstelle am Flughafen.

Central Car Rentals (08-8952 0098; www.centralcarrentals.com.au; 76 Hartley St) Lokaler Anbieter (arbeitet mit Alice Camp 'n' Drive), der Fahrzeuge mit und ohne Allradantrieb

anbietet, die mit Campingausrüstung bestückt werden können. Tarife ohne Kilometerbegrenzung sind verfügbar.
Territory Thrifty Car Rental (☏ 08-8952 9999; www.rentacar.com.au; Ecke Stott Tce & Hartley St) Verlässlicher Autovermieter.

BUS

Greyhound Australia (Karte S. 948; ☏ 1300 473 946; www.greyhound.com.au; 113 Todd St, Shop 3) startet regelmäßig in Alice Springs (Fahrpläne und Rabatte s. Website). Ankunft und Abfahrt erfolgen vor dem Firmenbüro an der Todd St. Hier einige Flexi Fares:

ZIEL	EINFACHE STRECKE (AU$)	DAUER (STD.)
Adelaide	244	20
Coober Pedy	127	8
Darwin	244	22
Katherine	222	16½
Tennant Creek	134	6½

Emu Run (S. 950) bietet täglich günstige Verbindungen zwischen Alice Springs und Yulara (einfache Strecke Erw./Kind 135/80 AU$). **Gray Line** (Karte S. 948; ☏ 1300 858 687; www.grayline.com; Capricornia Centre 9, Gregory Tce) pendelt ebenfalls zwischen Alice Springs und Yulara (einfache Strecke, Erw./Kind 170/120 AU$).

Auf dem Weg nach bzw. von Alice punkten Backpackerbusse mit Partyatmosphäre und der Möglichkeit, einige Sehenswürdigkeiten abzuklappern. Auf der Route Alice–Adelaide bietet **Groovy Grape Getaways Australia** (☏ 1800 661 177; www.groovygrape.com.au) siebentägige Campingtrips für Backpacker an (945 AU$).

FLUGZEUG

Qantas und Virgin Australia (S. 931) verbinden Alice Springs täglich mit australischen Großstädten. Fluglinien-Filialen findet man direkt am Alice Springs Airport. Websites informieren über aktuelle Flugpläne und -angebote.

ZUG

Die klassische Art, das Territory zu bereisen, ist eine Fahrt mit dem *Ghan,* die bei **Great Southern Rail** (☏ 13 21 47; www.greatsouthernrail.com.au) gebucht werden kann. Manchmal gibt es Rabatte, besonders in der Nebensaison (Feb.–Juni). Reservierungen sind obligatorisch.

Abseits des Larapinta Dr liegt der Bahnhof am Ende der George Cres.

❶ Unterwegs vor Ort

Alice ist kompakt genug, um die meisten Stadtteile zu Fuß zu erreichen. Zu einigen näher gelegenen Attraktionen kommt man auch ganz gut mit einem Fahrrad.

BUS

Die öffentlichen Nahverkehrsbusse von **Asbus** (☏ 08-8944 2444) starten vor dem Yeperenye Shopping Centre (alle Mo–Fr, Sa morgens, ca. alle 90 Min.). Für Traveller sind drei Linien interessant: Die 400/401 macht einen Abstecher zum Cultural Precinct, die 100/101 passiert die School of the Air. Entlang von Gap Rd und Palm Circuit rollt die 300/301 an vielen Hotels bzw. Wohnwagenparks im Süden der Stadt vorbei. Die Touristeninformation (S. 954) verteilt Fahrpläne.

VON/ZUM FLUGHAFEN

Der Alice Springs Airport liegt 15 km südlich der Stadt. Mit dem Taxi kostet die Fahrt rund 45 AU$. Das **Airport Shuttle** (☏ 08-8952 2111; Gregory Tce; einfache Strecke 16 AU$) fährt Passagiere zu ihrer Unterkunft in der Stadt. Wer an seiner Unterkunft abgeholt werden möchte, sollte einen Tag im Voraus buchen.

TAXI

Taxis (Bestellung unter ☏ 13 10 08 oder 08-8952 1877) sammeln sich nahe der Touristeninformation.

MACDONNELL RANGES

Die herrlich verwitterten MacDonnell Ranges erstrecken sich über 400 km quer durch die Wüste. Die spektakulären Schluchten, seltenen Tiere und das Aborigine-Erbe dieser versteckten Welt können allesamt im Rahmen eines Tagestrips ab Alice bewundert werden. Dort beginnen auch viele Touren zu den East und West McDonnell Ranges, die beide nicht von öffentlichen Verkehrsmitteln angesteuert werden.

East MacDonnell Ranges

Auch wenn sie von den beliebteren West Macs überschattet werden, sind die East MacDonnell Ranges nicht weniger pittoresk und können durchaus die vergnüglichere Outback-Tour abgeben, weil hier weniger Leute hinkommen. Der befestigte Ross Hwy verläuft 100 km entlang der Ranges, die von mehreren reizvollen Felsspalten und Schluchten durchbrochen werden. Die Goldgräbergeisterstadt Arltunga ist 33 km vom Ross Hwy entfernt; um hinzukommen, muss man eine unbefestigte Straße entlangfahren, die jedoch mit einem normalen Wa-

(Fortsetzung auf S. 960)

1

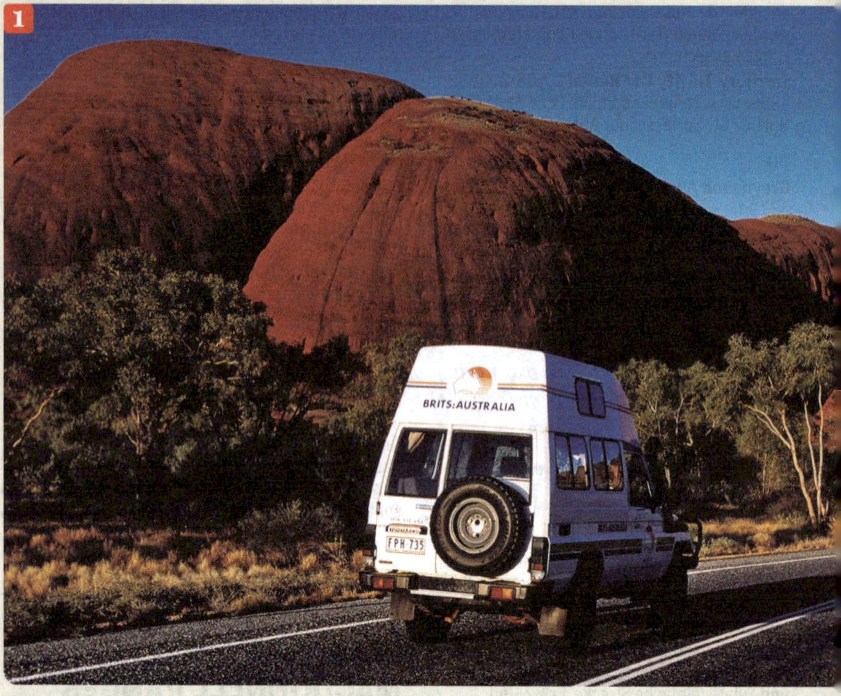

2

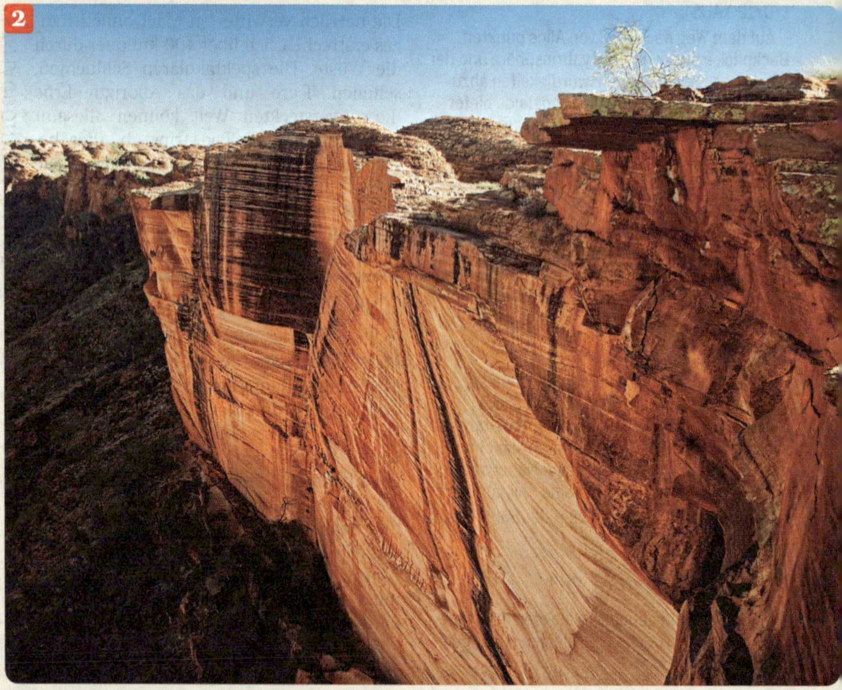

Ultimatives Outback

„Outback" bedeutet Unterschiedliches in verschiedenen Teilen Australiens: Wüste, tropische Savanne, sogar Sumpfgebiet… Eine Eigenschaft ist aber allen Konzepten gemein: Diese Gebiete liegen fernab der Bequemlichkeiten des heimischen Herdes. Das Outback liegt irgendwo da draußen – und hält Überraschungen bereit.

Uluru (Ayers Rock)

Der Uluru-Kata Tjuta National Park (S. 967) ist das unumstrittene Highlight in Central Australia. Es gibt nur wenig, was über den Uluru noch nicht gesagt wurde, und nur wenige Teile von ihm, die noch nicht erforscht, fotografiert und dokumentiert wurden. Dennoch kann nichts den Besucher auf die schiere Masse, die außergewöhnliche Beschaffenheit, die fotogenen Farben und die Spiritualität des Riesen vorbereiten.

Kata Tjuta (Olgas)

Der höchste Gipfel der Kata Tjuta (S. 973) überragt den Uluru (546 m vs. 348 m), und manche meinen, dass die Erkundung der 36 Monolithe ein anrührenderes Erlebnis ist. Wege ziehen sich durch die Felsen und führen zu Orten stiller Schönheit und spiritueller Bedeutung.

Watarrka (Kings Canyon)

Der Kings Canyon im Watarrka National Park (S. 964), rund 300 km nördlich des Uluru, wirkt wie ein umgekehrter Uluru. Hinter den 270 m hohen Felswänden verbirgt sich ein von Palmen gesäumtes Tal mit über 600 Pflanzenarten; auch Tiere fühlen sich hier wohl. Die 6 km lange Wanderung entlang der Kante des Canyon dauert vier Stunden.

MacDonnell Ranges

Die „Macs" (S. 955) erstrecken sich östlich und westlich von Alice Springs. In den Einschnitten der uralten Gebirgszüge verbergen sich geheime Welten. Felskängurus und farbenprächtige Vögel finden hier auch an den heißesten Tagen Wasser.

1. Kata Tjuta (Olgas; S. 973) **2.** Watarrka (Kings Canyon; S. 964) **3.** Standley Chasm (S. 962), West MacDonnell Ranges

Indigene Kunst & Kultur

Die vielschichtige und faszinierende Kunst sowie die Geschichten und Tänze der Aborigine-Völker Australiens zeugen von deren tiefer Verbundenheit mit dem Land selbst. Das Outback ist der beste Ort, um in die Kultur der Aborigines einzutauchen. Besucher können an Kulturtouren teilnehmen, mündlichen Überlieferungen des Dreaming (Traumzeit) lauschen, uralte Felsenkunst bestaunen und zeitgenössische Acrylmalerei bewundern.

Kulturtouren

Im Outback gibt es mehr und mehr Kulturtouren, die von der indigenen Bevölkerung selbst veranstaltet und durchgeführt werden. So haben Besucher die Möglichkeit, von den Menschen etwas über das Land zu erfahren, die es am besten kennen. Kulturtouren gibt es in Darwin, im Kakadu National Park und im Arnhem Land im tropischen Norden sowie in Alice Springs und im Uluru-Kata Tjuta National Park im Red Centre.

Felskunst

Zeugnisse der uralten indigenen Kultur Australiens finden sich in den Felskunststätten im Outback. Zu den Highlights gehören die über 5000 Stätten im Kakadu National Park, die in einer Art Zeitleiste Schöpfungsgeister aus der Traumzeit, ausgestorbene Tierarten, aber auch „Kontaktkunst" mit Abbildungen von Begegnungen zwischen indigenen Australiern – Fischern, die dem Volk der Makassaren auf Sulawesi angehörten – und frühen europäischen Siedlern zeigen. Zu den wichtigsten Felskunst-Stätten im Kakadu National Park zählen Ubirr und Nourlangie. Weitere Orte mit Felskunst sind der Nitmiluk und der Keep River National Park, die MacDonnell Ranges bei Alice Springs und der Uluru.

Zeitgenössische Aborigine-Kunst

Zeitgenössische Aborigine-Kunst, die größtenteils im Outback entsteht, erlangte in den letzten Jahren internationales Renommee. Aus der strikten Einhaltung traditioneller Methoden und einer hohen Spiritualität entstehen authentische Interpretationen traditioneller Geschichten und Riten. Am augenfälligsten sind Werke der Punktmalerei (Acrylfarbe auf Leinwand), ferner gibt es Acrylgemälde, Webarbeiten, Stücke aus Baumrinde, Waffen, Bumerangs und Skulpturen.

Indigene Feste

Für ein unvergessliches kulturelles Aboriginal-Erlebnis sollte man seinen Besuch im Outback so planen, dass er mit einem traditionellen Aborigine-Fest zusammenfällt. Bei diesen Festen erhalten Besucher einen Einblick in das Leben der indigenen Kultur. Der Rhythmus der uralten Tänze ermöglicht eine Reise jenseits von Raum und Zeit. Im Northern Territory gibt es mehrere indigene Feste und Events, z. B. das beliebte Walking With Spirits in Beswick und das Merrepen Arts Festival in Daly River.

1. Punktmalerei, Northern Territory **2.** Barunga Festival, nahe Katherine (S. 932)

(Fortsetzung von S. 955)

gen noch gut zu bewältigen ist. Die Strecke zum John Hayes Rockhole (im Trephina Gorge Nature Park), zur N'Dhala Gorge und zur Ruby Gap ist nur mit einem Geländewagen zu bewältigen.

Emily & Jessie Gaps Nature Park

Beide Felsspalten werden mit dem Raupen-Traumpfad der Ost-Arrernte-Aborigines in Verbindung gebracht. Die Emily Gap liegt 16 km außerhalb der Stadt. In der engen Schlucht finden sich stilisierte Felszeichnungen und ein recht tiefes Wasserloch. Die Arrernte nennen die Schlucht Anthwerrke; sie ist eine der bedeutendsten Aborigine-Kultstätten in der Region um Alice Springs. Von hier stammen die Raupenahnen von Mparntwe, die später über die Landschaft krochen und so die topografischen Formen von heute erschufen. Der Spalt ist eine heilige Stätte; die gut erhaltenen Zeichnungen finden sich an der Ostwand. Die Jessie Gap 8 km weiter ist ähnlich reizvoll und normalerweise weit weniger stark besucht. Beide Stätten sind mit Toiletten versehen, aber campen ist nicht erlaubt. Und beides zieht Vögel an, die Wasserstellen suchen. Ein 8 km langer nicht markierter Buschpfad führt um den Rücken der beiden Felsspalten.

Corroboree Rock Conservation Reserve

Hinter der Jessie Gap fährt man über erodierte Ebenen, bevor es in ein Tal zwischen zwei roten Hügeln geht. Der Corroboree Rock, 51 km von Alice entfernt, ist einer von vielen seltsam geformten Dolomitfelsen, die über den ganzen Talboden verteilt sind. Trotz des Namens (*corroboree* heißt in etwa „Versammlung") darf bezweifelt werden, dass der Felsen jemals als Versammlungsort genutzt wurde. Aber er steht mit dem Traumpfad des Riesenwarans in Zusammenhang. Der Riesenwaran wird über 2,5 m lang und sucht Zuflucht unter den überall verstreuten Felsbrocken. Es gibt einen kurzen Wanderweg (15 Min.) um den Felsen herum.

Trephina Gorge Nature Park

Wer nur Zeit für einige wenige Stopps in den East MacDonnell Ranges hat, sollte den Trephina Gorge Nature Park (75 km von Alice entfernt) zu einem davon machen. Die Kontraste zwischen den fahlen, sandigen Flussbetten, den purpurroten Wänden der Schluchten, den weißen Baumstämmen, dem grünen Laub des Eukalyptus und dem blauen Himmel sind spektakulär. Es gibt auch tiefe Wasserlöcher zum Baden und jede Menge Tiere. Der Trephina Gorge Walk (2 km, 45 Min.) umgibt den Rand der Schlucht. Der Ridgetop Walk (einfache Strecke 10 km, 5 Std.) führt über die Bergkämme von der Schlucht bis zum John Hayes Rockhole; der 8 km lang Rückweg die Straße entlang dauert zwei Stunden.

Am reizenden John Hayes Rockhole, 9 km von der Trephina-Gorge-Abzweigung entfernt (die letzten 4 km schafft nur ein Jeep), gibt es drei einfache Campingplätze (John Hayes Rockhole, Trephina Gorge Nature Park; Erw./Kind 3,30/1,65 AU$). Von hier aus führt der herrliche Chain of Ponds Walk (Rundweg, 4 km, 1½ Std.) an Wasserbecken im Fels vorbei zu einem Aussichtspunkt hoch über der Schlucht.

Es gibt eine Ranger-Station (☏ 08-8956 9765) und Campingplätze (Trephina Gorge Nature Park; Erw./Kind 3,30/1,65 AU$) mit Grillplätzen, Wasser und Toiletten an der Trephina Gorge und am Bluff.

N'Dhala Gorge Nature Park

Nur etwas südwestlich des Ross River Resort führt eine ausschließlich (!) Geländewagen vorbehaltene Piste über 11 km südwärts zur N'Dhala Gorge. Diese tiefe, schmale Schlucht beherbergt einige seltene endemische Pflanzen und über 5900 uralte, schwer zu entdeckende Aborigine-Felsreliefs. Hinzu kommt ein kleiner, ungeschützter Campingplatz (N'Dhala Gorge; Erw./Kind 3,30/1,65 AU$) mit unzuverlässiger Wasserversorgung.

Ross River

Etwa 9 km hinter der Abzweigung Richtung Arltunga erreicht man das abgeschiedene Ross River Resort (☏ 08-8956 9711; www.rossriverresort.com.au; Ross Hwy; Stellplatz ohne/mit Strom 38 AU$, Schlafbaracke 30 AU$, Hütten-DZ/FZ 130/160 AU$; ❋ ☀) rund um ein historisches Gehöft aus Stein. Einfache Holzhütten mit einem Pool in der Mitte werden hier durch eine herrliche unter Eukalyptusbäumen gelegene Campingwiese ergänzt. Hinzu kommen noch ein Laden mit Benzin sowie die Stockman's Bar, in der Besucher Bier trinken oder Mittagsgerichte (Hauptgerichte 17-25 AU$) essen können.

Arltunga Historical Reserve

Am Ostende der MacDonnell Ranges, 110 km östlich von Alice, liegt die alte Goldgräberstadt **Arltunga** (40 km auf unbefestigter Straße vom Ross Hwy), heute eine Geisterstadt. Ihre Geschichte von der Entdeckung alluvialen (oberflächennahen) Goldes 1887 bis ins Jahr 1912, als der Abbau endete, ist faszinierend. **Alte Gebäude**, ein paar **Friedhöfe** und viele verlassene **Schachtanlagen** in ausgedörrter Landschaft vermitteln Besuchern einen Eindruck davon, wie das Leben für die Bergleute hier gewesen sein muss. Es gibt Wanderwege und alte Schächte (mit Fledermäusen!) zu erkunden, also eine Taschenlampe mitbringen!

Das unbemannte **Visitor Information Centre** zeigt alte Fotografien über den Prozess der Goldgewinnung und eine Diashow zur Geschichte der Gegend; Trinkwasser und Toiletten gibt's auch. Im Reservat selbst darf nicht gezeltet werden.

Von Arltunga aus kann man auf dem Rückweg nach Alice eine Schleife auf dem Arltunga Tourist Dr machen, der dann etwa 50 km nördlich der Stadt auf den Stuart Hwy trifft. Die Straße führt an dem freundlichen **Old Ambalindum Homestead** (☏ 08-8956 9993; www.oldambalindumhomestead.com.au; Stellplatz ohne/mit Strom 30/35 AU$, B 80 AU$; ✳ ≋) vorbei, wo Gäste in Selbstversorgerunterkünften für bis zu zwölf Personen im Haus selbst oder in der Schlafbaracke dieser noch betriebenen Ranch übernachten können. Man muss reservieren und selbst für Verpflegung sorgen.

West MacDonnell Ranges

Die West MacDonnell Ranges mit ihrer betörenden Schönheit und der Vielzahl von Pflanzen und Tieren dürfen bei keiner Tour durch die Gegend fehlen. Sie sind auch mit normalen Fahrzeugen gut zugänglich, was sie bei Tagesausflüglern besonders beliebt macht. Von Alice aus führt der Namatjira Dr nach Westen und biegt hinter dem Larapinta Dr, 6 km hinter der Standley Chasm, nach Nordwesten ab. Er ist bis zum Tylers Pass geteert.

Die meisten Orte in den West MacDonnell Ranges liegen innerhalb des **West Mac-Donnell National Park**. Ranger-Stationen finden sich an der Simpsons Gap und an der Ormiston Gorge.

Larapinta Trail

Der 230 km lange Larapinta Trail verläuft entlang des Rückgrats der West MacDonnell Ranges und ist einer von Australiens schönsten Fernwanderwegen. Der Weg ist in zwölf Abschnitte mit unterschiedlichen Schwierigkeitsgraden unterteilt, beginnt bei der Telegrafenstation in Alice Springs und endet am zerklüfteten, 1380 m hohen Gipfel des Mt. Sonder. Jeder Trail-Abschnitt ist in ein oder zwei Tagen zu bewältigen und führt zu vielen Sehenswürdigkeiten der West MacDonnells:

Abschnitt 1 Alice Springs Telegraph Station–Simpsons Gap (23,8 km)

Abschnitt 2 Simpsons Gap–Jay Creek (24,5 km)

Abschnitt 3 Jay Creek–Standley Chasm (13,6 km)

Abschnitt 4 Standley Chasm–Birthday Waterhole (17,7 km)

Abschnitt 5 Birthday Waterhole–Hugh Gorge (16 km)

Abschnitt 6 Hugh Gorge–Ellery Creek (31,2 km)

Abschnitt 7 Ellery Creek–Serpentine Gorge (13,8 km)

Abschnitt 8 Serpentine Gorge–Serpentine Chalet Dam (13,4 km)

Abschnitt 9 Serpentine Chalet Dam–Ormiston Gorge (28,6 km)

Abschnitt 10 Ormiston Gorge–Finke River (9,9 km)

Abschnitt 11 Finke River–Redbank Gorge (25,2 km)

Abschnitt 12 Redbank Gorge–Mt. Sonder (hin & zurück 15,8 km)

Wanderkarten und -informationen gibt's bei **Parks & Wildlife** (☏ 08-8951 8250; www.parksandwildlife.nt.gov.au/parks/walks/larapinta). Wandergruppen mit acht oder mehr Personen sollten ihre Wanderung hier außerdem anmelden.

Mit öffentlichen Verkehrsmitteln kommt man nicht hierher, aber **Alice Wanderer** (☏ 1800 722 111, 08-8952 2111; www.alicewanderer.com.au) kann den Transport organisieren. Infos zu Kosten gibt's auf der Website. Geführte Wanderungen inklusive Transport ab Alice Springs kann man bei Trek Larapinta (S. 950) buchen.

Simpsons Gap

Fährt man von Alice Springs auf dem Larapinta Dr nach Westen, kommt man zum Grab von **John Flynn**, dem Gründer des Royal Flying Doctor Service, das mit einem Findling geschmückt ist. Dieser wurde vom Volk der Arrernte hier abgelegt (der Originalfelsblock war ein Devil's Marble, der mittlerweile wieder zurückgebracht wurde). Gegenüber dem Parkplatz beginnt der geteerte **Radweg** zur Simpsons Gap, eine schöne drei- bis vierstündige Tour.

Über die Straße ist die **Simpsons Gap** 22 km von Alice Springs und 8 km vom Larapinta Dr entfernt. Viele Besucher picknicken hier oder gehen spazieren. Der frühe Morgen und der späte Nachmittag sind die besten Zeiten, um das schwarzfüßige Felsenkänguru zu beobachten. Das Visitor Information Centre liegt 1 km vom Parkeingang entfernt.

Standley Chasm (Angkerle)

Die **Standley Chasm** (08-8956 7440; Erw./erm. 10/8 AU$; 8–17 Uhr, letzter Einlass 16.30 Uhr) rund 50 km westlich von Alice Springs gehört den in der Nähe beheimateten Iwupataka und wird auch von diesen verwaltet. Die schmale Klamm mit glatten, bis zu 80 m hohen Wänden durchschneidet den Hügel auf spektakuläre Weise. Der felsige Zugangsweg (20 Min.; 1,2 km) folgt einem Bachbett, das von Ghost-Gum-Eukalypten und Palmfarnen gesäumt wird. Optional kann man zu einer zweiten Kluft weiterlaufen (hin & zurück 1 Std.) oder den Larapinta Hill erklimmen (hin & zurück 45 Min.) und die schöne Aussicht genießen. In Parkplatznähe gibt's Picknicktische, Toiletten und ein Café.

Namatjira Drive

Der Namatjira Dr führt zu einer Reihe von Schluchten und Klüften in den West MacDonnell Ranges. Nicht weit hinter der Standley Chasm muss man sich zwischen dem nordwestlichen Namatjira Dr (der nach einer Schleife westlich von Hermannsburg wieder auf den Larapinta Dr stößt) und dem Larapinta Dr entscheiden.

Wer sich für den Namatjira Dr entscheidet, hält vielleicht zuerst am **Ellery Creek Big Hole**, 91 km entfernt von Alice Springs: Dieses Wasserloch ist an heißen Tagen ein beliebter Ort zum Schwimmen (das Wasser ist normalerweise eiskalt). 11 km weiter führt eine grobe Schotterpiste zur engen, ockerroten **Serpentine Gorge**, deren Eingang durch ein schönes Wasserloch blockiert wird. Am Ende eines kurzen, steilen Aufstiegs (30 Minuten, hin & zurück) liegt ein Aussichtspunkt, von dem aus man uralte Palmfarne sehen kann.

Die **Ochre Pits** säumen ein trockenes Bachbett 11 km westlich von Serpentine und waren einst eine Farbenquelle für die Aborigines. Die verschiedenen Ocker – hauptsächlich Gelb, Weiß und Rotbraun – sind verwitterte Kalksteine, denen Eisenoxid die jeweilige Färbung verleiht.

Der Parkplatz für die majestätische **Ormiston Gorge** befindet sich 25 km hinter den Ochre Pits. Diese Schlucht ist die beeindruckendste in den West MacDonnells. Es gibt ein von Eukalyptusbäumen beschattetes Wasserloch. Die Schlucht umgibt den **Ormiston Pound**. Der ist ein Paradies für Wildtiere; fast sicher sieht man einige Exemplare unter den mit Stachelkopfgras bewachsenen Hängen und in den Mulgawäldchen. Es gibt einige **Wanderwege**, beispielsweise einen zum **Ghost Gum Lookout** (20 Min.), von dem aus man einen tollen Blick auf die Schlucht hat, und den großartigen **Pound Walk** (Rundweg, 3 Std., 7,5 km). Service-Einrichtungen sind ein **Visitor Centre** (08-8956 7799; 10–16 Uhr) und ein **Kiosk**.

Nach weiteren 2 km kommt die Abzweigung zur **Glen Helen Gorge** in Sicht, wo der Finke River durch die MacDonnells schneidet. Nur 1 km hinter Glen Helen liegt ein guter **Aussichtspunkt** auf den Mt. Sonder; Sonnenauf- und -untergang sind hier besonders beeindruckend.

Die Abzweigung (nur Geländewagen!) zur vielfarbigen kathedralenähnlichen **Redbank Gorge** erreicht man nach 25 km Fahrt in Richtung Nordwesten. Das permanent bestehende Wasserloch windet sich kilometerweit durch das Schluchtenlabyrinth und sorgt an heißen Tagen für ein unglaubliches Schwimm- und Kraxelvergnügen. Der Namatjira Dr führt dann weiter nach Süden und ist bis zum **Tylers Pass Lookout** befestigt, der ein dramatisches Panorama des **Tnorala** (Grosse Bluff) eröffnet, das das Ergebnis eines erderschütternden Kometeneinschlags ist.

🛌 Schlafen & Essen

Es gibt einfache **Campingplätze** (Erw./Kind 5/1,50 AU$) am Ellery Creek Big Hole, an der Redbank Gorge und 6 km westlich der Serpentine Gorge in Serpentine Chalet (man braucht einen Geländewagen oder ein Auto mit großer Bodenfreiheit, um die Ruinen des Chalets zu erreichen). Der noble **Campingplatz** (Ormiston Gorge; Erw./Kind 10/5 AU$) an der Ormiston Gorge bietet Duschen, Toiletten, Gasgrills und Picknicktische.

Glen Helen Resort HOTEL $
(☎ 08-8956 7489; www.glenhelen.com.au; Namatjira Dr; Stellplatz ohne/mit Strom 24/35 AU$, B/Zi. 35/170 AU$; ❄☀) Am Rand des West MacDonnell National Park liegt das beliebte Glen Helen Resort, dessen idyllische Veranda nach hinten zu den ockerroten Klippen der spektakulären Schlucht ausgerichtet ist. Hier gibt es eine gut besuchte Restaurant-Bar mit herzhaften Gerichten und Livemusik an den Wochenenden. Gäste können auch an Jeeptouren und Helikopterflügen teilnehmen.

Die Chancen stehen gut, dass man bei einem Besuch einen Schwarm bunte Wellensittiche zu sehen bekommt, während man sich einen abendlichen kühlen Drink gönnt. Wer möchte, kann ein eigenes Zelt auf dem Rasen aufschlagen und ein Lagerfeuer anmachen – einfach herrlich!

RED CENTRE WAY (MEREENIE LOOP)

Der Red Centre Way ist die „Nebenstrecke" zwischen Alice und dem Uluru. Seine „innere Schleife" aus Namatjira und Larapinta Dr wird durch die staubige Mereenie Loop Rd (Abkürzung zum Kings Canyon) erweitert. Diese extrem holperige Strecke sollte man nicht unterschätzen – fast alle Autovermieter verbieten eine Benutzung mit ihren normalen Fahrzeugen.

Larapinta Drive

Südlich der Standley Chasm kreuzt der Larapinta Dr den Namatjira Dr und den Hugh River, bevor er die Abzweigung zur Gemeinschaft der Western Arrernte in **Wallace Rockhole**, 18 km von der Hauptstraße und 109 km von Alice Springs entfernt, erreicht.

Es ist so gut wie sicher, dass man im **Wallace Rockhole Tourist Park** (☎ 08-8956 7993; www.wallacerockholetours.com.au; Stellplatz ohne/mit Strom 20/24 AU$, Hütte 130 AU$; ❄) mehr oder weniger allein ist. Der Campingplatz hier hat gute Einrichtungen. Touren müssen im Voraus gebucht werden. Es gibt beispielsweise eine nette eineinhalbstündige Felskunst- und Buschmedizin-Tour (Erw./Kind 15/13 AU$), bei der man mit Tee aus der Thermoskanne und Buschbrot versorgt wird.

Nach weiteren 26 km ab der Wallace-Rockhole-Abzweigung auf dem Larapinta Dr erreicht man das einsame **Namatjira Monument**, das etwa 8 km von Hermannsburg entfernt ist.

Hermannsburg

625 EW.

Die Aborigine-Gemeinschaft von Hermannsburg (Ntaria), 125 km von Alice Springs entfernt, ist berühmt, weil sie einst die Heimat des Künstlers Albert Namatjira war. Außerdem befindet sich hier die Hermannsburg-Mission.

Im Hermannsburg Historic Precinct werden die kalkweißen Wände der **Mission** (☎ 08-8956 7402; www.hermannsburg.com.au; Erw./Kind 10/5 AU$; ⊙ Mo-Sa 9–17 Uhr, So 10.30–17 Uhr) von majestätischem Rotem Eukalyptus und Dattelpalmen beschattet. Das faszinierende Monument früher lutherischer Missionsarbeit umfasst ein Schulgebäude, eine Kirche und verschiedene Nebengebäude. Das „Manse" beherbergt eine Kunstgalerie und erzählt vom Leben und der Zeit von Albert Namatjira. Hier sind Arbeiten von 39 Hermannsburger Künstlern ausgestellt.

Das Personal des **Kata-Anga Tea Room** (Gerichte 8–14 AU$; ⊙ 9–16 Uhr) im alten Missionsgebäude serviert verschiedene Leckereien. Charakteristische Gemälde und Töpferwaren der Einheimischen sind Teil der hiesigen Verkaufsausstellung.

Im Westen von Hermannsburg befindet sich das **Namatjira's House**.

Finke Gorge National Park

Mit seiner urzeitlichen Landschaft ist der südlich von Hermannsburg gelegene Finke Gorge National Park eines von Australiens schönsten Naturschutzgebieten. Das absolute Highlight des Parks ist das **Palm Valley**, das für seine Marienpalmen berühmt ist, die nirgendwo sonst in der Welt wachsen. Diese Relikte aus prähistorischen Zeiten machen das Tal zu einer Bilderbuchoase.

Zu den Wanderwegen gehören der **Arankaia Walk** (Rundweg, 2 km, 1 Std.), der das Tal quert und über das Sandsteinplateau zurückführt, der **Mpulungkinya Track** (5 km Rundweg, 2 Std.), der in die Schlucht führt, bevor er auf den Arankaia Walk trifft, und der **Mpaara Track** (Rundweg, 5 km, 2 Std.), der zum Finke River, zum Palm Bend und zu einem auf natürliche Weise entstandenen „Amphitheater" (einem Halbkreis aus Sandstein, geformt von einem nicht mehr existierenden Seitenarm des Palm Creek), geht. Hier befindet sich ein beliebter **Campingplatz** (Finke Gorge National Park; Erw./Kind 6,60/3,30 AU$).

Da die Zufahrt zum Park ein paar steinigen Pisten und dem sandigen Bett des Finke River folgt, ist ein Geländewagen mit hoher Bodenfreiheit absolute Pflicht. Wer keinen hat, kommt mit diversen Touranbietern ab Alice Springs zum Palm Valley. Die Abfahrt zum Palm Valley befindet sich ca. 1 km westlich der Hermannsburg-Abzweigung am Larapinta Dr.

Mit angemessener Ausrüstung kann man den Nationalpark auch auf der anspruchsvollen Route entlang des sandigen Finke-River-Betts durchqueren. Die malerische Tour durch die Einsamkeit führt dabei zunächst zur Ernest Giles Rd. Dort geht's dann entweder westwärts weiter Richtung Kings Canyon (oder Uluru) oder nach Osten zurück zum Stuart Hwy. Da Steckenbleiben ein Teil des Abenteuers ist, empfiehlt es sich, im Konvoi zu fahren. Zudem sollte man sich unbedingt die Broschüre *Finke River 4WD Route* (www.parksandwildlife.nt.gov.au) holen.

Mereenie Loop Road

Von Hermannsburg kann man in westlicher Richtung bis zur Abzweigung nach Areyonga (kein Besuch möglich) weiterfahren und dann die Mereenie Loop Rd zum Kings Canyon nehmen. Dies ist eine Alternativstrecke von Alice nach Kings Canyon. Die Strecke hat tiefe, sandige Abschnitte und zahllose Bodenwellen, je nach Jahreszeit und Zeitpunkt der letzten Begradigung. Am besten befährt man die Strecke in einem hochachsigen Wagen oder einem Jeep. Achtung: Für normale Fahrzeuge besteht auf dieser Strecke kein Versicherungsschutz!

Wer dennoch hier fahren möchte – die Straße führt durch Aboriginal Land –, benötigt den Mereenie Tour Pass (5 AU$), der einen Tag gültig ist und eine Broschüre zur lokalen Aborigine-Kultur sowie eine Straßenkarte beinhaltet. Der Pass wird normalerweise am Reisetag im Visitor Information Centre in Alice Springs, im Glen Helen Resort, im Kings Canyon Resort oder an der Hermannsburger Tankstelle ausgestellt.

Kings Canyon & Watarrka National Park

Der gähnende Abgrund des Kings Canyon im Watarrka National Park ist eine der Hauptattraktionen des Mereenie Loop und eine der spektakulärsten Sehenswürdigkeiten Central Australias. Alternativ führen zwei weitere Strecken hierher: Die unbefestigte Ernest Giles Rd, die 140 km südlich von Alice Springs westwärts vom Stuart Hwy abzweigt, und die befestigte Luritja Rd, die auf dem Weg zum Uluru vom Lasseter Hwy abzweigt. Letztere ist zwar am längsten, aber bei Weitem am beliebtesten und bequemsten.

Unabhängig von der Routenwahl will man sich am Ziel garantiert die Fahrt aus den Knochen schütteln und die Landschaft bewundern. Der **Kings Canyon Rim Walk** (Rundweg, 6 km, 4 Std., an heißen Tagen sollte man vor 9 Uhr starten) wird von vielen Travellern als Highlight ihrer Tour ins Herz Australiens betrachtet und belohnt Wanderer mit herrlicher Aussicht. Nach einem kurzen, aber steilen Anstieg (einziger „schwieriger" Teil) folgt der Pfad dem oberen Schluchtrand und führt dann über hölzerne Stufen hinunter zum **Garden of Eden**. Dessen idyllisches Wasserbecken wird von üppigem Bewuchs aus Palmen und prähistorischen Palmfarnen umgeben. Der nächste Wegabschnitt windet sich zwischen einer Gruppe riesiger, verwitterter Sandsteinformationen in Bienenkorbform hindurch, die für die Luritja-Aborigines die Männer der Kuniya-Traumzeitlegende repräsentieren.

Der **Kings Creek Walk** (hin & zurück 2 km) ist ein kurzer Spaziergang entlang des steinigen Bachbetts zu einer erhöhten Plattform mit Blick auf den Rand des Canyons hoch oben.

Etwa 10 km östlich des Parkplatzes beginnt der **Kathleen Springs Walk** (hin & zurück 2,6 km, 1 Std.), ein netter, für Rollstuhlfahrer geeigneter Weg, der zu einem Wasserloch am Ende einer Schlucht führt.

Der **Giles Track** (einfache Strecke 22 km, mit Übernachtung) ist ein markierter Weg,

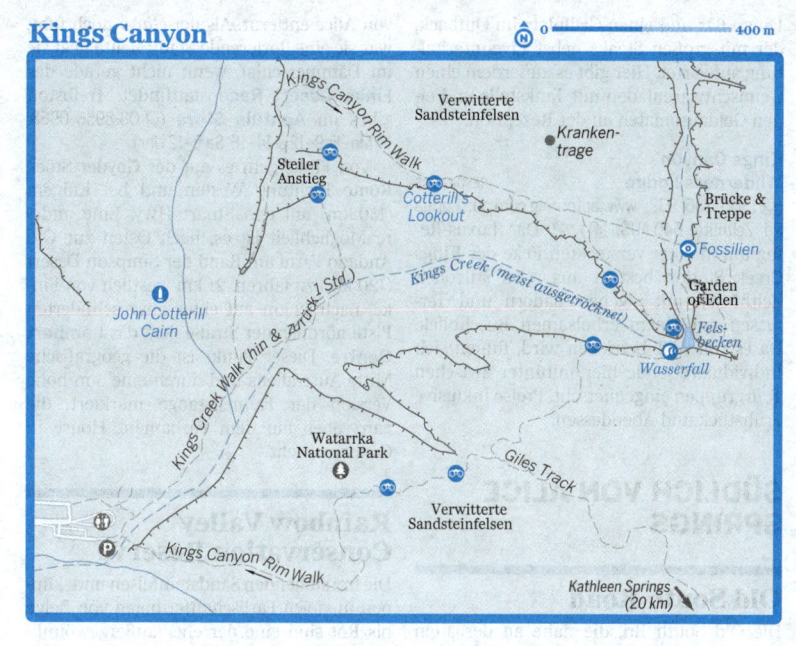

Kings Canyon

[Karte: Kings Canyon Gebiet mit u. a. Kings Canyon Rim Walk, Verwitterte Sandsteinfelsen, Steiler Anstieg, Krankentrage, Cotterill's Lookout, Brücke & Treppe, Fossilien, Kings Creek (meist ausgetrocknet), Garden of Eden, John Cotterill Cairn, Felsbecken, Wasserfall, Kings Creek Walk (hin & zurück 1 Std.), Watarrka National Park, Giles Track, Verwitterte Sandsteinfelsen, Kathleen Springs (20 km)]

der sich durch die George Gill Range zwischen Kathleen Springs und dem Canyon windet. Bevor man losgeht, sollte man sich in das Logbuch im Rangers Office am Reedy Creek eintragen, damit man im Notfall von den Rangern schneller gefunden wird.

👉 Geführte Touren

Viele Tourveranstalter aus Alice machen hier Halt auf dem Weg vom/zum Uluru.

Kings Creek Helicopters HUBSCHRAUBERFLUG
(☎ 08-8956 7474; www.kingscreekstation.com.au; Flug 70–480 AU$/Pers.) Startet an der Kings Creek Station und bietet u. a. einen atemberaubenden, 30-minütigen Flug über den Canyon an.

Professional Helicopter Services HUBSCHRAUBERFLUG
(PHS; ☎ 08-8956 2003; www.phs.com.au; Flug 95–275 AU$/Pers.) Brummt vom Kings Canyon Resort aus über den Canyon (8/15 Min. 95/145 AU$).

🛏 Schlafen & Essen

Kings Creek Station CAMPING $$
(☎ 08-8956 7474; www.kingscreekstation.com.au; Luritja Rd; Stellplatz f. 2 Pers. ohne/mit Strom 40/44 AU$, Safarihütte EZ/DZ inkl. Frühstück 105/170 AU$; @ ☼) Rund 35 km vor dem Canyon gelegen, ermöglicht diese familiengeführte Farm nettes Buschcamping mit Wüstenkasuarinen. Bewohner der gemütlichen Safarihütten (kleine Planenzelte mit festem Boden) teilen sich die sanitären Anlagen sowie einen Küchenbereich mit Grill. Wer mag, kann mit einem Quad durch die Wüste sausen (93 AU$/Std.) oder im Vergleich dazu deutlich ruhigere Kamelritte genießen (65 AU$/Std.).

Der Laden (geöffnet 7–19 Uhr) verkauft Benzin, Eis, Bier, Wein, Grillpakete und Mahlzeiten. Zudem sollten sich die Besucher über Conways' Kids (www.conwayskids.org.au) informieren: Die Inhaber der Kings Creek Station haben diese wohltätige Stiftung gegründet, um einheimischen Aborigine-Kindern eine Schulausbildung in Adelaide zu ermöglichen.

Kings Canyon Resort RESORT $$$
(☎ 08-8956 7442, 1300 863 248; www.kingscanyonresort.com.au; Luritja Rd; Stellplatz ohne/mit Strom 39/45 AU$, B 35 AU$, DZ 285/469 AU$; ✳ @ ☎ ☼) Dieses hübsch designte Resort liegt nur 10 km entfernt vom Canyon. Das breite Unterkunftsspektrum reicht von einer Campingwiese mit eigenem Pool und Bar bis zu Deluxe-Zimmern mit Aussicht auf Buschland. Das ebenfalls große gastronomische Angebot umfasst ein Bistro, die Thirsty

Dingo Bar und einen Grillplatz im Outback, der mit großen Steaks nebst Liveunterhaltung aufwartet. Hier gibt es außerdem einen Gemischtwarenladen mit Tankstelle und einen Geldautomaten an der Rezeption.

Kings Canyon Wilderness Lodge RESORT $$$
(✆1300 336 932; www.aptouring.com.au; Luritja Rd; Zelthütte 640 AU$; ❄) 🍴 Das Luxus-Refugium in einer versteckten Ecke der Kings Creek Station besteht aus zehn stilvollen Zelthütten mit eigenen Bädern und Terrassen mit einem erholsamen Buschblick. Da es von APT betrieben wird, fühlen sich Individualreisende hier mitunter zwischen Tourgruppen eingequetscht. Preise inklusive Frühstück und Abendessen.

SÜDLICH VON ALICE SPRINGS

Old South Road

Die Old South Rd, die nahe an der alten *Ghan*-Trasse verläuft, ist ziemlich holprig, sodass man wirklich einen Geländewagen braucht. Es sind nur 339 km von Alice Springs nach **Ewaninga**, wo prähistorische Aborigine-Felszeichnungen in den Sandstein gemeißelt wurden. Die Felsmalereien, die hier und an der N'Dhala Gorge gefunden wurden, sind vermutlich von Stämmen angefertigt worden, die vor den heute hier ansässigen Gemeinschaften in der Region lebten, nämlich vor etwa 1000 bis 5000 Jahren.

Die seltsame Sandsteinsäule **Chambers Pillar**, südwestlich der Maryvale Station, ragt 50 m über die Ebene auf und ist übersät mit den Namen von Forschern und den Daten, an denen sie hier waren – und leider auch mit weniger wertvollen neuzeitlichen Graffiti. Für die ansässigen Aborigines ist die Säule ein Überbleibsel von Itirkawara, einem mächtigen Gecko-Ahnen. Da die Chambers Pillar zu Sonnenauf- und Sonnenuntergang am fotogensten ist, lohnt sich eine Übernachtung auf dem **Campingplatz** (Chambers Pillar; Erw./Kind 3,30/1,65 AU$). Es sind 160 km von Alice Springs bis hierher, und für die letzten 44 km von der Abzweigung an der Maryvale Station braucht man einen Offroader.

Zurück auf der Hauptstraße Richtung Süden kommt man nach **Finke** (Aputula). Die kleine Aborigine-Gemeinde liegt 230 km von Alice entfernt. Als der *Ghan* noch fuhr, war sie eine florierende Stadt; heute liegt sie im Dämmerschlaf, wenn nicht gerade das **Finke Desert Race** stattfindet. Treibstoff gibt's im **Aputula Store** (✆08-8956 0968; ⊙Mo–Fr 9–12 & 14–16, Sa 9–12 Uhr).

Von Finke geht es auf der Goyder Stock Route Richtung Westen und bei Kulgera (150 km) auf den Stuart Hwy. Eine andere Möglichkeit ist es, nach Osten zur Old Andado Farm am Rand der Simpson Desert (120 km) zu fahren. 21 km westlich von Finke, nach 12 km auf einer ausgeschilderten Piste nördlich der Straße liegt das **Lambert Centre**. Dieser Punkt ist die geografische Mitte Australiens und durch eine 5 m hohe Version der Fahnenstange markiert, die ganz oben auf dem Parliament House in Canberra steht.

Rainbow Valley Conservation Reserve

Die frei stehenden Sandsteinfelsen und -klippen in vielen Farbschattierungen von Beige bis Rot sind eine der eher außergewöhnlichen Sehenswürdigkeiten Australiens. Ein mit Schildern versehener Spazierweg führt vorbei an Lehmpfannen und zwischen bunten Felsen hindurch zum Mushroom Rock, dessen Name durchaus gerechtfertigt ist. Das Rainbow Valley ist am frühen Morgen oder zu Sonnenuntergang am eindrucksvollsten, aber die Stille dieses Ortes überwältigt einen wohl zu jeder Tageszeit.

Das Schutzgebiet ist 24 km vom Stuart Hwy entfernt und über eine 77 km südlich von Alice Springs gelegene Geländewagenpiste zu erreichen. Es gibt einen **Campingplatz** (Rainbow Valley Conservation Reserve; Erw./Kind 3,30/1,65 AU$), der zwar ziemlich ungeschützt ist, aber einen tollen Blick auf den Sonnenuntergang bietet.

Ernest Giles Road

Die Ernest Giles Rd führt 140 km südlich von Alice vom Stuart Hwy in westliche Richtung und ist eine kürzere, aber holprigere Strecke zum Kings Canyon. Nur für Geländewagen zu empfehlen!

Henbury Meteorite Craters

Rund 11 km westlich vom Stuart Hwy verläuft eine buckelige Piste 5 km abseits der

Ernest Giles Rd zu diesen zwölf kleinen Kratern, die entstanden, als hier vor 4700 Jahren ein Meteorit einschlug. Der größte Krater ist 180 m breit und 15 m tief. Der Umweg lohnt sich. Die Krater liegen inmitten einer wunderschönen Landschaft. Die Straße kann mit normalen Fahrzeuge befahren werden, sofern man vorsichtig fährt.

Hier finden sich mittlerweile keine Fragmente der Meteoriten mehr, aber im Museum of Central Australia (S. 945) in Alice Springs ist ein kleiner 46,5 kg schwerer Brocken ausgestellt.

Es gibt außerdem einige hübsche, ungeschützte **Campingplätze** (Henbury Meteorite Craters; Erw./Kind 3,30/1,65 AU$).

Lasseter Highway

Ab Erldunda führt der Lasseter Hwy westwärts vom Stuart Hwy zum Uluru-Kata Tjuta National Park (244 km). In Erldunda wartet das **Desert Oaks Resort** (✆ 08-8956 0984; www.desertoaksresort.com; Stuart Hwy, Erldunda; Stellplatz ohne/mit Strom 22/32 AU$, Motel-EZ/DZ ab 115/150 AU$; ❄☀) mit Unterkunft, Essen und Benzin auf. Die Zimmer 23 bis 27 bieten schöne Aussicht auf den Garten.

Mt. Conner, der große Tafelberg, der 350 m über die Wüste aufragt, ist der am häufigsten irrtümlich fotografierte Berg der Welt – auf den ersten Blick halten ihn viele für den Uluru. Er hat für die hiesigen Aborigines große Bedeutung; bei ihnen heißt er Atila.

Das **Curtin Springs Wayside Inn** (✆ 08-8956 2906; www.curtinsprings.com; Lasseter Hwy; Stellplatz ohne/mit Strom gratis/25 AU$, EZ/DZ 75/105 AU$, Zi. mit Bad 160 AU$; ❄) ist der letzte Haltepunkt vor dem 80 km entfernten Yulara und auf dem Weg zum Uluru die nächste Alternative zum Ayers Rock Resort in Yulara. Zelten darf man kostenlos (Dusche 3 AU$); wer will, kann auch eine der gepflegten Hütten mieten. Es gibt Benzin, einen Laden mit begrenztem Sortiment, Essen zum Mitnehmen und ein Bistro (Hauptgerichte 20–32 AU$). Außerdem findet sich hier eine exzentrische Outback-Bar voller Geschichten und Legenden.

ULURU-KATA TJUTA NATIONAL PARK

Es gibt einige weltberühmte Sehenswürdigkeiten, die als absolutes Muss angepriesen werden, aber enttäuschen, wenn man tatsächlich vor Ihnen steht. Und dann ist da noch der Uluru: Nichts kann den Besucher auf die Unermesslichkeit, die Erhabenheit, die wechselnden Farben und Stille „des Felsens" vorbereiten. Der Anblick ist einfach unvergesslich.

Der Berg, der zum Welterbe gehört, hat mittlerweile den Status einer Pilgerstätte. Der Uluru, die genauso beeindruckenden (einige sagen sogar noch beeindruckenderen) Kata Tjuta (Olgas), und die Umgebung haben eine tiefe kulturelle Bedeutung für die traditionellen Landeigentümer, die Pitjantjatjara- und Yankuntjatjara-Aborigines (die sich selbst Anangu nennen). Offiziell gehört der Nationalpark den Anangu, doch er wurde an Parks Australia verpachtet und wird gemeinschaftlich verwaltet.

Es gibt viel zu sehen und zu erleben: verschlungene Pfade, geführte Touren, Wüstenkultur... Oder man sinnt einfach nur über die vielen wechselnden Farben und Stimmungen des großen Monolithen nach.

Die einzige Unterkunft ist das Ayers Rock Resort in Yulara-Dorf, 20 km vom Felsen entfernt. Die hohen Preise spiegeln die Abgeschiedenheit der Sehenswürdigkeit wider.

❶ Praktische Informationen

Der **Park** (www.parksaustralia.gov.au/uluru/index.html; Erw./Kind 25 AU$/Eintritt frei) öffnet täglich eine halbe Stunde vor Sonnenaufgang und schließt bei Sonnenuntergang (variiert von Monat zu Monat, die genauen Zeiten gibt es auf der Website). Die Zutrittsgenehmigung gilt für drei Tage und ist am Zugang der Straße von Yulara erhältlich.

Der erste Halt sollte das **Uluru-Kata Tjuta Cultural Centre** (✆ 08-8956 1128; www.parksaustralia.gov.au/uluru/do/cultural-centre.html; ⊙7–18 Uhr) sein, 1 km vor dem Uluru an der Straße von Yulara. Der Schwerpunkt der Ausstellungen und Exponate liegt auf *tjukurpa* (Gesetz, Religion und Brauchtum der Aborigines) und der Geschichte sowie Verwaltung des Nationalparks. Der Infoschalter im Nintiringukupai-Haus ist mit Rangern besetzt, die Besucher mit dem informativen *Visitor Guide* sowie Broschüren und Informationen zu Wanderwegen versorgen.

Zum Kulturzentrum gehört auch der Kunsthandwerksladen **Maruku Arts** (✆ 08-8956 2558; www.maruku.com.au; ⊙8.30–17.30 Uhr), der etwa 20 Anangu-Gemeinden aus ganz Central Australia (u. a. auch der hiesigen Mutitjulu-Gemeinde) gehört. Hier werden handgefertigte Holzschnitzereien, Schüsseln und Bumerangs verkauft. Das **Walkatjara Art Cen-**

Südlich von Alice Springs

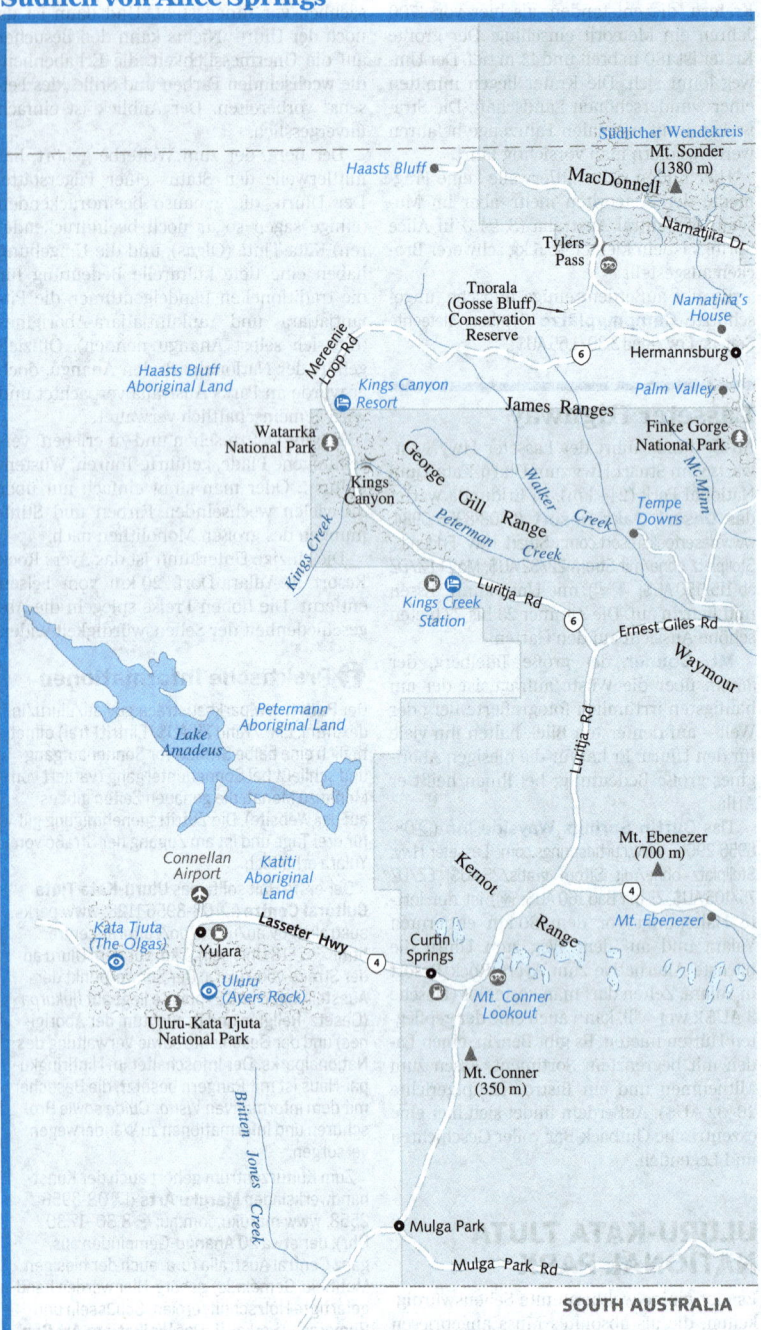

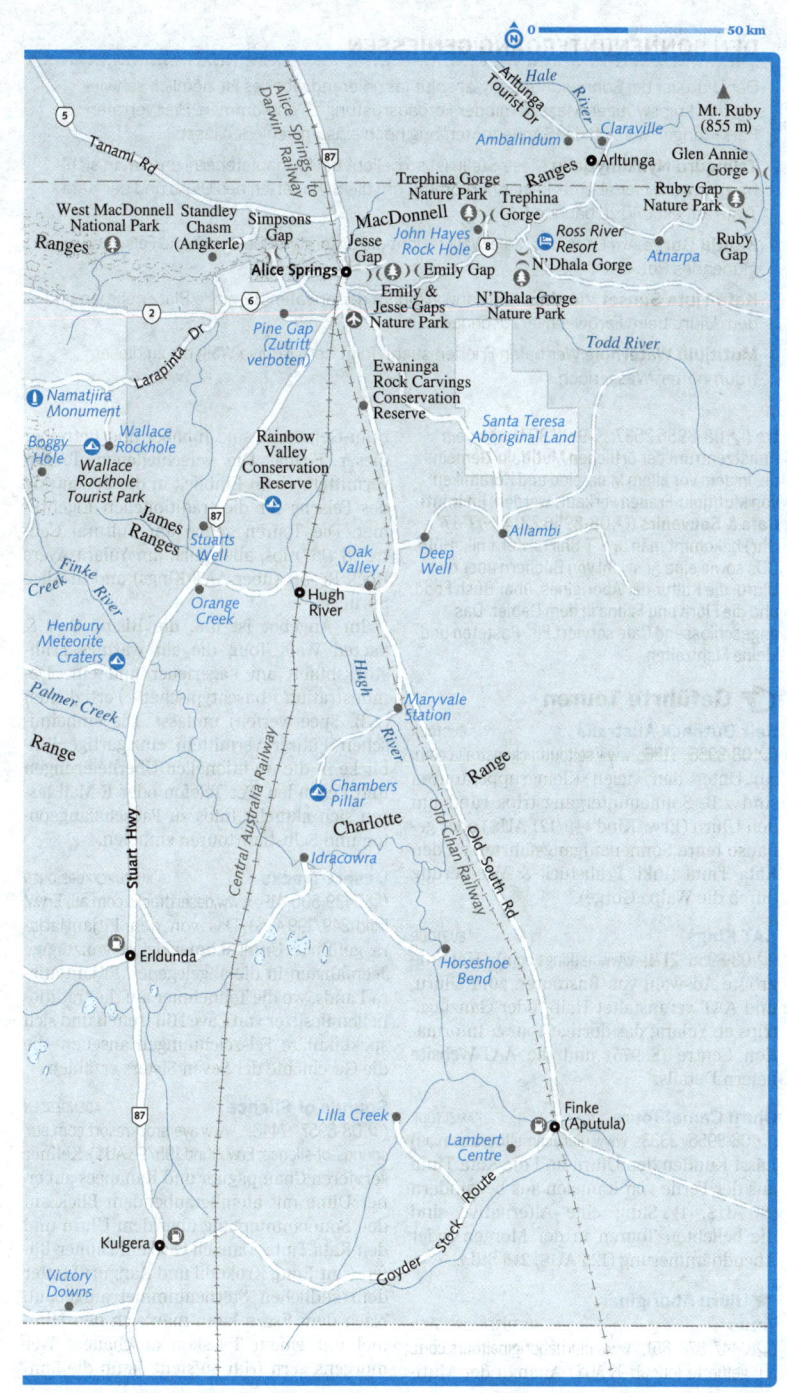

> ## DEN SONNENUNTERGANG GENIESSEN
>
> Der Uluru ist bei Sonnenuntergang absolut faszinierend, aber es ist ziemlich schwierig, den knipswütigen Massen mit der Fotoausrüstung zu entkommen. Hier verraten Park-Ranger, wo sich der Sonnenuntergang noch einsam genießen lässt:
>
> **Talinguru Nyakunytjaku** Diese Stelle ist so beliebt bei Frühaufstehern, dass man sich fragt, warum hier abends keiner herkommt, um die Silhouetten des Uluru und der Kata Tjuta auf ein Bild zu bannen.
>
> **Kantju Gorge** Am Ende des Mala Walk taucht die untergehende Sonne die Felswände in glühendes Rot.
>
> **Kata Tjuta Sunset Viewing** Man kann in einem der privaten Bereiche Platz nehmen und dem Uluru beim Farbwechsel zuschauen.
>
> **Mutitjulu Waterhole** Wer tiefen Frieden sucht, folgt dem Kuniya Walk bis zu diesem traumhaften Wasserloch.

tre (08-8956 2537; 9–17.30 Uhr) ist ein Kunstzentrum der örtlichen Mutitjulu-Gemeinde, in dem vor allem Malereien und Keramiken von Mutitjulu-Frauen verkauft werden. Im **Inniti Cafe & Souvenirs** (08-8956 2214; 7–17 Uhr) bekommt man u. a. T-Shirts, Keramik, Hüte, CDs sowie eine Auswahl von Büchern über den Uluru, die Kultur der Aborigines, über Bush Food und die Flora und Fauna in dem Gebiet. Das angeschlossene Café serviert Eis, Pasteten und kleine Mahlzeiten.

Geführte Touren

Seit Outback Australia BUSTOUR
(08-8956 3156; www.seitoutbackaustralia.com.au) Unter den vielen Kleingruppentouren sind z. B. Sonnenuntergangstrips rund um den Uluru (Erw./Kind 149/121 AU$) oder genauso teure Sonnenaufgangsfahrten zu den Kata Tjuta (inkl. Frühstück & Wanderung durch die Walpa Gorge).

AAT Kings BUSTOUR
(08-8956 2171; www.aatkings.com) Hat die größte Auswahl von Bustouren zum Uluru, und AAT veranstaltet Halb- oder Ganztagstrips ab Yulara; das dortige Tour & Information Centre (S. 975) und die AAT-Website liefern Details.

Uluru Camel Tours KAMELTOUR
(08-8956 3333; www.ulurucameltours.com.au) Lässt Kunden den Uluru und die Kata Tjuta aus der Ferne von Kamelen aus bewundern (80 AU$, 1½ Std.); eine Alternative sind die beliebten Touren in der Morgen- oder Abenddämmerung (125 AU$, 2½ Std.).

★ Uluru Aboriginal Tours KULTUREXKURSIONEN
(0447 878 851; www.uluruaboriginaltours.com.au; geführte Tour ab 99 AU$) Anangu der Mutitjulu-Gemeinde sind Inhaber und Betreiber dieser Firma. Die verschiedenen Touren vermitteln einen Einblick in die Bedeutung des Felsens für die traditionellen Eigentümer. Die Touren gehen am Cultural Centre (S. 967) los, aber auch am Yulara Ayers Rock Resort (über AAT Kings) und in Alice Springs.

Im Angebot ist u.a. die Rising Sun & Sacred Walk Tour, die ein warmes Frühstücksbüfett am Lagerfeuer und eine Demonstration buschtypischer Fertigkeiten (z. B. Speerwerfen) umfasst. Die einheimischen Führer vermitteln einzigartige Einblicke in die traditionellen Überlieferungen und Legenden. Per Telefon oder E-Mail lassen sich aktuelle Infos zu Pauschalangeboten und Selbstfahrtouren einholen.

Desert Tracks KULTUREXKURSIONEN
(0439 500 419; www.deserttracks.com.au; Erw./Kind 249/199 AU$) Das von den Pitjantjatjara geführte Unternehmen leitet ganztägige Jeepfahrten in die abgelegenen Pitjantjatjara Lands, wo die Teilnehmer auf die traditionellen Besitzer von Cave Hill treffen und sich spektakuläre Felszeichnungen ansehen, die die Geschichte der Seven Sisters erzählen.

Sounds of Silence ABENDESSEN
(08-8957 7448; www.ayersrockresort.com.au/sounds-of-silence; Erw./Kind 195/96 AU$) Kellner servieren Champagner und Kanapees auf einer Düne mit atemberaubendem Blick auf den Sonnenuntergang über dem Uluru und den Kata Tjuta. Danach wird ein Dinner-Büfett (mit Emu, Krokodil und Känguru) unter dem südlichen Sternenhimmel aufgebaut. Nach dem Essen kann man sich den Himmel mit einem Teleskop anschauen. Wer morgens gern früh aufsteht, kann die ähn-

lich organisierte **Desert Awakenings 4WD Tour** (www.ayersrockresort.com.au/desert-awakenings; Erw./Kind 168/130 AU$) mitmachen. Keiner der Ausflüge ist für Kinder unter zehn Jahren geeignet.

Motorradtouren

Den Sonnenaufgang und -untergang über dem Uluru oder den Kata Tjuta kann man vom Sattel einer Harley aus erleben.

Uluru Motorcycle Tours TOUR
(08-8956 2019; www.ulurucycles.com; Fahrten 99–429 AU$) Leitet Fahrten zum Uluru bei Sonnenuntergang (199 AU$, 1½ Std.).

Rundflüge

Alle Preise verstehen sich pro Person und beinhalten den Transfer vom Ayers Rock Resort zum Flugfeld.

Ayers Rock Helicopters HUBSCHRAUBERFLUG
(08-8956 2077; www.helicoptergroup.com/arh-index) Ein Viertelstündchen über den Felsen zu brummen, kostet 150 AU$; wer auch zu den Kata Tjuta will, zahlt 285 AU$.

Uluru (Ayers Rock)

Der erste Blick auf den Uluru am Horizont verschlägt sogar dem hartgesottensten Traveller die Sprache. Der Uluru ist 3,6 km lang und erhebt sich stolze 348 m über das umgebende sandige Buschland (867 m ü.d.M.). Für alle, die das noch nicht beeindruckt: Man geht davon aus, dass zwei Drittel des Felsens unter dem Sand liegen. Eine genauere Betrachtung enthüllt eine seltsam geformte Oberfläche, die viele heilige Stätten mit Bedeutung für das Volk der Anangu birgt. Wer den Uluru nachmittags besucht, dem erscheint er ockerbraun und durch die dunklen Schatten wie mit Kerben und Narben übersät. Wenn die Sonne untergeht, leuchtet der Felsen erst glühend orange auf, dann in verschiedenen intensiven Rottönen, bevor er langsam grau wird. Zu Sonnenaufgang lässt sich das gleiche Schauspiel in umgekehrter Reihenfolge beobachten - anwesend sind dann nur marginal weniger Zuschauer.

🏃 Aktivitäten

Rund um den Uluru gibt es Wanderwege. Auf von Rangern geleiteten Wanderungen können uns Traveller die Gegend, die Pflanzen, Tiere, die Geologie und die Kultur erklären lassen. Alle Wege sind eben und rollstuhlgeeignet. Einige der besonders wichtigen Orte sind für Besucher nicht zugänglich und mit Schildern und Zäunen markiert. Die Ananagu bitten darum, diese Stätten nicht zu fotografieren.

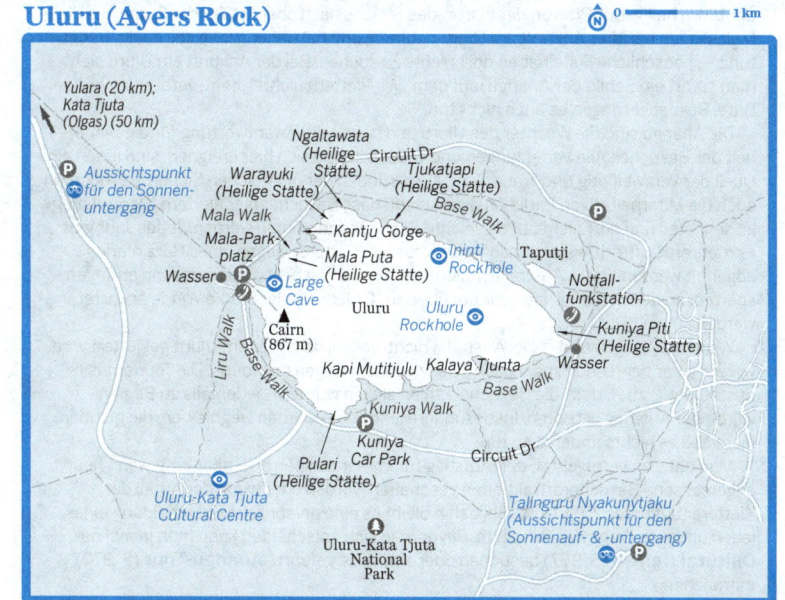

Die ausgezeichnete Broschüre *Visitor Guide & Maps*, die man im Cultural Centre bekommt, gibt detaillierte Auskunft über einige der Routen, die man auf eigene Faust begehen kann.

Base Walk
WANDERN & TREKKEN

Dieser 10,6 km lange Weg führt in drei bis vier Stunden einmal rund um den Felsen herum, vorbei an Höhlen, Zeichnungen, Sandsteinkanten und verwittertem Gestein.

Liru Walk
WANDERN & TREKKEN

Verbindet das Cultural Centre mit dem Startpunkt des Mala Walks und des Aufstiegs und windet sich durch Gebiete mit Mulga-Bäumen, bevor er nahe dem Uluru endet (hin & zurück 4 km, 1½ Std.).

Mala Walk
WANDERN & TREKKEN

Am Start dieses Wegs nach oben (hin & zurück 2 km, 1 Std.) erläutern Schautafeln die Tjukurpa (Traumzeit) der Mala, die für die Anangu von sehr großer Bedeutung ist, sowie einige tolle Beispiele von Felsenkunst. Eine von Rangern geführte (kostenlose) Wanderung entlang dieses Weges beginnt um 10 Uhr (Okt.–April 8 Uhr) am Parkplatz.

Kuniya Walk
WANDERN & TREKKEN

Ein kurzer Weg (hin & zurück 1 km, 45 Min.) vom Parkplatz an der Südseite führt zum Mutitjulu, einem fast ganzjährig gefüllten Wasserloch. Dies soll die Heimat der Wasserschlangen-Ahnen sein. Vogelbeobachtung und einige tolle Felsmalereien sind die Attraktionen hier.

Uluru Climb
WANDERN & TREKKEN

Die Anangu wünschen sich, dass Besucher die Regeln der Aborigines respektieren und den Felsen nicht besteigen. Der steile und sehr schwer zu begehende Pfad (hin & zurück 1,6 km, 2 Std.) folgt der traditionellen Route, die die Ahnen der Mala-Männer nahmen. Der Aufstieg ist häufig wegen der Wetterbedingungen oder wegen Anangu-Zeremonien gesperrt (manchmal kurzfristig).

Sonnenaufgang & Sonnenuntergang beobachten

Etwa auf halber Strecke zwischen Yulara und Uluru bietet der **Aussichtspunkt für den Sonnenuntergang** haufenweise Platz für Autos und Busse, in denen die Leute sitzen, die das berühmte Panorama ablich-

---

BESTEIGEN ODER NICHT BESTEIGEN – DAS IST HIER DIE FRAGE

Viele Besucher halten das Besteigen des Uluru für ein Highlight während der Reise durch Central Australia, manche sogar für eine Art Initiationsritus. Aber für die Anangu ist der Uluru heilig. Der Pfad an der Flanke des Felsens nach oben ist Teil der Route, die die Mala-Ahnen bei ihrer Ankunft am Uluru nahmen, und hat daher große spirituelle Bedeutung – menschliche Füße haben dort nichts zu suchen. Bei der Ankunft am Uluru sieht man sofort ein Schild der Anangu, auf dem „Wir klettern nicht!" steht, verbunden mit der Bitte, Besucher mögen es auch tun.

Die Anangu sind die Wächter des Uluru und haben die Verantwortung für die Sicherheit der Besucher. Alle Verletzungen und Todesfälle, die sich hier ereignen, sind ihnen ein Quell der Verzweiflung und Traurigkeit. Aus Gründen der öffentlichen Sicherheit möchten auch die Mitarbeiter von Parks Australia nicht, dass Besucher hier klettern. Der Aufstieg ist sehr steil und darf nicht auf die leichte Schulter genommen werden. Jedes Jahr gibt es mehrere Luftrettungsaktionen, meist müssen Kletterer wegen eines Herzinfarkts abgeholt werden. Parks Australia muss den Weg ständig beobachten und ihn an Tagen sperren, an denen die Temperatur auf über 36 °C klettert oder starke Winde erwartet werden.

Wenn die Anangu und Parks Australia nicht wollen, dass hier am Uluru geklettert wird, warum ist er dann noch zugänglich? Ganz einfach: wegen der Touris. Die Tourismusindustrie befürchtet, dass die Besucherzahlen sinken würden – jedenfalls zu Beginn –, würde der Aufstieg verboten. Insbesondere jene Leute würden wegbleiben, die glauben, hier gäbe es nichts anderes zu tun.

Man hat sich verpflichtet, den Aufstieg für immer zu sperren – aber erst, wenn neue angemessene Besucherattraktionen geschaffen wurden oder wenn der Anteil der Kletterer auf unter 20 % sinkt. Bis dahin bleibt es eine persönliche Entscheidung eines jeden und eine Frage des Respekts. Bevor man sich entscheidet, kann man ja mal das **Cultural Centre** (S. 967) besuchen oder aber eine geführte **Anangu-Tour** (S. 970) mitmachen.

ten wollen. Der **Aussichtspunkt Talinguru Nyakunytjaku** befindet sich auf einer Sanddüne; von hier hat man Blick auf den Felsen und auf die Kata Tjuta in all ihrer Pracht. Es gibt auch zwei großartige Wanderwege mit Infotafeln (1,5 km) zu den Themen „Frauensachen" (z. B. Nahrung sammeln, Kinderspiele) und „Männersachen" (z. B. Werkzeugherstellung, Jagd). Ein schattiger Aussichtsbereich, Toiletten und ein Picknickplatz stehen ebenfalls zur Verfügung.

Kata Tjuta (Olgas)

Keine Reise zum Uluru wäre komplett ohne einen Besuch bei den Kata Tjuta (den Olgas), einer faszinierenden Gruppe von kuppelförmigen Felsen, die 35 km westlich des Ulurus eng beisammen stehen. Die Kata Tjuta bestehen aus 36 Felsen, die dicht an dicht liegen und tiefe Täler und enge Schluchten bilden. Viele Besucher finden sie sogar schöner als den prominenten Nachbarberg. Der größte Block, der **Mt. Olga** (546 m, 1066 m über dem Meeresspiegel) ist etwa 200 m höher als der Uluru. Kata Tjuta bedeutet „viele Köpfe" und ist von großer Bedeutung für die Tjukurpa der Aborigines, besonders für die Männer. Also bitte immer auf den Wegen bleiben!

Der 7,4 km lange Rundweg **Valley of the Winds** (2–4 Std.) gibt eine der schönsten Buschwanderungen im Park ab. Er windet sich durch die Schluchten, ermöglicht wundervolle Ausblicke auf die surrealen Felsendome und führt über unterschiedlichste Terrains. Der Weg ist nicht besonders schwierig, trotzdem sollte man festes Schuhwerk tragen und natürlich auch in diesem Fall viel Wasser mitnehmen. Wer die Wanderung frühmorgens beginnt, wird mit herrlicher Einsamkeit belohnt – man hört nur das Vogelgezwitscher, das der Wind durchs Tal trägt.

Der kurze, ausgeschilderte Pfad unterhalb der sich auftürmenden Felsen führt in die hübsche **Walpa Gorge** (hin & zurück 2,6 km, 45 Min.) und ist nachmittags besonders schön, wenn die Schlucht in Sonnenlicht gebadet ist.

Es gibt einen Picknick- und Sonnenuntergangsbeobachtungsbereich mit Toiletten gleich an der Zufahrtsstraße, ein paar Kilometer westlich der Kata Tjuta. Wie auch der Uluru sind die Kata Tjuta am schönsten, wenn sie bei Sonnenuntergang in glühendes Rot getaucht sind.

Kata Tjuta (Olgas)

In Richtung Westen

Ein einsames Schild am Westrand der Kata Tjuta zeigt in Richtung Western Australia. Wer entsprechend ausgerüstet ist, kann sich an die 181 km nach Kaltukatjara (Docker River), eine Aborigine-Siedlung im Westen, und die daran anschließenden 1500 km bis nach Kalgoorlie in WA heranwagen. Man braucht aber eine Genehmigung vom Central Land Council für diese Tour.

Yulara (Ayers Rock Resort)

887 EW.

Yulara ist das Dienstleistungszentrum für den Uluru-Kata Tjuta National Park. Hier wurde eine der unwirtlichsten Regionen der Welt sehr effektiv in einen Ort verwandelt, der sich leicht und bequem besuchen lässt. Direkt außerhalb des Parks gelegen, 20 km vom Uluru und 53 km von den Kata Tjuta entfernt, ist dieser Komplex die beste Basis, um den Park zu erkunden.

Sehenswertes & Aktivitäten

Den ganzen Tag über veranstaltet das Ayers Rock Resort viele Gratisaktivitäten wie Dij-Kurse, Tanzprogramme, Bumerang- oder Speerwerfen. Übersichtsbroschüren gibt's bei der eigenen Unterkunft.

Schlafen

Alle Unterkünfte in Yulara, einschließlich des Campingplatzes und Hostels, gehören zum Ayers Rock Resort. Obwohl es fast 5000 Betten gibt, empfiehlt es sich, zu reservieren, insbesondere während der Schulferien.

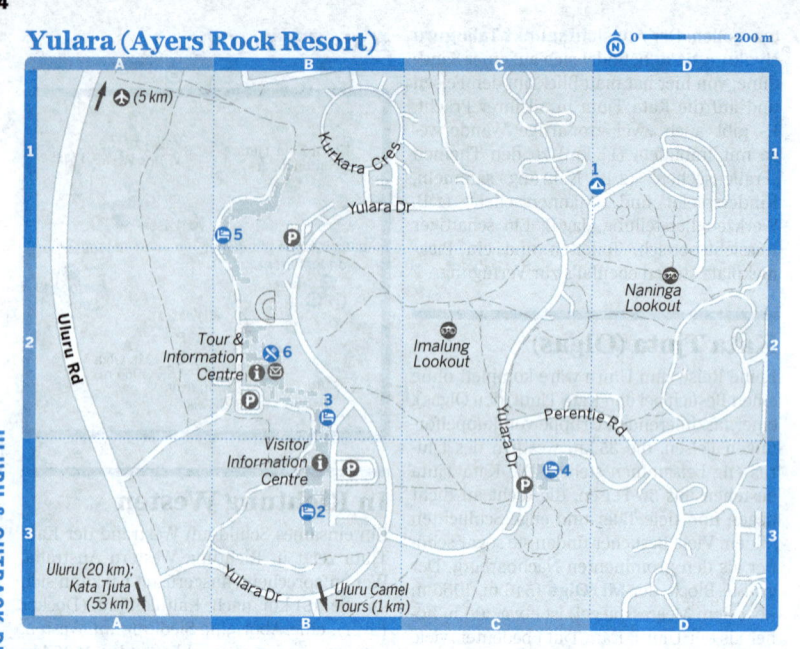

Yulara (Ayers Rock Resort)

🛏 Schlafen
1. Ayers Rock Resort Campground D1
2. Desert Gardens Hotel B3
3. Emu Walk Apartments B2
4. Outback Pioneer Hotel & Lodge C3
5. Sails in the Desert B1

🍴 Essen
Bough House .... (siehe 4)
6. Geckos Cafe B2
Outback Pioneer Barbecue .... (siehe 4)
Pioneer Kitchen .... (siehe 4)
Walpa Lobby Bar .... (siehe 5)

Wenn man zwei oder drei Tage oder noch länger bleibt, gibt es in der Regel beträchtliche Rabatte.

Ayers Rock Resort Campground
CAMPING $

(☎ 08-8957 7001; www.ayersrockresort.com.au/arrcamp; Stellplatz ohne/mit Strom 38/48 AU$, Hütte 165 AU$; ❄@☼) Eine Rettungsinsel für Traveller mit knappem Budget: Dieser großzügige Platz liegt zwischen Gärten, es gibt gute sanitäre Anlagen sowie einen Kiosk, einen kostenlos nutzbaren Grill, eine Campingküche und einen Pool. In der Hauptsaison ist der Platz rappelvoll, und die unvermeidliche Sonnenaufgangsprozession Richtung Uluru kann einen unsanft aus dem Morgenschlummer reißen. Die beengten Hütten (mit Gemeinschaftsbad) bieten sechs Schlafplätze, sind aber nur für Familien geeignet.

Outback Pioneer Hotel & Lodge
HOSTEL $

(☎ 1300 134 044; www.ayersrockresort.com.au/outback; B 38–46 AU$, DZ 240–310 AU$; ❄@☼) Mit der belebten Bar und einem Grillrestaurant samt musikalischer Unterhaltung ist dieses Hostel die Budgetoption für alle, die nicht campen wollen. Am günstigsten schläft man in den 20-Betten-Unisex-Schlafsälen oder in den beengten Vierbetthütten mit Kühlschrank, TV und Gemeinschaftsbad. Gästen stehen auch geräumigere motelartige Zimmer zur Verfügung, in denen bis zu vier Personen Platz haben. Für jede Person über zwölf Jahren müssen 50 AU$ extra pro Nacht hingelegt werden.

Emu Walk Apartments
APARTMENTS $$$

(☎ 1300 134 044; www.ayersrockresort.com.au/emu; Apt. mit 1-/2-Schlafzi. ab 400/500 AU$; ❄☼) Der einsame Spitzenreiter bei Familien, die eine Selbstversorgerunterkunft suchen. Angeboten werden komfortable, moderne Apartments, jedes mit Wohnzimmer (samt TV) und einer gut ausgestatteten Küche mit Waschmaschine und Trockner. Das Ein-Zimmer-Apartment hat Platz für vier Personen, in das mit zwei Schlafzimmern passen sechs Traveller.

Desert Gardens Hotel $$$
(1300 134 044; Zi. 410-530 AU$; ❄@☼) Das Deserts Gardens ist eines von Yularas ältesten Hotels. In den Schulferien ist hier viel los, was manchmal die Reinigungskräfte überfordert. Im Allgemeinen ist der Service jedoch freundlich und effizient. Die geräumigen Deluxe-Zimmer sind die besten – von den Balkonen hat man eine Aussicht auf die Wüste oder den Uluru. Das Restaurant serviert ein großes Frühstücksbüfett. Eukalyptusbäume überschatten den hübschen Poolbereich.

Sails in the Desert HOTEL $$$
(1300 134 044; http://www.ayersrockresort. au/sails; Superior-DZ 540 AU$; Suite 1000 AU$; ❄@☎☼) Die Zimmer im Vorzeige-Hotel des Resorts sind etwas überteuert. Es gibt einen hübschen Pool, umgeben von Rasenflächen, die von Sonnensegeln und Bäumen beschattet werden. Hier gibt es außerdem Tennisplätze, ein Wellness-Spa und mehrere Restaurants sowie eine Pianobar. Die besten Zimmer haben Balkone mit Blick auf den Uluru (gleich beim Buchen nachfragen!).

🍴 Essen

Walpa Lobby Bar MODERN-AUSTRALISCH $$
(Sails in the Desert; Hauptgerichte 30 AU$; ⊙ 11–22 Uhr) Wer sich belohnen möchte, ist hier richtig. „Walpa" ist der Name der Pitjantjatjara für „Wind". Die jüngste Renovierung und die Atmosphäre einer Hilton-Hotel-Bar, das ausgezeichnete Essen und der freundliche Service machen die etwas sterile Atmosphäre wett. Die warmen und kalten Meeresfrüchtegerichte sind hervorragend. Zudem gibt es Salate und Antipasti. Für die meisten Gerichte werden Zutaten aus dem australischen Busch verwendet.

Geckos Cafe MEDITERRAN $$
(Resort Shopping Centre; Hauptgerichte 20–30 AU$; ⊙ 11–21 Uhr; ✈) Das brummende Café mit Schanklizenz, das ein hervorragendes Preis-Leistungs-Verhältnis bietet, empfiehlt sich für leckeres Essen (auch zum Mitnehmen) in freundlicher Atmosphäre. Es gibt z. B. Holzofenpizzas, Nudelgerichte, Burger oder Fish & Chips, zu denen prima ein Krug Sangria passt. Diverse fleisch- und glutenfreie Gerichte sind ebenfalls zu bekommen. An den Tischen auf dem Hof kann man wunderbar die nächtliche Wüstenluft genießen.

Outback Pioneer Barbecue BARBECUE $$
(Outback Pioneer Hotel & Lodge; Burger 18 AU$, Fleischgerichte 30 AU$, nur Salatbar 17 AU$; ⊙ 6–21 Uhr) Einen lustigen, lässigen Abend verbringt man in diesem Laden, der bei allen beliebt ist – vom Backpacker bis zum Oldie. Man hat die Wahl zwischen Känguruspießen, Garnelen, vegetarischen Burgern, Steaks und Emuwürstchen und darf das Erworbene dann auch noch selbst auf einen der Gemeinschaftsgrills werfen. Im Preis inbegriffen ist Salat von der Salatbar. Im selben Komplex ist auch die **Pioneer Kitchen** (Outback Pioneer Hotel & Lodge; Gerichte 10–22 AU$; ⊙ 18–21 Uhr) untergebracht, die wegen ihrer Burger, Pizzas und Kindermenüs fleißig frequentiert wird.

★ Bough House AUSTRALISCH $$$
(Outback Pioneer Hotel & Lodge; Hauptgerichte 30–40 AU$; ⊙ 6.30–10 Uhr & 18.30–21.30 Uhr; ✈) Ein familienfreundliches Lokal im Landhausstil mit Blick auf den Pool des Outback Pioneer. Der scheunenartige Speisesaal bildet ein ungewöhnliches Ambiente für ein trauliches Abendessen bei Kerzenlicht. Das Bough House ist auf lokale Zutaten spezialisiert, z. B. Zitronenmyrte, Buschpflaumen und Buschtomaten. Wer verschiedene australische Wildgerichte probieren möchte, sollte als Vorspeise die Native Tasting Plate bestellen, gefolgt von geschmortem Wallaby-Schenkel. Das Dessert-Büfett ist im Hauptgang inbegriffen.

ℹ️ Praktische Informationen

ANZ Bank (08-8956 2070) Die Bank hat einen Umtauschservice und Geldautomaten (24 Std.).

Internetcafé (Outback Pioneer Hotel & Lodge; ⊙ 5–23 Uhr; ☎) Im Gemeinschaftsraum des Hostels.

Notfall (Rettungsdienst 0420 101 403, Polizei 08-8956 2166)

Post (08-8956 2288; Resort Shopping Centre; ⊙ Mo–Fr 9–18, Sa & So 10–14 Uhr) Vertritt auch die Commonwealth und NAB Bank. Draußen vor der Tür findet man Münztelefone.

Royal Flying Doctor Service Medical Centre (08-8956 2286; ⊙ Mo–Fr 9–12 & 14–17, Sa & So 10–11 Uhr) Medizinisches Zentrum und Rettungswache des Resorts.

Tour & Information Centre (08-8957 7324; Resort Shopping Centre; ⊙ 8–20 Uhr) Die meisten Tour- und Mietwagenfirmen unterhalten hier Schalter.

Touristeninformation (☏ 08-8957 7377; ⊙ 8.30–16.30 Uhr) Verkauft Bücher und Regionalkarten. Eine kurze Audiotour (2 AU$) ergänzt die Schautafeln zu Geografie, Natur und Geschichte der Gegend.

ⓘ An- & Weiterreise

AUTO & MOTORRAD

Eine Route von Alice nach Yulara ist komplett asphaltiert: Sie folgt zuerst dem Stuart Hwy bis Erldunda (200 km) und von dort aus dem Lasseter Hwy nach Westen (245 km). Während der Fahrt (4–5 Std.) passiert man regelmäßig Raststätten mit Essen und Benzin.

Gruppenreisen zum Uluru und zurück machen das Mieten eines Autos in Alice Springs recht erschwinglich.

BUS

Emu Run (S. 950) bietet täglich billige Verbindungen zwischen Alice Springs und Yulara (einfache Strecke, Erw./Kind 135/80 AU$).

FLUGZEUG

Der **Connellan Airport** liegt ca. 4 km nördlich von Yulara und wird von mehreren Airlines angeflogen (S. 931).

ⓘ Unterwegs vor Ort

Ein kostenloser Shuttle holt Traveller vom Flughafen ab und bringt sie bis zu jeder Unterkunft im Resort; zurück geht es jeweils 90 Minuten vor dem Flug. Ein weiterer kostenlos nutzbarer Shuttle-Bus fährt durch das Resort und legt an allen Unterkünften und dem Shoppingcenter einen Halt ein (tgl. 10.30–18 & 18.30–0.30 Uhr, alle 15 Min.).

Der **Uluru Express** (☏ 08-8956 2152; www.uluruexpress.com.au) ist so etwas wie eine Kreuzung aus Shuttle und organisierter Tour. Er fährt vom Resort zum Uluru und den Kata Tjuta und zurück – Infos gibt's auf der Website.

Ein Mietwagen sorgt für Flexibilität – so kann man den Uluru und die Olgas so oft sehen, wie man möchte, egal zu welcher Zeit. Autovermietungen gibt es im Tour & Information Centre und am Connellan Airport.

Perth & Fremantle

Inhalt ➡
Perth 983
Fremantle 1005

Gut essen

- Duende (S. 998)
- Brika (S. 997)
- Restaurant Amusé (S. 995)
- Pleased to Meet You (S. 997)
- Bread in Common (S. 1010)

Schön übernachten

- Durack House (S. 993)
- Above Bored (S. 993)
- Witch's Hat (S. 993)
- Alex Hotel (S. 993)
- Hougoumont Hotel (S. 1010)

Auf nach Perth & Fremantle!

Die an einem Fluss gelegene moderne Boomstadt Perth erstreckt sich unter einem fast immer blauen Himmel. Von ihrem schicken zentralen Geschäftsbezirk gehen wichtige Impulse für Australiens Wirtschaft aus. Trotzdem ist Perth so entspannt wie der verschlafene Swan River, auf dem sich schwarze Schwäne treiben lassen und der sich vorbei an Hochhäusern bis zum Indischen Ozean schlängelt.

Bis in die Chefetagen der Stadt schlägt das Herz für den sandigen Strand, der den klaren Ozean säumt. Perths Strände erstrecken sich über rund 40 km entlang des westlichen Rands Australiens und man kann an jedem beliebigen Tag einen für sich alleine haben – für eine Stadt dieser Größe ist Perth dünn besiedelt.

Mittlerweile sind Perths Vororte bis nach Fremantle gewachsen, dennoch hat sich die Hafenstadt ihren Charakter bewahren können. Sie ist stolz auf ihre Seefahrtgeschichte, die Arbeiterwurzeln, ihren Boheme-Ruf und vor allem auf ihr Footballteam.

Reisezeit
Perth

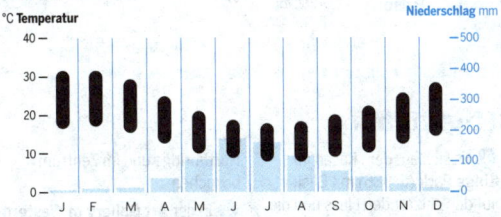

	Feb. Das Arts Festival in Perth und der Schulbeginn sorgen für relativ leere Strände.	**März** Das warme, trockene, nicht schwül-heiße Wetter ist perfekt für den Strand geeignet.	**Sept.** Wildblumen im Kings Park, die Perth Royal Show und das Listen Out Festival.

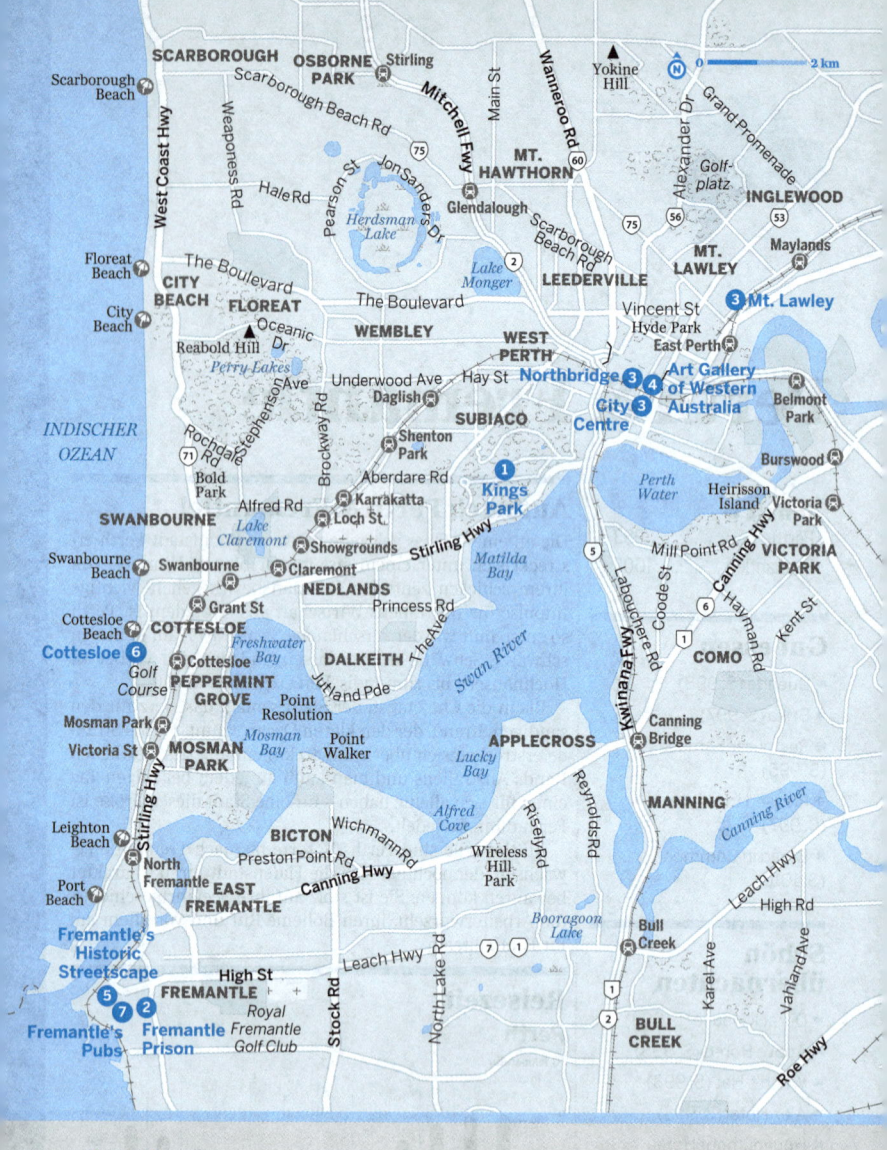

Highlights

❶ Es sich auf dem Rasen im **Kings Park** (S. 986) mit Blick auf den glitzernden Fluss und die Stadt gemütlich machen

❷ Im zum Weltkulturerbe gehörenden **Fremantle Prison** (S. 1005) die Geister früherer Insassen spüren

❸ Perths betriebsame **Restaurants** (S. 995) in Mt. Lawley, Northbridge und im Zentrum besuchen

❹ In der **Art Gallery of Western Australia** (S. 987) einen Schatz an hiesiger, indigener und anderer Kunst entdecken

❺ Die verfallende Goldrausch-Pracht in **Fremantles historischen Straßen** (S. 1005) bewundern

❻ Nach einem anstrengenden Strandtag am **Cottesloe Beach** (S. 990) den Sonnenuntergang mit einem leckeren Sundowner genießen

❼ Sich bei einer **Kneipentour durch Fremantle** (S. 996) in Bon Scotts Heimatstadt die ganze Nacht über von Bands mitreißen lassen

Geschichte

Archäologische Funde legen nahe, dass Aborigines von Nordwesten nach Australien kamen und ab dem 17. Jh. mit indonesischen Fischern Handel trieben. Der Niederländer Dirk Hartog ging hier 1616 an Land und sein Landsmann Abel Tasman kartografierte 1644 Teile der Küste. Aufgrund konkurrierender französischer Entdecker gründeten die Briten 1826 die erste Siedlung in Albany.

Als die Verschiffung Strafgefangener in andere Teile Australiens fast schon beendet war, wurden noch über 10 000 Häftlinge in das langsam wachsende Western Australia (WA) gebracht. Nachdem sie ihre Strafe verbüßt hatten, gründeten sie vor Ort Geschäfte und entwickelten sich zu einer großen, stabilen Siedlergemeinschaft.

Im späten 19. Jh. ließ die Entdeckung von Gold die Bevölkerung weiter anwachsen. Wohlstand, Stolz und die isolierte Lage führten 1933 zu einem Referendum über die Abspaltung Western Australias. Zwei Drittel der Wahlberechtigten votierten für den Austritt aus dem Commonwealth. Dieser kam zwar nicht zustande, dennoch pflegen die Bewohner bis heute einen ausgeprägten Lokalpatriotismus, der vor allem dann zum Vorschein kommt, wenn sie sich von den östlichen Bundesstaaten oder der Regierung übergangen fühlen.

Dank der Bergbauindustrie war der Bundesstaat in den letzten Jahren der stärkste Wirtschaftsstandort Australiens. Das Familieneinkommen ist höher und die Bevölkerung wächst schneller als im restlichen Land.

Indigenes Western Australia

Malereien, Radierungen und steinerne Werkzeuge zeigen, dass indigene Australier bereits vor etwa 40 000 Jahren bis in die Gegend des heutigen Perth vorgedrungen waren. Sie wurden enteignet und schlecht behandelt, doch sie haben den europäischen Siedlern die Stirn geboten und alle Widrigkeiten überdauert.

Heute hat WA mit 72 000 Menschen einen der größten indigenen Bevölkerungsanteile Australiens. Die Aborigines haben sich vor allem in Pilbara und Kimberley angesiedelt.

Die Kolonisierung hat das Leben der Aborigines auch in WA grundlegend verändert. Überall im Staat kam es zu Zusammenstößen mit den Siedlern, die sich zu Massakern ausweiteten – und wer überlebte, landete im Gefängnis. Die Ureinwohner wurden gezwungen, angestammte Gebiete zu verlassen, und manche Stämme wurden von Krankheiten regelrecht dahingerafft, die die Siedler aus Europa mitgebracht hatten. Der *Aborigines Act 1905* (WA) gestattete es den Behörden, Kinder aus ihren Familien zu reißen und die Arbeitsplatzvergabe und Mobilität zu kontrollieren.

Nach dem Zweiten Weltkrieg protestierten viele indigene Stämme gegen die grausamen Arbeitsbedingungen auf den Rinderfarmen. Doch ihr Aufstand wurde niedergeschlagen. Heute erheben immer mehr Aborigines in WA Anspruch auf das Land, das ihnen rechtmäßig zusteht. Dennoch sind die Ureinwohner nach wie vor die am stärksten benachteiligte Bevölkerungsgruppe in WA. Sie leben meist in jämmerlichen Verhältnissen, regelmäßig brechen in den Gemeinden vermeidbare Epidemien aus, und die Kindersterblichkeit ist höher als in diversen Entwicklungsländern.

1993 erkannte die Bundesregierung an, dass Aborigines, die eine ununterbrochene Bindung zum Land ihrer Vorfahren haben, dessen rechtmäßige Eigentümer sind – es sei denn, das Land wurde zwischenzeitig an jemand anderen verkauft. Trotz dieser Anerkennung können die Beziehungen zwischen den Behörden und bestimmten indigenen und nichtindigenen Gemeinschaften problematisch sein, was mancher Reisender als sehr kompliziert ansehen mag. Das Interesse und die Bereitschaft, die Hintergründe dieser (fast immer) lokalen Schwierigkeiten zu verstehen, kann weiterhelfen.

Nationalparks

Western Australia wartet mit 96 Nationalparks auf, die vom Department of Parks & Wildlife verwaltet werden. Für den Eintritt in 30 dieser Parks wird jeweils eine Gebühr verlangt (Auto/Motorrad 12/6 AU$). Wer mehr als drei kostenpflichtige Parks besuchen möchte, sollte sich den vier Wochen gültigen Holiday Pass für 44 AU$ zulegen. Hat man in den vorangegangenen sieben Tagen bereits eine Tagesgebühr bezahlt (Beleg aufheben!), wird dieser Betrag von den 44 AU$ abgezogen.

Weinbaugebiete

Margaret River gehört zu den namhaftesten Weinbaugebieten Australiens und ist für seine Bordeaux-ähnlichen Tropfen bekannt. Die riesige von kühlem Klima geprägte

Weinregion Great Southern umfasst Denmark, Mt. Barker und Porongurup. Nicht ganz so vielgepriesen ist das Swan Valley nahe Perth.

Saisonarbeit

Zu den Jobmöglichkeiten für Reisende gehören:

SAISON	PRODUKT	REGION(EN)
Feb.–März	Trauben	Denmark, Margaret River, Mt. Barker, Manjimup
Feb.–April	Äpfel/Birnen	Donnybrook, Manjimup
März–Juni	Krabben	Carnarvon
April–Dez.	Bananen	Kununurra
ganzjährig	Bananen	Carnarvon
Mai–Nov.	Gemüse	Kununurra, Carnarvon
Mai–Dez.	Tourismus	Kununurra
Sept.–Nov.	Blumen	Midlands
Nov.–Mai	Hummer	Esperance

🏃 Aktivitäten

Bushwalking (Buschwandern)

Von den kühlen fruchtbaren Wäldern des Südwestens bis zum zerklüfteten tropischen Kimberley im äußersten Norden – WA wartet mit großartigem Möglichkeiten für Buschwanderungen auf. Der 963 km lange Wanderweg **Bibbulmun Track** (www.bibbulmuntrack.org.au) verläuft südlich von Kalamunda nahe Perth durch die Naturlandschaft rund um Walpole und entlang der Küste nach Albany. In regelmäßigen Abständen trifft man auf Campingplätze und Wanderhütten. Die beste Zeit für eine Wanderung auf der Route ist von Spätwinter bis Frühling (Aug.-Okt.).

Camping

In Western Australia gibt's jede Menge Campingmöglichkeiten, vor allem in den Nationalparks.

Radfahren

Radwege findet man in Perth zuhauf und der Südwesten ist ein gutes Terrain für Radtouren. Besonders interessant für Mountainbiker ist der **Munda Biddi Trail** (www.mundabiddi.org.au), der über 1000 km von Mundaring in der Nähe von Perth durch die Wälder des Südwestens bis nach Albany führt.

Surfen & Windsurfen

In Western Australia sind die Wellen hoch (oft über 3 m), deshalb sollte man einen Surfspot wählen, der dem eigenen Können angemessen ist. Mögliche Gefahren sind starke Strömungen, Haie und gelegentliche auch einheimische Platzhirsche auf dem Surfbrett.

Im Südwesten locken die Strände zwischen Yallingup und Margaret River. Die bekanntesten Stellen weiter nördlich sind z.B. Jake's Point bei Kalbarri, Gnaraloo Station, 150 km nördlich von Carnarvon, und Surfers Beach in Exmouth.

Auch Wind- und Kitesurfern bietet WA mit seinem flachen Wasser und dem Wellengang exzellente Bedingungen. Die beste Wahl ist dabei Lancelin nördlich von Perth.

Tauchen & Schnorcheln

Schiffswracks und interessante Meeresfauna gibt es vor den Stränden von Rottnest Island. Gute Tauch- und Schnorchelreviere sind außerdem u. a. der Shoalwater Islands Marine Park und die Geographe Bay. Auch im Ningaloo Marine Park locken bereits 100 m vor der Küste ausgezeichnete Bedingungen.

Walbeobachtung

Ab Juni machen sich über 30 000 Südkaper und Buckelwale auf ihre jährliche Reise von der Antarktis in die warmen tropischen Gewässern der Nordwestküste von WA. Im Frühsommer geht's dann langsam wieder zurück in den Süden entlang der Küste. Von Juli bis Oktober sammeln sich Walmütter mit ihrem Nachwuchs im King George Sound in Albany.

Wildblumen

Von August bis Oktober bedecken leuchtende Wildblumen das Buschland von WA. Auf dem Bibbulmun Track und in den Nationalparks Stirling Range und Lesueur locken dann bunte Landschaften.

👉 Geführte Touren

Das Visitor Centre für WA in Perth informiert über Touren im ganzen Bundesstaat, darunter Geländewagen-Safaris in schwieriges und abgeschiedenes Terrain.

AAT Kings Australian Tours JEEPTOUR
(📞 1300 228 456; www.aatkings.com.au) Der etablierte, professionelle Anbieter bietet eine große Auswahl an Bus- und Geländewagentouren mit allen Extras. Das Angebot in WA reicht von sechstägigen Exkursionen von

Perth nach Monkey Mia bis zum elftägigen Abenteuertrip Untamed Kimberley.

Adventure Tours — JEEPTOUR
(1300 654 604; www.adventuretours.com.au) Bis zu 14 Tage lange Touren in WA, meist mit dem Fokus auf Abenteuer und indigener Kultur. Die Teilnehmer übernachten manchmal in Hostels und auf Campingplätzen und unter den Touren ist auch eine von Perth nach Broome (1995 AU$, 14 Tage).

Outback Spirit — LUXUSTOUR
(1800 688 222; www.outbackspirittours.com.au) Luxuriöse Exkursionen auf verschiedenen Terrains, darunter die Western Wildflowers Discovery Tour (6495 AU$, 15 Tage) und ein Ausflug zu den Pilbara-, Karijini- und Ningaloo-Riffen (6995 AU$, 13 Tage).

Red Earth Safaris — BUSTOUR
(1800 501 968; www.redearthsafaris.com.au) Veranstaltet sechstägige Kleinbustouren von Perth nach Exmouth (785 AU$) mit zweitägiger Rückfahrt (200 AU$). Zum Angebot gehört außerdem eine zweitägige Exkursion mit einer Übernachtung von Perth nach Cervantes und zu den Pinnacles (225 AU$). Die Route umfasst auch das Swan Valley und die Klosterstadt in New Norcia.

🛈 Praktische Informationen

Tourism Western Australia (www.westernaustralia.com) Umfassende Website für allgemeine Infos über den Bundesstaat.

🛈 An- & Weiterreise

Aus Europa, Asien oder Afrika kommend, ist ein Direktflug zum **Perth Airport** (www.perthairport.com) am praktischsten und schnellsten.

Busse von Interstate Greyhound (S. 981) verkehren zwischen Darwin und Broome über Kununurra, Fitzroy Crossing und Derby.

Der berühmte *Indian Pacific* von **Great Southern Railway** (13 21 47; www.greatsouthernrail.com.au) fährt von Perth nach Sydney (3 Tage) über Kalgoorlie, Adelaide und Broken Hill.

🛈 Unterwegs vor Ort

AUTO
Das riesige WA ist nur dünn besiedelt, deshalb gehören bei längeren Touren genügend Wasser und Benzin ins Gepäck. Für viele Gegenden wie das spektakuläre Kimberley ist ein Geländewagen zu empfehlen.

Department of Aboriginal Affairs (DAA; 1300 651 077; www.daa.wa.gov.au; 151 Royal St, East Perth) Wer das Land der Aborigines mit dem Geländewagen erkunden möchte, benötigt eine Genehmigung. Diese kann im Internet beantragt werden.

Mainroads (13 81 38; www.mainroads.wa.gov.au) Täglich (oder wenn nötig häufiger) aktualisierte Informationen zu den Straßenbedingungen im Bundesstaat.

BUS
Greyhound (1300 473 946; www.greyhound.com.au) Verbindungen zwischen Darwin und Broome über Kununurra, Fitzroy Crossing und Derby.

Integrity Coach Lines (1800 226 339; www.integritycoachlines.com.au) Die Busse fahren zwischen Perth und Port Hedland über den Great Northern Hwy sowie von Perth nach Lancelin, Cervantes, Geraldton, Exmouth, Karratha und Broome. Es gibt zwölf Monate gültige Tickets, mit denen man Busse auf bestimmten Routen unbegrenzt nutzen kann (Perth-Exmouth 245 AU$, Perth-Broome 365 AU$). Dazu gehören Shuttle-Verbindungen westwärts zur Küste nach Kalbarri und Shark Bay. Ebenfalls praktisch sind die Busse zwischen Exmouth und Karijini.

South West Coach Lines (08-9261 7600; www.transdevsw.com.au) Fährt von Perth in alle größeren Städte des Südwestens; der beste Anbieter für Fahrten nach Margaret River.

Transwa (Karte S. 984; 1300 662 205; www.transwa.wa.gov.au) Perth-Augusta, Perth-Pemberton, Perth-Albany (3 Routen), Perth-Esperance (2 Routen), Albany-Esperance, Kalgoorlie-Esperance, Perth-Geraldton (3 Routen) und Geraldton-Meekathara.

FLUGZEUG
Airnorth (1800 627 474; www.airnorth.com.au) Perth-Kununurra, Karratha-Port Hedland, Karratha-Broome, Port Hedland-Broome und Broome-Kununurra.

Cobham (1800 105 503; www.cobham.com.au) Fliegt zwischen Perth und Exmouth sowie Karratha.

Qantas (13 13 13; www.qantas.com.au) Von Perth nach Kalgoorlie, Exmouth, Karratha, Paraburdoo, Newman, Port Hedland und Broome.

Skippers Aviation (1300 729 924; www.skippers.com.au) Bedient Routen in beide Richtungen: Perth-Leonora-Laverton, Perth-Wiluna-Leinster, Perth-Mt. Magnet-Meekatharra, Perth-Carnarvon, Perth-Geraldton-Carnarvon und Perth-Kalbarri-Monkey Mia. Die Linie ist sehr wichtig für die Bergbauindustrie und verkehrt auch auf der Strecke Broome-Fitzroy Crossing-Halls Creek.

Virgin Australia (VA; 13 67 89; www.virginaustralia.com) Verbindet Perth mit Busselton, Albany, Esperance, Geraldton, Exmouth, Port Hedland und Kalgoorlie. Fliegt außerdem nach

Großraum Perth

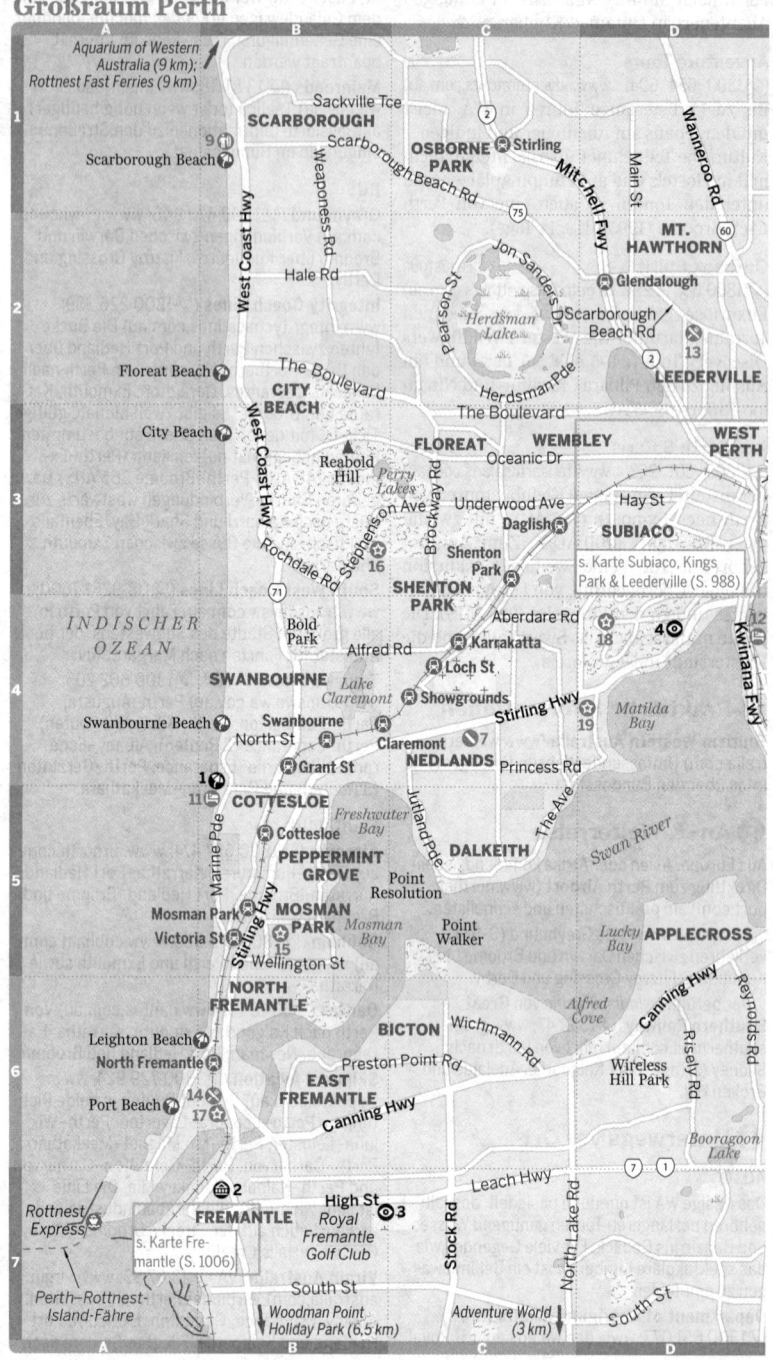

Aquarium of Western Australia (9 km);
Rottnest Fast Ferries (9 km)

SCARBOROUGH
Sackville Tce
Scarborough Beach Rd
OSBORNE PARK
Stirling
Mitchel Fwy
Main St
Wanneroo Rd
MT. HAWTHORN

Scarborough Beach
West Coast Hwy
Weaponess Rd
Hale Rd
Pearson St
Jon Sanders Dr
Herdsman Lake
Glendalough
Scarborough Beach Rd
LEEDERVILLE

Floreat Beach
The Boulevard
CITY BEACH
City Beach
Herdsman Pde
The Boulevard
FLOREAT
WEMBLEY
WEST PERTH

West Coast Hwy
Reabold Hill
Perry Lakes
Brockway Rd
Oceanic Dr
Underwood Ave
Daglish
Hay St
SUBIACO

s. Karte Subiaco, Kings Park & Leederville (S. 988)

Rochdale Rd
Stephenson Ave
Shenton Park
SHENTON PARK
Aberdare Rd
Karrakatta
Loch St
Kwinana Fwy

INDISCHER OZEAN
Bold Park
Alfred Rd
SWANBOURNE
Lake Claremont
Showgrounds
Stirling Hwy
Matilda Bay

Swanbourne Beach
Swanbourne
North St
Grant St
Claremont
NEDLANDS
Princess Rd

COTTESLOE
Cottesloe
Marine Pde
Freshwater Bay
Jutland Pde
DALKEITH
Swan River

PEPPERMINT GROVE
Point Resolution

Mosman Park
Stirling Hwy
Victoria St
MOSMAN PARK
Wellington St
Mosman Bay
Point Walker
Lucky Bay
APPLECROSS

NORTH FREMANTLE
Alfred Cove
Canning Hwy
Reynolds Rd

Leighton Beach
North Fremantle
BICTON
Wichmann Rd
Preston Point Rd
EAST FREMANTLE
Wireless Hill Park
Risely Rd

Port Beach
Canning Hwy
Boorangoon Lake

Rottnest Express
FREMANTLE
High St
Royal Fremantle Golf Club
Leach Hwy
Stock Rd
North Lake Rd

s. Karte Fremantle (S. 1006)

Perth–Rottnest-Island-Fähre
South St
Woodman Point Holiday Park (6,5 km)
Adventure World (3 km)
South St

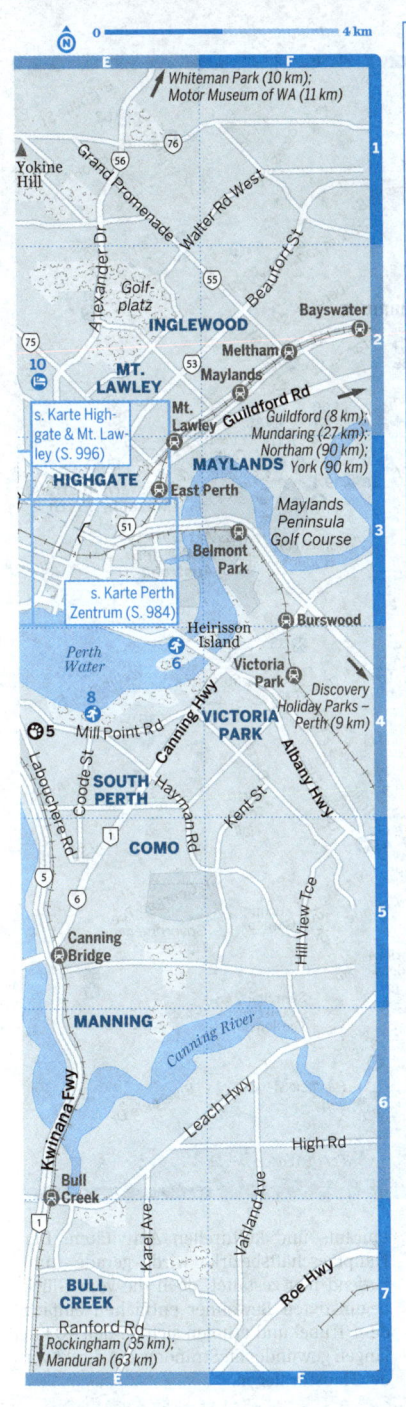

Großraum Perth

◉ Sehenswertes
1. Cottesloe Beach..................................B4
2. Fremantle Arts Centre B7
3. Fremantle Cemetery B7
4. Lotterywest Federation Walkway D4
5. Perth Zoo..E4

⊕ Aktivitäten, Kurse & Touren
6. About Bike Hire E4
7. Australasian Diving Academy C4
8. Funcats E4
9. Surfschool... B1

🛏 Schlafen
10. Above Bored E2
11. Ocean Beach Backpackers B5
12. Peninsula D4

🍴 Essen
Canvas .... (siehe 2)
13. Divido..D2
14. Flipside B6

🍸 Ausgehen & Nachtleben
Mrs. Browns............................ (siehe 14)

🎭 Unterhaltung
15. Camelot Outdoor Cinema B5
16. HBF Stadium B3
17. Mojo's B6
18. Moonlight Cinema D4
19. Somerville Auditorium D4

🛍 Shoppen
Found... (siehe 2)

Sydney, Melbourne, Darwin und Brisbane sowie am Wochenende zwischen Port Hedland und Bali.

ZUG

Transwa bietet folgende Zugverbindungen: *Prospector* (Perth–Kalgoorlie), *AvonLink* (Perth–Northam) und *Australind* (Perth–Bunbury). Südlichstes Ziel der Transperth-Züge ist Mandurah.

PERTH

1,8 MIO. EW.

Weit von der politischen Maschinerie in Sydney, Melbourne und Canberra entfernt, steht Perth für selbstbewusste, mutige urbane Lebensart an der abgelegenen Westküste Australiens. Rund um den weiten Swan River und am kobaltblauen Wasser des Indischen Ozeans gelegen, ist es eine der abgeschiedensten Bundesstaathauptstädte der Welt und kombiniert mühelos metropolitische Raffinesse mit entspannt-lässigem Lebensstil.

Perth Zentrum

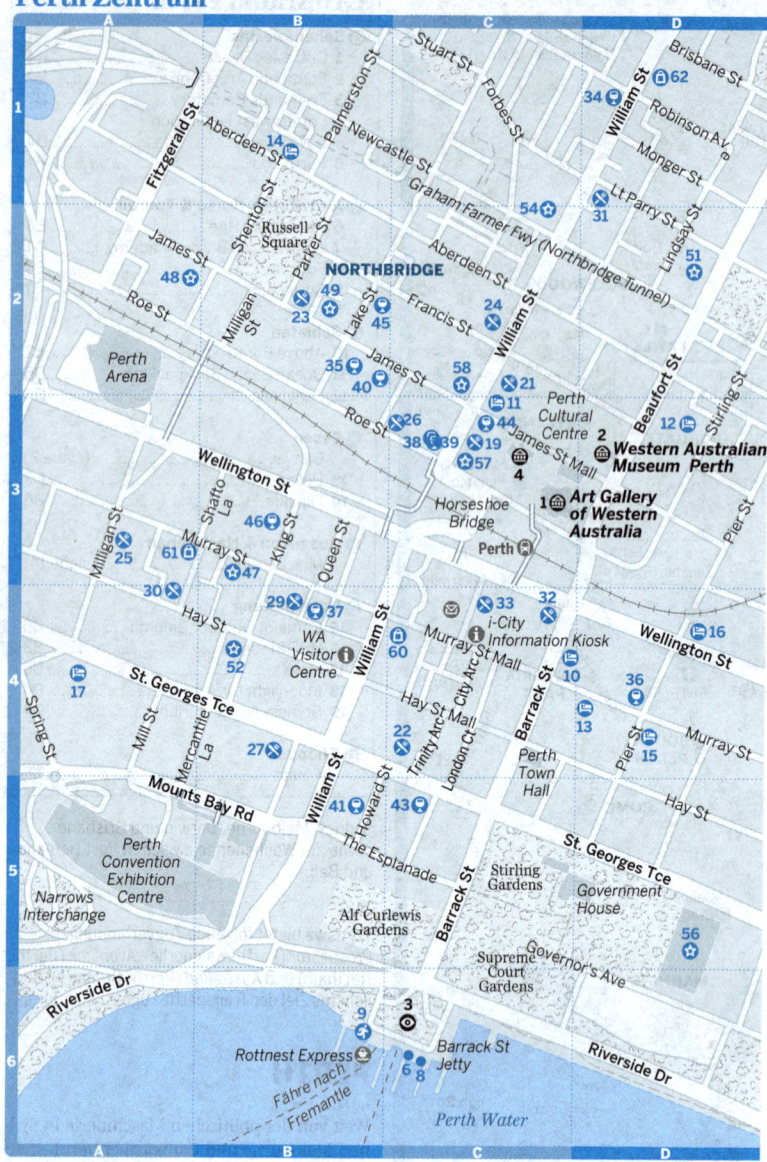

Perth ist von Südostasien nicht viel weiter entfernt als von den Hauptstädten der östlichen Bundesstaaten Australiens. Die Stadt bietet ihren Bewohnern attraktive Lebensart und allen seinen Besuchern jede Menge Programm. Die weltoffene Stadt lockt mit einer Vielzahl von Bars, Restaurants und kulturellen Aktivitäten. Der Hauptgeschäftsbezirk wird gerade umfassend neu gestaltet, doch die vom Glück begünstigten Bewohner entfliehen einfach dem Trubel und erholen sich an den 40 km langen gewundenen Stränden, die direkt vor der Haustür liegen.

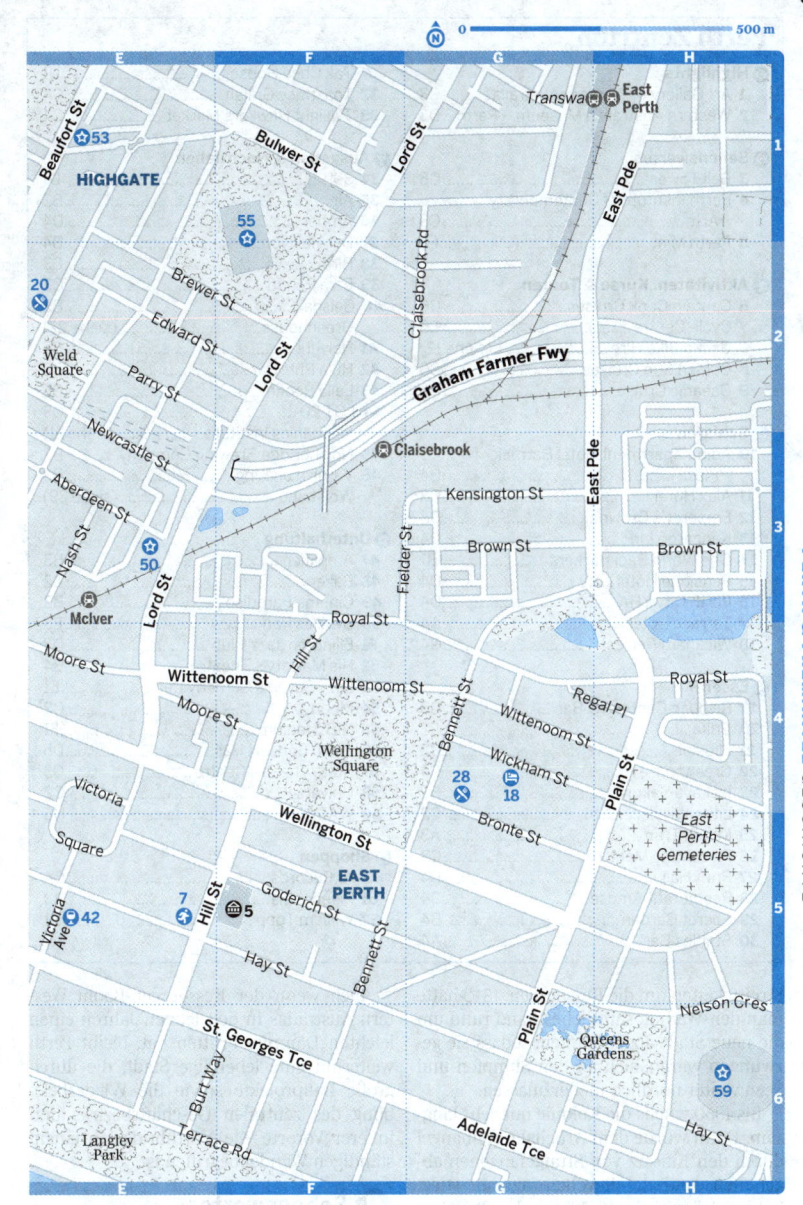

Geschichte

Das moderne Perth hat seine Wurzeln im Jahr 1829. Damals gründete Kapitän James Stirling die Swan-River-Kolonie auf dem Land der Wadjuk, einer Untergruppe der Noongar. In der Nähe des Swan River wurden außerdem Steinwerkzeuge gefunden, die darauf hindeuten, dass diese Region bereits seit etwa 40 000 Jahren bewohnt ist.

Zunächst waren die Beziehungen zwischen Noongar und Siedlern friedlich. Die Ureinwohner hielten die Briten für Inkarnationen ihrer Ahnen. Doch dann entbrannten

Perth Zentrum

◉ Highlights
- 1 Art Gallery of Western Australia C3
- 2 Western Australian Museum – Perth .. D3

◉ Sehenswertes
- 3 Bell Tower C6
- 4 Perth Institute of Contemporary Arts C3
- 5 Perth Mint F5

◉ Aktivitäten, Kurse & Touren
- 6 Captain Cook Cruises C6
- 7 Cycle Centre E5
- Gecko Bike Hire .... (siehe 12)
- 8 Golden Sun Cruises C6
- 9 Oceanic Cruises B6

◉ Schlafen
- 10 Adina Apartment Hotel Barrack Plaza C4
- 11 Alex Hotel C3
- 12 Emperor's Crown D3
- 13 Kangaroo Inn D4
- 14 One World Backpackers B1
- 15 Pensione Hotel D4
- 16 Perth City YHA D4
- 17 Terrace Hotel A4
- 18 Wickham Retreat G4

◉ Essen
- 19 Bivouac Canteen & Bar C3
- 20 Brika E2
- 21 Flipside C2
- 22 Greenhouse C4
- 23 Izakaya Sakura B2
- 24 Little Willy's C2
- 25 Mama Tran A3
- 26 Pleased to Meet You C3
- 27 Print Hall B4
- 28 Restaurant Amusé G4
- 29 Secret Garden B4
- 30 Stables Bar A4
- 31 Tak Chee House D1
- 32 Toastface Grillah C4
- 33 Twilight Hawkers Market C4

◉ Ausgehen & Nachtleben
- 34 399 .... D1
- 35 Air B2
- 36 Ambar D4
- 37 Bar Halcyon B4
- 38 Bird C3
- 39 Ezra Pound C3
- 40 Geisha B2
- Greenhouse .... (siehe 22)
- 41 Helvetica B5
- 42 Hula Bula Bar E5
- 43 Lalla Rookh C5
- 44 LOT 20 .... C3
- Mechanics Institute ....(siehe 21)
- 45 Northbridge Brewing Company B2
- 46 Varnish on King B3
- Wolf Lane .... (siehe 29)

◉ Unterhaltung
- 47 Amplifier B3
- 48 Bakery A2
- 49 Cinema Paradiso B2
- 50 Devilles Pad E3
- 51 Ellington Jazz Club D2
- 52 His Majesty's Theatre B4
- 53 Lazy Susan's Comedy Den E1
- 54 Moon C2
- 55 NIB Stadium F1
- 56 Perth Concert Hall D5
- 57 State Theatre Centre C3
- 58 Universal C2
- 59 WACA H6

◉ Shoppen
- 60 78 Records C4
- 61 Pigeonhole A3
- 62 William Topp D1

Streitigkeiten um die Ressourcen. 1843 hatte man den Wadjuk sämtliches Land rund um die neue Stadt abgenommen, sodass sie gezwungen waren, sich an den Sümpfen und Seen weiter nördlich niederzulassen.

Bis 1850 wuchs die Kolonie nur sehr langsam. Dann wurde dem Arbeitskräftemangel durch den Einsatz von Strafgefangenen abgeholfen, und die Bevölkerungszahl stieg. Zahlreiche wichtige Gebäude der Stadt gehen auf die Arbeit dieser Gefangenen zurück, darunter das Government House und das Rathaus. Goldfunde im Inland sorgten schließlich dafür, dass sich Perths Bevölkerung innerhalb von zehn Jahren vervierfachte. Sie bildeten zudem den Auftakt für einen Bauboom.

Auch wenn der Ressourcen-Boom Western Australias in den letzten Jahren einen leichten Dämpfer erlitten hat, bleibt Perth weiterhin eine lebendige Stadt, die durch große Bauprojekte sowie die Wiederbelebung des zentralen Geschäftsbezirks und innerer Vororte wie Northbridge in einem ständigen Wandel begriffen ist.

◉ Sehenswertes

★ Kings Park & Botanic Garden
PARK

(Karte S. 988; www.bgpa.wa.gov.au; ⊙ Führungen 10, 12 & 14 Uhr) GRATIS Der 400 ha große Kings Park voller Büsche und Sträucher erstreckt sich oberhalb des Swan River am westlichen

Stadtrand und ist der große Stolz Perths. Herzstück der Grünanlage ist der 17 ha große Botanic Garden mit über 2000 endemischen Pflanzenarten. Im Frühling können Besucher die eindrucksvollen Wildblumen bewundern, für die der Bundesstaat berühmt ist. Das ganze Jahr über lockt zudem der **Lotterywest Federation Walkway** (Karte S. 982; 9–17 Uhr), ein 620 m langer Weg mit einer 222 m langen Brücke aus Glas und Stahl, die durch das Blätterdach eines Eukalyptushains führt.

★ Art Gallery of Western Australia GALERIE

(Karte S. 984; www.artgallery.wa.gov.au; Perth Cultural Centre; Mi–Mo 10–17 Uhr) GRATIS Diese exzellente Galerie wurde 1895 gegründet und beherbergt die bedeutendste Kunstsammlung des Bundesstaates. Zu sehen sind wichtige Werke von bekannten australischen Künstlern wie Arthur Boyd, Albert Tucker, Grace Cossington Smith, Russell Drysdale, Arthur Streeton und Sidney Nolan, die nach dem Zweiten Weltkrieg entstanden. Die Website informiert über das wechselndes Angebot an kostenlosen Führungen, die fast jeden Tag um 11 und 13 Uhr stattfinden. Sehr bemerkenswert ist auch die Abteilung für indigene Kunst.

★ Western Australian Museum – Perth MUSEUM

(Karte S. 984; www.museum.wa.gov.au; Perth Cultural Centre; 9.30–17 Uhr) GRATIS Das Museum des Bundesstaats hat insgesamt sechs Ableger, neben Perth außerdem in Fremantle, Albany, Geraldton und Kalgoorlie. Dieses hier umfasst u. a. Dinosaurier, Säugetiere, Schmetterlinge und Vögel, ein **Erlebniszentrum für Kinder** und exzellente Ausstellungen zur indigenen und kolonialen Geschichte.

Aquarium of Western Australia AQUARIUM

(AQWA; 08-9447 7500; www.aqwa.com.au; Hillarys Boat Harbour; Erw./Kind 29/17 AU$; 10–17 Uhr) Das AQWA unterteilt die weitläufige Küste von WA in fünf verschiedene Bereiche (Far North, Coral Coast, Shipwreck Coast, Perth und Great Southern) und umfasst einen 98 m langen Unterwassertunnel, der an Stachelrochen, Schildkröten, Fischen und Haien vorbeiführt. Werktags fährt der Joondalup-Zug zur Warwick Station, wo man in den Bus 423 umsteigen muss. Mit dem Auto folgt man dem Mitchell Freeway in nördlicher Richtung und nimmt die Ausfahrt an der Hepburn Avenue. Mutige können übrigens in Begleitung des hauseigenen Tauchexperten mit Haien tauchen oder schnorcheln.

Perth Institute of Contemporary Arts GALERIE

(PICA; Karte S. 984; www.pica.org.au; Perth Cultural Centre; 10–17 Uhr) GRATIS Hinter der traditionellen Fassade des PICA (pie-kah) – es ist in einem eleganten Schulgebäude von 1896 aus Ziegelstein untergebracht – verbirgt sich eine der Top-Adressen Australiens für zeitgenössische Kunst. Zu sehen gibt es Installationen, Performance-Kunst, Skulpturen und Videos, zudem fördert das Institut aktiv neue und experimentelle Kunst und stellt alljährliche Werke von Absolventen aus. Dienstags bis sonntags ab 10 Uhr lädt die

---

PERTH IN...

...zwei Tagen

Nachdem man für ein gemütliches Abendessen in **Highgate** oder **Mt. Lawley** (S. 995) reserviert hat, startet man mit einem Besuch der Kunstgalerien und des Museums im **Perth Cultural Centre** (S. 987) in den Tag. Mittagessen gibt's in **Subiaco** oder **Leederville** (S. 998), bevor der **Kings Park** (S. 986) mit hübschen Ausblicken lockt.
An Tag zwei nimmt man den Zug nach **Fremantle** und besucht das Gefängnis mit Welterbestatus, das Meeresmuseum und die Shipwreck Galleries. Auf ein Abendessen in **South Fremantle** folgt ein Kneipenbesuch samt Bandmusik oder Craft-Bier aus Western Australia.

...vier Tagen

Wer vier Tage Zeit hat, kann in aller Ruhe das Zwei-Tages-Programm absolvieren. Darauf folgt ein Tagesausflug nach **Rottnest Island** (S. 1016). Wenn noch Zeit ist, locken dann noch Perths **Strände**. Die zwei zusätzlichen Abende teilt man auf die besten Bars und Restaurants in **Northbridge** (S. 995) und im Zentrum auf.

Subiaco, Kings Park & Leederville

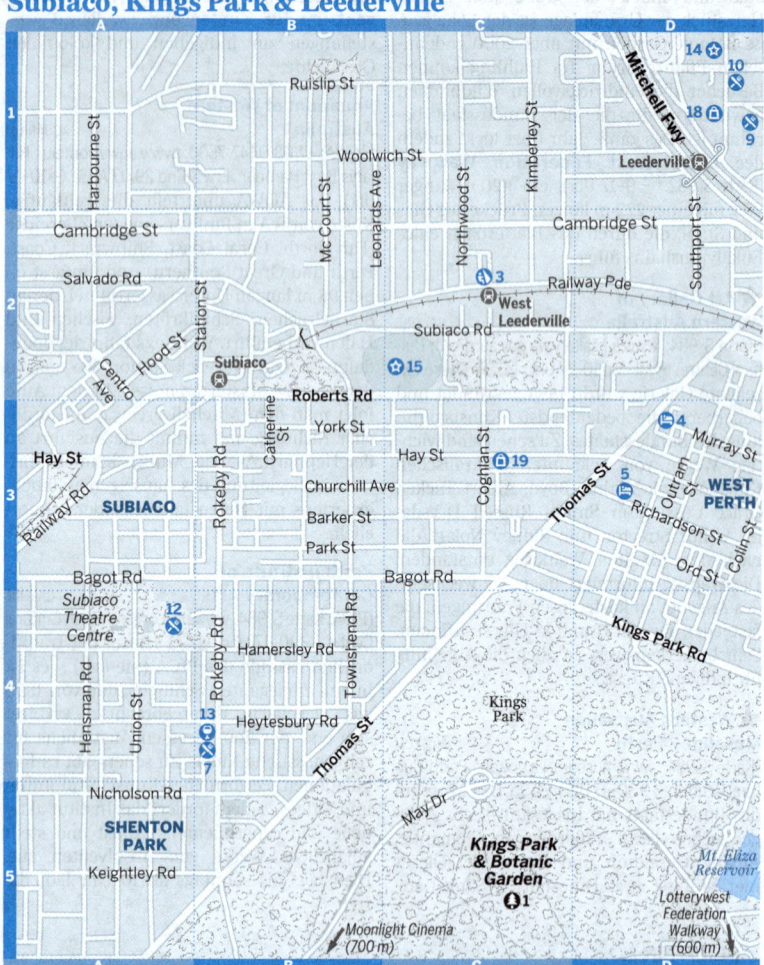

tolle PICA Bar zu einem Kaffee oder Cocktail ein, teils zu Livemusik.

Bell Tower WAHRZEICHEN
(Karte S. 984; www.thebelltower.com.au; Erw./Kind 14/9 AU$; ⊙10–16 Uhr, läutet Sa–Mo & Do 12–13 Uhr) In dem von Kupfersegeln ummantelten, Glasturm läuten die königlichen Glocken der Londoner Kirche St.-Martin's-in-the-Fields, von denen die älteste aus dem Jahr 1550 stammt. Sie wurden WA im Jahr 1988 von der britischen Regierung übergeben, und sind wohl das einzige Ensemble dieser Art, das England jemals verlassen hat. Wer im Inneren des Turms hinaufsteigt, wird mit einem tollen Panoramablick auf Perth belohnt.

Perth Mint HISTORISCHES GEBÄUDE
(Karte S. 984; www.perthmint.com.au; 310 Hay St; Erw./Kind 25/8 AU$; ⊙9–17 Uhr) Die eindrucksvolle Münzstätte von 1899 zeigt eine Sammlung von Münzen, Nuggets und Goldbarren. Besucher können einen Barren im Wert von über 200 000 AU$ anfassen, selbst Münzen prägen und beim Goldgießen zuschauen (9.30–15.30 Uhr halbstündl.). Die Gold-Ausstellung zeigt auch eine massive, 1 t schwere Goldmünze, die unglaubliche 50 Mio. AU$ wert ist.

Subiaco, Kings Park & Leederville

◎ Highlights
1. Kings Park & Botanic Garden.............C5

◎ Sehenswertes
2. Scitech..E2

◎ Aktivitäten, Kurse & Touren
3. Surf Sail Australia..............................C2

◎ Schlafen
4. Murray Hotel.......................................D3
5. Richardson..D3
6. Riverview 42 Mt. St Hotel E4

◎ Essen
7. Boucla..B4
8. Duende...E1
9. Leederville Farmers Market D1
10. Low Key Chow House..........................D1
11. Sayers..E1
12. Subiaco Farmers Market....................A4

◎ Ausgehen & Nachtleben
13. Juanita's..B4

◎ Unterhaltung
14. Luna.. D1
15. Patersons Stadium.............................C2

◎ Shoppen
16. Aboriginal Art & Craft Gallery E5
17. Aspects of Kings Park E5
18. Atlas Divine.. D1
19. Indigenart..C3

Perth Zoo ZOO
(Karte S. 982; www.perthzoo.wa.gov.au; 20 Labouchere Rd; Erw./Kind 27/13 AU$; ◎9–17 Uhr) Eines der Highlights eines Besuch des Zoos ist die Hinfahrt mit der Fähre über den Swan River von der Barrack St Jetty zur Mends St Jetty (halbstündl.) und der anschließende Fußmarsch den Hügel hinauf. Die Anlage ist u. a. in die Bereiche Reptile Encounter, African Savannah (Nashörner, Geparden, Zebras, Giraffen, Löwen), Asian Rainforest (Elefanten, Tiger, Malaienbären, Orang-Utans) und Australian Bushwalk (Kängurus, Emus, Koalas, Dingos) aufgeteilt. Alternativ gelangt man mit dem Bus 30 oder 31 ab der Bushaltestelle Wellington St oder ab dem Bahnhof Esplanade hierher.

Swan Valley WEINGUT, BIER
(www.swanvalley.com.au) In dem ziemlich ländlichen Tal am östlichen Stadtrand herumgondelnd, genießen die Einwohner von Perth die Freuden des Lebens; Alkohol, gutes Essen und jede Menge Natur. Dabei wird stillschweigend akzeptiert, dass die hiesigen Weine nicht in der obersten Liga mitspielen können (das Klima im Swan Valley ist nicht ideal), dieses Manko wird aber durch ein sehr gutes Angebot von Galerien, Brauereien, Geschäften und Restaurants ausgeglichen.

Das Tor zum Tal ist das unter Denkmalschutz stehende **Guildford**, gegründet 1829. Seine interessanten, alten Gebäude – eines davon beherbergt das **Visitor Centre** (☏08-9379 9400; www.swanvalley.com.au; Old Courthouse, Ecke Swan St & Meadow St, Guildford; ◎9–16 Uhr) – machen es zum Startpunkt für Tagesausflügler. Guildford liegt nur 12 km

PERTH MIT KINDERN

Im Kings Park gibt es Spielplätze und Spazierwege, am Swan River außerdem gute Radstrecken. Der sicherste Strand ist Cottesloe.

Die **Perth Royal Show** (S. 992) ist bei Familien beliebt, zudem sind viele Sehenswürdigkeiten von Perth auch für ein junges Publikum interessant, insbesondere das **Aquarium of Western Australia** (S. 987), das **Western Australian Museum** (S. 987) und die **Art Gallery of Western Australia** (S. 987).

Ein Ausflug zum **Perth Zoo** (S. 989) ist schon wegen der Hinfahrt mit der Fähre ein Erlebnis. Das **Scitech** (Karte S. 988; www.scitech.org.au; Sutherland St, City West Centre; Erw./Kind 17/11 AU$; Mo–Fr 9.30–16, Sa & So 10–17 Uhr) bietet über 160 interaktive Exponate zum Thema Technik und die **Adventure World** (www.adventureworld.net.au; 179 Progress Dr; Erw./Kind/Fam. Tagesticket 54,50/44,50/169,50 AU$; Ende Sept.–Anfang Mai Do–Mo 10–17 Uhr, Schulferien & Dez. tgl.) wartet mit Karussells, Schwimmbecken, Wasserrutschen und einer Burg auf.

Der **Whiteman Park** (www.whitemanpark.com; West Swan; 8.30–18 Uhr) im Swan Valley (Eingang über die Lord St oder die Beechboro Rd) beherbergt Spazierwege, Radwege, Picknickplätze und Grillstellen. Auf dem gepflegten Gelände locken außerdem der **Caversham Wildlife Park** (www.cavershamwildlife.com.au; Erw./Kind 25/11 AU$; 9–17.30 Uhr, letzter Einlass 16.30 Uhr), die **Bennet Brook Railway** (www.whitemanpark.com; Erw./Kind 8/4 AU$; Mi, Do, Sa & So 11–13 Uhr), **Tramfahrten** (www.pets.org.au; Erw./Kind 5/2,50 AU$; Di & Fr–So 12–14 Uhr, Schulferien tgl.) und das **Motor Museum of WA** (www.motormuseumofwa.asn.au; Erw./Kind 10/7 AU$; 10–16 Uhr).

von Perths Zentrum entfernt und ist mit dem Vorstadtzug gut erreichbar.

Cottesloe Beach STRAND
(Karte S. 982) Cottesloe, der sicherste Badestrand vor Ort, bietet Cafés, Kneipen, Pinien und fantastische Sonnenuntergänge. Der Bahnhof Cottesloe (auf der Fremantle-Linie) ist 1 km vom Strand entfernt. Bus 102 fährt ab der Station Wellington St direkt zum Strand.

Aktivitäten

Mills Charters WALBEOBACHTUNG
(08-9246 5334; www.millscharters.com.au; Erw./Kind 80/65 AU$; tgl. ab 9 Uhr, Mitte Sept.–Nov. Sa & So ab 13.30 Uhr) Die informative drei- bis vierstündigen Fahrten beginnen am Hillarys Boat Harbour.

Surf Sail Australia WINDSURFEN, KITESURFEN
(Karte S. 988; 1800 686 089; www.surfsailaustralia.com.au; 260 Railway Pde, Trial; Mo–Sa 10–17 Uhr) Wenn der Wind auffrischt, geht's zum Swan River, nach Leighton und an die nördlichen Strände. Hier kann man Ausrüstung kaufen oder leihen.

Oceanic Cruises WALBEOBACHTUNG
(Karte S. 984; 08-9325 1191; www.oceaniccruses.com.au; Erw./Kind 77/34 AU$) Los geht's an Perth's Barrack Street Jetty oder Fremantles B Shed.

Australasian Diving Academy TAUCHEN
(Karte S. 982; 08-9389 5018; www.ausdiving.com.au; 142 Stirling Hwy) Ausrüstung (Tag/Woche 75/200 AU$) und Kurse (4 Tage 495 AU$). Tauchspots sind u.a. einige um Rottnest Island und vier Wracks.

Funcats SEGELN
(Karte S. 982; 0408 926 003; www.funcats.com.au; Coode St Jetty; 40 AU$/Std.; Okt.–April 10–18 Uhr) Verleiht Katamarane (bis zu 3 Pers.); im Süden von Perth.

Surfschool SURFEN
(Karte S. 982; 08-9447 5637; www.surfschool.com; Scarborough Beach; Erw./Kind 60/55 AU$; Okt.–Mai) Zweistündige Kurse am Scarborough Beach (am Ende der Manning St) inklusive Surfbrett und Neoprenanzug. Reservierung erforderlich.

WA Skydiving Academy FALLSCHIRMSPRINGEN
(1300 137 855; www.waskydiving.com.au) Tandemsprünge aus einer Höhe von 1830/2440/3050/3660 m ab 260/300/340/380 AU$. Zu den Sprungplätzen gehören Perth, Mandurah und Pinjarra.

Radfahren
Im Kings Park gibt es gute Radwege, fündig wird man außerdem entlang dem Swan River nach Fremantle und zur Küste. Fahrräder dürfen auf den Fähren kostenlos mit-

genommen werden, dasselbe gilt für Züge außerhalb der Stoßzeiten von Montag bis Freitag (7–9 & 16–18.30 Uhr). Streckenpläne gibt es unter www.transport.wa.gov.au/cycling.

Cycle Centre FAHRRADVERLEIH
(Karte S. 984; 08-9325 1176; www.cyclecentre.com.au; 326 Hay St; 25/65 AU$ pro Tag/Woche; Mo-Fr 9–17.30, Sa 9–16, So 13–16 Uhr) Die Website informiert über empfehlenswerte Routen.

About Bike Hire FAHRRADVERLEIH
(Karte S. 982; 08-9221 2665; www.aboutbikehire.com.au; 1–7 Riverside Dr, Causeway Car Park; ab 10/36/80 AU$ pro Std./Tag/Woche; 9–17 Uhr) Verleiht auch Kajaks (16/45 AU$ pro Std./4 Std.).

Gecko Bike Hire FAHRRADVERLEIH
(Karte S. 984; www.geckobikehire.com.au; 85 Stirling St; 22/33 AU$ pro 4 Std./Tag) Vier Vertretungen in Perth sowie weiter südlich in Bunbury und Busselton. Auf der Website sind Routenpläne nachzulesen. Der Verleih in der Stirling St befindet sich im Hostel Emperor's Crown.

Geführte Touren

Indigenous Tours WA KULTUREXKURSION
(www.indigenouswa.com) Perth mit den Augen der indigenen Wadjuk sehen – das geht mit der **Indigenous Heritage Tour** (405 630 606; Erw./Kind 50/15 AU$; Mo-Fr 13.30 & 15.30 Uhr), die durch den Kings Park führt und 90 Minuten dauert, oder auf einem Spaziergang durch Fremantle zum Thema indigene Kultur (S. 991).

Beer Nuts BRAUEREI
(08-9295 0605; www.beernuts.com.au; 60 AU$/Pers.; Mi-So) Auf dem Programm stehen Swan-Valley-Mikrobrauereien und eine Rumbrennerei.

**City Sightseeing
Perth Tour** BUSTOUR
(08-9203 8882; www.citysightseeingperth.com; Erw./Kind ab 30/12 AU$) Rundfahrt im Doppeldeckerbus (aus- und zusteigen jederzeit möglich) durch das Zentrum, den Kings Park und Burswood. Die Tickets gelten bis zu zwei Tage.

Captain Cook Cruises BOOTSFAHRTEN
(Karte S. 984; 08-9325 3341; www.captaincookcruises.com.au; Erw./Kind ab 38/21 AU$) Touren ins Swan Valley oder nach Fremantle mit vielen Extras wie Mahlzeiten, Weinproben und Zugfahrten.

Golden Sun Cruises BOOTSFAHRTEN
(Karte S. 984; 08-9325 9916; www.goldensuncruises.com.au; Touren ab 22 AU$) Die preisgünstigen Bootsfahrten sind eine gute Option für alle, die Fremantle besuchen möchten.

Out & About WEIN
(08-9377 3376; www.outandabouttours.com.au; ab 85 AU$/Pers.) Bei den Touren ins Swan Valley und ins historische Guildford steht Wein im Mittelpunkt. Manche beinhalten Flussfahrten, Brauereibesuche sowie Käse- und Schokoladeverköstigungen. Es gibt auch Tagesausflüge nach Margaret River.

Swan Valley Tours ESSEN, WEIN
(08-9274 1199; www.svtours.com.au; ab 65 AU$/Pers.) Touren mit dem Auto oder dem Boot zum Thema Essen und Wein durch das Swan Valley.

Two Feet & A Heartbeat STADTRUNDGANG
(1800 459 388; www.twofeet.com.au; 40–50 AU$/Pers.) Neben Stadtrundgängen am Tag durch Perth steht auch die beliebte „Small Bar Tour" am Abend auf dem Programm. Donnerstags (am sogenannten „Tight Arse Tuesday") kostet die Perth-Tour nur 20 AU$.

Rottnest Air Taxi RUNDFLUG
(0411 264 547; www.rottnest.de) 30-minütige Rundflüge über die Stadt, den Kings Park und Fremantle (67–115 AU$/Pers.). Gestartet wird am Flughafen Jandakot.

Feste & Events

Perth Cup PFERDERENNEN
(www.perthracing.org.au) Am Neujahrstag findet Perths wichtigstes Pferderennen statt. DJs und Daiquiris locken Partyfreudige nach „Tentland".

Australia Day Skyworks FEUERWERK
(www.perth.wa.gov.au) Rund 250 000 Menschen machen sich am 26. Januar auf den Weg hinunter zum Fluss, um den ganzen Tag über das umfangreiche Familienprogramm zu nutzen. Höhepunkt ist ein 30-minütiges Feuerwerk um 20 Uhr.

Perth International Arts Festival KUNST
(www.perthfestival.com.au) Künstler wie Laurie Anderson, Dead Can Dance und Philip Glass treten neben lokalen Toptalenten auf. Das Fest beginnt Mitte Februar, geht bis Anfang März und dauert 25 Tage. Geboten werden

Theater, Klassik und Jazz, Kunst, Tanz, Film und Literatur. Besonders für Nachteulen einen Ausflug wert!

Kings Park Festival KULTUR
(www.kingsparkfestival.com.au) Das Festival findet im September während der Blüte der Wildblumen statt. Zum Programm gehören Livemusik am Sonntag, Führungen und Vorträge.

Perth Royal Show LANDWIRTSCHAFTSMESSE
(www.perthroyalshow.com.au; Claremont Showground) Bei der einwöchigen Messe von Ende September bis Anfang Oktober gibt's Fahrgeschäfte, Zuckerwatte und allerlei Werbegeschenke. Ach ja, und natürlich auch Nutztiere.

Listen Out MUSIK
(www.listen-out.com.au; Ecke Adelaide Tce & Riverside Dr, Ozone Reserve) Bei dem eintägigen Festival Ende September sorgen internationale und nationale Künstler für Tanzmusik.

Schlafen

Der CBD und Northbridge sind gut an das öffentliche Verkehrsnetz angebunden, so gelangt man problemlos zu den inneren Vororten wie Leederville und Mt. Lawley.

Die Unterkunftspreise in Perth sind hoch, deshalb ist es ratsam, so früh wie möglich zu buchen. Viele Hotels sind von Freitag bis Sonntag günstiger und B&Bs bieten in der Regel ein gutes Preis-Leistungs-Verhältnis. Eine preisgünstigere Alternative zu Perth ist Fremantle.

Zentrum

Kangaroo Inn HOSTEL $
(Karte S.984; 08-9325 3508; www.kangarooinn.com.au; 123 Murray St; B 45–50 AU$, EZ/DZ 109/119 AU$; ✳@🐦) Das Kangaroo Inn in zentraler Lage in der Nähe exzellenter asiatischer Lokale ist ein sehr professioneller Neuzugang von Perths Backpacker-Hostel-Szene. Die Privatzimmer und Schlafsäle sind sauber und modern, die Gemeinschaftsbäder makellos und in dem tollen Loungebereich auf dem Dach kommt man schnell mit anderen Reisenden ins Gespräch.

Wickham Retreat HOSTEL $
(Karte S.984; 08-9325 6398; www.wickhamretreat.com; 25–27 Wickham St; B 34–38 AU$, DZ 80 AU$; @🐦) Das Wickham Retreat in einem Wohnviertel östlich des Zentrums ist ruhiger als andere Hostels der Stadt. Es lockt Reisende aus der ganzen Welt an, die die farbenfrohen Zimmer und Schlafsäle sowie den unkonventionellen Kunstrasengarten zu schätzen wissen. Die kostenlose Verpflegung (u. a. Reis, frisches Brot und Gemüse) tut dem von Perths hohen Preisen strapazierten Reisebudget gut.

Perth City YHA HOSTEL $
(Karte S.984; 08-9287 3333; www.yha.com.au; 300 Wellington St; B 37–40 AU$, Zi. mit/ohne Bad 125/100 AU$; ✳@🐦🏊) Das zentral gelegene YHA ist in einem eindrucksvollen Art-déco-Gebäude aus den 1940er-Jahren bei den Bahngleisen untergebracht. Die Flure erinnern ein wenig an ein Internat, dafür sind die Zimmer sauber und das gute Serviceangebot umfasst einen Fitnessbereich und eine Bar. Wie viele Hostels der Stadt ist auch dieses bei temporär eingeflogenen Minenarbeitern („Fly-in, fly-out"- bzw. FIFO-Arbeitern) beliebt, was auf Kosten des typischen YHA-Flairs geht.

Riverview 42 Mt. St Hotel APARTMENTS $$
(Karte S.988; 08-9321 8963; www.riverviewperth.com.au; 42 Mount St; Apt. ab 140 AU$; ✳@🐦) Auf der Mount St wird neuerdings jede Menge Geld investiert, das atmosphärische Riverview hat jedoch die meiste Persönlichkeit der Gegend. Die gepflegten, renovierten Apartments aus den 1960er-Jahren thronen über einem modernen Foyer und einem lässigen Café. Die Zimmer sind sonnig und einfach; die an der Vorderseite bieten Blick auf den Fluss, die hinteren sind dafür ruhiger.

Pensione Hotel BOUTIQUEHOTEL $$
(Karte S.984; 08-9325 2133; www.pensione.com.au; 70 Pier St; DZ ab 189 AU$; ✳🐦) Die frühere Budgetunterkunft Aarons präsentiert sich heute als zentral gelegenes Pensione Hotel mit schickem Boutique-Flair. Die Standardzimmer sind recht gemütlich und ziemlich klein. Pluspunkte gibt's für das edle Dekor und die gute Lage im teuren Perth.

Adina Apartment Hotel Barrack Plaza APARTMENTS $$$
(Karte S.984; 08-9267 0000; www.tfehotels.com/brands/adina-apartment-hotels; 138 Barrack St; Apt. ab 289 AU$; ✳🏊) Die akribisch eingerichteten Hotelzimmer in Apartmentgröße sind minimalistisch, aber einladend. Die Wohneinheiten mit einem Schlafraum haben Balkone und die Zimmer an der Barrack St sind in der Regel am hellsten.

Terrace Hotel BOUTIQUEHOTEL $$$
(Karte S. 984; 08-9214 4444; www.terracehotel
perth.com.au; 237 St. Georges Tce; DZ ab 432 AU$;
) Das im Jahr 2012 eröffnete Terrace
Hotel ist in einem denkmalgeschützten Reihenhaus in Perths historischem West End untergebracht. Zur Auswahl stehen hier 15 Deluxe-Zimmer und Suiten mit luxuriösem Club-Flair. Zu den modernen Extras gehören riesige Flachbild-TVs, Apple TV und iPads sowie ein breites Himmelbett mit Bettwäsche aus Mako-Baumwolle.

Northbridge, Highgate & Mt. Lawley

Ein Großteil von Perths Hostels befindet sich in Northbridge. Vor der Buchung darf man sich ein wenig umschauen und die Zimmer inspizieren. Am Wochenende kann es laut werden.

Witch's Hat HOSTEL $
(Karte S. 996; 08-9228 4228; www.witchs-hat.com; 148 Palmerston St; B/2BZ/DZ 36/88/99 AU$;) Das Witch's Hat scheint einem Märchen entsprungen zu sein. Das Gebäude von 1897 ähnelt einem Lebkuchenhaus und der stolz über dem Eingang thronende Hexenhut (ein edwardianischer Mauerturm) lockt neugierige Gäste an. Die Schlafsäle sind hell und ungewöhnlich geräumig, zudem gibt es einen Grillbereich aus Ziegelstein hinterm Haus.

Emperor's Crown HOSTEL $
(Karte S. 984; 08-9227 1400; www.emperors
crown.com.au; 85 Stirling St; B 30–34 AU$, Zi. mit/ohne Bad ab 109/99 AU$;) Eines der besten Hostels der Stadt dank einer tollen Lage (in der Nähe vom, jedoch nicht mitten im Northbridge-Trubel), freundlichen Mitarbeitern und hohen Hygienestandards. Die Preise sind zwar etwas höher als bei der gängigen Konkurrenz, dennoch lohnt sich ein Aufenthalt.

One World Backpackers HOSTEL $
(Karte S. 984; 08-9228 8206; www.one
worldbackpackers.com.au; 162 Aberdeen St; B 31–33 AU$, DZ 82 AU$;) Das hübsch restaurierte alte Gebäude beherbergt Zimmer mit glänzend polierten Parkettböden und große sonnige Schlafräume. Die gut ausgestattete Küche ist groß und funktional, außerdem kann man in der geräumigen Lounge wunderbar entspannen und die weiteren Reisepläne schmieden.

Alex Hotel BOUTIQUEHOTEL $$
(Karte S. 984; 08-6430 4000; www.alexhotel.com.au; 50 James St; DZ ab 190 AU$) Das neue Alex Hotel ist ein weiterer stilvoller Beleg für die Reinkarnation von Northbridge als angesagtes Viertel. Die schicken kompakten Zimmer, die in neutralen Farben gestaltet wurden, sind mit edler Bettwäsche und Elektronik ausgestattet, und die Dachterrasse bietet wunderschöne Blicke auf die Stadt. Die entspannten Gemeinschaftsbereiche umfassen ein Café und eine Bar, zudem erinnert das hauseigene Restaurant an der Straßenseite an ein europäisches Bistro im Retro-Stil.

Durack House B&B $$
(Karte S. 996; 08-9370 4305; www.durack
house.com.au; 7 Almondbury Rd; Zi. 195–215 AU$;) Das Cottage an einer ruhigen Straße im Außenbezirk hinter einem weißen, mit Rosen geschmückten Lattenzaun ist einfach charmant. Die drei Zimmer des Durack House versprühen jede Menge altmodischen Charme, der durch sehr moderne Bäder ergänzt wird. Das B&B liegt nur 250 m von der Haltestelle Mt. Lawley entfernt; einfach links in die Railway Pde einbiegen und dann der ersten Straße rechter Hand, der Almondbury Rd, folgen.

Above Bored B&B $$
(Karte S. 982; 08-9444 5455; www.above
bored.com.au; 14 Norham St; DZ 190–200 AU$;) Das Haus im Federation-Stil von 1927 in einer ruhigen Wohngegend gehört einem freundlichen Drehbuchautor. Die zwei Themenzimmer im Hauptgebäude zeichnen sich durch bunt zusammengewürfeltes Dekor aus, und im Garten steht ein gemütliches Ferienhäuschen mit Küchenzeile. Gemessen an den hohen Unterkunftspreisen Perths bietet das Above Bored ein gutes Preis-Leistungs-Verhältnis. Northbridge und Mt. Lawley liegen eine kurze Fahrt entfernt.

Pension of Perth B&B $$
(Karte S. 996; 08-9228 9049; www.pension
perth.com.au; 3 Throssell St; EZ/DZ ab 150/165 AU$;) Luxus pur verspricht diese Pension im Stil der Belle Époque: Die Gäste dürfen sich auf Blumenteppiche, Brokatvorhänge, offene Kamine und Spiegel mit Goldrahmen freuen. Zwei Doppelzimmer mit Erkern und kleinen Bädern bieten einen tollen Ausblick auf den Hyde Park. Zwei der Zimmer sind mit Spa-Bädern ausgestattet.

Subiaco & Kings Park

Murray Hotel HOTEL $$
(Karte S. 988; ☎ 08-9321 7441; www.themurray hotel.com; 718 Murray St; DZ 149–199 AU$; ✱ ⓢ ☞) Das ältere Hotel in praktischer Nähe zum Kings Park wurde erst vor Kurzem rundum modernisiert. Das Dekor ist klar und modern, und obwohl das Murray seine Wurzeln aus den 1970er-Jahren nicht ganz verdecken kann, bietet es für hiesige Verhältnisse ein gutes Preis-Leistungs-Verhältnis. Der Swimmingpool sorgt an schwülen Sommertagen für Erfrischung und der kostenlose städtische CAT-Bus hält vor der Tür.

Richardson HOTEL $$$
(Karte S. 988; ☎ 08-9217 8888; www.therichard son.com.au; 32 Richardson St; Zi. ab 530 AU$; ✱ ⓢ ☞) Das durch und durch tadellose Richardson beherbergt luxuriöse, schick designte Zimmer, teils mit Schiebetüren, die zu größeren Suiten führen. Helle Marmorfliesen, cremefarbene Wände und interessante Kunst sorgen in der gesamten Anlage für luftig-sommerliche Atmosphäre. Im hauseigenen Spazentrum gibt's ein zusätzliches Verwöhnprogramm.

Strände

Ocean Beach Backpackers HOSTEL $
(Karte S. 982; ☎ 08-9384 5111; www.oceanbeach backpackers.com.au; 1 Eric St, Cottesloe; B/EZ/DZ 29/75/84 AU$; @ ⓢ) Das große helle Hostel bietet eingeschränkte Meerblicke und liegt im Herzen von Cottesloe, nur einen Steinwurf vom Strand entfernt. Die Zimmer sind einfach, verfügen jedoch über eigene Bäder, und schließlich benötigt man sie aufgrund der tollen Lage sowieso nur zum Schlafen. Wer möchte, kann ein Fahrrad mieten und die Gegend erkunden, oder den kostenlosen Bodyboard- und Surfbrett-Verleih des Hostels nutzen.

Trigg Retreat B&B $$
(☎ 08-9447 6726; www.triggretreat.com; 59 Kitchener St, Trigg Beach; Zi. inkl. Frühstück 180–200 AU$; ✱ @ ⓢ) Das B&B im subtil-eleganten Stil bietet drei hübsche und wunderbar gemütliche Schlafzimmer mit Doppelbetten in einem modernen Haus, eine kurze Fahrt vom Trigg Beach entfernt. Jedes Zimmer verfügt über Kühlschrank, TV, DVD-Player sowie Tee- und Kaffeekocher. Morgens gibt's warmes Frühstück.

Andere Viertel

Discovery Holiday Parks – Perth CAMPING $
(☎ 08-9453 6877; www.discoveryholidayparks.com. au; 186 Hale Rd; Stellplatz mit Strom 42–50 AU$/ 2 Pers.; Mobilheim 159–179 AU$; ✱ @ ⓢ ☞) Der gepflegte Campingplatz liegt 15 km außerhalb von Perth und verfügt über verschiedene, schick aufgemachte Mobilheime (viele davon haben eine eigene Terrasse und sind mit TV und DVD-Player ausgestattet).

Peninsula APARTMENTS $$
(Karte S. 982 ☎ 08-9368 6688; www.thepeninsu la.net; 53 South Perth Esplanade; Apt. ab 219 AU$; ✱ @ ⓢ) Nur die wenigen Apartments nach vorne hinaus bieten einen tollen Blick, aber das Peninsula ist wegen seiner Lage am Wasser in jedem Fall eine gute Option. Gemütliche Fährfahrten bieten sich hier an, und ebenso abendliche Spaziergänge am Flussufer. Die weitläufige, etwas altmodische Anlage ist gut in Schuss. Die Apartments bieten allesamt Küchenzeilen und es gibt einen Wäscheraum zur freien Nutzung.

Essen

In Perth gibt es teure Restaurants, jedoch auch günstige Alternativen, insbesondere im Little-Asia-Abschnitt der William St in Northbridge. In vielen Lokalen gilt für Wein: „BYO" (Bring Your Own), man muss ihn also selbst mitbringen. Am besten bei der Reservierung nachfragen.

Cafés sind gute Adressen für eine Mahlzeit im mittleren Preissegment, außerdem findet man in den meisten Einkaufszentren des CBD gute Lebensmittelabteilungen mit internationalen Produkten. Bei manchen Adressen, die im Abschnitt „Ausgehen & Nachtleben" aufgelistet sind, kann man auch gut essen.

Zentrum

Twilight Hawkers Market STRASSENESSEN $
(Karte S. 984; www.twilighthawkersmarket.com; Forrest Chase; Snacks & Hauptgerichte 10 AU$; ⓢ Mitte Okt.–Mitte April Fr 16.30–21 Uhr) Internationale Essensstände bringen die Aromen und Düfte der Welt an Freitagabenden im Frühling und Sommer ins Zentrum von Perth. Besucher können sich auf türkische *gözleme* (dünne herzhafte Fladenbrote), kolumbianische *empanadas* (frittierte Teig-

taschen) und regelmäßige Livemusik von Bands aus Perth freuen.

Toastface Grillah
CAFÉ $

(Karte S. 984; www.toastfacegrillah.com; Grand Lane; Sandwiches 7–9 AU$; ⊗Mo–Fr 7–16, Sa 9–16 Uhr) Das Café kombiniert lebendige Straßenkunst mit exzellentem Kaffee, einer versteckten Lage an einem Gässchen und interessanten getoasteten Sandwiches wie „Pear Grillz" mit Blauschimmelkäse, Birne und Limetten-Chutney. Zum Programm gehört außerdem eine wenig subtile Reverenz an die Hip-Hop-Gruppe „Wu-Tang Clan".

Mama Tran
VIETNAMESISCH $

(Karte S. 984; www.mamatran.com.au; 36–40 Milligan St; Snacks & Hauptgerichte 8–14 AU$; ⊗Mo–Fr 7.30–16, Do & Fr 17.30–21 Uhr) Nun muss man nicht mehr die Fahrt nach Northbridge auf sich nehmen, um in den Genuss einer Schüssel mit herzhaftem *pho* (vietnamesische Nudelsuppe) zu kommen. Die hippe Mama Tran serviert außerdem exzellenten Kaffee, frische Reispapier-Röllchen und asiatische Salate. Am besten setzt man sich an einen der großen Gemeinschaftstische und gibt eine ordentliche Bestellung auf, bei der die dicken *banh mi ga* (vietnamesische Baguettes mit Hühnchen) auf keinen Fall fehlen dürfen.

Secret Garden
CAFÉ $

(Karte S. 984; www.secretgardencafe.com.au; Murray Mews; Hauptgerichte 10–19 AU$; ⊗Mo–Fr 7–15 Uhr; 🛜) Das Café versteckt sich an einem Boheme-Seitengässchen der Murray St und verkauft guten Kaffee, leckeres Thekenessen und den ganzen Tag über Katerfrühstück. Zum starken Espresso passt das kostenlose WLAN perfekt.

Greenhouse
TAPAS $$

(Karte S. 984; ☏08-9481 8333; www.greenhouseperth.com; 100 St Georges Tce; Frühstück 10–20 AU$, Gerichte zum Teilen 12–32 AU$; ⊗Mo–Fr 7–open end, So ab 9 Uhr) 🌿 In diesem Lokal im Stil einer Tapasbar trifft innovatives Design – Strohballen, Sperrholz, Wellblech und eine mit 5000 Topfpflanzen verzierte Fassade – auf exzellente Küche. Die Gerichte aus nachhaltigen Lebensmitteln sind nahöstlich und asiatisch geprägt, so kommen beispielsweise Lamm-Tagine mit Kalamata-Oliven und Harissa sowie Garnelen mit Koriander und *nuoc-cham*-Sauce nach vietnamesischer Art auf den Tisch. Abends verwandelt sich das Greenhouse in eine einladende Bar.

Stables Bar
BISTRO $$

(Karte S. 984; www.thestablesbar.com.au; 888 Hay St; Tapas 12–16 AU$, Hauptgerichte 25 AU$; ⊗Mo–Sa 11 Uhr–open end) In einer historischen Arkade versteckt sich die Stables Bar, eine energetische, lebendige Bar mit interessanter Küche. Am Wochenende erwarten die Gäste abends Craft-Bier, Cocktails und feuchtfröhliche Stimmung, zu ruhigeren Zeiten lohnen die preisgünstigen Tapas und Hauptgerichte, darunter Krabben-Linguine und Lamm mit Baba Ganoush und Dukkah, einen Abstecher.

Print Hall
ASIATISCH, MODERN-AUSTRALISCH $$$

(Karte S. 984; www.printhall.com.au; 125 St Georges Tce; Gerichte zum Teilen 14–36 AU$, Hauptgerichte 25–36 AU$; ⊗Mo–Fr 11.30–24, Sa 16–24 Uhr) Die weitläufige Anlage im Brookfield-Place-Komplex beherbergt das Apple Daily mit südostasiatischen Straßengerichten und den großen Print Hall Dining Room mit Austernbar sowie Grillfleisch und Meeresfrüchten aus WA. Nicht entgehen lassen sollte man sich einen Drink und spanische Tapas in der Dachbar Bob's Bar, benannt nach dem trinkfreudigen ehemaligen australischen Premierminister Bob Hawke.

★Restaurant Amusé
MODERN-AUSTRALISCH $$$

(Karte S. 984; ☏08-9325 4900; www.restaurantamuse.com.au; 64 Bronte St; Degustationsmenü ohne/mit Wein 130/210 AU$; ⊗Di–Sa 18.30 Uhr–open end) Die Kritiker sind zweifellos amused von diesem Restaurant, das ausschließlich Degustationsmenüs serviert und regelmäßig zu einem der besten Australiens gekürt wird. Für seine Qualität spricht z. B. die Tatsache, dass es seit 2010 jedes Jahr von dem Magazin *Gourmet Traveller* zum besten Lokal in WA gewählt wurde. Man sollte weit im Voraus buchen und sich auf ein kulinarisches Abenteuer einstellen. Die erstklassige Weinauswahl legt den Fokus auf regionale Tropfen.

Northbridge, Highgate & Mt. Lawley

Veggie Mama
VEGETARISCH $

(Karte S. 996; www.veggiemama.com.au; Ecke Beaufort St & Vincent St; Hauptgerichte 10–20 AU$; ⊗Mo & Di 8–19, Mi–Fr 8–21, Sa & So 9–17 Uhr; 🛜🌿) 🌿 Jede Menge vegane und glutenfreie Speisen locken in diesem niedlichen Eckcafé, das in Sachen Geschmack keine Kompromisse eingeht. Die Auswahl umfasst le-

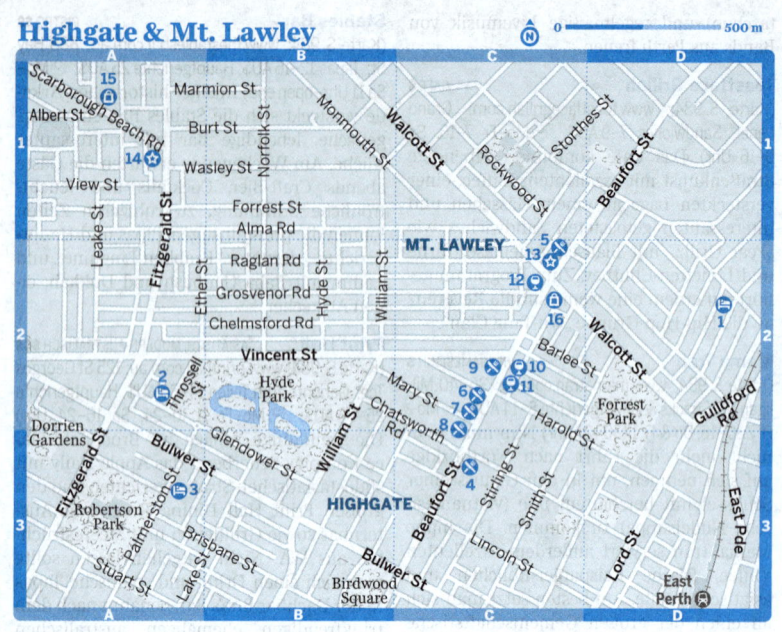

Highgate & Mt. Lawley

🛌 Schlafen
1. Durack House D2
2. Pension of Perth A2
3. Witch's Hat A3

🍴 Essen
4. Ace Pizza C3
5. Cantina 663 .... C2
6. El Público C2
7. Mary Street Bakery C2
8. St. Michael 6003 .... C2
9. Veggie Mama C2

🍸 Ausgehen & Nachtleben
10. Clarence's C2
11. Five Bar C2
12. Flying Scotsman C2

⭐ Unterhaltung
13. Astor C2
14. Rosemount Hotel A1

🛍 Shoppen
15. Future Shelter A1
16. Planet C2

---

ckere Salate, Smoothies, vegetarische Currys und Burger. Das Frühstück am Wochenende ist sehr beliebt.

Little Willy's CAFÉ $
(Karte S. 984; www.facebook.com/LittleWillys; 267 William St; Hauptgerichte 8–16 AU$; ◷ Mo-Fr 6–18, Sa & So 8–16 Uhr) Im Willy's an der William St schnappt man sich am besten einen der Straßentische und lässt sich Leckereien wie Frühstücks-Burritos oder Bircher-Müsli schmecken. Bevorzugter Café-Treff der modebewussten Hipster aus Northbridge.

Tak Chee House MALAIISCH $
(Karte S. 984; 1/364 William St; Hauptgerichte 11–17 AU$; ◷ Di-So 11–15 & 17–21 Uhr) Das Tak Chee zieht jede Menge malaiische Studenten an, die sich hier die Aromen ihrer Heimat schmecken lassen, und ist unser Favorit unter den preiswerten asiatischen Lokalen an der William St. Wer keine Lust auf Satay, Hainan-Hühnchen oder *char kway teo* (gebratene Nudeln) hat, findet in unmittelbarer Nähe thailändische, vietnamesische, laotische und chinesische Küche. Nur Barzahlung; Wein und Bier müssen die Gäste selbst mitbringen.

Flipside BURGER $
(Karte S. 984; www.flipsideburgerbar.com.au; 222 William St; Burger 11,50–15,50 AU$; ◷ Di-So 11.30–21.30 Uhr) Die Gourmet-Burger, die es im Flipside gibt, kann man sich auch in der

Bar oben, dem Mechanics Institute (S. 1000), schmecken lassen.

★ Brika
GRIECHISCH $$

(Karte S. 984; www.brika.com.au; 3/177 Stirling St; Meze & Hauptgerichte 9–27 AU$; ⊙Mi–So 12 Uhr–open end) Das Brika ist unser Lieblingsrestaurant unter Perths Neuzugängen und kredenzt stilvolle Varianten traditioneller griechischer Küche. Bunte folkloristische Stoffe verleihen dem weißgetünchten Inneren etwas Farbe, und zu den kulinarischen Highlights gehören cremige Zucchini-Bratlinge, langsam gegartes Lamm und Schwertfischspieße vom Holzkohlegrill. Man sollte in jedem Fall genug Platz für *ravani* (Grießkuchen) zum Nachtisch lassen. Wer knapp bei Kasse ist oder nur wenig Zeit hat, für den bietet sich mittags ein Souvlaki für 12 AU$ an.

Pleased to Meet You
BISTRO, BAR $$

(Karte S. 984; www.pleasedtomeetyou.com.au; 38 Roe St; Gerichte zum Teilen 9–20 AU$; ⊙Mo–Do 17–open end, Fr–So 12 Uhr–open end) Die asiatischen und südamerikanischen Straßengerichte begeistern jeden Hipster. Das Pleased to Meet You überzeugt mit mutigen Aromen und Speisen, die sich perfekt zum Teilen und als Begleitung zu Cocktails, Wein aus WA und Craft-Bier eignen. An den Gemeinschaftstischen warten Leckereien wie Kokos-Ceviche, Enten-Tacos und gegrillte Knoblauchaustern.

El Público
MEXIKANISCH $$

(Karte S. 996; ☏0418 187 708; www.elpublico.com.au; 511 Beaufort St; Snacks & Gerichte zum Teilen 9–18 AU$; ⊙Mo–Fr 17–24, Sa & So bis 16 Uhr) Hier locken interessante, authentische Varianten mexikanischer Straßengerichte, serviert auf kleinen Tellern, die sich bestens zum Teilen eignen. Zu den Highlights gehören Tintenfisch-Tacos, Lachs-Ceviche und das Dessert *dulce de leche* mit Erdnussbutter. Am besten kommt man mit ein paar Freunden und lässt sich von den gelegentlichen DJs unterhalten.

Cantina 663
MEDITERRAN $$

(Karte S. 996; ☏08-9370 4883; www.cantina663.com; 663 Beaufort St; Hauptgerichte 15–33 AU$; ⊙Mo–Sa 7.30–open end, So bis 15 Uhr) Bei der kleinen kulinarischen EM in diesem schicken, aber lässigen Lokal mit Tischen in der Arkade konkurrieren Spanien, Portugal und Italien miteinander. Der Service ist manchmal etwas zu entspannt, doch es lohnt sich, auf Gerichte wie Trüffel-Risotto mit Kastanien und Artischocke oder scharf gebratenen Tintenfisch mit eingelegter Karotte, Gurke, Rettich und Weißwein zu warten.

Ace Pizza
PIZZA $$

(Karte S. 996; www.acepizza.com.au; 448 Beaufort St; Snacks 8–16 AU$, Hauptgerichte & Pizzas 18–26 AU$; ⊙17.30 Uhr–open end) In dem Lokal mit einem dunkel-dramatischen Flair genießen Gäste die beste knusprig-dünne Pizza der Stadt auf gemütlichen Sitzbänken. Daneben gibt es zwar noch andere italienisch inspirierte Leckereien aus dem Holzofen, die Gäste kommen jedoch vor allem wegen der krossen, rauchigen, nach Knoblauch schmeckenden Variationen mit zerfließendem Käse, frischen Kräutern und Schinken oder Meeresfrüchten. Wer möchte, kann sich auch verschiedene Bar-Snacks mit einem entspannten Bier oder Wein schmecken lassen.

Bivouac Canteen & Bar
CAFÉ $$

(Karte S. 984; www.bivouac.com.au; 198 William St; Gerichte zum Teilen 10–28 AU$, Pizzas 23–25 AU$; ⊙Di–Sa 12 Uhr–open end) Die mediterran inspirierte Küche passt bestens zur guten Weinkarte, während Gourmetbiere und Apfelwein die perfekten Begleiter zu den Feinkostpizzas sind. Der Kaffee ist exzellent und die wechselnden Werke lokaler Künstler nehmen der Inneneinrichtung etwas von ihrer Zweckmäßigkeit.

Izakaya Sakura
JAPANISCH $$

(Karte S. 984; ☏08-9328 2525; www.izakayasakura.com.au; 2/182 James St; Gerichte zum Teilen 10–15 AU$, Hauptgerichte 13–18 AU$) Kleine Gerichte zum Teilen sind in diesem stilvollen Lokal, das Abwechslung in die rustikale Gastroszene von Northbridge bringt, das Gebot der Stunde. Sushi und Sashimi sind sehr frisch, zu den Highlights gehören außerdem Leckereien wie Tempura-Garnelen und *takoyaki* (frittierte Tintenfisch-Snacks). Gegen den Durst helfen Sake oder kaltes Bier, und die Preise sind fair. Freitag- und samstagabends sollte man reservieren.

Mary Street Bakery
CAFÉ $$

(Karte S. 996; 507 Beaufort St; Hauptgerichte 12–21 AU$; ⊙7–16 Uhr) Knusprige, warme Backwaren aus dem Holzofen, Feinkostbrot und interessante Kaffeegetränke ergänzen in diesem Neuzugang in der kompetitiven Gastroszene in Mt. Lawley die wohl besten Donuts mit Schokoladenfüllung Perths. In geräumigem, sonnigem Ambiente lässt sich hier hervorragend der Tag beginnen, bevor die Einkaufsläden der Gegend locken. Mittags gibt es außerdem eine kleine Bier- und Weinauswahl.

St. Michael 6003 MODERN-AUSTRALISCH $$$
(Karte S. 996; ☎ 08-9328 1177; www.facebook.com/stmichael6003; 483 Beaufort St; 3/7 kleine Gerichte 49/89 AU$ pro Pers.; ⊙ Di–Sa 17–22, Fr 12–15 Uhr) Das frühere Luxusrestaurant Jackson's kommt heute etwas lässiger, wenn auch noch immer edel und elegant daher. Wie in Perth üblich, liegt auch hier der Fokus auf kleineren Gerichten zum Teilen, wobei in der Küche echte Zauberer am Werk zu sein scheinen. Zu den Highlights gehören Australkrebse (Süßwasserhummer) aus WA, Jakobsmuscheln, Wachteln und Forelle. Wer Zeit und Geld mitbringt, kann sich das Sieben-Gänge-Menü schmecken lassen.

✗ Mt. Hawthorn & Leederville

Leederville Farmers Market MARKT $
(Karte S. 988; www.leedervillefarmers.com.au; Newcastle St, Parkplatz; ⊙ So 8–12 Uhr) Jeden Sonntagmorgen.

★ Duende TAPAS $$
(Karte S. 988; ☎ 08-9228 0123; www.duende.com.au; 662 Newcastle St; Tapas & Hauptgerichte 15–32 AU$; ⊙ 7.30 Uhr–open end) Das schicke Duende befindet sich an einer Ecke mitten in der schnelllebigen Gastroszene von Leederville. Auf den Tisch kommen erstklassige, modern interpretierte Tapas, die man als vollwertige Mahlzeit genießen kann. Spätabends locken ein Glas Dessertwein und *churros*, alternativ startet man mit einem Espresso und Schinken-Manchego-Kroketten in den Tag.

Sayers CAFÉ $$
(Karte S. 988; www.sayersfood.com.au; 224 Carr Pl; Hauptgerichte 12–28 AU$; ⊙ 7–15 Uhr) Die Theke des schicken Cafés scheint sich unter der eindrucksvollen Kuchenauswahl zu biegen. Zum Frühstück lockt u. a. Räucherlachs mit Rührei und Spargel, während zu den Mittags-Highlights Hühnchensalat mit Chermoula, Quinoa, Pistazien und Zitronen-Joghurt-Dressing gehört. Eines des besten Cafés der Stadt.

Low Key Chow House ASIATISCH $$
(Karte S. 988; www.keepitlowkey.com.au; 140 Oxford St; Hauptgerichte 24–20 AU$; ⊙ Fr–So 12–15, Mi–So 17.30–22.30 Uhr) Ein Besuch im lauten, lebhaften Low Key Chow House – schließlich hat es sich südostasiatische Imbisse zum Vorbild genommen – verspricht jede Menge Spaß, insbesondere für Gruppen. Zu kaltem Singha-Bier oder aromatischen asiatischen Cocktails gibt's hier das Beste der malaiischen, vietnamesischen, thailändischen, kambodschanischen und laotischen Küche.

Divido ITALIENISCH $$$
(Karte S. 982; ☎ 08-9443 7373; www.divido.com.au; 170 Scarborough Beach Rd; Hauptgerichte 38–40 AU$, 5-Gänge-Degustationsmenü 89 AU$; ⊙ Mo–Sa 18 Uhr–open end) In dem romantischen Restaurant liegt der Fokus auf Italien, auch wenn der Küchenchef kroatische Wurzeln hat (das erklärt auch die leckeren Krapfen nach dalmatinischer Art auf der Dessertkarte). Neben selbstgemachter Pasta kommen fachmännisch gegrillte Hauptgerichte auf den Tisch. Wer abends Lust auf ein kulinarisches Abenteuer hat, dem sei das Probiermenü mit fünf Gängen wärmstens empfohlen.

✗ Subiaco

Boucla CAFÉ $
(Karte S. 988; www.boucla.com; 349 Rokeby Rd; Hauptgerichte 11–24 AU$; ⊙ Mo–Fr 7–17, Sa 7–15.30 Uhr) Ein Geheimtipp der Einheimischen. Himmlische, griechisch und levantinisch geprägte Gerichte, die man angenehmerweise etwas abseits des Trubels der Rokeby Rd genießen kann. Baklava und Kuchen locken, und Pasteten mit Gorgonzola und gebratenem Gemüse verschönern die Teller. Es gibt auch sehr gute Salate.

Subiaco Farmers Market MARKT $
(Karte S. 988; www.subifarmersmarket.com.au; Subiaco Primary School, 271 Bagot Rd; ⊙ Sa 8–12 Uhr) Jeden Samstagmorgen.

🍷 Ausgehen & Nachtleben

In der Innenstadt, die früher nach Einbruch der Dunkelheit menschenleer war, hat in den letzten Jahren eine Reihe kleiner origineller Bars Einzug gehalten. Auch in Northbridge ist die Zahl eigenwilliger Kneipen gewachsen.

Ein Nebeneffekt des Bergbaubooms in WA sind junge Männer mit viel Geld für dicke Autos, Bier und Drogen. Schlägereien und viel zerbrochenes Glas haben Barbesitzer dazu bewogen, die Sicherheit zu erhöhen, vor allem in Northbridge.

In den meisten Kneipen gibt es mittlerweile einen Einlassstopp, so wird Gästen ab

Mitternacht der Eintritt verwehrt. Manchmal muss man einen Ausweis vorzeigen, zudem ist es ratsam, in Kneipen und auf den Straßen nach Einbruch der Dunkelheit eine gewisse Vorsicht walten zu lassen.

Zentrum

Greenhouse COCKTAILBAR
(Karte S. 984; www.greenhouseperth.com; 100 St. Georges Tce; ⏰ Mo-Fr 7-24, Sa ab 9 Uhr) In einer Stadt, in der man sich so gern an der frischen Luft aufhält wie in Perth, ist die Dachbar im Zentrum eine logische Konsequenz. Das hippe umweltbewusste Greenhouse kredenzt inmitten von jeder Menge Grün leckere Cocktails sowie eine interessante Auswahl an Bier und Wein. Auch das Essen ist gut.

Lalla Rookh WEINBAR
(Karte S. 984; www.lallarookh.com.au; Lower Ground Fl, 77 St. Georges Tce; Pizzas 16-26 AU$, Gerichte zum Teilen 14-21 AU$, 6 Gerichte für 58 AU$; ⏰ Mo-Fr 11.30-24, Sa ab 17 Uhr) Die gemütliche Erdgeschossbar im CBD ist auf Wein, Craft-Bier und italienische Küche spezialisiert. Die Cocktails sind mediterran inspiriert, zudem können sich die Gäste den ganzen Tag über gemütlich verschiedene Gerichte teilen. Unsere Lieblingskombo ist die Chili-Gamba-Pizza mit aromatischem Feral Hop Hog Pale Ale aus dem nahe gelegenen Swan Valley.

Helvetica BAR
(Karte S. 984; www.helveticabar.com.au; Rear 101 St. Georges Tce; ⏰ Di-Do 15-1, Fr 12-24, Sa 18-1 Uhr) Clevere Künstlertypen wippen in dieser nach einer berühmten Schrifttype benannten Bar zu angesagtem alternativen Pop im Takt. Die hiesigen Spezialitäten sind Whisky und Cocktails. Der Eingang befindet sich in einer Seitenstraße der Howard St (nach dem Kronleuchter in der Gasse Ausschau halten).

Wolf Lane COCKTAILBAR
(Karte S. 984; www.wolflane.com.au; Wolfe Lane; ⏰ Fr & Sa 16-24 Uhr) Freiliegendes Mauerwerk, Retromöbel und hohe Decken machen aus dem Wolfe Lane eine ziemlich anständige Western-Australia-Ausgabe eines New Yorker Lofts. Cocktails und Weinen widmet man sich hier mit dem gebotenen Ernst. Zudem gibt's eine faszinierende Auswahl an Bierspezialitäten. Unter den Snacks reizen vor allem das türkisch Brot und die Chorizo-Platte für mehrere Personen.

Bar Halcyon COCKTAILBAR
(Karte S. 984; www.bardehalcyon.com.au; Wolfe Lane; ⏰ Di-Fr 11.30-open end, Sa 16 Uhr-open end) Versteckt in der originellen Wolfe Lane, versprüht die Bar Halcyon mit Sangria, Tapas und *pinxtos* (leckeren Barsnacks) spanisches Flair, zudem gibt's eine anständige Auswahl an Cocktails und Bier. Am Wochenende sorgen abends DJs für Stimmung, während man sich tagsüber einen Kaffee schmecken lassen kann.

Hula Bula Bar COCKTAILBAR
(Karte S. 984; www.hulabulabar.com.au; 12 Victoria Ave; ⏰ Mi-Fr 16-24, Sa 18-1, So 16-24 Uhr; 🛜) In der winzigen polynesisch inspirierten Bar mit Bambus, Palmenblättern und Tikis fühlt man sich wie auf *Gilligans Insel*. Am Wochenende lässt sich hier eine coole, entspannte Klientel glamouröse Cocktails in Affenköpfen aus Ton servieren.

Varnish on King WHISKY
(Karte S. 984; www.varnishonking.com; 75 King St; ⏰ Mo-Fr 11.30-24, Sa 16-24 Uhr) Interessante Einkaufsmöglichkeiten sowie neue Cafés und Bars haben den unteren Abschnitt der King St in einen Hotspot Perths verwandelt. Diese backsteinerne Hommage an amerikanischen Whisky inmitten von hippen Friseurläden und schicken Cafés ist unser Lieblingsneuzugang. Zur Wahl stehen über 40 Sorten sowie eine anständige Bier- und Weinkarte und leckere Snacks wie frittierte Hähnchenflügel.

Air CLUB
(Karte S. 984; www.airclub.com.au; 139 James St; ⏰ Fr & Sa ab 21 Uhr) Hier gibt's House, Techno und Trance nonstop.

Ambar CLUB
(Karte S. 984; www.boomtick.com.au/ambar; 104 Murray St; ⏰ Fr & Sa 22-5 Uhr) Dieser Club ist die beste Anlaufstelle der Stadt, wenn es um Breakbeat, Drum & Bass sowie international bekannte DJs geht.

Geisha CLUB
(Karte S. 984; www.geishabar.com.au; 135a James St; ⏰ Fr & Sa 23-6 Uhr) Ein kleiner Club, in dem DJs auflegen und Homosexuelle willkommen sind.

Northbridge, Highgate & Mt. Lawley

Northbridge ist das kantige Herzstück von Perths Nachtleben, dafür sorgen Dutzende

Kneipen und Clubs, die sich vor allem um die William St und die James St sammeln. Auch in Mt. Lawley gibt es ordentliche Pubs und Bars.

Northbridge Brewing Company
KLEINBRAUEREI

(Karte S. 984; www.northbridgebrewingco.com.au; 44 Lake St; So–Di 8–22, Mi–Sa bis 24 Uhr) Die vier hauseigenen Biersorten können sich sehen lassen, eigentliches Highlight sind jedoch die Fassbiere aus ganz Australien, die gelegentlich gezapft werden. Die Außenbar, die an die grüne Northbridge Plaza grenzt, versprüht entspannt-lässiges Flair, zudem können Gäste auf großen Bildschirmen im mehrgeschossigen Innenbereich mit Industrie-Ambiente Sport gucken. Auf geht's, Dockers!

Mechanics Institute
BAR

(Karte S. 984; www.mechanicsinstitutebar.com.au; 222 William St; Di–Sa 12–24, So bis 10 Uhr) Eine der bodenständigen kleinen Bars von Perth. Man setzt sich zu anderen an einen der großen Tische oder auf einen Hocker an der Bar. Wer mag, kann sich einen Gourmet-Burger vom Flipside (S. 1011), eine Etage tiefer, bestellen.

LOT 20
BAR

(Karte S. 984; www.lot20.co; 198-206 William St, Eingang auf der James St; Mo–Sa 10–24, So bis 22 Uhr) Das LOT 20 ist ein weiterer Beleg für die andauernde Verwandlung des kantigen Northbridge in das Revier anheimelnder und edlerer kleiner Bars. Der von Ziegelstein begrenzte Innenhof ist perfekt für warme Abende, während bei kühleren Temperaturen der gemütliche Innenraum sowie ein paar Bar-Snacks – lecker sind die „Son in Law Eggs" nach australischer Art –, Wein und Gourmetbier locken.

Clarence's
COCKTAILBAR

(Karte S. 996; www.clarences.com.au; 506 Beaufort St, Mt. Lawley; Mo–Fr 16–open end, Sa 12–open end, So 12–22 Uhr) Die kraftvolle Mischung aus kleiner geschäftiger Bar und intimer Bistroküche machen das Clarence's zu einer verlässlichen Ausgehadresse auf der Beaufort St, Mt. Lawleys Kneipenstraße. Zu den kulinarischen Highlights gehören Krabben-Tacos und Zuckermais-Safran-Arancini.

Five Bar
BIER

(Karte S. 996; www.fivebar.com.au; 560 Beaufort St, Mt. Lawley; Mo–Sa 12–24, So bis 22 Uhr) Internationale und australische Craft-Biere – darunter saisonale und spezielle Sorten von den besten Brauereien in WA – machen die Five Bar in Mt. Lawley zu einer lohnenswerten Adresse für Hopfenliebhaber. Auch Weinfans kommen auf ihre Kosten, zudem gibt's stilvolle Hausmannsküche.

Ezra Pound
BAR

(Karte S. 984; www.epbar.com.au; 189 William St; Di–Sa 13–24, So bis 22 Uhr) An einer Gasse voller Graffitis, die von der William St abzweigt, lockt das Ezra Pound Northbridges Boheme-Szene an. Hier kann man sich in einem Stuhl mit rotem Samtüberzug einen Tom Collins im Marmeladenglas schmecken lassen, während man über Kerouac und Kafka philosophiert.

399
BAR

(Karte S. 984; www.399bar.com; 399 William St; Mo–Sa 16–24, So bis 22 Uhr;) In der freundlichen Bar mit abgetrennten Sitzbereichen auf der einen und einer langen Bar auf der anderen Seite kommen Gäste schnell mit dem engagierten Personal ins Gespräch. Die Cocktails werden fachmännisch gemixt und auch die Bier- und Weinauswahl kann sich sehen lassen. In der Nähe befinden sich viele gute und preiswerte asiatische Restaurants.

Bird
BAR

(Karte S. 984; www.williamstreetbird.com; 181 William St; Mo–Sa 12–24, So bis 22 Uhr) Coole Indie-Bar mit lokalen Bands, Künstlern und DJs. Im unteren Stock bietet eine von Ziegelsteinen begrenzte Terrasse Ausblicke auf die Stadt.

Flying Scotsman
KNEIPE

(Karte S. 996; www.facebook.com/scottoscottoscotto; 639 Beaufort St, Mt. Lawley; 11–24 Uhr) Die Kneipe der alten Schule auf der Beaufort St ist bei der Indie-Szene beliebt. Eine gute Adresse für einen Drink vor einem Besuch des Astor (S. 1001) die Straße hinauf.

Subiaco

Juanita's
BAR, CAFÉ

(Karte S. 988; www.juanitas.com.au; 341 Rokeby Rd; Mo–Fr 9–23, Sa 10–1, So 12–1 Uhr) Willkommen in Perths eklektischster (sehr!) kleinen Bar. Hier werden Tapas, Gerichte zum Teilen und eine überschaubare Auswahl an Bier und Wein inmitten restaurierter Möbel aus den 1960er-Jahren und Wänden voller Krimskrams sowie an ein paar Tischen im Freien serviert. Das durch und durch loka-

☆ Unterhaltung

Livemusik

Ellington Jazz Club   JAZZ
(Karte S. 984; www.ellingtonjazz.com.au; 191 Beaufort St; ⊙Mo–Do 18.30–1, Fr & Sa bis 3, So 17–24 Uhr) In dem hübschen, intimen Club wird jeden Abend Live-Jazz gespielt. Ein Stehplatz kostet 10 AU$, man kann jedoch auch einen Tisch reservieren (15–20 AU$/Pers.) und sich Tapas und Pizza schmecken lassen.

Bakery   LIVEMUSIK
(Karte S. 984; www.nowbaking.com.au; 233 James St; ⊙19 Uhr–open end) Das Bakery unter Leitung von Artrage, der Organisation, die Festivals für zeitgenössische Kunst in Perth organisiert, zieht eine kunstinteressierte Klientel an. Fast jedes Wochenende finden beliebte Indie-Konzerte statt.

Amplifier   LIVEMUSIK
(Karte S. 984; www.amplifiercapitol.com.au; Rückseite der 383 Murray St) Das gute alte Amplifier ist eine der besten Adressen für Live-Konzerte (vor allem von Indie-Bands). Zum selben Komplex gehört das Capitol, in dem hauptsächlich DJs auftreten.

Moon   LIVEMUSIK
(Karte S. 984; www.themoon.com.au; 323 William St; ⊙Mo & Di 18–open end, Mi–So 11 Uhr–open end) In dem unprätentiösen Café mit langen Öffnungszeiten gibt's mittwochabends Liedermacher, donnerstags Jazz und samstagnachmittags ab 14 Uhr Poetry Slams.

Universal   LIVEMUSIK
(Karte S. 984; www.universalbar.com.au; 221 William St; ⊙Mi–So 15 Uhr–open end) Das zurückhaltende Universal gehört zu Perths ältesten Bars und ist bei Soul-, R & B- und Blues-Liebhabern sehr beliebt.

Rosemount Hotel   LIVEMUSIK
(Karte S. 996; www.rosemounthotel.com.au; Ecke Angove St & Fitzgerald St; ⊙12 Uhr–open end) In der weitläufigen Art-déco-Kneipe mit einem entspannten grünen Garten spielen regelmäßig lokale und internationale Bands.

Astor   KONZERTBÜHNE
(Karte S. 996; www.liveattheastor.com.au; 659 Beaufort St) Das wunderschöne Astor im Art-déco-Stil dient noch immer als Kino, wird heute jedoch vor allem für Konzerte genutzt.

Kabarett & Comedy

Lazy Susan's Comedy Den   COMEDY
(Karte S. 984; www.lazysusans.com.au; Brisbane Hotel, 292 Beaufort St; ⊙Di, Fr & Sa 20.30 Uhr) Beim Shapiro Tuesday tritt eine Mischung aus Bühnenneulingen sowie erfahrenen Amateuren und Profis mit ihren neuen Programmen (für günstige 5 AU$) auf. Der Freitag ist seriöseren Stand-up-Programmen vorbehalten, u. a. von Künstlern aus anderen Bundesstaaten. Samstags gibt's dann Big Hoohaa, einen Comedy-Wettbewerb mit Teams. Das Den befindet sich im Brisbane Hotel.

Theater & Klassische Musik

Die Zeitung *West Australian* informiert über Veranstaltungen. Buchungen sind über www.ticketek.com.au und www.ticketmaster.com.au möglich.

State Theatre Centre   THEATER
(Karte S. 984; www.statetheatrecentrewa.com.au; 174 William St) Der Komplex beherbergt das Heath Ledger Theatre mit 575 Sitzplätzen und das Studio Underground für 234 Personen. Zudem sind hier die Black Swan State Theatre Company und die Perth Theatre Company ansässig.

His Majesty's Theatre   THEATER
(Karte S. 984; www.hismajestystheatre.com.au; 825 Hay St) Das prachtvolle Zuhause des **West Australian Ballet** (www.waballet.com.au) und der **West Australian Opera** (www.waopera.asn.au). Auf dem Programm stehen außerdem Theater, Comedy und Kabarett.

Perth Concert Hall   KONZERTHALLE
(Karte S. 984; www.perthconcerthall.com.au; 5 St. Georges Tce) Sitz des **Western Australian Symphony Orchestra** (WASO; www.waso.com.au).

Kino

Somerville Auditorium   KINO
(Karte S. 984; www.perthfestival.com.au; 35 Stirling Hwy; ⊙Dez.–März) In dem Auditorium auf dem wunderschönen von Pinien gesäumten Campus der University of WA wird das Filmprogramm des Perth Festival, das sich kein Perth-Besucher entgehen lassen sollte, gezeigt. Ein echtes Muss ist ein Picknick vor dem Film.

Luna   KINO
(Karte S. 988; www.lunapalace.com.au; 155 Oxford St) Programmkino in Leederville mit Double Features am Montag und einer Bar. Mittwochs sind die Tickets günstiger.

Cinema Paradiso `KINO`
(Karte S. 984; www.lunapalace.com.au; 164 James St) Programmkino in Northbridge. Dienstags sind die Preise günstiger.

Moonlight Cinema `KINO`
(Karte S. 982; www.moonlight.com.au; Synergy Parklands, Kings Park; ⊙Dez.–Ostern) Im Sommer kann man sich hier im Freien bei romantischem Mondschein einen Film angucken; Picknickzutaten und Decke nicht vergessen!

Camelot Outdoor Cinema `KINO`
(Karte S. 982; www.lunapalace.com.au; Memorial Hall, 16 Lochee St; ⊙Dez.–Ostern) Open-Air-Kino im Mosman Park.

Sport
Wer in WA von „Football" spricht, der meint Aussie Rules – australischen Football –, und während der AFL-Saison sprechen die Einheimischen eigentlich über nichts anderes als über die beiden hiesigen Teams: die **West Coast Eagles** (www.westcoasteagles.com.au) und die **Fremantle Dockers** (www.fremantlefc.com.au).

Patersons Stadium `STADION`
(Subiaco Oval; Karte S. 988; ☎08-9381 2187; www.patersonsstadium.com.au; 250 Roberts Rd) Die Heimat von Aussie Rules. Hier finden außerdem große Konzerte statt.

WACA `STADION`
(Western Australian Cricket Association; Karte S. 984; ☎08-9265 7222; www.waca.com.au; Nelson Cres) Hier werden landesweite und internationale Spiele ausgetragen.

NIB Stadium `STADION`
(Perth Oval; Karte S. 984; www.nibstadium.com.au; Lord St) Heim der **Perth-Glory**-Fussballmannschaft (www.perthglory.com.au) und des **Western-Force**-Rugby-Teams (www.westernforce.com.au).

HBF Stadium `STADION`
(Karte S. 982; www.hbfstadium.com.au; Stephenson Ave, Mt. Claremont) Das Korbball-Stadion von **West Coast Fever** (www.westcoastfever.com.au) .

🔒 Shoppen
Die Einkaufszentren in der Murray St und der Hay St sind die Hauptshoppingreviere der Stadt, in Leederville und Mt. Lawley wiederum gibt es facettenreichere Geschäfte. Vintage- und Retro-Stil findet man in Northbridge, während sich an der unteren King St nahe der Wellington St im CBD immer mehr unabhängige Einzelhändler und Designer ansiedeln.

🔒 Zentrum
78 Records `MUSIK`
(Karte S. 984; www.78records.com.au; Obergeschoss 255 Murray St Mall; ⊙Mo–Sa 9–17, Sa ab 11 Uhr) Großer Independent-Plattenladen. Auch Fans von Vinyl werden hier fündig – und diejenigen, die Eintrittskarten für Rock- und Indie-Konzerte suchen.

Pigeonhole `BEKLEIDUNG, ACCESSORIES`
(Karte S. 984; www.pigeonhole.com; 9 Shafto Lane; ⊙Mo–Sa 10–18, Fr bis 9 Uhr) Hier gibt's angesagte regionale und internationale Klamotten, stilvolle Retroaccessoires und Geschenke.

🔒 Northbridge, Highgate & Mt. Lawley
William Topp `DESIGN`
(Karte S. 984; www.williamtopp.com; 452 William St; ⊙Di–Fr 11–18, Sa bis 17, So bis 16 Uhr) Cooler Design-Krimskrams – und zwar massenweise!

Future Shelter `HAUSHALTSWAREN`
(Karte S. 996; www.futureshelter.com; 56 Angove St, North Perth; ⊙Mo–Sa 1–17 Uhr) Skurrile Kleidung, Geschenke und vor Ort designte und hergestellte Haushaltswaren. Die angrenzende Angove St ist ein Bereich North Perths, der sehr im Kommen ist.

Planet `BÜCHER, MUSIK`
(Karte S. 996; www.planetvideo.com.au; 636-638 Beaufort St; ⊙10 Uhr–open end) Im Planet gibt's Bücher, CDs und eigenartige Filme.

🔒 Leederville
An der Oxford St in Leederville finden sich Boutiquen, aber auch gute Musik- und Buchläden.

Atlas Divine `BEKLEIDUNG`
(Karte S. 988; 121 Oxford St; ⊙9–21 Uhr) Hier gibt's die aktuellen Trends für Frauen und Männer sowie Jeans, ausgefallene Oberteile, Kleider etc.

🔒 Subiaco & Kings Park
An der Rokeby Rd und der Hay St kann man Mode, Kunst und stilvolle Geschenke einkaufen.

Indigenart
KUNSTHANDWERK

(Karte S. 988; www.mossensongalleries.com.au; 115 Hay St; ⊙ Mi–Sa 11–16 Uhr) Indigene Kunst aus Australien mit dem Schwerpunkt auf Künstlern aus WA. Zur Auswahl stehen Webarbeiten, Gemälde, Werke auf Rinde und Papier sowie Skulpturen.

Aboriginal Art & Craft Gallery
KUNSTHANDWERK

(Karte S. 988; www.aboriginalgallery.com.au; Fraser Ave; ⊙ Mo–Fr 10.30–16.30, Sa & So 11–16 Uhr) Werke aus ganz WA; eher massentauglich als edle Sammlerware.

Aspects of Kings Park
KUNSTHANDWERK, SOUVENIRS

(Karte S. 988; www.aspectsofkingspark.com.au; Fraser Ave; ⊙ 9–17 Uhr) Kunst, Kunsthandwerk und Bücher aus Australien.

❶ Praktische Informationen

INFOS IM INTERNET

Heatseeker (www.heatseeker.com.au) Konzert-Guide und Tickets.

PerthNow (www.perthnow.com.au) News aus Perth und ganz WA sowie Restaurantkritiken.

Scoop (www.scoop.com.au) Unterhaltung und Restauranttipps.

What's On (www.whatson.com.au) Veranstaltungen und Infos für Traveller.

INTERNETZUGANG

State Library of WA (www.slwa.wa.gov.au; Perth Cultural Centre; ⊙ Mo–Do 9–20, Fr–So 10–17.30 Uhr; 🛜) WLAN und Internetzugang, beides kostenlos.

MEDIEN

Drum Media (www.facebook.com/drumperth) Tipps zu Musik, Film und Kultur.

Go West (www.gowesternaustralia.com.au) Backpacker-Magazin mit Informationen zu Saisonarbeit.

Urban Walkabout (www.urbanwalkabout.com) Tipps zu angesagten Restaurants, Bars und Geschäften in Vierteln im inneren Perth und in Fremantle.

West Australian (www.thewest.com.au) Lokalblatt mit Unterhaltungs- und Kinoteil.

X-Press Magazine (www.xpressmag.com.au) Gute Onlinequelle für Infos zu Livemusik. Gibt's auch als App.

MEDIZINISCHE VERSORGUNG

Lifecare Dental (☎ 08-9221 2777; www.dentistsinperth.com.au; 419 Wellington St; ⊙ 8–20 Uhr) in Forrest Chase.

Royal Perth Hospital (☎ 08-9224 2244; www.rph.wa.gov.au; Victoria Sq) in Perth Zentrum.

Travel Medicine Centre (☎ 08-9321 7888; www.travelmed.com.au; 5 Mill St; ⊙ Mo–Fr 8–17 Uhr) spezialisiert auf Reisende und Impfungen.

NOTFALL

Polizei (☎ 13 14 44; www.police.wa.gov.au; 2 Fitzgerald St)

Sexual Assault Resource Centre (☎ 08-9340 1828, kostenlos 1800 199 888; www.kemh.health.wa.gov.au/services/sarc; ⊙ 24 Std.) Der Notfalldienst ist rund um die Uhr verfügbar.

POST

Die **Hauptpost** (GPO; Karte S. 984; ☎ 13 13 18; 3 Forrest Pl; ⊙ Mo–Fr 8.30–17, Sa 9–12.30 Uhr) liegt zentral in der Nähe von Busbahnhof und Bahnhof.

TOURISTENINFORMATION

i-City Information Kiosk (Karte S. 984; Murray St Mall; ⊙ Mo–Do & Sa 9.30–16.30, Fr bis 20, So 11–15.30 Uhr) Ehrenamtliche Helfer beantworten Fragen und veranstalten Stadtführungen.

WA Visitor Centre (Karte S. 984; ☎ 1800 812 808, 08-9483 1111; www.bestofwa.com.au; 55 William St; ⊙ Mo–Fr 9–17.30, Sa 9.30–16.30, So 11–16.30 Uhr) Exzellente Quelle für Infos zu WA.

❶ An- & Weiterreise

FLUGZEUG

Informationen zu Flügen nach Perth aus dem Ausland, aus anderen australischen Bundesstaaten und aus anderen Zielen in WA liefert das Kapitel „Verkehrsmittel & -wege".

ZUG

Transwa (☎ 1300 662 205; www.transwa.wa.gov.au) unterhält die folgenden Zugverbindungen:

Australind (2-mal tgl.) Perth nach Pinjarra (17 AU$, 1¼ Std.) und Bunbury (31 AU$; 2½ Std.).

AvonLink (tgl.) East Perth nach Toodyay (17 AU$; 1¼ Std.) und Northam (20 AU$; 1½ Std.).

Prospector (tgl.) East Perth nach Kalgoorlie-Boulder (82 AU$, 7 Std.).

❶ Unterwegs vor Ort

AUTO & MOTORRAD

Sich mit dem Auto oder dem Motorrad in Perth zurechtzufinden, ist anfangs gar nicht so einfach: Es gibt jede Menge Einbahnstraßen und oft fehlen die Straßennamen. Im Zentrum gibt's zahlreiche Parkhäuser, kostenlose Parkplätze sucht man allerdings vergeblich. Wer nichts zahlen möchte, muss sich ein ganzes Stück von den

Haupteinkaufsstraßen entfernt auf die Suche nach einem Plätzchen am Straßenrand machen (die Schilder aufmerksam lesen!).

Im Folgenden die wichtigsten Autovermietungen in Perth:

Backpacker Car Rentals (08-9430 8869; www.backpackercarrentals.com.au; 235 Hampton Rd, South Fremantle) Günstige Autovermietung.

Bayswater Car Rental (08-9325 1000; www.bayswatercarrental.com.au) Anbieter mit insgesamt vier Niederlassungen in Perth und in Fremantle.

Britz Rentals (1800 331 454; www.britz.com.au) Verleiht komplett ausgestattete Wohnmobile mit Allradantrieb – das obligatorische Fortbewegungsmittel auf den Straßen im Norden von WA. Britz hat Niederlassungen in Perth, Broome und allen australischen Hauptstädten. Ein Fahrzeug one-way zu mieten, ist also möglich.

Campabout Oz (08-9301 2765; www.camp-aboutoz.com.au) Wohnmobile, Geländewagen und Motorräder.

Scootamoré (08-9380 6580; www.scootamore.com.au; 356a Rokeby Rd, Subiaco; 1 Tag/3 Tage/Woche/Monat 45/111/200/400 AU$) Verleiht Roller mit 50 ccm inkl. Helm (es besteht Helmpflicht!). Die Versicherung ist inbegriffen (für Fahrer über 21 Jahre).

ZUM/VOM FLUGHAFEN

Nationaler und internationaler Terminal von Perths Flughafen liegen 10 bzw. 13 km östlich von Perth in der Nähe von Guildford. Eine Taxifahrt von dort ins Zentrum kostet rund 40 AU$ sowie ca. 60 AU$ nach Fremantle.

Shuttles von **Connect** (1300 666 806; www.perthairportconnect.com.au) verkehren ab/zu Unterkünften und Haltestellen im Zentrum (einfache Fahrt/hin & zurück 15/30 AU$, alle 50 Min.). Für Gruppen ist eine Reservierung zu empfehlen.

Die Transperth-Busse 36, 37 und 40 fahren von der St. Georges Tce (Haltestelle 10121) nahe der William St zum nationalen Flughafen (4,40 AU$, 40 Min., alle 10–30 Min., ab 19 Uhr stündl.). Zwischen nationalem und internationalem Terminal verkehrt ein kostenloser Bus.

ÖFFENTLICHE VERKEHRSMITTEL

Transperth (13 62 13; www.transperth.wa.gov.au) heißt der Betreiber der Nahverkehrsbusse, -Züge und Fähren. Infoschalter von Transperth finden sich an der Perth Station (Wellington St), der Wellington Street Bus Station, der Perth Underground Station (unweit der Murray St) und dem Esplanade Busport (Mounts Bay Rd). Es gibt auch eine praktische elektronische Fahrplanauskunft.

Für Fahrten mit allen öffentlichen Verkehrsmitteln zahlt man ab dem Zentrum folgende Preise:

Free Transit Zone (FTZ) Fahrten innerhalb des zentralen Geschäftsviertels, das sich zwischen Fraser Ave, Kings Park Rd, Thomas St, Newcastle St, Parry St, Lord St und dem Fluss erstreckt (inkl. der Bahnhöfe City West und Claisebrook im Osten), sind kostenlos.

Zone 1 Zentrum und angrenzende Vororte (2,90 AU$).

Zone 2 Fremantle, Guildford und die Strände bis Sorrento im Norden (4,40 AU$).

Zone 3 Hillarys Boat Harbour (AQWA), Swan Valley und Kalamunda (5,30 AU$).

Zone 5 Rockingham (7,80 AU$).

Zone 7 Mandurah (10,30 AU$).

DayRider Tagesticket. Beliebig viele Fahrten in allen Zonen, wochentags ab 9 Uhr, am Wochenende ohne Beschränkung (12,10 AU$).

FamilyRider Kostet nur 12,10 AU$ für zwei Erwachsene und bis zu fünf Kinder. Keine Beschränkung an Wochenenden, von Montag bis Freitag darf man ab 18 Uhr fahren, während der Schulferien wochentags ab 9 Uhr.

Wer plant, sich längere Zeit in Perth aufzuhalten, könnte sich eine SmartRider-Karte (10 AU$) zulegen, die in Bussen, Zügen und auf der Fähre gilt. Man lädt beliebig viel Guthaben auf die Karte, und die elektronischen Lesegeräte in den Bussen bzw. an den Ein- und Ausgängen der Fährterminals oder Bahnstationen ziehen dann den fälligen Betrag ab (die Karte beim Ein- und Aussteigen an den Sensor halten – auch innerhalb der FTZ). Wenn man die morgendliche Rush Hour meidet, wird der günstigere DayRider-Tarif vom Guthaben abgezogen. Einzeltickets sind 15 % teurer als Fahrten mit SmartRider-Karten.

Bus

Innerhalb der FTZ verkehren neben „normalen" Bussen tagsüber auch regelmäßig drei kostenlose Central Area Transit (CAT) Busse. Die Routen der gelben und roten CATs führen von Osten nach Westen und umgekehrt, wobei sich der Yellow CAT vor allem an der Wellington St orientiert, der Red CAT hingegen fährt auf der Murray St nach Osten und auf der Hay St nach Westen; so ergibt sich eine Rundfahrt. Die Strecke des Blue Cat erinnert an eine Acht: Es geht durch Northbridge und dann in den Süden. Nur die blaue Linie fährt bis spät abends (Fr & Sa bis 1 Uhr). In den Bussen, aber auch anderswo bekommt man Gratis-Fahrpläne. Die CATs fahren werktags alle fünf bis acht Minuten und an den Wochenenden im 15-Minuten-Takt. Digitale Anzeigen an den Haltestellen zeigen, wann der nächste Bus kommt.

Das übrige Stadtgebiet wird von den Transperth-Bussen bedient und das Liniennetz ist groß. Fahrpläne bekommt man in den Transperth-Informationszentren. Alternativ kann man auch die elektronische Fahrplanauskunft online nutzen.

Schiff/Fähre
Die einzige Fähre verkehrt alle 20 bis 30 Minuten zwischen der Barrack Street Jetty und der Mends Street Jetty in South Perth – praktisch, wenn man in den Zoo gehen oder für kleines Geld einen Blick vom Fluss aus auf die Skyline von Perth werfen will.

Zug
Transperth betreibt fünf Zuglinien, die wochentags von 5.20 bis 24 Uhr und samstags und sonntags bis etwa 2 Uhr morgens in Betrieb sind. Die Zugfahrkarte gilt auch in den Transperth-Bussen und auf den Fähren, solange man in der jeweiligen Zone bleibt. Außerhalb der Stoßzeiten dürfen Räder kostenlos mitgenommen werden. Linien und nützliche Haltestellen wie folgt:
Armadale Thornlie Line Perth, Burswood.
Fremantle Line Perth, City West, West Leederville, Subiaco, Shenton Park, Swanbourne, Cottesloe, North Fremantle, Fremantle.
Joondalup Line Esplanade, Perth Underground, Leederville.
Mandurah Line Perth Underground, Esplanade, Rockingham, Mandurah.
Midland Line Perth, East Perth, Mt. Lawley, Guildford, Midland.

TAXI
In Perth sind viele Taxis unterwegs, häufige Fahrten im Stadtgebiet gehen allerdings schnell ins Geld, und an den Wochenenden dauert es abends manchmal eine Weile, bis man an der Straße einen Wagen anhalten kann. Taxistände sind über ganz Perth verteilt. Die größten Unternehmen heißen **Swan Taxis** (13 13 30; www.swantaxis.com.au) und **Black & White** (13 10 08; www.bwtaxi.com.au). Beide haben rollstuhlgerechte Fahrzeuge.

FREMANTLE

28 100 EW.

Die angeblich hippste Stadt Australiens findet man 20 km südlich von Perth. Der unkonventionelle Hafenort, „Freo" genannt, ist von klassischer viktorianischer und edwardianischer Architektur, der salzigen Meeresluft und der abgeschiedenen Lage geprägt – Singapur ist näher als Sydney. Doch wie in jedem Hafen kommt und geht hier die Welt mit den Wellen und hinterlässt den Einheimischen lebendigen globalen Zeitgeist.

Im dynamischen Fremantle gibt es Livemusik-Clubs, Hipsterbars, Boutiquehotels, alternative Buchläden, Mikrobrauereien, Imbisse mit Leckereien aus dem Indischen Ozean, Straßenkünstler, Strände und Studenten, die ihren Büchern entfliehen. Hier kann man sich wunderbar ein paar Tage lang beschäftigen, wobei die Stadt nach einem Sieg des hiesigen AFL-Teams, den Fremantle Dockers, besonders gut gelaunt ist.

Geschichte

Dies war früher eine wichtige Gegend für das Volk der Wadjuk Noongar, da hier mehrere Handelsrouten zusammenliefen. Vor allem im Sommer herrschte geschäftiges Treiben; dann schlugen die Wadjuk ihr Quartier in Freo auf, um zu fischen. Im Winter zogen sie sich ins Inland zurück, um den saisonalen Überschwemmungen zu entgehen.

Die ersten Europäer kamen 1829 an Bord der HMS *Challenger* nach Fremantle. Ähnlich wie Perth wuchs die Stadt nur langsam, bis die ersten Strafgefangenen als Arbeiter umgesiedelt wurden. Der Hafen boomte während des Goldrauschs; in dieser Zeit entstanden viele der Prachtbauten. 1987 war Fremantle Austragungsort des America's Cup. Dieses Ereignis veränderte das Gesicht der Stadt: Aus dem verschlafenen Hafennest wurde eine lebhafte Künstlerdomäne.

👁 Sehenswertes

★ Fremantle Prison   HISTORISCHES GEBÄUDE
(08-9336 9200; www.fremantleprison.com.au; 1 The Terrace; einfache Tagestour Erw./Kind 20/11 AU$, Kombitagestour 28/19 AU$, Torchlight Tour 26/16 AU$, Tunnels Tour Erw./Kind über 12 60/40 AU$; ⊙9–17.30 Uhr) Das alte Gefängnis aus der Zeit der Besiedlung durch Strafgefangene ist mit seinen eindrucksvollen 5 m hohen Mauern nach wie vor Fremantles auffälligstes Gebäude. Zu den verschiedenen Führungen gehört die Doing Time Tour bei Tag zu den Küchenräumen, den Männerzellen und den Einzelzellen. Bei der Great Escapes Tour erfahren die Teilnehmer etwas über berühmte Insassen und das Frauengefängnis. Im Voraus buchen muss man die Torchlight Tour (Fakeltour) mit Schwerpunkt auf makabren Anekdoten der Gefängnisgeschichte und die 2½-stündige Tunnels Tour, die eine unterirdische Bootsfahrt beinhaltet und zu von Insassen erbauten Tunneln unter der Erde führt.

★ Western Australian Museum – Maritime   MUSEUM
(www.museum.wa.gov.au; Victoria Quay; Erw./Kind Museum 10/3 AU$, U-Boot 10/3 AU$, Museum &

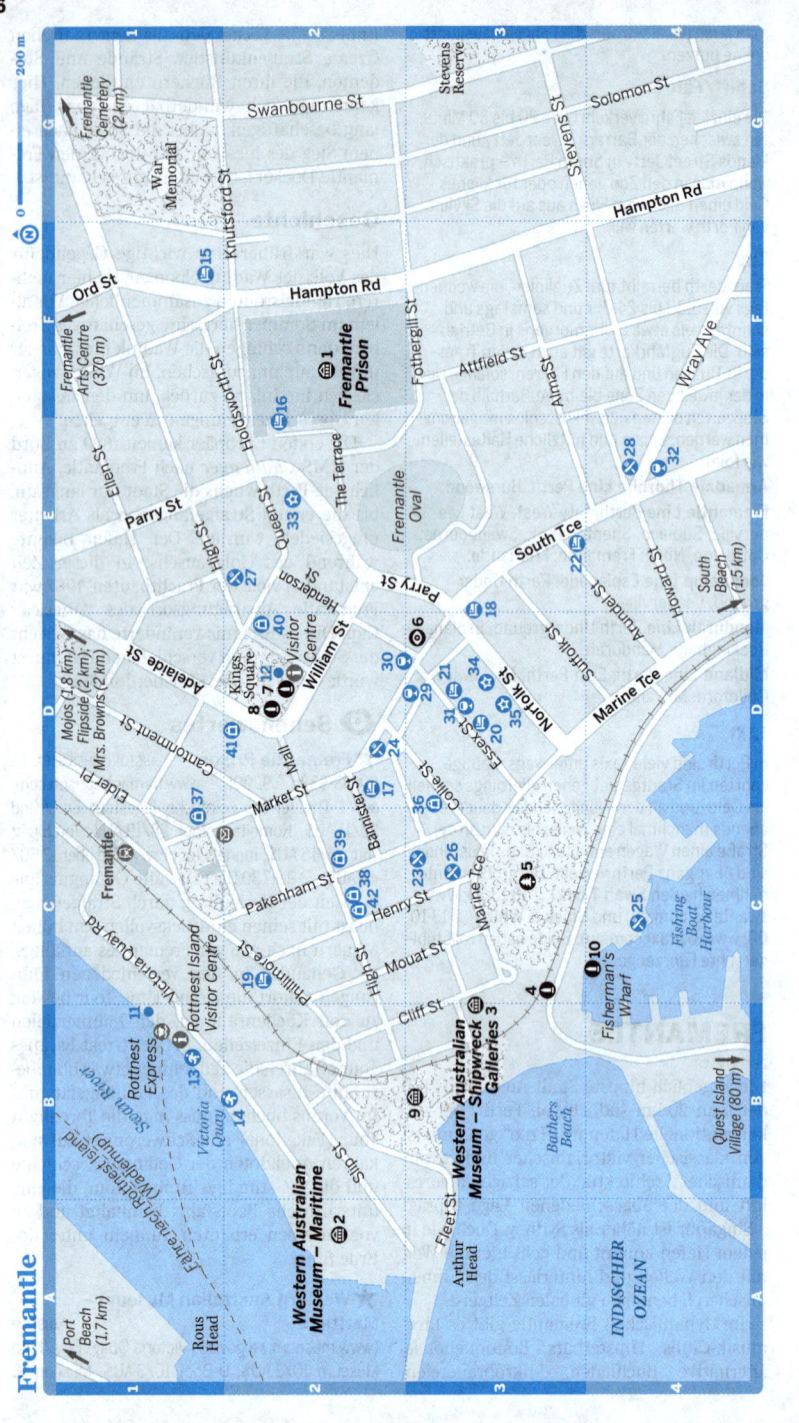

Fremantle

Key locations visible on map:

- 1 Fremantle Prison (E2)
- 2 Western Australian Museum – Maritime (A2)
- 3 Western Australian Museum – Shipwreck Galleries (B3)
- 4 (B3)
- 5 (C3)
- 6 (D2)
- 7, 8 Kings Square (C2)
- 9 (B3)
- 10 Fisherman's Wharf (C3)
- 11 (B2)
- 12 Visitor Centre / William St (C2/D2)
- 13 Rottnest Express (B2)
- 14 (B2)
- 15 (F1)
- 16 (E2)
- 17 (C2)
- 18 (D2)
- 19 (B3)
- 20 (D2)
- 21 (D2)
- 22 (E2)
- 23 (C3)
- 24 (C2)
- 25 (C3) – Fishing Boat Harbour
- 26 (C3)
- 27 (D2)
- 28 (F2)
- 29 (D2)
- 30 (D2)
- 31 (D2)
- 32 (F2)
- 33 (E2)
- 34 (D2)
- 35 (D2)
- 36 (C2)
- 37 (C2)
- 38 (C3)
- 39 (C2)
- 40 (D2)
- 41 (C2)
- 42 (C3)

Streets and features:
- Swanbourne St, Solomon St, Stevens St, Stevens Reserve
- Hampton Rd, Ord St, Knutsford St, Holdsworth St, Fothergill St, Attfield St, Alma St, Wray Ave
- Fremantle Cemetery (2km), War Memorial
- Fremantle Arts Centre (370m)
- Ellen St, Parry St, Queen St, The Terrace, Fremantle Oval
- High St, Henderson St, Adelaide St, South Tce, Suffolk St, Norfolk St, Howard St, Arundel St
- South Beach (1.5km)
- Kings Square, William St, Market St, Cantonment St, Elder Pl
- Mojos (1.8km), Flipside (2km), Mrs Browns (2km)
- Bannister St, Essex St, Collie St, Pakenham St, Henry St, Marine Tce
- Phillimore St, Mouat St, High St, Cliff St
- Fremantle, Victoria Quay Rd, Rottnest Island Visitor Centre
- Fleet St, Arthur Head, Slip St
- Bathers Beach, Quest Island Village (80m)
- Port Beach (1.7km), Rous Head
- Entrance/Rottnest Island (Wadjemup), Steam River, Victoria Quay
- INDISCHER OZEAN

PERTH & FREMANTLE — FREMANTLE

1006

Fremantle

◎ Highlights
- 1 Fremantle Prison F2
- 2 Western Australian Museum – Maritime A2
- 3 Western Australian Museum – Shipwreck Galleries B3

◎ Sehenswertes
- 4 Bon Scott Statue C3
- 5 Esplanade Reserve C3
- 6 Fremantle Markets D3
- 7 John Curtin Statue D2
- 8 Pietro Porcelli Statue D2
- 9 Round House B3
- 10 To the Fishermen C4

◎ Aktivitäten, Kurse & Touren
- 11 Captain Cook Cruises B1
- 12 Fremantle Tram Tours D2
- 13 Oceanic Cruises B1
- 14 STS Leeuwin II B2

◎ Schlafen
- 15 Fothergills of Fremantle F1
- 16 Fremantle Prison YHA Hostel ... E2
- 17 Hougoumont Hotel D2
- 18 Norfolk Hotel E3
- 19 Old Firestation Backpackers C2
- 20 Pirates D3
- 21 Port Mill B&B D3
- 22 Terrace Central B&B Hotel E3

◎ Essen
- 23 Bread in Common C3
- 24 Gino's D2
- 25 Little Creatures C4
- 26 Moore & Moore C3
- 27 Raw Kitchen E2
- 28 Wild Poppy E4

◎ Ausgehen & Nachtleben
- Little Creatures .... (siehe 25)
- 29 Monk D3
- Norfolk Hotel .... (siehe 18)
- 30 Sail & Anchor D2
- 31 Whisper D3
- 32 Who's Your Mumma E4

◎ Unterhaltung
- 33 Fly by Night Musicians Club E2
- 34 Luna on SX D3
- 35 X-Wray Cafe D3

◎ Shoppen
- 36 Chart & Map Shop D3
- 37 Didgeridoo Breath C1
- 38 Japingka C2
- 39 Love in Tokyo C2
- 40 MANY6160 .... D2
- 41 Mills Records D2
- 42 New Edition C2

U-Boot 16/5 AU$; ⊙9.30–17 Uhr) Das Meeresmuseum ist in einem eindrucksvollen segelförmigen Gebäude am Hafen, unmittelbar westlich des Zentrums, untergebracht und widmet sich auf faszinierende Weise WAs tiefer Verbundenheit mit dem Meer. Die gut präsentierten Ausstellungen reichen von Jachtrennen über Reusen der Aborigines bis zum Sandelholzhandel. Wer nicht klaustrophobisch veranlagt ist, kann sich der einstündigen Führung in das U-Boot HMAS *Ovens* anschließen. Dieses gehörte von 1969 bis 1997 zur Flotte der Australischen Marine. Die Führungen beginnen von 10 bis 15.30 Uhr jede halbe Stunde.

★ Western Australian Museum – Shipwreck Galleries   MUSEUM
(www.museum.wa.gov.au; Cliff St; Eintritt gegen Spende; ⊙9.30–17 Uhr) Die Shipwreck Galleries im ehemaligen Kommissariatsladen von 1852 gelten als die schönsten Galerien für Meeresarchäologie in der südlichen Hemisphäre. Highlight ist die **Batavia Gallery**, in der ein Rumpfteil des niederländischen Handelsschiffs *Batavia*, das 1629 gekentert ist, gezeigt wird. In der Nähe befindet sich ein großes Steintor; dieses war als Eingang zum Batavia Castle vorgesehen, den das sinkende Schiff transportierte.

Round House   HISTORISCHES GEBÄUDE
(☎ 08-9336 6897; www.fremantleroundhouse.com.au; Captains Lane; Spende erbeten; ⊙10.30–15.30 Uhr) Dieses zwölfseitige Gefängnis wurde von 1830 bis 1831 gebaut. Damit ist es das älteste erhaltene Gebäude in WA. Die ersten Hinrichtungen fanden hier statt (die Straftäter wurden erhängt). Außerdem wurden später Aborigines in dem Steinbau festgehalten, bevor man sie nach Rottnest Island verbrachte. Auf dem Hügel davor befindet sich die Signal Station, wo früher täglich um 13 Uhr mit einem Zeitball und dem Schuss aus einer Kanone Seeleuten die korrekte Zeit angezeigt wurde. Die Zeremonie findet auch heute noch statt – für Touristen. Wer selbst mal eine Kanone abfeuern will, kann das im Voraus buchen.

Fremantle Arts Centre   GALERIE
(Karte S. 982; www.fac.org.au; 1 Finnerty St; ⊙10–17 Uhr) GRATIS Der beeindruckende Bau wurde in den 1860er-Jahren von Strafarbeitern

errichtet – ursprünglich als Irrenanstalt. In den 1960er-Jahren konnte er vor dem Abriss bewahrt werden. Heute beherbergt das Kunst- und Kulturzentrum, das von einem entzückenden Ulmengarten umgeben ist, interessante Ausstellungen und das ausgezeichnete Café Canvas (S. 1011). Während der Sommermonate werden hier Konzerte, Kurse und Workshops veranstaltet.

Fremantle Markets MARKT
(www.fremantlemarkets.com.au; Ecke South Tce & Henderson St; ☉ Fr 8–20, Sa & So bis 18 Uhr) GRATIS
Erstmals fand hier im Jahre 1897 ein bunter Markt statt; 1975 wurde die Tradition wiederbelebt. Die Menschenmenge drückt sich vorbei an Souvenirs wie Plastik-Bumerangs und schwanenförmigen Magneten. Der Frischwarenteil eignet sich bestens für den kleinen Imbiss zwischendurch.

Gold Rush Buildings
Ende des 19. Jhs., zu Zeiten des Goldrauschs in Western Australia, boomte Fremantle. Aus dieser Epoche sowie aus der Zeit kurz davor und kurz danach, sind noch etliche Gebäude erhalten: In der High St, besonders am unteren Ende, stehen einige schöne Bauten, darunter mehrere alte Hotels.

Öffentliche Skulpturen
Am Fishing Boat Harbour befindet sich auch das Werk **To The Fishermen** mit verschiedenen Bronzefiguren, die ihren Fang am Kai abladen. Am Kings Sq vor der Town Hall steht eine anschauliche Statue von **John Curtin** (1885–1945), der einst als Labor-Abgeordneter Fremantle repräsentierte und während des Zweiten Weltkrieges Premierminister war. Ganz in der Nähe zeigt eine Skulptur von Greg James seinen Kollegen **Pietro Porcelli** (1872–1943) beim Formen einer Büste.

Die beliebteste öffentliche Skulptur in der Stadt ist allerdings Greg James' Statue von **Bon Scott** (1946–1980) auf einem Marshall-Verstärker in Fishing Boat Harbour. Der AC/DC-Sänger zog 1956 mit seiner Familie nach Fremantle. Seine Asche wurde auf dem **Fremantle Cemetery** (Karte S. 982; Carrington St) beigesetzt. Auf den Friedhof gelangt man über den Eingang nahe der Ecke von High St und Carrington St. Bons Ruhestätte liegt nach etwa 15 m linker Hand.

Strände & Parks
Zu den Grünflächen der Stadt gehören das **Esplanade Reserve** (Marine Tce) mit Schatten spendenden Norfolk-Tannen, das sich ab dem Fishing Boat Harbour erstreckt. Im Sommer findet am **Bathers Beach** in der Nähe samstags von 17 bis 21 Uhr ein Abendmarkt mit Musik und Essen statt. Ende 2014 öffnete am Wasser außerdem ein neues Restaurant. Der geschützte Badestrand **South Beach** liegt nur 1,5 km vom Zentrum entfernt an der kostenlosen CAT-Busroute. Der nächste große Strand, Coogee Beach, befindet sich 6 km weiter südlich.

🏃 Aktivitäten

Fremantle Trails STADTSPAZIERGANG
(www.visitfremantle.com.au) Im Visitor Centre gibt es Karten für elf Stadtspaziergänge in Eigenregie: Art & Culture, Convict, C. Y. O'Connor (ein Pionier des Ingenieurswesens), Discovery (ein Überblick über Fremantle), Fishing Boat Harbour, Hotels & Breweries, Maritime Heritage, Manjaree Heritage (indigene Kultur), Retail & Fashion sowie Waterfront & Writers.

Oceanic Cruises WALBEOBACHTUNG
(☏ 08-9325 1191; www.oceaniccruises.com.au; Erw./Kind 69/29 AU$; ☉ Mitte Sept.–Abfang Dez.) Abfahrt bei B Shed, Victoria Quay um 10.15 Uhr. Die Tour dauert zwei Stunden; an welchen Tagen sie stattfindet, variiert von Monat zu Monat. Mehr dazu auf der Internetseite des Veranstalters.

STS Leeuwin II SEGELN
(☏ 08-9430 4105; www.sailleeuwin.com; Berth B; Erw./Kind 99/69 AU$; ☉ Nov.–Mitte April) Dreistündige Segeltörns auf einem 55 m langen Dreimaster. Die Website informiert über Touren am Morgen, Nachmittag und in der Abenddämmerung. Angeboten werden sie von Freitag bis Sonntag.

👉 Geführte Touren

Fremantle Tram Tours STADTRUNDFAHRT
(☏ 08-9433 6674; www.fremantletrams.com.au; Ghostly Tour Erw./Kind 80/60 AU$, Mittagessen & Tram Erw./Kind 89/54 AU$, Triple Tour Erw./Kind 80/30 AU$, Tram & Gefängnis Erw./Kind 45/14 AU$) Der Bus ist einer alten Straßenbahn nachempfunden, startet an der Town Hall und dreht eine Runde durch die Stadt, wobei man an verschiedenen Punkten ein- und aussteigen kann (Erw./Kind 26/5 AU$). Die Ghostly Tour findet freitags von 18.45 bis 22.30 Uhr statt und führt durch das Gefängnis, zum Round House und zum Fremantle Arts Centre, der früheren Irrenanstalt. Das Ganze findet bei Fackelschein statt. Zu den Kom-

bitouren gehören Lunch & Tram (Tram und Bootsfahrt auf dem Fluss mit Mittagessen), die Triple Tour (Tram, Flussfahrt und Sightseeing-Bus durch Perth) und Tram & Prison (Tram und Gefängnis von Fremantle).

Captain Cook Cruises BOOTSFAHRTEN
(08-9325 3341; www.captaincookcruises.com.au; C Shed; Erw./Kind 28/16 AU$) Die Boote verkehren zwischen Fremantle und Perth (Erw./Kind 28/16 AU$) und machen sich um 11.05, 12.45 und 15.30 Uhr in Fremantle auf den Weg (das letzte fährt nicht zurück). Eine dreistündige Tour mit Mittagessen startet um 12.45 Uhr (Erw./Kind 69/46 AU$).

Fremantle Indigenous Heritage Tours STADTSPAZIERGANG
(0405 630 606; www.indigenouswa.com; Erw./Kind 50/15 AU$; Sa 15.30 Uhr) Viel gelobte Führung zur Geschichte von Fremantle sowie der Nyoongar und Wadjuk. Buchungen nimmt das Visitor Centre von Fremantle vor.

Two Feet & A Heartbeat STADTSPAZIERGANG
(1800 459 388; www.twofeet.com.au; 20–40 AU$/Pers.; tgl. 10 Uhr) Hier veranstaltet ein junges, dynamisches Team Führungen mit Schwerpunkt auf Fremantles oft bewegter Geschichte. Dienstags sind die Preise niedriger.

Feste & Events

Laneway MUSIK
(www.fremantle.lanewayfestival.com) Bei dem angesagten Festival feiern WAs stilbewusste Hipster zur Musik aufstrebender internationaler Indie-Bands. Es findet Anfang Februar im West End und im Esplanade Reserve in Fremantle statt.

West Coast Blues 'n' Roots Festival MUSIK
(www.westcoastbluesnroots.com.au) Das Festival interpretiert das Genre frei, so traten in der Vergangenheit bereits Steve Earle, Grace Jones, Elvis Costello und My Morning Jacket auf. Ende März bis Mitte April.

Blessing of the Fleet RELIGION
(www.fremantleseafoodfestival.com.au; Esplanade Reserve, Fishing Boat Harbour) Seit 1948 ist die Veranstaltung im Oktober Tradition. Eingeführt haben sie Einwanderer aus Molfetta in Italien. Auf dem Programm steht dabei eine Prozession mit der Statue *Our Lady of Martyrs* aus Molfetta, die von Männern getragen wird, und der sizilianischen *Madonna di Capo d'Orlando*, die von Frauen getragen wird, von der St. Patrick's Basilica (47 Adelaide St) zum Fishing Boat Harbour, wo die Segnung stattfindet. Zu den Feierlichkeiten gehört auch ein Meeresfrüchtefest in der Nähe.

Fremantle Festival KULTUR
(www.fremantle.wa.gov.au/festivals) Im Frühjahr sorgen Umzüge und Vorführungen auf den Straßen und in den Konzertstätten der Stadt im Rahmen von Australiens ältestem Festival für Stimmung.

Schlafen

Fremantle Prison YHA Hostel HOSTEL $
(08-9433 4305; www.yha.com.au/hostels/wa/perth-surrounds/fremantle-prison-yha/; 6a The Terrace, 6160; B ab 36–40 AU$, privates Zi. 156 AU$;) Das berühmte Gefängnis von Fremantle beherbergt einen Anfang 2015 neu eröffneten Hostel-Flügel mit Schlafsälen und Privatzimmern. Bei den etwas komfortableren Quartieren ist ein eigenes Bad inklusive.

Pirates HOSTEL $
(08-9335 6635; www.piratesbackpackers.com.au; 11 Essex St; B 31–33 AU$, Zi. 80 AU$; @) Das helle, fröhliche Hostel mitten im Trubel Freos zieht eine bunt gemischte internationale Klientel an und eignet sich bestens, um Kontakte zu knüpfen. Die Zimmer sind klein und erwartungsgemäß einfach, die Bäder jedoch frisch und sauber. Der Küchenbereich ist gut ausgestattet, es gibt einen schattigen Hof und die auffälligen maritimen Wandmalereien erinnern daran, dass ein Bad im Meer fast direkt vor der Haustür wartet.

Old Firestation Backpackers HOSTEL $
(08-9430 5454; www.old-firestation.net; 18 Phillimore St; B 28–32 AU$, DZ 75–80 AU$; @) In dem umgebauten Feuerwehrhaus wird jede Menge Unterhaltung geboten: kostenloses Internet, Tischfußball, Filme und ein sonniger Innenhof. In den lichtdurchfluteten Schlafräumen sorgt am Nachmittag eine Meeresbrise für Erfrischung und es gibt einen Bereich, der Frauen vorbehalten ist. Das Hippie-Flair verbreitet sich besonders bei den spätabendlichen Gesangseinlagen mit Gitarrenbegleitung am Lagerfeuer; wem sein Schlaf teuer ist, der sollte Ohrstöpsel mitbringen.

Woodman Point Holiday Park CAMPING $
(08-9434 1433; www.aspenparks.com.au; 132 Cockburn Rd; Stellplatz 47–49 AU$/2 Pers., DZ 120–215 AU$;) Besonders angenehmer

Campingplatz 10 km südlich von Fremantle. Normalerweise schön ruhig und mit mehr Sommer-Sonne-Strand-Feeling als die Plätze weiter außerhalb.

★ Hougoumont Hotel　　BOUTIQUEHOTEL $$

(08-6160 6800; www.hougoumonthotel.com.au; 15 Bannister St; DZ 200–255 AU$) Die Standard-„Hütten"-Zimmer sind zweifellos kompakt, dafür jedoch stilvoll und effizient eingerichtet. Zudem punktet das kürzlich eröffnete Boutiquehotel mit seiner zentralen Lage. Hochwertige Toilettenartikel, hippes, luftiges Ambiente sowie Wein und Snacks am Nachmittag ohne Aufpreis unterstreichen die ungewöhnlich gästefreundliche Philosophie des Hauses. Das internationale Team ist entspannt, aber professionell.

Fothergills of Fremantle　　B&B $$

(08-9335 6784; www.fothergills.net.au; 18–22 Ord St; Zi. 195–245 AU$; ※※) Im Vorgarten wird man von Bronzestatuen nackter Frauen empfangen, und auf der Veranda der Nachbargebäude auf dem Hügel steht die lebensgroße, geblümte Figur einer Kuh. Die Innenausstattung passt da schon eher zu dem Gebäude aus den Jahr 1892 – von einigen modernen Kunstobjekten abgesehen – einschließlich einiger wundervoller Kunstwerke der Aboriginies. Frühstück gibt's in einem sonnigen Wintergarten.

Terrace Central B&B Hotel　　B&B $$

(08-9335 6600; www.terracecentral.com.au; 79–85 South Tce; DZ 180–220 AU$; ※@※) Das Terrace Central ist zwar ein B&B mit Persönlichkeit, erinnert aber aufgrund seiner Größe eher an ein Boutiquehotel. Der Hauptteil der Unterkunft ist in einer ehemaligen Bäckerei aus dem Jahr 1888 untergebracht, dahinter liegen Terrassenhäuser und moderne Apartments mit einem oder zwei Schlafzimmern. Es gibt genug Parkplätze neben der Straße.

Port Mill B&B　　B&B $$

(08-9433 3832; www.portmillbb.com.au; 3/17 Essex St; Zi. 199–299 AU$; ※※) Das Port Mill, eines der luxuriösesten B&Bs der Stadt, ist eine liebenswerte Fusion zwischen Paris und Freo. Der Bau aus lokalem Kalkstein von 1862 beherbergte früher eine Mühle und versprüht im Inneren modernen Pariser Stil, dafür sorgen glänzende Wasserhähne, zeitgenössische französische Möbel und schmiedeeiserne Balkone. Glastüren führen zu sonnendurchfluteten Terrassen, auf denen Frühstück auf Porzellan serviert wird.

Norfolk Hotel　　HOTEL $$

(08-9335 5405; www.norfolkhotel.com.au; 47 South Tce; EZ/DZ ohne Bad 90/120 AU$, DZ mit Bad 150 AU$; ※※) Draußen zieren Eukalyptusbäume und Ulmen den sonnigen Biergarten, im Obergeschoss bewahrt der alte Kalksteinbau ein Geheimnis: seine Zimmer. Mit ihrer geschmackvollen Einrichtung, den dezenten Farben und der frischen weißen Bettwäsche übertreffen sie jeden Gasthausstandard bei Weitem, zudem gibt es einen Aufenthaltsbereich für Gäste. Am Wochenende kann es etwas lauter werden, die Bar schließt jedoch um Mitternacht.

✖ Essen

✖ Zentrum & South Fremantle

★ Bread in Common　　BISTRO, BÄCKEREI $$

(www.breadincommon.com.au; 43 Pakenham St; Gerichte zum Teilen 12–14 AU$, Hauptgerichte 21–26 AU$; ⊙Mo–Fr 10–22, Sa & So 9–22 Uhr) Von den verlockenden Düften der hauseigenen Bäckerei angezogen, kann man sich hier Käse- und Wurstplatten oder gehaltvollere Gerichte wie Hühnchen vom Holzkohlegrill mit Mais, Ingwer und Koriander schmecken lassen. Daneben erwarten Gäste Hausmannskost, kulinarisches Flair, große Gemeinschaftstische und entspanntes Lagerhaus-Ambiente, das zu geselligen Gesprächen bei Wein aus WA sowie Craft-Bier und Apfelwein aus Australien einlädt.

Moore & Moore　　CAFÉ $$

(www.mooreandmoorecafe.com; 46 Henry St; Hauptgerichte 11–20 AU$; ⊙7–16 Uhr; ※) Das Café mit urbanem Schick geht in die angrenzende Kunstgalerie und einen gepflasterten Innenhof über. Es punktet mit gutem Kaffee, leckerem warmem Frühstück, Backwaren, Wraps und kostenlosem WLAN, das Hipster aus Freo und die internationale Studentenschaft von Fremantles University of Notre Dame zu schätzen wissen.

Public & Co　　BISTRO, TAPAS $$

(www.publicandco.com.au; 25 Duoro St; Gerichte zum Teilen 15–24 AU$, Hauptgerichte & Pizzas 15–28 AU$; ⊙Mi–Fr 18–22, Sa bis 16 & 18–22, So 8–15 Uhr) Rund 2,5 km vom Zentrum entfernt, lohnt das Public & Co mit einem entspannten Mahl in dem geräumigen, luftigen Eckbungalow die Anfahrt. Gerichte zum Teilen (meist mit mediterraner oder asiatischer Note), Holzofenpizzas und erstklassige Burger passen zur entspannten für WA typischen Lebensart, zudem gehört die Auswahl an Craft-Bieren zu den besten in Perth.

Canvas
CAFÉ $$

(Karte S. 982; www.canvasatfremantleartscentre.com; Fremantle Arts Centre; Hauptgerichte 12–25 AU$; ◎ Mo–Fr 8–15, Sa & So 8–16 Uhr; 🛜) Das beste Café der Stadt befindet sich im schattigen Innenhof des Fremantle Arts Centre und serviert Gerichte mit nahöstlichen, spanischen und nordafrikanischen Einflüssen. Zu den Frühstücks-Highlights gehören warme Eierspeisen – lecker ist Red Shakshuka nach israelischer Art – während die Auswahl an Mittagsgerichten von Wraps mit mariniertem Hähnchen über Bouillabaisse bis hin zu tasmanischem Lachs reicht. Auf der überschaubaren Getränkekarte stehen u. a. Craft-Bier, Cider und Wein.

Wild Poppy
CAFÉ $$

(2 Wray Ave; Frühstück 10–18 AU$, Mittagessen 16–22 AU$; ◎ 7–16 Uhr; 🛜) Spitzenzierdeckchen, kitschige Möbel und eine großartige Sammlung an Retro-Porträts und Landschaftsmalereien machen dieses hippe Café in South Freo zu einer lohnenswerten Adresse. Neben Suppen- und Salat-Specials gibt es guten Kaffee, Bier, Apfelwein und Chili-Eier, mit denen man bestens in den Tag starten kann. Mittags wird manchmal leckeres Garnelen-Laksa serviert.

Raw Kitchen
VEGETARISCH $$

(www.therawkitchen.com.au; 181a High St; Hauptgerichte 18–24 AU$; ◎ Mo–Do 11–16, Fr–So bis 21 Uhr; 🌿) 🌿 Vegan, Bio und nachhaltig, also typisch Freo. Hier kann man mit sehr gesunder und dabei äußerst leckerer Küche in einem unkonventionellen Lagerhaus mit Backsteinwänden sein Chakra neu finden und Energievorräte auffüllen. Bei einem Großteil der Speisen handelt es sich um Rohkost, was jedoch nicht zu Lasten des Geschmacks geht. Gegen allzu viel Tugendhaftigkeit helfen (glutenfreies) Bier und (nachhaltig produzierter) Wein.

Gino's
CAFÉ $$

(www.ginoscafe.com.au; 1 South Tce; Hauptgerichte 17–31 AU$; ◎ 6 Uhr–open end; 🛜) Das altmodische Gino's ist das bekannteste Café der Stadt und mittlerweile eine regelrechte Touristenattraktion. Dennoch betrachten Einheimische es noch immer als zweites Wohnzimmer, wobei der Kaffee hier sicherlich besser schmeckt. Gäste müssen bestellen und bezahlen, bevor sie sich ihren Kaffee holen können.

Fishing Boat Harbour

Little Creatures
KNEIPENESSEN $$

(www.littlecreatures.com.au; 40 Mews Rd; Gerichte zum Teilen 8–24 AU$, Pizzas 19–24 AU$; ◎ Mo–Fr 10–24, Sa & So ab 9 Uhr; 🛜) Das Little Creatures steht mit seinen Hafenblicken, fantastischen Bieren (aus hauseigener Produktion) und exzellenter Küche für das klassische Freo. In dem verwinkelten umgebauten Bootshaus geht es ab und an recht chaotisch zu, doch die Hausspezialität Pale Ale und eine Holzofenpizza lohnen die Wartezeit. Zu den gehaltvolleren Gerichten zum Teilen gehören Känguru mit Tomaten-Chutney und Garnelenspieße vom Grill. Eine Reservierung ist nicht möglich.

North Fremantle

Flipside
HAMBURGER $

(Karte S. 982; www.flipsideburgers.com.au; 239 Queen Victoria St; Hamburger 11,50–15,50 AU$; ◎ Di–Do 17.30–21, Do 12–14.30, Fr–So 12–21 Uhr) Gourmet-Burger, die man auch in der Bar nebenan (Mrs. Browns, S. 1012) essen kann.

🍷 Ausgehen & Unterhaltung

Die meisten großen Kneipen in Fremantle gibt's an der South Tce und der High St. Hier tummelten sich schon jugendliche Rocker, die später als Bands Erfolge feierten, darunter das John Butler Trio, San Cisco und Tame Impala.

Sail & Anchor
KNEIPE

(www.sailandanchor.com.au; 64 South Tce; ◎ Mo–Sa 11–24, So bis 22 Uhr) Willkommen im Paradies schlechthin für reisende Bierliebhaber in Western Australia. Die Institution der Stadt stammt von 1854 und versprüht nach eindrucksvollen Restaurierungsarbeiten wieder den Glanz vergangener Tage. Unten gibt's vor allem Bier und Essen, so wird aus 27 Zapfhähnen eine ständig wechselnde Auswahl an lokalen und internationalen Craft-Bier-Sorten gezapft. Gelegentliche Livemusik und anständige Bargerichte runden das Gesamtpaket ab.

Little Creatures
BRAUEREI

(www.littlecreatures.com.au; 40 Mews Rd, Fishing Boat Harbour; ◎ Mo–Fr 10–24, Sa & So ab 9 Uhr) Sehr zu empfehlen sind das Little Creatures Pale Ale und das Pilsner, ebenso wie andere Biere und Apfelweine von White Rabbit und Pipsqueak. Mit ein bisschen Glück gibt's außerdem die Spezialbiere von Shift

Brewers' Stash. Im Creatures NextDoor, der angrenzenden Loungebar, stehen regelmäßige Livemusik und DJs auf dem Programm. Live-Jazz gibt's sonntags ab 16.30 Uhr, Live-Comedy (30 AU$) samstags ab 20 Uhr.

Who's Your Mumma BAR
(www.facebook.com/whosyourmummabar; Ecke Wray Ave & South Tce; ⏲ Mo-Sa 16-24, So 12-22 Uhr) Im entspannten Who's Your Mumma sorgen Glühbirnen und der polierte Betonboden für Industriechick, der durch recyceltes Holz abgemildert wird. Das bunt gemischte Publikum aus South Freo weiß die tollen Cocktails, das Craft-Bier aus WA und die leckeren Barsnacks wie fluffige Teigtaschen mit Schweinefleischfüllung zu schätzen. An den Taco Thursdays gibt's günstige Leckereien mit mexikanischer Note.

Norfolk Hotel KNEIPE
(www.norfolkhotel.com.au; 47 South Tce; ⏲ Mo-Sa 11-24, So bis 22 Uhr) In der Kneipe von 1887 kann man sich an das entschleunigte Tempo von Freo gewöhnen. Unentschlossene haben bei den interessanten Sorten die Qual der Wahl und gegen den Hunger helfen sehr gute Pubgerichte und Pizzas. Wenn das Sonnenlicht durch die Ulmen und Eukalyptusbäume scheint, ist der Innenhof besonders schön. Unten versprüht das Odd Fellow mit seiner kleinen Bar Boheme-Flair und bietet von Dienstag bis Samstag Livekonzerte.

Monk MIKROBRAUEREI
(www.themonk.com.au; 33 South Tce; ⏲ Mo-Fr 11.30-open end, Sa & So 8.30 Uhr-open end) Hier kann man es sich auf der geräumigen Terrasse oder im schicken Innenraum bequem machen, der teilweise mit recycelten Schlafwaggons eingerichtet ist, und genießt die hauseigenen Brauerzeugnisse (Kölsch, Mild, Weizen, Porter, Rauchbier, Pale Ale). Die Barsnacks und Pizzas sind lecker, und wechselnde Sorten anderer Brauereien und regelmäßige saisonale Biere ziehen ein sachkundiges Publikum an, das sich mit hiesigem Craft-Bier bestens auskennt.

Mrs. Browns BAR
(Karte S. 982; www.mrsbrownbar.com.au; 241 Queen Victoria St, North Fremantle; ⏲ Di-Do 16.30-24, Fr-So 12-24 Uhr) Backsteinwände, eine kupferbeschlagene Bar sowie alte und Retro-Möbel machen das Ambiente in der atmosphärischsten Bar von North Fremantle aus. Für musikalische Unterhaltung sorgen alle möglichen Kultbands, die man bisher für Geheimtipps hielt, während eine vielfältige Auswahl an Bier, Wein und Tapas anspruchsvollere, etwas ältere Gäste anspricht. Wer möchte, kann sich Burger vom Flipside nebenan bestellen.

Whisper WEINBAR
(www.whisperwinebar.com.au; 1/15 Essex St; ⏲ Mi-So 12 Uhr-open end) Die stilvolle französisch anmutende Weinbar in einem entzückenden alten Gebäude hat auch feine Wurst- und Käseplatten im Angebot.

Fly by Night Musicians Club LIVEMUSIK
(www.flybynight.org; Parry St) In dem gemeinnützigen Club, den es schon ewig gibt, ist Abwechslung das Gebot der Stunde. Hier sind alle möglichen Genres zu hören und viele lokale Bands hatten hier ihren ersten Auftritt. Der Club liegt gegenüber dem Parkplatz unterhalb des alten Fremantle Prison.

X-Wray Cafe LIVEMUSIK
(www.facebook.com/xwray.fremantle; 3-13 Essex St; ⏲ Mo-Sa 7-24, So bis 22 Uhr) In dem Hipster-Treff mit kleinem Innenbereich und großer Terrasse mit Segeldach gibt's jeden Abend Programm (Live-Jazz, Rock, Klaviermusik). Gegen den Hunger helfen leichte Mahlzeiten, auch schon zur Frühstückszeit.

Mojo's LIVEMUSIK
(Karte S. 982; www.mojosbar.com.au; 237 Queen Victoria St, North Fremantle; ⏲ 19 Uhr-open end) Lokale und nationale Bands (vor allem australischer Rock und Indie) sowie DJs sorgen in dem kleinen Club für Stimmung. Hinten gibt es einen geselligen Biergarten. Am ersten Freitag im Monat wird Reggae gespielt und jeden Montag ist Open-Mic-Abend.

Luna on SX KINO
(www.lunapalace.com.au; Essex St) Programmkino zwischen Essex St und Norfolk St. Mittwochs sind die Preise günstiger.

🛍 Shoppen

Am unteren Ende der High St finden sich interessante und ausgefallene Läden. Diverse Modegeschäfte gibt's an der Market St in Richtung Bahnhof. Wer nach Antiquitäten sucht, sollte in der Queen Victoria St in North Fremantle vorbeischauen.

Japingka KUNST
(www.japingka.com.au; 47 High St; ⏲ Mo-Fr 10-17.30, Sa & So 12-17 Uhr) Spezialgeschäft für erlesene Aborigine-Kunst aus WA und anderen Gegenden. Zu den erworbenen Gegenständen gibt's jeweils eine genaue Be-

schreibung sowie Informationen zum Werk und zum Künstler.

Found
KUNST, KUNSTHANDWERK
(www.fac.org.au; 1 Finnerty St; ⊙10–17 Uhr) Der Laden im Fremantle Arts Centre bietet eine faszinierende Auswahl an Kunst und Kunsthandwerk aus WA.

Love in Tokyo
KLEIDUNG
(www.loveintokyo.com.au; 61–63 High St; ⊙Mo–Sa 10–17, So 12–16 Uhr) Wunderschöne Damenbekleidung von einheimischen Designern.

New Edition
BÜCHER
(www.newedition.com.au; Ecke High St & Henry St; ⊙9–18 Uhr) Der Laden zog kürzlich in ein sonniges Eckhaus um und ist mit seinen gemütlichen Sesseln, die zum Schmökern einladen, weiterhin ein Paradies für Bücherfans.

Didgeridoo Breath
KUNST & KUNSTHANDWERK
(www.diggeridoobreath.com; 6 Market St; ⊙10.30–17 Uhr) Die wohl größte Sammlung an Didgeridoos sowie Büchern und CDs zu den Aborigines der Welt sowie einstündige bis vierwöchige Kurse. Höchstwahrscheinlich hört man den Laden, bevor man ihn sieht.

MANY6160
KUNST & KUNSTHANDWERK
(www.many6160.com; 2 Newman Ct; ⊙Fr–So 10–17 Uhr) Eine bunte Mischung aus Ateliers hiesiger Künstler sowie wechselnden Galerien und Geschäften erstreckt sich im großen Erdgeschoss des früheren Myer-Kaufhauses.

Mills Records
MUSIK
(www.mills.com.au; 22 Adelaide St; ⊙Mo–Sa 9–17.30, So 12–17 Uhr) Musik (ein paar Raritäten) und Konzertkarten. Beim „Local's Board" gibt's Aufnahmen von Bands aus Freo und WA.

Chart & Map Shop
KARTEN
(www.chartandmapshop.com.au; 14 Collie St; ⊙10–17 Uhr) Karten und Reiseführer.

❶ Praktische Informationen

Fremantle City Library (📞 08-9432 9766; www.frelibrary.wordpress.com; Kings Sq, Town Hall; ⊙ Mo, Fr & Sa 9.30–17.30, Di–Do bis 20 Uhr; 📶) Kostenloses WLAN und Computer mit Internetzugang.

Fremantle Hospital (📞 08-9431 3333; www.fhhs.health.wa.gov.au; Alma St) Am Rand der Innenstadt von Fremantle.

Post (📞 13 13 18; 1/13 Market St; ⊙Mo–Fr 9–17 Uhr) Zentral gelegen.

Visitor Centre (📞 08-9431 7878; www.visitfremantle.com.au; Kings Sq, Town Hall; ⊙Mo–Fr 9–17, Sa 9–16, So 10–16 Uhr) Vermittelt Unterkünfte, Touren und Mietwagen.

❶ An- & Weiterreise

Fremantle befindet sich in Zone 2 von Perths öffentlichem Verkehrsmittelnetz **Transperth** (📞 13 62 13; www.transperth.wa.gov.au). Mit dem Zug braucht man von Perth aus 30 Minuten bis Fremantle. Es verkehren mehrere Buslinien zwischen den Zentren von Perth und Fremantle, darunter die Linien 103, 106, 107, 111 und 158. Außerdem gibt's ein Flughafen-Shuttle von Connect (S. 1004).

Sehr bequem kommt man auch mit dem Schiff von Perth nach Fremantle. Die Fahrt dauert 1¼ Stunden. Der Betreiber heißt Captain Cook Cruises (S. 1009).

In Freo gibt es jede Menge Einbahnstraßen und Parkuhren. Es ist leichter, zu Fuß zu gehen oder die kostenlosen CAT-Busse zu nehmen. Die fahren alle wichtigen Sehenswürdigkeiten an und verkehren unter der Woche von 7.30–18.30 Uhr, freitags sogar bis 21 Uhr und am Samstag und Sonntag von 10–18.30 Uhr im 10-Minuten-Takt.

Fahrräder (Fremantle Visitors Centre Kings Sq; ⊙Mo–Fr 9.30–16.30, Sa bis 15.30, So 10.30–15.30 Uhr) können kostenlos im Visitor Centre geliehen werden. Eine ideale Art und Weise, die geschichtsträchtigen Straßen von Fremantle zu erkunden! Als Pfand muss man 200 AU$ hinterlegen, die man bei unversehrter Rückgabe zurückbekommt.

Rund um Perth

Inhalt ➡

Rottnest Island
(Wadjemup) 1016
York 1020
Toodyay 1020
Rockingham 1021
Mandurah 1022
Dwellingup 1022
Hyden & Wave Rock . 1023
Lancelin 1024
Cervantes &
Pinnacles Desert 1025
New Norcia 1027

Gut essen

- Hotel Rottnest (S. 1019)
- New Norcia Hotel (S. 1027)
- Taste & Graze (S. 1022)
- Lobster Shack (S. 1025)
- Beach Bistro (S. 1026)

Schön übernachten

- Cervantes Lodge & Pinnacles Beach Backpackers (S. 1025)
- Amble Inn (S. 1025)
- Rottnest Island Authority Cottages (S. 1017)
- Lancelin Lodge YHA (S. 1024)

Auf ins Umland von Perth!

Western Australia (WA) mag riesig sein, doch man muss sich nicht allzu weit von Perth entfernen, um faszinierende Attraktionen des Bundesstaates kennenzulernen. Bei einem Tagesausflug kann man mit Delfinen schwimmen, mit Seelöwen schnorcheln, blaue Krebse bewundern oder Kaninchennasenbeutler im Busch entdecken. Aktivurlauber können sich beim Kanufahren, Raften, Surfen, Windsurfen, Sandboarden, Tauchen, Fallschirmspringen und Mountainbiken austoben.

Die Kalksteinsäulen im Nambung National Park sind in der Morgendämmerung besonders schön, für einen spektakulären Abschluss des Tages kehrt man bei Sonnenuntergang nochmal zurück. Darüber hinaus locken historische Städte und das Klosterflair des faszinierenden New Norcia.

Wir haben dieses Kapitel so aufgebaut, dass die Hauptattraktionen im Rahmen von Tagesausflügen oder – besser – von Trips mit Übernachtung bewältigt werden können. Wer sich auf eine längere Reise aufmacht, sei es nach Nord, Süd oder Ost, findet auf den nächsten Seiten seine erste Station.

Reisezeit
Mandurah

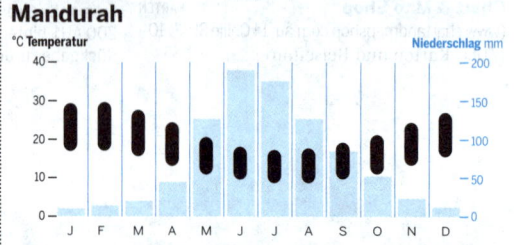

März Gutes Strandwetter; die perfekte Zeit, um sich die Thromboliten im Lake Clifton anzusehen.

Juni Essen und Wein für Gourmets beim Avon Valley Gourmet Food & Wine Festival in Northam.

Aug. Wildblumenblüte; mutige bzw. verrückte Paddler nehmen am Avon River Festival in Northam teil.

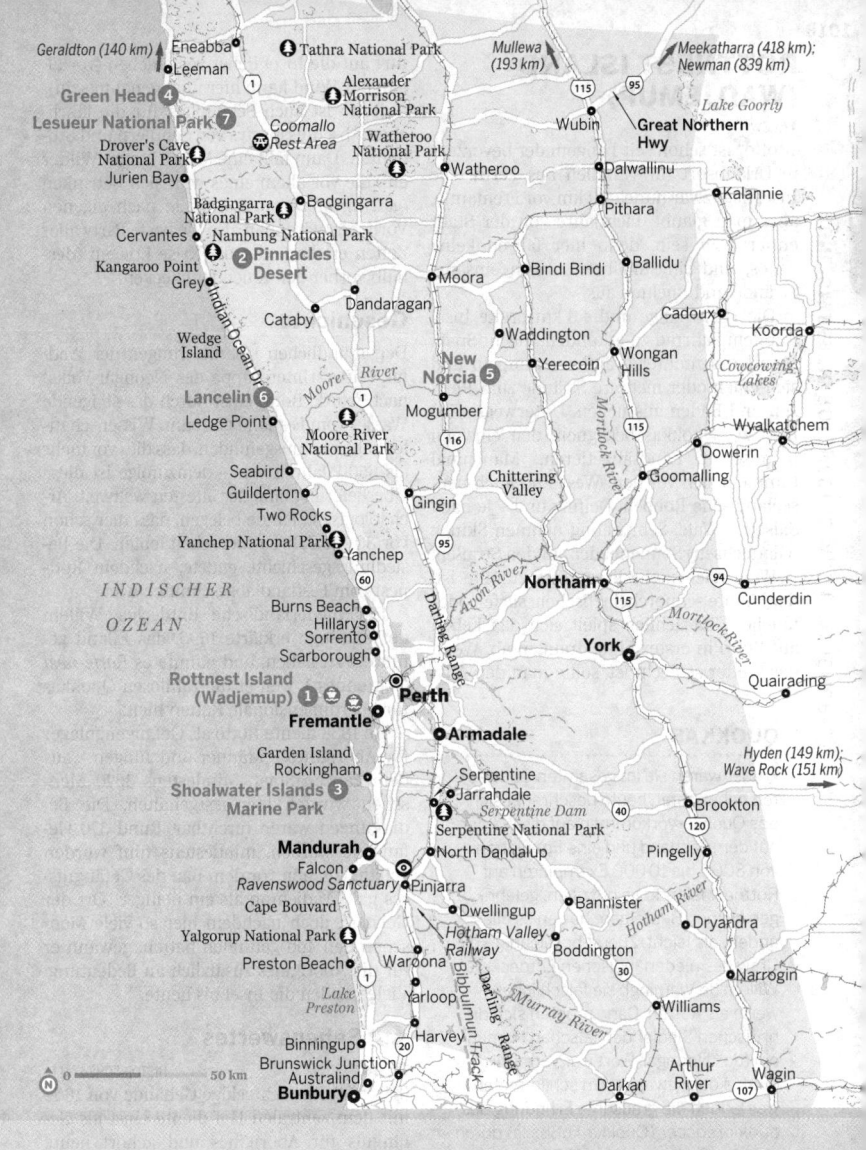

Highlights

1 Auf **Rottnest Island** (Wadjemup; S. 1016) zur traumhaften Küste radeln und den Nachmittag mit Baden, Sonnen und Schnorcheln verbringen

2 Den wunderschönen Sonnenuntergang über der unwirklichen **Pinnacles Desert** (S. 1025) bewundern

3 Im **Shoalwater Islands Marine Park** (S. 1021) vor Rockingham mit Delfinen auf Tuchfühlung gehen

4 In **Green Head** (S. 1026) mit Seelöwen planschen

5 Die faszinierende Klosterstadt **New Norcia** (S. 1027) entdecken

6 Im verschlafenen Küstenort **Lancelin** (S. 1024) die Kunst des Windsurfens, Kiteboardens und Sandboardens erlernen

7 Die wunderschönen Wildblumen im **Lesueur National Park** (S. 1025) betrachten

ROTTNEST ISLAND (WADJEMUP)

475 EW.

„Rotto" ist schon seit Langem der bevorzugte Urlaubsort für Familien aus Perth. Die Insel liegt zwar nur ca. 19 km vor Fremantle, aber man glaubt, Lichtjahre von der Stadt entfernt zu sein, denn hier fahren keine Autos, und ringsum breiten sich einsame Strände und Buchten aus.

Die 11 km lange und 4,5 km breite Insel mit dem Fahrrad zu erkunden, macht Spaß. Man kann munter drauflos strampeln und sich einen oder mehrere Strände zum Relaxen und Baden aussuchen. Unterwegs wird man zig Quokkas begegnen, den einzigen heimischen Landsäugetieren. Manchmal tummeln sich vor dem West End auch neuseeländische Robben, Delfine und - je nach Saison - Wale. Sehr häufig nehmen Skinke (Glattechsen) Sonnenbäder auf den Straßen.

Wem nach mehr Programm zumute ist, der könnte schnorcheln, fischen, surfen oder tauchen. Tatsächlich spielt sich das Leben auf Rotto in erster Linie draußen ab. Wenn das Wetter schlecht ist, sollte man den Ausflug auf die Insel lieber verschieben (vor allem der Wind kann hier unangenehm sein).

Rotto ist auch Schauplatz für die jährlichen Abschlusspartys von Schülern und Studenten. Dann fällt eine Meute junger Wilder ein, die vor allem eines will: sich betrinken *(getting blotto on Rotto)*. Je nach eigenen Vorlieben wird man also die beste Party aller Zeiten erleben oder die Krise kriegen (deshalb vorher den Kalender checken!).

Geschichte

Den mündlichen Überlieferungen der Wadjuk (einer Untergruppe des Noongar-Volks) nach wurde Rotto einst durch das steigende Wasser vom Festland getrennt. Wissenschaftler haben herausgefunden, dass dies vor mehr als 6500 Jahren war – demzufolge ist diese Überlieferung eine der ältesten weltweit. Archäologische Funde belegen, dass hier schon vor 30 000 Jahren Menschen lebten. Die Besiedlungsgeschichte endete, nachdem Rottnest vom Festland abgeschnitten war.

Der niederländische Entdecker Willem de Vlamingh erklärte 1696, das Eiland gefunden zu haben, und nannte es *Rotte-nest* (Rattennest), weil er die zahllosen Quokkas für überdimensionale Ratten hielt.

Ab 1838 diente Rotto als Gefangenenlager für Aborigines – Männer und Jungen – aus dem ganzen Staat. Mindestens 3670 Menschen wurden hier festgehalten. Die Bedingungen waren furchtbar. Rund 370 Gefangene starben, mindestens fünf wurden gehängt. Schon vor dem Bau des Gefängnisses galt Wadjemup als ein heiliger „Ort der Geister", doch nachdem hier so viele Menschen den Tod gefunden hatten, gewann er für die Aborigines zusätzlich an Bedeutung. Viele meiden die Insel bis heute.

◉ Sehenswertes

Quod HISTORISCHE STÄTTE
(Kitson St) Das achteckige Gebäude von 1864 mit dem zentralen Hof diente einst als Gefängnis für Aborigines und gehört heute zum Rottnest Lodge Hotel. Früher lebten hier mehrere Männer in 5,1 m² kleinen Zellen ohne Klos, die meisten Todesfälle waren krankheitsbedingt. Der einzige für Besucher zugängliche Teil der Anlage ist eine kleine weiß getünchte Kapelle. Sonntags um 9.30 Uhr findet dort ein Gottesdienst statt.

Rottnest Museum MUSEUM
(Kitson St; Eintritt gegen Spende; ⊙11–15.30 Uhr) Das kleine Museum in einem alten Heu-

---

QUOKKAS

Früher waren sie im gesamten Südwesten beheimatet, heute beschränkt sich das Quokka-Vorkommen auf die Wälder auf dem Festland und eine Population von 8000 bis 10 000 Exemplaren auf Rottnest Island. Die putzigen, gelehrigen kleinen Beuteltiere hatten es alles andere als leicht. Zuerst bezeichnete die Crew des niederländischen Entdeckers Willem de Vlamingh sie fälschlicherweise als Ratten. Dann prägten sich die britischen Siedler den falschen Namen ein (das Noongar-Wort war vermutlich *quak-a* oder *gwaga*). Am schlimmsten war jedoch die grausame Erfindung des *quokka soccer* (Quokka-Fußballs) durch ein paar Sadisten in den 1990er-Jahren. Viele Tiere wurden bei dem Spiel zu Tode getreten, bis dafür eine Strafe von 10 000 AU$ verhängt wurde. Positiv zu erwähnen ist hingegen das Phänomen der „Quokka-Selfies", das 2015 im Internet aufkam und einigen der Beuteltiere auf Rottnest zu etwas globalem Ruhm auf Instagram verhalf. Wer nach „Rottnest Quokka-Selfies" googelt, findet die Highlights von #quokkaselfie.

schober ist der Naturgeschichte und Geschichte der Insel gewidmet. Es spart dabei düstere Kapitel nicht aus, so spielen auch Schiffswracks und das Gefängnis eine Rolle.

Salt Store HISTORISCHES GEBÄUDE
(Colebatch Ave) GRATIS Die Fotoausstellung in diesem Gebäude aus dem 19. Jh. beleuchtet einen anderen Teil der Lokalgeschichte: Zwischen 1838 und 1950 wurde ganz WA mit dem Salz aus den Salzseen der Insel versorgt. Zudem dient es als Treffpunkt für Wanderungen.

Aktivitäten

Klasse Sichtweite, angenehme Temperaturen, Korallenriffe und Schiffswracks machen Rottnest zu einem super Ziel zum **Tauchen** und **Schnorcheln**. Schnorchelpfade mit Unterwasserschildern gibt's in der **Little Salmon Bay** und am **Parker Point**.

Mehr als ein Dutzend Schiffe sind an den Riffen vor Rottnest schon auf Grund gelaufen. Zahlreiche Schilder informieren darüber, wann und warum sich die Havarien ereigneten. Das einzige Wrack, zu dem Schnorchler auch ohne Boot gelangen können, liegt in der **Thomson Bay**.

Die besten **Surfbedingungen** herrschen in den Buchten **Strickland**, **Salmon** und **Stark** am westlichen Ende der Insel.

Rottnest Island Bike Hire FAHRRADVERLEIH
(08-9292 5105; www.rottnestisland.com; Ecke Bedford Ave & Welch Way; 8.30–16, im Sommer bis 17.30 Uhr) Verleih von Masken, Schnorcheln und Flossen sowie Surfboards.

Geführte Touren

Rottnest Voluntary Guides WANDERN & TREKKEN
(08-9372 9757; www.rvga.asn.au) Täglich starten die kostenlosen Themenwanderungen History, Reefs, Wrecks & Daring Sailors, Vlamingh Lookout & Salt Lakes sowie der Quokka Walk am zentralen Salt Store. Zur Auswahl stehen zudem Ausflüge zum Wadjemup Lighthouse (Erw./Kind 9/4 AU$) und die Oliver Hill Gun & Tunnels Tour (Erw./Kind 9/4 AU$); bei Letzteren muss man selbst zu den Startpunkten kommen.

Oliver Hill Train & Tour ZUGFAHRT
(www.rottnestisland.com; Erw./Kind 29/16,50 AU$) Die Waffenbatterie Oliver Hill wurde in den 1930er-Jahren errichtet und spielte eine bedeutende Rolle in der Verteidigung der Küste von WA und des Hafens von Fremantle. Der Ausflug führt per Bahn zum Oliver Hill (Abfahrt am Bahnhof 13.30 Uhr) und umfasst die Gun & Tunnels Tour unter Leitung der Rottnest Voluntary Guides.

Rottnest Adventure Tour BOOTSFAHRTEN
(www.rottnestexpress.com.au; Erw./Kind 55/27 AU$; Mitte Sept.–Ende April) 90-minütige Fahrten entlang der Küste mit Themenschwerpunkt Fauna. Die Touren gibt es auch ab Perth (Erw./Kind 152/78 AU$) und Fremantle (132/68 AU$). Die Website informiert über weitere Angebote wie die Bustour Discover Rottnest und den Schnorchelausflug Eco-Express. Von Mitte September bis Ende November werden zweistündige Walbeobachtungen angeboten (Erw./Kind ab Perth 77/34 AU$).

Rottnest Air Taxi RUNDFLÜGE
(0411 264 547, 1800 500 006; www.rottnest.de) Zehnminütige Inselrundflüge (45 AU$).

Schlafen & Essen

Rotto ist im Sommer und in den Ferien ein beliebter Ausflugsort – häufig sind da alle Unterkünfte lange im Voraus ausgebucht.

Viele Rotto-Besucher sind Selbstversorger. Es gibt einen kleinen Supermarkt, in dem man sogar Alkohol bekommt – doch wer vorhat, länger zu bleiben, bringt lieber eigene Vorräte mit. Unter www.rottnestgeneralstore.com.au kann man Lebensmittel vorbestellen.

Allison Tentland CAMPING $
(08-9432 9111; www.rottnestisland.com; Thomson Bay; Stellplatz 36 AU$) Zelten ist auf der Insel nur auf diesem baumbestandenen Bereich mit Grillstellen erlaubt. Auf sein Hab und Gut sollte man aber besser ein Auge haben – besonders auf die Lebensmittel: Die Kurzschwanzkängurus sind dreiste Diebe.

Kingstown Barracks Youth Hostel HOSTEL $
(08-9432 9111; www.rottnestisland.com; B/FZ 51/111 AU$) Dieses Hostel ist zu einem Teil in ehemaligen Militärbaracken untergebracht (und mutet recht institutionell an), zum anderen in neuen Gebäuden. Ehe man den 1,8 km langen Marsch nach Kingstown antritt oder mit dem Rad oder Bus hinfährt, im Visitor Centre fragen, ob noch etwas frei ist!

★Rottnest Island Authority Cottages COTTAGES $$
(08-9432 9111; www.rottnestisland.com; Cottages 114–256 AU$) Auf der Insel werden über 250 Villen und Cottages vermietet. Manche haben eine traumhafte Strandlage und ähneln Palästen, andere wirken wie Strandhütten.

Rottnest Island

RUND UM PERTH ROTTNEST ISLAND (WADJEMUP)

Rottnest Island

Sehenswertes
- **1** Quod A1
- **2** Rottnest Museum A2
- **3** Salt Store A1

Aktivitäten, Kurse & Touren
- **4** Rottnest Air Taxi F2
- **5** Rottnest Island Bike Hire B2
-   Rottnest Voluntary Guides .... (siehe 3)

Schlafen
- **6** Allison Tentland F1
- **7** Hotel Rottnest B2
- **8** Kingstown Barracks Youth Hostel G2
-   Rottnest Lodge .... (siehe 1)

Essen
-   Hotel Rottnest .... (siehe 7)
-   Riva .... (siehe 1)

Die Preise liegen freitags und samstags bei rund 60 AU$, in der Hauptsaison (Ende Sept.–April) steigen sie auf bis zu 120 AU$. Online sind die Preiskategorien nachzulesen.

Rottnest Lodge HOTEL $$
(08-9292 5161; www.rottnestlodge.com.au; Kitson St; Zi. 210–320 AU$; ❄) Angeblich spukt es in der gemütlichen Anlage, die sich auf dem Gelände des früheren Gefängnisses mit einer Besserungsanstalt für Knaben erstreckt. Wen das beunruhigt, der kann ein Zimmer im neuen Flügel mit Blick auf den Salzsee buchen. Riva, das Restaurant der Lodge, mischt italienische Aromen mit dem mediterran anmutenden Ambiente der Insel, das vor allem bei Sonnenschein zu Tage tritt.

Hotel Rottnest HOTEL $$$
(08-9292 5011; www.hotelrottnest.com.au; 1 Bedford Ave; Zi. 270–320 AU$; ❄) Das frühere Quokka Arms hat sich nach einer stilvollen Renovierung komplett verändert und ist in der ehemaligen Sommerresidenz der Gouverneure von WA aus dem Jahr 1864 untergebracht. Die strahlend weißen Zimmer in einem angrenzenden Gebäude sind schick und modern, wenn auch etwas überteuert. Manche bieten wunderschöne Meerblicke.

Riva SEAFOOD $$
(Rottnest Lodge, Kitson St; Mittagessen 18–20 AU$, Abendessen 24–38 AU$; ⊙ 12 Uhr–open end) Das schicke italienische Restaurant legt den Schwerpunkt auf Grillgerichte und Seafood. Garnelen und Lachs erhalten durch eine mediterrane Note eine gewisse Raffinesse, zudem kommen Holzofenpizzas, Hühnchen- und Lammkreationen auf den Tisch.

★ **Hotel Rottnest** KNEIPENESSEN $$
(www.hotelrottnest.com.au; 1 Bedford Ave; Pizzas 20–26 AU$, Hauptgerichte 25–38 AU$; ⊙ 11 Uhr–open end) Es gibt wohl kaum einen schöneren Ort für ein Little-Creatures-Bier beim Sonnenuntergang als den Kunstrasen dieses schicken Hotels am Meer. Bistroküche und Pizzas werden in einem großen einladenden Glaspavillon serviert – angesichts der Lage und des Ambientes sind die Preise angemessen. Im Sommer bringen Bands und DJs Stimmung ins entspannte Insel-Flair.

❶ Praktische Informationen

In der Nähe des Hauptpiers gibt es einen Einkaufsbezirk mit einem Geldautomaten.

Ranger (08-9372 9788) Informiert über Angelausflüge und Bootsfahrten.

Visitor Centre (08-9372 9732; www.rottnestisland.com; Thomson Bay; ⊙ Sa–Do 7.30–17, Fr bis 19 Uhr, im Sommer länger) Nimmt die Check-ins für sämtliche Unterkünfte der Inselbehörde vor. Im Büro in Fremantle gibt es einen Buchungsschalter (Karte S. 1006; 08-9432 9300; www.rottnestisland.com; E Shed, Victoria Quay); in der Nähe legt die Fähre ab.

❶ An- & Weiterreise

FLUGZEUG

Rottnest Air-Taxi (0411 264 547; www.rottnest.de) Fliegt vom Flughafen Jandakot im Viersitzer (einfache Strecke/mit Rückflug am selben Tag/mit Rückflug an einem anderen Tag 260/360/460 AU$) und Sechssitzer (einfache Strecke/mit Rückflug am selben Tag/mit Rückflug an einem anderen Tag 380/480/580 AU$). Die Preise gelten für bis zu drei Passagiere im Viersitzer bzw. fünf Passagiere im Sechssitzer.

SCHIFF/FÄHRE

Rottnest Express (1300 467 688; www.rottnestexpress.com.au) Hat Büros in Fremantle (Karte S. 1006; B Shed, Victoria Quay; Erw./Kind 83,50/47 AU$), Northport (Karte S. 982; 1 Emma Pl, Northport, Rous Head; Erw./Kind 83,50/47 AU$) und Perth (Karte S. 984; Pier 2, Barrack St Jetty; Erw./Kind 103,50/57 AU$). Die aufgeführten Preise gelten für Hin- und Rückfahrt und beinhalten die Anreisegebühr für die Insel. Die Fährpläne richten sich nach der Saison, wobei es sich bei folgenden Verbindungen um die Mindestanzahl handelt: Perth (1¾ Std., 1-mal tgl.), Fremantle (30 Min., 5-mal tgl.) und North Fremantle (30 Min., 3-mal tgl.). Es gibt Pauschalangebote mit Fahrradverleih,

Schnorchelausrüstung, Verpflegung, Unterkunft und Touren.
Rottnest Fast Ferries (08-9246 1039; www.rottnestfastferries.com.au; Erw./Kind 85/48,50 AU$) Die Abfahrten erfolgen am Hillarys Boat Harbour (40 Min.; 3-mal tgl.), und es gibt Pauschalangebote. Der Hillarys Boat Harbour liegt rund 40 Fahrminuten nördlich von Perth. Über öffentliche Verkehrsmittel informiert die Website www.hillarysboatharbour.com.au. Im Sommer legt freitagabends um 18 Uhr eine zusätzliche Fähre ab.

Unterwegs vor Ort

Fahrräder können online reserviert oder bei der Ankunft bei **Rottnest Island Bike Hire** (08-9292 5105; www.rottnestisland.com; Ecke Bedford Ave & Welch Way; 13 AU$/Std., 1/2/3/4/5 Tage 32/45/56/67/79 AU$; 8.30–16 Uhr, Sommer bis 17.30 Uhr) gemietet werden. Rottnest Express und das visitor Centre verleihen ebenfalls Räder.

Ein kostenloser Shuttle verkehrt zwischen der Thomson Bay und den wichtigsten Unterkünften. Der praktische Bus **Island Explorer** (www.rottnestisland.com; Erw./Kind 20/12 AU$; Abfahrt 8.45–15 Uhr alle 1¼ Std.) hält an 18 Punkten auf der Insel, an denen Passagiere beliebig ein- und aussteigen können. Er bietet Infos zur Insel und hilft Neuankömmlingen bei der Orientierung.

AVON VALLEY

Auf das üppig grüne Avon Valley stießen europäische Siedler Anfang des Jahres 1830. Essensknappheit hatte Gouverneur Stirling dazu bewogen, Leutnant Dale in die Darling Range zu schicken, um nach bebaubarem Land zu suchen. Dieser entdeckte den oberen Abschnitt des Swan River, hielt diesen jedoch für einen anderen Fluss. Deswegen heißt dieser im Walyunga National Park Avon River. Noch immer schmücken viele historische Steinhäuser die Städte und Dörfer der Gegend.

Highlights sind die verschlafenen Orte York und Toodyay sowie großartige Feste rund um **Northam**. Dazu gehören das **Avon Valley Gourmet Food & Wine Festival** (www.avonvalleywa.com.au) Anfang Juni und das spannende **Avon River Festival** (www.avondescent.com.au) Anfang August.

York

York liegt nur 97 km von Perth entfernt und ist die älteste Stadt im Landesinneren von WA. Sie wurde 1830 erstmals besiedelt, nur zwei Jahre nach der Kolonie am Swan River. Die Siedler sahen Ähnlichkeiten zwischen dem Avon Valley und ihrer Heimat Yorkshire, deswegen wählte Gouverneur Stirling den Namen York. Der National Trust stellte den gesamten Ort unter Denkmalschutz.

Sehenswertes

Die Avon Tce säumen bedeutende Gebäude, darunter das **Rathaus**, das **Castle Hotel**, die **Polizei**, das **Old Gaol & Courthouse** und das **Settlers House**. Die **Hängebrücke** über den Avon wurde 1906 errichtet.

Holy Trinity Church   KIRCHE
(Pool St) Die Kirche am Avon River wurde 1854 fertiggestellt. Ihre Buntglasfenster stammen vom Künstler Robert Juniper aus WA, außerdem gibt es hier eine Pfeifenorgel.

Motor Museum   MUSEUM
(www.yorkwa.com.au/Motor.Museum; 116 Avon Tce; Erw./Kind 9/4 AU$; 9.30–15 Uhr) Ein Pflichtstopp für Oldtimer-Liebhaber.

Residency Museum   MUSEUM
(www.yorksoc.org.au; Brook St; Erw./Kind 4/2 AU$; Di, Mi & Do 13–15, Sa & So 11–15.30 Uhr) Das 1858 erbaute Museum zeigt faszinierende historische Exponate und bewegende Schwarzweißfotos vom alten York.

Essen

Jules Cafe   CAFÉ $
(121 Avon Tce; Snacks & Hauptgerichte 10–18 AU$; Mo–Sa 8–16 Uhr;) Seit 1990 bringt das Café etwas Farbe ins historische York. Hier trifft libanesisches Flair auf erstklassige Kebabs, Falafel und nahöstliche Süßwaren. Für eine originelle, moderne Note sorgen Bio-, vegetarische und glutenfreie Optionen.

An- & Weiterreise

Busse von **Transwa** (1300 662 205; www.transwa.wa.gov.au) verbinden York u. a. mit East Perth (17 AU$, 1½ Std.), Mt. Barker (56 AU$, 5¼ Std., 4-mal wöchentl.) und Albany (61 AU$, 6 Std., 4-mal wöchentl.).

Toodyay

Das historische Toodyay, nur 85 km nordöstlich von Perth, ist ein beliebtes Ausflugsziel und lädt zu einem Bummel durch Trödelläden oder einem Bier auf der Veranda eines alten Gasthofs ein. Auch diese Stadt steht unter Denkmalschutz und beherbergt viele charmante historische Gebäude. Toodyay (wie „2J" auf Englisch gesprochen) hieß ursprünglich Newcastle. Der heutige Name stammt vom indigenen Wort *duidgee* (Ort des Überflusses) und stammt etwa von 1910.

Sehenswertes

Connor's Mill MUSEUM

(Stirling Tce; Eintritt 3 AU$; 9–16 Uhr) Vom oberen Stock der alten Getreidemühle (1870) geht es über drei Etagen voller tuckernder Maschinen und informativer Exponate runter, die den Mahlvorgang und die Lokalgeschichte erläutern. Der Eingang ist am benachbarten Visitor Centre. Die **St. Stephen's Church** (1862) auf der gegenüberliegenden Straßenseite lohnt ebenfalls einen kurzen Besuch.

Newcastle Gaol MUSEUM

(17 Clinton St; Eintritt 3 AU$; 10–16 Uhr) Das in den 1860ern von Sträflingen errichtete Gefängnis umfasst einen Gerichtsraum, Zellen und Stallungen. Eine Galerie erzählt die Geschichte des Straßenräubers Moondyne Joe.

Coorinja WEINGUT

(Toodyay Rd; Mo–Sa 10–17 Uhr) Das Weingut ist seit den 1870er-Jahren ununterbrochen in Betrieb und hat sich auf Likörweine spezialisiert, darunter Portwein, Sherry, Muskat und Marsala. Es liegt 6 km außerhalb der Stadt an der Straße nach Perth.

An- & Weiterreise

Toodyay liegt an den AvonLink- und Prospector-Linien von **Transwa** (1300 662 205; www.transwa.wa.gov.au). Züge verkehren nach East Perth (17 AU$, 1¼ Std., 7-mal wöchentl.), Northam (8 AU$, 20 Min., 12-mal wöchentl.) und Kalgoorlie (78 AU$, 5½ Std., 4-mal wöchentl.).

ROCKINGHAM & PEEL DISTRICT

Jarrah-Wälder und Strandorte prägen die Gegend, die man bei einem Tagesausflug von Perth aus besuchen oder zur ersten Station auf dem Weg gen Südwesten machen kann. Ist der Peel District erreicht, verlässt man das Gebiet der Wadjuk und betritt das ihrer Noongar-Nachbarn, der Pinjarup.

Rockingham

100 000 EW.

Die Stadt am Meer, rund 46 km südlich von Perth, hat einige hübsche Strände. Besucher

> **ABSTECHER**
>
> ## YALGORUP NATIONAL PARK
>
> 50 km südlich von Mandurah erstreckt sich dieser 12 000 ha große Küstenpark, der zehn Seen sowie Waldgebiete und Sanddünen umfasst. Viele Zugvögel suchen in dem Feuchtgebiet Zuflucht. Die **Thromboliten** des Lake Clifton sind unverwechselbar; diese Gebilde sind das Erbe der ältesten Organismen der Erde. Die an Steine erinnernden Strukturen sieht man am ehesten bei Ebbe (vor allem März & April). An der Mt. John Rd (geht von der Old Coast Rd ab) befindet sich eine Aussichtsplattform.

können im **Shoalwater Islands Marine Park** (www.marineparks.wa.gov.au; Juni–Mitte Sept. wegen Nistzeit geschl.) Delfine, Seelöwen und Pinguine in freier Wildbahn erleben.

Vom Festland aus muss man ein Stückchen paddeln, schwimmen oder mit der **Fähre** (Mersey Point Jetty; 12 AU$/Pers.; Sept.–Mai 9–15 Uhr stündl.) fahren, um nach **Penguin Island** zu gelangen, wo rund 600 Pinguinpaare und Tausende Silberkopfmöwen brüten. Man kann jedoch nicht nur Vögel beobachten, sondern auch im kristallklaren Wasser schwimmen und schnorcheln und an der sonnigen Promenade von Rockingham essen gehen.

Aktivitäten

Rockingham Wild Encounters NATURBEOBACHTUNG

(08-9591 1333; www.rockinghamwildencounters.com.au; Ecke Arcadia Dr & Penguin Rd) Der umweltbewusste Veranstalter ist der einzige mit einer Lizenz für Ausflüge nach Penguin Island nahe Rockingham. Daneben gibt es weitere Touren, wobei das **Schwimmen mit Delfinen** (Abfahrt am Val St Jetty; 205–225 AU$/Pers.; Sept.–Mai 8 Uhr), bei dem Teilnehmer mit einigen der 200 wild lebenden *Tursiops* im Meerespark auf Tuchfühlung gehen können, sehr beliebt ist. Trocken bleibt man bei den zweistündigen **Delfinbeobachtungen** (Abfahrt am Mersey St Jetty, Shoalwater; Erw./Kind 85/50 AU$; Sept.–Mai 10.45 Uhr), zudem gibt es eine 45-minütige Fahrt in einem Glasbodenboot, bei der man Pinguine und Seelöwen zu sehen bekommt. Bei Bedarf werden Teilnehmer in Hotels in Perth abgeholt.

West Coast Dive Park TAUCHEN

(www.westcoastdivepark.com.au; Genehmigung pro Tag/Woche 25/50 AU$) Seit die *Saxon Ranger*, ein angeblich verhextes 400 t schweres Fischerboot, gesunken ist, haben Taucher im Meerespark noch mehr zu sehen. Die Taucherlaubnis für diese Stelle sind im Visitor Centre erhältlich. Die Australasian Diving Academy (S. 990) organisiert Ausflüge zu diesem und drei anderen Wracks, zwei Flugzeugen und diversen Riffs in der Nähe.

❶ Praktische Informationen

Visitor Centre (☏ 08-9592 3464; www.rockinghamvisitorcentre.com.au; 19 Kent St; ⊙9–17 Uhr) Wer vor Ort übernachten möchte, kann sich hier über Unterkünfte informieren.

❶ Anreise & Unterwegs vor Ort

Rockingham hat regelmäßige Verbindungen über **Transperth** (☏ 13 62 13; www.transperth.wa.gov.au). Es fahren Züge der Mandurah-Linie bis Perth Underground/Esplanade (7,70 AU$, 34 Min.) und Mandurah (5,20 AU$, 18 Min.).

Der Bahnhof Rockinghams liegt ca. 4 km südöstlich von Rockingham Beach und ca. 6 km östlich von Mersey Point (wo die Fähren nach Penguin Island ablegen); die Busse 551 und 555 fahren zum Strand, die 551 fährt bis Mersey Point.

Mandurah

68 300 EW.

Mandurah versucht, seinen Ruf als muffige Rentnerenklave loszuwerden und sich stattdessen als nobler Strandort neu zu erfinden.

Die Stadt liegt am Mandurah Estuary, der das Peel Inlet, ein großes Binnengewässer, mit dem Ozean verbindet. Dies ist eine der besten Gegenden in der Region zum Angeln bzw. zum Krebs- oder Garnelenfang (März & April) sowie zur Delfinbeobachtung.

🏃 Aktivitäten

Mandurah Cruises   BOOTSFAHRTEN
(☏08-9581 1242; www.mandurahcruises.com.au; Boardwalk) Veranstaltet werden der einstündige Dolphin & Scenic Canal Cruise, der halbtägige Murray River Lunch Cruise und im Dezember der einstündige Christmas Lights Canal Cruise, bei dem man Villen von Millionären beäugen kann – natürlich nur wegen der festlichen Beleuchtung. Bei anderen Touren werden die berühmten blauen Krabben Mandurahs gefangen und zubereitet, oder es geht um die Geschichte der Region.

Mandurah Boat &
Bike Hire   BOOTSFAHRTEN, RADFAHREN
(☏ 08-9535 5877; www.mandurahboatandbikehire.com.au; Boardwalk) Verleih von Jollen mit vier Sitzplätzen und Schwimminseln für sechs Personen (pro Std./Tag ab 50/320 AU$).

🍴 Essen

⭐**Taste & Graze**   CAFÉ $$
(www.tasteandgraze.com.au; Shop 3/4 16 Mandurah Tce; Gerichte zum Teilen & Hauptgerichte 14–32 AU$; ⊙So–Mi 8–16, Do–Sa 17 Uhr–open end) Das Café ist wieder zurück, und zwar in der Altstadt von Mandurah. Gäste können hier wunderbar die Nachmittagssonne und die vielseitigen modern-australischen Speisen genießen. Es gibt Frühstück, Mittagessen und kleine Gerichte zum Teilen, die für etwas kosmopolitische Coolness sorgen.

❶ Praktische Informationen

Visitor Centre (☏ 08-9550 3999; www.visitmandurah.com; 75 Mandurah Tce; ⊙9–17 Uhr) An der Promenade am Meeresarm.

❶ An- & Weiterreise

In der Stadt halten Busse von **Transwa** (☏1300 662 205; www.transwa.wa.gov.au) und **South West Coach Lines** (☏ 08-9261 7600; www.transdevsw.com.au).

Es gibt direkte Zugverbindungen nach Perth Underground/Esplanade (10,20 AU$, 50 Min.) und Rockingham (7,70 AU$, 18 Min.).

Dwellingup

550 EW.

Dwellingup, 100 km südlich von Perth, ist ein kleines, von Wäldern umgebenes Dorf mit viel Charme. Es gilt als Outdoor-Paradies: Diesen Ruf verdankt es vor allem den hartgesottenen Wanderern und Radfahrern, die auf dem Bibbulmun Track bzw. dem Munda Biddi Trail unterwegs sind.

◉ Sehenswertes & Aktivitäten

Forest Heritage Centre   NATURSCHUTZGEBIET
(www.forestheritagecentre.com.au; 1 Acacia St; Erw./Kind 5,50/2,20 AU$; ⊙10–15 Uhr) Mitten im Jarrah-Wald steht dieser interessante Stampflehmbau, der aussieht wie ein dreiblättriger Gummibaumzweig. Drinnen gibt's Darstellungen zur örtlichen Flora und Fauna sowie einen Laden mit Kunsthandwerk von Einheimischen. Kurze Pfade führen in den Wald, z. B. der Canopy Walk durch die Baumkronen in 11 m Höhe.

Hotham Valley Railway   HISTORISCHER ZUG
(☏08-6278 1111; www.hothamvalleyrailway.com.au; Forest Train Erw./Kind 24/12 AU$, Restaurant Train

79 AU$, Steam Ranger Erw./Kind 34/17 AU$; ☉Abfahrt: Forest Train Sa & So 10.30 & 14 Uhr, Restaurant Train Sa 19.45 Uhr, Steam Ranger Mai–Okt. So 10.30 & 14 Uhr) An den Wochenenden (während der Ferien auch Di & Do), legt der **Forest Train** 8 km durch den Wald zurück (hin & zurück 90 Min.). Immer samstags – manchmal auch freitags – fährt der **Restaurant Train** auf dieser Strecke. Im Speisewaggon von 1919 wird ein Fünf-Gänge-Menü serviert. Eine dritte Option ist der **Steam Ranger**, der 14 km lang über Western Australias steilste Eisenbahnstrecke zum Isandra Siding tuckert. Er fährt von Mai bis Oktober nur sonntags.

Dwellingup Adventures ABENTEUERSPORT (☏08-9538 1127; www.dwellingupadventures.com.au; Ecke Marrinup & Newton St; Einerkajak & Zweierkanu 30 AU$/3 Std.; ☉8.30–17 Uhr) Diese Art, den wunderschönen Murray River kennenzulernen, sollte man sich auf keinen Fall entgehen lassen. Man kann hier hier Campingausrüstung, Fahrräder, Kajaks und Kanus ausleihen, eine Tour in Begleitung eines erfahrenen Paddlers machen (Einerkajak ganztägig 107 AU$) oder eine Radtour unternehmen (ganztägig 1/2/3 Teilnehmer 107/140/198 AU$). Rafting-Touren werden nur in der Zeit zwischen Juni und Oktober angeboten (150 AU$/Pers.).

ⓘ Praktische Informationen

Visitor Centre (☏08-9538 1108; www.murraytourism.com.au; Marrinup St; ☉9–15 Uhr) Interessante Ausstellung zu den Buschbränden von 1961, die über die Stadt fegten und 75 Häuser zerstörten; Menschen kamen glücklicherweise nicht ums Leben.

VON DRYANDRA NACH HYDEN

Herrlicher Wald, seltene Beuteltiere, eindrucksvolle Granitformationen, Salzseen, schöne Nebenstraßen und der einzigartige Wave Rock sind die Highlights dieser weiten, landwirtschaftlich geprägten Region.

Hyden & Wave Rock

Mächtige Granitfelsen thronen über dem Gebiet des zentralen und südlichen Weizengürtels. Der bekannteste ist dabei die 350 km von Perth entfernte vielfarbige Granitwelle des Wave Rock. Er entstand vor etwa 60 Mio. Jahren durch Verwitterung und Wassererosion und verdankt seine farbigen Streifen dem mineralhaltigen Wasser der hiesigen Quellen.

Um etwas über den Wave Rock zu erfahren, empfiehlt sich die Broschüre *Walk Trails at Wave Rock and the Humps*, die beim **Visitor Centre** (☏08-9880 5182; www.waverock.com.au; Wave Rock; ☉9–17 Uhr) ausliegt. Um zum Wave Rock zu gelangen, parkt man (gratis) beim Hippos Yawn und folgt dem 1 km langen schattigen Weg am Fuß des Felsens.

Die Unterkünfte inmitten der Eukalyptuswälder des **Wave Rock Cabins & Caravan Park** (☏08-9880 5022; www.waverock.com.au; Stellplatz ohne/mit Strom ab 28/35 AU$, Hütte/Cottage ab 140/160 AU$; ❄☼) können schnell belegt sein, darum sollte man vorher einen Platz reservieren.

In Hyden (190 Ew.), 4 km östlich des Felsens, befindet sich das in den 1970er-Jahren aus Backstein erbaute **Wave Rock Motel** (☏08-9880 5052; www.waverock.com.au; 2 Lynch St, Hyden; EZ/DZ ab 105/150 AU$; ❄☼) mit einem Buschbistro im Inneren.

Ein Transwa-Bus verkehrt jeden Dienstag von Perth nach Hyden (51 AU$, 5 Std.) und weiter nach Esperance (53 AU$, 5 Std.); die Rückfahrt erfolgt donnerstags. Das WA Visitor Centre (S. 1003) informiert über ganztägige Touren zum Wave Rock.

Bei Reisen nach bzw. von Nullarbor kann man die direkte unbefestigte Hyden–Norseman Rd nehmen und spart sich etwa 100 km. In den Visitor Centres von Norseman und Wave Rock liegt die Broschüre *The Granite and Woodlands Discovery Trail* aus.

SUNSET & TURQUOISE COASTS

Der Indian Ocean Dr verbindet Perth mit schönen Stränden, verträumten Fischerdörfern, außergewöhnlichen geologischen Formationen, schroffen Nationalparks und einer unglaublich artenreichen Flora.

ⓘ An- & Weiterreise

Integrity (☏1800 226 339; www.integritycoachlines.com.au) verkehrt dreimal pro Woche entlang der Küste zwischen Perth und Geraldton sowie weiter nach Exmouth und Broome.

Transwa (☏1300 662 205; www.transwa.wa.gov.au) fährt freitags und sonntags um 14 Uhr nach Cervantes und Green Head. Der Freitagsbus verkehrt weiter nach Geraldton.

ABSTECHER

DRYANDRA WOODLAND

164 km südöstlich von Perth breitet sich dieses großartige Überbleibsel der Eukalyptuswälder aus und erinnert mit kleinen Populationen bedrohter Tierarten wie Ameisenbeutlern, Bürstenkängurus und Derbywallabys an jene Zeiten, bevor die Ökosysteme des Weizengürtels durch Rodungen und eingeschleppte Wildtiere bedroht waren. Das Gebiet eignet sich mit seinen Wanderwegen wunderbar als Ziel für einen Wochenendausflug ab Perth.

Im großartigen **Barna Mia Animal Sanctuary** leben bedrohte Kaninchennasenbeutler, Beuteltiere und Bürstenkängurus. Auf 90-minütigen Nachtwanderungen mit Taschenlampen kann man die Tierchen aus der Nähe betrachten. Die Touren finden montags, mittwochs, freitags und samstags nach Sonnenuntergang statt und können über **Parks & Wildlife** (08-9881 9222; www.parks.dpaw.wa.gov.au; 7 Wald Hough St, Narrogin; Erw./Kind/Fam. 14/7,50/37,50 AU$; 8.30–16 Uhr) gebucht werden; in der Hauptsaison muss man sich frühzeitig darum kümmern.

Als Nachtquartier bietet sich der hübsche **Congelin Camp Ground** (08-9881 9200; Erw./Kind 7,50/2,20 AU$) an. Allerdings lohnt es sich durchaus, etwas tiefer in die Tasche zu greifen: Im **Lions Dryandra Village** (08-9884 5231; www.dryandravillage.org.au; Erw./Kind 30/15 AU$, Hütte f. 2/4 Pers 70/90 AU$, Hütte f. 8–12 Pers. 130 AU$), einer forstwirtschaftlichen Siedlung aus den 1920er-Jahren mitten im Wald, wohnen Gäste in voll ausgestatteten, renovierten Holzfällerhütten mit Kühlschrank, Herd, Kamin und Bad in der Nähe grasender Wallabys. Narrogin, 22 km südöstlich, wird von Transwa-Bussen angefahren.

Yanchep National Park

In den Wäldern und Sumpfgebieten des **Yanchep National Park** (www.parks.dpaw.wa.gov.au; Wanneroo Rd; 12 AU$/Auto; Visitor Centre 9.15–16.30 Uhr) leben diverse Pflanzen- und Tierarten, darunter Koalas, Kängurus, Emus und Kakadus. Zudem können auf 45-minütigen Führungen Höhlen besichtigt werden (Erw./Kind 10/5 AU$; 5-mal tgl.). Am Wochenende bieten lokale Noongar-Führer tolle **Touren** zur indigenen Geschichte, Lebensweise und Kultur der Aborigines an (Erw./Kind 10/5 AU$) und geben **Didgeridoo- und Tanzvorführungen** (Erw./Kind 10/5 AU$).

Guilderton

150 EW.

Etwa 43 km nördlich vom Yanchep National Park liegt Guilderton, ein beliebter Urlaubsort für Familien. Nahe der Mündung des Moore River können Kinder ungefährdet paddeln, während ihre Eltern angeln, surfen und am Meer am weißen Sandstrand sonnenbaden. Der **Guilderton Caravan Park** (08-9577 1021; www.guildertoncaravanpark.com.au; 2 Dewar St; Stellplatz mit/ohne Strom 30/45 AU$, Hütte 165 AU$) ist mit seinen komplett ausgestatteten Hütten, einem Café und einem Gemischtwarenladen ein beliebter Urlaubertreffpunkt. Hinzu kommt ein ehrenamtlich betriebenes Visitor Centre (unregelmäßig geöffnet).

Lancelin

670 EW.

Nachmittagswinde und seichtes Wasser, geschützt von einem der Küste vorgelagerten Riff, machen den verschlafenen Strand zu einem Paradies für Wind- und Kitesurfer. Jedes Jahr im Januar lockt das **Lancelin Ocean Classic** (www.lancelinoceanclassic.com.au) Adrenalinjunkies aus der ganzen Welt an. Schnorcheln kann man hier auch bestens.

🏃 Aktivitäten

Makanikai Kiteboarding KITEBOARDEN
(0406 807 309; www.makanikaikiteboarding.com; Kurse ab 200 AU$) Kurse in der schwierigen Kunst des Kiteboardens, Ausrüstungsverleih und Pauschalangebote mit Unterkunft.

🛏 Sleeping & Essen

★ Lancelin Lodge YHA HOSTEL $
(08-9655 2020; www.lancelinlodge.com.au; 10 Hopkins St; B/DZ/FZ 30/85/105 AU$; @🛜🏊) Das entspannte Lancelin Lodge YHA ist ein gut ausgestattetes, einladendes Hostel mit breiten Veranden und vielen Gemeinschafts-

bereichen zum Entspannen. Zu den exzellenten Einrichtungen gehören eine große Küche, eine Grillstelle, ein Pizza-Holzofen, ein Pool, eine Tischtennisplatte, ein Volleyballfeld sowie Fahrräder und Bodyboards, die Gäste kostenlos nutzen können.

Endeavour Tavern KNEIPENESSEN $$
(58 Gingin Rd; Hauptgerichte 18–38 AU$) Typisch australische Strandkneipe mit einem Biergarten samt Meerblick. Im lässigen Lokal werden anständige Seafood-Gerichte, Kneipenklassiker und leckere Holzofenpizzas serviert.

Cervantes & Pinnacles Desert

480 EW.

Die gemütliche Krebsfischerstadt Cervantes, 198 km nördlich von Perth, ist ein attraktiver Ausgangspunkt für Ausflüge in die Pinnacles Desert und ins Kwongan, die wildblumenreiche Heidelandschaft im Landesinneren in den Nationalparks Lesueur und Badgingarra. Außerdem gibt's einige hübsche Strände zu entdecken.

Sehenswertes & Aktivitäten

★ Nambung National Park NATIONALPARK
(12 AU$/Auto) Der 19 km von Cervantes entfernte Nationalpark umfasst das spektakuläre **Pinnacles Desert**. In der riesigen, außerirdisch anmutenden Ebene ragen Tausende Kalksteinsäulen gespenstisch aus dem Wüstenboden. Sie sind die Überreste zusammengedrückter Muschelschalen, die einst das Gebiet bedeckten und im Laufe der Jahrtausendete erodierten. Eine Rundstraße führt an den Felsformationen vorbei, schöner ist jedoch eine Entdeckungstour zu Fuß, insbesondere bei Sonnenuntergang, Vollmond oder in der Morgendämmerung, wenn das Licht besonders faszinierend ist und die Besuchermassen verschwunden sind.

Lesueur National Park NATIONALPARK
(12 AU$/Auto) Dieses botanische Paradies liegt 50 km nördlich von Cervantes und umfasst unglaubliche 820 Pflanzenarten, von denen viele sehr selten sind oder endemisch vorkommen, etwa die Banksia-Art *Banksia tricuspis* und die Silbereichen-Art *Grevillea batrachioides*. Hier ist auch der bedrohte Carnabys-Weißohr-Rabenkakadu heimisch. Entlang des 18 km langen Rundwegs gibt es etliche Aussichtspunkte und Picknickplätze. Vom Tafelberg **Mt. Lesueur** (hin & zurück 4 km) aus bietet sich ein Panoramablick auf die Küste.

Geführte Touren

Viele Veranstalter mit Sitz in Perth bieten Tagestouren zu den Pinnacles an.

Turquoise Coast Enviro Tours SEHENSWÜRDIGKEITEN TOUR
(08-9652 7047; www.thepinnacles.com.au; 59 Seville St, Cervantes; Kwongan-Tagestour 170 AU$) Mike Newton, ehemaliger Ranger und gebürtig aus Cervantes, organisiert morgens (8 Uhr, 3 Std.) und abends (2½ Std., vor Sonnenuntergang) eintägige Touren zur Kwongan-Heide mit Abstechern in den Lesueur National Park und an die Küste bis hinauf nach Leeman.

Schlafen & Essen

Die Preise steigen in den Schulferien.

★ Cervantes Lodge & Pinnacles Beach Backpackers HOSTEL $
(1800 245 232; www.cervanteslodge.com.au; 91 Seville St; www.pinnaclesholidaypark.com.au; B 33 AU$, DZ mit/ohne Bad 130/90 AU$; @) Das entspannte Hostel in guter Lage hinter den Dünen hat eine breite Veranda, kleine, gepflegte Schlafräume, eine nette Gemeinschaftsküche und einen gemütlichen Aufenthaltsraum. Helle, große Zimmer, einige mit Ausblick, gibt's nebenan in der Lodge.

Pinnacles Holiday Park CAMPING $
(08-9652 7060; www.pinnaclesholidaypark.com.au; 35 Aragon St, Cervantes; Stellplatz ohne & mit Strom 25–49 AU$, Hütte 90–105 AU$;) Der Park punktet mit einer fantastischen Lage direkt hinter den Dünen, zahlreichen schattigen grasbewachsenen Stellplätzen und einem Café.

★ Amble Inn B&B $$
(0429 652 401; 2150 Cadda Rd, Hill River; DZ ab 170 AU$;) Weit oben im Heideland, rund 25 km östlich von Cervantes, versteckt sich dieses wunderbare B&B mit wunderschönen massiven Steinwänden, schicken, breiten Veranden und geschmackvoll eingerichteten Zimmern. Im Preis inbegriffen ist Wein, den man am besten von dem Hügel in der Nähe mit Blick auf den Sonnenuntergang über der Küste genießt.

★ Lobster Shack MEERESFRÜCHTE $$
(08-9652 7010; www.lobstershack.com.au; 11 Madrid St, Cervantes; Geschäft 9–17 Uhr, Mittagessen 11.30–14.30 Uhr, Führungen 12.30–14 Uhr)

> **ABSTECHER**
>
> ### DIE KWONGAN-HEIDE & IHRE WILDBLUMEN
>
> Egal welcher Straße von der Turquoise Coast ins Landesinnere man folgt, man erreicht bald die Kwongan-Heide, wo je nach Jahreszeit am Straßenrand heimische Wildblumen wachsen. Diese Möglichkeiten gibt es:
>
> **Badgingarra National Park** Es gibt 3,5 km lange Wanderwege mit Kängurublumen, Banksien, Grasbäumen, *Verticordia* und einer seltenen Mallee-Art (Eukalyptus). Entlang der Nebenstraße, die Badgingarra mit Lesueur verbindet, gedeihen besonders viele Pflanzenarten. Infos dazu erhält man beim Badgingarra Roadhouse.
>
> **Alexander Morrison National Park** Der Park ist nach dem ersten Botaniker Western Australias benannt. Es gibt keine Wanderwege, man kann aber langsam auf der Coorow Green Head Rd entlangfahren, die ab dem Lesueur Nationalpark von zahlreichen Pflanzenarten gesäumt wird. Zu sehen sind dabei Dryandra, Banksien, Grevilleen, Smokebush, *Lechenaultia* und Myrtenheiden.
>
> **Tathra National Park** Hier wachsen ähnliche Pflanzen wie im Alexander Morrison National Park. Entlang der Straße, die beide Nationalparks miteinander verbindet, gedeihen Banksien, Kängurublumen und Grevilleen.
>
> **Coomallo Rest Area** Orchideen, *Ventricordia*, Schwarze Kängurublumen, Wandoos und Roten Eukalyptus findet man stromaufwärts und an den Hängen des kleinen Hügels.
>
> **Brand Highway (Route 1)** Diese Route ist zwar nicht sehr geeignet für langsames Fahren, aber der Streifen entlang des Brand Highway weist, vor allem beiderseits von Eneabba, eine überraschende Artenvielfalt auf.
>
> Wer von der Pflanzenvielfalt überwältigt und zugleich frustriert ist, weil er all diese seltsamen neuen Pflanzen nicht identifizieren kann, ist im **Western Flora Caravan Park** (08-9955 2030; wfloracp@activ8.net.au; Brand Hwy, North Eneabba; Stellplatz ohne/mit Strom 24/26 AU$, DZ 65 AU$, Wohnmobil 75 AU$, Chalet 120 AU$) bestens aufgehoben. Hier organisieren die engagierten Besitzer jeden Tag um 16.30 Uhr kostenlos zweistündige Wildblumenführungen auf ihrem 65 ha großen Areal.

Lust auf Flusskrebse? Besonders frisch sind sie in diesem Mittagslokal, einer ehemaligen Hummerfabrik, das köstlich gegrillte Flusskrebse, Pommes und Salat für 40 AU$ serviert. Preisgünstig sind die Hummer-Brötchen für 18 AU$. Angeboten werden auch Führungen (Erw./Kind 15/7,50 AU$) – und leckere tiefgefrorene Meeresfrüchte zum Mitnehmen.

🛈 Praktische Informationen

Das **Postamt mit Visitor Centre** (08-9652 7700, 1800 610 660; www.visitpinnaclescountry.com.au; Cadiz St; Mo–Fr 9–17.30, Sa & So bis 17 Uhr) in Cervantes bucht Unterkünfte und informiert über Touren.

🛈 An- & Weiterreise

Integrity (www.integritycoachlines.com.au) bietet dreimal wöchentlich Verbindungen nach Perth (44 AU$, 3 Std.), Dongara (34 AU$, 2 Std.), Geraldton (42 AU$, 3 Std.) und Exmouth (183 AU$, 14 Std.). **Transwa** (www.transwa.wa.gov.au) hingegen verkehrt zweimal pro Woche nach Perth (34 AU$, 3 Std.), nach Dongara (22 AU$, 2 Std.) und nach Geraldton (40 AU$, 3 Std.).

Jurien Bay, Green Head & Leeman

Nördlich von Cervantes liegt das weitläufige Jurien Bay (1500 Ew.) mit einer großen Fischereiflotte und hübschen Spazierwegen am Meer. Ferienhäuser und Apartments vermitteln lokale **Makler** (08-9652 2055; www.jurienbayholidays.com; Shop 1a, 34 Bashford St), während der **Jurien Bay Tourist Park** (08-9652 1595; www.jurienbaytouristpark.com.au; Roberts St; Stellplatz 38 AU$, Chalet 140–170 AU$) komfortable Chalets direkt hinterm Strand bietet.

Nebenan serviert das **Jetty Cafe** (08-9652 1999; Gerichte 10–17 AU$; 7.30–17 Uhr) anständiges Frühstück und Mittagessen, das **Beach Bistro** (2/1 Roberts St; Mittagessen 15–22 AU$, Abendessen 21–36 AU$; Mi–Mo 12–21 Uhr) in der Nähe ist wiederum eine gute Adresse fürs Abendessen. Wer die Küste aus der Luft bewundern und am Strand landen möchte, wendet sich an **Skydive Jurien Bay** (1300 293 766, 08-9652 1320; www.skydivejurienbay.com; 65 Bashford St; Sprünge aus 2440/3050/4270 m Höhe 300/350/450 AU$).

Das winzige Green Head (280 Ew.) hat einige hübsche Badebuchten, und das nahe gelegene Leeman (400 Ew.) ist bei Windsurfern beliebt.

In Green Head findet man das **Centrebreak Beach Stay** (08-9953 1896; www.centrebreakbeachstay.com.au; Lot 402, Ocean View Dr, Green Head; B/DZ/FZ 35/150/190 AU$;), dessen **Café** (Gerichte 15–40 AU$), das eine Schanklizenz besitzt, und den entspannten schattigen **Green Head Caravan Park** (08-9953 1131; www.greenheadcaravanpark.com.au; 9 Green Head Rd, Green Head; Stellplätze ohne/mit Strom 20/28 AU$, Mobilheim ab 75 AU$).

Bei den Touren von **Sea Lion Charters** (0427 931 012; sealioncharters88@gmail.com; 24 Bryant St, Green Head; Touren am Morgen Erw./Kind 150/75 AU$) können sich Teilnehmer im seichten Wasser mit verspielten Seelöwen vergnügen.

NEW NORCIA

Die Klostersiedlung New Norcia, 132 km von Perth entfernt, besteht aus verschnörkelten Gebäuden im spanischen Stil, die im australischen Busch etwas deplatziert wirken. Sie wurde 1846 von spanischen Benediktinermönchen zur Missionierung der Aborigines gegründet. Bis heute wird im Kloster gebetet, und es finden Klausuren statt, zudem werden vor Ort leckere Backwaren hergestellt. Bäckereien, die New-Norcia-Brot produzieren dürfen, findet man in Perths Vororten Mt. Hawthorn und Subiaco.

◉ Sehenswertes & Aktivitäten

New Norcia Museum & Art Gallery MUSEUM, GALERIE
(08-9654 8056; www.newnorcia.wa.edu.au; Great Northern Hwy; Kombiticket Museum & Stadtrundfahrt Erw./Fam. 25/60 AU$; 10–16.30 Uhr) Das Museum mit Galerie erläutert die Geschichte des Klosters und beherbergt eindrucksvolle Kunst, darunter zeitgenössische Ausstellungen und eine der größten Sammlungen des Landes für religiöse Kunst aus der Zeit nach der Renaissance. Ein Laden verkauft Souvenirs, Honig, Marmelade und Brot aus dem Holzofen der Mönche.

Abbey Church KIRCHE
In der Klosterkirche kann man in den Sgraffito-Arbeiten, die den Kreuzweg nachzeichnen, nach endemischen Tieren Ausschau halten. Wer genau hinsieht, entdeckt sogar einen Astronauten.

Town Tours STADTFÜHRUNG
(www.newnorcia.wa.edu.au; Erw./Kind 15/10 AU$; 11 & 13.30 Uhr) Die zweistündige Stadtführung hat die Klosterkirche und die von Fresken geschmückten Kapellen der Klosterschule zum Ziel. Tickets verkauft das Museum.

🛏 Schlafen

New Norcia Hotel HOTEL $
(08-9654 8034; www.newnorcia.wa.edu.au; Great Northern Hwy; EZ/DZ 75/95 AU$) Das New Norcia Hotel ist mit seinen ausladenden Treppen, hohen Decken, dezenten Zimmern (mit Gemeinschaftsbädern) und den weiten Veranden ein Relikt aus eleganteren Zeiten. In der Bar oder im edlen Speisesaal kommt internationale Küche (Hauptgerichte 15–36 AU$) auf den Tisch. Unser Favorit ist der Ploughman's Lunch (Brotzeit) mit New-Norcia-Sauerteigbrot aus dem Holzofen.

Die Terrasse ist der perfekte Ort, um das leckere, aber starke New Norcia Abbey Ale zu genießen, ein goldenes obergäriges Bier nach belgischer Art, das speziell für die Abtei gebraut wird. Ein Besuch lohnt sich besonders samstags, dann kann man sich ein gemütliches Frühstück oder die beliebten Holzofenpizzas schmecken lassen.

Monastery Guesthouse PENSION $
(08-9654 8002; www.newnorcia.wa.edu.au; VP, empfohlene Spende 80 AU$) Die Abtei bietet Unterkünfte im Monastery Guesthouse im Südflügel des Klosters. Gäste können mit den Mönchen beten, Männer außerdem mit ihnen speisen.

Margaret River & Southwest Coast

Inhalt ➡

Bunbury	1030
Busselton	1031
Dunsborough	1032
Cape Naturaliste	1033
Yallingup & Umgebung	1034
Margaret River	1037
Augusta & Umgeb.	1041
Nannup	1042
Bridgetown	1042
Pemberton	1043

Gut essen

- ➡ Laundry 43 (S. 1032)
- ➡ Piari & Co (S. 1033)
- ➡ Eagle Bay Brewing Co (S. 1034)
- ➡ Vasse Felix (S. 1037)
- ➡ Miki's Open Kitchen (S. 1039)

Schön übernachten

- ➡ Wildwood Valley Cottages (S. 1035)
- ➡ Wharncliffe Mill Bush Retreat (S. 1038)
- ➡ Acacia Chalets (S. 1040)
- ➡ Burnside Organic Farm (S. 1039)
- ➡ Foragers (S. 1044)

Auf nach Margaret River & an die Southwest Coast!

Das Ackerland, die Wälder, Flüsse und die Küste der Südweststecke Westaustraliens (WA) stehen in starkem Kontrast zum sonnenverbrannten Boden, der für weite Teile des Staates so typisch ist. Im Südwesten kann man tolle Weingüter besuchen und im Schatten hoher Bäume wandern oder wunderbare Spritztouren mit dem Auto unternehmen. An der Küste suchen Surfer unablässig nach der perfekten Welle und im Meer schwimmen Große Tümmler und viele Wale umher.

Im Südwesten von WA sind die Distanzen zwischen den Sehenswürdigkeiten eher klein. Es ist somit eine Region, die man durchaus auch in ein paar Tagen erkunden kann. Es ist hier aber sehr sinnvoll, einen eigenen fahrbaren Untersatz zu haben. Im Sommer fallen die Besucher in Scharen im Südwesten ein, im Winter hingegen schrumpft ihre Zahl erheblich – dann sinken natürlich auch die Preise, die Öffnungszeiten von Geschäften und Co. werden unregelmäßiger und es geht insgesamt um einiges gemütlicher zu.

Reisezeit
Margaret River

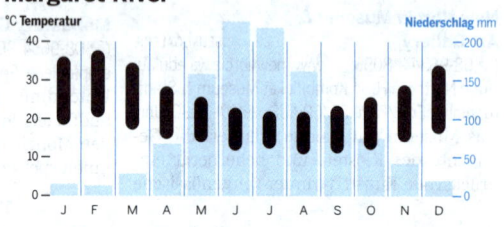

Jan. Der Partymeute des Festivals in Southbound an den Strand folgen.

März & April Den Surfwettbewerb in Margaret River und das Nannup Music Festival erleben.

Aug. Jetzt locken leere Strände, Weingüter in Margaret River und das Filmfestival von Busselton.

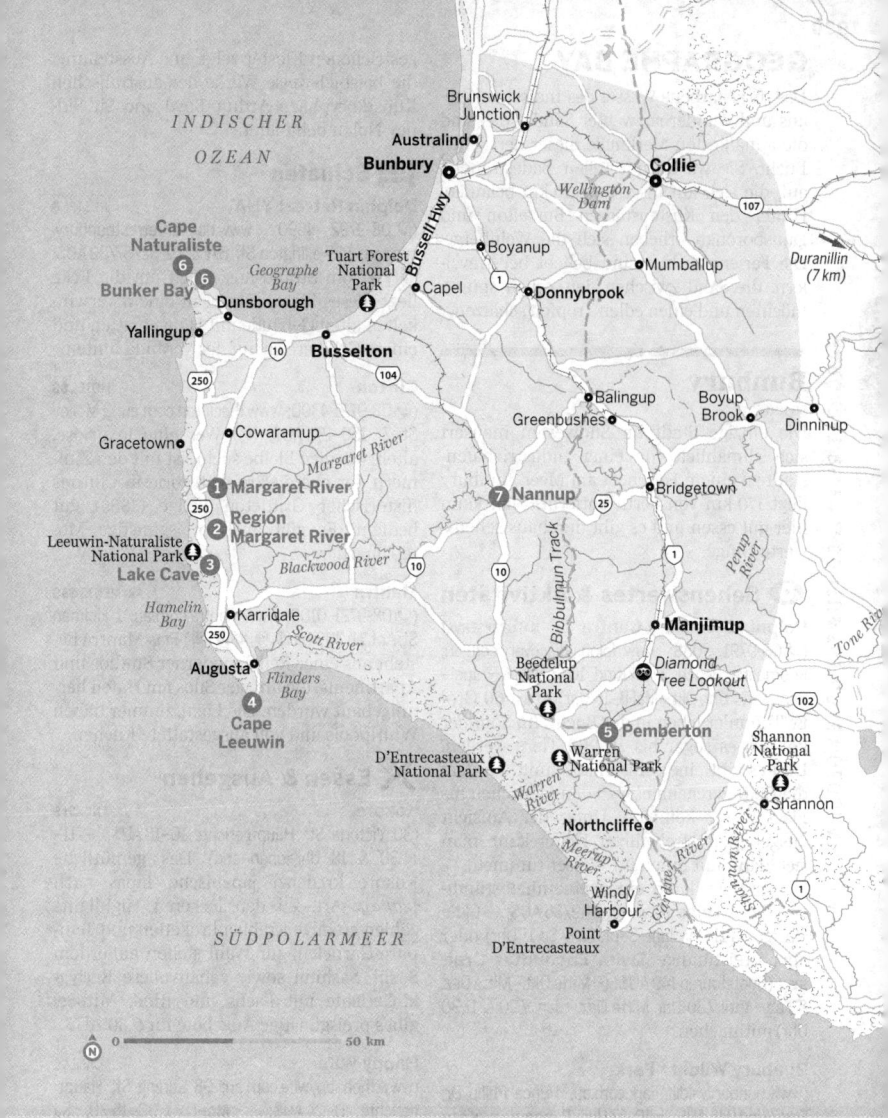

Highlights

① In den Weinbergen von **Margaret River** (S. 1037) Wein, Essen und Architektur der Extraklasse erleben

② Sich in der dramatischen Meereslandschaft und der Natur der **Region Margaret River** (S. 1034) sportlich austoben

③ Die verschlungenen Kalksteinhöhlen an der Caves Rd entdecken, insbesondere die wunderschöne **Lake Cave** (S. 1040)

④ Die eindrucksvolle Küste vom **Cape Leeuwin Lighthouse** (S. 1041) in Augusta am Zusammenfluss von Indischem Ozean und Südpolarmeer bestaunen

⑤ In die gesprenkelten Tiefen der Karri-Wälder rund um das kleine **Pemberton** (S. 1043) eintauchen

⑥ Die wilde Schönheit des **Cape Naturaliste** und der **Bunker Bay** (S. 1033) bewundern

⑦ Mit dem Kanu ab **Nannup** (S. 1042) entlang dem Blackwood River durch Wäldern bis zum Meer paddeln

GEOGRAPHE BAY

Das türkisfarbene Wasser des Indischen Ozeans und wunderbar weißer Sand – das sind die auffälligsten Merkmale dieser herrlichen Bucht. Sie wartet mit tollen Badestränden auf, die sich auf insgesamt 30 km belaufen. Hinter den Küstenstädten Busselton und Dunsborough erheben sich die Weinberge. Die Ferienorte hier sind beliebt bei Travellern, die Sand zwischen den Zehen spüren möchten und einen edlen Tropfen schätzen.

Bunbury

66 100 EW.

Die einzige Stadt im Südwesten mausert sich allmählich von einer Industriehafenstadt zu einem Ferienort am Meer. Bunbury liegt 170 km von Perth entfernt. Man kann hier gut essen und es gibt durchaus sehenswerte Dinge.

Sehenswertes & Aktivitäten

Dolphin Discovery Centre NATURRESERVAT
(08-9791 3088; www.dolphindiscovery.com.au; Koombana Beach; Erw./Kind 10/5 AU$; Juni–Sept. 9–14 Uhr, Okt.–Mai 8–16 Uhr) Etwa 60 Große Tümmler leben in der Bucht. Im Sommer können es sogar bis zu 260 Tiere werden. Und es gibt einen Küstenabschnitt, an dem die Delfine regelmäßig zu den Menschen ins Flachwasser kommen. Unter der Aufsicht ausgebildeter freiwilliger Helfer kann man sich dann mit ihnen im Wasser tummeln.

Wer mag, kann einen eineinhalbstündigen **Eco Cruise** (Erw./Kind 49/35 AU$; Okt.–Mai tgl. bis 11 Uhr, Juni–Sept. Sa & So 11 Uhr) oder aber dreistündige **Swim Encounter Cruises** (Bootstouren 149 AU$; Mitte Okt.–Mitte Dez. & Feb.–April 7.30 Uhr, Mitte Dez.–Jan. 7.30 & 11.30 Uhr) mitmachen.

Bunbury Wildlife Park ZOO
(www.bunburywildlifepark.com.au; Prince Philip Dr; Erw./Kind 9/5 AU$; 10–17 Uhr) Papageien, Kängurus, Wallabys, Possums, Eulen und Emus – hier findet man sie alle. Das **Big Swamp** auf der anderen Straßenseite bietet gute Wanderwege durch Sumpfland und Stationen zur Vogelbeobachtung. Um hierher zu gelangen, hält man sich auf dem Ocean Dr südwärts, biegt links in die Hayward St ein und fährt über den Kreisverkehr zum Prince Philip Dr.

Bunbury Regional Art Galleries GALERIE
(www.brag.org.au; 64 Wittenoom St; 10–16 Uhr) GRATIS Die Galerie in dem restaurierten, pink gestrichenen Kloster zeigt eine Ausstellung, die beispielsweise Werke der australischen Kunstkoryphäen Arthur Boyd und Sir Sidney Nolan beinhaltet.

Schlafen

Dolphin Retreat YHA HOSTEL $
(08-9792 4690; www.dolphinretreatbunbury.com.au; 14 Wellington St; B/EZ/DZ 32/57/82 AU$; @) Vom Strand aus gleich um die Ecke liegt dieses kleine Hostel in einem verwinkelten alten Gebäude mit Hängematten und einem Grillbereich auf der Veranda hinten.

Clifton MOTEL $$
(08-9721 4300; www.theclifton.com.au; 2 Molloy St; Zi. 150–275 AU$;) Wer eine luxuriöse, altehrwürdige Bleibe sucht, ist mit den Zimmern der oberen Preiskategorie in Cliftons historischer Grittleton Lodge (1885) gut bedient. Es gibt auch preisgünstige Motel-Quartiere.

Mantra APARTMENTS $$$
(08-9721 0100; www.mantra.com.au; 1 Holman St; Apt. ab 2094 AU$; @) Das Mantra besteht aus einer Reihe moderner Studios und Apartments, die um vier Silos am Hafen herumgebaut wurden. Die Luxuszimmer haben Whirlpools und voll ausgestattete Küchen.

Essen & Ausgehen

Kokoro JAPANISCH $
(30 Victoria St; Hauptgerichte 10–18 AU$; 11–14.30 & 18 Uhr–open end) Das gemütliche Kokoro kredenzt japanische Tapas nach *izakaya*-Art. Zu den leckeren Highlights zählen cremige Krabbenkroketten und Tempura-Garnelen, zur Wahl stehen außerdem Sushi, Sashimi sowie gehaltvollere Reriyaki-Gerichte mit Lachs und Rind. Mittags gibt's preisgünstige Angebote für 9,50 AU$.

Happy Wife CAFÉ $$
(www.thehappywife.com.au; 98 Stirling St; Hauptgerichte 11–24 AU$; Mo-Fr 6.30–15.30, Sa 7.30–14.30 Uhr) Das Cottage im Cape-Cod-Stil mit Sitzgelegenheiten im Garten liegt nur eine kurze Fahrt vom Zentrum entfernt. Die exzellenten hausgemachten Backwaren und regelmäßigen Mittagsangebote lohnen einen Besuch. Empfehlenswert ist der Salat nach asiatischer Art mit süß-saurem Schweinefleisch, Nashi-Birne, Krautsalat und gerösteten Erdnüssen.

Café 140 CAFÉ $$
(www.cafe140.com.au; 140 Victoria St; Hauptgerichte 12–21 AU$; Mo-Fr 7.30–16.30, Sa & So

8–14 Uhr) Hippes, aufmerksames Personal machen das originelle Café 140 zu einer Topadresse für ein gemütliches Frühstück in Bunbury. Mit die besten Lachs-Omeletts in WA, guter Kaffee sowie jede Menge Magazine und Zeitungen: Hier bleibt man gern etwas länger. Zur Mittagszeit gehören dann Gourmet-Burger und gegrillte türkische Sandwiches zum Angebot.

Mash MIKROBRAUEREI
(www.mashbrewing.com.au; 2/11 Bonnefoi Blvd; ☺Mo & Di 11–15, Mi–So bis 21 Uhr) Die Mikrobrauerei am Wasser stellt das ganze Jahr über sieben Biersorten her, zudem gehören interessante saisonale Kreationen zum Angebot. Das Copycat AIPA war Sieger der Australian International Beer Awards 2014. Gegen den Hunger hilft anständige Kneipenkost (Hauptgerichte 18–38 AU$), der Service ist allerdings etwas unzuverlässig.

❶ Praktische Informationen

Visitor Centre (☏ 08-9792 7205; www.visitbunbury.com.au; Carmody Pl; ☺Mo–Sa 9–17, So 10–14 Uhr) Im historischen Bahnhof aus dem Jahr 1904.

❶ An- & Weiterreise

BUS
Busse halten am **zentralen Busbahnhof** (☏ 08-9722 7800; Carmody Pl) neben dem Visitor Centre oder am **Bahnhof** (Picton Rd, Woolaston).

Zu den Transwa-Routen gehören:

SW1 (12-mal wöchentl.) Nach East Perth (31 AU$, 3¼ Std.), Mandurah (17 AU$, 2 Std.), Busselton (9,55 AU$, 43 Min.), Margaret River (17 AU$, 2 Std.) und Augusta (25 AU$, 2½ Std.).

SW2 (3-mal wöchentl.) Nach Balingup (14 AU$, 53 Min.), Bridgetown (17 AU$, 1¼ Std.) und Pemberton (28 AU$, 2¼ Std.).

GS3 (tgl.) Nach Walpole (45 AU$, 4½ Std.), Denmark (51 AU$, 5½ Std.) und Albany (58 AU$, 6 Std.).

ZUG
Bunbury ist die Endhaltestelle auf der Australind-Bahnlinie von **Transwa** (☏ 1300 662 205; www.transwa.wa.gov.au). Es gibt zwei tägliche Verbindungen nach Perth (31 AU$, 2½ Std.) und Pinjarra (17 AU$, 1¼ Std.).

Busselton

15 400 EW.

Einfach, unkompliziert und mit dem Charme des leicht Verfallenen präsentiert sich das familienfreundliche Busselton. Das Wasser ringsum ist ruhig, und weiße Sandstrände laden zum Entspannen ein. Während der Schulferien ist hier der Teufel los: Dann halten sich viermal so viele Menschen in Busselton auf wie gewöhnlich, und die Übernachtungspreise steigen beträchtlich.

⊙ Sehenswertes & Aktivitäten

Busselton Jetty ANLEGESTEG
(☏ 08-9754 0900; www.busseltonjetty.com.au; Erw./Kind 2,50 AU$/frei, Zugfahrt hin & zurück Erw./Kind 11/6 AU$, im Interpretive Centre Eintritt frei; ☺Interpretive Centre 9–17 Uhr) Der hölzerne Anlegesteg von Busselton aus dem Jahr 1865 ist mit seinen 1841 m der längste der südlichen Halbkugel. 2011 wurde er nach 27 Mio. AU$ teuren Restaurierungsarbeiten neu eröffnet. Ein kleiner **Zug** tuckert zum **Underwater Observatory** (Erw./Kind inkl. Zugfahrt 29,50/14 AU$; ☺9–16.25 Uhr), wo reservierungspflichtige Touren 8 m unter dem Meeresspiegel angeboten werden. Folgt man dem Steg rund 50 m, stößt man auf ein **Interpretive Centre** in einem hübschen Gebäude im Stil eines Badehauses aus den 1930er-Jahren.

Dive Shed TAUCHEN
(☏ 08-9754 1615; www.diveshed.com.au; 21 Queen St) Bietet Tauchausflüge am Steg an, aber auch zum Four Mile Reef (ein etwa 40 km langer Kalkfelsen ca. 6,5 km vor der Küste) sowie zum Wrack des vor Dunsborough versenkten Zerstörers HMAS *Swan* der Royal Australian Navy.

★ Feste & Events

Southbound MUSIK
(www.southboundfestival.com.au) Hier kann man das neue Jahr beim Camping und mit alternativer Musik begrüßen.

CinéfestOZ KINO
(www.cinefestoz.com) Während dieses kurios-glamourösen Festivals des französischen und australischen Films Ende August verwandelt sich Busselton kurzzeitig in eine Art St. Tropez. Zum Programm gehören Premieren australischer Filme und nationale Sternchen.

🛏 Schlafen

Im Sommer ist die Hölle los, in der Nebensaison hingegen ist Busselton wie ausgestorben. Zu beiden Seiten des Ortes finden sich Unterkünfte am Strand, die teilweise einige Kilometer von der eigentlichen Stadt entfernt sind; wer kein eigenes Auto hat, sollte sich vor dem Buchen also nach der genauen Lage erkundigen.

Beachlands Holiday Park CAMPING $
(☎ 1800 622 107; www.beachlands.net; 10 Earnshaw Rd, West Busselton; Stellplatz für 2 Pers. 45 AU$, Hütten ab 142 AU$; ❋❋❋) Der exzellente familienfreundliche Park bietet ein breites Angebot an Unterkünften inmitten Schatten spendender Bäume, Palmen und Flachsbüsche. Die Deluxe-Spa-Villen (185 AU$) bieten Eck-Spas, riesige TVs, DVD-Spieler und voll ausgestattete Küchen.

Blue Bay Apartments APARTMENTS $$
(☎ 08-9751 1796; www.bluebayapartments.com; 66 Adelaide St; Apt. ab 140 AU$; ❋) Strandnahe, preiswerte und helle Apartments mit Hofzugang und Grill.

🍴 Essen

★ Laundry 43 CAFÉ $$
(www.laundry43.com.au; 43 Prince St; Gerichte zum Teilen 14–29 AU$; ⊙ Di–Sa 9 Uhr–open end) Backsteinwände und eine honigfarbene Jarrah-Bar dienen als Kulisse für hiesige Bier- und Weinsorten, gute Cocktails sowie feine Gerichte zum Teilen und gehaltvollere Speisen. Meist bleibt man hier länger als geplant. Mittwochs gibt's ab 19.30 Uhr Livemusik.

Goose BISTRO $$
(www.thegoose.com.au; Geographe Bay Rd; Frühstück 10–21 AU$, Gerichte zum Teilen & Hauptgerichte 11–34 AU$; ⊙ 7 Uhr–open end; 🛜) Das stilvolle Café nahe des Jachthafens präsentiert sich als schick-elegante Bar mit Bistro. Die Getränkeauswahl umfasst Craft-Bier und Wein aus WA, während die abwechslungsreiche Speisekarte von Eierspeisen zum Frühstück über Gerichte zum Teilen wie vietnamesischen Pulled-Pork-Sandwiches bis zu gehaltvolleren Gerichten wie gedämpften Muscheln und sämiger Meeresfrüchtesuppe reicht.

ℹ️ Praktische Informationen

Visitor Centre (☎ 08-9752 5800; www.geographebay.com; Ende der Queen St, Busselton Foreshore; ⊙ Mo–Fr 9–17, Sa & So 9–16.30 Uhr) Unterhalb des Leuchtturms in Piernähe.

ℹ️ An- & Weiterreise

South West Coach Lines (☎ 08-9753 7700; www.transdevsw.com.au; 39 Albert St) Verbindungen nach/ab Perths Esplanade Busport (39 AU$, 3¾ Std., 3-mal tgl.), Bunbury (11,50 AU$, 1 Std., 3-mal tgl.), Dunsborough (11,50 AU$, 30 Min., 3-mal tgl.) und Margaret River (11,50 AU$, 50 Min., 3-mal tgl.).

Transwa (☎ 1300 662 205; www.transwa.wa.gov.au) Der Bus SW1 (12-mal wöchentl.) hält auf dem Weg nach/ab East Perth (37 AU$, 4¼ Std.), Bunbury (9,55 AU$, 43 Min.), Dunsborough (8 AU$, 28 Min.), Margaret River (14 AU$, 1½ Std.) und Augusta (17 AU$, 1¾ Std.) an der Peel Tce.

Dunsborough

3400 EW.

Das entspannte Dunsborough baut voll und ganz auf seine Strand- und Badekultur. Ende November herrscht hier Mega-Chaos, wenn um die 7000 *schoolies* (Schulabgänger) einfallen – aber wenn man nicht gerade über betrunkene, quiekende Teenager klettern muss, ist es wirklich nett hier. Die Strände sind hübscher als die in Busselton, dafür ist das Unterkunftsangebot begrenzter.

🏃 Aktivitäten

Cape Dive TAUCHEN
(☎ 08-9756 8778; www.capedive.com; 222 Naturaliste Tce) In der Geographe Bay kann man ausgezeichnet tauchen – besonders, seitdem im Jahr 1997 dort der Zerstörer HMAS *Swan* als künstliches Riff versenkt wurde. Inzwischen haben sich am Wrack, das 2,5 km vor der Küste in 30 m Tiefe liegt, viele Meeresbewohner angesiedelt.

Naturaliste Charters WALBEOBACHTUNG
(☎ 08-9750 5500; www.whales-australia.com; Erw./Kind 80/50 AU$; ⊙ Sept.–Mitte Dez. 10 & 14

SURFEN IM SÜDWESTEN

Die Strände zwischen Cape Naturaliste und Cape Leeuwin warten mit mächtigen Reef Breaks (vor allem Left-Handers) auf.

Rund um Dunsborough findet man zwischen Eagle Bay und Bunker Bay gute Bedingungen. In der Nähe von Yallingup locken Three Bears, Rabbits (ein Beach Break nördlich von Yallingup Beach), Yallingup, Injidup Car Park und Injidup Point. Nach Guillotine/Gallows nördlich von Gracetown gelangt man nur mit dem Geländewagen. Bei Gracetown findet man außerdem Huzza's, South Point und Lefthanders.

Der Surfwettbewerb **Drug Aware Pro** (www.aspworldtour.com; ⊙ April) findet jährlich beim Margaret River Mouth und Southside (alias „Suicides") statt.

Uhr) Veranstaltet von September bis Mitte Dezember zweistündige Walbeobachtungstouren. Von Januar bis März steht hingegen die Eco Wilderness Tour auf dem Programm, bei der die Teilnehmer Strände und Kalksteinhöhlen mit indigener Kunst besuchen und Tiere in freier Wildbahn wie Delfine und Neuseeländische Seebären beobachten. Von Mitte Mai bis September werden die Touren auch in Augusta angeboten.

Schlafen

Je nach Jahreszeit stehen in der Stadt unterschiedliche Unterkünfte für Selbstversorger zur Verfügung; im Visitor Centre gibt's die jeweils aktuellen Listen.

Dunsborough Beachouse YHA HOSTEL $
(08-9755 3107; www.dunsboroughbeachouse.com.au; 205 Geographe Bay Rd; B 34–36 AU$, EZ/DZ 58/88 AU$; @) Am Quindalup Strand befindet sich ein nettes Hotel, dessen Grünfläche bis ans Wasser heranreicht. Vom Zentrum aus sind die 2 km dorthin leicht zu bewältigen.

Dunsborough Central Motel MOTEL $$
(08-9756 7711; www.dunsboroughmotel.com.au; 50 Dunn Bay Rd; Zi. 130–175 AU$;) Gut geführtes, preiswertes Motel mitten in Dunsborough. Besonders günstig wird es, wenn man online den Preisnachlass zur Wochenmitte erwischt. Dadurch bleibt vom Reisebudget mehr übrig für nahegelegene Weingüter und Brauereien.

Essen & Ausgehen

Pourhouse BISTRO, PUB $$
(www.pourhouse.com.au; 26 Dunn Bay Rd; Hauptgerichte 19–31 AU$; Mo–Sa 16–open end, So ab 14 Uhr) Hip, ohne zu protzen. Gemütliche Sofas, regelmäßig spielen Live-Bands, und oben gibt's eine Terrasse. Die Pizza schmeckt großartig, und die erstklassigen Burger werden mit vor Ort gebackenen Sauerteigbrötchen gemacht. Das Bier kommt von den besten Brauereien in Western Australia.

Samudra CAFÉ $$
(www.samudra.com.au; 226 Naturaliste Tce; Hauptgerichte 14–23 AU$; Do–Di 7–15, Mi bis 22 Uhr;) Das flippige Gartencafé zählt zu den besten vegetarischen Restaurants in WA. Leckere Holzofenpizzas ergänzen eine sehr gesunde Speiseauswahl mit Salaten, Wraps und Smoothies, zudem laden schattige Plätzchen zum Nichtstun, Lesen oder Schreiben ein. Das Samudra organisiert außerdem entspannende und belebende Yogakurse sowie Surfausflüge und Spa-Anwendungen.

★ **Piari & Co** BISTRO, BAR $$$
(08-9756 7977; www.piariandco.com.au; 5/54 Dunn Bay Rd; kleine Gerichte 17–20 AU$, Hauptgerichte 35–38 AU$; Di 10–17, Mi–Fr 10–23, Sa 17–23 Uhr) Das entspannte, stilvolle Bistro legt den Schwerpunkt auf lokale und saisonale Zutaten. Zu den kleineren Gerichten gehören Jakobsmuscheln aus Esperance mit knuspriger Ente und eine raffinierte Kombination aus mit Zitrone verfeinertem Räucherlachs und Mandarinencreme. Hauptgerichte wie Schweinebauch und Bratapfel werden von einer stolzen Getränkeauswahl mit Weinen und Craft-Bier aus Margaret River ergänzt. Reservierung empfehlenswert.

Praktische Informationen

Visitor Centre (08-9752 5800; www.geographebay.com; 1/31 Dunn Bay Rd; Mo–Fr 9–17, Sa & So 9.30–16.30 Uhr) Informationen und Buchungen.

An- & Weiterreise

South West Coach Lines (08-9753 7700; www.transdevsw.com.au) Verbindungen nach/ab Perths Esplanade Busport (43,50 AU$, 4½ Std., tgl.), Bunbury (18,50 AU$, 1¾ Std., tgl.) und Busselton (11,50 AU$, 30 Min., 3-mal tgl.).

Transwa (1300 662 205; www.transwa.wa.gov.au) Der Bus SW1 (12-mal wöchentl.) hält auf dem Weg nach/aus East Perth (40 AU$, 4½ Std.), Bunbury (14 AU$, 1¼ Std.), Busselton (8 AU$, 28 Min.), Margaret River (9,55 AU$, 49 Min.) und Augusta (17 AU$, 1¼ Std.) am Visitor Centre.

Cape Naturaliste

Nordwestlich von Dunsborough führt die Cape Naturaliste Rd zu den wunderbaren Stränden **Meelup**, **Eagle Bay** und **Bunker Bay** und weiter zum Cape Naturaliste. Bunker Bay wartet mit dem **Bunkers Beach Cafe** (www.bunkersbeachcafe.com.au; Farm Break Lane; Frühstück 14–25 AU$, Mittagessen 16–34 AU$; 8.30–16 Uhr) auf. Dort werden abenteuerliche Gerichte serviert – und das nur wenige Meter vom Ufer entfernt.

Im Rahmen geführter Touren (9.30–16 Uhr alle 30 Min.) kann man den **Leuchtturm Cape Naturaliste** (Erw./Kind 14/7 AU$), erbaut 1903, besichtigen. Die **Above and Below**-Pauschalangebote (Erw./Kind 30/15 AU$) beinhalten auch den Eintritt zur Höhle Ngilgi Cave bei Yallingupan.

MARGARET RIVER WINE REGION

Herrliche Landstraßen, Surfwellen und exzellente Chardonnays und Rotweine nach Bordeaux-Art machen Margaret River zu einem Highlight einer Reise durch WA. Und wo es edle Tropfen gibt, locken auch Weingut-Restaurants, Käseläden, Mikrobrauereien, Kunstgalerien und Kunsthandwerkgeschäfte.

In Margaret River sind viele Tourveranstalter ansässig, die z. B. Besuche von Weingütern und Brauereien anbieten. Zu den aktiven Alternativen zu Weinproben gehören Mountainbiking, Abseiltouren, Klettern, Meerkajakfahren und Höhlenklettern.

Yallingup & Umgebung
1070 EW.

Der Strandort Yallingup ist zugleich ein Mekka für salzbekrustete Surfer und für Weinliebhaber. Beim ersten Blick auf die wellengepeitschte Küste darf einem ruhig ein „Wow!" entfleuchen. Ein nettes Detail für alle Romantiker: Das Wort Yallingup bedeutet so viel wie „Ort der Liebe".

⊙ Sehenswertes & Aktivitäten

Wardan Aboriginal Centre KULTUR, GALERIE
(Karte S. 1036; ☎ 08-9756 6566; www.wardan.com.au; Injidup Springs Rd, Yallingup; Experiences Erw./Kind 20/10 AU$; ⊙ Mitte Okt.–Mitte März tgl. 10–16 Uhr, Mitte März–Mitte Juni & Mitte Aug.–Mitte Okt. Mo, Mi–Fr & So 10–16 Uhr, Experiences So, Mo, Mi & Fr) ⁄ Das Zentrum gewährt Einblicke in das Leben des hiesigen Wardandi-Stammes. Es gibt eine Galerie (Eintritt frei) und eine Ausstellung über die sechs Jahreszeiten des Wardandi-Kalenders (Erw./Kind 8/3 AU$), außerdem werden verschiedene Aktivitäten (Experiences) angeboten – so können Besucher lernen, wie man Steinwerkzeug herstellt oder Bumerang und Speer richtig

---

MIKROBRAUEREIEN IN MARGARET RIVER

Die Region Margaret River ist für ihren erstklassigen Wein bekannt, Liebhaber von Craft-Bier kommen jedoch ebenfalls auf ihre Kosten. Folgende Brauereien servieren Bar-Snacks und Mittagessen:

Eagle Bay Brewing Co (www.eaglebaybrewing.com.au; Eagle Bay Rd, Dunsborough; ⊙11–17 Uhr) Hübsche ländliche Szenerie, interessante Biere und Weine, die in modernem geräumigem Ambiente serviert werden, und exzellentes Essen wie knusprige Holzofenpizzas (20–24 AU$). Empfehlenswert sind die hauseigenen Single Batch Specials.

Colonial Brewing Co (www.colonialbrewingco.com.au; Osmington Rd, Margaret River; ⊙11–18 Uhr) Die moderne Mikrobrauerei bietet tolle Blicke auf die ländliche Landschaft und eine exzellente Auswahl an authentischen Bieren, darunter ein *witbier* (Weizenbier) mit Koriander und Mandarine und ein hopfenlastiges India Pale Ale. Für Erfrischung sorgt das leckere Kölsch.

Bush Shack Brewery (www.bushshackbrewery.com.au; Hemsley Rd, Yallingup; ⊙10–17 Uhr) Kleine Brauerei vor hübscher Buschkulisse. Viel Innovation sorgt für interessante Kreationen wie Chili-Bier, Lager mit Zitronengeschmack und Helles mit Erdbeer-Aroma.

Bootleg Brewery (www.bootlegbrewery.com.au; abseits Yelverton Rd, Wilyabrup; ⊙11–18 Uhr) Hier geht's rustikaler zu als in den schickeren Brauereien der Gegend. Geboten wird jede Menge Spaß, vor allem samstags, wenn Livebands spielen. Wie wär's mit dem preisgekrönten Raging Bull Porter oder dem Speakeasy IPA im Stil der US-Westküste?

Cheeky Monkey Brewery (www.cheekymonkeybrewery.com.au; 4259 Caves Rd, Margaret River; ⊙10–18 Uhr) Am Rand eines hübschen Sees gelegen, beherbergt das Cheeky Monkey ein großes Restaurant und jede Menge Platz für herumtobende Kids. Neben einem Hatseller-Pilsner mit kräftigem neuseeländischem Hopfen gibt's z. B. Hagenbeck Pale Ale nach belgischer Art, außerdem anständiges Essen sowie Apfel- und Birnenwein. Hier kann man problemlos einen Tag verbringen.

Cowaramup Brewing Company (www.cowaramupbrewing.com.au; North Treeton Rd, Cowaramup; ⊙11–17 Uhr) Moderne Mikrobrauerei mit einem preisgekrönten Pilsner und einem leckeren Special Pale Ale nach englischer Art. Daneben gibt es vier weitere Sorten und gelegentlich saisonale Spezialbiere.

wirft. Auf geführten Buschwanderungen erfährt man mehr über den Glauben der Wardandi sowie über die Nutzung verschiedener Pflanzen zu kulinarischen und medizinischen Zwecken sowie zum Bau von Hütten.

Ngilgi Cave
HÖHLE

(Karte S. 1036; ☏ 08-9755 2152; www.geographebay.com; Yallingup Caves Rd; Erw./Kind 22/12 AU$; ⊙ 9–17 Uhr) Die 500 000 Jahre alte Höhle zwischen Dunsborough und Yallingup steht in der Kultur der Wardandi für den Sieg des guten Geistes Ngilgi über den bösen Geist Wolgine. Für die Wardandi hat sie sich zu einem beliebten Ziel für Frischverheiratete entwickelt. Ein Europäer stolperte 1899 auf der Suche nach seinem Pferd über die Höhle. Zu den Felsformationen gehören **Mother of Pearl Shawl**, ebenso schön sind **Arab's Tent** und **Oriental Shawl**. Führungen starten jede halbe Stunde. Weitere Angebote kann man online nachlesen.

Koomal Dreaming
GEFÜHRTE TOUREN

(☏ 0413 843 426; www.koomaldreaming.com.au; Erw./Kind ab 50/25 AU$) Der aus Yallingup stammende Wardandi Josh Whiteland veranstaltet Touren zu indigener Küche, Kultur und Musik. Meist stehen außerdem eine Buschwanderung und ein Besuch der Ngilgi Cave auf dem Programm.

🛏 Schlafen & Essen

Yallingup Beach Holiday Park
WOHNWAGENPARK $

(Karte S. 1036; ☏ 08-9755 2164; www.yallingupbeach.com.au; Valley Rd; Stellplatz 38 AU$ für 2 Pers., Hütte 115–165 AU$; 🛜) Hier wiegt einen das Wellenrauschen in den Schlaf – zwischen Strand und Zeltplatz liegt nur eine Straße.

Wildwood Valley Cottages & Cooking School
COTTAGES $$$

(Karte S. 1036; ☏ 08-9755 2120; www.wildwoodvalley.com.au; 1481 Wildwood Rd; Cottages ab 250 AU$; 🛜) Die luxuriösen Cottages liegen in einer 49 ha großen Buschlandschaft. Im Haupthaus der Anlage ist die **Mad About Food Cooking School** mit Sioban und Carlo Baldini untergebracht. Sioban hat bereits im Longrain gekocht und in der Toskana gelebt, deshalb liegt der Schwerpunkt auf thailändischer und italienischer Küche. Die Kochkurse kosten 135 AU$ pro Person und finden in der Regel mittwochs statt.

⭐ Studio Bistro
MODERN-AUSTRALISCH $$$

(Karte S. 1036; ☏ 08-9756 6164; www.thestudiobistro.com.au; 7 Marrinup Dr; kleine Gerichte 15–20 AU$, Hauptgerichte 28–39 AU$, Degustationsmenü mit/ohne Wein 135/95 AU$; ⊙ Do–Mo 10–17, Fr & Sa 18 Uhr–open end; 🍽) 🌿 Die Galerie des Studio Bistro zeigt australische Kunst, während das Gartenrestaurant raffinierte Gerichte wie gebratenen Fisch mit Blumenkohlcreme, Radicchio, Erbsen und Krabbenfleisch serviert. Freitag- und samstagabends werden Degustationsmenüs mit fünf Gängen angeboten. Reservierung empfehlenswert.

Wills Domain
WEINGUT $$$

(Karte S. 1036; www.willsdomain.com.au; Ecke Brash Rd & Abbey Farm Rd; Hauptgerichte 29–40 AU$, Wurstplatten 38 AU$; ⊙ Verköstigungen 10–17 Uhr, Mittagessen 12–15 Uhr) Restaurant, Galerie und wunderschöne Blicke vom Berg über Weinreben. Darüber hinaus gibt es ein innovatives Degustationsmenü mit sieben Gängen (mit/ohne Wein 139/99 AU$).

Cowaramup & Wilyabrup

990 EW.

Cowaramup besteht aus nicht viel mehr als ein paar Blocks mit Geschäften am Bussell Hwy. Weinberge und Feinkosthersteller in der Nähe zeugen von der kulinarischen Prägung der mitten in der Weinregion gelegenen Stadt. In der rustikalen Gegend im Nordwesten namens Wilyabrup entstand in den 1960er-Jahren die Weinindustrie von Margaret River.

🛏 Schlafen

Taunton Farm Holiday Park
CAMPING $

(Karte S. 1036; ☏ 1800 248 777; www.tauntonfarm.com.au; Bussell Hwy, Cowaramup; Stellplätze 42 AU$, Cottages 115–175 AU$; 🛜) Der Campingplatz zählt zu den familienfreundlichsten in Margaret River, so sorgen viele Bauernhoftiere bei den Kleinen für Unterhaltung. Wohnmobilbesitzer und Camper finden makellose Einrichtungen vor, zudem gibt es Cottages für Selbstversorger im Farm-Stil.

Noble Grape Guesthouse
B&B $$

(Karte S. 1036; ☏ 08-9755 5538; www.noblegrape.com.au; 29 Bussell Hwy, Cowaramup; EZ 140–160 AU$, DZ 145–190 AU$; 🐾🛜) Eher ein nobles Motel als ein traditionelles B&B. Die Zimmer bieten viel Privatsphäre, und jedes hat Zugang zu einem kleinen, gepflegten Gartenhof.

🍴 Essen & Ausgehen

Providore
FEINKOST $

(Karte S. 1036; www.providore.com.au; 448 Tom Cullity Dr, Wilyabrup; ⊙ 9–17 Uhr) Das Magazin *Aus-*

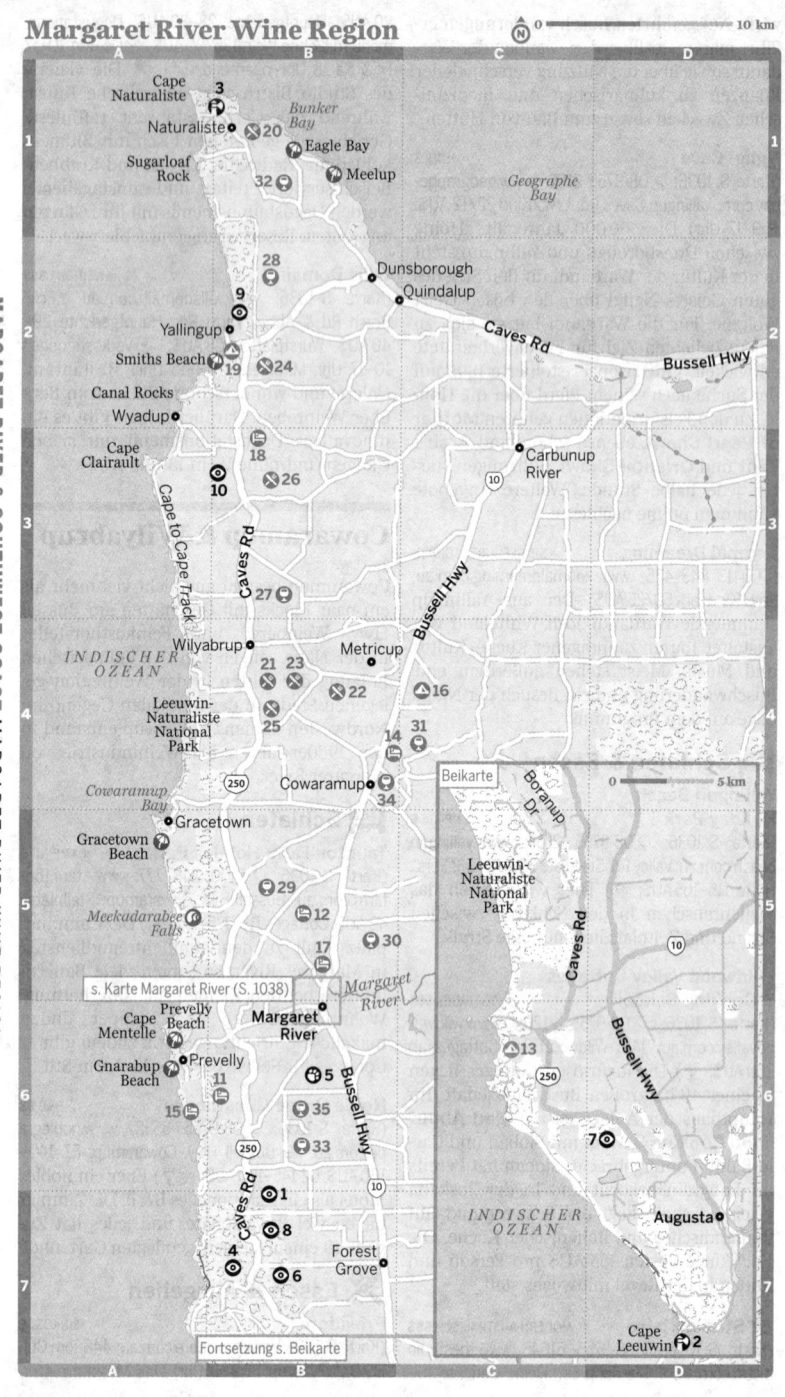

Margaret River Wine Region

Margaret River Wine Region

⊙ Sehenswertes
1 Calgardup Cave..................................B7
2 Cape Leeuwin Lighthouse D7
3 Cape Naturaliste Lighthouse B1
4 CaveWorks & Lake Cave.......................B7
5 Eagles Heritage..................................B6
6 Giants Cave.......................................B7
7 Jewel Cave..D6
8 Mammoth Cave...................................B7
9 Ngilgi Cave..B2
10 Wardan Aboriginal Centre B3

🛏 Schlafen
11 Acacia Chalets...................................B6
12 Burnside Organic Farm........................B5
13 Hamelin Bay Holiday Park C6
14 Noble Grape Guesthouse B4
15 Surfpoint..A6
16 Taunton Farm Holiday Park C4
17 Wharncliffe Mill Bush Retreat B5
18 Wildwood Valley Cottages & Cooking School.....................................B3
19 Yallingup Beach Holiday Park B2

⊗ Essen
20 Bunkers Beach Cafe B1
21 Cullen Wines.....................................B4
22 Margaret River Chocolate Company..B4
23 Providore...B4
24 Studio Bistro....................................B2
25 Vasse Felix.......................................B4
26 Wills Domain....................................B3

🍷 Ausgehen & Nachtleben
27 Bootleg Brewery................................B3
28 Bush Shack Brewery..........................B2
29 Cheeky Monkey Brewery B5
30 Colonial Brewing Co...........................B5
31 Cowaramup Brewing Company C4
32 Eagle Bay Brewing Co........................B1
33 Leeuwin Estate.................................B6
34 Margaret River Regional Wine Centre..B4
35 Voyager Estate.................................B6

---

tralian Traveller zählt dieses Laden zu den Top 100 der Gourmettempel Australiens – was angesichts der eindrucksvollen Auswahl an hausgemachten Produkten wie Bio-Olivenöl, Tapenaden und eingelegten Früchten nicht verwundert. Kunden kommen in den Genuss kostenloser Verköstigungen.

Margaret River Chocolate Company SCHOKOLADE $
(Karte S. 1036; www.chocolatefactory.com.au; Harman's Mill Rd; ⓘ 9–17 Uhr) Hier kann man bei der Trüffelherstellung zusehen und Schokolade probieren.

Vasse Felix WEINGUT, RESTAURANT $$$
(Karte S. 1036; ☎ 08-9756 5050; www.vassefelix.com.au; Ecke Caves Rd & Harmans Rd S, Cowaramup; Hauptgerichte 32–39 AU$, 3-Gänge-Menü 65 AU$, Hauptgerichte 32–39 AU$; ⓘ Kellertür 10–17 Uhr, Restaurant 10–15 Uhr) Das Restaurant des Weinguts Vasse Felix, dessen großer holzgetäfelter Speisesaal an die Luxusversion einer Scheune erinnert, ist für viele das beste Restaurant der Region. Das Gelände schmücken verschiedene Skulpturen, und die Galerie mit Werken der Sammlung Holmes à Court lohnt für sich genommen einen Besuch.

Cullen Wines WEINGUT, RESTAURANT $$$
(Karte S. 1036; ☎ 08-9755 5277; www.cullenwines.com.au; 4323 Caves Rd, Cowaramup; Hauptgerichte 25–38 AU$; ⓘ 10–16 Uhr) 🌱 Auf dem Weingut wurden 1966 die ersten Reben gepflanzt. Bei Essen und Wein folgt es biodynamischen Prinzipien. Die Gerichte im Restaurant werden in gemütlichem Ambiente serviert und sind exzellent, wobei größtenteils Obst und Gemüse aus eigenem Anbau verwendet werden.

Margaret River Regional Wine Centre WEIN
(Karte S. 1036; www.mrwines.com; 9 Bussell Hwy, Cowaramup; ⓘ 10–19 Uhr) Der Verkaufsladen für Wein aus Margaret River schlechthin.

Margaret River
4500 EW.

Obwohl die Touristen in Margaret River gegenüber den Einheimischen meist in der Überzahl sind, hat sich der Ort das Flair eines ländlichen Nests bewahrt. Hier zu übernachten hat einen großen Vorteil: Nach 17 Uhr, wenn die umliegenden Weingüter die Pforten schließen, werden in Margaret River längst noch nicht die Bürgersteige hochgeklappt.

🎉 Feste & Events

Margaret River Gourmet Escape ESSEN & WEIN
(www.gourmetescape.com.au) Von Rick Stein und Heston Blumenthal bis hin zu George Calombaris aus der Fernsehserie *Master-Chef*: Das Gourmet- und Weinfest Gourmet Escape lockt die großen Namen der interna-

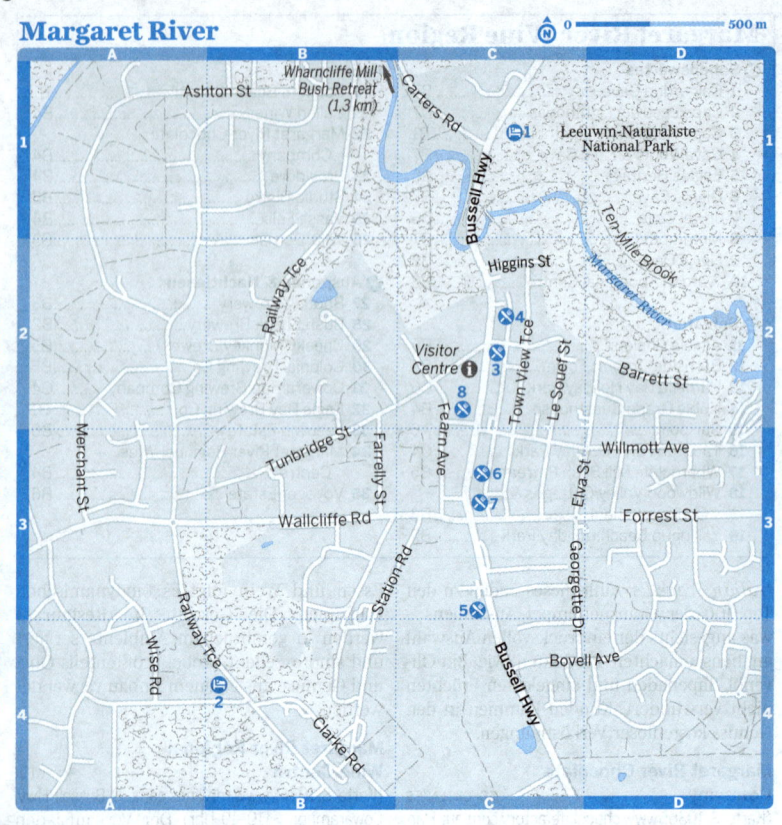

Margaret River

🛏 Schlafen
1 Edge of the Forest C1
2 Margaret River Lodge B4

🍽 Essen
3 Larder C2
4 Margaret River Bakery C2
5 Margaret River Farmers Market C3
6 Miki's Open Kitchen C3
7 Morries Anytime C3
8 Settler's Tavern C2

🛍 Shoppen
Tunbridge Gallery .... (siehe 3)

tionalen und australischen Gastroszene an. An drei Tagen stehen Workshops, Verköstigungen, Veranstaltungen in Weingütern und Vorführungen auf dem Programm. 2014 eröffnete der neuseeländische Star Neil Finn mit einem Konzert in einem Weinberg die Festlichkeiten. Ende November.

🛏 Schlafen

★ Wharncliffe Mill Bush Retreat
ÖKOKOMPLEX $
(Karte S. 1036; ☏ 08-9758 8227; www.wharncliffemill.com.au; McQueen Rd, Bramley National Park; Stellplatz ohne/mit Strom 28/32 AU$, B 25–30 AU$, Safarizelte & Hütten 85–170 AU$; @ 🛜) 🌿 Inmitten schattiger Wälder und rund um eine ehemalige Sägemühle bietet das Wharncliffe verschiedene Unterkünfte, von einfachen Gemeinschaftsschlafsälen über Safarizelte bis hin zu gemütlichen Holzhütten. Die Nutzung von Solarenergie und ein nachhaltiger Umgang mit der Umwelt gehören zur Philosophie des Hauses, zudem geben die Betreiber großartige Tipps für Buschwanderungen und Mountainbike-Touren in der Gegend. Die Gemeinde Margaret

River ist nur 2 km entfernt und es gibt einen Mountainbike-Verleih (halber/ganzer Tag 15/25 AU$).

Margaret River Lodge HOSTEL $
(Karte S.1038; ☎ 08-9757 9532; www.margaretriverbackpackers.com.au; 220 Railway Tce; B 30–32 AU$, Zi. mit/ohne Bad 84/76 AU$; @ 🛜 🏊) Dieses saubere, gut geführte Hostel liegt etwa 1,5 km außerhalb des Zentrums und bietet einen Pool, einen Volleyball-Platz und ein Fußballfeld. Neben den Schlafsälen gibt's eine große Gemeinschaftsküche sowie einen ruhigeren Bereich mit kleineren Zimmern und einer weiteren Küche samt Aufenthaltsraum.

Edge of the Forest MOTEL $$
(Karte S.1038; ☎ 08-9757 2351; www.edgeoftheforest.com.au; 25 Bussell Hwy; Zi. 160 AU$; ❄ 🛜) Einen gemütlichen Spaziergang von Margaret River entfernt, bietet das Motel kürzlich renovierte Zimmer mit neuen Bädern und schicken asiatischen Stil. Die freundlichen Besitzer geben gern Empfehlungen für Unternehmungen in der Gegend und der schattige Garten lädt zu einem Grillabend ein.

★ Burnside Organic Farm BUNGALOWS $$$
(Karte S.1036; ☎ 08-9757 2139; www.burnsideorganicfarm.com.au; 287 Burnside Rd; DZ 280–325 AU$; ❄) Die Bungalows aus Stampflehm und Kalkstein haben große Terrassen und Designer-Küchen. Die Anlage umgibt eine Farm mit verschiedenen Tieren und Bio-Obstbäumen, und Gäste dürfen sich Gemüse aus dem Garten holen. Nach einer Entdeckungstour durch die Wein-, Bier- und Essenskultur der Region kann man sich hier wunderbar erholen. Mindestaufenthalt: zwei Nächte.

🍴 Essen & Ausgehen

Margaret River Farmers Market MARKT $
(Karte S.1038; www.margaretriverfarmersmarket.com.au; Lot 272 Bussell Hwy, Margaret River Education Campus; ⊙ Sa 8–12 Uhr) 🍴 Jeden Samstag bieten Kleinbauern in der Stadt Bio-Produkte aus nachhaltiger Landwirtschaft an. Auf dem Markt kann man wunderbar frühstücken. Die Website informiert über die kulinarischen Highlights.

Margaret River Bakery CAFÉ $
(Karte S.1038; 89 Bussell Hwy; Hauptgerichte 10–18 AU$; ⊙ Mo–Sa 7–16 Uhr; 🍴) 🍴 Elvis-Musik, Retro-Einrichtung und kitschige Handarbeiten prägen das rustikal-verspielte Flair der MRB. Es dient als perfekte Kulisse für die hausgemachten Backwaren der Bäckerei, von denen viele vegetarisch oder glutenfrei sind. Gegen den Kater der Weinprobe am Vortag helfen tolle Burger und Pasteten.

Larder FEINKOST $$
(Karte S.1038; www.thelarder.biz; 2/99 Bussell Hwy; ⊙ Mo–Sa 9.30–18, So 10.30–16 Uhr) Neben Obst, Gemüse und Feinkost aus Margaret River verkauft die Larder Gerichte zum Mitnehmen (15–17 AU$), die sich als Abendessen anbieten, sowie gehaltvolle Frühstücksboxen, Picknickkörbe und Grillpakete (50–95 AU$). Gelegentliche Kochkurse ergänzen das Angebot.

Settler's Tavern KNEIPENKOST $$
(Karte S.1038; www.settlerstavern.com; 114 Bussell Hwy; Hauptgerichte 16–36 AU$; ⊙ Mo–Sa 11–24, So bis 22 Uhr) Donnerstags bis sonntags gibt's im Settler's zu Kneipengerichten und der umfangreichen Bier- und Weinauswahl Live-Unterhaltung. Abendessen servieren nur wenige Läden in Margaret River, deswegen ist die Kneipe bei Einheimischen und Besuchern außerordentlich beliebt. Empfehlenswert ist das gewaltige Seafood Deluxe mit hauseigenem Great White Pale Ale.

Morries Anytime CAFÉ $$
(Karte S.1038; www.morries.com.au; 2/149 Bussell Hwy; Tapas 11–15 AU$, Hauptgerichte 15–34 AU$; ⊙ 7.30 Uhr–open end) In kosmopolitischer Club-Atmosphäre gibt's hier Frühstück, Mittagessen sowie Cocktails und Tapas am Abend, dazu werden hiesige Brauerzeugnisse von Colonial Brewing vom Fass serviert. Die Speisekarte kombiniert auf raffinierte Weise asiatische und europäische Elemente.

★ Miki's Open Kitchen JAPANISCH $$$
(Karte S.1038; ☎ 08-9758 7673; www.facebook.com/mikisopenkitchen; 131 Bussell Hwy; kleine Gerichte 12–16 AU$, große Gerichte 28–37 AU$; ⊙ Di–Sa 18 Uhr–open end) Nachdem man sich einen Platz an der offenen Küche gesichert hat, kann man das faszinierende Schauspiel von Mikis Team genießen, das die besten Meeresfrüchte und Erzeugnisse aus WA zu kreativen Speisen mit japanischer Note verwandelt. Besonders abwechslungsreich ist das Degustationsmenü mit mehreren Gängen (55 AU$) mit Wein aus Margaret River – nach dem Bestellen kann man den Tempura-Magiern bei der Arbeit zusehen. Reservierung empfehlenswert.

🛍 Shoppen

Tunbridge Gallery KUNST & KUNSTHANDWERK
(Karte S.1038; www.tunbridgegallery.com.au; 101 Bussell Hwy; ⊙ Mo–Sa 10–17, So bis 15 Uhr) Her-

vorragende Galerie für indigene Kunst mit Werken aus WA.

ⓘ Praktische Informationen

Visitor Centre (Karte S. 1038; ☏ 08-9780 5911; www.margaretriver.com; 100 Bussell Hwy; ⊙ 9–17 Uhr) Buchungen, Informationen und Ausstellungen zu Weingütern in der Gegend.

ⓘ An- & Weiterreise

South West Coach Lines (☏ 08-9261 7600; www.transdevsw.com.au) Busse zwischen Busselton und Augusta (12-mal wöchentl.) halten in Cowaramup und Margaret River. Am Wochenende fahren sie außerdem nach Perth.

Transwa (☏ 1300 662 205; www.transwa.wa.gov.au) Der Bus SW1 (12-mal wöchentl.) von Perth nach Augusta hält in Yallingup und Margaret River, wobei drei Busse pro Woche nach Pemberton weiterfahren.

ⓘ Unterwegs vor Ort

Margaret River Beach Bus (☏ 08-9757 9532; www.margaretriverbackpackers.com.au) Der Minibus pendelt dreimal täglich zwischen Margaret River und den Stränden rund um Prevelly (10 AU$); nur im Sommer, Reservierung erforderlich.

Rund um Margaret River

Westlich von Margaret River lädt die Küste zum Surfen (sehr gute Bedingungen!) und Wandern ein. Die größte Gemeinde der Gegend ist Prevelly. Dort haben sich ein paar Hotels und Restaurants niedergelassen.

⊙ Sehenswertes & Aktivitäten

CaveWorks & Lake Cave HÖHLE
(Karte S. 1036; www.margaretriver.com; Conto Rd; Einzelticket Erw./Kind 22/10 AU$; ⊙ 9–17 Uhr, Touren zur Lake Cave 9.30–15.30 Uhr stündl.) CaveWorks, die Hauptverkaufsstelle für Tickets für die Lake, Mammoth und Jewel Caves, bietet auch exzellente Ausstellungen zu Höhlen, deren Schutz und fossilen Funden vor Ort. Daneben gibt es ein genaues Höhlenmodell und einen nachgebauten Höhlentunnel für Besucher. Die Einzeltickets umfassen den Eintritt für CaveWorks. Der sieben Tage gültige **Grand Tour Pass** (Erw./Kind 55/24 AU$) gilt für CaveWorks und alle drei Höhlen, während der **Ultimate Pass** (Erw./Kind 70/30 AU$) außerdem den Leuchtturm am Cape Leeuwin mit einschließt. CaveWorks liegt 20 km südlich von Margaret River abseits der Caves Rd.

Mammoth Cave HÖHLE
(Karte S. 1036; www.margaretriver.com; Caves Rd; Erw./Kind 22/10 AU$; ⊙ 9–17 Uhr) In der Mammoth Cave gibt es den versteinerten Kiefer des *Zygomaturus trilobus*, eines riesigen Beuteltiers, sowie weitere Fossilien und die eindrucksvolle Formation Mammoth Shawl zu sehen. Besucher erkunden die Höhle auf eigene Faust, wobei MP3-Audioguides bereitgestellt werden.

Calgardup & Giants Caves HÖHLEN
(www.parks.dpaw.wa.gov.au) Auch diese beiden Höhlen besucht man ohne Führer. Sie unterstehen dem Department of Environment and Conservation (DEC), das Helme und Taschenlampen zur Verfügung stellt. In der **Calgardup Cave** (Karte S. 1036; Caves Rd; Erw./Kind 15/8 AU$; ⊙ 9–16.15 Uhr) erstreckt sich jahreszeitabhängig ein See. Sie ist ein interessantes Beispiel für die Rolle einer Höhle für das Ökosystem: Ein Wasserlauf transportiert Nährstoffe zu den Tieren, die in ihr leben, darüber hängen Baumwurzeln. Die tiefere, längere **Giants Cave** (Karte S. 1036; Caves Rd; Erw./Kind 15/8 AU$; ⊙ 9.30–15.30 Uhr; nur in den Schulferien & an Feiertagen) weiter südlich umfasst ein paar steile Leitern und Kletterabschnitte.

Eagles Heritage VOGELPARK
(Karte S. 1036; ☏ 08-9757 2960; www.eaglesheritage.com.au; Erw./Kind 17/10 AU$; ⊙ Sa–Do 10–16.15 Uhr) Australiens größter Greifvogelpark liegt 5 km südlich von Margaret River. Jedes Jahr werden hier viele Raubvögel neu eingegliedert. Um 11 und 13.30 Uhr finden kostenlose Flugschauen statt.

Boranup Drive WALDTOUR
Die 14 km lange Strecke führt über eine ungepflasterte Straße durch einen wunderschönen Karri-Wald im Leeuwin-Naturaliste National Park. Kurz vor dem südlichen Ende liegt ein Aussichtspunkt mit Blick aufs Meer.

🛏 Schlafen

Surfpoint PENSION $
(Karte S. 1036; ☏ 08-9757 1777; www.surfpoint.com.au; Reidle Dr, Gnarabup; EZ/DZ ab 70/110 AU$; @ ⓘ ⓢ) Das helle, luftige Surfpoint bietet Strandlage für wenig Geld. Die Zimmer sind sauber und präsentabel, außerdem gibt es einen sehr ansprechenden kleinen Pool. Die Privatzimmer mit Bad haben ein gutes Preis-Leistungs-Verhältnis.

★ **Acacia Chalets** CHALETS $$$
(Karte S. 1036; ☏ 08-9757 2718; www.acaciachalets.com.au; 113 Yates Rd; DZ 250–280 AU$; ⊛) Auf

privatem Buschland – zur Szenerie gehören heimische Beuteltiere – verstecken sich drei Luxus-Chalets. Sie eignen sich bestens als Basislager für Ausflüge zu den Weingütern und Höhlen der Region sowie zur zerklüfteten Küste in der Nähe. Die Häuschen mit Kalksteinwänden und honigfarbenen Jarrah-Böden zählen zu den besten Unterkünften für Selbstversorger der Gegend. Die geräumigen Terrassen verfügen über Gasgrills.

Essen & Ausgehen

Voyager Estate WEINGUT
(Karte S. 1036; 08-9757 6354; www.voyagereste.com.au; Stevens Rd; 10–17 Uhr, Touren Di, Do, Sa & So 11 Uhr) Stattliche Gärten und Gebäude im Cape-Dutch-Stil machen das prächtigste Weingut von Margaret River aus. Zum Angebot gehören Touren (25–75 AU$ inkl. Weinprobe und Mittagessen).

Leeuwin Estate WEINGUT
(Karte S. 1036; 08-9759 0000; www.leeuwinestate.com.au; Stevens Rd; Hauptgerichte 31–39 AU$; tgl. 10–17, Sa abends) Ein weiteres eindrucksvolles Weingut mit hohen Bäumen und hügeligen Wiesen, die sich zum Busch hin erstrecken. Der Art Series Chardonnay zählt zu den besten des Landes. Informative Weintouren und Verkostungen finden um 11 Uhr statt (Erw./Kind 12,50/4 AU$). Regelmäßig werden großen Freiluftkonzerte veranstaltet.

Augusta & Umgebung

1700 EW.

Augusta liegt an der Mündung des Blackwood River, 5 km nördlich von Cape Leeuwin. Ringsum befinden sich einige Weingüter; die Atmosphäre hier ist allerdings wenig genussbetont – eher etwas träge.

Sehenswertes & Aktivitäten

Cape Leeuwin Lighthouse LEUCHTTURM
(Karte S. 1036; www.margaretriver.com; Erw./Kind 8/5 AU$; 9–16.30 Uhr) Am wilden, windgepeitschten Cape Leeuwin treffen Indischer Ozean und Südpolarmeer aufeinander. Das Kap ist der südwestlichste Punkt Australiens und verdankt seinen Namen einem niederländischen Schiff, das 1622 hier vorbeifuhr. Der Leuchtturm (1896) ist der größte in WA und bietet großartige Ausblicke auf die Küste. **Führungen** (Erw./Kind 20/13 AU$) starten von 9 bis 16.20 Uhr alle 40 Minuten; in der Ferienzeit muss man mit einer kurzen Wartezeit rechnen. Der **Ultimate Pass** (Erw./Kind 70/30 AU$) umfasst den Eintritt für den Leuchtturm sowie für die Höhlen Jewel, Lake und Mammoth.

Jewel Cave HÖHLE
(Karte S. 1036; www.margaretriver.com; Caves Rd; Erw./Kind 22/10 AU$; Führungen 9.30–15.30 Uhr stündl.) Die spektakulärste Höhle der Gegend beherbergt einen eindrucksvollen 5,9 m hohen Strohhalmstalaktit, dem bisher längsten in einer touristisch erschlossenen Höhle. Hier wurden Fossilien eines Beutelwolfs gefunden, die auf ein Alter von 3500 Jahren geschätzt werden. Die Jewel Cave liegt nahe des Südendes der Caves Rd, 8 km nordwestlich von Augusta. Der **Grand Tour Pass** (Erw./Kind 55/24 AU$) gilt für die Höhlen Jewel, Lake und Mammoth.

Absolutely Eco River Cruises BOOTSFAHRT
(08-9758 4003; cdragon@westnet.au; Erw./Kind 30/15 AU$; Oct.–Mai) Blackwood River; Oktober bis Mai.

Miss Flinders BOOTSFAHRT
(0409 377 809; Erw./Kind 30/15 AU$; Oct.–Mai) Blackwood River; ebenfalls von Oktober bis Mai.

Schlafen & Essen

Hamelin Bay Holiday Park CAMPING $
(08-9758 5540; www.mronline.com.au/accom/hamelin; Hamelin Bay West Rd; Stellplatz für 2 Pers. 20–25 AU$, Hütten 80–180 AU$) Nordwestlich von Augusta, direkt am Strand. Während der Ferien geht's auch an diesem abgeschiedenen Platz ganz schön heiß her.

Baywatch Manor YHA HOSTEL $
(08-9758 1290; www.baywatchmanor.com.au; 9 Heppingstone View; B 29 AU$, DZ mit/ohne Bad 93/73 AU$; @) Saubere, moderne Zimmer mit cremefarbenen Wänden und einzelnen Antiquitäten. Von der Veranda aus hat man Blick auf die Bucht. Im Winter sorgt ein Feuer im Gemeinschaftswohnraum für Wärme. Einige Doppelzimmer haben eigene kleine Balkone.

Deckchair Gourmet CAFÉ, FEINKOST $
(Blackwood Ave; Hauptgerichte 7–16 AU$; 8.30–16 Uhr;) Ausgezeichneter Kaffee, feine Speisen und kostenloses WLAN.

Praktische Informationen

Visitor Centre (08-9758 0166; www.margaretriver.com; Ecke Blackwood Ave & Ellis St; 9–17 Uhr)

SOUTHERN FORESTS

Die Wälder im Südwesten von WA sind einfach traumhaft schön. Im kühlen Schatten der Karri-, Jarrah- und Marri-Wälder (allesamt Eukalyptusarten) sprießen und gedeihen Unmengen von Pflanzen. In den weit verstreut liegenden Kleinstädten lassen sich nach wie vor Zeugnisse der langen Holzindustrie- und Tagebautradition erkennen. Viele Orte haben sich inzwischen neu erfunden und sich zu kleinen Tourismuszentren gemausert, die zum Wandern, Kanufahren oder Fischen (Forellen und Marron-Krebse) einladen. Ein weiteres Highlight hier sind natürlich die Weinverkostungen.

Nannup
500 EW.

Nannups historische Bretterhäuser und Cottage-Gärten liegen idyllisch am Ufer des Blackwood River. Der Name des Ortes leitet sich von einem Noongar-Wort ab und bedeutet „ein Ort zum Anhalten und Rasten". Das passt gut! Nannup ist allerdings auch eine gute Basis für Buschwanderer und Kanuten. **Blackwood River Canoeing** (08-9756 1209; www.blackwoodrivercanoeing.com; Leihausrüstung ab 25 AU$/Tag) stellt Ausrüstung zur Verfügung und organisiert den Kanutransport für Paddelabenteuer.

Immer wieder behauptet jemand, in dieser Gegend ein gestreiftes, wolfsartiges Tier gesichtet zu haben – den sogenannten Nannup-Tiger. Deshalb machen sich Tierfreunde Hoffnungen, dass es möglicherweise doch noch einen solchen Beutelwolf in freier Wildbahn gibt (das letzte bekannte Exemplar starb 1936 im Hobart Zoo) – also für alle Fälle die Kamera bereithalten!

Das **Nannup Music Festival** (www.nannup-musicfestival.org) steigt Anfang März. Im Mittelpunkt stehen Folk- und Weltmusik.

🛏 Schlafen & Essen

Caravan Park   CAMPING $
(08-9756 1211; www.nannupcaravanparks.com.au; Stellplätze 27–32 AU$) Der Wohnmobilpark am Fluss bietet bei Vollbelegung zusätzliche Stellplätze auf zwei nahe gelegenen Plätzen.

Holberry House   B&B $$
(08-9756 1276; www.holberryhouse.com; 14 Grange Rd; Zi. 140–190 AU$; 🛜🏊) Die Deko wirkt vielleicht etwas altbacken, doch das große Haus auf dem Hügel bietet komfortable Zimmer und ist von einem weitläufigen Garten mit schrägen Skulpturen umgeben (Eintritt für Nichtgäste: 4 AU$). Die Besitzer sind sehr liebenswert.

Pickle & O   CAFÉ $
(16 Warren Rd; Snacks 7–12 AU$; 10–16 Uhr; 🌱)
🌱 Guter Kaffee, riesige Käsekuchenstücke und Kebab-Wraps mit Räucherlachs sind überzeugende Argumente für einen Stopp bei dieser witzigen Kombination aus Naturkostladen und nachhaltigem Bio-Café.

ℹ Praktische Informationen

Visitor Centre (08-9756 1211; www.nannup-wa.com; 4 Brockman St; Mo-Fr 9–17, Sa 10–15, So 10–13 Uhr) verwaltet den benachbarten Campingplatz.

Bridgetown
2400 EW.

Bridgetown ist eine der niedlichsten Kleinstädte im Südwesten. Sie erstreckt sich am Blackwood River und ist von Karri-Wäldern und Ackerland umgeben. An den Wochenenden ist hier immer eine Menge los, und am zweiten Wochenende im November platzt der Ort förmlich aus allen Nähten: Dann steigt das jährliche **Blues at Bridgetown Festival** (www.bluesatbridgetown.com.au) mit familiärer Atmosphäre.

🛏 Schlafen & Essen

Bridgetown Riverside Chalets   HÜTTEN $$
(08-9761 1040; www.bridgetownchalets.com.au; 1338 Brockman Hwy; Hütte ab 140 AU$) Auf einem ruhigen Grundstück am Fluss, 5 km von Nannup entfernt, stehen vier separate Holzhütten (2 Zi., max. 6 Pers.), ausgestattet mit großen Öfen und Waschmaschinen.

Barking Cow   CAFÉ $$
(88 Hampton St; Frühstück 11–18 AU$, Mittagessen 13–21 AU$; Mo-Sa 8–14.30 Uhr) Das gemütliche, farbenfrohe Café serviert den besten Kaffee der Stadt. Lohnenswert sind außerdem die vegetarischen Tagesmenüs und die in Bridgetown legendären Gourmet-Burger.

Cidery   CAFÉ $$
(www.thecidery.com.au; 43 Gifford Rd; Hauptgerichte 10–25 AU$; Sa-Do 11–16, Fr bis 20 Uhr) An den Tischen im Freien, direkt neben dem Fluss, werden Cider und Bier aus eigener Herstellung sowie leichtes Mittagessen serviert. Freitags wird hier ab 17.30 Uhr Livemusik geboten.

🛈 Praktische Informationen

Visitor Centre (☎ 08-9761 1740; www.bridgetown.com.au; 154 Hampton St; ⊙ Mo–Fr 9–17, Sa 10–15, So 10–13 Uhr) Mit Exponaten zur Apfelernte.

Pemberton

760 EW.

Tief in den Karri-Wäldern liegt das verschlafene Pemberton, das sich der Weinherstellung verschrieben hat. Die hier produzierten Tropfen können qualitativ durchaus mit denen aus Margaret River mithalten, der Weintourismus steckt aber noch in den Kinderschuhen. Ein paar der besseren Güter veranstalten Weinproben nur nach vorheriger Anmeldung. Im Visitor Centre gibt's eine Gratis-Karte mit den Öffnungszeiten.

Die Nationalparks rings um Pemberton sind beeindruckend. Man sollte einen oder zwei Tage für den Karri Forest Explorer (S. 1044) sowie für Wanderungen und Picknicke im Grünen einplanen.

🏃 Aktivitäten

Salitage WEINGUT
(☎ 08-9776 1195; www.salitage.com.au; Vasse Hwy; ⊙ Fr–Di 10–16 Uhr) Der Pinot Noir von Salitage wurde zur Nr. 1 im Staat gekürt, aber auch der Chardonnay und der Sauvignon Blanc können sich sehen lassen. Einstündige Führungen beginnen immer um 11 Uhr. Man sollte vorher anrufen.

Pemberton Tramway TRAM-TOUR
(☎ 08-9776 1322; www.pemtram.com.au; Erw./Kind 24/12 AU$; ⊙ 10.45 & 14 Uhr) Die Strecke wurde zwischen 1929 und 1933 eingerichtet und führt durch Karri- und Marri-Wälder zum Warren River. Die Fahrt wird kommentiert. Die spaßige, wenn auch nicht gerade geruhsame Rundfahrt dauert 1¾ Stunden.

Pemberton Wine Centre WEINGUT
(www.marima.com.au; 388 Old Vasse Rd; ⊙ Mo–Fr 12–16 Uhr) Im Herzen des Warren National Park liegt dieses nette Zentrum, in dem regionale Weine verkostet werden können. Im Anschluss kann man sich eine Kiste mit seinen Favoriten zusammenstellen lassen.

🧭 Geführte Touren

Pemberton Hiking & Canoeing WANDERN, KANUFAHREN
(☎ 08-9776 1559; www.hikingandcanoeing.com.au; halb-/ganztags 50/100 AU$) 🍃 Umweltfreundliche Touren in die Nationalparks Warren und D'Entrecasteaux sowie zu den Yeagaru-Sanddünen. Außerdem werden vom Veranstalter verschiedene Thementouren angeboten (diese beschäftigen sich z. B. mit Wildblumen, Fröschen und seltener Fauna). Bei den nächtlichen Kanufahrten (50 AU$) kann man nachtaktive Wildtiere beobachten.

Pemberton Discovery Tours JEEPTOUREN, MOUNTAINBIKING
(☎ 08-9776 0484; www.pembertondiscoverytours.com.au; 12 Brockman St; Erw./Kind 105/50 AU$) 🍃 Halbtägige Jeeptouren zu den Sanddünen von Yeagarup und der Mündung des Warren River. Zudem stehen Ausflüge zu hiesigen Weingütern, Brauereien und Apfelweinkeltereien sowie zur Küstenlandschaft des D'Entrecasteaux National Park zur Auswahl. Beim Hauptsitz in Pemberton gibt es Infos zur Gegend, u. a. zu Radwegen in der Nähe und empfehlenswerten Touren, sowie einen Mountainbike-Verleih.

Donnelly River Cruises BOOTSFAHRTEN
(☎ 08-9777 1018; www.donnellyrivercruises.com.au; Erw./Kind 65/35 AU$) 🍃 Auf dem Programm stehen hier 12 km lange Bootsfahrten durch den D'Entrecasteaux National Park zu den Klippen im Südpolarmeer.

> **ABSTECHER**
>
> ## MANJIMUP
>
> Wer auf die Jagd nach dem teuersten essbaren Naturprodukt der Welt gehen möchte, ist bei **Truffle & Wine Co** (☎ 08-9777 2474; www.truffleandwine.com.au; Seven Day Rd, Manjimup; ⊙ 10–16 Uhr, Mittagessen 12–15 Uhr) richtig. Dort kann man sich von Juni bis August samstags und sonntags einer 2½-stündigen Trüffelsuche mit cleveren Labradoren, die als Trüffelhunde ausgebildet wurden, anschließen (Erw./Kind 60/30 AU$; im Voraus reservieren). Wer möchte, kann danach noch ein Trüffel-Mittagessen mit drei Gängen (65 AU$) genießen. Das ganze Jahr über können Besucher jede Menge Trüffelprodukte kosten, zudem gibt es im angeschlossenen Geschäft und Café Käse- und Wurstplatten sowie Kaffee und Kuchen. Manjimup liegt auf dem Weg von Bridgetown nach Pemberton; ungefähr 3 km südlich der Stadt führt eine Abzweigung zu Truffle & Wine Co.

ABSTECHER

KARRI FOREST EXPLORER

Die malerische Panoramastraße windet sich über 86 km vorbei an großartigen Wanderwegen, eindrucksvollen Bäumen, Picknickplätzen und Infoschildern teils über unbefestigtes Terrain durch drei Nationalparks (12 AU$/Fahrzeug).

Zu den Attraktionen gehört der **Gloucester Tree**; wer fit genug ist und keine Angst hat, kann in die Krone klettern (58 m). Der **Dave Evans Bicentennial Tree**, mit 68 m der höchste Kletterbaum, steht im Warren National Park, 11 km südlich von Pemberton. Der Bicentennial-Tree-Rundweg führt über den **Maiden Bush** zum **Heartbreak Trail** durch 250 Jahre alte Karri-Bestände.

Nördlich von Pemberton wartet das **Big Brook Arboretum** mit hohen Bäumen aus der ganzen Welt auf.

Der Wanderweg trifft immer wieder auf die Hauptstraßen, sodass man kurze Strecken mit dem Auto zurücklegen kann. Eine Broschüre gibt's im Visitor Centre in Pemberton.

Schlafen & Essen

Die hiesigen Spezialitäten sind Forelle und Marron-Krebse.

Pemberton Backpackers YHA HOSTEL $
(08-9776 1105; www.yha.com.au; 7 Brockman St; B/EZ/DZ 33/70/77 AU$; @) Das Haupthotel ist für Erntehelfer reserviert, man muss also nach einem Zimmer im separaten **Cottage** (8 Dean St) für „ganz normale" Reisende fragen. Dieses wiederum ist recht niedlich und gemütlich, allerdings geht ohne Reservierung so gut wie gar nichts – denn es gibt hier nur drei Zimmer, von denen eines ein sechs Personen Zimmer ist.

Old Picture Theatre Holiday Apartments APARTMENTS $$
(08-9776 1513; www.oldpicturetheatre.com.au; Ecke Ellis St & Guppy St; Apt. 160–210 AU$;) Das alte Kino der Stadt wurde in gut ausgestattete, geräumige Apartments für Selbstversorger mit vielen Jarrah-Elementen und Schwarz-Weiß-Fotos von Filmen verwandelt. Das Preis-Leistungs-Verhältnis überzeugt und es gibt ein hauseigenes Spa.

★ Foragers COTTAGES $$$
(08-9776 1580; www.foragers.com.au; Ecke Roberts Rd & Northcliffe Rd; Cottages 225–270 AU$;) Hier stehen sehr hübsche, einfache Karri-Cottages und hochwertige Öko-Luxus-Chalets zur Auswahl. Letztere sind hell, luftig und zeitgenössisch-elegant eingerichtet und verfügen über ein umweltfreundliches Abwassersystem und passive Solartechnik. Kulinarische Leckerbissen kommen in der angrenzenden Foragers Field Kitchen auf den Tisch.

Marima Cottages COTTAGES $$$
(08-9776 1211; www.marima.com.au; 388 Old Vasse Rd; Cottages 249–269 AU$) Mitten im Warren National Park bieten diese vier Cottages aus Stampflehm und Zedernholz im ländlichen Stil mit gusseisernen Öfen jede Menge Privatsphäre und Luxus. In der Abenddämmerung schauen manchmal Beuteltiere vorbei.

Holy Smoke CAFÉ, SELBSTVERSORGUNG $
(www.holysmoke.com.au; Dickinson St; Snacks 5–15 AU$; Mo-Fr 10–16, Sa & So ab 9 Uhr) Guter Kaffee, toller Kuchen und getoastete Sandwiches bei der exzellenten **Pemberton Fine Woodcraft Gallery**. Besonders lecker sind die Probierteller mit geräuchertem Fleisch, Fisch und Pasteten.

Foragers Field Kitchen INTERNATIONAL $$$
(08-9776 1503; www.foragers.com.au; Ecke Roberts Rd & Northcliffe Rd; Abendessen 55–75 AU$) Die renommierte Köchin Sophie Zalokar bietet freitags und samstags regelmäßig Abendmenüs an, manchmal mit italienischen Leckereien aus dem Holzofen oder vier Gängen mit saisonalen Zutaten. Zudem veranstaltet sie **Kochkurse**, meist mittwochabends. Über Termine informiert der Veranstaltungskalender auf der Website. Am besten reserviert man mindestens 48 Stunden im Voraus.

❶ Praktische Informationen

Department of Parks & Wildlife (08-9776 1207; www.dpaw.wa.gov.au; Kennedy St; 8-16.30 Uhr) Infos zu Parks und Buschwanderungen in der Gegend.

Visitor Centre (08-9776 1133; www.pembertonvisitor.com.au; Brockman St; 9–16 Uhr) Mit einem Pioniermuseum und einem Infozentrum zum Karri-Wald.

Südliches WA

Inhalt →
Walpole & Nornalup . 1047
Denmark 1048
Albany 1050
Mt. Barker 1055
Porongurup NP 1056
Stirling Range NP 1057
Fitzgerald River NP .. 1058
Esperance 1059
Norseman 1062
Coolgardie................ 1064
Kalgoorlie-Boulder .. 1064

Gut essen
- York Street Cafe (S. 1053)
- Mrs. Jones (S. 1049)
- Maleeya's Thai Cafe (S. 1056)
- Pepper & Salt (S. 1050)
- Boston Brewery (S. 1050)

Schön übernachten
- Cape Howe Cottages (S. 1049)
- Beach House at Bayside (S. 1053)
- Esperance B&B by the Sea (S. 1060)
- The Lily (S. 1058)

Auf ins südliche Western Australia!

Über den Wellen und Klippen der rauen South Coast zu stehen ist ein berauschendes Erlebnis. Und an ruhigen Tagen, wenn das Meer aquamarinblau schimmert und die weißen Strände unberührt daliegen, bietet die South Coast eine ganz andere, aber ebenso atemberaubende Erfahrung. Sogar während der Sommerferien ist es hier unten in der Great Southern entspannt. Die Gegend ist einfach etwas zu weit von Perth entfernt, um Urlauberhorden anzulocken.

Im Winter kommen wandernde Wale hierher. Und im Valley of the Giants im Walpole National Park zeugen die Riesen-Eukalyptusbäume von den Wundern der Natur.

Wer die Flora und Fauna erkundet hat, kann Albany mit seiner Kolonial- und Anzac-Geschichte besuchen. In Denmark gibt es tolle Weine, leckere Biere und gutes Essen.

Von Esperance geht es Richtung Norden. In Norseman bricht man zu einem Abenteuer über die Nullarbor Plain auf, oder fährt weiter und erkundet die goldene Vergangenheit, Gegenwart und Zukunft des wilden Kalgoorlie.

Reisezeit
Esperance

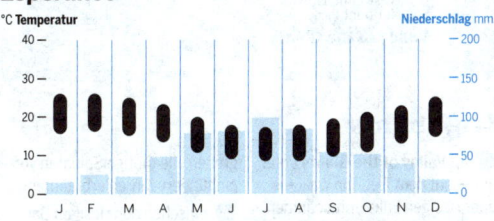

Jan. Das beste Strandwetter – und nicht so heiß oder überlaufen wie die Westküste.

Sept. Jede Menge Wildblumen und Wale.

Dez. Perfektes Wetter für die Nationalparks Stirling Range und Porongurup.

Highlights

1 Im **Valley of the Giants** unter und – auf dem Tree Top Walk – über riesigen Eukalyptusbäumen herumspazieren (S. 1047)

2 Im **King George Sound** (S. 1052) wetten, wer die meisten Wale entdeckt

3 Im **National Anzac Centre** (S. 1051) in Albany die Opfer begreifen, die mutige Soldaten vor einhundert Jahren erbrachten

4 Zwischen den riesigen Bäumen und Granitfelsen des **Porongurup National Park** (S. 1056) herumwandern

5 Auf den Wanderwegen im **Fitzgerald River National Park** (S. 1058) Wildblumen bestaunen

6 Sich in den Tiefen der spektakulären Super Pit in **Kalgoorlie-Boulder** (S. 1064) wie ein Zwerg fühlen

7 An den Stränden des **Cape Le Grand National Park** (S. 1061) schwimmen, surfen und sonnenbaden

Walpole & Nornalup

Die schmalen Buchten von Walpole (320 EW.) und Nornalup (50 EW.) bieten sich als Basis für Ausflüge in die dicht bewaldete Walpole Wilderness Area an, ein gewaltiges Areal mit zerklüfteter Küstenlinie, mehreren Nationalparks und Meeres- bzw. Waldschutzgebieten auf stolzen 3630 km² Fläche. Walpole ist der größere der beiden Orte; hier wird aus dem South Western Hwy (Route 1) der South Coast Hwy.

◉ Sehenswertes & Aktivitäten

Walpole-Nornalup
National Park NATURSCHUTZGEBIET
(www.parks.dpaw.wa.gov.au) Unter den Riesenbäumen in diesem Park befinden sich auch mehrere seltene Eukalyptusbaumarten. Zu den vielen guten Wanderwegen gehört beispielsweise ein Abschnitt des Bibbulmun Track, der durch Walpole zum Coalmine Beach führt. Zu den vielen guten Spazierfahrten zählt z. B. der Knoll Drive, 3 km östlich von Walpole; die Valley of the Giants Road; und die ländliche Gegend Richtung Mt. Frankland, 29 km nördlich von Walpole. Hier kann man auf den Gipfel steigen und die Panoramaussicht genießen oder am Fuß des Berges wandern. Gegenüber vom Knoll Drive führt die Hilltop Rd zu einem Riesen-Eukalyptusbaum. Diese Straße führt weiter zum Circular Pool des Frankland River, einem beliebten Ort zum Kanufahren. Kanus kann man bei den Nornalup Riverside Chalets mieten.

Valley of the Giants NATURSCHUTZGEBIET
(www.valleyofthegiants.com.au; Tree Top Walk Erw./Kind 15/7,50 AU$; ⊙9–17 Uhr, kostenl. Führungen 10.15, 11.30 & 14 Uhr) Im Valley of the Giants befindet sich der **Tree Top Walk**. Eine 600 m lange Rampe führt hinauf in die Baumkronen der Riesen-Eukalyptusbäume. Auf den höchsten Punkt befindet man sich 40 m über der Erde. Die Rampe ist nicht steil und kann mit etwas Hilfe auch von Rollstuhlfahrern genutzt werden. Wieder auf dem Boden kann man dem Ancient-Empire-Steg (kostenl.) folgen, der durch uralte Eukalyptusbäume führt, die einen Umfang von bis zu 16 m und eine Höhe von bis zu 46 m aufweisen.

Conspicuous Cliffs AREAL
Auf halber Strecke zwischen Nornalup und der Peaceful Bay liegen die Conspicuous Cliffs, wo man zwischen Juli und November Wale beobachten kann. Hier gibt es einen Aussichtspunkt auf einem Hügel und einen relativ steilen 800 m langen Weg zum Strand.

⌂ Geführte Touren

WOW Wilderness
Ecocruises BOOTSFAHRT
(☏08-9840 1036; www.wowwilderness.com.au; Erw./Kind 45/15 AU$) ✐ Die großartige Landschaft und das Leben darin werden den Teilnehmern mit Anekdoten über die Aborigines, Lachsfischer und schiffbrüchige Piraten nahegebracht. Zweieinhalb Stunden lang geht's durch Buchten und über Flüsse. Abfahrt ist täglich um 10 Uhr – im Visitor Centre buchen.

Naturally Walpole Eco Tours ÖKOTOUR
(☏08-9840 1019; www.naturallywalpole.com.au) ✐ Halbtägige Touren erforschen die Wildnis von Walpole (Erw./Kind 95/55 AU$) und den Tree Top Walk (Erw./Kind 105/60 AU$). Hier gibt's außerdem maßgeschneiderte Weingüter- sowie Wildblumen-Touren.

🛏 Schlafen

In der Wildnis befinden sich Campingplätze mitten im Busch – etwa bei Crystal Springs und Fernhook Falls.

Walpole Lodge HOSTEL $
(☏08-9840 1244; www.walpolelodge.com.au; Pier St, Walpole; B/EZ/DZ 27/45/90 AU$; @🛜) Das beliebte Hostel ist schlicht, großzügig geschnitten und von einer lockeren Atmosphäre geprägt. Die Besitzer sind stets gut gelaunt. Die Infotafeln an den Wänden sind hervorragend, und die Zimmer mit Bad sind Gold wert.

Tingle All Over YHA HOSTEL $
(☏08-9840 1041; www.yha.com.au; 60 Nockolds St, Walpole; B/EZ/DZ 31/54/74 AU$; @🛜) Im Garten dieses sauberen, einfachen Hostels kann man sich an der Natur bedienen und Zitronen oder Chilis pflücken. In der Nähe des Highways. Man kriegt hier jede Menge Tipps zu Spaziergängen in der Umgebung.

Rest Point
Holiday Village WOHNWAGENPARK $
(☏08-9840 1032; www.restpoint.com.au; Rest Point; Stellplatz für 2 Pers. 26 AU$, Hütten 80–125 AU$) Auf großen Rasenflächen, direkt am Wasser, liegt dieser große Ferienpark, der Campern Schatten und Nicht-Campern eine große Auswahl an Selbstversorgerunterkünften bietet.

DIE STRASSE NACH MANDALAY

Etwa 13 km westlich von Walpole, in Crystal Springs, führt eine 8 km lange Schotterstraße zum **Mandalay Beach**. Hier lief 1911 die norwegische Bark Mandalay auf Grund. Etwa alle zehn Jahre taucht das Schiff nach Stürmen geisterhaft aus dem seichten Wasser auf. Im Visitor Centre in Walpole gibt es Fotos dazu. Der schöne, oft menschenleere Strand ist über einen Holzsteg zu erreichen, der über Sanddünen und Felsklippen hinwegführt. Er gehört zum D'Entrecasteaux National Park.

Riverside Retreat CHALETS $$
(08-9840 1255; www.riversideretreat.com.au; South Coast Hwy, Nornalup; Chalet 150–210 AU$) Die gut ausgestatteten Chalets stehen am Ufer des wunderschönen Frankland River. Für sein Geld bekommt man hier einiges geboten: Die Zimmeröfen sorgen im Winter für gemütliche Wärme, und man kann Tennis spielen oder Kanu fahren. Oft schauen auch tierische Besucher vorbei.

Nornalup Riverside Chalets CHALETS $$
(08-98401107; www.walpole.org.au/nornalupriversidechalets; Riverside Dr, Nornalup; Chalets 110–180 AU$) Diese komfortablen, farbenfrohen Selbstversorger-Chalets liegen im verschlafenen Nornalup, nur einen Steinwurf entfernt von den Fischen im Frankland River. Die Chalets haben viel Abstand zueinander und bieten viel Privatsphäre.

Essen

Thurlby Herb Farm CAFÉ $$
(www.thurlbyherb.com.au; 3 Gardiner Rd; Hauptgerichte 15–20 AU$; Mo-Fr 9–17 Uhr) Hier gibt es leichte Mittagsgerichte, Kuchen mit Tee aus frisch gepflückten Kräutern, sowie andere auf Kräuterbasis hergestellte Erzeugnisse, z. B. Seife und Produkte für die Aromatherapie. Die Farm liegt nördlich von Walpole auf dem Weg zum Mt. Frankland National Park.

Top Deck Cafe CAFÉ $$
(25 Nockolds St, Walpole; Hauptgerichte 15–27 AU$; 9–14 & 17.30–21 Uhr) Das Top Deck Café liegt versteckt an der Hauptstraße von Walpole. Hier gibt's gutes Frühstück und leckere Abendgerichte, z. B. Spinat-Feta-Pie sowie täglich wechselnde Currys.

Praktische Informationen

Das **Visitor Centre** (08-9840 1111; www.walpole.com.au; South Coast Hwy, Walpole; 9–17 Uhr; @) befindet sich im Pioneer Cottage.

An- & Weiterreise

Am Visitor Centre fährt der **Transwa**-Bus (1300 662 205; www.transwa.wa.gov.au) GS3 täglich nach Bunbury (45 AU$, 4½ Std.), Bridgetown (26 AU$, 3¼ Std.), Pemberton (20 AU$, 1¾ Std.), Denmark (14 AU$, 42 Min.) sowie Albany (22 AU$, 1½ Std.) und zurück.

Denmark

2800 EW.

Denmarks Strände und Küste, Fluss und geschützte Bucht, Wald und Hinterland haben eine Reihe von kreativen und umweltbewussten Gemeinschaften angezogen. Farmer, Fischer und Familien vermischen sich jedes Jahr während der vier Markttage.

Denmark wurde gegründet, um die ersten Goldfelder mit Holz zu versorgen. Die indigenen Minang Noongar nennen den Ort Koorabup („Ort der schwarzen Schwans"). Im Wilson Inlet wurden Fischreusen gefunden, die bezeugen, dass hier schon vor 3000 Jahren Aborigines gelebt haben.

Sehenswertes & Aktivitäten

Denmark befindet sich in der klimatisch kühlen Great Southern Weinregion. Namhafte Weingüter sind u. a. **Howard Park** (www.burchfamilywines.com.au; Scotsdale Rd; 10–16 Uhr) und **Forest Hill** (www.foresthillwines.com.au; Ecke South Coast Hwy & Myers Rd; 10–16 Uhr). Zu letzterem gehört das ausgezeichnete Pepper & Salt Restaurant (S. 1050).

Surfen & Angeln

Surfer und Angler sollten den rauen, aber wunderschönen **Ocean Beach** ansteuern. Der zertifizierte Mike Neunuebel erteilt hier **Surfunterricht** (0401 349 8540; www.southcoastsurfinglessons.com.au; 2 Std. inkl. Ausrüstung ab 60 AU$).

Wandern & Trekken

Wanderfreunde können den **Mokare Heritage Trail** (3 km langer Rundweg am Denmark River) oder den **Wilson Inlet Trail** (12 km hin & zurück, Startpunkt an der Flussmündung) erkunden. Letzterer gehört zum längeren **Nornalup Trail**. Einen tollen Blick auf die Küste bietet der **Mt.**

Shadforth Lookout. Eine hübsche Panoramastraße ist die **Mt. Shadforth Rd**, die vom Stadtzentrum bis zum South Coast Hwy westlich der Stadt führt, sowie die längere, ländlichere Schleife über die **Scotsdale Rd**. Unterwegs kommt man an Alpaka-Farmen, Weingütern, Käsereien und Kunsthandwerks-Galerien vorbei.

Schwimmen

Der **William Bay National Park**, rund 20 km westlich der Stadt, bietet geschützte Badegelegenheiten im herrlichen **Greens Pool** und bei den **Elephant Rocks**. Außerdem gibt's hier ein paar schöne Wanderwege. In der Bartholomews Meadery (www.honeywine.com.au; 2620 South Coast Hwy; 9.30–16.30 Uhr) kann man sich nach dem Strandbesuch mit Met (Honigwein) oder köstlicher hausgemachter Honig-Rose-Mandel-Eiscreme (5 AU$) verwöhnen.

Geführte Touren

Out of Sight! OUTDOOR
(08-9848 2814; www.outofsighttours.com; 5-stündige Tour Erw./Kind 150/75 AU$) Jeeptouren erkunden den West Cape Howe National Park.

Denmark Wine Lovers Tour BUSTOUR
(0410 423 262; www.denmarkwinelovers.com.au) Ganztages-Touren zu den Weingütern in Denmark oder zum weiter entfernten Porongurup oder Mt. Barker.

Feste & Events

Market Days MARKT
(www.denmarkarts.com.au) Viermal im Jahr (Mitte Dez., Anfang und Ende Jan. sowie Ostern) ist Denmark Schauplatz der Markttage am Fluss. Hier gibt es Kunsthandwerk, Stände, Musik und Essen.

Festival of Voice MUSIK
(www.denmarkfestivalofvoice.com.au) Aufführungen und Workshops an einem Wochenende Anfang Juni.

Schlafen

Blue Wren Travellers' Rest YHA HOSTEL $
(08-9848 3300; www.denmarkbluewren.com.au; 17 Price St; B/DZ/FZ 28/80/120 AU$) Unter dem Holzhaus haben sich Hühner eingenistet, und der gutmütige Haushund wird von allen verwöhnt. An den Wänden hängen tolle Info-Tafeln, und mit seinen 20 Betten ist das Haus klein genug, um noch gemütlich zu sein. Man kann hier auch Fahrräder mieten (20 AU$/Tag). Für Fahrradreparaturen hat der nette Besitzer Graham wirklich ein Händchen.

Denmark Rivermouth Caravan Park WOHNWAGENPARK $
(08-9848 1262; www.denmarkrivermouthcaravanpark.com.au; Inlet Dr; Stellplatz 33 AU$/2 Pers., Hütte/Chalet 130–200 AU$) Gleich neben der Bootsrampe des Wilson Inlet liegt dieser Campingplatz – und ist damit ideal für Wasserratten und -sportler! Manche Unterkünfte sind richtiggehend luxuriös, wenn auch sehr nah beieinander. Extras sind ein Spielplatz und der Kajakverleih.

31 on the Terrace BOUTIQUEHOTEL $$
(08-9848 1700; www.denmarkaccommodation.com.au; 31 Strickland St; Zi. 115–155 AU$; ❄) Die stylischen Zimmer-mit-Badezimmer (einige auch mit Balkon) in diesem renovierten Eck-Pub im Zentrum bieten ein gutes Preis-Leistungs-Verhältnis. In den Apartments kommen bis zu fünf Personen unter.

★**Cape Howe Cottages** COTTAGES $$$
(08-9845 1295; www.capehowe.com.au; 322 Tennessee Rd S; Cottage 180–290 AU$; ❄) Wer Lust auf Abgeschiedenheit hat, wird die fünf Hütten im Busch, etwas südöstlich von Denmark, lieben. Sie sehen ganz unterschiedlich aus. Das schönste Cottage ist nur 1,5 km vom Lowlands Beach entfernt, an dem gern Delfine vorbeischauen. Die Ausstattung (Grill auf der Veranda, Geschirrspüler und die Möglichkeit, Wäsche zu waschen) ist geradezu luxuriös.

Celestine Retreat CHALETS $$$
(08-9848 3000; www.celestineretreat.com; 413 Mt. Shadforth Rd; DZ 239–289 AU$; ❄) Dieser luxuriöse Rückzugsort, in dem sich nur vier Chalets auf 13 ha Land verteilen, bietet eine überwältigende Aussicht auf das Meer und das Tal. Die privaten Spas, flauschigen Bademäntel und noblen Badezimmerartikel eignen sich gut für einen Romantikurlaub. Die Anlage wird gerade frisch renoviert.

Essen & Trinken

★**Mrs. Jones** CAFÉ $$
(0467 481 878; www.mrsjonescafe.com; 12 Mt. Shadforth Rd; Hauptgerichte 9–18 AU$; 7–16 Uhr) Den besten Kaffee in Denmark gibt's in diesem geräumigen Café. Hungrige mischen sich hier unter Einheimische und Touristen und genießen die interessanten Gerichte, die oft einen mediterranen oder

★ Pepper & Salt
MODERN-AUSTRALISCH, ASIATISCH $$$

(☎ 08-9848 3053; www.pepperandsalt.com.au; 1564 South Coast Hwy, Forest Hill Vineyard; Hauptgerichte 38–42 AU$; ⊙ Do–So 12–15, Fr ab 18 Uhr) Koch Silas Masih, dessen Vorfahren aus Fidschi und Indien stammen, weiß mit Kräutern und Gewürzen umzugehen, was er mit seinen frischen und dynamischen Gerichten wunderbar unter Beweis stellt. Unter den Highlights finden sich Riesengarnelen mit Chili-Popcorn und Limetten-Mayonnaise oder die ausgezeichnete Tapas-Platte (62 AU$), die einen kulinarischen Bogen von Asien zum Mittleren Osten spannt. Auf jeden Fall im Voraus buchen.

Boston Brewery
BRAUEREI

(www.willoughbypark.com.au; Willoughby Park Winery, South Coast Hwy; Pizza 17–18 AU$, Hauptgerichte 25–38 AU$; ⊙ Mo–Do 10–19, Fr & Sa bis 22, So bis 21 Uhr) Der Industrieschick dieser Brauerei passt gut in dieses Weingut. Hier gibt es Holzofenpizza, andere Hauptgerichte und Snacks, die gut zu dem hopfigen Portfolio aus vier Biersorten passen. Vor Ort befindet sich auch die Willoughby Park Winery. Jeden zweiten Samstag im Monat gibt es Livemusik von 16 bis 20 Uhr.

ⓘ Praktische Informationen

Das **Visitor Centre** (☎ 08-9848 2055; www.denmark.com.au; 73 South Coast Hwy; ⊙ 9–17 Uhr) bietet Informationen, Unterkunftsbuchungen und eine Ausstellung zur lokalen Weinherstellung.

ⓘ An- & Weiterreise

Der **Transwa**-Bus (☎ 1300 662 205; www.transwa.wa.gov.au) GS3 fährt täglich nach Bunbury (51 AU$, 5½ Std.), Bridgetown (34 AU$, 4¾ Std.), Pemberton (28 AU$, 2¾ Std.), Walpole (14 AU$, 42 Min.) sowie Albany (10 AU$, 42 Min.) und zurück.

Albany

25 200 EW.

Albany wurde 1826 – also kurz vor Perth – gegründet und ist somit die älteste europäische Siedlung im Bundesstaat. Heute ist Albany das geschäftige kommerzielle Herz der südlichen Region. Die Stadt hat viele Gesichter: Es gibt ein prächtiges Viertel mit herrschaftlichen und eleganten (wenngleich auch baufälligen) Kolonialgebäuden und – unweit davon – ein Hafenviertel mit mondänen sanierten Gebäuden sowie hektische Einkaufszentren und Fast-Food-Restaurants. Weniger ambivalent ist die spektakuläre Küste, die sich von den von der Brandung gepeitschten Klippen des Torndirrup National Park zum weißen Sand des Middleton Beach und dem ruhigen Wasser des King George Sound erstreckt.

Albany befindet sich in einer Gegend, die der Gewalt des Wetters und des Walfangs ausgesetzt war. Wale sind noch immer ein Teil des Albany-Erlebnisses, aber heute werden sie nur noch mit der Kamera gejagt.

Vor dem Visitor Centre beginnt und endet der **Bibbulmun Track** (www.bibbulmuntrack.org.au).

Geschichte

Die Minang Noongar nannten diesen Ort Kinjarling („Ort des Regens"). Sie glaubten, die zerklüftete Landschaft sei von widerstreitenden Wargals (mystischen Riesenschlangen) geschaffen worden.

Zunächst pflegte man friedliche Beziehungen zu den Europäern. Zwischen 1622 und 1826 legten mehr als 60 europäische Schiffe in Albany an. Die Ankunft britischer Siedler wurde begrüßt, da sie die Robben- und Walfänger in ihre Schranken wiesen, die für Entführungen, Vergewaltigungen und Ermordungen von Minang verantwortlich gewesen waren. Doch gegen Ende des 19. Jhs. verweigerte jedes Geschäft in Albany den Aborigines den Zutritt. Nach und nach verloren die Minang die Kontrolle über alle Aspekte ihres Lebens (einschließlich des Rechts ihre eigenen Kinder aufzuziehen).

Für die Briten war Albanys geschützter Hafen, der die Stadt bis zum Jahr 1978 zu einem Walfanghafen machte, von zentraler Bedeutung. Im Ersten Weltkrieg war Albany der Sammelpunkt für die Frachtschiffe, die mehr als 40 000 australische und neuseeländische Soldaten des Army Corps (Anzac) nach Ägypten und Gallipoli brachten.

⊙ Sehenswertes

★ Albany Heritage Park
PARK

Der 2014 eingeweihte Albany Heritage Park umfasst das National Anzac Centre, die Princess Royal Fortress, den Padre White Lookout, das Desert Mounted Corps Memorial und das Ataturk Memorial.

Albany

Albany

⊙ Highlights
1 Albany Heritage Park D2
2 Western Australian Museum – Albany................................. B3

⊙ Sehenswertes
3 Brig Amity B3
4 Courthouse B2
5 Desert Mounted Corps Memorial D2
6 Mt. Melville Lookout Tower................... A1
7 Old Post Office C3
8 St. John's Anglican Church................. B2

⊙ Aktivitäten, Kurse & Touren
9 Albany Whale Tours C3
10 Southcoast Diving Supplies B1

⊙ Schlafen
11 1849 Backpackers................................B2
12 Albany Harbourside B2

⊙ Essen
13 Albany Boatshed Markets.....................C3
14 Albany Farmers Market........................B2
15 Earl of Spencer C2
16 Lime 303..C1
17 Vancouver Cafe & Store.......................A2
18 White Star Hotel C2
19 York Street Cafe C2

⊙ Unterhaltung
20 Town Hall..B2

➜ **National Anzac Centre**
(www.nationalanzaccentre.com.au; Forts Rd, Princess Royal Fortress; Erw./Kind 24/12 AU$; ⊙9–16 Uhr) Dieses neue Museum wurde 2014 anlässlich der Anzac-Einhundertjahrfeier eröffnet. Es erinnert an die Männer und Frauen aus Albany, die im Ersten Weltkrieg kämpften. Ausgezeichnete Multimedia-Präsentationen verleihen der Ausstellung Realismus und Tiefe. Die Lage des Museums – von hier aus blickt man auf den Teil des Ozeans, über den die Truppenschiffe ausliefen – strahlt tiefe Melancholie aus.

Besuchern wird beim Eintritt eine von 32 Fotografien ausgehändigt, die einen Soldaten oder eine Krankenschwester zeigen (darunter auch ein deutscher und ein türkischer Soldat), deren Lebensgeschichten auf interaktiven Installationen verfolgt werden können. Das genaue Schicksal dieser 32 Personen wird erst am Ende der Ausstellung enthüllt.

➜ **Princess Royal Fortress**
(Forts Rd; im Eintritt für das National Anzac Centre enthalten; ⊙9–17 Uhr) Albany war ein strategisch bedeutsamer Hafen und galt daher

von jeher als potenzielles Angriffsziel. Darum wurde 1893 zum Schutz vor möglichen Angriffen der Russen und Franzosen diese Anlage auf dem Mt. Adelaide errichtet. Die restaurierten Gebäude, Geschützstellungen und Aussichten sind sehr interessant.

➡ Mt. Melville & Mt. Clarence

Der Mt. Clarence und der Mt. Melville bieten wunderbare Ausblicke auf die Küste und das Festland. Auf dem Mt. Clarence befindet sich das Desert Mounted Corps Memorial, das ursprünglich in Port Said (Ägypten) als Denkmal für den Ersten Weltkrieg errichtet wurde. Es wurde während der Suez-Krise im Jahr 1956 zerstört. Diese Kopie wurde aus Überresten des Originals angefertigt. Der Mt. Clarence befindet sich über dem Albany Heritage Park.

★ Western Australian Museum – Albany   MUSEUM

(www.museum.wa.gov.au; Residency Rd; Eintritt gegen Spende; ⊙10–16.30 Uhr) Diese Niederlassung des staatlichen Museums ist in zwei benachbarten Gebäuden untergebracht. Im neueren Eclipse gibt es einen Erlebnisbereich für Kinder und eine Leuchtturmausstellung. Im restaurierten Wohnhaus des britischen Magistrats (erbaut in den 1850er-Jahren) werden die Tradition der Minang Noongar, die Naturgeschichte und das örtliche Seemannsgarn näher beleuchtet.

Brig Amity   SCHIFF

(Erw./Kind 5/2 AU$; ⊙10–16.30 Uhr) Diese maßstabsgetreue Kopie der Brigg, mit der die ersten britischen Siedler 1826 von Sydney nach Albany reisten, wurde für die 150-Jahr-Feier der Stadt angefertigt. Das historische Gebiet um die Brigg lädt zu Erkundungen ein.

Great Southern Distillery   DISTILLERIE

(☏08-9842 5363; www.distillery.com.au; 252 Frenchman Bay Rd; Führung 15 AU$; ⊙Kellertür 10–17 Uhr, Führung 13 Uhr) Limeburners Single Malt Whisky ist der Star dieser Distillerie am Hafen, aber hier gibt's auch Brandy, Gin, Absinth und Grappa. Die Führungen beinhalten Verkostungen. Außerdem gibt es ein Café, in dem Tapas und Snacks angeboten werden.

Historische Gebäude

In der Nähe des Ufers liegt der historische Kern der Stadt. Ein Spaziergang lohnt sich entlang der Stirling Terrace – hier gibt es viktorianische Ladenfronten, das Courthouse und das Old Post Office – sowie entlang der York Street – hier gibt es die St. John's Anglican Church und die Town Hall (www.albanytownhall.com.au; 217 York St). Im Visitor Centre gibt es eine Broschüre mit Infos zum Stadtspaziergang.

Strände

Östlich des Zentrums erstrecken sich die schönen familienfreundlichen Strände Middleton Beach und Emu Beach mit Blick auf den King George Sound. Im Winter hat man oft die Gelegenheit, Walmütter mit ihren Kälbern zu erspähen. Jenseits des Emu Point liegt der Oyster Harbour. Hier ist das Wasser sogar noch ruhiger; die schwimmenden Pontons wiegen sich im Wasser.

Zwischen dem Zentrum und dem Middleton Beach schlängelt sich ein Spazierweg über den Klippen entlang am Wasser. Ein Holzplankenweg führt weiter entlang dem Emu Beach.

🏃 Aktivitäten

Walbeobachtung

Nachdem 1978 der Walfang verboten wurde, kehrten Wale allmählich in die Gewässer vor Albany zurück. Zwischen Juli und Mitte Oktober sammeln sich Südkapern und Buckelwale nahe den großen und kleinen Buchten des King George Sound. Manchmal sind sie vom Strand aus zu sehen. Sowohl Albany Ocean Adventures (☏0428 429 876; www.whales.com.au; Erw./Kind 88/50 AU$; ⊙Juni–Okt.) als auch Albany Whale Tours (☏08-9845 1068; www.albanywhaletours.com.au; Albany Waterfront Marina, Ecke Princess Royal Dr & Toll Pl; Erw./Kind 90/55 AU$; ⊙Juni–Okt.) veranstalten während der Saison Walbeobachtungstouren.

Tauchen

Albany ist ein erstklassiges Ziel für Taucher. Diesen Ruf hat die Stadt vor allem dem Kriegsschiff HMAS *Perth* zu verdanken, das 2001 planmäßig versenkt wurde, um ein künstliches Riff für Taucher zu schaffen. Mehr Informationen gibt's auf www.hmasperth.com.au. Southcoast Diving Supplies (☏08-9841 7176; www.divealbany.com.au; 84b Serpentine Rd) zeigt Interessierten die Unterwasserwelt.

👉 Geführte Touren

Kalgan Queen   BOOTSTOUR

(☏08-9844 3166; www.albanyaustralia.com; Emu Point; Erw./Kind 85/50 AU$; ⊙Sept.–Juni 9 Uhr) Vierstündige Touren auf dem Kalgan River in einem Boot mit Glasboden erläutern die Geschichte sowie Flora und Fauna der Gegend.

🛏 Schlafen

⭐ 1849 Backpackers
HOSTEL $

(☎ 08-9842 1554; www.albanybackpackersaccomodation.com.au; 45 Peels Pl; B 33 AU$, Zi. 77 AU$; @ 🛜) Flaggen aus aller Herren Länder heißen die Besucher in diesem gut geführten Hostel willkommen. Eine große, moderne Küche, sonnige Zimmer und eine entspannte Atmosphäre machen es zu einer der besten Optionen für Budget-Traveller. Für das kostenlose BBQ am Sonntagabend unbedingt reservieren.

Albany Discovery Inn
PENSION $

(☎ 08-9842 5535; www.discoveryinn.com.au; 9 Middleton Rd, Middleton Beach; EZ 65 AU$, DZ 90–100 AU$; @ 🛜) Nahe am Strand liegt das Albany Discovery Inn mit seiner gemütlichen Atmosphäre und seinen farbenfrohen Zimmern. Das Café bietet dreigängige Abendmenüs für 20 AU$ an und ist auch zum Frühstück und Mittagessen geöffnet (Hauptgerichte 10–15 AU$). Gäste von außerhalb sind willkommen, sollten aber im Voraus reservieren.

Emu Beach Holiday Park
CAMPING $

(☎ 08-9844 1147; www.emubeach.com; 8 Medcalf Pde, Emu Point; Stellplatz 40 AU$, Chalets 125–200 AU$; ❄) Familien lieben den Emu Beach und diese freundliche Ferienanlage mit Grillplatz und Kinderspielplatz. Der neu errichtete Motelteil bietet geräumige, moderne Zimmer.

Albany Harbourside
APARTMENTS $$

(☎ 08-9842 1769; www.albanyharbourside.com.au; 8 Festing St; DZ 159–219 AU$; ❄) Das Resort verfügt über geräumige, tadellose Apartments in der Festing St sowie drei weitere, separate Varianten rund um Albany. Die Wohneinheiten sind modern und farbenfroh eingerichtet, einige haben Meerblick.

⭐ Beach House at Bayside
BOUTIQUEHOTEL $$$

(☎ 08-9844 8844; www.thebeachhouseatbayside.com.au; 33 Barry Ct, Collingwood Park; Zi. 280–375 AU$; ❄) In einer ruhigen Einbahnstraße beim Strand und Golfplatz, auf halber Strecke zwischen Middleton Beach und Emu Point, bietet dieses moderne Hotel absolut wunderbaren Service. Im Preis inbegriffen sind morgens Frühstück, nachmittags Tee und abends Portwein und Schokolade.

🍴 Essen & Trinken

Albany Farmers Market
BAUERNMARKT $

(www.albanyfarmermarket.com.au; Collie St; ⊙ Sa 8–12 Uhr) Wochenmarkt mit Gourmet-Essen und lokalen handwerklich hergestellten Produkten.

Albany Boatshed Markets
MARKT $

(www.albanyboatshedmarkets.com; Princess Royal Dr, The Boatshed; ⊙ So 10–13 Uhr) Lokale Erzeugnisse, Kunsthandwerk und Weine aus der Great Southern Region.

⭐ York Street Cafe
CAFÉ $$

(www.184york.com; 184 York St; Frühstück & Mittagessen 13–23 AU$, Abendessen 24–27 AU$; ⊙ So–Di 7.30–15 Uhr, Mi–Sa 7.30 Uhr–open end; 🛜) Das Essen in diesem kosmopolitischen und vielseitigen Café in der Hauptstraße ist hervorragend. Zum Mittagessen gibt's beispielsweise asiatischen Schweinebauch mit scharfem Apfel-Chutney auf türkischem Brot. Zum Abendessen werden Bistro-Gerichte serviert, z. B. in Prosciutto gewickeltes Huhn auf Couscous. Den Wein muss man selbst mitbringen.

Vancouver Cafe & Store
CAFÉ $$

(☎ 08-9841 2475; 65 Vancouver St; Hauptgerichte 12–24 AU$, Platten 32 AU$; ⊙ 8–15.30 Uhr) Dieses alteingesessene Café bietet eine schöne Aussicht vom Balkon und leckere hausgemachte Kuchen. Zudem gibt's im Vancouver getoastete türkische Sandwiches und auch größere Gerichte, z. B. marokkanische Lammbällchen mit Pilaf und Honigjoghurt. Die Platten bietet ein besonders gutes Preis-Leistungs-Verhältnis und eigenen sich hervorragend für ein leckeres Mittagessen.

White Star Hotel
PUB-ESSEN $$

(72 Stirling Tce; Hauptgerichte 16–34 AU$; ⊙ 11 Uhr–open end) Dieser alteingesessene Pub bekommt einen Stern für die guten Fassbiere, das ausgezeichnetes Pub-Essen, den Biergarten und viel Livemusik. Sonntagabends kann man bei Folk- und Blues-Livemusik mit den relaxten Bewohnern von Albany ein Bierchen trinken.

Earl of Spencer
PUB-ESSEN $$

(Ecke Karl St & Spencer St; Hauptgerichte 20–34 AU$; ⊙ 11.30 Uhr–open end) Die Einheimischen stehen hier Schlage für das berühmte Pie & Pint-Angebot und die herzhaften Lammschenkel. An den Wochenenden spielen hier regelmäßig Livebands, viele mit unbeschwertem irischen Akzent.

ALTERNATIVE ROUTE: VON ALBANY NACH ESPERANCE

Die ländlichen 480 km des South Coast Hwy (Rte 1) zwischen Albany und Esperance sind nur schwach bevölkert. Der erste Teil der Strecke lässt sich gut mit einem Umweg über den Albany Hwy (Rte 30) nach Mt. Barker unterbrechen. Von hier aus geht's in östlicher Richtung nach Porongurup, in nördlicher Richtung durch die Stirling Ranges, und dann wieder nach Osten durch Ongerup. Bei Jerramungup geht es zurück auf den Highway. Diese Route verlängert die Gesamtstrecke um 57 km.

In Ongerup widmet sich das **Yongergnow Malleefowl Centre** (08-9828 2325; www.yongergnow.com.au; Erw./Kind 8/4 AU$; Sa–Mo 10–16 Uhr, Mi & Do) dem Erhalt einer seltsamen vom Aussterben bedrohten Vogelart, die riesige Hügel baut, um ihre Küken auszubrüten.

In der Nähe von Jerramungup befindet sich der **Fitzgerald River National Park**. Als Ausgangsbasis eignen sich Hopetoun oder Bremer Bay. Bremer Bay erreicht man am besten über den South Coast Hwy von Albany.

Lime 303   MODERN-AUSTRALISCH $$$
(08-9845 7298; www.dogrockmotel.com.au; 303 Middleton Rd; Hauptgerichte 36–43 AU$; Abendessen 18 Uhr–open end, Tapas 16.30–21 Uhr) Das Lime 303 ist für das ländliche WA ziemlich luxuriös. Hier werden vorwiegend lokale Erzeugnisse verwendet. Zu den Gerichten gehören sahniges Meeresfrüchte-Moussaka mit Fisch, Muscheln und Garnelen sowie Enten-Kohl-Rouladen. Ab 16.30 Uhr gibt's zwanglose Tapas.

ⓘ Praktische Informationen

Department of Parks & Wildlife (08-9842 4500; www.parks.dpaw.wa.gov.au; 120 Albany Hwy; Mo–Fr 8–16.30 Uhr) Hier gibt's Informationen zum Nationalpark.

Visitor Centre (08-9841 9290; www.amazingalbany.com; Proudlove Pde; 9–17 Uhr) Im alten Bahnhof.

ⓘ An- & Weiterreise

Der Albany Airport (Albany Hwy) liegt 11 km nordwestlich vom Stadtzentrum. **Skywest** (1300 660 088; www.skywest.com.au) bietet 18 Flüge pro Woche nach und ab Perth (70 Min.).

Transwa-Busse (1300 662 205; www.transwa.wa.gov.au) halten am Visitor Centre. Verbindungen sind u. a.:

- GS1 nach/ab Perth (61 AU$, 6 Std.) und Mt. Barker (9,55 AU$, 39 Min.) täglich.
- GS2 nach/ab Perth (58 AU$, 8 Std.), Northam (66 AU$, 6½ Std.), York (61 AU$, 6 Std.) und Mt. Barker (9 AU$, 41 Min.) viermal wöchentlich.
- GS3 nach/ab Bunbury (58 AU$, 6 Std.), Bridgetown (45 AU$, 4¾ Std.), Pemberton (37 AU$, 3½ Std.), Walpole (22 AU$, 1½ Std.) und Denmark (9 AU$, 42 Min.) täglich.

ⓘ Unterwegs vor Ort

Loves (08-9841 1211) betreibt lokale Busse. Im Visitor Centre gibt's Information zu Fahrten zum Emu Point und zum Middleton Beach.

Rund um Albany

Discovery Bay   MUSEUM
(08-9844 4021; www.discoverybay.com.au; Frenchman Bay Rd; Erw./Kind 29/12 AU$; 9–17 Uhr) Als die Cheynes Beach Whaling Station im November 1978 den Betrieb einstellte, konnte kaum jemand ahnen, dass das ehemals blutverschmierte Gelände einmal von Reisenden bevölkert sein würde, die die trostlose, aber faszinierende Geschichte der Anlage erkunden. Im Museum werden Filme über Haie und Wale gezeigt. Hier stehen außerdem riesige Skelette, Harpunen, Modelle von Walfangbooten und Walknochenschnitzereien. Draußen rosten das Walfangschiff *Cheynes IV* und die ehemalige Ausrüstung der Walfangstation vor sich hin. Von 10–15 Uhr finden stündlich kostenlose Führungen statt. Zum Discovery-Bay-Komplex gehören außerdem ein neuer Naturpark und botanischer Garten (Erw./Kind 15/8 AU$) mit heimatlichen Pflanzen. Von der Anhöhe aus hat man einen schönen Blick auf das Meer, aber die jungen Gärten benötigen noch einige Jahre bis sie größer geworden sind und die Tiere (darunter Koalas, Filander und Bergkängurus) werden in ziemlich kleinen Gehegen gehalten.

Torndirrup National Park   NATIONALPARK
(Frenchman Bay Rd) GRATIS Der Park nimmt fast die komplette Halbinsel ein, die die südliche Begrenzung zum Princess Royal Harbour und King George Sound darstellt. Er ist bekannt für seine vom Wind und Meer geformten Klippen. **The Gap** ist eine natür-

liche Spalte im Granitfelsen, durch die die Brandung fließt. In der Nähe befindet sich die Natural Bridge. Weiter östlich liegen die spektakulären Blowholes. Felsige Buchten, z. B. der Jimmy Newells Harbour und die Salmon Holes, sind bei Surfern beliebt. Für Schwimmer sind der Misery Beach und die Frenchman Bay auf der geschützten Seite der Halbinsel besser geeignet.

Über den Isthmus Hill führt eine anstrengende, 10 km lange Buschwanderung (5 Std. oder länger) zu den Bald Heads.

Two Peoples Bay NATURSCHUTZGEBIET
(Two Peoples Bay Rd) Etwa 20 km östlich von Albany liegt dieses schöne 46 km² große Naturschutzgebiet. Hier gibt es einen schönen Badestrand.

Waychinicup National Park NATIONALPARK
(Cheyne Beach Rd; Parkeintritt frei, Stellplatz Erw./Kind 7,50/2,20 AU$) An einem wunderschönen Platz am Waychinicup River liegt der Waychinicup National Park. Hier gibt es oft Gilbert-Kaninchenkängurus und Dickichtvögel zu sehen.

Mt. Barker
1770 EW.

Mt. Barker (50 km nördlich von Albany) ist das Tor zu den Nationalparks Porongurup und Stirling Range. Mt. Barker ist auch das Zentrum der lokalen Weinindustrie. Im Visitor Centre in der Stadt bekommt man eine Karte mit den *Mt. Barker Wineries*; zusätzliche Infos gibt's auf www.mountbarkerwine.com.au.

Sehenswertes & Aktivitäten

Rund 5 km südlich der Stadt bietet der **Mt. Barker** einen hervorragenden Ausblick. Südwestlich von Mt. Barker, auf dem hügeligen Gelände des Egerton-Warburton Estate, befindet sich die hübsche **St. Werburgh's Chapel** (1872).

West Cape Howe Wines WEINGUT
(www.westcapehowewines.com.au; 14923 Muirs Hwy; Kellertür 10–17 Uhr) Auf einem schönen Gelände 10 km westlich von Mt. Barker liegt dieses Weingut, das regelmäßig Auszeichnungen für seinen Riesling, Merlot und Cabernet Sauvignon einheimst.

Plantagenet Wines WEINPROBE
(www.plantagenetwines.com; Albany Hwy; 10–16.30 Uhr) Die Kellertür dieses Weingutes befindet sich praktischerweise im Zentrum.

Mt. Barker Police Station Museum MUSEUM
(Albany Hwy; Erw./Kind 5 AU$/gratis; Sa & So 10–15 Uhr) Mt. Barker wurde in den 1830er-Jahren besiedelt. Die 1868 von Strafgefangenen errichtete Polizeistation und das Gefängnis dienen heute als Museum.

Banksia Farm GÄRTEN
(08-9851 1770; www.banksiafarm.com.au; Pearce Rd; Führungen 20 AU$; Führungen Mitte März–Mitte Juni Mo–Fr 10 Uhr, Mitte Aug.–Mitte Nov. tgl.) Hier gibt es alle 78 Arten und 24 Unterarten der australischen Banksien-Pflanze zu bestaunen. Hier finden Besucher außerdem ein Café und ein B&B (EZ/DZ ab 95/150 AU$). Von Mitte August bis Mitte November finden täglich um 14 Uhr „Orichideenjagden" statt (25 AU$).

Porongurup National Park

Schlafen

Nomads Guest House PENSION
(08-9851 2131; www.nomadsguesthousewa.com.au; 12 Morpeth St; EZ/DZ/Jurten/Chalets 70/90/100/110 AU$) Unerwartet ist der Anblick der echten mongolischen Jurten (Filzzelte) und der Galerie mit mongolischer und chinesischer Kunst auf dem Gelände des Nomads Guest House. Die Besitzer retten häufig verwaiste Babykängurus – das eine oder andere hüpft daher schon mal durchs Haupthaus.

Porongurup National Park

Der 24 km² große und 12 km lange Porongurup National Park (Zufahrt 12 AU$/Auto) wartet mit 1100 Mio. Jahre alten Granitfelsen, Panoramablicken, wunderschöner Landschaft, großen Eukalyptus-Bäumen und einigen ausgezeichneten Buschwanderungen auf.

Die Wanderungen reichen vom 100 m langen Spaziergang **Tree-in-the-Rock** bis zum anspruchsvolleren Rundweg **Hayward and Nancy Peaks** (5,5 km). Die **Devil's Slide** (5 km hin & zurück) führt durch Eukalyptus-Wald zu der kargen Vegetation der Granitzone. Die Wanderungen beginnen im großen Tagesbesucherbereich an der Bolganup Rd. Der **Castle Rock Trail to Balancing Rock** (3 km hin & zurück) beginnt weiter östlich; er ist entlang der Mt. Barker-Porongurup Rd ausgeschildert. Der **Castle Rock Granite Skywalk Trail** (4,4 km hin & zurück, 2 Std.) führt über einen steilen und spektakulären Weg den Felsen hinauf. Der letzte 200 m lange Aufstieg zum Gipfel beinhaltet steile Felsenkraxelei und eine 7 m lange Leiter.

Der Porongurup National Park ist auch Teil der Weinregion Great Southern; in seiner Nähe befinden sich 11 Weingüter (mehr Infos auf www.porongurup.com).

Schlafen & Essen

Im Porongurup National Park selbst gibt es keine Unterkünfte, aber Ty-Jarrah befindet sich ganz in der Nähe. Das Essensangebot ist spärlich.

Ty-Jarrah CHALET $$
(08-9853 1255; www.tyjarrah.com; 3 Bolganup Rd; Suite/Chalet 135/150 AU$) Die gemütlichen und bequemen abgetrennten Nurdachhäuschen liegen in einem schattigen Wald.

★**Maleeya's Thai Cafe** THAILÄNDISCH $$
(08-9853 1123; www.maleeya.com.au; 1376 Porongurup Rd; Hauptgerichte 25–33 AU$; Fr-So 11.30–15 & 16–21 Uhr) Essensliebhaber und Köche kommen nach Porongorup um eines der besten thailändischen Restaurants in

Stirling Range National Park

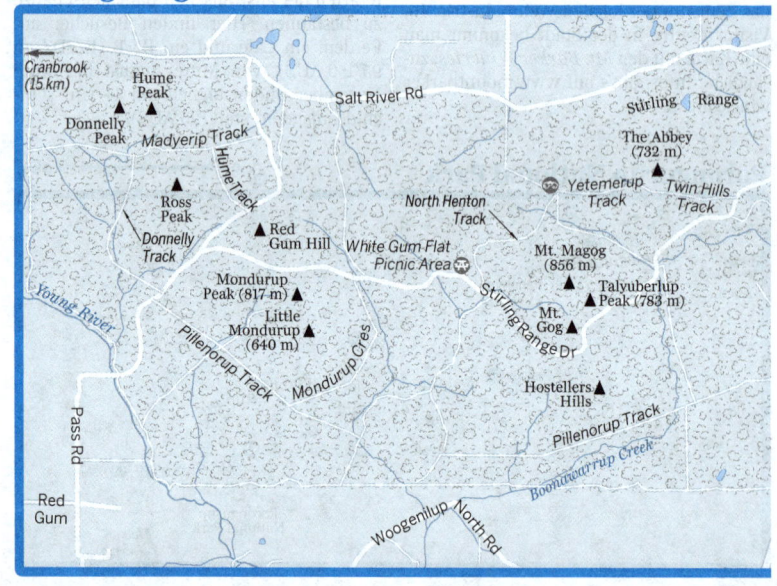

WA zu besuchen. Die Currys, Suppen und Pfannengerichte werden mit frischen Kräutern aus dem hauseigenen Garten zubereitet. Bei den anderen Zutaten handelt es sich ebenfalls um Bio- und Freiland-Produkte. Reservierung empfohlen.

Stirling Range National Park

Unvermittelt ragt die Stirling Range aus der flachen und sandigen Ebene auf. Während der spektakulären Wildblumenblüte (Ende Aug.–Anfang Dez.) fasziniert der Farbwechsel zwischen Blau-, Rot- und Lilatönen nicht nur Fotografen. Für die Noongar hat dieser Ort eine ganz besondere Bedeutung: hierher kehren die Geister der Toten zurück. Jeder Gipfel ist einem Vorfahren zugeordnet. Besucher sollten daher angemessenen Respekt zeigen.

Der 1156 km² große Nationalpark besteht aus einer einzigen Bergkette, die infolge der Plattentektonik aufgeschoben wurde und nun eine 10 km breite und 65 km lange Bergkette formt. Entlang der gesamten Länge liegen viele einzelne Gipfel, einige knotige und einige perfekte Pyramiden, die über weiten, mit Busch und Heide bedeckten Tälern thronen. Der 1095 m hohe Bluff Knoll (Bular Mai) ist der höchste Punkt im gesamten Südwesten.

Die Parkgebühren werden am Anfang der Bluff Knoll Rd fällig (12/6 AU$ pro Auto/Motorrad).

✈ Aktivitäten

Die Stirlings sind bekannt für ernsthafte **Buschwanderungen**. Wanderfreunde können zwischen den beliebten Halbtageswanderungen zum **Toolbrunup** (schöne Aussicht und anspruchsvoller Aufstieg; 1052 m, 4 km hin & zurück), **Bluff Knoll** (gut ausgebauter Touristenweg; 1095 m, 6 km hin & zurück), **Mt. Hassell** (848 m, 3 km hin & zurück) oder **Talyuberlup** (783 m, 2,6 km hin & zurück) wählen.

Anspruchsvolle Wanderungen führen über den östlichen Abschnitt, z. B. **Bluff Knoll to Ellen Peak** (3 Tage), oder die kürzere Überquerung **The Arrows to Ellen Peak** (2 Tage).

🛏 Schlafen & Essen

Besucher sollten sich in Mt. Barker mit ausreichend Proviant eindecken.

Stirling Range Retreat CAMPING $
(☎ 08-9827 9229; www.stirlingrange.com.au; 8639 Chester Pass Rd; Stellplatz ohne/mit Strom 32/34 AU$ für 2. Pers., Hütten 55–95 AU$, Wohnein-

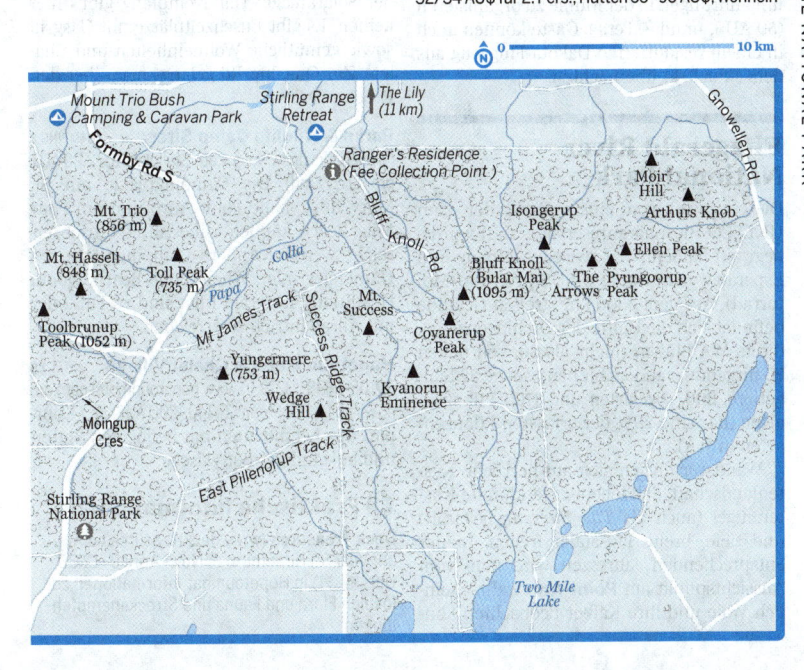

heiten 145–185 AU$; ⌘@⌘) ⌘ Am nördlichen Ende des Parks bietet dieser schattige Campingplatz Stellplätze, Hütten und Wohnwagen sowie separate Wohneinheiten aus Lehm. Von Mitte August bis Ende Oktober werden Wildblumen- und Orchideen-Bustouren und -Rundgänge (3 Std., 49 AU$/Pers.) veranstaltet. Der Pool ist nur von November bis April geöffnet.

Mount Trio Bush Camping & Caravan Park CAMPING $
(☏ 08-9827 9270; www.mttrio.com.au; Salt River Rd; Stellplatz ohne/mit Strom 13/15 AU$/Pers.) Rustikaler Buschcampingplatz auf einem Farmgrundstück in der Nähe der Wanderwege, nördlich vom Zentrum des Parks. Hier gibt es heiße Duschen, eine Küche, kostenlose Gasgrille und eine Feuerstelle. Angeboten werden auch geführte Wanderungen (90 Min.–1 Tag).

★ **The Lily** COTTAGES $$
(☏ 08-9827 9205; www.thelily.com.au; Chester Pass Rd; Cottages 149–179 AU$) Diese Cottages 12 km nördlich des Parks gruppieren sich um eine aktive Windmühle. Die Unterkünfte sind für Selbstversorger; Gäste können auch im benachbarten Restaurant essen. Vorher anrufen, um zu fragen, an welchen Abenden das Restaurant geöffnet ist, oder um Führungen in der Mühle zu organisieren (50 AU$, mind. 4 Pers.). Gäste können auch in einem restaurierten Dakota-Flugzeug aus dem Jahr 1944 übernachten.

Fitzgerald River National Park

Dieses Juwel von einem Park, der zum UNESCO-Biosphärenreservat erklärt wurde, liegt auf halbem Weg zwischen Albany und Esperance (Eintritt 12/6 AU$ pro Auto/Motorrad). Auf dem 3300 km² großen Gelände befindet sich die Hälfte der Orchideenarten, die in WA blühen (mehr als 80, von denen 70 nirgendwo anders blühen), sowie 22 Säugetiere, 200 Vogelarten und 1700 Pflanzenarten (das sind 20 % der erfassten Pflanzenarten in WA).

Wanderer dürfen sich auf herrliche Küstenlandschaft, Sandebenen, zerklüftete Küstenhügel (auch als The Barrens bekannt) und tiefe, breite Flusstäler freuen. In der entsprechenden Jahreszeit wird man vom Aussichtspunkt am **Point Ann** wahrscheinlich Wale und ihre Kälber beobachten können. Ein Pfad folgt einem kurzen Abschnitt des 1164 km langen **No 2 Rabbit-Proof Fence** (der „kaninchensichere Zaun").

Die drei Hauptzugangswege zum Park für Wagen ohne Allradantrieb sind der South Coast Hwy (Quiss Rd & Pabelup Dr), Hopetoun (Hamersley Dr) und Bremer Bay (entlang der Swamp Rd & der Murray Rd). Alle Straßen sind unbefestigt und nach Regen häufig unpassierbar – Besucher sollten sich vor vor der Fahrt nach den Straßenbedingungen erkundigen.

Am Parkende warten die verschlafenen Küstensiedlungen **Bremer Bay** und **Hopetoun** mit weißem Sand und schimmerndem Wasser. Östlich von Hopetoun führt der malerische, aber oft holprige **Southern Ocean East Drive** zu Strandcampingplätzen in den **Mason Bay** und der **Starvation Bay**. Wer ohne Allradantrieb unterwegs ist, sollte auf keinen Fall diese Route nach Esperance wählen.

🛏 Schlafen

Quaalup Homestead CAMPING $
(☏ 08-9837 4124; www.whalesandwildflowers.com.au; Quaalup Rd; Stellplatz ab 12 AU$/Pers., Hütten 100–125 AU$) ⌘ Das Gehöft aus dem Jahr 1858 liegt versteckt inmitten der südlichen Ausläufer des Parks. Der Strom kommt von der Solaranlage; Handyempfang gibt's hier keinen. Es gibt Buschzeltplätze mit Gasgrill sowie gemütliche Wohneinheiten und Chalets. Zur Quaalup Rd gelangt man über den Pabelup Dr.

Parks & Wildlife Camp Sites CAMPING $
(www.parks.dpaw.wa.gov.au; Stellplatz 10/2,20 AU$ pro Erw./Kind) Die Campingplätze am St. Mary Inlet (nahe Point Ann) und am Four Mile Beach können ohne Allradantrieb erreicht werden. Andere Campingplätze am Hamersley Inlet, Whale Bone Beach, Quoin Head und Fitzgerald Inlet sind zu Fuß oder mit Allradantrieb zu erreichen.

Hopetoun Motel & Chalet Village MOTEL $$
(☏ 08-9838 3219; www.hopetounmotel.com.au; 458 Veal St, Hopetoun; Zi. 140–200 AU$; ⌘) Komplex aus Lehmbauten mit bequemen Betten und anständiger Bettwäsche.

ℹ Praktische Informationen

Deck Treasures (www.decktreasures.com.au; Veal St, Hopetoun; ⌚Nov.–April 9–12.30 Uhr; @⌘) in Hopetoun hat Informationen zur lokalen Flora und Fauna und Streckenempfehlungen.

Esperance

9600 EW.

Esperance thront in abgeschiedener Herrlichkeit an der Bay of Isles, umrahmt von aquamarinblauem Wasser und schneeweißen Stränden. Trotz der Abgeschiedenheit reisen Familien dennoch von Perth oder Kalgoorlie an, um in die entspannte Atmosphäre und das großartige Strandleben einzutauchen. Wer über die Küstenstraße, die durch den Kontinent führt, hierher kommt, für den ist Esperance die letzte größere Stadt vor der Nullarbor Plain.

Perfekte Strände zieren die noch entlegeneren Nationalparks südöstlich der Stadt, und die ursprüngliche Natur der 105 Inseln des Recherche-Archipels beherbergen Seehunde, Pinguine und Seevögel.

Geschichte

Der Aborigine-Name für Esperance ist Kepa Kurl („Wasserbumerang") und spielt auf die Form der Bucht an. Archäologische Funde auf der Middle Island deuten darauf hin, dass die Insel bereits vor der letzten Eiszeit besiedelt war, als sie noch Teil des Festlandes war.

Ihren heutigen Namen erhielt die Stadt 1792, als die Schiffe *Recherche* und *Espérance* durch das Archipel segelten und in der Bucht Schutz vor einem Sturm suchten. In den 1820er- und 1830er-Jahren war das Recherche-Archipel das Revier von Black Jack Anderson, dem einzigen Piraten Australiens. Von seiner Basis auf Middle Island aus überfiel er Schiffe und hielt sich einen Harem von Aborigine-Frauen, deren Ehemänner er umgebracht hatte. Er starb im Schlaf – ermordet von einem seiner eigenen Männer.

Die ersten Siedler kamen schon 1863 nach Esperance, doch erst während des Goldrauschs in den 1890er-Jahren entstand hier eine Hafenstadt. In den 1950er-Jahren entwickelte sich die Gegend zu einem wichtigen Agrarzentrum. Noch heute werden Getreide und Mineralien exportiert.

Sehenswertes & Aktivitäten

Esperance Museum MUSEUM
(Ecke James St & Dempster St; Erw./Kind 6/2 AU$; 13.30–16.30) In den Glasschaukästen stapeln sich bunte Sammlungen von Muscheln, Froschfiguren, Tennisschlägern und Bettpfannen. Bei den größeren Exponaten handelt es sich um Boote, Eisenbahnfahrgestelle und Überreste der US-amerikanischen Raumstation *Skylab*, die 1979 auf Balladonia, östlich von Esperance, vom Himmel stürzten.

Museum Village HISTORISCHES GEBÄUDE
Das Museum besteht aus Galerien und Cafés, die hier verschiedene denkmalgeschützte, restaurierte Gebäude einnehmen; sonntagmorgens findet hier ein Markt statt. In der von Aborigines geführten **Kepa Kurl Art Gallery** (www.kepakurl.com.au; Ecke Dempster St & Kemp St; Mo–Fr & an Marktsonntagen 10–16 Uhr) werden Werke von Künstlern aus der Umgebung und dem Central Desert zu fairen Preisen verkauft.

Lake Warden Wetland System FEUCHTGEBIETE
Esperance ist von großflächigen Feuchtgebieten mit sieben großen und 90 kleineren Seen umgeben. Der **Kepwari Wetland Trail** (abseits der Fisheries Rd, hin & zurück 7,2 km) führt zum **Lake Wheatfield** und zum **Woody Lake**. Man kann dort Vögel beobachten und die Infotafeln sind prima. Der **Lake Monjimup** 14 km nordwestlich (über den South Coast Hwy) wird durch die Telegraph Rd in eine Naturschutzzone (im Westen) und ein Naherholungsgebiet (im Osten) geteilt.

Cannery Arts Centre GALERIE
(1018 Norseman Rd; Eintrittsgebühr: Spende einer Goldmünze; 13–16 Uhr) Hier gibt es Künstlerstudios, interessante Ausstellungen und einen Laden, der lokales Kunstwerk verkauft. Wer sich für lokale Kunst interessiert, sollte die Broschüre *Esperance Art Trail* im Visitor Centre mitnehmen.

Great Ocean Drive PANORAMASTRASSE
Diese gut beschilderte, 40 km lange Schleife führt an vielen beeindruckenden Sehenswürdigkeiten vorbei. Vom Ufer aus geht's Richtung Südwesten an einem atemberaubend schönen Küstenstreifen entlang, der mit zahlreichen beliebten Surf- und Schwimmgelegenheiten aufwartet, darunter der **Blue Haven Beach** und die **Twilight Cove**. Zwi lohnende Aussichtspunkte sind der **Observatory Point** und der **Wireless Hill**. Eine Abzweigung führt zum **Windpark**, in dem ungefähr 23 % der von Esperance benötigten Energie erzeugt werden. Ein Spaziergang zwischen den Turbinen ist an windigen Tagen eine unglaubliche Erfahrung.

Geführte Touren

Esperance Island Cruises BOOTSFAHRT
(08-9071 5757; www.woodyisland.com.au; 72 The Esplanade) Mit einem Motorkatamaran geht's

durch die Esperance Bay und nach Woody Island (halber/ganzer Tag 120/185 AU$). Man kommt ganz dicht an Seehunde und -löwen, Hühnergänse und mit etwas Glück sogar an Delfine heran. Betreibt im Januar eine Fähre nach Woody Island (Erw./Kind hin & zurück 60/30 AU$).

Kepa Kurl Eco Cultural Discovery Tours   KULTUREXKURSIONEN
(08-9072 1688; www.kepakurl.com.au; Museum Village; Erw./Kind 105/90 AU$, mind. 2 Pers.) Das Land aus Sicht eines Ureinwohners kennenlernen: Besucher können sich Felsmalereien ansehen und Wasserlöcher aufsuchen, die typische „Buschküche" kosten und alten Überlieferungen lauschen.

Eco-Discovery Tours   JEEPTOUR
(0407 737 261; www.esperancetours.com.au) Im Geländewagen geht es am Strand entlang bis zum Cape Le Grand National Park (halber/ganzer Tag 105/195 AU$, mind. 2/4 Teilnehmer). Außerdem stehen hier zweistündige Rundfahrten auf dem Great Ocean Dr (Erw./Kind 60/45 AU$) auf dem Programm.

Aussie Bight Expeditions   JEEPTOUR
(0427 536 674; www.aussiebight.com; halber/ganzer Tag 90/160 AU$; Aug. & Sept.) Aussie Bight Expeditions veranstaltet von Ende August bis September sachkundige Wildblumen-Touren.

Esperance Diving & Fishing   TAUCHEN, ANGELN
(08-9071 5111; www.esperancedivingandfishing.com.au; 72 The Esplanade) Esperance Diving & Fishing bietet Wracktauchen an der *Sanko Harvest* an (2 Tauchgänge 260 AU$, inkl. Ausrüstung) sowie Angeltouren im Archipel.

Schlafen

Woody Island Eco-Stays   CAMPINGPLATZ $
(08-9071 5757; www.woodyisland.com.au; Stellplatz 25 AU$/Pers., Leihzelt 41–61 AU$, Hütten 140–165 AU$; Mitte Dez.–Jan., Mitte April–Anfang Mai;) Man hat nicht jeden Tag die Chance in einem Naturschutzgebiet der Extraklasse zu übernachten. Besucher haben die Wahl zwischen schattigen Stellplätzen (mit sehr wenig Abstand) oder Buschhütten, die zum Teil mit eigener Terrasse und Beleuchtung ausgestattet sind. Die Energieversorgung erfolgt größtenteils durch Solarstrom und die Wasserversorgung durch Regenwasser – beides wird sehr geschätzt. Für die Fähre werden hin und zurück 60 AU$ fällig.

Blue Waters Lodge YHA   HOSTEL $
(08-9071 1040; www.yha.com.au; 299 Goldfields Rd; B/DZ/3BZ 28/74/95 AU$) Am Strand, etwa 1,5 km vom Zentrum entfernt, steht dieses weitläufige Hostel mit leicht institutionellem Flair. Das Management ist freundlich und jenseits des gepflegten Rasens liegt das Meer. Mit Leihrädern kann man die Küste erkunden.

★ Esperance B&B by the Sea   B&B $$
(08-9071 5640; www.esperancebb.com; 34 Stewart St; EZ/DZ 125/180 AU$;) Dieses Strandhaus hat einen privaten Gästeflügel. Der Blick von der Terrasse auf den Blue Haven Beach ist überwältigend, vor allem bei Sonnenuntergang. Bis zum Meer ist es nur ein kurzer Fußmarsch und bis zum Zentrum eine kurze Autofahrt.

Clearwater Motel Apartments   MOTEL $$
(08-9071 3587; www.clearwatermotel.com.au; 1a William St; EZ 110 AU$, DZ 140–195 AU$;) Die hellen, geräumigen Zimmer und Apartments haben Balkone und sind komplett ausgestattet. Der Grillbereich wird gemeinschaftlich genutzt. Die Unterkunft ist stadt- und strandnah.

Driftwood Apartments   APARTMENTS $$
(0428 716 677; www.driftwoodapartments.com.au; 69 The Esplanade; Apt. 165–220 AU$;) Jedes der sieben schicken blau-gelben Apartments gegenüber der Uferpromenade hat einen eigenen Grillbereich und Tische im Freien. Die zweistöckigen Wohnungen sind mit zwei Schlafzimmern und Terrassen ausgestattet und bieten etwas mehr Privatsphäre als üblich.

Essen & Trinken

Taylor's Beach Bar & Cafe   CAFÉ $$
(www.taylorsbeachbar.com.au; Taylor St Jetty; Frühstück 13–24 AU$, Mittag- & Abendessen 20–30 AU$; Mo–Fr 10 Uhr–open end, Sa & So 7 Uhr–open end;) Dieses geräumige Café am Pier serviert einfache Gerichte, Burger, Meeresfrüchte und Salate. Einheimische tummeln sich an den Tischen auf dem Rasen oder lesen auf der Terrasse. Die Focaccia-Sandwiches (11–14 AU$) bieten viel für (verhältnismäßig) wenig Geld und eignen sich gut für alle, die auf dem Weg zum Strand sind. Hier kann man auch ein Glas Wein oder ein gut gekühltes Little-Creatures-Bier genießen. Hin und wieder gibt's Livemusik – einfach nachfragen.

Ocean Blues
CAFÉ $$

(19 The Esplanade; Hauptgerichte 11–35 AU$; ⊙Di–Sa 8–20.30, So 8–16 Uhr) Ein schlichtes Restaurant, in das man mit sandigen Füßen hineinspazieren und ein einfaches Mittagessen (Burger, Salate, Sandwiches) bestellen kann. Das Angebot abends ist ausgefallener und bietet ein gutes Preis-Leistungsverhältnis.

Pier Hotel
PUB-ESSEN $$

(www.pierhotelesperance.net.au; 47 The Esplanade; Hauptgerichte 20–35 AU$; ⊙11.30 Uhr–open end) Viele verschiedene Biere vom Fass, Pizza aus dem Holzofen und gute Bistro-Gerichte sind der Grund, warum das Pub bei Einheimischen und Besuchern beliebt ist.

Coffee Cat
CAFÉ

(⊙Mo–Fr 7–14 Uhr) Der hippste mobile Café-Wohnwagen in WA serviert leckere hausgemachte Kuchen und Muffins. Ein Java-Kaffee ist die optimale Begleitung für einen morgendlichen Spaziergang entlang Esperances luxuriöser neuer Uferpromenade. Einfach nach dem Wohnwagen am Ufer Ausschau halten.

S'Juice
SÄFTE

(Säfte & Smoothies 7–9 AU$; ⊙Mo–Fr 9–16, Sa & So bis 15 Uhr) Farbenfroher Wohnwagen mit ausgezeichneten Säften und Smoothies sowie einigen wärmenden Suppen in den kälteren Monaten. Steht auf dem Parkplatz gegenüber vom Pier Hotel.

ⓘ Praktische Informationen

Parks & Wildlife (☏08-9083 2100; www.parks.dpaw.wa.gov.au; 92 Dempster St) Infos zu Nationalparks.

Visitor Centre (☏08-9083 1555; www.visitesperance.com; Ecke Kemp St & Dempster St; ⊙Mo–Fr 9–5, Sa bis 14, So bis 12 Uhr) Im Museumsdorf.

ⓘ An-& Weiterreise

Der Esperance Airport (Coolgardie-Esperance Hwy) liegt 18 km nördlich des Zentrums. **Virgin Australia** (☏1300 660 088; www.virginaustralia.com) bietet ca. drei Flüge täglich von und nach Perth (1¾ Std.). **Transwa**-Busse (☏1300 662 205; www.transwa.wa.gov.au) halten am Visitor Centre:

➤ GE1 von/nach Perth (91 AU$, 10¼ Std., 3-mal tgl.)

➤ GE2 von/nach Perth (91 AU$, 10 Std.), Mundaring (90 AU$, 9¼ Std.), York (82 AU$, 8½ Std.) und Hyden (56 AU$, 5 Std.) 3-mal wöchentl.

➤ GE3 von/nach Kalgoorlie (58 AU$, 5 Std., 3-mal wöchentl.), Coolgardie (56 AU$, 4¾ Std., wöchentl.) und Norseman (31 AU$, 2¼ Std., 3-mal wöchentl.)

Rund um Esperance

Cape Le Grand National Park
NATIONALPARK

(Einfahrt Auto/Motorrad 12/6 AU$, Stellplatz Erw./Kind 10/2,20 AU$) Der Cape Le Grand National Park, ungefähr 60 km östlich von Esperance, bietet spektakuläre Küstenlandschaft, blendend weiße Strände und hervorragende Wanderwege. An der **Lucky Bay** und am **Le Grand Beach** lässt es sich prima angeln, schwimmen und campen. Und an der wunderschönen **Hellfire Bay** finden Tagesausflügler alles, was sie brauchen.

Wer den steilen Aufstieg zum **Frenchman Peak** (hin & zurück 3 km, 2 Std.) auf sich nimmt, wird – besonders am späten Nachmittag – mit einem sensationellen Ausblick auf den Gipfel und durch das „Felsenauge" belohnt. Der 15 km lange Grand Coastal Trail verbindet die Buchten miteinander; zwischen den Stränden kann man auch kürzere Abschnitte abwandern.

ROADTRIP ÜBER DIE NULLARBOR PLAIN

Die Durchquerung der Nullabor-Wüste gehört zu den klassischen australischen Roadtrips. Hier ist der Weg das Ziel – man hat mehr als genug Zeit, um zu entspannen und den weitläufigen Himmel und die endlosen Horizonte zu genießen.

Alle Gasthäuser entlang des Weges bieten Verpflegung, Benzin und Unterkünfte, von kahlen Stellplätzen zu einfachen Budgetzimmern und Motels. Etwa alle 250 km gibt es am Straßenrand kostenlose Campingplätze mit Toiletten und Tischen.

Man sollte sich unbedingt vor der Abfahrt vergewissern, dass das Fahrzeug der Strecke gewachsen ist und es empfiehlt sich, mehr Trinkwasser mitnehmen, als man glaubt zu brauchen! Die Benzinpreise sind hoch, und die Tankstellen liegen rund 200 km voneinander entfernt.

Infos zur Strecke gibt's auf www.nullabornet.com.au.

Cape Arid National Park NATIONALPARK
(Einfahrt Auto/Motorrad 12/6 AU$, Stellplatz Erw./Kind 10/2,20 AU$) Am Anfang der Great Australian Bight, am Rand der Nullarbor Plain, liegt der wilde, abgeschiedene Cape Arid National Park mit guten Buschwanderwegen und Stränden mit irre quietschigem Sand. Hier lassen sich (in der Saison) Wale, Seehunde und Cape Barren Gänse blicken. Der Großteil des Parks ist nur mit Geländewagen befahrbar; die Thomas River Rd hingegen, die zum ländlichen Campingplatz führt, auch mit normalen Autos.

Ein anspruchsvoller Aufstieg führt zum Tower Peak des Mt. Ragged (hin & zurück 3 km, 3 Std.).

SOUTHERN OUTBACK

Das südliche Outback ist eine Australien-Erfahrung par excellence. Im Sommer flimmert ein schimmernder Hitzeschleier über der Wüste. Menschenleere, endlos erscheinende Straßen führen über die Nullarbor Plain nach South Australia (SA) und hinauf zum Northern Territory (NT). Dies war (und ist) das Goldrauschland, und sein Hauptort heißt Kalgoorlie-Boulder. Überall tauchen kleine, abgelegene Goldstädte auf, die einsam und wie an einem Sonnenstich leidend in der verlassenen Gegend liegen. Seit Ewigkeiten leben Aborigines hier, was die ersten Kolonisten abschreckte. Das änderte sich aber mit dem Goldrausch, der den Siedlern Anreiz genug war, sich hier niederzulassen.

Geschichte

1888 wurde in Southern Cross Gold gefunden. Es war so ziemlich der letzte Goldrausch weltweit. In den östlichen Goldgebieten entstanden aus dem Nichts um die 50 Städte. Aber das Leben war hart. Enthusiasmus – oder Gier – waren oft stärker als der gesunde Menschenverstand, und Krankheiten wie Typhus breiteten sich in den Goldgräbercamps rasant aus. Der Mangel an Wasser, Unterkünften, Nahrung und Medizin bescherte vielen einen staubigen Tod.

Die Bevölkerung verschwand im Lauf der Zeit wie das Gold, nur Kalgoorlie-Boulder überlebte. Weitere Ortschaften und verblüffende Minenanlagen kann man entlang des 965 km langen Golden Quest Discovery Trail (www.goldenquesttrail.com) entdecken.

Die Golden Pipeline von 1903, die Wasser zu den Goldfeldern brachte, begann in den Bergen bei Perth und war 560 km lang. Die Pipeline war für die Städte, durch die sie führte, die Lebensader und für Kalgoorlie der Beginn der Zukunft – mit oder ohne Gold. Der heutige Great Eastern Hwy folgt der Pipeline und führt vorbei an alten Pumpstationen und Informationstafeln.

❶ An- & Weiterreise

BUS

Transwa (☏1300 662 205; www.transwa.wa.gov.au) Von Kalgoorlie nach Esperance (58,20 AU$, 5 Std.), über Coolgardie und Norseman.

Goldrush Tours (☏1800 620 440; www.goldrushtours.com.au) Bietet eine wöchentliche Verbindung von Kalgoorlie nach Laverton (82 AU$; 4 ½ Std über Menzies und Leonora); die Hinfahrt erfolgt donnerstags, die Rückfahrt freitags.

FLUGZEUG

Qantas (☏13 13 13; www.qantas.com.au) Von Kalgoorlie nach Perth und Adelaide.

Skippers Aviation (☏1300 729 924; www.skippers.com.au) Perth–Leonora–Laverton und Perth–Wiluna–Meekathara.

Virgin Australia (☏13 67 89; www.virgin-australia.com) Von Kalgoorlie nach Perth, Melbourne, Sydney und Brisbane.

ZUG

Transwa betreibt auch die *Prospector*-Linie vom Bahnhof East Perth nach Kalgoorlie (86 AU$, 7 Std., tgl.).

Norseman

860 EW.

In Norseman teilt sich die Straße: Richtung Süden geht's nach Esperance, Richtung Norden nach Kalgoorlie, Richtung Westen nach Hyden und Wave Rock, und Richtung Osten über die Nullarbor. Die 300 km lange Straße von Hyden und Wave Rock nach Norseman ist nicht geteert; wenn es trocken ist, kann die Straße trotzdem von normalen Autos befahren werden. Besucher sollten sich vor der Abfahrt in Norseman oder Hyden nach den Wetterbedingungen erkundigen.

Am **Beacon Hill Mararoa Lookout**, an dem ein Wanderweg beginnt, kann man sich erst einmal eine Weilchen die Beine vertreten. Ein Zwischenstopp im **Historical Museum** (Battery Rd; Erw./Kind 3/1 AU$; ◉Mo–Sa 10–13 Uhr) lohnt sich. Die Broschüre **Dundas Coach Road Heritage Trail** beschreibt eine 50 km lange Schleife, die an interessanten Infotafeln vorbeiführt.

🛌 Schlafen

Great Western Motel MOTEL $
(☎ 08-9039 1633; www.norsemangreatwestern
motel.com.au; Prinsep St; Zi. 120 AU$; ❄ ☀) Die
„Budget"- und „Lodge"-Unterkünfte im alten Trakt sind absolut akzeptabel, die Motelzimmer in Lehmbauart jedoch noch sehr viel hübscher. Zur Anlage gehört auch ein Café-Restaurant.

Gateway Caravan Park CAMPING $
(☎ 08-9039 1500; www.acclaimparks.com.au;
23 Prinsep St; Stellplatz 35–40 AU$, Hütte 132–
158 AU$; ❄) Dieser Campingplatz bietet seinen Gästen ordentliche Hütten und eine Menge Buschflair.

❶ Praktische Informationen

Visitor Centre (☎ 08-9039 1071; www.norse
man.info; 68 Roberts St; ⊙ Mo–Fr 9–17, Sa &
So 9.30–16 Uhr) Ausgezeichnete Infos über die Nullarbor Plain.

Eyre Highway (die Nullarbor Plain)

Der 2700 km lange Eyre Hwy führt durch den südlichen Zipfel der riesigen **Nullarbor Plain** und verläuft parallel zur **Trans-Australia Railway** Richtung Norden.

John Eyre war der erste Europäer, der diese knüppelharte Strecke im Jahr 1841 bewältigte. Nachdem 1877 eine Telegrafenleitung gelegt worden war, zogen Goldsucher auf dem Weg zu den Goldfeldern bei glühender Hitze und bitterer Kälte durch die Ebene. Ab 1941 beförderte eine provisorische Straße eine Handvoll Fahrzeuge; 1969 wurde die Straße bis zur Grenze von South Australia geteert – 1976 wurde der letzte Küstenstreifen fertigstellt. Heute endet die Region Nullarbor an den Klippen der Great Australian Bight.

Von Norseman sind es 725 km bis zur Grenze von South Australia und weitere 480 km nach Ceduna. Von Ceduna sind es weitere 793 km nach Adelaide.

Von Norseman nach Eucla

Etwa 100 km hinter Norseman liegt die **Fraser Range Station** (☎ 08-9039 3210;
www.fraserrangestation.com.au; Stellplatz ohne/
mit Strom 22/30 AU$, Budget-EZ/-2BZ/-DZ/-FZ
55/95/95/120 AU$, Cottage Zi. 155 AU$) mit denkmalgeschützten Gebäuden und einem Campingplatz. Als nächstes erreicht man

> **DER LÄNGSTE GOLFPLATZ DER WELT**
>
> Der **Nullarbor Links** (www.nullarbor
links.com; 18 Löcher 50 AU$) ist ein einzigartiger 18-Loch (72 Par) Golfplatz, der sich 1362 km von Kalgoorlie, nach Süden bis Norseman und über die einsame Nullarbor Plain nach Ceduna erstreckt.
>
> Wertungslisten gibt's in den Visitor Centres in Kalgoorlie, Norseman oder Ceduna. Die Strecke ist gut ausgeschildert. Golfschläger kann man an jedem felsigen oder sandigen Loch leihen (5 AU$).

Balladonia (193 km) und das **Balladonia Hotel Motel** (☎ 08-9039 3453; www.balladonia
hotelmotel.com.au; Stellplatz ohne/mit Strom 19/28 AU$, B 50 AU$, Zi. ab 130 AU$; ❄ @ ☀). Dort zeigt ein kleines Museum u. a. Trümmer des 1979 in der Nähe abgestürzten *Skylab*.

Von Balladonia nach Cocklebiddy sind es rund 210 km. Die ersten 160 km nach **Caiguna** führen über Australiens längste schnurgerade Strecke (145 km), die am **John Eyre Motel** (☎ 08-9039 3459; caigunarh@big
pond.com; Stellplatz ohne/mit Strom 20/25 AU$,
DZ 85–120 AU$, 3BZ/4BZ 130/140 AU$; ❄) in Caiguna endet.

Das von Birds Australia betriebene **Eyre Bird Observatory** (☎ 08-9039 3450; www.bird
life.org.au/visit-us/observatories/eyre; Vollpension
Erw./Kind 90/45 AU$) liegt in der abgeschiedenen ehemaligen Eyre Telegraph Station von 1897, 50 km südlich von Cocklebiddy. Unbedingt im Voraus buchen. Tagesgäste sind willkommen (10 AU$/Fahrzeug), doch für die letzten 10 km Sandpiste benötigt man Allradantrieb. Wer keinen Allradantrieb hat und dennoch hier übernachten möchte, kann sich von den Aufsehern abholen lassen. Campen kann man hier nicht.

In **Madura**, 91 km östlich von Cocklebiddy, nahe den Hampton Tablelands, bietet das **Madura Pass Oasis Inn** (☎ 08-9039 3464; maduraoasis@bigpond.com; Stellplatz ohne/
mit Strom 15/25 AU$, Zi. 105–125 AU$; ❄ ☀) einen hübschen Pool.

In **Mundrabilla**, 116 km weiter östlich, befindet sich das **Mundrabilla Motel Hotel** (☎ 08-9039 3465; mundrabilla@bigpond.com.
au; Stellplatz ohne/mit Strom 20/25 AU$, Zi. 80–
110 AU$; ❄), das preiswerteres Benzin hat als die Raststätten weiter westlich.

Kurz vor der Grenze zu SA liegt **Eucla**, umgeben von eindrucksvollen Sanddünen und unberührten Stränden. 5 km südlich der Stadt befinden sich die faszinierenden Ruinen der **Telegrafenstation** (1877), die allmählich in den Dünen versinken. 15 Gehminuten entfernt liegen die Überreste des alten Anlegestegs. Das **Eucla Motor Hotel** (08-9039 3468; euclamotel@bigpond. com; Stellplatz ohne/mit Strom 10/20 AU$, Zi. 45–110 AU$;) hat hübsche Stellplätze und geräumige Zimmer.

Coolgardie
800 EW.

1898 war das verschlafene Coolgardie mit seinen 15 000 Einwohnern, sechs Zeitungen, zwei Börsen, über 20 Hotels und drei Brauereien die drittgrößte Stadt in WA. Der Boom begann nur ein paar Stunden, nachdem Arthur Bayley im Jahr 1892 nach Southern Cross geritten war und dem Minenaufseher 554 Unzen Gold auf den Tresen gelegt hatte. Heute erinnern daran nur noch stattliche historische Gebäude entlang der breiten Hauptstraße.

⊙ Sehenswertes & Aktivitäten

Goldfields Museum & Visitor Centre MUSEUM
(08-9026 6090; www.coolgardie.wa.gov.au; Bayley St, Warden's Court; Erw./Kind 4/2 AU$; Mo-Fr 8.30–16.20, Sa & So 10–15 Uhr) Das Museum zeigt Ausstellungsstücke zur Goldsuche und informiert über die Zeit, die der ehemalige US-Präsident Herbert Hoover auf den Goldfeldern in Gwalia verbrachte. Außerdem wäre da noch die faszinierende Geschichte des Modesto Varischetti, des „Verschütteten Bergmanns".

Warden Finnerty's Residence HISTORISCHES GEBÄUDE
(www.nationaltrust.org.au; 2 McKenzie St; Erw./Kind 4/2 AU$; Do–Di 11–16 Uhr) Das bezaubernde Gebäude wurde 1895 für Coolgardies ersten Minenaufseher und Friedensrichter errichtet.

🛏 Schlafen & Essen

Coolgardie Goldrausch Motel MOTEL $
(08-9026 6080; www.coolgardiemotels.com.au; 49–53 Bayley St; Zi. 125–150 AU$;) Die kleinen, aber farbenfrohen und gemütlichen Zimmer des Goldrauschs sind mit heller Bettwäsche, makellosen Badezimmern und Flachbild-TVs ausgestattet. Das zugehörige Restaurant serviert hervorragende hausgemachte Pies.

Kalgoorlie-Boulder
28 300 EW.

Die mit gut erhaltenen historischen Gebäuden geschmückte Stadt Kalgoorlie-Boulder gilt als Erfolgsgeschichte des Outback – sie ist noch immer das Zentrum des Bergbaus in diesem Teil von WA.

Früher kamen die Minenarbeiter in die Stadt, um das wenige, das sie hatten, in den berüchtigten Bordellen zu verprassen oder in den Kneipen zu verflüssigen, wo sie von nur spärlich bekleideten Damen bedient wurden. Inzwischen ist „Kal" sehr viel familienfreundlicher. Minenarbeiter müssen hier wohnhaft sein; „fly-in, fly-out"-Arbeiter werden nicht geduldet.

Dennoch hat sich die Stadt ihr „Wild West"-Flair bewahrt. Die historischen Pubs und leichtbekleideten Bedienungen in den Bars erinnern an die eher wilde Vergangenheit.

Hier gibt es zahlreiche historische und moderne Bergbaustätten zu erkunden; zudem eignet sich Kalgoorlie als Ausgangsbasis für Ausflüge in die Geisterstädte im umliegenden Outback.

Geschichte

Lange Zeit schon war Paddy Hannan Goldschürfer, als er Coolgardie verließ, um einen neuen Ort zum Schürfen zu finden. Dann stolperte er geradezu über jenes Gold, das den Goldrausch von 1893 auslöste. So wählte er die Gegend von Kalgoorlie für den Bau einer Siedlung.

Als die glitzernden Stückchen nicht mehr einfach an der Oberfläche lagen, mussten die Goldsucher immer tiefer graben und dem Gestein das wertvolle Metall mit teuren und komplexen Verfahren abtrotzen. Aus Kalgoorlie wurde schnell eine reiche Stadt, und die grandiosen öffentlichen Gebäude, die am Ende des 19. Jhs. errichtet wurden, zeugen noch von jenem unglaublichen Reichtum.

Trotz des schleichenden Rückgangs nach dem Ersten Weltkrieg ist „Kal" noch immer der größte Goldlieferant Australiens, und aus der einstigen Golden Mile mit alten Minenaufbauten und Wellblechhütten wurde die überwältigend große Goldmine Super Pit.

◉ Sehenswertes & Aktivitäten

Die Hauptstraße der Stadt, die Hannan St, schmücken viele Originalgebäude aus der Goldrauschzeit, darunter prächtige Hotels und das imposante Rathaus. Davor steht ein Wasserbrunnen in Form einer Statue, die Paddy Hannan mit einem Wasserbeutel in der Hand darstellt.

Super Pit — AUSSICHTSPUNKT
(www.superpit.com.au; Outram St; ⊙7–19 Uhr) Der Ausblick ist beeindruckend und von ganz eigenartiger Schönheit: Die haushohen Lastwagen, die in der riesigen Grube umherdüsen, wirken von hier aus wie Spielzeugautos. Kalgoorlie Tours & Charters bieten faszinierende Touren an.

Western Australian Museum – Kalgoorlie-Boulder — MUSEUM
(www.museum.wa.gov.au; 17 Hannan St; erbetene Spende 5 AU$; ⊙10–16.30 Uhr) Der beeindruckende Förderturm der Ivanhoe Mine markiert den Eingang zu diesem ausgezeichneten Museum. Mit einem Lift gelangen die Besucher nach oben, von wo aus sie einen tollen Ausblick über die Stadt genießen können. In einem unterirdischen Gewölbe erinnert eine Ausstellung mit riesigen Nuggets und Goldbarren an die Gründe für den Minenboom, zudem gibt's eine fantastische Sammlung mit Gewerkschaftsbannern zu sehen.

School of Mines Mineral Museum — MUSEUM
(Ecke Egan St & Cassidy St; ⊙Mo–Fr 9–12 Uhr, in den Ferien geschl.) GRATIS Diese Einrichtung zeigt eine geologische Ausstellung mit Nachbildungen von großen Nuggets, die in der Gegend gefunden wurden.

Royal Flying Doctor Service Visitor Centre — TOUR
(☏08-9093 7595; www.flyingdoctor.net; Kalgoorlie-Boulder Airport; Eintritt gegen Spende; ⊙Mo–Fr 10–15 Uhr, ganzjährig Führungen 10.15 Uhr, Mai–Okt. zusätzliche Tour 14 Uhr) Hier wird die Arbeit der fliegenden Ärzte im Outback erläutert.

☞ Geführte Touren

Kalgoorlie Tours & Charters — BUSTOUR
(☏08-9021 2211; www.kalgoorlietours.com.au; 250 Hannan St; Erw./Kind 70/45 AU$; ⊙Mo–Sa 9.30 & 13.30 Uhr) Hier gibt es 2½-stündige Touren zum Super Pit. Während der Schulferien werden auf Anfrage auch 90-minütige Touren veranstaltet (Erw./Kind 45/25 AU$). Teilnehmer müssen lange Hosen und geschlossene Schuhe tragen.

Goldrush Tours — BUSTOUR
(☏1800 620 440; www.goldrushtours.com.au; Erw./Kind 150/75 AU$) Bietet historische Touren in und um Kalgoorlie-Boulder und Tagestouren zu den Skulpturen am Lake Ballard an.

Questa Casa — HISTORISCHE TOUR
(☏08-9021 4897; www.questacasa.com; 133 Hay St; Führungen 25 AU$; ⊙Führungen 15 Uhr) Dies ist das älteste, noch betriebene Bordell aus der Goldrauschära, von denen viele einst die Hay St säumten. Neugierige (mind. 18 Jahre alte) Besucher können um 15 Uhr an einer Führung teilnehmen.

🎉 Feste & Events

Kalgoorlie Market — MARKT
(Hannan St, St. Barbara's Sq) Am ersten Sonntag im Monat.

Boulder Market Day — MARKT
Am dritten Sonntag im Monat am Loopline Reserve Railway Park.

Kalgoorlie-Boulder Racing Round — PFERDERENNEN
(www.kbrc.com.au) Dieses Highlight im Veranstaltungskalender zieht im September jede Menge hübsch zurechtgemachter Einheimischer und Besucher an – und es wird deutlich schwieriger, ein Zimmer zu bekommen.

🛏 Schlafen

Die meisten Unterkünfte sind auf die Bergbauindustrie ausgerichtet. Die netteren Quartiere sind überteuert und die Hotels und Gasthäuser oft von Dauergästen besetzt.

Kalgoorlie Backpackers — HOSTEL $
(☏08-9091 1482; www.kalgoorliebackpackers.com.au; 166 Hay St; B/EZ/DZ 33/60/85 AU$; ❄@≋) Die Zimmer befinden sich in einem ehemaligen Bordell. Das zentrale Kalgoorlie Backpackers ist gut dafür geeignet, sich nach Jobs zu erkundigen.

Discovery Holiday Parks — CAMPING $
(www.discoveryholidayparks.com.au; Stellplätze 21–51 AU$, Zi. 60 AU$, Wohneinheiten 119–179 AU$; ❄@≋) Kalgoorlie (☏08-9039 4800; 286 Burt St, Kalgoorlie); Boulder (☏08-9093 1266; 201 Lane St, Boulder) Die zusammengehörenden Parks bieten geräumige und gut ausge-

stattete Nurdachhäuser und Hütten, grüne Stellplätze, Spielplätze und Pools.

Rydges Kalgoorlie
HOTEL $$

(08-9080 0800; www.rydges.com; 21 Davidson St; Zi. ab 209 AU$; ❄@🛜🏊) Kalgoorlies beste Unterkunft befindet sich in einem Wohngebiet zwischen Kalgoorlie und Boulder. In einer Oase aus üppigem Buschland bietet das Hotel geräumige und sehr komfortable Zimmer.

Railway Motel
MOTEL $$

(08-9088 0000; www.railwaymotel.com.au; 51 Forrest St; Zi. ab 135 AU$; ❄🏊) Das Motel gegenüber vom Bahnhof bietet helle, fein herausgeputzte Zimmer. Die geräumigen und komfortablen Apartments liegen gleich nebenan und haben zwei Schlafzimmer.

Langtrees
BOUTIQUEHOTEL $$$

(08-9026 2181; www.langtreeshotel.com; 181 Hay St; DZ 300 AU$) In dem ehemals berüchtigten Bordell befinden sich 10 thematische Zimmer, darunter ein afghanisches Boudoir und ein Zimmer, das Autofreaks gefallen dürfte. Es gibt aber auch weniger pompöse Räume.

✗ Essen

Relish
CAFÉ $

(162 Hannan St; Frühstück 8–16 AU$, Mittagessen 10–14 AU$; ⏱Mo–Fr 6–15, Sa & So 7–14 Uhr) ✏ Hier gibt es den besten Kaffee der Stadt und einige interessante Gerichte z. B. Lamm-und-Feta-Frittata, vegetarische Wraps und Süßkartoffel-Chorizo-Tarte. Wer sich für regionale Kunst interessiert, sollte einen Blick in die weiß getünchte Gasse neben dem Relish werfen.

Hoover's Cafe
PUB-ESSEN $$

(www.palacehotelkalgoorlie.com/hoovers-cafe/; 137 Hannan St; Mittagessen 11–26 AU$; ⏱8–17 Uhr; 🛜) Das Hoover's im Palace Hotel serviert gutes, schmackhaftes Essen in Pub-Atmosphäre. Im Obergeschoss befindet sich das schicke **Balcony Bar & Restaurant** (Hauptgerichte 36–47 AU$; ⏱ab 17 Uhr), das Steaks und Meeresfrüchte serviert.

Lemongrass
THAILÄNDISCH $$

(5/84-90 Brockman St; Hauptgerichte 18–22 AU$; ⏱Mo–Sa 11.30–14.30, tgl. 16.30–21 Uhr) Eine gesunde, leichte Essensoption in einer Stadt, die eher für derbes Pub-Essen bekannt ist.

Paddy's Ale House
PUB-ESSEN $$

(135 Hannan St, Exchange Hotel; Hauptgerichte 17–30 AU$; ⏱11 Uhr–open end) Hier gibt's klassische Pub-Gerichte wie Steaks und Würstchen mit Kartoffelbrei und Sport live im TV.

🍷 Ausgehen & Unterhaltung

Die Kneipen aus der Goldrauschära an der Hannan St sind voller trinkfester Kerle und

---

CANNING STOCK ROUTE & GUNBARREL HIGHWAY

In Wiluna, 300 km nördlich von Leonora, beginnen und enden zwei von Australiens aufregendsten Geländewagenrouten, die Canning Stock Route und der Gunbarrel Highway. Die unwegsamen, abgelegenen Strecken führen über Tausende Kilometer durch die unerbittliche Wildnis und sind nur von April bis September sicher befahrbar. Vor der Abfahrt muss man sich in jedem Fall bei Visitor Centres und DEC-Büros informieren, da die Straßen nur bei günstigem Wetter passierbar sind. Die detaillierte Karte *Great Desert Tracks – North West Sheet* von HEMA Maps ist bei beiden Touren ein absolutes Muss.

Die **Canning Stock Route** (www.exploroz.com/TrekNotes/WDeserts/Canning_Stock_Route.aspx) verläuft 2006 km Richtung Nordosten durch die Great Sandy Desert und die Gibson Desert bis nach Halls Creek. Achtung: Diese Route verlangt allergrößten Respekt! Wer in Wiluna losfährt, informiert sich im **Shire Office** (08-9981 8000; www.wiluna.wa.gov.au; Scotia St) über Streckenbedingungen und Sicherheitsvorkehrungen. Für die Durchquerung des Birrilburru-Stammesgebiets ist eine Genehmigung nötig.

Der alte **Gunbarrel Highway** (www.exploroz.com/TrekNotes/WDeserts/Gunbarrel_Highway.aspx) führt von Wiluna nach Warakurna nahe der Grenze zum NT, wo er in den Outback Way übergeht. Auf der langen, holprigen und hügeligen Straße geht's durch jede Menge Sanddünen. Wie die Canning Stock Route sollte auch diese Strecke aus Sicherheitsgründen im Konvoi mit anderen Fahrzeugen befahren werden. Zudem gehören sämtliche Vorräte ins Gepäck, darunter Benzin und Wasser für die gesamte Zeit. Man sollte die Polizeiposten an beiden Enden der zwei Strecken über die Reisepläne informieren.

Kellnerinnen in Strapsen und Pumps. Wer vollständig bekleidetes Personal bevorzugt, sollte bei der Wahl des Lokals Vorsicht walten lassen.

Palace Hotel PUB
(www.palacehotelkalgoorlie.com.au; 137 Hannan St) Von der ruhigen Balkonbar aus kann man den Trubel auf der Straße beobachten, und in der Gold Bar sorgen Livebands, DJs und knapp bekleidete Damen für Stimmung.

❶ Praktische Informationen

Department of Parks & Wildlife (☎ 08-9080 5555; www.parks.dpaw.wa.gov.au; 32 Brookman St; ⊙ Mo–Fr 8–17 Uhr) Infos zum Goldfields Woodlands National Park.

Visitor Centre (☎ 08-9021 1966; www.kalgoorlietourism.com; Town Hall, Ecke Hannan St & Wilson St; ⊙ Mo–Fr 8.30–17, Sa & So 9–17 Uhr) Unterkunftsbuchungen und Informationen.

Nördlich von Kalgoorlie-Boulder

Der Goldfields Hwy, der von Kalgoorlie-Boulder nach Norden führt, ist bis Wiluna (580 km nördlich) asphaltiert. Hier beginnen die Canning Stock Route und der Gunbarrel Hwy, die nur mit einem Geländewagen passierbar sind. In Leonora zweigt eine Straße nach Osten ab. Sie ist bis Laverton (367 km nordöstlich von Kalgoorlie) geteert; dort beginnt außerdem die unbefestigte Great Central Rd (Outback Way).

Viele der Schotterstraßen sind mit jedem Fahrzeug zu bewältigen, Regen kann sie aber schnell völlig unpassierbar machen. In allen (bewohnten) Städten gibt es Gasthäuser, Campingplätze mit Hütten, Tankstellen und Lebensmittelgeschäfte.

Kanowna, Broad Arrow & Ora Banda

Von Kalgoorlie aus kann man Tagesausflüge in Richtung Norden unternehmen, die zu den Geisterstädten Kanowna (18 km nordöstlich), Broad Arrow (38 km nördlich) und Ora Banda (65 km nordwestlich) führen. Von Kanowna ist – abgesehen von den Fundamenten von 16 (!) Hotels – wenig übrig. Der Friedhof aus der Pionierzeit ist aber recht interessant. Broad Arrow war ein Schauplatz in *The Nickel Queen* (1971), dem ersten Spielfilm, der in WA gedreht wurde. Anfang des 20. Jhs. lebten hier 2400 Men-

> ### ❶ GENEHMIGUNGEN
>
> Die Canning Stock Route und der Outback Way führen durch Stammesgebiete der Ureinwohner (Aboriginal Land). Reisende benötigen deshalb für die Durchquerung eine Genehmigung vom Department of Aboriginal Affairs (DAA; www.daa.wa.gov.au). Meist lässt sich das schnell per Internet organisieren, wer jedoch einen längeren Aufenthalt plant, benötigt zusätzliche Genehmigungen von der entsprechenden Gemeinschaft; die Bearbeitungszeit kann dann bis zu zwei Wochen betragen.

schen, heute gibt's noch eine Kneipe, in der sich am Wochenende Besucher aus Kal treffen. Das 1911 errichtete **Ora Banda Historical Inn** (☎ 08-9024 2444; www.orabanda.com.au; Stellplatz für 2 Pers. 20–30 AU$, Zi. 75–120 AU$) hat einen Biergarten, einfache Unterkünfte und einen staubigen Campingplatz.

Menzies & Lake Ballard

Die einst florierende, heute winzige Stadt Menzies liegt 132 km von Kalgoorlie entfernt. Hier geht die Straße zu den eindrucksvollen **Skulpturen von Antony Gormley** am **Lake Ballard** ab, einem glitzernden Salzsee 51 km nordwestlich. Man kann kostenlos campen und es gibt Toiletten und einen Grillbereich.

Im **Visitor Centre von Menzie** (☎ 08-9024 2702; www.menzies.wa.gov.au; Shenton St; ⊙ Mo–Fr 9–16.30, Sa & So 10–14 Uhr) gibt es Infos zur Besichtigung der Skulpturen und anderer interessanter Ziele der Umgebung. Zudem betreibt das Personal den benachbarten **Campingplatz** (☎ 08-9024 2702, zu später Zeit 0448 242 041; Stellplatz für 2 Pers. 22–30 AU$) und die **Spinifex Art Gallery**, die allerhand Arbeiten der 750 km weiter östlich lebenden Tjuntjuntjarra-Gemeinschaft ausstellt.

Kookynie

Auf halber Strecke zwischen Menzies und Leonora führt eine gute 25 km lange Schotterstraße nach Kookynie, einer weiteren interessanten Geisterstadt. Dort bietet das **Kookynie Grand Hotel** (☎ 08-9031 3010; puseymin@bigpond.com; EZ/DZ 80/100 AU$) Bier und Betten. Im ruhigen **Niagara Dam**, 10 km von Kookynie entfernt, gibt es die Möglichkeit zum Buschcamping.

Leonora

Weiter nördlich, ziemlich genau 237 km von Kalgoorlie entfernt, liegt Leonora, das Handelszentrum für Bergbau und ländliche Industrie in der Region. Bemerkenswert sind vor allem die alten öffentlichen Gebäude und Kneipen an der Hauptstraße in der Nähe des **Visitor Centre** (☏ 08-9037 7016; www.leonora.wa.gov.au; Tower St; ⏱ Mo–Fr 9–16 Uhr). Nur 4 km südwestlich der Stadt liegt die **Gwalia Historic Site**. Dieser Ort wurde 1896 gegründet und mit der Schließung der Mine 1963 schlagartig verlassen. Die noch fast intakten Häuser samt Hausrat machen ihn zu einer eigenartigen, faszinierenden und unheimlichen Geisterstadt. Das **Museum** (www.gwalia.org.au; Erw./Kind 10/5 AU$; ⏱ 9–16 Uhr) beherbergt seltsame und zugleich wunderbare Dinge. Vertiefen lassen sich die Eindrücke dank einer guten Audio-Tour (2 AU$). Das schön restaurierte **Hoover House** (☏ 08-9037 7122; www.gwalia.org.au; EZ 120–150 AU$, DZ 130–160 AU$; ✻), das Haus des Geschäftsführers der Mine aus dem Jahr 1898, ist nach Gwalias erstem Minendirektor Herbert Hoover benannt. Dieser wurde später der 31. Präsident der Vereinigten Staaten von Amerika. Heute beherbergt das Haus Zimmer voller Antiquitäten.

Laverton

Am Rand der Great Victoria Desert versteckt sich Laverton. An das **Visitor Centre** (☏ 08-9031 1361; www.laverton.wa.gov.au; Augusta St; ⏱ Mo–Fr 9.30–16.30, Sa & So 9–13 Uhr) ist die **Great Beyond – Explorers' Hall of Fame** (Erw./Kind 10/5 AU$) angeschlossen, die mit technischer Unterstützung Geschichten aus der Pionierzeit erzählt. Die gemeinnützige **Laverton Outback Gallery** (www.laverton-outback-gallery.com.au; 4 Euro St; ⏱ 9–17 Uhr) verkauft tolle Bilder, Halsketten, Wumeras und Bumerangs; 80 % des Gewinns gehen direkt an die Aborigine-Künstler.

Laverton markiert den Beginn des Outback Way. Hier kann man übernachten und/oder seine Wasser- und Benzinvorräte auffüllen. Unbedingt sollte man sich außerdem im Visitor Centre über die aktuellen Straßenbedingungen informieren.

Outback Way (Great Central Rd)

Der unbefestigte **Outback Way** (www.outbackway.org.au) verbindet Laverton mit Winton in Central Queensland und verläuft durch das rote Zentrum des Northern Territory. Ab Laverton sind es 1098 km nach Yulara, 1541 km nach Alice Springs und ganze 2720 km nach Winton!

Die Straße ist teilweise sandig und holprig, jedoch breit und für jedes Fahrzeug passierbar. Nach Regenfällen wird sie aber manchmal für mehrere Tage gesperrt. Diesel bekommt man auf der westaustralischen Seite etwa alle 300 km.

Die drei WA Roadhouses (www.ngaanyatjarraku.wa.gov.au) hinter Laverton – **Tjukayirla** (☏ 08-9037 1108; tjukayirlaroadhouse@bigpond.com; Parkplätze mit/ ohne Strom 20/30 AU$, EZ 75 AU$, Wohneinheit 120-160 AU$ ⏱ Mo–Fr 9–17, Sa & So 9-14 Uhr) nach 315 km, **Warburton** (☏ 08-8956 7656) nach 567 km und **Warakurna** (☏ 08-8956 7344; warakurnaroadhouse@bigpond.com) nach 798 km – bieten Verpflegung, Benzin und in begrenztem Umfang auch Reparaturen. Zum Übernachten können Gäste zwischen Campingplätzen (ca. 25 AU$/Pers.), Budgetzimmern (ca. 70 AU$) und komplett eingerichteten Wohneinheiten mit Küche (ca. 160 AU$) wählen; die Auswahl ist begrenzt, deshalb sollte vorab gebucht werden. Das Tjukayirla Roadhouse veranstaltet Touren zu 5000 Jahre alter Höhlenkunst.

In Warburton empfiehlt sich das **Tjulyuru Cultural & Civic Centre** (☏ 08-8956 7966; www.tjulyuru.com; ⏱ Mo–Fr 8.30–16.30). Die Kunstgalerie beherbergt eine umfangreiche Sammlung von Gemälden der Aborigine-Gemeinschaft Ngaanyatjarra.

In Warakurna, Warburton und Giles gilt Northern-Territory-Zeit, die der in WA eineinhalb Stunden voraus ist.

Monkey Mia & zentraler Westen

Inhalt ➡
Batavia Coast............ 1071
Dongara-Port Denison 1071
Geraldton 1072
Kalbarri 1077
Shark Bay 1081
Denham 1082
Monkey Mia 1084
Von Point Quobba nach Gnaraloo Bay .. 1087

Schönste Sonnenuntergänge

- Steep Point (S. 1082)
- Fishermens Lookout (S. 1071)
- Red Bluff (S. 1077)
- Shark Bay Hotel (S. 1084)
- Horrocks (S. 1081)

Schön übernachten

- Gnaraloo Station (S. 1087)
- Ospreys Beach Chalet (S. 1076)
- Dongara Breeze Inn (S. 1071)
- Bentwood Olive Grove (S. 1072)
- Hamelin Station (S. 1082)

Auf nach Monkey Mia & zum zentralen Westen!

Die unberührten Küsten und geschützten türkisgrünen Gewässer des Malgana-Lands locken Traveller und Meeresfauna aus aller Welt an. Neben Delfinen beherbergen die Seegraswiesen der zum Welterbe zählenden Shark Bay Dugongs, Rochen, Haie und Meeresschildkröten. An Land finden seltene Beuteltiere Zuflucht in Nationalparks; Sandsteinklippen, roter Sand und Salzwasserseen prägen das kahle Landesinnere.

Südlich im Land der Nhanda laden die Schluchten von Kalbarri Abenteurer zur Erkundung ein, während ein Wildblumenteppich die Ebenen bedeckt, sich Fischadler von den umtosten Klippen am Indischen Ozean in die Lüfte erheben und Buckelwale im Meer langsam gen Süden ziehen.

In Carnarvon reift das Gemüse. Angler und Bodyboarder checken die Gezeiten, während Windsurfer auf das Einsetzen des „Doctor" (der starken nachmittäglichen Meeresbrise) warten. In Geraldton locken gute Cafés, Wochenendmärkte und ein Museum sowie der Blick auf den Ozean.

Reisezeit
Monkey Mia

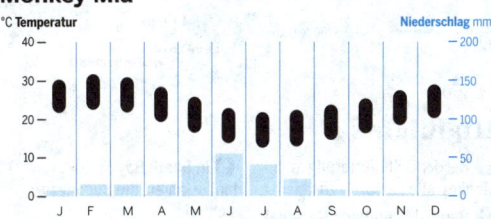

Juni–Aug. Die Winterwellen sorgen für mächtige Breaks vor Gnaraloo und Quobba.

Aug. & Sept. In Kalbarri blühen die Wildblumen in voller Pracht.

Nov.–Feb. Die Windsurfer halten zwischen Geraldton und Carnarvon die Segel in den Wind.

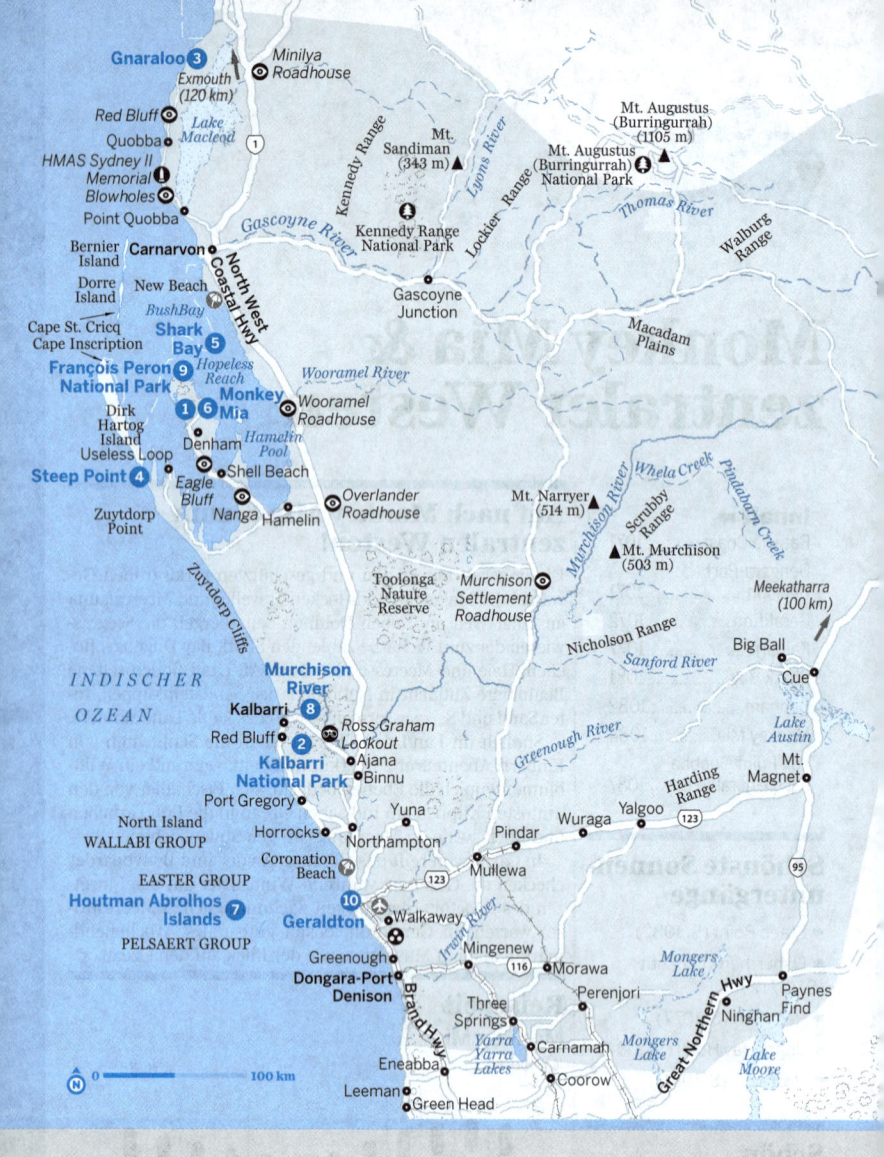

Highlights

1. Bei der Delfinfütterung in **Monkey Mia** (S. 1084) zusehen
2. Durch den **Kalbarri National Park** (S. 1078) paddeln
3. In Gnaraloo auf der **Tombstones Break** (S. 1088) surfen
4. Bis zum **Steep Point** (S. 1082), der Westspitze des australischen Festlands, fahren
5. In **Shark Bay** (S. 1081) hinausfahren, um Dugongs zu sichten
6. Bei der Tour **Wula Guda Nyinda** (S. 1085) in Monkey Mia in die Malgana-Kultur eintauchen
7. Vor dem **Houtman-Abrolhos-Archipel** (S. 1077) zu alten Schiffswracks tauchen
8. Am **Murchison River** (S. 1077) ausreiten
9. Bei einer Küstenwanderung im **François Peron National Park** (S. 1084) nach Meereslebewesen Ausschau halten
10. In den Museen, Galerien und Café von **Geraldton** (S. 1072) Kultur und Kaffee genießen

ℹ️ Anreise & Unterwegs vor Ort

BUS

Integrity (📞1800 226 339; www.integrity coachlines.com.au) Am Sonntag-, Dienstag- und Donnerstagabend starten Busse in Perth, die über Geraldton, Kalbarri und Carnarvon nach Broome fahren.

Transwa (📞1300 662 205; www.transwa. wa.gov.au) Betreibt Busse auf dem Brand Hwy (Rte 1) zwischen Perth und Kalbarri, Geraldton und Dongara.

FLUGZEUG

Virgin Australia (📞13 67 89; www.virginaus tralia.com) Hat Flieger von Perth nach Geraldton.

Skippers (📞1300 729 924; www.skippers. com.au) Fliegt von Perth nach Geraldton, Shark Bay und Carnarvon.

Qantas (📞13 13 13; www.qantas.com.au) Verkehrt von Perth nach Geraldton.

BATAVIA COAST

Zwischen Dongara, Port Denison und den abgeschiedenen, windgepeitschten Zuytdorp Cliffs erstreckt sich eine dramatische Küstenlandschaft mit einer faszinierenden Geschichte, einzelnen Schiffswracks und einer facettenreichen Meeresfauna. Für viele frühe europäische Siedler bedeutete sie das Verderben, doch heute ist hier eine lukrative Langusteninduistrie ansässig.

Dongara-Port Denison

3100 EW.

Die hübschen, kleinen Küstenstädtchen Dongara und Port Denison sind 359 km von Perth entfernt und versprechen ein wenig Idylle nach einer langen Fahrt. Die von schönen Stränden, Wanderwegen und historischen Gebäuden umgebenen Orte verströmen eine entspannte Atmosphäre. Port Denison besitzt gute Strände und Unterkünfte; Dongaras von 100 Jahre alten Feigen gesäumte Hauptstraße hat die besten Restaurants.

⊙ Sehenswertes & Aktivitäten

Zu den zwölf Wegen, die in der kostenlosen Broschüre *Walk Dongara Denison* aufgeführt sind, gehört der **Irwin River Nature Trail**, wo man Trauerschwäne, Pelikane und Kormorane erspähen kann. In der Broschüre **Heritage Trail** (2 AU$) ist eine 1,6 km lange Route beschrieben, auf der man historische Gebäude sehen kann, darunter das aus den 1860er-Jahren stammende **Russ Cottage** (Point Leander Dr), dessen Küchenboden aus festgestampften Ameisenhügeln besteht. In den Zellen der alten Polizeiwache zeigt das **Irwin District Museum** (📞08-9927 1404; Eintritt 2,50 AU$; ⊙Mo–Sa 10–12 Uhr) historische Zeugnisse.

Die **Denison Beach Marina** wimmelt von Krebsfischerbooten; einen prächtigen Sonnenuntergang genießt man vom nahe gelegenen **Fishermens Lookout**.

🛏️ Schlafen

Die Unterkunftspreise steigen an Feiertagen und während der Schulferien.

★ Dongara Breeze Inn PENSION $
(📞08-9927 1332; www.dongarabackpackers.com. au; 32 Waldeck St, Dongara; B/EZ/DZ 30/80/ 85 AU$) Von den billigsten Betten der Stadt in dieser beliebten Unterkunft aus blickt man auf einen grünen Garten. Es gibt stilvolle Doppelzimmer mit schickem, asiatischem Flair, rustikale Schlafsäle (in einem alten Eisenbahnwaggon) und für Gäste kostenlose Fahrräder. Die Gemeinschaftsbereiche um den Garten sind sehr ansprechend gestaltet.

Dongara Tourist Park CAMPING $
(📞08-9927 1210; www.dongaratouristpark.com. au; 8 George St, Port Denison; Stellplatz ohne/ mit Strom 26/37 AU$, Hütte mit 1-/2-Schlafzi. 110/150 AU$; ❄️🛜) Der beste Campingplatz hier hat schattige, große Stellplätze hinter dem South Beach. Auf dem Hügel stehen Hütten mit zwei Schlafzimmern, die großartige Ausblicke bieten; außerdem gibt's eine grüne Pergola, unter der man abends im Freien essen kann.

Dongara Old Mill Motel MOTEL $
(📞08-9927 1200; www.dongaraoldmillmotel.com. au; 58 Waldeck St, Dongara; EZ/DZ 105/110; ❄️🛜) Renovierte, ordentliche Zimmer, freundliche Inhaber und ein palmengesäumter Pool laden hier zu einer Übernachtung ein. Die guten Restaurants und Bars im Zentrum von Dongara sind nur einen angenehmen Spaziergang entfernt.

Port Denison Holiday Units APARTMENT $
(📞08-9927 1104; www.dongaraacommodation. com.au; 14 Carnarvon St, Port Denison; DZ 125– 135 AU$; ❄️🛜) Die tadellosen, geräumigen Wohneinheiten mit Küche – einige davon mit Meerblick – liegen einen Block vom Strand entfernt.

✖ Essen

Starfish Cafe CAFÉ $
(☎ 0448 344 215; White Tops Rd, Port Denison; Hauptgerichte 10–30 AU$; ⊙ Mi–So 8–14 Uhr) Im South Beach Car Park bietet diese lässige Imbissbude Kaffee, Jaffles (getoastete Sandwiches), Suppen und Salate.

Priory Hotel PUB, BISTRO $$
(☎ 08-9927 1090; www.prioryhotel.com.au; 11 St Dominics Rd, Dongara; Hauptgerichte 15–42 AU$; @) Ein Hauch von *Picknick am Valentinstag* umgibt dieses ehemalige Nonnenkloster und Mädchen-College mit seinen alten Möbeln, blanken Dielen, Schwarzweißfotos und breiten Veranden. Sonntags gibt's Braten und Holzofenpizza, an mehreren Abenden Livemusik. Steaks sind abends immer erhältlich.

Dongara Hotel Motel RESTAURANT $$
(☎ 08-9927 1023; www.dongaramotel.com.au; 12 Moreton Tce, Dongara; DZ 145 AU$, Hauptgerichte 22–42 AU$; ⊙ 7–22 Uhr; 🕿) Die Einheimischen lieben die legendären Gerichte des Lokals, zu denen frische Meeresfrüchte, Steaks, asiatische Currys, *mie goreng* und *pad thai* zählen. Die bei Geschäftsreisenden beliebten Motelzimmer sind überraschend stilvoll.

❶ Praktische Informationen

Telecentre (CRC; ☎ 08-9927 2111; 11 Moreton Tce, Dongara; Internet 5 AU$/Std.; ⊙ Mo–Fr 8.30–16.30 Uhr; @) Internetzugang.

Visitor Centre (☎ 08-9927 1404; www.irwin.wa.gov.au; 9 Waldeck St, Dongara; ⊙ Mo–Fr 9–17, Sa bis 12 Uhr) In Dongaras altem Postamt.

❶ Anreise & Unterwegs vor Ort

Dongara-Port Denison erreicht man über den Brand Hwy, den Indian Ocean Dr oder die Midlands Rd (Rte 116).

Busse von **Transwa** fahren täglich nach Perth (56 AU$, 5 Std.) und Geraldton (14 AU$, 1 Std.). **Integrity** fährt dreimal pro Woche nach Perth (56 AU$, 5 Std.) und Geraldton (34 AU$, 1 Std.) sowie nach Exmouth (172 AU$, 13 Std.). Start und Ziel der Busse ist das Visitor Centre.

Die Taxirufnummer lautet ☎ 08-9927 1555.

Geraldton

39 000 EW.

Das sonnenverwöhnte „Gero", die Hauptstadt des mittleren Westens, ist von ausgezeichneten Stränden umgeben, die unzählige Wassersportarten begünstigen – Schwimmen, Schnorcheln, Surfen und insbesondere Wind- und Kitesurfen. Die größte Stadt zwischen Perth und Darwin besitzt eine große weizenverarbeitende und Fischereiindustrie, die sie vom launischen Touristendollar unabhängig macht, und in der Krebsfangsaison viele Saisonarbeiter in die Stadt lockt. Die immer noch wachsende Stadt verbindet großstädtische Raffinesse mit kleinstädtischer Freundlichkeit; sie besitzt eine starke Kunstszene und eine blühende Gastronomie; und es gibt auch tolle lokale Musik.

⊙ Sehenswertes

★ Western Australian Museum – Geraldton MUSEUM
(☎ 08-9921 5080; www.museum.wa.gov.au; 1 Museum Pl; Eintritt gegen Spende; ⊙ 9.30–16 Uhr) In

---

GREENOUGH

Rund 24 km südlich von Geraldton bietet sich dieses ländliche Gegend um das historische Greenough zu einem netten Übernachtungsaufenthalt an. Sehenswürdigkeiten sind die **Central Greenough Historical Settlement** (☎ 08-9926 1084; www.centralgreenough.com; Brand Hwy; Erw./Kind 6/3 AU$, Café-Gerichte 10–28 AU$; ⊙ 9–16 Uhr, Nov.–Dez. & Feb.–März ab 10 Uhr) mit einigen Gebäuden aus dem 19. Jh. und das **Pioneer Museum** (www.greenoughmuseum.com; Phillips Rd; Erw./Kind 5 AU$/frei; ⊙ 9.30–15.30 Uhr) vermitteln einen Einblick in das Leben der frühen Siedler und geben Gelegenheit, sich etwas die Beine zu vertreten. Die Hauptattraktionen sind jedoch gutes Essen und schöne Unterkünfte. Rund 2 km nördlich des Zentrums von Greenough sollte man nach den skurrilen **Leaning Trees** Ausschau halten, die ihre sonderbare Form den unaufhörlichen Böen vom Indischen Ozean verdanken.

Das **Bentwood Olive Grove** (☎ 08-9926 1196; www.bentwood.com.au; Brand Hwy; DZ 130–160 AU$; 🕿) war lange ein Gourmettempel, heute liegt der Schwerpunkt jedoch auf der Unterkunft. Es gibt hier ein wunderschönes Stein-Cottage mit Platz für sechs Personen. Der tägliche Transwa-Bus nach Geraldton setzt einen am Anfang des Brand Hwy ab.

WILDBLUMEN IM MAI

Im Binnenland östlich von Geraldton führt die Rte 123 zu Weizensilos, Wildblumen und kleinen Ortschaften mit einem Pub. Hier geht es im August und September sehr betriebsam zu, wenn Minibusse voller Senioren auf der Jagd nach Blüten herumflitzen. An Unterkünften gibt es Wohnmobilparks, Pubs und Motels. Transwa stellt regelmäßige Transportverbindungen sicher. Während der Wildblumensaison betreiben örtliche Visitor Centres manchmal Minibusse zu den schönsten Stellen.

Morawa, Mingenew & Mullewa

Die „drei Ms" bilden ein Dreieck, in dem es während der Wildblumenblüte hoch hergeht, während außerhalb der Saison wenig da ist, was Traveller locken könnte. Morawa und Mullewa verfügen immerhin über auffällige Kirchen, die beide von Monsignore John Hawes entworfen wurden.

Im **Coalseam Conservation Park** (www.parks.dpaw.wa.gov.au/park/coalseam; Stellplatz 7 AU$/Pers.), 34 km nordöstlich von Mingenew am Irwin River, gibt's Strohblumen, einen kurzen Rundweg und uralte, in die Klippen eingelagerte Muschelfossilien.

Mullewa ist berühmt für die Winde *Lechenaultia macrantha*. In dem Ort gibt's jedes Jahr Ende August eine Wildblumenausstellung. Während der Blütezeit sind die Straßen, die in nordöstlicher Richtung nach Yalgoo führen, normalerweise mit einem Teppich aus Strohblumen bedeckt.

Perenjori

Das 360 km von Perth entfernte Perenjori ist eine Stadt, die von einer Wildnis umgeben ist, in der viele Lebensformen existieren. Von Juli bis November kann man hier herrliche Wildblumen bewundern. Das **Visitor Centre** (08-9973 1105; www.perenjori.wa.gov.au; Fowler St; Juli-Okt. Mo-Fr 9-16 Uhr), in dem sich auch das **Pioneer Museum** (Erw./Kind 2/0,50 AU$) befindet, hat Broschüren, die Autotouren beschreiben, darunter den *The Way of the Wildflowers* und den *Monsignor Hawes Heritage Trail*. Das Personal kann einem auch den Zugang zur schönen **St. Joseph's Church** ermöglichen, die von dem vielseitig talentierten Priester John Hawes entworfen wurde.

---

einem der besten Museen des Bundesstaats berichten intelligente Multimedia-Ausstellungen von der Natur-, Kultur- und indigenen Geschichte. Die Shipwreck Gallery dokumentiert die tragische Geschichte der *Batavia*, während Videomaterial die gesunkene HMAS *Sydney II* vorstellt. Nach Segeltörns auf dem Langboot fragen, das hinter dem Museum vertäut ist!

Cathedral of St. Francis Xavier KIRCHE
(08-9921 3221; www.geraldtondiocese.org.au; Cathedral Ave; Führungen Mo & Fr 10, Mi 16 Uhr) Die wohl schönste architektonische Leistung des vielseitig talentierten Monsignore John Hawes: Die Kathedrale besitzt imposante Zwillingstürme mit halbrunden Öffnungen, eine Zentralkuppel, romanische Säulen und kühn gestreifte Mauern.

Geraldton Regional Art Gallery GALERIE
(08-9964 7170; www.artgallery.cgg.wa.gov.au; 24 Chapman Rd; Di-So 10-17 Uhr) GRATIS Neben einer ausgezeichneten Dauerausstellung, zu der Gemälde von Norman Lindsay und Elizabeth Durack gehören, präsentiert diese Galerie auch provokante zeitgenössische Arbeiten und regelmäßig Wanderausstellungen.

Old Geraldton Gaol Craft Centre HISTORISCHES GEBÄUDE
(08-9921 1614; Bill Sewell Complex, Chapman Rd; Mo-Sa 10-15.30 Uhr) Das Kunsthandwerk ist zweitrangig gegenüber den düsteren Zellen, in denen von 1858 bis 1986 Gefangene einsaßen, und den historischen Dokumenten, die von ihren schrecklichen Lebensumständen berichten.

HMAS Sydney II Memorial DENKMAL
(www.hmassydneymemorial.com.au; Mt. Scott; Führungen 10.30 Uhr) GRATIS Auf dem Hügel über Geraldton erinnert dieses Denkmal an den Verlust der *Sydney* und ihrer 645 Mann starken Besatzung nach einem Gefecht mit dem deutschen Hilfskreuzer *Kormoran*.

🏃 Aktivitäten

Die meisten Aktivitäten spielen sich auf dem Wasser ab. Es gibt aber auch ein ausgezeichnetes Netz von Radwegen, darunter

Geraldton

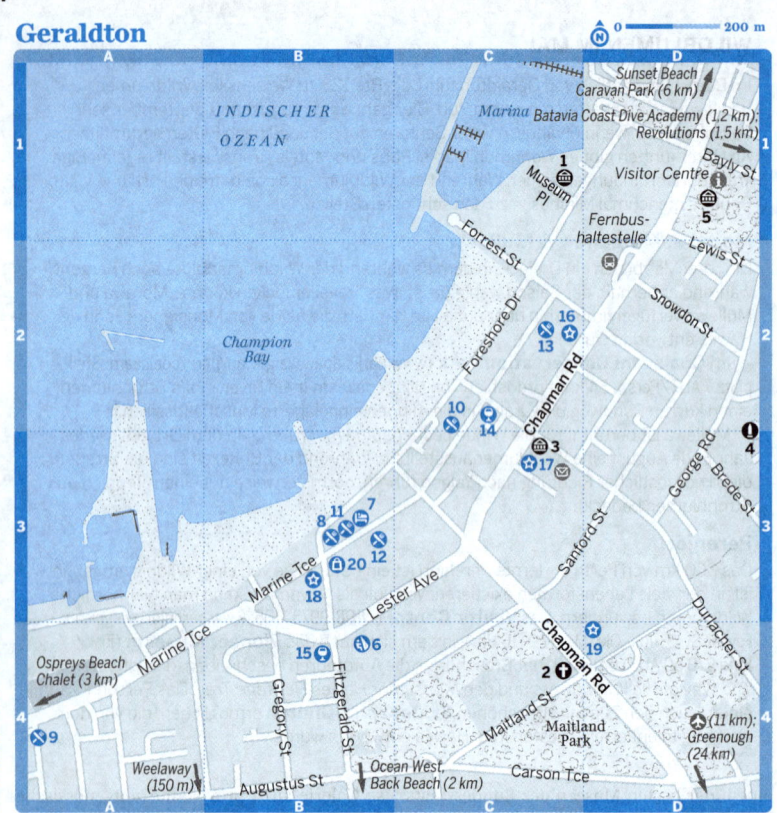

die 10 km lange Küstenroute vom **Tarcoola Beach zum Chapman River**. Im Visitor Centre sollte man sich den *Local Travelsmart Guide* holen. Fahrräder ausleihen kann man bei **Revolutions** (☎ 08-9964 1399; www.revolutions-geraldton.com.au; 2c Jensen St; Fahrradverleih 20 AU$/Tag; ⊙ Mo–Fr 9–17.30, Sa bis 12 Uhr).

G-Spot Xtreme   WINDSURFEN
(☎ 08-9965 5577; www.gspotxtreme.com.au; 241a Lester Ave; Verleih Windsurfausrüstung ab 100 AU$/Tag, Kajak pro 2/4 Std. ab 30/45 AU$; ⊙ Di–Fr 10–16, Sa 10–13 Uhr) Verleiht und verkauft Windsurf- und Kiteboard-Ausrüstung sowie Kajaks.

Batavia Coast Dive Academy   TAUCHEN
(☎ 08-9921 4229; www.facebook.com/bataviacoastdive; 118 Northwest Coastal Hwy; Tauchgang vor Ort mit/ohne Ausrüstung 140/100 AU$; ⊙ Mo–Fr 9–17, Sa 8–13, So 10–12 Uhr) Bietet Tauchgänge in offenen Gewässern (volles PADI-Zertifikat 630 AU$) und eine Reihe von Tauchausflügen, darunter Chartertouren zum Houtman-Abrolhos-Archipel (ab 300 AU$/Pers. & Tag).

Midwest Surf School   SURFEN
(☎ 0419 988 756; http://surf2skool.com; Kurs ab 60 AU$, Surfbrettverleih 30 AU$) Kurse für Anfänger ohne Vorkenntnisse und für erfahrene Surfer am hinteren Strand von Geraldton.

KiteWest   KITEBOARDING
(☎ 0449 021 7840449 021 784; www.kitewest.com.au; Kurs ab 50 AU$/Std.) Kurse im Kiteboarden, Surf- und Stehpaddel-Unterricht. Das Unternehmen bietet auch Campingtouren im Jeep, Angeltouren sowie Tagesausflüge zum Sightseeing oder zu den Wildblumen an (ab 95 AU$/Pers.).

🛏 Schlafen

Während der Schulferien und an Feiertagen steigen die Preise.

Geraldton

◉ Highlights
1 Western Australian Museum – Geraldton C1

◎ Sehenswertes
2 Cathedral of St. Francis Xavier C4
3 Geraldton Regional Art Gallery C3
4 HMAS Sydney II Memorial D3
5 Old Geraldton Gaol Craft Centre D1

⊕ Aktivitäten, Kurse & Touren
6 G-Spot Xtreme B4

⊙ Schlafen
7 Foreshore Backpackers B3

⊗ Essen
8 Culinary HQ B3

9 Geraldton Fish Market A4
10 Go Health Lunch Bar C2
11 Jaffle Shack B3
12 Provincial B3
13 Saltdish C2

⊙ Ausgehen & Nachtleben
14 Freemasons Hotel C2
15 Vibe B4

⊙ Unterhaltung
16 Breakers Bar C2
17 Camel Bar C3
18 Orana Cinemas B3
19 Queens Park Theatre D4

⊙ Shoppen
20 Yamaji Art B3

Foreshore Backpackers HOSTEL $
(☎ 08-9921 3275; www.foreshorebackpackers.com.au; 172 Marine Tce; B/EZ/DZ 30/50/70 AU$; @) Das große, zentral gelegene Hostel ist geprägt von versteckten Ecken, sonnigen Balkonen und weltmüden Travellern. Es befindet sich in der Nähe von guten Bars und Cafés und ist ideal, um nach Jobs, einer Mitfahrgelegenheit oder einem Reisegefährten zu suchen.

Sunset Beach Holiday Park CAMPING $
(☎ 1800 353 389; www.sunsetbeachpark.com.au; Bosley St; Stellplatz mit Strom 38 AU$, Hütte 110–145 AU$) Rund 6 km nördlich vom CBD gelegen. Hier gibt's große, schattige Stellplätze nur wenige Schritte vom netten Strand entfernt sowie eine moderne Campingküche mit dem wohl größten Plasma-TV der Küste.

★ Ospreys Beach Chalet HÜTTE $$
(☎ 0447 647 994; enerhkalm@gmail.com; 40 Bosuns Cr, Point Moore; 2 Pers. ab 155 AU$) ⊘ Sowohl Fischadler (engl. *osprey*) als auch den Strand findet man unweit dieser ökologisch nachhaltig renovierten Hütte, die als Pilotprojekt gilt. Im Zuge der Renovierung wurden neben wiederverwertbaren Materialien auch Regenwassertanks und Sonnenkollektoren eingebaut, wobei es in der Hütte durchaus nicht an Komfort mangelt. Es gibt mehrere Außenbereiche, und der Garten hinter der Hütte ist ein Schmuckstück.

Ocean West APARTMENT $$
(☎ 08-9921 1047; www.oceanwest.com.au; 1 Hadda Way; Apt. mit 1/3 Zi. ab 133/213 AU$; ❄☎⛱) Man sollte sich nicht von den Backsteinen im Stil der 1960er-Jahre abschrecken lassen: Die mit allem Nötigen ausgestatteten Wohneinheiten wurden sämtlich geschmackvoll renoviert und zählen zu den besten Optionen der Stadt. Der schöne, wilde Strand befindet sich direkt auf der gegenüberliegenden Straßenseite.

Weelaway B&B $$
(☎ 08-9965 5232; www.weelaway.com.au; 104 Gregory St; Zi. 100–135 AU$, Cottage mit 2 Schlafzi. ab 165 AU$; ☎) Das Weelaway bietet Zimmer in einem denkmalgeschützten Haus von 1862. Gästen stehen hier elegante Wohnzimmer, schattige Veranden und eine gut bestückte Bibliothek zur Verfügung. Das Haus befindet sich praktischerweise in Gehweite vom Stadtzentrum.

✗ Essen

Kostenlos nutzbare Grillstellen und Picknicktische finden sich am Ufer.

Jaffle Shack CAFÉ $
(www.facebook.com/TheJaffleShack; 188 Marine Tce; Snacks 6–12 AU$; ⊙ Mo–Fr 7.30–16, Sa bis 15, So bis 13 Uhr) Das schlichte Jaffle (getoastetes Sandwich) steht in diesem rustikalen Café im Mittelpunkt. Die Füllung reicht von typischen Aussie-Kombinationen wie Vegemite und Käse bis zu Butter Chicken mit Raita oder zart gegartem Schweinefleisch auf vietnamesische Art. Am besten lässt man Platz für ein Nutella-Sandwich zum Nachtisch oder kommt später noch auf einen der besten Eis-Milchshakes in Gero vorbei. Es gibt hier auch sehr guten Kaffee.

Geraldton Fish Market SEAFOOD $
(365 Marine Tce; ⊙ Mo–Fr 8.30–17.30, Sa bis 12 Uhr) Hier bekommt man fangfrischen Fisch und Meeresfrüchte für ein improvisiertes Festmahl unter freiem Himmel und schmackhafte Leckerbissen wie Räucherfisch oder eingelegten Oktopus. Die leckeren, fertig zubereiteten Meeresfrüchte-Currys sind gut und günstig (14,95 AU$).

Go Health Lunch Bar CAFÉ $
(☎ 08-9965 5200; 122 Marine Tce; leichte Gerichte ca. 11 AU$; ⊙ Mo–Sa 8.30–15 🚭) Besonders Vegetarier werden hocherfreut sein über die große Auswahl von frischen Säften und Smoothies. Außerdem gibt's in dieser beliebten Lunch-Bar mitten in einem Einkaufszentrum vorzüglichen Espresso, gesunde Burritos, Linsenburger, Focaccia und andere leichte Gerichte.

Culinary HQ CAFÉ $
(☎ 08-9964 8308; www.culinaryhq.com.au; 202 Marine Tce; Mittagessen 14,50 AU$; ⊙ Mo–Fr 7–16, Sa 8–13 Uhr) Die vielseitige Gourmet-Karte in diesem geschäftigen Feinkostladen wechselt wöchentlich. Angeboten werden beispielsweise Suppen, Baguettes und warme Gerichte, die es auch zum Mitnehmen gibt – ideal, um sie später im Hostel oder Wohnmobil selbst aufzuwärmen.

★ Saltdish CAFÉ $$
(☎ 08-9964 6030; 35 Marine Tce; Frühstück 8–20 AU$, Mittagessen 16–32 AU$; ⊙ Mo–Fr 7.30–16 Uhr; 🛜) Im angesagtesten Café der Stadt serviert das Personal innovative, moderne Frühstücksgerichte, leichte Mittagsgerichte und starken Kaffee. An Sommerabenden werden im Hof Filme gezeigt. Unbedingt empfehlenswert sind die Bratlinge aus Zuckermais und Koriander. Wein oder Bier muss man selbst mitbringen.

Provincial MODERN-AUSTRALISCH $$
(☎ 08-9964 1887; www.theprovincial.com.au; 167 Marine Tce; Tapas 8–20 AU$, Pizza 14–20 AU$, Hauptgerichte 20–30 AU$; ⊙ Di–Sa 16.30 Uhr–open end) Mit Schablonen aufgetragene Motive schmücken diese stimmungsvolle Weinbar, in der es Tapas, Holzofenpizza und substanziellere Hauptgerichte gibt. Zu empfehlen ist das scharfe Kokos-Garnelen-Curry in Kombination mit einem ordentlichen White Rabbit Belgian Pale Ale. Der Service kann etwas lahm sein, aber das Lokal hat ein cool-kosmopolitisches Flair. An den meisten Freitag- und Samstagabenden gibt's Livemusik.

🍷 Ausgehen

Freemasons Hotel PUB
(☎ 08-9964 3457; www.thefreemasonshotel.wix.com/home; Ecke Marine Tce & Durlacher St; Gerichte 18–33 AU$; ⊙ 11 Uhr–open end) Im denkmalgeschützten Freo wird durstigen Travellern schon seit dem 19. Jh. Bier ausgeschenkt. Heute ist der Laden ein beliebter Treff mit Livemusik, DJs, Open-Mike- und Quizabenden. Es gibt hier auch eine gute Auswahl von Thekengerichten.

☆ Unterhaltung

Zu den Livemusik- und Club-Optionen zählen das **Vibe** (☎ 08-9921 3700; 38-42 Fitzgerald St; ⊙ Do–So ab 23 Uhr), das **Breakers** (☎ 08-9921 8924; www.facebook.com/breakersgeraldton; 41 Chapman Rd; ⊙ ab 21 Uhr), die **Camel Bar** (☎ 08-9965 5500; 20 Chapman Rd), das Provincial (S. 1076) und das Freemasons Hotel. Es gibt auch ein **Kino** (☎ 08-9965 0568; www.orana-cinemas.com.au; Ecke Marine Tce & Fitzgerald St) und ein **Theater** (☎ 08-9956 6662; www.queensparktheatre.com.au; Ecke Cathedral Ave & Maitland St).

🛍 Shoppen

Yamaji Art KUNST
(☎ 0487 420 237, 08-9965 3440; www.yamajiart.com; 205 Marine Tce; ⊙ Öffnungszeiten tel. erfragen) Eine gute Stelle, um Kunst, Schalen, Didgeridoos und Musik der Yamaji zu kaufen. Die Öffnungszeiten sind flexibel, daher zuerst anrufen!

ℹ Praktische Informationen

Kostenloses WLAN gibt's in der **Bibliothek** (☎ 08-9956 6659; www.library.cgg.wa.gov.au; 37 Marine Tce; WLAN 1. Std. frei; ⊙ Di–Sa ab 9, So & Mo ab 13 Uhr; @ 🛜) und überall im Zentrum von Geraldton.

Sun City Books & Internet Corner (☎ 08-9964 7258; 49 Marine Tce; ⊙ Mo–Fr 9–17, Sa bis 13 Uhr; @) Internetzugang und gebrauchte Bücher.

Visitor Centre (☎ 08-9921 3999; www.geraldtontourist.com.au; Bill Sewell Complex, Chapman Rd; ⊙ Mo–Fr 9–17, Sa & So 10–16 Uhr) Buchung von Unterkünften, Touren und Verkehrsmitteln.

ℹ Anreise & Unterwegs vor Ort

BUS
Integrity betreibt pro Woche drei Busse, die Geraldton mit Perth (63 AU$, 6 Std.), Carnarvon (115 AU$, 6 Std.) und Exmouth (156 AU$, 11 Std.) verbinden. Transwa lässt täglich Busse durchs

ABSEITS DER ÜBLICHEN PFADE

HOUTMAN-ABROLHOS-ARCHIPEL

Der Archipel, der auch einfach nur als die Abrolhos bekannt ist, umfasst 122 Koralleninseln und liegt 60 km vor der Küste von Geraldton. Die Inseln sind der Lebensraum einer bunten Tierwelt, zu der Seelöwen, Suppenschildkröten, Rautenpythons, mehr als 90 Meeresvogelarten und das Derbywallaby gehören. Auch unter der Flora gibt es viele seltene, endemische und geschützte Arten. Dank der warmen Leeuwin-Strömung bieten die umliegenden Riffe ausgezeichnete Tauchbedingungen. Diese Strömung ermöglicht es auch, dass tropische Arten wie die Akroporen (Steinkorallen) hier weiter südlich existieren können, als es sonst ihrem Verbreitungsgebiet entspricht.

Den schroffen Riffen sind im Verlauf der Jahrhunderte viele Schiffe zum Opfer gefallen, darunter die *Batavia* (1629) und die *Hadda* (1877). Man kann zu den Wracks tauchen oder einer Reihe von Unterwasser-Trails folgen (Details finden sich im *Abrolhos Islands Information Guide* von WA Fisheries).Da es für das allgemeine Publikum keine Übernachtungsmöglichkeiten gibt, müssen Taucher (und Surfer) in der Regel ein Boot auf mehrere Tage mieten und an Bord übernachten. Wer sich mit einem Tagesausflug begnügt, kann durch den Busch wandern, picknicken, schnorcheln oder angeln. Hin und zurück geht es am einfachsten mit dem Flugzeug.

Batavia Coast Dive Academy (S. 1077) Kann helfen, Mitfahrer für das Mieten eines Boots zu finden.

Shine Aviation Services (☎08-9923 3600; www.shineaviation.com.au; Tour 90 Min./ ganzer Tag 175/240 AU$) Die Tagestouren umfassen eine Landung auf den Abrolhos mit anschließendem Schnorcheln.

Geraldton Air Charter (☎08-9923 3434; www.geraldtonaircharter.com.au; Brierly Terminal, Geraldton Airport; Tour halber/ganzer Tag 240/550 AU$) Einige Trips führen auch zu den Pinnacles weiter im Süden.

Binnenland nach Perth (68 AU$, 6 Std.) und dreimal wöchentlich nach Kalbarri (28 AU$, 2 Std.) tuckern. Zweimal pro Woche fährt auch ein Bus nach Meekatharra (76 AU$, 7 Std.). Alle Fernbusse starten am **alten Bahnhof**, wo auch ein Buchungsbüro von Transwa zu finden ist.

FLUGZEUG
Virgin Australia und Qantas fliegen täglich zwischen Perth und Geraldton. Skippers fliegt ein paar Mal pro Woche direkt von/nach Carnarvon. Der Flughafen ist 12 km von der Marine Tce entfernt.

TAXI
Taxiruf ☎131 008.

Kalbarri
2000 EW.

Wunderschöne rote Sandsteinklippen fallen steil in den Indischen Ozean ab. Der hübsche Murchison River schlängelt sich durch steile, enge Schluchten, bevor er ganz unvermittelt in die Gantheaume Bay mündet. Wildblumen säumen die Pfade, die auch von Kängurus, Emus und Dornteufeln aufgesucht werden, und auf dem felsigen Untergrund kämpfen seltene Orchideen ums Überleben. Im offenen Meer hingegen tummeln sich Wale. Und nördlich von hier erheben sich die ursprünglichen, rauen und dominanten Kalksteinfelsen der Zuytdorp Cliffs.

Kalbarri ist von einer überwältigenden Natur umgeben, und sowohl am Ort selbst als auch im Kalbarri National Park gibt's prima Möglichkeiten zum Surfen, Schwimmen, Angeln, Buschwandern, Reiten und Kanufahren. Während es sonst meist gemächlich zugeht, ist in Kalbarri in den Ferien schwer was los.

◉ Sehenswertes & Aktivitäten
Kalbarri hat Radwege am Ufer, und man kann zum Schnorcheln nach **Blue Holes**, zum Surfen und Angeln zum **Jakes Point** und zum 5,5 km entfernten **Red Bluff Beach** radeln.

Die Aussichtspunkte an der Küste sind ideal, um sich den Sonnenuntergang anzuschauen. Wildblumen bewundern kann man an der Siles Rd, der River Rd und nahe dem Flughafen. Das Besucherzentrum publiziert in der Saison aktuelle Infos zur Wildblumenblüte.

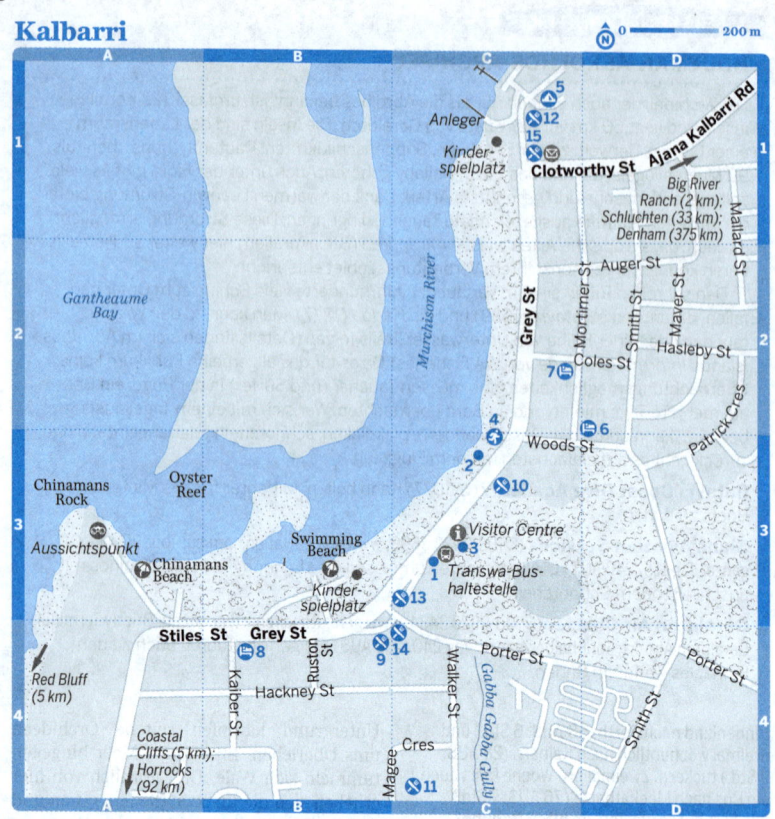

Kalbarri

Aktivitäten, Kurse & Touren
1. Kalbarri Air Charter C3
2. Kalbarri Boat Hire C3
3. Kalbarri Wilderness Cruises C3
4. Pelikanfütterung C3

Schlafen
5. Anchorage Caravan Park C1
6. Kalbarri Backpackers D2
7. Kalbarri Reef Villas C2
8. Pelican Shore Villas B4

Pelican's Nest .... (siehe 6)

Essen
9. Angies Cafe B4
10. Black Rock Cafe C3
11. Finlay's Fresh Fish BBQ C4
12. Gorges Café C1
13. Kalbarri Motor Hotel C3
14. Restaurant Upstairs C4
15. The Jetty Seafood Shack C1

Dort kann man sich auch nach anderen Aktivitäten wie Quad-Bike-Fahren, Angeln und Fallschirmspringen erkundigen.

★ **Kalbarri National Park** NATIONALPARK
(12 AU$/Auto) Neben wunderschönem Roten Eukalyptus und Tumblagooda-Sandstein umfasst der zerklüftete Kalbarri National Park fast 2000 km² wildes Buschland, atemberaubende Schluchten und bizarr geformte Küstenklippen. Unzählige Tiere leben hier, darunter 200 Vogelarten, und zwischen Juli und November blühen wunderschöne Wildblumen.

Mehrere Aussichtspunkte säumen die eindrucksvolle Küste südlich der Stadt. Der leicht zu meisternde **Bigurda Trail** (8 km) verläuft an den Klippen zwischen der **Natural Bridge** und der **Eagle Gorge**; von Juli bis November sind dort manchmal Wale auf

Wanderschaft zu sehen. Näher an der Stadt liegen **Pot Alley**, **Rainbow Valley**, **Mushroom Rock** und **Red Bluff**. Zu Letzterem gelangt man über einen Wanderweg ab Kalbarri (5,5 km).

Die Flussschluchten befinden sich östlich von Kalbarri. Man fährt zunächst 11 km die Ajana Kalbarri Rd bis zu der Ausfahrt und dann 20 km auf einer unbefestigten Piste bis zu einer T-Kreuzung. Die Abzweigung nach links führt zu Aussichtspunkten über **The Loop** und das herrliche **Nature's Window** (hin & zurück 1 km). Für den **Loop Trail** (hin & zurück 8 km) braucht man viel Wasser, weil es unterwegs keinerlei Schatten gibt. Biegt man an der T-Kreuzung nach rechts ab, gelangt man zur **Z-Bend** mit einer atemberaubenden Aussicht (hin & zurück 1,2 km). Auf der Weiterfahrt geht's steil hinunter bis zum Grund der Schlucht (hin & zurück 2,6 km). Danach tuckert man zur Ajana Kalbarri Rd zurück und fährt weitere 24 km, bevor man zum **Hawk's Head** abbiegt, wo es eine tolle Aussicht und Picknicktische gibt, und weiter zum Aussichtspunkt **Ross Graham** fährt, wo man Zugang zum Fluss hat. Man kann die 38 km lange Strecke von Ross Graham bis The Loop auch **wandern**. Das ist aber eine anspruchsvolle, viertägige Strapaze, zumal es keine Wegmarkierungen gibt und mehrere Flüsse durchquert werden müssen.

Pelikanfütterung WILDTIERBEOBACHTUNG
(08-9937 1104; 8.45 Uhr) GRATIS Kalbarris beliebteste Attraktion findet am Ufer statt. Besucher versammeln sich auf dem kleinen, aus Holz gezimmerten Aussichtsbereich und warten, dass die hungrigen Vögel auftauchen.

Kalbarri Boat Hire KANUFAHREN
(08-9937 1245; www.kalbarriboathire.com; Grey St; Kajak/Kanu/Surfcat/Motorboot 15/15/45/50 AU$ pro Std.) Veranstaltet auch vierstündige Kanutrips auf dem Murchison einschließlich Frühstück und Mittagessen (Erw./Kind 70/50 AU$).

Kalbarri Abseil CANYONING
(08-9937 1618; www.abseilaustralia.com.au; Abseilen 80 AU$/halber Tag, Canyoning 135 AU$/ganzer Tag; Abseilen ganzjährig, Canyoning April-Nov.) Man seilt sich in die kahlen Schluchten im Kalbarri National Park ab und lässt sich dann am Boden auf Reifen vom Wasser treiben. Zum Canyoning-Abenteuer gehört eine recht anstrengende, 12 km lange Wanderung.

Kalbarri Sandboarding SANDBOARDEN
(08-9937 2377; www.sandboardingaustralia.com.au; Erw./Kind 80/70 AU$) Bei dem lustigen halbtägigen Touren surft man zunächst auf den Sanddünen und legt dann eine Schnorchelrunde ein.

Kalbarri Adventure Tours KANUFAHREN
(08-9937 1677; www.kalbarritours.com.au; Erw./Kind ab 75/55 AU$) Die halb- und ganztägigen Touren kombinieren Kanufahren, Wandern im Busch und Schwimmen im Z-Bend/Loop-Bereich des Nationalparks.

Big River Ranch REITEN
(08-9937 1214; www.bigriverranch.net; abseits der Ajana Kalbarri Rd.; Ausritt 90 Min. 85 AU$) Hier zieht man hoch zu Ross durch die schönen Auen des Murchison River. Es gibt Angebote für erfahrene Reiter und Anfänger. Vermietet werden Stellplätze (15 AU$/Pers.) und Zimmer in rustikalen Schlafbaracken (25 AU$/Pers.).

👉 Geführte Touren

Alle Touren können über das Visitor Centre gebucht werden.

Kalbarri Air Charter PANORAMAFLUG
(08-9390 0999; www.kalbarriaircharter.com.au; 62 Grey St; Flug 69–315 AU$) Bietet 20-minütige Panoramaflüge über die Küstenklippen und längere Flüge über Schluchten, die Zuytdorp Cliffs, Monkey Mia und den Houtman-Abrolhos-Archipel. Die Tour „River Gorges & Coastal Cliffs" (132 AU$/45 Min.) ist ein spektakuläre Kombination.

Kalbarri Wilderness Cruises BOOTSFAHRT
(08-9937 1601; www.kalbarricruises.com; Erw./Kind 46/25 AU$) Informative zweistündige Bootsfahrten auf dem Murchison mit dem Schwerpunkt Natur.

Reefwalker
Adventure Tours WALBEOBACHTUNG
(0417 931 091; www.reefwalker.com.au; Erw./Kind 85/55 AU$) Hier kann man vorbeiziehende Buckelwale beobachten (Juli–Nov.). Im Angebot sind auch Angeltouren auf dem Ozean und Sightseeing-Touren.

🛏 Schlafen

Möglichst die Schulferien vermeiden, wenn die Preise in die Höhe schnellen!

Kalbarri Backpackers HOSTEL $
(08-9937 1430; www.yha.com.au; Ecke Woods & Mortimer St; B/DZ 29/77 AU$, Fahrradverleih

20 AU$; @⚡) Das nette, schattige Hostel mit ordentlichem Pool und Grillbereich liegt einen Block abseits vom Strand. Fahrräder werden verliehen.

Anchorage Caravan Park — CAMPING $

(☎ 08-9937 1181; www.kalbarrianchorage.com.au; Ecke Anchorage Lane & Grey St; Stellplatz mit Strom 37 AU$, Hütte mit/ohne Bad 100/80 AU$; ⚡) Anchorage ist die beste Wahl für Camper – hier gibt's große, schattige Stellplätze, von denen aus man die Flussmündung überblickt.

Pelican Shore Villas — APARTMENTS $$

(☎ 08-9937 1708; www.pelicanshorevillas.com.au; Ecke Grey & Kaiber St; Villa 136–188 AU$; ✳🌐⚡) Die modernen und stilvollen Stadtvillen bieten vor Ort die beste Aussicht.

Pelican's Nest — MOTEL $$

(☎ 08-9937 1598; www.pelicansnestkalbarri.com.au; 45-47 Mortimer St; DZ 120–195 AU$; ✳@⚡) Ein kurzes Stück vom Strand entfernt hat diese Anlage in ruhiger Lage ordentliche Motelzimmer und gute Einrichtungen.

Kalbarri Reef Villas — APARTMENT $$

(☎ 08-9937 1165; www.reefvillas.com.au; Ecke Coles & Mortimer Sts; Apt. 141–180 AU$; ✳🌐⚡) Diese gut ausgestatteten, zweistöckigen Apartments mit zwei Schlafzimmern, die sich eine Straße hinter der Küste befinden, bieten Ausblick auf einen Palmengarten.

🍴 Essen & Ausgehen

In den beiden Einkaufszentren gibt es Supermärkte.

Angies Cafe — CAFÉ $

(☎ 08-9937 1738; Shop 6, 46 Grey St; Gerichte 8–22 AU$; ⊙ 7–16 Uhr) Das großartige, kleine Café serviert frische, schmackhafte Gerichte, darunter eine gute Salatauswahl.

The Jetty Seafood Shack — FISH & CHIPS $

(gegenüber der Marina; Gerichte 11–25 AU$, Burger 9–13 AU$; ⊙ Mo-Sa 16.30-20.30 Uhr) An der Bude bekommt man ausgezeichnete Fish & Chips, Gourmet-Burger und – damit was Gesundes dabei ist – Salate zum Mitnehmen. Alles kann man prima auf der anderen Straßenseite an einem der dort aufgebauten Picknicktische verzehren.

★ Gorges Café — CAFÉ $$

(☎ 08-9937 1200; Marina-Komplex, Grey St; Gerichte 8–25 AU$; ⊙ Mo-Fr 7–15, Sa & So bis 14 Uhr) Gleich gegenüber der Landungsbrücke liegt dieses Café mit ausgezeichneten Frühstücks- und Mittagsgerichten und freundlichem Service. Zu empfehlen sind die Frühstücks-Wraps und der Tintenfisch mit Zitronenpfeffer. Der Kaffee ist der beste der Stadt.

Black Rock Cafe — CAFÉ $$

(80 Grey St; Hauptgerichte 15–40 AU$; ⊙ Di-So 7–22 Uhr) Das Café punktet mit freundlichem Service, flexiblen Öffnungszeiten und sehr guten Meeresfrüchten. Außerdem kann man hier so gut wie fast nirgendwo sonst in Kalbarri den Sonnenuntergang über dem Indischen Ozean beobachten.

Finlay's Fresh Fish BBQ — SEAFOOD $$

(☎ 08-9937 1260; 24 Magee Cres; Hauptgerichte 15–40 AU$; ⊙ Di-So 17 Uhr-open end) Zu den schlichten gegrillten Meeresfrüchten gibt's bei dieser Institution in Kalbarri einen großen Haufen Chips und Salate mit viel Mayonnaise. Unbedingt einen Blick werfen sollte man auf die Wände mit mehreren Schichten jahrzehntealtem Australien-Kitsch und Aussie-Popkultur. Alkoholische Getränke selbst mitbringen!

Kalbarri Motor Hotel — PUB $$

(☎ 08-9937 1400; 50 Grey St; Pizzen 22 AU$, Hauptgerichte 22–37 AU$) Die Gartenbar ist unser hiesiges Lieblingsplätzchen für ein Bier bei Sonnenuntergang. Am Freitag- und Samstagabend spielen gelegentlich Livebands.

Restaurant Upstairs — MODERN-AUSTRALISCH $$$

(☎ 08-9937 1033; 2 Porter St, OG; Hauptgerichte 25–44 AU$; ⊙ Mi-Mo 18 Uhr-open end) Bei den Tagesgerichten auf der Kreidetafel stehen kulinarischer Ehrgeiz und Können manchmal auf Kriegsfuß, wer sich aber an die Karte mit Meeresfrüchten und asiatisch beeinflussten Gerichten hält, wird mit dem eleganstesten Restaurant der Stadt zufrieden sein. Vorab reservieren und einen Platz auf der Veranda verlangen! Guter Service und eine ordentliche Weinkarte runden den Abend ab.

ℹ️ Praktische Informationen

Geldautomaten finden sich in den Einkaufszentren an der Grey und der Porter St.

Visitor Centre (☎ 1800 639 468; www.kalbarri.org.au; Grey St; ⊙ Mo-Sa 9–17, So 10–14 Uhr) Bucht Unterkünfte und Touren. Internetzugang gibt's in der angrenzenden Bibliothek.

ℹ️ Anreise & Unterwegs vor Ort

Von/nach Perth (80 AU$, 9 Std.) und Geraldton (28 AU$, 2 Std.) kommt man per Bus am leichtesten mit **Transwa**; die Busse starten vom Besucherzentrum. Bei Verbindungen von/zu Punkten weiter nördlich ist **Integrity** die einzige Option. Das Unternehmen hat dreimal pro Woche einen Bus nach Exmouth (146 AU$, 10 Std.) und weiter nach Broome. Um Anschluss an diese Busse zu haben, braucht man einen Shuttle zwischen Kalbarri und der Highway-Abzweigung Ajana-Kalbarri. Shuttles sollten vorab bei Integrity oder über Kalbarri Backpackers (S. 1079) gebucht werden.

Das **Kalbarri Auto Centre** (08-9937 1290) vermietet Geländewagen und Limousinen ab rund 60 AU$ pro Tag. Fahrräder ausleihen kann man sich bei Kalbarri Backpackers und im **Entertainment Centre** (08-9937 1105; www.kalbarripirate.com; 15 Magee Cres; halber/ganzer Tag 10/20 AU$; Fr-Mo & Mi 9-17 Uhr).

Taxis sind unter 0419 371 888 erreichbar.

SHARK BAY

Die zum Welterbe zählende Shark Bay erstreckt sich von Kalbarri nach Carnarvon und umfasst mehr als 1500 km spektakulärer Küste mit türkisblauen Lagunen, kahlen, fingerartigen Halbinseln, versteckten Buchten, weißen Sandstränden, hohen Sandsteinklippen und zahlreichen Inseln. Dies ist der westlichste Teil des australischen Festlands und eines der biologisch buntesten Habitate von Western Australia mit einer Reihe von pflanzlichen und tierischen Lebensformen, die nirgendwo sonst auf Erden vorkommen. Die üppigen Seegrasfelder und geschützten Buchten bieten Lebensraum für Dugongs, Meeresschildkröten, Buckelwale, Delfine, Stachelrochen, Haie und andere Meeresbewohner. An Land hat die Artenvielfalt der Shark Bay vom Project Eden profitiert, einem ehrgeizigen Programm zur Erneuerung des Ökosystems durch die Ausrottung von Raubtieren und die Wiedereinführung endemischer Arten. In Shark Bay finden sich auch die erstaunlichen Stromatolithen des Hamelin Pool.

Ursprünglich wurde das Gebiet von den Völkern der Malgana, Nhanda und Inggarda bewohnt. Besucher können bei indigenen Kulturtouren etwas über das Land erfahren. Shark Bay sah viele frühe europäische Entdeckungsreisende, und viele Ortsnamen künden von diesem Erbe. 1616 nagelte der holländische Seefahrer Dirk Hartog einen (heute im Amsterdamer Rijksmuseum befindlichen) Zinnteller an einen Pfosten auf der Insel, die heute seinen Namen trägt und die größte von Western Australia ist.

ABSTECHER

HORROCKS & PORT GREGORY

Die winzigen Küstendörfer Horrocks und Port Gregory, 92 km bzw. 68 km südlich von Kalbarri, sind ruhig und verschlafen. In Horrocks, dem kleineren und schöneren der beiden Dörfer, finden sich neben den Dünen den **Horrocks Beach Caravan Park** (08-9934 3039; www.horrocksbeachcaravanpark.com.au; Stellplatz 24-33 AU$, Hütte 75-100 AU$) und die **Beachside Cottages** (08-9934 3031; www.horrocksbeachsidecottages.com; 5 Glance St, Horrocks; DZ 85-95 AU$) mit gutem Preis-Leistungs-Verhältnis. Port Gregory am entgegengesetzten Ufer der geheimnisvollen Pink Lakes wird von einem Riff umsäumt und ist toll zum Angeln und Schnorcheln. Die beste Adresse hier ist der **Port Gregory Caravan Park** (08-9935 1052; www.portgregorycaravanpark.com.au; Stellplatz mit Strom 32 AU$, Hütte 100-125 AU$).

An- & Weiterreise

Der Shark Bay Airport liegt zwischen Denham und Monkey Mia. **Skippers Aviation** fliegt sechsmal pro Woche von/nach Perth.

Der nächstgelegene Anschluss zu Bussen von **Integrity** ist das Overlander Roadhouse, das 128 km entfernt am North West Coastal Hwy steht. **Shark Bay Car Hire** (08-9948 3032, 0427 483 032; www.carhire.net.au/shuttle-service/; 65 Knight Tce, Denham; Shuttle 70 AU$, Auto/Jeep 95/185 AU$ pro Tag) hat einen Shuttle-Service dorthin (min. 24 Std. im Voraus buchen!).

Vom Overlander Roadhouse nach Denham

29 km hinter dem Overlander Roadhouse folgt an der Shark Bay Rd die Abzweigung zum **Hamelin Pool**, einem Meeresschutzgebiet mit der weltweit bekanntesten Kolonie von **Stromatolithen**. Diese korallenartigen Formationen bestehen aus Cyanobakterien, die fast identisch mit Organismen sind, die schon vor 3,5 Mrd. Jahren existierten und wegen ihrer Nutzung von Photosynthese als hauptverantwortlich für die Schaffung unserer heutigen Atmosphäre und damit der Vorbedingung für die Entwicklung komplexerer Lebensformen gelten. Es gibt hier einen ausgezeichneten Plankenweg mit Er-

läuterungstafeln; am meisten von diesen Wundern sieht man bei Ebbe.

Im nahe gelegenen **Telegrafenbüro** (Eintritt 5,50 AU$; ⊙ im Laden nachfragen) von 1884 befindet sich ein Museum, das die weltweit vielleicht einzigen Stromatolithen in menschlicher Obhut besitzt. Im **Wohnhaus des Postmeisters** gibt's ein Café und das Büro des winzigen **Hamelin Pool Caravan Park** (☏ 08-9942 5905; www.hamelinpoolcaravan park.com; Hamelin Pool; Stellplatz ohne/mit Strom 22/27 AU$, Wohneinheit 90 AU$; ⚡).

Auf der Straße passiert man die Abzweigung zur **Hamelin Station** (☏ 08-9948 5145; www.hamelinstationstay.com.au; Stellplatz 12 AU$, EZ/DZ/FZ 70/100/110 AU$, Wohneinheit 150 AU$), wo es hübsche Zimmer in umgebauten Schafschererquartieren, erstklassige Einrichtungen und recht ausgedörrte Stellplätze gibt. Am nahe gelegenen Wasserloch tummeln sich viele Vögel.

Dort, wo die Shark Bay Rd gen Norden schwenkt, passiert man die Abzweigung nach **Useless Loop** (eine für die Öffentlichkeit gesperrte Siedlung mit einer Saline), **Edel Land** und nach **Steep Point**, der westlichsten Spitze des australischen Festlands.

Auf einer staubigen früheren Schaffarm finden sich im **Nanga Bay Resort** (☏ 08-9948 3992; www.nangabayresort.com.au; Nanga Bay; Stellplatz ohne/mit Strom 25/30 AU$, Donga/Motelzi./Hütte/Villa 50/165/180/250 AU$; ⚡⚡) einige Unterkünfte, von denen einige eine Auffrischung vertragen könnten. Es gibt hier aber ein ordentliches Restaurant, und man hat Zugang zu einem funkelnden, bogenförmigen Strand.

> **ⓘ BUSCHCAMPEN AM MEER**
>
> Im Shark Bay Shire gibt es vier Buschcampingplätze an der Küste – **Goulet Bluff**, **Whalebone**, **Fowlers Camp** und **Eagle Bluff**. Sie liegen alle 20 bis 40 km südlich von Denham in einem als South Peron bekannten Gebiet. Um hier zu campen, braucht man zunächst eine Genehmigung (10 AU$/Fahrzeug) vom **Shark Bay Visitor Centre** (S. 1084). Zwar lässt sich diese leicht per Handy beschaffen (falls man Empfang hat), aber es ist eigentlich besser, sich zuerst den Platz anzuschauen und dann die Genehmigung einzuholen. Auf den Plätzen gibt's keine Toiletten, und man darf im ganzen Gebiet nur einmal übernachten.

Innerhalb des Schädlinge abhaltenden Zauns folgt 55 km hinter der Abzweigung zum Hamelin Pool die Straße zum verlassenen **Shell Beach**, wo winzige Herzmuscheln, die mit der Zeit dichte Ablagerungen bildeten, als Baumaterial für Gebäude wie das Old Pearler Restaurant in Denham abgebaut wurden.

Man kommt an Abzweigungen zu Busch-Campingplätzen vorbei, ehe man **Eagle Bluff** erreicht. Dort blickt man von den Klippen auf eine azurblaue Lagune und kann Meeresschildkröten, Haie oder Mantarochen erspähen.

Denham

1500 EW.

Das wunderschöne, gemütliche Denham eignet sich mit seinem tiefblauen Meer und dem palmengesäumten Strand vorzüglich als Ausgangspunkt für Ausflüge zum angrenzenden Shark Bay Marine Park, zu den Nationalparks François Peron und Dirk Hartog Island sowie zum 26 km entfernten Monkey Mia.

Australiens westlichste Stadt war ursprünglich ein Zentrum der Perlenfischerei – die Straßen waren einst gar mit Perlmuschelschalen gepflastert.

Es gibt ein Pub, einen Supermarkt, eine Bäckerei, Cafés und Restaurants (auch Gerichte zum Mitnehmen) auf der Knight Tce.

⊙ Sehenswertes & Aktivitäten

Shark Bay World Heritage Discovery Centre   MUSEUM
(☏ 08-9948 1590; www.sharkbayvisit.com; 53 Knight Tce; Erw./Kind 11/6 AU$; ⊙ 9–18 Uhr) Informative und anschauliche Präsentation der Ökosysteme in der Shark Bay, der Meeresbewohner, der Tierwelt, der heimischen Kultur, der frühen Entdecker, Siedler und natürlich der Schiffswracks.

Little Lagoon   PICKNICKSTELLE
An dieser Stelle, 4 km außerhalb der Stadt, finden sich Picknicktische und Grills. Nicht wundern, wenn plötzlich ein Emu vorbeispaziert!

Ocean Park   AQUARIUM
(☏ 08-9948 1765; www.oceanpark.com.au; Shark Bay Rd; Erw./Kind 20/15 AU$; ⊙ 9–16 Uhr) Auf einer spektakulären Landzunge gleich vor der Stadt besitzt diese von einer Familie geführte Aquakultur-Farm eine künstliche Lagune, wo man bei einer 60-minütigen Führung

ABSEITS DER ÜBLICHEN PFADE

GANZ IM WESTEN IM EDEL LAND

Die westlichste Spitze des australischen Festlands ist **Steep Point**, gleich unterhalb der **Dirk Hartog Island**. Steep Point ist eine wilde, windgepeitschte, kahle Klippe mit einer Schönheit, die in Einsamkeit und Verlassenheit gründet. Die **Zuytdorp Cliffs** erstrecken sich gen Süden, der Sandstein ist von Blowholes durchsetzt, während im Windschatten Buchten mit weißen Sandstränden geschützte Campingplätze bergen. Das gesamte Gebiet ist als **Edel Land** bekannt und als ein künftiger Nationalpark vorgeschlagen. Angler stellen von den hohen Klippen aus Sportfischen nach, aber nur wenige Traveller nehmen die raue, 140 km lange Straße, die als Sackgasse endet.

Den Zugang bildet die Useless Loop Rd, die vom **Department of Parks & Wildlife** (www.parks.dpaw.wa.gov.au; Einfahrt 12 AU$/Fahrzeug, Stellplatz 19 AU$/Pers.) überwacht wird. An der **Shelter Bay** gibt's eine Ranger-Station und in der Nähe Campingplätze: einen (felsigen und exponierten) am Steep Point und einen weiter südlich bei **False Entrance**. Die Stellplätze sind begrenzt und müssen im Voraus gebucht werden. Unterkunft findet man auch in der **Dirk Hartog Island Eco Lodge** (08-9948 1211; www.dirkhartogisland.com; Zi. inkl. VP 290–350 AU$/Pers., min. 2 Nächte; März–Okt.;). Im Preis inbegriffen sind ausgezeichnete Meeresfrüchtegerichte für Feinschmecker.

Man braucht einen Geländewagen mit hohem Radstand, weil sich die Straße hinter der Useless-Loop-Abzweigung (ca. 100 km von der Shark Bay Rd) rapide verschlechtert. Der Druck in den Reifen sollte auf 1,45 bar abgelassen werden. Unbedingt viel Wasser und ausreichend Benzin für die Rückfahrt zum Overlander Roadhouse (185 km) oder nach Denham (230 km) mitnehmen! Im Winter fährt ein Schleppkahn von Shelter Bay zur Dirk Hartog Island (Reservierung erforderlich). Einzelheiten und Genehmigungen zum Herunterladen findet man unter www.sharkbay.org.au. Autovermieter geben für diese Straße keinen Versicherungsschutz, aber von Denham aus lassen sich Touren arrangieren. Steep Point ist per Boot entschieden leichter erreichbar, aber das ist, da es sich nun einmal um die äußerste Landspitze des Kontinents handelt, irgendwie witzlos.

Haie, Meeresschildkröten, Stachelrochen und andere Fische bei der Nahrungsaufnahme beobachten kann. Angeboten werden auch ganztägige Jeeptouren zum François Peron National Park (180 AU$) und Steep Point (350 AU$) mit Buschwanderungen und Schnorcheln. Eine neue halbtägige Tour konzentriert sich auf South Peron (75 AU$).

Geführte Touren

Shark Bay Scenic Flights PANORAMAFLUG
(0417 919 059; www.sharkbayair.com.au) Angeboten werden u. a. 15-minütige Flüge über Monkey Mia (59 AU$) und ein sensationeller 40-minütiger Flug über Steep Point und die Zuytdorp Cliffs (195 AU$).

Shark Bay Coaches & Tours BUSTOUR
(08-9948 1081; www.sharkbaycoaches.com.au; Tour 150 AU$) Halbtägige Bustouren und Transporte von Denham nach Monkey Mia (12 AU$/Pers., min. 60 AU$).

Schlafen

Während der Schulferien steigen die Unterkunftspreise.

Bay Lodge HOSTEL $
(08-9948 1278; www.baylodge.info; 113 Knight Tce; B/DZ ab 34/100 AU$; @) Jedes Zimmer in dieser Jugendherberge hat sein eigenes angeschlossenes Bad, eine Einbauküche und einen Fernseher mit DVD-Player. Das Hostel ist ideal gegenüber vom Strand gelegen und hat darüber hinaus einen großen Pool, eine größere Gemeinschaftsküche und einen für Hostelgäste kostenlosen Shuttle-Service nach Monkey Mia. Von den Wohneinheiten am Strand (130 AU$) hat man einen tollen Blick auf den Ozean.

Denham Seaside Tourist Village WOHNWAGENPARK $
(08-9948 1242; www.sharkbayfun.com; Knight Tce; Stellplatz ohne Strom/mit Strom 36/43 AU$, Wohneinheit 95–160 AU$;) Der tolle, schattige Campingpark am Meer ist der beste hier, auch wenn man sich einen Bohrer für die Zelteringe leihen muss. In der Nacht vor Insekten schützen! Wer nach 18 Uhr kommt, muss klingeln.

Oceanside Village HÜTTE $$
(08-9948 3003; www.oceanside.com.au; 117 Knight Tce; Hütte 160–200 AU$;) Die

sauberen Cottages mit von der Sonne verwöhnten Balkonliegen befinden sich direkt gegenüber vom Strand.

Tradewinds APARTMENTS $$
(✆1800 816 160; www.tradewindsdenham.au; Knight Tce; Wohneinheit 145–165 AU$; ✻) Die Anlage verfügt über geräumige, voll in sich abgeschlossene, moderne Wohneinheiten direkt gegenüber dem Strand.

✖ Essen & Ausgehen

★ **Ocean Restaurant** CAFÉ $$
(www.oceanpark.com.au; Shark Bay Rd; Hauptgerichte 26–32 AU$; ☉9–17 Uhr; ✆) Das raffinierteste Mittagslokal in Shark Bay mit voller Schanklizenz hat auch noch den schönsten Ausblick. Das Lokal liegt im Ocean Park, man blickt auf türkisblaues Wasser und bekommt zu Bier oder Wein Tapas, den ganzen Tag Frühstück sowie örtliche Meeresfrüchte. Der Teller für zwei Personen (42 AU$) ist gut und günstig.

Old Pearler Restaurant SEAFOOD $$$
(✆08-9948 1373; 71 Knight Tce; Gerichte 30–53 AU$; ☉Mo–Sa ab 17 Uhr) Das aus Muschelkalk gebaute stimmungsvolle maritime Restaurant serviert fantastische Meeresfrüchte. Auf der ausgezeichneten Platte finden sich örtlicher Schnapper, Weißfisch, Krebse, Austern, Garnelen und Tintenfisch – alle gegrillt, nicht frittiert. Reservierung empfohlen, Getränke selbst mitbringen!

Shark Bay Hotel PUB
(✆08-9948 1203; www.sharkbayhotelwa.com.au; 43 Knight Tce; Abendessen 22–38 AU$; ☉10 Uhr-open end) Vom Biergarten von Australiens westlichstem Pub erlebt man einen herrlichen Sonnenuntergang.

❶ Praktische Informationen

Infos, interaktive Karten und Genehmigungen zum Herunterladen findet man unter www.sharkbay.org.au.

Geldautomaten gibt's im Heritage Resort und dem Shark Bay Hotel, Internetzugang im **Community Resource Centre** (CRC; ✆08-9948 1787; 67 Knight Tce; @).

Department of Parks & Wildlife (✆08-9948 2226; www.parks.dpaw.wa.gov.au; 61-63 Knight Tce; ☉Mo–Fr 8–17 Uhr) Infos und Pässe zu den Parks.

Shark Bay Visitor Centre (✆08-9948 1590; www.sharkbayvisit.com; 53 Knight Tce; ☉9–18 Uhr) Bei Fragen zu Unterkunft, Tourbuchungen und Genehmigungen zum Buschcampen in South Peron.

François Peron National Park

François Peron National Park NATIONALPARK
(Eintritt 12 AU$/Fahrzeug) Die gesamte Halbinsel nördlich von Denham ist von niedrigem Buschwerk, Salzseen und roten Sanddünen bedeckt. Hier leben der seltene Große Kaninchennasenbeutler, das Thermometerhuhn und der Woma-Python. An den schimmernd weißen Stränden finden sich ein paar rustikale Campingplätze, die alle mit Geländewagen (Reifendruck auf 1,45 bar verringern!) zugänglich sind. Nicht auslassen sollte man den fantastischen **Wanamalu Trail** (hin & zurück 3 km), der oben am Klippenrand zwischen Cape Peron und Skipjack Point verläuft und von dem aus man Meerestiere in dem kristallklaren Wasser unten beobachten kann.

Mit einem normalen Auto gelangt man nur bis zum alten **Peron Homestead**, wo es einen Spazierweg um die Schafschererschuppen und ein artesisches Wasserbecken gibt. Touren in den Park ab Denham oder Monkey Mia gibt's ab rund 180 AU$ pro Person. Reisegruppen können zum gleichen Preis in Denham auch einen Geländewagen mieten.

Monkey Mia

Zu beobachten, wie sich die wilden Delfine jeden Morgen in den flachen Gewässern von **Monkey Mia** (Erw./Kind/Fam. 8,50/3,20/17 AU$) 26 km nordöstlich von Denham zur Fütterung einstellen, ist ein Highlight jeder Reise in die Region. Man kann zuschauen, wie sie versuchen, Fische umzudrehen, um sie an der Wasseroberfläche zu fangen. Vom Kai hat man gute Sicht. Die erste Fütterung ist gegen 7.45 Uhr, aber die Delfine kommen früher. Man sollte nach der Fütterung ruhig noch bleiben, weil die Delfine meist ein zweites und drittes Mal zurückkommen.

Zuschauer dürfen nur bis an den Rand des Wassers; nur drei Glückliche dürfen pro Fütterung mit hineinwaten und bei der Fütterung helfen.

Das **Monkey Mia Visitors Centre** (✆08-9948 1366; ☉8–16 Uhr) hat Infos und veranstaltet Touren.

Man kann Vollzeit-Freiwilligenarbeit mit den Delfinen leisten (4–14 Tage); das Angebot ist so beliebt, dass man sich mehrere

Monate im Voraus unter genauer Angabe seiner Verfügbarkeit bewerben sollte. Gelegentlich wird aber auch in letzter Minute ein Platz frei. Interessenten wenden sich an den **Volunteer Coordinator** (08-9948 1366; monkeymiavolunteers@westnet.com.au).

Geführte Touren

Wula Guda Nyinda
Aboriginal Cultural Tours KULTURTOUR
(0429 708 847; www.wulaguda.com.au; Tour 90 Min. Erw./Kind ab 60/30 AU$) Bei den ausgezeichneten Buschwanderungen unter Führung des örtlichen Aborigines-Guides Darren „Capes" Capewell lernt man, „das Land zu sich sprechen zu lassen". Man schnappt ein paar Brocken der örtlichen Malgana-Sprache auf und lernt, Nahrungs- und Heilpflanzen der Aborigines zu erkennen. Die Maru-Maru-Dreaming-Touren zum Sonnenuntergang (Erw./Kind 60/30 AU$) sind zauberhaft. Angeboten werden auch Schnorchel- und Kajaktouren (Erw. halber/ganzer Tag 140/185 AU$) und aufregende Geländewagenabenteuer (185 AU$).

Aristocat II BOOTSFAHRT
(1800 030 427; www.monkey-mia.net; Tour 1/2½ Std. 50/86 AU$) Im Rahmen der komfortablen Bootsfahrten auf dem großen Katamaran kann man Dugongs, Delfine und Unechte Karettschildkröten sehen. Vor der Blue Lagoon Pearl Farm wird ein Stopp eingelegt.

Wildsights ABENTEUERTOUR
(1800 241 481; www.monkeymiawildsights.com.au) Auf dem kleinen Katamaran *Shotover* ist man nahe am Geschehen; zweieinhalbstündige Fahrten in die Natur gibt's ab 89 AU$. Angeboten werden auch eineinhalbstündige Bootsfahrten in den Sonnenuntergang (39 AU$) und ganztägige Jeeptouren in den François Peron National Park (195 AU$); wer mehrere Touren bucht, erhält Rabatt.

Schlafen & Essen

Monkey Mia Dolphin Resort RESORT $$
(1800 653 611; www.monkeymia.com.au; Stellplatz Zelt 16 AU$, Wohnmobil ab 44 AU$, B/DZ 30/109 AU$, Wohneinheit im Garten 229 AU$, Strandvilla 329 AU$; ❄@🛜🏊) Die einzige Unterkunft in Monkey Mia hat eine großartige Lage und bietet etwas für Camper, Backpacker, Pauschal- und Luxus-Touristen. Das Personal ist freundlich, und die Schlafsäle mit angeschlossenem Bad haben ein gutes Preis-Leistungs-Verhältnis, während die Luxusunterkünfte ziemlich teuer sind. Die Anlage kann zudem sehr voll werden. Vom Restaurant hat man einen sensationellen Blick aufs Wasser, aber die Gerichte sind überteuert; in der Backpacker-Bar ist das Essen billiger, und die Backpacker sind reizbarer.

An- & Weiterreise

Von Denham gibt's keine öffentlichen Verkehrsmittel nach Monkey Mia. Wer in der Bay Lodge (S. 1083) in Denham übernachtet, kann deren Shuttle nutzen, der aber nur jeden zweiten Tag fährt. Ansonsten kann man noch ein Auto oder ein Fahrrad mieten oder auf den Shuttle von Shark Bay Coaches (S. 1083) zurückgreifen.

GASCOYNE COAST

Der wilde, raue, weitgehend unbevölkerte Küstenabschnitt von der Shark Bay bis zum Ningaloo Reef bietet ausgezeichnete Angelmöglichkeiten und Wellen, die Surfer aus aller Welt anlocken. Das subtropische Carnarvon, die Drehscheibe der Region, ist ein wichtiges Obst-und-Gemüse-Anbaugebiet, und die Farmen suchen stets nach Saisonarbeitern. Der 760 km lange Gascoyne River, der längste Fluss von Western Australia, ist für die ganze Üppigkeit verantwortlich, obwohl er die meisten Monate im Jahr nur unterirdisch fließt. Im Hinterland sind die Entfernungen gewaltig und die Temperaturen hoch; hier liegen die uralten erodierten Felsen der Kennedy Range.

Carnarvon

9000 EW.

Das fruchtbare Carnarvon liegt auf dem Land der Yinggarda an der Mündung des Gascoyne River. Mit seinen Obst- und Gemüseplantagen und einer blühenden Fischereiwirtschaft ist der Ort ein netter Zwischenstopp zwischen Denham und Exmouth. Die freundliche, muntere Stadt hat skurrile Attraktionen, eine Reihe ordentlicher Unterkünfte, gut bestückte Supermärkte und tolles Obst und Gemüse. Das von Bäumen gesäumte zentrale Geschäftsviertel wirkt tropisch, und das von Palmen gesäumte Ufer lädt zum Spazieren ein. Wegen der langen Pflücksaison (März–Jan.) gibt's immer viel Saisonarbeit.

Am letzten Oktoberwochenende übernehmen Wüstenfahrer die Stadt, wenn der strapaziöse, 511 km lange **Gascoyne Dash** (Gassy Dash; www.gasdash.com) ansteht.

⊙ Sehenswertes & Aktivitäten

Carnarvons üppige Plantagen an der North und South River Rd liefern einen großen Prozentsatz von Western Australias Obst und Gemüse; im Visitor Centre gibt's die Broschüre *Gascoyne Food Trail* (www.gascoynefood.com.au).

Man kann die 2,5 km entlang der alten Straßenbahnlinie bis zum **Heritage Precinct** auf Babbage Island (www.carnarvonheritage.com.au) – einst der Hafen der Stadt – laufen oder fahren. An der **One Mile Jetty** (Erw./Kind 5 AU$/frei; ⊙ 9–16.30 Uhr) kann man prima angeln, die Aussicht genießen und bis zum Ende laufen oder mit dem skurrilen **Coffee Pot Train** (Erw./Kind 10/5 AU$) fahren. Das nahe gelegene **Leuchtturmwärterhaus** (Heritage Precinct; ⊙ 10–13 Uhr) GRATIS wurde sorgsam restauriert; nicht versäumen sollte man auch den Blick von der Spitze des knarrenden Wasserturms im **Railway Station Museum** (⊙ 9–17 Uhr) GRATIS.

Der von Palmen gesäumte **Spazierweg** an der Fascine (dem Gewässer am Ende der Robinson St) ist ein netter Ort für einen Spaziergang bei Sonnenuntergang.

OTC Dish
WAHRZEICHEN

(Mahony Ave) Die 1966 gemeinsam mit der NASA aufgebaute Satellitenbeobachtungsstation der OTC verfolgte die *Gemini*- und *Apollo*-Raumflüge und den Halleyschen Kometen, ehe sie im Jahr 1987 geschlossen wurde. Das faszinierende **Carnarvon Space and Technology Museum** (www.carnarvonmuseum.org.au; Mahony Ave; Erw./Kind 7/5 AU$; ⊙ 10–14 Uhr, außerhalb der Touristensaison kürzere Öffnungszeiten) in der Nähe wurde Ende 2014 um eine interaktive Attrappe eines Kommandomoduls einer *Saturn V* erweitert.

Gwoonwardu Mia
GALERIE

(☏ 08-9941 1989; www.gahcc.com.au; 146 Robinson St; ⊙ Mo–Fr 10–15 Uhr) Das Gwoonwardu Mia, dessen Gebäude einen Zyklon darstellt, repräsentiert die fünf örtlichen Aborigines-Sprachgruppen und beherbergt ein Kulturzentrum und eine Kunstgalerie. Zu den Highlights zählen die bewegenden mündlichen Zeugnisse von Aborigines-Ältesten in der preisgekrönten Ausstellung Burlganjya Wanggaya („Alte Leute erzählen").

Bumbak's
FARMFÜHRUNG

(☏ 08-9941 8006; 449 North River Rd; Führung 1 Std. 8,80 AU$; ⊙ Laden Mo–Fr 9–16 Uhr, Führungen April–Okt. Mo, Mi & Fr 10 Uhr) Hier kann man bei den Führungen den Betrieb auf einer Bananen- und Mangoplantage kennenlernen. Im Laden gibt's frisches Obst, Trockenfrüchte, Konserven und leckeres, hausgemachtes Eis.

🛏 Schlafen

Die meisten Unterkünfte liegen an der 5 km langen Highway-Zubringerstraße. Man sollte möglichst vor 18 Uhr eintreffen.

Fish & Whistle
HOSTEL $

(☏ 08-9941 1704; Beardaj@highway1.com.au; 35 Robinson St; EZ/DZ/2BZ 50/60/60 AU$, Motelzi. 120 AU$; ❄ @) Traveller lieben das große, luftige Hostel mit breiten Veranden, Zimmern ohne Stockbetten und einer ausgezeichneten Küche. Hinter dem Haus gibt es klimatisierte Motelzimmer, und das **Port Hotel** im Erdgeschoss serviert ordentliches Bier. Die Betreiber können Gästen bei der Suche nach einem Saisonjob helfen und Transportmittel zu den Obstplantagen und Farmen bereitstellen.

Coral Coast Tourist Park
CAMPING $

(☏ 08-9941 1438; www.coralcoasttouristpark.com.au; 108 Robinson St; Stellplatz mit Strom 35–45 AU$, Hütte & Wohneinheit 75–205 AU$; ❄ 🛜 🏊) Der angenehm schattige Park mit tropisch anmutendem Pool und Stellplätzen auf Gras liegt dem Stadtzentrum am nächsten. Es gibt viele verschiedene Typen gut ausgestatteter Hütten, eine ordentliche Campingküche und einen Fahrradverleih (halb-/ganztags 10/15 AU$).

Carnarvon Central Apartments
APARTMENTS $

(☏ 08-9941 1317; www.carnarvonholidays.com; 120 Robinson St; Apt. mit 2 Schlafzi. 140 AU$; ❄) Die ordentlichen, vollständig separaten Apartments sind bei Geschäftsreisenden beliebt.

Hospitality Inn
MOTEL $$

(Best Western; ☏ 08-9941 1600; www.carnarvon.wa.hospitalityinns.com.au; 6 West St; DZ 159–179 AU$) Das beste unter den Motels vor Ort. Die Zimmer sind sauber und ruhig, und in der Anlage gibt's ein Restaurant (Gerichte 19–42 AU$).

🍴 Essen

Eine gute Möglichkeit, örtliche Meeresfrüchte zu genießen, besteht darin, sie sich selbst auf einem der kostenlosen Grills zuzubereiten, die sich entlang der Fascine und im Baxter Park finden. Gut essen kann man auch in Carnarvons wenigen Pubs.

Selbstversorger bekommen köstliches Obst und Gemüse auf dem **Gascoyne Arts, Crafts & Growers Market** (www.gascoyne-food.com.au/growers-market; Parkplatz des Civic Centre; ⊗ Mai–Okt. Sa 8–11.30 Uhr). Die Marktbeschicker sind stolz darauf, kein Plastik zu verwenden, also eine Einkaufstasche mitbringen!

River Gums Cafe CAFÉ $
(Margaret Row, abseits der Robinson St; Burger & Salate 7–10 AU$; ⊗ Mai–Okt. Mi 10–15 Uhr) Das rustikale Gartencafé inmitten einer Obstplantage serviert legendäre Bananen-Smoothies mit Schokolade oben drauf, erstklassige Burger und leckere, hausgemachte Backwaren.

Morel's Orchard MARKT $
(☏ 08-9941 8368; 486 Robinson St; ⊗ Mitte April–Mitte Okt. 8.30–17.30 Uhr) Auf dem Markt gibt's frisches Obst und Gemüse aus der Region sowie Eiscreme aus natürlichem Fruchtsaft. Unser Favorit sind die gefrorenen, in Schokolade getauchten Erdbeeren.

The Crab Shack SEAFOOD $$
(☏ 08-9941 4078; Small Boat Harbour; ⊗ März–Dez. Mo–Sa 9–17 Uhr) Hier kann man seine Kühlbox mit frisch gedämpften Krabben, Garnelen, Muscheln, geknackten Austern und Fischfilets füllen. Es gibt auch schmackhafte Crab-Cakes und Garnelen-Burger.

Gwoonwardu Mia
Community Café CAFÉ $$
(☏ 08-9941 3127; 146 Robinson St; Snacks 12,50 AU$, Säfte & Smoothies 7 AU$; ⊗ Mo–Fr 8–15 Uhr) Diese Ausbildungsstätte für indigene Jugendliche im Gwoonwardu-Mia-Komplex serviert schmackhafte Snacks – z. B. Frühstücks-Wraps mit Eiern und Chorizo – sowie die besten Fruchtsäfte der Stadt.

ⓘ Praktische Informationen

Einige Geldautomaten befinden sich an der Robinson St.

Das **Visitor Centre** (☏ 08-9941 1146; www.carnarvon.org.au; Civic Centre, 21 Robinson St; ⊗ Mo–Fr 9–17, Sa bis 12 Uhr; @) hat Infos, Karten und Lebensmittel.

ⓘ Anreise & Unterwegs vor Ort

Skippers fliegt täglich nach Perth und einmal pro Woche nach Geraldton.

Integrity fährt dreimal wöchentlich nach Exmouth (92 AU$, 4 Std.), Geraldton (115 AU$, 6 Std.) und Perth (167 AU$, 12 Std.). Die Busse starten am Visitor Centre.

Fahrräder vermietet der Coral Coast Tourist Park (S. 1086).
Der Taxiruf lautet ☏ 131 008.

Von Point Quobba nach Gnaraloo Bay

Während der North West Coastal Hwy ins Binnenland führt, ist die Küste nördlich von Carnarvon wild, windgepeitscht und verlassen – ein beliebter Tummelplatz von Surfern und Fischern. Nicht viele Traveller gelangen bis in diese Region, die im Winter hohe Wellen, im Sommer hohe Temperaturen, außerdem gnadenlose Winde, ein Meer voller Lebensformen, eine atemberaubende Landschaft und einige wirklich magische Erlebnisse zu bieten hat.

12 km nach der Brücke über den Gascoyne nimmt man die Blowholes Rd und fährt dann 49 km auf dieser asphaltierten Straße zur Küste. Die **Blowholes** (Sandsteinöffnungen, durch die bei großen Wellen das Wasser spritzt) liegen gleich links der T-Kreuzung. In **Point Quobba**, 1 km weiter südlich, gibt es Strandschuppen, ausgezeichnete Angelmöglichkeiten, ein paar schmuddelige **Campingplätze** (Stellplatz 11 AU$/Pers.) und sonst nicht viel.

Von der T-Kreuzung geht's rechts auf eine unbefestigte Piste. Nach 8 km passiert man einen kleinen, zum Meer hin ausgerichteten Steinhaufen zum Gedenken an die versenkte HMAS *Sydney II*. 2 km weiter erreicht man die **Quobba Station** (☏ 08-9948 5098; www.quobba.com.au; Stellplatz ohne/mit Strom pro Pers. 13/15 AU$, Hütte & Cottage 35–60 AU$/Pers.) mit vielen rustikalen Unterkünften, einem kleinen Laden und legendären Angelmöglichkeiten.

Noch auf dem Gelände der Quobba Station liegt 60 km nördlich vom Anwesen das **Red Bluff** (☏ 08-9948 5001; www.quobba.com.au; Stellplatz ohne Strom 15 AU$/Pers., Schuppen 20 AU$/Pers., Bungalow/Safari-Retreat 180/200 AU$), eine spektakuläre Landzunge mit einem tollen Brecher zum Surfen und ausgezeichneten Angelmöglichkeiten. Hier befindet sich die südliche Grenze des Ningaloo Marine Park. Unterkünfte gibt's viele verschiedene, von offenen Stellplätzen über Schutzhütten aus Palmblättern bis hin zu exklusiven, teuren Zelten mit Balkon und herrlicher Aussicht. 2012 wurde erstmals ein Haiangriff am Red Bluff verzeichnet.

Das Juwel folgt jedoch am Ende der Straße rund 150 km hinter Carnarvon: die **Gna-**

raloo Station (08-9942 5927; www.gnaraloo.com; Stellplatz ohne Strom 20–25 AU$/Pers., Hütte DZ 120–180 AU$;) . Surfer aus aller Welt zieht es jeden Winter hierher, wo sie sich an die berüchtigten Tombstones wagen, während im Sommer Schildkrötenbeobachter (08-9315 4809; www.gnaraloo.com/conservation/gnaraloo-turtle-conservation-program; Okt.–April) sowie Windsurfer anrücken, die es mit der starken Nachmittagsbrise, dem „Carnarvon Doctor" aufnehmen wollen. Es gibt ausgezeichnete Schnorchelmöglichkeiten nahe dem Strand, und die Küste nördlich von Gnaraloo Bay ist absolut unberührt.

Bei 3-Mile kann man auf rustikalen Campingplätzen am Strand übernachten, außerdem gibt es eine Reihe von Optionen in dem Homestead – die Steinhütten mit ungehindertem Blick aufs Meer sind am schönsten. Hier kann prima vorüberziehende Wale (Juni–Nov.) und Seeadler beobachten. Gnaraloo hat sich der Nachhaltigkeit verpflichtet und eine Reihe visionärer Umweltschutzprogramme eingeleitet. Die Farm sucht stets nach freiwilligen Helfern. Man muss sich aber bewusst sein, dass es sich um eine Farm in australischen Outback und nicht um ein Luxusresort handelt.

Coral Coast & Pilbara

Inhalt →

Coral Bay	1092
Exmouth	1094
Ningaloo Marine Park	1100
Cape Range National Park	1102
Pilbara	1103
Millstream Chichester National Park	1105
Karijini National Park	1106
Port Hedland	1109

Gut essen

- Whalers Restaurant (S. 1096)
- Karijini Eco Retreat (S. 1108)
- Bills on the Ningaloo Reef (S. 1094)
- The BBqFather (S. 1097)
- Silver Star (S. 1110)

Schön schwimmen

- Turquoise Bay (S. 1101)
- Coral Bay (S. 1092)
- Hamersley Gorge (S. 1108)
- Fern Pool (S. 1107)
- Deep Reach Pool (S. 1106)

Auf nach Coral Coast & Pilbara!

Das seichte, türkisfarbene Wasser der Coral Coast am Rand des Indischen Ozeans beherbergt ein Unterwasserparadies. Einsame Buchten, leere Strände und klare Lagunen sorgen für tolle Spots zum Schnorcheln und Tauchen inmitten zahlloser Meeresbewohner – u. a. Buckelwale, Mantarochen und Unechte Karettschildkröten. Das Ningaloo Reef, das zum UNESCO-Weltnaturerbe gehört, ist einer der wenigen Orte, wo man zusammen mit dem weltgrößten Fisch, dem Walhai, schwimmen kann Die Region ist noch unverfälscht, es gibt nur wenige, weit voneinander entfernte Städte. Und die Meeresfrüchte und die Sonnenuntergänge sind legendär.

Im Landesinneren, auf den hohen, erodierten Bergen Pilbaras, wimmelt es von Bergleuten, und die mit Erz beladenen Züge schlängeln sich hinunter zu den Häfen zwischen Dampier und Port Hedland. Inmitten der Hügel verstecken sich zwei Juwelen – die Nationalparks Karijini und Millstream-Chichester mit Schluchten, einsamen Gipfeln, tiefen, ruhigen Wasserbecken und einer bunten Tierwelt.

Reisezeit
Exmouth

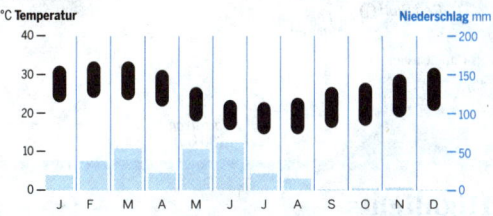

April–Juli Walhai-Saison – mit ihnen zu schwimmen ist eine unvergessliche Erfahrung.	**Sept. & Okt.** Die Schluchten in Karijini erwärmen sich, und die Hänge sind blumenbedeckt.	**Nov.–März** Schildkrötenpaarungszeit in Ningaloo: Die Strände sind voller Eier und Schlüpflinge.

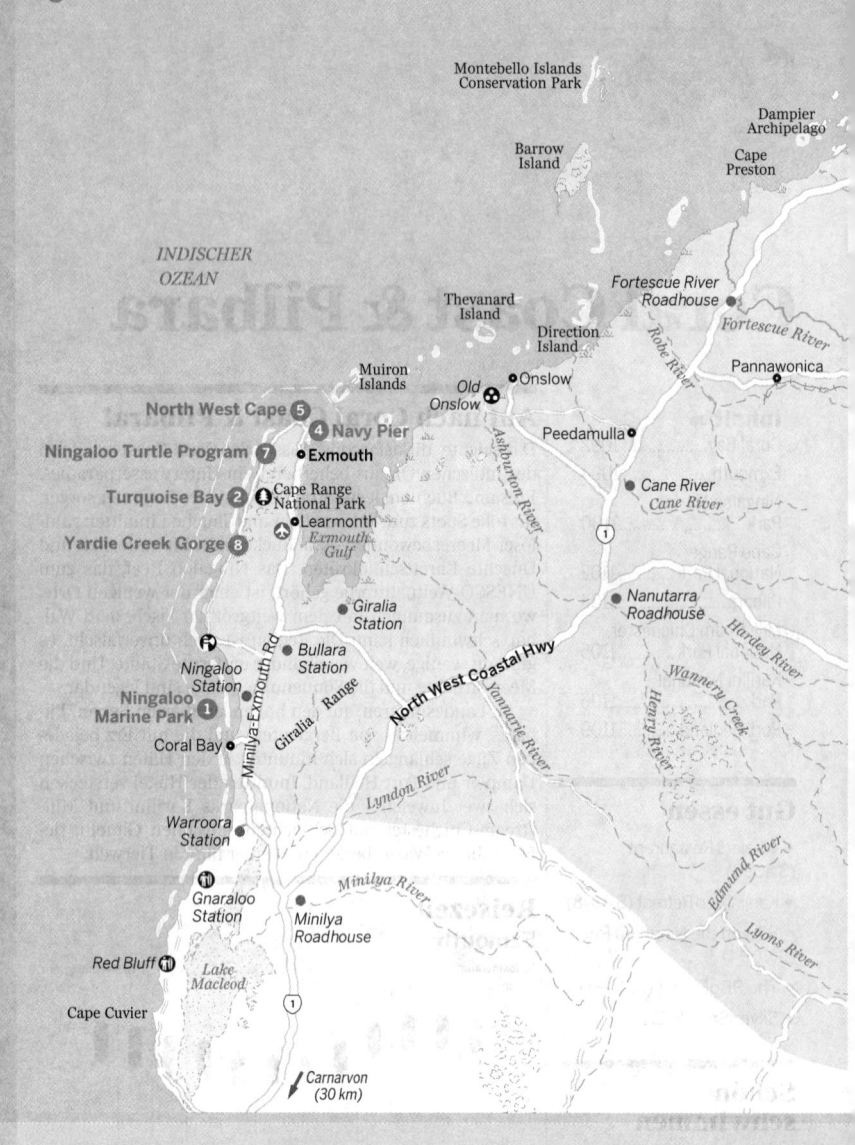

Highlights

① Mit Walhaien, den „sanften Riesen", im **Ningaloo Marine Park** (S. 1100) schwimmen

② In der **Turquoise Bay** (S. 1101) im Ningaloo Marine Park schnorcheln und staunen

③ Bei einer Abenteuertour im **Karijini National Park** (S. 1106) zum „Mittelpunkt der Erde" hinabsteigen

④ Sich vom **Navy Pier** (S. 1100) am Point Murat, einem der besten Tauchspots der Welt, ins Tauchvergnügen stürzen

⑤ Vom Leuchtturm am **North West Cape** (S. 1099) die jährliche Migration der Buckelwale beobachten

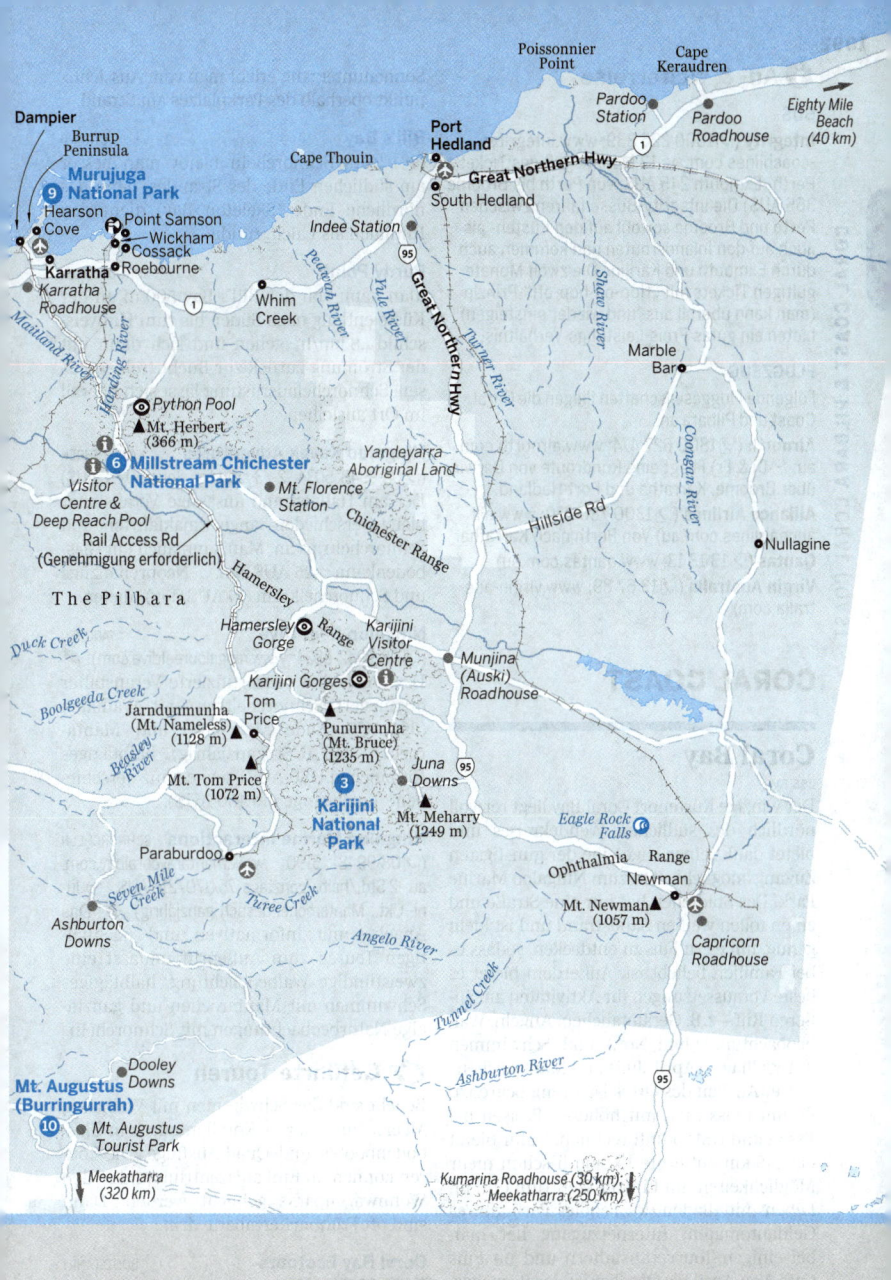

❻ Sich an einer Badestelle im **Millstream Chichester National Park** (S. 1105) abkühlen

❼ Beim **Ningaloo Turtle Program** (S. 1097) als freiwilliger Helfer Schildkröten aufspüren

❽ Bei einer Bootsfahrt durch die **Yardie Creek Gorge** (S. 1103) nach dem seltenen Schwarzpfoten-Felskänguru Ausschau halten

❾ Auf einer **Kulturexkursion** (S. 1104) in den Murujuga Nationalpark das Land der Aborigines aus erster Hand kennenlernen

❿ Beim Anblick des größten und abgelegensten Monolithen des Kontinents, des **Mt. Augustus** (S. 1105), ins Staunen geraten

❶ An- & Weiterreise

BUS

Integrity (☎ 1800 226 339; www.integrity-coachlines.com.au; 12 Monate gültiges Ticket Perth–Exmouth 245 AU$, von Perth bis Broome 365 AU$) Die Integrity-Busse fahren zwischen Perth und Broome sowohl auf den Küsten- als auch auf den Inlandsrouten und kommen auch durch Exmouth und Karijini. Die zwölf Monate gültigen Tickets mit „Hop-on-hop-off"-Prinzip (man kann überall aus- und wieder einsteigen) bieten ein gutes Preis-Leistungs-Verhältnis.

FLUGZEUG

Folgende Fluggesellschaften fliegen die Coral Coast und Pilbara an:

Airnorth (☎ 1800 627 474; www.airnorth.com.au; ◉ Di & Fr) Fliegt eine Rundroute von Darwin über Broome, Karratha und Port Hedland.

Alliance Airlines (☎ 1300 780 970; www.allianceairlines.com.au) Von Perth nach Karratha.

Qantas (☎ 13 13 13; www.qantas.com.au)

Virgin Australia (☎ 13 67 89; www.virgin-australia.com)

CORAL COAST

Coral Bay

255 EW.

Der winzige Küstenort Coral Bay liegt reizvoll nördlich des südlichen Wendekreises und bietet dank seiner Lage eine der günstigsten Zugangsmöglichkeiten zum Ningaloo Marine Park. Das Städtchen hat nur eine Straße und einen tollen weißen Sandstrand und ist klein genug, um es zu Fuß zu entdecken, sodass es bei Familien beliebt ist. Außerdem bietet es beste Voraussetzungen für Aktivitäten am äußeren Riff – z. B. Gerätetauchen, Angeln, Walbeobachtung (Juni–Nov.) und Schwimmen mit Walhaien (April–Juli) und Mantarochen.

Der Ausbau des Ortes ist streng begrenzt, darum muss man mit höheren Preisen bei Essen und Unterkunft rechnen. Dafür bietet das 118 km entfernte Exmouth schon mehr Möglichkeiten. Im Einkaufszentrum und im Lebensmittelladen des Peoples Park gibt es Geldautomaten; Internetzugang hat man bei einigen Tourveranstaltern und im Fins Cafe. Von April bis Oktober ist der Besucheransturm besonders groß.

◉ Sehenswertes & Aktivitäten

Fast jeden Tag werden am Strand um 15.30 Uhr die Fische gefüttert. Einen traumhaften Sonnenuntergang erlebt man vom Aussichtspunkt oberhalb des Parkplatzes am Strand.

Bill's Bay STRAND
(P) Zum Schnorcheln bleibt man besser am südlichen Ende des Strandes, denn das nördliche Ende (Skeleton Bay) dient den Riffhaien als Laichgrund.

Purdy Point SCHNORCHELN
Man kann von der Bill's Bay 500 m an der Küste entlang nach Süden bis zum Hinweisschild „8 km/h" gehen und sich dann mit der Strömung zurück zur Bucht treiben lassen. Schnorchelausrüstung lässt sich überall im Ort ausleihen.

Ningaloo Kayak Adventures KAJAKFAHREN
(☎ 08-9948 5034; 2-/3-stündige Tour 50/70 AU$) Der am Hauptstrand ansässige Veranstalter bietet verschieden lange Kajakfahrten und Schnorcheltrips an. Man kann auch ein Glasbodenkanu (25 AU$/Std.), Neoprenanzüge und Schnorchelkram (15 AU$/Tag) mieten.

Ningaloo Reef Dive TAUCHEN
(☎ 08-9942 5824; www.ningalooreefdive.com) Der PADI- und ökozertifizierte Veranstalter organisiert Schnorcheltrips mit Walhaien (390 AU$, Ende März–Juli) und Mantarochen (140 AU$, ganzjährig), halbtägiges Rifftauchen (180 AU$) sowie ganz verschiedene Tauchgänge (ab 450 AU$).

Ningaloo Marine Interactions SCHNORCHELN
(☎ 08-9948 5190; www.mantaraycoralbay.com.au; 2 Std./halb-/ganztags 75/170/210 AU$; ◉ Juni–Okt., Mantarochenbesuch ganzjährig) Das Angebot mit informativen und nachhaltigen Touren zum Außenriff umfasst eine zweistündige Walbeobachtung, halbtägiges Schwimmen mit Mantarochen und ganztägige Naturbeobachtungen mit Schnorcheln.

❼ Geführte Touren

Beliebt sind das Schwimmen mit Walhaien, Meeresfaunatouren, Korallentouren in Glasbodenbooten und Quad-Ausflüge. Die Touren können im Einkaufszentrum und in den Wohnwagenparks gebucht werden. Dann sind oft Frühbucherrabatte drin.

Coral Bay Ecotours BOOTSFAHRT
(☎ 08-9942 5885; www.coralbayecotours.com.au; 1/2/3 Std. 9/54/75 AU$, ganztägig 175 AU$) Zu den ökozertifizierten Touren zählen Ausflüge in Glasbodenbooten mit Schnorcheltrips sowie ganztägige Naturbeobachtungen inklusive Schwimmen mit Mantarochen.

ÜBERNACHTEN AUF STATIONS

Wer genug von beengten Campingplätzen hat oder sich danach sehnt, entspannt abseits der Touristenpfade zu übernachten, sollte sich für eine „Station" entscheiden. In der Gegend um die Coral Coast gibt es etliche solcher Farmen, die rustikale Übernachtungsmöglichkeiten anbieten – ob nun ganz exklusiv an einem einsamen Küstenstreifen, in einem staubigen Quartier auf einer Koppel, im einfachen Schafschererstübchen oder in einem voll ausgestatteten Ferienhaus mit Klimaanlage. Allerdings sollte man keinen Luxus erwarten; tatsächlich haben etliche Unterkünfte so gut wie keine Annehmlichkeiten, und Wasser und Strom sind alles andere als selbstverständlich. Deshalb gilt: Je genügsamer man ist, desto mehr wird man den Aufenthalt genießen, denn schließlich ist man ja fernab aller Zivilisation. Dafür gibt es jede Menge Tiere, einen Sternenhimmel, wie man ihn noch nie gesehen hat, unendliche Weiten und einmalige Outback-Landschaften.

Manche Stations bieten Camping in der Wildnis an. Da viele abseits der eigentlichen (meist an der Küste gelegenen) Farm liegen, braucht man ein Fahrzeug mit Allradantrieb, um hin zu kommen; außerdem ist eine Chemietoilette wichtig. Solche Unterkünfte werden oft von Anglern mit Booten oder Rentnern bevorzugt, die wochenweise buchen.

Einige Stations bieten Unterkünfte nur während der Hauptsaison (April–Okt.) an.

Giralia (08-9942 5937; www.giraliastation.com.au; Burkett Rd, 110 km nördl. von Coral Bay; Camping 10 AU$/Pers., Donga 70 AU$, Cottage 160 AU$, EZ/DZ im Wohnhaus 220/300 AU$; ✱ ✱) Diese Unterkunft ist bei Anglern beliebt und bietet alles Nötige. Es gibt Stellplätze im Busch mit Einrichtungen, Dongas, ein Familien-Cottage sowie klimatisierte Zimmer in einem Wohnhaus inklusive Frühstück und Abendessen. Von hier ist man mit dem Jeep in etwa 40 Minuten an der Küste. Verpflegung und Alkohol werden auch angeboten.

Bullara (08-9942 5938; www.bullara-station.com.au; Burkett Rd, 70 km nördl. von Coral Bay; Camping 13 AU$, 2BZ/DZ/Cottage 110/140/200 AU$; ⊙April–Okt.) Die Station in der Nähe der Minilya-Kreuzung kann auch ohne Geländewagen erreicht werden. Zur Auswahl stehen mehrere Zimmer in renovierten Schafschererquartieren, ein Cottage mit drei Zimmern sowie Stellplätze ohne Strom, aber mit den nötigen sonstigen Einrichtungen.

Warroora (08-9942 5920; www.warroora.com; Minilya Exmouth Rd, 47 km nördl. von Minilya; Camping Tag/Woche 10/50 AU$, Zi. 30 AU$/Pers., Cottage 150 AU$) Bietet Camping entlang der Küste (einige Stellplätze sind auch mit normalem Fahrzeug zu erreichen) sowie günstige Zimmer in Schafschererquartieren, in sich abgeschlossene Cottages und Zimmer in einem Wohnhaus. Chemietoiletten können gemietet werden (15 AU$/Tag).

Ningaloo Station (08-9942 5936; www.ningaloostation.com.au; Minilya Rd, 85 km nördl. von Coral Bay; Stellplatz 35 AU$/Woche, Kaution 100 AU$) Nicht mit dem Meerespark verwechseln! Die erste Station in der Region bietet eine begrenzte Anzahl vollständig unabhängiger Stellplätze im Busch unmittelbar an einem unberührten Küstenstreifen.

Coral Coast Tours JEEP-TOUR
(0427 180 568; www.coralcoasttours.com.au; Jeep-Tour halber Tag Erw./Kind 135/78 AU$, Jeep-Tour ganzer Tag Erw./Kind 185/124 AU$, Schnorcheln 2/3 Std. 55/75 AU$) Bei den halbtägigen Jeep-Touren über die holprigen Pisten der Warroora Station lässt sich die Natur prima erkunden, während es auf den Tagestouren entlang der Küste mit dem Geländewagen bis nach Yardie Creek und zum Kap geht. Im Angebot wird außerdem ein Rifftouren und ein Transfer-Service zum Flughafen (88 AU$) und weiter bis nach Exmouth (110 AU$).

Coastal Adventure Tours ABENTEUERTOUR
(08-9948 5190; www.coralbaytours.com.au; 2/2,5-stünd. Quadtour 110/130 AU$, Segeln ab 75 AU$) Eher Buchungsservice als selbstständiger Anbieter. Die Kombiexkursionen mit Quadfahren und Schnorcheln bekommen ein Top-Feedback. Es können auch Segeltrips, Ausflüge mit dem Glasbodenboot und Schwimmen mit Mantas gebucht werden.

🛏 Schlafen & Essen

Man sollte die Ferien meiden und für die Hauptsaison (April–Okt.) im Voraus buchen. Unterkünfte für Selbstversorger sind eine gute Option, da Restaurants sehr teuer sind.

Peoples Park Caravan Village CAMPING $
(08-9942 5933; www.peoplesparkcoralbay.com; Stellplatz ohne/mit Strom 41/47 AU$, Hütte mit 1/2

Schlafzi. 250/270 AU$, Villa auf dem Hügel 295 AU$; ❋) Dieser tolle Campingplatz hat graswachsene, schattige Stellplätze und mehrere Hütten. Die netten Angestellten sorgen dafür, dass die modernen Einrichtungen und die große Campingküche blitzsauber sind. Zudem ist dies die einzige Option mit Süßwasserduschen. Die Villen auf dem Hügel bieten absolut traumhafte Ausblicke, es finden sich überall auf dem Gelände Grillstellen, und im Fins Café gibt's Internetzugang.

Ningaloo Club HOSTEL $
(☎ 08-9948 5100; www.ningalooclub.com; Robinson St; B 28–32 AU$, DZ mit/ohne Bad 45/95 AU$; ❋@✱) Dieses besonders bei Partyfans beliebte Hostel ist prima, um andere zu treffen. Es hat einen Pool, eine gut ausgestattete Küche und eine Bar. Aber: Die Zimmer könnten sauberer sein, und an Nachtruhe ist nicht zu denken, solange die Bar noch geöffnet hat. Man kann hier auch Bustickets kaufen (der Bus hält vor der Tür) und Touren buchen, meist bekommt man Rabatt.

★ **Bills on the Ningaloo Reef** MODERN-AUSTRALISCH $$
(☎ 08-9385 6655; Robinson St; Mittagessen 16–24 AU$, Abendessen 18–28 AU$; ⊙ 11 Uhr–open end) Dieser neue Gastropub hat die Messlatte für feine Küche um einiges höher gelegt, allerdings sind die anderen Optionen im Ort auch eher mittelmäßig. Lecker sind das Fisch-Curry, die Tapas und der „Eimer Garnelen". Den Durst danach stillt man am besten mit einem erfrischenden Boutique-Ale.

Fins Cafe INTERNATIONAL $$
(☎ 08-9942 5900; Peoples Park; Hauptgerichte abends 24–46 AU$; ⊙ morgens, mittags & abends; @) Ein nettes BYO-Café im Freien. Die ständig wechselnden Speisen (regionale Meeresfrüchte, Currys und die altbewährten Klassiker) stehen auf einer Tafel angeschrieben.

❶ Anreise & Unterwegs vor Ort

Coral Bay liegt 1144 km nördlich von Perth und 152 km südlich von Exmouth. Der nächste Flughafen (S. 1098) ist in Learmonth, 118 km weiter nördlich gelegen. Für Gruppen sind Mietwagen eine gute Option.
Integrity (☎ 1800 226 339; www.integritycoachlines.com.au; vor dem Ningaloo Club) Schickt dreimal wöchentlich Busse nach Perth (203 AU$, 16 Std.) und Exmouth (47 AU$, 90 Min.) und einmal pro Woche nach Karijini (177 AU$, 12 Std.).
Coral Coast Tours (☎ 0427 180 568; www.coralcoasttours.com.au; Erw./Kind 88/44 AU$) Bietet ein Flughafen-Shuttle zwischen Coral Bay und Learmonth.

Exmouth

2500 EW.

Der Aufschwung Exmouths, eines ehemaligen U-Boot-Stützpunkts im Zweiten Weltkrieg, begann erst in den 1960ern, als am North West Cape eine VLF-Sendeanlage (mit Längstwellenantennen) in Betrieb genommen wurde. Gleichzeitig begannen auch die Fischerei (Schwerpunkt Garnelen) sowie die Bodenschatzförderung zu boomen, die beide bis heute erfolgreich sind – davon zeugen auch die Flammen der Gasplattformen bei Vlamingh Head, die nachts zu sehen sind.

Seit das Nigaloo Reef als Welterbestätte gelistet ist und damit besonderen Schutz genießt, ist der Tourismus zu einer wichtigen Einnahmequelle geworden, und viele Besucher kommen, um die großartigen, geheimnisvollen Walhaie zu sehen (April–Juli). In der Hauptsaison (April–Okt.) wächst die entspannte Stadt enorm an. Man sollte sich davon aber nicht abschrecken lassen, denn Exmouth ist die perfekte Basis für die Erkundung der nahen Nationalparks Ningaloo Marine und Cape Range. Alternativ kann man sich hier einfach den Staub eines langen Roadtrips abwaschen, relaxen und die herrliche Natur genießen: Emus spazieren auf der Straße herum, Kängurus ruhen sich im Schatten aus, und Eidechsen überqueren gemächlich den Highway, während Nacktaugenkakadus, Rosakakadus und Ringsittiche krächzend durch die Bäume flattern.

⊙ Sehenswertes & Aktivitäten

Exmouth ist eben, heiß und weitläufig, wobei die meisten Attraktionen außerhalb der Stadt liegen und es keine öffentlichen Verkehrsmittel gibt. Die meisten angebotenen Aktivitäten finden im Wasser statt. Von November bis Januar nehmen viele Traveller als Freiwillige an Schildkröten-Schutzprogrammen (S. 1097) teil.

Schnorchler und Taucher schätzen den Ningaloo Marine Park (S. 1100) und die Muiron Islands (S. 1102). Das informative Buch *Dive and Snorkel Sites in Western Australia* des Parks & Wildlife (DPaW) ist zu empfehlen. Im Ort gibt's mehrere Tauchläden, wo man PADI-Kurse belegen kann.

Exmouth ist von mehreren Radwegen umgeben, die zur Harold E Holt Naval Base (HEH) führen, wo man nach Norden auf der

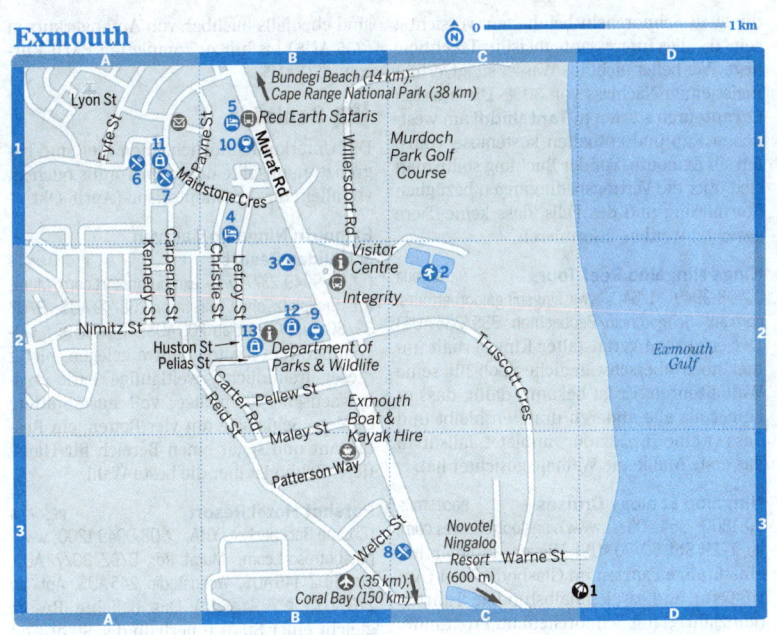

Exmouth

⊙ Sehenswertes
1 Town Beach D3

⊕ Aktivitäten, Kurse & Touren
2 Sewerage Works C2

⊜ Schlafen
3 Exmouth Ningaloo Caravan &
   Holiday Resort B2
4 Ningaloo Lodge B1
5 Potshot Hotel Resort B1

⊗ Essen
6 5 Kennedy St A1

BBqFather .... (siehe 3)
7 See Salt A1
8 Whalers Restaurant C3

⊕ Ausgehen & Nachtleben
9 Grace's Tavern B2
10 Potshot Hotel B1

⊙ Shoppen
11 Exmouth Shopping Centre A1
12 Ningaloo Kite & Board B2
13 Reef Beef B2

Straße in Richtung Bundegi weiterradeln kann (Achtung: Dingos!). Einfach in der Stadt fragen, wo man Räder ausleihen kann!

Town Beach
STRAND
(1 km östl. der Murat Rd; Ⓟ) Ein einfacher Spaziergang führt zum Town Beach, der bei Ostwind von Kitesurfen bevölkert ist.

Sewerage Works
VOGELBEOBACHTUNG
(Willersdorf Rd) Von hier und vom Golfplatz kann man prima Wasservögel beobachten.

Exmouth Cape Horses
REITEN
(☏ 0400 886 576; www.exmouthcapehorses.com.au; Ausritt 1 Std. 70 AU$) Die kurzen, aber schönen Ausritte am Exmouth-Golf entlang eignen sich für alle Levels und jedes Alter.

☞ Geführte Touren & Kurse

Ob nun mit Walhaien schwimmen, Tiere beobachten, tauchen, schnorcheln, Kajak fahren, angeln oder surfen – das Visitor Centre (S. 1098) hat eine Liste mit der kompletten Palette verfügbarer Touren, manche davon saisonabhängig.

Außerhalb der Walhaisaison konzentrieren sich die Meerestouren auf die Sichtung von Mantarochen. Etwas Erfahrung im Schnorcheln sollte man dabei schon haben. Außerdem sollte man bei Tauchexkursionen, die auch Schnorcheln beinhalten, vorsichtig sein, da alles Interessante meist in Tauchtiefe liegt. Wer lieber nicht ins Wasser steigt, erhält meist einen Nachlass von 30%. Die meisten Ozeantouren starten in Tantabiddi am westlichen Kap und enthalten kostenlose Transfers ab Exmouth. Vor der Buchung sollte man sich über die Vertragsbedingungen bezüglich Stornierung und des Falls, dass keine Tiere gesichtet werden, informieren.

Kings Ningaloo Reef Tours NATURTOUR
(08-9949 1764; www.kingsningalooreeftours.com.au; Schnorcheln/Beobachten 385/285 AU$) Der erfahrene Veranstalter Kings erhält immer noch überschwängliches Lob für seine Walhaitouren. Er ist bekannt dafür, dass er länger als alle anderen draußen bleibt und dass er eine „Ersatztour" anbietet, falls man das erste Mal keine Walhaie gesichtet hat.

Ningaloo Ecology Cruises BOOTSTOUR
(1800 554 062; www.ningalootreasures.com.au; 1–2½ Std. 50/70 AU$) Dieser Anbieter hat einstündige Fahrten im Glasbodenboot (April–Okt.) und zweieinhalbstündige Fahrten (ganzjährig) mit Schnorcheln im Programm.

Birds Eye View PANORAMAFLUG
(0427 996 833; www.ningaloomicrolights.com.au; Exmouth Aerodrome; Flug 30/60/90 Min. 199/299/399 AU$) Wer auf den Adrenalinrausch steht, aber nicht nass werden möchte, meldet sich zu einem dieser tollen Flüge über das Kap im Ultraleichtflugzeug an. Längere Flüge führen sogar bis zum Ningaloo Reef.

Montebello Island Safaris BOOTSFAHRT
(0419 091 670; www.montebello.com.au; April–Nov.) Hat ein dauerhaft vor den Montebello Islands vertäutes Hausboot, das den Gästen während der Tour mit sechs Übernachtungen (3000 AU$/Pers.) das Meer ganz nahe bringt.

Capricorn Kayak Tours KAJAKFAHREN
(0427 485 123; www.capricornseakayaking.com.au; halb-/1-/2-/5-tägige Tour 99/179/665/1650 AU$) Capricorn bietet ein- und mehrtägige Kajak- und Schnorcheltouren entlang der Lagunen des Ningaloo Reef an.

Ningaloo Whaleshark-N-Dive TAUCHEN
(1800 224 060; www.ningaloowhalesharkndive.com.au) Angeboten werden neben täglichen Tauchausflügen zur Lighthouse Bay (185 AU$) und zu den Muiron Islands (210 AU$) auch längere Tauchsafaris mit Übernachtung an Bord zu den Muiron Islands und Montebello Islands. Tauchkurse sind ebenfalls buchbar, von Anfängerkursen (255 AU$) bis hin zu kompletten PADI-Kursen (620 AU$).

Schlafen

Die Unterkunftsmöglichkeiten hier sind begrenzt; man sollte daher im Voraus buchen, vor allem für die Hauptsaison (April–Okt.).

Exmouth Ningaloo Caravan & Holiday Resort CAMPING $
(08-9949 2377; www.exmouthresort.com; Murat Rd; Stellplatz ohne/mit Strom 38/49 AU$, B/DZ 39/80 AU$, Chalet ab 205 AU$; P✻@🛜🏊) Gegenüber vom Visitor Centre gelegen, bietet dieser freundliche, weitläufige Park grasbewachsene Stellplätze, voll ausgestattete Chalets, Schlafsäle mit vier Betten, ein Restaurant und sogar einen Bereich für Haustiere. Zelten ist hier die beste Wahl.

Potshot Hotel Resort RESORT $
(Excape Backpackers YHA; 08-9949 1200; www.potshotresort.com; Murat Rd; B/DZ 30/72 AU$, Motel-DZ 145 AU$, Wohnstudio 245 AU$, Apt. ab 270 AU$; P✻@🛜🏊) Das beliebte Resort gleicht einer Stadt innerhalb der Stadt und bietet Schlafsäle mit zehn Betten, typische Motelzimmer, luxuriöse Apartments und mehrere Bars sowie eine Disko. In den Backpacker-Zimmern kann es recht laut zugehen, die Apartments bieten für Gruppen aber ein gutes Preis-Leistungs-Verhältnis.

Ningaloo Lodge PENSION $$
(1800 880 949; www.ningaloolodge.com.au; Lefroy St; DZ 150 AU$; P✻🛜🏊) Die sauberen, geschmackvollen Motelzimmer sind eine durchaus gute Wahl. Es gibt eine moderne Gemeinschaftsküche, eine Grillstelle, einen beschatteten Pool und kostenloses WLAN in jeder zu Fuß erreichbaren Kneipe des Ortes.

Essen & Ausgehen

Einige der beliebten Läden sind umgezogen oder haben ihren Namen geändert. Im Exmouth Shopping Centre (S. 1098) gibt's einen Supermarkt, eine Bäckerei und mehrere Imbissstände.

Grace's Tavern (08-9949 1000; Murat Rd; 12–23 Uhr) und das **Potshot Hotel** (08-9949 1200; Murat Rd; 10 Uhr–open end) sind gute Adressen für einen Drink; beide servieren auch ganz passables Kneipenessen.

★ Whalers Restaurant SEAFOOD $$
(08-9949 2416; whalersrestaurant.com.au; 27 Murat Rd, im Exmouth Escape; Hauptgerichte 29–

SCHILDKRÖTEN-SCHUTZPROGRAMME

Alljährlich zwischen November und März werden Freiwilligenprogramme zur Überwachung der Schildkrötenpopulation auf die Beine gestellt, die eine aufregende Erfahrung darstellen und die Möglichkeit bieten, sich aktiv am Umweltschutz in der Region zu beteiligen. Wer sich dafür entscheidet, kann sich auf Arbeit zu ungewöhnlichen Tageszeiten und zu unbequemen Bedingungen sowie auf ein unglaublich bereicherndes Erlebnis einstellen. Die Anmeldefristen beginnen meist im August, es empfiehlt sich aber, sich den zeitlichen Ablauf der einzelnen Programme im Voraus genauer anzusehen.

Ningaloo Turtle Program (NTP; www.ningalooturtles.org.au; Exmouth; 5 Wochen 1300 AU$; ☺Nov.–März) Hier müssen sich Freiwillige für fünf Wochen verpflichten und bereit sein, die meiste Zeit auf einer abgelegenen Station zu verbringen. Ein Arbeitstag beginnt bei Sonnenaufgang und dauert fünf Stunden. Dabei sammelt man Daten über das Nist- und Jagdverhalten sowie über den Lebensraum der Schildkröten. Den Rest des Tages hat man frei und kann die Umgebung erkunden. Freiwillige zahlen etwa 1300 AU$; inklusive sind alle Kosten für Ausrüstung, Verpflegung, Transport ab Exmouth und die Versicherung.

Pendoley Environmental (✆08-9330 6200; www.penv.com.au; Port Hedland; ☺Nov.–Jan.) Pendoley engagiert sich in einem Markierungsprogramm, das in der Nähe von Erdöl- und Gasanlagen wie etwa Barrow Island durchgeführt wird. Meistens dauern die Aufenthalte 17 Tage, wobei sämtliche Ausgaben übernommen werden. Es gibt ein strenges Auswahlverfahren, man arbeitet überwiegend in der Nacht und hat kaum Freizeit.

Care for Hedland (✆0439 941 431; www.careforhedland.org.au; ☺Nov.–März) Diese hemdsärmelige Umweltschutzgruppe führt ab November Freiwilligenprogramme zur Überwachung der Tiere an den Stränden von Port Hedland durch.

Gnaraloo Turtle Conservation Program (GTCP; ✆08-9315 4809; www.gnaraloo.com/conservation/gnaraloo-turtle-conservation-program; Quobba Coast via Carnarvon; ☺Okt.–April) Absolventen naturwissenschaftlicher Fächer (aller Fachrichtungen), die bereit sind, sich für sechs Monate zu verpflichten, können sich für das GTCP bewerben. Dabei werden Unterkunft, Verpflegung, Transport und Trainingseinheiten bezahlt.

---

40 AU$; ☺18 Uhr–open end) Köstliche, von der kreolischen Küche beeinflusste Seafood-Gerichte sind das Highlight dieses alteingesessenen Restaurants in Exmouth, das kürzlich erst seine Location wechselte. Nicht verpassen sollte man die Spezialität des Hauses, das New-Orleans-Gumbo, zu dem als Vorspeise am besten eine Meeresfrüchte-Probierplatte mit Butterkrebsen, Garnelen aus der Region und Austern aus dem Glas passt. Eingefleischte Seafood-Fans kommen beim Seafood Medley voll auf ihre Kosten.

See Salt
CAFÉ $$
(✆08-9949 1400; www.seesalt.com.au; 1 Thew St, Einkaufszentrum; Gerichte 8–22 AU$; ☺tgl. 6.30-15.30, Do–So 18–20.30 Uhr) Das neu verpackte und umgesiedelte ehemalige Ningaloo Health bietet tagsüber weiterhin dasselbe köstliche Speiseangebot, gegen Ende der Woche gibt's dann aber auch Abendessen. Für einen gelungenen Kickstart in den Tag gönnt man sich zum Frühstück Chili-Eier oder eine Schüssel mit vietnamesischem *pho* (Reisnudelsuppe mit Rind). Die weniger Experimentierfreudigen können sich den Pfannkuchen mit Beeren, einem Bircher-Müsli oder einem Fruchtsaft hingeben.

Das See Salt hat auch leichte Mittagsgerichte, Salate, Smoothies, Picknickkörbe (ideal für eine Ganztagestour zum Cape Range National Park) und köstlichen Kaffee.

★BBqFather
BARBECUE, ITALIENISCH $$
(Pinocchio; ✆08-9949 4905; www.thebbqfather.com.au; Murat Rd, Exmouth Ningaloo Caravan Park & Resort; Hauptgerichte 18–40 AU$; ☺Feb.–Okt. Mo–Sa 18–21 Uhr) Das *ristorante* im Freien mit Schanklizenz hat seinen Namen geändert und seine Leidenschaft fürs Grillen entdeckt. Es werden riesige Platten mit rauchigem Rindfleisch, Schweinefleisch und Kalbsrippen serviert. Nachdem die Einheimischen den Betreibern klargemacht haben, dass es damit nicht getan ist, sind auch die beliebten Pizzas und hausgemachten Pastavariationen wieder auf der Speisekarte. Die Portionen sind groß wie eh und je.

5 Kennedy St
MODERN-AUSTRALISCH $$$
(✆08-9949 4507; www.5kennedyst.com.au; 5 Kennedy St; Hauptgerichte ab 30 AU$; ☺Di–Do 12

Uhr–open end, Fr–So 9 Uhr–open end) 🍴 Dort, wo früher das Whalers war, bietet nun Exmouths neuestes Restaurant feinste Speisen aus besten lokalen und nachhaltigen Zutaten. Die Speisekarte ist nach Größe der Gerichte unterteilt und reicht von kleinen Häppchen bis zur 1-kg-Fleischplatte (mit Knochen).

🛍 Shoppen

Exmouth Shopping Centre EINKAUFSZENTRUM
(Maidstone Cres) Im Einkaufszentrum gibt's einen Tauchshop, einen Geschenkeladen, Läden mit Surf- und Campingausrüstung sowie zwei Supermärkte. Zwischen April und Oktober wird hier sonntags ein Kunsthandwerksmarkt abgehalten.

Ningaloo Kite & Board OUTDOOR-AUSRÜSTUNG
(Exmouth Camper Hire; ☎ 08-9949 4050; www.exmouthcamperhire.com.au; 16 Nimitz St; ⊙ vorher anrufen) Hilfreiche Experteninfos über die Region sowie neue und gebrauchte Kites, Kites für Anfänger und Leihwohnmobile.

Reef Beef ESSEN
(☎ 0408 951 775; 11 Pelias St; ⊙ Mo–Fr 9–17, Sa 9–12 Uhr) Der Name ist Programm: Hier wird köstliches Beef Jerky serviert – der beste Snack überhaupt für einen langen Roadtrip.

ℹ Praktische Informationen

Infos zu Umweltschutzprogrammen rund um das Kap erhält man auf der Webseite der Cape Conservation Group (www.ccg.org.au).

Internetzugang gibt's in der **Bibliothek** (☎ 08-9949 1462; 22 Maidstone Cres; ⊙ Mo–Do 8.30–16, Sa 8.30–12 Uhr; @) und im Potshot Hotel (S. 1096).

Department of Parks & Wildlife (DPaW; ☎ 08-9947 8000; www.dpaw.wa.gov.au; 20 Nimitz St; ⊙ Mo–Fr 8–17 Uhr) Hält Karten, Broschüren und Genehmigungen für Ningaloo, Cape Range und die Muiron Islands bereit und kann tolle Guides auftreiben. Es informiert auch über Freiwilligenarbeit beim Schildkrötenschutz.

Tours N Travel Ningaloo (Europcar; ☎ 0437 106 183; Ecke Pellew St & Murat Rd; Internet 5 AU$/Std.; ⊙ 8.30–19 Uhr; @) Internetzugang und gebrauchte Bücher; städtischer Europcar-Vertreter.

Visitor Centre (☎ 08-9949 1176; www.visit-ningaloo.com.au; Murat Rd; ⊙ 9–17 Uhr) Buchung von Touren, Bustickets, Unterkünften, Bootstouren im Yardie Creek sowie Informationen über die Nationalparks.

ℹ An- & Weiterreise

Learmonth Airport, der Flughafen von Exmouth, liegt 37 km südlich der Stadt.

Qantas (☎ 13 13 13; www.qantas.com.au) Tägliche Flüge zwischen Perth und Learmonth.

Airport Shuttle Bus (☎ 08-9949 4623; 25 AU$) Bedient alle Flüge; für Fahrten zum Flughafen bedarf es einer Platzreservierung.

Integrity (☎ 1800 226 339; www.integrity-coachlines.com.au) Dreimal pro Woche fahren Busse vom Visitor Centre nach Perth (240 AU$, 17 Std.), Coral Bay (47 AU$, 90 Min.) und Broome (240 AU$, 18 Std.); es gibt auch eine wöchentliche Verbindung nach Karijini (167 AU$, 10 Std.).

Red Earth Safaris (☎ 1800 501 968; www.redearthsafaris.com.au; 200 AU$) Einmal wöchentlich verkehrender Express-Service nach Perth. Abfahrt in Exmouth ist jeden Sonntag vom Potshot Resort um 7 Uhr (200 AU$, 30 Std.). Inbegriffen sind die Verpflegung und ein Zwischenstopp über Nacht.

ℹ Unterwegs vor Ort

Budget, Avis und Europcar haben im Ort ihre Büros. Die Preise für Mietwagen beginnen bei 80 AU$ pro Tag.

Allens (☎ 08-9949 2403; Rückseite 24 Nimitz St; ab 60 AU$/Tag) Ältere Autos mit 150 Freikilometern.

Exmouth Boat & Kayak Hire (☎ 0438 230 269; www.exmouthboathire.com; 7 Patterson Way; Kajaks 50 AU$/Tag) Tinnies (kleine Dingis) oder größere Boote (inkl. Skipper) können hier ab 100 AU$ am Tag gemietet werden.

Exmouth Camper Hire (☎ 08-9949 4050; www.exmouthcamperhire.com.au; 16 Nimitz St; 4 Tage ab 660 AU$) Wohnmobile mit allem, was man für einen Aufenthalt im Cape Range National Park braucht, inklusive Solarmodulen.

Scooters2go (☎ 08-9949 4488; www.facebook.com/pages/Exmouth-Scooters2go/1550679805188747; Ecke Murat Rd & Pellew St; Tag/Woche 80/175 AU$) Um die 50-ccm- und 125-ccm-Motorroller fahren zu dürfen, benötigt man einen Autoführerschein. Es ist günstiger, wenn man sie gleich für eine Woche leiht. Besser vorher anrufen!

Rund um Exmouth

Fährt man von Exmouth in nördlicher Richtung an der **Harold E. Holt Naval Base** (HEH) vorbei, erreicht man kurz vor der VLF-Sendeanlage eine Kreuzung. Um zum Bundegi Beach zu gelangen, bleibt man auf der Straße, die geradeaus führt; die Abzweigung nach links auf die Yardie Creek Rd führt zu den traumhaften Stränden und Buchten des westlichen Kaps sowie zum Ningaloo Reef.

Die Eingangsstation zum Cape Range National Park liegt am 40-km-Marker, und

North West Cape

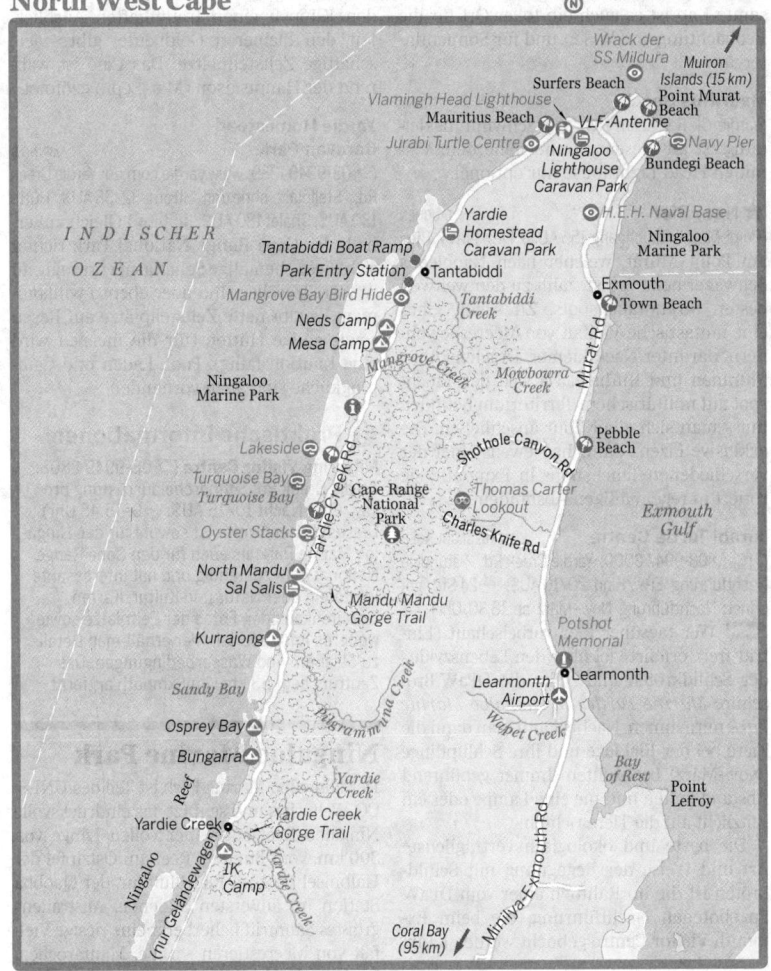

die Straße, die von dort nach Süden führt, kann bis zum **Yardie Creek** von allen Autos befahren werden. Erfahrene Jeepfahrer können bei Ebbe versuchen, den sandigen Bach zu überqueren und dann der unwegsamen Piste an der Küste entlang bis nach Coral Bay (S. 1092) folgen. Bevor es losgeht, sollte man sich im Milyering Visitor Center (S. 1100) aber erst nach den Straßenbedingungen erkundigen.

Sehenswertes & Aktivitäten

Bundegi Beach STRAND
(P) Im Schatten der VLF-Sendeanlage und nur 14 km nördlich von Exmouth (eine gute Entfernung für eine Radtour) liegt der ruhige Bundegi Beach an einem windgeschützten Küstenabschnitt mit vorgelagertem Riff. Hier kann man sehr schön baden, schnorcheln, tauchen, Kajak fahren und angeln.

Wrack der SS Mildura SCHIFFSWRACK
(Mildura Wreck Rd) Von der Yardie Creek Rd einfach den Schildern bis zu dem Rinderfrachtschiff von 1907 folgen, das auf dem Riff auf Grund gelaufen ist!

Vlamingh Head Lighthouse LEUCHTTURM
Dieser auf einem Hügel errichtete Leuchtturm von 1912 ist schwer zu übersehen. Mit

seinem spektakulären Ausblick auf das gesamte Kap ist es auch ein toller Ort für die Beobachtung von Walen und für Sonnenuntergänge.

Mauritius Beach STRAND
(Yardie Ck Rd, 21 km NW; P) Schwimmbekleidung ist an diesem Strand nahe dem Vlamingh Head Lighthouse nur optional.

★ Navy Pier TAUCHEN
(Point Murat; Tauchgang 155 AU$) Der Navy Pier am Point Murat, welcher nach Napoleons Schwager benannt ist, zählt zu den weltweit besten Strandtauchspots. Zu sehen gibt's eine fantastische Vielfalt von Meeresbewohnern, darunter Nacktkiemer, Drachenköpfe, Muränen und Riffhaie. Da sich der Tauchspot auf militärischem Territorium befindet, muss man sich einer Tour anschließen. Die exklusive Lizenz dafür hat jeweils einer der verschiedenen Tauchshops in Exmouth; sie rotiert in regelmäßigen Abständen.

Jurabi Turtle Centre TIERBEGEGNUNGEN
(JTC; 08-9947 8000; Yardie Creek Rd; 2-stündige Nachtführung Erw./Kind 20/10 AU$; 24 Std. geöffnet; Nachtführung Nov.–März ab 18.30 Uhr)
GRATIS Wer tagsüber hier vorbeischaut (Eintritt frei), erfährt viel über den Lebenszyklus der Schildkröten und sollte die DPaW-Broschüre *Marine Turtles in Ningaloo Marine Park* mitnehmen. Nachts kann man dann die Tiere bei der Eiablage und ihre Schlüpflinge (Nov.–März) beobachten. Immer gebührend Abstand halten und nie eine Lampe oder ein Blitzlicht auf die Tiere richten!

Die beste und ökologisch verträglichste Art und Weise der Begegnung mit Schildkröten ist die im Rahmen einer vom DPaW angebotenen Nachtführung, die beim Exmouth Visitor Centre gebucht werden kann.

Exmouth Kite Centre KITESURFEN
(0467 906 091; www.exmouthkitecentre.com.au; Parzelle 2 Yardie Creek Rd, Ningaloo Lighthouse Caravan Park; Unterricht 1/3 Std. 100/270 AU$) Die Kitelehrer dieses Anbieters am Vlamingh Head sorgen für jede Menge Spaß.

🛏 Schlafen

Ningaloo Lighthouse Caravan Park CAMPING $
(08-9949 1478; www.ningaloolighthouse.com; Yardie Creek Rd; Stellplatz ohne/mit Strom 33/41 AU$, Hütte 115 AU$, Bungalow 135 AU$, Leuchtturm/Chalet mit Ausblick 155/245 AU$; ❋ ≋) Wunderschön am westlichen Kap unter dem Vlamingh Lighthouse und nahe dem Surfers Beach gelegen, bieten die Chalets oben an den Klippen einen traumhaften Ausblick. Für den kleineren Geldbeutel gibt's viele schattige Zeltstellplätze. Das Café ist während der Hauptsaison (Mai–Sept.) geöffnet.

Yardie Homestead Caravan Park CAMPING $
(08-9949 1389; www.yardie.com.au; Yardie Creek Rd; Stellplatz ohne/mit Strom 32/38 AU$, Hütte 130 AU$, Chalet 180 AU$; P 🛜 ≋) Gleich außerhalb des Cape Range National Park richtet sich diese ehemalige Schaffarm vorrangig an Angler, Traveller sind aber ebenso willkommen. Es gibt nette Zeltstellplätze auf Rasen sowie einige Hütten (für die meisten wird eine Kaution fällig). Pool, Laden und Campingküche sind auch vorhanden.

❶ Praktische Informationen

Milyering Visitor Centre (08-9949 2808; Yardie Creek Rd; Schnorchelausrüstung pro Tag/über Nacht 10/15 AU$; 9–15.45 Uhr) Dieses Visitor Centre ist sowohl für den Ningaloo Marine Park als auch für den Cape Range National Park zuständig und hat interessante Infotafeln über Natur und Kultur, Karten, Gezeitenkalender, Fotos der Zeltplätze sowie weiteres Infomaterial. Hier erhält man Details zu Straßen- und Wasserbedingungen. Das Zentrum liegt 53 km von Exmouth entfernt.

Ningaloo Marine Park

Der Ningaloo Marine Park ist Teil des UNESCO-Welterbes und schützt das eindrucksvolle Ningaloo Reef auf seiner vollen Länge von 300 km, vom Bundegi Reef am Ostzipfel der Halbinsel bis zum Red Bluff auf der Quobba Station im äußersten Südende. Australiens größtes Saumriff beherbergt eine riesige Vielfalt von Meerestieren – Haie, Mantarochen, Buckelwale, Schildkröten, Dugongs, Delfine und über 500 Fischarten – und ist stellenweise nur 100 m von der Küste entfernt.

Reisezeit

Das ganze Jahr über ist im Ningaloo Marine Park ganz schön was los:

Nov.–März Schildkröten – drei bedrohte Arten legen in den Dünen ihre Eier ab.

März Korallenblüte – dieses unglaubliche Ereignis findet sieben Tage nach Vollmond statt.

Mitte März–Juli Walhaie – die größten Fische der Welt kommen pünktlich, wenn die Korallen ablaichen.

Mai–Nov. Mantarochen – das ganze Jahr über präsent; im Winter und Frühling ist ihre Zahl besonders groß.

Juni–Nov. Buckelwale – sie pflanzen sich in den warmen tropischen Gewässern fort und ziehen dann zur Nahrungsaufnahme zurück gen Süden in die Antarktis.

Natur

Über 220 Arten von Steinkorallen wurden in Ningaloo gezählt, von bauchigen Hirnkorallen auf den Riffen bis hin zu filigranen, verzweigten Geweihkorallen und langsam wachsenden Riesenkorallen. Die Hartkorallen sind zwar weniger farbenprächtig als die Weichkorallen (die überwiegend in größeren Tiefen am äußeren Riff leben), sie haben aber unglaubliche Formen. Das Laichen findet immer nach Voll- und Neumond zwischen Februar und Mai statt, wenn die Äste der zwittrigen Korallen gleichzeitig Eier und Sperma ins Wasser absondern; den Höhepunkt bilden aber in der Regel die sechs bis zehn Tage nach dem Vollmond im März.

Es ist gerade das Ablaichen, das die größte Attraktion des Parks anlockt, nämlich den gepunkteten Walhai *(Rhincodon typus)*. Ningaloo zählt zu den wenigen Orten weltweit, an denen die sanften Riesen sich jährlich zur selben Zeit einfinden. Hauptsächlich ernähren sie sich von Plankton und kleinen Fischen. Zu dieser Zeit wird die Gegend zu einem Mekka für Meeresbiologen und Besucher. Der Walhai, der größte Fisch der Welt, kann bis zu 21 t schwer werden. Die meisten Exemplare wiegen zwischen 13 und 15 t, haben eine Länge von 18 m und erreichen ein Alter von 70 Jahren.

Man kann seine Walhaifotos auf die Website von Ecocean (www.whaleshark.org) laden, die den betreffenden Walhai identifiziert und dessen Weg weiterverfolgt, man kann die anderen Tiere aber auch mit Coastal Walkabout (www.coastalwalkabout.org) geo-taggen. Weitere Infos über die tierischen Bewohner Ningaloos findet man in der DPaW-Broschüre *The Marine Life of Ningaloo Marine Park & Coral Bay*.

🏃 Aktivitäten

Die meisten Traveller besuchen den Ningaloo Marine Park, um zu **schnorcheln**. Ein Stopp beim Milyering Visitor Centre (S. 1100) ist ein absolutes Muss, um sich mit Karten einzudecken und Infos über die besten Spots und über die Bedingungen vor Ort einzuholen. Unbedingt vorher den Gezeitenkalender genau studieren und sich auf keinen Fall selbst überschätzen, denn die Strömung kann gefährlich sein, das Gebiet ist abgelegen, und es gibt weder Handyempfang noch Rettungsschwimmer. Außerhalb der Saison kann es mitunter passieren, dass gefährliche Schwärme von Irukandji-Quallen das Wasser bevölkern. Im Parkbüro kann Schnorchelausrüstung ausgeliehen werden.

★ Turquoise Bay   SCHNORCHELN
(Yardie Creek Rd, 65 km von Exmouth) Die **Bay Snorkel Area** eignet sich für Schnorchler aller Stufen und wartet gleich rechts vom Parkplatz mit Myriaden von Fischen und Korallen unmittelbar vor der Küste auf. Geübtere Schwimmer zieht es zum **Drift**, wo eine Strömung die Schnorchler über Korallenriffe hinwegträgt. Auf keinen Fall den Ausstiegspunkt verpassen, sonst treibt die Strömung einen durch die Lücke im Riff!

Die Drift Snorkel Area liegt 300 m südlich vom Drift-Parkplatz. Von dort schwimmt man ca. 40 m hinaus, dann lässt man sich mit dem Gesicht nach unten von der Strömung zurücktreiben. Die kleine Sandbank markiert den Ausstiegspunkt, danach wird die Strömung stärker. Dort verlässt man das Wasser, rennt zurück zum Ausgangspunkt und stürzt sich erneut ins Vergnügen.

Lakeside   SCHNORCHELN
(Yardie Creek Rd, 54 km von Exmouth) Vom Parkplatz aus 500 m gen Süden den Strand entlanggehen, dann mit der Strömung hinausschnorcheln und schließlich wieder zum Ausgangspunkt zurückschnorcheln!

Oyster Stacks   SCHNORCHELN
(Yardie Creek Rd, 69 km von Exmouth) Diese spektakulären Riffe liegen nur wenige Meter vor der Küste. Man braucht jedoch eine Wasserhöhe von mindestens 1,2 m, und scharfkantige Felsen erschweren das Hinein- und Hinausschnorcheln. Wer sich kurz ausruhen will, sollte sich nicht auf die Riffe stellen, sondern ein Fleckchen Sand suchen.

★ Ningaloo Kayak Trail   KAJAKFAHREN
Diese fantastische neue Initiative von Parks & Wildlife steckt zwar noch in den Kinderschuhen, es ist aber geplant, zwischen Bundegi Beach und Coral Bay eine ganze Reihe von Liegeplätzen speziell für Kajaks einzurichten, die alle über abgeschiedene, gekennzeichnete Zeltplätze direkt am Strand verfügen werden. An den Lagerplätzen können Kajakfahrer ihre Boote anbinden und schnorcheln gehen, durch die Zelt-

plätze sind auch längere Ausflüge möglich. Nähere Infos gibt's beim DPaW (S. 1098) in Exmouth. Aber auch eine Internetsuche nach „Ningaloo Marine Park Kayak Moorings" bringt einige Treffer, und man kann sich eine Broschüre mit dem Verlauf der Strecke herunterladen.

Lighthouse Bay TAUCHEN
(Yardie Creek Rd) Bei der Lighthouse Bay gibt's tolle Tauchspots – z. B. Labyrinth, Blizzard Ridge und Mandu Wall. Weitere Anregungen findet man in der DPaW-Broschüre *Dive and Snorkel Sites in Western Australia*.

Reef Search FREIWILLIGENARBEIT
(Reef Check; www.reefcheckaustralia.org) Um seinen Schnorchel- oder Tauchexkursionen eine ganz neue Dimension zu verleihen, kann man nebenher Meeresdaten sammeln oder freiwillig beim Riff-Monitoring mitmachen (Kurse verfügbar).

Cape Range National Park

Die zerklüfteten Kalksteingipfel und die Schluchten des 510 km² großen **Cape Range National Park** (12 AU$/Auto) bilden eine interessante Abwechslung vom ansonsten flachen, ausgedörrten North West Cape. Sie bieten Lebensraum für eine artenreiche Tierwelt, darunter das Schwarzpfoten-Felskänguru, fünf Fledermaus- und über 200 Vogelarten. Spektakuläre, steil abfallende Schluchten durchschneiden die Höhenzüge, bevor sie abflachen und in die windgepeitschten Küstendünen und das türkisfarbene Wasser des Ningaloo Reef übergehen.

Der Hauptzugang zum Nationalpark erfolgt über die Yardie Creek Rd. Mehrere Teile im Osten des Parks kann man auch über nicht asphaltierte Straßen erreichen, die von der Minilya–Exmouth Rd südlich von Exmouth abzweigen. Der Park wurde 2014 durch die Flut zu großen Teilen zerstört, und einige der Campingplätze und Sehenswürdigkeiten haben inzwischen geschlossen – einige davon für immer, manche werden wieder aufgebaut. Alle aktuellen Infos dazu findet man auf Parkstay (http://parkstay.dpaw.wa.gov.au).

◉ Sehenswertes & Aktivitäten

Charles Knife Canyon SCHLUCHT
(Charles Knife Rd, Eastern Cape, 23 km südl. von Exmouth) An der Ostküste führt eine malerische, teilweise sogar spektakuläre Straße über einen superschmalen Felsgrat und um schwindelerregende Kurven herum in die Höhe. Überall laden traumhafte Ausblicke zu Zwischenstopps ein. Eine unwegsame Piste führt weiter zum **Thomas Carter Lookout**, von wo aus man (in den kühleren Monaten) dem 8 km langen **Badjirra-jirra-Rundweg** durch Spinifex und felsige

---

SURFEN AM KAP

Die großen Wellen erreichen das North West Cape zwischen Juli und Oktober. Hier gibt es unzählige Breaks und viele Felsen.

Surfers Beach (Dunes; Mildura Wreck Rd, 17 km nordwestl. von Exmouth) Im Winter kommen die Surfer in Scharen an diesen wunderschön schroffen Abschnitt des westlichen Kaps, der in den Sommermonaten fest in der Hand der Wind- und Kitesurfer ist. Vom ersten Parkplatz aus ist der Zugang zum Reef-Break am einfachsten.

Lighthouse Bombie (Yardie Creek Rd, 19 km nordwestl. von Exmouth) Der Bombie am Vlamingh Head liegt ein ganzes Stück vor der Küste, sodass man hinauspaddeln muss. Nur etwas für erfahrene Surfer!

Wobiri Access (Yardie Creek Rd, 23 km nordwestl. von Exmouth) Die sanften Wellen hier am westlichen Kap, etwa 23 km von Exmouth entfernt, sind perfekt für Anfänger. Manchmal sind auch Surfschulen hier unterwegs.

Muiron Islands Wem es mit dem Surfen wirklich ernst ist, der sollte ein paar Gleichgesinnte um sich versammeln und ein Boot hinaus zu den Muiron Islands gleich vor Point Murat chartern. Dort gibt es unzählige Breaks und so gut wie keine Menschenseele. Mit einer Genehmigung des Exmouth DPaW (S. 1098) kann man auf South Muiron zelten. Die Inseln bieten auch ausgezeichnete Schnorchel- und Tauchgelegenheiten. In den Charterkosten sollte die gesamte Verpflegung, die Unterkunft (an Bord oder campen) sowie Angel- und Schnorchelausrüstung enthalten sein. Das Exmouth Visitor Centre (S. 1098) hilft bei der Organisation von Charterbooten.

Rinnen folgen kann. Aber Achtung: Wasser und Schatten sucht man vergebens! Im Sommer sollte man diese Wanderung unter gar keinen Umständen wagen.

Mangrove Bay Bird Hide VOGELSCHUTZGEBIET
(Westliches Kap, 8 km vom Eingang zum Cape Range National Park; P) GRATIS Inmitten von Mangroven kann man hier Zugvögel beobachten oder einfach nur durch das Watt schlendern.

Mandu Mandu Gorge SCHLUCHT
(20 km südl. von Milyering; P) Ein netter, aber trockener 3 km langer Wanderweg (hin & zurück) am Rand der Schlucht entlang.

Yardie Creek Gorge SCHLUCHT
(36 km südl. von Milyering; P) Von diesem einfachen, 2 km langen Wanderweg (hin & zurück) bieten sich hervorragende Ausblicke über die mit Wasser gefüllte Schlucht.

Yardie Creek Boat Tours BOOTSTOUR
(08-9949 2920; www.yardiecreekboattours.com.au; Erw./Kind/Fam 35/15/80 AU$; in der Saison 11 & 12.30 Uhr, Febr. geschl.) Entspannte, einstündige Bootsfahrt durch die kurze Yardie Creek Gorge mit den steilen Wänden, wo mit etwas Glück die seltenen Schwarzpfoten-Felskängurus zu sehen sind.

Schlafen

Cape Range Camp Sites CAMPING $
(10 AU$/Pers.) Im Cape Range National Park gibt es entlang der Küste eine Reihe sandiger, kleiner Campingplätze. Die Ausstattung ist sehr einfach, und es gibt nur wenig Schatten, die meisten Plätze verfügen aber über Toiletten und Möglichkeiten, wo man Schutz vor dem Wind suchen kann. Manche können online auf Parkstay (http://parkstay.dpaw.wa.gov.au) gebucht werden, andere werden einem an der Eingangsstation des Parks zugewiesen (nicht im Visitor Centre!). Wer es gern ruhig hat, sollte nach einem Stellplatz ohne Generator fragen.

Während der Hauptsaison haben die meisten Zeltplätze einen dort stationierten Wärter. Die am weitesten entfernten Plätze liegen auf der anderen Flussseite des Yardie Creek. Um sie zu erreichen, braucht man einen Jeep mit großer Bodenfreiheit.

Sal Salis CAMPING $$$
(1300 790 561; www.salsalis.com; Wildniszelt 2 Nächte EZ/DZ 1126/1500 AU$; März–Dez.) Lust, den blutroten Sonnenuntergang über dem Indischen Ozean im 500-fädigen Baumwollbettzeug zu genießen? Für jene, die nicht beengt auf einem Campingplatz übernachten wollen, gibt's hier bei einem Mindestaufenthalt von zwei Nächten drei Gourmet-Mahlzeiten pro Tag, eine Bar mit kostenlosen (!) Getränken und fast alles, wonach einem sonst noch der Sinn stehen könnte.

PILBARA

Von Dampier nach Roebourne

Die meisten Traveller machen einen Bogen um den vom Bergbau geprägten Küstenabschnitt zwischen Dampier und Roebourne, da es hier bis auf die riesigen Industrieanlagen nicht viel zu sehen gibt. Immerhin wartet die Strecke mit ein paar interessanten Sehenswürdigkeiten, einer guten Verkehrsanbindung, gut sortierten Supermärkten und hilfreichen Reparaturwerkstätten auf.

Geführte Touren

Ngurrangga Tours KULTUREXKURSION
(0423 424 093; www.facebook.com/Ngurrangga Tours; Erw./Kind ab 110/55 AU$; Feb.–Nov.) Die Kulturexkursionen von Clinton Walker, einem dem Ngarluma-Stamm angehörenden Einheimischen, erhalten von Travellern begeistertes Feedback. Die halbtägige Tour in den Murujuga National Park führt zu Felsmalereien auf der Burrup Peninsula nahe Dampier, während die längeren Tagestouren einen Einblick in die kulturell bedeutenden Gebiete Gregory's Gorge (Erw./Kind 220/110 AU$) und Millstream (Erw./Kind 220/110 AU$) geben. Die Tour nach Millstream kann auch mit Übernachtung (Erw./Kind 440/220 AU$) gebucht werden.

Feste & Events

Red Earth Arts Festival KUNST
(www.reaf.com.au) Ein jährliches Fest der Musik, des Theaters und der bildenden Künste, das im September entlang der Küste der Pilbara-Region stattfindet.

Dampier

Dampier, der wichtigste Hafen der Region und Standpunkt zahlreicher Schwerindustrieanlagen, erstreckt sich entlang der King Bay. Vor der Küste liegt der **Dampier Archipelago**, ein von Korallen bevölkertes und mit unberührten Inseln übersätes Gebiet, in dem zahllose Meerestiere und vom Aussterben bedrohte Beuteltiere leben.

Hearson Cove (P) hat einen hübschen Strand, von dem aus die „Treppe zum Mond" (S. 1134) zu sehen ist. Von hier geht's auch zur Murujuga-Felskunst.

Der **Murujuga National Park** GRATIS beherbergt eine der weltweit größten Ansammlungen von Petroglyphen. Die Felsmalereien finden sich in den unscheinbaren Hügeln der stark industrialisierten Burrup Peninsula. Am einfachsten zugänglich sind jene in der Deep Gorge nahe der Hearson Cove. Unfassbar aber wahr: Einige Stätten wurden von Vandalen zerstört. Wer das Gebiet nördlich der Withnell Bay erkunden möchte, braucht dazu ein geländegängiges Fahrzeug.

Karratha

Die meisten Traveller heben hier Geld ab, stocken ihre Vorräte auf, lassen Reparaturen ausführen und verlassen die Stadt, bevor ihre Geldbörse noch stärker belastet wird.

Wer etwas Zeit mitbringt, der kann dem **Jaburara Heritage Trail** (Yaburara) folgen, der hinter dem Visitor Centre beginnt. Er besteht aus verschiedenen Pfaden (der längste ist - einfache Strecke - 3,5 km lang), die durch bedeutende traditionelle Stätten führen und Informationen zur Umsiedlung und zum Aussterben des Jaburara-Volkes vermitteln. Viel Wasser mitnehmen und früh aufbrechen!

Schlafen & Essen

Bis vor Kurzem glich es noch einem Lotteriespiel, eine Unterkunft in Karratha zu suchen, mittlerweile hat sich die Lage aber etwas entspannt. Es empfiehlt sich dennoch, online nach Last-Minute-Angeboten zu suchen oder sich im Visitor Centre nach einem Quartier zu erkundigen. Am Wochenende sind die Preise meist niedriger als werktags. Schönere Alternativen sind Point Samson und Millstream.

Im Einkaufszentrum findet man fast alles, was man braucht, auch Geldautomaten, Speisen zum Mitnehmen und Supermärkte.

Pilbara Holiday Park CAMPING $
(08-9185 1855; www.aspenparks.com.au; Rosemary Rd; Stellplatz mit Strom 42 AU$, Motel/Wohnstudio DZ 190/200 AU$; ❄@≋) Sauber, ordentlich geführt und mit guten Einrichtungen.

Soul CAFÉ $$
(0422 667 649; Warambie Rd, Pelago Centre; 6–16 Uhr) Raffinierte Frühstücksoptionen, die mit denen in jedem Stadtcafé mithalten können, sowie schnelle Mittagsgerichte.

ℹ Praktische Informationen

Karratha Visitor Centre (08-9144 4600; www.karrathavisitorcentre.com.au; Karratha Rd; Mo–Fr 8.30–17, Sa & So 9–14 Uhr, Okt.–März kürzer; @) Hat interessante Infos über die Gegend, stellt Genehmigungen für die Nutzung der Rail Access Rd aus, bucht Touren (auch zum Thema Bergbau) und kann eventuell auch bei der Suche nach einem Zimmer behilflich sein.

ℹ An- & Weiterreise

Karratha hat eine sehr gute Verkehrsanbindung. Virgin (S. 1092), Qantas (S. 1092) und Alliance (S. 1092) fliegen täglich von hier nach Perth. Airnorth (S. 1092) bedient zweimal wöchentlich Broome, Darwin und Port Hedland.

Integrity (1800 226 339; www.integrity-coachlines.com.au) Fährt zweimal pro Woche am Visitor Centre ab nach Perth (282 AU$, 24 Std.), Port Hedland (89 AU$, 3 Std.) und Broome (187 AU$, 10 Std.).

Roebourne

Roebourne, 40 km östlich von Karratha gelegen, ist die älteste noch bestehende Pilbara-Stadt und wurde 1886 auf dem Land der Ngaluma gegründet. Hier lebt eine große Aborigine-Gemeinschaft mit Yindjibarndi als wichtigster Sprachgruppe. In der Stadt gibt es einige schöne, alte Gebäude und eine blühende indigene Kunstszene (www.roebourneart.com.au). In der von Aborigines geleiteten Galerie **Yinjaa-Barni** (08-9182 1959; www.yinjaa-barni.com.au; Parzelle 3 Roe St; variieren) werden Werke begabter Millstream-Künstler ausgestellt.

Im ehemaligen Gefängnis ist heute das **Visitor Centre** (Old Gaol; 08-9182 1060; www.roebourne.org.au; Queen St; Mo–Fr 9–16, Sa & So 9–15 Uhr, Nov.–April kürzere Öffnungszeiten) untergebracht. Hier finden sich ein interessantes Museum, eine Ausstellung über Mineralien im Hof und Erläuterungen zu Roebournes bedeutenden Gebäuden.

Cossack

Die malerische, an der Mündung des Harding River gelegene Geisterstadt Cossack war früher der wichtigste Hafen des Bezirks,

ABSEITS DER ÜBLICHEN PFADE

MT. AUGUSTUS (BURRINGURRAH) NATIONAL PARK

Mt. Augustus (Burringurrah) auf dem Gebiet der Wajarri ist ein riesiger Monolith (1105 m), der doppelt so groß wie der Uluru (Ayers Rock) und noch abgelegener als dieser ist und 717 m über die umliegende Ebene aufragt. Es gibt mehrere Wanderwege und Aborigine-Felsenkunst zu entdecken, z. B. den großartigen Summit Trail (hin & zurück 12 km, 6 Std.).

Wer ohne geländegängiges Fahrzeug unterwegs ist, der quält sich ab Carnarvon via Gascoyne Junction 450 km über eine holprige, unbefestigte Straße; ab Meekatharra sind es 350 km. Mit einem Jeep gibt es mindestens drei alternative Routen, darunter eine praktische Nebenstrecke nach Karijini über Dooley Downs und Tom Price. Doch all diese Wege sind kaum befahren, man muss sich also auf das Schlimmste einstellen. Im Nationalpark gibt es keine Campingplätze.

Die dem Mt. Augustus am nächsten gelegene Übernachtungsmöglichkeit ist der Mt. Augustus Tourist Park (08-9943 0527; www.mtaugustustouristpark.com; Stellplatz ohne/mit Strom 22/33 AU$, Donga DZ 88 AU$, Wohneinheit 176 AU$; P ✱). Außer staubigen Stellplätzen, Wallabys und Steppenläufern gibt's hier aber nichts zu sehen.

---

wurde dann aber von Point Samson abgelöst und schließlich aufgegeben. Viele der historischen Basaltgebäude stammen aus dem späten 18. Jh.

Das kleine Social History Museum (Erw./Kind 2/1 AU$; 9–16 Uhr) in Cossacks ehemaligem Gerichtsgebäude kann auf eigene Faust besucht werden. Hier erfährt der Besucher mehr über die Blütezeit der Stadt. Der winzige japanische Bereich des Friedhofs aus der Pionierzeit zeugt von der ehemaligen Bedeutung der Stadt als Perlenzentrum.

Am Ende der Straße liegt der Reader Head Lookout (P), von dem aus man einen tollen Blick über die Flussmündung, den Strand und die „Treppe zum Mond" (S. 1134) hat. Der meist verlassene Settlers Beach lädt zu einem kurzen Bad ein.

Der interessante Cossack Heritage Trail ist 6 km lang, bietet aber leider keinen Schatten. Er verbindet alle Hauptattraktionen der Stadt miteinander (für ihn gibt's im Roebourne Visitor Centre (S. 1104) eine Broschüre).

Die fünf einfachen Zimmer der stimmungsvollen Cossack Budget Accommodation (08-9182 1190; www.karratha.wa.gov.au/cossack; DZ ohne/mit Klimaanlage 100/120 AU$; ✱) sind in einer ehemaligen Polizeikaserne untergebracht. Essen muss man selbst mitbringen.

Point Samson

Der kleine, industriefreie Küstenort Point Samson, der für sein leckeres Seafood und die sauberen Strände bekannt ist, ist in dieser Gegend der hübscheste Ort zum Übernachten. Bei Point Samson und am geschwungenen Strand der Honeymoon Cove kann man wunderbar schnorcheln.

Der winzige Samson Beach Caravan Park (08-9187 1414; Samson Rd; Stellplatz mit Strom 42 AU$) liegt in schöner, grüner Umgebung nicht weit von der Küste und der Taverne. Während der Schulferien geht ohne Reservierung nichts. Auf der anderen Seite im Cove (08-9187 0199; www.thecoveholidayvillage.com.au; Macleod St; Stellplatz 49 AU$, Wohneinheit mit 1/2 Schlafzi. 240/310 AU$) fühlt man sich ein bisschen wie in einer „Wohnmobil-Stadt", doch die modernen, sauberen Anlagen und die tolle Lage machen das wieder wett. Zudem liegen alle Attraktionen zu Fuß nur wenige Minuten entfernt.

Samson Beach Chalets (08-9187 0202; www.samsonbeach.com.au; Samson Rd; Chalet 280–650 AU$; P ✱ 🛜 🏊) hat geschmackvoll eingerichtete, in sich abgeschlossene Chalets unterschiedlicher Größe, und das nur wenige Gehminuten vom Strand entfernt. Es gibt einen schattigen Pool, kostenloses WLAN und allerhand Filme. Das Samson Beach Bistro (08-9187 1435; Hauptgerichte 11–44 AU$; 11–15 & 17–20.30 Uhr) liegt gleich unterhalb des Pubs und serviert tolle Meeresfrüchte auf einer schattigen Veranda mit Meerblick.

Millstream Chichester National Park

Inmitten von trockenen, mit Spinifexgräsern bedeckten Hochebenen und Basaltbergen zwischen Karijini und der Küste bilden die ruhigen Wasserlöcher des Fortescue River im **Millstream Chichester National Park** (12 AU$/Fahrzeug) kühle, grüne Oasen der Erholung. Im Norden des Parks erstrecken sich die eindrucksvollen Felsen und die abgetragenen Tafelberge der Chichester Range. Das Gebiet ist in Trockenzeiten ein Rettungsanker für Flora und Fauna und zugleich eine der bedeutendsten Aborigine-Stätten Western Australias. Das unbesetzte **Visitor Centre** war einst das Wohnhaus einer Farm und beherbergt heute Exponate über Geschichte, Ökologie und die Kultur des Parks.

◉ Sehenswertes & Aktivitäten

Jirndarwurrunha Pool — KULTURSTÄTTE
(Millstream) Einen kurzen Spaziergang vom Millstream Chichester National Park Visitor Centre entfernt liegt das wunderschöne, von Lilien und Palmen gesäumte Jirndarwurrunha-Becken, das für seine traditionellen Besitzer, die Yindjibarndi, von besonderer Bedeutung ist. Schwimmen ist verboten.

Deep Reach Pool — BADESTELLE
(Nhangganggunha; Millstream; P) Perfekt zum Schwimmen ist diese Badestelle mit Picknicktischen im Schatten und Grillstellen. Hier soll die Ruhestätte von Warlu, der Schlange der Schöpfung sein.

Mt. Herbert — AUSSICHTSPUNKT
(Roebourne-Wittenoom Rd, Chichester Range; P) Nach dem zehnminütigen Anstieg vom Parkplatz an der Straße nach Roebourne eröffnet sich dem Betrachter ein toller Blick über die zerklüftete Chichester Range.

Python Pool — BADESTELLE
(Chichester Range; P) Normalerweise ist dieses natürliche Becken o.k. zum Baden. Bevor man hineinspringt, sollte man aber nach Algenblüten Ausschau halten.

Murlamunyjunha Trail — TREKKEN
Dieser von Palmen gesäumte, 7 km lange Fußweg (2 Std. hin & zurück) ist mit informativen Tafeln markiert, die von den traditionellen Yindjibarndi-Besitzern bereitgestellt werden. Er verbindet Crossing Pool mit dem Milliyanha Campground.

Chichester Range Camel Trail — WANDERN
Wer körperlich fit ist, kann sich an den 8 km langen Camel Trail wagen, der zwischen Mt. Herbert und dem Python Pool verläuft und auch an der McKenzie Spring vorbeiführt. Für die einfache Strecke sollte man drei Stunden einplanen.

🛏 Schlafen

Milliyanha Campground — CAMPING
(Millstream; Stellplatz 10 AU$/Pers.; P) Ein angenehm schattiger, kreisförmig um eine Küche angelegter Campingplatz nahe dem Visitor Centre. Wenn hier nichts mehr frei ist, kann man auf den spärlich ausgestatteten Zeltplatz Stargazers ausweichen.

Karijini National Park

Die atemberaubend engen Schluchten, versteckten Wasserbecken und spektakulären Wasserfälle des Karijini National Park (12 AU$/Fahrzeug) gehören zu den beeindruckendsten Attraktionen in Western Australia. Die roten, schroffen Bergketten und die dunklen, tiefen Schluchten, die zahllose Tierarten und über 800 verschiedene Pflanzenarten beherbergen, sind ein Besuchermagnet für sowohl Abenteurer als auch Naturliebhaber.

Eukalyptusbäume und Wildblumen lockern die mit Spinifex übersäten Ebenen auf, durch die Kängurus hüpfen. Felskängurus krallen sich an schroffe Klippen und die bedrohten Olivpythons sonnen sich in riesigen Feigenbäumen über ruhigen Wasserlöchern. In dem Park befinden sich zudem die drei höchsten Gipfel Western Australias: Mt. Meharry, Mt. Bruce und Mt. Frederick.

Der Banyjima Drive, die Hauptdurchgangsstraße des Parks, trifft an zwei Eingangsstationen auf den Karijini Drive. Die östliche Zugangsstraße ist bis zum Visitor Centre und zur Dales Gorge asphaltiert. Auf jeden Fall vorsichtig und nachts gar nicht fahren! Touristen verursachen hier relativ häufig Unfälle.

Wanderer sollten ihre Route sorgfältig wählen, sich entsprechend kleiden, niemals gesperrte Gebiete ohne einen offiziellen Führer betreten und während und nach Regenfällen die Schluchten meiden, da es zu sehr plötzlichen Überschwemmungen kommen kann.

◉ Sehenswertes & Aktivitäten

Die Schluchten in Karijini zu erkunden, ist eine wahrlich magische Erfahrung – dabei sollte man aber unbedingt alle Schilder beachten und niemals in gesperrtes Gebiet vordringen.

Dales Gorge — SCHLUCHT
(19 km vom östl. Eingang; P) Ein kurzer, steiler Abstieg in der Nähe des Dales Campground

Karijini National Park

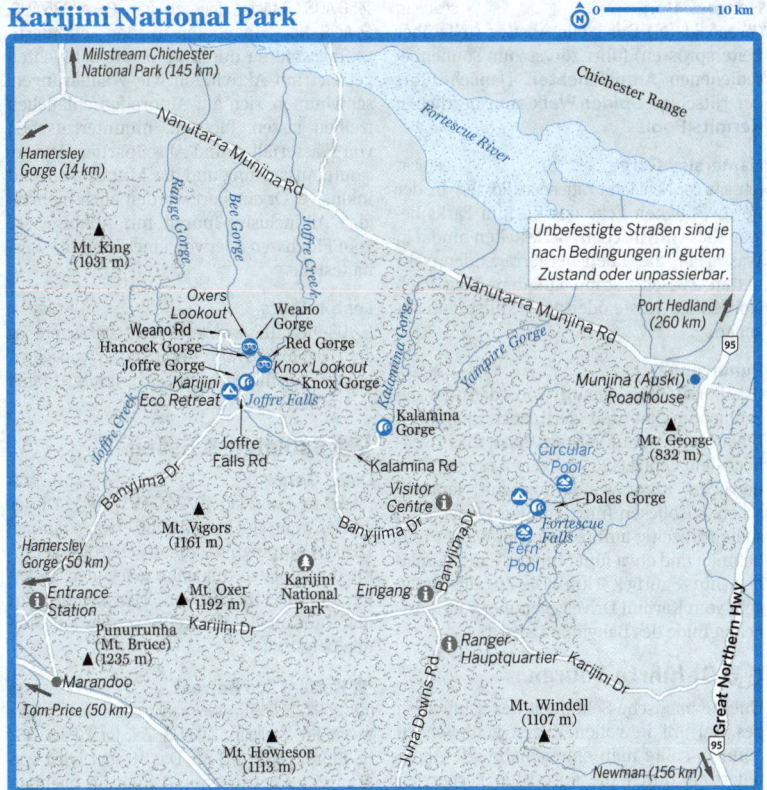

Unbefestigte Straßen sind je nach Bedingungen in gutem Zustand oder unpassierbar.

führt zu den **Fortescue Falls**; dahinter verläuft ein schattiger Spazierweg stromaufwärts zum wunderschönen **Fern Pool** (Jubura). Wer ab den Fortescue Falls 1 km stromabwärts läuft, gelangt zum malerischen **Circular Pool**; danach geht's hinauf zum **Three Ways Lookout** und von dort entlang der Felskuppe zurück zum Ausgangspunkt.

Kalamina Gorge SCHLUCHT
(Kalamina Gorge Rd; P) Dies ist eine breite, leicht zugängliche Schlucht mit einem kleinen, ruhigen Wasserbecken mitsamt Wasserfall.

Joffre Gorge SCHLUCHT
(Joffre Falls Rd; P) Die **Joffre Falls** sind (wenn sie nicht gerade nur aus einem spärlichen Rinnsal bestehen) ein spektakulärer Anblick, die eisigen Becken unterhalb liegen allerdings immer im Schatten. Am Karijini Eco Retreat (S. 1108) beginnt ein Fußweg zu den Wasserfällen.

Knox Gorge SCHLUCHT
(Joffre Falls Rd) Vom **Knox Lookout** geht's hinunter zu mehreren netten, sonnigen Badestellen, die von Feigenbäumen gesäumt werden.

Weano Gorge SCHLUCHT
(Weano Rd; P) Der obere Teil der Schlucht ist zwar ausgetrocknet, aber der steile Pfad, der vom Parkplatz hinab in die untere Schlucht führt, wird schmaler und schmaler, bis das perfekt anmutende, magische Becken des **Handrail Pool** erreicht ist.

Oxers Lookout AUSSICHTSPUNKT
(Weano Rd; P) Auf den letzten 13 km zum atemberaubenden Oxers Lookout ist die Straße recht holprig, dafür wird man dann aber mit einem traumhaften Ausblick auf die zusammentreffenden Schluchten Red Gorge, Weano Gorge, Joffre Gorge und Hancock Gorge etwa 130 m weiter unten entschädigt.

Hancock Gorge SCHLUCHT
(Weano Rd; P) Der steile Abstieg (teils über Leitersprossen) führt zuerst zum sonnenbeschienenen **Amphitheater**. Danach führt der rutschige **Spider Walk** zum herrlichen **Kermits Pool**.

Hamersley Gorge SCHLUCHT
(abseits der Nanutarra-Wittenoom Rd; P) In der nordwestlichen Ecke des Karijini Parks liegen diese idyllischen Badestellen und ein Wasserfall, die einen hervorragenden, sehr netten Zwischenstopp auf dem Weg nach Norden zur Küste oder nach Millstream abgeben.

Punurrunha WANDERN
(Mt. Bruce) Wer genug von den ganzen Schluchten hat und gern auch mal hoch hinaus will, ist auf Western Australias zweithöchstem Gipfel (1235 m) genau richtig. Eine herrliche Kammwanderung mit fantastischen Ausblicken führt auf den Gipfel. Man sollte frühzeitig aufbrechen, viel Wasser mitnehmen und etwa fünf Stunden dafür einplanen (hin & zurück 9 km). Die Zugangsstraße geht vom Karijini Drive gegenüber vom westlichen Ende des Banyjima Drive ab.

☞ Geführte Touren

Um die magische Schönheit der Schluchten des Karijini in vollen Zügen genießen zu können, sollte man eine genehmigte Abenteuertour durch die ansonsten gesperrten Gebiete in Betracht ziehen.

★ West Oz Active Adventure Tours ABENTEUERTOUR
(☎ 0438 913 713; www.westozactive.com.au; Karijini Eco Retreat; 1-/3-/5-tägige Touren 245/745/1450 AU$, 3-tägige Tour ab Tom Price 335 AU$; ⊙ April–Nov.) Angeboten werden actionlastige Tagestouren durch gesperrte Schluchten gepaart mit Aktivitäten wie Wanderungen, schwimmen, sich auf Autoreifenschläuchen treiben lassen, klettern, hinunterrutschen von Wasserfällen und Abseilpartien. Die gesamte Ausrüstung und das Mittagessen sind inklusive. Organisiert werden auch mehrtägige All-inclusive-Touren mit Abholservice vom Flughafen oder von einer Integrity-Bushaltestelle.

Lestok Tours BUSTOUR
(☎ 08-9188 1112; www.lestoktours.com.au; pro Tag Erw./Kind 165/80 AU$) Veranstalter von ganztägigen Ausflügen nach Karijini mit Abfahrt in Tom Price.

🛏 Schlafen & Essen

Dales Gorge CAMPING $
(Stellplatz Erw./Kind 10/2,20 AU$; P) Dieser große, nun auch vielleicht etwas staubige DPaW-Campingplatz bietet schattige, geräumige Stellplätze mit nahe gelegenen Toiletten und Picknicktischen. Heringe braucht man hier nicht – die Zelte werden mit Steinen befestigt.

★ Karijini Eco Retreat RESORT $$$
(☎ 08-9425 5591; www.karijiniecoretreat.com.au; Weano Rd; Stellplatz 40 AU$, Zelt für 2 Pers. NS/HS 190/315 AU$; P) 🍴 Das Resort wird von Aborigines betrieben und steht für nachhaltigen Tourismus. In der angeschlossenen Bar mit **Restaurant** (Hauptgerichte 28–39 AU$) werden köstliche Speisen zubereitet, darunter der beste Barramundi weit und breit. Für Camper gibt's Warmwasserduschen, der Untergrund ist aber ähnlich steinig wie auf

---

> ### ℹ TOM PRICE & NEWMAN
>
> Den Karijini National Park umschließen die zwei adretten, von Bergbauunternehmen errichteten Orte **Tom Price** und **Newman**. Newman, östlich vom Great Northern Highway gelegen, ist der größere Ort und hat bessere Transport- und Unterkunftsoptionen, obwohl er deutlich weiter entfernt von Karijini liegt. Beide Städte haben gute (da mit Klimaanlagen versehene) Supermärkte, Tankstellen und Visitor Centres, welche für Traveller, die Löcher im Berg lieben, Minenführungen buchen können. Die örtlichen Bibliotheken haben Internetzugang, und die Campingplätze von Newman sind für Zelte geeignet.
>
> **Newman Visitor Centre** (☎ 08-9175 2888; www.newman.org.au; Fortescue Ave; Minentour Erw./Kind 30/15 AU$; ⊙ März–Okt. 8–17 Uhr, Nov.–Feb. kürzere Öffnungszeiten) Gibt eine von Hand gezeichnete Karte der lokalen Sehenswürdigkeiten aus und hat sechs Hütten (150 AU$) für kürzere Aufenthalte zu vermieten.
>
> **Tom Price Visitor Centre** (☎ 08-9188 5488; www.tomprice.org.au; Central Rd; Minentour Erw./Kind 30/15 AU$; ⊙ Mo–Fr 8.30–17, Sa & So 8.30–12.30 Uhr, Nov.–April kürzer) Stellt Genehmigungen für die Nutzung der Hamersley Iron (HI) Road aus und bucht Touren.

dem DEC-Campingplatz. Im Sommer, wenn im Resort weniger Betrieb herrscht und die Temperaturen steigen, sinken die Preise.

ℹ Praktische Informationen

Visitor Centre (08-9189 8121; Banyjima Dr; Feb.–Ende Dez. 9–16 Uhr) Das von Aborigines betriebene Zentrum zeigt ausgezeichnete Exponate zur Kultur der Banyjima, Yinhawangka und Kurrama sowie zur Tierwelt des Parks. Außerdem gibt es hier gute Karten, Infos zu Wanderungen, ein öffentliches Telefon und eine wirklich gute Klimaanlage.

ℹ An- & Weiterreise

Ohne den eigenen fahrbaren Untersatz kommt man hier nicht weit. Die nächsten Flughäfen sind Paraburdoo (101 km entfernt) und Newman (201 km entfernt).

Integrity (1800 226 339; www.integrity-coachlines.com.au) fährt wöchentlich nach/von Perth (293 AU$, 25 Std.), Broome (198 AU$, 12 Std.) und Exmouth (146 AU$, 8 Std.) und kommt unterwegs durch Tom Price. Dort kann man sich einer Tour nach Karijini anschließen.

Port Hedland

14 000 EW.

Port Hedland kann nicht gerade einen Schönheitswettbewerb gewinnen. Wer auf der Durchreise ist und nur Rangierbahnhöfe, Eisenerzlager, Salzberge, Hochöfen und den riesigen Tiefseehafen sieht, nimmt instinktiv Reißaus. Unter dem ganzen roten Staub verbirgt sich aber eine interessante, 130-jährige Geschichte, die vom Bergbauboom, seinem Niedergang, von Wirbelstürmen, der Perlenindustrie und dem Zweiten Weltkrieg erzählt. Man kann hier zudem durchaus ein paar nette Stunden verbringen und die blühende Kunst- und Cafészene (echter Kaffee!) der Stadt, das historische Zentrum und das malerische Ufer erkunden.

⊙ Sehenswertes & Aktivitäten

Die ausgezeichnete Broschüre *Port Hedland, A Discoverer's Journal* des Visitor Centre ist eine prima Hilfe, um das Zentrum und das Ufergebiet auf eigene Faust zu erkunden.

Zwischen November und Februar nisten die Wallriffschildkröten an den nahen Stränden. Über Möglichkeiten zur Freiwilligenarbeit informiert das Visitor Centre.

Die Goode Street in der Nähe des Pretty Pools eignet sich gut für einen Blick auf Port Hedlands Staircase to the Moon.

★**Courthouse Gallery** GALERIE
(08-9173 1064; www.courthousegallery.com.au; 16 Edgar St; Mo–Fr 9–16.30, Sa & So 9–14 Uhr) Das von viel Grün umgebene Kunstzentrum ist mehr als nur eine Galerie: Es gehört zum Besten, was Hedland zu bieten hat. Im Inneren werden beeindruckende lokale Ausstellungen zeitgenössischer Kunst und Aborigine-Werke gezeigt, während im schattigen Außenbereich gelegentlich Kunsthandwerksmärkte stattfinden. Und wenn etwas in der Stadt los ist, wissen die Leute hier darüber Bescheid.

Spinifex Hill Studios GALERIE
(0457 422 875; www.spinifexhillstudio.com.au; 18 Hedditch St, South Hedland; Mo–Fr 9–17 Uhr) Eine tolle, neue Initiative, die Werke indigener Künstler aus Hedland und der Pilbara-Region ausstellt. Vorab anrufen!

Marapikurrinya Park PARK
(am Ende der Wedge St) Ein guter Platz, um die irrsinnig großen Tanklastzüge zu beobachten, die hier vorbeirauschen. Nach Einbruch der Dunkelheit hat man vom nahe gelegenen **Finucane Lookout** einen guten Blick auf BHP Billitons glühendes Werk zur Herstellung von Eisenerzbriketts.

Pretty Pool ANGELN
Ein beliebter Platz zum Angeln und Picknicken (Achtung: Steinfische und Backpacker!), 7 km östlich vom Stadtzentrum.

🚶 Geführte Touren

BHP Billiton FÜHRUNG
(Erw./Kind 45/30 AU$; unteschiedl.) Die beliebte Führung durch das Eisenerzwerk beginnt beim Visitor Centre.

Local History BUSTOUR
(90 Min. 25 AU$; April–Sept.) Informative Tour, die von einem einheimischen Geschichtswissenschaftler angeboten wird. Dabei dringt man tief in die bewegte Geschichte Hedlands ein. Im Visitor Centre buchen!

🛏 Schlafen & Essen

Eine Unterkunft in Hedland zu finden ist weder einfach noch billig. Manchmal kann das Visitor Centre helfen, ansonsten probiert man es am besten am 80 Mile Beach oder in Point Samson.

Supermärkte, Cafés und Imbisse gibt's in den Einkaufszentren **Boulevard** (Ecke Wilson St & McGregor St) und **South Hedland** (Throssell Rd).

ABSEITS DER ÜBLICHEN PFADE

MARBLE BAR

Marble Bar, ein gutes Stück abseits aller ausgetretenen Pfade gelegen, blieb den Australiern als heißeste Stadt des Landes im Gedächtnis, seit im Jahr 1921 die Quecksilbersäule 161 Tage hintereinander nicht unter 37,8 °C fiel. Die Stadt hat ihren Namen von einer 5 km südwestlich gelegenen Felsformation aus Jaspis (der aber irrtümlich für Marmor gehalten wurde) an einem Pool am Coongan River.

Die meiste Zeit über ist hier nicht viel los. Man kann sich in der 8 km außerhalb der Stadt an der Hillside Rd gelegenen **Comet Gold Mine** (08-9176 1015; Hillside Rd; Zutritt 3 AU$; 9–16 Uhr; P) dem Studium der Mineralien hingeben oder sich im **Ironclad Hotel** (08-9176 1066; 15 Francis St; DZ 120 AU$) mit Foxie an der Bar unterhalten. Der klassische Outback-Pub bietet auch gemütliche Motelzimmer, anständige Gerichte und wird von preisbewussten Travellern besonders geschätzt.

Wer am ersten Wochenende im Juli anreist, erlebt, wie die Stadt auf das Zehnfache ihrer normalen Größe anwächst. Und für die Dauer eines Wochenendes geht es nur noch ums Trinken, um Glücksspiele, die Modeschau, Country-Musik, nackte Haut und Pferderennen. Letztere sind als **Marble Bar Cup** bekannt. Der **Caravan Park** (08-9176 1569; 64 Contest St; Stellplatz ohne Strom/mit Strom 20/30 AUS$) ist dann rappelvoll, und das Ironclad ist belagert, weil Gäste von nah und fern herkommen, um zu tanzen.

Das **Shire Office** (08-9176 1008) unterhält eine wöchentliche Busverbindung (über Nullagine) nach Port Hedland und Newman und gibt auch Informationen an Touristen heraus. Wer nach Süden und zurück auf eine asphaltierte Straße will, folgt der einsamen, aber reizvollen Hillside Rd.

Cooke Point Caravan Park CAMPING $$
(08-9173 1271; www.aspenparks.com.au; Ecke Athol St & Taylor St; Stellplatz mit Strom 54 AU$, DZ ohne Bad 130 AU$, Wohneinheit DZ ab 204 AU$;) Wer Glück hat, kann hier einen staubigen Wohnmobilstellplatz oder einen Zeltplatz ergattern, alle anderen Möglichkeiten sind meistens belegt. Vom Park bietet sich ein schöner Ausblick auf die Mangrovenwälder. Auch die Anlagen hier sind gut gepflegt.

★ **Silver Star** CAFÉ $$
(0411 143 663; Edgar St; Frühstück 10–20 AU$, Mittagessen 18–24 AU$; 7–15 Uhr) Das vielleicht coolste Café Pilbaras ist in einem amerikanischen Silver-Star-Zug der 1930er-Jahre untergebracht. Im originalen Aussichtsabteil und auf der schattigen Terrasse werden ordentlicher Kaffee, Frühstück und gutes Mittagessen serviert.

❶ Praktische Informationen

An der Wedge St und im Boulevard-Einkaufszentrum (S. 1109) gibt's Geldautomaten. Die **Bibliothek** (08-9158 9378; Dempster St; Mo–Fr 9–17, Sa 10–13 Uhr;) hat Internetzugang.

Visitor Centre (08-9173 1711; www.visitporthedland.com; 13 Wedge St; Mo–Fr 9–17, Sa & So 9–14 Uhr;) Dieses tolle Besucherzentrum verkauft Bücher, hat Schiffsfahrpläne aushängen, organisiert Führungen durch das Eisenerzwerk, hilft bei der Suche nach Unterkünften und arrangiert Schildkrötenbeobachtungen (Nov.–Febr.).

Seafarers Centre (08-9173 1315; www.phseafarers.org; Ecke Wedge St & Wilson St; 9–23 Uhr;) Schnelles WLAN und Internet, Geldwechsel, Tickets für Integrity-Busse und Aborigine-Artefakte.

❶ Anreise & Unterwegs vor Ort

Virgin und **Qantas** fliegen beide täglich nach Perth; Quantas bietet dienstags zusätzlich je einen Direktflug nach Brisbane und Melbourne an, während Virgin praktische Wochenendflüge nach Bali und Broome hat. Airnorth (S. 1092) fliegt von Broome (Di & Fr) mit Anschluss nach Darwin.

Der Flughafen liegt 13 km außerhalb der Stadt. Ein **Taxi** (08-9172 1010) kostet etwa 40 AU$.

Integrity (1800 226 339; www.integrity-coachlines.com.au) schickt dreimal pro Woche Busse nach Perth (293 AU$, 28–31 Std.) und Broome (129 AU$, 6 Std.). Einmal pro Woche gibt's auch eine schnellere Inlandsroute nach Perth (274 AU$, 22 Std.) über Newman. Abfahrt ist am Visitor Centre und vom Einkaufszentrum South Hedland.

Broome & Kimberley

Inhalt ➡

Kimberley...................1114
Derby..........................1114
Gibb River Road........1116
Devonian Reef
National Parks..........1120
Wyndham...................1122
Kununurra..................1123
Broome......................1128
Dampier Peninsula...1136

Beste Cafés

➡ Whale Song Cafe (S. 1137)
➡ Jila Gallery (S. 1116)
➡ Wild Mango (S. 1125)
➡ Rusty Shed (S. 1123)
➡ Cygnet Bay Pearl Farm (S. 1138)

Abseits der Touristenpfade

➡ Middle Lagoon (S. 1137)
➡ Mornington Wilderness Camp (S. 1118)
➡ Mitchell Falls National Park (S. 1117)
➡ Duncan Road (S. 1121)
➡ Kalumburu (S. 1120)

Auf nach Broome & ins Kimberley

Australiens „Ende der Welt" ist eine wilde Region spektakulärer Landschaften und wer sich dort bewegt, muss riesige Entfernungen überbrücken. Das Klima ist rau, die Bevölkerungsdichte sehr gering und eine Infrastruktur kaum vorhanden. Kimberley, das größer als 75 % aller Länder der Erde ist, wird von einem undurchdringlichen Küstenstreifen und lebensfeindlichen Wüsten begrenzt. Eine Reise durch diese Region ist ein echtes Abenteuer und in der Trockenzeit machen sich immer wieder Scharen von Wagemutigen entlang der legendären Gibb River Rd auf die Suche nach dem echten Outback.

Die Kultur der Aborigines ist hier tief verwurzelt, von der Dampier Peninsula, wo die Gemeinden Traveller begrüßen, bis zum Mitchell Plateau, wo Wandjina- und Gwion-Gwion-Felsmalereien über den heiligen Wasserlöchern wachen.

Das verwegene Broome sowie das praktische Kununurra bilden das Zentrum der Region. Beide sind ideal, um zu entspannen oder anderen Travellern zu begegnen.

Reisezeit
Broome

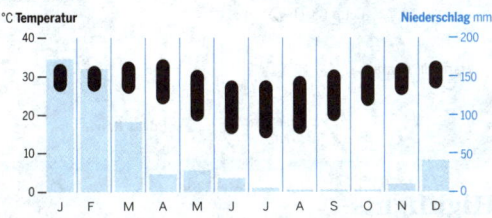

April Über die donnernden Mitchell und King George Falls fliegen.

May Broome zeigt sich vor der Touristenflut von seiner grünsten Seite.

Sept. & Okt. Bevor die Saison endet, den Purnululu National Park und die Gibb River Rd besuchen.

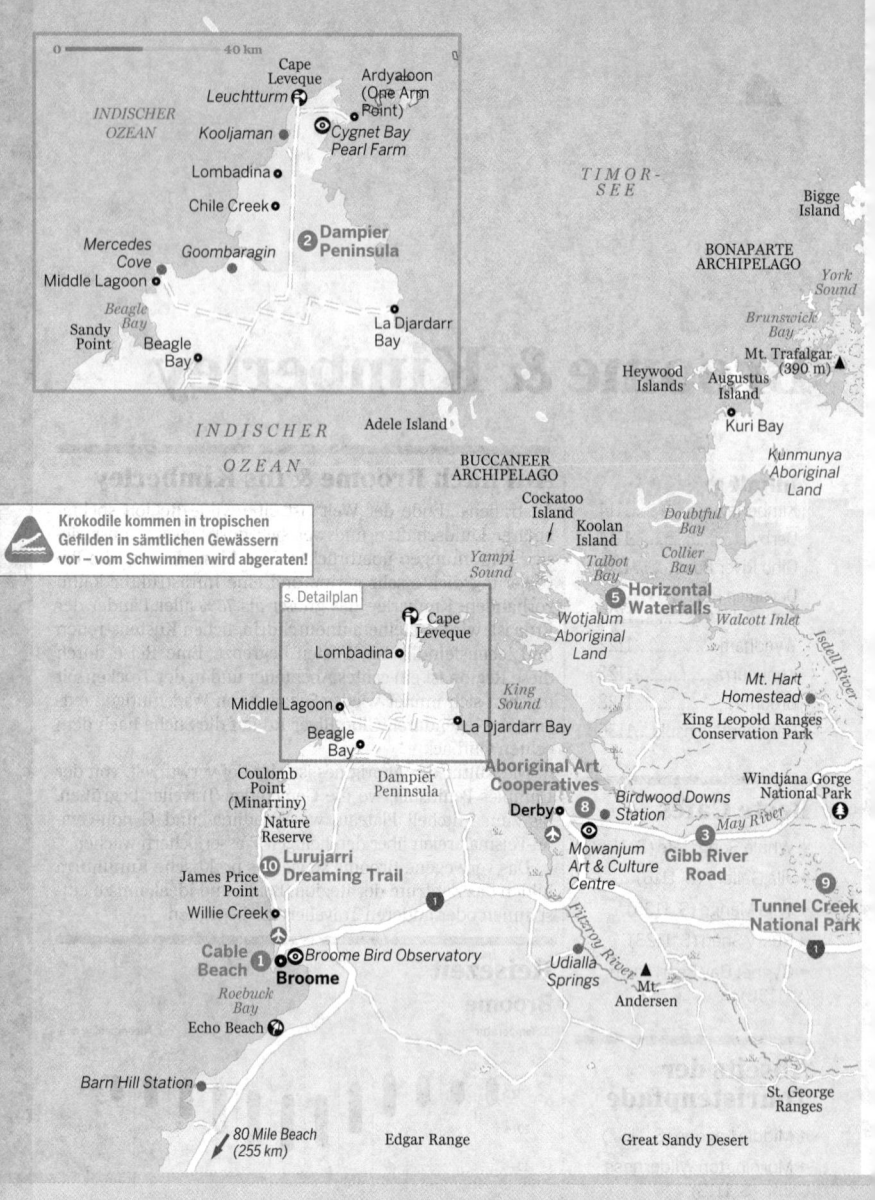

Highlights

① An Broomes **Cable Beach** (S. 1129) auf einem Kamel in den Sonnenuntergang reiten

② Bei Aborigines-Gemeinden auf der abgelegenen **Dampier Peninsula** (S. 1136) etwas über deren Kultur erfahren

③ Die berüchtigte **Gibb River Road** (S. 1116) auf einer Geländewagentour erkunden

④ Nach der Regenzeit aus der Luft die **Mitchell und King George Falls** (S. 1125) bewundern

⑤ Die wilden **Horizontal Waterfalls** (S. 1115) befahren

> Krokodile kommen in tropischen Gefilden in sämtlichen Gewässern vor – vom Schwimmen wird abgeraten!

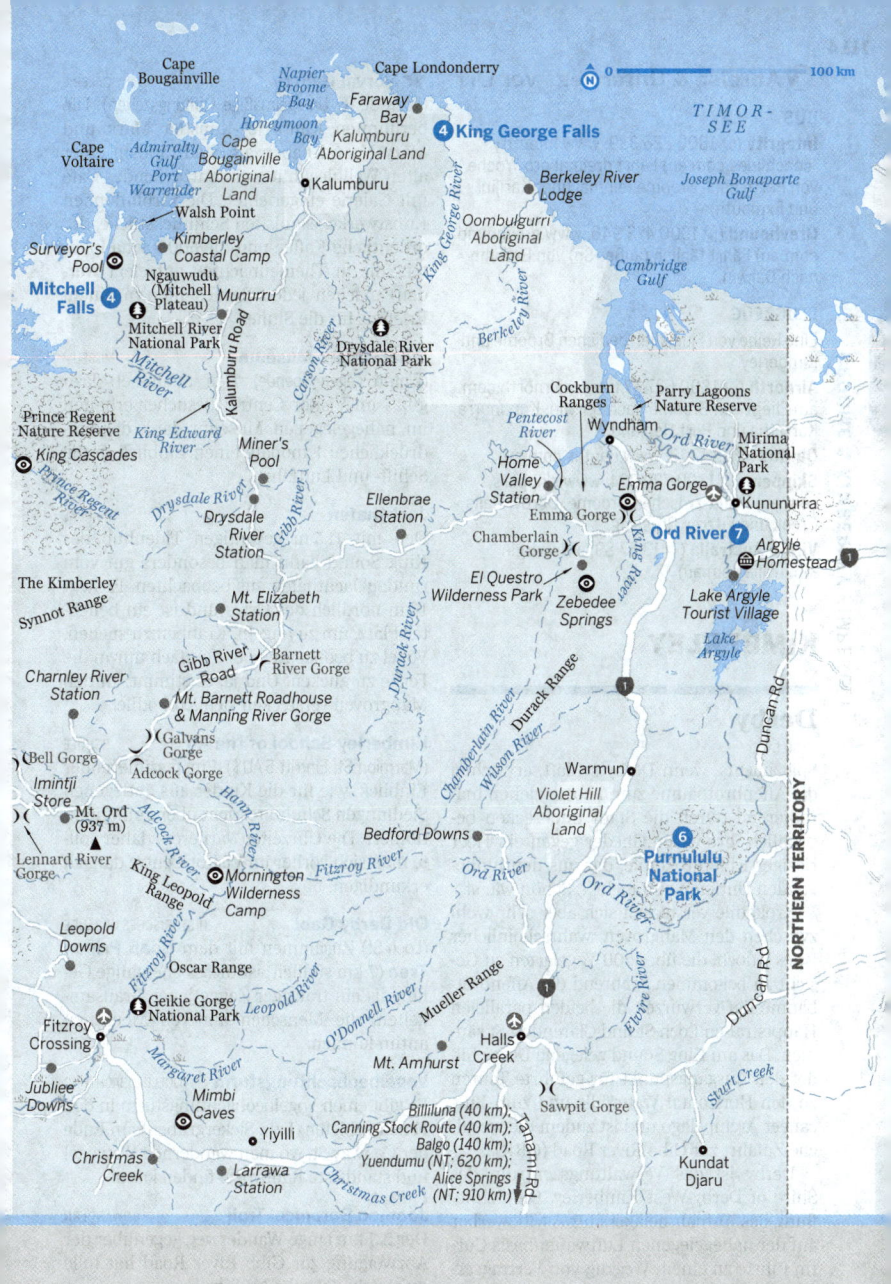

6 Sich unter den uralten Felskuppeln im **Purnululu National Park** (S. 1126) verlieren

7 Bei einer dreitägigen Tour auf eigene Faust im Kanu den mächtigen **Ord River** (S. 1126) befahren

8 Bei **Aborigines-Kunstkooperativen** (S. 1124) sich in die Kunst der Indigenen versenken

9 Im **Tunnel Creek National Park** (S. 1120) die Höhle besuchen

10 Dem **Lurujarri Dreaming Trail** (S. 1133) folgen

Anreise & Unterwegs vor Ort

BUS

Integrity (1300 226 339; www.integrity-coachlines.com.au) Fährt dreimal pro Woche von Perth nach Broome (einmal über Karijini und Exmouth).

Greyhound (1300 473 946; www.greyhound.com.au) Fährt täglich (außer So) von Broome nach Darwin.

FLUGZEUG

Eine Reihe von Fluglinien bedienen Broome und Kimberley.

Airnorth (1800 627 474; www.airnorth.com.au) Fliegt von Broome nach Darwin, Kununurra, Karratha und Port Hedland.

Qantas (13 13 13; www.qantas.com.au)

Skippers (1300 729 924; www.skippers.com.au) Fliegt zwischen Broome, Derby, Halls Creek und Fitzroy Crossing.

Virgin Australia (13 67 89; www.virgin-australia.com.au)

KIMBERLEY

Derby

3300 EW.

Spät nachts, wenn Derby schläft, erwachen die Affenbrotbäume zum Leben, ziehen marodierend durch die Stadt und recken bedrohlich ihre vielen Glieder gegen ein Heer riesiger Killerkrokodile, das aus den umliegenden Untiefen auftaucht… Schön wär's!

Krokodile verstecken sich aber sehr wohl zwischen den Mangroven, wahrscheinlicher ist es jedoch, die über 200 Vogelarten zu Gesicht zu bekommen, während die Affenbrotbäume tief verwurzelt die beiden parallelen Hauptstraßen Loch St und Clarendon St säumen. Das am King Sound gelegene Derby bildet den Ausgangspunkt für geführte Touren zu den Horizontal Waterfalls und zum Buccaneer Archipelago und ist zudem die westliche Zufahrt zur Gibb River Road (GRR).

Derby ist das Verwaltungszentrum des Shire of Derby-West Kimberley. Die Schließung des Aufnahmelagers für Asylbewerber auf der nahegelegenen Luftwaffenbasis Curtin führte zu einem Wegzug von Vertragsarbeitern und zu einer Entlastung des angespannten Wohnungsmarkts.

Sehenswertes & Aktivitäten

Der tolle Stadtplan des Visitor Centre listet alle möglichen Sehenswürdigkeiten auf.

★ Norval Gallery   GALERIE

(Loch St; Unregelmäßige Öffnungszeiten) Die berühmten Kimberley-Künstler Mark und Mary Norval haben am Stadtrand in einer alten Wellblechhütte ein entzückendes Café mit Galerie eingerichtet. Die verblüffenden Kunstwerke, exquisiten Schmuckstücke, der ordentliche Kaffee und die 5000 Schallplatten (die in Themennächten aufgelegt werden) machen jeden Besuch hier zu einem Erlebnis für die Sinne.

Wharefinger Museum   MUSEUM

(Eintritt gegen Spende) Den Schlüssel dazu gibt's im Visitor Centre; Besucher erhalten im nahegelegenen Museum dank der eindrücklichen Exponate einen Einblick in die Schiff- und Luftfahrt.

Jachthafen   AREAL

Den mit 11,5 m gewaltigen Tidenhub des King Sound kann man besonders gut vom runden Jachthafen aus beobachten. Er liegt 1 km nördlich des Ortes und ist ein beliebter Platz, um zu angeln, Krabben zu suchen, Vögel zu beobachten oder einfach nur in die Ferne zu gucken. Und ja, es stimmt: In den Mangroven verstecken sich Krokodile.

Kimberley School of the Air   SCHULE

(Marmion St; Eintritt 5 AU$) Ein faszinierender Einblick, wie für die Kinder aus entlegenen Siedlungen Schulunterricht über Funk funktioniert. Die Uhrzeiten variieren, daher sollte man sich vorher im Visitor Centre danach erkundigen.

Old Derby Gaol   HISTORISCHES GEBÄUDE

(Loch St) Zusammen mit dem **Boab Prison Tree** (7 km südlich) ist dieses ehemalige Gefängnis ein trauriger Zeuge jener Grausamkeiten, die Menschen anderen Menschen antun können.

Vogelbeobachtungsturm   VOGELBEOBACHTUNG

Es gibt einen Vogelbeobachtungsturm in den Feuchtgebieten (bzw. Sickergruben) am Ende der Conway St, wo man wandernde Watvögel und standfeste Raubvögel finden kann.

Joonjoo Botanical Trail   WANDERN

Der 2,3 km lange Wanderweg gegenüber der Abzweigung zur Gibb River Road hat tolle Infotafeln über die Nyikina.

Geführte Touren

Die Horizontal Waterfalls (S. 1115) sind Derbys Hauptattraktion und die meisten Bootsfahrten führen außerdem zu den Naturwundern des abgeschiedenen King Sound und des Buccaneer Archipelago. Man kann unter vielen Anbietern wählen (eine komplette Liste gibt's im Visitor Centre). Die meisten Touren werden nur während der Hauptsaison angeboten.

Horizontal Falls Seaplane
Adventures
PANORAMAFLUG

(08-9192 1172; www.horizontalfallsadventures.com.au; sechsstündige Flüge ab Derby/Broome 695/795 AU$) Auf dem Programm stehen hier Flüge zu den Horizontal Waterfalls einschließlich einer Schnellbootfahrt durch die Wasserfälle. Man kann auch (ab Derby), eine Tour mit Übernachtung buchen (845 AU$).

North West Bush Pilots
PANORAMAFLUG

(08-9193 2680; www.northwestbushpilot.com.au; Flug ab 352 AU$) Auf dem Programm stehen bei diesem Veranstalter die Horizontal Waterfalls und das Buccaneer Archipelago und Walcott Inlet; man überfliegt sie jedoch nur, in unmittelbare Nähe der Naturwunder kommt man auf diese Art und Weise nicht.

Windjana Tours
KULTURTOUR

(08-9193 1550; www.windjanatours.com.au; 195 AU$; ⊙ Mai–Aug. Di, Do & So) Dillon Andrews, ein Angehöriger der Bunuba, führt informative ganztägige Kulturtouren in die Windjana Gorge und den Tunnel Creek National Park.

Uptuyu
KULTURTOUR

(0400 878 898; www.uptuyu.com.au; Oongkalkada Wilderness Camp, Udialla Springs, 50 km abseits des Great Northern Hwy; ab 450 AU$/Tag) Unten im Nyikina-Land am Fitzroy River veranstalten Neville und Jo maßgeschneiderte Kulturtouren, bei denen Teilnehmer Feuchtgebiete und Felskunststätten besuchen, angeln und indigene Gemeinden am Fitzroy und weiter draußen kennenlernen.

Feste & Events

Boab Festival
MUSIK, KULTUR

(www.derbyboabfestival.org.au) Im Juli wird Derby lebhaft: Auf dem Programm stehen Konzerte, Schlammfußball, Pferde- und Krabbenrennen, Gedichtlesungen, Kunstausstellungen und Straßenumzüge. Man sollte versuchen, einen Platz beim Long-Table-Dinner draußen im Watt zu ergattern.

Schlafen & Essen

Seit der Schließung des Aufnahmelagers für Asylsuchende auf der Luftwaffenbasis Curtin sind Unterkünfte leichter zu finden. Man kann im Visitor Centre nachfragen und wer auf dem Weg vom/zur Gibb River Road ist, kann es auch in der Birdwood Downs Station (S. 1118) versuchen.

An der Loch und der Clarendon St finden sich mehrere Imbisse und Cafés.

Kimberley Entrance
Caravan Park
CAMPING $

(08-9193 1055; www.kimberleyentrancecaravanpark.com; 2 Rowan St; Stellplätze ohne/mit Strom 32/38 AU$) Nicht alle Stellplätze bieten Schatten, aber Platz ist immer genug vorhanden. Angesichts der Nähe zum Watt sind allerdings viele Insekten zu erwarten.

Derby Lodge
MOTEL $$

(08-9193 2924; www.derbylodge.com.au; 15-19 Clarendon St; Zi./Apt. 160/210 AU$; P❄@🛜) Hier hat man die Wahl zwischen ordentlichen, sauberen Motelzimmern und separaten Apartments mit Kochgelegenheit.

HORIZONTAL WATERFALLS

Eine der faszinierendsten Attraktionen der Küste von Kimberley ist das Phänomen des „horizontalen Wasserfalls". Allerdings sind die Wasserfälle nur Gezeitenwellen, die im Buccaneer Archipelago nördlich von Derby in die engen Schluchten schwappen. Das Faszinierende hier ist der enorme Tidenhub von etwa 11 m. Das Wasser fließt mit einer Geschwindigkeit von ca. 30 Knoten, da es durch zwei schmale Schluchten von 20 bzw. 10 m Breite gepresst wird – das Resultat ist ein „Wasserfall" mit bis zu 4 m Höhe.

In der Trockenzeit führen viele Touren ab Derby (und teils auch ab Broome) mit dem Flugzeug oder Boot (oder mit beidem) zu den Horizontal Waterfalls. Besonderer Beliebtheit erfreuen sich „Gezeitenritte" durch die Schlucht auf einem leistungsstarken Schnellboot. Das ist jedoch sehr riskant – es kam bereits zu Unfällen! Die schnellste und günstigste Option sind Panoramaflüge. Manche der Seeflugzeuge bringen abenteuerlustige Passagiere zu wartenden Schnellbooten. Alternativ gibt es längere Bootsfahrten durch das Archipel mit Zwischenstation bei den Wasserfällen. Die Touren können in den Visitor Centres in Derby und Broome gebucht werden.

Spinifex Hotel RESORT $$
(☎ 08-9191 1233; www.spinifexhotel.com.au; 6 Clarendon St; Dongas/Motelzi. 160/250 AU$, Hauptgerichte 24–39 AU$; ❄ @ ☼) Das wie ein Phönix aus der Asche des alten Spini auferstandene schicke neue Resort hat gleichartig eingerichtete Zimmer (einige mit Kochnischen) und ein Restaurant. Während der Spitzensaison gibt's draußen Livemusik.

Sampey Meats FLEISCHEREI $
(☎ 08-9193 2444; 59 Rowan St; ⊙ Mo-Fr 7–17, Sa bis 12 Uhr) Hausgemachtes Pökelfleisch, Biltong und vakuumverpackte Braten zum Mitnehmen für die Fahrt auf der Gibb.

★ **Jila Gallery** ITALIENISCH $$
(☎ 08-9193 2560; www.facebook.com/Jilagallery; 18 Clarendon St; Pizzas 20–28 AU$, Hauptgerichte 24–34 AU$; ⊙ Di-Fr 10.30–14 & 18 Uhr–open end, Sa ab 18 Uhr) Das mit Abstand beste Restaurant in Derby bietet tolle Holzofenpizza, ein ausgezeichnetes Meeresfrüchte-Risotto, wunderbaren Kuchen und einen schattigen Sitzbereich im Freien.

ⓘ Praktische Informationen

Supermärkte und Geldautomaten finden sich an der Loch St und der Clarendon St.

Derby Visitor Centre (☎ 08-9191 1426; www.derbytourism.com.au; 30 Loch St; ⊙ Trockenzeit Mo–Fr 8.30–17, Sa & So 9–15 Uhr) Die hilfreiche Touristeninformation hat Infos zum aktuellen Straßenzustand und bucht Unterkünfte, Verkehrsmittel und Touren.

ⓘ An- & Weiterreise

Derby hat zwei Flughäfen. Die Flüge von/nach Perth nutzen den 40 km entfernten Curtin Airport (DCN). Ein **Shuttle** (☎ 08-9193 2568; 35 AU$) verbindet den Flughafen mit der Stadt; die Fahrt einen Tag vorab buchen! Charter- und Panoramaflüge nutzen das nähergelegene Derby Aerodrome (DRB), gleich hinter der Abzweigung der Gibb River Road.

Alle Busse starten am Visitor Centre.

Derby Bus Service (☎ 08-9193 1550; www.derbybus.com.au; einfache Strecke/hin & zurück 50/90 AU$; ⊙ Mo, Mi & Fr) Der Bus nach Broome (2½ Std.) fährt früh, hält am Willare Roadhouse (und praktisch überall, wo man darum bittet), und kehrt am gleichen Tag zurück.
Greyhound (☎ 1300 473 946; www.greyhound.com.au) Tägliche Fahrten (außer So) nach Broome (52 AU$, 2½ Std.), Darwin (241 AU$, 23 Std.) und Kununurra (123 AU$, 11 Std.).
Skippers (☎ 1300 729 924; www.skippers.com.au) Fliegt mehrmals pro Woche nach Broome, Fitzroy Crossing und Halls Creek.

Virgin Australia (☎ 13 67 89; www.virgin-australia.com) Fliegt vom Curtin Airport fünfmal wöchentlich nach Perth.

ⓘ Unterwegs vor Ort
Taxi (☎ 13 10 08)

Gibb River Road

Die legendäre **Gibb River Road** (die „Gibb" oder GRR) bahnt sich wie eine rotbraune Schneise durch das karge Innere Kimberleys und ist eine der eindrucksvollsten Outback-Straßen Australiens. Die größtenteils nicht asphaltierte Gibb River Road erstreckt über ca. 660 km zwischen **Derby** und **Kununurra** und gibt den Blick auf schier endlose Landschaften, weiten Himmel und dramatische schönes Terrain frei. Holprige, teils verwitterte Nebenstraßen führen zu Schluchten und Wasserfällen, Wasserbecken und Rinderfarmen. Bei Niederschlägen kann die Gibb gesperrt werden, und in der Regenzeit ist sie geschlossen. Gute Planung und viele Vorräte sind Pflicht, denn Reisende erwartet echte Wildnis gepaart mit minimaler Infrastruktur.

Mehrere Farmen bieten von Mitte April bis Ende Oktober Unterkünfte an; in der Hauptsaison von Juni bis August muss man im Voraus buchen! Der *Kimberley Atlas & Guide* von Hemas Maps ist der umfangreichste Führer für die Gegend und in den Visitor Centres ist der *Gibb River & Kalumburu Road Guide* (5 AU$) erhältlich.

Zwingend erforderlich sind ein Geländewagen mit großer Bodenfreiheit (z. B. ein Toyota Land Cruiser) und – für den Fall einer Panne – zwei Ersatzreifen, Werkzeug sowie Wasser (mind. 20 l) und Verpflegung für mehrere Tage. Britz (S. 1136) in Broome ist ein renommierter Ausrüstungsverleih. Benzin ist nur begrenzt verfügbar und teuer, die meisten Handys haben keinen Empfang und die Hitze kann höllisch sein. Vorräte besorgt man sich in Broome und Kununurra.

Reicht eine Outback-Kostprobe? Dann den „Tourist Loop" abfahren, der ab Derby entlang der Gibb zur Fairfield Leopold Downs Rd führt, dieser zu den Nationalparks Windjana Gorge (S. 1120) und Tunnel Creek (S. 1120) folgt und schließlich nahe **Fitzroy Crossing** in den Great Northern Hwy mündet.

☞ Geführte Touren

Adventure Tours GELÄNDEWAGENTOUR
(☎ 03-8102 7800; www.adventuretours.com.au; ab 1950 AU$) Neuntägige, auf ein jüngeres Pub-

ABSTECHER

MITCHELL FALLS & DRYSDALE RIVER

Drysdale River

In der Trockenzeit ist die Kalumburu Rd meist bis zur 59 km von der Gibb entfernten **Drysdale River Station** (08-9161 4326; www.drysdaleriver.com.au; Stellplätze 10–15 AU$, DZ 170–250 AU$; April–Dez. 8–17 Uhr) befahrbar. Dort gibt es Benzin, Mahlzeiten und Unterkunft, und man kann erfahren, wie der Straßenzustand im weiteren Verlauf ist. Von April bis September werden Panoramaflüge zu den Mitchell Falls angeboten (ab 200 AU$/Pers.).

Mitchell Falls National Park

Die Abzweigung nach **Ngauwudu** (Mitchell Plateau) ist 160 km von der Gibb River Road entfernt. Nach 6 km überquert eine tiefe, felsige Furt den **King Edward River**, der zu Beginn der Saison noch viel Wasser führt.

Viele Leute ziehen es vor, statt im Mitchell River National Park an den schattigen Ufern des King Edward River auf dem **Munurru Campground** (Erw./Kind 10/2,20 AU$) zu übernachten und die Mitchell Falls bei einem Tagesausflug zu besuchen. In der Nähe gibt es großartige Felskunststätten der Aborigines.

Von der Kalumburu Rd sind es raue 87 km vorbei an Aussichtspunkten und Wäldern voller Australischer Schirmpalmen bis zum staubigen Campingplatz des **Mitchell River National Park** (Eintritt 12 AU$/Fahrzeug, Stellplätze Erw./Kind 10/2,20 AU$). Wenn man zum **Punamii-unpuu** (Mitchell Falls; hin & zurück 8,6 km) will, muss man früh los. Der leichte Weg führt durch Grasland, Wälder und Schluchten mit Wandjina- und Gwion Gwion-Felskunststätten, einsamen Wasserlöchern, Eidechsen, Wallabys und Brolgakranichen.

Die Wasserfälle sind eindrucksvoll, egal, wenn sie in der Trockenzeit nur tröpfeln oder in der Regenzeit (dann sind sie nur vom Flugzeug aus zu sehen) tosen. Man kann in dem langen Wasserbecken über den Fällen schwimmen, während das Baden in den unteren Teichen wegen ihrer kulturellen Bedeutung für die Wunambal streng verboten ist. Die meisten Wanderer brauchen für die Tour drei Stunden.

---

likum ausgerichtete Campingtouren auf der Gibb River Road.

Kimberley Wild Expeditions
GELÄNDEWAGENTOUR

(1300 738 870; www.kimberleywild.com.au) Das Unternehmen wird ständig ausgezeichnet. Es veranstaltet ein- (229 AU$) bis 14-tägige (3995 AU$) Touren auf der Gibb ab Broome.

Kimberley Adventure Tours
GELÄNDEWAGENTOUR

(1800 083 368; www.kimberleyadventures.com.au; 3-/9-tägige Tour 550/1995 AU$) Campingtouren für kleine Gruppen von Broome die Gibb hinauf; die neuntägige Tour führt weiter nach Purnululu und Darwin.

Wundargoodie Aboriginal Safaris
KULTURTOUR

(08-9161 1145; www.wundargoodie.com.au; Tour mit eigenem Geländewagen 250 AU$/Fahrzeug, 11-tägige Tour nur für Frauen 3500 AU$; April–Sept.) Abgesehen von den Einblicken reichen, von Aborigines geführten *tagalong*-Geländewagentouren (d.h., man muss das Fahrzeug selbst mitbringen), stehen die örtliche Kultur und Felskunst im abgelegenen Shire of Derby-West Kimberley im Zentrum. Bei der Frauen vorbehaltenen Tour ist alles inklusive; campiert wird auf besonderen Plätzen, und die Teilnehmerinnen lernen Frauen aus unterschiedlichen Aborigines-Gemeinden kennen.

ℹ Praktische Informationen

Online gibt's Infos unter www.gibbriverroad.net und www.kimberleyaustralia.com sowie auf den Websites der Visitor Centres von **Derby** und **Kununurra**.

An Karten empfehlen sich der *Kimberley Atlas & Guide* (40 AU$) von Hema oder die *Regional Map – The Kimberley* (15 AU$).

Mainroads Western Australia (MRWA; 13 81 38; www.mainroads.wa.gov.au; 24 Std.) Infos zum Straßenzustand auf dem Highway und der Gibb.

Parks & Wildlife (DPaW; www.dpaw.wa.gov.au) Genehmigungen, Campinggebühren und Informationen zu den Parks. Der „Holiday Pass" (44 AU$) ist die günstigere Alternative, wenn man mehr als drei Parks in einem Monat besuchen will.

Shire of Derby/West Kimberley (08-9191 0999; www.sdwk.wa.gov.au) Infos zum Straßenzustand auf Nebenstraßen.

Shire of Wyndham/East Kimberley (☎ 08-9168 4100; www.swek.wa.gov.au) Infos zum Zustand der Kalumburu/Mitchell Falls Rd.

Von Derby zur Fairfield-Leopold Downs Rd Junction

Die ersten rund 100 km der Gibb River Road sind inzwischen asphaltiert.

Mowanjum Art & Culture Centre GALERIE
(☎ 08-9191 1008; www.mowanjumarts.com; Gibb River Rd, Derby; ◉ Trockenzeit tgl. 9–17 Uhr, Regenzeit Sa & So geschl., Jan. geschl.; P) Nur 4 km hinter Derby liegt an der Gibb River Road diese erstaunliche Galerie, in der Mowanjum-Künstler Wandjina- und Gwion-Gwion-Malereien nachahmen. Die Galerie ist selbst wie ein Kunstwerk gestaltet.

Birdwood Downs Station RANCH
(☎ 08-9191 1275; www.birdwooddowns.com; Stellplatz 14 AU$, Savannen-Hütte mit/ohne Mahlzeiten 139/81 AU$ pro Pers.) Rund 20 km hinter Derby gibt es auf der 2000 ha großen Schaffarm rustikale Savannen-Hütten, staubige Stellplätze und Schmetterlinge. Freiwilligenarbeiter von WWOOF sind willkommen. Auf der Ranch befindet sich auch die **Kimberley School of Horsemanship** mit Reitunterricht, Reitlagern und Ausritten (90-minütiger Ritt in den Sonnenuntergang 99 AU$).

May River CAMPING $
40 km hinter Derby führt eine nach links abgehende raue Piste zu mehreren Busch-Campingplätzen am May River.

King Leopold Ranges

Fährt man die Gibb River Road weiter, hat man nach 119 km an der Abzweigung **Windjana Gorge** die letzte Möglichkeit, zum Great Northern Hwy zurückzufahren. Die Landschaft wird eindrucksvoller, nachdem man den Lennard River überquert und das Gebiet der Napier Downs Station erreicht hat, weil nun die **King Leopold Ranges** direkt vor einem sichtbar werden. Gleich hinter **Inglis Gap** folgt die Abzweigung nach Mt. Hart: nach weiteren 7 km hat man die schmale **Lennard River Gorge** (P) erreicht.

Mt. Hart Homestead CAMPING
(☎ 08-9191 4645; Stellplätze 18 AU$/Pers., Zi. mit Abendessen & Frühstück 210 AU$/Pers.; ◉ Trockenzeit; ✈) Unterhalb von Inglis Gap führt eine raue, 50 km lange Piste zum abgelegenen Mt. Hart Homestead mit grasbewachsenen Stellplätzen, schönen Schluchten und Bade- und Angellöchern.

Von Imintji zur Galvans Gorge

Trotz des ekligen Namens ist das 204 km von Derby entfernte **March Fly Glen** ein angenehmer, schattiger, von Schraubenbäumen umgebener Picknickbereich. Nicht übersehen sollte man die eindrucksvolle **Bell Gorge** (12 AU$; P), die über eine 29 km lange raue Piste zu erreichen ist. Dort gibt einen Wasserfall und ein beliebtes Becken zum Baden. Auftanken (nur Diesel), ein Eis essen und seine E-Mails checken kann man im **Imintji Store** (☎ 08-9191 7471; ◉ Trockenzeit 8–17 Uhr, Regenzeit kürzere Öffnungszeiten; 🖥).

Silent Grove CAMPING
(Erw./Kind 12/2,20 AU$; P) Der geschützte, etwas staubige Campingplatz des Department of Parks & Wildlife liegt 19 km abseits der Gibb und ist bei Reisegruppen beliebt.

★ **Mornington Wilderness Camp** WILDSCHUTZGEBIET
(☎ 08-9191 7406; www.awc.org.au; Eintritt 25 AU$/Fahrzeug; ◉ Trockenzeit) Das herrliche Mornington Wilderness Camp gehört zur Australian Wildlife Conservancy und liegt völlig abgelegen am Fitzroy River; von der Gibb River Rd führt bei Km 247 eine unglaublich malerische, 95 km lange Piste durch die Savanne hierher. Fast 400 000 ha stehen hier für die bedrohte Tierwelt Kimberleys unter Schutz, und es gibt ausgezeichnete Möglichkeiten zum Kanufahren, Vögel beobachten und Wandern. Vorhanden sind schattige Stellplätze (Erw./Kind 18,50/8 AU$) und geräumige, erhöht aufgebaute Zelte mit Veranden (EZ/DZ mit VP 320/570 AU$). Das Barrestaurant bietet Abendessen (60 AU$), Grill-Pakete (19 AU$) und die beste Käseplatte (25 AU$) diesseits des Margaret River.

Charnley River Station CAMPING $
(☎ 08-9191 4646; www.awc.org.au; Stellplätze 20 AU$/Pers., Tagesbesuch 20 AU$) Die jetzt von der Australian Wildlife Conservancy verwaltete, historische Ranch, 44 km nördlich der Gibb River Rd, bietet schattige, grasbewachsene Stellplätze. Sehenswert sind die schöne Grevillea Gorge und die Dillie Gorge sowie der Donkey Pool. Es gibt hier auch eine reiche Vogelwelt und unglaubliche Felskunst.

Over the Range Repairs AUTOWERKSTATT
(☎ 08-9191 7887; ◉ Trockenzeit 8–17 Uhr) Zwischen der Adcock Gorge und der Galvans

Gorge sind Nev und Leonie die beste – und einzige – Hilfe bei Autopannen auf der gesamten Gibb River Rd.

Galvans Gorge SCHLUCHT

(P) Einen leichten, weniger als 1000 m langen Spaziergang von der Straße entfernt findet man hier einen Wasserfall, ein nettes Schwimmloch, Felskängurus und Wandjina-Felskunst.

Von Mt. Barnett nach Mt. Elizabeth

Im **Mt. Barnett Roadhouse** (08-9191 7007; 8–17 Uhr), 300 km hinter Derby, kann man tanken und seine Campinggenehmigung holen, falls man auf dem nahen Campingplatz Manning River Gorge übernachten will.

Manning River Gorge CAMPING $

(7 km hinter dem Mt. Barnett Roadhouse; 20 AU$/Pers.;) Dieser staubige Campingplatz ist oft voll von Travellern, die auf Benzin warten, aber zumindest gibt es ein gutes Badeloch und sogar Warmwasserduschen.

Barnett River Gorge CAMPING

(29 km östlich des Mt. Barnett Roadhouse) GRATIS Die Stellplätze im Busch liegen mehrere Kilometer abseits der Gibb River Rd und sind über eine sandige Piste zu erreichen.

Mt. Elizabeth Station RANCH

(08-9191 4644; www.mountelizabethstation.com; Stellplätze 20 AU$, EZ/DZ mit Frühstück & Abendessen 185/370 AU$; Trockenzeit) Weiter die Gibb entlang folgt (rund 338 km hinter Derby) die Abzweigung zur Mt. Elizabeth Station, einer der wenigen verbliebenen privaten Ranches in der Region Kimberley. Peter Lacys 200 000 ha großes Anwesen ist eine gute Ausgangsbasis zur Erkundung der umliegenden Schluchten, Wasserfälle und Felskunststätten der Aborigines. Wallabys besuchen den Campingplatz, und das abendliche Drei-Gänge-Hausmannskostmenü (45 AU$) ist lecker.

Von der Kalumburu Rd nach Home Valley

406 km hinter Derby erreicht man die Abzweigung nach **Kalumburu**. Auf der Gibb geht's weiter durch spektakuläre Landschaft. Die Straße überquert den mächtigen Durack River und klettert dann durch die **Pentecost Ranges**, wo sich bei Km 579 ein Panoramablick auf die Cockburn Ranges, den Cambridge Gulf und den Pentecost River bietet.

Ellenbrae Station RANCH $

(08-9161 4325; www.ellenbraestation.com.au; 70 km östlich der Abzweigung nach Kalumburu; Stellplätze 15 AU$/Pers., DZ Bungalow 155 AU$) In der stimmungsvollen Ellenbrae Station gibt's frische Scones, ziemlich staubige Stellplätze und skurrile Bungalows.

★**Home Valley Station** RANCH $

(08-9161 4322; www.homevalley.com.au; Stellplätze Erw./Kind 17/5 AU$, Ökozelte für 4 Pers. 190 AU$, DZ Homestead ab 250 AU$; P@) Die Entbehrungen der Gibb liegen hinter einem auf der hinreißenden Home Valley Station, einem Resort, in dem Aborigines im Gastgewerbe ausgebildet werden. Hier gibt's eine tolle Auswahl luxuriöser Unterkünfte, ausgezeichnete graswachsene Stellplätze, Zimmer im Motelstil, ein fantastisches offenes Bistro, Reparatur von Autoreifen und viele Aktivitäten, darunter Ausritte, Angelausflüge und das Zusammentreiben von Vieh.

Vom Pentecost River nach Wyndham/Kununurra

589 km hinter Derby überquert man den berüchtigten **Pentecost River**. Hier ist größte Vorsicht geboten, weil der Wasserstand unberechenbar sind und in der Nähe Leistenkrokodile lauern. Der letzte Abschnitt der Gibb ist asphaltiert. Die Abzweigung zur Emma Gorge liegt 10 km hinter El Questro; 630 km nach Derby überquert man den King River und bei Km 647 trifft man schließlich auf den Highway – links geht's nach Wyndham (48 km) und rechts nach Kununurra (53 km).

El Questro Wilderness Park RESORT $

(08-9169 1777; www.elquestro.com.au; Genehmigung Erw. pro Tag/Woche 12/20 AU$; Trockenzeit;) Die in ein internationales Resort umgewandelte, 400 000 ha große ehemalige Ranch umfasst malerische Schluchten (Amelia, El Questro) und die Zebedee-Thermalquellen (nur morgens). **Bootstouren** (Erw./Kind 63/32 AU$; 15 Uhr) erkunden die **Chamberlain Gorge**, man kann aber auch Boote ausleihen und auf eigene Faust fahren (100 AU$). Es gibt schattige Stellplätze und Bungalows mit Klimaanlage in der **El Questro Station Township** (Stellplätze 20–28 AU$/Pers., Bungalows DZ ab 329 AU$;) und außerdem eine Freiluftbar und

ABSEITS DER ÜBLICHEN PFADE

KALUMBURU

Kalumburu ist ein malerisch zwischen riesigen Mangobäumen und Kokospalmen gelegener Missionsort und hat zwei Läden sowie eine **Tankstelle** (⊙ Mo–Fr 7–11 & 13.30–16, Sa 8–12 Uhr). Wessen Gefährt eine Reparatur braucht, sollte sich herumfragen. In der Nähe gibt es interessante Felsenkunst sowie das Wrack eines Bombers aus dem Zweiten Weltkrieg. Übernachten kann man in der **Kalumburu Mission** (☏ 08-9161 4333; kalumburumission@bigpond.com; Stellplatz 20 AU$/Pers., Donga-EZ/-DZ 125/175 AU$), die ein kleines **Museum** (Eintritt 10 AU$; ⊙ 11–13 Uhr) hat. Mit einer Genehmigung des KAC darf man in der **Honeymoon Bay** (☏ 08-9161 4378; Stellplatz 20 AU$) oder 20 km weiter auf dem Zeltplatz **McGowan Island** (☏ 08-9161 4748; www.mcgowanisland.com.au; Stellplatz 20 AU$) entlang der Küste am Ende der Straße übernachten.

Die Straße nach Kalumburu verschlechtert sich bald nach der Abzweigung zum Mitchell Plateau und wird schließlich sehr felsig. Um Kalumburu zu besuchen, braucht man eine Genehmigung des **DAA** (☏ 1300 651 077; www.daa.wa.gov.au) und bei der Ankunft einen Besucherpass (7 Tage gültig) von der **Kalumburu Aboriginal Community** (KAC; ☏ 08-9161 4300; www.kalumburu.org; Besucherpass 50 AU$/Auto). In Kalumburu besteht Alkoholverbot.

---

ein gehobenes **Steakhaus** (Hauptgerichte 32–45 AU$). Unzählige Aktivitäten werden angeboten, für die meisten muss man aber extra bezahlen.

Emma Gorge   SCHLUCHT
(40 Gehminuten vom Parkplatz des Resorts; P) Die Emma Gorge bietet ein herrliches Tauchbecken und einen Wasserfall, der zu den schönsten in der Region Kimberley gehört. Das angeschlossene **Resort** (Safarihütte DZ ab 289 AU$; ⊙ Trockenzeit; ❄) hat ein Freiluftbistro und teure, muffige Hütten.

Devonian Reef National Parks

Die drei Nationalparks mit den drei atemberaubenden Schluchten waren im Devon vor 350 Mio. Jahren Teil einer Art westlichem Great Barrier Reef. Der Zugang zu den Nationalparks Windjana Gorge und Tunnel Creek erfolgt über die Fairfield Leopold Downs Rd (die den Great Northern Hwy mit der Gibb River Road verbindet), während der Geikie Gorge National Park 22 km nordöstlich von Fitzroy Crossing liegt.

Windjana Gorge   NATIONALPARK
(Eintritt 12 AU$/Auto, Stellplätze Erw./Kind 12/2,20 AU$; ⊙ Trockenzeit; P) Die Wände der Schlucht ragen 100 m über den Lennard River in die Höhe, der in der Regenzeit anschwillt, sich in der Trockenzeit hingegen als eine Reihe vom Schlammlöchern präsentiert. Große Scharen von Australien-Krokodilen lauern an den Ufern. Für die hin & zurück 7 km lange Wanderung vom Campingplatz aus unbedingt viel Trinkwasser mitnehmen!

★**Tunnel Creek**   NATIONALPARK
(12 AU$/Auto, kein Camping; ⊙ Trockenzeit; P) Der Sonne überdrüssig? Dann kann man sich unter der Erde im Tunnel Creek abkühlen, der auf fast 1 km durch einen Sporn der Napier Ranges verlauft. Der Tunnel war das Versteck von Jandamarra, einem Aborigines-Freiheitskämpfers des 19. Jhs. In der Trockenzeit ist der Tunnel auf ganzer Strecke begehbar, wobei man aber teilweise durch knietiefes Wasser watet. Aufpassen muss man auf die Fledermäuse. Festes Schuhwerk und eine starke Taschenlampe mitbringen!

Geikie Gorge   NATIONALPARK
(Darngku; ⊙ April–Dez.; P) Diese prächtige Schlucht in der Nähe von Fitzroy Crossing sollte man nicht verpassen. Auf den Wegen, die man auf eigene Faust begehen kann, ist es sandig und heiß. Besser schließt man sich daher einer der informativen Bootstouren an, die vom **Department of Parks & Wildlife** (☏ 08-9191 5121; 1-stündige Tour Erw./Kind 30/7,50 AU$; ⊙ Mai–Okt. Bootstouren ab 8 Uhr) sowie von Führern der örtlichen Bunuba angeboten werden.

☞ Geführte Touren

Bungoolee Tours   KULTURTOUR
(☏ 08-9191 5355; www.bungoolee.com.au; 2-stündige Tour Erw./Kind 60/15 AU$; ⊙ Trockenzeit Mo, Mi & Fr 9 & 14 Uhr) Der Bunuba-Friedensrichter Dillon Andrews veranstaltet informative zweistündige Tunnel-Creek-Touren, bei denen die Geschichte Jandamarras erklärt

wird, und Geländewagentouren (bei denen man den Wagen mitbringen muss) auf der Leopold Downs Station. Übernachten kann man auf dem schlichten Campingplatz Biridu. Buchen kann man über das Visitor Centre in Fitzroy Crossing.

Darngku Heritage Tours BOOTSTOUREN
(📞0417 907 609; www.darngku.com.au; Touren Erw./Kind 2 Std. 70/60 AU$, 3 Std. 90/75 AU$, halber Tag 175/138 AU$; ⊙April–Dez.) Führer der örtlichen Bunuba-Aborigines geben bei diesen informativen Bootstouren durch die Geikie (Darngku) Gorge Einblicke in die indigene Kultur und Bush-Tucker-Kost. In der Zwischensaison (April & Okt.–Dez.) gibt's eine kürzere, einstündige Bootstour.

Von Fitzroy Crossing nach Halls Creek

Fitzroy Crossing

Aborigines der Gooniyandi-, Bunuba-, Walmatjarri- und Wangkajungka-Sprachgruppen bevölkern die kleine Siedlung Fitzroy Crossing – dort, wo der Great Northern Hwy den mächtigen **Fitzroy River** quert. Für einen Aufenthalt gibt es wenig Grund, aber der Ort ist ein gutes Sprungbrett zu den Devonian Reef National Parks. Einen Besuch wert sind **Mangkaja Arts** (📞08-9191 5833; www.mangkaja.com; 8 Bell Rd, Fitzroy Crossing; ⊙Mo–Fr 12–16 Uhr) wegen der einmaligen Acryl-Arbeiten und **Dr. Sawfish** (📞0419 908 586; www.drsawfish.com; ⊙Mo–Fr 8–16 Uhr, Sa & So kürzere Öffnungszeiten) wegen exquisiter Gläser und Keramiken. Letztere Galerie findet man gleich neben dem Laden des Typen, der Reifen repariert – den dürfte man brauchen. Stellplätze und Zimmer vermieten der stimmungsvolle **Crossing Inn** (📞08-9191 5080; www.crossinginn.com.au; Skuthorpe Rd; Stellplätze ohne/mit Strom 30/38 AU$, Zi. ab 195 AU$; ❄@) und jenseits des Flusses die elegantere **Fitzroy River Lodge** (📞08-9191 5141; www.fitzroyriverlodge.com.au; Great Northern Hwy; Stellplätze 15 AU$/Pers., DZ Zelt 160 AU$, Motel 220 AU$; ❄@≋), wo es auch ordentliche Thekengerichte (22–36 AU$) gibt. Es gibt einen neuen, gut bestückten Supermarkt; das **Visitor Centre** (📞08-9191 5355; www.sdwk.wa.gov.au; ⊙Mo–Fr 8.30–16 Uhr) und die Bushaltestelle liegen gleich abseits des Highway.

Mimbi Caves

★**Mimbi Caves** HÖHLEN
(Mt Pierre Station) Eines der bestgehüteten Geheimnisse Kimberleys ist das riesige unterirdische Höhlenlabyrinth 90 km südöstlich von Fitzroy Crossing, mitten in der Mt. Pierre Station, auf dem Gebiet der Gooniyandi. Es beherbergt eine bedeutende Ansammlung von Felsmalereien der Aborigines und einige der eindrucksvollsten Fischfossilien der südlichen Halbkugel. **Girloorloo Tours**

ABSEITS DER ÜBLICHEN PFADE

DUNCAN ROAD

Die Duncan Rd schlängelt sich von Halls Creek nach Osten und umspielt dann die Grenze zu den Northern Territories (NT). Sie ist die andere große Autotour im Outback in der Region Kimberley. Die Straße ist auf ihrer gesamten Länge (445 km) unbefestigt. Verglichen mit der Gibb River Road verirren sich nur sehr wenige Traveller hierher, diese werden aber mit einer atemberaubenden Landschaft, schönen Schluchten, ruhigen Billabongs und atemberaubend einsamen Campingplätzen belohnt.

In praktischer Hinsicht ist die Fahrt nicht schwieriger als auf der Gibb: Alle Flussdurchfahrten sind von Beton eingefasst und frei von Krokodilen. Die Straße bietet sich auch als eine nette Schleife an, wenn man über den Great Northern Hwy nach Purnululu gekommen ist und nach Kununurra und/oder in die NT zurück will. Entlang der Strecke gibt es keine Tankstellen, man sollte also Benzin für mindestens 500 km dabeihaben. In den Visitor Centres von Halls Creek oder Kununurra erhält man Infos zum Straßenzustand.

Die einzige Unterkunft an der Duncan Rd ist die **Zebra Rock Mine** (Wetland Safaris; 📞0400 767 650; ruth.a.duncan@gmail.com; Duncan Rd, NT; Stellplätze 10 AU$/Pers., Sonnenuntergangstour 90 AU$; ⊙April–Sept.), die 10 km vom Victoria Hwy entfernt ist und eigentlich in den NT liegt. Traveller lieben die rustikale Atmosphäre, und die Vogelbeobachtungstour bei Sonnenuntergang sollte man sich nicht entgehen lassen. Es gibt auch ein kleines Café und einen Souvenirshop.

> **ABSTECHER**
>
> **PARRY LAGOONS NATURE RESERVE**
>
> Das schöne, auf der Liste der RAMSAR-Konvention stehende Feuchtgebiet 25 km außerhalb von Wyndham wimmelt während der Regenzeit von Zugvögeln, die bis aus Sibirien hierher kommen. Es gibt einen Vogelbeobachtungsturm und einen Plankenweg am **Marlgu Billabong** und einen ausgezeichneten Ausblick vom **Telegraph Hill**.
>
> Auf der ruhigen, 25 km von Wyndham entfernten und vom Parry Lagoons Nature Reserve umschlossenen **Parry Creek Farm** (08-9161 1139; www.parrycreekfarm.com.au; Parry Creek Rd; Stellplätze ohne/mit Strom 34/37 AU$, Zi. 125 AU$, Hütten 230 AU$;) gibt es graswachsene Stellplätze, die viele Wildtiere anziehen. Die gemütlichen Zimmer und klimatisierten Hütten sind mit einem erhöhten Plankenweg verbunden, der auf einen Billabong hinunterblickt, sodass man hier gut Vögel beobachten kann. Das Café mit Schanklizenz serviert leckeren gebackenen Barramundi, Holzofenpizzas und andere Gaumenfreuden.
>
> **The Grotto** (Great Northern Hwy) 33 km außerhalb von Wyndham führen gleich abseits vom Highway steile Stufen hinunter zu einem tiefen, friedlichen Teich in einer kleinen Schlucht, der ideal für ein ruhiges Bad ist.

(www.mimbicaves.com.au; 3-stündige Tour Erw./Kind 80/40 AU$; April–Sept. Di–Sa 10 Uhr) bietet geführte Touren mit einer Einführung in lokale Dreaming-Geschichten, Bush Tucker und traditionelle Medizin an. Die Touren kann man in den Visitor Centres in Fitzroy Crossing oder Halls Creek buchen.

Larrawa Station

Larrawa Station CAMPING $
(08-9191 7025; www.larrawabushcamp.com; Great Northern Hwy; Stellplätze 20 AU$, EZ mit/ohne Mahlzeiten 120/70 AU$; @) Die Larrawa Station auf halber Strecke zwischen Fitzroy Crossing und Halls Creek ist ein guter Übernachtungsstopp mit Warmwasserduschen, einfachen Stellplätzen, ein paar Schafschererzimmern und (nicht immer verfügbaren) Mahlzeiten. Es gibt auch noch ein Cottage mit drei Zimmern.

Yiyilli

Laarri Gallery GALERIE
(08-9191 7195; www.laarrigallery.com; Yiyilli; an Schultagen 8–16 Uhr) Die winzige gemeinnützige Galerie hinten in der Gemeindeschule zeigt interessante Werke zur Ortsgeschichte in zeitgenössischem Stil. Die Schule befindet sich 120 km westlich von Halls Creek und 5 km abseits des Great Northern Hwy. Vorher anrufen!

Halls Creek

Am Rand der Great Sandy Desert gelegen, ist Halls Creek ein kleiner Ort, in dem Angehörige der Kija, Jaru und Gooniyandi leben. Das ausgezeichnete **Visitor Centre** (08-9168 6262; www.hallscreektourism.com.au; Great Northern Hwy; 7–17 Uhr) kann Buchungen für geführte Touren zu den Bungles vornehmen und Tickets für die Mimbi Caves ausstellen. E-Mails kann man nebenan im **Community Resource Centre** (in der Bibliothek, Shire Building; Internet 5 AU$/Std.; Mo–Fr 8–16 Uhr; @) checken. Jenseits des Highways lohnt es sich allemal, einen Blick in die **Yarliyil Gallery** (08-9168 6723; www.yarliyil.com.au; Great Northern Hwy; Mo–Fr 9–17 Uhr) zu werfen.

Das **Kimberley Hotel** (08-9168 6101; www.kimberleyhotel.com.au; Roberta Ave; Zi. ab 172 AU$, Restaurant Hauptgerichte 22–46 AU$;) ist die beste Wahl für ein Mittagessen. Ein Bett findet man hier auch – oder im **Best Western** (08-9168 9600; www.bestwestern.com.au; DZ 260 AU$;). Es gibt zwar auch einen Campingplatz am Ort, aber es ist eigentlich besser, außerhalb zu übernachten.

Es gibt Flüge (S. 1114) ab Fitzroy Crossing und Halls Creek nach Broome und die Greyhound-Busse (S. 1114) fahren hier täglich durch.

Wyndham

900 EW.

Die Stadt aus der Goldrauschära erlebt heute magerere Zeiten. Sie liegt malerisch zwischen zerklüfteten Hügeln und dem Cambridge Gulf rund 100 km nordwestlich von Kununurra. Der Sonnenuntergang ist herrlich vom spektakulären **Five Rivers Lookout** auf dem Mt. Bastion (325 m), von dem man aus einen Blick auf den King, den Pentecost, den Durack, den Forrest und den Ord River hat, die alle in den Cambridge Gulf münden.

Ein 20 m langes Riesenkrokodil begrüßt die Besucher am Ortseingang. Das historische Hafenviertel liegt 5 km weiter und bietet ein kleines **Museum** (☎ 08-9161 1857; Old Courthouse, Port Precinct; ⊙ Trockenzeit tgl. 10–15 Uhr) und einen Pionierfriedhof.

Die Busse von Greyhound (S. 1114) setzen Passagiere 56 km entfernt an der Victoria Hwy Junction ab; man muss also vor der Ankunft eine Abholung organisieren oder ein **Taxi** (☎ 0408 898 638) zur Fahrt in die Stadt bestellen. Internet gibt's im **Community Resource Centre** (CRC; ☎ 08-9161 1002; www.wyndham.crc.net.au; 990 Koojarra Rd; 5 AU$/Std.; ⊙ Mo–Fr 8–16 Uhr; @).

🛏 Schlafen & Essen

Wyndham Caravan Park   CAMPING $
(☎ 08-9161 1064; Baker St; Stellplätze ohne/mit Strom 25/35 AU$, DZ Donga 70 AU$; ❄) Der entspannte Park bietet schattige, grasbewachsene Stellplätze.

Rusty Wheelbarrow   B&B $$
(☎ 0408 902 887; www.facebook.com/pages/The-Rusty-Wheelbarrow-Bed-Breakfast; 1293 Great Northern Hwy; DZ 160 AU$; ❄) Wyndhams neueste Unterkunft befindet sich auf einem 4 ha großen Grundstück außerhalb des Orts. Die schönen, auf Stützen erhöhten Zimmer haben alle angeschlossene Bäder und öffnen sich zu einem gemeinsamen, luftigen „Breezeway". Man bekommt kontinentales und warmes Frühstück, es gibt viel frisches Obst, und man kann sogar ein „Grill-Paket" kaufen, wenn man zu Hause essen will.

★ Rusty Shed   CAFÉ $
(☎ 08-9161 2427; www.facebook.com/TheRustyShedCafe; O'Donnell St, Port Precinct; Hauptgerichte 7–17 AU$; ⊙ Trockenzeit Di–So 8–15 Uhr, So Abendessen ab 17.30 Uhr) Das beliebteste Café hier bietet prima Kaffee, große Frühstücksgerichte sowie köstlichen Kuchen und Gebäck. An manchen Sonntagen gibt's ein Spießbraten-Dinner, manchmal auch mit gastierenden Musikern.

Five Rivers Cafe   CAFÉ $
(☎ 08-9161 2271; www.facebook.com/FiveRivers-Cafe; 12 Great Northern Hwy; Gerichte 6–16 AU$; ⊙ Mo–Fr 7.30–14, Sa 8–13, So 8–13 & 17–20 Uhr) In diesem schon früh am Morgen öffnenden Café kann man einen ehrlichen Barramundi-Burger unter dem Mangobaum verzehren. Es gibt ausgezeichneten Kaffee, Smoothies, Frühstücksgerichte und sonntagabends Pizzas.

Kununurra
6000 EW.

Auf dem Land der Miriwoong gelegen, präsentiert sich Kununurra als ein entspannter Ort inmitten einer Oase aus üppigem Farmland und tropischen Obst- und Sandelholzplantagen, die dem Bewässerungssystem des Ord River zu verdanken sind. Das gute Transport- und Kommunikationsnetz, die sehr guten Serviceleistungen sowie die gut sortierten Supermärkte machen den Ort für Traveller zu einem willkommenen Stück Zivilisation zwischen Broome und Darwin.

Kununurra dient auch als Ausgangspunkt für die meisten geführten Touren ins östliche Kimberley, und aufgrund der vielen Plantagen gibt's jede Menge Saisonarbeit. Nicht vergessen: das NT liegt in der Australian Central Time Zone, die der Australian Western Standardzeit 90 Minuten voraus ist.

⊙ Sehenswertes & Aktivitäten

Die vom Ort jenseits des Highway gelegene **Lily Creek Lagoon** ist ein kleines Feuchtgebiet mit einer erstaunlichen Vogelwelt, Australien-Krokodilen und Gelegenheiten zu Bootsfahrten. Am **Lake Kununurra** (Diversion Dam) gibt es schöne Picknickstellen und tolle Angelmöglichkeiten. Reisegruppen können auch ihr eigenes Boot für ein Grillfest bei **Kununurra Self Drive Hire Boats** (☎ 0409 291 959; Casuarina Way, nahe dem Lakeside Resort; ab 174 AU$) mieten.

Nicht übersehen sollte man das tolle **Waringarri Aboriginal Arts Centre** (☎ 08-9168 2212; www.waringarriarts.com.au; 16 Speargrass Rd; ⊙ Trockenzeit Mo–Fr 8.30–16.30, Sa 10–14 Uhr, Regenzeit nur werktags; P), gegenüber der Straße zum **Kelly's Knob**, einem beliebten Punkt zum Blick auf den Sonnenuntergang.

Mirima National Park   NATIONALPARK
(12 AU$/Auto; P) Eine eindrucksvolle Gegend mit schroffen Sedimentformationen, die Mini-Bungle-Bungles ähnlich sind. Die verwitterten Schluchten des Hidden Valley sind die Heimat scharfkantiger roter Gipfel, von Spinifexgräsern, Affenbrotbäumen und einer vielfältigen Tierwelt. Mehrere Wanderwege führen zu Aussichtspunkten und Morgengrauen oder Abenddämmerung sind die beste Zeit, die Tiere zu beobachten.

Kununurra Historical Society Museum   MUSEUM
(www.kununurra.org.au/khs/museum; Coolibah Dr; Eintritt gegen Spende einer Goldmünze; ⊙ 10–15

Uhr) Alte Fotografien und Zeitungsartikel illustrieren die Geschichte Kununurras, darunter auch die Story vom Absturz einer Wirraway im Zweiten Weltkrieg und der folgenden Rettungsmission. Das Museum liegt gegenüber vom Ausgang des Country Club.

Go Wild ABENTEUERSPORT
(📞1300 663 369; www.gowild.net.au; 3-tägige Kanutour 220 AU$) Selbstgeführte mehrtägige Kanutouren von Lake Argyle aus auf dem Ord River mit Übernachtung auf Campingplätzen am Ufer. Kanus, Campingausrüstung und Transportmittel werden gestellt, Essen und Schlafsack muss man selber mitbringen. Angeboten werden auch Höhlenbegehungen (220 AU$), Abseilen (ab 150 AU$) und Buschwanderungen (ab 40 AU$) für Gruppen.

🧭 Geführte Touren

North West Airboats ABENTEUERTOUR
(📞0419 805 2780; www.northwestairboats.com; 45-minütige Tour 100 AU$) Der wohl größte Adrenalinhit, den Kununurra zu bieten hat: ein riesiger Ventilator wird hinten an einem Boot befestigt und mit einem Achtzylinder-Motor verbunden. Dann geht es los… Die Touren erkunden den selten besuchten Unterlauf des Ord River, wo Leistenkrokodile zu finden sind.

Kimberley Sunset Cruises BOOTSFAHRT
(📞08-9169 1995; www.kimberleysunsetcruises.com.au; Erw./Kind 85/35 AU$) Beliebte Barbecue-Dinner-Kreuzfahrten bei Sonnenuntergang auf der Lily Creek Lagoon und dem Ord River. Getränke selber mitbringen!

KIMBERLEYS KUNSTSZENE

Die indigene Kunst der Region Kimberley ist einmalig. Sie umfasst die ausdrucksstarken Geisterfiguren der Wandjina-Kunst, die häufig vorkommenden, geheimnisvollen Gwion Gwion-(Bradshaw-)Felskunststätten, aber auch Röntgenmalereien an der tropischen Küste und Punktmalereien in düsteren Ockertönen aus der westlichen Wüste. All diese Werke erzählen ihre Geschichte des Landes.

Um die Kunst aus erster Hand kennenzulernen, sollte man einige Aborigines-Kunstkooperativen besuchen; die meisten sind mit normalen Autos erreichbar.

Mowanjum Art & Culture Centre (S. 1118) Diese unglaubliche, wie ein Wandjina-Bild gestaltete Galerie zeigt Werke von Mowanjum-Künstlern.

Waringarri Aboriginal Arts Centre (S. 1123) Das ausgezeichnete Galerieatelier in Kununurra beherbergt örtliche Künstler, die mit Ockertönen in einem einmaligen abstrakten Stil arbeiten. Die Galerie vertritt auch Künstler aus Kalumburu.

Warmun Arts (📞08-9168 7496; www.warmunart.com; Great Northern Hwy, Warmun; ⊙Mo–Fr 9–16 Uhr) Zwischen Kununurra und Halls Creek schaffen Warmun-Künstler schöne Werke in Ockertönen, mit denen sie die Identität der Gija erkunden. Vor dem Besuch erst eine mündliche Genehmigung im Warmun Roadhouse einholen.

Laarri Gallery (S. 1122) Die kleine, gemeinnützige Galerie hinten in der Gemeindeschule von Yiyili zeigt Werke, die die Lokalgeschichte in einem interessanten, modernen Stil reflektieren. Die Schule befindet sich 120 km westlich von Halls Creek und 5 km abseits des Great Northern Hwy.

Mangkaja Arts (S. 1121) In der Galerie in Fitzroy Crossing interagieren Künstler, die verschiedenen Clans aus der Wüste und vom Fluss angehören und produzieren einmalige Acrylbilder, Drucke und Körbe.

Yaruman Artists Centre (📞08-9168 8208; Kundat Djaru) Das Kunstzentrum ist 162 km von Halls Creek entfernt am Rand der Tanami-Wüste. Auf Acrylbildern sind z. B. die vielen örtlichen Wasserlöcher dargestellt. Der wöchentliche Postbus aus Kununurra hält hier (Ringer Soak).

Yarliyil Gallery (S. 1122) Die tolle Galerie in Halls Creek zeigt talentierte örtliche Künstler und einige aus Ringer Soak.

Warlayirti Artists Centre (📞08-9168 8960; www.balgoart.org.au; Balgo; ⊙Mo–Fr 9–17 Uhr) Das am Tanami Track bei Km 255 gelegene Kunstzentrum ist eine Anlaufstelle für Künstler aus dem gesamten Gebiet und zeigt bunte Acrylbilder im Stil der Punktmalerei sowie Lithografien und Glasarbeiten. Vor dem Besuch telefonisch die Erlaubnis einholen.

Triple J Tours BOOTSFAHRT
(☎ 08-9168 2682; www.triplejtours.com.au; Erw./Kind 180/140 AU$) Triple J veranstaltet Bootstouren auf dem 55 km langen Abschnitt des Ord River zwischen Kununurra und dem Lake Argyle Dam.

Kingfisher Tours PANORAMAFLÜGE
(☎ 08-9168 1333; www.kingfishertours.net; ab 290 AU$/Pers.) Diverse Flüge rund um die Bungles, den Cambridge Gulf, Kalumburu und die majestätischen Mitchell und die King George Falls.

Feste & Events

Ord Valley Muster KULTUR
(www.ordvalleymuster.com; ⊙ Mai) 10 Tage im Mai dreht Kununurra mit einer Reihe von Sport-, Wohltätigkeits- und Kultur-Events richtig auf. Höhepunkt ist ein großes Freiluftkonzert unter dem Vollmond an den Ufern des Ord River.

Schlafen

Es gibt eine große Auswahl an Unterkünften, und je mehr sie kosten, desto größer sind die Preisnachlässe, die man in der Regenzeit bekommt. Wer nahe beim See campt, sollte sich vor Moskitos in Acht nehmen.

★ **Wunan House** B&B $
(☎ 08-9168 2436; www.wunanhouse.com; 167 Coolibah Dr; Zi. ab 90 AU$; P ❄ 🛜) Das makellose B&B, das Aborigines gehört und von ihnen geführt wird, hat helle, luftige Zimmer mit angeschlossenem Bad und TVs. Es gibt kostenloses WLAN, Parkplätze abseits der Straße und ein großes kontinentales Frühstück.

Hidden Valley Tourist Park CAMPING $
(☎ 08-9168 1790; www.hiddenvalleytouristpark.com; 110 Weaber Plains Rd; Stellplatz ohne/mit Strom 28/38 AU$, Hütten-DZ 125 AU$; @ 🛜 ☰) Unterhalb der schroffen Felsen des Mirima National Park gelegen, bietet dieser wunderbare, kleine Platz nette grasbewachsene Stellplätze; außerdem ist er bei Saisonarbeitern beliebt. Die voll ausgestatteten Hütten haben ein gutes Preis-Leistungs-Verhältnis.

Kimberley Croc Backpackers HOSTEL $
(☎ 1300 136 702; www.kimberleycroc.com.au; 120 Konkerberry Dr; B 27–33 AU$, DZ 89–125 AU$; ❄ @ 🛜 ☰) Diese moderne und gesellige Jugendherberge hat einen großen Pool, einen Grillbereich und eine bestens ausgestattete Küche. Die Verwalter betreiben auch die nahe **Kimberley Croc Lodge** (☎ 08-9168 1411; www.kimberleycroclodge.com.au; 2 River Fig Ave; B 160 AU$/Woche; P ❄ 🛜 ☰) für Saisonarbeiter.

Freshwater APARTMENT $$
(☎ 08-9169 2010; www.freshwaterapartments.net.au; 19 Victoria Hwy; Wohnstudio/Apt. mit 1/2/3 Zi. 224/249/329/399 AU$; ❄ 🛜 ☰) Die schicksten, neuesten Quartiere von Kununurra sind exklusive, voll ausgestattete Wohneinheiten und haben ausgefallene Freiluftduschen.

Essen

Die großen Resorts haben alle Restaurants mit ähnlicher Kost. Es gibt zwei gut bestückte Supermärkte und mehrere Imbisse mit Essen zum Mitnehmen. Die meisten Lokale haben während der Regenzeit kürzere Öffnungszeiten, und nach 14 Uhr wird man kaum irgendwo ein Mittagessen bekommen.

★ **Wild Mango** CAFÉ $
(☎ 08-9169 2810; 20 Messmate Way; Frühstück 9–23 AU$, Mittagessen 6–13 AU$; ⊙ Mo-Fr 7.30-16, Sa & So 8–13 Uhr) 🍃 Das angesagteste und gesündeste Essen vor Ort mit Curry-Wraps, leckeren Pfannkuchen, Chai-Smoothies, echtem Kaffee und hausgemachtem Eis. Der Eingang befindet sich am Konkerberry Dr.

Ivanhoe Cafe CAFÉ $$
(☎ 0427 692 775; Ivanhoe Rd; Hauptgerichte 12,50–24 AU$; ⊙ April-Sept. 8–16 Uhr) Man schnappt sich einen Tisch unter den dicht belaubten Mangobäumen und stürzt sich auf leckere Wraps, Salate und Burger, die alle aus frischen, regionalen Produkten hergestellt sind. Das Markenzeichen, den Mango-Smoothie, darf man sich nicht entgehen lassen.

★ **PumpHouse** MODERN-AUSTRALISCH $$$
(☎ 08-9169 3222; www.thepumphouserestaurant.com; Lakeview Dr; Mittagessen 19–36 AU$; Abendessen 32–45 AU$; ⊙ Di-Do 16.30, Fr 11.30-open end, Sa & So 20 Uhr bis open end; 🛜) Das idyllisch am Lake Kununurra gelegene PumpHouse serviert köstliche Gerichte mit hochwertigen heimischen Zutaten. Und wenn einem etwas davon von der Veranda fällt, sind die Welse sofort zu Stelle. Es lohnt sich auch, hier bei einem Bier den Sonnenuntergang zu genießen. Zudem kann man sich über eine vorzügliche Weinkarte und kostenloses Internet freuen.

Shoppen

Artlandish KUNST
(☎ 08-9168 1881; www.artlandish.com; Ecke Papuana St & Konkerberry Dr; ⊙ Mo-Fr 9–16.30, Sa 9–13 Uhr) Erstaunliche Sammlung von Acrylbil-

dern mit dem Western Desert und Kimberley-Ocker in allen Preisklassen.

Bush Camp Surplus OUTDOORAUSRÜSTUNG
(☏ 08-9168 1476; Ecke Papuana St & Konkerberry Dr; ⊙ Mo–Fr 8.30–17, Sa 8.30–12 Uhr) Die größte Auswahl an Campingausrüstung zwischen Broome und Darwin.

ⓘ Praktische Informationen

Geldautomaten gibt's nahe der Supermärkte. Die meisten Cafés bieten kein kostenloses WLAN.

Community Resource Centre (CRC; ☏ 08-9169 1868; Banksia St; 6 AU$/Std.; ⊙ Mo–Fr 9–16 Uhr; @ 📶) Internet, Drucker und nach Geschäftsschluss Selbstbedienungs-WLAN.

Parks & Wildlife Office (☏ 08-9168 4200; Lot 248 Ivanhoe Rd; ⊙ Mo–Fr 8–16.30 Uhr) Infos und Genehmigungen für die Parks.

Visitor Centre (☏ 1800 586 868; www.visitkununurra.com; Coolibah Dr; ⊙ tgl. 8–16.30 Uhr, Okt.–März kürzere Öffnungszeiten) Infos zu Unterkünften, Touren, Saisonarbeit und zum Straßenzustand.

ⓘ An- & Weiterreise

Airnorth (TL; ☏ 1800 627 474; www.airnorth.com.au) Fliegt täglich nach Broome und Darwin sowie samstags nach Perth.

Greyhound (☏ 1300 473 946; www.greyhound.com.au) Greyhoundbusse halten am BP Roadhouse. Sechsmal wöchentlich fahren Busse über Halls Creek (91 AU$, 4 Std.), Fitzroy Crossing (106 AU$, 7 Std.) und Derby (125 AU$, 10 Std.) nach Broome (146 AU$, 13 Std.) und sechsmal wöchentlich nach Darwin (128 AU$, 11 Std.) über Katherine (95 AU$, 6 Std.).

Virgin Australia (☏ 13 67 89; www.virgin-australia.com.au) Fliegt mehrmals pro Woche nach Perth.

ⓘ Unterwegs vor Ort

Avis (☏ 08-9168 1999), **Budget** (☏ 08-9168 2033) und **Thrifty** (☏ 1800 626 515) haben Büros am Flughafen.

BP Roadhouse (Messmate Way) Benzin, Haltestelle der Fernbusse und rund um die Uhr geöffneter Waschsalon.

Ordco (Weaber Plain Rd; ⊙ 24 Std.) Die örtliche Genossenschaft verkauft den billigsten Diesel in Kununurra.

Taxi (☏ 13 10 08)

Purnululu National Park & Bungle Bungle Range

Im zum Welterbe gehörenden Purnululu National Park (12 AU$/Auto; ⊙ April–Nov.) erheben sich die unglaublichen, an eine Schachtel mit halb zerschmolzenen Pralinen erinnernden, ocker und schwarz gestreiften „Bienenkorb"-Kuppeln des Bungle Bungle Range.

Die abgerundeten Felstürme bestehen aus Sandstein und Konglomeraten, die von Regenfällen seit Jahrmillionen abgetragen werden. Die Streifen sind das Ergebnis von Eisenoxid-Einlagerungen und Algen. Für die örtlichen Kidja bedeutet *purnululu* Sandstein; der Name Bungle Bungle ist möglicherweise eine Verballhornung von „bundle bundle", der Bezeichnung für ein verbreitetes Gras.

Auf den mehr 3000 km² alten Landes leben viele Wildtiere, darunter mehr als 130 Vogelarten. Von den Weißen wurde diese Sandsteinformation erst in der Mitte der 1980er-Jahre „entdeckt". Ranger sind hier von April bis November stationiert; außerhalb dieser Zeit ist der Park geschlossen.

Für die 52 km lange kurvige und raue Piste von Highway bis zum Visitor Centre nahe der Three Ways Junction braucht man ein Geländefahrzeug mit hohem Achsabstand; 2½ Stunden muss man für diese Fahrt einplanen. Es gibt fünf tiefe Flussdurchfahrten. Die Abzweigung ist 53 km südlich von Warmun. Auf den Campingplätzen **Kurrajong** (Stellplätze 12 AU$/Pers.; ⊙ Mai–Sept.) und **Walardi** (Stellplätze 12 AU$/Pers.; ⊙ April–Nov.) gibt's Trinkwasser und Toiletten. Stellplätze kann man online unter **DPAW** (http://parkstay.dpaw.wa.gov.au/) buchen.

⦿ Sehenswertes & Aktivitäten

Kungkalanayi Lookout AUSSICHTSPUNKT
Von diesem Hügel nahe Three Ways hat man einen spektakulären Blick auf den Sonnenuntergang.

Echidna Chasm SCHLUCHT
(⊙ hin & zurück 2 km, 1 Std.) In dieser von Palmen umsäumten schmalen Schlucht im nördlichen Park kann man oben an den Felswänden winzige Fledermäuse erkennen. Der Weg beginnt am Echidna-Chasm-Parkplatz und ist auf der Parkkarte eingezeichnet, die im Ranger-Büro erhältlich ist.

Cathedral Gorge SCHLUCHT
Die passend benannte riesige runde Höhle ist einen leichten (hin & zurück 2 km) Spaziergang vom südlichen Parkplatz entfernt.

Whip Snake Gorge SCHLUCHT
(⊙ hin & zurück 10 km, 4 Std.) Ein kräftiger, halbtägiger Marsch führt vom südlichen

Purnululu National Park

Parkplatz zu dieser schattigen Schlucht voller Farne, Feigen und Eukalyptusbäume. Am Ende gibt es ein kleines Wasserbecken.

Piccaninny Gorge SCHLUCHT
(⏱ hin & zurück 30 km, 2–3 Tage) Eine hin & zurück 30 km lange Wanderung mit Übernachtung führt vom südlichen Parkplatz zu einer abgelegenen, urtümlichen Schlucht. Die Wanderung ist nur erfahrenen Wanderern zu empfehlen.

☞ Geführte Touren

Die meisten Veranstalter von Kimberley-Touren berücksichtigen bei mehrtägigen Touren auch den Purnululu National Park. Man kann sich auch Touren im Warmun Roadhouse, in Halls Creek und Mabel Downs anschließen. Hubschrauber bringen einen näher an die Felsen als Flugzeuge mit starren Flügeln.

East Kimberley PANORAMAFLÜGE
(☏ 08-9168 2213; www.eastkimberleytours.com.au; 1-/2-/3-tägige Touren 720/1593/1831 AU$, Safarizelte ab 225 AU$) Bietet Flugzeug-/Fahrzeugtouren zum Bungle Bungle Range ab Kununurra und auch Unterkunft im Park.

Helispirit HUBSCHRAUBERFLUG
(☏ 1800 180 085; www.helispirit.com.au; 18/30/48-minütiger Flug 225/299/495 AU$) Hubschrauberflüge über die Bungles ab Bellbird und Warmun. Es gibt auch Flüge über die Mitchell Falls, Kununurra und den Lake Argyle.

Bungle Bungle Expeditions BUS, HUBSCHRAUBER
(☏ 08-9169 1995; www.bunglebungleexpeditions.com.au; Bustour Tag/mit Übernachtung 285/695 AU$, Hubschraubertour ab 290 AU$) Diverse Bus-, Hubschrauber- und Flugzeugtouren zu den Bungles vom Wohnmobilpark in Mabel Downs, nahe dem Highway.

🛏 Schlafen

Mabel Downs CAMPING
(Bungle Bungle Caravan Park; ☏ 08-9168 7220; www.bunglebunglecaravanpark.com.au; Zelt-Stellplätze/Stellplätze mit Strom 35/50 AU$, Safarizelte mit/ohne angeschlossenes Bad 225/120 AU$, Abendessen 25 AU$; 🛜) Der Platz liegt nur 1 km vom Highway entfernt außerhalb des Parks; viel Privatsphäre darf man nicht erwarten. Die Zelte drängen sich zwischen Hubschraubern und lächerlich langen Anhängern. Diverse Touren werden angeboten.

VON PORT HEDLAND NACH BROOME

Das Big Empty erstreckt sich von Port Hedland bis nach Broome, wo der Great Northern Hwy das Great Sandy Desert streift. Er besteht aus 609 km voller Sandstürme, Staub und nicht viel mehr. Es gibt nur zwei Roadhouses – Pardoo (148 km) und Sandfire (288 km) –, also unbedingt für einen vollen Tank sorgen. Die wilde, unberührte Küste ist auf dieser Fahrt nie weit entfernt.

🛏 Schlafen

Die Unterkünfte am Great Northern Hwy können von Mai bis September schnell überfüllt sein.

Eighty Mile Beach Caravan Park CAMPING $
(☏ 08-9176 5941; www.eightymilebeach.com.au; Stellplätze ohne/mit Strom 35/41 AU$, Hütten

ABSTECHER

LAKE ARGYLE

Der riesige Lake Argyle, an dem kahle, rote Felskämme spektakulär ins tiefblaue Wasser des aufgestauten Ord River eintauchen, ist Australiens zweitgrößtes Wasserreservoir. Er kann die 18-fache Menge des Wassers des Sydney Harbour aufnehmen, ermöglicht in Kununurra eine ganzjährige Bewässerung und ist ein wichtiges Habitat für wandernde Wasservögel, Australien-Krokodile und isolierte Kolonien von Beuteltieren.

Lake Argyle Cruises (08-9168 7687; www.lakeargylecruises.com; Erw./Kind morgens 70/45 AU$, nachmittags 155/90 AU$, bei Sonnenuntergang 90/55 AU$) Bei den beliebten Kreuzfahrten zum Sonnenuntergang bekommt man die Highlights des Sees zu sehen. Vorab buchen, weil Fahrten mit zu wenig Teilnehmern oft abgesagt werden.

Argyle Homestead (08-9167 8088; Erw./Kind/Familie 4/2,50/10 AU$; April–Sept. 8–16 Uhr) Das ehemalige Haus der berühmten Farmerfamilie Durack wurde versetzt, als das Wasser kam, und ist heute ein Museum.

Lake Argyle Village (08-9168 7777; www.lakeargyle.com; Lake Argyle Rd; Stellplätze ohne/mit Strom 30/37 AU$, Hütten 125–219 AU$, Wohneinheiten ab 359 AU$;) In herrlicher Lage hoch über dem See bietet das Lake Argyle Village grasbewachsene Stellplätze, unterschiedliche Hütten und im Bistro mit Schanklizenz herzhafte Mahlzeiten. Unbedingt eine Runde in dem herrlichen Infinity Pool schwimmen!

190 AU$;) Der bei Anglern beliebte schattige und entspannte Platz liegt 250 km von Port Hedland entfernt an einem schönen weißen Sandstrand. Schildkröten brüten hier von November bis März.

Port Smith Caravan Park CAMPING $
(08-9192 4983; www.portsmithcaravanpark.com.au; Stellplatz ohne/mit Strom 30/40, Donga DZ 80 AU$, Hüte 180 AU$) Der Park liegt 487 km von Port Hedland an einer Gezeitenlagune mit einer besonders artenreichen Tierwelt.

Barn Hill Station RANCH $
(08-9192 4975; www.barnhill.com.au; Stellplätze ohne/mit Strom 22/27–35 AU$, Hütten ab 100 AU$) Die 490 km von Port Hedland entfernte Barn Hill Station ist eine bewirtschaftete Ranch mit ihren eigenen Mini-Felszinnen. Sie ist besonders beliebt bei abenteuerlustigen „grauhaarigen Nomaden", aber alle sind willkommen!

Eco Beach RESORT $$$
(08-9193 8015; www.ecobeach.com.au; Great Northern Hwy, Thangoo Station; Safarizelt ab 225 AU$, Villa DZ ab 345 AU$;) Dieses preisgekrönte Luxus-Ökoresort befindet sich an einem abgeschiedenen Küstenabschnitt 120 km südwestlich von Broome. Es gibt Safarizelte (ohne Klimaanlage) und Villen, ein Spitzenklasserestaurant und viele Touren und Aktivitäten. Von Broome aus erreicht man das Resort mit Leichtflugzeugen (60 AU$), Hubschraubern (270 AU$) oder dem eigenen Fahrzeug.

BROOME

16 000 EW.

Wie ein künstliches Juwel in einer Krone aus natürlicher Schönheit grenzt Broome an einen schmalen Streifen roten Sandes am äußersten Westrand von Kimberley – und zwar dort, wo die ursprüngliche Dampier Peninsula ansetzt. Umgeben vom aquamarinblauen Indischen Ozean, von Mangroven und dem Watt der Roebuck Bay, liegt dieses Yawuru-Land gut 2000 km von der nächsten Hauptstadt entfernt.

Broomes Friedhöfe sind trauriges Mahnmal seiner Vergangenheit als Zentrum der Perlenfischerei, wobei viele japanische, chinesische, malaiische und Aborigine-Taucher ihr Leben ließen. Heute werden Perlen in die ganze Welt exportiert, sie stammen allerdings aus Zuchtfarmen im Meer.

Der Cable Beach lockt in der Trockenzeit (April–Okt.) mit seinen luxuriösen Resorts jede Menge Besucher an, die auf Kamelritte, Surfabenteuer und romantische Sonnenuntergänge aus sind. Broome ist jedoch viel mehr als nur eine tolle Postkartenkulisse. Viele sind überrascht, wenn sie in unmittelbarer Nähe das Pindan Country vorfinden.

Broomes Zentrum ist Chinatown an der Küste der Roebuck Bay. Der Cable Beach liegt mit seinen Resorts 6 km weiter westlich am Indischen Ozean. Der Flughafen erstreckt sich zwischen beiden Gebieten, der Hafen und Gantheaume Point wiederum befinden sich 7 km weiter südlich.

In der Hauptsaison gibt's viele Gelegenheitsjobs im Gastgewerbe und in der Perlenzucht. In der Nebensaison (Regenzeit) ist es, als befände man sich unter einer warmen, feuchten Decke. Vieles ist dann geschlossen oder nur eingeschränkt geöffnet; allerdings bringt der Preissturz manchmal prima Schnäppchen mit sich.

Allabendlich kommt die Stadt zur Ruhe und man hebt gemeinsam die Gläser, während die Sonne langsam im Meer versinkt.

◉ Sehenswertes & Aktivitäten

◉ Cable Beach & Umgebung

★ Cable Beach STRAND

(Karte S. 1132) Das berühmteste Wahrzeichen von WA bietet türkisblaues Wasser und einen schönen weißen Sandstrand, der im Sonnenuntergang verschwindet. Nördlich der Felsen ist Nacktbaden erlaubt, während südlich von ihnen Wanderwege durch die roten Dünen des **Minyirr Park**, eines spirituellen Orts für die Yawuru, führen. Cable Beach ist in Australien ein Synonym für Kamele, und ein abendlicher Kamelritt über den Sand ist für viele Besucher ein Highlight. Einheimische in ihren Geländewagen schwärmen abends nördlich der Felsen aus, um sich einen Drink zum Sonnenuntergang zu genehmigen.

Gantheaume Point & Dinosaurier-Fußspuren AUSSICHTSPUNKT

GRATIS Der friedliche Aussichtspunkt, der in der Morgen- oder Abenddämmerung wunderschön ist, wenn sich die rostroten Klippen ins Scharlachrote verfärben, birgt ein 135 Mio. Jahre altes Geheimnis. Ganz in der Nähe befindet sich eine der vielfältigsten Ansammlungen von **Dinosaurier-Fußspuren** weltweit, die man nur bei Ebbe sehen kann (Hinweis: von den Klippen aus nach rechts gehen – aber Achtung: Die Felsen können glitschig sein!)

Reddell Beach STRAND

Wer einen herrlichen Sonnenuntergang ohne Touristen, Kamele oder Geländewagen erleben will, nimmt irgendeine der Abzweigungen von der Kavite Rd zwischen dem Gantheaume Point und dem Hafen und sieht, wie sich die roten Klippen in geschmolzene Lava verwandeln.

◉ Chinatown

Sun Pictures HISTORISCHES BAUWERK

(Karte S. 1130; ☎08-9192 1077; www.sunpictures.com.au; 27 Carnarvon St; Erw./Kind 17/12 AU$) Im ältesten noch betriebenen Open-Air-Kino der Welt lässt man sich auf einem Faltstuhl nieder. 1916 zur Unterhaltung der stetig wachsenden Gemeinde (von der nur wenige einen Begriff von „sauberer" Unterhaltung hatten) gegründet, zeigte das Kino zunächst Stummfilme, später dann auch Tonfilme – und heute werden abends hier immer noch Filme vorgeführt. Die Geschichte des Sun Building spiegelt die Geschichte der Stadt: Es gab verschiedene Plätze für die Angehörigen unterschiedlicher „Rassen", Überschwemmungen geschahen häufig, und Flugzeuge flogen direkt über die Köpfe der Zuschauer (was sie auch heute noch tun, denn das Kino liegt in der Einflugschneise). Um das und noch mehr zu erfahren, sollte man sich die stimmungsvolle, 15-minütige **Audio-Geschichte** (April–Okt. tgl. 13 Uhr; 5 AU$) nicht entgehen lassen.

> **NICHT VERSÄUMEN**
>
> ### FLUGBOOTWRACKS AUS DEM ZWEITEN WELTKRIEG
>
> Wenn die Ebbe sehr niedrig ist, kann man über das Watt beim Town Beach bis zu den **Wracks** (Karte S. 1130) der Catalina- und Dornier-Flugboote waten, die im Zweiten Weltkrieg von japanischen Mitsubishi A6M-Jagdflugzeugen attackiert wurden. Die Flugboote hatten Flüchtlinge aus Java evakuiert, und viele hatten noch Passagiere an Bord. Mehr als 60 Personen (hauptsächlich Niederländer und Briten) starben und 15 Flugboote wurden zerstört. Nur sechs Wracks sind sichtbar, die anderen ruhen in tieferen Gewässern.
>
> Man beginnt die Wanderung eine Stunde vor Ebbe und hält sich 1,5 km (ca. 30 Min.) etwa südöstlich. Angemessenes Schuhwerk ist erforderlich: Das Watt ist zäh und kann spitze Objekte verbergen, von denen nicht alle unbelebt sind. Man muss auf Gefahren aus dem Meer, z. B. Quallen, achten und unbedingt die Gezeitentermine im Visitor Centre erfragen. Im **Museum** (S. 1131) gibt es eine praktische Broschüre. Man kann aber auch einfach mit dem **Luftkissenboot** (☎08-9193 5025; www.broomehovercraft.com.au; 1 Std. Erw./Kind 119/85 AU$, Tour bei Sonnenuntergang/zu den Flugbooten 172/109 AU$) fahren.

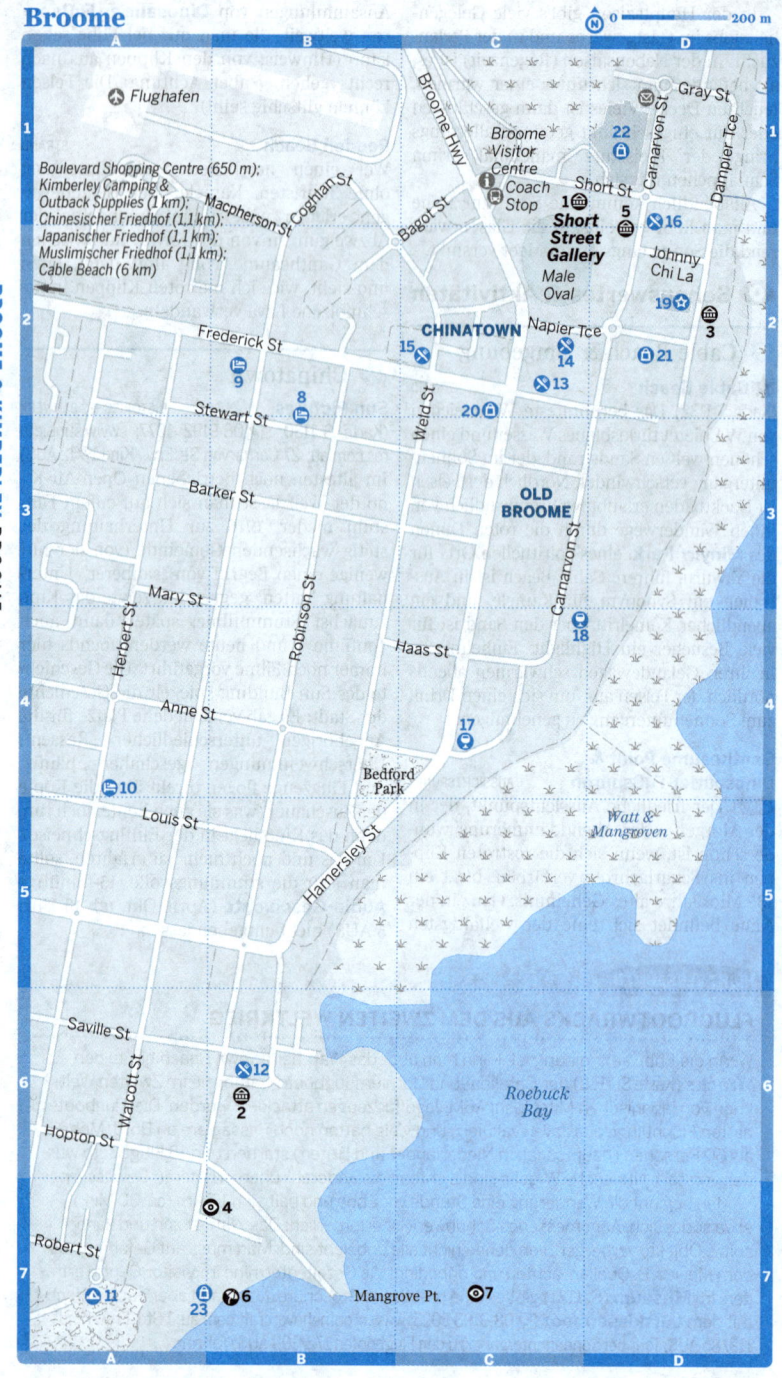

Broome

Flughafen

Boulevard Shopping Centre (650 m);
Kimberley Camping &
Outback Supplies (1 km);
Chinesischer Friedhof (1,1 km);
Japanischer Friedhof (1,1 km);
Muslimischer Friedhof (1,1 km);
Cable Beach (6 km)

Broome Visitor Centre
Coach Stop
Short Street Gallery
Johnny Chi La
Male Oval

CHINATOWN

Napier Tce

OLD BROOME

Gray St
Carnarvon St
Dampier Tce
Short St
Macpherson St
Coghlan St
Bagot St
Broome Hwy
Frederick St
Weld St
Stewart St
Barker St
Carnarvon St
Mary St
Robinson St
Herbert St
Haas St
Anne St
Bedford Park
Hamersley St
Louis St
Walcott St
Saville St
Hopton St
Robert St
Mangrove Pt.

Watt & Mangroven

Roebuck Bay

Broome

⊙ Highlights
1 Short Street Gallery C1

⊙ Sehenswertes
2 Broome Museum B6
3 Pearl Luggers D2
4 Pionierfriedhof B7
5 Sun Pictures D2
6 Town Beach B7
7 Flugbootwracks C7

⊙ Schlafen
8 Broome Town B&B B2
9 Kimberley Klub B2
10 McAlpine House A4
11 Roebuck Bay Caravan Park A7

⊙ Essen
12 18 Degrees B6

13 Aarli C2
14 Azuki C2
15 Good Cartel C2
16 Yuen Wing D1

⊙ Ausgehen & Nachtleben
17 Matso's Broome Brewery C4
18 Tides Garden Bar C4

⊙ Unterhaltung
19 Roebuck Bay Hotel D2

⊙ Shoppen
20 Courthouse Markets C2
21 Kimberley Bookshop D2
22 Paspaley Shopping Centre D1
23 Town Beach Markets A7

★ Short Street Gallery GALERIE
(Karte S.1130; ☎ 08-9192 6118; www.shortstgallery.com.au; 7 Short St; ⊙ Mo-Fr 10-15, Sa 11-15 Uhr) In dem originalen Gebäude werden aufeinanderfolgende Ausstellungen zeitgenössischer indigener Kunst gezeigt. In dem Lagerhaus-Studio (3 Hopton St, Old Broome) gibt es eine eindrucksvolle Sammlung von Malereien aller Formate (und manchmal auch von Skulpturen) von indigenen Künstlern. Die Galerie vertritt Yulparija-Künstler und Kunstzentren über die Region Kimberley hinaus.

Pearl Luggers MUSEUM
(Karte S.1130; ☎ 08-9192 0000; www.pearlluggers.com.au; 31 Dampier Tce; Eintritt frei, 1-stündige Führung Erw./Kind/Familie 25/12,50/60 AU$; ⊙ Führungen 11.30 & 15.30 Uhr) GRATIS Das kleine Museum hat in der Tat einige „Perlen" und bietet einen interessanten Vortrag über Broomes tragische Perlentauchervergangenheit, der das Leben der Taucher mit echten Exponaten erläutert. Man kann auch zwei der letzten erhalten (und restaurierten) Perlenfischerboote, die *Sam Male* und die *DMcD*, besichtigen.

⊙ Old Broome

Broome Museum MUSEUM
(Karte S.1130; ☎ 08-9192 2075; www.broomemuseum.org.au; 67 Robinson St; Erw./Kind 5/1 AU$; ⊙ Juni-Sept. Mo-Fr 10-16, Sa & So bis 13 Uhr, Okt.-Mai tgl. bis 13 Uhr) In diesem skurrilen Museum im ehemaligen Zollhaus kann man sich anhand von Ausstellungsstücken, die der Perlenfischergeschichte der Gegend und der Bombardierung im Zweiten Weltkrieg gewidmet sind, über die Anfänge von Cable Beach und Chinatown informieren.

Friedhöfe
Eine Reihe von Friedhöfen legt Zeugnis ab von Broomes multikultureller Vergangenheit. Der eindrucksvollste ist der **Japanische Friedhof** mit 919 Gräbern (vornehmlich von Perlentauchern). Gleich daneben befinden sich auf der **Chinesischen Begräbnisstätte** (Frederick St) mehr als 90 Gräber und Monumente. Der kleine **muslimische Friedhof** (Frederick St) ehrt die malaiischen Perlentaucher und afghanischen Kameltreiber.

Ein paar Kilometer südöstlich blickt der kleine **Pionierfriedhof** (Karte S.1130) am Town Beach über die Roebuck Bay.

⊙ Geführte Touren

Kameltouren
Das ist ein schnell wechselndes Geschäft, aber bei der letzten Zälung gab es drei Kameltouranbieter am Cable Beach mit ähnlichem Angebot.

Broome Camel Safaris KAMELTOUR
(Karte S.1132; ☎ 0419 916 101; www.broomecamelsafaris.com.au; Cable Beach; 30-minütiger Nachmittagsritt 25 AU$, 1-stündiger Ritt bei Sonnenuntergang Erw./Kind 70/55 AU$) Das von Alison, der „Camel Lady" geführte Unternehmen veranstaltet Ritte am Nachmittag und bei Sonnenuntergang am Cable Beach.

Red Sun Camels KAMELTOUR
(Karte S.1132; ☎ 1800 184 488; www.redsuncamels.com.au; Cable Beach; Erw./Kind 40-minütiger

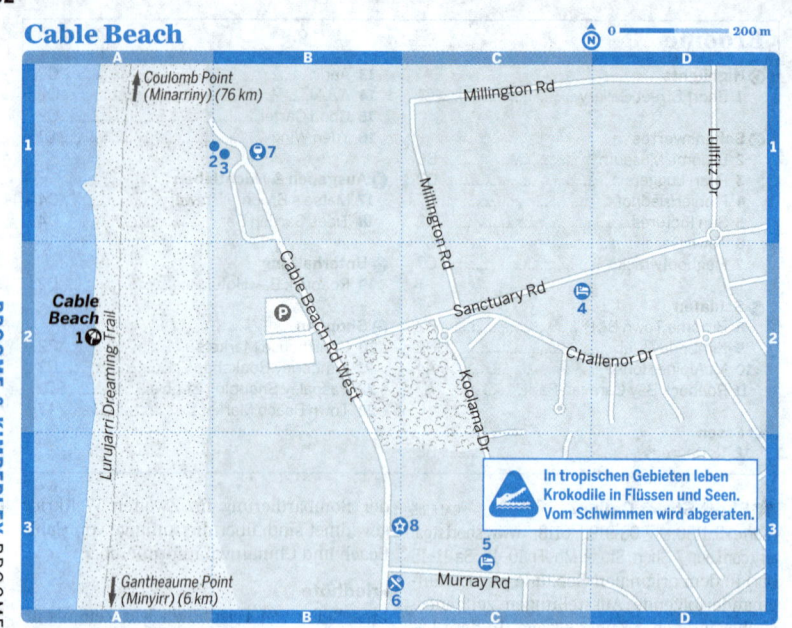

Cable Beach

⊙ Highlights
1 Cable Beach..A2

⊕ Aktivitäten, Kurse & Touren
2 Broome Camel Safaris..........................B1
3 Red Sun Camels.....................................B1

⊜ Schlafen
4 Beaches of Broome................................C2
5 Broome Beach Resort...........................C3

⊗ Essen
6 Cable Beach General Store &
 Cafe..B3

⊘ Ausgehen & Nachtleben
7 Sunset Bar & Grill..................................B1

⊕ Unterhaltung
8 Diver's Tavern..B3

Morgenritt 55/35 AU$, 1-stündiger Ritt bei Sonnenuntergang 75/55 AU$) Neben morgendlichen Ritten und Ritten in den Sonnenuntergang veranstaltet Red Sun auch einen 30-minütigen Ausritt um 16 Uhr (30 AU$).

Sundowner Camel Tours KAMELTOUR
(☏ 08-9195 2200; www.sundownercameltours.com.au; Cable Beach; Erw./Kind 40-minütiger Morgenritt 55/45 AU$, 1-stündiger Ritt bei Sonnenuntergang 75/55 AU$) Neben den Ausritten am Morgen, Nachmittag und bei Sonnenuntergang gibt es hier auch „Schoßsitze" für die Kleinen (10 AU$).

Touren ohne Kamele

Man kann scheinbar unter Millionen von Touren wählen, von Stadtspaziergängen durch Broome bis zu Panoramaflügen; Infos zum gesamten Angebot bekommt man im Visitor Centre.

Broome Adventure Company KAJAKFAHREN
(☏ 0419 895 367; www.broomeadventure.com.au; 3-std. Tour Erw./Kind 75/60 AU$) ⊘ Bei diesen Küsten-Kajaktouren mit Ökosiegel gleitet man an Meeresschildkröten vorbei.

Astro Tours ASTRONOMIETOUR
(☏ 0417 949 958; www.astrotours.net; Erw./Kind 80/50 AU$) Faszinierende zweistündige Sternenguckerei mit großen Teleskopen und tollem Kommentar. Das Ganze findet gleich außerhalb von Broome statt. Selbstfahrer sparen 15 AU$.

Kimberley Birdwatching VOGELBEOBACHTUNG
(☏ 08-9192 1246; www.kimberleybirdwatching.com.au; 3-/6-/10-/12-stündige Tour 90/150/250/

300 AU$) Der Ornithologe George Swann veranstaltet informative Naturtouren ab Broome. Es gibt auch Touren mit Übernachtung.

Broome Historical Walking Tours STADTSPAZIERGANG
(☏ 0408 541 102; www.broomehistoricalwalkingtours.com; Erw./Kind 35/20 AU$) Bei diesem tollen, 1½-stündigen Stadtspaziergang erkundet man das Broome der Vergangenheit mittels Ortsbesichtigungen und Fotos – vom Zweiten Weltkrieg bis zurück in die Zeit der Perlenfischer – und der unterhaltsame Wil erzählt dazu viele spannende Geschichten.

Lurujarri Dreaming Trail GEFÜHRTE TOUR
(☏ Frans 0423 817 925; www.goolarabooloo.org.au; ⊙wechselnde Termine) Dieser 82 km lange Liederzyklus folgt der Küste nach Norden von Gantheaume Point (Minyirr) bis Coulomb Point (Minarriny). Die Goolarabooloo organisieren jährlich eine geführte neuntägige Tour (Erw./Student 1600/900 AU$) mit Übernachtung auf traditionellen Lagerplätzen.

🎉 Feste & Events

Broome ist Gastgeber vieler Festivals, deren Termine sich von Jahr zu Jahr ändern können. Man sollte im Visitor Centre (S. 1135) nachfragen oder sich unter www.visitbroome.com.au informieren.

Broome Race Round SPORT
(www.broometurfclub.com.au) Zu den Pferderennen um den Kimberley Cup, den Ladies Day und den Broome Cup im Juli/August strömen Einheimische und Touristen in Massen herbei und machen mächtig Party.

Shinju Matsuri Festival of the Pearl KULTUR
(www.shinjumatsuri.com.au) Broomes Hommage an die Perlen besteht im August oder September aus einer Woche mit Umzügen, Essen, Kunst, Konzerten, Feuerwerk und Drachenbootrennen.

A Taste of Broome ESSEN
(www.goolarri.com) Indigene und multikulturelle Aromen stehen bei diesem Event (nur mit Eintrittskarte) in der Hauptsaison jeden Monat auf dem Programm. Neben Essen gibt es auch Musik und Tanzvorführungen.

🛏 Schlafen

Unterkünfte gibt es viele, man muss aber vorab buchen oder flexibel sein. Die Preise schnellen während der Hauptsaison in die Höhe und sinken in der Nebensaison. Gruppenreisende sollten das Anmieten einer Ferienwohnung in Erwägung ziehen.

Beaches of Broome HOSTEL $
(Karte S. 1132; ☏ 1300 881 031; www.beachesofbroome.com.au; 4 Sanctuary Rd, Cable Beach; B 32–45 AU$, DZ Motel ohne/mit Bad 140/180 AU$; ❄@🌐🏊) Das Hostel überzeugt mit sauberen Zimmern mit Klimaanlage, schattigen Gemeinschafdtsbereichen, einer Bar am Pool und einer Küche für Selbstversorger. Schlafsäle gibt's in verschiedenen Größen, und die motelartigen Zimmer sind gut ausgestattet. Man kann Fahrräder und Motorräder ausleihen, und ein kontinentales Frühstück ist im Preis inbegriffen.

Kimberley Klub HOSTEL $
(Karte S. 1130; ☏ 08-9192 3233; www.kimberleyklub.com; 62 Frederick St; B 25–33 AU$, DZ 99–120 AU$; ❄@🌐🏊) Das beliebte, entspannte, aber etwas abgewohnte Hostel liegt in praktischer Nähe zum Flughafen und ist toll, um andere Traveller kennenzulernen.

Roebuck Bay Caravan Park CAMPING $
(Karte S. 1130; ☏ 08-9192 1366; www.roebuckbaycp.com.au; 91 Walcott St; Stellplätze ohne/mit Strom 32/37–50 AU$, abgestellter Van DZ 90 AU$) Die schattige beliebte Anlage am Ufer direkt neben dem Town Beach bietet eine große Auswahl an Unterkünften.

★ McAlpine House B&B $$$
(Karte S. 1130; ☏ 08-9192 0588; www.pinctada.com.au; 55 Herbert St; DZ 185–420 AU$; P❄🌐🏊) Lord McAlpine machte das 1910 erbaute, auffällige frühere Wohnhaus eines Aufsehers über die Perlenfischer in den 1980er-Jahren zu seinem Wohnsitz in Broome und stellte es in seinem früheren Glanz wieder her. Die Zimmer unterscheiden sich in der Größe (einige sind beengt), doch eine Bibliothek, ein luftiger Innenhof zum Essen, der Pool und die Veranden erhöhen den Charme der Unterkunft. Das Blätterdach der Mango- und Frangipani-Bäume schafft Erleichterung bei Hitze.

Broome Town B&B B&B $$$
(Karte S. 1130; ☏ 08-9192 2006; www.broometown.com.au; 15 Stewart St, Old Broome; Zi. 285 AU$; P❄🌐🏊) Das nette Boutique-B&B hat vier geräumige Zimmer mit Eukalyptusholzböden und viel tropischem Charme. Es zeigt mit hohen Giebeldächern und Holzjalousien den typischen Stil der Architektur in Broome. Das kontinentale Frühstück wird im Gemeinschaftsbereich am Pool serviert.

EINE TREPPE ZUM MOND

Die Spiegelung des aufgehenden Vollmonds über dem Watt schafft bei Ebbe die optische Illusion einer **goldenen Treppe** (März–Okt.) zum Mond. Zwischen März und Oktober dreht sich in Broome alles um den Vollmond; jeder will das Schauspiel sehen. Am **Town Beach** (Karte S. 1130) gibt's einen munteren **Abendmarkt** (Karte S. 1130) mit Imbissständen, und die Leute rücken mit Faltstühlen an, obwohl man von der kleinen Landzunge am Ende der Hamersley St bessere Sicht hat. Während in Roebuck Bay die Party steigt wie nirgendwo sonst, lässt sich das Phänomen überall an der Küste der Regionen Kimberley und Pilbara beobachten, wo es nach Osten gerichtete Küsten mit Watt gibt. Weitere gute Aussichtspunkte sind One Arm Point bei Cape Leveque, der Cooke Point in Port Hedland, der Sunrise Beach in Onslow, die Hearson Cove nahe Dampier und der Aussichtspunkt bei Cossack. Die meisten Visitor Centres setzen den Vollmondtermin auf ihre Websites.

Broome Beach Resort APARTMENTS $$$
(Karte S. 1132; 08-9158 3300; www.broomebeach-resort.com; 4 Murray Rd, Cable Beach; Apt. mit 1/2/3 Schlafzi. 295/325/365 AU$;) Die großen, bescheidenen Apartments sind prima für Familien und Gruppen. Sie verteilen sich rund um einen Pool und liegen in kurzer Gehentfernung zum Cable Beach.

Essen

Hier muss man auf „Broome-Preise" (exorbitant), „Broome-Zeit" (das Lokal sollte geöffnet sein, ist aber zu) und alle möglichen Aufschläge (bei Kreditkartenzahlung, an öffentlichen Feiertagen, aus schlechtem Karma) gefasst sein. Der Service kann sehr unterschiedlich ausfallen – mal ausgezeichnet, mal geradezu abweisend –, weil viele Beschäftigte eigentlich nur auf der Durchreise sind. Die meisten Restaurants sind in der Nebensaison geschlossen.

Cafés findet man an der Carnarvon St in Chinatown. Viele Resorts haben Restaurants, aber oft bezahlt man nur wegen der schönen Aussicht.

Supermärkte gibt es in mehreren größeren Einkaufszentren, so im **Broome Boulevard** (106 Frederick St) und im zentral gelegenen **Paspaley Shopping Centre** (Karte S. 1130; Carnarvon St & Short St). Der Lebensmittelladen **Yuen Wing** (Karte S. 1130; 08-9192 1267; 19 Carnarvon St; Mo-Fr 8.30–17.30, Sa & So bis 14 Uhr) ist die beste Adresse für Gewürze, Nudeln und asiatischen Lebensmittel.

Good Cartel CAFÉ $
(Karte S. 1130; 0406 353 942; 3 Weld St; Snacks 7–15 AU$; Mo-Fr 5.30–14, Sa 6.30–14, So 7–14 Uhr) Was einst ein improvisiertes Café war, ist heute der angesagte Ort für einen großartigen Kaffee und mexikanisch angehauchte Snacks. Die Popcorn-Eimer als Sitze zollen der Lage – hinter dem (neuen) Sun Pictures Cinema – Tribut.

Cable Beach General Store & Cafe CAFÉ $
(Karte S. 1132; 08-9192 5572; www.cablebeachstore.com.au; Ecke Cable Beach Rd & Murray Rd; Snacks 10–20 AU$; tgl. 6–20.30 Uhr;) Cable Beach unplugged – ein typisch australisches Ecklokal mit Eierfrühstück, Barramundiburgern, Pies, Internet und ohne versteckte Kosten. Man kann hier sogar eine Runde Minigolf spielen.

Azuki JAPANISCH $$
(Karte S. 1130; 08-9193 7211; 1/15 Napier Tce; Sushi 13,50–15 AU$, Hauptgerichte 22,50–38 AU$; Mo-Fr 11–14.30 & 17.30–20.30 Uhr) In diesem winzigen Restaurant erlebt man die subtile Feinheit authentischer japanischer Küche – vom frischen Sushi bis zu den leckeren Bentoboxen. Leider ist das Lokal am Wochenende zu. Alkoholische Getränke selber mitbringen!

Aarli TAPAS $$
(Karte S. 1130; 08-9192 5529; www.theaarli.com.au; 2/6 Hamersley St, Ecke Frederick St; Hauptgerichte 24–38 AU$; 8 Uhr–open end) Einheimische beschreiben dieses Lokal als „verlässlich". Tatsächlich gibt's hier mit die einfallsreichsten und schmackhaftesten Bissen in Broome, wobei, wo möglich, auf regionale Produkte zurückgegriffen wird. Die mediterran-asiatisch angehauchten Tapas sind exzellent, und auch die Frühstücksgerichte sind gut. Abhängig davon, wer ihn macht, ist auch der Kaffee nicht schlecht.

18 Degrees INTERNATIONAL $$
(Karte S. 1130; 08-9192 7915; www.18degrees.com.au; Shop 4, 63 Robinson St, Seaview Centre; Hauptgerichte 20–33 AU$) Broomes neues. topmodernes Restaurant serviert einige tolle Gerichte zum Teilen, prima Hauptgerichte

(z. B. Barramunditeile und Lammfilet) und prunkt mit einer Wein- und Cocktailkarte, die so breit ist wie das Maul eines Krokodils.

Wharf Restaurant   SEAFOOD $$$
(08-9192 5800; 401 Port Dr; Hauptgerichte 25,50–55 AU$; 11–23 Uhr) Hier kann man sich im Uferambiente zu einem ausgiebigen Meeresfrüchte-Mittagessen niederlassen und hat noch die Chance, Wale zu sichten. Der Laden ist teuer, aber der Wein ist kalt, das Meer hinreißend und die blaue Schwimmerkrabbe mit Chili sensationell. Mit der Austernbestellung bis nach 14 Uhr warten, dann gibt es sie zum halben Preis!

Ausgehen & Unterhaltung

Spät abends sollte man nicht allein und in unbekannten Gebieten herumlaufen, denn die Stadt ist nicht so sicher, wie es scheint.

Tides Garden Bar   BAR
(Karte S. 1130; 08-9192 1303; www.mangrove-hotel.com.au; 47 Carnarvon St; 11–22 Uhr) Die zwanglose Freiluftbar des Mangrove Resort ist ideal für ein paar frühe Biere mit Blick auf die Roebuck Bay. Ordentliche Bistrogerichte (35–39 AU$) und Livemusik (Mi–So) ergänzen den ausgezeichneten Blick auf die „Treppe zum Mond".

Sunset Bar & Grill   BAR
(Karte S. 1132; 08-9192 0470; www.cablebeachclub.com; Cable Beach Club Resort, Cable Beach Rd; Frühstück 5–10.30 Uhr, Bar 16–21 Uhr, Abendessen 17.30–21 Uhr) Man kommt gegen 16.45 Uhr, schnappt sich einen Platz in der ersten Reihe, bestellt einen Drink und genießt im Schatten importierter Kokospalmen den Blick auf Backpacker, Pauschaltouristen, Einheimische, Kamele und den Sonnenuntergang über dem Indischen Ozean.

Matso's Broome Brewery   PUB
(Karte S. 1130; 08-9193 5811; www.matsos.com.au; 60 Hamersley St; 7–24 Uhr) In diesem beliebten Lokal trinkt man ein Pearler's Pale Ale (oder ein anderes Hausgebräu), isst einen Happen (Hauptgerichte 20–42 AU$) und entspannt sich bei Livemusik auf der Veranda.

Roebuck Bay Hotel   LIVEMUSIK
(Karte S. 1130; 08-9192 1221; www.roebuckbayhotel.com.au; 45 Dampier Tce; 11 Uhr–open end) Die Partyzentrale, in der sich Broomes alte Hasen vergnügen: In den labyrinthischen Bars gibt's Sport, Livemusik, DJs, Cocktails und Wet-T-Shirt-Wettbewerbe (wer's mag).

Diver's Tavern   LIVEMUSIK
(Karte S. 1132; 08-9193 6066; www.diverstavern.com.au; Cable Beach Rd; 11–24 Uhr) Hier ist an den meisten Abenden etwas los. Regionale Bands spielen mittwochs manchmal und sonntags immer.

Shoppen

Die alten Wellblechhütten an der Short St und der Dampier Tce sind voll mit indigener Kunst, Schmuck (natürlich auch Perlen) und billigen, kitschigen Souvenirs.

Kimberley Bookshop   BÜCHER
(Karte S. 1130; 08-9192 1944; www.kimberleybookshop.com.au; 4 Napier Tce; Mo–Fr 10–17, Sa 10–14 Uhr) Großes Sortiment an Büchern über Broome und die Region Kimberley.

Kimberley Camping & Outback Supplies   OUTDOOR-AUSRÜSTUNG
(08-9193 5909; www.kimberleycamping.com.au; Ecke Frederick St & Cable Beach Rd) Hier findet man Campingkocher, Toasteisen und alles, was man sonst noch für eine erfolgreiche Expedition benötigt.

Courthouse Markets   MARKT
(Karte S. 1130; Hamersley St; ganzjährig Sa vormittags, April–Okt. Sa & So) Örtliche Kunst, Kunsthandwerk, Musik und Hippie-Klamotten.

Praktische Informationen

Auf der Website von Broome Tourism (www.visitbroome.com.au) findet sich ein guter Veranstaltungskalender. Environs Kimberley (www.environskimberley.org.au) berichtet über aktuelle Umweltfragen und Projekte in der ganzen Region Kimberley.

INTERNETZUGANG

Broome Community Resource Centre (CRC; 08-9193 7153; 40 Dampier Tce; 5 AU$/Std.; Mo–Fr 8.30–16.30 Uhr) Billiges Ausdrucken, WLAN und Internet (3 AU$/Std.).

Galactica DMZ Internet Café (08-9192 5897; 4/2 Hamersley St; 5 AU$/Std.; Mo–Do 9–18, Fr & Sa 9–20 Uhr; @) Treffpunkt der üblichen Computerfreaks; hinter McDonalds.

TOURISTENINFORMATION

Broome Visitor Centre (Karte S. 1130; 08-9195 2200; www.visitbroome.com.au; Male Oval, Hamersley St; Mo–Fr 8.30–17, Sa & So bis 16.30 Uhr, Nebensaison kürzere Öffnungszeiten) Bucht Unterkünfte und Touren. Prima für Infos über den Straßenzustand, den Gezeitenkalender, die Beobachtung der „Treppe zum Mond", Besichtigung der Dinosaurierspuren und Besuche von Wracks aus dem Zweiten Weltkrieg. Verkauft auch Bücher des indigenen Verlags Magabala Books. Das Visitor Centre liegt am Kreisverkehr am Eingang zur Stadt.

❶ An- & Weiterreise

Wer keine lange Straßenreise unternehmen will, kommt am schnellsten und bequemsten mit dem Flugzeug direkt nach Broome. Der Broome International Airport liegt recht nahe beim Zentrum, in den meisten Fällen wird man aber doch von dort aus ein Taxi nehmen müssen.

Busse sind zwischen Perth und Derby unterwegs. Viele Touren, insbesondere zur Dampier Peninsula, starten in Broome.

BUS
Derby Bus Service (S. 1116).

Integrity (☏ 08-9274 7464; www.integrity-coachlines.com.au; einfache Strecke/hin & zurück 340/646 AU$) Integrity fährt zweimal pro Woche zwischen Broome und Perth sowie umgekehrt.

FLUGZEUG
Virgin Airlines (☏ 13 67 89; www.virgin-australia.com) Fliegt täglich nach Perth.

Qantas (☏ 13 13 13; www.qantas.com.au) Qantas hat saisonale Direktflüge von/zu den Hauptstädten im Osten.

Airnorth (☏ 08-8920 4001; www.airnorth.com.au) Airnorth fliegt täglich (außer Di) nach Darwin und Kununurra sowie zweimal wöchentlich nach Karratha und Port Hedland.

Skippers (☏ 1300 729 924; www.skippers.com.au) Fliegt dreimal wöchentlich nach Fitzroy Crossing, Halls Creek und Port Hedland.

❶ Unterwegs vor Ort

Broome ist eine sehr zersiedelte Stadt, und die Entfernungen können täuschen. Wenn man in Old Broome oder Chinatown abgestiegen ist, ist der Stadtbus praktisch, um zu den Stränden und Attraktionen zu kommen. Wer in Cable Beach wohnt oder das Umland erkunden will, ist mit einem eigenen Auto am besten bedient.

Town Bus Service (☏ 08-9193 6585; www.broomebus.com.au; Erw. 4 AU$, Tageskarte 10 AU$) Der Stadtbus verbindet Chinatown stündlich mit Cable Beach (Mitte Okt.–April 7.10–19.10 Uhr, Mai–Mitte Okt. 8.40–18.40 Uhr). Kinder unter 16 Jahren fahren in Begleitung eines Erwachsenen kostenlos und zahlen 2 AU$, wenn sie allein unterwegs sind.

Broome Cycles (☏ 08-9192 1871; www.broomecycles.com.au; 2 Hamersley St; 24/84 AU$ pro Tag/Woche, Kaution 50 AU$; ⊙ Mo–Fr 8.30–17, Sa bis 14 Uhr) Hat einen Laden in Chinatown und eine weitere Filiale, die nur in der Hauptsaison geöffnet ist, am Cable Beach (☏ 0409 192 289; Parkplatz des Old Crocodile Park, Cable Beach; ⊙ Mai–Okt. 9–12 Uhr).

Broome Broome (☏ 08-9192 2210; www.broomebroome.com.au; 3/15 Napier Tce; Autos/Geländewagen/Motorroller ab 65/155/35 AU$ pro Tag) Der lokale Anbieter Broome Broome bietet eine unbegrenzte Kilometerzahl und alternative Versicherungsbedingungen im Vergleich zu landesweiten Unternehmen.

Britz (☏ 08-9192 2647; www.britz.com; 10 Livingston St) Britz vermietet Wohnmobile (50–300 AU$/Tag) und robuste Geländewagen (160–280 AU$/Tag), die für die Gibb River Road unerlässlich sind.

Broome Taxis (☏ 13 10 08) Eines von mehreren Taxiunternehmen vor Ort.

Chinatown Taxis (☏ 1800 811 772) Verlässlicher Service vor Ort.

RUND UM BROOME

Malcolm Douglas Wilderness Park   SCHUTZGEBIET
(☏ 08-9193 6580; www.malcolmdouglas.com.au; Broome Hwy; Erw./Kind/Familie 35/20/90 AU$; ⊙ tgl.14–17 Uhr) Besucher betreten das 30 ha große Wildschutzgebiet 16 km nordöstlich von Broome durch das Maul eines riesigen Krokodils. Der Park ist die Heimat von Dutzenden Krokodilen (Fütterung & informativer Vortrag 15 Uhr) sowie von Kängurus, Kasuaren, Emus, Dingos, Riesenstörchen und zahlreichen anderen Vögeln.

Broome Bird Observatory   SCHUTZGEBIET
(☏ 08-9193 5600; www.broomebirdobservatory.com; Crab Creek Rd; Eintritt gegen Spende, Stellplätze 15 AU$/Pers., EZ/DZ/FZ mit Gemeinschaftsbad 50/85/100 AU$, Chalets 165 AU$; ⊙ März–Nov. 8–16 Uhr) Die wundervolle Vogelbeobachtungsstation an der Roebuck Bay, 25 km außerhalb von Broome, hat eine schöne Lage im Busch nahe einem zugänglichen Strand. Das Gebiet ist ein wichtiger Zwischenstopp für Tausende von Zugvögeln (rund 40 Arten), von denen einige mehr als 12 000 km zurücklegen. Angeboten werden u. a. einstündige Einführungstouren mit Erläuterungen (20 AU$), 2½-stündige Autotouren (70 AU$) und fünftägige Kurse, bei denen alles inklusive ist (1290 AU$). Man kann hier auch in Zimmern oder in einem separaten Chalet übernachten.

Dampier Peninsula

Nördlich von Broome erstreckt sich die rote Erde der Dampier Peninsula nach Norden, bis sie abrupt an verlassenen Stränden, geschützten Mangrovenbuchten und Klippen, die in der untergehenden Sonne blutrot aufleuchten, endet. In dieser abgelegenen, erstaunlichen Landschaft finden sich blühende Siedlungen der indigen Ngumbarl, Jabirr Jabirr, Nyul Nyul, Nimanburu, Bardi Jawi und Goolarabooloo. Zugänglich ist die Halbinsel mit Geländewagen über die 215 km lange, weitgehend nicht asphaltierte Cape Leveque Rd.

Nach 14 km biegt man von der Cape Leveque Rd nach links auf die Manari Rd ab und fährt an der spektakulären Küste entlang Richtung Norden. Busch-Campingplätze (ohne Einrichtungen) gibt's bei Barred Creek, Quandong Point, James Price Point und Coulomb Point, wo sich ein Naturschutzgebiet befindet.

Wenn man Aborigines-Gemeinden besuchen will, die über die Cape Leveque Rd erreichbar sind, muss man immer im Voraus buchen (entweder direkt bei den Gastgebern in der Gemeinde oder über das Broome Visitor Centre) – prüfen, inwieweit Genehmigungen und/oder Bezahlungen erforderlich sind! Zu empfehlen ist die ausgezeichnete Broschüre *Ardi – Dampier Peninsula Travellers Guide* (5 AU$). Man sollte alles für den eigenen Bedarf mitnehmen, auch wenn Vorräte in begrenztem Maß verfügbar sind. Viele Gemeinden (oder Außenposten) bieten Unterkünfte – in Zimmern oder auf Stellplätzen –, außerdem Gelegenheiten zum Angeln, Kajakfahren und Krabbenfischen.

Geführte Touren

★ Chomley's Tours GEFÜHRTE TOUR
(08-9192 6195; www.chomleystours.com.au; 1-/2-tägige Touren 280/520 AU$) Chomley's bietet mehrere ausgezeichnete Tagestouren und Touren mit Übernachtung zur Halbinsel (inklusive Krabbenfischen und andere Aktivitäten) sowie Anfahrt oder Abholungen. Für Kinder gelten reduzierte Preise.

Beagle Bay

Beagle Bay Church KIRCHE
(08-9192 4913; Eintritt gegen Spende) Beagle Bay, rund 110 km von Broome entfernt, ist bekannt für den außerordentlich schönen Perlmuttaltar in der Kirche der Gemeinde, die 1918 von Pallotiner-Mönchen errichtet wurde. Es gibt keine Unterkünfte, aber Benzin (nur werktags). Vorab buchen und direkt zur Kirche fahren!

Middle Lagoon & Umgebung

Middle Lagoon GEMEINDE
(08-9192 4002; www.middlelagoon.com.au; Stellplätze ohne/mit Strom 30/40 AU$, Strand-Schutzhütte DZ 50 AU$, Hütten DZ 140–240 AU$) Middle Lagoon ist 180 km von Broome entfernt und von einsamen Stränden umgeben. Die Gegend ist ideal zum Schwimmen, Schnorcheln, Angeln und Nichtstun. Es gibt viel Schatten, eine reiche Vogelwelt, und die Hütten haben ein prima Preis-Leistungs-Verhältnis.

Mercedes Cove HÜTTEN $$$
(08-9192 4687; www.mercedescove.com.au; Pender Bay; Ökozelte/Hütten mit Klimaanlage 150/300 AU$) Die Anlage in der Nähe von Middle Lagoon bietet einen eigenen, abgeschiedenen Strand und Einsamkeit. Es gibt mehrere ansprechende Hütten aus Maschengeflecht („Ökozelte") sowie Hütten mit Klimaanlage und tollem Ausblick. Die Anlage ist sehr gut geführt, zeigt viel Aufmerksamkeit aufs Detail, und man kann sich von seinem Stellplatz fast direkt ins Meer rollen lassen – bis zum Strand sind es nämlich nur 20 m einen sanften Sandweg hinunter.

Gnylmarung Retreat CAMPING $
(0429 411 241; www.gnylmarung.org.au; Stellplätze 20 AU$/Pers., Bungalows ab 90 AU$) Die kleine, entspannte Gemeinde nahe Middle Lagoon bietet eine begrenzte Zahl einsamer Stellplätze und einfache Bungalows. Die Unterkunft ist bei Anglern beliebt.

Pender Bay

★ Whale Song Cafe CAFÉ $$
(08-9192 4000; Munget; kleine Gerichte 7–25 AU$; Juni–Aug. 9–15 Uhr) Das Ökocafé liegt toll über der Pender Bay und serviert fabelhafte Bio-Mango-Smoothies, hausgemachte Gourmetpizzas und den besten Kaffee auf der Halbinsel. Es gibt einen winzigen Campingplatz im Busch (Stellplätze 20 AU$/Pers.) mit herrlichem Blick, eine abgefahrene Dusche im Freien und weit und breit kein Wohnmobil. Telstra-Handy-Empfang verfügbar.

Goombaragin CAMPING $$
(0429 505 347; www.goombaragin.com.au; Pender Bay; Stellplätze 18 AU$, Naturzelt mit Gemeinschaftsbad 75 AU$, Ökozelt mit Bad 175 AU$, Bungalow mit Bad 220 AU$;) Diese freundliche Anlage bietet ein paar abgeschiedene

Stellplätze, leicht abgenutzte Safarizelte, ein fest installiertes „Naturzelt" (Verpflegung selber mitbringen!) und einen komfortablen Bungalow. Die Lage ist herrlich: Von einem Felsvorsprung blickt man hinunter auf rote Klippen und den Strand.

Lombadina & Umgebung

Lombadina GEMEINDE
(☎ 08-9192 4936; www.lombadina.com; Eintritt 10 AU$/Auto, Zi. mit Gemeinschaftsbad 170 AU$; ⊙ Büro Mo–Fr 8-12, 13–16 Uhr, Sa & So nach vorheriger Vereinbarung) Lombadina liegt zwischen Middle Lagoon und Cape Leveque und ist 200 km von Broome entfernt. Die schöne, von Bäumen umsäumte Gemeinde veranstaltet diverse Touren (mind. 3 Pers.), u. a. Angel-, Walbeobachtungs-, Geländewagen-, Krabbenfischen-, Kajak- und Wandertouren, die über das Büro gebucht werden können. Zur Unterkunft gibt's Zimmer im Backpacker-Stil und freistehende Hütten (220–240 AU$), aber keine Stellplätze. Benzin ist (werktags) verfügbar; im ebenfalls werktags geöffneten Arts Centre werden hübsche kunsthandwerkliche Dinge verkauft.

Chile Creek GEMEINDE $$
(☎ 08-9192 4141; www.chilecreek.com; Stellplätze Erw./Kind 16,50/10 AU$, Buschbungalows mit Gemeinschaftsbad 95 AU$, Safarizelte für 4 Pers. 185 AU$) Das 10 km von Lombadina entfernte und über eine sehr sandige Piste erreichbare Chile Creek bietet einfache Stellplätze im Busch und Safarizelte mit angeschlossenem Bad (mind. 2 Nächte), die alle nur einen kurzen Spaziergang vom Bach und 2 km vom Indischen Ozean entfernt sind. Eine gute Unterkunft für Vogelbeobachter.

Cape Leveque & Umgebung

Cape Leveque (Kooljaman) CAMPING
Mit seinen prächtigen weißen Stränden und den roten Klippen bietet Cape Leveque einen spektakulären Anblick. Das mit Ökotourismuspreisen ausgezeichnete **Kooljaman** (☎ 08-9192 4970; www.kooljaman.com.au; Eintritt 5 AU$/Erw., Stellplätze ohne/mit Strom 38/43 AU$, Kuppelzelte 65 AU$, Hütten mit/ohne Bad DZ 170/145 AU$, Safarizelte DZ 275 AU$; 🛜) bietet grasbewachsene Stellplätze, Strandunterkünfte aus Treibholz, Safarizelte auf einem Hügel und Budget-Zelte. Man muss mindestens zwei Übernachtungen buchen, und von Juni bis Oktober ist die Anlage immer gut belegt. Das **Restaurant** (☎ 08-9192 4970; Hauptgerichte 29–38 AU$, Grillpaket 22–26 AU$; ⊙ April–Okt. 8–16 & 18–22 Uhr, Nov.–März mittags) ist zum Mittag- und Abendessen geöffnet, und man kann auch Grillpakete bestellen. Alkoholische Getränke selber mitbringen.

Brian Lee Tagalong Tours GEFÜHRTE TOUR
(☎ 08-9192 4970; www.brianleetagalong.com.au; Kooljaman; Erw./Kind ½ Tag ab 75/35 AU$, ganzer Tag 125/75 AU$) Brian ist ein echter Kimberley-Charakter, und seine Touren gelten bei Angelfreunden und gewieften Krabbenfischern als die besten. Eigenes Auto erforderlich.

Bundy's Tours KULTURTOUR
(☎ 08-9192 4970; www.bundysculturaltours.com.au; Kooljaman; Erw. 45–75 AU$, Kind 25–35 AU$) Der Bardi-Hüter Bundy vermittelt bei seiner Tour mit den Augen eines Einheimischen wundervolle Einblicke in die traditionelle Lebensweise seines Volks. Man erfährt dabei etwas über Bush Tucker, das Vergiften von Fischen und die Anfertigung von Speeren.

★ **Cygnet Bay Pearl Farm** PERLENFARM
(☎ 08-9192 4283; www.cygnetbaypearls.com.au; Cygnet Bay) Über der hinreißenden Cygnet Bay vermittelt diese Perlenfarm mit touristischen Einrichtungen faszinierende Einblicke in das Perlentauchen (Erw./Kind 27/10 AU$). Hier ist auch das beste Restaurant der Region (Hauptgerichte 17–50 AU$). An Unterkünften gibt es u. a. Stellplätze (90 AU$/2 Pers.), Safarizelte (230 AU$/2 Pers.) und luxuriösere Perlentaucherhütten (ab 290 AU$/2 Pers.). Bootsausflüge in den gewaltigen Gezeitenströmungen kosten 155 AU$.

Ardyaloon (One Arm Point) GEMEINDE
(10 AU$/Pers.; ⊙ Mo–Fr 8.30–16.30 Uhr) In der Gemeinde Ardyaloon (One Arm Point) gibt es einen gut bestückten Laden, Benzin und großartige Angel- und Schwimmmöglichkeiten mit Blick auf den Buccaneer Archipelago. Der Eintritt zur Gemeinde (in dem die Besichtigung der Brutanstalt enthalten ist) ist in der Schnecken-Brutanstalt zu bezahlen. In Ardyaloon gibt's keine Stellplätze.

Gambanan CAMPING $
(☎ 0427 786 345; nahe One Arm Point; 20 AU$/Erw., Kind unter 12 Jahren frei; ⊙ Ende Mai–Sept.) Viel Schick hat der kleine Vorposten am Wasser zwischen Cape Leveque und Ardyaloon nicht zu bieten, aber Stellplätze ohne Strom, eine abgeschiedene Lage und viele Bäume, deren Früchte als Bush Tucker dienen.

Australien verstehen

AUSTRALIEN AKTUELL 1140
Die heißen Eisen des Landes: politische Turbulenzen, aberwitzige Immobilienpreise und die Wirtschaft nach dem Bergbau-Boom. Wenigstens aber sind die Städte hübsch.

GESCHICHTE 1142
Ein uralter Kontinent, ein uraltes Volk und ein paar Hundert Jahre europäisches Getümmel.

DAS AUSTRALIEN DER ABORIGINES 1153
Die Geschichte, die Kunst und die Kultur der australischen Ureinwohner werden den Australienurlaub um mindestens 50 000 Jahre verlängern.

NATUR & UMWELT 1160
Dürren, Versalzung, Buschfeuer ... Die in diesem weitläufigen, braunen Land heimischen Beuteltiere kennen das alles zur Genüge.

ESSEN & TRINKEN 1168
Essen ist Australiens neue Religion: Ihr frönen kann man in Cafés, Restaurants, auf Bauernmärkten und, weniger „fromm", auch in Kneipen und Weinkellern.

SPORT 1173
Verliert Australien sein Sport-Mojo? Wenn man von dem wankenden Kricket-Team und den Enttäuschungen in Sachen Fußball absieht, boxt das Land immer noch oberhalb seiner Gewichtsklasse.

Australien aktuell

45 Millionen Jahre Isolation waren die Schmiede, in der Australiens kulturelle und geografische Identität entstand. Die raue, aber wunderschöne Landschaft übersteht immer wieder aufs Neue Brände, Dürren und Überflutungen – eine Widerstandsfähigkeit, die auch die Australier selbst charakterisiert, was sie jedoch meist hinter viel Witz und freundlicher Ungezwungenheit verbergen. Australier sind von Geburt an Optimisten, was ihnen auch dabei geholfen hat, ihre Wirtschaft durch die Globale Finanzkrise zu steuern. Doch werden die guten Zeiten weiter anhalten? Betrachtet man die politische Landschaft, aber auch den Immobilienmarkt, scheint die Zukunft noch alles andere als in trockenen Tüchern zu sein.

Top-Filme

Lantana (Regie: Ray Lawrence; 2001) Ein Krimi für Anspruchsvolle: Meditationen über Liebe, Wahrheit und Trauer.
Gallipoli (Regie: Peter Weir; 1981) Nationale Identität im Ersten Weltkrieg.
Mad Max (Regie: George Miller; 1979) Mel Gibson ist ganz schön sauer.
The Hunter (Regie: Daniel Nettheim; 2011) Ein mürrischer Willem Dafoe macht sich auf die Jagd nach dem letzten Tasmanischen Tiger.
10 Kanus (Regie: Rolf de Heer und Peter Djigirr; 2006) Erster australischer Film, der ausschließlich in einer Aborigine-Sprache gedreht wurde.

Top-Bücher

Der schmale Pfad durchs Hinterland (Richard Flangan; 2014) Von Hobart zum Bau der „Todeseisenbahn" nach Siam. Gewinner des Man Booker Prize.
Der singende Baum (Tim Winton; 2002) Packender Roman WA.
Oscar & Lucinda (Peter Carey; 1988) Mit dem Man Booker Prize ausgezeichneter Roman über die Umsetzung einer aus Glas gebauten Kirche.
The Bodysurfers (Robert Drewe; 1983) Kurzgeschichten, die an Sydneys nördlichen Stränden spielen.
Der verborgene Fluss (Kate Grenville; 2005) Roman über das Leben der Sträflinge rund um Sydney im 19. Jh.

Politik

Ähnlich wie das globale hat sich letztens auch das politische Klima Australiens überhitzt. 2013 haben die Wähler die Regierung der linksgerichteten Labor Party in die Opposition verabschiedet und sich für einen neuen Start mit einer rechtsgerichteten Koalition aus Liberal und National Party ausgesprochen. Zuvor hatte die Labor-Premierministerin Julia Gillard, Australiens erste Premierministerin, in einer erstaunlichen Abfolge von internen Fraktionskämpfen ihr Amt an Kevin Rudd verloren, den sie im Jahr 2010 aus dem Amt gejagt hatte.

Die Konservativen lehnten sich derweil zurück und sahen dem ganzen Premierminister-Zirkus staunend zu. Anschließend gewannen sie 2013 mit Leichtigkeit die Wahlen, getragen von einer Welle öffentlichen Entsetzens über die Seifenoper, die die Labor-Spitze zur Aufführung gebracht hatte. Tony Abbott, der neue Premierminister, wirkte wie ein Mann, der an der Schwelle zu einer Zukunft stand, die ihn selbst zu überraschen schien.

2015 begann sich das Blatt für Abbott zu wenden. Seine Popularitätswerte waren im Sinkflug, als er die bizarre Entscheidung traf, Prinz Philip (der Ehemann der britischen Königin) zum Ritter zu schlagen – ausgerechnet am Australia Day. In den Medien wurde Abbott dafür scharf kritisiert und die Öffentlichkeit hielt seine Idee für unaustralisch. In seiner Partei wurde ein Abwahlverfahren angestrengt, wobei der ehemalige Führer der Liberal Party of Australia, Malcolm Turnbull, der bevorzugte Gegenkandidat war. Bei der Abstimmung im September setzte sich Turnbull gegen Abbott durch und übernahm damit auch das Amt des Premierministers.

Immobiliensucht

Australier lieben Immobilien. Sie lieben es, über sie zu reden, sie zu bauen, sie zu kaufen, sie im Fernsehen zu bestaunen – vor allem aber lieben sie es, Immobilien mit

Gewinn weiterzuverkaufen. Als 2008 die Globale Finanzkrise über die Welt hereinbrach, erkannten westliche Ökonomen und Banker: „Oh. Hoppla. Wir haben ja Immobiliendarlehen an Menschen vergeben, die sie eigentlich niemals zurückzahlen können"... und dann sind die Immobilienpreise gefallen.

Nicht jedoch in Australien. Hier war zum selben Zeitpunkt ein wundersamer Bergbau-Boom in Gang. Niemand machte sich Sorgen um lächerliche Immobilienpreise, wo es doch noch immer genug Wertvolles in Western Australia zu geben schien, das nur darauf wartete, ausgebuddelt und nach China verkauft zu werden. Also legten sich die Australier weiterhin teure Häuser zu, was dazu führte, dass die Preise für Immobilien weiter und weiter Richtung Himmel gehoben wurden. Heute, wo der Durchschnittspreis für eine Immobilie das Fünffache des mittleren jährlichen Haushaltseinkommens erreicht hat, gehören Australiens Immobilien zu den teuersten der Welt.

Was steht nun als nächstes an? Die chinesische Wirtschaft jedenfalls verliert an Kraft und die australischen Bergbauexporte kommen zunehmend ins Stocken. In den Medien grassiert die Furcht, die Immobilienblase könnte platzen. Doch solange die Zinsen niedrig bleiben und sich die Wahrnehmung nicht ändert, dass Australien ein „Glücksland" und somit irgendwie immun gegen globale Wirtschaftsprobleme sei, solange wird die nationale Immobiliensucht nur schwer zu heilen sein.

Stadtleben

Australien ist ein urbanisiertes Land: Rund 90% der Australier leben in größeren und kleineren Städten. Die Städte wachsen ständig, verändern sich, erfinden sich neu und nehmen Einflüsse aus allen Ecken der Welt auf. Das Gefühl, das Eigene sei dem Fremden unterlegen, jener typische kulturelle Minderwertigkeitskomplex, ist heute weniger ausgeprägt als noch vor 30 Jahren. Der Nationalstolz erlebt einen Aufschwung, der sich in der Kunst- und Restaurantszene der Städte zeigt. Diese präsentieren sich nach wie vor multikulturell, aber ganz unterschiedlich: Sydney sinnlich, Melbourne glamourös, Brisbane verspielt, Adelaide elegant und Perth freigeistig. Nicht vergessen darf man auch das intellektuelle Hobart, das hedonistische Darwin und das auf seine Museen stolze Canberra. Aussies Städte sind charmant: Wenn man einige Zeit in einer Stadt verbracht hat, um sie kennenzulernen, fällt es einem schwer, wieder abzureisen.

BEVÖLKERUNG: **23,75 MIO.**

FLÄCHE: **7.7 MIO. KM²**

BIP: **1,53 BILLIONEN US$**

BIP-WACHSTUMSRATE: **3,5%**

INFLATION: **1,7%**

ARBEITSLOSENQUOTE: **6,4%**

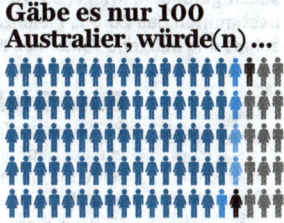

Gäbe es nur 100 Australier, würde(n) ...

79 zu Hause Englisch sprechen
3 zu Hause Chinesisch sprechen
2 zu Hause Italienisch sprechen
1 zu Hause Vietnamesisch sprechen
1 zu Hause Griechisch sprechen
14 zu Hause andere Sprachen sprechen

Religion
(% der Bevölkerung)

64 Christen
19 Agnostiker
2 Buddhisten
2 Muslime
1 Hindus
12 andere

Einwohner pro km²

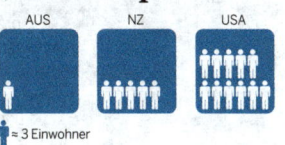

AUS   NZ   USA

≈ 3 Einwohner

Geschichte

von Michael Cathcart

Australien ist ein uralter Kontinent; die Aborigines siedelten sich hier vor über 50 000 Jahren an. Angesichts solcher zeitlicher Dimensionen scheint unser Blick auf die Geschichte dieses Landes an dieser Stelle vielleicht etwas zu kurz gegriffen, ist aber deswegen nicht minder interessant. Nach ihren Anfängen von den Sträflingskolonien bis zur Unabhängigkeit von Großbritannien hat die junge Nation inzwischen längst zu sich selbst gefunden. Kriege, die Weltwirtschaftskrise und die kulturelle Weiterentwicklung bestimmten das 20. Jh., gleichzeitig wurden die Auswirkungen der Moderne auf Landschaft und indigene Völker des Kontinents überdeutlich.

Eindringlinge

> Michael Cathcart ist als Moderator von ABC Radio National bekannt und hat Geschichtssendungen auf ABC TV präsentiert.

Bei Sonnenaufgang legte sich der Sturm. Zachary Hicks hielt gerade Wache auf dem britischen Schiff *Endeavour*, als er plötzlich stutzte. Er rief seinen Kommandanten James Cook – denn vor ihnen lag ein unbekanntes Land mit bewaldeten Hügeln und sanften Tälern. Es war der 19. April 1770. In den folgenden Tagen zeichnete Cook als erster Europäer eine Landkarte von der Ostküste Australiens. Für die Aborigines war damit das Ende ihrer Unabhängigkeit besiegelt.

Als Cook mit ein paar Männern an Land ging, wurden sie von zwei Aborigines mit Speeren bedroht. Cook antwortete mit Musketenschüssen. Die Aborigines und die Eindringlinge beäugten sich misstrauisch.

Cooks Schiff, die *Endeavour*, war als Außenstelle der Royal Society unterwegs, der führenden wissenschaftlichen Organisation in London. Zu den Passagieren gehörten Ingenieure, Naturwissenschaftler, ein Astronom und ein Botaniker namens Joseph Banks. Mit seinen Kollegen streifte Banks durch das Territorium der Ureinwohner – sie waren begeistert von der Vielzahl unbekannter Pflanzen.

Bei den Ureinwohnern hieß der Ort Kurnell, Cook aber nannte ihn „Botany Bay". Die Ostküste ist heute gespickt mit Ortsnamen, die von Cook stammen: Point Hicks, Hervey Bay (nach einem englischen Admiral), Endeavour River und Point Solander (nach einem Forscher dieser Expedition).

Als die *Endeavour* die Nordspitze von Cape York erreichte, war nach Westen nur noch das Meer zu sehen, und Cook und seine Leute hatten

ZEITLEISTE	vor 80 Mio. Jahren	vor 50 000 Jahren	1616
	Viele Jahrmillionen nach der Abtrennung Australiens vom prähistorischen Gondwana löst es sich vor rund 45 Mio. Jahren auch von Antarktika und bewegt sich nordwärts.	Die ersten Spuren von Aborigines auf dem Kontinent. Das Land ist Lebensraum riesiger Beuteltiere, darunter Wombats von Nashorngröße. Es gibt üppige Wälder und Seen mit artenreichem Leben.	Die Niederländer nutzen auf ihrer Handelsroute über den Indischen Ozean nach Indonesien die „Roaring Forties"-Winde, die auch Kapitän Dirk Hartog an die Westküste Australiens bringen.

den Seeweg in die Heimat vor Augen. Auf einer kleinen Insel („Possession Island") hisste Cook den Union Jack. Feierlich und mit Kanonendonner nahm er die Osthälfte des Kontinents für König George III. in Besitz.

Cook hatte nicht die Absicht, den Ureinwohnern das Land einfach wegzunehmen. Die Vorstellung, die er von ihnen hatte, war ziemlich verklärt: „Sie sind viel glücklicher als wir Europäer", schrieb er. „Sie meinen, alles Lebensnotwendige zu besitzen und haben nichts Überflüssiges." Mit der patriotischen Zeremonie wollte er allenfalls den territorialen Ambitionen der Franzosen und Niederländer Grenzen setzen: Sie hatten in den zwei Jahrhunderten zuvor große Teile der West- und Südküste bereist und kartiert. Die Westhälfte Australiens war Cook sogar unter dem Namen „Neuholland" bekannt.

Die Sträflingskolonie

1788, 18 Jahre nach Cooks Erkundungsfahrt, kehrten die Engländer zurück. Sie kamen mit einer Flotte von elf Schiffen, die beladen waren mit Vorräten, Waffen, Werkzeug, Baumaterial und Vieh. An Bord befanden sich 751 Sträflinge, 250 Soldaten, Beamte und deren Ehefrauen. Diese bunt gemischte „First Fleet" stand unter dem Kommando des gewissenhaften Marinekapitäns Arthur Phillip. Befehlsgemäß ankerte er in der Botany Bay. Doch das Paradies, das Joseph Banks einst so begeistert hatte, fand Phillip eher frustrierend. Die Gegend war sumpfig, Trinkwasser gab es kaum und der Ankerplatz war Wind und Sturm ausgesetzt. Phillip verließ das Schiff und machte sich im Beiboot auf die Suche nach einer besseren Anlegestelle. Ein Stück weiter nördlich fand er, was er suchte. Er segelte geradewegs in eine kleine Bucht, die einen natürlichen Hafen bildete. Dieses idyllische Gebiet gehörte den Eora. Hier gründete Phillip eine britische Sträflingskolonie und benannte den Ort nach dem britischen Innenminister Lord Sydney.

Die Fremden rodeten, bauten Häuser und bestellten Felder. Phillip hatte die Anweisung, den Ureinwohnern friedlich zu begegnen, doch die Aborigines rund um Sydney kamen über den Verlust ihres Landes nicht hinweg. Viele starben an Pocken, andere gingen am Alkohol und an der Verzweiflung zugrunde.

Eine zweite Sträflingskolonie errichteten englische Offiziere 1803 in „Van Diemen's Land" (heute Tasmanien). Schnell füllten Wiederholungstäter das üble Gefängnis von Port Arthur an der herrlichen, wilden Küste bei Hobart. In dieser Zeit litten andere Sträflinge Qualen im Gefängnis auf der abgelegenen Pazifikinsel Norfolk Island.

Die Zeit Australiens als Sträflingskolonie war so grauenvoll, dass die Australier sie lange als Ära der Schande empfunden haben. Heute ist das anders: Die meisten weißen Australier sind sogar ein wenig stolz, wenn sie im Stammbaum ihrer Familie einen Sträfling von damals entdecken.

Tasmaniens Ureinwohner wurden nach der letzten Eiszeit, als der Meeresspiegel stieg, vom australischen Festland abgeschnitten. In der Folge entwickelten sie ihre jeweils eigenen – und sich deutlich voneinander unterscheidenden – Sprachen und Kulturen.

In abgelegenen Regionen Australiens, aber auch in Zentren wie Alice Springs und Darwin, sprechen viele Aborigines auch heute noch statt Englisch ihre traditionellen Sprachen. Viele Aborigines sind mehrsprachig. Einst gab es mehr als 300 Aborigine-Sprachgruppen auf dem australischen Kontinent.

1770	1788	1789	1804
Captain James Cook kartografiert als erster Europäer die Ostküste Australiens, sein „New South Wales". Überzeugt, in der „Botany Bay" den idealen Siedlungsort gefunden zu haben, kehrt er nach England zurück.	Die First Fleet bringt britische Gefangene und Offizielle ins Land des Eora-Volks, in dem Gouverneur Arthur Phillip eine Sträflingssiedlung gründet. Er nennt sie Sydney.	Eine Pockenepidemie sucht die Aborigine-Völker rund um Sydney heim. Britische Offiziere berichten, dass die Leichen der Ureinwohner in den Hafenbuchten verwesen.	In Van Diemen's Land (dem heutigen Tasmanien) verlegt David Collins die neue Sträflingskolonie von Risdon Cove an jene Stelle, an der heute Hobart liegt.

BENNELONG

Bennelong war einer der Ureinwohner, die Gouverneur Phillip als Mittelsmänner einsetzte. Der einflussreiche Eora hatte sich viel von den Gebräuchen und Umgangsformen der Weißen abgeguckt. Nach seiner Gefangennahme lernte Bennelong, Englisch zu sprechen und zu schreiben, und diente sowohl in Australien als auch auf einer Reise nach Großbritannien 1792 als Vermittler zwischen seinem Volk und den Briten. Ein Brief, den er 1796 Mr. und Mrs. Phillips schrieb, ist der erste bekannte, von einem Aborigine auf Englisch verfasste Text.

Nach seiner Rückkehr nach Sydney lebte Bennelong viele Jahre lang in einer für ihn gebauten Hütte auf einem Stückchen Land, das heute als Bennelong Point bekannt und inzwischen Standort des Sydney Opera House ist. Er war Anführer eines hundertköpfigen Stammes und später als Berater von Gouverneur Hunter tätig. Er wurde als mutig, intelligent, beherzt, humorvoll und kinderlieb beschrieben, in seinen späteren Jahren hatte jedoch Alkohol negative Auswirkungen auf seinen Charakter und seine Gesundheit. Er wurde 1813 im Obstgarten seines Freundes James Squire, einem Bierbrauer, beerdigt.

Und jedes Jahr feiern Australier die Ankunft der First Fleet in Sydney Cove am 26. Januar 1788 als „Australia Day". Es ist keine Überraschung, dass die Ureinwohner diesen Tag als „Invasion Day" bezeichnen.

Aus den Fesseln in die Freiheit

Anfangs waren Sydney und die kleineren Siedlungen auf Schiffe angewiesen, die sie mit Nachschub aus der Alten Welt versorgten. Um eine leistungsfähige Landwirtschaft aufzubauen, teilte die Regierung Soldaten, Beamten und freigelassenen Sträflingen Land zu. Es vergingen 30 Jahre voller Anstrengungen und Fehlschläge – dann warfen die Farmen endlich akzeptable Erträge ab. Einer der skrupellosesten unter den frischgebackenen Grundbesitzern war John Macarthur. Gemeinsam mit seiner Ehefrau Elizabeth leistete er auf seinem Land bei Sydney Pionierarbeit: Er züchtete Merinoschafe.

Macarthur war außerdem führendes Mitglied des Rum Corps. Diese Clique mächtiger Offiziere schikanierte den jeweils amtierenden Gouverneur (darunter William Bligh, den berühmt-berüchtigten Kapitän der Bounty). Eine goldene Nase verdienten sie sich dadurch, dass sie den Handel in Sydney kontrollierten, vor allem die Geschäfte mit Rum. Erst 1810 machte ein neuer Gouverneur – Lachlan Macquarie – den Machenschaften des Corps ein Ende. Macquarie war es auch, der die Hauptstraßen des heutigen Sydney anlegen und herrliche öffentliche Bauwerke errichten ließ (viele entworfen vom talentierten Architekten und ehemaligen Sträfling Francis Greenway) und der dazu beitrug, die Basis für eine geordnetere Zivilgesellschaft zu schaffen.

Historische Straflager

Port Arthur, Tasmanien

Parramatta, Sydney

Rottnest Island, Western Australia

Hyde Park Barracks, Sydney

1820er-Jahre
In Van Diemen's Land kämpfen Aborigines und Siedler in den Black Wars gegeneinander. Der blutige Konflikt löscht die Aborigine-Bevölkerung fast aus, nur wenige überleben.

1829
Ein von Captain James Stirling geführtes Unternehmen gründet die Siedlung Perth an Australiens Westküste. Das Umland ist trocken, und die Entwicklung der Kolonie kommt nur schleppend voran.

1835
John Batman segelt von Van Diemen's Land nach Port Phillip, wo er ein Landabkommen mit den Ältesten des Kulin-Volkes erzielt. Die Siedlung Melbourne entsteht noch im selben Jahr.

1836
Colonel William Light wählt eine Stelle am Ufer des Torrens River auf dem Land der Kaurna für die Siedlung Adelaide aus. Anders als in Sydney und Hobart sind alle Siedler freie, optimistische Auswanderer.

Inzwischen drang die Nachricht nach England vor, Australien biete günstiges Land an und habe viele Arbeitsplätze, woraufhin sich Abenteurer aufmachten, um am anderen Ende der Welt ihr Glück zu versuchen. Der britische Staat verschiffte weiterhin Sträflinge nach Australien.

1825 gründeten Soldaten und Sträflinge eine Strafkolonie auf Yuggera-Territorium in der Nähe der heutigen Stadt Brisbane. Bald danach zog diese warme, fruchtbare Region auch freie Siedler an, die mit Ackerbau, Viehzucht, Holzwirtschaft und Bergbau ihr Geld verdienten.

Zwei neue Siedlungen: Melbourne & Adelaide

Auch im kühleren Grasland Tasmaniens florierte die Schafzucht; bald suchten die Bauern neues Land. Im Jahr 1820 zettelten sie einen blutigen Kampf gegen die Ureinwohner der Insel an und löschten diese fast völlig aus. Fortan hungerten die Siedler nach mehr Land. 1835 segelte John Batman, ein ehrgeiziger junger Mann, nach Port Phillip Bay. Am Ufer des Flusses Yarra bestimmte er den Ort, an dem später Melbourne entstehen sollte, und sprach dort den legendären Satz: „Das ist der Platz für ein Dorf." Batman gelang es, die Ureinwohner zu überreden, ihr traditionelles Gebiet von 250 000 ha für eine Kiste Decken, Messer und Krimskrams zu „verkaufen".

Zur selben Zeit legte eine private britische Gesellschaft den Grundstein für Adelaide in South Australia (SA). Stolz, mit Sträflingen nichts zu tun zu haben, verkaufte die Gesellschaft Land an reiche Siedler. Mit den Einnahmen sollten arme britische Arbeiter bei der Auswanderung unterstützt werden. Sobald diese genug Geld verdient hätten, um Land zu kaufen, sollte aus dem Erlös weiteren Arbeitern die Überfahrt finanziert werden. Das blieb jedoch nur eine nette Theorie; die South Australian Company ging bankrott und kam 1842 unter staatliche Verwaltung. Mittlerweile hatten Bergleute in Burra, Kapunda und Mt. Lofty Range große Silber-, Blei- und Kupfervorkommen entdeckt. Allmählich warf die neue Siedlung Gewinne ab.

Weitere Landnahme

Immer weiter drangen die Siedler (man nannte sie *squatters*) in das Land der Aborigines vor. Sie besetzten die Gebiete der Ureinwohner und verteidigten ihr neues Land oft mit Waffengewalt. Die Behörden, um Ruhe und Ordnung bemüht, erlaubten den *squatters* seit den 1830er-Jahren, gegen Zahlung einer Pacht auf dem *Crown Land* zu bleiben. Die Aborigines erlebten, wie weiße Männer als Vergeltung für getötete Schafe oder Siedler die Ureinwohner regelrecht niedermetzelten. Die Anführer ihres Widerstands wurden im ganzen Land zu Legenden: Yagan vom Swan River, Pemulwuy aus Sydney sowie Jandamarra, der Outlaw-Held der Kimberley.

Die Akklimatisationsgesellschaften des 19. Jhs. versuchten, angeblich „schwächere" australische Pflanzen und Tiere mit den „überlegenen" Arten aus Europa zu ersetzen. Aus dieser Zeit stammen Hasen und Füchse.

J.C. Beaglehole schrieb die brillante Biografie *The Life of Captain James Cook* (1974) und gab auch die Tagebücher des Entdeckers heraus. Auch online ist einiges über Cook zu erfahren, u.a. im Wikipedia-Artikel.

1851
Goldsucher werden im Zentrum Victorias fündig und lösen einen Goldrausch aus, der Goldsucher aus aller Welt anlockt. In dieser Zeit wird der Gouverneur in den Ostkolonien durch eine demokratische Regierung ersetzt.

1854
Die Bergleute im Lager Eureka Stockade bei Ballarat protestieren gegen die teuren Goldgräberlizenzen. Es gibt Tote und Anklagen wegen Verrats. Die Öffentlichkeit ist auf der Seite der Aufständischen.

1861
Die Forscher Burke und Wills durchqueren Australien als erste Europäer von Süden nach Norden. Die Expedition endet als Katastrophe, die viele Menschenleben fordert, auch die der Forscher.

1872
Der Ingenieur Charles Todd baut eine Telegrafenleitung von Adelaide nach Darwin, die Australien an das europäische Netz anschließt. Die Ära der elektronischen Information beginnt.

David Unaipon (Ngarrindjeri; 1872–1967), der „australische Leonardo da Vinci", war Anwalt für die Rechte der Aborigines, Schriftsteller und Erfinder. Er meldete 19 provisorische Patente an – seine Entwürfe für einen vom Bumerang inspirierten Hubschrauber entstanden noch vor dem Ersten Weltkrieg. Sein Antlitz schmückt die australische 50-Dollar-Note.

Doch mit der Zeit rauften sich Siedler und Ureinwohner zusammen. Aborigines arbeiteten als schlecht bezahlte Viehtreiber und Hausangestellte und durften dafür auf ihrem angestammten Land bleiben. Ihr Leben passten sie den neuen Umständen an.

Vom ersten Tag an träumten die Neuankömmlinge von den Wundern, die sie entdecken würden. Ein paar ganz schlichte Seelen glaubten sogar, dass jenseits der Blue Mountains China liegen müsse – bis 1813 dann die ersten Entdecker das Gebirge überquerten. Landvermesser und Wissenschaftler spekulierten wild über das Landesinnere Australiens. Die meisten erwarteten einen australischen Mississippi, andere prognostizierten Wüste. Und der unerschütterliche Forscher Charles Sturt – eine schöne Statue auf dem Victoria Square in Adelaide zeigt ihn etwas verloren dreinblickend – glaubte an ein fast mystisches Binnenmeer.

Die Forschungsreisen ins Inland waren fast alle enttäuschend. Trotzdem machten die Australier Helden aus jenen Abenteurern, die in der Wildnis starben (etwa Ludwig Leichhardt, Robert O'Hara Burke oder William John Wills, um die berühmtesten zu nennen). In viktorianischer Zeit glaubte man wohl, eine Nation könne nicht geboren sein, bevor Männer ihr Blut im Kampf vergossen haben – und wenn es ein Kampf mit dem Land selbst war.

Goldrausch & Rebellion

Der Sträflingstransport nach Ostaustralien endete in den 1840er-Jahren. Und das war auch gut so: 1851 entdeckten Schürfer Gold in New South Wales und Victoria. Die Nachricht schlug ein wie eine Bombe. Junge Männer und abenteuerlustige Frauen aller Schichten begaben sich auf Schatzsuche, ein Strom von Goldgräbern, Unterhaltungskünstlern, Wirten, Schnapsschmugglern, Prostituierten und Gaunern folgte. Der britische Gouverneur von Victoria war entsetzt. Nicht nur die Standesgesellschaft geriet durcheinander, er musste auch für Recht und Ordnung auf den Goldfeldern sorgen. Dafür fand er eine simple Lösung: Die Goldgräber sollten jeden Monat eine teure Schürflizenz kaufen. Er hoffte wohl, dass so die unteren Chargen zu ihrer Arbeit in die Stadt zurückkehren würden.

Aber der Reiz des Goldes war zu groß. Zuerst schreckte die Schürfer nicht einmal, dass berittene Polizei die staatlichen Schürfrechte brutal durchsetzte. Es rumorte erst, als in Ballarat nach drei Jahren das leicht zugängliche Gold erschöpft war. Die Goldgräber, die jetzt in tiefen, wassertriefenden Schächten schufteten, hassten das korrupte und brutale Rechtssystem, das sie mit Verachtung strafte. Unter der Führung des charismatischen Iren Peter Lalor hissten sie ihre eigene Flagge, das „Southern Cross". Sie schworen, ihre Rechte und Freiheiten zu verteidigen, bewaffneten sich, verschanzten sich in Eureka hinter Palisaden und warteten auf die Reaktion der Staatsmacht.

1880	1895	1901	1915
Die Polizei nimmt in Glenrowan, Victoria, den berüchtigten, im Busch lebenden Gesetzlosen Ned Kelly fest. Er wird als Krimineller gehängt – und fortan als Volksheld verehrt.	Die Ballade *The Man from Snowy River* von A. B. „Banjo" Paterson wird veröffentlicht. Er und sein Rivale Henry Lawson führen die Literaturbewegung an, durch die die Legende vom australischen Busch entsteht.	Die Kolonien schließen sich zu einer Staatenföderation zusammen. Das Bundesparlament erlässt den „Immigration Restriction Act" und verfolgt eine „Politik des weißen Australiens".	Am 25. April unterstützen Truppen des Australian and New Zealand Army Corps (ANZAC) die Briten dabei, in die Türkei einzudringen – ein militärisches Desaster, das zur nationalen Legende wird.

Am 3. Dezember 1854, einem Sonntag, stürmte eine Polizeitruppe im Morgengrauen die Befestigung. Innerhalb von 15 schrecklichen Minuten war alles vorbei. Die brutale und einseitige Schlacht forderte das Leben von 30 Goldgräbern und fünf eigenen Männern. Doch Demokratie lag bereits in der Luft – die Öffentlichkeit stand auf Seiten der Goldgräber. In Melbourne kam es zum Prozess gegen 13 der Rebellen. Ihnen drohte die Todesstrafe, die Geschworenen aber sprachen sie frei. Viele Australier betrachten heute den Aufstand als Beispiel für den Kampf um nationale Unabhängigkeit und Demokratie – wieder um zu illustrieren, dass jede „echte" Nation blutig geboren werden muss. Dabei waren diese Opfer eigentlich völlig unnötig. In den Ostkolonien entstanden bereits die ersten demokratischen Parlamente, mit Unterstützung der britischen Behörden. 1880 wurde Peter Lalor selbst Sprecher des Parlaments von Victoria.

Der Goldrausch lockte auch schiffsladungsweise chinesische Goldgräber an. Manchmal bekamen sie die Feindseligkeit der Weißen zu spüren. Auf den Goldfeldern von Lambing Flat (heute Young) in New South Wales kam es 1860/61 zu schweren Rassenunruhen. Schnell entwickelten sich die „China Towns" in den Seitenstraßen Sydneys und Melbournes. In Büchern liest man die wildesten Geschichten über Opiumhöhlen, zwielichtige Spielhallen und Bordelle. Aber viele Chinesen fassten dort als Geschäftsleute und vor allem als Gemüsegärtner Fuß. Heute ist in den chinesischen Vierteln der Städte immer viel los; auch die Chinarestaurants in vielen Orten des Landes weisen auf die wichtige Rolle hin, die Chinesen seit den 1850er-Jahren in Australien spielen.

Gold und Wolle brachten Melbourne und Sydney Geld und Stil. Bereits in den 1880er-Jahren waren beide moderne Städte: Es gab Gaslaternen, Eisenbahn, Strom und eine geniale neue Erfindung: den Telegrafen. Die Hauptstadt von South Australia wurde von Zeitgenossen wegen ihrer prachtvollen Theater, Hotels, Kunstgalerien und Modegeschäfte „Marvellous Melbourne" (fabelhaftes Melbourne) genannt. Aber der Bogen des wirtschaftlichen Booms war überspannt. Viele Politiker und Spekulanten machten korrupte Grundstücksgeschäfte, Investoren steckten Geld in waghalsige Unternehmungen. Das konnte nicht von Dauer sein.

Zur selben Zeit im Westen …

Western Australia hinkte den Ostkolonien um ca. 50 Jahre hinterher. Zwar gründeten Siedler vornehmer Herkunft 1829 Perth, die wirtschaftliche Entwicklung wurde aber durch Isolation, den Widerstand der Aborigines und das trockene Klima gebremst. Es dauerte jedenfalls bis in die 1880er-Jahre, bis die Entdeckung von Goldfeldern auch dieser entlegenen Kolonie eine rosige Zukunft bescherte. Zu jener Zeit hatte der Westen gerade seine Selbstverwaltung verwirklicht. Der erste Premier

Top-Geschichtsmuseen

Rocks Discovery Museum, Sydney

Mawson's Huts Replica Museum, Hobart

Museum of Sydney

Commissariat Store, Brisbane

Seit 1882 werden alle zwei Jahre die „Ashes", der Länderkampf zwischen Australien und England im Cricket, in jeweils einer Serie von Tests ausgetragen. Obwohl beide Seiten immer mal wieder längere Zeit dominierten, lautet 2015 das Allzeit-Ergebnis 32 Siege für Australien und 32 für England.

1919	1929	1932	1936
Die australischen Flieger Ross und Keith Smith werden nach ihrem Flug im Vimy-Doppeldecker von England nach Australien zu Nationalhelden und mit dem Ritterschlag geehrt.	Amerikas Weltwirtschaftskrise erreicht Australien und stößt viele Arbeiterfamilien in die Armut. Die Gewalt und das Leid dieser Zeit werden Teil der nationalen Psyche.	Francis de Groot aus dem rechten Flügel stiehlt Jack Lang, dem Premier von NSW, die Schau, indem er in Uniform und zu Pferd bei der Einweihung der Sydney Harbour Bridge das Band durchschneidet.	Der letzte in Gefangenschaft lebende Beutelwolf (Tasmanische Tiger) stirbt im Zoo von Hobart. Vielleicht haben Beutelwölfe in freier Wildbahn noch die folgenden Jahrzehnte überlebt, doch Beweise gibt es nicht.

war der energische, wettergegerbte Entdecker James Forrest. Ihm war klar, dass der Bergbau nur Erfolg haben konnte, wenn der Staat für einen erstklassigen Hafen, eine leistungsfähige Eisenbahn und eine zuverlässige Wasserversorgung sorgte. Den brillanten C.Y. O'Connor machte er zu seinem Chefingenieur, der für die Regierung alle drei Projekte planen und ausführen sollte.

Wachsender Nationalismus

Gegen Ende des 19. Jhs. idealisierten australische Nationalisten den „Busch" und seine Bewohner. Extrem populär war damals die Zeitschrift *Bulletin* – Sprachrohr des *bush nationalism*. Sie vertrat die egalitäre, demokratische und republikanische Politik und beschrieb den Alltag mit viel Humor und Gefühl. Ihre Artikel wurden von so namhaften Autoren wie Henry Lawson und A.B. „Banjo" Paterson verfasst.

Die 1890er-Jahre brachten schwere Zeiten. Der Spekulationsboom brach zusammen. Vor allem die Arbeiterfamilien in den östlichen Kolonien litten unter Arbeitslosigkeit und Hunger. Doch mittlerweile forderten die Arbeiter einen gerechten Anteil am Wohlstand des Landes. Als die Wirtschaftskrise sich verschärfte, verteidigten die Gewerkschaften die Arbeiterrechte militant. Gleichzeitig gründeten Aktivisten die Australian Labor Party (ALP), um Gesetzesreformen durchzusetzen.

Der Australische Bund

Am 1. Januar 1901 wurde Australien ein föderativer Staat. Als die Abgeordneten des neuen Bundesparlaments in Melbourne zusammentraten, sahen sie es als ihr oberstes Ziel an, Identität und Werte eines europäisch geprägten Australiens gegen den Einfluss von Asiaten und Südseeinsulanern zu schützen. Ihre „White Australia Policy" galt für die folgenden 70 Jahre als rassistisches Glaubensbekenntnis.

Für die Weißen, die innerhalb der behüteten Bürgerschaft lebten, sollte unter dem schützenden Mantel des British Empire eine Gesellschaft mit Modellcharakter entstehen. Schon ein Jahr später bekamen weiße Frauen das Wahlrecht bei bundesweiten Wahlen. Mit radikalen Neuerungen führte die Regierung ein umfassendes Sozialsystem ein und schützte die australischen Löhne durch Zölle. Die Mischung aus kapitalistischer Dynamik und sozialistischer Fürsorge wurde als *Australian Settlement* bekannt.

Die meisten Australier lebten an der Küste des Kontinents. Das trockene Binnenland war so unwirtlich, dass der große Trockensee Lake Eyre „das tote Herz" des Landes genannt wurde – ein Herz, das eigentlich Wasser durch das Landesinnere pumpen sollte, jedoch ohne Leben war. Vor allem Premier Alfred Deakin (1903–1910) war fest entschlossen, es mit dem Klima aufzunehmen. Bereits in den 1880er-Jahren, also noch

---

Zwei sehr unterschiedliche, aber kluge Einführungen in die Geschichte Australiens sind Stuart Macintyres *A Concise History of Australia* und Geoffrey Blaineys *A Shorter History of Australia*.

Mitglieder der tasmanischen Aborigine-Gruppe der Palawa versuchen, anhand spärlicher Aufzeichnungen über die Sprachen der tasmanischen Ureinwohner – die letzte Muttersprachlerin starb 1905 – eine typisch tasmanische Sprache zu rekonstruieren, die sie *palawa kani* nennen.

1939	1941	1945	1948
Premierminister Robert Menzies verkündet, dass Großbritannien in den Krieg gegen Nazi-Deutschland gezogen sei und „Australien sich demzufolge ebenfalls im Krieg befindet".	Die Japaner greifen Pearl Harbor an. Australien sieht sich von Großbritannien im Stich gelassen und schließt sich mit den USA zusammen, die in Australien Stützpunkte errichten.	Der Zweite Weltkrieg endet. Australien ruft die Devise „Populate or Perish" (bevölkern oder untergehen) aus. In den folgenden 30 Jahren kommen über 2 Mio. Einwanderer ins Land, ein Drittel von ihnen sind Briten.	Der Cricketspieler Don Bradman beendet mit einem Schnitt von 99,94 Runs seine Laufbahn. Der zweitbeste ist der Südafrikaner Graeme Pollock, der 1970 abtrat, aber nur den Schnitt von 60,97 Runs erreichte.

vor Gründung des Australischen Bundes, hatte Deakin sich in Mildura für eine Bewässerung der Felder am Murray River stark gemacht. Schon bald wuchsen in der Region Früchte und Weinreben.

Australien auf der Bühne der Weltpolitik

Die Australier lebten am Rand eines trockenen, unwirtlichen Landes. Vom Rest der Welt waren sie weitgehend isoliert. Dominion des British Empires zu sein, war daher höchst beruhigend. Und so folgten Tausende australische Männer dem Ruf des Empires, die Waffen zu ergreifen, als 1914 in Europa der Erste Weltkrieg ausbrach. Ihre erste Begegnung mit dem Tod in der Schlacht war am 25. April 1915: Das Australian and New Zealand Army Corps (ANZAC) kämpfte neben britischen und französischen Truppen auf der Halbinsel Gallipoli in der Türkei. Es dauerte acht Monate, bis die britischen Kommandeure das Scheitern ihrer Taktik eingestanden – doch da hatten schon 8141 junge Australier ihr Leben gelassen. Kurz darauf kämpfte die Australian Imperial Force an den Fronten in Europa. Bis Kriegsende starben 60 000 Australier – zu ihren Ehren finden am Anzac Day (25. April) im ganzen Land Gedenkfeiern statt.

Die 1920er-Jahre waren in Australien eine Zeit chaotischen Wandels: Autos verdrängten Pferde von den Straßen, in neuen Kinos sahen die jungen Australier amerikanische Filme und in einer Atmosphäre sexueller Freizügigkeit (vergleichbar mit den 1960er-Jahren) tanzten sie auf Partys zu amerikanischem Jazz. Zur selben Zeit wuchs die Begeisterung für das British Empire, als wäre imperialer Eifer ein Allheilmittel gegen den Kummer. Radikale und Reaktionäre prallten aufeinander und wirbelten Australien durch die wilden Zwanziger. Das dicke Ende kam 1929 mit der Weltwirtschaftskrise: Die Weltmarktpreise für Weizen und Wolle rutschten in den Keller, Arbeitslosigkeit brachte in jeden dritten Haushalt Not und Elend. Schon wieder bekamen die Arbeiter die Grausamkeit eines Systems zu spüren, das sie nicht mehr brauchte. Wer Geld (oder Arbeit) hatte, merkte von der Krise fast nichts. Durch die extreme Deflation nahm die Kaufkraft der Löhne sogar zu.

Auch auf dem Cricketfeld war 1932 Verrat ein Thema. Das englische Team unter seinem Mannschaftskapitän Douglas Jardine setzte eine brutale neue Wurftechnik namens *bodyline* ein. Ziel war es, den umwerfend treffsicheren australischen Star-Schlagmann Donald Bradman aus der Fassung zu bringen. Am Ende stand eine handfeste diplomatische Krise. Bradman allerdings machte bis 1948 weiter – mit unübertroffenen 99,94 Runs im Durchschnitt.

Krieg mit Japan

Nach 1933 erholte sich die Wirtschaft. Doch kaum lief der Alltag wieder in ruhigeren Bahnen, stürzte Hitler Europa im Jahr 1939 wieder in

Die am einfachsten verständliche Version der ANZAC-Geschichte ist Peter Weirs australisches Epos *Gallipoli* (1981) mit dem jungen Mel Gibson.

Der gewaltige, 2756 km lange Murray River fließt durch drei Bundesstaaten (New South Wales, Victoria und South Australia) und ist auf 1986 km schiffbar. Ab 1853 diente er ein halbes Jahrhundert lang als Wasserweg ins Landesinnere.

1956	1965	1967	1973
In Melbourne werden die Olympischen Spiele ausgetragen. Das Olympische Feuer wird vom Weltklasseläufer Ron Clarke entzündet und Australien mit 13-mal Gold Dritter im Medaillenspiegel.	Premierminister Menzies schickt australische Truppen in den Vietnamkrieg und spaltet so die Nation. 426 Australier werden während des Einsatzes getötet, 2940 verletzt.	Die Mehrheit der Australier stimmt dafür, den Ureinwohnern die Staatsbürgerschaft zuzuerkennen. Die Worte „ausgenommen Angehörige der Aborigines jedes Staates" werden aus der Verfassung gestrichen.	Nach dem konfliktbeladenen Bau öffnet das Sydney Opera House seine Tore. Das Wahrzeichen Sydneys wird 2007 zum UNESCO-Weltkulturerbe erklärt.

PHAR LAPS LETZTE RUNDE

Mitten in der grauen Zeit der Großen Depression bot der Sport den spiel- und wettbegeisterten Australiern Abwechslung. Ein leistungsstarkes, kastanienbraunes Pferd namens Phar Lap gewann ein Rennen nach dem anderen. Mühelos holte es 1930 auch den Melbourne Cup – bis heute wird der jährliche Wettbewerb als „the race that stops a nation" bezeichnet. Das Wunderpferd sollte 1932 die amerikanischen Rennbahnen erobern, starb dort aber unter mysteriösen Umständen. In Australien hielten sich Gerüchte, dass neidische Amerikaner das Tier vergiftet hätten, und so war die Legende eines Helden des Rennsports, der auf dem Höhepunkt seiner Karriere zu Fall gebracht wurde, geboren. Phar Lap wurde ausgestopft und ist heute im Melbourne Museum ausgestellt; sein Skelett wurde in sein Geburtsland Neuseeland gebracht.

einen Krieg. Die Australier hatten die Japaner schon lange gefürchtet. Aber sie verließen sich auf den Schutz durch die britische Marine. Im Dezember 1941 bombardierte Japan die US-Flotte in Pearl Harbor. Wenige Wochen später bröckelte auch der „unüberwindliche" britische Marinestützpunkt Singapur. Lange dauerte es nicht, bis Tausende Soldaten Australiens und der Alliierten in die grauenhaften japanischen Kriegsgefangenenlager kamen.

Die Japaner drangen bis nach Papua Neuguinea vor – und die Briten erklärten, ihnen fehlten die Möglichkeiten, Australien zu verteidigen. Doch der legendäre US-Kommandeur General Douglas MacArthur sah in Australien den perfekten Stützpunkt für amerikanische Pazifikeinsätze. In einer Reihe heftiger Kämpfe schlugen alliierte Streitkräfte die japanische Offensive nach und nach zurück. Entscheidend war: Nicht das British Empire, sondern die USA retteten Australien. Die Tage des Bündnisses mit Großbritannien waren gezählt.

Ein visionärer Friede

Nach dem Zweiten Weltkrieg kam ein neuer Slogan auf: „Populate or Perish" – bevölkern oder untergehen. Die australische Regierung hatte ehrgeizige Pläne. Tausende Einwanderer sollten ins Land geholt werden, und mit staatlicher Hilfe kamen sie auch – Briten und viele Menschen aus nicht englischsprachigen Ländern: Griechen, Italiener, Slawen, Serben, Kroaten, Holländer, Polen, Türken, Libanesen und viele weitere aus anderen Nationen.

Viele Einwanderer fanden Arbeit in der wachsenden verarbeitenden Industrie. Großzügige Zollbestimmungen unterstützten produzierende Unternehmen wie General Motors und Ford. Der Staat investierte in kühne Bauprojekte wie das Wasserkraftwerk Snowy Mountains in den Bergen bei Canberra. Heute beklagen Umweltschützer die verheerenden

Während des Zweiten Weltkriegs wurde Darwin im Northern Territory durch 64 japanische Bombenangriffe (1942–43) zerstört. Statt der offiziell angegebenen 17 gab es 243 Todesopfer und Hunderte von Verletzten. Die Hälfte der Bevölkerung floh nach Adelaide River. Am Morgen des 25. Dezember 1974 erlitt Darwin erneut eine schwere Katastrophe, als der Zyklon Tracy die Stadt verheerte.

1975	1979	1979	1983
Wegen radikaler Reformen und einer unkontrollierten Inflation setzt Generalgouverneur Sir John Kerr die Whitlam-Labor-Regierung ab und ordnet Parlamentswahlen an, die die Konservativen gewinnen.	Trotz lauter Proteste von Umweltgruppen ermächtigt die Bundesregierung das Ranger-Konsortium, Uran im Northern Territory abzubauen.	1978 empfiehlt eine Untersuchungskommission der Regierung den Walfang in australischen Gewässern zu verbieten. Der letzte legal getötete Wal trifft in November 1979 auf seinen Schöpfer.	Die Pläne der tasmanischen Regierung für eine Wasserkraftanlage am Franklin River prägen den Wahlkampf. Der Labor-Kandidat Bob Hawke ist gegen den Bau der Dämme und wird Premierminister.

Auswirkungen dieses riesigen Netzwerks aus Tunneln, Staudämmen und Kraftwerken. Anderseits war das Projekt ein Ausdruck von Optimismus. Und es bezeugt, dass hier Männer und Frauen aus vielen Ländern erfolgreich zusammengearbeitet haben.

Die Ära des wirtschaftlichen Wachstums und Wohlstands wurde von Robert Menzies geprägt, dem Gründer der modernen Liberal Party und jener Premier Australiens, der es auf die meisten Dienstjahre brachte. Menzies war bis in die Haarspitzen von britischer Geschichte und Tradition durchdrungen und gab sich als sentimentaler Monarchist. Darüber hinaus war er ein scharfer Gegner des Kommunismus. Als der Kalte Krieg Asien erreichte, schlossen Australien und Neuseeland im Jahr 1951 ein Militärbündnis mit den USA, das ANZUS-Abkommen. Als sich die USA in den Vietnamkrieg stürzten, schickte Menzies australische Truppen in den Kampf und führte die Wehrpflicht für den Militäreinsatz im Ausland ein. Ein Jahr später trat er zurück und hinterließ seinen Nachfolgern ein schweres Erbe. Die Antikriegsbewegung spaltete Australien.

Viele Künstler, Intellektuelle und Jugendliche fanden Menzies Australien zu langweilig und arrogant – mehr mit amerikanischer und britischer Kultur verbunden als mit den eigenen Talenten und Geschichten. Jugendliche Rebellion und ein neues Nationalgefühl lagen in der Luft. Mit den Wahlen 1972 kam die Labor Party unter Führung des Juristen Gough Whitlam an die Macht. Er regierte nur vier Jahre, krempelte in dieser Zeit aber das Land völlig um. Wehrpflicht und Studiengebühren schaffte er ab. Neu waren ein kostenloses Gesundheitssystem, ein Scheidungsrecht ohne Schuldfrage, Landrechte für Aborigines und die Lohnanpassung für Frauen. Die White Australia Policy spielte kaum noch eine Rolle; unter Whitlam wurde sie endgültig abgeschafft. Gut 1 Mio. Einwanderer waren inzwischen aus nicht englischsprachigen Ländern nach Australien gekommen und hatten neue Sprachen, Kulturen, Essgewohnheiten und Ideen im Gepäck. Unter Whitlam wurde das als „multikulturell" gefeiert.

Whitlams Regierung kam schon 1975 ins Schleudern. Der Grund waren Inflation und Skandale. Am Ende des Jahres 1975 entließ der Generalgouverneur die Regierung in einer umstrittenen Entscheidung. Aber Whitlams Nachfolger führten seine Sozialreformen weiter. Die Landrechte der Aborigines wurden ausgeweitet. Immer mehr asiatische Einwanderer kamen ins Land und Multikulti wurde noch immer großgeschrieben. Als Handelspartner waren China und Japan wichtiger als Europa – Australiens wirtschaftliche Zukunft sah man nun in Asien.

Aktuelle Herausforderungen

Heute steht Australien vor neuen Herausforderungen. In den 1970er-Jahren begann das Land, sein protektionistisches Gerüst abzubauen. Mit neuer Effizienz kam auch neuer Wohlstand. Gleichzeitig wurden Löhne

---

Der wunderbare Roman *Johnno* (1975) erzählt von Brisbane in den 1940er- und 1950er-Jahren; es ist der erste Roman von David Malouf, einem der renommiertesten Schriftsteller Australiens.

In Melbourne kann man sich im augezeichneten Chinese Museum (www.chinesemuseum.com.au) und im Immigration Museum (www.museum-victoria.com.au/immigrationmuseum) über Australiens Einwanderer informieren.

1992
Entgegen dem Rechtsbegriff der „Terra Nullius" erkennt der Oberste Gerichtshof von Australien im Mabo-Fall das Prinzip des „Native Title" (dauerhaftes Landrecht der Aborigines) an.

2000
Die Olympischen Spiele von Sydney werden zu einem grandiosen Spektakel. Die Aborigine-Weltklasseläuferin Cathy Freeman entzündet die Flamme und gewinnt Gold über 400 m.

2007
Kevin Rudd wird Premierminister. Er verfolgt einen anderen Kurs als sein konservativer Vorgänger, entschuldigt sich bei den Ureinwohnern und ratifiziert das Kyoto-Protokoll.

2009
Am 7. Februar sterben bei 400 Buschbränden in Victoria 173 Menschen – keine Naturkatastrophe in Australien kostete bisher mehr Leben. Der Tag geht als „Black Saturday" in die Geschichte ein.

> Britische Wissenschaftler zündeten in den 1950er- und frühen 1960er-Jahren sieben Atombomben im abgelegenen Maralinga, South Australia, was verheerende Folgen für die örtlichen Maralinga-Tjarutja-Aborigines hatte. Weniger bekannt sind die drei Atombombenabwürfe der 1950er-Jahre auf die Montebello Islands, Western Australia. Mehr zu diesem Thema erfährt man in Robert Drewes Buch *Montebello* (2012).

und Arbeitsbedingungen, die zuvor durch ein unabhängiges Gericht geschützt waren, angreifbarer, als das Gleichheitsprinzip dem Wettbewerb Platz machte. Nach zwei Jahrhunderten der Entwicklung wurden auch die negativen Auswirkungen auf die Umwelt sichtbar – Wasserversorgung, Wälder, Boden- und Luftqualität sowie die Meere waren und sind davon betroffen.

Unter dem konservativen John Howard, dessen Amtszeit als australischer Premierminister die zweitlängste in der Geschichte war (1996–2007), wuchs das Land enger als je zuvor mit den USA zusammen. Man zog sogar gemeinsam mit den Amerikanern in den Irakkrieg. Die harte Asylpolitik der Regierung, ihre Weigerung, die Realität des Klimawandels anzuerkennen, ihre Anti-Gewerkschaftsreformen und das mangelnde Einfühlungsvermögen des Premierministers in die Belange der indigenen Australier erschreckte viele liberal eingestellte Australier. Aber Howard regierte in einer Phase des Wirtschaftswachstums, in der Werte wie Eigenständigkeit betont wurden, was ihm die dauerhafte Unterstützung von Australiens Mitte sicherte.

Im Jahr 2007 wurde Howard von Kevin Rudd, dem Kandidaten der Labor Party geschlagen, einem ehemaligen Diplomaten, der sich sogleich offiziell bei den indigenen Australiern für das Unrecht entschuldigte, das sie in den letzten 200 Jahren erlitten hatten. Die neue Regierung versprach umfassende Reformen im Umweltschutz und im Bildungswesen, kam aber angesichts der Weltfinanzkrise von 2008 in Schwierigkeiten. 2010 verlor Rudd sein Amt an die innerparteiliche Konkurrentin Julia Gillard, die sich nun, gemeinsam mit den anderen Führungspersönlichkeiten der Welt, vornehmlich mit drei miteinander zusammenhängenden Fragen beschäftigen musste: dem Klimawandel, dem zurückgehenden Angebot an Erdöl und einer schrumpfenden Wirtschaft. Die Premierministerin verlor an Popularität und Rufe nach der Rückkehr Rudds wurden laut, der Gillard dann 2013 stürzte. Noch im selben Jahr glückte Tony Abbott von der National-Liberalen Koalition der Sieg bei den Bundeswahlen. Im Jahr 2015 übernahm nach einer Kampfabstimmung Malcolm Turnbull das Amt des Premierministers.

2010	2011	2013	2014
Australiens erste Premierministerin Julia Gillard leistet ihren Amtseid. Sie wurde in Wales geboren, ihre Familie wanderte jedoch aus gesundheitlichen Gründen ins wärmere Australien aus.	Der tropische Wirbelsturm Yasi (Kategorie 5) fegt über Mission Beach an der Nordküste Queenslands hinweg. Häuser, Infrastruktur und Ernten werden stark beschädigt.	Als der Wirbelsturm Oswald über den Bundesstaat hinwegzieht, wird Queensland nach 2011 erneut von den Fluten heimgesucht; Bundaberg ist besonders betroffen. Der Schaden wird auf 2,4 Mrd. AU$ geschätzt.	Der neue konservative Premierminister Tony Abbott beteiligt Australien mit Kampfflugzeugen der RAAF und Militärberatern an einer multinationalen Militäroperation gegen islamische Extremisten im Irak.

Das Australien der Aborigines

von Cathy Craigie

Jede Reise nach Australien bliebe unvollständig, wenn man nichts über die reichen Kulturen der Aborigines und der Torres-Strait-Insulaner erfahren würde, die ältesten noch lebendigen Kulturen der Weltgeschichte. Hier gibt es die Möglichkeit, eine Lebensweise kennenzulernen, die seit mehr als 50 000 Jahren existiert. Es gibt in den Städten sowie im Busch viele Gelegenheiten, Australiens Ureinwohnern nahe zu kommen. Sei es bei einer Kunstausstellung, im Museum oder bei einer Tour durch das Aborigine-Land – überall warten einzigartige australische Erfahrungen.

Kultur der Aborigines

Die Kulturen der Aborigines haben sich über Jahrtausende entwickelt und starke Verbindungen zwischen dem spirituellen, wirtschaftlichen und sozialen Leben der Menschen geschaffen. Dieses Erbe wurde durch alle Generationen hindurch am Leben erhalten, indem Wissen und Fertigkeiten mit Hilfe von Ritualen, Kunst, Bildung und Sprache weitergegeben wurden. Letztere spielte bei der Erhaltung der Kultur der Aborigines eine besonders große Rolle.

Heute gibt es eine nationale Bewegung, um die Sprachen der Aborigines wieder aufleben zu lassen sowie einen großen Kunstsektor mit Werken der Ureinwohner. Das überlieferte Wissen ist Bestandteil von Wissenschaft, Umweltmanagement und Regierungsprogrammen. Die Kultur der Aborigines war niemals statisch und entwickelt sich mit dem Wandel der Zeiten und der Umwelt weiter. Die Geschichten der Ureinwohner werden heute mit neuen Technologien und Medien erzählt, und durch Kulturtourismus und Projekte können die Gäste das Leben der Aborigines aus deren Perspektive erleben. Man lernt an Naturdenkmälern etwas über die Ahnen, bewundert jahrtausendealte Felskunst, genießt traditionelle Gerichte oder besucht ein Festival oder eine Aufführung der Aborigines.

Die Regierung unterstützt die Kulturprogramme nur sporadisch, je nach der politischen Ausrichtung. Doch die Aborigines sind fest entschlossen, ihre Verbindungen mit der Vergangenheit zu bewahren und mit ihren kulturellen Kenntnissen eine bessere Zukunft zu formen.

Das Land

In der Kultur der Aborigines gilt der Mensch als Teil seiner Umwelt, denn außerhalb von ihr ist er nicht denkbar. Alles ist miteinander verbunden und wird nicht nur als Erde oder Felsen betrachtet, sondern als umgebende Welt, die das spirituelle, wirtschaftliche und kulturelle Leben der Menschen aufrechterhält. Die Aborigines ihrerseits unterstützen das Land durch Zeremonien, Rituale, Lieder und Geschichten. Diese wechselseitige Beziehung wurde über Tausende von Jahren entwickelt und gelebt. Für die Aborigines ist das Land essenziell mit ihrer Identität und Spiritualität verbunden. In den Überlieferungen der Aborigines spiegelt sich ganz Australien, wobei einige Orte von besonderer Bedeutung für

---

Cathy Craigie ist Angehörige der Gamilaroi/Anaiwon aus dem nördlichen New South Wales. Sie ist freischaffende Autorin, kulturelle Beraterin und hat umfassende Erfahrungen in Aborigine-Angelegenheiten.

> **TORRES-STRAIT-INSULANER**
>
> Die Gesellschaften der Aborigines bilden keine homogene Gruppe, sondern einige hundert unterschiedliche, souveräne Nationen. Die Torres-Strait-Insulaner sind ein melanesisches Volk, dessen Kultur sich von der der australischen Aborigines unterscheidet. Gleichwohl teilen sie eine Geschichte und bilden mit den Aborigines zusammen die Ureinwohnerschaft Australiens. Dieses Kapitel beschäftigt sich zwar im weiteren Sinn mit Angelegenheiten der Ureinwohner, die beide Völker betreffen, konzentriert sich jedoch hauptsächlich auf den australischen Hauptkontinent, der Aborigine-Land ist.

Aborigine-Kunst besteht nicht nur aus Punkt-Malerei, Tanz und Didgeridoo, sondern ist vielmehr eine lebendige und dynamische Kultur – und der ideale Rahmen, um mehr über die Aborigines zu erfahren. Der Koori Heritage Trust (www.koorieheritagetrust.com) ist das Zentrum für Aborigine-Kultur in Victoria.

Religion und Kultur sind. Zu diesen Stätten gehören die Felsformation der Three Sisters in den Blue Mountains und die Warreen Cave in Tasmanien mit rund 40 000 Jahre alten Artefakten.

Heilige Stätten können Felsen, Hügel, Bäume oder Gewässer sein, die mit einem Ahnen oder einem Ereignis, das dort stattgefunden hat, verbunden sind. Häufig sind diese Stätten Teil einer Traumzeit-Geschichte und verbinden Menschen über mehrere Kulturareale hinweg. Die Bergketten rund um Alice Springs sind Teil der Raupen-Traumzeit, zu der viele Stätten gehören, etwa der Akeyulerre (Billy Goat Hill), Atnelkentyarliweke (Anzac Hill) und die Felsmalereien am Emily Gap. Die bekanntesten Stätten sind der Uluru (Ayers Rock) und Kata Tjuta (Die Olgas), das Heim der Schlange Wanambi. Ihr Atem ist der Wind, der durch die Schlucht bläst. Pirla Warna Warna, eine für den Stamm der Warlpiri wichtige Stätte in der Tanami Wüste, liegt 435 km nordwestlich von Alice und ist der Mittelpunkt mehrerer Traumzeit-Geschichten der Walpiri.

Auf kulturellen Touren kann man die Sehenswürdigkeiten der Aborigines besuchen, etwas über Buschnahrung, Tänze, Pflanzen und Tiere lernen, jagen und fischen.

Achtung: Viele Aborigine-Stätten sind gesetzlich geschützt und dürfen in keiner Weise gestört werden.

Kunst

Im Mittelpunkt der Aborigine-Kunst steht die australische Kulturlandschaft. Die Werke werden inzwischen auf nationalen und internationalen Ausstellungen gezeigt und als bedeutender Teil der australischen Kultur gefeiert. Diese Kunst hat immer noch die Aufgabe, Wissen weiterzugeben, ist aber heute auch aus ökonomischen, bildungsrelevanten und politischen Gründen wichtig. Durch die Kunst wurden Themen wie die Gesundheit ins Bewusstsein gerückt, und sie war das wichtigste Werkzeug des Aussöhnungsprozesses in Australien. In vielen Gemeinschaften wurde sie zu einer wichtigen Beschäftigungs- und Einkommensquelle.

Auf der Cairns Indigenous Art Fair (www.ciaf.com.au) präsentieren jeweils im August mehr als 300 Aborigine-Künstler drei Tage lang ihre Arbeiten. Die Kunstmesse zieht Tausende von Besuchern an und ist eine großartige Gelegenheit, um einige der besten Kunstwerke im Land zu bestaunen und zu kaufen.

Bildende Kunst

Es ist nicht leicht, die Kunst der Aborigines einem Stil zuzuordnen, weil Form und Ausführung je nach Gebiet variieren. Bestanden die traditionellen Kunstformen noch aus Felsmalereien, Schnitzereien und Körperschmuck, hat sich die dynamische zeitgenössische Kunstindustrie zu einer modernen Erfolgsgeschichte der australischen Ureinwohner entwickelt.

Felskunst

Die Felsmalerei ist die älteste menschliche Kunstform. Sie ist in jedem Bundesstaat zu finden. Für die Aborigines ist ihre Felskunst eine direkte Verbindung zu ihrem Leben vor der Ankunft der Europäer. Die Kunst und ihr Entstehungsprozess sind Teil von Liedern, Geschichten und Bräuchen, die eine Verbindung der Menschen mit dem Land erschaffen. Quer durch Australien gibt es eine ganze Reihe verschiedener Stile der Felskunst, etwa Gravuren in Sandstein, Schablonen, Drucke und Zeichnungen in Felsnischen. Die Felskunst war für die Aborigines ein Teil von Ritualen oder Zeremonien oder sie erinnerten damit an bestimmte Ereignisse.

Einige der ältesten Gravuren sind in der Pilbara-Region in Western Australia (WA) und in Olary in South Australia (SA) zu finden, wo man die Gravur eines Krokodils bewundern kann – ziemlich verblüffend, weil es in diesem Teil Australiens gar keine Krokodile gibt. Die Felskunst in den Kimberleys konzentriert sich auf die Wandjina, die alten Schöpfungsgeister. In allen Nationalparks rund um Sydney kann man leicht zugängliche Felsgravuren betrachten. Im Gariwerd (dem Grampians National Park) in Victoria gibt es Handdrucke und -schablonen. Der Tourveranstalter Guurrbi Tours (S. 483), der Aborigines gehört, führt Besucher zu den Felsmalereien von Wangaar-Wuri in der Nähe von Cooktown in Queensland.

Im Northern Territory (NT) weisen viele der Felskunststätten Muster und Symbole auf, die in Bildern, Schnitzereien und anderen Kulturgegenständen ebenfalls auftauchen. Im Kakadu National Park sind mehr als 5000 Stätten bekannt und man nimmt an, dass es noch viel mehr gibt. Einige davon sind über 20 000 Jahre alt. Der Nationalpark steht auf der Weltkulturerbe-Liste und wird weltweit wegen seiner kulturellen Bedeutung sehr geschätzt.

In Zentralaustralien haben Felszeichnungen noch immer eine religiöse Bedeutung. Für die Menschen hier ist die Kunst nach wie vor Teil eines Rituals und notwendig, um sie mit den Geschichten zu verbinden. In den meisten anderen Gegenden malen die Menschen keine Felsbilder mehr, sondern arbeiten auf Rinde, Papier und Leinwand.

Besucher der Felskunststätten sollten sorgsam darauf achten, die Kunstwerke nicht zu berühren oder zu beschädigen und die Stätten sowie ihre Umgebung zu respektieren.

Zeitgenössische Kunst

Die zeitgenössische Kunstindustrie begann in einer winzigen Kommune namens Papunya in Zentralaustralien. Der Ort wurde von Mitgliedern verschiedener Sprachgruppen bewohnt, die von ihrem angestammten Land vertrieben worden waren. 1971 förderte ein Kunstlehrer an der Schule Papunyas das Malen und einige der älteren Männer zeigten Interesse. Damit begann der Prozess, Sand- und Körperzeichnungen auf moderne Materialien zu übertragen, der Anfang des modernen „Dot-Painting"-Stils. Die Entstehung der „Punkt-Malerei" gilt als die bedeutendste Kunstbewegung des 20. Jhs. und die Künstler von Papunya Tula wurden zum Vorbild für andere Aborigine-Gemeinschaften.

Die National Gallery of Australia in Canberra zeigt eine fantastische Sammlung, aber zeitgenössische Aborigine-Kunst wird auch in jeder öffentlichen Kunstgalerie oder den vielen unabhängigen Galerien ausgestellt, die mit den Werken der Aborigines handeln. Zeitgenös-

SCHLÜSSEL-EREIGNISSE

1928
Anthony Martin Fernando, erster Aborigine-Aktivist, der gegen die Rassendiskriminierung in Australien kämpft, wird wegen seiner Proteste vor dem Australia House in London verhaftet.

26. Januar 1938
Die Aborigines Progressive Association hält anlässlich des 150. Jahrestages der Ankunft der Briten ein Treffen in der Australia Hall in Sydney ab (*A Day of Mourning and Protest*).

15. August 1963
Auf einer Baumrinde überreicht der Stamm der Yolngu (Northern Territory) dem Abgeordnetenhaus eine Petition, mit der sie gegen den Bauxitabbau auf ihrem Land Einspruch erheben.

27. Mai 1967
Ein Bürgerentscheid erlaubt dem Commonwealth, Gesetze in Aborigine-Angelegenheiten zu erlassen. Sie werden in die Volkszählung aufgenommen und erhalten die gleichen Rechte wie andere Australier.

12. Juli 1971
Die Aborigine-Flagge weht zum ersten Mal am National Aborigines Day in Adelaide. Sie wurde von Harold Thomas entworfen und wurde zum Symbol der Identität aller Aborigines.

26. Januar 1972
Aborigines stellen ein Zelt auf den Rasen des Parliament House in Canberra. Der Protest richtet sich gegen die Behandlung ihres Volks und gegen die Regierung, die einen Vorschlag zu den Landrechten der Ureinwohner zurückgewiesen hat.

DIE BEDEUTUNG DES GESCHICHTENERZÄHLENS

Da die Aborigine-Kultur auf mündlichen Überlieferungen beruht, war das Erzählen von Geschichten seit jeher wichtig, um zu lernen. Geschichten verliehen dem Leben Bedeutung, mit ihnen wurden die Botschaften der Ahnen gelehrt. Auch wenn Glaubensinhalte und kulturelle Praktiken je nach Region und Sprachgruppe variieren, gibt es die gemeinsame Überzeugung, dass diese Ahnen Land, Meer und alles Lebendige erschaffen haben. Diese spirituelle Vorstellung wird oft als *Traumzeit* bezeichnet. Durch die Geschichten werden Wissen und Glaubensinhalte von Generation zu Generation weitergegeben und damit die moralischen Maßstäbe gesetzt, nach denen sich die Ureinwohner richten. Sie erinnern auch an vergangene Ereignisse. Zeitgenössische Künstler haben diese Tradition mit neuen Medien wie Film und Literatur fortgeführt. David Unaipon (geboren 1872) vom Stamm der Ngarrindjeri aus South Australia (SA) war der erste Aborigine, dessen Bücher veröffentlicht wurden. Er war Autor, Wissenschaftler und ein Anwalt für sein Volk. 1927 erschienen sein Werk *Aboriginal Legends* und 1929 *Native Legends*.

Weitere Aborigine-Autoren der ersten Stunde waren Oodgeroo Noonuccal, Kevin Gilbert und Jack Davis. Zu zeitgenössischen Schriftstellern von Bedeutung gehören Alexis Wright, Kim Scott, Anita Heiss und Ali Cobby Eckerman. Preisgekrönte Romane sind Kim Scotts *Deadman Dancing* (US-Ausgabe: That Deadman Dance) und *Benang*, Alexis Wrights *Carpentaria* (Giramando) sowie Ali Cobby Eckermans *Little Bit Long Time* (Picaro Press) und *Ruby Moonlight*.

sische Künstler arbeiten mit allen Medien und die Kunst der Ureinwohner taucht auch in ungewöhnlichen Umgebungen auf, etwa auf einem BMW oder einem Qantas-Flugzeug. Im Gebiet der Central Desert schlägt immer noch das Herz der Aborigine-Kunst und Alice Springs ist einer der besten Orte, um die Kunstwerke zu sehen und zu kaufen. Auch in Cairns findet man viele innovative Kunstwerke der Ureinwohner.

Beim Kauf der Kunstwerke sollte man darauf achten, dass die Herkunft der Arbeiten angegeben ist. Dazu gehören die Namen der Künstler, ihre Gemeinde oder Sprachgruppe sowie die Geschichten der Werke. Wenn es eine authentische Arbeit ist, erhält der Künstler alle Erlöse daraus. Australien hat ein System eingeführt, das auch bei Wiederverkäufen Lizenzgebühren vorsieht.

Musik

Die Musik war schon immer ein wesentlicher Teil der Aborigine-Kultur. Lieder waren wichtig, um Wissen weiterzugeben und Musikinstrumente wurden häufig für Heilungen, Zeremonien und Rituale verwendet. Das bekannteste Instrument ist das *Yidaki* (Didgeridoo), das traditionell nur von Männern im nördlichen Australien gespielt wird. Weitere Instrumente sind Clapsticks (Schlaghölzer), Rasseln und Bumerangs; in Südaustralien spannen Spieler Tierhäute über ihren Schoß und trommeln darauf.

Dieses reiche musikalische Erbe findet heute in einer starken Musikindustrie seine Fortsetzung. Ähnlich den anderen Kunstformen haben sich auch in der Musik der Aborigines neue Ideen und Stile mit der starken kulturellen Identität verbunden. Zeitgenössische Künstler wie Dan Sultan und Jessica Mauboy haben erfolgreich den Schritt in den Mainstream geschafft und bedeutende Musikpreise gewonnen. Sie tauchen regelmäßig in beliebten Programmen und auf den großen Musikfestivals auf. Das Aborigine-Radio ist der beste und am leichtesten zugängliche Weg, die Musik der Ureinwohner zu hören.

Darstellende Künste

Tanz und Theater sind ein bedeutsamer Aspekt der Aborigine-Kultur. Die Stile variierten von Stamm zu Stamm und je nach Anlass. Die Nachahmung von Tieren, Vögeln und den Elementen war in ganz Australien

---

Das Rolling Stone-Magazin bezeichnet den blinden Sänger Geoffrey Gurrumul Yunupingu (www.gurrumul.com) als „Australiens wichtigste Stimme". Der aus Arnhem stammende Yunupingu singt in seiner Muttersprache Yolngu matha. Mit seiner Engelsstimme erzählt er von seiner Identität und seiner Verbindung mit dem Land und seinen Vorfahren. Er begeistert damit sein Publikum im In- und Ausland. Seine beiden Alben erreichten Platin.

üblich, aber die Abfolge der Bewegungen von Armen, Beinen und Körper unterschieden sich stark. Zeremonielle oder rituelle Tänze, in denen Wissen überliefert oder eine Geschichte erzählt wurde, waren überaus genau strukturiert und völlig anders als die Gesellschaftstänze bei den Corroborees (traditionelle Zeremonien). Wie die anderen Kunstformen hat sich auch der Tanz an die heutige Zeit angepasst, und aktuelle Tanzensembles und Gruppen haben die traditionellen Formen in eine moderne Interpretation umgewandelt. Das bekannteste Ensemble ist das international gefeierte Bangarra Dance Theatre (S. 137).

Auch das Theater knüpft an die Tradition des Geschichtenerzählens an. Traditionell vereinten sich Drama und Tanz in Zeremonien oder Corroborees, und zwar in vielen Inszenierungen auch heute noch. Australien verfügt über eine blühende Aborigine-Theaterindustrie und viele Schauspieler und Autoren der Ureinwohner arbeiten in und für Mainstream-Inszenierungen. Gegenwärtig gibt es zwei bedeutende Theaterensembles der Aborigines: Ilbijerri (www.ilbijerri.com.au) in Melbourne und Yirra Yakin (www.yirrayaakin.com.au) in Perth. Außerdem haben sich mehrere Mainstream-Ensembles auf Geschichten der Aborigines spezialisiert und konnten schon einige Erfolge im In- und Ausland feiern.

TV, Radio & Film

Die Aborigines haben sich schnell auf Rundfunksendungen eingestellt und ein ausgedehntes Mediennetzwerk aus Funk-, Print- und TV-Diensten entwickelt. Es gibt über 120 Radiostationen und Programme der Aborigines, deren Sendegebiet von den Städten über ländliche Gegenden bis in die entlegensten Gemeinden reicht. Die Programmformate unterscheiden sich von Ort zu Ort. Einige senden nur in den Sprachen der Ureinwohner oder bedienen einen speziellen Musikgeschmack.

Zugang zur Musik der Aborigines gibt es am einfachsten über die darauf spezialisierten Radiosender. Der National Indigenous Radio Service (NIRS; www.nirs.org.au) sendet auf vier Kanälen von seinem Sitz in Brisbane aus Aborigine-Programme über Satellit und über das Internet.

Die Aborigines haben eine florierende Filmindustrie, und in den vergangenen Jahren waren einige Filme auch beim breiten Publikum ein Erfolg, etwa *The Sapphires*, *Bran Nue Dae* und *Samson and Delilah*. 2007 ging der erste Fernsehkanal der Aborigines (NITV) auf Sendung, was nun immer mehr Filmemacher dazu bringt, ihre Geschichten erzählen zu wollen.

Die Geschichte der Ureinwohner Australiens

Bevor die ersten Europäer kamen, waren die indigenen Völker des Kontinents durch ihre Kultur verbunden. Viele Aspekte waren allen Aboriginestämmen gemeinsam, und durch diese Gemeinsamkeiten konnten die

10. August 1987
Ein Untersuchungsausschuss beschäftigt sich mit der hohen Zahl von Todesfällen unter den Aborigines in Haft. Aborigines sind in der Kriminalstatistik überrepräsentiert.

3. Juni 1992
Der High Court verwirft das Terra-Nullius-Konzept (unbewohntes Land) und erklärt, dass Australien vor der britischen Besiedlung bewohnt war.

26. Januar 1988
Am 200. Jahrestag der Besiedlung Australiens demonstrieren 40 000 Aborigines und ihre Anhänger in Sydney, um an 200 Jahre Invasion zu erinnern.

28. Mai 2000
Mehr als 300 000 Menschen laufen über die Sydney Harbour Bridge um zu zeigen, wie wichtig eine Versöhnung mit den Aborigines ist.

21. Juni 2007
Die Regierung setzt den Racial Discrimination Act aus, um gegen den Kindesmissbrauch in Aborigine-Gemeinschaften zu intervenieren.

13. Februar 2008
Der Premierminister entschuldigt sich bei den Aborigines für die Herausnahme ihrer Kinder aus den Familien und begangene Ungerechtigkeiten.

10. Juli 2010
Der Kopf des ermordeten Aborigine-Führers Yagan wird in Perth zur letzten Ruhe gebettet. 1833 war sein Kopf nach England geschickt worden.

22. Januar 2015
Ein Gericht bestätigt den Anspruch eines Barngarla-Ureinwohners auf große Teile der Eyre Peninsula (SA).

Ureinwohner aufeinander einwirken. Im postkolonialen Australien sind die Aborigines aber auch durch ihr Schicksal miteinander verbunden.

Die ersten Australier

Viele Forscher gehen davon aus, dass die Aborigines ursprünglich von anderswo auf den australischen Kontinent kamen; wissenschaftlich nachweisen lässt sich, dass die Ureinwohner seit mindestens 40 000 bis 50 000 Jahren hier siedeln. Die Aborigines selbst glauben jedoch, sie hätten das Land schon immer bewohnt.

Zur Zeit des ersten Kontakts mit den Europäern bestand die Aborigine-Bevölkerung aus 300 oder mehr unterschiedlichen Stämmen mit verschiedenen Sprachen und Landesgrenzen. Die meisten Ureinwohner hatten keine festen Siedlungen, sondern wanderten innerhalb ihres Territoriums umher und folgten dabei den jahreszeitlichen Vorgaben durch Wanderungen der Tiere und Verfügbarkeit von Pflanzen. Bedingt durch die sehr unterschiedlichen Landschaften Australiens unterschieden sich die Nationen in ihren Lebensstilen. Bei allen kulturellen Unterschieden gab es jedoch auch sehr viele gemeinsame Elemente. Jede Nation hatte einige Clans oder Familienverbände, die für bestimmte Bereiche verantwortlich waren. Jahrtausende lang lebten die Aborigines in einem komplexen Verwandtschaftssystem, das sie mit ihrer natürlichen Umgebung verband. Von der Wüste bis zum Meer richteten die Ureinwohner ihr Leben nach ihrer Umwelt aus und entwickelten unterschiedliche Fähigkeiten und ein weitreichendes Wissen über ihr Territorium.

Die Kolonisierung

Die Auswirkungen der Kolonisation machten sich sofort nach der Ankunft der Europäer bemerkbar. Es begann mit deren Aneignung von Land und Wasservorkommen sowie mit Krankheitswellen. Die Pocken töteten etwa die Hälfte der ursprünglichen Bewohner von Sydney Harbour. Eine Zeitlang leisteten die Aborigines Widerstand und kämpften um ihr Land und ihre Lebensweise. Eine Welle der Gewalt und Massaker fegten durch das Land, und viele Ureinwohner wurden von ihrem angestammten Land vertrieben. Nach einem Jahrhundert war die Aborigine-Bevölkerung um 90 % dezimiert.

Am Ende des 19. Jhs. befand sich der größte Teil des fruchtbaren Landes in den Händen der Weißen und die meisten Aborigines lebten in Armut am Rand der Siedlungen oder auf Land, das zur Besiedlung ungeeignet war. Die Ureinwohner sollten sich an die neue Kultur anpassen, hatten aber wenig bis keine Rechte. Sie fanden nur selten eine Beschäftigung und arbeiteten häufig als Hilfsarbeiter oder Hausangestellte. Diese Benachteiligungen gibt es immer noch – und auch eine entsprechende Regierungspolitik und fortlaufende Programme zur Unterstützung der Ureinwohner hatten nur wenig Erfolg darin, ihre Lebensumstände zu verbessern.

Rechte & Versöhnung

Das Verhältnis der Aborigines zu den anderen Australiern war keineswegs immer einfach. Über die Jahre wurden einige systematische Verordnungen in Kraft gesetzt, die aber oft einen tieferliegenden Zweck erfüllten, etwa Kontrolle über das Land, Dezimierung der Bevölkerung, Schutz, Anpassung, Selbstbestimmung und Selbstverwaltung.

Die Geschichte der erzwungenen Umsiedlung, die Wegnahme der Kinder und der Verlust von Land und Kultur können nicht ungeschehen gemacht werden, auch wenn die Regierung manche Themen anpackt. Die gegenwärtige Politik konzentriert sich darauf, „die Lücke zu schließen" und mit einer besseren Versorgung notwendiger Dienstleistungen die Lebensbedingungen der Aborigines zu verbessern. Dennoch gibt es

---

Einen Einblick in die Frühzeit der britischen Besiedlung Australiens und die ersten Begegnungen mit den Aborigines bieten die Tagebücher von William Dawes, Offizier bei der First Fleet (1787–1788). Die Tagebücher sind online zugänglich (www.william dawes.org). Sie enthalten Wörter und Sätze aus der lokalen Aborigine-Sprache und erzählen aus dem traditionellen Leben. Dawes wichtigste Informantin war das Aborigine-Mädchen Patyegarang.

DIE GESTOHLENEN GENERATIONEN

Als Australien 1901 eine Föderation wurde, führte die Regierung die sogenannte „White Australia Policy" (Politik des weißen Australiens) ein. Eigentlich sollte damit die Einwanderung von Nicht-Weißen nach Australien verhindert werden, doch die Auswirkungen trafen auch die Ureinwohner Australiens. Alle Behörden „ermutigten" die Anpassung an die weiße Gesellschaft mit der Absicht, die Aborigines nach und nach verschwinden zu lassen. Die zwangsweise Herausnahme der Kinder aus Familien der Aborigines und der Torres-Strait-Insulaner war von 1909 bis 1969 offizielle Politik, wurde jedoch auch davor und danach praktiziert. Genaue Zahlen wird es wohl niemals geben, aber man schätzt, dass etwa 100 000 Aborigine-Kinder ihren Familien entrissen wurden (eins von drei Kindern).

Eine Regierungsbehörde (das Aborigines Protection Board) war mit der Umsetzung dieser Politik beauftragt. Sie konnte die Kinder ohne Zustimmung der Eltern und ohne Gerichtsbeschluss aus den Familien holen. Viele Kinder sahen ihre Familien niemals wieder und diejenigen, denen es gelang, einen Weg zurück zu finden, hatten oft große Schwierigkeiten, Beziehungen aufrechtzuerhalten. Diese Generationen von Kindern, die aus ihren Familien genommen wurden, werden als gestohlene Generationen („*Stolen Generations*") bezeichnet.

In den 1990er-Jahren untersuchte die Australian Human Rights Commission diese Praxis des Kindesentzugs. Der Abschlussbericht „*Bring Them Home*" wurde dem Parlament im Mai 1997 vorgelegt und schilderte die zerstörerischen Auswirkungen dieser Politik auf die Kinder und ihre Familien. An der zwangsweisen Herausnahme der Kinder waren Regierungen, Kirchen und Wohlfahrtsorganisationen gleichermaßen beteiligt. Sexueller und körperlicher Missbrauch und Quälereien waren in vielen Institutionen, in die die Kinder gebracht wurden, an der Tagesordnung. Noch heute leiden viele aus den gestohlenen Generationen an Traumata aus ihrem frühen Leben.

Am 13. Februar 2008 entschuldigte sich der damalige Premierminister Australiens, Kevin Rudd, im Namen der ganzen Nation bei den gestohlenen Generationen. Für viele Aborigines war das der Beginn eines nationalen Heilungsprozesses und heute gibt es viele Organisationen, die mit den gestohlenen Generationen arbeiten.

noch immer eine große Ungleichheit zwischen den Aborigines und den anderen Australiern, etwa geringere Bildung, höhere Arbeitslosigkeit, schlechtere Gesundheits- und Lebensbedingungen, hohe Inhaftierungs- und Selbstmordraten und eine niedrigere Lebenserwartung.

Trotz allem ist es den Aborigines gelungen, ihre Identität und ihre Verbindung zu Land und Kultur zu wahren. Es wird zunehmend anerkannt und akzeptiert, dass den Ureinwohnern ein Platz in diesem Land gebührt, aber es bleibt noch ein weiter Weg. Aborigines haben keine wirkliche politische oder wirtschaftliche Macht, aber ihre Kämpfe um Rechtsansprüche und Kulturrechte gehen weiter und stehen in der Politik im Vordergrund. Jeder Fortschritt für die Aborigines war hart erkämpft und wurde von den Ureinwohnern selbst in Gang gesetzt.

Natur & Umwelt

von Tim Flannery

Australiens Tier- und Pflanzenwelt kommt außerirdischem Leben auf der Erde wohl am nächsten. Das liegt daran, dass Australien schon sehr lange von den anderen Kontinenten getrennt ist (ca. 80 Mio. Jahre). Anders als Lebewesen auf den Kontinenten, die durch Landbrücken verbunden sind, sind die hiesigen Vögel, Säugetiere, Reptilien und Pflanzen ihren ganz eigenen Evolutionsweg gegangen. Heute zeigt sich dies als eines der charakteristischsten und vielfältigsten Naturreiche der Welt.

Eine einzigartige Natur

Tim Flannery ist Wissenschaftler, Forscher, Autor und Vorsitzender des Climate Council. Er war bis 2013 Professor an der Macquarie University in Sydney und 2007 wurde er zum „Australian of the Year" ernannt. Zu seinen preisgekrönten Büchern gehören *Dschungelpfade, Wir Wettermacher* und *Throwim Way Leg* (ein Bericht über seine Arbeit als Biologe in Papua-Neuguinea).

Die ersten Naturforscher, die Australien erkundeten, staunten nicht schlecht über ihre Funde. Hier waren die Schwäne schwarz – für Europäer paradox – und man entdeckte, dass manche Säugetiere, etwa Schnabeltiere und Ameisenigel, Eier legten. Hier stand die Welt wirklich Kopf: Größere Tiere bewegten sich hüpfend vorwärts und jedes Jahr ließen die meisten Bäume statt ihrer Blätter die Rinde fallen.

Wer Australien nur für kurze Zeit besucht, muss sich möglicherweise richtig Mühe geben, um wenigstens ein Stück seines Naturreichtums kennenzulernen. Das liegt daran, dass Australien unauffindlich ist und ein Teil der Natur – besonders rund um die Städte – zerstört oder durch Pflanzen und Tiere aus Europa ersetzt wurde. Städte wie Sydney haben hingegen einige außergewöhnliche Elemente ihrer ursprünglichen Natur bewahrt, die auch relativ leicht zugänglich sind. Bevor man sie genießt, ist es jedoch sinnvoll, sich ein paar Grundlagen über die Besonderheiten der australischen Natur anzueignen. Denn dieses Land ist einzigartig, und nur wer seine Ursprünge und die natürlichen Rhythmen verstanden hat, wird es richtig würdigen können.

Zwei Dinge waren besonders wichtig für die Entwicklung von Australiens Natur: der Boden und das Klima. Beide sind etwas ausgesprochen Besonderes.

Klima

Australiens Pech in Bezug auf seinen Boden spiegelt sich im Klima wider. In den meisten Teilen der Welt außerhalb der feuchten Tropen richtet sich das Leben nach dem Rhythmus der Jahreszeiten – Sommer und Winter oder Regen- und Trockenzeit. Ein großer Teil Australiens erlebt zwar Jahreszeiten – manchmal sehr ausgeprägt –, aber das Leben richtet sich nicht nur nach ihnen. Dies ist sehr gut daran erkennbar, dass es hier trotz jeder Menge Schnee und kalter Gegenden fast keine Bäume gibt, die im Winter ihre Blätter verlieren, und fast kein Tier Winterschlaf hält. Stattdessen gehorcht das Leben einem viel stärkeren klimatischen Einfluss: El Niño.

El Niño ist ein komplexes Klimasystem, das rund um den Südpazifik starke Auswirkungen aufs Wetter hat. Der Kreislauf aus Flut- und Dürrephasen, den El Niño Australien beschert, beeinflusst unterschiedliche Bereiche. Die Flüsse – selbst der mächtige Murray River, der größte Fluss des Landes, der durch den Südosten fließt – können in einem Jahr noch mehrere Meilen breit sein, während man im nächsten beinahe drüber-

> ## UMWELT- & NATURSCHUTZGRUPPEN
>
> → Die **Australian Conservation Foundation** (www.actonline.org.au) ist Australiens größte NRO in Sachen Umweltschutz.
>
> → Bei **Bush Heritage Australia** (www.bushheritage.org.au) oder der **Australian Wildlife Conservancy** (AWC; www.australianwildlife.org) kann man mit Geldspenden und persönlichem Einsatz zum Schutz heimischer Arten beitragen.
>
> → **Conservation Volunteers Australia** (www.conservationvolunteers.com.au) ist eine nichtkommerzielle Organisation mit Schwerpunkt auf praktischem Umweltschutz (u. a. Bäumepflanzen, Anlegen von Wanderwegen, naturkundliche Bestandserhebungen).
>
> → **Ecotourism Australia** (www.ecotourism.org.au) erteilt Ökosiegel an umweltfreundliche und nachhaltige Tourismusangebote. Das Online-Verzeichnis mit ökobewussten Touren, Unterkünften und Attraktionen ist nach Bundesstaaten sortiert.
>
> → Die **Wilderness Society** (www.wilderness.org.au) widmet sich vor allem dem Wildnis- und Waldschutz.

hüpfen kann. Hier zeigt sich die Macht von El Niño, und in Verbindung mit den schlechten Böden Australiens hat sie riesige Auswirkungen.

Flora & Fauna

Australiens Tier- und Pflanzenarten sind in ihrer Verschiedenheit perfekt an die Boden- und Klimabedingungen des Landes angepasst.

Säugetiere

Kängurus

Australien ist – natürlich – als Heimat des Kängurus (kurz: *Roo*) und anderer Beuteltiere bekannt. Wenn man keinen Wildpark besucht, sind diese Tiere aber nur schwer zu finden, da die meisten nachtaktiv sind. Sie sind jedoch ausgezeichnet an die rauen australischen Bedingungen angepasst. Aber warum ist das Känguru das einzige größere Säugetier der Welt, das sich hüpfend fortbewegt? Mittlerweile weiß man, dass Hüpfen die effizienteste Fortbewegungsart bei mittlerer Geschwindigkeit ist. Das liegt daran, dass die Energie des Sprungs in den Beinsehnen gespeichert wird – fast wie bei einem Springstock. Die Eingeweide gehen dabei wie Kolben hoch und runter und leeren und füllen so die Lungen, ohne dass die Brustmuskulatur arbeiten müsste. Wenn für ein bisschen Nahrung lange Entfernungen zurückgelegt werden müssen, ist eine solche Effizienz ein Muss.

> Die zahllosen Infos auf der Website des Australian Museum (www.australianmuseum.net.au) decken Australiens Tierwelt von der Kreidezeit bis heute ab. Zudem finden Kinder dort Online-Spiele, Filme und Fakten zu vielen Aspekten.

Koalas

Beuteltiere sind so energieeffizient, dass sie ein Fünftel weniger Nahrung brauchen als Plazentatiere ähnlicher Größe. Aber einige Beuteltiere haben die Sache noch weitergetrieben. Beim Besuch eines Wildparks oder Zoos fällt einem vielleicht der verträumte Blick eines Koalas auf. Das wirkt irgendwie so, als sei im Oberstübchen gerade keiner zuhause – und das kommt der Wahrheit sogar ziemlich nahe. Vor einigen Jahren haben Biologen verkündet, Koalas seien die einzigen Lebewesen mit einem Gehirn, das ihren Schädel nicht ausfüllt. Stattdessen hätten sie eine Art verschrumpelte Walnuss als Hirn, die in ihrem Schädel herumklappert. Andere Forscher widersprechen dem jedoch und weisen darauf hin, dass die Hirne untersuchter Koalas möglicherweise geschrumpft seien, weil das Organ so weich ist. Ob er aber nun ein weiches oder ein kleines Hirn hat – der Koala ist nicht gerade der Einstein der Tierwelt. Mittlerweile glaubt man, dass sein Gehirn der Energieeffizienz zum Opfer gefallen ist. Sie fressen Eukalyptusblätter, die so giftig sind, dass die Tiere allein 20 % ihrer

Energie dazu verwenden, ihre Nahrung zu entgiften – da bleibt für das Gehirn nicht viel übrig; aber da Koalas glücklicherweise in den Wipfeln leben, wo es keine Raubtiere gibt, kommen sie gut mit wenig Grips aus.

Wombats

> In R. Strahans Buch *The Mammals of Australia* steht alles über Australiens rätselhafte Säugetiere: Jede einzelne Art wird mit Bildern vorgestellt und von australischen Experten beschrieben.

Die Gegebenheiten der australischen Natur haben aber nicht alle zu Trotteln gemacht. Der nächste Verwandte des Koalas, der Wombat (drei Arten), hat für Beuteltierverhältnisse ein großes Gehirn. Die Tiere leben in komplexen Bauen und können bis zu 35 kg schwer werden – sie sind die größten in einem Bau lebenden Pflanzenfresser der Welt. Da ihr Bau immer gut klimatisiert ist, wenden sie dort einen cleveren Trick an: Sie fahren ihren Stoffwechsel runter. Ein Physiologe, der ihre Schilddrüsenhormone untersucht hat, fand heraus, dass sich die biologische Aktivität bei schlafenden Wombats so weit absenkt, dass sie aus hormoneller Sicht quasi tot sind! Wombats können bis zu einer Woche unter der Erde bleiben und mit nur einem Drittel der Nahrung auskommen, die ein Schaf ähnlicher Größe braucht. Effizient denkende Farmer halten vielleicht eines Tages Wombats statt Schafe. Im Moment ist das jedoch (noch) nicht möglich, denn die größte Wombatart, der Haarnasenwombat, gehört zu den seltensten Lebewesen der Welt. In einem Naturschutzgebiet im Zentrum von Queensland leben nur noch ca. 160 Exemplare.

Andere Säugetiere

Zu den weniger seltenen Beuteltieren, die man in den Nationalparks – rund um die größeren Städte Australiens – vielleicht eher zu sehen bekommt, gehören die Angehörigen der Beutelmausfamilie. Die Männchen dieser nachtaktiven, rattengroßen Tiere leben nur elf Monate lang und in den ersten zehn konzentrieren sie sich ausschließlich aufs Fressen und Wachsen. Wie bei menschlichen Teenagern kommt auch bei ihnen der Zeitpunkt, an dem sie nur noch an Sex denken, aber bei den Beutelmäusen wird das zur Besessenheit. Wenn sie auf der Suche nach einem Weibchen sind, vergessen sie zu fressen und zu schlafen. Stattdessen warten sie zwischen Bäumen auf vorbeikommende Weibchen und quieken ihnen hinterher. Ende August – zwei Wochen nachdem sie die „Pubertät" erreicht haben – sind alle Männchen tot, völlig erschöpft vom Sex und dem Herumschleppen ihrer geschwollenen Männlichkeit.

In Australien leben zwei einzigartige Kloakentiere: der Ameisenigel, der einem Stachelige ähnelt, und das Schnabeltier, das an einen Otter mit Schwimmfüßen und entenähnlichem Schnabel erinnert. Ameisenigel sieht man häufig entlang der Straßen im Busch, Schnabeltiere dagegen machen sich rar.

VÖGEL ALS BRUTHELFER

Nur wenige Vogelarten in Australien sind Saisonbrüter und Zugvögel eher selten. Die Vögel brüten, wenn der Regen kommt, und ein großer Prozentsatz folgt dem Regen wie Nomaden durch den ganzen Kontinent.

Die Bedingungen in Australien stellen die Vögel vor enorme Herausforderungen und viele legen ein außergewöhnliches Verhalten an den Tag. Kookaburras, Elstern und Staffelschwänze – um nur einige der häufigeren zu nennen – haben das Brutsystem „Nesthelfer" entwickelt. Die Helfer sind die jungen erwachsenen Vögel der vorangegangenen Brut, die ihren Eltern dabei helfen, die neuen Küken aufzuziehen. Weshalb sie das tun, blieb ein Rätsel, bis man verstand, dass bei den harten Bedingungen im Land mehr als zwei ausgewachsene Vögel nötig sind um die Kleinen durchzufüttern. Dieses Verhaltensmuster ist in Asien, Europa und Nordamerika nur sehr selten zu beobachten, in Australiens Vogelwelt aber weit verbreitet.

WAL IN SICHT

Die Jagd auf Wale – seit dem Beginn der Kolonisation ein wichtiger Wirtschaftszweig im größten Teil Südaustraliens – wurde 1979 in Australien verboten. Hauptsächlich fanden sich Buckel-, Blau-, Südliche Glatt- und Pottwale am Ende der Harpunen. Dort, wo die Wale traditionell ihre Jungen zur Welt brachten, der Hafen von Sydney, die Küste um Albany in Westaustralien und die Mündung des Derwent River in Hobart, wurden sie in riesiger Zahl erlegt. Das Geschäft blieb bis Mitte des 19. Jhs. profitabel, doch dann machten sich langsam die drastisch sinkende Walpopulation, die Verlockung des Goldrausches im Landesinneren und das Aufkommen des Erdöls als Brennstoffalternative bemerkbar.

In den letzten Jahren (und zur Freude der Einheimischen) sind die Wale vorsichtig sowohl in den Hafen von Sydney als auch in den Derwent River zurückgekehrt. Ironischerweise erweist sich die Walbeobachtung als lukratives Touristenangebot entlang der Hauptstrecken der Walwanderung wie Head of Bight in Südaustralien, Warrnambool in Victoria, Hervey Bay in Queensland und auf dem Meer außerhalb des Hafens von Sydney.

Wenn man viel Glück hat, sieht man vielleicht einen Honigbeutler. Dieses winzige Beuteltier ist ein großes Rätsel: Es gewinnt alle Nährstoffe aus Nektar und Pollen und findet im Südwesten immer genügend Blumen, um zu überleben. Niemand weiß allerdings, wofür die Männchen Spermien brauchen, die größer sind als die des Blauwals, oder weshalb ihre Hoden so riesig sind. Wären Menschen so ausgestattet, müssten Männer mit einem 4 kg schweren Sack zwischen den Beinen herumlaufen!

Reptilien

In Australien bekommt man viele Reptilien zu Gesicht. Es gibt zahlreiche Schlangen – und darunter sind einige der giftigsten Arten: Wo die Möglichkeiten, Futter zu finden rar sind, darf die Beute möglichst keine Chance haben – daher das starke Gift. Schlangen greifen normalerweise nicht an, sofern sie nicht gestört oder gereizt werden. Wer sie still beobachtet und sich ruhig zurückzieht, dürfte keine Probleme bekommen.

Manche Traveller verwechseln Echsen mit Schlangen und tatsächlich sehen einige australische Echsen bizarr aus. Häufiger zu finden ist die Tannenzapfenechse. Diese Tiere, die in den südlichen Trockenregionen zu finden sind, sehen, wie der Name schon sagt, wie lebendige Tannenzapfen aus. Sie sind das australische Äquivalent zu Schildkröten und völlig harmlos. Andere Echsen sind viel größer: Außer auf der indonesischen Insel Komodo kann man nirgendwo größere Echsen sehen als die in der Wüste lebenden Riesenwarane. Diese Tiere tragen leopardenartige Flecken und können über 2 m lang werden. Sie sind sehr geschickt bei der Jagd nach Kaninchen, Wildkatzen und ähnlicher Beute.

Das Salzwasser- bzw. Leistenkrokodil fühlt sich im Kakadu National Park pudelwohl und ist das größte lebende Reptil der Welt: Alte Männchen können bis zu 6 m lang sein.

H. Coggers *Reptiles and Amphibians of Australia* ist die kaltblütige Bibel für alle, die sich für Australiens Reptilien interessieren (oder Todesangst vor ihnen haben). Dieses dicke Buch hilft dabei, die verschiedenen Arten zu erkennen – und im Notfall lässt es sich auch prima als Verteidigungswaffe einsetzen!

Pflanzenwelt

Australiens Pflanzen können unglaublich faszinierend sein. Wer im Frühling in Perth ist, sollte unbedingt eine Wildblumentour machen. Die schönsten Blumen wachsen auf den trockenen, monotonen Sandebenen, und das Farbenmeer, das die Känguru-Pfoten, Banksien und andere heimische Pflanzen zaubern, kann schwindelerregend schön sein. Schon die Vielfalt der Blumen ist unglaublich, allein im Südwesten wachsen 4000 Arten. Sie scheint ebenfalls auf Australiens kargen Boden zurückzuführen zu sein und fasziniert Botaniker seit Langem. Der Boden der Sandebenen – beinahe reiner Quarz – ist vermutlich der nährstoffärmste Australiens. So dominiert keine schnell wachsende Einzelart. Stattdessen haben Tausende spezialisierter Pflanzen ihre Nische gefunden und

HAIE

Keine Angst vor Haien! Trotz des Medienhypes, der durch fünf Todesfälle 2014 noch geschürt wurde, hat Australien seit 1791 nur durchschnittlich einen Haiangriff mit tödlichem Ausgang pro Jahr zu verzeichnen. In den Ozeanen der Welt schwimmen etwa 370 Haiarten – ungefähr 160 davon tummeln sich in australischen Gewässern. Nur wenige von ihnen sind für Menschen gefährlich: Die üblichen Verdächtigen sind Hochsee-Weißflossenhai, Weißer Hai, Tiger- und Bullenhai.

Wo mehr Menschen sind, gibt es, klar, auch mehr Haiangriffe. New South Wales und Sydney im Besonderen haben einen entsprechenden Ruf. Zwischen 1920 und 1940 gab es besonders viele Angriffe, aber nachdem seit 1937 Hainetze angebracht wurden, gab es nur noch einen Todesfall (1963). Sichtungen der Rückenflosse sind selten genug, um es in die Abendnachrichten zu schaffen. Da ist es wahrscheinlicher, von einem Bus überfahren zu werden – also hinein ins kühle Nass und viel Spaß!

existieren friedlich nebeneinander. Manche leben am Fuß meterhoher Sanddünen, einige auf deren Gipfel, andere auf dem Ost- und wieder andere auf dem Westhang. Ihre Blüten müssen schon auffallend schön sein, um Insekten anzulocken, denn in dieser Sandwüste ist Nahrung so rar, dass selbst Bienen selten sind.

Wer durch die Wildblumen-Region des Südwestens wandert, sollte nach dem Sonnentau Ausschau halten. Nur in Australien findet sich eine solche Vielfalt dieser fleischfressenden Pflanzen. Sie holen die Nährstoffe nicht mehr aus dem Boden, sondern locken mit der süßen Flüssigkeit auf ihren Blättern Insekten an, die sie dann verdauen, um Stickstoff und Phosphor aufzunehmen.

Offizielle Blumen symbole

Australheide (Victoria)

Cooktown-Orchidee (Queensland)

Rot-grüne Känguru-Pfote (WA)

Royal Bluebell (ACT)

Blauer Eukalyptus (Tasmanien)

Sturt's Wüstenerbse (SA)

Sturt's Wüstenrose (NT)

Telopea (NSW)

Waratah (NSW)

Umweltprobleme

Die europäische Kolonisation Australiens begann 1788 und damit auch eine Ära katastrophaler Eingriffe in die Umwelt. So kämpfen Australier heute mit einigen der größten Umweltproblemen weltweit. Es mag seltsam erscheinen, dass eine Bevölkerung von 23 Mio., verteilt auf einen Kontinent von der Größe der USA ohne Alaska, ihrer Umwelt derart schaden kann, aber die lange Isolation Australiens, seine empfindlichen Böden und die schwierigen klimatischen Verhältnisse ließen das Land extrem anfällig werden.

Die Schäden sind auf mehrere Faktoren zurückzuführen. Die wichtigsten sind: eingeschleppte Schädlinge, Zerstörung der Wälder, Überweidung und Eingriffe in den Wasserhaushalt.

Kurz nach 1788 flohen die ersten Hauskatzen in den australischen Busch; bald liefen Horden von Schädlingen – von Füchsen über wilde Kamele bis hin zu Aga-Kröten – in der freien Natur herum und haben viele Arten der heimischen Fauna ausgerottet. Jede zehnte Säugetierart, die vor der europäischen Kolonisation in Australien lebte, ist inzwischen verschwunden, viele weitere sind stark bedroht. Ebenso sind zahlreiche heimische Pflanzen, Vögel und Amphibien ausgestorben.

Auch die Vernichtung der Wälder hatte Auswirkungen auf die Umwelt. Die meisten australischen Regenwälder wurden gerodet, und Umweltschützer kämpfen mit der Holzindustrie um das Schicksal der letzten ungeschützten Urwaldbestände.

Australiens Grasland wird seit mehr als einem Jahrhundert chronisch überweidet. Das Resultat: Die Böden der ländlichen Regionen reagieren empfindlichst auf den Wechsel von Dürre und Überschwemmung. Außerdem wurden so viele heimische Arten ausgerottet. Um neue Ackerflächen zu gewinnen, wurde Land gerodet und bewässert: Die Rodungen begannen vor knapp einem Jahrhundert in den artenreichen Gegenden des Weizengürtels von Westaustralien. Heute ist ein Drittel der Fläche versalzen.

Gerade einmal 1,5 % der Landfläche Australiens liefern über 95 % seiner landwirtschaftlichen Erträge; der größte Teil davon liegt in den bewässerten Gebieten des Murray-Darling-Beckens, dem landwirtschaftlichen Herz Australiens. Auch hier drohen die Böden und Flüsse zu versalzen. Das Wasser der Bewässerungsanlagen dringt in Sedimentschichten eines Urmeeres ein und trägt Salz in die Wasserreservoirs und Felder. Auch der Snowy River in NSW und Victoria kämpft ums Überleben.

Trotz der ungeheuerlichen Ausmaße des ökologischen Desasters, das Australien heimsucht, reagieren Staat und Gesellschaft nur langsam. In den 1980er-Jahren wurden erste Gegenmaßnahmen ergriffen, aber erst in den 1990er-Jahren wurden weitere Schritte in Angriff genommen. Mit **Landcare** (www.landcareaustralia.com.au) schuf man eine Organisation, durch die Menschen auf lokale Umweltprobleme wirkungsvoller aufmerksam machen können. Außerdem investiert die staatliche Initiative „Caring for our Country" mehr als 2 Mrd. AU$ (1,5 Mrd. €). Allerdings sind einige der Probleme so gewaltig, dass der Versuch, den Zerstörungsprozess zu stoppen, bislang nur wenig erfolgreich war.

Australiens Umweltprobleme sind so schwerwiegend, dass für ihre Bewältigung eine Art Revolution notwendig ist. Denn Nachhaltigkeit muss sich in jedem Lebensbereich durchsetzen, in der Landwirtschaft, in Wohngebieten und Städten. Im Zentrum der Veränderungen stehen erneuerbare Energien, nachhaltige Landwirtschaft und sorgsamer Umgang mit Wasser. Erst jetzt entwickeln Australier einen Fahrplan zur Nachhaltigkeit – und ohne die werden die Menschen langfristig keine Zukunft auf diesem Kontinent haben.

Aktuelle Umweltprobleme

Aktuell stehen auf der Liste der Umweltprobleme, die Australiens empfindliche Natur bedrohen, Klimawandel, Wasserknappheit, Atomenergie und Uranabbau ganz oben. Alle hängen miteinander zusammen. Für Australien bedeuten die wärmeren Temperaturen durch den Klimawandel eine weitere Katastrophe für eine ohnehin anfällige Umwelt. Ein durchschnittlicher Temperaturanstieg um 2 °C wird auf dem trockensten Kontinent der Erde zu einer noch trockeneren Südhälfte und zu noch größerer Wasserknappheit führen. Wissenschaftler sagen auch, dass heißeres und trockeneres Klima die Buschbrände verschlimmert und zu heftigeren Wirbelstürmen führen wird.

Australien ist ein großer Treibhausgasproduzent, weil es sich bei der Energieversorgung auf Kohle und andere fossile Brennstoffe stützt. Die häufigste und umstrittenste alternative Energiequelle ist die Atomenergie, die weniger Treibhausgase produziert und auf Uran basiert – und davon besitzt Australien jede Menge. Bis der radioaktive Müll, der in den Atomkraftwerken entsteht, jedoch harmlos ist, können bis zu 1000 Jahre vergehen. Darüber hinaus ist Uran eine endliche Energiequelle (im Gegensatz zu den saubereren erneuerbaren Energiequellen, etwa der Solar- und der Windenergie), und selbst wenn Australien jetzt genügend Kernkraftwerke baute, um weniger abhängig von der Kohle zu sein, würde es Jahre dauern, bevor sich die ersten positiven Auswirkungen für Umwelt und Wirtschaft zeigten.

Der Uranabbau polarisiert. Da sich auch andere Länder rund um den Erdball auf die Atomenergie verlassen, ist Australien in der Position, den Export seiner gewinnträchtigsten Ressource ausweiten zu können. Der Uranabbau hat im Land jedoch entschiedene Gegner, nicht nur, weil das Erzeugnis ein Schlüsselelement für den Bau von Atomwaffen ist, sondern auch, weil sich ein großer Teil der australischen Uranvorkommen unter heiligem Aborigine-Land befindet. Befürworter des verstärkten Uranabbaus und -exports argumentieren, der beste Weg, den Gebrauch von Uran zu kontrollieren, sei es, seinen gesamten Lebenskreislauf zu

In jüngster Zeit hat Australien einige verheerende Buschbrände erlebt: Der „Schwarze Samstag" in Victoria (2009) forderte 173 Todesopfer. 2013 wurden in Tasmanien ein Feuerwehrmann getötet und Hunderte Gebäude zerstört. Beim Feuer in den Adelaide Hills 2015 brannten 125 km² Land und Dutzende Häuser und Gebäude.

überwachen, d. h. das Roherzeugnis an internationale Abnehmer zu verkaufen und dann eine Gebühr für die Entsorgung des Mülls zu erheben. Beide großen politischen Parteien denken über eine Ausweitung der Uranexportindustrie nach, da sie aus wirtschaftlichen Gründen angeblich unumgänglich ist.

Nationalparks & Naturschutzgebiete

In Australien gibt es über 500 Nationalparks – geschützte Wildnis, die von großer Bedeutung für Natur und Umwelt ist. Jeder Bundesstaat ernennt und verwaltet seine Nationalparks selbst. Die Nationalparks umfassen Regenwälder, weite Flächen leeren Outbacks, Küstenstreifen mit Sanddünen und zerklüftete Gebirgsketten.

Die Öffentlichkeit kann Nationalparks besuchen, solange sie Sicherheits- und Umweltschutzmaßnahmen beachtet. Meist stehen den Besuchern Campingplätze (oft mit Toiletten und Duschen), Wanderwege und Informationszentren zur Verfügung. In den meisten Nationalparks gibt es Einschränkungen, was das Mitbringen von Haustieren betrifft.

Die State Parks und State Forests gehören der australischen Regierung, deshalb herrschen dort weniger strenge Regeln. Obwohl auch viele State Forests bewirtschaftet werden, sind sie oft Erholungsgebiete mit Campingplätzen, Wanderwegen und ausgeschilderten Straßen. In einigen sind sogar Pferde und Hunde erlaubt.

Welterbe

Great Barrier Reef (Queensland)

Southwest Wilderness (Tasmanien)

Uluru-Kata Tjuta National Park (NT)

Kakadu National Park (NT)

Wildtiere beobachten

Einige Regionen Australiens bieten einzigartige Gelegenheiten, die hiesige Tier- und Pflanzenwelt kennenzulernen – eine der besten ist Tasmanien. Auf der Insel wimmelt es von Wallabies, Wombats und Beutelratten, vor allem weil Füchse, die die Beuteltierpopulationen auf dem Festland stark dezimiert haben, sehr lange brauchten, um die Insel zu erreichen (der erste Fuchs wurde erst 2001 dort entdeckt). Sie ist außerdem das Zuhause des Tasmanischen Teufels. Diese Beuteltiere sind auf der Insel sehr zahlreich vertreten und in einigen Nationalparks kann man sie dabei beobachten, wie sie überfahrene Wombats zerfleischen. Ihre Zankereien sind fürchterlich, ihr Gekreische ist ohrenbetäubend. Sehr viel näher kommt man in Australien so einem eindrucksvollen Erlebnis nicht. Unglücklicherweise verringert sich die Teufel-Population durch die Devil Facial Tumour Disease, bei der sich Krebsgeschwüre im Gesicht der Beuteltiere bilden.

Wer von der Vielfalt tropischer Regenwälder fasziniert ist, sollte auf jeden Fall den Weltnaturerbestätten in Queensland einen Besuch abstatten. Paradiesvögel, Kasuare und eine Vielzahl anderer Vögel sind tagsüber zu beobachten, während man nachts nach Baumkängurus (ja, einige Känguruarten leben in Baumkronen) Ausschau halten kann. Auf einer Nachtwanderung sieht man außerdem mit großer Wahrscheinlichkeit neugierige Beutelratten – von denen einige wie Stinktiere aussehen – und andere Beuteltiere, die nur noch in einem kleinen Gebiet im Nordosten von Queensland anzutreffen sind.

In Australiens Wüsten wilde Tiere zu erspähen, ist das reinste Glücksspiel. Wer in einem trockenen Jahr durch das Land reist, sieht vielleicht nur staubige Ebenen, hier und da ein Känguru oder ein Emu und ein paar unverwüstliche Bäume. Wer jedoch nach ergiebigen Regenfällen zu Besuch kommt, findet beinahe einen Garten Eden vor. Wiesen voller weißer und gelber Gänseblümchen erstrecken sich in der Ferne. Die Salzseen füllen sich mit Süßwasser und man kann Millionen von Wasservögeln beobachten, die sich die im Überfluss vorhandenen Fische und Insekten schmecken lassen. Es ist wie eine Fata Morgana und wie eine solche verschwindet alles, sobald das Land wieder austrocknet, nur um nach ein paar Jahren oder einem Jahrzehnt wieder zum Leben zu erwa-

DAS LEIDEN DES MURRAY-DARLING

Das Murray-Darling Basin ist Australiens größtes Flusssystem und erstreckt sich auf 1,05 Mio. km² (ca. 14 % der Landesfläche) durch Queensland, New South Wales, das Australian Capital Territory, Victoria und schließlich South Australia. Es stillt nicht nur ca. ein Drittel des landwirtschaftlichen und urbanen Dursts, sondern bewässert auch wertvolle Regenwälder, Sümpfe, subtropische Gegenden und verbrannte Trockengebiete.

Doch Dürre, Bewässerung und Klimawandel haben den Wasserpegel des Murray-Darling sinken lassen. Manche Feuchtgebiete rund um den Darling River wurden früher alle fünf Jahre überflutet; dies passiert inzwischen nur noch alle 25 Jahre und deshalb sind sogar fruchtbare Arten vom Aussterben bedroht. Zudem besteht die Gefahr, dass das ganze System zu stark versalzt und nicht mehr genutzt werden kann.

Durch Regenfälle und großflächige Überflutungen in ganz Ostaustralien sind die Pegel der Flüsse wieder angestiegen (vor allem seit 2010/11). Die heikle Aufgabe, ein Gleichgewicht zwischen landwirtschaftlichen und ökologischen Interessen herzustellen, verursacht weiterhin politische und soziale Turbulenzen in fünf Bundesstaaten bzw. Territorien.

---

chen. Wer nach zuverlässigeren, aber ebenso spektakulären Möglichkeiten sucht, Vögel zu beobachten, sollte dem Kakadu National Park einen Besuch abstatten, am besten gegen Ende der Trockenzeit im November.

Die größten Lebewesen, die sich rund um Australien blicken lassen, sind Meeressäuger wie Wale und Seehunde. Nirgendwo sieht man sie häufiger als in Südaustralien. Während des Frühlings versammeln sich Südliche Glattwale in der Great Australian Bight. In der Nähe der abgeschiedenen Aborigine-Gemeinde Yalata kann man sie besonders gut beobachten, während sie sich paaren, herumtollen oder ihre Jungen säugen. Kangaroo Island, südlich von Adelaide gelegen, ist ein fantastischer Ort, um Seehunde und Seelöwen zu beobachten. Es gibt gut ausgestattete Besucherzentren, die solche Beobachtungen erleichtern. Und dort, wo erwachsene Zwergpinguine ihre Nester bauen, sind die Pinguine nachts in ganzen Pinguin-Paraden unterwegs. Die Strände auf Kangaroo Island sind magische Orte, wo man inmitten von Seetang wunderschöne Muscheln, Walknochen und sogar Fetzenfische findet.

Die fantastische Vielfalt am Great Barrier Reef vor Queensland ist legendär. Eine Bootsfahrt ab Cairns oder Port Douglas zum Riff ist ein unvergessliches Erlebnis. Ebenso außergewöhnlich, aber weniger bekannt, ist die Vielfalt der südlichen australischen Gewässer: In der Great Australian Bight leben mehr Meeresbewohner als überall sonst auf der Erde.

> Die Coastal Studies Unit der University of Sydney schätzt, dass Australien unglaubliche 10 685 Strände hat. Als Strand definiert sie dabei jeden Sandstreifen, der über 20 m lang ist und bei Flut trocken bleibt.

Essen & Trinken

In einem noch nicht allzu lang zurückliegenden Jahrzehnt waren die Australier stolz darauf, mit der Ernährungsweise „Fleisch und dreimal Gemüse" zu überleben. Gutes Essen war ein Sonntagsbraten, Lasagne galt als exotisch. Glücklicherweise hat die Esskultur im Land Fortschritte gemacht. Heute lebt die australische Gastronomie davon, Regeln zu brechen, unterstützt von weltbekannten Weinen, ausgezeichnetem Kaffee und einer wachsenden Brauereiszene.

> **Top-Schlemmerfestivals**
>
> Taste of Tasmania, Hobart, Tasmanien.
>
> Melbourne Food & Wine Festival, Melbourne, Victoria.
>
> Clare Valley Gourmet Weekend, Clare Valley, South Australia.
>
> Margaret River Gourmet Escape, Western Australia.

Mod Oz („Modern Australian")

Der Begriff „Modern Australian" (Mod Oz) wurde geprägt, um die heutige australische Küche zu klassifizieren: eine Mischung aus Ost und West, ein Strudel aus Atlantik und pazifischem Raum, ein Schnörkel aus authentischer französischer und italienischer Küche.

Der Schlüssel für diese kulinarische Zubereitung heißt Immigration. Der Zustrom aus Europa, Asien, dem Nahen Osten und Afrika hat seit dem Zweiten Weltkrieg neue Zutaten gebracht sowie neue Wege, vorhandene Lebensmittel zu verwenden. Vietnam, Japan, Fidschi – woher das Nahrungsmittel auch kommt, es gibt Einwanderer und Einheimische, die wild darauf sind, es zu kochen und zu essen. Man findet Jamaikaner, die Scotch Bonnets („Schottenmützen", karibische Chilischoten) verwenden und Tunesier, die Tajine-Gerichte zubereiten.

Mit dem Appetit der Australier nach Vielfalt und neuen Erfindungen wächst auch die Esskultur. Kochbücher und Gourmetmagazine sind Bestseller, und Australiens gefeierte Küchenchefs – im Ausland sehr gesucht – reflektieren mit ihrem Background und ihren Gerichten Australiens Multikulturalismus. Kochshows im Fernsehen – die sowohl den Charakter von Wettbewerben als auch von Reisedokus für Feinschmecker haben – sind abendliche Pflichtveranstaltungen.

Das hört sich irgendwie überwältigend an? Keine Angst! Die Bandbreite des Angebots ist ein echter Gewinn. Die Gerichte sind von starken und interessanten Aromen sowie frischen Zutaten geprägt. Für alle Geschmäcker ist gesorgt: Das Chilimeter reicht von sanft bis extrem, Fisch und Meeresfrüchte gibt es massenhaft, alle Arten von Fleisch sind vollmundig, und auch die vegetarischen Bedürfnisse werden gestillt (vor allem in den größeren Städten).

> Die Australier essen mehr als 206 000 Tonnen Meeresfrüchte pro Jahr. Die Fish-and-Chips-Läden entlang der Küste beziehen ihre Meeresfrüchte direkt von den hiesigen Fischerbooten: einfach den Koch fragen, was gefroren ist (oft von woandersher) und was nicht.

Frische Lebensmittel vor Ort

Australien ist riesig (etwa so groß wie die USA) und das Klima reicht vom tropischen Norden bis zum gemäßigten Süden. Deshalb ist das Angebot an frischen Lebensmitteln das ganze Jahr über extrem vielfältig. Man nehme z. B. Obst: Im Sommer biegen sich die Bäume vor Nektarinen, Pfirsichen und Kirschen. In Queensland werden so viele Mangos geerntet, dass die Leute sie irgendwann nicht mehr sehen können. Am Murray erstrecken sich Obstplantagen mit Zitrusfrüchten, Trauben und Melonen. Tasmaniens kühleres Klima eignet sich hervorragend für Erdbeeren und Steinobst. Und die Tomaten und Oliven in South Australia (SA) sind die besten des Landes. Lokale Supermärkte verkaufen Topware.

ESSEN AUS DEM BUSCH (BUSH TUCKER): HEIMISCHE NAHRUNGSMITTEL

Es gibt im australischen Busch schätzungsweise 350 heimische Nahrungspflanzen. In den Nahrungsmitteln aus dem Busch schmeckt man die australischen Landschaften. Es gibt Trockenfrüchte und mageres Fleisch aus der Wüste, Schalentiere und Fisch von den Meeresküsten, alpine Beeren und Bergpaprika aus den Hochlagen sowie Zitrusfrüchte, Obst und Kräuter aus den Regenwäldern.

Diese Küche basiert auf dem tiefen Verständnis der Aborigines für ihre Umgebung, das sich auf von Generation zu Generation weitergegebenes Kulturwissen gründet. In langen Jahren des „Versuchs und Irrtums" haben sie gelernt, diese Nahrungsmittel richtig einzuschätzen und sie sind Meister der Zubereitung geworden.

Für kommerzielle Zwecke werden die Nahrungsmittel aus dem Busch erst seit etwa 30 Jahren geerntet. In Zentralaustralien sind dafür in erster Linie die älteren und alten Aborigine-Frauen zuständig. Hier und in anderen Regionen werden Buschfleisch von Känguru, Emu und Krokodil, Fisch wie Barramundi und Buschfrüchte wie Wüstenrosinen, Quandongs, Riberrys und Kakadupflaumen je nach Saison gesammelt bzw. gejagt – und zwar zur eigenen Freude wie auch zur Versorgung der örtlichen, nationalen und internationalen Märkte.

Janelle White ist Anthropologin, die gegenwärtig über die Beteiligung der Aborigines an einer Reihe von Firmen promoviert, die auf der Grundlage von Buschprodukten u. a. Buschnahrungsmittel, Buschmedikamente und Buschschmuck herstellen. Sie teilt ihre Zeit zwischen Adelaide und dem Land 200 km nordwestlich von Alice Springs auf.

Meeresfrüchte sind natürlich in Meeresnähe am frischesten – und da Australien eine Insel ist, gibt es sie auch überall; vor allem Austern sind populär: Kenner schätzen die Sydney-Felsenauster, die an der gesamten Küste von New South Wales (NSW) zu finden ist. Exzellente Austern gibt es in sieben Regionen von South Australia, nicht zu vergessen die tasmanische Pazifikauster. Australiens südlichster Bundesstaat ist außerdem berühmt für seine Forellen, seine Seeohren und auch seinen Lachs.

Eine Spezialität mit komischem Namen sind *bugs* (Bärenkrebse). Sie sehen aus wie Hummer mit Schaufelnasen, sind aber nicht so teuer (vor allem die Arten an der Balmain und der Moreton Bay sind zu empfehlen). *Marrons* sind prähistorisch aussehende Flusswasserkrebse aus Western Australia (WA). Sie haben ein subtiles Aroma, das von den beliebten schweren Dressings nicht immer verbessert wird. Überaus köstlich sind auch Garnelen, besonders die süßen School Prawns oder die Eastern King (Yamba) Prawns, die es an der Nordküste von NSW gibt. Hinzu kommen unzählige wilde Fischarten wie der wunderbare Barramundi aus dem Northern Territory (NT). Und selbst solch unspektakuläre Arten wie Snapper, Stachelmakrele oder Weißfisch schmecken gegrillt fantastisch.

Es gibt immer mehr sehr exklusive, kleine Käsereien in den Milchwirtschaftsregionen des Landes. Allein Tasmanien produziert inzwischen 50 verschiedene Käsesorten.

Trinkgeld wird nicht erwartet, ist aber allgemein üblich, wenn das Essen gut war und der Service mit einem Lächeln geleistet wurde. Etwa 10 % sind angemessen.

Essen im Restaurant

Ein Essen im Restaurant ist in Australien eine entspannte Angelegenheit. Innerhalb von 15 Minuten kann man bestellen, 20 Minuten später kommt der erste Gang. Eine halbe Stunde danach wird das Hauptgericht serviert. Ein Sakko ist selbst in einem Restaurant der obersten Kategorie nirgendwo Pflicht (aber auch nicht verpönt).

Wenn ein Restaurant BYO anbietet, darf man seinen eigenen Alkohol mitbringen. Wird dort auch Alkohol verkauft, ist BYO gewöhnlich auf Flaschenweine begrenzt (kein Bier, keinen Weinschlauch) und die Rech-

> **ESSEN: WANN, WO & WIE**
>
> ➡ Preiswerte Lokale bieten normalerweise Hauptgerichte für unter 15 AU$ an, Mittelklasserestaurants liegen in der Regel zwischen 15 und 32 AU$ und die teuren Adressen verlangen mehr als 32 AU$.
>
> ➡ Die Cafés servieren an den Wochenenden ab etwa 8 Uhr Frühstück, an den Wochentagen etwas früher, und schließen gegen 17 Uhr.
>
> ➡ Pubs und Bars öffnen gewöhnlich um die Mittagszeit und haben bis mindestens bis 22 Uhr geöffnet, von Donnerstag bis Samstag auch länger. In Pubs gibt es normalerweise zwischen 12 und 14 sowie zwischen 18 und 20 Uhr etwas zu essen.
>
> ➡ Die meisten Restaurants öffnen gegen 12 Uhr fürs Mittagessen und ab 18 Uhr fürs Abendessen. Die Australier essen meist kurz nach 12 Uhr zu Mittag. Reservierungen fürs Abendessen legt man auf die Zeit zwischen 19 und 20 Uhr, obwohl einige Restaurants in den Großstädten auch bis nach 22 Uhr geöffnet haben.
>
> ➡ In den großen Städten gibt es viele vegetarische Restaurants und bei den anderen vegetarische Gerichte (auch eine Auswahl für Veganer und bei Gluten-Unverträglichkeit ist vorhanden). Das ländliche Australien bleibt bei seiner Fleischvorliebe.
>
> ➡ Das Rauchen ist in Cafés, Restaurants, Clubs, Pubs und in vielen Einkaufszentren untersagt.

nung enthält dann Korkengeld. Der Betrag gilt entweder pro Person oder pro konsumierte Flasche und kann in schickeren Etablissements bis zu 20 AU$ betragen (vorher durchrechnen: Es rechnet sich oft mehr, im Restaurant zu bestellen).

Auf die Schnelle

> Benimmhinweis: Bei einer Essenseinladung immer ein Geschenk mitbringen (auch wenn der Gastgeber das nicht erwartet): z. B. eine Flasche Wein, ein Sixpack Bier, Blumen oder eine Pralinenschachtel.

In den großen Städten ist der Straßenverkauf auf dem Vormarsch – Kaffeestände haben inzwischen Gesellschaft durch Foodtrucks bekommen, die Tacos, Burritos, Bratkartoffeln, Burger und mehr verkaufen. Überall in den Städten gibt es Fast-Food-Ketten, Feinkost-Sandwichbars, FoodCourts in Einkaufszentren und Markthallen, Bäckereien sowie Sushi-, Nudel- und Salatbars. Anderswo sind die Möglichkeiten auf traditionelle Milchbars beschränkt (in SA und WA *delis* genannt), die altmodische Hamburger (mit Schinken, Ei, Ananas und roter Bete!) und andere Dinge zum Mitnehmen anbieten.

Da es fast eine Million Australier mit italienischen Wurzeln gibt, ist es nachvollziehbar, dass Pizza das wohl beliebteste Fast-Food-Gericht in Australien ist. Die meisten Pizzas, die nach Hause geliefert werden, sind aber eher amerikanisch (dick und mit viel Belag) als italienisch zubereitet. Aber sogar in Kleinstädten findet man auch immer noch die dünne Holzofenpizza Napoli.

Fish & Chips sind immer noch schwer angesagt. Meist wird dazu eine Haifischart verwendet (oft als „Flake" bezeichnet; keine Angst: Das ist köstlich), gegrillt oder paniert.

Bei einem Rugby- oder Footballmatch sind Bier und Fleischpasteten mindestens ebenso zwingend wie das passende Outfit in den Farben des Lieblingsvereins und lauter Jubel.

Essen mit den Einheimischen

Zum Frühstück gibt es bei den meisten Australiern Müsli, Toast und/oder Obst, am Wochenende oft auch Eier und Schinken, dazu Tee und Kaffee. Mittags verschlingen sie Sandwichs, Salate und Sushi, abends ist alles möglich.

Das Barbecue (kurz BBQ oder *barbie*) hat Kultstatus und ist beinahe eine Pflicht. Im Sommer laden die Australier abends ihre Freunde ein und werfen den Grill an, um Burger, Würstchen (*snags*), Steaks, Meeresfrüchte oder Gemüse-, Fleisch- oder Meeresfrüchtespieße zuzubereiten. Wer zu einem BBQ eingeladen wird, bringt Fleisch und kaltes Bier mit. An Wochenenden wird der Grill das ganze Jahr über auch für gemütliche Mittagessen aufgebaut. In den Grünanlagen im ganzen Land findet man viele kostenlose Elektro- oder Gasgrills – eine tolle Option für Traveller.

Cafés & Kaffee

Cafés servieren meistens recht gutes Essen – man bekommt eine anständige Mahlzeit für etwa 15 AU$. Kinder sind in der Regel mehr als willkommen.

> ### WEINREGIONEN
>
> Alle australischen Bundesstaaten (mit Ausnahme des Northern Territory mit seinen tropischen und trockenen Gebieten) hegen und pflegen inzwischen ihre Weinindustrie. Manche Weingüter sind schon fast 200 Jahre alt. Viele von ihnen bieten Verkostungen umsonst oder gegen geringes Entgelt an, das häufig zurückerstattet wird, wenn man eine Flasche kauft. Auch wenn viel guter Wein von den großen Herstellern kommt, die den mengenbedingten Kostenvorteil auf ihrer Seite haben, die interessantesten Weine werden von kleinen Winzern gekeltert. Hier folgt ein erster Überblick.
>
> #### South Australia
> Die Weinindustrie in SA ist ein riesiger Global Player, was ein Besuch im National Wine Centre in Adelaide bestätigt. Genuss in der Flasche sind etwa der Cabernet Sauvignon aus Coonawarra, der Riesling aus dem Clare Valley, der Sauvignon Blanc aus den Adelaide Hills und der Shiraz aus dem Barossa Valley und McLaren Vale.
>
> #### New South Wales & Australian Capital Territory
> Das Hunter Valley ist Australiens älteste Weinregion, seit den 1820er-Jahren wird sie bewirtschaftet. Das untere Tal ist bekannt für Shiraz und nicht im Holzfass gereiften Semillon. Die Winzer im Upper Hunter haben sich auf Cabernet Sauvignon und Shiraz spezialisiert, mit Vorstößen Richtung Verdelho und Chardonnay. Weiter im Landesinneren liegen die preisgekrönten Weingüter Griffith, Mudgee und Orange. Canberra ist umgeben von einer wachsenden Zahl hervorragender Weingüter.
>
> #### Western Australia
> Margaret River ist ein Synonym für unglaubliche Cabernets und Chardonnays. In alten Wäldern haben sich die Weingüter in Pemberton versteckt und keltern hier Cabernet Sauvignon, Merlot, Pinot Noir, Sauvignon Blanc und Shiraz. Mt. Barker an der Südküste ist eine weitere knospende Weinregion.
>
> #### Victoria
> In Victoria gibt es mehr als 500 Weingüter. Nur einen Tagesausflug von Melbourne entfernt, wird im Yarra Valley ausgezeichneter Chardonnay und Pinot Noir gekeltert, ebenso auf der Mornington-Halbinsel. Die Weingüter rund um Rutherglen produzieren tolle Dessertweine, aber auch Shiraz und Durif.
>
> #### Tasmanien
> Die Pipers River Region und das Tamar Valley im Norden lohnen sich, ebenso die wachsende Weinindustrie im Coal River Valley rund um Richmond in der Nähe von Hobart. Im kühlen Klima gedeihende Tropfen sind hier vor allem Pinot Noir, Sauvignon Blanc und Schaumweine (einer der besten kommt von Jansz – „Méthode Tasmanoise", haha…).
>
> #### Queensland
> Die hochgelegenen Orte Stanthorpe und Ballandean im Südosten sind die Zentren der Weinindustrie von Queensland, aber auch in Tamborine Mountain im Hinterland der Gold Coast finden sich einige Weinkeller.

> Vegemite (ein Brotaufstrich aus konzentriertem Hefeextrakt): Man liebt es oder man hasst es. Barack Obama etwa nannte es ganz diplomatisch „schrecklich". Es ist sicherlich ein anerzogener Geschmack, aber die Australier verzehren davon jedes Jahr mehr als 22 Mio. Gläser.

Ganz Australien ist mittlerweile kaffeesüchtig. Praktisch jedes Café besitzt eine italienische Espressomaschine, Kaffeeröstereien mit Ausschank sind der letzte Schrei und in städtischen Gebieten ist der qualifizierte Barista allgegenwärtig (es gibt sogar Baristas in Cafés, die an Tankstellen angeschlossen sind). In Sydney und Melbourne hat sich eine ganze Generation von Kaffee-Snobs gebildet, beide Städte rivalisieren um das Recht, mit dem Titel „Australiens Kaffeehauptstadt" anzugeben. Melbournes Café-Szene gibt sich in den Seitenstraßen der Stadt besonders künstlerisch. Aber auch in anderen größeren und kleineren Städten ist der Kaffee nicht zu verachten, und selbst auf dem Land stehen die Chancen auf eine gute Tasse inzwischen ziemlich gut.

Kneipen & Getränke

Wer Lust auf einen Drink hat, ist in Australien genau richtig. Australiens Weine gehören schon lange zu den besten der Welt und haben sich zum Exportschlager gemausert. Die australischen Biere haben sich den immer anspruchsvoller werdenden Biertrinkern angepasst: Heute gibt es eine große Bandbreite an unterschiedlichen Biersorten und Brauereien, die der tief verwurzelten Vorliebe für das massenhaft produzierte Lagerbier die Stirn bieten. Wer mehr auf Whisky steht, findet in Tasmanien inzwischen Dutzende Destillerien, die ausgezeichnete Single Malts abfüllen und dafür internationale Preise einheimsen.

Die meisten Biere haben einen Alkoholgehalt von 3,5 bis 5,5 %. Das ist weniger als bei vielen europäischen Bieren, aber mehr als bei den meisten nordamerikanischen Sorten. Light-Biere enthalten weniger als 3 % Alkohol – sie sind die bessere Wahl, wenn man noch Auto fahren muss (solange man dann nicht doppelt so viel trinkt).

Wie man ein Bier bestellt, variiert je nach Bundesstaat. In NSW ordern die ganz Durstigen einen „Schooner" (425 ml). Wer noch nicht völlig ausgetrocknet ist, nimmt einen „Middy" (285 ml). In Victoria hat der bestellte „Pot" 285 ml, in Tasmanien heißt die gleiche Menge „10-ounce". Pints haben je nach Region 425 oder 568 ml. Fast überall im Land kann man auch einfach nur ein Bier bestellen und abwarten, was kommt.

Shouting ist in Australien ein sehr beliebter Brauch, bei dem die Leute abwechselnd eine Runde ausgeben. Bei einem Toast muss man mit den Gläsern anstoßen und dabei jedem in die Augen schauen – wer es vergisst, dem drohen angeblich sieben Jahre schlechter Sex (…was zumindest besser wäre als sieben Jahre gar kein Sex, aber warum nicht den Augenkontakt suchen und das Beste hoffen).

Mahlzeiten in Pubs (die oft als Thekengerichte bezeichnet werden) sind häufig eine deftige und preiswerte Sache; Standardessen wie Würstchen mit Kartoffelbrei oder Schnitzel mit Salat gibt es für 15 bis 25 AU$.

Ein konkurrenzlos günstiger Ort zum Essen sind Clubs – Returned and Services League (RSL) oder Surf Life Saving Clubs sind eine gute Wahl. Man bestellt in der Küche, zieht eine Nummer und wartet, bis sie über die Theke oder Lautsprecher ausgerufen wird. Man holt sich sein Essen selbst und erspart dem Restaurant Personalkosten und sich selbst eine hohe Rechnung.

Sport

Australier investieren eine Menge in den Sport – Geld wie Emotionen –, ob sie nun in Stadien sitzen, in Kneipen vor der Leinwand kleben oder auf dem Sofa vor dem Fernseher. Die Regierung unterstützt den Sport jährlich mit über 300 Mio. AU$, damit die Nation mit der weltweiten Konkurrenz mithalten kann. Weil Australien im Medaillenspiegel der Olympischen Spiele 2012 in London auf den zehnten Platz abgerutscht war, hoffen die Menschen schon auf die Wiedergutmachung im Jahr 2016 in Rio.

Australian Rules Football

Der Sport mit den meisten Stadionbesuchern und eine der beiden Sportarten mit den höchsten Einschaltquoten ist Australian Rules Football („Aussie Rules"). Ursprünglich war die Sportart eng mit der Kultur und Identität Victorias verflochten, doch durch die Australian Football League (AFL; www.afl.com.au) hat sich ihre Popularität in alle Bundesstaaten ausgebreitet, selbst ins eigentlich vom Rugby dominierte New South Wales und nach Queensland. Lange Kicks, hohe Marks und brutale Zusammenstöße stacheln die Massen zum Mitfiebern an: Mehr als 50 000 Fans, die *Baaal!!!* brüllen, lassen die Hunde noch kilometerweit entfernt nervös anschlagen.

„Footy" kann in Australien eine ganze Menge bedeuten: In NSW und Queensland ist gewöhnlich Rugby League Football gemeint, aber der Begriff wird auch für Australian Rules Football und Fußball verwendet.

Rugby

Die National Rugby League (NRL; www.nrl.com.au) ist die populärste Football-Variante nördlich des Murray River. Das Highlight der Saison ist jedes Jahr die State of Origin Series zwischen NSW und Queensland. Wer sich ein NRL-Spiel anschaut, bekommt die Newtonschen Gesetze sehr anschaulich demonstriert – da krachen die Knochen!

Die Nationalmannschaft im Rugby Union, die Wallabies, hat den Rugby World Cup 1991 und 1999 gewonnen und kam 2003 auf den zweiten Platz, verpasste aber bis 2015 die Finals (wir sind gespannt, wie es weitergeht!). Australien, Neuseeland und Südafrika bestreiten den überaus populären Clubwettbewerb Super 15s (www.superxv.com), an dem fünf australische Teams teilnehmen: die Waratahs (Sydney), die Reds (Brisbane), die Brumbies (Australian Capital Territory, ACT), die Force (Perth) und die Rebels (Melbourne). Die Waratahs gewannen das Finale 2014 gegen die Canterbury Crusaders aus Neuseeland hauchdünn – *go tahs!* Der Wettbewerb wird ab 2016 mit 18 Mannschaften ausgetragen und auch Teams aus Argentinien und Japan aufnehmen.

Fußball

Australiens Fußballnationalmannschaft, die Socceroos, qualifizierten sich nach einer langen Reihe gescheiterter Anläufe für die Weltmeisterschaften 2006, 2010 und 2014. Die Ergebnisse waren gemischt, aber der Stolz auf das Team bleibt ungeschmälert (und erreicht ungeahnte Höhen, nachdem die Socceroos den Asien-Cup 2015 gewonnen haben).

Die A-League (www.a-league.com.au) kann in den letzten Jahren eine wachsende Popularität verzeichnen und hat auch Spieler aus dem Ausland geködert, die den heimischen Nachwuchstalenten zur Seite stehen.

Cricket

> Australiens Big Bash League (www.bigbash.com.au), die „Twenty20"-Form des Cricket, wird bei den traditionellen Five- und One-Day-Varianten des Spiels immer beliebter. Es ist schnell, auffällig und gewürzt mit Pyrotechnik – genau das Richtige für einen lustigen Abend.

Das australische Cricketteam war im Test- und im One-Day-Cricket in den 1990er-Jahren dominierend und in diesem Jahrzehnt meist die Nummer eins der Weltrangliste. Doch der Rücktritt von Jahrhundertspielern wie Shane Warne, Adam Gilchrist und Ricky Ponting zwang das Team zu einem grundlegenden Neuaufbau. Nur allmählich erreicht das Team wieder das Erfolgslevel, das die Zuschauer gewöhnt waren.

Der Höhepunkt im Cricket sind die alle zwei Jahre stattfindenden *test series* gegen England, bekannt als „The Ashes". Die inoffizielle Trophäe ist eine winzige Terrakotta-Urne mit den verbrannten Überresten eines Cricket-Bail (Querholz) von 1882 (die perfekte Gesprächseröffnung bei einem australischen Barbecue ist es, einen Einheimischen zu fragen, was ein *bail* ist). Niederlagen in den *test series* 2009, 2011 und 2013 gegen den Erzfeind ließen das ganze Land Trübsal blasen. Die Wiedergutmachung kam 2014, als Australien die Ashes mit 5-0 gewann – es war erst das dritte Zu-Null-Spiel der Geschichte. (Diese *series* sollten eigentlich erst 2015 gespielt werden, wurden aber ein Jahr vorverlegt, um einer Terminkollision mit der One-Day-Weltmeisterschaft im gleichen Jahr zu entgehen.)

Auch wenn das australische Team einen schlechten Ruf hat, weil es seine Gegner auf dem Feld gern verbal niedermacht, ist Cricket immer noch das Spiel der Gentlemen. Wer noch nie ein Spiel gesehen hat, sollte sich die Zeit dafür nehmen – allein wegen der taktischen Nadelstiche, all der Nuancen und der Eleganz.

Tennis

Jedes Jahr im Januar locken die Australian Open in Melbourne (S. 538) mehr Menschen nach Australien als jedes andere sportliche Ereignis. Ein Australier (Mark Edmondson) gewann das Turnier letztmals 1976, und der ehemalige Weltranglisten-Erste Lleyton Hewitt, die größte Hoffnung der Australier in den letzten Jahren, hat seine beste Zeit inzwischen auch hinter sich (startet allerdings gerade eine Karriere als Kommentator). Der junge, ehrgeizige Nick Kyrgios macht Anstalten, in Hewitts Fußstapfen zu treten (oder beeindruckt zumindest mit seinen Frisuren). Die Australierin Sam Stosur gewann 2011 die US Open und hält sich seitdem hartnäckig in der Nähe der Top-10-Spielerinnen.

Schwimmen

Australien, von Meer umgeben und mit unzähligen Schwimmbädern ausgestattet, hat eine schwimmbegeisterte Bevölkerung. Die bekannteste Schwimmerin des Landes ist Dawn Fraser. „Our Dawn", wie sie allgemein genannt wird, gewann dreimal nacheinander die Goldmedaille über 100 m Freistil bei den Olympischen Spielen (1956–64) und 1956

SURFEN IST ANGESAGT!

Australien steht fürs Surfen, seitdem die Beach Boys in *Surfin' USA* überschwänglich Australia's Narrabeen besangen, einen von Sydneys nördlichen Stränden. Auch andere Surf-Hotspots wie Bells Beach, Margaret River, Pass an der Byron Bay, Shipstern Bluff in Tasmanien mit seinen heftigen Brechern und Burleigh Heads an der Gold Coast stehen bei der internationalen Surf-Elite hoch im Kurs. Iron-Man- und Surf-Lifesaving-Wettbewerbe werden ebenfalls an Stränden im ganzen Land veranstaltet und ziehen die entsprechenden Fans an.

Nur wenige australische Surfer haben Weltmeisterstatus erlangt, darunter legendäre Surfer wie Mark Richards, Tom Carroll, Joel Parkinson und Mick Fanning, der Champion von 2013, und bei den Frauen Wendy Botha, die siebenmalige Weltmeisterin Layne Beachley und die Gewinnerin von 2014 (und sechs weiteren Jahren), Stephanie Gilmore.

auch Gold mit der 4x-100-m-Freistilstaffel. Ihr männliches Pendant ist Ian Thorpe (auch Thorpie oder Thorpedo genannt), der 2006 mit 24 Jahren und dekoriert mit fünf olympischen Goldmedaillen zurücktrat. Anfang 2011 kündigte er mit Blick auf die Olympischen Spiele 2012 in London sein Comeback an, konnte sich aber in den Ausscheidungskämpfen nicht für sein Team qualifizieren. Er verließ das Becken erneut, um seine Autobiografie zu beenden. Der schnelle Newcomer James Magnussen hat noch kein olympisches Gold gewonnen, war aber schon Weltmeister über 100 m Freistil; wegen einer Schulterverletzung konnte er seinen WM-Titel 2015 nicht verteidigen.

Pferderennen

Australier lieben es, auf die *nags* (Gäule) zu wetten – tatsächlich sind Pferdewetten so alltäglich und leicht abzuschließen, dass man fast von einem Hobby der Einheimischen sprechen könnte! Rennplätze finden sich im ganzen Land, und in Victoria, Tasmanien und South Australia sind manche Rennveranstaltungen sogar örtliche Feiertage.

Am ersten Dienstag im November ist das ganze Land wegen eines einzigen Pferderennens wie gelähmt – der Melbourne Cup (S. 539) ist Australiens bedeutendstes Pferderennen. Der berühmteste Cupgewinner war der in Neuseeland geborene Phar Lap, der 1930 siegte und kurz darauf in den USA an einer rätselhaften Krankheit starb (vermutlich an einer Arsenvergiftung). Das Pferd ist heute als ausgestopftes Ausstellungsstück im Melbourne Museum zu sehen. Der jüngste Star ist die in Großbritannien gezüchtete (aber in Australien trainierte) Stute Makybe Diva, die drei Cups in Folge gewann, bevor sie 2005 ihren wohlverdienten Ruhestand antrat.

Praktische Informationen

TÖDLICH & GEFÄHRLICH 1178
Wo die wilden Kerle wohnen 1178
Draußen unterwegs 1179
Infektionskrankheiten .. 1179

ALLGEMEINE INFORMATIONEN .. 1181
Arbeiten in Australien ... 1181
Botschaften & Konsulate 1182
Ermäßigungen 1182
Essen 1182
Feiertage & Ferien 1182
Fotos & Videos 1183
Frauen unterwegs 1183
Freiwilligenarbeit 1184
Geld 1184
Gesundheit 1185
Internetzugang 1187
Kinder 1187
Öffungszeiten 1187
Post 1188
Rechtsfragen 1188
Reisen mit Behinderung 1188
Schwule & Lesben 1189
Sicherheit 1189
Strom 1189
Telefon 1189
Toiletten 1190
Touristeninformation 1191
Unterkunft 1191
Versicherungen 1193
Visa 1194
Zeit 1194
Zoll 1195

VERKEHRSMITTEL & -WEGE 1196
AN- & WEITERREISE 1196
Einreise 1196
Flugzeug 1196
Übers Meer 1197
UNTERWEGS VOR ORT .. 1197
Auto & Motorrad 1197
Bus 1203
Fahrrad 1205
Flugzeug 1205
Geführte Touren 1206
Nahverkehr 1206
Schiff/Fähre 1206
Trampen 1206
Zug 1206

SPRACHE 1208

Tödlich & Gefährlich

Pessimisten achten vielleicht vorrangig auf das, was sie in Australien beißen, stechen, verbrennen, ertränken oder ausrauben könnte. Aber die Chancen stehen gut, dass die schlimmsten Begegnungen für Reisende die mit ein paar lästigen Fliegen und Moskitos sind. Mit etwas Insektenschutzmittel bewaffnet kann man sich mutig hinauswagen!

Siehe auch S. 1185.

Wo die wilden Kerle wohnen

Australiens Fülle an gefährlichen Kreaturen ist legendär. Schlangen, Spinnen, Haie, Krokodile, Quallen ... Traveller müssen sich trotzdem keine Sorgen machen – sie werden eher wenige solcher Tiere sehen, geschweige denn von ihnen angegriffen werden.

Haie
Trotz ausführlicher Berichte in den Medien ist das Risiko eines Haiangriffs in Australien nicht größer als in anderen Ländern mit vergleichbarer Küstenlänge. Surf-Life-Saving-Gruppen geben Auskunft über die Risiken vor Ort.

Krokodile
An der nordaustralischen Küste sind Salzwasserkrokodile (*salties*) eine echte Gefahr. Sie kommen auch in Mündungsgebieten, Bächen und Flüssen vor, manchmal weit landeinwärts. Man sollte die Warnschilder beachten und Einheimische fragen, ob jene einladende Wasserstelle oder der Fluss krokofrei ist, bevor man hineinspringt.

Quallen
Versehen mit bis zu 3 m langen Gifttentakeln treibt die Würfelqualle (auch Seewespe oder Stinger genannt) durch die tropischen Gewässer Australiens. Besonders häufig sind sie in der Regenzeit (Okt.–März), da sollte man das Meer an vielen Stellen meiden. Manche Strände sind mit Netzen vor den Quallen geschützt, aber bevor man das nicht überprüft hat, sollte man nicht schwimmen gehen. Sogenannte *stinger suits* (Ganzkörperanzüge aus Lycra) schützen ebenso wie Neoprenanzüge vor den Stichen. Wer gestochen wurde, sollte die Haut mit Essig abwaschen und unbedingt ein Krankenhaus aufsuchen.

Die Würfelqualle hat eine winzige, tödliche Verwandte, die Irukandji-Qualle, doch konnten ihr bis heute nur zwei Todesfälle an der Nordküste unmittelbar zugeschrieben werden.

Schlangen
In Australien gibt es jede Menge Giftschlangen. Am häufigsten kommen Braunschlangen und Tigerottern vor, doch aggressiv sind nur wenige Arten. Solange man sie nicht ärgert oder aus Versehen auf eine tritt, ist es extrem unwahrscheinlich, von einer Schlange gebissen zu werden. Sollte es dennoch einmal dazu kommen, verhindert man die Ausbreitung des Giftes, indem man Druck auf die Wunde ausübt und das Körperteil mit einem Stecken oder einer Schlinge ruhigstellt – und indem man

---

> **KEIN GRUND ZUR PANIK**
>
> Im Schnitt endet eine Krokodilattacke im Jahr in Australien tödlich – dasselbe gilt für Haiangriffe (auch wenn die 2014 ausnahmsweise für fünf Todesfälle verantwortlich waren). Tote durch den Blaugeringelten Kraken sind seltener – nur zwei in den vergangenen Jahrhundert. Die Quote der Quallen ist höher – etwa zwei Tote im Jahr –, aber die Wahrscheinlichkeit, zu ertrinken, ist immer noch über hundertmal höher. Spinnen haben in den vergangenen 20 Jahren niemanden getötet. Durch Schlangenbisse sterben ein oder zwei Menschen im Jahr, ebenso viele wie durch Bienenstiche. Die Gefahr, auf den Straßen des Landes zu verunglücken, ist über tausendmal größer.

vor allem selbst die Ruhe bewahrt und jemand anders medizinische Hilfe organisieren lässt.

Spinnen

In Australien gibt es einige Giftspinnen, deren Biss normalerweise mit einem Gegenserum behandelt werden kann. Die tödliche Trichternetzspinne kommt in New South Wales und Sydney vor – die Erste Hilfe bei einem Biss gleicht der nach einem Schlangenbiss (Druck und Ruhigstellung, dann Transport ins Krankenhaus). Die Rotrückenspinne kommt in ganz Australien vor; ihr Biss verursacht Schmerzen, Schweißausbrüche und Übelkeit. Eis oder Kühlpacks auf die Bissstelle, dann ab ins Krankenhaus. Der Biss einer White-Tail-Spinne soll unter Umständen eine langsam wachsende und schwer zu behandelnde Krebsart auslösen. Man sollte die Bisswunde reinigen und ärztliche Hilfe in Anspruch nehmen. Die verstörend große Huntsman- oder Riesenkrabbenspinne ist harmlos, doch schon ihr Anblick kann unangenehme Auswirkungen auf den Blutdruck haben.

Draußen unterwegs

Am Strand

Bevor man sich in die Wellen wirft, sollte man die Surfbedingungen genau inspizieren – und sich der Grenzen des eigenen Könnens deutlich bewusst sein. Die bewachten Strandabschnitte sind durch rotgelbe Fahnen markiert – nur im Abschnitt dazwischen sollte man schwimmen. Wer vom Sog hinausgetragen wird, sollte sich solange parallel zur Küste halten bis er aus der Strömung heraus ist und erst dann zurück zum Strand schwimmen.

Jedes Jahr tragen Menschen Lähmungen davon, weil sie ins seichte Wasser oder auf Sandbänke springen. Also vor einem Sprung immer die Wassertiefe prüfen!

Ein absolutes Muss ist auch Sonnencreme mit wenigstens Lichtschutzfaktor 30: Immer eine halbe Stunde vor dem Sonnenbad auftragen und dann regelmäßig nachcremen!

Buschfeuer

Überall in Australien kommt es alljährlich zu Buschbränden. Bei heißem, trockenem und windigem Wetter sowie an Tagen mit totalem Feuerverbot muss man mit offenem Feuer (auch Zigarettenkippen) extrem vorsichtig sein und man sollte keine Campingkocher, Lagerfeuer oder Grills benutzen. Buschwanderer sollten ihre Ausflüge auf kühlere Tage verschieben. Wer draußen im Busch ist und Rauch sieht, nimmt das besser ernst und sucht das nächste offene Gelände auf (wenn möglich hügelabwärts). Bewaldete Berggrate sind besonders gefährlich.

Hitzeschäden

Zu den Symptomen einer Hitzeerschöpfung zählen Schwindel, Ohnmacht, Mattigkeit, Übelkeit und Erbrechen. Zudem ist die Haut oft blass, kalt und klamm. Gegenmaßnahmen: Einen kühlen, schattigen Ort aufsuchen und Wasser oder verdünnte Sportgetränke trinken.

Ein Hitzschlag ist ein gefährlicher Hitzeschaden und ein ernster medizinischer Notfall: Die Überhitzung des Gehirns kann zu Orientierungslosigkeit, Halluzinationen und Krampfanfällen führen. Hitzschläge lassen sich vermeiden, indem vor allem bei körperlicher Anstrengung eine angemessene Flüssigkeitszufuhr erfolgt.

Kälte

In Australien sterben mehr Buschwanderer durch Kälte als durch Feuer. Selbst im Sommer kann das Wetter, besonders im tasmanischen Hochland sowie in Victoria und NSW, sehr schnell umschlagen, und die Temperaturen können unter den Gefrierpunkt fallen und Blizzards auslösen. Unterkühlung ist ein echtes Risiko. Zu den ersten Anzeichen gehören Schwierigkeiten bei feinmotorischen Bewegungen (z. B. Knöpfe schließen), Zittern und Probleme beim Gehen und Sprechen. Dann ist es Zeit, aus der Kälte zu kommen, nasse Klamotten aus- und trockene anzuziehen und etwas zu essen und zu trinken, um sich aufzuwärmen.

Kriminalität

Australien ist für Besucher relativ sicher, dennoch sollte man vernünftige Vorkehrungen treffen. Dazu gehört, nachts nicht allein herumzulaufen, Hotelzimmer und Autos abzuschließen und Wertsachen nicht sichtbar im Auto liegen zu lassen.

Manche Kneipen in Sydney und anderen Großstädten warnen vor mit Drogen versetzten (*spiked*) Getränken: Vorsicht ist angesagt, wenn einem jemand einen Drink spendieren will!

Infektionskrankheiten

Es wäre ausgesprochenes Pech, sich bei einem Aufenthalt eine der folgenden Krankheiten einzufangen, aber ein paar davon treten hin und wieder auch in Australien auf:

Diverse Insekten können bestimmte Krankheiten übertragen (z. B. Denguefieber, Zeckenbissfieber, virale Enzephalitis oder den Ross-River-Virus). Vorbeugend wirken weite, langärmelige Bekleidung und Insektenschutzmittel (DEET 30 %) auf allen freiliegenden Hautpartien.

Australisches Zeckenbissfieber

Das Australische Zeckenbissfieber kommt überwiegend

in Queensland und NSW vor. Dabei entwickelt sich eine dunkle Zone um einen Zeckenbiss herum, gefolgt von Ausschlag, Fieber, Kopfschmerzen und einer Entzündung der Lymphknoten. Die Krankheit kann mit Antibiotika (Doxycyclin) behandelt werden.

Denguefieber

Das Denguefieber tritt im nördlichen Queensland auf, besonders während der Regenzeit. Die Viruserkrankung verursacht heftige Muskelschmerzen und wird von einer tagaktiven Moskitoart verbreitet. Die meisten Kranken erholen sich nach einigen Tagen, doch es gibt auch schwere Verlaufsformen.

Giardiasis

Der Giardia-Erreger findet sich häufig in australischen Gewässern. Es ist nicht ratsam, unbehandeltes Wasser aus Flüssen und Seen zu trinken. Zum Schutz vor Giardiasis sollte man Wasserfilter und abgekochtes Wasser verwenden oder das Wasser mit Jod behandeln. Symptome der Krankheit sind unregelmäßiger Durchfall und Blähungen. Es gibt eine wirkungsvolle Behandlung (mit Tinidazol oder Metronidazol).

Ross-River-Fieber

Das Ross-River-Virus ist in Australien weit verbreitet und wird von in Sümpfen lebenden Stechmücken übertragen. Es verursacht Fieber, Kopf-, Gelenk- und Muskelschmerzen sowie einen Ausschlag, der nach fünf bis sieben Tagen wieder verschwindet.

Virale Enzephalitis

Die von Stechmücken übertragene Krankheit kommt in Nordaustralien sehr häufig vor (besonders während der Regenzeit), ist aber für Traveller kein besonders hohes Risiko. Zu den Symptomen können beispielsweise Kopf- und Muskelschmerzen sowie Lichtempfindlichkeit zählen. Es kann durch diese Krankheit zu bleibenden neurologischen Schäden kommen. Eine spezielle Behandlung gibt es nicht.

Allgemeine Informationen

Arbeiten in Australien

Inhaber eines Touristenvisums dürfen in Australien keine bezahlte Arbeit annehmen. Wer hier arbeiten möchte, benötigt eine der Visumsvarianten „Working Holiday" (Kategorie 417) oder „Work and Holiday" (Kategorie 462). Details hierzu gibt's unter www.immi.gov.au.

Backpacker-Magazine, Zeitungen und Schwarze Bretter in Hostels eignen sich gut für die Suche nach lokalen Arbeitsmöglichkeiten. Während der Hauptsaison finden sich oft Gelegenheitsjobs in Touristenhochburgen (z. B. Alice Springs, Cairns, Ferienorte an Queenslands Küste, Skigebiete in Victoria oder NSW). Potenziell kann man auch als Fabrik- oder Bauarbeiter, Barkeeper, Kellner, Haushaltshilfe in Outback-Rasthäusern, Kinderbetreuer, Farmhelfer und Spendensammler für wohltätige Zwecke vorübergehend Geld verdienen. Erfahrung in Bereichen wie IT, Sekretariat, Krankenpflege oder Lehrtätigkeit ermöglichen zudem die Registrierung bei entsprechenden Zeitarbeitsagenturen in Großstädten.

Infos über Jobs in Großstädten bieten diese Websites:

Adzuna (www.adzuna.com.au)

Career One (www.careerone.com.au)

Gumtree (www.gumtree.com.au)

Seek (www.seek.com.au)

TAW (www.taw.com.au)

Saisonarbeit

Beim Obstbau vertraut man in Australien auf Saisonarbeiter. Das ganze Jahr über muss hier irgendetwas gepflückt, beschnitten oder angepflanzt werden. Bei dieser definitiv anstrengenden Arbeit steht man sehr früh auf und wird in der Regel nach Pflückmenge (z. B. pro Eimer, Kübel und Kilo) bezahlt. Anfänger kommen auf ca. 50 bis 60 AU$ pro Tag; mit wachsender Erfahrung steigen Tempo und Verdienst. Bei Tätigkeiten wie Beschnitt oder Sortieren gibt's einen Stundenlohn (ca. 15 AU$/Std.). Der **National Harvest Telephone Information Service** (1800 062 332) liefert Details zum Ernte- bzw. Arbeitsbeginn an bestimmten Orten.

Wegen der komplexen Visabestimmungen verzichten viele hiesige Besucherzentren und Backpacker-Hostels mittlerweile darauf, Reisenden bei der Arbeitssuche zu helfen. Um Enttäuschungen zu vermeiden, sollte man keine Vorauszahlung zur Reservierung eines Jobs in der Obsternte leisten sowie keine Unterkünfte für Erntehelfer anzahlen.

Weitere Infoquellen:

Harvest Trail (www.jobsearch.gov.au/harvesttrail) Ist auf Erntehelferjobs spezialisiert.

QITE (www.qite.com) Die gemeinnützige Arbeitsagentur von Queensland ist in Cairns, Innisfail und den Atherton Tablelands vertreten.

Viterra (www.viterra.com.au) Saisonale Jobs in der Getreideernte in Victoria und SA (Okt.–Jan.).

Workabout Australia (www.workaboutaustralia.com.au) Infos zu Saisonjobs nach Bundesstaaten sortiert.

Beste Regionen für Saisonarbeiter

New South Wales In den Skigebieten sind Saisonkräfte vor allem rund um Thredbo gefragt. Zudem kann man in Narrabri und Moree bei der Ernte helfen oder Wein im Hunter Valley lesen. Rund um Tenterfield, Orange und Young wird Obst gepflückt.

Northern Territory Die meisten Möglichkeiten für WHM-Backpacker bietet das NT in den Bereichen Obsternte, Farmarbeit, Produktion und Hotelgewerbe.

Queensland Hier gibt's große Farmen und Obstplantagen: Rund um Stanthorpe, Childers, Bundaberg und Cairns warten Früchte auf Pflücker. Wer auf härtere Arbeit für deutlich mehr Geld aus ist, hört sich in Bergbaustädten wie Weipa oder Cloncurry um.

South Australia Gute Saisonjobs findet man auf der Fleurieu Peninsula, in Coonawarra, im Barossa Valley (Wein) und entlang des Murray bei Berri (Obst).

Tasmanien Die Apfelplantagen im Süden (vor allem rund um

Cygnet und Huonville) sind hier die besten Möglichkeiten.

Victoria Erntejobs in Mildura und Shepparton.

Western Australia Perth hat großen Aushilfsbedarf in Tourismus, Hotelgewerbe, Verwaltung, IT, Produktion, Bauwesen, Kinderbetreuung und Krankenpflege. Außerhalb der Stadt finden Traveller leicht Stellen als Saisonkräfte oder in der Tourismus- und Hotelbranche. Die Weingüter rund um Margaret River brauchen Traubenpflücker.

Steuern

STEUERNUMMER

Wer in Australien arbeitet, sollte sich eine Steuernummer (Tax File Number; TFN) zulegen: Ohne TFN greift bei sämtlichen Löhnen der Höchstsatz. Die Nummer kann online beim **australischen Finanzamt** (www.ato.gov.au) beantragt werden; die Bearbeitung dauert bis zu vier Wochen.

STEUERZAHLUNGEN & -RÜCKERSTATTUNGEN

Wer kein australischer Staatsbürger ist, bezahlt selbst mit Steuernummer und WHM-Visum einen deutlich höheren Steuersatz als die meisten Einheimischen. Mangels Freibetrag ist jeder einzelne Dollar zu versteuern.

Wer Geld in Australien verdient hat, muss einen Antrag auf Steuerrückerstattung beim ATO stellen. Dessen Website erklärt u. a., wie man das erforderliche Payment Summary des Arbeitgebers (gibt offiziell Auskunft über den Gesamtverdienst und alle Steuerzahlungen) bekommt. Zudem erfährt man dort alle Fristen bzw. Termine für die Antragsabgabe und die Vorgehensweise zum Erhalt des Steuerbescheids. Achtung: Ein Rückerstattungsanspruch besteht nur, wenn zu viel Steuer vom Lohn abgezogen wurde. Wer zu wenig Steuer entrichtet hat, muss hingegen nachzahlen. Allerdings sind alle entrichteten Rentenbeiträge erstattbar.

Botschaften & Konsulate

Die wichtigsten diplomatischen Vertretungen befinden sich in Canberra, daneben gibt es Konsulate in anderen großen Städten.

Deutschland Canberra (02-6270 1911; www.canberra.diplo.de; 119 Empire Circuit, Yarralumla, ACT); Sydney (02-9328 7733; www.australien.diplo.de; 13 Trelawney St, Woollahra, NSW; Edgecliff)

Neuseeland Canberra (08-6270 4211; www.nzembassy.com; Commonwealth Ave, Canberra, ACT); Sydney (02-8256 2000; www.nzembassy.com; Level 10, 55 Hunter St, Sydney, NSW; Martin Place)

Österreich Canberra (02-6295 1533; www.aussenministerium.at/canberra; 12 Talbot Street, Forrest, ACT 2603); Sydney (02-9251 3363; Level 10, 1 York Street, Sydney, NSW 200); Melbourne (03-9349 5999; 93 Nicholson Street, Carlton, VIC 3052)

Schweiz Canberra (02-6 162 8400; www.eda.admin.ch/australia; 7 Melbourne Ave, Forrest, ACT 2603); Sydney (02-8383 400; Tower 2, Level 23, Ecke 101 Grafton/Grosvenor St, Bondi Junction, NSW 2022); Melbourne (03-9824 7527; 697 Toorak Road, Kooyong, VIC 3144)

Ermäßigungen

Reisende über 60 Jahren erhalten mit entsprechendem Nachweis (z. B. einer staatlichen Seniorenkarte oder einem ähnlichen Dokument) Ermäßigungen für öffentliche Verkehrsmittel.

Der weltweit anerkannte **Internationale Studentenausweis** (ISIC; www.isic.org) gilt für Vollzeitstudenten und Schüler ab zwölf Jahren. Inhaber erhalten Ermäßigungen bei Unterkünften, Verkehrsmitteln und diversen Sehenswürdigkeiten. Der Internationale Jugendreiseausweis (International Youth Travel Card, IYTC) derselben Organisation bringt ähnliche Rabatte für Touristen unter 26 Jahren, die keine Vollzeitstudenten oder Schüler sind. Dasselbe gilt für die International Teacher Identity Card (ITIC) für hauptberufliche Lehrer. Alle drei Ausweise sind online (über die ISIC-Website) und bei studentischen Reisebüros erhältlich.

Essen

S. auch „Essen & Trinken" auf S. 1168.

Bei den Restaurantbewertungen in diesem Buch gelten folgende Preiskategorien jeweils für ein normales Hauptgericht:

**$** unter 15 AU$

**$$** 15–32 AU$

**$$$** über 32 AU$

Feiertage & Ferien

Die genauen Termine von Feiertagen können von Bundesstaat zu Bundesstaat variieren und sollten daher direkt vor Ort erfragt werden. Manche Feiertage sind auf bestimmte Gebiete begrenzt; ist dies der Fall, ist die jeweilige Gemeinde, Stadt oder Region angegeben.

Landesweit

Neujahr 1. Januar

Australia Day 26. Januar

Ostern (Karfreitag bis einschließlich Ostermontag) Ende März/Anfang April

Anzac Day 25. April

Geburtstag der Königin Zweiter Montag im Juni (außer in WA)

Geburtstag der Königin Letzter Montag im September (WA)

Weihnachten 25. Dezember

Boxing Day (Weihnachtsfeiertag) 26. Dezember

Australian Capital Territory

Canberra Day Zweiter Montag im März

Bank Holiday Erster Montag im August

Labour Day Erster Montag im Oktober

New South Wales
Bank Holiday Erster Montag im August

Labour Day Erster Montag im Oktober

Northern Territory
May Day Erster Montag im Mai

Show Day Erster Freitag im Juli (Alice Springs); zweiter Freitag im Juli (Tennant Creek); dritter Freitag im Juli (Katherine); vierter Freitag im Juli (Darwin)

Picnic Day Erster Montag im August

Queensland
Labour Day Erster Montag im Mai

Royal Queensland Show Day Zweiter oder dritter Mittwoch im August (Brisbane)

South Australia
Adelaide Cup Day Dritter Montag im Mai

Labour Day Erster Montag im Oktober

Proclamation Day Letzter Montag oder Dienstag im Dezember

Tasmanien
Regatta Day 14. Februar (Hobart)

Launceston Cup Day Letzter Mittwoch im Februar

Eight Hours Day Erster Montag im März

Bank Holiday Dienstag nach Ostermontag

King Island Show Erster Dienstag im März

Launceston Show Day Donnerstag vor dem zweiten Samstag im Oktober

Hobart Show Day Donnerstag vor dem vierten Samstag im Oktober

Recreation Day Erster Montag im November (nördliches Tasmanien)

Victoria
Labour Day Zweiter Montag im März

Melbourne Cup Day Erster Dienstag im November

Western Australia
Labour Day Erster Montag im März

Foundation Day Erster Montag im Juni

Schulferien
→ Die Urlaubsperiode um Weihnachten fällt in die australischen Sommerferien (Mitte Dez.–Ende Jan.).

→ Pro Jahr gibt's noch drei weitere, kürzere Schulferien (ca. Anfang–Mitte April, Ende Juni–Mitte Juli, Ende Sept.–Anfang Okt.), die je nach Bundesstaat sieben bis 14 Tage früher oder später beginnen.

Fotos & Videos
Bücher Der Lonely Planet Band *Travel Photography* enthält nützliche Tipps.

Etikette Wie überall auf der Welt ist taktvolles Fotografieren bzw. Filmen auch in Australien angebracht. Vor Personenaufnahmen daher unbedingt vorher nachfragen – vor allem bei Aborigines, die das Ablichten aller Art eventuell als extreme Belästigung empfinden. Auch Aufnahmen von indigenen Bräuchen, Bildern, Zeremonien und Stätten mit kultureller oder religiöser Bedeutung können höchst heikel sein. Grundsätzlich immer um Erlaubnis bitten und eine Ablehnung akzeptieren!

Verfügbarkeit & Ausdrucke Wem sein Smartphone nicht ausreicht, der kann in Großstädten und Ballungsräumen aus einem großen Angebot an Digitalkameras, Speichersticks und Batterien wählen. Gute Anlaufstellen sind Elektronikgeschäfte (Dick Smith, Tandy) oder größere Kaufhäuser. In vielen Internetcafés, Fotoläden und bei großen Schreibwarenhändlern (Officeworks, Harvey Norman) kann man Fotos ausdrucken.

PRAKTISCH & KONKRET

→ **DVDs** Australische DVDs laufen auf Playern, die den PAL-Regionalcode 4 (Mexiko, Süd- und Mittelamerika, Neuseeland, Pazifikraum, Karibik) akzeptieren. Deutschland, Österreich und die Schweiz verwenden den PAL-Regionalcode 2.

→ **Fernsehen** Die wichtigsten frei empfänglichen Fernsehkanäle sind ABC (staatlich), SBS (multikulturell) und die drei Privatsender Seven, Nine und Ten. Daneben gibt es viele kostenlose Zusatzkanäle der Hauptanbieter und Lokalsender.

→ **Maße & Gewichte** In Australien gilt das metrische System.

→ **Radio** Unter www.abc.net.au/radio informiert die ABC über ihr Radioprogramm.

→ **Rauchen** Verboten in öffentlichen Verkehrsmitteln, Kneipen, Bars, Restaurants und auf manchen öffentlichen Flächen im Freien.

→ **Zeitungen** Zu den Tageszeitungen gehören der *Sydney Morning Herald*, *Age* aus Melbourne und der landesweit im Großformat erscheinende *Australian*.

Frauen unterwegs
Obwohl Frauen in Australien generell sehr sicher reisen, gelten die üblichen Vorsichtsmaßnahmen auch hier.

Nachts Frauen sollten in größeren oder großen Städten nachts möglichst nie allein herumlaufen und stets genug Geld für ein Taxi zur Unterkunft dabeihaben.

Pubs Einfache Kneipenzimmer immer meiden, sofern Zweifel bezüglich der eigenen Sicherheit und der Vertrauenswürdigkeit des Managements bestehen.

Sexuelle Belästigung Zwar selten, aber seitens echter (und insbesondere betrunkener) Aussie-Machos bis heute der Fall.

Ländliche Gegenden Generell gilt: Je weiter frau sich von den großen Städten entfernt, desto geringer des Durchschnittsaustraliers Bewusstsein für weibliche Rechte und Belange. Trotzdem berichten viele Touristinnen, dass sie gerade in den Kneipen und Rasthäusern des Outback die freundlichsten und bodenständigsten Typen getroffen haben.

Trampen Wie überall sonst auf der Welt auch in Australien nicht zu empfehlen; selbst zu zweit sollten Tramperinnen grundsätzlich auf der Hut sein.

Drogen in Getränken In Sydney und anderen Großstädten warnen manche Pubs vor gepanschten bzw. mit Drogen versetzten Getränken (*spiked drinks*). Obwohl Paranoia nicht angebracht ist, sollten Frauen in Bars sicherheitshalber lieber keine Getränke von Fremden annehmen.

Freiwilligenarbeit

Der englischsprachige Lonely Planet *Volunteer: A Traveller's Guide to Making a Difference Around the World* liefert nützliche Informationen für freiwillige Helfer.

Hilfreiche Tipps bekommt man außerdem auf folgenden Websites:

Australian Volunteers International (www.australianvolunteers.com) Vermittelt ehrenamtliche Fachkräfte an indigene Gemeinden in Nord- und Zentralaustralien (meist für längere Zeit). Mitunter können aber auch Freiwillige ohne Fachkenntnisse kurzfristig in Rasthäusern unter Leitung von Aborigines aushelfen.

Conservation Volunteers Australia (www.conservationvolunteers.com.au) Gemeinnützige Organisation, die z. B. Bäume pflanzt, Wanderwege anlegt oder Bestandserhebungen von Flora und Fauna durchführt.

Earthwatch Institute Australia (www.earthwatch.org) Ehrenamtliche Exkursionen mit Schwerpunkt auf Natur- und Tierschutz.

GoVolunteer (www.govolunteer.com.au) Verzeichnis mit zahlreichen Freiwilligenjobs im ganzen Land.

i to i Volunteering (www.i-to-i.com) Ferienprogramm für ehrenamtliche Umweltschutzhelfer in Australien.

Responsible Travel (www.responsibletravel.com) Vermittelt befristete Freiwilligenjobs für Australienbesucher.

STA (www.statravel.com.au) Organisiert Ferien mit Freiwilligenarbeit in Australien; auf der Website auf „Planning" und dann auf „Volunteer" klicken.

Volunteering Australia (www.volunteeringaustralia.org) Nach Bundesstaaten geordnetes Verzeichnis mit Freiwilligenjobs in Australien.

Willing Workers on Organic Farms (WWOOF, www.wwoof.com.au) Beim „WWOOFing" arbeitet man für Kost und Logis mehrere Stunden pro Tag auf einer Farm. Die Gastgeber folgen meist in irgendeiner Form alternativen Lebensmodellen und es gilt ein Mindestaufenthalt von zwei Übernachtungen. Für die Online-Anmeldung werden 70 AU$ fällig. Dafür erhält man eine Mitgliedsnummer und ein Handbuch, das teilnehmende Unternehmen aufführt. Der Postversand nach Übersee kostet 5 AU$ extra.

Geld

Der australische Dollar hat 100 Cent. Es gibt Münzen in einem Wert von 5, 10, 20 und 50 Cent sowie ein 1 und 2 AU$. Banknoten wiederum haben einen Wert von 5, 10, 20, 50 und 100 AU$. Preise in Geschäften werden oft auf den Cent genau angegeben, beim Bezahlen wird jedoch auf den nächsten 5-Cent-Betrag auf- oder abgerundet.

In diesem Buch sind alle Preise in australischen Dollar angegeben.

Bankkarten/ Debitkarten

Ob am Geldautomat, Bankschalter oder Eftpos-Terminal: Bei Abhebung per Bankkarte wird der jeweilige Betrag direkt vom heimischen Bankkonto abgebucht. Das funktioniert mit der eigenen PIN und praktisch allen Karten international vernetzter Anbieter (Cirrus, Maestro, Plus oder Eurocard). Allerdings ist dabei mit hohen Gebühren zu rechnen.

Parallel gibt's Bankkarten mit festen Abbuchungsgebühren und einem Guthaben, das sich unterwegs direkt übers eigene Konto auffüllen lässt. Dies gilt z. B. für die Cash-Passport-Karte von Travelex.

Geld umtauschen

Fremdwährungen (oder Reiseschecks, wenn man denn noch welche nutzt) kann man problemlos in australischen Banken oder bei lizensierten Wechselstuben wie Travelex oder Amex in größeren Städten eintauschen.

Geldautomaten & Eftpos

Bankfilialen & Geldautomaten Die vier australischen Großbanken (ANZ, Commonwealth, National Australia Bank, Westpac) und daran angeschlossene Kreditinstitute unterhalten landesweit Filialen und haben Geldautomaten (Automatic Teller Machines; ATM), die rund um die Uhr in Betrieb sind. Allerdings gibt's nicht überall Automaten – vor allem nicht in entlegenen Ecken und kleinen Ortschaften. Die meisten Geräte sind international vernetzt und akzeptieren Karten anderer Banken (Gebühr).

Eftpos (Electronic Funds Transfer at Point of Sale) Dieses System wird heute von den meisten Tankstellen,

Supermärkten, Restaurants, Cafés und Geschäften verwendet. Neben Bezahlen per Kredit- oder Lastschriftkarte erlaubt es sogar Barabhebungen.

Gebühren Wichtig: Über die potenziell hohen Gebühren bei Barabhebungen per Geldautomat oder Eftpos sollte man sich vor Reiseantritt bei der eigenen Bank genau informieren.

Ein Konto eröffnen

Innerhalb der ersten sechs Wochen Wer plant, etwas länger in Australien zu bleiben (z. B. mit einem Working-Holiday-Visum), sollte sich vielleicht überlegen, ein Konto bei einer australischen Bank zu eröffnen. Für Reisende aus Übersee ist das in der Regel kinderleicht, sofern sie das Konto innerhalb der ersten sechs Wochen nach Ankunft im Land eröffnen. Einfach den Reisepass vorlegen und der Bank eine gültige Postanschrift nennen – schon hat man sein eigenes Konto und bekommt eine Karte für den Geldautomaten.

Nach den ersten sechs Wochen Jetzt wird es etwas komplizierter. Dann nämlich tritt ein Punktesystem in Kraft, und es müssen erst einmal mindestens 100 Punkte erreicht werden, bevor einem eine Bank ihr Vertrauen schenkt. Pässe und Geburtsurkunden sind 70 Punkte wert, ein internationaler Führerschein mit Foto bringt 40 Punkte, andere Dokumente wie Kreditkarten 25 Punkte. Mindestens ein gültiges Ausweisdokument mit Foto ist obligatorisch. Ist das Konto dann erst mal eröffnet, sollte man – natürlich nicht ohne entsprechende Gebühr – in der Lage sein, Geld vom Konto zu Hause auf das australische zu überweisen.

Vor der Reise Es ist auch möglich, vor Antritt der Reise ein australisches Bankkonto zu eröffnen. Details zu solchen „Traveller Accounts" gibt's z. B. auf diesen Websites:

ANZ (www.anz.com.au)

Commonwealth Bank (www.commbank.com.au)

National Australia Bank (www.nab.com.au)

Westpac (www.westpac.com.au)

Kreditkarten

Mit Kreditkarten wie Visa und MasterCard kommt man eigentlich fast überall durch – ob in Hostels, Restaurants, auf Ausflügen oder bei Tourveranstaltern. Dementsprechend sind diese Karten anstelle einer hohen Kaution auch beim Mieten eines Wagens ziemlich unentbehrlich. Sie sind auch nützlich bei sofortiger Bargeldauszahlungen an Bankschaltern und Geldautomaten. Allerdings hängt das auch von der jeweiligen Karte ab und es fallen Gebühren an. Diners Club und American Express werden seltener akzeptiert.

Kontaktdaten bei Verlust der Kreditkarte:

American Express (☎1300 132 639; www.americanexpress.com.au)

Diners Club (☎1300 360 060; www.dinersclub.com.au)

MasterCard (☎1800 120 113; www.mastercard.com.au)

Visa (☎1800 450 346; www.visa.com.au)

Reiseschecks

➜ Wie praktisch: In Australien kann nahezu überall per Kreditkarte oder Lastschrift bezahlt werden. Aufgrund der zahlreichen international vernetzten Einrichtungen spielen Reiseschecks hier eine untergeordnete Rolle.

➜ AmEx und Travelex nehmen auch Schecks von Partnerunternehmen an und auch große Banken lösen problemlos Reiseschecks ein.

➜ Dazu muss jeweils der Reisepass vorgelegt werden

Steuern & Erstattungen

Goods & Services Tax (GST) Die GST ist eine Pauschalsteuer von 10 % auf alle Waren und Dienstleistungen – egal ob für Unterkunft, Restaurantrechnung, Fahrkarte, elektrische und andere Geräte, Bücher, Möbel, Bekleidung usw. Ausnahmen gelten z. B. für Grundnahrungsmittel (Milch, Brot, Obst, Gemüse etc.). Nach dem Gesetz müssen alle angegebenen Preise diesen Steuersatz bereits beinhalten, entsprechend sind alle oben genannten Preise inklusive GST. Internationale Flug- und Schiffsreisen sind von dieser Steuer ausgenommen, ebenso Binnenflüge, sofern sie von Nicht-Australiern im Ausland gebucht wurden.

Zurückerstattung der GST Wer innerhalb von 30 Tagen vor der Abreise Waren mit einem Mindestgesamtwert von 300 AU$ bei einem einzigen Händler gekauft hat, kann sich nach dem Tourist Refund Scheme (TRS) die GST zurückerstatten lassen. Die Regelung gilt allerdings nur für Produkte, die man bei der Rückreise als Handgepäck transportiert oder bei Flug- und Schiffsreisen am Körper trägt. Rückerstattungen sind auch dann möglich, wenn man bei verschiedenen Händlern eingekauft und jeweils mindestens 300 AU$ ausgegeben hat. Weitere Informationen liefert die Website des **Australian Customs & Border Protection Service** (☎1300 363 263, 02-6275 6666; www.customs.gov.au).

Income Tax Wer in Australien als Ausländer Geld verdient und Steuern bezahlt hat, muss beim australischen Finanzamt (Australian Taxation Office, ATO) einen Rückerstattungsantrag stellen. Etwas zurück gibt's jedoch nur, wenn zu viel Steuer vom Lohn abgezogen wurde. Weitere Details liefert die Website des **Australian Taxation Office** (www.ato.gov.au).

Gesundheit

Obwohl Australien zu großen Teilen in den Tropen liegt, ist es in puncto Gesundheit ein sehr sicheres Reiseland. Die meisten Touristen bekommen daher allerhöchstens eine Magenverstimmung oder einen üblen Kater. Bei ernsthaften Gesundheitsproblemen helfen Kliniken und medizinische Anlaufstellen auf hohem Niveau.

Weitere Infos auch im Kapitel Tödlich & Gefährlich, S. 1178.

Impfungen

Vier bis acht Wochen vor der Abreise sollte man seinen Arzt aufsuchen und um einen Internationalen Impfpass (das „gelbe Büchlein") bitten, der alle erhaltenen Schutzimpfungen aufführt.

Bei der Einreise nach Australien muss man ein Formular zur Reisehistorie ausfüllen. Dabei müssen innerhalb der vergangenen 21 Tage erfolgte Besuche von Regionen, die von Ebola betroffen sind, angegeben werden.

Wenn die Einreise nach Australien innerhalb von sechs Tagen nach dem Aufenthalt in einem Gelbfiebergebiet erfolgt, ist eine Gelbfieberimpfung nachzuweisen. Eine komplette Liste aller betreffenden Ländern liefern die **Centers for Disease Control & Prevention** (www.cdc.gov/travel).

Unabhängig vom jeweiligen Reiseziel empfiehlt die **Weltgesundheitsorganisation** (World Health Organisation; www.who.int) generell Impfungen gegen Diphtherie, Tetanus, Masern, Mumps, Röteln, Windpocken, Polio (Kinderlähmung) und Hepatitis B. Diese Krankheiten treten auch in Australien gelegentlich auf, obwohl die meisten Einheimischen schon im Kindesalter einen umfassenden Impfschutz erhalten haben.

Infos im Internet

Das Internet liefert viele Infos zum Thema Gesundheit auf Reisen. Einen Einstieg ermöglicht **Lonely Planet** (www.lonelyplanet.com). Per Gratis-Download veröffentlicht die **Weltgesundheitsorganisation** (World Health Organisation, WHO; www.who.int/ith) den Führer *International Travel and Health*, der jährlich aktualisiert wird. Nützliche aktuelle Hinweise erteilen auch **MD Travel Health** (www.mdtravelhealth.com), die **Deutsche Gesellschaft für Reise- und Touristikmedizin e.V.** (www.drtm.de), **Fit for Travel** (www.fit-for-travel.de) oder **mediScon** (www.mediscon.de). Zudem empfiehlt sich stets ein Blick auf die Reisewebsite des eigenen Außenministeriums:

Deutschland (www.auswaertiges-amt.de/DE/Laenderinformationen/01-Laender/Gesundheitsdienst/Uebersicht_node.html)

Österreich (www.bmeia.gv.at/aussenministerium/buergerservice/reiseinformation.html)

Schweiz (www.eda.admin.ch/eda/de/home.html)

Medizinische Versorgung & Kosten

Einrichtungen Australiens hervorragendes Gesundheitssystem besteht aus Privatkliniken und öffentlichen, staatlich finanzierten Krankenhäusern. In Ballungszentren kommen sehr gute öffentliche Spezialeinrichtungen für Frauen und Kinder hinzu.

Medicare Dieses System ersetzt australischen Staatsangehörigen einen Teil ihrer medizinischen Behandlungskosten – ebenso Bürgern bestimmter Länder, die mit Australien wechselseitige Gesundheitsabkommen getroffen haben (s. www.humanservices.gov.au/customer/dhs/medicare). Da Deutsche, Österreicher und Schweizer nicht darunter fallen, benötigen sie eine eigene, umfassende Krankenversicherung.

Medikamente Landesweit sind Schmerzmittel, Salben und Antihistaminika für Allergiker rezeptfrei bei Apotheken erhältlich. Arzneien, die man anderswo eventuell ohne Rezept bekommt, können in Australien verschreibungspflichtig sein (z.B. die Antibabypille, alle Antibiotika und manche Asthmamittel).

Medizinische Versorgung in entlegenen Gebieten

Bei schweren Unfällen oder ernsten Erkrankungen in entlegenen Regionen Australiens kann es ziemlich lange dauern, bis ein Notarzt eintrifft: Die riesigen Entfernungen zwischen den meisten Outback-Siedlungen sind nicht zu unterschätzen. Touren durch einsame Ecken erfordern daher unbedingt angemessene Vorbereitung, Vorsichtsmaßnahmen und Ausrüstung. Der **Royal Flying Doctor Service** (www.flyingdoctor.org.au) leistet wichtige Notfallhilfe für abgelegene Gemeinden.

Spezielle Erste-Hilfe-Kurse für Notfälle in der Wildnis werden z.B. von **Wilderness First Aid Consultants** (www.wfac.com.au) angeboten und sind äußerst sinnvoll. Zudem sollte man immer eine Erste-Hilfe-Ausrüstung mitnehmen, die angemessen auf die geplanten Aktivitäten abgestimmt ist!

Geeignete Kommunikationsmittel sind ein absolutes Muss. Obwohl Australiens Handynetz gut ausgebaut ist, braucht man in abgeschiedenen Gegenden auf jeden Fall eine zusätzliche Funkausrüstung (beispielsweise ein Satelitentelefon).

Reiseapotheke

→ Acetaminophen (Paracetamol) oder Aspirin

→ Antibakterielle Salbe für Schnitt- und Schürfwunden

→ Antibiotika

→ Antihistaminika (gegen Heuschnupfen und allergische Reaktionen)

→ Durchfallmittel (z.B. Loperamid in Form von Imodium akut)

→ Entzündungshemmer (z.B. Ibuprofen-Präparate)

→ Fieberthermometer

→ Heftpflaster, medizinisches Klebeband (z.B. Leukoplast)

→ Insektenschutzmittel mit DEET für die Haut

→ Insektenschutzspray mit Permethrin für Bekleidung, Zelte und Moskitonetze

→ Jodtabletten oder Wasserfilter (Wasserentkeimung)

→ Orales Rehydrationssalz

→ Pinzette, Schere, Sicherheitsnadeln

- Sonnenschutzmittel
- Steroid- oder Kortisonsalbe (bei allergisch bedingten Hautausschlägen)
- Taschenmesser
- Verbandszeug, Mullbinden

Reisekrankenversicherung

Eine umfassende Reisekrankenversicherung ist für alle Traveller ein absolutes Muss (s. S. 1193).

Internetzugang

Internetcafés und öffentliche Terminals

Wegen Smartphones, Tablets und WLAN sind Internetcafés (6–10 AU$/Std.) in Australien inzwischen seltener als noch vor fünf Jahren. Dennoch findet man sie bis heute in den meisten größeren Städten. Viele Unterkünfte ersetzen mittlerweile Internetterminals durch WLAN.

Die Online-Terminals der meisten öffentlichen Bibliotheken sind zur Recherche und nicht für Facebook-Sessions gedacht. Wer länger surfen möchte, sollte daher entsprechend reservieren oder gleich ein Internetcafé aufsuchen.

Eigene Geräte
ISPS

Traveller mit eigenem internetfähigen Gerät sollten sich bei ihrem Internet Service Provider (ISP) rechtzeitig nach Einwahlnummern für Australien erkundigen. Alternativen sind folgende australische Großanbieter:

Australia On Line (1300 650 661; www.ozonline.com.au)

Dodo (13 36 36; www.dodo.com)

iinet (13 19 17; www.iinet.net.au)

iPrimus (13 17 89; www.iprimus.com.au)

Optus (1800 780 219; www.optus.com.au)

Telstra (13 76 63; www.telstra.com.au)

MODEMS

Wichtig: Mitgebrachte PC-Modemkarten funktionieren in Australien eventuell nicht. Am sichersten ist es, vor der Abreise ein gutes „globales" Modem oder vor Ort eine entsprechende Karte zu kaufen.

WLAN

Drahtloses Internet ist in entlegenen Landesteilen noch immer rar, bei großstädtischen Unterkünften aber zunehmend die Norm und für Gäste meist kostenfrei. Auch Cafés, Bars und selbst manche öffentlichen Parks und Plätze verfügen über WLAN. Hotspots sind unter www.freewifi.com.au nachzulesen.

Kinder

Wenn man die riesigen Entfernungen zwischen den Großstädten gut meistert, können Australientrips mit Kindern eine feine Sache sein. Drinnen und draußen warten jede Menge Attraktionen und Aktivitäten.

Der englischsprachige Lonely Planet *Travel with Children* enthält viel Nützliches zum Thema.

Praktisch & Konkret

Betreuung Vor Ort gibt's viele offiziell zugelassene Einrichtungen bzw. Agenturen für Babysitting und Kinderbetreuung, die staatlich kontrolliert werden und normalerweise sehr professionell arbeiten. Die Gelben Seiten (*Yellow Pages*) der Telefonbücher enthalten Kontaktadressen unter „Baby Sitters" und „Child Care Centres". Auch Stadtverwaltungen führen Verzeichnisse mit entsprechenden Optionen. Um Anbieter ohne Lizenz macht man am besten einen großen Bogen.

Ermäßigungen Bei Unterkünften, geführten Touren, Eintrittsgebühren und Verkehrsmitteln gibt's oft Kinder- oder Familienrabatte, die bis zu 50 % Ersparnis bringen können. Die obere Altersgrenze für „Kinder" kann dabei zwischen zwölf und 18 Jahren liegen. Unterkünfte gewähren üblicherweise Ermäßigungen, wenn Kinder unter zwölf Jahren im Zimmer ihrer Eltern übernachten.

Essen Cafés und Restaurants servieren oft Kinderteller oder normale Hauptgerichte als kleine Portion. Teilweise sind auch Kinderstühle vorhanden.

Kindersitze Große Autovermieter stellen und montieren Kindersitze (einmalige Gebühr ca. 25 AU$). Bei Taxiunternehmen sollten Kindersitze vorab telefonisch angefordert werden. Die gesetzlichen Bestimmungen für Taxitrips mit Kids variieren je nach Bundesstaat und schreiben meist keine Kindersitze vor. Wenn sie jedoch vorhanden sind, müssen sie auch benutzt werden.

Medizinische Versorgung Australien hat einen hohen medizinischen Versorgungsstandard. Babyartikel (z. B. Nahrung, Einwegwindeln) sind überall erhältlich.

Stillen & Wickeln Alle großen und die meisten größeren Städte haben öffentliche Räume in zentraler Lage, in denen Eltern ihre Babys füttern und wickeln können. Lokale Touristeninformationen oder Stadtverwaltungen liefern hierzu Details. Australier sehen Stillen und Wickeln in der Öffentlichkeit größtenteils relaxt.

Unterkunft Viele Motels und besser ausgestattete Campingplätze warten mit Spielplätzen, Pools, Kinderbetten und Babybadewannen auf. Manche Motels empfangen Kinder auch mit geeigneten Videos und hauseigener Betreuung. Spitzenklassehotels und viele (aber nicht alle) Mittelklassehotels sind bestens auf Gäste mit Nachwuchs eingerichtet. B & Bs vermarkten sich dagegen oft als „kinderfrei".

Öffungszeiten

In den einzelnen Bundesstaaten können die Öffnungs- und Geschäftszeiten leicht von den folgenden Standardangaben abweichen. Achtung: Fast alle australischen Attraktionen haben an Weihnachten (25. Dez.) geschlossen – viele auch an Neujahr und an Karfreitag.

Banken Mo–Do 9.30–16, Fr 9.30–17 Uhr; manche große City-Filialen: werktags 8–18 Uhr (Fr z. T. bis 21 Uhr).

Cafés Meist ca. 7–17 Uhr (z. T. auch Abendbetrieb).

Geschäfte & Firmen Mo–Fr 9–17, Sa 9–12 oder 17 Uhr; in Großstädten, Ballungsräumen oder Touristenzentren kann oft auch sonntags und spätabends (meist Do od. Fr bis 21 Uhr) eingekauft werden.

Kneipen Küche meist 12–14 & 18–20 Uhr; viele Kneipen und Bars schenken Alkohol von der Mittagszeit bis zum späten Abend aus (vor allem Do–Sa).

Postfilialen Mo–Fr 9–17 Uhr (teilweise auch Sa 9–12 Uhr); Briefmarken gibt's auch bei Zeitungshändlern und manchen Gemischtwarenläden (*delis*).

Restaurants Meist mittags ca. 12 bis mind. 14 Uhr, abends ca. 18 bis mind. 21 Uhr; vor allem in Großstädten oft länger.

Supermärkte Meist 7 bis mind. 20 Uhr (manche auch 24 Std.); Gemischtwarenläden haben ebenfalls lange geöffnet.

Tankstellen & Raststätten Meist 8–22 Uhr (Tankstellen in Ballungsräumen oft 24 Std.).

Post

Die **Australia Post** (www. auspost.com.au) ist ein sehr verlässliches Postunternehmen für nationale und internationale Sendungen. Über Zonen und Preise für den internationalen Versand informiert die Website. Postfilialen bewahren Sendungen für Besucher auf; bei der Abholung muss man sich ausweisen (z. B. mit dem Reisepass oder Führerschein).

Rechtsfragen

Die meisten Traveller werden mit Australiens Polizei und Rechtssystem gar nicht in Berührung kommen – falls doch, dann wahrscheinlich als Verkehrsteilnehmer.

Drogen Wer erstmals mit einer kleinen Menge illegaler Drogen erwischt wird, kommt oft mit einer Geldstrafe davon. Allerdings kann jedes polizeilich registrierte Vergehen den Visumsstatus beeinträchtigen.

Bei Festnahme Verhaftete haben vor jeder Vernehmung das Recht, einen Freund, Verwandten oder Anwalt anzurufen. Rechtsbeistand wird nur in gravierenden Fällen und für wirklich Mittellose gewährt (für Anlaufstellen von Legal Aid siehe www.national legalaid.org). Viele Rechtsanwälte bieten jedoch eine kostenlose Erstberatung an.

Verkehrsdelikte Auf australischen Hauptstraßen ist die Polizeipräsenz recht hoch. Die Beamten können einen jederzeit anhalten, sich den Führerschein (stets mitzuführen!) zeigen lassen, das Fahrzeug auf Verkehrssicherheit überprüfen und einen Atemalkoholtest durchführen. Gelegentlich wird man auch auf illegale Drogen überprüft.

Visa Wer über die Gültigkeitsdauer hinaus im Land bleibt, gilt als *overstayer* und muss mit Festnahme plus Ausweisung rechnen. Zudem kann in diesem Fall ein Einreiseverbot von bis zu drei Jahren verhängt werden.

Reisen mit Behinderung

→ Australien pflegt ein großes und stetig wachsendes Bewusstsein für behinderte Menschen.

→ Nach dem Gesetz müssen alle neuen Unterkünfte standardmäßig für Reisende mit eingeschränkter Mobilität geeignet sein. Außerdem verstößt deren Benachteiligung durch Tourismusanbieter gegen geltendes Recht.

→ Viele australische Top-Attraktionen (u. a. zahlreiche Nationalparks) sind für Besucher mit Handicap zugänglich. Vielerorts wird auch auf die besonderen Bedürfnisse von Sehbehinderten oder Hörgeschädigten eingegangen. Dennoch sollte man sich rechtzeitig nach vorhandenen Einrichtungen an geplanten Zielen erkundigen.

→ In Großstädten verfügen Tourveranstalter meist über spezielle Fahrzeuge für Kunden mit eingeschränkter Mobilität.

→ Immer mehr Unterkünfte sind mittlerweile rollstuhlgerecht gestaltet, während der erforderliche Umbau vieler älterer Adressen noch auf sich warten lässt.

Infos im Internet

Deaf Australia (www.deafau. org.au)

e-Bility (www.ebility.com)

Lonely Planet: Accessible Melbourne (www.lonelyplanet. com/accessible-melbourne)

National Information Communication & Awareness Network (Nican; 02-6241 1220, TTY 1800 806 769; www.nican.com. au)

Spinal Cord Injuries Australia (SCIA; 1800 819 775; www. spinalcordinjuries.com.au)

Vision Australia (1300 847 466; www.visionaustralia.org)

Flugzeug

Qantas (www.qantas.com.au) gewährt Passagieren mit Behinderung sowie deren Begleitperson jeweils eine Ermäßigung auf Economy-Listenpreise. Beim Nican gibt's Antragsformulare und Infos zu Berechtigungskriterien. **Qantas**, **Jetstar** (www. jetstar.com.au) und **Virgin Australia** (www.virginaustralia.com.au) und deren Tochtergesellschaften nehmen Blindenhunde gratis mit. Alle australischen Großflughäfen haben neben Behindertenparkplätzen auch rollstuhlgerechte Terminals und Toiletten. Zudem befördern Hebelifte Passagiere mit Handicap über die Fluggastbrücke an Bord.

Zug

In New South Wales haben alle XPT-Züge von CountryLink mindestens einen Waggon mit Rollstuhlplatz und behindertengerechter Toilette (meist der Speisewagen). Auch der Tilt Train der

> **STAATLICHE REISEINFORMATIONEN**
>
> Die Reisewebsite der eigenen Regierung erteilt Tipps und Warnungen zu Ländern in aller Welt.
>
> **Deutschland** (www.auswaertiges-amt.de/DE/Laenderinformationen/LaenderReiseinformationen_node.html)
>
> **Österreich** (www.bmeia.gv.at/reise-aufenthalt/reiseinformation)
>
> **Schweiz** (www.eda.admin.ch/eda/de/home/vertretungen-und-reisehinweise.html)

Queensland Rail von Brisbane nach Cairns hat einen rollstuhlgerechten Waggon.

In Melbourne sind die Vorortzüge für Rollstuhlfahrer zugänglich. Blinden- und Signalhunde sind in sämtlichen Verkehrsmitteln in Victoria zugelassen. In Melbourne bietet **Metlink** (☏ 1800 800 007; www.ptv.vic.gov.au) Sehbehinderten und Rollstuhlfahrern Gratisfahrkarten.

Schwule & Lesben

Australien ist ein beliebtes Reiseziel für Schwule und Lesben. Der alljährliche, hochkarätige und spektakuläre Sydney Gay & Lesbian Mardi Gras macht Sydney zu einem Zentrum des sogenannten „Pink Tourism". Allgemein sind Australier Schwulen und Lesben gegenüber aufgeschlossen. Doch je weiter man sich von den Städten entfernt, desto größer ist die Wahrscheinlichkeit, mit Homophobie konfrontiert zu werden.

Landesweit gibt es Touranbieter, Reisebüros und Unterkünfte, die auf schwule und lesbische Reisende spezialisiert sind, vor allem an der Ostküste.

Homosexuelle Handlungen sind landesweit legal; das gesetzliche Mindestalter variiert jedoch von Bundesstaat zu Bundesstaat.

Schwul-lesbische Großevents

Midsumma Festival (www.midsumma.org.au) Melbournes schwul-lesbisches Kunstfestivals umfasst über 100 Veranstaltungen und findet jedes Jahr von Mitte Januar bis Mitte Februar statt. Krönender Abschluss ist der Pride March.

Sydney Gay & Lesbian Mardi Gras (www.mardigras.org.au) Höhepunkt des zweiwöchigen Festivals ist der weltbekannte riesige Umzug samt Party am ersten Samstag im März.

Brisbane Pride Festival (www.brisbanepridefestival.com.au) Brisbanes alljährliches Festival für Schwule und Lesben findet vier Wochen im September statt; manche Events steigen bereits im Juni, darunter der großartige Queen's Ball.

Pridefest (www.pridewa.com.au) Im November in Perth.

Feast Festival (www.feast.org.au) Adelaides großes Schwulen- und Lesbenfestival bietet an zwei Wochen im November Jahrmarkt, Theater, Gesprächsrunden und Tanz.

Medien & Kontakte

In Großstädten sind szenespezifische Printmedien in Nachtclubs, Cafés, an Veranstaltungsorten sowie bei Zeitschriftenhändlern erhältlich. Zu den Lifestyle-Magazinen für Schwule und Lesben gehören beispielsweise *DNA*, *Lesbians on the Loose* (*LOTL*), *SX* (Sydney), *MCV* (Melbourne), *Queensland Pride* (Queensland), *OutinPerth* (gratis; Perth) und *Blaze* (Adelaide).

Gay & Lesbian Tourism Australia (Galta; www.galta.com.au). Allgemeine Infos.

Same Same (www.samesame.com.au) News, Veranstaltungen und Lifestyle-Themen.

Sicherheit

Australien gilt an internationalen Standards gemessen als sicheres Reiseland. In Sachen Kriminalität oder Unruhen muss man sich also keine Sorgen machen, jedoch richten Naturkatastrophen regelmäßig beträchtliche Schäden an. Buschbrände, Überschwemmungen und Zyklone betreffen die meisten Bundesstaaten und Territorien, wer sich jedoch an Warnungen hiesiger Behörden orientiert und sich von betroffenen Gebieten fernhält, sollte keine Probleme bekommen.

Strom

240V/50Hz

Telefon

Australiens größte Telefonunternehmen:

Telstra (☏ 13 22 00; www.telstra.com.au)

Optus (☏ 1800 780 219; www.optus.com.au)

Vodafone (☎1300 650 410; www.vodafone.com.au)

Virgin (☎1300 555 100; www.virginmobile.com.au)

Gebührenfreie Nummern & Auskunftsdienste

→ Von Anschlüssen im ganzen Land aus sind viele Firmen entweder gebührenfrei (die Nummern beginnen mit ☎1800) oder zum Ortstarif (die Nummern beginnen mit ☎13 od. 1300) erreichbar. In beiden Fällen kann jedoch nicht aus dem Ausland angerufen werden (und oft auch nicht von Handys innerhalb Australiens).

→ Unter ☎1800 738 3773 oder ☎12 550 sind R-Gespräche von allen öffentlichen und privaten Anschlüssen aus möglich.

→ Bei Nummern mit ☎190 am Anfang handelt es sich meist um Bandansagen bzw. elektronische Auskunftsdienste (ca. 0,35–5 AU$/Min., mehr bei Anrufen von Handys oder öffentlichen Telefonen).

Auslandsgespräche

Öffentliche Fernsprecher erlauben meist Auslandsgespräche per ISD (International Subscriber Dialling), bei denen Tarife und Vorwahlen je nach Kartenanbieter variieren. ISD-Telefonkarten sind überall bei Internetcafés und Gemischtwarenläden erhältlich.

Festnetzanschlüsse in Australien gestatten ebenfalls relativ günstige Auslandsgespräche. Auch hierbei gibt's oft Sonderangebote; die Tarife variieren je nach Anbieter.

Vorwahlen Anrufe nach Übersee beginnen mit dem australischen Code für Auslandsgespräche (☎0011 oder ☎0018). Anschließend folgen die jeweilige Ländercode (Deutschland ☎49, Österreich ☎43, Schweiz ☎41), die Ortsvorwahl ohne Null am Anfang und schließlich die eigentliche Anschlussnummer. Gespräche nach Berlin beginnen also beispielsweise mit der Zahlenfolge ☎0011-49-30 (Wien ☎0011-43-1, Bern ☎0011-41-31). Die Dienste bestimmter Anbieter erfordern zusätzliche Vorwahlen. Bei Auslandstelefonaten nach Australien sind der Ländercode ☎0061, die Regionalvorwahl des jeweiligen Bundesstaats bzw. Territoriums ohne Null und dann die Anschlussnummer einzugeben.

LAND	LÄNDERCODE
Deutschland	49
Österreich	43
Schweiz	41

Ferngespräche & Ortsvorwahlen

Ab ca. 50 km Verbindungsdistanz gelten Inlandstelefonate als Ferngespräche. Sie werden nach Zeit berechnet und lassen sich ohne Vermittlung führen (Subscriber Trunk Dialling; STD). Es gibt verschiedene Regionalvorwahlen (Area Codes). STD-Verbindungen sind an allen öffentlichen Fernsprechern möglich und während der Nebenzeiten (19–7 Uhr, Wochenende) günstiger. Wichtigste Regionalvorwahlen:

BUNDESSTAAT/ TERRITORIUM	VOR-WAHLEN
Australian Capital Territory (ACT)	02
New South Wales (NSW)	02
Northern Territory (NT)	08
Queensland (QLD)	07
South Australia (SA)	08
Tasmanien (TAS)	03
Victoria (VIC)	03
Western Australia (WA)	08

Die Grenzen der Vorwahlregionen decken sich nicht immer mit denen der Bundesstaaten. Beispiel: In manchen Teilen von NSW gelten die Vorwahlen der Nachbarstaaten.

Ortsgespräche

Ortsgespräche von Privatanschlüssen kosten je nach Anbieter bis zu 30 Cent; bei öffentlichen Telefonen werden 50 Cent fällig. Tarife für Anrufe ins Mobilfunknetz sind höher und richten sich nach der Gesprächslänge.

Handys

Anbieter Besucher können problemlos für einen begrenzten Zeitraum das Mobilfunknetz nutzen: Die Hauptanbieter (Telstra, Optus, Virgin und Vodafone) verfügen alle über Prepaid-Angebote. Einfach ein Starter-Paket, eventuell ein Handy, oder – wenn man das eigene nutzen möchte – eine SIM- sowie eine Prepaid-Karte kaufen. Es lohnt sich, Angebote zu vergleichen.

Empfang Australiens Mobilfunknetze werden von über 90 % der Bevölkerung genutzt, decken aber weite Landesteile nicht ab.

Netze Australiens digitales Netzwerk ist mit GSM 900 und 1800 (in Europa üblich) kompatibel, jedoch nicht mit den Systemen, die in den USA und Japan üblich sind.

Nummern Australische Handynummern beginnen mit 04xx.

Telefonkarten & Öffentliche Telefone

Telefonkarten Zeitungshändler, Hostels und Postfilialen verkaufen zu Fixpreisen (10 AU$, 20 AU$ usw.) diverse Telefonkarten, die man an allen privaten und öffentlichen Anschlüssen benutzen kann: Einfach die gebührenfreie Zugangsnummer wählen, dann die auf der Karte stehende PIN eingeben.

Öffentliche Telefone Die meisten öffentlichen Telefone funktionieren mit Telefonkarten (manche auch mit Kreditkarten). Altmodische Münzfernsprecher werden immer seltener und sind – wo noch vorhanden – oft defekt (beispielsweise wegen Vandalismus oder Kaugummi im Einwurfschlitz).

Toiletten

→ Sitztoiletten im westlichen Stil sind in Australien die Norm. In entlegenen Outback-Nestern sind die

Hygienestandards teils nicht sonderlich hoch.

➡ Unter www.toiletmap.gov.au gibt es ein Verzeichnis öffentlicher Toiletten, darunter auch behindertengerechte.

Touristeninformation

Als staatliche Tourismusbehörde erleichtert die **Australian Tourist Commission** (ATC; www.australia.com) die Reiseplanung mit einer hervorragenden Website. Neben verlässlichen Reisebüros in aller Welt sind dort auch Infos zu Visums-, Arbeits- und Zollbestimmungen aufgeführt.

Innerhalb Australiens werden Touristeninfos von verschiedenen Regional- und Lokalbüros erteilt. Jede größere Stadt unterhält eine Art von Besucherzentrum (Visitor Centre, Tourist Office usw.). Häufig arbeitet dort sehr kompetentes und auskunftsfreudiges Personal (oft freiwillige Pensionäre), das staatliche Büros in puncto konkrete Lokalinfos ausstickt. Wer Unterkünfte oder Touren vor Ort bucht, sollte jedoch bedenken: In vielen Fällen werden nur Anbieter vermittelt, die zahlende Mitglieder des jeweiligen regionalen Tourismusverbands sind.

Unterkunft

Australiens allumfassendes Unterkunftsangebot reicht von kleinen Zeltstellplätzen auf Campinggeländen über Schlafsäle in Hostels und Pensionen mit Gourmetfrühstück bis hin zu luxuriösen Farmquartieren oder Resorts mit allen Schikanen. Hinzu kommen alle möglichen Hotels und Motels.

Während der Hauptsaison im Sommer (Dez.–Feb.) und anderer Spitzenzeiten (vor allem Schulferien, Ostern) sind die Preise normalerweise am höchsten. Im übrigen Jahr gibt's angenehme Rabatte und niedrigere Last-Minute-Tarife. Bemerkenswerte Ausnahmen sind Zentralaustralien, das Top End und die Skiorte: Dort ist jeweils der Sommer die Nachsaison und daher mit kräftigen Preisstürzen verbunden.

B & Bs (Pensionen)

Australiens B & B-Angebot umfasst restaurierte Bergmannshäuschen und umgebaute Scheunen, große alte Häuser, aber auch luxuriöse Landsitze und Strandbungalows. Die Preise liegen in der Regel im mittleren Segment, manchmal sind sie auch höher. In Gegenden, die bei Wochenendausflüglern beliebt sind – historische Städte, Weinregionen, gut zugängliche Waldgebiete wie die Blue Mountains in New South Wales (NSW) und die Dandenongs in Victoria – zählen B & Bs oft zur Spitzenkategorie und verlangen in der Hochsaison am Wochenende teils astronomisch anmutende Preise.

Bei manchen Unterkünften, die als B & Bs ausgewiesen sind, handelt es sich um Ferienhütten für Selbstversorger, die Frühstücksproviant zur Verfügung stellen. Nur in billigeren B & Bs müssen sich Gäste die Bäder teilen. Manche Betreiber servieren auch Abendessen (meist muss 24 Stunden im Voraus reserviert werden).

Infos im Internet:

Beautiful Accommodation (www.beautifulaccommodation.com). Erlesene, luxuriöse B & Bs und Ferienhäuser.

Hosted Accommodation Australia (www.australianbedandbreakfast.com.au). B & Bs, Farmstays, Cottages und Bauernhöfe.

OZ Bed and Breakfast (www.ozbedandbreakfast.com). Infos für das ganze Land.

Camping

Ein Stellplatz kostet für zwei Personen in der Regel zwischen 20 und 30 AU$, mit Strom etwas mehr. Buschcamping ist ein Highlight einer jeden Australienreise. Im Outback und im Norden des Landes ist nicht einmal ein Zelt vonnöten – und Lagerfeuernächte unterm Sternenhimmel sind einfach unvergesslich!

Beste Campingzeit Die besten Bedingungen herrschen im Norden Australiens in der Trockenzeit im Winter und im Süden im Sommer – so meidet man extreme Hitze oder Kälte.

Preise Sofern nicht anders angegeben, gelten die genannten Stellplatzpreise für zwei Personen. Ausgewiesene Plätze in Nationalparks kosten in der Regel 7 bis 15 AU$ pro Person.

Einrichtungen Fast alle Campingplätze und Ferienparks verfügen über Warmwasserduschen, WCs, Waschküchen und oft auch einen Pool. Meist stehen Hütten sowie Stellplätze für Zelte und Wohnmobile mit Strom zur Auswahl. Größe und Ausstattung der Hütten variieren; für kleine Varianten mit Küchenzeile bezahlt man rund 70 bis 80 AU$, für Hütten mit zwei bis drei Schlafzimmern mit voll ausgestatteter Küche, Wohnraum, TV und Betten für bis zu sechs Personen bis zu 170 AU$.

Lage Für die meisten Campingplätze in Großstädten benötigt man ein Auto, da sie meist mehrere Kilometer vom Zentrum entfernt liegen. Für die überaus beliebten Campingplätze der Küstenregionen empfiehlt es sich, vor allem im Sommer und

---

UNTERKÜNFTE ONLINE BUCHEN

Weitere Unterkunftsbewertungen von Lonely Planet Autoren gibt's unter www.lonelyplanet.com/australia/hotels. Dort findet man unabhängig recherchierte Infos und Empfehlungen zu den besten Adressen. Zudem kann online gebucht werden.

> ### PREISKATEGORIEN: UNTERKÜNFTE
>
> Die folgenden Preisspannen gelten jeweils für ein Doppelzimmer mit eigenem Bad in der Hauptsaison (Sommer):
>
> **$** unter 100 AU$
> **$$** 100–200 AU$
> **$$$** über 200 AU$
>
> In teureren Gegenden (vor allem Sydney, Perth und Teilen des nördlichen WA) werden oft 20 bis 50 AU$ mehr fällig. Komfortablere australische Hostels verlangen teils mehr als 100 AU$ für ein Doppelzimmer. In diesem Buch sind sie wegen ihrer Schlafsäle im Budget-Stil trotzdem unter der „$"-Kategorie aufgeführt.

an Ostern, weit im Voraus zu reservieren.

Infos im Internet Empfehlenswert ist der praktische Führer (mit App) **Camps Australia Wide** (www.campsaustraliawide.com) mit Karten und Infos zu Campingplätzen in ganz Australien.

Genehmigungen (Permits) Campinggenehmigungen für Nationalparks werden oft online von staatlichen Behörden (z. B. in Queensland über die Website des Department of National Parks, Recreation, Sport & Racing, www.nprsr.qld.gov.au, und in WA über die Website von Park Stay WA http://parkstay.dpaw.wa.gov.au) erteilt. Die Unterkunftsverzeichnisse der Regionenkapitel enthalten entsprechende Buchungshinweise.

Große Ketten Wer plant, viele Wohnmobil- bzw. Campingplätze zu nutzen, für den lohnt sich eventuell die Mitgliedschaft in einer der großen Organisationen, da dann Rabatte winken. Dazu gehören:

Big 4 Holiday Parks (www.big4.com.au)

Discovery Holiday Parks (www.discoveryholidayparks.com.au)

Top Tourist Parks (www.toptouristparks.com.au)

Ferienapartments

Preise Apartments mit zwei Schlafzimmern kosten durchschnittlich 140 bis 200 AU$ pro Übernachtung. Spitzenzeiten oder Zimmerservice lassen die Preise aber kräftig steigen.

Angebot Ferienapartments eignen sich sehr gut für längere Aufenthalte. Das Angebot reicht von einfachen, studioartigen Zimmern mit kleinen Kochnischen bis hin zu Varianten mit zwei Schlafzimmern, komplett ausgestatteten Waschküchen und topmodernen Unterhaltungssystemen. Solche Quartiere befinden sich oft in kleinen, einstöckigen Gebäudekomplexen. In Touristenhochburgen (z. B. an der Gold Coast) bilden sie ein ganzes Meer von Hochhäusern.

Hostels

Backpacker-Hostels sind in Australiens Großstädten und an der Küste schwer angesagt, in ländlichen Gegenden oder im Outback aber rar. Zahllose Gäste zwischen 18 und 30 Jahren sorgen dort normalerweise für Leben. Inzwischen zielen manche Hostels aber auch auf andere Traveller ab, die einfach nur günstig übernachten möchten.

Preise Pro Übernachtung kosten Schlafsaalbetten üblicherweise 25 bis 35 AU$, Doppelzimmer (in der Regel ohne eigenes Bad) 70 bis 90 AU$.

Einrichtungen Das vielfältige Hostelspektrum reicht von spartanischen Varianten in der Wildnis bis hin zu Gebäuden in Großstadtzentren, die Cafébars und Zimmer mit eigenen Bädern besitzen. Übernachtet wird größtenteils aber in Schlafsälen mit vier bis zwölf Betten. Oft gibt's auch Zweibett- und Doppelzimmer. Generell sind Gäste- und Waschküchen sowie Gemeinschaftsbereiche mit TV vorhanden. Teils kommen noch Reisebüros und Jobbörsen hinzu.

Bettwäsche wird oft gestellt. Aus Hygienegründen sind Schlafsäcke nicht gern gesehen.

HOSTEL-ORGANISATIONEN & -KETTEN

Zur **Youth Hostels Association** (YHA; www.yha.com.au) gehören rund 60 australische Hostels mit Schlafsälen, Einzel- und Doppelzimmern, Kochgelegenheiten und Waschmaschinen. Die Atmosphäre ist meist etwas weniger partyorientiert als in unabhängigen Hostels.

Eine Übernachtung gibt's für Mitglieder ab 25 AU$, Nicht-Mitglieder zahlen 3 AU$ mehr.

Die YHA gehört zu **Hostelling International** (www.hihostels.com). Mitglieder nationaler Jugendherbergsverbände können in entsprechenden australischen Hostels zu YHA-Preisen übernachten. Am besten besorgt man sich schon in der Heimat einen internationalen Jugendherbergsausweis (HI Card). Er ist aber auch direkt vor Ort bei staatlichen Büros, großen Hostels der YHA oder online erhältlich.

Weitere internationale Organisationen mit australischen Hostels:

Base Backpackers (www.stayatbase.com)

Nomads (www.nomadsworld.com)

VIP Backpackers (www.vipbackpackers.com)

Hotels

Hotels in australischen Großstädten und Touristenhochburgen gehören meist zu Business- oder Luxusketten – mehrstöckige Klötze mit gesichtslosen, komfortablen und modern ausgestatteten Mittel- oder Oberklassezimmern. Für solche Optionen nennt dieser Band stets die offiziell ausgewiesenen Listenpreise (rack rates; ab 160 AU$/Übernachtung). Ruhige Perioden können aber kräftige Rabatte bringen.

Motels

Landesweit gibt's komfortable Mittelklasse-Motels mit Parkplätzen vor der Zimmertür, oft zu finden am Rand der großstädtischen Zentren. Da diese Bleiben fast nie Ermäßigung bei Einzelbelegung gewähren, eignen sie sich finanziell besser für Paare oder dreiköpfige Gruppen. Ein einfaches Zimmer mit Wasserkessel, Kühlschrank, TV, Klimaanlage und eigenem Bad kostet meist 120 bis 160 AU$.

Pubs

Australische Hotels bzw. Gasthäuser mit Bierausschank werden allgemein als Pubs (abgeleitet vom Begriff public house) bezeichnet und stammen aus wirtschaftlichen Blütezeiten. So gehören sie auch oft zu den größten und prächtigsten Gebäuden einer Stadt. Trotz der Renovierung mancher Pubs wirken die meisten Zimmer heute klein und abgenutzt, und das Bad befindet sich oft am Ende eines langen Flures. Dafür liegen sie meist zentral und sind günstig. Für ein Einzel-/Doppelzimmer mit Gemeinschaftsbad werden 60/90 AU$ aufwärts fällig, für Zimmer mit Privatbad mehr. Gäste mit leichtem Schlaf nehmen besser kein Quartier über der Bar und erkundigen sich, ob abends eine Live-Band auftritt.

Mietwohnungen & Unterkünfte für längere Aufenthalte

Wer ein entsprechendes Visum hat und länger an einem Ort in Australien bleiben möchte, kann mit Quartieren in Mietshäusern oder -wohnungen ordentlich sparen. Dazu durchforstet man am besten mittwochs und samstags die Wohnungsanzeigen der Tageszeitungen. Zudem lohnt sich ein Blick auf die Schwarzen Bretter von Universitäten, Hostels, Buchläden und Cafés. Bei Vermittlung durch einen Immobilienmakler beträgt die Mindestmietdauer normalerweise ein halbes Jahr. Zudem werden dann eine Kaution und die erste Monatsmiete im Voraus fällig.

City Hobo (www.cityhobo.com) Findet für jeden Großstadt-Besucher den passenden Vorort.

Couch Surfing (www.couchsurfing.com) Beim Übernachten auf Gästesofas lernt man eventuell neue Freunde kennen.

Flatmate Finders (www.flatmatefinders.com.au) Verzeichnis von Gemeinschaftsunterkünften für einen längeren Zeitraum.

Gumtree (www.gumtree.com.au) Nach Rubriken geordnete Seite mit Jobs, Unterkünften und Verkaufsartikeln.

Stayz (www.stayz.com.au) Vermittlung von Ferienwohnungen.

Noch mehr Unterkünfte

Landesweit gibt's viele unkonventionellere und teils typisch australische Übernachtungsmöglichkeiten.

HAUSBOOTE

Das Geschäft mit Hausbooten auf dem Murray River brummt. Tatsächlich versprechen die Unterkünfte auf dem Fluss großen Spaß. Wer es ausprobieren will, muss mindestens 18 Jahre alt sein und einen Führerschein besitzen. Die Boote legen an den meisten Flussstädten im nordwestlichen Victoria und in South Australia (SA) ab. Im Voraus reservieren – vor allem von Oktober bis April.

➡ Die **Houseboat Hirers Association** (☏1300 665 122, 08-8231 8466; www.houseboatbookings.com) verfügt über ein Verzeichnis mit Fotos der Boote und führt Buchungen durch.

➡ Die Broschüre *Houseboat Holidays* von SA Tourism umfasst eine umfangreiche Hausbootliste.

➡ Infos zu Hausbooten in Mildura gibt's auf S. 666.

➡ Infos zu Hausbooten in Echuca gibt's auf S. 674.

FARMEN

Manche Farmen bieten Gästebetten an. Auf entlegenen Outback-Stationen kann man mitunter in Wohngebäuden oder Schafscherer-Quartieren schlafen und an Aktivitäten wie Ausritten teilnehmen. Bei der Auswahl helfen **Hosted Accommodation Australia** (www.australianbedandbreakfast.com.au), **Farmstay Camping Australia** (www.farmstaycampingaustralia.com.au) und staatliche Touristeninformationen.

UNIVERSITÄTEN

Innerhalb von Großstädten ist manchmal Übernachten in Studentenwohnheimen bzw. -hostels möglich – vorausgesetzt, der Aufenthalt fällt auf die längeren Semesterferien.

Versicherungen

Die weltweit gültige Reiseversicherung unter www.lonelyplanet.com/travel_services kann jederzeit online abgeschlossen, erweitert und in Anspruch genommen werden – selbst wenn die Reise schon begonnen hat.

Auto Informationen zu Autoversicherungen gibt's auf S. 1203.

Krankenversicherung Zu empfehlen ist eine Variante, die direkt mit den medizinischen Behandlungsstellen im Ausland abrechnet. Ansonsten muss man (bei späterer Rückerstattung) in Vorleistung gehen. In diesem Fall sollten sämtliche Dokumente unbedingt sorgfältig aufbewahrt werden. Zudem ist darauf zu achten, dass die jeweilige Police auch Krankenwagentransporte, Luftrettung und Notfallflüge in die Heimat abdeckt.

Versicherungsumfang Eine gute Reiseversicherung, die Dieb-

BUNDESSTAATLICHE QUARANTÄNE

Ob bei Inlandsreisen auf dem Land- oder Luftweg: Vor allem an Flughäfen, Fernbahnhöfen und Staatsgrenzen warnen Schilder vor potenziellen Gefahren durch die Mitnahme von Obst, Gemüse oder Pflanzen zwischen den Bundesstaaten. Bestimmte Schädlinge oder Krankheiten (z. B. Fruchtfliegen, Fransenflügler, Reblläuse) treten bisher nur in manchen australischen Regionen auf; die Regierung will der Verbreitung entgegenwirken.

Inspektionsposten der Quarantänebehörden gibt's an einigen Staatsgrenzen und ab und zu auch anderswo. Die Kontrolle baut oft auf die Ehrlichkeit der Reisenden. Viele Stationen sind aber mit mehreren Beamten besetzt, die Fahrzeuge nach nicht deklarierten Waren durchsuchen dürfen. Da frisches Obst und Gemüse meist komplett konfisziert wird, kauft man solche Produkte am besten erst im nächsten Ort hinter der Kontrollstelle.

---

stahl, Verlust und medizinische Behandlungskosten abdeckt, ist ein absolutes Muss. Manche Policen schließen „Risikosportarten" wie Tauchen, Skifahren oder sogar Bushwalking ausdrücklich aus. Somit ist es wichtig, dass die gewählte Versicherung auch wirklich vollen Schutz bei den geplanten Aktivitäten bietet.

Visa

Jeder Australienreisende benötigt ein Visum. Anträge gibt es in den diplomatischen Vertretungen Australiens im Ausland, außerdem in Reisebüros oder über die Website des **Department of Immigration & Citizenship** (www.immi.gov.au).

eVisitor (Kategorie 651)

➸ Deutsche, Österreicher und Schweizer können kostenlose eVisitor-Visa beantragen, die innerhalb einer zwölfmonatigen Gültigkeitsdauer jeweils maximal dreimonatige Australienaufenthalte zu touristischen oder geschäftlichen Zwecken erlauben.

➸ Die entsprechenden Anträge müssen online (www.immi.gov.au/e_visa/evisitor.htm) gestellt werden.

➸ Dies sollte allerspätestens 14 Tage vor der geplanten Abreise geschehen. Da die elektronische Speicherung auch die Reisepassnummer erfasst, entfällt der herkömmliche Visumstempel.

Visitor (600)

➸ Visitor-Visa für kürzere Aufenthalte wurden mittlerweile größtenteils durch eVisitor- und ETA-Visa ersetzt. Wer jedoch aus einem Land stammt, das diese Visa nicht abdeckt oder einen Aufenthalt über drei Monate plant, muss ein Visitor-Visum beantragen.

➸ Herkömmliche Visitor-Visa gelten für die einmalige Einreise und einen Aufenthalt von bis zu drei, sechs oder zwölf Monaten. Sie sind für einen Zeitraum von zwölf Monaten nach Ausstellung gültig.

➸ Die Beantragung erfolgt online unter www.immi.gov.au; die Preise liegen zwischen 130 und 335 AU$.

Visumverlängerungen

Wer über die Ablaufdauer seines Visums hinaus in Australien bleiben möchte, muss über www.immi.gov.au eine neue Aufenthaltserlaubnis beantragen (meist ein Visitor-Visum 600 für 335 AU$). Am besten erledigt man das spätestens zwei bis drei Wochen vor dem Auslaufen des ersten Visums.

Working Holiday (417)

➸ Deutsche Australienurlauber zwischen 18 und 30 Jahren können ein Working-Holiday-Visum beantragen, das zur Annahme von Gelegenheitsjobs während eines maximal einjährigen Aufenthalts berechtigt. Staatsbürger Österreichs und der Schweiz haben diese Möglichkeit bislang allerdings noch nicht.

➸ Im Gültigkeitszeitraum von zwölf Monaten dürfen Inhaber des Visums beliebig oft ein- und ausreisen.

➸ Man darf maximal sechs Monate am Stück für einen beliebigen Arbeitgeber arbeiten.

➸ Das Visum muss vor der Einreise nach Australien (bis zu einem Jahr im Voraus) beantragt werden. Wer schon australischen Boden unter den Füßen hat, kann ein erteiltes Touristenvisum nämlich nicht mehr in ein Working-Holiday-Visum umwandeln.

➸ Antragsteller müssen u. a. ein Rückflugticket oder ausreichende finanzielle Mittel (5000 AU$) für die Rück- bzw. Weiterreise vorweisen. Die Bearbeitungsgebühr beträgt 420 AU$.

➸ Unter bestimmten Bedingungen kann im Anschluss noch ein zweites Working-Holiday-Visum in Australien beantragt werden, s. www.immi.gov.au/visas/pages/417.aspx. Die Bearbeitungsgebühr beträgt dann 420 AU$.

Zeit

Zeitzonen Australien ist in drei Zeitzonen unterteilt: Western Standard Time (MEZ +7 Std.; Western Australia), Central Standard Time (MEZ +8½ Std.; Northern Territory, South

Australia) und Eastern Standard Time (MEZ +9 Std.; Tasmanien, Victoria, New South Wales, Queensland, Australian Capital Territory). Zu den wenigen Ausnahmen gehört Broken Hill (New South Wales), wo die Central Standard Time gilt. Einen praktischen Überblick über alle internationalen Zeitzonen findet man auf der Website www.weltzeituhr.de.

Sommerzeit Mit Beginn der australischen Sommerzeit (Daylight Saving Time) stellen einige Bundesstaaten ihre Uhren über die wärmeren Monate (Okt.–Anfang April) um eine Stunde vor. Das kann für Verwirrung sorgen: Western Australia, das Northern Territory und Queensland bleiben bei der Standardzeit, während Tasmanien einen Monat vor South Australia, Victoria, New South Wales und dem Australian Capital Territory auf Sommerzeit umstellt.

Zoll

Detaillierte Infos zu Zoll- und Quarantänebestimmungen erteilt die **Zoll- & Grenzschutzbehörde** (Australian Customs & Border Protection Service; ☎1300 363 263, 02-6275 6666; www.customs.gov.au).

Einreisende können die meisten Artikel zollfrei einführen – vorausgesetzt, die Beamten lassen sich davon überzeugen, dass die Waren ausschließlich für den persönlichen Gebrauch bestimmt sind und bei der Ausreise wieder mitgenommen werden. Zollfreie Einfuhrmengen pro Person: (Achtung, sehr geringe Menge Zigaretten!)

Alkohol 2,25 l (ab 18 Jahren)

Tabak 50 Zigaretten (ab 18 Jahren)

Zollpflichtige Waren Bis zum Gesamtwert von 900 AU$ (bis 450 AU$ unter 18 Jahren)

Jegliche Drogen sind illegal! Australiens gewiefte Zöllner setzen bei der Suche danach hervorragend ausgebildete Spürhunde ein. Gemäß den strengen Quarantänevorschriften sind zudem alle Pflanzen- und Tierprodukte anzugeben (z. B. Holzlöffel oder Strohhüte). Der Import von Blumen und Frischwaren (u. a. Fleisch, Käse, Obst, Gemüse) ist strikt untersagt. Wer keine Kontrolle über sich ergehen lassen will, kann alle zweifelhaften Artikel direkt am Flughafen in spezielle Entsorgungsbehälter werfen. Außerdem müssen ab einem Gesamtwert von 10 000 AU$ (Fremdwährungen werden eingerechnet) Barbeträge beim Zoll angemeldet werden.

Verkehrsmittel & -wege

AN- & WEITER-REISE

Von fast überall her ist Australien weit weg – die Anreise bedeutet in aller Regel einen Langstreckenflug. Wer nur begrenzte Zeit zur Verfügung hat, sollte Inlandsflüge in Erwägung ziehen: Sie sind (verglichen mit Benzin- und Mietwagenkosten) günstig, werden in der Regel mit CO_2-Kompensation angeboten und ersparen einem auf jeden Fall sehr viel Zeit. Flüge, geführte Touren und Zugfahrkarten können online unter www.lonelyplanet.com/bookings gebucht werden.

Einreise

Die Einreise erfolgt normalerweise schnell und problemlos, nur die üblichen Zollformalitäten müssen erledigt werden – mit gültigem Reisepass und Visum sollte nichts schiefgehen.

Flugzeug

Die Hauptsaison (mit den höchsten Preisen) für Flüge nach Australien entspricht ungefähr dem dortigen Sommer (Dez.–Feb.), die Nebensaison den Wintermonaten (Juni–Aug.) – diese sind aber die Spitzensaison in Central Australia und dem Top End. Australiens internationale Fluggesellschaft ist **Qantas** (www.qantas.com.au).

Internationale Flughäfen

Australien hat zahlreiche internationale Flughäfen, von denen der in Sydney und der in Melbourne das größte Verkehrsaufkommen aufweisen.

REISEN & KLIMAWANDEL

Der Klimawandel stellt eine ernste Bedrohung für unsere Ökosysteme dar. Zu diesem Problem tragen Flugreisen immer stärker bei. Lonely Planet sieht im Reisen grundsätzlich einen Gewinn, ist sich aber der Tatsache bewusst, dass jeder seinen Teil dazu beitragen muss, die globale Erwärmung zu verringern.

Fast jede Art der motorisierten Fortbewegung erzeugt CO_2 (die Hauptursache für die globale Erwärmung), doch Flugzeuge sind mit Abstand die schlimmsten Klimakiller – nicht nur wegen der großen Entfernungen und der entsprechend großen CO_2-Mengen, sondern auch, weil sie diese Treibhausgase direkt in hohen Schichten der Atmosphäre freisetzen. Die Zahlen sind erschreckend: Zwei Personen, die von Europa in die USA und wieder zurück fliegen, erhöhen den Treibhauseffekt in demselben Maße wie ein durchschnittlicher Haushalt in einem ganzen Jahr.

Die englische Website www.climatecare.org und die deutsche Internetseite www.atmosfair.de bieten sogenannte CO_2-Rechner. Damit kann jeder ermitteln, wie viele Treibhausgase seine Reise produziert. Das Programm errechnet den zum Ausgleich erforderlichen Betrag, mit dem der Reisende nachhaltige Projekte zur Reduzierung der globalen Erwärmung unterstützen kann, beispielsweise Projekte in Indien, Honduras, Kasachstan und Uganda.

Lonely Planet unterstützt gemeinsam mit Rough Guides und anderen Partnern aus der Reisebranche das CO_2-Ausgleichs-Programm von climatecare.org. Alle Reisen von Mitarbeitern und Autoren von Lonely Planet werden ausgeglichen. Weitere Informationen gibt's auf www.lonelyplanet.com.

Adelaide Airport (www.adelaideairport.com.au)

Brisbane Airport (www.bne.com.au)

Cairns Airport (www.cairnsairport.com)

Darwin International Airport (www.darwinairport.com.au)

Gold Coast Airport (www.goldcoastairport.com.au)

Melbourne Airport (www.melbourneairport.com.au)

Perth Airport (www.perthairport.com)

Sydney Airport (www.sydneyairport.com.au)

Übers Meer

Zwischen Australien und Zielen im Pazifikraum (z. B. Papua-Neuguinea, Indonesien, Neuseeland, diverse Inseln) sind hin und wieder Jachten unterwegs, auf denen man mitfahren oder anheuern kann. Diese Methode ist jedoch weder entspannt noch sicher und erfordert in der Regel zumindest eine Beteiligung am Preis für den Bordproviant. Interessenten können Jachthäfen und Segelclubs z. B. in Coffs Harbour, Airlie Beach, Darwin oder Cairns abklappern. Weitere Optionen sind Great Keppel Island oder die Whitsundays. Der April empfiehlt sich als Suchzeitraum, wenn man eine Koje auf einem Schiff im Großraum Sydney entern will.

Alternativ verbinden die Urlauber-Kreuzfahrtschiffe von **P&O Cruises** (www.pocruises.com.au) Brisbane, Melbourne und Sydney mit diversen Zielen in Neuseeland und dem Pazifikraum. Eine noch alternativere Möglichkeit ist eine Mitfahrt als Passagier auf einem Frachtschiff, das Güter von oder nach Australien transportiert: Optionen dieser Art findet man beispielsweise auf den Websites www.freighterexpeditions.com.au und www.freightercruises.com.

UNTERWEGS VOR ORT

Auto & Motorrad

Automobilclubs

Unter dem Dach der **Australian Automobile Association** (02-6247 7311; www.aaa.asn.au) gibt es Automobilclubs in allen Bundesstaaten, die durchaus praktisch sind, wenn es um Versicherungen, Vorschriften, Karten und Pannenhilfe geht. Die Mitgliedschaft (ca. 100–150 AU$) kann einem bei technischen Problemen mit dem Auto jede Menge Ärger ersparen. Wer zu Hause Mitglied eines Automobilclubs ist, sollte prüfen, ob dieser eventuell eine Gegenseitigkeitsvereinbarung mit den australischen Clubs hat. Die größeren australischen Automobilclubs in den einzelnen Bundesstaaten und Territorien arbeiten auf der Basis der Wechselseitigkeit zusammen.

AANT (Automobile Association of the Northern Territory; 13 11 11; www.aant.com.au) Im NT.

NRMA (National Roads and Motorists' Association; 13 11 22; www.mynrma.com.au) In NSW und dem ACT.

RAC (Royal Automobile Club of Western Australia; 13 17 03; www.rac.com.au) In WA.

RACQ (Royal Automobile Club of Queensland; 13 19 05; www.racq.com.au) Queensland.

RACT (Royal Automobile Club of Tasmania; 13 27 22; www.ract.com.au) Tasmanien.

RACV (Royal Automobile Club of Victoria; 13 72 28; www.racv.com.au) Victoria.

Benzin

Treibstofftypen Die Tankstellen internationaler Marken führen immer bleifreies Benzin und Diesel. Flüssiggas *(liquefied petroleum gas)* ist an entlegeneren Tankstellen nicht immer erhältlich, daher ist ein Fahrzeug mit Vielstoffmotor die sicherere Wahl.

Preis Die Preise variieren. Zum Zeitpunkt unserer Recherche kostete ein Liter bleifreies Benzin in den Städten zwischen 1,20 und 1,50 AU$. Auf dem Land sind die Preise aber deutlich höher: In den Outback-Gebieten des NT, von WA und Queensland muss man bis zu 2,20 AU$/Liter bezahlen.

Tankstellen In Großstädten und größeren Ortschaften gibt es viele Tankstellen, aber im Outback ist der Abstand zur nächsten oft sehr groß. Man benötigt jedoch nur auf wenigen Strecken einen Benzintank für große Distanzen. Auf Hauptstraßen stößt man etwa alle 150 bis 200 km auf eine kleine Ortschaft oder eine Raststätte. Viele Tankstellen, wenn auch nicht alle, sind rund um die Uhr geöffnet.

Fahrzeugwahl

Allradantrieb Geländewagen („4WDs") eignen sich sehr gut für Touren durch das Outback, da sie fast alle gewünschten Strecken meistern und eventuell sogar Schlafplätze im Heck haben. Von Nachteil sind der recht hohe Spritverbrauch, das schwierige Einparken und der höhere Anschaffungs- bzw. Mietpreis.

Motorrad Australiens Klima ist hervorragend für Biker geeignet (sie kommen zudem im Stadtverkehr schneller voran). Nachteile: Begrenzte Gepäckmitnahmekapazität, nicht vorhandener Schutz vor den Elementen und die Tatsache, dass Aussie-Autofahrer in der Regel nicht sonderlich auf Zweiräder achten.

Wohnmobil Diverse Annehmlichkeiten (z. B. Waschbecken, Kühlschrank, Küche, Schränke, Betten) und Raum zum Relaxen gibt's direkt an Bord. Leider sind Wohnmobile langsam, brauchen oft viel Sprit, sind wenig geländegängig und besitzen unpraktische Maße für Stadtfahrten.

Zweiradantrieb Je nach Reiseroute bzw. -ziel reicht eventuell auch ein normales Auto mit Zweiradantrieb aus. „2WDs" sind in puncto Anschaffung bzw. Mietpreis, Unterhalt und Spritverbrauch günstiger als Fahrzeuge mit Allradantrieb. Zudem lassen

Von Sydney nach Melbourne via Princes Hwy

Gesamtlänge der Strecke = 1041 km

93 Entfernung (km) zwischen den Städten

- **SYDNEY**
- 93
- Wollongong — 28
- Kiama — 47
- Nowra — 68
- Ulladulla (Canberra 144 km) — 48
- Batemans Bay — 69
- Narooma (Cooma 101 km) — 77
- Bega — 35
- Pambula / Merimbula — 19
- Eden — 57
- **NSW / VICTORIA**
- Genoa (Bombala 85 km) — Mallacoota (23 km) — 47
- Cann River — Bemm River (23 km) — 75
- Orbost — Marlo (15 km) & Cape Conran (34 km) — 59
- Lakes Entrance — Metung (10 km) — 36
- Bairnsdale (Omeo 120 km) — 69
- Sale — Yarram (72 km) — 49
- Traralgon — Yarram (60 km) — 31
- Moe — 28
- Warragul — Leongatha (56 km) — 72
- Dandenong — 34
- **MELBOURNE**

sie sich leichter auftreiben, reparieren und wieder verkaufen. Nachteile: keine Geländegängigkeit und kein Platz zum Übernachten!

Führerschein

Fahren in Australien erfordert einen gültigen nationalen Führerschein. Falls dieser keine englischsprachigen Angaben enthält, ist zusätzlich eine internationale Fahrerlaubnis (International Driving Permit; IDP) erforderlich, die im eigenen Heimatland, beispielsweise von Automobilclubs, ausgestellt werden kann.

Gefahren & Ärgernisse
HINTERM STEUER

Ermüdung Langstreckenfahrten können, zumal in großer Hitze, so anstrengend sein, dass man am Steuer einnickt. Bei einer langen Fahrt sollte man deshalb etwa alle zwei Stunden eine Pause einlegen, sich etwas bewegen, sich am Steuer abwechseln oder einen Kaffee trinken.

Road Trains Beim Überholen von Road Trains (Lastwagen mit zwei oder drei Anhängern, die ein Länge von 50 m erreichen können) sind Abstand und hohes Tempo gefragt. Auf einspurigen Straßen sollte man sich so weit wie möglich von der Fahrbahn entfernen, wenn einem ein solches Ungetüm entgegenkommt.

Unbefestigte Straßen Die Bedingungen auf unbefestigten Straßen können sehr unterschiedlich sein, und Autos verhalten sich anders als gewohnt, wenn man auf dem Schotter bremsen oder wenden will. Auf unbefestigten Pisten nie schneller als 80 km/h fahren, sonst bleibt keine Zeit mehr, um auf eine scharfe Kurve, Tiere auf der Fahrbahn, ein plötzlich auftauchende Gatter oder einen Viehzaun zu reagieren!

GEFAHREN DURCH TIERE

→ Wildunfälle sind in Australien ein großes Problem, das vor allem Queensland, NSW, SA, Tasmanien und das NT betrifft. Wegen des dann höheren Unfallrisikos durch nachtaktive Tiere auf der Straße fahren viele Einheimische möglichst nicht nach Sonnenuntergang.

→ Auf Landstraßen sind Kängurus eine so alltägliche Gefahr wie Kühe und Schafe im zaunlosen Outback. Kängurus sind in der Morgen- bzw. Abenddämmerung am aktivsten und oft in Gruppen unterwegs. Wenn also eines über die Straße hüpft, bitte sofort bremsen: Wahrscheinlich kommen noch mehr Tiere hinterher!

→ Wer ein Tier versehentlich durch An- oder Überfahren getötet hat, sollte es unbedingt von der Straße entfernen, damit andere Verkehrsteilnehmer nicht mit dem Kadaver kollidieren können. Falls das Opfer nur verletzt und klein genug ist – z. B. ein verwaister Joey (Kängurubaby) –, wickelt man es am besten in ein Handtuch oder eine Decke ein und bittet bei der zuständigen Wildtierrettungsstelle um Hilfe:

Department of Environment & Heritage Protection (1300 264 625; www.ehp.qld.gov.au) Queensland.

Department of Parks & Wildlife (Wildcare Helpline 08-9474 9055; www.parks.dpaw.wa.gov.au) WA.

Fauna Rescue of South Australia (08-7226 0017; www.faunarescue.org.au)

NSW Wildlife Information, Rescue & Education Service (WIRES; 1300 094 737; www.wires.org.au)

Parks & Wildlife Service (01300 827 727, außerhalb der Öffnungszeiten 03-6165 4305; www.parks.tas.gov.au) Tasmanien.

Wildcare Inc NT (0408 885 341, 08-8988 6121; www.wildcarent.org.au)

Wildlife Victoria (1300 094 535; www.wildlifevictoria.org.au)

Infos im Internet

Australian Bureau of Meteorology (www.bom.gov.au) Wetterbericht.

Department of Planning, Transport & Infrastructure (1300 361 033; www.transport.sa.gov.au) Straßenzustandsbericht für SA.

Green Vehicle Guide (www.greenvehicleguide.gov.au) Bewertung von Autos nach Schadstoffemission und Auswirkung auf den Treibhauseffekt.

Live Traffic NSW (1300 131 122; www.livetraffic.com) Informiert über die Straßenbedingungen in NSW.

Main Roads Western Australia (13 81 38; www.mainroads.wa.gov.au) Informiert über Straßenbedingungen in WA.

Motorcycle Council of NSW (1300 679 622; www.mccofnsw.org.au) Einer von vielen Motorradverbänden in Australien.

Road Report (1800 246 199; www.roadreport.nt.gov.au) Straßenbedingungen in NT.

Traffic & Travel Information (13 19 40; www.transport.sa.gov.au) Straßenbedingungen in Queensland.

Kaufen

Ein eigenes Fahrzeug gewährt maximale Reisefreiheit und kann auf Dauer auch günstiger sein als ein Mietwagen. Zu den Nachteilen zählt u. a. das komplizierte und teure Prozedere, das Zulassung, TÜV und Versicherung mit sich bringen. Ein Auto muss außerdem gewartet bzw. repariert werden und lässt sich zuweilen schwerer wiederverkaufen als gedacht.

Gebrauchtwagenkäufer sollten unbedingt die Zusatzkosten für Stempelgebühr *(stamp duty)*, Zulassung, *(registration)*, Überschreibungsgebühr *(transfer fee)*, Versicherung *(insurance)* und Wartung mit einkalkulieren.

Von Sydney nach Brisbane via Pacific Hwy

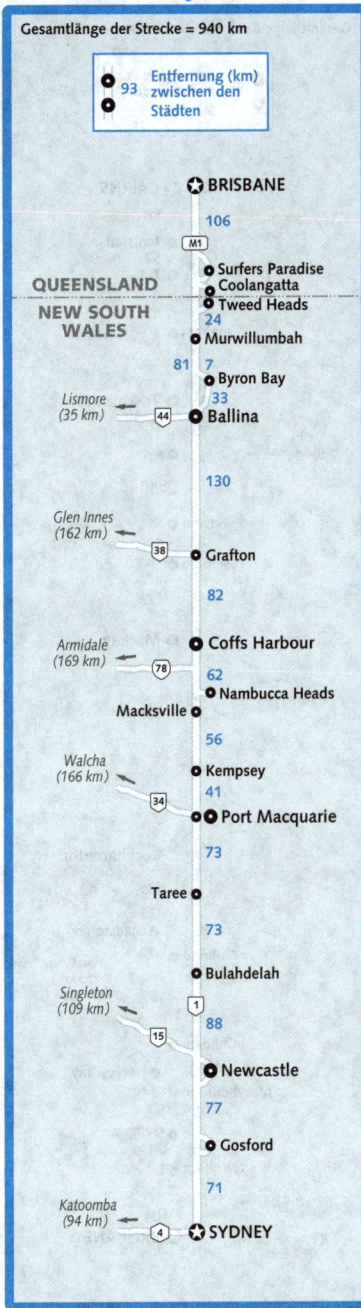

Gesamtlänge der Strecke = 940 km

93 Entfernung (km) zwischen den Städten

- **BRISBANE**
- 106
- Surfers Paradise
- Coolangatta
- Tweed Heads
- 24
- Murwillumbah
- 81 · 7
- Byron Bay
- 33
- Lismore (35 km) — Ballina
- 130
- Glen Innes (162 km) — Grafton
- 82
- Armidale (169 km) — Coffs Harbour
- 62
- Nambucca Heads
- Macksville
- 56
- Walcha (166 km) — Kempsey
- 41
- Port Macquarie
- 73
- Taree
- 73
- Bulahdelah
- Singleton (109 km) — 88
- Newcastle
- 77
- Gosford
- 71
- Katoomba (94 km) — SYDNEY

QUEENSLAND
NEW SOUTH WALES

Von Brisbane nach Cairns via Bruce Hwy

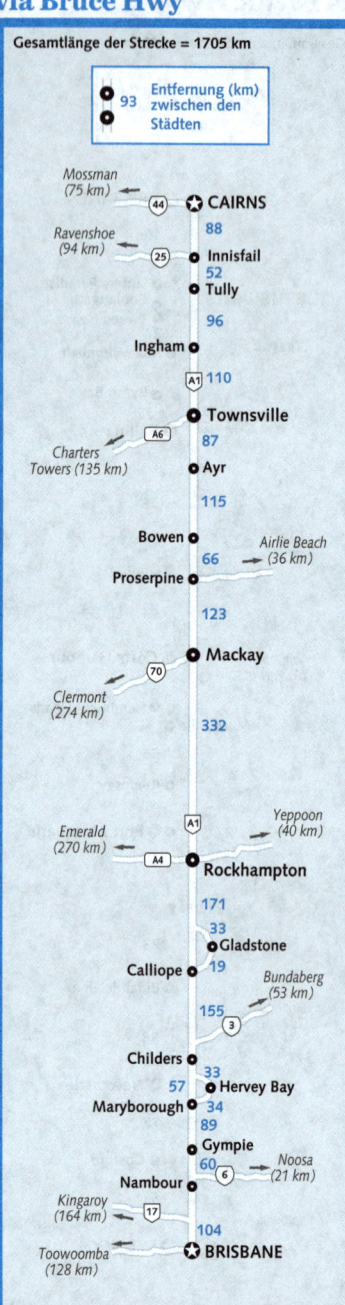

Gesamtlänge der Strecke = 1705 km

- Entfernung (km) zwischen den Städten: 93

Mossman (75 km)
CAIRNS (44)
88
Ravenshoe (94 km) — (25)
Innisfail
52
Tully
96
Ingham
(A1) 110
Townsville
(A6) 87
Charters Towers (135 km)
Ayr
115
Bowen
66 — Airlie Beach (36 km)
Proserpine
123
Mackay
(70)
Clermont (274 km)
332
Emerald (270 km) — (A1) — Yeppoon (40 km)
(A4)
Rockhampton
171
33
Gladstone
Calliope — 19 — Bundaberg (53 km)
155
(3)
Childers
33
57 **Hervey Bay**
Maryborough 34
89
Gympie
60 — Noosa (21 km)
Nambour (6)
Kingaroy (164 km) — (17)
104
Toowoomba (128 km)
BRISBANE

WORAUF MAN ACHTEN SOLLTE
Es ist grundsätzlich ratsam, ein Auto vorab von neutraler Seite fachmännisch überprüfen zu lassen. Automobilclubs bieten Fahrzeugchecks an; Straßenverkehrsbehörden führen Verzeichnisse mit offiziell zugelassenen Werkstätten.

ONLINE-INSERATE
Angebote von Privatleuten und Händlern findet man online auf Websites wie **Car Sales** (www.carsales.com.au), **Trading Post** (www.tradingpost.com.au) und **Gumtree** (www.gumtree.com.au).

PRIVATANZEIGEN
Ein Auto von einem Privatanbieter zu kaufen, kann zeitaufwendig sein, weil man herumfahren muss, um jedes einzelne Angebot zu prüfen. Dafür sollte man aber zu einem niedrigeren Preis kaufen können als bei einem lizenzierten Autohändler. Der Verkäufer sollte einem eine Verkehrssicherheitsbescheinigung (roadworthy certificate) aushändigen (falls sie in dem jeweiligen Bundesstaat Pflicht ist), aber man hat weder eine Kaufrücktrittsfrist (cooling-off period) noch einen gesetzlichen Gewährleistungsanspruch (statutory warranty).

Der Käufer muss sich selbst davon überzeugen, dass das Fahrzeug nicht gestohlen und nicht mit Schulden belastet ist: Die Einzelheiten über das Auto erfährt man beim **Personal Property Securities Register** (📞1300 007 777; www.ppsr.gov.au).

An den Schwarzen Brettern in den Hostels und im englischsprachigen Thorn Tree Travel Forum www.lonelyplanet.com findet man Fahrzeuge, die zum Verkauf stehen. Auch bei Tourenveranstaltern gibt's häufig Schwarze Bretter.

HÄNDLER
Offizielle Autohändler müssen garantieren, dass auf dem jeweiligen Fahrzeug keine Altschulden lasten. Je nach Fahrzeugalter bzw. Laufleistung gibt es eine statutory warranty (gesetzliche Verpflichtung lizenzierter Händler, bestimmte Schäden innerhalb von drei Monaten nach dem Autokauf zu beheben). Vor dem Unterschreiben des obligatorischen Kaufvertrags sollte man unbedingt sicher sein, dessen Details genau verstanden zu haben. Manche Händler veräußern Autos mit der Zusage, sie später zu einem vereinbarten Preis zurückzukaufen. Auch in diesem Fall keinesfalls auf mündliche Versprechen vertrauen, sondern alles schriftlich festhalten lassen!

TRAVELLERMÄRKTE
Viele Traveller beginnen oder beenden ihre Rundreise in Cairns, Sydney, Darwin oder Perth. Somit sind diese Städte (vor allem

ENTFERNUNGEN (KM)

	Adelaide	Albany	Alice Springs	Birdsville	Brisbane	Broome	Cairns	Canberra	Cape York	Darwin	Kalgoorlie	Melbourne	Perth	Sydney	Townsville
Albany	2649														
Alice Springs	1512	3573													
Birdsville	1183	3244	1176												
Brisbane	1942	4178	1849	1573											
Broome	4043	2865	2571	3564	5065										
Cairns	3079	5601	2396	1919	1705	4111									
Canberra	1372	4021	2725	2038	1287	5296	2923								
Cape York	4444	6566	3361	2884	2601	5076	965	3888							
Darwin	3006	5067	1494	2273	3774	1844	2820	3948	3785						
Kalgoorlie	2168	885	3092	2763	3697	3052	5234	3540	6199	4896					
Melbourne	728	3377	2240	1911	1860	4811	3496	637	4461	3734	2896				
Perth	2624	411	3548	3219	4153	2454	6565	3996	7530	4298	598	3352			
Sydney	1597	4246	3109	2007	940	5208	2634	289	3599	3917	3765	862	3869		
Townsville	3237	5374	2055	1578	1295	3770	341	2582	1306	2479	4893	3155	5349	2293	
Uluru	1559	3620	441	1617	2290	3012	2837	2931	3802	1935	3139	2287	3595	2804	2496

	Bicheno	Cradle Mountain	Devonport	Hobart	Launceston
Cradle Mountain	383				
Devonport	283	100			
Hobart	186	296	334		
Launceston	178	205	105	209	
Queenstown	443	69	168	257	273

Die angegebenen Entfernungen sind die kürzesten über Straßen; andere Strecken können erheblich länger sein.
Über Entfernungen mit dem Bus informieren die Broschüren der Unternehmen.

Cairns) genau das richtige Pflaster für den Kauf oder Verkauf eines Fahrzeugs. Die dort angebotenen Autos können durchaus schon mehrfach kreuz und quer durch Australien gefahren sein, ein Kauf ist also nicht ohne Risiko.

Sydney Travellers Car Market (02-9331 4361; www.sydneytravellerscarmarket.com.au; Level 2, Kings Cross Car Park, Ward Ave; Mo–So 10–16.30 Uhr ab Kings Cross)

FORMALITÄTEN

Zulassung Wenn für das Fahrzeug, das man kaufen will, keine Verkehrssicherheitsbescheinigung vorliegt, lassen sich böse Überraschungen durch eine Inspektion vor dem Kauf ausschließen. Ein solcher Check kostet ab 100 AU$, kann aber Gold wert sein. Die Straßenverkehrsbehörden führen Listen der zugelassenen Prüfstellen. Wer in Australien ein Fahrzeug kauft, muss die Zulassung innerhalb von 14 Tagen auf seinen Namen umschreiben lassen. Die genauen Vorschriften und die zuständigen Stellen unterscheiden sich allerdings von Bundesstaat zu Bundesstaat. Auch beim Verkauf eines Fahrzeugs ist die zuständige bundesstaatliche/territoriale Straßenverkehrsbehörde über den Verkauf und Besitzerwechsel zu informieren. In NSW, im Northern Territory (NT), in Queensland, Tasmanien, Victoria und WA müssen Käufer und Verkäufer ein Überschreibungsformular (Transfer of Registration Form) ausfüllen und unterzeichnen. Im ACT und in SA gibt es kein Überschreibungsformular, dort müssen Käufer und Verkäufer die Rückseite der Zulassung ausfüllen und unterzeichnen.

Verkehrssicherheitsbescheinigung (roadworthy certificate) Bei der Übertragung der Zulassung muss der Verkäufer eine Verkehrssicherheitsbescheinigung vorlegen:

➡ ACT – ab einem Fahrzeugalter von sechs Jahren

➡ NSW – ab einem Fahrzeugalter von fünf Jahren

➡ NT – ab einem Fahrzeugalter von drei Jahren

➡ Queensland – immer (dort: *safety certificate*)

➡ Victoria – immer (dort: *certificate of roadworthiness*)

➡ WA, SA und Tasmanien – Inspektionen/Sicherheitsbescheinigungen sind nur unter bestimmten Bedingungen erforderlich

Gas Certificate In Queensland ist für die Übertragung der Zulassung eines gasbetriebenen Autos vom Verkäufer vorzulegendes *gas certificate* erforderlich. Im ACT müssen gasbetriebene Fahrzeuge jährlich einer Inspektion unterzogen werden.

Wegfahrsperre *(immobiliser)* In Western Australia müssen die meisten Fahrzeuge (ausgenommen Motorräder) eine zugelassene Wegfahrsperre besitzen, damit die Zulassung umgeschrieben werden kann. Die Montage einer solchen bzw. die Umrüstung des Fahrzeugs obliegt dem Käufer.

Änderung der Zulassung auf einen anderen Bundesstaat
Eine derartige Änderung ist schwierig, zeitaufwendig und teuer.

Verlängerung der Zulassung
Die gebührenpflichtige Verlängerung gilt landesweit für ein Jahr; in den meisten Bundesstaaten/Territorien gibt es auch die Möglichkeit einer Verlängerung nur für sechs oder manchmal auch nur drei Monate.

STRASSENVERKEHRS-BEHÖRDEN
Weitere Infos über Abläufe und Preise liefern:

Department of Planning, Transport & Infrastructure (☏ 1300 872 677; www.dpti.sa.gov.au) SA.

Department of State Growth – Transport (☏ 1300 851 225; www.transport.tas.gov.au) Tasmanien.

Department of Transport (☏ 1300 654 628; www.transport.nt.gov.au) NT.

Department of Transport (☏ 13 11 56; www.transport.wa.gov.au) WA.

Department of Transport & Main Roads (☏ 13 23 80; www.tmr.qld.gov.au) Queensland.

Roads & Maritime Services (☏ 13 22 13; www.rta.nsw.gov.au) NSW.

Road Transport Authority (☏ 13 22 81; www.rego.act.gov.au) ACT.

VicRoads (☏ 13 11 71; www.vicroads.vic.gov.au) Victoria.

Mieten

Die großen Autovermieter haben Filialen in den größeren Ortschaften und Städten. Bei den meisten Unternehmen müssen die Kunden mindestens 21 Jahre, bei manchen mindestens 18 oder 25 Jahre alt sein.

Hilfreiche Tipps für Fahrzeugmieter:

➜ Den Vertrag sorgsam und vollständig durchlesen, eventuell eine Kopie verlangen.

➜ Die Kautionsart prüfen: Manchen Firmen genügt ein unterschriebener Kreditkartenbeleg, andere belasten die Kreditkarte direkt; wenn dies der Fall ist, sollte man unbedingt nach dem Zeitpunkt der Rückerstattung fragen.

➜ Erkundigen, ob der Mietpreis eine Kilometerbegrenzung enthält; falls ja, den Tarif pro Zusatzkilometer erfragen!

➜ Die Höhe der Selbstbeteiligung und deren eventuelle Minderung (z. B. durch Aufpreis/Tag) ermitteln; diese Option wird einem in der Regel auch ohne Nachfrage angeboten. Zudem feststellen, ob die eigene Reiseversicherung Unfälle mit Kraftfahrzeugen und die Selbstbeteiligung bei Mietwagen bzw. -motorrädern abdeckt!

➜ Nach Ausnahmen (z. B. Unfälle mit Kängurus, Schäden auf unbefestigten Straßen) fragen und herausfinden, ob unvermeidbare Fahrten auf unbefestigten Pisten (z. B. bei der Zufahrt zu Campingplätzen) abgedeckt sind! Manche Firmen schließen auch einzelne Fahrzeugteile wie Unterboden, Reifen oder die Windschutzscheibe von der Deckung aus.

➜ Beim Abholen das Fahrzeug sorgsam auf bereits vorhandene Schäden untersuchen und den Zustand vor dem Unterschreiben detailliert im Vertrag vermerken.

➜ Nach den notwendigen Maßnahmen bei Pannen und Unfällen fragen.

➜ Das Fahrzeug möglichst während der Geschäftszeiten zurückgeben und auf eine Inspektion in eigener Anwesenheit bestehen.

In Australien sind die üblichen internationalen Großvermieter (Avis, Budget, Europcar, Hertz, Thrifty) vertreten. Last-Minute-Angebote und Vergleichsmöglichkeiten gibt's z. B. hier:

Carhire (www.carhire.com.au)

Drive Now (www.drivenow.com.au)

Webjet (www.webjet.com.au)

GELÄNDEWAGEN
Ein Geländewagen ist zum Befahren von Nebenstrecken im Outback unverzichtbar. Die großen Autovermieter verleihen auch Geländewagen.

Einen Geländewagen zu mieten, ist erschwinglich, wenn sich ein paar Leute zusammentun: Für ein Fahrzeug von der Art eines Nissan X-Trail (der für die meisten, wenn auch nicht alle Pisten durchaus ausreicht) zahlt man ca. 100 bis 150 AU$ pro Tag, für einen Toyota Landcruiser ungefähr zwischen 150 und 200 AU$ (mit unbegrenzter Kilometerzahl).

Man sollte unbedingt die Versicherungsbedingungen prüfen, vor allem den Selbstbehalt – er kann bis zu 5000 AU$ betragen. Die Versicherungen decken möglicherweise auch keine Schäden bei Fahrten abseits der Straßen ab. Nicht selten wird eine rückzahlbare Schuldverschreibung verlangt (in einer Höhe von bis zu 7500 AU$).

WOHNMOBILE
Zu den Unternehmen, die Wohnmobile – zu Preisen ab etwa 90 AU$ (mit 2 Schlafkojen) oder 150 AU$ (mit 4 Schlafkojen) pro Tag mit einer üblichen Mindestmietdauer von fünf Tagen und unbegrenzter Kilometerzahl – vermieten, gehören u. a.:

Apollo (☏ 1800 777 779; www.apollocamper.com, www.hippiecamper.com) Hat auch einen Anbieter namens Hippie Camper, der ganz auf Backpacker ausgerichtet ist.

Britz (☏ 1300 738 087; www.britz.com.au)

Jucy Rentals (☏ 1800 150 850; www.jucy.com.au)

Maui (1300 363 800; www.maui.com.au)

Mighty Cars & Campers (☏ 1800 670 232; www.mightycampers.com)

Spaceships Campervans (☏ 1300 132 469; www.spaceshipsrentals.com.au)

Travelwheels (1800 289 222; www.travelwheels.com.au)

FAHRZEUGÜBERFÜHRUNGEN

Fahrzeugüberführungen sind in der Regel günstig, sorgen jedoch für einen unflexiblen Reiseplan. Die meisten großen Autovermieter bieten diese Möglichkeit an, ansonsten kann man sich an die im Folgenden genannten Unternehmen wenden. Näheres auch unter www.hippiecamper.com und www.drivenow.com.au.

imoova (1300 789 059; www.imoova.com)

Relocations2Go (1800 735 627; www.relocations2go.com)

Transfercar (02-8011 1870; www.transfercar.com.au)

Mitfahrgelegenheiten

Mitfahrgelegenheiten sind eine gute Möglichkeit, den eigenen Geldbeutel und die Umwelt zu schonen. Entsprechende Angebote findet man an Schwarzen Brettern sowie online, z. B. auf folgenden Websites:

Catch a Lift (www.catchalift.com)

Coseats (www.coseats.com)

Need a Ride (www.needaride.com.au)

Verkehrsregeln

Da in Australien Linksverkehr herrscht, ist das Lenkrad stets auf der rechten Seite.

Alkohol- oder Drogeneinfluss Die Polizei ist berechtigt, jederzeit stichprobenartige Atem- oder Drogentests bei Fahrern vorzunehmen; sie macht von diesem Recht auch oft Gebrauch. Wer mit Drogen und/oder mehr als 0,5 ‰ im Blut erwischt wird, muss mit einer Geldstrafe und dem Führerscheinentzug rechnen.

Handys Die Benutzung am Steuer ist in Australien nur mit geeigneter Freisprecheinrichtung erlaubt.

Sicherheitsgurte und Sitze Gurtpflicht gilt auf allen Vorder- und Rücksitzen. Bei Verstößen gibt's höchstwahrscheinlich ein Bußgeld. Kleine Kinder sind korrekt in zugelassenen Kindersitzen zu sichern.

Tempolimit Das Tempolimit liegt innerhalb geschlossener Ortschaften allgemein bei 50 km/h , in der Nähe von Schulen bei 25 km/h (morgens & nachmittags) (manchmal auch 40 km/h); auf den Highways darf man normalerweise 100 oder 110 km/h fahren (im NT 110 od. 130 km/h). An strategisch günstigen Stellen benutzt die Polizei gern Radarpistolen und Kameras.

Vorfahrt Allgemein gilt „rechts vor links": An Kreisverkehren und unbeschilderten Kreuzungen (kommen eher selten vor) hat der von rechts kommende Verkehr Vorfahrt.

Versicherung

Unfallhaftpflichtversicherung Außer in NSW und Queensland ist eine Unfallhaftpflichtversicherung für Personenschäden *(third-party personal-injury insurance)* im Preis der Fahrzeugzulassung enthalten, um sicherzustellen, dass alle zugelassenen Fahrzeuge wenigstens diesen Versicherungsschutz haben (bei der Zulassung in NSW und Queensland muss man diese Versicherung privat abschließen). Wir empfehlen, den Versicherungsschutz zumindest um eine Haftpflichtversicherung für Sachschäden *(third-party property insurance)* zu erweitern, denn schon kleinere Zusammenstöße können sehr teuer werden.

Mietwagen Mietwagenkunden sollten sich ihrer Haftbarkeit bei einem Unfall bewusst sein. Wer nicht riskieren will, Tausende Dollar aus eigener Tasche berappen zu müssen, sollte eine umfassende Fahrzeugversicherung abschließen oder gegen einen Aufschlag auf die Tagesmietkosten den Selbstbehalt von 2000 bis 5000 AU$ auf einige Hundert Dollar drücken.

Versicherungsausschluss Schäden bei der Fahrt auf unbefestigten Straßen sind in der Regel von der Versicherung ausgeschlossen, sofern es sich nicht um einen Geländewagen handelt (das Kleingedruckte lesen!). Viele Versicherungen decken auch Glasbruch (gilt auch für die Windschutzscheibe) und Reifenschäden nicht ab.

Bus

Australiens umfassendes Busnetz ist ein verlässlicher Transportweg. Allerdings sind Busfahrten keineswegs immer billiger als ein Flug und können bei langen Strecken sehr ermüdend sein. Die meisten Busse sind mit Klimaanlage, Toiletten und Videofilmen ausgestattet; das Rauchen ist verboten. In australischen Bussen gibt es keine unterschiedlichen Klassen, und die Fahrzeuge der verschiedenen Gesellschaften sind sich alle recht ähnlich.

In kleinen Ortschaften gibt es meist statt eines Busbahnhofs einfach nur eine Haltestelle zum Ein- und Aussteigen (z. B. vor dem Postamt oder einem Zeitungsladen).

Greyhound Australia (www.greyhound.com.au) betreibt ein landesweites Busnetz, das jedoch die Nullarbor Plain zwischen Adelaide und Perth sowie die Strecke zwischen Perth und Broome nicht mit abdeckt. Die günstigsten Tarife sind zumeist online zu ergattern.

Weitere Anbieter:

Firefly Express (www.fireflyexpress.com.au) Verkehrt zwischen Sydney, Canberra, Melbourne und Adelaide.

Integrity Coach Lines (www.integritycoachlines.com.au) Dies ist der Hauptanbieter zwischen Perth und Broome in Western Australia.

Premier Motor Service (www.premierms.com.au) Der Hauptkonkurrent von Greyhound entlang der Ostküste.

V/Line (www.vline.com.au) Verbindet Victoria mit NSW, SA und dem Australian Capital Territory (ACT).

Wichtige Bus- & Zugverbindungen

Greyhound-Buspässe

Greyhound bietet verschiedene Buspässe mit diversen Routen- und Reiseoptionen an (Details unter www.greyhound.com.au/passes). Mitglieder von YHA, VIP, ISIC und anderen anerkannten Organisationen erhalten dabei oft Ermäßigungen von bis zu 10 %.

KILOMETRE PASS

Die Kilometre-Pässe sind die einfachsten Pässe. Dabei kauft man eine bestimmte Streckenlänge, die zwischen mindestens 1000 km (189 AU$) und maximal 25 000 km (2675 AU$) liegt. Ein 5000-km-Pass kostet 785 AU$, 10 000 km schlagen mit 1435 AU$ zu Buche. Die Pässe sind zwölf Monate lang gültig und bei Fahrten überall im Land in jede Richtung einsetzbar, wobei man die Fahrten beliebig oft unterbrechen kann. Der Online-Kilometerrechner hilft bei der Auswahl der passenden Option. Plätze sollte man mindestens einen Tag im Voraus reservieren.

HOP-ON, HOP-OFF & SHORT HOP PASSES

Diese Pässe gelten für beliebte Routen, insbesondere entlang der Ostküste sowie zwischen Cairns, Alice Springs, Adelaide und Darwin über Alice Springs. Man darf nur in eine Richtung reisen, dabei jedoch so oft ein- und aussteigen, wie man möchte. Die Pässe sind ab dem ersten Reisetag drei Monate lang gültig, wobei die Reise spätestens sechs Monate nach dem Kauf angetreten werden muss. Preisbeispiele:

- Adelaide–Alice Springs 209 AU$
- Alice Springs–Darwin 199 AU$
- Cairns–Alice Springs 369 AU$
- Melbourne–Cairns 509 AU$
- Sydney–Cairns 419 AU$

Auch **Oz Experience** (1300 300 028; www.ozexperience.com), ein alternativer Anbieter für Backpacker, der Greyhound-Verbindungen nutzt, kann eine gute Quelle sein.

Preise

In der folgenden Tabelle finden sich die Durchschnittspreise (ohne Rabatt) einiger beliebter Busrouten (einfache Strecke):

STRECKE	ERW./KIND
Adelaide–Darwin	490/420 AU$
Adelaide–Melbourne	105/85 AU$
Brisbane–Cairns	310/270 AU$
Cairns–Sydney	500/430 AU$
Sydney–Brisbane	190/160 AU$
Sydney–Melbourne	135/115 AU$

Fahrrad

Down Under hat Bikern einiges zu bieten: Das vielseitige Routenspektrum reicht in den meisten Metropolen von kurvigen Radwegen bis zu gut befahrbaren Landstraßen, die intensiven Radsport über Tausende Kilometer ermöglichen. Mit seinen vielen flachen Landstrichen und sanften Hügeln ist Australien weniger bergig als z. B. Frankreich oder die Schweiz. Dennoch finden Mountainbiker auch hier Waldwege und höher gelegenes Terrain en masse. Für richtige Radfreaks ist eventuell auch das Outback eine Option.

Fahrradtransport Beim Mitbringen eines eigenen Fahrrads sollte die Fluglinie rechtzeitig zwecks Transportkosten und erforderlicher Verpackung bzw. Demontage kontaktiert werden. Australische Busfirmen bestehen darauf, Fahrräder zu zerlegen. Zudem werden diese mitunter in getrennten Fahrzeugen befördert.

Gesetzliche Bestimmungen In allen Bundesstaaten und Territorien herrscht Helmpflicht. Wer bei Dunkelheit fahren möchte, braucht landesweit ein weißes Vorderlicht und ein rotes Rücklicht.

Karten Normale Straßenkarten reichen meist aus. Unbefestigte Holperpisten umgeht man aber am besten, indem man offizielle Karten der Regierung nutzt. Ein Maßstab von 1:250 000 ist gut geeignet, erfordert bei langen Touren aber eine Menge Material. Der nächstgrößere Maßstab ist 1:1 000 000.

Klima Im Sommer sollte man ausreichend Trinkwasser mitbringen. Zudem ist es wichtig, einen Helm mit einem Sonnenschutz bzw. einer Schirmmütze darunter zu tragen, großzügig Sonnencreme aufzutragen und die Mittagshitze zu meiden. Achtung: Starke Nordwinde können das Radeln bei sommerlichen Touren Richtung Norden zur Qual machen. Im April setzen Passatwinde aus Südostasien ein, die einem (zumindest theoretisch) Rückenwind bis hinauf nach Darwin bescheren. In den Bergen von Victoria, Tasmanien, dem südlichen South Australia (SA) und New South Wales (NSW) kann es kalt werden.

Mieten In Großstädten lassen sich Leihfahrräder leicht auftreiben.

Praktische Informationen

Nationaler Fahrradverband ist die **Bicycle Federation of Australia** (www.bfa.asn.au). Alle Bundesstaaten und Territorien haben Radfahrerorganisationen, die weitere Infos liefern und Kontakte zu örtlichen Vereinen herstellen.
Bicycles Network Australia (www.bicycles.net.au) bietet Informationen, Neuigkeiten und Links.

Bicycle Network Tasmania (www.biketas.org.au)

Bicycle Network Victoria (www.bicyclenetwork.com.au)

Bicycle NSW (www.bicyclensw.org.au)

Bicycle Queensland (www.bq.org.au)

Bicycle Transportation Alliance (www.btawa.org.au) In Western Australia.

Bike SA (www.bikesa.asn.au)

Cycling Northern Territory (www.nt.cycling.org.au)

Pedal Power ACT (www.pedalpower.org.au)

Ein Fahrrad kaufen

Neue, zuverlässige Straßenräder oder Mountainbikes sind ab ca. 600 AU$ zu haben. Nötige Zusatzausrüstung (Schutzhelm, Gepäcktaschen usw.) erhöht die Kosten schnell auf ca. 1600 AU$. In Großstädten lohnt sich die Suche nach Gebrauchtfahrrädern. Bei Schlussverkäufen (z. B. nach Weihnachten oder nach Inventuren um die Jahresmitte) gibt's neue Drahtesel teils zu echten Spottpreisen.

Für den Wiederverkauf oder den Gebrauchtbike-Erwerb empfehlen sich z. B. **Trading Post** (www.tradingpost.com.au), **Gumtree** (www.gumtree.com.au) oder die Schwarzen Bretter in Hostels.

Flugzeug

Australische Inlandsfluglinien

Australiens wichtigste Inlandsfluglinien **Qantas** (www.qantas.com.au) und **Virgin Australia** (www.virginaustralia.com.au) fliegen regelmäßig alle großen Zentren an. **Jetstar** (www.jetstar.com.au), eine Tochtergesellschaft von Qantas, und **Tiger Airways** (www.tigerair.com), an der Singapore Airlines beteiligt ist, sind generell etwas preiswerter und fliegen zwischen den meisten Hauptstädten der australischen Bundesstaaten. Infos zu Fluglinien, die regional innerhalb der einzelnen Bundesstaaten und Territorien operieren, stehen in den jeweiligen Regionenkapiteln.

Air Pass

Qantas bietet Passagieren, die aus Übersee mit Qantas oder American Airlines nach Australien fliegen, den günstigen **Walkabout Air Pass**. Mit dem Pass kann man rund 60 inländische Flugziele verbinden und zahlt dabei weniger, als wenn man die Flüge einzeln bucht. Details gibt's unter www.qantas.

com.au/travel/airlines/airpass/us/en.

Geführte Touren

Bustouren im Backpackerstil oder in komfortableren Reisebussen sind eine praktische Art, um von A nach B zu kommen und auf dem Weg Sehenswürdigkeiten kennenzulernen. Im Folgenden sind landesweite Anbieter aufgeführt. Infos zu kleineren Unternehmen, die in den einzelnen Bundesstaaten und Territorien operieren, findet man in den Regionenkapiteln.

AAT Kings (1300 228 546; www.aatkings.com) Das große Unternehmen ist vor allem bei der älteren Generation beliebt und veranstaltet zahlreiche Touren in ganz Australien.

Adventure Tours Australia (1300 654 604; www.adventuretours.com.au) Günstige Touren für Junggebliebene in allen Bundesstaaten.

Autopia Tours (03-9397 7758; www.autopiatours.com.au) Ein- bis dreitägige Touren ab Melbourne, Adelaide und Sydney.

Groovy Grape Tours (1800 661 177; www.groovygrape.com.au) Das Unternehmen mit Sitz in SA bietet Kleingruppentouren, z. B. eintägige bis einwöchige Ausflüge ab Adelaide, Melbourne und Alice Springs.

Nullarbor Traveller (1800 816 858; www.thetraveller.net.au) Der kleine Anbieter organisiert entspannte Kleinbustouren in der Nullarbor Plain zwischen SA und WA.

Oz Experience (1300 300 028; www.ozexperience.com) Backpacker-Tour nach Zentral-, Nord- und Ostaustralien auf einer U-förmigen Route – Cairns, Brisbane, Sydney, Melbourne, Adelaide, Alice Springs und Darwin – mit Greyhound-Bussen.

Nahverkehr

Alle größeren Städte Australiens verfügen über ein verlässliches und preisgünstiges öffentliches Busnetz. In Sydney, Melbourne, Brisbane, Adelaide und Perth verkehren außerdem Vorortzüge. In Melbourne (und Adelaide) gibt es ein Straßenbahnnetz, in Sydney Hafenfähren und eine Stadtbahn. Taxis findet man überall in Australien.

Genauere Infos sind in den Regionenkapiteln nachzulesen.

Schiff/Fähre

Australien ist zwar rundum von Wasser umgeben, wer jedoch nicht über das nötige Glück, die nötigen Fähigkeiten oder die nötigen Beziehungen verfügt, um einen Platz auf einer Jacht ergattern, für den sind Reisen auf dem Wasserweg kaum möglich. Abgesehen von kurzen regionalen Fährverbindungen (z. B. zur Kangaroo Island in SA, zur Rottnest Island in Western Australia (WA), zur Bruny Island in Tasmanien und zur North Stradbroke Island in Queensland) gibt es nur eine Langstreckenverbindung: die beiden Hochgeschwindigkeitsautofähren von **Spirit of Tasmania** (1800 634 906; www.spiritoftasmania.com.au; Kundenzentrum Mo-Sa 8–20.30, So 9–20 Uhr) zwischen Melbourne und Devonport an der tasmanischen Nordwestküste.

Trampen

Trampen ist generell gefährlich und nie zu empfehlen. Wer sich dennoch dazu entschließt, sollte wissen, dass er ein zwar geringes, aber durchaus vorhandenes Risiko eingeht. Wenn es trotzdem sein muss: wenigstens zu zweit losziehen und vorab jemanden über das jeweilige Ziel informieren!

Zug

Lange Zugfahrten in Australien sind nicht sonderlich praktisch, günstig oder zeitsparend. Somit unternimmt man sie bewusst und genießt dabei auch noch mehr Komfort als an Bord eines Busses. Bestimmte Fernstrecken bieten hier echte, lebendige Eisenbahnromantik. In den meisten Bundesstaaten verkehren zudem staatlich oder privat betriebene Züge auf kürzeren Strecken.

Die drei großen überregionalen Bahnverbindungen unterhält **Great Southern Rail** (13 21 47; www.greatsouthernrail.com.au). Dabei handelt es sich um den *Indian Pacific* zwischen Sydney und Perth, den *Overland* zwischen Melbourne und Adelaide und den *Ghan* zwischen Adelaide und Darwin über Alice Springs. Zudem bietet **Queensland Rail** (13 16 17; www.queenslandrail.com.au) die neue Hochgeschwindigkeitsverbindung *Spirit of Queensland* zwischen Brisbane und Cairns an. Züge von **NSW TrainLink** (13 22 32; www.nswtrainlink.info) verkehren von Sydney aus nach Brisbane, Melbourne und Canberra. Innerhalb von Victoria fahren Züge von **V/Line** (www.vline.com.au) mit Anschluss zu Bussen nach NSW, SA und ins ACT.

Preise

Die folgende Liste nennt die Standardtarife bei Online-Buchung für die einfache Strecke. Es gibt außerdem aber noch Rabatte für Backpacker.

Adelaide–Darwin Sitzplatz Erw./Kind ab 929/433 AU$; im Abteil ab 1709/1489 AU$.

Adelaide–Melbourne Sitzplatz Erw./Kind ab 139/71 AU$.

Adelaide–Perth Sitzplatz Erw./Kind ab 589/273 AU$; im Abteil ab 1349/1161 AU$.

Brisbane–Cairns Sitzplatz Erw./Kind ab 269/135 AU$; im Abteil ab 519/311 AU$.

Sydney–Canberra Sitzplatz Erw./Kind ab 57/28 AU$.

Sydney–Brisbane Sitzplatz Erw./Kind ab 91/65 AU$; im Abteil ab 216/179 AU$.

Sydney–Melbourne Sitzplatz Erw./Kind ab 91/65 AU$; im Abteil ab 216/179 AU$.

Sydney–Perth Sitzplatz Erw./Kind ab 939/438 AU$, im Abteil ab 1929/1689 AU$.

Zugpässe

Mit dem **Queensland Coastal Pass** von Queensland Rail kann man die Verbindungen zwischen Cairns und Brisbane in jeweils eine Richtung nutzen und dabei so oft ein- und aussteigen, wie man möchte. Ein Coastal Pass für einen Monat kostet 209 AU$, für zwei Monate 289 AU$. Der **Queensland Explorer Pass** funktioniert ähnlich, gilt jedoch für das gesamte Netz des Bundesstaats. Der Explorer Pass für einen Monat schlägt mit 299 AU$ zu Buche, der für zwei Monate mit 389 AU$.

Für ausländische Besucher bietet Great Southern Rail den **Rail Explorer Pass** für 545/655 AU$ pro Person für drei/sechs Monate an. Er gilt für den *Ghan*, den *Overland* und den *Indian Pacific* (für einen Platz im Großraumwagen, nicht im Abteil).

Der **Discovery Pass** von NSW TrainLink für Ausländer und Australier berechtigt zu einer Fahrt in jeweils eine Richtung (Economy Class) in NSW mit beliebig vielen Zwischenstopps, zudem sind Verbindungen nach Brisbane, zur Gold Coast, nach Melbourne und Canberra abgedeckt. Ein Pass für 14 Tage/1/3/6 Monate kostet 232/275/298/420 AU$; wer will, bucht ein Upgrade für die Premium-Klasse dazu.

Sprache

Briten, Amerikaner, Australier und Neuseeländer, deutsche Geschäftsleute und norwegische Wissenschaftler, der indische Verwaltungsbeamte und die Hausfrau in Kapstadt – fast jeder scheint Englisch zu sprechen. Und wirklich: Englisch ist die am weitesten verbreitete Sprache der Welt (wenn's auch nur den zweiten Platz für die am meisten gesprochene Muttersprache gibt – Chinesisch ist die Nr. 1).

Logisch, dass es bei einer solchen Verbreitung nicht *das* Englische gibt, sondern vielmehr eine Unmenge von lokalen Eigenheiten in der Aussprache und im Wortschatz. Ein texanischer Ranger wird also wahrscheinlich seine Schwierigkeiten haben, einen australischen Jugendlichen aus Sydney zu verstehen.

Hier folgen nur die wichtigsten Begriffe und Wendungen, um sich in Australien durchschlagen zu können – Fortgeschrittene werfen für den letzten Schliff noch einen Blick ins Glossar auf S. 1214, wo typische Aussi-Ausdrücke aufgelistet sind.

Konversation & Nützliches

Hallo.	Hello.
Guten…	Good…
Tag	day
Tag (nachmittags)	afternoon
Morgen	morning
Abend	evening
Auf Wiedersehen.	Goodbye.

NOCH MEHR GEFÄLLIG?

Noch besser kommt man mit dem *Sprachführer Englisch* von Lonely Planet durch Australien. Man findet den Titel unter **http://shop.lonelyplanet.de** und im Buchhandel.

Bis später.	See you later.
Tschüss.	Bye.
Wie geht es Ihnen/dir?	How are you?
Danke, gut.	Fine. And you?
Und Ihnen/dir?	…and you?
Wie ist Ihr Name?/ Wie heißt du?	What's your name?
Mein Name ist…	My name is…
Wo kommen Sie her?/ Wo kommst du her?	Where do you come from?
Ich komme aus…	I'm from…
Wie lange bleiben Sie/ bleibst du hier?	How long do you stay here?
Ja.	Yes.
Nein.	No.
Bitte.	Please.
Danke/Vielen Dank.	Thank you (very much).
Bitte (sehr).	You're welcome.
Entschuldigen Sie,…	Excuse me,…
Entschuldigung.	Sorry.
Es tut mir leid.	I'm sorry.
Verstehen Sie (mich)?	Do you understand (me)?
Ich verstehe (nicht).	I (don't) understand.
Könnten Sie…?	Could you please…?
bitte langsamer sprechen	speak more slowly
das bitte wiederholen	repeat that
es bitte aufschreiben	write it down

Fragewörter

Wer?	Who?
Was?	What?

Wo?	Where?
Wann?	When?
Wie?	How?
Warum?	Why?
Welcher?	Which?
Wie viel/viele?	How much/many?

Gesundheit

Wo ist der/die/das nächste...?
Where's the nearest...?

Apotheke	chemist
Zahnarzt	dentist
Arzt	doctor
Krankenhaus	hospital

Ich brauche einen Arzt.
I need a doctor.

Gibt es in der Nähe eine (Nacht-)Apotheke?
Is there a (night) chemist nearby?

Ich bin krank.	I'm sick.
Es tut hier weh.	It hurts here.
Ich habe mich übergeben.	I've been vomiting.
Ich habe...	I have...
Durchfall	diarrhoea
Fieber	fever
Kopfschmerzen	headache
(Ich glaube,)	(I think)
Ich bin schwanger.	I'm pregnant.
Ich bin allergisch...	I'm allergic...
gegen Antibiotika	to antibiotics
gegen Aspirin	to aspirin
gegen Penizillin	to penicillin

Mit Kindern reisen

Ich brauche...	I need a/an...
Gibt es...?	Is there a/an...?
einen Wickelraum	baby change room
einen Babysitter	babysitter
einen Kindersitz	booster seat
eine Kinderkarte	children's menu
einen Kinderstuhl	highchair
(Einweg-)Windeln	(disposable) nappies
ein Töpfchen	potty
einen Kinderwagen	stroller

Stört es Sie, wenn ich mein Baby hier stille?
Do you mind if I breastfeed here?

NOTFALL

Hilfe!
Help!

Es ist ein Notfall!
It's an emergency!

Rufen Sie die Polizei!
Call the police!

Rufen Sie einen Arzt!
Call a doctor!

Rufen Sie einen Krankenwagen!
Call an ambulance!

Lassen Sie mich in Ruhe!
Leave me alone!

Gehen Sie weg!
Go away!

Sind Kinder zugelassen?
Are children allowed?

Papierkram

Name	name
Staatsangehörigkeit	nationality
Geburtsdatum	date of birth
Geburtsort	place of birth
Geschlecht	sex/gender
(Reise-)Pass	passport
Visum	visa

Shoppen & Service

Ich suche...
I'm looking for...

Wo ist der/die/das (nächste)...?
Where's the (nearest)...?

Wo kann ich...kaufen?
Where can I buy...?

Ich möchte...kaufen.
I'd like to buy...

Wie viel (kostet das)?
How much (is this)?

Das ist zu viel/zu teuer.
That's too much/too expensive.

Können Sie mit dem Preis heruntergehen?
Can you lower the price?

Ich schaue mich nur um.
I'm just looking.

Haben Sie noch andere?
Do you have any others?

Können Sie ihn/sie/es mir zeigen?
Can I look at it?

mehr	more
weniger	less
kleiner	smaller
größer	bigger
Nehmen Sie...?	*Do you accept...?*
Kreditkarten	credit cards
Reiseschecks	traveller's cheques
Ich möchte...	*I'd like to...*
Geld umtauschen	change money
einen Scheck einlösen	cash a cheque
Reiseschecks einlösen	change traveller's cheques
Ich suche...	*I'm looking for...*
einen Arzt	a doctor
eine Bank	a bank
die... Botschaft	the... embassy
einen Geldautomaten	an ATM
das Krankenhaus	the hospital
den Markt	the market
ein öffentliches Telefon	a public phone
eine öffentliche Toilette	a public toilet
die Polizei	the police
das Postamt	the post office
die Touristeninformation	the tourist information
eine Wechselstube	an exchange office

Wann macht er/sie/es auf/zu?
What time does it open/close?

Ich möchte eine Telefonkarte kaufen.
I want to buy a phone card.

Wo ist hier ein Internetcafé?
Where's the local Internet cafe?

Ich möchte...	*I'd like to...*
ins Internet	get Internet access
meine E-Mails checken	check my email

Uhrzeit & Datum

Wie spät ist es?	What time is it?
Es ist (ein) Uhr.	It's (one) o'clock.
Zwanzig nach eins	Twenty past one
Halb zwei	Half past one
Viertel vor eins	Quarter to one
morgens/vormittags	am
nachmittags/abends	pm
jetzt	now
heute	today
heute Abend	tonight
morgen	tomorrow
gestern	yesterday
Morgen	morning
Nachmittag	afternoon
Abend	evening
Montag	Monday
Dienstag	Tuesday
Mittwoch	Wednesday
Donnerstag	Thursday
Freitag	Friday
Samstag	Saturday
Sonntag	Sunday
Januar	January
Februar	February
März	March
April	April
Mai	May
Juni	June
Juli	July
August	August
September	September
Oktober	October
November	November
Dezember	December

Unterkunft

Wo ist...?	*Where's a...?*
eine Pension	bed and breakfast guesthouse
ein Campingplatz	camping ground
ein Hotel/Gasthof	hotel
ein Privatzimmer	room in a private home
eine Jugendherberge	youth hostel

Wie ist die Adresse?
What's the address?

Ich möchte bitte ein Zimmer reservieren.
I'd like to book a room, please.

Für (drei) Nächte/Wochen.
For (three) nights/weeks.

EIN ZIMMER RESERVIEREN

(per Brief, Fax oder E-Mail)

An...	*To...*
Vom...	*From...*
Datum	*Date*

Ich möchte reservieren ...
I'd like to book ...

auf den Namen...	*in the name of...*
vom...bis zum...	*from... to...*

(Bett-/Zimmeroptionen s. Liste Unterkunft)

Kreditkarte	*credit card*
Nummer	*number*
gültig bis	*expiry date*

Bitte bestätigen Sie Verfügbarkeit und Preis.
Please confirm availability and price.

Haben Sie ein ...? *Do you have a ... room?*
    Einzelzimmer *single*
    Doppelzimmer *double*
    Zweibettzimmer *twin*

Wieviel kostet es pro Nacht/Person?
How much is it per night/person?

Kann ich es sehen?
May I see it?

Kann ich ein anderes Zimmer bekommen?
Can I get another room?

Es ist gut, ich nehme es.
It's fine. I'll take it.

Ich reise jetzt ab.
I'm leaving now.

Verkehrsmittel & -Wege

Öffentliche Verkehrsmittel

Wann fährt ... ab?
What time does the ... leave?
    das Boot/Schiff *boat/ship*
    die Fähre *ferry*
    der Bus *bus*
    der Zug *train*

Wann fährt der ... Bus?
What time's the ... bus?
    erste *first*
    letzte *last*
    nächste *next*

Wo ist der nächste U-Bahnhof?
Where's the nearest metro station?

Welcher Bus fährt nach ...?
Which bus goes to ...?

U-Bahn	*metro*
(U-)Bahnhof	*(metro) station*
Straßenbahn	*tram*
Straßenbahnhaltestelle	*tram stop*
S-Bahn	*suburban (train) line*

Eine ... nach (Sydney).
A ... to (Sydney).
    einfache Fahrkarte *one-way ticket*
    Rückfahrkarte *return ticket*
    Fahrkarte 1. Klasse *1st-class ticket*
    Fahrkarte 2. Klasse *2nd-class ticket*

Der Zug wurde gestrichen.
The train is cancelled.

Der Zug hat Verspätung.
The train is delayed.

Ist dieser Platz frei?
Is this seat free?

Muss ich umsteigen?
Do I need to change trains?

Sind Sie frei?
Are you free?

Was kostet es bis ...?
How much is it to ...?

Bitte bringen Sie mich zu (dieser Adresse).
Please take me to (this address).

Private Transportmittel

Wo kann ich ein ... mieten?
Where can I hire a/an ...?

Ich möchte ein ... mieten.
I'd like to hire a/an ...

Allradfahrzeug	*4WD*
Auto	*car*
Fahrrad	*bicycle*
Fahrzeug mit Automatik	*automatic*
Fahrzeug mit Schaltung	*manual*
Motorrad	*motorbike*

VERKEHRSSCHILDER

Danger	Gefahr
No Entry	Einfahrt verboten
One-way	Einbahnstraße
Entrance	Einfahrt
Exit	Ausfahrt
Keep Clear	Ausfahrt freihalten
No Parking	Parkverbot
No Stopping	Halteverbot
Toll	Mautstelle
Cycle Path	Radweg
Detour	Umleitung
No Overtaking	Überholverbot

Wieviel kostet es pro Tag/Woche?
How much is it per day/week?

Wo ist eine Tankstelle?
Where's a petrol station?

Benzin	petrol
Diesel	diesel
Bleifreies Benzin	unleaded

Führt diese Straße nach ...?
Does this road go to ...?

Wo muss ich bezahlen?
Where do I pay?

Ich brauche einen Mechaniker.
I need a mechanic.

Das Auto hat eine Panne.
The car has broken down.

Ich habe einen Platten.
I have a flat tyre.

Das Auto/Motorrad springt nicht an.
The car/motorbike won't start.

Ich habe kein Benzin mehr.
I've run out of petrol.

Wegweiser

Können Sie mir bitte helfen?
Could you help me, please?

Ich habe mich verirrt.
I'm lost.

Wo ist (eine Bank)?
Where's (a bank)?

In welcher Richtung ist (eine öffentliche Toilette)?
Which way's (a public toilet)?

Wie kann ich da hinkommen?
How can I get there?

Wie weit ist es?
How far is it?

Können Sie es mir (auf der Karte) zeigen?
Can you show me (on the map)?

links	left
rechts	right
nahe	near
weit weg	far away
hier	here
dort	there
an der Ecke	on the corner
geradeaus	straight ahead
gegenüber ...	opposite ...
neben ...	next to ...
hinter ...	behind ...
vor ...	in front of ...
Norden	north
Süden	south
Osten	east
Westen	west
Biegen Sie ... ab.	Turn ...
links/rechts	left/right
an der nächsten Ecke	at the next corner
bei der Ampel	at the traffic lights

Zahlen

0	zero
1	one
2	two

SCHILDER

Police	Polizei
Police Station	Polizeiwache
Entrance	Eingang
Exit	Ausgang
Open	Offen
Closed	Geschlossen
No Entry	Kein Zutritt
No Smoking	Rauchen verboten
Prohibited	Verboten
Toilets	Toiletten
Men	Herren
Women	Damen

3	three	20	twenty
4	four	21	twentyone
5	five	22	twentytwo
6	six	23	twentythree
7	seven	24	twentyfour
8	eight	25	twentyfive
9	nine	30	thirty
10	ten	40	fourty
11	eleven	50	fifty
12	twelve	60	sixty
13	thirteen	70	seventy
14	fourteen	80	eigthy
15	fifteen	90	ninety
16	sixteen	100	hundred
17	seventeen	1000	thousand
18	eighteen	2000	two thousand
19	nineteen	100 000	hundred thousand

GLOSSAR

Jeder, der meint, Australisch (Strine) sei nur eine etwas seltsam klingende Variante des Englischen, wird überrascht sein: Die australische Umgangssprache ist ein merkwürdiges Labyrinth, in dem man schnell den Faden verliert. Einige Wörter haben eine völlig andere Bedeutung als in den übrigen englischsprachigen Ländern. Häufig benutzte Wörter werden zumeist bis zur Unkenntlichkeit abgekürzt, andere leiten sich aus der Sprache der Ureinwohner oder der frühen Siedler ab.

Wer als Aussie durchgehen will, sollte Folgendes versuchen: nasal sprechen, alle Wörter auf höchstens zwei Silben verkürzen, an jedes Wortende einen Vokal hängen, wo immer es geht Verniedlichungsformen verwenden und jeden Satz mit einem Kraftausdruck garnieren.

Der englischsprachige Lonely Planet Band *Australian Phrasebook* gibt eine Einführung ins australische Englisch und in einige Sprachen der Aborigines. Die folgende Liste könnte auch hilfreich sein.

4WD – Wagen mit Allradantrieb
ACT – Australian Capital Territory
Akubra hat – Hut der australischen Buschmänner; heute häufiger auf dem Kopf deutscher Rentner auf Urlaub zu sehen
ALP – Australian Labor Party
Anzac – Australian and New Zealand Army Corps
Aussie rules – Australian Rules Football; eine Variante des Rugby; das Team besteht aus 18 Spielern
award wage – Mindestlohn

Banana Bender – Einwohner Queenslands
bastard – allgemeine Form der Anrede mit unterschiedlicher Bedeutung: Sie drückt Lob oder Respekt aus (z.B. „He's the bravest bastard I know!" – „Er ist der tapferste Kerl, den ich kenne!"), kann aber auch beleidigend sein (z.B. „You bastard!" – „Du Idiot!"). Wer sich nicht sicher ist, ob der Ausdruck passt, sollte ihn eher vermeiden.
bathers – Badebekleidung (in Victoria)
B&B – Bed and Breakfast
BBQ – Barbecue
bêche-de-mer – Seegurke
bevan – s. *bogan* (in Queensland)
billabong – Wasserloch in einem Flussbett während der Trockenzeit
billy – Blechkessel zum Wasserkochen im *bush*
bitumen – Asphaltstraße
bogan – sehr einfach gestrickter Mensch
bombora – „bommie"; separates küstennahes Riff
boogie board – kleines Surfbrett
boom netting – Passagiere werden in einem Netz am Bug oder Heck eines Bootes durch die Brandung gezogen
boomerang – Bumerang
booner – s. *bogan* (im ACT)
bora ring – ein kreisförmiger, von aufgehäufter Erde begrenzter Bereich, dient den Aborigines zu zeremoniellen Zwecken; hauptsächlich in NSW und im Südosten Queenslands zu finden
bottle shop – Getränkeladen, Wein- und Spirituosenhandlung
box jellyfish – eine tödliche Quallenart; auch *sea wasp, box jelly, sea jelly, stinger*
brekky – Frühstück
budgie smuggler – kleine, enge Männerbadehose
bug – *Moreton Bay/Balmain bug*; essbarer, kleiner Krebs
bunyip – mythisches Tier oder Wesen im *bush*
bush, the – Land voller Bäume und Sträucher; alles, was sich außerhalb der Stadt befindet
bush tucker – einheimische Nahrung, die man im *outback* findet
bushranger – das australische Äquivalent zu den Gesetzlosen des amerikanischen Wilden Westens
BYO – „Bring your own"; Restaurant, bei dem Gäste ihren *grog* selbst mitbringen

camp-o-tel – ein Zelt mit Betten und Beleuchtung
chook – Huhn
Cockroaches – Australier in und um Sydney
counter meal – Essen in der Kneipe, wird meist an der Theke verspeist
cozzie – Badebekleidung (in NSW)
cuppa – „cup of"; eine Tasse Tee, Kaffee o.Ä.

dag – schmutziger Wollklumpen am Hintern eines Schafs; nett gemeintes Schimpfwort für jemanden, der sich nicht an gesellschaftliche Konventionen hält
damper – Buschbrot aus Wasser und Mehl, oft in einem *camp oven* gebacken
DEET – Permethrinhaltiges Insektenschutzmittel
didjeridu (didgeridoo), didj – Blasinstrument aus einem hohlen Holzstück; traditionelles Instrument der Aborigines
donga – kleine, mobile Hütte, oft im *outback* verwendet
Dreamtime – Traumzeit; Grundlage des Glaubens der Aborigines: Geisterwesen erschufen die Welt und leben als ewige Kräfte fort; der Begriff „Dreaming" wird alternativ benutzt, da er keine Verbindung zur „Zeit" herstellt
Dry, the – Trockenzeit im nördlichen Australien (April–Okt.)
dunny – Freilufttoilette

Eftpos – *Electronic Funds Transfer at Point of Sale* (Geldkarte, mit der man bargeldlos die Rechnungen für Einkäufe und Dienstleistungen begleichen kann)
EPA – *Environmental Protection Agency* (Umweltschutzbehörde; in QLD QPWS)

Esky – große Kühltasche für Essen und Getränke

flake – Haifleisch; oft in Fish-&-Chips-Läden erhältlich
freshie – Süßwasserkrokodil (harmlos, es sei denn, man provoziert es); neue Bier-*tinny*

galah – lauter Papagei; nerviger Idiot
grog – allgemein für alkoholische Getränke
gum tree – Eukalyptusbaum

jackaroo – männlicher Trainee in einer *outback station*
jillaroo – weibliche Trainee in einer *outback station*
jumper – Sweatshirt; Pulli

Koorie – Aborigines aus Südostaustralien; in NSW *Koori*; s. auch *Murri*

lamington – quadratischer Biskuitkuchen mit Schokoguss und Kokosraspeln
larrikin – Rowdy, Jugendlicher mit Blödsinn im Kopf
lay-by – in einem Laden für einen Kunden Zurückgelegtes
live-aboard – Tauchsafari mit Übernachtungsoptionen
long black – doppelter Espresso

mal – Abkürzung für „Malibu surfboard"
mangrove – ein in Küstennähe zu findender Baum, der in Salzwasser wächst
mate – gebräuchliche familiäre Anrede
Mexicans – Leute aus Victoria
middy – kleines Glas Bier (285 ml), NSW; s. auch *pot*
milk bar – kleiner Laden, der Milch und andere Grundnahrungsmittel verkauft
Mod Oz – moderne australische Küche, die von vielen ausländischen Stilen beeinflusst wird, aber alles mit einer regionalen Note versetzt
mozzies – Mücken

Murri – Aborigines aus Australiens Nordosten; s. auch *Koorie*

NRMA – *National Roads and Motorists Association* (Automobilclub von NSW)
NSW – New South Wales

outback – einsame Gegend im *bush*

paddock – Viehweide
PADI – *Professional Association of Diving Instructors* (international anerkannte Organisation für Tauchkurse)
piss – Bier
pokies – Spielautomaten
pot – Glas Bier (in Victoria und Queensland); s. auch *middy*

QPWS – *Queensland Parks & Wildlife Service* (s. *EPA*)
Queenslander – Holzhaus auf Stelzen und mit großer Veranda

RACQ – *Royal Automobile Club of Queensland*
RACV – *Royal Automobile Club of Victoria*
rashie – *rash-vest* (UV-beständiges enges Oberteil für Surfer)
road train – Sattelschlepper mit mehreren Anhängern
RSL – *Returned Servicemen's League* (Bund australischer Veteranen) bzw. das Vereinshaus, das vom Bund betrieben wird

saltie – Salzwasserkrokodil; auch *estuarine crocodile*; s. auch *freshie*
scar tree – ein Baum, von dem die Rinde entfernt wurde, um daraus Kanus, Geschirr usw. herzustellen
schoolies – ein paar Wochen Ende November/Anfang Dezember, in denen australische Teenager ihren Abschluss in Massen am Strand feiern und sich hemmungslos betrinken
schooner – großes Glas Bier (in New South Wales)
scrub – *bush*; Bäume, Sträucher und andere Pflanzen, die in einem trockenen Gebiet wachsen

sea wasp – Seewespe; s. auch *box jellyfish*
sealed road – befestigte Straße; s. auch *bitumen*
Session – eine lange Zeitspanne intensiven Trinkens
shout – eine Runde Bier ausgeben („Your shout!")
SLSC – *Surf Life Saving Club*; ein Ableger der *Surf Life Saving Association*
station – große Farm
stinger – tödliche Qualle; s. auch *box jellyfish*
Stolen Generations – Kinder von Aborigines und Torres Straiters, die während der Assimilationspolitik der Regierung von ihren Familien getrennt wurden
stubby – 375-ml-Flasche Bier
Surf Life Saving Association – Organisation, die für den Wasserschutz und Rettung von Menschenleben zuständig ist und hauptsächlich von Freiwilligen betrieben wird
surf 'n' turf – ein Steak, das mit Meeresfrüchten garniert wird; meist in Kneipen zu bekommen
swag – Bettrolle zum Übernachten im *outback*; große Menge
swagman – Vagabund (veraltet); umherziehender Arbeiter

terra nullius – die britische Krone legte fest, dass Australien niemandem gehörte, und nahm es für sich selbst in Anspruch
thongs – Flip-Flops
tinny – 375-ml-Bierdose; kleines Beiboot aus Alu
tucker – Essen

veggie – Gemüse; Vegetarier

walkabout – lange, einsame Wanderung
wattle – australische Akazienart mit haarigen gelben Blüten
Wet, the – Regensaison im Norden (Nov.–März)

yabbie – kleiner Süßwasserkrebs
yum cha – klassisches chinesisches Festessen im Süden

Hinter den Kulissen

WIR FREUEN UNS ÜBER EIN FEEDBACK

Post von Travellern zu bekommen, ist für uns ungemein hilfreich – Kritik und Anregungen halten uns auf dem Laufenden und helfen, unsere Bücher zu verbessern. Unser reiseerfahrenes Team liest alle Zuschriften ganz genau, um zu erfahren, was an unseren Reiseführern gut und was schlecht ist. Wir können solche Post zwar nicht individuell beantworten, aber jedes Feedback wird garantiert schnurstracks an die jeweiligen Autoren weitergeleitet, rechtzeitig vor der nächsten Nachauflage.

Wer Ideen, Erfahrungen und Korrekturhinweise zum Reiseführer mitteilen möchte, hat die Möglichkeit dazu auf **www.lonelyplanet.com/contact/guidebook_feedback/new**. Anmerkungen speziell zur deutschen Ausgabe erreichen uns über **www.lonelyplanet.de/kontakt**.

Hinweis: Da wir Beiträge möglicherweise in Lonely Planet Produkten (Reiseführer, Websites, digitale Medien) veröffentlichen, ggf. auch in gekürzter Form, bitten wir um Mitteilung, falls ein Kommentar nicht veröffentlicht oder ein Name nicht genannt werden soll. Wer Näheres über unsere Datenschutzpolitik wissen will, erfährt das unter www.lonelyplanet.com/privacy.

DANK VON LONELY PLANET

Vielen Dank den Reisenden, die uns nach der letzten Auflage des Reiseführers hilfreiche Hinweise, nützliche Ratschläge und interessante Anekdoten schickten:
Candace Milner, Daniel Koschyk, Fiona Grech, Gabrielle Jameson, Gordon Liddle, Inêz Deckers, Jaap Prins, Jeff Rothman, Jeroen Loopstra, Jildau van den Berg, Julia Pursche, Karen Gibb , Kate Broadhurst, Knut Olawsky, Lara Dilger, Lise Gausset, Mick Pope, Olivia Hefford, Paul & Nicola Bilsby, Rebekah Boynton, Ross Hartley, Sain Alizada, ShyhPoh Teo, Theresa Philbrick, Tony Foster, Ute Zeitler, Viveca Gardiner, Zuzana Betkova

DANK DER AUTOREN

Charles Rawlings-Way

Ein riesiges Dankeschön an Tasmin für das Engagement und an unsere Mitautoren, die fleißig auf den Highways im ganzen Land unterwegs waren. Danke auch an das wunderbare Produktionsteam von Lonely Planet und an die Freunde, die uns unterwegs geholfen (oder unsere Hände gehalten) haben: Christian, Lauren, Rachel, Brett und die Kids in Brisbane; Mark, Cath, Fred, Lucy und die Kids in Hobart; Georgie, Luke und die Kids auf KI (Kinder überall!) sowie Helen in Launceston. Ein besonderer Dank geht wie immer an meinen reiselustigen Liebling Meg und unsere Töchter Ione und Remy, die unterwegs für viel Gelächter, ungeplante Boxenstopps und Bodenhaftung sorgten.

Meg Worby

Ein großes Dankeschön an Tasmin. Ich ziehe den Hut vor dem Lonely Planet Team im Verlag, das unsere mehrwöchige Erkundungsreise in diesen praktischen Reiseführer verwandelt hat. Ein riesiges Dankeschön geht an alle unsere Freunde unterwegs für ihre großartige Gesellschaft und ihre Insidertipps. Unsere kleinen und unerschütterlichen Mitreisenden Ione and Remy, die auf dieser Reise das erste Mal in ihrem Leben Schnee gesehen haben – ich liebe euch sehr. Wie immer gilt mein Dank auch Charles: Er ist ein Profi.

Kate Armstrong

Danke an Tasmin Waby für die Gelegenheit, meine Heimat zu erkunden und darüber zu schreiben. In Broome danke ich Robyn Maher, Liz Jack und der Familie Chomley. Außerdem geht mein Dank an Neville Poelina, weil er seine Traditionen und uralten Weisheiten mit mir geteilt hat, an meine Mitautoren Brett Atkinson und Steve Waters (WA). In Queensland danke ich Jon und Chris Bowie für die Schwimmtreffen am frühen Morgen, ihr Lachen und den Klatsch über Noosa. Susan Ewington und Emily Comer – danke! Und Mary und Ron gilt mein Dank für echtes Vor-Ort-Programm.

Brett Atkinson
Ein Dankeschön an all die hilfreichen Mitarbeiter in den Touristeninformationen und Nationalparkbüros in WA, NSW und Canberra. Mein besonderer Dank gilt Jayde und Michelle in Perth – und *ahoj* und *děkuji* an Greg und Francie in Mathoura für Kaffee und Gebäck nach einem „interessanten" Morgen. Ich danke auch Tasmin Waby, meinen Autorenkollegen und den hart arbeitenden Redakteuren und Kartografen bei Lonely Planet. Schließlich geht mein Dank an Carol, die drüben in Neuseeland die Stellung hielt, damit wir nach Birma entfliehen konnten.

Carolyn Bain
Ein dickes Dankeschön an Tasmin Waby für den Spaß, den ich bei diesem Auftrag hatte, an Nick Smales, der ein verlässliches Auto für mich ausgesucht hat, und an all die warmherzigen, freundlichen Einheimischen, die meine Fragen beantworteten und mich mit Geschichten unterhielten. Ganz herzlichen Dank an die achtzigjährigen ehemaligen Bergarbeiter in Broken Hill und die Lightning-Ridge-Opalminenarbeiter für das „Seemannsgarn", und an all die gesprächsbereiten Winzer, freiwilligen Helfer in den Museen und Mitreisenden im ganzen Bundesstaat – dank euch war dieser Job eine Freude.

Celeste Brash
Der größte Dank gebührt meinem Ehemann und den Kindern, dafür, dass sie mich bei meinem verrückten Job unterstützen. In Australien danke ich Tamara Sheward und ihrer Familie, Shawn Low, all den netten Leuten in den Touristeninformationen entlang der Küste, Peter und Eileen in Rubyvale, Whitsunday Bookings, den Koalas, Wallabys, Schnabeltieren und all die ungenannten Mitreisenden, die für mich zu Spionen wurden. Besonderer Dank geht an Tasmin Waby, die mich nach OZ geschickt hat und mich zu meinem Weg ermutigt hat.

Peter Dragicevich
Großen Dank schulde ich meiner Unterstützungsmannschaft in Sydney, besonders David Mills, Barry Sawtell, Tony Dragicevich, Debbie Debono, Tim Moyes und Michael Woodhouse. Danke, dass ihr eure Mägen und Lebern so enthusiastisch für dieses Buch geopfert habt!

Anthony Ham
Ein von Herzen kommendes Dankeschön möchte ich Tasmin Waby und zahllosen Einheimischen aussprechen, die ihre Leidenschaft für und ihr Wissen über dieses wundervolle Fleckchen Erde mit mir geteilt haben. An Marina, Carlota und Valentina: *os quiero*.

Paul Harding
Danke an alle Traveller und Queenslander, die mir, vielleicht sogar unwissentlich, weitergeholfen haben. Danken möchte ich auch Tasmin Waby, weil sie mich an Bord geholt hat, und dem ganzen Team bei Lonely Planet. Aber vor allem danke ich Hannah und Layla für alles.

Alan Murphy
Ich möchte meine Arbeit an diesem Buch Maggie widmen. Es gab so viele Leute, die bei der Recherche für diese neue Auflage geholfen haben – ein riesiges Dankeschön an alle, die ich unterwegs getroffen habe! Ein besonderer Dank geht an Andy und Ellie in Darwin für ihre Tipps zur Stadt und ihre Gastfreundschaft. Und schließlich danke ich meiner Frau Alison, die mein Rückhalt ist und meine Heimat.

Miriam Raphael
Danke, Tasmin Waby, dass du mich kontaktiert hast, und danke, Di Schallmeiner und Lauren Wellicome, für eure wahnsinnig schnellen Antworten auf meine Christo-Krisen (reale und eingebildete). Dem Redaktionsteam danke ich für seine Flexibilität rund um die Geburt von Baby Raph. Ein Hoch auf all die Leute von der Nordküste, die so begeistert ihre Geheimnisse mit mir teilten. Ein riesiger Dank gilt zudem Kens rotem Stift (auf dass ihm diese Tinte niemals ausgeht) und meinen Über-die-Flügel-Guckern Marcel und Pearl.

Benedict Walker
Ein sehr dickes Dankeschön geht jeweils an Tasmin Waby für die Chance, die sie mir gegeben hat, an meine Mum und Reisekumpanin, die nie aufgehört hat, an mich zu glauben, an meine geliebte Gefährtin Sarah Sabell, die dafür gesorgt hat, dass mir unterwegs das Lächeln nicht verging – ebenso wie die immer wieder erstaunliche Katie Avis. Ich danke Olivia bei Leah Jay und meinem mysteriösen Vermieter, der geholfen hat, die perfekte Schreibunterlage zu finden (lass mich für immer bleiben!), Rog an der Punsand Bay, dem besten Allrad-Tourführer, den man sich erträumen kann, den Walkers und den Cowies, die mich immer aufrichteten und ertrugen – und Lonely Planet, das mir erlaubt, meine Träume als Reisender und Autor zu leben: Wir leben auf einem erstaunlichen Planeten. Dank auch an meine Facebook-Freunde für ihre Ermutigungen und an all die erstaunlichen Queenslander, die ich unterwegs traf. Haufenweise Dank an alle!

Steve Waters

Danke an die Leute vom Autoverleih am Broome Airport, die CP-Leute für das späte Auschecken in Exmouth, die Reifenreparateure in Drysdale und Paraburdoo, Leonie und Nev für Bier und Sonnenuntergänge, Trace & Heath, Brodie, Abbidene, Meika und Kaeghan für Wedge Love, Honest Ed's Steak & Car Cleaning Service, Roz und Megan fürs Kümmern, Hamish, der die ewig gleiche Playlist ertrug, und Seb und Tasmin, die mich durch die Twitter-Sphäre lotsten.

QUELLENNACHWEIS

Die Klimakarten stammen von Peel MC, Finlayson BL & McMahon TA (2007), *Updated World Map of the Köppen-Geiger Climate Classification*, erschienen in der Zeitschrift *Hydrology and Earth System Sciences*, Ausgabe 11, 1633–1644, und wurden angepasst.

Titelfoto: Wanderer am Uluru (Ayers Rock), Andrew Watson/AWL.

Bild auf S. 14, unten rechts: Bildrechte des MONA Museum of Old and New Art, Hobart, Tasmanien, Australien.

ÜBER DIESES BUCH

Dies ist die 6. deutsche Auflage von *Australien*, basierend auf der 18. englischen Auflage von *Australia* – recherchiert sowie verfasst von 13 fabelhaften Lonely Planet Autoren. Auf S. 1233 finden sich Infos zu unseren Autoren. Danke an die folgenden Mitarbeiter für ihre Arbeit an diesem Band: Dr. Michael Cathcart, Cathy Craigie und Dr. Tim Flannery. Andrew Tudor schrieb den Abschnitt übers Surfen im Kapitel „Outdoor-Aktivitäten".

Dieser Reiseführer wurde von folgenden Personen betreut:

Projektredakteurin Tasmin Waby
Produktredakteurinnen Kate Chapman, Katie O'Connell
Leitende Kartografin Julie Sheridan
Layoutdesign Wibowo Rusli
Redaktionsassistenz Andrew Bain, Judith Bamber, Imogen Bannister, Michelle Bennett, Sarah Billington, Melanie Dankel, Kate Evans, Kate James, Jodie Martire, Anne Mulvaney, Jenna Myers, Lauren O'Connell, Charlotte Orr, Susan Paterson, Martine Power, Victoria Smith
Kartografie Hunor Csutoros, Rachel Imeson
Umschlagrecherche Naomi Parker
Dank an Carolyn Boicos, Jo Cooke, Mark Griffiths, Anna Harris, Kate Kiely, Anne Mason, Kate Mathews, Claire Naylor, Karyn Noble, Diana Saengkham, Dianne Schallmeiner, Ellie Simpson, Angela Tinson, Samantha Tyson, Lauren Wellicome, Amanda Williamson

Register

A

Aboriginal Art Trail 294
Aborigine-Kulturzentren
  Cultural Centre Townsville 420
  Grampians 634
  Warradjan Aboriginal Cultural Centre 925
  Yarrawarra Aboriginal Cultural Centre 198
Aborigine-Kunst 489, 780, 909, 937, 958, **958**, 1156 *siehe auch* indigene Kunst, Felskunst
Aborigines 1153
  Geführte Touren 178, 187, 633, 787, 857, 879, 949
  Geschichte 1157
  Genehmigungen 47
  Kultur 27
  Land 187, 1153
  Massaker 187, 198
  Musik 1156
  New South Wales 187
  Northern Territory 890
Abseilen 1079
Adelaide 60, 775, **776**, **780**, **782**, **788**
  Aktivitäten 785
  Ausgehen & Nachtleben 797
  Essen 775, 793
  Feste & Events 28, 787
  Geführte Touren 786
  Geschichte 778
  Highlights 776
  Klima 775
  Sehenswertes 778
  Shoppen 801
  Unterhaltung 799
  Unterkunft 775, 789
Adelaide Hills 804, **805**

Verweise auf Karten **000**
Verweise auf Fotos **000**

Adelaide River Crossing 913
AFL Grand Final 28, 30, 539
Agnes Water 387
Aireys Inlet 589
Airlie Beach 405, **406**, **447**
Albany 1050, **1051**
Albury 281
Aldgate 806
Alexandra Cave 854
Algarlarlgarl 927
Alice Springs 944, **946**, **948**, **968**
Alternativmedizin 170
Ameisenigel 1162
American River 822
Angeln 54, 642, 751
  Cairns 444
  Daly River 917
  Feste & Events 863
  Golfküste 940
  Moonta 859
  Port Lincoln 863
  Queensland 370, 387, 483
  Western Australia 1048, 1087
Angkerle 962
Anglesea 588
Angourie 189
An- & Weiterreise 1196
Äpfel 149
Apollo Bay 592
Aquarien **446**
  Aquarium of Western Australia 987
  Marineland Melanesia 462
  Merimbula Aquarium 244
  Ocean Park 1082
  Reef World 369
  Sea Life Melbourne Aquarium 525
  Solitary Islands Aquarium 193
  Sydney Sea Life Aquarium 83

  Townsville 419
  Underwater World – Sea Life Mooloolaba 362
Arakoon National Park 202
Arbeiten in Australien 844, 1181
  Bio-Landbau 184
  Obsternte 844
Archer River 492
Arkaroola 879
Arltunga 961
Armidale 251
Art Gallery of South Australia 779
Ashes 1147, 1174
Atherton 465
Atherton Tablelands 463
Atomtests 1152
Augusta 1041
Austern 241, 244, 703, 864
Australia Day 28, 111
Australian Age of Dinosaurs Museum 24
Australian Open 538
Australian Rules Football 21, **21**, 911, 800, 1173
Australian War Memorial 217
Australia Zoo 360
Australisches Zeckenbissfieber 1179
Auto, Reisen mit dem 1188, 1198
  Etikette 860
  Gefahren & Ärgernisse 1198
  Mautstraßen 566
  Verkehrsregeln 1203
Avoca 155
Avon Valley 1020
Ayers Rock *siehe* Uluru (Ayers Rock)

B

Babinda Boulders 441
Babysitten 791
Bäder 1190

Ballandean 331
Ballarat 620, **622**
Ballina 178
Ballonfahren 170, 221, 341
Bamaga 493
Bama Way 458
Bangalow 180
Barangaroo 24
Barcaldine 504
Bargeld 1184
Barmah National Park 675
Barmera 842
Barossa Valley 19, **19**, 60, 827, **832**
Barramundis 921
Barunga Festival 959, **959**
Batavia Coast 1071
Bat Cave 854
Batemans Bay 239
Bathurst 256
Bathurst Island 910, 911
Bäume 466
Baw Baw National Park 611
Bay of Fires 729
Beachport Conservation Park 849
Beaconsfield 739
Beagle Bay 1137
Bedourie 507
Beechworth 647
Beer Can Regatta 29
Behinderung, Reisen mit 1188
Bellarine Peninsula 585
Bell Gorge 1118
Bellingen 199
Bells Beach 588
Bells Line 149
Ben Boyd National Park 246
Bendigo 624, **626**
Ben Lomond National Park 743
Bergwerke 397
Bermagui 242
Berri 844

Berrima 279
Berry 234
Beutelwolf 710
Bevölkerung 1141
Bibbulmun Track 1050
Bicheno 725
Bier 687, 1172
Big Avocado 185
Big Banana 191
Big Prawn 178
Big Sky Blues & Roots Festival 284
Billabong Koala & Wildlife Park 205
Bio-Landbau 183
Bird Billabong 913
Birdsville 507
Birdsville Track 48, 507, 885
Birdwood 808
Blackall Range 365
Blackfellows 865
Blinman 877
Bloomfield Lodge 476
Bloomfield Track 480, 481
Blowhole Point 233
Blue Lake 327, 850
Blue Mountains 26, 145, **146**
Blumen 1164
Bondi Beach 13, **13**, 97, **98**, **105**
Bonnie Doon 642
Booderee National Park 238
Boodjamulla National Park 512
Booti Booti National Park 210
Bootsfahrten
 Adelaide 786
 Barmah National Park 675
 Canberra 221
 Cape Tribulation 476
 Clarence River 189
 Echuca 671
 Goolwa 815
 Great Barrier Reef 38
 Kakadu National Park 922
 Katherine River 932
 Mildura 664
 Melbourne 538
 Murray River 841, 845

Verweise auf Karten **000**
Verweise auf Fotos **000**

New South Wales (NSW) 235, 239, 241, 244, 245, 264
Nitmiluk National Park 937
Perth 991
Queensland 345, 371, 387, 393, 427
Richmond River 178
Tasmanien 702, 761
Victor Harbor 813
Western Australia 1017, 1022
Whitsunday Coast 406
Border Ranges National Park 185
Boreen Point 366
Borroloola 941
Botschaften 1182
Boulia 506
Bourke 275
Bowen 415
Bowral 279
Brambuk Cultural Centre 634
Bramwell Junction 492
Brauereien
 Byron Bay Brewing Co 175
 Goolwa 815
 Granite Belt Brewery 332
 Melrose 873
 Queensland 377
 South Australia 808
 Tasmanien 731
 Victoria 529, 554, 573, 643, 668
 Western Australia 1034, 1135
 XXXX Brewery 301
Breakaways Reserve 884
Bridgetown 1042
Bright 653
Brisbane 57, 289, 291, **292**, **298**, **307**, **308**, **312**, **316**
 Aktivitäten 297
 An- & Weiterreise 324
 Ausgehen & Nachtleben 315
 Essen 309
 Feste & Events 302
 Geführte Touren 301
 Highlights 290
 Kindern, Reisen mit 305
 Reiserouten 291
 Sehenswertes 294, 295

Shoppen 321
Stadtspaziergang 307, **307**
Unterhaltung 319
Unterkunft 303
Unterwegs vor Ort 325
Brisbane Festival 30
Broad Arrow 1067
Broadbeach 339
Broken Hill 18, 267, **268**
Broome 16, **16**, 62, 1111, **1112**, 1128, **1130**
Brunswick Heads 179
Bruny Island 701
Buchan 613
Bücher 1140, 1151
 Geschichte 1152
 Natur & Umwelt 1160, 1162, 1163
Bunbury 1030
Bundaberg 376
Bundaberg Rum Distillery 376
Bundanoon 279
Bundeena 232
Bundjalung National Park 189
Bungeejumping 444
Bungle Bungle Range 1126
Burketown 512
Burke & Wills 668
Burleigh Heads 346
Burnie 755
Buschbrände 1165
Buschfeuer 569, 1179
Buschwandern (Bushwalking) 51, 931
 Adelaide 785
 Canberra 221
 Flinders Ranges National Park 877
 Gefahren & Ärgernisse 52, 1179
 New South Wales 67, 103, 257
 Northern Territory 961
 Region Brisbane 302
 Tasmanien 723, 751, 768, 771
 Victoria 590, 592
 Western Australia 1056, 1057
 Wilsons Promontory 608
Bus, Reisen mit dem 1203, **1204**
Busselton 1031
Butter 652
Byfield National Park 396

Byron Bay 15, **15**, 56, 169, **172**
Byron Bay Bluesfest 29, 171

C

Cable Beach 1129, **1132**
Cairns 58, **438**, 440, **442**, 446, **455**
Cairns Festival 29
Calgardup Cave 1040
Caloundra 361
Campbell Town 717
Camping 1191
 Cairns 441
 Cape York Peninsula 491, 492, 493
 Great Barrier Reef 40
 New South Wales (NSW) 229, 243
 Queensland 328, 352, 374, 396
 Victoria 642, 675
 Western Australia 1082
Canberra 17, **17**, 57, 217, **218**, 222
Canning Stock Route 1066
Canowindra 260
Cape Arid National Park 1062
Cape Bridgewater 600
Cape Byron State Conservation Park 169
Cape Conran 614
Cape Duquesne 600
Cape Jervis 812
Cape Le Grand National Park 1061
Cape Leveque 1138
Cape Naturaliste 1033
Cape Otway 593
Cape Range National Park 1102
Cape Tribulation 477, **478**
Cape York Peninsula 45, 58, 485, **486**
Capricorn Caves 393
Capricorn Coast 58, 385, **386**
Cardwell 430
Carnarvon 1085
Carnarvon Gorge 397
Carnarvon National Park 397
Carnivale (Port Douglas) 473
Castlemaine 630
Cathedral Cave 854

Cave Gardens 850
Ceduna 867
Cervantes 1025
Channel Country 506
Charleville 505
Chile Creek 1138
Chiltern 651
Chippendale 87
Chowilla Game Reserve 845
Christies Beach 811
Cider 573, 705
Clare 839
Clarence Coast 186
Clare Valley 836
Cleland Wildlife Park 806
Cloncurry 498
Cobbold Gorge 509
Cockatoo Island 69
Coen 491
Coffin Bay 864
Coffs Harbour 191, **192**
Coles Bay 723
Coober Pedy 880, **881**
Cook, James 169, 209, 483, 1142, 1145
Coolangatta 348
Coolgardie 1064
Cooloola 366
Cooloola Coast 365
Coonabarabran 255
Coonamble 254
Copley 878
Coral Bay 1092
Coral Coast 62, 1089, **1090**
Corinna 760
Corrigans Beach 239
Corroboree Billabong 913
Corryong 656
Cossack 1104
Cowaramup 1035
Coward Springs 885
Cowra 259
Cradle Mountain-Lake St. Clair National Park 18, **18**, 766
Crater Lakes National Park 468
Crescent Head 204
Croajingolong National Park 614
Crowdy Head 209
Croydon 510
Currency Creek 815
Currumbin 346
Curtain Fig Tree 466
Cygnet 704

D

Daintree **438**, **439**, 475
Daintree National Park 475
Daintree Rainforest 13, **13**, 58
Daintree Village 480
Daly River 917
Daly Waters 941
Dampfzüge 469, 571
Dampier Peninsula 16, **16**, 1136
Dandenong Ranges Nationalpark 570
Dandenongs 570
Darlinghurst 89
Darwin 19, 61, **888**, 892, **894**, **896**, **912**
 Aktivitäten 899
 An- & Weiterreise 909
 Ausgehen & Nachtleben 906
 Essen 887, 903
 Feste & Events 901
 Geführte Touren 900
 Highlights 888
 Klima 887
 Reiserouten 893
 Reisezeit 887
 Sehenswertes 893
 Shoppen 907
 Unterhaltung 906
 Unterkunft 887, 901
 Unterwegs vor Ort 910
 Verkehrsmittel & -wege 892
Daydream Island 411
Daylesford 567
Deepwater National Park 387
Delfinbeobachtung 55, 355
 Ballina 178
 New South Wales (NSW) 236, 244
 Port Macquarie 207
 Port Stephens 213
 Victoria 585
 Western Australia (WA) 1021, 1081, 1084
Deloraine 750
Denguefieber 1179, 1180
Denham 1082
Denmark 1048
Derby 1114
Devil's Marbles 943
Devonian Reef National Parks 1120
Devonport 748

Diebstahl 1179
Dig Tree 886
Dingos 378
Dinner Plain 658
Dinosaurier 498, 502, 1129
Djanbung Gardens 183
Dog Fence 884
Dog on the Tuckerbox 281
Dongara 1071
Dooragan National Park 209
Dorrigo 197
Dorrigo National Park 198
Double Bay 24, 95
Dover 706
Drachenfliegen 653
Drogen 1188
Dryandra Woodland 1024
Dubbo 261
Dudley Peninsula 820
Duncan Road 1121
Dunk Island 435
Dunsborough 1032
Dusty, Slim 429
DVDs 1183
Dwellingup 1022

E

Eagle Gorge 1078
East MacDonnell Ranges 955
Echsen 1163
Echuca 670, **672**
Edel Land 1083
Edelsteinfelder 396
Eden 245
Edithburgh 860
Eftpos 1184
Einreise 1196
Ellis Beach 461
Elliston 865
Elsey National Park 939
Emerald 396
Emu Bay 823, 824
Enzephalitis 1179
Erdbeeren 332, 651, 804
Ermäßigungen 647, 671, 878
Ernest Giles Road 966
Errinundra National Park 614
Esperance 1059
Essen 14, 64, 1168, 1182
 Feste & Events 196, 341, 636, 732, 788, 830, 1037, 1133, 1168
 Geführte Touren 786
 Safaris 432
 Schokolade 807

Etty Bay 436
Eumundi Markets 359
Eungella National Park 408
Eureka Skydeck 526
Eurobodalla Coast 239
Evandale 742
Ewaninga 966
Exmouth 1094, **1095**
Eyre Hwy 1063
Eyre Peninsula **858**, 861

F

Fahrradfahren *siehe* Radfahren
Fallschirmspringen
 Byron Bay 170
 Coffs Harbour 193
 Mission Beach 431
 Queensland 371, 374, 405
Falls Creek 657
Federation Square 516
Feiertage 1182
Felskunst 20, **20**, 633, 958
 Kakadu National Park 924
Ferien 1182
Feste & Events
 A Day on the Green 164
 Adelaide Fringe 28
 AFL Grand Final 28
 Angeln 863
 Austern 867
 Australia Day 28
 Australian Rules Grand Final 30
 Beer Can Regatta 29
 Brisbane Festival 30
 Byron Bay Bluesfest 28
 Cairns Festival 29
 Canberra 221
 Carnivale (Port Douglas) 473
 Chili 196
 City2Surf 112
 Essen 196, 636, 788, 867
 South Australia 830
 Floriade 221
 Hunter Valley Wine & Food Month 165
 Jazz 30, 200, 636
 Kornische Feste 857
 Kunst & Kultur 787, 950
 Laura Aboriginal Dance Festival 29
 Literatur 200

Mahbilil Festival 924
Melbourne Cup 30
Melbourne International Film Festival 29
Musik 171, 632, 836, 932
New South Wales (NSW) 241, 258
Northern Territory 917, 950
Ord Valley Muster 1125
Port Fairy Folk Festival 598
Quicksilver Pro Surfing Competition 341
Sculpture by the Sea 30
Silvester 112
Sydney 28, 111
Sydney-Hobart-Regatta 112
Tamworth Country Music Festival 28
Tropfest 28
Victoria 666, 669, 673
WOMADelaide 29
Film 1140
   Feste & Events 30, 341, 538, 1031
Finke 966
Finke Track 48
Fischen 467
   Australian Fly Fishing Museum 743
   Ninety Mile Beach 847
   Tasmanien 728
Fitzgerald River National Park 1058
Fitzroy Crossing 1121
Fitzroy Island 462
Fleurieu Peninsula 808, **809**
Flinders Chase National Park 826
Flinders Island 865
Flinders Ranges 61, **870**, 872, **872**
Flughäfen 23, 1196
Flughunde 199, 477
Flugzeug, Reisen mit dem 1196
Flynn, John 962
Fogg Dam Conservation Reserve 912
Football 1173
   AFL Grand Final 539
   Australian Rules Grand Final 30
Forellenfarm 642

Verweise auf Karten **000**
Verweise auf Fotos **000**

Fort Denison 72
Fort Scratchley 156
Fossilien 854
Fotos & Videos 1183
François Peron National Park 1084
Frankland Islands 462
Franklin-Gordon Wild Rivers National Park 766
Fraser Coast 58, 367, **368**
Fraser Island 19, **19**, 58, 378, **380**
Frauen unterwegs 1183
Freiwilligenarbeit 184, 1184
Fremantle 13, **13**, 61, **978**, 1005, **1006**
Freycinet National Park 723
Friedhöfe
   Bourke's Historic Cemetery 276
   Friedhof von Cowra & Japanische Kriegsfriedhöfe 259
   Mansfield Cemetery 643
   Western Australia 1131
Führerschein 1198

G

Gabo Island 615
Galerien siehe Museen & Galerien
Garden of Unearthly Delights 28
Geelong 582, **583**
Geeveston 705
Gefahren & Ärgernisse 1178, 1189
   Bushwalking 52
   Schwimmen 389, 403, 419, 440
   Strände 1179
   Trampen 1206
Geführte Touren 1206
   siehe auch einzelne Orte
   Aborigines-Kultur 178, 187, 634
   Geister 302, 648
   Magnetic Island 427
   Natur 171
   Weingüter 830, 836, 841, 845
   Western Australia (WA) 1047
Geisterstädte 481, 1064, 1067

Geländewagen 1202
   Touren 374, 382, 481, 956, 1060, 1116
Geld 22, 23, 1184
   Ermäßigungen 1182
   Geldautomaten 1184
   Trinkgeld 1169
Genehmigungen 892, 927
Geographe Bay 1030
George Town 740
Geraldton 1072, **1074**
Geschichte 1142
   Bücher 1152
   Erster Weltkrieg 1149
   Kolonisation 1143
   Nationalismus 1148
   Zweiter Weltkrieg 1149
Gesundheit 1185
   Versicherung 1187
Gewichte 1183
Giardiasis 1179, 1180
Gibb River Road 1116
Gilgandra 254
Gillard, Julia 1152
Gippsland 59, 601, **602**
Girraween National Park 334
Gladstone 203
Glasshouse 205
Glass House Mountains 360
Glebe 87
Gleitschirmfliegen 177, 374
Glendambo 880
Glen Helen Gorge 962
Gnaraloo Bay 1088
Goanna Pulling Championships 188
Godinymayin Yijard Rivers Arts & Culture Centre 24
Gold siehe Bergwerke, Minen
Gold Coast 20, **21**, 57, 337, **338**
Goldene Treppe 1134
Goldfields 59, 617, **618**
Goldrausch 628
Golf 664
   Nullarbor Plain 1063
   Victoria 588
Gondwana Rainforests World Heritage Area 185, 190, 198
Goolwa 815
Gosford 155
Grafton 186

Grampians 59, **618**, 632, **635**, 637
   Highlights 618
   Reiseplanung 617
Grampians National Park (Gariwerd) 633
Granite Belt 331
Great Barrier Reef 11, **11**, 35, **36**, 385, **386**, 389, **446**, **447**, **455**
   Geführte Touren ab Cairns 444
   Geführte Touren ab Port Douglas 469
   Geführte Touren ab Townsville 424
Great Keppel Island 394
Great-Lakes-Region 210
Great Ocean Road 16, **16**, 59, 579, **580**
Great Ocean Walk 592
Green Head 1026
Green Island 461
Großer Preis von Australien 538
Guilderton 1024
Gulf Savannah 59, 496, **497**
Gulf St. Vincent 811
Gulgong 260
Gumeracha 807
Gunbarrel Highway 1066
Gundagai 281
Gunlom 926

H

Hahndorf 804
Haie **20**, 861, 863, 866, 1164, 1178
   Shark Bay 1081
Hall 228
Halls Creek 1122
Halls Gap 634
Hamelin Pool 1081
Hamilton Island 412
Handys 1190
Hängegleiter 706
Hargrave, Lawrence 232
Harrington 209
Hat Head National Park 203
Hausboote 642, 666, 674, 1193
Hawker 875
Hawks Nest 212
Hayman Island 415
Haymarket 83
Henschke 831
Hepburn Springs 567

Herberton Historic Village 466
Heron Island 390
Hervey Bay 369, **370**
High Country 59, 639, **640**
Hinchinbrook Island 432
Hitzeschäden 1179
HMAS Sydney II Memorial 1073
Hobart 14, 60, 676, **678**, **682**
 Aktivitäten 684
 An- & Weiterreise 697
 Ausgehen & Nachtleben 694
 Essen 690
 Feste & Events 686
 Geführte Touren 685
 Geistertouren 680
 Geschichte 679
 Highlights 677
 Kindern, Reisen mit 689
 Klima 676
 Nachtleben 694
 Reiserouten 680
 Sehenswertes 679, 680
 Shoppen 696
 Unterhaltung 695
 Unterkunft 687
 Unterwegs vor Ort 697
Höhlen
 Abercrombie Caves 280
 Capricorn Coast 393
 Coonawarra 854
 Cutta Cutta Caves Nature Park 935
 Engelbrecht Cave 850
 Kutikina Cave 766
 Mt. Gambier 850
 Tasmanien 752
 Western Australia 1035, 1040, 1121
 Wombeyan Caves 280
Honigbeutler 1163
Hook Island 411
Horizontale Wasserfälle 1115
Horn Island 494
Hotels 1192
Houtman-Abrolhos-Archipel 1077
Hughenden 498
Humpty Doo 911
Hunter Valley 162, **162**
Huonville 704
Hyden 1023
Hypothermie 1179

I

Indigene Kunst *siehe auch* Aborigine-Kunst, Felskunst 20, **20**, 958, **959**, 1154
Indigene Bevölkerung *siehe* Aborigines
Infos im Internet
 Gesundheit 1186
 Great Barrier Reef 35
 Outback-Trips 47
 Outdoor-Aktivitäten 55
Ingham 429
Innamincka 886
Innes National Park 860
Inneston 860
Innisfail 436
Inseln 25, 37
Internetzugang 1187
Irukandji-Qualle 1178

J

Jabiru 923
Jamieson 642
Jardine River 492
Jawoyn Valley 936
Jazzfestivals 30, 200, 636
Jervis Bay 236
Jim Jim Falls 925
Jindabyne 286
Julatten 480
Jurien Bay 1026

K

Kadina 857
Kaffee 557, 1172
Kaiserstuhl Conservation Park 834
Kajakfahren *siehe* Kanu- & Kajakfahren
Kakadu National Park 918, **919**
Kalbarri 1077, **1078**
Kalgoorlie-Boulder 1064
Kalumburu 1119, 1120
Kamelreiten 1131
 Coward Springs 885
 Kings Canyon 965
 Port Stephens 213
 Uluru 970
Kamelrennen 506
Kangaroo Island **776**, 816, **818**
Kangaroo Valley 234
Kängurus 244, 393, 1161
Kaninchenkängurus 244, 1055
Kaninchennasenbeutler 505
Kanowna 1067
Kanu- & Kajakfahren
 Ballina 178
 Bellinger River 199
 Everglades 366
 Everglades National Park 355
 Goolwa 815
 Katherine 932
 Melbourne 535
 New South Wales (NSW) 236, 239, 244, 245
 Ningaloo Marine Park 24
 Nitmiluk National Park 936
 Noosa 356
 Queensland 345, 387, 427, 459, 479
 Renmark 845
 South Australia 845
 Tasmanien 684, 708, 723
 Victoria 666
 Western Australia (WA) 1101, 1118
 Yamba 189
Karijini National Park 1106, **1107**
Karratha 1104
Karri-Wald 1044
Karumba 510
Käse 242, 332, 703, 753, 812
Kasuare 434
Kata Tjuta (Olgas) 48, **956**, 973, **973**
Katherine 932, **934**
Katherine Gorge 935
Keep River National Park 939
Kelly, Ned 654
Kempsey 202
Kenilworth 365
Keramik 396, 652
Kiama 233
Kiewa Valley 656
Killerwale 245
Kimberley 62, 1111, **1112**, 1114
Kindern, Reisen mit 1187
 Adelaide 791
 Aquarien 898
 Babysitten 791
 Brisbane 305
 Kunst-Workshops 199
 Museen & Galerien 791
 Nationalparks & Naturschutzgebiete 945
 Perth 990
 Sydney 80
 Wasserparks & Spaßbäder 895
 Zoos 806, 914
King Island 753
King Leopold Ranges 1118
Kings Canyon **956**, 964, **965**
Kingscote 822
Kingston-On-Murray 842
King Valley 646
Kiteboarding 1024, 1074
Kitesurfen 537
Klettern
 Brisbane 299
 Grampians 634
 Mt. Arapiles State Park 638
 Tasmanien 731
 Victoria 653
Klima 22, 64, 1160
Klimawandel 1165
Koala Hospital 204
Koalas **2**, 182, 205, 393, 1161
 Lone Pine Koala Sanctuary 295
 Noosa National Park 355
 Victoria 577
Konsulate 1182
Kookaburras 10, **10**, 1162
Kookynie 1067
Kooloonbung Creek Nature Park 205
Kornisch 857
Korumburra 605
Kosciuszko National Park 287
Kreditkarten 1185
Kricket 539, 683, 1147
Kriminalität 1179
Krokodile 393, 440, 480, 893, 915, 921, 1178
 Gefahren & Ärgernisse 419
 Hartley's Crocodile Adventures 461
Kultur 1140
Kulturtouren 958, 1035
 Arnhem Land 926
 Kakadu National Park 922
 New South Wales 266
 Northern Territory 900, 911
 Queensland 458
 Thursday Island 494
 Uluru 970

Kunst-Workshops 199
Kununurra 1123
Kuranda 463, 464
Kuranda Scenic Railway 456
Kurse
 Kochen 1035
 Surfen 341, 588, 598
 Tauchen 448
Kwongan 1026
Kyneton 629

L

Lachs 751
Lady Elliot Island 389
Lady Musgrave Island 390
Lake Ainsworth 177
Lake Albert 847
Lake Argyle 1128
Lake Ballard 1067
Lake Barrine 468
Lake Burley Griffin 219
Lake Cootharaba 366
Lake Eacham 468
Lake Eildon 642
Lake Eyre 884
Lake Illawarra 231
Lake Macquarie 155
Lake Pedder 774
Lakes Entrance 612
Lake Tinaroo 467
Lakeland 481, 490
Lamington National Park 350
Lancelin 1024
Lane Cove National Park 101
Langhorne Creek 815
Larapinta Trail 961
Larrimah 941
Lastschriftkarten 1184
Launceston 60, 713, **732, 734, 740**
Laura 490, 873
Laura Aboriginal Dance Festival 29
Laverton 1068
Leeman 1026
Leigh Creek 878
Lennox Head 177
Leonora 1068
Lesbische Reisende 302, 1189
 Melbourne 553

Verweise auf Karten **000**
Verweise auf Fotos **000**

Leuchttürme 1041
 Aireys Inlet 589
 Byron Bay 169
 Cape Borda 826
 Cape du Couedic 826
 Cape Willoughby Lightstation 820
 Crowdy Head 209
 Eddystone Lighthouse 730
 Hat Head National Park 203
 Low Head 741
 Myall Lakes National Park 211
 Shipwreck Coast 593
 South Australia 860
 Western Australia 1041
Lightning Ridge 254
Lindeman Island 415
Lismore 182
Little Desert National Park 637
Livemusik 26
Living Desert Reserve 272
Lizard Island 481
Lobethal 808
Loch Luna 842
Lombadina 1138
Longford 741
Long Island 411
Longreach 503
Lorne 590

M

MacDonnell Ranges 955
Mackay 401, **402**
Maclean 189
Macquarie St (Sydney) 79
Magnetic Island 426
Maguk **19**, 926
Maldon 632
Maleny 365
Mallacoota 614
Mamukala 921
Mandorah 910
Mandurah 1022
Man from Snowy River 656
Manly 102
Mannum 841
Mansfield 643
MANY6160 24
Marble Bar 1110
Mareeba Rodeo 469
Margaret River 62, 1037, **1029, 1038**
Margaret River Gourmet Escape 30

Margaret River Wine Region 17, **17**, 1034, **1036**
Maria Island National Park 718
Märkte 679
 Adelaide 778
 Berri 844
 Brisbane 323
 Eumundi Markets 359
 Kuranda 463
 Melbourne 524, 533
 Northern Territory 905, 908
 South Australia 835
 Stirling 807
 Sydney 139
 Sydney Fish Market 87
 Tasmanien 743
 Victoria 643
 Western Australia 1135
 Willunga 811
 Yungaburra 466
Marla 884
Maroochydore 362
Marrawah 760
Marree 885
Maryborough 375, 631
Mary River Billabong 913
Marysville 575
Maslin Beach 811
Maße 1183
Mawson's Huts Replica Museum 24, 681
Maytown 481
MCG 527
McLaren Vale **776**, 808
Medusen 440
Meeresparks & -schutzgebiete
 Ningaloo Marine Park 1100
 Shoalwater Islands Marine Park 1021
Melbourne 15, **15**, 59, 514, **518**, **530**, **532**, **534**, **536**
 Aktivitäten 535, 537
 Ausgehen & Nachtleben 551
 Essen 543
 Geführte Touren 537
 Kindern, Reisen mit 538
 Klima 514
 Reiserouten 516
 Sehenswertes 516, 520, 527
 Shoppen 561
 Stadtspaziergang 521, **521**

Unterhaltung 558
Unterkunft 539
Verkehrsmittel & -wege 565
Melbourne Cricket Ground (MCG) **21**, 527
Melrose 873
Melville Island 910
Meningie 847
Menzies 1067
Mereenie Loop Road 49
Merimbula 243
Meteoriten 966, 967
Metung 611
Milawa Gourmet Region 646
Mildura 664, **665**
Milikapiti 911
Millaa Millaa Falls 467
Millstream Chichester National Park 1105
Millthorpe 260
Mindil Beach Sunset Market 908
Minen 254, 270, 762
Min Min Lights 506
Mintabie 884
Mintaro 837
Mission Beach 58, 431
Mitchell Falls National Park 1117
Mobiltelefone 1190
Mogo 240
Mole Creek Karst National Park 752
MONA 14, **14**, 683
Monkey Mia 62, **1070**, 1084
Montague Island (Baranguba) 240
Montville 365
Mooloolaba 362
Moomba 885
Moonta 859
Moree 256
Morning Glory 512
Mornington Peninsula 573
Morton National Park 280
Moruya 240
Mossman Gorge 474
Motels 1193
Motorrad, Reisen mit dem 387, 1198, 1203
Mountainbiken *siehe auch* Radfahren 949
 Byron Bay 171
 Pemberton 1043
 South Australia 873
 Tasmanien 731
 Victoria 645, 657, 659

Mt. Arapiles State Park 638
Mt. Augustus (Burringurrah) National Park 1105
Mt. Barker 1055
Mt. Barnett 1119
Mt. Beauty 656
Mt. Buffalo National Park 652
Mt. Buller 644
Mt. Carbine 481
Mt. Conner 967
Mt. Coot-tha Reserve 294
Mt. Field National Park 700
Mt. Gambier 850
Mt. Hotham 658
Mt. Isa 499, **500**
Mt. Kembla 232
Mt. Lofty Summit 806
Mt. Mawson 700
Mt. Molloy 481
Mt. Remarkable National Park 874
Mullumbimby 179
Munga-Thirri National Park 508
Mungo National Park 265
Murramarang National Park 238
Murray Bridge 840
Murray-Darling Basin 1167
Murray River National Park 844
Murray to Mountains Rail Trail 648
Murrumbateman 228
Murwillumbah 185
Museen & Galerien 17, 27, 1147
 Aboriginal Cultural Centre & Keeping Place 252
 Albert Kersten Mining & Minerals Museum 269
 Alice Springs Transport Heritage Centre 947
 Apple Shed 705
 Art Gallery of Ballarat 620
 Art Gallery of NSW 79
 Art Gallery of South Australia 779
 Art Gallery of Western Australia 987
 Australian Centre for Contemporary Art 526
 Australian Centre for the Moving Image 517
 Australian Fly Fishing Museum 743
 Australian Fossil & Mineral Museum 256
 Australian Museum 89
 Australian War Memorial 217
 Australisches Rüstungs- & Artilleriemuseum 443
 Back O' Bourke Exhibition Centre 275
 Bendigo Art Gallery 625
 Bicheno Motorcycle Museum 725
 Big Golden Guitar Tourist Centre 250
 Brisbane Powerhouse 297
 Cairns 443
 Carnarvon Space and Technology Museum 1086
 Castlemaine Art Gallery & Historical Museum 630
 Central Australia Aviation Museum 946
 Centre for Contemporary Photography 529
 Connor's Mill 1021
 Convent Gallery 568
 Crystal Caves 465
 Defence of Darwin Experience 899
 Discovery Bay 1054
 Don River Railway 748
 Gab Titui Cultural Centre 494
 Gallery of Modern Art, Brisbane 296
 Gold Museum 620
 Great Aussie Beer Shed 671
 Heide Museum of Modern Art 542
 Henry Parkes Centre 261
 Ian Potter Centre: NGV Australia 517
 Immigration Museum 525
 Institute of Modern Art 296
 International Cricket Hall of Fame 279
 Inveresk Railyards 730
 James Cook Museum 483
 Killer Whale Museum 245
 Laarri Gallery 1122
 Lady Denman Heritage Complex 236
 Makers' Workshop 755
 Maritime Museum of Tasmania 680
 Maritime Museum of Townsville 420
 Mary MacKillop Interpretive Centre 852
 Mawson's Huts Replica Museum 681
 Melbourne Museum 531
 MONA 683
 Motor Museum 1020
 Museum of Australian Democracy 219
 Museum of Australian Democracy at Eureka 620
 Museum of Brisbane 295
 Museum of Sydney 81
 Museum of Tropical Queensland 419
 National Capital Exhibition 220
 National Film & Sound Archive 220
 National Gallery of Australia 218
 National Gallery of Australia **26**
 National Holden Museum 671
 National Motor Racing Museum 257
 National Museum of Australia **17**, 219
 National Portrait Gallery 219
 National Sports Museum 529
 National Wool Museum 582
 Ned Kelly Museum & Homestead 654
 Newcastle Gaol 1021
 Newcastle Museum 157
 NGV International 526
 Northern Centre for Contemporary Art 899
 Old Treasury Building 520
 Perth Institute of Contemporary Arts 987
 Pioneer Settlement 669
 Polly Woodside 527
 Port of Echuca 670
 Pro Hart Gallery 269
 Queensland Museum & Sciencentre 296
 Queen Victoria Museum & Art Gallery 730
 Questacon 220
 Ross Female Factory 717
 South Australian Museum 779
 Split Rock Gallery 489
 Streaky Bay Museum 866
 Surf World Museum 587
 Swan Hill Regional Art Gallery 669
 Top Didj Cultural Experience & Art Gallery 932
 Torres Strait Heritage Museum 494
 Tweed Regional Gallery & Margaret Olley Art Centre 185
 Walk a Country Mile Museum 250
 Western Australian Museum 987
 Western Australian Museum – Geraldton 1072
 Western Australian Museum – Kalgoorlie-Boulder 1065
 Whyalla Maritime Museum 862
 Wooden Boat Centre 705
Musik
 Feste & Events 29, 171, 200, 221, 241, 250, 388, 421, 432, 466, 632, 687, 788, 836, 932, 992, 1009, 1031, 1049
 Slim Dusty Centre 202
 Victoria 585
Muttonbird Island 191
Myall Lakes National Park 211
Myrtleford 652

N

Nachtskifahren 644, 657, 659
Nahverkehr 1206
Nambucca Heads 196
Nambung National Park 1025
Nannup 1042
Naracoorte Caves National Park 853
Narooma 240
Nathan River Road 49
National Gallery of Australia **26**, 218

National Museum of Australia **17**, 219
Nationalparks & Naturschutzgebiete 931, 1166
  Alexander Morrison National Park 1026
  Alice Springs 945
  Arakoon National Park 202
  Badgingarra National Park 1026
  Bald Rock National Park 253
  Beachport Conservation Park 849
  Ben Boyd National Park 246
  Ben Lomond National Park 743
  Berry Springs Nature Park 914
  Big Desert Wilderness Park 669
  Billabong Sanctuary 419
  Blackbutt Reserve 157
  Black Mountain National Park 481
  Blue Mountains National Park **26**, 145
  Booderee National Park 238
  Boodjamulla National Park 512
  Booti Booti National Park 210
  Border Ranges National Park 185
  Bouddi National Park 155
  Brisbane Water National Park 155
  Broome Bird Observatory 1136
  Bundjalung National Park 189
  Byfield National Park 396
  Cape Arid National Park 1062
  Cape Byron State Conservation Park 169
  Cape Le Grand National Park 1061
  Cape Range National Park 1102
  Carnarvon National Park 397

Verweise auf Karten **000**
Verweise auf Fotos **000**

  Chowilla Game Reserve 845
  Coffin Bay National Park 865
  Cooberrie Park 393
  Cradle Mountain-Lake St. Clair National Park 18, **18**, 766
  Croajingolong National Park 614
  Crowdy Bay National Park 209
  Cutta Cutta Caves Nature Park 935
  Daintree Discovery Centre 476
  Daintree National Park 475
  Dandenong Ranges National Park 570
  David Fleay Wildlife Park 346
  Deepwater National Park 387
  Devonian Reef National Parks 1120
  Dorrigo National Park 198
  Douglas-Apsley National Park 726
  Eagles Heritage 1040
  Elsey National Park 939
  Emily & Jessie Gaps Nature Park 960
  Errinundra National Park 614
  Fitzgerald River National Park 1058
  Flinders Chase National Park 826
  Flinders Ranges National Park 876
  Fogg Dam Conservation Reserve 912
  François Peron National Park 1084
  Franklin-Gordon Wild Rivers National Park 766
  Freycinet National Park 723
  Garig Gunak Barlu National Park 927
  Girraween National Park 334
  Giwining/Flora River Nature Park 938
  Glass House Mountains National Park 360
  Gluepot Reserve 841
  Grampians National Park (Gariwerd) 633

  Great Australian Bight Commonwealth Marine Reserve 867
  Great Sandy National Park 366
  Hartz Mountains National Park 706
  Hat Head National Park 203
  Hattah-Kulkyne National Park 669
  Hunter Wetlands Centre 157
  Illawarra Fly 233
  Innes National Park 860
  Jardine River National Park 493
  Jervis Bay National Park 236
  Judbarra/Gregory National Park 939
  Kaiserstuhl Conservation Park 834
  Kakadu National Park 19, **19**, 918, **919**
  Kalbarri National Park 1078
  Karijini National Park 1106, **1107**
  Keep River National Park 939
  Kooloonbung Creek Nature Park 205
  Koorana Crocodile Farm 393
  Kosciuszko National Park 287
  Lake Eildon National Park 642
  Lane Cove National Park 101
  Limmen National Park 940
  Lincoln National Park 864
  Little Desert National Park 637
  Little Dip Conservation Park 848
  Malcom Douglas Wilderness Park 1136
  Maria Island National Park 718, **719**
  Mary River National Park 913
  Millstream Chichester National Park 1105
  Minnamurra Rainforest Centre 233
  Mitchell Falls National Park 1117
  Montague Island (Baranguba) 240

  Moreton Island National Park & Recreation Area 329
  Morton National Park 280
  Mt. Buffalo National Park 652
  Mt. Coot-tha Reserve 294
  Mt. Field National Park 700
  Mt. Remarkable National Park 874
  Mt. William National Park 730
  Munga-Thirri National Park 508
  Mungo National Park 265
  Murramarang National Park 238
  Murray River National Park 843, 844
  Murray-Sunset National Park 669
  Muttonbird Island 191
  Myall Lakes National Park 211
  Namadgi National Park 228
  Nambung National Park 1025
  N'Dhala Gorge Nature Park 960
  Ningaloo Marine Park 20, **20**
  Noosa National Park 355
  Northern Territory 891
  Paluma Range National Park 429
  Para Wirra Recreation Park 834
  Pilliga National Park 255
  Porcupine Gorge National Park 498
  Porongurup National Park **1055**, 1056
  Port Campbell National Park 594
  Purnululu National Park 1126, **1127**
  Rainbow Valley Conservation Reserve 966
  Rinyirru (Lakefield) National Park 490
  Royal National Park (NSW) 232
  Saddleback Mountain 233
  Sea Acres National Park 205

Seven Mile Beach National Park 235
Snowy River National Park 614
South Australia 824
South Bruny National Park 702
Southwest National Park 771
Springbrook National Park 351
Stirling Range National Park 1057, **1056**
Strzelecki Regional Reserve 885
Sydney Harbour National Park 69
Tamborine National Park 351
Tasmanien 701
Tathra National Park 1026
Tidbinbilla Nature Reserve 228
Tomaree National Park 213
Torndirrup National Park 1054
Trephina Gorge Nature Park 960
Two Peoples Bay 1055
Uluru-Kata Tjuta Nationalpark 12, **12**, 967
Umbrawarra Gorge Nature Park 918
Victoria 669, 675
Vulkathunha-Gammon Ranges National Park 878
Walls of Jerusalem National Park 751
Walpole-Nornalup National Park 1047
Warrumbungle National Park 255
Watarrka National Park **956**, 957, 964, **965**
West MacDonnell National Park 961
Wilsons Promontory National Park 606
Wingham Brush Nature Reserve 209
Wollumbin National Park 186
Wooroonooran National Park 441
Worimi Conservation Lands 213
Wyperfeld National Park 669
Yanchep National Park 1024
Yongergnow Malleefowl Centre 1054
Yuraygir National Park 188
Natural Bridge 1078
Naturbeobachtung 931
Natur & Umwelt 1160
Bücher 1160, 1162, 1163
N'Dhala Gorge Nature Park 960
Nelson 600
Nelson Bay 212
Newcastle 156, **158**
New Norcia 1027
New South Wales (NSW) 56, 57, 64, 153, **154**, 167, **168, 216, 248**, 277, **278** siehe auch Sydney
Newtown 99
Nguiu 911
Ngukurr 940
Nightcap National Park 184
Nimbin 183
Ninety Mile Beach (SA) 847
Ninety Mile Beach (Viktoria) 610
Ningaloo Marine Park 20, **20**, 1100
Nitmiluk (Katherine Gorge) National Park 935
Noosa 57, 353, **354, 356**
Normanton 510
Nornalup 1047
Norseman 1062
Northern Land Council 927
Northern Territory **42**, 887, **888**, 910, **912**, 918, **919**, 929, **930** siehe auch Darwin
North Stradbroke Island 326
North West Cape **1099**
Notfälle 23
Nowra 234
Nullarbor Plain 1063

O
Oakbank 807
Oatlands 716
Observatorien
 Port Macquarie 205
 Sir Thomas Brisbane Planetarium 294
Öffnungs- & Geschäftszeiten 1187
Old Andado Track 48
Old Melbourne Gaol 654
Old South Road 966
Olgas siehe Kata Tjuta (Olgas)
Oliven 636, 638, 653
Olley, Margaret 185
Oodnadatta Track **18**, 18, 49, 884
Opera Australia 561
Ora Banda 1067
Orange 257
Ormiston Gorge 962
Ortsvorwahlen 1190
Ostern 658
Outback 18, **18**, 27, **956**, 957
 New South Wales (NSW) 57, 264, **248**
 Northern Territory (NT) **42**, 61, 929, **930**
 Queensland 59, 496, **497**
 South Australia 61, **870**, 879
 Western Australia 1062
Outback-Touren 41, **42**, 879
 Infos im Internet 47
 Reiseplanung 41
 Reisezeit 41
Outback Way (Great Central Rd) 1068
Overland Track 768

P
Pacific Palms 210
Palm Cove 459
Panoramaflüge
 Coober Pedy 882
 Kakadu National Park 922
 Marree 885
 Nitmiluk National Park 937
 Queensland 371
 Western Australia 991, 1077, 1079, 1083, 1096, 1127
Panoramastraßen 265, 1044, 1102
Parachilna 878
Parap Village Market 905
Para Wirra Recreation Park 834
Parkes 260
Parks & Gärten
 Adelaide 781
 Albany Heritage Park 1050
 Australian National Botanic Gardens 220
 Banksia Farm 1055
 Birrarung Marr 517
 Botanic Gardens (Wagga Wagga) 282
 Brisbane Botanic Gardens 294
 Cairns 441
 Castlemaine Botanical Gardens 630
 Centennial Park 94
 Fitzroy Gardens 529
 Hyde Park 81
 Kings Park & Botanic Garden 986
 Mackay Regional Botanical Gardens 401
 Mt. Lofty Botanic Garden 806
 National Arboretum 219
 National Rhododendron Gardens 570
 Nielsen Park 95
 North Coast Regional Botanic Garden 191
 Olive Pink Botanic Garden 949
 Paddington Reservoir Gardens 94
 Paronella Park 465
 Rainforestation 463
 Royal Botanic Gardens (Melbourne) 532
 Royal Botanic Garden, Sydney 79
 Royal Tasmanian Botanical Gardens 683
 South Australia 861
 South Bank Parklands 296
 Sydney Park 101
 Townsville Botanic Gardens 420
Parliament House 218
Paronella Park 465
Paterson, Banjo 656
Pelikane 823, 1079
Pemberton 1043
Pender Bay 1137
Penfolds 831
Penguin 750
Penitentiary Chapel Historic Site 679
Penneshaw 820
Pennington Bay 820
Pentecost River 1119
Peregian Beach 364
Perlentauchen 1131, 1133, 1138

Perth 61, 977, **978**, **982**, 983, **984**, **988**, **996**
  An- & Weiterreise 1003
  Ausgehen & Nachtleben 998
  Essen 994
  Feste & Events 991
  Geführte Touren 991
  Geschichte 985
  Highlights 978
  Kindern, Reisen mit 990
  Klima 977
  Medizinische Versorgung 1003
  Reiserouten 987
  Sehenswertes 986
  Shoppen 1002
  Unterhaltung 1001
  Unterkunft 992
  Unterwegs vor Ort 1003
Pferderennen 507, 950, 1175
  Broome Race Round 1133
  Grafton Cup 187
  Melbourne Cup 30, 539
  Perth 991
Pflanzen 1163
Phillip Island 575, **576**
Pilbara 62, 1089, **1090**
Pine Creek 917
Pinguine 726, 758, 1021
  Pinguinparade 577
  Tasmanien 741
Pinnacles Desert 1025
Pirlangimpi 911
Plenty Highway 49
Point Avoid 865
Point Labatt 866
Point Quobba 1087
Point Turton 859
Politik 1140
Porongurup National Park 1056, **1055**
Port Arthur 711
Port Augusta 861
Port Campbell 595
Port Campbell National Park 594
Port Denison 1071
Port Douglas 446, 468, **470**
Port Elliot 813
Port Essington 927
Port Fairy 597

Verweise auf Karten **000**
Verweise auf Fotos **000**

Port Gregory 1081
Port Hedland 1109
Portland 599
Port Lincoln 862
Port Macquarie 204, **206**
Port Pirie 873
Portsea 574
Port Stephens 212
Port Vincent 860
Port Willunga 811
Post 1188
Pubs 26, 1193
Puffing Billy 571
Punktmalerei **958**, 959
Purnululu National Park 1126, **1127**
Pyrmont 82

Q
Quallen 389, 403, 419, 440, 1178
Quarantäne 1194
Queensland 326, 337, **338**, 353, **354**, 367, **368**, 385, **386** 399, **400**, 417, **418**, 437, **438**, **442**, **455**, 485, **486**, 496, **497** siehe auch Brisbane
  Zyklone 423
Queenstown 761
Quinkan Country 490
Quokkas 1016
Quorn 874

R
Rabbit-Proof Fence (No 2) 1058
Radfahren 52, 1205
  Brisbane 299
  Canberra 221
  Clare 839
  Clare Valley 836
  Darwin 900
  Melbourne 527
  New South Wales 67, 149, 286, 287
  Outback 45
  Tour Down Under 787
  Victor Harbor 813
  Victoria 648
  Western Australia 980
Radio 1183
Radioteleskop 261
Rafting 433, 449, 767
Rainbow Beach 373
Rainbow Valley Conservation Reserve 966
Raststätten 47

Rauchen 1183
Ravenswood 425
Raymond Island 612
Rechtsfragen 1188
  Alkohol am Steuer 164
Redbank Gorge 962
Red Bluff 1087
Red Centre Way 963
Red Rock 198
Reef HQ Aquarium 419, **446**
Reef Islands 58
Regenwälder 13, **13**, 190, 199, 205, 209, 210, 1166
Reisen mit Behinderungen 205, 1188
Reisepass 1196
Reiseplanung 1186
  Australiens Regionen 56
  Grundwissen 22
  Infos im Internet 23
  Outback-Trips 41
  Reisekosten 23
  Reisezeit 22
  Wiederholte Besuche 24
Reiseschecks 1185
Reiten 1095
  Bellingen 199
  Grampians 634
  New South Wales 250
  Queensland 371, 427, 479
  Victoria 589, 642, 658
  Western Australia 1079
Religion 1141
Renmark 845
Richmond 498, 698
Richmond Bridge 698
Riesling Trail 837
Rinyirru (Lakefield) National Park 490
Rip Curl Pro 588
Robben 600, 826
Rockhampton 390
Rockingham 1021
Roebourne 1104
Rohstoffabbau 1165
Roper Highway 940
Ross 716
Ross-River-Fieber 1180
Rottnest Island (Wadjemup) 1016, **1018**
Roxby Downs 880
Royal Exhibition Building (Melbourne) 531
Royal Flying Doctor Service 269, 1065
Royal National Park 232
Rudd, Kevin 1152

Rugby 421
Rutherglen 649

S
Sale 610
Sandover Highway 49
Sapphire Coast 242
Säugetiere 1161
Savannah Way 508
Sawtell 196
Scarborough Hotel 232
Schaufelraddampfer 664, 671
Schifffahrtsmuseen 1005, 1007
Schiff, Reisen mit dem 1197, 1206
Schiffswracks 330, 593, 1129
Schildkröten 387, 389
  Schildkrötenkrankenhaus 419
  Western Australia 1088, 1097, 1100
Schlangen 1163
Schnabeltiere 408, 466, 749, 1162
Schokolade 783
School of the Air 270, 499
Schwimmen 492, 1174
  Gefahren & Ärgernisse 389, 419, 440, 1178
  Great Barrier Reef 390
  Northern Territory 891
  Port Macquarie 204
  Schwimmlöcher 189, 914
  Sydney 108
Schwule Reisende 302, 1189
Scienceworks 528
Scotts Head 199
Sea Acres National Park 205
Seebären 211, 577
Seekühe 55
Seelöwen 55, 863
Seen
  Dooragan National Park 209
  Lake Ainsworth 177
  Lake Cooroibah 365
  Lake Coothabara 366
  Nightcap National Park 184
Seepferdchen 739
Seewespe 1178
Segelfliegen 170
Segeln 469, 685, 687
Sellicks Beach 811

Shark Bay 1081
Sheffield 752
Shellharbour 231
Shoalhaven Coast 233
Sicherheit *siehe* Gefahren & Ärgernisse
Simpson Desert 50
Simpsons Gap 962
Skifahren & Snowboarden 53, 659
  Charlotte Pass 286
  Falls Creek 657
  Lake Mountain 575
  Mt. Buffalo 652
  Mt. Buller 644
  Mt. Mawson 700
  Perisher Blue 286
  Thredbo 286
  Victoria 657
Skigebiete 53
Sorrento 574
South Australia 60, 775, **776**, 816, **818**, 827, **828**, 855, **856**, 869, **870**, **872**, 879 *siehe auch* Adelaide
South Bruny National Park 702
South Molle Island 411
Southwest National Park 771
Sovereign Hill 620
Spinnen 1179
Sport & Sportereignisse 21, **21**, 1173 *siehe auch einzelne Sportarten*
  Australian Open 1174
  Bathurst 1000 257
  Birdsville Cup 507
  Boulia Camel Races 506
  Bradman Museum of Cricket 279
  Gold Coast 600 341
  Gold Coast Marathon 341
  Mareeba Rodeo 469
  National Penny Farthing Championships 743
  Perth Cup 991
  Phillip Island Grand Prix Circuit 577
  Quicksilver Pro Surfing Competition 341
  Rip Curl Pro 588
  Sydney-Hobart-Regatta 687
  Townsville 500 421
Sprache 22, 1141, 1143, 1208
Springbrook National Park 351

Stadtspaziergänge 76, **77**, 100, **100**, 307, **307**, 1008, 1009
Standley Chasm **957**, 962
St. Andrews 570
Stanley 758
Stanthorpe 331
Sternwarten 255, 270
St. Helens 727
Stingers *siehe* Quallen
Stirling 806
Stirling Range National Park 1057, **1056**
Stokes Bay 824
Stolen Generations 1158
Sträflinge 711, 717
Strahan 764
Strände 25
  Ballina 178
  Bells Beach 588
  Bondi Beach 97
  Byron Bay 169
  Coffs Harbour 191
  Coorong National Park 847
  Darwin 899
  Emerald Beach 195
  Gefahren & Ärgernisse 1179
  Gulf St. Vincent 811
  Kangaroo Island 824
  Manly Beach 102
  Mooloolaba 362
  Newcastle 156
  Palm Beach 106
  Peregian 364
  Port Elliot 813
  Port Macquarie 204
  Sculpture by the Sea 30
  Seven Mile Beach 177
  South West Rocks 202
  Sunshine Beach 364
  Sydney 97, 104
  Torquay 587
  Victor Harbor 812
  Woolgoolga 195
  Yamba 189
Straßenbahn 526, 567
Strathgordon 774
Streaky Bay 866
Strom 1189
Strzelecki Track 50, 885
Stuart Highway 45
Südliche Riffinseln 446
Sunshine Beach 364
Sunshine Coast 57, 353, **354**

Surfen 53, **105**, 1174
  Ballina 178
  Bells Beach 588
  Cactus Beach 867
  Coffs Harbour 193
  Crescent Head 204
  Feste & Events 341
  Kangaroo Island 817
  Kurse 588, 598
  Mooloolaba 362
  Newcastle 157
  New South Wales (NSW) 229, 239, 244
  Noosa 355
  North Haven 209
  Perth 990
  Port Macquarie 205
  Port Stephens 212
  Queensland 327, 374
  South Australia 814, 863
  Sydney 108
  Tasmanien 685, 754
  Torquay 586
  Unterricht 189
  Victoria 587
  Western Australia 980, 1032, 1048, 1074, 1088
Surfers Paradise 57, 339, **340**
Surry Hills 89
Swan Hill 668
Swansea 721
Swan Valley 989
Sydney 56, **65**, 68, **70**, **74**, **77**, **86**, **88**, **90**, **92**, **96**, **98**, **103**, **128**
  Aktivitäten 107
  An- & Weiterreise 141
  Ausgehen 24
  Ausgehen & Nachtleben 129
  Essen 119
  Feste & Events 111
  Geführte Touren 109
  Geschichte 66
  Highlights 65
  Praktische Informationen 141
  Shoppen 138
  Stadtspaziergänge 76, **77**, 100, **100**
  Unterhaltung 135
  Unterkunft 112
  Unterwegs vor Ort 142
Sydney Gay & Lesbian Mardi Gras 28, 111
Sydney Opera House **2**, 12, **12**, 78, 136

T

Tamar Valley 738
Tamborine Mountain 350
Tamworth 250
Tanami Track 50
Tangalooma Wrecks 330
Tanunda 831
Taree 209
Taronga Zoo 101
Tasmanien 60, 676, **677**, 700, **701**, 713, **714**, 745, **746**, **756**, **772** *siehe auch* Hobart
Tasmanischer Teufel 710
Tasman Peninsula 708, **709**
Tauchen & Schnorcheln 11
  Byron Bay 170
  Capricorn Coast 393
  Coffs Harbour 193
  Great Barrier Reef 38, 389, 390, 445, 469
  Kangaroo Island 817
  Kurse 40, 448
  Haie 863
  Mooloolaba 362
  New South Wales (NSW) 236, 241, 244
  Ningaloo Marine Park 1100
  Queensland 327, 330, 374, 377
  South West Rocks 202
  Sydney 109
  Tasmanien 710, 720
  Western Australia 980, 1024, 1074, 1077, 1092, 1096
Tea Gardens 212
Telefon 1189
Telefonkarten 1190
Tennis 538, 1174
Tenterfield 253
Terrigal 155
Territory Wildlife Park 914
Theater 28, 559
Themen- & Vergnügungsparks 342, 621
  Big Banana 191
  Dreamworld 342
  Luna Park (Melbourne) 533
  Luna Park (Sydney) 101
  Movie World 342
  Sea World 342
  Tropical Fruit World 185
  Wet'n'Wild 342

Thermalquellen
  Coward Springs 885
  Northern Territory 939
Thredbo 287
Thursday Island 494
Tidbinbilla Nature Reserve 228
Tierbeobachtung 53, 244, 346, 466, 710, 754, 770, 1166
Tiere und Pflanzen 920
Tilba Tilba 242
Timber Creek 939
Toiletten 1190
Tomaree National Park 213
Toodyay 1020
Torndirrup National Park 1054
Torrens River Gorge 807
Torres Strait Heritage Museum 494
Torres-Strait-Insulaner 1154
Torres Strait Islands 494
Tour Down Under 787
Touristeninformation 1189, 1191
Town of 1770 387
Townsville 58, **418**, 419, **420**, 446
Trampen 1206
Trial Bay 202
Trinity Beach 457
Trinkgeld 1169
Tropical Fruit World 185
Tully River 433
Tumby Bay 864
Turtle Cove Beach Resort 472
TV 1183
Tweed River Region 180
Twelve Apostles 7, 16, **16**, 594
Twin Falls 925

U
Uki 186
Ulladulla 237
Ulmarra 189
Uluru (Ayers Rock) 12, **12**, 48, 61, **930**, 971, **971**
Uluru-Kata Tjuta National Park 12, **12**, 967
Umbrawarra Gorge Nature Park 918

Verweise auf Karten **000**
Verweise auf Fotos **000**

Umweltschutzgruppen 1161
Umweltthemen 1164
Undara Volcanic National Park 508
Unterkunft 47, 64, 878, 1191 siehe auch einzelne Unterkunftsarten
Unterwegs vor Ort 1205
Uranabbau 1165
Utes in the Paddock 261

V
Valley of the Giants 1047
Vaucluse 95
Vegetarier 1170
Venus Bay 866
Versicherung 1193
Victor Harbor 812
Victoria 60, 567, 579, **580**, 601, **602**, **607**, 617, **618**, **635**, 639, **640**, 661, **662** siehe auch Melbourne
Victoria Highway 45
Victoria River Crossing 938
Virale Enzephalitis 1180
Visa 1188, 1194
Vögel 434, 920, 1162
Vogelbeobachtung 244, 823
  Ballina 178
  Border Ranges National Park 185
  Dorrigo National Park 198
  Great Barrier Reef 390
  Kooloonbung Creek Nature Park 205
  Mamukala 921
  Murray River 841
  Muttonbird Island 191
  Newcastle 157
  New South Wales 157
  Tasmanien 726
  Western Australia 1021, 1095, 1114, 1118, 1121, 1136
Vorwahlen 23, 1190

W
Währung 22
Walbeobachtung 29, 55, 341
  Coffs Harbour 193
  Geographe Bay 1032
  Hat Head National Park 203
  Mooloolaba 362

Myall Lakes National Park 211
New South Wales (NSW) 245
Perth 990
Port Macquarie 204, 205, 207
Sydney 95
Western Australia 980, 1052, 1077
Wale 1163, 1167
Walgett 254
Walhaie 20, **20**
Walhalla 604
Wallace Rockhole 963
Wallaman Falls 430
Wallaroo 858
Walls of Jerusalem National Park 751
Walpole 1047
Wandern & Trekken 51, 233 siehe auch Buschwandern (Bushwalking)
  Alice Springs 949
  Byron Bay 171
  Glasshouse Mountains National Park 360
  Grampians National Park (Gariwerd) 633
  Great Ocean Walk 592
  Great Sandy National Park 366
  Hinchinbrook Island 432
  Kalbarri National Park 1078
  Kangaroo Island 817
  New South Wales (NSW) 232, 235, 266
  Northern Territory 949
  Nourlangie 925
  Port Macquarie Coastal Walk 205
  Queensland 351, 467, 479
  Tasmanien 720, 721, 723, 729
  Uluru (Ayers Rock) 971
  Victoria 652, 659
  Western Australia 1023, 1118
Warrnambool 596
Wartook Valley 638
Wasserfälle
  Cairns 443
  Cape York Peninsula 492
  Dorrigo National Park 199
  Erskine Falls 590
  Florence Falls 916
  Jim Jim Falls 925

New South Wales (NSW) 233
Queensland 352, 430, 467, 482
Russell Falls 700
Tolmer Falls 916
Twin Falls 925
Wallaman Falls 430
Wangi Falls 916
Waterfall Way 201
Watarrka (Kings Canyon) National Park **956**, 957, 964, **965**
Waterfall Way 201
Wave Rock 1023
Wechselkurse 23
Wein 14, 19, 25
  Feste & Events 221, 258, 643, 666, 669, 788, 830, 1037
  Geführte Touren 991
  Keg Factory 831
  Museen & Galerien 779
  Weingüter & -regionen 17, **17**, 19, 651, 1171
  Adelaide 783
  Balnaves of Coonawarra 853
  Bleasdale 815
  Canberra 224, 228
  Chapman River 820
  Currency Creek 815
  Deviation Road 806
  Hunter Valley 163
  Kangaroo Island 820
  Langhorne Creek 815
  Majella Wines 853
  Margaret River Gourmet Escape 30
  McLaren Vale 808, 810
  Murray River 843
  New South Wales (NSW) 234, 235, 242, 258, 263
  Pikes 838
  Rymill Coonawarra 853
  Sevenhill Cellars 838
  South Australia 843, 863
  Tasmanien 699, 703, 721
  Victoria 572, 646, 649, 667, 671
  Warren Conservation Park 834
  West Coast Australia 979
  Western Australia 1021, 1035, 1041, 1048, 1055
  Wynns Coonawarra Estate 853
  Zema Estate 853

Weipa 491
Welterbestätten 190
　Fraser Island 378
　Ningaloo Marine Park 20, **20**
Wentworth 264
Western Australia 16, **16**, 61, 62, 1014, **1015**, 1028, **1029**, 1045, **1046**, 1062, 1069, **1070**, 1089, **1090**, 1111, **1112**, **1130** *siehe auch* Perth
Western Australian Museum – Geraldton 1072
Western Australian Museum – Kalgoorlie-Boulder 1065
Wet Cave 854
Wetland Centre 843
Wetter 22
Whisky 686, 703, 1052
White Cliffs 275
Whitsunday Coast 399, **400**
Whitsunday Island 415
Whitsundays 14, **14**, 58, 410, 446
Whyalla 862
Wilcannia 275
Wildblumen 980, 1026, 1164
　Western Australia 980
William Creek 885

Willing Workers on Organic Farms (WWOOF) 184
Willunga 810
Wilson Island 390
Wilsons Promontory 59, **602**, 606, **607**
Wilyabrup 1035
Wingham 209
Winton 501
Wirtschaft 1140
WLAN 1187
Wollongong 229, **230**
Wollumbin National Park 186
WOMADelaide 29
Wombats 1162
Woodside 807
Woolgoolga 195
Wooli 188
Woolloomooloo 90
Woomera 880
Wooroonooran National Park 441
Worimi Conservation Lands 187
Würfelquallen *siehe* Quallen
Wyndham 1122

Y
Yackandandah 651
Yallingup 1034
Yamba 189
Yanchep National Park 1024

Yangie Bay 865
Yankalilla 812
Yarra Valley 571
Yellow Water 925
Yeppoon 393
Yiyilli 1122
York 1020
Yorke Peninsula 61, **856**, 857, **858**
Yorkeys Knob 457
Yuendumu 944
Yulara (Ayers Rock Resort) 973, **974**
Yum-Cha 545
Yungaburra 465
Yunupingu, Geoffrey Gurrumul 1156
Yuraygir National Park 188

Z
Zeit 1194
Zeitungen 1183
Zip-Lines 233
Zoll 1195
Zoos 232
　Adelaide Zoo 779
　Australian Reptile Park 155
　Australia Zoo 360
　Ballarat Wildlife Park 621
　Billabong Koala & Wildlife Park 205
　Bunbury Wildlife Park 1030

　Cairns Tropical Zoo 459
　East Coast Natureworld 726
　Halls Gap Zoo 636
　Hartley's Crocodile Adventures 461
　Healesville Sanctuary 571
　Monarto Zoo 840
　National Zoo & Aquarium 220
　Perth Zoo 989
　Royal Melbourne Zoo 532
　Shoalhaven Zoo 235
　Tamworth Marsupial Park 250
　Taronga Western Plains Zoo 262
　Taronga Zoo 101
　Wildlife Habitat Port Douglas 468
Zuckerrohr 402
Zug, Reisen mit dem 1206
　Bellarine Peninsula Railway 585
　Don River Railway 748
　Historische Dampfzüge 630, 632
　Kuranda Scenic Railway 456
　Northern Territory 892
　Western Australia 1017
Zweiter Weltkrieg 1129
Zwergpinguine 55
Zyklone 423, 431

Kartenlegende

Sehenswertes
- Strand
- Vogelschutzgebiet
- buddhistisch
- Schloss/Palast
- christlich
- konfuzianisch
- hinduistisch
- islamisch
- jainistisch
- jüdisch
- Denkmal
- Museum/Galerie/historisches Gebäude
- Ruine
- Sento-Bad/Onsen
- schintoistisch
- sikhistisch
- taoistisch
- Weingut/Weinberg
- Zoo/Tierschutzgebiet
- andere Sehenswürdigkeit

Aktivitäten, Kurse & Touren
- bodysurfen
- tauchen
- Kanu/Kajak fahren
- Kurs/Tour
- Ski fahren
- schnorcheln
- surfen
- Schwimmbecken
- wandern
- windsurfen
- andere Aktivität

Schlafen
- Unterkunft
- Camping

Essen
- Lokal

Ausgehen & Nachtleben
- Bar/Kneipe
- Café

Unterhaltung
- Unterhaltung

Shoppen
- Shoppen

Praktisches
- Bank
- Botschaft/Konsulat
- Krankenhaus/Arzt
- Internetzugang
- Polizei
- Post
- Telefon
- Toilette
- Touristeninformation
- andere Einrichtung

Geografisches
- Strand
- Hütte/Unterstand
- Leuchtturm
- Aussichtspunkt
- Berg/Vulkan
- Oase
- Park
- Pass
- Picknickplatz
- Wasserfall

Städte
- Hauptstadt (Staat)
- Hauptstadt (Bundesland/Provinz)
- Großstadt
- Kleinstadt/Ort

Verkehrsmittel
- Flughafen
- BART-Station
- Grenzübergang
- T-Station (Boston)
- Bus
- Seilbahn/Gondelbahn
- Fahrrad
- Fähre
- Metro/Muni-Station
- Einschienenbahn
- Parkplatz
- Tankstelle
- U-Bahn/SkyTrain-Station
- Taxi
- Bahnhof/Zug
- Straßenbahn
- U-Bahnhof
- anderes Verkehrsmittel

Achtung: Nicht alle der abgebildeten Symbole werden auf den Karten im Buch verwendet

Verkehrswege
- Mautstraße
- Autobahn
- Hauptstraße
- Landstraße
- Verbindungsstraße
- sonstige Straße
- unbefestigte Straße
- Straße im Bau
- Platz/Promenade
- Treppe
- Tunnel
- Fußgänger-Überführung
- Stadtspaziergang
- Abstecher (Stadtspaziergang)
- Pfad/Wanderweg

Grenzen
- Internationale Grenze
- Bundesstaat/Provinz
- umstrittene Grenze
- Region/Vorort
- Meerespark
- Klippen
- Mauer

Gewässer
- Fluss/Bach
- periodischer Fluss
- Kanal
- Wasser
- Trocken-/Salz-/periodischer See
- Riff

Gebietsformen
- Flughafen/Startbahn
- Strand/Wüste
- Friedhof (christlich)
- Friedhof
- Gletscher
- Watt
- Park/Wald
- Sehenswürdigkeit (Gebäude)
- Sportgelände
- Sumpf/Mangrove

DIE AUTOREN

Charles Rawlings-Way
Brisbane & Umgebung, Hobart & Tasmaniens Südosten, Launceston & östliches Tasmanien, Adelaide & Umgebung, Barossa Valley & südöstliches SA, Yorke Peninsula & westliches SA, Flinders Ranges & Outback von SA Als Junge zitterte sich Charles in kurzen Hosen durch die tasmanischen Winter und zählte im Sommer die Stunden, bis er seine Großeltern in Adelaide besuchen durfte. Mit den brütend heißen Tagen, kühlen Swimmingpools, mit Tomatensauce gefüllten Teigtaschen und vier Fernsehsendern war die Stadt in der Ebene von South Australia für ihn ein Paradies. Er wusste damals noch nicht, dass das südöstliche Queensland nicht weniger reizvoll ist – davon konnte er sich später in Brisbanes Buchläden, Bars und Musikstudios überzeugen. Nach seiner Rückkehr nach Tasmanien durfte Charles mit Begeisterung feststellen, dass es inzwischen auch in Hobart guten Kaffee gibt – und dass noch immer Schnee auf dem Berg liegt. Charles hat mehr als 20 Bände für Lonely Planet geschrieben. Von ihm stammen auch die Kapitel „Australien aktuell", „Essen & Trinken", „Sport", „Tödlich & Gefährlich" sowie der Abschnitt „Reiseplanung".

Meg Worby
Brisbane & Umgebung, Hobart & Tasmaniens Südosten, Launceston & östliches Tasmanien, Adelaide & Umgebung, Barossa Valley & südöstliches SA, Yorke Peninsula & westliches SA, Flinders Ranges & Outback von SA Um es mit Zahlen zu sagen: Dies war Megs vierte Reise ins immer wieder schöne Tasmanien, ihre siebte nach Queensland und ihre 780. Rückkehr in ihre wunderbare Heimat South Australia. Meg arbeitete früher im Sprachen-, Lektorats- und Redaktionsteam von Lonely Planet. Dies ist der achte Lonely Planet Band, an dem sie als Autorin beteiligt war. Sie hat auch an den Kapiteln „Australien aktuell", „Essen & Trinken", „Sport", „Tödlich & Gefährlich" sowie am Abschnitt „Reiseplanung" mitgeschrieben.

Kate Armstrong
Surfers Paradise & Gold Coast, Noosa & Sunshine Coast, Broome Zwar ist Victoria Kates eigentliches Zuhause, aber schon seit Jahren genießt sie es, wegen der Herzlichkeit und der positiven Lebenseinstellung der Leute im sonnigen Queensland gen Norden zu ziehen. Nachdem sie vor Kurzem ihr Surfbrett an den Nagel gehängt hat, ist sie für diese Ausgabe jeden Morgen um 6 Uhr zum Bodysurfen gegangen. Außerdem ist sie ein Fan der Feinschmeckerszene der Region und war von ihrem ersten Besuch der Dampier Peninsula begeistert. Nach mehr als 30 Lonely Planet Titeln über Destinationen außerhalb des Kontinents, an denen sie mitgearbeitet hat, ging sie für diesen Band das erste Mal im eigenen Hinterhof auf Achse. Mehr über ihre Erlebnisse gibt's unter www.katearmstrong.com.au oder auf Twitter unter @nomaditis.

Brett Atkinson
Canberra & South Coast NSW, Südliches NSW, Perth & Fremantle, Rund um Perth, Margaret River & Southwest Coast, Südliches WA, Monkey Mia & zentraler Westen Für diese Ausgabe flog Brett über die Schluchten des Karijini National Park, WA, erkundete die Galerien, Museen und das aufstrebende städtische Flair von Canberra – und hat zudem erneut ausgezeichnete australische Kleinbrauereien sowohl an der West- als auch an der Ostküste des Landes aufgestöbert. Brett lebt in Auckland, Neuseeland, und hat sich als Autor von Reiseführern, Gastro-Kritiker und Reiseschriftsteller schon mit rund 50 Ländern beschäftigt. Was für ihn als nächstes auf dem Programm steht, erfährt man unter www.brett-atkinson.net.

Carolyn Bain
Zentrum & Outback von NSW Während ihrer Kindheit raste Carolyns Familie jeden Sommer von ihrer Heimat in der Nähe von Melbourne über 3500 km durch NSW (und zwar jeweils zweimal!) zu den Stränden der Gold Coast. Auf ihrer letzten Entdeckungsreise hatte Carolyn deutlich mehr Zeit, um auf 6500 km die glorreiche Landschaft unter dem weiten, blauen Himmel von NSW zu erkunden – vom sengenden Sand des Lake Mungo bis zu den Weinbergen von Mudgee. Die 40 °C im Outback unterschieden sich dabei deutlich von den Temperaturen in ihren üblichen Revieren als Reiseautorin: Island und Dänemark. Mehr von ihr erfährt man unter www.carolynbain.com.au.

Celeste Brash
Fraser Island & Fraser Coast, Capricorn Coast & Southern Reef Islands, Whitsunday Coast, Townsville & Mission Beach Celeste hat das große Glück, sich auf Inseln, Strände und Korallenriffe spezialisiert zu haben – die Küste von Queensland war für sie entsprechend ein Geschenk des Himmels. Sie hat zu rund 50 Lonely Planet Reiseführern beigetragen, und ihre preisgekrönten Texte sind in Publikationen wie BBC Travel und National Geographic's Intelligent Traveller erschienen. Nach 15 Jahren im Südpazifik lebt Celeste heute mit ihrem Ehemann und ihren zwei Kindern in Portland, Oregon.

Peter Dragicevich
Sydney & Umgebung Nach einem Jahrzehnt regelmäßiger Flüge zwischen seiner Heimat Neuseeland und Sydney gab Peter schließlich den Verlockungen des Großstadtglanzes und der endlosen Strandtage nach und zog ganz rüber auf die andere Seite der Tasmansee. Für den Großteil des darauffolgenden Jahrzehnts nannte er Sydneys Vorstädte sein Zuhause, während er als Geschäftsführer für diverse Zeitungen und Zeitschriften arbeitete. In jüngerer Zeit hat er als Co-Autor an Dutzenden Lonely Planet Titeln mitgewirkt, einschließlich der Ausgaben *Australiens Ostküste* und *Sydney*.

Mehr zu Peter gibt's hier:
http://auth.lonelyplanet.com/profiles/peterdragicevich

Anthony Ham
Melbourne & Umgebung, Great Ocean Road, Gippsland & Wilsons Promontory, Grampians & Goldfields, Victorias High Country, Nordwestliches Victoria, Nördliches & westliches Tasmanien Anthony (anthonyham.com) wurde in Melbourne geboren, wuchs in Sydney auf und reist nun durch die ganze Welt. Nach zehnjährigem Aufenthalt in Madrid ist er vor Kurzem nach Australien zurückgekehrt und bringt für diesen Reiseführer seine Erfahrung aus mehr als 15-jähriger Tätigkeit als Reiseautor mit. Anthony genießt es, nach all den Jahren Abwesenheit sein Land wieder für sich zu entdecken und seiner Leidenschaft für Naturlandschaften zu frönen. Für diesen Band konnte er so die Sichtweise von jemandem beisteuern, der das Land zwar wie seine Westentasche kennt, es nun aber neu mit den Augen eines Außenstehenden entdeckt.

Paul Harding
Queenslands Outback & Gulf Savannah Obwohl er im Süden von Victoria geboren und aufgewachsen ist, brennt in Paul seit jeher eine tiefe Leidenschaft für das große australische Outback – und für ausgedehnte Rundreisen. Entsprechend zögerte er auch keine Minute, sich für diese Ausgabe dem Outback von Queensland und der Gulf Savannah anzunehmen. Nach rund 6000 km, zwei Dutzend Outback-Kneipen, unzähligen Rindern, ein paar Fossilien, jeder Menge Begegnungen mit Wildtieren (und einigen großartigen Australiern) bereut er diese Entscheidung nicht im Geringsten. Als Reiseschriftsteller, Fotograf und Backpacker aus Leidenschaft war Paul an mehr als 40 Lonely Planet-Bänden beteiligt, darunter vielen über Australien. Er lebt nach wie vor in Melbourne.

Alan Murphy
Darwin & Umgebung, Uluru & Outback des NT Alan hat Australien ausgiebig bereist und bereits an mehreren Lonely Planet Bänden über den Kontinent mitgearbeitet. Das Northern Territory mit seinen alten Landschaften, den Menschen des Outbacks und der indigene Kultur hat in seinem Herzen einen ganz besonderen Platz. Für dieses Update ging es für ihn erneut kreuz und quer durch die enorme Weite des NT, und er hat dabei viel Neues entdeckt. Alan hat mehrere Online-Artikel über die indigenen Australier des NT geschrieben, und er fühlt sich geehrt, auf dieser Reise Gelegenheit gehabt zu haben, mehr über ihre Kultur zu erfahren.

Miriam Raphael

Central Coast NSW, Byron Bay & nördliches NSW Miriam hat an über einem Dutzend Lonely Planet Bänden mitgeschrieben und ist dafür Tausende Kilometer durch Australiens weites, braunes Land gefahren... auf der Suche nach den einsamsten Stränden, den leckersten Happen in Outback-Pubs und den interessantesten Menschen. Miriam schwärmt regelmäßig in einer Reihe australischer und internationaler Publikationen über alles, was mit dem Reisen zu tun hat. Über Abenteuer, die man erlebt, wann man mit Kindern unterwegs ist, bloggt sie unter SevenSuitcases.com. Nach vielen Jahren in Australiens unvergleichlichem Northern Territory ist sie vor Kurzem in ihre Heimatstadt Sydney zurückgekehrt.

Benedict Walker

Cairns & Daintree Rainforest, Cape York Peninsula Derzeit hängt Benedict am Strand ab, in der Nähe seiner Mum, in seiner Heimatstadt Newcastle. Sein Plan, seinen Traum zu leben, scheint aufzugehen: Er verbringt seine Zeit in seinen drei Lieblingsländern Australien, Nordamerika und Japan. Dabei treibt ihn nicht Gier – sondern die Liebe, die er zu geben hat! Ben hat als Co-Autor an den Lonely Planet Bänden zu Japan, Kanada und Florida mitgearbeitet, ist als Rockstar-Manager durch Australien getourt und experimentiert als begeisterter Fotograf mit seinem ursprünglichen Handwerk: dem Filmemachen. Er ist ein Verfechter der These, dass man seinen Träumen folgen muss – denn sie können Wirklichkeit werden! Updates über ihn sind unter www.wordsandjourneys.com zu finden.

Steve Waters

Coral Coast & Pilbara, Kimberley Dies war Steves sechste Reise in den Norden von WA, und auch wenn einige Dinge sich nicht geändert hatten (riesige Entfernungen, die Hitze, eine Reifenpanne auf der Kalumburu Rd), waren andere völlig neu (der Cape Range National Park nach den Überschwemmungen, als Freiwilliger bei der Vogelzählung in Mornington mitzuarbeiten, zu versuchen, ein Restaurant in Exmouth wiederzufinden). Schließlich war da noch die für ihn neue Erfahrung, sich mit sozialen Medien auseinanderzusetzen :) Steve hat Online-Artikel über WA geschrieben und für Lonely Planet an früheren Auflagen der Reiseführer *Australien*, *Indonesia*, *Great Adventures* und *Best in Travel* mitgeschrieben. Mit der nächsten Trockenzeit wird er wahrscheinlich wieder Richtung Norden aufbrechen.

DIE LONELY PLANET STORY

Ein ziemlich mitgenommenes, altes Auto, ein paar Dollar in der Tasche und eine Vorliebe für Abenteuer – 1972 war das alles, was Tony und Maureen Wheeler für die Reise ihres Lebens brauchten, die sie durch Europa und Asien bis nach Australien führte. Die Tour dauerte einige Monate, und am Ende saßen die beiden – pleite, aber voller Inspiration – an ihrem Küchentisch und schrieben ihren ersten Reiseführer *Across Asia on the Cheap*. Innerhalb einer Woche hatten sie 1500 Exemplare verkauft. Lonely Planet war geboren.

Heute hat der Verlag Büros in Melbourne, London und Oakland und mehr als 600 Mitarbeiter und Autoren. Und alle teilen Tonys Überzeugung: „Ein guter Reiseführer sollte drei Dinge tun: informieren, bilden und unterhalten."

Lonely Planet Publications,
Locked Bag 1, Footscray,
Melbourne, Victoria 3011,
Australia

Verlag der deutschen Ausgabe:
MAIRDUMONT, Marco-Polo-Str. 1, 73760 Ostfildern,
www.lonelyplanet.de, www.mairdumont.com
info@lonelyplanet.de

Chefredakteurin deutsche Ausgabe: Birgit Borowski

Übersetzung: Julie Bacher, Berna Ercan, Derek Frey, Marion Gref-Timm, Stefanie Gross, Laura Leibold, Britt Maaß, Marion Matthäus, Ute Perchtold, Claudia Riefert, Dr. Christian Rochow

An früheren Auflagen haben außerdem mitgewirkt: Peter Beyer, Ulrike Bischoff, Trixi Bücker, Dorothee Büttgen, Tobias Ewert, Imke Früh, Karen Gerwig, Joachim Henn, Birgit Herbst, Birgit Janka, Christina Kagerer, Stephanie Kramer, Jürgen Kucklinski, Annika Plank, Gabriele Räbiger, Andrea Schleipen, Christina Schmidt, Dr. Frauke Sonnabend, Marc Staudacher, Erwin Tivig, Katja Weber

Redaktion: Annegret Gellweiler, Olaf Rappold, Julia Wilhelm (red.sign, Stuttgart)

Redaktionsassistenz: Adriana Popescu, Sylvia Scheider-Schopf

Satz: Sylvia Scheider-Schopf (red.sign, Stuttgart)

Obwohl die Autoren und Lonely Planet alle Anstrengungen bei der Recherche und bei der Produktion dieses Reiseführers unternommen haben, können wir keine Garantie für die Richtigkeit und Vollständigkeit dieses Inhalts geben. Deswegen können wir auch keine Haftung für eventuell entstandenen Schaden übernehmen.

MIX
Papier aus verantwortungsvollen Quellen
FSC® C018236
www.fsc.org

Australien

6. deutsche Auflage März 2016, übersetzt von *Australia, 18th edition*, November 2015,
Lonely Planet Publications Pty

Deutsche Ausgabe © Lonely Planet Publications Pty, März 2016

Fotos © wie angegeben 2015

Printed in Poland

Alle Rechte vorbehalten. Das Werk einschließlich all seiner Teile ist urheberrechtlich geschützt und darf weder kopiert, vervielfältigt, nachgeahmt oder in anderen Medien gespeichert werden, noch darf es in irgendeiner Form oder mit irgendwelchen Mitteln – elektronisch, mechanisch oder in irgendeiner anderen Weise – weiterverarbeitet werden. Es ist nicht gestattet, auch nur Teile dieser Publikation zu verkaufen oder zu vermitteln, ohne schriftliche Genehmigung des Herausgebers. Lonely Planet und das Lonely Planet Logo sind eingetragene Marken von Lonely Planet und sind im US-Patentamt sowie in Markenbüros in anderen Ländern registriert. Lonely Planet gestattet den Gebrauch seines Namens oder seines Logos durch kommerzielle Unternehmen wie Einzelhändler, Restaurants oder Hotels nicht. Informieren Sie uns im Fall von Missbrauch: www.lonelyplanet.com/ip.